长江EV·独树e帜
缔造世界一流的电动汽车企业
杭州长江汽车有限公司
浙江省杭州市余杭经济技术开发区宏达路116号
Hangzhou Yangtze Automobile Co.,Ltd
No.116 Hongda Road,
Yuhang Economic Technology Development Zone, Hangzhou,Zhejiang
(86) 010-8274 3175（北京） (86) 0571-8936 8818（杭州）
云南五龙汽车有限公司
云南省昆明市高新区昌源北路1388号
Yunnan Five Dragons Automobile Co.,Ltd
No.1388 Changyuan Road,
Kunming, Yunnan
(86) 0871-6833 1603 (86) 0871-6835 8101（传真）

中国一汽
奔腾 EV

上海汽车集团股份有限公司
SAIC MOTOR CORPORATION LIMITED
爱上汽车
SAIC
畅行天下

突破科技 引领未来
Technology leading into the future
福田汽车微信订阅号
福田汽车品牌社区微信服务号

YUTONG
爬坡我为王
它居然比我还强!
征服坡道 自在随行
*岩羊
“攀爬山地之王”
宇通客车

中国中车
CRRC
C08-小城大客
长轴距 大空间 | 快慢充 长续航
TEG
中国中车纯电动客车
中国中车

生产新能源汽车
Production Of New Energy Vehicles
提供金融服务
Provide Financial Service
建设充电设施
Build Charging Station
新能源汽车运行解决方案服务商
Solution to New Energy Automobile Operation Program
东湖新能源汽车有限公司
EastLake New Energy Automobile
http://www.eastlakenea.com
扬子江客车
YANGTSE
扬子江汽车集团有限公司
地址：湖北省武汉市东西湖区金潭路18号
销售热线：027-83833696
传 真:027-83833831
网 址:www.dfyzj.com
Speka
an East Lake company
斯贝卡特种汽车
地 址：武汉市蔡甸区常福工业园常兴路特6号
销售热线：027-69573338
传 真：027-69573318
网 址：www.speka.cn

五洲龙
WUZHOULONG MOTORS

五洲龙概况

深圳市五洲龙汽车（集团）有限公司总部位于深圳市龙岗区宝龙工业城，是国内最早从事新能源客车生产研发的国家级高新技术企业。集团总占地面积212万平方米，员工6000余人，其中专业研发人员达500多名，拥有100多项国家发明及专利技术。公司从2009年开始，先后在重庆、沈阳、揭阳等地成立新能源汽车及动力电池子公司。产品包括混合动力、纯电动、燃料电池、清洁燃料新能源客车及环保节能汽车动力电池等，产品畅销国内20多个省、市、自治区及港澳地区，并外销40多个国家。公司始终坚持新能源客车战略发展路线，以自主创新为根本，立志成为中国新能源客车第一品牌。

纯电动城市公交FDG6113EVG

型号	FDG6113EVG
长x宽x高（mm）	11490×2480×2910
轴距（mm）	6000
前悬/后悬 (mm)	2330/3160
最大载客量	20-36(58)
电池	636Ah/547.5V
最高时速	80
电机功率	100-200kw
轮胎	295/80R 22.5
空调	30000Kcal/h

机场摆渡车FDG6139

型号	FDG6139
长x宽x高（mm）	14000×3100×3100
轴距（mm）	7100
前悬/后悬 (mm)	2960/3840
最大载客量	10座/118-130
发动机型号	BF4M1013-19
最高时速（km/h）	60
最大功率	140kw/2300r/min
轮胎	385/65R 22.5
空调	42000Kcal/h

五洲龙
WUZHOULONG MOTORS

深圳市五洲龙汽车（集团）有限公司

地址：深圳市龙岗区宝龙工业城宝龙二路103号

电话：0755-89933333

网址：www.wzlmotors.com

传真：89933019 邮编：518116

五洲龙
WUZHOULONG MOTORS
新能源汽车先行者
FDG6801EVG
FDG6126
FDG6113EVG
http://www.wzlmotors.com
FDG6139

安凯客车
应needs而生·精彩而来
G9
K6
A8
ANKAI
安凯 K7
安心车 凯旋路
扫一扫 了解更多资讯

黄海汽車
Huanghai Auto
e行天下
HUANGHAI AUTO
亮劍
新能源
黄海e-BUS城市客车
黄海e-MPB旅行大巴
黄海e-瑞途商务轻客
黄海e-N2高端皮卡
http://www.sgautomotive.com
全国免费服务热线：400 860 0303

CNHTC
中国重汽
SINOTRUK
一步到位
ONE STEP IN POSITION
EACH STEP IN POSITION
步步到位
上车门
下车门
中国重汽
HOWO BUS
SINOTRUK
服务热线：400 7519 777
地址：济南市高新区华奥路777号重汽科技大厦

suitong ST
YST6100BEVG
10米纯电动巴士
YST6100BEVG

8.5米纯电动巴士
YST6850BEVG

商务款
YST6600BEV

12米纯电动巴士
YST6120BEVG

广东晓兰客车有限公司

董事长 吴小兰

董事长寄语

发展新能源纯电动汽车，节能减排，绿色出行，造福社会，造福人民，为子孙后代奉献一个碧水蓝天的世界！

晓兰公司要坚持“零排放零污染，呵护碧水蓝天”的环保理念，集合电气化、车联网、智能化战略的发展路线，引领纯电动汽车迈向未来的发展之路。

立信、立德、立仁是晓兰企业精神。

诚信、敬业、奉献、创新是晓兰企业文化。

12米纯电动公交车

10.5米纯电动公交车

8米纯电动公交车

7米纯电动公交车

广东晓兰客车有限公司是于**2015**年注册成立的一家专业从事新能源汽车整车及其主要零部件研发、制造、销售的高新技术企业。

晓兰公司的新能源汽车整车及主要零部件研发、制造工业园项目落户于广东中山市火炬开发区。整车研发生产中心已经在惠州建设完成，厂房占地面积**7000**㎡，办公楼**1300**㎡，宿舍**900**㎡。形成新能源汽车整车及动力电池、电机、电控等关键零部件的研发、测试及单班年产**5000**辆整车和关键零部件的能力。目前正在中山建设近**5**万平方米的整车制造厂和开发**1000**亩的新能源汽车工业园。

未来，晓兰公司将形成珠三角地区最大的集研、产、销（物流）为一体的新能源汽车产业集群，达到整车**1**万辆、主要配套件**3**万台的生产能力。

广东晓兰客车有限公司以新能源汽车的技术创新为主导，强化核心技术开发、成果转化和产业化培育为路径，开发出了具有中国自主知识产权，在国内、国际处于领先地位的电动汽车，培养出了一批高水平技术人才，建立了一支具高水平的科研队伍。

晓兰以整车技术开发为龙头，动力总成件为技术开发核心。建设以整车、动力平台、电机、电池产品的一流开发中心；力争在三年内完成省级“研发中心”的建设，最终在五年内完成国家级“研发中心”的建设。

晓兰公司拟在中山建设晓兰新能源汽车产业园，将换电机器人、智能充电桩、汽车注塑磨具，第二代技术的电机、电池、电控基地整体迁入中山，准备迁入的还有晓兰整车展示中心和晓兰新能源研发中心。三年内总产值在**20—50**亿元，十年内达到**500**亿元，二十年内达到**1000**亿元。

晓兰拥有的纯电动汽车三大核心技术：“均磁微电阻电机、钇铁锂离子动力电池、整车控制器（**VCU**）”，在国内处于领先地位。用晓兰公司的均磁微电阻电机、钇铁锂离子动力电池和电控系统制造的纯电动汽车，通过试驾结果表明，续航能力突破了**500**公里。

晓兰在整车研发与制造方面利用上海申沃先进的沃尔沃底盘，**MAGNA**电安全等多项新技术及高端零部件，研制出晓兰申沃第五代纯电动公交车。目前，晓兰公司自主研发生产的纯电动车涵盖**12**米、**10**米、**8**米、**7**米、六米等系列车型，在广州、深圳、惠州、珠海等城市运行取得了良好的业绩，得到了公交公司的认可和政府的好评。这一利国利民的新能源汽车事业前景十分广阔。

核心技术：1、均磁微电阻双绕组电机

均磁微电阻双绕组电机属于通用永磁电机：具有耗能小、效率高、温升低等特点，属于新一代电机的革命性产品。

- 结构特点采取了多绕组、双速、低频等技术路线。
- 比传统电机续航里程提高30-50%，节能30%
- 经过特殊加工和改性处理使其电阻值几乎为零。
- 节能环保、低碳、低噪音、体积小、大扭矩、高效率。

核心技术：2、X多段智能驱动控制器VCU

京兰均磁微电阻电机低速度运转时，使用全部线圈，使用开关SW2控制；

高速度运转时，减少半个线圈，只使用一个线圈工作，使用SW1开关控制。

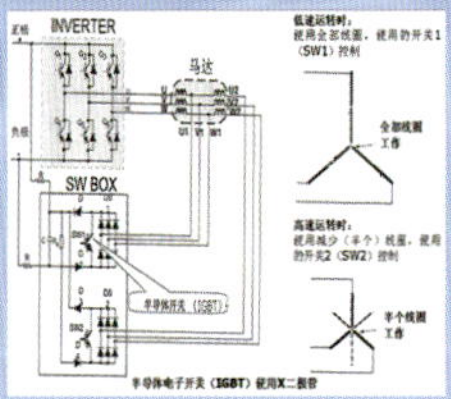

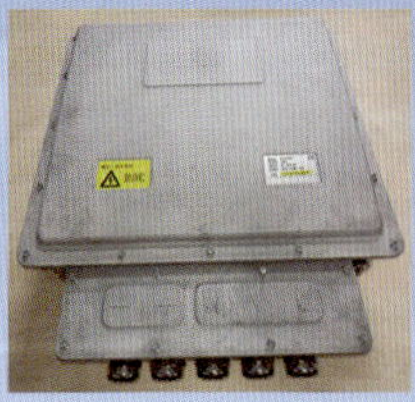

核心技术：3、钇铁锂离子动力电池

属于磷酸铁锂类二次锂离子电池，是用磷酸铁锂作为正极材料的锂离子电池。电解质材料中参杂加了钇元素，提高了电池的整体容量和性能；广泛适用于各种类型的纯电动车。这种新型锂离子电池的出现和应用将为电动汽车提供绝好的动力源，解决了电动汽车电池容量小的瓶颈，为新能源汽车的发展和普及创造了基础条件，有利于参与国际市场的竞争。

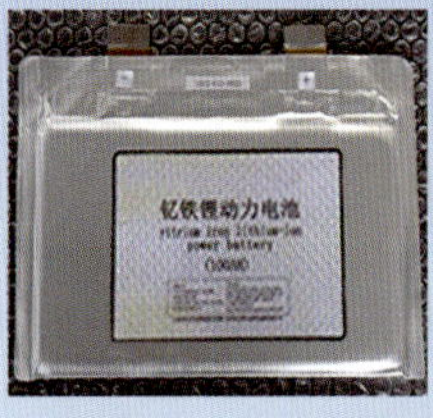

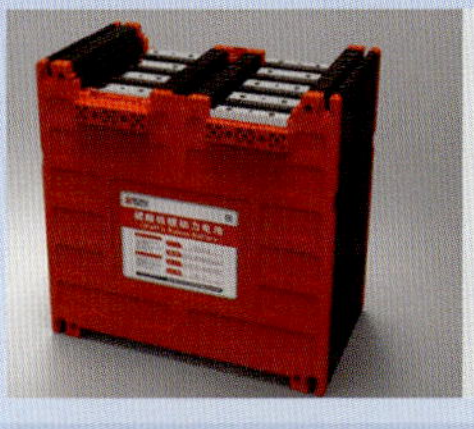

- 比能量增加20%以上
- 良好的安全性
- 循环寿命达到2000次以上
- 耐高温电热峰值可达350℃-500℃
- 大容量，5AH-100AH（单体）
- 无记忆效应
- 重量轻
- 环保

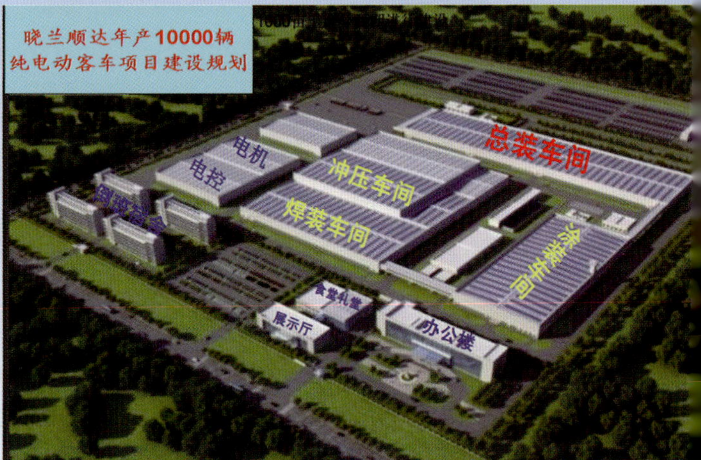

广东晓兰（中山顺达）客车年产10000辆项目鸟瞰

新筑通工
XIN ZHU TONG GONG

新筑·新能源·新动力

一、基本情况

四川新筑通工汽车有限公司成立于2011年，位于四川·雅安经济开发区，注册资本5000万元。系成都市新筑路桥机械股份有限公司（股票代码：002480）整合原四川雅安通工汽车厂的相关资源，完成改制、更名而成立的一家专业化汽车生产企业。

公司的前身四川雅安通工汽车厂是一家具有三十多年的汽车生产历史的国有改装汽车生产企业。公司于2011年8月成功取得了四川雅安通工汽车厂的整体受让权后，在雅安经开区实施规划建设。公司占地面积289亩，建有世界领先的研发中心，厂房5万余平米，以及其他相关配套设施等3万余平米。

二、资质情况

新筑通工拥有新能源城市客车、新能源专用货车、混合动力城市客车整车制造资质；自卸车、专用货车（普通罐式、常压危险品罐式、非罐式）、专用作业车等改装车辆资质。主要产品有纯电动城市客车、纯电动城市物流车、混合动力城市客车、搅拌车系列、自卸车、粉粒物料运输车、半挂平板车、运油半挂车等。累计获得各类车辆产品《公告》共22项。

三、技术亮点

超级电容城市客车核心技术-高能超容快充电池技术

1. 轻—质量轻，仅需承载一趟的电量，整备质量减轻2000千克，相当于30人载客量；
2. 快—充电快，5-8分钟可充满，利用上下客30秒时间进行补电，实现24小时无间断运营；
3. 安—安全性高，电池零爆燃、零故障，整车重要零部件防护等级达到IP67；
4. 省—全寿命，安全充放次数高达50万次，车辆全寿命无需更换电池，全寿命运营周期成本最低。

7.8m 纯电动城市客车

12m 超级电容城市客车

公司完成总装线技改升级，现具备年产新能源客车2000台、物流车8000台的制造能力。

混合动力城市客车

2吨纯电动厢式运输车

5吨纯电动厢式运输车

12m 纯电动城市客车

地址：四川·雅安经济开发区　电话：0835-3233013　传真：0835-3233015　邮编：625100

广汽传祺
中国梦·世界车

传祺新能源 绿色馨生活

广汽传祺GA5 PHEV 五星安全中高级新能源车简介

产品卖点一 舒适大空间（标准B级车尺寸， 2710mm轴距）

拥有中高级轿车的车身尺寸

2710mm轴距

4800mm车长

清新环保大空间

中高级轿车大尺寸驾乘空间，内饰采用高品质环保材料，让车内VOC排放远低于国家限定标准，给您营造清馨健康的呼吸环境。

完美承载行李箱

320L后备箱，配备备胎，消除您出行顾虑及最大化满足便利性。

产品卖点二 科技超静谧（全车30处气密性细节优化）

全方位静音技术升级

纯电驱动行驶，全车30处气密性细节优化，带给您全程超静音驾乘享受。

225N·m
最大扭矩

峰值输出功率94KW，充满力量的电机驱动。

4.6秒
从0加速到50公里/小时

一触即发的起步加速。

先进科技 动力强劲

动力输出强劲，最大扭矩225Nm，超越2.4L发动机搭载世界先进的永磁同步电机技术和智能控制技术。

产品卖点三 五星安全保障（搭载全球领先A123三元锂电池）

全球领先美国A123三元锂电池

搭载先进的美国A123高能比三元锂电池，能量密度大，寿命长，经严苛极端环境测试及耐久试验，安全性高。配备BMS电池管理系统，实时监控电池状态，保证行车安全。

GAC五星安全车身结构

GAC车辆碰撞吸能控制技术，C-NCAP五星安全车身，乘员舱高强度钢使用率95%，连续闭合的框架结构，保证乘客舱的完整性，打造安全放心的驾乘空间。

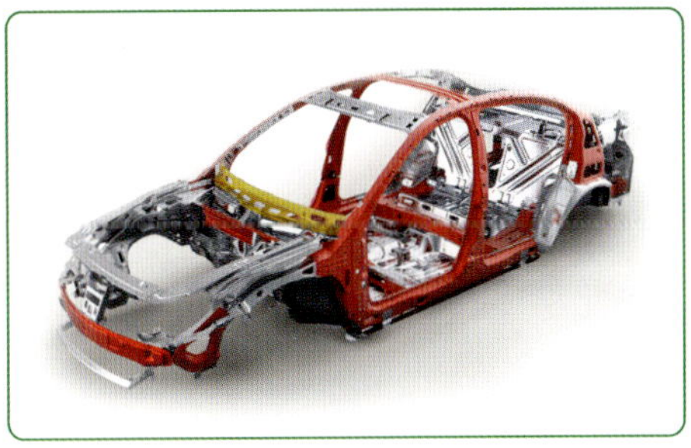

产品卖点四 省心远里程（纯电里程80KM，续航里程最大600公里）

充一次电，纯电行驶最大距离可达
80km(等速工况)

在线充电，电动驱动最大行驶距离可达
600km

纯电模式仅需
0.1元/km

百公里综合油耗
2.4L

油电双充能 里程无担忧

具备纯电及在线充电驱动模式，行车无里程担忧。可通过220V普通家用电源、专业充电桩、加油站，随时随地进行能量补充。

价格

• 享受国家及地方补贴 • 国家全免购置税 • 免费获得新能源牌照

序号	车型	版本	A：指导价（万元）	B：2016年国家补贴（万元）	C：2016年地方补贴（万元）	终端价格（万元）
1	GA5 PHEV	精英版	19.93	3	以地方政策为准	A-B-C
2	GA5 PHEV	尊享版	21.93	3	以地方政策为准	A-B-C

服务热线：400-813-6666

广汽传祺汽车销售有限公司
地址：广州市番禺区化龙镇金山大道东路633号

启辰晨风
源自日产LEAF
启辰
多彩生活 · 触手可及
5年20万辆 始终如一的全球品质
挪威
低至零下51℃
加拿大
法国
日本
美国
南非
澳大利亚
高至54℃
2年0利率
1公里电费1毛钱
一年劲省7000元*
*相比1.8L燃油车
▪ VDC/HAS上坡辅助系统
▪ 倒车影像
▪ 方向盘/后视镜/座椅加热
▪ 慢充4小时充满
▪ 快充30分钟充满80%
Pure Life
你的进步·让世界更进一步
服务热线
400 830 8899 800 830 8899
www.venucia.com
东风日产

新能源汽车
引领者
唐
三擎四驱 超能革命
三擎四驱 超能革命
新世代双模SUV,比亚迪唐创世驾临
4.9秒
百公里加速
极速
电四驱
2升
百公里油耗
唐

JMEV
江铃集团新能源
江铃新能源产业发展规划：
一期投资20亿，占地500亩，规划年产10万台纯电动乘用车及关键零部件；
二期投资65亿，占地1500亩，规划年产30万台纯电动乘用车及关键零部件。
江铃新能源愿景：
致力成为国内新能源汽车的专业制造商；
掌握关键核心技术，实现新产品技术国内领先；
着力新能源汽车产业化深耕，实现可持续经营。
E160
E400
E200
E100
整车控制器
驱动电机
电机控制器
电池包
地址：江西省南昌市经济开发区庐山北大道48号江铃汽车集团昌北基地
电话：400-109-9919
网址：http://www.jmev.com

Featured Automotive Industry Super Platform

特色汽车工业超级平台

KAWEI卡威

江苏卡威汽车工业集团有限公司创始于 1992 年，现已发展成为集轻型车、客车、特种专用车、汽车车身部件一体化实体产业链、汽车金融、汽车及部件出口为一体的特色汽车工业超级平台。

卡威汽车高起点创业、高科技立业、高规格兴业、凭借自身尖端技术优势，以自身高新技术平台发展汽车产业，是区域最大的汽车整车级车身部件制造集团，集团产品出口日本、韩国、泰国、伊朗、俄罗斯等二十多个国家和地区。

集团实施人才战略，拥有技术研发人员200 余人，采用产学研多方位一体化，与上海交通大学、长春汽车研究院检验中心、空军航空装备研究所、武警学院等高校研究合作，创建了汽车整车、消防装备以及汽车零部件研发团队。200项知识产权专利，80多项认证，多项省级高新技术产品及重大科技成果转换，成为企业发展的强大推动力。

卡威长期以来秉承“共创、共赢、共享”的核心价值观，成为国内外客户的忠实合作伙伴，践行“以人为本、关爱员工”的经营理念，为员工提供优于本地区同行业的薪酬待遇及福利政策，致力于将公司打造成-------最受尊敬的汽车产业集团！

产业布局 Industrial Layout

发动机/Engines

部件事业部/Auto Parts

轻型车事业部/LCV

重工事业部/Heavy Trucks

消防事业部/Fire Trucks

奔驰车事业部/Mercedes Benz group

YEMA
野马汽车·良心质造
行绿色之旅
享时代气息
野马6M
纯电动客车
提速快、噪音低、安全可靠
近250公里超长续航里程
零排放、零污染、零油耗
野马T70EV
纯电动多功能SUV
1流驾驶舒适体验
2小时闪电快充
3大节能环保科技
4重安全保障
500强供应商品质保障
6M纯电动
YEMA
T70EV
咨询电话：028-65987980
四川野马汽车股份有限公司 www.yemaauto.cn
官方微信 了解更多

東南汽車
SOUEAST AUTO
倡·享
倡低碳环保
享科技新能
明星产品 V5 EV 电动车
激情动力更出色
宽适空间大不同
1、动力强劲充电快，20~45℃，充电至80%仅需30分钟；
2、坐享A+级超静舒适大空间；
3、长寿命电池安全又高效；
4、整车强大智能的32位微处理器控制器；
5、IP67高防护等级OBC与DC-DC
三电系统充电机，防水防尘。
V5菱致EV
经济环保
性价比之王
明星产品 V3 EV 充换电式电动车
1、中国首款获准贩售底盘换电式电动汽车；
2、充电式百公里电耗18.6度，超低使用成本；
3、换电仅需3分钟，省心省事省成本。
超大灵活空间
载客、运货样样行
明星产品 得利卡 DELICA 电动车
1、东南未来开发第一款纯电动轻型客车；
2、采用安全耐用锂聚合物电池；
3、充放电可达2000次以上；
4、多变空间，载人、载货样样行。
DELICA EV
东南汽车新能源
服务热线：400 6611 666 官网：www.soueast-motor.com
地址：福建省闽侯县青口工业区东南大道66号 邮编：350119

知豆 | ZD
趣味互联 | 知豆D2城市微行者

知豆|ZD
微行无忧|知豆D2城市微行者
知豆 D2

蔚蓝可及

Blue Sky Coming

蔚来汽车

NEXTEV

净蓝·致远
——为社会创造价值
MIN AN
敏安汽车
MIN AN AUTO

YOGOMO 河北御捷车业有限公司

HEBEI YOGOMO MOTORS CO.,LTD.

思想创新是御捷的企业灵魂　御捷要做传统汽车的颠覆者

致力于做全球小微型新能源电动汽车优秀制造商

御捷自08年创建以来始终坚持小微型、轻量化、差异化的纯电动产品的发展路线，建有自己独立的技术研发中心—汽车研究院，已被认定为省级企业技术中心。御捷现拥有清河、齐河两大生产基地，形成年产整车32万台的生产能力，现正在无锡建设年产15万台轻量化智能化新能源电动汽车和年产5万台（套）电池包及控制系统的生产基地。2014年御捷取得了其他乘用车、厢式物流车、皮卡整车和新能源汽车整车资质，截止目前已经有24款新能源汽车和其他乘用车产品列入国家工信部公告目录。

2012年御捷被认定为高新技术企业，御捷还获得了“中国创造力企业和产品”、“中国新能源产业最具影响力企业”、“2014中国年度绿色汽车年度微型车销量冠军奖”、“2015年十大最受欢迎小型电动车企业”；“河北省战略性新兴产业重点企业”、“河北省产业集群龙头企业”、“河北省技术创新示范企业”、“河北省管理创新示范企业”、“河北省两化融合示范企业”、“河北省质量标杆企业”、“2014年河北重点行业排头兵企业”、“2015年河北制造业百强企业”、“2015年河北省百强民营企业”等一系列荣誉称号。

御捷已连续四年销量稳居小微型电动汽车细分市场第一位，已成为小微型电动汽车行业的标杆和领军企业。

到2020年，御捷将实现产能60万台，销售50万台；实现销售收入300亿元，利税30亿元；实现“致力于做全球小微型新能源电动汽车优秀制造商”的战略目标。

型号：E330

尺寸： 3450×1500×1480 mm

型号：A280

尺寸：2845×1450×1540 mm

型号：331

尺寸：3650×1650×1540 mm

型号：X6320　尺寸：3748×1660×1690 mm

地址：河北省邢台市清河县漓江街36号

邮编：054800

全国统一热线：400-696-4666（4766）

网址：www.yogomo.org

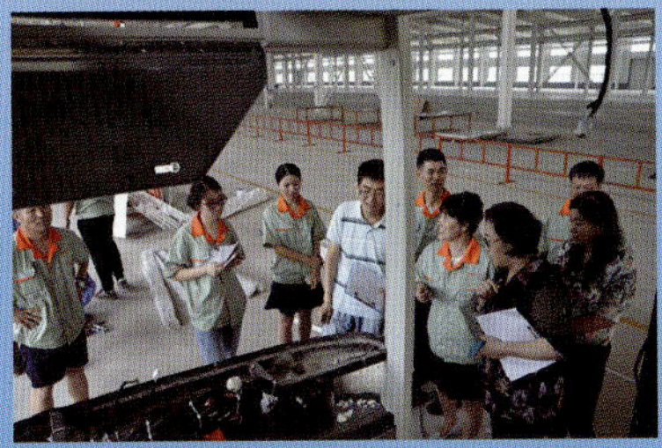

辽宁乾丰专用车有限公司位于辽宁省铁岭市专用车生产基地，项目占地28.1万平方米，建筑面积约14万平方米，年产值可达7500-10000台，可带动周边城市零配件企业60余家，解决再就业近千人。现已获得国家工信部公告，具备批量生产的能力，拥有自主知识产权，强大的专业团队，是东北目前产业化、规模化最大的新能源整车厂之一，在辽宁占有领先地位。5月初辽宁省省长陈求发带队亲赴工厂视察指导后，对乾丰汽车品牌发展给予肯定和支持。乾丰汽车现已被列入“辽宁省推广本地工业产品目录”。

主营车型有新能源公交、大巴、房车、物流车等，可根据实际情况为使用单位定制车型，公司技术聘请了以清华大学原汽车工程系主任陈全世教授为领导的新能源汽车技术研发团队，采用国内最先进的技术及最好的设备作为研发工具，并与德国知名设计公司达成战略合作，融合中西方文化，设计出国际最为时尚、先进的车型，使品牌在生产期间就得到了各市公交及企业的大力支持，国内外（非洲）订单已达3000台。

并与东风公司、松正控制、万象锂电、中恒电气等公司达成在技术、生产及售后方面的展开全面合作，公司自主研发的先进技术车载管理系统，将人、车、路的管理集于一体，为运营管理、司机、乘客以及售后维修提供全方位服务。

专业的研发技术下乾丰公司提供的售后服务也是业内最好的。建设4S售后服务站，在站内按照比例放置备用车，解决企业担心的各种后顾之忧，电池质保10年，为使用单位建设充电站、充电桩；付款方式灵活，乾丰公司与金融机构达成战略合作，可为购车单位提供融资租赁服务，去除国家、地方补贴后，购车单位可享受分期付款，利率低，放款快，不但减轻购车单位压力，还可达到以车养车。

新能源汽车项目是国家主要推广项目，为减少雾霾，促进低碳环保出行，国家已出台一系列政策，明确了节能与新能源汽车发展的技术路线，为节能与新能源汽车产业的发展描绘了发展蓝图。预计到2020年全国新能源汽车市场总量将达到500万辆左右，东北三省新能源汽车更换数量达约4万辆，辽宁省更换新能源汽车数量为约2万辆。本项目坐落于辽宁省铁岭市，拥有强大的地域优势，未来以沈阳为核心，可以辐射东三省，市场前景广阔。乾丰公司定会以优惠的价格、放心的品质、便捷的售后为使用单位提供及时、优质的服务。

乾丰公司面向全国新能源企业开展技术研讨及合作，欢迎全国同行业车企及新能源企业到厂参观指导，共同为中国新能源汽车行业发展做贡献。

辽宁乾丰专用车有限公司

热线电话：400-168-5296

15040182266

"WHALE"概念车

"Demo6" 4K转播车

航天蓝速电动汽车 HT10型

纯电动物流车

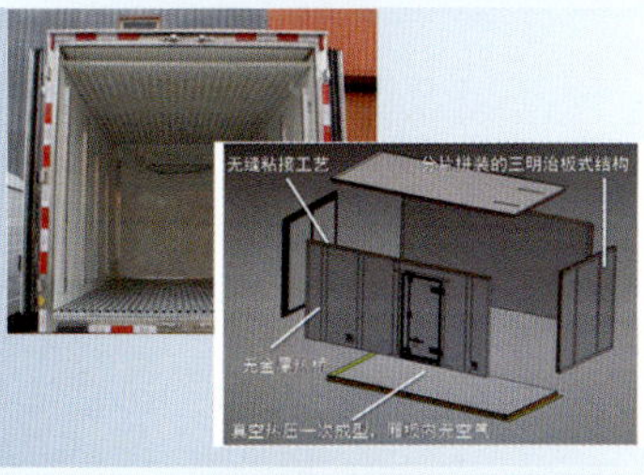

高空车

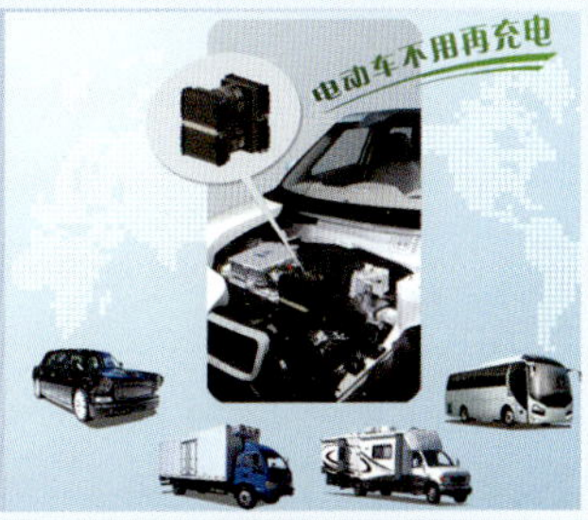

新能源零部件系统

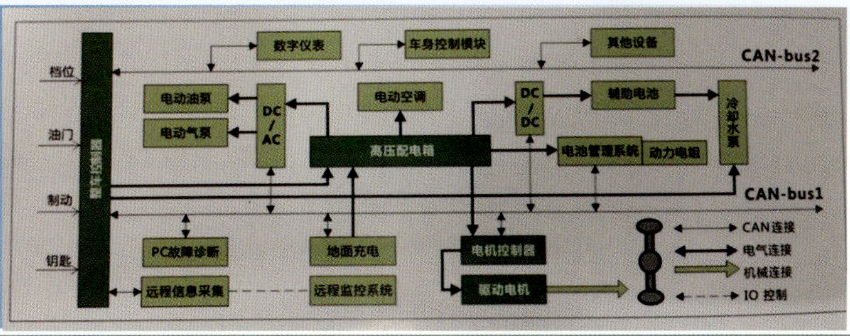

零部件

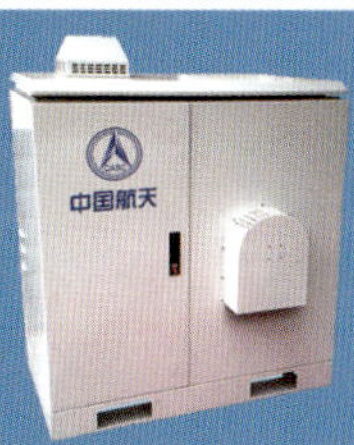

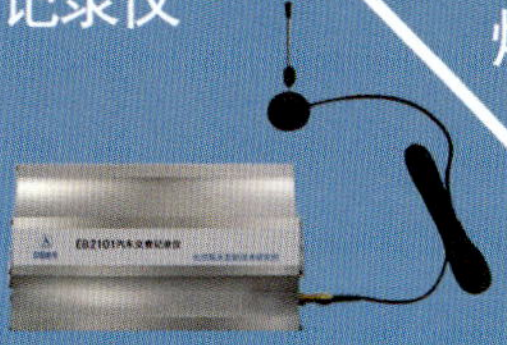

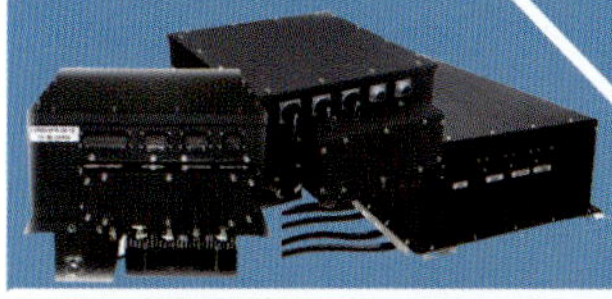

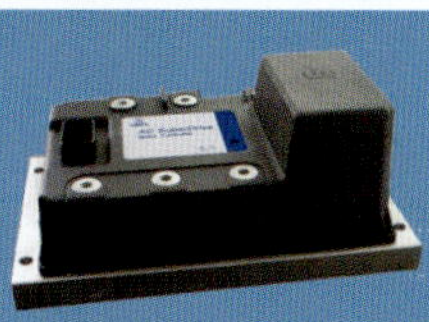

地址：北京市北京经济技术开发区永昌南路17号　　电话：4000604005

SHIJUN
引领科技 智创未来
电动车
云南力帆骏马车辆有限公司
地址：云南省大理市凤仪创新工业园
销售热线：0872-2494949
客户服务（24h）免费热线：400-6193337
www.ynlfjm.com

宁波中车新能源科技有限公司成立于 2012 年 2 月，是由中国中车集团株洲电力机车厂投资组建的控股子公司，注册资本 1.88 亿元人民币，主要从事超级电容器电极、超级电容器单体以及超级电容器储能系统的研发、制造、销售及服务。

公司拥有超级电容核心技术。通过引进国外先进设备，已建成世界领先的超级电容器自动化生产线，占地面积 $11312m^2$，投资达 2.2 亿元人民币，实现了自动化、智能化工艺生产，同时拥有国内领先的标准模组及高压储能系统组装生产线，已具备最高 2300V 高压系列超级电容储能系统的生产能力。

公司通过成立超级电容单体及运用系统研发中心，引进高端人才，在研发方面不断突破创新，开展多项国家科研项目。公司具备 350F 及以上系列超级电容单体产品生产能力，目前公司已完成 2.7V 650F、2.7V 800F、2.7V 3000F、2.7V 7500F、2.7V 9500F、3V 12000F 与 2.8V 30000F 单体产品以及 16V—350V 系列圆形原件模组产品的开发，并同步实现量产，在市场已大量投入运用。市场应用覆盖城市轨道交通、新能源汽车、港口机械、石油机械、矿山设备、风力发电等清洁能源应用及军工应用。

Ningbo CRRC New Energy Technology Co., Ltd. (CRRCCAP) was established in Feb. 2012 with a registered capital of 188 million RMB, invested by CRRC Zhuzhou Electric Locomotive Co., Ltd. CRRCCAP is a company specialized in development, manufacturing, sales and services of supercapacitor electrodes, cells and modules.

CRRCCAP owns the core technology of supercapacitors. Two automatic product lines of large supercapacitor manufacturing have built by imported equipment with 220 million RMB and 11312 m2 floor area. The automatic and intelligent product lines are able to manufacture a series of supercapacitors up to 2300V.

CRRCCAP possess an excellent R&D group, consisting institute of supercapacitors and institute of energy storage system to undertake several national programs. It is able to manufacture the a series of cells from 350 F. Self-developed prismatic cells (2.7 V 7500F, 2.7V 9500F, 3V 12000F, 2.8V 30000F), cylindrical cells (2.7V 650F, 2.7V 800F, 2.7 V 3000F), 16V-350V cylindrical cell modules and energy storage system have been widely recognized in fields concluding urban public transportation, new energy vehicles, wind power generation, hybrid trolley bus, smart power grids, and engineering machinery.

产品及应用 Products and Applications

储能式电车……用于现代储能式有轨电车 / 无轨电车主动力系统，可实现 30s 在线超快速充电；电车制动能量回收应用，具有绿色节能环保的特点。

储能式充电站……通过储能器件把充电站的功率输入和功率输出在时间上加以分割和展开，使功率输入和输出得以分步进行，输入功率平滑化，从而降低和消除对电网的负荷冲击。

石油机械 / 港口起重机械……利用超级电容储能系统大功率、免维护、充放电效率快等特点，为机械设备提供瞬间能源，有效减轻电网（或柴油发电机组）供电压力，并可实现在线势能回收。

混合动力大巴……安装了超级电容储能系统的混合动力大巴车，能够适应城市公交车频繁启动、制动的环境，而且超级电容可以高效率的回收制动能量，并应于公交车辅助启动。

内燃机辅助启动……安装了以超级电容器为主要储能器件的辅助启动系统的内燃机车，能够适应内燃机频繁启动的应用环境，能够有效减少内燃机车空转时间，大大节省燃油量，同时可有效保护蓄电池使用寿命，具有节能环保的特点。

风力发电……用于风力发电变桨系统，超级电容组可以为变桨系统提供瞬间能源，使叶轮对电机的驱动功率能够满足电机所能承载的状态，在不同的风速条件下设定合适的变桨角度，以满足发电机所处的工作效能在最优状态。

Energy Storage Tram &Trolley Bus

The supercapacitors are used as main power systems to achieve 30 s online super-fast charging and braking energy recovery system for environmental friendly.

Energy storage station

Energy storage charging stations adopt energy storage devices to avoid the power input and output all at once. The power input and output can be achieved step by step, reducing and eliminating the load shock to supply network because of the power stability.

Petroleum Machinery & Port Machinery

Supercapacitors can be effectively used in port machinery, due to its high power, maintenance-free and rapid charging-discharging rate. It can reduce the power supply stress of power grid or diesel generator to meet the requirements of various operation conditions.

※ 储能式轻轨电车

※ 现代储能式有轨电车

※ 储能式无轨电车

※ 混合动力大巴

※ 储能式充电站

※ 线路储能

※ 内燃机辅助启动

※ 风力发电

※ 石油机械

※ 港口起重机械

Hybrid EV Bus

Hybrid EV Bus with frequently start-stop activitiescan use supercapacitors to recycle the braking energy efficiently and help starting. Therefore, supercapacitores have been regarded as an appropriate option for energy recycling in bus brake system.

Auxiliary Starting System in Internal Combustion Engine

It is capable of internal-combustion loco with auxiliary starting system which using supercapacitor as main energy storage device adapting frequent staring condition, reducing engine idle time efficiently, saving fuel consumption greatly and protecting environment effectively.

Wind Power Generation

Supercapacitor system in wind power variable-pitch provides rapid power for variable-pitch, making sure that the driving power of impeller fits the condition of motor. The pitch angle is desirable in different wind speed to meet the requirements of power generation in variable working conditions.

RE-FIRE
FUEL CELL BUS
We are running
on the way to find new fire.
We are putting the cleaner,
friendly,gentle energy into your life.
We will make your life
easier and more valuable.
上海重塑能源科技有限公司
Shanghai Reinventing Fire Technology Co.,Ltd
上海重塑能源科技有限公司致力于提供氢燃料电池相关技术服务，销售氢燃料电池相关产品，包括车用燃料电池动力系统，楼宇用备用电源，能源管理系统，氢燃料电池动力系统的无人机。

LISHEN

天津力神电池股份有限公司

公司地址：中国天津滨海高新技术产业开发区（环外）海泰南道38号

邮　编：300384

电话传真：86-22-23866002　86-22-23866088

网　址：www.lishen.com.cn

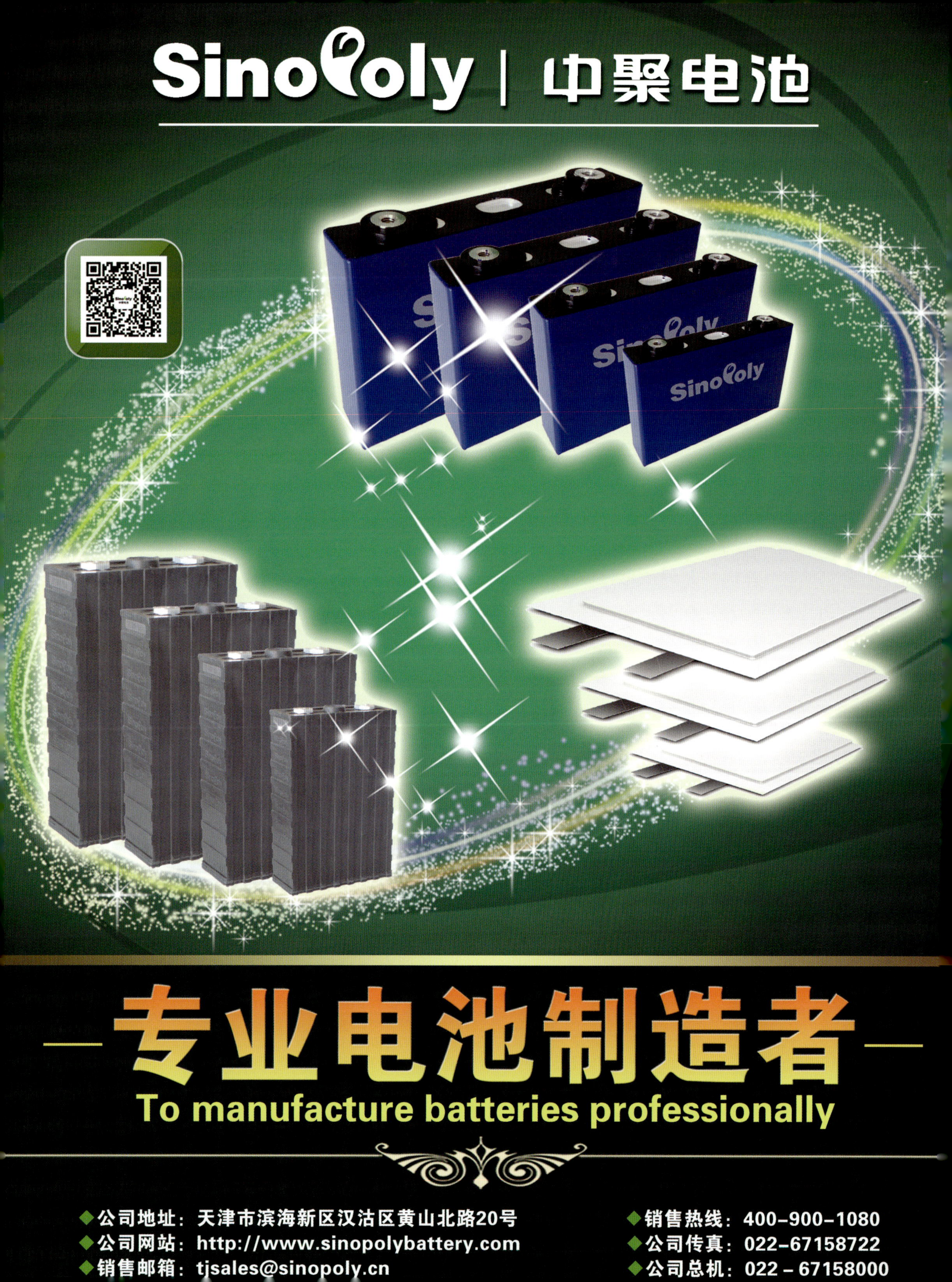
SinoPoly | 中聚电池
专业电池制造者
To manufacture batteries professionally
◆公司地址：天津市滨海新区汉沽区黄山北路20号
◆公司网站：http://www.sinopolybattery.com
◆销售邮箱：tjsales@sinopoly.cn
◆销售热线：400-900-1080
◆公司传真：022-67158722
◆公司总机：022－67158000

ZhiHang New Energy
智航新能源
智航电池
超强能量 超长寿命
江苏智航新能源有限公司
Jiangsu ZhiHang New Energy Co.,Ltd
地址：江苏省泰州市新能源产业园龙园路213号 邮编：225300
电话：0523-89602213 传真：0523-89605633
邮箱：jszh@zhnewenergy.com 网址：www.zhnewenergy.com/cn/

新太行
XINTAIHANG

新太行拥有“材料-电芯-电池模组-电源系统-整车方案-回收利用-材料”完整的产业链条及配套的研发体系，充分发挥业务链条覆盖广的优势，形成绿色循环经济圈。

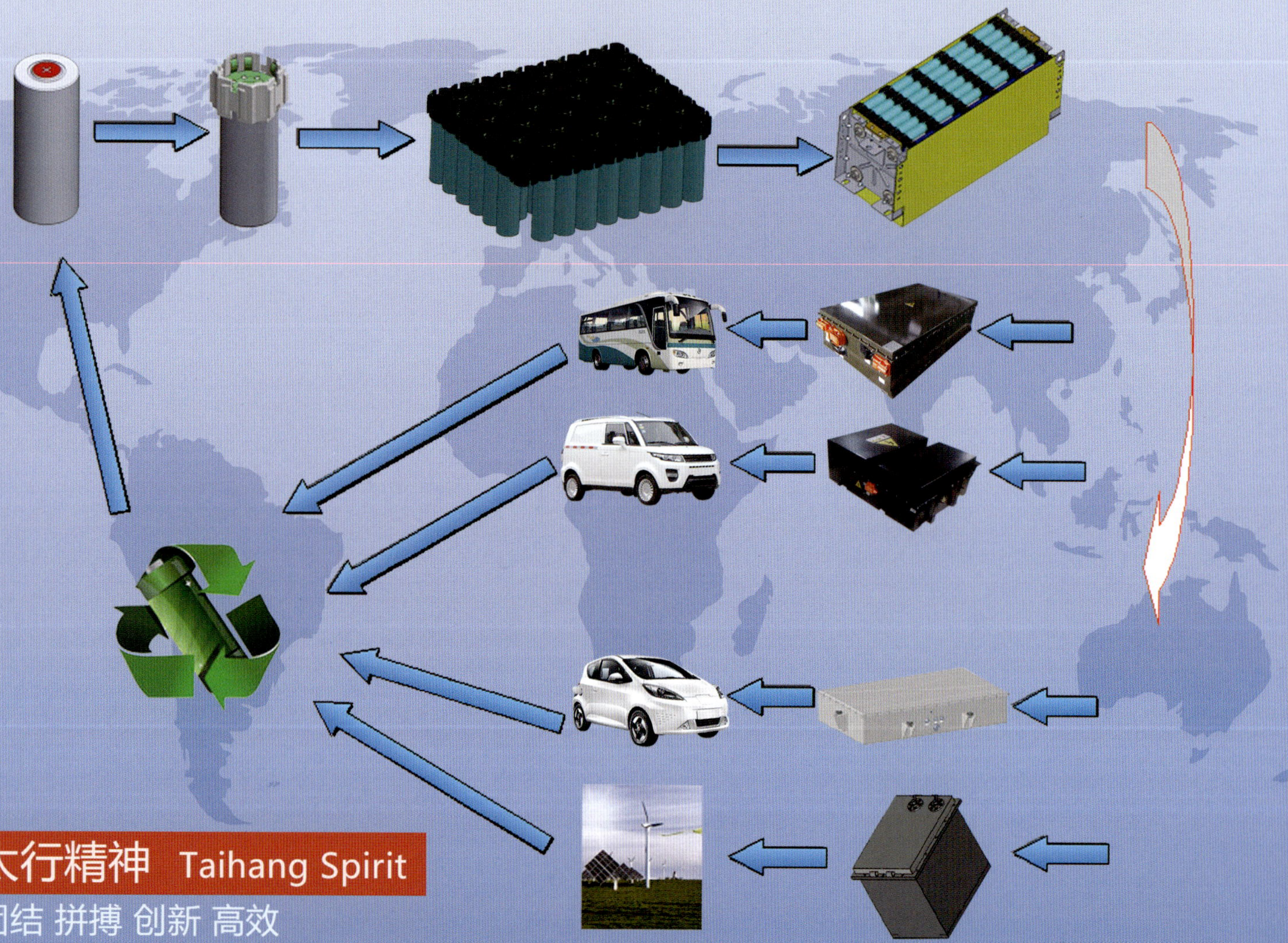

太行精神 Taihang Spirit

团结 拼搏 创新 高效

Solidarity Endeavor Innovation Efficiency

太行理念 Taihang Marketing idea

用户满意是太行人的唯一追求

User’ s satisfaction is the only pursuit of Taihang people

太行承诺 Taihang’ s promise

质量最好 价格最优 供货及时 服务到位

Best quality,Most competitive Price,Prompt Delivery,Satisfactory service

地址：河南省新乡市北环路东段新太行工业园　客服电话：0373-5283716 5283322
传真：0373-5283799 5283758　网址：http://www.thdy.com　邮箱：sales@thdy.com

汽车BMS（一体式架构）

主要说明

一体式BMS(三元，磷酸铁锂，钛酸锂通用)，主控部分，采样部分集成在一块PCB上 。

BMS 主控部分负责与整车通讯/诊断、标定、充电控制、Crash 信号监控、高压互锁、热管理，均衡 控制、高压采样、高压绝缘监测、高压继电器驱动、高压继电器诊断、高压预充控制、SOC估算、 SOH确定、管理电池状态及应用策略；

BMS 从控部分负责单体电压的采集，温度的采集，执行主控部分的均衡命令

参数表

项目	参数&选型	项目	参数&选型
应用领域	低速车/特种车/物流车	SOC估算精度	≤5%
动力类型	纯动力/混合动力	绝缘电压检测范围	10-200V
应用电池类型	磷酸铁锂/锰酸锂/三元/钛酸锂	绝缘检测对地电阻	10KΩ-50MΩ
工作电压	8-36V	均衡电流	35-65mA
正常功耗	2-4W（不含继电器）	CAN通讯端口	2
工作环境温度	-20~85℃	RS485通讯端口	1
工作环境湿度	45-75RH	开关控制数量	5
总电压检测范围	10-200V	开关驱动能力	2A
总电压检测精度	≤0.4%	开关响应时间	1ms
电流检测范围	≤350A	耐压隔离等级	2500Kv/AC
电流检测精度	≤0.2%	显示方式	上位机/显示屏

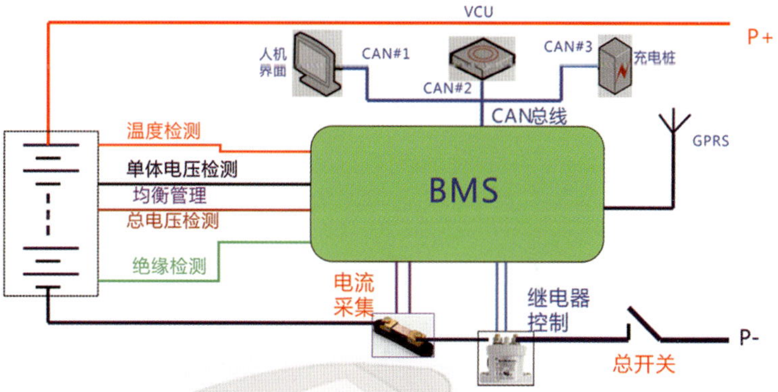

汽车BMS(主从式架构)

主要说明

主从式架构 BMS(三元，磷酸铁锂，钛酸锂通用)，分为从板和主板两个部分。

主板负责与整车通讯/诊断、标定、充电控制、Crash 信号监控、高压互锁、热管理，均衡 控制、高压采样、高压绝缘监测、高压继电器驱动、高压继电器诊断、高压预充控制、 估算“SOC”、判定“SOH”、管理锂电池状态及应用策略；

从板负责单体电压的采集，温度的采集，执行主控部分的均衡命令。

参 数 表

项目	参数&选型	项目	参数&选型
应用领域	低速车/特种车/物流车/乘用车	SOC估算精度	≤5%
动力类型	纯动力/混合动力	绝缘电压检测范围	10-400V
应用电池类型	磷酸铁锂/锰酸锂/三元/钛酸锂	绝缘检测对地电阻	10KΩ-50MΩ
工作电压范围	8-36V	均衡电流	35-65mA
正常功耗范围	2-4W（不含继电器）	CAN通讯端口	4
工作环境温度范围	-20-85℃	RS485通讯端口	1
工作环境湿度范围	45-75℃	开关控制数量	5
总电压检测范围	10-200V	开关驱动能力	2A
总电压检测精度	≤0.4%	开关响应时间	1ms
电流检测范围	≤350A	耐压隔离等级	2500Kv/AC
电流测量精度	≤0.2%	显示方式	上位机/显示屏

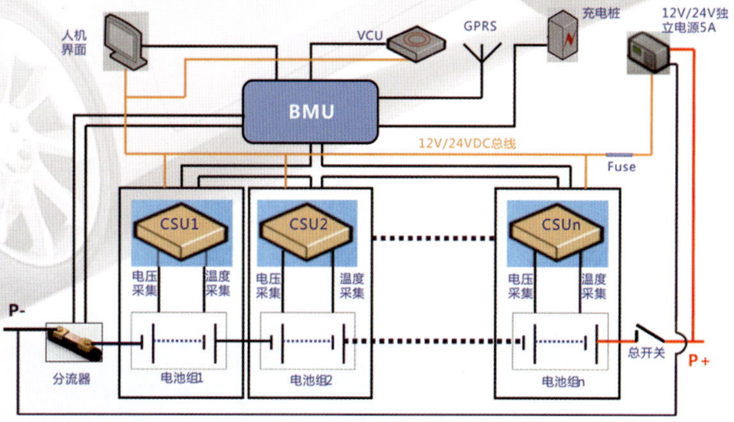

CSU: Cell supervision unit单个电池包监测单元; VCU: Vehicle controller unit;汽车控制单元。

专业定制电池管理系统

EVTD

公司简介

公司名称	EVTD Inc.
成立日期	2008 年 5 月 8 日
总部及研发中心所在地	东京都文京区本乡 7-3-1 东京大学 Entrepreneur Plaza 202

子公司

中国

上海翼飞天地电控科技有限公司

【地址】上海市长宁区长宁路 969 号 3305 室

【功能】售后服务中心、中国国内营销中心、BMS 周边配件的采购

技术优势

持久

§ 通过对电池 / 模组的控制最大限度的发挥电池的性能

优势一：有效阻止电池衰减，控制衰减的进度。

优势二：增加电池成组后的充放电次数，实现电池应用寿命长达 10 年以上。

经济

§ 通过使用已批量生产的锂电池以降低电池的购买成本

优势一：能够对应各类已经批量化生产，低价的锂电池并最大限度的发挥其性能。

优势二：与各类电池配套可以减少中间环节从而降低成本。

安全

§ 通过实时监测电池的状态提高使用的安全性

优势一：实时监测电池状态，电池报警功能可以防范电池因衰减导致突然死机或爆炸并提早发现电池的异常，及时防患于未然。

优势二：获取准确的电池数据，并根据稳定的电池评估、分析数据准确地检测电池的衰减情况。

发展历程

2010.7
BMS 研发获得日本新能源产业技术综合开发机构 5000 万日元奖励

2011.4
第一套电池组产品 BP001 正式完成（工程车）

2011.8
第二套电池组完成（自主品牌 αEV）

2011.9
升级版 BMS 研发获得日本新能源产业技术综合开发机构 800 万日元奖励

2012.3
第一套 BMS EBM001 完成（日本交通信号）

2012.7
参展 IEVE China2012

2012.11
成立上海翼飞天地电控科技有限公司

2012.12
第二套 BMS LEBM-20 完成（微型电动车）

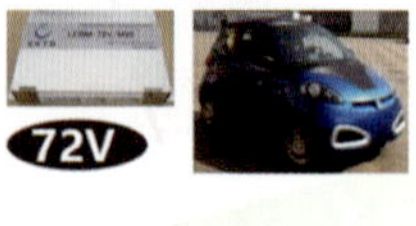

2013.3
第二代 BMS 样品试制成功

2013.3
参加东京国际电池展

国際 二次電池展

业务领域

电池管理系统（BMS）

结合客户需求、整车信息以及电池参数，设计匹配的BMS，保证电池安全、稳定、可靠，延长电池使用寿命。

电池系统应用技术

配合电池管理系统（BMS），开发相关技术与设备，使电池容量和电压均衡稳定，全面延长电池寿命。

锂电池主动均衡芯片

采用自主研发的专利技术，实现单个电池能源在整个电池组中进行高效多向转移。

电动汽车技术咨询服务

资深专家和完善成熟的运作体制，协助客户稳健快速发展，在激烈竞争中占据优势。

安全评估测试

适用规格	评估内容	适用规格	评估内容
RoHS 指令（2002/95/EC）	RoHS	EN ISO 13849	MTTF
ISO11452-4	BCI 测试	EN 50581-1:2012	CE 认证
IEC60068-2-27	冲击测试	EN 61000-6-1:2007	CE 认证
IEC60068-2-13	抗减压测试	EN 61000-6-3:2007 + A1:2011	CE 认证
ISO7637-2/3	过渡电压测试	GB-T 18384.1—18384.3-2001	绝缘检测
EN61000-4-2	静电放电测试	ISO11452-2	汽车电子辐射抗干扰测试
IEC60068-2-14	温度冲击测试	QC/T 897-2011	电动汽车用电池管理系统技术条件
ISO16750-2	脉冲干扰测试	CISPR24	信息技术设备抗扰度限值和测量方法
IEC60068-2-6	正弦波振动测试	CISPR22	信息技术设备的无线电骚扰限值和测量方法
EN61000-4-3	辐射干扰度测试	ISO10605	道路车辆静电放电引起的电干扰的试验方法
EN61000-4-6	传导干扰度测试	AEC-Q100 (Grade 1)	内部所有关键性元器件均符合汽车使用标准
UN3090-Class9	38.3.4.3 抗振动测试	AEC-Q101 (Grade 1)	内部所有关键性元器件均符合汽车使用标准
EN55025	电磁干扰波测定测试 (Class4)	AEC-Q200 (Grade 1)	内部所有关键性元器件均符合汽车使用标准
EN55022	电磁干扰波测定测试 (ClassB)	CISPR25	车辆、船和内燃机无线电骚扰特性用于保护车载接收机的限值和测量方法
EN61000-4-4	电快速瞬变脉冲群抗扰性测试		

2013.5
LEBM-20 应用于观光车项目

2013.7
第四套 BMS MEBM-300V 应用于 SUV 电动车

2013.9
日本家用储能系统正式完成

2013.10
OEM 移动电源正式完成

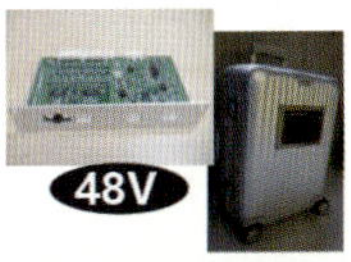

中国家用储能系统研制成功

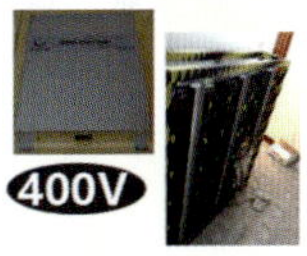

2014.2
搭载主动均衡的 BMS 获得日本新技术开发财团的 1500 万日元的奖励

2014.12
主动均衡芯片开发获得日本新能源产业技术综合开发机构 5000 万日元奖励

2013.6
第三套 BMS MEBM-48 完成应用于通信基站

2013.8
600V 高压主从控制 BMS 正式完成（煤矿备用电源）

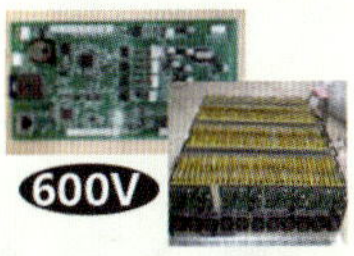

2013.9
第五套 BMS LEBM-48V/L8 完成（出口欧洲）

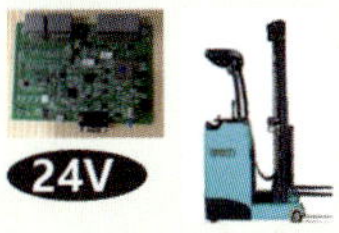

2013.12
高精度主动均衡芯片试制成功

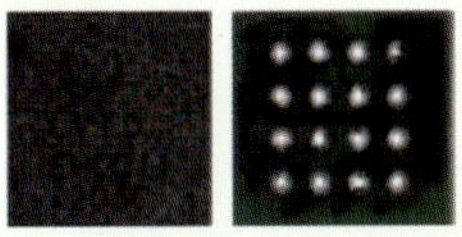

2014.4
2014 年北京车展推出最新款主动均衡 IC

EVTD Inc.
地址：上海市长宁区长宁路 969 号 3305 室　TEL：021-69726013　E-mail：info@evtd.co.jp　http://www.evtd.co.jp

中国北方车辆研究所测试中心
北方汽车质量监督检验鉴定试验所
国家储能及动力电池质量监督检验中心

1959年成立的中国北方车辆研究所是以地面移动平台总体技术为主业的研究所。中国北方车辆研究所测试中心是经中国北方车辆研究所授权建立的独立的第三方检测单位，已通过中国合格评定国家认可委员会认可，获得国家认证认可监督管理委员会资质认定，被中国机械工业联合会授权为"北方汽车质量监督检验鉴定试验所"，在此基础上建设的国家储能及动力电池质量监督检验中心于2015年8月获得国家认证认可监督管理委员会授权。中国北方车辆研究所测试中心现有工作人员一百多人，检测仪器/设备350台，试验室面积13000m2，固定资产2.5亿元。现具有整车、底盘零部件、电子器件、动力电池等产品的检测能力，是国家新能源车辆动力电池公告检测单位。

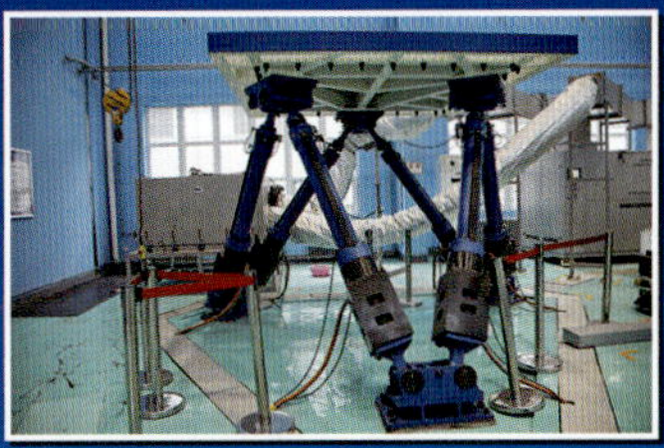

检验检测机构
资质认定证书

编号：150010223621

名称：国家储能及动力电池质量监督检验中心

地址：北京市丰台区槐树岭4号院（100072）

经审查，你机构已具备国家有关法律、行政法规规定的基本条件和能力，现予批准，可以向社会出具具有证明作用的数据和结果，特发此证。资质认定包括检验检测机构计量认证。

检验检测能力及授权签字人见证书附表。

你机构对外出具检验检测报告或证书的法律责任由中国北方车辆研究所承担

许可使用标志

MA
150010223621

发证日期：2015年08月24日

有效期至：20[illegible]年08月23日

发证机关：

本证书由国家认证认可监督管理委员会监制，在中华人民共和国境内有效。

中国合格评定国家认可委员会
实验室认可证书
（注册号：CNAS L0920）

兹证明：

中国北方车辆研究所测试中心
北京市丰台区槐树岭4号院，100072

符合ISO/IEC 17025：2005《检测和校准实验室能力的通用要求》（CNAS-CL01《检测和校准实验室能力认可准则》）的要求，具备承担本证书附件所列检测服务的能力，予以认可。

获认可的能力范围见标有相同认可注册号的证书附件，证书附件是本证书组成部分。

签发日期：2013-10-08
有效期至：2016-10-07
初次认可：2000-08-01
更新日期：2013-10-08

中国合格评定国家认可委员会授权人

No.CNAS AL 1　　0007400

Potevio

中国普天

普天新能源有限责任公司（简称“普天新能源”）是以新能源汽车充电网络建设、运营和服务为主业的中央企业，是中国普天信息产业集团公司控股子公司。依托于中国普天在信息通信和电池电源等领域积累的产业优势，打造新能源汽车产业运营、配套产品制造与服务产业平台，致力于发展成为全国性新能源汽车运营整体解决方案提供商。

2014年5月9日，民航总局下发《关于机场开展地面特种车辆“油改电”工作的有关意见及要求的通知》，要求将机场区域内运行的特种车辆由传统的化石燃油驱动改造或替换为电能驱动能源，“油改电”成为民航领域新能源应用新领域。

普天新能源积极探索民航领域的新能源汽车推广应用，与中国国航签署战略合作协议，共同推进民航领域实现节能、环保、安全的新能源汽车规模化应用新时代。目前，普天新能源已在武汉天河机场、成都双流机场、长沙黄花机场及北京首都机场开展“油改电”试点新能源汽车基础设施建设、运营工作；协助西安咸阳机场、武汉天河机场、昆明长水机场、深圳宝安机场及长沙黄花机场等完成机场地面特种车辆“油改电”试点工作总体规划；并与中国国航、东风航空、民航大学、航科院及国内外特种车辆企业深入合作，共同推进我国民航领域新能源汽车规模化推广应用。

普天新能源在成都双流机场的充电区

普天新能源在国航办公区域的充电区

普天新能源在武汉天河机场的充电区

普天新能源在北京首都机场的充电区

上海电巴新能源科技有限公司
Shanghai Dianba New Energy Technology Co.,Ltd
电话：021-20951398

公司在上海临港重装备产业园区投资4.5亿元，建设“新能源汽车充换电站设备研发生产基地”，是集新能源汽车应用、智能储能站、节能增效管理于一身的师范基地，全球技术领先的电动汽车充换电配套设备产业基地。

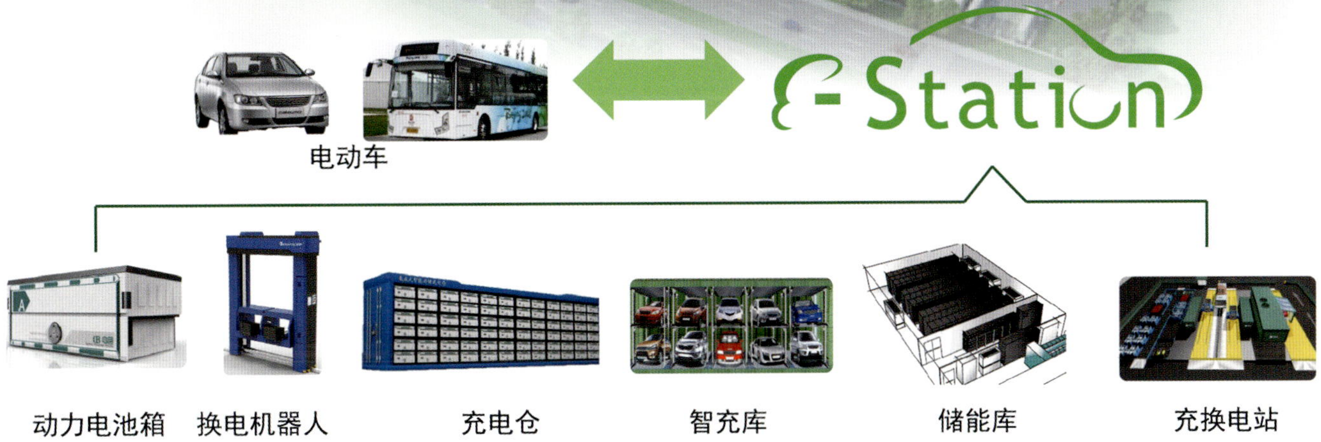

E-station:

电巴提出E-station概念，主张将充换电站视作一个能源站，把充换电站的建设延伸为绿色产业链。站内电池不应被看成是油箱的替代品，而是一个储能载体。

能源站除了为电动汽车提供充换电服务外，还能吸纳储存风电、光伏发电，使用智能控制系统，配合电网削峰填谷，储存的电能还可以作为城市应急备用电源。

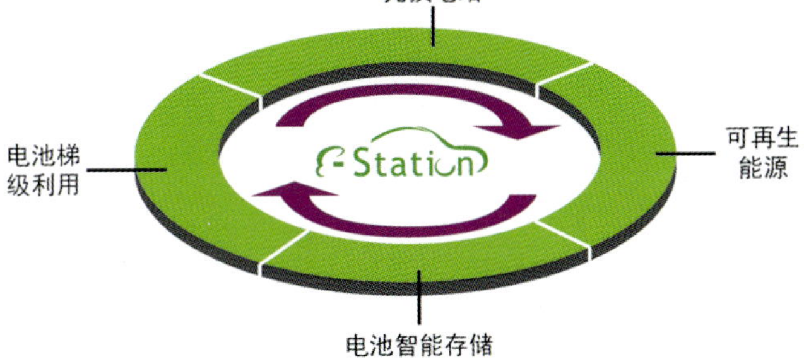

商业模式:

作为绿色出行系统解决方案提供商，公司提供系统解决方案的咨询、设计服务，并作为投资主体，整合绿色产业链各方面资源，建设绿色出行系统。

公司对充换电站建设整体投入、运营维护做概算，考虑设备（设施）、电池折旧、人工成本等因素，设定合理单位耗电费用。

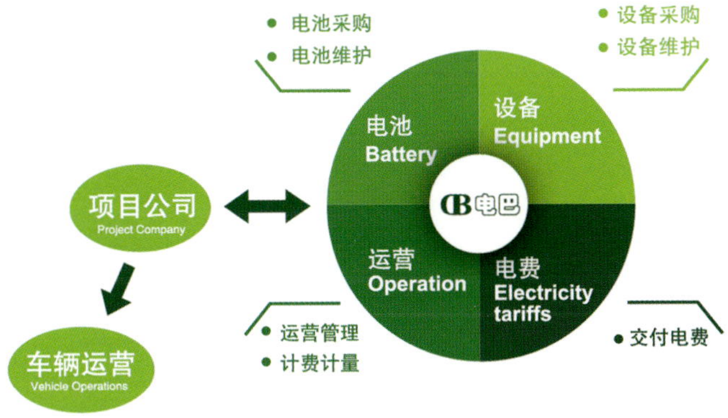

星星充电公众号　万帮德和公众号

WANBANG NE
万帮新能源

万帮新能源集团

万帮车业是江苏最大的汽车经销商集团，2015年销售额220亿，年销售汽车近8万辆。旗下共有65个汽车经销店，其中以梅赛德斯奔驰为主的豪华汽车品牌店23个，主要分布在鲁、苏、皖、沪地区。

2014年万帮车业紧贴产业发展机遇，成立万帮新能源投资集团大举进军新能源领域，并形成了万帮特色的新能源全产业链，包括：主营充电设备研发与制造的万帮德和新能源科技有限公司、主营充电设施城市运营的星星充电、主营新能源品牌汽车销售的4S店群、为各大主机厂提供全国性私人充电桩安装服务的云安装以及致力于打造成为国内新能源汽车第一线上商城的i电动。

万帮新能源实现多个国内领先：万帮德和新能源科技有限公司研发了我国首台互联网充电机、恒功率充电机，首年即获得11家主机厂订单，产销量达5万台，市场份额实现全国第一；万帮星星充电运营全国首个互联网充电桩，是全国首个实现无卡充电、无屏充电、充电枪头保护、国内领先的充电桩运营商；万帮4S店群覆盖北京、上海、武汉、南京、常州、芜湖等城市，是国内目前门店数量最多、经销品牌最广、综合实力最强的专业新能源汽车经销商；云安装已成为最大的全国私人用户充电桩配套服务指定合作商。

万帮新能源投资集团有限公司　地址：中国 常州 武进汽车城D区8号　服务热线：400-8280-768

西湖電子集團
WESTLAKE ELECTRONICS GROUP CO.,LTD.
智能充电系统解决方案
充电设备供应商
北 皇姑山路 南
N Huang GuShan RD. S
西湖電子集團
爱易充
提供充电整体解决方案
提供充电场站的施工建设
提供充电设备
提供充电设备维护服务
西湖电子集团有限公司
TEL:0571-88271470 ADD:浙江省杭州市教工路1号 www.xhdzjt.com.cn

节能系统　光伏微网　充换电设备

绿色智能设备 开启能源互联

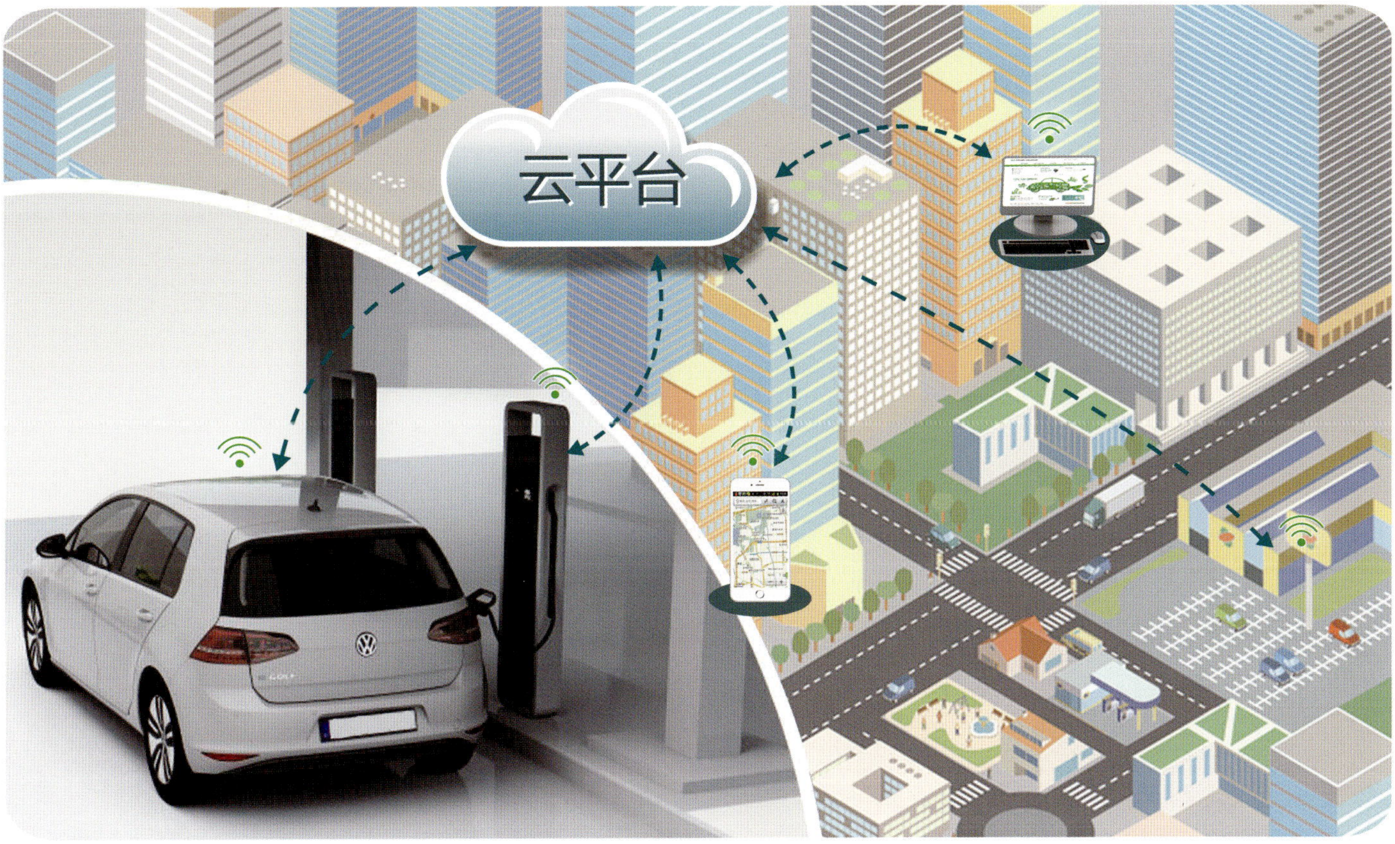

电动汽车充换电解决方案专家

许继集团在充换电设施关键技术研究、核心装备研制、工程建设等方面已走在国际前列。

参与建设300座电动汽车充换电站

建设42个电动公交大巴车换电工位

提供10000台交、直流充电桩

可服务50000辆电动汽车

许继拥有交流充电桩、一体式直流充电机、分体式直流充电机三大类**20**余款产品，适用于多种应用场景，可根据客户不同需求提供全套解决方案，产品覆盖全国**30**个省市，累计销售额达**30**亿元。

◎时尚　◎科技　◎智能　◎安全　◎高效

许继集团有限公司
XUJI GROUP CORPORATION

地址：河南省许昌市中原电气谷新能源产业园
电话：0374-3212887 / 传真：0374-3311352-868
邮箱：xjdyscb@163.com

EV POWER GROUP
依威能源集團

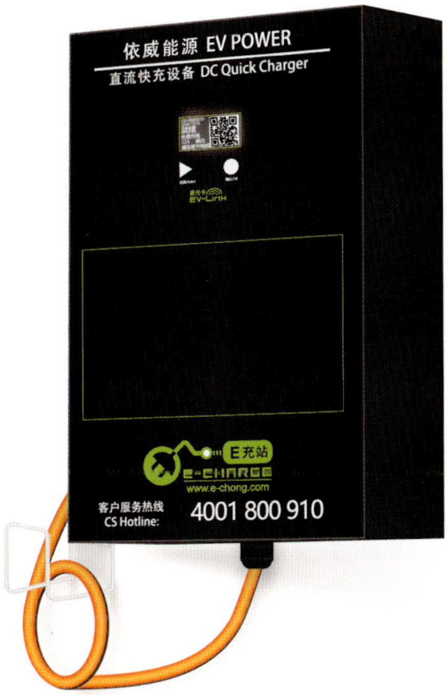

24.0 kW.h
直流快充桩

798/478/302 mm
高度/长度/深度

380 V
电压

3.5/7.0 kW.h
交流充电桩

340/150/140 mm
高度/长度/深度

220 V
电压

支持
支付宝和微信支付

支持
预约充电站

支持
故障/完成 SMS提示

充电站使用记录和用量分析
远程监控及充电控制
充电站位置和实时状态显示
专用车位

您的电动汽车
充电伙伴

Customer Service Hotline
24小时热线：400 1800 910

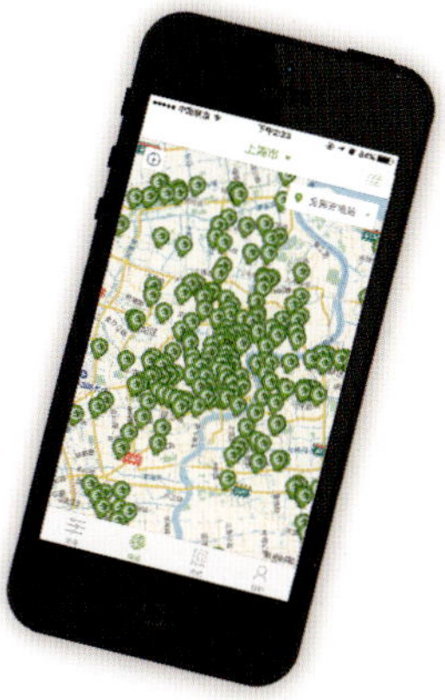

微信公众号

E充站 APP

E充站
E-CHARGE
www.e-chong.com

EV
整车高压系统连接技术解决方案
中航光电科技股份有限公司隶属中国航空工业集团公司，是国内规模最大的专业从事高可靠光、电、流体连接器研发与生产，同时提供系统光、电、流体连接技术解决方案的高科技企业。
我们于2007年11月1日在深圳证券所上市，证券代码:002179。
我们拥有新能源汽车事业部，专注于新能源汽车高压互锁、充电接口等系统的连接技术解决方案的研究与开发。
我们践行“航空报国、强军富民”宗旨；秉承“诚信、廉洁、创新”为核心的中航光电特色文化，倾力打造成为全球领先的互连方案提供商。
JONHON
www.jonhon.cn

TE connectivity JV SCII

公司简介

1999年3月，上海西埃电器有限公司和美国TE Connectivity各出资50%股份合资创建上海西艾爱电子有限公司（简称SCII）。

2001年，上海西艾爱电子有限公司开始生产TE品牌高压直流接触器，Corcom电源滤波器，P.U变压器等世界著名品牌产品。

2005年，上海西埃电器有限公司作为TE的合格分销商，中国总代理，负责开展TE产品在中国区域的销售。

2006年上海西埃电器有限公司依托中美军工航天技术自主生产和销售SCII品牌的中高压直流接触器，并且全部通过汽车级认证。

2016年上海西埃电器有限公司产品线覆盖:

TE大功率直流接触器

SCII大功率直流接触器

MSD手动维修开关

预充电阻

高压插件

电流传感器

17年来，SCII连续获得出口先进企业，并于2009年至今持续荣获上海市高新技术企业证书。

SCII具有完善的质量保证体系，通过ISO9001：2008和ISO14001:2004认证，TS16949体系认证。

产品优势

1. 拥有国际上两大主流技术：陶瓷封装技术和环氧塑封技术。

2. 腔体内填充特殊气体，具有非常高的电弧冷却能力，最高可切断1800Vdc。

3. 产品防护等级IP69。

4. 拥有多项独立的专利技术和自主知识产权。

5. 产品涵盖额定10-500A，额定电压12-900V，最高可达1800V，可满足所有新能源汽车和充换电设备，BMS，PACK，整车电控系统，汽车空调，低速电动车等应用要求。

地址：上海市宝山区一二八纪念路878弄万达广场5号楼621室　　电话：021-56489992 ，021-56489993

传真：021-56489983　　EMAIL:sales@shanghaicii.com;　　联系人：王佩君 赵建华 陆鑫磊

玉柴机器
YC DIESEL
卓越动力·国际玉柴
EXCELLENT POWER & GLOBAL YUCHAI
绿色动力 成就绿色未来
高可靠 低能耗 低噪音 便维护
国5
玉柴混合动力系统
玉柴第二代插电式混合动力系统采用发动机 + 离合器 + 电机 + AMT 的单轴并联结构设计，结构紧凑，强度高，质量轻，能满足各类车辆（客车、卡车、工程机械、专业车等）的安装要求。提供个性化的配置方案，节油率高且稳定，满足国家新能源补贴要求。
玉柴第二代插电式混合动力系统主要包括专用发动机总成、离合器总成、永磁电机、电机控制器、ATM 自动变速箱总成、储能系统、混合动力总成控制器及控制线束等。
广西玉柴机器股份有限公司
Guangxi Yuchai Machinery Co.,Ltd.
地　　址：广西玉林市天桥西路88号
销售热线：0775-3223700
全国服务热线：95098
官方微信平台
服务微信平台

潍柴西港新能源动力有限公司

潍柴西港新能源动力有限公司是潍柴在清洁能源发动机板块的专业研发制造企业，由潍柴控股集团、西港创新（香港）有限公司、香港培新天然气设备有限公司三方合资共同组建，股比分别为40%、35%和25%。

公司创建于1999年6月，厂房建筑面积5万余平方米，年生产能力15万台。现设6个部门：综合管理部、财务部、制造部、销售部、技术部、质量部，拥有员工近500人。

公司拥有先进的专业装配线和亚洲最先进的燃气发动机实验装备，产品包括WP5NG、WP6NG、WP7NG、WP10NG、WP12NG、WP13NG等，功率覆盖120~353千瓦，达到国Ⅳ、国Ⅴ排放标准，广泛应用于城市公交、公路客车、重型卡车、工程机械、船舶动力、发电设备等多个领域。其中，燃气重卡市场在国内已占据“龙头”主导地位，公交客车市场呈现高速发展的趋势。

公司先后承担过国家“九五”“十五”和国家863等多项科技攻关项目，现正在推广的WP12HPDI缸内直喷LNG发动机，性能达世界领先水平。

今后，公司将继续实施科技领先战略，不断提升核心竞争力，致力于将潍柴西港打造成为国内最大、世界领先的新能源发动机制造基地。

绿色动力 国际潍柴

机型	排放	排量L	单缸气门数	额定功率/转速 kW/rpm	最大扭矩/转速 N·m/rpm	技术路线
WP7NG210E51	国Ⅴ	7.47	4	155/2100	850/1300～1500	单点喷射+催化氧化
WP7NG240E51				177/2100	900/1300～1500	
WP7NG260E51				191/2100	1000/1300～1500	
WP7NG270E51				199/2100	1050/1300～1500	
WP7NG280E51				206/2100	1050/1300～1500	

技术优势

更节能： 气耗较同类产品低10%以上。

更可靠： 使用寿命较同类产品高30%以上。

更安全： 安全系数达到国际领先水平。

更环保： 排放可达国Ⅳ、国Ⅴ排放标准。

更智能： 具有CAN通信、排气制动、共轨行等智能化功能。

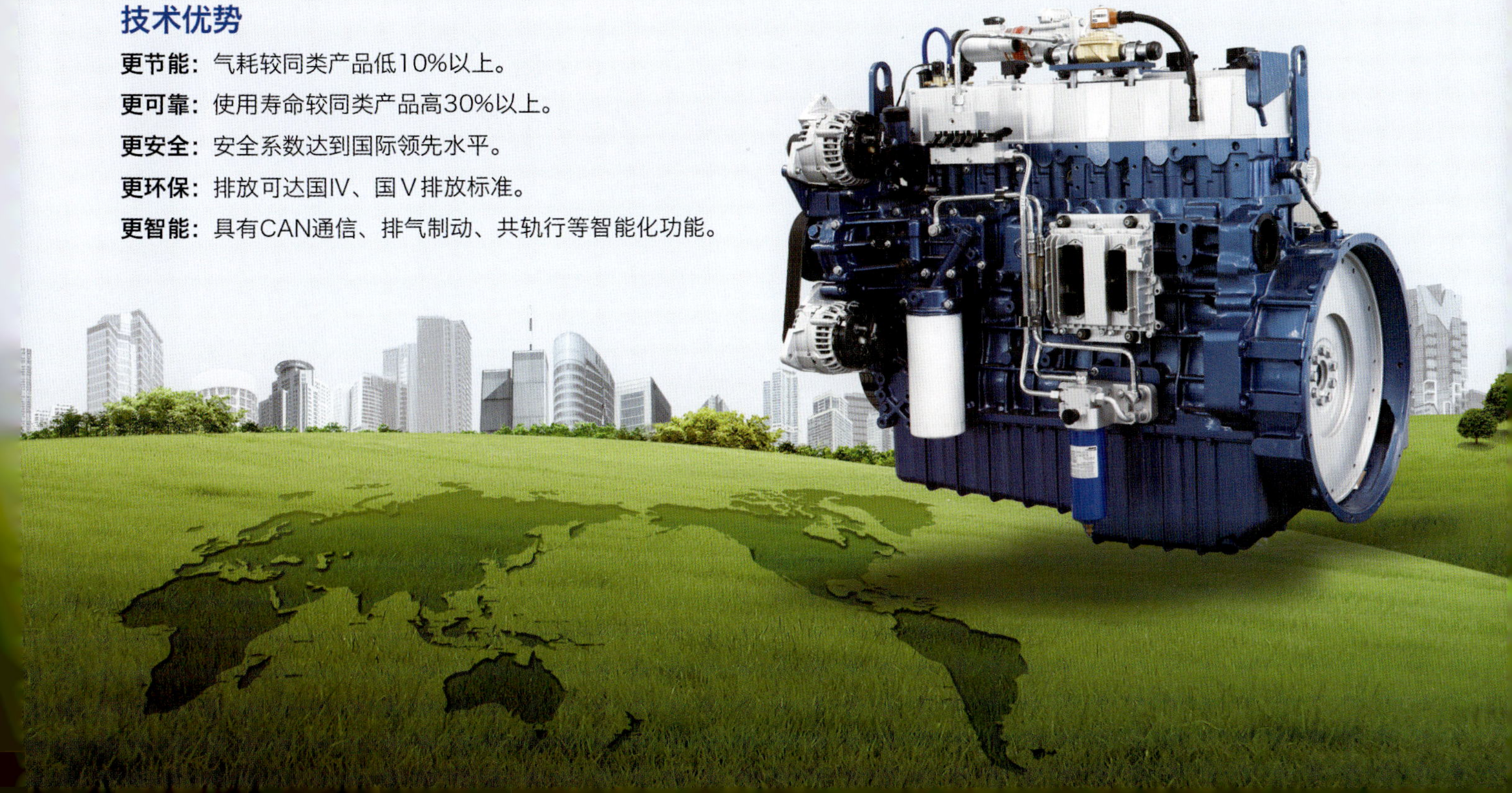

STEYRMOTORS
INNOVATION WITH LIGHTNESS

公司简介

斯太尔动力股份有限公司，成立于1978年9月，于1997年6月在深圳证券交易所上市（股票代码000760）。2013年年末，成功收购奥地利斯太尔有限公司（STEYR MOTORS GmbH），将其在高品质柴油发动机研发制造领域深厚的技术沉淀和研发实力纳入上市公司体系，初步形成以提供动力系统解决方案为主的产业格局。

截至目前，公司柴油发动机领域业务涵盖发动机及零部件的设计、研发、生产、销售及售后服务，主打产品斯太尔M1系列，采用Monoblock技术（即机身连体结构），以及独家研制的两级喷射高压泵喷嘴系统与双涡轮增压系统，喷油压力高达2,000bar，具有外形紧凑，质量轻，震动低，噪音小，可靠性高，油耗低，可适应包括柴油、煤油、生物油在内多种燃油的特点。

公司发动机业务项下主要产品为M12两缸发动机，M14 四缸发动机，M16 六缸发动机。可应用于军车、乘用车、新能源、海事船舶等领域。

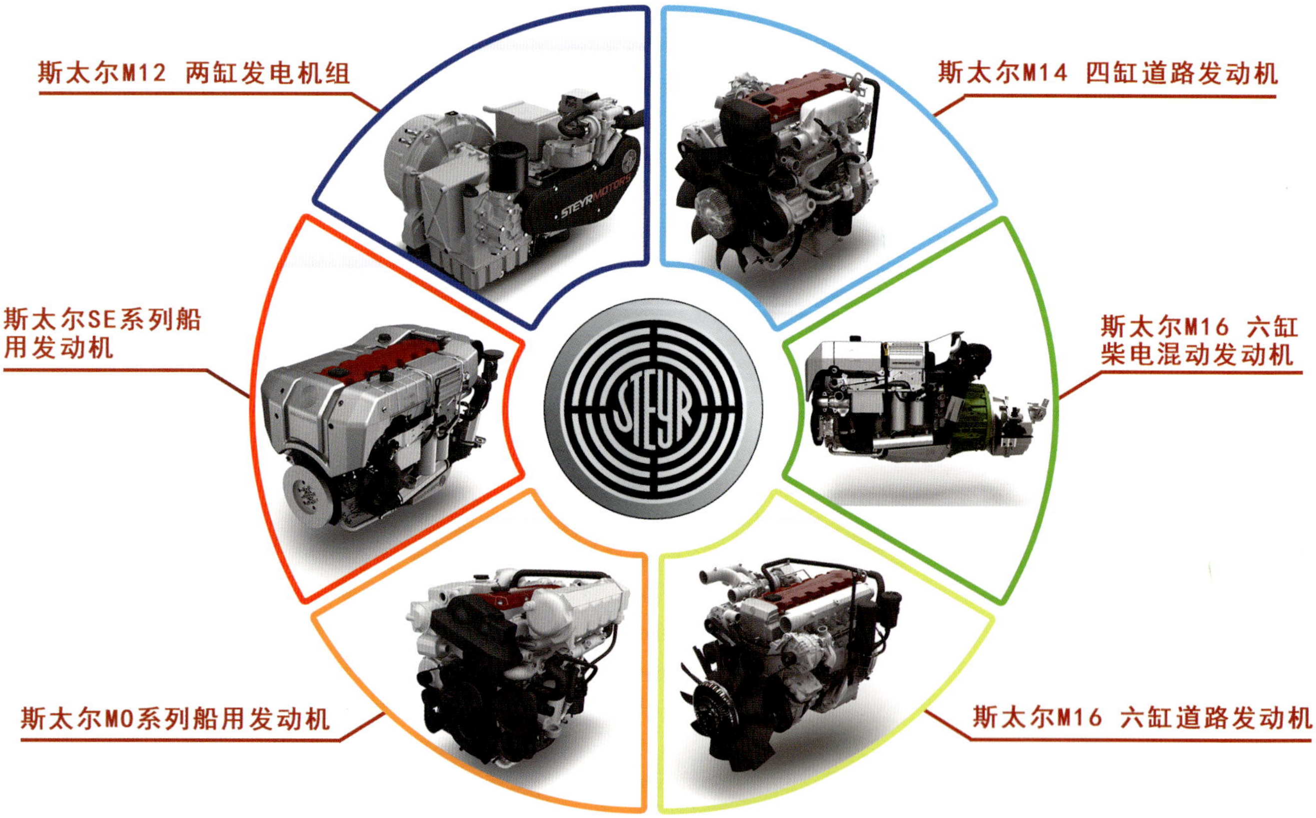

地址：江苏省常州市武进区高新区武宜南路377号 电话：（0519）81595600 邮箱：sales@steyr-motors.cn 网址：www.steyr-motors.cn

达思灵新能源
苏州达思灵新能源科技有限公司
SUZHOU DSM GREEN POWER CO. LTD
60KW-DC
增程式动力系统
引领高效节能发电机技术
使电动车增程器不再遥远
8KW
发电机
20KW
发电机
60KW
发电机
8KW
增程式动力系统
20KW
增程式动力系统
地址：苏州市相城经济开发区漕湖大道32号4幢（漕湖产业园）
电话：0512-69572302
传真：0512-69570218
邮箱：xl.chen@dsmgreenpower.com
网址：www.dsmgreenpower.com

奥特佳

奥特佳新能源科技有限公司是深交所上市公司，股票代码002239。在汽车业务板块，目前奥特佳拥有南京奥特佳新能源科技有限公司、空调国际集团、牡丹江富通汽车空调科技有限公司3家控股公司，并参股澳特卡新能源科技有限公司。公司拥有汽车空调压缩机、汽车空调系统、新能源汽车电控产品三大系列产品。

在新能源领域，南京奥特佳、空调国际和澳特卡各有所长，相互支撑，共同实现了在新能源领域的优异成绩。

南京奥特佳

南京奥特佳电动压缩机品种齐全，共有6个系列100多品种规格，适用工质R134a、1234yf及R407c，在纯电动汽车及混合动力汽车领域具有广泛的应用，覆盖新能源轿车、卡车、客车及传统轿车、卡车、客车等国内众多车厂及其售后体系。

公司的电动压缩机为全封闭涡旋压缩机，具有高可靠性、高防护等级的特点。压缩机由直流永磁同步电机驱动，高效节能，转速可连续控制达到变排量效果，舒适性更高。压缩机配备了智能驱动控制器，提供驱动与保护功能，重量轻、体积小，并可根据客户需要增加CAN或LIN通信功能。客户涵盖了通用五菱、比亚迪、长安、北汽新能源、江淮汽车、奇瑞、吉利、力帆、华晨、福田、海马汽车等国内大多数主要的电动汽车生产企业。

南京奥特佳网址：www.aotecar.com

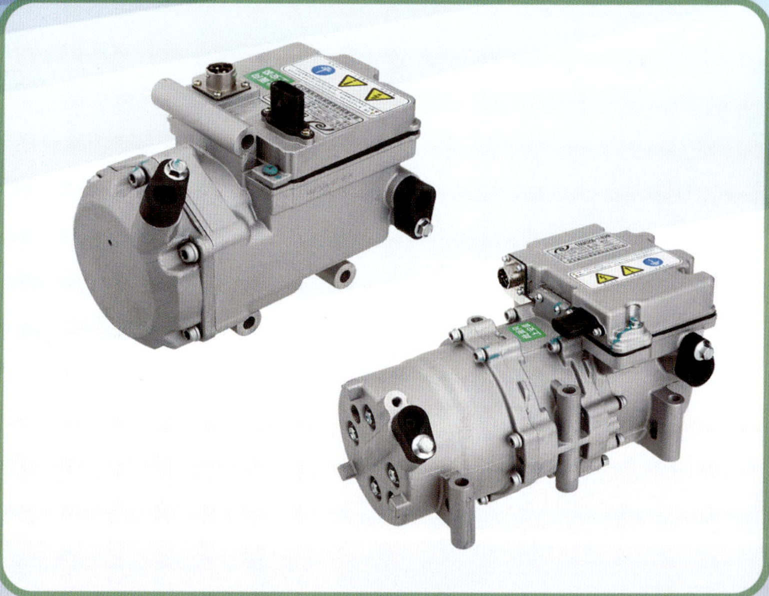

空调国际

Air International Thermal Systems
空调国际热能系统

空调国际从2008年开始致力于新能源汽车热管理系统的研发和制造。2011年量产Coda纯电动车和Fiska增程式混动车的整车热管理系统，集成能力达到国际先进水平。2012年将同样技术应用到国内长安等主机厂，成为国内第一批带整车电池热管理系统的电动车批产应用，取得了良好的客户反馈。

空调国际具有丰富的热管理系统开发经验，涵盖乘员舱舒适度控制、电池热管理、整车动力总成散热、电子电器散热、车辆余热回收、多源热泵等多个系统功能模块。在整车节能增程设计方面有多项实车案例和专有技术，开发车型覆盖48V微型车，轿车，SUV，大巴等各型新能源车辆。

空调国际网址：www.ai-thermal.com

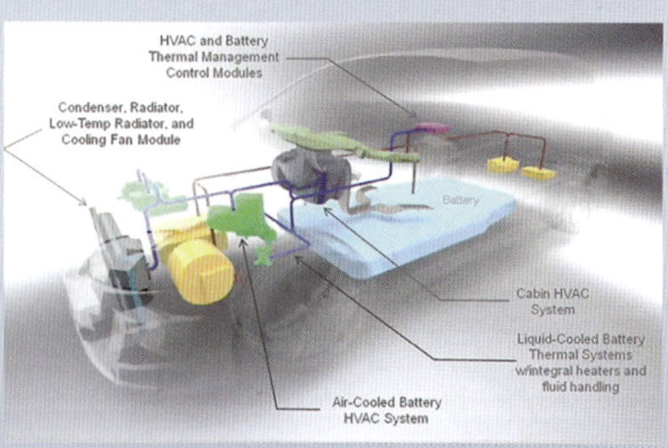

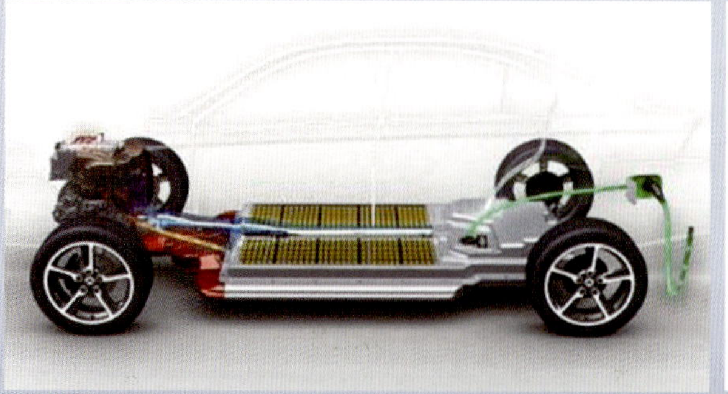

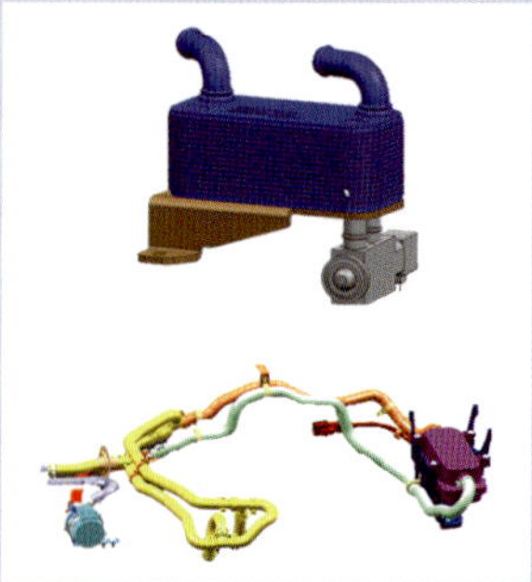

澳特卡

eCartronic 澳特卡新能源科技

澳特卡的主要产品包括新能源车用的整车控制器、混动控制器、永磁同步电机控制器、电池管理系统和电空调压缩机控制器，能够为客户提供一站式的新能源汽车动力总成集成开发服务。澳特卡的产品开发始终秉持安全、高效、可靠的理念，整个开发流程严格遵循车用电控系统的V型开发模式并导入ASPICE和ISO 26262功能安全的相关流程。公司的产品全部采用基于模型的开发方式进行，通过高效的图形化建模和自动代码生成技术，能够保证产品的可靠和高效、快速的开发周期。

澳特卡所有产品的软硬件均为技术团队自主研发，拥有100%的知识产权，并被授权了十多项国家发明专利和软件著作权。公司已经累计完成10项以上的新能源车动力系统相关的工程咨询或动力系统集成服务。

澳特卡网址：www.ecartronic.com

一体化开发平台

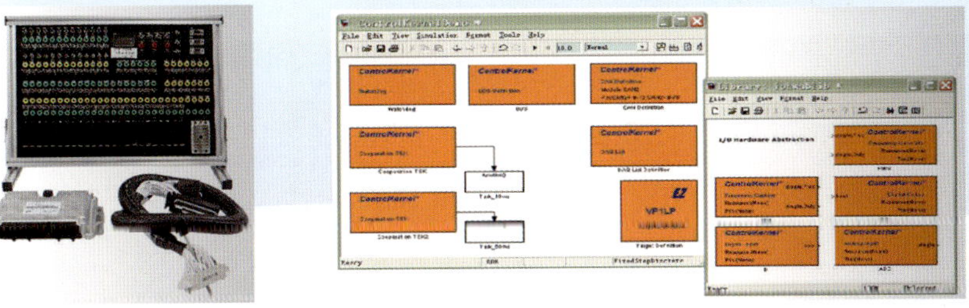

电动空调压缩机控制器

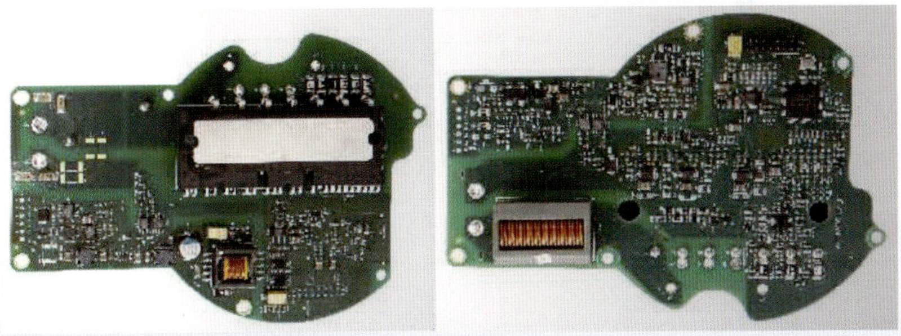

通用整车控制器

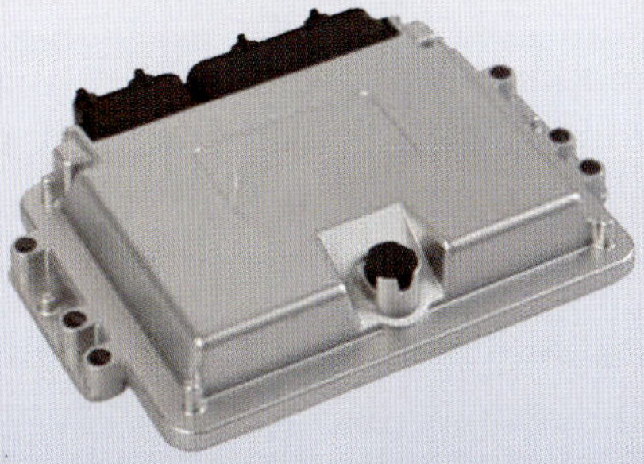

驱动电机控制器

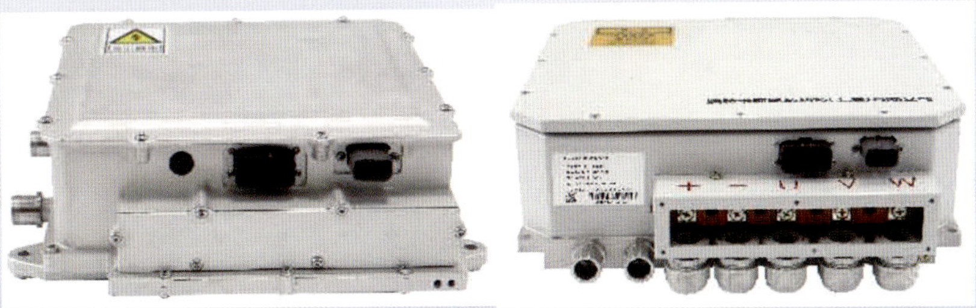

电池管理系统

BMU　　LECU　　HMU

宁波市江北九方和荣电气有限公司
NINGBO JIANGBEI GOFRONT HERONG ELECTRIC CO., LTD

和荣公司拥有二十多年的专业制造电容器的历史，主要生产设备及材料均从韩国、日本、德国等地进口，建成了先进的试验站，可以按照IEC61881标准对各类电力电子电容器进行完整的检测及试验。此外，公司是《GB/T25121-2010轨道交通机车车辆设备电力电子电容器》国家标准的第一起草单位，是国内轨道交通牵引及辅助变流器用电容器的龙头企业。公司产品涉及各类牵引系统（机车、动车、高铁、地铁、轻轨、新能源电动汽车）、工程机械、冶炼行业、风电、光伏、油气、IGBT保护、电力电网输变电等多个应用领域。

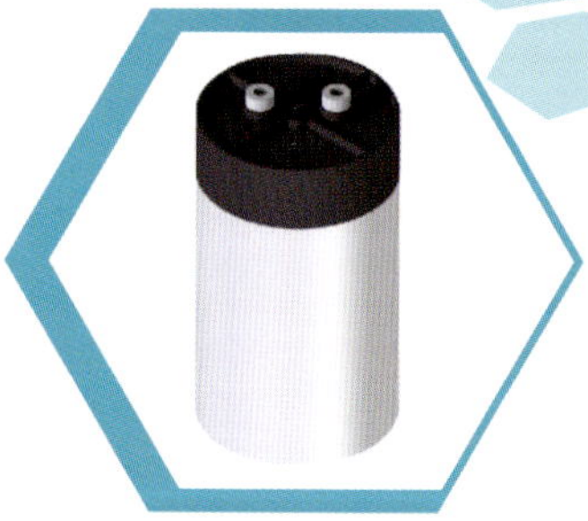

DKMJ1.1-420

用于风力发电或光伏系统，直流侧支撑及滤波，低ESL、ESR，具有良好的自愈性，阻燃和防爆特性

容量范围：420μF　　容量偏差：-5%～5%

额定电压范围：≤1.1kV DC　　适用环境温度：-25℃～85℃

适用环境湿度：≤95%，无结露　　适用海拔高度：≤2000m，可定制更高

执行标准：GB/T 17702-2013　　IEC 61071:2007

DKMJ0.8-3000

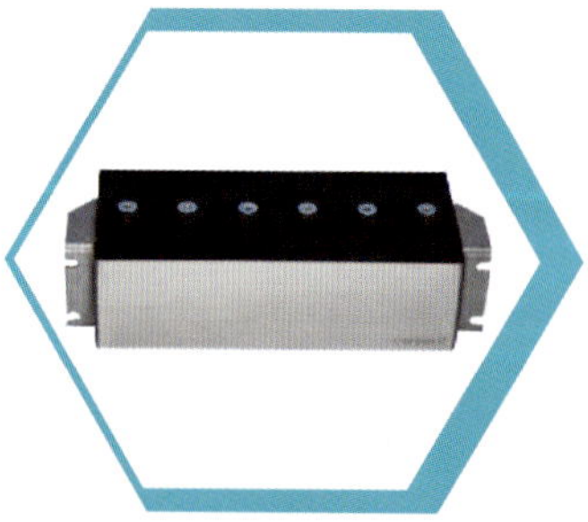

用于电动汽车电机控制器，作为电机驱动系统变流器直流侧支撑滤波电容使用，低ESL、ESR，具有良好的自愈性，阻燃和防爆特性

容量范围：3000μF　　容量偏差：-5%～5%

额定电压范围：≤1kV DC　　适用环境温度：-25℃～85℃

适用环境湿度：≤95%，无结露　　适用海拔高度：≤2000m，可定制更高

执行标准：GB/T 17702-2013　　IEC 61071:2007

DKMJ0.8-200

用于电动汽车电机控制器，作为电机驱动系统变流器直流侧支撑滤波电容使用，低ESL、ESR，具有良好的自愈性，阻燃和防爆特性

容量范围：2000μF　　容量偏差：-5%～5%

额定电压范围：≤1kV DC　　适用环境温度：-40℃～95℃

适用环境湿度：≤95%，无结露　　适用海拔高度：≤2000m，可定制更高

执行标准：GB/T 17702-2013　　IEC 61071:2007

DKMJ0.8-1000

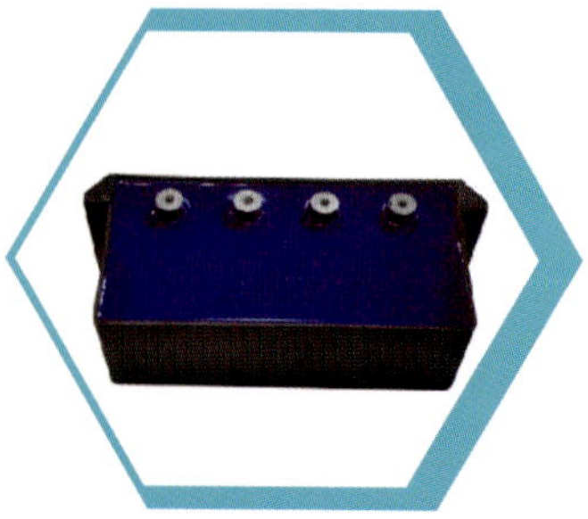

用于电动汽车电机控制器，作为电机驱动系统变流器直流侧支撑滤波电容使用，低ESL、ESR，具有良好的自愈性，阻燃和防爆特性

容量范围：1000μF　　容量偏差：-5%～5%

额定电压范围：≤1kV DC　　适用环境温度：-40℃～95℃

适用环境湿度：≤95%，无结露　　适用海拔高度：≤2000m，可定制更高

执行标准：GB/T 17702-2013　　IEC 61071:2007

地址：浙江宁波江北洪塘长阳路866号　　电话：0574-87386688　　400-926-6161

邮编：315033　传真：0574-87355002　　网址：www.herong.com.cn

YUEBOO
越博动力

致力于新能源汽车动力总成领军企业

南京越博动力系统股份有限公司是国家高新技术企业、全国实施卓越绩效模式先进企业，专注于新能源汽车动力总成研发及产业化，注册资本5886万元，公司现有员工近400人，90%以上为本科及以上学历。

南京越博主营纯电动汽车动力总成产品平台，已列入江苏省和南京市新兴产业重点推广应用新产品目录，并通过了高新技术产品认定，纯电动客车动力总成荣获南京市科技进步奖，产品综合性能获得中国工程院院士郭孔辉的高度认可。

目前，南京越博主营产品广泛应用于纯电动客车、纯电动公交车、纯电动物流车、纯电动重型卡车等车型。产品成功服务于南京青奥会，已在东风、长安、南京金龙、厦门金旅等国内60多家整车企业批量应用。2015年纯电动汽车动力系统销售总量近10000台套，经中国机械通用零部件工业协会齿轮分会数据统计表明，市场占有率为10%，在国内纯电动汽车动力总成行业排名第一。

越博承担数十项省市国家级科技项目，包括国家火炬计划产业化示范项目和江苏省科技成果转化专项资金项目，建有江苏省企业研究生工作站、南京市工程技术研究中心、南京市企业技术中心和南京市工业设计中心。申请专利54项，包括21项发明专利，2项国际发明专利已受理。

公司已通过ISO/TS16949:2009质量管理体系认证、ISO14001环境管理体系认证、OHSAS18001职业健康安全管理体系认证。公司秉承“以客户为中心、以质量为基础、以管理控风险、以创新谋发展”的企业宗旨，致力于新能源汽车动力总成领军企业！

产品所对应车型

全路况

高性能

低功耗

国内领先、国际先进的电动汽车**综合技术解决方案提供商**

电动汽车**动力系统及控制系统**的集成供应商

●异轴式电驱动桥

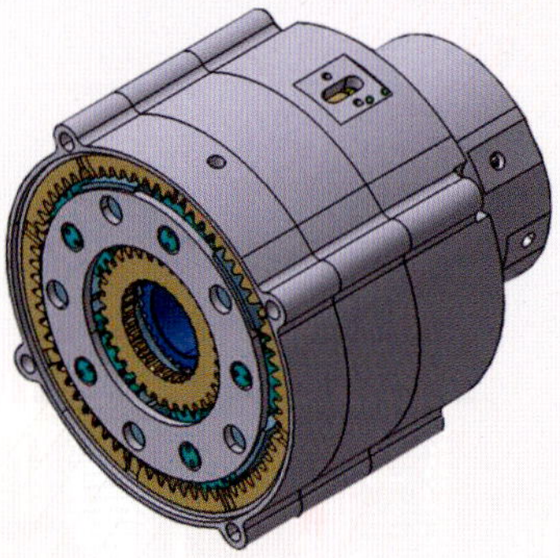

●同轴式电驱动桥

●整车控制器

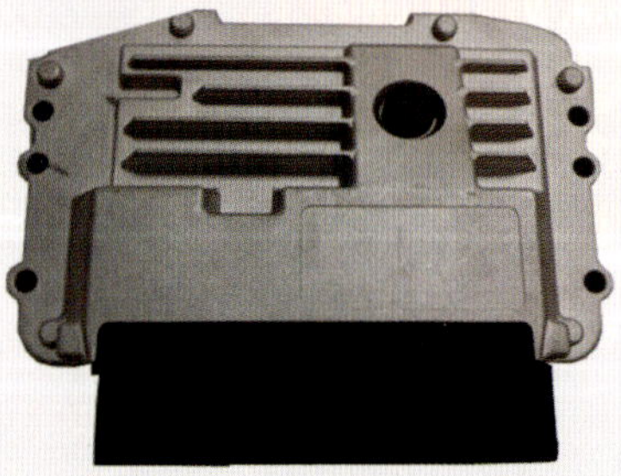

●电机控制器

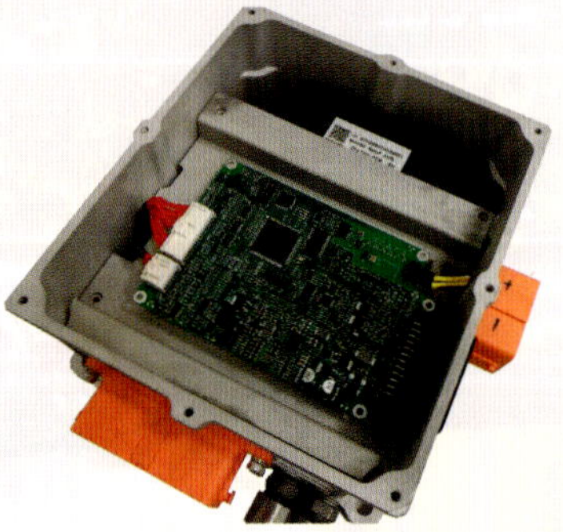

●动力总成系统

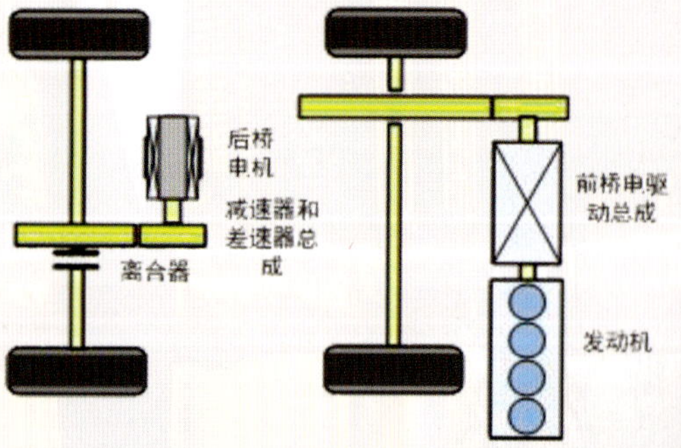

经过50多年的发展，中国汽车工程研究院股份有限公司（简称“中国汽研”）成为国内汽车行业最主要的独立研究机构，拥有较强汽车技术研发能力、一流试验设备和较高行业知名度。2014年8月，中国汽研出资一亿元，成立重庆凯瑞电动汽车系统有限公司（简称“凯瑞电动”），凯瑞电动作为中国汽研的全资子公司，重点围绕纯电动汽车和插电式混合动力汽车的发展，掌握相关的整车集成控制和动力系统设计关键技术，开发出适合纯电动专用车、插电式乘用车、插电式客车等需要的动力系统。

凯瑞电动致力发展成为国内一流、有一定国际竞争力的新能源汽车动力系统集成供应商，为创造绿色环保、安全快捷的大众交通贡献力量。

重庆凯瑞电动汽车系统有限公司

Chongqing CAERI Electric Vehicle System Co.,Ltd.

中国汽研

地址：重庆市渝北区金渝大道9号　电话：023-68825891　传真：023-68662112　网址：www.caeri.com.cn

2016
节能与新能源汽车年鉴

中国汽车技术研究中心
北京国能赢创能源信息技术有限公司 编
《节能与新能源汽车年鉴》编制办公室

中国经济出版社
CHINA ECONOMIC PUBLISHING HOUSE
·北京·

图书在版编目（CIP）数据

节能与新能源汽车年鉴．2016／《节能与新能源汽车年鉴》编制办公室编．
北京：中国经济出版社，2016.11
ISBN 978－7－5136－4506－5

Ⅰ．①节…　Ⅱ．①节…　Ⅲ．①节能—新能源—汽车—中国—
2016—年鉴　Ⅳ．①U469.7－54

中国版本图书馆CIP数据核字（2016）第283087号

责任编辑　李祥柱　郑　潇
责任审读　霍宏涛
责任印制　马小宾
封面设计　华子图文

出版发行　中国经济出版社
印 刷 者
经 销 者　各地新华书店
开　　本　889mm×1194mm　1/16
印　　张　85
字　　数　2600千字
版　　次　2016年11月第1版
印　　次　2016年11月第1次
定　　价　980.00元

广告经营许可证　京西工商广字第8179号

中国经济出版社　**网址** www.economyph.com　**社址** 北京市西城区百万庄北街3号　**邮编** 100037
本版图书如存在印装质量问题，请与本社发行中心联系调换（联系电话：010－68319116）

2016年《节能与新能源汽车年鉴》

特约理事单位

（以单位名称笔划为序）

山东沂星电动汽车有限公司	重庆长安汽车股份有限公司
天津力神电池股份有限公司	浙江超威创元实业有限公司
中车新能源科技有限公司	深圳天邦达科技有限公司
中国第一汽车集团公司	超威集团
长江汽车控股集团	湖州天丰电源有限公司
东风汽车公司	

协办单位

（以单位名称笔划为序）

上海重塑能源科技有限公司	北京国能电池科技有限公司
北汽福田汽车股份有限公司	苏州弗尔赛能源科技股份有限公司

支持单位

（以单位名称笔划为序）

Protean Drive® 驱动系统

万帮新能源投资集团有限公司

上海电巴新能源科技有限公司

上海电驱动股份有限公司

上海西埃电气有限公司

上海汽车集团股份有限公司

上海依威能源科技有限公司

上海蔚来汽车有限公司

广东晓兰客车有限公司

广西玉柴机器股份有限公司

广州汽车集团乘用车有限公司

天津三电汽车空调有限公司

天津清源电动车辆有限责任公司

云杉智慧新能源技术有限公司

云南力帆骏马车辆有限公司

中天储能科技有限公司

中国重汽集团济南豪沃客车有限公司

中航光电科技股份有限公司

内蒙古中钰镁业集团

丹东黄海汽车有限责任公司

东莞市创明电池技术有限公司

北京机械工业自动化研究所

北京和信瑞通电力技术股份有限公司

北京博科测试系统股份有限公司

四川野马汽车股份有限公司

乐视超级汽车

宁波市江北九方和荣电气有限公司

宁海知豆电动汽车有限公司

辽宁乾丰专用车有限公司

江苏卡威汽车工业集团有限公司

江苏春兰清洁能源研究院有限公司

江苏敏安电动汽车有限公司

江苏智航新能源有限公司

安徽江淮汽车股份有限公司

苏州奥易克斯汽车电子有限公司

国家机动车质量监督检验中心（重庆）

科力远混合动力技术有限公司

重庆凯瑞电动汽车系统有限公司

重庆穗通新能源汽车制造有限公司

航天新长征电动汽车技术有限公司

深圳市五洲龙汽车有限公司

深圳市通茂电子有限公司

奥特佳新能源科技股份有限公司

普天新能源有限责任公司

福建省汽车工业集团
云度新能源汽车股份有限公司

2016年《节能与新能源汽车年鉴》编审委员会

主任委员：（以姓氏笔划为序）

王秉刚　国家863计划节能与新能源汽车重大项目监理组
衣宝廉　中国科学院大连化学物理研究所
李万里　中国汽车工业协会（原）
李　钢　国投创新投资管理有限公司
李宏刚　科技部高新技术及产业化司
吴　卫　国家发展改革委产业协调司
佘伟珍　工业和信息化部装备工业司
武　平　科技部高新技术及产业化司
欧阳明高　清华大学
金茂菁　科技部高技术研究发展中心
赵　航　中国汽车技术研究中心（原）
胡　群　工业和信息化部产业政策司
钱明华　工业和信息化部装备工业司

副主任委员：（以姓氏笔划为序）

王建海　中国汽车技术研究中心
任旭东　湖州天丰电源有限公司
任晓常　中国汽车工程研究院股份有限公司（原）
许宪平　中国第一汽车集团公司
孙延先　浙江超威创元实业有限公司
孙宝岗　深圳天邦达科技有限公司
孙逢春　北京理工大学
贡　俊　上海电驱动股份有限公司
李　骏　中国第一汽车集团公司技术中心
肖成伟　中国电子科技集团第十八研究所
吴志新　中国汽车技术研究中心
余达太　山东沂星电动汽车有限公司
余卓平　同济大学
邹玉峰　天津力神电池股份有限公司
汪正胜　重庆长安汽车股份有限公司
沈浩明　上海汽车集团股份有限公司
宋　健　清华大学
张书林　中国汽车工业协会（原）
张进华　中国汽车工程学会
张建伟　中国汽车技术研究中心

张景舒　北京国能电池科技有限公司
陆建辉　奇瑞汽车股份有限公司
陈青山　北汽福田汽车股份有限公司
林　琦　上海重塑能源科技有限公司
周龙瑞　超威电源有限公司
郑贺悦　中机车辆技术服务中心
赵福全　清华大学
顾荣鑫　苏州弗尔赛能源科技股份有限公司
倪建华　江苏卡威汽车工业集团有限公司
黄佳腾　东风汽车公司(原)
黄学杰　中科院物理研究所
曹　忠　长江汽车控股集团
傅冠生　宁波中车新能源科技有限公司
裘新铭　深圳市大地和电气股份有限公司
甄子健　科技部高技术研究发展中心

委　　员:(以姓氏笔划为序)

1. **各省、自治区、直辖市、计划单列市**

马运侠　山西省经济和信息化委员会
王　含　重庆市经济和信息化委员会
王桂强　山东省经济和信息化委员会
王燮耀　湖北省襄阳市汽车工业办公室
方安明　湖州市经济和信息化委员会
刘立武　海口市科学技术工业信息化局
刘建华　上海市新能源汽车推进办公室
齐　鹏　天津市科学技术委员会
许心超　北京市科学技术委员会
苏超然　广西壮族自治区工业和信息化委员会
杜　毅　黑龙江省工业和信息化委员会
李广平　广东省发展和改革委员会
李中军　金华市经济和信息化委员会
李　莉　新乡市工业和信息化委员会
李　涛　河南省工业和信息化委员会
李维宾　大连市经济和信息化委员会
杨云贵　南通市交通运输局
肖理生　绍兴市经济和信息化委员会
余　伟　广州市发展和改革委员会
汪自强　芜湖市科学技术局
张　瑛　江苏省经济和信息化委员会
张魁伟　武汉市科学技术局
陈贵如　北京市新能源汽车发展促进中心
幸红星　江西省科学技术厅
周永清　四川省经济和信息化委员会

郑大治　沈阳市发展和改革委员会

郑荣新　杭州市经济和信息化委员会

段润保　河北省工业和信息化厅

侯树谦　云南省科学技术厅

宫毓刚　吉林省工业和信息化厅

胥亮亮　盐城经济技术开发区管委会

耿江波　扬州市经济和信息化委员会

党　钢　南昌市科技局

殷林波　湖南省经济和信息化委员会

郭玉宁　南京市经济和信息化委员会

黄幼林　福建省经济和信息化委员会

蒋如国　宁波市科学技术局

程知逊　西安市发展和改革委员会

程振革　合肥市科学技术局

蔡　羽　深圳市发展和改革委员会

2. 科研院所

王子冬　中国北方车辆研究所

王庆华　信息产业化学物理电源产品质量监督检验中心

王贺武　清华大学

王震坡　北京理工大学机械与车辆学院

方茂东　国家轿车质量监督检验中心(天津)

刘昌仁　重庆车辆检测研究院有限公司

刘桂彬　中国汽车技术研究中心

许　敏　上海交通大学

阮廷勇　国家机动车质量监督检验中心(重庆)

李汉舟　西安航天精密机电研究所

李　君　吉林大学汽车工程学院

杨晓松　国家汽车质量监督检验中心(襄阳)

宋　强　北京理工大学

陈万应　国家燃气汽车工程技术研究中心

尚俊云　西安航天精密机电研究所

侯　明　中国科学院大连化学物理研究所

姜久春　北京交通大学

郭　刚　重庆大学汽车工程学院

黄宏成　上海交通大学

黄学杰　中国科学院物理研究所

黄建军　国家汽车质量监督检验中心(柳州)

曹　飞　重庆车辆检测研究院有限公司

曹云翔　北京机械工业自动化研究所

龚进峰　中国汽车技术研究中心汽车工程研究院

章　桐　国家燃料电池汽车及动力系统工程技术研究中心

彭永伦　国家汽车质量监督检验中心(北京)

谢　辉　天津大学内燃机燃烧学国家重点实验室

颜文胜　昆明理工大学交通工程学院

3. **企事业单位**

Anil Yadav　大陆汽车投资(上海)有限公司

丁　涛　奥特佳新能源科技有限公司

丁　赟　上海西埃电器有限公司

卜向红　浙江省新能源汽车产业联盟

于树怀　苏州奥易克斯汽车电子有限公司

马仿列　北京新能源汽车股份有限公司

马李斌　云南力帆骏马车辆有限公司

马锡洪　中国重汽集团济南豪沃客车有限公司

王云飞　一汽客车有限公司

王少平　福建猛狮新能源科技有限公司

王凤仁　广东易事特电源股份有限公司

王文涛　普天新能源有限责任公司

王世刚　东莞市硅翔绝缘材料有限公司

王克坚　前途汽车(苏州)有限公司

王　林　成都客车股份有限公司

王金生　江苏敏安电动汽车有限公司

王国斌　北京维艾迪汽车科技有限公司

王学强　天津市礴金电机有限公司

王胜勇　中冶南方(武汉)自动化有限公司

王　萍　安徽安凯汽车股份有限公司

尤家润　佛山市顺德区创格电子实业有限公司

牛　涛　云杉智慧新能源技术有限公司

毛广甫　深圳市瑞能实业股份有限公司

毛卫民　上海追日电气有限公司

毛俊刚　四川野马汽车股份有限公司

方太命　河南瑞特电气有限公司

方昕宇　合肥国轩高科动力能源有限公司

尹国军　东方电气集团东风电机有限公司

尹家彤　苏州智绿智绿环保科技有限公司

孔昭松　天津市松正电动汽车技术股份有限公司

石振懿　EVTD Inc.

叶仙慈　巴斯巴科技(上海)有限公司

叶剑辉　广西源正新能源汽车有限公司

申宇翔　湖南中车时代电动汽车股份有限公司

仝建峰　中航复合材料有限责任公司

冯　涛　苏州奥易克斯汽车电子有限公司

冯　静　广西玉柴机器股份有限公司

宁国宝　天津市松正电动汽车技术股份有限公司

曲家琪　上海赢双电机有限公司

吕家栋　辽宁忠相铝业有限公司
吕新期　数源科技股份有限公司
朱万勇　深圳天邦达科技有限公司
朱　庆　杭州威衡科技有限公司
朱　维　上海松岳电源科技有限公司
朱琳菊　比亚迪汽车工业有限公司
乔荔军　保定长安客车制造有限公司
刘心文　福建省汽车工业集团云度新能源汽车股份有限公司
刘中领　保定长安客车制造有限公司
刘凤君　辽宁曙光汽车集团股份有限责任公司
刘成东　烟台海德专用汽车有限公司
刘孝伟　超威电源有限公司
刘　青　东风汽车公司
刘明刚　江苏万帮德和新能源科技有限公司
刘明辉　中国第一汽车集团公司技术中心
刘念舒　杭州高特电子设备股份有限公司
刘贵志　长春丽明科技开发股份有限公司
刘　恒　南京越博动力系统股份有限公司
刘跃进　威泊(上海)新能源科技有限公司
刘　清　诺贝丽斯(中国)铝制品有限公司
刘景达　能科节能技术股份有限公司
许俊海　广州汽车集团乘用车有限公司
阮殿波　宁波中车新能源科技有限公司
孙　伟　江西江铃集团新能源汽车有限公司
孙志洋　中国第一汽车集团公司
孙　璐　中信国安盟固利动力科技有限公司
严　刚　安徽江淮汽车股份有限公司
李宁一　深圳市五洲龙汽车有限公司
李宁川　杭州富特科技有限公司
李　华　江苏卡威汽车工业集团有限公司
李向前　深圳市比克动力电池有限公司
李宏民　江苏吉泰科电气股份有限公司
李宏运　中航复合材料有限责任公司
李　玮　江苏春兰清洁能源研究院有限公司
李国勇　黑龙江特通电气股份有限公司
李录明　山西皇城相府宇航汽车制造有限公司
李凌云　河北红星汽车制造有限公司
李高鹏　郑州宇通客车股份有限公司
杨　光　株洲中车时代电气股份有限公司
杨　欣　深圳市通茂电子有限公司
杨　涛　河南锂动电源有限公司
杨　颖　南车株洲电力机车有限公司

肖　勇　浙江南车电车有限公司
肖　展　苏州弗尔赛能源科技股份有限公司
吴壬华　深圳欣锐科技股份有限公司
吴丽军　江苏智航新能源有限公司
吴泽华　中航光电科技股份有限公司
吴晓光　郑州宇通客车股份有限公司
吴德平　苏州达思灵新能源科技有限公司
邱文渊　深圳市蓝海华腾技术股份有限公司
何友文　航天钧和科技有限公司
何　平　惠州市亿鹏能源科技有限公司
何志刚　知豆电动汽车有限公司
何宏斌　綦江齿轮传动有限公司
闵　聃　海马轿车有限公司
汪先锋　南京金龙客车制造有限公司
汪　辉　珠海泰坦科技股份有限公司
沈双达　万丰卡达克新动力有限公司
沈　玲　上海汽车集团股份有限公司
宋　强　东昌电机(深圳)有限公司
张玉宝　哈尔滨龙江客车制造有限公司
张立平　河北御捷车业有限公司
张召民　北京和信瑞通电力技术股份有限公司
张亚明　重庆凯瑞电动汽车系统有限公司
张舟云　上海电驱动股份有限公司
张　农　常州万安汽车部件科技有限公司
张君伟　长沙梅花汽车制造有限公司
张杰夫　深圳市依思普林科技有限公司
张建华　北京国能电池科技有限公司
张树全　深圳市比克动力电池有限公司
张　洋　上海蔚来汽车有限公司
张　娜　天津力神电池股份有限公司
张　峰　深圳市慧通天下科技股份有限公司
张峻华　健和兴科技(苏州)有限公司
张润强　苏州大时代能源科技有限公司
张斌斌　重庆盛时达汽车有限公司
张　磊　河北御捷车业有限公司
陆新林　天津三电汽车空调有限公司
陈小江　北汽福田汽车股份有限公司
陈存友　南京协众汽车空调集团有限公司
陈言平　长江汽车控股集团
陈　良　苏州科宝光电科技有限公司
陈国贤　堡敦(天津)机电有限公司
陈周岐　广东晓兰客车有限公司

陈胜军　集盛星泰(北京)科技有限公司
陈　峰　时空电动汽车股份有限公司
陈　铮　浙江万马专用线缆科技有限公司
陈　喆　乐视超级汽车
陈喜宝　航天新长征电动汽车技术有限公司
陈　瑶　上海德朗能动力电池有限公司
陈冀生　先控捷联电气股份有限公司
邵思东　潍柴西港新能源动力有限公司
苗振国　长江汽车控股集团
范宗武　山东沂星电动汽车有限公司
林　程　北京理工华创电动车技术有限公司
易显科　科力远混合动力技术有限公司
罗子良　深圳市大地和电气股份有限公司
迮海兵　斯太尔动力(常州)发动机有限公司
季明明　艾默生网络能源有限公司
金一峰　东南(福建)汽车工业有限公司
金春敏　江苏亨通电子线缆科技有限公司
周　军　河北御捷车业有限公司
周　辉　北京理工华创电动车技术有限公司
郑云峰　深圳市力辉电机有限公司
郑春阳　深圳市航盛新能源有限公司
郑高峰　广州鹏辉能源科技股份有限公司
赵子亮　中国第一汽车集团公司技术中心
赵建和　北京天和陆通传动技术有限公司
赵海燕　沈阳中科一唯电子技术有限公司
赵鑫宏　黑龙江红河谷汽车测试股份有限公司
胡　哲　上海重塑能源科技有限公司
柳丹峰　电计贸易(上海)有限公司
段鲁男　北京博科测试系统股份有限公司
饶睦敏　深圳市沃特玛电池有限公司
袁　征　郑州比克新能源汽车有限公司
莫　非　四川新筑通工汽车有限公司
桂国才　深圳市科陆电子科技股份有限公司
贾雪峰　深圳市聚电网络科技有限公司
夏顺礼　安徽江淮汽车股份有限公司
顾　庆　上海电巴新能源科技有限公司
顾建党　菲尼克斯(中国)投资有限公司
钱　靖　阳光电源股份有限公司
倪绍勇　奇瑞新能源汽车技术有限公司
徐卫东　天津中聚新能源科技有限公司
徐卫东　湘电莱特电气有限公司
徐征鹏　云杉智慧新能源技术有限公司

徐性怡　上海大郡动力控制技术有限公司
徐春江　江西博能上饶客车有限公司
徐　辉　英飞凌科技(中国)有限公司
徐新堰　东风日产乘用车公司
高文彬　山东龙立电子有限公司
高　凯　浙江南都电源动力股份有限公司
高保清　湖南中锂新材料有限公司
郭　亮　武汉电动汽车示范运营有限公司
唐　骏　南京东宇汽车集团有限公司
陶　广　芜湖天弋能源科技有限公司
黄世霖　宁德时代新能源科技股份有限公司
黄国强　上海加冷松芝汽车空调股份有限公司
黄贵彬　内蒙古中钰镁业集团
曹宏斌　普天新能源有限责任公司
曹冠晖　杭州德沃仕电动科技有限公司
章云华　湖州天丰电源有限公司
梁本基　重庆穗通新能源汽车制造有限公司
梁伟雄　广州力柏能源科技有限公司
董新生　许继电源有限公司
蒋　文　深圳电擎科技有限公司
韩艾芯　广东奥美格传导科技股份有限公司
程　迪　河南新太行电源股份有限公司
程建良　东莞市创明电池技术有限公司
程焱松　浙江超威创元实业有限公司
童克锋　宁波市江北九方和荣电气有限公司
曾伟华　上海依威能源科技有限公司
曾金辉　江西迪比科股份有限公司
谢　飞　中国汽车工程研究院股份有限公司
雷洪钧　扬子江汽车集团有限公司
路国卫　杭州威衡科技有限公司
窦汝振　天津清源电动车辆有限责任公司
蔡　栋　远东福斯特新能源有限公司
蔡琳琳　广州通达汽车电气股份有限公司
廖正勇　深圳宝兴电线电缆制造有限公司
谭小川　中国重汽集团成都王牌商用车有限公司
翟　晟　北京华特时代电动汽车技术有限公司
熊晓飞　武汉电动汽车技术开发有限公司
缪永华　中天储能科技有限公司
潘庆莉　辽宁乾丰专用车有限公司
潘　雷　扬州亚星客车股份有限公司
魏庆奇　天津三电汽车空调有限公司

2016年《节能与新能源汽车年鉴》特约编辑

（以姓氏笔划为序）

1. **各省、自治区、直辖市、计划单列市**

马天毅　湖南省经济和信息化委员会

马春燕　大连市节能技术服务中心

王彦玮　山西省经济和信息化委员会

朱　健　南通市运输管理处

庄国仕　南京市经济和信息化委员会

闫　石　吉林省工业和信息化厅

孙龙涛　盐城经济技术开发区管委会

孙　丽　黑龙江省工业和信息化委员会

杜小乔　扬州市经济和信息化委员会

李向聪　湖北省襄阳市汽车工业办公室

李　晨　四川省经济和信息化委员会

杨伟辉　云南省科学技术厅

杨　洋　山东省经济和信息化委员会

吴承峰　广州市发展和改革委员会

吴淑标　海口市科学技术工业信息化局

邹海鹏　江苏省经济和信息化委员会

宋连武　河南省工业和信息化委员会

张　晓　北京市新能源汽车发展促进中心

陆象桢　深圳市发展和改革委员会

陈　宏　长春市工业和信息化局

陈　健　武汉市科学技术局

陈善福　宁波市科学技术局

罗　翔　重庆市人民政府新能源汽车推广应用和产业发展联席会议办公室

郑　祥　金华市经济和信息化委员会

胡丕国　湖州市经济和信息化委员会

茹一戈　绍兴市经济和信息化委员会

袁　磊　北京市新能源汽车发展促进中心

徐大海　天津市科学技术信息研究所

郭广强　西安市发展和改革委员会

黄建明　福建省经济和信息化委员会

盛会隆　南昌市科技局

阎宁亚　河北省工业和信息化厅

程　辉　芜湖市科学技术局

熊晓强　江西省科学技术厅

禤鹏翔　广东省发展和改革委员会

薛　雷　沈阳市发展和改革委员会

戴　兵　合肥市科学技术局

魏兆宏　杭州市经济和信息化委员会

2. 科研院所

王占国　北京交通大学

王　旭　中国汽车技术研究中心汽车工程研究院

王　芳　国家轿车质量监督检验中心(天津)

王明睿　北京机械工业自动化研究所

方茂东　国家轿车质量监督检验中心(天津)

左曙光　国家燃料电池汽车及动力系统工程技术研究中心

刘永刚　重庆大学汽车工程学院

刘昌仁　重庆车辆检测研究院有限公司

杨晓松　国家汽车质量监督检验中心(襄阳)

吴晓东　上海交通大学

何云堂　中国汽车技术研究中心

何　泳　北京理工大学机械与车辆学院

张　志　国家机动车质量监督检验中心(重庆)

张静一　清华大学

陈　芬　中国北方车辆研究所

屈　凡　西安航天精密机电研究所

林洪怡　西安航天精密机电研究所

赵淑华　国家汽车质量监督检验中心(襄阳)

胡芳芳　国家汽车质量监督检验中心(北京)

凌　泽　重庆车辆检测研究院有限公司

高　莹　吉林大学汽车工程学院

郭　敏　广州中国科学院工业技术研究院

黄学杰　中国科学院物理研究所

黄建军　国家汽车质量监督检验中心(柳州)

曹　飞　重庆车辆检测研究院有限公司

彭永伦　国家汽车质量监督检验中心(北京)

谢　曲　国家汽车质量监督检验中心(柳州)

3. 企事业单位

马瑞杰　比亚迪汽车工业有限公司

马　路　东莞市硅翔绝缘材料有限公司

丰林波　扬州亚星客车股份有限公司

王方龙　安徽江淮汽车股份有限公司

王孝东　中信戴卡股份有限公司

王佩君　上海西埃电器有限公司

王　波　深圳市大地和电气股份有限公司

王建光　河北御捷车业有限公司

王胜波　天津市礴金电机有限公司

王胜斌　黑龙江特通电气股份有限公司

王　莎　株洲中车时代电气股份有限公司

王菁迅　集盛星泰(北京)科技有限公司

王　维　深圳电擎科技有限公司

王维维　深圳市航盛新能源有限公司

方　茜　河北红星汽车制造有限公司

方　策　河南瑞特电气有限公司

邓友菊　东莞市创明电池技术有限公司

邓先泉　深圳市五洲龙汽车有限公司

龙云朗　云南力帆骏马车辆有限公司

占斯亮　广东易事特电源股份有限公司

叶长春　前途汽车(苏州)有限公司

叶　涛　杭州威衡科技有限公司

申舞霜　安徽安凯汽车股份有限公司

田晓川　中国第一汽车集团公司技术中心

田　野　沈阳中科一唯电子技术有限公司

兰志波　上海电巴新能源科技有限公司

邢海琳　江苏亨通电子线缆科技有限公司

吕艳华　健和兴科技(苏州)有限公司

朱光海　郑州宇通客车股份有限公司

朱晓露　江苏智航新能源有限公司

伍文博　中国重汽集团济南豪沃客车有限公司

仲小龙　堡敦(天津)机电有限公司

刘万德　内蒙古中钰镁业集团

刘文平　江西迪比科股份有限公司

刘扬扬　天津中聚新能源科技有限公司

刘旭晖　常州万安汽车部件科技有限公司

刘志伟　威泊(上海)新能源科技有限公司

刘凯威　航天钧和科技有限公司

刘金帅　山东龙立电子有限公司

刘诗娅　航天新长征电动汽车技术有限公司

刘晓莉　杭州高特电子设备股份有限公司

刘福良　巴斯巴科技(上海)有限公司
许越帅　保定长安客车制造有限公司
孙叶青　菲尼克斯(南京)新能源汽车技术有限公司
严春兰　上海赢双电机有限公司
严振东　数源科技股份有限公司
劳中建　广州通达汽车电气股份有限公司
杜　宪　北京国能电池科技有限公司
李冬梅　先控捷联电气股份有限公司
李　乔　天津市松正电动汽车技术股份有限公司
李　江　重庆穗通新能源汽车制造有限公司
李明浩　辽宁忠相铝业有限公司
李金菊　浙江省新能源汽车产业联盟
李倩倩　北京博科测试系统股份有限公司
李　晨　阳光电源股份有限公司
李甜田　能科节能技术股份有限公司
李群波　湖南中车时代电动汽车股份有限公司
李　璞　深圳市科陆电子科技股份有限公司
沈　阅　辽宁乾丰专用车有限公司
杨卫农　知豆电动汽车有限公司
杨卫兵　苏州奥易克斯汽车电子有限公司
杨陆蓓　南京越博动力系统股份有限公司
杨国明　上海德朗能动力电池有限公司
杨法根　超威电源有限公司
杨建劳　广西源正新能源汽车有限公司
杨　敏　普天新能源有限责任公司
杨　琦　宁德时代新能源科技股份有限公司
杨　慧　黑龙江红河谷汽车测试股份有限公司
吴中友　北京华特时代电动汽车技术有限公司
吴梦园　深圳市比克动力电池有限公司
邱发文　杭州德沃仕电动科技有限公司
邱建华　苏州科宝光电科技有限公司
佀庆华　北京和信瑞通电力技术股份有限公司
余泽民　南京协众汽车空调集团有限公司
辛立刚　烟台海德专用汽车有限公司
沙　莉　大陆汽车投资(上海)有限公司
宋业静　江苏吉泰科电气股份有限公司
宋治根　佛山市顺德区创格电子实业有限公司
张　尧　杭州富特科技有限公司
张伦文　福建猛狮新能源科技有限公司

张志锋　河南新太行电源股份有限公司
张　杨　艾默生网络能源有限公司
张　彤　科力远混合动力技术有限公司
张畅宇　长沙梅花汽车制造有限公司
张依静　深圳市瑞能实业股份有限公司
张建兴　中聚电池研究院
张春岩　深圳市通茂电子有限公司
张　洋　合肥国轩高科动力能源有限公司
张　祥　中天储能科技有限公司
张　猛　惠州市亿鹏能源科技有限公司
张　琼　深圳欣锐科技股份有限公司
张　嵘　南京特种汽车制配厂有限公司
张　巍　浙江南车电车有限公司
陆道辉　北京新能源汽车股份有限公司
陈云飞　万帮充电设备有限公司
陈　启　天津三电汽车空调有限公司
陈香玲　苏州达思灵新能源科技有限公司
陈美如　苏州智绿智绿环保科技有限公司
陈　凌　菲尼克斯(中国)投资有限公司
陈祥吉　南京奥特佳新能源科技有限公司
陈锦华　广州力柏能源科技有限公司
陈嘉宁　山西皇城相府宇航汽车制造有限公司
陈嘉怡　深圳市力辉电机有限公司
苟毅彤　天津清源电动车辆有限责任公司
林岑雯　上海重塑能源科技有限公司
林崇富　丹东黄海汽车有限责任公司
卓文仪　电计贸易(上海)有限公司
罗林丹　乐视超级汽车
季建维　许继电源有限公司
周丽娟　武汉电动汽车示范运营有限公司
周承东　中信国安盟固利动力科技有限公司
周　莎　重庆凯瑞电动汽车系统有限公司
周　良　福建省汽车工业集团云度新能源汽车股份有限公司
周晓刚　北京理工华创电动车技术有限公司
庞林香　四川新筑通工汽车有限公司
郑　亮　扬子江汽车集团有限公司
赵启军　中航复合材料有限责任公司
赵海兰　北京天和陆通传动技术有限公司
赵　毅　上海大郡动力控制技术有限公司

胡　成　江苏卡威汽车工业集团有限公司

胡光祥　深圳宝兴电线电缆制造有限公司

胡　剑　东方电气集团东风电机有限公司

胡辉军　湖南中锂新材料有限公司

柯文浩　上海蔚来汽车有限公司

柯景霖　广东晓兰客车有限公司

査念东　简式国际汽车设计(北京)有限公司

钟孟光　深圳市沃特玛电池有限公司

段术林　南京金龙客车制造有限公司

段　珊　深圳市慧通天下科技股份有限公司

俞婷婷　万丰卡达克新动力有限公司

姜代平　宁波市江北九方和荣电气有限公司

姜筱华　江西江铃集团新能源汽车有限公司

胥大洲　中国重汽集团成都王牌商用车有限公司

袁海兵　广州汽车集团乘用车有限公司

耿莉莉　EVTD Inc.

贾会霞　深圳市依思普林科技有限公司

贾爱萍　上海电驱动股份有限公司

夏学芬　潍柴西港新能源动力有限公司

夏建华　海马轿车有限公司

顾　民　奇瑞新能源汽车技术有限公司

钱文花　浙江超威创元实业有限公司

钱舜尧　时空电动汽车股份有限公司

徐少锋　浙江南都电源动力股份有限公司

徐加忠　苏州弗尔赛能源科技股份有限公司

徐　伟　北汽福田汽车股份有限公司

徐学海　深圳市蓝海华腾技术股份有限公司

徐　晶　英飞凌科技(中国)有限公司

徐　馨　中航光电科技股份有限公司

翁泉强　苏州大时代能源科技有限公司

高　飞　天津力神电池股份有限公司

高　玉　斯太尔动力(常州)发动机有限公司

高　俊　中冶南方(武汉)自动化有限公司

郭　华　河南锂动电源有限公司

郭忠华　芜湖天弋能源科技有限公司

唐云霞　綦江齿轮传动有限公司

陶剑峰　上海松岳电源科技有限公司

黄伦路　江苏敏安电动汽车有限公司

黄庆福　宁波中车新能源科技有限公司

黄海青　云杉智慧新能源技术有限公司
龚银强　重庆盛时达汽车有限公司
梁仕稿　东昌电机(深圳)有限公司
梁春雨　哈尔滨龙江客车制造有限公司
葛晓滢　上海汽车集团股份有限公司
葛　菁　中国第一汽车集团公司
董　龙　一汽客车有限公司
蒋志强　江西博能上饶客车有限公司
蒋　琳　诺贝丽斯(中国)铝制品有限公司
覃　峰　上海加冷松芝汽车空调股份有限公司
傅　昆　郑州比克新能源汽车有限公司
童　雷　湖州天丰电源有限公司
谢正良　广西玉柴机器股份有限公司
谢俊淋　东南(福建)汽车工业有限公司
管雯漪　上海依威能源科技有限公司
廖正根　远东福斯特新能源有限公司
谭来安　东风日产乘用车公司
谭　娟　广东奥美格传导科技股份有限公司
熊祖品　中国汽车工程研究院股份有限公司
潘　红　成都客车股份有限公司
潘宏斌　江苏春兰清洁能源研究院有限公司
潘景宜　珠海泰坦科技股份有限公司
潘　斌　武汉电动汽车技术开发有限公司
霍　营　长春丽明科技开发股份有限公司
霍默静　深圳市聚电网络科技有限公司
魏姗姗　山东沂星电动汽车有限公司

2016年《节能与新能源汽车年鉴》编辑委员会

主　　任: 王　成
副 主 任: 朱　成　陈万吉　樊春艳　王云龙
成　　员: 胡苧丹　刘　佳　李光凯　张书山　王同辉　任丽丽　潘春雷
任秋森　万　亮　田旭涛　康丰宇　徐彦波　王　虎
广告编辑: 王兆敏

编制说明

《节能与新能源汽车年鉴》(以下简称《年鉴》)为年度出版物，每年跟踪上年度我国节能与新能源汽车行业各方面的发展情况，是全面反映我国节能与新能源汽车行业的连续性、综合性、权威性大型工具书，为我国节能与新能源汽车行业的规划、科研、生产、销售及新产品开发等提供支持与服务。《年鉴》由中国汽车技术研究中心组织编制，自2010年创刊以来，得到了国家科技部、国家工信部、国家发改委等主管部门的关怀、指导，以及相关企业、科研院所的大力支持，受到了广大读者的关注和欢迎。

2016年《年鉴》涵盖了我国在节能与新能源汽车产业方面相关的政策法规、研发进展、产业发展、推广应用、产量统计、关键零部件配套量统计等行业综合信息，还收集了各省市和重点企事业单位节能与新能源汽车产业发展情况，以及年度重点车型技术参数等，内容涉及节能汽车、新能源汽车、天然气汽车三大部分，全面展现了我国节能与新能源汽车在2015年所取得的技术和产业发展成果。

2016年《年鉴》邀请了相关行业专家，针对我国节能与新能源汽车各领域，如纯混合动力乘用车、纯电动专用车、纯电动乘用车、燃料电池汽车、天然气汽车、车用动力电池、车用燃料电池技术进展、动力电池关键原材料、驱动电机、天然气发动机、电动汽车标准等，就国内进展、国际趋势、国内外差距等问题进行分析，盘点我国节能与新能源汽车在2015年的成绩与不足，提出下一步发展建议。

2016年《年鉴》共收集了170多家主要节能与新能源汽车产学研单位的发展概况，以及生产经营、产能建设及技术研发能力、合资合作等进展情况。2016年《年鉴》共统计了我国40多个重点地区和城市推广节能与新能源汽车的相关情况及数量。附录重点收集了我国在2015年发布的节能与新能源汽车领域的相关标准、公告车型目录、节能与新能源汽车示范推广应用工程推荐车型目录及车型参数。

2016年《年鉴》在征集资料及编辑过程中，得到了国家有关部门，各省、自治区、直辖市、计划单列市节能与新能源汽车行业主管部门，各节能与新能源汽车推广应用城市领导小组，燃气汽车示范推广城市领导小组，各汽车工业集团(公司)，各生产企业科研院所等有关部门的大力支持和协助，在此表示诚挚的谢意。《年鉴》将以更翔实权威的数据、更全面客观的内容为追求，回报编委单位和广大读者的厚爱。

由于时间仓促和水平有限，书中不足之处在所难免，恳请读者批评指正。希望今后能够继续得到有关方面及广大读者的大力支持，欢迎对本书的改进提出建设性意见和建议，编制办公室同仁将不胜荣幸与感谢。

中国汽车技术研究中心

《节能与新能源汽车年鉴》编辑委员会

2016年10月

目 录 |CONTENTS|

第一篇　分领域发展综述

第二篇　政策与规划

第三篇　地区概况

第四篇　重点单位发展概况

第五篇 整车产量统计

第六篇 关键零部件配套数量统计

第七篇 推广应用数量统计

第八篇 技术成果应用案例

第九篇 大事记

第十篇　附　录

企业形象专版目录

封　面

长江汽车控股集团

前环衬（封二＋封二对页）

长江汽车控股集团

封　底

山东沂星电动汽车有限公司

后环衬（封三＋封三对页）

超威集团

扉插

中国第一汽车集团公司
上海汽车集团股份有限公司
北汽福田汽车股份有限公司
郑州宇通客车股份有限公司
湖南中车时代电动汽车股份有限公司
东湖新能源汽车有限公司
扬子江汽车集团有限公司
山东沂星电动汽车有限公司
深圳市五洲龙汽车有限公司
安徽安凯汽车股份有限公司
丹东黄海汽车有限责任公司
一汽客车有限公司
中国重汽集团济南豪沃客车有限公司
重庆穗通新能源汽车制造有限公司
广西源正新能源汽车有限公司
广东晓兰客车有限公司
四川新筑通工汽车有限公司
北京新能源汽车股份有限公司
安徽江淮汽车股份有限公司
广州汽车集团乘用车有限公司
东风日产乘用车公司
比亚迪汽车工业有限公司
江西江铃集团新能源汽车有限公司
力帆实业（集团）股份有限公司
江苏卡威汽车工业集团有限公司
四川野马汽车股份有限公司
河北长安汽车有限公司
东南（福建）汽车工业有限公司
知豆电动汽车有限公司
乐视超级汽车
上海蔚来汽车有限公司
江苏敏安电动汽车有限公司
河北御捷车业有限公司
天津清源电动车辆有限责任公司

辽宁乾丰专用车有限公司
航天新长征电动汽车技术有限公司
云南力帆骏马车辆有限公司
内蒙古中钰镁业集团
宁波中车新能源科技有限公司
苏州弗尔赛能源科技股份有限公司
上海重塑能源科技有限公司
天津力神电池股份有限公司
浙江超威创元实业有限公司
北京国能电池科技有限公司
合肥国轩高科动力能源有限公司
天津中聚新能源科技有限公司
湖州天丰电源有限公司
中天储能科技有限公司
东莞市创明电池技术有限公司
江苏春兰清洁能源研究院有限公司
江苏智航新能源有限公司
河南新太行电源股份有限公司
科力远混合动力技术有限公司
深圳天邦达科技有限公司
上海翼飞天地电控科技有限公司
深圳市瑞能实业股份有限公司
北京机械工业自动化研究院
国家机动车质量监督检验中心（重庆）
国家储能及动力电池质量监督检验中心
北京博科测试系统股份有限公司
杭州威衡科技有限公司
普天新能源有限责任公司
上海电巴新能源科技有限公司
万帮新能源投资集团有限公司
云杉智慧新能源技术有限公司
西湖电子集团有限公司
许继电源有限公司
先控捷联电气股份有限公司

上海依威能源科技有限公司
北京和信瑞通电力技术股份有限公司
中航光电科技股份有限公司
深圳市通茂电子有限公司
上海西埃电气有限公司
广西玉柴机器股份有限公司
潍柴西港新能源动力有限公司
斯太尔动力(常州)发动机有限公司
苏州达思灵新能源科技有限公司
奥特佳新能源科技股份有限公司
天津三电汽车空调有限公司
南京协众汽车空调集团有限公司
宁波市江北九方和荣电气有限公司
英飞凌科技(中国)有限公司
上海电驱动股份有限公司
深圳市大地和电气股份有限公司
南京越博动力系统股份有限公司
杭州德沃仕电动科技有限公司
Protean Drive® 驱动系统
大陆汽车投资(上海)有限公司
江苏吉泰科电气股份有限公司
苏州奥易克斯汽车电子有限公司
重庆凯瑞电动汽车系统有限公司

前插页

深圳市比克动力电池有限公司
宁德时代新能源科技股份有限公司
深圳市沃特玛电池有限公司
山东恒宇新能源有限公司
芜湖天戈能源科技有限公司
福建猛狮新能源科技有限公司
湖南中锂新材料有限公司
杭州富特科技有限公司
深圳欣锐科技股份有限公司
健和兴科技(苏州)有限公司
菲尼克斯(南京)新能源汽车技术有限公司
珠海泰坦科技股份有限公司
深圳市科陆电子科技股份有限公司
艾默生网络能源有限公司
苏州智绿环保科技有限公司
河南蓝电智能科技股份有限公司
能科节能技术股份有限公司
ABB 中国电动汽车充电业务
中国航天科技集团公司第九研究院十六研究所
国电南瑞科技股份有限公司
山东龙立电子有限公司
临沂市海纳电子有限公司
江苏亨通电子线缆科技有限公司
深圳市航盛电子股份有限公司
深圳市蓝海华腾技术股份有限公司
深圳市依思普林科技有限公司
奥地利 AVL 李斯特公司北京联络处
电计贸易(上海)有限公司
国家化学与物理电源产品质量监督检验中心
国家汽车质量监督检验中心(北京)
国家汽车质量监督检验中心(襄阳)
国家汽车质量监督检验中心(广东)
国家汽车质量监督检验中心(柳州)
重庆车辆检测研究院有限公司
黑龙江红河谷汽车测试股份有限公司
江苏超力电器有限公司
上海加冷松芝汽车空调股份有限公司
天津市礴金电机有限公司
东方电气集团东风电机有限公司
辽宁忠相铝业有限公司
中信戴卡股份有限公司
时空电动汽车股份有限公司
前途汽车(苏州)有限公司
奇瑞新能源汽车技术有限公司
北汽银翔汽车有限公司
河北红星汽车制造有限公司
重庆盛时达汽车有限公司
中国重汽集团成都王牌商用车有限公司
烟台海德专用汽车有限公司
长沙梅花汽车制造有限公司
哈尔滨龙江客车制造有限公司
江苏常隆客车有限公司
山西皇城相府宇航汽车制造有限公司
江西博能上饶客车有限公司

后插页

天津市松正电动汽车技术股份有限公司
万丰卡达克新动力有限公司
株洲中车时代电气股份有限公司
湘电莱特电气有限公司
东昌电机(深圳)有限公司
上海赢双电机有限公司
深圳市力辉电机有限公司
北京理工华创电动车技术有限公司
深圳电擎科技有限公司
中冶南方(武汉)自动化有限公司
阳光电源股份有限公司
沈阳中科一唯电子技术有限公司
长春丽明科技开发股份有限公司
北京维艾迪汽车科技有限公司

綦江齿轮传动有限公司
中国汽车技术研究中心
国家燃料电池汽车及动力系统工程技术研究中心
清华大学汽车安全与节能国家重点实验室
重庆自主品牌汽车协同创新中心
上海交通大学汽车工程研究院
广州中国科学院工业技术研究院
中国汽车技术研究中心北京工作部
节能与新能源汽车网
武汉电动汽车示范运营有限公司
武汉电动汽车技术开发有限公司
中航复合材料有限责任公司
诺贝丽斯(中国)铝制品有限公司
重庆科鑫三佳车辆技术有限公司
常州万安汽车部件科技有限公司
广州通达汽车电气股份有限公司
深圳联友科技有限公司
黑龙江特通电气股份有限公司
东莞市硅翔绝缘材料有限公司
佛山市顺德区创格电子实业有限公司
上海鹰峰电子科技股份有限公司
深圳宝兴电线电缆制造有限公司
广东奥美格传导科技股份有限公司
巴斯巴科技(上海)有限公司
天水二一三电器有限公司
威泊(上海)新能源科技有限公司
庞巴迪 PRIMOVE 有限公司
河南瑞特电气有限公司
航天钧和科技有限公司
北京华特时代电动汽车技术有限公司
成都四威功率电子科技有限公司
上海松岳电源科技有限公司
杭州高特电子设备有限公司
苏州大时代能源科技有限公司
安靠电源有限公司
惠州市亿鹏能源科技有限公司
广州鹏辉能源科技股份有限公司
深圳市慧通天下科技股份有限公司
上海德朗能动力电池有限公司
江西迪比科股份有限公司
远东福斯特新能源有限公司
浙江南都电源动力股份有限公司
微宏动力系统(湖州)有限公司
集盛星泰(北京)科技有限公司
中信国安盟固利动力科技有限公司

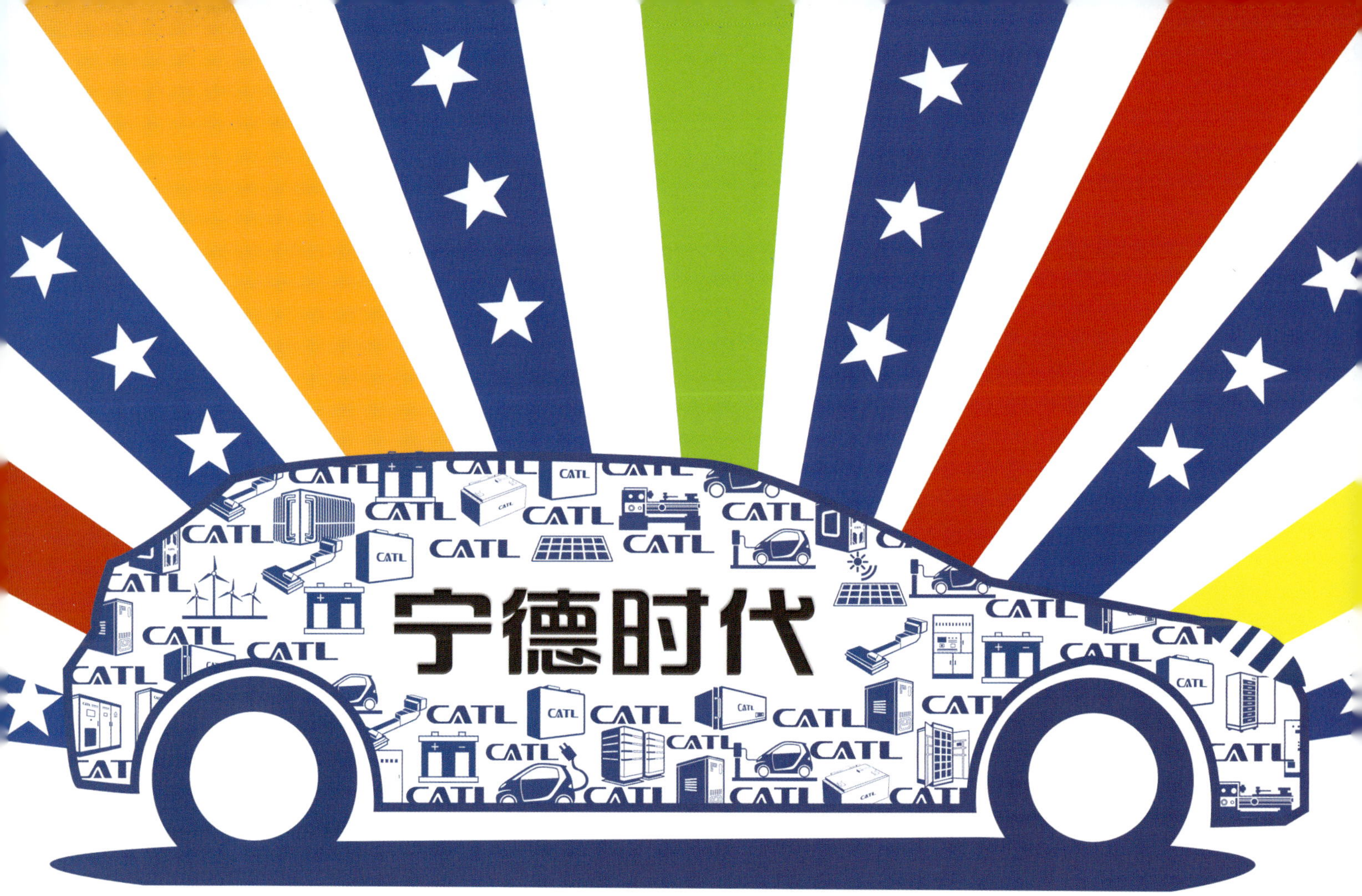
宁德时代
CATL

沃特玛®
OptimumNano
沃特玛
OPTIMUM NANO

湖南中锂新材料有限公司

HUNAN CHINA LY NEW MATERIAL CO., LTD.

锂离子电池湿法隔膜专业制造商

公司简介

湖南中锂新材料有限公司(以下简称公司)成立于2012年1月，注册资金16433万元，位于湖南省常德经济技术开发区,是一家专业研发、生产和销售锂离子电池湿法隔膜的中外合资高新技术企业。

公司现有隔膜产能6000万平方米/年，正在安装和建设6条生产线，至2016年底，形成年产湿法隔膜2.4亿平方米的生产能力。公司主生产线和分切设备全部引进国外成套先进设备。

公司生产锂离子电池隔膜材料系列产品，产品质量领先国内水平，部分质量指标优于进口产品。公司拥有独特生产工艺配方，已取得十余项发明和实用新型专利，拥有自己的产品研发中心，并与国内多所高校院所联合建立了产学研基地。

公司通过了ISO9001质量体系、ISO14001环境体系及OHSAS1801职业健康体系认证，公司产品通过了出口欧盟检测。

产品介绍

项目		单位	测试方法	SLP-12	SHP-16	SHS-20
材料		/	/	PE	PE	PE
厚度		um	ASTM D5947-96	12±0.5	16±1	20±1
透气率		sec/100cc	ASTM-D726	180±30	200±30	230±30
孔隙率		%	ASTM-D2873	43±3	43±3	40±3
拉伸强度	TD	kgf/cm^2	ASTM-D882	≥1000	≥1200	≥1400
	MD			≥1200	≥1500	≥1600
热收缩率（105℃/1H）	TD	%	ASTM-D1204	≤1	≤1	≤1
	MD			≤2	≤3	≤3
穿刺强度		gf	ASTM-D3763	≥400	≥500	≥600
特点		双向异步拉伸隔膜；SLP-12具有低热收缩、高渗透性，SHP-16具有高强度、高渗透性，SHS-20具有高强度、高安全性。				

电话：0736-7307988　　传真：0736-7727678

邮箱：info@chinalyhn.net

地址：中国湖南省常德经济技术开发区桃林东路

KST™
Future Connection
AC充电连接器 BEV /PHEV
AC Charging Connector for Electric Vehicle
KST
VCCG2A032A0
32A 250V AC
电动车充电系统之应用
GB 20234
AC mode
Water Proof
Dust Proof
Wide Range Temp.
TÜVRheinland CERTIFIED
●台湾首家取得电动车充电连接器德国莱茵(TUV Rheinland)产品认证
●充电系统(EV/HEV)&动力电控系统(PEU)...全系列
旅充线组
充电桩
车载用充电座
健和兴科技(苏州)有限公司
苏州市相城经济开发区澄云路88号
电话：0512-65785885
传真：0512-65787880
健和兴科技(苏州)有限公司广州分公司
广州市番禺区大石街石北工业大道丰晟工业园L栋5楼
电话：020-87397198 / 87397629
传真：020-87399367

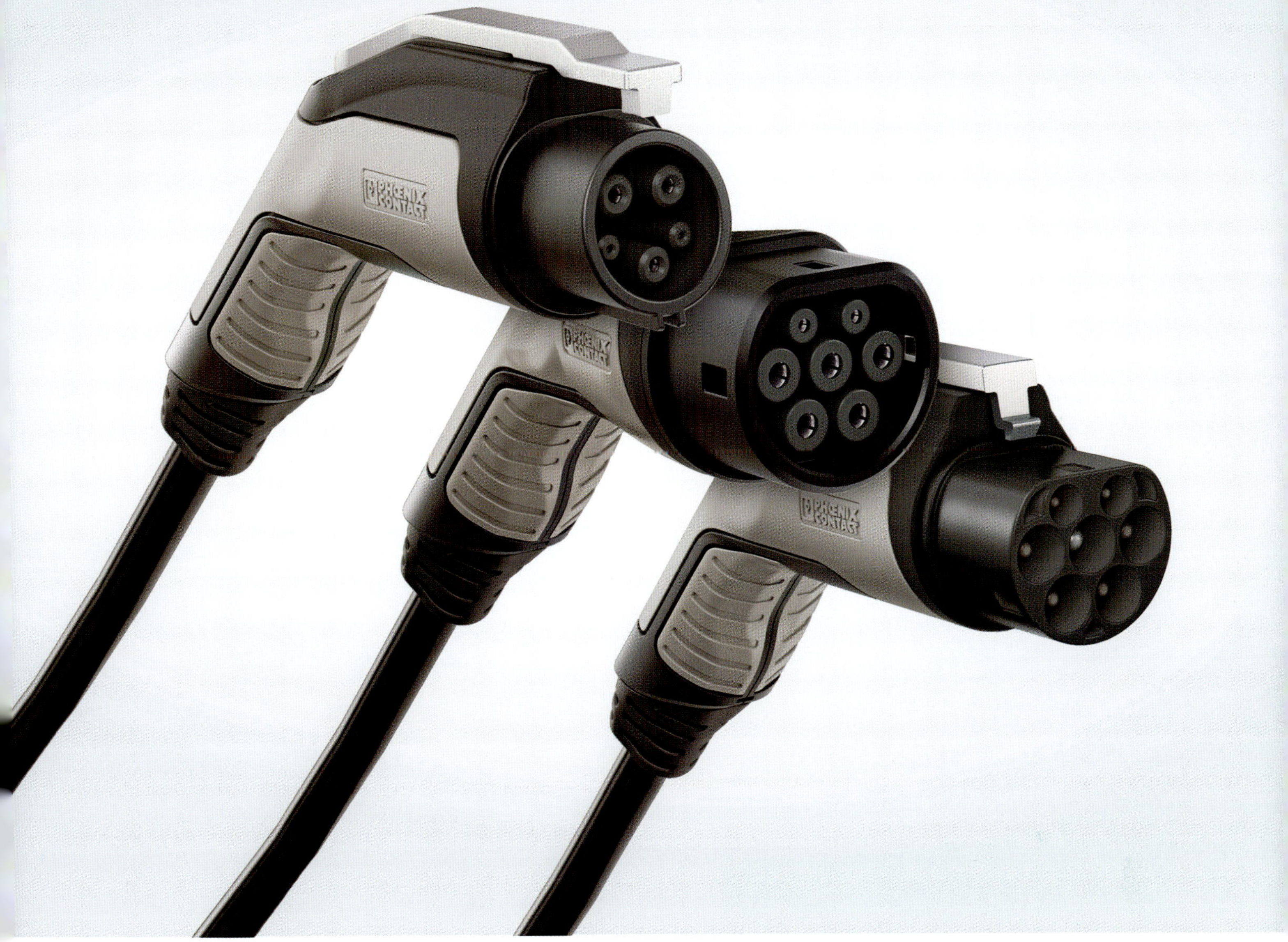

TITANS 泰坦

珠海泰坦科技股份有限公司，成立于1992年，注册资金2亿元人民币，是中国泰坦能源技术集团有限公司（香港主板上市，港股代码：2188）的全资子公司，主要从事电力电子，自动控制、新能源、节能增效等产品开发、制造及营销。

泰坦基本参与了国内至今为止所有重点或大型电动汽车充换电站项目，如北京奥运会、上海世博会、广州亚运会、青岛薛家岛、北京高安屯、山东临沂焦庄、武汉琴台、上海金高路、青岛交运站等，还有单机最大功率可达500kW的广东珠海唐家、佛山东平大桥等超级充电站，以及珠海、中山、武汉等地的全城覆盖型充电站群。

起步早 性能稳

产品全 自主研发生产

泰坦科技 车充先导

TITANS TECHNOLOGY

Pioneer in EV charge

泰坦综合优势

中国电动汽车**百人会**成员，国家充电设施建设课题组主要成员；

参与国内三个有关电动汽车充电的**“863”**项目；

国内唯一参与北京奥运会、上海世博会、广州亚运会**三大盛事**充电站建设的充电厂家；

国内电动汽车充电**产品最全**的厂家，满足现有市场规模化运行的所有电动汽车充电需求；

国内电动汽车充电产品研发、生产、销售**历史最长**的厂家；

从**国内最早**的高频开关电源技术直至现在的数字化电源技术发展，泰坦一直走在最前沿；

累计完成的总承包、设备提供、设计、施工建设项目**600余**个，超过**10000台/套**设备在运行；

……

我们尊敬的合作伙伴

……

充电站：山东临沂焦庄（一、二期）、巩村、柳青河、沂南、罗庄站；山东淄博新区和客运中心站、威海站、日照万平口站、济宁站、北京奥运会项目、北土城、马家楼、航天桥、祁家豁子、西黄庄站、四川成都万兴、银沙、成渝、金信源、院山寺、红牌楼、城南站、江苏苏州邓尉路站、辽宁大连友谊街、吉林辽源站、宁夏银川海宝站、宁夏银川新城站、四川乐山站、陕西西安高新区站、湖南长沙东站、广西南宁竹溪站、广东广州亚运村站和大学城站、深圳机场站、香港中华电力站、香港国际会展中心站、香港元朗站等600余座。

换电站：上海世博站、广东广州大学城站、山东临沂焦庄站、山东青岛薛家岛站、北京高安屯站、宁夏宁东灵州站、福建厦门华荣站、福建厦门思明站、福建福州东郊充电站、山东烟台高新区马山站、山东青岛流清河站、山东青岛珠江路站等20余座。

运营服务管理系统

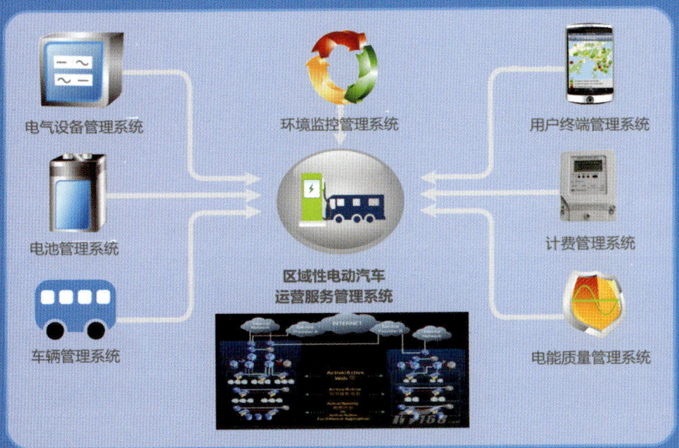

泰坦运营服务管理系统是集充换电、配电、新能源接入、动力环境、车辆、计量、APP终端等于一体的高集合度自动化监控平台，所有自动化信息的最终处理、显示和监测都由监控平台来完成，是一套多窗口多任务系统。

设备管理：充电机状态、巡检、维护等

用户管理：充值、开户等

财务管理：报表、计费、账单等

车辆管理：车辆租赁、定位、状态查询等

环境监控：环境状态、视频监控等

泰坦手机APP——驿充电

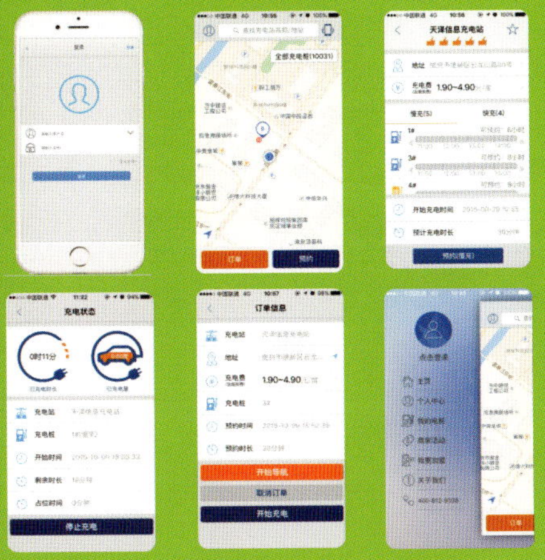

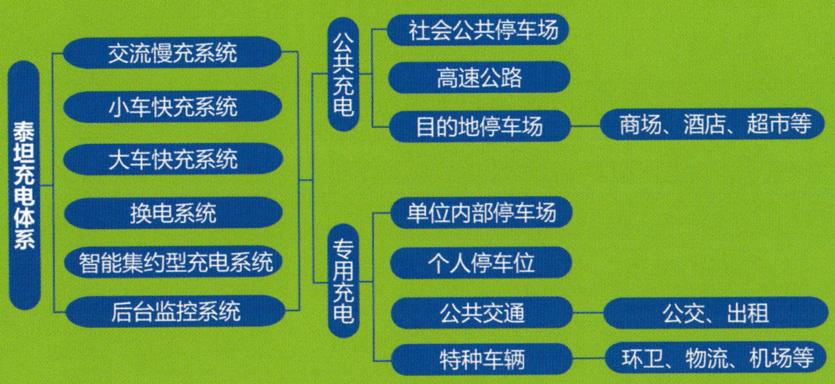

珠海泰坦科技股份有限公司
ZHUHAI TITANS TECHNOLOGY CO., LTD.
总机：0756-3325899
传真：0756-3325889
邮箱：evcmarket@titans.com.cn
网址：www.titans.com.cn

黄河集团 HUANGHE GROUP **河南蓝电智能科技股份有限公司**

河南黄河实业集团股份有限公司（以下简称黄河集团）创建于1979年，发展于1984年。是国家大一型企业，总资产107亿元，员工9700人，占地3.1平方公里。产品有2179个品种，涵盖13大类。主导产品是碳系新材料（超硬材料及制品、超硬复合材料及制品、石墨烯、首饰用钻石）、智能制造、新能源锂动力电池、特种车辆、原辅材料、UDS系列金刚石压机、建设机械、压力成型设备等，是世界上最大的人造金刚石制造基地，行业排名世界第一。公司拥有国家级企业技术中心、企业博士后科研工作站，金刚石标准化工作组，是国家高新技术企业。下属成员企业27个，分布于长葛、郑州、北京、上海四地。其骨干企业河南黄河旋风股份有限公司与1998年上市，成为国家超硬材料行业第一家上市的民营企业。

公司今后发展的总体指导思想是：以科技为先导，以人才求发展，以许昌长葛为制造基地，以郑州为窗口、以碳系新材料为主业，以新能源及智能制造为增长点，为中国和世界新材料工业做出更大的贡献。

蓝电智能是黄河实业集团股份有限公司全资子公司，集研制、开发、生产、销售交直流充电桩、机械自动化、工业制造等产品于一体的复合型事业部，具备交直流充电桩的核心技术。

以“科技、质量、价格、时间、服务”的经营理念，在提高与创新中求发展，以全新的姿态的全球化的经营视角，以新领域促进新发展，以新发展推动新跨越，以优质的产品，优良的服务回报社会。

01 HIPC220/0070-I 壁挂式

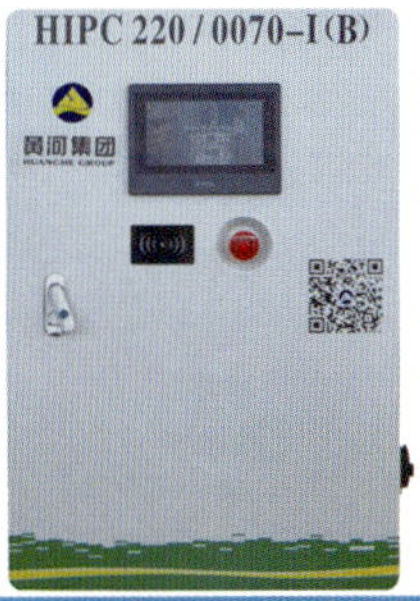

配有交直流【快慢】充电桩，主要有单枪、双枪，另外还根据客户需求生产简易性壁挂式充电桩。

02 HIPC220/0140-II 立式【慢充】

根据车场位置布局配备：单枪、双枪、四枪，还可根据客户需求定制不同外观的充电桩。

03 HIQC380/0300-I 立式【快充】

根据车场位置布局配备：单枪、双枪，输出功率：30kw、60kw、90kw、120kw、150kw、180kw......还可根据客户需求提供集中式充电站。

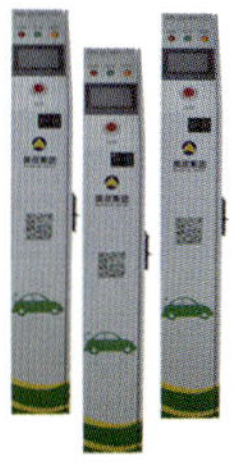

7KW一拖一交流充电桩
型号：HIPC220/0070-I

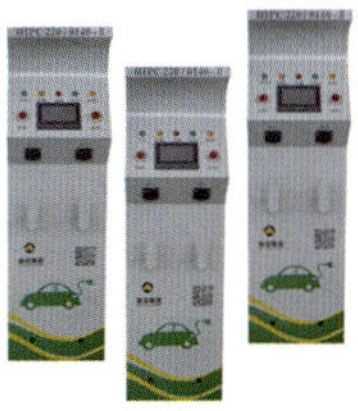

14KW一拖二交流充电桩
型号：HIPC220/0140-II

28KW一拖四交流充电桩
型号：HIPC220/0280-Ⅳ

1. 应用场所
安装于居民区、商业区、工业区、医院、公共娱乐场所以及旅游景点等地的停车场、地下车库、立体车库和其他可以临时或长时间停放车辆的场所。
2. 适用车型
普通乘用私家车、出租车等自带车载充电机的电动车辆。

直流充电桩30KW
型号：HIQC500/0300-I

1. 应用场所
适用于高速公路服务区、电动出租车公司、火车站停车场、快速充电站等可以临时停车的区域。
2. 适用车型
普通乘用私家车、出租车等带BMS管理系统的电动车辆。

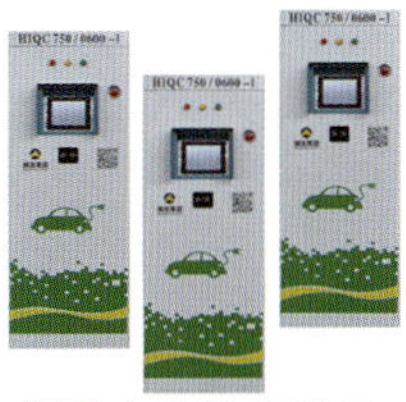

直流充电桩60KW
型号：HIQC750/0600-I

1. 应用场所
适用于高速公路服务区、电动出租车公司、电动公交车站以及停车场等可以临时停车的区域。
2. 适用车型
普通乘用私家车、出租车、公交等带BMS管理系统的电动车辆。

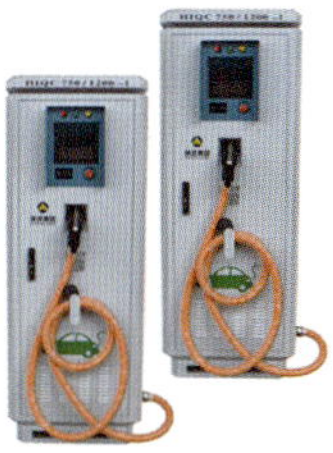

直流充电桩120KW
型号：HIQC500/1200-I
型号：HIQC750/1200-I
型号：HIQC500/1200-II
型号：HIQC750/1200-II

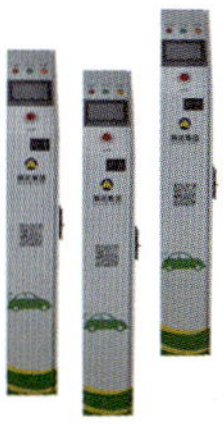

直流充电桩150KW
型号：HIQC500/1500-I
型号：HIQC750/1500-I
型号：HIQC500/1500-II
型号：HIQC750/1500-II

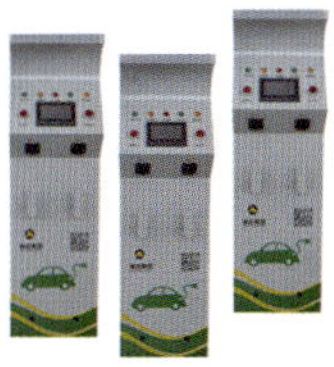

直流充电桩180KW
型号：HIQC500/1800-I
型号：HIQC750/1800-I
型号：HIQC500/1800-II
型号：HIQC750/1800-II

1. 应用场所
适用于高速公路服务区、火车站停车场、电动出租车公司、电动公交车站以及停车场等可以临时停车的区域。
2. 适用车型
电动公交、电动大巴车等大型乘用车辆。

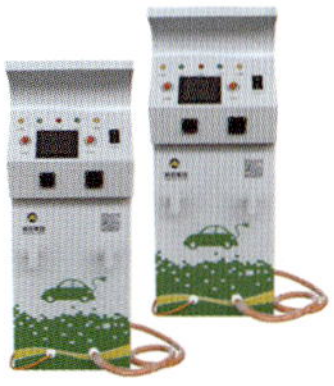

直流充电桩90KW
型号：HIQC500/0900-I
型号：HIQC750/0900-I
型号：HIQC500/0900-II
型号：HIQC750/0900-II

1. 应用场所
适用于高速公路服务区、火车站停车场、电动出租车公司、电动公交车站以及停车场等可以临时停车的区域。
2. 适用车型
普通乘用私家车、出租车、公交、电动大巴车等带BMS管理系统的电动车辆。

地址：河南省长葛市人民路200号
邮编：461500
电话：0374-6109126 6109116
邮箱：2864876839@qq.com
传真：0374-6109129
网址：ldzz.hhxf.com

中国航天

中国航天科技集团公司第九研究院十六研究所

No.16institue Of No.9 Academe Of Cahin Aerospeace Technology Corporation

航天赛能智能充换电系统

航天十六所较早涉足电动汽车充换电站领域，现有硕士以上研发人员 61 人，依托航天赛能自动化设备研制生产的丰富经验和精密加工能力，自主研发多款智能换电机器人、交 / 直流充电桩、整站监控系统和运营管理平台等核心产品，“航天赛能”可为客户提供电动汽车智能充换电领域的一体式服务：咨询、整体方案设计、整站建设、售后和运营管理等服务。

充换电站监控系统

航天赛能电动汽车充换电站监控系统覆盖了充换电服务涉及的“设备管理、运行监控、统计查询”业务主线，采用实时数据中心技术，对充换电站运行过程数据进行监控和分析，将供电、充电、电池更换、转运、综合监控等多系统进行融合与交互，实现有序充电和智能换电互动。

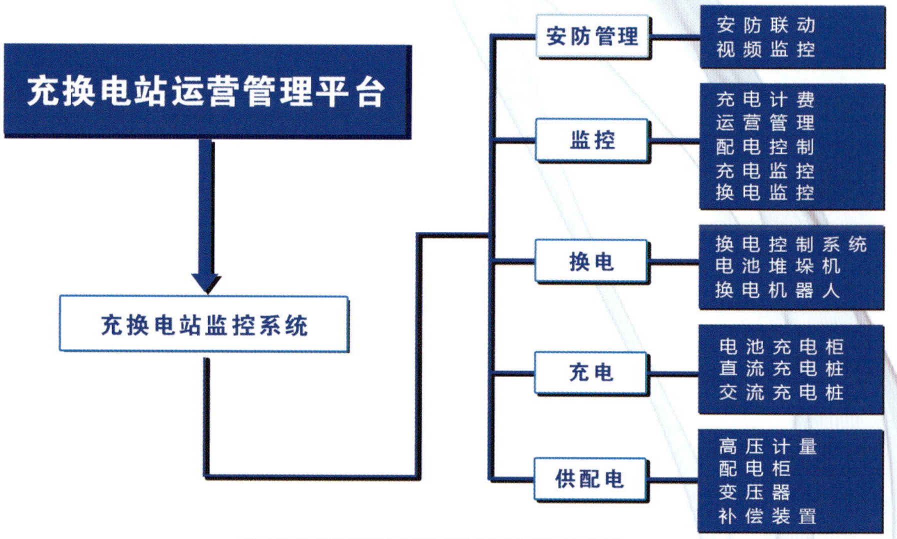

智能换电设备

航天十六所智能换电设备有后备箱式、底盘式、两侧式三大类型，6 款产品，可满足国内外所有换电车辆，换电需求，拥有 31 项发明，具有极强的市场竞争力。

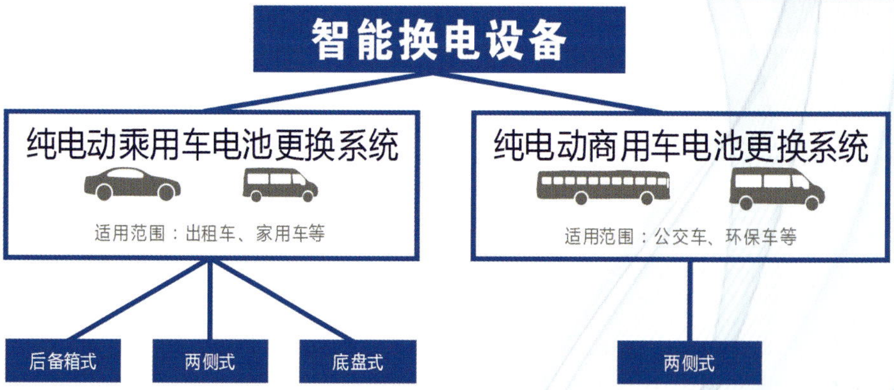

换电设备及应用案例

型号：DZHJ-1
名称：后备箱式机器人换电站
（在海口龙华运营三年）

型号：HDZ-DP
名称：底盘式机器人换电站
（在郑州即将投入使用）

型号：HTHD-1
名称：两侧式机器人换电站
（在南京牛首山已运行两年）

中国航天

电话：029-85618898 传真：029-85618888 网址：www.casc16.com 地址：陕西西安航天中路367号

海纳电子

临沂市海纳电子有限公司位于风景秀美的沂蒙老区—山东省临沂市国家级高新技术开发区，公司占地面积20000余平方米，其中建筑面积6000余平方米。

公司是山东高新技术企业，是集军用电连接器和高端民用电连接器科研、生产、销售及服务于一体的专业化连接器生产企业。公司在北京、上海、成都、西安、合肥等地设有办事处，可为用户提供方便快捷的服务。

公司始终专注于各类军用和高端民用连接器的研发、生产和销售工作，始终坚持品质至上、质量是企业生命的理念，并以诚信、务实、团结创新的精神，不断提高公司的整体实力、持续改进产品质量的管控手段，以期为客户提供更优质的连接器产品和互连技术解决方案。

主营产品示例：

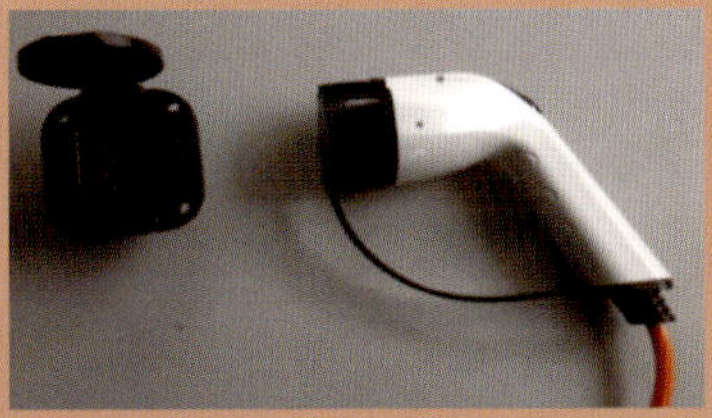

交流充电接口

完全符合GB/T20234新国标的要求；
符合10000次插拔的要求；
良好的外观和持提感；

高压线束类

阻燃等级可达到V0级；
端子采用无氧铜制作；
具备为客户定制开发的能力；

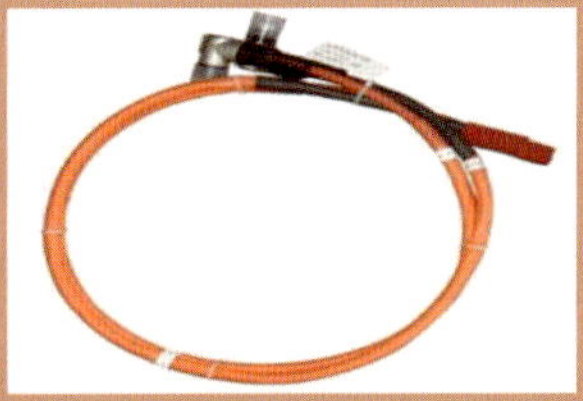

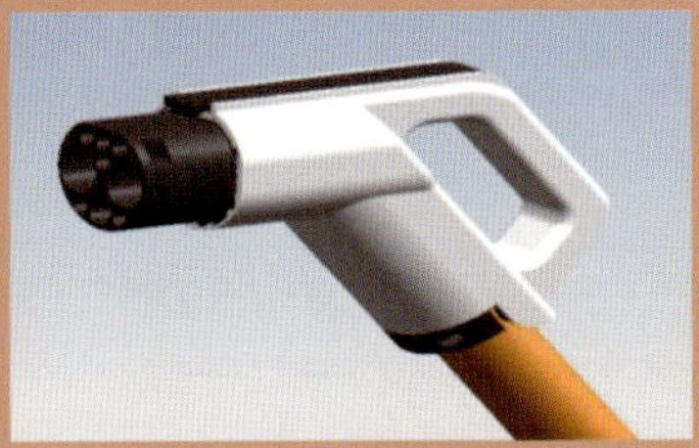

直流充电接口

完全符合GB/T20234新国标的要求；
符合10000次插拔的要求；
良好的外观和持提感；

高压大电流连接器

电流覆盖从20A~450A；
工作电压750V~1500V；
具备约束加工的能力；
具备线束加工的能力；

信号类连接器

丰富的国军标圆形连接器可选；
低成本解决方案；
具备设计生产汽车系统低压线束的能力；

高压配线盒

具有快速相应能力；
强大的设计开发团队；
可根据客户要求单独定制；

地址：山东省临沂市高新技术产业开发区新华路31号
联系电话：0539-7109865
传真：0539-7109865

江苏亨通电子线缆科技有限公司

江苏亨通电子线缆科技有限公司座落在江苏南通海门市经济技术开发区，总投资2亿多元，占地面积 60亩，系中国企业五百强公司---亨通集团全资子公司。公司是海门市开发区第一家由上市公司投资的高新技术企业，目前注册资本人民币1.3亿元，有员工近350人。其中大专以上学历人数占员工总人数的30%以上。公司先后从瑞士、奥地利、韩国等国家和地区引进具有世界先进水平、具备高速度、全自动在线同步检测及快速换色等特点的汽车导线生产设备和检测设备。公司的产品种类齐全，品质优良，主要品种有符合DIN标准、JIS标准、JASO标准、SAE标准及其他标准的电线、电缆。2015年公司年产电线80多万公里，实现销售近5亿元，实现利税2000多万元，在同行业中名列前茅。公司所有的产品均经上海电线电缆研究所检验合格，成立至今公司先后通过了ISO9002、QS9000、TS16949、GB/T24001-2004以及GB/T28001-2001认证。

近几年来公司保持了较快的增长速度，在高速发展的过程中公司已同步建设了适合本身发展的组织架构，并依托亨通集团雄厚的资源支持和先进管理理念，为各种新项目的开发奠定了坚实的基础。

面对线缆行业的激烈竞争，公司在对现有汽车低压导线产品实现稳步发展的同时，也关注相关领域的发展，力求新的成长和突破。公司先后获得由国家知识产权局颁发的发明及实用新型专利证书逾50项， 2项新产品获得海门市科学技术进步奖，有2个新产品获国家重点新产品证书，10个余新产品获江苏省高新技术产品证书，公司产品“高可靠性物探用新型检波器组合软电缆”获国家中小企业创新基金及国家火炬计划。

产品介绍
product presentation

车辆爆震
传感器电缆

车辆防抱死制动
系统ABS传感器电缆

车辆轮轴
传感器电缆

氟塑料绝缘
耐高温电缆

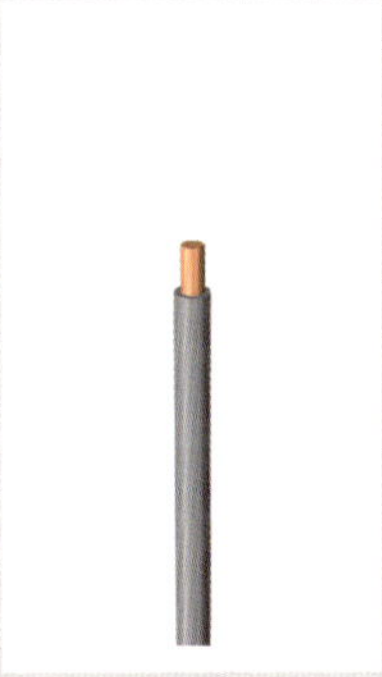

汽车用硅
橡胶绝缘电缆

新能源汽车充
电用综合柔性电缆

新能源汽
车用电池电缆1

新能源汽
车用电池电缆2

新能源汽车用
电机驱动电缆1

新能源汽车用
电机驱动电缆2

新能源汽车用
控制柔性电缆1

新能源汽车用
控制柔性电缆2

公司地址：江苏省海门市经济技术开发区南海东路518号　　邮编：226103
联系电话：0513-68189989　　传真：0513-68189999

国家汽车质量监督检验中心（北京）

国家汽车质量监督检验中心（北京）新能源汽车实验室本着“统一规划、分步实施”的原则，拟建成涵盖电动汽车整车性能、动力电池、驱动电机、电控系统、充电设施等全项检测的测试中心，目前已具备的检测能力包括电动汽车电安全性能、动力电池性能等关键部件以及充电设施产品。

电动汽车动力电池检测

（1）电性能及循环寿命检测能力

中心具备动力电池单体、模组及包或系统电性能及循环寿命全项检测能力，拥有多套美国bitrode、德国digatron动力电池电性能检测设备，拥有12立方米、24立方米大尺寸步入式温湿度环境试验箱，覆盖国际标准ISO 12405、欧盟法规ECE R100以及国家标准GB/T 31484、GB/T 31486、GB/T 31467.1、GB/T 31467.2等，涵盖电动汽车整车电安全性能全项试验以及电动汽车用铅酸电池、锂离子电池、镍氢电池等各种类型的单体电芯、模组（Umax=150V，Imax=1000A）和电池包（Umax=750V，Imax=600A）的安全和功能测试项目，包括：常温充放电性能、低温充放电性能、高温充放电性能、多种环境温度循环寿命、多种充放电模式倍率特性、工况模拟、各种条件环境试验、基本覆盖电动汽车用动力电池全项检验标准要求。

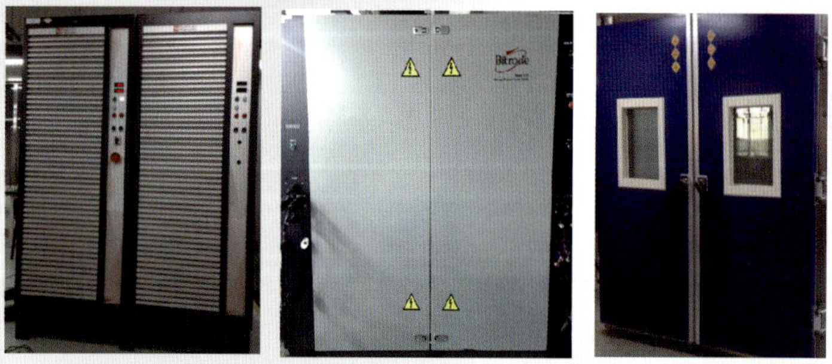

动力电池电性能试验系统及大容量步入式高低温湿热环境仓

（2）安全试验检测能力

依据ISO 12405-3、GB/T 31467.3、GB/T 31485等标准，建立了电池单体、模组及包/系统的过充、过放、挤压、针刺、跌落、短路、燃烧、低气压、振动、机械冲击、盐雾、海水浸泡等测试项目，自主研发了电池包极限跌落、火烧试验能力，与企业联合开展整车动态剖切及托底模拟碰撞试验，全方位打造动力电池的标准方法和模拟实况的安全测试及性能评估平台。

电池包挤压针刺一体机

20t三综合试验系统

电动汽车整车检测能力

中心拥有汽车整车实车碰撞、动力性能、经济性能、操稳性能、能耗测试以及涉水、淋雨等多项检测能力，建有280m轨道实车/车车碰撞试验系统、多套两驱/四驱底盘测功机以及多套路试综合测试仪，建有40m长、最大水深80cm的涉水试验路，拥有多套德国flüke绝缘电阻测试仪、功率分析仪和八位半高精度数字多用表等，能够覆盖电动汽车全项测试能力。

涉水试验路

整车淋雨仓

整车环境及工况模拟系统

电动汽车充电设施检测

拥有多功能充电机检测平台，具备了国家标准、行业标准以及北京市地方标准等检测能力，完整的覆盖了充电设施环境试验、电气性能、电安全性能以及电磁兼容性能的检测要求，能够检测车载充电机、非车载充电机、交流充电桩以及DC/DC等电动汽车的充电产品。正在建设充电设施现场检测移动测试系统及互操作性检测能力。

电动汽车综合充电站

充电设施测试平台

地址:北京市顺义区顺兴路9号
传真:010-57521181
业务部　电话:010-57521136
实验室　电话:010-57521160

NAST 尽精微 致广大

国家汽车质量监督检验中心（襄阳）

NATIONAL AUTOMOBILE QUALITY SUPERVISION AND TEST CENTER (XIANGYANG)

国家汽车质量监督检验中心（襄阳）暨襄阳达安汽车检测中心，成立于 1995 年 10 月，是经中国合格评定国家认可委员会认可和授权的具有独立法律地位的第三方检测 / 校准实验室，先后获得国家有关部委的以下认可和授权：

- 国家级汽车质量监督检验中心
- 国家级汽车试验场
- 国家授权的《公告》车辆产品检测机构
- 国家指定的强制性产品认证检测机构
- 国家指定的新生产机动车噪声和排放污染检测机构
- 国家指定的缺陷汽车产品检测和实验机构
- 国家指定的道路运输车辆燃料消耗量检测机构
- 汽车专用仪器和汽车检测线的校准实验室
- 国家认可的汽车产品检查中心
- 汽车产品认证检测机构和科研成果技术鉴定试验机构

电磁兼容试验

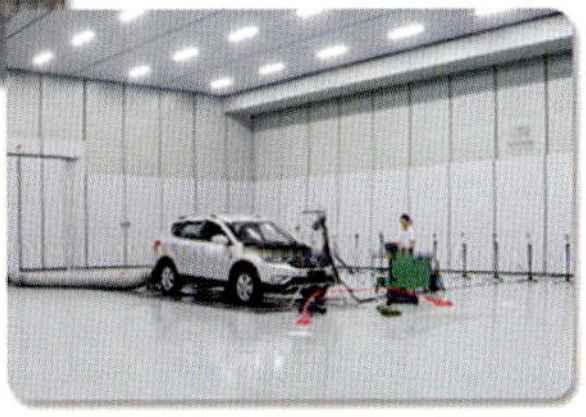
噪声振动试验

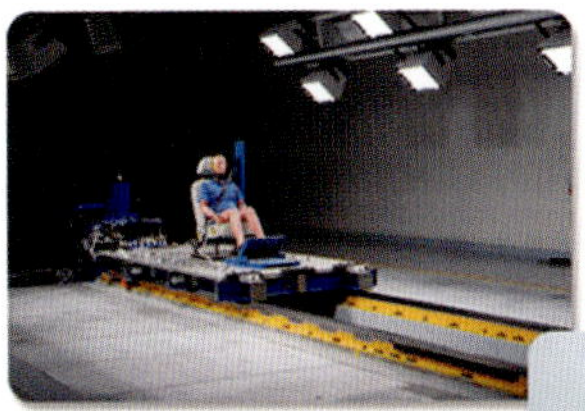
加速滑车

新能源试验

中心总部位于湖北襄阳，依托面积达 1.67 平方公里的综合性汽车试验场和 14 个专业技术领域试验室，能够承担各种整车及零部件产品检测、研究性试验及相关试验技术服务、CCC 工厂检查、汽车专用测试仪器校准等。

在节能与新能源汽车试验技术方面，凭借先进的试验设备与完善的检测能力，中心能够开展新能源整车、动力电池、电机及其控制器、充电部件、车载充电机、DC/DC 变换器等涵盖整车与关键零部件的检测及科研工作。试验能力覆盖 QC、GB、SAE、ISO、ECE 等国内外主流标准，满足新能源汽车公告认证的试验项目要求，可为政府组织、汽车企业、社会公众提供抽样、选型、委托测试及技术咨询服务。

地址：湖北省襄阳市高新技术开发区汽车试验场　邮编：441004
电话：0710-3393243　　传真：0710-3310965　网址：http://www.nast.com.cn

重庆车辆检测研究院有限公司

重庆车辆检测研究院有限公司 成立于2003年12月，主要从事汽车、摩托车、通用发动机等质量检测、试验研究、技术咨询、标准制定、出口认证、进口商检、设备研发、司法鉴定等技术服务工作。拥有国家客车质量监督检验中心、国家摩托车质量监督检验中心（重庆）、重庆市电磁兼容工程技术研究中心、国家信息产业基地（重庆）汽车电子公共检测评价中心。两国家中心获得国家工信部、认监委、环保部、质检总局、交通运输部、中国质量认证中心、中国汽车产品认证中心及多家国外认证机构的认可、授权和委托，试验检测能力满足目前我国汽车及摩托车强检、定型试验、机动车零部件强制认证和各种委托检测的要求。

公司设有新能源汽车试验研究中心，与中国电源工业协会合作共建中国电源产业技术创新联盟质量监督检测技术中心，致力于为国家新能源汽车产业发展提供公共技术服务。2008年，在国内率先建成满足国家要求的新能源汽车整车及零部件的全部试验检测能力，已为国内外近百家整车、电机及电池生产企业进行公告和委托检测。中心拥有各种仪器设备近100台/套。中心有各种专业技术人员60人，其中博士、硕士42人。

公司已投资建设完成的重庆机动车强检试验场位于重庆九龙坡高新技术产业开发区（绕城高速金凤站下道口左侧），占地约500亩，建设有直径300米的ESP动态广场、直线段2.2公里性能试验路及ABS试验路、噪声试验路、试验坡道等，是我国西部地区唯一的第三方机动车试验场。“十三五”期间，公司将开展二期建设，力争建成国内一流的检测试验室。

带环境仓的电力测功机试验台

1、电动汽车用驱动电机标准：

GB/T18488.1-2015《电动汽车驱动电机系统 第一部分：技术条件》

GB/T18488.2-2015《电动汽车驱动电机系统 第二部分：试验方法》

美国进口充放电设备

2、电动汽车用动力电池单体和模块标准

GB/T 31484-2015 电动汽车用动力蓄电池循环寿命要求及试验方法

GB/T 31485-2015 电动汽车用动力蓄电池安全要求及试验方法

GB/T 31486-2015 电动汽车用动力蓄电池电性能要求及试验方法

短路试验设备

3、电动汽车用动力电池系统标准

GB/T 31467.1-2015电动汽车用锂离子动力蓄电池包和系统第1部分：高功率

GB/T 31467.2-2015电动汽车用锂离子动力蓄电池包和系统第2部分：高能量应用测试规程

GB/T 31467.3-电2015动汽车用锂离子动力蓄电池包和系统第3部分：安全性要求与测试方法

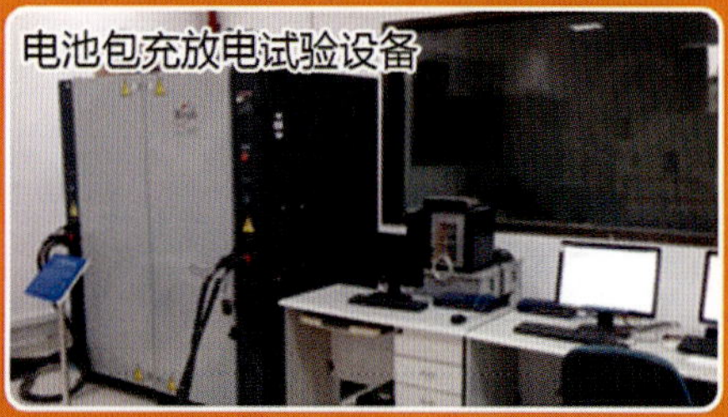

电池包充放电试验设备

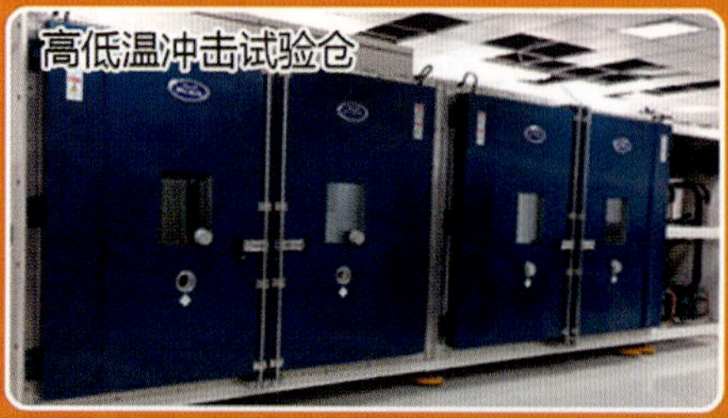

高低温冲击试验仓

真空试验仓

黑龙江红河谷汽车测试股份有限公司位于黑龙江省黑河市，地处北纬51°，与世界上著名的挪威冬季试车场、瑞典阿维斯焦冬季试车场处在同一纬度带。每年有一个月的气温达到零下35℃-零下40℃，年平均零下20℃以下天数为110天，最长可达127天。最大积雪深度为33厘米，平均风速2-3.5米/秒。

红河谷于2006年成立，2008年成为全国首家中外合资的开放式寒区测试基地。建设并投入使用了23个测试基地，另外还备有9个备选基地，可提供独立的测试场地，为企业的长远发展奠定了坚实的基础。

红河谷可提供独立检修间、独立的测试小区，根据客户需求制作特殊场地，可以在封闭的测试跑道上进行ESP, ASR, EDF, EPC, ACC, ABS以及最新的各类电子辅助系统测试。可完成国家汽车新产品定型试验所需完成的全部寒区试验项目和检测内容、整车寒区适应性实验、零部件开发性实验、开放性试验与检测、车辆装备的定型试验检测任务、冰雪拉力赛、冰雪试乘试驾活动、外籍专家级测试驾驶员、国际测试顾问、协调员。开展汽车冬季试验驾驶员培训和提供主观评价测试。各个场地有多条可供测试的道路，路面状况各不相同，包括沙石路面，沥青路面，水泥路面以及山地路面等，非常适用于耐久整车试验以及质量安全测试。

红河谷已经成为“中国汽车工业协会试验场分会会员单位”，“黑龙江省汽车产品质量监督检查站寒区测试基地”，“黑龙江汽车工程学会理事单位”，“国家汽车质量监督检验中心（襄阳、长春、重庆）寒区测试基地”，“国家轮标委轮胎唯一指定测试基地”。

2008年，红河谷与全国汽车标准化技术委员会共同起草并制定国内首部中华人民共和国国家标准《乘用车低温性能试验方法》，2013年7月1日正式颁布。

2011年，红河谷与全国汽车标准化技术委员会车身分技术委员会共同起草《汽车防滑链性能要求和试验方法》标准。

2012年12月，红河谷正式通过德国TüV和荷兰交通试验部（RDW）的认可，成为亚洲首家、中国境内唯一指定雪地轮胎认证测试试验场。

2012年至2015年，红河谷与全国轮胎轮辋标准化技术委员会多次共同主办雪地轮胎寒区测试研讨会，与轮胎业内专家共同交流，并得到米其林专家认可，建立中国首家轮胎四季试验基地。

红河谷拥有专业测试设备和专业技术团队，可提供专业测试报告。同时，红河谷与挪威试验场、瑞典阿维斯焦试验场、新西兰南半球试验场、芬兰Test World、日本北海道试验场、台湾ARTC等国内外各大试验场及测试机构相互交流，沟通密切，将为客户提供最先进的技术、优质后勤保障与专业的服务。

红河谷以“坚持客户第一，保证先进技术，促进寒区试车”为经营理念，为推动黑河寒区冬季试车事业又好又快发展做出新的更大的贡献，全力打造世界级寒区测试基地。

联系方式：
赵先生　13845630189　0456-7270666　sirius_zxh@163.com
杨女士　13845680020　0456-7279999　hhhhgyh@163.com
邮编：164300　传真：0456-7274777　网址：www.hhhhg.com
公司地址：黑龙江省黑河市爱辉区瑷珲对俄进出口加工基地

江苏超力集团
超越自我 力求完美
专注汽车零部件领域三十年
精心打造车用电机电器 热系统 新能源产品
冷却系统
Cooling Systems
电动助力转向系统
EPSsystem
空调系统及鼓风机单元总成
Air conditioner system and blower unit assembly
新能源产品
New energy products
主驱动电机
EV drive motor
空调加热器
Air heater for vehicle
电动水泵
Electric pump
汽车怠速起停系统
BSG（Belt-drive Starter Generator）system
江苏超力电器有限公司
JIANGSU CHAOLI ELECTRIC CO.,LTD.
江苏省丹阳市访高路59号
Tel: 0511-86462594 / Fax: 0511-86926200
http://www.chaoli-electric.com
江苏超力集团
JIANGSU CHAOLI GROUP

天津市礴金电机有限公司

天津市礴金电机有限公司生产的低速电动汽车和物流车驱动系统中的驱动器和永磁同步电动机均为我公司自己生产，与同规格异步电机驱动系统成本相当，由于效率高，可为整车节约20-30%的电池成本。我公司生产的驱动系统分为有编码器和无编码器两种，有编码器的驱动系统启动平稳，无编码器的驱动系统更适用于带离合器的车辆和物流车，减少了编码器环节系统运行更为可靠还降低了成本。

天津市礴金电机有限公司生产的电动汽车驱动电机和物流车电机均为交流永磁同步电动机，其优点是高能量密度和高效率，其恒功率区域有更宽的转速范围，还具备异步电机的结构简单、坚固耐用、成本低廉、运行可靠、低噪声等优点。电动汽车驱动电机冷却方式为水冷，物流车电机冷却方式为自然冷却。

三相同步永磁电机驱动器（带编码器和不带编码器通用）

适用于低速电动汽车、电动三轮车和物流车。

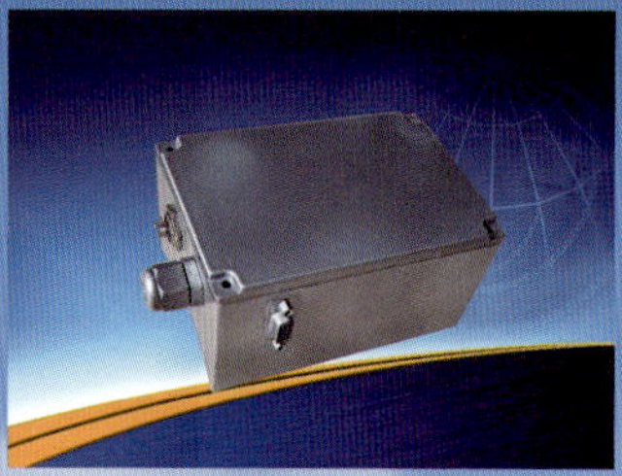
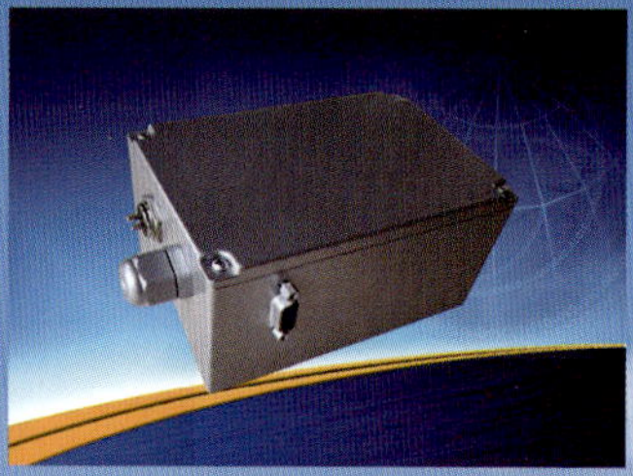

三相同步水冷永磁电动汽车驱动电机

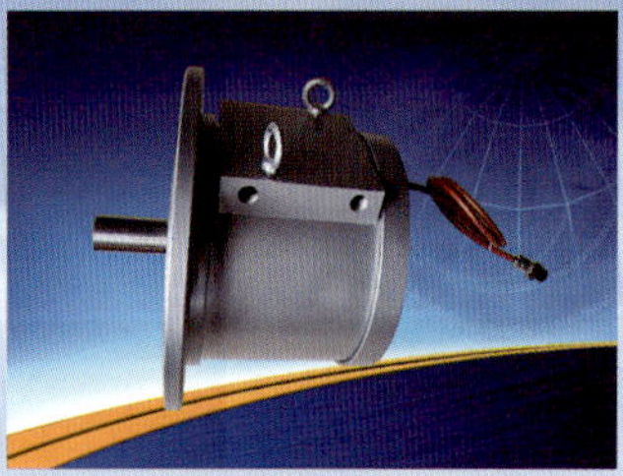
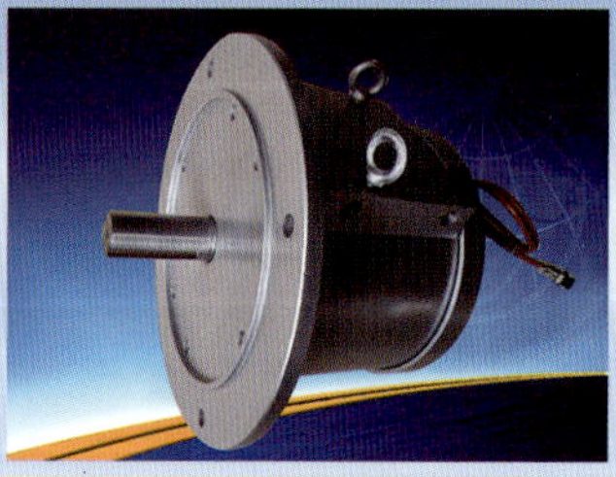
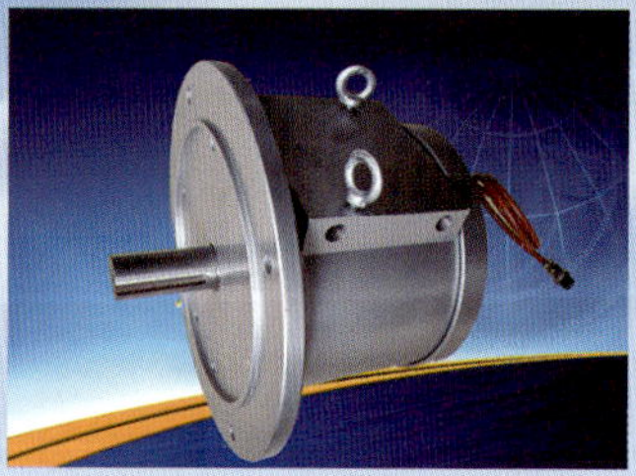
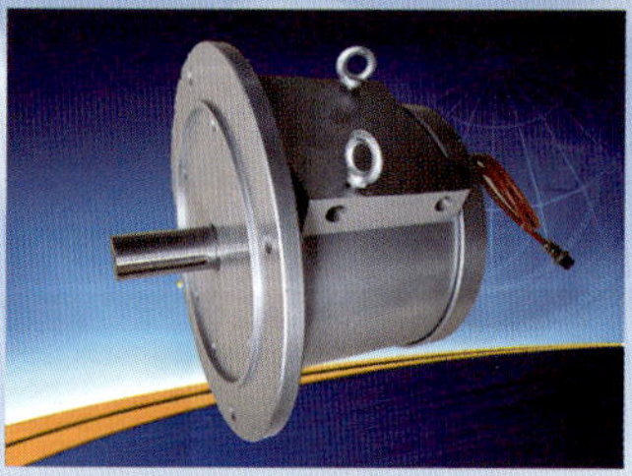

三相同步永磁电机

适用于低速电动汽车、电动三轮车和物流车。

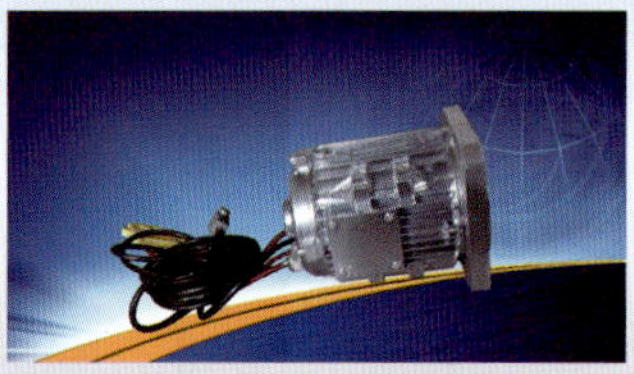
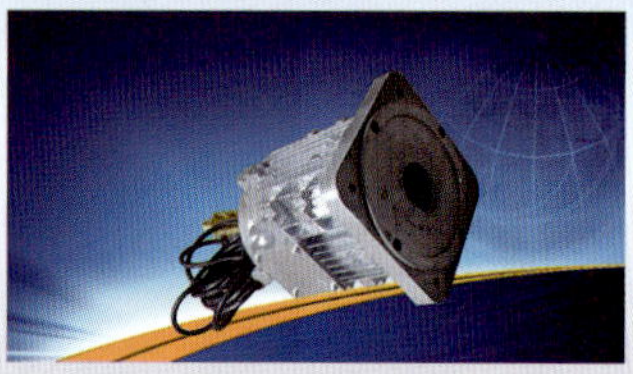
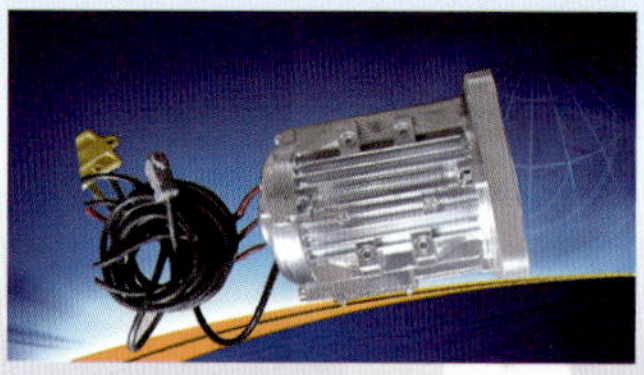

电话：022-28613456　　地址：天津市津南区小站工业园五号路3号

SKIO

QIANTU MOTOR
前途汽车
前途汽车 K50
先天下之行而行

奇瑞新能源
CHERY NEW ENERGY
净世界 未来
简单e行
乐享生活！
eQ 电动汽车
奇瑞新能源官方微信
eQ 电动汽车
奇瑞新能源汽车技术有限公司
24小时客服热线:400-883-8888

北汽幻速
践行·梦想
CCTV
春晚指定用车
北汽幻速H3F 大适登场
大有风范，体面到家
体面不止于大 6万级全景天窗MPV
大
北汽幻速H3F

企业简介

河北红星汽车制造有限公司（以下简称“红星公司”）是多氟多化工股份有限公司（以下简称“母公司”）的控股子公司，位于邢台县会宁镇，占地面积25万平方米，前身是河北红星旅行车制造厂，1960年始建于北京，1966年生产出我国第一辆轻型面包旅行车，1970年迁至邢台。

红星公司为整车制造企业，拥有乘用车和商用车的生产资质。乘用车可生产面包车、旅行车、SUV、MPV等等；商用车可生产轻型客车和轻型货车；同时可生产同类乘用车及商用车底盘。拥有冲压、焊装、涂装、总装四大汽车制造工艺的完整生产线，具备一条整车性能检测线（四轮定位、淋雨试验、车速、灯光、刹车、轴重等）及全长3公里的半封闭综合试验路面，设立了零部件检测中心。拥有独立的纯电动汽车研究中心、汽车服务研究中心。拥有完善的整车生产检测手段，通过了ISO9000认证，国家3C认证。红星汽车曾是邢台“两汽一拖”的重要支撑和昔日工业的代表。红星旅行车曾代表中国参加巴黎汽车博览会，被誉为“东方美人”。当年中央电视台《中国质量万里行》节目组选用的一辆红星车累计行驶3.8万公里没有出现丝毫故障，受到专业人士的一致好评。

2015年8月31日，红星公司完成工商变更，成为母公司多氟多化工股份有限公司的子公司。母公司是致力于电动汽车、锂离子电池及其材料、高性能氟材料等研发、生产和经营的上市公司。拥有锂电研究所、标准化动力电池测试中心和独立的汽车研究院。从六氟磷酸锂（锂电池核心原材料）到锂电池、电动汽车锂离子电池管理系统（BMS）、电机及电机控制系统(“三电系统”)均有自主知识产权具备的研发和生产能力，市场口碑良好。

烟台海德专用汽车有限公司是国内专业从事环卫、市政和公路养护专用车及设备研发制造的领军企业，是国家高新技术企业，建有“山东省企业技术中心”，先后荣获“中国专利明星企业”、“北京奥运会优秀服务单位”、“山东省名牌产品和著名商标”等荣誉称号。

公司积极倡导“绿色”发展理念，将新能源汽车作为战略发展方向。“绿色”发展的关键是核心技术，鉴于国内纯电动商用汽车技术同国外存在着巨大的差距，公司积极与欧美一流的新能源汽车企业寻求合作，在引进国外先进新能源汽车技术基础之上，不断消化、吸收和创新，实现公司在新能源领域的跨越式“绿色”发展。

公司于2012年收购了具有20年纯电动商用车研发经验的法国PVI公司40％的股份，并于2014年投入巨资引进法国PVI公司的纯电动商用车技术，通过技术引进并不断创新，整车集成控制技术已成为海德电动汽车的核心技术。目前公司与国内一汽、东风、庆铃、长安、重汽、江铃等商用车企业合作，开发了3T-25T全系列的纯电动商用底盘。另外公司正在打造占地2000亩的新能源工业园区，其中一期占地210亩的新能源商用车总装车间和新能源研发中心已经投入使用。我们的目标是用三年时间打造成世界最大的纯电动商用车底盘生产基地，成为中国纯电动商用车领域的“特斯拉”。

HaiDe 烟台海德专用汽车有限公司
YANTAI HAIDE SPECIAL VEHICLE CO.,LTD

地　址：山东省烟台市牟平区三山大街529号
电　话：0535-4212008　　传　真：0535-4212572
邮　箱：cleanauto@163.com　　网　址：www.hdclean.com

梅花汽车
新能引领未来 同心一路向前
中国梦◎同心圆
ZHONG GUO MENG TONG XIN YUAN
长沙梅花汽车制造有限公司是一家集产学研于一体的多元化整车制造企业，属于国家工信部汽车整车类客车企业，《目录》序号为143号。
公司目前注册资金2.08亿元，占地面积284000平方米，建筑面积150000平方米。地理位置优越，距黄花国际机场12公里，离长沙市中心25公里，京珠和长永高速公路邻近厂区，交通非常便利。
公司属于湖南省内产学研紧密结合的各类客车、特种专用车、新能源汽车及结构件制造企业，长期依托各大专院校及科研院所技术和人才优势，共同拥有由院士、博士生导师、教授、高级工程师等各类技术人员百余人组成的产品研发团队。
公司建立了具有国内先进水平的模具制造及冲压、焊装、电泳及涂装、总装四大工艺生产线，以及各类客车、专用车、新能源汽车及结构件生产线和自动整车检测线，拥有国内外先进设备设施800余台套，已具备年产万辆整车和20万台套结构件的先进产能。
公司拥有进出口经营权，产品已覆盖城乡客运车、城镇公交车、智能型校车、厢式物流车、特种专用车及新能源汽车等共六大系列百余个品种和工程机械配件、汽车配件、纯电动汽车结构件三大系列产品，拥有装备精良的售后服务队伍和配件供应体系，已在各省市建有"同心"牌系列产品特约维修服务站，提供一站式服务，可为每位购买该公司产品的用户提供强有力售后保障。
公司高度重视产品质量和售后服务，并通过了ISO9001：2008质量管理体系认证，建立了一整套先进、完善质量管理体系，为用户提供优质产品。历年来，公司曾荣获国务院颁发的"国家科学技术进步一等奖"、"湖南省高新技术企业"、"湖南省汽车车身工程技术研究中心"、"省级守合同重信誉企业"、"省纳税信用A级单位"、"省企业信用评级AAA级单位"、"省级企业技术中心"等殊荣；"同心"牌商标被评为中国驰名商标，已成为湖南汽车行业主力军，长沙市二十大经济支柱企业及湖南民营企业二十强。
地址：湖南省长沙市长沙县江背镇同心产业园
网址：www.meihuabus.com
电话：0731-86290568
传真：0731-86290568
梅花汽车

哈尔滨龙江客车制造有限公司

公司简介

哈尔滨龙江客车制造有限公司坐落于美丽的冰城哈尔滨，前身为黑龙江客车厂。哈尔滨龙江客车厂成立于1951年，是全国最先研制和生产城市客车的骨干企业之一。2011年被大庆蚨鼎集团收购，现有技术研发人员40余人，其中，新能源技术高级职称人员6人。通过重组整合，目前公司主营产品包含：新能源客车、公共客车、团体客车、旅游房车、城市专用物流车等五大系列。经过多年来的不断探索和实践，目前，我公司已具备完善的整车开发技术、国内先进的新能源整车控制系统开发能力。2008年公司通过了IS09001质量管理体系认证及产品强制性的“3C”认证，同时，在动力电池低温应用方面业已获得自由专利技术。

一、取得的车型公告

2012年8月，龙江牌清洁燃料样车LJK6105SHN4城市客车在国家工信部《车辆生产企业及产品（第239批）公告》中发布。

2013年12月，龙江牌LJK6105SHN5清洁燃料城市客车在国家工信部《车辆生产企业及产品（第255批）公告》中发布。

2014年12月，龙江牌LJK6106SHN5清洁燃料城市客车在国家工信部《车辆生产企业及产品（第267批）公告》中发布。

2015年01月，龙江牌LJK6105CHEVP插电式混合动力城市客车在国家工信部《车辆生产企业及产品（第268批）公告》中发布。

2015年07月，龙江牌LJK6740SQN5清洁燃料城市客车在国家工信部《车辆生产企业及产品（第274批）公告》中发布。

2016年底，由公司自主研发的具备国内领先水平的8.1米纯电动城市客车及城市纯电动物流专用运输车即将投放市场。

截止目前，公司已批量生产各类大中型客车100余辆。2014年，由哈尔滨龙江客车制造有限公司生产的50辆公交客车现已交付哈尔滨市公交集团103线正式运营。

二、公司发展战略

以哈尔滨为依托，以“辽、吉、黑”工业走廊为平台，以新能源客车项目为主体，树立“绿色东北，导引全省，以哈为主，多元为辅”的战略发展理念，重点推广绿色交通；以新能源客车研发、整车生产、销售服务和运营中心为载体，拉动全省各市、区向多元化示范城市运作，形成全省绿色交通网，打造绿色汽车城乡，进而辐射吉林、辽宁与内蒙等地区；以哈洽会开展为契机，对接国际平台，推动哈尔滨龙江客车制造有限公司新能源客车走进俄罗斯市场，从而实现重振龙江客车品牌的战略发展愿景，拉动黑龙江经济再次腾飞，破解发展难题，切实贯彻落实“五大发展理念”中的绿色、创新理念，做最具价值的电动汽车企业。

未来的龙江客车，将在这一条道路上加速稳步前进，用3-5年时间建设成中国乃至亚洲最大的、最具竞争力的电动汽车企业！

车型及技术参数

纯电动城市客车LJK6810BEV1技术参数

外形尺寸（mm）	8145*2400*3000	电池类型	磷酸铁锂
轴距（mm）	4100	电池组能量（kw.h）	144
额定载载客（人）	62/10-30	最高车速（km/h）	69
整备质量（kg）	7900	轮胎规格	9R22.5
总质量（kg）	12000	续航里程（km）	≥300
电机额定功率（kw）/峰值功率（kw）	90/148	变速形式	手动按钮
电机最大转速（rpm）/扭矩（Nm）	3500/2006	充电时间（380v）	4h

插电式混合动力城市客车LJK6105CHEVP技术参数

外形尺寸（mm）	10490×2500×3520	电池类型	有机电解质碳电极对称型超级电容器/磷酸铁锂电池
轴距（mm）	5000	电池组能量（kw.h）	27
额定载载客（人）	72/10-35	最高车速（km/h）	69
准备质量（kg）	11700	轮胎规格	11R22.5
总质量（kg）	16500	纯电续航里程（km）	≥50
发动机功率（kw）	155	车发电机额定输出功率/转速（kW/r/min）	22/2500
电机额定功率（kw）/峰值功率（kw）	100/140	变速形式	自动
电机最大转速（rpm）/扭矩（Nm）	2600/2400	充电时间（380v）	3小时

纯电动厢式城市物流车LJK5020XXYBEV技术参数

外形尺寸（mm）	4500*1680*2000	电池类型	磷酸铁锂
轴距（mm）	3050	电池组能量（kw.h）	38.49
额定载质量（kg）	900	最高车速（km/h）	92
总质量（kg）	2550	续航里程（km）	≥250
电机额定功率（kw）/峰值功率（kw）	25/56	变速形式	自动
电机最大转速（rpm）/扭矩（Nm）	4000/300	充电时间（220v）	2小时（直流快充） 7小时（交流慢充）

售前电话：王经理：0451-51922056　18246897977

常隆客车
ALFA BUS
YS6105BEV/YS6107BEV/YS6109BEV纯电动旅游客车
YS6105BEV
江苏常隆客车有限公司
JIANGSU ALFA BUS CO.,LTD
地址：江苏省江阴市新澄路2号 销售热线：0510-86299925 邮编：214432
电话：0510-86272999（总机） 销售传真：0510-86262312 网址：www.alfabus.com.cn
传真：0510-86271999 服务热线：0510-86272453 E-mail：alfabus1688@alfabus.com.cn

皇城相府
HOUSE OF THE HUANGCHENG CHANCELLOR
宇航汽车
YU HANG AUTOMOBILE
山西皇城相府宇航汽车制造有限公司
ShanXi House Of The HuangChengChancellor YuHang Automobile Manufacturing Co.,Ltd.
宇航新能源汽车 为美丽中国而行

节能与新能源汽车年鉴

第一篇 分领域发展综述

一、新能源汽车产业及技术发展

2015年是“十二五”收官之年，也是我国新能源汽车推广应用工作的第二阶段收尾之年，国内企业全年生产新能源汽车达到38.1万辆，是2014年的4.3倍，全年销量突破30万辆，超过美国全年11.5万辆的新能源汽车销量，位列全球新能源汽车产销量第一位。从推广应用情况来看，截至2015年底，39个试点城市/区域累计推广新能源汽车38.8万辆，全国新能源汽车保有量接近节能与新能源汽车中长期规划制定的2015年阶段目标，成为全球第一个基本完成产业既定发展目标的国家。随着我国新能源汽车行业进入快速发展阶段，一些新能源汽车发展的深层次问题也逐渐显现出来，如电动汽车安全性以及政策依赖性过强等问题持续引发高度重视，值得行业认真总结并研究对策。

1. 产业发展

2015年，国内企业生产各类新能源汽车37.8万辆，截至2015年底，累计生产总量达到49.5万辆，其中纯电动汽车生产量达到37.1万辆，形成纯电驱动为主导的新能源汽车市场格局。几类新能源汽车产量由高到低依次为：纯电动乘用车、纯电动客车、插电式乘用车、纯电动专用车、插电式客车，其中纯电动乘用车全年生产14.3万辆，月均超过1万辆。

2015年车型产量统计　　单位：辆

	PHEV	EV	FCV	合计
乘用车	63755	144029	10	207794
客车	24614	97272	0	121886
专用车	0	48470	0	48470
合计	88369	289771	10	378150

（1）纯电动乘用车

小型车产量占比更高。2015年，纯电动乘用车的主力车型为A00级车，全年产量占比高达63%，A0级及以下车型占比高达82%，小型化趋势明显。一方面，国家和地方两级补贴使得主流小型电动车的售价一般在5万元以下，使其跨过电动汽车成本高这一障碍；另一方面，国内不断增长的低成本机动化出行需求带来较大的市场。从企业来看，浙江吉利、湖南江南、北汽占据前三位。

三元动力电池比例提升。三元体系电池利用一年多的时间在纯电动乘用车领域占据主力位置，从2015年年初的50%左右提升到年底的70%以上，比例提升迅速。2015年，采用三元及三元复合体系动力电池的纯电动汽车生产数量占比达到67%，而磷酸铁锂占比降至32%。

（2）插电式乘用车

2015年，插电式乘用车在销车型有限，只有七家企业生产的八款车型，其中奇瑞艾瑞泽7插电版和浙江豪情的VOLVO插电式是2015年新增车型。由于比亚迪的秦、唐等插电式乘用车产量占比超过75%，因此目前插电式乘用车的技术概况往往只反映出比亚迪在插电式乘用车方面的技术路线，并不具有行业比较性。

混联比例提高。2015年，采用混联模式的插电式乘用车比例由年初的15%提高到年底的77%，这也主要由于比亚迪的唐为混联结构，该车型后期销量一度保持月度销量冠军的位置。

SUV占比提高。比亚迪唐自6月上市销售以来，产量增势明显，并从10月起占据单车销量冠军之位，这也使得插电式SUV在插电式乘用车中占比逐月提升，并在年终超过轿车。2015年下半年，比亚迪商上市，插电式乘用车中又多了一款MPV。

（3）纯电动客车

2015年，纯电动客车产量呈现典型的前低后高的态势，第四季度首月首万辆后，以月均50%以上的增速激增，12月产量高达2.77万辆，全年生产纯电动客车8.8万辆。纯电动客车生产企业众多，涉及企业63家，动力电池体系最为多样，按大类分就有10种之多。

轻型客车占比最高。在2015年生产的8.8万辆纯电动客车中，6~8米的轻型客车生产超过5.4万辆，占比超过60%。2013年国家将6~8米的轻型客车纳入补贴范围后，诸多企业开始研发投入产品，经过2014年的准备期，2015年迎来爆发式的增长。

大型客车仍以磷酸铁锂为主。2015年，生产的纯电动客车中，10米及以上的大型客车90%以上选用的磷酸铁锂动力电池，三元电池比例基本为零，而随着车长的降低，三元体系电池的比例逐步升高，6~8米的轻型客车采用三元电池的比例超过20%。

（4）插电式客车

2015年，生产插电式客车24048辆，是各类车型中逐月产量增速最低的一类，涉及企业37家，车型数量也较纯电动客车少，产量集中度更大。

大型客车为插电式客车绝对主力。在2015年生产的2.4万辆插电式客车中，只有不足200辆为8~10米车型，其余全部为10米及以上车型，前十位包括郑州宇通、苏州金龙、中通客车、厦门金旅等，前十位产量总和占全部产量的85%，企业集中度较高。

气电插电式客车占比更高。2015年，生产的插电式客车中，天然气插电式客车比例更高，为65%。在天然气插电客车中，CNG 占比又高于 LNG，前者占比达到天然气插电式客车的 90%，这与我国目前单一燃料天然气客车中 CNG 客车和 LNG 客车的占比大致吻合。而采用天然气加插电模式也更有利于行驶过程的清洁排放。

（5）纯电动专用车

2015 年，我国生产各种用途纯电动专用车 46854 辆，其中 12 月生产 24247 辆，是 2015 年 11 月的 2.74 倍，在各类新能源车型中，月度同比和年度同比增长都为最高。

企业和产品集中度相对较低。2015 年生产的 4.7 万辆纯电动专用车，涉及企业 67 家，产量前十的企业产量总和占全部产量的比例为 72%。有 30 家企业年产量在百辆以下，呈现出“优势企业相对突出、总体产业仍显分散”的格局。

纯电动货车产量增长迅速。纯电动专用车中货运用途的占比增长迅速，用途以厢式运输车为主，未来将主要用于短途物流等领域，从目前的补贴政策来看，纯电动专用车方面补贴是按照电池容量进行补贴，下一步应以提高车辆的使用效率和促进技术提升为目标，再进一步细化补贴标准，以提升整体技术水平。

2. 技术进展

2015 年，在国内企业、科研院所、高等院校等共同努力下，我国新能源汽车技术研发取得重大进步，与国外先进水平的差距在不断地缩小。

（1）单位电量续驶里程小幅提高

单位电量续驶里程可以部分地反映出整车的技术水平，制动能量回收、轻量化水平、整车控制水平的提升可以综合反映在该指标中，从 2015 年年初的 8 千米/千瓦时左右到年末的 9.5 千米/千瓦时，提升 18.8%，但较之电池单体能量密度的提升（以磷酸铁锂为主到以三元体系电池为主，能量密度约提升 30%）幅度，整车的提升水平仍有较大潜力（注：单位电量续驶里程 = 续驶里程（工况法）/整车电池容量）。

（2）关键零部件技术取得较大突破

磷酸铁锂动力电池单体的能量密度从 2007 年每公斤 90 瓦时，提高到接近每公斤 140 瓦时。三元材料动力电池单体的能量密度达到每公斤 200 瓦时，与国际水平基本同步。形成电解液、正负极、隔膜等关键材料的产业化能力，建立较为完善的锂离子动力电池技术体系，磷酸铁锂动力电池形成产业化的规模，并实现全球配套。开发出 200 千瓦以下系列化的新能源汽车用电极产品，电极的供应密度达到每公斤 3000 瓦，部分产品为国外跨国公司配套，初步掌握燃料电池的关键材料、部件及电堆的关键技术，电堆功率密度达到每公升 1000 瓦，耐久性达到 3000～5000 小时，基本建立具有自主知识产权的车用燃料电池技术平台，燃料电池汽车在国内外开展多次示范运行考核，紧跟世界第一梯队。

（3）公共技术平台初步建成，建立起较为完善的新能源汽车标准体系

研究发布新能源汽车国家和行业标准 87 项，基本能满足技术研发及产业化的需求，正在制、修订标准 40 余项，建立新能源乘用车和商用车以及动力电池等整车和关键零部件的测试平台，较好地支撑我国新能源汽车技术创新和产业发展。

3. 推广应用

（1）车辆推广

2013 年，启动新能源汽车推广应用工作，计划在 39 个城市或区域推广各类新能源汽车 33 万辆。截至 2015 年底，39 个示范区域累计推广 38.3 万辆，与第一阶段相比，增幅超过 10 倍。上海、北京、江苏、浙江、深圳等 12 个省市和区域累计推广数量超过 1 万辆。其中，私人领域市场开始升温，并逐步成为推广应用的重点领域。

从推广车辆类型看，纯电动乘用车 168100 辆，占总数 43.86%；插电式混合动力乘用车 71207 辆，占总数 18.58%；纯电动客车 81344 辆，占总数 21.22%；插电式混合动力客车 25587 辆，占总数 6.68%；纯电动特种车 37041 辆，占总数 9.66%；燃料电池乘用车 6 辆。

从推广车辆用途看，私人领域 137152 辆，占总数 35.78%；公共领域 246133 辆，占总数 64.22%。其中公交车 66004 辆，租赁用车 74388 辆，出租车 13163 辆，环卫车 5416 辆，公务车 14604 辆，企业通勤车 30473 辆，邮政车 1075 辆，物流车 28955 辆，旅游客车 10454 辆，工程车 99 辆，其他用途 1502 辆。

（2）充电设施建设

随着车辆充电需求的不断增加，除国网、普天等国有充电基础设施运营商外，越来越多民营资本投入充电基础设施建设和运营，开展多种充电商业模式的探索，积累大量数据，总结经验。截至 2015 年底，全国建成的充换电站超过 3600 座，公共用的充电桩超过 4.9 万个，基本形成以住宅、办公场所等自用充电桩为主，停车场、公共充电站等公用充电桩为辅，以高速公路服务区快充为补充的充电模式，并基本达成行业共识。虽然基础设施建设进度有所加速，但距离全面满足新能源汽车应用尚有差距。

4. 存在问题

在我国新能源汽车产业发展进入新阶段驶入快车道的同时，一些新问题开始显现，主要表现在以下几个方面。

一是新能源汽车产品质量有待进一步提升。自主品牌新能源汽车整车品质与国外发达国家的先进水平相比尚有差距，整车售价和续驶里程尚未达到消费者预期，在低温

使用、电池寿命方面也尚需提高。二是新能源汽车的安全问题日益凸显。随着新能源汽车市场容量的急剧扩大，电动汽车安全事故呈现上升趋势，除了少部分低水平的新能源汽车产品混入市场的原因外，也有由于新能源汽车本身安全性不足以及充电和运营时防护和监控力度不够所导致。三是个别企业出现骗补行为。2015 年上半年，国务院督查办、四部委组织开展相关核查工作，对查实的骗补行为将进行严厉的处罚。四是充电基础设施尚难满足新能源汽车发展的整体需要。相比新能源汽车市场规模的增加，基础设施建设仍显滞后、充电互联互通等问题尚未完全解决，难以满足新能源汽车规模化发展和使用的需求。五是地方保护制约新能源汽车推广应用工作的整体推进。地方保护主义短期内看似保护本地企业的发展，但长期看却严重阻碍我国新能源汽车的技术进步和健康发展，也变相增加企业的负担。

（中国汽车技术研究中心　王成　朱成　樊春艳）

二、纯电动乘用车

1. 产业与技术总体情况

2015 年全球电动车乘用车总销量大幅攀升，达到 549414 辆，与 2014 年 317895 辆同比大幅增长 72.8%。2015 年中国市场新能源乘用车表现抢眼，销量达到 207382 辆，比美国的 115350 辆高出近一倍，占全球总销量的 37.7%，首次成为全球最大的新能源汽车市场。

2015 年中国微型电动汽车（A0 级别以下车型）进入市场“爆发期”，根据乘联会公布的统计数据显示，2015 年中国纯电动汽车总销量为 113178 辆，主要涉及 22 个品牌车型，这其中销量排名前十的车型就有 7 款属于微型电动车。分别是吉利知豆、康迪熊猫、众泰云 100、奇瑞 EQ、奇瑞 QQ3EV、众泰时空 E20、江铃 E100，在 2015 年的新能源纯电动汽车 113178 辆的销量中，这 7 款 A00 级电动汽车就贡献了 84878 辆，占比高达 75%。

（1）技术发展特点

2015 年纯电动乘用车技术发展主要体现在以下几个方面：①新能源汽车性能快速提升；②新能源汽车关键核心零部件性能指标进一步提升，电机向高功率密度，电驱动总成向集成化发展，电池能量密度快速提升、价格明显下降；③三元体系动力锂电池市场份额进一步提升；④车联网技术应用加速；⑤自动驾驶技术得到行业高度关注。

2015 年我国新能源汽车领域核心技术取得了较大的突破。纯电动乘用车续驶里程、百公里加速性能、能耗水平等关键指标大幅进步；动力电池能量密度提高了将近一倍，成本降低 50%；驱动电机产业化能力提升，从单个电机向动力总成的集成发展，其中芯片集成设计、电子系统集成技术都取得新发展；六氟磷酸锂、湿法隔膜等技术壁垒较高的电池材料基本实现国产化。但也应该看到，与国外相比我国还有较大差距，特斯拉的续航里程已超 300 千米，宝马 i3 采用了全新的模块化设计和碳纤维增强塑料轻量车身，部分高端车型搭载的辅助驾驶系统已能实现在高速路全自动驾驶；日本燃料电池技术已经比较成熟，丰田燃料电池汽车已实现量产。

（2）主要技术突破点

智能充电技术快速发展。2015 年 5 月 30 日，中国电力企业联合会组织专家在深圳召开了奥特迅电动汽车矩阵式柔性充电堆新产品鉴定会。该技术实现了电动汽车充电功率共享和智能分配，可满足不同型号电动汽车的差异化充电需求。矩阵式柔性充电堆可以较好地解决兼容性不足和利用率不高的问题。其将充电站内所有充电模块整合在一起，根据电动汽车需求功率智能分配，实现充电功率按需分配。同时，该技术还可改善充电模块的使用环境，提高充电设备的使用寿命，降低其在全寿命周期内的综合使用成本。

电动汽车安全性能进一步提升。除了电池管理技术发展及车身对电池的防护措施加强，2015 年出台的《GB/T31467.3－2015 电动汽车用锂离子动力蓄电池包和系统第 3 部分：安全性要求与测试方法》国家标准也针对汽车动力电池的安全要求和测试方法做了明确的规定，从国家角度为电动汽车安全制定了准则，在法规上对电动汽车厂商与电池制造厂商提出了要求。从 GB/T31467.3－2015 测试内容看，针对系统级的安全防护主要集中在以下几个方面：①机械载荷——振动、机械冲击、跌落；②事故自保护——碰撞、挤压、海水浸泡、外部火烧；③环境适应性——温度冲击、湿热循环、盐雾腐蚀、高海拔；④滥用——过温、短路、过充、过放。

针对系统级的安全防护要求，此前是缺失的，本次新国标的发布，弥补了这方面的空白。车企在产品的研发、生产和使用过程中，根据车辆和动力电池系统的实际情况，制定更为严格更为完善的安全防护体系进一步提升电动车的安全性能。

车联网技术应用加速。2015 年 3 月，李克强总理在“两会”政府工作报告中首次提出要制定“互联网＋”行动计划。7 月初，国务院发布《关于积极推进“互联网＋”行动的指导意见》，着重提出加快车联网、智能汽车等技术的研发、应用及标准化，车联网成为“互联网＋”最典型的应用领域之一。12月，工信部提出要出台《车联网发展创新行动计划（2015—2020年）》。

车联网未来的应用主要在移动管理、车辆管理、娱乐、健康与人身安全、自动驾驶、安全性和家庭互联等七个方面，2015年各车企加速发展车联网技术，布局车联网市场：12月14日百度宣告自动驾驶事业部成立。9月20日，上汽集团推出车享家布局后市场。7月21日，长安在美国展示自动驾驶技术。5月25—27日，首届亚洲消费电子展（2015CESASIA）在上海举行，汽车互联技术作为此次展会的“主角”十分亮眼：奔驰展出了F015Luxuryin Motion无人驾驶概念车；福特重点推介两项在美国进行的移动出行实验项目——远程遥控定位和停车位信息共享；大众则展示了e－Golf记忆式无人停车技术；本土企业百度、四维图新也展示了车联网的最新技术。4月8日，阿里汽车事业部宣告成立。3月12日，上汽与阿里巴巴共同宣布，将合资设立10亿元的“互联网汽车基金”。3月23日，北京汽车与乐视控股在香港正式签订战略合作协议，共同打造互联网智能汽车生态系统。当天，富士康、腾讯与和谐汽车共同签订《关于“互联网＋智能电动车”的战略合作框架协议》，三方提出了“互联网＋智能电动车”的商业模式。

此前，自通用On Star和丰田G－book率先将车载互联系统引入国内以来，自主品牌也已经开始关注这一领域：上汽率先在旗下荣威品牌车型上大规模搭载车载互联系统，随后，一汽奔腾D－Partne、比亚迪i云系统、吉利G－Netlink、奇瑞Cloudrive智云娱乐行车系统、长安In Call智能系统以及华晨E－Drive等车联网产品纷纷跟进推出。

2. 目前亟需解决的技术难点及解决方案

目前，纯电动乘用车大规模推广应用的技术难点集中在动力电池，具体表现为动力电池安全性不稳定和能量密度偏低两方面。

第一，安全性方面，作为主流的动力锂电池技术路线在安全性和稳定性方面仍然存在相对的劣势。对于锂电池生产厂商而言，未来在材料性能的优化、生产材料的技术工艺方面还需进一步提升。而对于整车厂商而言，电池管理系统的组装检测和系统集成能力同样重要，其质量要求和检测工艺还有待进一步加强。

第二，新能源汽车在动力锂电池的能量密度、功率密度、耐受性、循环充放电次数，使用寿命等性能上的改善还有待提升。新一代锂离子电池将采用高比容量（高电压）正极材料和高比容量负极材料，以提高电池比能量、降低电池成本为主要目标，至2020年，预计新一代锂离子动力电池比能量有望达到350Wh/kg，电池系统比能量达到250Wh/kg，成本下降至1.5元/Wh。在2020年以后，以金属空气电池、锂硫电池、固态电池为代表的新体系电池将具有更高的比能量，每瓦时成本可能比新一代锂离子电池更低，预计2025年后电池比能量将达到400Wh/kg以上。为达到以上这些目标需要在电池新材料方面加强研究，同时还要研发快速充电或便利充电技术。

3. 2015年重点车型技术特点分析

（1）乘用车代表车型一：康迪熊猫K11

虽然目前个人购买康迪熊猫K11的用户并不多，但其凭借租赁市场的卓越表现登上了2015年纯电动车销量排行的榜首（全年销量20390辆），杭州等多个城市“微公交”项目的推广功不可没。

康迪熊猫定位于A0级电动车，长宽高分别为3598/1630/1595，轴距为2340（毫米）。内饰设计取自吉利熊猫车型，整体设计及功能设置别无二致。车内配置简单，以满足日常驾驶的基本需求为诉求。

动力系统方面，康迪K11配备最大输出功率为27马力的电动机。官方称其最高设计时速为80千米/小时，续航里程为150千米。

（2）乘用车代表车型二：北新能源汽EV系列

凭借在北京地区的压倒性优势，北汽EV系列摘下销量榜探花之位，全年销量16256辆。EV160和EV200两款车型形成了高低价格组合，覆盖了更广泛的价格区间。两款车型再设计和配置方面的区别不大，不同材质的电池使两款车的续航里程拉开档次。

EV160/200的外形设计基于北汽E系列汽油车改进而来，相比第一代车型E150EV在设计上更加突出了其新能源车型特色。在前进气隔栅处增加蓝色镀铬装饰，雾灯样式略作调整，是整个前脸部分更具辨识度。尾灯采用了LED光源，车尾铭牌是区分EV160和EV200车型的唯一标识。

内饰方面，EV系列车型拥有全液晶显示屏，可显示丰富的行车信息，电池电量、剩余续航里程、能量输出状态等重要指标均在这里呈现。中控台多媒体系统采用触摸屏控制，内置的充电桩导航功能对于电动车来说非常实用。空调系统的绿净功能出色，开机10分钟内就可将车内PM2.5数值降到正常水平。

动力方面，两款车型采用全新永磁同步电机，最大功率72马力，峰值扭矩180牛米。EV160配备磷酸铁锂电池组，容量25.6千瓦时，续航里程160千米。EV200则选用三元锂电，电池电量30.4千瓦时，续航里程200千米。

（3）乘用车代表车型三：奇瑞eQ

奇瑞eQ在2015年前八个月一直保持着稳定的销量，年底又迎来了高峰，全年共售出7262辆。这款定位于A0级的小车凭借低廉的售价（补贴后5.98/6.48万元）和小巧灵活的驾驶体验受到了不少一线城市用户的青睐。

奇瑞 eQ 的外形与 QQ 车型保持了高度一致，车身尺寸也完全相同，长、宽、高分别为：3564/1620/1527，轴距 2340（毫米）。小巧的车身使它在寻找车位方面具备了先天优势，这样的特性在拥挤的一线城市中很为日常使用带来极大便利。

奇瑞 eQ 的内饰设计以愉悦和舒适为主题。不同于传统的仪表盘的显示方式，左侧竖状图标为电动机转速，右侧为电池容量，中间液晶显示屏显示速度、续航、电压等车辆信息，而蓝色背光也契合了纯电动汽车的整体设计风格。

奇瑞 eQ 的驱动电机最大功率 57 马力，峰值扭矩 150 牛米，这样的动力水平对于其 1128 千克的自重来说基本够用了。使用的电池为三元锂电，容量 22 千瓦时。使用慢充电桩为其充满电量需要 6 个小时左右，利用快充电桩半小时左右的时间可充到 80% 电量，最大续航里程 151 公里。

4. 未来几年纯电动乘用车技术发展趋势

（1）动力电池技术

我国将磷酸铁锂电池作为前期新能源汽车产品电池系统开发重点，基本完成示范应用，已进入大规模商业推广阶段。我国绝大部分城市示范运行电动汽车采用该类电池。总体来看，今后 3～5 年磷酸铁锂电池在商用车领域（如城市公交车、城市物流车等）将继续占据主导地位，需要进一步改善其低温性能、提高电池一致性。由于磷酸铁锂电池比能量偏低，很难达到《节能与新能源汽车产业发展规划（2012—2020 年）》提出的目标。

磷酸铁锂适用于中等比能量要求的动力电池；三元材料通过材料、隔膜涂层和电池技术的改进提升安全性后适用于高比能量型电池；石墨负极目前仍然是广泛应用的负极材料，在碳负极材料中添加硅等高容量材料的努力仍在进行中，液体电解液在向高电压和宽工作温区方向发展；小圆柱电池、方形金属壳电池和软包电池各有特点，适应了多元化的电动汽车应用需求，国产制造设备技术水平持续提升，电池系统技术方面需要整车和电池方面合作努力以提升安全性和可靠性。锂离子动力电池是目前最具实用价值的动力电池，预期其比能量在不久的将来可提升至 300～400（Wh）/kg，满足新能源汽车产业未来 10 年的发展需求。

（2）驱动电机技术

未来我国新能源汽车驱动电机系统将朝着电机永磁化、控制系统高效化和系统集成化方向发展。

基于永磁同步电机效率高、高效区宽、转矩密度高、重量轻、调速范围宽等优点，未来电机永磁化是必然趋势之一。

控制系统高效化则包含了硬件与软件两方面：硬件即高速、高集成度、低成本的专用计算芯片和耐高温高效率的碳化硅功率控制芯片，这将使电机驱动的电路更为小型化、集成化；软件则体现在电机控制方面，电机控制算法未来的发展方向将着重在高性能的转矩转速控制与和在线辨识上。

电机驱动系统的集成化包括两个方面：机电集成与电力电子器件的集成。通过机电集成可有利于减小整个系统的重量和体积，有效降低系统制造成本。电力电子器件的集成主要包括 ISG 控制器、驱动电机控制器以及 DC－DC 的功能集成。这种功能集成方法可较好地解决不同功能电路之间的整合设计和高压隔离等问题来改进散热设计，也可以比较有效地减少电力电子器件的体积及重量。

（3）轻量化

电动汽车的续驶里程受制于电池能量，而电池能量的增加又导致整车重量和成本的增加，为了提高续驶里程，途径之一是提高电池的能量密度，另一方面还需要从减轻整车重量着手。如宝马 i3 和 i8 的乘客舱均采用碳纤维材料打造，是全球最先采用碳纤维车身的量产车型，不仅车身重量减轻，车辆续航里程、动态性能和安全性也得到优化，减重对于汽油车也是一个长期的命题，其积累的经验可以直接应用于电动汽车。目前多数电动汽车只是采用了局部减重的方式，对提高里程的需求可谓杯水车薪，要达到增加里程的效果需要将整车重量降低 20% 以上。新材料的使用对供应链、生产工艺等都造成冲击，并且造成成本升高，需要整车厂、零部件企业、原材料企业的共同合作。

（4）电池管理系统（BMS）与电机、电池技术相比，BMS 还不是很成熟

BMS 作为电动汽车最关键的技术之一，近年来已经有很大的提高，很多方面都已经进入实际应用阶段，但有些部分仍然不够完善，尤其是在采集数据的可靠性、SOC 的估算精度和安全管理等方面都有待进一步改进和提高。

① BMS 的设计主要有如下技术难点：需要采集的数据量大，精度要求高；电池状态的非线性变化严重制约了 SOC 的预测精度；内部电路复杂，安全性差，抗干扰能力要求高。

② 如何把握电池内部状态的变化规律，用更有效的方式和采用更适当的算法来正确估算 SOC，减小 SOC 的估算误差，仍将是今后研究的重点。

③ 在 BMS 的安全管理和控制功能模块设计中，如何解决电池自身的安全性问题，例如：实现电池组均衡充电、避免高电压和高电流的泄漏、防止对人体造成伤害，尤其是在冲力作用条件下（发生碰撞时）对电池安全性的控制等，还需要进行大量的试验研究。

④ 很多 BMS 应用某一类型的电池时效果很理想，但却难以应用到其他类型的电池上。

因此，研究更具有通用性的 BMS 已经成为未来的发展

方向。

(5) 智能化车联网

根据“IBM 汽车 2025”展望，全球汽车行业高管和主流消费者们最感兴趣的未来六大智能汽车技术：**自修复、自学习、自配置、自集成、自主驾驶、自主社交**。自修复指对汽车自身的分析、预测和自动维护，自学习指自动学习车内人的数据，自配置指把个人移动偏好自动配置到汽车上、自集成指与车联网其它智能设备的自动信息集成、自主社交与自主驾驶指无需人为干预的汽车社交与驾驶。其中，中国消费者对自主驾驶、自主社交和自修复最感兴趣。目前奔驰、宝马、奥迪、沃尔沃四大汽车公司在无人驾驶技术上领先于其他汽车公司，谷歌以及博世也有出色的表现。国内以清华大学、国防科技大学、军事交通学院为首的科研机构在无人驾驶技术上也有很好的发展。

“自主”汽车不仅能感知车内数据，还能感知车辆周边数据。基于认知计算的未来“自主”汽车，不但具有独立的认知能力，还能在所有互联的汽车间形成集体式自主思维。未来汽车一定是基于大数据和实时数据分析能力，形成全球统一智能平台的车联网技术。

(6) 无线充电技术

与传统充电站、充电桩相比，无线充电主要有以下特点：充电设施布置灵活、用户使用更加方便、充电过程相对安全。

据悉，现在有很多企业都在开始研究电动车无线充电技术。如 2015 年 1 月，中兴通讯与国家电网宣布在成都组建合资公司，以无线充电技术在城市公共交通服务领域的应用为突破口，着力推进无线充电公交商用示范线，带动出租车等电动乘用车的无线充电技术发展，为电动车提供无线充电服务。

(北京汽车集团有限公司 詹文章)

三、纯电动客车

1. 产业与技术总体情况

2015 年是纯电动客车日新月异的一年，纯电动客车确立引领行业发展的市场地位，全年销量超过 8 万辆，同比增长 300% 以上，市场份额超过 30%，成为支撑行业发展的关键因素。

据中国汽车工业协会数据统计，在 2015 年新能源客车领域，纯电动客车产量 88248 辆，同比增长 5.8 倍；2015 年作为纯电动客车市场蓬勃发展的一年，很多纯电动客车难题也得到解决，比如快充、慢充时间大大缩短，突破续驶里程、电池寿命、涉水安全等纯电动车的几大瓶颈，应用全数字控制系统，将动力系统、能源系统、辅助系统、整车控制、车身控制等集成到一个 CAN 网络系统中，实现纯电动客车系统响应更快、控制更精确、能耗更低等。

2015 年国内纯电动客车产量一览表 单位：辆

汽车企业	2014 年	2015 年	累计增长（%）	市场份额（%）
宇通客车	1884	13436	613	15.2
南京金龙	1890	8796	365	10.0
中通客车	345	8191	2274	9.3
苏州金龙	1215	6670	449	7.6
比亚迪	2603	5605	115	6.4
东风汽车	196	5191	2548	5.9
珠海广通	137	3189	2228	3.6
厦门金旅	126	3027	2302	3.4
北汽福田	838	2579	208	2.9
金龙联合	54	2526	4578	2.9
其他	3616	29038	703	32.9
合计	12904	88248	584	100

续表

数据来源：工信部

2. 技术发展特点

(1) 纯电动客车技术发展特点

2015 年，纯电动客车技术发展主要体现在打破充换电站对于纯电动客车发展的制约；整车动力性能提升；续驶里程延长；经济性能改善；电机、电池等关键核心零部件性能指标进一步提升；电机向高功率密度，电驱动总成向集成化发展；完善驱动技术平台；控制总成技术得到创新。

(2) 纯电动客车实现的主要技术突破点

2015 年是纯电动客车蓬勃发展的一年也是技术应用百花齐放的一年，在动力性方面，比亚迪 C9 搭载比亚迪自主研发的铁电池及轮边驱动技术，拥有 360 千瓦最大功率和 3000 牛米的最大扭矩，最高车速超过 100 千米每小时；在充电电源方面，宇通在充电电源上实现技术创新，可使用 380 伏动力电或者 220 伏民用电来充电，快充 1 小时即可充满，慢充 6 ~ 8 小时可充满，使客车充电不再局限于专门的充电桩，安凯实现交流、直流双方案兼容的充电模式，可以满足不同客户的多种充电需求；在行驶里程方面，比亚迪的 C9 行驶里程达到 300 千米以上；在充电速度方面，宇通设计出快充 75 分钟或慢充 2.5 小时的 E10

车型，在充电速度方面也有了显著的技术进步；在车身制造方面，安凯纯电动宝斯通应用的阴极电泳工艺、优质钢板全部冲压件焊接全承载式车身技术，在保证整车安全性的同时，车身防腐性能比肩国际同类产品；在控制总成技术方面，安凯创新性的将动力系统、能源系统、辅助系统、整车控制、车身控制等集成到一个 CAN 网络系统中，实现纯电动客车系统响应更快、控制更精确、能耗更低的运营效果。

（3）目前亟需解决的技术难点及解决方案

我国新能源纯电动客车经过十多年的研究和发展，取得一系列的突破，开始逐步投放进市场，但仍然存在诸多的问题。其中，电动客车的续航能力及动力性能是这诸多问题的焦点。而动力电池系统是制约续航能力及动力性能的关键技术问题。目前纯电动客车上使用的电池基本都是锂离子电池，它的工作原理是通过离子的迁移来实现化学能与电能之间的转换，从而实现储能和放电。锂离子电池具有比能量密度相对较大、无记忆效应、充放电效率高、自放电率低、循环寿命长和无污染性等优点，因此，锂离子电池成为了目前在纯电动客车上应用最广泛的动力电池。其中，以磷酸铁锂三元材料为代表的锂离子电池，因其能量密度可达到 130Wh/kg ~ 140Wh/kg，且充放电平台稳定、安全性能良好、低温性能和循环寿命较好，磷酸铁锂电池通过纳米技术和富锂技术等手段而应用，其实际能量密度将会大幅度提升，并且磷酸铁锂电池实现 2 元/瓦时以下的成本没有问题。因此，以磷酸锂铁为代表的三元材料电池，现在是目前纯电动客车主要的动力电源。虽然锂离子电池经过发展能量密度及其他性能都得到很大的提高，但是按照现在车辆油箱的位置大小，且电池重量符合车辆承载能力和轴荷分配要求，动力电池比能量应达到 500Wh/kg ~ 700Wh/kg。而目前的锂离子电池的能量密度远远低于该值。因此目前提高动力电池能量密度是制约锂离子电池发展的一个瓶颈问题。为了突破能量密度低这个电池的瓶颈问题，可以加强以下几个方面的研究。

在材料方面，以硅基和锡基合金作为锂离子电池的负极材料。通过这种材料的改进的锂离子电池其理论的容量可分别高达 4200Wh/kg 和 990Wh/kg，完全能满足纯动力汽车动力电池能量的要求，但是硅基锂离子电池由于充放电过程产生巨大材料体积膨胀效应，以及锂在硅膜中扩散系数相对较小、电化学性能显著恶化；锡基合金负极材料电池理需解决首次不可逆容量高，充放电循环性能差的问题，目前未能在纯电动客车动力电池领域得到产业化。

另外一方面，主要是从制备技术和成组技术上进行突破。从电池的制备技术综合考虑，采用纳米技术制备来提高电池的性能，开发新型的纳米材料。从成组技术上考虑，可合理设计动力电池系统模块化结构，减少由电池单体组成的电池组产生的性能衰减，减小电池组中电池单体一致性的影响；并且通过对实车上电池系统进行能量管理，实现能量的进一步合理分配利用。综合以上分析，目前纯电动客车动力电池，其提高性能的主要的技术瓶颈在于进一步提高纯电动客车单体电池的性能水平，以及提升纯电动客车动力电池系统的管理等方面。

3. 重点车型技术特点分析

（1）南京金龙 NJL6117BEV

该款车型是在纯电动客车的基础上增设太阳能动力。采用的太阳能光伏电板面积为 15 平方米，具有高效能、高柔性的特点，安装在 11 米长的车顶上。其太阳能光伏发电系统主要由柔性太阳能电池板、光伏动力充电机及相关连接器组成，可以实现太阳能动力与动力电池动力的自动切换。按照江苏地区的光照时间，太阳能电池充满电后，行驶里程为 30 千米，太阳能电池的电量用完后，转换器将会将动力转换到充电电池。

（2）宇通 E7

该款车型可选择 380 伏动力电和 220 伏民用电来充电，快充 1 小时即可充满，慢充 6 ~ 8 小时可充满，真正打破充换电站对于纯电动客车发展的制约，在行业内首次实现无障碍的充电解决方案。同时采用宇通独有的睿控技术，以整车控制器、五合一电机控制器、智能化电池管理系统和变频空调器为核心，形成宇通独有的纯电动驱动技术平台，有效突破续驶里程、电池寿命、涉水安全等纯电动车的几大瓶颈。

（3）E10（团体版）

该款车型是宇通推出的 10.7 米纯电动团体客车，作为 E10 团体新造型车型，满足团体客车用户需求。快充 75 分钟或慢充 2.5 小时即可充满，续航里程达到 180 千米（开空调续航 160 千米），最高车速达到 90 千米/小时，座椅数达到 45 + 1 个，同时采用宇通独有的睿控技术，形成宇通独有的纯电动驱动技术平台，有效突破续驶里程、电池寿命、涉水安全等纯电动车的几大瓶颈。

（4）纯电动公交车 HFF6123G03EV - 2

安凯纯电动公交车 HFF6123G03EV - 2 在技术上展现安凯的经济性和人性化结合的研发理念。它使用的是目前最经济高效的插入式充电技术，能够保证在 3 ~ 4 小时内充满电，每次充满电可以实现带空调行驶 200 千米以上的里程。而安凯自主纯电驱动技术下的公交车行驶体验更是令车辆起步和行驶平稳，噪音低、乘坐舒适，低地板设计同时方便乘客快速上下车。在舒适性方面，整车通过电机直接驱动，没有变速箱，在实现无级变速的同时，为驾乘者提供舒适的体验。

（5）安凯 A6 纯电动版

作为客车行业首次实现全数字控制的纯电动客车型，安凯 A6 纯电动产品具有更先进的控制总成技术，安凯创新性的将动力系统、能源系统、辅助系统、整车控制、车身控制等集成到一个 CAN 网络系统中，实现纯电动客车系统响应更快、控制更精确、能耗更低的运营效果。此外，A6 纯电动客车采用的高效集成化的电控系统设计方式，实现交流、直流双方案兼容的充电模式，可以满足不同客户的多种充电需求。

（6）中通 V8 纯电动客车

作为 2015 年中通纯电动客车的新成员，中通 V8 相比于之前的纯电动充电方式，首次采用车顶充电弓的形式，车辆到达站台，只要充电弓接触到站台顶棚上设置的高压电线，司机只需在车内按下操控按钮便可实现车辆的充电，充电更加便捷；与此同时，该产品采用多元复合锂电池，可实现 10 分钟的快充功能。

4. 未来几年纯电动客车技术发展趋势

（1）动力电池

锂离子电池实现技术升级，新型锂离子电池单体比能量提高一倍，达到 350Wh/Kg，成本降低 50%，达到 0.6 元/瓦时；电池系统比能量提高一倍，达到 250Wh/Kg，成本降低一倍，达到 1.0 元/瓦时。

（2）电机驱动系统

未来我国纯电动客车驱动电机系统将朝着电机永磁化、控制系统数字化和系统集成化方向发展。基于永磁同步电机效率高、高效区宽、转矩密度高、重量轻、调速范围宽等优点。控制系统数字化包含硬件与软件两方面。硬件即高速、高集成度、低成本的专用芯片，这将使电机驱动的电路更为小型化、集成化；软件则体现在电机控制方面，电机控制算法未来的发展方向将着重在高性能的转矩转速控制与和在线辨识上。系统集成有利于减小整个系统的重量和体积，有效降低系统制造成本。

（3）智能化

车辆智能化中最具代表的技术当属自动驾驶功能，就目前的技术而言，自动驾驶不可能一蹴而就，需要时间的积累及技术的发展，分为下列四个阶段。

第一阶段是驾驶员辅助系统，驾驶员辅助系统能为通过为驾驶员采集关键信息，为危险的驾驶行为发出警告，相关技术有：车道偏离警告，正面碰撞警告和盲点报警系统。目前这些技术相当成熟并得到广泛的应用，配备上述功能的车型价格区间下探至 30 万元以内。

第二阶段是半自动驾驶，当特定情况发生而驾驶员不能及时做出恰当措施时，半自动系统能让在汽车主动进行特定操作。例如紧急自动刹车、紧急车道辅助。目前此类功能主要配置在豪华车型上，价格区间有了迅速下探的趋势。

第三阶段是高度自动驾驶。该系统能在驾驶员监控的情况下，特定条件下让汽车自主控制行驶，驾驶员可以随时夺回控制权。美国 CES 中的一辆经过改造的奥迪 A7 通过此技术行驶 900 千米由旧金山到达拉斯维加斯参展，并且时速可达到 90 千米。但此技术目前仅出现在试验车型中，尚未量产。2015 年 6 月 11 日特斯拉公告将会在月底公测可以进行自动驾驶的 model S，但没有披露具体细节。

第四阶段是完全自动驾驶，这也是自动驾驶的终极阶段。在无需驾驶员操作的情况下，汽车可以完全自主行驶。Google 无人汽车便是定位于此，目前行驶距离超过 30 万英里，但仅能实现特定场景下的低速行驶。

（4）车联网

一是建立开放性的开发策略。旧有流程造就稳定性的同时也带来高昂的决策以及时间成本，相反，新兴的汽车生产厂商为了在竞争中获得更多的市场份额，很明显对新技术的使用更为激进并且通过更快速的迭代消化稳定性问题，特斯拉就是一个极好的例子，国产厂商的表现中比亚迪则相对比较突出。

二是加强信息的处理能力。通过加装各类传感器的方式可以获得到大量的数据，将这些碎片化的数据加以处理变成真正可以参与到车联网运行系统决策之中来。

三是建立统一的协议。车联网最重要的突破点在于打破壁垒，完善车与车、车与人、车与周边环境之间的交流，实现未来整个城市作为主体进行调动。其中统一协议的普及就是最为重要的部分，其中较为困难的部分在于车与车之间以及车与道路周边设施例如信号灯的通信。这里需要车企之间达成统一协议的共识并且推动政府部门进行相应的交通设施的改造更新。

（南京金龙客车制造有限公司　刘桂林　黄福良）

四、插电式混合动力乘用车

1. 整车产业与技术总体情况

2015 年，我国新能源汽车呈现爆发式增长，年产量达到 37.9 万辆，同比增长 3.5 倍，中国也成为全球最大的新能源汽车市场。针对中国汽车企业，国家工信部曾发布了相关的一系列规划，其中新能源车的 10 年发展计划成为发布的重点，涵盖了自主新能源车的销售量于 2020 年前突破 100 万辆的目标，2025 年前能达到 300 万辆，协助最少一个内地新能源汽车品牌于 2020 年前跻身世界前列等主要内容，可以看出我国相关部门对于新能源细分市场的重视程度。在政府以及相关机构大力扶持新能源车型的大背景下，新能源车型的销量已实现大幅增长，部分企业纷纷发力新能源车型市场，其中插电式混合动力乘用车将依托长续航等优势成为各车企布局的重点，目前虽然车型数量较少，但总销量已超过 6 万台。

在新能源汽车发展的浪潮下，插电式混合动力车型占据重要地位，并迎来了快速发展期。与此同时，国家一系列补助政策出台，各大汽车生产商也推出了各种插电式混合动力车型。比亚迪汽车公司继“秦”、“唐”之后，2016 年将推出“宋”、“元”系列。上汽凭借旗下荣威 550PLUG－IN 插电式混合动力汽车的持续热销，推出 2015 款荣威 550PLUG－IN，并规划 2016 年底推出 3 款新能源车型，包括 2016 年 2 月推出新一代荣威 550PHEV，6 月推出定位高端车型荣威 950PHEV，以及预计在 2016 年 10 月推出公司首款插电式混合动力 SUV。不仅自主品牌纷纷布局插电混合动力乘用车市场，奔驰、宝马、大众、现代等厂商也纷纷推出自己的插电混合动力车型，如宝马 X5、起亚 K5、现代 IONIQ、奥迪 A3、沃尔沃 S60L 等。相对于 2014 年，车型数量获得了井喷式增长，市场竞争也变得更加激烈，未来必然呈现百花齐放的壮观场面。

技术层面上，插电式混合动力车型经过几年的发展变得越加成熟。电池与电池管理技术、电机控制方法、电机性能的提升大大促进了插电式混合动力车型的发展。与此同时，混合动力汽车架构配置也呈现多元化发展趋势，根据电机位置不同架构类型分为 P0、P1、P2、P3、P4。比如 BSG 电机组成 P0 结构、与发动机曲轴相连的 P1 结构、变速箱之前与之后分别组成的 P2、P3 结构以及后轴驱动的 P4 结构。插电式混合动力车型电机位置不同，架构配置往往不是单独的一种结构，这些不同的结构促成了混合动力车型的多元化发展。

2. 技术发展特点

（1）技术发展特点

从近两年发展车型来看，2015 年国内插电式混合动力乘用车呈现多样化的发展特点。车型分布从轿车扩大到 SUV、MPV，并且随着电机整体性能的提升，整车动力系统结构也日趋多样化。

首先，动力系统新平台不断涌现，从最初的第一代混联式混合动力系统，到如今的并联、混联四驱系统。以插电混合动力 SUV 为例，前驱动力系统依然采用高性能发动机，使得发动机在满足驱动的同时，既要保证在发动机经济区间的运转，又要有富余的功率给高压动力电池充电，以确保低电量下的整车正常行驶，提升整车的综合性能。并且匹配双离合变速器，可以传递更大的发动机扭矩。以发动机为主，电机为辅组成了前动力总成，电机或为输出、或为发电，根据不同的工况，灵活转变。高转速、大扭矩、轻量化、高效能电机的研发，通过后期对动力性、经济性的匹配，不仅使得发动机能够在高经济区间运行，降低了油耗和排放。后电机单独驱动后轴，形成了后驱系统，与前总成配合组成了混合动力四驱系统，若前后电机共同驱动，则组成了纯电动四驱系统。前后驱动电机的速比选择也很重要，选择大速比能够获得良好的加速性，小速比则能获得更高的车速，合适的速比也能提高经济性。因此，对速比的选择需要兼顾动力性与经济性，这样必然推动电机两档、多档的发展方向。

其次，高压系统呈现集成化、轻量化及平台化发展。插电式混合动力乘用车与传统燃油车相比，多了一整套的高压系统。电机控制器、电机、动力电池、动力电池管理器、车载充电器等器件必然需要足够的空间，给整车布置带来困难。以单个子系统来说，比如电机控制器采用集成式设计，最大程度上降低电控系统硬件的质量和体积，缩减电控系统的成本，也使整车在设计时更加灵活。从现有车型来看，主要有两种发展方向：第一，控制器与执行器的集成，比如电机控制器与动力电机的集成、电池管理器与电池的集成。第二，控制器集成，即不同控制器集成化成一个整体。高压系统平台化发展也是必然趋势，丰田 TNGA 平台意为“丰田新的全球架构”，而普锐斯是基于该架构研发的首款车型，TNGA 与大众的 MQB 平台一样，极大地增强整车生产方面的灵活性和生产线柔性；现代 IONIQ 车型是同平台研发的纯电动、油电混合动力和插电式混合动力三种动力车型；平台化生产可以获得最佳的生产秩序与经济效益，提高零部件的通用率，节约开发成本。

最后，整车性能、功能获得进一步开发。插电式混合动力乘用车是传统燃油车与电动车的结合，性能定义高于燃油车。传统的四驱打滑控制可通过制动系统、扭矩限制达到预期的效果，而插电式混合动力汽车可采取主动控制、分轴控制实现整车平顺行驶。发动机启停、行车发电、滑行回馈、制动回馈等功能逐渐获得应用。而在传统燃油车本有的功能，移植到插电混合动力车，可以对功能重新定义与开发。比如：制动系统可以采用电机制动，避免能量的损失；传统燃油车 Kick Down 功能就可以在原功能的基础上，重新定义纯电动模式下的 Kick Down 功能。

（2）主要技术突破点

动力电池方面，2015 年国内新开发的插电式混合动力乘用车所搭载的动力电池更多的采用三元电池，电池的能量密度由正级材料决定，磷酸铁锂电池的单体能量密度极限大概在 160wh/kg ~ 170wh/kg 左右，而三元电池的行业水平已经达到200wh/kg单体能量密度。三元电池更高的能量密度对整车轻量化、能耗、续驶里程都有明显提高。电池冷却加热系统完善，可以解决温度带来的影响，让电池在一定温度范围使用，进一步提高了电池的综合性能。

驱动电机方面，夹心电机获得了运用，其定子采用了截面积为长方形、整体呈梳齿状的“分段绕组”方式。这种绕组跟普通的绕组不同，是将分段绕组插入定子，将突出的对侧拧结起来。电机重量、体积都可以进一步降低，效率更高、热损更低。此外，电机的峰值转速进一步提高，相同传动比情况下，电机将会支持更高车速。

动力总成耦合结构，世界汽车生产商根据纷纷推出具有自己特色的传动系统。丰田推出平行轴变速箱，是以行星齿轮机构为基础进行改进的E-CVT，空间更小、损耗更低、更经济。大众奥迪则推出了三离合传动系统，结构简单、实用、传动损失小。比亚迪对并联式传动系统进行了优化，发动机电机可全动力输出，可以适应多种工况，动力性、经济性也获得了提升。

（3）目前亟需解决的技术难点及解决方案

① 制动系统

插电式混合动力车为降低整车能耗，制动由电机回馈与机械制动协同工作。传统制动系统在制动过程中将整车的动能转化为硬件的热能，而电机制动则将整车动能转变成电能重新储存在动力电池中，实现了能量的再利用。在此过程中也带来了一些如电制动与机械制动的配合、制动回馈效率的提升、电制动失效如何处理等相关问题。目前新能源车制动系统主要有两种方案：一是电制动与机械制动耦合，将制动减速分为基础制动与松油门回馈。松油门回馈，主要由电制动参与，随着制动深度上升，基础制动开始起作用。这样可以最大限度的回馈电量，经济效益好，但当电制动失效时，小制动时制动踏板感受会有些差异。二是电制动与机械制动解耦，机械制动主要承担制动职责，电机辅助制动回馈电量。电机一般采取定扭矩回馈，受限于机械制动补偿能力及稳定性，扭矩不宜过大。当电制动失效时，机械制动可以在较短时间内弥补因电制动失效降低的扭矩，实现了制动系统的稳定性和制动踏板感的一致性。

② 总成匹配

插电式混合动力车往往拥有两个、多个动力源，不仅需要考虑发动机与变速箱的匹配，而且需要考虑各种驱动模式下发动机与电机、变速箱几者之间的匹配。变速箱作为传统燃油车的核心部件，对于插电式混合动力车来说也是关键一环，变速箱结构决定了总成匹配的不同思路。从现有车型上来看，已经有一些总成匹配方案：一是电机拟发动机化，将电机与发动机都布置在变速箱之前，电机与发动机同步换挡，发电与启动则直接由电机与发动机作用实现，而不通过变速箱。二是发动机拟电机化，取消传统变速箱，增加发电机，而发动机与电机换挡均采用两档变速箱。三是发动机与电机分离化，发动机单独驱动后轴（或前轴），电机单独驱动前轴（或后轴），这样自然就降低了总成匹配难度。一个优秀的总成匹配方案，保证了整车的平顺性、舒适性。相反，总成匹配不好的总成，则会伴随着抖动、冲击、异响等问题。至于发动机与电机如何动力分配才能达到最佳的能效，需要依据各自零部件的特性，结合不同的工况来制定对用户最优的方案，这个过程仍需要不断试验摸索。

③ 电池系统

电池系统作为新能源汽车的关键零部件，电池系统的发展影响了插电式混合动力车的发展趋势。作为汽车动力电池，必须保证安全的条件下，兼顾价格、能量密度、稳定性等因素。从现有车型来看，主要采用磷酸铁锂电池与三元锂电池，铁电池能量密度一般在90kW/kg左右，三元电池则在150kW/kg。铁电池有安全、稳定、优良的性能等优点，能量密度低成为目前亟需解决的问题。比亚迪铁电池成组能量密度已经达到了120kW/kg，与三元电池能量密度相比，仍显不足。而三元电池安全性、稳定性、一致性成为三元电池目前需要解决的问题。电池管理技术的提升、电池冷却与加热系统的完善，有助于动力电池在整车上发挥更大的作用。

3. 重点车型技术特点分析

2015年，新能源汽车蓬勃发展，世界各大汽车生产商纷纷推出自己的新能源车型。基于本身技术特点，发展出了具有品牌特色的混合动力车型。

（1）第四代普锐斯

第四代普锐是基于TNGA架构研发的首款车型，分混合动力版与插电混合动力版，丰田基于行星齿轮的混合动力系统，在第四代普锐斯上得到完美体现。前动力总成由发动机与驱动电机组成，后总成则由电机单独驱动。发动机为1.8L直列四缸发动机，峰值功率72kw，峰值扭矩142Nm与发动机搭配的依然是一台E-CVT变速箱。前后驱动电机采用相同电机，最大功率以及峰值扭矩分别为53kW及163Nm，整车纯电动续驶里程为56km。这套动力系统特点在于行星齿轮变速箱，这种行星齿轮总处于常啮合状态，可使换挡迅速、平稳、准确而不会产生齿轮碰撞或不完全啮合的现象。主要优点：得益于行星齿轮机构，该系统经济性、平顺性表现好。主要缺点：一是该行星齿轮机构只能将72%动力输出到轮端，牺牲了部分动力性，在加速性上略显不足。二是行星齿轮机构复杂，加工精度要求高导致成本较高。

（2）奥迪 A3e - tron

A3 e - tron 采用一套插电式混合动力系统，搭载一台 EA211 的 1.4T 汽油发动机和一台电机协同工作，配备 6 速 S tronic 变速箱。发动机峰值功率 110kW，峰值扭矩 250Nm，电机峰值功率 75kW，峰值扭矩 330Nm，纯电动续驶里程 50km。电机位于变速箱与发动机之间，并在电机与发动机之间配备了离合器，与双离合变速箱共同组成了典型的三离合结构。主要优点：一是发动机与电机可以随时结合或分离，控制简单、经济效益好。二是由于电机处于变速箱之前，可以实现电机换挡，这样即使电机转速较低情况下也能维持较高车速，对电机峰值转速要求较低。主要缺点：一是电机采用夹心电机，发动机、电机、变速箱处于同轴布置，横向尺寸较长，整车空间布置要求较高。二是驱动电机、发动机共轴输出，对输出轴强度要求高。理论上，电机扭矩与发动机扭矩之和最大可以达到 580Nm，但实际使用过程中，需要对扭矩加以限制，综合最大输出扭矩只有 350Nm，限制了整车动力性。

4. 插电式混合动力乘用车技术发展趋势

插电式混合动力乘用车作为燃油车向电动车的过渡车型，有效解决了纯电动车的“里程焦虑”，在太阳能、电能等替代能源进入实用阶段之前将会获得快速发展。世界各大汽车生产厂商陆续投入混合动力汽车的研究开发，经过多年发展，插电式混合动力汽车在商业化、产业化的发展已经较为迅速，成为各大公司的战略重点，技术竞争愈演愈烈。

动力电池发展——能量密度更高、价格更便宜、使用寿命更长、更安全、充电更快捷成为电池发展趋势。当前被广泛采用的锂电池，其技术在十年来一直停滞不前。电池作为混合动力车发展核心，不仅包含电池本身的性能，而且涵盖了电池管理技术、电池充电技术。电池作为基础科学交汇的产品，涉及材料学和化工学。材料科学是不确定的实验性科学，先有结论再有理论，而且理论往往毫无预见性。基础技术难以突破的情况下，电池的基础特性不会有根本性变化。近几年来，经过国内锂电池材料企业的努力，制造锂电池核心技术已经取得突破，用于电动车的锂电池，所有核心材料基本上实现了国产化，降低了锂电池生产成本。在电池技术难以获得重大突破的大环境下，电池管理技术、充电技术变的尤为重要。一个优秀的电池管理系统（BMS）不仅肩负着电池的安全使命，更能延长电池的使用寿命，提高电池充放电效率，进而提高混合动力车的综合性能。电池充电技术的突破主要有两方面，一是快充技术的突破，提高充电功率从而降低充电时间，但由于电池材料限制，与加油一样方便还需要很长一段路要走。二是充电便捷技术的突破，插电混合动力车不插电的现象普遍存在，违背了发展新能源车的初衷，基础设施的建设成为发展插电混合动力车的一个突破点。无线充电技术是近年来发展起来的一门充电技术，更是从静态无线充电向动态无线充电的延伸，提高了插电式混合动力车型纯电动模式的使用率。

电机控制系统——响应速度更快、运行精度更高、效率更高成为电机控制系统的发展趋势。从 2015 年的发展状况可以看到，小尺寸、高控制精度、低功耗、长寿命和低成本代表着电机控制系统的研发方向。针对这些性能要求，未来电机控制的发展将会走向数字化和集成化。数字化是电机控制技术发展的必然趋势，控制系统数字化则包含了硬件与软件两方面，硬件即高速、高集成度、低成本的专用芯片，这将使电机驱动的电路更为小型化、集成化。电机控制算法未来的发展方向将着重在高性能的转矩转速控制与在线辨识上，大扭矩高精度控制将成发展的重点。

驱动电机——呈现高转速、大扭矩、大功率的发展趋势。插电式混合动力汽车作为强混新能源车，电机不仅仅作为辅助而存在，在纯电动输出方面大功率电机起着至关重要的作用。针对电机单独驱动前轴或者后轴的四驱车型，高功率、大扭矩的电机在平衡发动机输出扭矩，提高整车动力性、通过性等方面显得尤为重要。永磁电机具有功率密度和转矩密度高、效率高、功率因数高、可靠性高和便于维护的优点，从综合性能来看，永磁同步电机最具优势，成为插电式混合动力车最合适选择。

插电式混合动力乘用车技术的发展即是驱动电机、电机控制器、动力电池等关键零部件的发展，整车其他系统随着关键部件的发展做出相应的调整。集成化成为整车发展的趋势，其中包括：一是电机、发动机、变速箱的动力系统集成；二是电机控制器、电路、传感器等电力电子总成的集成。通过集成有利于减小整个系统的重量和体积，有效降低制造成本。

5. 其他

基于环保性、能源安全性等原因，大力发展新能源汽车新兴产业是我国的基本国策。自 2013 年以来，国家发改委、财政部、工信部等各大部委陆续出台了一系列鼓励和推广新能源汽车发展的政策，包括新能源汽车购置价格上的补贴，以及不限行不限号等政策优惠。

从现阶段情况来看插电式混合动力乘用车将是市场未来发展的主流，地方政府纷纷推出鼓励新能源汽车的各项优惠政策，并且自去年以来，许多城市启用地方补贴，这推动了插电式混合动力乘用车的发展。为了促进新能源技术的发展，政策上明确制定了未来五年补贴逐步退坡的路线图，为插电式混合动力乘用车换来缓冲期，届时电机、电池等高压系统制造成本也会大幅降低。随着技术的进步，插电式混合动力车型必将占据更大的市场份额，为节能与环保事业做出更多的贡献。

（比亚迪汽车工业有限公司 王震 杜魁善）

五、插电式混合动力客车

2015 年，新能源客车行业量出现爆发式增长，达到 11.8 万辆，新能源客车同比增幅 444.5%，纯电动增幅 1016.7%，插电式增幅 90.4%；1 月至 12 月，行业共推广 25627 台插电式客车。

1. 产业与技术总体情况

插电式混合动力汽车动力系统主要分为并联式、串联式和混联式三种结构，其主要结构特点与传统混合动力系统类似，但动力电池容量比传统混合动力大，并且可通过电网进行外接充电。目前，国内主流插电式混合动力客车产品使用的动力系统是基于深度混合动力开发形成的双电机同轴混联插电式混合动力系统，主要由发动机、ISG 电机、驱动电机及超级电容、双向斩波控制器及动力电池等组成，其中超级电容与动力电池组成了能量功率兼顾型的复合电源，可有效利用超级电容的大功率充放电功能及动力电池的大能量储存特性，电池电容优势互补，有效降低了车辆全生命周期成本，实现电源系统与整车同寿命，该构型通过车载电源系统的模块化配置，可实现从节能型混合动力到纯电驱动客车的平稳过渡。主流的混合动力客车一般针对插电式混合动力客车的总布置形式，采用粘接铆接等工艺，进一步改善整车刚度、强度，提高材料的利用率，可插电式混合动力客车减重 7% 以上，另外，通过采用发动机智能启停技术，实现发动机在怠速、滑行、制动及低功率需求时的自动停机，节油率可达 12%。通过开发插电式混合动力客车专用再生制动系统，采用面向节能与安全的机电一体化制动控制方法，实现了全制动过程的能量回收。以宇通客车为例，采用睿控系统的插电式混合动力客车比传统能源车辆节省燃料 50% 以上。

2. 技术发展情况

（1）主要技术发展特点

从培育战略性新兴产业角度看，发展电气化程度比较高的“纯电驱动”电动汽车是我国新能源汽车技术的发展方向和重中之重。

为此国内的各个新能源客车厂家及动力系统供应商在插电式混合动力客车上所采取的技术路线为：依托现有的混合动力系统，通过增加动力电池容量及充电接口，形成插电式混合动力客车产品。

插电式客车主要应用领域为公交领域，我国主要插电式客车企业基于公交工况分析，提出了经济适用的双电机混联式动力系统构型，采用简洁的直驱传动方案，具有动力传递高效、再生能量回收比例高、经济适用的优点。通过模式离合器实现了串联电电混合驱动力、并联机电混合驱动两种工作模式，很好地适应了城市运行工况的特点。通过车载电源系统的模块化配置，电功率比可以覆盖 51% 到 100%，实现从节能型混合动力客车到新能源客车的平稳过渡。

（2）主要技术突破点

在开发插电式混合动力客车的过程中，充分利用前期开发节能型混合动力客车所形成的技术积累，针对电驱动系统、车载能源系统及电动附件系统等技术进行了研发，目前国内已形成了具备完全自主知识产权的电机、电池、电控技术。

在电驱动系统方面，高压控制器集成化设计渐成趋势，已经实现 ISG 控制器、主驱动电机控制器、电动助力转向控制器、DC/DC、高压配电器集成化设计，高压节点由 27 个减少到 11 个，体积减小 63%（以宇通为例）；在车载能源方面，针对插电式混合动力的使用需求，提出了能量功率兼顾型的复合电源构型，选用能量型动力电池满足整车平均功率需求，超级电容满足整车峰值功率需求，动力电池经过双向斩波 DC/DC 与动力母线并联，与母线的动态功率需求实现了解耦，有利于动力电池的主动能量管理。

（3）目前亟需解决的技术难点及解决方案

在插电式混合动力客车的推广过程中，仍有亟需解决的技术难题。

车载能源方面，目前国内的三元锂离子动力电池的安全性及寿命有待进一步提升，应加大研发力度，借助国外的先进技术成果，提升三元锂离子动力电池的安全性，延长使用寿命，实现大批量应用。

电驱动系统方面，目前国内的电驱动系统效率及可靠性有待进一步提升，应从新材料/新结构/自传感电机、IGBT 芯片封装和驱动系统混合集成、新型传动结构等方面着手，开发高效率、高材料利用率、高密度和适应极限环境条件的电力电子、电机与传动技术，满足电动汽车可持续发展需求。

电控技术方面，在故障诊断、故障处理等方面存在欠缺，应重点开发先进的纯电驱动汽车分布式、高容错和强实时控制系统，高效、智能和低噪音的电动化总成控制系统，车载信息、智能充电及其远程监控技术，满足纯电动汽车大规模示范需要。

在充电设施的建设方案及实施方面，我国当前充电设施欠缺，充电方式不合理，导致多数运行的插电式混合动力客车无法及时充电，影响了示范运行效果，应从国家层面上，进行统筹规划，合理的分配土地、资金等，建立全网络的充电设施，保障插电式混合动力客车的有效运营。

3. 未来几年插电式混合动力客车技术发展趋势

插电式混合动力汽车技术可有效减少汽车燃料消耗量，满足城市续驶里程要求，对促进汽车工业技术升级转型有着极其重要的意义。新一轮新能源汽车补贴政策正式出台，对电动汽车、插电式混合动力汽车和燃料电池汽车继续给予补助，插电式混合动力客车得到各汽车厂商的重视，推广应用迅速，技术进步明显。目前，插电式混合动力客车的整体发展趋势是继续加大电功率，加大电驱动在混合动力中的比例，同时关键零部件逐步电动化，其具体技术发展趋势为：(1) 永磁化、数字化、集成化的车用电机技术；(2) 高能量密度、高安全性能、低成本的车载能源技术；(3) 集成化、智能化、网络化的电控技术；(4) 快速化、智能化、集成化、电能转换高效化的充电技术，包括使用方便的无线充电技术；(5) 插电式混合动力系统技术平台工程化集成设计，进行结构优化和效率优化，提升整车平台可靠性和耐久性；(6) 插电式混合动力汽车相关技术规范及标准法规的制定与完善。

4. 面临的挑战

经过多年发展，新能源汽车运营时机已成熟，尤其是在城市普及发展节能与新能源公交已是大势所趋，而插电式混合动力汽车技术发展迅速，是下一步推广应用的重点，但当前仍存在部分制约其发展和推广的不利因素，和国际领先水平比起来，我们存在很多不足。

一是核心零部件技术有待提高。国内零部件的研发水平和配套能力是插电式混合动力客车实现大规模产业化的基础和前提。二是插电式混合动力系统的一些技术、材料仍处于开发和优化阶段，距离国外先进水平有一定差距，性价比较低。三是国内插电式混合动力汽车标准和检测体系建设不够完善，各车厂采用的技术路线不相同，无法采用统一的标准衡量，而且我国虽然颁布了多项混合动力汽车领域的标准，但多为推荐性标准，不具有强制性标准的效力，而且标准的覆盖面也显然远远不够。

（郑州宇通客车股份有限公司　程　相　李高鹏）

六、燃料电池汽车

得益于国家政策的支持和产学研联合团队的刻苦攻关，我国燃料电池汽车技术研发取得较大进展，初步掌握燃料电池电堆和关键材料、动力系统与核心部件、整车集成和氢能基础设施的核心技术，基本建立具有自主知识产权的燃料电池轿车动力系统技术平台，初步形成燃料电池发动机、动力电池、DC/DC 变换器、驱动电机、供氢系统等关键零部件的配套研发体系，能够实现百辆级动力系统与整车的生产能力。2015 年，以上汽集团为代表的我国燃料电池轿车正处于示范运行考核与应用的阶段。

1. 产业与技术总体情况

燃料电池汽车是 21 世纪具有市场前景的新能源汽车之一。欧美和日韩等发达国家的燃料电池汽车关键技术瓶颈已经取得突破，燃料电池汽车的动力性能、可靠性、耐久性和环境适应性等各方面均达到传统汽车的水平，已经进入推广实证应用阶段。目前，发达国家的燃料电池汽车产业链建设较为完善，多国政府公布配套基础设施建设的规划，以丰田、现代、戴姆勒、通用、尼桑、大众等为代表的国际汽车企业制定 2017 年后开始的量产计划，燃料电池汽车进入商业化的前期阶段，预计燃料电池汽车的大规模商业化应用将在 2020 年到来。以日本、韩国、美国、英国、德国为代表的国家，在政府政策上给予燃料电池汽车相应的扶持，主流车企也抓住机会大力发展燃料电池汽车。

在国家“十五”至“十二五”期间科研项目的支持下，我国在基础研究、系统集成、示范应用领域均取得一定的进展，掌握燃料电池汽车的核心技术，通过产学研合作培养孵化一批系统及关键零部件生产企业。“十三五”期间，中国在相关规划纲要中也将燃料电池汽车技术列入新能源汽车之列，特别强调发展燃料电池汽车的重要性，并计划在关键基础器件、燃料电池系统、基础设施三个方面加大研发和投入力度，攻克薄金属双极板表面改性技术、车用燃料电池耐久性技术、推进加氢站建设和燃料电池汽车示范运行等多项工作。

在技术研发阶段，中国采用产学研协同创新机制，借助科研院校的技术和人才优势，集中力量攻克技术难题，联合企业共同制造燃料电池汽车。为了抢占技术制高点，国家 863 计划从“十五”开始扶持包括燃料电池发动机在内的关键零部件技术，同时大力支持动力平台技术和整车集成技术的开发和创新，强调整车和动力平台的引领与带动示范作用。特别是上汽集团集中有效资源，协同高校和关键部件供应商，通过充分的创新挖潜，攻克燃料电池轿车动力系统集成、控制和适配等关键难点，建立具有自主知识产权的以电电混合、平台结构和模块集成为技术特征的燃料电池汽车动力系统平台，实现小规模的样车生产。

2. 国内外燃料电池汽车企业及相关产业发展情况

早在 1992 年，丰田就启动对氢燃料电池汽车的研究。

截至2015年7月，丰田混合动力车的全球累计销量突破800万辆，达到804.8万辆。2015年，丰田燃料电池汽车Mirai正式推向日本、美国和欧洲市场，预计2017年美国市场的销售量达到3000辆。同时，丰田还宣布将会在全球范围内开放5680项有关氢燃料电池技术的专利，其中包括燃料电池组1970项关键技术。

韩国政府计划到2030年，燃料电池汽车会占到新车总销量的10%。在加氢站建设方面，韩国政府计划在2020将建成80个氢站，2030年达到520个，2050年达到1500个。现代汽车集团拥有十多年氢燃料电池技术研发经验，并以最早量产氢燃料电池汽车而占据行业前沿。2013年2月，ix35燃料电池汽车首次实现量产，在全球17个国家销售。

美国以车企主导、政府协作的方式展开燃料电池汽车的研究。2002年，美国能源部与美国汽车研究理事会成立协作机构，开发燃料电池车技术。2006年，启动国家燃料电池公共汽车计划，继续推进燃料电池汽车研发和示范工作。2010年，制定“氢能源计划”，推动美国向以氢能源为基础的能源体系转变。2013年，通用汽车与美国陆军坦克机动车辆研究发展与工程中心联合宣布将深化在汽车氢燃料电池技术方面的合作。2013年，通用汽车公司与本田汽车公司宣布在2020年前合作开发下一代燃料电池系统和氢储存技术。

2008年，欧洲开始推进氢能源和燃料电池联合技术发展，提供大量科研经费用于燃料电池技术的研究。从2010年开始，以五年为节点，计划到2020年实现车用燃料电池大规模商业化运行，到2025年使氢成为主要的交通燃料并广泛应用于可再生能源发电领域。英国计划在2030年之前保有160万辆左右的燃料电池汽车，力争至2050年燃料电池汽车在英国市场占有率达到30%～50%。

除了整车厂之外，各个国家基本上都有开展燃料电池相关业务的公司，如加拿大的ballard与Hydrogenics、瑞典的PowerCell与OPCON、德国的PM公司与FutureE Fuel Cell公司、韩国斗山燃料电池公司等。国内燃料电池产业相关的企业有富瑞特装（储氢材料和设备）、汉钟精机（空气压缩机）、德威新材（氢能源燃料）、同济科技（质子交换膜）、大连新源动力（燃料电池发动机及系统及关键部件）、上海神力科技（燃料电池及组件）、三环集团（燃料电池隔膜板）、贵研铂业（催化剂）、中材科技（储氢罐）以及东岳集团（质子交换膜）。

虽然目前中国还没有一款国产燃料电池汽车实现批量生产，但是上汽、广汽、奇瑞等国内汽车制造企业开始投入精力开发氢燃料电池汽车。特别是上汽集团，通过设立前瞻事业部的设立和有效资源的投入，实现小规模样车的生产和示范运行。同时，地方政府也积极推动燃料电池汽车的大力发展。2016年4月，加拿大巴拉德公司与盐城市兴邦能源有限公司在盐城签订氢燃料电池技术转让和生产许可协议，盐城市获准生产世界先进的氢燃料电池模组。5月，广东国鸿氢能科技有限公司与加拿大Ballard公司签署电堆生产的相关合作和技术转让协议。这标志着全球领先的氢燃料电池9SSL电堆的生产线将落户中国广东，广东国鸿氢能科技有限公司将成为全球最大规模的最顶尖的氢燃料电池的生产商。5月，东莞氢宇新能源科技有限公司在松山湖科技产业园推出包括叉车燃料电池、无人机燃料电池、车载动力燃料电池在内的多款产品。

3. 燃料电池汽车技术发展特点及难点

（1）燃料电池轿车方面

和国外典型产品的性能对比，在整车总布置、动力性、经济性、续驶里程等方面与国际的差距不大，混合动力系统集成和控制的水平差距也不大。但是燃料电池发动机的功率明显低于国外水平，国内典型轿车例如上汽的燃料电池发动机在35千瓦～50千瓦左右，但是国外的基本在90千瓦～100千瓦的水平。根本原因在我国装车的燃料电池发动机的体积比功率密度远远低于国外先进水平，而轿车可以提供燃料电池安装空间有限，从而限制我们的燃料电池发动机的总功率。尽管在“十二五”期间我国已经突破金属双极板电堆的关键技术，样堆的功率密度达到2kW/L，但是该电堆还没有形成完整的燃料电池发动机并装车，而国外产品的功率密度基本在2.5kW/L～3kW/L的水平。我国燃料电池轿车的耐久性明显低于国外燃料电池轿车的水平。

（2）燃料电池客车方面

我国产品性能的多数指标（加速时间、最高车速、续驶里程、氢气消耗量等）和国外产品水平相当，其中氢耗指标和整车成本还有一定优势。我国虽然在客车的燃料电池混合动力系统的构型和集成水平取得一定的成绩，但是由于我国的燃料电池发动机本身的耐久性和国外相比还比较低，使得我国燃料电池客车耐久性（3000小时）和寿命明显低于国外燃料电池客车（10000小时）的水平。

（3）关键零部件方面

我国与国外水平相比差距较大，尚无成熟产品，产业链配套体系不够完善。而压缩机、加湿器、氢气设备等关键部件非常重要，是影响电堆性能和寿命的关键。如空压机组件（包括空压机加上空压机电机等）不仅是限制燃料电池发动机功率密度（从而降低成本）的重要原因之一，也是影响发动机的可靠性和耐久性的重要部件。又如氢气再循环泵是解决电堆水管理的重要部件，也是影响燃料电池发动机的耐久性的重要部件，但是我国尚未有研发并批量生产的企业，需要针对这些零部件开展研制攻关和国际合作。

（4）燃料电池汽车的示范运行与加氢基础设施建设方面

截至2015年底，我国虽然已经完成多次燃料电池汽车的大规模示范运行，并在国内与国际上取得较好的声誉与影响力，但与国外的燃料电池汽车示范运行相比，在行驶里程和行车数量方面都处于较低的水平。我国的燃料电池汽车示范运行仍未进入示范后的整理总结及进一步提高乃至再次示范的良性循环。从加氢站示范看，我国在加氢站的建设与运行方面与国外相比也存在一定的差距。

4. 我国燃料电池汽车技术发展的建议

我国燃料电池汽车总体上处于技术探索和示范应用的阶段，可支持商业化的产业链尚未形成，2010年以来与国外先进水平比差距加大，主要表现在以下三个方面：一是产品的技术指标落后于国外先进技术水平。我国燃料电池汽车在工艺特性、冷启动、可靠性、耐久性等方面明显落后于国外先进水平。二是在关键技术领域所拥有的专利数目不多，技术标准未形成体系。在燃料电池汽车整车及关键零部件方面技术标准严重缺乏。三是产业能力建设滞后，基础设施建设进展缓慢。大部分企业虽将燃料电池作为长期规划但并未有实质性研发及相应投入。在燃料电池产业化方面，仍处于中试阶段。而在催化剂、双极板等关键材料领域和高压储氢罐及其他关键零部件如空压机、氢循环泵等我国基本不具备产业能力。我国目前已经建成的加氢站在数量和分布范围上都落后于国际水平。未来5—10年，要推动燃料电池汽车相关的基础研究、产品开发、产业化准备、为实现燃料电池汽车商业化奠定基础。

（1）加大燃料电池汽车相关核心技术研发的投入

燃料电池技术难度大、研发强度高、研发周期长，国家应适当提高鼓励燃料电池汽车研发投入的权重，支持有条件的企业加快燃料电池汽车整车开发，探索不同的技术路线，努力形成具有特色的技术体系；支持关键材料和零部件的研发，提高燃料电池性能、寿命、可靠性等关键技术指标；支持开展基础研究，以降低燃料电池成本为主要目标，探索新材料、新体系，力争形成具有自主知识产权的新技术；推动建立和完善燃料电池汽车及相关技术标准体系。

（2）降低燃料电池系统生产的成本

燃料电池汽车在自身发展建设方面的问题主要是技术稳定性和成本控制两个方面，而对于这两个问题，行之有效的解决方案就是持续的推进技术研发资源和提高规模化效应。使得燃料电池汽车成本下降的核心在于：持续减少催化剂中铂的用量，甚至以非铂催化剂替代；质子交换膜技术研发普及，专利成本应通过产量提升而降低；新型双极板加工方法尚待挖掘，量产能力还应提高；通过推广燃料电池客车，降低整车成本，助推燃料电池产品的普及。

（3）提升燃料电池系统的综合性能

燃料电池车辆应该在动力系统构型、燃料电池电堆组件、高压储氢系统等多方面采用创新技术，如采用更小型、更高性能的燃料电池电堆，采用自增湿逐步替代外部增湿器，采用更高技术水平的升压DC/DC、减少燃料电池的片数，采用可用于量产的通用型、模块化动力系统部件，减少高压氢瓶个数、提高其质量分数等措施。力争使燃料电池汽车产品获得更好的加速性能、更远的续航里程、更强的环境适应性、更长的寿命及耐久性等多方面的提升。

（4）实现产业的协同发展

政府部门、行业组织应当积极引导企业、社会资本支持燃料电池汽车产业能力建设。引导整车企业加强工程化开发和产业化能力建设，强化燃料电池汽车在产业发展中的地位；加强燃料电池及相关材料的产业化，引导企业、社会资本加大投入，实现关键材料和零部件的国产化；促进整车企业在燃料电池车辆技术、关键零部件研发方面的合作；积极改变我国能源结构，支持建设制氢、储氢、供氢等配套体系，积极构建氢能源社会，推进燃料电池商业化。

（5）推动加强国际合作

燃料电池汽车市场化发展在国外拉开序幕，要抓住产业化和市场培育机会，加强国际合作和交流，促进提高我国燃料电池汽车发展水平。加强科技合作与交流，进一步明确技术路线和发展方向，合作开展技术研发和示范运行，提高燃料电池汽车整体技术水平；强化国际化布局，支持企业收购，入股国外燃料电池关键材料及零部件企业；积极参与相关国际标准制定。

（同济大学　章　桐）

七、天然气汽车

1. 产业与技术总体概况

（1）产业发展情况

2015年，OEM原产车20万辆，主要集中在出租、公交和物流货运领域。其中，轿车、微面、微卡等汽油/天然气两用燃料车15万辆，客车和重卡等单燃料天然气汽车5万辆。加气站设备全部实现国产化，自主开发生产的减压器、电控单元ECU、燃气喷嘴等专用装置批量投放市场，且广泛出口海外；天然气汽车保有量超过430万辆，营运车辆占2/3左右，天然气汽车加气站7400座，形成世界上最大的天然气汽车加气网络。中国构建成从天然气生产、运输、加注到整车及零部件设计制造，以及推广使用的完整产业链。且天然气汽车产业配套体系日趋成熟，购买和维护的成本不断降低。

（2）技术总体情况

天然气汽车整车和关键零部件技术水平进一步提升，成为中国汽车产业发展与科技创新的重要板块之一。2015年，国内主机厂对天然气乘用车的开发力度在不断加大，多数采用双ECU、油气两用燃料控制系统技术。重型商用发动机在现代电控技术、新型燃烧控制技术、增压及增压中冷技术、废气再循环（EGR）技术、排气后处理技术等核心关键技术方面有显著提高，在产品中得到广泛推广应用，取得卓有成效的进步。

天然气整车集成开发技术和关键零部件设计制造能力持续提升，先进技术不断研发，获得阶段性发展，掌握电控技术和燃烧技术等关键技术及关键部件设计技术，自主集成产业技术更加成熟，自主开发的重型天然气发动机电控系统，技术接近国际先进水平，乘用车排放提高到国Ⅴ水平，商用车实现欧Ⅵ排放技术储备。

2. 技术发展特点

（1）天然气汽车技术发展特点

① 油、气两用燃料控制系统技术

油、气两用燃料控制系统方案分两种：外挂式（主从式两个ECU控制）和集成式（油气两用燃料一个ECU控制）。外挂式控制系统，普遍适用于目前主机厂现在的生产模式。

系统技术特点：采用进气道多点顺序喷射结构形式，燃气控制系统集成度高，点火提前器、喷射仿真器、喷嘴驱动器、甚至泄漏报警功能等全部集成在燃气ECU中，系统零部件少，可靠性高，性价比较好。

② 天然气单一燃料控制系统技术

系统技术特点：采用集中单点喷射供气方式，兼容24V/12V电源系统；兼容4、6缸平台，管理方便；顺序喷射，顺序点火，宽域氧传感器闭环控制，爆震控制，电子节气门控制。ECU软件专门针对天然气发动机开发，具备多种特殊算法（如空燃比控制策略，密度补偿等）来获得最佳性能。国Ⅴ排放技术商用发动机多数考虑与国Ⅳ发动机部件通用。天然气发动机关键零部件专业化批量投放市场：如气缸盖、活塞、活塞环、气门导管、气门座圈和排气门、高压点火线圈、火花塞等。

天然气整车零部件安装强度与整车匹配技术，燃气系统泄漏故障在线诊断与处理技术；气瓶阀带过流保护功能，包括系统过压、高温等应急控制功能。

③ 柴油—天然气掺烧系统技术

柴油—天然气掺烧系统技术，是在原柴油机上增加燃气供气系统、燃气ECU，当发动机达到ECU所设定的掺烧条件时，发动机从柴油机模式进入CNG掺烧模式。多点顺序喷射，压缩比高，无节气门节流损失，热效率更高；液体火花塞（Liquid spark plug），燃烧更充分，扩大稀燃极限；续驶里程更长，可纯柴油运行（跛行回家）；柴油引燃，缸内净化，无SCR。高替代率，柴油替代率高达95%。

（2）主要技术突破点

针对天然气的特性，各主机厂家对整车进行开发，天然气汽车在动力性、经济性、安全性、可靠性、性价比及噪声控制等方面有技术突破，更贴合市场需求。

智能点火线圈：取消点火模块，点火能量提升30%，提高点火可靠性，降低使用成本。

专用火花塞：双铱金中心电极体积增加92%，中心电极和侧电极采用激光波焊接，整个寿命周期不脱落，火花塞寿命提升至10万公里。

高压缸线：护套采用高分子硅橡胶材料，耐高温275℃，阻尼线直通护套底部，有效阻止火花塞点火电磁波向外辐射。

燃气计量阀：喷嘴流量增大30%，同时可满足CNG、LNG燃料，提升可靠性。

增压器结构和控制策略方面进行改进，减小阀片旋转角度，采用耐高温阀杆材料，解决增压器放气阀易损坏问题。通过对气门座圈材料和结构的改进，气门座圈耐磨程度接近柴油机水平。

集成式整体缸盖，结构更加紧凑。采用高效逆向冷却技术（TOP DOWN），冷却液经缸盖流入缸体冷却，冷却液流速高，冷却效率更高，很好的解决天然气发动机热负荷高的问题。

（3）目前亟需解决的技术难点及解决方案

第一，加快天然气发动机关键技术的研究。先进的现代电子控制技术、稀薄燃烧空燃比控制技术、燃烧优化系统技术、先进的排放后处理技术等是保证天然气发动机的燃料供给、点火定时实施精确控制的有效措施，是实现天然气汽车发动机高效率、低污染燃烧的关键。

可变压缩比技术的应用可使发动机的潜能比现在进一步提高。发动机按照使用燃料不同或者负荷不同调节压缩比。在燃烧天然气时提高压缩比，在燃烧汽油时降低压缩比。实施可变压缩比技术后，便可在低负荷区和高负荷区改变压缩比，大幅扩大能够以高热效率行驶的区域。

第二，核心技术有待提升。天然气发动机的可靠性并不比柴油发动机差。业内对与天然气发动机的可靠性一直存在非议，普遍观点认为天然气发动机不如柴油发动机。

如果可以控制好爆燃技术，保证每个燃烧都可以按照正常的燃烧设计来进行，一台天然气发动机的可靠性完全可以和柴油发动机的可靠性一致。

第三，发展天然气汽车还需政策支持。天然气的开发使用，是国家能源结构调整优化的战略方向，但与新能源汽车相比，燃气汽车的发展道路可谓荆棘满路，主要是由于国家政策扶持力度不够，消费者不看好，缺乏直接的补贴鼓励政策。

建议给予天然气汽车发展法律保障及相应政策支持；结合国家天然气能源结构调整，制定相关法律法规；鼓励发展天然气汽车，在天然气汽车及配套系统装备生产、加气站建设、车辆购买和使用等方面给予价格、税收、投资的优惠与补贴。

3. 重点产品技术特点分析

发动机及关键零部件行业整体水平取得一定进步，典型产品性能和质量提升明显，重点突出电子控制技术和综合性能技术及尾气排放处理技术。

潍柴西港的 WP12HPDI 缸内直喷 LNG 发动机，其技术及性能达到世界领先水平。技术特点：排放达到国Ⅴ标准；热效率高于原机，动力性好；天然气价格较柴油低，使用经济效益明显；可靠性高，保留柴油的润滑作用，发动机气门及座圈的磨损要比纯气体机小得多；无点火系统，维护成本低。

中国康明斯推出的 L8.9G 天然气发动机是在国内研发，完全采用国产零部件，并按中国市场的具体要求，采用“高压喷射 + 稀薄燃烧 + 尾气催化器技术 + OBD 系统控制技术”，排放达到国Ⅴ标准，可满足 11 ~ 12 米甚至更长的客车动力要求。

玉柴研发的 YC4D140N - 50 天然气发动机达到国Ⅴ排放标准，最大输出功率 103 千瓦，最大输出扭矩 420 牛米。YC6JN - 60 燃气发动机是在成熟的 YC6J 气体机平台上进行了升级，采用国际主流的“高压喷射 + 当量燃烧（或精准控制） + EGR + 尾气催化器技术 + OBD 系统”，排放达到欧 6 标准。玉柴机器与 AVL、美国西南院等国际先进机构开展深入合作，设计欧 6 气体机专用燃烧室、优化的配气系统、高效增压器等技术，大幅提升燃烧效率和动力性，最低气耗 197 克/千瓦时，达到国际先进发动机水平。

4. 技术及产业发展趋势

（1）小功率发动机或成未来发展趋势

受客运行业的发展影响，小功率发动机将成为未来发展趋势。汽车客运线路不断缩短，他们更多需求的是小功率的发动机。这提示着发动机生产企业，应提前注意到用户的这种需求，做好市场准备。

（2）天然气乘用车是潜在市场

分析对于未来的市场趋势，消费者对价格的敏感度很高，天然气汽车由于经济性的优势受到重点关注，预计售价 5 万 ~10 万元左右的乘用车市场增长空间比较大。

（3）LNG 汽车是发展的主流方向

CNG 和 LNG 现在主要应用在商用车上。CNG 主要适合城市公交车和市内出租车。LNG 续驶里程长，不但适用于城市公交车，也适用于大型货运车辆和城际大巴，尤其是长途车辆。

（4）天然气汽车仍然是发展的“黄金期”

2015 年，天然气产量 1350 亿立方米，同比增长 5.6%，天然气进口量 614 亿立方米，增长 6.3%，天然气消耗量 1932 亿立方米，增长 5.7%。预计到 2020 年，我国的天然气产量有望与石油产量相当，达到 2000 亿立方米，车用天然气市场正处于发展给力阶段。

《能源发展战略行动计划（2014—2020）》明确提出，要“加快天然气加气站设施建设，以城市出租车、公交车为重点，积极有序发展液化天然气汽车和压缩天然气汽车，稳妥发展天然气家庭轿车、城际客车、重型卡车和轮船。”

2015 年 5 月发布的《关于完善城市公交车成品油价格补助政策，加快新能源汽车推广应用的通知》（财建〔2015〕159 号），明确要求“及时研究制定用气公交车支持政策”。

（国家燃气汽车工程技术研究中心　陈万应）

八、车用动力电池

1. 产业发展现状

中国在 2015 年电动汽车的市场呈现爆发式增长，累计生产电动汽车达到了 37.9 万辆。截至 2016 年 5 月底，中国电动汽车累计总产量达到了 62.8 万辆，电动汽车的保有量位居世界首位。

电动汽车用动力电池以锂离子电池为主流技术和产品取向，一方面是由于锂离子动力电池是实用化动力电池中比能量最高的电化学体系，具有较长的循环寿命和使用寿命，安全性不断得到改善；另一方面是由于锂离子动力电池已处于大规模自动化生产阶段，生产效率提升，市场供应量增大，成本不断下降。当前世界范围内形成了动力电池研发和产业化的三个主要集中区域，分别位于德国、美国和中日韩所在的东亚地区，见表 1。从技术与产业的角度综合来看，日本在技术方面依旧领先，韩国在市场份额方面超越日本，占据最大份额，而中国电池企业数量最多，技术提升很快，名义产能最大。

表1 世界主要动力电池企业分布

区域		动力电池企业（含系统集成企业）
美国		A123、Valence、Enerdel、Boston Power、SAFT、江森自控等
德国		锂技术公司（Li - tec）、Deutsche ACCUmotive 公司、GAIA 公司、大陆公司及博世公司等
东亚	中国	比亚迪、力神、时代新能源、比克、盟固利、万向、普莱德、捷威、光宇、中航锂电、威能、华霆动力等
	日本	PEVE、松下（含三洋电机）、东芝、日立车辆能源公司（HVE）、车辆能源供应公司（AESC）、日本锂能源公司（LEJ）、蓝色能源公司（BE）、索尼、电装等
	韩国	LG 化学、三星 SDI、SK 能源、能源创新集团（EIG）等

近年来，着眼于对电动汽车产业发展的良好预期，世界各国锂离子动力电池企业均在投资扩产，2011—2014 年全球锂离子动力电池的产业投资总计在 100 亿～120 亿美元之间，总产能超过 500 亿瓦时（50GWh），投资平均强度达到了 250 美元/kWh（折合 1.6 元/Wh）。2014—2017 年来自于特斯拉、比亚迪和宁德时代三家企业的投资在 70 亿美元左右，随着产能规模的扩大，投资平均强度快速下降到 150 美元/kWh（折合 1 元/Wh 左右）。

同时随着锂离子动力电池产能规模和市场需求的扩大，锂离子动力电池的价格将呈现快速下降的趋势，当前单体电池的价格大致在 1.2～1.6 元/Wh 之间，电池系统的价格大致在 1.8～2.5 元/Wh 之间。未来一段时间，单体电池的价格将趋向于 0.8 元/Wh，电池系统的价格将趋向于 1.2 元/Wh。动力电池系统价格的变化趋势如图 3 所示。

目前，我国形成了珠江三角洲、长江三角洲、中原地区和京津区域为主的四大动力电池产业化聚集区域。据统计，近 100 家动力电池企业开展动力电池的研发及产业化工作，有近 1000 亿元产业资金投入，形成近 400 亿瓦时年产能，技术研发和产业化进展情况较几年前有了显著的变化，有力地支撑了国内电动汽车产业的快速发展。2015 年随着国内新能源汽车的快速发展锂离子动力电池产品呈现出供不应求的局面，锂离子动力电池配套装车数量达到了 163.4 亿瓦时，有效产能基本上达到了名义产能的 40%，比亚迪、时代新能源、沃特玛、国轩和力神等为代表的国内一线电池企业均在进行大规模的投资扩产。国内主流动力蓄电池企业的产能统计如表 2 所示。

表2 国内主流企业动力电池产能统计

序号	企业名称	2014 年产能		2015 年可达产能
		容量（亿 Ah）	能量（亿 Wh）	（亿 Wh）
1	比亚迪股份有限公司	12.5	40	100
2	天津力神电池股份有限公司	3	10	16.8
3	山东威能环保电源科技股份有限公司	3	10	16
4	中航锂电（洛阳）有限公司	2.5	8	15
5	合肥国轩高科动力能源股份公司	2.5	8	15
6	万向电动汽车有限公司	2	7	7
7	哈尔滨光宇电源股份有限公司	2	7	8.5
8	宁德时代新能源科技有限公司	4.28	13.7	17.3
9	中信国安盟固利动力科技有限公司	1	3.6	3.6
10	天津市捷威动力工业有限公司	0.6	1	2
11	深圳市沃特玛电池有限公司	8	25	50
合计		41.38	133.3	251.2

备注：来自企业宣称的产能数据。

2. 技术发展现状及趋势

国际方面，主要动力电池公司量产配套的大容量动力电池产品（容量大于 10 Ah）的能量密度大多为 110～180 Wh/kg，部分产品可达 200 Wh/kg 左右；小容量动力电池产品则以 18650 圆柱型电池为典型产品，能量密度可达 220～250 Wh/kg 左右，同时 20700 和 21700 等较大容量的圆柱型电池也实现了批量生产。快充型锂离子动力电池则以钛酸锂电池为代表产品，能量密度达到 89 Wh/kg。

国内方面，通过国家 863 计划电动汽车重大专项及新能源汽车创新工程等的大力支持，锂离子动力电池的技术和产业化快速发展。

在单体方面，正极采用高电压富锂层状锰酸锂和镍钴锰三元材料混合材料，负极采用人造石墨材料，量产的 25 安时能量型电池，能量密度达到 159.6 Wh/kg；量产的 25 安时能量功率兼顾型电池，能量密度达到 153.3 Wh/kg。正极采用磷酸铁锂材料，负极采用天然石墨、硬碳混合材料，量产的 50 安时能量型电池，能量密度达到 136.6 Wh/kg。正极采用尖晶石锰酸锂、镍钴锰三元材料混合材料，负极采用人造石墨材料，量产的 25 安时软包装能量型电池，能量密度达到 162 Wh/kg；量产的 35Ah 能量功率兼顾型电池，能量密度达到 135 Wh/kg。正极采用镍钴锰三元材料，负极采用石墨类材料，量产的 10、20、28、30、45 安时等不同容量的动力电池，能量密度均超过了 180 Wh/kg，部分产品达到了 220Wh/kg；量产的 2.6 安时 18650 圆柱型电池，能量密度达到 210 Wh/kg 左右。

在系统集成技术及能力方面，近年来取得了较大进展和突破：采用磷酸铁锂材料的动力电池系统的能量密度达到 90 Wh/kg，采用三元材料（18650 圆柱型动力电池）的动力电池系统的能量密度达到 110 Wh/kg，循环寿命超过了 5 年/10 万公里的质保要求。

总体而言，规模化生产的如 20、120 和 230 安时等的铝合金壳体方形磷酸铁锂动力电池的能量密度大致在 120 ~ 140Wh/kg 之间，规模化生产的 5 安时 32650 圆柱型磷酸铁锂动力电池能量密度达到了 130Wh/kg；规模化生产的三元材料锂离子动力电池（包括铝合金壳体方形、软包装及 18650 圆柱型）的能量密度大致在 130 ~ 220Wh/kg 之间。

表 3　国内外动力电池企业的典型产品比较

公司名称	电池容量（Ah）	能量密度（Wh/kg）	材料体系		配套车型类别
			正极	负极	
车辆能源供应公司	33.1	157	尖晶石锰酸锂为主，混合镍钴铝三元材料	石墨	EV（聆风）
东芝	20	89	镍钴锰三元材料	钛酸锂	EV（iMiEV）
松下（三洋电机）	3.1	233	镍钴铝三元材料	石墨	EV（特斯拉）
	21.5	110	镍钴铝三元材料	石墨	PHEV（丰田 Prius）
LG 化学	26	170	镍钴锰三元材料	石墨	PHEV（通用沃兰达）
三星 SDI	64	132	尖晶石锰酸锂为主，混合镍钴锰三元材料	石墨	EV
	94	168	镍钴锰三元材料		
	2.8	220	镍钴锰三元材料		
日本锂动力公司	50	109	尖晶石锰酸锂为主，混合镍钴锰三元材料	石墨	EV
天津力神	2.6	210	镍钴锰三元材料	石墨	EV
	20	130	磷酸铁锂	石墨	EV
盟固利	25	162	尖晶石锰酸锂与镍钴锰三元材料混合	石墨	EV
比亚迪	230	130	磷酸铁锂	石墨	EV（e6，K9）
宁德时代新能源		130	磷酸铁锂	石墨	EV
	42	185	镍钴锰三元材料	石墨	EV
江西孚能科技	40	220	镍钴锰三元材料	石墨	EV

从目前国内外量产的动力电池产品所选择的材料体系看，具有以下特点：

正极材料方面，主要尖晶石型锰酸锂材料，以镍钴锰和镍钴铝为代表的层状材料以及以磷酸铁锂为代表的橄榄石型结构材料。国外电池企业主要以锰酸锂、三元类材料（镍钴锰和镍钴铝）或其混合材料为主；中国目前以磷酸铁锂材料为主，但其能量密度进一步提升的空间有限，随着对动力电池能量密度要求的大幅提升，向着锰酸锂、三元类材料（镍钴锰和镍钴铝）或其混合材料的转换趋势明显。

负极材料方面，石墨类材料仍然是主流的选择（包括人造石墨、天然石墨及中间相碳微球），随着对动力电池能量密度要求的大幅提升，合金类材料，尤其是硅碳复合材料成为当前及今后一段时间产业化和应用的重点方向；对于快充型动力电池，钛酸锂负极材料、石墨与软碳的混合负极材料均可满足要求。

隔膜材料方面，聚烯烃材料是主流的选择，包括聚丙烯和聚乙烯两大类产品，主要有单层膜和复合膜。为提高动力电池的安全性，对隔膜材料表面进行了改性处理，如涂覆无机陶瓷涂层（如三氧化二铝或二氧化硅等）或有机涂层（如聚偏氟乙烯等）；同时为进一步提升动力电池的能量密度，隔膜材料的薄型化是发展趋势，在这一方面聚乙烯材料得到广泛应用。此外，一些新型隔膜材料，如聚酰亚胺、纤维素无纺布也得到了一些应用和考核验证。从提高能量密度和安全性角度看，在薄型化的聚乙烯材料基础上进行表面改性，涂覆有机或无机涂层（如三氧化二铝或二氧化硅无机涂层等；PVDF 有机涂层等），是当前和今后一段时间的主流技术选择和产品应用。

电解液方面，六氟磷酸锂依然是市场主流产品，在未来一段时间内无替代技术和产品出现，对其造成严重威胁。同时一些新型的锂盐在市场上出现并得到了初步的应用，如双氟磺酰亚胺锂盐（LiFSI）与传统的六氟磷酸锂电解质盐相比，在溶剂中的溶解度及电导率高，具有更宽的工作温度范围及更高的安全性，但由于其价格高、高温储存稳定性差、杂质含量控制难等问题，目前主要作为辅料与六氟磷酸锂配合使用。

总体而言，寻求动力电池能量密度的大幅提升是必然趋势，通过国家三个五年计划（2001—2015）的支持，电池材料体系呈现多元化发展的趋势，动力电池逐步向着高比能量的方向发展，动力电池的技术取得了较大进展。如图1所示。

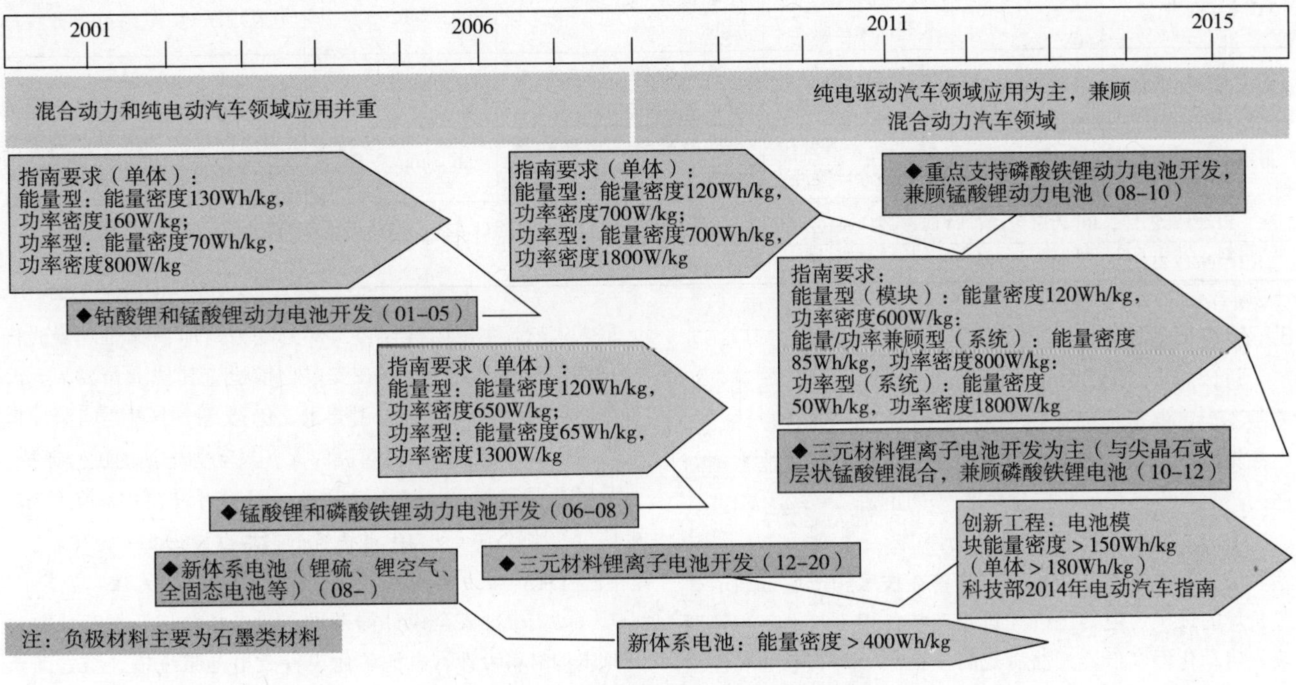

图1　中国动力电池技术路线多元化的变化趋势

随着国家电动汽车重点研发专项的实施及中国制造2025的发布，同时电动汽车产业对高能量密度动力电池的需求日益迫切，高能量密度锂离子动力电池的研发及产业化进展加速，要求电池单体能量密度达到300甚至350Wh/kg，并实现批量装车应用，所采用的主要技术路线如表4。

表4　已实现和将实现产业化的动力电池材料体系及技术指标（至2020年）

正极材料	负极材料	隔膜材料	电解质盐	单体能量密度/（Wh/kg）	实现的可能性
磷酸铁锂	石墨	PP为主，部分采用涂层膜	六氟磷酸锂，功能性添加剂	110～155	已实现商业化，持续应用（EV和PHEV等）
锰酸锂为主，混合镍钴锰或镍钴铝	石墨	PP和PE均有采用，部分采用涂层膜	六氟磷酸锂，功能性添加剂	120～160	已实现商业化，持续应用（EV和PHEV等）
镍钴锰（333或523型）	石墨	PE为主，部分采用涂层膜	六氟磷酸锂，功能性添加剂	160～220	大容量电池产品实现小批量应用，小容量电池产品（如18650）实现了规模化应用
镍钴锰（333或523型）	钛酸锂或石墨混合软碳	PP和PVDF为主	六氟磷酸锂，功能性添加剂	80～140	已实现商业化（主要为快充领域），持续应用（EV和PHEV等）
镍钴锰（622或811型）或镍钴铝	石墨	PE为主，薄型化和表面涂层改性	六氟磷酸锂，功能性添加剂	200～250	大容量高能量密度电池产品开发过程中，小容量或较低能量密度产品实现了规模化应用（如18650等）

续表

正极材料	负极材料	隔膜材料	电解质盐	单体能量密度/（Wh/kg）	实现的可能性
镍钴锰（622 或 811 型）或镍钴铝	硅碳	PE 为主，薄型化和表面涂层改性	六氟磷酸锂，功能性添加剂	250～300	开发过程中，是当前研发和产业化重点和热点
5V 镍锰酸锂	石墨	PE 为主，薄型化和表面涂层改性	六氟磷酸锂，功能性添加剂	200～240	开发过程中
富锂层状锰酸锂	石墨	PE 为主，薄型化和表面涂层改性	六氟磷酸锂，功能性添加剂	220～280	开发过程中
富锂层状锰酸锂	硅碳	PE 为主，薄型化和表面涂层改性	六氟磷酸锂，功能性添加剂	280～400	开发过程中

注：PE 为聚乙烯；PP 为聚丙烯；PVDF 为聚偏氟乙烯。镍钴锰（333，523，622 和 811 型）、镍钴铝及富锂层状锰酸锂均属于三元类层状材料，其中 622，811 型三元材料和镍钴铝材料属于高镍类三元材料。

3. 存在问题

总体而言，中国锂离子动力电池技术与国外先进水平差距不大，但电池面向应用的研究与开发工作相对薄弱，电池集成技术水平不高，安全性较为突出，产业技术创新能力不足，产品标准化工作应进一步加强。

（1）设备及材料与国外的差距

近几年来锂离子电池国产装备在技术和市场方面取得了长足的进步，但与国外先进生产装备相比，仍存在精度差、自动化程度低，无法满足高一致性、高效率大规模生产的需要等诸多问题，生产装备的某些关键零部件依赖进口。设备的国产化问题不解决，对中国锂离子电池技术与产业发展将产生制约。目前中国锂离子电池关键原材料生产企业众多，产品技术及质量水平良莠不齐，关键正、负极等材料整体水平落后于国外厂商，大多数企业处于模仿跟随的阶段，通过低价方式占据市场；少部分企业有着较强的自主创新能力，在行业内占有一席之地，并成为国内外顶级锂离子电池生产企业的合格供应商。在锂离子电池用高性能隔膜及铝塑包装膜等领域尚未完全实现国产化。关键原材料的缺失将导致中国锂离子电池制造的原材料命脉控制在国外企业手中，制约中国锂离子动力电池的发展。此外，中国锂离子电池产业缺少核心专利，目前锂离子电池产业相关的专利以及核心技术被日本、美国以及韩国掌握。中国锂离子电池产品在出口时会经常面临知识产权的问题，阻碍了中国锂离子电池参与国际竞争。

（2）动力电池系统集成技术与实用化的差距

由于中国大型锂离子电池企业大多具备电池技术的优势，缺乏机械、电与热融为一体的锂离子电池系统设计优势，也没有深入的电池管理系统及电子控制技术研发能力，因此总体而言中国在动力电池系统集成技术方面与国外有较明显的差距。

（3）动力电池系统评价力度及深度不够

目前，对电池系统考核评价的考核力度及完整性还有很大欠缺，示范运营代替了部分动力电池系统的台架试验和整车考核试验，如何在安装之前检查其技术参数、运行条件是否满足设计与应用要求，仍然是一个重要问题。具备综合的评价手段，就可以深入开展动力电池的试验评价，及早发现问题，及时予以改进。同时可以在相同条件下，评价、比较不同动力电池系统的特点。

（4）动力电池安全问题需要进一步关注

动力电池安全设计需要进一步考核验证及加强，需要从电池材料设计、电池单体设计及电池系统设计等方面系统性地加以提升，如单体电池发生热失控后引发电池系统发生热扩散所产生的安全性问题，以及整车及电池系统碰撞后所产生的安全性问题等，以切实增强普通消费者对新能源汽车使用的信心。

（5）动力电池的标准化工作亟待加强

当前动力电池企业众多，所设计和开发的不同容量、不同尺寸的电池单体及模块种类繁多，不利于动力电池的大规模生产、维修更换及梯级利用等，不利于降低动力电池的制造成本，急需制定动力电池产品的标准化工作；同时为加强动力电池使用过程中的可追溯性，动力电池的编码规范及规则急需制定。

4. 结语

动力电池作为电动汽车的核心零部件，近几年在技术和产业化方面发展迅速，有力地支撑了我国电动汽车产业的快速发展。为满足汽车产业及普通消费者对长续驶里程电动汽车的迫切需求，动力电池技术及相关材料技术将取得长足进步并实现规模应用。随着电动汽车行业的日渐成熟和发展，动力电池行业将迎来爆发增长的黄金机遇期。

（备注：本文章的部分内容摘自于发表在科技导报的“电动汽车锂离子动力电池产业发展”论文）

（中国电子科技集团公司第十八研究所　肖成伟）

九、电池管理系统

电池管理系统的发展严重依赖于电动汽车产业的发展，2015年电动汽车总体保持快速发展的势头，全球销量54.9万辆。美国电动汽车总销量11.66万辆，英国纯电动汽车与插电式混合动力车的总量2.8万辆，德国车企也将更多注意力转向电动汽车，法国雷诺纯电动车也有不错的销量。日本仍以混合动力车为主，三菱欧蓝德、日产聆风和丰田普锐斯分别为销量前三位。2015年，我国新能源汽车发展迅猛，产量及销量分别达到34万辆和33万辆，分别对应334%及343%的年增长率。

电动汽车的快速发展促进电池管理系统生产规模迅速放大，但BMS产业仍存在可靠性低，集成化程度不高，高标准行业规范欠缺等问题。

1. 电池管理系统发展情况

我国电动汽车BMS经过十多年的发展，在电动汽车快速放量的推动下，锂电池系统安全标准将进一步提升。电池管理系统作为提升锂电池安全性的重要途径，将面临更大的挑战，必将会有要求更高、测试更加严苛的行业标准出台。高标准和高门槛将有利于优质企业的出现，对具有技术和生产优势的企业，将会获得更好的发展机遇。

（1）专利申报情况

2015年电池管理方面申请专利的厂家及基本情况

申请厂家	专利数量	发明专利（含在审）	实用新型
CATL	7	6	1
亿能	24	18	6
比亚迪	6	2	4
吉利汽车	2	1	1
奇瑞汽车	8	8	0
长安汽车	10	10	0
海博思创	1	1	0
东莞钜威新能源有限公司	5	4	1

通过专利检索可以发现，2015年电池管理方面的研究主要集中在寿命、充电、均衡和继电器检测等方面。寿命预测方面主要集中在通过电池内阻、容量等性能表征参数实现对电池SOC/SOH的估算；均衡方面主要集中在采用多种均衡策略实现电池在线维护和均衡，关注的重点从均衡电路的实现转为高效均衡控制策略的研究。充电方面主要集中在充电系统设计、充电控制和充电方法研究。继电器故障检测则主要集中在继电器触点的粘连诊断。

（2）国内主要电池管理系统厂家及产品应用情况

随着电动汽车行业的发展，传统BMS企业出现向电池系统制造（PACK）企业转型的趋势，电池企业也纷纷开发BMS，将电池生产和电池PACK结合起来，整车企业也开始直接投资PACK行业。

国内生产BMS厂商主要包括惠州市亿能电子有限公司、华霆（合肥）动力技术有限公司、深圳市科列技术有限公司、上海妙益电子科技发展有限公司、东莞钜威新能源有限公司、宁波拜特测控技术有限公司、北京海博思创科技有限公司、合肥国轩高科动力能源股份公司、欣旺达电子股份有限公司、均胜电子等。同时整车制造商也在研制自己的BMS，如比亚迪、北汽集团、长安、奇瑞、吉利、众泰、江淮等。还有部分电池厂商开始涉足研制BMS产品，如宁德时代新能源科技股份有限公司CATL、中航锂电（洛阳）、天津力神、万向集团、比克等。

惠州市亿能电子有限公司。公司致力于电动汽车、储能电站、轨道交通等大型电源管理系统研发、生产和销售，是国内技术领先、市场占有率高的电池管理系统（BMS）供应商。公司与国内外多家知名电芯厂开展合作，是目前国内申请和授权发明专利、实用新型、外观等专利最多的企业，专利覆盖BMS的全产业链。通过TS16949认证并获得国家“高新技术企业”。与江淮、广汽、长安、东风日产、福田、宇通、三星、LG和东芝等客户合作进行BMS及电池系统开发和配套。

宁德时代新能源科技股份有限公司。CATL的主要客户有宇通，苏州金龙，厦门金龙，厦门金旅，南车时代，上海申沃，南京金龙，吉利，东南等。CATL还与德国、法国等国外OEM厂家开展积极合作，成为其电池及BMS的供应商。技术上CATL拥有成熟的主动均衡技术方案，通过三年多的实践，验证其可靠性和稳定性。该公司建立一套成熟的实验方法和测试平台，可对EMC、产品老化、热管理等进行测试，保证BMS产品的高可靠性。

华霆（合肥）动力技术有限公司。华霆动力核心业务为乘用车动力电池系统（含成组及管理系统），坚持以整包设计，BMS开发设计，产品验证，产品制造工艺，产品制造能力作为公司的核心竞争力，开发具有完全自主知识产权的制造工艺、工装、制造设备和检测设备。该公司自主研发高集成度的集中式电池管理系统，在电池系统的热管理、安全设计特别是热失稳扩散的检测和防护等领域具有多项专利技术。公司拥有上下游合作伙伴，如天津力神电池企业和江淮汽车等整车企业。

深圳市科列技术有限公司。公司专注于纯电动客车、混合动力客车、纯电动乘用车及纯电动特种车等不同领域锂电池所需管理系统的研发和销售。科列技术研发带有

"主动均衡、无线传输"核心技术功能的 BMS 产品，其"高压管理"技术达到1000伏的母线漏电监测。BMS 产品应用于中通、宇通、苏州金龙、海格纯电动大巴、厦门金旅混合动力大巴多品牌车型。

上海妙益电子科技发展有限公司。妙益 BMS 除了基本的单体电压、总电压、总电流 SOC 基本功能外还能够实现单体温度测量、能量可控均衡、语音报警、数据记录、远程监控、输出控制等功能。BMS 电池管理系统凭借原有车身总线系统的设计经验，抗干扰能力强、性能稳定。

2. BMS 产业面临的问题

我国电动汽车 BMS 虽然发展迅速，但在生产模式和产品质量方面与国外同类产品相比还存在很大差距。国内 BMS 企业大多为电池企业和消费类电子企业，真正汽车零部件企业涉足该领域的相对较少，这些企业对电池和汽车理解程度不够深刻，产品的安全性和可靠性多有不足之处。另外国内 BMS 生产企业与电池厂和整车厂之间协作少，产品设计理念较初级，大多数企业没有形成很好的技术积累和沉淀，缺乏严格的产品认证体系。

（1）研发投入大

电池管理系统产品研发需要稳定的科研团队、先进的测试设备和测试平台。好的测试平台需上千万元的投入，标准的项目开发开支需要超百万，基于平台的项目开发费用也会达到数十万元。

（2）产品集成度不高

受生产工业水平的限制，产品多为离散电子元器件形式，降低了产品的可靠性。企业所用核心器件对国外依存程度高，尤其是核心芯片，成本控制空间有限。

（3）产品技术研发连续性不强

按照合理开发流程，单一车型 BMS 产品的定型需要 2 年以上持续跟进，需要根据用户实际应用中遇到的问题，持续地升级产品，这需要一个长期积累的过程。但由于国内企业研发人才流动性较大，导致产品技术研发连续性不强。

（4）缺乏强制的产品认证标准

由于目前国内尚无电池管理系统国标，而现行行标的性能要求又过于基础，造成整个 BMS 检测评价体系不完善，业内缺乏完善的产品认证体系，国内没有形成统一的产品标准，许多产品未经严格检测就进入市场，造成 BMS 市场较混乱。

3. BMS 发展趋势

BMS 的发展从最初的监控系统逐渐向管理系统转变，作为电动汽车的核心零部件，BMS 产业发展具有以下特点：

（1）功能安全需求提高，大部分功能要满足 ASIL－C 或 ASIL－B 等级

随着整车的安全性要求逐渐增强，分解到 BMS 的功能安全要求也逐渐明确。对于电池的过充、过放、过温、过流等故障的检测和处理需要达到较高的安全等级，同时，BMS 应和电池系统的被动安全设计一起进行整体优化，使得热失稳扩散的故障检测、防护达到高安全等级。由于 BMS 只能提供主动安全保护，因此在电池系统的安全设计方面，BMS 将会和电池单体性能、电池系统被动安全设计紧密结合，形成定制化的产品，以提高系统的安全性。

（2）硬件及功能与整车控制器整合，形成域控制器网络

为了优化整车电子电器架构设计，可以将 BMS 一部分计算量繁重的工作交给硬件运算能力较强的 VCU 进行。同时，由于整车在电池出现故障时会结合当时的具体情况作出不同的保护措施，因此对电池系统的保护应该由 BMS 和 VCU 协同完成。随着整车厂系统集成能力的进一步加强，BMS 作为独立控制器的功能会逐步弱化，软件功能与 VCU 相互交叉结合，部分功能的代码可能在 VCU 上实现。

（3）软件架构及 AUTOSAR

BMS 的硬件可靠性可以通过实验验证来保证，软件可靠性需要通过架构设计以及开发流程来保证。通过 AUTOSAR 架构的设计，可以用成熟或经过验证的商业代码来提高 BMS 的软件可靠性；同时标准架构也提供供应商选择的多样性，降低开发过程中的风险。

（4）开发流程要结合传统汽车电子的 V 型开发与互联网的快速迭代开发流程

传统汽车电子的 V 型开发已经证明可以在很大程度上保证产品开发的效果，但由于新能源汽车本身属于新兴产品，开发流程上需要适应技术、市场等方面较快的发展，因此，与快速迭代相结合的 V 型开发流程将能够满足快速、可靠的要求。

4. 产业建议

随着电动汽车产业的迅速发展，BMS 作为关键配套零部件必须满足汽车产业发展的需求。未来产业发展的首要目标是产品性能大幅提高，满足电动汽车安全舒适的需求；其次是扩大产业规模，降低生产成本。

一是加快动力电池管理关键技术研究。核心器件尤其是核心芯片的研发制造、可靠性与冗余技术、电池状态的估算、电池组优化控制以及电池安全管理关键技术有待进一步提高。

二是主动均衡的安全性、成本及体积一直是制约其全面推广的制约因素。但随着串联电芯数量的增加，电芯的不一致性带来的整车容量受限问题不断凸显，使得售后维护成本大幅上升。这也使得越来越多的厂家将研发方向转向主动均衡方案。

三是由车载终端和远程管理平台组成电池数据监控系

统。车载终端通过总线实时获取BMS的内部数据和故障状态，采集电池组及发动机等部件的工作电压、电流，结合车载GPS传感器获取定位信息和行驶车速，将这些数据通过无线网络发送到远程管理服务平台。用户通过可以连接到互联网的计算机对车辆的电池运行数据进行监控和预测分析。

四是重点关注潜力企业，提高企业产能，实现企业规模化与效益化。拥有自主知识产权的算法和控制策略，形成完备成熟的生产工艺。产品具备管理、诊断和标定、数据存储等逐渐细化的功能。建设电池管理检测体系和技术保障体系，使研发、设计到生产各环节都有严格的检测体系作保障。

五是制定高度符合汽车电子要求的电池管理系统国家标准和准入制度。

（北京交通大学 姜久春 王占国）

十、汽车动力蓄电池测试评价

2015年5月15日，国家质检总局和国家标准委联合发布了《中华人民共和国国家标准公告2015年第15号》，其中涉及了电动汽车用动力蓄电池的6个标准，具体列表如下：

表1 电动汽车用动力蓄电池6个标准

序号	标准号	标准名称	实施日期
1	GB/T 31467.1 –2015	电动汽车用锂离子动力蓄电池包和系统 第1部分：高功率应用测试规程	2015–05–15
2	GB/T 31467.2 –2015	电动汽车用锂离子动力蓄电池包和系统 第2部分：高能量应用测试规程	2015–05–15
3	GB/T 31467.3 –2015	电动汽车用锂离子动力蓄电池包和系统 第3部分：安全性要求与测试方法	2015–05–15
4	GB/T 31484 –2015	电动汽车用动力蓄电池循环寿命要求及试验方法	2015–05–15
5	GB/T 31485 –2015	电动汽车用动力蓄电池安全要求及试验方法	2015–05–15
6	GB/T31486 –2015	电动汽车用动力蓄电池电性能要求及试验方法	2015–05–15

以上6个标准由全国汽车标准化技术委员会电动车辆分技术委员会主持起草制定，规定了电动汽车用动力蓄电池电性能、安全、循环寿命等各方面的技术要求、试验方法和检验规则，是国内目前唯一的系列化电动汽车用动力蓄电池国家测试标准，测试对象覆盖了电池单体、电池模块、电池包或系统等各个层级，对于规范国家电动汽车用动力蓄电池的发展起到了很好的监督管理作用。

同时，该6个标准已经相继被工信部发布的《汽车动力蓄电池行业规范条件》和国家发改委/工信部发布的《新建纯电动乘用车生产企业投资项目和生产准入管理规定（征求意见稿）》中的《纯电动乘用车试制样车测试方案》等政府管理文件引用，作为行业管理标准规范，引导和规范汽车动力蓄电池行业健康发展。

1. 2015年标准制修订工作

从2006年以来，电动汽车行业一直引用QC/T 743–2006《电动汽车用锂离子蓄电池》和QC/T 744–2006《电动汽车用金属氢化物镍蓄电池》2个标准，作为工信部《新能源汽车生产企业及产品准入管理规则》的引用标准。这两个标准分别从锂离子蓄电池和金属氢化物镍蓄电池的角度，规定了电动汽车用蓄电池的要求、试验方法、检验规则、标志、包装、运输和储存，适用于蓄电池单体和模块。

然而，随着电动汽车用蓄电池的快速发展，该系列标准已经无法适应当前技术发展的需要，因此，2011年底至2013年，全国汽标委电动车辆分标委组织行业完成了QC/T 743和QC/T 744的修订和QC/T动力蓄电池循环寿命（报批稿）。根据国家相关部门对动力蓄电池标准化工作的新要求，以QC/T 743、QC/T 744、QC/T循环寿命等三项行标为基础，自2013年下半年，又启动了基于上述行标的国标转化工作。最终制定了GB/T 31484–2015《电动汽车用动力蓄电池循环寿命要求及试验方法》、GB/T 31485–2015《电动汽车用动力蓄电池安全要求及试验方法》和GB/T 31486–2015《电动汽车用动力蓄电池电性能要求及试验方法》3个标准。

由此可见，GB/T 31484–2015、GB/T 31485–2015和GB/T 31486–2015这3个标准完全适应当前动力蓄电池发展的需要，其制定初衷就是为了替代现在正在实施的QC/T 743–2006和QC/T 744–2006这2个标准，作为电动汽车用动力蓄电池单体和模块层级的标准管理法规。

表2 三个标准的具体应用说明

序号	测试项目		对应标准	样品数量
1	蓄电池单体	外观	GB/T 31486 –2015	单体22只
2		极性		
3		外形尺寸和重量		
4		室温放电容量		
5		标准循环寿命※	GB/T 31484–2015	
6		安全性	GB/T 31485–2015	

续表

序号	测试项目		对应标准	样品数量
7	蓄电池模块	外观	GB/T 31486－2015	模块21组
8		极性		
9		外形尺寸和重量		
10		室温放电容量		
11		室温倍率放电容量		
12		室温倍率充电性能		
13		低温放电容量		
14		高温放电容量		
15		荷电保持能力及容量恢复能力		
16		储存		
17		耐振动		
19		工况循环寿命		
20		安全性	GB/T 31485－2015	

同时，在国家政策的引导下，电动汽车的研发和产业化出现了前所未有的高潮。提高动力蓄电池等关键系统部件的技术水平和规模化配套能力成为当务之急。动力蓄电池在实车中应用的最终表现形式为电池包或系统，其性能表现如何，直接决定了电动汽车的性能及安全可靠性。因此，有必要从整车应用角度出发，对动力蓄电池的电性能、循环性能以及安全性能进行综合测试评价，从而推动电动汽车健康、稳定、快速发展。

基于以上考虑因素，全国汽标委电动车辆分标委主持制定了GB/T 31467.1－2015《电动汽车用锂离子动力蓄电池包和系统第1部分：高功率应用测试规程》、GB/T 31467.2－2015《电动汽车用锂离子动力蓄电池包和系统第2部分：高能量应用测试规程》和GB/T 31467.3－2015《电动汽车用锂离子动力蓄电池包和系统第3部分：安全性要求与测试方法》这3个系列国家标准，用于规范电动汽车用锂离子动力蓄电池包和系统的电性能测试方法、循环性能测试方法、安全性要求和测试方法。

这3个系列标准中，GB/T 31467.1－2015主要规定了电动汽车用高功率锂离子动力蓄电池包和系统电性能的测试方法，适用于装载在电动汽车上，主要以高功率应用为目的的锂离子动力蓄电池包和蓄电池系统，以高功率应用为目的的镍氢动力蓄电池包和系统等参照执行；GB/T 31467.2－2015主要规定了电动汽车用高能量锂离子动力蓄电池包和系统电性能的测试方法，适用于装载在电动汽车上，主要以高能量应用为目的的锂离子动力蓄电池包和蓄电池系统，以高能量应用为目的的镍氢动力蓄电池包和系统等参照执行；GB/T 31467.3－2015主要规定了电动汽车用锂离子动力蓄电池包和系统安全性的要求和测试方法，适用于装载在电动汽车上的锂离子动力蓄电池包和系统，镍氢动力蓄电池包和系统等参照执行。

表3　三个系列标准的应用说明

序号	测试项目		对应标准
1	高功率动力蓄电池包和系统	容量和能量测试	GB/T 31467.1－2015
2		功率内阻测试	
3		无负载容量损失	
4		存储容量损失	
5		高低温启动功率测试	
6		能量效率测试	
7		工况循环试验	GB/T 31484－2015
8		安全性测试	GB/T 31467.3－2015
9	高能量动力蓄电池包和系统	容量和能量测试	GB/T 31467.2－2015
10		功率内阻测试	
11		无负载容量损失	
12		存储容量损失	
13		能量效率测试	
14		工况循环试验	GB/T 31484－2015
15		安全性测试	GB/T 31467.3－2015

2. 动力蓄电池的测试评价对象

（1）单体蓄电池

直接将化学能转化为电能的基本单元装置，包括电极、隔膜、电解质、外壳和端子，并被设计成可充电。

（2）蓄电池模块

将一个以上单体蓄电池按照串联、并联或串并混联方式组合，且只有一对正负极输出端子，并作为电源使用的组合体。

测试用蓄电池模块样品应满足如下条件：

——总电压不低于单体蓄电池电压的5倍；

——额定容量不低于20Ah，或者与整车用蓄电池系统额定容量一致。

注：测试用蓄电池模块可由实际模块串并联组成。

（3）蓄电池包

通常包括蓄电池模块、蓄电池管理模块（不包含BCU）、蓄电池箱以及相应附件，具有从外部获得电能并可对外输出电能的单元。

（4）蓄电池系统

一个或一个以上蓄电池包及相应附件（管理系统、高压电路、低压电路、热管理设备以及机械总成等）构成的能量存储装置。

3. 测试评价标准解读

基于动力蓄电池标准体系中各标准内容的分析，我们可以把动力电池的测试评价分为基本电性能测试、安全性能测试、循环性能测试三个部分。各部分的测试评价方法解读如下：

（1）基本电性能测试

该部分考核重点是电池的基本电性能，一方面，用于产品选型、配组和设计开发，另一方面用于产品性能的横向比较，促进整车筛选、匹配及应用。总体而言，电池基本电性能测试评价主要分为4个部分：

① 基本容量能量特性考核

——室温放电容量和能量

按照如下步骤进行：

a）蓄电池完全充电；

b）室温下，蓄电池模块以1I1（A）电流放电至放电终止条件；

c）计量放电容量（以Ah计）和放电比能量（以Wh/kg计）；

② 充放电功率特性考核

——室温倍率放电性能

按照如下步骤进行：

a）蓄电池完全充电；

b）室温下，蓄电池模块以3I1（A）（最大电流不超过400A）电流放电，直至放电终止条件；

c）计量放电容量（以Ah计）。

——比功率性能

按照如下步骤进行：

a）蓄电池完全充电；

b）室温下，蓄电池模块以1I1（A）（能量型）/8I1（A）（功率型）电流放电30min后以企业规定的最大放电电流放电10s，然后再静置30min，再以企业规定的最大充电电流充电10s；

c）采用10s充放电的放电能量除以10s充放电时间的方法，计算10s充放电的平均比功率（以W/kg计）。

——室温倍率充电性能

按照如下步骤进行：

a）室温下，蓄电池模块以1I1（A）电流放电至放电终止条件，静置1h；

b）室温下，蓄电池模块以2I1（A）（最大电流不超过400A）电流充电，直至充电终止条件，并且总充电时间不超过30min，静置1h；

c）室温下，蓄电池模块以1I1（A）电流放电至放电终止条件；

d）计量放电容量（以Ah计）。

③ 高低温环境适应性考核

——低温放电容量

低温放电容量试验按照如下步骤进行：

a）蓄电池完全充电；

b）蓄电池在－20℃±2℃下搁置24h；

c）蓄电池在－20℃±2℃下，以1I1（A）电流放电至放电终止条件；

d）计量放电容量（以Ah计）。

——高温放电容量

高温放电容量试验按照如下步骤进行：

a）蓄电池完全充电；

b）蓄电池在55℃±2℃下搁置5h；

c）蓄电池在55℃±2℃下，以1I1（A）电流放电至放电终止条件；

d）计量放电容量（以Ah计）。

④ 能量维持特性考核

——室温荷电保持与容量恢复能力

室温荷电保持与容量恢复能力试验按照如下步骤进行：

a）蓄电池完全充电；

b）蓄电池在室温下储存28天；

c）室温下，蓄电池以1I1（A）电流放电至放电终止条件；

d）计量荷电保持容量（以Ah计）；

e）蓄电池再完全充电；

f）室温下，蓄电池以1I1（A）电流放电至放电终止条件；

g）计量恢复容量（以Ah计）。

——高温荷电保持与容量恢复能力

高温荷电保持与容量恢复能力试验按照如下步骤进行：

a）蓄电池完全充电；

b）蓄电池在55℃±2℃下储存7天；

c）蓄电池在室温下搁置5h后，以1I1（A）电流放电至放电终止条件；

d）计量荷电保持容量（以Ah计）；

e）蓄电池再完全充电；

f）室温下，蓄电池以1I1（A）电流放电至放电终止条件；

g）计量恢复容量（以Ah计）。

——储存

储存试验按照如下步骤进行：

a）蓄电池完全充电；

b）室温下，以1I1（A）电流放电30min；

c）蓄电池在45℃±2℃下储存28天；

d）蓄电池室温下搁置5h；

e）蓄电池完全充电；f）蓄电池室温下，以 1I1（A）电流放电至放电终止条件。

g）计量放电容量（以 Ah 计）。

通过动力蓄电池基本电性能测评结果，反映出不同材料体系电池，其性能表现也呈现不同的规律，电池应用企业需要根据具体的测评结果，选取最适合自己系统性能匹配的产品。

另外，通过测试也可以发现，当单体组成模块、包或者系统以后，其一致性对其电性能性能有很大的影响，尤其在低温和倍率放电时，由于单体的一致性问题，某一个单体率先达到放电截止电压，从而会影响模块的整体放电性能。

（2）电池安全性能试验

该部分主要用于考核电池安全性。分为单体模块层级安全性考核和电池包层级安全性考核。单体模块层级安全性考核侧重于电池本征安全特性，包括电滥用、机械滥用、环境滥用等三个方面；而电池包安全性考核侧重于整车实际使用状态下的电池安全防护特性，包括电防护特性、机械防护特性、环境防护特性等三个方面。

① 电池单体模块层级本征安全性考核项目

表 4　电池单体模块层级本征安全性考核项目

序号	安全类型	项目名称
1	电滥用	过放电
2		过充电
3		短路
4	机械滥用	跌落
5		挤压
6		针刺
7	环境滥用	海水浸泡
8		温度循环
9		低气压
10		加热

——过放电

过放电试验按照如下步骤进行：

a）蓄电池完全充电；

b）蓄电池以 1I1（A）电流放电 90min；

c）观察 1h。

——过充电

过充电试验按照如下步骤进行：

a）蓄电池完全充电；

b）以 1I1（A）电流恒流充电至任一单体蓄电池电压达到企业技术条件中规定的充电终止电压的 1.5 倍或充电时间达 1h 后停止充电；

c）观察 1h。

——短路

短路试验按照如下步骤进行：

a）蓄电池完全充电；

b）将蓄电池经外部短路 10min，外部线路电阻应小于 5mΩ；

c）观察 1h。

——跌落

跌落试验按照如下步骤进行：

a）蓄电池完全充电；

b）蓄电池正负端子向下从一定高度处自由跌落到水泥地面上；

c）观察 1h。

——挤压

挤压试验按照如下步骤进行：

a）蓄电池完全充电；

b）按下列条件进行试验：

挤压板形式：半径 75mm 的半圆柱体，半圆柱体的长度大于被挤压电池的尺寸，但不超过 1m。

蓄电池单体：垂直于蓄电池极板方向施压

蓄电池模块：与在整车布局上最容易受到挤压的方向相同。如果最容易受到挤压的方向不可获得，则垂直于单体蓄电池排列方向施压；

挤压速度：（5 ±1） mm/s；

蓄电池单体：电压达到 0V 或变形量达到 30% 或挤压力达到 200kN 后停止挤压。

蓄电池模块：变形量达到 30% 或挤压力达到蓄电池模块重量的 1000 倍和下表所列数值中较大值。

表 5　挤压力选取表格

挤压面接触单体数，n	挤压力，kN
1	200
2 ~ 5	100 * n
>5	500

——保持 10min。

c）观察 1h。

——针刺

针刺试验按照如下步骤进行：

a）蓄电池完全充电；

b）用 φ5mm ~ φ10mm 的耐高温钢针（针尖的圆锥角度为 45° ~ 60°，针的表面光洁、无锈蚀、氧化层及油污），以（25 ±5） mm/s 的速度，从垂直于蓄电池极板的方向，依次贯穿蓄电池；

c）观察 1h。

——海水浸泡

海水浸泡试验按照如下步骤进行：

a）蓄电池完全充电；

b）将蓄电池浸入3.5% NaCl溶液（质量百分比，模拟常温下的海水成分）中2h；

c）水深应完全没过蓄电池。

——温度循环

温度循环试验按照如下步骤进行：

a）蓄电池完全充电；

b）蓄电池放入温度箱中，温度箱温度按要求进行调节，循环次数5次；

c）观察1h。

——低气压

低气压试验按照如下步骤进行：

a）蓄电池完全充电；

b）蓄电池放入低气压箱中，调节试验箱中气压为11.6kPa，温度为室温，静置6h；

c）观察1h。

——加热

加热试验按照如下步骤进行：

a）蓄电池完全充电；

b）对于锂离子蓄电池，温度箱按照5℃/min的速率由室温升至130℃±2℃，并保持此温度30min后停止加热；

对于金属氢化物镍蓄电池，温度箱按照5℃/min的速率由室温升至85℃±2℃，并保持此温度2h后停止加热；

c）观察1h。

② 电池包层级防护安全性考核项目

表6 电池包层级防护安全性考核项目

序号	安全种类	项目名称
1	电防护	过温保护
2		短路保护
3		过充电保护
4		过放电保护
5	机械防护	振动试验
6		机械冲击
7		跌落
8		翻转
9		模拟碰撞
10		挤压
11	环境防护	温度冲击
12		湿热循环
13		海水浸泡
14		外部火烧
15		盐雾
16		高海拔

③ 小结

通过动力蓄电池安全性能测评结果，可以了解并分析不同种类电池的安全状态。对单体模块层级安全性考核，标准的判定条件基本上是不漏液、不爆炸、不着火；对电池包层级安全性考核，标准的判定条件基本也是电池管理系统起作用，测试对象不能出现着火和爆炸现象。

另外，对于电池安全性能的考核指标，在对电池标准要求基础上，目前普遍采用分级评价方法，如下表所示：

表7 电池安全性能分级评价方法

危险等级	定义	分类方法依据
0	无影响	对样品无影响，试验后样品容量未出现大幅衰减
1	变形	外观形状变化（包括膨胀）
2	排气	电解液从排气孔以液体或雾状释放
3	漏液	电解液从壳体、密封线以及极柱等非释放孔泄漏
4	冒烟	从排气孔冒出烟雾
5	破裂	由于内外部原因造成电芯壳体机械破坏，导致电池内部物质暴漏或者溢出（但不能是喷射出来），破裂处可以冒烟
6	着火	从电芯中释放出火焰
7	爆炸	电芯壳体急剧破裂，电芯内部物质强力排除

（3）电池循环试验

该测试包括标准循环寿命和工况循环寿命两种循环试验条件。标准循环寿命主要用于考核电池在标准充放电条件下的寿命衰减特性，该参数可用于不同类型电池循环寿命性能的横向对比。工况循环寿命主要用于考虑电池在实车使用工况条件下的寿命衰减特性，以便通过电池管理系统的进行控制策略优化，更好的与整车优化匹配使用。

对于标准循环寿命测试，可以按照如下步骤进行：

a）以$1I_1$（A）放电至企业规定的放电终止条件；

b）搁置不低于30分钟或企业规定的搁置条件；

c）蓄电池完全充电；

d）搁置不低于30分钟或企业规定的搁置条件；

e）以$1I_1$（A）放电至企业规定的放电终止条件，记录放电容量；

f）按照b）～e）连续循环500次，若放电容量高于初始容量的90%，则终止试验；若放电容量低于初始容量的90%，则继续循环500次；

g）计量室温放电容量和放电能量。

对于工况循环寿命测试，标准中结合中国实际国情，开创性的给出了5种典型工况，包括混合动力乘用车用功率型蓄电池工况循环寿命、混合动力商用车用功率型蓄电池工况循环寿命、纯电动乘用车用能量型蓄电池工况循环寿命、纯电动商用车用能量型蓄电池工况循环寿命、插电式和增程式电动汽车用蓄电池工况循环寿命（略）。

总之，随着动力蓄电池普遍在新能源汽车上的大规模应用，如何快速准确评价动力蓄电池的使用寿命，做到电池的合理回收和梯次利用，是今后动力蓄电池测评的重要方向。标准中的测试方法是在标准循环和工况循环的基础上，探索更加合理的评价方法，后续还需要大量的数据支持。另外，测试中还要考虑对于实车用动力蓄电池系统，如何测评电池管理系统的均衡能力，最大限度的降低动力电池不一致性对性能衰减的影响因子。

后续标准化工作中，还要补充完善动力蓄电池日历寿命的测试评价方法，以便对动力蓄电池保质期进行合理有效的评价，提高蓄电池的匹配利用效率。

4. 总结

目前，在行业的共同努力下，国内动力蓄电池标准体系已经初步完备，标准测试评价方法也趋于统一。然而，动力电池的测评仍然存在一些问题，比如：

①测试成本高，这包括测试费用和电池成本；

②测试周期长，即测试所用的时间长，特别是循环工况，测试资源有限、且受到地域等条件限制；

③测试标准多，国家、行业、地方、企业以及国际各不相同。有的测试标准缺乏针对性，由于不同类型电动汽车对电池有不同的要求，使得动力电池呈现多样性，但是测试标准在多数性能上还没有明确的区分。

动力电池的测试评价技术在不断进步，测试评价的体系也在逐步完善，但是仍有许多需要探索和改进的测试方法，包括单体一致性的评价技术，电池热特性－电化学特性的耦合评价技术，电池的日历寿命的加速测试评价技术等。

总之，电动汽车逐渐进入市场，对电池的考验也真正来临，从整车匹配集成应用出发，对动力电池进行综合测评，为电池系统集成服务，是今后动力电池测评的发展方向。将性能良好的电池通过集成技术的叠加，进一步提升其安全性和综合性能，必将是未来几年测试技术进步的重要领域。通过测评选择好的电池产品，才能推动新能源汽车的可持续、健康、快速的发展。

（中国汽车技术研究中心　王　芳　樊　彬）

十一、车用驱动电机

1. 产业与技术总体情况

2015年，得益于新能源汽车市场快速增长，我国驱动电机产业继续保持快速发展。主要企业产销规模同比大幅增长，乘用车和商用车领域新产品不断涌现。驱动电机系统及核心零部件技术水平有所提高，但与国际先进水平仍有一定差距。同时，各类企业陆续进入驱动电机产业，外资企业加快在华布局，新主体、新模式使我国驱动电机产业呈现多样化发展。

2015年，我国驱动电机系统企业技术实力和配套能力进一步提升。上海电驱动、上海大郡、精进电动、大洋电机、中车株洲所、天津松正、深圳汇川、上海华域、安徽巨一等主要车用驱动电机系统企业在驱动电机或电机控制器产品方面等均实现较大幅度增长，产销同比增长2倍以上。传统电机企业如江特电机、方正电机、卧龙电机、德阳电机等车用驱动电机业务也获得快速的增长。同时，我国驱动电机系统核心配套零部件企业如深圳欣锐特、深圳威迈斯在DC/DC变换器及车载充电机领域，重庆青山、株洲齿轮、上汽变速器在高速减速器领域也呈现较好发展势头。

在驱动电机产品方面，我国驱动电机系统产品功率范围覆盖10kW～200kW，形成适用于各类新能源汽车需求的功率系列化、规格化的驱动电机及其控制系统产品。除少数企业的新能源乘用车采用国外驱动电机或电机控制器外，我国新能源汽车动力系统部件大部分由我国自主驱动电机及其控制系统配套，少数企业还实现产品出口。特别在新能源商用车方面，配套我国自主驱动电机产品的插电式客车、纯电动客车实现批量出口。

2. 技术发展特点

（1）国内车用驱动电机主要技术指标进展及特点

在《节能与新能源汽车产业发展规划（2012—2020年》和《中国制造2025》技术发展路线图等指导下，我国驱动电机及其控制系统技术水平持续提升，产品功率密度与集成水平不断提高。

在驱动电机方面，我国开发出峰值160kW、转速达14000rpm高速驱动电机，驱动电机峰值功率密度达到3.8kW/kg，连续功率密度达到2.0kW/kg。在驱动电机NVH方面，我国驱动电机水平已经达到国际同类产品水平。我国还开发出适合商用车运行工况的双电机集成系统（如图1a所示），双电机驱动转矩达到3100Nm，可根据车辆中低速运行工况的差异和中低速电机高效率区分布的特点，动态调整双电机的转矩分配，达到整体运行效率最优，同时提高直驱电机的转矩驱动能力。

在电机控制器方面，基于汽车级封装 IGBT 模块，采用电力电子集成技术，开发除了多款峰值功率 80kW、功率密度达到 11kW/L～12kW/L 的集成控制器（如图 1b 所示）；同时在 SiC 与 IGBT 混合模块利用方面，开发出峰值功率 75kW、功率密度达到 10kW/L 的集成控制器。在功能安全方面，我国已经有部分汽车企业与驱动电机企业开始进行探索研究，从整车安全等级进行电机系统功能安全分解，构建全新的产品开发体系和流程。

（2）国内车用驱动电机实现的主要技术突破点

在驱动电机方面，经过多年发展，我国自主开发的永磁同步电机、交流异步电机和开关磁阻电机已经实现整车产业化配套，系列化产品的功率范围覆盖了 200kW 以下新能源汽车用电机动力需求。在关键技术指标方面，我国驱动电机的功率密度、效率等与国际水平基本相当。

在乘用车驱动电机领域，上海电驱动、上海大郡、精进电动等驱动电机企业推出功率范围涵盖 42kW～120kW 的系列化驱动电机及其控制器产品，为多家整车企业的纯电动和插电式混合动力轿车配套。

在商用车驱动电机领域，上海电驱动推出了 AMT 同轴并联驱动电机及 6 米～12 米纯电动驱动电机，上海大郡推出适用于增程式电动客车双电机动力总成，以及精进电动推出的双电机动力总成，均在各类纯电动客车与插电式混合动力城市客车领域获得广泛应用。

在轮毂和轮边驱动电机方面，中科院电工所开发出 950Nm、60kW 直驱轮毂电机，轮毂电机总成功率密度达到 1.0kW/kg，转矩密度达到 16Nm/kg（如图 3a）；精进电动开发 150kW/650Nm 轮边驱动电机样机（如图 3b 所示），通过与减速器匹配，减小非簧载质量，提高悬架系统抗振性；中车株洲电机也开发适用于纯电动客车的电驱动桥总成系统。

（a）大转矩轮毂电机

（b）商用车电驱动桥

图 1 大转矩轮毂电机及轮边驱动电驱动总成

在驱动电机制造工艺的开发上，我国在扁导线、分段导体、定子铁芯嵌入和定转子铁芯分段等电机技术已经开始探索性开发与试验。在冷却技术方面，例如绕组端部塑封、油冷技术，我国相关驱动电机产品也开始实现产业化，并在奇瑞 P2 插电式混合动力轿车、科力远混合动力系统（CHS）中配套应用，如图 2 所示。我国驱动电机产业链部分关键材料和零部件（如耐油绝缘材料、高速轴承等）已经开始产业化应用，同时我国超高速轴承已经实现 14000rpm 样机开发。

图 2 电机油冷及油冷电驱动总成产品

总体而言，我国驱动电机产品与技术获得长足进步，各类产品均在新能源汽车中获得广泛应用，电机批量制造工艺技术也开始应用，驱动电机功率密度指标与 2011 年相比较，提升幅度达到 30% 以上。但从更高发展水平看，我国电机产品的峰值功率密度大多在 2.8kW/kg～3.0kW/kg、连续功率密度在 1.2kW/kg～1.6kW/kg，与国际 3.6kW/kg～3.8kW/kg 的水平仍有一定差异；在大批量制造工艺与装备方面，我国自主化能力仍需要提升。

经过三个“五年计划”电动汽车重大专项的集中攻关与实施，我国自主开发出满足各类电动汽车驱动电机需求的电机控制器产品，形成规格化、系列化的产品。以上海电驱动、上海大郡、精进电动、南车株洲所、大洋电机所为代表的国内主要驱动电机及控制器研发与生产企业，推出覆盖各类新能源汽车需求驱动电机及其控制系统产品，并重点突出具有量产规模的产品研发和供应链体系建设，系列化产品覆盖 42kW～200kW 功率范围，广泛配套于我国主要新能源汽车产品。

在电力电子集成方面，我国在电力电子集成封装技术及电力电子集成控制器产品方面均取得较好的技术进步，产生一大批集成产品。在电力电子集成封装技术方面，中科院电工所成功研发出具有自主知识产权的直接冷却 SiC 混合功率模块、新型间接冷却膜电容组件和高功率密度电机控制器样机，功率密度 10kW/L、最高效率 98%。上海电驱动已经开发出基于汽车级功率模块，峰值功率 80kW、功率密度 12kW/L 的电机控制器样机。在产品开发方面，以上海电驱动、上海大郡为代表的国内电机驱动控制器企业研制出多种集成单/双电机控制器与 DCDC 变换器的集成控制器产品（如图 3a）。深圳比亚迪将车载充电机与 DC/AC 集成，实现功率器件的分式互用，提升电力电子总成产品的集成度（如图 3b）。

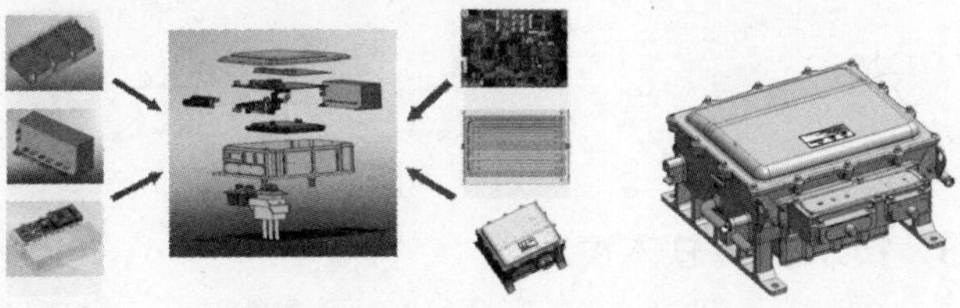

（a）电力电子集成技术与集成控制器产品

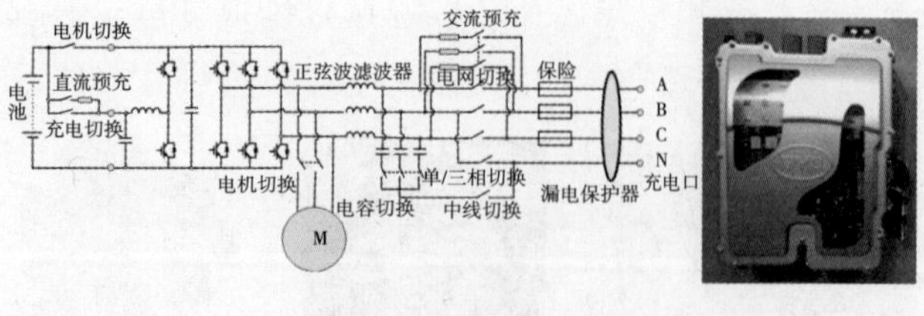

（b）比亚迪双向逆变器原理及其产品

图 3　我国典型电力电子集成控制器产品

在关键零部件方面，依托“电动汽车电驱动系统全产业链产业技术创新战略联盟”，我国在电驱动系统关键零部件方面获得快速的发展。在 IGBT 芯片方面，嘉兴斯达率先研发 8 英寸 1200V 沟槽栅场终止型（Trench + Field stop）IGBT 芯片，芯片的各项电气性能略优于英飞凌的第四代 IGBT 芯片 T4 系列；中国南车通过并购英国 Dynex 半导体公司，在株洲建设 8 英寸 IGBT 芯片及其封装生产线，产品开始应用于新能源汽车领域。在 IGBT 模块方面，嘉兴斯达采用自主开发的超声波焊接工艺和铜线键合工艺，生产出与英飞凌汽车级模块 HybridPack 和 PrimePack 封装兼容的 650V、1200V 两个电压等级的车用功率模块，并实现批量生产；深圳比亚迪全系列新能源汽车均采用自主封装的 IGBT 模块，并实现大批量生产。另外，宝钢股份研制出具有更高磁感和更低铁损的高性能硅钢片，宁波韵升在车用电机高牌号磁钢方面获得突破，厦门法拉形成规格化的膜电容器产品并实现出口，中航光电连接器产品已经基本替代国外同类产品。

（3）目前亟需解决的技术难点及解决方案

与国际同类产品相比较，我国驱动电机存在以下方面的技术难点问题：

在驱动电机技术方面，我国驱动电机产品功率密度和峰值转速指标仍有提升空间；我国电机驱动控制器技术水平与国际先进水平差距明显，在功率密度和体积密度方面存在 50% ~60% 的差距，系统集成度亟待提高。在下一代功率器件发展方面，第三代宽禁带功率半导体材料、器件和宽禁带功率半导体控制器的基础理论和技术开发在我国也基本处于起步状态，与跨国汽车企业全 SiC 电机驱动控制器的装车试运行状态差距更大。SiC 材料可以工作在 200℃以上，开关频率可以达到 MHz 以上，特别适合于高温场合应用，这液迫切需要高温电力电子基础理论支撑，国内在这方面研究基础极其薄弱。

在制造工艺及装备方面，高性能电机工艺技术如矩形导体、分段导体、定子铁芯嵌入和定转子铁芯分段等，我国只有少数电机供应商在进行样件开发探索，而国际上已经开始批量生产并进入市场；冷却技术如绕组端部塑封、油冷技术，我国相关产品尚处于起步阶段；高端试验和关键生产设备、检验设备的水平相对落后，基本依赖进口；在大规模产业化过程中，自动化产线短板明显；我国驱动电机产业链还不够完善，部分关键材料和零部件（如耐油绝缘材料、高速轴承等）研发投入不够，核心部件（铁芯和永磁体等）材料利用率相对偏低，驱动电机技术和工艺水平仍需要进一步提升。

3. 技术发展趋势

国家“十三五”新能源汽车重点研发计划明确提出：到 2020 年，我国驱动电机峰值功率密度达到 4.0kW/kg，连续功率密度达到 2.2kW/kg；电机控制实现功率密度倍增，基于硅基 IGBT 功率模块的电机控制器功率密度达到 17kW/L，基于第三代宽禁带半导体的 SiC 功率模块的电机控制器功率密度达到 36kW/L。驱动电机系统向着高速电机与系统集成化的方向发展，以提升电驱动总成系统性能，减小系统重量和体积，有效降低系统制造成本。

驱动电机系统的集成化发展包括两个方面：一是机电集成，即电机与发动机总成或电机与变速箱的集成，其技术特点是通过高效/高速电机与高效传动的集成，以提升驱动系统效率、功率密度并降低成本；二是电力电子集成，主要包括基于 IGBT 器件、电容、高效散热技术（如双面冷却）的高功率密度电力电子集成技术，以实现车载电力电子系统的功率密度倍增，降低成本；电机控制器与车载充电机有机拓扑集成，可实现大功率快速充电。同时，以数字控制为基础、功能安全设计为目标、电磁兼容为约束的高可靠性、多拓扑组合的车载电力电子集成技术，向着满足 ISO26262 的汽车工业产品安全设计的方向发展。

世界各国都在努力开发 SiC 器件，并希望能够尽快应用到车用电机控制器中。美国能源部在 2012 年度研究报告中明确指出，SiC 器件应用是实现 2020 年车用电机驱动系统成本降低一半的关键要素，在其部署的新能源车开发项目中 60% 的项目与 SiC 器件应用相关。

（上海电驱动股份有限公司　贡　俊）

十二、车用电机测试

1. 技术发展总体情况

2015 年，受国家政策利好和电动汽车整车行业快速发展的影响，车用驱动电机系统的产业化水平获得快速发展，主要车用电机生产企业在生产能力、产业化水平和销售额等方面有了大幅提高，车用电机测试技术也相应得到进一步的提升，并面临着新的挑战，主要表现为：

第一，新的国家标准颁布实施，新标准促进车用驱动电机系统测试技术的升级进度，促进车用驱动电机系统性能精度的提升。

第二，进一步加强交流电力测功机测试台架的能力建设，台架系统网络化、控制过程数字化、测试过程自动化趋势明显；车用驱动电机系统和电驱动动力总成的测试能力均获得提高。

第三，面向大批量生产的下线检测技术受到行业广泛关注，测试自动化水平直接影响车用电机系统性能精度的一致性和生产效率的提高。

第四，车用驱动电机系统（含电驱动动力总成）的NVH特性、电磁兼容特性、可靠性测试方法成为整车企业和电机企业关注的重点，是影响电动汽车整车产业化发展的关键因素之一。

第五，高端测功设备仍旧被国外厂商垄断，国内测功机研制和生产状况堪忧，国内供应商数量少，规模小，联合研发缺失，无法满足高端试验测试的市场需求。

2. 技术发展特点

（1）国内车用电机测试技术总体进展及特点

2015年，《GB/T18488.1－2015 电动汽车用驱动电机系统　第1部分：技术条件》和《GB/T18488.2－2015 电动汽车用驱动电机系统　第2部分：试验方法》两项国家标准颁布实施，与原有2006版标准相比，新标准在电机系统的快速响应特性、电气安全特性、馈电特性、效率特性、环境适应性、可靠性等方面加强试验测试的要求，在参数测试的完备性及精确性方面作了提升，对测试系统的自动化水平也提出一定的技术要求。针对新标准的实施，一方面，国内相应的实验认证机构开始提高试验测试能力，北京理工大学电动车辆工程技术中心、国家轿车质量监督检验中心（天津）等单位已经开始相应的检测能力的扩展，先后建设完成带有电力测功机负载的高低温及湿度实验舱、电磁兼容实验室等设施；另一方面，整车和电机企业也开始加强试验测试和技术开发能力的建设。新标准的实施，不但有利于促进我国电机试验测试技术的提升，也有利于车用驱动电机系统进一步向高性能、高可靠性方向发展。在此基础上，为了弥补新标准的不足，适应现阶段永磁同步电机和异步电机市场占有率较多的现状，专注于交流异步电机和永磁同步电机技术条件和试验方法的行业标准也讨论完成，处于审核待发布状态。

2015年，进一步加强基于交流电力测功机的测试台架的能力建设，台架系统网络化、控制过程数字化、测试过程自动化趋势明显。基于IGBT四象限工作的动态交流电力测功机测试台架获得进一步的普及，测功电机的控制基本建立在通用变频器基础上，最高工作转速一般在8000r/min～20000r/min之间，超过20000r/min的电力测功机应用较少。在测功台架构成方面，被测试电机系统、电力测功机、电池模拟器、电功率分析仪、转矩转速传感器、冷却设备、以及相应的测控仪器和试验工装的集成度和网络化管理进一步增强，通过各种机械的和电气的接口，形成集成测试网络系统，通过上层控制器实现协调工作，完成电机试验工况的自动加载。在测试方法方面，传统的利用人工控制工作点的测试方法仍旧占据主流，但是集成自动数据采集、数据实时分析、测点自动控制和测点状态自动监测等功能的数控自动测试系统得到开发和初步应用。在测试参数方面，现阶段仍然以基于稳态工作点的性能测试为主，电机系统的动态响应特性及动态负载特性的测量仍旧受到测试自动化程度和测功系统响应程度不高的限制，同时，在动态试验方法方面研究的不足也制约测量精度的进一步提升。在电机系统应用层面，电机＋变速箱等动力传动总成的指标体系和测试方法成为关注的重点，依托于交流电力测功机台架技术，电传动动力总成的试验测试技术获得快速发展，三轴动力测功机系统得到开发和应用，可以从事电机及变速箱总成的性能试验，但是其自动化水平有待于进一步提高。

电机系统在生产制造过程中的在线检测技术是确保产品性能一致性和可靠性的关键，有利于提高产品质量和生产效率。随着车用电机产业化发展，电机系统整机及零部件的在线质量检测控制需求增大，2015年以来，国内开发应用车用电机及电驱动动力总成台架试验的快速连接装置，利用机械工装自动化技术，减少台架试验前的装配时间，实现试验设备的快速对中及夹紧，提高试验效率，但是该试验装置的工作精度稳定性还有待于进一步提高。近几年来，上海电驱动、精进电动、大洋电机等企业也引进国外的在线检测设备，并在电机系统的生产中获得应用。

2015年，电机系统的可靠性耐久性、电磁兼容性、NVH特性成为测试和研究的热点，其性能的好坏直接影响电动汽车整车的行驶可靠性、乘坐舒适性和驾驶稳定性。电机系统可靠性的台架试验和车载试验体系正在逐步建立，但是其评价体系还有待于在大数据分析基础上作进一步完善。电磁兼容性、NVH特性方面的性能指标、限值要求和测试方法正处于前期试验阶段，整车企业、电机零部件企业及科研机构正紧密联合，以求在技术和工艺上进行完善，尽可能的确立相应的国家标准体系。长安汽车、上海电驱动股份有限公司、国家轿车质量监督检验中心（天津）等单位也单独或者联合国内外企业在车载电机系统的工作噪声和振动特性等方面进行实车和台架试验验证。

国内在电机测试台架的关键核心部件的技术开发和自主知识产权方面非常欠缺，高端变频器和高速测功机均依靠进口，电池模拟器的快速响应能力与国外产品还有较大差距，台架自动测试技术还不成熟，基于交流电力测功机硬件平台的快速原型试验技术几乎为零。因此，国内使用的高动态交流电力测功机、电池模拟器、电功率分析仪等高端设备仍旧被国外厂商垄断，而国内开发商仍旧处于规模小、利润低、数量少、联合研发极度缺失的状态，阻碍产品性能的提升和市场推广。

（2）国内车用电机测试技术实现的主要技术突破点

截至2015年，发布实施《GB/T18488.1－2015 电动汽车用驱动电机系统 第1部分：技术条件》和《GB/T18488.2－2015 电动汽车用驱动电机系统 第2部分：试验方法》两项主要的国家标准，基本建立车用电机系统指标体系和测试技术的标准框架。在电机系统的电气安全测试方法、可靠性测试方法、环境适应性测试方法和动态性能测试方法等方面达成行业一致；在永磁同步电机、异步电机等电机的特性测试、以及电机系统的振动噪声、电磁兼容性能测试等方面正在形成指标体系和相应的测试方法。

以电力测功机为主体的电机测试台架的数字化控制和网络化集成更为普及，成为测功机供应商的标准配置，不仅仅实现测功机、传感器、电池模拟器、功率分析仪等设备在结构和功能上的网络化集成，也将被测电机系统通过通讯接口和快速机械连接装置与测功机系统相连接，完成被测电机的快速拆装和测试过程的自动控制；试验台架的上层控制器获得不断升级，通过软硬件设计和测试参数的设定，实现被测电机负载的自动模拟功能，完成试验数据采集和分析。面向电机动力传动一体化系统测试的三轴交流电力测功机获得开发，能够更好的测试电传动系统的驱动－负载特性。

（3）目前亟需解决的技术难点及解决方案

目前我国缺乏对电机测试专用高性能仪器设备的开发，高端主流台架试验设备全部来自海外供应商，对于电机测试的硬件在环半实物仿真和整车性能模拟技术，更是缺乏相应的系统性研究，形成重车用电机系统开发，轻试验设备和测试工具开发的不利局面。同时，面向车用电机系统产业化生产，我国缺乏相应的生产线在线快速检测方面的技术工艺和相关设备。

车用电机系统的电磁兼容特性、振动噪声特性等方面的试验检测已经获得行业的普遍重视，但是其测试指标体系、测试方法和参数限值还存在缺失，成为制约电机系统发展的技术瓶颈。对此，国内开始相关的技术研究和标准建设工作，但是还不足以支撑形成相应的行业规范或标准，仍旧需要后续大量试验数据的支持。

面对以上问题，需要我国在更加深入研究和开发高性价比车用电机系统的同时，进一步完善和明确技术指标及评价体系，研发高端高附加值的试验测试设备，实现电机测试过程中软件和硬件协同工作，加强测试过程自动化技术研究，为车用电机和整车系统的开发提供高效的测试和研发环境。

3. 典型类别电机的测试情况介绍

2015年，车用电机系统性能检测认证机构、高等院校、研究院所、整车企业和车用电机制造企业继续对各种类型的车用电机系统进行试验验证和技术对标工作，测试分析的电机类型主要涉及永磁同步电机和异步电机，采用的方法包括台架试验测试和车载试验测试。国家测试认证机构开始根据新的国家标准（GB/T18488.1－2015、GB/T18488.2－2015）完成各种类型车用电机系统的性能测试和技术认证；科研机构和高等院校积极探索新型试验测试技术，进行车用电机系统的可靠性测试、性能分析和技术改进等开发工作；而整车企业和电机制造企业则面向产业化发展，在车用电机系统的电气安全性、可靠性、耐久性、环境适应性、电磁兼容性、振动噪声等方面加强性能测试和技术对标，同时加强对电机动力传动一体化系统的性能测试技术开发，从而生产制造具有更佳动力性、可靠性、经济性和舒适性的电动汽车产品。

4. 未来几年车用电机测试技术的发展趋势

在未来几年中，基于高性能交流电力测功机系统的电机测试平台的数字化控制、自动化测试和网络化集成将更加普遍，利用互联网技术的测试台架也将出现，互联网技术和自动测试技术的结合，将推动测试过程自动化的进一步发展；计算机仿真软件、试验台架和被试电机相结合的程度越来越大，基于交流电力测功机的面向整车性能设计的车用电机硬件在环半实物仿真技术将更为成熟，依托于电机台架测试技术完成整车动力性、经济性的开发，将大大缩短开发周期；针对电机动力传动一体化系统的多轴电力测功机平台将会获得广泛应用，面向电机生产线的在线快速检测技术将更加成熟，相关的试验测试设备开发和应用将会普及。

（北京理工大学　宋　强）

十三、电动汽车充电互操作性测试评价

电动汽车的规模化发展，需要完善的基础设施提供电能补给，充电设施建设对于电动汽车产业发展至关重要。随着电动汽车的推广和充电基础设施的增加，电动汽车的用户更趋多元化，覆盖了个人出行、公交、物流、车辆租赁等不同应用，要求车辆在各个区域的不同充电设备上都能正常充电。

1. 开展互操作性测试的意义

2011 年底我国推出了 GB/T20234. 1－2011《电动汽车传导充电用连接装置第 1 部分：通用要求》、GB/T20234. 2－2011《电动汽车传导充电用连接装置第 2 部分：交流充电接口》、GB/T20234. 3－2011《电动汽车传导充电用连接装置第 3 部分：直流充电接口》和 GB/T27930－2011《电动汽车非车载传导式充电机与电池管理系统之间的通信协议》共四个标准，目的是解决车桩充电兼容性问题，但近几年在实际运行中仍屡屡爆出车桩无法正常充电的状况，不同车辆和不同充电设备之间不能互配，充电兼容仍存在不少问题。影响兼容性的因素很多，一方面是充电接口标准的统一，另一方面是测试方法和规范的统一和执行。虽然 2011 年就已经推出相关标准，但未强制实施，市场销售的电动汽车和充电设施相当部分未按标准进行设计生产；另外，标准本身有存在一些技术上的缺陷，比如对个别通信的过程和报文规定不够细致，需要补充完善。

为构建方便安心安全便利的充电环境，使电动汽车与充电桩之间都能自由联通并实现安全充电，我国于 2015 年 12 月更新发布了五项充电标准，分别是 GB/T 20234. 1/2/3－2015《电动汽车传导充电用连接装置第 1/2/3 部分》GB/T 18487. 1－2015《电动汽车传导充电系统第 1 部分：通用要求》和 GB/T27930－2015《电动汽车非车载传导式充电机与电池管理系统之间的通信协议》。为了保证电动汽车和充电设施双方符合统一接口标准，在充电五项新国标的基础上，中国电力企业联合会（以下简称“中电联”）牵头组织起草《电动汽车传导充电互操作性测试规范》和《电动汽车非车载传导式充电机与电池管理系统之间的通信协议一致性测试》两个测试规范，提出了多种测试案例，拟解决五项新国标实施过程中的测试方法问题。在此基础上中电联和 CATARC 组织开展了一系列的验证测试，为验证电动汽车充电互操作性测试规范，增进各相关单位和企业对充电互操作性的认识，由中电联牵头组织，国网电科院、中国汽车技术研究中心等多家电力、汽车和电器行业测试机构开展了电动汽车充电互操作性测试活动，进行了充电设备、车辆的单品测试，以及实车实桩的匹配测试。同时，中国汽车技术研究中心和日本汽车研究所基于中日合作框架协议，联合国内外主流电动车企业、充电设施厂家同步开展了中日电动汽车车桩互操作性测试活动。通过测试活动的开展，一方面完善标准技术要求，另一方面也让参加测试的各方增加对标准和充电互操作性测试的了解，为今后开展测试和认证奠定基础。

2. 充电兼容性和互操作性测试

充电兼容性是指车辆和充电设备之间能够正常充电的能力，包括了支付方式的兼容、数据交互的兼容和互操作性三方面。其中，“互操作性”指的是相同或不同型号、版本的供电设备与电动汽车通过信息交换和过程控制，实现充电互联互通的能力。充电设备根据 GB/T18487. 1 标准规定，如表 1 所示，分成 4 种充电模式，有适用于普通家庭插座的充电模式，也有适用于交流充电桩和直流充电机的模式。由于充电机产品技术门槛相对较低，目前国内充电设备的生产企业上百家，且还在快速增加，技术水平参差不齐，对标准的理解也有差异；电动汽车企业也存在技术水平和对标准理解的差异问题，尤其是商用车企业不够重视开发过程中的充电兼容性测试验证。因此在技术层面，互操作性存在问题明显，测试主要针对此项目开展。

表 1　四种充电模式

充电类型	模式 1	模式 2	模式 3	模式 4
应用场合	家用电源插座，新标准中不允许使用	家用电源插座	交流充电桩	直流充电桩
结构图片				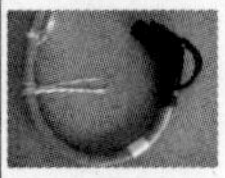
通讯协议	无	PWM	PWM	CAN

互操作性测试是依据充电五项新国标和两项测试规范，为验证车辆和充电设备间互操作性进行的测试工作，以保证充电接口的兼容性、充电过程中的通信和控制正确性、以及操作者使用的安全性。如图 1 所示，互操作性测试对象包括电动车辆和相关充电设备。

通过测试和技术交流，参与互操作性测试的各方能了解在新标准要求下，车辆和充电设施实际匹配兼容性问题，增加车企和充电设施企业对新标准的认识，发现产品和标准实施存在的问题，促进标准不断完善和产品的升级改造。

3. 互操作性测试方案

互操作性测试分两部分进行，分为单品的测试和实车实桩测试。

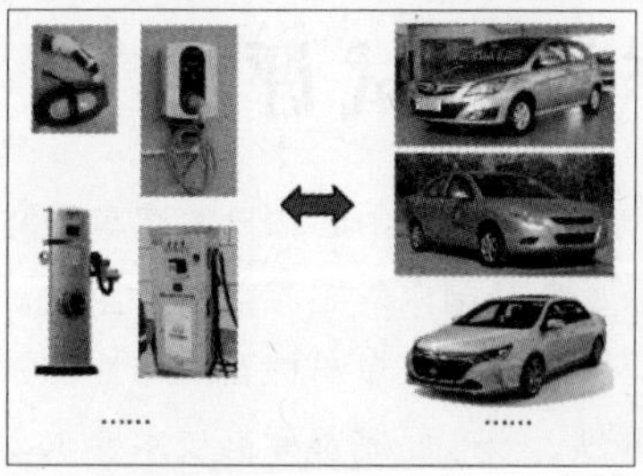

图 1　互操作性测试对象

（1）对充电设备和电动车辆单品的测试

为保证充电互联互通，电动汽车和充电桩首先应符合新国标的要求，因此先对电动汽车和充电桩分别进行互操作性测试。测试内容主要包括两个方面，一是正常充电过程测试，对连接握手到充电结束整个过程中每个阶段的时序信号、电压电流、以及充电状态进行测试，确保每个阶段的时序交互都符合同样的要求。二是充电出现异常情况的测试，包括 CC（充电连接确认）、CP（控制导引）、PE（保护接地）信号或故障的模拟，以及 PWM 信号自动恢复的模拟测试。对于直流充电测试，需要对充电通信协议的一致性进行测试，对充电各个阶段的报文交互、内容、周期进行模拟和测试分析。

① 对充电桩的单独测试

对充电桩进行测试的时候，通过测试系统模拟电动汽车，和充电桩进行充电测试，记录测试过程中的交互信号和充电状态。测试方案参考图 2，主要测试项目参考表 2。

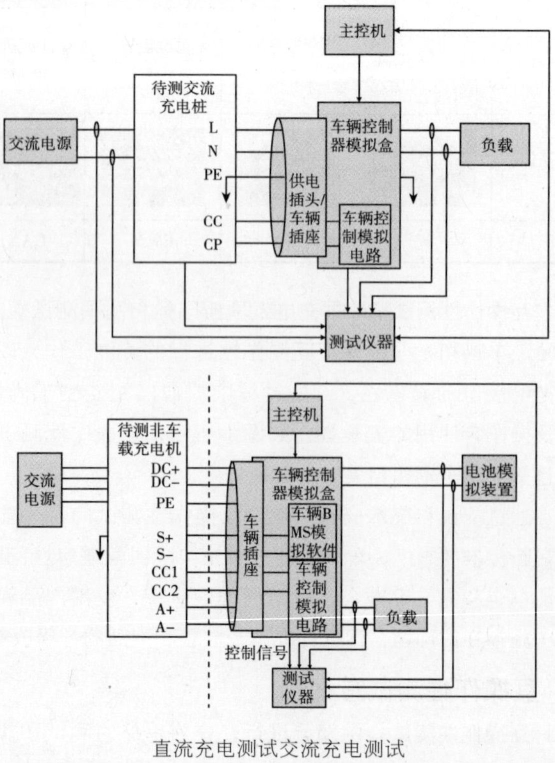

直流充电测试交流充电测试

图 2　充电设备测试系统示意图

表 2　充电设备主要测试项目

正常充电流程测试	异常状况的测试
连接确认	CC 中断测试
充电准备就绪	CP 中断测试
启动及充电阶段	PE 断针测试
正常充电结束测试	输出过流测试
充电连接控制时序测试	PWM 自恢复测试

② 对电动汽车的单独测试

对电动汽车进行测试的时候，通过测试系统模拟充电桩给车辆进行充电测试，记录测试过程中的交互信号和车辆充电状态。交流测试方案参考图 3，主要测试项目参考表 3。

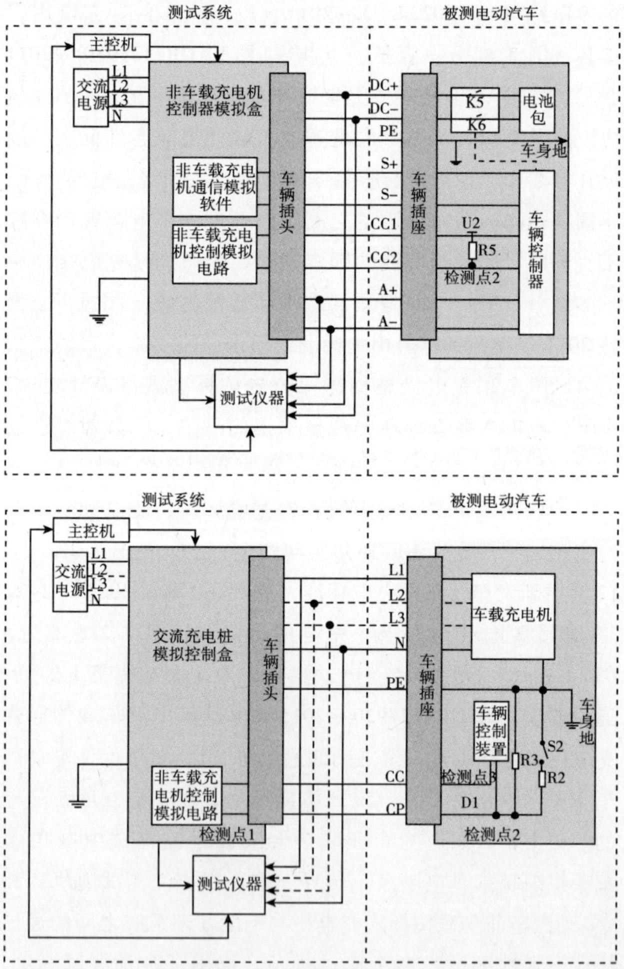

直流充电测试交流充电测试

图 3　车辆充电测试框图

表 3　车辆充电测试主要项目

正常充电流程测试	异常状况的测试
连接确认	充电枪机械锁开关 S3 断开
充电准备就绪	CC 中断或接地

续表

正常充电流程测试	异常状况的测试
启动及充电阶段	CP 中断
正常充电结束测试	CP 断电
充电连接控制时序测试	输出电流过流

（2）实车实桩互操作性测试

通过试验室对电动车辆（BEV/PHEV）和充电桩（充电器）进行单独的测试，能够确认产品对标准的符合情况。但是用户在实际使用中可能出现标准中未规定或不够完善的情况，或者由于其他功能的增加影响到部分产品的流程，如预约充电、刷卡等，另外用户在实际操作中也可能有不良的操作可能引起互操作性问题。为了了解产品、标准和测试方法在实际使用中可能遇到的问题，有必要开展实车实桩的匹配测试，为今后标准和实施方法的完善，以及产品认证工作提供技术支持，提高电动汽车充电的互操作性。

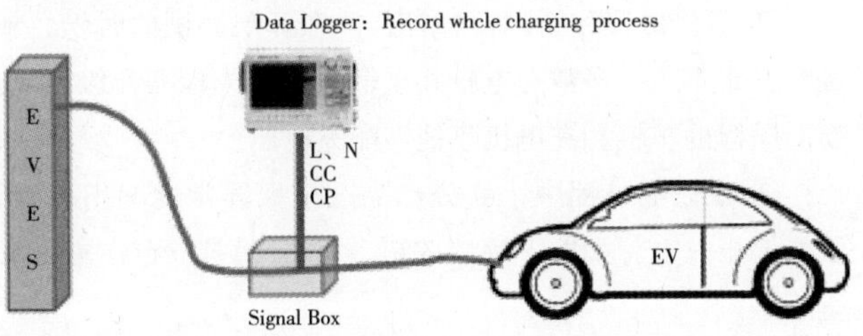

图 4　车辆和充电桩匹配测试示意图

如图 5 所示，在充电设备（EVSE）和车辆（EV）之间接个信号连接盒（Signal Box），通过波形记录仪测量信号盒中引出的信号和电压，通过 CAN 信号接收装置测试通信协议的一致性。在测试过程中，结合实际可能出现的各种操作和功能设定，进行充电时序、充电状态以及异常时候的测试。

① 充电控制时序测试

按照正常充电操作，进行完整的充电过程测试。

车辆状态：较低的 SOC

记录充电过程中 L（火线）、N（零线）、PE、CC、CP 的波形。测试结束后，对波形进行分析，解析出每个阶段的充电匹配情况，以及 PWM 波形的信息。包括以下部分：连接确认、充电准备就绪、启动及充电阶段、正常充电结束测试和充电连接控制时序测试。

② 异常充电测试

通过信号连接盒上的开关模拟断开 S3（充电枪上的解锁按钮）、CC 中断、CP 中断、和 PWM 中断的情况。

③ 模拟操作测试

结合以上两项同时进行。通过试验模拟车辆插头的插入、解锁、摇晃、以及刷卡操作的流程、预充电的流程，测试实际可能遇到的问题，测试过程中的信号和充电状态。

表 4　模拟实际操作过程测试

序号	操作		试验方法
1	插入车辆插头		分别进行以下试验，模拟不同用户插入充电枪的速度对充电状态的影响 1）正常速度插入充电枪，确认开始充电； 2）用 10 秒时间慢慢插入充电枪，确认充电状态； 3）迅速插入充电枪，确认充电状态
			对有定时充电功能的车辆，设定车辆 10 分钟后开始充电，插入充电枪等待 10 分钟后，确认充电状态
			对有定时功能的充电桩，通过充电桩设定 10 分钟后开始充电。插入充电枪等待 10 分钟后，确认充电状态
2	解锁	在按住的情况下插入充电枪	在按住解锁开关（S2 开关断开）的情况下插入充电枪，保持 30 秒，确认在半连接的状态下不充电
		按解锁开关	插入充电枪，充电准备阶段，0．2 秒钟内按 1 次解锁开关（S2 瞬间断开又闭合），确认充电状态
3	拔出车辆插头		插入充电枪，在充电准备中，快速拔插（0．5 秒钟左右）1 次充电枪，确认充电状态
4	车辆插头	插拔	在充电状态下，0．5 秒钟内插拔车辆插头，确认充电状态
		摇晃	在充电状态下，摇晃充电枪（30 秒钟），确认持续充电状态
5	充电桩电源	插拔	在充电状态下，在 0．5 秒钟内拔插充电桩的输入电源（总电源 OFF→ON），确认停止充电→重新开始充电的状态变化
6	按充电桩停止开关		在充电状态下，快速按 1 次充电桩的停止开关，确认停止充电

4. 互操作性测试结果分析

在互操作性测试活动中，6 辆电动汽车车，11 个交流充电桩和 5 个直流充电桩在中国汽车技术研究中心新能源试验室开展了实车实桩交叉匹配测试，发现了一些典型的问题。

（1）AC 测试中主要发现的问题

① CP 信号 PWM 波形的起始与中止时序、交流供电回路通断时序不符合 GB/T 18487．1－2015 的要求。图 5 中的两个波形分别是正常充电过程（左侧）和实际测试中遇到的错误充电过程（右侧）。其中，紫色是 CP 信号，蓝色和绿色分别是充电电压和电流。正常充电过程是双方在经过了充电连接确认、控制导引信号交互后，开始正常充电；

而右边波形中的充电机在双方还未握手就已经有了电压输出，实际使用中可能引起触电的危险，且在给出充电结束信号后仍然输出电压，会造成充电枪带电插拔问题，对连接触点或继电器都会有很大损害，甚至可能出现拔出时出现烧结不能断开的危险。

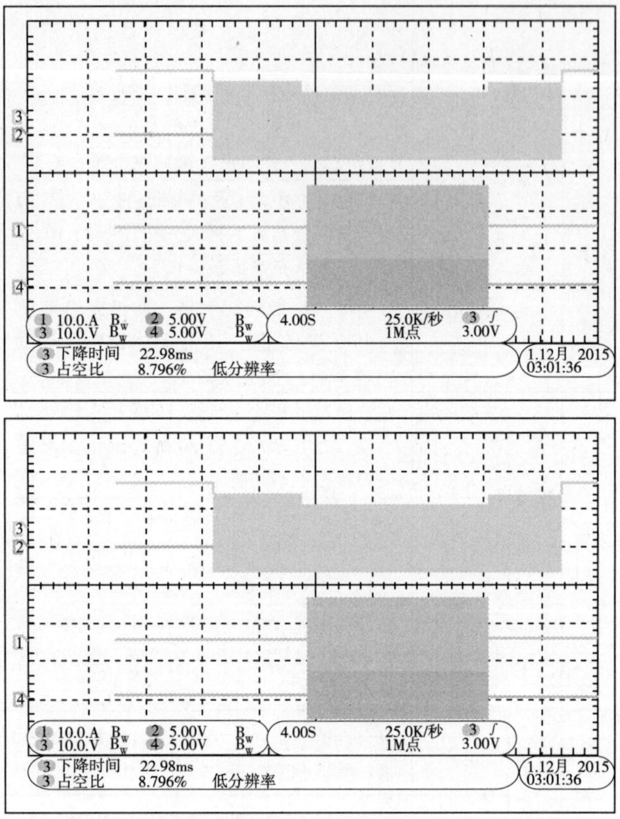

图 5 正常充电过程（上）和错误充电过程示例（下）

② 充电桩对车辆端设置的定时充电无响应。标准中预留了定时充电的功能空间，但没有对定时充电流程进行详细规定，实际产品存在无法定时充电的情况。

③ 充电连接器不符合 GB/T 20234．2 的相关要求，耦合不良。测试中发现某充电枪在插入车辆插座后能正常充电，但是在使用中如果对其进行轻微晃动，容易出现接触不良充电中断的情况。经分析发现该充电枪不符合标准要求。

④ CP 信号的 PWM 波形不符合标准要求，如上升或下降时间过长，可能导致充电接收信号的另一方无法正常识别该信号，不能做出正确的回应，导致充电桩给出错误电流或不能充电。

⑤ 个别充电桩或车辆的插座周围空间太小，充电枪插入时存在干涉，无法插入到位。此时充电桩和车辆均认为双方未连接好，无法正常充电。如图 6 所示，在充电桩和车辆侧都可能遇到插座周围空间不够的问题。

⑥ 极个别车辆在插上充电枪后车辆仍能够行驶。标准要求车辆在插头和插座插合后，应处于不可行驶状态，目前常见两种设计，一种是通过判断插座保护盖是否打开、或其他开关的动作来判断是否有充电枪插入；另一种是通过连接确认信号 CC 判断是否插合。其中第二种方式在充电枪内部损坏的情况下可能判断不到充电枪插入，有安全隐患。

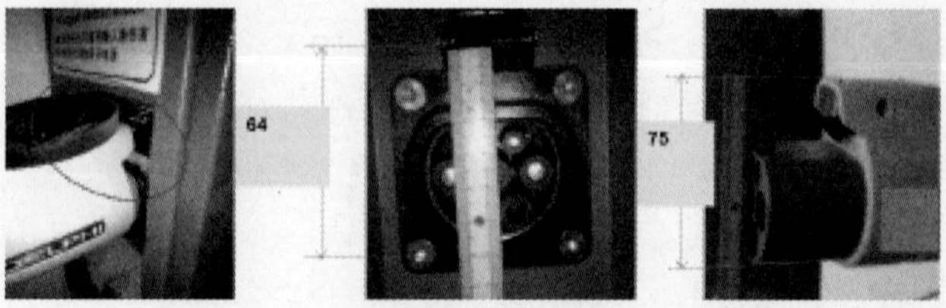

图 6 插座周围空间尺寸不足无法充电

（2）DC 测试主要发现的问题

① 充电时序不符合 GB/T 18487．1－2015，该问题与交流充电类似，但由于直流充电电流大，如果发生危险，造成的危害更大。

② 通信协议和新国标不符合。在开展测试的时候，新国标发布不久，多数充电机和车辆还未完成标准升级改造。新旧国标的车辆和充电机不能匹配充电。

③ 在充电过程中，部分产品在模拟异常情况出现时，没能停止充电。如按下解锁按钮、PE 断线等，存在充电安全隐患。

④ 部分产品存在电流反灌的隐患，在充电桩和电动汽车接通的瞬间可能出现短时的大电流冲击，可能会烧毁接触器，导致接触器分断功能失效。

5. 建议

（1）充电互操作性测试规范：继续完善

① 增加对插座周围操作空间的要求，具体尺寸参考 GB/T20234．2/3－2015 中附录 3 的要求。通过模拟最大尺寸的充电枪对车辆插座或充电桩插座进行模拟插入测试，确保符合标准的充电枪都能正常插入不出现尺寸上的干涉。

② 明确通讯中断的几个类型，如 S＋线的断线故障、S－线的断线故障以及 S＋线与 S－线之间的短路故障，确保各种故障都能明确测试到。

③ 增加模拟设备停电和恢复时的测试，以及停电后充电时序的处理。因为在实际中可能出现临时或突然停电的情况，在任何时刻恢复供电，都应经过一定的通信时序后才能继续充电，减少安全隐患。

④ 明确定时充电的相互配合时序，用户可以充分利用峰谷电进行充电，同时增加便利性。

⑤ 增加对车辆在插头插座插合后的行驶状态检查，确保车辆插座只要有充电枪插入，无论该充电枪是否正常，车辆都应处于不可行驶状态。

（2）电动汽车和充电设备企业：尽早升级改造

① 交流充电方面，新国标修订过程中参考了 IEC 标准，参照 IEC 标准开发的合资或进口车辆，在新标准的充电桩上基本都能充电。电动汽车通过更换新国标的充电接口、增加电子锁和温度监控功能，调整匹配时序等，相对容易满足新国标要求。另外，为安全起见，车辆将不允许使用模式 1 的充电器，充电桩也需要安装剩余电流保护器。

② 直流充电方面，车辆和充电设备均应调整充电时序和通信协议，如增加预充电过程、充电设备增加防逆流二极管、更新充电接口、增加绝缘检测等，对于商用车，由于新标准中取消了 24V 的辅助电压，充电设备只有 12V/10A 的辅助电源输出，部分车辆需要修改电路以符合要求。

③ 电动汽车行业：开展技术交流和产品认证

车辆和充电设备都符合同样的标准才能实现互操作性。通过车辆企业、充电设备企业及相关的标准、研究机构开展技术交流，统一测试规范和测试方法，对车辆和充电设备开展测试认证，同时对认证产品的一致性进行监督，才能保证实际使用中车辆和充电设备的兼容。

6. 总结

互操作性测试是发现充电设备和电动车辆充电问题的有效途径。通过相关测试活动的开展，参与各方进一步了解车桩实际匹配中可能存在的一些问题及改进。根据相关测试结果对标准和测试规范补充完善，有助于标准改进，对今后测试认证工作的开展和产品改进提升具

（中国汽车技术研究中心　黄　炘　王　芳）

十四、电动汽车标准

1. 前言

截至目前，我国已经成为世界上汽车大国，年产量已经超过两千万辆，稳居世界之首，但同时我们也要看到，汽车产业的发展带来的能源安全、环境安全的挑战依然存在，电动汽车正是以其环保节能的优势，被公认是全球汽车未来的发展方向。可以说谁能把握住电动汽车的发展机遇，谁就占领了未来汽车产业竞争的制高点。全球汽车业乃至社会各界，都在为电动汽车的发展推广普及而努力。发展电动汽车也是我国从汽车大国发展成为汽车强国的必由之路。

2015—2016 年度也是中国电动汽车标准化工作成果最为丰硕的一年。我们在 2015 年开展的标准技术路线图的制定基础上进一步完善，细化我国现阶段电动汽车标准的现状、需求、以及制定的时间节点安排；同时，本年度中国电动汽车标准又上了一个新的台阶。

2. 2015—2016 年度标准化工作进展

2015 年 6 月至 2016 年 7 月，全国汽车标准化技术委员会电动车辆分委会完成一系列标准的制修订的工作，发布新标准 30 项。可以说，这一年来是电动汽车标准化工作的一个“丰收年”，成果丰硕，极大地完善电动汽车标准体系，促进电动汽车产业发展。这一年来，我们在动力电池、基础设施等领域加大标准的制定力度，出台多项行业亟需的标准，为电动汽车近年来的产业化步伐铺好道路。

（1）可充电储能系统标准化工作

可充电储能系统（REESS）性能与安全的提升是新能源汽车推广应用的基石，而相应标准的制定与完善是动力蓄电池系统发展的重要依据和有力推手，为此国家标准化管理委员会、科学技术部、工业和信息化部等相关部委高度重视可充电储能系统标准化。在部委的高度关注和大力支持下，2015 年下半年至 2016 年上半年，可充电储能系统标准化工作取得重要的阶段性进展。发布相关标准 10 项，其中国家标准 7 项，汽车行业标准 3 项，8 项为新制定，2 项为修订。主要涉及锂离子蓄电池包和系统的测试规程和安全性要求，动力蓄电池箱通用要求、循环寿命要求、电性能要求、安全要求、试验方法，超级电容器；规范与动力蓄电池和车用超级电容器相关的术语和定义、符号、要求、试验方法、检验规则、标志、包装、运输、贮存，以及动力蓄电池包和系统的电性能、安全性的测试方法及其循环寿命要求、试验方法、检验规则，还规定动力蓄电池箱的通用要求。进一步修订以前相应版本标准中安全性、通用要求，对以前版本不适合的地方进行适当的增删，内容更加完善与完整，在保证企业发展竞争需要的同时，还更加严格的保证安全性要求，弥补国家、行业相关标准的缺失。

动力电池的标准体系已经趋于完整，下一步，重点放在回收利用、互换性标准。

表 1　2015—2016 年发布的 REESS 标准

编号	标准性质	标准名称	修制定
1	GB/T 18333.2	电动道路车辆用锌空气蓄电池	修订
2	GB/T 31467.1	电动汽车用锂离子动力蓄电池包和系统　第 1 部分：高功率应用测试规程	制定
3	GB/T 31467.2	电动汽车用锂离子动力蓄电池包和系统　第 2 部分：高能量应用测试规程	制定

续表

编号	标准性质	标准名称	修制定
4	GB/T 31467.3	电动汽车用锂离子动力蓄电池包和系统　第3部分：安全性要求与测试方法	制定
5	GB/T 31484	电动汽车用动力蓄电池循环寿命要求及试验方法	制定
6	GB/T 31485	电动汽车用动力蓄电池安全要求及试验方法	制定
7	GB/T 31486	电动汽车用动力蓄电池电性能要求及试验方法	制定

（2）基础通用设施标准化工作

基础通用设施是电动汽车发展的重要基础，自2013年相应标准报批以来，各相关部门、企业和行业积极投入到标准制定工作中来，制修订国家标准5项，规定了包括车载可充电储能系统、操作安全和故障防护、电力驱动系统和传导连接辅助系统在内的相关系统和装置的安全和要求，直流电压等级，以及电动汽车碰撞后安全要求。在基础通用安全要求方面，GB/T 18384《电动汽车　安全要求》三项国家标准修订稿修改标准的适用范围，删除CB/T 19596中已经界定的术语和定义，增加了部分术语的定义、车辆标识、紧急响应、防水等安全性要求。同时作为补充，GB/T 20234《电动汽车传导充电用连接装置》三项国家标准已经完成报批。多数企业已自觉依据标准开始相关产品研发和生产，有效的促进电动汽车基础通用标准的实施，积极地推动电动汽车行业的发展。

表2　2015—2016年发布的基础通用设施标准

编号	标准性质	标准名称	制修订
1	GB/T 18384.1	电动汽车　安全要求　第1部分：车载可充电储能系统（REESS）	修订
2	GB/T 18384.2	电动汽车　安全要求　第2部分：操作安全和故障防护	修订
3	GB/T 18384.3	电动汽车　安全要求　第3部分：人员触电防护	修订
4	GB/T 31466	电动汽车高压系统电压等级	制定
5	GB/T 31498	电动汽车碰撞后安全要求	制定

（3）驱动电机系统标准化工作

在驱动电机方面，GB/T 18488《电动汽车用电机及其控制器》两项国家标准已经修订发布，对以前对应版本标准进行大量修订工作，包括技术条件和试验方法的部分规定给予重点修改与增删，使相应规定更加明确清晰。

表3　2015—2016年发布的驱动电机系统标准

编号	标准名称
GB/T 18488.1－2015	电动汽车用电机及其控制器　第1部分：技术条件
GB/T 18488.2－2015	电动汽车用电机及其控制器　第2部分：试验方法
QC/T 1022	纯电动乘用车用减速器总成技术条件

（4）电动汽车整车的标准

经过前面多年的积累，电动汽车整车标准已经完善，目前在这一块的工作主要集中在标准的适应性研究方面。在混合动力电动汽车相关标准中，CB/T 19754－2015《重型混合动力电动汽车能量消耗试验方法》作了重大修改：电量消耗和燃料消耗的转换方法、NEC的计算方法、NEC的计算方法、试验程序和结果评价方面都有重要变化，增加对不可外接充电式混合动力电动汽车能量消耗量的测量和评价方法。

插电式混合动力乘用车技术条件标准终于得以发布，解决行业的急需。

表4　2015—2016年发布的混合动力电动汽车标准

编号	标准名称
GB/T 32694－2016	插电式混合动力乘用车技术条件
GB/T 19754－2015	重型混合动力电动汽车能量消耗量试验方法

3. 新标准研究状况

（1）2015—2016年标准状况

① 新发布标准清单

表5　2015—2016年新发布的电动汽车标准

序号	标准号	标准名称
1	GB/T 18333.2－2015	电动道路车辆用锌空气蓄电池
2	GB/T 18384.1－2015	电动汽车　安全要求　第1部分：车载可充电储能系统（REESS）
3	GB/T 18384.2－2015	电动汽车　安全要求　第2部分：操作安全和故障防护
4	GB/T 18384.3－2015	电动汽车　安全要求　第3部分：人员触电防护
5	GB/T 18487.1－2015	电动汽车传导充电系统　第1部分：通用要求
6	GB/T 18488.1－2015	电动汽车用电机及其控制器　第1部分：技术条件
7	GB/T 18488.2－2015	电动汽车用电机及其控制器　第2部分：试验方法
8	GB/T 19754－2015	重型混合动力电动汽车能量消耗量试验方法

续表

序号	标准号	标准名称
9	GB/T 20234.1－2015	电动汽车传导充电用连接装置 第1部分：通用要求
10	GB/T 20234.2－2015	电动汽车传导充电用连接装置 第2部分：交流充电接口
11	GB/T 20234.3－2015	电动汽车传导充电用连接装置 第3部分：直流充电接口
12	GB/T 27930－2015	电动汽车非车载传导式充电机与电池管理系统之间的通信协议
13	GB/T 31466－2015	电动汽车高压系统电压等级
14	GB/T 31467.1－2015	电动汽车用锂离子动力蓄电池包和系统 第1部分：高功率应用测试规程
15	GB/T 31467.2－2015	电动汽车用锂离子动力蓄电池包和系统 第2部分：高能量应用测试规程
16	GB/T 31467.3－2015	电动汽车用锂离子动力蓄电池包和系统 第3部分：安全性要求与测试方法
17	GB/T 31484－2015	电动汽车用动力蓄电池循环寿命要求及试验方法
18	GB/T 31485－2015	电动汽车用动力蓄电池安全要求及试验方法
19	GB/T 31486－2015	电动汽车用动力蓄电池电性能要求及试验方法
20	GB/T 31498－2015	电动汽车碰撞后安全要求
21	GB/T 31525－2015	图形标志 电动汽车充换电设施标志
22	GB/T 51077－2015	电动汽车电池更换站设计规范
23	GB/T 32694－2016	插电式混合动力乘用车技术条件
24	QC/T 1022－2015	纯电动乘用车用减速器总成技术条件
25	QC/T 1023－2015	电动汽车用动力蓄电池系统通用要求
26	NB/T 33020－2015	电动汽车动力蓄电池箱用充电机技术条件
27	NB/T 33017－2015	电动汽车智能充换电服务网络运营监控系统技术规范
28	NB/T 33018－2015	电动汽车充换电设施供电系统技术规范
29	NB/T 33023－2015	电动汽车充换电设施规划导则
30	NB/T 33019－2015	电动汽车充换电设施运行管理规范
31	NB/T 33022－2015	电动汽车充电站初步设计内容深度规定

② 部分项目进展情况

在研标准中，涉及基础通用、管理政策急需、引导行业的标准项目，在组织标准讨论和协调行业意见方面给予更多的关注。如低速提示音项目开展实车试验，进一步验证标准技术内容；电动汽车术语的整车、动力电池和驱动电机部分，在相关工作组分别讨论，形成草案；远程监控召开标准讨论启动会，讨论标准方案。

表6 部分标准制修订进展

序号	细分领域	计划编号	项目名称	状态或进展
1	基础通用	20120234－T－339	电动汽车术语	完成整车、动力蓄电池、驱动电机及控制器部分的草案，充电机部分草案发送行业征集建议
2	基础通用	20131548－T－339	电动汽车低速提示音	技术要求已确定，进行两次摸底试验以验证试验方法
3	基础通用	20132235－T－339	电动汽车用动力蓄电池命名规则和规格尺寸	形成初步工作组草案
4	基础通用	20141026－T－339 20141027－T－339 20141028－T－339	电动汽车远程监控技术规范	已经在2016年初审查完毕，等待报批
5	充电系统及接口	20150675－T－339	电动汽车无线充电系统通用要求	草案阶段，召开了两次标准讨论会议
6	可充电储能系统	20150670－T－339 20150671－T－339 20150677－T－339 20150678－T－339	车用动力电池回收利用	已经在2016年初审查完毕，等待报批
7	混合动力电动汽车	20150679－T－339	插电式混合动力商用车技术条件	已经完成送审稿
8	纯电动货车	20160773－T－339	纯电动货车技术条件	已经完成送审稿
9	燃料电池电动汽车	20070542－T－303	燃料电池电动汽车氢气消耗量测量方法	已经完成送审稿
10	纯电动汽车	2012－2119T－QC	纯电动城市环卫车技术条件	已经完成送审稿

（2）2016 年新发布标准介绍

表 7　2016 年新发布的标准

序号	标准号	标准名称	标准英文名称	规范范围
1	GB/T 32694－2016	插电式混合动力电动乘用车技术条件	Plug－in hybrid electric passenger cars－Specifications	1. 关于范围 现阶段，标准规定使用动力电池驱动的、坐位数在 9 座及以下的插电式混合动力电动乘用车，这是因为目前在国内市场上，插电式已经单纯从 5 座及以下扩展到 9 座车辆。同时，本标准范围涵盖增程式电动汽车。 本标准中增程器仅限于燃油发动机类型的。 2. 关于电池箱总质量 为了保证车辆的使用性能和可承载质量，防止因为动力电池过重产生的性能降低，应对动力电池所占整车的质量比例有一个限制。标准规定插电式混合动力电动乘用车的电池箱总质量与整车整备质量的比值，但是，考虑到将来车辆的轻量化的方向，删除该条款。 3. 关于行李箱容积 从调研情况来看，我国的电动汽车动力电池的布置都会占用行李箱的空间，对于乘用车来讲，应具有适宜的行李箱容积，以保证其正常的使用功能。但由于本标准的范围扩大到整个不再 M1 类车辆，比如 MPV、轿车的行李箱容积以及实际使用情况等差异很大，行李箱容积的推荐性规定也无法有一个基本的定义。与会代表认为，这是商品属性，应由市场选择。 4. 关于续驶里程 2012 年 7 月，根据车辆设置选择开关的不同，分别按照 GB/T 18386 或 GB/T 19753 测量纯电动模式下工况法续驶里程，其值应小于 30 km。根据我国的产品研发现状、插电式混合动力电动乘用车本身的结构特点、社会的需求等因素，在广泛征求行业意见的基础上，当时我们确定该值为 30 km。 经过两年的发展，中国的电动汽车技术取得长足进步，人们的出行半径也在不断扩大。此外发展 PHEV 的初衷从减少城市污染，在市区尽量不烧燃油，所以从需求的角度来讲，50 千米较为合适。PHEV 续驶里程最低指标定为 50 千米的主要理由： （1）城市用户日常出行需要。我国大型城市，私家车用户日行驶距离（往返）接近 50 公里，考虑到我国在居住地和工作地同时安装充电桩较为困难，50 公里的续驶里程既能保证用户平时出行需要，又能保证实际减排效果。 北京市第三次交通调查数据显示（2005 年发布），北京小汽车日平均行驶里程是 44.1 公里。上海市第四次全市性综合交通调查（2011 年发布）发现，小汽车日均行驶里程为 39 千米。 电动汽车百人会上，专家也研究提出：纯电动续驶里程应大于等于 50 公里。 （2）电池和整车技术快速发展。近几年，电池技术进步很快，价格下降明显。同样重量和体积的电池组可以存储更高的能量，行驶更长的距离。同时，随着整车控制策略优化，节能技术的发展，整车百公里油耗在降低，这进一步提高整车续驶里程水平。因此标准的指标应不断提高。 （3）城市节能减排需要。提高续驶里程要求，可以用纯电动行驶覆盖更多人的出行；而如果降低续驶里程要求，电池组容量和功率都会较小，加速和高速运行时，即时电池剩余电量较高，发动机仍会频繁启动，影响实际节能减排效果。 （4）和现有国家政策相统一。《节能与新能源汽车产业发展规划（2012—2020 年）》提出到 2015 年，插电式混合动力乘用车纯电动驱动模式下综合工况续驶里程不低于 50 公里；我国新能源汽车购买补贴、车辆购置税免征等政策，对插电式乘用车的续驶里程最低要求也是 50 公里。 （5）市场已经做好准备。在产业发展规划和补贴政策等的引导下，市场已经作了充足的准备。截至目前，我国公告内插电式乘用车产品有 34 款（27 款国产，7 家进口），其中续驶里程大于等于 50 千米的车型有 23 款（21 款国产，2 家进口）。如果不计 4 款暂无续驶里程数据的车型，则≥50km 的车型占全部车型的比例约 80%。 （6）消费者认可和接受程度。2014 年全国插电式混合动力乘用车生产 1.67 万辆（同比增长近 22 倍），其中续驶里程大于等于 50 千米的有 1.62 万辆，占比 97.4%。说明市场和消费者更愿意选择具有较长续驶里程的车型。 工况的选择理由如下：按照 GB/T18386 的要求，可以只选择城市工况部分，PHEV 纯电动驱动基本上在市区行驶，只是需要在试验报告中说明。我们统计，在中国的城市当中，市区的行驶速度基本上在 50 以下，一些城市快速路限速在 80 左右，但是由于里程长，不止纯电模式起作用。这样又违背了 PHEV 的鼓励方向。

续表

<table>
<tr><th>序号</th><th>标准号</th><th>标准名称</th><th>标准英文名称</th><th>规范范围</th></tr>
<tr><td>1</td><td>GB/T 32694 - 2016</td><td>插电式混合动力电动乘用车技术条件</td><td>Plug - in hybrid electric passenger cars - Specifications</td><td>

还有一个值得关注的原因，那就是在 ECE R101 的附件 9 当中，使用了 GB/T18386 中的工况循环，该试验循环与 GB 18352.1 中规定的试验循环一致。试验循环由 4 个市区循环和 1 个市郊循环程序组成，理论试验距离为 11.022 千米，时间为 19 分 40 秒。另外，允许只采用市区循环进行试验。所采用的试验循环应在试验报告中说明。图 1 给出了试验循环的组成。

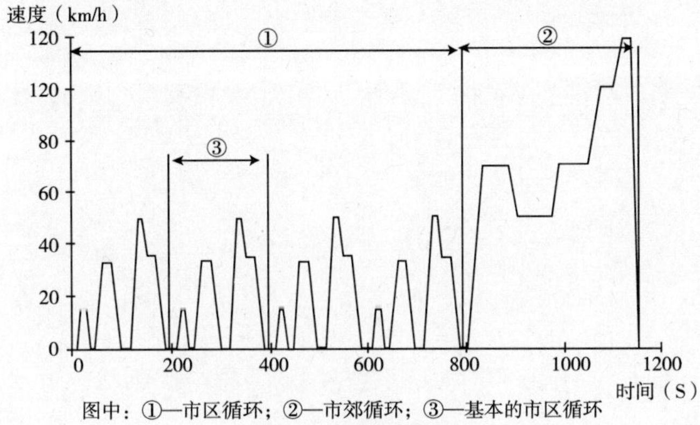

图中：①—市区循环；②—市郊循环；③—基本的市区循环

图 1　试验循环的组成

按照这个工况，在市郊循环阶段，大多数车辆的能量管理策略，发动机会启动。因此在 ECER101 中，考虑到发动机在车辆爬坡、高速驶对于额外功率的需求而启动的情况，采用下图 2 的分析方法，即剔除掉发动机起动时带来的车辆和动力电池的变化情况，理论上讲是合理的，但是在实际试验当中，需要有专门的测试 \ 分析软件。

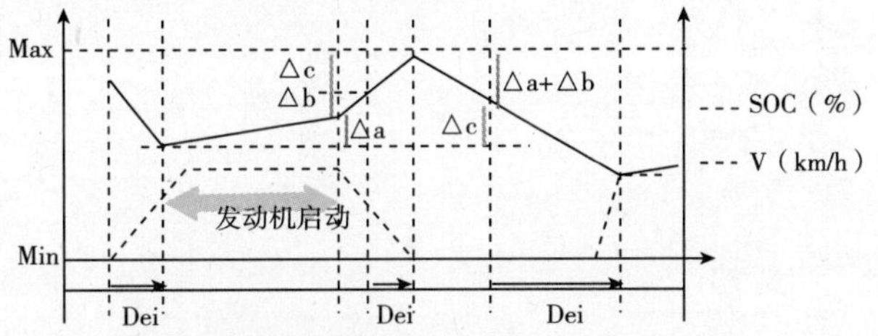

△a：发动机启动后给电池充电
△b：制动能量回收充电（来自发动机启动导致的动能增加）
△c：制动能量回收充电消耗电池的电能
De=∑Dei

图 2　ECER101 的分析方法

如果按照这种方法来做试验，国内的检测机构目前尚无手段，为此，在集中行业意见的基础上我们标准中提出“发动机一旦启动，试验结束。”

考虑到 GB/T18386 中的规定，“允许只采用市区循环进行试验。所采用的试验循环应在试验报告中说明。”市区循环由 4 个基本的市区循环组成。

5. 关于车辆上安装的动力蓄电池低温容量的要求

这两年，电池技术得到一定的发展，同时相应的标准也在不断地完善和更新，因此，本标准也根据 QC/T 742、QC/T 743 、QC/T 744 的要求以及目前国家在电动汽车的管理方面的一些文件，动力电池在环境温度 -20℃时，动力蓄电池模块容量与常温下的容量比应不小于 70%。但是，插电式混合动力汽车在该方面有别于纯电动汽车，因为可以利用发动机的存在提前给电池余热或者其他措施，使得电池无需在 -20℃的环境中启动。所以该条要求转换成对于整车的要求。即汽车应能在 -20℃环境中正常启动并且行驶。所以有关低温启动、低温容量的条款均不再规定。

</td></tr>
</table>

（中国汽车技术研究中心　刘桂彬　何云堂）

节能与新能源汽车年鉴

第二篇

政策与规划

一、国家主要扶持政策与规划

国家重点研发计划新能源汽车重点专项实施方案（征求意见稿）

一、意义和必要性

当前，中国汽车工业发展面临三大挑战和历史任务。一是汽车产业由大国到强国转型的挑战。2014 年 5 月 23 日习近平总书记明确指示“发展新能源汽车是我国由汽车大国迈向汽车强国的必由之路”。二是汽车排气污染治理的挑战。大气污染控制的国家行动计划倒逼零排放新能源汽车的发展。三是汽车保有量快速上升带来的能源安全和低碳发展的挑战。面对我国 2020 年以后乘用车百公里平均油耗降低到 5 升以下的严格油耗法规，开发新能源汽车技术是汽车能源动力系统可持续发展的唯一途径。

从全球范围看，以动力电气化、结构轻量化、车辆智能化三大科技为核心的新能源汽车技术大变革，正在深入发展，未来 5—10 年，将迎来全球汽车产业重组和转型升级的重要战略机遇期。与此同时，这一重大技术变革还将促进可再生能源、智能电网、新材料工业、高端制造、移动互联、智能机器人、各类交通运载工具与交通系统、城市建设与城镇化等方面全方位变革，对我国推动第三次工业革命和迎接工业 4.0 时代的到来将发挥重大引领和集成作用。

2009 年开始，财政部、科技部、工业和信息化部、发展改革委等四部门共同启动组织实施“十城千辆”节能与新能源汽车示范工程，我国新能源汽车发展由科技研发进入到示范推广阶段。2010 年 10 月，国务院印发《关于加快培育和发展战略性新兴产业的决定》，将新能源汽车列为七大战略性新兴产业之一。2012 年 6 月，国务院印发《节能与新能源汽车产业发展规划（2012—2020 年）》。2014 年，国务院及有关部门先后发布多项加快新能源汽车发展的政策措施，新能源汽车市场发展出现快速增长的良好势头，成为新能源汽车进入家庭的元年。

总体看，我国新能源汽车整车和部分核心零部件关键技术尚未完全突破，产品成本和技术性能还不能完全满足市场需求，社会配套体系不够完善，产业化和市场化发展依然受到诸多制约。加快新能源汽车持续创新，推进我国汽车产业技术转型升级，是我国科技发展重大战略需求。

二、国内外现状和发展趋势

从国际上新能源汽车技术和产业化水平的比较来看，我国新能源客车技术产业化规模居世界第一位。涵盖了插电式、增程式、纯电动等多种技术路线，以及慢充、快充、电池更换、在线充电、双源快充等多种能源补给方式。北美国家推广的新型能源动力汽车主要采用了混合动力系统，总保有量达到 1 万辆；欧洲主要采用混合动力系统与插电式混合动力系统，开始应用在线快充系统（钛酸锂负极电池与超级电容），推广数量约 2500 辆。日本主要以混合动力客车为主，推广数量约 1 万辆。

我国新能源轿车技术产业化水平居世界第二位，并且进入快速发展阶段，有望在 2015 年跃居第一位。2014 年，各类插电式、纯电动乘用车年销量超过 5.5 万辆。我国的比亚迪插电式混合动力轿车“秦”成为世界第四畅销的插电式车型，在动力电池产能限制情况下，实现了年销售 1.5 万辆。美国仍然是最大的新能源轿车销售国，2014 年累计销售 12 万辆，其中插电式和纯电动轿车约各占一半。日本仍然以混合动力为主要技术路线，是世界上最大的混合动力轿车销售市场，在纯电驱动方面年销量维持在 3 万辆左右水平。欧洲插电式混合动力轿车热潮迅速兴起，大众、宝马、奔驰、沃尔沃纷纷推出各自的量产插电式混合动力车型，预计 2015 年欧洲的插电式混合动力将进度快速增长期。

从国际新能源汽车发展趋势来看，新型锂离子电池和新体系电池技术发展迅猛，以新一代电力电子器件为基础的电机驱动控制将在 2020 年实现规模产业化，智能化电动汽车技术下一个十年将有可能大大改变整个汽车工业格局，燃料电池汽车高端技术已开始进入市场。

与国际新能源汽车技术相比，我国技术研发虽然起步不晚、速度不慢，但基础较弱，与国际领先水平相比仍有较大差距。我国作为一个完全开放的汽车市场，技术竞争压力越来越大。

三、现有工作基础

我国政府十分重视汽车工业的可持续发展，长期以来对电动汽车技术研发给予了高度重视和大力支持，从“十五”开始对电动汽车技术进行大规模有组织的研究开发。

“十五”期间，国家 863 计划“电动汽车”重大科技专项确立了以混合动力汽车、纯电动汽车、燃料电池汽车为“三纵”，以多能源动力总成控制系统、驱动电机和动力电池为“三横”的电动汽车“三纵三横”研发布局，全面组织启动大规模电动汽车技术研发，为我国电动汽车发展奠定了技术基础。

“十一五”期间，组织实施了“节能与新能源汽车”重大项目，继续坚持“三纵三横”的总体布局，围绕“建立技术平台，突破关键技术，实现技术跨越”“建立研发平台，形成标准规范，营造创新环境”和“建立产品平台，培育产业生态，促进产业发展”三大核心目标，全面展开电动汽车关键技术研究和大规模产业化技术攻关，并成功开展了“北京奥运”“上海世博”“深圳大运会”和“十城千辆”等示范推广工程。

“十二五”期间，组织实施了“电动汽车科技发展”重大专项，紧紧围绕电动汽车科技创新与产业发展的三大需求，继续坚持“三纵三横”研发布局，更加突出“三横”共性关键技术，着力推进关键零部件技术、整车集成技术和公共平台技术的攻关与完善、深化与升级，形成“三横三纵三大平台”战略重点与任务布局。

经过近十五年的努力，我国电动汽车技术研发能力从无到有、从弱到强，自主创新取得重要进展，基本建立了适合中国国情、能有效联合产学研力量与汽车产业发达国家竞争的国家创新体系，搭建了自主知识产权的电动汽车动力系统技术研发平台，初步构成了关键零部件的配套研发体系。符合中国特色的各种动力系统技术不断创新和应用，形成了具有中国特色的技术特征与市场构成。以中美清洁汽车合作、中德电动汽车合作为代表的电动汽车国际合作平台已经逐步完善。

四、目标及主要任务

（一）总体目标

落实《节能与新能源汽车产业发展规划（2012—2020年）》；实施新能源汽车“纯电驱动”技术转型战略；完善电动汽车“三纵三横”技术体系和新能源汽车研发体系，升级新能源汽车动力系统技术平台；抓住新能源、新材料、信息化科技带来的新能源汽车新一轮技术变革机遇，超前研发下一代技术；到2020年，建立起完善的电动汽车动力系统科技体系和产业链。为2020年实现新能源汽车保有量达到500万辆提供技术支撑。

（二）主要任务与具体目标

1. 重点任务设置

（1）四个层次：基础科学问题、共性核心技术、动力系统技术、集成开发与示范。

（2）十二个模块：四个层次中每层三个模块。

三大科学基础问题（面向电动化的能源科学、面向轻量化的材料科学、面向智能化的信息科学）；

“三横”共性核心技术（动力电池与电池管理、电机驱动与电力电子、电子控制与智能技术）；

“三纵”动力系统技术（纯电动力系统、插电/增程式混合动力系统、燃料电池动力系统）；

三大支撑平台（基础设施平台、集成示范平台、国际合作平台）。

（3）三条主线：将十二个模块通过串并联组合形成从基础研究、重大共性关键技术攻关到应用示范的全链条贯穿的三条主线。分别是：面向纯电动车汽车技术的创新链、面向插电/增程电动汽车技术的创新链、面向燃料电池汽车技术的创新链。

2. 具体目标

轿车动力电池的单体比能量2015年底达到200瓦时/公斤，比2010年提高一倍；2020年达到300瓦时/公斤，总体水平保持在国际前三名以内；

驱动电机技术水平保持国际先进，电机驱动控制器比功率2020年比2014年提高一倍，赶上国际先进水平；

全面提升纯电动汽车电气化、轻量化、智能化、网联化水平，小型电动轿车技术水平达到国际先进、市场化推广达到国际领先；

形成中国特色插电式电动汽车主流技术路线、处于世界领先地位的著名品牌和主打车型；

燃料电池汽车技术取得突破，达到产业化要求，实现千辆级市场规模。

（三）实施年限建议实施周期2015—2020年。

五、组织实施方式与保障措施

根据有关管理规定、科技计划改革的相关精神以及电动汽车科技发展的基础与现实情况，拟建立统一领导、规划合理、协调高效、优化配置、目标集成的电动汽车科技发展专项组织管理体系。

在现有管理机构基础上优化组织管理。建立有领导层、管理层、技术层构成的专项管理机构。其中，领导层由部际联席会和专家咨询委员会构成，管理层由专项办公室、知识产权、财务、监理组构成，技术层由重点专项首席专家、重大项目总体组、项目总师、课题负责人构成。

六、专业机构建议

科技部高技术研究发展中心（以下简称“高技术中心”）长期从事国家科技计划项目管理工作，在基础研究、高技术研究及知识产权管理方面拥有一支专业化的管理队伍，形成了规范化的管理模式。在国家科技计划项目的申报受理、评审、过程管理、验收、知识产权分析和档案管理等方面构建了科学有序的管理流程，形成了评审、实施方案论证、任务书签订、中期检查、调整和验收等一系列完整的工作规范。

在“新能源汽车”方面，参与了规划纲要的制定工作，组织实施了“十二五”国家863计划电动汽车项目课题的管理，并协助财政部、科技部、工业和信息化部、发展改革委（四部委）开展新能源汽车推广应用组织实施工作，积累了自2009年以来全部补贴车辆的数据信息，掌握了电动汽车主要整车、零部件企业和科研院所的科研骨干、研发基础和配套实力等情况，熟悉电动汽车行业技术发展情况和专家的技术特长。

为保证新能源汽车试点工作的有效推进，高技术中心将打破原有处室格局，从基础中心、高技术中心和知产中心抽调相应的人员组建新能源汽车试点专项管理团队。尝试建立项目经理制，负责专项试点工作的实施。中心将加强对专项管理的监督，建立廉政风险的防控机制，加强内部制度的设计，并将逐步建立理事会、监事会等现代管理体制，实现向专业化项目管理机构的转型。

七、效益与风险分析

实施电动汽车重点专项有助于增强我国应对能源安全、环境污染和气候变化问题的能力，保持我国汽车工业可持续发展，实现我国汽车产业从大国到强国转型。纯电动汽车和燃料电池电动汽车在本质上是一种零排放汽车，一般无直接排放污染物，间接污染物主要产生于非可再生能源的发电与氢气制取过程。其污染物可以采取集中治理的方法加以控制；插电式（或增程式）混合动力电动汽车在纯电动行驶模式下同样具有零排放的效果，同时由于减少了燃油消耗，二氧化碳排放可降低30%以上。另外，电动汽车比同类燃油车辆噪声也低5分贝以上，大规模推广电动汽车将大幅度降低城市噪音。我国已探明的石油储量仅占世界石油储量的2%～3%，从1993年起我国已成为石油进口国。目前，我国交通运输约占石油总消耗的一半，石油对外依存度接近60%。由于电动汽车具有能源来源多元化的特点，各种可再生能源可以转化为电能或氢能加以有效利用；同时，利用电网对电动汽车进行充电，增加了电力在交通能源领域中的应用，减少了对石油资源的依赖，优化了交通能源构成。

八、其他说明和附件

无。

科技部

2015年2月16日至2月26日

加快推进新能源汽车在交通运输行业推广应用的实施意见

为深入贯彻落实《国务院办公厅关于加快新能源汽车推广应用的指导意见》（国办发〔2014〕35号，以下简称《指导意见》），加快推进新能源汽车在交通运输行业的推广应用，现提出以下实施意见：

一、总体要求

1. 深刻领会《指导意见》的精神实质。

新能源汽车作为战略性新兴产业，代表汽车产业的发展方向，发展新能源汽车，对我国改善能源消费结构、减少空气污染、推动汽车产业和交通运输行业转型升级具有积极意义。党中央、国务院高度重视新能源汽车产业发展，将发展新能源汽车确定为国家战略。《指导意见》针对我国新能源汽车发展现状，明确了推进新能源汽车发展的指导思想、基本原则、发展政策和保障机制，是加快新能源汽车推广应用的重要纲领。交通运输行业是新能源汽车推广应用的重要领域之一，是在公共服务领域推广应用的主力军，各级交通运输主管部门要认真学习领会《指导意见》的精神实质，认真进行贯彻落实。要以加快转变交通运输发展方式为主线，以服务绿色交通建设为目标，以优化交通运输能源消费结构为核心，创新推广应用模式、落实扶持政策、完善体制机制，加快推进新能源汽车在交通运输行业的推广应用。

2. 基本原则。

——坚持政策引导。完善和落实对新能源汽车推广应用的扶持政策，营造有利于新能源汽车在交通运输行业推广应用的政策环境，引导交通运输企业主动、更多选择新能源汽车。

——坚持市场主导。坚持企业的主体地位，发挥市场配置资源的决定性作用，创新推广应用模式，规范市场运行规则，努力降低新能源汽车购买、运营、维护、电池回收的全寿命成本，激发企业积极性，实现新能源汽车在交通运输行业的可持续应用。

——坚持重点推进。车型选择上，重点推广应用插电式（含增程式）混合动力汽车、纯电动汽车，积极推广应用燃料电池汽车，研究推广应用储能式超级电容汽车等其他新能源汽车。行业选择上，重点在城市公交、出租汽车和城市物流配送领域，并积极拓展到汽车租赁和邮政快递等领域。

——坚持因地制宜。在地方人民政府领导下，结合交通运输运营组织的实际情况和发展需要，做好新能源汽车技术选型论证及相关工作，积极稳妥地推进新能源汽车在交通运输行业的推广应用工作。

3. 总体目标。

至2020年，新能源汽车在交通运输行业的应用初具规模，在城市公交、出租汽车和城市物流配送等领域的总量达到30万辆；新能源汽车配套服务设施基本完备，新能源汽车运营效率和安全水平明显提升。具体体现在：

——应用规模显著扩大。新能源汽车占城市公交车、出租汽车和城市物流配送车辆的比例显著提升，充换电配套设施服务更加完善。公交都市创建城市新增或更新城市公交车、出租汽车和城市物流配送车辆中，新能源汽车比例不低于30%；京津冀地区新增或更新城市公交车、出租汽车和城市物流配送车辆中，新能源汽车比例不低于35%。到2020年，新能源城市公交车达到20万辆，新能源出租汽车和城市物流配送车辆共达到10万辆。

——使用效果显著提升。新能源汽车在交通运输行业的运营效率明显提升，纯电动汽车运营效率不低于同车长燃油车辆的85%。投入交通运输行业的新能源汽车可靠性显著增强，车辆故障率明显降低。

——可持续发展能力显著提升。新能源汽车在交通运输行业推广应用的法规政策和标准规范体系基本建立，可持续发展的机制比较完善；新能源汽车购买、运营、维护成本显著下降，交通运输企业购买使用新能源汽车的主动性明显增强。

二、主要任务

4. 加强规划引领。结合城市经济社会发展特点、城市交通发展和居民出行需要，将新能源汽车推广应用纳入城市公共交通规划和城市综合交通运输体系规划，明确新能源汽车推广应用目标、技术路线、重点任务和配套政策，并按照“适度超前、科学布局”的原则，提出充换电设施总量和布局需求。要积极配合有关部门，将必要的充换电设施纳入城市电力发展规划和城市电网的建设与改造规划。

5. 完善实施方案。按照“统筹规划、分步实施”原则，编制交通运输行业新能源汽车推广应用实施方案和年度实施计划，并合理确定车型和运力规模。鼓励集约化程度高、管理制度完善、运营规范的交通运输企业投资使用新能源汽车和建设充换电设施。根据新能源汽车技术特点、本地实际和运营需求，优化运营调度和设施布局，提高新能源汽车的运营效率。

6. 严格新能源汽车技术选型。结合本地城市交通通行和公交线网、出租汽车车型结构、城市物流配送通行管理状况，科学选择新能源汽车车型。新能源汽车必须符合国家有关技术标准，新能源公交车还应满足《公共汽车类型划分及等级评定》(JT/T888－2014)，配置安全监控管理系统、电池箱专用自动灭火装置等安全设备；车辆内饰及地板阻燃性能符合国家和行业相关标准要求。新能源城市物流配送车辆还应满足《城市物流配送汽车选型技术要求》(GB/T29912－2013)。新能源汽车整车及关键部件（电机及其控制器、电池及管理系统、车载充电设备等）质量保证期不低于3年，并通过15000千米可靠性检测；核定成员数不低于同车长燃油车辆的85%；动力电池系统总质量与整车整备质量的比值不大于20%，质保期内电池容量衰减率不超过15%，整车动力电池组循环寿命达到1000次以上。优先选择续驶里程长、可靠性高的新能源汽车，对纯电动公交车（超级电容、钛酸锂快充纯电动公交车除外），原则上应选择续驶里程不低于200千米的汽车车型。鼓励新能源汽车生产企业研究开发适合交通运输运营组织需要的新能源汽车专用车型。

7. 推动完善充换电设施。积极争取城市人民政府支持，在旧城改造和新城规划建设时，结合城市公交车、出租汽车、城市物流配送和邮政快递车辆的实际需求，配合有关部门加快配套建设必要的充换电设施。在规划建设城市综合客运枢纽、公交枢纽、出租汽车运营站、城市物流配送中心和服务区、快递物流园区时，要根据需求配建快速充换电设施；在规划建设城市公交停车场、保养场、维修厂、出租汽车停车场时，要考虑配建“慢充为主、快充为辅”的充电设施。对现有城市公交、出租汽车、城市物流配送场站，符合配建条件的，结合实际需求，加快建设完善充换电设施。鼓励和支持社会资本进入交通运输行业新能源汽车充换电设施建设和运营、整车租赁、电池租赁和回收等服务领域。

8. 推动落实扶持政策。积极配合同级财政、税务等部门，做好车辆购置税优惠政策落实工作，在2014年9月1日至2017年12月31日间，对纯电动汽车、插电式（含增程式）混合动力汽车和燃料电池汽车免征车辆购置税。要积极配合同级财政、发展改革部门，制定本地区新能源汽车推广应用的支持政策，在新能源汽车购置补贴、贷款贴息、运营补贴、充换电基础设施维护、推广应用宣传及科研补助等方面给予必要的支持。要配合做好城市公交车成品油价格补贴政策改革，积极落实相关政策要求，将补贴额度与新能源公交车推广目标完成情况相挂钩，形成鼓励新能源公交车应用、限制燃油公交车增长的机制。积极配合有关部门，推动落实新能源汽车车船税优惠政策、消费税政策、充换电设施用地政策和用电价格优惠政策。

9. 完善新能源汽车运营政策。城市公交车、出租汽车运营权优先授予新能源汽车，并向新能源汽车推广应用程度高的交通运输企业倾斜或成立专门的新能源汽车运输企业。争取当地人民政府支持，对新能源汽车不限行、不限购，对新能源出租汽车的运营权指标适当放宽。

10. 创新推广应用模式。在交通运输行业研究完善新能源公交车“融资租赁”“车电分离”和“以租代售”等多种运营模式。鼓励纯电动汽车生产企业或专门的充换电设施运营企业，推行纯电动公交车电池租赁；鼓励新能源汽车生产企业或融资租赁经营企业，推行新能源公交车整车租赁，降低公交企业一次性购买支出。

11. 加强安全和应急管理。督促相关交通运输企业落实安全生产主体责任，切实加强对所属驾驶员、乘务员和车辆的管理。加强新能源汽车运营安全监控，纳入城市交通智能化运营监控平台，并完善新能源汽车基础信息。督促相关交通运输企业在新能源公交车、出租汽车上加快安装实时监控装置，对车辆运行技术状态、充电状态、电池单体进行实时监控和动态管理，并建立新能源汽车运行数据采集和统计分析系统，为新能源汽车安全运行提供基础支撑。督促交通运输企业建立健全新能源汽车定期检查、维护和修理制度，加强新能源汽车技术管理，建立新能源汽车全生命周期运营档案。制定新能源汽车抛锚、运营周转不畅、恶劣天气、客流激增下的应急处置程序和措施，提高应急处置能力。

三、保障措施

12. 加强组织领导。按照各地新能源汽车推广应用工作联席会议制度的有关要求，主动作为，加强协调配合，推动细化新能源汽车在交通运输行业推广应用的支持政策和配套措施，形成多方合力，推进政策落实。紧密结合当地实际，加快制定交通运输行业贯彻落实《指导意见》的具体实施意见和行动计划，明确工作要求和时间进度，推进新能源汽车在交通运输行业的健康发展。

13. 加强法规制度和标准规范建设。积极推动城市公共交通、出租汽车和城市物流配送相关法规制度建设，为新能源汽车推广应用的方案编制、设施建设、车辆准入、驾驶员培训、安全管理和政策支持提供法制保障。加强新能源汽车推广应用技术支撑，研究制定新能源公交车、出租汽车、城市物流配送和邮政快递车辆技术准入和退出的标准规范、车辆和特有部件（电池等）维修服务规范等，建立完善新能源汽车使用环节的技术标准规范体系。

14. 加强技术保障。按照国家和行业有关标准要求，加强新能源汽车日常维护工作，保障车辆技术性能。加强城市公交线路布局、充换电设施配置、车线匹配等方面的研究，提高车辆运营效率。充分利用物联网、云计算等新技术，加强对新能源汽车运行数据的采集和分析，建立交通运输行业新能源汽车应用效果评估和反馈机制。积极协调有关部门，建立新能源汽车召回机制，及时召回故障率高，可靠性差的新能源汽车。引导新能源汽车生产企业加快建设售后服务体系，为新能源汽车正常运营提供及时高效的维修服务和必要的技术支撑。

15. 加强人才保障。重视发展职业教育和岗位技能培训，加大新能源汽车工程技术人员和专业技能人才的培养。开展对经营管理、车辆驾驶、维修保养、运营调度、应急管理等从业人员的专业技术培训，为新能源汽车的安全运营和管理提供人才保障。

16. 加强监督检查。各省级交通运输主管部门要加强对本辖区内各城市新能源公交车、出租汽车、城市物流配送车辆的推广应用情况的监督检查，全面评价推广应用目标完成情况、基础设施网络配套情况，并分别于每年 6 月底和 12 月底前向部报送新能源汽车推广应用情况（含分类保有量、分类新增数量及采取的主要措施）。部将适时组织对各省、自治区、直辖市在交通运输行业推广应用新能源汽车的情况进行监督检查。

17. 加强舆论宣传和引导。开展多层次、多样化的宣传活动，充分发挥媒体的舆论导向作用，大力宣传新能源汽车推广应用在环境改善、能源节约等方面的显著效果和重大作用。组织专家解读新能源汽车全寿命周期成本优势，提高公众对交通运输行业推广应用新能源汽车的认知度和接受度，形成有利于新能源汽车大规模推广应用的良好氛围。

交通运输部

2015 年 3 月 13 日

汽车动力蓄电池行业规范条件

2015 年第 22 号

一、总则

（一）为贯彻落实《国务院关于印发节能与新能源汽车产业发展规划（2012—2020 年）的通知》（国发〔2012〕22 号），根据《国务院办公厅关于加快新能源汽车推广应用的指导意见》（国办发〔2014〕35 号）要求，引导规范汽车动力蓄电池行业健康发展，制订本规范条件。

（二）国家鼓励汽车动力蓄电池企业做优做强，建立产品生产规范和质量保证体系，加强技术和管理创新，提高产品研发和制造水平，提升产品性能和质量，满足新能源汽车产业发展的需求。

（三）国家对符合本规范条件的汽车动力蓄电池企业实行公告管理，企业按自愿原则进行申请。

（四）本规范条件适用于在中华人民共和国境内（中国台湾、中国香港、中国澳门地区除外）生产并为汽车产品配套的动力蓄电池生产企业。

本规范条件所指动力蓄电池是指在汽车上配置使用的、能够储存电能并可再充电的、为驱动汽车行驶提供能量的装置，包括锂离子动力蓄电池、金属氢化物镍动力蓄电池和超级电容器等，不包括铅酸类蓄电池。

本规范条件所指动力蓄电池生产企业，包括单体动力蓄电池生产企业（以下简称“单体企业”）和动力蓄电池系统生产企业（以下简称“系统企业”）。

二、企业基本要求

（五）依据国家法律法规设立，符合汽车产业发展政策要求，具有独立法人资格，取得工商行政管理部门核发的企业法人营业执照。

（六）符合国家关于安全生产、环境保护、节能、消防等方面的法律、法规等要求，并通过环境管理体系及职业健康安全管理体系等方面的认证。

（七）具有生产场所用地的合法土地使用权，生产用地面积、厂房应与企业生产的产品品种和规模相适应。

（八）锂离子动力蓄电池单体企业年产能力不得低于 2 亿瓦时，金属氢化物镍动力蓄电池单体企业年产能力不得低于 1000 万瓦时，超级电容器单体企业年产能力不得低于 500 万瓦时。系统企业年产能力不得低于 10000 套或 2 亿瓦时。

生产多种类型的动力蓄电池单体企业、系统企业，其年产能力需分别满足上述要求。

（九）企业应在动力蓄电池产品的安全性、一致性和循环寿命等方面制订不低于国家或行业标准的企业标准，并予以实施。

三、生产条件要求

（十）企业应具有与生产产品品种和规模相适应的生产设备、设施及其所有权。

单体企业应具有电极制备、电芯装配、化成等工艺过程的生产设备设施，生产车间内配备必要的温度、湿度、洁净度等检测和控制设施。

系统企业应具有适合批量生产的动力蓄电池系统装配流水线和规范化的工艺流程。

（十一）单体企业应至少具有电极制备、叠片/卷绕、装配、注液、化成等关键工艺过程的自动化生产能力和在线检测能力，并具有单体电池分选等保证生产一致性的能力。

系统企业应至少具有焊接或连接等成组关键工艺过程的自动化生产能力和相应的检测能力。

（十二）企业应对生产过程中产生的废水、废气、废料等具有相应处理或回收的方案和措施，各类排放应符合 GB 30484《电池工业污染物排放标准》的要求。

四、技术能力要求

（十三）企业应建立产品设计研发机构。配备相应的研发设备，包括开发工具、软件、研发及测试设备、试制设备等。

（十四）企业应配备相应的研究开发人员，其占企业员工总数比例不得少于 10% 或总数不得少于 100 人，研究开发人员的配备至少应涵盖企业产品开发的四个方面：新产品技术研发、产品试制与测试分析、国内外同类产品技术发展跟踪及企业标准制修订等。

（十五）企业应建立与汽车研发相适应的产品设计开发流程和技术管理体系，建立汽车动力蓄电池产品设计规范，建立产品开发信息数据库，并应具备以下研究开发能力：

单体企业应具有单体蓄电池的设计开发、生产工艺设计及产品测试验证等方面的能力，并具有单体动力蓄电池安全性、一致性等关键性能的验证分析能力。

系统企业应具有蓄电池串并联方式及结构、蓄电池辅助装置、蓄电池承载装置结构、蓄电池管理系统的设计开发和测试验证等方面的能力，并具有系统安全性、一致性、可靠性等关键功能及性能的验证分析能力。

五、产品要求

（十六）动力蓄电池产品应符合现行国家标准、行业标准要求（见附 1），并经质检部门授予汽车动力蓄电池相关检测资质的机构检测合格。

（十七）企业研发生产的产品应符合知识产权保护方面的法律规定。

六、质量保证能力要求

（十八）企业应通过 TS16949 质量体系认证，编制并执行生产一致性控制计划。

（十九）企业应建立从原材料、部件到成品出厂完整的检验和可追溯体系，实施计算机信息化生产管理，建立生产管理数据库。

七、售后服务能力要求

（二十）企业应建立完善的售后服务体系，并具有产品售后服务的质量保证能力。

（二十一）系统企业应会同汽车整车企业研究制定可操作的废旧动力蓄电池回收处理、再利用的方案。

八、规范管理

（二十二）企业规范条件的申请、审核及公告：

1. 工业和信息化部负责汽车动力蓄电池规范管理工作。申请企业须编制《汽车动力蓄电池行业规范条件申请报告》（见附 2），并按要求提供相关材料，通过所在地省、自治区、直辖市工业和信息化主管部门向工业和信息化部申请，其中中央企业所属的企业通过企业总部向工业和信息化部申请，并抄送企业所在地省、自治区、直辖市工业和信息化主管部门。

2. 企业通过工业和信息化部“汽车动力蓄电池生产企业管理系统”向省、自治区、直辖市工业和信息化主管部门、中央企业在线进行申报。

3. 省、自治区、直辖市工业和信息化主管部门、中央企业负责对动力蓄电池生产企业申请材料是否符合规定要求进行初审。

4. 省、自治区、直辖市工业和信息化主管部门、中央企业将初审合格的企业材料通过“汽车动力蓄电池生产企业管理系统”报工业和信息化部。同时，将正式纸质文件（包括附件材料）1 份寄送工业和信息化部（装备工业司）。报送部门需确保申请文件材料齐全、真实。

5. 工业和信息化部组织专家组对申请企业进行评审。

6. 工业和信息化部对通过评审的企业进行公示，无异议后予以公告。

（二十三）列入公告的动力蓄电池生产企业情况发生变更（包括法定代表人、产品类型、企业名称、生产地址、注册地址变更或新址扩建等）时，需通过省、自治区、直辖市工业和信息化主管部门、中央企业向工业和信息化部提交变更申请，中央企业申请材料同时抄送企业所在地省、自治区、直辖市工业和信息化主管部门。变更申请须包含以下部分或者全部申请材料：

1. 企业相关条件变化情况；

2. 资本变更的相关协议和公司章程；

3. 职工代表大会、董事会或股东大会决议；

4. 企业变化前后的营业执照复印件；

5. 企业对照规范条件进行自我评估的报告；

6. 其他需要说明的相关情况及佐证材料。

工业和信息化部将组织专家组进行审查。对变更后达到规范条件要求、公示后无异议的企业，公告变更其相关信息。

（二十四）工业和信息化部对公告企业名单进行动态管理。已列入公告企业应于每年 3 月 30 日前在线提交年度发展报告（见附 3)，并向工业和信息化部（装备工业司）递交纸质材料 1 份。工业和信息化部将建立企业年度发展情况公示制度。

（二十五）省、自治区、直辖市工业和信息化主管部门、中央企业每年要对本地区或所属企业执行规范条件的情况进行监督检查。工业和信息化部对公告内的企业进行抽查，同时欢迎社会各界对公告内的企业规范情况进行监督。公告企业有下列情况的将撤销其公告资格：

1. 填报资料有弄虚作假行为的；

2. 拒绝接受监督检查的；

3. 不按要求提交年度发展报告的；

4. 不能保持规范条件的；

5. 违反国家法律法规和产业政策的；

6. 发生责任事故、造成不良社会影响的。

撤销公告资格的，将提前告知有关企业，听取企业的陈述和申辩。撤销公告资格的企业，3 年内暂停受理公告申请。

（二十六）列入公告的企业名单将作为相关政策支持的基础性依据。

九、附　则

（二十七）未列入现有产品分类类型的动力蓄电池生产企业，参照本规范条件执行。汽车用锂离子动力电池以外的其他类型锂离子电池有关规范要求，按照工业和信息化部《锂离子电池行业规范条件》执行。

（二十八）本规范条件由工业和信息化部负责解释，并根据行业发展情况适时进行修订。

（二十九）本规范条件自 2015 年 5 月 1 日起实施。

附件：

1. 汽车动力蓄电池产品检验标准目录

2. 汽车动力蓄电池行业规范条件申请报告（略）

3. 企业年度发展报告（略）

附件 1　　**动力蓄电池标准列表**

GB/T31467.1－2015	电动汽车用锂离子动力蓄电池包和系统 第 1 部分：　高功率应用测试规程
GB/T31467.2－2015	电动汽车用锂离子动力蓄电池包和系统 第 2 部分：　高能量应用测试规程
GB/T31467.3－2015	电动汽车用锂离子动力蓄电池包和系统 第 3 部分：　安全要求及试验方法
GB/T31484－2015	电动汽车用动力蓄电池安全技术要求及试验方法
GB/T31485－2015	电动汽车用动力蓄电池电性能技术要求及试验方法
GB/T31486－2015	电动汽车用动力蓄电池循环寿命技术要求及试验方法
QC/T 741－2014	车用超级电容器

*标准编号和名称以正式发布的为准。

工业和信息化部

2015 年 3 月 24 日

关于开展新能源汽车推广应用城市考核工作的通知

财办建〔2015〕26 号

有关省、自治区、直辖市、计划单列市财政厅（局）、科技厅（科委）、工业和信息化主管部门、发展改革委：

为进一步落实《国务院办公厅关于加快新能源汽车推广应用的指导意见》（国办发〔2014〕35 号）的有关精神，按照《关于继续开展新能源汽车推广应用工作的通知》（财建〔2013〕551 号）等文件的要求，财政部、科技部、工业和信息化部、发展改革委（以下简称四部委）将组织开展新能源汽车推广应用城市（区域）考核工作，具体事项通知如下：

一、考核内容

考核各有关城市（区域）新能源汽车推广应用实施方案完成情况，并重点对新能源汽车推广应用数量、充电设施建设、市场开放程度、商业模式创新、地方扶持政策、组织领导及安全监管等情况进行督查。

二、考核方式和时间

（一）考核方式：由四部委带队组织专家，对各城市（区域）推广情况进行现场督查。科技部电动汽车重大项目管理办公室协助四部委，负责考核的具体组织和联络工作。

（二）考核时间：考核时间为 2015 年 5 月 15 日—6 月 15 日，具体考核时间另行通知。

三、相关要求

请各有关城市（区域）根据附件要求认真编写 2013—2014 年新能源汽车推广情况报告及相关资料，于 5 月 10 日前将材料上报至四部委。

附件：

1. 2013—2014 年新能源汽车推广情况报告提纲

2. 新能源汽车推广应用城市（区域）考核主要内容

3. 2013 年、2014 年分年度推广应用车辆信息表（略）

4. 基础设施建设信息表（略）

附件 1

2013—2014 年新能源汽车推广情况报告提纲

一、新能源汽车推广应用情况

（一）推广车辆数量完成情况（包括分年度推广数量、车辆类别和应用领域以及目标任务完成情况等）

（二）公共领域率先使用情况（包括政府机关及公共机构新能源汽车推广工作开展情况；政府机关及公共机构新增或更新车辆中新能源汽车比例是否达到 30% 的要求）

二、充电设施规划及建设情况

（一）充电设施建设数量和目标任务完成情况

（二）充电设施规划制定情况

（三）充电设施相关支持政策情况

（四）充电设施建设与服务主体落实情况

三、市场开放及商业化模式创新

（一）市场开放情况（包括是否实行全国统一的标准和目录、是否变相设置障碍阻碍外地品牌进入等）

（二）商业模式创新（采用的创新型商业推广模式；如何鼓励社会资本进入相关领域等）

四、财政补贴资金及地方配套政策落实情况

（一）中央财政补贴资金拨付及落实情况

（二）地方配套政策情况（包括购置补贴、充电电价优惠、牌照优惠政策、地方技术创新支持等。需详细列明地方配套政策和分年度地方财政资金投入情况）

五、组织领导和安全监管

（一）组织领导（包括是否建立组织领导机构，是否制定详细的工作方案和计划，并进一步落实任务分工和责任）

（二）地方安全监控管理

附件 2

新能源汽车推广应用城市（区域）考核主要内容

序号	考核项目	一级指标	二级指标
1	推广车辆完成情况	1. 推广数量总体完成情况	推广进展与实施方案的相符性
		2. 公共领域率先使用情况	制定了车辆更新计划和工作方案
			新增或更新车辆优先推广使用新能源汽车，比例达到 30% 的要求
2	充电设施规划及建设情况	1. 建设数量和目标任务完成情况	按照实施方案要求完成建设计划
			数量总体满足车辆运行需求
		2. 发展规划制定情况	制定了基础设施发展规划
			将充电设施建设和配套电网建设与改造纳入城市规划
			因地制宜制定充电设施专项建设规划
		3. 充电设施建设相关支持政策情况	对充电设施建设和运营给予必要补贴
			对充电设施建设用地有相关支持政策
			贯彻实施国家关于新能源汽车用电电价的有关规定，出台充电服务费指导价格等政策
			制定操作性强的新能源汽车充电设施建设与服务的程序或办法，包括设计、报建、施工、验收等环节的管理规范和标准等。
			具备条件的政府机关、公共机构及企事业等单位新建或改造停车场时，充分考虑了充电基础设施建设
			重点设施建设采用国家相关标准
		4. 建设与服务主体落实情况	明确了充电设施的建设、运营、服务等责任主体
3	市场开放情况	1、实行全国统一的标准和目录	不得制定地方推广车辆目录
			不得制定地方车辆技术标准
			不得强制要求进行重复检测检验
			对于已经出台地方标准和目录的城市，已开展清理和取消违规政策措施的工作，并向社会公告
		2、不得变相设置障碍阻碍外地品牌进入	不得要求车辆生产企业本地建厂，采购本地电池、电机等零部件
			不得阻碍外地生产的新能源汽车进入本地市场，以及限制或变相限制消费者购买外地及某一类新能源汽车

续表

序号	考核项目	一级指标	二级指标
4	商业化模式	1. 鼓励商业模式创新	鼓励和支持社会资本进入相关领域，对促进推广应用具有实际推动作用
		2. 售后服务体系建设情况	是否制定相应的服务标准
			是否采取有效措施保护投资主体的初期利益
5	财政补贴资金及地方配套政策落实	1. 中央财政补贴资金使用情况	资金按照要求及时下达给有关企业
		2. 地方配套政策情况	出台针对新能源汽车在购买、使用、运营等环节的扶持政策
			政府制定充电服务相关收费标准
			落实免除车牌拍卖、摇号、限行等限制措施，出台停车费、道路通行费等扶持政策
			结合地方对新能源汽车技术发展需求，安排专项科研项目支持产品研发
6	组织领导	1. 加强地方政府的组织推动作用	建立由主要负责同志牵头、各职能部门参加的新能源汽车工作联席会议制度
			建立以实际运营车辆数量、基础设施数量、实际运行情况等为主的考核指标，明确工作要求和时间进度
		2. 落实执行机构及人员	建立新能源汽车推广工作日常办公机构，建立健全档案文件管理制度，落实专职人员
7	安全监管	1. 加强地方安全监控管理	地方政府建立健全车辆及基础设施安全管理机制；落实各环节安全责任主体；定期开展安全检查
			运营企业建立车辆及基础设施的安全规章及应急机制，并切实执行安全规章
			公交车应结合调度系统实施安全监控

财政部

科技部

工业和信息化部

发展改革委

2015 年 4 月 16 日

关于 2016—2020 年新能源汽车推广应用财政支持政策的通知

财建〔2015〕134 号

各省、自治区、直辖市、计划单列市财政厅（局）、科技厅（局、科委）、工业和信息化主管部门、发展改革委：

新能源汽车推广应用工作实施以来，销售数量快速增加，产业化步伐不断加快。为保持政策连续性，促进新能源汽车产业加快发展，按照《国务院办公厅关于加快新能源汽车推广应用的指导意见》（国办发〔2014〕35 号）等文件要求，财政部、科技部、工业和信息化部、发展改革委（以下简称四部委）将在 2016—2020 年继续实施新能源汽车推广应用补助政策。现将有关事项通知如下：

一、补助对象、产品和标准

四部委在全国范围内开展新能源汽车推广应用工作，中央财政对购买新能源汽车给予补助，实行普惠制。具体的补助对象、产品和标准是：

（一）补助对象。补助对象是消费者。新能源汽车生产企业在销售新能源汽车产品时按照扣减补助后的价格与消费者进行结算，中央财政按程序将企业垫付的补助资金再拨付给生产企业。

（二）补助产品。中央财政补助的产品是纳入“新能源汽车推广应用工程推荐车型目录”（以下简称“推荐车型目录”）的纯电动汽车、插电式混合动力汽车和燃料电池汽车。

（三）补助标准。补助标准主要依据节能减排效果，并综合考虑生产成本、规模效应、技术进步等因素逐步退坡。2016 年各类新能源汽车补助标准见附件 1。2017—2020 年除燃料电池汽车外其他车型补助标准适当退坡，其中：2017—2018 年补助标准在 2016 年基础上下降 20%，2019—2020 年补助标准在 2016 年基础上下降 40%。

二、对企业和产品的要求

新能源汽车生产企业应具备较强的研发、生产和推广能力，应向消费者提供良好的售后服务保障，免除消费者后顾之忧；纳入中央财政补助范围的新能源汽车产品应具备较好的技术性能和安全可靠性。基本条件是：

（一）产品性能稳定并安全可靠。纳入中央财政补助范围的新能源汽车产品应符合新能源汽车纯电动续驶里程等技术要求，应通过新能源汽车专项检测、符合新能源汽车相关标准。其中，插电式混合动力汽车还需符合相关综合燃料消耗量要求。纳入中央财政补助范围的新能源汽车产品技术要求见附件2。

（二）售后服务及应急保障完备。新能源汽车生产企业要建立新能源汽车产品质量安全责任制，完善售后服务及应急保障体系，在新能源汽车产品销售地区建立售后服务网点，及时解决新能源汽车技术故障。

（三）加强关键零部件质量保证。新能源汽车生产企业应对消费者提供动力电池等储能装置、驱动电机、电机控制器质量保证，其中乘用车生产企业应提供不低于8年或12万公里（以先到者为准，下同）的质保期限，商用车生产企业（含客车、专用车、货车等）应提供不低于5年或20万公里的质保期限。汽车生产企业及动力电池生产企业应承担动力电池回收利用的主体责任。

（四）确保与《车辆生产企业及产品公告》保持一致。新能源汽车生产企业应及时向社会公开车辆基本性能信息，并保证所销售的新能源汽车与《车辆生产企业及产品公告》（以下简称《公告》）及“推荐车型目录”内产品一致。

三、资金申报和下达

（一）年初预拨补助资金。每年2月底前，生产企业将本年度新能源汽车预计销售情况通过企业注册所在地财政、科技、工信、发改部门（以下简称四部门）申报，由四部门负责审核并于3月底前逐级上报至四部委。四部委组织审核后按照一定比例预拨补助资金。

（二）年度终了后进行资金清算。年度终了后，2月底前，生产企业提交上年度的清算报告及产品销售、运行情况，包括销售发票、产品技术参数和车辆注册登记信息等，按照上述渠道于3月底前逐级上报至四部委。四部委组织审核并对补助资金进行清算。

四、工作要求

各地要科学制定地方性扶持政策，进一步加大环卫、公交等公益性行业新能源汽车推广支持力度，和中央财政支持政策形成互补和合力，加快完善新能源汽车应用环境。四部委将加强对新能源汽车推广情况的监督、核查。有下列情形之一的，四部委将视情节给予通报批评、扣减补助资金、取消新能源汽车补助资格、暂停或剔除“推荐车型目录”中有关产品等处罚措施：

（一）提供虚假技术参数，骗取产品补助资格的；

（二）提供虚假推广信息，骗取财政补助资金的；

（三）销售产品的关键零部件型号、电池容量、技术参数等与《公告》产品不一致的。

五、实施期限及其他

本政策实施期限是2016—2020年，四部委将根据技术进步、产业发展、推广应用规模、成本变化等因素适时调整补助政策。

对地方政府的新能源汽车推广要求和考核奖励政策将另行研究制定。

附件：

1. 2016年新能源汽车推广应用补助标准
2. 纳入中央财政补助范围的新能源汽车产品技术要求
3. 单位载质量能量消耗量评价指标说明

附件1

2016年新能源汽车推广应用补助标准纯电动乘用车、插电式混合动力（含增程式）乘用车推广应用补助标准

单位：万元/辆

车辆类型	纯电动续驶里程R（工况法、公里）			
	100≤R<150	150≤R<250	R≥250	R≥50
纯电动乘用车	2.5	4.5	5.5	/
插电式混合动力乘用车（含增程式）	/	/	/	3

纯电动、插电式混合动力等客车推广应用补助标准

单位：万元/辆

车辆类型	单位载质量能量消耗量（Ekg，Wh/km·kg）	标准车（10米<车长≤12米）					
		纯电动续驶里程R（等速法、公里）					
		6≤R<20	20≤R<50	50≤R<100	100≤R<150	150≤R<250	R≥250
纯电动客车	Ekg<0.25	22	26	30	35	42	50
	0.25≤Ekg<0.35	20	24	28	32	38	46
	0.35≤Ekg<0.5	18	22	24	28	34	42
	0.5≤Ekg<0.6	16	18	20	25	30	36
	0.6≤Ekg<0.7	12	14	16	20	24	30
插电式混合动力客车（含增程式）		/	/	20	23	25	

注：上述补助标准以10~12米客车为标准车给予补助，其他长度纯电动客车补助标准按照上表单位载质量能量消耗量和纯电动续驶里程划分，插电式混合动力客车（含增程式）补助标准按照上表纯电动续驶里程划分。其中，6米及以下客车按照标准车0.2倍给予补助；6米<车长≤8米客车按照标准车0.5倍给予补助；8米<车长≤10米客车按照标准车0.8倍给予补助；12米以上、双层客车按照标准车1.2倍给予补助。

纯电动、插电式混合动力（含增程式）等专用车、货车推广应用补助标准：按电池容量每千瓦时补助1800元，并将根据产品类别、性能指标等进一步细化补贴标准。

燃料电池汽车推广应用补助标准

单位：万元/辆

车辆类型	补助标准
燃料电池乘用车	20
燃料电池轻型客车、货车	30
燃料电池大中型客车、中重型货车	50

附件2

纳入中央财政补助范围的新能源汽车产品技术要求

一、新能源汽车纯电动续驶里程要求　　单位：千米

类　别	乘用车	客车	货车	专用车	测试方法
纯电动	≥100	≥150	≥80	≥80	M1、N1类采用工况法，其他暂采用40km/h等速法。
插电式混合动力（含增程式）	≥50（工况法） ≥70（等速法）	≥50	≥50	≥50	M1、N1类采用工况法或60km/h等速法，其他暂采用40km/h等速法。
燃料电池	≥150	≥150	≥200	≥200	M1、N1类采用工况法，其他暂采用40km/h等速法。

注：1. 超级电容、钛酸锂等纯电动快充客车不按上表续驶里程要求执行。
2. M1类是指包括驾驶员座位在内，座位数不超过九座的载客车辆。

N1类是指最大设计总质量不超过3500kg的载货车辆。

二、纯电动乘用车最高车速要求纯电动乘用车30分钟最高车速应不低于100km/h。

三、插电式混合动力汽车综合燃料消耗量要求

（一）插电式混合动力乘用车综合燃料消耗量（不计电能消耗量）与现行的常规燃料消耗量国家标准中对应目标值相比小于60%；

（二）插电式混合动力商用车（含货车、客车）燃料消耗量（不含电能转化的燃料消耗量）与现行的常规燃料消耗量国家标准中对应限值相比小于60%。

附件3

单位载质量能量消耗量评价指标说明

为更科学地评价纯电动客车技术水平，特提出“单位载质量能量消耗量（Ekg）”指标，单位Wh/km·kg，四舍五入至小数点后两位。计算公式如下：

$$E_{kg} = \frac{E}{M}$$

E表示电能消耗率，试验检测项。电动汽车GB/T 18386《电动汽车能量消耗率和续驶里程试验方法》试验中消耗的电能除以行驶里程所得的值，单位Wh/km。

M表示附加质量，车辆基本参数。GB/T 18386检测试验中的所需附加质量，单位kg，具体计算如下：

1. 最大允许装载质量小于或等于180kg，附加质量=最大允许装载质量；

2. 最大允许装载质量大于180kg，但小于360kg，附加质量=180kg；

3. 最大允许装载质量大于或等于360kg，附加质量=1/2最大允许装载质量。

注：按GB/T 3730.2《道路车辆 质量 词汇和代码》中定义：

最大允许装载质量=最大允许总质量－整车整备质量。

财政部
科技部
工业和信息化部
发展改革委
2015年4月22日

关于节约能源使用新能源车船车船税优惠政策的通知

财税〔2015〕51号

各省、自治区、直辖市、计划单列市财政厅（局）、地方税务局、工业和信息化主管部门，西藏、宁夏自治区国家税务局，新疆生产建设兵团财务局、工业和信息化委员会：

为促进节约能源，鼓励使用新能源，根据《中华人民共和国车船税法》及其实施条例有关规定，经国务院批准，现将节约能源、使用新能源车船的车船税优惠政策通知如下：

一、对节约能源车船，减半征收车船税。

（一）减半征收车船税的节约能源乘用车应同时符合以下标准：

1. 获得许可在中国境内销售的排量为1.6升以下（含1.6升）的燃用汽油、柴油的乘用车（含非插电式混合动力乘用车和双燃料乘用车）；

2. 综合工况燃料消耗量应符合标准，具体标准见附件1；

3. 污染物排放符合《轻型汽车污染物排放限值及测量方法（中国第五阶段）》（GB18352.5－2013）标准中I型试验的限值标准。

（二）减半征收车船税的节约能源商用车应同时符合下列标准：

1. 获得许可在中国境内销售的燃用天然气、汽油、柴油的重型商用车（含非插电式混合动力和双燃料重型商用车）；

2. 燃用汽油、柴油的重型商用车综合工况燃料消耗量应符合标准，具体标准见附件2；

3. 污染物排放符合《车用压燃式、气体燃料点燃式发动机与汽车排气污染物排放限值及测量方法（中国 III，IV，V 阶段）》（GB17691－2005）标准中第 V 阶段的标准。

减半征收车船税的节约能源船舶和其他车辆等的标准另行制定。

二、对使用新能源车船，免征车船税。

（一）免征车船税的使用新能源汽车是指纯电动商用车、插电式（含增程式）混合动力汽车、燃料电池商用车。纯电动乘用车和燃料电池乘用车不属于车船税征税范围，对其不征车船税。

（二）免征车船税的使用新能源汽车（不含纯电动乘用车和燃料电池乘用车，下同），应同时符合下列标准：

1. 获得许可在中国境内销售的纯电动商用车、插电式（含增程式）混合动力汽车、燃料电池商用车；

2. 纯电动续驶里程符合附件 3 标准；

3. 使用除铅酸电池以外的动力电池；

4. 插电式混合动力乘用车综合燃料消耗量（不计电能消耗）与现行的常规燃料消耗量国家标准中对应目标值相比小于 60%；插电式混合动力商用车（含轻型、重型商用车）燃料消耗量（不含电能转化的燃料消耗量）与现行的常规燃料消耗量国家标准中对应限值相比小于 60%；

5. 通过新能源汽车专项检测，符合新能源汽车标准，具体标准见附件 3。

免征车船税的使用新能源船舶的标准另行制定。

三、符合上述标准的节约能源乘用车、商用车，以及使用新能源汽车，由财政部、国家税务总局、工业和信息化部不定期联合发布《享受车船税减免优惠的节约能源 使用新能源汽车车型目录》（以下简称《目录》）予以公告。

四、汽车生产企业或进口汽车经销商（以下简称企业），生产或进口符合上述标准的汽车的，可自愿向工业和信息化部提出将其产品列入《目录》的书面申请，并按照有关要求填写书面报告（报告样本见附件 4、5），通过工业和信息化部节能汽车税收优惠目录申报系统、新能源汽车税收优惠目录申报系统提交申报资料。申请人对申报资料的真实性负责。

五、财政部、国家税务总局、工业和信息化部组织有关专家对企业申报资料进行审查，并将审查结果在工业和信息化部网站公示 5 个工作日，没有异议的，纳入《目录》，予以发布。对产品与申报材料不符，产品性能指标未达到标准，或者企业提供其他虚假信息的，应及时从《目录》中撤销该车型，并依照相关法律法规对该企业予以处理。

六、本通知发布后，列入《目录》的节约能源、使用新能源汽车，自《目录》公告之日起，按《目录》和本通知相关规定享受车船税减免优惠政策；《目录》公告后取得的节约能源、使用新能源汽车，属于第一批、第二批《节约能源 使用新能源车辆减免车船税的车型目录》，但未列入《目录》的，不得享受相关优惠政策；《目录》公告前，已取得的列入第一批、第二批《节约能源 使用新能源车辆减免车船税的车型目录》的节约能源、使用新能源汽车，不论是否转让，可继续享受车船税减免优惠政策。

七、本通知自发布之日起执行。《财政部 国家税务总局 工业和信息化部关于节约能源使用新能源车船车船税政策的通知》（财税〔2012〕19 号）同时废止。

附件：

1. 节约能源乘用车综合工况燃料消耗量限值标准

2. 节约能源重型商用车综合工况燃料消耗量限值标准

3. 新能源汽车纯电动续驶里程及专项检验标准

4. 使用新能源车型报告（略）

5. 节约能源车型报告（略）

附件 1

节约能源乘用车综合工况燃料消耗量限值标准

整车整备质量（CM）kg	具有两排及以下座椅 L/100 km	具有三排或三排以上座椅 L/100 km
CM≤750	4.7	5.0
750＜CM≤865	4.9	5.2
865＜CM≤980	5.1	5.4
980＜CM≤1090	5.3	5.6
1090＜CM≤1205	5.6	5.9
CM＞1205	5.9	5.9

附件 2

节约能源重型商用车综合工况燃料消耗量限值标准

表 2.1　节约能源货车综合工况燃料消耗量限值标准

最大设计总质量（GVW）kg	燃料消耗量限值 L/100km
3500＜GVW≤4500	12.4a
4500＜GVW≤5500	13.3a
5500＜GVW≤7000	15.2
7000＜GVW≤8500	18.1a
8500＜GVW≤10500	20.4a
10500＜GVW≤12500	23.8a
12500＜GVW≤16000	26.6
16000＜GVW≤20000	29.9
20000＜GVW≤25000	35.6
25000＜GVW≤31000	40.9
31000＜GVW	43.2

a 对于汽油车，其限值是表中相应限值乘以 1.2 的数值圆整（四舍五入）至小数点后一位。

表 2.2　节约能源半挂牵引车综合工况燃料消耗量限值标准

最大设计总质量（GCW）kg	燃料消耗量限值 L/100km
GCW≤18000	31.4
18000＜GCW≤27000	34.2
27000＜GCW≤35000	36.1
35000＜GCW≤40000	38.0
40000＜GCW≤43000	39.9
43000＜GCW≤46000	42.8
46000＜GCW≤49000	44.7
49000＜GCW	45.6

表 2.3　节约能源客车综合工况燃料消耗量限值标准

最大设计总质量（GVW）kg	燃料消耗量限值 L/100km
3500＜GVW≤4500	11.9a
4500＜GVW≤5500	12.8a
5500＜GVW≤7000	14.3a
7000＜GVW≤8500	15.7
8500＜GVW≤10500	17.6
10500＜GVW≤12500	19.0
12500＜GVW≤14500	20.4
14500＜GVW≤16500	21.4
16500＜GVW≤18000	22.8
18000＜GVW≤22000	23.8
22000＜GVW≤25000	26.1
25000＜GVW	28.0

a 对于汽油车，其限值是表中相应限值乘以 1.2 的数值圆整（四舍五入）至小数点后一位。

表 2.4　节约能源自卸汽车综合工况燃料消耗量限值标准

最大设计总质量（GVW）kg	燃料消耗量限值 L/100km
3500＜GVW≤4500	14.3
4500＜GVW≤5500	15.2
5500＜GVW≤7000	16.6
7000＜GVW≤8500	19.5
8500＜GVW≤10500	21.9
10500＜GVW≤12500	24.2
12500＜GVW≤16000	26.6
16000＜GVW≤20000	32.3
20000＜GVW≤25000	41.3
25000＜GVW≤31000	44.7
31000＜GVW	46.6

表 2.5　节约能源城市客车综合工况燃料消耗量限值标准

最大设计总质量（GVW）kg	燃料消耗量限值 L/100km
3500＜GVW≤4500	13.3
4500＜GVW≤5500	14.7
5500＜GVW≤7000	16.6
7000＜GVW≤8500	18.5
8500＜GVW≤10500	21.4
10500＜GVW≤12500	24.7
12500＜GVW≤14500	29.0
14500＜GVW≤16500	32.3
16500＜GVW≤18000	35.6
18000＜GVW≤22000	39.0
22000＜GVW≤25000	43.2
25000＜GVW	46.6

附件 3

新能源汽车纯电动续驶里程及专项检验标准

表 3.1　新能源汽车纯电动续驶里程标准　单位：千米

类　别	乘用车	客车	货车	专用车	测试方法
纯电动	＼	≥150	≥80	≥80	M1、N1 类采用工况法，其他暂采用 40km/h 等速法。
插电式（含增程式）混合动力	≥50（工况法） ≥70（等速法）	≥50	≥50	≥50	M1、N1 类采用工况法或 60km/h 等速法，其他暂采用 40km/h 等速法。
燃料电池	＼	≥150	≥200	≥200	M1、N1 类采用工况法，其他暂采用 40km/h 等速法。

注：1. 超级电容、钛酸锂快充纯电动客车无纯电动续驶里程要求。

2. M1 类是指包括驾驶员座位在内，座位数不超过九座的载客车辆。

N1 类是指最大设计总质量不超过 3500kg 的载货车辆。

财政部

国家税务总局

工业和信息化部

2015 年 5 月 7 日

中国制造 2025（节能与新能源汽车节选）

国发〔2015〕28 号

制造业是国民经济的主体，是立国之本、兴国之器、强国之基。18 世纪中叶开启工业文明以来，世界强国的兴衰史和中华民族的奋斗史一再证明，没有强大的制造业，就没有国家和民族的强盛。打造具有国际竞争力的制造业，是我国提升综合国力、保障国家安全、建设世界强国的必由之路。

新中国成立尤其是改革开放以来，我国制造业持续快速发展，建成了门类齐全、独立完整的产业体系，有力推动工业化和现代化进程，显著增强综合国力，支撑我世界大国地位。然而，与世界先进水平相比，我国制造业仍然大而不强，在自主创新能力、资源利用效率、产业结构水平、信息化程度、质量效益等方面差距明显，转型升级和跨越发展的任务紧迫而艰巨。

当前，新一轮科技革命和产业变革与我国加快转变经济发展方式形成历史性交汇，国际产业分工格局正在重塑。必须紧紧抓住这一重大历史机遇，按照“四个全面”战略布局要求，实施制造强国战略，加强统筹规划和前瞻部署，力争通过三个十年的努力，到新中国成立一百年时，把我国建设成为引领世界制造业发展的制造强国，为实现中华民族伟大复兴的中国梦打下坚实基础。

《中国制造 2025》，是我国实施制造强国战略第一个十年的行动纲领。

一、发展形势和环境

（一）全球制造业格局面临重大调整。

（二）我国经济发展环境发生重大变化。

（三）建设制造强国任务艰巨而紧迫。

二、战略方针和目标

（一）指导思想。

（二）基本原则。

（三）战略目标。

三、战略任务和重点

（一）提高国家制造业创新能力。

（二）推进信息化与工业化深度融合。

（三）强化工业基础能力。

（四）加强质量品牌建设。

（五）全面推行绿色制造。

（六）大力推动重点领域突破发展。

瞄准新一代信息技术、高端装备、新材料、生物医药等战略重点，引导社会各类资源集聚，推动优势和战略产业快速发展。

1. 新一代信息技术产业。

2. 高档数控机床和机器人。

3. 航空航天装备。

4. 海洋工程装备及高技术船舶。

5. 先进轨道交通装备。

6. 节能与新能源汽车。继续支持电动汽车、燃料电池汽车发展，掌握汽车低碳化、信息化、智能化核心技术，提升动力电池、驱动电机、高效内燃机、先进变速器、轻量化材料、智能控制等核心技术的工程化和产业化能力，形成从关键零部件到整车的完整工业体系和创新体系，推动自主品牌节能与新能源汽车同国际先进水平接轨。

7. 电力装备。

8. 农机装备。

9. 新材料。

10. 生物医药及高性能医疗器械。

专栏5 高端装备创新工程

组织实施大型飞机、航空发动机及燃气轮机、民用航天、智能绿色列车、节能与新能源汽车、海洋工程装备及高技术船舶、智能电网成套装备、高档数控机床、核电装备、高端诊疗设备等一批创新和产业化专项、重大工程。开发一批标志性、带动性强的重点产品和重大装备，提升自主设计水平和系统集成能力，突破共性关键技术与工程化、产业化瓶颈，组织开展应用试点和示范，提高创新发展能力和国际竞争力，抢占竞争制高点。

到 2020 年，上述领域实现自主研制及应用。到 2025 年，自主知识产权高端装备市场占有率大幅提升，核心技术对外依存度明显下降，基础配套能力显著增强，重要领域装备达到国际领先水平。

（七）深入推进制造业结构调整。

（八）积极发展服务型制造和生产性服务业。

（九）提高制造业国际化发展水平。

四、战略支撑与保障

（一）深化体制机制改革。

（二）营造公平竞争市场环境。

（三）完善金融扶持政策。

（四）加大财税政策支持力度。

（五）健全多层次人才培养体系。

（六）完善中小微企业政策。

（七）进一步扩大制造业对外开放。

（八）健全组织实施机制。

国务院

2015 年 5 月 8 日

关于完善城市公交车成品油价格补助政策加快新能源汽车推广应用的通知

财建〔2015〕159 号

各省、自治区、直辖市、计划单列市财政厅（局）、工业和信息化主管部门、交通运输厅（局、委），新疆生产建设兵团财务局、工业和信息化委员会、交通局：

按照《国务院关于印发节能与新能源汽车产业发展规划（2012—2020 年）的通知》（国发〔2012〕22 号）、《国务院关于印发大气污染防治行动计划的通知》（国发〔2013〕37 号）、《国务院办公厅关于加快新能源汽车推广应用的指导意见》（国办发〔2014〕35 号）等文件要求，为进一步加快新能源汽车推广应用，促进公交行业节能减排和结构调整，实现公交行业健康、稳定发展，经国务院批准，从2015年起对城市公交车成品油价格补助政策进行调整。有关事项通知如下：

一、充分认识城市公交车成品油价格补助政策调整的重要意义

2006年起实施的成品油价格补助政策，促进了石油价格形成机制的不断完善和城市公交行业的稳定发展。但成品油价格补助政策的长期执行，实际形成了鼓励购买和使用燃油公交车、阻碍新能源公交车推广应用的不良机制，不利于优化公交行业能源消费结构，与国家节能减排、大气污染防治和发展新能源汽车的工作要求不相符，迫切需要发挥价格机制的调节作用，建立鼓励新能源公交车应用、限制燃油公交车增长的新机制。

二、总体思路和基本原则

通过完善城市公交车成品油价格补助政策，进一步理顺补助对象和环节，加快新能源公交车替代燃油公交车步伐。一方面还原燃油公交车的真实使用成本，遏制燃油公交车数量增加势头，另一方面调动企业购买和使用新能源公交车的积极性，鼓励在新增和更新城市公交车时优先选择新能源公交车，推动新能源公交车规模化推广应用，促进公交行业节能减排，为大气污染防治作出贡献。

（一）总体思路。

统筹考虑各类城市公交车购置和运营成本，在对城市公交行业补助总体水平相对稳定的前提下，调整优化财政补助支出结构，平衡传统燃油公交车和新能源公交车的使用成本，逐步形成新能源汽车的比较优势。循序渐进，分类实施，推动形成有利于城市公交行业节能减排和新能源汽车产业发展的政策环境，确保公交行业平稳转型、健康发展。

（二）基本原则。

一是统筹兼顾，突出重点。统筹考虑城市用油、用气、新能源等公交车一定期限内购置及运营成本，调整现行成品油价格补贴政策，加大对新能源公交车支持力度，及时研究制订用气公交车支持政策。

二是总量稳定，结构优化。在对城市公交行业补助总体规模稳定的前提下，通过逐年降低城市公交车成品油价格补助和增加新能源公交车运营补助，加大对新能源公交车支持力度，逐步形成新能源公交车的比较优势，优化城市公交车辆产品结构。

三是分类实施，循序渐进。对现行城市公交车成品油价格补助中因税费改革产生的补助（即2008年国务院实施成品油价格和税费改革时，对因取消公路养路费等六项收费后提高汽柴油消费税形成的涨价给予的补助，以下简称费改税补助）和成品油价格上涨产生的补助（以下简称涨价补助）区别对待。费改税补助，以2013年实际执行数为基数予以保留。涨价补助与新能源公交车推广完成情况挂钩，补助金额逐步减少。

四是绩效考核，有奖有罚。对各省（区、市）新能源公交车推广情况进行考核，完成新能源公交车推广目标的，给予新能源公交车运营补助；对未完成目标的，按照一定比例扣减本省（区、市）成品油价格补助中的涨价补助。

三、政策措施

（一）调整现行城市公交车成品油价格补助政策。

1. 现行城市公交车成品油价格补助中的费改税补助作为基数保留，不作调整。2015—2019年，费改税补助数额以2013年实际执行数作为基数予以保留，暂不做调整。

2. 现行城市公交车成品油价格补助中的涨价补助以2013年作基数，逐年调整。2015—2019年，现行城市公交车成品油价格补助中的涨价补助以2013年实际执行数作为基数逐步递减，其中2015年减少15%、2016年减少30%、2017年减少40%、2018年减少50%、2019年减少60%，2020年以后根据城市公交车用能结构情况另行确定。

（二）涨价补助数额与新能源公交车推广数量挂钩。

2015—2019年，城市公交车成品油价格补助中的涨价补助数额与新能源公交车推广数量挂钩。其中，大气污染治理重点区域和重点省市（包括北京、上海、天津、河北、山西、江苏、浙江、山东、广东、海南），2015—2019年新增及更换的公交车中新能源公交车比重应分别达到40%、50%、60%、70%和80%。中部省（包括安徽、江西、河南、湖北、湖南）和福建省2015—2019年新增及更换的公交车中新能源公交车比重应分别达到25%、35%、45%、55%和65%。其他省（区、市）2015—2019年新增及更换的公交车中新能源公交车比重应分别达到10%、15%、20%、25%和30%。达到上述推广比例要求的，涨价补助按照政策调整后的标准全额拨付。未能达到上述推广比例要求的，扣减当年应拨涨价补助数额的20%。新能源公交车推广考核具体办法由工业和信息化部、交通运输部、财政部另行制订。

（三）调整后的城市公交车成品油价格补助资金由地方统筹使用。

调整后的城市公交车成品油价格补助资金由地方统筹用于城市公交车补助。各省（区、市）财政、工业和信息化、交通运输等部门根据本地实际制定具体管理办法。城市公交车补助问题由地方政府通过增加财政补助、调整运价等方式予以解决，确保公交行业稳定。

（四）中央财政对完成新能源公交车推广目标的地区给予新能源公交车运营补助。

为加快新能源公交车替换燃油公交车步伐，2015—2019 年期间中央财政对达到新能源公交车推广目标的省份，对纳入工业和信息化部“新能源汽车推广应用工程推荐车型目录”、年运营里程不低于 3 万公里（含 3 万公里）的新能源公交车以及非插电式混合动力公交车，按照其实际推广数量给予运营补助。具体标准见附件。2020 年以后再综合考虑产业发展、成本变化及优惠电价等因素调整运营补助政策。

四、资金申请和拨付

（一）城市公交车成品油价格补助。

调整后的城市公交车成品油价格补助资金将采取年初预拨、年度清算的资金拨付方式，即：

1. 在每年 4 月底前，中央财政将各省（区、市）当年应享受的全部费改税补助资金和 80% 的涨价补助资金，提前拨付给省级财政部门（2015 年度补助资金将在政策发布后一个月内拨付地方）。

2. 剩余 20% 的涨价补助资金，在下一年度 4 月底前，对该省（区、市）的新能源公交车推广工作核查后，向符合条件的省（区、市）进行拨付，不符合条件的将不予拨付。具体的申报、核查程序以及时间要求如下：

（1）由县、市级交通运输部门和道路运输管理机构组织力量，对本辖区城市公交企业新增及更换公交车数量、新能源公交车实际推广使用数量、新能源公交车行驶里程及车辆购置发票等相关证明材料进行统计、整理、汇总，经核实并公示无异后，于每年 2 月 10 日前，逐级上报至省级交通运输部门，同时抄报同级财政、工业和信息化、审计部门。

（2）省级交通运输部门收到下级交通运输部门上报的车辆信息及相关证明材料后，经审核和重点抽查，将本省（区、市）新增及更换公交车数量、新能源公交车实际推广数量、新能源公交车运营里程等情况整理汇总，于每年 2 月底前，上报至交通运输部，并抄送同级财政、工业和信息化、审计部门及财政部驻当地财政监察专员办事处。

（3）交通运输部会同工业和信息化部对各省（区、市）公交车推广情况进行整理、汇总和分析，核定各省（区、市）新能源公交车推广数量和占新增及更换的公交车的比例，确定各省（区、市）是否完成相应的新能源汽车推广任务，将审核报告于每年 3 月底前提交至财政部。

（4）财政部根据交通运输部、工业和信息化部审核结果，向符合条件的省（区、市）拨付剩余 20% 的城市公交车成品油价格补助资金。

3. 省级财政部门收到财政部下达的补助资金（包括预拨资金和清算资金）后，应当会同同级交通运输、工业和信息化部门逐级下拨资金。基层财政、交通运输和工业和信息化部门应当及时将补助资金发放到补助对象。

（二）新能源公交车运营补助。

新能源公交车运营补助资金将采取存量部分年初拨付、增量部分年终清算的方式，即：

1. 在每年 4 月底前，中央财政对以前年度（从 2015 年 1 月 1 日起）已购买并上牌，且在正常运行（年运营里程不得低于 3 万公里）的新能源公交车，按照附件中确定的补助标准，将运营补助资金拨付给省级财政部门，与城市公交车成品油价格补助预拨资金一并下达。

2. 当年新投入运营的新能源公交车，中央财政将于下一年度 4 月底前，向符合条件的省（区、市）拨付运营补助资金，与城市公交车成品油价格补助清算资金一并下达；不符合要求的将不予拨付。

补助资金应当专款专用，全额用于补助实际用油者和新能源公交车的运营，不得挪作他用。

五、保障措施

城市公交车成品油价格补助政策调整涉及城市公交企业和广大群众切身利益，实施新能源汽车替代燃油车是一个系统工程，各地区要统一思想，精心组织，周密部署，做好有关工作，确保顺利实施。

（一）加强组织领导。城市公交车成品油价格补助政策调整以省（区、市）为单位实施，财政部、工业和信息化部、交通运输部分工协作，共同督促地方政府加强领导，精心部署，切实做好政策调整的组织实施工作。财政部牵头负责政策制订和调整、组织实施并具体负责中央财政补助资金的管理。工业和信息化部负责采取切实有效措施打破地方保护，督促企业加大新能源公交车生产供应和提高质量安全保障等。交通运输部负责对各地新能源公交车替代燃油公交车工作的考核、监督与指导。

（二）加强监督检查。各省级财政、工业和信息化、交通运输部门要联合有关部门加强对城市公交车成品油价格补助政策调整工作的监督检查，规范补助资金的申请和发放程序，加强资金管理。对弄虚作假、套取补助资金的公交企业，一经查实，追回上年度补助资金，并取消下年度补助资格；对虚报瞒报新能源公交车推广数量和推广比例、扩大范围发放补助资金、截留挪用补助资金的部门和管理人员，一经查实，将严肃处理，并追究相关责任人的责任。

（三）做好政策宣传。财政部、工业和信息化部、交通运输部会同有关部门和行业协会、企业做好宣传工作，加强舆论引导，及时回应社会关切，争取社会各方理解和支持，确保政策调整平稳实施。地方各级人民政府要结合本地实际情况，加强舆论引导。

（四）维护行业稳定。各省（区、市）要加强公交行业动态信息监控，及时掌握改革动态；要充分考虑公共财政保障能力、公众承受能力和企业运营成本，加快建立城市公交成本票价制度，消化补助政策调整给企业增加的运营成本，维护城市公交行业健康稳定发展。

（五）做好政策衔接。地方政府及相关部门应当按照本通知要求，尽快完善补助资金的发放管理制度，并将调整后的补助程序、补助对象、补助标准和金额等内容及时向社会公布。

本通知自 2015 年 1 月 1 日起实施。2009 年财政部、交通运输部联合发布的《城乡道路客运成品油价格补助专项资金管理暂行办法》（财建〔2009〕1008 号）中关于城市公交的内容同时废止。

附件

节能与新能源公交车运营补助标准（2015—2019 年）

单位：万元/辆/年

车辆类型	车长 L（米）		
	6≤L<8	8≤L<10	L≥10
纯电动公交车	4	6	8
插电式混合动力（含增程式）公交车	2	3	4
燃料电池公交车	6		
超级电容公交车	2		
非插电式混合动力公交车	2		

财政部

工业和信息化部

交通运输部

2015 年 5 月 11 日

新建纯电动乘用车企业管理规定

第一章　总则

第一条　为促进新能源汽车产业发展，发挥市场主体的作用，支持社会资本和具有技术创新能力的企业参与纯电动乘用车科研生产，根据《中华人民共和国行政许可法》及《政府核准投资项目管理办法》《汽车产业发展政策》等有关法律、法规和规章，制定本规定。

第二条　本规定适用于在中国境内投资新建独立法人纯电动乘用车生产企业（以下简称“新建企业”）。

第三条　本规定所称“纯电动乘用车”，包括纯电动和增程式（具备外接充电功能的串联式混合动力）乘用车，分别指国家标准 GB/T 19596－2004《电动汽车术语》中第 3.1.1.1.1 款和第 3.1.1.1.2.1 款所定义的车辆。“乘用车”包含轿车和其他乘用车，是指整车（含底盘）为自制的、国家标准 GB/T 3730.1－2001《汽车和挂车类型的术语和定义》中第 2.1.1.1 款至第 2.1.1.10 款所定义的车辆。

第四条　国家发展改革委、工业和信息化部在各自职责范围内负责新建企业投资项目和车辆生产企业及产品准入的监督管理。

第二章　投资管理

第五条　新建企业投资项目应执行《国务院关于发布政府核准的投资项目目录（2014 年本）的通知》（国发〔2014〕53 号）和《汽车产业发展政策》有关规定。

第六条　新建企业投资项目的投资总额和生产规模不受《汽车产业发展政策》有关最低要求限制，由投资主体自行决定。

新建企业可生产纯电动乘用车，不能生产任何以内燃机为驱动动力的汽车产品。

第七条　新建企业的投资主体应按照《政府核准投资项目管理办法》有关要求编制投资项目申请报告，并向国家发展改革委提供投资项目申请企业的企业概况、基础能力、试制样车说明及证明材料（见附件 1）。

第八条　新建企业的投资主体应具备以下基本条件：

（一）在中国境内注册，具备与项目投资相适应的自有资金规模和融资能力。

（二）具有纯电动乘用车产品从概念设计、系统和结构设计到样车研制、试验、定型的完整研发经历。具有专业研发团队和整车正向研发能力，掌握整车控制系统、动力蓄电池系统、整车集成和整车轻量化方面的核心技术以及相应的试验验证能力，拥有纯电动乘用车自主知识产权和已授权的相关发明专利。

（三）具有整车试制能力，具备完整的纯电动乘用车样车试制条件，包括车身及底盘制造、动力蓄电池系统集成、整车装配等主要试制工艺和装备。

（四）自行试制同一型式的纯电动乘用车样车数量不少于 15 辆。提供的样车经过国家认定的检测机构检验，在符合汽车国家标准和电动汽车相关标准的前提下，在安全性、可靠性、动力性、整车轻量化、经济性等方面达到规定的技术要求（见附件 2）。

第九条　新建企业投资项目申请报告应包括以下内容：

（一）具备纯电动乘用车整车正向开发能力的研发机构。至少具备整车及动力系统匹配、整车管理系统、车载能源管理系统、车辆轻量化、车辆安全等关键技术的设计开发能力、试验检测能力以及对整车产品运行状态的监控能力。

（二）与生产纲领、产品结构相适应的车身成型、涂装、总装等整车生产工艺和装备，以及动力蓄电池系统集成等关键部件的生产能力和一致性保证能力。

（三）纯电动乘用车产品的销售及售后服务体系。

（四）新建企业要有履行保障消费者权益等社会责任的承诺和措施，并提供担保企业和经公证的担保期不低于 5 年（以项目建成投产为起始点）的担保合同。

第十条　国家发展改革委应当依据《政府核准投资项目管理办法》有关规定对新建企业投资项目申请进行审查，并征求工业和信息化部的意见。

第十一条　国家发展改革委应当对新建企业投资项目申请组织专家进行评估，由纯电动乘用车行业专家库中的专家组成投资项目评审委员会，对投资项目申请企业提供的附件一和附件二的真实性和符合性进行审查，并在30个工作日内出具评审意见。纯电动乘用车行业专家库由国家发展改革委会同工业和信息化部负责组建。

第三章　准入管理

第十二条　投资项目完成建设后，新建企业及产品按照工业和信息化部《乘用车生产企业及产品准入管理规则》和《新能源汽车生产企业及产品准入管理规则》的相关要求，通过考核后列入《车辆生产企业及产品公告》，并按单独类别管理。

第十三条　新建企业生产的纯电动乘用车产品应使用该企业拥有所有权的注册商标和品牌，且符合乘用车、电动汽车相关国家标准和行业标准的要求，所采用动力蓄电池单体和系统应当是符合汽车动力蓄电池行业规范条件的企业生产的产品。新建企业须提交对纯电动乘用车电池、电机、电控系统等核心部件的质保承诺，质保承诺的内容应符合国家支持新能源汽车推广应用的相关规定。

第十四条　新建企业列入《车辆生产企业及产品公告》的纯电动乘用车产品有效期为3年，有效期届满前30日可提出延期申请，审查通过可以延长有效期，每次延期不超过3年。

第十五条　新建企业应建立生产一致性管理体系，保证实际生产的产品与列入《车辆生产企业及产品公告》的产品相符。对企业生产未经许可或不符合标准的产品，依照《道路交通安全法》和工业和信息化部《车辆生产企业及产品一致性监督管理办法》有关规定进行处理。

第十六条　工业和信息化部对新建企业承诺履行情况、售后服务保障情况、产品安全性和一致性等方面开展评价，评价结果向社会公开。

第十七条　工业和信息化部对新建企业准入条件保持情况进行抽查，对不能保持生产准入相关条件或已经破产的企业，依法撤销、注销或暂停其《车辆生产企业及产品公告》。暂停期间，企业不得办理更名、迁址等变更手续。

第四章　附则

第十八条　新建企业投资项目和准入管理的监管及法律责任，按照国家有关法律法规以及《政府核准投资项目管理办法》等规定执行。

第十九条　本规定由国家发展和改革委员会、工业和信息化部负责解释。

第二十条　本规定自2015年7月10日起施行。

附件：

1. 投资项目申请企业的企业概况、基础能力、试制样车说明及证明材料

2. 试制样车技术要求

附件1　**投资项目申请企业的企业概况、基础能力、试制样车说明及证明材料**

项目	提供材料	内容说明
一、企业概况	1. 企业经历 2. 财务报告	从事汽车相关产业的经历情况和财务报告。
二、基础能力	1. 纯电动乘用车研发能力 ①综述文字材料 ②研发人员名单及介绍 ③整车设计规范及设计开发各阶段设计计算分析报告 ④自主知识产权证明和专利证书 ⑤软硬件设备清单及所有权证明 ⑥技术协议/合作协议 2. 纯电动乘用车试制能力 ①综述文字材料 ②试制设备清单 ③试制、检测、评价规范	研发机构设置及人员情况：企业研发机构设置，研发队伍和人员技术资历、配置等。 整车正向开发能力情况：提供样车整车开发过程资料、执行标准和技术状况，包括整车、各主要功能系统和关键零部件设计规范、输入、输出、设计变更等资料。 自主知识产权和授权发明专利情况：提供企业自主知识产权及专利情况说明。 整车及关键部件的软硬件配备情况：企业纯电动乘用车开发、试制和试验用的软件、硬件、仪器设备、配置、信息数据库等情况。 技术合作情况：整车及关键零部件的技术合作方、合作方式，以及知识产权归属情况。 在整车车身及主要结构件成型、电控系统、电机、动力电池系统、底盘、整车试装及调试等方面的试制试装能力情况，样车的试制工艺、试制过程等方面的文件和证明材料。
三、试制样车说明及证明材料	1. 试制样车技术情况说明 2. 试制样车试验报告	试制样车数量不少于15辆。 试制样车技术参数、结构设计及配置描述等样车技术情况说明。 国家认定的检测机构出具的符合汽车国家标准、电动汽车相关标准、附件二要求的样车试验报告。

附件 2

试制样车技术要求

技术要求		车长≤4000mm	车长>4000mm	试验标准
		<4 座	4~5 座	
安全性要求	储能、功能、人员安全	车载储能装置碰撞、功能安全和故障防护、人员触电防护		符合 GB/T 18384 相关要求
	整车碰撞安全	碰撞试验		符合相关碰撞标准要求。
	电池安全			符合国家和行业相应标准要求
可靠性要求	整车性能一致性	单车完成行驶里程 30000km 的可靠性试验后，其动力性、安全性、经济性仍能满足本技术要求。		参照 GB/T 18388 进行试验。
	动力电池一致性	单车完成行驶里程 30000km 的可靠性试验后，充电完成并静置 10 分钟，所有动力电池单体电压值（V）最大差值不超过 0.05V 或者续驶里程衰减率低于 10%。		通过电池管理系统或上位机读出每个单体电池电压值（V），计算最大差值绝对值。

<table>
<tr><th colspan="2" rowspan="2">技术要求</th><th colspan="4">车长≤4000mm</th><th colspan="4" rowspan="2">车长>4000mm</th><th rowspan="2">试验标准</th></tr>
<tr><th colspan="2"><4 座</th><th colspan="2">4~5 座</th></tr>
<tr><td rowspan="3">动力性要求</td><td>最高车速（km/h）</td><td colspan="2">>100</td><td colspan="2">>100</td><td colspan="4">>120</td><td rowspan="3">参照 GB/T 18385 进行试验，测量 0～50km/h 和 0～100km/h 加速时间</td></tr>
<tr><td>0~50km/h 加速时间（s）</td><td colspan="2"><5</td><td colspan="2"><5</td><td colspan="4">—</td></tr>
<tr><td>0~100km/h 加速时间（s）</td><td colspan="2">—</td><td colspan="2">—</td><td colspan="4"><12</td></tr>
<tr><td rowspan="2">轻量化要求</td><td>综合工况纯电续驶里程（km）</td><td>100~150</td><td>151~200</td><td>100~150</td><td>151~200</td><td>150~200</td><td>201~250</td><td>251~300</td><td>>300</td><td rowspan="3">根据 GB/T 18386 规定的试验方法进行试验。</td></tr>
<tr><td>整备质量（kg）</td><td>≤750</td><td>≤850</td><td>≤1000</td><td>≤1200</td><td>≤1400</td><td>≤1600</td><td>≤1800</td><td>≤2000</td></tr>
<tr><td rowspan="2">经济性要求</td><td>能量消耗率（综合工况每百公里电耗）(kWh)</td><td><8</td><td><10</td><td><12</td><td><14</td><td><16</td><td><18</td><td><20</td><td><22</td></tr>
<tr><td>制动能量回收</td><td colspan="8">城市工况下制动能量回收对续驶里程的贡献率不低于 15%</td><td>测试车辆在制动能量回收功能开启和关闭状态下的续驶里程。</td></tr>
</table>

国家发展和改革委

工业和信息化部

2015 年 6 月 2 日

关于加快新能源汽车推广应用的指导意见的通知

国办发〔2014〕35 号

各省、自治区、直辖市人民政府，国务院各部委、各直属机构：

为全面贯彻落实《国务院关于印发节能与新能源汽车产业发展规划（2012—2020 年）的通知》（国发〔2012〕22 号），加快新能源汽车的推广应用，有效缓解能源和环境压力，促进汽车产业转型升级，经国务院批准，现提出以下指导意见：

一、总体要求

（一）指导思想。

贯彻落实发展新能源汽车的国家战略，以纯电驱动为新能源汽车发展的主要战略取向，重点发展纯电动汽车、插电式（含增程式）混合动力汽车和燃料电池汽车，以市场主导和政府扶持相结合，建立长期稳定的新能源汽车发展政策体系，创造良好发展环境，加快培育市场，促进新能源汽车产业健康快速发展。

（二）基本原则。

创新驱动，产学研用结合。新能源汽车生产企业和充电设施生产建设运营企业要着力突破关键核心技术，加强商业模式创新和品牌建设，不断提高产品质量，降低生产成本，保障产品安全和性能，为消费者提供优质服务。

政府引导，市场竞争拉动。地方政府要相应制定新能源汽车推广应用规划，促进形成统一、竞争、有序的市场环境。建立和规范市场准入标准，鼓励社会资本参与新能源汽车生产和充电运营服务。

双管齐下，公共服务带动。把公共服务领域用车作为新能源汽车推广应用的突破口，扩大公共机构采购新能源汽车的规模，通过示范使用增强社会信心，降低购买使用成本，引导个人消费，形成良性循环。

因地制宜，明确责任主体。地方政府承担新能源汽车推广应用主体责任，要结合地方经济社会发展实际，制定具体实施方案和工作计划，明确工作要求和时间进度，确保完成各项目标任务。

二、加快充电设施建设

（三）制定充电设施发展规划和技术标准。

完善充电设施标准体系建设，制定实施新能源汽车充电设施发展规划，鼓励社会资本进入充电设施建设领域，积极利用城市中现有的场地和设施，推进充电设施项目建设，完善充电设施布局。电网企业要做好相关电力基础网络建设和充电设施报装增容服务等工作。

（四）完善城市规划和相应标准。

将充电设施建设和配套电网建设与改造纳入城市规划，完善相关工程建设标准，明确建筑物配建停车场、城市公共停车场预留充电设施建设条件的要求和比例。加快形成以使用者居住地、驻地停车位（基本车位）配建充电设施为主体，以城市公共停车位、路内临时停车位配建充电设施为辅助，以城市充电站、换电站为补充的，数量适度超前、布局合理的充电设施服务体系。研究在高速公路服务区配建充电设施，积极构建高速公路城际快充网络。

（五）完善充电设施用地政策。

鼓励在现有停车场（位）等现有建设用地上设立他项权利建设充电设施。通过设立他项权利建设充电设施的，可保持现有建设用地已设立的土地使用权及用途不变。在符合规划的前提下，利用现有建设用地新建充电站的，可采用协议方式办理相关用地手续。政府供应独立新建的充电站用地，其用途按城市规划确定的用途管理，应采取招标拍卖挂牌方式出让或租赁方式供应土地，可将建设要求列入供地条件，底价确定可考虑政府支持的要求。供应其他建设用地需配建充电设施的，可将配建要求纳入土地供应条件，依法妥善处理充电设施使用土地的产权关系。严格充电站的规划布局和建设标准管理。严格充电站用地改变用途管理，确需改变用途的，应依法办理规划和用地手续。

（六）完善用电价格政策。

充电设施经营企业可向电动汽车用户收取电费和充电服务费。2020 年前，对电动汽车充电服务费实行政府指导价管理。对向电网经营企业直接报装接电的经营性集中式充电设施用电，执行大工业用电价格；对居民家庭住宅、居民住宅小区等非经营性分散充电桩按其所在场所执行分类目录电价；对党政机关、企事业单位和社会公共停车场中设置的充电设施用电执行一般工商业及其他类用电价格。电动汽车充电设施用电执行峰谷分时电价政策。将电动汽车充电设施配套电网改造成本纳入电网企业输配电价。

（七）推进充电设施关键技术攻关。

依托国家科技计划加强对新型充电设施及装备技术、前瞻性技术的研发，对关键技术的检测认证方法、充电设施消防安全规范以及充电网络监控和运营安全等方面给予科技支撑。支持企业探索发展适应行业特征的充电模式，实现更安全、更方便的充电。

（八）鼓励公共单位加快内部停车场充电设施建设。

具备条件的政府机关、公共机构及企事业等单位新建或改造停车场，应当结合新能源汽车配备更新计划，充分考虑职工购买新能源汽车的需要，按照适度超前的原则，规划设置新能源汽车专用停车位、配建充电桩。

（九）落实充电设施建设责任。

地方政府要把充电设施及配套电网建设与改造纳入城市建设规划，因地制宜制定充电设施专项建设规划，在用地等方面给予政策支持，对建设运营给予必要补贴。电网企业要配合政府做好充电设施建设规划。

三、积极引导企业创新商业模式

（十）加快售后服务体系建设。

进一步放宽市场准入，鼓励和支持社会资本进入新能源汽车充电设施建设和运营、整车租赁、电池租赁和回收等服务领域。新能源汽车生产企业要积极提高售后服务水平，加快品牌培育。地方政府可通过给予特许经营权等方式保护投资主体初期利益，商业场所可将充电费、服务费与停车收费相结合给予优惠，个人拥有的充电设施也可对外提供充电服务，地方政府负责制定相应的服务标准。研究制定动力电池回收利用政策，探索利用基金、押金、强制回收等方式促进废旧动力电池回收，建立健全废旧动力电池循环利用体系。

（十一）积极鼓励投融资创新。

在公共服务领域探索公交车、出租车、公务用车的新能源汽车融资租赁运营模式，在个人使用领域探索分时租赁、车辆共享、整车租赁以及按揭购买新能源汽车等模式，及时总结推广科学有效的做法。

（十二）发挥信息技术的积极作用。

不断提高现代信息技术在新能源汽车商业运营模式创新中的应用水平，鼓励互联网企业参与新能源汽车技术研发和运营服务，加快智能电网、移动互联网、物联网、大数据等新技术应用，为新能源汽车推广应用带来更多便利和实惠。

四、推动公共服务领域率先推广应用

（十三）扩大公共服务领域新能源汽车应用规模。

各地区、各有关部门要在公交车、出租车等城市客运以及环卫、物流、机场通勤、公安巡逻等领域加大新能源汽车推广应用力度，制定机动车更新计划，不断提高新能源汽车运营比重。新能源汽车推广应用城市新增或更新车辆中的新能源汽车比例不低于 30%。

（十四）推进党政机关和公共机构、企事业单位使用新能源汽车。

2014—2016 年，中央国家机关以及新能源汽车推广应用城市的政府机关及公共机构购买的新能源汽车占当年配备更新车辆总量的比例不低于 30%，以后逐年扩大应用规模。企事业单位应积极采取租赁和完善充电设施等措施，鼓励本单位职工购买使用新能源汽车，发挥对社会的示范引领作用。

五、进一步完善政策体系

（十五）完善新能源汽车推广补贴政策。

对消费者购买符合要求的纯电动汽车、插电式（含增程式）混合动力汽车、燃料电池汽车给予补贴。中央财政安排资金对新能源汽车推广应用规模较大和配套基础设施建设较好的城市或企业给予奖励，奖励资金用于充电设施建设等方面。有关方面要抓紧研究确定 2016—2020 年新能源汽车推广应用的财政支持政策，争取于 2014 年底前向社会公布，及早稳定企业和市场预期。

（十六）改革完善城市公交车成品油价格补贴政策。

城市公交车行业是新能源汽车推广的优先领域，通过逐步减少对城市公交车燃油补贴和增加对新能源公交车运营补贴，将补贴额度与新能源公交车推广目标完成情况相挂钩，形成鼓励新能源公交车应用、限制燃油公交车增长的机制，加快新能源公交车替代燃油公交车步伐，促进城市公交行业健康发展。

（十七）给予新能源汽车税收优惠。

2014 年 9 月 1 日至 2017 年 12 月 31 日，对纯电动汽车、插电式（含增程式）混合动力汽车和燃料电池汽车免征车辆购置税。进一步落实《中华人民共和国车船税法》及其实施条例，研究完善节约能源和新能源汽车车船税优惠政策，并做好车船税减免工作。继续落实好汽车消费税政策，发挥税收政策鼓励新能源汽车消费的作用。

（十八）多渠道筹集支持新能源汽车发展的资金。

建立长期稳定的发展新能源汽车的资金来源，重点支持新能源汽车技术研发、检验测试和推广应用。

（十九）完善新能源汽车金融服务体系。

鼓励银行业金融机构基于商业可持续原则，建立适应新能源汽车行业特点的信贷管理和贷款评审制度，创新金融产品，满足新能源汽车生产、经营、消费等各环节的融资需求。支持符合条件的企业通过上市、发行债券等方式，拓宽企业融资渠道。鼓励汽车金融公司发行金融债券，开展信贷资产证券化，增加其支持个人购买新能源汽车的资金来源。

（二十）制定新能源汽车企业准入政策。

研究出台公开透明、操作性强的新建新能源汽车生产企业投资项目准入条件，支持社会资本和具有技术创新能力的企业参与新能源汽车科研生产。

（二十一）建立企业平均燃料消耗量管理制度。

制定实施基于汽车企业平均燃料消耗量的积分交易和奖惩办法，在考核企业平均燃料消耗量时对新能源汽车给予优惠，鼓励新能源汽车的研发生产和销售使用。

（二十二）实行差异化的新能源汽车交通管理政策。

有关地区为缓解交通拥堵采取机动车限购、限行措施时，应当对新能源汽车给予优惠和便利。实行新能源汽车独立分类注册登记，便于新能源汽车的税收和保险分类管理。在机动车行驶证上标注新能源汽车类型，便于执法管理中有效识别区分。改进道路交通技术监控系统，通过号牌自动识别系统对新能源汽车的通行给予便利。

六、坚决破除地方保护

（二十三）统一标准和目录。

各地区要严格执行全国统一的新能源汽车和充电设施国家标准和行业标准，不得自行制定、出台地方性的新能源汽车和充电设施标准。各地区要执行国家统一的新能源汽车推广目录，不得采取制定地方推广目录、对新能源汽车进行重复检测检验、要求汽车生产企业在本地设厂、要求整车企业采购本地生产的电池、电机等零部件等违规措施，阻碍外地生产的新能源汽车进入本地市场，以及限制或变相限制消费者购买外地及某一类新能源汽车。

（二十四）规范市场秩序。

有关部门要加强对新能源汽车市场的监管，推进建设统一开放、有序竞争的新能源汽车市场。坚决清理取消各地区不利于新能源汽车市场发展的违规政策措施。

七、加强技术创新和产品质量监管

（二十五）加大科技攻关支持力度。

通过国家科技计划，对新能源汽车储能系统、燃料电池、驱动系统、整车控制和信息系统、充电加注、试验检测等共性关键技术以及整车集成技术集中力量攻关，不断完善科技创新体系建设。

（二十六）组织实施产业技术创新工程。

加快研究和开发适应市场需求、有竞争力的新能源汽车技术和产品，加大研发和检测能力投入，通过联合开发，加快突破重大关键技术，不断提高产品质量和服务能力，降低能源消耗，加快建立新能源汽车产业技术创新体系。

（二十七）完善新能源汽车产品质量保障体系。

新能源汽车产品质量的责任主体是生产企业，生产企业要建立质量安全责任制，确保新能源汽车安全运行。支持建立行业性新能源汽车技术支撑平台，提高新能源汽车技术服务和测试检验水平。建立新能源汽车产品抽检制度，通过市场抽样和性能检测，加强对产品的质量监管和一致性监管。研究建立车用动力电池准入管理制度。

八、进一步加强组织领导

（二十八）加强地方政府的组织推动作用。

各有关地方政府要切实加强组织领导，建立由主要负责同志牵头、各职能部门参加的新能源汽车工作联席会议制度，结合本地实际制定细化支持政策和配套措施，形成多方合力。要加强指标考核，建立以实际运营车辆和便利使用环境为主要指标的考核体系，明确工作要求和时间进度，确保按时保质完成各项目标任务。

（二十九）加强部门间的统筹协调。

节能与新能源汽车产业发展部际联席会议及其办公室要及时协调解决新能源汽车推广应用中的重大问题，部门间要加强协同配合，提高工作效率。要加强对各地区的督促考核，定期在媒体公开各地区任务完成情况。财政奖励资金要与推广目标完成情况、基础设施网络配套及社会使用环境建设等挂钩，建立新能源汽车推广城市退出机制。要及时总结成功经验，在全国组织推广交流活动，促进各地相互学习借鉴、共同提高。

（三十）加强宣传引导和舆论监督。

各有关部门和新闻媒体要通过多种形式大力宣传新能源汽车对降低能源消耗、减少污染物排放的重大作用，组织业内专家解读新能源汽车的综合成本优势。要通过媒体宣传，提高全社会对新能源汽车的认知度和接受度，同时对损害消费者权益、弄虚作假等行为给予曝光，形成有利于新能源汽车消费的氛围。

国务院办公厅

2014 年 7 月 14 日

关于开展节能与新能源汽车推广应用安全隐患排查治理工作通知

工信厅装函〔2015〕534 号

经节能与新能源汽车产业发展部际联席会议办公室研究决定，在各节能与新能源汽车推广应用城市、节能与新能源汽车生产企业开展安全隐患排查治理工作。现将有关事项通知如下：

一、充分认识节能与新能源汽车推广应用安全隐患排查治理工作的重要意义

新能源汽车正处于产业化发展初期，也是产业发展的关键时期，新能源汽车推广应用的安全问题不仅涉及到人民群众的生命财产安全，也关系到战略性新兴产业的发展大局。各有关城市政府部门、新能源汽车和动力电池生产企业以及充电设施建设运营单位要高度重视安全工作，把保障安全放在工作首位，在产品设计、制造生产、运行使用、回收报废等环节，牢牢把握安全关，确保节能与新能源汽车的安全运行。

二、工作要求

（一）各示范城市政府新能源汽车工作联席会议制度牵头部门要切实履行安全监管职责，加强组织领导，会同相关部门成立安全隐患排查治理工作组，制定具体工作方案，组织做好安全隐患排查治理工作。

1. 对本城市自2009年以来推广应用的节能汽车、新能源汽车运行状况，包括回收报废车辆的处理情况，进行全面、彻底的调查。重点要加强公共服务领域推广应用的节能汽车、新能源汽车的运行情况检查，确保核查到每一辆车及配套的电池系统。对于发现问题的车辆，需立即督促汽车生产企业尽快采取改进措施，消除隐患。

2. 对充电基础设施包括充换电站、充电桩等的安全状况进行全面调查，包括设施、人员、管理制度等方面是否健全，重点关注预防过充与火灾处置等有关问题。对于发现的问题应及时采取改进措施。

3. 对公共领域推广应用的节能汽车、新能源汽车的安全运行监控系统的功能与实际运行情况进行调查，对于发现的问题应及时采取改进措施。

4. 对节能汽车、新能源汽车停放及电池箱的存放场地及配套管理措施进行调查，对应发现的问题应采取改进措施。

5. 要充分发挥舆论监督作用，加强节能与新能源汽车推广应用运行安全和产品质量宣传报道，营造节能与新能源汽车生产、运营单位重视安全、质量、服务的社会氛围。

（二）节能与新能源汽车生产企业作为产品质量的责任主体，要牢固树立质量安全责任意识，不断完善售后服务保障体系，确保新能源汽车安全运行。

1. 要按照示范城市政府部门要求，会同动力电池企业做好已推广的节能与新能源汽车的安全隐患排查治理工作。

2. 对已销售的、准备销售的节能汽车、新能源汽车产品做进一步的安全设计审查，重点加强客车产品及其电池管理系统审查，发现潜在隐患的应及时整改。

3. 对已发生过火灾等安全事故的产品进行分析，查找事故原因与产品缺陷，对同类产品采取改进措施，如需要召回的应积极主动实施召回。

三、排查治理情况上报

请各有关地方政府、汽车生产企业于 9 月底前完成上述排查治理工作，形成书面报告，如实汇报包括安全隐患排查的组织情况、实施情况、存在问题及问题处理情况等内容，于10月20日前送节能与新能源汽车产业发展部际联席会议办公室（工业和信息化部）。

请各有关单位务必高度重视节能与新能源汽车推广应用安全，切实开展安全隐患排查治理工作，如实汇报排查治理情况，如发现在排查治理工作中有弄虚作假、瞒报、虚报行为的，将视情采取通报批评、暂停节能与新能源汽车推广资格等处罚措施。

节能与新能源汽车产业发展部际联席会议办公室

2015 年 8 月 4 日

锂离子电池行业规范条件

为加强锂离子电池行业管理，引导产业转型升级，大力培育战略性新兴产业，推动锂离子电池产业健康发展，根据国家有关法律法规及产业政策，依据优化布局、规范秩序、保障质量、安全管理、推动创新、分类指导的原则，制定本规范条件。

一、产业布局和项目设立

（一）锂离子电池行业的企业及项目应符合国家资源开发利用、环境保护、节能管理等法律法规要求，符合国家产业政策和相关产业发展规划及布局要求，符合当地土地利用总体规划、城市总体规划、环境功能区划和环境保护规划等要求。

（二）在国家法律法规、规章及规划确定或省级以上人民政府批准的基本农田保护区、自然保护区、饮用水水源保护区、生态功能保护区等法律、法规规定禁止建设工业企业的区域不得建设锂离子电池行业项目。上述区域内的现有企业应逐步迁出。

（三）严格控制新上单纯扩大产能、技术水平低的锂离子电池行业项目。对促进技术创新、提高产品质量、降低生产成本等确有必要的新建和改扩建项目，由行业主管部门按 照相关规定加强组织论证。

二、生产规模和工艺技术

（一）企业应具备以下条件：在中华人民共和国境内依法注册成立，具有独立法人资格；具有锂离子电池行业相关产品的独立生产、销售和服务能力；具有高新技术企业资质或省级以上独立研发机构、技术中心；主要产品具有技术发明专利。

（二）企业应满足以下规模要求：

电池年产能不低于 1 亿瓦时；

正极材料年产能不低于 2000 吨；

负极材料年产能不低于 2000 吨；

隔膜年产能不低于 2000 万平方米；

电解液年产能不低于 2000 吨，电解质产能不低于 500 吨。

企业申报时上一年实际产量不低于实际产能的 50%。

（三）企业应采用工艺先进、节能环保、安全稳定、自动化程度高的生产工艺和设备，在电极制造和电极卷绕或叠片等关键工序应采用自动化设备，注液时具备温湿度和洁净度等环境条件控制，具备有机溶剂回收系统。工艺、装备及相关配套设施应达到以下要求：

1. 应具有电池正负极材料铁、锌、铜等金属有害杂质检测能力，检测精度不低于 1ppm；

2. 应具有涂敷厚度和长度检测手段，涂敷厚度的测量精度为 $2\mu m$，涂敷长度的测量精度不低于 1mm；

3. 应具有电池电极剪切后产生的毛刺抽样检测能力，检测精度为 $1\mu m$；

4. 应具有电池电极烘干后的含水量抽样检测能力，检测精度为 10ppm；

5. 应具有电池电极卷绕/叠片后的对齐度抽样检测能力，检测精度为 0. 1mm；

6. 应具有电池装配后的内部短路在线检测能力（如采用 HI－POT 测试）；

7. 对于多芯电池组的组成电池，应具有开路电压和内阻在线检测能力，检测精度分别为 1mV 和 $1m\Omega$；

8. 应具有保护板功能在线检测。

三、产品质量及性能

企业产品质量须满足相关国家标准或行业标准，应通过联合国《关于危险货物运输的建议书——试验和标准手册》第 III 部分 38. 3 节要求的测试，鼓励企业制定高于国家或行业标准的企业标准。企业应建立质量管理体系并通过认证，建立相应的产品质量可追溯制度。配备质量检验部门和专职检验人员。

企业的质量管理体系除通用要求外，还应包括以下内容：程序控制应包括防止和发现在电池制造过程中出现内部短路故障的相关活动；不符合联合国《试验和标准手册》第 III 部分 38. 3 节测试时的控制措施。

锂离子电池制造企业须具备相关标准规定的电性能和安全性检测能力，鼓励企业配备环境适应性检测仪器及设备，具备电池环境适应性检测能力。

（一）电池

1. 消费型单体电池能量密度≥150Wh/kg，电池组能量密度≥120Wh/kg，聚合物单体电池体积能量密度≥550Wh/L。循环寿命≥400 次且容量保持率≥80%。

2. 动力型电池分能量型和功率型，其中能量型单体电池能量密度≥120Wh/kg，电池组能量密度≥85Wh/kg，循环寿命≥1500 次且容量保持率≥80%。功率型单体电池功率密度≥3000W/kg，电池组功率密度≥2100W/kg，循环寿命≥2000次且容量保持率≥80%。电动自行车用电池组循环寿命≥600次且容量保持率≥80%，电动工具用电池组循环寿命≥500次且容量保持率≥80%。

3. 储能型单体电池能量密度≥110Wh/kg，电池组能量密度≥75Wh/kg，循环寿命≥2000次且容量保持率≥80%。

（二）正极材料

比容量采用扣式2032型电池评价结果，循环寿命采用18650型评价结果。

1. 钴酸锂比容量≥150Ah/kg，磁性不纯物含量≤100ppb，循环寿命300次且容量保持率≥80%。

2. 锰酸锂比容量≥95Ah/kg，磁性不纯物含量≤100ppb，循环寿命300次且容量保持率≥80%。

3. 磷酸铁锂比容量≥140Ah/kg，循环寿命800次且容量保持率≥80%。

4. 三元材料比容量≥150Ah/kg，磁性不纯物含量≤100ppb，循环寿命300次且容量保持率≥80%。

5. 其他正极材料性能指标可参照上述要求。

（三）负极材料

比容量采用扣式2032型电池评价结果，循环寿命采用18650型评价结果。

1. 碳（石墨）材料比容量≥320Ah/kg，磁性不纯物含量≤100ppb，循环寿命300次且容量保持率≥85%。

2. 钛酸锂材料比容量≥150Ah/kg，磁性不纯物含量≤100ppb，循环寿命1000次且容量保持率≥80%。

3. 硅碳材料比容量≥400Ah/kg，磁性不纯物含量≤100ppb，循环寿命300次且容量保持率≥80%。

4. 无定形碳负极材料（包括软碳，硬碳）比容量≥250Ah/kg，首次效率>80%，循环寿命1000次且容量保持率≥80%。

5. 其他负极材料性能指标可参照上述要求。

（四）隔膜

干法单向拉伸法：纵向拉伸强度≥110Mpa，（120℃，1h）热收缩率≤6%；横向拉伸强度≥10Mpa，（120℃，1h）横向热收缩率≤1%，纵向热收缩率≤6%；穿刺强度≥1.33 N/μm；孔隙率（30～70）%；透气度（100～750）s/100ml。

干法双向拉伸法：纵向拉伸强度≥100Mpa，横向拉伸强度≥25Mpa，（120℃，1h）热收缩率≤5%，穿刺强度≥1.33N/μm，孔隙率（30～70）%，透气度（100～750）s/100ml。

湿法双向拉伸：纵向拉伸强度≥100Mpa，横向拉伸强度≥60Mpa，（120℃，1h）热收缩率≤13%，穿刺强度≥2.04N/μm，孔隙率（30～70）%，透气度（150～600）s/100ml。

（五）电解液（含电解质）

水含量不高于20ppm，氟化氢不高于50ppm，金属杂质单项含量不大于1ppm。

四、资源综合利用及环境保护

（一）企业及项目用地应符合国家出台的土地使用标准，严格保护耕地，节约集约用地。

（二）企业生产设备、工艺能耗和产品应符合国家各项节能法律法规和标准的要求。企业应设立专职节能岗位、制定产品单耗指标、制定能耗台账。

（三）新建和改扩建项目应严格执行环境影响评价制度，未通过环境影响评价审批的企业和项目不得开工建设。

按照环境保护“三同时”要求，企业或项目配套建设环境保护设施应依法申请项目竣工环境保护验收，验收合格后方可投入生产运行。在环境影响评价文件审批前，须取得主要污染物排放总量指标。企业应有健全的企业环境管理机构，制定有效的企业环境管理制度，建立企业环保台账，定期开展清洁生产审核并通过评估验收。

（四）企业应符合环保法律法规要求，依法获得排污许可证，并按照排污许可证的要求排放污染物。废气、废水排放应符合国家和地方大气及水污染物排放标准和总量控制要求；产生的工业固体废物要依法贮存、处置或综合利用。

（五）企业应按环境影响报告书（表）及其批复、国家或地方污染物排放（控制）标准、环境监测技术规范的要求，制定自行监测方案，开展监测工作并按要求公开监测信息。

（六）企业应加强环境风险防控工作，制定突发环境事件应急预案，及时报告并有效应对废气、废水正常排放等造成的突发环境事件。

五、安全管理

（一）企业及项目建设应符合《安全生产法》等相关法律、法规、标准要求，当相关要求不一致时，应执行更加严格的安全标准或规范。

（二）企业设立安全管理部门和专职安全岗位，加强职工安全生产教育培训和隐患排查治理工作，建立、健全、落实安全生产责任制，设立相应的安全台账制度，具有产品安全质量追溯手段，具有对产品的安全关键原材料、关键元器件质量、关键工艺环节控制措施。开展安全生产标准化建设并达到三级以上。

（三）企业设计、生产、储存、运输和使用、回收电池应符合相关法规、安全要求和标准，积极采取相应各环节安全控制手段，通过锂离子电池相关安全认证。航空运输的锂离子电池，应符合国际民航组织《危险物品安全航空运输技术细则》和中国民用航空局《中国民用航空危险品运输管理规定》相关要求，符合《锂电池航空运输规范》（MH/T 1020）和《航空运输锂电池测试规范》（MH/T 1052）。

（四）企业对于可能产生着火、爆炸、冒烟等危险场所应采取必要的防火、防爆、通风等措施，配备相关的人身防护用具，并制定相关人员的培训考核制度。

六、卫生和社会责任

（一）企业应遵守《职业病防治法》等有关法律、法规和标准。

（二）企业应依法落实职业病危害防治措施，对重大危险源有检测、评估、监控措施和应急预案，并配备必要的器材和设备。

（三）企业应遵守国家相关法律法规，依法参加养老、失业、医疗、工伤等各类保险，并为从业人员足额缴纳相关保险费用。

七、监督与管理

（一）新建和改扩建企业及项目需符合本规范条件要求。

（二）现有企业及项目未满足规范条件的，根据产业转型升级的要求，在国家产业政策的指导下，通过兼并重组、技术改造等方式，尽快达到本规范条件的要求。

（三）对企业及项目的投资、土地供应、环评、节能评估、质量监督、安全监管、融资等管理应依据本规范条件。

不符合本规范条件的企业及项目，相关产品航空及物流运输、出口退税、国内应用扶持等政策不予支持。

（四）企业自愿对照本规范条件编制申报材料，按属地原则通过省级工业和信息化主管部门报送工业和信息化部。

各级工业和信息化主管部门会同有关部门对当地企业执行本规范条件的情况进行监督检查。工业和信息化部组织行业机构、检测机构对企业进行检查，定期公告符合本规范条件的企业名单，并会同有关部门组织相关机构从市场上对已公告企业产品等进行抽查，实行社会监督、动态管理。

（五）公告企业有下列情况，将撤销其公告资格：

1. 填报资料有弄虚作假行为；
2. 拒绝接受监督检查；
3. 不能保持规范条件要求；
4. 发生重大安全和污染责任事故；
5. 违反法律、法规和国家产业政策规定。

申报企业填报资料有弄虚作假行为的，两年内对其申报材料不予受理。

工业和信息化部撤销公告资格的，应当提前告知相关企业、听取企业的陈述和申辩。

（六）有关行业组织、研究机构、检测机构要协助行业主管部门做好本规范条件的实施和监督检查工作，组织企业加强协调和自律管理。

八、附则

（一）本规范条件适用于中华人民共和国境内（中国台湾、中国香港、中国澳门地区除外）所有类型的锂离子电池行业上下游生产企业，包括正极材料、负极材料、隔膜、电解液（含电解质）、电池等企业。本规范条件所说的电池如无特指，通常包括单体电池（电芯）、电池组（含电池系统）。

（二）本规范条件涉及的法律法规、国家标准和行业政策若进行修订，按修订后的规定执行。

（三）汽车用锂离子动力电池除满足本规范条件要求外，还需满足《汽车动力蓄电池行业规范条件》要求。

（四）本规范条件自 2015 年 10 月 1 日起实施，由工业和信息化部负责解释，并根据行业发展情况和宏观调控要求会同有关部门适时进行修订。

工业和信息化部

2015 年 8 月 31 日

国务院办公厅关于加快电动汽车充电基础设施建设的指导意见

国办发〔2015〕73 号

各省、自治区、直辖市人民政府，国务院各部委、各直属机构：

充电基础设施是指为电动汽车提供电能补给的各类充换电设施，是新型的城市基础设施。大力推进充电基础设施建设，有利于解决电动汽车充电难题，是发展新能源汽车产业的重要保障，对于打造大众创业、万众创新和增加公共产品、公共服务“双引擎”，实现稳增长、调结构、惠民生具有重要意义。近年来，各地区、各部门认真贯彻落实国务院决策部署，积极推动电动汽车充电基础设施建设，各项工作取得积极进展，但仍存在认识不统一、配套政策不完善、协调推进难度大、标准规范不健全等问题。为加快电动汽车充电基础设施建设，经国务院同意，现提出以下意见：

一、总体要求

（一）指导思想。全面贯彻落实党的十八大和十八届二中、三中、四中全会精神，按照国务院决策部署，坚持以纯电驱动为新能源汽车发展的主要战略取向，将充电基础设施建设放在更加重要的位置，加强统筹规划，统一标准规范，完善扶持政策，创新发展模式，培育良好的市场服务和应用环境，形成布局合理、科学高效的充电基础设施体系，增加公共产品有效投资，提高公共服务水平，促进电动汽车产业发展和电力消费，方便群众生活，更好惠及民生。

（二）基本原则。

统筹规划，科学布局。加强充电基础设施发展顶层设计，按照“因地制宜、快慢互济、经济合理”的要求，根据各地发展实际，做好充电基础设施建设整体规划，加大公共资源整合力度，科学确定建设规模和空间布局，同步建设充电智能服务平台，形成较为完善的充电基础设施体系。

适度超前，有序建设。着眼于电动汽车未来发展，结合不同领域、不同层次的充电需求，按照“桩站先行”的要求，根据规划确定的规模和布局，分类有序推进建设，确保建设规模适度超前。

统一标准，通用开放。加快制修订充换电关键技术标准，完善有关工程建设、运营服务、维护管理的标准。严格按照工程建设标准建设改造充电基础设施，健全电动汽车和充电设备的产品认证与准入管理体系，促进不同充电服务平台互联互通，提高设施通用性和开放性。

依托市场，创新机制。充分发挥市场主导作用，通过推广政府和社会资本合作（PPP）模式、加大财政扶持力度、建立合理价格机制等方式，引导社会资本参与充电基础设施体系建设运营。鼓励企业结合“互联网+”，创新商业合作与服务模式，创造更多经济社会效益，实现可持续发展。

（三）工作目标。到2020年，基本建成适度超前、车桩相随、智能高效的充电基础设施体系，满足超过500万辆电动汽车的充电需求；建立较完善的标准规范和市场监管体系，形成统一开放、竞争有序的充电服务市场；形成可持续发展的“互联网+充电基础设施”产业生态体系，在科技和商业创新上取得突破，培育一批具有国际竞争力的充电服务企业。

二、加大建设力度

（四）加强专项规划设计和指导。各地要将充电基础设施专项规划有关内容纳入城乡规划，完善独立占地的充电基础设施布局，明确各类建筑物配建停车场及社会公共停车场中充电设施的建设比例或预留建设安装条件要求。要以用户居住地停车位、单位停车场、公交及出租车场站等配建的专用充电设施为主体，以公共建筑物停车场、社会公共停车场、临时停车位等配建的公共充电设施为辅助，以独立占地的城市快充站、换电站和高速公路服务区配建的城际快充站为补充，形成电动汽车充电基础设施体系。原则上，新建住宅配建停车位应100%建设充电设施或预留建设安装条件，大型公共建筑物配建停车场、社会公共停车场建设充电设施或预留建设安装条件的车位比例不低于10%，每2000辆电动汽车至少配套建设一座公共充电站。鼓励建设占地少、成本低、见效快的机械式与立体式停车充电一体化设施。

（五）建设用户居住地充电设施。鼓励充电服务、物业服务等企业参与居民区充电设施建设运营管理，统一开展停车位改造，直接办理报装接电手续，在符合有关法律法规的前提下向用户适当收取费用。对有固定停车位的用户，优先在停车位配建充电设施；对没有固定停车位的用户，鼓励通过在居民区配建公共充电车位，建立充电车位分时共享机制，为用户充电创造条件。

（六）建设单位内部充电设施。具备条件的政府机关、公共机构和企事业单位，要结合单位电动汽车配备更新计划以及职工购买使用电动汽车需求，利用内部停车场资源，规划建设电动汽车专用停车位和充电设施。各地可将有关单位配建充电设施情况纳入节能减排考核奖励范围。

（七）建设公共服务领域充电设施。对于公交、环卫、机场通勤等定点定线运行的公共服务领域电动汽车，应根据线路运营需求，优先在停车场站配建充电设施，沿途合理建设独立占地的快充站和换电站。对于出租、物流、租赁、公安巡逻等非定点定线运行的公共服务领域电动汽车，应充分挖掘单位内部停车场站配建充电设施的潜力，结合城市公共充电设施，实现高效互补。

（八）建设城市公共充电设施。公共充电设施建设应从城市中心向边缘、从城市优先发展区域向一般区域逐步推进。优先在大型商场、超市、文体场馆等建筑物配建停车场以及交通枢纽、驻车换乘（P+R）等公共停车场建设公共充电设施。鼓励在具备条件的加油站配建公共快充设施，适当新建独立占地的公共快充站。鼓励有条件的单位和个人充电设施向社会公众开放。

（九）建设城际快速充电网络。充分利用高速公路服务区停车位建设城际快充站。优先推进京津冀鲁、长三角、珠三角区域城际快充网络建设，适时推进长江中游城市群、中原城市群、成渝城市群、哈长城市群城际快充网络建设，到2020年初步形成覆盖大部分主要城市的城际快充网络，满足电动汽车城际、省际出行需求。

三、完善服务体系

（十）完善充电设施标准规范。加快修订出台充电接口及通信协议等标准，积极推进充电接口互操作性检测、充电服务平台间数据交换等标准的制修订工作，实现充电标准统一。开展充电设施设置场所消防等安全技术措施研究，及时制修订相关标准。完善充换电设备、电动汽车电池等产品标准，明确防火安全要求。制定无线充电等新型充电技术标准。完善充电基础设施计量、计费、结算等运营服务管理规范，加快建立充电基础设施的道路交通标志体系。

（十一）建设充电智能服务平台。大力推进“互联网+充电基础设施”，提高充电服务智能化水平，提升运营效率和用户体验，促进电动汽车与智能电网间能量和信息的双向互动。鼓励围绕用户需求，运用移动互联网、物联网、大数据等技术，为用户提供充电导航、状态查询、充电预约、费用结算等服务，拓展平台增值业务。

（十二）建立互联互通促进机制。组建国家电动汽车充电基础设施促进联盟，配合有关政府部门严格充电设施产品准入管理，开展充电设施互操作性的检测与认证。构建充电基础设施信息服务平台，统一信息交换协议，有效整合不同企业和不同城市的充电服务平台信息资源，促进不同充电服务平台互联互通，为制定实施财税、监管等政策提供支撑。

（十三）做好配套电网接入服务。各地要将充电基础设施配套电网建设与改造项目纳入配电网专项规划，在用地保障、廊道通行等方面给予支持。电网企业要加强充电基础设施配套电网建设与改造，确保电力供应满足充换电设施运营需求；要为充电基础设施接入电网提供便利条件，开辟绿色通道，限时办结。电网企业负责建设、运行和维护充电基础设施产权分界点至电网的配套接网工程，不得收取接网费用，相应资产全额纳入有效资产，成本据实计入准许成本，并按照电网输配电价回收。

（十四）创新充电服务商业模式。鼓励探索大型充换电站与商业地产相结合的发展方式，引导商场、超市、电影院、便利店等商业场所为用户提供辅助充电服务。鼓励充电服务企业通过与整车企业合作、众筹等方式，创新建设充电基础设施商业合作模式，并采取线上线下相结合等方式，提供智能充放电、电子商务、广告等增值服务，提升充电服务企业可持续发展能力。

四、强化支撑保障

（十五）简化规划建设审批。各地要按照简政放权、放管结合、优化服务的要求，减少充电基础设施规划建设审批环节，加快办理速度。个人在自有停车库、停车位，各居住区、单位在既有停车位安装充电设施的，无需办理建设用地规划许可证、建设工程规划许可证和施工许可证。建设城市公共停车场时，无需为同步建设充电桩群等充电基础设施单独办理建设工程规划许可证和施工许可证。新建独立占地的集中式充换电站应符合城市规划，并办理建设用地规划许可证、建设工程规划许可证和施工许可证。

（十六）完善财政价格政策。加大对充电基础设施的补贴力度，加快制定“十三五”期间充电基础设施建设财政奖励办法，督促各地尽快制定有关支持政策并向社会公布，给予市场稳定的政策预期。在产业发展初期通过中央基建投资资金给予适度支持。对向电网经营企业直接报装接电的经营性集中式充换电设施用电，执行大工业用电价格，2020 年前暂免收取基本电费；其他充电设施按其所在场所执行分类目录电价。允许充电服务企业向用户收取电费及服务费，对不同类别充电基础设施，指导各地兼顾投资运营主体合理收益与用户使用经济性等，及早出台充电服务费分类指导价格，并在总结各地经验基础上，逐步规范充电服务价格机制。

（十七）拓宽多元融资渠道。各地要有效整合公交、出租车场站以及社会公共停车场等各类公共资源，通过 PPP 等方式，为社会资本参与充电基础设施建设运营创造条件。鼓励金融机构在商业可持续原则下，创新金融产品和保险品种，综合运用风险补偿等政策，完善金融服务体系。推广股权、项目收益权、特许经营权等质押融资方式，加快建立包括财政出资和社会资本投入的多层次担保体系，积极推动设立融资担保基金，拓宽充电基础设施投资运营企业与设备厂商的融资渠道。鼓励利用社会资本设立充电基础设施发展专项基金，发行充电基础设施企业债券，探索利用基本养老保险基金投资支持充电基础设施建设。

（十八）加大用地支持力度。各地要将独立占地的集中式充换电站用地纳入公用设施营业网点用地范围，按照加油加气站用地供应模式，根据可供应国有建设用地情况，优先安排土地供应。供应新建项目用地需配建充电基础设施的，可将配建要求纳入土地供应条件，允许土地使用权取得人与其他市场主体合作，按要求投资建设运营充电基础设施。鼓励在已有各类建筑物配建停车场、公交场站、社会公共停车场、高速公路服务区等场所配建充电基础设施，地方政府应协调有关单位在用地方面予以支持。

（十九）加大业主委员会协调力度。制定全国统一的私人用户居住地充电基础设施建设管理示范文本。各地房地产行政主管部门、街道办事处和居委会要按照示范文本，主动加强对业主委员会的指导和监督，引导业主支持充电基础设施建设。业主大会、业主委员会应依据示范文本，结合自身实际，明确物业服务区域内建设管理充电基础设施的流程。

（二十）支持关键技术研发。依托示范项目，积极探索充电基础设施与智能电网、分布式可再生能源、智能交通融合发展的技术方案，加强检测认证、安全防护、与电网双向互动、电池梯次利用、无人值守自助式服务、桩群协同控制等关键技术研发。充分发挥企业创新主体作用，加快推动高功率密度、高转换效率、高适用性、无线充电、移动充电等新型充换电技术及装备研发。

（二十一）明确安全管理要求。各地要建立充电基础设施安全管理体系，完善有关制度和标准，加大对用户私拉电线、违规用电、不规范建设施工等行为的查处力度。依法依规对充电基础设施设置场所实施消防设计审核、消防验收以及备案抽查，并加强消防监督检查。行业主管部门要督促充电基础设施运营使用的单位或个人，加强对充电基础设施及其设置场所的日常消防安全检查及管理，及时消除安全隐患。

五、做好组织实施

（二十二）落实地方主体责任。各地要切实承担起统筹推进充电基础设施发展的主体责任，将充电基础设施建设管理作为政府专项工作。建立由发展改革（能源）部门牵头、相关部门紧密配合的协同推进机制，明确职责分工，完善配套政策。2016 年 3 月底前发布充电基础设施专项规划，制定出台充电基础设施建设运营管理办法，并抓好组织实施。

（二十三）加大示范推广力度。各地要结合新能源汽车推广应用需要，针对充电基础设施发展的重点和难点，开展充电基础设施建设与运营模式试点示范。建立“示范小区与单位”“示范城市与区县”“城际快充示范区域”三级示范工程体系。在示范项目中要充分发挥现有公共设施的作用，加强政企合作，创新城市充电基础设施建设与运营模式，完善相关标准规范与配套政策，探索各种先进适用充电技术，总结形成可复制、可推广的充电基础设施发展经验，促进充电基础设施加快普及。

（二十四）营造良好舆论环境。各有关部门、企业和新闻媒体要通过多种形式加强对充电基础设施发展政策、规划布局和建设动态等的宣传，让社会各界全面了解充电基础设施，吸引更多社会资本参与充电基础设施建设运营，同时加强舆论监督，曝光阻碍充电基础设施建设、损害消费者权益等行为，形成有利于充电基础设施发展的舆论氛围。

（二十五）形成合力协同推进。发展改革委、能源局要会同工业和信息化部、住房城乡建设部、国土资源部等有关部门，依托节能与新能源汽车产业发展部际联席会议制度，加强部门协同配合，强化对各地的指导与监督，及时总结推广成功经验和有效做法，重大情况及时向国务院报告。能源局要从严格标准执行、理顺价格机制、加强供电监管、促进互联互通、引入社会资本等方面加快完善充电服务监管；住房城乡建设部、国土资源部、公安部要分别从规划建设标准、设施用地、消防安全和交通标志等方面为充电基础设施建设运营创造有利条件；财政部、银监会、保监会要通过加大财政支持、强化金融服务与保障等方式，增强社会资本信心。国管局、国资委要分别指导政府机关、公共机构和国有企事业单位率先在内部停车场建设充电基础设施。其他相关部门要按照各自职责分工，做好协同配合工作。

国务院办公厅

2015 年 9 月 29 日

电动汽车充电基础设施发展指南（2015—2020 年）

发改能源〔2015〕1454 号

一、前言

随着我国经济社会发展水平不断提高，汽车保有量持续攀升。大力发展电动汽车，能够加快燃油替代，减少汽车尾气排放，对保障能源安全、促进节能减排、防治大气污染、推动我国从汽车大国迈向汽车强国具有重要意义。

充电基础设施主要包括各类集中式充换电站和分散式充电桩，完善的充电基础设施体系是电动汽车普及的重要保障。进一步大力推进充电基础设施建设，是当前加快电动汽车推广应用的紧迫任务，也是推进能源消费革命的一项重要战略举措。

为落实国务院关于加快新能源汽车推广应用的战略部署，根据《节能与新能源汽车产业发展规划（2012—2020 年）》（国发〔2012〕22 号），特制定本指南，期限为 2015—2020 年。

二、发展基础

“十二五”以来，我国充电基础设施发展取得了突破，积累了经验，为下一步发展奠定了基础。

设施建设稳步推进。为落实国家新能源汽车示范推广应用工作有关要求，各级政府和相关企业积极开展充电基础设施建设。建设主体呈现多元化发展态势，除部分大型央企外，地方国企、民营企业、外资企业也逐步参与到充电基础设施的建设。截至 2014 年底，全国共建成充换电站 780 座，交直流充电桩 3.1 万个，为超过 12 万辆电动汽车提供充换电服务。

充电网络逐步形成。结合新能源汽车示范推广，在深圳、杭州、合肥等地已建成较大规模的城市充电服务网络，在苏沪杭地区已初步建成城际充电服务网络，在京沪、京港澳、青银等高速公路沿线已基本建成省际充电服务网络。

技术水平不断提高。交直流充电桩、双向充放电机、电池快速更换系统等设备已实现国产化，无线充电、移动充电等新型充电技术已开展试点运营；充电基础设施监控、计量、计费及保护等技术日趋成熟；充电基础设施的信息化和自动化水平不断提高；充电基础设施与新能源、智能电网及智能交通等技术融合已开展试点应用。

标准体系逐步完善。我国已基本建立充电基础设施标准体系，包括术语、动力电池箱、充电系统及设备、充换电接口、换电系统及设备、充/换电站及服务网络、建设与运行、附加设备等 8 个部分，约 60 项标准，在国际标准制定中的影响力逐步增强。

支持政策陆续出台。国家不断加大对充电基础设施的政策支持力度，印发了《国务院办公厅关于加快新能源汽车推广应用的指导意见》（国办发〔2014〕35号），有关部门抓紧制定配套支持政策，已出台充电价格、财政奖励等文件，其 他政策将陆续发布。一些省市地方政府也相继出台了充电基础设施财政补贴、充电服务指导价格等配套支持政策。

三、问题挑战

充电基础设施在国内外均处于起步阶段，由于涉及城市规划、建设用地、建筑物及配电网改造、居住地安装条件、投资运营模式等方面，利益主体多，推进难度大。

电动汽车及其充电技术的不确定性大。电动汽车产业尚处于发展初期，动力电池及充电等关键技术发展日新月异，不同技术方案对应的充电需求存在较大差异，增加了充电基础设施建设与管理的难度，加大了投资运营风险，影响了社会资本参与的积极性。

充电基础设施与电动汽车发展不协调。在电动汽车产业发展过程中，普遍存在注重车而不注重充电基础设施的问题，有车无桩、有桩无车现象并存。一方面，部分地区电动 汽车增长较快，但充电基础设施建设规模不足；另一方面，由于用户对电动汽车接受度不高以及地方保护等原因，使得 电动汽车增长总体低于预期，加上部分充电基础设施建设布局不合理，以及设施通用性较差等问题，造成充电基础设施利用率较低。

充电基础设施建设难度较大。充电基础设施建设需要规划、用地、电力等多项前提条件，在实施过程中涉及多个主管部门和相关企业。在社会停车场所建设充电基础设施，面对众多分散的利益主体，协调难度大。在私人乘用车领域，大量停车位不固定的用户不具备安装条件；对于具备安装条件的用户，存在业主委员会不支持和物业服务企业不配合的现象。此外，由于充电基础设施还涉及公共电网、用户侧电力设施、道路管线等改造，也增加了建设难度。

充电服务的成熟商业模式尚未形成。在部分城市的公交、出租等特定领域，通过实行燃油对价、峰谷电价、充电 服务费等措施，商业模式探索取得一定进展，但仍不具备大范围推广应用的条件。在面向社会公众的公共充电服务领 域，商业模式探索处于起步阶段，由于电动汽车数量少、设 施利用率低、价格机制不健全等原因，充电服务企业普遍亏损。

充电基础设施标准规范体系有待完善。充电基础设施设备接口、通信协议等技术标准亟需完善。已颁布的部分技术 标准未严格执行，造成不同品牌的电动汽车与不同厂商的充 电基础设施不兼容，充电便利性大大下降。充电基础设施相关工程建设标准有待进一步完善。充电基础设施与充电服务 平台的通信协议、结算体系等标准不统一，充电服务平台的 服务能力和质量未能满足用户需求。

配套支持政策仍需加强。部分地方政府对充电基础设施发展的重视程度不够，缺少配套支持政策，在城市建设及相关规划中对充电基础设施考虑不足，对充电基础设施的长期 用地政策有待进一步明确和细化，充电基础设施财税支持政 策与电动汽车支持政策不匹配，对社会资本吸引力不足，对居民区、社会停车场等安装困难的场所协调推动不够。

四、需求预测

根据我国在公交、出租、环卫与物流等专用车、公务与私人乘用车等领域的汽车增长趋势，结合国家新能源汽车推广应用相关政策要求和规划目标，经测算，到2020年全国电动汽车保有量将超过500万辆，其中电动公交车超过20万辆，电动出租车超过30万辆，电动环卫、物流等专用车超过20万辆，电动公务与私人乘用车超过430万辆。

根据各应用领域电动汽车对充电基础设施的配置要求，经分类测算，2015年到2020年需要新建公交车充换电站3848座，出租车充换电站2462座，环卫、物流等专用车充电站2438座，公务车与私家车用户专用充电桩430万个，城市公共充电站2397座，分散式公共充电桩50万个，城际快充站842座。

在北京、天津、河北、辽宁、山东、上海、江苏、浙江、安徽、福建、广东、海南等电动汽车发展基础较好，雾霾治理任务较重，应用条件较优越的加快发展地区，预计到2020年，推广电动汽车规模将达到266万辆，需要新建充换电站7400座，充电桩250万个。

在山西、内蒙古、吉林、黑龙江、江西、河南、湖北、湖南、重庆、四川、贵州、云南、陕西、甘肃等示范推广地区，预计到2020年，推广电动汽车规模将达到223万辆，需要新建充换电站4300座，充电桩220万个。

在广西、西藏、青海、宁夏、新疆等尚未被纳入国家新能源汽车推广应用范围的积极促进地区，预计2020年，推广电动汽车规模将达到11万辆，需要新建充换电站400座，充电桩10万个。

五、指导思想与原则

（一）指导思想

全面贯彻国家新能源汽车发展战略部署，加强规划指导，因地分类实施；完善标准体系，强化政策引领；鼓励社会参与，创新发展模式，发挥市场作用；系统科学地构建高 效开放、与电动汽车发展相适应的充电基础设施体系，保障和促进电动汽车产业健康快速发展。

（二）基本原则

整体谋划、系统推进、适度超前。加强我国充电基础设施发展的顶层设计，将充电基础设施放在更加重要的位置，从发展全局的高度进行整体统筹。建立政府有关部门与相关企业各司其职、各尽所能、群策群力、合作共赢的系统推进机制，按照“桩站先行”的原则，适度超前建设，推进充电基础设施科学发展。

因地制宜、分类实施、经济合理。根据各地区电动汽车发展阶段和应用特点，紧密结合不同领域、不同层次的充电 需求，遵循“市场主导、快慢互济”的技术导向，科学把握发展节奏，分类有序实施，加大交通、市政、电力等公共资源 整合力度，合理布局充电基础设施，降低建设成本，节约土地资源。

统一标准、规范建设、通用开放。坚持按照国家标准建设充电基础设施，加快完善充换电标准体系，为“车行天下”提供有力保障。规范充电基础设施建设运营，理顺管理流程，健全管理机制。实现充电服务平台之间的互联互通，提高充 电服务的通用性和开放性。

创新思路、市场主导、示范引领。鼓励地方政府与企业发挥创新主体作用，持续开展充电基础设施建设与运营模式创新。加快完善政策环境，发挥市场主导作用，鼓励引导社会资本参与，激发市场活力。加强示范推广，为充电基础设施发展探索新途径，积累新经验。

加强领导、协同推动、加快发展。落实地方政府充电基 础设施发展的主体责任，建立由各地发展改革委（能源局）牵头，相关主管部门紧密配合的协同推进机制。加强宣传引导和项目协调，充分调动企业和社会各方积极性，形成合力，加快发展。

六、发展目标

（一）总体目标

根据需求预测结果，按照适度超前原则明确充电基础设 施建设目标。到 2020 年，新增集中式充换电站超过 1.2 万座，分散式充电桩超过 480 万个，以满足全国 500 万辆电动汽车充电需求。

优先建设公交、出租及环卫与物流等公共服务领域充电基础设施，新增超过 3850 座公交车充换电站、2500 座出租车充换电站、2450 座环卫物流等专用车充电站。

积极推进公务与私人乘用车用户结合居民区与单位停车位配建充电桩，新增超过 430 万个用户专用充电桩，以满足基本充电需求。鼓励有条件的设施对社会公众开放。

合理布局社会停车场所公共充电基础设施，按照适度超前原则，新增超过 2400 座城市公共充电站与 50 万个分散式公共充电桩，以满足临时补电需要。结合骨干高速公路网，建设“四纵四横”的城际快充网络，新增超过 800 座城际快充站，以满足城际出行需要。

（二）分区域建设目标

1. 加快发展地区

到 2020 年新增集中式充换电站超过 7400 座，分散式充电桩超过 250 万个，以满足超过 266 万辆电动汽车充电需求。在新能源汽车推广应用城市，公共充电桩与电动汽车比例不低于 1∶7，城市核心区公共充电服务半径小于 0.9 公里；其他城市公共充电桩与电动汽车比例力争达到 1∶12，

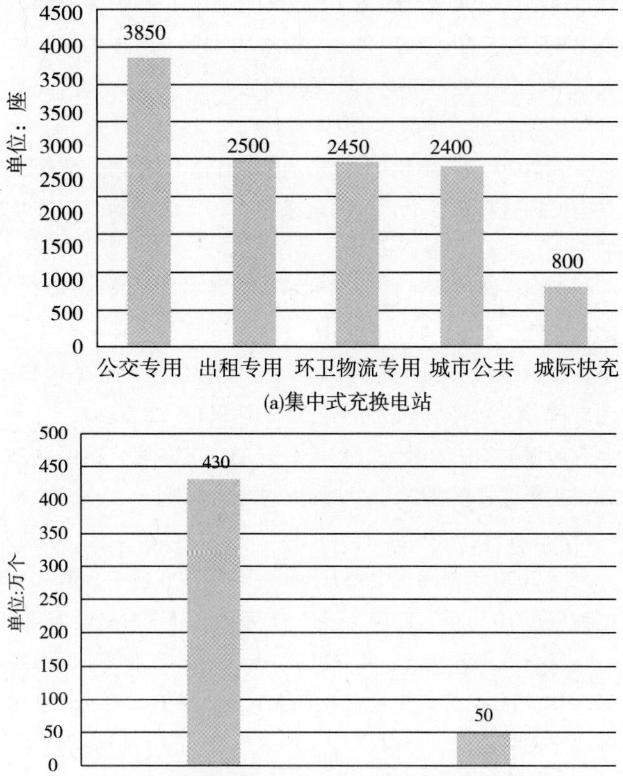

(a)集中式充换电站

（b）分散式充电桩

图 1　2015—2020 年新增各类充电设施总体目标

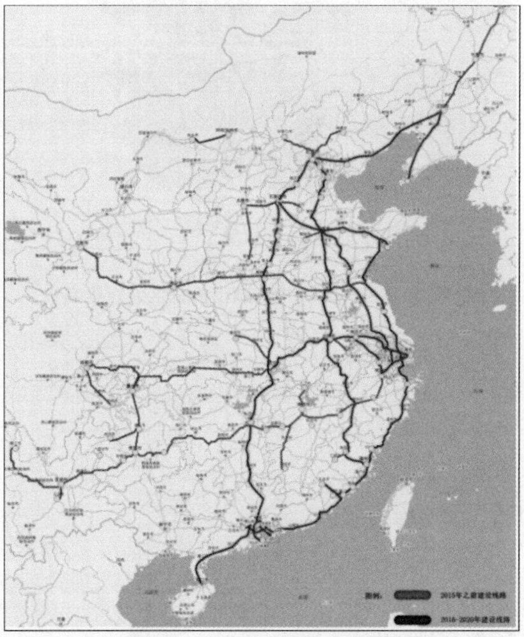

图 2　全国城际快充网络规划图

城市核心区公共充电服务半径力争小于2公里。率先建成京津冀、长三角、珠三角三个雾霾防治重点区域的城际快充网络，各主要城市间实现互联互通。

2. 示范推广地区

到2020年新增集中式充换电站超过4300座，分散式充电桩超过220万个，以满足超过223万辆电动汽车充电需求。

在新能源汽车推广应用城市，公共充电桩与电动汽车比例不低于1∶8，城市核心区公共充电服务半径小于1公里；其他城市公共充电桩与电动汽车比例力争达到1∶15，城市核心区公共充电服务半径力争小于2.5公里。

加强与加快发展地区的互联互通，以高速公路网为基础，逐步推进全国范围的城际快充网络建设。

3. 积极促进地区

到2020年新增集中式充换电站超过400座，分散式充电桩超过10万个，以满足超过11万辆电动汽车充电需求。

省会等主要城市公共充电桩与电动汽车比例不低于1∶12，城市核心区公共充电服务半径小于2公里。按需开展城际快充网络建设。

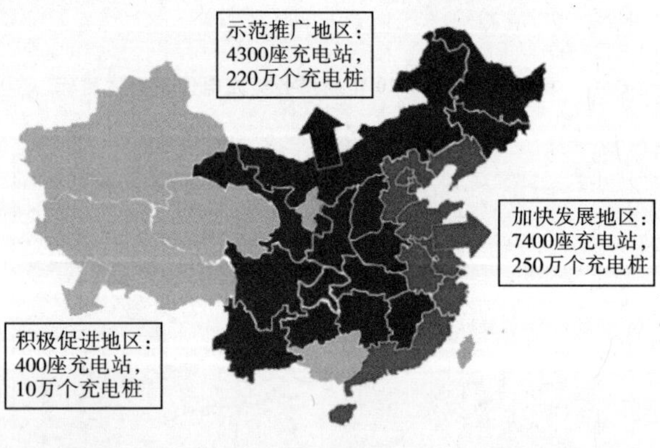

图3　2015—2020充电基础设施分区域建设目标

（三）分场所建设目标

1. 结合公交、出租、环卫与物流等公共服务领域专用停车场所，适当补充独立占地的充换电站，新建超过3850座公交车充换电站，超过2500座出租车充换电站，超过2450座环卫与物流等专用车充电站。

2. 在居民区，建成超过280万个用户专用充电桩。鼓励有条件的设施对社会公众开放。

3. 在公共机构、企事业单位、写字楼、工业园区等单位内部停车场，建成超过150万个用户专用充电桩。鼓励有条件的设施对社会公众开放。

4. 在交通枢纽、大型文体设施、城市绿地、大型建筑物配建停车场、路边停车位等城市公共停车场所，建成超过2400座城市公共充电站与50万个分散式公共充电桩。

5. 在城际高速公路服务区，2015年之前初步形成“四纵两横三环”（四纵：京沪高速、京港澳高速、沈海高速、京台高速，两横：青银高速、沪蓉高速，三环：京津冀、长三角、珠三角）的城际快充网络，建成超过500座城市快充站；2020年之前形成“四纵四横”（四纵：沈海、京沪、京台、京港澳，四横：青银、连霍、沪蓉、沪昆）城际快充网络，建成超过1000座城市快充站。

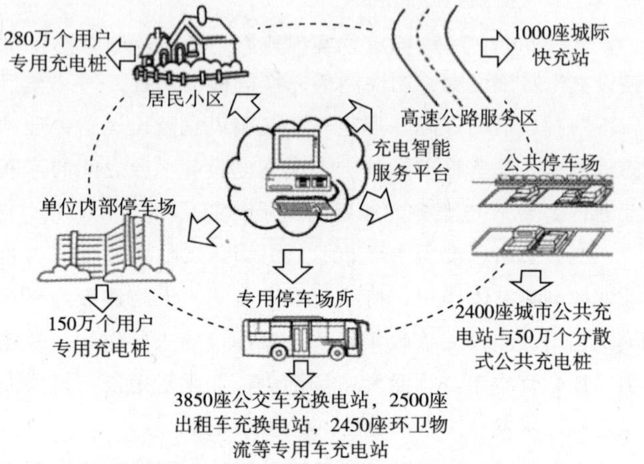

图4　到2020年充电基础设施分场所建设目标

七、重点任务

（一）推动充电基础设施体系建设

以用户居住地停车位、单位内部停车场、公交及出租等专用场站配建的专用充电基础设施为主体，以城市公共建筑物配建停车场、社会公共停车场、路内临时停车位配建的公共充电基础设施为辅助，以独立占地的城市快充站、换电站和高速公路服务区配建的城际快充站为补充，以充电智能服务平台为支撑，加快建设适度超前、布局合理、功能完善的充电基础设施体系。

1. 着力推进公共服务领域充电基础设施建设

对于公交、环卫、机场通勤等定点定线运行的公共服务领域电动汽车，应根据线路运营需求，优先结合停车场站建 设充电基础设施；可根据实际需求，建设一定数量独立占地的快充站与换电站。对于出租、物流、租赁、公安巡逻等非定点定线运行的公共服务领域电动汽车，应充分挖掘有关单位内部停车场站配建充电基础设施的潜力，同步推进城市公共充电基础设施建设，通过内部专用设施与公共设施的高效互补提高用车便捷性。

2. 加快推动用户居住地充电基础设施建设

对于有固定停车位的用户，优先结合停车位建设充电桩。对于无固定停车位的用户，鼓励企业通过配建一定比例的公共充电车位，建立充电车位的分时共享机制，开展机械式和立体式停车充电一体化设施建设与改造等方式为用户充电创造条件。引导充电服务、物业服务等相关企业参与居民区的充电基础设施建设与运营，鼓励企业统一开展停车位改造和直接办理报装接电手续，允许企业在不违反相关法规的前提下向用户适当收费，建立合理反映各方“责、权、利”的市场化推进机制，切实解决居民区充电基础设施建设面临的“最后一公里”难题。

3. 积极开展单位内部停车场充电基础设施建设

具备条件的政府机关、公共机构及企事业单位，要结合单位电动汽车配备更新计划以及职工购买使用电动汽车需求，利用单位内部停车场资源，规划电动汽车专用停车位，配建充电桩。各地可将有关单位配建充电基础设施情况纳入节能减排考核奖励范围。

4. 加快推进城市公共充电网络建设

优先结合大型商场、文体场馆等建筑物配建停车场，以及交通枢纽、驻车换乘（P + R）等社会公共停车场开展城市公共充电基础设施建设，鼓励在具备条件的加油站配建公共快充设施，适当新建独立占地的公共快充站。公共充电基础设施布局应按照从城市中心到边缘、优先发展区域向一般区域逐步推进的原则，逐步增大公共充电基础设施分布密度。鼓励有条件的单位和个人充电基础设施向社会公众开放。结合实际需求，推广占地少、成本低、见效快的机械式与立体式停车充电一体化设施，提高土地利用效率。

5. 大力推进城际快充网络建设

依托高速公路服务区停车位，建设城际快充网络。优先推进京津冀鲁、长三角、珠三角区域的城际快充网络建设并实现区域间互联；适时推进长江中游城市群、中原城市群、成渝城市群、哈长城市群城际快充网络建设；2020年底前初步形成覆盖大部分主要城市的城际快充网络，满足电动汽车城际、省际出行需求。

6. 同步构建充电智能服务平台

充电智能服务平台建设要与充电基础设施建设同步考虑，融合互联网、物联网、智能交通、大数据等技术，通过“互联网 + 充电基础设施”，积极推进电动汽车与智能电网间的能量和信息互动，提升充电服务的智能化水平。鼓励围绕用户需求，为用户提供充电导航、状态查询、充电预约、费用结算等服务，拓展增值业务，提升用户体验和运营效率。

（二）加强配套电网保障能力

1. 加强配套电网建设

各地要将充电基础设施配套电网建设与改造项目纳入当地配电网专项规划，并与其他相关规划相协调，在用地保障、廊道通行等方面给予支持，切实做到“设施建设、电网先行”。根据各类建筑物配建充电基础设施需求，合理提高各类建筑物用电设计标准，加强相关标准与规范的制修订工作。电网企业要加强充电基础设施配套电网建设与改造，保障充电基础设施无障碍接入，确保电力供应的“畅通无阻”，满足充换电设施运营需求。

2. 完善供电服务

电网企业要为充电基础设施接入电网提供便利条件，开辟绿色通道，优化流程，简化手续，提高效率，限时办结。充电基础设施产权分界点至电网的配套接网工程，由电网企业负责建设和运行维护，不得收取接网费用，相应资产全额纳入有效资产，相应成本据实计入准许成本，纳入电网输配电价回收。

（三）加快标准完善与技术创新

1. 加快推进充电标准化工作

加快修订出台充电接口及通信协议等标准，积极推进充电接口互操作性检测及服务平台间数据交换等标准的制修订，开展已有充电基础设施改造，加快实现充电标准的统一，实现不同厂商充电设备与不同品牌电动汽车之间的兼容互通。进一步完善充电基础设施相关工程建设标准与管理规范，以及计量、计费、结算等运营标准与管理规范。进一步开展电动汽车充电基础设施设置场所消防等安全技术措施 的研究，及时制修订完善相关标准；完善充换电设备、电动 汽车电池等产品标准，明确防火安全要求。加快建立充电基础设施的道路交通标识体系和相关规范。

2. 积极支持关键技术的研发应用

充分发挥企业创新主体作用，加快高功率密度、高转换效率、高适用性、无线充电、移动充电等新型充换电技术及 装备研发。加强检测认证、安全防护、与电网双向互动、电池梯次利用、无人值守自助式服务、桩群协同控制等关键技术研究。依托示范项目，积极探索充电基础设施与智能电网、分布式可再生能源、智能交通融合发展的技术方案。

（四）探索可持续商业模式

1. 积极引入社会资本

各地应有效整合公交、出租场站以及社会公共停车场等各类公共资源，通过政府与社会资本合作（PPP）等方式培育市场主体，引入社会资本建设运营公共服务领域充电基础设施、城市公共充电网络及智能服务平台。加快形成私人用 户居住地与单位内部停车场充电基础设施建设运营的市场 机制。构建统一开放、竞争有序的充电服务市场。

2. 鼓励拓展多种商业模式

鼓励探索大型充换电站与商业地产相结合的发展方式，引导商场、超市、电影院、便利店等商业场所为用户提供辅助充电服务。鼓励充电服务企业与整车企业在销售和售后服务方面创新商业合作模式。充分利用融资租赁、特许经营权 质押等融资模式，借鉴合同能源管理等业务模式，推进商业模式创新。大力推动“互联网 + 充电基础设施”相关商业模式与服务创新，引入众筹、线上与线下相结合等新兴业务模式，积极拓展智能充放电、电子商务和广告等增值服务，吸引更多社会资源参与，提高企业可持续发展能力。

（五）开展相关示范工作

1. 开展建设与运营模式示范

各地要结合新能源汽车推广应用需要，按照因地制宜、适度超前原则，针对不同层次和不同领域充电基础设施发展的重点和难点，从城市与区县充电基础设施体系建设、居民 区与单位配建充电设施、城际快充网络建设等方面，积极开展建设与运营模式示范。通过示范项目，理顺充电基础设施建设运营管理机制，探索系统化的支持政策以及可行的商业模式，以点带面，加快充电基础设施建设整体进程，提高发展质量、速度和效益。在示范项目中积极探索无人值守自助 式服务、无线充电、移动充电、智能电网等新技术的应用。

2. 加强示范经验总结与交流推广

建立多层次的充电基础设施示范经验交流推广机制，通过多种形式开展示范工作经验交流，提升示范效果，发挥带 动作用。各地要加强对充电基础设施示范工作的总结，积极加强与其他地区的经验交流。对示范工作中的成功经验要加大推广力度，对暴露出来的一些共性问题要及时解决，建立有效机制，完善政策法规，为下一步普及推广打好基础。

八、保障措施

（一）加强规划指导。各地要将充电基础设施专项规划的有关内容纳入城乡规划，完善独立占地的充电基础设施布局，明确各类建筑物配建停车场及社会公共停车场中充电设 施的建设比例或预留条件要求。原则上，新建住宅配建停车位应 100% 建设充电基础设施或预留建设安装条件，大型公共建筑物配建停车场、社会公共停车场建设充电基础设施或 预留建设安装条件的车位比例不低于 10%，每 2000 辆电动汽车应至少配套建设一座公共充电站。有关部门和地方应将城际快充网络纳入相关高速公路规划，明确在高速公路服务区配建充电基础设施的要求。

（二）加大用地支持力度。各地要将独立占地的集中式充换电站用地纳入公用设施营业网点用地，按照加油加气站用地供应模式，根据可实施供应的国有建设用地情况，优先安排土地供应。新建项目用地需配建充电基础设施的，可将配件要求纳入土地供应条件，允许土地使用权取得人与其他市场主体合作，按要求投资建设运营充电基础设施。鼓励在已有各类建筑物配建停车场、公交场站、社会公共停车场与高速公路服务区等场所配建充电基础设施，地方政府应协调有关单位在用地方面予以支持。

（三）简化规划建设审批。各地要减少充电基础设施的规划建设审批环节，加快办理速度。个人在自有停车库、停车位，各居住区、单位在既有停车泊位安装充电设施的，无需办理建设用地规划许可证、建设工程规划许可证和施工许可证。建设城市公共停车场（楼）时，无需为同步建设充电桩群等充电基础设施单独办理建设工程规划许可证和施工许可证。新建单独占地的集中式充、换电站应符合城市规划，并办理建设用地规划许可证、建设工程规划许可证和施工许可证。

（四）强化安全管理。各地要建立充电基础设施安全管理体系，完善有关制度标准，加大对用户私拉电线、违规用电、建设施工不规范等行为的查处力度。依法依规对充电基础设施设置场所实施消防设计审核、消防验收以及备案抽查，并加强消防监督检查。行业主管部门要督促充电基础设施运营使用的单位或个人，加强对充电基础设施及其设置场所的日常消防安全检查及管理，及时消除安全隐患。

（五）加大物业协调力度。制定全国统一的私人用户居住地充电基础设施建设管理示范文本。各地房地产行政主管部门、街道办事处和居委会应按照示范文本，主动加强对业主委员会的指导和监督，引导业主支持充电基础设施建设。业主大会、业主委员会应当依法履行自治管理职责，依据示范文本，结合自身实际，明确物业服务区域内建设管理充电基础设施的流程，并将相关内容纳入物业服务合同。对拒不配合或阻挠充电基础设施建设的物业服务企业，各地房地产行政主管部门应制定相应的处罚措施，扣减相关企业和负责人的信用信息评分。

（六）加强供用电监管力度。各级电力监管部门应对充电基础设施供用电环节加强监管。电网企业和充电基础设施运营企业应配合监管部门进行监督检查，按规定和要求提供真实完整的信息。对于电网企业服务不合规、充电基础设施 运营企业和个人违规用电等情况，依法依规进行查处，并视情节予以处罚。

（七）完善财政价格政策。加大对充电基础设施补贴力度，加快制定“十三五”充电基础设施建设的财政奖励办法，督促各地尽快制定有关支持政策并向社会公布，给予市场稳定的政策预期。在产业发展初期给予中央基建投资资金适度支持。允许充电服务企业向电动汽车用户收取电费及服务费两项费用，对向电网经营企业直接报装接电的经营性集中式充换电设施用电，执行大工业用电价格，2020 年前暂免收基本电费；其他充电设施按其所在场所执行分类目录电价。针对不同类别充电基础设施，兼顾投资运营主体合理收益与用 户使用经济性等，指导各地及早出台充电服务费分类指导价格，在总结各地经验基础上，逐步规范充电服务价格机制。

（八）强化金融服务支撑。鼓励金融机构在商业可持续原则下，创新金融产品和保险品种，综合运用风险补偿等政策，完善金融服务体系。推广股权、项目收益权、特许经营23权等质押融资方式，加快建立包括财政出资和社会资本投入的多层次担保体系，积极推动设立融资担保基金，拓宽充电基础设施投资运营企业与设备厂商的融资渠道。鼓励利用社会资本设立充电基础设施发展专项基金，发行充电基础设施企业债券，探索利用基本养老保险基金投资支持充电基础设施建设。

（九）落实地方主体责任。各地政府要切实承担起统筹推进充电基础设施发展的主体责任，将充电基础设施建设管理作为政府专项管理内容，建立由发展改革（能源）部门牵头、相关部门紧密配合的协同推进机制，明确职责分工，完善配套政策，在2016年3月底前发布充电基础设施专项规划，制定出台充电基础设施建设运营管理办法，并抓好组织实施。

（十）建立互联互通促进机制。设立国家电动汽车充电基础设施促进联盟，配合有关政府部门严格充电基础设施产品准入管理，开展充电基础设施互操作性的产品检测与认证。构建充电基础设施信息服务平台，统一信息交换协议，有效整合不同企业和不同城市的充电服务平台信息资源，促进不同服务平台之间的互联互通，为制定实施财政、监管等政策提供支撑。

（十一）营造良好舆论环境。各有关部门、企业和新闻媒体要通过多种形式加强充电基础设施发展政策、规划布局和建设动态等的宣传，让社会各界全面了解充电基础设施，吸引更多社会资本参与充电基础设施的建设运营，引导消费 者购买使用电动汽车。加强舆论监督，曝光阻碍充电基础设 施建设、损害消费者权益等行为，形成有利于充电基础设施发展的舆论氛围。

国家发展改革委
国家能源局
工业和信息化部
住房城乡建设部
2015年10月9日

新能源公交车推广应用考核办法（试行）

财建〔2015〕159号

第一条 为进一步加快新能源汽车在公交领域的推广应用，促进公交行业节能减排和结构调整，依据《财政部 工业和信息化部 交通运输部关于完善城市公交车成品油价格补助政策 加快新能源汽车推广应用的通知》（财建〔2015〕159号），制定本办法。

第二条 本办法适用于对各省（区、市）新能源公交车推广应用情况的考核（以下简称考核）。

本办法所称的公交车是指在城市人民政府确定的范围内，依法取得公共交通运营资格并提供公共交通客运服务的车辆，具体由所在地交通运输部门认定。

本办法所称的新能源公交车是指采用新型动力系统，完全或主要依靠新型能源驱动的公交车。

本办法所称非插电式混合动力公交车是指没有外接充电功能的混合动力公交车。

本办法所称新能源公交车和非插电式混合动力公交车合称节能与新能源公交车。

第三条 考核工作应科学规范，遵循公开、公平、公正的原则。

第四条 各省（区、市）交通运输、财政、工业和信息化等部门应当按照本办法要求，切实做好新能源公交车推广应用考核工作。

（一）各级交通运输部门负责督促有关城市公交企业按照城市人民政府确定的推广计划购置符合要求的新能源公交车，并及时投入运营，加强日常监督和检查；会同同级工业和信息化部门统计辖区内新能源公交车推广应用情况，核实并上报统计材料。

（二）各级财政部门负责规范新能源公交车运营补助资金发放程序，加强资金管理，及时拨付和发放补助资金。

（三）各级工业和信息化部门会同同级交通运输、财政部门，负责打破地方保护，督促新能源公交车生产企业加大新能源公交车生产供应和提高质量安全保障，并配合做好辖区内新能源公交车推广应用情况的核实与上报工作。

第五条 新能源公交车推广应用目标完成情况主要考核各省（区、市）每自然年度内新增及更换的公交车中新能源公交车的比重（以下简称新增及更换比重）。

第六条 各省（区、市）每年度新增及更换的公交车中新能源公交车比重应达到以下要求：

（一）北京、上海、天津、河北、山西、江苏、浙江、山东、广东、海南，2015—2019年新增及更换的公交车中新能源公交车比重应分别达到40%、50%、60%、70%和80%。

（二）安徽、江西、河南、湖北、湖南、福建，2015—2019年新增及更换的公交车中新能源公交车比重应分别达到25%、35%、45%、55%和65%。

（三）其他省（区、市）2015—2019年新增及更换的公交车中新能源公交车比重应分别达到10%、15%、20%、

25% 和 30%。

计算新增及更换比重时，以考核年度新增及更换的全部公交车车辆数作为基数（分母），考核年度新增及更换的新能源公交车（不包括非插电式混合动力公交车）车辆数作为分子，计算结果按四舍五入后取整。

第七条　纳入新增及更换比重计算和申请运营补助资金的新能源公交车和非插电式混合动力公交车，必须满足以下条件：

（一）新增及更换的新能源公交车上牌时间应在考核年度内。

（二）车辆应符合节能与新能源汽车相关标准，纳入工业和信息化部节能与新能源汽车示范推广应用工程推荐车型目录。

（三）申请运营补助资金的新能源公交车和非插电式混合动力公交车年度运营里程应不低于 3 万公里（含 3 万公里）。

对于考核年度因新增及更换、退出运营等造成实际运营时间不足一年的，以实际运营时间按月折算运营里程，月均运营里程应不低于 2500 公里（含 2500 公里），相应公交车辆运营补助标准按月折算，并按照实际运营月份数计算运营补助金额。年度运营里程考核以具体车辆为单位。

第八条　从 2016 年至 2020 年，考核工作每年一次，按以下程序进行：

（一）每年 1 月 20 日前，城市公交企业通过全国新能源公交车运营补贴申报系统填报上一年度新增及更换的所有公交车（含新能源公交车和非新能源公交车）信息，上传机动车登记证书和车辆购置发票等相关证明材料的扫描件，填写新增及更换公交车明细表（见附表 1）和节能与新能源公交车运营明细表（见附表 2），按程序上报至县、市级交通运输部门。

（二）每年 2 月 10 日前，县、市级交通运输部门会同同级工业和信息化部门完成对本辖区城市公交企业节能与新能源公交车推广应用情况统计工作，经核实并公示无异后，填写本辖区节能与新能源公交车推广应用情况汇总表（见附表 3）并附第三方审计报告，逐级上报至省级交通运输部门，同时抄报同级财政、工业和信息化、审计部门。

（三）每年 2 月底前，省级交通运输部门收到下级交通运输部门上报的车辆信息及相关证明材料后，会同省级工业和信息化部门组织审核和重点抽查，填写本省（区、市）节能与新能源公交车推广应用情况汇总表（见附表 3），报送至财政部驻当地财政监察专员办事处提出审查意见。省级交通运输部门将审查审核情况及本省（区、市）节能与新能源公交车推广应用情况汇总表上报至交通运输部，并抄送同级财政、工业和信息化、审计部门。

（四）每年 3 月底前，交通运输部会同工业和信息化部对各省（区、市）节能与新能源公交车推广应用情况整理、汇总和分析，据此核定各省（区、市）新能源公交车推广应用数量和占新增及更换的公交车的比重，确定各省（区、市）是否完成相应的新能源公交车推广应用任务，形成报告并提交至财政部。

第九条　新能源公交车生产企业作为产品质量的责任主体，要建立质量安全责任制，确保新能源公交车安全运行。

（一）建立完善的售后服务体系，为城市公交企业提供必要的技术培训，确保产品质量和生产一致性。

（二）对出现故障的车辆及时维修处理，做好技术保障，对于发现的重大产品质量和安全问题，及时启动应急救援预案，并上报工业和信息化部。

（三）负责完善新能源公交车技术监控手段，并将监控数据上传至工业和信息化部的监控平台。

（四）积极配合工业和信息化部开展产品质量和一致性监督检查，以及样车抽检，对于监督检查过程中发现的问题，按要求及时整改。

第十条　城市公交企业作为新能源公交车和非插电式混合动力公交车的运营和补贴资金申报主体，应当建立车辆管理档案与基础台账，对上报材料的真实性和准确性负责。鼓励城市公交企业采用信息化手段完整、准确地记录所属车辆基础信息与运营信息。

第十一条　城市公交企业应当按照本办法规定，如实填报有关报表，未按期报送有关报表的，不予补助。

对弄虚作假、套取补助资金的城市公交企业，一经查实，追回上年度补助资金。

对虚报瞒报新能源公交车推广应用数量和推广应用比重、扩大范围发放补助资金、截留挪用补助资金的部门和管理人员，一经查实，将严肃处理，并追究相关责任人责任。

第十二条　各省（区、市）交通运输、财政、工业和信息化等部门应当结合本地实际制定实施细则。

第十三条　本办法由交通运输部、财政部、工业和信息化部负责解释。

第十四条　本办法自发布之日起施行。

附件：

1. 新增及更换公交车明细表（略）
2. 节能与新能源公交车运营明细表（略）
3. 节能与新能源公交车推广应用情况汇总表（略）

交通运输部

财政部

工业和信息化部

2015 年 11 月 3 日

电动汽车充电设施标准体系项目表（2015 年版）

国能科技〔2015〕394 号

各有关单位：

为促进我国电动汽车产业发展和支持电动汽车充电设施建设，根据中央编办《关于明确电动汽车及充电设施管理等问题部门职责分工的通知》（中央编办发〔2010〕49 号）有关要求，国家能源局开展了电动汽车充电设施发展的相关工作，并在国家标准化管理委员会组织协调下制定了电动汽车充电设施的相关标准，为促进电动汽车充换电设施发展提供了重要的技术支撑。

为配合《电动汽车充电基础设施建设指导意见》和《电动汽车充电基础设施发展指南（2015—2020 年）》等产业政策的落实，促进电动汽车充电设施标准的实施，国家能源局结合我国电动汽车充电设施发展对标准化提出的新需求和近年来的工程建设实践，组织能源行业电动汽车充电设施标准化技术委员会在原电动汽车充电设施标准体系框架的基础上，进一步梳理、优化和补充完善，形成了《电动汽车充电设施标准体系项目表（2015 年版）》，现予印发。

请各相关单位高度重视，认真组织做好电动汽车充电设施标准体系建设、标准项目研究、标准制（修）订和宣贯等工作。如有任何问题，请联系能源行业电动汽车标准化技术委员会进行咨询。

电动汽车充电设施标准体系项目表

总序号	子序号	体系编号	标准编号	标准名称	国（行）标	状态
SC1 基础（共设置 2 项）						
1	1	NEA/TC3/SC1 - 01	GB/ T9317 - 2012	电动汽车充换电设施术语	GB	已发布
2	2	NEA/TC3/SC1 - 02		电动汽车充换电设施接入电网技术规范	GB	在制定
SC2 动力电池箱（共设置 4 项）						
3	1	NEA/TC3/SC2 - 01		电动汽车快速更换电池箱通用要求	NB	在制定
4	2	NEA/TC3/SC2 - 02		电动汽车用动力电池检测规范	NB	在制定
5	3	NEA/TC3/SC2 - 03		电动汽车电池更换用电池箱编码	GB	在制定
6	4	NEA/TC3/SC2 - 04		电动汽车用动力蓄电池型号、规格及尺寸	GB	在修订*
SC3 充电系统与设备（共设置 10 项）						
7	1	NEA/TC3/SC3 - 01	GB/ T18487. 1 - 2001	电动车辆传导充电系统一般要求	GB	在修订
8	2	NEA/TC3/SC3 - 02	GB/ T18487. 2 - 2001	电动车辆传导充电系统电动车辆与交流/直流电源的连接要求	GB	拟修订
9	3	NEA/TC3/SC3 - 03	GB/ T18487. 3 - 2001	电动车辆传导充电系统电动车辆交流/直流电机（站）	GB	拟修订
10	4	NEA/TC3/SC3 - 04	NB/T 33001 - 2010	电动汽车非车载传导式充电机技术条件	NB	已发布
11	5	NEA/TC3/SC3 - 05	NB/T 33002 - 2010	电动汽车交流充电桩技术	NB	已发布
12	6	NEA/TC3/SC3 - 06	NB/T 33008. 1 - 2013	电动汽车充电设备检验试验规范 第 1 部分：非车载充电机	NB	已发布
13	7	NEA/TC3/SC3 - 07	NB/T 33008. 2 - 2013	电动汽车充电设备检验试验规范 第 2 部分：交流充电桩	NB	已发布
14	8	NEA/TC3/SC3 - 08	GB/T 29316 - 2012	电动汽车充电设施电能质量技术要求	GB	已发布
15	9	NEA/TC3/SC3 - 09		电动汽车传导式充电设备安全性测试规范	GB	待制定
16	10	NEA/TC3/SC3 - 10	NT/T 33020 - 2015	电动汽车动力蓄电池箱用充电机技术条件	NB	已发布
SC4 充换电接口（共设置 11 项）						
17	1	NEA/TC3/SC4 - 01	GB/T 20234. 1 - 2011	电动汽车传导充电用连接装置 第 1 部分：通用要求	GB	在修订*
18	2	NEA/TC3/SC4 - 02	GB/T 20234. 2 - 2011	电动汽车传导充电用连接装置 第 2 部分：交流充电接口	GB	在修订*
19	3	NEA/TC3/SC4 - 03	GB/T 20234. 3 - 2011	电动汽车传导充电用连接装置 第 3 部分：直流充电接口	GB	在修订*
20	4	NEA/TC3/SC4 - 04		电动汽车充电系统互操作性测试规范	GB	在制定

续表

总序号	子序号	体系编号	标准编号	标准名称	国（行）标	状态
21	5	NEA/TC3/SC4－05	GB/T 27930－2011	电动国汽车非车载传导式充电机与电池管理系统之间的通信协议	GB	在修订
22	6	NEA/TC3/SC4－06		电动汽车非车载传导式充电机与电池管理系统之间的通信协议一致性测试	GB	在制定
23	7	NEA/TC3/SC4－07		基于 CAN 总线电动汽车车载传导式充电机与交流充电桩之间的通信协议	GB	在制定
24	8	NEA/TC3/SC4－08		基于 PLC 技术的电动汽车与充电桩之间的通信技术要求	GB	在制定
25	9	NEA/TC3/SC4－09		电动汽车电池更换用电池箱电联接器通用技术要求	GB	在制定
26	10	NEA/TC3/SC4－10		电动汽车快换电池箱通信协议	GB	在制定
27	11	NEA/TC3/SC4－11		电动汽车电池动力仓总成通信协议	GB	在制定
SC5 换电系统与设备（共设置 4 项）						
28	1	NEA/TC3/SC5/01	NB/T 33006－2013	电动汽车电池箱更换设备通用技术要求	NB	已发布
29	2	NEA/TC3/SC5/02		电动汽车电池更换用电池箱架通用技术要求	GB	在制定
30	3	NEA/TC3/SC5/03		电动汽车模块化电池仓技术要求	NB	在制定
31	4	NEA/TC3/SC5/04		电动汽车模块化充电技术要求	NB	在制定
SC6 充/换电站及服务网络（共设置 11 项）						
32	1	NEA/TC3/SC6－01	GB/T 29781－2013	电动汽车充电站通用技术	GB	已发布
33	2	NEA/TC3/SC6－02	GB 50966－2014	电动汽车充电站设计规范	GB	已发布
34	3	NEA/TC3/SC6－03	GB/T 29772－2013	电动汽车电池更换站通用技术要求	GB	已发布
35	4	NEA/TC3/SC6－04	GB/T 51077－2015	电动汽车电池更换站设计规范	GB	已发布
36	5	NEA/TC3/SC6－05		电动汽车充换电站防火设计规范	GB	待制定
37	6	NEA/TC3/SC6－06	GB/T 33005－2013	电动汽车充电站及电池更换站监控系统技术规范	NB	已发布
38	7	NEA/TC3/SC6－07	GB/T 33007－2013	电动汽车充电站/电池更换站监控系统与充换电设备通信协议	NB	已发布
39	8	NEA/TC3/SC6－08	GB/T 33017－2015	电动汽车智能充换电服务网络运营监控系统技术规范	NB	已发布
40	9	NEA/TC3/SC6－09		电动汽车充换电服务网络运营管理系统通信规约：系统与离散充电桩通信规约	NB	在制定
41	10	NEA/TC3/SC6－10		电动汽车充换电服务网络运营管理系统通信规约：系统与站级监控系统通信规约	NB	在制定
42	11	NEA/TC3/SC6－11	GB/T 33018－2015	电动汽车充换电设施供电系统技术规范	NB	已发布
SC7 建设与运行（共设置 13 项）						
43	1	NEA/TC3/SC7－01	NB/T 33023－2015	电动汽车充换电设施规划导则	NB	已发布
44	2	NEA/TC3/SC7－02		电动汽车分散充电设施技术规范	GB	在制定
45	3	NEA/TC3/SC7－03	NB/T 33009－2013	电动汽车充换电设施建设技术导则	NB	已发布
46	4	NEA/TC3/SC7－04	NB/T 33004－2013	电动汽车充换电设施工程施工和竣工验收规范	NB	已发布
47	5	NEA/TC3/SC7－05	NB/T 33019－2015	电动汽车充换设施运行管理规范	NB	已发布
48	6	NEA/TC3/SC7－06		城市公共设施 电动汽车充电站、电池更换站运行服务规范	GB	在制定
49	7	NEA/TC3/SC7－07	GB/T 29318－2012	电动汽车非车载充电机电能计量	GB	已发布
50	8	NEA/TC3/SC7－08	GB/T 28569－2012	电动汽车交流充电桩电能计量	GB	已发布
51	9	NEA/TC3/SC7－09		电动汽车电池箱电能计量	GB	在制定

续表

总序号	子序号	体系编号	标准编号	标准名称	国（行）标	状态
52	10	NEA/TC3/SC7－10		电动汽车车载直流电能表技术条件	GB	在制定
53	11	NEA/TC3/SC7－11	NB/T 33022－2015	电动汽车充电站初步设计内容深度规定	NB	已发布
54	12	NEA/TC3/SC7－12		电网间歇性电源与电动汽车充电协同调度技术导则	NB	在制定
55	13	NEA/TC3/SC7－13		城市公共设施 电动汽车充电设施安全技术防范系统要求	GB	在制定
SC8 附近加设备（共设置 3 项）						
56	1	NEA/TC3/SC8－01		电动汽车车载终端与运营管理系统间通信协议	NB	在制定
57	2	NEA/TC3/SC8－02		电动汽车智能车载终端车与充换电设施互动控制技术条件	GB	在制定★
58	3	NEA/TC3/SC8－03	GB/T 31525－2015	图形标志 电动汽车充换电设施标志	GB	已发布☆

说明：1. ★标识的标准是电力行业与汽车行业联合制定；

2. ☆标识的标准是电力行业与图形符号行业联合制定。

电动汽车充电设施标准体系项目表编制说明

电动汽车充电设施标准体系项目表（以下简称“项目表”）是有序开展标准化工作的重要前提和依据。在国家标准化管理委员会组织协调和指导下，结合我国电动汽车充电设施发展对标准化提出的新需求和近年来的工程建设实践，国家能源局组织能源行业电动汽车充电设施标准化技术委员会（以下简称“充电设施标委会”）在原电动汽车充电设施标准体系框架的基础上，进一步梳理、优化和补充完善，形成了《电动汽车充电设施标准体系项目表（2015 年版）》。

一、编制过程

2010 年，充电设施标委会成立，开展了充电设备、充电接口等急需的标准研制工作。在此基础上，调研充电设施标准需求，研究充电设施标准体系。

2011 年，充电设施标委会结合充电设施建设，初步形成了包括 26 项标准的充电设施体系框架。

2012 年，随着换电模式的电能补给方式的出现，充电设施标委会开展了换电设施标准体系研究，形成了包括术语、动力电池箱、充电系统及设备、充换电接口、换电系统及设备、充/换电站及服务网络、建设与运行、附加设备等 8 个部分、共 54 项的标准体系项目表，但未正式发布。

2014 年以来，充电设施标委会结合充电设施建设发展的新特点，补充完善了充电安全性、兼容性以及标志标识等标准项目。

二、编制原则

1. 项目表中的标准项目定位为技术标准，不包含管理类文件。

2. 项目表是涵盖与电动汽车充电设施相关的国家标准（GB）和能源行业标准（NB）在内的标准体系。

3. 由于电动汽车充电设施标准涉及面广，存在项目表所涉及的标准与其他专业标准相关的情况，为加强与相关专业标准之间的协调，采用分工负责、共同参与的工作机制，避免交叉。

4. 由于感应式充电技术和电动汽车向电网放电技术刚起步，因此项目表目前仅涉及传导式交直流充电技术和换电技术，待感应式充电工程示范以及电动汽车与电网互动技术成熟后再行补充完善。

5. 项目表实施动态管理，需要不断补充完善，及时反映我国充电设施领域技术发展。

三、项目表概况

电动汽车充电设施技术标准体系是一个具有系统性、协调性、兼容性、自主性和开放性的层级结构，分为两个层级，由 8 个技术领域、58 项标准构成。

（一）标准体系框架

1. 第一层级是技术领域。包括基础、动力电池箱、充电系统与设备、充换电接口、换电系统与设备、充/换电站及服务网络、建设与运行和附加设备等 8 个技术领域，分别用 SC1、SC2、SC3、SC4、SC5、SC6、SC7、SC8 表示。

2. 第二层级是具体标准。具体标准的体系编号为 NEA/TC3/技术领域－顺序号。其中：NEA 代表国家能源局，TC3 代表充电设施标委会，技术领域用 SC1、SC2、SC3、SC4、SC5、SC6、SC7、SC8 表示，顺序号代表在本技术领域的标准顺序。

（二）标准明细表

电动汽车充电设施各技术领域设置的标准情况如下：

1. 基础（SC1）。主要包括术语及并网基本规定，共设置 2 项标准。

2. 动力电池箱（SC2）。主要包括换电模式下涉及到的动力电池箱尺寸、电池箱架、动力仓标准，共设置 4 项标准。

3. 充电系统与设备（SC3）。主要包括电动汽车非车载充电机、车载充电机、交流充电桩等相关设备的技术要求和试验方法等，共设置 10 项标准。

4. 充换电接口（SC4）。主要包括电动汽车充换电设备的机械与电气接口要求以及通信协议等，共设置 11 项标准。

5. 换电系统及设备（SC5）。主要包括更换电池用的设备标准及检验方法等，共设置 4 项标准。

6. 充/换电站及服务网络（SC6）。主要包括电动汽车充电站、电池更换站及服务网络的通用技术要求、供配电要求和监控系统技术规范和通信协议等，共设置 11 项标准。

7. 建设与运行（SC7）。主要包括电动汽车充电设施建设规划导则、技术导则、施工与验收规范、运行管理和计量等，共设置 13 项标准。

8. 附加设备（SC8）。主要包括充换电设施的相关附属设备，涉及车载终端、标志标识等内容，共设置 3 项标准。

国家能源局

2015 年 11 月 4 日

关于加强城市电动汽车充电设施规划建设工作的通知

建规〔2015〕199 号

各省、自治区住房城乡建设厅，北京市规划委员会，天津市规划局，上海市规划和国土资源管理局，重庆市规划局，新疆生产建设兵团建设局：

为全面贯彻落实《国务院办公厅关于加快新能源汽车推广应用的指导意见》（国办发〔2014〕35 号）、《国务院办公厅关于加快电动汽车充电基础设施建设的指导意见》（国办发〔2015〕73 号），加快推进城市电动汽车充电基础设施规划建设，促进电动汽车推广应用，现通知如下：

一、充分认识加快推进电动汽车充电基础设施规划建设的重要意义

电动汽车充电基础设施（以下简称充电设施）包括充电桩、充电站、换电站等，是新型的城市基础设施，是推广应用电动汽车的基本保障。加快充电设施规划建设，是落实国家新能源汽车产业发展战略的客观需要，是完善城市基础设施、方便居民生活、促进城市低碳发展的重要举措。近年来，我国电动汽车推广应用取得了初步成效，但充电设施建设用地紧张、选址难、建设难、总量不足等问题日益突出。当前，我国电动汽车已经进入快速推广应用时期，到 2020 年，全国电动汽车保有量将超过 500 万辆，充电设施严重不足与电动汽车快速增长的矛盾将进一步加剧，加快充电设施规划建设已成为十分重要而紧迫的任务。

二、明确重点任务和工作目标

全面贯彻国家新能源汽车发展战略和充电设施建设要求，加强和改进城市规划工作，按照“慢充与快充结合、公用与专用结合、近期与远期结合”原则，抓紧制定或完善相关规划，及时将电动汽车充电设施作为城市重要基础设施纳入城市规划，大力推进充电设施建设，推动形成以使用者居住地基本充电设施为主体，以城市公共建筑配建停车场、社会公共停车场、路内临时停车位附建的公共充电设施为辅助，以集中式充、换电站为补充，布局合理、适度超前、车桩相随、智能高效的充电设施体系。原则上，每辆电动汽车要有一个基本充电车位，每个公共建筑配建停车场、社会公共停车场具有充电设施的停车位不少于总车位的 10%，每 2000 辆电动汽车至少配套建设一座快速充换电站，满足不同领域、不同层次电动汽车充电需求，支持和促进电动汽车推广应用。

三、加大充电设施规划建设力度

（一）统筹制定规划，合理布局充电设施。

组织编制各类城市规划应全面落实和完善充电设施规划要求。城市总体规划应将推广应用电动汽车作为推动绿色交通发展的具体措施。城市综合交通体系规划应明确充电设施建设目标和重点建设区域。城市停车规划应规定各类停车场（楼）建设安装充电设施的比例和要求。大城市、特大城市应结合城市发展实际需要编制充电基础设施专项规划，科学确定充电设施建设规模和空间布局。在控制性详细规划中，应注重落实综合交通体系规划、城市停车规划、充电基础设施专项规划等相关规划要求，明确需独立占地的电动汽车充、换电站用地布局。

（二）严格新城新区和新建居住（小）区规划标准，切实落实充电设施建设要求。

自 2016 年起，城乡规划主管部门提出的新建居住（小）区和大型公共建筑的规划条件，核发相关建设工程规划许可证时，必须严格执行新建停车场配建充电设施的比例要求，新建住宅配建停车位应 100% 预留充电设施建设安装条件，新建的大于 2 万平方米的商场、宾馆、医院、办公楼等大型公共建筑配建停车场和社会公共停车场，具有充电设施的停车位应不少于总停车位的 10%。要将相关要求纳入工程建设强制性标准，施工图审查机构在审查住宅项目和大型公共建筑施工图时，应对充电设施设置是否符合工程建设强制性标准进行审核。

（三）切实加强老旧居住（小）区充电设施建设，全力解决充电难问题。

要加强对业主大会及业主委员会的指导和监督，引导业主结合自身实际，按照“谁使用，谁付费”“谁投资，谁受益”原则，统一改造居住（小）区停车场，建设安装充电设施。在不影响车辆通行的前提下，允许利用和改造居住（小）区、停车场、城市支路上的照明设施建设充电设施。对停车困难的小区，近期可结合路内临时停车泊位和公共停车场建设分时共享的充电车位；远期应结合老旧小区改造、周边地区开发、机械式和立体式停车设施建设，在新增停车泊位建设安装充电设施，为用户充电创造条件。各地住房城乡建设主管部门应主动协调电力公司做好相关电力基础网络改造工作。

（四）积极推动单位既有停车场改造配建充电设施，满足电动汽车出行需求。

要争取城市人民政府的支持，抓紧研究制定工作方案，从城市中心区向城市边缘地区、从城市优先发展区域向一般区域，逐步推动具备条件的政府机关、公共机构和企事业单位内部停车场，以及大型商场、超市、文体场馆等建筑物配建停车场，改造或建设安装充电设施，鼓励职工、顾客使用电动汽车出行。城乡规划、建设和停车主管部门要充分发挥市场的主导作用，支持社会公共停车管理单位、充电设施服务运营商在交通枢纽、驻车换乘（P+R）等既有社会公共停车场配建公共充电设施，为充电设施市场化运营、规模化服务创造条件。

（五）全力支持公共服务领域建设充电设施，引导特定行业率先应用电动汽车。

对于公交、环卫、机场通勤等定点定线运行的公共服务领域电动汽车，应倡导和鼓励优先在专用停车场站配建充电设施。同时，要在沿线的相关控制性详细规划中，合理安排或预留独立占地的快充站和换电站用地，保障线路营运需要。对于出租、物流、租赁、公安巡逻等非定点定线运行的公共服务领域电动汽车，应充分挖掘单位内部停车场站配建充电设施的潜力，并在相应的服务地域，利用加油加气站规划用地、公共停车场用地，适度超前规划建设公共充换电站、充电桩群，支持公共服务行业、市政公用单位率先推广使用电动汽车。

（六）简化规划建设审批，加快充电设施建设速度。

要根据国办发〔2015〕73号要求，简化充电设施规划建设审批环节，支持有条件的单位、机构在不影响周边群众生活、交通组织的情况下，在内部停车位（场）改造安装或建设充电设施。自本通知印发之日起，个人在自有停车库、停车位，各居住（小）区、单位在既有停车位安装充电设施的，无需办理建设用地规划许可、建设工程规划许可证和施工许可证。在建设社会公共停车场（楼）时，无需为同步建设的充电桩群等充电设施单独办理建设工程规划许可证和施工许可证。对必须办理规划建设审批手续的新建独立占地的集中式充换电站，应加快办理速度。

四、保障措施

（一）加强领导组织工作。

各地住房城乡建设主管部门要在城市人民政府领导和支持下，根据职责和分工，切实加强对充电设施规划建设工作的组织领导，强化规划引导，注重部门协同配合，完善配套政策，争取财政支持，加强考核监督，统筹有序、全力推进充电设施建设。

（二）加大现代信息技术应用力度。

要统筹充电设施建设、管理、运营需要，加强与智能电网、互联网、物联网、智能交通、大数据等技术融合，积极探索建立充电智能服务平台，不断提高现代信息技术在充电设施网络中的应用水平，为用户提供充电导航、状态查询、充电预约、费用结算等服务，提升运营效率。

（三）及时总结推广先进经验。

要积极争取有关部门支持，结合新城新区开发建设和老旧城区改造，在节能与新能源汽车示范推广试点城市、低碳生态试点城市、绿色生态示范城区、可再生能源试点城市，先行先试，积极探索充电设施的规划方法、建设模式、管理方式等，总结形成可复制、可推广的经验，促进充电设施建设和普及。

（四）注重正确引导社会舆论。

要通过新闻媒体等多种形式，广泛宣传电动汽车发展政策、充电设施规划布局和建设动态，让社会各界全面了解充电设施，提高对建设充电设施的认同感和接受度，吸引更多企业、单位参与充电设施建设，倡导全社会保护充电设施，引导和培育电动汽车消费。

中华人民共和国住房和城乡建设部

2015年12月7日

锂离子电池行业规范公告管理暂行办法

工信部电子〔2015〕452号

第一章 总则

第一条 为推动锂离子电池产业健康有序发展，引导产业加快转型升级，贯彻落实《锂离子电池行业规范条件》（以下简称《规范条件》），制定本办法。

第二条 各省、自治区、直辖市及计划单列市、新疆生产建设兵团工业和信息化主管部门（以下简称“省级行业主管部门”）负责本地区锂离子电池行业企业申请材料的受理、核实和报送工作，监督检查规范条件执行情况。

工业和信息化部负责全国锂离子电池行业规范公告管理工作，组织对企业申请材料进行复核、抽检、公示及公告，发布锂离子电池行业规范公告名单并实施动态管理。

第三条 本办法适用于中华人民共和国境内（中国台湾、中国香港、中国澳门地区除外）所有类型的锂离子电池行业生产企业，主要包括从事正极材料、负极材料、隔膜、电解液（含电解质）、单体电池、电池组等生产的企业。

第二章　申请与审核

第四条　申请公告的企业应具备以下条件：

（一）具有独立法人资格；

（二）符合国家产业政策和相关发展规划；

（三）符合《锂离子电池行业规范条件》；

（四）遵守国家法律法规，无重大违法行为。

第五条　符合本办法第四条所列条件的企业可自愿向所在地省级行业主管部门提出公告申请，填报《锂离子电池行业规范公告申请书》（附后），同时通过工业和信息化部锂离子电池行业管理系统（www.ldchy.cn）进行在线申报。

申请企业应当对申请材料真实性负责。

第六条　申请材料应包括以下内容：

（一）锂离子电池行业规范公告申请书；

（二）营业执照副本；

（三）项目备案或核准文件；

（四）项目用地权证或用地审批文件；

（五）项目环评批复文件、环保竣工验收文件；

（六）高新技术企业资质或省级以上研发中心、技术中心证明文件，有关发明专利证明文件；

（七）经审计的上一年度财务审计报告；

（八）第三方机构产品检测报告（近1年内）；

（九）质量管理体系相关证明文件；

（十）环境管理体系相关证明文件；

（十一）安全生产、职业健康安全管理等证明文件；

（十二）其他相关证明材料。

上述材料各需提供一份，且（二）至（十二）项材料，需提供企业盖章确认的复印件。

第七条　对申请材料齐全、符合规定的，省级行业主管部门予以受理。对申请材料不全的，应在10个工作日内一次性告知申请企业需要补充的全部内容。省级行业主管部门自收到申请材料起20个工作日内，将核实且符合规定的申请材料以正式文件报送工业和信息化部（电子信息司）。

第八条　工业和信息化部收到企业申请材料之日起60个工作日内，组织有关行业机构和专家，采用材料复查和现场抽查的方式完成复核。符合规范条件的企业名单，在工业和信息化部网站上进行公示；经公示无异议的企业，以工业和信息化部公告形式予以公布。

第九条　工业和信息化部在受理和审核过程中可以对申请企业有关情况进行实地查验，查验工作应当指派两名以上工作人员进行。申请企业应当配合查验工作。

第三章　监督与管理

第十条　进入公告名单的锂离子电池企业（以下简称“公告企业”）要严格按照《规范条件》的要求组织生产经营活动，并对照规范条件要求开展自查，每年3月31日前通过工业和信息化部锂离子电池行业管理系统（www.ldchy.cn）提交上年度自查报告，同时向工业和信息化部递送纸质材料1份。

自查报告是监督检查公告企业执行《规范条件》情况的重要依据，包括以下主要内容：企业生产经营情况、产品进出口情况；质量管理、安全生产、节能降耗、环境保护等制度建设及运行情况；法人代表、股权或资本金、主要产品品种及生产能力等变更情况。

第十一条　公告企业出现下列情况之一时，需及时提出变更申请，经省级行业主管部门核实后，报送工业和信息化部：企业名称变化，企业合并、分立或兼并重组，企业产能产线发生较大变化，企业搬迁新址，其他重大变化。

第十二条　省级行业主管部门对公告企业保持规范条件情况进行监督核实。每年4月30日前将上年度监督结果报送工业和信息化部。

第十三条　欢迎和鼓励社会监督。任何单位或个人发现正在申请规范公告或已公告的锂离子电池企业有不符合本办法有关规定或《规范条件》有关要求的，可向各级工业和信息化主管部门举报。

第十四条　已经公告企业有下列情况之一的，省级行业主管部门责令其限期整改。

（一）不能保持《规范条件》要求的；

（二）填报资料有弄虚作假行为的；

（三）拒绝接受监督检查的；

（四）发生重大安全事故、重大环境污染事故的；

（五）违反法律、法规和国家产业政策规定的。

整改不合格，或者发生重大质量事故以及停产超过1年的，工业和信息化部撤销其公告资格。工业和信息化部拟撤销企业公告资格的，应提前告知有关企业，听取企业的陈述

和申辩，视情况组织专家进行论证。

被撤销公告资格的企业，经整改合格1年后方可重新提出公告申请。

第十五条　工业和信息化部组织或委托第三方检测机构，对公告企业产品进行抽查。抽查不合格的企业，将通报并责令其予以整改；一年之内连续两次抽查不合格的企业，

视为不能保持《规范条件》要求。

第四章　附则

第十六条　本办法自2016年1月1日起实施，由工业

和信息化部负责解释。

工业和信息化部

2015 年 12 月 9 日

电动汽车动力蓄电池回收利用技术政策（2015 年版）

第一章　总则

第一条　【制定依据】为引导电动汽车动力蓄电池有序回收利用，保障人身安全，防治环境污染，促进资源再生，根据《中华人民共和国循环经济促进法》《中华人民共和国固体废物污染环境防治法》《关于印发节能与新能源汽车产业发展规划（2012—2020 年）的通知》（国发〔2012〕22 号）、《关于加快新能源汽车推广应用的指导意见》（国办发〔2014〕35 号）等有关要求，制定本技术政策。

第二条　【制定目的】本技术政策为指导性文件，目的是指导企业合理开展电动汽车动力蓄电池的设计、生产及回收利用工作，建立上下游企业联动的动力蓄电池回收利用体系。

第三条　【适用范围】本技术政策适用于在中华人民共和国境内进行的动力蓄电池设计、生产及废旧动力蓄电池的回收、利用和最终处置等活动。

本技术政策所称废旧动力蓄电池包括：

（一）经使用后剩余容量及充放电性能无法保障电动汽车正常行驶或因其他原因拆卸后不再使用的动力蓄电池；

（二）报废电动汽车上的动力蓄电池；

（三）经梯级利用后报废的动力蓄电池；

（四）生产过程中企业报废的动力蓄电池；

（五）其他需回收利用的动力蓄电池。

以上废旧动力蓄电池包含废旧的蓄电池包、蓄电池模块和单体蓄电池。

第四条　【总体要求】动力蓄电池回收利用应当在技术可行、经济合理、保障安全和有利于节约资源、保护环境的前提下，按照减少资源消耗和废物产生的原则实施。

第五条　【责任主体】落实生产者责任延伸制度，电动汽车生产企业（含进口商，下同）、动力蓄电池生产企业（含进口商，下同）和梯级利用电池生产企业（以下简称“梯级利用企业”）应分别承担各自生产使用的动力蓄电池回收利用的主要责任，报废汽车回收拆解企业应负责回收报废汽车上的动力蓄电池。

第六条　【部门职责】国家发展改革委、工业和信息化部、环境保护部、商务部、质检总局等有关部门在各自职责范围内制定与本技术政策相关的管理政策及技术标准，加强指导和监督管理。

第二章　力蓄电池设计和生产

第七条　【绿色设计】电动汽车设计应遵循动力蓄电池易拆卸原则，确保动力蓄电池能从整车上安全、环保的拆卸。

动力蓄电池设计应符合《汽车禁用物质要求》（GB/T 30512）的规定，采取无毒无害化设计，并尽量使用再生材料。国家鼓励动力蓄电池结构设计标准化，提高通用性，以便于梯级利用。

第八条　【拆卸、拆解信息】电动汽车生产企业应提供其销售的电动汽车动力蓄电池拆卸技术信息，动力蓄电池生产企业应提供其销售的动力蓄电池的拆解技术信息，并及时更新，必要时应提供技术培训。

第九条　【电池产品编码和追溯】国家推动建立动力蓄电池产品编码制度。动力蓄电池生产企业应对所生产（或进口）的所有动力蓄电池产品进行编码，并确保编码与电池产品具有唯一对应性，电动汽车生产企业应将装配在整车上的蓄电池产品编码与整车建立对应关系，确保动力蓄电池的流向可追溯。

从事动力蓄电池更换业务的售后服务企业、电池租赁企业等应建立信息登记制度，确保新更换到车上的电池流向可追溯。

第三章　废旧动力蓄电池回收

第十条　【回收网络建设】电动汽车及动力蓄电池生产企业（含进口商，下同）应在具有电动汽车售后服务网点的地级行政区域至少指定一家服务网点（或委托其他具备回收条件的机构）负责废旧动力蓄电池的收集。鼓励多家企业通过委托代理或与回收企业、再生利用企业合作等形式，共建、共用废旧动力蓄电池回收网络，降低回收成本，提高回收网络运行效率。

电动汽车及动力蓄电池生产企业应当向社会公告其废旧动力蓄电池回收网点的地址、联系方式等信息并及时更新。

第十一条　【回收信息统计和上报】电动汽车及动力蓄电池生产企业、梯级利用企业负责统计本企业回收（或委托回收）的废旧动力蓄电池类型、型式（蓄电池包、蓄电池模块或单体蓄电池）、数量、重量、去向等信息，并在每年第一季度向工业和信息化主管部门报告上一年度的相关信息。

报废汽车回收拆解企业应当及时在“全国老旧汽车报废更新信息管理系统”中准确填报其拆卸回收的废旧动力蓄电池类型、数量、重量、去向等信息。

第十二条　【回收企业条件】从事废旧动力蓄电池回收业务的企业（以下简称“回收企业”），应当具备下列条件之一：

（一）电动汽车生产企业指定（或授权）的电动汽车售后服务商或其他机构；

（二）动力蓄电池生产企业指定（或授权）的电池销售商、动力蓄电池换电（或租赁）企业或其他机构；

（三）梯级利用企业或其指定（或授权）机构；

（四）具备动力蓄电池拆卸所需技术、设备、人员等相应条件的报废汽车回收拆解企业；

（五）其他符合条件的企业。

第十三条 【电池交售】电动汽车用户更换动力电池时，应当到符合本政策第十二条规定的回收企业处拆卸动力蓄电池，并将废旧动力蓄电池交售给回收企业。

电动汽车租赁公司、公交车公司、出租车公司等集团用户可按有关要求回收本企业内产生的废旧动力蓄电池，并及时将废旧动力蓄电池交售给回收企业。

回收企业应向符合国家法规要求的梯级利用企业或再生利用企业交售废旧动力蓄电池。

第十四条 【拆卸要求】回收企业从电动汽车上拆卸动力蓄电池时，应遵循安全性和完整性原则，并严格按照电动汽车生产企业所提供的拆卸技术信息进行合理拆卸。

第十五条 【贮存要求】废旧动力蓄电池贮存应有专门的场所，贮存场所应符合法律法规要求及当地消防、环保、安全部门的有关规定，并设有警示标志，且应设在易燃、易爆等危险品仓库及高压输电线路防护区域以外。

废旧动力蓄电池贮存应避免高温、潮湿，保证通风良好，正负极触头应采取绝缘防护。废旧动力蓄电池多层贮存宜采取框架结构并确保承重安全，且能够合理装卸。

第十六条 【运输要求】废旧动力蓄电池运输应遵守国家有关电池包装运输法规和标准要求，采用恰当的包装方式，尽量保证其结构完整，采取防火、防水、防爆、绝缘、隔热、防腐蚀等安全防护措施，并制定应急预案。出现电解液泄露、经诊断有过充电经历、电压或电阻不在正常范围及经滥用试验的电池宜先进行放电处理后进行运输。

第十七条 【放电要求】废旧动力蓄电池放电可采取物理和化学两种放电方式。对外壳完好的动力蓄电池宜采取物理放电，物理放电应采用专业放电器或自动放电系统，应对热能散发环境做好隔热、导热或热转换措施。对受损严重、无法连接放电器的废旧动力电池采取化学放电，化学放电应采用吊装设备将废旧动力蓄电池搬运入放电液中，同时应收集放电液进行环保无害化处理或交由相关环保处理企业处理。

第四章 废旧动力蓄电池利用

第十八条 【利用的原则】废旧动力蓄电池的利用应遵循先梯级利用后再生利用的原则，提高资源利用率。

第十九条 【梯级利用规范】国家支持动力蓄电池生产企业或具备相应技术条件的再生利用企业开展废旧动力蓄电池梯级利用。梯级利用企业应根据废旧动力蓄电池的容量、充放电特性、使用安全性等实际情况判断可否进行梯级利用，要对符合梯级利用条件的废旧动力蓄电池进行必要的检测、分类、拆解和重组，贴自有商标以明示该电池产品为梯级利用电池，按照第九条要求进行产品编码并建立追溯系统。

第二十条 【再生利用规范】经判断不能进行梯级利用的废旧动力蓄电池应按有关要求进行再生利用，回收其中有价值的资源。再生利用的作业流程一般可按拆解、热解、破碎分选、冶炼等步骤进行。

第二十一条 【拆解要求】废旧动力蓄电池拆解应使用专用拆解场地，配备安全防护装备和防护罩，由专业人员严格按照动力蓄电池生产企业所提供的拆解信息，使用自动化的拆解设备、专用起吊工具、绝缘工具等进行。拆解过程应配备电工资质人员进行作业。废旧动力蓄电池应进行放电处理后再拆解，具体要求参照本政策第十七条规定执行。

第二十二条 【热解要求】废旧动力蓄电池热解工艺过程应在封闭式反应系统中进行，并配置废气处理系统。不得在露天环境下焚烧废旧动力蓄电池。

第二十三条 【破碎分选要求】废旧动力蓄电池破碎分选工艺过程应在封闭式构筑物中进行，破碎分选系统要设立分级，将外壳、集流体、正负极材料在分选系统中独立回收。不得对废旧动力蓄电池进行人工破碎和在露天环境下进行破碎作业。

第二十四条 【冶炼要求】废旧动力蓄电池的冶炼要遵循国家再生金属标准及有色金属冶炼企业安全生产标准等有关要求，选择先进、环保的冶炼方法。湿法冶炼过程应安装废水在线监测系统保证废水处理达标排放，镍、钴、锰的综合回收率应不低于98%；火法冶炼系统应安装废气在线监测系统保证废气处理达标排放，镍、稀土的综合回收率应不低于97%。冶炼过程产生的固体废物应按照环境保护要求进行处理处置。

第二十五条 【信息记录】梯级利用企业和再生利用企业要准确记录废旧动力蓄电池的来源（含回收量）、处置量、处置方式、处置时间及处理产物的去向，信息保留不少于五年，以备相关部门核查。鼓励有条件的企业建立信息管理与在线监控系统。

第二十六条 【企业规章制度】梯级利用和再生利用企业应制定安全生产和环境保护的企业规章制度。

第五章 促进措施

第二十七条 【制度设计】为保障废旧动力蓄电池有序回收，电动汽车及动力蓄电池生产企业在销售电动汽车或动力蓄电池时，可以对动力电池采用收取押金、回购、以旧换新等措施，提高消费者交回废旧动力蓄电池的积极性。国家积极推进动力蓄电池回收利用的标准化，完善法规、加强监管，探索将废旧动力蓄电池纳入“废弃电器电子产品回收处理基金”征收范围的可行性。

第二十八条 【激励措施】国家在现有资金渠道内对梯级利用企业和再生利用企业的技术研发、设备进口等方面给予支持，鼓励企业不断提升技术水平，节约资源、保护环境。

第二十九条 【技术研发】国家支持动力蓄电池相关回收利用技术和装备的研发，鼓励废旧动力蓄电池回收企业、梯级利用企业、再生利用企业不断开发和推广新技术。

第三十条 【国际合作】国家鼓励开展电动汽车动力蓄电池回收利用领域的国际交流与合作，支持国家标准的共同制定和协调统一，支持开展具有国际先进水平的示范项目建设。

第三十一条 【产品认证】国家支持开展动力蓄电池回收利用过程的检测、认证工作。鼓励企业开展管理体系认证等，适时建立动力蓄电池梯级利用产品认证制度。

第三十二条 【行业协会】行业协会应组织企业加强行业自律、完善行业标准、创新商业模式，推动企业按照技术政策有关规定积极开展动力蓄电池回收利用活动。

第三十三条 【公众参与】加大宣传教育力度，使公众知悉废旧动力蓄电池的安全风险和环境危害，了解电池回收政策法规及相关主体的责任，培养良好的环保意识，推进废旧动力蓄电池有效回收。

第六章 附则

第三十四条 本政策根据社会经济、技术水平的发展适时修订。

第三十五条 本技术政策由国家发展和改革委员会会同工业和信息化部、环境保护部、商务部、质检总局负责解释。

第三十六条 本技术政策自印发之日起实施。

附录：术语和定义

动力蓄电池：为电动汽车动力系提供能量的蓄电池，由蓄电池包（组）及蓄电池管理系统组成。包括锂离子动力蓄电池、金属氢化物镍动力蓄电池等，不包括铅酸蓄电池。

蓄电池包（组）：一个或多个蓄电池模块组成的单一机械总成。

蓄电池模块：将一个以上单体蓄电池按照串联、并联或串并联方式组合，且只有一对正负极输出端子，并作为电源使用的组合体。

单体蓄电池：直接将化学能转化为电能的基本单元装置，包括电极、隔膜、电解质、外壳和端子，并被设计成可充电。

回收：废旧动力蓄电池收集、分类、贮存和运输的过程总称。

拆卸：将动力蓄电池从电动汽车上拆下的过程。

贮存：废旧动力蓄电池收集、运输、梯级利用、再生利用过程中的存放行为，包括在回收网点的临时堆放。

拆解：对废旧动力蓄电池进行逐级拆分，直至拆出单体蓄电池的过程。

利用：指废旧动力蓄电池回收后的再利用，包括梯级利用和再生利用。

梯级利用：将废旧动力蓄电池（或其中的蓄电池包/蓄电池模块/单体蓄电池）应用到其他领域的过程，可以一级利用也可以多级利用。

再生利用：对废旧动力蓄电池进行拆解、破碎、冶炼等处理，以回收其中有价元素为目的的资源化利用过程。

国家发展改革委
工业和信息化部
环境保护部
商务部
质检总局
2016 年 1 月 5 日

二、地方政策与规划

序号	地方政府	政策及规划	发布单位	发布时间
1	北京市	北京市购买纯电动专用车有关财政政策的通知	北京市财政局 北京市科学技术委员会 北京市经济和信息化委员会 北京市交通委员会 北京市商务委员会	2015 年 3 月 30 日
		北京市对出租汽车提前报废或更新实施相关鼓励措施的通知	北京市人民政府办公厅	2015 年 3 月 31 日

续表

序号	地方政府	政策及规划	发布单位	发布时间
1	北京市	北京市纯电动小客车不受工作日高峰时段区域限行措施限制的通告	北京市公安局公安交通管理局	2015 年 5 月 18 日
		北京市关于购买纯电动客车有关财政政策的通知	北京市财政局 北京市科学技术委员会 北京市经济和信息化委员会	2015 年 7 月 13 日
		北京市新能源小客车公用充电设施投资建设管理办法（试行）的通知	北京市发展和改革委员会 北京市科学技术委员会 北京市规划委员会 北京市质量技术监督局	2015 年 9 月 27 日
		北京市示范应用新能源小客车管理办法（2015 年修订）的通知	北京市科学技术委员会 北京市发展和改革委员会 北京市经济和信息化委员会 北京市财政局 北京市交通委员会	2015 年 9 月 28 日
		北京市示范应用新能源小客车生产企业及产品备案管理细则（2015 年修订）的通知	北京市经济和信息化委员会 北京市发展和改革委员会 北京市科学技术委员会 北京市质量技术监督局	2015 年 9 月 29 日
2	上海市	上海市电动汽车充电设施建设管理暂行规定	市交通委 市发展改革委 市住房保障房屋管理局 市经济信息化委 市消防局 市规划国土资源局 市国资委 市机管局	2015 年 5 月 29 日
3	天津市	天津市新能源汽车不受机动车尾号限行等交通管理措施限制的通告	天津市人民政府	2015 年 12 月 29 日
4	重庆市	重庆市新能源汽车推广应用市级财政补贴实施细则（暂行）的通知	重庆市科学技术委员会	2015 年 1 月 12 日
		重庆市民用建筑电动汽车充电设备配套设施设计规范的通知	重庆市城乡建设委员会	2015 年 5 月 14 日
		重庆市加快电动汽车充电基础设施建设实施方案的通知	重庆市人民政府办公厅	2015 月 12 月 30 日
5	河北省	河北省加快新能源汽车产业发展和推广应用若干措施的通知	河北省人民政府办公厅	2015 年 12 月 26 日
		河北省新能源汽车产业“十三五”发展规划（2016－2020 年）	河北省工业和信息化厅	2015 年 12 月 29 日
		石家庄市加快新能源汽车发展和推广应用的实施意见	石家庄市人民政府	2015 年 5 月 22 日
		唐山市省级新能源汽车推广应用补助资金兑补办法	河北省唐山市人民政府	2015 年 4 月 23 日
		邯郸市关于加快新能源汽车推广应用的实施意见	邯郸市人民政府	2015 年 7 月 1 日
		邢台市关于加快新能源汽车发展和推广应用的实施意见	邢台市人民政府	2015 年 1 月 19 日
		承德市 2015 年新能源汽车推广应用省级补贴资金兑补办法	承德市新能源汽车发展和推广应用工作领导小组	2015 年 6 月 1 日
		沧州市省级新能源汽车推广应用补助资金兑补办法	沧州市财政局 沧州市工信局	2015 年 3 月 24 日
6	山西省	山西省新能源汽车营销补助资金管理暂行办法	山西省财政厅 山西省经济和信息化委员会	2015 年 4 月 30 日
		山西省加快推进电动汽车产业发展和推广应用的实施意见	山西省人民政府办公厅	2015 年 11 月 27 日
		晋城市新能源汽车推广应用实施方案的通知	晋城市人民政府办公厅	2015 年 5 月 5 日

续表

序号	地方政府	政策及规划	发布单位	发布时间
7	辽宁省	辽宁省关于加快新能源汽车推广应用的实施意见的通知	辽宁省人民政府办公厅	2015年6月24日
		沈阳市新能源汽车推广应用实施方案（2015—2020年）的通知	辽宁省沈阳市人民政府	2015年10月23日
		沈阳市新能源汽车推广应用财政补助资金管理办法（暂行）	沈阳市人民政府	2015年11月11日
8	吉林省	长春市关于2015—2016年新能源汽车推广应用实施计划的通知	长春市人民政府	2015年12月25日
9	江苏省	江苏省2015年新能源汽车推广应用省级财政补贴实施细则	省财政厅 省经济和信息化委	2015年3月3日
		江苏省2015年新能源汽车推广应用省级财政补贴实施细则的补充通知	江苏省财政厅	2015年9月9日
		江苏省公共领域新能源汽车充电设施建设、运营管理办法（试行）通知	江苏省新能源汽车推广应用协调小组	2015年11月20日
		南京市2015年新能源汽车充换电配套设施建设计划的通知	南京市人民政府	2015年1月12日
		南京市关于调整电动汽车充换电设施服务价格的通知	南京市物价局	2015年4月20日
		南京市政府关于进一步支持新能源汽车推广应用的若干意见	南京市人民政府	2015年6月23日
		南京市建筑物配建停车设施设置标准与准则（2015版）的通知	南京市人民政府	2015年6月29日
		无锡市新能源汽车推广应用实施方案（2015—2017年）的通知	无锡市人民政府	2015年7月29日
		无锡市新能源汽车推广应用财政补贴资金管理实施细则	无锡市财政局 无锡市经济和信息化委员会	2015年8月31日
		苏州市新能源汽车推广应用市级财政补贴实施细则	苏州市人民政府	2015年8月28日
		苏州市2015年新能源汽车推广应用市级财政补贴实施细则补充规定	苏州市人民政府	2015年11月25日
		扬州市关于明确新能源汽车停放费标准的通知	扬州市物价局 扬州市公安局	2015年5月6日
		扬州市2015年新能源汽车推广应用市级财政补贴实施细则	扬州市财政局 扬州市经济和信息化委员会	2015年6月28日
		镇江市2015年新能源汽车推广应用市级财政补贴实施细则	镇江市财政局 镇江市经济和信息化委员会	2015年8月17日
		宿迁市2015年新能源汽车推广应用实施方案	宿迁市人民政府办公室	2015年6月25日
		宿迁市2015年新能源汽车推广应用财政补贴实施细则	宿迁市人民政府	2015年10月16日
10	浙江省	杭州市推进新能源汽车充电基础设施建设实施办法（征求意见稿）	杭州市城乡建设委员会	2015年11月5日
		宁波市新能源汽车推广应用暂行办法	宁波市发展和改革委员会 宁波市科学技术局	2015年3月30日
		浙江省宁波市新能源汽车推广应用资金补助管理办法	浙江省宁波市财政局 宁波市科技局	2015年4月14日
		绍兴市区新能源汽车推广应用财政补助暂行办法	绍兴市人民政府办公室	2015年6月4日
		湖州市新能源汽车推广应用财政补助资金管理办法的通知	湖州市财政局 湖州市经济和信息化委员会	2015年7月20日

续表

序号	地方政府	政策及规划	发布单位	发布时间
10	浙江省	湖州市新能源公交车推广应用财政补助暂行办法	浙江省湖州市交通运输局 财政局 经济和信息化委员会	2015 年 11 月 24 日
		金华市区新能源汽车推广应用财政补助暂行办法的通知	金华市人民政府	2015 年 6 月 16 日
		三门县低速电动车管理办法	浙江省台州市三门县	2015 年 2 月 4 日
11	安徽省	安徽省关于加快新能源汽车产业发展和推广应用的实施意见	安徽省人民政府办公厅	2015 年 3 月 27 日
		合肥市电动汽车充电服务价格实行与燃油燃气价格联动机制的通知	安徽省合肥市物价局	2015 年 3 月 11 日
		铜陵市关于鼓励发展新能源汽车产业的实施意见的通知	铜陵市人民政府办公室	2015 年 5 月 20 日
12	福建省	福建省关于核定低速电动车牌证工本费及安全技术检验收费问题的复函	福建省物价局 福建省财政厅	2015 年 3 月 10 日
		福建省低速电动汽车示范运营管理暂行办法	福建省经信委、发改委、 公安厅、质监局	2015 年 3 月 25 日
		福州市关于贯彻省政府加快新能源汽车推广应用八条措施的实施意见	福州市人民政府	2015 年 10 月 13 日
		厦门市新能源汽车推广应用实施方案的通知	厦门市人民政府	2015 年 3 月 10 日
		厦门市新能源汽车推广应用财政补贴办法的通知	厦门市经济和信息化局 厦门市财政局	2015 年 5 月 4 日
		厦门市公共交通场站有限公司电动汽车充电服务费标准有关问题的批复	福建省物价局	2015 年 11 月 18 日
		泉州市关于贯彻省政府加快新能源汽车推广应用八条措施的实施意见	泉州市人民政府	2015 年 10 月 16 日
		莆田市关于印发莆田市新能源汽车推广应用实施方案的通知	莆田市人民政府	2015 年 5 月 8 日
		南平市新能源汽车推广应用工作方案的通知	南平市人民政府办公室	2015 年 1 月 21 日
		宁德市新能源汽车推广应用工作方案的通知	宁德市人民政府	2015 年 9 月 24 日
13	江西省	南昌市关于鼓励新能源汽车推广应用的若干政策的实施意见	南昌市公安局交通管理局	2015 年 3 月 20 日
		南昌市关于新能源汽车配套充电设施补助申请公告	江西省南昌市发展和改革委	2015 年 3 月 30 日
		南昌市电动汽车充换电服务费标准的批复	江西省南昌市物价局	2015 年 3 月 31 日
		南昌市关于城市物流企业购买新能源汽车的通告	江西省南昌市财政局	2015 年 6 月 2 日
		南昌市关于受理 2015 年度新能源汽车推广应用补助经费的通知	江西省南昌市新能源汽车推广 应用工作领导小组办公室	2015 年 11 月 9 日
		九江市新能源汽车推广应用市级财政补贴实施细则	九江市新能源汽车推广应用 工作协调小组办公室	2015 年 4 月 21 日
		宜春市关于鼓励新能源汽车推广应用的若干政策的通知	宜春市人民政府	2015 年 4 月 13 日
14	山东省	山东省关于加快推进山东省绿色交通运输发展的指导意见	山东省人民政府办公厅	2015 年 1 月 21 日
		山东省节能与新能源城市公交车示范推广资金管理暂行办法	山东省财政厅 山东省交通运输厅	2015 年 4 月 10 日
		济南市关于电动汽车充电设施服务价格的通知	山东省济南市物价局	2015 年 2 月 5 日
		青岛市新能源汽车产业发展规划（2014—2020 年）	青岛市人民政府办公厅	2015 年 1 月 7 日
		青岛市关于确定我市电动汽车充电服务费有关事项的通知	青岛市物价局	2015 年 5 月 15 日
		潍坊市新能源汽车推广应用管理办法（试行）	潍坊市人民政府	2015 年 4 月 15 日

续表

序号	地方政府	政策及规划	发布单位	发布时间
15	广东省	广州市新能源中小客车车辆购置补贴实施细则	广州市发展改革委员会 广州市财政局	2015年2月15日
		广州市电动汽车充电设施建设专项资金管理办法	广州市工信委 广州市财政局	2015年5月25日
		广州市推进电动汽车充换电设施建设与管理暂行办法	广州市工业和信息化委员会	2015年7月14日
		深圳市新能源汽车推广应用若干政策措施	深圳市人民政府	2015年1月8日
		深圳市新能源汽车发展工作方案的通知	深圳市人民政府	2015年1月8日
		深圳市小汽车增量调控管理实施细则	深圳市交通运输委员会 深圳市发展和改革委员会 深圳市经济贸易和信息化委员会 深圳市财政委员会 深圳市人居环境委员会 深圳市市场和质量监督管理委员会 深圳市公安局 深圳市民政局 深圳市司法局 深圳市人力资源和社会保障局 深圳市地方税务局 深圳市统计局 深圳市国家税务局	2015年1月22日
		深圳市小汽车增量调控管理暂行规定	深圳市人民政府	2015年1月22日
		深圳市新能源出租车推广应用政策实施细则	深圳市交通运输委员会	2015年3月22日
		深圳市关于加强新能源汽车推广应用调整电动小汽车增量指标调控政策的通知	深圳市交通运输委员会 深圳市发展和改革委员会	2015年8月9日
		深圳市新能源汽车充电设施运营商备案管理办法	深圳市发展改革委	2015年8月19日
		深圳市2015年度待配置电动小汽车增量指标配置有关事项的通知	深圳市交通运输委员会 深圳市发展和改革委员会	2015年9月8日
		深圳市新能源汽车推广应用扶持资金管理暂行办法	深圳市发展改革委 深圳市财政委	2015年9月25日
		深圳市关于调整2015年度待配置电动小汽车增量指标配置方式的通知	深圳市交通运输委员会 深圳市发展和改革委员会	2015年10月10日
		深圳市关于调整电动汽车充电服务费有关问题的函	深圳市发展改革委	2015年12月31日
		珠海市新能源汽车推广应用实施方案	珠海市发展和改革局	2015年2月11日
		珠海市新能源汽车推广应用补助资金管理实施细则（2014—2015年）	珠海市发展和改革局 珠海市财政局	2015年3月19日
		肇庆市新能源汽车推广应用财政补贴实施细则	肇庆市财政局 肇庆市发展和改革局	2015年10月21日
		惠州市新能源汽车推广应用财政补贴实施细则	广东省惠州市发展和改革局	2015年1月22日
		惠州市新能源汽车充换电设施建设实施细则（暂行）	惠州市发展和改革局办公室	2015年7月14日
		东莞市关于加快推进新能源汽车推广应用的实施意见	东莞市人民政府办公室	2015年7月3日
		东莞市新能源汽车推广应用资金管理办法	东莞市发展和改革局 东莞市财政局	2015年9月30日
		中山市关于广东省新能源汽车推广应用补助资金管理实施细则（2015年修订）	中山市发展和改革局	2015年7月3日
		中山市电动汽车充电设施建设管理暂行办法及配建标准（征求意见稿）	中山市城乡规划局	2015年12月25日

续表

序号	地方政府	政策及规划	发布单位	发布时间
16	广西壮族自治区	广西壮族自治区关于完善广西城市公交车成品油价格补助政策加快广西新能源汽车推广应用的通知	广西壮族自治区财政厅 广西壮族自治区工业和信息化委员会 广西壮族自治区交通运输厅	2015 年 1 月 5 日
17	河南省	许昌市低速四轮电动汽车管理暂行办法	许昌市工信委	2015 年 8 月 3 日
		许昌市鼓励个人购买电动汽车财政补贴实施办法	河南省许昌市人民政府	2015 年 10 月 20 日
		商丘市区三轮车电动四轮车管理办法	商丘市依法整治规范三轮车电动四轮车工作领导小组办公室	2015 年 7 月 10 日
		驻马店市电动汽车管理办法	驻马店人民政府	2015 年 7 月 9 日
18	海南省	海南省关于大力推广应用新能源汽车促进生态省建设的意见通知	海南省工业和信息化厅	2015 年 12 月 24 日
19	湖南省	湘潭市新能源汽车推广应用实施方案的通知	湘潭人民政府办公室	2015 年 7 月 13 日
20	湖北省	湖北省人民政府办公厅关于加快新能源汽车推广应用的实施意见	湖北省人民政府	2015 年 4 月 15 日
21	四川省	成都市新能源汽车市级补贴实施细则（暂行）	成都市经信委 成都市财政局 成都市科技局 成都市发改委 成都市公安局交管局	2015 年 6 月 30 日
		成都市新能源汽车充电设施市级补贴实施细则（暂行）	成都市经信委 成都市发改委 成都市科技局 成都市财政局	2015 年 6 月 30 日
		绵阳市新能源汽车产业发展规划（2015—2020 年）	绵阳市人民政府办公室	2015 年 4 月 29 日
		雅安市低速四轮电动车生产及管理暂行办法	雅安市人民政府	2015 年 7 月 7 日
22	贵州省	贵州省关于促进新能源汽车推广应用的意见通知	贵州省人民政府办公厅	2015 年 9 月 22 日
		六盘水市新能源汽车推广应用实施方案	六盘水市人民政府	2015 年 9 月 2 日
23	云南省	云南省关于加快新能源汽车推广应用的实施意见的通知	云南省人民政府办公厅	2015 年 5 月 5 日
		昆明市新能源汽车推广应用财政补助资金管理办法	昆明市财政局 昆明市发展和改革委员会	2015 年 3 月 23 日
		昆明市 2015 年新能源汽车充电设施建设实施方案	昆明市人民政府办公厅	2015 年 6 月 10 日
24	青海省	青海省加快新能源汽车推广应用实施方案	青海省人民政府办公厅	2015 年 4 月 14 日
25	陕西省	西安市新能源汽车充电设施建设项目验收及补贴资金申请实施细则	西安市发展和改革委员会	2015 年 10 月 26 日
26	新疆维吾尔自治区	乌鲁木齐市新能源公交车推广应用实施方案（2015—2019）	乌鲁木齐市人民政府	2015 年 11 月 13 日

节能与新能源汽车

年鉴

第三篇
地区概况

北京市

一、节能与新能源汽车扶持政策与措施

2015 年，北京持续推进技术创新、商业模式创新和政策创新，发挥协同创新的叠加效应，形成政府推动和市场拉动的合力，积极营造新电动汽车的消费氛围，呈现车桩两旺、应用推广和产业竞争力协同发展的良性局面，统筹推进本市电动汽车发展跨入成长期。

2015 年 3 月 5 日，北京市发布《北京市居住公共服务设施配置指标》和《北京市居住公共服务设施配置指标实施意见》，明确居住类建筑应将 18% 的配建机动车停车位作为电动车停车位；3 月 30 日发布《关于购买纯电动专用车有关财政政策的通知》。

4 月，发布纯电动小客车不限行政策；4 月 24 日，发布《关于本市电动汽车充电服务收费有关问题的通知》；7 月 13 日，发布《关于购买纯电动客车有关财政政策的通知》；12 月，发布《北京市新能源小客车公用充电设施投资建设管理办法（试行）》，实现市级财政补贴对纯电动车型全覆盖，持续加大对新能源汽车推广应用的支持力度，在全社会营造良好应用氛围。

二、节能与新能源汽车推广应用情况

北京市着力围绕产业链部署创新链，围绕创新链完善资金链，形成全产业链协同创新格局，全年实现纯电动汽车销售收入突破 150 亿元，产业竞争力保持国内领先。其中，北京新能源汽车股份有限公司纯电动小客车全年销量突破 2 万辆，居全国第一。

2015 年，北京新增纯电动汽车 2.24 万辆，较 2014 年增长 205%，累计达到 3.59 万辆，纯电动汽车推广规模居全国第一。全年公共领域推广电动汽车 7490 辆，其中公交车 457 辆、出租车 650 辆、环卫车 38 辆、物流车 2493 辆、租赁车 2624 辆、其他车辆 1228 辆。同时，发挥政策边际效应，引导和带动单位及个人购买使用电动汽车，全年推广电动汽车 1.49 万辆。

1. 完善政策体系，加快产品登记备案。截至 2015 年底，北京市已完成对 26 家企业及 69 款产品登记备案工作。2015 年，北京市先后出台电动专用车、电动客车补贴政策，实现市级财政补贴对纯电动车型全覆盖。

2. 加快推进分时租赁纯电动小客车运营。租赁运营指标配置优先满足纯电动汽车，北京市 2015 年新增 2250 个租赁小客车指标，全部为纯电动小客车。同时，重点推进公车改革新能源车辆分时租赁示范工程，以市场化机制，扩大中央和国家机关及所属公共机构、市级党政机关分时租赁应用。

3. 形成私人领域消费内生动力。发挥政策边际效应，对企业及产品实施备案制管理，开放进口纯电动汽车准入，明确纯电动小客车不限行并鼓励存量更新。

三、基础设施建设及运行情况

截至 12 月底，北京市累计建成充电桩量 2.1 万根，其中公交、环卫、出租等公共专用充电桩 3700 根，社会公用充电桩 5132 根，私人自用充电桩 12084 根。

1. 搭建电动汽车自用充电设施服务平台，开展“电动社区”计划。分类推进自用充电桩建设，在具有固定停车位及电源条件的社区，率先实现电源条件到车位；在无固定停车位的社区，鼓励在公共管理区域率先建设公用充电桩；在无充电桩安装条件的社区，率先投放移动充电车，使自用充电桩建桩率达到 70%。

2. 调动多主体积极性，推动充电设施建设及运营服务模式创新。2015 年，北京市出台充电服务费政策和公用充电设施投资建设管理办法，形成多主体参与的良好局面，与电动汽车大规模增长形成互动增长的良性循环。此外，发布公用充电桩共享平台“e 充网”，提供电动汽车互联网服务，并对现有充电桩实施车桩国标符合性过程，实现车桩兼容率 100%。

3. 积极探索充电模式创新。推动机械式立体停车库配建充电桩、太阳能充电桩、无线充电、移动充电小车等多种方式，鼓励星星充电等众筹模式落地，实现“停车位、充电桩、建设队伍和市场”等四方资源的共享，破解充电设施建设难。

四、节能与新能源汽车发展规划

为加快北京市新能源汽车推广工作，促进新能源汽车产业快速发展，有效推进大气污染治理工作，北京市制定《北京市新能源汽车推广应用实施方案（2016—2020 年）》。实施方案明确提出立足京津冀协同发展战略和首都功能定位，坚持纯电驱动的战略取向不变，以市场应用为导向，着力完善充电基础设施体系，与示范应用形成良性互动；着力加大政策扶持力度，构建全方位、灵活、稳定的政策体系；形成全链条有机衔接的新能源汽车发展生态圈，将北京市打造成为国内领先、世界一流的新能源汽车科技创新中心和示范应用高地。

五、节能与新能源汽车推广应用统计

1. 2015年电动汽车推广应用数量

单位：辆

车型 / 燃料	公交车	旅游大巴	公务车	出租车	租赁用车	私人车	环卫车	物流车	邮政车	电力工程车	载货车	其他专用车	其他	合计	同期增长（%）
纯电动汽车	457	0	0	650	2624	14894	38	2493	0	0	0	0	1228	22384	205
非插电式混合动力汽车	0	0	0	0	0	0	0	0	0	0	0	0	0	0	—
插电式混合动力汽车	0	0	0	0	0	0	0	0	0	0	0	0	0	0	—
增程式电动汽车	0	0	0	0	0	0	0	0	0	0	0	0	0	0	—
燃料电池汽车	0	0	0	0	0	0	0	0	0	0	0	0	0	0	—
合　计	457	0	0	650	2624	14894	38	2493	0	0	0	0	1228	22384	205

2. 2015年电动汽车推广应用车型及数量

应用地区	车　型	通用名称	数量（单位：辆）
北京市	北京牌纯电动轿车	—	10001
	比亚迪牌纯电动轿车	—	1535
	江淮牌纯电动轿车	—	4153
	其他牌纯电动轿车	—	2686
	北京牌纯电动厢式运输车	—	1283
	瑞驰牌纯电动厢式运输车	—	791
	福田牌纯电动客车	—	684
	大马牌纯电动客车	—	532
	其他牌纯电动车	—	719

上海市

一、节能与新能源汽车扶持政策与措施

上海市交通委发布《上海市电动汽车充电设施建设管理暂行规定》；

上海市机关事务管理局发布《关于进一步推进各区（县）公共机构新能源发展利用及新能源汽车分时租赁推广应用工作的通知》；

浦东新区政府发布《浦东新区促进新能源汽车推广应用暂行办法》。

二、节能与新能源汽车推广应用情况

2015年，推广应用新能源汽车46507辆，同比增长4.37倍。其中外省市品牌市场占有率约72%；私人用户购买占比约63%，充分体现上海市场的开放度和私人购买的活跃度。

三、基础设施建设及运行情况

已有30家央企、国企、民营企业参与本市充电基础设施建设，累计建成私人充电桩约16500个、公用和专用充电桩约5000个，基本满足快速增长的新能源汽车充电需求。

四、节能与新能源汽车项目投融资及园区建设情况

根据市统计局的数据，上海市2015年新能源汽车制造业产值约92亿元，同比增长32%；新能源汽车服务业产值突破100亿元，同比增长20%以上。

五、节能与新能源汽车发展规划

2016年，在工业产值上，新能源汽车工业产值预计达到120亿元左右，实现同比增长30%以上；在推广数量上，计划推广新能源汽车40000辆左右；在基础设施建设上，计划完成4000个公共充电设施规划和建设，完善新能源汽车使用环境。

六、节能与新能源汽车推广应用统计

1. 2015 年电动汽车推广应用数量

单位：辆

车型 燃料	公交车	旅游大巴	公务车	出租车	租赁用车	私人车	环卫车	物流车	邮政车	电力工程车	载货车	其他专用车	其他	合计	同期增长(%)
纯电动汽车	794	2207	1074	10	897	4378	181	1031	0	2	0	0	0	10574	439.7
非插电式混合动力汽车	0	0	0	0	0	0	0	0	0	0	0	0	0	0	—
插电式混合动力汽车	65	0	7533	0	3628	24707	0	0	0	0	0	0	0	35933	436.5
增程式电动汽车	0	0	0	0	0	0	0	0	0	0	0	0	0	0	—
燃料电池汽车	0	0	0	0	0	0	0	0	0	0	0	0	0	0	—
合计	859	2207	8607	10	4525	29085	181	1031	0	2	0	0	0	46507	436.9

注：本表中统计 2163 辆进口插电式混合动力轿车。

2. 2015 年电动汽车推广应用车型及数量

应用地区	车型	通用名称	数量（单位：辆）
上海市	北京牌 BJ7000B3D1 - BEV 型纯电动轿车	EV200	900
	北京牌 BJ7000B3D5 - BEV 型纯电动轿车	EV200 - II	1439
	北京牌 BJ7001B3D2 - BEV 型纯电动轿车	EV200	222
	比亚迪牌 QCJ7006BEVF 型纯电动轿车	比亚迪 e6	13
	比亚迪牌 BYD7006BEVH 型纯电动轿车	比亚迪 e6	1
	腾势牌 QCJ7007BEV 型纯电动轿车	腾势	105
	江淮牌 HFC7000AEV 型纯电动轿车	和悦 iEV4	532
	江淮牌 HFC7001AEV 型纯电动轿车	和悦 iEV5	580
	康迪牌 SMA7000BEV 型纯电动轿车	K10	237
	康迪牌 SMA7001BEV 型纯电动轿车	K11	166
	力帆牌 LF7002CEV 型纯电动轿车	力帆 620	4
	奇瑞牌 SQR7000BEVJ00 型纯电动轿车	奇瑞 eQ	1528
	启辰牌 DFL7000B1BEV 型纯电动轿车	启辰 E30	1
	启辰牌 DFL7000B2BEV 型纯电动轿车	启辰 e30	84
	荣威牌 CSA7000BEV 型纯电动轿车	荣威 E50	393
	荣威牌 CSA7001BEV 型纯电动轿车	荣威 E50	60
	赛欧（SAIL）牌 SGM7001EV 型纯电动轿车	Springo	25
	长安牌 SC7003AEV 型纯电动轿车	e30	3
	之诺（ZINORO）牌 BBA7000EV 型纯电动轿车	ZINORO1E	66
	比亚迪牌 BYD6480STHEV 型插电式混合动力多用途乘用车	比亚迪唐	3804
	比亚迪牌 BYD7150WTHEV3 型插电式混合动力轿车	比亚迪秦	18646
	传祺牌 GAC7100SHEVD5A 型插电式混合动力轿车	GA5 PHEV	52
	传祺牌 GAC7100SHEVD5 型增程式混合动力轿车	GA5 PHEV	102
	荣威牌 CSA7154TDPHEV 型插电式混合动力轿车	荣威 550PHEV	11101
	沃尔沃牌 VCC7204C13PHEV 型插电式混合动力轿车（进口）	S60L T6 TWIN ENGINE	1642
	宝马牌 BMW7201AMHEV（BMW530Le）型插电式混合动力轿车（进口）	宝马 5 系	521
	申龙牌 SLK6109USCHEV03 型插电式混合动力城市客车	插电式混合动力城市客车	8
	申龙牌 SLK6109USCHEV06 型插电式混合动力城市客车	插电式混合动力城市客车	11
	申龙牌 SLK6129USCHEV02 型插电式混合动力城市客车	插电式混合动力城市客车	16
	宇通牌 ZK6105CHEVPG4 型插电式混合动力城市客车	插电式混合动力城市客车	20

续表

应用地区	车　型	通用名称	数量（单位：辆）
上海市	宇通牌 ZK6125CHEVPG41 型插电式混合动力城市客车	插电式混合动力城市客车	10
	安凯牌 HFF6101K10EV 型纯电动客车	纯电动客车	124
	安凯牌 HFF6705BEV 型纯电动客车	纯电动客车	36
	大马牌 HKL6600BEV 型纯电动客车	大马 E6	100
	大通牌 SH6601A4BEV 型纯电动客车	纯电动客车	502
	东宇牌 NJL6117BEV4 型纯电动客车	纯电动客车	20
	东宇牌 NJL6118BEV4 型纯电动客车	纯电动客车	50
	东宇牌 NJL6600BEV18 型纯电动客车	纯电动客车	2
	东宇牌 NJL6600BEV 型纯电动客车	纯电动客车	30
	飞翼牌 SK6110EV64 型纯电动客车	纯电动客车	51
	福田牌 BJ6127EVCA－3 型纯电动客车	纯电动客车	30
	福田牌 BJ6851EVUA 型纯电动客车	纯电动客车	40
	福田牌 BJ6852EVUA－1 型纯电动客车	纯电动客车	30
	海格牌 KLQ6109TAEV1 型纯电动客车	纯电动客车	92
	海格牌 KLQ6601BEV 型纯电动客车	纯电动客车	58
	金龙牌 XMQ6110BCBEVL5 型纯电动客车	纯电动客车	100
	金龙牌 XMQ6126YE 型纯电动客车	纯电动客车	20
	金旅牌 XML6102JEV10 型纯电动客车	纯电动客车	17
	金旅牌 XML6700JEV20 型纯电动客车	纯电动客车	30
	金旅牌 XML6700JEV80 型纯电动客车	纯电动客车	53
	申龙牌 SLK6108SBEV1 型纯电动客车	纯电动客车	38
	申龙牌 SLK6108SBEV 型纯电动客车	纯电动客车	140
	申沃牌 SWB6110EV61 型纯电动客车	纯电动客车	294
	象牌 SXC6110CBEV 型纯电动客车	纯电动客车	120
	宇通牌 ZK6106BEV1 型纯电动客车	纯电动客车	5
	宇通牌 ZK6106BEV2 型纯电动客车	纯电动客车	107
	宇通牌 ZK6701BEVQ3 型纯电动客车	纯电动客车	13
	象牌 SXC6110GBEV 型纯电动城市客车	纯电动城市客车	303
	象牌 SXC6940GBEV 型纯电动城市客车	纯电动城市客车	98
	申沃牌 SWB6121SC 型纯电动城市客车	纯电动城市客车	3
	申沃牌 SWB6128EV56 型纯电动城市客车	纯电动城市客车	19
	申沃牌 SWB6108EV47 型纯电动城市客车	纯电动城市客车	2
	申龙牌 SLK6109ULE0BEVS 型纯电动城市客车	纯电动城市客车	20
	宇通牌 ZK6125BEVG6 型纯电动城市客车	纯电动城市客车	200
	宇通牌 ZK6875BEVG1 型纯电动城市客车	纯电动城市客车	38
	宇通牌 ZK6105BEVG5 型纯电动城市客车	纯电动城市客车	100
	中通牌 LCK6108EVG 型纯电动城市客车	纯电动城市客车	100
	青年牌 JNP－WG120G 型双源无轨电车	双源无轨电车	15
	北京牌 BJ5021XXYV3R1－BEV 型纯电动厢式运输车	威旺 307EV	51
	大通牌 SH5040XXYA7BEV 型纯电动厢式运输车	上汽大通 EV80	23
	大通牌 SH5041XXYA7BEV 型纯电动厢式运输车	上汽大通 EV80	4

续表

应用地区	车　型	通用名称	数量（单位：辆）
上海市	东风牌 EQ5020XXYLBEV 型纯电动厢式运输车	东风俊风	213
	福龙马牌 FLM5020TYHJEV 型纯电动路面养护车	纯电动路面养护车	50
	海格牌 KLQ5020XXYEV2 型纯电动厢式运输车	纯电动厢式运输车	298
	劲骐牌 WXS5023XXYBEV 型纯电动厢式运输车	劲骐旺旺	31
	劲骐牌 WXS5024XXYBEV 型纯电动厢式运输车	泓源派派	66
	瑞驰牌 CRC5021XXY－LBEV 型纯电动厢式运输车	EK05	128
	瑞驰牌 CRC5022XXY－LBEV 型纯电动厢式运输车	EK05A	44
	瑞驰牌 CRC5023XXY－LBEV 型纯电动厢式运输车	EV25A	113
	王牌牌 CDW5070XXYH1PEV 型纯电动厢式运输车	王牌 7 系	1
	御捷马牌 YGM5012XXYBEVQ 型纯电动厢式运输车	纯电动厢式运输车	1
	长安牌 SC5023XXYABEV 型纯电动厢式运输车	睿行 EM80	58
	长安牌 SC5035TYHDAEV 型纯电动路面养护车	纯电动路面养护车	13
	长安牌 SC5036XTYD5 型密闭式桶装垃圾车	密闭式桶装垃圾车	8
	长安牌 SC5035ZLJDAEV 型纯电动自卸式垃圾车	纯电动自卸式垃圾车	8
	长安牌 SC5035XTYDAEV 型纯电动密闭式桶装垃圾车	纯电动密闭式桶装垃圾车	25
	沪光牌 HG5025XTYBEV 型纯电动密闭式桶装垃圾车	纯电动密闭式桶装垃圾车	2
	沪光牌 HG5031XTYBEVA 型纯电动密闭式桶装垃圾车	纯电动密闭式桶装垃圾车	16
	畅达牌 NJ5028XTYEV1 型畅达牌纯电动密闭式桶装垃圾车	纯电动密闭式桶装垃圾车	55
	畅达牌 NJ5028ZZZEV1 型纯电动自装卸式垃圾车	纯电动自装卸式垃圾车	7

七、2015 年底电动汽车充（换）电站（桩）保有量统计

充电站					充电桩		换电站
城市名称	数量（座）	充电机功率总计（kW）	充电站占地面积（m^2）	投资金额（万元）	慢充（个）	快充（个）	数量（座）
上海市	49	—	—	—	19700	2000	2

天津市

一、节能与新能源汽车扶持政策与措施

2015 年，天津市进一步优化和完善新能源汽车发展政策支持体系，先后出台《关于新能源汽车不受机动车尾号限行等交通管理措施限制的通告》《市国土房管局关于物业服务企业配合做好小区安装新能源汽车充电桩等有关工作的通知》《天津市加气充电站项目建设有关意见》《天津市新能源汽车产业发展三年行动计划（2015—2017 年）》《市财政局市科委关于开展企业购置纯电动客车市级财政补贴工作的通知》等涉及新能源汽车不限行、财政补贴、充电设施建设等方面的有力支持政策，目前累计出台涉及产业发展规划，推广应用总体方案、促进新能源汽车应用的总体政策、财政补贴政策、基础设施建设规划、公共设施配建标准，以及新能源汽车不限购、不限行、私人安装充电设施支持措施等配套辅助政策 15 项，初步建立起覆盖生产、研发、购置、使用和服务的新能源汽车推广应用全链条的政策支持体系，有力推动全市新能源汽车推广应用与产业发展工作。

二、节能与新能源汽车推广应用情况

天津市新能源汽车推广应用工作成绩突出，按照《天津市新能源汽车推广应用实施方案（2013—2015 年）》总体部署，不断加大新能源汽车推广应用力度，推动新能源汽车推广应用数量和规模呈现显著上升趋势。公交、邮政快递、环卫、出租等公共领域带动作用明显，推广应用规模不断扩大。企业及私人等社会领域始终坚持市场开放，推广数量呈现井喷式发展态势。2015 年，天津市推广应用新能源汽车 11832 辆，其中公交车 1223 辆，占比 10.3%，率先带动作用明显；邮政快递车 320 辆，占比 2.7%；环卫车 226 辆，占比

1.9%；出租车103辆，占比0.8%；社会租赁用班车278辆，占比2.4%；纯电动物流车4144辆，占比35%；受益于不限行、不限购等优惠政策，企业及私人等社会用车5538辆，占比46.8%，成为最大用车领域。按照国家四部委《关于新能源汽车充电设施建设奖励的通知》（财建〔2014〕692号）的文件要求，2015年天津市推广应用新能源汽车数量可折算标准车2.5万辆，可申请国家基础设施建设奖励资金1.2亿元。

三、基础设施建设及运行情况

作为新能源汽车推广使用的重要保障，天津市高度重视新能源汽车基础设施建设工作。截至2015年底，全市建成海泰、富力津门湖等换电站以及柴楼、双港新家园等直充电站46座，分散式充电桩约1300处，充电桩总数超过2000个，遍布各个区县及部分高速公路，累计充电31万多次，充电量3100多万千瓦时，全力支撑全市新能源汽车的正常运行使用。加快充电桩建设工作，探索PPP发展模式，积极引入企业参与建设。目前天津市有电力公司、特锐德、普天新能源、中兴、圣纳科技、天地图、铁塔公司等企业开展充电基础设施建设，开发了充电通App，方便市民购买和使用新能源汽车。设立东丽、西青两个充电设施建设示范区，在住宅区、办公及商业区等七大类规划的社会公共场所加快各类公共充电桩建设。此外，研究制定天津市充换电设施建设发展规划，开辟居民安装充电桩绿色通道，要求停车泊位的15%的比例预留具备充电功能的停车位等，为全市充换电设施的进一步建设提供政策和规划保障。

四、节能与新能源汽车项目投融资及园区建设情况

天津市加快新能源汽车产业发展，拥有比亚迪、清源、国宏等整车生产制造企业10家，获得国家公告产品57款，拥有力神电池、松正等关键零部件配套企业，以及中电科十八所、中海油化工院、南开大学、力神研究院等一批知名的电池技术研发机构和中汽中心、十八所等国家级试验检测机构，构成材料基础研究、产业化和应用技术研究的整条研发体系，吸引大量国内重大项目聚集发展。

天津比亚迪新能源客车基地基地一期工程竣工完成，2015年实现500辆金马牌纯电动大客车的生产任务。

天津华泰汽车项目在津注册成立华泰汽车集团（天津）有限公司、车身制造公司、汽车租赁公司、销售公司、进出口公司等。位于天津滨海高新区的汽车制造研发销售及零部件供应总部基地一期项目占地507亩，规划总建筑面积214627平方米。主要建设内容包括：乘用车生产冲压车间、焊装车间、涂装车间、配套公用设施及厂区工程等。截至目前，总装、焊装车间已投产；冲压车间部分投产，涂装车间正在进行设备联动调试；办公楼、宿舍楼等配套设施基本完工，计划近期投用。

2015年，国宏汽车有限公司加大投资力度用于扩大公司生产规模，倾力打造位于滨海新区汽车产业园的新能源电动汽车产业园，园区占地1000亩，建设20万平方米的厂房，6条现代化的自动生产线，形成集汽车生产科技研发为一体的综合性汽车产业园，带动相关汽车配件及配套企业的共同发展，打造天津市具有规模的新能源汽车产业基地。

五、节能与新能源汽车发展规划

2015年，天津市出台《天津市新能源汽车产业发展三年行动计划（2015—2017年）》，三年内在公交、邮政快递、出租、环卫、公务、企业和私人等6个领域推广应用新能源汽车2万辆，政府机关等公共机构新增或更新新能源汽车比例不低于30%。初步建成布局合理的公共充电网络。加快培育新能源汽车整车企业，形成全产业链发展态势。

六、节能与新能源汽车推广应用统计

1. 2015年电动汽车推广应用数量

单位：辆

车型 / 燃料	公交车	旅游大巴	公务车	出租车	租赁班车	私人车	环卫车	物流车	邮政车	电力工程车	载货车	其他专用车	其他	合计	同期增长（%）
纯电动汽车	476	0	0	103	278	3725	226	4144	320	0	0	0	0	9272	776
非插电式混合动力汽车	0	0	0	0	0	0	0	0	0	0	0	0	0	0	0
插电式混合动力汽车	747	0	0	0	0	1813	0	0	0	0	0	0	0	2560	157
增程式电动汽车	0	0	0	0	0	0	0	0	0	0	0	0	0	0	0
燃料电池汽车	0	0	0	0	0	0	0	0	0	0	0	0	0	0	0
合计	1223	0	0	103	278	5538	226	4144	320	0	0	0	0	11832	476

2. 2015 年电动汽车推广应用车型及数量

应用地区	车　型	通用名称	数量（单位：辆）
天津市	北京牌 BJ7000B3D1 - BEV 型纯电动轿车	EV200	111
	北京牌 BJ7000B3D5 - BEV 型纯电动轿车	EV200 - II	193
	北京牌 BJ7000C7H3 - BEV 型纯电动轿车	坤宝 EV	13
	北京牌 BJ7001B3D2 - BEV 型纯电动轿车	EV200	64
	北京牌 BJ6450L3R - BEV 型纯电动多用途乘用车	威旺 307EV	9
	众泰牌 JNJ6408EV1 型纯电动多用途乘用车	V10EV	10
	众泰牌 JNJ7000EVE3 型纯电动轿车	芝麻 E30	32
	众泰牌 JNJ7000EVX 型纯电动轿车	众泰云 100	33
	众泰牌 JNJ7000EVZ4 型纯电动轿车	知豆 301C	109
	比亚迪牌 BYD7006BEVH 型纯电动轿车	比亚迪 e6	5
	东南牌 DN7000MBEV 型纯电动轿车	V3 菱悦	50
	华泰牌 SDH7000BEVBL 型纯电动轿车	华泰路盛 E70	54
	吉利牌 SMA7000BEV01 型纯电动轿车	知豆 D1	603
	江淮牌 HFC7001AEV 型纯电动轿车	和悦 iEV5	226
	江铃牌 JX7004BEV 型纯电动轿车	E100	57
	康迪牌 SMA7000BEV02 型纯电动轿车	K10B	1003
	康迪牌 SMA7000BEV03 型纯电动轿车	K10C	300
	康迪牌 SMA7001BEV02 型纯电动轿车	K11B	552
	康迪牌 SMA7001BEV04 型纯电动轿车	K17	3
	康迪牌 SMA7001BEV 型纯电动轿车	K11	40
	力帆牌 LF7002CEV260 型纯电动轿车	力帆 620	2
	力帆牌 LF7004EV 型纯电动轿车	330EV	3
	奇瑞牌 SQR7000BEVJ00 型纯电动轿车	奇瑞 eQ	267
	启辰牌 DFL7000B2BEV 型纯电动轿车	启辰 e30	7
	腾势牌 QCJ7007BEV 型纯电动轿车	腾势	16
	知豆牌 SMA7001BEV13 型纯电动轿车	知豆 D2	71
	东风牌 ZN6493H2YBEV 型纯电动多用途乘用车	纯电动多用途乘用车	5
	比亚迪牌 BYD6480STHEV 型插电式混合动力轿车	比亚迪唐	686
	比亚迪牌 BYD7150WTHEV3 型插电式混合动力轿车	比亚迪秦	1126
	华晨宝马牌 BMW7201AM - EV 型插电式混合动力轿车	BMW530Le	1
	东吴牌 JSK6605EV 型纯电动轻型客车	纯电动轻型客车	10
	大马牌 HKL6600BEV2 型纯电动客车	大马 E6	33
	大马牌 HKL6600BEV 型纯电动客车	大马 E6	3
	东宇牌 NJL6600BEV3 型纯电动客车	纯电动客车	3
	东宇牌 NJL6600BEV 型纯电动客车	纯电动客车	1
	东宇牌 NJL6601BEV2 型纯电动客车	纯电动客车	1
	东宇牌牌 NJL6118BEV5 型纯电动客车	纯电动客车	7
	广通牌 GTQ6123BEVBT 型纯电动城市客车	纯电动城市客车	2
	海格牌 KLQ6601BEV 型纯电动客车	纯电动客车	2
	金马牌 TJK6124BEV 型纯电动城市客车	纯电动城市客车	74
	金马牌 TJK6124BEV 型纯电动城市客车	纯电动城市客车	286

续表

应用地区	车　型	通用名称	数量（单位：辆）
天津市	亚星牌 YBL6117HBEV1 型纯电动客车	纯电动客车	50
	宇通牌 ZK6105BEVG6 型纯电动城市客车	纯电动城市客车	20
	宇通牌 ZK6115BEV1 型纯电动客车	纯电动客车	42
	宇通牌 ZK6125BEVG1 型纯电动城市客车	纯电动城市客车	1
	宇通牌 ZK6701BEVQ2 型纯电动客车	纯电动客车	9
	宇通牌 ZK6701BEVQ3 型纯电动客车	纯电动客车	2
	宇通牌 ZK6705BEVG1 型纯电动城市客车	纯电动城市客车	65
	宇通牌 ZK6805BEVG1 型纯电动城市客车	纯电动城市客车	20
	宇通牌 ZK6845BEVG1 型纯电动城市客车	纯电动城市客车	10
	中通牌 LCK6108EV 型纯电动客车	纯电动客车	51
	中通牌 LCK6118EV 型纯电动客车	纯电动客车	1
	中通牌 LCK6128EV 型纯电动客车	纯电动客车	1
	中通牌 LCK6670EV 型纯电动客车	纯电动客车	55
	中通牌 LCK6808EV 型纯电动客车	纯电动客车	5
	福田牌 BJ6123CHEVCG－1 型插电式混合动力城市客车	插电式混合动力城市客车	54
	福田牌 BJ6123CHEVCG 型插电式混合动力城市客车	插电式混合动力城市客车	30
	海格牌 KLQ6109GAHEVE4B 型插电式混合动力城市客车	插电式混合动力城市客车	10
	海格牌 KLQ6109GAHEVE5B 型插电式混合动力城市客车	插电式混合动力城市客车	85
	金龙牌 XMQ6106AGHEV12 型插电式混合动力城市客车	插电式混合动力城市客车	60
	金旅牌 XML6105JHEVA5C 型插电式混合动力城市客车	插电式混合动力城市客车	82
	申龙牌 SLK6109USCHEV03 型插电式混合动力城市客车	插电式混合动力城市客车	129
	宇通牌 ZK6105CHEVPG51 型插电式混合动力城市客车	插电式混合动力城市客车	74
	宇通牌 ZK6120CHEVPG51 型插电式混合动力城市客车	插电式混合动力城市客车	33
	宇通牌 ZK6120CHEVPG5 型插电式混合动力城市客车	插电式混合动力城市客车	35
	中通牌 LCK6105CHEV 型插电式混合动力城市客车	插电式混合动力城市客车	53
	中通牌 LCK6105PHEVCQ 型插电式混合动力城市客车	插电式混合动力城市客车	72
	中通牌 LCK6122PHEVC 型插电式混合动力城市客车	插电式混合动力城市客车	30
	北京牌 BJ5021XXYV3R1－BEV 型纯电动厢式运输车	威旺 307 EV	319
	北京牌 BJ5022XXYV3R2－BEV 型纯电动厢式运输车	EL150	278
	东风牌 EQ5020XXYLBEV 型纯电动厢式运输车	东风俊风	53
	东风牌 EQ5031TSLACBEV 型纯电动扫路车	纯电动扫路车	26
	福建牌 FJ5020XXYBEVA1 型纯电动厢式运输车	启腾 M70EV	84
	海格牌 KLQ5020XXYEV2 型纯电动厢式运输车	纯电动厢式运输车	1
	泓锋泰牌 HFT5020GSSBEV00 型纯电动洒水车	纯电动洒水车	1
	泓锋泰牌 HFT5021XXYBEV03 型纯电动厢式运输车	纯电动厢式运输车	127
	泓锋泰牌 HFT5021XXYBEVEL 型纯电动厢式运输车	纯电动厢式运输车	114
	泓锋泰牌 HFT5023XXYBEV03 型纯电动厢式运输车	纯电动厢式运输车	178
	泓锋泰牌 HFT5023XXYBEV03 型纯电动厢式运输车	纯电动厢式运输车	1355
	泓锋泰牌 HFT5024CCYBEV04 型纯电动仓栅式运输车	纯电动仓栅式运输车	1
	泓锋泰牌 HFT5025CCYBEV05 型纯电动厢式运输车	纯电动厢式运输车	1
	泓锋泰牌 HFT5027ZLJBEV07 型纯电动垃圾车	纯电动垃圾车	1

续表

应用地区	车　型	通用名称	数量（单位：辆）
天津市	泓锋泰牌 HFT5029XXYBEV03 型纯电动厢式运输车	纯电动厢式运输车	101
	吉海牌 KRD5021CCYBEV 型纯电动仓栅式运输车	纯电动仓栅式运输车	12
	吉海牌 KRD5021XXYBEV 型纯电动厢式运输车	纯电动厢式运输车	25
	清源牌 QY5021XXYBEVYL 型微型纯电动邮政车	清源小旋风	1330
	清源牌 QY5030TYHBEVYL 型纯电动路面养护车	纯电动路面养护车	196
	瑞驰牌 CRC5021XXY－LBEV 型纯电动厢式运输车	瑞驰 EK05	130
	瑞驰牌 CRC5022XXYA－LBEV 型纯电动厢式运输车	EK05A	49
	瑞驰牌 CRC5022XXY－LBEV 型纯电动厢式运输车	EK05A	23
	瑞驰牌 CRC5023XXY－LBEV 型纯电动厢式运输车	EK05A	29
	瑞驰牌 CRC5024XXY－LBEV 型纯电动厢式运输车	EK05	30
	瑞驰牌 CRC5030XXYA－LBEV 型纯电动厢式运输车	EK05	4
	瑞驰牌 CRC5031XXYB－LBEV 型纯电动厢式运输车	EK05	7
	通家福牌 STJ5023XXYEV 型纯电动厢式运输车	电牛 1 号	100
	众泰牌 JNJ5020XXYEV1 型纯电动厢式运输车	V10 电动车	105

七、2015 年底电动汽车充（换）电站（桩）保有量统计

	充电站				充电桩		换电站
城市名称	数量（座）	充电机功率总计（kW）	充电站占地面积（m^2）	投资金额（万元）	慢充（个）	快充（个）	数量（座）
天津市	46	26891	10650	—	1753	364	3

重庆市

一、2015 年节能与新能源汽车扶持政策与措施

《重庆市新能源汽车推广应用工作方案（2013 — 2015 年）》；

《重庆市新能源汽车推广应用市级财政补贴实施细则（暂行）》；

《重庆市加快电动汽车充电基础设施建设实施方案》；

《重庆市新能源汽车与智能汽车产业集群发展规划》（2015—2020 年）。

二、2015 年节能与新能源汽车推广应用情况

2015 年，推广新能源汽车 4990 辆，其中，纯电动汽车 4591 辆，插电式混合动力汽车 399 辆。

三、2015 年基础设施建设及运行情况

截至 2015 年底，全市建成综合充电站 4 座、充换电站 1 座、小型充电站 8 座、交流充电桩 255 个和充换电设施运营监控管理系统，目前在建快充电桩 450 个、慢充电桩 850 个。重庆充电服务网络 2015 年服务电动汽车 6 万车次，实现充电量 183 万千瓦时。

四、2015 年电动汽车推广应用数量

单位：辆

车型 / 燃料	公交车	旅游大巴	公务车	出租车	租赁用车	私人车	环卫车	物流车	邮政车	电力工程车	载货车	其他专用车	其他	合　计	同期增长（%）
纯电动汽车	0	0	0	0	2259	676	0	1656	0	0	0	0	0	4591	1837
非插电式混合动力汽车	0	0	0	0	0	0	0	0	0	0	0	0	0	0	—
插电式混合动力汽车	399	0	0	0	0	0	0	0	0	0	0	0	0	399	-0.5
增程式电动汽车	0	0	0	0	0	0	0	0	0	0	0	0	0	0	—
燃料电池汽车	0	0	0	0	0	0	0	0	0	0	0	0	0	0	—
合　计	399	0	0	0	2259	676	0	1656	0	0	0	0	0	4990	—

五、2015 年底电动汽车充（换）电站（桩）保有量统计

城市名称	充电站				充电桩		换电站
	数量（座）	充电机功率总计（kW）	充电站占地面积（m^2）	投资金额（万元）	慢充（个）	快充（个）	数量（座）
重庆市	12	—	—	—	255	—	1

河北省

一、节能与新能源汽车扶持政策与措施

河北省人民政府办公厅关于印发河北省加快新能源汽车产业发展和推广应用若干措施的通知（冀政办字〔2015〕173 号）。

河北省人民政府办公厅关于加快全省电动汽车充电基础设施建设的实施意见（冀政办发〔2016〕2 号）。

编制并印发《河北省新能源汽车产业“十三五”发展规划》。

二、节能与新能源汽车推广应用情况

2015 年，全省推广新能源汽车 19960 辆。其中，纯电动汽车 18300 辆，插电式混合动力汽车 1660 辆。

三、基础设施建设及运行情况

2015 年，完成充电桩建设 3333 个，除公交车、专用车等定向服务充电设施外，建设在高速公路、市中心区的充电桩使用率不高。

四、2015 年电动汽车推广应用统计

单位：辆

燃料＼车型	公交车	旅游大巴	公务车	出租车	租赁用车	私人车	环卫车	物流车	邮政车	电力工程车	载货车	其他专用车	其他	合计
纯电动汽车	7941	5198	39	0	0	2466	0	894	0	0	0	0	1762	18300
非插电式混合动力汽车	0	0	0	0	0	0	0	0	0	0	0	0	0	0
插电式混合动力汽车	587	0	0	540	0	533	0	0	0	0	0	0	0	1660
增程式电动汽车	0	0	0	0	0	0	0	0	0	0	0	0	0	0
燃料电池汽车	0	0	0	0	0	0	0	0	0	0	0	0	0	0
合计	8528	5198	39	540	0	2999	0	894	0	0	0	0	1762	19960

五、2015 年底电动汽车充（换）电站（桩）保有量统计

城市名称	充电站				充电桩		换电站
	数量（座）	充电机功率总计（kW）	充电站占地面积（m^2）	投资金额（万元）	慢充（个）	快充（个）	数量（座）
河北省城市群	88	—	—	—	1443	1890	1

山西省

一、节能与新能源汽车扶持政策与措施

为加快推进新能源汽车产业发展和推广应用，2014 年起，山西省人民政府办公厅先后印发《山西省加快推进新能源汽车产业发展和推广应用的若干政策措施》和《关于加快推进电动汽车产业发展和推广应用的实施意见》，从提升研发能力、加快产业发展、扩大市场应用、完善配套设施等领域，全方位构建加快新能源汽车发展的政策体系。在产业发展方面，设立 2 亿元规模的新能源汽车产业发展基金，扶持新能源汽车及相关产业的发展。在推广应用方面，通过明确各领域推广应用目标，给予 1∶1 财政补贴，设立尾号为 X 的新能源汽车专用号牌并实行差别化交通管理，强化监督考核等措施，扩大新能源汽车推广应用规模。在配套设施建设方面，制定充电设施建设规划、建设运营管理办法等，加快推进配套设施建设。此外，还根据国家有关政策，制定明确用电价格政策、公交车油补政策等，推进新能源汽车发展的政策体系正在不断健全完善。

二、节能与新能源汽车推广应用情况

山西省将电动汽车、甲醇汽车、燃气汽车均作为鼓励

发展的新能源汽车。截至2015年底，全省注册登记的新能源车33676辆（三类）。其中电动汽车（含混合动力）3540辆，甲醇汽车243辆，燃气汽车29893辆。

截至2016年5月底，全省注册登记的新能源车42402辆，较2015年底净增8726辆，增长25.9%。其中电动汽车（混合动力）10418辆，较2015年底增长194%；甲醇汽车245辆，较2015年底增长约1%；燃气汽车31739辆，较2015年底增长6%。电动汽车推广应用进程显著提速。

从应用领域看，电动汽车应用主要集中在公交、出租等公共服务领域，推广数量占总数的85%以上。其中，公交领域购买、使用电动汽车的积极性持续上升。山西省临汾市将于年底前实现市域公交电动化；寿阳县、阳曲县实现县域公交电动化。全省计划新增、更新的1000辆公交车中，有95%以上计划选用电动汽车。

城市物流领域电动汽车需求旺盛。汽车生产企业、运营服务企业等通过产品创新、商业模式创新，不断扩大城市电动物流车的应用规模。目前，由于国家对此类车型等补贴政策尚不明朗，一定程度上影响推广应用进程。

三、基础设施建设及运行情况

山西省制定省级电动汽车充电设施建设桂怀，各地也都在按照省级规划和当地电动汽车推广应用计划，抓紧制定充电设施发展相关规划，多数处于起草或征求意见阶段。其中，太原市率先制定充电设施发展规划，建成充电桩2000多个。运城市充电设施建设工作进入制度化推进阶段。大同、阳泉、朔州、晋中、长治、晋城、临汾等市围绕电动汽车推广应用，充电设施建设进程不断提速。全省建成运营的充电桩近2500个。

此外，各市均依据甲醇、燃气汽车推广应用情况，布局建设一批甲醇加注站、燃气加气站等。全省建成甲醇加注站55座，燃气加气站250余座。

四、节能与新能源汽车项目投融资及园区建设情况

《山西省新能源汽车产业重大项目布局推进意见》确定太原、大同、晋中、长治、晋城、运城为山西省新能源汽车产业基地。各有关市围绕产业基础及布局方向（其中，太原、晋中、晋城重点发展电动汽车产业；晋中、长治重点发展甲醇汽车产业；太原、运城、大同重点发展燃气汽车产业），制定产业基地发展规划，并按规划有序推进基地建设。其他市围绕贯彻落实77号文、115号文，加快引进、培育新能源汽车产业项目。

太原市：宇航汽车初步形成1500辆/年的生产能力，2015年生产销售各类电动客车106辆，2016年已签订产销合同（含意向）近3000辆。2016年，公司将在提升产品品质、扩大市场规模的基础上，继续推进客车生产项目建设。比亚迪太原新能源汽车项目开工，计划到今年年底形成年产2000辆纯电动客车、2000辆纯电动专用车的生产能力。原野汽车车辆生产资质获得恢复，正在积极筹备新能源汽车准入相关工作。晋中市：山西新能源汽车（吉利）项目建设完成，具备批量生产能力。目前正协调国家有关部委完善项目有关手续等。长治市：成功汽车形成年产12万辆整车的生产能力，同时具备电动物流车、甲醇及燃气汽车等生产资质。2016年计划产销电动物流车15000辆。运城市：大运汽车在燃气重卡项目基础上，研发城市电动物流车和电动码头车，获得相关车辆产品的生产资质。2016年1—5月，公司传统重卡产销较上年同期相比增长30%，全年计划产销城市电动物流车15000辆。

此外，在山西省“煤—电—车”产业路径和系列政策措施的引导、支持下，各地围绕新能源汽车产业建设一批核心配套产业项目，如中道能源、忻州中科新能、深圳沃特玛等电池及配套产业项目；华夏动力、永济新时速电机等三电产业项目；以及大同北宇、朔州天朔、运城卓里等城乡区间用电动汽车项目等。全省新能源汽车产业起步态势较好。

五、2015年底节能与新能源汽车（换）电站（桩）/加气站/加注站保有量统计

地市	充电站（桩）	甲醇加注站	燃气加气站
太原市	2000	2	20
大同市	49	2	26
阳泉市	1（11）	—	13
朔州市	4（27）	—	13
忻州市	—	—	5
晋中市	59	6	40
吕梁市	—	1	9
长治市	47	7	8
晋城市	64	—	27
临汾市	8（184）	4	67
运城市	16	35	40
合计	2457	55	248

吉林省

一、产业发展情况

吉林省新能源汽车产业主要集中在长春和辽源两个地区，长春主要以新能源整车研发和生产为主、新能源专用车为辅，辽源主要以动力电池和驱动电机为主。截至2015年，吉林省从事新能源汽车及关键部件生产与研发单位20家，其中：一汽客车、一汽新能源等整车企业6家，富奥、启明等关键零部件企业7家，吉林大学、一汽技术中心、长春应化所等从事相关研发单位7家。

（1）新能源整车产业化取得成效。截至2015年底，以一汽为主省内有37款新能源车型进入国家公告目录。具备批量化生产能力的企业有3家，分别为一汽客车、一汽新能源汽车和长春双龙专用汽车公司。可批量生产新能源车型15款，其中：客车8款、乘用车5款、纯电动自卸式垃圾车2款。全省具备年产3万辆新能源整车能力，其中，轿车2.8万辆，客车2000辆。2009年以来，累计生产新能源汽车961辆。

（2）关键部件研发取得较大进展。自主研发的纯电动客车电机随一汽客车申报国家汽车公告。电池产业链初步形成，具备1.4亿安时锂离子动力电池、600吨磷酸亚铁锂正极材料、2200万平方米电池隔膜纸的年生产能力。长春应化所研制的富锂锰基正极材料容量从200mAh/g提高到250mAh/g以上，开展的中试制备技术具备百公斤级生产能力，开展车用动力电池单体的组装和实验。启明和富奥公司研发的整车控制器在一汽新能源汽车上装车运行。

（3）研发检测平台能力得到提升。启明公司建立较为完备的三电检测能力，在电池安全领域，初步具备国标、德标检测能力，并在新能源汽车运行监控方面积累经验。富奥公司研发中心的关键部件研发检测能力不断提升，有力支持一汽新能源公司的产业化。吉林大学形成新能源整车系统匹配与集成、性能验证与标定等综合开发能力，建立涵盖三电、充电机和制动能量回收系统等关键总成及零部件的综合试验测试评价能力。

二、推广应用情况

2009年以来，吉林省长春市先后三次都被列入国家新能源汽车示范推广补贴试点城市，为吉林省新能源汽车发展创造有利的条件。近两年，由于国家加大对新能源汽车的政策倾斜，公共领域市场对新能源汽车认可程度的提高，除长春地区外，吉林、辽源、白山、延边等地区新能源汽车推广应用相继起步，宇通、金龙、比亚迪等十余个省外品牌新能源汽车陆续进入吉林省新能源汽车市场。

（1）推广应用工作进展情况。从长春市作为国家三轮试点情况看，可以分三个阶段，第一阶段：“十城千辆”节能与新能源汽车示范推广试点，长春市计划2009—2012年示范推广节能与新能源汽车达到1000辆。示范期止，长春市共累计投入示范运营一汽客车生产的气电混合动力公交客车200辆。第二阶段：“私人购买”新能源汽车补贴试点。长春市2010—2012年计划采取直接购车、以租代售、租赁经营三种模式在“私人购买”领域推广1.6万辆新能源汽车。示范推广期间，累计推广由一汽新能源汽车分公司生产的奔腾B50插电式混合动力轿车83辆，其中：在省市政府公务用车领域推广50辆（2012年），在出租车领域推广33辆（2013年）。第三阶段：开展新一轮国家新能源汽车推广应用工作，长春市制定2014—2016年累计推广应用5000辆的计划，2014—2015年，长春市推广应用新能源汽车516辆，推广领域包括：公交车151辆、公共类用车160辆、出租车31辆、私家车87辆、租赁企业49辆、企业用车38辆，完成推广应用目标的10.3%。

根据吉林省公安交警部门机动车登记数据统计，2014—2015年全省落籍上牌新能源汽车740辆（2014年68辆、2015年672辆），其中省内本地生产的新能源汽车销量409辆，占上牌总量的55%。

（2）充电配套基础设施建设情况。吉林省建有电动汽车充电站2座、充换电站1座、充电桩896个。省电力公司投资建设的800个充电桩受充电桩接口标准不符，需要进行技术改造；长春高新充电站具备同时为15辆不同型号电动汽车充电能力，因充电桩接口不满足国标规定，需进行相应改造。长春净月充换电站具备同时为5辆电动汽车充电、5辆换电能力；辽源兴国充电站具备同时为7辆电动公交车和2辆电动轿车充电能力；一汽集团投资建设的50个充电桩，具备同时为50辆公司内部电动汽车充电能力；长春中兴新能源汽车有限公司投资建设的16个充电桩，主要为长春市两条线路试验运行的电动公交车辆服务，具备为130辆插电式公交车充电能力。

（3）新能源汽车政策体系建立情况。2009年以来，吉林省先后成立省新能源汽车产业推进领导小组和省新能源汽车产业发展联盟，在支持产品研发和推广应用方面，形成较为完善的政策体系。出台《关于支持我省新能源汽车产业发展的若干意见》（吉政发〔2011〕16号），设立新能源汽车产业发展专项资金，支持新能源汽车及关键部件的研发和产业化，2010—2015年，累计安排资金1.16亿元。2014年12月，与省财政厅联合制定《关于对省内推广应用新能源汽车财政补贴的意见》（吉工信办联〔2014〕44

号），明确省财政对省内推广的新能源汽车补贴原则和标准，省级财政每年列入预算资金 1 亿元，用于在省内推广的新能源汽车购置补贴。2015 年 7 月 28 日，省政府办公厅下发《关于加快我省新能源汽车推广应用的实施意见》（吉政办发〔2015〕39 号），在推广应用、充电设施建设、创新商业模式、完善政策体系、加强质量监管五个方面提出 15 条主要任务，并明确了相关部门的职责分工。2015 年 12 月 31 日，还按照国家财政部、交通运输部和工信部《关于完善城市公交车成品油价格补助政策 加快新能源汽车推广应用的通知》（财建〔2015〕159 号）文件要求，出台《吉林省人民政府办公厅关于调整吉林省城市公交车成品油价格补助政策的通知》（吉政办明电〔2015〕88 号），要求 2015—2019 年省内各地新增及更换的公交车中新能源公交车比重分别达到 15%、20%、25%、30% 和 35%（年均高于国家要求 5 个百分点），同时对 2015—2019 年建成并符合条件的直流充电桩，按额定功率 300 元/千瓦给予补贴，单个充电桩补贴不超过 2 万元。2016 年 2 月，省财政厅、省交通厅、省工信厅又联合下发《吉林省城市公交车成品油价格补助资金管理办法》（吉财建〔2016〕71 号），对年度补贴资金的核定和使用、指标完成情况和新能源公交车购买使用情况进行监督检查。2015 年，吉林省新增及更换新能源公交车 272 辆，占新增及更换总数（2033 辆）的 13.4%。这些政策措施，形成较为完整的支持新能源汽车发展的政策体系，为吉林省新能源汽车产业发展和推广应用奠定良好条件。

三、“十三五”发展规划

吉林省“十三五”新能源汽车产业总体发展思路是：以国家产业发展规划和《中国制造 2025》新能源汽车重点发展领域和技术路线为指导，着力完善新能源汽车技术支撑平台，突破关键技术，丰富产品体系，强化产业布局。以插电式混合动力、纯电动汽车为主要主攻方向，率先实现产业化，开展特种纯电动专用车辆的研制，扩大推广应用领域，跟踪发展燃料电池汽车。以电机、电池和电控技术为突破口，形成从关键零部件到整车较为完整的工业体系和创新体系。围绕长春、辽源、吉林三市进行产业布局，自主与引进相结合，加快全省新能源汽车推广应用，构建国内具有较强实力的新能源汽车研发生产基地。

到 2020 年，吉林省新能源整车年生产能力争取达到 20 万辆，主要包括：一是打造全新 A 级、B 级和 C 级多款纯电动及插电式混合动力乘用车平台、8～12 米 3 款新能源客车平台以及微型纯电动专用车平台，形成 10 万辆自主新能源汽车生产能力。二是引进合资品牌新能源汽车产品，形成 8 万辆合资新能源汽车产能。三是通过引进和引导本地专用车企业产品新能源化，实现新能源专用车产能 2 万辆。到 2020 年，实现产销规模达到 15 万辆，市场份额占全国新能源汽车市场的 10% 左右，与传统汽车市场份额相当，新能源汽车产业工业产值突破 1000 亿元。

黑龙江省

一、节能与新能源汽车扶持政策与措施

2015 年末，哈尔滨市政府出台《关于促进哈尔滨市新能源汽车推广应用和产业发展的若干政策规定》，明确推广目标和政府机关及公共机构购车比例，按国家补贴标准对纯电动汽车、插电式混合动力汽车分别以 1∶1 和 1∶0.8 的比例给予地方配套补贴。

二、节能与新能源汽车推广应用情况

2015 年，黑龙江省在用新能源汽车 1343 辆。其中，新能源城市公交客车 820 辆，主要分布在黑龙江省哈尔滨市、齐齐哈尔市、牡丹江市、佳木斯市、大庆市、双鸭山市、七台河市、伊春市、鹤岗市、绥化市等 10 个市。全省在用的新能源城市公交客车分为纯电动汽车和插电式混合动力汽车两种类型，其中，纯电动汽车 299 辆，占总数的 36.5%；插电式混合动力汽车 521 辆，占总数的 63.5%。其他在用新能源汽车 416 辆（占总数的 30.7%），以私家车为主，主要集中在黑龙江省大庆市、绥化市和齐齐哈尔市，分别为 224 辆、79 辆和 47 辆，其他地区 66 辆。

三、基础设施建设及运行情况

黑龙江省正在开展充电基础设施专项规划编制工作，以公交等定点定线运行以及出租、物流、租赁等非定点定线运行的公共服务领域为重点，结合新能源汽车推广应用城市建设及公共服务领域新能源汽车发展情况，规划充电基础设施建设。同时明确要求各市地结合即将开展的停车场建设规划工作，在停车场规划建设充电设施或预留建设安装条件的车位比例不低于 10%。

四、节能与新能源汽车项目投融资及园区建设情况

哈尔滨通联客车新能源汽车项目。该项目位于哈尔滨经济开发区哈南工业新城核心区，项目总投资 6 亿元，由上海联孚新能源科技有限公司投资，总建筑面积 5 万平方米，包括：厂房、研发楼、食堂、宿舍等，项目于 2015 年 6 月 1 日开始建设，于 2016 年 4 月份实现新车下线，项目达产

后可实现年产5000台新能源客车的生产能力。

五、节能与新能源汽车发展规划

“十三五”期间，黑龙江省将大力发展节能与新能源汽车产业，鼓励和支持传统汽车生产企业加快产品升级进程，大力发展节能与新能源汽车产品；通过整合省内有效资源发展新能源乘用车；鼓励和支持新能源客车生产企业加大研发和技改投入，做大新能源客车产业规模；制定有效措施支持节能与新能源汽车配套产业发展，提高节能与新能源汽车配套产品能力和水平。到2020年末，全省节能与新能源汽车年产能计划达到5万辆，实现销售收入60亿元。

六、节能与新能源汽车推广应用统计

1. 2015年电动汽车推广应用数量

单位：辆

车型 燃料	公交车	旅游大巴	公务车	出租车	租赁用车	私人车	环卫车	物流车	邮政车	电力工程车	载货车	其他专用车	其他	合计
纯电动汽车	299	0	0	0	0	416	0	0	0	0	0	107	0	822
非插电式混合动力汽车	0	0	0	0	0	0	0	0	0	0	0	0	0	0
插电式混合动力汽车	521	0	0	0	0	0	0	0	0	0	0	0	0	521
增程式电动汽车	0	0	0	0	0	0	0	0	0	0	0	0	0	0
燃料电池汽车	0	0	0	0	0	0	0	0	0	0	0	0	0	0
合计	820	0	0	0	0	416	0	0	0	0	0	107	0	1343

2. 2015年电动汽车推广应用车型及数量

应用地区	车型	通用名称	数量（单位：辆）
哈尔滨市	宇通牌ZK6125CHEVPG1型插电式混合动力电动城市客车	插电式混合动力电动城市客车	103
	宇通牌ZK6105CHEVPG1型插电式混合动力电动城市客车	插电式混合动力电动城市客车	215
	宇通牌ZK6120CHEVNPG4型插电式混合动力城市客车	插电式混合动力城市客车	20
	宇通牌ZK6120CHEVPG1型插电式混合动力电动城市客车	插电式混合动力电动城市客车	6
	宇通牌ZK6125CHEVPG6型插电式混合动力城市客车	插电式混合动力城市客车	2
	宇通牌ZK6115BEV2型纯电动客车	纯电动客车	18
	宇通牌ZK6805BEVG1型纯电动城市客车	纯电动城市客车	5
齐齐哈尔市	中通牌LCK6108PHEVG型纯电动城市客车	纯电动城市客车	30
	黑龙江牌HLJ6122PHEV型插电式混合动力城市客车	插电式混合动力城市客车	6
牡丹江市	宇通牌ZK6120CHEVNPG4型插电式混合动力城市客车	插电式混合动力城市客车	49
佳木斯市	宇通牌ZK6805BEVG1型纯电动城市客车	纯电动城市客车	35
大庆市	宇通牌ZK6105CHEVPG1型插电式混合动力城市客车	插电式混合动力城市客车	3
双鸭山市	宇通牌ZK6805BEVG1型纯电动城市客车	纯电动城市客车	60
伊春市	宇通牌ZK6701BEVQ3型纯电动客车	纯电动客车	2
	宇通牌ZK6105CHEVPG1型插电式混合动力城市客车	插电式混合动力城市客车	2
	宇通牌ZK6105CHEVPG1型插电式混合动力城市客车	插电式混合动力城市客车	30
	长安牌纯电动城市客车		70
七台河市	金龙牌XMQ6127GHEV22型混合动力城市城市客车	插电式混合动力城市客车	53
	宇通牌ZK6120CHEVPG1型插电式混合动力城市客车	插电式混合动力城市客车	13
	宇通牌ZK6105CHEVPG1型插电式混合动力城市客车	插电式混合动力城市客车	8
	宇通牌ZK6805BEVG1型纯电动城市客车	纯电动城市客车	8
鹤岗市	宇通牌ZK6105CHEVPG1型插电式混合动力城市客车	插电式混合动力城市客车	1
	宇通牌ZK6805BEVG1型纯电动城市客车	纯电动城市客车	30

续表

应用地区	车型	通用名称	数量（单位：辆）
绥化市	宇通牌 ZK6105CHEVPG1 型插电式混合动力城市客车	插电式混合动力城市客车	10
	宇通牌 ZK6805BEVG3 型纯电动客车	纯电动客车	20
	宇通牌 ZK6805BEVG1 型纯电动城市客车	纯电动城市客车	21
其他新能源汽车			523

七、2015 年底电动汽车充（换）电站（桩）保有量统计

充电站					充电桩		换电站
省市名称	数量（座）	充电机功率总计（kW）	充电站占地面积（m^2）	投资金额（万元）	慢充（个）	快充（个）	数量（座）
黑龙江省	1	—	—	—	300	40	—

江苏省

一、节能与新能源汽车扶持政策与措施

为贯彻落实《国务院办公厅关于加快新能源汽车推广应用的指导意见》（国办发〔2014〕35 号），江苏省加大新能源汽车推广应用力度，根据《江苏省关于进一步支持新能源汽车推广应用的若干意见》（苏政发〔2014〕128 号），2015 年，制定出台《2015 年江苏省新能源汽车推广应用省级财政补贴实施细则》（苏财工贸〔2015〕19 号）、《关于 2015 年新能源汽车推广应用省级财政补贴实施细则的补充通知》（苏财工贸〔2015〕126 号），进一步完善新能源汽车推广应用省级财政补贴政策，明确奖补对象、范围和标准。为加快全省新能源汽车充电设施建设，保证新能源汽车充电设施安全高效运营，研究制定《江苏省公共领域新能源汽车充电设施建设、运营管理办法（试行）》《江苏省公共领域新能源汽车充电设施验收细则（试行）》。

二、节能与新能源汽车推广应用情况

2015 年，江苏省进一步加快新能源汽车推广应用，全年推广各类新能源汽车 21740 辆，13 个省辖市全部超额完成年度推广任务，其中纯电动客车 12178 辆，混合动力客车 1987 辆，纯电动专用车 4840 辆，纯电动乘用车 2735 辆。截至 2015 年底，江苏省推广应用新能源汽车 30819 辆，超额完成《江苏省新能源汽车推广应用实施方案（2013—2015）》确定的推广应用目标（15135 辆）。

2013—2015 年，江苏省重点突出在公交等公共服务领域推广应用新能源汽车 28056 辆，其中公交车 7903 辆（其中纯电动公交车 5281 辆，混合动力公交车 2622 辆），公交车之外的出租、物流、邮政、机场通勤、市政环卫、公务等公共类用车 20153 辆。公共领域推广应用数占全部推广总量的 91%，公共服务领域新增和更新车辆中新能源汽车比例超过 30%。

三、基础设施建设及运行情况

2013—2015 年，全省建设各类充换电站、充电桩群 700 多个，各类交直流充电桩 12211 个，其中直流充电桩 8897 个、交流充电桩 3314 个，基本满足公共领域新能源汽车充电服务需求。

南京沙洲公交停车场内建有 150 根充电桩，是世界已知单体规模最大的新能源公交车充电设施。全省范围内，专业充电运营服务商超过 15 家，所有充电设施运营企业均设置企业级运营管理系统，对充电设施进行有效的管理和监控，并对充电和运营数据实施采集和存储。星星充电、易充等充电服务商在商业区、政府机关、酒店、工厂、居民区建成各类交流充电桩超过 4000 个，极大方便私家车的充电服务需求。南京能瑞、南瑞、绿城信息、南京思必达等建设面向企业通勤车的各类充电站超过 100 个，直流充电桩超过 2000 个，基本满足通勤、旅游等领域纯电动客车充电需求。省电力公司在全省高速公路等地建设充换电站 43 个，为充电动汽车的远程出行创造有利条件。

四、节能与新能源汽车项目投融资及园区建设情况

江苏省以新能源乘用车为重点，确立一批重点投资项目。其中，北汽集团常州项目，收购重组常州英田汽车有限公司，项目一期工程对原常州英田生产厂房进行改造，投资总装、焊装生产线，建成国内首条新能源汽车专用生产线，建成达产预计将形成 5 万辆新能源乘用车产能。康迪电动汽车南通项目，总投资 12 亿元，计划形成年产 10 万辆新能源乘用车的生产规模，目前已在如皋市启动全国县域新能源汽车微公交示范推广工

程。同时，盐城奥新新能源、淮安敏安等正积极申报新能源乘用车生产资质，建成后预计将形成超过2万辆乘用车产能。

五、节能与新能源汽车发展规划

正在制定《江苏省十三五汽车产业发展规划》、《江苏省十三五新能源汽车产业发展规划》，近期将对外发布。

六、2015年节能与新能源汽车推广应用统计

单位：辆

车型 / 燃料	公交车	旅游大巴	公务车	出租车	租赁用车	私人车	环卫车	物流车	邮政车	电力工程车	载货车	其他专用车	其他	合计	同期增长（%）
纯电动汽车	3987	0	65	0	0	0	0	3885	0	0	0	955	10861	19753	153.70
非插电式混合动力汽车	0	0	0	0	0	0	0	0	0	0	0	0	0	0	—
插电式混合动力汽车	1342	0	0	0	0	0	0	0	0	0	0	0	645	1987	53.67
增程式电动汽车	0	0	0	0	0	0	0	0	0	0	0	0	0	0	—
燃料电池汽车	0	0	0	0	0	0	0	0	0	0	0	0	0	0	—
合计	5329	0	65	0	0	0	0	3885	0	0	0	955	11506	21740	139.45

七、2015年底电动汽车充（换）电站（桩）保有量统计

充电站					充电桩		换电站
省市名称	数量（座）	充电机功率总计（kW）	充电站占地面积（m^2）	投资金额（万元）	慢充（个）	快充（个）	数量（座）
江苏省	208	—	—	—	5907	4253	5

福建省

一、节能与新能源汽车推广应用情况

2015年，全省推广应用新能源汽车6565辆，其中：纯电动客车3537辆、插电式混合动力客车919辆、纯电动乘用车1678辆、插电式混合动力乘用车228辆、纯电动厢式运输车203辆。

二、基础设施建设及运行情况

2015年，全省新建充电站46座，直流快充桩711个，交流慢充桩683个。此外，还新建高速公路服务区快充站56座。

三、节能与新能源汽车发展规划

“十三五”期间，加大电池及电池系统的技术研发，突破电池系统比能量、耐久性、安全性、可靠性，降低制造成本；加大整车设计优化，突破正向设计、轻量化和整车集成技术。到2020年，全省新能源汽车产业产值达到500亿元，增加值达到100亿元。

四、节能与新能源汽车推广应用统计

1. 2015年电动汽车推广应用数量

单位：辆

车型 / 燃料	公交车	旅游大巴	公务车	出租车	租赁用车	私人车	环卫车	物流车	邮政车	电力工程车	载货车	其他专用车	其他	合计	同期增长（%）
纯电动汽车	1950	190	6	743	1221	482	0	21	0	0	10	0	795	5418	1627.0
非插电式混合动力汽车	0	0	0	0	0	0	0	0	0	0	0	0	0	0	—
插电式混合动力汽车	913	0	0	0	0	226	0	0	0	0	0	0	8	1147	997.4
增程式电动汽车	0	0	0	0	0	0	0	0	0	0	0	0	0	0	—
燃料电池汽车	0	0	0	0	0	0	0	0	0	0	0	0	0	0	—
合计	2863	190	6	743	1221	708	0	21	0	0	10	0	801	6565	1465.4

注：本表中统计3辆进口插电式混合动力轿车。

2. 2015 年电动汽车推广应用车型及数量

应用地区	车　型	通用名称	数量（单位：辆）
福建省	北京牌 BJ7000B3D5 - BEV 型纯电动轿车	EV200 - II	32
	北京牌 BJ7000C5E1 - BEV 型纯电动轿车	EU200	165
	北京牌 BJ7000C7H3 - BEV 型纯电动轿车	坤宝 EV	1
	北京牌 BJ7001B3D2 - BEV 型纯电动轿车	EV200	3
	北京牌 BJ7002B3D2 - BEV 型纯电动轿车	EV200	1
	比亚迪牌 BYD7005BEV 型纯电动轿车	比亚迪 e5	436
	东南牌 DN7000LBEV 型纯电动轿车	V3 菱悦	1
	东南牌 DN7000MBEV 型纯电动轿车	V3 菱悦	5
	东南牌 DN7001MBEV 型纯电动轿车	V5 ATL 菱致	113
	吉利牌 SMA7000BEV01 型纯电动轿车	知豆 D1	48
	江淮牌 HFC7000AEV 型纯电动轿车	和悦 iEV4	74
	江淮牌 HFC7001AEV 型纯电动轿车	和悦 iEV5	52
	康迪牌 SMA7000BEV02 型纯电动轿车	K10B	200
	康迪牌 SMA7001BEV02 型纯电动轿车	K11B	69
	康迪牌 SMA7001BEV04 型纯电动轿车	K17	10
	奇瑞牌 SQR7000BEVJ00 型纯电动轿车	奇瑞 eQ	55
	瑞麒牌 SQR7000BEVS184 型纯电动轿车	瑞麒 M1 EV	2
	宝马牌 BMW7201AMHEV（BMW530Le）型插电式混合动力轿车（进口）	宝马 5 系	3
	之诺（ZINORO）牌 BBA7000EV 型纯电动轿车	ZINORO1E	30
	知豆牌 SMA7001BEV13 型纯电动轿车	知豆 D2	140
	众泰牌 JNJ7000EVX 型纯电动轿车	众泰云 100	10
	众泰牌 JNJ7000EVZ4 型纯电动轿车	知豆 301C	167
	众泰牌 JNJ7000EVZ5 型纯电动轿车	知豆 301B	61
	比亚迪牌 BYD6480STHEV 型插电式混合动力多用途乘用车	比亚迪唐	175
	比亚迪牌 BYD7150WTHEV2 型插电式混合动力轿车	比亚迪秦	9
	比亚迪牌 BYD7150WTHEV3 型插电式混合动力轿车	比亚迪秦	44
	福达牌 FZ6109UFCHEV401 型插电式混合动力城市客车	插电式混合动力城市客车	50
	福达牌 FZ6109UFNHEV5 型插电式混合动力城市客车	插电式混合动力城市客车	31
	金龙牌 XMQ6110BCBEVL1 型纯电动客车	纯电动客车	1
	金龙牌 XMQ6110BCBEVL3 型纯电动客车	纯电动客车	61
	金龙牌 XMQ6110BCBEVL5 型纯电动客车	纯电动客车	25
	金龙牌 XMQ6603KEBEVL2 型纯电动客车	纯电动客车	85
	金龙牌 XMQ6603KEBEVL 型纯电动客车	纯电动客车	101
	金龙牌 XMQ6610CEBEVL 型纯电动客车	纯电动客车	138
	金龙牌 XMQ6610CEBEVS3 型纯电动客车	纯电动客车	8
	金龙牌 XMQ6706BYBEVL 型纯电动客车	纯电动客车	168
	金龙牌 XMQ6821CYBEVL 型纯电动客车	纯电动客车	39
	金龙牌 XMQ6610CEBEVS 型纯电动客车	纯电动客车	1
	金龙牌 XMQ6850AGBEVL 型纯电动客车	纯电动客车	81
	金旅牌 XML6102JEV10 型纯电动客车	纯电动客车	76
	金旅牌 XML6112JEV30 型纯电动客车	纯电动客车	35

续表

应用地区	车 型	通用名称	数量（单位：辆）
福建省	宇通牌 ZK6125BEV1 型纯电动客车	纯电动客车	1
	宇通牌 ZK6701BEVQ3 型纯电动客车	纯电动客车	11
	大马牌 HKL6600BEV2 型纯电动客车	大马 E6	10
	大马牌 KL6600BEV3 型纯电动客车	大马 E6	56
	黄河牌 JK6600HBEV 型纯电动客车	纯电动客车	1
	福达牌 FZ6600BEV 型纯电动客车	纯电动客车	32
	福达牌 FZ6600UBEV 型纯电动城市客车	纯电动城市客车	20
	福达牌 FZ6700UFBEV 型纯电动城市客车	纯电动城市客车	73
	福达牌 FZ6109UFBEV01 型纯电动城市客车	纯电动城市客车	10
	福建牌 FJ6860GBEVE 型纯电动城市客车	纯电动城市客车	100
	金龙牌 XMQ6661AGBEV 型纯电动城市客车	纯电动城市客车	10
	金龙牌 XMQ6706BGBEVL2 型纯电动城市客车	纯电动城市客车	49
	金龙牌 XMQ6706BGBEVL 型纯电动城市客车	纯电动城市客车	155
	金龙牌 XMQ6110BGBEVL2 型纯电动城市客车	纯电动城市客车	26
	金龙牌 XMQ6110BGBEVL 型纯电动城市客车	纯电动城市客车	20
	金龙牌 XMQ6111AGBEVL 型纯电动城市客车	纯电动城市客车	124
	金龙牌 XMQ6119AGBEVL1 型纯电动城市客车	纯电动城市客车	90
	金龙牌 XMQ6850AGBEVL1 型纯电动城市客车	纯电动城市客车	20
	金旅牌 XML6105JEV60C 型纯电动城市客车	纯电动城市客车	84
	金旅牌 XML6115JEV50C 型纯电动城市客车	纯电动城市客车	60
	金旅牌 XML6115JEV60C 型纯电动城市客车	纯电动城市客车	62
	金旅牌 XML6125JEVB0C 型纯电动城市客车	纯电动城市客车	106
	金旅牌 XML6125JEVC0C 型纯电动城市客车	纯电动城市客车	22
	金旅牌 XML6609JEV50 型纯电动城市客车	纯电动城市客车	50
	金旅牌 XML6700JEV10C 型纯电动城市客车	纯电动城市客车	248
	金旅牌 XML6700JEV20 型纯电动城市客车	纯电动城市客车	13
	金旅牌 XML6700JEV30C 型纯电动城市客车	纯电动城市客车	17
	金旅牌 XML6700JEV30 型纯电动城市客车	纯电动城市客车	553
	金旅牌 XML6700JEV50 型纯电动城市客车	纯电动城市客车	192
	金旅牌 XML6700JEV80C 型纯电动城市客车	纯电动城市客车	35
	金旅牌 XML6700JEVA0C 型纯电动城市客车	纯电动城市客车	351
	金旅牌 XML6805JEV10C 型纯电动城市客车	纯电动城市客车	39
	金旅牌 XML6805JEV20C 型纯电动城市客车	纯电动城市客车	48
	金旅牌 XML6845JEV10C 型纯电动城市客车	纯电动城市客车	30
	北京牌 BJ5021XXYV3R1 - BEV 型纯电动厢式运输车	威旺 307 EV	5
	福建牌 FJ5020XXYBEVA1 型纯电动厢式运输车	启腾 M70EV	36
	福建牌 FJ5021XXYBEVA1 型纯电动厢式运输车	纯电动厢式运输车	159
	金龙牌 XMQ5031XXYBEVL01 型纯电动厢式运输车	纯电动厢式运输车	2
	金旅牌 XML5036XXYEV10 型纯电动厢式运输车	纯电动厢式运输车	1
	金龙牌 XMQ6106AGCHEVD41 型插电式混合动力城市客车	插电式混合动力城市客车	34
	金龙牌 XMQ6106AGCHEVD42 型插电式混合动力城市客车	插电式混合动力城市客车	35

续表

应用地区	车　型	通用名称	数量（单位：辆）
福建省	金龙牌 XMQ6106AGCHEVN51 型插电式混合动力城市客车	插电式混合动力城市客车	22
	金龙牌 XMQ6106AGHEV12 型插电式混合动力城市客车	插电式混合动力城市客车	40
	金龙牌 XMQ6127AGCHEVD41 型插电式混合动力城市客车	插电式混合动力城市客车	46
	金龙牌 XMQ6127AGCHEVD42 型插电式混合动力城市客车	插电式混合动力城市客车	2
	金龙牌 XMQ6127AGCHEVN51 型插电式混合动力城市客车	插电式混合动力城市客车	58
	金旅牌 XML6105JHEV85CN 型插电式混合动力城市客车	插电式混合动力城市客车	130
	金旅牌 XML6105JHEV88C 型插电式混合动力城市客车	插电式混合动力城市客车	75
	金旅牌 XML6105JHEVA8C 型插电式混合动力城市客车	插电式混合动力城市客车	78
	金旅牌 XML6105JHEVE8C1 型插电式混合动力城市客车	插电式混合动力城市客车	66
	金旅牌 XML6115JHEVA5CN 型插电式混合动力城市客车	插电式混合动力城市客车	10
	金旅牌 XML6115JHEVB8C 型插电式混合动力城市客车	插电式混合动力城市客车	1
	金旅牌 XML6125JHEVA5CN1 型插电式混合动力城市客车	插电式混合动力城市客车	56
	金旅牌 XML6125JHEVA8C1 型插电式混合动力城市客车	插电式混合动力城市客车	66
	金旅牌 XML6125JHEVB5CN 型插电式混合动力城市客车	插电式混合动力城市客车	1
	金旅牌 XML6125JHEVB8C1 型插电式混合动力城市客车	插电式混合动力城市客车	75
	金旅牌 XML6125JHEVB8C 型插电式混合动力城市客车	插电式混合动力城市客车	2
	西虎牌 QAC6100HEVG8 型插电式混合动力城市客车	插电式混合动力城市客车	40
	宇通牌 ZK6120CHEVPG1 型插电式混合动力城市客车	插电式混合动力城市客车	1

七、2015 年底电动汽车充（换）电站（桩）保有量统计

充电站					充电桩		换电站
城市名称	数量（座）	充电机功率总计（kW）	充电站占地面积（m^2）	投资金额（万元）	慢充（个）	快充（个）	数量（座）
福州市	20	—	—	—	148	171	1
厦门市	—	—	—	—	80	342	5
漳州市	9	—	—	—	18	100	—
泉州市	—	—	—	—	38	4	—
三明市	—	—	—	—	265	—	1
莆田市	3	—	—	—	20	15	—
南平市	7	—	—	—	20	41	—
龙岩市	—	—	—	—	18	—	—
宁德市	8	—	—	—	81	67	—
平潭综合实验区	—	—	—	—	5	3	—

江西省

一、节能与新能源汽车推广应用情况

2015 年，江西城市群推广新能源汽车 5699 辆，其中纯电动客车 405 辆、混合动力客车 576、纯电动特种车 466 辆、纯电动乘用车 4225、插电式混合动力乘用车 27 辆。

二、基础设施建设及运行情况

2015 年，江西城市群内新增换电站 1 座、充电站 2 座、直流快充桩 113 个、交流慢充桩 306 个。截至 2015 月 12 月底，在整个新能源汽车推广应用项目阶段，江西城市群内建有充电站 8 座、换电站 7 座、慢充桩 1180 个、快充桩 170 个。

三、节能与新能源汽车推广应用统计

1. 2015 年电动汽车推广应用数量

单位：辆

车型 / 燃料	公交车	旅游大巴	公务车	出租车	租赁用车	私人车	环卫车	物流车	邮政车	电力工程车	载货车	其他专用车	其他	合计
纯电动汽车	318	87	27	2	56	4140	121	287	43	0	0	0	15	5096
非插电式混合动力汽车	0	0	0	0	0	0	0	0	0	0	0	0	0	0
插电式混合动力汽车	576	0	0	0	0	27	0	0	0	0	0	0	0	603
增程式电动汽车	0	0	0	0	0	0	0	0	0	0	0	0	0	0
燃料电池汽车	0	0	0	0	0	0	0	0	0	0	0	0	0	0
合计	894	87	27	2	56	4167	121	287	43	0	0	0	15	5699

2. 2015 年电动汽车推广应用车型及数量

应用地区	车型	通用名称	数量（单位：辆）
南昌市	江铃牌 JX7004BEV 型纯电动轿车	E100	990
	众泰牌 JNJ7000EVX 型纯电动轿车	众泰云 100	141
	比亚迪牌 BYD7150WTHEV2 型插电式混合动力轿车	比亚迪秦	15
	江西牌 JXK6113CEV 型纯电动客车	纯电动客车	2
	江西牌 JXK6601CEV 型纯电动客车	纯电动客车	1
	江西牌 JXK6602CEV 型纯电动客车	纯电动客车	4
	江西牌 JXK6603CEV 型纯电动客车	纯电动客车	1
	江西牌 JXK6606CEV 型纯电动客车	纯电动客车	32
	江西牌 JXK6608CEV 型纯电动客车	纯电动客车	1
	江西牌 JXK6650BEV 型纯电动客车	纯电动客车	5
	江西牌 JXK6700CEV 型纯电动客车	纯电动客车	1
	晶马牌 JMV6700BEV 型纯电动客车	纯电动客车	35
	江西牌 JXK6702BEV 型纯电动城市客车	纯电动城市客车	2
	江西牌 JXK6113BEV 型纯电动城市客车	纯电动城市客车	1
	江西牌 JXK6820BEV 型纯电动城市客车	纯电动城市客车	1
	江铃牌 JX5021ZXXMEV 型纯电动车厢可卸式垃圾车	纯电动厢式运输车	33
	江铃牌 JX5021XXYMEV 型纯电动厢式运输车	纯电动厢式运输车	43
	江铃牌 JX5030XXYMEV 型纯电动厢式运输车	纯电动厢式运输车	1
	江西牌 JXK6100BPHEVN 型插电式混合动力城市客车	插电式混合动力城市客车	1
	江西牌 JXK6110BPHEVN 型插电式混合动力城市客车	插电式混合动力城市客车	46
	江西牌 JXK6113BPHEVN 型插电式混合动力城市客车	插电式混合动力城市客车	40
	江西牌 JXK6115BPHEVN 型插电式混合动力城市客车	插电式混合动力城市客车	1
	江西牌 JXK6119BPHEVN 型插电式混合动力城市客车	插电式混合动力城市客车	38
	江西牌 JXK6120BPHEVN 型插电式混合动力城市客车	插电式混合动力城市客车	1
	江西牌 JXK6123BCHEV 型插电式混合动力城市客车	插电式混合动力城市客车	1
	江西牌 JXK6180BCHEVN 型插电式混合动力城市客车	插电式混合动力城市客车	30
上饶市	江铃牌 JX7004BEV 型纯电动轿车	E100	645
	众泰牌 JNJ7000EVX 型纯电动轿车	众泰云 100	23
	大马牌 HKL6600BEV 型纯电动客车	大马 E6	2
	海格牌 KLQ6601BEV1X1 型纯电动客车	纯电动客车	20

续表

应用地区	车　型	通用名称	数量（单位：辆）
上饶市	上饶牌 SR6707BEV2 型纯电动客车	纯电动客车	1
	上饶牌 SR6707BEV3 型纯电动客车	纯电动客车	80
	上饶牌 SR6707BEV 型纯电动客车	纯电动客车	1
	宇通牌 ZK6805BEVG1 型纯电动城市客车	纯电动客车	40
	宇通牌 ZK6805BEVG3 型纯电动城市客车	纯电动客车	10
	江西牌 JXK6103BPHEVN 型插电式混合动力城市客车	插电式混合动力城市客车	30
	金龙牌 XMQ6106AGHEV10 型插电式混合动力城市客车	插电式混合动力城市客车	15
	金龙牌 XMQ6127GHEV17 型插电式混合动力城市客车	插电式混合动力城市客车	12
	上饶牌 SR6106PHEVNG 型插电式混合动力城市客车	插电式混合动力城市客车	66
宜春市	江铃牌 JX7004BEV 型纯电动轿车	E100	300
	众泰牌 JNJ7000EVX 型纯电动轿车	众泰云 100	346
	比亚迪牌 BYD7150WTHEV2 型插电式混合动力轿车	比亚迪秦	2
	海格牌 KLQ6601BEV 型纯电动客车	纯电动客车	1
	金旅牌 XML6700JEV50 型纯电动客车	纯电动客车	2
	宇通牌 ZK6115BEV1 型纯电动客车	纯电动客车	2
	宇通牌 ZK6641BEVQ2 型纯电动客车	纯电动客车	30
	宇通牌 ZK6641BEVG3 型纯电动城市客车	纯电动城市客车	3
	宇通牌 ZK6641BEVG4 型纯电动城市客车	纯电动城市客车	8
	宇通牌 ZK6805BEVG1 型纯电动城市客车	纯电动城市客车	4
	宇通牌 ZK6805BEVG1 型纯电动城市客车	纯电动城市客车	1
	中通牌 LCK6668EVG 型纯电动城市客车	纯电动城市客车	10
	中通牌 LCK6809EVG 型纯电动城市客车	纯电动城市客车	3
	东风牌 EQ5020ZZZACBEV 型纯电动自装卸式垃圾车	纯电动自装卸式垃圾车	1
	环球牌 GZQ5022ZZZBEV 型纯电动自装卸式垃圾车	纯电动自装卸式垃圾车	22
	环球牌 GZQ5020ZXXACBEV 型纯电动车厢可卸式垃圾车	纯电动车厢可卸式垃圾车	1
	环球牌 GZQ5020ZZZACBEV 型纯电动车厢自装式垃圾车	纯电动车厢自装式垃圾车	1
	环球牌 GZQ5021CCYBEV 型纯电动仓栅式运输车	纯电动仓栅式运输车	22
	环球牌 GZQ5022CCYBEV 型纯电动仓栅式运输车	纯电动仓栅式运输车	13
	环球牌 GZQ5021XXYBEV 型纯电动厢式运输车	纯电动厢式运输车	26
	凯马牌 KMC5022XXYEV29D 型纯电动厢式运输车	纯电动厢式运输车	3
	奇特牌 JTZ5020XXYBEV 型纯电动厢式运输车	纯电动厢式运输车	4
	奇特牌 JTZ5020ZLJBEV 型纯电动自卸式垃圾车	纯电动自卸式垃圾车	1
	奇特牌 JTZ5020CTYBEV 型纯电动桶装垃圾运输车	纯电动桶装垃圾运输车	14
	奇特牌 JTZ5020ZXXBEV 型纯电动车厢可卸式垃圾	纯电动可卸式垃圾车	21
	奇特牌 JTZ5020ZZZBEV 型纯电动自装卸式垃圾车	纯电动自装卸式垃圾车	25
	奇特牌 JTZ5021ZZZBEV 型纯电动自装卸式垃圾车	纯电动自装卸式垃圾车	13
	宇通牌 ZK6105CHEVNPG4 型插电式混合动力城市客车	插电式混合动力城市客车	3
	金旅牌 XML6115JHEVA5CN 型插电式混合动力城市客车	插电式混合动力城市客车	25
	海格牌 KLQ6109GAHEVC5A 型插电式混合动力城市客车	插电式混合动力城市客车	25
赣州市	江铃牌 JX7004BEV 型纯电动轿车	E100	580
	江西牌 JXK6822BEV 型纯电动城市客车	纯电动客车	31

续表

应用地区	车型	通用名称	数量（单位：辆）
赣州市	江西牌 JXK6111BPHEV 型插电式混合动力城市客车	插电式混合动力城市客车	41
	上饶牌 SR6106PHEVG 型插电式混合动力城市客车	插电式混合动力城市客车	49
	环球牌 GZQ5021CCYBEV 型纯电动仓栅式运输车	纯电动仓栅式运输车	147
	环球牌 GZQ5021XXYBEV 型纯电动厢式运输车	纯电动厢式运输车	14
	环球牌 GZQ5021ZXXBEV 型纯电动车厢可卸式垃圾车	纯电动车厢可卸式垃圾车	6
	环球牌 GZQ5022CCYBEV 型纯电动仓栅式运输车	纯电动仓栅式运输车	36
	环球牌 GZQ5022ZZZBEV 型纯电动自装卸式垃圾车	纯电动自装卸式垃圾车	16
九江市	江铃牌 JX7004BEV 型纯电动轿车	E100	653
	比亚迪牌 BYD7150WTHEV2 型插电式混合动力轿车	比亚迪秦	9
	江铃牌 JX5021XXYMSEV 型纯电动厢式运输车	纯电动厢式运输车	3
	江西牌 JXK6115BPHEVN 型插电式混合动力城市客车	插电式混合动力城市客车	30
	江西牌 JXK6100BPHEV 型插电式混合动力城市客车	插电式混合动力城市客车	1
	上饶牌 SR6106PHEVNG 型插电式混合动力城市客车	插电式混合动力城市客车	20
	福田牌 BJ6105PHEVCA－7 型插电式混合动力城市客车	欧辉插电式混合动力城市客车	40
抚州市	江铃牌 JX7004BEV 型纯电动轿车	E100	350
	比亚迪牌 BYD7150WTHEV2 型插电式混合动力轿车	比亚迪秦	1
	上饶牌 SR6680BEVG1 型纯电动城市客车	纯电动城市客车	1
	上饶牌 SR6680BEVG 型纯电动城市客车	纯电动城市客车	1
	宇通牌 ZK6641BEVG3 型纯电动城市客车	纯电动城市客车	10
	东风牌 EQ6620CLBEV 型纯电动城市客车	纯电动城市客车	6
	上饶牌 SR6106PHEVG 型插电式混合动力城市客车	插电式混合动力城市客车	40
萍乡市	江铃牌 JX7004BEV 型纯电动轿车	E100	160
	众泰牌 JNJ7000EVX 型纯电动轿车	众泰云 100	35
	安源牌 PK6850BEV 型纯电动城市客车	纯电动城市客车	50
	安源牌 PK6603BEV 型纯电动城市客车	纯电动城市客车	4
	安源牌 PK6100CHEV 型插电式混合动力城市客车	插电式混合动力城市客车	2
	安源牌 PK6100PHEV 型插电式混合动力城市客车	插电式混合动力城市客车	17
	安源牌 PK6100PHEVNG 型插电式混合动力城市客车	插电式混合动力城市客车	2

四、2015 年底电动汽车充（换）电站（桩）保有量统计

充电站					充电桩		换电站
城市名称	数量（座）	充电机功率总计（kW）	充电站占地面积（m^2）	投资金额（万元）	慢充（个）	快充（个）	数量（座）
南昌市	6	—	—	—	475	77	2
宜春市	1	—	—	—	134	34	1
上饶市	0	—	—	—	156	23	0
抚州市	1	—	—	—	200	2	1
九江市	0	—	—	—	93	6	2
赣州市	0	—	—	—	15	80	1
萍乡市	0	—	—	—	42	13	0

山东省

一、节能与新能源汽车扶持政策与措施

2009 年以来，山东省委省政府高度重视新能源汽车产业发展和推广应用，把培育发展新能源汽车作为全省汽车工业转型升级的重要方向，采取一系列措施推动产业发展。2009 年，出台《山东省人民政府办公厅关于推进新能源汽车产业发展的若干意见》（鲁政办发〔2009〕64 号）和《山东省人民政府办公厅关于加快山东省新能源汽车示范推广财政扶持办法（试行）的通知》（鲁政办发〔2009〕130 号）。2011 年，出台《山东省人民政府关于加快培育和发展战略性新兴产业的意见》（鲁政发〔2011〕15 号），将新能源汽车列为全省七大战略性新兴产业之一加快培育。2012 年，制定《山东省人民政府关于贯彻国发（2012）22 号文件加快发展节能与新能源汽车产业的实施意见》（鲁政发〔2012〕33 号），明确 2012 至 2020 年全省节能与新能源汽车产业发展的指导思想、目标任务、发展重点，确定了科技开发、产业培育、推广应用、充电设施建设等六项重点工作任务，并从财政支持、管理机制等五个方面制定工作措施。2011 年，省经信委联合省财政厅、科技厅研究制定《山东省新能源汽车产业“十二五”发展规划》。

2014 年，国务院出台《关于加快新能源汽车推广应用的指导意见》后，山东省认真贯彻落实，在全国率先出台《山东省人民政府办公厅关于贯彻国办发（2014）35 号文件加快新能源汽车推广应用的实施意见》（鲁政办发〔2014〕41 号），对推广应用的总体要求、重点任务进行了统筹部署，并将责任分解落实到各市和省直有关部门，建立分别由省发改委、省经信委、省交通运输厅、省机关事务局牵头的充电设施建设、公共服务领域推广、产业发展推进、党政机关推广四个协调机制，加强工作领导，大力推广应用。2013 年，积极组织青岛、淄博、潍坊、聊城、临沂五市申报国家新能源汽车示范推广城市。为促进推广应用，2011 年，山东省决定对全省 16 个设区市（不含青岛市）购买使用节能与新能源城市公交车的公交企业和单位给予省级财政补贴，调整补贴范围和标准，进一步加大资金支持。对购置 10 米以上纯电动公交车、插电式混合动力（含增程式）公交车分别给予最高不超过 40 万元和 25 万元的省财政补贴。2015 年 4 月，按照省政府的要求，省财政厅会同交通厅对城市公交车示范推广资金管理办法再次修订，更进一步加大资金支持，对各市县公交企业购买的新能源公交车，在享受国家补贴的同时，给予省级补贴，纯电动公交车 10 米以上的补贴 20 万元、8～10 米的补 15 万元、6～8 米的补 10 万元，混合动力车 10 米以上补 15 万元，其他类型新能源车补 5 万元。这些措施，有力促进全省新能源汽车推广应用。

二、新能源汽车推广应用和生产销售情况

2015 年，在推广应用方面，山东省实际推广应用节能与新能源汽车合计 30018 辆。其中，纯电动汽车 28571 辆，插电式混合动力汽车 1147 辆；在新能源汽车生产销售方面，2014—2015 年，山东省纳入中央财政补贴目录范围的新能源汽车生产企业共 4 家，包括中通客车控股股份有限公司、山东沂星电动汽车有限公司、山东唐骏欧玲汽车制造有限公司、中国重汽集团济南豪沃客车有限公司，生产并上牌纯电动客车、插电式客车、纯电动特种车、混合动力客车共计 14316 辆，其中，中通客车 12080 辆、山东唐骏欧铃汽车 114 辆、山东沂星电动汽车 513 辆、中国重汽集团济南豪沃客车 1609 辆。分年度看，2014 年生产并上牌 1723 辆、2015 年生产并上牌 12593 辆。2014 年、2015 年，山东省企业生产的汽车在本省销售 7579 辆（其中公交客车 7570 辆，专用车 9 辆），占全省新能源汽车保有总量的 33.1%。

三、财政补助资金监管使用情况

在中央财政资金拨付和管理方面，山东省严格执行国家相关管理规定，资金拨付及时、审核认真、监管规范。2013—2015 年，山东省累计筹集拨付中央及省级补助资金 258550 万元（不含青岛市），其中，中央补助资金 222041 万元补贴新能源城市公交车 7187 辆；为加大新能源城市公交车示范推广支持力度，省级财政累计安排 36509 万元，补贴新能源城市公交车 4065 辆，其中 2013—2014 年省财政分别安排 14709 万元、9800 万元对设区市购置纳入国家补贴目录的新能源城市公交车的公共交通企业及单位进行补贴；2015 年省级安排 12000 万元，对全省各市、县公共交通企业及单位购买使用国家补贴范围内新能源城市公交车，在享受国家补贴基础上再给予省级补贴。市县财政累计安排 103412 万元，同步支持新能源汽车购置以及配套设施建设维护；截至 2015 年底，山东省只有青岛市获得中央财政拨付的节能减排补助资金（新能源汽车充电设施建设奖励）3700 万元，全省尚未获得中央充电基础设施建设奖励专项资金。

四、充电设施建设情况

国家出台《关于加快电动汽车充电基础设施建设的指导意见》和《电动汽车充电基础设施发展指南（2015—2020 年）》后，山东省积极贯彻落实，起草《关于贯彻落

实国办发〔2015〕73 号文件加快电动汽车充电基础设施建设的实施意见》，完成部门会签，待省政府常务会研究审定。目前，正开展全省电动汽车充电基础设施“十三五”发展规划编制工作，规划初稿基本完成。《全省电动汽车充电基础设施建设运营管理办法》，初稿已完成。

截至 2015 年底，全省有充电站 277 座，充电桩 5537 个，充电站、充电桩安全设施齐全，人员、管理制度健全。主要分布在济南、青岛、临沂、淄博等市以及京沪高速、青银高速、京台高速、沈海高速沿线服务区内。随着充电基础设施建设的不断推进，山东省充电基础设施运营管理模式也不断健全，涌现出国网山东省电力公司、青岛特来电公司、山东鲁能智能技术有限公司等在国内有一定影响力的充电设施建设、运营企业，探索开展电动汽车日常租赁、分时租赁、车联网信息接入、动力电池充换储放等业务，有效推动电动汽车推广应用和充电基础设施建设。

五、节能与新能源汽车推广应用统计

1. 2015 年电动汽车推广应用数量

单位：辆

车型 燃料	公交车	旅游大巴	公务车	出租车	租赁用车	私人车	环卫车	物流车	邮政车	电力工程车	载货车	其他专用车	其他	合计
纯电动汽车	10686	0	0	2037	0	15617	0	0	0	0	0	231	0	28571
非插电式混合动力汽车	0	0	0	0	0	379	0	0	0	0	0	0	0	379
插电式混合动力汽车	773	0	0	0	0	674	0	0	0	0	0	0	0	1447
增程式电动汽车	0	0	0	0	0	0	0	0	0	0	0	0	0	0
燃料电池汽车	0	0	0	0	0	0	0	0	0	0	0	0	0	0
合计	11459	0	0	2037	0	16670	0	0	0	0	0	231	0	30397

注：本表中统计 81 辆进口纯电动轿车和 379 辆非插电式混合动力汽车（其中 37 辆为进口车）。

2. 2015 年电动汽车推广应用车型及数量

应用地区	车型	通用名称	数量（单位：辆）
山东省	东南牌 DN7001MBEV 型纯电动轿车	V5 ATL 菱致	50
	比亚迪牌 QCJ7006BEVF 型纯电动轿车	比亚迪 e6	8
	吉利牌 JL7001BEV05 型纯电动轿车	熊猫	1
	吉利牌 JL7001BEV06 型纯电动轿车	熊猫	1
	吉利牌 SMA7000BEV01 型纯电动轿车	知豆 D1	5939
	江淮牌 HFC7000AEV 型纯电动轿车	和悦 iEV4	980
	江淮牌 HFC7001AEV 型纯电动轿车	和悦 iEV5	170
	江铃牌 JX7004BEV 型纯电动轿车	E100	180
	江南牌 JNJ7000EVA3 型纯电动轿车	T11	161
	北京牌 BJ7000B3D1 – BEV 型纯电动轿车	EV200	150
	北京牌 BJ7000B3D5 – BEV 型纯电动轿车	EV200 – II	530
	北京牌 BJ7000B3D6 – BEV 型纯电动轿车	E150EV	180
	北京牌 BJ7000B3D7 – BEV 型纯电动轿车	EY150	26
	北京牌 BJ7000C7H3 – BEV 型纯电动轿车	绅宝 EV	19
	北京牌 BJ7001B3D2 – BEV 型纯电动轿车	EV200	34
	北京牌 BJ7002B3D4 – BEV 型纯电动轿车	EY150	6
	风神牌 DFM7000H2DBEV 型纯电动轿车	E30	30
	康迪牌 SMA7000BEV02 型纯电动轿车	K10B	8
	康迪牌 SMA7000BEV03 型纯电动轿车	K10C	11
	康迪牌 SMA7001BEV02 型纯电动轿车	K11B	145
	康迪牌 SMA7001BEV 型纯电动轿车	K11	1

续表

应用地区	车　型	通用名称	数量（单位：辆）
山东省	迈迪牌 JNP7001BEV3 型纯电动轿车	迈迪 i3	1105
	奇瑞牌 SQR7000BEVJ00 型纯电动轿车	奇瑞 eQ	398
	奇瑞牌 SQR7000BEVS11 型纯电动轿车	奇瑞 QQ3	19
	奇瑞牌 SQR7000EAS11 型纯电动轿车	奇瑞 QQ3	382
	荣威牌 CSA7000BEV 型纯电动轿车	荣威 E50	1
	启辰牌 DFL7000B1BEV 型纯电动轿车	启辰 E30	6
	比亚迪牌 QCJ7007BEV 型纯电动轿车	腾势	2
	长安牌 SC7003AEV 型纯电动轿车	e30	1
	知豆牌 SMA7001BEV13 型纯电动轿车	知豆 D2	434
	众泰牌 JNJ7000EVE3 型纯电动轿车	芝麻 E30	220
	众泰牌 JNJ7000EVE4 型纯电动轿车	芝麻 E30	97
	众泰牌 JNJ7000EVX 型纯电动轿车	众泰云 100	4316
	知豆牌 JNJ7000EVZ4 型纯电动轿车	知豆 301C	1771
	知豆 JNJ7000EVZ5 型纯电动轿车	知豆 301B	159
	知豆 JNJ7000EVZ 型纯电动轿车	知豆 301A	30
	北京牌 BJ6450L3R－BEV 型纯电动多用途乘用车	威旺 307EV	2
	比亚迪牌 BYD6480STHEV2 型插电式混合动力多用途乘用车	比亚迪唐	30
	比亚迪牌 BYD6480STHEV 型插电式混合动力多用途乘用车	比亚迪唐	411
	比亚迪牌 BYD7150WTHEV2 型插电式混合动力轿车	比亚迪秦	112
	比亚迪牌 BYD7150WTHEV3 型插电式混合动力轿车	比亚迪秦	121
	江铃全顺牌 JX5041XSWMEV 型纯电动商务车	纯电动商务车	2
	安凯牌 HFF6620HKEVX 型纯电动客车	纯电动客车	2
	安凯牌 HFF6705BEV 型纯电动客车	纯电动客车	10
	安凯牌 HFF6126G03EV－2 型纯电动城市客车	纯电动城市客车	10
	安凯牌 HFF6620HKGEV 型纯电动城市客车	纯电动城市客车	8
	安凯牌 HFF6660GEVB2 型纯电动城市客车	纯电动城市客车	26
	安凯牌 HFF6800GEVB1 型纯电动城市客车	纯电动城市客车	380
	安凯牌 HFF6800GEVB 型纯电动城市客车	纯电动城市客车	30
	安源牌 PK6850BEV 型纯电动城市客车	纯电动城市客车	45
	东风牌 EQ6600CBEV2 型纯电动城市客车	纯电动城市客车	20
	东风牌 EQ6620CLBEV 型纯电动城市客车	纯电动城市客车	46
	大马牌 HKL6600BEV 型纯电动客车	大马 E6	11
	东风牌 EQ6600CBEV 型纯电动客车	纯电动客车	24
	东宇牌 NJL6118BEV9 型纯电动客车	纯电动客车	4
	东宇牌 NJL6600BEV19 型纯电动客车	纯电动客车	5
	东宇牌 NJL6600BEV1 型纯电动客车	纯电动客车	10
	东宇牌 NJL6600BEV3 型纯电动客车	纯电动客车	3
	东宇牌 NJL6601BEV2 型纯电动客车	纯电动客车	17
	东宇牌 NJL6859BEV 型纯电动城市客车	纯电动城市客车	6
	飞燕牌 SDL6100EVG2 型纯电动城市客车	纯电动城市客车	1
	飞燕牌 SDL6120EVG3 型纯电动城市客车	纯电动城市客车	1

续表

应用地区	车　型	通用名称	数量（单位：辆）
山东省	飞燕牌 SDL6120EVG 型纯电动城市客车	纯电动城市客车	71
	飞燕牌 SDL6121EVG 型纯电动城市客车	纯电动城市客车	20
	飞燕牌 SDL6830EVG 型纯电动城市客车	纯电动城市客车	30
	福田牌 BJ6105EVCA－1 型纯电动城市客车	纯电动城市客车	10
	福田牌 BJ6123EVCA－15 型纯电动城市客车	纯电动城市客车	28
	福田牌 BJ6123EVCA－18 型纯电动城市客车	纯电动城市客车	3
	福田牌 BJ6650EVCA 型纯电动城市客车	纯电动城市客车	100
	海格牌 KLQ6109GAEV1 型纯电动城市客车	纯电动城市客车	110
	海格牌 KLQ6109TAEV1 型纯电动客车	纯电动客车	10
	海格牌 KLQ6601BEV 型纯电动客车	纯电动客车	20
	海格牌 KLQ6601GBEV 型纯电动城市客车	纯电动城市客车	70
	海格牌 KLQ6702GEV 型纯电动城市客车	纯电动城市客车	10
	海格牌 KLQ6850GEV 型纯电动城市客车	纯电动城市客车	180
	黑龙江牌 HLJ6681BEV 型纯电动城市客车	纯电动城市客车	10
	恒通客车牌 CKZ6680HBEV 型纯电动城市客车	纯电动城市客车	206
	黄河牌 JK6600HBEV 型纯电动客车	纯电动客车	9
	黄河牌 JK6660GBEV2 型纯电动城市客车	纯电动城市客车	810
	黄河牌 JK6660GBEV 型纯电动城市客车	纯电动城市客车	1
	黄河牌 JK6856GBEV2 型纯电动城市客车	纯电动城市客车	180
	黄河牌 JK6856GBEV 型纯电动城市客车	纯电动城市客车	60
	黄河牌 JK6106GBEV3 型纯电动城市客车	纯电动城市客车	96
	金龙牌 XMQ6706BGBEVL1 型纯电动城市客车	纯电动城市客车	37
	金旅牌 XML6609JEV50 型纯电动客车	纯电动客车	18
	金旅牌 XML6609JEV80 型纯电动客车	纯电动客车	2
	金旅牌 XML6700JEV30C 型纯电动城市客车	纯电动城市客车	65
	南车时代牌 TEG6820BEV01 型纯电动城市客车	纯电动城市客车	82
	上饶牌 SR6680BEVG1 型纯电动城市客车	纯电动城市客车	50
	申沃牌 SWB6121EV7 型纯电动城市客车	纯电动城市客车	58
	申沃牌 SWB6662EV25 型纯电动城市客车	纯电动城市客车	272
	舒驰牌 YTK6660GEV 型纯电动城市客车	纯电动城市客车	109
	舒驰牌 YTK6830GEV 型纯电动城市客车	纯电动城市客车	4
	万达牌 WD6602BEV 型纯电动客车	纯电动客车	3
	亚星牌 YBL6117HBEV 型纯电动客车	纯电动客车	1
	亚星牌 YBL6600TBEV 型纯电动客车	纯电动客车	1
	扬子江牌 WG6611BEVQ 型纯电动客车	腾龙 Q1	1
	扬子江牌 WG6702BEVH 型纯电动客车	纯电动客车	1
	扬子江牌 WG6820BEVH 型纯电动城市客车	威虎 G1	20
	扬子江牌 WG6821BEVH 型纯电动城市客车	威虎 T1	2
	宇通牌 ZK6115BEV1 型纯电动客车	纯电动客车	1
	宇通牌 ZK6115BEV2 型纯电动客车	纯电动客车	26
	宇通牌 ZK6115BEV5 型纯电动客车	纯电动客车	6

续表

应用地区	车　型	通用名称	数量（单位：辆）
山东省	宇通牌 ZK6125BEVG14 型纯电动城市客车	纯电动城市客车	2
	宇通牌 ZK6125BEVG7 型纯电动城市客车	纯电动城市客车	4
	宇通牌 ZK6641BEVG10 型纯电动城市客车	纯电动城市客车	12
	宇通牌 ZK6641BEVG3 型纯电动城市客车	纯电动城市客车	133
	宇通牌 ZK6641BEVG4 型纯电动城市客车	纯电动城市客车	381
	宇通牌 ZK6641BEVQ1 型纯电动客车	纯电动客车	1
	宇通牌 ZK6701BEVG3 型纯电动城市客车	纯电动城市客车	3
	宇通牌 ZK6701BEVQ3 型纯电动客车	纯电动客车	45
	宇通牌 ZK6705BEVG1 型纯电动城市客车	纯电动城市客车	41
	宇通牌 ZK6805BEVG1 型纯电动城市客车	纯电动城市客车	785
	宇通牌 ZK6805BEVG3 型纯电动城市客车	纯电动城市客车	100
	长安牌 SC6833ABEV 型纯电动城市客车	纯电动城市客车	40
	长安牌 SC6833BEV 型纯电动城市客车	纯电动城市客车	30
	中通博发牌 LCK6128EV 型纯电动客车	纯电动客车	2
	中通牌 LCK6108EVG2 型纯电动城市客车	纯电动城市客车	40
	中通牌 LCK6108EVG 型纯电动城市客车	纯电动城市客车	5
	中通牌 LCK6122EVG3 型纯电动城市客车	纯电动城市客车	1
	中通牌 LCK6123GEV 型纯电动城市客车	纯电动城市客车	61
	中通牌 LCK6600BEV 型纯电动客车	纯电动客车	12
	中通牌 LCK6660EVG 型纯电动城市客车	纯电动城市客车	3
	中通牌 LCK6661EVG 型纯电动城市客车	纯电动城市客车	7
	中通牌 LCK6663EVG 型纯电动城市客车	纯电动城市客车	1198
	中通牌 LCK6665EVG 型纯电动城市客车	纯电动城市客车	761
	中通牌 LCK6666EVG 型纯电动城市客车	纯电动城市客车	266
	中通牌 LCK6667EVG 型纯电动城市客车	纯电动城市客车	103
	中通牌 LCK6668EVG1 型纯电动城市客车	纯电动城市客车	26
	中通牌 LCK6668EVG2 型纯电动城市客车	纯电动城市客车	728
	中通牌 LCK6668EVG 型纯电动城市客车	纯电动城市客车	1716
	中通牌 LCK6669EVG 型纯电动城市客车	纯电动城市客车	21
	中通牌 LCK6670EV1 型纯电动客车	纯电动客车	5
	中通牌 LCK6670EVG1 型纯电动城市客车	纯电动城市客车	100
	中通牌 LCK6670EVG 型纯电动城市客车	纯电动城市客车	5
	中通牌 LCK6670EV 型纯电动客车	纯电动客车	15
	中通牌 LCK6809EVG1 型纯电动城市客车	纯电动城市客车	366
	中通牌 LCK6809EVG3 型纯电动城市客车	纯电动城市客车	97
	中通牌 LCK6809EVG6 型纯电动城市客车	纯电动城市客车	10
	中通牌 LCK6809EVG 型纯电动城市客车	纯电动城市客车	47
	中通牌 LCK6810EVG 型纯电动城市客车	纯电动城市客车	58
	中通牌 LCK6811EVG 型纯电动城市客车	纯电动城市客车	1
	中通牌 LCK6850EVGQ 型纯电动城市客车	纯电动城市客车	1
	福田牌 BJ6105PHEVCA－7 型插电式混合动力城市客车	插电式混合动力城市客车	55

续表

应用地区	车　型	通用名称	数量（单位：辆）
	福田牌 BJ6127PHEVCA－1 型混合动力城市客车	插电式混合动力城市客车	4
	黄河牌 JK6109GHEVN52 型插电式混合动力城市客车	插电式混合动力城市客车	50
	黄河牌 JK6109GHEVN53 型插电式混合动力城市客车	插电式混合动力城市客车	45
	黄河牌 JK6129GHEVN52 型插电式混合动力城市客车	插电式混合动力城市客车	118
	金龙牌 XMQ6106AGHEV10 型混合动力城市客车	插电式混合动力城市客车	4
	金龙牌 XMQ6106AGHEV9 型混合动力城市客车	插电式混合动力城市客车	16
	宇通牌 ZK6105CHEVNPG4 型混合动力城市客车	插电式混合动力城市客车	253
	宇通牌 ZK6120CHEVNPG4 型混合动力城市客车	插电式混合动力城市客车	143
	宇通牌 ZK6120CHEVPG1 型混合动力电动城市客车	插电式混合动力电动城市客车	2
	宇通牌 ZK6125CHEVNPG4 型混合动力城市客车	插电式混合动力城市客车	42
	宇通牌 ZK6125PHEVPG1 型混合动力城市客车	插电式混合动力城市客车	9
	中通牌 LCK6106PHENVQ 型混合动力城市客车	插电式混合动力城市客车	31
	中通牌 LCK6106PHENV 型混合动力城市客车	插电式混合动力城市客车	1
	超雷牌 CLP5016CEV 型纯电动仓栅车	纯电动仓栅车	1
	东风牌 EQ5031TSLACBEV 型纯电动扫路车	纯电动扫路车	6
	凯马牌 KMC5022CCYEV29D 型纯电动仓栅式运输车	纯电动仓栅式运输车	39
	凯马牌 KMC5022XXYEV29D 型纯电动厢式运输车	纯电动厢式运输车	21
	力帆牌 LF5028XXYBEV 型纯电动厢式运输车	纯电动厢式运输车	15
	欧铃牌 ZB1030BEVBDC1 型纯电动载货汽车	纯电动载货汽车	4
山东省	欧铃牌 ZB5060XXYBEVKDD6 型纯电动厢式运输车	纯电动厢式运输车	5
	清源宝骑牌 QY5020XXYBEVECCB 型纯电动厢式运输车	纯电动厢式运输车	1
	清源牌 QY5021XXYBEVYL 型纯电动厢式运输车	清源小旋风	1
	瑞驰牌 CRC5021XXY－LBEV 型纯电动厢式运输车	EK05	4
	瑞驰牌 CRC5022XXY－LBEV 型纯电动厢式运输车	EK05A	2
	瑞驰牌 CRC5023XXY－LBEV 型纯电动厢式运输车	EV25A	1
	通家福牌 STJ5023XXYEV 型纯电动厢式运输车	电牛 1 号	100
	王牌牌 CDW5070XXYH1PEV 型纯电动厢式运输车	纯电动厢式运输车	31
	拓速乐牌 Model S 85（S（H14N）/S（AN））型纯电动轿车（进口车）	MODEL S	31
	拓速乐牌 Model S P85（S（AP）/S（H14P））型纯电动轿车（进口车）	MODEL S	16
	拓速乐牌 Model S P85D（S（H24P）/S（H25P））型纯电动轿车（进口车）	MODEL S	30
	拓速乐牌 ModelS 70D（S（M24N/S（M25N））型纯电动轿车（进口车）	MODEL S	1
	其他纯电动轿车（进口车）		3
	丰田（TOYOTA）牌 CA7180CHEVAE5 型混合动力轿车	非插电式混合动力轿车	5
	丰田（TOYOTA）牌 CA7180CHEVBE5 型混合动力轿车	非插电式混合动力轿车	4
	丰田（TOYOTA）牌 CA7180CHEVCE5 型混合动力轿车	非插电式混合动力轿车	8
	丰田（TOYOTA）牌 GTM7180HEV 型混合动力轿车	非插电式混合动力轿车	29
	丰田（TOYOTA）牌 GTM7251HEVS 型混合动力轿车	非插电式混合动力轿车	197
	丰田（TOYOTA）牌 GTM7252HEVE 型混合动力轿车	非插电式混合动力轿车	51
	丰田（TOYOTA）牌 TV7184GL－iHEV 型混合动力轿车	非插电式混合动力轿车	17
	丰田（TOYOTA）牌 TV7184GLX－iHEV 型混合动力轿车	非插电式混合动力轿车	2

续表

应用地区	车　型	通用名称	数量（单位：辆）
山东省	丰田（TOYOTA）牌TV7184PREHEV型混合动力轿车	非插电式混合动力轿车	29
	其他非插电式混合动力轿车（进口车）	37	

六、2015年底电动汽车充（换）电站（桩）保有量统计

	充电站				充电桩		换电站
省市名称	数量（座）	充电机功率总计（kW）	充电站占地面积（m^2）	投资金额（万元）	慢充（个）	快充（个）	数量（座）
山东省	277	—	—	—	5537		

河南省

一、节能与新能源汽车扶持政策与措施

2016年5月4日，河南省印发《城市公交车成品油价格补助和节能与新能源公交车运营补助专项资金管理办法》（豫财建〔2016〕46号），对进一步加快新能源汽车推广应用，促进城市公交行业节能减排，规范成品油价格补助资金管理使用。2016年5月11日，河南省人民政府常务会研究通过《关于加快新能源汽车推广应用及产业化发展实施意见》。一是阐明发展方向、重点任务等，即以纯电驱动为主要战略取向，重点发展纯电动汽车、插电式（含增程式）混合动力汽车和燃料电池汽车；以推广应用为抓手，加快推进产业化，大力培育消费市场，创造良好发展环境，形成一批整车制造和配套产业知名品牌，抢占新能源汽车产业发展制高点。二是明确推广应用任务。确立2016—2020年全省推广应用新能源汽车的目标任务，即2016年全省推广新能源汽车不低于1.8万辆（标准车），且推广的新能源汽车数量占全省新增及更新的汽车总量比例不低于1.5%；2017—2020年，全省新能源汽车推广数量分别不低于2.2万辆、2.8万辆、3.8万辆、5.0万辆，且推广的新能源汽车数量占本地区新增及更新的汽车总量比例不低于2%、3%、4%、5%，这个推广任务是财政部、工信部等国家五部委确定河南省享受补贴的最低限额。根据上述目标任务，主要从城市公交车行业率先推广应用、加大政府机关和公共机构推广使用力度、扩大其他公共服务领域推广应用规模、在旅游景区广泛推广新能源汽车以及推进企业和私人使用新能源汽车等五个方面明确具体措施。三是明确加快充换电设施建设任务。首先确立全省2016—2020年充换电设施建设的目标，即2016年全省建成城市充换电站15座，移动充换电站（车）10座，充电桩8000个。到2020年，基本建成适度超前、车桩相随、智能高效的充电基础设施体系，满足超过35万辆电动汽车的充电需求，明确具体措施。四是明确推进新能源汽车产业化任务。五是强化加强新能源汽车技术创新。六是强化商业模式创新。主要在三个领域：售后服务体系建设；投融资创新；现代信息技术应用。七是明确相应的保障措施。

二、新能源汽车生产情况

新能源汽车产业稳步推进，客车产量增长迅猛。2015年，省内7家新能源汽车生产企业的112个车型列入国家《节能与新能源汽车示范推广应用工程推荐车型目录》，车型数超过2009—2014年总和。目前，全省新能源汽车产量以郑州宇通的纯电动及插电式混合动力客车为主，新能源客车产品基本实现产业化。2015年，全省新能源客车实现产量21470辆，是上年同期的2.8倍。河南省新能源汽车生产企业主要分布在郑州市，分别为：郑州宇通客车股份有限公司、河南少林客车股份有限公司、郑州日产汽车有限公司、海马轿车有限公司、郑州宇通重工有限公司。根据对上述5家企业2013—2015年新能源汽车生产情况统计结果，三年来面向全国生产推广新能源汽车30713台。其中：郑州宇通客车股份有限公司2013年生产推广新能源车辆1075台，2014年生产推广新能源车辆6616台，2015年生产推广新能源车辆21436台；河南少林客车股份有限公司2013年生产推广新能源车辆5台，2014年生产推广新能源车辆200台，2015年生产推广新能源车辆1157台；郑州日产汽车有限公司2013年生产推广新能源车辆13台，2014年生产推广新能源车辆32台，2015年生产推广新能源车辆72台；海马轿车有限公司2015年生产推广新能源车辆105台；郑州宇通重工有限公司2015年生产推广新能源车辆2台。

三、节能与新能源汽车示范运营情况

2013—2015年，河南省新能源汽车用户集中在公交行业，主要是郑州市公共交通总公司、洛阳市公共交通集团有限公司、商丘市公共交通有限公司、荥阳市公交有限公司等109家用户，在省内推广新能源车辆8855台，其中新能源客车8794台。2013年、2014年在省内推广的新能源

车辆运营稳定，2015 年在省内推广的新能源车辆随着基础设施的完善，车辆逐步稳定运营；新能源乘用车主要集中在出租、租赁和私人购车领域，车辆逐步投入运营。

四、基础设施及运行情况

基础设施稳步推进。郑州市、新乡市作为第一批继续开展新能源汽车推广应用城市，新能源推广应用基础设施建设走在河南省的前列。截至 2015 年底，全省有充换电站 59 座，其中充电站 53 座，换电站 6 座；另有 330 个分散式公共交流充电桩和 95 个专用充电桩。充换电站和分散式公共充电桩大部分由河南省电力公司建设。目前，电动公交车、出租车充换电站及充电桩可正常使用，其他公共充电桩使用率较低。

五、节能与新能源汽车发展规划

通过 5 ~ 10 年的发展，节能与新能源汽车整车和关键零部件核心技术实现突破，推广应用环境实现不断优化，节能与新能源汽车实现较大规模应用，争创节能与新能源汽车推广应用优秀城市，力争成为全国区域性节能与新能源汽车整车及关键零部件研发、生产基地。

1. 推广应用取得重大进展

（1）2015 年发展目标。节能与新能源汽车推广应用取得积极进展，各类节能与新能源汽车保有量达到 1.5 万辆。

重点抓好郑州、新乡新能源汽车推广应用工作，到 2015 年，两市新增新能源汽车 10500 辆，其中新能源公交车 3200 辆，纯电动公务车 3400 辆。积极推广使用纯电动出租车，到 2015 年，全省纯电动出租车达到 2000 辆，其中郑州、新乡两市 1400 辆。鼓励私人购买新能源汽车，到 2015 年，全省私人购买新能源汽车超过 3000 辆。此外在市政、电力、环卫、邮政、旅游景区、港区、工业园区等领域，积极开展新能源专用车示范运营，逐步形成自身特色的全方位的示范运营模式。

不断扩大普通混合动力汽车在公交领域推广应用规模，在警务、班车领域实现一定保有量。到 2015 年普通混合动力汽车推广数量达到 20000 辆以上。

（2）2020 年发展目标。节能与新能源汽车推广应用取得重要进展，各类节能与新能源汽车保有量达到 7.2 万辆，在公交车领域推广应用规模位居全国前列。

在私人消费领域实现较大规模应用，形成良好的产业带动效应。

2. 产业发展形成规模优势

能与新能源汽车整车制造得到快速发展，形成规模优势。到 2015 年，形成新能源汽车生产能力 6 万辆以上，培育 3 ~ 5 家具有一定竞争力的纯电动汽车整车和零部件生产骨干企业。到 2020 年，形成新能源汽车生产能力 30 万辆以上，产业规模达到 1000 亿元。

成为全国重要的关键零部件研发、生产基地。到 2015 年，全省车用动力电池系统产能达到 20 万台套，驱动电机及控制系统产能达到 15 万台套；到 2020 年，锂离子动力电池系统产能达到 70 万台套，驱动电机及控制系统产能达到 50 万台套。

3. 技术研发能力大幅提高

新能源汽车、动力电池及关键零部件技术整体上达到国内先进水平，以燃料电池汽车为代表的下一代新能源汽车技术有重要突破。

到 2015 年，新能源汽车、非插电式混合动力汽车及关键零部件的各项技术指标达到国内先进水平。动力电池模块比能量达到 150 瓦时/公斤以上，成本降至 2 元/瓦时以下，循环使用寿命稳定达到 2000 次或 10 年以上；电驱动系统功率密度达到 2.5 千瓦/公斤以上，成本降至 200 元/千瓦以下。

到 2020 年，新能源汽车整车、非插电式混合动力汽车及关键零部件的主要技术指标达到国际先进水平。动力电池模块比能量达到 300 瓦时/公斤以上，成本降至 1.5 元/瓦时以下。

4. 基础设施建设稳步推进

适度超前、稳步推进基础设施建设，大型（充）换电站、小型（充）换电室、移动（充）换电车协同发展，形成网络化、立体化态势，满足节能与新能源汽车运行需要。

到 2015 年，新建大型充换电站 5 座，公交车充电桩 1000 个，小汽车充电桩 5000 个，移动充换电站（车）80 座。

到 2020 年，建成电池集中充电站 5 座，商用车充换电站 34 座、乘用车充换电站 37 座、电池配送站 50 座、交流充电桩 2.6 万个，形成较为完善的充电设施网络，满足新能源汽车推广应用及城际互联需要。

5. 公共服务能力显著增强

构建完善的公共服务管理规范体系。到 2015 年，初步建立新能源汽车车辆安全监控、维修保养、试验检测、认证和动力电池回收利用管理体系。2020 年，形成完整的安全使用、市场营销、回收利用和售后服务体系。

六、节能与新能源汽车推广应用统计

1. 2015 年电动汽车推广应用数量

（1）郑州市电动汽车推广应用数量

单位：辆

车型 燃料	公交车	旅游大巴	公务车	出租车	租赁用车	私人车	环卫车	物流车	邮政车	电力工程车	载货车	其他专用车	其他	合计	同期增长（%）
纯电动汽车	299	0	0	0	2594	46	2	0	0	52	0	63	0	3056	431.5
非插电式混合动力汽车	0	0	0	0	0	0	0	0	0	0	0	0	0	0	—
插电式混合动力汽车	656	0	0	0	0	0	0	0	0	0	0	0	0	656	-31.9
增程式电动汽车	0	0	0	0	0	0	0	0	0	0	0	0	0	0	—
燃料电池汽车	0	0	0	0	0	0	0	0	0	0	0	0	0	0	—
合　计	955	0	0	0	2594	46	2	0	0	52	0	63	0	3712	141.4

注：本表中统计 46 辆进口纯电动轿车。

（2）新乡市电动汽车推广应用数量

单位：辆

车型 燃料	公交车	旅游大巴	公务车	出租车	租赁用车	私人车	环卫车	物流车	邮政车	电力工程车	载货车	其他专用车	其他	合计	同期增长（%）
纯电动汽车	60	0	0	61	0	574	0	0	9	0	1964	0	0	2668	364
非插电式混合动力汽车	0	0	0	0	0	0	0	0	0	0	0	0	0	0	—
插电式混合动力汽车	0	0	0	0	0	4	0	0	0	0	0	0	0	4	33.3
增程式电动汽车	0	0	0	0	0	0	0	0	0	0	0	0	0	0	—
燃料电池汽车	0	0	0	0	0	0	0	0	0	0	0	0	0	0	—
合　计	60	0	0	61	0	578	0	0	9	0	1964	0	0	2672	362.3

2. 2015 年电动汽车推广应用车型及数量

应用地区	车　型	通用名称	数量（单位：辆）
郑州市	海马牌 HMA7003S10BEV 型纯电动轿车	爱尚 EV	75
	海马牌 HMA7004S30BEV 型纯电动轿车	@3	30
	康迪牌 SMA7000BEV03 型纯电动轿车	K10C	400
	康迪牌 SMA7001BEV02 型纯电动轿车	K11B	6
	知豆牌 SMA7001BEV13 型纯电动轿车	知豆 D2	543
	知豆牌 JNJ7000EVZ4 型纯电动轿车	知豆 301C	340
	知豆 JNJ7000EVZ5 型纯电动轿车	知豆 301B	38
	知豆 JNJ7000EVZ 型纯电动轿车	知豆 301A	5
	力帆 LF7004DEV 型纯电动轿车	330EV	1000
	江淮牌 HFC7000AEV 型纯电动轿车	和悦 iEV4	51
	江淮牌 HFC7001AEV 型纯电动轿车	和悦 iEV5	11
	奇瑞牌 SQR7000BEVJ00 型纯电动轿车	奇瑞 eQ	45
	东风牌 ZN6441V1YBEV 型纯电动多用途乘用车	帅客	10
	东风牌 ZN5034XGCH2YBEV 型纯电动工程车	锐琪	52
	宇通牌 YTZ5070TSLZZBEV 型纯电动扫路车	纯电动扫路车	2
	力帆 LF5028XXYBEV 型纯电动厢式运输车	纯电动厢式运输车	60
	宇通牌 ZK6701BEVQ3 型纯电动城市客车	纯电动城市客车	24
	宇通牌 ZK6701BEVQ4 型纯电动城市客车	纯电动城市客车	1
	宇通牌 ZK6641BEVG3 型纯电动城市客车	纯电动城市客车	32
	宇通牌 ZK6705BEVG1 型纯电动城市客车	纯电动城市客车	27

续表

应用地区	车　型	通用名称	数量（单位：辆）
郑州市	宇通牌 ZK6141BEV 型纯电动城市客车	纯电动城市客车	1
	宇通牌 ZK6125BEVG6 型纯电动城市客车	纯电动城市客车	5
	宇通牌 ZK6701BEVQ5 型纯电动城市客车	纯电动城市客车	1
	宇通牌 ZK6805BEVG1 型纯电动城市客车	纯电动城市客车	35
	宇通牌 ZK6115BEV2 型纯电动城市客车	纯电动城市客车	2
	宇通牌 ZK6641BEVQ2 型纯电动城市客车	纯电动城市客车	27
	少林牌 SLG6600EV 型纯电动城市客车	纯电动城市客车	20
	少林牌 SLG6720EVG 型纯电动城市客车	纯电动城市客车	12
	少林牌 SLG6600EVG2 型纯电动城市客车	纯电动城市客车	1
	少林牌 SLG6660EVG1 型纯电动城市客车	纯电动城市客车	93
	宇通插电式混合动力城市客车		656
	拓速乐纯电动轿车（进口）		46
	其他新能源汽车		61
新乡市	东南牌 DN7001MBEV 型纯电动轿车	V5 ATL 菱致	1
	东南牌 DN7000MBEV 型纯电动轿车	V3 菱悦	78
	江淮牌 HFC7000AEV 型纯电动轿车	和悦 iEV4	6
	江淮牌 HFC7001AEV 型纯电动轿车	和悦 iEV5	3
	众泰牌 JNJ7000EVZ 型纯电动轿车	知豆 301A	9
	众泰牌 JNJ7000EVZ4 型纯电动轿车	知豆 301C	269
	众泰牌 JNJ7000EVZ5 型纯电动轿车	知豆 301B	14
	吉利牌 SMA7000BEV01 型纯电动轿车	知豆 D1	1
	康迪牌 SMA7001BEV 型纯电动轿车	K11	20
	康迪牌 SMA7001BEV02 型纯电动轿车	K11B	15
	知豆牌 SMA7001BEV13 型纯电动轿车	知豆 D2	212
	福建牌 FJ6410BEVA1 型纯电动多用途乘用车	纯电动多用途乘用车	4
	东风日产牌 DFL6491VJL2HEV 型混合动力多用途乘用车	插电式混合动力多用途乘用车	1
	比亚迪牌 BYD6480STHEV 型插电式混合动力多用途乘用车	比亚迪唐	1
	比亚迪牌 BYD6480STHEV2 型插电式混合动力多用途乘用车	比亚迪唐	3
	昕能牌 XXN5020XXYBEV 型纯电动厢式运输车	纯电动厢式运输车	1
	福建牌 FJ5020XXYBEVA1 型纯电动厢式运输车	启腾 M70EV	1964
	福建牌 FJ5020XYZBEVA1 型纯电动邮政车	纯电动邮政车	9
	金龙牌 XMQ6610CEBEVL 型纯电动客车	纯电动客车	1
	宇通牌 ZK6805BEVG1 型纯电动城市客车	纯电动城市客车	60

七、2015 年底电动汽车充（换）电站（桩）保有量统计

	充电站				充电桩		换电站
城市名称	数量（座）	充电机功率总计（kW）	充电站占地面积（m^2）	投资金额（万元）	慢充（个）	快充（个）	数量（座）
郑州市	4	2600	16000	6160	—	—	2
新乡市	9	1905	16396	2789	200	36	4

湖南省长株潭城市群

一、节能与新能源汽车扶持政策与措施

湖南省发展和改革委员会《关于我省电动汽车用电价格政策有关问题的通知》（湘发改价商〔2015〕340号）；

湖南省机关事务管理局、省财政厅、省科技厅、省经信委、省发展改革委 关于印发《湖南省党政机关及其他公共机构推进新能源汽车使用实施方案》的通知（湘管发〔2015〕69号）；

湖南省机关事务管理局《关于在省直单位建设新能源汽车充电桩的通知》（湘管发〔2015〕55号）。

二、节能与新能源汽车推广应用情况

2015年，长株潭城市群推广应用新能源汽车16199辆，超额完成4040辆的目标任务，为目标任务的400.96%，圆满完成全年目标任务。其中长沙市目标任务2860辆，实际推广应用12736辆，为目标任务的445.31%；株洲市目标任务780辆，实际推广应用1805辆，为目标任务的231.41%；湘潭市目标任务400辆，实际推广应用1658辆，为目标任务的414.5%。

三、基础设施建设及运行情况

截至2015年底，长株潭城市群有24家充电基础设施建设运营服务商，建成并投入使用的新能源汽车充电站25个，直流快充桩459个，交流慢充桩2379个。

其中，长沙市建成充电站14座，直流快充桩392个，交流慢充桩1958个；株洲市建成充电站9座，直流快充桩53个，交流慢充桩25个；湘潭市建成充电站2座，直流快充桩14个，交流慢充桩396个。

四、节能与新能源汽车发展规划

2016年6月24日，湖南省经济和信息化委员会发布《湖南省节能与新能源汽车等汽车制造产业发展五年行动计划（2016—2020年）》。

计划指出，到2020年，湖南省节能汽车产能达到200万辆；新能源汽车产能达到50万辆，含自主品牌新能源乘用车45万辆，新能源商用车5万辆（其中新能源客车产能达到3万辆，新能源专用车产能达到2万辆）。大力发展节能汽车零部件产业，包括节能发动机、变速箱、电机电控等系统总成，不断提升湖南汽车零部件制造整体水平，形成节能汽车、新能源汽车产业健康发展的新格局，节能与新能源汽车产业主营业务收入达到3000亿元。充分利用湖南省在动力电池及电池管理系统、电池材料、电机、电控方面已有基础，争取到2020年，通过实施品牌战略，动力蓄电池产品形成1～2家骨干企业，2～3家重点企业；新能源电机、电控产品形成2～4家重点企业，面向全国行业配套。

五、节能与新能源汽车推广应用统计

1. 2015年电动汽车推广应用数量

单位：辆

车型 燃料	公交车	旅游大巴	公务车	出租车	租赁用车	私人车	环卫车	物流车	邮政车	电力工程车	载货车	其他专用车	其他	合计	同期增长（%）
纯电动汽车	1119	0	10	200	0	12232	1	0	0	0	209	0	0	13771	435.8
非插电式混合动力汽车	0	0	0	0	0	0	0	0	0	0	0	0	0	0	—
插电式混合动力汽车	1785	0	0	0	0	643	0	0	0	0	0	0	0	2428	147.76
增程式电动汽车	0	0	0	0	0	0	0	0	0	0	0	0	0	0	—
燃料电池汽车	0	0	0	0	0	0	0	0	0	0	0	0	0	0	—
合计	2904	0	10	200	0	12875	1	0	0	0	209	0	0	16199	356.31

2. 2015年电动汽车推广应用车型及数量

应用地区	车型	通用名称	数量（单位：辆）
湖南省长株潭城市群	北京牌BJ7000B3D1－BEV型纯电动轿车	EV200	1
	北京牌BJ7001B3D2－BEV型纯电动轿车	EV200	204
	吉利牌SMA7000BEV01型纯电动轿车	知豆D1	1704
	江铃牌JX7004BEV型纯电动轿车	E100	453
	江南牌JNJ7000EVA3型纯电动轿车	T11	1121

续表

应用地区	车　型	通用名称	数量（单位：辆）
湖南省长株潭城市群	江南牌 JNJ7000EVA4 型纯电动轿车	T11	2
	康迪牌 SMA7000BEV 型纯电动轿车	K10	4
	康迪牌 SMA7001BEV02 型纯电动轿车	K11B	472
	康迪牌 SMA7001BEV 型纯电动轿车	K11	73
	迈迪牌 JNP7001BEV3 型纯电动轿车	迈迪 i3	116
	知豆牌 SMA7001BEV13 型纯电动轿车	知豆 D2	436
	众泰牌 JNJ7000EVX 型纯电动轿车	众泰云 100	7283
	众泰牌 JNJ7000EVZ4 型纯电动轿车	知豆 301C	360
	众泰牌 JNJ7000EVZ5 型纯电动轿车	知豆 301B	106
	众泰牌 JNJ7000EVZ 型纯电动轿车	知豆 301A	4
	奇瑞牌 SQR7000BEVJ00 型纯电动轿车	奇瑞 eQ	103
	传祺（Trumpchi）牌 GAC7100SHEVB4 型增程式混合动力轿车	传祺 GA5 REV	2
	比亚迪牌 BYD6480STHEV 型插电式混合动力多用途乘用车	比亚迪唐	342
	比亚迪牌 BYD7150WTHEV2 型插电式混合动力轿车	比亚迪秦	213
	比亚迪牌 BYD7150WTHEV3 型插电式混合动力轿车	比亚迪秦	86
	比亚迪牌 CK6100LGEV1 型纯电动城市客车	K8	353
	比亚迪牌 CK6120LLEV 型纯电动城市客车	K9	1
	南车时代牌 TEG6106BEV03 型纯电动城市客车	纯电动城市客车	4
	大马牌 HKL6600BEV 型纯电动客车	大马 E6	1
	东宇牌 NJL6600BEV19 型纯电动客车	纯电动客车	4
	东宇牌 NJL6600BEV36 型纯电动客车	纯电动客车	21
	东宇牌 NJL6600BEV 型纯电动客车	纯电动客车	1
	东宇牌 NJL6601BEV2 型纯电动客车	纯电动客车	1
	福田牌 BJ6851EVCA 型纯电动城市客车	纯电动城市客车	14
	海格牌 KLQ6109TAEV1 型纯电动城市客车	纯电动城市客车	1
	海格牌 KLQ6601BEV 型纯电动城市客车	纯电动城市客车	30
	南车时代牌 TEG6110EV01 型纯电动客车	纯电动客车	20
	南车时代牌 TEG6600BEV02 型纯电动城市客车	纯电动城市客车	10
	南车时代牌 TEG6600EV01 型纯电动客车	纯电动客车	142
	南车时代牌 TEG6620BEV01 型纯电动城市客车	纯电动城市客车	50
	南车时代牌 TEG6640EV01 型纯电动客车	纯电动客车	108
	南车时代牌 TEG6820BEV01 型纯电动城市客车	纯电动城市客车	92
	上饶牌 SR6707BEV3 型纯电动客车	纯电动客车	4
	同心牌 TX6600BEV1 型纯电动客车	纯电动客车	201
	同心牌 TX6720BEV 型纯电动客车	纯电动客车	1
	五洲龙 FDG6851EVG 型纯电动城市客车	纯电动城市客车	20
	亚星牌 YBL6117HBEV 型纯电动客车	纯电动客车	20
	宇通牌 ZK6115BEV2 型纯电动城市客车	纯电动城市客车	20
	福田牌 BJ6105CHEVCG 型插电式混合动力城市客车	插电式混合动力城市客车	61
	福田牌 BJ6105EVCA－3 型插电式混合动力城市客车	插电式混合动力城市客车	10
	福田牌 BJ6105PHEVCA－7 型插电式混合动力城市客车	插电式混合动力城市客车	5

续表

应用地区	车　型	通用名称	数量（单位：辆）
湖南省长株潭城市群	海格牌 KLQ6109GCHEV1B 型插电式混合动力城市客车	插电式混合动力城市客车	54
	金旅牌 XML6115JHEVA8C 型插电式混合动力城市客车	插电式混合动力城市客车	10
	南车时代牌 TEG6106EHEV02 型插电式混合动力城市客车	插电式混合动力城市客车	134
	南车时代牌 TEG6106EHEV03 型插电式混合动力城市客车	插电式混合动力城市客车	475
	南车时代牌 TEG6106EHEV04 型插电式混合动力城市客车	插电式混合动力城市客车	194
	南车时代牌 TEG6106EHEV07 型插电式混合动力城市客车	插电式混合动力城市客车	312
	南车时代牌 TEG6106EHEVN02 型插电式混合动力城市客车	插电式混合动力城市客车	30
	南车时代牌 TEG6106HEV21 型插电式混合动力城市客车	插电式混合动力城市客车	290
	南车时代牌 TEG6106HEV24 型插电式混合动力城市客车	插电式混合动力城市客车	59
	南车时代牌 TEG6129EHEV04 型插电式混合动力城市客车	插电式混合动力城市客车	84
	申沃牌 SWB6107CHEV1 型插电式混合动力城市客车	插电式混合动力城市客车	41
	宇通牌 ZK6105CHEVNPG4 型插电式混合动力城市客车	插电式混合动力城市客车	26
	恒润牌 HHR5120TXSBEV 型纯电动洗扫车	纯电动洗扫车	1
	力帆牌 LF5028XXYBEV 型纯电动厢式运输车	纯电动厢式运输车	8
	通家福牌 STJ5023XXYEV 型纯电动厢式运输车	电牛 1 号	199
	智骐牌 WXS5020XXYBEV 型纯电动厢式运输车	物流宝贝	2

六、2015 年底电动汽车充（换）电站（桩）保有量统计

充电站					充电桩		换电站
城市名称	数量（座）	充电机功率总计（kW）	充电站占地面积（m^2）	投资金额（万元）	慢充（个）	快充（个）	数量（座）
长株潭城市群－合计	25	—	—	—	2379	459	—
长沙市	14	—	—	—	1958	392	—
株洲市	9	—	—	—	25	53	—
湘潭市	2	—	—	—	396	14	—

广东省

一、节能与新能源汽车扶持政策与措施

出台《广东省新能源汽车产业发展规划（2013—2020 年）》（粤发改高技术函〔2013〕99 号）、《关于修订《广东省省级新能源汽车推广应用专项资金管理办法》的通知》（粤财工〔2015〕201 号）明确了省级新能源汽车推广应用专项资金等方面的政策。

二、节能与新能源汽车推广应用情况

2015 年，全省推广应用 54846 辆新能源汽车。其中，纯电动汽车 39367 辆，插电式混合动力汽车 15479 辆。

三、基础设施建设及运行情况

全省建成充电站 298 座，其中公交车充换电站 187 座、出租车充换电站 45 座、城市公共充电站 12 座、城际快充站 4 座；建成分散式充电桩（不含充电站站内桩，下同）2.26 万个，其中公共充电桩 0.4 万个、内部专用充电桩 0.59 万个、私人充电桩 1.26 万个。

四、2015 年电动汽车推广应用数量

单位：辆

车型 燃料	公交车	旅游大巴	公务车	出租车	租赁用车	私人车	环卫车	物流车	邮政车	电力工程车	载货车	其他	合计
纯电动汽车	12964	2349	107	2466	8256	2899	18	8787	0	0	0	1521	39367
非插电式混合动力汽车	0	0	0	0	0	0	0	0	0	0	0	0	0
插电式混合动力汽车	2591	0	39	3453	0	9396	0	0	0	0	0	0	15479
增程式电动汽车	0	0	0	0	0	0	0	0	0	0	0	0	0
燃料电池汽车	0	0	0	0	0	0	0	0	0	0	0	0	0
合计	15555	2349	146	5919	8256	12295	18	8787	0	0	0	1521	54846

五、2015 年底电动汽车充（换）电站（桩）保有量统计

充电站					充电桩		换电站
省市名称	数量（座）	充电机功率总计（kW）	充电站占地面积（m^2）	投资金额（万元）	慢充（个）	快充（个）	数量（座）
广东省	298	—	—	—	4000	18600	232

广西壮族自治区

一、节能与新能源汽车扶持政策与措施

（1）积极制定新能源汽车扶持政策。2015 年 6 月，广西壮族自治区人民政府办公厅出台《关于加快新能源汽车推广应用的实施意见》（桂政办发〔2015〕51 号），明确 2015—2017 年广西新能源汽车推广应用的目标，确定充换电设施规划建设、财政扶持和用电价格等方面的政策。财政扶持政策方面，一是明确各市可以根据当地新能源汽车发展需要，按照国家购车补贴标准的一定比例对消费者给予购车补贴，具体补贴标准和补贴办法由各市人民政府确定。自治区对各市新能源汽车推广应用实行“以奖代补”政策，按照各市推广应用中实际发放补贴资金的 40%，对各市进行奖励，奖励资金可用于补充新能源汽车推广应用补贴资金。二是对企业研发的新产品进入国家《节能与新能源汽车示范推广应用工程推荐车型目录》的，每款车型自治区财政给予 50 万元的一次性奖励。

（2）加强对企业申请节能与新能源汽车生产准入的指导和协调。指导新能源汽车生产企业做好生产准入工作，协调企业节能与新能源汽车产品公告申报的相关工作，帮助企业争取节能与新能源汽车生产资质。2015 年，桂林客车工业集团有限公司 GL6602BEV 型纯电动城市客车、广西源正新能源汽车有限公司 HQK6128 型插电式混合动力城市客车、广西玉柴专用汽车有限公司 NZ5036X 型纯电动厢式运输车和柳州五菱汽车工业有限公司 LQG5030X 型纯电动厢式运输车等产品纳入工业和信息化部《道路机动车辆生产企业及产品公告》。

（3）积极推进广西区内节能与新能源汽车的示范推广。2015 年，节能与新能源推广工作在防城港、玉林、百色和贵港等市取得突破。

二、节能与新能源汽车推广应用情况

2015 年，广西新增推广节能与新能源汽车 1336 辆。其中新增节能与新能源客车 1221 辆，包括纯电动客车 583 辆，插电式混合动力客车 368 辆，混合动力客车 270 辆；新增纯电动轿车 115 辆。

新能源汽车推广应用情况较好的有南宁、柳州、桂林、梧州、防城港、玉林和百色等市，其中南宁市新增插电式混合动力客车 306 辆、混合动力客车 135 辆，柳州市新增纯电动客车 6 辆、插电式混合动力客车 59 辆，桂林市新增纯电动客车 490 辆，梧州市新增纯电动出租车 115 辆，防城港市新增纯电动客车 24 辆，玉林市新增纯电动客车 20 辆、混合动力客车 30 辆，百色市新能源纯电动客车 5 辆、混合动力客车 75 辆。

三、基础设施建设及运行情况

广西建成并投入使用的电动汽车充电站有南宁国际会展中心和南宁竹溪立交的两座电动汽车充电站，柳州潭中电动汽车充电站，桂林市机场路桂林福达机器厂区西侧电动汽车充电站，梧州市莲花山纯电动汽车充电站、塘源路充电站和汽车总站充电站，以及崇左市电动汽车充电站等。

四、节能与新能源汽车项目投融资情况

2015 年，广西节能与新能源汽车重点项目及投融资情况：

（1）上汽通用五菱汽车股份有限公司宝骏基地年产 20

万辆新能源车基地建设项目，项目计划总投 30 亿元。其中，E100（2 座纯电动车）项目总投资 4.02 亿元，项目将形成年产 4.5 万辆 E100 两座微小型纯电动车生产能力。

（2）广西源正新能源汽车有限公司全铝车身新能源汽车生产基地建设项目。项目位于南宁新兴产业园，计划总投资 48 亿元，生产全铝车身新能源客车和纯电动功能型专用汽车等产品。

（3）广西卓能新能源科技有限公司年产 50 亿安时锂离子动力电池及 10 万套新能源车电源系统产业化项目。项目分两期实施。项目一期固定资产投资 6.6 亿元，项目建成后形成年产 3 亿只总容量 15 亿安时锂离子电池及 2 万套新能源车电源系统的生产规模。

五、节能与新能源汽车发展规划

根据《广西新能源汽车产业发展“十三五“规划（征求意见稿）》，到 2020 年，广西将形成新能源整车年生产能力 40 万辆，新能源动力总成年生产能力突破 5 万套，新能源汽车产业实现年产值 300 亿元；推广新能源公交车 2500 辆、新能源出租车 3500 辆，新能源汽车在环卫车辆中的比例不低于 20%。新能源汽车在全区得到推广应用，充电加气等配套设施建设不断完善，新能源汽车及零部件出口基地形成比较优势，形成新源汽车整车及零部件的开发、生产、销售、检测、服务为一体的新能源汽车产业发展体系。

六、节能与新能源汽车推广应用统计

1. 2015 年电动汽车推广应用数量

单位：辆

车型 燃料	公交车	旅游大巴	公务车	出租车	租赁用车	私人车	环卫车	物流车	邮政车	电力工程车	载货车	其他专用车	其他	合计
纯电动汽车	583	0	0	115	0	3	0	0	0	0	0	0	0	701
非插电式混合动力汽车	0	0	0	0	0	0	0	0	0	0	0	0	0	0
插电式混合动力汽车	368	0	0	0	0	0	0	0	0	0	0	0	0	368
增程式电动汽车	0	0	0	0	0	0	0	0	0	0	0	0	0	0
燃料电池汽车	0	0	0	0	0	0	0	0	0	0	0	0	0	0
合计	1221	3	0	115	0	25	0	0	0	0	0	0	0	1069

2. 2015 年电动汽车推广应用车型及数量

应用地区	车型	通用名称	数量（单位：辆）
南宁市	金龙牌 XMQ6119AGCHEVN51 型插电式混合动力城市客车	插电式混合动力城市客车	44
	金旅牌 XML6105JHEVB5C 型插电式混合动力城市客车	插电式混合动力城市客车	30
	申龙牌 SLK6109USCHEV03 型插电式混合动力城市客车	插电式混合动力城市客车	20
	金旅牌 XML6125JHEVA5C 型插电式混合动力城市客车	插电式混合动力城市客车	30
	金旅牌 XML6115JHEVA5CN1 型插电式混合动力城市客车	插电式混合动力城市客车	22
	中通牌 LCK6123PHEVCN 型插电式混合动力城市客车	插电式混合动力城市客车	45
南宁市	宇通牌 ZK6120CHEVNPG4 ÷ 型插电式混合动力城市客车	插电式混合动力城市客车	23
	宇通牌 ZK6125CHEVPG4 型插电式混合动力城市客车	插电式混合动力城市客车	35
	电龙牌 SLK6119USNHEV03 型插电式混合动力城市客车	插电式混合动力城市客车	47
	金龙牌 XMQ6119AGCHEVN51 型插电式混合动力城市客车	插电式混合动力城市客车	10
柳州市	海格牌 KLQ6129GAHEVE4B 型插电式混合动力城市客车	插电式混合动力城市客车	30
	宇通牌 ZK6105CHEVPG1 型插电式混合动力城市客车	插电式混合动力城市客车	29
	宇通牌 ZK6641BEVG3 型纯电动城市客车	纯电动城市客车	6
桂林市	神州牌 YH6660BEV－A 型纯电动城市客车	纯电动城市客车	5
	宇通牌 ZK6805BEVG1 型纯电动城市客车	纯电动城市客车	35
	东风牌 EQ6620CLBEV 型纯电动城市客车	纯电动城市客车	300
	宇通牌 ZK6805BEVG1 型纯电动城市客车	纯电动城市客车	15
	东风牌 EQ6620CLBEV 型纯电动城市客车	纯电动城市客车	135

续表

应用地区	车　型	通用名称	数量（单位：辆）
梧州市	比亚迪牌 QCJ7006BEVF 型纯电动轿车	比亚迪 e6	115
	东风牌 EQ6620CLBEV 型纯电动城市客车	纯电动城市客车	12
崇左市	东风牌 EQ6620CLBEV 型纯电动城市客车	纯电动城市客车	16
	中通牌 LCK6101HEV1 型插电式混合动力城市客车	插电式混合动力城市客车	3
	其他纯电动轿车		3
玉林市	宇通牌 ZK6805BEVG1 型纯电动城市客车	纯电动城市客车	20
百色市	东风牌 EQ6670CBEVT 型纯电动客车	东风超龙	4
	宇通牌 ZK6805BEVG1 型纯电动城市客车	纯电动城市客车	1
防城港市	东风牌 EQ6620CLBEV 型纯电动城市客车	纯电动城市客车	24
河池市	宇通 ZK6805BEVG1 型纯电动城市客车	纯电动城市客车	10

七、2015 年底电动汽车充（换）电站（桩）保有量统计

充电站					充电桩		换电站
城市名称	数量（座）	充电机功率总计（kW）	充电站占地面积（m^2）	投资金额（万元）	慢充（个）	快充（个）	数量（座）
南宁市	4	3100	12200	1824	—	50	—
柳州市	1	500	600	650	—	—	—
桂林市	12	8350	60600	1565	118	2	—
梧州市	3	2880	15300	15000	—	84	—
崇左市	1	400	252	60	14	2	—

四川省

一、节能与新能源汽车扶持政策与措施

四川省明确以成都为核心，带动绵阳、泸州两翼相关城市重点发展新能源乘用车和商用车，以南充和达州为支点积极发展清洁能源汽车的产业布局，研究出台《四川省新能源汽车产业发展规划（2015—2020）》，印发《2015 年四川省新能源汽车产业发展重点工作方案》，制定《关于完善城市公交车成品油价格补助政策加快新能源汽车推广应用有关事项的通知》（川财建〔2015〕237 号）、《四川省高速公路服务区液化天然气加气站布局方案（2015—2018 年）》《四川省新能源汽车基础设施规划建设规划》和《四川省新能源汽车产业技术路线图》，建立省新能源汽车产业技术创新联盟等产业链合作平台，积极争取全省战略性新兴产业资金及 2015 年科技计划中设立了新能源汽车专项，加速构建创新、产业、服务、应用“四大体系”互促共进的发展格局。

其中，成都市出台《成都市人民政府关于促进经济稳中求进的若干意见》（成府发〔2015〕12 号）、《成都市人民政府办公厅关于印发成都市促进五大高端成长型产业发展的若干专项政策的通知》（成办函〔2016〕5 号）等文件，明确对购买新能源汽车的消费者按中央财政补贴资金的 60% 给予地方配套资金；对新建投运的经营性集中式充电站给予建设投资 30%、最高 500 万元补贴，对新建投运充电桩每个给予 600 元补贴；对新建住宅小区停车场及写字楼、商业场所等城市公共停车场应按不低于 20% 的比例规划预留新能源汽车充电接口；新能源汽车在市内出行不受尾号限行限制；新能源汽车停放时间不超过 2 小时的，免收国有资本投资建设的公共停车场（点）停车费等。

泸州市出台《泸州市新能源汽车市级财政补助资金暂行管理办法》《泸州市推广应用新能源汽车自用充电桩建设管理细则（试行）》等配套扶持政策，按照中央财政补助标准给予 1∶1 配套的购车补助（国补地部总额不超过车辆缴纳车辆购置税时计税价的 60%），并对新增的新能源出租汽车，从获得经营权之日起，免收 5 年经营权有偿使用费等。

绵阳市出台《绵阳市新能源汽车产业发展规划（2015—2020 年）》，印发《2015 年绵阳新能源汽车产业工作要点》，草拟《绵阳市新能源电动汽车充（换）电设施建设管理暂行办法》工作。加紧编制《绵阳市新能源汽车充换电基础配套设施布局规划》。

二、节能与新能源汽车推广应用情况

四川省 2015 年重点城市推广节能与新能源汽车 5263 辆，其中纯电动汽车 4956 辆（其中 203 辆为进口车）。插电式混合动力汽车 225 辆，非插电式混合动力汽车 82 辆（其中 48 辆为进口车）。

三、基础设施建设及运行情况

成都市累计建成投用充电站 20 座、充电桩 2200 余个，初步构建以中心城区为主、辐射郊县的充电网络。全市新能源汽车累计行驶 3650 多万公里，节约汽柴油 7867 余吨，减少二氧化碳排放 20433 余吨，车辆用途主要为公交客运、通勤、租赁、物流运输等；泸州市建成新能源汽车集中充电点 11 个，投用交直流充电桩 416 个，启动 4 座集中综合充电站建设工作；绵阳市共建成智能充电桩 31 个。

四、节能与新能源汽车项目投融资及园区建设情况

一是研发能力明显改善。建成清华—川汽四川新能源汽车产业研究院、吉利南充新能源商用车研究院、四川新能源汽车工程应用与创新研究院；推动清华大学在川开发纯电动客车、SUV 和轿车，同济大学智能型新能源汽车协同创新中心支持我省智能汽车及新能源汽车检测开发；本地企业中，成都客车与新纪元、中植集团与成都一汽客车、雅骏新能源与重汽王牌、西南交通大学与新筑通工联合开发了新产品。

二是制造业规模不断扩大。整车方面，成都沃尔沃、川汽新能源上量生产、绵阳华瑞、吉利高原完成生产线技改；遂宁江淮清洁能源汽车生产基地将于年内投产、吉利南充新能源汽车研发生产基地建设在加快进行；同捷科技与成都市合作建设 10 万辆新能源汽车整车生产制造基地项目已签署协议。驱动电池方面，天津力神投资 20 亿元的新能源汽车驱动电池项目竣工投产，德阳新能源汽车电池企业加速整合，力争形成区域品牌；电机电控方面，联腾动力电机电控产品在进一步扩大应用，东风电机今年实现满负荷生产。

五、节能与新能源汽车发展规划

四川将以纯电动汽车为主攻方向，插电式（含增程式）混合动力汽车、清洁能源汽车为发展重点，燃料电池汽车为重要补充，以电池、电机、电控三大部件核心技术创新突破为主要抓手，突出发展成都平原城市群、川南城市群、川东北城市群“三大应用基地”，着力构建高效协同的创新体系、布局合理的产业体系、适度超前的服务体系、梯次推进的应用体系等“四大体系”。到 2020 年，全省力争实现新能源汽车生产 15 万台，总产值力争突破千亿元大关。

六、节能与新能源汽车推广应用统计

1. 2015 年电动汽车推广应用数量

单位：辆

车型 燃料	公交车	旅游大巴	公务车	出租车	租赁用车	私人车	环卫车	物流车	邮政车	电力工程车	载货车	其他专用车	其他	合计
纯电动汽车	159	42	3	214	0	2149	6	348	0	0	0	135	1900	4956
非插电式混合动力汽车	0	0	0	0	0	82	0	0	0	0	0	0	0	82
插电式混合动力汽车	13	0	0	0	0	100	0	0	0	0	0	40	72	225
增程式电动汽车	0	0	0	0	0	0	0	0	0	0	0	0	0	0
燃料电池汽车	0	0	0	0	0	0	0	0	0	0	0	0	0	0
合计	172	42	3	214	0	2331	6	348	0	0	0	175	1972	5263

注：本表中统计 82 辆非插电式混合动力轿车（其中 48 辆为进口车）和 203 辆进口纯电动轿车。

2. 2015 年电动汽车推广应用车型及数量

应用地区	车型	通用名称	数量（单位：辆）
成都市	拓速乐牌 ModelS 70D（S（M24N/S（M25N））型纯电动轿车（进口车）	MODEL S	201
	拓速乐牌 Model S P85D（S（H24P）/S（H25P））型纯电动轿车（进口车）	MODEL S	
	拓速乐牌 Model S P85（S（AP）/S（H14P））型纯电动轿车（进口车）	MODEL S	
	众泰牌 JNJ7000EVZ5 型纯电动轿车	知豆 301B	302
	众泰牌 JNJ7000EVZ4 型纯电动轿车	知豆 301C	
	众泰牌 JNJ7000EVZ 型纯电动轿车	知豆 301A	
	蜀都牌 CDK6603BEV 型纯电动客车	纯电动客车	1103
	王牌牌 CDW5070XYKH1PEV 型纯电动翼开启厢式车	纯电动翼开启厢式车	411

续表

应用地区	车 型	通用名称	数量（单位：辆）
泸州市	比亚迪牌 QCJ7006BEVF 型纯电动轿车	比亚迪 e6	201
	康迪牌 SMA7000BEV02 型纯电动轿车	K10B	11
	北京牌 BJ7001B3D2 – BEV 型纯电动轿车	EV200	1
	北京牌 BJ7002B3D2 – BEV 型纯电动轿车	EV200	1
	北京牌 BJ7000B3D5 – BEV 型纯电动轿车	EV200 – II	1
	比亚迪牌 BYD6480STHEV 型插电式混合动力多用途乘用车	比亚迪唐	11
	比亚迪牌 BYD7150WTHEV 型插电式混合动力轿车	比亚迪秦	27
	金龙牌 XMQ6706BYBEVL 型纯电动客车	纯电动客车	13
	宇通牌 ZK6701BEVQ3 型纯电动客车	纯电动客车	33
	海格牌 KLQ6702GEV 型纯电动客车	纯电动客车	12
	宇通牌 ZK6641BEVG4 型纯电动城市客车	纯电动城市客车	10
	宇通牌 ZK6705BEVG1 型纯电动城市客车	纯电动城市客车	10
	海格牌 KLQ6109GAHEVE4A 型插电式混合动力城市客车	插电式混合动力城市客车	40
	金龙牌 XMQ6106AGHEV10 型插电式混合动力城市客车	插电式混合动力城市客车	6
	金龙牌 XMQ6106AAGHEV10 型插电式混合动力城市客车	插电式混合动力城市客车	6
绵阳市	江淮牌 HFC7000AEV 型纯电动轿车	和悦 iEV4	10
	江淮牌 HFC7001AEV 型纯电动轿车	和悦 iEV5	3
	众泰牌 JNJ7000EVX 型纯电动轿车	众泰云 100	2
	众泰牌 JNJ7000EVZ 型纯电动轿车	知豆 301A	1
	众泰牌 JNJ7000EVZ4 型纯电动轿车	知豆 301C	1
	拓速乐牌 Model S P85（S（AP）/S（H14P））型纯电动轿车（进口车）	MODEL S	1
	拓速乐牌 Model S P85D（S（H24P）/S（H25P））型纯电动轿车（进口车）	MODEL S	1
	比亚迪牌 BYD6480STHEV 型插电式混合动力多用途乘用车	比亚迪唐	11
	比亚迪牌 BYD6480STHEV2 型插电式混合动力多用途乘用车	比亚迪唐	1
	比亚迪牌 BYD7150WTHEV2 型插电式混合动力轿车	比亚迪秦	11
绵阳市	野马牌 SQJ6111B2BEV 型纯电动城市客车	纯电动城市客车	30
	宇通牌 ZK6105CHEVNPG3 型插电式混合动力城市客车	插电式混合动力城市客车	7
	凯迪拉克牌 1GYS47EJ 型混合动力轿车（进口车）	混合动力轿车	9
	英菲尼迪牌 5N1CL0MN 型混合动力轿车（进口车）	混合动力轿车	3
	雷克萨斯牌 JTHBW1GG 型混合动力轿车（进口车）	混合动力轿车	14
	雷克萨斯牌 JTHKR5BH 型混合动力轿车（进口车）	混合动力轿车	5
	雷克萨斯牌 JTJBC11A 型混合动力轿车（进口车）	混合动力轿车	1
	雷克萨斯牌 JTJBJRBZ 型混合动力轿车（进口车）	混合动力轿车	3
	雷克萨斯牌 JTJYWRBZ 型混合动力轿车（进口车）	混合动力轿车	1
	路虎揽胜牌 SALGA3ZF 型混合动力轿车（进口车）	混合动力轿车	1
	梅赛德斯奔驰牌 WDDNG9FB 型混合动力轿车（进口车）	S400	7
	大众牌 WVGAD97P 型混合动力轿车（进口车）	大众途锐	4
	丰田牌 GTM7240HQ 型混合动力轿车	丰田凯美瑞	1
	丰田牌 GTM7240HV 型混合动力轿车	丰田凯美瑞	5
	丰田牌 GTM7251HEV 型混合动力轿车	丰田凯美瑞	3
	丰田牌 GTM7251HEVE 型混合动力轿车	丰田凯美瑞	2

续表

应用地区	车　型	通用名称	数量（单位：辆）
绵阳市	丰田牌 GTM7251HEVS 型混合动力轿车	丰田凯美瑞	19
	丰田牌 GTM7252HEVE 型混合动力轿车	丰田凯美瑞	2
	丰田牌 TV7184PREHEV 型混合动力轿车	丰田卡罗拉	1
	本田牌 JHMZF144 型混合动力轿车	CR－Z	1
	其他节能与新能源汽车		2702

3. 2015 年底燃气汽车应用保有量统计

单位：辆

车型		LPG	LNG	CNG	合计	同期增长（%）
燃气汽车	大中型客车	0	560	10403	10963	－63. 3
	轻型客车	53	0	2839	2892	396. 9
	货车	0	1732	4992	6724	－49. 9
	出租车	0	0	40763	40763	14. 4
	私人用车等其他车辆	0	0	396842	347680	14. 1
	小计	53	3232	453000	456272	6. 7

七、2015 年底电动汽车充（换）电站（桩）保有量统计

	充电站				充电桩		换电站
城市名称	数量（座）	充电机功率总计（kW）	充电站占地面积（m^2）	投资金额（万元）	慢充（个）	快充（个）	数量（座）
成都市	15	—	—	—	1610	368	—
泸州市	—	—	—	—	217	199	—
绵阳市	—	—	—	—	21	10	—

云南省

一、节能与新能源汽车扶持政策与措施

2015 年，云南省人民政府办公厅出台《关于加快新能源汽车推广应用的实施意见》（云政办发〔2015〕34 号），明确云南省新能源汽车推广应用的目标和原则，确定加快充电设施建设，积极探索创新新能源汽车推广应用运营模式，加强新能源汽车运行监测和服务建设，建立完善地方财政补贴政策等方面的要求和政策支持措施。云南省交通厅印发《关于加快新能源汽车在交通运输行业推广应用的意见》（云交运管〔2015〕712 号），明确从 2015 年至 2020 年，云南省新能源汽车在城市公交、汽车租赁、邮政快递等领域推广应用的总体目标和主要任务。

昆明市财政局和市发改委先后联合印发《昆明市新能源汽车推广应用财政补助资金管理办法》（昆财企〔2015〕26 号）、《关于调整昆明市 6～8 米纯电动客车新能源汽车推广应用财政补助政策的通知》（昆财企〔2015〕89 号），对新能源汽车界定、资金补助对象、资金安排原则、资金管理主体、申报条件、申报主体、申报程序、资金监督、实施时间等具体内容进行明确。

二、节能与新能源汽车推广应用情况

2015 年，云南省推广各类新能源汽车 4571 辆。其中插电式混合动力乘用车 55 辆，纯电动乘用车 2184 辆，纯电动客车 1761 辆，插电式混合动力客车 341 辆，最大设计总质量≥3500 千克的纯电动专用车 30 辆，最大设计总质量＜3500 千克的纯电动专用车 220 辆。云南省 2015 年推广应用的车辆中外地品牌数量约占推广总数的 77%，云南省本地生产企业（云南航天神州汽车有限公司、云南五龙汽车有限公司）的新能源汽车约占推广总数的 23%。

三、基础设施建设及运行情况

2015 年，云南省建设完成充电站 4 座，直流快充桩 240 个，交流慢充桩 3660 个。

四、节能与新能源汽车推广应用统计

1. 2015 年电动汽车推广应用数量

单位：辆

车型＼燃料	公交车	旅游大巴	公务车	出租车	租赁用车	私人车	环卫车	物流车	邮政车	电力工程车	载货车	其他专用车	其他	合　计
纯电动汽车	695	0	1066	0	2032	152	200	30	0	0	0	0	0	4175
非插电式混合动力汽车	0	0	0	0	0	0	0	0	0	0	0	0	0	0
插电式混合动力汽车	341	0	0	0	0	55	0	0	0	0	0	0	0	396
增程式电动汽车	0	0	0	0	0	0	0	0	0	0	0	0	0	0
燃料电池汽车	0	0	0	0	0	0	0	0	0	0	0	0	0	0
合　计	1036	0	1066	0	2032	207	200	30	0	0	0	0	0	4571

2. 2015 年电动汽车推广应用车型及数量

应用地区	车　型	通用名称	数量（单位：辆）
昆明市	比亚迪牌 QCJ7006BEVF 型纯电动轿车	比亚迪 e6	1
	江淮牌 HFC7000AEV 型纯电动轿车	和悦 iEV4	1
	江淮牌 HFC7001AEV 型纯电动轿车	和悦 iEV5	13
	江铃牌 JX7004BEV 型纯电动轿车	E100	25
	康迪牌 SMA7000BEV02 型纯电动轿车	K10B	617
	康迪牌 SMA7001BEV02 型纯电动轿车	K11B	900
	康迪牌 SMA7001BEV04 型纯电动轿车	K17	500
	众泰牌 JNJ7000EVZ5 型纯电动轿车	知豆 301B	50
	知豆牌 SMA7001BEV13 型纯电动轿车	知豆 D2	51
	比亚迪牌 BYD6480STHEV2 型插电式混合动力多用途乘用车	比亚迪唐	2
	比亚迪牌 BYD6480STHEV 型插电式混合动力多用途乘用车	比亚迪唐	31
	比亚迪牌 BYD7150WTHEV2 型插电式混合动力轿车	比亚迪秦	12
	比亚迪牌 BYD7150WTHEV3 型插电式混合动力轿车	比亚迪秦	6
	安凯牌 HFF6852G03EV 型纯电动城市客车	纯电动城市客车	20
	东风牌 EQ6640CLBEV 型纯电动客车	A08	7
	东宇牌 NJL6600BEV19 型纯电动客车	纯电动客车	3
	东宇牌 NJL6600BEV3 型纯电动客车	纯电动客车	4
	东宇牌 NJL6600BEV 型纯电动客车	纯电动客车	1
	海格牌 KLQ6109TAEV1 型纯电动客车	纯电动客车	3
	海格牌 KLQ6601GBEV 型纯电动城市客车	纯电动城市客车	50
	金龙牌 XMQ6603KGBEVL 型纯电动客车	纯电动客车	110
	神州牌 YH6600BEV 型纯电动客车	纯电动客车	576
	神州牌 YH6601BEV 型纯电动客车	纯电动客车	402
	宇通牌 ZK6641BEVG4 型纯电动城市客车	纯电动城市客车	76
	长江牌 FDE6750TDABEV01 型纯电动客车	奕阁纯电动客车	6
	长江牌 FDE6750TDABEV03 纯电动客车	奕阁纯电动客车	11
	长江牌 FDE6750TDABEV05 型纯电动客车	奕阁纯电动客车	4
	长江牌 FDE6810TDABEV01 纯电动客车	奕胜纯电动客车	1
	长江牌 FDE6810TDABEV02 纯电动客车	奕胜纯电动客车	1

续表

应用地区	车　型	通用名称	数量（单位：辆）
昆明市	长江牌 FDE6810TDABEV03 纯电动客车	奕胜纯电动客车	30
	长江牌 FDE6810TDABEV04 纯电动客车	奕胜纯电动客车	2
	海格牌 KLQ6109GAHEVE4B 型插电式混合动力城市客车	插电式混合动力城市客车	60
	南车时代牌 TEG6106EHEVN04 型插电式混合动力城市客车	插电式混合动力城市客车	40
	宇通牌 ZK6125CHEVNPG4 型插电式混合动力城市客车	插电式混合动力城市客车	60
	宇通牌 ZK6125CHEVPG1 型插电式混合动力电动城市客车	插电式混合动力电动城市客车	140
	环球牌 GZQ5021ZXXBEV 型纯电动车厢可卸式垃圾车	纯电动车厢可卸式垃圾车	140
	金龙牌 NJT5033TYHBEV 型纯电动路面养护车	纯电动路面养护车	30
	王牌牌 CDW5070XXYH1PEV 型纯电动厢式运输车	王牌 7 系	10
	智骐牌 WXS5020XXYBEV 型纯电动厢式运输车	物流宝贝	20
	中联牌 ZLJ5030TSLZL1BEV 型纯电动扫路车	纯电动扫路车	30
大理州	神州牌 YH6120HEV 型插电式混合动力城市客车	插电式混合动力城市客车	1
	东风牌 EQ6620CLBEV 型纯电动城市客车	东风天翼	44
	中通牌 LCK6666EVG 型纯电动城市客车	纯电动城市客车	2
丽江市	恒通客车牌 CKZ6680HBEV 型纯电动城市客车	纯电动城市客车	12
	东风牌 EQ6620CLBEV 型纯电动城市客车	东风天翼	22
	东风牌 EQ6620CLBEV1 型纯电动城市客车	东风天翼	5
	东风牌 EQ6640CLBEV 型纯电动客车	A08	3
	东宇牌 NJL6601BEV2 型纯电动客车	纯电动客车	1
	金龙牌 XMQ6610CEBEVS3 型纯电动客车	纯电动客车	97
玉溪市	知豆牌 SMA7001BEV13 型纯电动轿车	知豆 D2	2
	众泰牌 JNJ7000EVZ4 型纯电动轿车	知豆 301C	14
	众泰牌 JNJ7000EVZ5 型纯电动轿车	知豆 301B	10
玉溪市	比亚迪牌 BYD6480STHEV 型插电式混合动力多用途乘用车	比亚迪唐	4
	万达牌 WD6602BEV 型纯电动客车	纯电动客车	60
	金旅牌 XML6115JHEVA8C 型插电式混合动力城市客车	插电式混合动力城市客车	10
	中通牌 LCK6101HEV1 型插电式混合动力城市客车	插电式混合动力城市客车	10
红河州	中通牌 LCK6122PHEV 型混合动力城市客车	插电式混合动力城市客车	10
	申龙牌 SLK6109USCHEV03 型插电式混合动力城市客车	插电式混合动力城市客车	10
	宇通牌 ZK6641BEVG4 型纯电动城市客车	纯电动城市客车	100
楚雄州	东风牌 EQ6620CLBEV 型纯电动城市客车	东风天翼	20
	东风牌 EQ6670CBEVT 型纯电动城市客车	东风超龙	48
	宇通牌 ZK6641BEVG4 型纯电动城市客车	纯电动城市客车	2
	宇通牌 ZK6805BEVG1 型纯电动城市客车	纯电动城市客车	2
昭通市	东风牌 EQ6620CLBEV 型纯电动城市客车	东风天翼	36

甘肃省

一、节能与新能源汽车扶持政策与措施

2014年9月，甘肃省人民政府印发《甘肃省加快新能源汽车推广应用实施方案》（甘政办发〔2014〕167号）；2014年12月，甘肃省财政厅、工信委、科技厅联合制定下发《甘肃省新能源汽车补贴资金管理办法》（甘财建〔2014〕416号）。《关于全省新能源汽车使用专用号段的通知》（甘公交〔2015〕67号）、《关于做好完善城市公交车成品油价格补助政策 加快新能源汽车推广应用工作的通知》（甘财经二〔2015〕78号）等政策措施，从购车补贴、启用新能源汽车专用号段、完善城市公交车成品油价格补助、对电动汽车充换电设施用电价格实行扶持性电价政策等各方面配套支持加快新能源汽车推广应用。

二、节能与新能源汽车推广应用情况

2015年，兰州知豆新能源电动车有限公司生产纯电动乘用车23590辆，省内销售3794辆，占本地新能源汽车销售总量的82%，销售外地新能源汽车286辆，占18%。公共领域（公交车）2013年、2014年没有上新能源汽车，2015年新增和更新1392辆，其中新能源公交车149辆，占10.7%。

甘肃省内开展新能源汽车推广应用的主要是兰州市，其他市州正逐步在公共交通领域推广应用新能源汽车。截至2016年1月17日，甘肃省推广应用新能源汽车共计4746辆，其中公交车149辆、公共类用车3874辆（以分时租赁、出租车为主）、私家车57辆、500辆新能源物流专用车、166辆新能源环卫专用车。按照财政部、科技部等四部委《关于新能源汽车充电设施建设奖励的通知》（财建〔2014〕692号）规定，不同类型新能源汽车折算系数进行折算，实际推广应用5857辆。

三、基础设施建设及运行情况

截至2015年底，全省建成纯电动公交充电桩6个，插电式混合动力公交车充电桩10个。兰州市建成新能源汽车充电桩234个，兰州新区建成7个充电站（含463个充电桩）。由甘肃省电力公司投建的1座充电站、152台充电桩，全部接入电动汽车智能充换电服务网络运营监控系统，累计充电3346次，充电电量7.092万千瓦时。

四、节能与新能源汽车项目投融资及园区建设情况

2014年，吉利控股集团对兰州吉利公司进行重大的战略调整，将兰州公司由传统汽车的制造转型为新能源纯电动汽车的制造，公司名称也由“兰州吉利汽车工业有限公司”变更为“兰州知豆电动汽车有限公司”。2015年，累计生产知豆电动汽车23590辆。2016年计划完成焊装、涂装、总装、仓储物流等生产工艺及设备的改造、更新和完善，新增2万辆的产能，实现年产4万辆的产能目标；2018年计划完成所有生产工艺及设备的改造，力争再新增2万辆的产能，最终实现年产6万辆的产能目标。

五、节能与新能源汽车推广应用统计

1. 2015年电动汽车推广应用数量

单位：辆

车型 / 燃料	公交车	旅游大巴	公务车	出租车	租赁用车	私人车	环卫车	物流车	邮政车	电力工程车	载货车	其他专用车	其他	合计
纯电动汽车	26	0	0	51	3800	74	0	0	0	0	0	0	0	3951
非插电式混合动力汽车	0	0	0	0	0	0	0	0	0	0	0	0	0	0
插电式混合动力汽车	0	0	0	0	0	0	0	0	0	0	0	0	0	0
增程式电动汽车	0	0	0	0	00	0	0	0	0	0	0	0	0	0
燃料电池汽车	0	0	0	0	0	0	0	0	0	0	0	0	0	0
合计	26	0	0	51	3800	74	0	0	0	0	0	0	0	3951

注：本表中统计1辆进口纯电动轿车。

2. 2015年电动汽车推广应用车型及数量

应用地区	车型	通用名称	数量（单位：辆）
兰州市	北京牌BJ7000B3D5－BEV型纯电动轿车	EV200－II	2
	北京牌BJ7001B3D2－BEV型纯电动轿车	EV200	1
	比亚迪牌BYD7006BEVH型纯电动轿车	比亚迪e6	51

续表

应用地区	车　型	通用名称	数量（单位：辆）
兰州市	众泰牌 JNJ7000EVZ4 型纯电动轿车	知豆 301C	43
	拓速乐牌 Model S P85（S（AP）/S（H14P））型纯电动轿车（进口）	MODEL S	1
	众泰牌 JNJ7000EVZ5 型纯电动轿车	知豆 301B	9
	吉利牌 SMA7000BEV01 型纯电动轿车	知豆 D1	3639
	知豆牌 SMA7001BEV13 型纯电动轿车	知豆 D2	161
	奇瑞牌 SQR7000BEVJ00 型纯电动轿车	奇瑞 eQ	3
	奇瑞牌 SQR7000EAS11 型纯电动轿车	奇瑞 QQ3	2
	青年牌 JNP6123BEV 型纯电动城市客车	纯电动城市客车	25
定西市	奇瑞牌 SQR7000BEVJ00 型纯电动轿车	奇瑞 eQ	4
酒泉市	奇瑞牌 SQR7000BEVJ00 型纯电动轿车	奇瑞 eQ	1
	奇瑞牌 SQR7000EAS11 型纯电动轿车	奇瑞 QQ3	3
庆阳市	奇瑞牌 SQR7000BEVJ00 型纯电动轿车	奇瑞 eQ	3
	奇瑞牌 SQR7000EAS11 型纯电动轿车	奇瑞 QQ3	1
天水市	奇瑞牌 SQR7000BEVJ00 型纯电动轿车	奇瑞 eQ	1
张掖市	中通牌 LCK6668EVG 型纯电动城市客车	纯电动城市客车	1

沈阳市

一、节能与新能源汽车扶持政策与措施

2015 年 5 月，沈阳市人民政府印发《沈阳市蓝天行动实施方案（2015—2017 年）》（沈政发〔2015〕19 号），其中提出加快我市新能源汽车和燃气汽车的推广应用。

2015 年 8 月，根据《国务院办公厅关于加快新能源汽车推广应用的指导意见》（国办发〔2014〕35 号），市政府印发《沈阳市新能源汽车推广应用实施方案（2015—2020 年）》，明确未来五年我市新能源汽车推广应用的总体思路、基本原则和推广目标任务。加大清洁能源、新能源公交车投放力度，新增或更新的公交车辆全部选用清洁能源、新能源公交车，禁止新增柴油公交车辆。在全市规划、推广充电桩设施建设。

2015 年 9 月 7 日，沈阳市人民政府印发《关于调整沈阳市节能与新能源汽车示范推进工作领导小组组成人员的通知》，根据工作需要，对沈阳市节能与新能源汽车示范推进工作领导小组组成人员进行调整。

2015 年 10 月 23 日，沈阳市人民政府印发《沈阳市新能源汽车推广应用实施方案（2015—2020 年）》（沈政发〔2015〕45 号）。明确新能源汽车推广应用基本原则、目标和重点任务，将新能源汽车推广应用工作与创建国家公交都市、节能减排、智慧城市建设及汽车产业发展进行有机结合，以实现城市绿色发展和全面可持续发展。

2015 年 11 月 11 日，沈阳市人民政府办公厅转发市发展改革委 财政局《沈阳市新能源汽车推广应用财政补助资金管理办法（暂行）》（沈政办发〔2015〕74 号），明确地方财政资金支持沈阳市新能源汽车车辆采购、充电基础设施建设等补助政策。

二、节能与新能源汽车推广应用情况

2015 年，沈阳市制定以公共交通领域为重点的新能源汽车推广应用计划，推广应用新能源汽车 696 辆。沈阳市政府为进一步改善城市环境，适应地域环境及气候特点，提出更新公交车辆采用更加清洁环保的插电式气电混合动力公交车车型，招标采购沈阳五洲龙品牌 230 辆、丹东黄海品牌 220 辆、郑州宇通品牌 179 辆。全市新能源公交车占当年更新和新增公交车比例达到 95.6%。企业、私人购买使用新能源乘用车 67 辆，其中纯电动车型 16 辆，插电式混合动力车型 51 辆。

三、基础设施建设及运行情况

沈阳市鼓励社会资本进入充电设施建设领域。将充电基础设施建设纳入新建社会事业、住宅、工业、商业等相关建设项目的规划审批及设计中，其停车场充电桩与车位配套率不低于 15%。充分利用现有资源，规划建设适当规模的公共充电设施，在商场、车站（地铁口）、机场等公共场所停车场建设一定数量的充电终端；机关、企业、学校

等单位内部停车场所，按照适度超前的原则，规划设置新能源汽车专用停车位、配建充电终端。新增公用充电站1座、充电桩46个。

四、节能与新能源汽车项目投融资及园区建设情况

北京科凌新能源技术有限公司收购原沈阳华龙客车制造有限公司，落户沈阳市浑南区建设增程式纯电驱动客车生产项目。2015年完成厂房及生产线的建设。

五、节能与新能源汽车发展规划

按照国家相关要求，2015年，沈阳市编制2015—2020年新能源汽车推广应用规划。本着“积极稳妥，量力而行”的原则，将新能源汽车的推广应用与创建国家公交都市相结合，以公共服务领域应用为突破口，以城市公交、出租汽车和城市物流配送领域为重点，公交车辆以插电式气电混合动力汽车为主流车型，更新和新增的公务车及租赁公务车（除特殊用途需要外）全部采用新能源汽车。计划到2020年示范推广10000辆新能源汽车，配套建设充电站120座，充电桩7200个，满足超过1万辆电动汽车的充电需求。沈阳市以公交车为重点进行新能源汽车推广应用，对新能源公交线路和充电场站进行统筹规划，完成《公交充电站布局规划》，规划停车充电场站34处，总面积为约30万平方米。辽宁省电力公司完成《电动汽车智能充换电网络服务发展规划（2014—2020年）》，规划到2020年，建成智能充换电站186个，充电桩3.1万个。

六、节能与新能源汽车推广应用统计

1. 2015年电动汽车推广应用数量

单位：辆

车型 燃料	公交车	旅游大巴	公务车	出租车	租赁用车	私人车	环卫车	物流车	邮政车	电力工程车	载货车	其他专用车	其他	合计
纯电动汽车	0	0	0	0	0	16	0	0	0	0	0	0	0	16
非插电式混合动力汽车	0	0	0	0	0	0	0	0	0	0	0	0	0	0
插电式混合动力汽车	629	0	0	0	0	51	0	0	0	0	0	0	0	680
增程式电动汽车	0	0	0	0	0	0	0	0	0	0	0	0	0	0
燃料电池汽车	0	0	0	0	0	0	0	0	0	0	0	0	0	0
合计	629	0	0	0	0	67	0	0	0	0	0	0	0	696

注：本表中统计15辆进口纯电动轿车和49辆进口插电式混合动力轿车。

2. 2015年电动汽车推广应用车型及数量

应用地区	车型	通用名称	数量（单位：辆）
沈阳市	比亚迪牌QCJ7006BEVF型纯电动轿车	比亚迪e6	1
	拓速乐牌Model S P85（S（AP）/S（H14P））型纯电动轿车（进口）	MODEL S	15
	宝马（BMW）牌BMW7201AMHEV（BMW530Le）型插电式混合动力轿车（进口）	宝马5系	49
	比亚迪牌BYD7150WTHEV2型插电式混合动力轿车	比亚迪秦	2
	五洲龙牌SWM6113HEVG1型插电式气电混合动力城市客车	插电式混合动力城市客车	230
	黄海牌DD6129CHEV7N型插电式气电混合动力城市客车	插电式混合动力城市客车	220
	宇通牌ZK6120CHEVNPG4型插电式气电混合动力城市客车	插电式混合动力城市客车	50
	宇通牌ZK6105CHEVNPG4型插电式气电混合动力城市客车	插电式混合动力城市客车	129

七、2015年底电动汽车充（换）电站（桩）保有量统计

充电站					充电桩		换电站
城市名称	数量（座）	充电机功率总计（kW）	充电站占地面积（m^2）	投资金额（万元）	慢充（个）	快充（个）	数量（座）
沈阳市	5	590	4000	3000	367	82	—.

大连市

一、节能与新能源汽车扶持政策与措施

（1）新能源汽车不受限行限制。

（2）对符合中央财政补贴范围的新能源汽车消费者（使用财政性资金购买的除外），地方财政一次性给予购置补贴。

二、节能与新能源汽车推广应用情况

全年推广应用新能源汽车 4789 辆。其中，插电式混合动力乘用车 84 辆、纯电动乘用车 542 辆、插电式混合动力客车 763 辆、纯电动客车 3127 辆、纯电动专用车 273 辆。

三、基础设施建设及运行情况

全年建设 21 座充电站、141 个直流充电桩和 294 个交流充电桩，运行状况良好。

四、节能与新能源汽车推广应用统计

1. 2015 年电动汽车推广应用数量

单位：辆

车型 / 燃料	公交车	旅游大巴	公务车	出租车	租赁用车	私人车	环卫车	物流车	邮政车	电力工程车	载货车	其他专用车	其他	合计	同期增长（%）
纯电动汽车	787	2	0	50	166	2664	0	0	0	0	237	36	0	3942	1192
非插电式混合动力汽车	0	0	0	0	0	0	0	0	0	0	0	0	0	0	—
插电式混合动力汽车	703	0	0	0	0	144	0	0	0	0	0	0	0	847	1413
增程式电动汽车	0	0	0	0	0	0	0	0	0	0	0	0	0	0	—
燃料电池汽车	0	0	0	0	0	0	0	0	0	0	0	0	0	0	—
合　计	1490	2		50	166	2808	0	0	0	0	237	36	0	4789	1227

2. 2015 年电动汽车推广应用车型及数量

应用地区	车　型	通用名称	数量（单位：辆）
大连市	北京牌 BJ7000B3D1－BEV 型纯电动轿车	EV200	20
	康迪牌 SMA7000BEV02 型纯电动轿车	K10B	10
	康迪牌 SMA7001BEV02 型纯电动轿车	K11B	65
	康迪牌 SMA7001BEV 型纯电动轿车	K11	20
	奇瑞牌 SQR7000BEVJ00 型纯电动轿车	奇瑞 eQ	76
	启辰牌 DFL7000B2BEV 型纯电动轿车	启辰 e30	152
	众泰牌 JNJ7000EVX 型纯电动轿车	众泰云 100	60
	众泰牌 JNJ7000EVZ5 型纯电动轿车	知豆 301B	9
	众泰牌 JNJ7000EVZ6 型纯电动轿车	SKIO E20	62
	众泰牌 JNJ7000EVZ7 型纯电动轿车	SKIO E20	7
	奇瑞牌 SQR7160PHEVJ42 型插电式混合动力轿车	艾瑞泽 7	17
	比亚迪牌 BYD7150WTHEV2 型插电式混合动力轿车	比亚迪秦	4
	比亚迪牌 BYD6480STHEV2 型插电式混合动力多用途乘用车	比亚迪唐	1
	比亚迪牌 BYD6480STHEV 型插电式混合动力多用途乘用车	比亚迪唐	62
	比亚迪牌 CK6120LLEV1 型纯电动客车	比亚迪 C9B	10
	比亚迪牌 QCJ7006BEVF 型纯电动轿车	比亚迪 e6	61
	安凯牌 HFF6705BEV 型纯电动客车	纯电动客车	2
	安凯牌 HFF6101K10EV 型纯电动客车	纯电动客车	102
	大马牌 HKL6600BEV 型纯电动客车	大马 E6	119
	东风牌 EQ6640CLBEV1 型纯电动客车	纯电动客车	137
	东风牌 EQ6640CLBEV 型纯电动客车	A08	6

续表

应用地区	车 型	通用名称	数量（单位：辆）
大连市	东宇牌 NJL6118BEV1 型纯电动客车	纯电动客车	15
	东宇牌 NJL6600BEV3 型纯电动客车	纯电动客车	150
	东宇牌 NJL6600BEV 型纯电动客车	纯电动客车	63
	海格牌 KLQ6109TAEV1 型纯电动客车	纯电动客车	2
	海格牌 KLQ6601BEV 型纯电动客车	纯电动客车	55
	海格牌 KLQ6702EV 型纯电动客车	纯电动客车	6
	黄海牌 DD6110KEV1 型纯电动客车	纯电动客车	10
	黄海牌 DD6600EV1 型纯电动客车	纯电动客车	91
	黄海牌 DD6610EV11 型纯电动客车	纯电动客车	119
	黄海牌 DD6610EV12 型纯电动客车	纯电动客车	300
	黄海牌 DD6821EVC01 型纯电动客车	纯电动客车	10
	黄河牌 JK6600HBEV 型纯电动客车	纯电动客车	2
	江西牌 JXK6602CEV 型纯电动客车	纯电动客车	3
	金龙牌 XMQ6610CEBEVL 型纯电动客车	纯电动客车	120
	金龙牌 XMQ6610CEBEVS3 型纯电动客车	纯电动客车	182
	金旅牌 XML6609JEV10 型纯电动客车	纯电动客车	10
	金旅牌 XML6609JEV50 型纯电动客车	纯电动客车	1
	金旅牌 XML6700JEV30 型纯电动客车	纯电动客车	12
	卡威牌 JNQ6600BEV1 型纯电动客车	纯电动客车	40
	亚星牌 YBL6600BEV1 型纯电动客车	纯电动客车	30
	亚星牌 YBL6600TBEV 型纯电动客车	纯电动客车	13
	亚星牌 YBL6815HBEV 型纯电动客车	纯电动客车	7
	宇通牌 ZK6115BEV1 型纯电动客车	纯电动客车	67
	宇通牌 ZK6115BEV2 型纯电动客车	纯电动客车	22
	宇通牌 ZK6115BEV5 型纯电动客车	纯电动客车	68
	宇通牌 ZK6641BEVQ2 型纯电动客车	纯电动客车	8
	宇通牌 ZK6701BEVQ3 型纯电动客车	纯电动客车	365
	中通牌 LCK6600BEV 型纯电动客车	纯电动客车	10
	中通牌 LCK6670EV 型纯电动客车	纯电动客车	151
	舒驰牌 YTK6118EV1 型纯电动客车	纯电动客车	2
	比亚迪牌 CK6120LGEV2 型纯电动城市客车	K9A	580
	金龙牌 XML6105JEV70C 型纯电动城市客车	纯电动城市客车	35
	解放牌 CA6127URE31 型纯电动城市客车	纯电动城市客车	10
	亚星牌 YBL6117HBEV1 型纯电动城市客车	纯电动城市客车	7
	宇通牌 ZK6105BEVG6 型纯电动城市客车	纯电动城市客车	20
	宇通牌 ZK6641BEVG10 型纯电动城市客车	纯电动城市客车	4
	宇通牌 ZK6705BEVG1 型纯电动城市客车	纯电动城市客车	2
	宇通牌 ZK6805BEVG3 型纯电动城市客车	纯电动城市客车	132
	宇通牌 ZK6845BEVG1 型纯电动城市客车	纯电动城市客车	4
	中通牌 LCK6668EVG 型纯电动城市客车	纯电动城市客车	23
	安凯牌 HFF6100G03CHEV－2 型插电式混合动力城市客车	插电式混合动力城市客车	250

续表

应用地区	车型	通用名称	数量（单位：辆）
大连市	安凯牌 HFF6120G03CHEV－2 型插电式混合动力城市客车	插电式混合动力城市客车	150
	海格牌 KLQ6109GCHEV1B 型插电式混合动力城市客车	插电式混合动力城市客车	40
	海格牌 KLQ6119GAHEVC5 型插电式混合动力城市客车	插电式混合动力城市客车	37
	黄海牌 DD6129PHEV1N 型插电式混合动力城市客车	插电式混合动力城市客车	30
	金旅牌 XML6122JHEV88C 型插电式混合动力城市客车	插电式混合动力城市客车	19
	亚星牌 JS6108GHEVC1 型插电式混合动力城市客车	插电式混合动力城市客车	14
	宇通牌 ZK6105CHEVNPG4 型插电式混合动力城市客车	插电式混合动力城市客车	33
	宇通牌 ZK6105CHEVPG1 型插电式混合动力城市客车	插电式混合动力城市客车	73
	宇通牌 ZK6105CHEVPG22 型插电式混合动力城市客车	插电式混合动力城市客车	1
	宇通牌 ZK6120CHEVPG1 型插电式混合动力城市客车	插电式混合动力城市客车	10
	宇通牌 ZK6120CHEVPG21 型插电式混合动力城市客车	插电式混合动力城市客车	1
	宇通牌 ZK6125CHEVNPG4 型插电式混合动力城市客车	插电式混合动力城市客车	46
	宇通牌 ZK6125CHEVPG22 型插电式混合动力城市客车	插电式混合动力城市客车	1
	中通牌 LCK6106PHENV 型插电式混合动力城市客车	插电式混合动力城市客车	8
	中通牌 LCK6108PHEVG 型插电式混合动力城市客车	插电式混合动力城市客车	36
	中通牌 LCK6118PHEVG 型插电式混合动力城市客车	插电式混合动力城市客车	14
	金杯牌 SY5020XXY－BEVDW1 型纯电动厢式运输车	纯电动厢式运输车	61
	畅达牌 NJ5020XXYEV1 型纯电动厢式运输车	纯电动厢式运输车	33
	畅达牌 NJ5020XXYEV 型纯电动厢式运输车	纯电动厢式运输车	7
	智骐牌 WXS5020XXYBEV 型纯电动厢式运输车	物流宝贝	1
	劲骐牌 WXS5023XXYBEV 型纯电动厢式运输车	劲骐旺旺	2
	清源牌 QY5021XYZBEVEL 型纯电动邮政车	纯电动邮政车	103
	清源牌 QY5021ZLJBEVYL 型纯电动垃圾车	纯电动垃圾车	66

五、2015 年底电动汽车充（换）电站（桩）保有量统计

城市名称	充电站 数量（座）	充电机功率总计（kW）	充电站占地面积（m^2）	投资金额（万元）	充电桩 慢充（个）	快充（个）	换电站 数量（座）
大连市	21	8520	2180	11740	294	141	—

长春市

一、节能与新能源汽车扶持政策与措施

一是出台《新能源汽车推广应用实施计划》，从工作目标、任务分工、车辆采购及购车资金拨付流程、补贴资金拨付流程、保障措施等方面进行了明确。其中包括：

更新车辆方面明确：在车辆更新过程中，凡属于地方财政支出额，新能源汽车比例不低于 30％。

购车补助方面确定：依照中央财政补贴资金标准 1∶1 给予地方财政补贴资金，地方财政补贴资金中省、市财政部门各承担 50％。

充电设施建设方面：市政财政按充（换）电站项目总投资的 10％额度，最高不超过 200 万元给予补贴。

二是制定长春市公交车成品油价格补助实施细则。对 2015—2016 年新能源公交车的补助资金进行明确：车长大于 10 米，8 万元/辆/年；8～10 米，6 万元/辆/年；6～8 米，4 万元/辆/年；短于 6 米的，2 万元/辆/年。同时，对长春市采用新能源公交车的比重进行明确：2015—2019 年，长春市新增及更换公交车中，新能源公交车比重应分别达到 15％、20％、25％、30％和 35％。

二、节能与新能源汽车推广应用情况

2015 年，全市推广新能源汽车 444 辆。其中，行政事

业单位新能源公务用车160辆，占当年更新总量173辆的92.5%；新能源公交车151辆，占全年新增及更新公交车总量的37.8%。

三、基础设施建设及运行情况

长春市现有充换电站2座，分别为高新充电站和净月换电站，其中高新充电站2010年建成投运，有直流充电机10台、交流充电桩5个，设计日服务能力60车次。净月换电站2012年建成投运，有换电工位1个、直流充电机3台、交流充电桩2个，满负荷换电服务能力为30辆12米大巴车，主要为新能源客车示范运行提供充换电服务。此外，中兴公司在公交站点建设的16个充电桩，正在为新能源公交车提供充电服务；一汽集团建成49个充电桩，主要分布在一汽集团办公楼、技术中心、新能源公司等9处，全部投入使用，由一汽新能源公司定期对设备进行巡检及维护。

四、节能与新能源汽车发展规划

正在制定长春市新能源汽车“十三五”规划，于2016年4月通过专家评审。

五、节能与新能源汽车推广应用统计

1. 2015年电动汽车推广应用数量

单位：辆

车型 / 燃料	公交车	旅游大巴	公务车	出租车	租赁用车	私人车	环卫车	物流车	邮政车	电力工程车	载货车	其他专用车	其他	合计
纯电动汽车	16	0	0	0	44	0	0	0	0	0	0	0	3	63
非插电式混合动力汽车	0	0	0	0	0	0	0	0	0	0	0	0	0	0
插电式混合动力汽车	135	0	160	0	0	86	0	0	0	0	0	0	0	381
增程式电动汽车	0	0	0	0	0	0	0	0	0	0	0	0	0	0
燃料电池汽车	0	0	0	0	0	0	0	0	0	0	0	0	0	0
合　计	151	0	160	0	44	86	0	0	0	0	0	0	3	444

2. 2015年电动汽车推广应用车型及数量

应用地区	车　型	通用名称	数量（单位：辆）
长春市	一汽牌CA7005EV1型纯电动轿车	奔腾EV	3
	红旗牌CA7155PHEV型插电式混合动力轿车	奔腾PHEV	209
	比亚迪牌BYD7150WTHEV2型插电式混合动力轿车	比亚迪秦	15
	比亚迪牌BYD6480STHEV型插电式混合动力多用途乘用车	比亚迪唐	22
	大马牌HKL6600BEV型纯电动客车	大马E6	14
	五洲龙牌FDG6602EV2型纯电动客车	纯电动客车	30
	解放牌CA6121URHEV21型插电式混合动力城市客车	插电式混合动力城市客车	130
	其他新能源汽车		21

六、2015年底电动汽车充（换）电站（桩）保有量统计

	充电站				充电桩		换电站
城市名称	数量（座）	充电机功率总计（kW）	充电站占地面积（m^2）	投资金额（万元）	慢充（个）	快充（个）	数量（座）
长春市	1	450	1000	680	47	18	1

南京市

一、节能与新能源汽车扶持政策与措施

《南京市新能源汽车推广应用工作实施意见（2014—2015年）》（宁政办发〔2014〕48号）、《关于进一步支持新能源汽车推广应用的若干意见》（宁政发〔2015〕143号）。

二、节能与新能源汽车推广应用情况

2014—2016年6月，全市共推广新能源汽车12237辆（2014年4120辆、2015年6325辆、2016年1—6月1035辆），其中：新能源公交车2393辆，出租车1000辆，其他专用车

1854 辆，私人乘用车（含企业乘用车）6990 辆。

三、基础设施建设及运行情况

建成 3 座公交车专用换电站（服务 70 辆换电式公交车）；建成投用沙洲停保场等 52 个公交车充电站 1528 根充电桩；建成投用绿博园、莲花村等 13 个出租汽车充电站 284 根充电桩；社会公用充电桩在全市广泛布点，桩数超 4500 根，充换电设施建设初见成效。

四、节能与新能源汽车项目投融资及园区建设情况

江北新区新能源汽车千亿产业基地正在建设中，项目包括上汽自主品牌新能源乘用车生产基地建设预计 2015 年初启动，2016 年完成，新能源乘用车产能达到 20 万辆；南京依维柯搬迁工程，2016 年底完成，南京国轩动力电池 2016 年正式投产等一批新能源项目。

溧水经济开发区 2015 年新能源汽车基地生产新能源客车 9000 辆，完成产值 80 亿元，实现利税 5 亿元，继续保持全国一流、全省领先的地位。截至 2015 年底，集中南京全市 80% 新能源汽车客车产能和 70% 以上的新能源零部件配套能力。

苏州市

一、节能与新能源汽车扶持政策与措施

苏州市政府办公室关于转发苏州市新能源汽车推广应用市级财政补贴实施细则的通知（苏府办〔2015〕157 号）。

市政府办公室关于转发苏州市新能源汽车推广应用市级财政补贴实施细则补充规定的通知（苏府办〔2015〕210 号）。

二、节能与新能源汽车推广应用情况

2015 年，苏州市推广应用新能源汽车 5000 辆，其中纯电动客车 4081 辆，纯电动乘用车 189 辆，纯电动专用车 494 辆，插电式混合动力汽车 236 辆。

三、基础设施建设及运行情况

截至 2015 年底，苏州市已建充电桩 1150 个，其中直流桩 376 个，交流桩 774 个。

四、2015 年电动汽车推广应用数量

单位：辆

车型 / 燃料	公交车	旅游大巴	公务车	出租车	租赁用车	私人车	环卫车	物流车	邮政车	电力工程车	载货车	其他专用车	其他	合计
纯电动汽车	253	696	0	0	0	77	0	0	0	0	0	494	3244	4764
非插电式混合动力汽车	0	0	0	0	0	0	0	0	0	0	0	0	0	0
插电式混合动力汽车	0	0	0	0	0	0	0	0	0	0	0	0	236	236
增程式电动汽车	0	0	0	0	0	0	0	0	0	0	0	0	0	0
燃料电池汽车	0	0	0	0	0	0	0	0	0	0	0	0	0	0
合计	253	696	0	0	0	77	0	0	0	0	0	494	3480	5000

南通市

一、节能与新能源汽车扶持政策与措施

1. 市场完全公平开放

推广应用过程中，南通市严格按照国家、省有关政策精神，坚决执行全国统一的标准和目录，在积极发展本地产业的同时，大力鼓励外地品牌入驻该市，目前已经有包括北汽、江南、九龙、比亚迪、奇瑞等一批汽车品牌在该市设立新能源汽车销售点。新能源汽车推广中，更是完全开放、公平竞争，推广车辆涵盖各种类型、多个一线品牌，全是新能源汽车市场形成良性竞争态势。

2. 创建新型商业模式

在推进过程中，南通市坚持财政资金撬动、社会资本注入，通过融资租赁运营探索民资和国资相结合的推广应用模式，制定出台新能源公交汽车租赁管理暂行办法，两年里，社会资金参与推广纯电动客车 200 辆，其中，租赁用于公交客运的 100 辆。同时，坚持“公私并举”和“以公带私”，加大宣传推广力度，带动社会应用逐步规模化，截至 2014 年底，私人消费者购置纯电动乘用车 69 辆。

3. 地方出台配套政策

一是对购置车辆进行补贴。同时，按照国家规定，更新新能源公交客车的，免征车辆购置税。二是对充换电设施进行补贴。三是给予用电价格支持。经营性充换电设施的用电价格暂按工业用电相应电压等级的电度电价执行（不执行峰谷分时电价）。非经营性充电设施（如社区、单位、私家车库等）的用电价格按所在充换电场所的现行分类电价执行。纯电动汽车换电模式，按车辆行驶里程收取。

4. 出台文件

《2015 年南通市新能源汽车推广应用市级财政补贴实施细则》（通财综〔2015〕13 号）。

二、节能与新能源汽车推广应用情况

2015 年，推广新能源汽车 869 辆，公共服务领域推广 607 辆，私人消费者购置纯电动乘用车 262 辆。

三、基础设施建设及运行情况

建有大型充电站 11 个，各类充电桩 530 根。

四、节能与新能源汽车项目投融资及园区建设情况

2015 年，南通市新能源汽车及相关零部件生产实现销售收入将近 180 亿元，同比增长 10.36%。主要表现在：一是重大项目取得突破。全市已落户和正在落户的新能源汽车生产企业项目 8 个，计划总投资 200 亿元。陆地方舟总投资 40 亿元，目前具备年产大中型客车 5000 辆的生产能力，有 58 款纯电动车型已获工信部产品公告，其中大客车 40 款，专用车 18 款。明诺机械与东风汽车实现战略合作，生产新能源高效路面清扫车和微型急救车，2015 年实现开票销售 2 亿元。中航爱维客商用车项目小批量试生产，2015 年完成 40 辆车的生产与销售。康迪电动汽车总投资 12 亿元，计划形成年产 10 万辆新能源乘用车的生产规模；在如皋市启动全国县域新能源汽车微公交示范推广工程。二是产业配套逐步完善。全市有新能源汽车配套零部件生产企业 20 多家，主要涉及锂离子电池、车灯、车用玻璃、电子线束、轮胎等领域。雄邦压铸公司左右前减震塔为特斯拉 Model－X 车型研发，属于全球首创，具有极佳减震效果和舒适度功能。铁锚玻璃产品工艺水平世界领先，是国内生产安全玻璃的龙头企业。冠东车灯与上海复旦大学等高等院校成功研发 pc 玻璃－膜复合技术，填补国内空白，与上海通用公司签订订单。三是创新能力不断增强。全市新能源汽车产业有高新技术企业 7 家，建有省级工程技术研究中心 7 家，省级企业技术中心 3 家，国家驰名商标 3 件，省著名商标 32 件，国家名牌产品 2 个，省名牌产品 5 个，专利数超过 1000 件。陆地方舟成立院士工作站，获得具有自主知识产权的“智能化变频电驱动控制系统集成技术”“高效能电驱动系统集成技术”“整车匹配和控制技术”等三项电动汽车核心技术，以及动力电池管理系统、整车电控、整车匹配、车载充电、电空调、电转向及电制动等八项关键配套技术，已授权的专利技术达到 200 多项，其中发明专利 30 多项，并获得 17 项美国专利、3 项欧盟专利。电动车技术通过国家科技成果鉴定并荣获国家科技成果证书（CG2005045759），被国家科技部评定为“原创、高级”的科技成果。中天储能生产的锂离子电池广泛应用于通信、电力与动力等领域，与陆地方舟、西航西飞达成合作意向。天丰电子新材料主要生产高性能动力电池隔膜，是中国唯一具有完备自主知识产权的膜工业企业。鸿鹄信息纯电动汽车远程管理信息化平台，分别为南通、盐城建设了监控平台，和亚星、南特金龙、陆地方舟、西飞等 14 家企业在做产品配套。

五、节能与新能源汽车发展规划

根据省政府要求，南通市 2016 年需推广应用新能源汽车 3500 辆（标准车），建设直流充电桩 250 根、交流充电桩 750 根。“十三五”期间南通市完成 39000 台标准车和 10463 根充电桩推广建设任务。充电桩落地建设规划目前正由南通市规划编制研究中心编制过程中。南通市“十三五”电动汽车充电设施建设的基本思路是：一是适度超前，根据“桩站先行”的原则，积极推进充电基础设施科学发展，与南通市新能源汽车发展相匹配；二是通用开放，按照“一桩多车”的要求，促进互联互通，提高通用性和开放性；三是科学规划，根据“自用慢充为主，公用快充为辅”的配置原则，加大公共资源整合力度，主要包括公交车充电站，出租车充电站，环卫、物流等专用充电站；公务车与私家车专用充电站。在规划布局上抓住“工作地、居住地、目的地”三个重点，以单位内部停车场、用户居住停车位、公交及出租停车场、社会公共停车场等为主体；五是加大安全监控力度，逐步地将全市公共服务领域的新能源汽车和充电设施纳入全市统一的监控平台，并作为申报补贴的前置条件。

六、节能与新能源汽车推广应用统计

1. 2015 年电动汽车推广应用数量

单位：辆

车型 燃料	公交车	旅游大巴	公务车	出租车	租赁用车	私人车	环卫车	物流车	邮政车	电力工程车	载货车	其他专用车	其他	合计	同期增长（%）
纯电动汽车	279	0	265	0	94	279	16	0	0	0	3	0	0	936	119.54

续表

燃料 \ 车型	公交车	旅游大巴	公务车	出租车	租赁用车	私人车	环卫车	物流车	邮政车	电力工程车	载货车	其他专用车	其他	合计	同期增长（%）
非插电式混合动力汽车	0	0	0	0	0	0	0	0	0	0	0	0	0	0	—
插电式混合动力汽车	45	0	13	0	0	23	0	0	0	0	0	0	0	81	2025
增程式电动汽车	0	0	0	0	0	0	0	0	0	0	0	0	0	0	—
燃料电池汽车	0	0	0	0	0	0	0	0	0	0	0	0	0	0	—
合计	324	0	278	0	94	302	16	0	0	0	3	0	0	1017	129.22

2. 2015 年电动汽车推广应用车型及数量

应用地区	车型	通用名称	数量（单位：辆）
南通市	北京牌 BJ7000B3D1－BEV 型纯电动轿车	EV200	5
	北京牌 BJ7000B3D2－BEV 型纯电动轿车	E150EV	3
	比亚迪牌 BYD7006BEVH 型纯电动轿车	比亚迪 e6	33
	比亚迪牌 QCJ7006BEVF 型纯电动轿车	比亚迪 e6	24
	江铃牌 JX7004BEV 型纯电动轿车	E100	100
	康迪牌 SMA7001BEV02 型纯电动轿车	K11B	24
	康迪牌 SMA7001BEV03 型纯电动轿车	K11C	50
	康迪牌 SMA7001BEV04 型纯电动轿车	K17	48
	康迪牌 SMA7001BEV 型纯电动轿车	K11	1
	力帆牌 LF7002CEV260 型纯电动轿车	力帆 620	2
	力帆牌 LF7004EV 型纯电动轿车	330EV	28
	力帆牌 LF7007EV 型纯电动轿车	820EV	2
	迈迪牌 JNP7001BEV3 型纯电动轿车	迈迪 i3	2
	奇瑞牌 SQR7000BEVJ00 型纯电动轿车	奇瑞 eQ	73
	众泰牌 JNJ7000EVX 型纯电动轿车	众泰云 100	27
	众泰牌 JNJ7000EVZ4 型纯电动轿车	知豆 301C	16
	众泰牌 JNJ7000EVZ5 型纯电动轿车	知豆 301B	1
	众泰牌 JNJ7000EVZ 型纯电动轿车	知豆 301A	3
	荣威牌 CSA7154TDPHEV 型插电式混合动力轿车	荣威 550PHEV	1
	比亚迪牌 BYD7150WTHEV2 型插电式混合动力轿车	比亚迪秦	8
	比亚迪牌 BYD7150WTHEV3 型插电式混合动力轿车	比亚迪秦	12
	比亚迪牌 BYD6480STHEV2 型插电式混合动力多用途乘用车	比亚迪唐	3
	比亚迪牌 BYD6480STHEV 型插电式混合动力多用途乘用车	比亚迪唐	15
	开沃牌 NJL6600BEV67 型纯电动客车	纯电动客车	1
	开沃牌 NJL6601BEV26 型纯电动客车	纯电动客车	1
	春洲牌 JNQ6600BEV1 型纯电动客车	纯电动客车	2
	春洲牌 JNQ6600BEV 型纯电动客车	纯电动客车	1
	大马牌 HKL6600BEV 型纯电动客车	大马 E6	24
	大马牌 HKL6700BEV 型纯电动客车	纯电动客车	2
	海格牌 KLQ6601BEV 型纯电动客车	纯电动客车	5
	山西牌 SXK6601TBEV2 型纯电动客车	纯电动客车	2
	申龙牌 SLK6108TLE0BEVJ 型纯电动客车	纯电动客车	2

续表

应用地区	车　型	通用名称	数量（单位：辆）
南通市	亚星牌 YBL6600BEV1 型纯电动客车	纯电动客车	31
	亚星牌 YBL6600BEV2 型纯电动客车	纯电动客车	10
	亚星牌 YBL6600BEV6 型纯电动客车	纯电动客车	13
	亚星牌 YBL6600BEV8 型纯电动客车	纯电动客车	28
	宇通牌 ZK6641BEVG4 型纯电动城市客车	纯电动城市客车	133
	宇通牌 ZK6805BEVG1 型纯电动城市客车	纯电动城市客车	16
	常隆牌 YS6830GBEV 型纯电动城市客车	纯电动城市客车	8
	东宇牌 NJL6100BEV2 型纯电动城市客车	纯电动城市客车	25
	海格牌 KLQ6602GEV 型纯电动城市客车	纯电动城市客车	6
	陆地方舟牌 RQ6100GEVH3 型纯电动城市客车	纯电动城市客车	25
	陆地方舟牌 RQ6120GBEVH0P0 型纯电动城市客车	纯电动城市客车	11
	陆地方舟牌 RQ6120GEVH0 型纯电动城市客车	纯电动城市客车	29
	尼欧凯牌 QTK6700HGEV 型纯电动城市客车	纯电动城市客车	50
	海格牌 KLQ6109GAHEVC5A 型插电式混合动力城市客车	插电式混合动力城市客车	10
	海格牌 KLQ6109GAHEVE4A 型插电式混合动力城市客车	插电式混合动力城市客车	27
	海格牌 KLQ6109GAHEVE4A 型插电式混合动力城市客车	插电式混合动力城市客车	20
	海格牌 KLQ6119GAHEVC5A 型插电式混合动力城市客车	插电式混合动力城市客车	6
	海格牌 KLQ6129GAHEVE4B 型插电式混合动力城市客车	插电式混合动力城市客车	2
	东风牌 EQ5020ZZZACBEV 型纯电动自装卸式垃圾车	纯电动自装卸式垃圾车	6
	东风牌 EQ5031TSLACBEV 型纯电动扫路车	纯电动扫路车	4
	东风牌 EQ5031TYHACBEV 型纯电动路面养护车	纯电动路面养护车	4
	福龙马牌 FLM5030TYHDEV 型纯电动路面养护车	纯电动路面养护车	5
	金龙牌 NJT5020XXYBEV1 型纯电动厢式运输车	纯电动厢式运输车	8
	金龙牌 NJT5020XXYBEV6 型纯电动厢式运输车	纯电动厢式运输车	9
	陆地方舟牌 RQ5022XXYEVH1 型纯电动厢式运输车	Z35	2
	中联牌 ZLJ5020CTYHFBEV 型纯电动桶装垃圾运输车	纯电动桶装垃圾运输车	4
	中联牌 ZLJ5031TYHZLBEV 型纯电动路面养护车	纯电动路面养护车	4

七、2015 年底电动汽车充（换）电站（桩）保有量统计

	充电站				充电桩		换电站
城市名称	数量（座）	充电机功率总计（kW）	充电站占地面积（m^2）	投资金额（万元）	慢充（个）	快充（个）	数量（座）
南通市	18	10359	26960.2	12881.5	270	60	2

常州市

一、新能源汽车推广应用情况

2014 年 1 月，常州市纳入国家新一轮新能源汽车推广应用示范城市范围，并向省政府承诺，到 2015 年全市推广应用各类新能源汽车 1100 辆以上，提前超额完成任务。

（1）新能源汽车推广情况。2014 年底，常州市注册登记各类纯电动和插电混合动力新能源汽车 1329 辆，2015 年，新增各类新能源车辆 777 辆，累计推广应用新能源车辆 2106 辆。2016 年，预计还将推广应用新能源车辆 400 辆以上。

（2）充电设施建设情况。常州市建成 1 座充电站、2000 多个充电桩，正在建设高速公路服务区快充站 15 座、城市快充站 8 座、公交车充电站 3 座，共计 26 座，2016 年

计划开工建设城市快充站 10 座、公交车充电站 2 座，共计 12 座、分散式充电桩 800 个。

（3）新能源汽车产业情况。一是新能源整车情况。常州市拥有新能源整车生产资质企业 2 家，产品包括新能源乘用车和新能源客车。二是动力电池情况。主要生产企业有：波士顿电池（常州）有限公司生产的三元聚合材料电池、常州高博新能源材料有限公司生产的高效磷酸铁锂电池等。三是驱动电机情况。主要生产企业有常州市裕成富通电机有限公司等，其产品最大功率达到 200 千瓦。四是电控系统情况。主要生产企业南车通用柴油机、裕成富通电机，产品已配套一汽等企业的新能源汽车，常州南车通用电气柴油机有限公司利用 GE 公司的先进技术，在电控、电动汽车增程器力求突破。另外，还有一批汽车通用零部件生产企业，可为新能源汽车配套。五是研发平台建设情况。①千人计划（常州）新能源汽车研究院拥有电池技术、电驱动技术、动力系统、汽车电子、测控技术、汽车总成等 6 个研究所、1 个技术开发中心和 1 个电控设计中心，已引进新能源汽车领域的“千人计划”人才 23 名，孵化高科技企业 47 家，开发了新产品 56 件、申请国内专利 217 件、国际 PCT 专利 32 件。②常州湖南大学机械装备研究院。依托湖南大学汽车车身先进设计制造国家重点实验室，汽车电子与控制教育部工程技术研究中心，湖南大学工业设计中心等科研人才团队，在新能源汽车工程规划、产品设计、检测等方面提供服务，联合常州质检所设立新能源汽车及零部件检测研究所，既可提供检测服务，也可提供问题解决方案。

（4）主要做法。一是加强组织领导。成立以市政府领导为组长，28 个相关单位组成的市新能源汽车推广应用工作协调小组，统筹协调全市新能源汽车推广应用工作。

二是加大政策扶持。根据国务院办公厅和省政府文件精神，制订出台常州市《关于加快新能源汽车推广应用的意见》《常州市新能源汽车推广应用市级财政补贴实施细则》《关于核定电动汽车充电服务价格等有关问题的通知》等支持新能源汽车推广应用的系列文件，明确购车及充电设施建设补贴办法、充电及服务价格收费标准等。市级财政每年安排 2500 万元安排专项资金，对购买新能源汽车和建设充电设施进行补贴。2015 年 5 月，市政府又出台《关于进一步做好 2015 年新能源汽车推广应用工作的意见》，明确常州市 2015 年新能源汽车推广应用工作的重点。

三是多领域应用。在公务用车、公共服务、企业和私人领域加快推广应用。

四是多模式推广。通过大量调研和与汽车生产企业的沟通了解，积极探索常州市新能源汽车运行推广新模式，目前在常州市针对新能源汽车，有整车销售、融资销售、分时租赁和整车租赁等多种运营模式。

五是保障设施供地。针对充电设施复杂，需求多样的实际，市国土部门采取灵活的供地政策。对于政府建设的公共充电设施用地采用划拨方式供地；对于公共服务企业的大型充电设施用地采用出让方式供地；对于在原有停车场、停车位升级改造的充电桩，采用于原土地所有人签定他项权利证方式，取得用地权属。

二、探索充电设施建设模式

根据新能源汽车推广应用领域和充电设施建设的不同方式，总结四类建设模式，区别对待。严格管控公共服务领域的充电设施，制定审批和备案工作制度。对工商企业和私人自建自用的，在其保证安全运行的前提下，不设置审批和备案条件。四类模式分别为：

（1）公共服务领域企业。包括公交集团、客运公司、租赁公司、出租公司等，这类企业一般都会购置数量较多的新能源车辆，具有相对固定的经营场所，车辆停放相对集中，有条件在其停车场地设置充电站或大型充电桩群。我们要求企业履行备案手续，在充电设施建设前应向市推广办申报，市推广办在征求发改、规划、国土、环保、交通、建设、供电等部门的同意后，方可批准开工。同时，鼓励有条件的企业在获取物价部门批准后，承诺对外开放经营。

（2）工商业企业。这类企业往往购置少量车辆，用于员工接送、业务接待等，充电设施不会对外营业，且具有固定的经营停放场所。对这些在其单位内部自建自用的，不需审批。

（3）私人领域的使用者。主要是指在居住小区建设的充电设施，需要征求物业和小区其他业主的意见，这项工作涉及公共资源再分配的问题，是常州市充电桩建设的难点，主要是由于老小区没有预留新能源汽车车位，小区电容量不足，业主认识不统一等问题造成的。针对这种情况，推广办与市房管局建立联络员沟通机制，积极协调解决。新建小区将按照国家、省相关政策的规定执行，加大推进力度。

（4）在其他公共领域建设的充电桩。这些充电设施具有分布广，使用效率高的特点，对充电基础设施布局、设计要求高。常州市主要采用“众筹建桩”的建设模式，在市充电设施建设布局规划统筹指导下，集约发展，合理利用空间，保障充电桩分布合理。由有运行经验的建设运营商设计建设方案，提供技术保障；由建设运营商统一申报审批手续，提高工作效率。

三、创新充电设施运营模式

（1）“众筹建桩”运营模式。主要操作流程是有意愿建设充电桩的单位和个人向建设运营商提出合作意向，建设运营商根据不同情况确定合作模式，①场地众筹：只有场地没有桩——由场地方出场地，常州市新能源充电设施建设运营商众筹资源建设，收益分成。②平台众筹：既有场地又有桩——通过常州市统一建设的APP充电共享平台，整合全市中小充电桩平台，形成一个大平台，实现资源共享。③投资众筹：没有场地没有桩——集合社会上看好新能源汽车的发展前景，具备投资能力并愿意参与常州市新能源汽车充电桩建设的投资者，通过搭建投资众筹平台，来实现项目投资。

"众筹建桩"的运营模式跳出传统的"居住地充电"思维，集合市场上有场地、有投资意向的企业和个人，在全市充电桩建设规划的指导下，合理布局，共同建设和经营充电场所。将酒店、商场、机场、高铁站、公园等一切消费者可能消费超过2小时的"目的地充电"模式和机关、企事业单位、医院、学校、写字楼等"工作地充电"模式，通过城市整体智能监控运营平台，实现资源共享，形成以工作地充电、目的地充电、居住地充电及运营交易平台为主体的"三模式一平台"整体方案。

（2）"自建共享"模式。主要针对常州市公共服务领域内的大型客运公司，支持企业为满足自身发展需要自建充电设施，同时鼓励有条件的企业在获取物价部门批准后，承接对外充电服务，利用全市统一的充电设施监控平台，形成局域的充电设施共享信息网络，减少充电桩群的重复投资建设。

"自建共享"模式加强企业之间的沟通，不仅是充电设施的共享，还可发展到客运、货运资源的共享。企业通过平台发布本单位车辆使用情况，有需求的企业可以登录平台，根据任务，规划路线，选择合适的企业完成运输工作，解决企业运力不足和新能源汽车续航里程不足的问题。

四、节能与新能源汽车推广应用统计

1. 2015年电动汽车推广应用数量

单位：辆

车型 燃料	公交车	旅游大巴	公务车	出租车	租赁用车	私人车	环卫车	物流车	邮政车	电力工程车	载货车	其他专用车	其他	合计
纯电动汽车	349	0	0	0	0	400	0	0	0	0	0	0	0	749
非插电式混合动力汽车	0	0	0	0	0	0	0	0	0	0	0	0	0	0
插电式混合动力汽车	20	0	0	0	0	8	0	0	0	0	0	0	0	28
增程式电动汽车	0	0	0	0	0	0	0	0	0	0	0	0	0	0
燃料电池汽车	0	0	0	0	0	0	0	0	0	0	0	0	0	0
合　计	369	0	0	0	0	408	0	0	0	0	0	0	0	777

2. 2015年电动汽车推广应用车型及数量

应用地区	车　型	通用名称	数量（单位：辆）
常州市	金龙牌	—	20
	安凯牌	—	1
	黄海牌	—	65
	常隆牌	—	10
	大马牌	—	35
	海格牌	—	43
	东宇牌	—	18
	宇通牌	—	176
	卡威牌	—	1
	江淮牌	—	25
	北京牌	—	192
	众泰牌	—	112
	康迪牌	—	31
	江铃牌	—	25
	奇瑞牌	—	7

续表

应用地区	车　型	通用名称	数量（单位：辆）
常州市	青年牌	—	8
	荣威牌	—	1
	比亚迪牌	—	7

盐城市

一、节能与新能源汽车扶持政策与措施

发布《盐城经济技术开发区新能源汽车推广应用财政补贴实施意见》《盐城经济技术开发区新能源汽车推广应用财政补贴实施细则》。为加快新能源汽车产业发展，促进新能源汽车推广应用，自2015年2月3日起至2015年12月31日，对与开发区有养老保险关系的职工和居民购买纯电动乘用车，在购车补贴基础上，开发区再给予1.5万元/辆的补贴。为确保完成市下达的租赁100台电动物流车的任务，对开发区境内租赁电动物流车的客户前100辆车再给予1万元/辆的补贴。

二、节能与新能源汽车推广应用情况

2015年推广应用任务为：推广使用电动物流车1500辆；电动乘用车10辆；建设充电桩50根。全力加快推动新能源汽车推广应用工作，按照“政府引导、市场配置、企业运作、实时监控”的要求，通过加快新能源汽车推广应用、建设充换电基础设施、创新推广应用运营模式，有计划、分阶段推广应用新能源汽车。同时，加强宣传教育，加速示范运营，以示范带动市场，以市场促进产业，推进新能源汽车产业持续健康发展。2015年，全面完成市下达给我区的新能源汽车推广应用目标任务。完成推广应用新能源汽车1670辆，建成充电桩365个 。

三、基础设施建设及运行情况

普天新能源和国家电网累计建成各类充电桩365根，超额完成市下达的新能源汽车推广应用任务。

四、节能与新能源汽车项目投融资及园区建设情况

以园区成立的平台公司为主，探索平台公司在园区投融资、基础设施建设、土地一级开发和经营管理等方面功能，以产业化为目标，围绕企业需求，市场化运作，引入社会资本，积极打造以基础设施建设及其配套金融服务为核心的产业服务平台，完善园区在工业金融、科技服务、建设融资、股权投资、国有资产管理等平台建设，为企业提供各类平台服务。

主要经济指标全区领先。完成一般公共预算收入7200万元，工业销售50亿元，其中规模以上45亿元；规模以上企业税收增长面62.1%。

载体建设顺利推进。一是整合现有研发机构，新引进北理工、中国矿大、大连理工、江苏大学等15所高等院校，中科院有关专业院所、机械科研总院、中汽中心等12家科研机构、23家高企、51位领军人物和200名研发人员，组建长三角新能源汽车研究院。二是成功获批江苏省新能源汽车产学研协同创新基地和省重大创新载体项目，组织申报国家级新型工业化示范基地。三是强化招才引智。邀请陈清泉院士担任三角新能源汽车研究院名誉院长，签约青年千人计划专家1个，杰青1人，组织校企合作项目6个，获批双创人才项目3个。

转型升级初显成效。一是科技创新成果初步显现。奥新公司成功获批省重大科技成果转化项目，江动和盐海拖拉机分别获批省重点研发计划（现代农业）项目，组织江淮动力申报省战略推进计划，鼓励企业申请发明专利30余项，获批科技类专项扶持资金1680万元。二是企业技改投入逐步加大。园区3家企业实施千万元以上技改项目8项，计划总投资2.6亿元。截至目前，园区技改投资完成3.2亿元，技改覆盖率65%，同比增长46%。技改投资占工业投资的比重达到23%，技改投资对工业投资增长的贡献率达到82%。三是平台促进成果转化。积极培育奥新新能源、DYK、江动、悦达专用车等企业申报省级企业工程技术研究中心，组织玖宇、玉欣、悦达兴业等企业申报国家高新技术企业。同时利用现有平台服务企业，推进一批新能源汽车重大科技成果落地转化。四是新产品开发日益丰富。奥新新能源1月全国首辆碳纤维新能源汽车下线。

服务企业水平不断提高。一是千方百计为企业解决实际困难。建立干部职工联系园区项目制度，将入园项目责任分解、落实到每一位园区干部身上，从招商到项目投产运行实行全程跟踪服务。二是建设完善园区安全生产管理体系。注重形成特色鲜明的园区安全生产管理模式，建立安全生产工作“一企一档”、定报企业台账，对46家企业进行安全环保专项检查6场次，举办现场观摩2次，专家培训2场次，累计提出整改意见623条，整改到位491条，132条整改中，其中消除较大安全隐患10个，规模以上企

业18家，完成14家“标准化”“三同时”验收，已签合约3家。三是出台新能源汽车推广应用区级补贴实施意见，帮助DYK、奥新公司、实联电池和普天新能源申报新能源汽车推广应用国家和省补贴1.1亿元；帮助奥新公司和DYK申报获批2015年度国家新能源汽车推广应用预拨资金1亿元，减轻公司流动资金压力。四是帮助中汽中心、悦达新材料、黄海拖拉机等企业和研发机构获批省、市专项资金扶持1300多万元。

五、节能与新能源汽车发展规划

到2020年，建成“国内一流、世界知名”的具有核心竞争力的节能与新能源汽车高端产业基地；节能与新能源汽车产业总产值力争达到500亿元以上，节能与新能源乘用车实现大规模产业化，整车年生产能力达到20万辆；关键总成和零部件实现与长三角地区节能与新能源汽车产业的规模化配套。盐城节能与新能源汽车总保有量超过10万辆。全新结构的轻量化纯电动乘用车和混合动力乘用车技术水平达到国际领先水平。

1. 突出特色启动节能与新能源汽车示范推广

突出绿色化和智能化，启动以“风·电·车”绿色智能示范区为特色的节能与新能源汽车示范推广工程，争创国家节能与新能源汽车示范推广试点城市，打造国家节能与新能源汽车绿色产业链示范中心，着力推进丹顶鹤和麋鹿两个国家级自然保护区的“零排放”，逐步将盐城建设成为世界低碳智慧城市。

2. 围绕龙头打造节能与新能源汽车产业链

支持和协助相关企业做好兼并重组、产品准入和产业化项目建设。支持奥新新能源汽车及关键零部件产业化项目，引导中大进行混合动力客车研发和产业化，积极推动东风悦达起亚混合动力乘用车和纯电动乘用车产业化。大力推动国内外节能与新能源汽车产业化项目落户。

3. 紧抓关键推进节能与新能源汽车技术创新

通过组织实施相关科技专项，大力支持东风悦达起亚、奥新等龙头企业加快节能与新能源汽车整车开发。突出节能与新能源汽车轻量化材料与技术研究。择优支持电池、电机和电控等关键零部件研发。超前部署“风·电·车”产业融合关键技术研究。

4. 科学规划建设基于风电的智能充电基础设施

完善电动汽车充电基础设施建设规划。加快推进以“慢速充电桩为主、公共快速充电站为辅”的智能充电基础设施建设。集中力量重点建设分布式的智能充电桩网络，适时开建一批与此有机结合的基于风电的电动汽车充电储能电站。

5. 外引内联推动深层次和高水平产业合作

以长三角一体化战略和江苏沿海开发战略为契机，重点推进盐城与长三角地区重点城市和骨干企业在节能与新能源汽车方面的产业对接与合作。充分利用现有的省部合作、省市合作、区域合作，积极参与政府间电动汽车国际合作项目，深化和拓展与韩国在节能与新能源汽车领域的交流互动和产业合作。支持有条件的企业在国内外实施兼并重组，支持节能与新能源汽车产品、技术和服务出口。

6. 凝力聚智搭建行业公共服务平台

依托本地骨干科技力量，建立集节能与新能源汽车及关键零部件研发、试验、检测、孵化、中试和教育培训等于一体的公共服务平台。

六、节能与新能源汽车推广应用统计

1. 2015年电动汽车推广应用数量

单位：辆

车型 / 燃料	公交车	旅游大巴	公务车	出租车	租赁用车	私人车	环卫车	物流车	邮政车	电力工程车	载货车	其他专用车	其他	合计
纯电动汽车	0	0	10	0	8	5	0	1638	0	0	0	0	0	1661
非插电式混合动力汽车	0	0	0	0	0	0	0	0	0	0	0	0	0	0
插电式混合动力汽车	0	0	0	0	0	0	0	0	0	0	0	0	0	0
增程式电动汽车	0	0	0	0	0	0	0	0	0	0	0	0	0	0
燃料电池汽车	0	0	0	0	0	0	0	0	0	0	0	0	0	0
合　计	0	0	10	0	8	5	0	1638	0	0	0	0	0	1661

2. 2015年电动汽车推广应用车型及数量

应用地区	车　型	通用名称	数量（单位：辆）
盐城开发区	北京牌BJ7000C7H3－BEV型纯电动轿车	坤宝EV	3
	北京牌BJ7001B3D2－BEV型纯电动轿车	EV200	2
	华骐牌YQZ7001BEV型纯电动轿车	华骐	10

续表

应用地区	车 型	通用名称	数量（单位：辆）
盐城开发区	东宇牌 NJL6600BEV19 型纯电动客车	纯电动客车	3
	大马牌 HKL6600BEV 型纯电动客车	大马 E6	2
	长安牌 SC5023XXYABEV 型纯电动厢式运输车	睿行 EM80	27
	奥新牌 JAX5021XXYBEVF216LB15M2X1 型纯电动厢式运输车	纯电动厢式运输车	1491
	其他新能源汽车		123

七、2015 年底电动汽车充（换）电站（桩）保有量统计

充电站					充电桩		换电站
城市名称	数量（座）	充电机功率总计（kW）	充电站占地面积（m^2）	投资金额（万元）	慢充（个）	快充（个）	数量（座）
盐城市	—	—	—	—	79	107	—

扬州市

一、节能与新能源汽车扶持政策与措施

2015 年，扬州市委、市政府将新能源汽车推广应用工作作为民生工程、实事工程，举全市之力加以推进实施。2015 年 3 月 30 日，扬州市人民政府办公室印发《扬州市 2015 年新能源汽车推应用实施方案》（扬府办发〔2015〕48 号），明确重点围绕公共领域车辆推广、市级财政配套补贴、充电服务设施规划建设、车辆运行监测管理等工作，加快推进新能源汽车推广应用工作。2015 年 6 月 28 日，扬州市财政局、经信委联合印发《扬州市新能源汽车推广应用市级财政补贴实施细则》（扬财工贸〔2015〕号），明确市级财政对 2015 年全市推广应用的有关新能源汽车及建设的充电服务设施给予补贴。

二、节能与新能源汽车推广应用情况

扬州市坚持政府推动和市场运作相结合、示范应用与持续发展相结合，加快推动新能源汽车推广应用工作。2015 年 1—12 月，累计推广新能源汽车 1375 辆。其中，纯电动乘用车 59 辆、插电式混合动力乘用车 21 辆、纯电动客车 1000 辆、插电式混合动力客车 292 辆、纯电动专用车 3 辆。2016 年 1—4 月累计推广应用新能源汽车 55 辆。其中，纯电动客车 22 辆，混合动力客车 13 辆，纯电动乘用车 17 辆，混合动力乘用车 3 辆。

三、基础设施建设及运行情况

2015 年，扬州市结合全市新能源汽车保有数量及种类，以大型公交换乘场站建设为重点，辅以建设偏僻线路终点站的充电桩，满足新能源公交车运行要求。在主城区建成充电站 1 座，社会充电桩 36 个，公交专用直流充电桩 80 个，客运班车专用直流充电桩 15 个，在建充电站 2 座。2016 年 1—4 月，全市新建充电桩 217 个。其中，直流桩 147 个，交流桩 70 个。

四、节能与新能源汽车推广应用统计

1. 2015 年电动汽车推广应用数量

单位：辆

车型 燃料	公交车	旅游大巴	公务车	出租车	租赁用车	私人车	环卫车	物流车	邮政车	电力工程车	载货车	其他专用车	其他	合 计	同期增长（%）
纯电动汽车	540	162	0	0	159	59	3	0	0	0	0	0	139	1062	831.6
非插电式混合动力汽车	0	0	0	0	0	0	0	0	0	0	0	0	0	0	0.0
插电式混合动力汽车	292	0	0	0	0	21	0	0	0	0	0	0	0	313	-4.9
增程式电动汽车	0	0	0	0	0	0	0	0	0	0	0	0	0	0	0.0
燃料电池汽车	0	0	0	0	0	0	0	0	0	0	0	0	0	0	0.0
合 计	832	162	0	0	159	80	3	0	0	0	0	0	139	1375	210.4

2. 2015 年电动汽车推广应用车型及数量

应用地区	车　型	通用名称	数量（单位：辆）
扬州市	众泰牌 JNJ7000EVZ5 型纯电动轿车	知豆 301B	12
	众泰牌 JNJ7000EVZ4 型纯电动轿车	知豆 301C	22
	众泰牌 JNJ7000EVX 型纯电动轿车	众泰云 100	17
	江淮牌 HFC7001AEV 型纯电动轿车	和悦 iEV5	2
	江淮牌 HFC7000AEV 型纯电动轿车	和悦 iEV4	6
	比亚迪牌 BYD6480STHEV 型插电式混合动力多用途乘用车	比亚迪唐	19
	荣威牌 CSA7180ACHEV 型插电式混合动力轿车	荣威 750Hybrid	2
	海格牌 KLQ6601BEV 型纯电动客车	纯电动客车	6
	海格牌 KLQ6109TAEV1 型纯电动客车	纯电动客车	30
	福田牌 BJ6116EVUA 型纯电动客车	纯电动客车	30
	东宇牌 NJL6706BEV 型纯电动客车	纯电动客车	5
	东宇牌 NJL6601BEV2 型纯电动客车	纯电动客车	3
	东宇牌 NJL6600BEV6 型纯电动客车	纯电动客车	15
	东宇牌 NJL6600BEV3 型纯电动客车	纯电动客车	1
	东宇牌 NJL6600BEV19 型纯电动客车	纯电动客车	13
	东宇牌 NJL6600BEV18 型纯电动客车	纯电动客车	14
	大马牌 HKL6600BEV 型纯电动客车	大马 E6	134
	安凯牌 HFF6705BEV 型纯电动客车	纯电动客车	10
	宇通牌 ZK6701BEVQ3 型纯电动客车	纯电动客车	28
	宇通牌 ZK6641BEVG4 型纯电动客车	纯电动客车	45
	宇通牌 ZK6115BEV5 型纯电动客车	纯电动客车	1
	宇通牌 ZK6115BEV1 型纯电动客车	纯电动客车	101
	亚星牌 YBL6600TBEV 型纯电动客车	纯电动客车	6
	亚星牌 YBL6600BEV6 型纯电动客车	纯电动客车	7
	亚星牌 YBL6600BEV2 型纯电动客车	纯电动客车	6
	亚星牌 YBL6600BEV1 型纯电动客车	纯电动客车	18
	亚星牌 YBL6117HBEV 型纯电动客车	纯电动客车	83
	亚星牌 YBL6117HBEV1 型纯电动客车	纯电动客车	21
	申龙牌 SLK6108SBEV1 型纯电动客车	纯电动客车	2
	山西牌 SXK6601TBEV3 型纯电动客车	纯电动客车	1
	中通牌 LCK6809EVG1 型纯电动城市客车	纯电动城市客车	40
	中通牌 LCK6668EVG 型纯电动城市客车	纯电动城市客车	50
	中通牌 LCK6108EVG 型纯电动城市客车	纯电动城市客车	7
	宇通牌 ZK6805BEVG1 型纯电动城市客车	纯电动城市客车	36
	宇通牌 ZK6105BEVG6 型纯电动城市客车	纯电动城市客车	20
	亚星牌 JS6851GHBEV 型纯电动城市客车	纯电动城市客车	50
	亚星牌 JS6680GHBEV 型纯电动城市客车	纯电动城市客车	20
	东宇牌 NJL6680BEV5 型纯电动城市客车	纯电动城市客车	42
	大马牌 HKL6800BEV 型纯电动城市客车	纯电动城市客车	140
	大马牌 HKL6660GBEV1 型纯电动城市客车	纯电动城市客车	10
	卡威牌 JNQ6606BEV4 型纯电动轻型客车	纯电动轻型客车	5

续表

应用地区	车　型	通用名称	数量（单位：辆）
扬州市	中通牌 LCK6106PHENV 型插电式混合动力城市客车	插电式混合动力城市客车	12
	中通牌 LCK6101HEV1 型插电式混合动力城市客车	插电式混合动力城市客车	10
	亚星牌 JS6128GHEVC5 型插电式混合动力城市客车	插电式混合动力城市客车	60
	亚星牌 JS6128GHEV5 型插电式混合动力城市客车	插电式混合动力城市客车	47
	亚星牌 JS6128GHEV1 型插电式混合动力城市客车	插电式混合动力城市客车	10
	亚星牌 JS6108GHEVC6 型插电式混合动力城市客车	插电式混合动力城市客车	10
	亚星牌 JS6108GHEVC5 型插电式混合动力城市客车	插电式混合动力城市客车	72
	申沃牌 SWB6107PHEV8 型插电式混合动力城市客车	插电式混合动力城市客车	71
	御捷马牌 YGM5011XXYBEVQ 型纯电动厢式运输车	御捷 X260	1
	瑞驰牌 CRC5021XXY－LBEV 型纯电动厢式运输车	EK05	1
	清源牌 QY5021XXYBEVYL 型纯电动厢式运输车	清源小旋风	1

杭州市

一、节能与新能源汽车扶持政策与措施

2015 年 4 月 29 日，《杭州市小客车总量调控管理规定》（杭政办〔2015〕2 号）。

2015 年 7 月 3 日，《杭州市电动汽车充电设施近期布点规划》。

2015 年 7 月 1 日，《电动汽车充电站管理与服务规范》。

2015 年 7 月 3 日，《关于我市电动汽车充换电服务试销价格等有关事项的通知》（杭价资〔2015〕88 号）。

2015 年 7 月 8 日，《杭州市城市建筑工程机动车停车位配建标准实施细则》（杭建科〔2015〕110 号）。

2015 年 6 月 30 日，《关于新建公共停车场（库）按要求设置新能源汽车充电设施的通知》（杭建地空发〔2015〕294 号）。

二、节能与新能源汽车推广应用情况

2015 年，杭州市推广应用新能源汽车 11053 辆，其中公交车 1285 辆、通勤车 714 辆、纯电动乘用车 8716 辆、其他 338 辆。2013—2015 年累计推广应用 22131 辆，超额完成国家和省下达的任务。

三、基础设施建设及运行情况

建成公交车充换电站 15 座、充电桩逾 1500 个；出租车充换电站 92 座、充电桩 777 个；分时租赁立体停车库 30 座，平面站点 100 座，公共充电桩 1000 余个。

四、节能与新能源汽车项目投融资及园区建设情况

2015 年 5 月，西湖比亚迪一期建成投产，具备年产 3000 辆纯电动客车的产能，并成为比亚迪纯电动客车的主要出口基地。

2015 年 7 月，长江汽车年产 10 万辆新能源轻型客车和乘用车项目建成投产。

2015 年 12 月，万向集团与上汽集团合资生产的纯电动客车小批量投放市场，万向集团未来 5 年计划投资 2000 亿元建设创新聚能城。

五、节能与新能源汽车发展规划

2016 年，杭州市新能源汽车推广应用目标确保完成 7500 辆，力争完成 1 万辆，新建各类充电设施 2500 个。

六、节能与新能源汽车推广应用统计

1. 2015 年电动汽车推广应用数量

单位：辆

车型／燃料	公交车	旅游大巴	公务车	出租车	租赁用车	私人车	环卫车	物流车	邮政车	电力工程车	载货车	其他专用车	其他	合计	同期增长（%）
纯电动汽车	1285	714	16	0	8391	309	0	74	0	0	0	0	0	10789	47.1%
非插电式混合动力汽车	0	0	0	0	0	0	0	0	0	0	0	0	0	0	0
插电式混合动力汽车	0	0	12	0	0	252	0	0	0	0	0	0	0	264	161.4%

续表

车型 \ 燃料	公交车	旅游大巴	公务车	出租车	租赁用车	私人车	环卫车	物流车	邮政车	电力工程车	载货车	其他专用车	其他	合计	同期增长（%）
增程式电动汽车	0	0	0	0	0	0	0	0	0	0	0	0	0	0	0
燃料电池汽车	0	0	0	0	0	0	0	0	0	0	0	0	0	0	0
合 计	1285	714	28	0	8391	561	0	74	0	0	0	0	0	11053	48.6%

2. 2015 年电动汽车推广应用车型及数量

应用地区	车型	通用名称	数量（单位：辆）
杭州市	北京牌 BJ7000B3D1 - BEV 型纯电动轿车	EV200	19
	北京牌 BJ7000B3D5 - BEV 型纯电动轿车	EV200 - II	2
	北京牌 BJ7001B3D2 - BEV 型纯电动轿车	EV200	1
	比亚迪牌 QCJ7006BEVF 型纯电动轿车	比亚迪 e6	1
	知豆牌 SMA7001BEV13 型纯电动轿车	知豆 D2	4
	众泰牌 JNJ7000EVX 型纯电动轿车	众泰云 100	116
	众泰牌 JNJ7000EVZ2 型纯电动轿车	知豆	8
	众泰牌 JNJ7000EVZ4 型纯电动轿车	知豆 301C	277
	众泰牌 JNJ7000EVZ5 型纯电动轿车	知豆 301B	14
	众泰牌 JNJ7000EVZ6 型纯电动轿车	知豆	318
	众泰牌 JNJ7000EVZ7 型纯电动轿车	知豆	41
	吉利牌 SMA7000BEV01 型纯电动轿车	知豆 D1	84
	康迪牌 SMA7000BEV02 型纯电动轿车	K10B	10
	康迪牌 SMA7000BEV03 型纯电动轿车	K10C	3000
	康迪牌 SMA7000BEV 型纯电动轿车	K10	1846
	康迪牌 SMA7001BEV02 型纯电动轿车	K11B	19
	康迪牌 SMA7001BEV03 型纯电动轿车	K11	2000
	康迪牌 SMA7001BEV04 型纯电动轿车	K17	173
	康迪牌 SMA7001BEV 型纯电动轿车	K11	839
	奇瑞牌 SQR7000BEVJ00 型纯电动轿车	奇瑞 eQ	32
	比亚迪牌 BYD6480STHEV 型插电式混合动力多用途乘用车	比亚迪唐	32
	比亚迪牌 BYD7150WTHEV2 型插电式混合动力轿车	比亚迪秦	119
	比亚迪牌 BYD7150WTHEV3 型插电式混合动力轿车	比亚迪秦	112
	荣威牌 CSA7154TDPHEV 型插电式混合动力轿车	荣威 550PHEV	1
	传祺（Trumpchi）牌 GAC7100SHEVB4 型增程式混合动力轿车	传祺 GA5 REV	1
	青年牌 JNP - WG120G 型双源无轨电车	双源无轨电车	35
	东宇牌 NJL6118BEV4 型纯电动客车	纯电动客车	20
	宇通牌 ZK6701BEVQ3 型纯电动客车	纯电动客车	38
	申沃牌 SWB6121EV60 型纯电动城市客车	纯电动城市客车	120
	东风牌 EQ6100CLBEV1 型纯电动城市客车	纯电动城市客车	580
	比亚迪牌 CK6120LGEV2 型纯电动城市客车	K9A	750
	比亚迪牌 CK6121LGEV 型纯电动城市客车	K9F	380
	北京牌 BJ5021XXYV3R1 - BEV 型纯电动厢式运输车	威旺 307 EV	2
	东风牌 EQ5020XXYLBEV 型纯电动厢式运输车	东风俊风	2

续表

应用地区	车　型	通用名称	数量（单位：辆）
杭州市	金龙牌 NJT5020XXYBEV1 型纯电动厢式运输车	纯电动厢式运输车	2
	劲骐牌 WXS5023XXYBEV 型纯电动厢式运输车	劲骐旺旺	15
	劲骐牌 WXS5024XXYBEV 型纯电动厢式运输车	泓源派派	2
	智骐牌 WXS5020XXYBEV 型纯电动厢式运输车	物流宝贝	38

七、2015 年底电动汽车充（换）电站（桩）保有量统计

充电站					充电桩		换电站
城市名称	数量（座）	充电机功率总计（kW）	充电站占地面积（m^2）	投资金额（万元）	慢充（个）	快充（个）	数量（座）
杭州市	86	—	—	—	1930	1580	69

金华市

一、新能源汽车产业发展情况

金华市新能源汽车产业形成以青年、众泰、康迪、绿源、尤奈特、金大、爱拓等企业为代表的新能源整车制造和电机、电控、充电设备等关键零部件制造的较为完备产业体系，产品涵盖新能源公交车、纯电动轿车，以及驱动电机和电子控制系统等新能源汽车关键零部件。

在整体经济下行的情况下，全市汽车及新能源汽车产业逆势增长，呈现出较好的发展势头，2015 年累计实现产值 355.47 亿元，同比增长 30.94%，高出全省 7.07 个百分点，产值总量占先进装备制造业比重为 18.63%，较 2014 年同期上升 2.44 个百分点，并连续 22 个月持续保持 20% 以上的高速增长。根据主要新能源汽车生产企业产值占比估算，单纯新能源汽车产值占比为 25%，产值 85 亿元。结合电机、电控、动力电池等，累计产值接近 100 亿元。

二、新能源汽车推广应用情况

1. 基本情况

截至 2015 年，全市推广新能源汽车 2897 辆，提前完成推广营运 2000 辆的目标任务，是全省仅次于杭州推广数量最多的地区。从推广领域看，私人领域推广 1487 辆，公交领域推广 356 辆，物流租赁 779 辆，旅游租赁 60 辆，微公交租赁 200 辆，电力领域 15 辆。

2. 主要做法与成效

（1）把握机遇，早抓推广试点示范。市委、市政府高度重视新能源汽车产业的发展，坚持新能源汽车产业发展和推广应用“双轮驱动”。2009 年，市政府审时度势提出在城市率先发展新能源汽车的口号；2011 年 6 月，经积极争取，省政府批准金华市新能源汽车试点方案，金华市成为首个也是唯一一个省级新能源汽车推广应用试点城市，省财政给予金华市 3000 万元的专项补助资金，市财政按 1∶1 配套，专项资金共计 6000 万元。2013 年 11 月，金华市与杭州、绍兴、湖州作为一个区域成功入选国家新一轮首批新能源汽车推广示范城市。金华市委、市政府高度重视，加大财政支持力度，创新商业运营模式，加快配套设施建设，稳步推进新能源汽车推广应用工作。

（2）加强政策引导，大力度进行扶持。市委、市政府十分重视汽车及新能源汽车的培育和推广应用工作，2012 年市政府出台《关于培育发展战略性新兴产业加快推进新型工业化的意见》，对新获得国家汽车产品公告目录的企业，每个基本车型一次性给予 20 万元的奖励。同时，不断完善推广方面的政策。2011 年 9 月，市政府出台《金华市区新能源汽车推广应用实施方案》，对市区居民和单位购买新能源汽车予以补助。2015 年 6 月，市政府又出台《金华市区新能源汽车推广应用财政补助暂行办法》，对购买新能源汽车和基础设施予以地方补助。通过政策扶持引导，有效地促进产业发展和推广应用。

（3）创新商业模式，宽领域开展推广。金华市积极创新商业推广模式，加快新能源汽车在多领域的应用。一是加快公交领域推广应用。金华市推广新能源公交车 242 辆，并努力打造“便利化、低碳化、智能化”的现代绿色 BRT。2015 年，金华公交 BRT1 号、2 号线先后开通运行，成为全国纯电动快速公交线路的样本。投放“青年”新能源纯电动公交车 74 辆。二是加快物流领域推广应用。依托金华雷多克新能源汽车服务有限公司，在快递、超市、个体商户等物流领域探索整车租赁模式，实施新能源汽车规模化推广。该公司用于租赁的众泰 V10EV 新能源汽车 579 辆，累计行驶里程 800 万千米。三是加快旅游领域推广应用。抓住杭长高铁开通契机，金华市尝试将新能源汽车租赁服务融入到旅游业当中。全市投放 60 辆众泰微型面包车开展试

运行，累计实现出租旅游车辆8000天次。四是加快微公交模式推广。以康迪纯电动轿车为推广车型，建立新能源汽车租赁自驾商业运营体系。康迪车业投放200辆新能源汽车用于租赁运营。

（4）优化应用环境，高标准建设基础设施。国家电网公司投资3.8亿元，在金华建成电动汽车充换电站29个，充电桩113个。其中市本级18座，兰溪4座、义乌3座、永康4座，充电桩多为慢充桩，主要为国网公司内部新能源汽车服务。2015—2016年，金华供电公司计划新建快速充电站18座，总投资3106万元，其中高速服务区14座快充站，在市区原有站点改建或者新建4个快充站。项目招投标和施工图均已完成。

三、主要困难和问题

（1）市场认可度还不高。一是购车费用较高。由于新能源汽车动力电池成本（约占成本30%）居高不下，推广车型未达到经济规模等原因，与售价10万元的传统汽车性能相似的新能源汽车，其市场指导价约20万元，售价高出传统汽车近一倍，享受国家、地方补助后，消费者购置费还略高于传统汽车，新能源汽车售价较传统汽车没有优势。二是技术难题待突破。续航里程短、充电时间长等因素，是制约新能源汽车发展的主要障碍，目前技术条件对有效突破瓶颈仍有较大难度，普通消费者对新能源汽车的市场认可度还较低，影响市场的推广。三是安全性存疑。受技术的限制，新能源汽车与传统燃油车相比，存在电池燃烧、电池爆炸、高压漏电、电磁干扰导致自动刹车或熄火等安全隐患，影响消费者的信心。

（2）政策导向尚不完善。一是高质量发展的补助政策导向还不清晰。国家和地方都出台相应的补助政策，补贴政策虽然推动我国新能源汽车的快速发展，但对于补贴的合理性一直在探讨，国家对列入目录的纯电动乘用车补助4.5万元，地方一般配套3万元，部分企业为了补贴而做新能源汽车。部分企业直接按照7.5万元可盈利的标准生产新能源汽车，造成“劣币驱逐良币”的现象，影响整个产业的正常发展。二是相关技术标准方面。新能源汽车作为一项新生事物，社会各界对其产品设计、日常使用、保养都还处在探索完善阶段，缺乏相应的技术标准（规程）。如充电设施建设标准尚未统一，不同车企生产的新能源汽车，不能在一种充电桩上接口，影响通用性。

（3）公共充电设施不配套。全市运行的新能源汽车以家庭或单位慢充（充电时间要6到8个小时）为主，但也存在一定公共快充服务的需求。尽管前期国网金华供电公司建设一批站点，但由于以换电模式为主，且数量少，难以满足提供公共快充服务的要求，新能源汽车认为使用不方便。公共充电设施建设布局如何兼顾经济性与服务性仍在探索过程中，建设和运行维护成本高与用户迟迟不愿步入市场买单的矛盾是新能源汽车大范围推广的最突出矛盾之一。

四、对策建议

金华市将加大产业培育力度，全力推进新能源汽车产业发展大平台、大项目、大企业建设，深入推广应用模式创新，完善推广应用配套政策和服务体系，扎实抓好新能源汽车推广应用各项工作。

（1）加大新能源汽车产业发展的支持力度。继续把新能源汽车及关键零部件作为主导产业来优先培育、优先发展，高起点规划，高标准建设。坚持区域分工、跨界融合、错位发展，大力发展电池、电机、电控等关键零部件和配套产业，培育行业龙头企业和“隐形冠军”。全力支持新能源汽车产业建设发展大平台、实施大项目、培育大企业。

（2）加快重大项目推进和平台建设。围绕做大增量、提升质量，紧抓当前新能源汽车产业快速发展的机遇，加快华科、义利、锋锐、恒远等新能源汽车产业重大项目的推进速度，力争早投产、早见效、再发展。有序推进金华开发区新能源汽车小镇、义乌绿色动力小镇、永康众泰汽车小镇的建设，加快基础配套进度，加大政策倾斜力度，拓展产业发展维度，挖掘服务触角深度，尽早形成引得来项目、留得住人才、聚得起人气的产业发展平台。

（3）加大新能源汽车技术攻关和产业化推广应用。发挥青年集团、众泰集团等企业研究院的技术攻关主体作用，开发一批新车型；培育金大智能充电等一批成长型科技型企业，着力破解电机、电池、电控等技术难题。加大公交、物流、旅游、执法等领域的新能源汽车推广应用和推广商业模式的创新。在总结BRT1号、2号线成功经验的基础上，加快推进市区BRT3号、4号线建设。探索推行新能源公交车、新能源物流车、新能源旅游车等领域的租赁服务运行模式。

（4）支持新能源汽车基础设施建设。推进新能源汽车充电基础设施建设，鼓励研发能同时满足快慢充需求的充电设施，新增和改建一批高速公路快充站、市区快充站，满足用户对公共充电服务设施的要求。

（5）加大营造舆论氛围。依托青年、众泰、康迪等新能源汽车生产（销售）企业，雷多克、金大智能充电等推广应用企业，并积极借助媒体网络等平台，加大对新能源汽车推广应用的宣传和体验力度，让绿色出行、环保节能的理念植根于思想，为进一步推广新能源汽车应用和普及营造良好的舆论氛围。

五、节能与新能源汽车推广应用统计

1. 2015 年电动汽车推广应用数量

单位：辆

车型 燃料	公交车	旅游大巴	公务车	出租车	租赁用车	私人车	环卫车	物流车	邮政车	电力工程车	载货车	其他专用车	其他	合　计
纯电动汽车	106	0	0	0	0	0	0	211	0	0	0	0	565	882
非插电式混合动力汽车	0	0	0	0	0	0	0	0	0	0	0	0	0	0
插电式混合动力汽车	110	0	0	0	0	0	0	0	0	0	0	0	13	123
增程式电动汽车	0	0	0	0	0	0	0	0	0	0	0	0	0	0
燃料电池汽车	0	0	0	0	0	0	0	0	0	0	0	0	0	0
合　计	216	0	0	0	0	0	0	211	0	0	0	0	578	1005

2. 2015 年电动汽车推广应用车型及数量

应用地区	车　型	通用名称	数量（单位：辆）
金华市区	康迪牌 SMA7000BEV02 型纯电动轿车	K10B	198
	康迪牌 SMA7002BEV05 型纯电动轿车	K30	2
	众泰牌 JNJ7000EVX 型纯电动轿车	众泰云 100	40
	青年牌 JNP6123BEV 型纯电动客车	纯电动客车	66
	青年牌 JNP6183BEV 型纯电动城市客车	纯电动城市客车	8
	金旅牌 XML6105JHEV88C 型插电式混合动力城市客车	插电式混合动力城市客车	20
	宇通牌 ZK6105CHEVPG1 型插电式混合动力城市客车	插电式混合动力城市客车	6
	海格牌 KLQ6109GAHEVE4B 型插电式混合动力城市客车	插电式混合动力城市客车	20
	知豆牌 SMA7001BEV13 型纯电动轿车	知豆 D2	7
	众泰牌 JNJ5020XXYEV1 型纯电动厢式运输车	V10 电动车	35
	众泰牌 JNJ6408EV1 型纯电动多用途乘用车	V10EV	11
	吉奥牌 GA5021XXYSBEV 型纯电动厢式运输车	星晨 EV	103
	吉奥牌 GA6420SBEV 型纯电动多用途乘用车	星辰 EV	18
	劲骐牌 WXS5023XXYBEV 型纯电动厢式运输车	劲骐旺旺	44
	比亚迪牌 BYD6480STHEV 型插电式混合动力多用途乘用车	比亚迪唐	4
永康市	众泰牌 JNJ7000EVX 型纯电动轿车	众泰云 100	183
	康迪牌 SMA7000BEV02 型纯电动轿车	K10B	75
	康迪牌 SMA7001BEV02 型纯电动轿车	K11B	25
	众泰牌 JNJ6408EV1 型纯电动多用途乘用车	V10EV	27
	比亚迪牌 BYD6480STHEV 型插电式混合动力多用途乘用车	比亚迪唐	8
	南车时代牌 TEG6850BEV01 型纯电动城市客车	纯电动城市客车	20
义乌市	宇通牌 ZK6701BEVG3 型纯电动城市客车	纯电动城市客车	12
	宇通牌 ZK6125CHEVNPG4 型插电式混合动力城市客车	插电式混合动力城市客车	14
	福田牌 BJ6105PHEVCA－7 型插电式混合动力城市客车	插电式混合动力城市客车	20
	金龙牌 XMQ6106AGHEV15 型插电式混合动力城市客车	插电式混合动力城市客车	14
	金龙牌 XMQ6127GHEV22 型插电式混合动力城市客车	插电式混合动力城市客车	16
东阳市	众泰牌 JNJ7000EVX 型纯电动轿车	众泰云 100	5
	奇瑞牌 SQR7000BEVJ00 型纯电动轿车	奇瑞 eQ	1
	比亚迪牌 BYD6480STHEV 型插电式混合动力多用途乘用车	比亚迪唐	1
兰溪市	众泰牌 JNJ7000EVX 型纯电动轿车	众泰云 100	2

绍兴市

一、节能与新能源汽车扶持政策与措施

2015年6月4日，出台《绍兴市区新能源汽车推广应用财政补助暂行办法》（绍政办发〔2015〕42号），对新能源出租车、纯电动专用车、燃料电池车，按照国家补助标准，给予1∶1的配套补助；对纯电动乘用车给予3万元补助，插电式混合动力（含增程式）乘用车给予2万元补助；纯电动公交车、插电式混合动力（含增程式）公交车，补助标准按照《绍兴市人民政府办公室关于进一步推进绍兴市区城市公共交通优先发展的意见》（绍政办发〔2012〕103号）执行；对在绍兴市区投资建设充电设施项目的，按充电设施实际投资额（不含土地投入）的20%给予补助。

二、节能与新能源汽车推广应用情况

2015年，绍兴市推广新能源汽车784辆，其中纯电动客车26辆，插电式混合动力客车409辆，纯电动乘用车317辆，插电式混合动力乘用车32辆。

三、基础设施建设及运行情况

2015年，绍兴市新建和改建充电站11座，包含充电桩48个。

四、节能与新能源汽车推广应用统计

1. 2015年电动汽车推广应用数量

单位：辆

车型 燃料	公交车	旅游大巴	公务车	出租车	租赁用车	私人车	环卫车	物流车	邮政车	电力工程车	载货车	其他专用车	其他	合计	同期增长（%）
纯电动汽车	6	0	0	0	0	317	0	0	0	0	0	0	20	343	370
非插电式混合动力汽车	0	0	0	0	0	0	0	0	0	0	0	0	0	0	—
插电式混合动力汽车	409	0	0	0	0	32	0	0	0	0	0	0		441	413
增程式电动汽车	0	0	0	0	0	0	0	0	0	0	0	0	0	0	—
燃料电池汽车	0	0	0	0	0	0	0	0	0	0	0	0	0	0	—
合计	415	0	0	0	0	349	0	0	0	0	0	0	20	784	393

2. 2015年电动汽车推广应用车型及数量

应用地区	车型	通用名称	数量（单位：辆）
绍兴市	江淮牌HFC7000AEV型纯电动轿车	和悦iEV4	10
	江南牌JNJ7000EVA3型纯电动轿车	T11	60
	康迪牌SMA7000BEV02型纯电动轿车	K10B	20
	奇瑞牌SQR7000BEVJ00型纯电动轿车	奇瑞eQ	2
	奇瑞牌SQR7000EAS11型纯电动轿车	奇瑞QQ3	1
	众泰牌JNJ7000EVX型纯电动轿车	众泰云100	94
	众泰牌JNJ7000EVZ4型纯电动轿车	知豆301C	54
	众泰牌JNJ7000EVZ5型纯电动轿车	知豆301B	40
	知豆牌SMA7001BEV13型纯电动轿车	知豆D2	36
	比亚迪牌BYD6480STHEV2型插电式混合动力多用途乘用车	比亚迪唐	3
	比亚迪牌BYD6480STHEV型插电式混合动力多用途乘用车	比亚迪唐	27
	比亚迪牌BYD7150WTHEV3型插电式混合动力轿车	比亚迪秦	2
	宇通牌ZK6805BEVG1型纯电动城市客车	纯电动城市客车	20
	安凯牌HFF6800GEVB1型纯电动城市客车	纯电动城市客车	6
	黄海牌DD6129CHEV1型插电式混合动力城市客车	插电式混合动力城市客车	35
	金龙牌XMQ6106AGCHEVD41型插电式混合动力城市客车	插电式混合动力城市客车	16
	金龙牌XMQ6106AGCHEVN51型插电式混合动力城市客车	插电式混合动力城市客车	295

续表

应用地区	车　型	通用名称	数量（单位：辆）
绍兴市	宇通牌 ZK6105CHEVNPG4 型插电式混合动力城市客车	插电式混合动力城市客车	20
	宇通牌 ZK6105CHEVNPG7 型插电式混合动力城市客车	插电式混合动力城市客车	1
	宇通牌 ZK6105CHEVPG1 型插电式混合动力城市客车	插电式混合动力城市客车	14
	宇通牌 ZK6125CHEVPG7 型插电式混合动力城市客车	插电式混合动力城市客车	28

五、2015 年底电动汽车充（换）电站（桩）保有量统计

	充电站				充电桩		换电站
城市名称	数量（座）	充电机功率总计（kW）	充电站占地面积（m^2）	投资金额（万元）	慢充（个）	快充（个）	数量（座）
绍兴市	11	—	—	1700	0	48	0

湖州市

一、节能与新能源汽车扶持政策与措施

为加快推广应用工作，湖州市建立新能源汽车推广应用专项资金，出台购车和充电桩补助政策，落实相关配套措施。

（1）出台购车补助政策。2015 年 3 月，制定《湖州市新能源小型乘用车推广应用财政补助暂行办法》（湖政办发〔2015〕29 号），按照中央财政 1:1 的比例给予地方配套，同时中央和我市财政补助总额最高不超过车辆补助前价格的 50%。2015 年 11 月，出台《湖州市新能源公交车推广应用财政补助暂行办法》（湖交〔2015〕234 号），对公交车在扣除国家补助基础上，给予同款类型 LNG 客车的差额补助，不增加企业的购车成本。

（2）突出规划引领。按照“桩站先行、适度超前”的要求，编制《湖州中心城市电动汽车充电设施布局专项规划》，加强规划引领指导。

（3）加大充电设施补助力度。为鼓励社会资本投资充电设施，对在湖州市市区投资建设公共充电设施项目的，按照充电设备的实际投资额给予 20% 的财政补助，不设定补助上限。

（4）落实相关配套政策。对利用现有政府办公场所、公共停车场、景区、公园等公用设施建设充电桩，土地给予无偿使用，不收取任何相关税费，项目无需办理建设用地规划许可证、建设工程规划许可证和施工许可证，加快项目建设。

二、节能与新能源汽车推广应用情况

截至 2015 年 12 月，湖州市推广新能源汽车 230 辆，其中纯电动公交车 80 辆，纯电动出租车 30 辆，其他小型乘用车 120 辆。为适应公交车的特殊运行需求，湖州市积极推广应用微宏动力公司快充技术，每辆车平均充电 15 分钟即可满足运行需求，投入快充技术纯电动公交车 50 辆，车辆运营正常。

三、基础设施建设及运行情况

截至 2015 年 12 月，湖州建成 10 座集中式充电站（共 78 个桩），其中 10 个公共快速充电桩，25 个纯电动出租车用充电桩、27 个纯电动公交车用充电桩，以及杭宁高速青山、夹浦服务区 16 个快速充电桩。湖州市积极引进央企华能集团投资公共充电基础设施，鼓励公交企业自建自用专用充电设施建设，加快推进国网湖州供电公司高速干线和重要节点等充电设施建设。湖州亿能充电服务有限公司是华能集团与北京亿源动力有限公司合资成立的一家混合所有制公司，公司通过在湖州建设充电基础设施，结合“以桩带车、车桩联动”的模式，融入“互联网” + 充电设施、“互联网 +”汽车共享，并努力创新可复制、可推广的建设、运行模式。

四、节能与新能源汽车项目投融资及园区建设情况

在新能源汽车领域，湖州市已涵盖整车生产、电池管理系统以及电池关键材料等领域，形成较为完备的新能源汽车产业链，2015 年全市新能源汽车整车产量超过万辆。湖州市产业集聚效应初显，形成以湖州经济技术开发区和长兴县两大产业集聚地，长兴县画溪街道被浙江省列入新能源小镇建设，湖州开发区被浙江省列入智能电动汽车小镇培育，湖州市被列入浙江省五大新能源汽车产业培育基地之一。一批新能源汽车项目正在稳步推进实施，微宏动力总投资 35 亿元的多元复合锂电项目，二期、三期项目正加快推进；超威集团总投资 35 亿元的普朗特纯电动物流专用车项目开工建设；恩驰集团总投资 25 亿元年产 2 万辆新能源特种车辆项目主体厂房已结顶；百成电池总投资 107

亿元年产36亿Ah储能电池项目已开工建设；天丰电源总投资6亿元新增9亿瓦时锂离子电池项目，设备生产线开始安装。格励德驱动、信成电动等电动汽车驱动系统项目稳步推进实施。

五、节能与新能源汽车发展规划

（1）明确发展重点。以“大力发展整车制造、提升发展关键零部件和配套产业、大力培育重点骨干企业、加快产业技术创新”等为重点，编制实施“十三五”湖州市新能源汽车产业发展规划，进一步明确发展重点、重点区域、重点任务，狠抓推进落实，力争到2020年，形成年产值达到500亿元的新能源汽车产业规模，具备年产动力电池50亿瓦时、新能源整车15万辆、以及相配套的关键零部件生产能力。重点培育、打造10家左右的新能源汽车整车与关键零部件产业化龙头企业，其中年产值百亿级的核心企业数量2~3家。围绕重点龙头企业大力推动产业联盟建设与配套资源集聚，力争新能源汽车产业本地配套率达到50%以上。

（2）优化空间布局。重点打造长兴经济开发区、德清砂村汽车产业园，以及湖州开发区智能电动汽车产业园“三中心一基地”（电动汽车的研发设计中心、运营管理中心、体验互动中心和核心部件总成生产基地）的三大新能源汽车产业园区。同时培育一批新能源汽车产业配套园区。

（3）打造特色小镇。湖州开发区智能电动汽车小镇以打造省级特色小镇为目标，以电动汽车、智能汽车先进技术展示及体验为核心，建设新能源汽车及智能网联汽车体验互动中心。长兴画溪新能源小镇依托良好的产业基础及优势，继续引入新型电池、新能源汽车及关键零部件和太阳能光热光伏及相关配套产业，打造成产业、文化、旅游三位一体和生产、生活、生态融合发展的新能源特色小镇

六、节能与新能源汽车推广应用统计

1. 2015年电动汽车推广应用数量

单位：辆

车型 燃料	公交车	旅游大巴	公务车	出租车	租赁用车	私人车	环卫车	物流车	邮政车	电力工程车	载货车	其他专用车	其他	合计
纯电动汽车	50	30	0	30	0	90	0	0	0	0	0	0	0	200
非插电式混合动力汽车	0	0	0	0	0	0	0	0	0	0	0	0	0	0
插电式混合动力汽车	0	0	0	0	0	30	0	0	0	0	0	0	0	30
增程式电动汽车	0	0	0	0	0	0	0	0	0	0	0	0	0	0
燃料电池汽车	0	0	0	0	0	0	0	0	0	0	0	0	0	0
合计	50	30	0	30		120	0	0	0	0	0	0	0	230

2. 2015年电动汽车推广应用车型及数量

应用地区	车型	通用名称	数量（单位：辆）
湖州市	比亚迪牌QCJ7006BEVF型纯电动轿车	比亚迪e6	30
	比亚迪牌BYD7150WTHEV型插电式混合动力轿车	比亚迪秦	30
	众泰牌JNJ7000EVX型纯电动轿车	众泰云100	33
	吉利牌SMA7000BEV01型纯电动轿车	知豆D1	30
	宇通牌ZK6705BEVG1型纯电动城市客车	纯电动城市客车	20
	福田牌BJ6650EVCA型纯电动城市客车	纯电动城市客车	10
	安凯牌HFF6661GEVB型纯电动城市客车	纯电动城市客车	30
	金龙牌XMQ6127AGBEV2型纯电动城市客车	纯电动城市客车	10
	其他新能源汽车		37

七、2015年底电动汽车充（换）电站（桩）保有量统计

充电站					充电桩		换电站
城市名称	数量（座）	充电机功率总计（kW）	充电站占地面积（m^2）	投资金额（万元）	慢充（个）	快充（个）	数量（座）
湖州市	10	4060	1500	1000	0	78	0

宁波市

一、节能与新能源汽车扶持政策与措施

自2013年11月列入国家新能源汽车推广应用示范城市以来，宁波市相继制订出台《宁波市新能源汽车推广应用实施方案》《宁波市城市客运新能源汽车推广应用实施方案》《宁波市新能源汽车产业链发展规划（2014—2020年）》《宁波市新能源汽车推广应用管理暂行办法》《宁波市新能源汽车推广应用资金补助管理办法》和《宁波市新能源汽车生产企业及产品审核备案管理细则》等一系列配套政策，形成较为完善的推广应用和产业化框架体系，同时，设立市新能源汽车推广应用专项资金，对在宁波市销售并推广使用的新能源汽车进行补助。

二、节能与新能源汽车推广应用情况

截至2015年12月31日，宁波市有4512辆新能源汽车正式上牌，其中，纯电动客车586辆、插电式混合动力客车279辆、纯电动专用车139辆、纯电动乘用车3465辆、插电式混合动力乘用车43辆。

2015年，宁波市公布两批新能源汽车生产企业及产品备案名单，有20家新能源汽车生产企业、32家在甬销售机构及110种车型产品通过审核备案；下达两批私人领域新能源汽车推广应用补助资金，有245辆私人领域新能源汽车获得补助，累计金额940.32万元；充电基础设施2座，补助资金106.85万元。

三、基础设施建设及运行情况

宁波市充电设施建设稳步推进。宁波市累计投入2500万元，建立总占地面积1867平方米的标准充换电站1座，配置200组电池充换电；在高速服务区建设换电站2座，并在沈海高速南岸、慈城、奉化、宁海等服务区建设电动汽电车快充站8座；在全大市建设完成独立直流充电桩41个、交流充电桩403个。为配合超级电容纯电动公交的推广应用，先期分别建设直充式充电桩7个和储能式充电桩4个。

宁波能源集团有限公司、宁波产城投资管理有限公司、宁波南车现代交通建设投资有限公司和宁波欣达（集团）有限公司等4家单位共同出资成立“宁波绿捷新能源科技有限公司”，注册资本金5000万元，通过公私合营模式引进社会资本组建充电桩运营服务公司，负责市区超级电容纯电动公交充电设施建设运营。

四、节能与新能源汽车项目投融资及园区建设情况

宁波市新能源汽车产业从无到有，稳步发展，产业链初具规模。在动力电池、驱动电机、电控系统及关键原材料方面进步明显，且大部分企业拥有自主知识产权及自主创新能力。全市拥有浙江南车、宁波吉利、杉杉电动汽车、浙江宝成、宁海知豆等整车企业，产品车型覆盖超级电容客车、纯电动轿车和专用车。关键零部件企业拥有南车超级电容、天津力神锂电池等动力电池生产企业，以及宁波菲仕、海天驱动、韵升电机、普瑞均胜电子等驱动电机及控制系统生产企业。由宁波南车新能源科技有限公司自主研发的新一代超级电容器通过浙江省科技成果鉴定，单体容量由9500法拉提高到30000法拉，产品技术指标处于国际先进水平。

五、节能与新能源汽车发展规划

加快推进宁波市新能源汽车产业化进程，争取用2年时间建立以骨干企业为核心的新能源汽车产业链，用7年时间将宁波市建设成国内具有重要影响力的新能源汽车生产基地和推广应用示范基地，形成以超级电容无轨电车为核心产品的新能源汽车产业发展集群，通过整车带动关键核心零部件发展，推进整个新能源汽车产业链协同发展；新能源汽车及关键核心零部件技术整体上达到行业先进水平，掌握插电式混合动力、替代燃料汽车等关键核心技术，突破以燃料电池汽车为代表的下一代新能源汽车前沿技术；遵循适度先行和稳步推进的建设原则，形成满足城际互联、区域间交通及市内各区域新能源汽车充电网络，实现网络互联，满足新能源汽车运行需要；构建完善的公共服务平台和规范的管理体系，为新能源汽车企业提供优质的公共服务。

六、节能与新能源汽车推广应用统计

1. 2015年电动汽车推广应用数量城市

单位：辆

车型 / 燃料	公交车	旅游大巴	公务车	出租车	租赁用车	私人车	环卫车	物流车	邮政车	电力工程车	载货车	其他专用车	其他	合计	同期增长（%）
纯电动汽车	152	0	0	0	3607	220	7	138	0	0	0	0	13	4137	10242.5
非插电式混合动力汽车	0	0	0	0	0	0	0	0	0	0	0	0	0	0	0
插电式混合动力汽车	115	0	0	0	6	39	0	0	0	0	0	0	0	160	81.82

续表

车型 燃料	公交车	旅游大巴	公务车	出租车	租赁用车	私人车	环卫车	物流车	邮政车	电力工程车	载货车	其他专用车	其他	合计	同期增长(%)
增程式电动汽车	0	0	0	0	0	0	0	0	0	0	0	0	0	0	0
燃料电池汽车	0	0	0	0	0	0	0	0	0	0	0	0	0	0	0
合计	267	0	0	0	3613	259	7	138	0	0	0	0	13	4297	3257.03

注：纯电动公交车中106辆为超级电容公交车。

2. 2015年电动汽车推广应用车型及数量

应用地区	车辆品牌	数量（单位：辆）
宁波市	宝裕牌	8
	北奔牌	1
	北京牌	93
	比亚迪牌	44
	大马牌	18
	东风牌	122
	东宇牌	38
	福田牌	115
	海格牌	24
	黄海牌	50
	吉利牌	2377
	江淮牌	11
	江铃牌	175
	江南牌	30
	卡威牌	1
	开瑞牌	5
	康迪牌	81
	迈迪牌	112
	南车牌	106
	奇瑞牌	9
	通家福牌	7
	扬子江牌	71
	依维柯牌	10
	宇通牌	222
	知豆牌	271
	智骐牌	26
	众泰牌	270

七、2015年底电动汽车充（换）电站（桩）保有量统计

充电站					充电桩		换电站
城市名称	数量（座）	充电机功率总计（kW）	充电站占地面积（m^2）	投资金额（万元）	慢充（个）	快充（个）	数量（座）
宁波市	8	1920	960	1304	403	41	3

合肥市

一、节能与新能源汽车扶持政策与措施

2014 年底，为加大推广应用力度，合肥市对政策进行修订，出台《合肥市人民政府关于进一步促进新能源汽车推广应用的若干意见》（合政秘〔2014〕179 号），有效期至 2015 年 12 月 31 日。该政策主要有以下几个方面特点：

（1）在全国首次提出将电动公交充电设施纳入全市大建设，将公共充电设施作为城市公用设施纳入归口管理。

（2）率先提出拓宽电动物流车通行范围。

（3）第一个以市政府文件形式明确将实际运行的新能源汽车及充电设施数量纳入政府年度自主创新目标考核。

（4）率先提出对提供便利的物业服务企业给予一定财政资金补助。

（5）率先提出制订充电设施工程建设验收标准。

（6）率先提出鼓励电池企业进行电池回收处理。

同时，在鼓励推广应用方面进一步加大支持力度，对个人购买纯电动乘用车予以补助，市财政补助中安排 1 万元/辆用于充电设施安装和充电费用。

为保障《合肥市人民政府关于进一步促进新能源汽车推广应用的若干意见》（合政秘〔2014〕179 号）的有效落实，2015 年合肥市相继出台《合肥市新能源汽车推广应用财政补助实施细则》《关于我市电动汽车充电服务价格的通知》《关于新能源汽车免收市区道路临时停车费用的规定》《关于电动物流车市区通行证办理的规定》等文件，强化制度保障。

二、节能与新能源汽车推广应用情况

2015 年，合肥市在全国范围内推广新能源汽车 1.34 万辆（新能源乘用车 1.04 万辆，新能源客车 0.3 万辆），同比增长 4.2 倍。其中在合肥市内推广 4245 辆，新能源客车 809 辆，乘用车 3436 辆，公共服务领域新增车辆 618 辆，其中新能源汽车 240 辆，占比 39%。

三、基础设施建设及运行情况

2015 年，合肥市新建公交车充电站 17 座 300 个桩，累计建成公交车充电站 29 座 565 个桩，建成电动轿车充电桩群 172 座 6305 个桩；另外，江淮公司随车配建简易充电桩（一车一桩）8000 个；建成监控中心 1 座，企业信息采集监控站 3 座，维保站 10 座。

合肥市充电设施运行单位主要有国网合肥供电公司、合肥国轩特来电新能源有限公司、普天新能源安徽有限公司三家。国网合肥供电公司主要从事公交充电站、高速公路充电站的建设与运营，合肥国轩特来电新能源有限公司主要从事私人领域乘用车充电桩的建设与运营，普天新能源安徽有限公司主要从事出租车充电桩建设与运营。

（1）公交充电站运营情况。国网合肥供电公司建设的充电站统一由国网合肥供电公司运营管理，2015 年 8 月开始，按照合肥市物价局核定的充电服务费标准，公交按照每度电 0.53 元支付服务费。充电电费按照大工业用电标准收取，分时段收费，平均每度电收费价格为 0.65 元。每充一度电，合计需支付服务费和电费 1.18 元左右。合肥市政府投资 17 座充电站建成后由市公交公司管理运营，实行充电服务外包模式运营，目前由普天新能源安徽有限公司中标运营，按照 0.129 元/度支付充电服务费。

（2）乘用车充电站（桩群）运营情况。乘用车充电站（桩群）主要由充电设施运营商负责建设管理，普天新能源安徽有限公司建设的 22 个出租车充电桩群统一由其负责运营管理，已全部投入使用。合肥国轩特来电新能源有限公司已建成和运营社会公共充电站场 85 个，充电终端数 1029 个，其中直流终端数 306 个，交流终端数 723 个，累计为新能源汽车充电 938235 度。国网合肥供电公司建设乘用车充电桩群 65 处 1131 台，已全部投入使用。

（3）单位及小区充电桩运营情况。运营商建设的小区及单位充电桩由运营商统一负责运营管理，各单位自行建设充电桩由单位运营，使用率超过 80%。新建小区建设的充电桩目前由小区物业公司运营管理，实际使用情况视小区交付入住情况而定，使用率超过 30%。

（4）电动汽车充电站及社会公共桩群管理。电动公交车充电站运行值班人员交替 24 小时在充电站值守，按时对充电桩、充电车辆、配电设备和整流柜进行巡视检查，做好巡检记录，及时掌握充电设施运行情况。同时，通过消防报警系统和视频监控系统，加强充电站充电区域安全管理。社会公共充电桩群实行定期巡检、保养和维护。同时各运营商在办理充电卡相关业务时，询问和收集电动乘用车用户对于充电站故障情况的反映，及时对充电桩进行检修升级。

四、节能与新能源汽车项目投融资及园区建设情况

1. 投融资情况

（1）建立重大项目库，总投资 204 亿元，通过重大项目的调度，推动产业加快发展，如江淮 5 代电动车于 4 月 20 日正式上市，六代国内首款纯电动 SUV 于 11 月 20 日在广州车展正式发布，研制的电动微卡和星锐电动客车正在试验验证；安凯公司新能源汽车扩建及关键动力总成制造

研发一体化项目建成投产；安凯新能源客车基地全面投产；国轩年产5万吨动力电池正极材料项目第一条生产线于10月12日投产；合肥东昇功能膜生产设备及新材料研发制造项目于10月19日开工建设等。

（2）争取中央财政补贴和国家电网建站资金13亿元，合肥市政府支持试点示范资金13.3亿元，有关重点企业上市募集投入资金约8亿元，带动合肥市新能源汽车产业链产值120亿元以上。合肥市聚集新能源汽车产业链企业70家，新能源乘用车年产能达到10万辆，新能源客车年产能达到1.1万辆，动力电池年产能达到10亿安时，电机年产能10万台套，累计实现产值达到300亿元。

2. 园区建设情况

支持合巢经开区获批“安徽省新能源汽车生产基地”，包河区新能源汽车基地荣获商务部第四批“国家科技兴贸创新基地”、工信部“国家新型工业化产业示范基地”和“安徽省战略性新兴产业聚焦发展基地”。支持新站区新能源汽车产业基地、百亿电池产业园建设。

五、节能与新能源汽车发展规划

到2020年，新能源汽车在公共服务领域得到广泛应用，全市累计推广新能源汽车10万辆，新能源汽车产业聚集发展基地建设成效显著，产值规模500亿元。

（1）大力提升产业技术水平。坚持“纯电驱动”的技术路线，开发电动汽车动力系统技术平台，掌握混合动力、动力电池、汽车电子和轻量化材料等汽车节能关键核心技术，新能源汽车、动力电池及关键零部件技术整体上达到国内领先。研发及引进氢燃料电池，超前研发下一代电池技术等。

（2）强化新能源汽车产业聚集发展基地建设。依托江淮、安凯、国轩高科等企业着力打造新能源乘用车、客车、车用电池生产研发基地，围绕“三车三电”（乘用车、客车、专用车，电池、电机、电控），引进国内外著名品牌关联企业，推进重点项目建设，加快建设新能源汽车产业聚集发展基地。

（3）充电设施适度超前。全面建成合肥充电基础设施网络建设，并逐步实现与周边城市网络的连接，初步形成合肥经济圈、周边城市新能源汽车充电基础设施区域网络，并与长三角地区充电基础设施网络实现联通。

六、节能与新能源汽车推广应用统计

1. 2015年电动汽车推广应用数量

单位：辆

车型 燃料	公交车	旅游大巴	公务车	出租车	租赁用车	私人车	环卫车	物流车	邮政车	电力工程车	载货车	其他专用车	其他	合计
纯电动汽车	460	335	0	0	246	3189	0	0	0	0	0	0	0	4230
非插电式混合动力汽车	0	0	0	0	0	0	0	0	0	0	0	0	0	0
插电式混合动力汽车	0	14	0	0	0	1	0	0	0	0	0	0	0	15
增程式电动汽车	0	0	0	0	0	0	0	0	0	0	0	0	0	0
燃料电池汽车	0	0	0	0	0	0	0	0	0	0	0	0	0	0
合计	460	349	0	0	246	3190	0	0	0	0	0	0	0	4245

注：本表中统计8辆进口纯电动轿车。

2. 2015年电动汽车推广应用车型及数量

应用地区	车型	通用名称	数量（单位：辆）
合肥市	北京牌BJ7001B3D2－BEV型纯电动轿车	EV200	1
	吉利牌SMA7000BEV01型纯电动轿车	知豆D1	45
	江淮牌HFC7000AEV型纯电动轿车	和悦iEV4	2117
	江淮牌HFC7001AEV型纯电动轿车	和悦iEV5	1136
	江铃牌JX7004BEV型纯电动轿车	E100	20
	奇瑞牌SQR7000BEVJ00型纯电动轿车	奇瑞eQ	2
	知豆牌SMA7001BEV13型纯电动轿车	知豆D2	100
	众泰牌JNJ7000EVZ4型纯电动轿车	知豆301C	2
	众泰牌JNJ7000EVZ5型纯电动轿车	知豆301B	3
	宝马牌i3 1Z21型纯电动轿车（进口）	宝马i3	1
	拓速乐牌ModelS 70D（S（M24N/S（M25N））型纯电动轿车（进口）	MODEL S	7

续表

应用地区	车　型	通用名称	数量（单位：辆）
合肥市	江淮牌 HFC7100B1HEVF 型插电式混合动力轿车	和悦 iREV	1
	安凯牌 HFF6120K46EV－1 型纯电动客车	纯电动客车	35
	安凯牌 HFF6101K10EV－1 型纯电动客车	纯电动客车	1
	安凯牌 HFF6101K10EV－2 型纯电动客车	纯电动客车	20
	安凯牌 HFF6101K10EV 型纯电动客车	纯电动客车	2
	安凯牌 HFF6850K10EV 型纯电动客车	纯电动客车	1
	安凯牌 HFF6702BEV 型纯电动客车	纯电动客车	1
	安凯牌 HFF6703BEV 型纯电动客车	纯电动客车	1
	大马牌 HKL6600BEV 型纯电动客车	大马 E6	34
	东宇牌 NJL6680BEV1 型纯电动客车	纯电动客车	1
	金龙牌 XMQ6603KGBEVL 型纯电动客车	纯电动客车	1
	金龙牌 XMQ6610CEBEVS3 型纯电动客车	纯电动客车	5
	金旅牌 XML6102JEV30 型纯电动客车	纯电动客车	2
	开沃牌 NJL6600BEV15 型纯电动客车	纯电动客车	1
	万达牌 WD6602BEV 型纯电动客车	纯电动客车	1
	星凯龙牌 HFX6100KEV09 型纯电动客车	纯电动客车	1
	星凯龙牌 HFX6120KEV07 型纯电动客车	纯电动客车	1
	星凯龙牌 HFX6600KEV10 型纯电动客车	纯电动客车	1
	星凯龙牌 HFX6601KEV10 型纯电动客车	纯电动客车	1
	星凯龙牌 HFX6602KEV05 型纯电动客车	纯电动客车	25
	星凯龙牌 HFX6603KEV10 型纯电动客车	纯电动客车	30
	星凯龙牌 HFX6604KEV10 型纯电动客车	纯电动客车	1
	星凯龙牌 HFX6700KEV08 型纯电动客车	纯电动客车	1
	宇通牌 ZK6641BEVQ3 型纯电动客车	纯电动客车	2
	宇通牌 ZK6701BEVQ3 型纯电动客车	纯电动客车	5
	安凯牌 HFF6102G03EV－3 型纯电动城市客车	纯电动城市客车	100
	安凯牌 HFF6112G03EV 型纯电动城市客车	纯电动城市客车	1
	安凯牌 HFF6123G03EV－2 型纯电动城市客车	纯电动城市客车	315
	安凯牌 HFF6126G03EV－2 型纯电动城市客车	纯电动城市客车	2
	安凯牌 HFF6128G03EV 型纯电动城市客车	纯电动城市客车	1
	安凯牌 HFF6129G03EV 型纯电动城市客车	纯电动城市客车	1
	安凯牌 HFF6660GEVB2 型纯电动城市客车	纯电动城市客车	40
	安凯牌 HFF6850G03EV 型纯电动城市客车	纯电动城市客车	1
	星凯龙牌 HFX6101GEV02 型纯电动城市客车	纯电动城市客车	1
	星凯龙牌 HFX6121GEV03 型纯电动城市客车	纯电动城市客车	1
	星凯龙牌 HFX6122GEV03 型纯电动城市客车	纯电动城市客车	1
	宇通牌 ZK6705BEVG1 型纯电动城市客车	纯电动城市客车	10
	宇通牌 ZK6805BEVG1 型纯电动城市客车	纯电动城市客车	1
	中通牌 LCK6663EVG 型纯电动城市客车	纯电动城市客车	126
	安凯牌 HFF6120G03CHEV－1 型插电式混合动力城市客车	插电式混合动力城市客车	13
	安凯牌 HFF6100G03CHEV－1 型插电式混合动力城市客车	插电式混合动力城市客车	20

续表

应用地区	车 型	通用名称	数量（单位：辆）
合肥市	安凯牌 HFF6100G03CHEV－2 型插电式混合动力城市客车	插电式混合动力城市客车	1
	瑞驰牌 CRC5021XXY－LBEV 型纯电动厢式运输车	EK05	1

七、2015 年底电动汽车充（换）电站（桩）保有量统计

充电站					充电桩		换电站
城市名称	数量（座）	充电机功率总计（kW）	充电站占地面积（m^2）	投资金额（万元）	慢充（个）	快充（个）	数量（座）
合肥市	29	29550	170 万	15000	11000	1551	2

芜湖市

一、节能与新能源汽车扶持政策与措施

自 2013 年芜湖市列入国家新能源汽车推广应用城市以来，先后制定出台《芜湖市新能源汽车推广应用实施方案（2013—2015 年）》（芜政秘〔2013〕280 号）、《芜湖市新能源汽车推广应用财政补助资金管理办法（试行）》（芜政秘〔2013〕281 号），编制《芜湖市新能源汽车充电设施近期建设规划（2014—2015）》。芜湖市创新多元化租赁模式，结合公车改革，通过长期租赁，分时租赁，以租代售等措施，大力向社会推广新能源汽车，包括专门成立易开汽车租赁公司、面向政府机关和事业单位租赁新能源汽车，市财政给予一定的资金补助。

芜湖市设立新能源汽车发展专项资金，重点支持插电式混合动力汽车、纯电动汽车和燃料电池汽车的整车集成和关键零部件技术突破、产业化及公共平台建设。

配套支持芜湖市新能源汽车制造、研发企业申报国家重大专项、创新工程、“863”计划、科技支撑计划、合芜蚌自主创新专项资金等项目。市级各类专项经费向新能源汽车技术攻关及产业化项目倾斜。

鼓励和支持新能源汽车研发企业申报市级技术改造、引进消化吸收创新、产学研、科技小巨人计划、产业技术研究院、院士工作站、人才计划等项目，对符合条件的，将按照有关规定给予一定的资金资助。

二、节能与新能源汽车推广应用情况

截至 2015 年底，全市累计推广新能源汽车 5470 辆，占目标任务的 107%，其中 2015 年共推广新能源汽车 4993 辆。

（1）长期租赁。加大在政府机关和公共机构推广应用新能源汽车，市财政对租赁新能源汽车用户每月每辆车补贴 1000 元。截至 12 月底，有 291 辆用于长租，主要租赁对象为市直单位、各县区、开发区、企业等，均为按年租赁。

（2）分时租赁。市交通投资公司专门成立新能源汽车租赁服务部，市内公务用车原则上租赁新能源汽车，机关事业单位职工每人每月可在单位报销 500 元租车费，激发公务人员先行先试。市财政在原补贴的基础上再补助市交投公司 2 万元/辆，用于基础设施建设。截至 12 月底投放 1032 辆用于分时租赁。

（3）以租代售。为加大推广应用力度，芜湖市创新推广模式，采取以租代售方式进行推广，全年共推广 977 辆。

（4）社会购买。2015 年，加大单位和私人领域购买新能源汽车力度。截至 12 月底，单位和私人共购买新能源汽车 1550 辆，其中纯电动车 1167 辆，插电式混合动力 383 辆。

（5）公共交通。截至 12 月底，采购新能源客车 438 辆，其中万达插电式混合动力公交车 336 辆，上海申龙和芜湖宝骐联合生产纯电动公交车 1 辆、插电式混合动力公交车 1 辆，安奇公司采购的企业通勤用万达纯电动客车 100 辆。

（6）物流车。截至 12 月底，推广纯电动物流车 1182 辆，其中芜湖宝骐汽车制造有限公司生产的纯电物流车 1159 辆，奇瑞新能源汽车公司生产的纯电物流车 23 辆。

三、基础设施建设及运行情况

（1）充电设施建设。截至 2015 年底，建设完成充电桩 1083 个（累计 1764 个充电口），1 个充电站，其中 2015 年建设充电桩 761 个。引进江苏万帮、安徽旗翔两家充电桩生产运营企业，分别成立芜湖万帮新能源汽车销售服务公司、安徽易开汽车运营股份有限公司，加快芜湖充电桩建设。国家电网批复在芜建设 4 个快速充电站，于 2016 年 2 月完成。

（2）分时租赁点建设。截至 12 月底，投入使用租赁点 19 个，投放 1032 辆用于分时租赁，另有 45 个租赁点在建。推出首个智能化租车 APP“易开租车”，只需通过一部手机便能实现自助式租还电动汽车服务，从取车到还车，整个流程操作简单方便快捷。

（3）充电设施规划情况。按照市充电设施建设规划要求，在土地出让条件中就明确充电桩配置数量，对新建办公楼、商场、酒店、社会停车场等公共场所按规划停车位数的 20% 配建可充电停车位，新建住宅小区按规划停车位

数的 100% 配建可充电停车位。

四、节能与新能源汽车项目投融资及园区建设情况

2015 年，全市新能源汽车产业实现产值 122.33 亿元，比上年增长 21.4%，超额完成省年度考核目标任务的 63.1%；在建重点项目 59 个，当年完成投资 42.02 亿元，完成年度目标任务的 140.1%；已入库税收 3.65 亿元，应交税金 4.37 亿元。围绕整车龙头板块，全力打造奇瑞新能源“全铝空间架构 + 全复合材料外覆盖件”超级轻量化技术平台，首批投资 15.6 亿元建设的年产 6 万辆铝车身骨架纯电动乘用车（小蚂蚁电动车）项目一期顺利开工，围绕核心产业链布局，重点推进天弋能源、天量电池系统、达尼特等大项目建设。总投资 30 亿元的天弋能源锂电池项目一期租赁厂房已建成投产，二期部分主体结构基本完工。研究院项目前期进展顺利；总投资 10 亿元的天量电池系统锂离子电池箱研发及生产基地项目一期日前正式投产，二期即将开工；达尼特计划追加投资 14 亿元建设隔膜生产基地，其中 2016 年计划新增两条高产值隔膜生产线，目前解决技术“瓶颈”的部分关键设备已采购到位。围绕关键配套体系建设，重点推进金玺新能源汽车、旗翔新能源等充电设施及运营服务项目。

2015 年，芜湖市围绕新能源汽车新签约项目 8 个，总投资 62 亿元；重点洽谈项目 27 个，总投资 110 亿元。奇瑞—百度智能车开发项目有序推进，高新区与百度公司就发展自动驾驶汽车及基于自动驾驶的汽车分时共享产业达成战略合作；安川电机、天鑫能源、天量电池、馨联动力系统、旗翔新能源等项目相继落户；中信智能科技、比克电池、飞毛腿电池等项目进展顺利；奇瑞新能源完成对奇达动力电池股权的收购，全资控股奇达动力电池，全力进军新能源汽车电池领域。

五、节能与新能源汽车发展规划

1. 车辆推广

按照中部省 2016—2020 年新能源汽车推广数量分别不低于 1.8 万辆，2.2 万辆，2.8 万辆，3.8 万辆，5.0 万辆，且推广的新能源汽车数量占本地区新增及更新的汽车总量比例不低于 1.5%、2%、3%、4%、5%，芜湖市 2016—2020 年推广计划依次为 1800 辆、2200 辆、2800 辆、3800 辆、5000 辆（全省占比 10%）。

2. 基础设施

市规委会已明确新建办公楼、商场、酒店、社会停车场等公共场所按规划停车位数的 20% 配建可充电停车位，新建住宅小区按规划停车位数的 10% 配建可充电停车位。到 2020 年，芜湖市计划建成充电桩 1.4 万个，其中 2016 年 2000 个，2017 年 2000 个，2018 年 3000 个，2019 年 3000 个，2020 年 4000 个。

芜湖市将新能源汽车推广应用工作作为政府专项工作，专门成立以市委、市政府主要领导为组长的新能源汽车推广应用领导小组，先后制定出台《芜湖市新能源汽车推广应用实施方案（2013—2015 年）》（芜政秘〔2013〕280 号）、《芜湖市新能源汽车推广应用财政补助资金管理办法（试行）》（芜政秘〔2013〕281 号），编制《芜湖市新能源汽车充电设施近期建设规划（2014－2015）》。目前正在研究制定《芜湖市电动汽车充电基础设施专项规划（2016—2020）》《芜湖市关于加快电动汽车充电基础设施建设的实施意见》《芜湖市新能源汽车推广应用实施方案（2016—2020 年）》《芜湖市新能源汽车推广应用财政补助资金管理办法（2016—2020）》等，在从购车、使用、充电、租赁、回收等环节给予财政补贴。对租赁企业、运营单位、充电设施建设单位给予财政扶持。做好国家、省新能源汽车推广财政补贴资金落实工作。建立新能源汽车推广融资担保机制。制订新能源公交车、短途客运车、出租车、物流车运营鼓励政策。后期将成立芜湖市新能源汽车运营监测中心，建立信息化管理平台，建设新能源汽车专业维修服务站、租赁与体验点及建立安全监控机制等一系列完善新能源汽车推广后续服务。

六、节能与新能源汽车推广应用统计

1. 2015 年电动汽车推广应用数量

单位：辆

车型 燃料	公交车	旅游大巴	公务车	出租车	租赁用车	私人车	环卫车	物流车	邮政车	电力工程车	载货车	其他专用车	其他	合计
纯电动汽车		100	115		1919	974		1181						4289
非插电式混合动力汽车														
插电式混合动力汽车	321		12			371								704
增程式电动汽车														
燃料电池汽车														
合计	321	100	127	0	1919	1345	0	1181	0	0	0	0	0	4993

2. 2015 年电动汽车推广应用车型及数量

应用地区	车型	通用名称	数量（单位：辆）
芜湖市	奇瑞牌 SQR7000BEVJ00 型纯电动轿车	奇瑞 eQ	2989
	奇瑞牌 SQR5010XXYBEVJ00 型纯电动厢式运输车	奇瑞 eQ－X	23
	奇瑞牌 SQR7160PHEVJ42 型插电式混合动力轿车	艾瑞泽 7	383
	智骐牌 WXS5020XXYBEV 型纯电动厢式运输车	物流宝贝	307
	宝骐牌 WXS5022XXYBEV 型纯电动厢式运输车	物流宝贝	552
	劲骐牌 WXS5023XXYBEV 型纯电动厢式运输车	劲骐旺旺	290
	江淮牌 HFC7000AEV 型纯电动轿车	和悦 iEV4	1
	腾势牌 QCJ7007BEV 型纯电动轿车	腾势	1
	江南牌 JNJ1021EVL 型纯电动载货车	纯电动载货车	26
	万达牌 WD6112PHEV 型插电式混合动力城市客车	插电式混合动力城市客车	285
	宇通牌 ZK6120PHEVNPG3 型插电式混合动力城市客车	插电式混合动力城市客车	136

3. 2015 年底燃气汽车应用保有量统计

单位：辆

车型		LPG	LNG	CNG	合计	同期增长（%）
燃气汽车	大中型客车	0	431	0	431	7083.3
	轻型客车	0	0	0	0	—
	货车	0	0	0	0	—
	出租车	0	0	0	0	—
	私人用车	0	0	0	0	—
	其他	0	0	0	0	—
	小计	0	431	0	431	7083.3

七、2015 年底电动汽车充（换）电站（桩）保有量统计

充电站					充电桩		换电站
城市　名称	数量（座）	充电机功率总计（kW）	充电站占地面积（m^2）	投资金额（万元）	慢充（个）	快充（个）	数量（座）
芜湖市	1	120	400	220	1069	11	2

武汉市

一、节能与新能源汽车扶持政策与措施

（1）《武汉市鼓励单位和个人购买使用新能源汽车地方配套补贴实施办法》补充规定的通知 武科（2015）92 号；

（2）《关于电动汽车充电服务费有关问题的通知》；

（3）《武汉市 2015 年新能源汽车推广应用示范工作实施方案》。

二、节能与新能源汽车推广应用情况

2015 年，武汉市新能源汽车推广应用数量为 9053 台，投入车型包括纯电动城市客车、纯电动轿车、插电式混合动力乘用车、增程式混合动力汽车。其中，1501 台纯电动城市客车用于公交和通勤车领域，公务领域新能源车辆 339 台，出租领域新能源车辆 856 台，邮政领域新能源车辆为 80 台，环卫领域新能源车辆 99 台，物流领域新能源车辆 227 台，私人购车领域共计推广 5951 台新能源汽车。

三、基础设施建设及运行情况

2015 年，武汉市建成充电站 13 座，充电站占地面积达到 41600 平方米，投资金额万元；建成并投入使用的充电桩数量达到 1214 个，其中交流充电桩 1055 个，直流充电桩 159 个。

四、节能与新能源汽车项目投融资及园区建设情况

2014 年 9 月，武汉市公交集团公司通过公开招标，采购东风扬子江客车生产的在线充纯电动公交车 200 辆，并于 2015 年 9 月完成 800 辆纯电动新能源公交车的招标工

作，目前正在开展充电基础设施建设。截至 2015 年，新能源公交车总规模达到 1000 台，达到武汉市确定的新能源公交车的推广目标。

2015 年，武汉市客管处通过公开招标方式确定比亚迪、东风和特斯拉三家中标企业共发展 1100 辆纯电动客运出租汽车，已投放纯电动出租车 465 辆，其中比亚迪 E6 纯电动出租汽车 270 辆，东风风神 A60EV 纯电动出租汽车 180 辆，特斯拉预约纯电动出租汽车 15 辆。

根据《省机关事务管理局关于进一步规范全省公务用车管理工作的通知》（鄂管发〔2014〕86 号）文件精神，武汉市 2014 年 1 月 1 日起全面停止了对市直党政机关及参公事业单位一般公务用车购置和更新。鼓励大中型企事业单位购置或租赁新能源汽车，武汉市邮政管理局等单位积极响应，租赁或购置新能源乘用车 222 台。

2015 年，武汉市公安局更新 24 台执勤执法用车，其中有 12 台是新能源汽车是通过招标买 6 台增程式新能源汽车（广州传祺）和 6 台纯电动新能源汽车（北京牌）。

2015 年，武汉市城管委通过政府采购购置 100 辆新能源环卫车用于全市环卫系统的新能源推广应用工作。

五、节能与新能源汽车发展规划

根据《武汉市 2016 年拥抱蓝天行动方案》显示，武汉市将加快推进中心城区传统公交车和客运出租汽车更新为新能源汽车工作，推进充电站（桩）等配套基础设施的建设，继续加大新能源汽车推广政策支持力度，2016 年在全市推广新能源汽车 10000 辆（标准车）。

六、节能与新能源汽车推广应用统计

1. 2015 年电动汽车推广应用数量

单位：辆

车型 / 燃料	公交车	旅游大巴	公务车	出租车	租赁用车	私人车	环卫车	物流车	邮政车	电力工程车	载货车	其他专用车	其他	合计	同期增长（%）
纯电动汽车	1501	0	339	856	0	5207	99	0	80	0	0	227	0	8309	473
非插电式混合动力汽车	0	0	0	0	0	0	0	0	0	0	0	0	0	0	0
插电式混合动力汽车	0	0	0	0	0	667	0	0	0	0	0	0	0	667	212
增程式电动汽车	0	0	0	0	0	77	0	0	0	0	0	0	0	77	0
燃料电池汽车	0	0	0	0	0	0	0	0	0	0	0	0	0	0	0
合计	1501	0	339	856	0	5951	99	0	80	0	0	227	0	9053	512

注：本表中统计 5 辆进口插电式混合动力轿车。

2. 2015 年电动汽车推广应用车型及数量

应用地区	车型	通用名称	数量（单位：辆）
武汉市	比亚迪牌 BYD7005BEV 型纯电动轿车	比亚迪 e5	5
	比亚迪牌 BYD7006BEVH 型纯电动轿车	比亚迪 e6	461
	比亚迪牌 QCJ7006BEVF 型纯电动轿车	比亚迪 e6	21
	风神牌 DFM7000H2DBEV1 型纯电动轿车	E30L	398
	风神牌 DFM7000H2DBEV 型纯电动轿车	E30	252
	风神牌 DFM7000G1ABEV 型纯电动轿车	A60	395
	启辰牌 DFL7000B2BEV 型纯电动轿车	启辰 e30	16
	康迪牌 SMA7000BEV 型纯电动轿车	K10	4
	康迪牌 SMA7001BEV 型纯电动轿车	K11	26
	康迪牌 SMA7001BEV02 型纯电动轿车	K11B	15
	奇瑞牌 SQR7000BEVJ00 型纯电动轿车	奇瑞 eQ	73
	吉利牌 SMA7000BEV01 型纯电动轿车	知豆 D1	420
	吉利牌 SMA7001BEV12 型纯电动轿车	知豆 D1	465
	知豆牌 SMA7001BEV13 型纯电动轿车	知豆 D2	460
	众泰牌 JNJ7000EVZ2 型纯电动轿车	SKIO E20	195
	众泰牌 JNJ7000EVZ6 型纯电动轿车	SKIO E20	148

续表

应用地区	车 型	通用名称	数量（单位：辆）
武汉市	众泰牌 JNJ7000EVZ7 型纯电动轿车	SKIO E20	467
	众泰牌 JNJ7000EVX 型纯电动轿车	众泰云 100	953
	江淮牌 HFC7000AEV 型纯电动轿车	和悦 iEV4	232
	江淮牌 HFC7001AEV 型纯电动轿车	和悦 iEV5	215
	江铃牌 JX7004BEV 型纯电动轿车	E100	287
	江铃牌 JX7005BEV 型纯电动轿车	E100	12
	力帆牌 LF7004EV 型纯电动轿车	330EV	20
	迈迪牌 JNP7001BEV3 型纯电动轿车	迈迪 i3	74
	长安牌 SC7003AEV 型纯电动轿车	e30	1
	北京牌 BJ7000B3D5 - BEV 型纯电动轿车	EV200 - II	179
	北京牌 BJ7001B3D2 - BEV 型纯电动轿车	EV200	9
	北京牌 BJ7000B3D1 BEV 型纯电动轿车	EV200	1
	北京牌 BJ6450L3R - BEV 型纯电动多用途乘用车	威旺 307EV	1
	传祺（Trumpchi）牌 GAC7100SHEVB4 型增程式混合动力轿车	传祺 GA5 REV	77
	荣威 CSA7150PHEV 型插电式混合动力轿车	荣威 550plug - in	1
	宝马牌 BMW7201AMHEV（BMW530Le）型插电式混合动力轿车（进口）	宝马 5 系	5
	比亚迪牌 BYD7150WTHEV3 型插电式混合动力轿车	比亚迪秦	291
	比亚迪牌 BYD6480STHEV 型插电式混合动力多用途乘用车	比亚迪唐	370
	东风牌 EQ6600CBEV 型纯电动客车	纯电动客车	52
	东风牌 EQ6111CBEV 型纯电动客车	纯电动客车	12
	东风牌 EQ6640CLBEV 型纯电动客车	A08	1
	大马牌 HKL6600BEV 型纯电动客车	大马 E6	2
	东宇牌 NJL6117BEV 型纯电动客车	纯电动客车	56
	东宇牌 NJL6118BEV9 型纯电动客车	纯电动客车	50
	东宇牌 NJL6706BEV 型纯电动客车	纯电动客车	11
	东宇牌 NJL6601BEV2 型纯电动客车	纯电动客车	6
	东宇牌 NJL6600BEV6 型纯电动客车	纯电动客车	7
	东宇牌 NJL6118BEV 型纯电动客车	纯电动客车	102
	东宇牌 NJL6117BEV7 型纯电动客车	纯电动客车	26
	东宇牌 NJL6118BEV4 型纯电动客车	纯电动客车	60
	海格牌 KLQ6702EV 型纯电动客车	纯电动客车	10
	海格牌 KLQ6601BEV 型纯电动客车	纯电动客车	1
	海格牌 KLQ6109TAEV1 型纯电动客车	纯电动客车	13
	扬子江牌 WG6611BEVQ 型纯电动客车	腾龙 Q1	86
	扬子江牌 WG6612BEVZ 型纯电动客车	腾狮 Q2	150
	扬子江牌 WG6702BEVH 型纯电动客车	纯电动客车	6
	宇通牌 ZK6115BEV1 型纯电动客车	纯电动客车	25
	宇通牌 ZK6701BEVQ3 型纯电动客车	纯电动客车	2
	中通牌 LCK6108EV 型纯电动客车	纯电动客车	150
	宇通牌 ZK6115BEV1 型纯电动客车	纯电动客车	30
	宇通牌 ZK6115BEV5 型纯电动客车	纯电动客车	20

续表

应用地区	车 型	通用名称	数量（单位：辆）
武汉市	比亚迪牌 CK6120LGEV2 型纯电动城市客车	K9A	2
	比亚迪牌 CK6100LGEV 型纯电动城市客车	K8	6
	比亚迪牌 CK6800LZEV1 型纯电动城市客车	纯电动城市客车	56
	东宇牌 NJL6129BEV5 型纯电动城市客车	纯电动城市客车	10
	飞燕牌 SDL6122EVG 型纯电动城市客车	纯电动城市客车	60
	飞燕牌 SDL6831EVG 型纯电动城市客车	纯电动城市客车	160
	扬子江牌 WG6610BEVH 型纯电动城市客车	超级精灵 G6Z	161
	扬子江牌 WG6620BEVZ 型纯电动城市客车	超级精灵 G6	3
	扬子江牌 WG6620BEVZT1 型纯电动城市客车	超级精灵 G6	41
	扬子江牌 WG6650BEVH 型纯电动城市客车	都市迷巴 G365	1
	扬子江牌 WG6821BEVH 型纯电动城市客车	威虎 T1	4
	扬子江牌 WG6820BEVH 型纯电动城市客车	威虎 G1	212
	扬子江牌 WG6124BEVH 型纯电动城市客车	精英 G2E	51
	扬子江牌 WG6100BEVH 型纯电动城市客车	精英 G2	1
	扬子江牌 WG6101BEVH 型纯电动城市客车	纯电动城市客车	1
	扬子江牌 WG6129BEVHY1 型纯电动城市客车	城市星 G5	234
	扬子江牌 WG5021XXYBEV 型纯电动厢式运输车	纯电动厢式运输车	96
	北京牌 BJ5021XXYV3R1 - BEV 型纯电动厢式运输车	威旺 307EV	41
	瑞驰牌 CRC5021XXY - LBEV 型纯电动厢式运输车	EK05	40
	瑞驰牌 CRC5023XXY - LBEV 型纯电动厢式运输车	EV25A	5
	智骐牌 WXS5020XXYBEV 型纯电动厢式运输车	物流宝贝	30
	劲骐牌 WXS5023XXYBEV 型纯电动厢式运输车	劲骐旺旺	20
	劲骐牌 WXS5024XXYBEV 型纯电动厢式运输车	泓源派派	34
	金龙牌 NJT5020XXYBEV1 型纯电动厢式运输车	纯电动厢式运输车	1
	金龙牌 NJT5042XXYBEV 型纯电动厢式运输车	纯电动厢式运输车	2
	达福迪牌 JAX5021XXYBEVF216LB15M2X1 型纯电动厢式运输车	纯电动厢式运输车	1
	达福迪牌 JAX5024XXYBEVF266LB15M2X1 型纯电动厢式运输车	纯电动厢式运输车	8
	王牌牌 CDW5070XXYH1PEV 型纯电动厢式运输车	王牌 7 系	3
	东风牌 EQ5020XXYLBEV 型纯电动厢式运输车	东风俊风	241
	东风牌 EQ5020XXYACBEV1 型纯电动厢式运输车	纯电动厢式运输车	2
	九通牌 KR5021ZXXEV 型纯电动车厢可卸式垃圾车	纯电动车厢可卸式垃圾车	99

七、2015 年底电动汽车充（换）电站（桩）保有量统计

充电站					充电桩		换电站
城市名称	数量（座）	充电机功率总计（kW）	充电站占地面积（m^2）	投资金额（万元）	慢充（个）	快充（个）	数量（座）
武汉市	13	4074	41600	—	1055	159	0

襄阳市

一、节能与新能源汽车扶持政策与措施

2015 年，襄阳市严格按照《襄阳市新能源汽车推广应用实施办法》和《襄阳市新能源汽车推广财政补贴实施细则》对在襄阳市购买新能源汽车的消费者进行地方财政补

贴。2015年5月，襄阳市举办新能源汽车推广月活动，鼓励消费者购买新能源汽车。

二、节能与新能源汽车推广应用情况

2015年，襄阳市推广新能源汽车1298辆。东风汽车股份公司新能源客车远销杭州、南京、西安、拉萨、昆明、丽江、上海、武汉、深圳等地，销售市场遍布国内大中城市。浙江时空、河南一微等公司陆续在襄开展新能源汽车租赁业务，中兴通讯公司在襄阳布局全国首条大功率无线充电商用示范线。

三、基础设施建设及运行情况

襄阳市于2015年组织编制《襄阳市中心城区充电设施专项规划（2016—2020年）》，规划在编制过程中广泛征集了市直部门、供电公司、公交总公司、中兴通讯公司和市民的等意见，结合国务院办公厅发布的《关于加快电动汽车充电基础设施建设的指导意见》和国家发改委、国家能源局、工信部和住建部等联合印发的《电动汽车充电基础设施发展指南（2015—2020）》进行了多次完善和修改。截至2015年底，襄阳市建成投运的3座充电站均处于正常使用阶段，已累计完成充电电量589.26万千瓦时，完成充电次数77353次，未发生一起安全事故。

四、节能与新能源汽车项目投融资及园区建设情况

2015年11月成立新能源汽车产业基金，基金总额2亿元。其中，政府出资1.2亿元，合作银行——建设银行和招商银行出资8000万元。合作银行将按照基金10倍比例放大，为新能源汽车产业相关配套企业提供贷款，一旦出现风险，政府和合作银行按照60%与40%的比例进行代偿。

襄阳市计划于东津新区成立新能源汽车产业园区，目前正在筹划当中。

五、节能与新能源汽车发展规划

以纯电动、插电式（含增程式）混合动力商用车、专用车为主攻方向，大力培育具有市场竞争力的整车和关键部件龙头企业，发展多元化、规模化的动力电池、燃料电池、驱动系统和控制系统，形成区域产业竞争优势；加快建设节能与新能源汽车研发、检验、检测等共性技术平台，形成区域性的研发、检验、检测中心；推进多元化的充电设施网络建设，创新商业运营模式，形成区域性的运营服务中心，努力建设全国重要的节能与新能源汽车研发制造基地，推动襄阳汽车产业转型升级。

坚持政府引导与市场驱动相结合。在产业培育期，积极发挥规划引导和政策激励作用，聚集科技和产业资源，鼓励节能与新能源汽车的开发生产，引导市场消费。

坚持产业转型与技术进步相结合。加快培育和发展节能与新能源汽车产业，推动汽车动力系统电动化转型。

坚持自主创新与开放合作相结合。加强创新发展，把技术创新作为推动我国节能与新能源汽车产业发展的主要驱动力，加快形成具有自主知识产权的技术、标准和品牌。

六、节能与新能源汽车推广应用统计

1.2015年电动汽车推广应用数量

单位：辆

车型 / 燃料	公交车	旅游大巴	公务车	出租车	租赁用车	私人车	环卫车	物流车	邮政车	电力工程车	载货车	其他专用车	其他	合计
纯电动汽车	132	0	0	0	0	488	0	471	0	0	0	81	0	1172
非插电式混合动力汽车	0	0	0	0	0	0	0	0	0	0	0	0	0	0
插电式混合动力汽车	103	0	0	0	0	23	0	0	0	0	0	0	0	126
增程式电动汽车	0	0	0	0	0	0	0	0	0	0	0	0	0	0
燃料电池汽车	0	0	0	0	0	0	0	0	0	0	0	0	0	0
合计	235	0	0	0	0	511	0	471	0	0	0	81	0	1298

2.2015年电动汽车推广应用车型及数量

应用地区	车型	通用名称	数量（单位：辆）
襄阳市	北京牌BJ7001B3D2－BEV型纯电动轿车	EV200轻快版	6
	北京牌BJ7000B3D1－BEV型纯电动轿车	EV200科技版	6
	北京牌BJ7000C7H3－BEV型纯电动轿车	坤宝EV	2
	北京牌BJ7000B3D5－BEV型纯电动轿车	EV200－Ⅱ轻快版	14
	奇瑞牌SQR7000BEVJ00型纯电动轿车	奇瑞eQ	14

续表

应用地区	车　型	通用名称	数量（单位：辆）
襄阳市	江铃牌 JX7004BEV 型纯电动轿车	E100	95
	江淮牌 HFC7000AEV 型纯电动轿车	和悦 iEV4	9
	江淮牌 HFC7001AEV 型纯电动轿车	和悦 iEV5	4
	众泰牌 JNJ7000EVX 型纯电动轿车	众泰云 100	81
	众泰牌 JNJ7000EVZ4 型纯电动轿车	知豆 301C	41
	众泰牌 JNJ7000EVZ5 型纯电动轿车	知豆 301B	35
	知豆牌 SMA7001BEV13 型纯电动轿车	知豆 D2	65
	江南牌 JNJ7000EVA3 型纯电动轿车	T11	90
	康迪牌 SMA7001BEV02 型纯电动轿车	K11B	22
	风神牌 DFM7000H2DBEV 型纯电动轿车	E30	6
	比亚迪牌 BYD7150WTHEV2 型插电式混合动力轿车	比亚迪秦	6
	比亚迪牌 BYD6480STHEV 型插电式混合动力多用途乘用车	比亚迪唐	17
	扬子江牌 WG6611BEVQ 型纯电动客车	腾龙 Q1	3
	东风牌 EQ6640CLBEV 型纯电动客车	东风时空 A08	21
	东风牌 EQ6640CLBEV2 型纯电动客车	东风御风	16
	东风牌 EQ6100CLBEV 型纯电动客车	东风天翼	1
	东风牌 EQ6640CLBEV1 型纯电动客车	东风御风	41
	东风牌 EQ6102EVL 型纯电动城市客车	东风天翼	8
	东风牌 EQ6730CLBEV 型纯电动城市客车	东风天翼	1
	东风牌 EQ6620CLBEV 型纯电动城市客车	东风天翼	120
	东风牌 EQ6620CLBEV1 型纯电动城市客车	东风天翼	1
	东风牌 EQ6120CLBEV 型纯电动城市客车	东风天翼	1
	东风牌 EQ6120CLCHEV 型插电式混合动力城市客车	东风天翼	103
	东风牌 EQ5020XXYACBEV 型纯电动厢式运输车	纯电动厢式运输车	1
	东风牌 EQ5020XXYACBEV1 型纯电动厢式运输车	纯电动厢式运输车	221
	东风牌 EQ5020XXYLBEV 型纯电动厢式运输车	东风俊风	245
	北京牌 BJ5021XXYV3R1 - BEV 型纯电动厢式运输车	威旺 307 EV	2

七、2015 年底电动汽车充（换）电站（桩）保有量统计

城市名称	充电站				充电桩		换电站
	数量（座）	充电机功率总计（kW）	充电站占地面积（m^2）	投资金额（万元）	慢充（个）	快充（个）	数量（座）
襄阳市	3	2805	16000	3000	273	18	—

广州市

一、节能与新能源汽车扶持政策与措施

《广州市新能源中小客车车辆购置补贴实施细则》《关于印发广州市百家党政机关公共机构及重点企业新能源汽车充电设施建设实施方案》《广州市推进电动汽车充换电设施建设与管理暂行办法》《广州市电动汽车充电设施建设专项资金管理办法》。

二、节能与新能源汽车推广应用情况

2015 年，广州市推广应用新能源汽车 11885 辆。其中，纯电动乘用车 5498 辆，插电式混合动力乘用车 2276 辆，纯电动客车 2621 辆，插电式混合动力客车 1299 辆。

三、基础设施建设及运行情况

充分发挥市场机制，积极引导社会资本参与充电基础设施建设，组织开展百家党政机关、公共机构和重点企事业单位充电基础设施建设行动，率先在市委、市人大、市政府和市政协大院开展示范试点工作。同时，在居民小区、酒店等多个目的地建设一批充电基础设施。截至2015年底，广州市建充电基础设施约4022个，在建1000多个。充电桩分布全部涵盖广州市11个区。各类充电设施（充电站、换电站、充电桩、简易充电设施）运营状况良好。

四、2015年电动汽车推广应用数量

单位：辆

车型 燃料	公交车	旅游大巴	公务车	出租车	租赁用车	私人车	环卫车	物流车	邮政车	电力工程车	载货车	其他专用车	其他	合计
纯电动汽车	1146	27	10	150	4272	1066	15	176	0	0	0	0	1448	8310
非插电式混合动力汽车	0	0	0	0	0	0	0	0	0	0	0	0	0	0
插电式混合动力汽车	1299	0	17	151	0	2108	0	0	0	0	0	0	0	3575
增程式电动汽车	0	0	0	0	0	0	0	0	0	0	0	0	0	0
燃料电池汽车	0	0	0	0	0	0	0	0	0	0	0	0	0	0
合计	2445	27	27	301	4272	3174	15	176	0	0	0	0	1448	11885

深圳市

一、节能与新能源汽车扶持政策与措施

2015年1月8日，发布《深圳市新能源汽车推广应用若干政策措施》。

2015年1月8日，发布《深圳市新能源汽车发展工作方案》。

2015年3月22日，发布《深圳市新能源出租车推广应用政策实施细则》。

2015年8月19日，发布《深圳市新能源汽车充电设施运营商备案管理办法》。

2015年9月25日，发布《深圳市新能源汽车推广应用扶持资金管理暂行办法》。

二、节能与新能源汽车推广应用情况

截至2015年底，深圳市累计推广各类新能源汽车38600辆。2015年，深圳市推广新能源汽车28608辆。其中，纯电动公交车3600辆，纯电动出租车1585辆，纯电动物流车8220辆，纯电动旅游包车974辆，新能源私家车7246辆，新能源租赁汽车6981辆，其他新能源汽车2辆。

三、基础设施建设及运行情况

截至2015年底，建成集中式充电站135个、快速充电桩3869个、慢速充电桩15134个，初步形成覆盖全市的充电服务网络。

四、节能与新能源汽车发展规划

2016年，初步计划推广纯电动公交车7700辆，纯电动出租车1818辆，纯电动小型物流车等专用车1000辆，新能源私家车6000辆。

五、2015年电动汽车推广应用数量

单位：辆

车型 燃料	公交车	旅游大巴	公务车	出租车	租赁用车	私人车	环卫车	物流车	邮政车	电力工程车	载货车	其他专用车	其他	合计
纯电动汽车	3688	974	0	1585	3899	427	0	8220	0	0	0	0	52	18845
非插电式混合动力汽车	0	0	0	0	0	0	0	0	0	0	0	0	0	0
插电式混合动力汽车	0	0	0	3082	0	6819	0	0	0	0	0	0	0	9901
增程式电动汽车	0	0	0	0	0	0	0	0	0	0	0	0	0	0
燃料电池汽车	0	0	0	0	0	0	0	0	0	0	0	0	0	0
合计	3688	974	0	4667	3899	7246	0	8220	0	0	0	0	52	28746

六、2015 年底电动汽车充（换）电站（桩）保有量统计

	充电站				充电桩		换电站
城市名称	数量（座）	充电机功率总计（kW）	充电站占地面积（m^2）	投资金额（万元）	慢充（个）	快充（个）	数量（座）
深圳市	135	/	/	/	15134	3869	/

东莞市

一、产业发展情况

东莞市拥有汽车及零部件配件生产企业超过 250 家，在新能源汽车产业尤其是动力电池产业，初步具备一定的基础和规模，引进新能源科技、东莞迈科、杉杉电池等多家锂离子动力电池生产领军企业，锂电池生产和技术处在国内领先地位，并吸引一大批电池材料相关生产企业进驻，形成动力电池正负极材料、电池隔膜、电解液、电池管理系统相配套的产业链。中山大学、广东电子工业研究院、华中科技大学、电子科技大学等多家院校及研发机构相继进驻建立电动汽车研发机构。广东易事特、东莞中山大学研究院、中汽宏远及深圳五洲龙等 9 家企业、科研院，联合近 30 家新能源汽车产业链上的优质企业共同在松山湖成立“广东东莞新能源车产业技术联盟”。

二、推广应用情况

2013 年 12 月，国家财政部、科技部、工信部、发改委联合下发《关于支持北京 天津等城市或区域开展新能源汽车推广应用工作的通知》（财建〔2013〕805 号），提出同意北京、天津等 28 个城市或区域开展新能源汽车推广应用工作，其中东莞市以广东城市群的组成城市之一位列其中。根据国家、省下发的相关文件以及东莞市组织申报时上报的工作方案，东莞市在 2013—2015 年期间新能源汽车推广应用工作的具体任务是：推广应用新能源汽车 2600 辆。

为此，东莞市通过如下四种模式开展新能源汽车推广应用：

（1）通过参与由省发展改革委组织的新能源汽车示范应用工作，由市财政全额出资购买 40 辆由中山大学研究院研发的纯电动中巴在松山湖开展示范应用。

（2）通过招标第三方机构，引入投资公司为主体进行项目整体运营，由投资方根据市场需求出资购买各型车辆、电池及建设充电设施，再向用户提供整车和电池租售的形式推广应用。东莞市通过公开招标方式确定东莞新能源车产业技术联盟作为第一期招标的运营商，并由联盟完成 100 辆新能源汽车的投放及建设相应的充电基础设施。

（3）以新能源公交车为主的新能源汽车推广模式。这种模式主要是针对国有公交企业新增或更换公交车进行。按照广东省《关于印发〈关于加快推进珠江三角洲地区新能源汽车推广应用的实施意见〉的通知》（粤发改高技术〔2014〕345 号）精神，东莞市按照到 2015 年新增或更新的公交、公务、物流、环卫车辆中新能源汽车比例不低于 30% 的规定开展工作。

（4）围绕以市场主导为主，由东莞市政府制定新能源汽车车辆购置相关补助政策，鼓励购买新能源汽车，以此推广和宣传新能源汽车。

2013—2015 年，东莞市新能源汽车推广应用目标为 2600 辆。至 2015 年底，东莞市推广新能源汽车 2727 辆，其中包括 10 米（含）以上插电式混合动力客车 771 辆、6 米（含）至 8 米纯电动客车 1176 辆、8 米（含）至 10 米纯电动客车 50 辆、10 米（含）以上纯电动客车 467 辆、纯电动专用车 5 辆、纯电动出租车 24 辆、纯电动公务用车（企业用车）24 辆、纯电动私人乘用车 206 辆、插电式混合动力乘用车 4 辆。

三、充电设施建设情况

东莞市委托中国汽车研究中心为东莞市编制《新能源汽车产业发展规划（2016—2020 年）》发展规划，内容包括充电设施建设规范；同时，根据省有关通知要求，东莞市正在抓紧编制充电设施专项规划。

东莞市正在抓紧出台包含充电设施建设管理、验收等相关内容的充电设施建设管理办法，目前已基本完成初稿，修改完善后将上报市政府审定出台。

东莞市已投入使用的充电站 4 个、充电桩约 200 个，主要分布在石龙、万江、东城、松山湖等地区的车辆站场或用户自有场地内。另外，据现有资料统计，约有 8 个充电站、269 个充电桩正在建设过程中，分别分布在长安、樟木头、凤岗、黄江、麻涌和各公交车站场，预计大部分将于第二季度内竣工投入使用。

四、政策制定情况

为贯彻落实国家和省关于加快新能源汽车推广应用的工作部署，进一步加快新能源汽车推广应用、培育发展新能源汽车产业、促进交通领域节能减排，2015 年东莞市先后出台《关于加快推进新能源汽车推广应用的实施意见》及《东莞市新能源汽车资金管理办法》。为优化东莞市新能源汽车布局规划，东莞市正在编制《东莞市新能源汽车产业发展规划（2016—2020 年）》及充电设施建设专项规划。

五、2015 年电动汽车推广应用数量

单位：辆

车型 / 燃料	公交车	旅游大巴	公务车	出租车	租赁用车	私人车	环卫车	物流车	邮政车	电力工程车	载货车	其他专用车	其他	合计
纯电动汽车	305	1348	0	24	85	145	0	5	0	0	0	0	0	1912
非插电式混合动力汽车	0	0	0	0	0	0	0	0	0	0	0	0	0	0
插电式混合动力汽车	408	0	0	0	0	4	0	0	0	0	0	0	0	412
增程式电动汽车	0	0	0	0	0	0	0	0	0	0	0	0	0	0
燃料电池汽车	0	0	0	0	0	0	0	0	0	0	0	0	0	0
合计	713	1348	0	24	85	149	0	5	0	0	0	0	0	2324

海口市

一、节能与新能源汽车扶持政策与措施

2011 年 7 月，出台《海南省鼓励和支持战略性新兴产业和高新技术产业发展的若干政策（暂行）》（琼府〔2011〕52 号）。

2014 年 9 月，出台《海口市新能源汽车推广应用财政补助资金管理暂行办法》（海科工信字〔2014〕172 号）。

2015 年 2 月，出台《海南省公共机构购买新能源汽车实施方案》（琼事管发〔2015〕6 号）。

二、节能与新能源汽车推广应用情况

2015 年，推广 3167 辆新能源汽车，其中公交领域 222 辆，租赁领域 2872 辆，物流领域 15 辆，环卫领域 13 辆，公务车 5 辆，通勤车 19 辆，私家车 21 辆。

三、基础设施建设及运行情况

2010—2013 年，建成一座纯电动公交车充电站，一座纯电动出租车换电站，充电桩 45 个；建成节能与新能源汽车维修服务网点 6 个，主要为 2010—2012 年推广的 370 辆新能源汽车运营提供服务保障。2014—2015 年建成充电桩超过 200 个，主要为投放的新能源汽车解决充电需求。

四、节能与新能源汽车项目投融资及园区建设情况

开展节能型汽车和新能源汽车的研发。节能技术方面：2015 年度重点开展换档指示、精细化标定、智能控制发电机、制动能量回收等节能型新技术的研发和产业化应用，目前 ECO、智能燃油泵等节能技术正在研究，GA12 - YF（1. 2TGDI L3）、HM483Q - Ti（1. 8TGDI）等国际先进的增压直喷发动机已完成整机研发，正在整车上进行匹配开发，预计 2018 年前后可实现上市销售。新能源汽车方面：新普力马纯电动汽车研发项目总投资约 3000 万元，完成项目研发及试验等工作，并于年底上市销售，；48V 混合动力力汽车按正常计划推进开展，完成第一轮样车试制，正在开展整车匹配标定（第一阶段计划投资 2000 万元），预计可在 2018 年初实现量产；插电式混合动力汽车启动研发，完成首轮功能样车开发（已投资 1000 万元），根据项目计划推进，预计在 2018 年年中实现量产。

计划引进年产 10 万台套电动汽车关键部件项目，落户美安科技新城，占地 300 亩，总投资约 20 亿元。

五、节能与新能源汽车发展规划

2016—2020 年，新能源汽车推广应用由省政府主导，在全省范围内开展，未来五年推广计划推广新能源汽车 3 万辆，其中海口市计划推广新能源汽车 8500 辆，并建设充电桩站等相应配套充电基础设施。

六、节能与新能源汽车推广应用统计

1. 2015 年电动汽车推广应用数量

单位：辆

车型 / 燃料	公交车	旅游大巴	公务车	出租车	租赁用车	私人车	环卫车	物流车	邮政车	电力工程车	载货车	其他专用车	其他	合计
纯电动汽车	150	0	4	0	2872	21	13	15	0	0	0	0	19	3094
非插电式混合动力汽车	0	0	0	0	0	0	0	0	0	0	0	0	0	0
插电式混合动力汽车	72	0	1	0	0	0	0	0	0	0	0	0	0	73
增程式电动汽车	0	0	0	0	0	0	0	0	0	0	0	0	0	0

续表

车型 / 燃料	公交车	旅游大巴	公务车	出租车	租赁用车	私人车	环卫车	物流车	邮政车	电力工程车	载货车	其他专用车	其他	合计
燃料电池汽车	0	0	0	0	0	0	0	0	0	0	0	0	0	0
合计	222	0	5	0	2872	21	13	15	0	0	0	0	19	3167

2.2015年电动汽车推广应用车型及数量

应用地区	车型	通用名称	数量（单位：辆）
海口市	康迪牌SMA7000BEV02型纯电动轿车	K10B	1000
	康迪牌SMA7001BEV02型纯电动轿车	K11B	418
	康迪牌SMA7001BEV04型纯电动轿车	K17	582
	知豆牌SMA7001BEV13型纯电动轿车	知豆D2	27
	北京牌BJ7000B3D1-BEV型纯电动轿车	EV200	85
	北京牌BJ7000B3D6-BEV型纯电动轿车	E150EV	115
	北京牌BJ5021XXYV3R1-BEV型纯电动厢式运输车	威旺307EV	1
	北京牌BJ7001B3D2-BEV型纯电动轿车	EV200	3
	金旅牌XML6609JEV20型纯电动客车	金旅海狮	500
	金旅牌XML6700JEV50C型纯电动城市客车	金旅考斯特	50
	金旅牌XML6112JHEVA8C型插电式混合动力城市客车	插电式混合动力城市客车	12
	金龙牌XMQ6106AGCHEVD41型插电式混合动力城市客车	插电式混合动力城市客车	25
	海格牌KLQ6601BEV型纯电动客车	纯电动客车	44
	海格牌KLQ6702EV型纯电动客车	纯电动客车	1
	海格牌KLQ6109TAEV1型纯电动客车	纯电动客车	1
	宇通牌ZK6641BEVG4型纯电动城市客车	纯电动城市客车	55
	宇通牌ZK6701BEVQ3型纯电动客车	纯电动客车	8
	南车时代牌TEG6129EHEV02型插电式混合动力城市客车	插电式混合动力城市客车	60
	福田牌BJ6105EVCA-3型纯电动城市客车	纯电动城市客车	20
	亚星牌YBL6600BEV1型纯电动客车	纯电动客车	10
	大马牌HKL6600BEV型纯电动客车	大马E6	17
	大马牌HKL6600BEV2型纯电动客车	大马E6	12
	众泰牌JNJ7000EVZ4型纯电动轿车	知豆301C	52
	东吴牌JSK6605EV型纯电动轻型客车	纯电动轻型客车	38
	清源牌QY5030TSLBEVYL型纯电动扫路车	纯电动扫路车	13
	劲骐牌WXS5024XXYBEV型纯电动厢式运输车	泓源派派	14
	东风牌EQ6640CLBEV型纯电动客车	A08	2
	比亚迪牌BYD6480STHEV2型插电式混合动力多用途乘用车	比亚迪唐	1
	腾势牌QCJ7007BEV型纯电动轿车	腾势	1

3.2015年底燃气汽车应用保有量统计

车型		LPG	LNG	CNG	合计
燃气汽车	大中型客车	0	254	283	537
	轻型客车	0	0	0	0
	货车	0	0	0	0

续表

车型		LPG	LNG	CNG	合计
燃气汽车	出租车	0	0	2956	2956
	私人用车	0	0	0	0
	其他	0	0	0	0
	小计	0	254	3239	3493

七、2015 年底电动汽车充（换）电站（桩）保有量统计

充电站					充电桩		换电站
城市名称	数量（座）	充电机功率总计（kW）	充电站占地面积（m^2）	投资金额（万元）	慢充（个）	快充（个）	数量（座）
海口市	2	3240	13540	1494	约 200 个	约 20 个	1

西安市

一、节能与新能源汽车扶持政策与措施

2013 年 11 月，西安市被列入新一轮国家新能源汽车推广应用试点城市，市领导高度重视新能源汽车推广应用工作，全市各部门通力配合，于 2014 年相继制定《西安市新能源汽车推广应用实施方案》《西安市示范应用新能源汽车财政补助资金管理暂行办法》《西安市新能源汽车充电基础设施建设实施方案（2014—2015）的通知》《加快新能源汽车推广应用优惠政策的通知》等政策，一是加大产业发展，市工信委、市科技局、市发改委、市财政局等政府相关部门负责，制定制定新能源汽车产业发展规划、新能源汽车研发生产鼓励政策、新能源汽车市场推广备案管理办法，调动全社会参与新能源汽车产业发展的积极性，推动新能源汽车产业快速发展、壮大；二是加大财政支持，设立专项资金，支持节能与新能源汽车研发与产业化，预计到 2015 年，新能源汽车产业规模达到 100 亿元。对在西安辖区内购买、注册登记和使用新能源汽车的单位和个人，市财政补贴参照国家财政补助资金标准按照 1：1 给予配套补助。对符合财政部、国家税务总局、工业和信息化部《节约能源使用新能源车辆减免车船税的车型目录》的新能源汽车，免缴车船税；三是完善服务体系，构建新能源汽车技术标准体系，引导和督促新能源汽车生产企业逐步建立售后服务网络体系，规范和维护新能源汽车市场的正常秩序，设立新能源汽车特殊标志或符号；制定新能源汽车挂牌、年审等服务措施，设置绿色服务通道，简化审批程序，为新能源汽车上路运行提供便利。

二、节能与新能源汽车推广应用情况

1. 新能源公交车推广应用目标

按照整体规划、分步实施的原则，结合绿色循环低碳交通运输体系建设，从 2014 年起，公交车新增车辆力争全部使用新能源汽车，更新车辆中新能源汽车的比例不低于 60%。到 2015 年，新能源公交车推广应用数量不低于 500 辆，开设 10 条纯电动公交和混合动力公交专线。

2. 新能源出租车推广应用目标

不断探索和完善新能源出租车运营模式，逐步扩大新能源汽车在出租汽车行业的应用范围。2014 年、2015 年新增出租车全部使用新能源汽车，每年新增指标不低于 1000 辆；在更新车辆中积极推广新能源汽车。

3. 新能源公务车推广应用目标

在公务车中推广使用新能源汽车，党政机关新增和更新公务车优先使用新能源汽车，公安、质检、工商、城管等执法用车新增和更新时，新能源汽车的比例不低于 70%。到 2015 年，新能源公务车应用数量不低于 600 辆。同时，积极协调省级单位推广应用新能源公务车，指导各区县、开发区推广应用新能源公务车。

4. 新能源专用车辆推广应用目标

在财政性资金购买的专用车辆领域，积极推广应用新能源汽车，2014 年、2015 年每年至少落实应用 100 辆。

5. 新能源社会车辆推广应用目标

充分发挥各级财政补贴政策的引导作用，加大新能源汽车宣传力度，提高社会各界认知度，鼓励和引导大专院校、科研院所、企事业单位、大型旅游景区和社会机构购买新能源汽车作为单位通勤车辆；研究出台鼓励西安市个人购买新能源汽车措施，调动个人购买新能源汽车的积极性。到 2015 年，力争新能源社会车辆推广数量达到 7700 辆。

截至 2015 年底，西安市累计推广应用新能源汽车 6476 辆，完成新能源汽车推广应用总目标的 58.87%，居全国新能源汽车推广应用试点城市中游水平。其中：公交车 1354 辆，出租车 300 辆，物流车 609 辆，团体客车 725 辆，轿车 3488 辆。

在2015年，西安市推广新能源汽车5214辆，其中，纯电动客车10辆，插电式混合动力客车1295辆，纯电动出租车300辆，纯电动物流车609辆，纯电动团体客车725辆，新能源乘用车2275辆。

三、基础设施建设及运行情况

截至2015年底，西安市充电设施建设数量合计为3167个。其中，公共充电桩904个，企事业单位充电桩87个，居民家庭及住宅小区充电桩2176个。

四、节能与新能源汽车推广应用统计

1. 2015年电动汽车推广应用数量

单位：辆

车型 / 燃料	公交车	旅游大巴	公务车	出租车	租赁用车	私人车	环卫车	物流车	邮政车	电力工程车	载货车	其他专用车	其他	合计
纯电动汽车	10	725	0	300	0	0	0	609	0	0	0	0	0	1644
非插电式混合动力汽车	0	0	0	0	0	0	0	0	0	0	0	0	0	0
插电式混合动力汽车	1295	0	0	0	0	2275	0	0	0	0	0	0	0	3570
增程式电动汽车	0	0	0	0	0	0	0	0	0	0	0	0	0	0
燃料电池汽车	0	0	0	0	0	0	0	0	0	0	0	0	0	0
合计	1305	725	0	300	0	2275	0	609	0	0	0	0	0	5214

2. 2015年电动汽车推广应用车型及数量

应用地区	车型	通用名称	数量（单位：辆）
西安市	比亚迪牌BYD7150WTHEV型插电式混合动力乘用车	比亚迪秦	2115
	比亚迪牌BYD6484STHEV型插电式混合动力乘用车	比亚迪唐	
	比亚迪牌QCJ7006BEVF型纯电动轿车	比亚迪e6	300
	海格牌KLQ6129GAHEVC5型插电式混合动力城市客车	插电式混合动力城市客车	1295
	陕汽牌SX5020XXYEV型纯电动厢式运输车	纯电动厢式运输车	609
	海格牌KLQ6601BEV/ KLQ6702GEV型纯电动客车	纯电动客车	609
	其他新能源汽车		286

五、2015年底电动汽车充（换）电站（桩）保有量统计

充电站					充电桩		换电站
城市名称	数量（座）	充电机功率总计（kW）	充电站占地面积（m^2）	投资金额（万元）	慢充（个）	快充（个）	数量（座）
西安市	14	12250	—	—	2781	386	—

第四篇

重点单位发展概况

中国第一汽车集团公司

一、发展概况

目前，能源和环境问题日益严重，社会舆论压力空前，大力发展新能源汽车是解决能源和环境问题的有效途径，同时也是实现国家生态文明建设的有力举措，更是实现中国汽车制造强国的重要战略。为推动新能源汽车产业发展，国家多次出台相关补贴、使用优惠等政策，在鼓励政策的激励下，新能源汽车产业取得突破性的进展。

中国一汽紧跟国家发展战略，大力发展新能源汽车产业，充分发挥全体系深度研发优势，构建新能源汽车正向研发能力，深度发掘新能源汽车的核心客户价值，利用多年技术成果及积累，自主创新，在系统集成、总成创新、产品轻量化等方面实现突破。市场销售方面，中国一汽立足企业投资地，积极开拓新兴市场，在新能源汽车市场推广方面取得良好成绩。

二、生产经营

中国一汽发挥长春、大连、无锡、成都等企业投资地优势，积极创新营销模式，充分利用政府机关、企事业单位等大客户资源，销售新能源乘用车新能源混合动力客车等多款产品，提升中国一汽新能源汽车品牌知名度和产品影响力。

三、技术进展及研发能力进展

1. 产品开发方面

2015 年，全面推进 A 到 C 级车型的产品开发，重点产品开发进展如下：

（1）2015 年 10 月，奔腾 A 级纯电动轿车产品开发完成生准启动。

（2）2015 年 9 月，奔腾 B 级混合动力轿车产品策划完成概念设计启动。

（3）2015 年 9 月，红旗 C 级混合动力整车产品开发完成生准启动。

（4）2015 年 9 月，红旗 SUV 纯电动轿车产品开发完成概念设计启动。

2. 技术开发方面

重点推进轮毂电机、燃料电池等新能源领域的前端技术研究，重点技术研发进展如下：

（1）轮毂电机电动车控制系统关键技术开发，完成整车扭矩分配控制策略开发及整车调试，驱动防滑控制算法开发及整车调试；四驱液压制动与电机制动的协调控制算法仿真开发。

（2）燃料电池系统集成及整车应用技术研究，完成燃料电池汽车动力系统方案及燃料电池系统部件资源论证；推进与相关行业单位就燃料电池电堆测试技术合作，完成测试对标、需求分析及大纲制定。

（3）制动能量回收技术研究，技术成熟度达到 7 级，项目开发所形成的试验方法、评价规范已经应用于红旗 C 级混合动力车型、奔腾 A 级纯电动车型和红旗 SUV 纯电动车型；所开发的制动能量回收系统目前正应用于轮毂电机技术开发上。

（4）动力电池管理系统平台技术研究项目，完成电池管理系统核心控制策略（SOC 估算、SOH 估算、SOF 估算）深度开发，达到 SOC 估算误差小于 ±5%。

3. 试验能力方面

截至 2015 年底，有设备 47 台套，共计人民币 2 亿元，覆盖乘用车动力系统、电机系统、电池、高压电气和商用车电机系统，具备两个平台产品的试验开发能力。

4. 人力资源方面

截至 2015 年底，形成近 250 人的研发队伍，其中外籍专家 2 人、博士 12 人、硕士 120 人，全面支撑现有产品开发和技术研发。

四、主要产品

序号	名称	型号
1	奔腾 B50EV	一汽牌 CA7005EV4 型纯电动轿车
2	奔腾 B50EV	一汽牌 CA7005EV5 型纯电动轿车
3	奔腾 B50EV	一汽牌 CA7005EV6 型纯电动轿车

五、发展规划

中国一汽新能源战略是集团“十三五”乃至未来企业长远发展的重要战略。“十三五”期间，中国一汽将加快新能源产品的市场导入，投放多款新能源乘用车、商用车产品，布局高中低端市场，满足消费者需求，积极参与日益激烈的市场竞争。发挥中国一汽在长春、成都、天津、无锡、大连等企业投资地优势，积极开拓市场，实现新能源汽车战略基地、关键零部件资源等战略布局。

上海汽车集团股份有限公司

一、发展概况

发展新能源汽车是国家的战略重点。上汽作为国内汽车行业的领军企业，从 2001 年启动新能源汽车研发与产业化工作以来，毫不动摇地把发展新能源汽车作为上汽重中之重的战略举措。上汽是目前国内唯一全面实施“纯电、插电强混、燃料电池”三条技术路线的汽车集团，其新能源技术水平在国内居于领先地位，上市整车产品性能优异、安全可靠，至今未发生安全事故。

“十二五”期间，上汽成功开发多款新能源汽车量产车型，产品技术水平在国内居于领先地位，上市后得到消费者的充分认可，产品供不应求。同时建立新能源整车、“三电”系统和关键零部件的自主开发能力，基本形成新能源汽车技术开发体系，打造一支具备国内领先水平的新能源汽车研发人才梯队。上汽在新能源领域累计投资达到60亿元，充分保障各研发与产业化建设的需求，同时开始分时租赁、充电设施建设等新业态的探索。

二、生产经营

在国家各部委、上海市各委办的大力支持下，截至2015年12月，有108款新能源汽车车型进入推荐目录，其中乘用车16款，商用车92款。2015年，上汽新能源汽车合计销售超过1.3万台。

三、技术进展及研发能力进展

在开发新能源汽车的同时，上汽建立电池、电机、电控等相关新能源关键零部件的产业链，形成自主掌控的核心技术。

在电驱技术方面，电驱变速箱EDU是上汽独创的高度集成、智能驱动技术，已申请超过百余项专利。

在电池技术方面，掌握电池集成和电池管理系统软硬件核心技术，确保电池系统具有行业最佳的工作寿命和可靠性；是世界上最安全可靠的车用级动力电池，通过电池行业最权威严苛的UL2580安全认证。

在电控技术方面，形成完备体系，建立符合国际汽车行业软件标准的开发体系，具备100%承担上汽新能源项目控制开发任务的能力。

在电机技术方面，联合电子引进博世的先进技术，华域和航天科技合作自主开发，自主掌控电机设计制造能力，形成完整的电机控制软件开发能力。

四、主要产品

序号	名称	型号
1	荣威E50纯电动轿车	CSA7001BEV
2	荣威e550插电式混合动力轿车	CSA7155TDPHEV
3	大通EV80纯电动轻客	SH6601A4BEV
4	申沃纯电动客车	SWB6662EV25、 SWB6110EV61、 SWB6121EV60

五、合资合作

2015年，上汽主要以节能与新能源汽车、智能驾驶与网联、新材料与轻量化三大领域与高校开展合作，集团领导带队赴全国各大高校就科技创新形势下的校企合作思路、操作模式进行交流，充分听取高校的研究方向、发展情况以及针对后续方案的实施进行探讨，在校企合作的内容、方式、机制及成果转化方面达成共识。

其中上汽与同济协同创新中心深度合作课题——智能驾驶与网联技术研究，在驾驶环境感知、信息融合、驾驶决策、智能交通等方面的前期研究中各自发挥特长。

六、发展规划

通过“十二五”发展，上汽实现对新能源汽车产业链上关键环节的全方位布局。在中央和上海市委市政府坚强领导下，上汽将围绕国家战略，继续把新能源汽车作为未来发展的战略制高点，加大投入，使新能源汽车技术成为上汽重要的核心竞争力，实现上汽新能源汽车跨越式发展。

东风汽车公司

一、发展概况

东风汽车公司是中国特大型国有骨干企业，构建有完整的研发体系，拥有雄厚的技术、研发基础和丰富的人才资源，产品和技术覆盖乘用车、商用车、新能源汽车及其核心总成等方面，综合研发能力居国内领先水平。

东风汽车公司是国内最早从事新能源汽车研发的企业之一，早在“九五”期间就研发了纯电动轿车、纯电动中巴和燃料电池中巴；2001年，又率先成立了东风电动车辆股份有限公司，专门从事电动汽车及其关键技术的研究开发；“十五”、“十一五”期间，东风汽车公司承担了国家863计划电动汽车重大专项“混合动力城市公交客车”和“混合动力轿车”等项目的开发；“十二五”以来，东风汽车公司全面启动了新能源汽车的产业化工作，并承担了两个国家“新能源汽车产业技术创新工程”专项。

此外，东风汽车公司还率先发起成立电动汽车示范运营公司，致力于电动汽车的商业化示范运行；我国首个国家电动汽车专利产业化试点基地——东风电动汽车产业园试点基地隆重揭牌，为东风新能源汽车创新成果的知识产权化、商品化和产业化搭建优良平台；东风混合动力城市客车节能减排关键技术成果荣获2009年度国家科技进步二等奖。

二、生产经营

东风汽车公司高度重视新能源汽车的发展，各事业单元，从产品研发、技术积累到示范运营、市场推广等多方面积极开展相关工作。产品已覆盖新能源乘用车、客车、物流车、市政用车等多个领域。2015 年，东风汽车公司推广逾 15000 台各类新能源汽车在各地开展示范运营工作。

三、产能建设

公司已完成东风新能源乘用车工厂的建设，工厂设计产能为一期 6 万辆/年，二期 10 万辆/年，采用新能源汽车与传统汽车混线生产。

此外，东风公司还完成建设新能源客车基地，包括底盘、制件、焊装、涂装、总装（检测）生产车间，公用动力及相关辅助设施，一期产能为新能源整车 2000 辆/年，新能源客车底盘 5000 辆/年。

四、技术进展及研发能力进展

经过 10 多年的研发积累，东风公司建立了电动汽车整车构性分析、性能控制、控制策略、关键总成、试制、试验以及产品认证等开发流程，制定了各类整车及关键总成的试验规范；自主完成了混合动力专用发动机、电机耦合 AMT 自动变速器以及整车控制器等关键总成产品开发；掌握了整车性能控制、控制策略以及电机、电池控制等核心技术；并建设完成电子试验室、动力链试验室、多能源试验室、电机试验室、电池试验室、转鼓试验室等，自主完成新能源汽车的标定技术开发，包括整车驾驶性、经济型、排放以及环境适应性等。

五、主要产品

序号	名称	型号
1	风神 E30L	DFM7000H2DBEV1
2	风神 A60 - EV	DFM7000G1ABEV
3	东风天翼纯电动城市客车	EQ6100CLBEV1
4	东风御风纯电动客车	EQ6600CBEV
5	东风纯电动厢式运输车	EQ5070XXYTBEV

六、合资合作

东风公司一直与各关联企业进行合作交流，打造东风新能源汽车产业链。截至 2015 年底，公司已与多家关键零部件企业建立了战略合作关系，并积极参加 T10 电动汽车联盟和央企电动汽车联盟，共同开展共性技术开发和攻关，努力提升新能源汽车整体能力。同时，依托已有新能源汽车技术相关积累，与 PSA、日产、雷诺等国际车企积极开展新能源汽车合作项目。

七、发展规划

2020 年，东风汽车公司当年新能源汽车市场销售 36 万辆，累计实现销售 80 万辆。

2025 年，东风汽车公司新能源汽车销售突破 100 万辆。

重庆长安汽车股份有限公司

一、发展概况

2015 年，重庆长安汽车股份有限公司（以下简称“长安汽车”）长安逸动纯电动轿车、长安之星纯电动物流车相继上市，其中，明星产品“长安逸动纯电动轿车”完成了北京、重庆、深圳三个基地的投产，配备先进的博世 CRBS 高效能量回收系统，有效降低能耗增加续航里程；0 - 50Km/h 加速时间 4.5 秒；最高时速 140km/h；C - NCAP 碰撞 55.1 分，综合评价与国际主流纯电动车相当。自上市以来，长安逸动纯电动销售持续旺盛，长安汽车以此为契机，坚定不移推进自主创新，不断加强新能源汽车的研发投入，并取得显著的成效。

长安汽车以开放的心态吸引全球人才，形成以重庆总部牵头、北京研究院、英国中心、美国中心支持的新能源全球研发队伍，包含海外专家、兵装技术带头人、两江学者、博士等 600 余名专职人员，培养一支高学历、高素质、高能力的新能源汽车研发核心人才队伍。

通过不断积累，长安汽车充分发挥政、产、学、研、用协同研发模式，在新能源汽车领域自主掌握电控技术、电池管理技术等新能源核心技术，有效解决行业核心技术“空心化”难题，控制技术完全满足国际 ISO26262 安全标准及相关要求，基本实现与国际水平同步。逐步形成新能源知识产权和标准规范。建立新能源汽车及关键零部件系统的设计、工艺、试验规范 173 项。累计申请专利 325 件，其中发明专利 243 件。牵头制定国家行业标准 1 项，参与制定国家行业标准规范 17 项。

二、生产经营

2015 年，长安牌纯电动轿车、物流车及客车实现销售近 3000 辆。

三、产能建设

2015 年，长安汽车进行专项投资 150 万元，对原有电池系统总成装配生产线进行改造，对其产能、自动化程度、质量控制等方面进行综合提升，最终建成一条规模化的新能源汽车电池系统生产线。

四、技术进展及研发能力进展

1. 关键零部件技术水平有效提升

2015 年，完成“大三电”领域 5 项技术能力的提升和突破，提升电控领域的安全设计水平，强化电池领域的集成技术能力，突破电机领域的自主设计能力。同时，电池集成生产直通率稳步提升，C/1000 持续降低。

2. 流程开发体系逐步完善

制定 V3.0 版新能源整车开发流程和 V2.0 版新能源系统开发同步图；细化新能源电池系统、控制器开发同步图；优化项目评审管理制度，强化项目技术方案及里程碑评审流程。

3. 试验体系逐步健全

发布 12 个产品验证体系共计 2380 项试验，其中搭载整车级 98 项，搭载系统/系统级 157 项，零部件级 2125 项。目前，试验方法覆盖度 100%，其中 80% 已在项目中应用成熟。

五、主要产品

序号	名称	型号
1	长安逸动纯电动	SC7003AABEV

六、合资合作

2016 年 2 月，长安汽车与浙江吉利集团、湖南科力远、昆明云内动力就投资科力远混合动力技术（CHS）签订《增资扩股框架协议》。根据框架协议，长安汽车以技术和现金共计增资 2 亿元。

同时长安汽车也积极探索后服务市场，2016 年 3 月，与充电服务企业青岛特来电新能源签署《战略合作协议》，将在重庆市成立合资公司，在新能源汽车推广、充电服务等方面开展全面合作。

七、发展规划

长安汽车将继续依照国家总体战略安排，以新能源技术为突破口，以信息技术创新为手段，以占领与巩固市场为目的，加快从传统汽车向新能源汽车转型。到 2025 年，计划累计投入 180 亿元，推出 34 款产品，累计销量突破 200 万辆。在技术路线上，坚持以纯电驱动为主线，同步发展插电式混合动力及纯电动两大技术平台，深入关键核心零部件；致力于打造“动力强劲、节能环保、科技时尚”的新能源经典产品，实现“518”性能目标（即 2020 年后，纯电动产品和插电式混合动力产品百公里加速时间达到 5 秒、插电式混合动力产品百公里综合油耗为 1 升、纯电动产品单位质量每吨百公里耗电为 8 度），产品覆盖乘用车和商用车。同时加强产业链培育，创新市场推广模式，全面提升长安新能源汽车产品竞争力。

北京新能源汽车股份有限公司

一、发展概况

北京新能源汽车股份有限公司，成立于 2009 年 11 月 14 日；2014 年 3 月 21 日，组建成立国内第一家股份制新能源汽车企业，注册资本 20 亿元；2016 年，践行国企改革，引入战略投资者，实现混合所有制改革，增加至 26 个股东，募集资金 30. 72 亿元，注册资本增至 32 亿元。2015 年销售新能源汽车超过 2 万辆，营业收入达到 47 亿元。

二、生产经营

主营业务：装配新能源汽车动力模块（具体包括动力模块电机系统装配、动力模块电池系统装配以及动力模块电控系统装配）；筹备新能源汽车整车、纯电动汽车、混合动力汽车的生产项目；销售新能源汽车动力模块系统零部件；技术开发、技术转让、技术咨询。2016 年之前在北汽集团和北京汽车股份有限公司框架下销售新能源汽车，生产和销售新能源汽车动力模块。2016 年起获得新能源汽车生产资质，形成产供销一体化的新能源汽车企业。

三、产能建设

在北京市大兴区、山东省青岛市、江苏省常州市建设生产基地，每个基地全部生产纯电动车汽车，首期年产能均为 5 万辆，北京基地、山东基地，均已经投产；江苏常州基地，计划 2016 年底投产。

四、技术进展及研发能力进展

具备造型设计、总体布置、工程设计、样车试制、试验验证的研发能力，并在电池系统、电驱动系统、动力性能、轻量化系统等方面形成先进技术研发和应用能力，并积极大力研发智能系统、车联网系统。

五、主要产品

序号	名称	型号
1	EV150	—
2	EV160 轻快版/ EV160 轻秀版	—
3	EV200 轻快版/ EV200 轻秀版	—
4	ES210	—
5	M30	—

六、合资合作

在电池领域，与韩国 SK 电池、普莱德电池进行合资合作；在电驱动领域，与西门子电机、大洋电机等进行合资合作；在充电领域，与特来电、特锐德、上海电巴等进行合资合作；在汽车租赁领域，与富士康进行合资合作，成立恒誉公司，另成立北京出行、北汽绿行。

七、发展规划

制定“十三五”发展规划，规划到 2020 年实现中国第一，世界前三；持续技术创新和商业创新，引领新能源汽车行业发展。规划 2020 年产销 50 万辆，营业收入 600 亿元，市值 1000 亿元，形成五大核心竞争力（品质增长、创新发展、服务转型、互联网 +、开放合作）。

广州汽车集团乘用车有限公司

一、发展概况

2015 年，广汽传祺实现逆势增长，全年累计销量超过 19 万辆，同比增长 63%，远超市场平均增幅，成功实现并超出预期目标，并继续保持中国品牌在中高端之路上的强劲势头。

依托传祺品牌的强势增长，新能源汽车领域也取得较大进展和业绩。广汽乘用车成立新能源汽车分公司，并建立对应工作体制，积极推进新能源汽车的产业化。

广汽承担国家”863 计划”《增程式纯电动轿车研发与产业化技术攻关》重大项目。已有 5 款新能源轿车通过中国国家公告认证，并上市销售，包括混合动力、插电式混合动力等。

在新能源车领域，2015 年第六届新能源大会广汽传祺展出 WITSTAR 智能概念车、E－JET 概念车、GS4 EV、GA3S PHEV、传祺 GA5 PHEV 等新能源车型逐渐形成自主品牌全系产品电动化。研发创新技术集中展示广汽全球研发网的最新成果，2015—2016 年，将持续增强广汽集团的自主研发及创新能力，为消费者带来更多的创新科技体验。

二、生产经营

广汽乘用车整合国际国内资源，对标国际先进水准，按产业化的要求加速推进。目前重点推进 B 级和 A 级混合动力车型，同步开发 A0/A00 级纯电动车型，已有 5 款新能源轿车通过中国国家公告认证，已经上市销售，累计已投入 200 台混合动力、2200 多台增程电动传祺 GA5 PHEV 参加示范运行。

三、产能建设

2016 年 2 月起与传统车生产线实现共线生产之后，产能飞跃提升，也大幅提升生产效率和品质一致性，并降低内做成本，为后续做大、做强新能源提供保障。

四、技术进展及研发能力进展

2016 年，广汽集团投资成立新能源汽车公司，大力投入新能源汽车市场。广汽拥有 500 人的研发队伍，重点研发电机、电控、电池，智能化系统，以及系统整合技术。已经建成国家级电动汽车工程实验室，规划专项投资 20 亿元，形成 10 万辆/年新能源汽车产能。

产品研发情况：

（1）构建 1 个国家级试验室，掌握电池、电机、整车控制、机电耦合系统和系统集成 5 大核心技术；

（2）以市场为导向，突出重点，集中力量打造几款拳头产品，后续针对营运行业开发专属产品；

（3）构建以插电混动为主、纯电动为辅的技术路线，同时预留混合动力技术，跟踪燃料电池走向；

（4）开发世界领先性能水平，富有魅力的产品。

五、主要产品

序号	名称	型号
1	混合动力传祺 GA5	GAC7180CHEVA4、GAC7180PHEVA4
2	增程电动传祺 GA5 REV	GAC7100SHEVA4、GAC7100SHEVB4 GAC7100SHEVB5、GAC7100SHEVC5
3	插电式混合动力传祺 GA5 PHEV	GAC7100SHEVD5、GAC7100SHEVD5A

六、合资合作

（1）广汽集团与全球即时用车软件优步全面合作战略框架协议下，广汽传祺与优步具体落实双方将在新能源汽车推广、应用方面展开合作，共同推进绿色出行。未来优步将向合作汽车租赁公司及合作司机进行推广，实现 5000 台传祺车型的采购，首批 500 台传祺新能源车 GA5 PHEV 将率先投入到广州地区运营，为消费者提供先进、安全的新能源高端用车服务。选择与优步平台合作，有利于进一步开拓新能源汽车市场，其所倡导的绿色低碳出行生活方式，与优步作为共享经济的代表，减轻城市交通拥堵及减少空气污染的初衷不谋而合。广汽传祺首期会提供 500 台 GA5PHEV，作为优步专车进驻传祺大本营及优步重要市场。

（2）2014 年 2 月 17 日，广汽集团与中科院合肥物质科学研究院签订“新能源汽车项目自动驾驶技术开发”合同。双方将强强联合，推动自动驾驶技术与新能源技术融合，让汽车行驶更加智能化，有望实现纯电动汽车“无人驾驶”。

“自动驾驶系统是将一种基于自动控制技术的‘仿人驾驶机器人’安装在车辆上，从而实现智能控制车辆自主行驶。”据中科院合肥物质科学研究院先进制造所专家介绍，目前，该所在无人自动驾驶领域拥有丰富的经验和雄厚的技术积累，是国内汽车无人自动驾驶技术的主要研究单位之一。

当前，新能源和自动驾驶是汽车行业发展的重要方向，基于智能技术的汽车自动驾驶系统能够有效地提高汽车行驶安全性，正引起汽车行业的高度关注。此次双方合作的项目将自动驾驶技术与新能源汽车相结合，通过车载传感器感知外部环境，进行自主智能决策，实现新能源汽车的自动驾驶。汽车的自动驾驶集体系结构、智能传感、智能决策、自动控制于一体，对提高车辆驾驶的智能化、安全性、舒适性具有重要意义。

(3) 2012 年 11 月 6 日，广汽集团与奇瑞汽车在京宣布建立战略联盟合作，双方正式签署战略联盟合作框架协议，将在整车、核心零部件及新能源等技术研发、体系能力建设等多个领域展开深度合作与共享。

(4) 2011 年 10 月 26 日，广汽集团与中石化签署战略合作协议，宣布共同开拓新能源业务。双方将共同在新能源应用、节能环保、成品油供应、加油站共建、汽车服务等领域开展合作。

七、发展规划

主要以插电式混合动力为近期工作重点，纯电动车型为主要战略取向，其他新能源车型持续跟进的原则来部署新能源汽车的自主研发，着力突破关键技术与平台技术，掌握和控制三电的研发和生产技术，并实现产能、节能与新能源汽车的产业化，形成核心竞争力，全面提升集团可持续发展能力，已建成国家级的电动汽车工程实验室，实现产销节能和新能源汽车 20 万辆，形成电机、电池、控制机三大产品的制造能力，掌握整车控制、电机系统集成、电池管理技术、电池系统集成技术及氢燃料电池技术五大核心技术。

产品方面，以市场为导向，突出重点，集中力量打造几款拳头产品，后续针对营运行业开发专属产品；构建以插电混动为主、纯电动为辅的技术路线，同时预留混合动力技术，跟踪燃料电池走向；开发世界领先性能水平，富有魅力的产品。

比亚迪汽车工业有限公司

一、发展概况

比亚迪汽车工业有限公司（以下简称比亚迪或公司）成立于 2006 年 8 月 3 日，是由比亚迪股份有限公司和 BYD (H. K.) CO. LIMITED 共同出资组建的合资公司。公司注册资本 44800 万美元，其中比亚迪股份有限公司出资 32725 万美元，占总资本的 73.05%；BYD (H. K.) CO. LIMITED 出资 12075 万美元，占总资本的 26.95%。

成立十余年来，比亚迪汽车工业有限公司坚持自主研发、自主创新，在汽车、新能源等多领域积累丰富的自主开发经验，汽车产品日益丰富，产品质量也广受市场认可，尤其在新能源汽车领域，推出多款插电式混合动力车型和纯电动车型，运营足迹遍及全球 6 大洲、48 个国家和地区、200 多个城市。

公司已被授予“国家高新技术企业”“广东省战略性新兴产业骨干企业”和“广东省战略性新兴产业新能源汽车基地”等荣誉称号。

二、生产经营

2015 年，比亚迪集团收入人民币 800.09 亿元，同比增长 37.48%，其中汽车及相关产品业务的收入人民币 406.55 亿元，同比上升 46.06%，当中新能源汽车业务收入人民币 193.42 亿元，同比增长 1.64 倍，占本集团总收入的比例增至 24.17%，成为公司重要的收入和利润来源。

比亚迪的汽车业务包括新能源汽车和传统燃油汽车两大板块，其中，传统燃油汽车主要车型有：速锐、思锐、F3、F0、G3、L3、G5、G6、S6、S7 等。新能源汽车主要车型有：纯电动乘用车秦 EV、e6、e5 和腾势；插电式双模电动车 F3DM、秦、唐、宋和元；纯电动货车 T3；纯电动大巴 K9、K10、C9、C6、K8 和 K7；纯电动洗扫车 T8SA。

2015 年，比亚迪汽车总产量 452260 辆，总销量 450263 辆。其中，乘用车产量 446885 辆，销量 444888 辆。商用车产量 5375 辆，销量 5375 辆。其中 2015 年，比亚迪新能源车共计销售 61722 辆，勇夺全球电动车企业销量排名榜首，占据 11% 的全球市场份额。

三、产能建设

比亚迪汽车工业有限公司位于深圳市坪山新区比亚迪汽车生产园区内，占地 260 多万平方米，是集研发试制、整车生产、销售为一体的汽车基地。公司经营范围涵盖汽车、电动车及其零部件、汽车模具及其相关附件、汽车电子装置汽车等。

四、技术进展及研发能力进展

1. 研发体系基本情况

比亚迪汽车工业有限公司具有独立的研发中心，研发机构分两个层面，第一个层面为独立的研发中心，基本构成主要包括“五院一所”，即中央研究院、汽车工程研究院、电力科学研究院、卡车及专用车研究院、轻轨交通研究院和电动车研究所；第二个层面为各个产品事业部内部设立的研发机构，两者协同构筑起完善的研发体系。

技术开发方面，比亚迪汽车工业有限公司坚持自主研发、自主创新，从硬件、软件以及测试等配备高精尖的技术队伍，在新材料、汽车、新能源等多领域积累丰富的自主开发经验，建立包括新能源乘用车、商用客车等一系列系统设计质量标准和开发流程标准，形成具有自身特色的技术开发平台。目前比亚迪汽车工业有限公司已经全部掌握电动汽车三大核心部件：电池及管理系统、电机及控制系统和整车控制系统的全部核心技术。

车型开发方面，比亚迪汽车工业有限公司在产品规划、定义、设计、采购、试制、验证等各环节已建立完善的开发体系流程。并建立各个开发节点的里程碑事件和质量要求，组织阶段性的质量门槛评审和首车关键制程质量评审，严格保证整车产品开发质量。目前，比亚迪汽车工业有限公司可在汽车、IT、新能源全产业链上进行整合创新，具备快速推进各领域新能源产品布局研发能力。

2. 技术创新能力

技术是比亚迪汽车工业有限公司的DNA，强大的研发实力是公司迅速发展的根本。比亚迪始终坚持“技术为王，创新为本”的发展理念，坚信技术改变生活，并最终改变世界。比亚迪汽车工业有限公司投入巨资成立汽车工程研究院以及电力科学研究院、卡车及专用车研究院、轻轨交通研究院，从硬件、软件以及测试等配备1.5万名高精尖的技术队伍，在新材料、汽车、新能源等多领域积累丰富的自主开发经验。

五、主要产品

序号	名称	型号
1	比亚迪唐	BYD6480STHEV3
2	腾势	QCJ7007BEV1
3	比亚迪 e6	BYD-TYC120A
4	比亚迪 K9	CK6120LGEV2

六、合资合作

2010年，比亚迪与世界豪华车和商用车制造巨头德国戴姆勒共同设立合资企业——深圳比亚迪戴姆勒新技术有限公司，总部设在深圳。2012年3月30日，合资公司推出中国首个专注于新能源汽车的品牌腾势（DENZA），专注于新能源汽车技术的研发，发展环保节能、安全舒适、品质卓越的新能源汽车，致力于成为中国最成功的新能源汽车制造商，推动新能源汽车的发展和进步。

七、发展规划

1. 新能源汽车研发方向

在个人消费领域，比亚迪汽车工业有限公司以插电式双模电动汽车为主、纯电动车为辅，二者共同推进；在公共交通领域，比亚迪汽车工业有限公司坚持发展纯电动汽车。

（1）纯电动汽车：车用能源转型的战略重点和主要方向。在使用阶段实现零排放，综合能源利用效率高，并能够彻底摆脱车辆使用阶段对石油的依赖，是解决我国汽车能源和环境问题的最重要途径。

（2）插电式混合动力汽车：近中期满足市场的重点产品。集合电池和内燃机优点，是传统汽车技术升级的重要方案，有助于在较短时间内实现显著的节能减排效果。

2. 技术、产品、品牌三大战略

为应对来自行业内外的挑战，比亚迪汽车工业有限公司将全面推进技术、产品和品牌三大战略。

（1）技术战略。比亚迪汽车工业有限公司希望通过技术创新，颠覆传统，打造汽车互联网生态，重新定义汽车动力和安全。比亚迪目前推出的电动车的百公里加速时间是5.9秒、4.9秒，接下来即将推出的是3.9秒，甚至是2.9秒。未来，比亚迪汽车将具备高度智能、超强动力以及极致安全的显著特征，并在这三个领域成为行业标杆。

（2）产品策略。比亚迪汽车工业有限公司在新能源车领域继续坚持“人无我有，人有我精，适度超前，持续领先”策略。2014年，比亚迪提出“7+4”全市场战略，“7+4”全市场战略就是把中国道路交通领域所有用油的地方全部用电替代。比亚迪一步一个脚印，从最先开始涉及的新能源私家车、城市公交、出租车和叉车，到2015年增加道路客运、城市商品物流、城市建筑物流、环卫车等四个领域的新能源车。2016年，比亚迪的新能源车将进一步覆盖机场、港口、矿山、仓储等领域，做到新能源车全市场覆盖，将电动化进行到底。

比亚迪新能源汽车“7+4”全市场战略分布

七大常规领域	四大特殊领域
城市公交：K9、K8、K7、K6 出租车：e6、e5 道路客运：C9、C8、C6 城市商品物流：T3、T5、T7 城市建筑物流：纯电动混凝土搅拌车 环卫车：纯电动洗扫车、洒水车 私家车：秦、唐、宋、元	仓储：纯电动叉车系列 矿山：纯电动宽体自卸车 机场：纯电动机场摆渡车、机场引导车 港口：纯电动港口专用车

（3）品牌策略。作为新能源汽车引领者，比亚迪用领先行业的技术助力中国汽车工业“中国梦”的实现。与此

同时，比亚迪希冀自身品牌形象能与技术地位相符，使中国品牌能够赢得国际声誉。比亚迪以中国朝代命名车型，发布“王朝”系列车型，既是对中国传统文化的推崇和敬仰，也寓意着使中国品牌屹立于世界品牌之林的愿景。

安徽江淮汽车股份有限公司

一、发展概况

安徽江淮汽车股份有限公司创建于1964年，集商用车、乘用车及动力总成、变速箱的研发、制造、销售和服务于一体，是全国质量奖获奖企业、高新技术企业、创新型企业、中国出口质量安全示范企业。2001年在上海证交所挂牌上市；2015年4月圆满完成集团公司整体上市工作。整体上市后的集团公司拥有60家子公司（含事业部、全资子公司、控/参股子公司）；总资产423亿元，占地面积1万亩。2015年，江淮汽车实现营业收入422.87亿元，同比增长20.72%；销售各类整车58.79万辆，同比增长26.50%。

二、生产经营

截至2015年12底，累计推广纯电动轿车18500多辆，连续多年创造行业投放纯电动轿车示范运行的最大规模，示范运行累计里程突破40000万公里，单车最高行驶里程20万公里。在行业与社会上引起反响，得到财政部、科技部、工信部、发改委等国家部委和领导的关注及实地考察。2015年10月，中央政治局常委、国务院总理李克强视察江淮新能源汽车，李克强高度肯定江淮汽车坚持多元化发展取得的成果，强调创新发展是江淮汽车真正的动力，产品质量是开拓市场的基础和名片，开放合作将成就未来更大的前景。

三、产能建设

公司坚持以市场为导向，以产业化为目标，通过“产学研结合、主机带动、零部件协同”的自主开发，整合社会资源，集中攻关纯电驱动核心技术，建成年产能100000辆的电动车生产线。

四、技术进展及研发能力进展

江淮汽车自2002年开始探索新能源汽车，经过多年技术探索和实践，明确两条技术路线，制定“三步走”战略、“两代车”产品规划和“五代技术”迭代研发战术，建立两大产品平台。

两条技术路线：即纯电动、深混及插电式混合动力。

“三步走”战略：第一步，集成开发先出车；第二步，掌握关键核心技术；第三步，产业化深耕。

“两代车”产品规划：2009—2012年，为公司第一代车开发阶段，通过集成开发，推出安全、基本可靠的整车；2013—2015年，为公司第二代车开发阶段，正向开发全新新能源产品平台。

“六代技术”迭代研发：面对以“钻石传动系”为核心的、技术复杂的节能与新能源汽车产品开发，总结提炼出“迭代研发”开发模型。2009—2015年，基于一定数量的产品实践与示范运行，通过技术突破与平台优化，不断推出新一代产品，以推动产品与市场的成熟，最终实现产业化。

两条技术路线下的两大产品平台定义：

纯电动乘用车平台（iEV），以小型A级车为平台，最高车速100km/h~120km/h，续驶里程150km~250km，慢充时间7~8个小时，可快充，补贴后售价与同级别燃油轿车相当，满足城市短途代步需求。

深度混合动力乘用车平台（iHev），以B级车为平台，最高车速≥160km/h，综合工况节油率≥30%，满足各种工况需求。

1. 研发成果

江淮iEV5，全新平台五人座纯电动车，最高车速120km/h，综合工况续驶里程200km，26kWh三元18650动力电池，单体能量密度180Wh/kg，实现江淮纯电动车从磷酸铁锂迈向三元时代。2015年实现量产，累计产销6000辆。全面达成国家新能源汽车创新工程项目各项要求。

江淮iEV6S，基于iEV5关键核心部件开发成果全新开发而成的小型纯电动SUV，最高车速130km/h，综合工况续驶里程253km，33kWh三元18650动力电池，单体能量密度240Wh/kg。与iEV5共线生产，批量生产200辆。

2. 研发能力

江淮汽车目前拥有新能源汽车专业研发队伍300多人，形成同国际知名电动汽车技术公司合作的平台和通道，具备电动车产品产业化研发的基本能力。整车系统集成具备从概念到产品的系统集成开发与产业化能力；“三大电”具备正向开发与产业化能力；“六小电”形成技术与产业化协同开发体系；验证试验具备在不同环境、不同工况条件下，开发整车安全性、动力性、经济性、耐久性、NVH、EMC等功能及性能的开发能力。

3. 技术优势

（1）安全性能，江淮汽车基于当前产业水平，选择并坚持单体容量小的高比能18650型三元动力电池的开发和应用，结构设计上可绝对保障人的安全；诊断策略上实现避免电池热失控造成的财产损失。

（2）寿命，持续6年整车和台架的寿命开发探索，以及示范运行积累的“大数据”统计研究，总结出电动车寿命开发方法。

（3）低温性能，通过高功率驱动电机和高比能动力电池“双动力”功率匹配和寒带充电保温两大技术开发，实现江淮 iEV 纯电动车全生命周期内，EOL 电池温度 0℃ 的恶劣工况，整车的加速性能、最高车速、整车续驶里程满足客户使用需求。

（4）成本优势，通过核心技术攻关和突破，实现江淮第二代纯电动车平台整车性能和安全性大幅提升，成本增加有限。

五、主要产品

序号	名 称	型 号
1	江淮第四代纯电动轿车（iEV4）	江淮牌 HFC7000AEV
2	江淮第五代纯电动轿车（iEV5）	江淮牌 HFC7001AEV
3	江淮动力型纯电动轿车（iEV6S）	江淮牌 HFC7001EA1EV

六、合资合作

2015 年 11 月，江淮汽车与华霆动力、巨一自动化就共同在合肥市合资开发新能源汽车电池、电机产品达成框架协议，共同开发、生产、销售新能源汽车用电池系统以及电机系统，实现新能源汽车关键核心产业链的有效整合。

七、发展规划

2015 年 7 月 17 日，江淮汽车发布新能源汽车 i. EV + 战略。战略定位，坚持创新驱动，掌握核心技术，持续构筑领先的纯电驱动技术优势，重点发展纯电动和插电式混合动力两大技术平台。

战略目标，到 2025 年，江淮新能源汽车总产销量占江淮总产销量的 30% 以上，形成节能汽车、新能源汽车、智能网联汽车共同发展的新格局。

郑州宇通客车股份有限公司

一、发展概况

2015 年，郑州宇通客车股份有限公司继续加大在节能与新能源客车研发和产业推广方面的投入，在团队建设、核心技术研发、试验能力、产品开发和知识产权方面都取得了显著的成绩。

1. 团队建设

截至 2015 年 12 月底，形成 19 名博士、90 名硕士为核心的 290 余人研发团队，涵盖系统匹配与集成技术、整车控制技术、电机及其控制技术、电池及其管理技术、电气技术、充电技术、整车及零部件试验验证等技术方向，全力支持新能源客车关键技术攻关。

2. 核心技术研发

（1）共性关键技术：经过多年技术攻关，通过高效动力系统、动力电池集成与管理、整车控制与节能三大技术创新，解决长期制约节能与新能源客车发展的关键零部件依赖进口、集成度低、成本高，动力电池系统寿命短、环境适应性差，整车能量利用率低，续驶里程短等三大技术难题，实现纯电动、插电式、混合动力共平台开发，完成 6 ~18 米节能与新能源客车系列化产品，综合技术处于国际先进水平，其中整车节能与控制技术、高压隔离电源变换技术、高密度电驱动控制技术等方面处于国际领先水平。获得 2015 年度国家科学技术进步二等奖。

（2）燃料电池技术：自主研发燃料电池动力系统匹配与集成、整车控制、氢 - 电机构耦合安全等关键技术，开发的燃料电池客车，测试工况下续驶里程可达 600 公里以上，通过氢气与整车高压电隔离、监控预警及防护、故障检测与诊断等，实现氢安全、电安全、结构安全“三位一体”的安全体系建设，充分保证安全。

（3）智能化技术：开发融合雷达、视觉、通信、导航等信息的智能驾驶控制策略，2015 年 8 月，研发的无人驾驶电动客车完成全球首例自动驾驶大型客车开放道路试验，完成跟车行驶、自主换道、邻道超车、自动辨别红绿灯通行、定点停靠等试验科目。

3. 试验能力

作为国家电动客车电控与安全工程技术研究中心、国家地方联合工程实验室、河南省新能源客车重点实验室等创新平台的依托单位，宇通在原有 200 余套各类先进试验设备的基础上，2015 年新增燃料电池系统试验台、高压安全试验台、电附件综合试验台和充电机试验台等试验设备，对车载能源系统试验室、高压安全试验室、电机性能试验室等新能源汽车相关试验室进行扩充，围绕整车控制、电机驱动、动力电池系统、电动化附件、充电机、燃料电池系统及整车高压技术等核心技术，进一步加大对燃料电池客车等先进技术的研发和验证能力，进一步完善零部件、动力系统、整车三级试验验证体系，实现电动客车系列化产品的工程化和产业化。

4. 产品及市场表现

宇通拥有 6 ~ 18 米全系节能与新能源客车产品，产品覆盖公交、旅游、团体和专用车等各类细分市场，满足公交、客运、机场摆渡、商务接待、机关团体等市场需求。截至 2015 年底，累计取得 114 款混合动力客车公告、93 款纯电动客车公告、1 款燃料电池客车公告，其中 140 款入选

《免征车辆购置税的新能源汽车车型目录》，在全国224个城市累计推广销售节能与新能源客车34198辆，市场占有率24.96%，连续四年位居客车行业第一。2015年，节能与新能源客车上牌销售21221辆，市场占有率23.70%，位居客车行业第一，其中混合动力客车6785台，市场占有率26.48%，纯电动客车14436台，市场占有率22.59%，均位居行业第一。

自主研发的混合动力客车实际线路节油率超过40%，PM排放降低90%以上，纯电动客车实际路况的电耗降低到0.63kWh/km左右，与国内外同类产品相比具有明显竞争优势。推广的34198辆节能与新能源客车，经历台风、暴雨、高温、严寒等极端天气的考验，运营效果良好，得到广大客户的认可。相关产品已在卡塔尔、冰岛、波兰、法国及我国台湾地区示范和销售。

5. 知识产权

截至2015年底，累计申报节能与新能源客车领域专利401件，获授权发明专利24件，实用新型专利198件、软件著作权26件，形成企业标准和技术规范39项。

二、生产经营

2015年，宇通客车产品实现销售67018辆，同比增长9.15%，实现营收312.1亿元，同比增长21.31%，新能源客车销售20446辆，同比增长176.1%，企业规模、销售业绩在行业继续位列第一。截至2015年底，宇通在全国224个城市累计推广销售节能与新能源客车34198辆，其中插电式混合动力客车12924辆，纯电动客车16093辆，推广范围、推广数量及市场占有率均位居客车行业第一，持续引领新能源客车行业发展，对促进城市节能减排、推动汽车工业转型升级具有重要作用。

三、产能建设

2012年起投资38.6元建成的宇通新能源客车生产基地，厂区占地面积2000余亩，建筑面积60万平方米，具备年产30000台的生产能力，成为中国客车行业最先进、世界规模最大的新能源客车生产基地。

四、技术进展及研发能力进展

1. 技术进展

在新能源汽车产业技术创新工程和国家"十二五"科技计划的大力支持下，宇通基于市场运营大数据，突破电控、电机、电池和感知等关键技术，开发安全、可靠、经济、智能的新能源客车。

突破整车控制与节能技术，开发高效动力系统，解决关键零部件依赖进口、集成度低、成本高等难题，节能水平国际领先。发明集成式控制器，高压节点减少55%，体积减少63%，成本减少43%，功率密度达到18.4kW/L，达到国际领先水平。开发高安全、高可靠的电池系统，解决涉水安全和环境适应性难题，有效提升系统可靠性，可满足8年实车使用要求。获2015年度国家科技进步二等奖。

突破燃料电池客车整车集成与控制技术，燃料电池系统集成与控制技术，开发12米燃料电池客车，氢耗8.3kg/100km，处于国际领先水平。获得行业首个燃料电池客车生产资质，取得行业首个燃料电池客车公告。

依据对近几年发生的新能源车辆安全问题分析结果，重点在防水、防火、防触电、电池安全、监控安全、碰撞安全六大方面展开安全技术研究，全面提高电动客车全生命周期安全标准。依托国家电动客车电控与安全工程技术研究中心，正在牵头制定国家标准《电动客车安全技术条件》。

2. 研发能力进展

宇通十分重视节能与新能源客车研发和产业推广，投入巨大的人力、物力和财力，形成19名博士、90名硕士为核心的290余人节能与新能源客车技术研发团队，全力支持新能源客车关键技术攻关。

宇通建立完备的检测系统和评价体系，拥有各类先进试验设备和电动客车专用试验设备，其中包括电动客车动力系统试验台、电机系统可靠性试验台、电池系统环境模拟试验台，建成整车控制器、电机、电池等关键零部件试验室，突破可靠性试验评价方法，形成零部件、系统、整车的三级验证体系。

2015年，承担包括国家863、国家科技支撑和新能源汽车产业技术创新工程在内10个国家级科研项目和7个省市区级科研项目。与清华大学、北京理工大学、吉林大学、中国汽车技术研究中心、中国汽车工程研究院等国内知名高校和科研院所建立产学研合作关系，集成优势科技资源，提升研发水平和创新能力。

五、主要产品

序号	名　称	型　号
1	宇通牌ZK6805BEVG1型纯电动城市客车	ZK6805BEVG1
2	宇通牌ZK6105BEVG6型纯电动城市客车	ZK6105BEVG6
3	宇通牌ZK6115BEV1型纯电动客车	ZK6115BEV1
4	宇通牌ZK6105CHEVNPG4插电式混合动力城市客车	ZK6105CHEVNPG4
5	宇通牌ZK6125CHEVNPG4插电式混合动力城市客车	ZK6125CHEVNPG4
6	宇通牌ZK6180CHEVNPG3混合动力城市客车	ZK6180CHEVNPG3
7	宇通牌ZK6125FCEVG1型燃料电池城市客车	ZK6125FCEVG1

六、合资合作

2015 年，宇通积极与国内零部件企业和科研院所进行深入合作，承担省部级及以上科研项目 12 项，其中包括国家“十二五”863 计划项目 2 项，国家科技支撑计划项目 4 项，国家重大科技成果转化项目 1 项，新能源汽车产业技术创新工程 1 项，2012 年国家重点产业振兴和技术改造专项 1 项，并与清华大学、北京理工大学、吉林大学、中国汽车技术研究中心、中国汽车工程研究院等国内知名高校和科研院所建立产学研合作关系。

七、发展规划

宇通将持续加大投入新能源客车核心技术的研发，积极推动新能源客车产业化，按照混合动力→插电式→纯电动→燃料电池的技术路线，坚持三横五纵矩阵式发展策略和平台化战略，依托纯电动、插电式和燃料电池三大系统平台，以系统集成、车载能源、电驱动系统、整车控制、电动化附件等共性核心技术自主攻关为切入点，以市场为导向、平台为依托，打造适应市场、有竞争力的平台化、模块化、标准化、通用化、规模化产品。

持续完善并提升节能与新能源客车电控、电机及车载能源系统的测试评价体系。研究并完善基于纯电动系统、插电式混合动力系统和燃料电池系统三大平台的安全性、动力性、经济性等关键指标的测试方法，开展防水、防火、防触电、电池安全、监控安全、碰撞安全六方面的安全技术研发，并建立动力系统性能评价能力，有效支撑安全、高效、节能的产品开发。

北汽福田汽车股份有限公司

一、发展概况

北汽福田汽车股份有限公司（简称福田汽车）是中国品种最全、规模最大的商用车企业。福田汽车成立于 1996 年 8 月 28 日，现有资产 570 多亿元，员工近 4 万人，产销量位居世界商用车行业第一位。截至 2016 年 6 月，福田汽车品牌价值达到 1005. 65 亿元，位居汽车行业第四位，商用车领域排名第一。

北京是福田汽车的全球总部所在地，也是福田汽车的创新中心和业务管理与运营中心。此外，福田汽车在国内的京、鲁、湘、粤、冀、鄂等多省市拥有整车和零部件基地；在中国、日本、德国、印度、俄罗斯等国家拥有研发分支机构；在印度、俄罗斯设立事业部，在全球 20 多个国家设有 KD 工厂，产品出口到 80 多个国家和地区。

福田汽车是中国汽车行业自主品牌和自主创新的中坚力量。自成立以来，福田汽车以令业界称奇的“福田速度”实现快速发展，累计产销汽车近 800 万辆。目前福田汽车旗下拥有欧曼、福田欧辉、欧马可、奥铃、拓陆者、图雅诺、萨瓦纳、福田风景等汽车产品品牌。

福田汽车坚持“商业模式、科技创新、管理创新、人才开发、全球化”的经营方针，在全面发展商用车的同时，注重将商用车全系列发展构建的黄金价值链（包含技术、管理、供应链、生产制造、分销和服务等）延伸开发相关联产业。汽车与新能源汽车、工程机械、新能源、金融、现代物流、信息技术服务六大产业共同构成优势互补、资源共享、相互支撑的黄金产业链。并打造企业价值链“4 ×4”核心竞争力，链合戴姆勒、康明斯，集成德美中三方优势技术，接轨德国工业 4.0，同步世界的中、高端产品，致力于为用户提供产品全生命周期服务。

在节能与新能源汽车领域，福田汽车一直紧跟新能源汽车的技术潮流，不断开发出更节能环保的产品并进入商业化运营。节能与新能源汽车已经覆盖卡车、客车和多功能汽车等各个领域，产销节能与新能源汽车近万辆，成为中国新能源汽车产销量最大的企业。

在企业快速发展的同时，福田汽车在社会公益方面始终不懈耕耘，累计捐款捐物 6000 万元。此外，福田汽车联合世界冠军联合会和国内部分核心媒体共同发起成立社会公益组织——福田汽车媒体爱心联谊会（简称 FMG），并利用 FMG 持续贡献爱心，创新企业公益行为的实现途径。

福田汽车曾先后荣获“汽车产品出口质量安全示范企业”“全国先进基层党组织”“全国五一劳动奖状”“全国五四红旗团委”“中国名牌产品”“全国机械行业企业形象十佳”“全国质量管理先进企业”“中国商用车第一品牌”“中国制造行业内最具成长力的自主品牌企业”“最佳消费者关系奖”“全国自主创新典型企业”等荣誉称号。

福田汽车以打造“世界级主流汽车企业”为战略目标，坚持“转型与整合增长、创新与互联互通”两个指导方针，实施“核心驱动力、网系整合、产品创造”三个策略。届时，福田汽车将成为时尚科技与人文环保高度融合的综合性国际汽车企业，进入世界汽车企业十强，成为高科技、现代型的世界品牌。

二、生产经营

2015 年，公司销售汽车产品 49. 01 万辆，市场占有率位居商用车行业第一名。福田汽车销售发动机 26. 69 万台，同比增长 14.25%。

三、产能建设

公司总部位于北京市昌平区沙河镇，沙河厂区占地面积 90.43 万平方米，建筑面积 51.8 万平方米。公司现有员工 4 万余人，作为国内商用汽车生产制造的龙头企业，福田汽车的生产技术水平和主要设备在国内一直处于先进水平。

四、技术进展及研发能力进展

国内首家具备独立整车研发能力并形成批量生产的汽车企业，形成覆盖乘用车、客车 VANS 领域 7 个平台 15 个产品系列 40 余款新能源汽车车型。特别是欧辉客车包括串并联混合动力、卡车、增程式、纯电动、NG 等技术路线的新能源资源，产品覆盖 6～18 米全系列城市公共交通系统。

福田汽车集团持续进行新能源汽车研发投入和研发能力建设，已具备新能源汽车动力系统集成、整车性能仿真分析、电池成组、电机控制及整车控制软件开发等八大核心研发能力，福田汽车在插电混动和纯电动均采用自主的整车控制系统，自主开发的电池管理系统在专用车上应用，结合福田新能源汽车整车产品规划，在未来 3～5 年逐步实现福田新能源核心电控系统完全自主研发。已申请新能源汽车相关专利 1028 项，其中整车控制系统方面占 43.68%、电池方面占 26.46%、驱动电机系统方面占 8.37%，其他方面占 21.50%。

五、主要产品

1. 整车			
序号	名称		型号
1	奥铃	纯电动厢式运输车	BJ5049XXYEV2
2	风景	纯电动轻型客车	BJ6609EVUA
3		纯电动客车	BJ6619EVUA
4		纯电动厢式运输车	BJ5049XXYEV1
5	欧马可 3T	纯电动厢式运输车	BJ5036XXYEV2
6	欧马可 5T	纯电动厢式运输车	BJ5041XXYEV
7	欧马可 8T	纯电动厢式运输车	BJ5081XXYEV
8	欧辉	纯电动客车	BJ6852EVUA－2
9	欧辉	纯电动客车	BJ6116EVUA
10	欧辉	纯电动客车	BJ6127EVUA－2
11	欧辉	纯电动客车	BJ6127EVUA
12	欧辉	纯电动客车	BJ6116EVUA－6
13	欧辉	纯电动客车	BJ6852EVUA－5
14	欧辉	纯电动客车	BJ6802EVUA－1
15	图雅诺	纯电动客车	BJ6618EVUA－1

续表

1. 整车			
序号	名称		型号
16	图雅诺	纯电动客车	BJ6618EVUA－2
17	欧辉	纯电动城市客车	BJ6650EVCA－2
18	欧辉	纯电动城市客车	BJ6851EVCA－1
19	欧辉	纯电动城市客车	BJ6105EVCA－5
20	欧辉	纯电动城市客车	BJ6123EVCA－23
21	欧辉	混合动力城市客车	BJ6105CHEVCA－2
22	欧辉	混合动力城市客车	BJ6123CHEVCA－2
23	欧辉	混合动力城市客车	BJ6905CHEVCA－2
24	欧辉	混合动力城市客车	BJ6113PHEVUA
25	欧辉	混合动力城市客车	BJ6127PHEVUA－1

2. 零部件			
序号	名称		型号
1	奥铃 EV	蓄电池	FTP188442HE0
2		电机	FTTB060
3		驱动电机控制器	FTIVT150
4		电机控制器	FTIVT150
5	欧辉电动汽车驱动电机型号		FTTB090
6			FTTB100
7			FTTB080
8			FTTB102
9	欧辉驱动电机控制器型号		FTIVT120
10			FTIVT150
11	欧辉电动汽车整车控制器型号		FT_ E_ VMS_ OBC
12			FT_ HS_ VMS_ OBHPI

六、合资合作

福田汽车是北京新能源汽车产业协会的副理事长单位，与协会内众多的整车厂商、零部件厂商等建立较好的合作关系。同时，公司与伊顿、西门子、博世、法雷奥等节能与新能源国际先进零部件供应商建立长期、良好的战略合作关系。

七、发展规划

福田汽车在新能源汽车领域处于国内领先，并于 2008 年建成中国首个新能源产业基地。福田汽车是国内首家具备独立整车研发能力并形成批量生产的汽车企业，形成覆盖乘用车、客车领域 7 个平台 15 个产品系列 40 余款新能源汽车车型。特别是福田欧辉客车包括纯电动、串并联混合动力、增程式等技术路线的新能源资源，产品覆盖 5.9～

18 米全系列城市公共交通系统，为安全出行及城市公共交通提供全方位保障，促进交通装备升级。

按照公司的节能与新能源汽车战略规划，福田汽车未来将围绕城市用物流车、环卫车、公交、出租等重点市场，开发更加符合客户需求的节能与新能源产品，为我国乃至全球新能源汽车产业发展做出更大的贡献。

长江汽车控股集团

一、发展概况

长江汽车控股集团是在香港联交所主板上市的，专门从事新能源电动汽车产业链整合及国际电动汽车市场开发的国际化公司（股票代码 00729）。在电动汽车领域默默深耕 5 年后，于 2014 年浮出水面，成为业务范围涵盖电动汽车全产业链的企业集团，目前拥有电动汽车整车和动力电池两个一级研发中心、两个锂电池生产工厂、两个国内整车生产基地和一个海外生产基地。

早在 2010 年，长江汽车控股集团就与汽车整车研发实力居国内独立汽车设计公司前三甲的简式国际汽车设计（北京）有限公司进行电动汽车研发方面的合作，2011 年年底完成简式的重组，作为集团的一级整车研发机构。简式核心研发团队具有 30 多年研发实践经验，专业技术人员 500 余人，2010 年开始长江电动汽车系列产品的研发，目前全面掌握电池、电机、电控核心技术，拥有电动汽车专利 70 多项。

长江汽车控股集团设立在上海的动力电池及动力电池系统研发机构——中聚电池研究院现有专业技术人员 300 余人，其技术带头人为科技部 863 计划动力电池项目的首席科学家，通过与上海交大合作，实现基础研究与产业化的无缝对接，申请超过 86 项的动力电池制造及系统集成专利。

2014 年年初，长江汽车控股集团收购杭州长江客车有限公司，并在其基础上增资扩股组建杭州长江汽车有限公司，在杭州市余杭经济技术开发区征地 1200 余亩，建设包括冲压、焊装、涂装、电控、总装五大工艺的电动汽车核心工厂，2016 年 4 月正式下线投产。

2014 年 5 月，长江汽车控股集团收购原云南美的客车制造有限公司并在其基础上增资进行技术升级和扩能改造，2014 年 11 月初正式投产。

2014 年 6 月，长江汽车控股集团与美国史密斯电动车公司签订战略合作协议，并注资成为其单一最大股东，从 2015 年下半年起，以 SKD 的方式在美国生产纯电动物流专用车。

2014 年 8 月，长江汽车控股集团组建中聚杭州系统公司，开展集团动力电池系统及充电设施建设的延伸业务。

2016 年 5 月，长江汽车控股集团 15 万辆纯电动汽车产业项目正式落户贵州贵安新区。项目总投资 50 亿元，占地 1300 亩。预计将于 2016 年动工、2017 年 12 月首台车下线。

长江汽车控股集团坚持正向自主开发原则，旨在打造覆盖面广泛的全新电动汽车系列，并选择纯电动客车作为首发车型。经过寒区、高温、高湿、高原等系列试验，可靠性试验里程累计超过 100 万公里。6 ~ 8 米纯电动及增程型中巴车、6 ~ 9 米纯电动及增程型商务车、10 ~ 12 米纯电动低地板公交车均已验证成熟。此外，6 ~ 9 米微公交车、纯电动小型 SUV、纯电动客厢式物流车均进入试验验证阶段，纯电动平头物流车、纯电动轻卡及专用车也在 2015 年内完成产品研发。

在强大的研发能力和产能支持下，长江电动汽车的产品线不断丰富并极具竞争力，它的上市必将引领行业新风，树立产品标杆，改变国内乃至国际电动汽车市场格局。

二、生产经营

长江汽车控股集团旗下的生产企业有 20 余款车型列入工信部汽车产品公告和《节能与新能源汽车示范推广应用工程推荐车型目录》，并获得超过 3000 辆的市场销售订单。云南五龙已于 2014 年 11 月 8 日正式投产，2015 年 1—5 月分别与昆明公交集团、辽源公交公司、东航实业集团等签订了合作框架协议；杭州长江汽车核心工厂于 2015 年 7 月实现批量生产，2015 年长江奕阁车辆作为机场制定 VIP 接待车辆服务于博鳌论坛，并获得 2016 年 G20 峰会接待用车 200 台订单。

三、产能建设

长江汽车控股集团在杭州和昆明建成整车生产基地。其中，杭州核心工厂位于余杭经济技术开发区，占地 1200 余亩，除传统的冲压、焊接、涂装、总装等工艺外，还重点建设电控零部件分厂。作为全新建设的核心工厂，投资高达 51 亿元，生产纲领为中巴客车及商务客车 20000 辆，小型 SUV 80000 辆。云南工厂年产 10000 辆的生产能力全面升级改造完成。长江汽车控股集团将于 2016 年开始在贵安新区建立年产 15 万辆纯电动汽车生产基地。

长江汽车控股集团的锂电池生产工厂总产能达到 8 亿瓦时/年，包括吉林生产基地的 3.84 亿瓦时/年和天津生产基地的 4.16 亿瓦时/年。其中，天津在建的二期动力电池项目设计产能为 15.04 亿瓦时/年，2015 年底建成投产。规划三期动力电池项目设计产能为 28.8 亿瓦时/年。

四、技术进展及研发能力进展

在优秀的研发团队和充足的资金支持下，核心部件均由集团自主开发和自主生产，通过掌握这些关键部件的知识产权和生产制造控制权，在降低产业化电动汽车生产成本的同时，占领电驱动关键零部件的技术制高点，从而打造电动汽车的核心竞争力。

（1）自主研发5吨、8吨、10吨、13吨级的轮边电机驱动桥，其5吨级轮边电机桥在中巴车和商务车上的应用属全球首创。

（2）多重保护的动力电池包在高低温控制及主动均衡方面处于国际先进水平，可确保它在高温、高寒的环境下正常运行。

（3）率先完成整车控制器在集成电子差速、操纵稳定性及制动能量回收系统的开发。

（4）电机控制器在可靠性和功率密度比方面实现优化，达到领先水平。

（5）在首发车型上应用独立开发的大载量、轻自重的双横臂式前独立悬架，使整车具有卓越的舒适性和操纵稳定性。

（6）利用车联网技术实现信息交互，配置的10.4吋智能终端既提供服务保障也增强了时代感。

（7）整车研发基地的电动汽车试验验证设施全面建成，建有电池系统、电控、电驱动、整车策略、整车综合性能、车身模态等实验室，设备均为国际最先进水平，2014年新增试验设备投资超过2亿元人民币。

五、主要产品

序号	名　称	型　号	类　别
1	长江益众	FDE6120PBABEV01 FDE6120PDABEV01 FDE6120PDABEV02 FDE6120PDABEV03 FDE6120PDABEV04 FDE6100PBABEV01 FDE6100PBABEV02 FDE6100PBABEV03 FDE6100PBABEV05 FDE6100PBABEV06 FDC6120PDABEV01 FDC6120PDABEV02	纯电动城市客车
2	长江奕阁	FDE6750TDABEV01 FDE6750TDABEV02 FDE6750TDABEV03 FDE6750TDABEV04 FDE6750TDABEV05 FDE6750TDABEV06 FDC6750TDABEV03 FDC6750TDABEV04	纯电动客车

续表

序号	名　称	型　号	类　别
3	长江奕胜	FDE6810TBABEV01 FDE6810TDABEV01 FDE6810TDABEV02 FDE6600TDABEV01 FDE6600TDABEV02 FDE6810TDABEV03 FDE6810TDABEV04 FDE6810TDABEV05 FDE6810TDABEV06	纯电动客车
4	长江易捷	FDE5060XXYABEV01 FDE5080XXYABEV01 FDC5060XXYABEV01 FDC5080XXYABEV01 FDC5080XXYABEV02	纯电动厢式运输车
5	长江奕阁增程式电动客车	FDE6750TDSHEV01	混合动力客车
6	长江奕胜增程式电动客车	FDE6810TDSHEV01	混合动力客车

六、合资合作

长江汽车控股集团积极推进与国内外知名企业、科研院校的技术合作。其中，与吉林大学、合肥工业大学在电动汽车关键技术、汽车NVH等方面开展合作；与上海交大、西门子集团、大陆集团、博世集团、米拉集团以及奔驰技术集团（M.B－TECH）在汽车造型、电池、电控、整车调较等方面进行广泛、深入的合作。

七、发展规划

长江汽车控股集团的战略目标是实现电动汽车的真正产业化，着力打造具有国际竞争力的自主品牌。遵循市场在资源配置中起决定性作用的客观规律。在2015年到2020年期间，集团将以安全性、可靠性和舒适性为突破口，使得续驶里程、电池系统寿命基本满足用户日常出行里程需要；2020年以后，主要实现对传统汽车在性能（包括续驶里程）和生产成本上的全面超越，使产品价格实现与同级别、同档次的传统汽车接轨。

长江汽车控股集团在保持已有技术优势的基础上，不断壮大研发队伍，提高产能规模，着重实现电池、电控、电机等核心技术的再突破并丰富拓展已有产品线，以多样化的产品满足不同的市场需求。集团还将构建与众不同的新型供应商体系以及营销模式，全方位保障产品竞争力。

能源和环境的严峻形势使得发展新能源汽车上升到国家战略层面。面对这次产业革命，必须有新生力量来颠覆传统的思维定式，推动新能源电动汽车的健康发展，长江汽车控股集团力争成为这样的中坚力量，为我国新能源汽车产业的发展作出更大的贡献。

湖南中车时代电动汽车股份有限公司

一、发展概况

中车时代电动依托中车株洲所强大的科技实力，打造新能源汽车从 IGBT 元器件到驱动电机、电池管理系统等关键零部件以及动力系统平台和整车制造的新能源汽车的产业链条，成为全球独具特色新能源汽车全能选手。

新能源汽车整车之多元化产品：涵盖 6～12 米段纯电动和 8～12 米段插电式客车、物流车、特种专用车，产品广泛应用于公交、公路、团体、旅游、城市物流等领域。

在元件级平台方面，中车时代电动是国内唯一一家拥有 IGBT、电力电容、传感器、复合母排等新能源汽车元器件研发与制造的企业。

在部件级平台方面，中车时代电动陆续开发 25 种驱动电机，类型涵盖异步驱动电机、永磁驱动电机、电励磁发电机、永磁发电机。在电机先进控制系统、整车 CAN 总线控制系统等核心领域达到国际领先水平。

在系统级平台方面，公司在多年单个电控单元开发的基础上，形成以中央控制集成系统、整车信息化平台为核心的整车动力系统平台，并已大批量装车应用。

同时，投资近亿元建成从“零部件—系统—整车”三级试验检测体系的新能源汽车综合工程试验室，并通过国家认可委（CNAS）认可，成为新能源汽车领域专业、权威的试验检测基地。

二、产能建设

在整车平台方面，中车时代电动建有行业一流水准的底盘、焊装、电泳、涂装、总装、检测等生产流水线，具备年产整车 10000 辆的生产能力，是我国新能源客车重要产业化基地。2015 年，公司成功获批国家工信部新能源客车智能工厂，成为国家首批智能制造示范企业。中车时代电动已经形成 6 米到 12 米全系列的、基于纯电动和增程插电式技术平台的产品家族，并成为国家新能源汽车推荐目录产品。新能源汽车动力系统之核心产品：公司自主研制的 T－power Ⓡ高效动力系统形成系列化产品，并具备年产 20000 台套的产能，可满足各整车制造企业新能源物流车、环卫车、特种专用车等车辆和 6 米～18 米区间各种客车车型的电动化需求，并提供全面技术支持。

截至 2016 年 3 月，总计销售节能与新能源汽车整车 15000 余台，车辆实际运营节能率 20%～60%。销售驱动电机系统、充电机等关键零部件 30000 余台（套）。

三、技术进展及研发能力进展

中车时代电动是承担国家“863”节能与新能源汽车重大课题最多的企业，涉及电机、电控、电源、动力系统集成、电动整车集成、电动整车试验与运营管理等全纵深的技术领域。在一体化电机及其驱动控制系统、整车电子控制系统、客车工程集成技术以及试验检测平台等方面取得领先同行的重大成果，成为我国节能与新能源汽车技术进步的推动者、领跑者。

中车时代电动累计投入 4 亿元用于新能源汽车高效动力驱动系统（T－power Ⓡ）研发，并推出满足不同车型的系列化产品，成为备受业界推崇的主流产品。

在节能与新能源汽车领域，拥有专利 380 项，主持和参与制定国家及行业相关标准 23 项，获得国家级及省部级科技进步奖励 7 项。

中车时代电动先后获得国家高技术成果转化产业基地、国家火炬计划成果转化基地、湖南省电动汽车电传动系统工程中心、湖南省重点实验室、湖南省企业技术中心等资质，是我国央企电动车产业技术联盟的发起人之一，牵头或合作承担十余项电动汽车电机共性技术的研究。公司多次荣获“年度优秀电动汽车企业”荣誉称号。

纯电动客车技术荣获国家科学技术进步奖二等奖。增程插电式混合动力城市客车和双源双充纯电动客车先后获得科技部颁发的国家战略性创新产品。8 米纯电动荣获“2015 年中国新能源汽车最佳车型”奖和“2016 年度新能源客车推荐车型”。

四、主要产品

1. 整车

序号	名　称	型　号
1	纯电动城市客车	TEG6820BEV01
2	纯电动城市客车	TEG6106BEV03
3	纯电动城市客车	TEG6129BEV03
4	混合动力城市客车	TEG6851EHEV01
5	混合动力城市客车	TEG6106HEV21
6	混合动力城市客车	TEG6129EHEV30

2. 零部件

序号	名　称	型　号
1	离合器从动盘	JL395BIIAA1
2	离合器压盘	395
3	永磁同步电机	JF231（外）tDriver－MN7（内）
4	直驱异步电机	JD156A（外）tDriver－MB2（内）
5	助力转向总成	HDZXB1416/3

五、合资合作

中车时代电动成功为2008年北京奥运会、2009年上海世博会、2010年广州亚运会、2014巴西世界杯提供高品质产品和服务。2015年，公司纯电动客车成功服务男篮亚锦赛。

六、发展规划

面向未来，中车时代电动立志以自主科技持续提升能源转化效率，创造高品质的绿色环保新能源客车，切实履行“企业公民”社会责任。与众多客户一起，为国人创造更美好的出行生活体验，构建和谐社会，建设美丽中国贡献力量。

安徽安凯汽车股份有限公司

一、发展概况

安徽安凯汽车股份有限公司（以下简称“安凯客车”）江汽集团控股及股份公司下属的专业生产全系列客车和汽车零部件的上市公司，国家级高新技术企业、国家创新型试点企业、国家火炬计划重点高新技术企业，拥有国家电动客车整车系统集成工程技术研究中心、国家级博士后科研工作站及国家认可的整车性能实验室。公司总占地面积1800多亩，现有员工5000余人，总资产48.82亿元，拥有安凯车桥、金达机械等多家控参股子公司。

安凯客车始终以创新引领企业发展，明确“敬客经营、质量为本、求真务实”的核心价值观，坚持用核心技术、实力品质推动企业创新发展，新能源客车在技术研发和市场化推广方面行业领先，并在全国40多个城市进行示范运营，获得客户良好口碑。

2015年9月3日，安凯宝斯通成功参与和圆满保障大阅兵，搭载近400名抗战老兵、支前模范和英烈子女，同我国高、精、尖军事装备同台受阅，成为我国唯一直接参与阅兵式的客车品牌。

2015年“第10届影响中国客车业2015—2016年度客车行业读者调查评选活动”安凯客车以其卓越的产品力及优秀的市场表现，成功揽获“2015年度中国客车行业十大新闻”“2016年度新能源客车推荐车型”“2016年度海外市场推荐客车”“2016年度客车行业安全之星”等四项大奖。

二、生产经营

2015年，安凯连续第六年实现客车销量过万辆，1—12月合计销售客车10017辆，销售收入53亿元，位居行业第六位。其中新能源订单3300余台。

三、产能建设

公司现有4个整车生产厂和1个零部件生产基地，年综合生产客车及底盘能力超过2万辆。其中位于合肥市包河工业园区内安凯新能源基地，总占地374亩，新建新能源客车焊装车间、总装车间、电泳车间、涂装车间、完检车间，新增整车车身骨架合装及弧焊机器人、阴极电泳装备、电动客车整车在线诊断标定系统等整车调试及生产设备841台（套），形成年新增6000辆新能源客车生产能力。

四、技术进展及研发能力进展

安凯一直紧跟国家新能源汽车“三纵三横”的发展战略，坚持纯电动路线为主，插电式混合动力为辅，跟踪最新技术发展燃料电池客车，坚持整车控制系统，异步电机自主研发，永磁电机自主开发，动力电池集成应用，减重、降本的产品技术发展路线。

同时，作为国家电动客车整车系统工程技术研究中心承建单位，公司新建新能源研发中心和试验中心9层框架结构，购置电子元件可靠性试验台、三综合实验台架、带环境舱的底盘测功机、NVH测试设备等146台套设备，行业水平领先。实验室下设5个主实验室和18个子实验室，以节能、环保和舒适三项技术指标为基准提升整车正向开发能力，成为国内第一家具备系统及整车全流程开发、验证能力的客车企业。

公司联合高校和产业链上企业承担四部委新能源汽车产业技术创新工程，科技部国家科技支撑计划项目，科技部国家火炬计划等13项国家及省级科研项目，取得省部级科技成8项。并在新能源汽车领域共主持及参与制定国家、行业标准15项，带动行业领先的科研成果转化。中心多次与美国加州大学戴维斯分校，中科大，同济大学，清华大学等国内外高校、科研院所开展产学研合作共11项，并申请专利136项，发明专利68项；授权专利158项，发明专利10项，带动行业领先的科研成果转化。

2015年，安凯客车完成100千瓦全铝外壳三相交流异步电机开发与试验，电机相比原来自主电机减重140千克以上，并与巨一自动化合作，联合开发50千瓦、60千瓦、80千瓦、100千瓦四个平台永磁同步电驱动系统，产品覆盖安凯6米到12米全系列纯电动客车平台，各项性能优于标准要求，处于行业领先水平。

2015年，安凯隆重推出A系列产品，其中A8纯电动客车市场表现优异，一经推出就在全国斩获批量大单。A8纯电动车HFF6111K10EV采用行业首创的“e控”智能管理系统，整车系统高效集成化设计，系统响应更快、控制更精确、能耗更低，只需触摸屏就可对车辆进行各类操作，同时以“云”服务网络对整车进行监管、保护及远程诊断，为广大新能源客车用户解除后顾之忧。

五、主要产品

序号	名　称	型　号
1	6 米纯电动中巴	安凯牌 HFF6660GEVB1
2	8 米纯电动城市客车	安凯牌 HFF6800GEVB3
3	10 米纯电动城市客车	安凯牌 HFF6109G03EV
4	12 米纯电动城市客车	安凯牌 HFF6129G03EV－1
5	12 米双层纯电动城市客车	安凯牌 HFF6120GS03EV
6	6 米纯电动通勤/旅游客车	安凯牌 HFF6600KEV1
7	7 米纯电动商务中巴	安凯牌 HFF6707BEV
8	8 米纯电动通勤/旅游客车	安凯牌 HFF6851K10EV
9	10 米纯电动通勤/旅游客车	安凯牌 HFF6109K10EV
10	10 米纯电动通勤/旅游客车	安凯牌 HFF6111K10EV
11	12 米纯电动通勤/旅游客车	安凯牌 HFF6121K10EV
12	8 米插电油电混合动力客车	安凯牌 HFF6819K10PHEV－1
13	10 米插电油电混合动力客车	安凯牌 HFF6109K10PHEV－1
14	10 米插电气电混合动力城市客车	安凯牌 HFF6103G03CHEV－2
15	12 米插电气电混合动力城市客车	安凯牌 HFF6123G03CHEV－2

六、合资合作

安凯客车积极与国内外新能源汽车产业链上下游的企业、高校及科研院所等 23 家单位开展合作，先后在电动客车整车集成、动力电池、驱动系统、整车控制等多个领域开展 32 项国内外合作项目，一方面带动高校和科研院所的科研成果快速转化，另一方面带动产业链上下游企业技术进步和共性技术攻关，促进新能源汽车产业技术发展。

七、发展规划

以市场为导向进行产品开发，纯电动以平台化设计为指导，进一步加强核心零部件研发，在轻量化、高效铝合金电机量产、自主缓速器量产及整车控制系统升级等方面强化实物性能提升。继续围绕节能、降耗进行产品力提升工作，为客户提供”更节能、更舒适、更可靠”的产品和服务。

一汽客车有限公司

一、发展概况

一汽客车有限公司（简称“一汽客车”）成立于 2002 年 9 月 30 日，是中国第一汽车集团公司（简称中国一汽）的全资子公司，中国一汽自主商用车体系的重要组成部分。一汽客车本部位于吉林省长春市经济技术开发区，在东北、华东、西南三大地区拥有长春整车、底盘生产基地（本部）、大连新能源客车生产基地（一汽客车大连有限公司）、无锡整车生产基地（一汽客车无锡有限公司）、成都整车生产基地（一汽客车成都有限公司）。截至目前，公司现有员工 1789 人，总资产 15.5 亿元。

2015 年，一汽客车有限公司在一汽集团公司大力支持下，面对激烈的市场竞争，不断加大研发投入，技术储备，逐步完善整车产品线，特别是在新能源客车方面，完成二代纯电动客车平台产品开发，完成二代混合动力客车产品开发，以及 12 米插电式混合动力客车的开发，提高产品竞争力，并在产品开发、生产准备、制造工艺、物流生产发面取得长足进步。

截至 2015 年底，一汽客车有限公司依托一汽技术中心电动车部形成 100 余人研发团队，在整车系统系统匹配与集成技术、整车控制技术、电机及其控制技术、电池及其管理技术、电气技术等方面建立一支新能源专业技术队伍，为新能源产品开发奠定基础。中心拥有发动机试验室、新动力总成试验室、整车研究室、电机开发室、电池开发室、电气试验室等机构，为新能源客车的研究开发提供强有力的保证。

一汽客车有限公司通过多年自主研发和技术创新，逐步掌握了电控、安全、节能、环保、电子化、智能化等技术，形成相应的领先技术和产品优势。并初步建立客车车辆远程监控系统，结合网络技术和信息传输技术，可以对车辆状态、动力电池、驱动电机、电附件系统等进行远程无线、实时监控，初步实现故障诊断自动化、运营维护数值化、安全监控自动化。

二、生产经营

2015 年，一汽客车有限公司实现销量 2551 辆，其中出口车辆 550 辆，实现销售收入 6.55 亿元。

三、产能建设

一汽客车有限公司完成产能布局后，具备年产 9500 辆各类客车的生产能力，其中可实现 5000 辆新能源客车的产能。

四、技术进展及研发能力进展

一汽客车有限公司依托一汽技术中心电动车部形成 100 余人研发团队，在整车系统系统匹配与集成技术、整车控制技术、电机及其控制技术、电池及其管理技术、电气技术等方面建立一支新能源专业技术队伍，为新能源产品开发奠定基础。

一汽客车有限公司通过多年自主研发和技术创新，逐步掌握电控、安全、节能、环保、电子化、智能化等技术，形成相应的领先技术和产品优势。并初步建立客车车辆远程监控系统，结合网络技术和信息传输技术，可以对车辆状态、动力电池、驱动电机、电附件系统等进行远程无线、实时监控，初步实现故障诊断自动化、运营维护数值化、安全监控自动化。

五、主要产品

序号	名　称	型　号
1	12 米纯电动城市客车	CA6122URBEV21
2	12 米纯电动城市客车	CA6127URE31
3	10.5 米纯电动城市客车	CA6100URBEV80

续表

序号	名　称	型　号
4	6 米纯电动城市客车	CA6660URBEV81
5	12 米插电式混合动力客车	CA6122URHEV21
6	12 米插电式混合动力客车	CA6123URHEV21
7	10.5 米插电式混合动力客车	CA6100URHEV21
8	10.5 米插电式混合动力客车	CA6103URHEV31

六、发展规划

坚持“市场导向，创新驱动，技术引领，质量至上”的理念继续发力新能源客车领域，开展燃料电池客车技术研究，同时关注整车轻量化技术、智能驾驶、互联网＋技术动向。注重产品的系族化开发，为用户提供满意放心的产品。

中国重汽集团济南豪沃客车有限公司

一、发展概况

2010 年中国重汽集团按照国家汽车产业政策的要求，为进一步优化企业产业布局，实现全系列商用车产品的发展，进行了客车板块的投入，在原济南客车厂的基础上实施整体搬迁、改造，落户章丘重汽工业园，更名设立中国重汽集团济南豪沃客车有限公司（以下简称豪沃客车公司）。

豪沃客车公司生产基地坐落于济南市章丘潘王路 19777 号，总投资 5 亿元，占地 645 亩，生产面积 60000 平方米。在短短三年的时间里，历经搬迁、扩建、生产资质扩展、产品研发、试制、量产等一系列重大变革，顺利渡过产品的孵化期和企业发展的孵化期，迅速得到国内用户认可，并开始批量进入国际市场，迎来了快速发展的黄金时期。

豪沃客车公司以中国重汽自有技术和自身产业链为依托，自主研发了一系列领先于国内同行业先进水平的客车产品。截至 2016 年 6 月共计开发产品及通过目录公告 185 个，产品涵盖了从 6 米到 18 米的新能源公交客车、新能源旅游客车、新能源团体客车等共计 60 多个品种。按动力种类分为燃油车、燃气车、纯电车、油电及气电混合动力新能源车和无轨电车。

二、生产经营

豪沃客车公司设国内、国际销售两个销售单位，其中，国内销售部分覆盖大部分省市，且已在国内地建立经销单位 50 余个；海外营销部分依托集团进出口公司下设亚太、中东及俄罗斯、非洲三个分公司，形成较为健全的营销网络。

豪沃客车公司客车销量持续保持较快增长，2015 年共销售新能源客车 2000 余辆，其中纯电动客车销量占 2015 年总销量的 78．8%。8 米纯电动公交车是 2015 年豪沃客车公司致力于解决“城乡公交”设计的，车辆早期已进驻多个城市进行运营，受众群体范围广泛，反响良好。

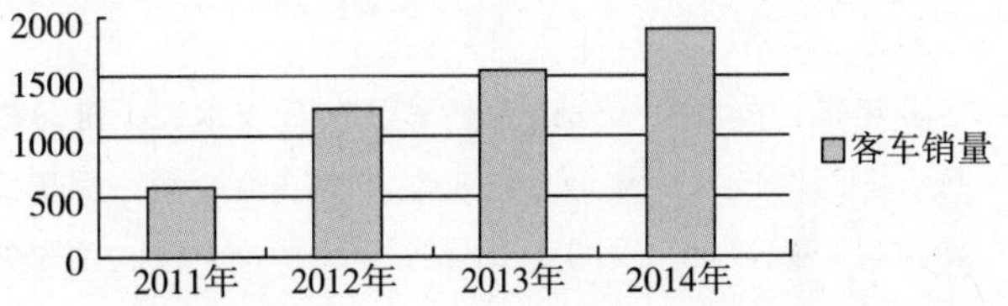

三、产能建设

豪沃客车公司是一个综合性客车生产企业，独立法人单位，注册资本一亿八千万元人民币，成立于 2010 年 2 月 23 日。豪沃客车公司为香港上市企业中国重汽（香港）有限公司的全资子公司，拥有生产设备 710 余台套，常用主要设备 440 台套；具有年产 10000 台大中型客车的生产能力；拥有国家级企业技术中心和博士后科研工作站。

产品核心总成部件均由中国重汽自己生产，无论是技术、生产还是质量控制都具有独特的优势，依托中国重汽集团在卡车领域庞大的售后服务体系，服务更及时、成本更低。

为追求安全、节能、环保、智能的发展目标，2015 年起公司侧重于生产新能源客车、清洁能源客车等“绿色交通”产品。

四、技术进展及研发能力进展

中国重汽集团技术发展中心（以下简称技术中心）为

首批国家级企业技术中心，成立于1983年，总部设在济南，现拥有浙江杭州、山西大同和山东济宁等三个分支机构，是中国重汽新产品研发和试验的综合科研基地，集产品开发设计、科研试验和检测、工艺与生产准备管理、标准化与信息化等管理于一体。

技术中心现有正式员工1224人，本科以上各类专业技术人员962人，其中博士21人、硕士334人；中级以上技术职称631人，高级职称248人，已形成一支由本科、硕士及博士（后）组成的年龄梯次及专业结构合理、高层次科研队伍格局。并拥有一支专业素质较高、综合能力较强的专业学术带头人队伍。

技术中心相继被国家及省市主管部门认定为山东省重型汽车行业技术中心、山东省重型汽车工程技术研究中心、国家重型汽车工程技术研究中心，以及山东省“泰山学者”设岗单位和国家人事部认定的博士后科研工作站。同时，技术中心下属产品试验部门也被认定为山东省汽车质量监督检验站、济南汽车质量监督检验鉴定试验所、济南汽车检测中心和国家重型汽车质量监督检验中心，具备向社会提供公正检测技术服务的资质条件。

近五年来，中心承担国家863计划项目6项、国家科技支撑计划项目3项、省部级研发项目3项、重大横向委托项目60余项，完成各类工程化开发项目150余项，并承担国家、行业和地方标准制修订。在知识产权保护方面拥有有效专利2981项。

多年来，技术中心通过对整车及车身技术、关键总成及核心零部件技术、整车及总成零部件试验检测、重型汽车新材料、新工艺开发的研究与推广，形成了行业领先的车身、动力系统、传动系统、电子控制系统和整车匹配等五大核心优势，建立了技术管理、设计开发、中试生产和试验检测等软硬件相对完善的研发体系，搭建起可同时启动多个并行项目的产品研发平台。

目前，技术中心已拥有完善的新能源汽车开发工具链以及强大的研发团队，具备新能源汽车整车控制系统的硬件设计、软件开发和集成测试能力以及动力总成的集成开发、测试和标定能力，搭建了包括新能源整车控制器硬件在环仿真平台（HIL），基于Altium Designer、Multisim等硬件电路设计和仿真平台，集成Matlab/Simulink仿真软件、快速原型开发工具、代码自动生成工具的软件开发平台，以及包括自主知识产权柔性多能源动力总成综合试验台、振动试验台、高低温、湿热试验箱、盐雾试验箱等在内的试验检测平台在内的新能源综合研发平台。

此外，技术中心拟于2016年底建设完成新能源动力总成多功能试验台，并匹配动力电池模拟器，使台架能够模拟动力总成的整车运行工况；2017年底前完善包括动力电池单体、模组的性能、安全检测设备和动力电池包充放电、高压配电箱绝缘、耐压检测设备等在内的动力电池包的集成开发、控制和试验能力。

自2010年开展与新能源汽车相关的研究工作以来，已开发出多款拥有自主知识产权的新能源汽车整车控制器，并相继开发出混合动力、纯电动客车等多种系列产品，并成功进入工信部新能源汽车推荐推广目录。

五、主要产品

序号	名称	型号
1	纯电动客车	JK6610HBEVQ
2	纯电动客车	JK6610HBEVQ2
3	纯电动城市客车	JK6660GBEV2
4	纯电动城市客车	JK6806GBEV
5	纯电动城市客车	JK6806GBEV1
6	纯电动城市客车	JK6806GBEV2
7	纯电动城市客车	JK6806GBEV3
8	纯电动城市客车	JK6806GBEVQ1
9	纯电动城市客车	JK6856GBEV
10	纯电动城市客车	JK6856GBEV2
11	纯电动城市客车	JK6856GBEV3
12	纯电动城市客车	JK6856GBEV4
13	纯电动城市客车	JK6856GBEVQ1
14	纯电动城市客车	JK6856GBEVQ2
15	纯电动城市客车	JK6106GBEV2
16	纯电动城市客车	JK6106GBEV3
17	纯电动城市客车	JK6106GBEVQ1
18	纯电动城市客车	JK6106GBEVQ2
19	纯电动城市客车	JK6116GBEV1
20	纯电动城市客车	JK6116GBEV2
21	纯电动客车	JK6116HBEV2
22	纯电动客车	JK6116HBEV3
23	纯电动城市客车	JK6126GBEVQ1
24	纯电动城市客车	JK6186GBEVQ1
25	插电式混合动力城市客车	JK6109GHEVD5
26	插电式混合动力城市客车	JK6109GHEVN52
27	插电式混合动力城市客车	JK6109GHEVN53
28	插电式混合动力城市客车	JK6129GHEVN52

六、合资合作

2009年7月15日，中国重汽集团与德国曼公司签署战略合作协议，双方将在重型汽车、发动机、车桥、客车的生产制造、质量控制、销售和售后服务等方面开展合作。豪沃客车利用MAN项目契机，以国产化的MAN总成产品和MAN客车底盘技术，实施自主创新和集成创新，实现中国重汽客车底盘及大客车产品技术的全面升级，形成豪沃客车公司独有的竞争优势。

已有德国、美国、意大利、日本、奥地利等国家著名企业与中国重汽集团建立了战略合作关系：ZF（方向机）、福士（插接件）、威伯科（AMT控制系统、ABS系统）、曼·胡墨尔（滤清器）、瀚瑞森（橡胶悬架）、贝耳（散热系统）、VDO（仪表和控制系统）均已在济南建厂或已开工建厂，生产专供中国重汽集团与国际重型汽车同步配套的汽车部件。

七、发展规划

豪沃客车公司自2010年开展与新能源汽车相关的研究工作以来，以中国重汽集团自有技术和自身产业链为依托，自主研发了一系列领先于国内同行业先进水平的客车产品，截止2016年6月共计开发产品及通过目录公告185个，产品涵盖了从6米到18米的新能源公交客车、新能源旅游客车、新能源团体客车等共计60多个品种。

按照中国重汽集团节能与新能源汽车战略规划，豪沃客车公司未来将围绕引进吸收曼技术高端旅游客车及城市公交车，并在纯电动专用车及纯电动物流车等重点领域，开发更加符合客户需求的节能与新能源产品，为我国乃至全球新能源汽车产业发展作出更大的贡献。

丹东黄海汽车有限责任公司

一、发展概况

丹东黄海汽车有限责任公司始建于1951年，前身是中国人民志愿军后勤部汽车修理厂，此后逐步发展到汽车改装、汽车制造，是集汽车（不含小轿车）、特种专用车、底盘及其零部件的开发设计、制造和销售于一体的制造企业。主导产品是“黄海牌”大、中型客车及特种专用车。丹东黄海汽车有限责任公司注册资金67971万元，所隶属的辽宁曙光汽车集团股份有限公司（英文简称SG Automotive Group）是在上海证券交易所挂牌的上市公司（股票代码600303），是以整车、车桥及零部件作为主营业务的跨地区的现代化企业，是国家汽车整车出口基地的企业。辽宁曙光汽车集团股份有限公司拥有黄海客车、曙光车桥两大中国名牌和国家级技术中心以及博士后科研工作站，在美国、韩国设有分公司，在丹东、沈阳、上海分别设立了四个技术研究中心。在2010年度全国500强大型企业集团综合竞争力排名中位列第39名，中国机械500强排名第65位，国内汽车行业30强排名第24位，汽车零部件企业排名第12位。

二、生产经营

丹东黄海汽车有限责任公司下设：负责新产品研发和产品应用的客车研究院；负责自制零部件生产的制件分厂；负责整车装配的客车整车生产分厂；负责国内销售的营销总公司及国外销售的海外营销公司；以及采购、供应、物流、生产、质量等相关辅助部门。公司是一个拥有现代化生产和管理水平的客车生产厂家，是国家汽车整车出口基地企业。其技术中心被认定为国家级企业技术中心。公司所生产的黄海牌大客车被国家认定为中国名牌产品，黄海品牌被国家认定为中国驰名商标。

三、产能建设

企业占地面积52万平方米，公司拥有冲压生产线、车架生产线、车身焊装线、涂装线、底盘装配线、内饰装配线、整车检测线等25条高水平的客车专业生产线，是国内客车企业中生产设备最多、最完备的企业之一。具有年产公交客车整车8000辆、底盘6000辆的生产能力。面积4000多平方米车辆综合检测线内部设有车辆安全检测线、四轮定位检测台、车轮动平衡检测台、测功机试验台、整车淋雨试验室等。可以对车辆的排气烟度、车速、轴重、制动、前轮定位、灯光、噪音、侧滑、方向盘转向力、踏板力等进行检测，检测全部采用计算机自动控制，检测能力和技术水平处于我国客车行业领先地位。

丹东临港工业园区的新能源汽车生产基地已投产。新厂区的建设采用国内最先进的生产线、设备、工艺，对黄海客车的长足发展垫定更坚实的基础。

四、技术进展及研发能力进展

企业率先取得针对汽车制造业及相关零部件生产企业的国际标准的ISO9001质量管理体系认证、TS16949质量管理体系认证、GJB9001军工产品质量体系认证、燃气安装一级许可等一系列资质（证书下附），确保为设计、生产优质产品保驾护航。

黄海产品完全在该质量体系下设计、生产，黄海客车车长范围6～18米，除可满足国内用户对公交、旅游、长途、机关团体用车的需求，同时远销中东、东南亚、南美及非洲等30多个国家和地区。

五、主要产品

序号	名　称	型　号
1	黄海牌纯电动公路客车	DD6110KEV1
2	黄海牌纯电动城市客车	DD6851EV1
3	黄海牌纯电动城市客车	DD6109EV1
4	黄海牌纯电动商务客车	DD6610EV12

六、合资合作

黄海客车全面引进德国 MAN 技术，产品的工艺完全达到 MAN 公司的工艺标准要求，此领先技术和工艺为黄海连续多年获得国内大中型公交客车的销售前列奠定坚实的技术基础。“黄海牌”也成为国内公交客车的旗舰品牌。

七、发展规划

新能源汽车生产基地项目总投资 159570 万元，征地 1371 亩，总建筑面积 214251 平方米，主要建设整车生产的制件、焊装、涂装、总装、检测等五大生产车间，底盘生产主要建设车架焊装、车架涂装、底盘装配、底盘改制以及机修、试制等六大生产车间。新增主要生产设备 935 台套，主要包括开卷校平剪切线、数控平板冲孔机、前处理电泳设备、阴极电泳设备、喷漆室、烘干室、承载式客车底盘线、半承载式客车扣装线、发动机分装线、车架铆接线、车架翻转机等。项目建成后可实现年产客车 1 万辆。

深圳市五洲龙汽车有限公司

一、发展概况

深圳市五洲龙汽车有限公司是一家以研发、生产新能源客车为主的国家级高新技术企业，坐落于深圳市龙岗区宝龙工业城，以“五洲龙”牌客车为主导产品，设计年生产客车能力达到 10000 辆。创新是企业发展的灵魂，诚信是企业立命的根本，五洲龙公司一如既往地以打造民族汽车品牌为己任，为实现新能源汽车强国梦而不懈奋斗。

公司以“五洲龙”牌新能源客车为主导产品，已经形成多达 150 多个品种、车长范围 6～13.7 米的混合动力环保客车、清洁燃料客车、柴油客车等产品体系，产品不仅畅销国内近 20 个省市以及港澳地区，还远销美国、智利、沙特、伊朗和非洲多个国家。

二、生产经营

从行业中的翘楚——五洲龙新能源汽车集团来看，五洲龙新能源汽车目前已在全国累计投放超过 4000 辆，在 2015 新能源汽车销量中贡献最大的依然是纯电动客车和混合动力客车。

从国内市场来看，2015 年是国家新能源汽车大发展至关重要的一年，国家汽车发展规划中明确规定新能源汽车将作为重点行业的发展对象。然而，五洲龙通过多年的努力，已经实现产品的系列化、产业化和多样化。在电池、电机、电控三大核心技术及整车设计研发生产方面亦得到完善和巩固，2015 年受到多方利好政策影响，五洲龙新能源汽车市场需求出现供不应求的繁华景象。

五洲龙国外市场需求也是节节攀升，从出口斐济到菲律宾，从中国香港特区到阿联酋，进入一个市场，立足一个市场，做稳一个市场。五洲龙出口各类新能源汽车至 40 多个国家及地区，建立 10 余个售后服务点，成为中国客车行业中出口新能源客车名列前茅的代表性企业。

多方利好共振给新能源汽车发展创造前所未有的良好环境，五洲龙集团运筹帷幄搏击于复杂而又壮阔的市场浪潮，随着产学研一体化模式的稳步发展，凝聚力的不断高涨，五洲龙将有信心迎接新能源时代给予的宝贵契机和更大的挑战。

三、产能建设

电机、电控、电池是新能源汽车的三大核心技术。其中国内电机经过多年发展，产品和技术储备已相对成熟；而电池作为目前全球新能源汽车技术领域发展的瓶颈，还在探索中；因而当前国内新能源汽车企业的核心竞争力就体现在电控技术方面，它是汽车企业能否获得先导性优势的关键。“五洲龙拥有国内领先的新能源汽车电控技术。”深圳五洲龙汽车有限公司总经理兼高级工程师李宁一说。电控的优劣直接影响到新能源汽车的性能，同时也关乎消费者的安全。电控好，汽车的耗电量会更低，续驶里程能更长，性能可更稳定，竞争力也就体现出来了，拥有先进电控技术的五洲龙好似有了王牌在手。

四、技术进展及研发能力进展

五洲龙从涉足客车产业伊始就意识到新能源汽车是未来客车发展的方向，确立发展环保客车的定位，以自主创新为根本，并立志成为中国环保客车第一品牌。从 2001 年开始，五洲龙公司累计投资上亿元进行混合动力客车研发，设立“电动汽车研发中心”，现有研发人员 200 多名，均为研究新能源汽车的专门人才，形成一支强大的研发队伍。五洲龙积极推动产学研结合，与同济大学、西北工业大学、广东工业大学、中科院等著名科研院校开展合作，将先进的科研成果迅速转化为生产力。五洲龙混合动力客车先后五次被纳入国家“863”高科技计划，为公司新能源汽车发展奠定良好的基础。

五、主要产品

序号	名称	型号	类别
1	插电式混合动力大巴	FDG6113HEVN5	混合动力
2	纯电动城市大巴	FDG6112EV	纯电动
3	纯电动城市大巴	FDG6105EVG	纯电动
4	纯电动厢式运输车	FDG5020XDWEV	纯电动
5	纯电动城市中巴	FDG6851EVG	纯电动

六、合资合作

五洲龙从涉足客车产业伊始就意识到新能源汽车是未来客车发展的方向，确立发展环保客车的定位，以自主创新为根本，并立志成为中国环保客车第一品牌。从2001年开始，五洲龙公司累计投资上亿元进行混合动力客车研发，设立“电动汽车研发中心”，现有研发人员200多名，均为研究新能源汽车的专门人才，形成一支强大的研发队伍。五洲龙积极推动产学研结合，与同济大学、西北工业大学、广东工业大学、中科院等著名科研院校开展合作，将先进的科研成果迅速转化为生产力。五洲龙混合动力客车先后

五次被纳入国家“863”高科技计划，为公司新能源汽车发展奠定良好的基础。

七、发展规划

《中国制造2025》中明确提出中国燃料电池汽车产业化目标，即到2020年要生产1000辆左右的燃料电池汽车，并进行示范运行；到2025年，制氢、加氢等配套要完善，燃料电池汽车可实现区域的小规模运行。五洲龙作为国内最早专业从事新能源汽车研发生产的高新技术企业，早在创立之初便开始着手氢燃料电池车研究项目，在多次承担国家科技支撑计划、国家“863”新能源汽车研究项目过程中五洲龙氢燃料电池车技术逐渐完善成熟，为商业化运营奠定基础条件。

纯电动、混合动力仍然是新能源汽车市场需求的主体，而燃料电池汽车作为新能源汽车行业的重要支柱之一，现在仍处于战略规划期。为真正实现燃料电池车的产业化发展，五洲龙将加快推进“低成本、高可靠性、长寿命”的技术目标，全面规划建设燃料电池车研发、制造、燃料供给等各环节的完整产业链，从而进一步扩大市场的广泛应用，引领新能源客车行业的发展。

扬子江汽车集团有限公司

一、发展概况

围绕着国家新能源汽车发展战略，扬子江汽车从2010年开始，积极的实施从传统汽车生产向新能源汽车研发战略转型。经过六年多的时间转型调整与布局，从技术研发团队、产品科技创新、生产制造硬件改造与扩建、质量检测设备的引进与更新、质量与认证体系的健全，到新能源汽车远程监控平台的建成、服务体系的完善，2015年，扬子江汽车逐步建立完整的新能源汽车产业体系与发展平台，形成门类齐全的新能源汽车整车及关键零部件产业链，扬子江汽车集团形成以客车为核心产业，新能源客车、专用车技术为发展重点的发展布局，改变企业长期以来以生产大型（10米）传统公交车为主、市场面较窄的状况。扬子江汽车集团由传统汽车向新能源汽车转型过程中，拓宽纯电动汽车产品线，形成四大类新能源产品，主要包括公交车、客车、专用车和物流车、冷藏冷链车、环卫车等全系列新能源产品，产品长度涵盖4米至18米、0.5吨至3吨等纯电动汽车产品。丰富的产品型谱与整车平台，满足公交、企事业通勤、旅游、城市物流、冷鲜配送、环卫作业等新能源汽车的市场需求。

二、生产经营

在城市公共交通方面，扬子江汽车结合公交都市建设需求，为公交定制了18米级纯电动在线充BRT快速公交车，12米级纯电动在线充公交车，10米级纯电动在线充公交车，以适用于城市公交需求。开发的各种8米级纯电动公交车，适用于城镇与城乡公交线路。各种版本的6米级纯电动公交车适用于城市公交微循环线路和村村通线路、景区观光线路。

在线充公交运营模式是湖北省乃至全国新能源模式的创新，多次得到行业专家的高度评价，在低温启动、线网耦合技术方面处于国内领先水平、国际先进水平。中国电动汽车百人会专项课题组在《新能源公交全生命周期的经济性评估》调研报告中肯定在线充模式是公交车生命周期最经济的模式，在安全性、环保性、便利性、经济性四个方面的给予A级评价，肯定在线充是新能源公交车里最合适的模式。这种模式，是扬子江汽车在国内最早提出、最早实验与示范运行、最早实现批量生产并成建制运行的纯电动公交车，能与传统公交车1∶1全勤运营。

除了在线充外，具有轻量化技术的纯电动“都市迷巴”“超级精灵”等多种车型实现批量生产，并销往浙江的乡

村，广东的湛江市等地方，成为村村通客车和公交社区线路、微循环线路的新款配车，扬子江超级精灵6米观光车在市场上颇受欢迎，在一些风景区和城市公交观光线路很受游客喜爱。

在城市物流快递方面，扬子江纯电动物流车以低成本、可靠的技术保障，实用的性能大受欢迎，将广泛应用于城市物流，社区快递等领域。扬子江纯电动物流车从0.5吨到3吨，从货厢式到客厢式，续驶里程从200公里到350公里，既满足城市物流穿街走巷的需求，又兼顾城际中转物流的需求，不仅给电商带来快捷、低耗的快递服务，而且给城市居民带来便捷的、宁静的、洁净的服务。

在城市专用作业方面，扬子江推出纯电动环卫车、仓栅车、冷链车，使城市管理与社区保洁、农副养殖品、生鲜产品、药品、生活超市等特种专用作业实现纯电动化运输。扬子江纯电动环卫车，可以满足我省各地市州城管部门的城市街道环卫作业，学校、厂矿企业以及大型居民社区的物业保洁、垃圾处理等需求。扬子江纯电动冷链车可以有效的降低省农副产品的运输成本，可使鲜活养殖品、药品等物资能够实现低温冷藏、低成本的快速转运。纯电动仓栅车，可以满足工农业生产资料、农副产品、牲畜等快捷运输需求。这些纯电动专用车具有便捷、安全、高效、环保、节能的特点，适合省内各地市州专用作业市场需求。

公司秉承“以客户需求为导向”，以“品立四海，道行天下”为经营理念，以为客户打造“看得美、买得起、用得好”的产品为诉求，不断创新产品和服务，销售业绩逐年增长，产品行销国内160多个大中城市，并在华中、华北、华东、西北、西南、华南以及泰国曼谷、秘鲁、摩洛哥等海外地区建立营销网点，在国内32个省、市设立服务站，拥有全天候的应急服务体系，配备先进的服务设备。

从2009年开始，公司制定“内扩外争”走出国内参与国际竞争的战略，5年间，扬子江客车已销往缅甸、秘鲁、孟加拉、泰国、马来西亚、塞内加尔、摩洛哥等海外市场。

三、产能建设

扬子江汽车集团占地面积300亩，生产建筑面积14万平方米，年产能达到1万台。

微型涡轮发电机处于研制阶段，项目达产期将实现年产1.5万套微型涡轮发电机（MTiG）系统，其中1万套微型涡轮发电机（MTiG）系统产品实现裸机产品单独销售，0.5万套用于搭载微型涡轮发电机（MTiG）的动力控制系统总成产品。

四、技术进展及研发能力进展

扬子江汽车集团组建新能源专项研发团队，开展新工艺、新技术、新材料、新动力的研究，投入资金建设新能源汽车研发、检测、生产的基础设施，掌握轮边电机、四轮驱动底盘、整车控制器、微涡增程器等关键技术，特别是在轻量化技术上获得重大突破，使车辆重量最高降低50%，处于国际最高水平，得到中国工程院周济院长、郭孔辉院士等高度肯定和评价。

2015年，扬子江汽车集团相继推出具有轻量化车身结构、隐藏式集电杆、智能DC-DC、超强抗电磁干扰的第二代在线充，和具有模块化结构、全景观光功能的第三代在线充。而且35台扬子江第三代纯电动在线充公交车成功出口到摩洛哥王国，将服务于第22届联合国气候大会。同时，武汉第一条BRT快速公交系统也准备使用第二代18米纯电动在线充公交车。

五、主要产品

序号	名　称	型　号
1	纯电动在线充城市客车 精英G2、威龙G52 （10~18米）	WG6100BEVHM2 WG6124BEVH WG6120BEVHR WG6180 BEVHR
2	纯电动城市客车 超级精灵G6（6~10米）	WG6620BEVZT3 WG6620BEVZT1 WG6830BEVHT 观光版（WG6620BEVZT1） 窄体版（WG6610BEVHT1）
3	纯电动客车 腾龙Q1、腾狮Q2	WG6610BEVQL1 WG6610BEVZH1
4	纯电动客车 威龙Y2	WG6110 BEVHG1
5	纯电动厢式运输车 捷虎V2、 国盛1号V4、国盛2号V5、 蓝电V11\蓝冰一号在Z11	WG5021XXYBE WG5030XXYBEV WG5033XXYBEV WG5034XXYBEV WG5035XLCBEV

六、合资合作

2014年，公司与资本实力雄厚的武汉市经发投公司旗下的东湖新能源汽车（集团）有限公司进行了资产重组，通过增资控股，成功实现企业转型，使扬子江汽车具备更强大的发展实力。

七、发展规划

2015年，扬子江汽车在整车超轻量化项目和微涡增程器项目获得重大进展，首台超轻量化底盘完成动态试验，标志着扬子江汽车拥有整车轻量化高尖端技术。微涡增程器研发的突破，将使纯电动汽车彻底摆脱电池瓶颈的束缚，自由奔驰。扬子江汽车正逐步布局新能源汽车工业，为了确保扬子江汽车整车及核心技术拥有足够的发展空间，以及更先进的研发平台，扬子江汽车集团与东西湖区政府签订扬子江新能源汽车基地项目，将投资30亿元，在1500亩土地上建成国际最先进的，高度智能化，全信息化的新能源轻量化整车、客车、城市公交车、物流车、专用车自动化生产线，建成轮边电机、四轮驱动底盘、整车控制器、微涡增程器等核心零部件研发与生产基地，建立新能源汽车与核心技术国家级实验室和配备智能检测设备，监控平台，技术服务与售后服务中心，在2018年建成后，首年实现100亿元产值规模。到2020年，将成为集新能源整车技术、电控技术、驱动技术于一体的新能源汽车领军强企。扬子江新能源智慧汽车将广泛服务于城市公交系统、通勤、城际客运等客运系统，城市观光、景区接驳等旅游系统，城际快运、城市快递等物流系统，以及环卫系统和医疗急救系统智能救护运输等方面，成为世界级的新能源汽车专家。

山东沂星电动汽车有限公司

一、发展概况

山东沂星电动汽车有限公司是国家工信部汽车产品公告内企业，目录序号十五（25），由东湖新能源汽车（集团）有限公司控股。沂星公司前身为山东中通飞燕汽车有限公司，具有50多年客车生产历史，具备较强的客车技术研发、生产制造基础。2009年起，沂星公司便调整产品结构，专心致力于新能源汽车的研发，并通过自主研发和技术合作掌握电动汽车整车控制系统核心技术及全承载铝合金轻量化车身技术。

1. 2015年，沂星公司完成SDL6700EV、SDL6701EV、SDL6702EV 、SDL6703EV、SDL6122EVG、SDL6123EV、SDL6124EVG 、SDL6830EVG、SDL6831EVG、SDL6832EVG等新车型的研发并获得5项专利。

2. 2015年3月，沂星公司获得“临沂国家高新区2014年度科技创新示范企业”荣誉称号；5月，SDL6100EVG2、SDL6100EVL车型分别获得2015年度“中国道路运输杯—2015年度最佳公交客车奖、2015年度最佳新能源客车奖”荣誉称号；10月，获得中央党校“入编《中国道路·中国梦》”荣誉证书；12月，SDL6830EVG车型获得“影响中国客车业·读者调查2016年度推荐新能源客车”。

3. 山东沂星电动汽车有限公司牵头编制的交通部《纯电动城市客车通用技术条件》技术标准，现已发布实施。

4. 沂星公司是专业、专一研发、生产纯电动客车的企业，截至2015年12月沂星纯电动客车在山东临沂、青岛、日照、淄博、河南新乡、浙江余姚、广州、武汉、衢州、宁德等城市公交线路，及天津机场、山西五台山景区等地区投入示范运行，单车最长运行里程达到50万公里，超过国家规定的5年20万公里的标准。

二、生产经营

2015年，沂星电动汽车有限公司销售电动客车589台，销售额70493万元，其中出口四台，创汇776万元，利润总额2428.3万元。

三、产能建设

2015年，沂星电动汽车有限公司在年2000台的产能基础上，先后投资1200万元，购置设备202台套，为沂星公司的产能建设提供良好保障并有效的提高生产作业能力和作业精度。

四、技术进展及研发能力进展

2015年，山东沂星电动汽车有限公司先后完成SDL6830EVG系列纯电动城市客车、SDL6830EV纯电动客车、SDL6700EV系列纯电动客车及SDL6123EVG纯电动城市客车等出口中国香港市场的电动客车新车型的研制工作。

2015年，山东沂星电动汽车有限公司成功申报并获得5项国家专利。

2015年，山东沂星电动汽车有限公司投资开发VIT活齿无级变速技术及其产品，目前该产品样机试验获得成功，这项技术将会使沂星产品的市场竞争力大幅度提高。

五、主要产品

序号	名 称	型 号
1	纯电动城市客车	SDL6100EVG
2	纯电动城市客车	SDL6100EVG1
3	纯电动城市客车	SDL6100EVG2
4	纯电动城市客车	SDL6100EVG3
5	纯电动旅游客车	SDL6100EVL
6	纯电动双层城市客车	SDL6110EVSG
7	纯电动城市客车	SDL6120EVG
8	纯电动城市客车	SDL6120EVG1
9	纯电动城市客车	SDL6120EVG2
10	纯电动城市客车	SDL6120EVG3
11	纯电动城市客车	SDL6120EVG4
12	纯电动城市客车	SDL6120EVG5
13	纯电动城市客车	SDL6120EVG6
14	纯电动城市客车	SDL6120EVG7
15	纯电动城市客车	SDL6121EVG
16	纯电动城市客车	SDL6122EVG
17	纯电动城市客车	SDL6124EVG

续表

序号	名　称	型　号
18	纯电动客车	SDL6700EV
19	纯电动客车	SDL6702EV
20	纯电动客车	SDL6703EV
21	纯电动客车	SDL6720EV
22	纯电动城市客车	SDL6830EVG
23	纯电动城市客车	SDL6831EVG
24	纯电动城市客车	SDL6832EVG

六、合资合作

2016年7月15日，广东肇庆高新区新能源动力产业小镇项目签约仪式在肇庆市举行，项目由山东沂星电动汽车有限公司、浙江之信控股集团等共同投资建设，依托新能源产业与电动汽车产业大发展的背景，抢抓广东“部省共建珠江西岸先进装备制造产业带”的发展机遇，建设以纯电动汽车为主的新能源动力产业特色小镇。项目首期拟投资60亿元，用地500亩，达产后预计年产值超200亿元、年创税10亿元。

项目以打造“四大体系”为主要建设内容：一是以新能源电动整车、电动无人机、电动游艇、电动摩托等为核心的纯电动产业“智造”体系；二是以电机、电控、电池及其他新能源产业相关核心零部件为核心的智慧储能产业体系；三是与新能源产业相关的各类研发中心、检测中心等多学科领域产学研测体系；四是以金融配套、风控、增值为核心的资本金融体系。项目科技含量高、投资规模大、运作模式新，建成后将打造新能源汽车产业链，加快形成龙头带动、链条齐全、发展高效的产业集群。

七、发展规划

沂星公司正在积极筹建新能源汽车产业园，总规划面积3平方公里，在山东省临沂国家高新区产业园内征地1565亩，计划先期投资50亿元，建成30万平方米现代化电动客车生产线，形成单班年产2万台电动客车的新能源汽车生产基地，与产业园内电池、电机、控制器、专用铝型材及其他项目一起形成电动汽车产业群，打造成国际一流、国内领先的新能源汽车研发及生产基地，为振兴中国汽车工业，发展新能源产业作出更大的贡献。

四川野马汽车股份有限公司

一、发展概况

四川野马汽车股份有限公司（简称“野马汽车”）诞生于20世纪80年代末，1994年5月由成都轻型汽车总厂等三家成都市属汽车企业合并成“四川汽车工业集团公司”。2002年9月，由四川富临实业集团有限公司整体兼并重组，2015年4月更名为四川野马汽车股份有限公司。总部位于国家级经济技术开发区（龙泉驿区），总资产40亿元，员工2000余人。

野马汽车辖野马成都公司、野马客车公司、野马新能源公司、野马绵阳公司、野马动力公司和销售公司6个子（分）公司，拥有成都、绵阳有两大汽车生产基地。

成都基地（含野马成都公司、野马客车公司）占地270亩，具备完整的乘用车和客车生产线，产品覆盖传统乘用车、新能源乘用车、公路客车、城市公交车、旅游客车、新能源客车等。具备年产3万辆乘用车（含新能源）、3000辆客车（含新能源）的生产能力。为适应市场需求，振兴“自主品牌”汽车工业，加快新能源汽车产业发展，已在成都经济技术开发区（龙泉驿区）征地220亩，启动建设新能源汽车及核心零部件研发、生产基地。未来两年内，成都基地将具备年产8万辆乘用车（含新能源）、5000辆客车（含新能源）的生产能力。

绵阳基地位于绵阳高新区防灾减灾科技园内，总投资32亿元，占地面积1200余亩。已建成国内自主品牌一流设备、四大工艺齐全、多车型、全自动化、柔性传统车和新能源乘用车生产线，2014年建成投产，具备年产12万辆传统及新能源汽车能力。

二、合资合作

野马汽车坚持自主研发，积极与高校及国内外研发机构合作，建立了产学研、国内外战略伙伴相结合的创新体系，系四川省唯一一家集研发、生产、销售和服务于一体的中国自主品牌整车制造企业（公告内大二类整车和底盘生产资质），同时具有传统乘用车、客车、新能源乘用车和新能源客车生产资质，系国家高新技术企业和四川省级企业技术中心。

2016年与清华大学联合组建四川省新能源汽车工程应用与创新研究中心（新能源汽车研究院），正式挂牌成立，成为中国西部最大的产学研一体化新能源汽车基地。

“野马牌”汽车涵盖传统乘用车（SUV）、新能源乘用车（纯电动、增程式）、传统客车（汽油、柴油、CNG）、新能源客车（纯电动）40余个车型。销售网络覆盖全国30余省市自治区，一级销售网点150余家，二级销售网点300余家，售后服务网点超过300家。

为振兴四川汽车工业，助力民族汽车品牌崛起，我们始终坚持“野马汽车，良心质造”理念，积极推动自主研发，引入国际管理体系和韩国 Dpeco（迪佩克）株式会社新车型开发技术团队、英国米拉公司的新车型 NVH 和底盘调校团队，在整车开发同步工程、整车品质培育、新车零部件开发、车辆驾驶舒适性和管理体系等方面面向全球寻求技术支持，致力打造比肩国际标准的国民车。

野马汽车热心社会公益事业，曾先后参加 2008 年“5·12”汶川大地震和 2013 年 4.20 雅安大地震一线救灾，帮助残障车手圆梦珠峰，资助甘孜州贫困学校。

2015 年，野马汽车全新推出野马 T70 系列产品，获市场好评。2016 年以来紧跟国际国内新能源汽车发展形势，集中资源打造多款野马新能源汽车。未来将稳固扩大传统 SUV 市场、进军 MPV 市场，抢占新能源汽车乘用车及客车市场。规划 2020 年产销 20 万辆（传统汽车 15 万辆，新能源汽车 5 万辆），销售收入逾 200 亿元，进入中国汽车十大自主品牌行列。

广西源正新能源汽车有限公司

一、发展概况

广西源正新能源汽车有限公司计划在南宁市总投资 48 亿元人民币，总占地面积 2000 余亩。公司采用分期投资，分步建设的方式，在南宁打造国内领先的新能源汽车生产基地。其中项目一期计划用地约 530 亩，总投资 15 亿元人民币，分步建设全铝车身新能源客车整车和纯电动新能源多功能专用车整车及零部件的开发、生产和销售、综合检测服务中心为一体的新能源汽车生产基地；项目二期发展建设用地约 1470 亩，计划总投资 33 亿元人民币，建设新能源汽车生产配套的电机、电控、电池、整车底盘、零部件的上下游产业园，以及纯电动乘用车、房车和改装车、单层旅游客车、双层高档豪华客车的开发、生产及销售的生产销售基地。

源正汽车一期第一批项目于 2015 年 2 月开工建设；9 月即建成 39000 平米的现代客车生产厂房，完成全套整车生产设备的安装，具备批量生产的能力；11 月完成资质审查工作；12 月完成生产资质迁址，并举行整车下线仪式，向南宁市民交付 78 台 12 米全铝车身（LNG）清洁能源城市客车（产值超 5000 万）。项目从 2015 年 1 月签约到 2 月动桩开工建设，再到 12 月产品下线，源正公司实现“五个当年”。即：“协议当年签订、工厂当年开工、车间当年投产、新能源公交车当年上路、企业当年获得生产资质”的战略计划，创造广西汽车发展史上的“源正速度”。2016 年 3 月，广西源正迎来发展史上一个重要的时刻，“中机中心”对公司新能源整车生产资质进行审查，并于 5 月 20 日由工信部发布公告，标志着广西源正新能源汽车有限公司获得纯电动客车及混合动力客车的整车生产资质，同时也标志着南宁乃至广西新能源汽车装备制造业获得重大突破，这种突破必将带动广西汽车上下游产业链的爆发式发展，为推动地方经济建设带来巨大的作用。2016 年 6 月 30 日，广西源正新能源汽车有限公司举行首批混合动力新能源客车交车仪式，截至 6 月底，公司新能源客车订单已经超过 400 余台，全年预计源正新能源客车销量将超过 600 台，产值将超过 5 个亿元。

二、生产经营

源正自主研发生产的常规客车和新能源客车均获得欧盟认证。其所自主研发的新能源纯电动城市公交客车已在河北唐山、海南、安徽和广东珠海市等国内多个省市实际运行。目前公司与欧洲顶级客车制造企业德国 EuracomGmbh 公司合作研发的纯电动城市公交客车已销往欧洲多个国家和地区。

三、产能建设

截至 2015 年底，项目一期建立国内一流的现代化客车生产厂房、一流的工艺装备、工装夹具、机械设备，采用集车身生产、涂装、客车总装等工艺于一体的 U 形生产线，达到年产全铝车身混合动力客车、纯电动客车、天然气客车等各类商用车 3000 辆的生产能力的规模。

四、技术进展及研发能力进展

源正研发团队核心人员均拥有多年汽车制造行业和新能源行业从业经验。其中博士学位 1 人，硕士 8 人，97% 以上工程技术人员具有本科以上学历，目前公司已经成功研发出 10.5 米、12 米全铝车身 LNG 车型及气电混合动力车型并成功推向市场，同时 8 米、12 米、18 米纯电车型的研发也取得阶段性成果，也即将推向市场。

五、主要产品

序号	名　称	型　号
1	插电式混合动力城市客车	HQK6128PHEVNG3
2	纯电动城市客车	HQK6128BEVB

六、合资合作

源正与以王浚院士为首的北京航空航天大学团队合作，共同组建源正院士工作站和源正—北航新能源轻量化智慧汽车工程中心，共同致力于汽车材料、汽车动力及智能驾驶等尖端科技领域的技术研发工作。同时，公司还与吉林大学、北京理工大学，围绕新能源汽车“三电”核心技术提升与技术改造方面展开合作，并取得阶段性成果。2016年1月22日，源正汽车与加拿大巴拉德动力系统公司正式签署《氢燃料电动汽车南宁研发生产基地项目合作备忘录》，达成战略合作伙伴关系，双方将在氢燃料动力电池系统及客车研发生产方面展开合作，共同建设氢燃料动力客车国产化生产基地。

七、发展规划

源正将紧紧围绕“轻量化、智能化、清洁化”三个核心技术，以轻量化材料和清洁化动力为研发核心，以全铝车身及底盘的轻量化为基础，以生物质能源燃料为拓展，未来将积极研发清洁燃料增程式整车、氢燃料电池动力整车，不断推出适合于市场需求的新能源汽车产品，服务于大众绿色公共交通。

广东晓兰客车有限公司

一、发展概况

广东晓兰（中山顺达）客车有限公司是以吴小兰董事长为核心发起人成立的专注于研发、生产、制造纯电动客车整车及关键零部件电机、电池、电控等的公司。成立于2015年12月，注册在中山市火炬开发区环茂1路7号，生产地址位于中山市板芙镇板芙南路1号。

吴小兰董事长还成立如下企业：

2013年，成立广东京兰新能源动力科技有限公司（自建厂房，生产地址惠州惠东县）；

2014年，成立深圳京兰新能源汽车工程研究院（研究院地址：深圳南山）；

2015年12月，成立广东晓兰（中山顺达）客车有限公司（办公地址：中山火炬开发区张家边企业大厦）；

2016年1月，并购中山顺达客车有限公司（生产地址：中山市板芙镇板芙南路1号）；

2016年4月恢复中山顺达客车有限公司客车整车生产资质。

立信、立德、立仁是晓兰企业精神。

诚信、敬业、奉献、创新是晓兰企业文化。

吴小兰董事长对晓兰客车的寄语是：发展新能源纯电动汽车，节能减排，绿色出行，造福社会，造福人民，为子孙后代奉献一个碧水蓝天的世界！公司要坚持“零排放零污染，呵护碧水蓝天”的环保理念，集合电气化、车联网、智能化战略的发展路线，引领纯电动汽车迈向未来的发展之路。

二、生产经营

广东晓兰客车有限公司从事整车及汽车零部件的研发、制造、销售；机械设备及配件、电机、电控、电池的研发、制造、销售；建筑材料的销售；机械设备及配件的安装；充换电站的建设、运营服务；汽车租赁。

三、产能建设

广东晓兰客车有限公司目前的生产能力是年产2000辆纯电动客车，未来将扩产到年产10000辆纯电动客车及30000台套纯电动客车关键零部件的能力。

四、技术进展及研发能力进展

广东晓兰客车有限公司开发的高效节能的均磁微电阻双绕组电动机及磷酸钇铁锂动力电池已经成为上海汽车集团上海申沃客车的标配产品；研发生产6米~12米系列纯电动客车及系列旅游车已经取得国家认可的资质并已形成销售，深受使用单位的喜爱。目前正在研发试制第二代和第三代均磁微电阻双绕组电动机及磷酸钇铁锂动力电池。

五、发展规划

广东晓兰客车有限公司坚持“零排放零污染，呵护碧水蓝天”的环保理念，集合电气化、车联网、智能化战略的发展路线，目前，正在积极引进和研发氢燃料电池及氢燃料电池新能源客车。

山西皇城相府宇航汽车制造有限公司

一、发展概况

山西皇城相府宇航汽车制造有限公司坐落于太原经济技术开发区，是皇城相府集团旗下全资子公司，也是山西省唯一一家新能源客车生产企业。公司设计年产5000辆新能源及传统客车，预计总投资17亿元。目前已具备年产1500台新能源客车的生产能力。全厂预计将于2017年底全部建成，届时宇航汽车将成为全国最具竞争力的新能源汽车生产企业之一。

二、生产经营

截至2016年6月，宇航汽车完成新能源汽车销售300余台，销售客户遍及山西省全境，还包括江苏、辽宁等地。可以说宇航汽车初步在山西市场站稳脚跟，并初步开始拓展省外市场。2015年8月，宇航汽车生产的14辆SXK6800TBEV纯电动客车在晋城东站至皇城相府城乡公交专线上投入运行，取得良好的社会反响。长治公交50辆SXK6107GBEV宇航纯电动客车也即于2016年7月上线运行。

三、产能建设

目前可完成年产1500台新能源及传统客车，项目完全建成后可完成年产5000台新能源及传统客车及20000台轻型客车。

四、技术进展及研发能力进展

宇航汽车有40款产品列入工信部《车辆生产企业与产品》公告目录，具备6米~12米，包括公交车、旅游巴士的全系列产品链，完全可以满足城市公交、城乡公交、中短途客运等不同客户的使用需求；产品采用山西皇城相府中道能源有限公司生产的高性能动力锂电池，电池的使用性能、寿命及安全性行业领先。

五、主要产品

序号	名　称	型　号
1	11米纯电动旅游巴士	SXK6118TBEV
2	8米纯电动旅游巴士	SXK6800TBEV

续表

序号	名　称	型　号
3	7米纯电动客车	SXK6700TBEV
4	6米纯电动客车	SXK6601TBEV
5	12米纯电动城市客车系列	SXK6127GBEV
6	10.5米纯电动城市客车系列	SXK6107GBEV
7	8.5米纯电动城市客车系列	SXK6851GBEV
8	6.6米纯电动城市客车系列	SXK6662GBEV
9	12米混合动力城市客车	SXK6127GHEV
10	10.5米混合动力城市客车	SXK6107GHEV

六、发展规划

新能源汽车产业是国家战略性新兴产业，随着国家及山西省陆续出台多项政策措施推动纯电动汽车产业的发展。2016年，宇航汽车在生产销售方面，力争完成年产销新能源客车1500台，彻底打开山西省市场并辐射全国，打造新能源客车领导品牌；在厂区建设方面，随着2016年底公司联合厂房的建成，宇航汽车将达到年产5000台的设计产能，真正在全国新能源客车市场上获得一席之地。

新能源汽车具有节能、环保、无噪音、乘坐舒适等诸多优势，代表中国汽车发展的新方向。新能源汽车产业的未来必将更加广阔，“纯电驱动山西，宇航驰骋三晋”是宇航汽车现阶段的发展目标，相信这个目标距宇航汽车并不遥远。

长沙梅花汽车制造有限公司

一、发展概况

长沙梅花汽车制造有限公司是湖南同心集团全资子公司，成立于1999年，原主要从事少量的客车改装生产经营，多年来在各级党委政府和各职能部门的大力关心和支持下，通过企业自身不断努力和创新，现已获得国家工信部大中型客车、校车、新能源汽车整车生产资质和自卸车、专用车改装资质，已有各类汽车生产公告120多个，具备整车年生产能力20000台，客车连续五年销量全省同行业第一，校车连续两年在全国同行业排名前五，大型厢式物流专用车在全国同行业排名前三。在国家大力倡导发展新能源汽车政策指引下，从2008年开始，公司第一次研究开发新能源汽车，当时开发的产品主要是以油电、油气混合动力汽。随着纯电动汽车核心技术及关键技术得以突破提升，通过集团公司近几年的技术引进和产品研发、创新，集中投入大量的人力、财力、物力，成功开发各类型纯电动汽车产品四大系列十几个产品，其中部分产品实现批量化生产并投放市场运营，由此加快企业转型升级的步伐，成为生产制造、市场运营等多元化于一体的现代企业。

二、生产经营

长沙梅花汽车制造有限公司现有新能源产品：

（1）客运系列产品：TX6610BEV型纯电动客车系列；TX6603BEV型纯电动客车系列；TX6702BEV型纯电动客车系列；TX6720BEV型纯电动客车系列。

（2）公交系列产品：TX6710BEV型纯电动城市客车系列；TX6830BEV型纯电动城市客车系列；TX6100BEV型纯电动城市客车系列。

（3）物流车系列产品：TX5022XXYBEV型纯电动厢式运输车系列；TX5023XXYBEV型纯电动厢式运输车系列；TX5025XXYBEV型纯电动厢式运输车系列。

（4）环卫系列产品：TX5020TYHBEV型纯电动路面养护车；TX5021ZXXEV型纯电动车厢可卸式垃圾车；TX5030TSLBEV型纯电动扫路车。

三、产能保障

（1）新能源车身生产：利用湖南同心集团现有模具开发和车身冲压、焊装生产能力，2015年投入1.5亿研发TX6610客车全套冲压模具，具备年产30000辆客车和20000辆物流车的车身生产能力（车身产品可对外供应）。

（2）整车生产：利用长沙梅花汽车制造有限公司现有厂房和场地，并新建新能源汽车总装车间，扩大产能和提升现代生产制造管理水平，确保产品的性价比达到同行业领先水平。底盘生产线、涂装生产线、总装生产线、整车检测线、整车调试车间等到工艺布局合理，工艺流程顺畅，可实现年产过2万辆的生产能力。

（3）检测中心拥有符合国家标准法规要求的检测设备，在国内处于先进水平的半自动汽车整车检测线等，包括车速检测仪、轮重检测台、制动试验台、侧滑检验台、前照灯检测仪、底盘间隙检测台、转向角检测仪、废气分析仪、透射式废气分析仪、声级计、整车淋雨试验台等，所有检验、测量设备都按程序进行有效控制，按规定进行定期运行检查、检验或校正，检验、检测设备状态标识清晰、记录齐全；所有质量管理人员及检验人员都具备相应的专业技能及知识，并经过培训和经考试合格才上岗，建立和落实产品质量管理人员及检验人员技能评价和长期考核制度，有效排除检测过程中的人为因素，为整车产品合格出厂提供可靠保障。

四、技术进展及研发能力进展

长沙梅花汽车制造有限公司产品目标定位是：

产品始终追求技术领先。利用国内先进技术和引进国外先进技术来保障车型外观和整车性能优化；采用AMT自动变速箱技术，增强整车爬坡能力，节约耗电量；车身整体磷化、电泳，增强车辆使用寿命；核心零部件使用国内外名优品牌。续驶里程达到500公里，快速充电15分钟可续驶150千米以上。

本着掌握国家政策方向，关注行业动态、发挥自我优势、寻求战略合作伙伴、抓住机遇、合理定位的原则，分步实现产业化目标，打造完整的产业链。从2008年设立专业部门进行市场调研、并引进技术和人才，用于新能源汽车产品研发、车身模具、车身生产线及专用检测设备的建设。通过6年时间的努力，于2014年自主研发的新能源汽车样车，申报国家专利，进行产能规模建设，于2014年底通过国家工信部新能源汽车生产资质审查，同时申报产品公告目录。

公司多方位寻求战略合作伙伴、联手打造新能源汽车完整产业链；技术层面：长期与国内高等院校、科研机构进行产学研合作，处于行业领先；产品开发：与知名企业形成战略合作，共同研发投入，达到降低资金投入风险的目的；整车生产制造：与国内实力雄厚的电池生产企业进行合资，以保证整车的性价比优；产品推广：为保证市场的稳定和增长，与优秀的经销商和大型专业运营公司进行合作，达到长久互利、共赢，确保形成完整的产业链。

五、主要产品

序号	名　称	型　号
1	纯电动客车	TX6610BEV
2	纯电动客车	TX6702BEV
3	纯电动城市客车	TX6710BEV
4	纯电动城市客车	TX6830BEV
5	纯电动客车	TX6603BEV
6	纯电动客车	TX6720BEV
7	纯电动城市客车	TX6100BEV
8	纯电动路面养护车	TX5020TYHBEV
9	纯电动车厢可卸式垃圾车	TX5021ZXXEV
10	纯电动厢式运输车	TX5022XXYBEV
11	纯电动厢式运输车	TX5023XXYBEV
12	纯电动厢式运输车	TX5025XXYBEV
13	纯电动扫路车	TX5030TSLBEV

六、合资合作

长沙梅花汽车制造有限公司坚持以高新技术振兴企业，与湖南大学、长沙市科协等共建汽车主被动安全博士工作站基础上。多年来通过产学研结合的方式，与合作伙伴共同拥有一支高素质的专业技术队伍，积累较丰富的研制和产销经验，在产品研发和人才培训方面已形成战略伙伴关系。

长沙梅花汽车制造有限公司深圳巴斯巴科技发展股份有限公司合资，在贵州遵义成立新能源客车生产基地，一期建成将达到年产1万台新能源客车的生产能力。

七、发展规划

稳定完善传统优势产品，并继续研发实现适销对路的新能源产品，按35%的增长速度逐年递增，至2020年各类新能源汽车系列产品产销达到20000辆，全面实现新能源产品。

保定长安客车制造有限公司

一、发展概况

保定长安客车制造有限公司暨长安轻型车作为长安汽车重要战略版块之一，经过近几年的发展，开发出满足市场需求的轻客、轻卡、皮卡、MPV 以及相应的专用车、新能源等系列产品，成功打造神骐、睿行、尊行等产品品牌，成为轻型车领域中发展最快的企业之一。

二、生产经营

2015 年销量：批售 4.5 万辆，零售 4.4 万辆。

三、产能建设

根据轻型车面向 2025 年的产品销量规划，第一阶段，在现有产能基础上，通过整合土地及生产资源完成新产能一期技改；第二阶段：适时完成新产能二期扩能技改；第三阶段，新征土地新建工厂，预计 2025 年最终形成河北基地总产能 43 万辆/年。

四、技术进展及研发能力进展

位于河北定州的长安轻型车研发中心成立于 2015 年 10 月，是长安汽车全球研发体系重要组成板块之一。

长安轻型车研发中心下设研发管理处、电装开发所、底盘开发所、内外饰开发所、车身开发所和总体技术所等 6 个处所，34 个室组，全面负责长安轻型车的开发与投产工作，依托总部大平台，严格按照长安汽车全球标准化研发流程体系 CAPDS－V3.0，研发出神骐、尊行、睿行、尊行电动车、睿行电动车、神骐电动车等一系列经典产品。

根据长安轻型车平台发展规划，研发中心整合轻型车平台和电动车平台两大平台，轻型车产品至 2020 年保守估计推出 12 款新车，电动车产品至 2020 年保守估计推出 8 款新车。除了轻客、轻卡的升级产品，还会涉及 SUV、MPV 等车型。

五、主要产品

序号	名 称	型 号
1	“睿行”纯电动物流箱	SC5023XXYCBEV
2	“神骐”纯电动箱式货车	SC5035XXYDABEV
3	“尊行”纯电动客车	SC6611DBEV
4	长安纯电动公交车	SC6700ADBEV
5	长安纯电动公交车	SC6800AHBEV

六、发展规划

在长安汽车“十三五”规划的框架之下，长安轻型车提出“愿景 2025”战略目标，将不断推出轻客、轻卡、皮卡等三大平台 20 余款产品，同时拓展一系列的专用车及新能源车型，每年确保推出 1 至 2 款产品。

根据规划，2018 年实现产销 20 万辆，2020 年实现产销 30 万辆，到 2025 年，长安轻型车的产销将超过 40 万辆，并迈入轻型车行业第一阵营。

江苏卡威汽车工业集团有限公司

一、发展概况

江苏卡威汽车工业集团有限公司创始于 1992 年，现已经发展成为集轻型车、新能源汽车、特种专用车、汽车车身部件一体化实体产业链、汽车金融、汽车及部件出口为一体的特色汽车工业超级平台。集团占地 1000 余亩，年产值 30 亿元，固定资产 20 亿元，员工 2000 余人，下属 9 个控股子公司。卡威高起点创业、高科技立业、高规格兴业，凭借自身尖端技术优势，以自身高新技术平台发展汽车产业，是区域最大的汽车整车及车身部件制造集团。

二、生产经营

卡威汽车于 2013 年成功转型升级，进入轻型车整车制造行业，2014 年获得新能源汽车生产企业准入资质，2015 年获得 SUV 整车生产资质。卡威在全国各地建立整车及汽车零部件销售商 1000 余家，产品海外覆盖阿联酋、伊朗、朝鲜、菲律宾、秘鲁、委内瑞拉、尼日利亚等国等 20 多个国家和地区。产品覆盖自卸车、专用客厢车、轻型客车、大中型客车、其他乘用车整车、底盘、新能源电动汽车、汽车技术开发、汽车出口，汽车配件、照明灯具、模具的制造，汽车及汽车配件设计、研发服务。

三、产能建设

江苏卡威汽车工业集团有限公司占地 36 万平方米，总建筑面积为 15 万平方米，公司拥有冲压、焊装、涂装、总装四大车间、车架车间、机模车间及辅助仓储，检测车间以及研发大楼。目前具备年产 10 万台 SUV 的生产能力。

新能源客车的厂房总占地面积 6 万平方米，包括一个客车联合厂房、一个研发中心厂房，试制车间，三坐标测量室，检测线，实验室，充电站，淋雨试验区建立 1 万台/年的新能源客车产能。

四、技术进展及研发能力进展

公司拥有技术研发人员150人，与多所高校院所实施产学研多方位一体化合作，创建汽车整车、消防装备以及汽车零部件研发团队。公司拥有的300多项知识产权、100多项认证、多项省级高新技术产品，成为企业发展的强大推动力。

卡威汽车立足成为国内一流的新能源汽车生产基地和掌握新能源核心技术的企业之一，跻身国内新能源研发的第一梯队。开发纯电动客车、纯电动SUV、整车控制器等。为了支撑新能源核心技术的研发，卡威汽车与知名高校建立合作关系，同时与国内的诸多科技企业和新能源企业展开合作。在合作中以项目为牵引，通过项目培养一批掌握限电子控制、电驱动的技术人才，把学习到的知识应用在实际工作中，不仅开发出多款产品，同时还申报“电动汽车充电散热系统”等一批专利技术，为企业持续发展储备技术人才。

集团2015年被认定为民营科技企业、建有企业研究生工作站。获得中国机械工业科学技术奖二等奖、江苏机械工业科学技术进步奖一等奖各一项。

五、主要产品

序号	名　称	型　号
1	纯电动客车	JNQ6605BEV
2	纯电动客车	JNQ6700BEV3
3	纯电动多用途乘用车客车	JNQ6460BEV
4	纯电动客车	JNQ6606BEV3

六、合资合作

在新时代、新环境下，卡威一直寻找着发展与变革的平衡点。通过与悍马中国的合作，卡威成功向中国市场导入了悍马电动汽车，并在原有平台基础上，开始自主研发生产一系列新能源车型。同时，卡威已经获得德国梅赛德斯奔驰在华商旅车的生产、改装与销售权。

七、发展规划

公司秉承“以人为本、关爱员工”的经营理念，致力于员工成长与企业发展实现“共创、共赢、共享”的企业核心价值，致力于将公司打造成——最受尊敬的汽车产业集团。

重庆穗通新能源汽车制造有限公司

一、发展概况

重庆穗通新能源汽车制造有限公司成立于2012年8月，注册资本4000万元，占地面积333亩，已建成年产3800辆豪华旅游客车、新能源客车、新能源专用车及智能旅居车系列化产品生产基地。公司现有员工325人，新能源汽车研发中心拥有中高级研发人员53人。公司在国内汽车制造领域经营多年，公司团队早在1994年始在广州穗景汽车制造公司从事专供香港九龙巴士公司使用的铝合金车身骨架结构（英国亚历山大技术）的双层巴士设计、制造。所供应给中国香港的九龙双层巴士数量超过1000辆。

重庆穗通新能源汽车制造有限公司在2016年将加大在新能源客车研发和产业推广方面的投入，目前已获得15项实用新型专利，重庆穗通新能源汽车制造有限公司已于2015年11月4日通过ISO 9001质量管理体系认证和取得3C证书。2016年4月获得国家新能源汽车生产准入资质，并取得多款产品国家工信部《车辆生产企业及产品》公告。

二、生产经营

2016年1—9月，重庆穗通新能源汽车制造有限公司新研发的YST6100BEVG和YST6850BEVG纯电动公交车正式投放市场，以发展经销商模式进行渠道销售，并分别签订20辆和50辆的合同订单。

三、产能建设

重庆穗通新能源汽车制造有限公司綦江生产基地在建面积540亩，生产基地建成后年产各型新能源汽车8000辆。

四、技术进展及研发能力进展

2016年1—9月，重庆穗通新能源汽车制造有限公司成功开发YST5020XXYBEV、YST6100BEVG、YST6600BEV、YST6850BEVG、YST6120BEVG等系列的纯电动厢式运输车、纯电动城市客车，取得国家工信部《车辆生产企业及产品》公告，并取得批量意向销售订单。重庆穗通新能源汽车制造有限公司正在同期研发的有8.9米纯电动客车和4吨的纯电动厢式运输车。

五、主要产品

1. 整车		
序号	名　称	型　号
1	纯电动厢式运输车	YST5020XXYBEV
2	纯电动客车	YST6600BEV
3	纯电动城市客车	YST6850BEVG
4	纯电动城市客车	YST6100BEVG
5	纯电动城市客车	YST6120BEVG

续表

2. 零部件		
序号	名称	型号
1	整车控制器	60G－2108－001－00
2	整车控制器	10G－2108－001－00

六、合资合作

重庆穗通新能源汽车制造有限公司先后与重庆两江新区创新创业投资发展有限公司、航天新长征电动汽车技术有限公司、重庆迪科汽车研究有限公司、腾轼房车科技（上海）有限公司、重庆大学、重庆理工大学、华南理工大学等从事新能源客车产业的经济实体和科研院所积极开展在新能源客车、新能源专用汽车、豪华旅游客车、多功能智能旅居车等系列产品的产学研、新技术、新材料、新工艺、新模式、新运营等方面的合作。

七、发展规划

重庆穗通新能源汽车制造有限公司将紧密结合国家产业政策，抓住当前新能源汽汽车的发展机遇，继续加大研发的投入，以轻量化、长寿命、高效率和高安全性为技术方针，以客户满意为目的，力争在不久的将来成为国内一流的新能源汽车生产企业。

四川新筑通工汽车有限公司

一、发展概况

四川新筑通工汽车有限公司（以下简称：“新筑通工”）是国家工信部《车辆生产企业及产品公告》内改装类车辆生产企业。是成都市新筑路桥机械股份有限公司（2010年9月上市）为实现战略发展规划，整体收购四川雅安通工汽车厂，并在此基础上进行迁址、更名的改装汽车生产企业。主要生产新能源客车、新能源物流车、自卸汽车、专用货车（普通罐式、常压危险品罐式、非罐式）、专用作业车等改装车辆产品，及货车挂车（普通罐式、常压危险品罐式、非罐式）产品。

原四川雅安通工汽车厂是国有独资改装汽车生产企业，1982年成功研制推出全国第一辆全金属车身非承载式越野车。曾是国家公安部、卫生部、农业部、交通部等和相关行业的专用汽车定点生产企业。具有10000辆轻型越野车整车和100万件精锻齿轮的年生产能力。自行设计生产的轻型越野汽车1982年荣获国家交通部优秀企业称号；1988年通工牌汽车产品荣获国家交通部、公安部、卫生部等优秀产品奖、1990年再次荣获国家交通部优秀企业称号。最高年产各型汽车7000辆。

按照雅安市政总体规划布局，新筑通工在原四川通工汽车厂生产条件基础上进行总体规划，投资45000万元迁址技改，建成客车、专用汽车生产项目，研发设计、生产、检验、转运、存储、安全、环保、电力能源保障等配套设施均符合相关标准、规定。该项目自2012年4月投入运行以来，陆续研制推出的城市客车、自卸汽车、混凝土搅拌运输车、粉粒物料运输车、稀浆封层车、同步碎石封层车、运油车等多品种多型号改装车辆产品，经专业机构检测试验，符合有关国家、行业标准，获得工业和信息化部《车辆生产企业及产品公告》。

新筑通工运用母公司广泛的产品市场资源和企业信誉，强化专业销售队伍和市场网络体系，规范和完善售后服务网络体系管理，按规划将强力拓展市场覆盖区域，扩大销售业绩，根据新能源汽车产业发展规划，作出新能源汽车市场营销和售后服务策划，并计划逐步实施。

为实现企业发展战略目标，扩大产品范围，完善产品结构，以骨干产业带动地方经济发展，新筑通工完成纯电动城市客车、纯电动物流车、混合动力城市客车等新能源汽车产品的研发试制。

二、生产经营

四川新筑通工汽车有限公司注册资金5000万元，截至2015年12月31日，新筑通工资产总额43164.22万元，其中流动资产15963.58万元，非流动资产27200.64万元，全年总产值7606.68万元，营业收入6501.44万元，2015年新筑通工亏损2421.92万元。

三、产能建设

新筑通工占地总面积192719.94平方米（289亩），规划生产厂房及辅助设施建筑面积86520.12平方米，堆场39433平方米。目前已建成生产厂房及辅助设施建筑面积86589平方米。生产、辅助、生活设施投入生产运行，形成各类车辆产品10000辆/年生产能力，其中新能源客车2000辆/年，新能源物流车5000辆/年。本公司计划员工总人数1000人，其中人员配置比例为：大专以上学历人员：25%，中级以上专业职称人员：10%，高级职称人员：1.5%。

新筑通工已经获得新能源城市客车、新能源专用货车、混合动力城市客车、大中型客车、专用汽车（含专用作业车、常压危险品罐式车、普通罐式车、非罐式车）、货车挂车（含常压危险品罐式、普通罐式、非罐式）等车辆产品的生产准入。具备车辆产品策划、工程设计、样车试制、样车检测与试验、推广应用等一整套完整的产品开发流程，和产品设计研发和试制能力；原材料、配套零部件供应采购配套能力；满足产能要求的原材料、产品堆场和库容储备条件。配置适合产能需求的下料成型前处理生产线、客车车身及专用车厢体、罐体焊装焊装生产线、车辆涂装生产线、客车车身及专用车总装生产线，以及汽车性能检测线、机加工能力等生产工艺及检测条件。具备开卷校平、前处理、数控切割、大型液压剪板机、大型液压折弯机、大型平板翻板卷板生产线、液压升降平台、起重机械、自动抛丸、拼板自动焊、纵环缝自动焊、客车车身蒙皮张拉及大顶自动焊接、三辊压型、客车车身六面体数控组合等汽车制造专用设备；车辆性能试验检测线、淋雨实验室等整车、主要部件检验、检测设备设施；行车、叉车、辊道、摆渡车、轨道车、电动转运车、工艺流转车、大型车身翻转机、电动升降平台等物流、流转设备设施。以及新能源车辆底盘装配生产线、纯电动（客车及厢式运输）汽车部件分装及总装生产线、纯电动汽车下线检测、振动试验台、高低温交变湿热试验箱、动力总成试验台架（含扭矩仪）、电池入场检测设备、HIL硬件在环仿真系统等新能源（纯电动）汽车生产检测设备。

四、技术进展及研发能力进展

公司在新能源汽车研发方面投入大量资金，主要用于技术合作，专用设备购置、开发、生产线建设等，新能源汽车产品的关键零部件开发及整车开发。

依托母公司（新筑路桥机械股份有限公司）设计研究总院的研发资源优势，新筑通工与中国汽车工程研究院股份有限公司合作，研发成功“纯电动汽车整车控制系统”，双方共享其核心技术成果。

新筑通工掌握纯电动汽车整车控制系统的核心技术，建立并在逐步完善的开发流程。以此为基础，研发团队运用专业仿真软件和匹配设计软件平台进行设计、校核计算及各系统的匹配计算。匹配仿真设计纯电动汽车整车控制系统、控制模型、控制软件策略。通过各种专业仿真软件和匹配设计软件平台进行仿真分析和优化更改，取得实质性的成果，成功开发推出纯电动厢式运输车、纯电动城市客车、混合动力城市客车。

掌握纯电动厢式运输车、纯电动城市客车、混合动力城市客车整车研制，匹配选型设计整车各系统，并测试分析和优化选型，通过有限元分析优化设计整车的结构，形成一套完善的研发资料和产品样车，纯电动厢式运输车和纯电动城市客车实现批量生产。纯电动城市客车即将投入示范运行区域试运行。

五、主要产品

序号	名　称	型　号
1	纯电动城市客车	TG6120CBEV1、TG6781BEV1、TG6121CBEV1
2	纯电动厢式运输车	TG5021XXYBEV、TG5050XXYBEV1
3	混合动力城市客车	TG6101CPHEV2

六、发展规划

汽车产业向节能环保方向发展，基于市场和政策导向，公司在确保传统改装汽车产业发展的同时致力于研发节能环保的新能源汽车产品。未来，公司将以新能源汽车中的纯电动及混合动力汽车为核心做强做大汽车产业，争取通过整合电池整车控制、整车制造、充电桩（站）的布局、商业模式的创新等手段化解阻碍电动汽车推广的不利因素，力争用5年的时间将新筑通工汽车发展成为一个在新能源汽车领域中技术领先，品类齐全，车、电、服务、金融支撑产业链相对完整的行业领先企业。

哈尔滨龙江客车制造有限公司

一、发展概况

哈尔滨龙江客车制造有限公司成立于2005年8月29日，公司前身为黑龙江客车厂，成立于1951年，是全国最先研制和生产公路客车的骨干企业之一。2005年企业改制更名哈尔滨龙江客车制造有限公司，目前已成为具有新能源汽车生产资质是集汽车研发、生产、销售、服务为一体的科技型现代化企业。公司注册资金6000万元，拥有60余年的客车生产经验。2011年大庆蚨鼎集团介入哈龙客公司重组，2011年12月完成重组和产业发展规划。与哈尔滨公交集团电车公司、哈尔滨工业大学合作开发，成功研制出超级电客公交车与新加坡技术合作研制成功纯电动客车及双燃料新能源客车；2015年研制成功10.5米气电轻量化混合动力客车，填补省内空白。并在鸡西公交试营运一年，取得良好效果。主要生产纯电动厢式运输车（物流车）、插电式混合动力城市客车、纯电动城市客车、纯电动豪华城际长途、团体客车，以及符合不同需要的特种车辆。

二、生产经营

2015年，公司生产插电式混合动力城市客车300辆，实现销售收入19500万元。

2016 年上半年，公司生产纯电动厢式运输车（物流车）500 辆，实现销售收入 11000 万元；生产纯电动城市客车 100 辆，实现销售收入 8000 万元。

三、产能建设

2015 年，公司完成厂房技术改造项目，新增生产厂房 1.5 万平方米，新增各类设备 100 余套，新增产能 1000 余台。

四、技术进展及研发能力进展

2015 年，哈尔滨龙江客车制造有限公司成立“新能源部”专门从事新能源汽车项目研发。新能源汽车设计开发专业技术人员人员具有相应的专业素质和本科以上学历背景；经过专业培训具备新能源汽车整车及专用零部件的开发要求；主要研发人员配备相对稳定，并及时跟踪国内外新能源汽车技术的最新发展情况；对国家和行业技术标准、法规进行跟踪、评价和转化；完成整车设计、系统和总成匹配工作。具有自主知识产权的新能源整车控制器开发技术。在项目开发阶段，公司就与国内多家院校及知名汽车厂商携手合作，大力引进国内外先进科研成果及技术。产品立项阶段就取得国家汽车工程研究院工程技术人员对产品开发、生产过程进行全程指导与技术支持。公司拥有 100 多项国家发明、实用新型专利技术。尤其在寒冷地区纯电动汽车开发与应用方面具备超前的技术水平。

五、主要产品

序号	名 称	型 号	类 别
1	纯电动厢式运输车	LJK5020XXYBEV1	纯电动
2	纯电动厢式运输车	LJK5020XXYBEV2	纯电动
3	纯电动冷藏车	LJK5020XLCBEV1	纯电动
4	纯电动冷藏车	LJK5020XLCBEV2	纯电动
5	纯电动城市客车	LJK6810BEV1	纯电动
6	插电式混合动力城市客车	LJK6105CHEVP	混合动力

六、发展规划

公司在平房开发区规划建设电动汽车产业园，总占地面积 64 万平方米，其中一期启动项目占地面积 22 万平方米，建设规模年产 3000 辆新能源客车，5000 辆新能源专用汽车，主要包括：客车联合厂房（涂装车间、焊装车间、冲焊车间、总装车间、新产品试制中心）、新能源汽车研发中心、销售服务维修中心、销售中心。计划利用 3～5 年时间，达到年产 6000 辆新能源客车生产能力，实现产值 48 亿元。建成产业配套齐全、技术领先、进入全国客车上游研发、生产、销售企业领域。未来五年哈尔滨龙江客车继续以新能源汽车为核心，兼顾传统客车的发展；为实现新能源汽车强国梦而不懈奋斗。

东风日产乘用车公司

一、发展概况

东风汽车有限公司（简称“东风有限”）于 2003 年 6 月在武汉市正式挂牌成立，是东风汽车公司与日产汽车公司战略合作携手组建的迄今中国最大汽车合资企业。公司依据国家法律法规设立，符合国家汽车产业发展政策要求，具有独立法人资格，并于同年取得工商行政管理部门核发的企业法人营业执照。

东风日产乘用车公司是东风有限公司的分公司，从事乘用车的研发、采购、制造、销售、服务业务，是国内为数不多的具备全价值链的汽车生产企业，其产品品质和生产效率比肩国际先进水平。2015 年东风日产成为国内首家终端销量超过 100 万台的日系合资车企。东风日产启辰晨风电动汽车依托全球最安全、最成熟和最先进的明星车型（聆风）的技术平台，开展自主品牌启辰电动汽车的车型开发试制、认证试验等工作，至 2012 年 3 月，东风日产自主研发的首款启辰电动汽车取得了工信部的产品公告，并进入了国家《节能与新能源汽车示范推广应用工程推荐车型目录》，目前已经在全国主要城市进行销售，并赢得客户信任和行业尊重。

二、生产经营

作为一家年轻企业，东风日产一直秉承“人·车·生活”的企业愿景、“领先半步”的理念和不甘平庸、勇于开拓的企业精神，在过去十年中取得骄人的业绩和辉煌的成就：年产值从初建时的 80 亿元上升到 2014 年的产值过 1000 亿元；13 年内年销量增长 16 倍，销售服务网点（4S 店及二级网点）也从 100 家发展到了近 1700 家，覆盖中国大陆全部省份和省会城市，并已广泛布点三四级市场，稳居行业前列。

在东风汽车集团，东风日产是东风汽车自主发展、开放合作战略的成功体现和极具魅力的事业单元之一。2015 年销量占东风汽车公司乘用车销量的 29．8%；在日产汽车公司，中国市场的销量约为日产全球的销量的 1/4，东风日产已成为日产全球增长潜力巨大、经营能力突出的企业之一。

2015 年东风日产启辰晨风纯电动汽车销量超过 1200 余台，在合资车企中名列前茅。

三、产能建设

东风日产致力于以发展纯电动汽车为战略取向的的新能源汽车战略，积极研究探索产业链融合的新发展思路，依托东风日产为核心的新能源高端整车生产平台，掌控产业制高点，形成产业聚焦，凸显竞争优势。当前东风日产正在加速推进高性能电池的研发，并不断提高电池模组及电池包国产化率及降低电池生产成本，提高我司电动汽车的产品竞争力。同时为了应对迎接未来新能源汽车的推广普及，我司已提前布局产能提升的战略规则，初步规划到2018 年底具备 5 万台/年的生产能力。

四、技术进展及研发能力进展

2016 年，东风日产乘用车公司加大了对新能源汽车领域的投资力度。东风日产在新能源汽车领域拥有 100 多人的研发队伍，重点研发电机、电控、电池，智能化系统。

为了提升东风日产价值链前端的研发实力，2016 年，东风日产先进工程技术中心、启辰造型中心及东风日产大学三大中心正式投入使用，三大中心和原有的技术中心形成双剑合璧之势，为东风日产决胜未来提供攻坚武器。

展望未来，东风日产乘用车公司将在充分整合母公司，日产汽车和东风公司的优势资源，不断奋发图强，秉着“技术日产”的发展理念，坚信技术的魅力。

目前东风日产乘用车公司在产品规划、定义、设计、采购等领域和环节建立了完善的体系流程，具备快速推进各领域产品的布局开发研发能力。

五、主要产品

序号	名称	型号
1	东风日产启辰晨风	DFL7000B2BEV

六、合资合作

2010 年，东风日产乘用车公司根据市场发展需求，加深与日产的合作关系，投入巨资启动合资自主品牌启辰，目前启辰品牌旗下布局有 R30、R50、R50X、T70、T70X、晨风 EV，以及即将上市的 T90。

致力于给中国家庭带来高品质的生活，成为中国最成功的合资自主品牌。

七、发展规划

东风日产根据市场的发展趋势，提前谋划，在未来几年精准投放数款极具竞争力的产品，续驶里程将达到 300 公里左右，届时东风日产将形成多系的新能源汽车产业布局，成为新能源汽车领域车型较多、产品线较完整的车企之一，完整满足客户多元化的市场需求。

奇瑞新能源汽车技术有限公司

一、发展概况

奇瑞新能源汽车技术有限公司成立于 2010 年 4 月，是奇瑞汽车股份有限公司的子公司。从 2000 年开始就致力于新能源汽车技术的研发，其前身为奇瑞汽车股份有限公司新能源汽车项目组。通过十余年的自主创新，公司新能源汽车事业经历了三个重要的发展阶段；

从 2001 年到 2005 年，公司以国家 863 项目为载体，联合国内顶尖的高校及科研院所，承担并完成了多项国家 863 电动汽车重大专项研发课题，在短短 3 年左右的时间内，完成 ISG 中度混合动力和纯电动汽车的原理性样车研发。

2005 年至 2008 年，以科技部批准组建的“国家节能环保汽车工程技术研究中心”为依托，基本完成了新能源汽车的产业化研发，建立了完善的节能与新能源汽车研发体系、一流的新能源试验中心、试制中心等，在电机、电机驱动系统、DC/DC，先进动力电池，电池管理系统，整车控制器等电动汽车关键零部件和核心技术方面，公司已经形成一整套关键零部件研发、试验验证、应用标定及产业化的能力，并在新能源汽车专用的整车附件系统，包括：电动空调、电动转向（EPS）、电动真空、电加热、电子制动等系统已形成了系列化产品开发能力。

自 2009 年，公司全面启动了新能源汽车大规模产业化及应用；2009 年 1 月，奇瑞公司“节能环保汽车技术平台建设项目”获得“国家科技进步奖一等奖”。2010 年 3 月份第一批经济型纯电动轿车交付用户使用和奇瑞新能源汽车技术有限公司成立，标志着公司新能源汽车事业翻开了崭新的篇章。

二、生产经营

截至目前，公司在全国有 110 余家一级经销商网络，二三级销售网络达到 300 余家，并具备了完善的售后服务能力，奇瑞新能源汽车国内累计销量已达到 35000 余辆，2015 年销量近 1. 5 万台。

三、技术进展及研发能力进展

公司成立以来，始终坚持自主创新，逐步建立了国际化的新能源汽车的整车开发流程和标准体系，拥有国内先进的电动化系统实验室和国内一流的新能源汽车研发团队，掌握了一整套整车开发的方法和模拟仿真平台、设计质量管理流程和方法、整车及系统试验验证体系规范和标准、试验数据库，具备了新能源汽车 32 位整车控制、集成化热管理、热泵空调、一体化电池包等技术能力，在此基础上打造了 A5BSG、A5ISG、QQ3EV、M1EV 等一系列新能源汽车产业化产品，并在同步研发 S15EV（含增程式）、A16EV（含增程式）、M16PHEV 等更有竞争力的新能源汽车产业化产品，数年来承接了国家转子增程、X1 增程式电动汽车、全新结构电动车、下一代高性能电动轿车、G5 燃料电池汽车等几十余项国家 863 项目。

四、主要产品

序号	名称	型号
1	纯电动汽车	奇瑞 eQ、奇瑞 eQ1
2	插电式混合动力汽车	艾瑞泽 7e

五、合资合作

公司在多个国家项目、省级项目以及市级项目研发方面与清华大学、湖南大学、合肥工业大学、江苏大学等多个高校进行合作。

六、发展规划

公司下一阶段将在现有的科研人员基础上，培养出更多科研人才，提高科研团队的综合能力，掌握先进技术，开发新型车型，并努力建设销售与售后服务系统，从而实现奇瑞新能源汽车大规模产业化与市场推广，促进国内关键零部件技术的提升与供应链的体系建设，对标国内外先进产品，立足自主创新，形成自主品牌的核心竞争力。

力帆实业（集团）股份有限公司

一、发展概况

力帆实业（集团）股份有限公司创始于 1992 年，是一家以科研开发，发动机、通机、摩托车和汽车整车生产、销售（包括出口）为主业，集金融证券、房地产、汽车租赁与新能源汽车研发生产销售于一体的大型民营企业，是中国首家上市 A 股的民营乘用车企业，已十余度入选中国 500 强，连续多年出口创汇排名前列。

2007 年便投身新能源产业，历经多年沉淀与积累，现已在新能源汽车整车研发及新材料、新工艺、关键零部件等方面掌握核心技术。

2015 年 6 月，力帆股份发布新能源智蓝战略，明确了力帆换电技术路线，包括“新蓝产品”、“深蓝能源”、“泛蓝生活”和“蔚蓝金融”四大核心计划。

二、生产经营

2015 年产销纯电动汽车 15000 辆。

三、产能建设

目前依托力帆乘用车产线，产能已达 5 万辆/年。未来规划新能源汽车生产线产能达 20 万辆/年。

四、技术进展及研发能力进展

1. 技术进展

（1）动力电池开发。

① 通过采用多元复合锂离子电芯、轻量化设计，锂电电池模组能量密度提升到 180wh/kg。

② 整车动力电池包实现模块化快换模式，已实现 3 分钟内整车动力电池快换，且已批量投入使用。该换电模式快换结构、电池模组等已申请专利。

（2）驱动电机开发。

① 与战略合作伙伴重庆百转电动汽车电控系统有限责任公司共同进行高性能电机系统开发技术研究及应用。通过优化电机转子槽型结构和铜转子的工艺，已提高电机效率 3% ~5%。申请多项专利。

② 与科研院校共同开发一体化动力总成，完成对标解析、方案设计。

（3）轻量化——新材料和新工艺的应用。

① 开发了高强度的纤维强化复合材料的车身，已率先应用到力帆 80E。

② 开发了全镁铝合金材质的车架，已率先应用到力帆 100E。

2. 研发能力进展

（1）具备整车控制系统软、硬件设计、调试、标定；车载能源系统、驱动系统及动力耦合装置的匹配、电器附件的匹配；设计计算和仿真分析。

（2）具备整车、整车控制系统、其他自行设计开发的系统和总成的开发工具、软件及设备。

（3）具备动力系统、驱动系统和控制系统集成测试能力（包括制动回馈功能测试能力）、电子电控系统功能测试能力及耐环境性（高温、低温、振动、盐雾等）测试能力、通讯系统模拟测试能力、控制软件分析测试能力、硬件在环测试能力、单个箱体的动力蓄电池（超级电容器）包性能测试能力及耐环境性（高温、低温、振动等）测试能力、电子电器件的电气性能基本测试能力、高压电安全测试能力。

五、主要产品

1. 整车		
序号	名称	型号
1	330EV2 纯电动乘用车	LF7004FEV
2	620CEV 纯电动乘用车	LF7002CEV
3	620CEV260 纯电动乘用车	LF7002CEV260
4	650EV2 纯电动乘用车	LF7002FEV
5	820EV 纯电动乘用车	LF7007EV

2. 零部件		
序号	名称	型号
1	68.4V/40Ah 锂离子动力电池模组	GDA2101200
2	车载能源管理系统	软件 SW－V2.2； 硬件 HW－V2.2
3	驱动电机	BMD－M－10000
4	驱动电机控制器	BMD－C－10000
5	车载实时监控装置	ICU021
6	整车控制器	BEC2108210
7	虚拟仪表	BEF3820000

六、发展规划

新能源战略——i. BLUE 1.0，以“新蓝产品”、“深蓝能源”、“泛蓝生活”和“蔚蓝金融”四大核心计划，全方位解析了力帆新能源产业的产品、运营、服务发展方向，构建集互联网+、智能汽车、能源互联网及金融服务于一体的生态产业链。

在2020年前，力帆新能源将推出20款纯电和混合动力产品，实现新能源整车累计销售50万台，逐步实现“823”目标，即平均每8千瓦时电行驶100千米、综合油耗小于2升/100千米及换电时间少于3分钟的性能目标。

能源站在未来五年，计划在全国范围内投资建成500座能源站，覆盖全国京津翼、长三角、珠三角、西南、华中等主要城市群，在不改变用户使用习惯的前提下，通过换电模式（三分钟换电）消除用户对新能源汽车的“里程忧虑”和“电池恐惧”。

推出了新能源用车平台——“盼达用车”，现已进入重庆、杭州、成都、绵阳、郑州、济源等城市，并计划于2016年在北京、上海、广州、深圳等多个城市地落户运营，至2020年，实现30万辆新能源汽车的租赁规模，实现减排200万吨。

江西江铃集团新能源汽车有限公司

一、发展概况

江西江铃集团新能源汽车有限公司是江铃集团于2015年，为适应汽车绿色发展时代主题、在江铃集团昌北生产基地布局新能源汽车产业战略规划而投资建立的全新子公司，注册资本金4.6亿元。

2015年1月15日，江西江铃集团新能源汽车有限公司成立；2015年3月，江西江铃集团新能源汽车有限公司第一辆江铃E100下线；2015年12月，江西江铃集团新能源汽车有限公司累计生产5272台；2016年2月，江铃E200正式上市销售，同时江铃E160、E200S项目启动立项；2016年4月，江铃E50、E300、E400项目正式启动立项；2016年4月13日，江西江铃集团新能源汽车有限公司三电系统实验中心正式揭牌。

面对充满挑战的时代机遇和蓬勃发展的新能源汽车市场前景，江西江铃集团新能源汽车有限公司战略定位于设计制造新能源“国民车”来极大地满足顾客的使用要求，秉承“创新智造未来，驱动绿色生活”的发展理念，为实现将自身打造成国内技术先进、创新能力强、发展速度快的集新能源汽车及核心零部件系统研发、生产、销售和售后服务四位一体的创新型公司而不懈努力。

二、生产经营

截至2015年12月31日，江西江铃集团新能源汽车有限公司年累开票5234台，年累上牌5234台。2015年销售渠道情况：江西省内72家，江西省外34家，合计经销商106家。

三、产能建设

总装生产线产能从2015年的单班日产能50台提升到2016年100台。具备新能源汽车整车冲焊涂总四大工艺，电芯、电池、整车控制器生产能力，年产能5万台。

四、技术进展及研发能力进展

江西江铃集团新能源汽车有限公司在电动化底盘、整车系统集成匹配、整车轻量化方面持续投入研发，已完成整车控制系统研发、验证匹配和产业化工作，并批量集成在公司全系列量产纯电动车型上，正在进行电池管理系统、电驱动系统等三电核心技术的开发及应用。其中代号为E100、E200的纯电动乘用车已上市销售，2015年完成E100纯电动轿车和电动物流车的开发上市，完成整车控制器的研发和整车匹配工作，启动三电试验中心的建设，其中三电系统试验中心已完成一期建设，目前已正式投入使用。

五、主要产品

1. 整车		
序号	名 称	型 号
1	江铃 E100A	JX7005BEV、JX7007BEV
2	江铃 E200	JX7006BEV、JX70010BEV
3	江铃 E160	JX7008BEV、JX7009BEV
4	江铃 E300	JX70013BEV（2018.12 上市）
5	江铃 E400	JX70014BEV（2017.10 上市）
6	江铃 E50	JX70015BEV（2017.12 上市）
7	江铃纯电动厢式运输车	JX5022XXYMEV
8	江铃纯电动仓栅式运输车	JX5021CCYMEV
2. 零部件		
序号	名 称	型 号
1	电池包总成	JX7006A
2	交流异步电机	JXMI15A4
3	整车控制器	3600030－ME
4	交流充电桩	JMEV－YAC90W332A0

六、合资合作

2015 年，江西江铃集团新能源汽车有限公司与华中科技大学在电机驱动器领域有深入的开发合作。

七、发展规划

江西江铃集团新能源汽车有限公司以“致力成为国内新能源汽车的专业制造商”为愿景。坚持三步走发展战略，第一步：系统集成先出车，积累经验快速抢占市场；第二步：掌握关键核心技术，实现新产品技术国内领先；第三步：着力新能源汽车产业化深耕，实现可持续经营。以取得国内电动车市场份额10%为战略目标。江西江铃集团新能源汽车有限公司2016年实现15000辆的销量目标，达2020年实现10万台销量目标。

东南（福建）汽车工业有限公司

一、发展概况

东南（福建）汽车工业有限公司于 1995 年成立，由福建省汽车工业集团公司（现更名为福建省汽车工业集团有限公司）与中国台湾最大的汽车企业裕隆集团所属中华汽车公司，携手组建最大的海峡两岸合资汽车企业。并同步引进 35 家台湾专业汽车零部件厂商紧密环绕于周围，形成一个具有国际先进水准和自主发展能力的专业汽车生产基地。

东南汽车吸取台湾中华汽车先进管理经验以及源自日本三菱汽车领先时代的全球造车科技，引进日本、德国等全自动化尖端技术设备，形成冲压、焊接、涂装、总装、车检线等多位一体的现代化生产流程，同时建立起高标准、严要求的质量管理体系，在国内汽车整车企业中首家通过 ISO9001：2000 质量体系认证、首批通过国家强制性产 3C 品认证，通过国家环境保护总局颁布的中国环境标志产品认证，并通过 ISO14001：2004 版环境体系认证。放眼未来，在加强与国际汽车大厂合作的同时，东南汽车还将继续发展自主品牌。2006 年东南汽车研发中心获得福建省“省级技术研究中心”的称号，于 2008 年取得国家实验室的称号。

关爱地球，保护环境，东南汽车以不懈的环保热情不断加速新能源技术的市场化，通过不断地自主创新，促进技术进步。2011 年 8 月，东南汽车通过工信部专家组现场审核，获得新能源车生产资质。东南牌得利卡电动车作为国内首款纯电动轻型客车在 2011 年 10 月取得公告，2013 年 1 月取得改款车型公告；2013 年 2 月，V3 换电式纯电动车成为国内首款取得换电式纯电动轿车整车公告的车型。

二、生产经营

东南汽车 2015 年汽车总销量 75025 台，营收 583411 万元。累计销售新能源汽车 484 台，其中 V3 纯电动换电式汽车在河南新乡大量投入运营，已累计行驶 50 万公里，2015 年 12 月上市的 V5 纯电动汽车已在出租车，国内部分机场，租赁车等市场投放，获得用户广泛好评。

三、产能建设

东南汽车引进 35 家台湾专业汽车零部件厂商紧密环绕于周围，形成一个具有国际先进水准和自主发展能力的专业汽车生产基地。东南汽车城模式的产业集群布局，构建东南汽车紧密而完备的生产配套体系；东南汽车现有配套厂 256 家，其中青口东南汽车城内配套厂 43 家，省内其他配套厂 23 家，省外配套厂 190 家。伴随着东南汽车的成长，还逐步开拓国内与国际广泛的零配件采购市场，为新能源汽车的推广及产业化奠定坚实的基础。

四、技术进展及研发能力进展

东南汽车研发中心于 2006 年 6 月建成并投入使用。近年来不断加大自主研发投入，目前研发中心已配备整车排放实验室、环境实验室、强度实验室、造型室、计算机辅助设计工作室、油模间、三次元室及五元素分析室，具备自主造型设计、车身改造、底盘设计和整车测试等方面的能力。东南汽车技术研发中心于2006年获评福建省“省级技术中心”称号；2008年5月东南汽车试验中心被评定为“国家级试验室”；2011年东南汽车与福建省汽车工业集团汽车研究院及台湾中华汽车签订战略合作协议，三方深化核心资源的互补及合作，建立东南汽车研究院，构筑省内自主研发创新合作平台。

应国家新能源发展战略，东南汽车积极投身新能源汽车产品的研发，与福建省汽车工业集团汽车研究院展开技术合作，依托其在新能源核心技术上的优势，采取充电式加换电式相结合的纯电动汽车技术路线，并已启动增程式电动车、混合动力汽车的研发工作。经过多年的研发积累，东南汽车建立了电动汽车整车构型分析、性能控制、控制策略、关键总成、试制、试验以及产品认证等开发流程，并建设完成电子试验室、整车控制器试验室、道路试验室、电机试验室及电池试验室。

五、主要产品

序号	名　称	型　号	类　别
1	得利卡纯电动乘用车	DN6490MBEV	插电式纯电动轻型客车
2	得利卡纯电动厢式运输车	DN5020XXYBEV	插电式纯电动轻型客车
3	得利卡纯电动邮政车	DN5020XYZBEV	插电式纯电动轻型客车
4	V3 菱悦换电式纯电动轿车	DN7000MBEV	换电式纯电动轿车
5	V5 菱致两用燃料轿车	DN7156MQNS	CNG 两用燃料轿车
6	LS 蓝瑟两用燃料轿车	DN7160MQN4B	CNG 两用燃料轿车
7	V5 菱致充电式纯电动轿车	DN7001MBEV	充电式纯电动轿车

知豆电动汽车有限公司

一、发展概况

知豆电动汽车有限公司是由吉利控股集团、新大洋机电集团、金沙江创投基金共同成立的合资公司，以创造引领时代潮流的电动汽车为使命，致力于人类交通生态的创新与变革。

从2006年至2014年，新大洋机电集团持续投入巨资融合国内外专家、科研机构及院校等技术资源，全力构造纯电动汽车开发平台，通过正向设计、自主研发出拥有全球首款轻量化车身及电动汽车专用底盘的城市微行纯电动车——知豆。

作为中国城市微行纯电动汽车的核心品牌，也是这一细分市场的开创者和领航者，知豆致力于引领和创造未来理想的城市出行环境，以极低的资源占用和使用成本，将新能源、智能科技和互联科技创新融合于微行化车身，聚焦微行，专注于解决城市大交通最后一公里的出行需要，以微行新能源汽车的特质，大幅缩减驾乘者对道路和空间的占用，对能源的消耗，以及对环境的影响，进而创造出最理想的城市微行交通工具——真正的节能、灵动、便捷、智能和安全。

知豆凭借3项欧盟专利、6项国内发明专利、100多项实用新型和外观专利，获得欧盟 E-MARK、CE 认证，顺利进入意大利、法国、西班牙、卢森堡、瑞士、土耳其、斯洛文尼亚等欧美国家，得到国际市场的广泛认可。在国内市场，知豆于2014年5月正式销售，以精准的定位、亲民的价格、灵巧便捷的车身设计和突出的环保和安全性能，迅速获得市场的认可和消费者的青睐，连续刷新国内新能源汽车单日销量纪录，2014年产销实现7400多辆，2015年知豆在新能源汽车市场突飞猛进，全年累计销售达30476辆。

知豆从2006年开始通过正向设计，自主研发出拥有全球首款小型化轻量化车身、电动汽车专用底盘及电机等核心技术；随后，知豆将新能源、智能科技和互联科技创新融合于微型车身，实现互联网化、智能化；继而在米兰开展汽车共享项目，实现知豆汽车的共享化；作为一款领衔时代的城市微行纯电动车，知豆在技术方面不断突破创新，通过定制化服务，满足消费者个性化需求。

知豆电动汽车有限公司以研发、生产、销售以及运营电动微车服务平台为主要业务，依托宁波研发本部以及意大利、日本、北京、上海四大研发中心，并融合吉利与新大洋在研发、制造、体系运营等方面的优势，打造更节能环保、更高品质、更智能化的知豆汽车，做城市微行纯电动车的倡导者与推广者。

二、主要产品

1. “城市微行者”知豆 D2 引领城市微行生活

知豆 D2 是知豆电动汽车有限公司酝酿已久的核心产品，也是代表知豆品牌的标杆产品。知豆 D2 是更智能化的

"小而美"车型，以更先进的科技、更卓越的性能和品质，领衔城市微行纯电动汽车时代。知豆D2倡导微行的出行方式，为城市精英群提供更加经济、便捷、安全、智能的出行方式。

2. 时尚动感炫酷有型

知豆的外观融入意大利前沿时尚设计，将风靡世界的欧式风尚萃合于车身设计之中。知豆D2的车身尺寸为2808×1540×1555mm，采用三门两座的布局，小巧灵活。饱满的引擎盖设计配合新增加的筋线赋予整个前脸较强的立体感。日间行车灯与引擎盖分缝线自然衔接，外观浑然一体。外后视镜集成LED转向灯，体现时尚感的同时更提升安全性。旋风式轮毂、前后保险杠均融入赛车基因，动感十足。

内饰部分，双色搭配设计赋予知豆D2更多的活力，D2采用皮质座椅，一体化设计风格兼具运动性及安全性，多方位可调节可以带来更舒适的驾乘感受。D2开发智能变频空调系统，在远远低于传统汽车能耗的同时提升了续航里程，可谓一举两得。当然，无钥匙启动系统在知豆D2中也成为了标配，相比其他同级别车型，表达十足的"诚意"。

3. 引领潮流 趣味互联

作为领衔时代的城市微行纯电动汽车，知豆D2将新能源技术、智能科技和互联网化创新相结合，开发互联共享系统，该系统颠覆传统汽车只能通过蓝牙与手机进行交互的限制，将3G/WIFI模块集成在车机中，通过车辆本身，实现人、车与互联网的无缝连接，值得肯定的是，车载免费Wi-Fi系统，每个月为用户提供500兆免费流量。同时，D2还集成语音助理功能，为驾驶者解放双手，语音指令可直接完成程序调取、电话拨号等动作，例如你可以通用语音指令搜索音乐或者收音机并收听，同时还可以用语音随意控制音量的大小。除了拥有强大的娱乐功能，语音助理还可以实现诸多商务功能，例如查询当日股票或者查询航班信息、火车车次等，提高工作效率。

为了更好的管理车辆，服务用户，知豆D2引入完全自主研发的两套平台。基于车辆系统的名为"豆伴"，基于用户手机APP端的名为"豆藤"。两套系统都可同时监控车辆的动态信息，如电池情况、行驶状态、续航能力等等。

4. 智能安全 无微不至

安全性能一直是知豆高度重视，并倾力打造的核心性能之一。为此，知豆公司潜心研发设计多项主动、被动安全系统，各项安全指标全面达到欧洲EEC法规要求，早在2013年便一次性通过国家权威机构64项检测认证，让驾乘者安心使用。此外，D2的后雷达和倒车影像等装备也大大提高安全性能。

5. 节能环保 微行无忧

作为城市微行纯电动汽车细分品类的开创者，知豆集节能环保、灵动便捷、经济、智能、互联、安全等众多优势于一身，能够让城区出行更随心舒心。知豆D2搭载一款永磁直流无刷电动机，最大功率为18kW，峰值扭矩为82 N·m，最高时速为100千米/时，最长续航里程180千米。

知豆D2不仅在内饰配置，智能科技方面具有人性化设计，在车辆使用中也可以享受到更多人性化的服务。知豆D2的动力电池享受八年或12万千米品质保证，体现知豆对于自身质量的自信以及对消费者的诚意。作为一款具有智能化和互联网功能的汽车，D2的智能系统享受终生免费在线升级。另外，超低的用车成本也是知豆D2的一大魅力，知豆D2耗能极低，安装充电桩时可直接连接220V家用电源，8个小时左右便可为知豆D2充满电。

同时，车主也无需再为停车苦恼，经试验，一个标准停车位可以停放两台知豆。在停车位无比紧张的城市中，对于车主来说，这样的"技能"值得炫耀。这也符合微行生活的一个重要主张——公共资源占用少。

知豆D2代表当今世界小型纯电动汽车的领先水平，这款搭载众多领先科技的微行小车，将成为消费者"微行"生活的"理想伙伴"。如果有越来越多人使用知豆这类的新能源汽车，城市也将变得更绿色环保、更顺畅有序，城市生活的幸福感也将大大提升。

河北御捷车业有限公司

一、发展概况

河北御捷车业有限公司成立于2009年5月，自成立以来始终坚持小微型、轻量化、差异化的纯电动产品的发展路线。公司拥有自己独立的技术中心——御捷汽车研究院，2013年被认定为省级企业技术中心。目前在河北清河、山东齐河拥有两大生产基地，拥有完整的冲压、焊装、涂装、总装四大工艺，具有年产32万辆整车生产能力。现正在无锡投资建设年产15万台轻量化智能化新能源电动汽车项目，颠覆御捷目前的产品。

2014年，御捷取得其他乘用车、厢式物流车、皮卡整车和新能源汽车整车资质，有24款新能源汽车和其他乘用车产品列入国家工信部公告目录。

御捷首创轻量化设计理念，打造世界第一款适合大批量生产的经济型四座小微型电动汽车。公司自主研发电力驱动系统、悬挂系统、NVH 系统等核心系统。御捷获得专利授权证书 192 项，其中发明专利 3 项，实用新型专利 42 项。公司产品取得 EEC 国际认证，不仅畅销国内还远销欧洲市场。御捷连续四年销量稳居国内小微型电动汽车细分市场第一位，成为小微型电动汽车行业的标杆和领军企业。

2012 年公司被认定为高新技术企业，御捷还获得“中国创造力企业和产品”“中国新能源产业最具影响力企业”“2014 中国年度绿色汽车年度微型车销量冠军奖”“2015 年十大最受欢迎小型电动车企业”“河北省战略性新兴产业重点企业”“河北省产业集群龙头企业”“河北省技术创新示范企业”“河北省管理创新示范企业”“河北省两化融合示范企业”“河北省质量标杆企业”“2014 年河北重点行业排头兵企业”“2015 年河北制造业百强企业”“2015 年河北省百强民营企业”等一系列荣誉称号。

二、生产经营

1. 2015 年 1—12 月

2015 年御捷实现销售小微型电动汽车 8.9 万辆。

2. 2016 年 1—3 月

2016 年第一季度，御捷销售 18721 辆小微型电动汽车。

三、产能建设

截至 2014 年，御捷建成河北清河、山东齐河两大生产基地三个工厂，拥有完整的冲压、焊装、涂装、总装四大工艺生产车间，具备年产 32 万辆小微型新能源电动汽车的整车生产能力。

御捷现正在无锡建设年产 15 万台轻量化智能化新能源电动汽车、年产 5 万台电池包及控制系统的生产能力。

四、技术进展及研发能力进展

技术创新驱动是企业发展的原动力。2009 年 5 月御捷成立伊始即建立自己的企业技术中心（现名为御捷汽车研究院）。2013 年，御捷汽车研究院被河北省认定为省级企业技术中心。御捷汽车研究院主要从事新能源汽车整车（含纯电动汽车、四驱电动汽车和增程式、插电式混合动力汽车），以及电机、电控、电池、混合动力系统等新能源汽车关键核心零部件的研发制造；注重创新设计与研究，大力开展新工艺、新技术、新材料、新装备的应用与推广，注重结构设计的提升与经验积累。

公司建有较为完备的研发、试验试制、生产基地，不仅具有完整的冲压、焊装、涂装、总装四大工艺车间，还建立发动机试验室、整车实验室和汽车试验场，并购置国内外先进的研发生产设备及配套设施，有新能源电动汽车性能测试台、排放试验台、测功机、三坐标测试仪、四轮定位仪、汽车内饰材料阻燃性能测试仪、微机控制电子万能试验机等，确保新产品从研发、检测，以至量产各环节工作的正常开展。

为了持续推进技术进步，御捷不断引进专业技术研发人才，公司现有大专及以上学历科技人员 384 人，占员工总数的 33.5%；专职研发人员 234 人，占员工总数的 20.4%。

公司掌握新能源汽车整车以及新能源汽车核心零部件电机、控制器和发动机等技术。获得授权专利 192 项，其中发明专利 3 项，实用新型 42 项，外观设计专利 147 项。

公司整车产品已由单一 MA 平台车型发展到现拥有五大产品平台（330、260、6320、MA、XA1）30 几款车型，包括纯锂电厢式运输车和纯锂电多功能乘用车、小微型电动车、皮卡等车型。产品不仅在国内畅销，还远销欧洲市场。御捷成为小微型电动汽车行业的引领者。

五、主要产品

序号	名　称	型　号
1	多用途乘用车	YGM6360A
2	纯电动运动型乘用车	YGM6370BEV
3	多用途乘用车	YGM6360C
4	厢式运输车	YGM5020XXY
5	纯电动多用途乘用车	YGM6360BEV
6	纯电动多用途乘用车	YGM6361BEV
7	纯电动厢式运输车	YGM5020XXYBEV
8	纯电动厢式运输车	YGM5010XXYBEV
9	纯电动厢式运输车	YGM5010XXYBEVQ
10	纯电动厢式运输车	YGM5011XXYBEV
11	纯电动厢式运输车	YGM5011XXYBEVQ
12	纯电动厢式运输车	YGM5012XXYBEV
13	纯电动厢式运输车	YGM5012XXYBEVQ
14	纯电动厢式运输车	YGM5013XXYBEVQ
15	多用途乘用车	YGM6370
16	厢式运输车	YGM5020XXYA
17	多用途乘用车	YGM6371
18	厢式运输车	YGM5021XXY
19	多用途货车	YGM1010
20	纯电动厢式运输车	YGM5010XXYBEVQ58
21	纯电动厢式运输车	YGM5012XXYBEVQ59
22	纯电动厢式运输车	YGM5011XXYBEVQ60
23	纯电动运动型乘用车	YGM6350BEV
24	纯电动厢式运输车	YGM5021XXYBEV18

六、合资合作

御捷以自主研发为主并积极开展产学研合作。御捷企业技术中心依托河北工业大学、山东大学、重庆理工大学、石家庄铁道大学、石家庄职业技术学院等深入开展产学研合作，共同攻关新能源汽车技术研发难题，并邀请专家在产品设计开发方面对公司员工进行指导和培训。通过自主创新与合作研发相结合，进一步增强御捷技术研发力量，缩短产品工艺开发周期，进而提升产品竞争力，持续引领行业发展。

七、发展规划

御捷清醒地意识到当前中国和全世界正处在一个由传统汽车向新能源汽车过渡的关键时刻，这是一场巨大的变革，这是一场汽车的工业革命，这是百年难遇的机会。御捷要做传统汽车的颠覆者，而且御捷已经在新能源汽车细分市场抢占了市场的先机，御捷要用两年的时间完成两个产品转变：由农村包围城市的“村姑”的产品向满足一二线城市和国外市场的精品转变；由小微型纯电动汽车向轻量化、智能化的高品质的新能源汽车转变。

思想创新是御捷的企业灵魂。御捷在把握历史重大发展机遇的同时，根据新能源汽车产品的特殊特性把整车的性能和安全以及产品的一致性放到第一位，通过销售服务模式创新把控投向市场的产品的风险。

御捷坚持小微型、轻量化、智能化的新能源汽车发展战略。御捷要做到产品聚焦、战略聚焦，在自己有优势的产品上进一步打造御捷的竞争优势，让竞争对手不可超越。

到2020年，御捷将实现产能60万台，销售50万台；实现销售收入300亿元，利税30亿元；实现“致力于做全球小微型新能源电动汽车优秀制造商”的战略目标。

江苏敏安电动汽车有限公司

一、发展概况

2008年，敏实集团根据世界汽车产业发展趋势，响应国家关于大力发展新能源汽车产业的号召，开始进行新能源汽车产业研究、分析；2010年成立“电动车事业部”，全面展开纯电动汽车整车和电机、电池、电控等核心零部件研究开发、试制、试验等工作。2014年底，因项目产业化发展需要，研发工作和成果全部转移到淮安，建立江苏敏安电动汽车有限公司。建设了新的研发中心和试制车间，包括研发设计中心、五大整车和核心零部件试验室及自制件、焊装、涂装、总装等试制车间。2015年2月，江苏敏安电动汽车有限公司完成登记注册。

二、生产经营

公司经营范围为汽车设计、研发、生产、改装、销售（含电动汽车），汽车零部件开发、加工、生产、销售（含电池、电机、电控），汽车整车、汽车零部件贸易服务，企业管理咨询服务。

三、产能建设

本项目在生产线设计和规划时，充分考虑行业前景和国家对新能源产业的支持，整体按16.5万辆/年规划，分期实施。一期建设用地577亩，计划建设研发中心、冲压车间、焊装车间、涂装车间、总装车间、核心零部件生产车间、物流中心等，形成双班5万辆/年产能。

四、技术进展及研发能力进展

经过多年的研发积累和3亿多元的研发投入，敏安汽车建立了从市场调研、产品定位、造型设计、工程设计、试制试验等完整的整车开发流程和团队，在整车、电池、电机、电控系统、汽车电装零部件和车身碳纤维轻量化等方面开展了深入的研究工作；先后开发了A\B\C\D\E五大平台十余款车型；自主研发设计了电池系统、电控系统等核心零部件；掌握了轻量化材料应用、汽车电子、车联网等核心技术。

五、主要产品

1. 整车

序号	名称	型号
1	城市休闲电动车	A01\A02\A03
2	全铝车身电动汽车	B01\B02\B03
3	都市纯电动物流车	C01\C02
4	纯电动轿跑车	D01
5	纯电动SUV	E01

2. 零部件

序号	名称	型号
1	整车控制系统	C01 VCU D01 VCU E01 VCU
2	电池管理系统	C01 BMS D01 BMS E01BMS
3	电机控制系统	BLDC -MCU ACIM -MCU PMSM - MCU

六、合资合作

敏安汽车与美国、日本、意大利、澳大利亚、奥地利、瑞典等国家先进整车和零部件企业就整车设计、轻量化车身、电池模组化、汽车电子、双驱动电机等核心技术项目展开了合资合作，取得了丰硕的成果。

在技术和人才合作方面，敏安汽车已先后与吉林大学、江苏大学等高校建立良好的合作交流体制。

七、发展规划

依托母公司敏实集团在汽车零部件行业 20 多年来为豪华品牌配套的技术和经验，打造敏安品牌，利用其国际化销售渠道展开对敏安汽车的全球布局。

敏安汽车计划未来十年累计投入近百亿元，展开多个平台多款车型的研发，同时在技术储备方面继续深入对整车电控系统、动力电池系统、轻量化车身、高性能电机、智能化系统的研究。

河北红星汽车制造有限公司

一、发展概况

河北红星汽车制造有限公司是国内拥有整车生产资质的汽车制造厂家之一。其前身是河北红星旅行车制造厂，始建于 1960 年距今已有 50 多年的建厂历史。因研发生产出我国第一辆旅行车，填补国内空白，被称为是“新中国旅行车诞生地”。现具备旅行车、SUV、轻型客车、轻型货车及厢式专用车等多种车型的制造资质。

2015 年 8 月 31 日，河北红星汽车制造有限公司完成工商变更，多氟多化工股份有限公司和邢台县龙冈投资有限公司联合控股红星汽车，分别持有其 69.406% 和 30.594% 的股份。多氟多公司是致力于电动汽车、锂离子电池及其材料、高性能氟材料等研发、生产和经营的上市公司。拥有锂电研究所、标准化动力电池测试中心和独立的汽车研究院。从六氟磷酸锂（锂电池核心原材料）到锂电池、电动汽车锂离子电池管理系统（BMS）、电机及电机控制系统（“三电系统”）均有自主知识产权具备的研发和生产能力，市场口碑良好。

二、生产经营

1. 完善技术研发体系

为使研发工作更贴近市场，汽车研究院的工作由“以焦作为主”调整为“以邢台为主”，并确定“一院六所一中心”的研发地域布局。充分利用北京、上海、南京、重庆等地高校的技术研发资源，与电动汽车领域的前沿技术对接，提供迎合时代需求的高品质产品，为企业的长远发展提供创新支持。

2. 保证产品竞争力

控股母公司掌握的自主核心技术和成熟上游工艺，提供成本优势；多氟多的完整产业链布局，保证企业生产的稳定和连续。

3. 积淀红星汽车原有技术

红星汽车原有生产规模较小，设备也不很先进，但工艺配套完善；拥有各类车辆、底盘生产资质 68 种，拥有冲压、焊装、涂装、总装四大汽车制造工艺及完整的检测中心、半封闭式的长距离检测路面。这新建产能的高效释放和技术创新的有序开展奠定基础。

4. 市场策略得当

红星汽车计划在政府配套政策的支持下，参照杭州新能源汽车换电模式，采用电池租赁的方法推动电动汽车的销售。具体方式是，将车身和电池作为两个销售主体分开经营，这样既消除客户对汽车动力电池使用年限的顾虑，也发挥红星汽车在电池上延伸产业链布局的优势。

三、产能建设

自 2004 年改制重组后，河北红星汽车制造有限公司新建现代化的多机床冲压生产线、机电一体化的焊装生产线、阴极电泳生产线、全封闭面漆喷涂生产线、积放式总装生产线、半自动整车检测线（四轮定位、淋雨试验、车速、灯光、刹车、轴重等）、全长约 2 千米的半封闭综合试验路面及市级计量检测中心。具备冲压、焊装、涂装、总装及塑料件喷涂五大汽车制造工艺。年生产整车能力达到 5 万余台。

四、技术进展及研发能力进展

2009 年启动纯电动汽车的研发工作，完成 HX6401BEV、HX5028XXYVEV、HX5029XXYVEV 及 HX6306YBEV 等多款纯电动车型的研发，产品及设施符合“工业和信息化部”公告（工产业〔2009〕第 44 号）《新能源汽车产业及产品准入管理规定》要求，其中：HX5028XXYVEV 已经顺利进入工信部《道路机动车辆生产企业及产品》（第 279 批）；HX6401BEV 已经顺利进入工信部《道路机动车辆生产企业及产品》（第 281 批）及《节能与新能源汽车示范推广应用工程推荐车型目录》（第 3 批）；HX6306YBEV 已顺利进入工信部《道路机动车辆生产企业及产品》（第 282 批）；HX5029XXYVEV 已申请列入工信部《道路机动车辆生产企业及产品》（第 283 批），并已公示。

五、主要产品

序号	名　称	型　号
1	纯电动运动型乘用车	HX6306YBEV
2	纯电动厢式运输车	HX5029XXYVEV

六、合资合作

2015 年 5 月 22 日，邢台县政府、多氟多化工股份有限公司、河北红星汽车制造有限公司三方签订《合作协议书》。

作为红星汽车的母公司，多氟多化工股份有限公司是一家致力于高性能无机氟化物、含氟电子化学品、含氟精细化学品、锂离子电池及材料、高性能膜材料、纳米金属材料研发、生产和经营，是全球生产规模最大、技术创新领先的无机氟化工企业。多氟多沿着“资产资本化，资本股份化，股份证券化”的发展路径，于 2010 年 5 月 18 日在深交所挂牌交易，股票代码 002407，成为我国无机氟化工行业第一家上市企业，目前已拥有“焦作新能源”“深圳新能源”“昆明科技”和“白银中天”等多家子公司。

2015 年 7 月 14 日，多氟多在邢台市产权交易中心完成交易揭牌，随后正式进驻红星并完成交接工作。7 月底相关生产启动工作开始推进，更新的设备陆续到位，并开始批量招聘生产人员，生产所需材料也陆续到位。纯电动新车型的研发工作在多氟多前期工作基础上继续进行。

七、发展规划

1. 产业建设

河北红星汽车制造有限公司以纯电动汽车为红星汽车转型升级和培育经济新增长点的主要战略取向，发展新型纯电动汽车产业。

在邢台县龙冈经济开发区投资建设红星汽车新基地项目，建设以汽车制造四大工艺生产线及研发中心为主的红星汽车新基地，建设纯电动汽车生产线。逐步建成年产 10 万辆纯电动汽车整车生产基地（燃油汽车生产按照协议），产品质量达到国内先进水平。在邢台县龙冈经济开发区配套建设 2 亿安时生产能力动力锂电池生产线。实现年销售收入 100 亿元，利税 4 亿元。形成从动力锂离子电池生产到新能源汽车整车生产的完整产业链，打造全国重要的新能源汽车研发和生产基地（占地 1500 亩）。力争 2018 年完成一期项目建设，2020 年完成二期项目建设。

2. 技术创新

河北红星汽车制造有限公司大力加强纯电动汽车整车正向开发与生产技术研究。重点开展整车及动力系统匹配、整车控制管理系统、车载能源管理系统、车辆轻量化、车辆安全等关键技术的设计开发，掌握试验检测和整车产品运行状态监控技术；把握国内外纯电动汽车发展动向，加大超前技术的研究力度；强化车身成型、焊装、涂装、总装等整车生产工艺和装备技术研究，显著提高整车生产的智能化制造水平。

以发展纯电动汽车为主，全面提升科技含量，打造全新的红星汽车。通过投入自动化、智能化、机械化生产设备，全面改良优化现有生产和制造工艺，并与互联网、物联网、车联网相融合，改变红星汽车的传统形象，制造出智能化、轻量化、电动化全新的多氟多红星汽车。

3. 商业模式创新

河北红星汽车制造有限公司积极探索纯电动汽车新型商业化模式，引导市场消费，颠覆现有市场商业模式，创新全新的商业模式，推出规模性示范应用案例，鼓励市场化的私人租赁业务，从以租代售逐步过渡到以租促售，实现纯电动汽车的市场化。

4. 新产品开发

研发全新的纯电动汽车适用车型。通过对红星汽车的优化改造和创新研发，获得新的生产资质，推广、引导纯电动汽车多功能消费新理念，在中高端市场推出 SUV、MPV 等全新的纯电动汽车适用车型，形成新能源汽车独特市场空间。

5. 创新平台建设

提升创新能力。为加快创新步伐，提升创新能力，河北红星汽车制造有限公司建立纯电动汽车科技研发中心，引进、培养各类高端专业技术人才，形成规范的研发体系。发展一批企业主导，科研机构和重庆邮电大学、北京理工大学、南京航空航天大学等高等院校协同参与的全方位、多层次、长期性的产学研合作机构。通过多样化的协同创新，突破整车控制系统、动力蓄电池系统、整车集成和整车轻量化等方面的核心技术，形成具有自主知识产权的技术、标准和品牌，逐步形成技术优势、品牌优势和市场优势，增强产业竞争力。

6. 资源平台建设

发挥核心优势，对纯电动汽车上下游资源进行有效整合，建设具有国内先进水平的联盟共享平台，推动企业实施商标品牌战略，加强知识产权创造、运用、保护和管理。以整车为龙头，带动专用底盘、车轮轮胎、驱动电机、制动器、安全座椅、车身模具、车用玻璃钢等零部件配套企业的发展。做好纯电动汽车市场营销、售后服务，加快充、换电及电池回收利用设施的研发与建设，形成基本完备的产业供应链配套体，在整车和配套零部件研发方面形成较大的合力和影响力。

中国重汽集团成都王牌商用车有限公司

一、发展概况

重汽王牌公司重组5年多来，按照成都市实施的“改革创新、转型升级”总体战略和“五大兴市战略”目标，在成都市、青白江区政府的领导、支持下，公司先后投资23亿元左右，进行产品研发的创新升级，生产工艺装备的改造升级，面向国际市场经营模式的转型升级，形成重、中、轻、微型工程自卸车、商用运输车、特种专用车、新能源纯电动商用车、LNG运输车、低速货车等产品系列，年生产能力达到25万辆。

四年来，公司坚持科学发展，不断进行技术创新，狠抓产品质量，努力开拓国际国内市场，夯实管理基础，稳定员工队伍，使公司生产经营从重组前传统产业的低端技术、低档产品、增长徘徊的局面，逐步向高新技术、高端制造、快速增长方向发展，在重组四年中产销平均年递增保持两位数，实现年年连盈利，税收稳步上升。

1. 坚持技术开发创新，实现产品上档升级

重组以后，公司首先抓好产品的创新升级，按照载货车技术发展趋势，以国内一类企业产品为标杆，先后开发新型“7”系轻微卡产品、中重卡产品、新能源纯电动车产品、专用车产品以及建筑垃圾运输车产品、右置方向右舵轻卡产品，实现产品的轻量化、智能化、低排放、国际化。公司产品由原来的两大类增加到现在的六大类，形成重、中、轻、微、特、新的产品结构，使公司的商用车产品线得到极大地丰富，产品公告门类齐全，扩大满足市场的领域和范围，适应市场的需求面更为广阔，为公司做强做大提供产品支撑。公司新产品开发达到200多个品种，新产品产值占销售产值的60%以上。

2011年开始的新能源纯电动商用车的研发，使重汽王牌公司成为四川最早获得纯电动车包括底盘和整车生产资质，并完成研发生产的企业，产品在国内处于领先地位。2012年以来，新能源纯电动汽车产品已经累计向市场投放500辆左右，获得市场一致好评，目前已经具备5000辆的生产能力。

2011年以来，公司投资开发中重卡高端产品，形成以工程车、平板车、牵引车为主的中重卡系列产品，使成都的商用车行业真正具备高端重卡的生产能力。在此基础上，公司根据成都建筑市场及市政管理的需要，2014年又开发智能型建筑垃圾运输车，进一步提升产品的技术含量，增添有竞争力的创新产品，该产品在国内处于先进水平。

为了适应开拓国际市场的需要，公司根据出口国的法规和标准，先后开发面向出口的右置方向车型，对完成出口型轻微型卡车车桥、发动机的开发等。使产品能很好的适应出口的需要，在东南亚已经具有一定的知名度，远销东南亚、南美、非洲等十多个国家和地区，成为公司新的经济增长点。

产品的创新升级，促进公司产品在市场下滑的形势下，产品销售逆势增长，成为川内商用车的一道亮点。公司的“7”系创新产品获得2014年四川省科技进步奖。

2. 坚持工艺装备改造创新，实现制造能力升级

面对日益激烈的市场竞争环境，公司坚持工艺技术和装备的改造升级。先后投资进行轻卡生产线技术改造、中重卡生产线技术改造、新能源汽车生产线以及冲压、焊接、涂装、总装四大工艺装备的技术改造。技术改造。建成国内同行业领先的车身自动冲压生产线、机器人焊接生产线、货厢边板滚压生产线、五主机三面冲车架生产线、全封闭涂装生产线、中重卡总装配生产线等先进的生产线；大大提升生产效率和产品质量，有效的支持创新产品的产业化。

重组四年来，公司坚持技术工艺创新，对传统产品工艺进行创新开发。通过货厢辊压成型、底面漆一次涂装、车架五主机三面一次冲孔成型、工程车举升机构改进、整车轻量化设计、底盘的优化配置、纯电动车的系统集成等等创新技术，使公司的技术研发实力大为增强，产品质量水平大幅提高，彻底颠覆原农用车的产品档次，产品可与国内一流同类企业相媲美。

公司大力推行新技术、新工艺、新材料的应用，丰富公司的核心技术和知识产权，四年来，申报技术专利287项，其中，申报发明专利28项，实用新型175项；获得授权232项，其中，获得发明专利5项，实用新型174项，大大增强公司的核心竞争力。

3. 坚持营销模式创新，实现营销转型升级

在商用车销售市场竞争日益激烈的情况下，为了实现产品营销的跨越式发展，公司加强市场研究，创新营销模式，大力开拓市场。

常规轻卡产品实行金融营销模式，与银行合作开展保兑仓营销业务，经销商开通保兑仓业务的达到46家，保兑仓金额3亿元。实现销售量占到总销售量的10%以上，扩大市场份额。

开发集团式营销，与大型运输营运企业合作，成为新能源车的主要营销模式，使新能源车进入市场化运营，新能源汽车销售不断创出新高2015年1—4月，已累计实现纯电动车销售近百辆。

探索网络营销模式，扩大产品的受众范围，挖掘潜在

的市场用户，开通网上订单系统、微信营销平台等；公司还将开通汽车配件的网上的直销，扩大配件的销售渠道。

大力发展国际市场，实现出口的跨越式发展，每年出口量实现翻番，成为四川商用车出口第一的企业。2015年1—4月，在我国商用车出口整体下降3.21%的情况下，重汽王牌公司实现出口377辆，比上年同期增长近8倍。

营销模式的转型，使公司克服原有单一的经销商销售模式，拓宽了销售渠道，实现销售增长，特别是开拓产品出口，改变原王牌出口几乎为零的局面，出口呈现较好的增长势头，为公司创新品牌，增加营业收入作出积极贡献。

4. 坚持经营管理创新，实现管理转型升级

坚持以质量为生命线的管理创新，不断完善质量管理体系，按照卓越绩效的规则，建立多方共赢的质量管理体系，将质量管理的重点从企业内部，延伸到市场用户，建立为用户负责的质量保障体系和指标控制体系。四年来产品质量不断提升，连续获得四川省名牌产品称号。

推广应用信息化工程和“两化融合”工程，运用信息技术改造升级传统产品研发和经营管理。运用CAD、CAE、CAM、PDM进行新产品研发设计，运用ERP系统对生产运营进行控制管理。企业销售、物资、财务等业务板块，基本实现信息化管理。公司成为工信部“两化融合”贯标企业，正在实施“两化融合”的标准化体系建设。

推进劳动用工和分配制度改革，健全企业内部的责任制体系，强化绩效考核，调动员工积极性。在生产经营发展的基础上，员工的工资收入每年递增10%以上。不断完善社会保障体系，实现全员足额投保，保障员工的社会保险及福利待遇。

由于公司重组以来，坚持科学发展，创新驱动，不断推进企业产品升级、工艺装备升级、市场营销转型、企业管理转型，奠定企业持续发展的基础和保障。2014年在国内载货车市场销售下降8.92%的形势下，公司实现汽车产量38232辆，与上年同比增8.60%；比重组前的2010年增长88.21%，年平均递增17.13%。完成销售35037辆，与上年同比增长2.60%；比重组前的2010年增长59.14%，年平均增长11.86%。2014年产销量已经赶超川内南骏公司，居于四川本地商用车企业产销量之首。2014年出口整车近千辆，四年来的出口量增长27倍，创汇收入增长22倍。实现上缴税金4409万元，比上年同期增长39%，为地方经济发展作出积极贡献。

2016年公司计划产销汽车5万辆，力争6万辆，可实现产值32.12亿元，主营业务收入30.90亿元，其中，出口创汇1800万美元；可实现同口径利润5000万元，税金4730万元，较同期有较大的增幅。

2016年1—4月，在全国载货车市场下降22.66%的情况下，重汽王牌公司1—4月，实际完成整车产量16375辆，完成工业产值12.93亿元；实现销售14314辆，销售收入8.41亿元，与上年基本持平略有下降；实现利税2257万元，比上年增长24.11%。

在青白江区委、区政府的领导和大力支持下，按照青白江“五区”建设目标（“新型工业样板区、物流商贸核心区、文化发展特色区、生态田园示范区、宜人和谐幸福区”），在当前经济下行，商用车市场低迷的形势下，公司将通过深化改革，狠抓技术创新，产品升级，推动公司生产经营不断转型升级，坚持以高新产品为基础，以质量为保障，以效益为目标，促进公司健康稳定持续的发展，为青白江经济发展作出我们应有的贡献。

二、生产经营

重汽王牌公司积极贯彻国家产业政策，抢占新能源汽车技术制高点，2010年组织将新能源纯电动车作为重点新产品投入研究与开发。同年10月，重汽王牌公司组建新能源纯电动车开发工作小组，开始进行新能源汽车的市场、技术的考察调研，决定从城市专用车入手，进行纯电动专用车的研发。

为了加快新能源纯电动车的开发进程，加强电动车相关技术的研究，公司联合西华大学、西南交大等大专院校，共同组建成立产学研联合实验室。实验室主要从事新能源汽车中的电动汽车的车身及底盘设计、电机控制系统、电池管理系统、运行安全系统、整车匹配及控制系统优化等方面的科学研究，进行产品开发试验、产品检测、质量控制等工作。建成后为年产3000辆纯电动专用车的生产提供研发、实验和检测等技术支撑。

2011年初，公司正式成立新能源汽车研究所，组建新产品试制组，与中航锂电、南车时代等公司合作，推动新能源纯电动车进入实质性技术研究和产品开发阶段。

首先确定电动车新产品开发技术路线，设计系统配置方案；在此基础上，对公司载货车底盘进行改造，开展电池、电机、电控匹配的系统集成，实现纯电动专用车整车的集成开发。2011年7月完成样车试制，通过各项性能试验，样车达到设计要求，满足城市专用车的作业功能、续驶里程等要求。2011年，公司申报纯电动车生产准入资质和新产品公告。经过国家工信部组织专家对王牌新能源纯电动车生产装备条件、产品技术先进性、产品生产一致性保障等方面，进行认真的审查评价，公司具备新能源纯电动车产品研发设计、试制生产、产品一致性保证等能力，于2012年2月通过国家评审论证，在工信部获准新能源纯电动整车生产资质并获得产品公告，这是公司新能源纯电动车向产业化迈出的关键一步。

为了使新产品研发试制尽快实现产业化，2011年公司同

步进行新能源汽车生产线的技术改造。投资近亿元，建立新能源研发实验室、开展新能源汽车的研究开发和试验、购置适应电动车产业化生产的工艺技术装备，建设新能源汽车生产线。

公司目前拥有不少于50人的新能源技术团队，熟悉新能源电气系统匹配及整车结构设计，具备完整的电机驱动系统测试能力，具备整车控制器开发能力，具备整车电气系统集成能力。目前已开发出总质量为16吨的纯电动洒水车、12吨的纯电动平板运输车、纯电动工程车、纯电动厢式运输车。

截至2016年3月，开发出新能源汽车5个系列21个公告车型，获得新能源汽车产品国家公告目录21个，全部产品拥有自主知识产权。公司申请新能源相关专利21件，获得授权专利19件，其中实用新型专利14件，外观专利5件。特别是“电动车起停及充电保护系统”“一种纯电动载货汽车动力传递装置”等技术含量较高的专利，提升产品的核心竞争力，对于王牌纯电动车研发和生产技术水平的提高，推广应用王牌纯电动汽车发展起到积极作用。重汽王牌纯电动汽车在成都市示范运行886辆，其中，公共领域371辆，物流领域515辆。

三、产能建设

1. 重组四年夯实发展基础

重汽集团2010年重组成都王牌公司以后，历经5年时间，进行公司的资源整合和业务调整，通过进行技术改造、新产品开发、整顿产品质量、努力开拓市场、口大出口贸易、坚持管理创新、稳定员工队伍，使公司产销从处于严重下滑的风险中，逐步恢复生机，并在重组四年中，保持在调整中发展，年年实现盈利，踏实稳步上升，逐步奠定良好的发展基础，公司经营格局实现从原王牌的逐渐蜕变。

（1）大规模投资奠定雄厚的发展基础。

投资13亿元，建设的轻微卡生产线和中重卡生产线，产能达到25万辆，其中，自动冲压生产线、机器人焊装生产、全密封涂装流水线、五主机三面冲车架生产线和500米中重卡总装生产线，在同行业具有先进水平。只要市场支撑，产能可达到35万辆以上。

投资10余万元购买王牌的固定资产和增加资本金，改善工公司的财务资金结构，公司发展资金充足，为公司奠定发展基础，增加发展动力。

（2）商用车全系列产品格局已经形成。

重汽重组以后，通过调整产品结构和产品创新升级，使产品系列得到完善，中重卡产品的开发，改变原王牌缺少重型车的局面；新开发微卡产品，进一步向微型车领域延伸；同时一改自卸车独大的尴尬，平板、自卸同步发展；新能源汽车成为公司的一大亮点，在坚持自主创新基础上，从政府公共领域市场，逐步向市场化商用市场发展，产品品种和制造水平在国内处于先进水平。

公司产品由原来的两大类增加到现在的六大类，形成重、中、轻、微、特、新的产品结构，使公司的商用车产品线得到极大地丰富，产品公告门类齐全，扩大满足市场的领域和范围，适应市场的需求面更为广阔，为公司做强做大提供产品支撑。

（3）产销量等主要指标逐年增长。

自重组以来，载货车市场萎靡不振，并处于逐年下滑的形势，公司通过开拓市场，建设营销网络，实行让利促销，抢占市场份额，实现销量年年增长。

公司的产销量年年实现增长，2014年实现汽车产量38249台，比重组前的2010年增长68.49%，年平均递增17.32%；产值225191万元，比重组前的2010年增长54.99%，年平均递增15.73%。销售实现年平均增长16.32%；2014年产销量已经赶超川内第一名南骏公司，居于四川本地商用车企业产销量之首。公司实现年年盈利，上缴税金每年在3000万元以上，2015年达到4400多万元，增长39%，为地方经济发展作出贡献。

表1 2015年1—12月重汽王牌公司主要指标数据一览表

序号	指标名称	2015年1—12月	2014年同期	增长率（%）
1	产量（辆）	38249	35205	8.65
2	销量（辆）	35037	34149	2.6
3	销售收入（万元）	201718	216419	-6.79
4	利润（万元）	1262	2116	-40.35
5	税金（万元）	4409	3169	39.13
6	利税（万元）	5061	5279	-4.13

表2 2016年1—5月重汽王牌公司经营指标一览表

序号	指标名称	2016年1—4月	2015年同期	增长率（%）
1	产量（辆）	16375	15354	6.64
2	销量（辆）	14314	15333	-6.6
3	销售收入（万元）	84114	91800	-8.37
4	利税（万元）	2257	1818.18	24.11

（4）国际国内相互协调的市场网络基本形成。

在国内市场稳步成长的同时，公司大力开拓国际市场，成立专门的国际市场部，经营出口业务，产品热销东南亚、南美、非洲等十几个国家和地区，使公司出口创汇从原王牌的出口几乎为零，达到四川商用车出口第一名，四年来的出口量增长幅度达到2694.44%，创汇收入增幅达到2211.81%。重汽王牌公司成为四川出口一类企业。

（5）强化以创新和质量提升为核心的管理机制，构建企业核心竞争力。

为提升产品品质，克服产品的同质化现象，公司坚持技术创新，应用新技术、新材料、新工艺，对传统产品技术进行创新开发。通过货厢辊压成型、底面漆一次涂装、车架五主机三面一次冲孔成型、工程车举升机构改进、整车轻量化设计、底盘的优化配置、纯电动车的系统集成等等创新技术，使公司的技术研发实力大为增强，产品质量水平大幅提高，彻底颠覆原农用车的产品档次，产品可与国内一流同类企业相媲美。公司成为四川省高新技术企业、省级技术中心和设计中心，公司申报获得大量专利技术授权，逐步形成企业的核心竞争优势。

重组以来，重汽王牌公司申请专利356件，比重组前增长近9倍；已经获得授权并应用的268件，比重组前增长近19倍；其中发明专利5件，实用新型177件；在2010年重组之前，累计申报专利36件，授权14件，其中，实用新型8件，无发明专利。

根据新产品、新项目及时申请新的产品商标，新增CDW王牌、兴沃、旺沃、顺沃、狮子头图形商标5个，全部商标共计23个，涵盖使用商品类别七类2个，12类19个，35类1个，37类1个。公司的知识产权基本满足公司发展需要。

（6）员工队伍稳定，素质逐年提高。

重组以来，公司一方面狠抓人才引进，从全国各地招聘一批技术、销售、管理人才，充实到企业的人才队伍；另一方面加强员工队伍素质培养，特别是基层技术工人的技能培训，使基层的有技术工人队伍得到稳定成长；同时通过非领导职务晋升，拓宽员工的成长道路，调动员工学技术，求发展的积极性。

根据公司的经营发展，对原王牌公司的分配制度进行改革，摈弃计件工资分配模式，代之以结构工资，同时加大员工的福利保障，公司全员投保五险一金，每年累计增加缴费金额1000余万元。并实行全员公积金制度，为2263名合同制员工缴纳住房公积金，覆盖率为100%；年增加金额290余万元，使员工的收入水平有了较大的提升，员工对企业的依存度得到提升，企业凝聚力得到增强。

2. 主要业务板块及其构成

公司的业务板块包括重、中、轻、微、特、新的商用车产品构成。各板块向不同的市场拓宽产品渠道，正在形成覆盖工程建设、公路运输、城市物流、城市环卫、园林绿化、特种用途、城市管理和农村市场的较完整的产品系列，产品面向全国和东南亚为主体的国际国内市场。

3. 与主要的竞争对手具有的比较优势

公司经过重组几年的建设发展，与市场主要竞争对手的竞争优势在逐步形成，正在转化为公司的核心竞争力。公司在川内商用车市场的优势地位日益显现。

4. 规划发展目标及投资项目

（1）主要产销目标：公司中期发展目标已经确定，到2020年，确保形成40万辆主要商用车的生产能力，确保实现12万辆的产销规模，力争20万辆。

（2）产品结构目标：中重卡形成以工程车、平板车、牵引车、特种专用车为主的产品结构；中轻卡主要形成以自卸车、平板轻卡为主的产品结构；微型车主要形成以微卡货车、微卡自卸、微型厢式车为主的产品结构；专用车主要形成以城市园林绿化、环卫清洁、城市管理为主的特种专用车系列；新能源车主要形成新能源车底盘、新能源商用车、新能源专用车为主的产品结构，同时发展LNG\CNG清洁能源载货车。根据市场发展需要，在上述产品系列结构中，不断改进行生出新产品。

（3）投资发展目标：2020年期间，公司的投资主要是为实现上述目标，进行工艺装备的升级改造，产能的填平补齐，提升生产的技术水平和智能化水平。

主要投资项目有：中重卡试车跑道项目、零部件扩展项目、3万辆电动车生产线项目、单班5万辆微卡扩能项目。

引进配套商项目：变速箱项目、重卡车桥项目、车身冲压项目、宏昌天马改装、秦龙灯具等企业。

（4）经营发展目标：针对目标市场，不断完善产品构成，提高产品品质；努力开拓市场，提高市场的覆盖率各经销网络的质量；不断扩大国际市场，以东南亚为基础，向南美、非洲、西亚、中东等地区拓展，迅速扩大出口量；加强品牌宣传，塑造品牌形象，扩大品牌的影响力；加强内部改革创新，完善激励机制和人才机制，形成强有力的经营团队。

5. 发展环境及资源条件

在当前激烈的竞争形势下，唯有合理的整合利用社会资源，实现社会化分工合作，建设生产经营的生态系统，形成共赢发展才能是企业稳定发展。

为此，公司对园区建设的希望：一是引进项目要进行产品生产的科学分工，扩大配套服务领域，形成相互补充，协调发展的格局；二是要建成高效、经济的配套服务体系，针对发展做大汽车产业，有针对性引进配套服务，完善汽车产、供、销、服的配套发展；三是要扩展改装市场，利用王牌的底盘资源，引进发展改装业务，实现附加值的提升和经济总量的增加；四是要完善的生产要素资源的配套，水电气、道路交通、物流运输、人才培养等的服务体系；五是建立政府服务的沟通交流机制，政府的政策直通企业，企业的问题随时上达政府，抓好政策落地，企业正常运行畅通无忧。

四、主要产品

序号	名称	型号
1	纯电动运输车	BYN5040XXYBEV
2	电动冷藏车	BYN5040XLCBEV

天津清源电动车辆有限责任公司

一、发展概况

天津清源电动车辆有限责任公司（以下简称为“清源公司”）成立于2001年，是由中国汽车技术研究中心、天津力神电池股份有限公司、天津蓝天电源有限责任公司、天津百利机械装备集团有限公司等四家单位共同投资组建的有限责任公司。专门从事电动车辆整车及关键零部件的研究、开发、生产与经营。清源公司同时也是天津市政府建设的电动车辆研究中心，国家认定的高新技术企业，拥有国家工信部授权的“新能源汽车整车生产企业”资质，天津市专利示范企业，先后通过ISO9001、ISO/TS16949认证。清源公司拥有总资产达到1.4亿元，占地面积6万平米，员工总数120人，从业人员中博士、硕士共17人，教授级高级职称3人，高级职称12人，专业技术人员占从业人员比例为38%。

公司具有良好的国际合作环境和基础。与美国能源基金会合作对“支持国家发改委为混合动力汽车进入市场建立技术标准和相关政策”项目进行研究；与法国雪铁龙公司合作进行电动汽车的示范运行研究；与日本丰田公司合作进行电动汽车、混合动力汽车标准和评价方面的研究；与美国阿岗试验室合作进行整车仿真等方面的研究；与美国UC Davis大学合作进行电动汽车的仿真技术研究；与美国哈佛大学合作进行清洁能源汽车政策方面的研究；与英国里卡多公司合作进行电动汽车电池系统关键技术研究。

二、生产经营

随着电商行业的迅猛发展，电商数量增加，清源公司专为邮政快递和物流配送行业开发的一款纯电动邮政快递车，车辆总质量1026千克，最高车速50千米每小时，续驶里程150千米（40千米每小时匀速）。2014年4月获得产品公告，目前已销售2000多辆，客户反馈运行情况良好。

公司通过多年的努力开发的纯电动货车底盘和16个纯电动车型上了国家汽车公告，为公司产品销售奠定基础。在电动汽车整车开发方面，开发出纯电动乘用车、纯电动货车、纯电动专用车（举升车、邮政车、垃圾车、服务车、专用运输车等）、纯电动轿车、混合动力轿车、纯电动中巴车和混合动力城市公交车等7个系列20多个车型。

在电动汽车关键零部件的开发方面，在国内率先开发基于CAN总线系统的控制系统，同时开发峰值功率从4 kW一直到150kW的电机驱动系统、整车控制器、车载智能终端等，这些关键零部件除了公司自用外，还用于长安、华晨、北汽、牡丹、中通等汽车公司的有关整车产品和技术服务中，为后续配套奠定基础。

公司自主开发研制的S系列、B系列纯电动轿车以及T系列纯电动微型卡车累计生产3000多辆，已经走出国门大批量进入欧美市场，实现我国电动汽车市场化和对外出口零的突破。清源公司电动汽车的工程化水平、产业化规模在国内同行中名列前茅。

近年来，清源公司的发展在国内引起同行的重视，党和国家以及科技部、天津市领导多次来公司视察，对清源公司的发展十分关心，给予很多具体的指导和支持。天津市科委积极搭建车辆推广平台，帮助企业推动车辆销售。清源公司多次参加国内外高新技术展览会、电动汽车商品交易会、清洁汽车大赛等活动，充分展示公司的技术实力和企业的良好形象，受到媒体关注，提高公司的知名度，扩大公司的影响力。

三、产能建设

清源公司拥有年产2万辆纯电动汽车装配线和年产3万套动力总成生产线，率先实现纯电动汽车大批量出口。具备电动汽车整车、电驱动系统、动力电池组、控制系统等关键零部件的开发、试验、和检测能力，是国内重要的电动汽车开发和试验基地。先后承担并完成国家863专项23项、国家科技支撑项目2项，天津市项目10余项，科研经费累计投入9000余万元。取得大量的技术专利和科研成果，其中多项科研技术达到国际先进水平。专利方面：公司累计申请专利128项，已授权专利64项，其中发明专利12项。技术成果方面：《通用化系列化的电动汽车电机驱动系统开发》获得天津市科技进步奖三等奖。《电动汽车通用整车控制器平台》获得中国汽车工业科学技术奖三等奖和天津市科技进步奖三等奖。标准制定：负责我国电动汽车整车、关键零部件、充电接口等多项国家标准。

四、技术进展及研发能力进展

经过十多年的科研攻关和技术积累，清源公司培养一个专业分布合理、理论基础全面、技术经验丰富的电动汽车技术研发团队，建立国际先进的电动汽车整车及其动力系统研发和评价的软硬件条件，具备全新整车车型正向开发、电动汽车动力系统核心部件开发以及电动车辆工程技术开发等方面的研发能力。

1. 电动车辆工程技术服务

清源公司拥有完整的电动汽车技术支撑体系，可以提供高速纯电动轿车，纯电动客车，Plug－in混合动力轿车、客车等多种车型的设计、开发、匹配等工程技术服务。具备完善的CAD/CAE设计体系、性能仿真平台和不同功率等级动力系统平台，可以提供高速纯电动轿车、纯电动客车、Plug－in混合动力轿车、混合动力客车、纯电动特种车辆等多种车型的纯电动工程技术服务。随着新能源企业的不断扩大，公司相继为长春一汽、北汽、北京现代、悦达起亚、长安汽车、奇瑞汽车、沈阳华晨、天津美亚、海南马自达、厦门金龙、牡丹汽车等多家国内整车厂和企业提供完成的解决方案和技术服务。

2. 电动汽车关键总成部件的开发

（1）电池包及电池管理系统开发。

以动力电池模拟器、不同功率等级的电池充放电设备、高低温试验箱以及电参数测试系统为硬件基础，建立模拟电动汽车实际使用条件的电池管理系统的匹配、调试和标定环境，并且可以对电池包总成的功率特性、热管理以及电池一致性等指标性能参数进行系统的评价优化。

（2）电机控制器开发。

建立以交流电力测功机、功率分析仪、波形记录仪为主要设备的电机及发电机的系统效率、稳态特性和动态特性的测试评价能力，覆盖串联式混合动力客车、Plug－in混合动力轿车以及不同功率级别的纯电动汽车用电驱动总成匹配、调试和标定。

3. 试验能力与评价服务

电动汽车试验中心配备底盘测功机、动态测功机、稳态测功机、电池模拟器等系统，能够完成纯电动汽车、混合动力电动汽车和燃料电池电动汽车动力总成、动力电池、控制器等电动汽车关键零部件的研究、试验和检测工作。

（1）动力总成测试评价与匹配标定能力。

可模拟车辆真实工况，对复杂的混合动力系统进行全面的测试、分析和考核评价。

（2）动力电池测试评价能力。

可在各种温度环境下，对电动汽车、混合动力汽车所使用的锂离子、镍氢或铅酸等各种动力电池的单体、模块或电池包系统进行性能和充放电循环测试。

（3）耐环境条件试验评价能力。

可针对汽车类电子产品，进行高温、低温、湿热、振动、盐雾、电磁干扰等各类环境下的可靠性和耐久性试验评价。

五、主要产品

序号	名　称	型　号
1	清源牌纯电动厢式运输车	QY5021XXYBEVYL
2	清源牌纯电动扫路车	QY5030TSLBEVYL
3	清源牌纯电动路面养护车	QY5030TYHBEVYL
4	清源牌纯电动车厢可卸式垃圾车	QY5030ZXXBEVYL
5	清源牌纯电动自装自卸式垃圾车	QY5030ZZZBEVYL

烟台海德专用汽车有限公司

一、发展概况

烟台海德专用汽车有限公司创立于1992年，是一家专业从事环卫、市政和公路养护用车辆及设备的研发、制造和销售的股份制企业，是国内较早专业生产环卫设备的企业之一。公司占地面积30万平方米，在职员工1000余名，外协配套厂100余家，公司2015年销售额突破10亿元。公司是国家重点高新技术企业，建有省级技术研发中心，近年来先后荣获“北京奥运会优秀服务单位”“中国专利山东明星企业”“山东省著名商标”“山东省名牌产品”等荣誉。

二、生产经营

公司主导产品有洗扫车、护栏清洗车、多功能高压清洗车、车厢可卸式垃圾车、自卸式垃圾车、垃圾压缩车、餐厨垃圾车、路面养护车、扫路车、物流车等十大系列，150多个品种，销售收入连续五年在国内同行业中排名前三位。公司立足国内布局世界，产品批量出口到泰国、越南、韩国、俄罗斯、乌克兰、摩洛哥、巴西等20几个国家和地区。

三、产能建设

公司成功研发出纯电动厢式运输车、纯电动路面养护车、纯电动扫路车、纯电动自装卸式垃圾车、纯电动厢可卸式垃圾车、纯电动压缩垃圾车、纯电动餐厨垃圾车、纯电动高压清洗车、纯电动扫路机等多款纯电动专用车辆。为进一步满足市场需求，公司正在建设的新能源汽车产业园地占面积2000亩，分三期建设。项目建成达产后可年产纯电动商用车底盘5万辆，实现销售收入200亿元，上缴税收16亿元。一期工程纯电动商用车总装区占地209亩，建筑面积10.6万平方米，于2015年8月投入使用。

四、技术进展及研发能力进展

公司积极倡导“绿色”发展理念，将新能源汽车作为战略发展方向，并取得新能源汽车生产资质。鉴于国内纯电动商用汽车技术同国外存在着巨大的差距，公司于2012年收购具有20年纯电动商用车研发经验的法国PVI公司40%的股份，并于2014年投入巨资引进法国PVI公司的纯电动商用车技术，通过技术引进并不断创新，整车集成控制技术已成为海德电动汽车的核心技术。其技术优势：硬件方面采用电动系统集成化设计，安全可靠，性能卓越；软件方面采用先进的上位机软件和嵌入式软件，可以对车辆进行远程诊断和监测；采用AMT自动换档结构，使车辆控制更加方便，并可节能10% ~15%；配置车载交流慢充和地面直流快充两种充电方式，满足不同用户充电要求。公司注重团队建设，拥有完善的重点人才培养计划，通过各种渠道广纳贤才，现已经形成53人的研发团队，其中硕士研究生以上学历31人。公司在掌握电控核心技术的同时，整合国际一流的电池和电机技术，打造出更加节能、安全的世界一流纯电动商用车。

五、主要产品

序号	名　称	型　号
1	纯电动厢式运输车	CHD5030XXYBEV
		CHD5031XXYBEV
2	纯电动路面养护车	CHD5031TYHBEV
		CHD5032TYHBEV
3	纯电动车厢可卸式垃圾车	CHD5031ZXXBEV
4	纯电动自卸式垃圾车	CHD5032ZLJBEV
5	纯电动扫路车	CHD5032TSLBEV
		CHD5070TSLBEV
		CHD5072TSLBEV
		CHD5082TSLBEV
6	纯电动洗扫车	CHD5160TXSBEV
		CHD5161TXSBEV
		CHD5122TXSBEV
7	纯电动餐厨垃圾车	CHD5072TCABEV
		CHD5071TCABEV
		CHD5120TCABEV
8	纯电动洒水车	CHD5100GSSBEV
		CHD5160GSSBEV
		CHD5250GSSBEV

续表

序号	名　称	型　号
9	纯电动自装卸式垃圾车	CHD5073ZZZBEV
		CHD5032ZZZBEV
		CHD5030ZZZBEV
		CHD5072ZZZBEV
		CHD5080ZZZBEV
10	纯电动垃圾压缩车	CHD5071ZYSBEV
		CHD5100ZYSBEV
		CHD5120ZYSBEV
		CHD5070ZYSBEV
		CHD5080ZYSBEV
		CHD5121ZYSBEV

六、合资合作

公司积极与欧美一流的新能源汽车企业寻求合作，在引进法国PVI先进纯电动商用车技术基础之上，不断消化、吸收和创新，实现公司在新能源领域的跨越式发展。目前公司与国内一汽、东风、庆铃、长安、重汽、江铃等商用车企业合作，开发3T－25T全系列的纯电动商用底盘。另外横向联合30家国内改装厂共同发展做大纯电动卡车市场，通过整车企业上电动底盘公告向改装厂销售电动底盘，也还向有新能源汽车自制自用生产资质的改装公司提供“贴牌”服务，用最快的时间将海德的纯电动底盘拓展到全国市场。

七、发展规划

公司始终将新能源汽车作为战略发展方向，遵循“精心策划组织、循序渐进实施、不断完善升级”的现代企业管理体系方针，坚持“观念创新、管理创新、产品创新”的创新理念，我们有信心利用三年时间打造成国内技术领先的纯电动商用车企业，成为中国纯电动商用车领域的“特斯拉”。

重庆盛时达汽车有限公司

一、发展概况

重庆盛时达汽车有限公司创立于2014年2月18日，注册资本金5000万元。是工业和信息化部的公告内汽车制造企业，公司占地403亩。拥有各种新能源汽车和专用汽车（环卫车、半挂车、自卸车）生产场地80000平方米，拥有国内先进的汽车四大工艺生产流水线，确保各种新能源汽车年产6万辆，专用汽车（环卫车、半挂车、自卸车）年产2万辆的生产能力。工程设计人员及质量管理人员大部分来自于行业内一流大型企业，与中国汽车工程研究院有限公司中国汽研院是合作单位。企业通过ISO9001质量管理体系认证、ISO14001环境管理体系认证和中国质量认证中心（CQC）的CCC产品质量认证。建立一支快速反应、高效处理、服务优良的售后服务团队。

二、技术进展及研发能力进展

盛时达公司通过与中国汽车工程研究院和重庆大学的

紧密合作，在很短的时间内开发出了专业的纯电动物流车底盘，并完成了五款成车；今后，公司将对产品轻量化和整车控制器作进一步优化，开发纯电动特种用途车，打造一流小型中短途电动物流车。

三、主要产品

序号	名称	型号
1	纯电动冷藏车	炫虎牌 DAT5020XLCEVC
2	纯电动厢式运输车	炫虎牌 DAT5020XXYEVC
3	纯电动仓栅式运输车	炫虎牌 DAT5020CCYEVC
4	纯电动车厢可卸式垃圾车	炫虎牌 DAT5021ZXXEVC
5	纯电动厢式运输车	炫虎牌 DAT5022XXYEVC
6	纯电动厢式运输车	炫虎牌 DAT5040XXYEVC
7	纯电动厢式运输车	炫虎牌 DAT5043XXYEVC
8	纯电动厢式运输车	炫虎牌 DAT5070XXYEVC

云南力帆骏马车辆有限公司

一、发展概况

云南力帆骏马车辆有限公司创立于2004年，总部位于国家级经济开发区云南省大理市凤仪创新工业园。公司总占地面积5400余亩，拥有员工10000余人，其中各类专业技术人员1500余人。

公司是集商用车、电动车、研发、制造、销售、服务及国际贸易，房地产开发，文化旅游产业、科技产业等为一体的跨地区、跨行业、多元化发展的民营企业。历经几十年的发展，成为云南省汽车装备制造及零配件龙头企业，省州市重点支柱企业，2013年位居“中国民营企业制造业500强”第235位，云南省第一位；2014年位居“中国民营企业制造业500强”第219位，云南省第一位；2015年位居“中国民营企业500强”第318位，云南省民营企业制造业第一位，云南省非公企业100强第二位。

2003年以来，公司在“立足大西南、面向全国、纵横国际”的战略规划指导下，全面进军商用汽车领域。公司是西南地区规模较大、现代化程度较高的专业商用汽车生产制造企业，拥有“时骏（SOJEN）”“PROJEN（铂骏）”两个产品品牌，42个系列，146个主销产品，所有产品都通过了国家的“CCC”强制性认证。除现有产品外，还可为客户提供订制化服务。公司目前已形成云南大理凤仪汽车制造基地、邓川拖拉机及电动汽车制造基地、贵州毕节汽车制造基地、贵州遵义专用汽车制造基地、贵州丹寨专用汽车制造基地五足鼎立的商用汽车产业格局。为打造一个完善的商用车产业链，公司旗下还设有两个汽车零部件配套产业基地、一个国家级技术中心（筹）、一个进出口公司、一个国内营销公司、一个金融租赁公司、一个服务公司。产品覆盖全国各地和东南亚、南亚、西亚、非洲等国际市场。服务网络按照哪里有力帆时骏的产品，哪里就有配套的服务站（点）来布局。公司始终坚持“及时 热情 规范 放开”的服务理念，致力于关爱卡车人，打造卡车文化，给予卡车人全方位关爱体验。

公司坚持“突出主业、多业并举、多元化发展之路”。旗下除汽车制造产业以外，还大力发展文旅、高新、建工等产业。文旅产业拥有一个文化传播公司和一个酒店运营管理公司，其中，酒店运营管理公司管理着旗下一个超豪华商务度假酒店和一个豪华酒店，即2016年即将对外营业的大理国际大酒店和在拥有地热国之称的洱源在建的温泉大酒店；建工产业拥有大理乐居房地产开发有限公司和贵州钜浩建筑工程公司，具有代表性的项目有云南大理凤仪庄园，贵州毕节乌蒙庄园；高新产业拥有独立运营的大理铂骏科技有限公司。

2012年，时任党和国家领导人胡锦涛、温家宝分别莅临公司视察指导，分别对企业的发展给予充分的肯定并寄予厚望。

2013年8月23日，中央政治局常委、中央书记处书记刘云山莅临公司视察指导，指导公司要扎实推进基层服务型党组织建设，增强服务意识，强化服务职责，提高服务能力，使基层党组织成为带领企业员工谋发展谋福祉的主心骨。

2015年1月20日，国家主席习近平莅临集团参观考察。并寄语“汽车市场竞争激烈，希望下一步不断创新，通过创新赢得发展。”

公司一直以“打造生态圈、共赢生态链”为企业使命，公司领导谨记习主席寄语“通过创新赢得市场、赢得发展”以此为契机，公司将以新时骏、新起点，依靠科技创新，打造专业化企业，致力于打造成中国领先的民族民企。

二、生产经营

2015年1—12月工业产值169亿元，工业销售产值159亿元，工业增加16亿元。

三、产能建设

云南时骏机械装备制造有限公司是由云南力帆骏马车辆有限公司于2012年3月全资投资的有限责任公司。公司注册资金7000万元人民币，是专业研发、制造、销售新能源电动车、拖拉机、拖拉机配件、农机器具、汽车配件的民营企业。2014 公司实现总资产 2.0715 亿元，营业收入 3.3769 亿元，利润总额 524 万元，税金 276 万元。

随着我国经济持续快速发展和城镇化进程加速推进，今后较长一段时期汽车需求量仍将保持增长势头，由此带来的能源紧张和环境污染问题将更加突出。加快培育和发展节能汽车与新能源汽车，既是有效缓解能源和环境压力，推动汽车产业可持续发展的紧迫任务，也是加快汽车产业转型升级、培育新的经济增长点和国际竞争优势的战略举措。2013 年公司通过广泛的市场调研，决定在洱源县邓川工业园内，自主开发越野型电动车、轿车型电动车、观光型电动车、巡逻型电动车，实施“短途纯电动车产业化制造项目”，来填补云南省生产新能源电动车的空白，从而，加快公司产品链的转型升级。

项目计划总投资 14.8799 亿元，其中：建设投资 9.8799 亿元、铺底流动资金 5 亿元；资金来源：企业自筹 8.8799 亿元，申请银行建设投资贷款 6 亿元。项目建设在邓川工业园区内，新增土地 302.53 亩，新建 10.28 万平方米厂房，建设车身冲压、焊装车间、车架车间、总装配车间、检测车间、电动车研发中心及相关配套产业基地。从而，形成年产 12 万辆各类电动车的生产能力。项目建成达产后，可创造销售收入 46 亿元，利润总额 3.46 亿元，税金 1.3474 亿元，新增劳动就业岗位 2000 人。

项目建设期为三年，即 2013 年 7 月—12 月完成项目可行性研究报告编制；2014 年 1—3 月项目审批备案、办理项目环评、土地、建设、施工报批手续；2014 年 4—6 月工程方案设计、施工招标；2014 年 7 月—2015 年 4 月土建、水电施工；2015 年 5—8 月完成部分设备购置、调试安装、场地绿化等工作；2016 年 6 月完成总装线项目竣工验收，并将投入试生产。该项目已完成固定资产投资 3.3684 亿元。完成项目投资备案、土地证办理，环评、规划相关手续正进入办理。完成全部场地平整工作，部分厂房已进入厂房土建施工。完成 4 个类型的纯电动短途车的研发试制工作。下一步将全面强力推进电动车厂相关配套设备、设施的建设，并快速推进电动汽车工装模具、夹具、检具的确定工作，力争在 2016 年下半年实现批量生产。

四、技术进展及研发能力进展

云南力帆骏马车辆有限公司新能源车辆的总体发展规划是重点加快推进低速电动汽车和增程式电动汽车产业化，同时推动纯电动乘用车（高速）研发升级和示范运行。

自 2014 年开始，云南力帆骏马车辆有限公司就已投入巨资研发节能与新能源汽车，逐步开发直流转化为三相交流控制系统，高效驱动系统，并成功的应用在公司时骏睿星 A 级 SUV 电动汽车上。高效变频控制系统和高效变频驱动系统是公司技术核心；同时还掌握先进的动力电池及电池管理系统，并攻破增程器、电动空调、电子真空泵、电动助力转向等系列核心零部件技术，这使得公司的电动汽车整车技术相对成熟，为产业化打下良好基础。建成新能源车辆制造厂，基本具备新能源汽车产品研发、试验检测和生产能力。

五、主要产品

序号	名　称	型　号
1	时骏・睿星	SDS01EV01
2	时骏・炫贝	SDJ01EV01
3	时骏・逸珑	SDM01EV01
4	时骏・E100	SDJ11EV01
5	时骏・电动观光车	SJGD14A

北汽银翔汽车有限公司

一、发展概况

北汽银翔汽车有限公司创建于 2010 年 8 月，是由中国五大汽车集团之一的北京汽车集团与重庆工业企业 50 强——重庆银翔实业集团合资组建的汽车整车企业，作为北汽集团控股子公司，在重庆市合川区着力打造北汽集团西南基地及对外出口平台。公司位于重庆市合川区土场镇北汽银翔汽车工业园，占地面积两千余亩。距离重庆江北国际机场 22 千米、两江新区 16 千米，与规划建设中的重庆三环和广渝高速相距 3 千米，区位优势明显。项目初期投资 26 亿元人民币，建设年产 30 万辆汽车生产基地，按五大工艺进行设计规划，建有冲压、焊接、涂装、总装以及具有自主知识产权的发动机生产线，形成完整独立的汽车制造体系，工艺工装水平达到国际先进、国内一流。历经一年零九个月的项目攻坚，第一辆车于 2012 年顺利下线。同年 9 月，在国家工信部发布的第 240 批次汽车产品公告中，北汽银翔正式获得整车生产资质。北汽银翔产品开发依托北汽集团收购瑞典萨博的专利技术平台，同时借助北汽集团新能源产品在电池、电机及整车控制系统三大总成上的成熟技术与制造体系，产品系列包括面包车、SUV、MPV、皮卡等乘用车、商用车及其衍生的新能源车型。

二、产能建设

项目已经建成超过年产30万辆整车的生产能力。

三、技术进展及研发能力进展

北汽银翔汽车有限公司坚持科技创新，以汽车智能化、电驱化、联网化、轻量化为导向，着力打造中国最强大且持续领先的研发能力。通过跨界创新，不断整合自身优势，有效利用产业资本，倾力打造全新的移动互联网智能新能源汽车，并运用创新的营销模式，引领汽车行业的变革。公司核心团队由互联网、汽车工程、汽车设计、三电开发、汽车电子、智能硬件等不同行业精英所组成。现拥有研发人员200余人，高级专家20余人，外籍员工10余人，2人入选国家“千人计划”；公司在重庆、上海、北京、美国底特律建立起全球研发格局，实现24小时不间断协同研发；公司建立汽车研发流程体系和试验验证体系，确保开发的每一款产品满足用户使用10年或26万公里的用户需求。

四、主要产品

1. 整车		
序号	名　称	型　号
1	206CEV	BJ5020XXYAJN5X1BEV
2	H6－EV	BJ5030XXYDMN5X3BEV

续表

2. 零部件		
序号	名　称	型　号
1	三元锂离子动力蓄电池系统	EA10－2016－00
2	三元锂离子动力蓄电池系统	ITR22P129S121
3	驱动电机	EA10
4	驱动电机	ED20

五、合资合作

北汽银翔汽车有限公司积极寻求全球合作伙伴，已与英国Ricardo、德国Hofer、奥地利AVL及中国汽车技术研究中心等国内外知名汽车相关技术服务公司展开深入合作。

六、发展规划

公司坚持“节能、环保、科技、智能”的理念，大力发展新能源汽车和智能汽车，力争通过8年，推出20款产品，累积销量达到50万辆，成为国际先进、国内一流的新能源智能汽车企业。未来，北汽银翔汽车有限公司将以“引领汽车文明 造福人类生活”为使命，继续遵循“客户为尊、员工为本、诚信敬业、持续改善”的价值观，努力为客户提供高品质的产品和服务，为员工创造良好的环境和发展空间，为社会承担更多的责任，向“打造世界一流汽车企业”的宏伟愿景迈进。

航天新长征电动汽车技术有限公司

一、发展概况

航天新长征电动汽车技术有限公司，隶属于中国航天科技集团公司第一研究院，是院属两家单位北京航天发射技术研究所与长征火箭工业有限公司共同出资设立的高新科技企业，是一家集研发、试验、生产、销售等能力为一体的航天技术应用产业经营实体，也是航天产业专业的民用技术研发中心和民用产业运营平台。

航天新长征电动汽车技术有限公司一直秉承航天科技优势，依托北京航天发射技术研究所多年积累的航天技术能力，长期致力于新能源专用车、新能源系统及零部件、特种专用车三大板块的运营。

新能源专用车版块：重点发展产品包括纯电动短途乘用车、纯电动物流车、纯电动环卫车、纯电动矿用防爆车等。产品广泛应用于短途出行、城市物流、市政环卫、旅游、矿用等领域。

新能源系统及零部件版块：重点发展纯电动（混合动力）控制系统和氢燃料电源两大产品。整车控制器、电机控制器、高压配电箱、远程诊断系统产品成功进入到各大整车厂的配套系统，具有批量化生产能力，各种系列功率燃料电池电堆等零部件主要应用于三大运营商的基站备用电源方面。

专用车特种车版块：重点发展电视转播车、指挥通信车、冷链物流车、医疗车、房车、高空作业车、牧草机械以及其他细分市场的产品。

二、产能建设

新长征公司是中国航天科技集团公司新能源汽车和高端专用车项目的军转民基地，也是航天科技集团公司地面设备及发射车辆总体单位的航天技术应用产业研发中心和产业化运营平台。

整车生产以北京大兴长子营镇产业化基地、辽宁凌源凌河整车生产基地（在建）为基础，生产网点延伸至山东、华中、华南、东南等地区，规划具备年产整车8万辆的生产能力。整车控制器、高压控制器、低压控制器配套能力15万套，可满足各整车制造企业对电控系统产品的需求。

截至2016年5月，总计销售节能与新能源汽车整车5036余台，专用车255台。新能源及零部件2万台（套）。

在实验能力方面，拥有SMT自动化生产线、电动车动力系统试验室、电器装配车间、特种车辆液压试验室、特种车辆道路模拟试验系统等实验平台，北京航天发射技术研究所的研发及试验能力为航天新长征公司的发展提供坚实后盾。

三、技术进展及研发能力进展

航天新长征电动汽车技术有限公司先后参与完成《新能源汽车高效动力及控制系统》《北京市燃料电池电堆》两个国家、科研机构项目的研发及验收。

公司在节能与新能源汽车领域，拥有专利 110 项，软件著作权 12 项。是北京市级企业科技研究开发机构。

航天新长征电动汽车技术有限公司是中国电子商会智能电动汽车专业委员会副理事长单位，也是燃料电池汽车产业技术创新战略联盟成员单位。

四、主要产品

序号	名　称	型　号
1. 整车		
1	蓝速牌 BYN5040XLCBEV 型纯电动冷藏车	BYN5040XLCBEV

续表

序号	名　称	型　号
1. 整车		
2	蓝速牌 BYN5040XXYBEV 型纯电动厢式运输车	BYN5040XXYBEV
3	蓝速牌 BYN5020XXYBEV1 型纯电动厢式运输车	BYN5020XXYBEV1
4	蓝速牌 BYN5020XXYBEV 型纯电动厢式运输车	BYN5020XXYBEV
2. 零部件		
1	矿用隔爆兼本安型五合一集成控制器	KXJ－129/550L
2	电动汽车用驱动电机系统	KTZ38X45S－12－HT
3	整车控制器	HT－UA3105C
4	高压配电箱	HTUG－TAH
5	25kW 氢燃料电池车用电堆	HFS2003SCK 2101

乐视超级汽车

一、发展概况

汽车生态是乐视七大子生态之一。2014 年底，贾跃亭宣布乐视“SEE 计划”，即打造超级汽车以及垂直整合的互联网智能交通生态系统和生活方式。乐视汽车生态的使命是持续创新，不断颠覆，打造地球上最先进的超级汽车，建立全球化的互联电动智能共享交通生态系统；保护地球生态，改善人类生存环境，让每个人都能呼吸到纯净空气，并且享受互联网智能电动交通生活方式。

乐视汽车生态已经在智能互联网电动汽车研发、生产制造、销售、车联网、智能驾驶、充电策略、售后服务、汽车共享及社会化运营领域完成全产业价值链的布局。乐视汽车生态已在全球组建一只 750 余人的优秀团队，分布在北京、硅谷、洛杉矶、德国等地，团队成员主要来自于汽车厂商、互联网、电子消费品等不同行业，具有优秀的教育背景，并不断吸收壮大。

二、技术进展及研发能力进展

乐视全球电动车及车联网专利申请件数达到 833 项。

三、合资合作

2015 年 4 月上海车展期间，阿斯顿・马丁首席执行官安迪・帕尔默博士（Dr. Andy Palmer）与乐视联合创始人、副董事长刘弘在上海车展期间宣布共同启动研发项目，联手推进下一代互联网汽车技术。

2015 年 9 月 9 日，乐视宣布战略投资北京电庄科技有限公司（以下简称“电桩公司”），共同开展充电桩业务的拓展，并联合启动第二轮融资。对电桩公司的战略投资是乐视汽车生态开放的第一步，也是乐视布局智能互联电动汽车的开端。基于乐视生态的概念，电桩公司也将致力于打造基于“人、车、桩”的中国首个电动生活出行生态圈。

2015 年 10 月，乐视汽车与易到用车签署股权投资协议，获得后者 70% 的股权，成为易到用车的控股股东。本次对易到用车的战略投资，意味着乐视超级汽车已经在智能互联网电动汽车研发、生产制造、销售、车联网、充电策略、售后服务、汽车共享及社会化运营领域完成了全产业价值链的布局。

2015 年 11 月 20 日，乐视车联与北汽在广州车展联合召开发布会，正式发布首款搭载乐视车联网 EcoLink 的电动汽车 EU260 乐享版。

2015 年 12 月 3 日，乐视与阿斯顿・马丁签署战略合作谅解备忘录，宣布将携手打造互联网电动汽车，在智能互联汽车技术及新型电动汽车制造咨询方面开展一系列合作与项目。

上海蔚来汽车有限公司

一、发展概况

蔚来汽车创办于2014年底，专注于设计和研发高性能智能电动汽车，致力于成为世界上第一家“用户企业”；公司由顶尖互联网企业和企业家共同发起设立，包括易车创始人李斌、汽车之家创始人李想、京东创始人刘强东，领先的互联网企业腾讯、知名投资机构高瓴资本、红杉资本和愉悦资本，目前已在美国圣何塞、德国慕尼黑、英国伦敦、上海、北京、中国香港和南京设立整车及核心零部件研发、设计、制造及商务机构。

截至2016年6月，蔚来汽车在全球范围招募1000多位杰出的研发与设计精英。他们中许多人拥有在业界领先的汽车集团与IT企业中卓越的研发与管理背景。

二、产能建设

2016年4月28日，蔚来汽车与南京市政府签署战略合作协议，总投资30亿元人民币的高性能电机及电控系统生产基地落户南京经济技术开发区。蔚来南京基地具备年产28万台（套）高性能电机及电控系统的产能。该基地将在2016年下半年投入运营，率先投产的是蔚来汽车具有自主知识产权的世界级高性能电机及电控系统。

三、合资合作

2016年4月6日，蔚来汽车与江淮汽车达成战略合作协议，双方将在电动汽车领域进行全面战略合作，整体合作规模将达到100亿元。

2016年4月6日，蔚来汽车首次合作伙伴大会召开。来自全球的一级核心零部件供应商、制造合作伙伴代表及部分投资人代表齐聚上海。蔚来汽车和高瓴资本共同宣布，蔚来汽车将联合高瓴资本、红杉资本，共同出资100亿人民币设立“蔚来新能源产业发展基金”。主要关注新能源、新材料、电动力系统、智能互联和自动驾驶等相关产业发展投资。

四、发展规划

蔚来汽车将于2016年底发布一款拥有超过1000kw（1360hp）动力的电动超跑，该超跑零到百公里加速时间在3秒以内，动力性能不输于目前最顶级的燃油跑车。蔚来汽车的首款公路版车型也已在产品规划当中，它将在性能媲美顶级电动汽车的同时，在优质服务、用户体验与性价比上体现出显著优势。

云度新能源汽车股份有限公司

一、发展概况

借助国家产业政策对新能源汽车的支持，利用“一带一路”“七大战略新兴产业”“中国制造2025”带来的千载难逢的历史机遇，福建省汽车工业集团有限公司、莆田市国有资产投资有限公司、自然人以及福建海源自动化机械股份有限公司四方共同出资（股比分别为39%、34.444%、15.556%、11%）于2015年注册成立福建省汽车工业集团云度新能源汽车股份有限公司。公司成立后，在团队组建、核心技术研发、试验试制能力建设规划、产能建设规划、产品市场规划和知识产权方面取得实质性的成绩。

1. 团队组建方面

公司成立后，迅即吸引国内同行业具备丰富技术及管理经验的骨干人员组成核心团队。公司目前共有360名员工，其中研发及专业技术人员接近280人。专业技术人员中，除了具备传统整车平台的各项技术外，还具备电池、电机、电控和智能互联等核心技术的开发能力；公司现有人才已经完全覆盖系统匹配与集成技术、整车控制技术、电机及其控制技术、电池及其管理技术、电气技术、充电技术、整车及其零部件试验试制技术等技术方向，且人才队伍还在继续扩大，再有2~3年时间，云度新能源将建立更加强大的研发和支持团队（大于500人），力争在新能源汽车领域内向国际高水平迈进。

2. 核心技术研发方面

云度新能源未来主要以电动化技术建设为核心，大力发展整车集成技术、轻量化技术及全新结构技术，并将智能化技术（产品应用）和互联网思维（大数据应用）相结合，走区别于传统技术开发的全新技术路线。以“云电（三电技术）、云盘（电动化底盘技术）、云享（智能互联技术）”三大平台为核心的电动汽车技术架构体系，以汽车工程师的工匠精神+互联网思维的创新理念，打造智能互联电动车实业及互联网产业生态圈。

公司还将同时引进新能源电池、电机、电控等核心电动化零部件和轻量化材料等高新技术战略合作配套企业，使得新能源关键零部件的生产属地化，培育一条新的新能源汽车产业链，并加强同当地科研院所和高校的合作，进行新能源未来发展方向的前瞻性技术研究。

3. 试验试制能力方面

云度新能源将建设自己的技术中心和实验中心，同时引进各类先进实验设备，围绕整车控制、电机驱动、动力电池系统、电动化附件等核心技术，形成零部件、动力系统、整车三级试验验证体系。

4. 产能建设规划

正在建设的项目一期用地约400亩，主要建设年产8万台整车的焊装、涂装、总装车间及试验试制、PACK等能力中心，一期工程将于2016年底建成投产。

5. 产品市场规划

云度新能源前期将专注于纯电动SUV乘用车产品及电动底盘产品，公司一期规划三款车型、一个电动底盘平台。

首款车型以成熟技术沿用和高效率开发为原则，达到快速抢占市场的目的。产品的水平达到国内三代水平，以成本、双续航能力（分别为200公里和350公里）、强劲的动力性（相当于2.0T发动机）和丰富的车联网配置参与市场竞争。总体水平远远高于目前市场热销的纯电动产品，处于国内新能源车最好的水平。

第二款车型与首款车型最大程度共享平台，但尺寸、空间更大，在结构设计中大胆导入铝合金和复合材料、碳纤维等轻量化的设计元素，造型设计更加时尚、具备很强的视觉冲击力。其客户定位更加年轻、完全符合80后、90后的审美趋势。除了保持原有的优势外，其智能应用更加丰富，车联网技术导入豪华车的配置，总体水平将继续处于国内领先地位。

第三款车型定位于城市精英白领阶层，为高端精品小车。该车型参考目前市场上豪华品牌高端小车的设计理念，空间感更佳。全车将采用国际先进的全轻量化结构，在造型、重量、智能以及独特的驾乘体验上按照国际先进标准来开发，同时将考虑包含后驱或四驱、里程增加器、智能驾驶等诸多新技术的应用，是一款具备很强国际竞争能力的高端产品，将进入全球竞争的舞台。

另外，基于第三款车型的开发，我们将打造系列纯电动的底盘平台，并以此平台与国内国际汽车企业开展合作。这一纯电底盘产品是一款通用性和互换性高的底盘，通过调整轴距、轮距，适应不同的车身、动力总成和电池包，使电动汽车的设计进入组合式开发阶段，降低开发周期和成本，减少采购零部件数量，便于发展系列产品，加速新产品上市速度。可以做为一个独立的高端系列产品输出给同行，其他车企在此平台基础上进行差异化开发，真正推动行业的资源共享、平台共享。

公司在前三款车型和电动底盘基础上，二期规划与国际一些知名企业合作研制高端新能源汽车产品。如电动超跑、MPV等。向豪华客户市场进军。

6. 知识产权方面

公司自成立以来，一直注重知识产权的申请与保护工作，鼓励员工将在产品开发中的创新技术和独特发明应用通过专利申请的方式进行保护。自2015年8月至2016年6月短短10个月内，公司已向国家知识产权局申请专利170项，其中发明77项。得益于发明的新颖性、创造性、实用性，目前已有89项专利授权，其中发明专利授权22项，实用新型专利授权70项，外观专利授权1项。鉴于公司的研发能力，在未来2年内可以达到和国内主流车企新能源汽车相当的技术水平，我们还将会取得更多技术专利及其他方面研究专利。

二、市场业务模式

云度新能源公司为混合所有制企业，又是新创公司，没有传统车企的历史包袱和流程阻塞。在股东的充分授权下，公司经营机制高效、灵活，公司文化支持创新、拼搏。

云度新能源秉持创新精神，将采用传统客户营销和目标企业营销两种营销模式，服务整个电动车产业链，这两种营销模式的合作创新将实现财务利润的最大化。在终端市场中，打破原有4S店面的经营模式，采取店场分离、一场多店、店场分营模式，目前，首批经销商网点建设正在开展。除公司产品直面的终端市场以外，还将为客户提供以下高效率、智能化服务。

智能化平台共享，实现随时租赁：为云度客户提供分时租赁平台，提升客户用车娱乐及在线互动体验，助力口碑营销；通过租车客户的在线使用，扩大云度品牌影响范围，助力品牌影响力及产品营销；客户使用数据收集分析，可以实现客户行为分析，为产品开发和营销提供高价值反馈。智能化平台共享，实现随时租赁。

无需到店的故障检测和维修：在线诊断排除故障，节约客户时间，提升客户体验感知，提高客户黏性；在线服务提高工作效率，降低服务成本，助力综合管理提升；智能化在线排除故障，提升公司产品科技感，助力公司品牌价值提升。

安全，无忧，便捷的充电服务：用户外出需要充电时，云度将通过互联网平台向用户推荐周边包括办公场所、商业中心或公共充电站等解决在外充电问题。云度将为用户在家中或办公场所提供个人专属充电桩，并为提供一条龙充电解决方案。

三、合资合作

云度新能源秉持开放的理念，积极寻求与国内国际优秀的零部件及关键技术提供商开展形式多样的合作，以灵活的合作机制与深入全面的合作方式，整合行业优势资源，打造新能源汽车产业链。例如：

公司与多家汽车行业著名的零部件供应商在新能源汽车开发的各个方面开展合作，如三星、海拉、万都、上海电驱动等。由公司主导开发的“云享”平台，包含整车CAN总线技术、车载终端、TSP数据服务中心及移动终端（手机或PAD）联接等等系统集成技术，可以为绿色交通、智能交通、创新模式提供全面的服务及应用。该项目正在与航盛集团、中国电信、斯润等厂商进行深度合作。

四、发展规划

云度新能源将紧紧抓住新能源汽车的蓝海市场，在核心技术上巩固和提升目前已经拥有的整车电控技术、电池集成技术、电池管理系统技术、智能互联应用技术和整车集成能力，鼓励创新与合作，吸收、消化和应用新的技术，持续保持和提升核心竞争能力，强化智能互联技术运用，以互联网思维及专业工匠精神打造符合市场需求的优质产品。在政府的支持帮助下，用5~10年的时间，整合行业资源，将莆田打造成为千亿的福建新能源汽车产业集群，使之成为继京津冀、长三角、珠三角之外的新的产业明星区。

前途汽车（苏州）有限公司

一、发展概况

前途汽车（苏州）有限公司成立于2015年2月，是一家专注于高性能纯电动汽车的设计、研发、生产、销售及服务的高科技公司。公司通过前瞻性的设计语言，采用轻量化材料和模块化电驱动技术，为用户提供高性能、零排放的驾驶体验。

2016年2月17日，前途汽车苏州生产基地破土动工，一期投资超过20亿元，初期占地面积23万平方米，先期计划产能为5万辆纯电动汽车及配套零部件。与传统汽车的生产模式以冲压、焊接、涂装和总装为核心不同，基地的生产模式将围绕碳纤维、铝合金等轻量化材料的使用进行全新规划。前途汽车苏州生产基地建成后，将在中国汽车行业内率先实现大规模定制、柔性化生产。

二、生产经营

（1）纯电动汽车的生产、销售及售后服务；

（2）可再充能量存储系统（RESS），并提供专业的纯电动汽车动力电池管理方案；

（3）轻量化铝合金车身骨架结构，提供专为纯电动汽车设计的轻量化车身结构方案。

三、产能建设

前途汽车（苏州）有限公司一期规划产能为5万辆纯电动汽车及配套零部件，生产包括目前已经在2016年北京国际车展发布的“前途汽车K50”纯电动跑车在内的纯电动车型及相关的可再充能量存储系统（RESS）和轻量化铝合金车身骨架。

四、技术进展及研发能力进展

前途汽车（苏州）有限公司在可再充能量存储系统（RESS）和轻量化铝合金车身骨架两方面的有充分的技术积累。公司自主研发可再充能量存储系统（RESS）通过独创的电池管理系统提高动力电池的工作效率及寿命，同时也保证了电池系统的安全性。在车身结构轻量化方面，通过采用铝合金、碳纤维等轻量化技术在保证整车安全性的前提下降低整车重量，从而提高纯电动汽车的续驶里程。

五、主要产品

1. 整车		
序号	名　称	型　号
1	前途汽车	K50
2. 零部件		
序号	名　称	型　号
1	可充电能源系统（RESS）	—
2	轻量化铝合金车身骨架	—

六、合资合作

前途汽车（苏州）有限公司与德国博世、天津力神电池、中信国安盟固利、精进电动（JJE）、埃驰（IAC）、等汽车零部件供应商就ESP、电池、电机、仪表等签订战略合作协议。与博世、英国米拉、吉林大学风洞试验室等研发机构有广泛的合作。

七、发展规划

与传统汽车企业的生产密集型企业模式不同，前途汽车（苏州）有限公司将以新技术为核心，新部件与新材料为纽带，新品牌为目标建立以前途汽车整车技术为代表的新兴新能源汽车产业联盟，带动中国新能源汽车行业的整体腾飞。

时空电动汽车股份有限公司

一、时空电动公司简介

时空电动汽车股份有限公司（简称“时空电动”）创立于2013年9月，是一家以“建设能源永续的美丽新世界”为愿景，以电动汽车和移动电网为核心应用场景，为城市交通迭代升级提供全面解决方案的新兴集团公司。公司业务涵盖动力电池制造、电动汽车定制、互联网+交通出行及移动电网运营等领域。公司冀望通过持续创新，以城市交通出行全面升级为契机，打造全面领先的新能源产业集团。

时空电动十分重视技术研发，在动力电池、新能源车辆研发等方面已经积累了数十项专利，具有行业技术领先性。时空电动以自有高密度电池集成技术为核心支点，业务覆盖纯电动汽车全产业链。旗下拥有四家全资子公司和一家国家高新技术企业。业务覆盖五大板块：电池制造、电芯制造、整车工业、能量补充和市场运营。目前，已经构建从动力电池电芯制造、标准化模块电池制造、整车设计、以充换电站网络为主体的移动电网，到纯电动汽车销售及“互联网+”用车模式的全产业链生态体系。

时空电动依靠强大的整车研发团队，与东风、众泰、金龙等多家车企建立了紧密的伙伴关系，产品涵盖乘用车、商务车和物流车等多个领域。目前已有多款车型投放市场：东风·时空 A08、东风·时空俊风、东风·时空 R30、众泰·时空 E20、康迪·时空 K10、康迪·时空 K11 等。

2015 年 7 月，时空电动与国内最大出行平台滴滴出行建立了战略伙伴关系，双方整合线上和线下优势，以杭州为试点城市，创新新能源汽车出行推广模式。项目上线一年以来，时空电动旗下所有运营车辆总行驶里程数已经突破 3000 万公里。

2016 年 1 月，时空电动研发的纯电动绿色物流车东风·时空俊风，作为宁波市的新能源汽车示范运营实例正式投入宁波市邮政物流快递行业使用。随后，中国邮政杭州分公司、专注同城快运的“斑马快跑”等物流业主也陆续开始发力。2016 年 6 月，时空电动与菜鸟物流达成战略合作，旗下纯电动物流用车将大批量投放至菜鸟网络联盟，为物流业主和个人车主提供“更低门槛、更低成本”的用车服务，同时全面开放移动电网，提供“慢充快换”的能量补充服务和配套大数据支持物流管理。2016 年 7 月，时空电动携手东风汽车为 G20 杭州峰会提供纯电动汽车东风·时空 A08 和东风·时空 ER30 作为峰会制定保障用车，用于保障峰会期间的接待、出行工作。由于峰会期间悉心提供新能源保障车辆与配套服务保障工作，杭州市委、市政府，杭州市交通运输局向时空电动颁发“G20 杭州峰会高级赞助商”称号和感谢状，两款产品获得“G20 峰会指定产品”荣誉名牌。

此外，为解决电动汽车能量补充问题，切实推广纯电动汽车落地应用，时空电动还在能源流通领域深度布局。时空移动电网以充换电站为元点，为纯电动汽车提供“慢充快换”模式的能量补充服务。目前在杭州已建有二十余座充换电站并投入使用，能源互联网已具雏形。时空移动电网的充换电站，能够在 3 分钟内完成整车换电，强有力支撑了旗下网约纯电动乘用车和物流用车的高效率运营，并且已开始向第三方伙伴开放服务体系。未来，时空电动还将陆续建设超级电池工厂、电池银行、家庭储能装置和分布式发电站等设施。

时空电动始终秉持“疾速创新、客户至上、乐观坚忍、温暖诚信”的价值观，为了建设能源永续的美丽新世界而不懈奋斗。

二、旗下核心企业简介

1. 杭州新时空电动汽车有限公司

杭州新时空电动汽车有限公司是时空电动旗下整车设计企业，从事新能源汽车、动力电池开发及相关配套软硬件产品开发、生产，是国家高新技术企业。公司建有高新技术研发中心，并配备了相应的研发设施和设备，拥有数十项纯电动汽车相关专利，研发人员占比公司职工总数超过 50%。

2. 浙江时空能源技术有限公司

浙江时空能源技术有限公司是时空电动旗下的电池制造企业。公司成立于 2014 年 4 月，是一家专注于电动汽车动力电池成组解决方案、技术研发、制造与销售的高科技企业。主要研发产品为大容量、高功率锂离子动力电池组、通用车用动力电池组及个性化方案定制产品。

3. 杭州耀顶自动化科技有限公司

杭州耀顶自动化科技有限公司是时空电动旗下能量补充企业。公司主要针对新能源汽车提供能量配套转运、存储设施及相关产品开发、设计、制造、组装的综合型企业。公司拥有一支高素质的技术管理团队，也具备一系列先进的产品生产及检测设备。截至 2016 年 10 月，公司已经在杭州建设并投入运营 23 座充换电站，日均可提供 3000 次换电服务。

4. 杭州路捷实业有限公司

杭州路捷实业有限公司是时空电动全资子公司，主要提供电动汽车运营租赁服务。公司推行“绿色、便捷、安全、高效”的服务理念，为广大市民及公司提供乘用车、公务车、物流车等车型的租赁业务。

5. 上海德朗能动力电池有限公司

2015 年，时空电动投资控股国内领先的电芯制造商德朗能，成功布局纯电动汽车全产业链最上游。德朗能成立于 2001 年，是国内领先的电芯研发与制造企业，是 LG 等知名公司的长期供应商。目前，德朗能的主导产品有圆柱型锂离子电池、高倍率聚合物锂离子电池和储能、动力型磷酸铁锂电池等多个品类，产品相继通过 ISO9001：2000、ISO14001、UL、CE 等权威认证，有广泛的市场应用。

三、时空电动五大业务板块

1. 电芯制造

电芯是电池制造的上游业务板块。2015 年，时空电动投资控股国内领先的电芯制造商德朗能，成功布局纯电动汽车全产业链最上游。

德朗能成立于2001年，是国内领先的电芯研发与制造企业，是LG等知名公司的长期供应商，拥有强大的研发、制造与市场拓展能力。电芯制造是纯电动汽车产业链最上游的产能阀门，德朗能不但将为时空动力电池提供产能保障，还将为时空电动的全产业链布局建立更坚实的上游技术壁垒。

2. 电池制造

电池是纯电动汽车的核心零部件，其造价通常占单车成本50%以上。时空电动自主研发制造纯电动汽车专用动力电池。时空制造的电池具备高能量密度、高安全性、模块化等特性，已经广泛地应用在东风、众泰、康迪等多个车企的多种车型、近万辆纯电动汽车上，市场接受程度极高。为确保规模化产能，时空电动已在浙江德清投建首个能源基地，未来将实现12万箱的年产能，可为3万辆新能源汽车提供动力。

3. 整车工业

研发、设计纯电动汽车的业务板块，拥有强大的研发驱动力，和鲜明的市场导向性。2013年以来，时空电动已通过与多家车企合作，研发了多个纯电动车型，覆盖物流车、商务车和乘用车等多个领域，并均已实现量产。在纯电动汽车设计领域，时空电动拥有数十项发明专利和新型实用专利，业务板块对应的全资子公司“杭州新时空”是国家高新技术企业。

4. 能量网络

为纯电动汽车提供能量补充服务，最终通过移动电网解决城市储能、能源流转问题的业务板块。针对纯电动汽车的运营特性，时空电动在基础设施建设上重度投入，自建完备的能量补充体系，“时空移动电网”已初现雏形。目前已在杭州投资建设二十余座充换电站，提供“慢充快换”的能量补充服务，适配不同车辆需求。在移动电网的体系支撑下，时空电动旗下的运营车辆上线一年以来，已跑出了3000万公里的里程。2016年，时空电动将在杭州完成30个充换电站的建设运营，并正在向上海、宁波等地推广复制这一模式。

5. 市场运营

结合纯电动汽车的应用场景，时空电动建立了经销商和互联网出行两大市场运营体系，并与多个创新租赁公司建立伙伴关系。时空电动经销商已遍布全国10余个省份，近30个城市，逐渐形成了完备的销售、售后体系。2015年9月起，时空电动与国内最大的互联网出行平台滴滴战略合作，使新能源汽车更多地跑在路上。目前，时空电动已经找到了滴滴项目的盈利模型，未来将起到巨大的市场牵引作用。

四、主要产品

东风·时空俊风　纯电动物流车

整车外形尺寸：长4178mm＊宽1630mm＊高1898mm

定载质量：650kg（城市版）/530kg（续航版）

整备质量：1540kg（城市版）/1660kg（续航版）

续航里程：≥265km（城市版）/≥340km（续航版）（工况法）

时空海豚8849　纯电动物流车

整车外形尺寸：长5995mm＊宽1995mm＊高2810 mm

额定载质量：1215kg/1415kg/1215kg

整备质量：3150kg/2950kg/3150kg

续航里程：≥280km/≥310km/≥400km（等速法）

东风时空R30　纯电动乘用车

整车外形尺寸：长3775x宽1665x高1680mm

额定载质量：4人

整备质量：1295kg

续航里程：≥330公里（等速法）

东风时空A08 纯电动轻客

整车外形尺寸：长6350mm＊宽2036mm＊高2590mm

额定载质量：10人/14人

整备质量：3300kg

续航里程：≥300公里（等速法）

众泰时空E20　纯电动乘用车

整车外形尺寸：长2765mmX宽1540mmX高1555mm

额定载荷：2人

整备质量：760kg

续航里程：≥266公里

五、合作伙伴

时空电动是高速发展的公司，浙江物产等合作伙伴为公司发展提供了重要帮助；同时，在与战略合作伙伴的共同努力下，时空电动完成了许多重要的创新、合作与发展。

2014年6月，时空电动的第一辆车诞生，与众泰合作，“纯电动汽车的小米模式”终于落地。

2015年1月，时空电动与东风合作的商务车A08在杭州首发，时空电动开始朝向更广阔的市场；目前时空电动与东风股份的合作还在进一步深化，未来更多底盘、产线、品牌资源有望加入到双方合作中。

2015年7月，与滴滴正式合作，时空电动连接了中国最大的互联网出行平台，志在建立一个充满机会的线下入口。在时空移动电网的支撑下，项目上线一年来，公司旗下的运营车辆已跑出3000万公里的里程。

2016年6月，时空电动与菜鸟网络达成战略合作，为菜鸟“天地人”体系增添新能源元素，同时引入菜鸟体系和移动电网双重数据和第三方金融支撑，为物流业主和个人车主提供更低门槛、更低成本的用车服务，打造全新绿色物流生态圈。

天津力神电池股份有限公司

一、发展概况

作为国内锂电池行业龙头，力神公司自2005年开始涉足新能源与新能源汽车动力电池业务以来，取得长足进步，是国内实力最为雄厚、进入新能源电池行业最早的企业之一。目前公司主要产品已广泛应用于车载新能源、家用储能及大工业储能领域。

二、生产经营

2015年，力神公司实现销售收入35.24亿元，取得历史新高，同比增长44%，利润总额1.58亿元。其中，动力电池在国内产值份额达9.8%，仅次于惠州比亚迪（25.9%）、ATL（10.4%），在动力电池领域位居国内第三。

三、产能建设

力神公司拥有10亿安时的年生产能力，产品包括圆型、方型、聚合物、动力电池四大系列几百个型号锂离子电池和超级电容器。力神电池在高端配套市场中的份额已经跃居全球前五名，成为中国锂离子电池的代表性品牌。动力电池具备5亿余安时的生产能力，其中方型动力电池3亿安时，圆型动力电池2亿安时，聚合物动力电池0.16亿安时，同时公司正在积极筹措天津、青岛、武汉、苏州工厂的建设，预计总投资52亿元，产能将增加12亿安时，将成为国内动力电池产能最大的企业之一。

四、技术进展及研发能力进展

力神动力公司通过开展新材料、新体系、电池系统集成技术、BMS核心技术、热管理技术及测试技术等方面的研究，加大技术创新力度，针对新能源汽车及储能市场的特点，形成完善的动力电池产品开发平台、工艺技术平台、装备技术平台、标准及检测认证平台。

截至2015年底，公司完成近百余项动力电池、电池系统及BMS电池管理系统项目的开发工作，积累丰富的产品示范运营的经验。在车载能源方面，通过加强与国内外主流车厂的合作开发包括商用车动力电池系统、乘用车动力电池系统、特种车动力电池系统产品，部分产品实现批量供货和示范运营；在储能领域，积极参与国内外的大型工业储能项目，开拓国外家用储能市场，形成家用储能电池系统、工业储能电池系统、备用电源系统产品设计开发平台，产品广泛的销往德国、韩国、日本、澳洲等国家。公司还承担多项国家、省级的科研、产业化技术攻关任务，其中包括国家高技术研究发展计划（863计划）、国家级火炬计划项目、国家创新工程项目、天津市科技支撑计划、天津市小巨人领军企业重大专项、国家战略新兴项目及央企联盟项目等，技术水平达到国内领先水平。

五、主要产品

序号	名　称	型　号
1	23Kwh动力电池系统	PKD2770120BIA
2	57.6Kwh动力电池系统	PEH2770134BJC
3	B21动力电池系统	PNQ18650FTE
4	103.1Kwh动力电池系统	PEH2770134BXA
5	60KWH直冲式纯电动中巴	PCP2770134NB
6	172Kwh动力电池系统	PEH2770134UA
7	94wh动力电池系统	POU2770134SA
8	LQE纯电动动力电池系统	PGL2714897RC
9	65Kwh动力电池系统	PEH2770134BFA
10	55Kwh动力电池系统	PEH2770134BJA
11	161Kwh动力电池系统	PCP2770134WB
12	单体电芯	LP2770112
13	单体电芯	LP2770134
14	单体电芯	LP2770120
15	单体电芯	LP27148134
16	单体电芯	LP2714897
17	单体电芯	LP44147141
18	单体电芯	LP44147185
19	单体电芯	LP44147272
20	中通8.1米纯电动客车动力电池系统	LP2770134-180S9P
21	亚星纯电动客车动力电池系统	LP2770134-168S10P
22	亚星纯电动客车动力电池系统	LP2770134-182S10P
23	福田纯电动客车动力电池系统	LP2770134-7P192S
24	扬子江纯电动客车动力电池系统	LP27148134-168S5P
25	中通纯电动客车动力电池系统	LP2770134-175S5P
26	扬子江纯电动客车动力电池系统	LP2770134-168S13P
27	保长客8.3纯电动客车动力电池系统	LP2770134-120S13P
28	东风俊风牌纯电动轿车	18650SK-44S98S
29	江淮牌纯电动轿车	18650SZ-92S32P
30	一汽红旗牌H7插电式混动动力轿车	LP2714897-96S1P

六、合资合作

推进动力电池产业布局，以资本为纽带，加强投资合作，不断提升公司发展能力。设立绵阳力神动力电池公司、潍坊力神动力电池公司，深入实践“集中发展电芯、灵活发展 Pack”的指导思想，推进动力电池产业布局。通过合资涉足电动汽车租赁，通过控股南大强芯强化 BMS 自主研发。

七、发展规划

抓住新能源和新能源汽车产业发展机遇，以高端客户战略合作为发展的牵引力，以科技和人才进步为发展的推动力，以产业链上游控制为发展的保障，强化动力电池梯次利用、回收，及时向原材料领域延伸，以科技驱动产品持续创新，以持续投资拓展产业布局，稳步推进力神公司由依赖电芯制造向提供整体电源解决方案转型，由制造型企业向研发、服务型企业转型，努力将公司打造成为国内领先、国际一流的公众性、集团化电源企业，“十三五”期间努力实现公司上市融资，基本完成国内外产业布局，技术实力处于国际领先地位，到 2020 年总体规模超过 250 亿元。动力电池业务成为国内新能源和新能源汽车锂离子动力电池系统主力供应商，进入国际第一阵营，全球市场份额接近 5%；小型电池业务进入全球消费类高端市场前四位，市场占有率接近 10%。

北京国能电池科技有限公司

一、发展概况

北京国能电池科技有限公司是北京市重点支持新能源企业、国家级高新技术企业，是我国新能源产业的先行者，是目前国内最核心新能源动力电池供应商之一，纯电动公交车动力电池供应市场占有率 8% 以上。公司成立至今，北京国能电池科技有限公司成为安徽安凯汽车有限公司，南京金龙客车制造有限公司、江苏九龙汽车制造有限公司、东风襄阳旅行车有限公司、郑州日产汽车有限公司、上海储瑞能源科技有限公司、陕西通家汽车股份有限公司等新能源汽车领军企业的首选。

二、生产经营

经营范围：电池技术开发、技术推广、技术咨询（中介除外）；系统集成；销售锂电池；货物进出口（国营贸易管理货物除外）；租赁机电设备；制造大容量动力电池。

三、产能建设

北京国能电池科技有限公司河南分公司二期新建厂区面积 287 亩，厂房建筑面积 72000 平方米，动力厂房面积 15000 平方米，员工宿舍面积 9000 平方米，可满足年产 6 亿安时磷酸铁锂电池的需要。引进生产及配套设备 2700 套，全部采用国内最先进的全自动设备，建设后将成为国内先进的动力电池全自动生产线。建成后可实现年销售收入 30 亿元，带动约 500 人的就业。

四、技术进展及研发能力进展

1. 电芯部分

（1）北京国能电池科技有限公司拥有完整的实验生产线和检测分析实验室，并在逐步改善材料评估体系和电芯开发平台。

（2）高能量磷酸铁锂单体电芯能量密度可达到 160Wh/kg，并成功进行量产，处于行业内领先水平。该产品极大提高了电动车的续航里程。目前正在开发 180Wh/kg 新产品，预计 2017 年 6 月份成功导入量产。高倍率磷酸铁锂量产单体电芯可实现快充，充电 15～20min 充电量达到 98～100% SOC，同时循环寿命超过 10000 次。目前正在开发兼顾能量密度的高倍率电芯，预计 2017 年量产。

（3）三元电芯的研发持续多年，现阶段电芯能量密度可达到 230Wh/kg，在寿命和安全性方面也能够很好的满足国标要求。目前正在积极准备量产，同时正在开发更高能量密度 300Wh/kg 的产品。

（4）研发团队：以郭伟总经理（全球最大电池化学品生产商美国 OMG 中国首席代表）为主导的研发团队中包括南金瑞（北京理工大学教授、国能电子研究所所长）、龚金保（复旦大学物理化学博士，中国科学院上海冶金研究所电化学硕士）及 12 名研究生骨干。

2. PACK 部分

（1）针对特定大巴或储能用户的电芯成组技术：车用电池组，设计中引入软件仿真，在结构强度和电气安全方面对失效进行全面的分析，从而选择最佳的材料、结构、电气件，保证产品的设计可靠性，样件阶段按国标 GB－T31467.1/2/3－2015 要求，全面经过震动、机械冲击、跌落、翻转等试验以保证系统的高安全性。同时在轻量化方面，采用先进的结构材料和电芯成组方案，使系统的能量密度达到 105Wh/kg 以上。

（2）高可靠性（性能）电池组的焊接（连接）技术：电池组连接采用激光焊接，保证全寿命周期内所有连接处的可靠性。

（3）电池组的温度场一致性控制与热安全控制设计技术：设计阶段借助仿真软件进行热场分析，针对大巴的结构，使用外挂式加热装散热集成装置，通过内置的循环风机使各组电芯均热，同时电芯单体之间使用绝缘阻燃材料进行隔离，保证单颗电芯热失控的极端情况下不会影响相邻的电芯。

（4）电池组防外部挤压、穿刺等采取的防护技术：针对外部挤压、穿刺，电池包内部设计绝缘阻燃材料，避免高低压铜排、线束在电池包变形、穿刺搭接短路，同时在可能发生形变的方向增加防撞梁，最大程度的减少挤压后的形变。

（5）电池组内单体电压、温度、内阻等的一致性评价技术。选用采样精度高的 BMS 产品，合理分布所有电压、温度采样点，保证采集的准确性，同时通过软件策略，在充放电周期内通过电流的变化，评价整个系统的一致性和健康程度，通过远程监控系统发布到监控后台，第一时间发布不一致性预警。

五、主要主机厂客户

序号	名　称	型　号
1	江苏常隆客车有限公司	常隆牌 YS6100GBEV 型纯电动城市客车
2	江苏常隆客车有限公司	常隆牌 YS6750GBEV 型纯电动城市客车
3	江苏常隆客车有限公司	常隆牌 YS6123GBEV 型纯电动城市客车
4	江苏常隆客车有限公司	常隆牌 YS6830GBEV 型纯电动城市客车
5	江苏常隆客车有限公司	常隆牌 YS6125GBEV 型纯电动城市客车
6	江苏常隆客车有限公司	常隆牌 YS6101GBEV 型纯电动城市客车
7	江苏常隆客车有限公司	常隆牌 YS6126BEV 型纯电动客车
8	江苏常隆客车有限公司	常隆牌 YS6103GBEV 型纯电动城市客车
9	江苏常隆客车有限公司	常隆牌 YS6751GBEV 型纯电动城市客车
10	江苏常隆客车有限公司	常隆牌 YS6102GBEV 型纯电动城市客车
11	江苏常隆客车有限公司	常隆牌 YS6126GBEV 型纯电动城市客车
12	江苏常隆客车有限公司	常隆牌 YS6832GBEV 型纯电动城市客车
13	江苏常隆客车有限公司	常隆牌 YS6700BEV 型纯电动客车
14	江苏常隆客车有限公司	常隆牌 YS6106BEV 型纯电动客车
15	东风襄阳旅行车有限公司	东风纯电动城市客车 EQ6120CLBEV1
16	东风襄阳旅行车有限公司	楚风牌 HQG6810EV1 型纯电动城市客车
17	东风襄阳旅行车有限公司	楚风牌 HQG6630EV2 型纯电动城市客车
18	东风襄阳旅行车有限公司	东风纯电动城市客车 EQ6620CLBEV2
19	东风襄阳旅行车有限公司	东风纯电动城市客车 EQ6620CLBEV6
20	东风襄阳旅行车有限公司	东风牌 EQ6690CLBEV1 型纯电动城市客车
21	东风襄阳旅行车有限公司	东风牌 EQ6810CLBEV2 型纯电动城市客车
22	东风襄阳旅行车有限公司	东风牌 12 米丨10－43 座东风纯电动城市客车
23	东风襄阳旅行车有限公司	东风纯电动城市客车 EQ6620CLBEV2
24	东风襄阳旅行车有限公司	东风风纯电动客车底盘丨东风 EQ6560KRLEV2 纯电动客车底盘
25	东风襄阳旅行车有限公司	东风牌 EQ6560KSLEV3 纯电动客车底盘
26	东风襄阳旅行车有限公司	东风牌 EQ6650KRLEV1 纯电动客车底盘
27	东风襄阳旅行车有限公司	东风牌 EQ6660KRLEV 纯电动客车底盘
28	东风襄阳旅行车有限公司	东风汽车公司 EQ6760KRLEV2
29	东风襄阳旅行车有限公司	东风牌 EQ6620CLBEV5 型纯电动城市客车
30	江苏九龙汽车制造有限公司	6 米大马 HKL6600BEV6 纯电动客车
31	江苏九龙汽车制造有限公司	大马纯电动客车 HKL6801BEV1
32	江苏九龙汽车制造有限公司	大马牌 HKL6801BEV 型纯电动客车
33	江苏九龙汽车制造有限公司	10.5 米丨23－34 座大马纯电动城市客车
34	江苏九龙汽车制造有限公司	大马牌 HKL6660GBEV 型纯电动城市客车
35	江苏九龙汽车制造有限公司	大马纯电动城市客车 HKL6800BEV

续表

序号	名 称	型 号
36	安徽安凯汽车股份有限公司	安凯牌 HFF6800GEVB3 型纯电动城市客车
37	安徽安凯汽车股份有限公司	安凯牌 HFF6708BEV 型纯电动客车
38	安徽安凯汽车股份有限公司	安凯牌 HFF6660GEVB1 型纯电动城市客车
39	安徽安凯汽车股份有限公司	安凯牌 HFF6800GEVB1 型纯电动城市客车
40	南京金龙客车制造有限公司	6.6 米丨10 - 24 座开沃纯电动城市客车 NJL6661BEVG
41	南京金龙客车制造有限公司	开沃纯电动城市客车 NJL6806BEVG2
42	南京金龙客车制造有限公司	开沃纯电动城市客车 NJL6859BEV20
43	厦门金龙联合汽车工业有限公司	金龙纯电动客车 XMQ6610CEBEVL1
44	山东凯马汽车制造有限公司	凯马纯电动押运车 KMC5040XYUEV26D
45	深圳市五洲龙汽车有限公司	五洲龙混合动力城市客车 FDG6113HEVN5 - 1
46	深圳市五洲龙汽车有限公司	五洲龙纯电动城市客车 FDG6600EVG
47	深圳市五洲龙汽车有限公司	五洲龙纯电动客车 FDG6602EV
48	深圳市五洲龙汽车有限公司	五洲龙纯电动城市客车 FDG6105EVG1
49	安徽星凯龙客车有限公司	星凯龙纯电动客车 HFX6602KEV10
50	安徽星凯龙客车有限公司	星凯龙纯电动客车 HFX6700KEV08
51	重庆恒通客车有限公司	恒通客车纯电动客车 CKZ6117CHBEVB
52	河北长安汽车有限公司	长安纯电动厢式运输车 SC5023XXYBBEV
53	北汽福田汽车股份有限公司	福田纯电动城市客车 BJ6123EVCA - 21
54	江苏陆地方舟新能源电动汽车有限公司	陆地方舟纯电动厢式运输车 RQ5022XXYEVH4
55	江苏陆地方舟新能源电动汽车有限公司	陆地方舟纯电动城市客车 RQ6120GEVH4
56	扬州亚星客车股份有限公司	亚星纯电动客车 YBL6600BEV7
57	扬州亚星客车股份有限公司	亚星牌 JS6680GHBEV1 型纯电动城市客车
58	河南少林客车股份有限公司	少林纯电动城市客车 SLG6660EVG1
59	河南少林客车股份有限公司	少林纯电动城市客车 SLG6822EVG
60	重庆力帆乘用车有限公司	力帆纯电动轿车 LF7002CEV
61	上海万象汽车制造有限公司	象牌纯电动城市客车 SXC6110GBEV5
62	上海申沃客车有限公司	12 米丨17 - 35 座申沃纯电动城市客车 SWB6121EV15
63	成都大运汽车集团有限公司	大运牌纯电动厢式运输车 CGC5044XXYBEV1FABJFAHK
64	金华青年汽车制造有限公司	青年牌纯电动城市客车 JNP6103BEV3G
65	金华青年汽车制造有限公司	青年牌纯电动城市客车 JNP6103BEVAG
66	金华青年汽车制造有限公司	青年牌纯电动城市客车 JNP6103BEVBG
67	金华青年汽车制造有限公司	青年牌纯电动城市客车 J JNP6103LBEVAG
68	陕西跃迪新能源汽车有限公司	跃迪牌纯电动城市客车 SQZ6810EV
69	安庆安达尔汽车制造有限公司	安达尔牌纯电动城市客车 AAQ6810EV

六、合资合作

（1）北京市《高能量密度富锂锰基正极材料及其电池的开发》项目，项目实施中。

（2）获评“郑州 1125 · 聚才计划”（创新领军团队）三个团队之一，凭借 260Wh/kg 高性能电池创新项目取得政府支持 2000 万元。

（3）2015 年 11 月，由北京国能电池科技有限公司牵头北京理工大学、中国航天、郑州日产汽车有限公司申报科技部重大专项《300Wh/kg 高性能电池项目》。

七、发展规划

北京国能电池科技有限公司生产基地：河南郑州工厂（5 亿 Ah）、浙江海宁工厂（在建）、湖北襄阳工厂（在建）、江西南昌工厂（在建）。

（1）河南国能生产基地：河南国能电池建设分为两期进行。一期建设已经基本完成，一期投资1.5亿元人民币，厂房以及办公面积20000平方米。二期新建厂区面积为287亩，厂房建筑面积为72000平方米，动力厂房面积为15000平方米，员工宿舍面积为9000平方米，可满足年产6亿安时磷酸铁锂电池的需要，引进生产及配套设备2700台（套）。

（2）海宁国能生产基地：建设分为两期进行，征地295亩，投资25亿元，年产3亿安时锂离子动力电池。企业规划总规模为占地585亩，投资50亿元，年产6亿安时锂离子动力电池。

（3）襄阳国能生产基地：建设分为两期进行，征地200亩，投资25亿元，一期建设年产2亿安，投资12亿，引进国际最先进的全自动进口生产及配套设备约1200台套，实现年产值15亿元，税收1.5亿元；二期建设年产3亿安，整个基地达年生产能力为5亿安时，可实现年产值36亿元，带动相关产业产值20亿元，新增税收6亿元，安排就业1500人。

（4）南昌国能生产基地：建设分为两期进行，征地500亩，投资20亿元，年产10亿安时锂离子动力电池。一期建设年产4亿安，用地300亩，计划投入10亿元，动工时间2016年7月，建设期为4个月；二期建设年产6亿安时，用地200亩，计划于一期投产后6个月内建设；预计总产值50亿元，利税6亿元。

宁德时代新能源科技股份有限公司

一、发展概况

宁德时代新能源科技股份有限公司（CATL）致力于通过先进的电池系统集成技术，为全球绿色能源应用，提供一体化解决方案，让全世界用户享受安全、清洁、环保，高效的绿色能源。公司成立于2011年，总部位于福建省宁德市，集团下辖宁德时代新能源科技有限公司，青海时代新能源科技有限公司，上海研发中心，北京区域销售中心，慕尼黑客户支持中心。

公司自创立以来，以惊人的速度提升技术及扩大规模，当下已成为国内大巴动力电池供应量排名第一的厂商。拥有动力电池领域完整的自主研发和制造能力，拥有材料、电芯，pack结构，电池管理系统、电池回收利用的全产业链核心技术。2012年承接国家启动的“新能源汽车产业技术创新工程”，并得到国家高层的认可与肯定。2013年底，CATL成为国家科技部、工信部、财政部三部委“十二五计划”新能源汽车产业技术创新工程重点扶持的全国八家企业之一。2015年动力电池销量全球排名第三。

二、生产经营

公司具备动力和储能电池领域完整的研发、制造能力，拥有材料、电芯、电池系统、电池回收的全产业链的核心技术。公司研发生产电动汽车及储能系统的锂离子电池，电动汽车电池模组，电动汽车电池系统，动力系统，大型电网储能系统，智能电网储能系统，分布式家庭储能系统，及电池管理系统（BMS）。

三、技术进展及研发能力进展

公司建立起一只涵盖产品研发、工程设计、测试验证、制造等领域的强大研发团队，其中包括1名国家外专千人计划专家、3名福建省百人计划专家，及众多的博士和海归专家。公司在坚持自主研发的同时，还积极与国际、国内知名公司、高校和科研院所建立科研合作关系，致力于电池行业的先进技术研究与应用。

四、合资合作

在电动汽车领域，与德国、美国的世界一流汽车厂商及国内众多知名汽车厂商建立深度合作关系，为全球客户研发和生产纯电动/混合动力轿车的动力电池系统、纯电动/混合动力客车的动力电池系统，推动新能源汽车产业的技术进步。在储能领域，公司承接关键客户具有全球示范意义的大型储能项目，公司的产品覆盖大中型储能系统，小型储能系统，微网储能系统，移动式储能系统，家庭储能系统，和UPS等，公司的储能产品广泛应用于风光发电端，电网端，和用户端，可并网应用也可离网应用，产品年销售总量超过50兆瓦时。

合肥国轩高科动力能源有限公司

一、发展概况

国轩高科股份有限公司于2015年4月成功上市，股票代码SZ.002074，拥有新能源动力锂电池以及输配电设备两大业务板块，公司员工5000人，总资产67亿元，公司总市值350亿元。

合肥国轩高科动力能源有限公司为国轩高科股份有限

公司全资子公司，成立于2006年5月，座落在合肥市新站区瑶海工业园，注册资金8.8亿元，2015年实现销售收入25亿元，利税总额超过8亿元。拥有合肥、庐江、南京、苏州、青岛等多个生产基地，合肥产业基地三期项目已于2016年8月1日投产，唐山生产基地进入筹建阶段。

公司专业从事新型锂离子电池及其材料的研发、生产和经营，拥有核心技术知识产权。主要产品为磷酸铁锂材料、电芯、动力电池组、BMS系统及储能型电池组。公司作为国家重点高新技术企业、国家级企业技术中心、三项国家“863”重大课题承担单位，参与三项新能源汽车创新工程，先后通过ISO9000等“三标一体”认证和TS16949质量体系认证，被评为国家CNAS认可检测中心、国家级博士后工作站等，并在合肥、上海、美国、德国、日本分别建立全球五大研发中心。

公司现有专业研发队伍400余人，其中硕博占70%以上。截至2016年6月底，公司已累计申请专利786项，其中发明专利412项，授权专利343项，其中发明专利93项（含2项美国发明专利）。累积发表论文154篇，其中SCI8篇，EI1篇，核心80篇，专利成果覆盖正极材料的制备、电池的制备技术、电池的原辅材料设计、电池的成组技术、电池的筛选技术、电池的PACK技术、电池管理系统等电池制备到应用的全过程。

二、生产经营

2016年上半年，新能源汽车生产17.7万辆，销售17.0万辆，与上年同期相比增长125%和126.9%，中国成为世界最大的新能源汽车市场，新能源汽车产销两旺带动动力锂电池市场规模快速增长。报告期内，国轩高科积极应对经济形势变化，把握新能源产业机遇，稳固扩充产能，加大市场开拓力度，动力锂电池业务发展良好，营业收入和营业利润较上年同期大幅增长，同时在确保既有产品优化改进的前提下，积极拓展三元电池、储能业务、电池回收等战略领域新业务。借助产业政策有利时机圆满完成上半年生产经营目标。2016年上半年国轩高科实现营业收入239938.30万元，比上年同期增长169.11%，营业成本125528.49万元，同比增长165.93%；营业利润62467.87万元，较上年同期相比增长135.98%。国轩高科紧紧围绕“产品为王、人才为本”的核心思想，把握新能源产业良好发展机遇，在确保既有产品优化改 进的同时，加快新一代磷酸铁锂电池和三元电池的产线建设，进一步提升研发成果产业化效率。2016年上半年国轩高科主要完成以下几项重要工作：

1. 国轩高科动力锂电池产能保持国内领先地位，市场占有率稳步提升，行业龙头地位稳固。目前重点推进合肥国轩年产6亿安时动力锂电池和青岛国轩年产3亿安时动力锂电池的项目建设，已完成两个项目的基础设施建设、技术工艺的定型，以及主要设备的采购和技术人员的招聘等前期准备工作。上述两个新建项目将于2016年三季度正式建成投产，将为国轩高科进一步扩大动力锂电池市场占有率，巩固行业龙头地位提供有力的保障。

2. 国轩高科管理层积极面对行业政策调整，深耕战略客户渠道保障公司市场份额持续扩张。2016年分别与中通客车控股股份有限公司、南京金龙客车制造有限公司等客户签署年度电池采购重大合同，继续保持与中通客车、南京金龙、苏州金龙、安凯客车、东风汽车等商用车企良好合作的同时，加强与北汽新能源、江淮汽车、上汽集团、奇瑞汽车等乘用车企战略合作，推动未来三元电池的市场投入，扩大公司在新能源汽车乘用车市场的战略布局。

3. 国轩高科抓住新能源汽车爆发式增长的历史机遇，深化锂电池产业链布局，有效整合动力电池行业市场资源。合肥国轩与星源材质合资建设的锂电池隔膜生产基地正在加紧建设；2016年3月合肥国轩以自有资金人民币30720万元增资参股北汽 新能源持有其3.75%股权；2016年7月，公司与航天万源结成战略合作关系，共同投资在唐山市成立合资公司，在动力电池、石墨烯材料、风电储能产品等方面展开深度合作。国轩高科通过向新能源汽车产业链上下游延伸，拓展市场空间，扩充产品种类，增 强公司核心竞争力，为实现跨越式发展打下坚实基础。

4. 通过十年持续不断的研发和投入，国轩高科奠定在动力锂电池材料和电池技术的行业领先地位。2016年，公司进一步完善研发体系与管理制度，加快科技研发成果转化，加大科技研发投入，引进高新技术人才。2016年，国轩高科“年产6亿安时锂离子动力电池生产基地项目一期工程”成功申报国家发改委增强制造业核心竞争力项目，“高比能量动力锂离子电池的研发与集成应用”课题入围国家科技部国家重点研发计划试点专项申请，“新能源汽车锂动力电池智能工厂”项目入选国家工信部“2016年智能制造综合标准化与新模式应用项目”，相关研发项目的申报和入选体现公司对技术研发的追求、对产品卓越的信念，公司行业整体竞争力进一步增强，技术领先地位彰显。

三、产能建设

合肥国轩高科动力能源有限公司拥有合肥、庐江、南京、苏州、青岛等多个生产基地，截至2016年6月底，国轩高科实现产能7.5亿安时，唐山、泸州生产基地进入筹建阶段，预计2016年底公司合计产能可达到16.5亿安时。

四、技术进展及研发能力进展

公司自主研发、科技创新成果在电池产业化方面的应用，大大提升企业产能建设水平。承担“863”项目三项，承担国家工信部技改项目1项，申请并承担省自主创新项目3项；钛酸锂等6个新产品申请并被认定为安徽省省级新产品；“电动汽车用磷酸铁锂电池及产业化”项目获得安徽省科学技术二等奖，与中国科学技术大学合作的“新能源汽车动力锂电池管理关键技术及其系统”项目获得安徽省科学技术三等奖，“磷酸铁锂动力电池产业化”及“高功率型磷酸铁锂复合材料技术研究及产业化”项目分别获得合肥市科学技术一等奖、“电动汽车用磷酸铁锂电池一致性技术研究及应用”“循环经济型磷酸铁锂电池技术开发及产业化”项目分别获得合肥市科学技术二、三等奖。

公司在技术创新的同时，注重自主知识产权的开发和保护，重点在下一代电动汽车电池的关键材料方面积极开展国内外专利布局。截至 2016 年 6 月，公司累计申请专利 786 项，其中发明专利 412 项，授权专利 343 项，其中发明专利 93 项（含 2 项美国发明专利）。累积发表论文 154 篇，其中 SCI8 篇，EI1 篇，核心 80 篇，专利成果覆盖正极材料的制备、电池的制备技术、电池的原辅材料设计、电池的成组技术、电池的筛选技术、电池的 PACK 技术、电池管理系统等电池制备到应用的全过程。

五、主要产品

序号	名　称	型　号
1	纯电动乘用车动力电池组	DJ1306（307.2V/62.5AH）
2	纯电动大巴动力电池组	DK1525（538V/258AH）
3	纯电动商用车动力电池组	DT1504（316.8V/112..5AH）
4	纯电动大巴动力电池组	DK1558A（538V/182AH）
5	纯电动乘用车动力电池组	DJ1430B（307.2V/62.5AH）

六、合资合作

2015 年，合肥国轩高科动力能源有限公司与深圳市星源材质科技股份有限公司在合肥庐江共同投资成立合肥星源新能源材料有限公司，主要产品为高性能动力锂离子电池湿法隔膜、涂覆隔膜。

2016 年 3 月，合肥国轩高科动力能源有限公司向北京新能源汽车股份有限公司增资，增资完成后，合肥国轩持有北汽新能源 3.75% 的股权。此次增资促进双方在新能源汽车领域的合作，共同推动我国新能源汽车产业的发展。

2016 年 7 月，合肥国轩高科动力能源有限公司与中国航天万源国际（集团）有限公司在河北省唐山市合同出资成立航天国轩（唐山）锂电池有限公司（具体以工商行政管理部门核准登记为准），合资公司动力电池项目总体产能规划为 10 亿安时，总投资 30 亿人民币，其中一期产能 3 亿安时，预计投资 10 亿元。该项目于 7 月 8 日进行项目奠基仪式。

2016 年 8 月，合肥国轩高科动力能源有限公司与浙江康盛股份有限公司就在四川省泸州市投资建设动力电池基地项目达成合作协议并签订投资合作协议，在泸州高新区投资建设生产及研发基地，预计总投资 30 亿元人民币，总产能 10 亿安时，总占地面积 293 亩。

七、发展规划

公司坚持立足安徽、面向全国，放眼世界，以动力电池材料科学研发为根本，规划未来 5 年内，实现在国内纯电动车动力电池产销量位居领先地位。公司秉承“珍惜、务实、诚信、创新”的理念，坚持以科学发展观为指导，以市场需求为导向，以发展动力电池技术、实现动力电池产业化为己任，持续推动电池技术创新步伐和新能源汽车产业化进程。

深圳市沃特玛电池有限公司

一、发展概况

深圳市沃特玛电池有限公司成立于 2002 年，是国内最早成功研发磷酸铁锂新能源汽车动力电池、汽车启动电源、储能系统解决方案并率先实现规模化生产和批量应用的磷酸铁锂电池企业之一，深圳市工业百强企业，是首批入选工信部《汽车动力蓄电池行业规范条件》的动力电池企业。

公司与一汽集团、东风汽车、山西大运、上海申龙、厦门金旅、中国重汽豪沃、九龙汽车等国内一流车企展开合作。有 4 万余辆配备公司动力电池系统的新能源交通工具，运行于深圳、广州、上海、厦门、渭南、西安、荆州、铜陵、临汾、惠州、郴州、杭州、海口、沈阳、呼和浩特、合肥、成都、昆明、十堰、无锡等城市。产品覆盖国内 31 个省市，并远销六大洲 40 多个国家和地区，国内市场排行前三位。

公司严格实施 ISO9001 和汽车行业 ISO/TS16949 质量标准体系，并已通过北京 201 所（863 计划实验室）、国家客车质量检验中心、信息产业部电源产品检测中心、铁路和轨道交通电源认证、谱尼测试等国内外多家权威检验机构的各项检测及认证。公司产品符合 CE、UL、UN38.3、CB 等安全及环保要求，并通过相关认证及检测。

沃特玛先后获得“国家级高新技术企业”“深圳市高新技术企业”“2014 年国家火炬计划重点高新技术企业”“2013 年鹏城减废先进企业”等荣誉；承担国家重点产业振兴和技术改造项目，国家新能源汽车产业技术创新工程电池项目，广东省战略性新兴产业集聚发展试点项目，广东省教育部产学研结合项目等项目；公司项目 2011—2015

连续五年被列入深圳市年度重大项目。2012 年 12 月，公司入选为国家“2012 年新能源汽车产业技术创新工程项目”支持企业；2015 年 11 月，公司入选工信部首批《汽车动力蓄电池行业规范条件》企业目录；2015 年 12 月，根据中国汽车技术研究中心新能源汽车动力电池产业发展研究室、新能源汽车和动力电池产业联席会的数据统计，沃特玛电池配套量国内排名第二。

在未来的发展中，沃特玛将继续紧扣时代脉搏，秉持低碳环保的经营理念，推动新能源行业的消费、供给、技术革命，以构建人类最佳居住环境为使命，为实现伟大的中国梦贡献自己的力量。

二、生产经营

2015 年，沃特玛在国内市场销售的产品包括动力汽车用电池组、储能用电池组和基站用电池组，主要客户有厦门金旅、南京金龙、珠海银隆、豪沃、小金龙、华晨客车、九龙汽车、东风特汽、益高、长安客车、成都雅骏、瑞驰、陆舟、恒天、江苏卡威、宇通、奇瑞万达、威能、东风商用等。

国外市场主要以储能用电池组为主，出口国家有美国、法国、加拿大、印度、丹麦、土耳其、意大利、印度尼西亚等。

三、产能建设

公司租赁场地 9.2 万平方米，引进先进生产设备 3000 多台，具备年产 3GWh 锂离子动力电池的生产能力，已投入在建的子公司年产能规划 10GWh。

四、技术进展及研发能力进展

根据战略发展需要，沃特玛成立新能源技术产业化研究院——沃特玛电池研究院。在院长饶睦敏博士的指导下，研究院从原材料/电芯研发设计、PACK 结构研发设计、电池管理系统研发设计及动力电池回收利用等全方面进行研究布局，遵循产学研用相结合的原则，加快动力电池系统的联合创新，搭建拥有自主知识产权的动力电池系统的技术研发平台。沃特玛电池研究院获得“深圳新能源汽车动力锂电工程实验室”“黄铭锂能电池材料院士专家工作站——沃特玛新材料应用基地”“北京交通大学——深圳市沃特玛电池有限公司动力电池应用技术研究中心”“北京交通大学毕业生创作实践基地暨研究生联合培养基地”等荣誉。

沃特玛电池研究院遵循产学研用相结合的原则，与“北京大学深圳研究生院”“北京交通大学”“深圳先进技术研究院”“深圳市清华研究院”“广东工业大学”“广州能源检测研究院”“昆明理工大学”等国内外知名院校协同创新合作。沃特玛加入由中国汽车技术研究中心主导的《先进车载能源储存系统评价与应用共性技术联盟》《广东省电动汽车标准化技术委员会》及《中国化学与物理电源

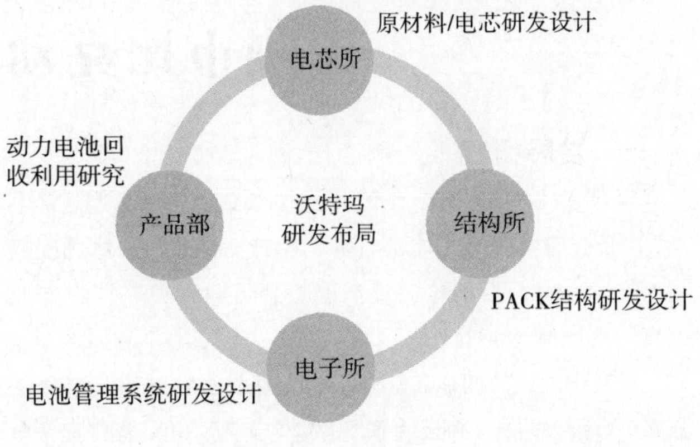

图 1　沃特玛研发布局

行业协会》，加强同国内外先进技术的交流，推动沃特玛的技术进步和快速发展。

截至 2015 年 12 月，公司拥有研发人员 1500 余人，其中高级工程师 5 人，博士 5 人，中级工程师 176 人，配备价值数千万的研发仪器设备，先后承担《新能源汽车产业技术创新工程》等国家级研发项目 4 项、省级项目 5 项、市级项目 15 项，参与制定国家标准 1 项，广东省标准制定 4 项，深圳市标准制定 5 项（详见附件 2），形成了自主知识产权（国际发明专利 7 项，国家专利 389 项）。2012—2014 年，公司将每年销售额的 5% 以上用于研发，随着销售收入的逐年提升，研发经费 2015 年上升到 8057.59 万元，保证试验材料的供应以及实验活动的开展。

五、主要产品

序号	名　称	型　号
1	磷酸铁锂动力电池组（纯电动商务车）	L－384V－160Ah
2	磷酸铁锂动力电池组（3T 纯电动物流车）	L－540V－140Ah
3	磷酸铁锂动力电池组（纯电动客车）	L－350V－130Ah
4	磷酸铁锂动力电池组（纯电动物流车）	L538V－140AH
5	磷酸铁锂动力电池组（纯电动公交车）	L－384V－130AH

六、发展规划

深圳市沃特玛电池有限公司致力发展成为技术领先、综合竞争实力强、能推动行业及新能源汽车产业发展且倍受尊重的动力电池领航企业，让产品和服务，深入用户内心、让企业与产业共同成长。

公司实行三年计划，将在电池产能、成本控制上取得突破，提升公司营收，实现公司净利润的大幅增长。

未来三年内，完成建设五个现代化的电芯生产和 PACK 生产产业基地；同时，打造成覆盖全球的营销网络和售后服务网点；加大电池研究院的建设投入，吸引和培养电池行业相关人才，为公司的高速发展提供人才保障。

深圳市比克动力电池有限公司

一、发展概况

深圳市比克动力电池有限公司（以下简称“比克电池”）是一家集锂离子电池研发、生产、销售为一体的国家高新技术企业，目前电芯日产能近百万只，位居世界专业锂离子电池制造商前列。

比克电池目前拥有郑州比克电池有限公司、郑州比克新能源汽车有限公司、安源比克新能源客车有限公司等集锂离子电池、电动汽车研发、生产、销售为一体的上下游产业群。

立足中国，辐射全球。比克目前在国内外30多个销售网点，并在海外设立多家分公司，在全球70多个国家注册BAK品牌，满足全球客户对比克产品和服务的需求。

二、产能建设

截至2015年底，包括旗下子公司，比克电池有圆柱新能源动力电池产线6条，日产能近50万只，方型电芯日产能近30万只，聚合物电芯日产能10万只。

2016年，比克电池还将持续进行产能拓展，在年底实现圆柱电池200万只的日产能目标。

三、技术进展及研发能力进展

企业的技术开发与创新能力是企业竞争力的核心。比克始终把增强公司研发实力和自主创新能力放在公司发展的突出位置。

公司持续增加研发投入，年均研发支出占营业收入5%以上，不断提升自主创新能力增强公司核心竞争力。

比克研发中心，属于“国家级/市级企业技术中心”，技术中心设立“国家博士后科研工作站”“汽车新能源系统研究院”，致力于创建高水平的电池及材料研发中心。

研发中心拥有专职研发技术人员400人，拥有独立自主发明专利1200余项，累计授权专利520项，专利涵盖关键材料（零部件）、电池设计、电池制作工艺、电池装备等多个领域，形成自主的动力/数码/储能电池设计及规模化生产知识产权。

比克凭借强大的研发实力和超规模的产业化基础，承担国家及地方新能源动力电池领域产业化重大科技项目30余项（其中国家863项目6项，其他中央部委项目5项），主持和参与国际及行业地方标准制定15项。

四、主要产品

序号	名　称	型　号
1	圆柱电池	2.9Ah - 18650
2	圆柱电池	2.4Ah - 18650
3	圆柱电池	2.1Ah - 18650
4	方型电池	2614891 - 28Ah
5	方型电池	2614891 - 37Ah
6	聚合物电池	V289791P
7	聚合物电池	V3078116P
8	聚合物电池	303038P

五、发展规划

市场竞争的日趋激烈，在比克看来，只有提供一整套完整的解决方案，才能更直接更有效地解决客户痛点，成为行业领军者。

在电芯外形上，包括“圆柱—方型—聚合物”等全型号；

在应用领域上，“生活数码—汽车动力—后备储能”涉及生活的方方面面；

在电芯链条上，覆盖“电芯—电池包—新能源汽车—电池梯次利用”的全环节；

在生命周期上，“研发—生产—售后”，比克在每个环节都能自主把控。

- 锂电池

比克目前最核心的业务为锂电池业务，产品和服务包括圆柱、方型和聚合物电芯，以及电池封装、电池解决方案等，主要应用于新能源汽车、数码产品及后备储能等领域。

- 数码电池

比克的消费类电子产品电池产品及解决方案的应用范围覆盖了笔记本电脑、平板电脑、手机、移动电源、摄像机、相机、蓝牙耳机等行业。

产品品质得到国际顶级数码厂商的认可，是国内首家也是迄今为止唯一一家进入惠普、戴尔供应商体系的锂电池企业。

- 动力电池

早于2006年，比克建设并完成全自动化18650型圆柱电池产线的全线投产。

多年的生产和销售积累，使深圳比克获得众泰、一汽、海马、金龙、东风、御捷等国内外知名汽车厂商的肯定，产品全面覆盖新能源乘用车、商用车、专用车应用。

比克现有电动汽车用电池已经装载新能源乘用车、商用车15000余辆，合计电芯3200万瓦时，已知累计行驶里程 25000 万公里，无一起安全事故。

随着国家对新能源汽车产业扶持力度的进一步加强，比克的动力电池业务正蓬勃发展。

- 储能电池

比克产品被广泛应用于风、水、太阳能等储能电站，路灯，家庭、通信基站及航空航天等领域。2015 年 9 月，比克储能电池助推首颗" 深圳制造" 卫星成功升空。

不管是在深山峡谷、高速列车还是家庭后院，都有比克锂电驱动。

- 电动汽车与电动巴士

依托比克动力电池核心技术，比克合资及独资的电动汽车和电动巴士企业拥有电机及电控以及整车控制技术，全面掌握电动汽车三大核心技术。

- 电动汽车

公司致力于电动汽车的研发及技术创新，应用全球领先的产品及技术，如轻量化车身技术及其制造工艺、CMT 焊接和铝铝点焊技术、高效制动能量回收系统等，用心打造符合中国及国际市场的电动汽车产品。

作为比克集团的新兴业务，电动汽车产业必将得到快速的发展。

- 电动巴士

比克电动巴士业务主要基于公司与国内巴士制造龙头企业江西安源集团的合作，双方共同出资成立江西安源比克新能源客车有限公司。

江西安源比克新能源客车有限公司是一家专注于油电、气电混合动力及纯电动力客车等锂离子新能源客车的研发、制造、销售、维修、配件和服务为一体的公司。安源比克前身为安源客车制造有限公司，依托安源客车和深圳比克在客车生产和动力电池系统研发方面的技术积淀，安源比克已经具备多个品类新能源客车的整车制造能力。

- 电池回收

深圳比克拟建设占地 3 万平方米的“废旧新能源汽车拆解及回收再利用”项目，通过尖端的自动化拆解设备和专业化流程，对废旧新能源汽车电池进行有效回收、再生利用和妥善处置。

从电池的终端应用回收着手，提高电池的利用率，促进循环经济发展，从根本上解决废旧汽车引发的社会问题。

从锂电池起步，迎着新能源汽车产业发展的东风，比克将向产业下游和尾端延伸，打造以“锂能源”为基础的“绿色锂电生态链”。

天津中聚新能源科技有限公司

一、发展概况

天津中聚新能源科技有限公司隶属于香港上市公司——五龙电动车（集团）有限公司。公司于 2010 年 12 月在天津市滨海新区汉沽黄山北路 20 号注册成立，注册资金 8.18 亿港币。2011 年 12 月开工建设，2012 年 10 月 15 日开始投产，现已具备年产 1.3 亿安时动力蓄电池生产能力。公司获得国家级高新技术企业、市企业技术中心，科技型中小企业、天津市重点新产品认证等荣誉；产品通过 CE、UL、UNDot、QC/T743、GBT31484、GBT31485、GBT31486 标准，ISO9001、ISO14001、ISO28000 和 TS16949 体系认证。

天津中聚二期项目正在建设中，本项目投资高达 16.49 亿元。已完成形象进度 80%，预计 2017 年中旬竣工。项目占地 204001 平方米，建筑面积 125290 平方米，将形成 4.7 亿安时锂离子动力电池的生产能力。

二、生产经营

截至 2015 年 12 月底，总资产 7.29 亿元，2015 年总收入 17739 万元，总利润 1492 万元。

三、产能建设

天津中聚新能源科技有限公司 2013 年陆续开始新产品开发和产品量产，具备年产 1.3 亿安时动力蓄电池的生产能力；二期项目预计 2017 年中旬竣工，竣工后天津中聚产能将拓增至 6 亿安时。

四、技术进展及研发能力进展

为确保竞争优势，天津中聚一直积极投入研发，注重技术与工艺的先进性，专门在成立具有国际水准的中聚电池研究院和工程技术中心。中心具有 1800 平方米的研发楼，配备电芯小试线、电芯中试线，原材料各种性能检测，电芯电性能测试和安全测试等上千万的研发设备。开展塑壳大容量、铝壳、聚合物等不同类型的动力电池产品的研发，应用于电动汽车和储能电站的各种类型模组的开发，不同类型动力电池产品的制造工艺开发和改进。还与上海交通大学合作成立“先进电池技术联合实验室”、与国防科技大学成立“电池技术联合研发中心”，旨在加强公司在新技术、新工艺、新材料、新产品、新体系等方面的研发工作。天津中聚迄今为止有自主研发的锂离子电池制造及应用技术专利 34 项，特别是拥有动力锂离子电池核心材料，即改性磷酸铁锂正极材料的发明专利，使中聚电池成为目前国内少数既拥有核心材料专利又采用先进大容量叠片生产制造工艺自主知识产权的动力锂离子电池生产商。

五、主要产品

序号	名　称	型　号
1	高容量磷酸铁锂蓄电池	SP - LFP - 100AhB
2	高容量磷酸铁锂蓄电池	SP - LFP - 200AhA
3	高容量磷酸铁锂蓄电池	66Ah - AB

六、合资合作

天津中聚拥有自己的工程技术中心，并且依托于中聚电池研究院，持续开展电池技术创新及产品研发。

上海交通大学，国防科技大学，中国科学院过程工程研究所，河北工业大学合作，结合天津基地研发中心的力量，着重提升产品性能，进一步提升工艺及技术水平。

七、发展规划

未来两年，公司预期将通过二期工程技术中心建设项目的实施，从硬件条件的改善，关键技术人才、国外先进电池技术的引进，全方位提升企业的技术创新能力。准备国家级重点新产品、天津市级工程中心，以及天津市院士专家工作站。以此为目标，公司将着重建设，提升新能源汽车用动力电池原材料性能、电性能、安全，可靠性能的检测能力，小试线具备动力电池小批量试制能力。将通过工程技术中心建设项目的实施，从硬件条件的改善到关键技术人才、国外先进电池技术的引进，全方位提升企业的技术创新能力。此外，通过对新能源汽车用大容量动力电池的开发、评测实验室的建设，国外先进新能源汽车用动力电池原材料及技术的引进，全面提升企业全套的新能源汽车用动力电池材料及成品电池的开发及评测能力，为新能源动力汽车领域作出更大的贡献。

江苏春兰清洁能源研究院有限公司

一、发展概况

江苏春兰清洁能源研究院有限公司成立于 1993 年 5 月，位于江苏省泰州市春兰工业园区内，注册资本 20805 万元，现有职工 1000 余人，其中专业技术人员 258 人，专业从事动力锂离子电池、镍氢电池及能量管理系统的研发、生产、销售与技术服务，拥有核心技术知识产权，符合工业和信息化部《汽车动力蓄电池行业规范条件》企业目录。

公司为国家火炬计划重点高新技术企业、中国电池工业协会第七届理事会常务理事单位、江苏省动力电池技术创新战略联盟理事长单位、省重点软件企业，建有国家级企业博士后科研工作站、省重点研发机构、企业技术中心、中科院计算所“新能源动力系统控制技术研发分中心”。先后通过 ISO9001、ISO/TS16949、ISO/14001、TS28001 等体系认证，国家 863 计划动力电池研发主要承担单位，具有近二十年的动力电池的研发与生产经验，为江苏省动力电池生产龙头企业。

二、生产经营

在新能源汽车的推广与应用中，春兰清洁能源以创新的理念和贴心的售后服务，赢得了市场的信誉与用户的好评。目前，春兰动力电池已成熟地应用在纯电动乘用车、专用车、纯电动大巴、中巴、插电式混合动力及增程式电动客车等领域。2015 年全年共交付电池组 5150 套，其中，各类大巴、中巴 3100 套，专用车 1100 套。

2015 年，在与扬州亚星、南车时代、苏州金龙、东风商用等主流厂家保持密切合作关系的同时，2016 年上半年，又与云山客车、龙华客车、友谊客车、奇瑞万达、中通客车等建立了战略合作关系，并实现批量供货。

公司与南车深度合作的混合动力客车产业化技术攻关项目，运用水冷技术有效解决能量回收的关键问题，全年销售近 1500 套。

公司与苏州金龙合作，为海格 6 米纯电动商用车提供电池系统，该车一次充电续驶里程 145 千米，充满电只需 3.6 小时，全年销售近 1000 套。

为适应物联网产业化的需求，公司与江苏奥新新能源汽车有限公司合作，开发了物流专用运输车，该车一次充电可行驶里程达到 260 千米，充满电只需 3.5 小时，全年销售近 1000 套。

截止到 2016 年 6 月，公司销售额与去年同期相比，增长 100% 以上，春兰动力电池及其管理系统累计装车超过 10000 辆，在全国 100 多个大中城市得到广泛的推广应用，单车最大运行里程超过 70 万千米，取得良好的节能减排效果。

三、产能建设

截至 2016 年 6 月，公司已具备年产锂离子动力电池 5 亿瓦时的生产能力，目前动力电池第二工厂建设方案正在规划中。

四、技术进展及研发能力进展

公司连续承担国家科技部“十五”、“十一五”、“十二五”863 计划电动汽车重大项目课题、新能源汽车技术创新工程、江苏省重大科技成果转化专项资金等省部级以上项目，获国家重点新产品 2 项、国家自主创新产品 1 项、省高新技术产品认定 9 项，产品获省优秀新产品奖 4 项，5

个产品列入江苏省重点技术创新项目；“混合动力城市客车节能减排关键技术”获国家科技进步二等奖，发明专利“一种用于电动汽车的动力电池管理系统”获中国专利优秀奖，“新能源汽车电子控制系统关键技术研发与产业化”获江苏省科技进步三等奖，“纯电动汽车核心技术及关键零部件研究与应用”获江苏省科技进步二等奖。

公司在技术创新的同时，注重自主知识产权的开发和保护，掌握了动力电池、热管理、能量管理、数据采集、数据传输等方面的核心技术，拥有自主开发能力和自主知识产权。累计申请动力电池相关专利100多项，目前拥有动力电池及其能量系统相关授权发明专利19项、实用新型10项、软件著作权12项。

五、主要产品

序号	名称	型号
1	锂离子动力电源系统	DYL460－35
2	锂离子动力电源系统	DYL307－42
3	锂离子动力电源系统	DYL346－60
4	锂离子动力电源系统	DYL563－340
5	锂离子动力电源系统	DYL512－100
6	35Ah锂离子蓄电池	IFPP35
7	42Ah锂离子蓄电池	IFPP42
8	60Ah锂离子蓄电池	IFPE60
9	85Ah锂离子蓄电池	IFPE85
10	100Ah锂离子蓄电池	IFPE100

六、合资合作

公司与中科院、上海大学、哈工大、武汉大学、清华大学汽车研究院、江苏大学等高等科研院所建立了良好的合作关系，在电池材料、电池成组技术、电芯设计工艺和电池管理系统等领域开展技术研究与合作。

公司与一汽、二汽、南车时代、苏州金龙等国内十多家大型客车企业形成了稳定的成果转化战略合作关系。

七、发展规划

经过多年努力，以“做动力电池的优秀供应商”为理念，以“做大做强”为目标，使企业成为行业内龙头骨干企业，进入国内动力电池生产企业前十强。

目前公司正进行动力电池第二厂区规划，扩大规模，2020年新能源汽车动力电池的产能由目前的5亿瓦时提升到20亿瓦时，力争2020年企业销售规模超过100亿元。

超威集团

一、发展概况

超威集团创立于1998年，主要致力于动力和储能电池的研发生产。在18年时间里，超威抓住改革开放和动力电池发展的重要机遇，以“倡导绿色能源，完美人类生活”“立志成为全球新能源行业伟大的公司”为使命和愿景，赢得了市场的认同和消费者的信赖，从一个只有十几人的小作坊稳健成长为在全国7个省拥有18家子分公司、2万多名员工、销售额突破700亿元的行业龙头企业，香港主板上市公司，国家重点高新技术企业，位居“2015中国企业500强”第198位、“制造业500强”第90位。

超威积极推进科技创新和产业升级，以技术优势引领行业发展。先后在行业率先开发完成原子经济法铅循环技术、环保节能无镉内化成生产工艺、新型智能电池、超长寿命电动汽车用锂离子电池等一大批成果。“一种三维双极型高功率铅蓄电池”专利技术摘得第十七届中国专利金奖。承担国家和省重大科技专项80多项，拥有各类专利1000余件，参与制定国际、国内行业标准30多项，为行业发展作出重要贡献。

二、技术进展及研发能力进展

超威技术创新的动力，源于行业一流的创新平台和国际化人才团队。以项目为基础，与全球新能源技术领域6位知名院士和20多位专家教授形成紧密的合作关系。培养和引进3名“国千计划”专家，柯克博士领衔的“新能源汽车动力电池系统创新团队”入选浙江省首批领军型创新团队。企业研究院先后获得国家认定企业技术中心、国家认可实验室、国家级博士后科研工作站、省级院士工作站等创新平台资质。

独具特色的企业文化和党的建设，为超威发展提供强有力的保障。探索践行以“资源共享、互惠互利、共同发展、长期共存”为核心的“和合”文化，营造开放包容、合作共赢的发展环境，推动企业规模的快速壮大，企业也藉此获得“全国企业文化示范基地”称号。超威在发展中，始终不忘环境责任，全集团无镉内化成工艺的覆盖率达到100%，该工艺也成为行业准入条件。凭借在动力电池环保事业作出的贡献，企业被授予中国环境最高奖“中华宝钢环境奖”。

三、发展规划

未来，是新能源的时代。超威沿着两条产品路径，一条是从动力电池开始，然后再到动力系统，最后到制造电动汽车整车；另一条，从做储能电池，到储能关键零部件，再到储能系统、储能站，以此改变人类出行的方式，完善能源供应的结构。为此，以动力与储能电池为核心，形成动力型锂电池技术、新型电池、先进材料、清洁生产技术四大主要研究方向。目前，开展的研发项目主要有：电动汽车用动力锂离子电池关键技术；新型超级电容器研发及产业化；汽车启停系统用电池技术；原子经济法铅循环工程化技术，等等。

面向未来，超威将继续携手合作伙伴，运用在电池领域探索积累的经验技术，为全球新能源事业发展作出贡献，共同推动人类生活进步。

浙江超威创元实业有限公司

一、发展概况

浙江超威创元实业有限公司成立于2011年11月，是全国企业500强超威集团全资控股子公司，位于太湖明珠三省交汇地浙江省长兴县画溪工业园，是专业从事动力和储能型锂离子电池研发、生产和销售的国家高新技术企业。

公司自2007年起进入动力锂电池领域，经过近十年的发展，拥有全方位的高端技术团队、成熟的产业化经验和完善的营销服务体系。可提供动力和储能电池的整体解决方案，拥有从材料、关键部件、电芯、系统集成到服务运营的专业团队和整体布局。

二、生产经营

公司主要产品为三元、磷酸铁锂、锰酸锂三大体系多个系列动力与储能用锂电池，广泛应用于电动自行车、电动汽车、电动摩托车等电动车辆以及风光发电、通讯等储能系统配套电源，并可根据用户要求定制开发。

依托超威集团驰名品牌和销售渠道，公司产品销往全国市场，并出口东南亚、欧美。

建立完善的售后服务体系，在全国建立1千个代理商以及1万个服务网点，提供48个小时内快速响应的售后服务。

三、产能建设

公司目前拥有厂房面积6万平方米，员工近千人，国际先进的锂电池生产线16条，生产设备1800台（套），具备年产40亿瓦时锂电池生产能力。

四、技术进展及研发能力进展

公司建立省级高新技术企业研发中心，同时依托母公司超威电源国家认定企业技术中心、国家级博士后工作站等研发机构。拥有科研用房2130平方米，仪器设备109台套，原值1128万元。拥有100人以上的锂电技术研发团队，专业涵盖电化学、材料、电子、机械、自动化等领域，其中3名为国家“千人计划”汽车锂电专家（其中一名曾在丰田中央研究所从事汽车动力电池研究多年、另2名是在日本松下及韩国三星等国际顶级锂离子电池企业从事研发多年的锂电专家）。先后承担国家火炬计划2项、浙江省科技厅重大科技专项1项、省级新产品12项。先后获得国家重点新产品1项、省级科技成果6项、国家授权专利100余项。所开发的纯电动乘用车、混合动力汽车、增程式混合动力汽车、纯电动轻型客车用锂电池产品已经通过国家权威检测机构检测，2015年实现规模化量产，成功实现与多家新能源整车厂家配套。

五、主要产品

序号	名　称	型　号
1	纯电动乘用车用锂电池模组	370V84Ah
2	纯电动乘用车用锂电池模组	96V300Ah
3	插电式混合动力汽车用锂电池模组	366V40Ah
4	增程式混合动力汽车用锂电池模组	74V70Ah
5	纯电动轻型客车用锂电池模组	351V204Ah
6	纯电动皮卡汽车用锂电池模组	335V120Ah

六、合资合作

（1）资本合作。与飞毛腿（福建）电子有限公司合资兴建重庆创元新能源科技有限责任公司，总投资1.5亿，建设年产10亿瓦时电动汽车用锂电池项目。

（2）技术研发方面的合作。与哈尔滨工业大学、东北大学等国内大学建立产学研合作关系，同时与深圳市贝特瑞新能源材料股份有限公司、浙江大东南锂电池隔膜研究院等上游材料厂家开展技术开发合作。

（3）市场方面的合作。与南京金龙、重庆瑞驰、浙江康迪汽车等多家电动汽车厂家建立战略合作关系，成为电池配套指定厂家。

七、发展规划

公司将抓住当前新能源汽车市场和政策多重利好的机遇，不断扩大生产规模，计划至2020年，动力锂电池年销售收入将达到100亿元，跻身国内动力锂电行业领先行列。

湖州天丰电源有限公司

一、发展概况

湖州天丰电源有限公司成立于2012年2月22日，以倡导绿色能源为己任，致力于高品质聚合物锂电池的研发、生产和销售，是国家重点领域高新技术企业，成立时注册资本1000万元，员工370人，占地60亩。为杭州天丰电源股份有限公司全资子公司，母公司杭州天丰电源为新三板挂牌明星企业，证券代码：832283。

公司现有生产厂房，生产能力为汽车动力锂离子电池3亿Wh。极片电芯车间建筑面积为9500平方米单层厂房，生产工序从配料、极片、自动叠片、自动组装和注液；化成检测组合车间为建筑面积11700平方米二层厂房，生产工序包含化成检测、抽气封口、复选配组和电池组组合。

规划新建45000平方米四层生产厂房，生产能力为聚合物汽车动力锂离子电池11亿W·h。一楼为配料、极片生产，二楼为自动叠片、组装和注液，三楼为化成检测，四楼为组合PACK。

合计建筑总面积为66200平方米。

注册地址：湖州市德清县新市镇海久路1号，法定代表人：陈刚。

经营范围：电源技术研发，锂电池研发，高性能锂电池生产，销售本公司生产的产品。

二、生产经营

公司业务立足锂离子电池制造业，具有超高倍率磷酸铁锂聚合物锂离子电池制造工艺、纯电动汽车用锂离子动力电池制造、超低温放电锂离子电池制造、轻型动力电池制造、高功率卷绕式软包电芯制造、启动用全功能保护电路板制造等十六项核心技术，动力汽车电池采用三元材料作为电池正极材料，具有容量高、电压高等优点，在电动汽车应用中逐步成为主流。

公司主要从事高性能聚合物锂离子电池的生产与销售业务。公司的启动用和动力用锂离子电池的客户包括美国著名应急启动电源制造商舒马克、江西洪都航空工业集团、常州洪都电动车有限公司和山东新大洋电动车有限公司等。公司拥有40多项国内专利。“汽车启动电源用磷酸铁锂聚合物锂离子电池”获得杭州市国内首台（套）重大技术装备及关键零部件产品认定；“磷酸铁锂动力电池”“宽功率型换电式汽车动力电池”通过杭州市重大科技创新项目验收。

公司制定《电动汽车用锂离子电池企业标准》，在动力蓄电池产品的安全性、一致性和循环寿命等方面高于国家标准，该标准在生产中已实施。目前公司主要生产锂离子汽车动力电池，主打产品为8.1安时三元材料电池，年最大生产能力为3亿瓦时（按照300天/年、21小时/天测算）。

公司根据不同的客户和产品采取不同的销售方式，出口产品采用地区代理商独家代理和原始设计制造商两种销售模式，同时也积极利用互联网手段建立自有电商平台进行销售。

三、产能建设

湖州天丰电源有限公司一期年产10万KVAH高性能锂电池项目经浙江省经济和信息化委员会批准备案，现该项目已通过验收，正式投产。

湖州天丰电源有限公司二期新增9亿瓦时锂离子电池生产线建设项目于2015年5月26日经浙江省经济和信息化委员会批准备案，现项目一阶段2亿瓦时生产线已投资建设完成，并通过验收，正式投产。

公司规划扩建7亿瓦时产能锂离子汽车动力电池生产线，在2017年年中开始建设，在2018年底前完成。

四、技术进展及研发能力进展

公司生产技术研发方面，公司通过美国保险商实验室（UL）UL2054目击测试实验室资质认证及两大系列（钴酸锂和磷酸铁锂）多个型号的电芯通过美国保险商实验室中国代表方中国检验认证（集团）有限公司的UL1642产品认证。

五、主要产品

序号	名　称	型　号
1	汽车动力电池	TFEV03－125
2	汽车动力电池	TFEV02－210

六、发展规划

2016年，公司将继续秉持“做绿色电源的倡导者”的发展理念，致力于提升技术和质量水平，加速推进新能源相关业务的发展，进一步巩固在行业内的市场地位。公司将积极通过调整产品体系及结构，扩大销售渠道的覆盖面和提升服务体系的服务质量来扩大规模，实现规模效益。

（1）明确经营目标。公司将建立更完善的内部管理制度，使组织运转更加高效，管理更加规范精细。公司经营团队将自我加压，2016年总经营目标是在2015年实际经营业绩的基础上有一定的增长。为实现这一目标，公司将开源节流两手抓，一方面建立更完善有效的绩效考核机制，激发团队更大的创业热情，使营收有新的突破；另一方面合理控制各项费用的支出，严格执行预算、审核与支付制度，减少不必要的浪费。

（2）开拓目标市场。2016年，公司将积极开拓国内汽车动力市场，增加新客户，维护老客户，完善公司汽车电池销售与生产的各环节，努力拓展汽车电池销售经营目标。

（3）持续落实推进湖州新市技改项目进程，确保产能大幅提升。

中天储能科技有限公司

一、发展概况

中天储能科技有限公司系上市公司江苏中天科技股份有限公司的全资子公司（证券代码：600522），2012年12月成立，位于南通市经济技术开发区宏兴东路36号。

公司自成立以来，先后荣获工信部“国家智能制造试点示范”（2016年锂电行业唯一入围企业）、“江苏省示范智能车间”“江苏省信用管理企业”“南通市示范智能车间”“南通市科技进步奖”等荣誉称号。2016年6月，公司成功入围工信部《汽车动力蓄电池行业规范条件》第四批公告目录，标志着中天储能进入国内新能源汽车整车厂的主流供应商行列。

中天储能坚持以人为本，追求卓越品质，采用现代化的管理手段，深入实施ISO9001、TS16949质量管理体系、ISO14001环境管理体系，5S现场管理等，通过深入推广，培养出员工的良好作业习惯，保持整洁、规范的生产环境，为产品质量和安全奠定了可靠的保证。

二、生产经营

中天集团在全国建立完善的营销调度中心，中天储能依托中天集团在全球建立的成熟的销售渠道，将产品推向世界。与其他同类企业相比，拥有更多的销售渠道和客户基础。

中天储能在动力电池销售方面，在扬州亚星、陆地方舟和南通尼欧凯汽车针对“十城千辆工程”推出的新能源低速环保车中得到广泛的使用，并已与扬州亚星、南京金龙、上海申龙、陆地方舟、北汽新能源等近20家新能源汽车厂建立长期战略合作关系。

2016年，公司首台大型电力集装箱储能系统出货德国，该系统用于填补企业工厂用电负荷波动，平缓电网电能输入，减少客户因超额用电带来的巨额电费。2016年6月，中天储能中标越南电信运营商2015—2016年招标项目，为客户基站能源系统升级改造做出重大贡献。

三、产能建设

中天储能科技有限公司硬件设备处于国内领先水平，自主研发的集24道工序于一体的自动装配线、自主开发整合5道工序于一体的化成分容系统等自主研发设备位居国内外同行领先水平。同时，公司引进美国、日本、德国等地引进的具有国际领先水平的扫描电镜、NBT电池测试系统等先进生产、质量检测设备。公司现年产能达10亿安时，位居国内前列。

四、技术进展及研发能力进展

中天储能秉承集团公司“科技创新、精细制造”的理念，依托中科院、清华大学等强大的科研创新平台，先后取得CNAS国家质量实验室认证、德国莱茵TUV联合实验室认证。

公司通过自主创新和紧密的产学研合作创新平台，研究开发锂电池产品突破技术瓶颈，填补国内外空白，并成功申请专利百余项。

五、主要产品

序号	名 称	型 号
1	中天锂电池系统（含BMS）	124Ah/339.2V
2	中天锂电池系统（含BMS）	537.6V264Ah
3	中天锂电池系统（含BMS）	364.8V125Ah
4	中天锂电池系统（含BMS）	524.8V308Ah
5	中天锂电池系统（含BMS）	563.2V/330Ah

六、合资合作

中天储能科技有限公司与南京金龙客车制造有限公司、北汽福田汽车股份有限公司、扬州亚星客车股份有限公司、江苏陆地方舟新能源电动汽车有限公司、上海申龙客车有限公司、青年客车有限公司等国内车厂均有深入合作，已经与各大整车厂签署战略合作协议，达到合作共赢。

七、发展规划

中天储能一期0.6GWH于2014年投产，二期3.5GWH将于今年9月量产，三期6GWH已完成资金募集，将于2017年开始投建厂房，到2018年底逐步释放产能。中天储能未来将规模发展锂电池业务，协同战略合作伙伴共同致力领先的技术研究、新市场的开拓和新商业模式的探索，以提升新能源业务的盈利能力和核心竞争力。

浙江南都电源动力股份有限公司

一、发展概况

浙江南都电源动力股份有限公司成立于1994年，是国内A股上市公司（股票代码：300068）。公司面向通信信息、新能源动力、新能源储能及节能环保领域，提供以先进阀控密封电池、锂离子电池、燃料电池为核心的系统化产品、解决方案及运营服务，主营业务包含通信、动力、储能全系列产品和系统的研发、制造、销售、服务及铅资源回收。经过20余年的发展，公司成为全球工业电池领域的领先者，公司品牌“NARADA”为中国驰名商标及享誉全球的知名品牌。

二、生产经营

2016年3月，浙江南都电源动力股份有限公司与保定长安客车制造有限公司签订合计金额3亿元的动力锂离子系统重大销售合同，同月公司与东风神宇车辆有限公司签订战略合作协议，在现有新能源物流车业务、未来乘用车业务，动力总成系统及新能源车领域开展深入合作由东风神宇向南都电源采购三元材料及磷酸铁锂材料锂电。2016年6月，入选第四批《汽车动力蓄电池行业规范条件》企业目录。

三、产能建设

浙江南都电源动力股份有限公司2016年1.2GW·h动力锂电池已经逐渐达产，预计年底可扩产至1.7GW·h。更让人佩服的是浙江南都电源动力股份有限公司随着锂电业务的迅速增长及上述动力电池重大合同、协议的实施及其他重要客户需求的不断放量，2016年，浙江南都电源动力股份有限公司锂离子电池的出货量迅速增长，订单需求大幅增加，现有锂电产能已无法满足未来市场的需求。浙江南都电源动力股份有限公司把握机遇，启动2300MW·h锂离子电池技术改造项目，全面提升动力及储能用锂电产能，进一步优化产品结构。项目完成后，浙江南都电源动力股份有限公司锂电池总产能将由原来的1200 MW·h提升至3500MW·h，其中三元材料锂电产能预计将达到1600MW·h；磷酸铁锂材料锂电产能将提升至1900MW·h。项目总投资为17.81亿元，其中固定资产投资14.37亿元。项目建设期预计为两年，其中，一期工程产能500MW·h，预计于2016年12月底前完成，一期工程完成后南都锂离子电池总产能将达1700MW·h；二期工程产能1800 MW·h，预计于2017年12月底前完成，二期工程完成后南都锂离子电池总产能将达3500 MW·h。项目达产后，预估每年可实现销售收入34亿元，利润总额4.2亿元；加上原有产能，南都锂电总产能将达到3500MW·h，每年可实现销售收入52亿元，利润总额6.5亿元。

四、技术进展及研发能力进展

浙江浙江南都电源动力股份有限公司拥有卓越的技术创新能力。公司设有国家认定企业技术中心和行业内最早通过CNAS（中国合格评定国家认可委员会）认可的国家认可实验室，拥有国家级博士后科研工作站、省级院士工作站和省级重点企业研究院，技术中心专设锂电及系统技术研究院，锂电及系统技术研究院设立产品开发研究所和电池技术研究所，其中产品开发研究所下设成组结构研究室、电池电子室，电池技术研究所下设材料研究室、电池技术研究室、电池工艺研究室。公司建成一支技术研发全面、人员结构合理、梯队建设有序的高素质人才队伍，主要由材料研发、电芯研发、模块设计、管理系统开发和系统集成开发、测试评价六大技术团队组成，拥有研发技术人员156人，其中具有博士学位4人，硕士学位37人，高级职称10人，中级职称32人，同时聘请国际电工协会GISS先生为公司首席科学家。公司长期与国内知名院士和教授，与浙江大学、哈尔滨工业大学、中科院、解放军防化研究院等科研机构开展合作，在电池材料和体系基础研发，电芯产品开发以及电池系统开发方面进行研究。

公司技术系统各架构互相独立又互相支持，搭建三大研发平台和三大支撑系统，涵盖新产品技术研发、产品试制与测试分析、国内外同类产品技术发展跟踪及企业标准制修订等。同时公司非常注重创新硬件基础条件的建设，技术中心研发大楼建设面积达9020多平方米，基础设施投入1853万元，各类研究、试验设备原值4940.2万元，累计投入6793.2万元资金。研究、试验、分析测试场地有国家认可实验室、基础应用研究室、锂电材料试验室、中试车间等。公司除了自身拥有完备的基础条件外，还与浙江大学、浙江工业大学建立长期的产学研合作关系，利用高校大学的试验条件和人才优势提升公司的研究能力。

五、合资合作

南都电源与东风神宇车辆有限公司、保定长安客车制造有限公司等签订重大合同与战略合作协议，将在新能源汽车核心的动力总成系统（电池、电机、电控）及新能源汽车领域开展深入合作。在此基础上，依托各自的技术研发、生产制造优势，共建动力总成研发平台，提升集成能力，共同推进在新能源汽车领域的技术进步与产业升级，促成双方新能源汽车产业链的资源共享和优势互补，实现合作共赢。

六、发展规划

公司确定以“后备电源、新能源储能电源、新能源动力电源、资源回收”四大领域为未来发展方向，以技术、品牌为核心，参与国际竞争，致力于成为全球通信后备电源、储能应用电源、动力电源和新能源应用领域系统解决方案的领导者，积极推动全球新能源产业的发展。

东莞市创明电池技术有限公司

一、发展概况

东莞市创明电池技术有限公司成立于2009年，是深圳市创明新能源股份有限公司（专业研发制造18650锂离子电池单一产品超过13年的）的全资子公司，专业从事圆柱形（18650）锂离子电池研发、生产、销售的企业。

创明电池从成立至今，一直专注于18650圆柱形锂离子动力电池的研发、生产和销售。2015年电动汽车用18650圆柱型锂离子电池产量每天20万支，年产能4.75亿瓦时，实现4.05亿销售收入，销售动力电池超过3亿瓦时。主打产品2.2Ah 18650动力电池CMICR18650F5通过动力电池新国标的强制性检验。

二、生产经营

创明电池具有合浆、涂布、卷绕至化成、检测分选等所有制造工序的全自动生产设备，如真空合浆机、挤压涂布机、全自动卷绕机及自动装配线、全自动注液机、化成柜等。创明的MES系统对每道工序的生产和品质数据都有详细的记录。在涂布工序配备X－Ray在线面密度测量仪和激光在线测厚仪监测涂布的面密度；自动注液机具有自动前后称重系统，能识别出少液和多液的电池并自动剔除；在OCV工序，通过条码扫描管理，检测设备能自动分选压降；而配组区，验电机能自动在线检测每颗电芯的电压和内阻，实现自动分档配组。

三、产能建设

创明电池是专业的18650动力电池研发生产企业，主要生产镍钴锰系三元材料正极的2.2Ah 18650动力电池，广泛应用于纯电动的乘用车，主要客户是金华康迪和苏州安靠，2015年的产能达到4.75亿瓦时。

因为2015年下半年动力电池的供不应求，公司不断加大投资扩大产能规模，2016年公司18650动力电池的产能已经接近6亿瓦时（每天可以生产25万只18650）。随着产能的扩大，实际销售业逐月创新高，2015年公司应用于电动汽车的动力电池销售超过3亿瓦时，实现销售收入达到4.05亿元。

四、技术进展及研发能力进展

公司非常重视研发工作，成立产品设计研发机构——创明研究院。研究院面积3930平方米，有独立的研发试制线和实验室。研发线有合浆机、涂布机、分切机、手套箱、贴胶机、超焊机、底焊机、滚槽机等流水线试制设备，为生产工艺设计提供必备的设备条件。依照国标建立安全试验室，安全性能测试设备主要有重物冲击试验机、挤压针刺机、过充测试柜、短路测试机、热冲击箱、模拟高空低压试验箱、燃烧测试机、冷热冲击测试机。可靠性测试设备主要有高低温箱、恒温恒湿箱、循环测试柜、倍率测试柜等测试设备。在分析测试方面的设备主要有扫描电镜（SEM）、DSC、XRD、电化学工作站、四探针、全自动氮吸附比表面仪、多功能原子吸收光谱仪、振实密度测试仪、激光粒度仪、隔膜测厚仪、透气度测试仪等。

研究院有研发人员61名，占公司员工总数的12%。其中博士研究生2名，硕士研究生28名，本科20名，硕士以上学历占整个研发人员的49.2%。研发人员当中，80%研究人员来自电化学、材料化学、物理化学等锂电相关专业。从事锂电行业8年及以上人员占研发人员的8.2%，5～8年的人员占比13.1%，3～5年的人员占比18%。同时，研究院不断引进同行企业人才来我司共同研究开发动力电池产品，他们当中有曾经从事研发设计、工艺设计、品质管理等方面的工作经验。研发人员专业的锂电知识背景和丰富的锂电行业经验为创明的产品研究开发提供了必备的人力基础。同时，创明电池公司与科研院所和大学一直保持良好的合作和沟通，与中南大学一直在电池材料开发方面有很长时间的合作，双方优势互补，对创明的技术进步起到了很大推动作用。

创明研究院主要由四个部门构成：研发一部、研发二部、研发三部、研发四部。研发一部，主要负责新产品技术研发，制定实验计划和方案，并展开产品试制，对成品电池进行测试分析；把握动力电池产品的市场需求，对国内外同类产品技术发展跟踪，及时了解市场动态，并将其转化为产品项目目标；同时，负责企业标准的制订和修订；负责电芯新材料开发，供应商开发，物料规格书拟制，材料测试方法的更新，为产品开发提供可以选择的材料及供应商；根据市场及产品需求，制定材料开发目标及计划，并根据需求展开产品试制，并对实验电池测试分析，推进材料开发进度及量产实施。研发二部，主要负责圆柱电池在现行市场及未来市场中的应用技术研究，电池成组应用技术开发；电池管理系统（BMS）研究和开发；直流转交流逆变器（UPS）的技术研究；同时，关注未来产品，并对其进行一些基础研究储备。研发三部，主要负责新工艺技术的研究和开发，在新产品开发过程中的试产阶段完成新产品导入，形成试产推动团队，主导工艺技术的改进和优化，实现研发和生产的有效对接；借鉴同行技术，针对产品问题，对现有工艺技术进行创新；推进盖板和钢壳的研究开发。研发四部，主要负责对设备新技术调研及新设备的开发；通过对设备的自主研发或和专业设备厂商合作开发，根据工艺要求对设备自动化提出要求，实现生产设备自动化，提高生产的可制造性与易制造性，节约人力成本，提高生产效率；将新设备导入生产并保证设备的稳定运行。

东莞创明共有 32 项专利技术，其中 8 项为发明专利（3 项已获得授权，5 项进入实审），18 项为实用新型专利，6 项为外观专利，其中大部分专利及企业内部科研立项已成功转化为产品。

创明研究院的产品设计规范严格依据 ISO/TS16949：2009 质量管理体系要求进行输入和输出的设计和验证。在流程上，建立《设计开发控制程序》《APQP 控制程序》《FMEA 控制程序》《PPAP 控制程序》《实验室控制程序》等程序文件，以规范设计开发流程。设计开发的流程为立项、制定开发计划、设计标准、实施开发设计、设计评审、设计验证、设计确认等流程。

产品试制、小批量和批量生产后，均需要对产品进行验证，评估是否达到设计规范，创明的设计规范包含产品开发的要求和顾客的要求，主要有产品的外观、结构、尺寸、机械性能、安全性能、电性能等，对这些要求进行确认，确定产品设计的目标、确定产品的可靠性目标及质量。

在整个产品设计开发、新材料开发、新工艺、新技术开发过程中，所有的输出均能在研究院的研发数据库中进行查询，包括项目设计开发过程、认证报告、国内外同类产品技术发展、企业标准和产品规格书、试制原料规格、受控物料规格单、锂电期刊及学术论文等，这些数据和研发经验作为创明研究院的技术沉淀得以传承。

创明研究院在单体蓄电池的设计开发上有自己独特的开发模型，模型中包含电池的容量设计、结构设计、安全性能设计、可制造性的设计等等。通过模型的计算，最终输出电池的极片设计图纸、结构设计图纸、工艺文件、物料清单等。成品电池产出后，测试和验证电池性能是不可或缺的环节。测试和验证主要包括：安全性测试和电性能测试。

创明电池公司具有完善的动力电池安全性能验证分析手段，常规的安全测试包括重锤测试、挤压测试、针刺测试、过充测试、短路测试、热冲击箱、低气压测试、燃烧测试、冷热冲击测试等。安全性能分析手段包括正负极材料隔膜等的材料 DSC 热分析、电池单体的 ARC 分析、电解液的失效分析、盖板安全阀热失控分析等。电性能测试主要包括容量测试、压降测试、倍率放电测试、循环寿命测试、荷电保持和容量恢复能力测试、存储性能测试。

对于锂离子电池的一致性的验证方法，主要是通过交流内阻测试仪和直流内阻测试仪来验证电池内阻的一致性；通过电池电压测试仪器对开路电压及其不同荷电态和环境温度下的自放电程度的测试来验证电压和自放电的一致性；通过倍率循环电池检测柜测试不同倍率放电下的容量来验证电池容量的一致性；通过动力电池循环测试柜测试不同环境和使用制度下的循环寿命以及定期监测循环后内阻来验证电池循环的一致性；通过在动力电池性能自动检测装置上采集不同制度下充放电曲线（主要有阈值法，面积法，轮廓法，数字滤波法以及斜率法等）来验证电池之间充放电特性的一致性。

五、主要产品

序号	名　称	型　号
1	2.2Ah 锂离子动力电池	CMICR18650F5
2	2.5Ah 锂离子动力电池	CMICR18650F8

六、合资合作

公司与中南大学和华南理工大学一直保持比较紧密的产学研合作。

七、发展规划

随着电动汽车得到空前的发展，公司投入更多的资金扩大产能规模，规划 2016 年日产 30 万支 18650 电池，销售额突破 10 亿元。

远东福斯特新能源有限公司

一、发展概况

远东福斯特新能源有限公司成立于 2009 年 7 月，注册资金 3 亿元。是一家专业从事锂离子电池研发、生产、销售及服务于一体的国家高新技术企业，是远东智慧能源股份有限公司（股票代码：600869）上市公司的全资控股子公司。

远东福斯特新能源有限公司总部坐落于国家锂电新能

源高新技术产业化基地——江西省宜春经济技术开发区，占地700余亩，是宜春打造“亚洲锂都”的龙头企业。远东福斯特新能源有限公司员工总人数2000余人，拥有超10万平方米的高洁净厂房、先进的自动化生产设备；拥有25项创新专利，2015年公司销售产值突破11亿元，纳税总额超6726万元；现日产18650圆柱锂离子电池100万支，居国内产销规模第一，全球排名第三，仅次于三星和松下；动力电池现生产规模为年产4万组。公司计划用3~5年时间，做中国第一、世界第一的18650动力电池供应商。

二、生产经营

远东福斯特新能源有限公司18650锂电池、动力电池，广泛应用于笔记本电脑、移动电源、扭扭车、电动自行车和电动汽车、电动客车、邮政车、物流车、特种车、基站储能等领域。公司通过了ISO9001：2008质量管理体系认证、ISO14001：2004环境管理体系认证、TS16949汽车认证体系；产品通过IEC62133、CE、UN38.3、2006/66/EC指令测试、UL1642等认证。

三、产能建设

远东福斯特新能源有限公司现日产18650圆柱锂离子电池100万支，居国内产销规模第一，全球排名第三，仅次于三星和松下；动力电池现生产规模为年产4万组。

随着新能源汽车市场井喷式爆发，远东福斯特新能源有限公司目前新能源汽车动力锂电池产品供不应求，现有产能已不能满足后续客户订单需求。根据市场需求及公司经营规划，远东福斯特新能源有限公司2015年启动二期新建年产30亿瓦时动力及储能锂电池建设项目，建设周期4年，总投资16.6亿元，计划用地300亩，新建厂房、老化房、总检房、仓库、变电站及配套设施等建筑面积10万平方米；其中公司投资3000万元自主建设的110千伏变电站已正常投入使用，投资3亿元的首期4万平方米厂房已投入使用，从韩国进口的全球自动化智能化技术最先进的日产40万支动力电池生产线试产中。2016年7月，远东福斯特新能源有限公司正筹备从韩国引进第二条全球自动化智能化技术最先进的日产40万支动力电池生产线，项目2018年达产后动力电池将新增销售产值50亿元，新增就业人数1000人，将有效带动宜春锂电产业集群的发展，经济和社会效益显著，为“亚洲锂都”增光添彩，为宜春当地的经济发展作出更大的贡献。

四、技术进展及研发能力进展

远东福斯特新能源有限公司研发中心成立于2010年1月，2014年12月，成立新能源汽车研究院，现有研发技术人员221人，博士6人、硕士16人，高级工程师15人，团队专业背景以化学、材料类为主，约占80%；是一支具有超强创新能力的技术团队。

远东福斯特新能源有限公司拥有自主知识产权30项：发明专利5项，实用新型专利18项，外观设计1项，软件著作权6项。

研发中心承担建设一个国家级联合工程研究中心（复合材料锂电池制造技术国家地方联合工程研究中心）、两个省级锂电池技术研究中心（江西省锂电池工程研究中心、江西省锂离子动力电池工程技术研究中心）、三个市级研发创新平台。

远东福斯特新能源有限公司与中科院、北京理工大学、清华大学、复旦大学、南昌大学等重点高校、学术机构建立了广泛的产学研合作关系；2014年6月与中科院化学所万立骏院士联合建立“院士工作站”；2015年9月获国家人力资源社会保障部、全国博士后管理委员会批准成立“国家博士后科研工作站”。

2016年，远东福斯特新能源有限公司自主研发锂离子动力电池26EB、29EB和数码电池20650-3350，3200，目前26EB和29EB已经量产，并达到每月100万左右的销量。目前公司正增投两千万资金建设一个动力电芯研发实验室和一个PACK研发试验，并同时成立研究院，致力于打造行业领先的锂离子电池和PACK研发实验室。

五、主要产品

1. 动力电芯		
序号	名　称	型　号
1	18650圆柱锂离子动力电池	20EB
2	18650圆柱锂离子动力电池	22EB
3	18650圆柱锂离子动力电池	24EB
4	18650圆柱锂离子动力电池	26EB
5	18650圆柱锂离子动力电池	29EB
2. 动力电池组		
序号	名　称	型　号
1	汽车动力电池组	Y100S
2	汽车动力电池组	E100A
3	汽车动力电池组	5023A
4	汽车动力电池组	DK01
5	汽车动力电池组	S15EV

六、合资合作

远东福斯特新能源有限公司积极响应紧抓住新能源汽车发展的契机，上游与江西优锂、深圳市贝特瑞、个旧圣比和、江西赣锋锂业、国新动力等原材料供应商建立稳定的战略合作关系；下游与长沙众泰、江西江铃、奇瑞、江西玖发等新能源汽车厂商实现产品联合开发及销售。2015

年3月，最早投入的12台众泰Y－100开始运行已有近8个月时间，终端用户没有反馈问题，批量电池组已于6月交货，没有收到众泰的客诉；2015年4月，首批出货的10台玖发物流车已运行12个月，终端用户没有反馈问题，5月批量没有收到玖发的客诉。公司将全面拓宽动力电池产品应用领域，向电动客车、物流车、邮政车、环卫车等领域延伸。

七、发展规划

远东福斯特目标致力成为国内顶尖的新能源汽车及储能领域的能源系统解决方案服务商．结合的“智慧能源”产业链上，未来定位有三点：第一，做精做强现有业务，争取实现18650锂电池全球第一的目标；第二，通过与智慧能源及其下属子公司的协同整合，发展BMS（电池管理系统）以及电池云业务，抢占交通用户的数据流量入口；第三，发挥电池的梯级利用效应，发展储能业务，抢抓全球未来趋势，投入研发布局缆储一体化业务。通过在国家顶层设计大力推动“互联网＋、智慧能源”的大背景下，新能源汽车、能源互联网、智慧能源的建设将成为能源行业未来发展的重要方向，远东福斯特将充分响应国家发展战略号召，以市场为主导，坚持走可持续发展道路，助力智慧能源、新能源产业的健康快速发展。

江西迪比科股份有限公司

一、发展概况

江西迪比科股份有限公司成立于2013年2月22日，注册资金6000万元人民币，位于江西省抚州市金巢经济开发区高新技术产业园区内，企业占地面积385亩。主要以设计、研发、生产制造圆柱型和聚合物汽车锂动力和消费类锂离子电池；产品广泛应用于对能量密度有较高要求领域：如电动（混合动力）汽车、电动工具，数码产品、笔记本电脑等。

二、生产经营

2014年7月正式开业投入生产。至2015年底，公司总资产31503.49万元；2015年销售收入8956.91万元，其中磷酸铁锂离子电池和三元锂离子电池新产品销售收入2776.64万元。

三、产能建设

公司投入生产7条生产线的日产量2007千瓦时，其中5条聚合物卷绕工艺锂离子电池生产线，1条聚合物叠片工艺汽车动力型锂离子，1条圆柱锂离子电池生产线。其中圆柱和聚合物叠片为汽车动力蓄电池，累计产能2.3亿瓦时，消费类聚合物电池2.8亿瓦时，累计5.1亿瓦时，年产值5.52亿元。2016年公司将投入动力型磷酸铁锂32650电池和26650圆柱电池生产线，单日产能预计960千瓦时，年产能2.4亿瓦时，预计2016年产能最少能达到8亿瓦时，其中动力电池累计4.6亿瓦时。

四、技术进展及研发能力进展

公司创建省级技术中心，研究与实验发展人员100多人，占企业员工总数的13%；本科及硕士以上工程技术人员占职工总数的83%。研发方向主要围绕以下项目：高性能三元动力电池产品开发和生产；磷酸铁锂电池的开发和生产；动力汽车用电源管理系统；石墨烯钛酸锂电池的研发。

五、主要产品

序号	名　称	型　号
1	三元圆柱动力电池	18650－2.2Ah、18650－2.5Ah、18650－3Ah
2	三元聚合物软包动力电池	8968150P－10Ah、63152225－23Ah
3	磷酸铁锂动力电池	26650－3.3Ah、32650－5Ah
4	384V65KWH汽车电池包	NE－QX－120S34P－A
5	108V36KWH汽车电池包	电牛1号
6	312V36KWH汽车电池包	电牛2号
7	540V70KWH汽车电池包	GS001
8	330V47KWH汽车电池包	A25EV
9	350V48KWH汽车电池包	A25HEV
10	538V113KWH汽车电池包	晶马8.2米
11	538V183KWH汽车电池包	晶马10.5米

六、合资合作

2015年，公司与香港正道集团签署战略合作，协力建设全球最大规模的新能源电动汽车石墨烯钛酸锂动力电池制造产业基地。与国内整车厂家如秦星、国胜、通家、江铃、华泰、梅花客车等建立合作关系

七、发展规划

公司计划在未来的5年内新能源产业项目总投资将达到80亿人民币，计划实现日产能200万千瓦时；可实现年产值200亿元，年税收12亿元，创造就业10000人左右；该项目全面建成后，有望成为全球最大单一新能源汽车动

力电池的生产基地，也可为抚州市增加每年12亿元的税收。电池材料和产品的开发的方向包括新型材料石墨烯钛酸锂动力电池、镍钴铝三元材料电池、阻燃电解液、硅碳负极材料、硅碳电池、钛酸锂电池等未来新能源动力电池研究方向性电池材料。

江苏智航新能源有限公司

一、发展概况

江苏智航新能源有限公司成立于2012年7月，是一家专注于动力型锂电池正极材料及锂电池研发、生产、销售及服务于一体的高新技术企业。

公司位于素有“水陆要津，咽喉据郡”之称的历史文化名城——江苏泰州。注册资本为人民币9540万元，公司一期占地面积105亩，建筑面积56683平方米，总投资5.58亿元，已形成日产55万只2600mAh动力型18650锂电池的生产能力，年产值突破10亿元，达到圆柱型动力电池产能同行业第一的水平。公司同时建有三条动力电池PACK生产线，具备年产120万kW·h电池系统的生产能力。

二、生产经营

江苏智航新能源有限公司是一家专业从事锂电池产品研发、生产和销售的企业，产品覆盖锂电池正极材料、锂电池、电池组等产业链上的各重要环节。

其中，自主研发并批量生产的动力汽车用18650锂离子电池是公司主打产品，该型号动力电池单颗容量达到2600mAh，可较大幅度提高汽车续航里程。此款电池在100% DOD下，其循环寿命大于1000次，电池内阻低，产热少，能够承受高强度高频率的振动，保证车辆行驶过程中的高温安全性能。此外，该电池通过采用陶瓷涂覆隔膜及阻燃型电解液，确保车辆在发生碰撞及意外情况下不爆炸不起火，从而大幅度提高汽车动力电池在使用过程中的安全性能。另外自主开发有355V234Ah、355V124Ah、144V290Ah等多款纯电动汽车用锂离子动力蓄电池系统产品，批量配套应用于微面、MPV、微卡、轻卡等各类纯电动物流、环卫等专用车车型。

三、产能建设

公司形成日产55万只2600mAh动力型18650锂电池的生产能力，年产120万kW·h电池系统的生产能力。

四、技术进展及研发能力进展

公司自成立以来，始终坚持科技创新的理念，在引进国内外先进设备的基础上，不断加大科研投入，并与中国科学院共建研发中心。同部分科研机构、高校（中科院、清华大学、哈工大等）建立长期的产学研合作关系。公司坚持以人为本，其中专业致力于产品研发的博士2名，研究生12名，本科以上学历的各项专业人才占总人数的30%以上。公司现有发明专利5项，实用新型专利18项。

公司整体规划布局科学合理、制造过程绿色环保、管理方法先进严谨。通过ISO9001和TS16949质量管理体系认证、ISO14001环境管理体系认证、OHSAS18001职业健康安全管理体系以及产品“ROSE”、CE、UN38.3、UL1642等认证、并成功申报国家《汽车动力蓄电池行业规范条件》目录。公司先后获得“泰州市知名商标”“泰州市名牌产品”“江苏省民营科技企业”“江苏省两化融合试点企业”“江苏省高新技术企业”，产品被定义为“江苏省高新科技产品”等荣誉。

五、主要产品

序号	名　称	型　号
1	锂电池18650	动力型2.6Ah
2	锂电池18650	动力型3.0Ah
3	锂离子动力蓄电池系统	ZHP-VERC-E-355V234Ah-DK918
4	锂离子动力蓄电池系统	ZHP-VERC-E-355V124Ah-DK918

六、合资合作

公司积极响应、紧紧抓住新能源汽车发展的契机。已与国内多家知名PACK公司和新能源整车厂商形成长期战略合作关系，产品质量达到国内外先进水平，受到诸多客户单位的一致好评。

七、发展规划

从产品结构上已经成熟布局从正极材料、18650动力锂电池电芯及动力汽车锂电池组PACK三大板块。鉴于锂电池强大的市场需求，以及公司掌握圆柱型18650锂电池成熟的生产工艺，现积极筹备智航三期工程项目，三期计划用地90亩，总投资4亿元。将用于新增2条锂离子电池系统PACK生产线以及三元和磷酸铁锂材料动力型锂电池生产线。目前新项目已正式与泰州新能源产业园区签约，开始基建工程建设，三期设备已经开始调研，预计2017年1月竣工投产。

河南新太行电源股份有限公司

一、发展概况

河南新太行电源股份有限公司（七五五厂）是河南科隆新能源的子公司，是我国“一五”期间兴建的国内第一家专业研制和生产各类二次电池生产厂家，拥有八大系列500多个品种的电池产品，是国内最早研制和生产、品种最为齐全的二次电池的专业厂家。

河南新太行电源股份有限公司是一家专业从事各类电池研发及生产的高科技公司，承担2009年国家投资电子信息产业振兴和科技改造的国债项目，总投资4.3亿元人民币，建设年产4.6亿瓦时动力型锂离子电池及电池组项目。

河南新太行电源股份有限公司依据国家法律法规设立，符合汽车产业发展政策要求，具有独立法人资格，取得工商行政管理部门核发的企业法人营业执照。产品符合CE、UL、ROHS等安全及环保要求，在2009年通过三体系认证及检测，并在2014年通过汽车行业生产件与相关服务件质量管理体系ISO/TS 16949认证。

二、生产经营

河南新太行电源股份有限公司一直致力于为客户提供最安全、最稳定可靠的高性价比产品，为客户提供动力电源系统。生产的锂离子电源系统可广泛用于大型、轻型电动车辆，如混合动力机车、电动公交车、景点旅游车、电动轿车、电动环卫车等各类绿色环保型车辆。公司锂电项目投产以来，已经为中国中车集团资阳机车有限公司、郑州宇通客车股份有限公司、云南航天神州汽车公司、东营俊通汽车有限公司、东风襄阳旅行车有限公司、河南蓝海新能电动汽车有限公司等多家新能源汽车厂及机车厂提供配套的动力电源系统。

三、产能建设

河南新太行电源股份有限公司的生产场所用地具有合法的土地使用权，生产用地面积为161198.3平方米，总生产厂房面积55672平方米。其中镉镍、锌银和氢镍蓄电池的生产厂房面积26872平方米，锂离子蓄电池生产厂房面积28800平方米，厂房与生产的产品品种和规模相适应。河南新太行电源股份有限公司生产具备年产能达到4.6亿瓦时单体锂离子动力蓄电池的能力。

各工序产能统计分析汇总

工序名称	工序年产能（亿瓦时）
正极配料	5.7
负极配料	4.6
正极涂布	4.6
负极涂布	4.8
正极辊压	7.0
负极辊压	6.8
正极分切	9.8
负极分切	9.5
正极制片	5.1
负极制片	4.6
卷绕工序	4.6
装配工序	5.7
注液工序	5.7
化成工序	4.8
分容工序	4.7

从工序产能分析汇总表可看出，按照年生产天数300天计算全线综合年产能可满足4.6亿瓦时。

对于锂离子动力电池系统产品，根据目前具有的电芯点焊、组装及检测设备来计算，一天能分别PACK 8万只IFR26650电芯和15万只INR18650电芯，按照1个月工作26天计算，则IFR26650的系统年产能为80000 ×26×12×3.3Ah×3.2V＝2.64亿瓦时，INR18650的系统年产能为150000 ×26×12×2.2Ah×3.6V＝3.71亿瓦时。

四、技术进展及研发能力进展

河南新太行电源股份有限公司内设置有技术中心及电源系统研究所，负责新能源汽车动力电池及系统研发及产业化开发工作，具备从“电池制造—电池系统集成”全产业链的整体研发、生产能力，拥有具有自主知识产权的动力型锂电池及成组技术、电池系统等核心技术，在相关领域拥有多项国家专利，具有显著的技术领先优势；拥有动力电池仿真实验室、检测设备，拥有自主知识产权的锂离子电池及系统生产制造技术，获得国家专利40余项。研发中心配备有一系列高科技可研设备百余台，如X－射线粉末衍射仪、电化学工作站、扫描电镜、热重分析仪、ICP、原子吸收光谱仪和粒径测试仪、电源系统仿真实验平台等。拥有Matlab/Simulink、ANSYS和Workbench等仿真软件和solidworks、creo、catia和AutoCAD等开发工具。测试中心可以对单体电池和成组电池进行测试验证工作，包括但不限于高低温测试、循环性能测试、一致性测试、振动测试、安全性能测试、倍率性能测试等。

河南新太行电源股份有限公司的快速发展，聚集行业一流的专业技术人才。现有员工 998 人，其中设计研发人员 308 人；学科专业涉及材料、电化学、电路、电气机械设计等多个领域。主要从事于新产品技术研发、产品试制与测试分析、国内外同类产品技术发展跟踪及企业标准制修订等相关技术研发。

技术管理体系和产品设计开发流程，具备较强的项目实施的组织管理及科研开发能力。先后承担 2006 年国家“863”节能与新能源汽车重大专项、国家“863”计划增程式电动轿车电源系统（国内唯一一家承研单位）、国家火炬计划、2009 年企业技术创新基金、2009 年电子信息中央预算内资金项目、河南省高新技术产业化等国家、省市重大项目的科研、产业化任务，并取得较好效果，建立实施国家重大项目专业化体系和管理团队，从而保证重大项目的顺利、按期实施。为使研发设计的产品形成标准化和规范化，河南新太行电源股份有限公司建立一套汽车动力蓄电池产品设计规范，并把开发的产品及时输入产品开发信息库。设置有单体电芯技术研发部，主要进行单体蓄电池的设计开发、工艺流程设计和产品测试验证等工作，并对单体动力蓄电池的安全性、一致性等关键性能进行验证分析。河南新太行电源股份有限公司具有近 60 年的电池模块串并联 PACK 成组经验和应用，同时在很多项目上按照客户要求对与系统配套的电池辅助装置和承载装置进行设计和开发，满足客户需求，已批量应用到新能源汽车上。测试中心配备高电压高电流测试柜、振动设备、安全测试设备可以对电池系统的安全性、一致性、可靠性等性能进行验证分析。

五、主要产品

序号	名　称	型　号
1	INR18650 单体电池	INR18650 - 2200mAh
2	IFR26650 单体电池	IFR26650 - 3300mAh
3	锂离子动力电池系统	THE315 - 120
4	锂离子动力电池系统	THE315 - 158
5	锂离子动力电池系统	THE81 - 180
6	锂离子动力电池系统	THE516 - 109
7	锂离子动力电池系统	THE480 - 59.4
8	锂离子动力电池系统	THE270 - 99

六、合资合作

河南新太行电源股份有限公司十二五期间实现较快发展，其中太行本部持续保证企业经营规模稳步扩大，同时在承接国家重大项目方面取得骄人的成绩，先后为 2012 年“蛟龙”深潜、2013 年“运 - 20”首飞配套电池系统，为 2015 年南车集团世界最大功率的混合动力机车试运行配套动力电源系统，受到国家部委领导的高度评价，“太行”这一曾经响彻云霄的品牌正在重新展现活力。

太行锂电事业部在经历十一五、十二五前期的持续培育和积累，终于迎来发展的春天，紧跟新能源汽车行业爆发增长的历史机遇，积极开拓宇通、日产、吉利、中通、云南航天等企业合作市场，产品处于供不应求状态，极具发展后劲。

七、发展规划

随着新能源行业的规模发展，以及现在行业内部低端产能重复建设、产品同质化严重等诸多矛盾必将凸显，也将促进行业内部进一步整合，行业门槛及产品标准进一步规范。另外随着终端市场的需求，锂电市场必将向高容量、高压实、高电压、低成本的方向发展；公司将坚持“互联集约、创新转型、提质增效、跨越发展”的总体思路，坚定“科隆兴科技、科技兴科隆”的科技发展观，紧抓国家大力发展新能源汽车、节能环保、智能化装备的历史机遇，以利润为导向，积极培育内生发展动力，快速将新能源产业做大做强，进入一流梯队行列，并在国家新一轮的供给侧改革和结构化转型升级中，积极开展产业转型升级，力争到十三五末，将公司打造成“主营高端化、发展集约化、管理信息化、市场全球化”的发展稳健、高效的大型高科技企业。电源系统坚持“做专做精”，紧跟国际国内产业发展动向。坚持精品制造，形成品牌效应，提升高端市场份额和市场知名度。锂电及系统高度集约资源聚焦动力电池和电池系统发展。加快工业镉镍电池替代进口产品研发和国内市场替代推广；在消化吸收 IBT 电池技术的基础上，通过填平补齐，充分发挥现有工业镉镍电池及工业铁镍电池产能，扩大出口，保持稳定健康发展。确保按期完成军品研发任务，发挥军工优势，扩大水中兵器、锂电及机载电池系统的市场空间，快速发展巩固优势地位。

上海德朗能动力电池有限公司

一、发展概况

上海德朗能动力电池有限公司成立于2009年，位于上海市奉贤区青村镇光明经济园区。公司以澳大利亚、美国的锂电池技术基础的成熟产业化关键技术为基础，拥有高度自动化、精密的研发/生产设备。

公司一贯高度重视产品质量，近年来相继通过TS16949、ISO9001、ISO14001、CE、UL认证和ROHS检测。公司发展成为国内锂离子动力储能电池的知名生产商，产品远销美国、欧洲等地区，是所处细分市场知名电源解决方案供应商。

二、生产经营

专业从事锂离子电池等二次充电电池研发、制造和销售，主导产品有圆柱锂离子电池、聚合物锂离子电池及应用锂离子电池组三大类。

三、产能建设

圆柱锂离子电池2015年年产值5000万只。

四、技术进展及研发能力进展

进行大量新能源汽车领域的调研，确定符合新能源汽车发展规律与要求的设计开发方向，并着手研发可用于新能源汽车的新型电池，使其满足长循环、高容量、高安全性能的要求，为迫切的市场需求做好技术攻关。

五、主要产品

序号	名　称	型　号
1	锂离子蓄电池	NCM18650－260

六、合资合作

2015年，引入浙江时空电动汽车有限公司投资战略入股。

七、发展规划

2020年，德朗能集团动力电池（电动工具、电动自行车及电动汽车）、储能电池实现销售40亿。进一步提升公司在电池行业内的市场份额，提高公司品牌的知名度和美誉度，成为国内锂电行业第一梯队、国际知名的绿色电源解决方案供应商。

中信国安盟固利动力科技有限公司

一、发展概况

中信国安盟固利动力科技有限公司（简称“盟固利”），成立于2002年5月，是国内最早参与新能源汽车示范运营的锂动力电池生产厂家之一。截至2015年12月31日，公司注册资本10000万元，期末员工总数1318人，其中管理及科研人员329人，占25%；搭载盟固利公司锂动力电源的节能与新能源汽车超过15000辆，产品覆盖全国25个省份，110多个市（县、区），累计安全行驶里程突破6.3亿公里，从未发生过任何重大安全运行事故，彰显强大的产品安全运营保障能力。

二、生产经营

2015年，完成新能源汽车用动力电池系统销售6484套，实现营业收入54271万元。其中，向美国出口创收1433.67万元人民币。

三、产能建设

2015年，公司实际产能为年产1亿安时锂离子动力电池。在国家新能源汽车战略产业政策的指引下及中信国安股东的大力支持下，公司与天津宝坻区正式签订年产10亿安时锂离子动力电池项目投资协议，一期项目将在2017年建成投产，届时公司产能将得到大幅提升。

四、技术进展及研发能力进展

1. 不断加强技术研发工作，取得一系列突破性的技术研发成果

（1）关键材料研发。

为有效降低产品的生产制造成本，加快电池关键材料自主化、国产化进程，2015年，盟固利公司完成高温型锰酸锂材料和钛系负极材料的中试生产工作，建立相关产品生产品质管理体系，可有效控制生产过程，确保产品质量，这对锰酸锂体系动力电池的快速推广应用有着积极的意义。

（2）单体电池技术研发。

为提高动力电池性能、降低成本、延长使用寿命，盟固利通过技术研发，实现多项突破。PHEV电池研发：25Ah单体电池产品寿命提升一倍，功率特性提升40%；35Ah产品的功率特性提升20%；EV电池研发：VDA35Ah电池单体比能量达到220Wh/kg，高温循环寿命达到500次（80%），2016年有望进入DV阶段，成为2016年计划量产的VDA25Ah（180Wh/kg）电池的升级款；钛酸锂电池开发：大幅缩短LTOVDA20A电池化成时间，化成充放电次

数缩短到4次，电池性能达到国际先进水平。HEV商用车动力电池系统成为国内唯一的供应商，产品性能居于行业领先水平，为国内早年上市的混合动力商用车电池系统更新提供完整的解决方案。

（3）电池系统技术开发。

盟固利依据客户项目的不同需求，开发出多种电池系统技术，在快充电池系统开发方面取得新突破。

北京小营快充公交项目。从2015年1月5日起，北京小营40辆快充公交车投入运营，每辆车运行三到四圈（累计里程约60公里）后回站充电，平均充电时间为16分钟左右；在充电过程中，平均温升6℃，电池系统工作稳定；热管理设计为电池系统提供良好的工作温度环境，冬季严寒和夏季高温条件下，保证电池系统一直处于较合理的工作温度环境，确保车辆的稳定运行。

浙江金华快充式纯电动公交车运营项目。投资1.2亿元的金华公交系统BRT2号线，全长23.5千米，设21站，其中32辆12米车、4辆18米车，车辆全部采用青年客车大巴，电池采用盟固利电池（25Ah功率型）电压等级659V，两种电池组容量（82.4度、132度），分别采用125Ah（5P178S）和200Ah（8P178S）电池组。以12米车为例，升弓快速充电18分钟可充59度电，完全满足BRT2一圈47千米的用电需求，安全可靠、节能减荷、升弓式充电节省空间，开辟一种崭新的电动公交车运营模式。

2. 密切联系市场，加速技术成果转化

2015年，公司技术团队不仅在深化关键材料国产化、产品性能优化、降低成本等方面获得显著进步，同时在技术与市场接轨，实现技术工程化、产业化发展上取得重大突破。上汽EV79项目、宇通XCVT系列化平台开发项目、高电压平台项目、快充项目等相关技术产品的批量配套运行，使盟固利动力电池产品进一步得到国内各大主流新能源整车客户的认可。

3. 继续加大自主创新力度，巩固核心技术成果

2015年，新获得授权专利11项，其中发明专利2项。截至2015年12月31日，公司获得授权专利共计42项，其中发明专利9项，实用新型专利31项，外观设计专利2项。盟固利自主研发项目“能量功率兼顾型锂离子动力电池系统的开发与应用技术”荣获北京市科技进步一等奖；“锰系三元高功率高能量动力电池系统（快充纯电动用）”等5个项目获得北京市新技术新产品奖；公司成功获准设立博士后科研工作站；全年参加16项国家、行业及北京市地方标准的制定或修订工作。

五、主要产品

序号	名 称	型 号
1	25安时高比能量型动力电池系统	MDP3591506
2	25安时能量功率型电池系统	MDEP5110502
3	35安时能量功率型电池系统	MDEP6180351
4	8安时高功率型动力电池系统	MDPP3460162
5	8.5安时钛酸锂高功率电池系统	TDPP16608010（钛酸锂）

六、合资合作

2015年，由于公司产品技术领先、性能优异、质量可靠，盟固利的品牌影响力持续扩大，公司继续加强与国内外众多知名汽车整车及关键零部件生产商之间的合作，与中通、福田、伊顿、绿控等传统客户的合作更加深化，和上汽、宇通、铭骏动力、西门子等重点客户的合作实现新的跨越。公司积极发挥自身技术优势，拓展动力电池前瞻性尖端应用领域，其中，搭载盟固利VDA25Ah电池产品的沈阳通用航空飞机电池项目取得试飞成功，该项目量产后，盟固利动力电池将会完全取代之前的韩国电池产品；搭载盟固利钛酸锂电池产品的高铁列车项目取得阶段性进展；北京小营快充电动公交项目获得科技部专家的高度肯定；浙江金华市BRT公交项目于2015年12月25日正式开通，该项目车辆全部采用盟固利25Ah高功率型电池系统，这在国内公交运营模式上成为令业界瞩目的创新之举。

七、发展规划

2016年，公司将继续积极响应政府产业政策号召，进一步扩大盟固利动力电池技术在纯电动商用车、PHEV等市场领域的应用，继续发挥在混合动力商用车及插电式混合商用车动力电池领域的技术优势，同时，巩固和拓展乘用车市场，不断推进前瞻性尖端领域的产品应用；努力适应新能源汽车产业的发展形势，在中信国安股份公司总部的支持与统筹安排下，全力推进新产能建设项目，致力于打造规模化、标准化与品牌化的新生产基地，为加快实现我国新能源汽车产业规划远景目标而不断贡献新的力量。

深圳市慧通天下科技股份有限公司

一、发展概况

深圳市慧通天下科技股份有限公司是一家集锂离子二次电池及其产品封装研发、生产、销售于一体的国家高新技术企业，具有23年丰富的电池生产经验，汇聚一批锂离子电池行业高素质的管理专家和技术专家，工厂采用无尘净化生产车间、国际一流的自动化电芯生产和PACK装配，具备国内一流、行业领先的产品检测手段。目前产品广泛应用于电动汽车新能源行业。

二、生产经营

锂离子电池，移动电源，电动车，电动车配件的技术开发销售，经营进出口业务。

三、产能建设

深圳生产基地年产能 2.0GW·h，泉州第二基地 1.6GW·h，厦门第三基地 2.0GW·h（在建），重庆第四基地规划中。

四、技术进展及研发能力进展

当前以 26980S/6000mAh 为主，年底量产 26980S/6800mAh，另有 26980S/7200mAh 正在研发试制中。

五、主要产品

序号	名 称	型 号
1	汽车电池	26980S/6000mAh
2	汽车电池	26980S/6800mAh
3	汽车电池	26980S/7200mAh

六、发展规划

慧通天下在前期投资规模基础上分期追加投资人民币 20 亿元左右，2016 年拟于深圳、泉州投资 6.5 亿元，2017 年拟于泉州厦门投资 7～16 亿元，力争使产量达到微型物流车 11 万台产量；重庆为第四生产基地（规划中）。

芜湖天弋能源科技有限公司

一、发展概况

芜湖天弋能源科技有限公司是一家于 2014 年 9 月新成立的高科技技术企业，公司致力于可充电锂离子电池（含动力电池、储能电池、消费产品电池）的电芯、封装和系统整合的研发、生产和营销的高新科技企业，在资金、技术、资源等方面都有强大的实力。天弋致力于绿色能源事业的发展，可配套提供电动乘用车、电动大巴、电动物流车、纯电动城市公交大巴的动力总成，产品适用于分布式电动汽车动力系统、家庭储能系统、风光发电系统介入储能系统、消费类电子产品等。

天弋拥有国际化的专业团队，核心团队成员来自于世界级公司，掌握丰富科研和管理经验人员，拥有广泛的电池技术背景和丰富的设计及制造经验。

二、产能建设

芜湖天弋能源科技有限公司分两期投资建设，一期位于芜湖高新技术产业开发区南区。二期、三期靠近宁安城铁弋江南站。

天弋规划占地面积 500 亩，预留用地 1000 亩，现有产能 2G 瓦时。一期 5 亿瓦时，二期部分投产 15 亿瓦时，预计 2017 年二期全部投产 30 亿瓦时。三期建设已经启动，预计全面投产后，年总产能 10G 瓦时，产值超 100 亿元。

三、技术进展及研发能力进展

（1）设立芜湖天弋能源研究院为天弋能源配套，致力于锂离子电池的技术开发。研究院建筑面积 3.8 万平方米，内设各类实验室，包括电化学实验室、仿真测试实验室、功能分析实验室、可靠性实验室、电气设计实验室、材料分析实验室等。研究院一期投入资金 2000 万元，已投入使用。二期计划投入资金 2 亿元，目前正在工程建设中，计划 2017 年中投入使用。

（2）优化电池生产工艺及电池管理系统。天弋掌握软包电池及铝壳电池的核心技术，在原有的工艺基础上，通过各项优化工作，大大提升生产效率，缩短设备的占用时间，提升现有设备的产能，有效降低电池的生产管理成本。在原有的电池管理策略上，通过对电池的各项指标管理模式及监控系统进行优化，提升充放电性能及循环寿命。

（3）除不断筛选和上游材料供应商一起改进先进主材料外，公司集中在快速均匀的混浆工艺，正负极片和隔膜的前处理，通过尺寸优化和安全电解液开发，综合改进电池主动和被动安全防护，优化内外部电流分布密度和通导能力，降低电池阻抗和热量生成。注重空间的有效利用，以达到更高的能量密度。优化电芯的可制造性设计，降低生产工艺难度和相关的过程变差。通过以上的技术创新和工艺改进，为全球电子类产品客户开发提供能安全、能量密度高、快速充放电能力、寿命长和环保的消费类电子锂电池，为全球汽车制造商开发和提供有效的能源解决方案，致力于安全、高能量、高功率密度、寿命长和绿色环保电动汽车锂电池的开发。为住宅、基站、UPS 和其他商业客户开发具有低成本、稳定性高、长寿命的储能锂电池。

（4）天弋于 2015 年 10 月通过 SGS ISO9001、14001、18001 质量体系认证，2016 年 5 月通过 TS16949 质量体系认证，2016 年 6 月进入《汽车动力蓄电池行业规范条件》企业目录。目前有 10 余项专利正在申报中，获得 8 项实用新型专利，1 项发明型专利。

四、主要产品

序号	名　称	型　号
1	动力电池（NMC）	S5E89142Ah
2	动力电池（LFP）	FFH3D386Ah
3	动力电池（LFP）	FFH3H0120Ah
4	动力电池（LFP）	DAN0R0200Ah
5	动力类电池	可根据客户需求定制
6	消费类电池	可根据客户需求定制

五、发展规划

（1）天弋为客户提供的不仅仅是产品，更是一份安全，一份保障。

为了保证天弋公司的客户有着良好的售后服务和保障，天弋公司设有专业的跨部门售后服务团队，团队由市场营销，物料控制部，品质保证部，财务组，技术组等五个小组组成，履行以天弋公司的客户为对象，提供用户培训、客户投诉处理、质量协议、客户满意度调查、客户咨询等义务。我们计划在北京、上海、南京、深圳等地建立服务中心，公司辐射500公里以内，24小时到场提供技术服务；其他地域，国内48小时到场、国外72小时到场提供技术服务。

（2）天弋致力于绿色能源事业，成为富有创造力、竞争力和可持续发展的世界级公司。

天弋凭借雄厚的资金实力、优秀的人才管理、涵盖多领域的研发团队，在坚持自主研发的同时积极与国内知名高校、研究中心建立科研合作关系，致力于打造锂离子电池全球品牌。

惠州市亿鹏能源科技有限公司

一、发展概况

惠州市亿鹏能源科技有限公司成立于2014年1月26日，注册资金1亿元，坐落于广东省惠州市豪鹏工业园，是一家专注于新能源汽车高功率锂离子动力蓄电池的高新技术企业，公司由从业十年以上的研发、生产、设备运营团队组成。公司主营业务为插电式混合动力汽车和快充式纯电动汽车锂离子动力蓄电池的开发、制造和销售。

二、产能建设

公司是惠州市豪鹏科技有限公司（以下简称：豪鹏公司）的下属企业，租用豪鹏公司14000平米厂房，将现有豪鹏公司9115万元动力锂离子蓄电池生产线及配套设施并入到我司，同时，新增部分研发设备投资，对现有生产线及配套设施进行技术改造，在不新增产能的情况下，使公司现有的锂离子动力电池的年生产能力达到3.08亿瓦时。新增的2.2万平方米的二期厂房将于年底开工，预计2017年生产能力将增至10亿瓦时。

公司在广东省惠州市惠城区科技工业和信息化局完成生产设备的备案，符合汽车产业发展政策要求。同时，公司已取得职业健康安全体系认证（OHSAS18001）和环境管理体系认证（ISO14001），通过消防验收、环境影响评价、安全生产评价和节能评价。

公司通过《ISO/TS16949：2009质量管理体系》认证，按照标准进行完备的质量管理体系建设，并严格执行。公司采用全自动化生产设备并配置全自动化在线检测设备，保证产品的安全性和一致性。

公司坚持“科技创新、持续改进、遵信守约、客户满意”的经营理念，通过不断的技术提升，产品性能和质量均达到行业先进水平，公司内设技术中心，配备安全可靠实验室，具备GB/T31484、GB/T31485、GB/T31486测试能力，为企业发展提供有力保障。

制定并实施企业标准《锂离子动力电池》标准号：Q/HZYP 01－2016，并在惠城区市场监督管理局备案，备案号：QB/441300 29 20－2016，并应用于生产检测。该标准在动力蓄电池产品的循环寿命、安全性和电性能等方面高于GB/T 31484 、GB/T 31485 、GB/T 31486 。

苏州大时代能源科技有限公司

一、发展概况

苏州大时代能源科技有限公司成立于2010年，注册资金1.9亿元。公司位于中新政府合作苏州工业园区，占地面积100亩。

二、生产经营

公司产品主要包括圆柱型锂离子电池和方型铝壳锂离子电池及电池包。

公司凭借先进的企业管理经验，雄厚的科研技术力量，先进的生产设备，成熟的生产工艺，产品立足于高端市场。

公司产品主要应用于动力型领域，例如高端电动摩托车、电动乘用车、电动大巴车等。以及储能型领域，例如太阳能/风能储电站、电网储能、铁塔、移动机站储能、户外储能货柜等领域。

公司产品还应用于军工领域，例如低温条件下作为启动电源和车载电源，高寒地区信号塔不间断电源（UPS）等。

三、产能建设

分为三期建设，第一期建筑面积15000平方米，主要建设年产0.3GW·h动力锂离子电池项目。第二期、第三期于2018年全部达产后，达到年产2.5GW·h动力锂离子电池。

四、技术进展及研发能力进展

公司属于江苏省高新技术企业，设有院士工作站、博士工作站、博士后科研工作站、江苏企业工程中心、国家锂电池行业标准起草成员单位之一，与中国科学院、中南大学、西安军工、苏州大学等机构建立研发合作关系。已经取得23项国家专利，其中发明专利13项，拥有核心知识产权。

产品拥有高能量密度、超长循环寿命（3000次以上）、宽的温度使用范围（－40℃～＋60℃）、快速充放电能力、优良的性价比等优势。

目前公司使用办公自动化（OA）、MES、ERP等系统，已经通过ISO9001质量体系认证、ISO14001环境体系认证、国军标质量管理体系认证、TS16949汽车行业质量体系认证，以及UL1642、UN38.3、CE、Rohs、轻工业化学电源研究所、中国北方车辆研究所（201所）等产品认证。

五、主要产品

序号	名　称	型　号
1	锂电池	INR18650HE2200
2	锂电池	INR18650HE2400
3	锂电池	INR26650HE5000
4	锂电池	IFR26650HE3500
5	锂电池	IFR26650HE4000
6	锂电池	IFP20100140HE21.5Ah
7	锂电池	IFP2714891HE25.0Ah
8	锂电池	INR2714891HE35.0Ah

六、发展规划

分为三期建设，第一期建筑面积为15000平方米，主要建设年产0.3GWh动力锂离子电池项目。第二期、第三期于2018年全部达产后，达到年产2.5GWh动力锂离子电池。

宁波中车新能源科技有限公司

一、发展概况

宁波中车新能源科技有限公司成立于2012年2月，是由中国中车集团株洲电力机车厂投资组建的控股子公司，注册资本1.86亿元人民币，是一家专业从事超级电容器单体、储能电源模组、储能系统集成研制、销售及服务的国家高新技术企业，致力于为全球客户提供新型超级电容驱动与能量回馈方案及装备。

公司拥有世界领先的超级电容器自动化生产线，生产占地面积11312平方米，投资达2.2亿元人民币，同时拥有国内领先的标准模组及高压储能系统组装生产线，具备最高2300伏高压系列超级电容储能系统的生产能力。

公司掌握超级电容研制全套核心技术，拥有自主知识产权，并且秉承技术创新引领市场的理念，成立我国首家超级电容研究所和储能系统研究所，设立超级电容研发与应用专家委员会，不断引进高端人才，在研发方面不断突破创新，开展多项国家科研项目。公司具备350F及以上系列超级电容单体产品生产能力，已批量投入生产2.7V650F、800F、3000F、7500F、9500F、3V/12000F、2.8V/30000F、3.6V/60000F等大容量单体，16V－350V系列模组。

二、生产经营

公司超级电容器单体生产线年产能100万支，采用公司超级电容作为核心储能器件的储能式有轨电车已应用在广州海珠线、江苏淮安线、武汉大汉阳等多个城市。采用超级电容做主驱动的超快充储能式纯电动无轨电车已在宁波批量运营，并已出口奥地利；配套马其顿动车组辅助启动出口欧洲；市场应用覆盖城市轨道交通、新能源汽车、港口机械、石油机械、矿山设备、风力发电等清洁能源应用。未来市场前景十分广阔。2015年销售收入突破亿元。

三、产能建设

公司目前产能规模方型叠片式超级电容单体40万支/年、卷绕式超级电容单体60万支，标准模组3万套/年。公司正在积极筹备二期扩能建设。

四、技术进展及研发能力进展

公司投资2000余万元建成1000余平方米的超级电容基础实验室和国内领先的新产品中试线，拥有完全自主知识产权的超级电容湿法与干法制备技术，并围绕以技术创新引领市场的战略定位和“生产一代、产业化一代、预研一代”的技术创新模式，组建由超级电容行业权威杨裕生院士牵头的院士工作站，聘请近十位国内外在超级电容领域的顶级专家成立了超级电容研发与应用专家委员会，设立国内首家超级电容研究院，拥有1名省外专千人、2名正高、4名副高、5名博士和26名硕士，承担国家“863”、国家工业强基、宁波市产业化创新项目、中国中车重点专项等20余个科研项目。

公司通过ISO9001、ISO14001、OHSAS18001、IRIS、TS16949等体系认证，获得国际铁路行业和汽车行业的产品准入资质；作为首批入选《汽车动力蓄电池行业规范条件》的企业目录；获CE - RoHS认证；荣获三项省部级科技成果暨新产品鉴定，结论为国际领先；荣获宁波市科学技术奖一等奖、宁波市重点工业新产品一等奖（2项）、中国中车科学技术二等奖、中国中车特别贡献奖。已累计申请国内外专利163项，其中发明专利65项，国际专利22项。

五、主要产品

序号	名　称	型　号
1	800F超级电容器单体	CRRC - 00800 - C3 - 2R7
2	3000F超级电容器单体	CRRC - 03000 - C1 - 2R7
3	7500F超级电容器单体	CRRC - 07500 - P1 - 2R7
4	9500F超级电容器单体	CRRC - 09500 - P2 - 2R7

续表

序号	名　称	型　号
5	12000F超级电容器单体	CRRC - 12000 - P5 - 3R0
6	30000F超级电容器单体	CRRC - 30000 - P4 - 2R8
7	60000F超级电容器单体	CRRC - 60000 - P6 - 3R6
8	16V超级电容器模组	CRRC - M - 0500 - C1 - 0016
9	30V超级电容器模组	CRRC - M - 0250 - C1 - 0030
10	48V超级电容器模组	CRRC - M - 0165 - C1 - 0048
11	60V超级电容器模组	CRRC - M - 0125 - C1 - 0060
12	75V超级电容器模组	CRRC - M - 0094 - C2 - 0075
13	125V超级电容器模组	CRRC - M - 0063 - C2 - 0125

六、合资合作

为实施创新驱动发展战略，加大产学研用合作创新力度，着力构建以企业为主体、市场为导向、产学研相结合的技术创新体系，公司与中国工程物理研究院、清华大学、中科院青岛能源所、中科院宁波材料所、西南科技大学、南京理工大学等院所在新型储能材料开发等方面开展深度合作，研制满足未来市场需求的新产品。

七、发展规划

公司在中车宁波产业基地内购置124亩土地，首期计划总投资1.99亿元，总建筑面积3.4万平方米，建设研发工程中心、联合厂房及配套设施，拟在2018年初完成现有两条产线整体搬迁；并通过优化产业平台、推进产品升级、扩大市场份额，逐步打造“智能化”工厂典范；同时公司以“战略引领、业务主导、效益优先”为投资原则，通过分期分步建设，规划打造“亚洲第一、世界前三”的超级电容产业基地和世界超级电容应用技术研究中心。

集盛星泰（北京）科技有限公司

一、发展概况

集盛星泰（北京）科技有限公司（SPSCAP®，简称“集星科技”）是一家具有国际品质的超级电容器件生产商和超级电容系列及应用方案提供商。公司的超级电容产品在风能和太阳能、新能源汽车、轨道交通、智能电网、智能微网、工程机械、工业节能等众多个行业领域得到广泛应用，客户遍布亚洲、欧洲、北美等23个国家和地区，成为中国本土超级电容市场的典型代表，并推动新能源在中国市场应用规模迅速扩大。

集盛星泰（北京）科技有限公司是注册于北京海淀的高新技术企业，全资拥有位于北京大兴的北京集星联合电子科技有限公司和位于江苏常州的江苏集盛星泰新能源科技有限公司，并与中国中车合资成立宁波中车新能源科技有限公司。

“集星科技（SPSCAP）”是集盛星泰历经14年成就的超级电容系统及器件品牌。集星科技于2002年由清华大学碳纳米材料研发团队创立，2005年发布第一代SPSCAP®超级电容产品，2008年完成公司重组，并设立常州生产基地，实现单体和模组的规模化生产。2009年发布第二代SPSCAP®超级电容产品。2011年和2014年常州生产基地两次扩产，实现在汽车领域的大规模应用，2015年公司研制成功第三代SPSCAP®超级电容产品。2016年公司在常州成立了集星科技超级电容及储能技术研究院。

公司经过数轮上亿规模的资金投入，目前已建有北京和常州的两个规模化生产基地，拥有10大产品系列，4条超级电容器单体生产线，2条模组成产线，1条系统生产线。公司拥有完全自主知识产权，单体容量覆盖1～10000F，可为客户提供定制开发的储能系统技术解决方案。

集星科技拥有一支高水平研发团队，在超级电容系统开发、碳纳米材料和电化学双电层电容领域拥有14年研发经验。公司已获得国家技术发明二等奖一次，省部级科技一等奖三次，军队科技进步二等奖一次；是中国储能专业委员会副理事长单位，中关村储能技术产业联盟副理事长单位和超级电容器工作组副组长单位。公司已通过ISO9001质量体系认证、TS16949质量管理体系认证和武器装备科研生产单位保密资格认证，具有完善的产品研发和生产体系。

二、企业市场

1. 主要应用领域

集星科技在全球建立销售和服务网络，覆盖亚洲、欧洲、美洲、非洲的23个国家和地区。在国内设有北京、上海、沈阳、深圳、西安销售中心，在海外设有慕尼黑、旧金山、首尔、德里办事处。

集星科技的系统和产品的主要应用领域为“四大一小”。其中四大应用领域包括：轨道交通—刹车能量回收和储能轻轨；电力—风力发电和智能微网；新能源汽车—混合动力系统、启停系统及减速能量回收系统；以及军工领域。小应用领域指仪器仪表中的应用，包括智能三表和家用电器等。

轨道交通：随着有轨电车技术的进步，以及城市建设进程的加快，国内外现代有轨电车市场潜力巨大。目前的各种技术方案中，全线脱线运行和部分脱线运行的现代有轨电车都配备了使用超级电容器作为电源系统的方案。脱线运行现代有轨电车应用锂离子超级电容器作为电源，能够节约大量的基建费用和运营成本，电源使用寿命长，具有显著的成本和性能优势。

集星科技“地铁制动能量回收装置储能用超级电容”被评为2013年度政府采购中关村新技术新产品——首台（套）重大技术装备师范项目。

电力：风电变桨设备需要长寿命高可靠性电源，实践证明超级电容器是最佳的选择。在目前的风电设备中，基于3000F和350F双电层超级电容器的组件已经成为风电变桨系统的标准配备。

智能电网离不开高比功率的超级电容器技术，超级电容器在其中主要发挥三个作用：提供短时间供电；用作能量缓冲装置，进行功率平衡，和削峰填谷；改善电网的供电质量，解决瞬时停电、电源骤升和骤降等问题。

电力领域市场是集星科技的重点市场之一，公司已成功与多家风电企业和电网企业建立商业合作关系。

新能源汽车：超级电容器作为一种高比功率长寿命电源技术，目前已经成为电动汽车动力电源不可或缺的重要组成部分之一。在电动汽车方面，超级电容器可以用于启停式混合动力汽车、深度混合动力大客车，以及纯电动公交车和场地车辆。启停式混合动力汽车多采用超级电容器作为电源，与其他类型的电源相比，超级电容器具有更好的性能和更高的性价比。深度混合动力大客车大部分都采用超级电容器作为电源，基本上形成标准化的配置。

新能源汽车领域作为集星科技最重要的市场发展领域，也将是公司未来重点开发市场之一。公司产品已在该领域稳定应用。

军工：超级电容器是一种典型的军民两用技术，其在军工装备领域中有广泛用途。超级电容器的高比功率和长寿命特性使其非常适合用于大功率伺服机构电源。与原先使用的电池相比，超级电容器电源有效提高装备技术水平。利用超级电容器优秀的低温特性，作为低温启动电源，有效解决低温启动问题。

超级电容器在混合动力电源系统、启动电源、发电机组配套电源，以及新概念武器电源方面也都有很好的应用前景。集星科技是国内最早将产品批量用于军工领域的超电企业，已与国内军工企业建立稳定的合作关系。

仪器仪表：小容量电子设备用超级电容器除了广泛应用于各种电子电路中外，还用于智能三表、汽车电子、真空开关、仪器仪表、数码相机、行驶记录仪、手持GPRS设备、智能手机、平板电脑等电子设备和消费类电子产品中。与以前使用电解电容器相比，超级电容器的容量要高出几个数量级，储存电荷的能力大幅度提高，应用于各种电子电路和电子设备中的性能得到显著提高。

随着电子技术的发展，超电的应用领域也越来越广泛。这部分市场是公司的重要发展方向之一，目前保持稳步增长的势头。

2. 市场发展战略

通过不断发展新材料、新工艺，提高产品的储能密度、降低产品成本，以满足工业、民用的广泛需求。达到国际先进技术水平和研发能力。

通过提高制造水平，加强管控体系和建设精益化生产体系，降低产品成本。达到国际领先制造水平。

通过提高集成、服务能力，满足各行业、领域的个性化需求，促进产品和技术的应用，达到国际领先的服务水平。

三、储能系统定制化开发

集星科技为客户提供一站式的定制化储能系统解决方案服务，内容包括单体超级电容选型、系统设计、结构设计、电气设计、CMS设计、安装和现场保障，同时可以提供包括与上位机/远程控制系统、PCS系统等接口定制化开发，支持包括485、CAN - BUS、MODEN - BUS、TCP/IP在内的各种类型数据通讯协议。集星科技可以根据客户需求进行配置，以满足客户的全面需求。

完整的超级电容储能系统包括充放电控制单元、超级电容储能单元、智能超级电容管理系统。集星科技储能系统定制化开发具有可靠性高、定制化程序高、智能化程序高、交付及时等优势。

针对不同的行业应用需求，集星科技提供完善的储能解决方案。基于超级电容的特点，相关的应用解决方案包括：

主电源：太阳能灯，电动工具，玩具。循环寿命长，适应野外工作温度，充电电流低。

辅助电源：混合动力、电动汽车，大规模运输，逆变器，储能站，医疗设备。高功率密度，循环寿命长，适应野外工作温度，无需维护，充电电流高。

备用电源：风力发电机，紧急制动门，智能三表，变频器，通讯设备，医疗设备，UPS，家用和办公电子设备。循环寿命长，无需维护，适应野外工作温度，高功率密度，易充电。

四、产值规模

经过14年的发展，集星科技资产和年产值均达到2亿元人民币，拥有国际领先的叠片和卷绕型电化学双电层电容、模组和储能系统生产制造经验。拥有两个生产基地，超过1万平米的生产场地，约400余名生产制造人员、管理人员、科研人员；目前常州生产基地可达到日产8000只3000F单体，总年产量超过300万只单体。

五、产品介绍

1. 产品类型

公司目前研发和生产的产品包括电化学双电层电容（EDLC）和锂离子电容两类超级电容产品、模组和各类辅助、备用电源系统。同时公司根据客户的需求打造超级电容储能方案和配套系统，为客户提供高效环保、高可靠性的超级电容应用方案。

2. 产品性能

集星科技超级电容器产品为高比能、低内阻新一代超级电容器，公司产品具有容量大、功率高、可靠性好、免维护、无污染的特点。

公司目前实现超级电容器的储能密度、放电功率、循环寿命等指标的显著提高；通过开展新型超级电容器成组技术研究，完善成组设计工艺，突破电源管理技术，实现高压电源产品稳定性、可靠性、安全性等性能的显著改善；使我国新型超级电容器及大功率电源系统整体技术达到国际领先水平并实现在电动汽车、新能源以及新一代武器装备等多种领域中的成功应用。

3. 超级电容管理系统

iCMS超级电容器智能管理系统由带触摸屏的监控单元、电压温度监测及电压均衡单元、智能管理软件等构成，系统可同时对超级电容组进行监测、管理和维护，并对电池的各种异常状态报警。超级电容管理系统主要功能包括：实时数据采集功能、实时主动均衡功能、实时报警功能、实时数据传输功能、实时数据存储功能等。

4. 模组产品系列

公司标准模组产品按照电压和容量的不同可以分为不同规格，适用于不同电压体系和功率、能量需求的应用。集星科技的标准化模组均按照严格的匹配规则进行单体配组，此外全系列模组中的单体产品之间均采用高可靠的均衡管理，确保模组产品的可靠和稳定。主要应用于制动能量回收系统、后备电源系统、功率脉冲、功率桥连或保持系统、阀门或电磁开关驱动等领域。

5. 单体产品系列

公司产品单体系列EDLC超级电容采用ACP活性炭涂敷电极和有机电解液体系，具有高容量、低内阻、低漏电、可靠性好的特点。按照容量和外观的差异，分为SCV、SCE、SCP和SPP四个系列。主要应用于智能三表、风电系统、新能源汽车等领域。

6. 研发和创新平台

公司重视研发和创新，以研发中心和工程中心为主建立了包括材料、产品、工艺、应用在内的创新体系，目前公司拥有研发人员70余名，建设研发中心2个、工程技术中心1个、测试和评价中心2个。研发和工程人员占公司总人数的35%，其中研究生学历以上人员达到30%，其余均为本科以上学历人员。企业与国内知名高校展开横向合作，开展超级电容相关技术的研究，其中与清华大学微米纳米技术研究中心的纳米储能技术实验室展开纳米储能原理及相关材料研究，与北京科技大学展开活性炭材料研究。2016年4月，公司成立集星科技超级电容及储能技术研究院，进一步拓展创新平台，引领行业技术发展。

自成立以来，公司获得国家发明二等奖、北京市科学技术二等奖、军队科技进步二等奖、仪器仪表协会科学技术一等奖、教育部科学技术一等奖等多项大奖。公司拥有40多个自主研发的知识产权，建设包括电极、产品结构、生产工艺、关键装备、测试、应用在内的核心技术体系，并以此形成包括性能、成本、效率在内的核心竞争力。

7. 先进的制造平台

公司分别在北京和常州建有两个生产基地，拥有 10 大产品系列，4 条超级电容器单体生产线，2 条模组成产线，1 条系统生产线。通过 ISO9001 质量体系认证、TS16949 质量管理体系认证和武器装备科研生产单位保密资格认证。

公司单体和模组生产按照精益制造进行管理，生产效率高、制成良率高、物料损耗小。公司制造体系特点包括：人、机、法、测控制体系完善，全过程可追溯；生产环境控制严格，环境稳定性好，对产品影响小；生产调度和物料控制高效、合理，生产效率高、物料损耗低、交付及时。

8. 专业的服务团队

公司拥有专业的服务团队，建立以北京为中心，1 个服务总站，5 个服务点共计 30 人的服务团队，为客户提供售前、售中和售后服务。公司服务团队累计为 3000 台新能源客车，1000 台风力发电机以及若干军品使用单位提供快速有效的产品运维服务。

超级电容器在车辆上通常为大电流充放电应用，因此需要定期检查系统内各部件及电气、机械连接、绝缘的状态，发现问题隐患及时更换性能下降的部件，从而提高系统寿命，杜绝事故风险。公司为客户提供的产品运维服务包括远程故障诊断、现场故障维修和返厂维修。公司服务团队为客户提供的储能系统系统运维服务，能够有效了解系统的运行状态并及时发现储能系统危险点、故障点并排除。通过事前控制以提高系统的 MTBF 以及系统使用寿命。

苏州弗尔赛能源科技股份有限公司

一、发展概况

弗尔赛能源是以“清洁气体能源的高效利用”为业务核心的综合能源设备与解决方案提供商，业务覆盖以氢能为核心的燃料电池领域、以天然气为核心的分布式能源系统领域及能源终端管理平台增值服务领域三大业务领域。是掌握氢能燃料电池核心技术并具备综合能源气体解决方案提供能力的国家高新技术企业。公司在上海设有研发中心，并在苏州拥有 2 万余平米自建的生产基地。

弗尔赛拥有“千人计划”“江苏双创人才”等多项人才计划的跨领域、跨专业复合性人才，承担完成多项国家 863 和国家科技支撑计划的研发任务，具备完善的自主研发经验。团队积极开展产学研合作，与多个研究机构共享研发平台与资源；在相关领域申请专利近 150 项；专利授权 97 项，其中发明专利 10 项。同时作为国家燃料电池标委会副理事单位以及全国通信协会委员副理事单位起草与制定单位起草多项相关标准；作为中国代表参与国际燃料电池标准制定与核定。

弗尔赛开发 300 余套燃料电池在上海世博会、广州亚运会、深圳大运会和深圳华侨城的新能源汽车上持续运行；研制生产的燃料电池电源系统在全国范围内有百余套的产品应用；所参与开发的专用车和乘用车已在工信部新能源汽车公告过程中。

在多年的燃料电池技术开发技术积淀下，弗尔赛具备车用燃料电池和燃料电池电源系统两个产品开发平台。产品开发平台已具备，模块/系统开发设计、零部件设计、加工生产、模块/系统集成、模块/系统检测的等较完善功能，拥有创新型的产能设备如国内首台全自动气密性检测设备和国内首台流场板全检设备；已建成的全国首条燃料电池双极板自动化生产线及系统组装线。

二、生产经营

在新能源汽车领域，弗尔赛具备系列化车用燃料电池模块/系统的生产开发能力，有自主开发的 10kW ~ 100kW 多功率等级的车用燃料电池产品，在新能源专用车、商用车和乘用车等领域中扩大应用规模；在固定式电源系统领域，弗尔赛拥有 3 千瓦、5 千瓦和 10 千瓦等多个系列的电源系统产品。

三、产能建设

弗尔赛已建成的国内首条燃料电池双极板自动化生产线及系统组装线，具备年产千套级燃料电池模块和燃料电池系统的生产组装能力和配套的检测检验能力。

四、技术进展及研发能力进展

企业通过与多家国内大型车企开展合作，已形成匹配客户需求的自主开发能力，具备系列化车用燃料电池模块/系统的开发能力，拥有从零部件开发、检测到系统开发及检测等多个产品开发环节所需的软硬件设备，如单电池检测、燃料电池电堆开发与标定，多功能燃料电池电堆活化/检测平台，燃料电池系统全真模拟测试平台等，形成燃料电池直至百千瓦级的独立开发与测试能力，并具备多功率等级燃料电池动力系统的匹配与集成能力。

五、主要产品

序号	名称	型号
1	物流车用燃料电池动力系统	FSFCE120FL

六、合资合作

在新能源汽车领域产品开发方面，弗尔赛与国内外知名大型企业建立起良好合作伙伴关系，带动燃料电池的产业化发展。

七、发展规划

企业将坚持自主创新，继续开展燃料电池关键技术的突破，持续提高产品的市场化开发能力，形成覆盖多功率等级的车用燃料电池模块、系统产品组合；带动应用规模的扩大。

上海重塑能源科技有限公司

一、发展概况

上海重塑能源科技有限公司（简称“重塑科技”）成立于2015年9月，注册资本2500万元，总部设立在浙江省杭州市上城区，公司在上海设立研发中心，研发中心位于上海市嘉定区，面积1200平米，设有燃料电池系统测试实验室，燃料电池汽车动力系统实验室，并设有1500平米的整车试制车间。公司致力于提供氢燃料电池相关技术服务，销售氢燃料电池相关产品，包括车用燃料电池动力系统，楼宇用备用电源，能源管理系统，氢燃料电池动力系统的无人机。重塑科技研发的氢燃料电池客车动力系统，搭载在飞驰FSQ6110FCEVG燃料电池客车上，该车计划将投放到佛山、云浮两地公交线路上示范运营。

二、生产经营

服务包括：节能环保领域技术咨询与服务，新能源汽车领域技术咨询与服务；产品包括：动力总成，电机及控制器，DC/DC，燃料电池系统，控制系统或控制器（ECU），电堆，空压机，水泵，气泵，增湿器等燃料电池系统关键零部件，无人机，无人机动力系统，便携式电源/金属材料/货物进出口等

三、产能建设

2016年初，公司的整车试制车间已正式投入使用。

四、技术进展及研发能力进展

公司在零部件到子系统到整车动力系统，有国家十一五、十二五项目以及企业整车项目的丰富的工程化、产品化开发经验。公司还积极进行研发团队的建设，2015年12月，重塑科技与同济大学共建联合实验室，开展燃料电池相关研究，与同济大学共享实验资源，从应届生中招募优秀人才。

五、主要产品

序号	名　称	型　号
1	动力总成	—
2	整车控制器	—
3	氢系统控制器	—
4	燃料电池系统	—
5	燃料电池控制器	—
6	DC/DC	—
7	空压机	—
8	增湿器	—
9	燃料电池无人机	—

六、发展规划

第一阶段　技术攻关建设阶段：

在公交车、物流车方面，优化燃料电池动力系统、整车控制系统以及整车总布置结构；在乘用车方面，自主开发乘用车车用燃料电池动力系统，完成试制样车。

第二阶段　燃料电池动力系统建设阶段：

构建车用燃料电池动力系统生产线，达到年生产能力1000台。实现燃料电池公交车、物流车的商业化运营，实现燃料电池乘用车上线运营。

第三阶段　低成本、国产化生产线建设阶段：

建成具有我国自主知识产权的车用燃料电池动力系统应用技术体系：突破高性能、低成本、无污染的车用燃料电池动力系统关键材料国产化技术；实现商业化生产、销售。

北京华特时代电动汽车技术有限公司

一、发展概况

北京华特时代电动汽车技术有限公司（以下简称“华特电动”EVENT TECHNOLOGY CO. LTD）是一家集电动汽车动力系统及部件研发、生产制造与销售于一体的高新技术企业。公司成立于2014年1月。

公司整合多年的整车及部件专业设计能力，依托北京长城华冠汽车科技股份有限公司强大的产品研发团队、专业的生产及质量控制体系，为国内外众多电动汽车制造商提供标准电池箱、可再充能量存储系统（RESS）、动力系统等高可靠性产品、服务和解决方案。

华特电动团队，从产品设计到制造、销售，60%以上员工都具备硕士以上学位，来自国内外相关领域知名企业，具有丰富的行业经验。团队专业素质高，富有创新能力，乐于奉献并致力于全球环保及新能源事业。

华特电动致力于新能源事业，立足全球环境保护，以“专业”的特质和极大的热情，携手国内外众多客户，共同开创“GreenLife”新时代。

二、生产经营

标准电池箱生产与销售。标准电池箱的设计基于整车性能的考滤，其优点在于：结构和数量进行标准化设计，可根据客户需求进行组装，适用于不同的车型；具有高可靠性及耐久性；采用液态介质冷暖温控系统；对电池一致性进行调配，最大限度的发挥电池性能，提高寿命；满足安全碰撞法规的要求，具有高安全性；达到IP67的防水、防尘等级。

RESS系统生产与销售。RESS系统基于整车性能设计，其主要功能包括：高压安全功能、高压电池管理功能、电池热管理功能。

RESS系统定制服务。可根据客户需求，基于整车性能分析，为客户定制、开发满足国家法规、标准要求的RESS系统，提供从设计、生产安装到调试的一站式服务。

2015年，公司顺利通过全球权威体系认证机构DNV GL公司的认证，并获得了ISO/TS16949：2009质量管理体系证书。公司生产的RESS系统已成功批量应用于北京长城华冠纯电动超级跑车前途K50、东风客车等。

三、产能建设

公司厂区位于北京顺义金马工业区北路，占地12亩，建筑面积逾5000平方米，2014年10月建成具有年产5万个标准电池箱的批量生产能力。生产车间主要特点包括：

（1）现代化无尘车间。

恒温——保证生产线产品测试的精准；

恒湿——保护生产线的绝缘等级和生产安全；

防尘防静电——保证BMS等电子元器件组装的高可靠性、高安全性。

（2）自动化生产线。

保证生产线RESS系统组装的高效率、高质量。

（3）实验室。

搭建有整车RESS系统模拟实验台架、原材料、半成品、成品检测系统，为产品开发和量产提供完备的验证平台。

四、主要产品

序号	名称	型号	类别
1	标准电池箱	200×277×700mm	液冷，IP67
2	标准电池箱	200×275×590mm	液冷，IP67
3	RESS系统	根据客户需求配装	带热管理系统

五、发展规划

华特电动致力于新能源事业，扎根于电动汽车动力系统，为国内外众多电动汽车制造商提供标准电池箱、可再充能量存储系统（RESS）、动力系统等高可靠性产品、服务和解决方案。

公司在3年内，通过产品、服务的持续改进及业务的不断拓展，成为业内知名电动汽车动力系统专家，领跑电动汽车动力系统行业。

杭州高特电子设备股份有限公司

一、发展概况

杭州高特电子设备有限公司成立于1998年，专业致力于电池检测设备和管理系统产品的研发和制造。公司位于杭州高新技术开发区，拥有超过一万平方的办公、生产大楼，拥有产品设计、生产、销售和服务所需要的优秀管理及技术研发团队。

公司依据ISO9001标准，建立一套完整的质量管理体系，并于2003年通过ISO9001质量管理体系认证审核。

二、生产经营

公司始终致力于阀控式铅酸蓄电池（VRLA）、动力锂电池的应用特性、容量分析以及相应设备系统的研究，为电力、通信、电动汽车、储能电站等行业用户提供众多先进、可靠、系统的解决方案与产品服务，是该领域唯一拥有电池失效分析诊断模型核心专利技术的高新技术企业。

三、产能建设

公司拥有超过一万平方的办公、生产大楼，拥有产品设计、生产、销售和服务所需要的优秀管理及技术研发团队。产品广泛应用于IDC、通信、电力行业的蓄电池组管理系统，采用先进的在线监测与均衡维护技术、以及分布式管理和无线通讯技术，能快捷有效地检测出早期失效电池、预测蓄电池性能变化趋势，使用户实现科学的电池健康管理。

四、技术进展及研发能力进展

公司应用于电动汽车和储能系统的动力锂电池组管理系统，采用独特的双向能量转移均衡技术（RETB），在相同均衡电流的情况下使均衡效率提高一倍，体积更小，效果更好，可有效延长电池组使用寿命。对于电池SOC/SOH的计算，公司也采用自主研发的专利技术，使SOC/SOH的计算结果更加准确。

拥有国内外专利56项，其中国内外发明专利29项，实用新型专利27项。所有产品核心技术均为自主研发，技术水平居国际领先地位。

五、主要产品

序号	名　称	型　号
1	电池管理模块	EVBMM－2422
2	电池管理模块	EVBMM－2402
3	电池管理模块	EVBMM－6111
4	电池管理模块	EVBMM－4802
5	电池管理模块	EVBCM－8133
6	蓄电池组在线监护模块	—
7	磷酸铁锂电池组管理系统	—
8	单电池管理模块	—
9	分布式电池管理模块	—
10	蓄电池组负载测试仪	—
11	无线蓄电池测试系统	—
12	单电池维护仪	—

六、合资合作

合作项目有：南都电池、南京金龙、青年汽车、国网南麂岛电动汽车储能项目、上海崇明岛风光储能示范项目、张北风光储输示范项目、中国电信云计算内蒙基地、盘古数据中心、腾讯天津数据中心等。

七、发展规划

我们的使命是为能源供给系统的可靠安全保驾护航，为绿色能源的发展添砖加瓦；我们的愿景是通过为客户提供产品和服务，让环境更美好，让生活更幸福。公司计划于2016年新三板上市。

重庆凯瑞电动汽车系统有限公司

一、发展概况

经过40多年的发展，中国汽车工程研究院股份有限公司（简称“中国汽研”）成为国内汽车行业最主要的独立研究机构，拥有较强汽车技术研发能力、一流试验设备和较高行业知名度。电动汽车是中国汽研“科技立院，产业兴院”战略的重要组成部分，是中国汽研的核心业务。2014年8月，中国汽研出资一亿元，成立重庆凯瑞电动汽车系统有限公司（简称“凯瑞电动”），凯瑞电动作为中国汽研的全资子公司，建设成为集研发、生产、销售于一体的新能源汽车动力系统解决方案供应商。

2015年，凯瑞电动围绕纯电动汽车和插电式混合动力汽车的发展，重点进行电控系统匹配及控制策略开发、电动汽车动力总成电驱动后桥开发、电动汽车整车集成应用等，开发出适合纯电动专用车、插电式乘用车、插电式公交客车等配套的动力系统并实现量产。形成的产品有纯电动物流车动力系统、整车控制器、集成离合器、减速器的后桥电驱动总成等。与国内主要的整车厂如长安、江铃、力帆、小康、东风、五菱、奇瑞、江淮等开展广泛的产业化合作。

凯瑞电动致力发展成为国内一流、有一定国际竞争力的新能源汽车动力系统集成供应商，为创造绿色环保、安全快捷的大众交通贡献力量。

二、科研项目及成果

重庆凯瑞电动汽车系统有限公司依托于中国汽研，是国务院国资委央企电动车联盟的主要成员单位，是联盟秘书处下设的标准化工作部主任单位，负责央企电动车联盟标准化体系的建设工作，2015年，凯瑞电动组织编写国家标准《电动汽车用增程器技术条件》、行业标准《电池模块规格化规范》；承担国家科技支撑计划课题《电动汽车分布式四轮驱动系统研发》，完成两项国家科技支撑计划子课题《插电式校车整车测试与试验》《纯电驱动快充客车系列化车型开发平台与自主产业链集成》的技术开发任务；参与承担重庆大学协同创新中心电机及电机控制器开发项目；还自立研发课题《70kW同轴式电驱动桥开发》和《集成车载充电30kW电机控制系统开发》。同时，2015年凯瑞电动授权10项实用新型专利，受理6项发明专利。

后桥电驱动总成开发成果：完成后桥电驱动总成的设计、试制和台架试验工作，实现离合器自动分离结合、输出功率50kW、输出扭矩1500Nm、输出转速950rpm等开发目标。

电动汽车电动系统开发成果：电机控制器开发方面，开展两款50kW电机控制器的开发工作。完成两款电机控制器硬件的A样开发以及一款的电机控制器的台架标定工作。

整车控制器开发方面，开展VCU3.0整车控制器的硬件开发和基础软件开发工作，产品的材料成本较老版本降低50%，功能得到进一步完善。同时，完成产品的试制、试验和小批量验证。

纯电动物流车动力系统开发成果：开展纯电动物流车动力系统的开发优化工作：完成系统集成、零部件选型和验证、整车控制软件优化与标定工作；实现力帆纯电动物流车动力和控制系统的量产；完成凯瑞特种车纯电动环卫车系统的开发并配合；完成整车公告，插电式混动客车动力系统也得到进一步的完善和验证。

三、科研设施及科研能力建设

1. 科研设施设备能力

（1）动力总成测试评价。

凯瑞电动拥有进口的奥地利 AVL220Kw 及 440Kw 多能源动力总成测试设备，可按照国家及行业法规进行驱动电机、ISG 电机等电动汽车电机测试评价，以及电动汽车动力总成开发性测试，并可进行电动真空泵、充电机和 DC/DC、电动助力转向、变频变压器、电空调等核心零部件的测试评价。

（2）电池测试评价。

凯瑞电动拥有全套国外进口的动力电池单体、模块、系统的性能及安全监测设备，能够为企业提供动力电池新产品生产目录监测试验和电池开发试验。

（3）噪声振动测试评价。

凯瑞电动噪声振动试验室主要从事汽车及电动汽车振动，噪声及舒适性的测试和研发工作。拥有国际一流的汽车整车半消声室、整车四通道道路模拟试验室、零部件振动疲劳试验室、零部件异响试验室、全消声室、混响室、模态分析室等。

（4）电磁兼容性能测试评价。

凯瑞电动电磁兼容性试验室可进行电动汽车整车及电子零部件的电磁兼容测试评价与性能开发与优化。

试验室拥有十米法半电波暗室（带 11 米转台及四驱转鼓）、三米法全/半电波暗室、混响室、多个屏蔽室、高端接收机（40G）、系列 RF 功率放大器（可达 10kW）、E/H 场发生器（整车 200V/m）。相关能力满足 ISO11451 系列、ISO11452 系列、ISO7637 系列、ISO10605；SAEJ551 系列、SAEJ113 系列；ECER10、72/245/EEC、89/336/EEC；CISPR12、CISPR25、CISPR14、CISPR22 等；IEC61000－3 系列、IEC61000－4 系列、IEC61000－6 系列测试评价标准。

（5）安全测试评价。

凯瑞电动拥有先进水平的汽车及电动汽车整车及零部件安全试验室，零部件约束系统匹配及零部件总成的冲击试验。

试验室轨道全长 300 米，可进行多角度碰撞试验；汽车及电动汽车实车不等速偏置对撞、角度碰撞、路肩、斜坡、螺旋翻滚等试验；汽车级电动汽车乘员保护、行车保护、车辆兼容性等研究开发；电动汽车及电池、电机、高压线束等零部件产品法规检测。

（6）整车测试评价。

凯瑞电动可以进行电动汽车整车开发验证试验及新产品公告检测服务：电动汽车整车性能和测试技术研究；电动汽车整车产品的定型试验，性能及可靠性；能耗试验、续驶里程试验；电动汽车产品委托试验和进出口检验。

2. 测试与研发服务

重庆凯瑞电动汽车系统有限公司通过把市场数据、行业对标数据、国家标准法规引入开发设计全过程，为客户提供有竞争力的解决方案，在后期能够持续支持客户性能测试服务、咨询服务。同时提供技术培训服务及新能源汽车准入咨询服务。

重庆凯瑞电动汽车系统有限公司拥有先进的新能源汽车开发工具、仪器、设备。主要分布在仿真分析领域、建模代码生成领域、硬件在环测试领域、软件在环测试领域、电控系统模拟分析领域、通讯测试与工具开发领域、电池单体及电池成组领域、电机系统及动力总成测试领域。同时还具备高低温试验箱、振动试验台、盐雾试验台、启动耗能一体机、VBOX、功率分析仪、四驱转鼓、扭矩传感器等测试条件。可为客户提供仪器设备的短期、长期使用服务，可为客户提供项目研发必备的硬件条件。

3. 质量保证

重庆凯瑞电动汽车系统有限公司通过 ISO9001：2009/TS16949 体系认证，整车控制器经过严格的国家标准、企业标准验证测试，并在实车验证。双电机混合动力总成经过城市公交道路实车满载测试、并经台架精标、垫江试验场可靠性路试，已为整车厂进行小批量配套。增程器系统经过总成台架寿命测试、实车加载测试、已经顺利的为整车厂进行配套。在研发咨询板块，按照新能源汽车标准、法规及对标数据为依托，进行约束设计。

四、主要研究方向

（1）动力系统匹配与整车设计，包含动力系统仿真匹配、总布置与结构设计、刚度分析、电子电气架构、电气设计、EMC 设计。

（2）整车控制开发，包含整车控制开发流程、整车控制策略说明书、电机控制器控制需求说明书、电池管理控制需求说明书、TCU 控制需求说明书、发动机控制系统说明书、CAN 通信协议、整车控制 HIL 测试。

（3）混合动力/插电式乘用车后桥电驱动总成，包含电驱动技术、电驱动控制技术、传动技术和混合动力整车控制技术。

（4）混合动力/插电式汽车混动总成，包含构型分析、电驱动及其控制技术、传动技术和混合动力整车控制技术。

五、国内外交流

作为国际化科研机构，重庆凯瑞电动汽车系统有限公司在开展电动汽车自主研发的同时，积极开展广泛的国际国内技术交流与合作。

重庆凯瑞电动汽车系统有限公司依托中国汽研先后成

为科技部授权的国家电动汽车产业技术创新联盟，国家电动汽车电驱动产业链联盟，商用车混合动力总成联盟，国资委组建的央企电动车产业联盟的成员单位，是重庆市电动汽车产业技术创新联盟副秘书长单位，重庆市电动汽车生产力促进中心电动汽车和重庆市电动汽车系统工程技术研究中心的依托单位。

重庆凯瑞电动汽车系统有限公司与多个国家的科研机构，如美国能源部阿岗国家实验室，美国西南研究院SWRI、德国FEV、奥地利AVL、加拿大滑铁卢大学等进行广泛的交流与深入的合作。

国内，重庆凯瑞电动汽车系统有限公司与一汽、东风、上汽、长安、江淮、宇通、恒通、力帆、南车时代等多家知名整车零部件企业都建立良好的合作关系，并同清华大学、同济大学、北京理工大学、吉林大学、湖南大学、重庆大学等行业知名高等院校长期保持技术合作研究和学术交流。

六、发展规划

依托中国汽研在汽车行业的技术优势，凯瑞电动重点开展电动汽车动力系统和控制技术开发研究，掌握电驱动核心技术，通过对电机、变速器等核心部件企业兼并重组，成为新能源汽车行业的系统集成商和电驱动、控制部件供应商，打造高附加值核心零部件产业集群，将凯瑞电动发展成为国内前三的电动汽车产品集成供应商。

持续打造核心竞争力，打造适合公司发展的核心经营战略模式，即基于专业化研发、专业化制造、专业化管理、专业化服务的流程植入，创造最适合研发到服务的模式。通过积累行业市场经营经验、扩充技术储备、专业研发、制造队伍，逐步由电动汽车研发企业向电动汽车服务商迈进。

建立人才激励机制，使人能尽其才，使企业和员工树立共同发展目标和愿景，指引企业和员工朝着共同的方向和目标前进。

最终达到的目标是：

（1）坚持质量第一：提供安全、适用、可靠的产品；

（2）坚持信用第一：拥有权威、便捷、有效地体现方式；

（3）坚持服务第一：永远追求比竞争对手更能满足顾客的最大限度需求。

科力远混合动力技术有限公司

一、发展概况

科力远混合动力技术有限公司（简称“CHS公司”）成立于2014年11月25日。由国内知名混合动力汽车动力电池供应商湖南科力远新能源股份有限公司与著名民营汽车制造商（世界500强、中国汽车行业十强）浙江吉利控股集团有限公司共同投资组建。注册资本6.59亿元，其中科力远占51%，吉利占49%。

2015年11月，CHS汽车混合动力系统”通过由中汽协组织的国家科技成果鉴定。鉴定结论为“该技术总体达到国际领先水平，能广泛应用于国内同类车型。”

2016年2月，科力远与长安、吉利、云内动力签署《增资扩股框架协议》增资4.6亿元，共同打造国家级混合动力总成系统技术平台。

2016年3月，50.69%控股福建福工动力技术有限公司，共同打造混合动力商用车平台。

二、生产经营

科力远混合动力技术有限公司（以下简称“CHS公司”）主要的经营范围为开发油电混合动力汽车及提供配套的动力合成箱、动力电池能量包、驱动电机控制器、整车控制器等混合动力核心零部件。

2015年，CHS公司与吉利、长安、海马、江淮等众多国内知名汽车企业合作，并成功开发吉利帝豪HEV量产车型，启动吉利帝豪PHEV量产车型、海马S7的HEV、PHEV样车立项。

2015年，CHS公司累计实现销售收入为4368958.15元。同年，CHS公司获得政府补助资金2.25亿元，其中列入补贴收入的为1.25亿元。

三、产能建设

目前科力远混合动力技术有限公司主要生产产品为动力合成箱和动力电池包两个产品，目前我司只对这两个产品进行组装和测试，部分关键部件由部件供应商整体供货，最终在我司生产线集成。现将这两个产品的工艺流程和产能情况介绍如下：

1. 动力合成箱工艺流程

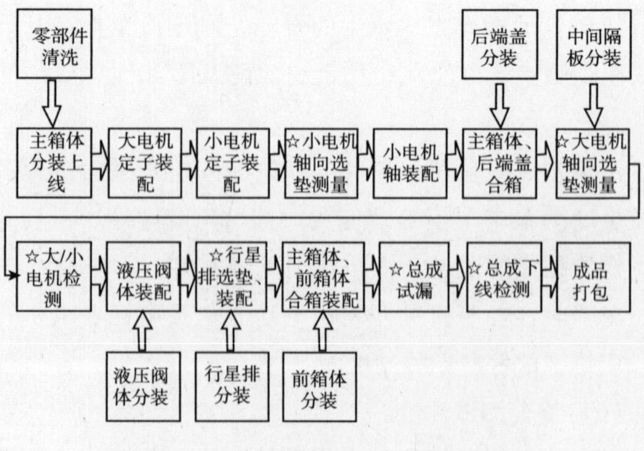

图1 动力合成箱生产工艺流程图

注明：流程图中标示为☆的工位是关键工位。

2. 动力合成箱目前产能

车间	全年工作日（D）	工作时数（h/D）	年产能力（台套）	工序说明
合成箱生产	300	21	15000	·前壳体分装·主壳体分装·大小电机装配·差速器装配·行星排装配·阀体总成装配·总成试漏·总检·包装

主要生产设备为：部件清洗机、装配线（包含分装和总装，设备由天永制作提供）和下线测试台（设备由韩国ADT提供）；生产线具备良好的柔性，可以满足整机质量要求，采用装配小车做为载体，灵活机动，对生产线压装、拧紧、试漏等重点工位采用行业知名供应商，下线测试台对产品实现100%下线检测，保证产品下线质量。

3. 动力电池包工艺流程

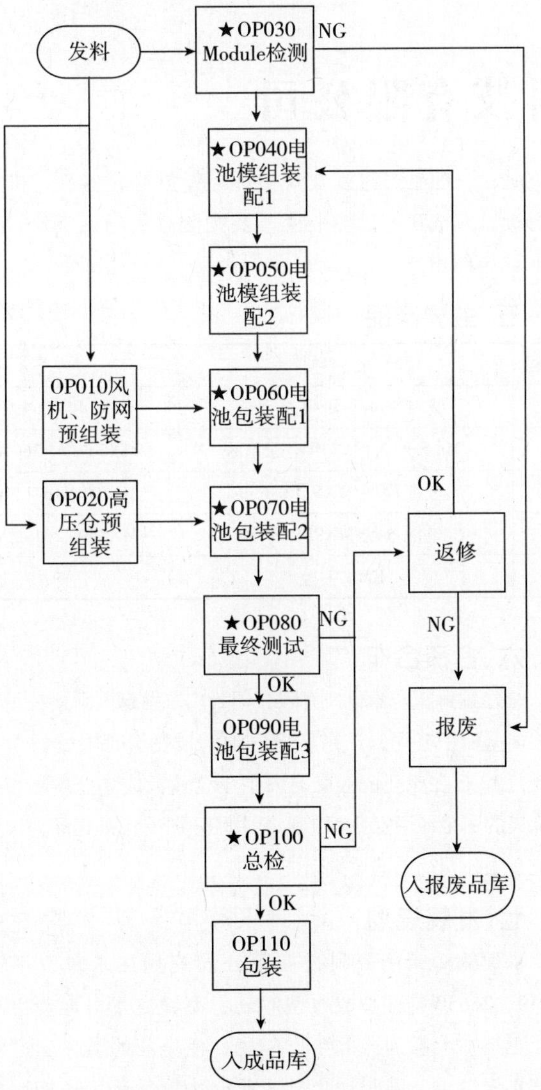

图2 动力电池包生产工艺流程图

注明：流程图中标示为★的工位是关键工位。

4. 动力电池包目前产能

车间	全年工作日（D）	工作时数（h/D）	年产能力（台套）	工序说明
电池包生产	300	21	15000	·风机防尘网预组装·高压仓预组装·电池模块测试·电池模组装配·电池包总装·FCT测试·总检·包装

四、技术进展及研发能力进展

公司开发的HT1800及HT2800与HT18000能广泛应用于各类型混合动力汽车，其中HT1800产品定位于2.4L以下发动机，输入轴扭矩可以承受200Nm，轮边输出扭矩为1800Nm的A级车型，已搭载在吉利帝豪平台，已满足量产要求。HT2800用于匹配2.4L～3.5L发动机，输入轴扭矩可以承受250Nm，轮边输出扭矩为2800Nm，满足SUV等大扭矩轿车的搭载装车要求。HT18000动力系统将沿用目前CHS公司现有产品的控制算法，进行新产品平台开发，用于匹配6.5L～8L发动机，输入轴扭矩可以承受800Nm，轮边输出扭矩为18000Nm，实现8～12米公交客车搭载平台的装车要求。有以下三点优势：

1. 打破国外对该领域的垄断

本公司开发的混合动力系统是全世界第一套单模输入、复合动力分流的系统，有别于丰田THS和通用双模的第三种动力分流系统。公司具有完全的知识产权，已拥有2项国际发明专利（覆盖欧、美、日等主要发达国家），25项国内发明专利，经过国家权威机构专利查询，不构成对国内外已有混合动力系统专利的侵权，打破了国外对该领域的垄断。

2. 将有力地推进我国节能与新能源汽车的发展

国际上先进的混合动力机电耦合技术均为各大车企（丰田、通用等）和各大核心零部件供应商（博世、德尔福等）所控制，国内也仅有比亚迪等少数车企掌握。在节能与新能源汽车飞速发展的时代，核心技术的缺失，“空心化”等问题的涌现必将成为我国自主品牌发展的桎梏。作为目前国内唯一的混合动力系统供应商与服务商，本项目的实施将极大地提高我国自主研发的混合动力核心零部件的生产能力，通过与诸多自主品牌的合作，打破国外企业在该领域对自主品牌的技术封锁，全面推动我国节能与新能源汽车的发展。

3. 有助于实现国产车平均燃料消耗5.0升/百公里目标

面对我国能源紧缺和环境污染的严峻形势，2012年7月，国务院发布《节能与新能源汽车产业发展规划

(2012—2020 年)》，提出“到 2020 年，当年生产的乘用车平均燃料消耗量降至 5.0 升/百公里。”

五、主要产品

序号	名称	型号
1	动力合成箱	HT1801
2	动力电池总成	DCNP170 - 188P (CHS1801)
3	整车控制器 (HCU)	F01R00DT29 (CHS1801)
4	发动机控制器 (ECU)	F01RB0DF14 (CHS1801)
5	驱动电机控制器 (PEU)	F01R006003 (CHS1801)

六、合资合作

2015 年，与海马签订样车开发合同，与其他厂家开展数据仿真分析等。

2016 年 2 月 18 日，科力远与吉利、长安、云内动力签署了《增资扩股框架协议》，拟携手增资 CHS 公司，共同打造与拓展国家级混合动力总成系统技术平台，增资额为 4.6 亿元。

2016 年 2 月 29 日，公司通过股权收购及增资的方式，控股的福建福工动力技术有限公司，为公司进军混动大巴系统奠定基础。

七、发展规划

2016 年，帝豪 EC7 上市，投放至少 5000 辆示范运行，CHS2800 进入 A 样件阶段。

2017 年，佛山工厂投产，投放 3 万辆，年产能 10 万 CHS2800 完成 OTS。

2018 年，CHS2800，CHS18000 完成 SOP，新增三款新车车型上市，年销售量 5 万台。

2019 年，投放 15 万辆，谋求企业上市。

2018 年，企业实现盈利，步入良性发展。

福建猛狮新能源科技有限公司

一、发展概况

福建猛狮新能源科技有限公司由福建动力宝电源科技有限公司于 2013 年 6 月 28 日注资成立，2015 年 4 月变更为福建猛狮新能源科技有限公司。福建猛狮新能源科技有限公司耗时 10 个月组建优秀的锂电池团队，并已经完成关键设备的采购工作以及制造工厂的整体厂房设计和生产工艺设计，公司的目标是在打造一个世界一流的锂电池智能化生产企业，出品具有国际先进品质的动力用锂离子电池。

二、生产经营

福建猛狮新能源科技有限公司的主营业务是锂电池电芯及锂电池组的研发、制造、销售电动车及相关配件的研发、生产、销售和技术服务。同时还增加新的生产经营范围，包含锂离子电池、电池组、电池管理系统、锂电池原材料及零部件、锂电池生产设备、电力电器产品的研发、生产、销售；自营和代理各类商品和技术的进出口业务，但国家限定公司经营或禁止进出口的商品及技术除外。

三、产能建设

福建猛狮新能源科技有限公司总投资 30 亿元，总占地 450 亩 (299572 平方米)，总建筑面积 244803 平方米，分三期建设，6 条生产线，生产规模为年产 4 亿只 (约 6GW · h) 电动车用锂离子电池，可装备 20 万辆电动汽车，产值 100 亿元。

四、技术进展及研发能力进展

采用自主研发的圆形锂离子电池技术，电池技术水平国内领先，实现动力电池产品配方、生产工艺和制备技术的突破；全部生产过程实现智能化及网络化管理，机机互动对接、人机互动，整个生产及物流过程导入 MES 系统，实现“智能生产”。

五、主要产品

序号	名　称	型　号
1	城市物流车用电源系统	MX144V264Ah
2	10.5 米大巴车用电源系统	MX537.6V360Ah
3	电池模块 MX61P18650	MX540V167.7Ah
4	电池模块 MX95P18650	MX540V261.2Ah
5	BMS 主控	—

六、合资合作

福建猛狮新能源科技有限公司为广东猛狮电源科技股份有限公司全资子公司，广东猛狮电源科技股份有限公司于 2012 年 6 月 12 日在深圳证券交易所中小企业板成功挂牌上市，分期募集的资金在诏安金都工业集中区分别投建福建动力宝电源科技有限公司及福建猛狮新能源科技有限公司。

七、发展规划

福建猛狮新能源科技有限公司规划在未来五年里以 18650、26650 圆柱型或方型等动力型锂离子电池为主导产品，迅速扩大系列产品生产能力，使企业的整体生产能力提高 4 倍以上。同时加大技术改造力度，逐步进行设备自动化改造，实现工业 4.0，提高生产效率，降低材料损耗，提高产品质量。

深圳天邦达科技有限公司

一、发展概况

深圳天邦达科技有限公司是专业从事锂电池管理系统（BMS）产品研发、生产、销售和服务于一体的国家高新技术企业。

目前的客户为国内锂电池行业前十位企业，如东莞新能源 ATL，天津力神，惠州德赛，深圳比克，深圳欣旺达，福建飞毛腿，珠海光宇电池，TCL 金能等，已经认证成为 Apple，LG，华为的供应商。

基于锂电池控制系统近九年的技术沉淀，公司已取得相关自主知识产权 32 项。

公司与西安电子科技大学、浙江大学在锂电池控制系统领域已经建立了产学研合作关系。

2015 年实现销售收入 2.3 亿元，2016 年销售目标为 4 亿元，计划 2016 年进入资本市场。

二、生产经营

货物及技术进出口。电池及电源管理系统、动力电池管理系统、储能系统的技术开发、集成、测试、销售及相关电子产品的生产；混合集成电路的技术开发、生产、测试及销售。

三、产能建设

深圳天邦达科技有限公司目前拥有全自动贴片生产线 15 条，组装测试线 10 条；可实现 3C 类锂电池控制模组 1500 万片/月，动力电池控制模组 13 万套/月；电动汽车储能 BMS 2 万套/月。

四、技术进展及研发能力进展

深圳天邦达科技有限公司研发团队不断壮大，目前总人数 64 人分 3C 数码类，动力电池类，电动汽车 BMS，储能 BMS 四个不同应用领域团队，涵盖锂电池领域全线产品的控制系统。

近几年承担深圳市科创委、发改委、经信委的重大研发技术、技术攻关、产业化项目；基于锂电池控制系统九年的技术沉淀，深圳天邦达科技有限公司已取得相关自主知识产权 32 项，与西安电子科技大学、浙江大学在锂电池控制系统领域已经建立多年的产学研合作关系；分别在 2014 年、2015 年、2016 年获得由锂电池领域内最具影响力的《高工锂电》主办的锂电池控制系统 BMS 金球奖；在 2015 年获得锂电池领域内极具影响力的锂电大数据颁发的中国动力锂电池十大 BMS 品牌——起点金鼎奖。

五、合资合作

公司于西安电子科技大学、浙江大学深圳研究院形成产学研合作，搭建浙江大学深圳研究院创新实验基地；开展包括电动汽车锂动力电池智能管理系统技术等不同新技术实验研发项目的合作。

六、发展规划

第一阶段：2007 年 7 月—2012 年 12 月，公司由创建开始，积累市场份额，积累发展资本，完善内部管理体制，形成相当的设计，制造规模，定位出适合公司的发展方向。

第二阶段：2013 年 1 月—2014 年 12 月，公司进入稳步高速发展期，销售收入达到 1.2 亿元。具有自主知识产权的产品：智能化动力电池保护模组，储能系统保护模组，BMS 系统占总收入的 50% 以上，有能力与全球知名企业合作，成为行业的领军者。

第三阶段：2015 年 1 月—2017 年 6 月，在公司稳步发展的基础上引入战略投资，引入更具发展潜力的项目，顺利进入资本运营市场。

深圳市航盛新能源有限公司

一、发展概况

航盛新能源有限公司是隶属于航盛电子股份有限公司旗下的二级子公司，其主要经营的产品是以新能源汽车为导向的电池管理系统，整车控制系统，电机控制系统。公司主要开发团队组织架构为三纵三横六大部门，分别为：电池管理产品部，电机控制产品部，整车控制产品部，软件部，硬件部，结构部。新能源产品开发团队共 122 人，其中外籍专家 2 人，博士 2 人，硕士 24 人，本科 78 人，专科 16 人。其新能源专用实验室占地面积达 1000 平方米，除 IEC 和电流环，电压环，两项实验无法实现外，新能源实验室可做绝大部分 EMC 实验，该实验室以严格的测试验证体系，以保障产品设计的可行性，可靠性和安全性。

二、生产经营

航盛新能源目前主要经营的产品有：整车控制器（VCU），电机控制器（MCU），电池管理系统（BMS）。VCU 可实现对整车档位、制动、低压电源、高压能量、网关及网络的管理，同时也可以实现对扭矩解析的驱动，对再生制动、发动机启停、离合器、变速箱速比、附件驱动的控制作用。VCU 分为乘用车平台和商用车平台，可以满足市面上全部新能源车型。电机控制器（MCU），可分为中小功率平台和大功率平台两种，可同时适用铜转子异步感应电机和永磁同步牵引电机，可兼容所有的新能源车型。其采用车规级的 IGBT 功率器件，可以轻松的通过最新的 EMC 标准。电池管理系统（BMS），包含主从分布式和主从一体式两种平台，其主要功能可实现对电池包容量的测算，数据的记录和采集，以及对电池包安全的保护。其 100% 车规级的器件设计，可轻松通过 EMC4 级。该 BMS 可应用于 EV（纯电动），HEV（混合动力），PHEV（插电式混合动力），EREV（增程式混合动力）等新能源车型。

三、产能建设

航盛新能源产品的生产工艺全部采用数字化制造管理的模式来进行运行，其物料系统可以实现物料的登录查看、Reel ID 的绑定、工单发料的整合、库存更新整合的功能。其质量管理系统可以实现质量的数据采集，质量数据的分析和汇总。其完善的物料追溯机制，可实现对 PCB，物料，人员的追溯，确保所有的物料都能够有据可查，其联机操作与控制系统可以反映实时生产的数据，对实时存量进行预警，对错料进行控制。在生产工艺方面，其拥有全自动化 PCBA 加工生产线，全自动化 PCBA 在线清洗、选择性涂敷生产线。在 STM 制造能力上，其拥有高精密模块化西门子高速/多功能贴片机，可进行 SIP 在线锡膏厚度测试，可实现高稳定性全自动热风回流焊。在制造保障上，其采用军工级的清洗设备清洗 PCB 板，进行 12 小时 85 度载电高温老化试验及三防漆的涂敷，有效的保证了产品的优良特性和品质。按照现有各产品线体一期规划，目前产线主要三种产品的产能为：MCU 6000 台/年、BMS 60000 台/年、VCU 60000 台/年。

四、技术进展及研发能力进展

通过新能源研发人员的共同努力，VCU、MCU、BMS 技术也取得了飞速的发展。在 VCU 方面，其实现了基于 Autosar 软件架构的 OS 应用，完成了新一代符合 ISO26262 功能安全的双核处理单元的整车控制器的开发，目前已具备满足 ECU/TCU 硬件平台设计的能力。BMS 技术也取得了突破，首先实现了基于 Autosar 软件架构的 OS 应用，完成了新一代符合 ISO26262 功能安全的电池管理系统的开发，采用了最新的电压采集方案，使单体电压采集精度达到了 1mv，同时提供 SOC 精度估算，目前 BMS 技术可达到主动均衡方案的实现，主被动均衡可选的程度，同时可进行电池 Pack 的专业设计开发，结构、热分析设计，采集线路的设计。在 MCU 技术上，首先实现了，基于 Autosar 软件架构的 OS 应用，完成了新一代符合 ISO26262 功能安全的双核处理单元的电机控制器的开发，在结构上实现了电力电子高压集成方案，使其更加轻量化，平台化，更有利于整车布置和降低损耗。在研发能力上，航盛新能源率先建立了应对 ISO26262 的流程体系，为确保其安全关键电控产品的安全性、可靠性奠定了保障基础，其次航盛新能源拥有用于新能源产品设计开发的专业实验室，其包括硬件在环 HIL 测试，电机电力测功测试，盐雾试验，高低温交变湿热试验，大电流注入测试实验，高压电池充放电试验等实验，使新能源产品的功能验证和性能试验验证能力得到有效的保证。

五、主要产品

序号	名　称	型　号
1	电池管理系统	E6216，E6217，E6213，E6224
2	电力电子单元	E8314，E8315
3	整车控制器	E8317，E8310

六、合资合作

航盛新能源产品的合作模式在 VCU 方面，是由航盛提供完整的产品，由客户来完成整车应用层的策略和标定。在 MCU 上由航盛提供动力总成、硬件平台和底层软件，由客户来实现应用层软件。在 BMS 上，由航盛提供 PACK 总成、硬件平台和底层软件，由客户来实现应用层软件。

BMS 现有合作客户有深圳比克，郑州比克，大连比克，福斯特，中航锂电。MCU 现有合作客户有北汽福田。VCU 现有的合作客户有众泰汽车，东风股份，广汽集团，东风日产，上汽商用。

七、发展规划

航盛新能源未来的目标是：以目前的整车控制器（VCU），电池管理系统（BMS），电机控制器（MCU）为基础，通过横向的资源整合，在动力及传动系统，能量系统，电动附件系统领域，提供系统化的集成方案。VCU 的规划是：在 2016 年研发第三代基于 ISO26262 高安全等级的平台产品。在 2017 年实现平台产品批量，控制策略技术保持跟随国内领先水平，与国际公司进行合作。到 2018 年实现第三代产品获得功能安全认可，提供完善，安全可靠的的整车动力总成系统方案。

MCU 的规划是：2016 年实现四合一商用车 PEU 平台优化，乘用车 MCU 满足 B 级车和 A0 级车功率需求。2017 年实现动力系统集成化，电机和 PEU 系统集成，实现乘用车 MCU 技术升级。2018 年实现商用车 PEU 技术升级，乘用车 MCU 推出电机驱动及传动系统一体化解决方案。BMS 发展规划是：2016 年研发第二代基于 ISO26262 的高安全等级 BMS 平台。2017 年开始研发第三代 BMS 平台，以电池包寿命为目标确定 BMS 技术指标。2018 年实现第三代 BMS 符合 ISO26262 的要求，实现电池寿命领先，可适用多种车型，以及可适用各地域的电池包方案。

航天钧和科技有限公司

一、发展概况

航天钧和科技有限公司隶属于中国运载火箭技术研究院第十八研究所，是 2014 年 10 月新成立的全资子公司，注册资金为 5000 万元。

公司主要经营范围为石油钻采设备，新能源配套设备，液压与气动元件及工业控制设备，航空航天配套产品，资源循环、再生利用设备；上述产品、设备的技术开发、技术咨询、技术转让以及技术服务；上述产品的设计、生产、销售。航天钧和科技有限公司现有职工 210 余人，专业技术人员占职工总数的 65%，其中部级专家 1 人，享受政府特殊津贴及学术带头人 5 人，博士硕士研究生 40 余人。下设电力电子、新能源、伺服阀、液压系统、石油钻井 5 个事业部和一个制造中心，拥有厂房场地 10000 余平，其中生产场地 4000 平米，办公、研发和试验场地 6000 余平米，拥有专业研发、生产、测试设备 200 余台套。公司拥有完备的经营管理体系、科研生产体系、质量保证体系和服务保障体系。产品包括：风电变流器、风机变桨系统、电池管理系统、无功补偿设备、伺服阀、液压系统、石油钻采设备，其中石油钻采设备、伺服阀等技术在国内同行业中均处于领先地位。

我们的发展理念：军民融合，建立可持续发展的现代化企业制度，做大做强航天技术应用产业。

专注高端设备制造和军民融合产业技术发展，力争成为行业内国际知名、国内一流的高科技企业，航天钧和科技有限公司愿意同所有客户共同发展进步，成为您得力的伙伴。

二、生产经营

公司主要经营范围为新能源配套设备，石油钻采设备，液压与气动元件及工业控制设备，航空航天配套产品，资源循环、再生利用设备；上述产品的设计、生产和销售。

新能源设备事业部面向风光储系统、新能源汽车、通信系统的锂电池充电器、充电桩、电池管理系统等系列产品的产研一体化服务。

三、产能建设

航天钧和科技有限公司在新厂房组建 900 平米电池包半自动生产线；购置新的电池分选机等提高生产效率；生产工艺状态稳定，生产过程质量受控，满足用户需求。公司已经完成对原有生产线的升级、改造，已经具备月产量为 1000 套锂电池包的生产能力。

四、技术进展及研发能力进展

电池管理系统（BMS）实现通用化设计，产品覆盖专用车、乘用车、商用车等全系列车型，实现关键性能参数 SOC/SOH 精度 5%，双向主动均衡达到 10A；动力电池系统（PACK 包）通过了国家电池包最新监测标准 31467。

五、主要产品

序号	名　称	型　号
1	动力电池系统（PACK 包）	EV－VAN97395－1、EV－DS97405－1 EV－DS97320－1 4
2	电池管理系统（BMS）	主控模块型号：JH－BMU01－24 从控模块型号：JH－BSU01－12S－24
3	直流充电桩	JH－ZDZ－500V60A（30KW）系列 JH－ZDZ－500V120A（60KW）系列
4	交流充电桩	JH－JDZ－220V32A－L（7KW）系列 JH－JDZ－220V32A－B（7KW）系列

六、合资合作

航天钧和科技有限公司是中国运载火箭技术研究院第十八研究所的全资子公司；航天钧和科技有限公司与北京理工大学等开展技术交流与合作，加强了在新技术、新工艺、新设备等方面的研发工作。

七、发展规划

“十三五”期间，实现电池管理系统（BMS）、锂电池包（PACK）、充电桩、车载充电器等汽车配套产品核心技术的稳步升级及产量逐年递增；新能源市场覆盖国内外航空、航天、风电、石油、船舶、汽车、通信等多个领域；到 2020 年实现销售收入超 15 亿元，成为专业的汽车及风电配套供应商，市场占有率达到业内前列。

依托航天技术优势突破关键技术，提高产品性能，丰富产品功能；优化产品设计，降低制造成本，提高市场竞争力；加速开拓市场，提高市场占有率和品牌知名度；提升生产能力，保证产品供应；严格控制质量，提升品牌信誉度；打造服务团队，及时响应客户需求，维护品牌形象。

上海松岳电源科技有限公司

一、发展概况

上海松岳电源科技有限公司（以下简称“松岳电源”）是一家专注于车载电源系统集成与管理技术研究与开发的高新技术企业，由广东猛狮新能源科技股份有限公司（股票代码：002684）于2015年4月7日在上海国际汽车城投资设立。

松岳电源是一家具有自主研发能力的高新技术企业，一直专注于车载动力电池系统集成与管理技术的研究、开发和产业化，技术开发体系支撑从单体电池到整车的所有应用环节。企业以电池管理系统为核心产品，以解决电池的车载应用问题为使命，针对整车制造商、电芯制造商和电池系统集成商等各类客户推出不同层次、不同规模、不同应用的系列产品和解决方案，努力成为世界领先、国内一流的电池管理系统供应商和电池系统工程服务商。

松岳电源拥有国内一流的汽车电子研发验证实验室，配备了硬件在环测试平台、三轴向振动台、温度冲击台、温湿度控制箱和静电测试台等核心设备，设备能力覆盖电池管理系统的功能验证、策略验证和可靠性验证等测试内容，支持ISO、IEC、GB、QC/T、SAE、UL等国内外标准的大部分测试项目。

松岳电源已经先后通过ISO/TS16949：2009、ISO14001：2004、OHSMS18001：2007和AQ/T9006：2010等企业管理体系认证，并通过多家整车企业的二方体系审核。

经松岳电源成功研发的电池管理系统和电池组，先后通过多个整车企业的试验认可，并通过整车零配件的公告认证和地标认证，现批量配套多个国内整车客户和车型。

二、生产经营

松岳电源经营业务范围是从事车用和储能用电源系统产品的技术开发与技术服务，从事车用和储能用电源系统产品的组装、销售及相关配套服务，从事电池管理系统产品硬件和软件的技术开发与技术服务，从事电池管理系统产品的组装、销售及相关配套服务。

2015年，松岳电源的产品累计配套新能源汽车3098辆，占细分市场（电动专用车市场）6%的市场份额。

三、产能建设

松岳电源拥有3个制造车间，建筑面积10500平方米，覆盖电池模块、电池系统和电池管理系统的组装和测试：

电池组组装生产车间：配置1条电池组半自动组装生产线，16台电池组功能和性能测试台，年产能配套2万台电动汽车。

电子制造车间：配置1条汽车级SMT生产线，1条全自动控制器涂覆生产线，1条控制器检测组装生产线，年产能配套10万台电动汽车；拟在3年内再投入1条汽车级SMT生产线和1条控制器检测组装生产线，整个车间设计产能配套10万台电动汽车。

18650电池模块组装车间：在建1条全自动18650电池模组生产线，设计产能配套2万台电动汽车。

四、技术进展与研发能力进展

松岳电源在动力电池系统集成与管理技术领域有着持续的技术研究和开发能力，核心团队由多名电动汽车行业专家和资深工程人员组成，曾经和宝马、大众、上汽等国内外一流汽车企业合作开发多款电池组和电池管理系统，技术骨干全部具有超过10年、超过20款电动汽车项目、超过3000台市场应用的开发经验。

松岳电源已申报超过12项的专利和2项软件著作权。

松岳电源自主研发的第一代电池管理系统产品硬件采用16位单片机，软件采用OSEK架构，诊断支持UDS和J1939标准，通过权威第三方检测机构的检验，已经向客户批量供货，客诉率小于800ppm。

第二代电池管理系统产品已进入研发阶段，该平台产品硬件采用32位单片机，软件采用AutoSAR架构，符合ISO26262功能安全要求，比第一代产品更安全、更可靠，兼容性更强。

五、产品类型

序号	名　称	型　号	应用车型
1	电池管理系统 BMS	BMS160801	扬子江汽车捷虎 V2
2	电池系统总成 PACK	EK05A	瑞驰 EK05A
3	电池系统总成 PACK	EK05	瑞驰 EK05
4	电池系统总成 PACK	EC35	瑞驰 EC35

六、合资合作

松岳电源属于广东猛狮新能源科技股份有限公司旗下的全资子公司。

松岳电源与同济大学、上海海洋大学、同济汽车设计研究院等科研院所积极开展技术交流与合作，加强在新技术、新工艺、新产品等方面的研发工作。

七、发展规划

松岳电源始终坚持安全、高效、低碳、清洁、实用的产品开发理念，在未来五年内，公司将进一步加大电池系统集成与控制的研发力度，尤其是在电池管理系统的技术创新方面计划投入重金进行产品的开发升级。未来五年内计划与同济大学建立博士后工作站和联合研究中心。

松岳电源秉持客户利益至上，除了进一步广纳人才、打造强大的研发团队之外，还将加快建设售后响应队伍，谋求更好地满足客户需求。

EVTD Inc.

一、发展概况

EVTD 成立于 2008 年，是一家研发、生产、销售锂离子电池管理系统（BMS）、主动均衡芯片，并为整车厂提供车辆开发和生产支援的公司。公司拥有一支精通电池、电机、电器、汽车等技术的专家团队，在电池及 BMS 应用上拥有丰富的知识和经验，目前已获得 16 项相关技术专利，还有多项专利在申请中。

EVTD 的 BMS 现有四大系列 50 多种型号，可应用于电动汽车动力电池系统、新能源储能系统、以及通信基站、银行、写字楼、医院等备用电源系统及其他广泛领域。同时，还可以结合客户特殊需求和电池参数等，设计生产匹配的 BMS，确保电池安全、稳定、可靠，延长电池使用寿命。

2015 年，EVTD 成立 NExT 研发中心，聚集多位曾在丰田、日产、本田工作 30 年以上的经验丰富的专家，这些专家发挥自己丰富的实战经验，为数家车企提供车辆开发支援和生产支援。

EVTD 充分发挥全球化人才优势，灵活运用先进的管理理念，在上海和东京成立研发中心和实验中心，并与全球多家著名院校及大型电子生产商、知名整车制造商、世界知名汽车零部件生产商建立良好稳定的合作关系，将最尖端的科研成果应用于产品之中。

EVTD 以北京、上海、东京为辐射中心，业务网络覆盖中国、日本及欧美，技术水平与产品均受到极大好评。目前正在为多家电动汽车制造商、锂电池生产商、电力系统运营商等提供产品及技术服务。同时，为积极应对中国国内不断增多的客户，上海子公司的经营规模也在相应扩大。

二、生产经营

EVTD 坚持以客户为中心的方针，与知名整车制造商及国内知名电池生产商开展长期合作，根据客户的需求定制 3 款符合 CE、PSE、RoHS 标准的 BMS，并逐渐扩大生产数量。同时，公司继续拓展中国国内业务，积极应对新客户的需求，已经与数十家企业签订保密协议及开发协议。延续 2015 年的势头，根据客户需求稳步提升产量，并积极为下一阶段的大批量生产做准备。

三、产能建设

EVTD 继续与世界知名汽车零部件生产商开展生产合作，发挥各自优势，在上海、宁波、中国台湾、日本均拥有年产 100 万套 BMS 和均衡系统专用芯片的全自动化生产线。

四、技术进展及研发能力进展

截至 2015 年底，EVTD 投入 8000 万元用于产品技术研发和创新。研发出的新一代电源技术正在多个国家申请专利。2014 年和 2015 年，在均衡系统专用芯片的研发上取得突破性进展，并荣获日本新技术财团的技术奖金，以及新能源创业公司技术革新事业补贴。

五、主要产品

序号	名 称	型 号
1	电池管理系统	LEBM、SEBM、BEBM、MEBM
2	家庭备用电源	EBS－5800/8700/11600/17400
3	均衡系统专用芯片	EHC012

六、合资合作

EVTD 与国内新能源汽车制造商、锂离子电池生产商、以及世界知名汽车零部件生产商开展合作，共同开发一系列技术领先、安全性高、可靠性强的产品。

同时与国内知名电池生产商共同研发制作的新能源储能系统，在双方紧密配合下，已出口日本，并与日本智能电网并网，深得用户好评。

七、发展规划

EVTD 自成立以来以最快的速度实现量化生产，拥有稳定的客户群。在今后的一年里，仍将不断完善现有产品、开发新产品，同时与大型电动汽车制造商、储能设备运营商、各国电力公司等开展全面合作，预计 2017 年上半期将实现销售额 6000 万元。

2019 年上半期实现销售额比 2017 年上半期翻 5 翻，同时创建电池循环利用市场，促进锂电池的高效回收利用，从而降低电池使用成本，为世界环保事业做贡献。

目前公司业务主要集中在中国、日本、欧洲，力争 2017 年内实现为亚洲、欧美等国家和地区批量供货。

EVTD 将一直致力于中国锂离子电池产业的技术发展与创新，伴随着中国技术水平与经济的腾飞，以“芯在中国，赢在世界”为目标，求真务实，为每一位顾客提供高性价比的产品；与时俱进，与中国电池管理产业共同成长，用科技成果回报社会！

湖南中锂新材料有限公司

一、发展概况

湖南中锂新材料有限公司（以下简称“公司”）成立于2012年1月，注册资金22385万元，是一家专业研发、生产、销售锂离子电池湿法隔膜的中外合资高新技术企业，拥有营销管理、技术研发、高级管理及专业技术人员200多人。投资6亿元从国外引进并建成4条国内具有唯一性的全自动化生产线，预计明年完成整体项目10条生产线建设，届时，将形成32000万平方米/年的产能，产值16亿元，税收2.2亿元，解决就业500人。

公司于2014年5月完成“产品企业标准”备案，10月通过了ISO9001、ISO14001、ISO18001“三标一体”体系认证和“安全生产标准化三级企业”验收，12月成为“超高新材料产业技术创新战略联盟”会员，同年通过出口欧盟的体系认证，2015年5月完成新材料认定，同年10月通过高新技术企业认定，公司生产工艺于2016年4月21日经国家工信部组织评审认定为“国际先进”，同年8月份公司获得“湖南省省长质量奖”提名单位，目前，ISO/TS16949管理体系正在建立之中。

二、生产经营

公司2014年四季度投产，销售收入286万元，2015年销售收入7500万元，2016年预计销售收入3亿元左右，到2017年底，公司将形成3.2亿平方米/年的生产能力，届时将实现销售收入16亿元左右，税收3亿元左右，带动就业500人左右。

三、产能建设

公司从国外引进国际先进的全自动生产设备，1号和2号生产线产能均为2500万平方米/线/年，3号、4号生产线产能为3000万平方米/线/年，后续建设的生产线将逐步提升产能，预计10条生产线于2017年底建成，届时将形成3.2亿平方米/年的生产能力。

四、技术进度及研发能力进展

公司工程专业技术人员20人（占比10%），核心研发人员9人（占比4.5%），本科大专以上学历65人（占比32.5%）。公司引进日本先进的湿法制膜工艺技术，通过消化、吸收、再创新，形成自由知识产权，目前，已取得两项发明专利和八项实用新型专利，所生产的产品全部应用于新能源汽车动力电池，2016年4月21日工信部组织评审被认定为“国际先进”。

五、主要产品

序号	名 称	规 格	备 注
1	湿法锂离子电池隔膜	12μm	SHS 电动汽车专用
2	湿法锂离子电池隔膜	16μm	SHS 电动汽车专用
3	湿法锂离子电池隔膜	20μm	SHS 电动汽车专用

六、合资合作

基于公司先进的工艺、规范的管理、广阔的市场前景，先后吸引省经投、省高新投、中科招商、财鑫投资、德源投资等一批国有投资公司以及上市公司长园集团股份有限公司竞相进入，为企业后续发展提供有力保障。

七、发展规划

公司目前在国内湿法隔膜领域的产能、产量排在行业第二位。2017年上半年10条生产线全部建成达产后，将排在行业第一位。2020年规划建设的20条生产线建成后，将成为国内乃至全球最大的湿法隔膜生产企业，并建成国家级动力锂电池隔膜研发中心，将会发展出复合、涂布等多功能隔膜产品。可实现产值40亿元，销售收入40亿元，利税10亿元。

上海电驱动股份有限公司

一、发展概况

上海电驱动股份有限公司专业从事节能与新能源汽车用永磁同步驱动电机系统的研发、生产和销售。

2015年，公司团队得到迅速壮大，至2015年年底，公司在职人员达到737人，拥有一支年富力强的技术团队，有工程技术人员200余名，技术覆盖车用电机系统领域各方面，技术团队曾先后获得上海市政府上海市科技创新团队建设项目的资助，团队中有四人次技术骨干分别获得上海市青年科技启明星计划（B类）项目的支持，两人次获得上海市优秀学科带头人，两人次被选为上海市后备领军人才培养计划，1人次上海市领军人才，1人次国家万人计划中青年领军人才。

承担多项科研项目，公司负责承担的1项国家863计划项目、参与的22项国家863计划项目均通过科技部的验收，负责承担的1项市经委项目及3项市科委科技项目及也通过了验收，此外，承接并完成横向委托任务100多项，通过这些项目的开展形成一系列的科技成果。

2015年在车用驱动电机系统方面实现9亿元的销售收入，实现利润1亿元以上。

2015年公司新申请专利4项，新获授权专利4项。

公司牵头起草的《电动汽车用驱动电机系统第1部分：技术条件》2015版国家标准正式发布，牵头起草的《电动汽车用永磁同步电机技术条件》行业标准通过审查并完成了报批。

为了满足新能源汽车用驱动电机系统产业化发展的需要，在已有年10万套产能基础上，大力开展生产基地二期工程的基建建设及相关设施设备的添置，二期工程预计于2016年8月完成竣工，届时，公司将累计形成年产18万台套的车用永磁同步驱动电机系统的产业化生产能力。

公司综合实力和市场占有率均居领军地位，在国内外有较高的行业影响力。

公司发起成立的全国电动汽车电驱动系统全产业链技术创新战略联盟，新增五家新的联盟成员单位，联盟成员单位由原先的16家增加至21家，联盟实力得到进一步增强。

2015年以电动汽车电驱动系统全产业链技术创新战略联盟为平台，进一步围绕车用电驱动上游产业链关键材料、关键器件等广泛开展产学研合作，对国内车用电驱动上游产业的发展起到有效的拉动作用，对于推动我国电动汽车产业发展具有巨大的战略意义。

二、生产经营

2015年，公司实现电动汽车用电机及其控制系统的销售39869套，实现销售收入9亿元。

三、产能建设

为了满足新能源汽车用驱动电机系统产业化发展的需要，在已有年10万套产能基础上，大力开展生产基地二期工程的基建建设及相关设施设备的添置，二期工程预计于2016年8月完成竣工，届时，公司将累计形成年产18万台套的车用永磁同步驱动电机系统的产业化生产能力。

四、技术进展及研发能力进展

1. 驱动电机功率密度高不断提升

在驱动电机设计方面，采用基于机、电、热、磁的永磁同步电机多领域集成优化方法，对高密度永磁电机极限设计和精确分析，开发的产品具有转矩脉动小、效率高、功率密度高的优点。上海电驱动典型驱动电机产品功率密度达到3.0kW/kg，电机的峰值效率达到97%以上，超过85%的高效率区达到75%以上。

2. 电机控制器集成度不断提高

在电机控制器设计方面，采用电力电子模块化集成技术，将汽车级功率模块、一体化功率母排与膜电容器以及高换热效率的散热器高度集成，电机控制器功率密度不断提升；同时，研发基于管芯封装的新一代电机控制器，以期实现电机控制器更高程度的集成化、小型化及轻量化。采用永磁同步电机多模式矢量控制算法，实现驱动电机在全速度范围内的转矩精确控制和高速弱磁稳定性控制。上海电驱动典型控制器产品功率密度达到8.0kVA/kg，电机及其控制系统的峰值效率达到94%，超过80%的高效率区达到75%以上。

3. 关键工艺技术不断应用

通过对车用驱动电机系统的关键生产工艺进行不断优化与创新，上海电驱动掌握在拼块定子铁心与高密度绕线技术、定子水冷机座设计与整体铸造技术、多级永磁转子整体充磁技术等方面的专业工艺技术，提升自动化生产水平，提高生产效率及产品质量。

五、主要产品

序号	名　称	型　号
1	商用车电机系统	EM2093/EC2011
2	商用车电机系统	EM2165
3	商用车电机系统	EM2164
4	商用车电机系统	EM1243B/EC1243
5	商用车电机系统	EM1307A/EC1244
6	商用车电机系统	EM1325/EC1341
7	商用车电机系统	EM1349A/EC1341
8	商用车电机系统	EM2092
9	商用车电机系统	EM2095
10	商用车电机系统	EM2161
11	商用车电机系统	EM2158
12	乘用车电机系统	EM1301/EC1148E
13	乘用车电机系统	EM2063/EC2024
14	乘用车电机系统	EM2006/EC1357
15	乘用车电机系统	EM2002/EC2008
16	乘用车电机系统	EM2046/EC2011
17	乘用车电机系统	EM2011/EC2005
18	乘用车电机系统	EM1190/EC1310
19	乘用车电机系统	EM1189/EC1310
20	乘用车电机系统	EM2042/EC2003
21	乘用车电机系统	EM2027/EC1262
22	乘用车电机系统	EM1269/EC1262

六、合资合作

上海电驱动股份有限公司与大洋电机完成资产重组，

在新能源汽车事业板块的市场拓展、技术研发、运营协调、资源调配等方面进行对接，最大限度调动并发挥两家公司在新能源汽车驱动电机系统领域的优势互补和协同效应，进一步提高公司在新能源汽车驱动电机系统领域的综合实力，提升研发实力，丰富产品结构，拓展产品市场，提高品牌影响力和市场占有率，增强公司的持续盈利能力。

七、发展规划

1. 发展战略

在全球新能源汽车市场良好的发展趋势下，一方面公司将充分利用技术、质量及品牌优势，积极布局国内新能源汽车市场；另一方面公司将加强与国外整车厂商合作，推动公司加快进入全球新能源汽车供应链体系，把公司打造成具有全球视野的国际一流汽车零部件供应商。

2. 经营目标

继续致力于提供高效节能的新能源汽车驱动电机系统产品及技术开发服务，通过“电机驱动系统研发及中试基地建设项目”及“新能源汽车电机系统产业化能力建设项目”等的实施，建成系列化产品生产平台，形成批量化产品生产能力，设立完善的产品测试评价体系，力争在产品质量、集成化程度以及成本控制方面达到国际同类产品的先进水平。

3. 主要实施计划

（1）研发和创新计划。

加大对新能源车用驱动电机系统工程化和产业化关键技术的投入，开发满足各类电动汽车工况需求的驱动电机系统，进一步提升产品的稳定性、可靠性、功率密度等性能。

（2）人力资源发展计划。

不断完善优化用人机制，根据业务发展需要，引进优秀的精细化生产管理人才、技术研发人才及市场营销人才，建立科学的人力资源管理体系，进一步增强公司持续发展能力。

（3）市场和业务开拓计划。

国内市场方面：在新能源商用车领域，将动力集成系统作为主要产品，通过提供优质的售前、售后服务，逐步将产品推向终端客户市场；在乘用车领域，注重与乘用车整车制造厂商的合作，积极储备优质项目资源，通过提供高性价比产品，不断扩大市场份额，此外，拟通过在具有大批量采购需求的乘用车生产企业周边建立生产工厂的模式，提供点对点的产品和服务，以进一步提高客户粘性及满意度。国外市场方面：通过加大工程化和产业化关键技术的投入，积极开发高品质、高性能的驱动电机系统产品，以满足国际市场需求，同时，公司计划通过加强与国外整车厂商合作，推动公司加快进入全球新能源汽车供应链体系。

（4）供应链体系建立计划。

建立一体化的供应链体系，进一步不断提高产品的稳定性、可靠性及集成度，使公司的产品质量及集成化水平逐步趋于国际先进水平。

深圳市大地和电气股份有限公司

一、发展概况

深圳市大地和电气股份有限公司成立于2005年，致力于新能源汽车用永磁同步电机、交流异步电机及其驱动控制系统的专业服务厂商，集基础研究、产品开发、生产销售于一体，致力于在新能源汽车动力集成领域内做专、做特、做精、做透。在国内新能源汽车电机和电机控制器产品市场，业绩骄人，国内市场占有率绝对领先。2014年12月8日公司新三板上市，股票代码831385。

大地和以新能源汽车电机及控制系统及关键零部件技术工程化为切入点，致力于为电动车辆行业提供电传动系统的全面解决方案，通过新能源汽车电机及控制系统的模块化、系列化开发设计与批量制造，已成为电动汽车行业中电传动系统关键零部件的首选供应商成为驱动系统第一品牌。

作为电动汽车行业中电传动系统关键零部件的首选供应商和驱动系统第一品牌，公司拥有如下优势：

1. 深厚的技术积累

大地和自成立开始就专业研究电机及控制系统的技术研发，是行业内最早进入新能源汽车领域、最早启动新能源汽车驱动系统研究的企业之一。在工程化的工艺研究、原材料匹配选型、品质保障、测试平台的开发与测试控制等方面有丰富的经验积累，具备强大的应用开发能力及应用解决能力，对新能源汽车整车应用需求与环境具有丰富的研究经验。

多次为国家“863”电动汽车专项计划提供电机及控制系统的配套产品，拥有丰富的研发积累。多次与华中科技大学、天津大学、清华大学、武汉理工大学、南车株洲研究院、华南理工大学、北京理工大学等国内外科研院所进行基础及应用技术合作。

2. 广泛的客户应用

大地和是行业内最早展开与整车厂对接的专业企业之一，也是国内最早进行新能源汽车动力系统的批量化生产商之一，在新能源汽车行业积累较好的口碑。每年推出新项目，更新先进技术，保证产品在行业内的领先地位，在市场上成功占领一席之地，获得众多客户的肯定，响应国家新能源产业政策的发展。

大地和公司已与南京金龙、东风汽车、江铃集团、厦门金龙、苏州金龙、江苏奥新、中联重科、长安汽车、海马汽车、合肥国骋、杭州普拉格、奇瑞万达等大中型新能源汽车制造商建立稳定的合作关系，产品种类众多，涉及乘用车、商用车及特种车辆（物流车、环卫车）等。

3. 规范的企业管理

在企业管理上，打造出企业文化的精魂，强调以“新动力，新生活”为宗旨，以“客户满意”为核心价值观，以“坚持、尊重、追求、创新”为企业精神，不断聚集科学结晶，不断输出真诚奉献，把握时代重要的发展机会，以扎实的步伐前进，实践勇于创新的发展理念，立志创造出一个个辉煌业绩。

大地和凭借团队凝聚的开放与创新的氛围，引进西方管理思维和日本精益管理思想，结合公司实际情况，以《宝安宪章》《三力系统》《标杆管理》《加减法》为指导，以4C为手段，构造和改进公司系统化的管理体系，并以此作为支持大地和持续、健康、快速增长的制度基础。

2013 年，大地和公司销售收入 4105.01 万元，净利润 404.19 万元，应缴税金 601.40 万元，总资产 8071.89 万元。

2014 年，大地和公司销售收入 7581.44 万元，净利润 573.11 万元，应缴税金 522.10 万元，总资产 20125.99 万元。

2015 年，大地和公司销售收入 31920.22 万元，净利润 6303.64 万元，应缴税金 2336.6 万元，总资产 50482.42 万元。

二、生产经营

（1）大地和公司主要为新能源汽车提供安全可靠、技术领先、高性价比的驱动电机系统产品和服务，是集基础研究、产品开发、生产销售于一体的新能源汽车驱动电机系统专业服务商。目前大地和公司产品的主要销售模式为直销。

大地和公司作为国内最早介入新能源汽车领域、最早启动新能源汽车驱动系统研究的企业之一，具有强大的技术研发基础，产品系列多，应用领域广泛，从而拥有丰富的客户资源。大地和公司注重与上游配套企业建立长期、稳定、互惠互利的合作关系，目前已达成战略合作关系的客户包括：东风汽车、申沃客车、安凯客车、江铃汽车、海马汽车、金龙客车等。产品门类涉及客运巴士、小轿车、特种车辆、低速车等多个领域。

另外，大地和公司通过与深圳汽车产业联盟战略合作，围绕国家大力推行的新能源战略，达到资源共享、政策支持、信息互通、产业链供应、产业可持续发展，实现互利共赢的合作模式。

（2）2015 年，随着新能源汽车产业规模及市场规模的不断扩大，新能源汽车行业持续爆发式增长，在此背景下大地和公司凭借自身的优势获得良好的发展。大地和公司在贵州遵义建立全资子公司，在台州及厦门也建立合资企业，形成了以深圳为中心，遵义、台州、厦门东西结合的产业布局。同时，大地和公司管理层按照年度经营计划，一方面坚持以市场需求为导向，继续专注于主营业务的稳健发展，并有较大提升。同时进一步完善经营管理体系，加大研发及技术创新投入，稳步实施各项技术研发和市场拓展工作，为大地和公司的业务发展奠定良好基础。大地和公司内部管理和品牌形象都得到很大提升，大地和公司总体发展保持良好的势头，并取得较好的经营成果。

三、产能建设

大地和公司深圳总部作为研发基地，遵义子公司为生产基地，设计产能为 20 万套/年。

四、技术进展及研发能力进展

1. 近年来的主要科研成果

（1）2006 年，为日本迈为公司成功开发 3KW、5KW 系列的永磁同步轮毂电机。

（2）2007 年，成功推出 144V30KW、288V40KW 和 288V60KW 的永磁同步电机及控制器。

（3）2008 年，自主成功开发旋变和霍尔位置传感器，并推出混合动力 60KW 和 80KW 的永磁同步电机及其控制器系统，成功推出客户调控软件。

（4）2009 年，成功推出 90KW 和 120KW 的永磁同步电机及其控制器系统。

（5）2010 年，推出 120KW 和 160KW 等纯电动大巴用的永磁同步电机及其控制器系统，并推出含动态参数显示、权技术参数自设、系统故障诊断和报警的手持式触摸屏（也可以做成随车标配）。

（6）2011 年，成功研发四个新产品，分别是 PC3X 系列控制器、整车控制器、新型速度传感器和当时国内最大功率的 2800Nm 永磁同步驱动系统。

（7）2012 年，与客户东风集团联手合作，为军方特种车量身打造的中频电机，并安装在军用特种车上通过国家专家的评审及检测。

（8）2013 年，自主研发低压 MOS 控制器。

（9）2014 年，自主研发轮毂电机。

（10）2015 年，发展集成化前瞻性方案，研发汽车级控制器。

2. 近年来的主要技术研究进展

（1）适合电动汽车用异步电机设计与制造技术。

传统异步电机的设计与制造技术不完全适合电动汽车等车辆驱动领域用电机，必须在传统电机设计与制造技术基础上探索适合电动汽车用电机的新的设计理论、方法与更为先进的制造技术。

（2）高速异步电机的降噪技术。

采用普通的设计方法与制造技术时，当电机转速高于6000rpm时噪音将明显增大。本项目在电机设计上通过理论分析、经验总结、实验等多种手段选用合理的槽配合，兼顾功率因素、效率等指标选用合适的气隙、槽形尺寸。制造工艺上采用先进的转子铸铝工艺、定子铁心叠压工艺保证性能指标达到设计要求。先进的控制算法减少谐波电流从而进一步减少谐波转矩。采用以上措施后噪音将明显降低。

（3）低速大转矩强磁驱动技术。

低速时通过采用强磁驱动技术转矩可增加约10%左右。

（4）零速大转矩驱动技术。

此技术特别适合车辆的半坡起步，解决一般意义上交流异步驱动系统低速，特别是零速时转矩不稳或转矩难控制的问题。

（5）适合电动汽车用永磁同步电机设计与制造技术。

同步电机由于效率比异步电机更高，转矩更平稳，比功率更大，比较适合对体积、效率要求更高的电动车驱动系统。

（6）适合电动汽车用永磁同步电机磁场分析技术。

通过采用有限元分析方法，进一步优化电机磁场。

（7）凸极永磁同步电机转矩、功率控制技术。

凸极永磁同步电机比隐极电机转矩更大，但控制难度更大，研究其转矩控制技术具有现实意义。

（8）大功率MOS管并联与驱动技术。

主要解决MOS并联均流问题，同步驱动技术，散热冷却、故障检测技术、焊接工艺及结构布局设计。

（9）电动汽车用交流电机驱动系统控制算法的优化研究。

通过系统分析电动汽车的使用工况，进一步优化控制算法。

（10）产品系列化、标准化及各种标准的制定（含设计、生产、检测诸环节）。

五、主要产品

序号	名 称	型 号
1	永磁同步电机	GLMP250L0、GLMP180L0、GLMP35L0、GLMP20L2 等
2	永磁同步电机控制器	GLCP6032L26、GLCP7028L13、GLCP14045L67 等
3	交流异步电机	GLMI15A4、GLMI10A1、GLMI15A1、GLMI10A0 等
4	交流异步电机控制器	GLCI6006A2、GLCI7012A15、GLCI7026A5 等

六、合资合作

随着国家新能源汽车政策的推出，大地和公司取得爆发式增长，在贵州遵义建成年产20万套的生产基地，在台州及厦门也建立合资企业，已形成深圳为中心，遵义、台州和厦门东西结合的产业布局。

七、发展规划

（1）充电桩项目的实施；

（2）新产品研发，保持市场竞争力；

（3）批量生产自动化的推行（产业化推进），推动遵义子公司的全面投产，实现批量化生产规模。

株洲中车时代电气股份有限公司

一、发展概况

株洲中车时代电气股份有限公司（简称“时代电气”）于2005年由中国中车一级全资子公司中车株洲电力机车研究所有限公司（简称“株洲所”）等五家单位共同发起设立，注册资本为108426万元人民币。公司主要从事轨道交通装备电传动系统、网络控制、电动汽车电驱动系统、变流器、列控系统、信号系统、轨道工程机械电气控制系统及整机、客车电气产品、大功率半导体器件、通用变频器、光伏逆变器、传感器、印制电路板、复合母排、城市智能交通系统等产品的研发、制造、销售和技术服务，产品广泛应用于高速动车组、电力机车、内燃机车、客车、地铁及轻轨车辆、大型养路机械、城轨交通、电力、冶金等众多行业和领域。2006年12月20日，中车时代电气在香港H股上市。

二、生产经营

2015年，公司销售额142亿元。

三、产能建设

公司现年产能6万台，正在筹建5万台的自动化生产线。

四、技术进展及研发能力进展

中车株洲所在轨道交通领域产品建立一套完整的开发

流程与体系，技术水平处于国内领先，国际先进。以此为基础拓展应用到新能源领域，在电动汽车驱动系统上进行10多年开发，销售电机驱动系统等关键零部件20000套。

中车株洲电气在电机控制方面有独到的技术能力：如无速度/位置传感器控制技术、电机参数在线自动辨识；基于时代电气自主的IGBT生产线，我们可以为客户定制开发IGBT模块等。目前基于AUTOSAR设计的第三代高密度电机控制器已达到国内先进水平，它的结构布局采用分层结构，易于组装、更加易于以后批量后的自动化组装。

五、合资合作

2015年，公司与一汽集团、北汽签订战略合作协议。

六、发展规划

充分利用中国中车的品牌影响力，以及时代电气在半导体器件和变流器领域的优势，成为国内领先、世界知名的新能源汽车核心部件供应商，提供全方位系统解决方案，满足不同层次的客户需求。

东方电气集团东风电机有限公司

一、发展概况

中国东方电气集团有限公司（简称“东方电气集团”）是国务院国资委首批确定的53家涉及国家安全和国民经济命脉的重要骨干企业之一；我国最大的发电设备研发、制造和工程总承包企业之一；东方电气集团东风电机有限公司作为东方电气集团的全资子公司，是我国最早涉足电动车领域的厂商之一，主要从事新能源汽车用交流、永磁系列电机、动力系统总成及燃料电池的研发与生产，并于2010年随中国东方电气集团有限公司加入“中央企业电动车产业联盟”。

东风电机自上世纪90年代初成功为美国休斯公司研发出20kW交流异步电机驱动系统。经过20多年持续研发，公司已成为国家“863”计划电动汽车重大专项主研单位之一，先后参加过多项“863”电动车驱动相关科研项目，已建成高性能电驱动系统实验室以及年产五万台电动车驱动系统的自动化生产线。东风电机电动电驱动产品门类齐全，包括直流、交流异步及永磁同步等电动车驱动系统；产品功率覆盖3~250kW，涵盖小功率场地车、轿车、中型面包车、大型公交车以及市政专用的环卫、物流等电动车型；产品适用于纯电动、混合动力和燃料电池三类电动汽车。

自2016年以来，公司与苏州金龙、南京金龙、蜀都客车、川汽、中国一汽股份有限公司等企业进一步加强合作，并开发多款新车型。其中公司新开发的60kW永磁、90kW永磁、100kW永磁电机系统已全部装车，已完成整车公告试验并实现批量装车运行。

二、生产经营

2015年，公司核心产品为电动车用驱动电机及控制器，其中纯电动驱动系统目前已经实现产品产业化，批量化。公司与苏州金龙、成都客车、川汽等企业签署战略合作协议，已经成为上述企业纯电动系统主要供应商。目前公司开发的全系列纯电动系统集成已经批量运用于整车企业，全年累计签订产品数量4000余套，产品货值13000余万元。

2016年1—3月，东风电机在现有基础上新承接纯电动驱动系统500余套，累计合同签订2000余万元。

三、产能建设

公司目前已经建成国家级电动车驱动系统实验室，该实验室包括高低温、振动、沙尘、盐雾、噪音、效率等测试项目；同时已经建成年产5万台（套）电动汽车驱动电机自动化生产线。

四、技术进展及研发能力进展

东方电气集团东风电机有限公司自上世纪90年代起一直致力于电动车驱动系统的研发。通过优势技术资源整合，东方电气在东风电机设立“中国东方电气集团有限公司电动车电驱动系统研发中心”，该中心拥有一支包括1名工程院院士、20余名高工（含3名教授级高工）、20余名博士及40多位硕士在内的具有独立研发能力的技术团队。自2000年起，先后完成多项国家“863”重大专项的研究，在电动车驱动系统及特种电机领域具有强大的技术优势。目前已经完成包括3~250kW交流电机、60~250kW永磁电机、轮毂电机、低温超导电机的研发，并已经批量运用于市场。

公司目前在交流电机电磁方案设计、结构优化减重方面具有独特的优势，在永磁电机损耗、散热分析等方面进行深入研究，同时对永磁电机高温退磁、多倍过载方面进行多次试验，有非常深入的实际运用经验。

五、主要产品

序号	名 称	型 号
1	10kW 交流电机及控制器	YS190HD01
2	20kW 交流电机及控制器	YS220HSD02
3	30kW 交流电机及控制器	YS220XSD03
4	80kW 交流电机及控制器	YS340XSD02

续表

序号	名称	型号
5	100kW 交流电机及控制器	YS420XSD01
6	130kW 交流电机及控制器	YS368XSD03
7	28kW 永磁电机及控制器	TZ200XSD02
8	60kW 永磁电机及控制器	TZ290XSD01
9	90 kW 永磁电机及控制器	TZ420XSD02
10	100kW 永磁电机及控制器	TZ420XSD01
11	6 米纯电动车用动力系统集成	包括 6 米车用电机及控制器、整车控制器、高压配电箱、DC/DC、气泵及控制器、油泵及控制器等
12	8 米纯电动车用动力系统集成	包括 8 米车用电机及控制器、整车控制器、高压配电箱、DC/DC、气泵及控制器、油泵及控制器等

续表

序号	名称	型号
13	10～12 米纯电动车用动力系统集成	包括 10～12 米车用电机及控制器、整车控制器、高压配电箱、DC/DC、气泵及控制器、油泵及控制器等

六、合资合作

公司已与中国第一汽车集团公司、金龙联合汽车工业（苏州）有限公司、成都客车股份有限公司等形成战略合作，目前已形成批量稳定供货。

七、发展规划

东方电气集团东风电机有限公司将长期致力于以发展节能高效、清洁环保的电动车电驱动车产业为核心能力目标，以顺应人类社会对绿色能源急切而持续的需求与期待。为此，东风电机将持续投入进行产品技术升级研发、提升试验能力、扩大生产场地，并适时建设 20 万台电驱动系统生产线。

杭州德沃仕电动科技有限公司

一、发展概况

杭州德沃仕电动科技有限公司位于浙江省杭州市，公司是一家以 EV&HEV 汽车用驱动电机以及节能电机的研究开发、生产、销售为主的国家级高新技术企业。公司于 2015 年 9 月 24 日完成与浙江方正电机股份有限公司并购重组，方正电机（股票代码：002196）于 2007 年 12 月 12 日深圳证券交易所挂牌上市。

二、生产经营

2015 年，公司获得众泰汽车各个基地大量的订单，并与宇通客车、众泰汽车、南京越博、东风特汽等企业建立紧密合作。

2016 年，公司与北汽、宇通、东风、吉利、永源等整车企业建立紧密的合作关系。

三、产能建设

为了满足新能源汽车用驱动电机系统产业化发展的需要，公司在 2015 年 9 月 24 日与浙江方正电机股份有限公司完成并购重组，形成年产 8 万台的生产规模。同时公司在 10 月订购 4 条意大利的电机全自动化生产线。第一条自动化产线将于 2016 年 10 月安装调试完毕，将公司的年产能提高到 13 万台。其余 3 条产线到 2019 年逐年安装完成，并在 2020 年形成年产 30 万台的生产规模。

四、服务客户

公司已成功开发新能源汽车驱动型稀土永磁同步电机系列产品，公司秉承低碳节能的理念，科学合理的电机设计方案，始终坚持为整车企业提供动力系统解决方案，全方位诠释“DEWOS”品牌。其中新能源汽车驱动型稀土永磁同步电机及控制系统采用稀土钕铁硼永磁材料，电机效率高，转矩密度大，转矩和转速平稳，动态响应快且精准，配备高抗扰度转子结构，确保高速旋转转子可靠性。可广泛应用于蓄电池供电的各种车辆，如电动客车、电动轿车、电动环卫车辆、电动物流车等。已经在宇通客车、众泰汽车、时空汽车、青年汽车、银隆汽车、东风汽车、吉利汽车、永源汽车、潍柴汽车等知名用户试用，经用户试用认为产品技术先进、性能稳定可靠。公司品质管理严格执行 TS16949 质量管理体系要求。

五、主要产品

序号	名称	型号	应用车型
1	10KW 交流异步电机	YS175MFDWS80100A	云 100
2	13.5KW 交流异步电机	YS210MFDWS108135A	云 100S、芝麻 E30、东风裕隆
3	18KW 永磁同步电机	TZ175XFDWS320180A	鸿源派派、永源五星物流车、深圳东风垃圾环卫车等

续表

序号	名 称	型 号	应用车型
4	20KW 永磁同步电机	TZ205XFDWS320200A、TZ205XFDWS144200A	新龙马启腾 M70、一汽佳宝 T80、时空电动物流车型等
5	30KW 永磁同步电机	TZ230XSDWS336300A、TZ210XSDWS320300B 等	华晨 X30、南汽专用车 H7、众泰 V10 物流车等
6	35KW 轮边电机	TZ290XSYTB01	宇通客车 8~12 米纯电动客车
7	40KW 永磁同步电机	TZ230XSDWS313400A	吉利汽车、众泰汽车
8	45KW 永磁同步电机	TZ260XSDWS320450A	九龙客车、海狮等
9	50KW 永磁同步电机	TZ230XSDWS320500A	大海狮车型、凌特车型、4~5 吨轻卡
10	53KW 永磁同步电机	TZ230XSDWS336530A	众泰 S21
11	60KW 永磁同步电机	TZ284XSDWS540600A	6~8 米纯电动客车
12	80KW 永磁同步电机	TZ367XS-SL150E	10~12 米纯电动客车
13	100KW 永磁同步电机	TZ367XS-SL200E	10~12 米纯电动客车

江苏吉泰科电气股份有限公司

一、发展概况

2009 年，公司成立。2012 年，江苏吉泰科电气股份有限公司向业界呈现了迥然不同的变频驱动面貌，公司从诞生起，就处于行业的最前端，将新能源领域作为拓展重点，让我们看到其在变频驱动市场的新方向。2013 年，公司业绩快速提升，销售额成倍增长。2014 年，公司通过 ISO9001：2000 质量管理体系通过德国 TUV 认证、TS16949 认证，被认定为“国家高新技术企业”。2015 年，公司新能源领域类产品发展迅猛，同时公司各类产品在海外销售已增至欧美、亚太等 40 多个区域；公司上市筹备中。

二、生产经营

江苏吉泰科电气股份有限公司，以自主知识产权的电力电子技术和电机控制技术为基础，致力于打造国际一流的技术平台，以行业内一流的产品和系统解决方案服务于国际、国内的中、高端客户。

公司专注于电力电子技术和电机控制技术，主要涵盖工业变频器、伺服驱动器、新能源汽车电机控制器、风力发电变流器和光伏逆变器等产品的研发、生产和销售。

“以客户为中心”是吉泰科的核心价值观，吉泰科以追求客户对我们产品的信赖为己任，让客户享受我们的质量与服务，最终实现打破国外品牌的垄断，从国内走向国际的企业使命。公司在经营方面秉承自主创新、精诚团结的企业精神，采用现代化企业经营理念，利用现代化管理工具，使企业的业务流程规范、高效。

其中新能源汽车电机控制器产品已成功应用在厦门金龙、上海申沃、中通客车、北汽福田、安徽安凯、浙江青年、丹东黄海、扬子江等国内主流车厂，成为行业内首屈一指的产品供应商。

三、产能建设

公司已建成新能源汽车电机驱动系统实验室，以保持产品的可靠性。实验设备包括高低温、振动、噪声、效率等测试项目。

同时在位于深圳的生产基地 2015 年扩充到 12000 平方米专用厂房，相应电机驱动器产能达到 10 万套/年，2016 下半年将增加 10 万套/年低速电动车电机驱动器的产能。

四、技术进展及研发能力进展

公司是国家高新技术企业，以拥有自主知识产权的电力电子技术和电机控制技术为基础，以国内最早全面掌握高性能矢量控制技术为特点，是国内一流的具有国际水平的电机驱动器供应商，以行业内一流的产品和技术解决方案服务于国际、国内的中高端用户。公司拥有已获证书的专利 56 项，其中发明专利 8 项，实用新型专利 30 项，外观专利 36 项，产品性能和功能通过权威测试机构认证，并在国内主流整车厂和动力总成公司通过严苛的匹配试验，现已成为国内新能源汽车领域的主流供应商。

五、主要产品

序号	名 称	型 号
1	物流车用主控制器	HB100-2Z45W
2	中巴车用主控制器	HB100-2Z75W、HB100-4Z132W
3	大巴车用主控机器	HB100-4Z160W
4	定制化主驱组合产品	HB100-4Z132W-O
5	辅驱及定制化辅驱组合产品	HB200 系列
6	低速车用控制器	EA/ES 系列

六、发展规划

以市场为导向，创新为驱动，立足商用车，向乘用车进军，达到国际知名品牌同等水平。

湘电莱特电气有限公司

一、发展概况

湘电莱特电气有限公司是湘潭电机股份有限公司引进世界最先进的电机电控成套技术，立足打造中国低压电机领军品牌而创建的一家现代化中美合资企业，致力于电动汽车驱动系统方案研究、产品研发、生产制造、营销服务于一体解决方案，为“湘电”品牌旗下唯一电动汽车电机研发、制造、经销和服务的供应商。公司长期以来一直从事电动车辆电机驱动集成系统的研制工作，公司在电机集成设计和与整车匹配方面积累经验，对串联、并联式整车方案及驱动电机系统的各种工况相应性能需求、机械耦合结构设计、与整车匹配等方面有着丰富的经验。

二、生产经营

湘电莱特电气有限公司秉承湘潭电机的优良文化，经过三四年的奋战和积淀，拥有较成熟的设计研发能力和一系列的生产制造能力，并和如东风、长丰、南车等多家新能源汽车公司取得长足而稳定的合作伙伴关系，2015 年产值在 2 亿以上。

三、产能建设

现拥有世界唯一一条年产 10000 台非晶电机柔性生产线和一个年产能 300 万千瓦的低压电机半自动化生产基地，目前新建新能源电动汽车电机自动化生产线，预计 2016 年年底建成。建成后形成年电机年产能 4 万台，日产 120 台的生产能力。

四、技术进展及研发能力进展

在永磁同步电机驱动系统领域，形成了 9kW ~ 35kW 等功率等级的系列化产品，覆盖了串联、并联、混联、Plug_ in、等混合动力轿车；类型有 ISG 电机系统、BSG 电机、轮毂电机及控制系统；结构上有双离合器型、单离合器型、无轴承型、集成离合器执行机构等多种结构的电机。

在交流感应电机驱动系统领域，形成 60 ~ 200kW 功率等级的系列化产品。覆盖纯电动轿车、纯电动客车、并联式混合动力客车、串联式混合动力客车。

五、主要产品

序号	名　称	型　号
1	20kW 驱动系统	TYC20 – 8/180
2	30kW 驱动系统	TYC30 – 8/180
3	70kW 驱动系统	TZ250XS70B

六、合资合作

公司目前通过数年的市场开拓，已经与东风小康、重庆力帆、长丰集团、深圳五洲龙等多家国内知名新能源汽车企业建立深入合作关系。

七、发展规划

我公司众志成城，决定从多家公司合作出发，更多更好的研发出多种适应厂家的驱动电机，接着综合分析，从中梳理出我们的优势和劣势并积极有效的整理出我们所需要研究和发展方向的方案，把新能源车漆驱动电机研发设计、制造生产技术做到精益求精，以便更好地更快的服务于新能晕汽车行业。把产品做成全国一流品牌，去更好地服务大众。

东昌电机（深圳）有限公司

一、发展概况

东昌电机（深圳）有限公司创建于 1996 年，目前公司主要产品有：直流伺服电机、直流无刷电机、直流永磁电机、串激电机、感应电机等，应用于汽车产品的电机主要有：座椅控制电机、发动机散热风扇电机、电动车内转子永磁同步驱动电机、电动车直驱式外转子永磁同步轮毂电机等。

从 2000 年开始，先后通过 ISO9001、ISO14001、3C、ISO/TS16949 等体系认证。2012 年获得国家高新企业称号，连续多年被评为广东省名牌企业称号。

二、生产经营

2015 年，公司年产值 18000 万元。

三、产能建设

2015 年，公司年产能 1200 万台驱动电动。

四、技术进展及研发能力进展

拥有专业的技术研发团队及试验、检测设施，获得国家发明专利 2 项、实用新型专利 28 项。

外转子驱动电机产品 2013 获得深圳市宝安区科技创新

奖，2014 年获得深圳市科技创新奖。

五、主要产品

序号	名　称	型　号
1	2.2Kw 永磁同步驱动电机	W133070D060
2	10Kw 直驱式外转子轮毂驱动电机	TM01
3	18Kw 直驱式外转子轮毂驱动电机	TM02

六、合资合作

（1）与中国科学院深圳先进技术研究院合作研发直驱式轮毂电机、整车装配结构设计及应用。

（2）已与多家整车厂合作使用直驱式轮毂电机作为驱动的混合动力、纯电动汽车研发项目。

七、发展规划

（1）继续加大对电动汽车电机的研发投入，扩展电机的功率范围，实现产品的系列化。

（2）进一步优化产品结构设计，降低产品成本。

（3）两年内实现直驱式外转子轮毂电机年产 5000 台的目标

天津市礴金电机有限公司

一、发展概况

2006 年，受天津大学委托为柳州五菱汽车电动汽车项目开发电动汽车三相异步驱动电机，项目顺利完成。

2007 年，承担天津市科委“科技计划项目”的课题，项目内容是电动汽车驱动系统，历时一年半顺利完成。

2009 年，20 千瓦和 30 千瓦两款异步电机驱动系统销往丹麦和新加坡进行试验，客户非常满意。

2011 年，开发新能源汽车用永磁同步驱动电机永磁同步电机。

2013 年，再次承担天津市科委“科技计划项目”的课题，项目内容是电动汽车轮毂用楔形气隙无铁芯盘式直驱电机，并顺利完成。

2015 年，开发新能源物流车用永磁同步驱动电机驱动器。

2016 年，对永磁同步电机电动汽车驱动系统进行升级，完成无编码器新能源物流车用永磁同步电机驱动系统研发，提高系统的可靠性。

二、生产经营

公司于 2015 年开始调整发展方向，重点发展新能源物流车用永磁同步电机驱动系统，以为多家主机厂客户提供小批量样机。

三、产能建设

公司是专业电机生产厂家，具备月产 3000 台新能源物流车用永磁同步电机的产能。在建的每月组装 5000 台驱动器的主体厂房已完工。

四、技术进展及研发能力进展

对现有新能源物流车用永磁同步电机驱动系统平台进行优化升级，通过优化设计和进行大量试验，提高产品可靠性，降低生产成本，提高产品性价比，加强产品的市场竞争力，努力达到国内一流物流车驱动系统水平。

五、主要产品

序号	名　称	型　号
1	永磁同步电机	BJDT160G. BJDT200G. BJDT80L 等
2	永磁同步电机控制器	BJPT150L. BJPT40G. BJPT100L 等
3	交流异步电机	BJDY160G. BJDT200G. BJDT132L 等
4	交流异步电机控制器	BJPY150L. BJPY40G. BJPY100L 等

六、发展规划

公司将积极转型，以物流车电驱动系统作为核心发展方向，整合各种资源，顺应人类社会对绿色能源的需求，抓住机遇，努力做强做大。

Protean Electric

一、发展概况

Protean Electric 是一家清洁科技领先企业，专注设计、开发和制造 Protean Drive 驱动系统，提供一体化轮毂电机驱动系统解决方案。Protean Drive 轮毂电机系统可广泛应用于轿车、越野车、多功能商务车、轻型货车及各种专用车型上，并提供前驱或后驱，两轮或四轮驱动的混合动力、插电式或纯电动动力总成结构。Protean Electric 创新的轮毂电机从根本上改变纯电动汽车及混合电动汽车的动力总成配置，为整个汽车制造业提供革命性的电力驱动系统解决方案。

Protean Electric 已与多家整车厂商合作研发 20 多款装配轮毂电机的样车和改装车型，包括福特 F150 - EV、Volvo C30 Series HEV、沃克斯豪尔 Vivaro 货车以及基于梅赛德斯奔驰 E 级的巴博斯纯电动与混合动力车型等。

Protean Electric 的研发总部设立在英国，并在美国设立销售部门。2014 年 Protean Electric 将重心转移到中国，目前在上海设立商务及应用工程中心，并在中国天津滨海高新区投资建厂，将于 2016 年下半年开始投入小批量产以满足全球客户需求。

二、技术进展及研发能力进展

Protean Electric 拥有最强最全面的轮毂电机的技术、测试及应用经验，在开发其产业化轮毂电机的过程中，提出许多创新性的解决方案 。在该领域拥有超过 70 个已核准的专利及超过 150 个审批中的专利，是行业中的佼佼者。

Protean Drive 轮毂电机设计独特，整个电机系统可以非常方便的安装在大部分 18 英寸的普通轮辋内。Protean Electric 的工程师们颠覆传统设计理念，创新性地采用转子外置的设计，一体化集成逆变器模块及电力电子控制模块，并提供集成机械制动器的选项。Protean Drive 的革命性设计，实现业界领先的功率密度和超大转矩，系统效率远远超越传统的电机系统，为各种类型的轿车、越野车、商务车及轻型货车提供高效、强劲的动力。每个 Protean Drive 轮毂电机可以提供 80 千瓦的最大功率，1250 牛米最大转矩，重量却仅为 35 千克，可安装在直径为 18 ~ 24 英寸的常规车轮中。

Protean Drive 集轮毂电机、逆变器、电机控制和软件于一体，无需额外的大而笨重且昂贵的独立式逆变器。

Protean Drive 轮毂电机采用直接驱动方式，无需使用传统动力传动系统零件如减速器、变速箱、传动轴、半轴和差速器等，减少主机厂的整车零件成本、简化装配过程并降低固定资产投资，同时赋予车辆更多的灵活设计空间。更值得一提的是 Protean Drive 直接驱动可以大大提升系统总效率，降低传动系统能量损耗，意味着同样容量的动力电池可以实现更长的续航里程。

控制方面，Protean Drive 轮毂电机可实现每个车轮独立控制的分布式驱动，以此为基础可以实施牵引力控制、起步控制和转矩矢量控制等策略，大大提高汽车操控性和动力性。

Protean Drive 轮毂电机不仅可以为全新的或现有的车型改善燃油经济性、提升动力性能、增加驾驶乐趣，同时也为未来多形式的汽车驱动提供可能。

三、发展规划

Protean Electric 于 2016 年 7 月完成 D 轮融资，获得橡树投资，金沙江资本，浙江万安科技股份有限公司，天津天海同步集团有限公司等资金支持；并与浙江万安科技股份有限公司成立合资公司生产小型轮毂电机。

Protean Electric 将于 2016 年下半年在天津滨海高新技术产业开发区建立中国总部，生产基于 Protean Drive 整套技术的轮毂电机，满足中国市场及出口需求，实现轮毂电机商业化计划，并将于 2017 年年底前投建天津高新区永久生产基地。

大陆集团混合动力及电动车业务单元

一、发展概况

为了应对未来 CO_2 排放量的法规限制，技术创新对于汽车行业而言显得尤为必要。同时环保型汽车的驾乘舒适感和驾驭性能也必须保留。对此大陆集团的应对之道是“量身定制的电气化”解决方案，这是一种具有成本效益的电气化概念，适用于搭载不同车载电压的各类汽车。从 12V、48V，直至 400V，即从微混到纯电动车，均能配备相应的电气系统。

大陆集团的混合动力系统进入量产已逾十年，并于 2011 年起开始生产用于纯电动车的各种部件。从 12V 车载稳压系统、48V 电机系统、整车控制器等低压系统及控制单元解决方案，到功率电子、高压电机、及模块化的新型电力驱动系统等高压解决方案，大陆集团凭借经验和持续创新的能力，在不断改进产品功能与动力性能的同时，致力于减小尺寸和减轻重量。

针对具体的欧盟 2021 年 95 克/千米二氧化碳的排放法规和中国 2020 年 5 升/千米的汽车企业燃油平均油耗法规目标。大陆集团率先推出 48V 环保驾乘系统，在没有高电压的情况下和以极具竞争力的市场价格支持广泛的轻混功能，是大陆集团在动力混合方面“注重实效”理念的一个成功案例。48V 环保驾乘系统的开发，始于开发 12V 微混的全部潜力的设想，在基础的 12V 电力网络和高压强混之间，新增加一个电压等级：48V。48V 系统相比 12V 系统具有更多功能，同时拥有灵活的电池尺寸，和合适的能源额定值，是高压强混和低压微混之间的完美桥梁。大陆集团通过这种“量身定制的电气化”，帮助汽车制造商能够采取循序渐进的逐步式方案实现电气化。该技术已于 2016 年在欧洲率先实现量产，中国市场和北美市场将紧随其后。

2015 年 6 月，大陆集团宣布推出专为中国市场打造的新型电力驱动系统，其创新概念在于集电机、变速箱和功率电子系统于一体，省去许多部件。新产品设计紧凑，极具经济性及扩展性，能应用于从 60 kW ~ 120 kW 的所有性能水平。因此可用于从插电式混合动力车到强劲的电动车在内的广泛车型。根据用途的不同，该驱动系统的电动机有两种变体：异步电动机（ASM）和永磁同步电动机（PSM）。由于其紧凑的设计，新型电力驱动系统不仅重量更轻，而且比同类产品更强劲，使驾驶更富乐趣。凭借成本上的优势，相信该电力驱动系统正适合中国市场的需求。

今天的内燃机将逐步演变为未来的零排放电动车，这一进程将鼓励众多新能源系统配置的研发。因此，作为模块化设计的结果，扩展性和灵活性对系统变得至关重要。在适用于混合动力及电动车的所有关键部件方面，大陆集团的模块化系统（从功率电子、电机一直到完整的系统解决方案）已经实现这个目标。

二、新能源乘用车主要产品

序号	名 称
1	高压轴驱动电机
2	功率电子模块（高压 DC/DC 与 逆变器）
3	整车控制器
4	电池管理系统
5	48 伏系统（电机及逆变器集成 与 48V DC/DC）
6	12 伏双电池管理系统

深圳市蓝海华腾技术股份有限公司

一、发展概况

深圳市蓝海华腾技术股份有限公司是一家拥有完全自主知识产权的国家级高新技术企业，专业致力于电动汽车电机控制器、变频器、伺服驱动器等电力电子产品的研发、制造、销售和服务。曾荣获中国电工技术学会，电动车辆专业委员会和中国汽车工程学会，电动汽车分会联合颁发的“2012 电动汽车技术卓越奖”，荣获变频器行业协会“技术创新”奖、中国电工协会“最具竞争力自主品牌”奖等奖项。公司于 2016 年在创业板成功上市，股票代码：300484。

公司拥有电机驱动的核心控制技术，同时具有完善的产业化设计和生产平台，在新能源电动汽车电机控制器拥有丰富完整的产品系列：同步/异步主驱动电机控制器、ISG 和 BSG 电机控制器、油泵/气泵电机控制器等单机标准系列和客户化定制的二合一、三合一及多合一集成产品几十种型号，功率覆盖 3kW ~ 280kW；并通过与多家系统总成厂家、部件厂家及整车厂密切合作，截至 2016 年 5 月已有近十万台套主电机控制器和辅助电机控制器配套在国内多家主流车厂的各种纯电动或混合动力汽车。

为满足公司的快速发展需求，蓝海华腾在福建省厦门市设立全资子公司——厦门蓝海华腾电气有限公司，并购买自建用地建设蓝海华腾第二个研发中心和生产基地。目前在建中，预计于 2016 年竣工并投入使用。蓝海华腾在全国各地分别设立办事处和售后服务机构。并秉持“技术是基础，质量是生命，不断创新，持续改进，为顾客提供优质的产品和满意的服务”的质量方针，为客户提供优质的产品和满意的服务。

二、主要产品

序号	名 称	型 号
1	电动汽车电机控制器	V6 - H - 4D120G/ V6 - H - 2D60G
2	电动汽车电机控制器	V6 - H - 4D55G/ V6 - H - 2D30G
3	电动汽车电机控制器	V6 - H - 4D250G/ V6 - H - 4D200G/ V6 - H - 2D90G
4	电动汽车电机控制器	V6 - H - 4D120G& V6 - H - 2D60G
5	电动汽车电机控制器	V6 - H - 4D90G& V6 - H - 2D45G

深圳市依思普林科技有限公司

一、发展概况

深圳市依思普林科技有限公司成立于 2012 年 9 月，公司专注于新能源汽车三大核心部件（电池、电机、电控）之一的电机控制系统研发制造，以自主创新的大功率 IGBT 模块为核心，实现电动汽车电机控制器的自主化及产业化，是国内唯一掌握 IGBT 模块设计及生产技术的电机控制器厂家。

2013 年 4 月，获得 ISO9001 - 2008 质量体系认证证书。

2013 年 7 月，获得英飞凌电子生态圈产业化成就奖。

2014 年 8 月，获得第三届中国创新创业大赛优秀企业奖。

2015 年 6 月，获得第六届中国创新创业大赛新能源行业十佳。

2015 年 6 月，获得国家高新技术企业证书。

2016 年 7 月，获得 TS16949 汽车行业体系认证证书。

2016 年 8 月，由深圳市沃尔核材股份有限公司、深圳市创东方富润投资企业（有限合伙）深圳市前海睿泽壹号贰号投资合伙企业（有限合伙）深圳市远致创投有限公司四家著名投资公司投资超 1 亿元资金。

二、生产经营

2015 年，公司与整车企业完成 6 米、8 米、10.5 米、12 米在内的物流车乘用车大中巴整车产品的公告，并应用于江苏湖北天津重庆等多家城市运营。

三、产能建设

依思普林公司现有厂房 6000 平方米，其中生产厂房 3500 平方米，净化厂房 1000 平方米，办公厂房 1000 平方米，实验室 500 平方米，公司现有生产线 6 条，实现控制器月产 1 万台每月，IGBT 模块月产能 37500 台。

四、技术进展及研发能力进展

2012 年，公司组织成立研发中心，发展至今，有研发人员 50 人左右，其中博士 2 人，硕士 2 人，本科 30 人，现有国际专利 PCT 2 项，国内发明专利 6 项，实用新型专利 11 项，软件著作权 5 项。

公司核心技术产品汽车级 IGBT 模块，实现控制器小型化、轻量化、高功率密度、高效率和高可靠性技术，同时实现电动汽车电机控制器的自主化及产业化。

五、主要产品

1. 新能源汽车用 IGBT 模块		
序号	名　称	型　号
1	六单元 IPM 模块	LDG450F12T4A/LDG600－800AF12E4A
2	电动乘用车、物流车 IGBT 模块	ESG300－600B07A
3	48V BSG 弱混系统 Mosfet 模块	ESF400B150A/ESF520B150A/ESF680B150A
2. 新能源汽车用电机控制器		
4	电动客车电机控制器	EMC100－336DW（P/I）/EMC100－540DW（P/I）
5	电动客车电机控制器	EMC（100－150）540DW（P/I）
6	电动乘用车电机控制器	EMC（10、30、50、65）336W（P/I）/EMC30－336W（P/L）
7	电动物流车电机控制器	EMC25－144F（P/I）/ EMC25－336F（P/I）
8	电动物流车电机控制器	EMC（30、100）－336F（P/I）

六、合资合作

公司与中科院深圳先进技术研究院、北京大学、重庆大学等建立科研合作关系，并与深圳先进技术研究院合建 IGBT 重点检测实验室。

公司已与江苏微特利电机制造有限公司、深圳市五洲龙汽车有限公司、重庆五洲龙新能源汽车有限公司、重庆东本工业有限责任公司、南京南汽专用车有限公司 、北汽银翔、郑州日产、重庆恒通客车，川汽，南汽，众泰汽车，长安客车，杭州德沃仕、南京越博新能源，中植新能源等 23 家车企建立客户合作关系及战略合作伙伴关系。

七、发展规划

凭借政府的支持和市场的拉动，公司 2016 年预计实现产值 1.5 亿左右，2017 年预计实现产值 2.5 亿左右。

中冶南方（武汉）自动化有限公司

一、发展概况

中冶南方（武汉）自动化有限公司（以下简称“中冶南方自动化”）成立于 2004 年，注册资本 8000 万，是中国冶金科工集团中冶南方工程技术有限公司的全资子公司、国家火炬计划重点高新技术企业，是专业的自动化控制解决方案供应商及工程服务商、专业的自动化产品及电气成套设备制造商，是“湖北省电机变频工程技术研究中心”的承建单位。

中冶南方自动化具有强大的工程设计、电气传动及基础自动化、电气产品研发、系统集成、软件开发、成套制造等能力，依托国家综合甲级设计资质的专业背景，成功参与执行钢铁有色、轨道交通、市政工程、行车起重、汽车制造等领域的数百个大型重点工程项目，提供项目所需的核心装备、关键组件及工程技术服务。承接国家重大科技装备攻关项目子课题，并获得国家科技进步奖一等奖、国家优秀工程设计奖等诸多荣誉。

中冶南方自动化自主开发的 E－CONVERT 高性能矢量变频器获得“国家重点新产品”认证，在冶金、起重、化工、纺织、汽车等多个行业有成熟的应用推广。面向新能源汽车行业开发的 EV 系列电机控制器，关键核心技术均掌握完全自主的知识产权，具有高性能、高精度、高可靠性等特点，匹配交流永磁同步电机，可满足纯电动大巴、中巴、乘用车、物流车、环卫车等多类电动汽车的应用需求。

中冶南方自动化 2012 年进军新能源汽车行业，开发出第一代电机控制器，先后与扬子江客车、东风商用车、常隆客车等车企开展合作；2013 年与杭州长江汽车达成战略合作，为其开发电机控制器，全程参与纯电动中巴、商务车、乘用车等多款电动汽车的正向开发，产品严格按照汽车关键零部件开发流程进行充分验证，并通过高温、高湿、高寒、高原等耐候性测试；2014 年新一代电机控制器实现批量生产；2015 年在业务稳定增长的基础上进一步完善产品系列，先后为东风汽车、恒通客车提供电机控制器，已有数百辆搭载着公司电机控制器的纯电动城市客车行驶在各地街头；2016 年与重庆瑞驰汽车展开合作，为其纯电动物流车开发专用电机控制器，现已批量供货。

二、生产经营

中冶南方自动化的三大核心业务版块为工业自动化技术服务、电气传动产品制造、电气设备成套。面向新能源汽车行业推出的电机控制器是公司的主打产品之一。

公司位于武汉东湖新技术开发区的中冶南方机电产业园（占地面积 500 亩），拥有 2 万平方米的现代化电气产品制造基地，生产制造工业变频器、电机控制器等高品质电气产品：多任务工作平台机制，实现敏捷化协同生产作业；特种定制开发，针对特殊需求快速形成最适合的产品解决方案，满足客户最复杂的设计标准与制造需求。

同时，针对汽车零部件产品在设计与生产等环节上要求的规范性和严格性，公司在通过 ISO9001：2008 质量体系认证的基础上，进一步导入 TS 16949 质量管理体系，2015 年已经顺利地通过 TS 16949 质量管理体系的符合性认证。

三、产能建设

电机控制器当前产能 1.2 万台/年、规划产能 5 万台/年。为满足电动汽车业务的快速发展，建成有 SMT 生产线、整机组装生产线、单板检测和整机测试车间。产线在工艺流程中的关键工序集成机器人自动焊接系统，提高自动化程度，确保批产一致性。严格按照汽车零部件开发流程建立产品试验检测体系，具备台架性能测试、安全可靠性测试、环境适应性测试、出厂老化测试等试验能力。

随着产品种类的丰富和市场需求的快速增加，公司生产规模也将不断扩大，2016 年将新增一条新能源汽车电机控制器生产线，届时生产产能将达到 3 万台/年。

四、技术进展及研发能力进展

中冶南方自动化有员工 300 余人，产品研发技术人员达到 35% 以上，其中博士 5 人、硕士 60 余人。电机控制器研发团队 70 余人，核心技术人员在业内均有丰富的电机控制器产品开发经验。

在产品研发和生产制造环节，公司正式引入“失效模式与影响分析（FMEA）”方法。在产品设计阶段，对构成控制器的子系统、零件进行详细分析；在生产制造环节，对各个工序也逐一进行分析。找出控制器产品所有潜在的失效模式，并分析其可能的后果，从而预先采取必要的措施，全面提高产品的质量和可靠性。

此外，公司在研发能力上也加大投入且成果显著，目前已受专利 90 项，其中发明专利 53 项，实用新型 27 项，外观设计 10 项，登记软件著作权 20 项。针对目前纯电动汽车越来越严格的 EMC 要求，公司研发部门也投入大量精力对现有产品进行全面核查与整改。现已协助多家企业的多款整车通过 EMC 检测。

在产品线方面，继成功推出多款主驱动电机控制器和辅助电机控制器之后，又针对物流车市场开发出全新一代的电机控制器，在保证产品质量品质的同时以优异的综合优势赢得客户的高度认可。同时，针对客车市场继续完善产品线，开发专用空调压缩机控制器等产品。

五、主要产品

序号	名 称	型 号	典型应用车型
1	驱动电机控制器	EV550－3LXX－150A	A0 /A 级纯电动乘用车
2	驱动电机控制器	EV550－5L1X－250A	6～8 米纯电动中巴
3	驱动电机控制器	EV550－5L2X－250A	8～10 米纯电动中巴
4	驱动电机控制器	EV550－5LXX－350A	10～12 米纯电动中巴
5	驱动电机控制器	EV556－5LXX－110A	物流车
5	助力转向控制器	EV540－5NXX－006A	6～8 米纯电动/混动客车

续表

序号	名　称	型　号	典型应用车型
6	助力转向/空压机控制器	EV540－5AXX－013A	8～12 米纯电动/混动客车
7	空调压缩机控制器	EV540－5LXX－020A	6～8 米纯电动/混动客车

六、合资合作

专业致力于新能源电动汽车领域的长江汽车，拥有纯电动乘用车生产资质，并有国内规模最大、自动化程度最高、专门生产电动汽车的工厂，年产能达到10万辆。中冶南方自动化与长江汽车进行深入的合作，从2013年起中冶南方自动化就成为长江汽车的战略合作伙伴，公司全程参与长江汽车数款电动汽车的正向研发工作。长江汽车旗下的纯电动商务车、纯电动中巴车、纯电动小型SUV三款车型的电机控制器均由中冶南方自动化提供。公司全程协助长江汽车通过“三高”测试和EMC测试，目前纯电动中巴和商务车项目已经实现量产配套。

中冶南方自动化参与云南五龙汽车多款车型的电驱动系统设计，现主要为其商用车提供主驱动电机控制器和转向泵辅助电机控制器。实现小批量稳定供货。

在新能源城市客车领域，恒通客车也选择中冶南方自动化为其驱动电机控制器的供应商。中冶南方自动化为其纯电动城市客车定制开发的主驱动电机控制器已经批量供货。有数百辆搭载着E－CONVERT电机控制器的纯电动城市客车行驶在各地街头，控制器优异且稳定的性能得到时间的检验和用户的肯定。

在纯电动物流车领域，公司与重庆瑞驰汽车展开深入合作。为其纯电动物流车定制开发多款驱动电机控制器，并配合多款车型的台架测试与整车测试，目前已批量供货。

以东风汽车研发新能源客车为契机，中冶南方自动化为东风汽车定制开发多款辅助传动电机控制器，目前助力转向泵电机控制器已经小批量装车。

七、发展规划

中冶南方自动化致力为新能源汽车核心零部件全面国产化做出更多的贡献。在未来5年，公司将通过持续的投入和创新，努力缩短与国际主流厂商的技术差距，打造成为电机控制器业内一流的国产品牌。为实现以上目标，将开展的重点工作如下：

（1）针对细分市场的特点和需求，进行系列化产品扩展和新平台开发，进一步完善产品系列。

（2）在产品平台化、轻量化、集成化方面做深入研究，力争将产品功率密度做到国际领先水平。

（3）为满足将来更为严格的法规要求，基于ISO 26262的电机控制器开发将逐步导入和实现。

（4）根据业务发展，扩建自动化程度更高的产线并完善下线检测，2020年实现产能10万台/年。

南京越博动力系统股份有限公司

一、发展概况

南京越博动力系统股份有限公司（原南京越博汽车电子有限公司）2012年4月成立，于2015年9月16日整体变更为南京越博动力系统股份有限公司，专注于新能源汽车动力总成研发、生产及销售，注册资本5886万元。主营产品包含纯电动汽车动力总成和插电式混合动力汽车动力总成两大产品平台，公司先后被评为国家高新技术企业、国家科技部火炬计划产业示范实施单位、全国实施卓越绩效模式先进企业、江苏省民营科技企业、第二届江苏科技创业大赛获奖企业。建有江苏省企业研究生工作站、南京市新能源汽车动力总成工程技术研究中心、南京市认定企业技术中心和南京市工业设计中心等省市级研发创新平台，积累丰富的新能源汽车动力总成研发经验，具有较强的新能源汽车动力总成研发能力。

南京越博动力系统股份有限公司拥有员工400余人，其中从事研发人员150人，高级工程师26名；研究生以上学历34名，其中博士10名，并聘有客座研究专家10人。包括国家“千人计划”创新人才国家特聘专家1名，国家科技部创新创业人才1名，国家863计划“节能与新能源汽车”咨询专家1名，国家科技部产业与国际交流技术专家1名，全国汽车标准化委员会电动车辆分技术委员会委员1名，江苏省333工程高层次人才1名，江苏省劳动模范、南京市十大杰出青年、南京市五一劳动奖章1名等。

二、生产经营

1. 研发办公场所、地址及研发仪器设备等情况

南京越博动力系统股份有限公司拥有较为完善的研发办公场所。位于建邺区国际人才港3000平方米办公用房，其中研发场所2000平方米，配备先进的研发设备。在滨江经济开发区建有16000平方米研发实验基地，其中研发场所5300平方米，并配备较为完善的研发设备和检测仪器，包括电机试验台、静音室、总成跑合设备、电机测试平台系统、LDEV－3电机测试台、变速箱跑合试验台、实验室

总成跑合台、实验耐久台架、动力总成对拖检测台、自动动力总成组装设备、总成组装流水线、动力总成自动下线测试系统等先进仪器设备 100 多台套。为满足产品的产业化发展，2015 年 12 月在江北浦口新区购置产业基地，共计 210 亩，一期 96 亩，二期 113 亩。投资 20 亿元作为江北新区产业化建设研发实验基地，建成后可满足年产 20 万台（套）动力总成产能需求。

2. 主要销售渠道及开拓市场情况

南京越博动力系统股份有限公司以先进的新能源汽车动力总成自主核心技术、规范的质量管理、极具竞争力的市场份额等，在新能源汽车动力总成行业中奠定领先地位。以地区划分为东北、华北、华中、华东、华南、西南、西北七大区域，加强市场覆盖及占有率。与一汽、东风、厦门金旅、中通客车、长安客车、南京金龙等国内 60 多家整车企业建立合作关系，2015 年销售收入近 5 亿元，预计 2016 年销售收入突破 10 亿元，并将于 2016 年底递交创业板 IPO 资料。为保持公司行业技术优势，不断突破与提升技术水平，公司研发投入年年加码，2015 年研发投入近 2000 万元，占销售收入的 5.7%。

3. 市场占有率情况

通过国家工信部公告认定：配套越博纯电动客车动力系统车型有 71 种，正在审批车型公告 41 种。产品的质量和性能得到客户的一致好评，并获得中国工程院院士郭孔辉的高度赞扬。越博首批纯电动客车动力总成成功服务于南京青奥会，性能和质量皆获得一致好评。2015 年纯电动汽车动力系统销售总量近 10000 台套，经中国机械通用零部件工业协会齿轮分会数据统计表明，市场占有率为 10%，在国内纯电动汽车动力总成行业排名第一。

4. 生产工艺流程

（1）核心部件机械式自动变速器的生产流程

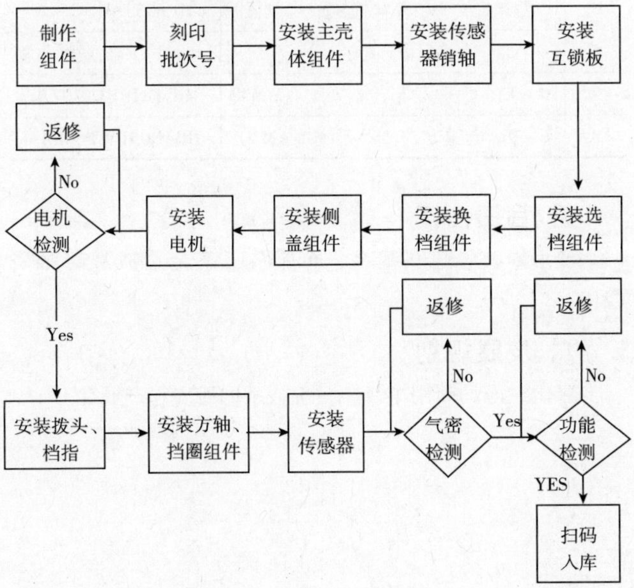

（2）核心部件整车控制器的生产流程

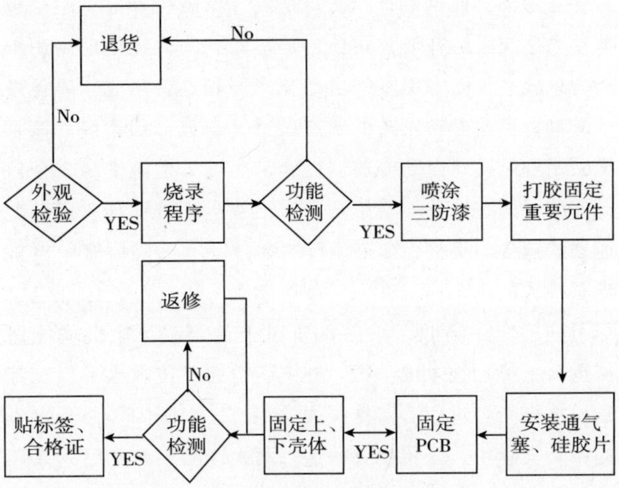

（3）新能源汽车动力总成产品的生产流程

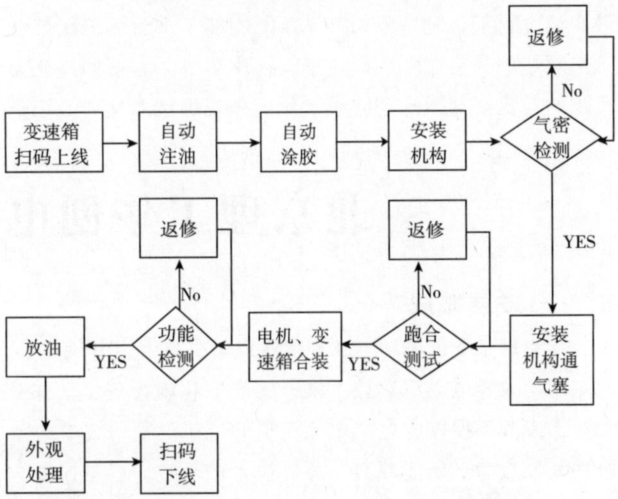

三、产能建设

南京越博动力系统股份有限公司努力使产品销售收入和净利润在未来实现持续稳定增长，五年内以 25% 以上的速度快速增长。公司将加快三大项目建设，三年内实现如下目标：

（1）迅速扩大优势产品的产能到 20 万台/年。

（2）扩大已开发成功产品的产业化程度，新建总成装配流水线 2 条，产能达到 10 万台/年。

（3）对现有的总成流水线、机构装备流水线等 5 条生产线扩建，生产能力达到 20 万台/年以上。

四、技术进展及研发能力进展

目前国内外市场上的纯电动汽车动力总成在总体设计方案上，主要以直驱系统为主，综合效率低，能耗较高，爬坡能力差，制约了纯电动汽车的应用和推广。众所周知的电动车行业明星企业特斯拉在第一代产品采用直驱电机加减速器的方案，到第二代产品采用两档变速箱的方案来对电机转速和扭矩进行控制，而宇通则是到第三代产品的时候才考虑到此问题，松正更是到了第五代产品。南京越博动力系统股份有限公司自主研发的第一代纯电动商用车动力总成系统已采用多档自动变速器和电机集成一体化设计方案，目前最新发布的新产品系第二代升级系统。该系统采用双电机双自动变速器设计，通过 2 个电机与 2 个自动变速器的有效叠加与组合，加上双电机分别与双自动变速器的耦合，使整个车辆运行的高效区间达到原有单电机直驱模式的 1.7 倍，在任何载荷和运行工况下，保证电机尽可能工作在高效区，在 80% 以上的工况下电机均能保持运行，该项技术填补国内外市场空白。技术水平经江苏省科技查新咨询中心实施国内外查新，在国内外公开发表的中外文献中，未见相关报道。两大产品平台均已列入江苏省和南京市新兴产业重点推广应用新产品目录，并获得高新技术产品认定，纯电动客车动力总成荣获南京市科技进步奖。目前，越博公司产品匹配的整车平台涵盖新能源汽车领域的公交客车、商用车、乘用车等。越博始终坚定所走的自动变速器这条路线，凭借领先的技术优势，迅速成长为新能源纯电动汽车动力总成领域的领头羊。

五、主要产品

序号	名　称	型　号
1	纯电动动力总成	—
2	整车控制器	—
3	换挡控制器	—
4	电机控制器	—

六、发展规划

（1）计划“十三五末”2020 年实现年产值百亿元。

（2）计划打造国家级重点实验室、国家工程技术研究中心等国家级研发机构平台。

（3）将新能源汽车动力总成研发、电机电控的生产制造项目同步进行，逐步推进新能源汽车推广应用，打造成为国内以纯电动汽车动力总成为核心的新能源汽车产业基地。

北京理工华创电动车技术有限公司

一、发展概况

北京理工华创电动车技术有限公司成立于 2010 年，是北京理工大学电动汽车技术唯一的产业化依托单位，并由北京市发改委授权成立“电动汽车北京市工程研究中心”。公司长期致力于新能源汽车关键技术的研究，已掌握整车网络化控制技术、车辆动力学控制技术、一体化电驱动与传动技术、多电机分布式控制技术等核心技术，并形成了整车控制器、功率转换集成控制器、电驱动与传动总成、分布式控制器等产品，是纯电动商用车领域关键技术的引领者、先进动力系统平台及关键零部件提供者和新型运营模式倡导者。

二、产能建设

2015 年，实现年生产能力：电动汽车动力总成（AMT）3000 台套、整车控制器 20000 台套、功率转换集成控制器 10000 台套、高压线束 10000 台套、高压线束 10000 台套以及电动车动力系统相关附件 20000 台套。

三、技术进展及研发能力进展

依托强大的研发平台和一流的技术团队，多次承担国家“863”及北京市科研任务，在此基础上自主研发获得数十项电动汽车领域技术发明专利，2015 年获得北京市科学技术二等奖。

四、主要产品

序号	名　称	型　号
1	整车控制器	HCDN55VCU
2	风冷五合一功率转换集成控制器	HC6553ACDCPDG - A3
3	水冷五合一功率转换集成控制器	HC6553ACDCPDG - L2
4	混动水冷五合一功率转换集成控制器	HC6553ACDCPDG - L1
5	风冷三合一功率转换集成控制器	HC6553ACDC - A
6	高压配电柜	8.5m/12m 高压配电柜
7	10 - 12m 电驱动与传动系统（AMT）	HC4R10PT - BZA
8	6 - 9m 电驱动与传动系统（AMT）	HC4N05PWT - EZA

五、合资合作

理工华创与基石基金、航天科工基金达成战略融资合作。

六、发展规划

深化纯电动商用车领域关键技术的研发和产业化。

綦江齿轮传动有限公司

一、发展概况

綦江齿轮传动有限公司，前身是綦江齿轮厂，始建于1928年，2002年完成公司制改造，是中国商用车变速器生产基地和齿轮出口基地。公司位于重庆市綦江区，占地63万平方米。公司系国家汽车零部件出口基地企业、国家一级计量、一级理化企业、重庆市重点支持和发展的出口畅销品牌、中国客车工业优秀品牌、中国机械500强、中国“百佳汽车零部件供应商”。

公司主导产品有：客车变速器产品、货车变速器产品、新能源变速器与系统、集成缓速器的变速器总成、电控换挡系统产品、各式驱动桥齿轮。产品适用于中高档客车、新能源汽车、中重型载货车及各式专用车、特种车。

公司产品以精度高、噪音低、寿命长和使用可靠等特点，在国内外享有盛誉，“綦江”商标历史悠久，驰名中外。公司产品先后被评为国家级新产品，全国齿轮行业名牌产品，多次获得中国国际客车大赛“最佳零部件奖”产品奖、“最具实力客车零部件”产品奖、“客车零部件技术创新”产品奖、中国客车节油大赛“最佳节油型变速器”产品奖。

二、生产经营

綦江变速器以成熟的制造技术、优良产品品质、明显的规模与价格优势、个性化定单优势，保持国内中高档客车变速器的主导地位，同时保持了国家军品定点生产的地位。綦江速箱在国内大型高档豪华客车市场占有率达到60%以上，变速器随整车出口跻身行业第一，实现以零部件出口向总成和零部件出口相结合的战略转移：2005年，宇通客车获出口古巴400台客车；9月，宇通再次签订出口古巴630台客车的销售合同。2006年，宇通客车的1000辆古巴大单，中大汽车与俄罗斯喀山市政府签订2000辆城市公交客车合作协议，苏州金龙的500辆卡塔尔大单。2007，苏州金龙出口俄罗斯1000台海格客车协议在莫斯科签署。2007年至2009年，古巴将从宇通集团采购5348台客车，截至2015年，綦江变速器已被全球100多个国家和地区使用，累计出口超过5万台。綦齿传动新能源汽车专用传动产品历经上海世博、广州亚运及数十家公交用户实际运营的检验，表现更加成熟，性能更加可靠。截至目前，超过20000台綦齿传动新能源专用传动产品先后投放江苏、广东、山东、天津等区域公共交通领域，成为国产新能源客车及动力系统传动产品一颗亮丽的明星。

三、产能建设

针对旺盛的市场需求和日趋激烈的市场竞争，綦江齿轮传动有限公司从抓军品、出口产品、新能源客车配套产品等高端切入，加大力度实施精品工程建设，不断更新技术装备，保障产品质量，打造“綦江”品牌，奉献顾客优质产品，巩固提升品牌优势。在公司技改项目引进日本卧式加工中心、韩国卧式加工中心、意大利成型磨齿机、德国易普森炉、奥地利爱协林渗碳淬火炉、德国三座标齿轮测量中心、美国MM3525齿轮测量机及自动化装配线等大量国外先进的设备数百台（套），提高技术装备水平，增强产品在线检测能力，提升质量管理，提升品牌优势。截至2016年，公司客车变速器生产基地产能达到15万台，与此同时，公司开始筹建新能源产品研发与制造基地。

四、技术进展及研发能力进展

綦江齿轮传动有限公司注重人才团队尤其是研发团队的建设，企业研发团队规模达180人，拥有市级企业技术中心和50余人的研发团队；拥有专利技术199项，其中发明专利技术5项，实用新型专利技术186项，外观设计专利技术7项，具有国内汽车变速器研发领先水平，拥有从设计、分析、试验、验证、匹配等方面完整的研发验证体系。公司目前在新能源基体箱、AMT变速器、轮边减速器、新能源驱动系统、TCU、整车控制器等方面取得突破性进展，公司目前已被认定为高新技术企业、国家汽车零部件出口基地企业。

五、主要产品

序号	名　称	型　号
1	行星齿轮箱	2P1110、1P1010、2AP1110
2	MT机械变速器	2S210、2S310、2S1100、QJ1112、4S310、4S510、4S710、4D1200、5D500
3	AMT机械自动变速器	2S800AMT、S3－120AMT、S6－150AMT、5S1200AMT、6S900AMT、4S1200AMT
4	轮边驱动变速器	1D210
5	驱动系统	EPT系列

六、合资合作

在新能源领域，公司与郑州宇通客车股份有限公司、金龙联合汽车工业（苏州）有限公司、南京越博汽车电子有限公司、贵州贵龙客车制造有限公司、中山大洋电机股份有限公司、江西凯马百路佳客车有限公司、精进电动科技有限公司、天津松正电动科技有限公司等企业建立长期稳固的合作关系。合作路径多样、从理论支持、关键技术突破、成果转化都有着良好的合作记录和结果。

七、发展规划

綦江齿轮传动有限公司新能源汽车专用变速器总体目标是成为我国新能源汽车传动产品领军企业，新建新能源产品制造与研发基地，产品技术水平达到国内一流，国际领先，并在电控、新能源动力总成等关键零部件领域达到国际先进、国内领先水平。项目建成后达到年产 50000 套新能源汽车专用变速器及动力传动产品配套能力。

万丰卡达克新动力有限公司

一、发展概况

2015 年，公司产品进入小批量生产阶段，产品质量不断提升，经济性能进一步优化提升，万丰卡达克混合动力总成技术荣获 2104 年中国汽车工业科技技术二等奖。

2015 年 8 月公司顺利开发完成 10.5 米系列客车混合动力总成系统，并于下半年投入市场应用。公司混合动力总成产品可以满足 10～12 米系列客车动力需求。

公司标准化厂房交付使用，全新的自动化流水线投入生难产，可实现年产能 20000 台套动力总成。公司立项启动纯电动客车和纯电动物流车轻卡等多品种动力总成的开发、测试、验证并成功推向市场。

二、生产经营

2015 年，公司生产的混合动力总成及控制系统 500 多套，满足各种工况需求。

2016 年 1—6 月，公司完成混合动力 200 多套及纯电 300 多套动力总成的交付，与多家主机厂完成新公告申报。

三、产能建设

2015 年初，公司标准化厂房交付使用，厂房面积总计 10 平方米，一期产能 20000 台，二期产能 50000 台，三期总产能达到 100000 台套动力总成生产能力。

四、技术进展及研发能力进展

万丰卡达克新动力有限公司科研团队，攻坚克难，先后研发生产了满足 12 米城市公交客车运行的 CHS1201（高电压），CHS1202（低电压）混动总成，满足 10.5 米城市公交客车运行的 CHS8501，CHS8502 混动总成，CES8501 纯电动总成系统。可以满足 10～12 米公交客车各种复杂路况的需求。

CHS 混合动力总成系统以双行星排、双电机驱动、机电耦合及控制技术为关键核心技术，兼备动力耦合、自动变速和自动离合三大功能。在成本、功率密度、电功率比、效率、可靠性等方面取得重大突破，无级变速，无换档离合，体积小、重量轻、动力足，节能效率高。CHS 系统具有独立自主知识产权，获得国家授权发明专利 5 项，实用新型 9 项、外观专利 2 项，申请中专利 11 项。

纯电动动力总成系列采用高功率密度永磁水冷和风冷电机，根据客户需求可以匹配低转速高扭矩直驱电机和高速电机配减速箱等多种驱动方案，高度集成化电动物流车驱动系统方案，经过严格测试，已经在市场上正常运营。

五、主要产品

序号	名 称	型 号
1	12 米城市客车混合动力总成	CHS1201/CHS1202
2	10.5 米城市客车混合动力总成	CHS8501/CHS8502
3	纯电动客车系列动力总成	CES8502/CES8503/CES8504
4	纯电动物流车、轻卡系列动力总成	CES2501

六、合资合作

万丰卡达克由万丰奥特控股集团与中国汽车技术研究中心联合出资设立，立志于新能源汽车混合动力总成，纯电动总成，燃料汽车等动力系统的研发、生产、销售并提供你相应的技术服务。

依托先进的设计理念和产品系列公司与国内众多主机厂形成联动合作，携手开展新能源混合动力客车的研发生产，推动新能源汽车技术及产业发展。

七、发展规划

万丰卡达克新动力有限公司注册资本 3 亿元，2015 年成功入驻万丰航空特色小镇（占地 2300 亩），计划总投资 10 亿元人民币，专注于新能源汽车动力总成的研发试制生产销售。

依托现有深度混合动力专利技术，未来公司将不断加强技术设备投资，人才引进与培养，建立万丰混动研究院，力争建成起国家级新能源汽车技术中心和科研中心，大力推动新能源动力技术创新与提升。整合上下游产业，打造集电池技术、动力总成技术、电机技术、电子控制技术为一体的系统集成技术服务商。

“十三五”期间，努力实现年 100% 增长，至“十三五”期末年产值达到 30 亿元。至国家 2025 战略，达到产值过百亿目标。

上海赢双电机有限公司

一、发展概况

上海赢双电机有限公司是一家专业研发和生产各种型号旋转变压器的上海市高新技术企业。目前公司研发团队技术精湛、生产工艺成熟、测试设备先进、精确，能够快速满足客户的各种定制旋转变压器的需求。

上海赢双电机有限公司通过承担国家“863”计划重大专项新能源汽车电机系统中的传感器子课题项目，在混合动力汽车、纯电动汽车和燃料电池汽车的电机系统中的磁阻式旋转变压器的设计、生产和制造工艺等方面的研究取得一系列重大突破，面向国家战略性新兴产业和上海高新技术产业化的发展需求，提供电动汽车（包括高铁、轨道交通、风力发电）电驱动系统所需的高可靠性磁阻式旋变产品。公司自主研发的磁阻式旋转变压器已随着国内重点新能源汽车电机驱动系统企业的产品应用于各大知名汽车企业的整车中。

上海赢双电机有限公司完成的研究项目主要有：

（1）国家“863”科研计划项目“乘用车电驱动系统全产业链开发”——车用旋转变压器项目；

（2）上海科委科研计划项目“电动汽车电驱动产业链产品技术标准与应用示范”——车用旋转变压器技术标准项目；

（3）经上海市高新技术成果转化项目认定办公室认定，上海赢双电机有限公司磁阻式旋转变压器（52 型）、磁阻式旋转变压器（132 型）为上海市高新技术成果转化项目。

（4）“用于高转速的旋转变压器”“定子与转子槽 13/16 配合的小尺寸旋转变压器”“七槽旋转变压器”3 项研发专利已获得授权。

二、生产经营

上海赢双电机有限公司共生产数万台磁阻式旋转变压器应用于各大汽车厂家如中通客车、安凯客车、奇瑞汽车、一汽汽车等新能源车中，包括纯电动汽车、混合动力轿车及客车、燃料电池汽车、电动环卫车、电动叉车、电动场馆车及低速电动车等。此外，一部分磁阻式旋变还应用于 EPS 系统中。为满足国家电动汽车产业化配套需求，公司组建的磁阻式旋转变压器自动化生产线已增加到两条，一些旋变试制品已应用至国外汽车企业的新能源汽车中，并为全球几大新能源汽车零部件配套商如博世联合电子、大陆汽车等进行样品开发。磁阻式旋转变压器已完成产品系列化开发，目前其外径已开发 φ37mm ~ 径 φ225mm 的旋变逾 30 个品种，可满足从微型电动车到混合动力大客车等车型的需求。通过几年来的技术创新，企业产品具有高性能、高可靠性、低成本的特点，能替代同类进口产品，国内市场占有率进一步提升。企业营业收入和盈利能力得到快速增长，步入稳步发展的轨道。

三、产能建设

公司新建两条具有自主产权的磁阻式旋转变压器自动化生产线，可满足三款特定品种旋变年 150000 套的配套需求。为了跟随国外主流新能源汽车电机厂家的电机产业向中国转移的趋势，同时也为了满足数年后的国内电动汽车电机系统中旋变的需求，目前公司旋转变压器的生产能力已达 450000 套/年，初步计划两年后可达年产 60 万套配套能力。

四、技术进展及研发能力进展

上海赢双电机有限公司拥有研发实验室，配备专业研发仪器设备和试验平台。公司还和上海大学共建产学研基地，就车用磁阻式旋变的研发与生产进行联合。公司非常注重人才队伍建设，形成一支以教授专家带队、青年科技工程技术人员为主的研发团队。通过承担国家 863 计划等重大科研项目的研制任务，锻炼技术及生产队伍，同时在新能源汽车电机系统中的磁阻式旋转变压器的设计、生产和制造工艺等方面的研究取得丰富的经验。基于汽车电机实际工作环境恶劣性的考虑，在产品的可靠性上作大量的研究工作，量产产品绕组采用全密封保护，保证电机在车用环境下稳定可靠地工作。

新产品方面为博世、联合电子、大陆汽车、雷米电机等新能源汽车电机配套商进行试制样品供货。

五、主要产品

序号	名　称	型　号
1	磁阻式旋转变压器	YSJ52XU9734
2	磁阻式旋转变压器	YSJ132XU9732
3	磁阻式旋转变压器	YSJ132XU9736
4	磁阻式旋转变压器	YS160XU9738
5	磁阻式旋转变压器	YS215XU97312
6	磁阻式旋转变压器	YS225XU9736

六、发展规划

随着我国提高资源利用效率，实现节能减排战略的推进以及新能源汽车的大力发展，旋转变压器的市场需求将迅速提高。公司对未来产品的考虑及发展规划如下：

（1）与上海大学共建产学研基地，实现科研技术产业化转移；

（2）提高专业化生产水平，扩大生产能力，形成旋变制造工艺产业链；

(3) 计划两年内形成年产60万套旋转变压器的配套能力；

(4) 新增生产厂房8000平方米，用于后续旋转变压器生产线建设。

阳光电源股份有限公司

一、发展概况

阳光电源股份有限公司（股票代码：300274）是一家专注于新能源及电力电子领域的高新技术企业。是国家级博士后科研工作站设站企业、国家高新技术产业化示范基地、国家认定企业技术中心、国家级守合同重信用企业

自1997年成立以来，公司坚持以市场需求为导向、以技术创新作为企业发展的动力源，培育一支研发经验丰富、自主创新能力极强的专业研发队伍；先后承担10多项国家重大科技计划项目，主持起草多项国家标准，是行业内为数不多的掌握多项自主核心技术的企业之一。作为中国逆变器行业领军企业，在汽车电动力应用领域创新拓展，建立行业的领先地位。2015年度光伏逆变器出货量全球第一，连续六年亚洲第一，世界前二，综合实力跻身全球新能源企业前列。

二、生产经营

专注于新能源汽车、太阳能、风能、储能等新能源发电设备及系统解决方案。2015年度光伏逆变器出货量全球第一，连续六年亚洲第一，世界前二，综合实力跻身全球新能源企业前列。

三、技术进展及研发能力进展

检测中心通过CNAS（中国合格评定国家认可委员会）试验室认可并获得证书，具备国际互认的检测能力，并达到作为第三方检测机构，提供权威检测报告的资质；获得国内首个TUV莱茵颁发的WMT授权实验室资质认证；获得北美CSA认证。

四、主要产品

序号	名　称	型　号
1	电机控制器	KYS14X400SG
2	电机控制器	KTZ14X400SG
3	电机控制器	KTZ36X34S0SG
4	电机控制器	KTZ54X34S0SG
5	电机控制器	KTZ38X41S0SG
6	电机控制器	KTZ54X60S0SG
7	电机控制器	KTZ54X46S0SG
8	电机控制器	DCAC
9	新能源车用高压配电柜	PDU－E617
10	DCDC 转换器	VPS6212
11	DCDC 转换器	VPS6324

珠海泰坦科技股份有限公司

一、发展概况

珠海泰坦科技股份有限公司（以下简称“泰坦”）是在香港上市的中国泰坦能源技术集团有限公司（港股代码：2188）下属全资子公司。泰坦专注于电力电子领域，集研发、制造、营销、工程服务于一体，围绕发电、供电、用电的各类用户，运用先进的电力电子和自动控制技术，解决电能的转换、监测、控制、优化、节能和新能源利用的需求，是为新能源、电力、铁路、交通、通信、石化、冶金、航空航天等行业提供高性能产品和服务的高科技企业。近几年，随着新能源行业的迅速发展，电动汽车充电产品供应、站级建设以及运营平台建设已成为泰坦发展的重要支柱。

2015年，泰坦延续在新能源汽车行业的领先优势，中标国家电网公司电动汽车充电设备项目，中标金额8200万元人民币；此外，泰坦参与建设国内最大的纯电动汽车停车保养场——上海金高路公交停车场，停车场所有充电设备和监控后台控制系统均由泰坦供应；还建成武汉琴台、青岛交运站等大型充电站项目，揽下广东珠海、中山及湖北武汉电动汽车充电网络系统的整体建设，打造全城覆盖型充电站群；建立单机最大功率可达500kW的珠海唐家、佛山东平大桥等超级充电站；与此同时，泰坦还发布电动汽车充电APP，构建互联网、车联网、充电网三网合一的服务平台。

截至2015年12月31日，泰坦累计完成的总承包、设备提供、设计、施工建设项目600余个，超过10000台/套设备在运行。

2015年，泰坦持续推出大车快速充电一体机、小车快速充电一体机、壁挂式和落地式的交流充电桩以及自主研

发的充电模块系列，所有的车充产品都可以兼容不同标准的电动汽车充换电需求。

二、生产经营

自2005年受美国军工企业委托开发新型电动车充电产品以来，泰坦一直专注于围绕电动汽车充放电设备的技术开发、产品研制及场站建设，是目前国内电动汽车充放电关键设备运作时间最长、运行经验最丰富、产品种类最多的企业。泰坦参与建设国内所有重点或大型电动汽车充换电站项目，地域覆盖东北、西北、西南、华中、华东、华南、中国香港及中国台湾等地。作为电动汽车充电实施行业先行者，泰坦产品荣获“国家级重点新产品”，纳入“863计划”和战略性产业推广计划。

三、产能建设

现下新能源行业迅猛发展，市场对于充电设备的需求也逐年增加，为适应市场变化，满足客户需求，经过产业化改造，泰坦及其下属控股子公司目前可实现交流桩超过3万台/年，直流充电系统超过1万套/年的产能。

四、技术进展及研发能力进展

随着新国标的出台，泰坦研发团队研发推出一批符合新国标要求的大车快速充电一体机、小车快速充电一体机、壁挂式和落地式的交流充电桩以及具有“一机四充”功能的直流充电系统，另外还有自主研发的充电模块系列。研发的重点在于更大的提升充电的安全性和兼容性，更好的满足市场的需求。

五、主要产品

电动汽车充电设施

序号	名　称	系　列
1	直流户外一体化充电系统	TCZ - Y
2	模块式整车充电系统	TEVC
3	交流充电桩	TCZ - J
4	数字化电源模块	TEV - M
5	双向变流器/逆变器	TPCS
6	后台监控系统及运营平台	TEVC
7	单机式整车充电系统	TQCC
8	分箱式充电机	TEV
9	动力电池测试及维护系统	TCF

六、发展规划

泰坦发展的重点：一是放在极大地提高充电设施的扩展性上，建立统一的监控平台，以便更好地服务于不同标准的电动汽车充电系统；二是打造车联网平台，使充电设施能满足所有电动汽车的通信协议和适应不同的运营平台；三是适时推出适用于城市公共充电站和公交专用充电站建设的新方案——智能集约型充电站。该方案集箱变、储能技术、光伏发电、充放电及智能电网功率调度、管理和服务等科技为一体、在技术、产品和空间上高度集约，整站在工厂生产线上完成，机动运输到使用现场，具有高可靠、易建设、易投运、易维护、占地少、投资省、灵活机动等特点，是泰坦“互连网+智慧充电”的智能化充电体系的重要组成部分。

万帮新能源投资集团有限公司

一、发展概况

万帮新能源投资集团有限公司的关联母公司万帮车业，2015年销售额220亿，销量8万辆。旗下有65个汽车经销店，其中以梅赛德斯奔驰为主的豪华汽车品牌店23个，主要分布在鲁、苏、皖、沪地区。

2014年万帮车业紧贴产业发展机遇，成立万帮新能源投资集团大举进军新能源领域，并形成万帮特色的新能源全产业链，包括：主营充电设备研发与制造的万帮德和新能源科技有限公司、主营充电设施城市运营的星星充电、主营新能源品牌汽车销售的4S店群、为各大主机厂提供全国性私人充电桩安装服务的云安装以及致力于打造成为国内新能源汽车第一线上商城的i电动。

二、生产经营

万帮新能源实现多个国内领先：万帮德和新能源科技有限公司研发我国首台互联网充电机、恒功率充电机，首年即获得11家主机厂订单，产销量达到5万台，市场份额实现全国第一；万帮星星充电运营全国首个互联网充电桩，是全国首个实现无卡充电、无屏充电、充电枪头保护、国内领先的充电桩运营商；万帮新能源4S店群覆盖北京、上海、武汉、南京、常州、芜湖等城市，是国内目前门店数量最多、经销品牌最广、综合实力最强的专业新能源汽车经销商；云安装已成为最大的全国私人用户充电桩配套服务指定合作商。

三、产能建设

2015年，万帮德和新能源科技有限公司产销5万余个充电桩，2016年的全年预定订单已经超过20万台，是我国电动汽车充电设备制造领域的龙头企业。目前已成为北汽、广汽等11个车企新能源汽车的配套供应商，并连续两年被北汽评为“北汽新能源杰出供应链伙伴”。

2015 年，星星充电在全国建设 20000 余个充电设施，主要集中在京广沪、苏鄂皖。星星充电已投资 10 亿，在全国 25 个城市建成 3 万余个充电桩，在建桩数量上，星星充电在所进驻的几乎所有城市都位居前列。

万帮新能源成为国内领先的专业新能源汽车经销商，已在全国开设 13 个经销店，覆盖北上广鄂皖苏。万帮在行业内创新性的成立中国首家新能源汽车综合平台体验超市。位于上海浦东御桥路的体验超市于 2015 年 5 月 31 日开业，获得北汽、江淮、启辰、广汽等 5 个汽车品牌的集体授权。北京万帮新能源体验中心于 2015 年 10 月 31 日正式开业，还未开业便受到北京地区消费者的热烈欢迎，试营业期间订单即达到 356 台。

云安装团队于 2015 年 9 月正式在北京成立。公司目前运营及施工团队 41 人，云电工 500 余人。公司具有年施工 20 万个充电桩的强大安装能力，并且在上海设有分公司，南京、常州、广州、苏州、天津、重庆、芜湖、武汉等地均设有办事处。

四、技术进展及研发能力进展

2015 年 2 月，万帮德和大功率直流充电机下线，具有当时全国唯一的宽电压恒功率技术，电压幅宽从 300V ~ 750V，可以同时满足乘用车、物流车、大巴车等各类充电汽车的充电需求。

2015 年 4 月，万帮德和成为国内首个在充电设备上应用 SMC 新材料的企业。产品一改过去沉重的钣金结构，新材料具有产品轻量化、科技化的特点，同时压缩成本，更加适合中小充电运营商使用。

2015 年 6 月，万帮德和发明全国首台远程控制智能配电柜。该电柜可以实现远程抄表、信息自动采集、自带 WIFI、远程控制启动电源等功能，特别适合充电设施运营商使用。

2015 年 8 月，万帮德和研发的储能电池及梯次利用电池获得中国铁塔股份公司认可，并正式进入铁塔商务合作环节。

万帮德和在装备制造领域不断延伸产品线，先后与日本尼吉康合资下线品质卓绝的车载充电机、与江南石墨烯产业研究院合作推出华东首条退役动力锂电池分解生产线、并自主研发推出动力电池梯次利用的大规模应用生产线。

万帮星星充电研发我国第一个开放控制接口的充电平台，真正做到全面开放、互联互通的平台化和标准化，实现充电网、车联网、互联网的“三网融合”，体现在两方面：一是所有行业合作活动，只要有充电需求，都可以在开放平台上获取充电服务，同时可以满足不同场景的应用需求；二是星星产品平台开放充电桩接入标准，任何充电桩可以通过接入标准进入平台运营，共享全国用户，增加充电受益；

星星合作平台提供两种获取充电业务的方式：API 接口与充电 H5 模块。API 接口包括充电桩查询、充电业务控制、充电状态等接口，合作伙伴在自身 APP 或者微信公众号的基础上根据 API 开发，实现充电业务；充电 H5 模块不需要额外开发，即可便利地集成到微信公众号中供用户使用。

五、主要产品

序号	名　称	型　号
1	互联网版智能交流桩系列	DH - AC0070XX03
2	便携式交流充电桩	DH - AC0070HG08 - B
3	钣金款智能交流充电桩系列	DH - AC0070SS02
4	一体式直流充电机系列	一体式充电机
5	移动储能式电动汽车充电机	—

六、合资合作

2015 年，万帮德和先后与日本尼吉康合资下线品质卓绝的车载充电机、与江南石墨烯产业研究院合作推出华东首条退役动力锂电池分解生产线、并自主研发推出动力电池梯次利用的大规模应用生产线。

2015 年 3 月 10 日，万帮德和与全球电源管理及散热解决方案的领导厂商——台达电子签署战略合作协议，将在新能源汽车充电解决方案、充电桩设备及零部件方面进行多项合作，结合政府及行业等各界力量众筹建桩，共同推动电动车充电网络的建设与覆盖，助推新能源汽车产业的发展。

2016 年 5 月 27 日，住友电气工业株式会社莅临万帮德和调研考察，目前已经和万帮德和达成合作共识。

七、发展规划

万帮德和在 2015 年已经实现产销 5 万台，2016 年将突破 25 万台，到 2020 年万帮德和将实现产值突破 100 亿元。在产品规划上将形成五大产品系列，并形成 5 个国内龙头：新能源汽车充电设备、梯次利用电池及旧电池分解、车载充电机及其他主要零部件、分布式发电设备及电源管理系统、动力锂电池和 BMS。

2016 年，万帮星星充电再开拓 40 个城市，到 2020 年，将运营 100 万个充电端口，星星充电发起的“桩”点中国活动将走遍 100 座城市。

万帮新能源 4S 店在流通领域不断延伸产品线，分别推出了新能源二手车、分时租赁、电池延保、电池回收、汽车电商、消费者社群等行业创新业务。十三五期间，万帮新能源将通过加盟、合营、自营等多种方式打造“百城千店”的宏伟蓝图。

2016年，云安装将业务拓展到30个城市，管理3000名以上的“云电工”。

万帮人的梦想是通过万帮人的努力可以使新能源汽车普及时代加快到来。

云杉智慧新能源技术有限公司

一、发展概况

云杉智慧新能源技术有限公司（简称云杉智慧），成立于深圳前海，注册资本5亿元（实缴），由知名上市公司杉杉股份（股票代码：600884）于2015年7月牵头投资成立。

二、生产经营

云杉智慧经营范围包括新能源汽车应用整体解决方案供应与服务、充电设施投资建设及运营、新能源汽车的设计开发、租赁、金融服务、运营及维修保障。

三、产能建设

云杉智慧专业于新能源汽车综合运营服务平台，产品包括电动汽车充电产品硬件设施及充电桩管理软件、充电运营平台软件、充电桩智能数据平台软件、城市新能源汽车推广运营整体解决方案等，已广泛应用于全国重要城市。

云杉智慧以技术为先导，旨在利用互联网+的模式，重新整合新能源汽车产业链，并采用“车网协同、智能互联、专业运维”的运营模式、融资租赁等多种金融创新手段开展新能源汽车运营业务，为新能源汽车用户提供全新的服务体验。

同时云杉智慧将整合产业上下游多方资源，以强有力的服务网络推动新能源汽车的普及与发展，致力于构建健康和规范发展的新能源行业生态。

四、技术进展及研发能力进展

云杉智慧拥有一流的新能源汽车行业技术和运营人才，已有包括充电数据平台、运营、监控系统等18项著作权，充电技术、车辆技术3项实用新型专利，并有9项发明专利进入了实质审查。

五、合资合作

云杉智慧新能源技术有限公司与国内外一流新能源汽车车厂、硬件厂商、交通运输企业、第三方车辆运营平台、智能停车改造、以及智慧城市建设等企业建立良好的战略合作关系。

六、发展规划

云杉智慧将大力投资建设公共充电桩，3年内占据充电运营行业龙头地位；并在新能源乘用车、物流车、通勤车运营领域强势拓展，提高新能源汽车综合运营的核心竞争力，打造新能源汽车综合运营第一品牌，成为具有一流专业水准的城市新能源汽车推广运营整体解决方案供应商。

上海电巴新能源科技有限公司

一、发展概况

上海电巴新能源科技有限公司是一家致力于新能源汽车行业的高新技术企业，是电动汽车动力电池快换行业的先行者，充换电站设备制造商、运营服务商。公司早在2001年就开展电动车能源供应模式研究，提出“车电分离、分箱快换”的设想和解决方案，于2005年在兰州设立了世界上首个充换电站实验站，服务于兰州31路电动大巴。

公司的解决方案和产品在2008年北京奥运会、2010年上海世博会、2010年广州亚运会上都得到了广泛的应用，经受住了高密度、大客流、极端天气的考验。北京奥运会实现了世界首次大规模采用电池快速更换方式为电动公交提供动力，上海世博会充换电站是目前世界上运营规模最大的充换电站，广州亚运会则首次以商业化模式运营充换电站。

目前近300辆电动巴士已经融入城市公共交通中，载客近2亿人次、行驶1800多万公里，快换动力电池33万次以上，在缓解汽车尾气污染、发展低碳公共交通等方面发挥了重要作用。

在成功服务于奥运、世博、亚运后，公司利用技术和运营模式的优势，与国家电网合作，为江西抚州、江苏南通、辽宁大连、河北唐山、宁夏中卫、上海临港等城市电动公交提供充换电站设备和运营维护服务。公司与上汽申沃、北汽、广汽客车、苏州金龙、万向客车、四川野马、湖北扬子江等整车生产厂家形成配套关系。公司积极拓展国际市场，带有我们专利产品——新型电池箱的电动客车已经登录西班牙；公司还与波兰TAURON集团签订了中波e-Bus项目合作协议，在波兰示范推广电动大巴。

二、技术进展及产能建设

公司在保持电动商用车领域技术、市场优势的同时，积极在电动乘用车领域进行探索，公司开发的电动乘用车快换系统采用底盘换电模式，锁止结构牢固实用，电气结构安全，箱体防护等级高。目前适用公司底盘快换系统的力帆电动汽车、北汽E150电动汽车，已经完成了路试，

2014 年公司研发的应用纯电动乘用车底盘换电系统的换电站在公司生产基地落成。

公司高度重视技术革新，不断进行发明创造，改进产品性能。目前公司拥有 47 项专利，其中发明专利“一种电动公交系统”已经在美国、日本、香港、韩国、马来西亚、加拿大、巴西、新加坡、印度以及欧洲 13 个国家获得国际专利授权。

为进一步扩大产能、提升研发水平。目前公司在纯电动商用车换电领域和纯电动乘用车换电领域，不仅是设备的供应商，还是充换电站的整合解决方案提供商及运营服务商。

为改善环境质量、优化能源结构，发展新能源汽车、实现汽车工业转型，已经成为业界共识。新能源汽车在国家“十二五规划”中被列为全力扶持的七大新兴产业之一。电巴新能源将与业内同仁一起努力，共同致力于推动新能源汽车产业的发展，以创新创造未来，以科技服务城市建设，用行动创建低碳社会。

许继电源有限公司

一、发展概况

许继依托多年来在电力电子领域的研发设计经验，在电动汽车充换电领域具有丰富的技术积累和工程经验，并始终处于行业领先地位。目前公司已研制出交流充电桩、一体式直流充电机、分体式直流充电机三大类 20 余款产品，可以满足客户不同应用场景。产品覆盖全国 29 个省市，并参与建设充换电站 300 余座，累计销售额已达 30 亿元。许继在充换电设施关键技术研究、核心装备研制及工程建设等方面已处于国际前列。

二、产能建设

许继电动汽车智能充换电设备制造基地占地面积 29280 平方米，具备年产 40000 台交、直流充电桩，30000 面标准屏柜，220 套充换电站成套设备的生产能力，年产值可达 25 亿，是一个集研发、实验、生产、制造为一体的产业基地，也是中国目前规模最大、技术水平最高、产品城市覆盖区域最广的电动汽车智能充换电系统产业基地。许继还拥有“国家能源主动配电网技术研发中心”和“国家电网公司电动汽车充换电技术实验室”，专用实验仪器设备 500 余台，实验室环境已处于行业领先地位。

三、技术进展及研发能力进展

许继集团紧跟国家电动汽车产业发展趋势和技术发展方向，重点加大充电装备研发力度，同时也对运营管理和换电系统进行技术改进和产品升级，力求满足用户不同应用需求。

在充电设备方面，公司已研制出交流充电桩、一体式直流充电机、分体式直流充电机三大类 20 余款产品，产品具备占地面积小、环境适应性强、安全性高、用户体验性好、静态及工作功耗低等显著特点，可以满足客户不同应用场景。

在运营管理和换电系统方面，公司自主研制 HiEV - 8000 电动汽车公共服务互动平台、EVR8000 电动汽车充电服务运营管理系统、BSE - C200 乘用车户外柔性智能换电系统及 PES - 10 预装式商用车电动汽车换电站。产品设计从信息共享、需求互动、操作方便、经济高效等多方面入手，力争满足不同客户需求。

许继承担 3 项国家 863 计划项目和 2 项国家发改委产业化专项项目，申请电动汽车充换电设施相关专利 132 项，其中 1 项国际专利，公司还全面参与电动汽车充换电设施领域技术标准的制订，起草及参与 14 项国家标准、20 余项行业标准及近 30 项国网公司企标。特别是许继还参与 IEC 标准 - IEC62840《电动汽车换电设施安全要求》，实现电动汽车领域由我国提出国际标准零的突破。

四、主要产品

序号	名　称	型　号
1	交流充电桩	ZCJ31 系列
2	家用简易交流充电桩	EVNC11 系列
3	一体式直流充电机	EVQC31 系列
4	分体式直流充电机	EVQC61 系列
5	电动汽车公共服务互动平台	HiEV - 8000
6	电动汽车充电服务运营管理系统	EVR8000
7	乘用车户外柔性智能换电系统	BSE - C200
8	预装式商用车电动汽车换电站	PES - 10

艾默生网络能源有限公司

一、发展概况

艾默生网络能源有限公司自 2008 年起，即关注和投入到电动汽车车载和非车载充电设备的开发、送样和生产中。基于强大的直流电源和工业定制电源研发平台，为国网、南网、中石化、普天、上汽、奇瑞、北汽、广汽、海马等提供大量充电解决方案。2015 年，销售 3000 多万核心模块。

二、生产经营

艾默生网络能源是艾默生（纽约证券交易所股票代码：EMR）所属业务品牌，为数据中心关键基础设施、通信网络、医疗和工业设施提供保护和优化。艾默生网络能源在交直流电源和可再生能源、精密制冷、基础设施管理、嵌入式计算和电源、一体化机架和机柜、电源开关与控制，以及连接等领域为客户提供全球领先的解决方案以及专业的技术和灵活的创新。所有的解决方案在全球范围内均能得到本地的艾默生网络能源专业服务人员的全面支持。2015 财年订单销售额近 70 亿元人民币。

二、产能建设

艾默生网络能源有限公司拥有全球一流的生产基地及产品生产线。国内拥有三家工厂。其中，深圳福永工厂面积 39222 平方米，年产能 40 亿元人民币；江门工厂面积 24883 平方米，年产能 30 亿元人民币；绵阳工厂一期面积 21700 平方米，年产能 30 亿元人民币。

四、技术进展及研发能力进展

艾默生公司拥有一个强大的研发团队。研发年投入 3.5 亿元人民币。拥有电源博士后流动站和国家 CNAS 认可的权威测试和实验室。公司对所有相关产品拥有自有自主知识产权。截至 2015 财年累计授权专利数量为 1046 项，是深圳市高新技术企业及专利优势企业。其中，电动汽车充电相关专利累积近 20 项，涉及数字化双 DSP 控制、软开关技术、CAN 总线技术、钳位、分散散热、APFC 等专利技术。

五、主要产品

序号	名　称	型　号
1	非车载充电机系统（分体式）	EVDC - 750/300，EVDC - 500/420
2	非车载充电机系统（一体式）	EVDI - 750/160，EVDI - 500/240
3	非车载充电机系统（壁挂式）	EVDW - 450/150
4	非车载充电模块	ER75020/T，ER50030/T
5	非车载充电模块	ER45033/T，ER9065/T

六、合资合作

公司和清华、浙大、西交大、哈工大、华中科大、深南电路等高校、企业建立了项目合作和联合人才培养计划。

七、发展规划

新一代高效、高功率密度、高功率因数、低谐波、大功率充电模块；高防护一体式充电方案；车载充电方案等。

先控捷联电气股份有限公司

一、发展概况

先控捷联电气股份有限公司（股票代码：833426，简称：先控电气）专注于电力电子产品的研发、生产和销售推广，以不间断电源（UPS）及微型数据中心产品、充电及储能产品作为现阶段的主流产品和研发方向，同时为客户提供技术和运营维护服务。

2015 年，公司管理层在董事会的领导下，面对经济下行压力不断加大和行业竞争日益加剧的严峻形势，继续秉承“专注、专业、卓越”的发展理念，积极推动公司产品升级，业务转型，技术创新，优化营销布局，加强生产质量管理，完善售后服务体系，为下一步腾飞壮大打下坚实基础，总体发展情况如下：

（1）完善数据中心产品，开拓新能源充电领域；

（2）优化营销布局模式，加大市场品牌开发力度；

（3）加大技术研发投入，自身技术实力持续提升；

（4）夯实管理基础工作，打造稳定高效员工团队。

二、生产经营

截至 2015 年底，公司实现营业收入 96608953.49 元，同比增长 1.90%；净利润 5371386.28 元，同比增长 2.65%。截至报告期末，公司实现总资产 115578882.01 元，净资产 77996180.62 元。在继续保持模块化 UPS 行业和技术领先地位的同时，公司积极调整产品结构和销售模式，在 OEM 和通信行业收入大幅萎缩的基础上，报告期内 UPS 产品实现销售收入 70923629.37 元，占总收入 73.41%；另外受益于新能源汽车的快速发展及国家相关鼓励政策的密集出台，电动汽车充电行业迎来爆发式增长，充电桩产品四季度正式投放市场后当年实现销售收入 13559944.34 元，占总收入 14.04%

三、产能建设

公司依托长期以来在模块化 UPS 电源行业积累的功率电流变换及自动控制核心技术，采用先进的模块化结构设计理念和前沿的电力电子技术，成功研发户外直流充电桩、交流充电桩、分体式充电系统（充电电堆、充电终端）、立体车库充电桩在内的电动汽车充电产品，30KW 直流充电模块实现业界功率密度最大，具有可靠性高、可用性高、可维护性高、效率高等优点，得到行业内重点用户的高度认可。

目前，公司设有两个研发中心：深圳研发中心、石家庄研发中心，研发机构使用面积为 2000 平方米；拥有大型的先进生产线 4 条，年生产能力高达 25000 万元。

四、技术进展及研发能力进展

先控电气公司充分利用深圳研发中心地处科技发展前沿的优势，加大对掌握行业新技术动态优秀人才的引进力度，持续加大研发投入和团队建设，创新能力得到大幅提升，完成标准模块化 UPS 产品研发、DSP 系列 1 - 20KVA 小功率 UPS 的研发、DSM 系列 20KVA - 800KVA 一体化 UPS 研发、基于 50KVA 模块的模块化 UPS 研发、新型嵌入式模块化 UPS ERMS 研发、微模块数据中心产品研发，包括 EVDS 户外充电桩在内的数十个户内、户外、车载的交直流充电产品的研发，其中 EVTS 一体化立体车库项目通过石家庄科技局重大科技支撑计划立项。与燕山大学联合研发的高效储能型 UPS 获得技术突破，为该项技术的产品化奠定基础。2015 年获得中国计算机用户协会、北京电子学会、中国绿色数据中心推进联盟、《UPS 应用》杂志社技术创新奖；中国计算机用户协会 UPS 分会用户信赖产品（CMS 系列模块化 UPS）；中国电源学会科学技术奖（在线补偿式模块化 UPS）；2015 中国光伏电站新锐企业大奖。截至 2015 年底，累计获得专利及软件著作权 35 项，另有 10 项专利申请正在审查中，其中包括 3 项发明专利、4 项实用新型专利和 3 项外观专利。

五、主要产品

序号	名　称	型　号
1	直流充电桩	EVDS 系列落地式直流充电桩 EVDS 系列壁挂式直流充电桩 EVDS 系列移动式直流充电桩
2	交流充电桩	EVsmart 交流充电桩
3	交流充电桩	EVmini 交流充电桩
4	分体式充电系统	EVTS 系列分体式充电系统 （直流充电电堆、充电终端）
5	直流充电模块	DPM 系列直流充电模块
6	车载充电机	VRM 系列车载充电机
7	新能源一体化充电站	新能源一体化充电站
8	储能双向变流器 PCS	储能双向变流器 PCS
9	储能电池	储能电池
10	电池管理系统（BMS）	电池管理系统（BMS）

依威能源集团

一、发展概况

源自于香港的 EV POWER 依威能源集团，自 2010 年起就开始为香港地区的新能源汽车用户提供充电服务，集团不仅提供安全及高智能的充电设备，更针对国内的特殊状况对停车场投入大量资源，协助小区物业管理公司和电动车使用者永久解决电动汽车充电所带来的运作、安全、管理和资金上的烦恼。

作为香港最大的充电服务商。EV POWER 依威能源集团充电设备遍布全港停车场，包括政府公共停车场、政府机构、大型商场及私人企业，其中不乏地标，如香港 IFC 中环国际金融中心、合和中心、Pacific Place、嘉里中心、瑞安中心、ELEMENTS 圆方等。

2014 年进入内地充电服务市场，不仅为新能源汽车车主提供充电服务，更利用独到的资源能帮业主很好地与物业进行沟通，解决车主小区建桩难的问题，此外也有完善的 24 小时售后服务和 400 客服热线，方便用户在发生特殊情况时，及时沟通与解决。

二、主要产品

序号	名　称	型　号
1	直流快充	EVG - IQ24N
2	交流中充	EVG - 16N 和 EVG - 32N

三、合资合作

截至 2016 年 6 月，EV POWER 依威能源集团在北京、上海、广州、深圳、杭州、成都、中国香港和中国澳门建成充电站 1500 多个，充电桩 6000 多个，例如上海 IFC 国金中心、北京银泰中心、广州高德置地广场、深圳 COCO PARK 等，同时与各大汽车厂商合作，诸如为宝马 BMW 即时充电 ChargeNow 项目的充电服务供应商，并与乐视分时租赁、一嗨租车和首汽租车等租车公司达成合作，是国内充电服务行业的领先企业。

四、发展规划

在未来几年，EV POWER 依威能源集团的目标是将我们的电动汽车充电站覆盖至全球各地，成为全球最大的充电网络服务及运营商。作为电动车充电解决方案的先驱和市场领导者，我们拥有专业的电动汽车充电器研发技术和充电站建造团队，凭借先进的技术及丰富的经验，充电设备安装的安全性及质量要高于同行水平，我们有信心为您提供可靠、安全和完善的充电站及充电服务。

北京和信瑞通电力技术股份有限公司

一、发展概况

北京和信瑞通电力技术股份有限公司是集研发、生产、销售和服务于一体的高新技术企业，国内技术领先的配用电自动化、新能源自动化、电动汽车充（换）电站整体解决方案提供商，电能质量治理系统、仪器仪表供应商，新三板上市公司（股票代码：836493）。

公司依托长期的技术积累和丰富的项目经验，主要从事智能配电网自动化、新能源发电与控制、电动汽车充换电系统的建设，电气设备状态及故障的检测、分析，电能量采集及电能质量优化治理等业务，为电力行业、城市公用事业以及大型行业客户（铁路、石油、化工、煤炭、钢铁、冶金、轨道交通等）提供优质产品和服务。

公司已取得近40项专利、软件著作权，并获得了国家专业权威机构出具的100余份产品检测报告。公司被认定为中关村高新技术企业、国家高新技术企业，2015年荣获“中国充电桩十大品牌”称号。

公司拥有一支高层次、专业化的年轻人才队伍，本科以上学历人员超过85%，管理团队富有开拓精神，管理经验丰富；技术团队朝气蓬勃，勇于创新，承担多项国家、省市重点项目；建立了从研发、生产到销售和服务全过程的一体化运营平台，通过了ISO9001、ISO14001、OHSAS18001管理体系认证，保证了公司的高效运营。

公司市场及服务体系覆盖全国，多次中标国家电网公司、中广核、中国节能、华润新能源等客户项目，主要产品在北京、山东、天津、河北、江苏、浙江、福建等20多个省市自治区广泛应用，并取得客户的一致好评。

展望未来，和信瑞通将以技术创新为本，以客户满意为源，推动行业进步，为客户创造价值，为股东和社会创造效益，努力建设成国际一流的高科技企业。

二、企业团队

公司现有员工160多名，均来自能源、电力、自动化、电子、通信、计算机等专业，技术人员数量占企业总人数的比例超过30%。研发团队中高级工程师8人，工程师25人，本科及以上学历占100%，硕士以上学历占35%。主要技术人员长期从事电力自动化控制软件的研制开发工作，具有很强的研发和创新能力，多人承担过国家省市科技项目。

公司同中国科学院、山东大学等科研院所、高校以及国外科技机构建立了密切的合作关系，引进新技术、开发新产品、转化新成果，共同培养专业技术人员，加强研发力量，补充技术资源储备。

三、主营业务

公司主营业务包括配用电自动化、电能质量优化、电动汽车充换电等电力一次、二次设备业务以及新能源自动控制、节能环保业务，产品涵盖智能配电网自动化系统、电动汽车充换电设备、电力设备监测与保护系统，风电场并网调度自动化、风功率预测、光功率预测及光伏发电系统，电力视频显示控制系统、节能环保等设备与产品，形成了行业内较为齐全的产品线。

四、技术成果

公司建立了完善的自主研发和产学研合作的技术创新体系，近年来研发投入占销售收入的比重始终保持在15%左右，持续加强行业前瞻技术研究及前沿产品的研发，提升核心竞争能力，积累了丰硕的发展成果。目前公司已取得近40项专利及软件著作权，主要产品均达到国内技术领先水平。公司还多次参与Q/GDW 614－2011《农网智能型低压配电箱功能规范和技术条件》、Q/GDW 615－2011《农网智能配变终端规范和技术条件》等电力行业标准及国家电网企业标准的研究、制定。

五、生产能力

公司作为电力成套设备生产与制造的高科技企业，采用“四精”驱动（精心设计、精选材料、精细制造、精益求精）的现代化生产模式，拥有标准化、自动化的生产车间，生产工艺遵循国际标准，生产过程实现了6S管理和全过程管控，具备了大批量供货及个性化定制的生产能力。

公司产品性能稳定，以信誉和品质赢得了客户信赖。

生产制造基地主要包含：（1）机柜总成区，包括装配区和调试区，进行总成装配、调试和出厂检验等工作，年生产能力在60000台以上。（2）多条流水线：包括焊接生产线、装配线、调试线、检验生产线等。（3）测试工装：包括测试针床自动测试工装，校表台测试工装等，确保产品质量。

六、质量体系

质量是企业发展的永恒主题。和信瑞通的质量管理体系覆盖了从产品的设计开发、生产制造、测试检验到产品的安装和服务全过程，为公司可持续发展提供了坚实基础和可靠保障。

公司先后通过了ISO9001质量管理体系、ISO14001环境管理体系、OHSAS18001职业健康安全管理体系认证，遵循国际标准实现了规范化的流程管理和过程控制，不断强化质量监督，严把质量关，确保产品满足客户需求和稳定可靠，赢得了市场。公司的质量体系将不断更新，质量管理水平将持续提高。

七、市场体系

公司在全国各地建立了分公司、办事处等分支机构，主要产品销往20多个省市自治区，迅速占领并巩固了市场，形成了广泛覆盖的市场体系。

配电自动化系统、电动汽车充换电设备、电能质量治理系统、故障在线监测检系统、仪器仪表等多次中标国家电网公司和山东电力、陕西电力的集中招标，主要产品已在山东电力、陕西电力、天津电力、甘肃电力等用户单位广泛应用。

八、服务支持

公司建立了以客户为中心的“专家型服务体系”，以“快速响应，用心服务，专业细致，客户满意”为宗旨，努力实现“四化”服务，即服务流程标准化、规范化，服务过程人性化、高效化，力争达到100%的客户满意率，为客户提供先进成熟的产品及满意周到服务。

九、未来发展

在“诚信、创新、高效、共赢”的企业价值观引领下，和信瑞通近几年发展速度迅猛，接连中标国家电网、山东电力、中广核等大客户的重要项目，中标额、合同额连年大幅增长，跨越新台阶，为下一步持续、稳定、规模化发展打下了良好基础。

未来，在新能源、节能环保、智能电网、电力设备行业市场，迅风电子将“以市场为导向、以研发为基础、以销售为龙头”，加大研发投入、加快产品升级、加速市场推广，内强素质、外树形象，做精做优产品项目，做强做大企业规模，向着十亿、百亿级销售规模企业的目标大步前进。

数源科技股份有限公司

一、发展概况

数源科技股份有限公司是由西湖电子集团有限公司控股的子公司，于1999年3月31日成立，同年05月07日在深交所挂牌上市（股票代码：000909），注册资金2.94亿元。公司先后被评为国家高新技术企业、浙江省创新型试点企业，浙江省企业技术中心，浙江省专利示范企业。

母公司西湖电子集团有限公司创立于1973年，公司总部位于杭州市中心黄龙商务圈内，是国家520家重点企业、浙江省“五个一批”重点骨干企业和杭州市六家国有资产授权经营单位之一。杭州市2016年5月5日颁布的《杭州市推进新能源电动汽车充电基础设施建设实施办法》（杭政办函〔2016〕60号）明文规定“西湖电子集团：负责所销售的新能源电动汽车的共用充电桩建设“。

二、生产经营

数源科技股份有限公司主要从事电子设备生产销售、系统集成服务、房地产开发、商品贸易等多元化业务，涉及电子设备制造、信息系统集成、房地产、商品批发贸易、等多个行业。2015年，数源科技实现营收23.46亿元。

母公司西湖电子集团以新能源汽车作为企业转型升级切入点，积极整合资源，加快创新发展，成为杭州推广新能源汽车、建设公共充电桩、路灯改造充电桩的主导单位，截至2015年12月，投资建成19个充电场站，拥有超过1600个充电桩，并负责杭州公用充电网络的运营，其自主研发的交/直流充电桩通过相关权威部门的检测，并取得多项专利和软件著作权。

三、产能建设

数源科技股份有限公司在杭州经济开发区拥有5万平米单体厂房生产基地，5条自动化生产流水线，SMT贴片生产线等。公司重视产品质量，坚持质量为本，数源科技股份有限公司率先在行业内通过ISO9001质量管理体系、ISO14001环境管理体系、OHSAS18001职业健康安全管理体系三体系认证。

公司先后开发成功并上市自动化设备、智能车载设备、智能充电设备、智能车联网络平台、智能交通播控系统、数字多媒体信息发布系统、智能楼宇门禁安防系统、智能电网监控系统等一大批高新技术、新兴产业产品。

四、技术进展及研发能力进展

数源科技股份有限公司在物联网应用、网络集成、多媒体、汽车电子等领域积累大量的研究成果和核心技术，为公司技术进步与稳定发展奠定良好的基础。近三年来，公司获得授权专利37项，其中发明专利3项，计算机软件著作权11项，参与国家和行业标准的起草和制定8项。

母公司西湖电子集团先后创立国家级企业技术中心、国家博士后科研工作站、省级企业技术中心、浙江省重点企业研究院——新能源汽车电子研究院、西湖电子信息技术与新能源研究院平台技术研究中心、西湖电子信息技术与新能源研究院智能交通技术研究中心等一批国家和省市级科研创新平台，近年来，累计承了国家、省、市级科技项目25项。

五、主要产品

序号	名　称	型　号
1	7kW 智能立式交流充电桩（西湖电子）	S－ACCS220－32－F
2	3.5kW 便携式交流充电盒（西湖电子）	S－ACCS220－16－L
3	42kW 智能立式交流充电桩（西湖电子）	S－ACCS380－63－F
4	60kW 智能一体式直流充电桩（西湖电子）	S－DCCS500－120－F1
5	15kW 便携式直流充电桩（西湖电子）	S－DCCS500－30－F1
6	120kW 智能一体式直流充电桩（西湖电子）	S－DCCS750－160－F1
7	12.3 英寸虚拟智能仪表	SVC－01
8	10.4 英寸智能平台中控系统	JAS01/JAS02
9	15 英寸智能平板中控系统	SYC－01
10	汽车分时租赁平台	SVSC－01
11	智能公交信息系统	SVSB－01

六、合资合作

数源科技股份有限公司以汽车电子、智慧交通、车联网为业务核心，积极响应国家发展新能源汽车战略，自主研发具有核心知识产权的车载智能中控系统、车载智能终端、智能公交系统、智慧社区多级安全协同管理平台等一大批与信息经济相结合的高新技术产品，各业务单元已经与比亚迪、长江客车、新大洋等新能源主机厂成功配套，自主研发的 V－Smart 车联网平台也已经投入应用。

母公司西湖电子集团有限公司成功研发了新能源汽车安全运营服务平台、新能源汽车充换电设备、新能源汽车动力电池、车联网车载中控智能终端、并参与部省合作5G车联网项目。初步形成以新能源汽车产业为主业、以智慧交通、智慧社区、通信信息电子、房地产开发、软件园区等多种产业并举的综合性产业布局。

七、发展规划

公司以市场为导向，以客户为中心，以“研发一流产品、创建一流团队”为目标，顺应全球经济发展趋势和市场发展规律，在新能源汽车推广应用示范运营、纯电动专用车辆研发制造、与传统信息产业融合等一批国家新兴产业领域里实现突破发展，努力探索出一条企业转型升级、持续发展的创新之路，致力于把企业打造成与国际接轨的行业领军企业。

威泊（上海）新能源科技有限公司

一、发展概况

威泊（上海）新能源科技有限公司（以下简称“威泊公司”）位于上海市高新技术园区，注册资金2亿元人民币，是全球领先的电动汽车无线充电解决方案供应商、全球首家研发出电磁聚焦无线充电技术的企业，在新能源汽车无线充电领域拥有23项专利或专利申请，掌握第三代无线充电的核心技术，国际领先。威泊公司目前的专利产品线涵盖有线—无线双模充电桩系统、充电站型无线充电系统、小区无线充电系统、公交无线充电系统、私家停车库无线充电系统、以及电动设备、机器人、无人机专用无线充电系统。借助于位于欧洲的研发中心，甲方的产品和技术已经在欧美几个国家使用，在中国也已经开始逐步推广。甲方积极响应国家的新能源战略政策，努力开发世界领先的新能源环保产品。

2015年是威泊公司快速发展的一年，新产品不断推出，包括具有国家专利保护的“有线—无线双模”充电桩、“路上充”全自动无线充电系统、“机器人无线充电系统”等等。

2015年3月16日，威泊公司发布“路上充”品牌系列护栏型电动汽车无线充电产品。“路上充”品牌包括六大系列护栏型产品，涵盖高速公路护栏型无线充电系利统、国道护栏型无线充电系统、市区护栏型无线充电系统和小区型无线充电系统，彻底的突破电动汽车充电难的瓶颈。

威泊公司拥有电动汽车在路上边跑边充电的核心专利技术，在无线充电领域拥有全球专利保护的技术多达52项，威泊的“路上充”护栏型无线充电产品施工非常简单方便，不需要对道路进行任何的改造或挖掘，只需要将护栏型无线充电系统安装在道路旁边的道路护栏上即可。

2015年5月15日，威泊公司在上海发布“客车无线充电系统”产品。威泊WIPO－9060系列客车无线充电系统产品是针对电动客车开发的大个功率无线充电系统，系统支持60KW－180KW的电动客车在行使中和停泊中进行无线充电。威泊WIPO－9060系列客车无线充电系统包括无线充电带、无线充电带控制器、无线充电带接收器、无线充电管理后台。

2015年，威泊公司与多家企业签订战略合作协议，强强联手，优势互补，互惠双赢，打造新能源行业的绿色联盟。

2015年，威泊公司获得多项专利授权。

2015年8月5日，威泊公司获得一项专利授权：“一种支持电动汽车无线移动充电的计费管理系统”。本发明公开一种支持电动汽车无线移动充电的计费管理系统，所述计费管理系统包括自动位置管理系统、自动跟踪充电系统、自动精准计费系统、自动分配控制系统、自动安全认证系统、自助充电管理系统。该计费管理系统可以通过各种渠道与用户终端相连接，包括：客户自助终端、可穿戴终端、手机、互联网、电话等，办理各种电动汽车无线移动充电业务，所述充电业务包括：自助开户、自助交费、自助充电、自助套餐管理、自助账单查询等。所述系统用于支持和管理电动汽车在行驶中或停止中进行高效率的无线充电。

2015年9月16日和9月24日威泊公司分别获得“一种支持电动汽车超快速充电的宿能型充电桩及充电站”和“一种支持电动汽车无线充电的动态磁耦合谐振阵列技术装备”两项专利授权。前一项专利是新能源汽车无线或有线超快速充电的宿能型充电桩和充电站的技术方案专利，专利保护10项宿能充电桩和充电站的技术方案。后一项专利是新能源汽车无线移动充电系统的核心技术专利之一。专利所述的谐振阵列技术装备，包括交叉谐振阵列技术形态、交叉谐振发射阵列技术形态、谐振频率自动跟踪调整设备等已经应用在该专利权人所投资的威泊（上海）新能源科技有限公司的系列产品中。

2015年12月9日，威泊公司又获得一项专利授权：“一种电动汽车用多功能无线充电桩系统”。本专利是新能源汽车无线和有线双模多功能充电桩的技术方案专利。专利保护10种功能的多功能无线充电桩系统、双模和多模充电桩系统，包括无线充电模块、无线充电接口、有线充电模块、有线充电接口、直流电压自动适应模块、充电计费控制模块、停车收费模块、WIFI通信模块、蓝牙通信模块、CAN接口、WAN通信接口、液晶控制及广告屏、位置信息装备和接口、自助充值及售货设备模块，用于支持电动汽车无线充电以及有线充电的同时为用户提供附加服务，如信息通信、信息查询、广告信息、位置信息、停车场收费服务、票证打印服务以及常用物品自动售货服务。

2015年2月15日，威泊公司在上海发布“MD系列机器人无线充电”产品。该产品支持对行运中的机器人或机器人小车进行无线全自动充电，充电电压为12～96V可调，最大充电电流为25A，充电功率为600～2000瓦，充电距离为200～600mm。

2015年2月15日，威泊公司在上海发布“SM系列有线—无线双模充电桩”产品。SM系列有线—无线双模充电桩即支持电动汽车有线充电，也支持全自动无线充电。同时，一个充电桩可以带一个或多个无线充电发射板，每个无线充电发射板可以为一台电动汽车进行全自动无线充电。

二、生产经营

威泊公司紧密跟随国家节能减排以及新能源汽车的政策导向，围绕客户的需求，加快推进无线充电产品的产业化。完成停车场用无线充电系统的小试和中试测试，以及批量试生产，为产业化应用推广打下良好的基础。

三、产能建设

威泊公司规划投资10亿元，形成年产5万千瓦无线充电系统的产能，到2020年建成国家级电动汽车无线充电安全监测中心，推动电动汽车无线充电的产业化、规范化、标准化、以及安全性的建设，实现年产100万辆电动汽车无线充电配套系统的生产制造能力。

四、技术进展及研发能力进展

威泊公司在国内外拥有多个研发团队和合作研发中心。威泊公司在电动汽车大功率无线移动充电领域具有领先的研发能力，掌握无线移动充电的核心技术，包括知名的聚集型谐振阵列技术、逆向互感控制聚焦技术等等，拥有23项国家专利或专利申请，技术处于国际领先水平。

五、主要产品

序号	名　称	型　号
1	小区型电动汽车无线充电系统	WIPO－8600
2	市区型电动汽车无线充电系统	WIPO－8200
3	高速型电动汽车无线充电系统	WIPO－8500
4	家庭型电动汽车无线充电系统	WIPO－8000
5	家用全自动无线充电系统	WIPO－8800
6	客车无线充电系统	WIPO－9800
7	机器人全自动无线充电系统	WIPO－MD90
8	有线－无线双模充电桩	WIPO－SM120

六、合资合作

威泊公司积极推进与国内外知名大学、研究机构、知名企业的技术合作和战略合作，全年开展国内外合作项目达15项。

七、发展规划

威泊公司将继续大力投入电动汽车无线充电核心技术的研究，积极推进电动汽车无线充电系统的产业化，并积极参与电动汽车无线充电标准的制定。规划投资10亿元建设电动汽车无线充电基地，建设无线充电研发中心，使无线充电技术保持国际一流。威泊公司的总体目标是成为我国电动汽车无线充电行业的领军企业。

中航光电科技股份有限公司

一、发展概况

中航光电科技股份有限公司隶属于中国航空工业集团公司，是中国规模最大的军工防务及高端制造领域互连技术解决方案提供商。总部设在洛阳，在西安、深圳、东莞、沈阳、青岛设有分公司和子公司。2007年在深交所上市(股票代码：002179)。

公司总部拥有“国家级企业技术中心”、“博士后科研工作站”以及国家和国防认可实验室，专业从事中高端光、电、流体连接技术与设备的研究与开发。目前自主研发各类连接产品300多个系列、25万多个品种。截止2015年底累计获得授权专利2000余项，主编并发布行业标准200多项。公司通过了AS9100国际航空航天质量管理体系认证、ISO9001（2000）质量体系认证、TS16949体系认证、ISO14001环境体系认证、ISO18001职业健康安全管理体系认证等。公司多项重点产品通过了UL、CUL、CE、TUV、CB等安规认证。

公司产品广泛应用于航空航天和军事领域、通讯网络与数据中心、轨道交通、新能源汽车、电力、石油装备、医疗设备以及智能装备等民用高端制造领域；产品远销欧洲、美国、以色列、澳大利亚、韩国、印度等海外30多个国家和地区。

公司秉承“航空报国、强军富民”宗旨，践行“诚信、厚德”为核心的特色企业文化，倾力打造全球领先的互连方案提供商。

公司拥有新能源汽车事业部，专注于新能源汽车高压互锁、充电接口等系统的连接技术解决方案的研究与开发。

二、产能建设

中航光电科技股份有限公司为适应新能源汽车行业的高速发展，专门成立了新能源汽车事业部，负责新能源产品的研发及生产等事务。事业部现有49条产线（连接器11条、箱体4条、线缆34条），43个班组（连接器8个、箱体2个、线缆30个、2个生产辅助班），单月设计最大产能9900万元。可生产连接器约68万只，线缆组件约14.5万条，集成化箱体10000余套，充电产品2万余套，可配套约1.5万辆乘用车的整车线缆，0.8万辆商用车的整车线缆。

三、技术进展及研发能力进展

中航光电科技股份有限公司新能源汽车事业部依托公司多年在连接器行业积累的技术，结合新能源汽车行业特点，开发了多个系列产品。为新能源汽车配套的产品经历了几代发展，由起初的金属高压连接器发展到小型化，由小型化发展到第一代高压互锁，再发展到今天的低成本小型化高压互锁产品，适应了行业快速发展的需求，产品也达到国内先进水平。

事业部近几年共取得有效专利15项，其中发明专利10项。此外，事业部在公司标委会的支持下主持制定三项IEC国际标准（提案）。

事业部开发的车用连接器获的由中国航空工业集团公司和河南科技厅六项科技成果奖，其中三项国际先进、三项国内先进。涉及充换电、车载高压、车载电源等连接器。

四、主要产品

序号	名称	型号
1	高压互锁系列连接器	GYH、HV系列
2	充电系列连接器	DQ系列，NDQ系列
3	换电系列连接器	BPC系列
4	电池互联连接器	CT34系列产品
5	高压小电流连接器	C105、DY3、RC系列
6	信号类连接器	CT63系列

五、发展规划

中航光电规划，到2020年前后，事业年产值实现年产值16亿的经济指标。通过拓展新产品、新业务。其中新业务包含充电桩、多合一控制器产品。

为适应公司整体业务发展，事业部坚持加强国内市场开发，在巩固现有老客户的基础上，大力开发新客户，以确保企业在行业中优势的市场地位。同时以欧洲市场为突破口，积极跨入国际市场，进入全球知名的客户供应链系统。以互连技术为核心，基础互连产品为立足根本，坚持做强以高压互锁产品为代表的基础互连产品，同时坚持以技术、渠道、客户为关联的同心多元化发展，不断拓展以充电桩、成控制器为代表的新兴高附加值业务。

深圳市通茂电子有限公司

一、发展概况

深圳市通茂电子有限公司成立于1996年，是一家专业从事各类光、电连接器的研发、生产、销售，并致力于为企业提供连接技术解决方案的国家高新技术企业。公司占地16000多平方米，总资产1.75亿元，现有职工近千人，科研人员200余人，2015年产值逾4亿元。

二、生产经营

公司年平均增长速度超过30%，2015年产值逾4亿元，是深圳市成长型工业企业500强。

三、产能建设

通茂公司现有7个生产制造车间，30余条生产线，3条贯军标生产线，生产制造范围涵盖模具加工、注塑、冲压、机加、电镀、热处理及装配全过程，年生产能力近千万只。

四、技术进展及研发能力进展

“十二五”期间，共承担总装备部新品研制任务20项、型谱研制任务2项、宇高工程项目1项、军标生产线建设任务4项；主导制定6项、参与制定12项国家军用标准，获得发明专利2项、实用新型专利27项，有3项产品被国家科技部、商务部、环境保护部、国家质量监督检验检疫总局列入国家重点新产品计划。在新能源汽车领域研制的电机用关键连接器QCL1型旋变接插件替代日本和美国的进口产品，获得国家科技部国家重点新产品；获得国家发明专利1项、实用新型专利1项；电机电控盒用QCL3-62型电控总成接插件比TE同类产品接触密度更高，获得国家实用新型专利1项。QCL1型旋变接插件与QCL3-62型电控总成接插件都批量装配于BYD“E6”“K9”“秦”“唐”和戴姆勒的“腾势”等新能源车型；形成产值3000余万元。

五、主要产品

序号	名 称
1	QCL系列新能源汽车连接器
2	DJL型模块电源连接器
3	充电枪及线束
4	MIL-5015系列圆形电连接器
5	MIL-38999系列圆形电连接器

六、合资合作

公司与深圳市比亚迪股份有限公司、重庆新能源汽车有限公司、杭州德沃仕电动科技有限公司等先后合作开发多种新能源汽车用电机、电控用高、低压接插件及线束。

七、发展规划

公司营销和服务网点遍及全国，在北京、上海、广州、深圳、南京、武汉、西安、成都等地设立办事处。我们一直奉行“专业铸就品质、服务塑造形象”的宗旨，公司拥有一支高素质、专业的售后服务及技术支持队伍，建立一套快速反应、高效完善的客户服务体系，为客户提供各种售前、售中、售后等服务，不断为客户创造价值。

直面未来，我们将继续打造研发和营销领域的核心竞争力，发挥品质和服务的优势，以市场需求为导向、以技术研发为支撑、以品质为基础、以服务为根本、以品牌为依托、以科学管理为手段，竭诚为广大客户提供最佳的技术解决方案、最优质的产品和最完善的服务，将通茂电子打造成连接器行业的领军企业。

杭州富特科技有限公司

一、发展概况

杭州富特科技有限公司于2011年8月在杭州注册成立，是一家专注于新能源汽车车载充电机和车载DC/DC转换器等核心零部件的国家级高新技术企业。

在公司4年多的发展过程中，先后获得杭州市“雏鹰计划”企业、区“旭日计划”十强企业、“国家软件企业”、国家级“高新技术企业”，得到“国家中小企业创新基金”、杭州市“重大设备首台套”、区“科技进步奖”、“专利试点企业”等多项荣誉。

富特现有员工300余人，工程技术人员近百人，梁一桥博士为国家“千人计划”引进人才，更是电力电子行业知名专家。成立至今，公司已拥有多项自主研发的专利技术以及十余款软件著作权，核心技术团队在功率程控电源方面有着深厚的理论基础和实践经验。

公司于 2015 年 4 月搬迁新址，目前拥有 7000 余平方米标准洁净厂房，按 TS16949 质量体系建立严格的生产质控体系，已具备年产 30 余万台的生产能力。目前公司与东风、北汽、上汽、众泰、吉利、金龙等国内整车制造企业建立了良好的合作关系。

2015 年 11 月，公司完成 B 轮融资，长高集团（002452）、第一创业、海胜基金、广州证券等知名公司成为公司战略股东。未来富特科技将不断加大投入，进一步提升产品质量、完善服务，努力成为一流的新能源汽车核心零部件供应商。

二、生产经营

主要产品：车载充电机、车载 DC/DC 转换器。

三、产能建设

公司拥有 7000 余方洁净厂房，内部采用 5S 标准管理，严格按照 TS16949 管理体系执行。经过多年积累，公司从来料检验、过程控制等多个环节投入大量自动化生产设备及工装，并采用计算机实时监控各个生产环节数据，做到数据可实时查询，问题可准确追溯。目前公司已具备年产 30 万台各类充电机及 DC/DC 转换器的生产能力。

四、技术进展及研发能力进展

公司通过人才培养及引进相结合，已建立起一支优秀的技术团队。技术带头人梁一桥博士为“千人计划”引进人才、更是电力电子行业知名专家。公司现有团队对功率程控电源设计及制造有着深厚的理论基础及实践经验。公司自主研发的 VC 系列车载充电机，电气采用 LLC 拓扑结构，具有效率高、谐波少、可靠性好等优点。整体结构和磁性元件固定结构采用一体式压铸形式，从根本上解决散热、震动和防护问题。产品经过长期极寒和极热路况测试，电气性能优于国内外同类产品，并为国内多数主流厂家所采用。

五、主要产品

序号	名 称	型 号
1	3.3kW 车载充电机	VC03 - A
2	6.6kW 车载充电机	VC03 - A
3	2.5kW 车载 DC/DC 转换器	VDC02 - A
4	水冷一体机	VCDC02 - A
5	风冷一体机	VCDC01 - A

六、合资合作

公司与浙江大学等国内知名大学有着长期的产学研合作关系，并与浙江大学电气学院共建有产学研合作基地。与知名学校的深度合作，为公司进一步发展拓宽技术路线，也极大丰富公司继续发展的人才来源。

七、发展规划

2016 年：公司实现工装化生产，实现销售收入 3.5 亿元。

2017 年：公司实现自动化生产，实现销售收入 5 亿元。

2018 年：批量配套全球一流车企，实现销售收入 8 亿元。

菲尼克斯（南京）新能源汽车技术有限公司

一、发展概况

菲尼克斯（南京）新能源汽车技术有限公司注册成立于 2015 年，是一家德国独资公司。我们开发交直流充电系统及充电控制器，适用于充电基础设施中的固定和移动设备，是此类设备组件的整体供应商。

作为该领域的创新者，我们深入开发全球通用及现代化的充电基础设施组件及解决方案，并推动其标准化，从而确立新的产品标准。

二、产能建设

采用先进生产及检测设备，主要生产工艺流程包括切线、压接、装配、测试、包装等，满足 GB/T 20234 - 2015 的各项技术要求，且通过该标准规定的型式试验。

公司的主要产品有 GB/T、IEC1、IEC2 交流车辆插头及插座、GB/T、CCS1、CCS2 直流车辆插头及插座、各种类型的充电控制器、充电连接器附件等。

三、技术进展及研发能力进展

公司拥有本土研发团队，包括产品设计、项目管理、项目采购等，拥有很强的自主研发能力。可根据客户具体需求提供定制化服务。

四、主要产品

序号	名 称	型 号
1	GB/T 直流车辆插头	750V，75A/125A
2	GB/T 交流车辆插头	220V/440V，16A/32A，1AC/3AC
3	GB/T 交流车辆插头和供电插头	220V/440V，16A/32A，1AC/3AC
4	GB/T 交流供电插座	32A，1AC/3AC，带电子锁/不带电子锁

五、合资合作

公司定位电动汽车组件及解决方案中高端市场，主要客户有国家电网及世界知名主机厂等。

健和兴科技（苏州）有限公司

一、发展概况

健和兴科技是制造生产汽车连接器及电工端子产品的公司，公司开始在新能源车辆的充电接头及高性能防水连接器技术研究开发，在新能源车辆使用的接头提供解决方案。

健和兴科技有设备完整的生产车间以及完善的实验测试设备，2014 年开始发展国标交流电充电插头，产品能提供 EV 车辆的充电接口，电动车交流电充电接口规格有 16A、32A 等。

健和兴科技计划在 2015 年电动车国标交流电插头取得 CQC 认证，以及推出国标交流电充电插座并取得 CQC 认证。

二、主要产品

序号	名 称	型 号
1	国标交流电充电插头	VCCG2A016A0 VCCG2A016A1 VCCG2A032A0 VCCG2A032A1
2	美标交流电充电插头	VCPU2A VCSU2A
3	欧规交流电充电插座	VSCI2A VCSICA

巴斯巴科技（上海）有限公司

一、发展概况

巴斯巴科技（上海）有限公司是由浙江金锚金具电气有限公司、上海一电集团有限公司、上海南电新能源科技有限公司等优势资源组建而成的股分制民营合资企业，注册总资本 1000 万元人民币，生产基地面积超过 1 万平方米，年产值 1 亿多元。公司现有员工 100 多人，工程技术人员 5 人。公司所属上海一电集团有限公司被国务院命名为国家二级企业。

公司主要从事新能源科技领域产品的设计、生产、销售及其技术开发、咨询、服务与转让等。

二、生产经营

巴斯巴具有多年新能源汽车连接器设计和制造专业经验，为全国新能源汽车领域享有声誉的连接器制造商之一。公司营销网络覆盖全国，产品认证覆盖中国“CQC”、美国“UL”、德国“TUV”、荷兰“KEMA”等多个主要国家和地区。作为综合性的汽车连接器制造商，产品范围包括：新能源汽车充电系统连接装置，光伏设备及配件、智能家居、物联设备、电力设备及配件、输变电设备及配件、自动化控制设备、通信设备、汽摩配件、轨道交道、军工产品。巴斯巴每年为全球客户提供超过 50 万套的连接器产品。

三、产能建设

巴斯巴的连接器拥有超过多年的设计和生产经验，全国市场占有率名列前茅，主要用于新能源汽车充电，汽车高压连接、军工装备、光伏设备、智能家居、轨道交通等领域产品的电能传输与连接。

充电连接器产品广泛被全国知名充电桩制造商及汽车制造商选用，是国内市场连接器产品的最大供应商之一，是国内少数几家获得 CQC 产品认证的厂商之一，获证产品覆盖交流接口和直流接口；巴斯巴可为国内外用户定制各种国标、欧标、美标的充电连接器产品，并为之配套相应的连接设备和专业的产品解决方案。

高压连接器产品覆盖车内各种电压等级的高压连接器系列，用于各类型汽车上的高压用电连接，是全国主要汽车制造厂商的主要供应商。

作为绿色生活的倡导者，巴斯巴正在不断推出环境友好的产品，通过技术革新为风能、电动汽车等清洁能源产业提供安全的连接支持。

四、技术进展及研发能力进展

巴斯巴拥有多项专利技术，如 IP68 交流充电枪、符合最新国标的直流充电枪、自复式电磁锁、双保持式电磁锁、笼簧式端子等等。

在技术生产领域，巴斯巴拥有超静音端子机、潘工超声波焊接机、大族激光打标机、合旺电缆剥皮机、合旺电线电脑剥线机、微电脑数控裁切机、波纹管切管机、端头压接机、全自动寿命测试台等一流的机器设备，以保证公司的产品质量。

在质量控制方面，巴斯巴具备健全的质量管理体系，如 ISO9000，TS16949，先进的检测设备满足所有标准和客户的测试要求，实行供应商全过程管理。

巴斯巴与客户长期协作，根据客户需求定制产品并提供技术支持，全程参与客户新项目研发并对现有项目作改善和提升。

五、主要产品

序号	名 称	型 号
1	国标交流供电插座	BEC－AP－032－G5
2	国标交流供电插头	BEC－AP－032－F5
3	国标交流车辆插座	BEC－AC－032－G5
4	国标交流车辆插头	BEC－AC－032－F5
5	国标直流充电插座	BEC－AP－250－G9
6	国标直流充电插头	BEC－AP－250－F5

六、合资合作

巴斯巴已与四川永贵科技有限公司建立长期的战略合作伙伴关系，并近期计划与充电桩及新能源汽车专业制造厂商建立战略合作伙伴关系，全面开发电动汽车充电连接器相关产品，以期为客户提供电动汽车充电设施整套产品和整体解决方案。

七、发展规划

未来，巴斯巴将继续利用公司股东—上海一电集团有限公司的强大优势，与高校相关专业院系和各类行业机构紧密合作，把握行业产品技术发展动态，依靠国际化的营销和服务网络，在全球范围内为世界知名连接器及新能源汽车充电基础设施提供专业和整体解决方案，并成为其最重要的商业伙伴。

广东奥美格传导科技股份有限公司

一、发展概况

广东奥美格传导科技股份有限公司（股票代码：430406）成立于2006年1月，注册资金2250万 元人民币，主营电线、电缆、电子设备及零配件，是一家集研发、生产、销售、服务于一体的高新技术企业，成立以来致力于新能源汽车领域传导产品的关键技术研发及攻关，经过多年的发展，逐步成为国内新能源电动汽车传导类产品行业的领军者。公司于2012年通过国家高新技术 企业认定，并于2015年成功通过了国家高新技术企业复审。2015年公司营业收入达到9980万元，资产总计达到11518万元。2014年1月9日，成功在全国中小企业股权转让系统挂牌，成为新三板上市公司（股转系统函〔2014〕27号）。

二、生产经营

主营业务包括两大类产品和服务，第一大类是电动汽车配套产品，包括充电电缆及线束、高压电缆及线束、高压连接器；第二类是充电桩及充电设施，包括充电电缆及线束和充电枪。现重点研发的项目产品：电动汽车交直流一体智能充电桩及其高性能线缆。

三、产能建设

重视供应量渠道的开拓和整合，设立高分子材料子公司，挖掘OEM合作伙伴，提高公司生产能力。

2016年7月14日惠州奥美格仁康新能源电线有限公司正式投产。奥美格仁康新能源电线有限公司是奥美格的第二家子公司。仁康新能源正式投产将有效提升奥美格产品的产能，进一步提高奥美格公司的综合竞争力，促进企业更好地发展。

四、技术进展及研发能力进展

奥美格自2009年开始投入大量的资源进行新能源电动汽车传导类产品的自主研发。到2011年，公司在产品研发、市场拓展、行业认证等方面均取得重大突破。在认证方面成为国内首家获得UL认证的企业，继UL认证之后，又先后获得德国莱茵TUV认证、中国CQC认证，中国德凯认证。在市场拓展方面，奥美格的产品和技术已服务于各大整车和知名连接器公司。在产品研发及技术领域，奥美格与中国质量认证中心合作起草电动汽车传导充电系统用电缆技术规范。

公司非常重视新产品和新技术的研发，每年投入研发的费用约占公司营业收入的6%左右，重视企业人才的招募和培养的同时，也注重与国内汽车传导技术领先的高校和研发机构合作，目前已经开展的产学研合作包括：国内传导类产品行业的“黄埔军校”哈尔滨理工大学合作，合作项目：新能源电动汽车用低烟无卤聚烯烃电缆料及电线电缆；南京航天航空大学，合作项目：共建“新能源汽车智能电气工程技术研究中心”；广东工业大学，合作项目：电动汽车充电 桩专用线缆材料研发及应用。获得专利授权43件，其中授权发明专利6件，授权实用新型专利37件 。申请中的专利有18件，其中发明专利14件，实用新型专利4件。

五、主要产品

序号	名 称	型 号
1	充电电缆及线束	—
2	高压电缆及线束	—
3	高压连接器	—
4	充电电缆及线束和充电枪	—
5	电动汽车交直流一体智能充电桩及其高性能线缆	—

六、合资合作

注重与国内汽车传导技术领先的高校和研发机构合作，目前已经开展的产学研合作包括：国内传导类产品行业的“黄埔军校”哈尔滨理工大学合作，合作项目：新能源电动汽车用低烟无卤聚烯烃电缆料及电线电缆；南京航天航空大学，合作项目：共建“新能源汽车智能电气工程技术研究中心”；广东工业大学，合作项目：电动汽车充电桩专用线缆材料研发及应用。

七、发展规划

（1）稳步提升汽车线缆、线束、连接器的研发及产业化，包括新一代高压柔性线缆；交、直流充电线缆；石墨烯复合材料应用以及辐照橡胶复合材料等项目的开发及应用。

（2）进一步加大高压动力线束量产投入；完善电动汽车交直流一体充电接口、充电枪、连接器等新产品研发；

（3）重点推进交、直流一体充电桩项目的研发及投产，探讨新的充电桩产业化商业模式。

江苏亨通电子线缆科技有限公司

一、发展概况

江苏亨通电子线缆科技有限公司创办于2000年，是一家集研发、生产、销售汽车用低压电线、各类新能源汽车用导线为一体的国家级高新技术企业。公司先后通过TS16949质量管理体系认证、ISO14001：2004环境管理体系，GB/T28001－2001职业健康安全管理体系的认证。公司产品先后获得3C认证、美国UL认证，连续多年被国内多家500强企业评为优秀供应商、最佳供应商、战略合作伙伴等称号。经过多年发展，公司拥有43项专利（新能源车电缆6项）、3项发明专利，获得省级高新产品11项，国家重点新产品2项。

二、生产经营

公司销售新能源汽车用电缆近1亿元，并相继推出150℃、1500V、3000V系列新能源汽车用电缆，为新能源汽车的安全行驶再次提供保障，并为业内同行业树立标杆。

三、技术进展及研发能力进展

江苏亨通电子线缆科技有限公司积极引进各类人才，特别注重技术人员的引进及规划，形成以专家为首的金字塔型技术人才梯队，公司现有高级工程师5名，工程师13名，工程技术人员5名，技术力量雄厚。公司在加大研发费用的投入同时，也不断规范研发投入的核算管理，提升自我研究开发的组织管理水平。

作为国家高新技术企业，公司积极推动产学研项目，依托高校、科研院所技术力量，实现优势互补，形成较强的自主创新能力，同时公司拥有新能源电缆自主产权15项、高新技术产品6项、国家重点新产品1项。

四、主要产品

序号	名　称	型　号
1	新能源汽车用屏蔽与非屏蔽单芯600V高压电缆	EV06C、EVB06C、EV06D、EVB06D
2	新能源汽车用屏蔽与非屏蔽单芯1000V高压电缆	EV10C、EVB10C、EV10D、EVB10D
3	新能源汽车用屏蔽与非屏蔽单芯1500V高压电缆	EV15C、EVB15C、EV15D、EVB15D
4	新能源汽车用屏蔽与非屏蔽多芯1000V高压电缆	EVM10C、EVMB10C、EVM10D、EVMB10D
5	新能源汽车充电桩电缆	EVE07B

五、发展规划

随着国家对新能源汽车扶持力度的加大及社会需求量的递增，公司将继续致力于新能源线的研发、生产。公司将通过持续深化提升公司治理，努力实现并夯实国内新能源汽车线缆行业领先地位，全力推进运营（技术、制造、营销等）创新。进一步壮大技术队伍，加快新能源汽车线缆产品全系列开发，不断培育核心技术，打造特色化、差异化产品，提高市场认可度和竞争力，在技术创新与技术升级上全面实现国内领先。

全面整合布局内部生产制造，实施精益化、智能化、信息化，创新大生产管理运营模式达到行业领先。进一步开放与创新营销模式将，形成技术前移模式、项目模式、电子商务、细分系统专业市场等多种营销创新模式，达到业内领先。跻身国内汽车线行业前三，成为国际知名新能源汽车电缆产品与技术提供商。

深圳宝兴电线电缆制造有限公司

一、发展概况

深圳宝兴电线电缆制造有限公司是江西铜业集团旗下企业，由江铜南方公司、中粮地产（集团）等优势资源组建而成的中外合资企业。宝兴电线电缆由深圳宝兴、苏州宝兴和深圳市宝新盛贸易有限公司组成，注册总资本2155万美元，生产基地面积超过14万平方米，其中苏州宝兴为国家高新技术企业，深圳宝兴为深圳高新技术企业并获得“深圳市宝安区企业技术中心”认定。

二、生产经营

宝兴电线电缆具有20多年电器装配线缆设计和制造专业经验，为全球电器装配线缆领域享有声誉的线缆制造商之一。公司拥有国际化的营销网络，全球6个营销中心：深圳、苏州、东南亚、日本、美国、欧洲，产品认证覆盖中国“CCC”、美国“UL”、德国“VDE”、加拿大“CSA”、荷兰“KEMA”、日本“PSE-MARK”等26个主要国家和地区。作为综合性的电器装配线缆制造商，产品范围包括：医疗用线、汽车线（包括新能源汽车）、通讯线、电源线、电子线、室内光缆、太阳能电线等，宝兴每年为全球客户提供超过180万公里的电器装配线缆。

三、产能建设

宝兴的电源线拥有超过20年的设计和生产经验，全球市场占有率第一，主要用于家电、自动化设备、电脑、消费电子、工业部件等产品电源提供。

电子线产品广泛被全球知名电器制造商选用，是北美市场TOP3家电厂商的最大供应商。

通讯线产品覆盖Display-port，HDMI，USB，SFP，ATA系列，SAS等，用于家电、电脑、消费电子等产品的高频数据及信号传输，是全球主要连接器制造厂商的主要供应商。

在医疗线领域，宝兴是中国最大最先进的医疗线生产商，拥有ISO13485认证，是GE医疗线缆指定的供应商之一，为全球领先的医疗设备制造商设计及提供配套电线。产品广泛应用于血氧、心电图、监护仪、手术或内窥镜手术、面部手术、除颤、CT/MRI等。

太阳能线缆项目经过多年的发展，已经成为全球最大的太阳能线缆制造商，是中国区第一家同时拥有UL、TUV和PSE认证的企业。

新能源汽车线缆领域，宝兴可为企业定制各种美标、欧标、国标的充电线和车内用线，并为之配套相应的连接设备和专业的产品解决方案。

作为绿色生活的倡导者，宝兴正在不断推出环境友好的产品，技术革新为风能、电动汽车等清洁能源产业提供安全的线缆支持。

四、技术进展及研发能力进展

宝兴拥有80多项国家科技专利技术，如单芯低烟无卤光缆、高清晰多媒体数字连接线、低噪音电线、能光伏认证电缆、光电复合缆、押出过滤网、电动汽车充电发光线缆等等。

在技术生产领域，宝兴拥有德国尼霍夫大拉丝机、多头拉丝机和奥地利罗森泰物理发泡机等一流的机器设备，以保证公司的产品质量。

在质量控制方面，宝兴具备健全的质量管理体系，如ISO9000，ISO13485，TS16949，ISO14000，SONY GP，先进的检测设备满足所有标准和客户的测试要求，实行供应商全过程管理。

宝兴与客户长期协作，根据客户需求定制产品并提供技术支持，全程参与客户新项目研发并对现有项目作改善和提升。

五、主要产品

序号	名称	型号
1	EV 充电线缆	美标：UL62认证，型号EVE/ EVT 600V、EVJE/EVJT 300V等，-50℃ ~105℃，最大500Kcmil，即253平方，VW-1燃烧 国标：符合CQC1103\1104\1105标准，也可为客户量身定做符合GB/T5054、JB/T8139、GB/T25087/25085、ISO4141等标准的线缆产品 欧标：可设计制造VDE-AR-E 2283-5、BS EN 50620、TUV 2 Pfg 1908等标准的EV线缆 日标：产品符合JCS4522标准的要求 发光EV充电线缆：宝兴专利产品，汽车充电时电缆呈流水灯式闪烁发光
2	车内用线	车内高压线：用于储能系统与驱动系统之间的连接规格可覆盖0.5mm²及以上；阻燃等级VW-1，温度范围-40℃~150℃，可参考标准：K179、ISO6722、GB/T25085、SAE J 1128、JASO D608\611等 车内其它用线：车头线束（包括仪表、发动机、前灯光总成、空调、蓄电池）、车尾线束（尾灯总成、牌照灯、行李箱灯）、篷顶线束（车门、顶灯、音响喇叭）等。可依据客户要求，也可依照各汽车行业标准生产。如ISO6722、SAE J 1128\1560、JASO D 608\611等
3	收线器	用于充电线缆有序收纳，避免线缆使用过程中被弄脏和打扭

六、合资合作

宝兴近期计划与连接器专业制造厂商建立战略合作伙伴关系，全面开发电动汽车充电连接器相关产品，以期为客户提供电动汽车充电设施整套产品和整体解决方案。

七、发展规划

未来，宝兴将继续利用公司股东——江西铜业集团公司（中国最大产铜基地）的强大优势，与西安交大绝缘专业和各类行业机构紧密合作，把握行业产品技术发展动态，依靠国际化的营销和服务网络，在全球范围内为世界知名连接器及终端电器消费品制造商提供专业和整体解决方案，并成为其最重要的商业伙伴。

山东龙立电子有限公司

一、发展概况

山东龙立电子有限公司是一家专业生产高端电连接器的国家高新技术企业，现有员工500余人，其中高级工程师6名、工程师32名，其中大专以上学历的技术工人176名。2015年实现总资产1．63亿元，资产负债率42．4%。2015年生产销售各种连接器600余万套，实现销售收入1.6亿元，利税2439万元，科研投入994万元，占销售收入的6．2%。公司拥有省级工程技术研究中心、山东省认定企业技术中心、博士后科研工作站各一处，先后荣获山东省创新型企业、山东省专利明星企业、“守合同重信用”企业，山东省“一企一技术”创新企业、山东省创新型民营企业、临沂市十佳科技创新企业等称号，产品通过了ISO9001、TS16949等质量管理体系认证，“龙立”商标被认定为山东省著名商标。

二、产能建设

新建厂房18000平方米，其中研发实验楼5400平方米，新建新能源汽车关键零部件生产线4条，检测线2条，可年产新能源汽车零部件20万套。

三、技术进展及研发能力进展

2015年，山东龙立电子公司坚持以“科技论英雄”，围绕提高产品耐复杂环境、抗干扰等性能指标加强自主创新，技术水平达到国内领先。

一是搭建研发平台，整合尖端资源。龙立电子是“山东省智能化电接插元件工程技术中心”，山东省专利明星企业、山东省创新型企业，先后承担了电力环网柜防泄漏连接器、电力控制系统密封端子板等20多项国家火炬计划、创新基金项目。公司拥有专利50余项，发明专利4项。

二是舍得设备投入，完善硬件设施。企业斥资上千万元购置齐全各种实验检测设备，满足了高精密连接器产品性能指标检测需求，为企业技术创新和新产品开发提供了强有力的技术支撑。三是攻克技术难点，占据领先优势。加大对耐复杂环境、远程控制、自动计量等难点技术公关力度，取得多项突破研发成果。公司自主研发的“电力环网柜六氟化硫防泄漏连接器”从根本上解决了密封设备电缆出口气体泄漏世界难题等。

四、主要产品

序号	名称	型号
1	便携式交流充电枪	LDAC4 - CT
2	便携式直流充电枪	LDDC2 - CT

五、合资合作

由龙立电子全资控股的济南无线电九厂有限公司是国家研制和生产电连接器的专业厂家，“航天产品用电子元器件定点供应单位”、“装备部承制单位”、“军用电子元器件合格供应商”，积累了四十余年的科研、生产经验，技术力量雄厚，生产的高可靠性连接器先后为导弹、潜艇等军用设备、人造卫星、长征系列运载火箭、载人宇宙飞船等重点工程配套，多次受到党中央、国务院、中央军委的嘉奖。公司目前主要产品有交直流充电连接器；高低压线束总成；防水圆形连接器；气密封圆形连接器；矩形、微矩形、超微矩形连接器；印制版连接器等近百个系列、万余个规格品种，重点围绕智能电网、铁路机车、新能源汽车、军事领域等四大行业进行发展，产品广泛应用于航空、航天、军事电子装备和电网、铁路、新能源、通讯、石油、煤矿等国民经济各个部门，用户遍及五大洲的20多个国家和地区。公司注重产学研合作，与山东省科学院、北京邮电大学、山东大学、山东理工大学、临沂大学等高校、科研机构建立起了密切的合作关系。

六、发展规划

1. 2016—2017年

（1）加大新能源汽车连接器的研发投入，使其成长为公司的主导产品之一；

（2）投入开发光电、光纤传输类连接器；

（3）健全国军标599产品Ⅰ、Ⅱ、Ⅲ系列。

（4）新建厂房、研发中心2万平方米，健全基础设施建设；

（5）实验检测及生产设备投入3000万元。

2. 2020年前

（1）企业年均销售收入保持在50%的增长速度，销售收入达到5亿元；

（2）未来3～5年，年均保持30%以上的增长速度，运作企业挂牌上市。

武汉电动汽车示范运营有限公司

一、公司概况

武汉电动汽车示范运营有限公司自2003年7月成立以来，一直致力于节能与新能源汽车示范推广工作，是我国第一家电动汽车商业化示范运营公司，以科技探索示范、商业化运作推广、践行绿色交通。

二、主要业务

1. 科技服务

（1）充电服务。

2007年，同国家电网公司合作率先建设国内首座集中式电动汽车绿色充电站——薛峰样板充电站。建成的薛峰样板充电站，在进行各类数据的测试分析过程中，也一直为正在运营的众多电动汽车提供充电服务。

充电桩用户体验测试服务。伴随着电动汽车的数量快速增加，充电桩行业也蓬勃发展起来，很多企业开始向充电桩领域进军。然而现在充电桩还处于发展初期，市面上的充电桩品牌林林总总。示范公司邀请全国各地的交流充电桩生产企业共计14家参与建桩，然后由用户应用验证得出系统的测试数据，其测试的数据提供给政府作为政策规划和采购的参考依据。

充电APP运行。采用当下应用最广的智能手机安卓和IOS为代表的APP模式，通过下载，安装，应用等一系列简单的操作，达到市民随时可以看到空闲充电桩、车位以及位置和前往的路线，并通过手机APP操作充电及付费等。

（2）数据服务。

为执行国家四部委关于新能源汽车运行安全监控要求，为武汉市新能源汽车运营及充电设施建设提供自动、准确、实时和可追溯的车辆工况数据；根据监测数据，对可能的安全隐患进行安全监控预警，提高新能源汽车运营安全系数，2013年10月建成武汉新能源汽车安全运行监控中心，该数据中心自建成以来，获得国家科技部和武汉市科技局的高度认可和项目支持，完成多次四部委领导和整车厂高层领导的参观接待。

该数据平台能支撑20000辆新能源汽车运行实时安全监控，并发数不低于20%。目前监控总数量达到1000余台，涵盖东风风神S30混合动力轿车、东风风神A60纯电动轿车、东风风神E30L纯电动轿车、日产聆风纯电动轿车、扬子江纯电动客车。监控内容包括车辆的运行工况数据、行驶记录以及车辆里程，对于纯电动汽车可监控动力电池的电压、电流、温度和SOC，监控驱动电机的温度和转速等数据，还可监控车辆的充电信息，从而实现车辆的安全预警和报警。该系统经过不断的改善，实现对新能源汽车的实时监控，确保上线车辆的安全运行，很好的推动武汉市新能源汽车的示范推广工作。

（3）政府服务。

国家科技部863项目、国家科技支撑计划项目承担单位；中德、中日电动汽车科技合作承担单位；武汉市新能源汽车推广领导小组成员单位。

2. 交通服务

（1）公共交通。

2007年厦门园博园交通运营；2008年北京奥运会唯一指定的纯电动小巴运营商；2015年武汉园博会公共交通。

（2）长租业务。

随着新能源市场的不断发展，公司从新能源车示范运营向应用推广进行拓展。新成立的租售部下辖大客户、线下服务、营业支持、行销支持四大职能。

业务模式：拓展长租、短租、以租代售、融资租赁等多种业务模式。

客户群体：政府、企业、集团、个人客户。

在运营方面将租赁业务和车辆运营融合为一体，与优步展开战略合作。为用户提供多方面选择。同时，从上游收集厂家资源，从渠道整合行业内经销商资源，从终端整合客户资源。在各个细分市场领域都具有长期、稳健的客户及伙伴。为公司股东、客户、合作伙伴持续创造更多价值，成为区域内最具有创新精神和影响力的融资租赁团队。

（3）分时租赁。

武汉市是全国四个电动汽车分时租赁商业化示范基地之一，武汉电动汽车示范运营有限公司作为此项目在武汉的牵头单位，试点运行20个网点，其中大学网点4个；开发区及东风网点10个，包括沌口开发区政务服务中心、东风公司总部等；规划市委、市政府、市民中心三个网点，预设充电位30个。

旗下“易微享”平台契合国家节能减排、绿色出行的环保理念，旨在打造武汉市轻质化、共享化出行新模式。平台是通过“政府引导、企业研发与运营、市民体验与消费”的方式打造的低成本低碳化绿色出行专家。易微享致力于倡导低碳生活，降低人们出行过程中的资源消耗和污染排放，将市民的低碳生活方式与电商 o2o 平台对接，通过线上随租随用，线下随用随还的闭环体系，形成人人可用、共享共赢的动态长效机制，提升居民低碳出行消费的便捷性、参与性、经济性、环保性和公益性。至此，易微享让低碳绿色出行不再是一句口号，而是让更多人体验低碳，践行低碳，同时享有实惠，享有便捷。

三、国际交流

参加“国际混合动力汽车技术发展与规模化应用研讨会”；参加由中华人民共和国工业和信息化部主办电动汽车产业发展论坛；参加中美电动汽车论坛；日本神奈川县环境农政部、日产公司来汉考察洽谈；公司与德国北威州能源事务署签订“就电动汽车市场准备和市场引入的示范项目开展经验交流”意向书。

公司与国外企业进行的合作项目：（1）日产项目。与日产公司签订电动汽车推广合作备忘录，积极引进日产公司纯电动汽车在武汉的示范与推广，双方建立良好的合作平台。（2）中德合作。与德国北威州能源事务署建立“就电动汽车市场准备和市场引入的示范项目开展经验交流”项目合作，现已签订三期项目合作，并顺利推进。

四、发展规划

以电动汽车战略和深化国企改革为契机，以分时租赁项目为龙头做实“交通服务”和“科技服务”基础，集聚整合资源，低风险、优服务、快成长，形成“服务”核心业务，提升经营质量。

奥特佳新能源科技有限公司

一、发展概况

奥特佳新能源科技有限公司是深交所上市公司，股票代码 002239。在汽车业务板块，目前奥特佳拥有南京奥特佳新能源科技有限公司、空调国际集团、牡丹江富通汽车空调科技有限公司 3 家控股公司，并参股澳特卡新能源科技有限公司。公司拥有汽车空调压缩机、汽车空调系统、新能源汽车电控产品三大系列产品。奥特佳目前是中国最大全球第六的汽车压缩机供货商，电动压缩机销量全球前三，电动热泵技术具有国际领先水平。近年来通过自主研发和外部并购相结合的方式，不断增强企业实力，成为中国汽车零部件行业尤其新能源汽车零部件行业一个快速发展的明星企业。

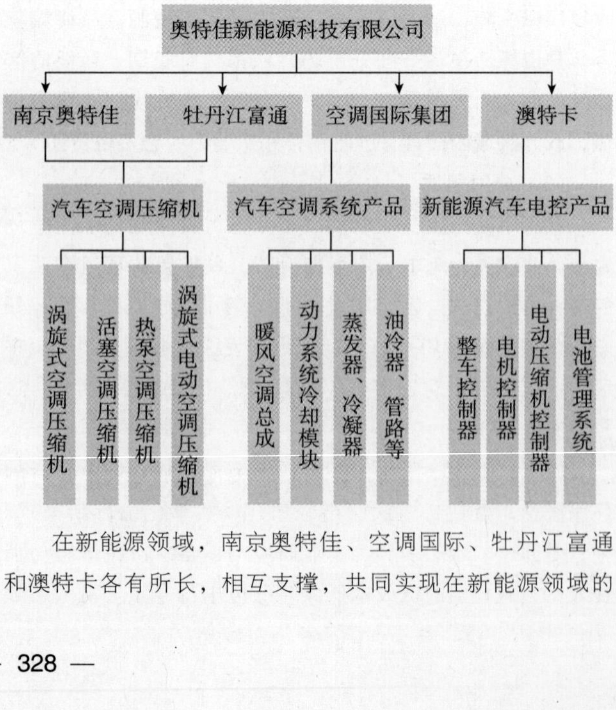

在新能源领域，南京奥特佳、空调国际、牡丹江富通和澳特卡各有所长，相互支撑，共同实现在新能源领域的优异成绩。

二、旗下核心企业

1. 南京奥特佳新能源科技有限公司

南京奥特佳新能源科技有限公司成立于 2000 年，总部位于江苏省南京市，是中国最大的独立汽车空调压缩机制造企业。2015 年公司市场份额超过 23%，在涡旋压缩机市场份额超过 75%。客户以民族品牌乘用车为主，目前年产能为 700 万台，员工总数将近 4000 人。

公司对所研发生产的产品拥有独立的知识产权，拥有专利 118 项，其中发明专利 11 项。得到国家科技部技术创新基金支持，先后荣获“国家级重点火炬项目”“国家高新技术企业”“中国驰名商标”及“江苏省名牌产品”称号，成立了江苏省汽车空调工程技术研发中心，获得省部级科技进步一等奖、江苏省质量信用 3A 企业、南京市市长量奖等奖项，是《汽车空调用小排量涡旋压缩机 GB T 27942 – 2011》国家标准的起草者，以及《国家行业标准——JB/T 电动汽车空调用压缩机》的起草者。公司承担多个国家 863 课题项目、国家科技计划支撑项目和国家“强基工程”技术改造项目等重大项目，连续八年评为“全国百佳汽车零部件供应商”，为业界推举为“中冷协汽车空调委员会”主任委员。公司与国际压缩机权威机构美国普度大学保持紧密联系，公司技术水平始终处于国际前沿。

电动压缩机是新能源汽车空调系统核心，将电机、控制器与压缩机组成有机整体，具备良好的自动控制性能以及与整车控制系统的信息交换，是智能汽车环境工程的重要执行单元。

南京奥特佳电动压缩机品种齐全，有 6 个系列 100 多品种规格，覆盖新能源轿车、卡车、客车及传统轿车、卡车、客车等国内众多车厂及其售后体系。

公司目前具有 E18A、E26A、E26B、E34、E34P、E66A、E66D、ER28 等多个排量系列产品，适用工质 R134a、1234yf 及 R407c，在纯电动汽车及混合动力汽车领域具有广泛的应用。2014 年公司销量翻番，2015 年增长超过 300%。公司电动压缩机在新能源乘用车市场占有率达到 55% 以上，在整体新能源汽车市场占有率达到 40% 以上，成为国内名副其实的电动压缩机龙头。

压缩机系列	排量（cc/r）	控制器结构	制冷量（W）		额定电压（V）	应用领域
			转速（rpm）	制冷量（W）		
E18	18	独立	2000	1000	12	卡车驻车空调、房车空调
			4000	2000	24	传统动力重卡电动空调、房车空调
			6000	3000	60 - 380	低速经济轿车、2 - 3 吨环卫车、A0 级轿车
EWXH036	36	独立	2000	2000	24/48	传统动力重卡电动空调、传统动力电动空调
			5000	5000	60/72/96/110/144/288/320/380	电动轿车、火车机车
E26A/B	27	集成	2000	1500	24	传统动力重卡电动空调、房车空调
			4000	3000	60/72	电动低速经济轿车、A 级电动轿车
			6000	4500	144/288/300 - 380/520	纯电动轿车、混合动力轿车、电动邮政车、电动物流车
ER28 热泵	27	集成	6500	4800	300/320/350	纯电动轿车热泵系统、混合动力轿车热泵系统、电动大巴热泵系统
E34/P	34	集成	4000	3760	48	传统客车模块电动空调、军用车辆
			6000	5640	300/320/350/540	纯电动轿车、混合动力轿车、电动大巴
E66A/D	66	集成	4000	7000	300/320/540	电动大客车、火车机车、飞机

@ 吸气压力 0. 3MPa（abs）排气压力 1. 5MPa（abs）过热度 10℃，过冷度 5℃

南京奥特佳的电动压缩机为全封闭涡旋压缩机，具有高可靠性、高防护等级的特点。压缩机由直流永磁同步电机驱动，高效节能，转速可连续控制达到变排量效果，舒适性更高。压缩机配备了智能驱动控制器，提供驱动与保护功能，重量轻、体积小，并可根据客户需要增加 CAN 或 LIN 通信功能。客户涵盖通用五菱、比亚迪、长安、北汽新能源、江淮汽车、奇瑞、吉利、力帆、华晨、福田、海马汽车等国内大多数主要的电动汽车生产企业。

奥特佳开发的热泵型电动汽车空调压缩机，采用带喷射的双级压缩技术，提升热泵循环的效率，解决极寒地区电动汽车采暖除霜消耗大量电力的难题。经省部级科技成果鉴定，其技术指标达到国际先进、国内领先水平，并且热泵电动压缩机获得机械部科技进步一等奖。目前已在上汽、一汽、吉利、奇瑞等新能源汽车上取得应用。

公司引进以博士硕士为主的高端技术团队，为新能源汽车电动压缩机及变排量空调压缩机机电一体化高端产品做好技术储备，确保未来公司继续保持行业领先地位。

2. 牡丹江富通汽车空调科技股份有限公司

牡丹江富通汽车空调科技股份有限公司是国家高新技术企业，公司紧跟国际前沿技术，引进国内外高级专家，并与国内外知名院校、科研院所合作推进自主创新，在引进德尔福 V - 5、SP 系列汽车空调压缩机技术的基础上，开发了 SC、FM10G/S 系列和高端 CVC 压缩机，获国家专利 88 项。富通空调主要生产摇盘式变排量压缩机、斜盘式变（定）排量压缩机等活塞压缩机。活塞压缩机更符合现在车型的的主流产品，其中的变排量活塞压缩机符合自主品牌汽车升级换代趋势。公司为一汽—大众、一汽轿股、天汽、海汽、一汽青岛、东风贝洱/日产、上汽五菱、福特—江铃、华晨金杯、奇瑞、长安、吉利等 20 多个车厂的配套并出口北美、东欧、日本、韩国和中东地区，连续多年获一汽大众 A 级供应商、一汽海马、华晨金杯等用户优秀质量奖和售后服务奖。

3. 空调国际集团

空调国际集团成立于 1960 年，产品涵盖 HVAC 总成、动力系统冷却模块、蒸发器、冷凝器、油冷器、管路等汽车空调系统领域的产品。公司在美国、澳大利亚、中国、欧洲、泰国等均有业务，客户包括客户包括全球范围内超过 30 家的整车厂。

空调国际在全球拥有三大研发中心，1 个在美国，2 个在中国（上海和重庆）。公司拥有七大区域性技术中心，为全球客户提供现场支持。1995 年，空调国际就进军中国，是国内最早的一批汽车空调生产企业之一，2008 年在泰国建成世界级的蒸发器工厂，2014 年在印度与 TATA 合资建立印度工厂，2016 年捷克制造基地投产，为 VW 配套。

空调国际从 2008 年就开始致力于新能源汽车热管理系统的研发和制造。2011 年空调国际就量产 Coda 纯电动车和 Fiska 增程式混动车的整车热管理系统，集成能力达到国际先进水平。2012 年空调国际将同样的技术应用到国内长安等主机厂，成为国内第一批带整车电池热管理系统的电动车批产应用，取得良好的客户反馈。

空调国际具有丰富的热管理系统开发经验。开发范围乘员舱舒适度控制、电池热管理、整车动力总成散热、电子电器散热、车辆余热回收、多源热泵等多个系统功能模块。。在整车节能增程设计方面有多项实车案例和专有技术。开发车型覆盖 48V 微型车，轿车，SUV，大巴等各型新能源车辆，为国内外多家客户提供服务和产品。

近期空调国际成立新能源汽车空调事业部，在新能源方向投入更大的研发力度。根据国内外客户对低温环境续航里程的强烈需求，公司正在开发低温热泵，R744 制冷/热泵系。独立电池热管理模块等具有领先水平的新能源专有技术，已经进入批量生产阶段。

未来，空调国际将与多家新能源汽车企业以及电池厂家建立长期合作状态，并增加公司新能源事业部的研发投入、扩大产能规模。

4. 澳特卡新能源科技（上海）有限公司

澳特卡新能源科技（上海）有限公司是国内技术领先的新能源汽车电控系统集成供应商，公司技术团队超过 30 人，拥有丰富的工程开发经验，核心骨干来自于上汽、TRW、德尔福等国内外知名企业。公司在业内拥有广泛的客户资源，和华晨汽车、吉利汽车、中航爱维客、金龙客车、中国汽车技术研究中心、国能电动、舍弗勒、斯太尔动力、宁德时代新能源、上海航天电源、江苏海四达电源、南京奥特佳等国内外知名整车企业和零部件企业保持紧密的合作关系。

澳特卡的主要产品包括新能源车用的整车控制器、混动控制器、永磁同步电机控制器、电池管理系统和电空调压缩机控制器，能够为客户提供一站式的新能源汽车动力总成集成开发服务。澳特卡的产品开发始终秉持安全、高效、可靠的理念，整个开发流程严格遵循车用电控系统的 V 型开发模式并导入 ASPICE 和 ISO 26262 功能安全的相关流程。公司的产品全部采用基于模型的开发方式进行，通过高效的图形化建模和自动代码生成技术，能够保证产品的可靠和高效、快速的开发周期。

澳特卡所有产品的软硬件均为技术团队自主研发，拥有 100% 的知识产权，并被授权十多项国家发明专利和软件著作权。公司已经累计完成 10 项以上的新能源车动力系统相关的工程咨询或动力系统集成服务。成功案例包括：

新能源汽车整车控制：澳特卡为新能源汽车企业提供增程式混动系统工程开发服务，包括从系统设计、系统分析、需求分析、策略功能实现、混动控制器开发、测试与标定等一系列工作内容。

新能源客车电驱动系统：凭借着优异的产品性能以及高效迅速的客户响应，澳特卡的新能源整车控制器及电机系统陆续在西沃、中国重汽、中航爱维客和天津国能电动（SAAB）、苏州金龙海格、陕汽、青杉等国内多家客车项目上得到使用并批量供货，得到客户的一致好评。应用车型从 5 米 minibus 到 12 米大巴，适应范围宽广。

增程式混合动力：凭借着在整车控制领域丰富的经验，包括混动控制、能量管理和优化、电控开发等方面的技术积累，国内某领先新能源汽车企业选择澳特卡作为其分布式混合动力系统的整车控制器软硬件供应商。

电池管理系统：澳特卡开发的电池管理系统已成功应用于国内多家乘用车及大巴企业。该系统具有健康状态（SOH）估算、荷点状态（SOC）估算、功率能力（SOP）估算、绝缘检测、均衡控制等功能，符合国际充电协议。

在未来战略发展方向上，奥特佳将紧紧抓住新能源汽车的产业机会，紧紧围绕四个战略方向，致力于成为新能源汽车热管理龙头。

- 新能源化：巩固电动压缩机的市场领先地位，积极拓展新能源机车核心零部件领域。
- 国际化：抓住与国内外新能源汽车行业龙头合作的机会，并充分利用空调国际的全球网络，走国际化道路。
- 热管理系统化：突破传统汽车热管理概念，拓展至电池、电机系统的热管理。
- 技术领先：在新能源汽车热管理相关技术上继续加大投入，掌握最尖端的核心技术。

南京协众汽车空调集团有限公司

一、发展概况

南京协众汽车空调集团有限公司（以下简称“南京协众”），成立于 1994 年，现注册资本为 69600 万元，固定资产总额 15 亿元，员工总数 870 人。

南京协众总部位于交通便利、经济发达的江苏南京江宁区开发区，占地面积达67000平方米；拥有协众南京、协众北京、协众沈阳、协众株洲、协众重庆五个生产基地。协众成都正在筹建中。目前南京协众具备年产200万套汽车空调系统的生产能力。

1994年，成立江苏汽车空调器有限公司。

1997年，秦淮路厂房落成，并更名为南京中港汽车空调器有限公司。

2003年，科宁路新厂落成，并组建为南京协众汽车空调集团有限公司。

2005年，通过TS16949质量体系认证。

2008年，通过国家实验室认证。

2009年，成立辽宁晨友汽车空调系统有限公司。

2009年，成立北京海纳川协众空调有限公司。

2009年，进入PSA配套体系，为B7、T7、T88、T9等平台配套空调零部件。

2010年，通过国家ISO14001/OHSA18001质量体系认证。

2012年6月18日，南京协众在香港主板成功上市，上市公司名字：协众国际控股有限公司；股票代码：03663。

2013年8月，投资2亿余元的研发大楼落成并投入使用，同年投资4800万元的环境模拟实验室投入使用。

2014年5月18日，北汽新能源汽车与协众新能源汽车空调战略合作签约。

2014年6月4日，南京协众与海纳川香港投资有限公司正式签署合资。

2014年12月5日，协众集团与LGE共同签署了研发新能源汽车空调系统的合作备忘录

2015年6月，协众国际株洲分公司成立

2015年11月，牵手五龙电动开拓新能源汽车零部件。

2015年12月，进入合资品牌供应体系。

2015年12月，成功开拓吉利汽车市场。

2015年与巴西inafa签约。

2015年，协众国际研发中心通过省级研发中心认定。

2015年12月，与神龙战略合作建立成都分公司。

二、生产经营

2015年底，公司资产总计15亿余元，销售收入10亿元，纳税总额达到5000万余元。

三、产能建设

公司现生产的主要产品有：汽车空调系统；平行流式空调系统；平行流式蒸发器、层叠式蒸发器；平行流式冷凝器、过冷式冷凝器；暖风水箱；汽车水箱；中冷器；油冷器；空调管路；空调线束；注塑件、冲压件等。其中，电动汽车空调系统为公司近年来致力研发的新产品，包括热泵空调系统、电池冷却包系统、空气净化器、储能式蒸发器、高效冷凝器、同轴管。

公司主要客户：北京汽车、神龙汽车、东风集团、吉利汽车、三一汽车、广汽、福田汽车、中兴汽车、丹东曙光、华泰汽车、长丰扬子、长安汽车、众泰汽车、华晨汽车等主机厂。

四、技术进展及研发能力进展

2006年成立“汽车空调工程技术研发中心”后，2011年协众投资2亿余元兴建总建筑面积15631平方米的研发大楼和投资4800万元兴建的国家级整车环境模拟实验室，于2013年建成并投入使用。引进整车空调环境模拟实验室、整车空调系统台架实验室、HVAC性能实验室及噪声实验室、可靠性实验室、三维振动试验台、高温试验箱、整车数据采集测试系统、盐雾试验箱、二次影像测量仪、FLIR热成像仪等进口设备。公司的设备均从日本、韩国、德国购进，试验技术被授予国家级标准，位居行业前列。

在不断加强自身硬件软件建设的同时，公司也非常重视产学研合作，与浙江大学、上海同济大学、东南大学、南京农业工程学院等知名高校均建立共同研发的合作关系。在江苏省南京市政府支持下，2013年协众建立了江苏省博士后工作站分站。

现有研发专业技术人才达120人，其中具有高级职称人员40多人，中级职称人员60多人。公司研发中心，采用专业化分工合作的组织架构，集项目管理、产品研发、产品试制、工程设计等研发功能于一体。经过21年的发展和积累，已经成为中国本地空调系统开发能力领先企业，是BAIC、FOTON、华晨、三一重工等汽车厂同步开发供应商，在整车开发初期为客户提供标杆件分析、同步结构/功能设计、快速件试制和试验验证等全流程研发服务。

截至2015年12月，公司累计申请国家专利46项，其中发明专利7项，有效授权专利42项，其中发明专利3项，2015年申请专利7项。

2015年2月，公司加大对新能源汽车空调系统的研发投入，成立专门的新能源汽车空调系统研发小组，集中力量攻克关键零部件技术。

2015年4月，成功研制出PM2.5高效过滤净化器。

2015年8月，成功开发出新能源汽车空调系统用控制单元，通过与新能源整车热管理系统的融合，掌握新能源汽车空调关键节能控制技术。

2015年11月，成功研制出汽车空调用无级调节空气PTC加热器和水PTC加热器产品。

2015年12月，成功研制出电池冷却热交换器。

截至2015年12月，公司与新能源汽车企业对新能源汽车空调系统一系列相关标准进行起草和讨论，满足现有新能源汽车空调系统开发过程中验证的问题。

五、主要产品

序号	名称	类别
1	EV02 新能源空调系列	乘用车
2	EV08 新能源空调系列	乘用车
3	EV17 新能源空调系列	中巴车
4	EV24 新能源空调系列	物流车

六、合资合作

2014 年 5 月 18 日，北汽新能源汽车与协众新能源汽车空调战略合作签约。

2014 年 6 月 4 日，南京协众与海纳川香港投资有限公司正式签署合资。

2015 年 12 月，与神龙战略合作建立成都分公司。

七、发展规划

继续巩固 SUV、皮卡及重型卡车市场的汽车空调系统的领先地位；全面导入 QSB 以及精益生产管理，提升质量和产品竞争能力。做最环保的汽车空调系统。

上海加冷松芝汽车空调股份有限公司

一、技术进展及研发能力进展

公司累计申请国家专利 194 项，其中发明专利 47 项；有效授权专利 135 项，其中发明专利 15 项。2014 年申请专利 42 项，其中发明专利 9 项。是业内极少数几家同时掌握大中型客车空调、轨道交通车辆空调和乘用车/货车空调研发技术的企业之一。

2014 年，公司开发的“微通道管材与换热器制造技术及其应用”项目获国家科技进步二等奖。

2014 年，公司被批准成立上海新能源汽车空调工程技术中心。

2015 年，公司被批准建设上海张江国家自主创新示范区人才培养产学研联合实验室。

公司同时拥有结合乘用车空调的开发经验、三围建模能力、仿真分析能力，并开发国内领先的电车空调技术。

二、主要产品

序号	名　称	类　别
1	JLD 新能源客车空调系列	客车空调
2	EPP/SZE 空调系列	客车空调
3	SZG 空调系列	客车空调
4	QPP/SZQ 空调系列	客车空调

三、合资合作

2012 年加冷松芝与上海交通大学签订了产学研战略合作框架协议，在新能源汽车空调系统产业化基础研究等项目上进行合作；公司与华中理工大学进行合作，聘请何国庚教授担任客车空调技术顾问，帮助开展新能源客车空调系统的关键技术研发的指导；公司与上海同济大学材料所正在进行合作事宜洽谈，主要和李岩教授等合作开发新型外观材料。

四、发展规划

1. 销售目标

抓住市场机遇，通过稳妥经营，实现销售快速增长。

2. 业绩目标

到 2020 年销售额达到 100 亿元，其中客车空调销售额达到 25 亿元，小车空调销售额 50 亿元，轨道车空调 15 亿元，冷冻冷藏空调 5 亿元，零部件销售 5 亿元。

3. 拓展目标

致力于人类生存环境的改善，力争成为世界知名的节能、环保、高效的移动空调供应商，打造移动空调民族第一品牌。

4. 模式目标

建立核心业务领域和核心经营战略模式，根据公司战略发展需要，公司将持续打造核心竞争力，打造适合发展的" 节能、环保、高效的移动空调"。核心经营战略模式，即基于专业化设计研发、服务管理流程植入，创造移动空调新时代，该模式有效整合企业战略、发展大纲、企业文化、品牌、产品、营销、管理体制、投资发展等核心领域。

苏州奥易克斯汽车电子有限公司

一、发展概况

2013 年 4 月，一群心怀理想的清华学子放弃优厚的工作和待遇，携手创立苏州奥易克斯汽车电子有限公司，在首席科学家清华大学汽车工程系教授、系副主任黄开胜老师的带领下，矢志振兴国产汽车电控事业。公司以清华大学汽车工程系多年科研成果为基础，经过严谨的产品化开发，逐渐形成涵盖汽油发动机和双燃料发动机的国内最齐全的发动机电控产品线，并凭借着优秀的产品品质，先后同东风、江淮、五菱柳机等多家国内一线主机厂建立稳定的配套关系。

近年来，随着环境污染和能源安全问题的日益突出，新能源汽车逐渐成为汽车行业的发展方向，我国也将新能源汽车列为现阶段重点发展的七大战略性新兴产业之一，和打造制造强国的十大突破口之一。新能源汽车作为一种新生事物，各国的发展水平都相差不大，这种局面非常有利于民族品牌整车和零部件企业的发展和壮大，也为我国汽车产业实现弯道超车提供难得的机遇。

面对机遇，奥易克斯审时度势，率先开展新能源汽车电控技术的研发，并在几种主流的新能源汽车技术路线上均取得突破，成为国内唯一一家同时掌握多种新能源汽车电控技术的公司。目前公司已掌握的新能源汽车电控技术包括：纯电动汽车整车控制技术、48伏弱混控制技术、增程式电动汽车增程器控制技术、插电式混合动力汽车整车控制技术。其中，纯电动汽车整车控制器已搭载于陕汽某款纯电动车实现量产，并已被南京金龙确定为其纯电动客车的配套方案；48伏弱混系统控制器已同五菱柳机合作完成样车制造，正在进行实车匹配；增程器控制器已同北汽新能源签署了配套协议，相关车型已完成目录公告，即将进行量产。

二、生产经营

苏州奥易克斯汽车电子有限公司及其子公司所从事的生产经营活动主要包括：

（1）汽车发动机（含汽油发动机和汽油/天然气双燃料发动机）电喷系统控制单元（ECU）的研发、生产和销售；

（2）汽车发动机（含汽油发动机和汽油/天然气双燃料发动机）电喷系统控制软件的开发和技术咨询服务；

（3）新能源汽车整车控制器（VCU）的研发、生产和销售；

（4）新能源汽车整车控制软件的开发和技术咨询服务；

（5）新能源汽车专用的发动机电喷系统控制软件的开发和技术咨询服务；

（6）ECU/VCU外围零部件的研发、生产和销售；

（7）面向车联网的车载互联终端（TBOX）的研发、生产和销售；

（8）汽车大数据服务平台（VMS）的研发、运营和推广。

三、产能建设

1. ECU/VCU产能建设

苏州奥易克斯汽车电子有限公司已在合作伙伴清华大学苏州汽车研究院内建设两条国内最先进、与国际大厂同等水平的ECU/VCU生产线，其中一条为全自动生产线，另一条为半自动生产线。两条生产线合计产能约为20万套/年。

2. ECU/VCU外围零部件产能建设

苏州奥易克斯汽车电子有限公司专门成立全资子公司天津清锋宏大汽车电子有限公司从事ECU/VCU外围零部件的研发和生产。清锋宏大在天津市滨海新区海洋高新技术开发区内建设包括氧传感器、温度传感器和节气门位置传感器在内的多种传感器的生产线，各条生产线均已完成设备安装和调试，初期规划产能为5万套/年，后期将随着业务发展逐步提升。

3. TBOX产能建设

TBOX目前依托ECU/VCU生产线进行生产，可年产2万套。专用生产线正在筹建之中。

4. VMS产能建设

苏州奥易克斯汽车电子有限公司已经建成高性能汽车大数据服务平台，利用先进的云计算技术、分布式计算技术、并行计算技术和并行数据库技术，能够实现海量车辆的实时接入、数据分析和内容分发，可以有效支撑国内主流主机厂的新车研发、售后服务和车主服务等功能。

四、技术进展及研发能力进展

1. 研发人员

苏州奥易克斯汽车电子有限公司目前全职员工近50人，其中工程技术人员30人左右。核心研发团队有10余人，主要由清华大学汽车工程系毕业的青年才俊和原某国际大公司资深工程师组成，年龄都在30～45岁之间。公司首席科学家是清华大学汽车工程系副主任、博士生导师黄开胜老师。

2. 试制/试验场所与设备

苏州奥易克斯拥有两个试验基地，一个位于北京，一个位于苏州吴江。北京试验基地依托于战略合作伙伴阿尔特汽车技术有限公司，配备有五坐标数控龙门加工中心、三维光学扫描仪、移动电焊机、二氧保护焊机、固定式焊机、一体化焊机、举升机、4m×8m×2.5m烤漆房、操稳数据采集设备、三维测量划线机、电动吊车、SF-845转毂测试台、ORO震动噪声分析仪、发动机模拟实验台等专业试验设备；吴江试验基地配备有6个HORIBA电力测功机台架、1个轻型车排放实验室及AVL油耗仪、燃烧分析仪、数据记录仪等设备。

3. 研发设备与工具

公司通过外购和自主开发相结合的方式，目前已配备有齐全的ECU研发设备和工具软件。研发设备包括多种型号的示波器、整车模拟器、输入输出测试设备、电源适应性测试设备、工况模拟测试设备等；工具软件包括MAT-

LAB、Simulink、自主开发的标定刷写工具等。

4. 已有技术积累

从上世纪90年代开始，清华大学汽车工程系就开始汽车发动机电控技术的研究和开发。到2010年为止，进行过3个国家863项目，分别是汽油机电控技术、轻型汽油机排放在线技术和福田欧V混动汽车电控技术。在这些项目成果的基础上，苏州奥易克斯技术团队根据中国的国情进行二次开发，在技术的深度和广度上均远远超过国家863项目的范围。

目前奥易克斯已经掌握的关键技术包括：ECU平台技术、EMS控制技术、OBD技术、EMS系统集成技术、EMS系统标定技术、新能源汽车电控技术（包括纯电动车整车控制器、48伏弱混系统控制器、增程式电动车增程器控制器和PHEV整车控制器）和汽车大数据服务平台等。

在ECU平台技术方面，奥易克斯的16位ECU已非常成熟，而32位ECU也已完成硬件设计和样件制造，正在进行调试。在EMS控制技术方面，奥易克斯的EMS系统除了具备基本的燃油喷射控制、点火控制、怠速控制、排放控制之外，还支持VVT、EGR、TURBO、VIGS、VIS等发动机特有技术，并可满足京5排放法规。在OBD技术方面，奥易克斯的OBD技术具备催化器故障诊断、氧传感器故障诊断、失火故障诊断、燃油系统故障诊断、系统零部件故障诊断等功能，可满足欧III排放法规要求。在EMS系统集成方面，奥易克斯技术团队有多名来自德尔福的资深工程师，拥有丰富的实车标定经验，对各种外围零部件都非常熟悉，并且已建立一整套关于零部件选型、标定和检测的标准工作流程。在EMS标定方面，奥易克斯技术团队先后从事过吉利479系列、力帆系列车型、一汽佳宝系列微车、松花江系列微车、华晨系列轿车、海狮轻型车系列、长城中兴系列皮卡越野车等众多车型的EMS标定工作，并已制定详尽的EMS标定工作企业规范，针对标定流程中的每一步，都编制指导性文档、操作指南及验收标准。在新能源汽车电控技术方面，已经全面掌握纯电动汽车整车控制技术、48伏弱混系统控制技术、增程式电动汽车增程器控制技术和PHEV整车控制技术等主流的新能源汽车电控技术，为国内唯一一家同时掌握多种新能源汽车电控技术的公司。在智能网联技术方面，已开发出基于32位高性能车规级处理器的车载互联终端，和相应的高性能汽车大数据服务平台。

5. 已取得的知识产权

在多年的产品开发、调试、生产过程中，奥易克斯解决大量技术难题，提出许多创新思路，先后取得30余项发明专利和实用新型专利，牢固树立公司在业内的领先地位，也因此在2015年分别获得“中关村高新技术企业”和“年度启迪之星企业”的荣誉称号。

五、主要产品

序号	名　称	型　号
1	汽车发动机电喷系统控制单元	—
2	新能源汽车整车控制单元	—
3	汽车用温度传感器	—
4	汽车用氧传感器	—
5	汽车用节气门位置传感器	—
6	车载互联终端	—

六、合资合作

苏州奥易克斯是清华大学动力系统研究中心、清华大学苏州汽车工程研究院和阿尔特汽车技术有限公司的战略合作伙伴，与三方长期保持密切的技术交流与合作。

七、发展规划

未来，苏州奥易克斯汽车电子有限公司将继续聚焦在汽车发动机电控、新能源汽车电控、智能网联使能技术三个主营业务上，精耕细作，锐意创新，力争利用3~5年的时间，将公司打造成国内领先、具有国际影响力的汽车电控技术企业。

1. 在发动机电控方面，未来重点发展技术

（1）进一步完善ECU控制策略。通过不断完善控制策略，改善搭载车辆的燃油经济性和驾乘舒适性，实现奥易克斯EMS产品在轿车领域的突破，并逐渐扩大市场份额，最终体现苏州奥易克斯汽车电子有限公司作为民族企业的社会价值。

（2）推出兼容AUTOSAR国际标准的通用型ECU控制软件底层支撑软件，在国内主机厂中推广使用，提高国内主机厂在电控系统方面的自主开发能力和技术水平，提高其参与全球竞争的综合实力。

（3）智能网联协同技术。智能化和网联化是未来汽车的两个发展趋势。未来的汽车将搭载越来越多的高级驾驶辅助系统（ADAS），直至具有完全自主决策能力的自动驾驶系统。能够与这些系统进行交互和协同，是发动机电控系统跟随汽车行业发展趋势、保持市场竞争力的必由之路。

2. 在新能源汽车电控方面，未来继续完善48伏弱混系统电控技术、增程式电动汽车增程器电控技术、PHEV整车电控技术和纯电动汽车整车电控技术

（1）48伏弱混系统可以通过少量、低成本的车辆改装实现较好的节油效果，是各大车企满足IV阶段油耗法规最有效的技术手段，掌握相关电控技术对整个国家的汽车行业都具有重大意义。

（2）增程式电动汽车是最适合我国现阶段国情的混合

动力汽车形式，且对充电条件要求不高，很适合在当前充电基础设施尚不完善的局面下推广使用，十三五期间预期将会有较大发展。

（3）PHEV 作为一种高级形式的混合动力汽车，其节油性和动力性都比较好，也是我国当前销量最大的一种新能源汽车形式，掌握相应电控技术是我国发展新能源汽车不可回避的课题。

（4）纯电动汽车具有零排放的优点，是新能源汽车技术追求的终极目标，发展相应电控技术毫无疑问十分必要。

3. 在智能网联使能技术方面，未来重点发展技术

（1）继续完善车载数据采集终端。车载数据采集终端是车辆接入互联网的基础性部件，需要不断向更高性能、更小体积、更低能耗的方向发展。

（2）继续完善车辆大数据服务平台。围绕主机厂新车研发支撑、售后服务、车主服务、数据增殖等几个核心功能进行技术升级，重点做好数据分析模块的功能拓展，以及同其他业务平台（包括国家级电动车辆管理平台）的对接，为智慧交通、智慧城市提供数据支撑和车辆远程协调、管控能力。

江苏超力电器有限公司

一、发展概况

江苏超力电器有限公司总部位于丹阳市，始创于 1981 年，现为中国汽车工业协会车身附件委员会理事长单位。近年来获得“中国驰名商标”“中国汽车零部件微电机行业龙头企业”“中国汽车行业知名品牌”“中汽协会十佳企业”“全国百家优秀汽车零部件供应商”“江苏省高新技术企业”等资质荣誉。

公司现下设江苏超力散热器有限公司、海南超力电器有限公司、开封超力电器有限公司、上海超力诚隆电器有限公司、安徽超力电器有限公司、南京惠俊技术开发有限公司。公司坚持“抓机遇、练内功、创信誉、铸品牌、扩市场、做百年”的经营理念，实施“以主机厂为中心、以核心零部件制造为中心、以技术研发创新为中心，产品由电机电器向电子电器延伸、由零部件向集成模块延伸、由传统汽车产品向新能源汽车产品延伸、由国内市场向国际市场延伸”的“三个中心、四个延伸”发展战略，持续推动公司发展。

近年来，超力紧跟时代步伐，在做大做强汽车零部件领域传统产品的基础上，加大新能源产品的投入，先后研发投产数种技术含量高、应用范围广的新能源系统产品，并获得国内知名主机厂的认证和配套，公司积极参加国内外重大汽车展会，充分展示自主品牌企业自强不息、勇于挑战的奋斗精神。

二、生产经营

年产值 9 亿元，电机、风扇类产品占有率居行业前列，新能源产品产值约 5000 万元

三、产能建设

目前在建年产 30 万套汽车电动助力转向系统（eps）生产车间及年产 10 万套汽车怠速起停装置（bsg）生产线。

四、技术进展及研发能力进展

公司主要研发、生产汽车专用的各类电机、风机、散热器模块、空调总成等产品，并立足产品延伸，成功开发出无刷电机驱动的汽车电动助力转向系统（EPS）、汽车怠速起停系统（BSG）及电动空调等新能源产品，同时，研发、生产上述系列产品的电子控制系统。公司 EPS 系统获得评为国家火炬计划及教育部科学技术奖二等奖、江苏省科技进步奖一等奖，进入主机厂批量配套阶段。BSG 系统通过国家发改委技术鉴定，进入出租车市场验证阶段。公司现为江苏省高新技术企业、技术中心现为江苏省省级技术中心。

五、主要产品

序号	名　称	型　号
1	电机	—
2	风扇	—
3	PTC 加热器	—
4	电动助力转向系统	—
5	电动水泵	—

六、合资合作

公司目前与众多知名品牌轿车、微型车、轻型和大中型车等车型进行一、二次配套，如一汽轿车、海马汽车、上海汽车、奇瑞汽车、长城汽车、东风柳汽、江淮 JAC、华晨金杯、北汽集团、郑州宇通、厦门（苏州）金龙等，并向北美、西欧、澳洲等区域出口，超力牌电机、风机年产销量位居行业自主品牌前列。

七、发展规划

以主机厂为中心、以汽车零部件制造为中心、以技术研发创新为中心；产品由电机电器向电子电器延伸、由零部件向系统模块延伸、由传统产品向新能源产品延伸、由国内市场向国际市场延伸。力争 2020 年实现三大新能源系统产品形成完整产线，公司产值达到 20 亿。

东莞市硅翔绝缘材料有限公司

一、发展概况

2008年05月，硅翔绝缘材料有限公司於广东省东莞市长安镇成立；2009年11月，烤杯垫系列产品进入热转印行业，并迅速占领市场；2010年06月，通过ISO9001：2008、ISO14001：2004体系认证；2011年12月，针对一汽新能源电动车电池加热片开始设计及应用测试；2012年07月开始，新能源纯电动大巴电池箱需求加热片用量逐渐增多；2013年10月，因扩产发展，迁址到长安镇木鱼路57号，由20人扩展至110人；2014年12月，通过ISO/TS16949：2009体系认证，并取得证书；2015年10月，公司厂房扩大至6000平米，员工人数200余人。

东莞市硅翔绝缘材料有限公司现有员工人数200余人，占地达到6000平米，是一家专业从事加热片的科技开发与生产销售型企业，产品包括：汽车电池专用加热片、PI聚酰亚胺加热片、热转印加热杯及硅胶加热片、电池隔热阻热片等加热及散热产品。不断追求产品创新及工艺改进，研发相关领域具竞争力的技术。力争以优质的产品质量，合理的价格，快捷的售后服务，全面的技术支持满足客户的要求。

二、生产经营

研发、产销：绝缘材料、硅胶材料、硅胶产品、硅胶加热产品、电子产品、不锈钢制品、五金制品；货物进出口、技术进出口。

三、产能建设

东莞市硅翔绝缘材料有限公司引进大量的裁切机、覆膜机、铆线机、硫化机、过胶机等等，在2015年生产能力有了明显的提高，平均每天可生产数万片。

四、技术进展及研发能力进展

公司专利

序号	类型	名称	编号	状态	权利人
1	实用新型	一种铝板蚀刻芯片电池加热片	201521118520.9	审查阶段	公司
2	实用新型	一种铝板及保温棉结构的蚀刻芯片电池加热片	201521118538.9	审查阶段	公司
3	实用新型	一种环氧板蚀刻芯片电池加热片	201521118551.4	审查阶段	公司
4	实用新型	一种聚酰亚胺膜蚀刻芯片电池加热片	201520824102.5	已下证	公司
5	实用新型	一种硅胶蚀刻芯片电池加热片	201520824095.9	已授权，制作证书中	公司

五、主要产品

序号	名称	型号
1	加热片	汽车电池加热片
2	加热片	聚酰亚胺加热片
3	加热片	硅胶加热片
4	加热片	环氧板加热片
5	加热片	其他加热片

六、合作客户

CATL、沃特玛、亿能、国轩、多氟多、深圳比克、比亚迪、锂动电源，天津力神，中航锂电，山东威能，猛狮集团等。

七、发展规划

东莞市硅翔绝缘材料有限公司是一家集研发生产销售为一体的加热片生产设计企业，目前产品市场占有率达到60%以上，领先于加热片行业的其他生产厂家。

在未来三年内，硅翔绝缘材料有限公司将充分利用国家资源与政策，以服务社会为导向，以创新和开拓为中心，以新能源建设和服务于国家经济发展为目的，优化资源配置，加强厂房建设，实现机械一体化，争取做到生产100%优质产品，追求100%顾客满意。并将加大对加热片产品的研发力度，以提升企业核心竞争力，逐步提高硅翔绝缘材料有限公司的品牌知名度，力争成为国内加热片行业的领导者，开启节能新里程。

广西玉柴机器股份有限公司

一、发展概况

广西玉柴机器股份有限公司是一家国有控股中外合资股份制企业，是目前中国最大的内燃机生产基地，2008 年获得国家级高新技术企业资质，2010 年被科学技术部 、国务院国资委 、中华全国总工会确定为第四批创新型试点企业，2011 年在中国企业 500 强中排名第 215 位，银行信用等级 AA +。玉柴现有总资产 166 亿元，净资产 62 亿元，员工 9100 多人，其中工程技术人员 1800 多人。公司秉承“绿色发展，和谐共赢”为核心理念，以“打造世界知名品牌，成就大型跨国企业集团”为愿景，创新构建绿色价值体系，致力于高效节能发动机、新能源动力系统的研发与应用，其中新能源汽车的驱动电机、控制系统等设计和生产技术方面拥有多项专利。

二、生产经营

广西玉柴机器股份有限公司的主要产品为轻、中、重型系列柴油发动机以及新能源汽车动力总成系统，发动机年生产能力达 70 万台，玉柴发动机产销规模连续 16 年保持国内同行业产销量第一。公司新能源汽车动力系统主要产品有：并联式混合动力系统、混联式混合动力系统、纯电动系统、电动附件系统等。目前已销售超过 4000 台套混合动力总成系统。

三、产能建设

广西玉柴机器股份有限公司的发动机产品有 2000 多个品种，功率覆盖 12 ~ 10000 千瓦，产品全部通过 ISO9001、QS - 9000 质量认证，年生产能力 80 万台，是商用车、乘用车、工程机械、农业机械、船舶及发电机组、国防装备等的首选配套动力，产品畅销 30 多个国家和地区，以卓越的品质赢得国内外用户的认可。在新能源汽车动力总成生产方面，拥有多台数控加工中心和电机生产专用设备，具备完整的零部件加工、电机线嵌线、转子加工和总成装配测试生产能力，形成新能源动力总成 1 万台、各类新能源汽车控制器 2 万台的年产能力。

四、技术进展及研发能力进展

玉柴拥有国家认定企业技术中心、国家工程实验室、企业博士后科研工作站、国家认可实验室、广西柴油动力人才小高地等产品研发和人才培养平台。玉柴技术中心在 2013 年全国 887 家国家认定企业技术中心的评估排名中位列第 20 位，居行业第一，现有科研人员 820 人，其中博士 23 人，硕士 56 人，享受国务院政府特殊津贴 5 人，本科以上学历人员占比 75%，高级工程师 78 人，该研发团队人员配备科学合理，专业领域覆盖面广，具备扎实的理论基础，并且长期工作在产品研发、生产和技术服务第一线，在发动机产品研发方面具有丰富的实践经验，确保玉柴在技术基础及自主创新能力处于同行领先水平。

玉柴坚持“超前构思，领先适用”的产品开发原则，并通过实施品牌创新战略，不断推出拥有自主知识产权的技术和产品。玉柴每年科研投入始终占当年销售额 3% 以上，每年研发的新产品以 20% 递增，2015 年完成新产品开发 121 个，每年新产品销售占比在 40% 以上。

玉柴在发动机电控喷油系统开发与标定、燃烧开发与优化、NVH 开发、排放控制、轻量化、混合动力控制等技术领域始终领跑行业；新产品自主研发中在国内获得诸多第一：拥有自主知识产权的中国第一台微型轿车柴油发动机、第一台达标国 4 柴油发动机、第一台达标国 4 天然气发动机、第一台达标国 V 柴油发动机、第一台城市客车混合动力（ISG）、世界首台再生空气混合动力发动机、第一台最大升功率商用柴油机，在多个领域填补了中国汽车发动机的空白，为行业的发展作出重要贡献。

五、主要产品

序号	名 称	型 号
1	10 ~ 12 米公交客车混联式混合动力总成	YC6G + FISG 电机 + 离合器 + 200kW 电机
2	8 ~ 10 米商用车混联式混合动力总成	YC4GG + FISG 电机 + 离合器 + 150kW 主驱电机
3	飞轮集成式 ISG 电机（FISG）	TZ435XS - SL080F

潍柴西港新能源动力有限公司

一、发展概况

2014 年，潍柴西港新能源动力有限公司作为国内领先、世界一流的燃气动力研发、生产、销售基地，连续 6 年实现翻倍增长。在产能提升方面，公司 15 万台产能扩充项目现已基本完成；在新产品研发方面，完成全系列 OH6 系统燃气发动机的性能验证；完成 BOSCH 系统部分机型的性能、排放及耐久试验；完成欧Ⅵ发动机性能和排放试验。

2015 年第一季度，受国内经济放缓及气油价比过高，潍柴西港新能源动力有限公司各类燃气发动机销量4500余台。在新产品研发与推广应用方面，最新一代的WP10四气门BOSCH系统天然气发动机开始小批量验证。为了提升售后服务水平、掌握市场运行第一手资料，深入了解客户需求，与Woodward、Bosch分别在山东、京津、包头等地开展联合服务。

二、生产经营

2014年，销售燃气发动机5万台，销售额37亿元。

三、产能建设

厂房建筑面积5万余平方米，年生产能力15万台。

四、技术进展及研发能力进展

公司拥有亚洲最先进的燃气发动机试验室和实验装备，具备国Ⅳ、国Ⅴ、国Ⅵ气体发动机燃烧开发及性能标定能力，先后承担过国家“九五”“十五”和国家863计划等多项科技攻关项目，现正在推广的WP12HPDI缸内直喷LNG发动机，性能达到世界领先水平。

五、主要产品

序号	名　称	型　号
1	燃气发动机	WP5NG
2	燃气发动机	WP6NG
3	燃气发动机	WP7NG
4	燃气发动机	WP10NG
5	燃气发动机	WP12NG
6	燃气发动机	WP13NG

六、合资合作

潍柴西港新能源动力有限公司的天然气发动机是与天津大学、山东大学、加拿大西港创新公司、博世汽车柴油系统股份有限公司、德尔福（中国）科技研发中心有限公司、大陆汽车电子（长春）有限公司等院校及企业合作开发的，产品具有完全的自主知识产权。

七、发展规划

愿景：成为国内领先、世界一流的燃气装备研发制造基地。

目标：成为燃气动力行业标准的制造者。

未来五年发展规划：到2018年，产销各类燃气发动机15万台，销售收入100亿。

斯太尔动力股份有限公司

一、发展概况

斯太尔动力股份有限公司，原名湖北博盈投资股份有限公司，成立于1978年9月，于1997年6月在深圳证券交易所上市（股票代码000760）。2013年年末，将奥地利斯太尔及其在高端柴油发动机研发制造领域深厚的技术沉淀和研发实力纳入上市公司体系，初步形成以提供动力系统解决方案为主的产业格局。

公司柴油发动机领域业务涵盖发动机及零部件的设计、研发、生产、销售及售后服务，主打产品斯太尔M1系列，采用Monoblock技术（即机身连体结构），由斯太尔-戴姆勒-普赫集团于上世纪20年代投入使用，传承半个世纪，20世纪70年代独家研制出带两级喷射的高压泵喷嘴系统与双涡轮增压系统，喷油压力高达2000 bar，具有外形紧凑，质量轻，震动低，噪音小，可靠性高，油耗低，可适应包括柴油、煤油、生物油在内多种燃油的特点。

公司发动机业务项下主要产品为M12两缸发动机，M14四缸发动机，M16六缸发动机。可应用于军车、乘用车、新能源、海事船舶等领域。

2001年，斯太尔动力（欧洲）有限公司成立，基于连体机身Monoblock技术，开发M1系列轻型高速柴油发动机，专注于军品、船机等领域技术特点，在北约军方取得广泛应用。

2008年，设计出全球第一套船用柴电混动系统，夺得多项创新大奖。

2009年，凭借混动无轨电车获得PITTMAN创新奖。

2010年，二缸发动机获奥地利州创新奖。

2013年，湖北博盈全资收购斯太尔动力（欧洲）有限公司，意在提升中国轻型高机动性柴油发动机技术水平，为中国国防事业和汽车工业添砖加瓦。

2014年3月25日，与武进开发区管理委员会签署战略合作协议，成立斯太尔动力常州生产基地。面积468915平方米，合计703亩。

2014年5月，公司在武进国家高新技术产业开发区注册设立全资子公司斯太尔动力（常州）发动机有限公司。“湖北博盈投资股份有限公司”更名为“斯太尔动力股份有限公司”。

2014年9月27日，斯太尔动力（常州）发动机有限公司一期工程在武进国家高新区奠基，标志着斯太尔动力中国区生产基地正式落户常州。

2014年11月，常州生产基地一期一段标准厂房按照军方标准改造完成，首批国产化样机正式下线并点火成功。

2015 年 2 月，为满足公司未来新能源领域的战略部署，拓宽公司产业链，公司对青海恒信融锂业科技有限公司进行增资，并实现控股（占股 51%），开始推进年产 1.8 万吨电池级碳酸锂项目建设。

2015 年 5 月，公司完成资产重组，成功剥离传统车桥资产。之后，公司将专注于主营业务，密切关注高性能柴油发动机及新能源领域上下游机会，致力于将企业打造成为国内领先的动力系统解决方案供应商。

2016 年 1 月，斯太尔动力（常州）发动机有限公司全面开启 M1 系列柴油机及混动增程器系统本地化开发。

2016 年 5 月，斯太尔动力（常州）发动机有限公司完成 M11 单缸机，M12 CR Rex 增程器和 M14 CR 共轨发动机的点火下线。

2016 年 7 月，斯太尔动力（常州）发动机有限公司完成首批新能源客车增程器的样机交付，标志着斯太尔动力在新能源领域迈出一大步。

二、产能建设

斯太尔动力股份有限公司国产化生产基地为斯太尔动力（常州）发动机有限公司所在地——江苏省常州市武进高新区，国产化产能建设分为两个阶段：一期一段和一期二段。

一期一段

厂房面积：8000 平方米。

设计产能：1.5 万/单班，3.0 万/双班。

首次点火下线：2014 年 11 月 28 日。

一期二段

厂房面积：23 万平方米。

产能：11 万/双班。

奠基：2014 年 9 月 27 日。

交付使用：2016 年底。

配套：研发中心、质检中心、联合厂房、物流中心。

三、技术进展及研发能力进展

1. 优秀的团队

斯太尔研发中心成立于 2014 年 5 月份，是隶属于斯太尔动力（常州）发动机有限公司的独立研发部门。

目前拥有的研发人员均来自于同行业的大型优秀企业，有着丰富的发动机产品开发及国产化经验。随着业务发展及人员规划，到 2016 年底，研发中心的人员将达到 100 人左右，其中硕士以上学历人员超过 30%。

在欧洲，斯太尔有专门的研发机构，即位于奥地利的应用工程中心，研发人员达 190 人，已有百年的历史，可以给斯太尔提供强有力的技术支持，保证斯太尔的产品研发实力。目前，斯太尔研发中心在国内已有着领先的自主研发能力。

2. 独特的核心技术

独有的连体机身结构和气缸模块化组合设计；高压泵喷嘴系统和高度定制化的高压共轨喷油系统；独立的发动机智能管理系统（EMS）和发动机控制单元（ECU）；完整的混动动力总成解决方案。

3. 先进的试验室及设备

为满足国产化验证及新产品开发需要，近三年，斯太尔将投入 3.5 亿元人民币进行试验室和试验设备的建设，如性能试验室、ECU 标定/道路模拟试验室、排放试验室、耐久试验室、冷启动试验室、集装箱测试台、倾斜试验室、冷热冲击试验室等。

4. 成功案例

斯太尔生产的发动机已成功配套于各种军用车辆，如 M1 系列发动机成功应用于德国的 KMW 豹二坦克、美国的 AM General - HMMWV 装甲车、爱尔兰的 ALVIS 坦克和英国的 Automotive Technik Ltd 特种车辆等，这些车辆均通过各种恶劣工况的考验，斯太尔发动机也得到军方的一致好评与肯定。

四、主要产品

序号	名　称	型　号
1	单缸柴油机	M11
2	两缸柴油机	M12 - UI，M12 - CR；26——40kW
3	四缸柴油机	M14 - UI，M14 - CR；36—110kW
4	六缸柴油机	M16 - UI，M16 - CR；120—225kW
5	四六缸船用发动机	MO 系列，55—125kW； SE 系列，88—215kW

内蒙古中钰镁合金锻造轮毂有限公司

一、发展概况

内蒙古中钰镁合金锻造轮毂有限公司是内蒙古中钰镁业集团旗下的全资子公司，于 2014 年 9 月成立。公司是一家集镁合金轮毂制造生产、加工、销售为一体的高新科技企业。公司通过研发及引用实用型专利，实现“镁合金轮毂及车辆轻量化型材”规模化生产建设项目，项目已列入国家“十三五”规划重大项目库，建于内蒙古自治区乌海市，建成后将对中国西部汽车产业发展和镁合金装备制造业应用领域具有极强的示范意义。

二、产能建设

公司厂区位于内蒙古乌海市千里山工业园，占地面积850亩，总投资规模43.1亿元人民币，实现年产600万只镁合金汽车轮毂生产规模。目前项目一期投资8.96亿元人民币，实现年产120万只镁合金汽车轮毂生产规模。

三、技术发展及研发能力进展

1. 镁合金锻造工艺

通过锻压的镁合金力学性能好，缺陷少，晶粒细化并呈现出纤维状的组织，其硬度、抗拉强度、屈服强度等机械性能和强度大大提高。同时，避免铸造镁合金的疏松、气孔、冲击性差的缺陷。因此，同一规格的锻造镁合金轮圈的力学性能要比铸造轮圈的高20%左右，而重量可以做得比后者轻30%左右。

2. 技术支持

公司利用研发及引用专利为技术支持，产品的质量及检验方面，已经通过国家机动车质量监督检验中心对汽车轮毂三大指标的技术检测，结果远远优于国际标准。同时，该技术生产的镁合金轮毂已通过美国权威机构STL的检测，检测结果完全符合美国机动车工程师协会SAE J2530标准要求。

四、主要产品

续表

序号	材　质	尺　寸
1	镁合金	16″
2	镁合金	17″
3	镁合金	18″
4	镁合金	20″
5	镁合金	22″

五、发展规划

创新和发展是企业永恒的主题，公司以绿色、环保、节能为发展理念，以科技创新为依托，充分发挥科技与资源的优势，逐步实现镁合金研发与应用的技术优势。以优质的产品，精良的售后服务团队，塑造中钰品牌，以拼搏进取的精神，打造中国西部的高性能镁合金板型材产业基地，以引领和推动装备制造业材料轻量化为奋斗目标，旨在提升中国镁产业制造水平，踏入国际领先行列。

公司生产的镁合金系列产品，可实现汽车核心零部件的广泛应用，锻造轮毂、仪表板、座椅支架、变速箱壳体、方向操纵系统部件、发动机罩盖、车门、发动机缸体、框架等零部件，显著减轻车重10%以上，降低油耗，减少尾气排放量，提高零部件的集成度，提高汽车设计的灵活性等；稀土—镁合金是公司主导研发的产品，其品质在原有镁合金基础上，将材料本身的抗拉强度、屈服强度提高20%，耐腐蚀性能显著提升4倍以上，进一步拓展产品在装备制造业领域的应用空间，是同类企业不能比拟的。

中信戴卡股份有限公司

一、发展概况

中信戴卡在铝合金车轮制造领域始终处于领跑地位，并实现一次次的自我超越。从2008到2015年，实现铝合金车轮销量连续8年蝉联世界第一。2011年以来铝车轮出口额一直位居中国汽车零部件首位，在中国汽车全行业出口排名一直在稳居在前五名以内。2012年开始至今年作为中国首家汽车零部件公司成功跻身全球汽车零部件OEM供应商100强，排名逐年提升，由最初2012年的第97位跃居到2016年的第77位。

中信戴卡秉承“凝聚、融合、创新、共赢”的企业理念，不断在产业结构和产品结构上进行调整，积极拓展业务领域，2011年成功完成收购德国KSM铸造集团，从全球领先的单一铝合金车轮制造商成长为世界领先的汽车铝制品零部件公司之一。

中信戴卡始终坚持科技创新的理念，将铝车轮轻量化技术贯穿到整个产品的生命周期，包括研发、生产、物流、客户服务等全流程，为实现全球所倡导的节能减排绿色发展而不懈努力。

中信戴卡投资兴建的“戴卡产业园”及宁波戴卡工厂已经建成，戴卡美国工厂在紧张的建设中。产业园区为公司未来发展提供新的平台、为提升公司的持续竞争力注入新的活力。把中信戴卡打造成为营销网络中心、财务管控中心、新产品研发基地、新技术新装备研究实验基地、高端核心产品制造基地、人才培养基地。中信戴卡公司将以先进文化引领企业发展，建立以仁（凝聚）、义（担当）、礼（合规）、智（创新）、信（诚信）为核心价值观的企业文化体系，为企业发展提供强大的精神动力和智力支持。不断夯实市场国际化平台，应对各种挑战，继续引领行业的发展。将中信戴卡公司进一步打造成在全球具有重要影响力的汽车零部件企业。为中国汽车发展、为世界汽车发展作出作为中华民族汽车零部件应有的贡献。

二、生产经营（含出口请注明）

年产量：铝车轮3000万个。

铝合金铸件70000吨。

总产值：150亿元。

出口：49亿元。

三、产能建设

预计年产能5年内递增到4000万个。

四、技术进展及研发能力进展

中信戴卡作为全球唯一一家能够提供铝合金车轮所有表面状态解决方案的制造商，通过铸造、锻造、铸旋三种成型工艺，全面满足全球汽车制造商的差异化需求以及对创新的不断追求。

中信戴卡始终以客户的需求为导向不断为客户创造价值。凭借着不断增强的创新能力、同步开发的定制能力、日趋完善的交付能力，中信戴卡赢得全球客户的信任与合作。中信戴卡拥有国家级企业技术研发中心，国家级试验中心，国家级博士后科研工作站，国家汽车零部件出口基地，中国铸造工业十强、中国铝工业二十强、中国汽车工业三十强、中国机械百强企业。所有这些充分证明公司强大的自主开发、同步开发的能力。同时，中信戴卡在海外设有欧洲研发中心、北美技术中心和日本技术中心等研发机构。凭借着强大的研发能力，中信戴卡已经成为国内第一家能与全球汽车制造商进行同步开发的车轮企业，开发项目已经延伸到2020年。

五、主要产品

序号	名　称	型　号
1	铝合金车轮	全车型
2	铝合金铸件	全车型

六、合资合作

中信戴卡到今天为止已经是一个跨国公司，我们有3000中方员工，3000外方员工，海外员工占一半；我们国外100%股权的制造基地比国内还多，其中德国有4个工厂，捷克1个，美国2个。

国内成员厂：14家。

七、发展规划

未来五年实现每年320万件的提升，成功越上4000万产能平台。

中航复合材料有限责任公司

一、发展概况

中航复合材料有限责任公司（以下简称“公司”）是中国航空工业集团公司所属成员单位，隶属于中航工业基础院，由中航工业和北京市共同出资，战略整合中航工业北京航空材料研究院和北京航空制造工程研究所复合材料专业后组建，于2010年6月注册，注册资金7.94亿元，占地36.4万平方米，位于北京市顺义航空产业园区。

公司汇集国内优秀的复合材料专业技术人才，拥有科研和管理人员450余人，其中中国工程院院士1人，研究员34人、高级工程师126人，具有硕士学位及以上者210余人。

公司拥有先进复合材料国防科技重点实验室和结构性碳纤维国家工程实验室，具有一流的研发、生产和办公设施，是集复合材料研发、生产、销售和服务于一体的专业化高科技公司。

公司继承和发扬我国航空先进复合材料坚实的技术基础和辉煌成就，在高性能树脂及预浸料技术、高性能复合材料新型结构、树脂基复合材料制造技术、金属基及陶瓷基（含C/C）复合材料成型技术、材料表征与测试技术、先进无损检测技术等方面均处于领先地位。公司正积极推进航空复合材料技术在民用飞机、汽车、轨道交通、石油、电力和新能源等领域的应用和产业化。

公司秉承“航空报国、强军富民”的集团宗旨和“敬业诚信、创新超越”的理念，按照集团“两融、三新、五化、万亿”的发展战略，以“创造轻快的世界”为使命，提出“引领高端技术研发，促进复合材料应用，创新经营管理模式，实现产业跨越发展”的发展战略，努力朝着“成为世界级先进复合材料技术和产业先锋”的愿景迈进！

二、中航工业复材主要产品及服务

1. 原材料及中间材料

（1）航空级高性能树脂基体及预浸料。

研究领域：高性能树脂基体环氧、双马、聚酰亚胺、酚醛、氰酸酯等树脂基体聚合物及固化体系；热熔法和溶液法预浸料制造技术。

主要产品：各种使用温度的环氧、双马来酰亚胺、聚酰亚胺、酚醛、氰酸酯等树脂体系；各种规格碳纤维、玻璃纤维、石英纤维、芳纶纤维及织物增强高性能预浸料。

（2）蜂窝。

研究领域：高性能芳纶纸蜂窝制造技术、浸渍工艺技术、变厚度蜂窝制造技术、过拉伸蜂窝与柔性蜂窝制造技术、吸波蜂窝制造技术、异型蜂窝制造技术、植物纤维纸蜂窝芯材、高密度耐久铝蜂窝芯材等。

主要产品：NH－1、NHA－1和NRH型各种孔格、各种密度的正六边形Nomex蜂窝变厚度蜂窝、过拉伸蜂窝、使用温度在－55℃～175℃的耐久铝蜂窝芯材。

（3）航空级胶黏剂。

研究领域：各类环氧结构胶粘剂、灌封料配方及制造技术、胶接工艺金属、复合材料表面处理工艺。

主要产品：航空级胶膜系列及配套底胶、膨胀胶高速列车轨道胶、高速列车轨道胶、铝蜂窝幕墙及高速列车用环氧胶膜、高性能室温及加热、化糊状胶、导电胶、磁粉胶、蜂窝芯条胶、修补胶、灌封料。

2. 非航空工业领域的轻量化应用产品

（1）交通运输工业领域。

研究领域：主要针对交通运输工业领域轻量化的需求，充分应用复合材料的比强度高，比模量高和耐腐蚀性能好的特点开发汽车主承力结构件和次承力结构件。

主要产品：复合材料板簧、复合材料传动轴、复合材料引擎盖、复合材料轮毂、复合材料电池箱、复合材料油罐产品、电动公交大巴车身。

（2）医疗领域。

研究领域：充分利用碳纤维复合材料透波性好，允许射线以任何角度照射在床板上而不产生折射，X射线透过电性能良好，小剂量的射线可获得清晰的造影，减少了对病人的伤害和良好的结构强度、刚度，重量比传统医疗部件轻的特点，开发一系列复合材料医疗零部件。

主要产品：公司医疗主要产品有（X光机、CT机等）碳纤维床面板、血管机用床面板、γ刀用床面板、臂托、多种碳纤维面板、探测器面板、碳窗、头颈治疗仪等产品，长期给国内外主要医疗器械公司供货。

常州万安汽车部件科技有限公司

一、发展概况

常州万安汽车部件科技有限公司位于常州市钟楼科技工业园，成立于2012年9月，由国家“千人计划”专家张农教授领军，注册资本为300万元，外商独资。现有员工30余人，研发团队核心成员20人，主要由教授、博士后、博士和硕士组成，团队技术力量雄厚，研发能力强。

公司专业从事车辆底盘车辆系统动力学分析、优化设计和主动控制，主要产品为新型油气互联悬架系统（HIS）。

公司与宇通客车、南京依维柯、长城汽车、苏州金龙以及华菱重卡等单位均已签订样车试制项目，和常州科试集团（全国矿产车辆市场第一）签订悬架试制开发项目，于2014年8月进入小批量生产阶段。

预计在2－3年时间内进行油气互联悬架系统的产品测试和全面小批量生产，采用先进整车动力学仿真开发模式，研发具有自主知识产权的油气互联悬架系统，填补国内空白。

二、生产经营

车辆底盘系统、悬架系统、转向系统和车辆防侧翻系统及零部件的研发、制造、销售及技术服务。

三、产能建设

常州万安注重上游供应链的建立和整合，经过一年多的考察和试制，确定一批国内外知名供应商，并建立紧密的合作模式。

其中和江苏恒立油缸厂的合作尤为紧密，建立战略合作关系，通过改造其现有生产线，可在半年内达到新增产能10万套的目标。

四、技术进展及研发能力进展

自2013年以来，本公司已与国内部分知名汽车企业达成合作意向，签订项目协议书，试制安装有互联悬架系统的样车。

第一，设计开发与整车动力学性能相匹配的被动HIS系统；第二，设计开发HIS系统内部阻尼阀，使之与整车阻尼相匹配；第三，设计开发半主动HIS系统，包括阻尼可控及压力可调；第四，设计开发全主动HIS系统，包括压力可控。第五，整合车辆现有安全系统，开发智能底盘。可将现有的ABS，EPS和电控HIS系统相结合。

五、主要产品

序号	名 称	型 号
1	车辆姿态自调节新型油气互联悬架系统	6325/6325型
2	客车用7028/7028型液压互联悬架系统	7028/7028型
3	注油机总成	2015
4	压力预警装置	2015

六、发展规划

2013年12月—2014年9月，产品试制，样车功能性路试。

2014年3月—2014年12月，产品性能测试与影响因素数据库建立。

2014年6月—2015年6月，小批量生产，HIS系统性能优化。

2015年9月一至今，逐步批量生产。

武汉电动汽车技术开发有限公司

一、发展概况

武汉电动汽车技术开发有限公司成立于2011年，是中国领先的新能源汽车安全监控、充电管理、商业模式创新、大数据应用解决方案的服务提供商。公司专注于新能源汽车智能互联管理平台及车载终端的开发与应用，通过在新能源汽车前装市场多年的专注沉淀，为新能源汽车整车企业、运营单位、示范推广主管部门、租赁运营商、充电基础设施运营商提供卓越的服务方案。

二、生产经营

公司自主研发的安全监控系统、智能充电系统与分时租赁系统，通过与整车企业、政府监管部门、运营单位的紧密合作，以此为主要销售方向，并与中国电信达成战略合作伙伴，整合资源，共同在全国向相关企业进行推广。

硬件体系均已达到整车前装体系认证，目前稳定出货给比亚迪汽车、东风日产、郑州日产、海马汽车、东风乘用车、东风商用车、东风电动车等整车企业。

三、技术进展及研发能力进展

（1）公司领导核心由国内一流汽车制造企业管理人员组成，包含市场、研发、运维等部门，拥有国家专利8项，软件著作权17项，通过双软认证、高新企业认证、CMMI认证、专注于新能源车辆安全监控系统整体解决方案，拥有丰富的整车企业合作经验。

（2）研发团队由汽车电子、计算机、信息管理、遥感遥测、计算机图像处理等专业人员组成，70%拥有硕士、博士学位，更有相关领域专家作为常驻顾问。

（3）公司在新能源汽车安全监控系统使用一系列前沿技术来提升平台车辆的整体性能和稳定性。数据接入端，采用Apach Mina通讯框架保证系统平台的高性能和高伸缩性；通过Java nio技术提供高速缓存方案；可批量相应基于TCP/IP和UDP/IP协议和事件驱动。用户接入端，采用多线程、异步机制来处理不同的事件，分别应对客户端的连接、读写等；单个线程可处理10K级客户端请求；同时支持负载均衡的设备，可通过简单硬件扩展满足百万级客户端连接需求。数据解析端，采用Apache Storm分布式计算框架。在数据输入量超过服务器运算能力时，可通过简单硬件扩展提升系统解析能力；支持选举算法，可在主数据处理节点故障时，自动选取从数据处理节完成主节点任务。数据存储端，采用HBase集群技术，其众所周知的分布式、易扩展、高速度的特性，给予系统强有力的数据支撑。

四、主要产品

1. 软件产品

序号	名　称	功　能
1	新能源车辆安全监控系统（后台系统+APP）	·车辆实时监控 ·车辆安全预警 ·车辆故障追溯 ·车辆三电分析 ·车辆能耗分析 ·驾驶行为分析
2	智能充电系统（后台系统+APP）	·筛选充电站，查看桩的实时详细信息 ·在线预约充电 ·一键导航充电桩目的地 ·在线支付 ·一键呼叫紧急救援 ·个人用户申请充电桩加盟 ·增值服务（消息推送、商户联动、车友互动）
3	分时租赁系统（后台系统+APP）	·在线注册、订车、扫描二维码取车、还车、续订、取消订单 ·在线支付 ·后台管理（组织管理、财务管理、权限管理、维保管理、计费策略管理）

2. 硬件产品

序号	名　称	型　号
1	实时监控终端	EVT－088A
2	实时监控终端	EVT－088E
3	实时监控终端	EVT－098

五、合资合作

2015年，公司与中国电信签署SI战略合作协议，整合资源，共同在全国向相关企业进行推广。

六、发展规划

公司未来发展规划是结合新能源汽车整车数据应用服务，发掘新能源汽车大数据商业应用，构建车联网TSP服务平台，壮大研发队伍，为整车企业、政府部门、运营单位以及个人用户提供最全面、最智能的产品服务；以客户需求为导向，以行业为主线，整合行业、市场、企业、用户多层面数据和信息资源，帮助用户准确掌握国家政策及行业发展趋势，为新能源整车企业的发展战略和资源整合提供依据和服务。

沈阳中科一唯电子技术有限公司

一、发展概况

沈阳中科一唯电子技术有限公司（简称“中科一唯”）成立于2014年11月24日，是由中国科学院沈阳自动化研究所吸引外部投资人共同创办的一家高技术企业，主要从事传统汽车、新能源汽车及工程机械领域的汽车电子产品的研发、生产和销售服务。

沈阳中科一唯电子技术有限公司是网络化控制国家工程中心共建单位，相关技术曾荣获国家科技进步二等奖等多个奖项，在相关领域拥有多项发明专利及软件著作权。在汽车电子领域有以下核心优势：以中国科学院技术骨干为核心的优秀团队，12年汽车电子行业从业经验；可提供新能源汽车电子产品整体解决方案；国内主流整车企业供应商资质；用户可编程整车控制器技术；完全自主知识产权的电池管理系统（BMS）技术；国内领先的汽车仪表平台化、模块设计技术及虚拟仪表开发技术；围绕智能车载信息交互的虚拟仪表及辅助系统。

主要产品包括：新能源汽车整车控制器（VCU）、电池管理系统（BMS）、仪表与车身控制模块（BCU）、全液晶虚拟仪表、车载远程通信与管理终端、用户可编程工程机械控制器、发动机尾气后处理控制器（EGR）等系列产品。

二、生产经营

沈阳中科一唯电子技术有限公司是从事汽车电子产品与新能源汽车电控技术的高科技公司，公司成立以来通过以人为本、求实创新的企业文化和打造个性化竞争的企业目标为客户提供更高价值，通过持续性降低成本和强化质量、服务为客户赢得长远发展，使得企业与国内多家汽车整车生产厂商进行配套合作。产品应用于长安汽车、一汽青岛、一汽大连、东风特汽、一汽（四川）专用车、中航长征、北汽福田、潍柴等客户。

公司以国内领先的用户可编程整车控制器、上装控制器、车身控制器为核心，带动电池管理系统、仪表等的整体应用，使公司具有领先于竞争对手的快速市场响应能力和成本控制能力。公司率先在国内开发第一个通过整车厂测试的CAN总线数字化组合仪表和车身电子控制系统，开发国内第一款纯电动车液晶组合仪表，研发面向新能源汽车领域的数字组合仪表系统、车身控制系统、整车控制系统、车载远程诊断控制系统等产品及纯电动客车、特种车整体解决方案等完整的系列化产品，奠定公司在国内CAN总线汽车电子技术领域的领先地位。

三、产能建设

沈阳中科一唯电子技术有限公司通过TS16949质量体系认证，采用合理的人员配备，在管理、技术研发、市场、生产管控等整个产品过程上严格按照美国福特的供应商体系进行管理。

公司具有完全自主开发的多功能汽车电子仿真实验台架，可以进行模拟实际工况的汽车电子产品的实验和验证。公司具有多种高精度电压、电流、电阻、压力等实验设备，可进行环境温度、振动、温度冲击、盐雾等环境试验，可进行静电放电抗扰度试验、浪涌（冲击）抗扰度试验、电快速瞬变脉冲群抗扰度试验。量产产品采用焊接部分代工模式，以保障产品生产的一致性和质量，代工企业具有规模化和工装自动化、半自动化生产能力，代工商有整车厂供货经验。公司产品和技术秉承平台化、模块化、标准化和品牌化的设计理念，具有针对整车厂快速进行同步开发和定制开发的优势，同时根据整车厂的需求提供相关产品的产品造型、产品工艺等方面的服务，具有完整的研发、试验、测试条件，符合汽车电子产品需求。

四、技术进展及研发能力进展

沈阳中科一唯电子技术有限公司是国内少数能够提供新能源汽车电子产品整体解决方案的企业之一。新能源汽车电子产品整体解决方案可以让整车企业重点关注自身熟悉结构和机械部件，解决整车企业的短板，通过提供整体解决方案，可以显著提升自身的市场竞争力，提升盈利能力。

随着对汽车安全、舒适及环保要求的提高，汽车智能化已成为汽车行业发展的大趋势，如何通过电子技术提高汽车使用的安全性和舒适性也成为整个行业的热点。沈阳中科一唯电子技术有限公司的研发团队源于中国科学院沈阳自动化研究所技术团队，具有12年的汽车电子产品研发及市场开拓经验，拥有国内领先的CAN总线汽车电子及新能源汽车电控的核心技术，具有大型复杂软、硬件开发能力和可靠性设计能力、功能安全设计能力、模具结构设计能力、产品造型设计和工装设计能力，可以实施从上位机软件、嵌入式软件到硬件设计的系统化设计能力，具有车载网络协议标准的开发能力，所有核心技术具有独立知识产权。雄厚的技术储备使公司成为国内少数能够提供新能源汽车电子产品整体解决方案的企业之一，也保障企业的持续领先能力。团队多年来一直从事汽车电子产品研发及技术服务工作，突破多项关键技术，参与过国内多家大型整车厂的同步技术开发工作，在国内新能源汽车行业具有相当的竞争优势。

五、主要产品

序号	名　称	型　号
1	数字化组合仪表	EW－ZB209
2	数字化组合仪表	EW－ZB299
3	数字化组合仪表	EW－LB107EV－A
4	数字化组合仪表	EW－LB107EV－B
5	数字化组合仪表	EW－IPK32
6	乘用车仪表总成	EW－ZBG501EV
7	虚拟仪表	EW－VI201
8	电池管理系统	EW－BMS4850
9	整车控制器	EW－VCU201
10	车身控制模块	EW－BCM201
11	用户可编程上装控制器	EW－PLC201
12	发动机尾气后处理控制器	EW－EGR201
13	车载信息终端	EW－VT203
14	绝缘电阻测试传感器	EW－IRM101

六、发展规划

沈阳中科一唯电子技术有限公司在新能源汽车领域积累广泛的技术和市场经验，公司具有健全的法人治理结构、完善的配套产业基础、严格的质量管理体系和结构合理的专业研发人才队伍，为保证公司的顺利发展提供良好的支撑条件。企业秉承“共赢发展、为客户创造价值”的经营理念；贯彻“以人为本、求实创新”的企业文化，正在加快实现新能源车电控系统一体化完整解决方案竞争优势的步伐。沈阳中科一唯电子技术有限公司将实现由研发型企业向研发、生产型企业转变，成为研发能力更强、管理水平更高的具有行业影响力的创新型企业，并在竞争中脱颖而出，开发符合功能安全要求的汽车电子产品，进一步提高企业竞争力，使公司在新能源动力控制相关技术领域成为具有竞争优势的一体化、系统化解决方案供应商，形成个性化竞争优势。

长春丽明科技开发股份有限公司

一、发展概况

长春丽明科技开发股份有限公司（简称“丽明科技”）成立于2010年1月29日，注册资本5160万元，2014年公司在新三板挂牌，是新三板嵌入式软件第一股。丽明科技是一家以汽车电子嵌入式软件及行业信息化软件研发与服务为核心业务的高科技企业。公司先后被国家认定为“高新技术企业”“软件企业”。

丽明科技于2011年开发新能源电动车产品，为整车厂提供整车控制解决方案，整车整改方案服务。基于多年的汽车电子产品开发技术，现场工作经验，丽明科技具备快速、高效开发整车控制器的能力，可满足各大主机厂的要求。

二、生产经营

丽明科技自2011年起，为满足新能源汽车的发展要求，加大创新投入，研发新能源汽车电控技术与产品，可以根据客户的需求，为纯电动新能源汽车提供整体的电控解决方案。目前公司研发整体电控解决方案基于16位CPU与32位CPU两种平台。其中32位CPU平台可以满足ISO26262标准最高安全D级别。

丽明科技生产工厂由两条SMT生产线、一条DIP生产线与若干个组装段构成，可以达到每8小时80万点，每月可生产5000台整车控制器。丽明科技生产线于2014年前后通过ISO9001、ISO14001、TS16949三项认证。生产环境由中央空调进行控制，保证在恒温恒湿的条件下进行生产，生产过程中彻底消除静电，保证品质，保证交货期。

三、技术进展及研发能力进展

丽明科技积极引进各类人才，特别注重技术人才团队建设，公司目前拥有员工200余人，其中包括博士5名，硕士22名，本科若干。是一支以青年科技人员为主的研发团队，其研发人员占比在80%以上，能高效、快速的满足客户需求。公司所研发的产品均满足国家标准以及一些大企业的企业标准，适用于各类车型。

作为国家高新技术产业，丽明科技积极推动产学研究项目，与高校、科研院所深度合作，实现优势互补，形成了较强的自主创新能力。目前，公司拥有新能源汽车电控产品4项，重点产品1项。

四、主要产品

序号	名　称	功　能
1	纯电动车 整车控制器	电动车整车控制策略 电动车高压电管理 整车控制诊断及异常处理策略 能量回收、制动能量回收
2	轮毂驱动汽车 整车控制器	轮毂驱动汽车驱动扭矩规划 轮毂驱动汽车防滑策略 轮毂驱动汽车横摆稳定控制策略

续表

序号	名 称	功 能
3	电子制动系统	液压精确控制 回馈制动能量优化
4	电动车整改方案	整车总布置方案 整车电子电气整改方案 整车线束布置方案

五、发展规划

丽明科技未来发展方向将持续专注于新能源汽车电子产品研发、新能源汽车整车控制解决方案，新能源汽车整车整改服务，并将壮大研发队伍，与国内知名新能源汽车厂商、高校以及研究院建立广泛的合作关系，完善产品，为客户提供最全面，最智能的产品及服务。帮助客户准确的掌握国家政策，行业发展趋势，打造国内新能源汽车 IT 企业第一品牌。丽明科技将坚持以“信心、实干、认真、坚持”的企业精神矢志不渝的为我国新能源汽车产业发展夯基垒石。

宁波市江北九方和荣电气有限公司

一、发展概况

宁波市江北九方和荣电气有限公司前身是宁波机车电容器研制中心，是铁道部运输局批准的定点生产机车电容的企业。公司始建于 1991 年 4 月，坐落于美丽的东海之滨——浙江宁波。

公司拥有 20 多年的专业制造电容器的历史，主要生产设备及材料均从韩国、日本、德国等地进口，建成先进的试验站，可以按照 IEC61881 标准对各类电力电子电容器进行完整的检测及试验。此外，公司是《GB/T25121 - 2010 轨道交通机车车辆设备电力电子电容器》国家标准的第一起草单位，是国内轨道交通牵引及辅助变流器用电容器的龙头企业。公司产品涉及各类牵引系统（机车、动车、高铁、地铁、轻轨、新能源电动汽车）、工程机械、冶炼行业、风电、光伏、油气、IGBT 保护、电力电网输变电等多个应用领域。

为客户创造价值，满足客户需求，是公司经营的核心。公司建立了科学的企业管理制度，拥有资源规划系统（ERP）、产品数据库系统（PDM）、客户关系管理系统（CRM）等先进的信息化管理系统。在行业内率先通过 ISO9001 质量管理体系认证、EN15085 国际焊接体系认证和 ISO3834 焊接体系认证、ISO14001 环境管理体系认证和 OHSAS18001 职业健康安全管理体系认证，2015 年 2 月通过 TS16949 质量体系认证审核，同年完成 IRIS 体系审核。

公司奉行可持续发展战略，注重关心员工健康和保护环境，面对经济全球化的挑战，和荣电气坚持“国际化、科技化、产业化”发展方向，不断创新，大力引进先进的设备、技术和优秀人才，整合企业资源，努力将和荣电气打造成为现代化知名企业。

二、生产经营

年度销售收入指标 1.6 亿元，实际完成 1.62 亿元，超出指标 1.25%，同比上年增长 9.6%，再创历史新高。

（1）中车内部市场方面，通过持续与时代电气、大连东芝等长期客户的关系管理，稳步提升公司油式电容器在中车机车市场的份额，2015 年实现销售收入 11497 万元，市场占有率达 83% 以上。

（2）海外市场方面，推进与 GE 轨道、GE 风电、海外感应加热电容等项目的合作，形成销售收入 3052 万元，同比增幅 123.4%；

（3）铁路配件市场方面（含交直交电力机车检修市场），2015 年实现销售收入 887 万元。

（4）新能源市场，2015 年主要是拓宽公司产品的多元化发展，完成销售收入 439 万元。

（5）民用市场方面，2015 年主要是推进同金风科技、明阳风电、润丰能源等风电龙头的合作交流。

三、产能建设

2015 年，购置安装设备 20 台/套，投资 700 万元，已完成 12 台/套设备终验收。其中，引入的光纤激光打标机将标牌打印速度提升为原先的 3 倍，消耗电能降为原来的 50%；引进干式电容灌胶系统，为生产高铁、动车配套电容提供保证，促进公司产业升级；对喷金除尘系统进行改造，提高废料回收率 95% 以上，为公司增收 10 万元，2016 年将对除尘系统进一步改造完善，降低维护费用。

四、技术进展及研发能力进展

2015 年，公司从三个方面持续提升公司研发水平，一是对标国际公司加强技术研发的基础管理工作，二是注重技术人才的梯队建设与培养，继续采用“以老带新”的模式培养后备技术人才，三是在科技创新项目上导入激励机制。

全年完成技术响应 105 次，成功开发电容器 42 款，完成 17 款电容器产品 119 项型式试验，全部满足相关标准要求。大功率干式电容器完成设计开发验证工作；金风科技电容器完成样品并开始相关测试和送样；HXD2B 机车电容器国产化项目完成技术文件输入及设计、开模与型式试验；车辆轮对在线动态检测项目已完成调试。

专利方面，公司2015年新申请专利16项，其中实用新型专利3项，外观专利13项。截至2015年，累计获得专利证书34项，受理通知10项。

五、主要产品

序号	名　称	型　号
1	直流电容器	DKMJ0.6－800
2	直流电容器	DKMJ0.8－1000
3	直流电容器	DKMJ0.8－2000
4	直流电容器	DKMJ0.8－3000

六、发展规划

培育国际市场，开拓国内市场。狠抓市场拓展和订单落实，确保2016年销售1.62亿元的目标顺利完成。

2016年，我们要借助南北车合并之势，适时进入永济公司与四方所变流市场；同时狠抓铁路总公司检修市场，寻找路内优秀代理商合作占领各路局检修公司。

加快开拓干式电容在动车组、地铁、高铁市场装车应用。借势新能源产业拓展民用市场，拓展公司电容在新能源用城市交通市场的应用，如有轨电车、无轨电车、混合动力大巴等应用领域。

维护好现有民用市场客户，开发电容应用行业龙头的市场，保持同金风科技、明阳风电、应达工业、思源电气、上海电气等客户的交流和合作。

在海外市场方面，重点完成海外市场同GE轨道与风电、海外感应加热炉客户的合作；进军海外市场，加快转型，开发中小功率变流器，产品配套新能源市场；实施重点客户重点突破。

上海西埃电器有限公司

一、发展概况

1999年3月，上海西埃电器与CIIT合资成立上海西艾爱电子，负责生产P&B、Midtex等继电器，并计划在2006年逐步开始生产Kilovac高压继电器。

2001年，上海西艾爱电子随CIIT并入Tyco Electronics；同时，上海西埃电器有限公司，作为Tyco Electronics的合格代理商，销售汽车用大功率直流接触器。

二、生产经营

公司年营业额5亿元，其中出口和内销接近持平。

三、产能建设

目前，公司已经能够达到16万只/月的产能。

四、技术进展及研发能力进展

公司产品特性：在相同的功率下具有更小的体积和更轻的重量，具有断开直流电的能力，动作时间快，灭弧能力强。

公司拥有现代化的综合实验室，可以完成对继电器、接触器、变压器、光控器等产品的各项技术参数测试，确保为客户提供优质产品。

公司拥有两个专业、先进的电磁兼容屏蔽室，测试设备来自于R&S公司，能及时、有效地帮助厂家解决EMC测试难题。

五、主要产品

序号	名　称	型　号
1	大功率直流接触器	SEV系列、LEV系列、EV系列、EVL系列等
2	手动维修开关	MSD500系列、MSD350系列等

六、合资合作

公司是上海西艾爱电子有限公司中方的投资方，在国内拥有6家子公司。

七、发展规划

具有完善的质量保证体系，通过ISO9001:2000质量体系认证和环境体系认证和TS16949认证。

公司产品全部遵照欧盟RoHS标准，符合IEC国际通用标准，保证了产品的卓越品质。

公司产品现已远销国内外，希望能越做越大。

电计贸易（上海）有限公司

一、发展概况

电计贸易（上海）有限公司是日本电计株式会社独资设立的中国现地法人公司。自1996年进驻中国以来，取得迅猛的发展，年均销售额以40%的速度增长。年度销售额达到了6亿元人民币。

电计贸易（上海）有限公司总部设在上海，在深圳、东莞，广州、厦门、珠海、上海（浦东，浦西）、无锡、杭州、苏州（园区，新区）、南京、常熟、北京、天津、青岛、大连、长春、成都、武汉、重庆等地设立21家分公司及联络处。形成一个覆盖中国沿海地区并延伸至内地的营销网络。同时拥有上海、苏州、无锡，深圳、广州，天津、大连，青岛以及ADVANTEST/ADC产品专项维修中心9个维修部门，为国内近4000家客户提供及时和专业的服务。

2006年，设立委托试验中心，可靠性委托实验项目取得ISO17025，CNASL3746试验资质、德国大众汽车公司认证书。

二、生产经营

销售电子计测、尺寸检测仪器、环境·性能试验设备、光学·理化分析仪器、检测工具等产品的，并且提供安装、培训、仪器校正等服务。

委托试验中心承接综合性环境试验、VOC试验、拉伸/压缩、跌落试验，电气性能，静电试验。并且拥有亮度，照度，颜色仪器检测校准室。

广州通达汽车电气股份有限公司

一、发展概况

广州通达汽车电气股份有限公司（简称“通达电气”），是一家致力于国内车载汽车电气产品研发、生产、销售的国家高新技术企业，是国内知名客车厂家软、硬件标准配置供应商，同时也是国内城市公共交通、物流运输企业提供软、硬件产品配套的知名服务商，旗下拥有7家全资、控股或参股公司，其中4家全资子公司。

通达电气成立于1994年，是国内最早从事城市公交车载电气及车载部件研发与生产的公司，经过20多年的发展，通达电气已成为行业知名企业，通达电气及巴士在线智能公交综合管理系统已培育成为行业知名品牌。

随着市场的日渐成熟和业务的不断发展，公司产品已经遍及全国各大城市交通运输行业，如广州公交，北京公交，深圳公交，武汉公交，乌鲁木齐公交，海口公交等一线城市公共交通行业，产品覆盖全国各省会城市，并远销亚洲、非洲、美洲、大洋洲、欧洲、澳洲等30多个国家和地区。

二、生产经营

2015年，广州通达电气股份有限公司实现销售收入4.69亿元，比上年增长20%；交税2800万，比上年增长40%。

三、产能建设

通达电气在生产方面精益求精，目前主要产品有：巴士在线智能公交综合管理系统、ATS发动机热管理系统、智能公交控制器、公交车乘客信息系统、可视变光信息广告一体化系统、车载监视系统、客车照明系统、客车内饰、漏气报警系统、智能投币机等。共设九个车间，五条自动化生产线，2015年动态路牌销量近105000套，比2014年增长48%；铝风道销量9518台，比2014年增长93.4%。

四、技术进展及研发能力进展

通达电气技术中心成立于2013年，设有研发中心、信息中心和技术部三大部门，拥有一支优秀的研发和技术团队，同时开展校企合作项目，不断引进优秀人才，目前拥有有效自主知识产权32项，其中包括：实用新型专利18项，独占实施许可实用新型专利1项，软件著作权3项，注册图形商标1项，域名3项，2项发明专利及4项实用新型专利。

五、主要产品

（1）车载烟雾智能报警系统为一款针对新能源车使用环境而设计的烟雾报警装置，内置微处理器，智能报警算法，具有报警精度高、抗干扰能力强、故障率低等优点，能完全适应高温、高湿、振动等恶劣工作环境。

车载烟雾智能报警系统具有如下技术优势：

准确性：采用CO、烟雾、温度复合式系统，模糊智能控制算法，报警精度高，误报率低。

先进性：采用进口传感器，产品技术先进，可靠性高；内置微处理器，报警装置可对自身采集到的数据进行存储和判断，并具有自诊断功能。

可靠性：采用高可靠性设计，抗干扰能力强：抗湿热能力强、抗灰尘附着、抗电磁干扰、抗温度影响、抗腐蚀、抗光线干扰，完全适应新能源车载环境；污染自动补偿：具有空气过滤功能，并能根据自身的污染程度进行零位漂移，减少误报；采用全金属外壳，阻燃防爆。

先知性：采用吸风式设计，主动吸取监控区域内空气实时分析，可在火灾发生前提前报警。

适用性：对明火、阴燃等不同类型火情、不同材质燃烧后产生的烟雾均可响应。

方便性：烟雾探测器可互换使用、具有CAN总线功能、可直接控制灭火装置启动。

（2）直流无刷磁力泵集合电机行业最新的直流无刷电机BLDC MOTOR驱动及水泵行业磁力传动驱动双项核心技术，实现驱动电机无碳刷磨损及泵头无水封泄露的缺陷，真正意义上实现了为新能源车主驱动电机（发动机）加了一道“安全锁”；确保热管理系统能可靠、耐久的运行，让整车动力系统能可靠、安全的长时间运行，实现混合动力、纯电动等新能源车动力不减，低碳出行。

产品亮点：强防水防尘设计，防水等级达到 IP67；20000 小时耐久寿命；磁力泵驱动，无泄漏烦恼；驱动器一体化设计，恒流量、恒压力闭环控制；软启动功能，对电池损害最小；防电源正/反接，20～36V 宽电压工作；

六、合资合作

由通达电气牵头成立“通融车载产业联盟”，负责文件起草，实现整个机构的顺利运作。

通融车载产业联盟出于寻求新的规模、标准、机能或定位，应对共同的竞争者或将业务推向新领域等目的，企业间结成互相协作和资源整合的一种合作模式。由于企业的联合，产业联盟能在道路运输领域形成较大的合力和影响力，不仅为成员企业带来市场和信息，也有助于企业专注于自身核心业务的开拓。相对于企业并购等模式，产业联盟能以较低的风险实现较大的范围的资源调配，避免兼并收购中可能耗时数月乃至数年的整合过程，从而成为企业优势互补、扩展发展空间、提高产业或行业竞争力、实现超常规发展的重要手段。

七、发展规划

通达电气一直秉承“人性、诚信、活力”的企业理念，牢牢树立“累积点滴进步，迈向完善品质”的服务宗旨，倡导激励团队“体现价值，创新为魂”，努力践行企业发展目标：打造车载 IT 技术服务产业及车载电气产业最具竞争力的社会诚信企业，争取在 2016 年实现上市。

北京博科测试系统股份有限公司

一、发展概况

北京博科测试系统股份有限公司（原北京宝克测试系统有限公司，以下简称“博科股份”），是专业提供用于汽车、土木结构、铁路、核电、船舶、通信等工业行业的测试试验系统及相关解决方案的高新技术企业。公司总部坐落于北京亦庄开发区南端的金桥科技产业基地，拥有一万两千多平米的办公和生产基地。公司为北京市高新技术企业、中关村高新技术企业。公司已通过 ISO9001：2015 质量管理体系认证。博科股份历经 10 余年的稳健发展，积累雄厚的技术力量和广阔的市场资源，已成为国内颇具影响力的汽车生产质量控制和汽车与结构应用的先进研发测试设备供应商。

博科股份为用户提供整体解决方案及完整的交钥匙工程，主营业务包括汽车及其他领域的测试试验系统及相关设备的研发、生产和销售，并提供相关系统集成、升级、改造、维护、用户培训等技术服务。

公司用户既包括中国第一汽车集团、上汽大众、上汽通用、北汽福田、四川现代等大型汽车生产企业，也包括中国汽车工程研究院、国家汽车质量监督检验中心等汽车行业科研检测与认证机构，以及吉林大学、清华大学等一大批国家级重点实验室和重点高等院校，并获得优良信誉。

公司拥有 130 余位高素质的员工，职能涵盖工程研发、市场、销售、项目管理、售后服务等。公司倡导团队合作，为用户负责的理念，致力于将企业打造成为国内乃至全球的一流测试系统解决方案供应商。

目前，公司在上海设有分公司、重庆设有办事处，长春、武汉设有服务中心。总计有 60 余位售后服务工程师。当您的设备需要博科工程师进行现场维修时，可以电话或邮件方式通知我们，我们将在 8 小时内响应，24 小时内抵达用户现场实施现场服务。

二、主要产品

序号	类　别	名　称
1	整车检测线类产品	ABS 双轴制动试验台
		单轴制动试验台
		侧滑检测台
		自由滚筒
		轴重检测台
		无线方向盘卡规
		制动磨合试验台
		速度试验台
		转角台
		司机助
		检测线数据联网系统
		电动车出厂检测系统
2	汽车研发用试验设备	瞬态工况法测试车辆阻力模拟系统
		轮耦合道路模拟测试系统
		汽车传动系部件性能耐久试验台
3	结构及设备振动加载试验系统	地震模拟振动台系统
		拟动力及混合仿真试验系统
		标准单轴振动台系统
		高频单轴/双轴振动台系统

续表

序号	产品类别	产品名称
4	整车及零部件振动加载试验系统	整车道路模拟试验系统
		六轴并联振动台系统
		转向系统
		减震器试验系统
		球铰试验系统
		座椅及安全带固定点试验系统
		多轴耦合悬架试验系统
		座椅颠簸蠕动试验系统

续表

序号	产品类别	产品名称
5	伺服液压试验系统单元	静压轴承型线性作动器
		扭转加载作动器
		标准 Pulsar 数字控制器
		大型中央液压油源
		静音液压油源
6	特殊非标定制试验系统	高温热模拟材料试验机系统

黑龙江特通电气股份有限公司

一、发展概况

黑龙江特通电气股份有限公司，是最早进驻黑龙江市高科技开发区的民营企业之一，公司成立以来一直致力于科技进步，发展高精产品并成功应用于国防军工、轨道、冶金、石化、矿山、采煤、轻工、机械、码头、汽车、电力等相关行业领域。。

公司拥有一批高素质的研发队伍，具有自主研发能力，拥有多项自主知识产权。公司员工中科研人员所占比例高达60%。公司组织机构完备，具有先进的管理模式，为企业的良好运行做好充分的保障。

公司的主营产品包括：动力电池组检测设备、高、低压 TSC 无功功率动态补偿装置、高压 HVC 无功功率自动补偿装置、新型 SVG 有源无功发生器、新型 APF 有源电力滤波器、TFKC 型大功率晶闸管整流器、TJDD 型蓝宝石晶体生长电源及控制系统、3D 打印及 3D 扫描等电力电子产品。

二、企业发展历程

黑龙江特通电气股份有限公司的前身哈尔滨特通电气有限公司始建于 1988 年，于 2016 年转制为现在的黑龙江特通电气股份有限公司。

特通电气于 1994 年成为首批获得国家级高新技术证书的企业之一。1996 年获得黑龙江国家级高新技术企业证书，是黑龙江第一批通过认证的企业，并于 2007 年通过黑龙江省科技厅认证。

特通电气于 1995 年进入军工领域，是黑龙江最早进入军工领域的民营企业之一。

特通电气是国家级高新技术区的高新技术企业、多年来秉承诚信为本，获得国家 AAA 级信用企业、电能质量行业十大品牌、黑龙江省高新技术企业、哈尔滨市电气行业诚信企业。以及技术专利 30 多项。

三、科技发展历程

特通电气在 20 多年的历史中，在军工和民用的各个领域做出了卓越的贡献，具有多项国内首创，科技创新成果累累。

1988 年，国内首创 30W 电子镇流器应用于锅炉水位指示系统。

1990 年，首次将 800kVA/50kV 谐振变压器应用于西沟电厂。

1992 年，为大亚湾核电站提供法国机组调试用辅助电源。

1996 年，国内首创 10000A/640V 充放电装置应用于第一艘引俄潜艇。

1997 年，国内首创 400V/2000kVar TSF 装置用于潜艇充放电动态治理。

1999 年，通过了质量管理体系认证。

2000 年，国内首创 1600A/500V－1kHz 方波电流源用于桐乡微弧氧化。

2002 年，800V/100kVar 的 LC 滤波装置在苏丹恶劣环境下经受住考验。

2005 年，正弦波能量回馈装置首次在鸡西鑫石矿 75kW 绞车系统应用。

2007 年，国内首创将 80kW 智能节电器应用于大庆潜油电泵系统。

2009 年，第一家 TSC 产品 GB/T15576－2008 标准 3C 认证企业。

2009 年，为国家电控配电质量检验中心研制补偿及滤波产品试验设备。

2010 年，TSVG 动态无功补偿装置研制成功。

2010 年，TTAPF 低压有源电力滤波器投入使用。

2012 年，首创蓝宝石晶体生长电源及电能质量综合设备成功投运。

2013 年，LED 照明驱动电源技术达到国际领先。

2014 年，实现蓝宝石晶体生长电源大批量生产。

2015 年，通过了国军标质量管理体系认证。

四、专业的电能质量治理企业

黑龙江特通电气股份有限公司是电能质量治理企业，在业内有足够的影响力，公司于 2010 年参与《低压无功补偿投切装置》新国标和《低压无功功率自动补偿控制器》JB/T9663 部表改版的编制工作。

黑龙江特通电气股份有限公司对晶闸管投切开关有着深入的研究和广泛的应用，是电抗器的权威企业，电能质量治理设备有着广泛的应用，是解决谐波治理兼无功补偿问题的最佳人选。

五、专业的技术人员

特通公司在行业领域内持续进步，不断进行科技创新，就是因为具有人才优势。有一支团结战斗的队伍，包括：管理、营销、技术的人才群体。尤其是技术人才优势显著。

老一辈的学者以著名电力电子专家李家训教授为代表，李家训教授是我国从事电力电子技术的元老之一，历任中国电力电子学会副理事长和顾问，并曾获国家科技元老奖。1960 年参与我国第一台半导体收音机的研制。当时除一台日本产的样机而外，没有任何技术资料可以参考，也没有任何现成的元器件可以采用，甚至也没有任何可以利用来制造这些元器件的设备，一切从零开始。李家训教授在刻苦专研的基础上编写出一本《六管外差式半导体收音机的设计计算书》，书中从整体计算到每个部件的计算设计，都详细到能够知道研究的程度。除锗单晶原料由国家进口得来而外，自制烧结炉、扩散炉等设备，从而研制出锗二极管，烧结低频三极管，扩散高频锗三极管。并研制机内天线、小型双连电容器、变频振荡器、中频变压器、低频变压器、小型扬声器、机壳等。到 1961 年出产第一批半导体收音机，献给毛主席金日成等中外领导人。当时报导有新闻纪录片，而李家训教授所写《六管外差式半导体收音机的设计计算书》被当时的四机部所属的专业研究所调用，一直是半导体收音机设计的范本。1962 年开始研制锗电力二极管，由于锗的性能局限，转向单晶硅的研究：从四氟化硅提炼出单晶硅，到研究单晶炉，再到拉制单晶硅棒；所研制的切片机，磨片机，切单晶硅片，烧结硅二极管，扩散做晶闸管。1964 年成立黑龙江硅整流器厂，开始批量生产晶闸管整流设备。李家训教授编写《硅整流器的技术设计》《硅元件的串并联问题》《硅元件的保护问题》《整流变压器的计算方法》《硅整流设备用滤波电抗器》《硅整流设备间平衡电抗器》《硅整流设备用饱和电抗器》等文献。奠定大功率半导体整流器得到基础，为电力电子技术行业广为传播作出卓越贡献，也为特通公司走上电力电子行业，走上科技创新的道路打下坚实的基础。

中年专家以李国勇博士（电力电子）为代表。总经理李国勇同志，在补偿与滤波领域造诣深厚，针对滤波界泰斗，日本专家赤目泰文老先生提出的瞬时无功功率理论进行深入研究，提出基于时间过程的滑动平均理论，很好地解决了非正弦条件下的无功功率理论问题。给出在谐波和畸变条件下的无功功率定义，解释无功功率的物理本质和计算方法。并将该方法应用于电力有源滤波器的目标函数检测与控制当中，取得非常可喜的成果。并且凭借 1995 年在大型充放电装置研制过程中的突出贡献，于 1996 年被中国电力电子学会聘为理事，时年 29 岁，是目前为止最年轻的专家理事当选记录。

六、军工品质

特通电气视产品质量为企业的生命。尤其是在多年的军工保障产品的设计、制造过程中，真真正正体会到产品质量在有些场合真的关乎生命。特通公司的产品，多年来遍布海、陆、空领域。有坦克充电电源、飞机充电电源、潜艇充电电源以及多种保障设备，为国防建设作出巨大的贡献，赢得了巨大的荣誉。

特通公司目前还承担着与补偿有关的海军重要项目，主要解决舰船中心点不接地系统如何与地面补偿及配电系统兼容的问题，以解决岸上保障与艇上配合的问题。难点是其实现舰船本身的外壳就是地，并不是真正的悬浮系统，所有的保护、检测对接时都存在相互干扰。

七、先进的管理体系

特通电气不仅注重技术研发以及产品质量的同时，更加注重公司的管理，特通电气视产品质量为企业的生命，将多年积累的军工技术、工艺和质量保证体系应用民品生产。公司现已通过 ISO9001 质量管理体系认证、ISO14001 环境管理体系认证及 GJB9001B 国军标质量管理体系认证，严格遵循管理体系和 3C 的要求，进行严格生产，严把生产过程中的每一道关，更全面的为客户提供军工品质的产品和服务。

八、完善的服务保障

特通电气坚持以客户为中心的服务理念，站在客户的角度思考问题。以解决客户问题，满足客户需求为己任。为用户提供的不仅仅是产品，还为用户提供系统解决方案，全面解决问题。多年来，为客户提供许多满意的服务。

比如为西门子公司提供现场谐波测试、分析服务；为国家电控配电质量检验中心研制滤波及补偿装置的检测设备，以及按标准一起编制检测方法；为海军潜艇电池标准翻译大量的俄文资料等等，只要用户有需求和问题，我们都会不遗余力地做好服务的，真心为用户思考。

九、和谐的企业理念

自我奋斗，自我实现是企业的精神。理想的光芒引领着前进的方向，冷静的思索积淀出奋斗的目标。盯住目标，认清现状，找出差距，克服困难，才能超越自我，改变命运。员工的超越是企业的根本，企业的超越是发展的源泉。

鼓励创新，精益求精是企业的灵魂。特通电气自创立就恪守自己的核心价值观，自强不息，锐意进取，特通的历史就是服务客户的科技创新史。

深圳市瑞能实业股份有限公司

一、发展概况

瑞能股份（股票代码：834674）成立于2003年，专业为研发生产先进的动力电池测试设备及电池自动化生产线。经过10余年的努力，瑞能在电池组充放电设备领域已经成功跻身国际一线高端厂商的供应链。产品广泛应用于军工及各大整车厂、实验室、电池厂、高校和科研检测机构。目前已有超过50万通道的电池测试设备可靠运行在锂电池生产线及实验室，高精度及稳定的设备性能，获得客户的高度认可。

2015年，瑞能股份于新三板挂牌上市，并被评为中国电动汽车全产业链优秀配套设备供应商、优秀电动车测试系统解决方案提供商。

二、生产经营

截至2015年底，瑞能股份完成动力汽车电池组充放电、检测系统，动力电池管理系统测试系统共计5万套，服务于比亚迪、上汽、银隆、时空、众泰、宇通等数百家新能源汽车企业及电池厂。并且严格按照ISO9001：2008质量管理体系进行生产，保障生产安全、可靠、有序进行。

三、产能建设

2015年，受新能源汽车市场的继续爆发，国内动力电池产能不足，国内多家动力电池厂商均进行扩产。动力电池需求的增长直接带动电池充放电及测试设备的需求。为提升产能，满足生产需求，瑞能启用新的生产工厂，增设4条生产线，大大提升产能。

四、技术进展及研发能力进展

瑞能股份极其注重自主研发和创新，其中研发技术人员占比达36%，每年的研发投入占销售额的28%以上。截至目前，瑞能通过审核的发明专利及实用型专利达到35项，同时拥有15项计算机软件著作权、8项软件产品认定。是国家高新技术企业，深圳高新技术企业及软件企业。专注的技术研发，自主的创新能力使瑞能的技术实力处于行业领先地位。2015年，瑞能股份在电动汽车充放电系统及动力汽车电池组均衡测试系统方面取得巨大突破，实现便携、快速充电、电能回馈电网等目的。

五、主要产品

序号	名　称	型　号
1	新能源汽车动力电池包测试系统	CDS－750V300A/ CDS－500V300A
2	新能源汽车动力电池模组测试系统	CDS－100V200A
3	BMS 电池管理测试系统	BMS－5V3A/5A
4	动力电池组平衡维护（BBS）系统	BBS－5V5A/10A
5	动力电池半成品成品测试系统	GGC－100V100A

六、发展规划

未来，瑞能将以高精度、自动化、智能化为发展方向，为新能源汽车电池生产厂商降低电池生产线成本、提高电池生产的自动化水平，并融合不同设备。将动力电池整条生产线的研发和生产作为下一阶段的发展目标。

杭州威衡科技有限公司

一、发展概况

杭州威衡科技有限公司自2009年成立以来，公司先后被认定为拱墅区、杭州市、国家高新技术企业和浙江省科技型中小企业、杭州市雏鹰企业，并与浙江大学进行产学研合作，共同开拓电机测试领域市场。于2015年在浙股交创新版成功挂牌，并通过ISO9001－2008质量管理体系认证。威衡获得25项国家级专利（其中发明专利5项）及12项国家软件著作权。

二、生产经营

生产：电子产品、自动化成套设备（上述经营范围中涉及前置审批项目的，在批准的有效期内方可经营）；服务：仪器仪表、机电一体化产品的技术开发、技术服务、成果转让，软件的开发；销售：仪器仪表，工业自动化成套设备，通讯产品，家居用品，安防设备，五金交电，建筑材料、电子产品（依法须经批准的项目，经相关部门批准后方可开展经营活动）。

三、产能建设

杭州威衡科技有限公司每年为新能源汽车厂家提供新能源汽车整车及零部件检测设备、各项性能检测设备及其他检测设备等产能建设约500套。

四、技术进展及研发能力进展

威衡科技凭借先进的研发技术和严格的质检管理，以尖端的产品技术使企业得以领跑国内电机测试测量行业。尤其在新能源汽车测试技术领域的研发、设计到性能检测等方面，都已经达到国内同行的领先水平，且拥有国内首创的电动车霍尔检测技术。

五、合资合作

威衡科技合作的单位包括：吉利汽车、比亚迪汽车、众泰汽车、中兴汽车、海格汽车、知豆电动汽车、金彭、小刀电动车、宗申摩托尤奈特电机、绿源电动车、海尔、格力、海信、美的、格兰仕、九阳、博世、皇冠、ABB、老板、方太、三菱电机、中国兵器、中国航空、中船重工、中国科学院微电子中心、浙江省质检院、北京大学、中国矿业大学、中国计量学院、华东理工大学、上海交通大学医学院、浙江大学、海康威视、博世科技等单位。

六、发展规划

威衡科技用价值去证明我们在电机测试领域的重要性，让威衡产品成为电机生产制造和使用领域的标杆，以最优质和贴心的服务，为客户的理想插上梦的翅膀。这是我们所有威衡人的梦，也是威衡努力进步的动力及方向。一心做绿叶，永远只做绿叶，却心怀天下的梦。

中国汽车技术研究中心

一、科研项目及成果

2015年，中汽中心新承担国家及省部级科研课题19项，自立科研课题130项。

本年度从事的重要科研项目包括：工信部项目“中国新能源汽车产品检测工况研究与开发”，科技部国际合作项目“中德电动汽车分时租赁与环境影响研究”，科技部科技支撑项目“电动汽车及基础设施标准规范和测试技术研究”和“电动汽车大规模分时租赁和集成示范车辆评价及动力电池回收体系管理研究”，以及中心自立项目“基于LTE网络和标准API的开发及车载T－BOX研制”、“智能车辆先进驾驶辅助系统关键技术研究”、“智能网联汽车示范运行及国家车联网测试评价中心建设”、“面向‘中国制造2025’的汽车产品认证创新研究”等。

2015年，中汽中心首次代表中国修订了ECE R51－03法规，并在2015年6月召开的UN WP29第166次大会《1958年协定书》各缔约方组成的管理委员会（AC1）投票中全票通过。这意味着我国实质性参与ECE法规的制修订工作取得了成果，为中国汽车行业拓展海外市场和“一带一路”的建设提供了技术法规领域的强大支持。

该项目历经长达7年的研究，成功发明了“汽车加速行驶车外噪声快速测量系统”，完成了包含222台样车的“中国加速行驶车外噪声数据库”的组建，并划定了适合中国的限值体系；撰写了试验方法研究、试验流程研究、ECE R51法规缺陷研究、车型亚分类研究、试验结果研究、限值方案研究等相应论文及技术提案超过40篇，为ECE R51法规试验方法修订、车型亚分类设置和限值确定等相应工作提供了技术支持。

2015年，中汽中心获省部级科技奖励3项，其中“汽车模拟碰撞关键试验技术研究及应用”被评为中国汽车工业科技进步奖二等奖，“中国汽车材料数据系统开发与应用”和“汽车安全数据平台开发与应用”被评为科技进步奖三等奖。

二、科研设施及科研能力建设

中汽中心主院区建设三期项目—性能开发综合试验室2和试验车停车楼顺利竣工，并完成验收。为了进一步增强中心的汽车研发、试验能力，提升行业竞争力，中心征购紧邻主院区南侧的124亩地块。具有国际一流水平的盐城试验场建成并投入运营，成为国内汽车工程技术研发重要基地，将有力提升我国汽车技术研发与产品道路试验评价能力。成功升级了呼伦贝尔冬季汽车试验场，可以承接汽车及摩托车产品整车及零部件技术法规验证、发动机冷启动试验、SUV越野耐久试验、扬雪试验等项目。

2015年，中汽中心通过整合优势资源，依托先进的试验能力，行业领先的实验室水平，成功申请成为天津市认定企业技术中心。

三、国际合作

中汽中心积极开展国际合作，努力提升与国外政府、企业及技术机构的合作级次，推进中心国际化发展。与SAE、阿冈实验室、卢森康卓、大陆、奔驰、博世、丰田等国际机构和跨国公司签署多个合作协议并保持了良好的合作关系，并与卢森堡卢森康卓公司成立了中汽康卓车辆技术服务有限公司。

天津中汽康卓车辆技术服务有限公司，是中国汽车技术研究中心与卢森康卓（Luxcontrol）合作成立的一家中外合资公司，作为中汽中心自主品牌的环球认证公司（中汽中心控股51%），于2015年3月正式揭牌运营。Luxcontrol是与卢森堡国家认证机构SNCH有着良好合作关系的欧盟认证机构，自1985年起协助全球的多家汽车制造商申请欧盟认证，于2003年进入中国市场，30年来为国内外汽车整车及零部件企业提供了高品质的欧盟认证服务（E-13证书）。

作为首家由国内检测机构与欧洲认证机构共同出资的认证公司，中汽康卓充分结合中汽中心检测优势，以及Luxcontrol认证业务上的资源，以创新商业模式，为有进出口需求的客户提供汽车整车及零部件产品的一站式认证咨询服务。

目前，中汽康卓的主要业务范围包括：欧盟认证（颁发E-13证书）、CCC认证（含国外进口汽车产品）、美国汽车整车DOT及EPA，零部件AMECA等认证咨询服务、其他国家环球认证服务、相关检测与技术服务等。

重庆车辆检测研究院有限公司

一、发展概况

重庆车辆检测研究院有限公司下设国家客车质量监督检验中心、国家摩托车质量监督检验中心（重庆）、重庆市电磁兼容工程技术研究中心、国家信息产业基地（重庆）汽车电子公共检测评价中心、中国电源产业技术创新联盟质量监督检测技术中心、重庆市汽车碰撞人员安全保护科普基地、全国公路科普教育基地。

重庆车辆检测研究院有限公司作为一个为社会及汽车行业提供第三方技术服务的机构，主要从事汽车产品质量检测、试验研究、科研开发、技术咨询、标准制定、出口认证、检测设备研发、司法鉴定等业务。公司拥有一批高素质的人才队伍。目前在职员工195人，其中高级职称64人，中级职称60人，享受国务院政府特殊津贴专家2人，博士、硕士100人，博士、硕士研究生导师7人。其中，从事新能源汽车整车及其关键零部件检测人数占公司总人数的30%左右。

重庆车辆检测研究院有限公司本部位于重庆市北部新区汇星路1号，占地100亩。目前已具备国家《公告》、3C、环保、出口认证及企业委托的新能源汽车整车及关键零部件专项标准的全部试验检测能力。主要设备从美国、德国、英国、日本等国进口。其中，用于整车动力性、安全性、经济性相关的检测设备近18余套；驱动电机及其控制器的动态性能、安全性能及环境适应性相关的检测设备近14余套；动力电池的充放电性能、安全性能的检测设备近20余套。已建成用于新能源整车及关键零部件EMC测试的10米法电波暗室和5米法电波暗室，其中10米法电波暗室自带四驱转鼓，能够进行最大长度18米铰接客车及其他车型的电磁兼容试验。另已投资建设完成重庆机动车强检试验场，占地约500亩，建设有直径300米的ESP动态广场、直线段2.2千米性能试验路及ABS试验路、噪声试验路、涉水池、试验坡道以及6个电动汽车交直流充电桩及其他辅助设施，是我国西部地区唯一的第三方机动车试验场。

二、测试技术及规范研究与制定

重庆车辆检测研究院有限公司积极响应全国汽车标准化委员会的号召，组织相关技术能力强、检测经验丰富的人员参与新能源汽车整车及关键零部件的标准和技术规范的制修订工作。重庆车辆检测研究院有限公司客车中心已成为全国汽车标准化技术委员会电动车辆分技术委员会委员单位，中国电源产业技术创新联盟质量监督检测技术中心，全国汽车标准化技术委员会电动汽车整车标准工作组成员单位，中国客车学会副理事长单位，全国无线电干扰标准化技术委员会D分会的委员单位，参与制修订的标准有GB/T 18384-2015电动汽车安全要求系列标准、GB/T 4094.2-XXXX电动汽车操纵件、指示器及信号装置的标志、新能源客车安全技术条件等标准和规范。

三、检测能力建设

重庆车辆检测研究院有限公司已具备新能源汽车产品准入管理要求的整车（含纯电动汽车、混合动力汽车和燃料电池汽车等）、驱动电机系统及车载储能装置的全部检测能力。可按国家标准、欧盟指令，ECE法规及行业标准的有关技术要求和试验规程进行新能源汽车整车、动力电池系统、驱动电机及控制器的性能试验和安全测试。包括：电动汽车整车、电机及其控制器的电磁兼容试验，电动汽车整车的燃料消耗能量和电能量消耗试验，电动汽车电机及其控制器的功率、扭矩、转速、电压、电流、效率、制动能量反馈、低温运行、寿命、振动、噪声等性能试验，电动汽车锂电池、镍氢电池、超级电容、铅酸电池等的充放电、寿命、穿刺、挤压、跌落、高低温、振动、短路等安全性能试验。

四、国内外交流

2015年是我国新能源汽车发展突飞猛进的一年，为了能够及时了解国内外关于新能源汽车的先进技术和产业政策，重庆车辆检测研究院有限公司积极委派相关人员参加国家有关部委及相关机构召开的新能源汽车会议，并在会上与行业内人士展开交流。其中，分别参加 2015 年 1 月由中国公路学会客车分会主办的以“创新驱动，绿色未来”为主题的“中国客车学术年会”和 2015 年 5 月在北京召开的“新能源客车试验检测技术研讨会”，并安排相关人员在会上介绍关于新能源汽车的检测技术与经验；另外，参加中国汽车技术研究中心分别于 2015 年 5 月在江苏常州举办的“电动汽车测评会议”和 2015 年 12 月在深圳坪山主办的“2015 中国新能源汽车推广应用经验交流与发展研讨会”，认真学习行业内专家的新能源汽车技术和新能源汽车推广应用经验。除此之外，重庆车辆检测研究院有限公司还积极关注我国微型电动汽车的发展，积极参加 2015 年 11 月在福州举办的“中国微型电动车系列规范标准制定第二次工作会议”，并有 7 名人员成为微型电动车标准化技术委员会的核心成员，积极参与制定和讨论我国微型电动车的相关标准，为微型电动车的起步和发展添砖加瓦。除此之外，重庆车辆检测研究院有限公司还积极同我国汽车生产企业之间展开关于新能源汽车技术方面的交流，先后同宇通客车、苏州金龙、厦门金龙、厦门金旅、重庆力帆等企业展开新能源汽车防火技术及高压防触电方面的技术交流，并得到相关企业的好评。

五、发展规划

我国已经建立电动汽车及相关零部件与基础设施方面较为完整的标准体系，在关键领域实现自主创新。但是，随着电动汽车技术水平的不断发展，相关的整车及零部件标准也需要不断提升，比如电动汽车安全要求、重型混合动力汽车能量消耗量、电动汽车碰撞后的安全要求以及电动汽车用驱动电机及其控制器、动力电池单体、模块及电池包的相关标准也不断更新和出台，为此，重庆车辆检测研究院有限公司立足根本，为了更好的为企业服务，努力提升自身的检测水平与能力，预计将投资 3000 万元人民币来加强新能源汽车检测能力的建设，其中包括电动汽车传导充电用连接装置、电动汽车远程监控的检测能力，驱动电机加载 EMC 试验能力及其燃料电池电动汽车的部分检测能力等。

另外，重庆车辆检测研究院有限公司将会紧跟时代发展的步伐，密切关注新能源汽车技术水平不断进步和新能源汽车标准体系的不断更新，将会持续加大对新能源汽车检测能力的投入，在国家级汽车检测中心中率先实现试验检测、科研开发及技术咨询的全面协调发展。

黑龙江红河谷汽车测试股份有限公司

一、发展概况

2006 年，黑河红河谷汽车测试中心有限公司成立。2016 年 7 月，公司更名为黑龙江红河谷汽车测试股份有限公司，股东为天宁集团有限公司、天狼星控股集团有限公司、黑河众鑫投资合伙企业（有限合伙）、黑河晟翔投资合伙企业（有限合伙）。下设三个全资子公司：孙吴冰河世纪试车旅游有限责任公司、五大连池风景区红河谷汽车服务有限公司、嫩江红河谷汽车测试中心有限公司。

红河谷试验场已经成为全球最大的汽车高寒试验基地、我国唯一通过 TüV 认证的专用寒区雪地胎测试机构、中国汽车工业协会试验场分会会员单位、国家汽车质量监督检验中心寒区测试基地。

红河谷试验场专注于汽车在高寒条件下的测试与培训，可为客户提供符合国际测试标准的测试场地，测试技术与设备研发，承接整车路试试验委托、承办国际汽车性能大赛、汽车拉力赛等服务。

2017 年，公司计划开展高温、高原汽车测试项目，并利用各试验场地拥有的得天独厚的自然资源优势，开展房车自驾游营地建设运营等汽车旅游综合体业务。

二、测试技术及规范研究与制定

与全国汽车标准化技术委员会共同起草并制定国内首部中华人民共和国国家标准《乘用车低温性能试验方法》；与全国汽车标准化技术委员会车身分技术委员会共同起草《汽车防滑链性能要求和试验方法》标准；与全国轮胎轮辋标准化技术委员会共同起草《载重汽车轮胎雪地抓着性能试验方法》《汽车防滑链性能要求和试验方法》。

三、检测能力建设

目前国内汽车低温测试项目共 27 项，国家尚未推出强检项目。红河谷试验场计划与国家汽车质量监督检验中心（襄阳、长春、重庆）合作，共同致力于建立汽车寒区测试相应标准和规范。建成国内首家汽车寒区测试强检实验室，并计划建设汽车高温、高原强检实验室。

四、国内外交流

与襄樊、长春、重庆、天津汽研等国家汽车质量监督检验中心合作；与清华大学、同济大学、吉林大学、黑龙江林大等国内高校合作；与欧洲、亚洲、美洲等众多整车、零部件生产企业建立起了长期、稳定的合作关系；与新西兰南半球试验场合作，致力于建设南半球反季试验场；引进国内外先进管理模式，通过技术交流及资源共享，开展国际间业务。与西班牙伊狄达、韩国交通安全公团共同合作，进一步拓展业务，可为客户进行试验启动规划、试验过程控制、试验数据管理、试验报告生成的全业务链。

五、发展规划

向高温、高原场地建设；零部件及整车综合试验拓展；成为国家认证的第三方强检实验室；不断提升与扩大现有高寒试验业务；成为国际汽车试验服务供应商；合理利用试车资源，适时推动汽车旅游项目。

国家储能及动力电池质量监督检验中心

一、发展概况

2015 年 1 月，中国北方车辆研究所申报的“国家储能及动力电池质量监督检验中心”获国家认证认可监督管理委员会批复筹建，以此为契机，结合 2015 年 5 月 15 日国家发布的 6 项动力电池相关新国标对测试能力的需求，中国北方车辆研究所为进一步完善和提升测试认证能力，积极开展试验室建设工作，投资 300 万元新购入 6 台套设备。2015 年 8 月中国北方车辆研究所建设的“国家储能及动力电池质量监督检验中心”顺利通过验收，获国家认证认可监督管理委员会授权（证书号：（2015）国认监认字（630）号），全部检测能力获得认可。2015 年 11 月，表 1 中前 5 项国家标准的检测能力获得 CNAS 扩项评审通过，建成了行业领先得到动力电池测试评价能力。同时开展 GB/T31467. 3 – 2015《电动汽车用锂离子动力蓄电池包和系统 第 3 部分：安全性要求与测试方法》所需新增设备的调研工作，并列入 2016 年采购计划以及 CNAS 认可扩项工作计划。

表 1　新发布的新能源汽车用动力电池标准

序号	标准号	标准名称
1	GB/T31484 – 2015	电动汽车用动力蓄电池循环寿命要求及试验方法
2	GB/T31485 – 2015	电动汽车用动力蓄电池安全要求及试验方法
3	GB/T31486 – 2015	电动汽车用动力蓄电池电性能要求及试验方法
4	GB/T31467. 1 – 2015	电动汽车用锂离子动力蓄电池包和系统 第 1 部分：高功率应用测试规程
5	GB/T31467. 2 – 2015	电动汽车用锂离子动力蓄电池包和系统 第 2 部分：高能量应用测试规程
6	GB/T31467. 3 – 2015	电动汽车用锂离子动力蓄电池包和系统 第 3 部分：安全性要求与测试方法

二、测试技术及规范研究与制定

在测试评价技术及电池热管理方面，国家储能及动力电池质量监督检验中心开展大量研究工作。2015 年联合北京理工大学、重庆长安新能源汽车有限公司成功申报国家自然科学基金委员会、中国汽车工业协会资助的中国汽车产业创新发展联合基金项目——“车用锂离子动力电池系统热失控的机制与安全管理”。

在动力电池测试评价规范和标准制定方面，国家储能及动力电池质量监督检验中心先后参与制定动力蓄电池单体模块测试评价标准 GB/T31484 – 2015、GB/T31485 – 2015、GB/T31486 – 2015 以及锂离子蓄电池包和系统标准 GB/T31467. 1 – 2015、GB/T31467. 2 – 2015、GB/T31467. 3 – 2015。

三、检测能力建设

根据 GB/T31484 – 2015、GB/T31485 – 2015、GB/T31486 – 2015 等标准中对测试室温要求（控制在 25 ± 2℃）和新的评价标准由单体测试评价为核心转向以电池模块测试评价为中心的要求，国家储能及动力电池质量监督检验中心新购置高精度动力电池模块测试设备 4 台、步入式集中式环境温度控制箱 2 套，可以满足标准和日常测试要求。

四、国内外交流

在国内外交流方面，国家储能及动力电池质量监督检验中心先后与国轩高科、北京国能、哈尔滨光宇、中信国安盟固利等国内著名电池企业和韩国 LG 化学、SK 等国家动力电池企业开展动力电池安全性测试评价方法方面的技术交流工作。

五、发展规划

国家储能及动力电池质量监督检验中心计划于 2016 年上半年完成电池包及系统安全性测试所需的 10 余套设备的采购工作，并于 2016 年 8 月完成 GB/T31467. 3 – 2015 的 CNAS 扩项认可工作。

信息产业化学物理电源产品质量监督检验中心（天津）

一、发展概况

信息产业化学物理电源产品质量监督检验中心于1985年成立，是国内最大的综合性的化学物理电源产品质量检验的第三方机构。2013年2月，经国家认监委正式发文授权，成为国内第一家综合性的新能源产品测试国家中心。多年来，受国家有关部委、部门委托，中心先后对各类化学物理电源产品进行全国统检、监督抽查、打假、性能评估等；产品行业等级评定、质量摸底、对比试验等；产品司法鉴定、技术鉴定和仲裁检测；产品选型、进出口检测、产品应用及可行性评估等各类检测和试验；参与信息产业部关于实施收集电池生产许可证管理文件的编制全过程，中心具备CCC中国强制性（自愿性）产品认证（简称3C认证）的软硬件条件。

二、测试技术及规范研究与制定

具备的第三方检测机构资质：·工业和信息化部工业产品（化学物理电源）质量保证和技术评价实验室；中国实验室认可委员会（CNAS）认可的实验室（№ L0591）；国防科技工业实验室认可委员会认可的实验室（№ DL014）；中国国家认证认可监督管理委员会考核批准，取得资质认定计量认证合格的实验室（2006000593H）；世界上四个具有光伏计量基准标定资格的实验室之一；国家科技部"863"电动汽车用动力蓄电池测试基地；国家电动汽车动力电池上公告强检测试单位之一；国家安全生产总局矿灯用锂离子蓄电池安全性能指定检测单位；铁道部机车和客车用蓄电池的专检和发证单位；国内第一个IECEE关于光伏测试的CBTL实验室；美国认证机构UL签约光伏、动力电池认证测试的实验室；德国TUV－SUD南德公司关于光伏、动力电池认证测试的签约实验室；美国CEC（美国加州能源委员会）指定实验室；中国质量认证中心CQC签约实验室；北京鉴恒质量认证中心签约实验室。

2014—2015年，中心承担工信部电子基金项目《锂离子电池检测公共服务平台》课题，课题研究经费1000万元，其中政府专项经费500万元，本单位自筹500万元，此外集团公司还就此课题配套50万元的资助；实验室还承担工信部电子基金项目《太阳能电池检测公共服务平台》课题，课题研究经费1000万元，其中政府专项经费500万元，本单位自筹500万元，集团公司还就此课题配套50万元。此外实验室还参加天津市科技委员会和大型精密仪器管理办公室 联合组织的《天津市大型仪器开发共享平台》，为科技型中小企业服务，提供测试服务，并获得50万元的资助。

三、检测能力建设

本实验室现已具备的条件主要包括：化学与物理电源产品检测评估实验室、环境力学实验室、计量实验室、理化分析实验室等部分，各类实验室总面积达到6000平方米，其中恒温面积1700平方米，拥有各种国内外先进的检测仪器和设备437台（套），固定资产总值达到5000余万元。检测手段先进，能够按照IEC、JIS、MIL等国际标准、国家标准、行业标准和企业标准等对包括动力蓄电池在内的化学物理电源产品进行电性能、环境、力学、安全性及寿命等的检测评估工作。

四、国内外交流

中心多年来与国内外多家动力电池企业保持着技术交流关系，同时与多家检测实验室保持着合作互利关系。

五、发展规划

随着测试标准的不断更新和检测监控要求的不断提高，中心需要添置新的设施来满足其要求。同时结合军工产品质量管理经验，开展针对典型问题的故障分析，通过故障分析、定位，采取措施加以解决，为提高产品质量提供技术支持。

国家汽车质量监督检验中心（北京）

一、发展概况

在国家质量监督检验检疫总局的大力支持下，北京市质量技术监督局以北京市产品质量监督检验所为基础，以汽车技术检测服务需求为导向，充分发挥首都检测资源优势，积极创新技术服务管理模式，筹建国家汽车质量监督检验中心（北京），全面服务政府管理、行业发展、企业研发和消费者利益。中心将开展和汽车行业有关的质量检测、性能研究、标准法规认证等各项工作，将建设成为国内外汽车行业交流的平台。

国家汽车质量监督检验中心（北京）从2013年正式对外服务以来，主要为政府汽车产品质量监管、汽车零部件生产企业产品研发和出口认证提供测试服务与技术支持。中心建有碰撞安全实验室、整车性能实验室、零部件实验室、排放节能实验室、灯光电器实验室、结构与仿真实验室、材料与用品实验室、汽车召回检测实验室，能力覆盖国家强制性检验项目和部分企业研发测试项目，已获得CNAS、CMA \ CAL和CCC检验资质，是CQC和CCAP签约实验室。

二、测试技术及规范研究与制定

国家汽车质量监督检验中心（北京）积极参与国家科技部及北京市科委电动汽车相关课题研究，积极参与了北京市发布的《电动汽车电能供给与保障设施》指导性技术文件中充电站、充电桩、车载充电机、非车载充电机的起草工作。同时，承担国家科技部科技支撑计划项目《城市公共基础设施管理与服务技术标准研究》和北京市科委《电动汽车及充电设施检测标准研究及验证》《国家级电动汽车检测服务平台建设》《新能源小客车全过程风险监测与评估一车辆抽检及评估》等研究课题，开展《电动汽车电能供给与保障技术规范 车载充电机》《电动汽车电能供给与保障技术规范 非车载充电机》《电动汽车电能供给与保障技术规范 交流充电桩》《电动汽车电能供给与保障技术规范 计量系统》等相关标准的制修订及试验验证工作，为完善电动汽车标准体系提供技术支撑。

三、检测能力建设

1. 电动汽车动力电池检测

（1）电性能及循环寿命检测能力。

中心具备动力电池单体、模组及包或系统电性能及循环寿命全项检测能力，拥有多套美国bitrode、德国digatron动力电池电性能检测设备，拥有12立方米、24立方米大尺寸步入式温湿度环境试验箱，覆盖国际标准ISO 12405、欧盟法规ECE R100以及国家标准GB/T 31484、GB/T 31486、GB/T 31467.1、GB/T 31467.2等，涵盖电动汽车整车电安全性能全项试验以及电动汽车用铅酸电池、锂离子电池、镍氢电池等各种类型的单体电芯、模组（Umax = 150V，Imax = 1000A）和电池包（Umax = 750V，Imax = 600A）的安全和功能测试项目，包括：常温充放电性能、低温充放电性能、高温充放电性能、多种环境温度循环寿命、多种充放电模式倍率特性、工况模拟、各种条件环境试验、基本覆盖电动汽车用动力电池全项检验标准要求。

（2）安全试验检测能力。

依据ISO 12405 - 3、GB/T 31467.3、GB/T 31485、QC/T 743标准，建立电池单体、模组及包/系统的过充、过放、挤压、针刺、跌落、短路、燃烧、振动、机械冲击、高海拔、海水浸泡等测试项目，自主研发电池包极限跌落、火烧试验能力，与企业联合开展整车动态剖切及托底模拟碰撞试验，全方位打造动力电池的标准方法和模拟实况的安全测试及性能评估平台。

2. 电动汽车整车检测能力

中心拥有汽车整车实车碰撞、动力性能、经济性能、操稳性能、能耗测试以及涉水、淋雨等多项检测能力，建有280m轨道实车/车车碰撞试验系统、多套两驱/四驱底盘测功机以及多套路试综合测试仪，建有40米长、最大水深80厘米的涉水试验路，拥有多套德国flüke绝缘电阻测试仪、功率分析仪和八位半高精度数字多用表等，能够覆盖电动汽车全项测试能力。

3. 电动汽车充电设施检测

拥有多功能充电机检测平台，具备国家标准、行业标准以及北京市地方标准等检测能力，完整的覆盖充电设施环境试验、电气性能、电安全性能以及电磁兼容性能的检测要求，能够检测车载充电机、非车载充电机、交流充电桩以及DC/DC等电动汽车的充电产品。同时，开发充电设施现场检测移动测试系统及互操作性检测能力。

国家轿车质量监督检验中心（天津）

一、主要研究领域

天津汽车检测中心（国家轿车质量监督检验中心）【以下简称“天检中心”（轿检中心）】隶属于中国汽车技术研究中心，具备对汽车、农用运输车、电动汽车、发动机、汽车灯具、汽车电器、汽车零部件等125种产品进行检测的能力，在新能源汽车方面重点开展整车及其关键零部件测试评价研究工作，现有从业人员456人。被授权的资质有国家汽车新产品申报公告检测机构、国家强制性产品认证（CCC）检测机构和免于强制性产品认证的特殊用途进口产品检测的机构、国家科技成果鉴定试验机构、道路运输车辆燃料消耗量检测机构、国家汽车环保产品认定与排放检验机构等，承担着国产汽车新产品强制性项目及定型、汽车产品质量监督检查、CCC认证、环保产品认定、出口认证、进口产品检验、C - NCAP等的检测试验，同时承担多个学术、技术机构秘书处等行业管理和服务工作。轿检中心一贯注重创造良好的科研和学术氛围，努力培养专业知识扎实、具备高水平检测技术能力的科研型人才，涉及的科研领域有整车性能可靠性、汽车零部件安全、汽车节能环保、新能源车关键部件、底盘车身零部件、汽车电子电磁兼容六大领域，涉及的专项汽车测试评价平台有中国新车评价规程、中国生态汽车评价规程、电动汽车评价规程、汽车绿色轮胎等级认证。目前拥有首席专家5人、学科后备带头人10人、青年科技骨干29人。

二、科研项目及成果

2015年，承担和完成国家863计划、国际合作项目、省部级重大课题共12项，承担的其他科研课题85项。承担的重点科研课题有如国家环保局“重型汽车污染物排放限值及测量方法（中国第六阶段）”、“国家第六阶段机动车尾气细颗粒物的粒数和质量排放限值研究”，工信部“中国新能源汽车产品检测工况研究和开发”等、科技部863项目“锂离子储能电池和燃料电池备用电源安全性设计及性能评价研究”，天津市科委“电动汽车及关键零部件测试评价技术研究”等。参与标准编制标准37项，其中国际标准2项，国家标准26项，行业标准1项。其中“汽车正面碰撞的乘员保护”、“电动汽车用动力蓄电池安全要求及试验方法”等标准已发布实施。2015年度试验所共申请专利20项，其中发明专利4项，实用新型专利15项，目前已获授权专利11项。此外，“ISO标准汽车操纵稳定性分析评价软件系统”申请了软件著作权。共发表论文74篇，其中中文核心期刊42篇，EI检索篇8篇。

三、科研设施及科研能力建设

2015年，新增整车道路试验设备，并启动了主动安全测试道路的规划和设计工作；购置了尿素解冻环境仓以满足后续欧六OBD验证试验要求；完成美标排放NMOG测试设备的改造，增加PN测量设备；完成了盐城试验场整车试验室和排放试验室的整体设计、设备安装等工作。

冬季汽车试验场建设取得进一步的发展，在原有上凤湖基础上，增加下凤湖测试区，湖面测试面积由70万平米扩大到110万平米，为全面开展寒区汽车测试创造了条件，冬季汽车试验场服务能力全面提升，并成功承接了CPC大赛任务。

安全试验室完成了移动式刚性壁障的建设和新型碰撞假人的采购，将大大提高实车碰撞、儿童安全座椅评价、研发试验的试验效率。

节能与新能源方面完成电池包测试设备的完善和安防能力提升，在环境温度调控系统、火灾探测报警系统、消防灭火系统、视频监控系统、防排烟通风系统等多个方面，开展试验室安防能力的全面、综合、系统的完善提升建设，有力保障了试验室测试业务安全、高效、稳定的运行。

在车身附件和底盘性能检测方面完成70余台仪器设备的采购，先后完成整车四立柱、液压伺服、轮胎滚阻、空调散热器、零部件VOC、整车VOC、ELV禁限用物质分析、车身试验、商用车驾驶室强度试验等设备的采购与安装。在试验环境方面，规划并建设了化学分析试验室、ELV禁限用物质车辆及总成拆解区等。

四、国际合作

2015年，与德国BMW、德国大众、美国Ford、韩国Sansung、韩国LGChem、韩国SK、韩国Mobis、日产、本田、丰田、联合电子、福特公司、美德维实伟克公司、加州环保局、美国西南研究院、欧洲汽车工业协会、日本汽车工业协会等多家国外企业和机构进行了电磁兼容、混合动力车实证运行、动力电池系统性能测试、安全测试等方面的合作研发与技术交流活动。轿检中心承担着机动车污染防治委员会、中国汽车工程学会汽车环保分会、测试技术分会秘书处工作，2015年组办并参加2015国际电动汽车及关键部件测评研讨会，以“从产品示范到商业应用”为主题，以纯电驱动和充电系统测试评价为研究对象，重点开展“整车开发与测试评价”、“关键部件开发与测试评价”、“电池系统集成与测试评价”、“充电系统测试评价”四个技术领域进行深入解析，为电动汽车整车及关键零部件步入市场规模化应用，以及充电基础设施创新升级提供技术指导和借鉴建议，为行业在测试评价技术领域搭建一个有效、权威的交流沟通平台，促进电动汽车产业实现健康快速发展。参加国际、国内汽车行业学术交流会议，如WP29框架下EVS-GTR电动汽车安全法规第七次、第八次会议，主持并参与相关国际法规的起草制定；美国西南研究院参加EssEs年度会议，开展电池测试方面的技术交流；工作；ISO/TC 22/SC 23/WG 9工作组，负责ISO18243《电动摩托车用锂离子电池性能和安全性要求》的制定，已定稿。

五、主要产品

（1）整车检测；

（2）零部件检测：底盘部件检测、车身检测、车身附件检测、动力总成检测、排气系统检测、电子电器检测、新能源车关键部件检测等。

国家机动车质量监督检验中心（重庆）

一、发展概况

新能源汽车关键零部件试验室主要从事新能源汽车关键零部件的测试评价和法规检测，产品涉及动力电池（含管理系统）/超级电容、充电连接装置、充电通信协议、车载充电机、DC/DC变换器、燃料电池发动机、驱动电机及控制器等，覆盖当前国内外主要标准。

新能源汽车关键零部件试验室目前拥有员工13人，其中研究生以上7人。拥有试验仪器设备20余台套。近年来负责、参与行业标准制、修订 10 余项，承担国家部委及市属科研项目 2 项。团队人员丰富的检测经验以及专业的技术水平可以为客户提供最优质的服务。

二、测试技术及规范研究与制定

根据国家“863”计划《下一代高性能纯电动轿车动力系统平台研发》项目要求，牵头完成《电池模块测试规范》和《电池系统测试规范》的编制工作。

三、检测能力建设

设备能力：目前实验室具备新能源汽车关键零部件的公告和委托试验能力，以及电池系统的试验能力。设备涵盖电池单体和模块测试设备、电池系统测试设备、车载充电机和 DC/DC 变换器测试设备、CANoe 通信协议、电机测试设备等。

标准能力：经过 2015 年度的检测中心扩项评审和复评审，完成 GB/T 27930 - 2011《电动汽车非车载传导式充电机与电池管理系统之间的通信协议》、GB/T 31484 - 2015《电动汽车用动力蓄电池循环寿命要求及试验方法》、GB/T 31485 - 2015《电动汽车用动力蓄电池安全要求及试验方法》、GB/T 31486 - 2015《电动汽车用动力蓄电池电性能要求及试验方法》、GB/T 31467. 1 - 2015《电动汽车用锂离子动力蓄电池包和系统第 1 部分：高功率应用测试规程》、GB/T 31467. 2 - 2015《电动汽车用锂离子动力蓄电池包和系统第 2 部分：高能量应用测试规程》、GB/T 31467. 3 - 2015《电动汽车用锂离子动力蓄电池包和系统第 3 部分：安全性要求与测试方法》、IEC 62660 - 1 - 2010《电动道路车辆驱动用二次锂离子蓄电池 第 1 部分：性能试验》、IEC 62660 - 2 - 2010《电动道路车辆驱动用二次锂离子蓄电池第 2 部分：可靠性和滥用试验》等 9 个标准的扩项评审，与原有检测标准一道，构成新能源汽车关键零部件完整的标准能力。

四、国内外交流

与国内外部分动力电池企业、主机厂等就动力电池新国标及试验方法进行技术交流。

五、发展规划

根据业务开展的需要，启动单位内部的新能源汽车关键零部件试验能力建设项目。项目建成后，可以完善新能源汽车关键零部件尤其是作为电动汽车核心部件的电池系统的安全试验能力，建立完整的新能源汽车关键零部件试验平台，以及完整的安全可控的电池及电池系统安全试验平台。

国家汽车质量监督检验中心（襄阳）

一、发展概况

国家汽车质量监督检验中心（襄阳）暨襄阳达安汽车检测中心，成立于 1995 年 10 月，是经中国合格评定国家认可委员会认可，国家工业与信息化部、国家环境保护部、国家质量监督检验检疫总局，国家交通运输部、国家认证认可监督管理委员会等政府主管部门授权，具有独立法律地位的第三方综合性汽车检测及技术服务机构。2015 年获得高新技术企业重新认定。

襄阳中心占地 2. 6 平方千米，拥有一个综合性汽车试验场和 14 个专业试验室，匹配 372 人的专业技术队伍、1611 台套先进的仪器设备。能够承担乘用车、商用车、各种新能源汽车整车及关键部件、发动机、底盘、零部件、机动车仪表、灯光、电器、非金属制品等各种产品的检测和检查；汽车专用测试仪器的校准；汽车、摩托车及其零部件产品的 CCC 工厂检查。在汽车研究性试验及技术服务上有所专长。

经过 21 年的发展，中心已成为国内检测设施及功能最完善、测试技术最先进、测试环境最优越的国际化汽车测试基地。目前，中心具备 77 大类汽车及零部件产品共计 900 余项国家标准/海外标准的国家授权的检测能力，拥有 52 项国家专利，荣获“高新技术企业”认定。

2015 年国家汽车质量监督检验中心（襄阳）在新能源汽车检测领域取得重大发展，形成新能源汽车准入（除燃料电池外）的全部检测能力、形成新能源汽车减免税的全部检测项目的试验能力，新增新能源汽车整车安全要求、关键部件如电池及电机、电动汽车非车载传导式充电机与电池管理系统之间的通信协议等共计 21 项新标准的专项检测能力。

二、测试技术及规范研究与制定

国家汽车质量监督检验中心（襄阳）积极参加国标和行业标准制修订，是全国汽车标准化委员会电动车分技术委员会成员单位，是电动汽车整车工作组、插电式混合动力汽车标准项目组成员、是电驱动系统及关键零部件 EMC 标准研究专项工作成员、是电动汽车电磁兼容工作组成员；也是全国汽车标准化技术委员会客车分委会委员单位，是混合动力城市客车技术要求标准工作组和纯电动城市客车通用技术条件标准工作组成员单位、2015 年参与以下 5 项国家标准制修订工作并发布：GB/T18384. 1 - 2015 电动汽车 安全要求 第 1 部分：车载可充电储能系统（REESS）、GB/T18384. 2 - 2015 电动汽车 安全要求 第 2 部分：操作安全和故障防护、GB/T18384. 3 - 2015 电动汽车 安全要求 第 3 部分：人员触电防护、GB/T31466－2015 电动汽车高压系统电压等级 GB/T31498－2015 电动汽车碰撞后安全要求。

三、检测能力建设

国家汽车质量监督检验中心（襄阳）2014 年获得国家火炬计划立项项目—科技服务体系项目—新能源汽车关键部件试验检测服务应用，自立项以来，中心加大在新能源汽车检测领域的能力建设。到 2015 年底，达安中心资产总额 13.39 亿元，在用设备 2012 台套。2015 年形成整车 VOC 环境仓、加速滑车系统、NVH 试验准备异响试验、仿太阳辐射试验间、混合动力汽车传动装置及电机综合试验台、电动汽车传导充电用连接装置、电动汽车碰撞后安全要求、电动汽车非车载传导式充电机与电池管理系统之间的通信协议、电动汽车用动力蓄电池新标准等形成试验能力并投入使用。

2015 年襄阳试验场三期项目立项，预计 2018 年建成投入使用，包括七大试验设施：动态广场，噪声路，低附操稳路、直线、坡道、耐腐蚀设施等，新设施的建成对现用试验场功能是一个良好的补充。

四、国内外交流

2015 年，国家汽车质量监督检验中心（襄阳）积极与国内外汽车企业、认证机构、行业主管部门开展各种形式的技术交流，开展节能环保主题的国六、京六法规技术交流、主动安全的前方视野新标准交流、加速滑车的应用技术交流、各国汽车认证制度、电动汽车安全要求、新版电池试验方法、标准法规信息等多次技术交流。

五、发展规划

国家汽车质量监督检验中心（襄阳）以“建设卓越的、可信赖的国际化汽车检测、认证技术服务机构”为目标，在汽车检测技术服务、法规、认证、先行技术研究四个关键领域进行系统规划，在未来五年内，计划投入 18 亿提升质检中心的检测技术服务能力，主要包括以下重大项目：试验场三期、四期建设、环境风洞项目、国六、京六排放能力形成，完善的持续的新能源汽车法规项目跟进等等；在法规检测和认证服务领域，在国内外树立达安（NAST）品牌形象；作为独立企业法人，不断扩大业务领域，国有资产保值增值；注重科技创新，开展新能源、智能汽车、互联网＋等先行技术研究；关爱员工，改善环境，打造更具活力和凝聚力、竞争力的技术服务机构，不断提升实验室管理水平，提升研发试验、验证技术的能力。

国家汽车质量监督检验中心（柳州）

一、发展概况

国家汽车质量监督检验中心（柳州）（简称“中心”）是 2012 年经国家质检总局批准和广西壮族自治区发改委批复立项的国家级汽车质量监督检验中心，于 2013 年 6 月破土动工，计划于 2017 年完成挂牌验收。

二、检测能力建设

中心位于“广西柳州汽车城”，占地 374 亩，重点建设新能源汽车、电磁兼容及 NVH、发动机及动力总成、整车性能及排放、汽车碰撞、零部件等试验室，开展汽车特别是新能源汽车各类强制性项目的检测，并与各国家汽车检验中心、高校、大型企业联合开展产、学、研合作，参与开展汽车产品研发、检验技术、方法和标准的研究，承担国家工业与信息部开展汽车产品公告、3C 强制性认证、环保与排放检验、国家监督抽查检验、定期监督检验、进货验收检验、汽车产品质量鉴定检验、研发检验等职责，为解决我国汽车产业的共性技术和关键性技术提供检测技术服务。

三、国内外交流

中心近年来积极开展国内外交流合作。

国内，加入中国标准化协会汽车标准化分会、广西汽车行业协会，参加了国内组织的各个大型汽车行业论坛会议；在柳州市政府与中国汽车技术研究中心签订的战略合作框架协议后委托中国汽车研究中心规划设计研究院对中心的整体规划进行设计，并派技术人员分别到中国汽车技术研究中心及其下属的宁波卡达克中心、汉阳中心进行试验培训，同时还到上海汽车检测中心、重庆汽车检测中心实地调研与交流，学习了解各国家汽车中心在新能源汽车检测方面的发展现状；积极与上汽通用五菱、东风柳汽等企业进行交流，实时了解企业的新能源汽车发展动态及需求。

国外，与德国的 Mooser 公司（欧洲最大的及最早提供新能源汽车电磁兼容检测服务的第三方电磁兼容检测实验室）进行电磁兼容技术交流，了解新能源汽车在电磁兼容技术方面的国际发展现状和趋势，同时与该公司签订合作谅解备忘录。

四、发展规划

中心完成验收后，力争具备国家工信部车辆《公告》检测、国家认监委车辆及车辆零部件产品 3C 认证检测、国家汽车进出口强制检验等方面的资质，在新能源汽车方面的技术装备、综合检测能力、服务能力上均达到国内先进、区内领先水平，为汽车企业的汽车特别是新能源汽车及其零部件新产品研发提供试验、检测以及人才培养等方面的服务，为促进汽车产业的发展、结构调整与升级提供技术支持和服务。

北京机械工业自动化研究所

一、发展概况

汽车产业是国民经济的重要支柱产业，在国民经济和社会发展中发挥着重要作用。随着我国经济持续快速发展和城镇化进程加速推进，今后较长一段时期汽车需求量仍将保持增长势头，由此带来的能源紧张和环境污染问题将更加突出。加快培育和发展节能汽车与新能源汽车，既是有效缓解能源和环境压力，推动汽车产业可持续发展的紧迫任务，也是加快汽车产业转型升级、培育新的经济增长点和国际竞争优势的战略举措。为落实国务院关于发展战略性新兴产业和加强节能减排工作的决策部署，北京机械工业自动化研究所凭借自身的人员优势、严谨的工作态度、求是的工作作风、扎实的技术基础，参与到节能与新能源汽车动力电池自动化生产线领域的研究中。

北京机械工业自动化研究所结合市场需求，以制造业自动化为导向，潜心研究汽车动力锂电池的生产装配工艺，配合企业的信息化管理水平，最终设计国内第一条动力锂电池自动化生产线方案。该方案采用机器人、计算机及可编程控制、条码识别、精密机械及气动等多项自动化技术，使整条生产线结构合理，自动化程度高，检测精度、装配精度高，工作稳定可靠，生产节拍快，并且具有较强的数据处理、存储和通讯能力，适应企业信息化管理的要求。实现汽车动力锂电池从单体上料、装配工艺、模块成组、在线检测、MES 管理的全过程自动化功能。

为促进科研成果的产业化转换，北京机械工业自动化研究所在新能源汽车动力电池生产厂家进行项目实施。该项目为新能源汽车动力电池生产厂家解决上料、检测、焊接、冲切、叠垛、折耳等关键工序的装配，实现标准化装配、一致性管理的自动化功能。为动力电池厂家的批量化生产、标准化装配、一致性管理，提供可靠的硬件基础和技术保证。

汽车动力锂电池自动化装配生产线的顺利运行，很好地解决动力电池生产过程中的装配精度、工艺准确性、生产节拍等问题；实现新能源汽车动力电池的自动化、标准化、智能化装配；加速新能源汽车智能制造前进的步伐。

二、科研项目及成果

新能源汽车的关键技术包括电池、电机和电控三部分，其中电池是最为核心的部件。随着新能源汽车市场需求的增加，动力电池提高效率、保证质量的问题提到发展日程。实现动力电池的自动化、智能化装配已经成为必然的趋势。

截至 2015 年底，北京机械工业自动化研究所的汽车动力锂电池自动化生产线项目，已与国内 5 家动力电池生产厂家和新能源汽车生产厂商开展了项目合作。

汽车动力锂电池自动化生产线在电池生产厂家的良好运行，带动企业的技术进步，提高企业的核心竞争力。降低人工成本，提高设备自动化、无人化是必要前提，数字智能化水平是企业将安全风险和损失降到最低的核心竞争趋势。

紧随着国家在新能源汽车行业的战略规划，北京机械工业自动化研究所在动力锂电池自动化装配领域的工作也在步步深入，在以上项目的实施过程中，方案不断得以完善，技术不断得以提高，人员不断得以学习。取得 6 项实用新型专利。

三、科研设施及科研能力建设

北京机械工业自动化研究所创建于 1954 年，是原机械工业部直属的综合性科研机构，1999 年转制为中央直属大型科技企业。

北京机械工业自动化研究所致力于制造业领域自动化、信息化、集成化技术的创新、研究、开发和应用。为客户提供由开发、设计、制造、安装到服务的整体解决方案。

北京机械工业自动化研究所拥有制造业自动化国家工程研究中心、国家级液压元件质量检测中心、电气及控制设备可靠性实验室、制造业自动化技术和配套支撑技术实验室、PROFIBUS 现场总线实验室。

北京机械工业自动化研究所现有员工 800 余人，其中工程技术人员 600 余人。近年来获得授权国内专利 28 项，其中发明专利 6 项；软件著作权 18 项；近年来承接国家部委北京市等科技项目 70 余项；获得省部级以上科技成果奖励 66 项，其中国家级奖励 13 项；拥有高新技术企业、建筑智能化工程设计与施工一级、电子通信广电工程设计乙级、建筑智能化系统设计工程设计甲级、安全生产许可、机电设备安装、电子工程专业承包叁级、守信企业、纳税信用 A 级等资质。

北京机械工业自动化研究所为国家重大工程和企业的技术进步作出卓越的贡献，完成千余项国家攻关项目及企业定制的装备工程。包括承担我国第一颗人造地球卫星的地面模拟震动试验；承接备受瞩目的三峡工程；开发我国的第一条机器人喷漆生产线；研发我国第一台高能电子直线加速器；完成目前世界上最大的玻纤行业的物流生产线等项目。

四、主要研究方向

北京机械工业自动化研究所主要针对我国新能源汽车动力电池系统厂商当前存在的自主研发能力不强、研发设计及工艺水平较低、生产自动化装备不完善、质量控制能力差、电池一致性和稳定性较弱等问题，通过推动工业机器人、增材制造装备、智能传感与控制装备、智能检测与装配装备及智能物流与仓储装备等安全可控核心智能制造装备创新应用，开展面向多规格的新能源汽车动力电池系统的自动化生产线研制。

主要研究内容包括：新能源汽车动力锂电池的装配工艺、动力电池系统车间自动化装配与检测平台、产品数字化三维设计与仿真平台、可视化高效率测试与实验平台、智能化物流与仓储平台等。

以上研究内容不仅能满足产品全生命周期各环节智能化的要求，还能提高企业的生产效率，减低运营成本，提高资源利用率，促进我国新能源汽车动力电池系统核心技术工程化及产业化能力提升。

五、国内外交流

2016 年 4 月，北京机械工业自动化研究所参加中国汽车动力电池产业创新联盟。中国汽车动力电池产业联盟本着“协同创新、开放合作、资源互补、成果共享”的原则，围绕产业链构建创新链，围绕创新链配置资源，聚焦国家战略，加快实现动力电池技术革命性突破，支撑我国动力电池实现产业升级和可持续发展，支持我国新能源汽车取得竞争优势。

2015 年 10 月，北京机械工业自动化研究所参与编制中国动力电池发展路线图。分析当前动力电池的发展目标：动力电池是发展新能源汽车的关键，加快动力电池发展，推动动力电池技术实现革命性突破，解决制约新能源汽车产业的关键问题，既是保障动力电池产业可持续发展的紧迫任务，也是加快我国新能源汽车产业发展、取得国际竞争优势的战略举措。围绕动力电池发展目标，详细介绍了动力电池的技术路线、核心资源保障能力、战略创新和产业政策等问题。

六、发展规划

（1）开展新能源汽车动力电池系统自动化、智能化、数字化生产，实现车间网络架构与信息系统互联互通，提高产品的标准化装配、一致性管理，满足社会对新能源汽车动力电池系统的需求。

（2）构建新能源汽车动力电池系统产品研发设计与实现平台，建立产品全生命周期管理系统，实现产品数字化三维设计与仿真。

（3）搭建集成化的动力电池系统自动化装配与检测平台，通过车间制造执行系统，实现生产过程现场数据的采集与可视化，以及产品数据的可追溯性；搭建生产线总控制系统，实现对智能机器人的控制与管理，柔性生产，满足新能源汽车对动力电池系统的多元化要求；对设备生产异常、急停等故障提供自诊断与报警功能。

（4）搭建智能化高效率的动力电池系统产品测试实验平台，降低产品不良品率，缩短研制周期，减低运营成本。

（5）打造智能化的物流与仓储平台，实现对货物仓库管理各个环节数据输入的速度和准确性，确保及时准确地掌握库存信息，降低企业的运营成本及产品的供货周期。

中国汽车技术研究中心汽车标准化研究所

一、发展概况

2015 年，汽车标准化研究所按照《中汽中心“十二五”科技发展规划》和国家标准委《标准化事业发展“十二五”规划》的目标和要求，认真落实各项科研工作，坚持“以科技为先导、行业服务为主体、产业化为支撑”的发展方针，紧密结合产业发展、行业需求以及标准所的业务特点，进一步加强科研投入力度，拓展了科研领域、完善了科研管理、整合了科研资源、提升了科研水平、培养了科技骨干，取得了较丰硕的科研成果，进而增强了标准所在技术标准研究、标准化服务和标准管理方面的能力，科研相关能力的提高也成为了标准所完成政府技术支撑工作和行业标准化归口管理工作的实力保障。

二、主要研究领域

汽车节能和新能源标准法规是推动汽车低碳化、实现我国汽车行业节能减排目标的重要抓手，一直受到社会各方高度关注。中国汽车技术研究中心标准所既是全国汽车标准化技术委员会汽车节能分技术委员会秘书处、电动车辆分技术委员会秘书处承担单位，也是从事汽车节能标准和新能源汽车标准研究和制定的科研单位。

标准所以国家和汽车产业整体利益为导向，以推动汽车产业节能降耗为目标，服务国家汽车节能管理，开展汽车节能政策研究及标准制、修订，促进中国汽车节能技术进步和汽车燃料经济性水平的科学、持续提高。自 2001 年以来，在有关政府主管部门的指导下开展汽车燃料消耗量标准及政策研究，组织制定了一系列有关汽车节能的重要标准，建立起相对完善的轻型汽车和重型汽车节能标准体系。

在新能源汽车领域，汽车标准化研究所主要研究内容是电动汽车整车、动力蓄电池和驱动电机等关键零部件、传导充电接口、无线充电等相关方面的标准化。凭借挂靠的全国汽车标准化技术委员会秘书处，汽车标准化研究所牵头制定多项国家标准和行业标准，截止到2015年底，制定并发布电动汽车标准70余项，在研电动汽车标准30余项，初步建立了我国新能源汽车标准体系，为政府主管部门实施企业和产品准入政策提供依据，为新能源汽车企业技术提升和产品研发提供有力支持。

三、科研项目及成果

1. 节能领域

2015年，标准所按照政府主管部门要求，全面推进乘用车循环外技术、轻型商用车辆燃料消耗量限值等重要标准项目研究，完善我国汽车节能标准体系，促进我国汽车行业健康、有序和快速发展。标准所围绕汽车节能开展科研和标准制修订工作，主要科研项目和成果包括：

（1）承担国家质检公益性课题《汽车节能与轻量化用新型铝合金材料标准研究》、中心课题《轻型汽车燃料消耗量及污染物排放试验方法研究》、《中国汽车中长期节能目标研究（2020－2030年）》研究。

（2）开展汽车节能标准体系研究和汽车节能标准制修订工作。其中，制定完成强制性国家标准GB 20997－2015《轻型商用车辆燃料消耗量限值》、GB 22757.1《轻型汽车能源消耗量标识第1部分：汽油和柴油汽车》、GB22757.2《轻型汽车能源消耗量标识第2部分：可外接充电式混合动力电动汽车和纯电动汽车》；全面推进《重型商用车辆燃料消耗量限值》（第三阶段）以及节能驾驶指示装置、怠速起停系统、高效空调、制动能量回收4项乘用车循环外技术标准研究。

2. 新能源领域

标准所承担了多项省部级科研课题，并在中心内部联合多个科研院所开展多项新能源标准化方面的研究项目，包括：

（1）科技支撑计划《电动汽车及基础设施标准规范和测试技术研究》正在研究中。

（2）科技支撑计划《纯电驱动动力平台电磁兼容分析与测试评价技术》通过验收，形成多项技术报告，形成2项国家标准《电动车辆的电磁兼容性要求和试验方法》、《电动汽车用驱动电机系统的电磁兼容性要求和试验方法》，形成UNECE法规提案1项。

（3）质检公益性项目《电动汽车安全关键技术标准研究》正在验收阶段。

（4）质检公益性项目《电动汽车及电力驱动系统接口等4项国际标准研究》正在验收阶段。

（5）中心重点课题《混合动力城市客车能耗标准研究》通过验收。

（6）中心重点课题《电动汽车电磁兼容性标准的研究与验证》通过验收。

（7）中心培育类课题《电动汽车标准技术路线图研究》通过验收。

（8）中心培育类课题《电动汽车安全标准中低电能要求的研究》通过验收。

2015年，标准所承担了多项省部级和中心级课题，并按照任务要求顺利推进各项研究。

序号	项目编号	项目名称	项目来源	项目类型
1	2015BAG07B00	电动汽车及基础设施标准规范和测试技术研究	科技部	科技支撑计划
2	2013BAG01B01	纯电驱动动力平台电磁兼容分析与测试评价技术	科技部	863计划
3	201310241	电动汽车安全关键技术标准研究	质检总局	质检公益性项目
4	201410218	电动汽车及电力驱动系统接口等4项国际标准研究	质检总局	公益项目与
5	201410244	汽车节能与轻量化用新型铝合金材料标准研究	质检总局	质检公益性项目
6	安（科）－2015－07	汽车行业安全生产标准体系建设	工业和信息化部	部委托项目
7	13150109	中重型货车对车外人员及车辆的防护技术研究	中心	重点
8	13140115	混合动力城市客车能耗标准研究	中心	重点
9	13141222	电动汽车标准技术路线图研究	中心	培育类
10	13141251	中国安静行驶车辆低速提示音 声音特性及试验方法研究	中心课题	培育类
11	14150105	轻型汽车燃料消耗量及污染物排放试验方法研究	中心	重点
12	14150106	自动变速器性能评价方法研究	中心	重点
13	14151206	电动汽车安全标准中低电能要求的研究	中心	培育类

续表

序号	项目编号	项目名称	项目来源	项目类型
14	14151207	汽车行人保护强制性标准前期研究	中心	重点
15	14161208	燃气汽车泄漏报警装置技术要求及标准研究	中心	培育类
16	14151254	汽车空调系统泄漏研究	中心	培育类
17	15160111	中国汽车中长期节能目标研究（2020－2030年）	中心	重点
18	15161205	汽车电子可靠性评价标准体系研究	中心	培育类
19	15161255	中国旅居车标准体系建设方案研究	中心	培育类
20	13140111	商用车下长坡试验的室内台架模拟试验方法研究	中心	重点课题
21	11120127	电动汽车电磁兼容性标准的研究与验证	中心	重点
22	12130121	电动汽车能耗评价方法研究	中心	重点
23	13140117	电动汽车安全评价与事故分析鉴定技术的研究	中心	重点
24	13141321	先进驾驶辅助系统（ADAS）技术与标准研究	中心	培育类
25	13131223	车用儿童座椅使用方便性评价方案研究	中心	培育类
26	13141252	车载电子在车联网领域的应用	中心	培育类
27	14141253	汽车行业强制性标准实施效果分析	中心	培育类

2015年，标准所公开发表论文11篇，主持和参与的国家标准、行业标准27项，组织召开大型行业技术研讨会10余次。

四、科研设施及科研能力建设

2015年标准所无重大科研设施投入。

在科研人才培养方面，建立了资源专家、首席专家、学科后备带头人、青年科技骨干合理分布的人才梯队。标准所累计直接参与科研课题的正式员工数量达到30人，占正式员工总数的93.75%。而劳务派遣人员中，作为课题临时聘用人员，参与课题比例达到71.43%。标准所拥有了6名教授级高级工程师，14名高级工程师，10名工程师。标准所员工中博士6名，硕士11名，占标准所总人数的43.59%。标准所通过科研人才的培养，使所里快速成长出一批富有创新精神和开拓精神的优秀员工，形成了有特色的优秀创新人才群体和创新团队，强化了标准所科研能力和科研贡献。

五、国际合作

2015年，标准所与国际、国外机构、企业签订了19项标准共同研究和信息咨询的合作协议。

序号	项目名称	合作单位
1	汽车技术法规领域的合作	丰田汽车研发中心（中国）有限公司
2	车用动力电池回收再利用项目共同研究	丰田汽车研发中心（中国）有限公司
3	汽车禁限用物质项目共同研究合同	丰田汽车研发中心（中国）有限公司
4	电动汽车能耗折算共同研究合同	丰田汽车研发中心（中国）有限公司
5	电机单体振动共同研究合同	丰田汽车研发中心（中国）有限公司
6	循环外技术项目共同研究合同	丰田汽车研发中心（中国）有限公司
7	电动汽车电磁兼容共同研究合同	丰田汽车研发中心（中国）有限公司
8	中德新能源汽车标准技术路线图	德国汽车工业协会
9	汽车技术法规共同合作	宝马（中国）汽车贸易有限公司
10	汽车技术法规领域的合作	捷豹路虎汽车贸易（上海）有限公司
11	汽车技术法规领域的合作	英飞凌集成电器北京有限公司
12	重型商用车燃料消耗量三阶段目标和评价体系研究	美国能源基金会
13	循环外技术标准预研	美国能源基金会
14	汽车技术法规领域的合作	富士重工业技术（北京）有限公司
15	汽车技术法规领域的合作	标致雪铁龙（上海）管理有限公司

续表

序号	项目名称	合作单位
16	汽车技术法规领域的合作	宝马（中国）汽车贸易有限公司
17	汽车技术法规领域的合作	大众中国投资有限公司
18	汽车技术法规领域的合作	梅赛德斯－奔驰（中国）汽车销售有限公司
19	标准咨询服务合作	中嘉汽车制造（上海）有限公司

在乘用车循环外技术、电动汽车安全、汽车48V系统、电动汽车技术路线图、C－NCAP、燃料电池电动汽车、驱动电机性能要求、功能安全、电动汽车电磁兼容、能耗折算方法、汽车禁用物质、回收利用、电动骑摩托车、汽车现金驾驶辅助技术、噪声、智能网联、旅居车辆等领域同国外机构和企业开展了大量的合作和交流。

中国汽车技术研究中心汽车技术情报研究所新能源汽车与财税政策研究室

一、主要研究领域

中国汽车技术研究中心汽车技术情报研究所新能源汽车与财税政策研究室：专业从事新能源汽车、财税相关政策规划研究和咨询服务，研究领域主要包括：新能源汽车行业发展规划、城市发展规划、企业发展规划、城市推广政策、行业技术政策、财政补贴政策、税收优惠政策、回收利用政策和充电基础设施、低速电动汽车、行业发展、市场、投资等咨询。

信息咨询一室：主要研究领域为节能与新能源汽车行业与技术调查研究、节能与新能源汽车技术发展潜力研究、节能技术与产品的优化匹配研究、新能源汽车用户需求研究等软课题咨询研究。

二、科研项目及成果

新能源汽车与财税政策研究室：

（1）新能源汽车积分研究。协助发改委、财政部等政府部门开展了“新能源汽车积分管理制度”等相关政策研究工作，完成了相关草案。

（2）新能源汽车蓝皮书出版。2015年3月召开《新能源汽车蓝皮书》编写启动会，出版了《新能源汽车蓝皮书——中国新能源汽车产业发展报告（2015）》；2015年7月召开《新能源汽车蓝皮书》新书发布暨产业发展研讨会。

（3）2015年，与试验所共同开展《电动乘用车和动力电池安全风险评估及其在汽车保险行业的应用》课题研究，一是进行电动乘用车及动力电池安全风险评估体系的构建，并根据课题要求开展实证测评工作；二是对电动乘用车生产企业、经销商、保险行业协会以及保监会进行广泛调研，深入了解电动乘用车保险面临的主要问题，以及各方需求，增加了政策建议的可行性和可操作性；三是推动保监会成立新能源汽车保险工作组，增加了课题研究提出的政策建议出台的可能性；四是对山东低速电动车保险现状及政策思路研究较为深入，为低速电动车保险问题政策建议提供了参考。

信息咨询一室：

在节能汽车方面，与行业内的多家企业一起完成了节能技术路线及发展潜力的研究，其中，乘用车方面，开展了《乘用车发动机节能技术发展状况与建议》、《乘用车高效变速器技术发展状况与建议》等；从商用车方面，开展了《应对严格油耗法规的商用车节能技术升级研究》等项目。

在新能源汽车方面，基于对国内企业和技术的调研分析，分别完成了《国内外新能源汽车企业发展现状与新型模式》、某新能源汽车企业《十三五规划外部环境与企业竞争力研究》等项目；基于对现有新能源汽车消费者的调研，完成了《基于用户评价的新能源汽车品质改善研究》；基于对现有和潜在新能源汽车消费者的调研，完成了《新能源汽车潜在消费者的识别与需求研究》等项目。

三、科研设施及科研能力建设

新能源汽车与财税政策研究室：

（1）从2015年1月开始，中国汽车技术研究中心新能源汽车与财税政策研究室受国家发改委和财政部的委托，开展了“乘用车生产企业新能源汽车积分管理实施方案研究”的课题研究工作，在深入学习加州零排放汽车计划的基础上与我国行业管理现状结合，形成了可实施的初步思路。

（2）新能源汽车蓝皮书研究能力持续提高。

信息咨询一室：

在节能汽车方面，结合乘用车和商用车工况法油耗数据，建立了基于产销量数据的行业平均燃料消耗量模型，评估分车型、分质量区间的平均油耗水平，为企业的技术选型提供参考；根据对各个企业的试验数据的分析，辅以行业专家的经验值调研，系统评估各项节能技术的节能效果和成本情况，对各项节能技术进行性价比评价，并结合技术的适应性情况与产品进行最优化匹配，为企业技术发展路径的制定提供参考依据。

在新能源汽车方面，结合项目团队已有和公开的数据渠道，自行构建了基于限购城市的新能源汽车产业发展潜力模型，评估限购城市的新能源汽车发展潜力，为企业的市场投放提供决策参考；项目团队能够熟练使用定量问卷、定性座谈会、一对一深访、实车测试等研究手段，对新能源汽车各细分市场的用户进行深入研究，同时使用熵权法、方差分析、因子分析、结构方程、重要度－满意度模型等研究方法，深入挖掘消费者对产品和技术的满意度和需求；在研究过程中，逐渐形成将政策标准驱动、产业发展研究和用户需求研究结合的供需联动研究的方向。

四、国际合作

新能源汽车与财税政策研究室：

中国汽车技术研究中心与加州大学戴维斯分校联合成立的中美新能源汽车政策实验室继续展开深入合作，在加州零排放汽车计划、消费者调研方面加强合作。2015 年 6 月，中美实验室在北京召开了加州零排放汽车计划国际研讨会，会上美国加州空气资源委员会副主席和相关人员介绍了美国加州零排放汽车计划的情况，国内相关政府部门参会交流。2015 年 8 月，组织赴加州深入调研零排放汽车计划及电动汽车发展情况。

中国航天科技集团公司第九研究院十六研究所

一、发展概况

航天 16 所位于陕西西安，始建于 1966 年，隶属于中国航天科技集团第九研究院。在职职工 1631 人，硕士以上学位人才 200 余人，博士以上人才 10 余人，享受政府津贴专家 40 余人，省部级专家 20 余人，研究员 40 余人，高级工程师 200 余人，先后有 15 人获得全国五一劳动奖章、航天奖、航天基金奖、载人航天特别共享奖；5 人享受国务院政府特殊津贴，4 个集团公司级学术技术带头人，3 位国防科工委、集团公司突出贡献专家、1 位集团公司“2518 工程”学术技术带头人，两位国防科工委“511 工程”学术技术带头人，19 位集团公司航天技术能手、中青年技能接班人，航天 16 所拥有自主培养高端科技人才的能力并具有硕士学位授予权。

航天 16 所是国内最早从事液浮惯性器件研究、生产的专业单位，在航天系统内主要承担战略、战术导弹及卫星航天器用惯性器件的研究、设计、试验、试制和批生产的科研生产实体，擅长惯性仪表、自动控制、精密机械、电子线路、计算机应用、微特电子、电磁元件及各种精密磨具的设计与制造，自主研发、制造的多种惯性测量设备居国内领先水平，产品成功应用于神舟飞船、高新工程等重点项目。

“十二五”期间，航天 16 所航天应用产业涉及汽车零配件制造业、电子通讯行业、机械制造行业、新能源汽车行业及粉末冶金行业。项目集中在自动化上下料、智能检测、自动化装配及包装、自动化仓储等方向，拥有非标设备设计制造 30 余年经验。同时，在航天、兵器等领域处于领先地位。依托自身技术成果，结合市场发展趋势，形成四大产业方向；纯电动汽车智能充换电系统、智能仓储物流系统、自动化生产线及非标设备和自主工业机器人。

二、科研项目及成果

航天 16 所较早涉及电动汽车充换电领域，依托航天 16 所自动化设备研制生产的丰富经验和精密加工能力，自主研发型谱化的智能换电设备（后备箱式、两侧式、底盘式）、交/直流充电桩、整站监控系统和运营管理平台等核心产品，可为客户提供电动汽车智能充换电领域的一体式服务；咨询、整体方案设计、整站建设、售后和运营管理服务。

后备箱式乘用车换电系统 2013 年在海南省海口龙华换电站投入运营，系统采用机器视觉定位技术、基于龙门式双五轴机械手的运动控制技术、专业的换电机构等多项技术实现无人操作，全自动智能快速电池更换，换电时间不大于 4 分钟，换电成功率 98%，累计换电 45 万余次。

两侧式商用车换电系统已经于 2015 年在南京牛首山电动汽车充换电站交付客户使用，该系统创新性采用移动暂存架方案，充分利用车辆换电时间间隙，提高换电效率，采用机器视觉进行电池逐次定位，提高换电系统的适应性，降低对车体电池装配精度的要求。

底盘式乘用车换电系统已经与郑州新能源运营公司签订采购合同，目前进入交付阶段，该系统由换电机器人、电池堆垛机和电池架组成。采用直线导轨定位、状态机的换电流程控制、换电机器人的故障自诊断等技术，成功实现乘用车的底盘式换电。

三、科研设施及科研能力建设

航天16所下辖集研发、设计、制造于一体的6个事业部，事业部下属8个研究室、7个生产车间和2个物资配套保障部门，拥有7个专业实验室和13种类别的制造工艺。累计获得省部级以上科技成果奖141项，其中：国家科技进步特等奖1项；国防科学技术进步奖特等奖1项；国家科技进步一等奖1项；科学技术部、工业和信息化部一等奖7项。累计申请专利71项，授权专利38项。

目前承担着国家多个重点项目的研究与试制任务，是航天系统主要承担惯性器件的研究、设计、试验、试制和批生产的科研生产单位。近几年依托单位多年在惯导领域的技术积累和成熟的研制团队优势，将工业自动化确立为所厂主业方向之一，大力发展军民融合的自动化产业，其中多项智能充换电领域产品均属国内首创。

四、主要研究方向

航天16所主要研究方向为惯性导航器件的研究、设计、试验、试制和批量生产、纯电动汽车智能充换电系统、智能仓储物流系统、自动化生产线及非标设备和自主工业机器人。

五、国内外交流

2016年5月，参展西安丝绸之路国际博览会暨第20届中国东西部合作与投资贸易洽谈会

2016年6月，参展第十四届中国·海峡项目成果交易会

与国家电网、中国南方电网、中集集团、中国兵器工业集团公司、中兴公司等公司建立战略合作伙伴关系。

与上汽集团、五菱汽车、海马汽车、吉利汽车、力帆汽车、东风日产、比亚迪、陕汽重卡等车企建立战略合作伙伴关系。

六、发展规划

航天16所将继续加强在智能充换电领域的技术研究，进一步整合现有的技术成果，将更多的军用技术应用到自动化产品中，提高自身竞争力，为客户提供新能源汽车充换电领域由咨询、整体方案设计、整站建设到售后和运营管理的一体式服务，为中国的新能源汽车普及贡献自己的力量。

广州中国科学院工业技术研究院

一、发展概况

截至2015年底，广州工研院有各类人员159人，其中全职人员110人，合作人员9人，客座研究员15人，咨询专家17人，在学研究生8人；研发人员122人，其中高级职称17人。广州工研院成立由杨伯龄科学家为主任的专家咨询委员共17人，组建由黄学杰、姜曦、罗杰.J.肯普等15人客座研究员团队，对广州工研院的发展战略、发展规划、研发方向和研发领域提供决策支持。

承担各类纵向项目49项，包括国家级平台建设项目1项、省部级科研项目15项、省工程技术研究中心建设项目4项、市级科研项目7项、区级科研项目22项；参与纵向项目多项；累计获得科研经费1亿元。

知识产权方面，累计申请174项，其中发明专利92项、实用新型63项、外观设计5项、软件著作权14项；已授权专利87项，其中发明专利28项、实用新型43项、外观设计4项、软件著作权12项。

技术转移方面，广州工研院以搭建平台为契机，以包括中科院在内的国内研发机构和高等院校的技术力量为依托，充分发挥本地化的业务特长。在省市区各级政府领导和机关的关怀和帮助下，各项建设工作取得显著进展，于2009年10月成为第二批国家技术转移示范机构。国务院批准的《珠江三角洲地区改革发展规划纲要》把广州工研院建设作为规划重点纳入其中。目前已在先进制造技术装备、物流与自动化、结构功能协同仿真、公共安全评价与咨询等方面完成多项技术转移工作，累计合同额超过1.36亿元。

二、科研项目及成果

1. 锂电平台

“锂离子动力电池工艺装备技术基础服务平台”稳步推进。在相关部门的协调配合下，该平台在完成实验室基础环境建设的同时，各项研发工作也在有条不紊进行。

加快信息化建设步伐。结合锂电池生产线的工艺特点，建立基于.NET的智能化生产与制造执行过程管理基础开发平台。针对数据存储需求，建立实时历史数据库和关系型数据库相结合的数据存储平台，进行锂离子动力电池生产管理信息化系统的数据采集系统的总体方案设计，锂离子动力电池MES制造执行系统功能模块数据信息需求调研与初步设计。

设备采购与研制进展顺利。平台自行研制的设备有精密挤压式涂布机、激光切片机、方形叠片电池芯包制造系统，通过招投标采购的设备有分切机、热压机，搅拌机，目前这些设备已全部到位，并陆续开始试验。

成功申报2014年中科院科技服务网络计划（“STS计划”）项目“锂离子动力电池制造工艺装备技术服务平台”

并获得200万元经费支持。

申报的“锂离子动力电池自动划生产线关键技术创新基地”项目获批广东省科技厅重大科技专项资金支持，支持额度1000万元，2015年已拨付600万元。

2. 国家物联网标识管理公共服务平台

国家发改委于2013年5月正式批复“国家物联网标识管理公共服务平台（以下简称物联网平台）”。该平台由中国科学院计算机网络信息中心牵头，工业和信息化部电子科学技术情报研究所、工业和信息化部电信研究院、中国物品编码中心三家单位参与筹建。该平台基于域名系统建立物联网标识统一管理和公共服务，从开展标识解析服务入手，致力于推动我国自主研发的物联网基础资源标识体系、服务体系和技术标准的建设，打造物联网的“信息中心”。

三、科研设施及科研能力建设

（1）建成“锂离子动力电池工艺装备技术基础服务平台研发和示范中心”，自主研发精密挤压式涂布机、方形叠片电池芯包制造系统等电池生产过程中的核心设备，初步具备锂电池前道工序如合浆、涂布、辊压、分条、激光切等工序的实验能力，目前已吸引包括广州力柏、深圳比亚迪等多家电池企业来平台做工艺实验，并取得电池厂家的认同。

（2）按照“边推进、边协调”的原则，完成3.8亿投资规模的建筑设计方案报审、初步设计、二期工程的勘察工作和临电招标及图纸设计工作。同时协调完成场地平整的结算评审工作。

（3）“新材料制备加工技术联合研究中心新一期建设”项目建设。根据建设方案，新材料制备加工技术联合研究中心将在已有基础上，本着坚持原有研发领域与适当调整研发方向相结合，使中心研发的领域与方向更加符合地方产业布局和广州工研院的战略定位，围绕高分子合成与改性、精细化工材料的合成与应用开展新的一期建设，希望通过建设包含新材料与精细化工平台、涂布技术配套平台、技术评价与测试平台、技术转移服务平台在内的四个平台，开展相应的功能高分子材料合成技术、精细化工技术的研究及应用、服务相关企业，为地方政府的产业政策提供技术支持。目前，该项目各项工作进展顺利。

（4）“核电站热安全评估与优化辅助设计软件研发”。该项目是城市公共安全技术研究中心在完成中心一、二期建设的基础上，联合国际知名企业、高校合作开展的研发项目，项目负责人由国际知名专家担任。该项目主要面向国家核电大规模建设工程背景下热安全工程创新发展的需求，针对核电站内火灾安全问题，通过与中国科学技术大学（以下简称中科大）、中广核工程技术有限公司（以下简称中广核）等产、学机构的合作，加强热安全技术创新链与核电工程建设全产业链的结合，通过研发具有自主知识产权的核电热安全分析与评价软件，最终推动核电热安全高新技术成果转化，带动相关高新产业发展。

四、主要研究方向

广州工研院围绕先进制造应用集成技术、高新产业核心技术及社会公共事业关键技术等重点，着力开展创新平台的建设，支持广州和珠江三角洲中小企业的产业升级和转型。先后组建五个平台/研究中心。

（1）锂离子动力电池工艺装备技术基础服务平台：通过平台建设，形成开放式的电池设计、电池生产工艺装备设计、生产过程检测、生产过程控制、生产过程管理信息化、生产技术验证平台，最终具备整条动力电池生产线设计能力。

（2）工程结构分析与测试技术研究中心：工程结构测试、仿真、分析应用技术以及数控加工机电部件设计、开发、测试等应用研发。技术专长：结构可靠性分析、金属加工成型分析、流固耦合分析和热分析、以及噪声分析等。

（3）城市公共安全技术研究中心：城市公共安全评价技术、城市公共安全控制技术、城市公共安全应急特种装备技术。

（4）新材料制备加工技术联合研究中心：腐蚀与防护技术领域开展技术研发、技术应用、技术转移、分析检测、技术咨询与培训等应用研发与服务。

（5）物联网信息中心：基于域名系统建立物联网标识统一管理和公共服务。从开展标识解析服务入手，致力推动我国自主研发的物联网基础资源标识体系、服务体系和技术标准的建设，打造物联网的“信息中心”。

五、国内外交流

（1）2015年5月7—8日，广州工研院成功主办了第七届亚洲涂布技术研讨会一暨第一届中国涂布技术研讨会。

亚洲涂布技术研讨会是亚洲涂布技术领域最高层级的研讨会，旨在推动涂布技术发展与应用，前六届研讨会已分别在台湾新竹（ACW2009）、韩国首尔（ACW2010）、日本九州（ACW2011）、台湾台北（ACW2012）、韩国首尔（ACW2013）和日本神户（ACW2014）成功举办。

2015年，第七届亚洲涂布技术研讨会首次在中国内地举办，也是中国内地专家首次参与亚洲涂布技术研讨会。本届研讨会由广州中国科学院工业技术研究院国家锂离子动力电池工艺装备技术基础服务平台主任黄学杰教授担任主席，吸引了来自海峡两岸以及日本、韩国、澳大利亚、美国等地的知名专家教授、研究生以及企业代表70余人参加，其中包括国际涂布科技学会（ISCST）副理事长王安邦教授，理事刘大佼教授、Shuzo Fuchigami 教授、Hyun Wook

Jung 教授、Jaewook Nam 教授、Masato Yamamura 教授等。

此次研讨会除了为涂布技术、挤压涂布、浆料技术、烘干技术等最新进展情况提供一个重要学术交流平台，也是涂布技术领域亟待解决问题的一个深入讨论的平台。为促进我国锂离子动力电池制造技术的发展，本届研讨会还重点关注涂布技术在锂离子电池制造领域的研究与应用，吸引一批来自国内一流电池企业的技术骨干参会。

（2）2015 年 7 月 23 日，锂电平台邀请西门子工业软件（上海）有限公司业务总监陈曦、西门子（中国）有限公司数字化工厂部电池行业业务拓展经理张学锋参加“锂电平台西门子技术交流会”，张学锋博士作了主题为“电池制造行业的工业 4.0”的报告。陈曦总监的报告主题为“MES 制造与执行系统在电池行业的解决方案——西门子动力电池透明工厂解决方案（MOM 及案例介绍）”，以 DOW－KOKAM 和 AFCC 为例介绍西门子在 MOM 方面取得的成就。平台工作人员也展示平台近一年来在锂离子动力电池生产控制系统（MES）方面所做的工作及取得的成绩。

六、发展规划

2016 年，配合南沙新区“三高地一中心”建设，以打造南沙新区战略性新兴产业和现代服务业为目的，抓住目前良好契机，做好平台建设，加强技术转移转化，大力推动科技产业发展。

（1）做好国家平台建设主要相关工作。

（2）推进重大核心技术工程化、产业化。

（3）推动重大核心技术建立国家、省级工程中心或工程实验室。

（4）继续推进协同创新机制的研究和实践，发起或参与推动产业技术联盟设立。

（5）稳步推进基金方面工作，促进知识链、产业链和资本链三链融合。

（6）做好项目孵化工作，利用好基金、孵化器的有利条件，借助对平台发展有利的大环境，把平台发展推上一个新的台阶。

清华大学汽车安全与节能国家重点实验室

一、发展概况

2015 年，实验室固定人员 83 人，其中：正高 32 人、副高 42 人、中级 7 人、初级 2 人。包括院士 1 人，长江学者特聘教授 4 人，千人计划 2 人，国家杰出青年基金 2 人，国家优秀青年基金 1 人，中青年科技创新领军人才 1 人，教育部新世纪优秀人才 5 人。

2015 年，实验室加大高端人才引进力度，钟志华院士成为我室汽车安全与设计方向带头人。继续对青年教师的支持和培养，季学武获中国汽车工业优秀青年科技人才奖。

2015 年，以第二完成单位获得国家科学技术进步二等奖 1 项“车辆联网感知与智能驾驶服务关键技术及应用”；以第一完成单位完成“电动汽车制动能量回收关键技术及多车型应用”项目，获省部级一等奖 2 项；王建强获第 22 届世界智能交通 ITS 大会最佳论文奖（是 22 年来华人首次获得该奖项）；王志获国家自然科学基金重大研发计划重点项目资助，是先进内燃动力团队的第 2 项重点基金；欧阳明高、李克强、李建秋获中国汽车产业创新发展联合基金重点项目资助；“十三五”国家重点研发计划优先启动 6 个试点专项，欧阳明高牵头编制其中“新能源汽车”试点专项的实施方案和项目指南。

在苏州汽车研究院成立的苏州汽车研究中心在科技创新、产业服务和成果转化等方面取得显著成绩。完成 58 项科技成果的产业转化，其中已实现批量生产 20 项，已开始市场导入 25 项。2015 年与企业开展合同科研及技术服务 71 项，服务企业 62 家，合同金额 5200 万元。目前直接管理的创投基金总额超过 6 亿元，并通过产业化平台公司孵化 56 家高技术企，2015 年营收总额 16.5 亿元，企业的总市值 53 亿元。返校经费促进了跨学科交叉与协同创新，10 余个院系 48 位教师围绕 41 个项目开展联合研究；建立博士生暑期实践基地和博士后工作站，承接十余位研究生的论文研究，利用研究院的创新创业环境，形成复合型人才培养的特色基地。

二、科研项目及成果

2015 年，到款科研总经费 9687 万元，其中包括 2 个 2011 协同创新中心经费 800 万元。另有苏州汽车研究院财政拨款 1.2 亿元。国家级项目经费 4400 万元，占总经费 45.4%；国际合作项目经费 1152 万元，占总经费 11.9%；国防军工项目经费 855 万元，占总经费 8.8%。获国家自然科学基金项目 15 项，其中重点项目 4 项。

2015 年，发表 SCI 论文 179 篇，EI 论文 238 篇。授权发明专利 55 项。历年来，实验室发表 SCI 论文 789 篇，被引频次总计 8009 次，平均每篇被引 10.15 次。

2015 年，获国家奖 1 项，省部级一等奖 2 项、三等奖 2 项。2013—2015 年，获国家奖 4 项，省部级一等奖 4 项、二等奖 3 项、三等奖 3 项。

获奖项目“电动汽车制动能量回收关键技术及多车型

应用”，突破制动能量回收系统能效、安全、实验等多项瓶颈技术，发明能量回馈式制动系统方案，提出耦合制动防抱死及失效保护方法，发明回馈制动负载高精度模拟实验装备。项目成果在宇通、中通、福田、北汽、奇瑞等多家企业混合动力、插电式、纯电动等累计5.6万余辆电动汽车上实现规模化应用。

三、科研设施及科研能力建设

2015年，实验室购置仪器设备440台，总经费1233万元，其中30万元以上设备共6台，总计292万元，包括扭振测试分析系统 、振动噪声分析系统 、电磁动态力学试验系统 、电化学工作站 、四轮驱动系统控制平台 、等温电池量热仪。其中大部分仪器设备都能够共享开放。

四、主要研究方向

实验室的主要研究方向为：汽车主动安全性、汽车被动安全性、先进发动机与排放控制、电动汽车与新型动力、汽车电子控制。

汽车主动安全性包括汽车动力学与控制、汽车振动与噪声控制、驾驶行为识别与安全辅助系统、交通安全与事故再现。

汽车被动安全性包括汽车碰撞力学、汽车安全性设计、乘员保护及人体损伤机理、汽车新型材料与轻量化。

先进发动机与排放控制包括发动机燃料与燃烧、发动机排放控制、发动机热流体学、动力总成与性能优化。

电动汽车与新型动力包括车用动力电池系统、纯电驱动系统、混合动力系统、燃料电池动力系统。

汽车电子控制包括发动机电子控制、底盘电子控制、智能汽车、智能交通。

五、国内外交流

2015年，继续打造学术沙龙、青年教师沙龙交流平台，其中学术沙龙举办166次，本年度20次，2400人次参与，主讲嘉宾中有清华大学副校长1人、院士4人、杰青5人、国外专家学者4人，形成品牌效应；《汽车安全与节能学报》成为中文核心期刊，本年度出版4期，刊发学术文章53篇，业内影响力不断扩大。

2015年，国内外学者前来访问交流835人次，其中，国际知名学者来访交流89人次。教职工因公派出2人次、短期交流82人次。主办或承办“2015阻抗谱方法表征电化学能量装置特性研讨会”“美国机械工程师协会—内燃机分会—2015春季会议” “中美清洁汽车联盟2015技术年会”等国际研讨会和学术会议，进一步提升学术交流水平，扩大国内外业界影响力。

六、发展规划

（1）争创优秀级的车辆领域国家重点实验室，联合国内优势学术团队，引领国家汽车技术发展。

（2）进一步加强跨学科研究和实验室共建，发挥苏州汽车研究院的支撑作用。

（3）进一步加强重点实验室自主课题管理，向年轻人和基础性、创新性前沿课题倾斜，以培养人才为目标。

同济大学

——国家燃料电池汽车及动力系统工程技术研究中心

一、发展概况

国家燃料电池汽车及动力系统工程技术研究中心（以下简称“中心”）致力于建立燃料电池汽车及动力系统技术研发体系，掌握并创新核心技术—燃料电池汽车及动力系统集成与匹配、动力系统控制、试验、高压氢气供应，构筑燃料电池汽车领域创新人才高地，服务和支撑新能源汽车行业创新发展。

中心现有中央“千人计划”专家2人，“973”首席科学家1人，“青年千人计划”专家1人，正高职称21人，副高职称18人，博导17名，具有博士学位者41人；在读博士生57人，硕士生277人。

中心一直与多家单位共建联合机构保持良好合作，目前已建成的产学研合作研究机构有：同济大学—常州新能源汽车联合研究中心、同济—上海汇众萨克斯减振器有限公司悬架联合实验室、新能源汽车空气和热管理技术联合实验室、上汽—同济工程中心、大众—同济汽车研究院、吉利—同济汽车工程研究院、长安—同济汽车工程研究中心、标致雪铁龙—同济合作中心、AVL—同济汽车排放测试实验室、EDS—同济汽车虚拟开发中心、飞思卡尔—同济汽车电子实验室、LMS—同济汽车NVH技术联合实验室、SIEMENS—同济汽车动力传动技术实验室、蒂森克虏伯-同济汽车车身技术联合实验室等。

中心通过产学研机构的成立、加大加强服务项目等方法来加快新能源汽车产业的产学研转换步伐。通过技术研发项目把中心的研发成果向新能源汽车行业辐射，通过技术咨询和技术服务项目来规范和评估新能源汽车行业的产业化进程。

二、科研项目及成果

1. 在传统优势领域方面，继续深化研究

（1）利用燃料电池汽车产业技术创新战略联盟的优势

资源，联合国内多家燃料电池汽车相关单位共同申报国家科技支撑计划“面向产业化的燃料电池动力系统”项目。

（2）继续氢能相关技术的研究（863 计划项目“风电耦合制/储氢燃料电池发电柔性微网系统开发及示范”等）。

（3）继续对新能源汽车及关键零部件的试验技术进行深入研究（横向项目“四通道液压振动委外试验、整车排气系统噪声试验分析、整车动力总成 NVH 分析”等）。

2. 工程中心致力于相关技术的产业化转化

是与昆山弗尔赛能源有限公司等进行多项合作：863 计划项目“基于风－光互补发电耦合电解制氢的站制氢技术”“燃料电池备用电源系统可靠性与耐久性关键技术研究”等。

3. 工程中心积极相应政府号召，加强新能源汽车发展方向及技术的研究

上海市项目“新能源汽车的技术路线图专题研究”“度假区新能源交通工具及基础设施应用规划”等。

工程中心 2015 年在原有基础上继续深化和扩大对燃料电池汽车技术的研究，并通过多个技术服务、技术开发和技术咨询项目，与行业内多家单位开展燃料电池研发及产业化方面的合作。主要成果如下：国家重大科学仪器设备开发专项——燃料电池汽车动力系统动态性能综合测试仪器开发及应用。2015 年度该项目关键技术突破：燃料电池汽车动力系统动态性能综合测试仪器联动测试方案一套，燃料电池汽车动力系统动态性能综合测试仪器主控系统方案一套；燃料电池发动机系统测试台方案一套；燃料电池汽车动力系统测试声环境设计方案一套，燃料电池汽车动力系统测试热环境设计方案一套。截至到目前，已申请专利 14 项，发明专利 9 项；发表论文 22 篇；发表专著数 7 个。这不仅是在国内首创，具有重要的科学意义和工程需要，在外国也是罕见，具有广泛的影响力。

三、科研设施及科研能力建设

中心建立较完备的电动汽车开发平台和测试环境。主要包括用于动力系统管理和控制的半实物仿真惯量试验台与转鼓试验台、燃料电池电堆和燃料电池发动机性能测试和参数匹配试验平台、动力蓄电池单电池、模块和电池组性能测试平台、驱动电机测试平台、水冷系统测试平台以及轮毂电机测试平台等硬件开发环境。另外，还形成混合动力系统虚拟设计、虚拟匹配和控制策略开发的离线仿真软件系统，整车动力学分析软件系统和基于 dSPACE 的整车动力学控制策略的软件开发环境.

中心下属的试验试制基地，具备较完善的试验条件，可进行汽车 NVH 试验、整车道路模拟试验、六自由度道路模拟试验、汽车排放试验、混合动力发动机试验等相关试验服务。

中心依托单位同济大学在车辆工程及其相关学科，例如交通工程等具有学科交叉和学科融合的综合优势。学校在车辆学科已建成我国首座汽车气动—声学整车风洞和热环境风洞，其在空气动力和热力学测量精度、地面边界模拟、噪声控制等关键技术指标上均达到世界领先的水平；在交通学科已建设我国最大的汽车驾驶模拟器。这些研发环境为中心的研发也提供重要支撑。

四、主要研究方向

中心的主要研究内容包括：动力系统集成与控制技术、燃料电池系统技术、燃料电池电堆技术、氢能源技术、电驱/传动技术、控制器与网络通信技术、动力蓄电池技术、NVH 技术、动力系统及关键零部件测试技术等。

五、国内外交流

2015 年 11 月 27 日，由中心承办的“燃料电池汽车产业技术创新战略联盟 2015 年度理事会暨研讨会”于上海汽车博物馆圆满召开。

出席本次研讨会的有包括联盟成员单位在内的国内外整车及零部件企业、高校、科研机构、社会团体等，人数共达约 90 人。

本次研讨会由中心主任章桐教授主持。研讨会邀请到国内外燃料电池领域内的权威人士做精彩报告。主要演讲单位有：上海汽车集团股份有限公司、武汉理工大学、同济大学、新源动力股份有限公司，上海舜华新能源系统有限公司。

本次研讨会的亮点是首次邀请了国外企业嘉宾作现场演讲，其中，丰田汽车株式会社技术统括部部长河合大洋先生的演讲题目为“燃料电池汽车的开发与初期市场的开拓”，本田技研研究所四轮研发中心主任研究员斗泽秀一先生的演讲题目为“向着氢能社会——本田燃料电池车的开发”，现代汽车研究开发本部高级工程师 Mr. OH SEUNGCHAN 的演讲题目为“Hyundai’s FCEV”，Ashwin－Ushas 公司首席科学家邹裕民教授的演讲题目为“燃料电池催化剂与电极技术介绍”。

本次大会的议题围绕国内外研发燃料电池汽车及科技创新展开，主要在政府战略、最新科研成果、产学研合作和相关标准等方面展开对话和交流。通过大会的技术交流，进一步对标国内外燃料电池汽车技术水平。

六、发展规划

中心将加强组织结构和管理模式的建设，集中优势资源，围绕燃料电池汽车及动力系统以及相关研究领域形成中心的核心业务。中心将继续保持与整车企业的密切联系，同时在燃料电池、动力蓄电池方面加强与其他零部件单位的合作，使研究成果尽快推向产业化。另一方面，中心将

加强与依托单位同济大学的关系，充分利用学校的资源和智力优势，让学校成为中心的人才库。

以服务国家发展战略需求为目标，以国家科技部重点研发计划、上海政府支持项目为依托，建设燃料电池汽车动力系统及关键零部件研发环境，开展相关技术研发；

聚焦中心在前三个五年计划中的研发成果，集中人力资源、试验能力等攻克新能源汽车动力系统及关键零部件核心技术，技术水平在行业处于领先地位；

以市场需求为导向进行技术服务，将研发成果不断向生产企业转移，同时从市场上获取回报，保障中心可持续健康发展。

人力资源建设同时立足于内部培养和外部引进，扩大国际合作交流，加强联合培养模式，打造一支国际化的研发队伍。

上海交通大学汽车工程研究院

一、发展概况

上海交通大学车辆工程学科始建于1936年，1954年北迁至长春市。车辆工程专业于1986年重建，1996年被评为上海市重点学科，1998年建立车辆工程博士点。

上海交通大学汽车工程研究院成立于2006年上海交通大学110周年华诞，瞄准国际汽车科技前沿技术技术，在政府、学校以及企业等多方面的支持下，通过整合和优化上海交通大学汽车工程相关学科和研究方向，组建的具有上海交通大学特色的汽车学科大平台。

汽车工程研究院拥有一支事业心强、富于创新精神的科研团队以及10000m2的汽车实验大楼，设有汽车车身研究所、汽车底盘与控制研究所、汽车发动机研究所以及汽车电子研究所，形成具有教授12人，副教授20人，讲师11人，博士后7人，工程师20余人以及研究生三百多人的研发团队。

汽车工程研究院正以建设汽车电子控制技术国家工程实验室，上海市数字化汽车车身工程重点实验室和国家机动车产品质量监督检验中心上海交通大学实验室为契机，重点开展汽车电子控制、汽车车身数字化工程、汽车发动机先进技术与控制以及混合动力、新能源汽车等核心技术研究与开发。

其中汽车电子控制技术国家工程实验室组建于2008年，定位为围绕国家节能减排和汽车产业升级的重大需求，突破汽车电子控制技术瓶颈，在汽车电子核心技术原始创新方面为行业技术进步、企业产品创新提供有力支撑。

上海市数字化汽车车身工程重点实验室由上海市科委2003年批准建设的上海市重点实验室，合作单位是上海汽车工业（集团）总公司。实验室以汽车车身设计与制造技术研究与应用为核心，围绕上海汽车工业自主品牌轿车开发，重点发展薄板精益成形技术、制造质量控制技术、薄板连接技术、车身轻量化设计技术、装配工艺数字化设计技术等方面的高水平研究与车身应用。

二、科研项目及成果

近5年，上海交通大学汽车领域共承担项目280余项（包括国家“863、973、攀登计划、自然科学基金、人才计划基金”项目52项、省部级科技攻关项目67项、企业科技攻关课题161项），科研总经费1．382亿元。仅2009年度，汽车工程研究院在研的国家“973”计划项目3项，国家“863”计划项目10项，国家自然科学基金项目9项，国际合作项目9项，上海市委办重大重点项目13项。同时，也承担了大量的企业委托研发项目30余项，科研总经费为2623万元。

专利申报：汽车工程研究院重视原创发明专利的申报，专利工作一直走在学校的前列。仅2009年，汽车工程研究院共有专利公开59项，专利授权42项。

专著论文：汽车工程研究院非常重视基础研究，鼓励师生出高水平学术专著和论文。仅2009年，发表论文230余篇，被SCI/EI收录的论文分别为112篇，《重点国际期刊目录》论文，影响因子均值≥2．0论文12篇，出版专著《汽车板精益成形技术》。

三、科研设施及科研能力建设

汽车工程研究院下设8个研究所，其中：

车身设计与制造技术研究所拥有一支由6位教授、10位客座教授、10位副教授和高级工程师、10余位博士后和工程师、130位博士和硕士研究生组成的稳定科研团队。

汽车发动机研究所拥有一支由3位教授、2位客座教授、10余位经验丰富的工程师、30位博士和硕士研究生组成的年轻的科研团队。

汽车电子控制技术研究所现有教授3人，副教授和讲师等科研人员11人，此外，还有2位特聘教授、5位客座研究员、6位博士后、70余位在读博士和硕士，是一支年轻、富有活力、团结奋进的科研队伍。

汽车底盘与控制研究所成立于1996年，目前拥有3位教授、3位副教授和1位讲师。现共有博士、硕士研究生

60 多名。

汽车空调实验室由以上海交通大学制冷与低温工程研究所为母体，由 SAIC 投资改造，实验室现有教授 13 人、研究员 3 人、副教授 4 人、高级工程师 1 人、讲师 3 人、工程师 1 人和工程技术人员 4 人。

快速成形与制造实验室依托于计算机集成制造研究所和上海汽车制造集成系统工程研究中心的相关力量组建而成，拥有先进的虚拟产品开发和快速产品开发的试验研究环境。主要从事虚拟产品设计与制造、制造系统仿真与规划、基于 RE/RP/RT 技术的产品快速开发、功能样件集成快速制造等技术研究。现有教授 4 人，副教授 1 人及其它技术人员 5 人。

智能车辆实验室是由长期从事移动机器人、自主车辆和 AGV 等研究的人员，在欧盟的支持下成立的研究团队。致力于研究一种基于清洁能源的无人驾驶城市公共交通系统，为未来城市提供一种高效节能、安全环保、灵活机动的新型公共交通模式，提高城市生活的质量和促进社会可持续发展。同时，也涉及其它相关领域的应用。

汽车知识工程实验室主要从事机械设计与制造、计算机及信息科学、材料加工等多学科交叉渗透的知识工程（Knowledge Base Engineering—KBE）科学技术研究，致力于研究 KBE 理论和关键技术。以知识工程技术在机械设计与制造、材料加工工程等领域中的应用为特色，结合钢铁、汽车、船舶、电子等行业进行技术应用和系统开发。

四、主要研究方向

车身设计与制造技术研究所：车身数字化设计，车身轻量化技术，薄板冲压成形技术，车身制造质量控制，车身现代制造工艺。

汽车发动机研究所研究：发动机燃烧喷雾研究，发动机使能装置研发与产业化，发动机工程化开发，汽车电子使能装置研发与产业化，先进发动机技术研发。

汽车电子控制技术研究所：电动汽车研究与开发，车身电子，电池管理系统研究与开发，柴油发动机电控系统研究与开发，高效动力与传动系统开发。

汽车底盘与控制研究所：车辆动力学与控制，整车设计与开发，车身结构分析，汽车底盘控制技术，汽车先进传动技术，电动汽车。

汽车空调实验室：车用空调热舒适性及室内环境控制，汽车空调系统及关键零部件技术，发动机冷却系统及高效换器研究，环保与制冷新方法，运输冷藏技术。

快速成形与制造实验室：汽车复杂型面零件的逆向工程，汽车开发中的功能样件快速成形制造技术与工艺，汽车复杂型面的计算机辅助检测，汽车开发中的虚拟技术，汽车制造系统虚拟规划与仿真。

智能车辆实验室：智能车辆系统结构分析与设计，车辆运动控制与自动导航，车辆辅助驾驶与主动安全系统。

汽车知识工程实验室：知识工程（KBE）理论与关键技术，汽车整车开发知识工程及 KBE 系统开发，车用型材冷弯与挤压成形技术，轻合金塑性成形技术，直缝焊管冷弯成形技术。

五、国内外交流

上海交通大学汽车工程研究院非常重视学生的海外交流，每位博士生在读期间都有机会到国外知名大学或科研机构访学，例如密西根州立大学，密西根大学，俄亥俄州立大学等。与此同时，海外留学生也选择到汽车工程研究院交流。

学生每年都有很多机会参加相关领域的国际会议，如 ILASS，SAE，国际燃烧大会等。其中，上海交通大学机械与动力工程学院于 2014 年 10 月 26 日至 29 日主办了第 17 届亚洲液体雾化与喷雾系统学术会议（17th Annual Conference on Liquid Atomization and Spray Systems – Asia），是亚洲液体雾化与喷雾系统学会历史上最大规模的会议。

此外，汽车工程研究院与国内外知名企业也保持良好的交流和合作关系，如美国通用，福特汽车公司，德国博世，汽车联合电子，上海大众，上海汽车等，促进了产学结合模式的发展。

六、发展规划

上海交通大学汽车工程研究院将继续加大科研投入，加强与海内外各科研机构的学术交流。如今汽车产业挑战与机遇并存，如何发挥高校在学术界和工业界的推动作用十分棘手。上海交通大学汽车工程研究院将立足中国，放眼全球，一方面为汽车产业培养优秀人才，另一方面进一步促进产学结合，使前沿科技成果更好地服务汽车产业，提高中国汽车产业的国际竞争力。

浙江省新能源汽车产业联盟

一、发展概况

浙江省新能源汽车产业联盟是由浙江省经信委批准，浙江省汽车工业技术创新协会、吉利集团、众泰新能源、万向集团等 21 家单位共同发起的新能源汽车产业联盟，成立仅二个月联盟成员已超百家。产业联盟按照浙江省新能源汽车产业发展的实际情况，整合产业链、融合技术链、突破创新链，重点开展电池、电机、电控、车联网、轻量化及安全技术、智能化车载电子等核心部件关键技术和新能源汽车整车技术开发和产业化落地，集聚省内新能源汽车领域高层次人才，引进海外新能源汽车领域高层次人才和项目，联合地方政府产业园，联合新能源汽车产业投资基金，探索一条“运营共享化、人才集聚化、创新协同化、成果产业化、产业资本化”的新能源汽车产业的发展新模式。

吉利集团为联盟理事长单位，李书福先生出任联盟理事长

联盟成立专家委员会，由陈清泉院士担任名誉主任，孙玲玲担任主任，来自浙江省重点新能源汽车企业的技术骨干为专家委员。专家委员会主要负责联盟成员单位间的技术协调和咨询工作，对重大技术和产业发展策略提供指导和支持。

联盟与中国中车集团、浙江大学创新研究院、联盟骨干单位等共同成立浙江省新能源汽车产业联盟创投基金，主要投资新能源汽车技术产业化初创企业。

联盟拟发起成立浙江省新能源汽车产业研究院，总体目标是通过集聚新能源汽车领域的国家“千人计划”人才，探索建立“以政企联合搭建平台、以平台吸引高端人才、以高端人才集聚产业”的发展模式，全力打造“国家高层次人才的集聚平台、新能源汽车产业的培育摇篮”。

二、联盟的宗旨

打造浙江省新能源汽车产业生态圈。生态圈由研发平台、运营平台、智造平台、资本平台、文化平台组成。

三、联盟的主要任务

（1）跟踪国内外新能源汽车产业发展趋势，开展新能源汽车市场调研，研究新能源汽车产业发展关键环节，在联盟范围内发布新能源汽车产业发展动态、发展趋势、产业预警等信息，组织成员单位承接政府新能源汽车产业规划和实施方案项目任务。

（2）推动政府制定促进新能源汽车产业发展的政策，并做好参谋；组建主体，抱团向国家、省政府相关部门争取各类科研项目，合作研发。

（3）以形成产业链生态圈为目标，建立运营共享合作平台，建立成员间的交流、合作平台，实现成员间的资源共享、人才互补、技术和产品合作，并就影响产业发展的重大问题共同进行研究、攻关。协助成员单位与地方政府沟通，争取地方政府政策支持，促进成员单位产业化落地。

（4）营造良好的发展氛围，开展浙江省新能源汽车产业发展宣传，展示浙江省新能源汽车企业形象，定期举办论坛，通过座谈交流、主题论坛、现场观摩等各种形式，建立技术交流平台，实现创新资源的合理配置与有效衔接。

（5）积极培养和引进产业人才，推动相关院校设立相应学科，为定向培养人才创造有利条件。为成员单位的投融资、上市提供渠道，推动成员单位的稳健发展。

产业联盟依托单位为浙江省汽车工业技术创新协会，协会成立于2014年3月26日，由杭州优海信息系统有限公司、浙江吉利控股集团有限公司、广州汽车集团乘用车（杭州）有限公司、众泰新能源汽车有限公司、浙江亚太机电股份有限公司五家单位共同发起，经浙江省民政厅批准，浙江省科技厅为业务主管单位，是全国首家汽车行业技术创新协会。

跨界融合、线上线下互动，是协会的鲜明特色。协会广泛吸纳了汽车相关企业与IT企业、科研院所，并与日本、美国、德国及韩国、中国台湾等地区汽车机构建立联络联谊关系，聘任国内外行业权威、著名车企负责人及顶级技术专家担任“协会”的名誉会长、顾问等职务，吉利集团董事长李书福和世界电动汽车权威陈清泉院士出任“协会”名誉会长，卜向红为首届会长。

汽车智能，智慧制造，是汽车业发展的必然趋势。借助移动互联、物联网、云计算等最新IT技术，“协会”为会员企业在汽车与IT的跨界融合、产品智能化、生产自动化、管理精细化、产业先进化方面进行个性化服务。在会员企业推广“精益思想＋智能装备化＋信息集成化”为核心的数字化工厂管理模式，推进“两化融合”管理理念，从而进一步推进企业转型升级。每日发布的《汽车工程师》微信公众号和每月发布的电子会刊《汽车智造》深受会员朋友的欢迎。

第五篇
整车产量统计

一、节能与新能源汽车产量累计统计

1. 分车型产量累计统计（2009 年至 2016 年 3 月）

车型	2009 年	2010 年	2011 年	2012 年	2013 年	2014 年	2015 年													2016 年 1～3 月			
	合计（辆）	合计（辆）	合计（辆）	合计（辆）	合计（辆）	合计（辆）	1 月	2 月	3 月	4 月	5 月	6 月	7 月	8 月	9 月	10 月	11 月	12 月	合计（辆）	1 月	2 月	3 月	合计（辆）
纯电动客车	78	655	1360	1904	1607	12877	1083	601	1713	1292	2097	4322	5704	4829	8224	11632	20005	35770	97272	2036	973	3122	6131
纯电动乘用车	37	1141	4759	9699	14478	46727	2785	2209	6822	4795	10281	12065	8700	9541	14003	21811	28755	29505	151272	8307	6117	11501	25925
纯电动专用车	60	167	588	1869	2036	4033	214	159	314	376	673	863	1177	1351	2775	6733	8991	25768	49394	453	349	2261	3063
插电式混合动力客车	70	280	197	277	4736	13746	815	675	787	936	1521	1641	1625	2097	2423	2382	3815	5897	24614	658	485	432	1575
插电式混合动力乘用车	37	345	289	262	718	16848	2275	1721	3315	1528	5062	6657	5698	6779	5634	7022	7509	10555	63755	4896	722	5530	11148
非插电式混合动力客车	1515	2676	4305	6372	4793	1204	1	1	0	0	18	0	29	0	15	36	0	0	100	0	0	2	2
非插电式混合动力乘用车	539	2293	1972	8377	7929	7212	800	545	34	554	531	585	698	865	1245	996	1968	6107	14928	6683	3977	6851	17511
燃料电池乘用车	0	2	0	0	0	8	0	0	0	10	0	0	0	0	0	0	0	0	10	0	0	0	0
燃料电池客车	0	46	0	0	0	0	0	0	0	0	0	0	0	0	0	0	0	0	0	0	0	0	0
合计（辆）	2336	7605	13470	28760	36297	102655	7973	5911	12985	9491	20183	26133	23631	25462	34319	50612	71043	113602	401345	23033	12623	29699	65355

注：本表中纯电动乘用车、纯电动专用车、非插电式混合动力乘用车含公告内铅酸电池车型，下同。

2. 生产企业产量累计统计（2009—2015 年）

企业名称	车辆品牌	纯电动客车			纯电动乘用车			纯电动专用车			插电式混合动力客车（包括增程式）			插电式混合动力乘用车（包括增程式）			非插电式混合动力客车			非插电式混合动力乘用车			燃料电池客车			燃料电池乘用车			合计（辆）
		2009—2014 年	2015 年	小计（辆）	2009—2014 年	2015 年	小计（辆）	2009—2014 年	2015 年	小计（辆）	2009—2014 年	2015 年	小计（辆）	2009—2014 年	2015 年	小计（辆）	2009—2014 年	2015 年	小计（辆）	2009—2014 年	2015 年	小计（辆）	2009—2014 年	2015 年	小计（辆）	2009—2014 年	2015 年	小计（辆）	
浙江吉利汽车有限公司	康迪牌	0	0	0	11006	25825	36831	0	0	0	0	0	0	0	0	0	0	0	0	0	0	0	0	0	0	0	0	0	62765
	吉利牌	0	0	0	0	16549	16549	0	0	0	0	0	0	0	0	0	0	0	0	0	0	0	0	0	0	0	0	0	
	吉利美日牌	0	0	0	0	514	514	0	0	0	0	0	0	0	0	0	0	0	0	1046	0	1046	0	0	0	0	0	0	
	知豆牌	0	0	0	0	7825	7825	0	0	0	0	0	0	0	0	0	0	0	0	0	0	0	0	0	0	0	0	0	
比亚迪汽车有限公司	比亚迪牌	0	0	0	389	1725	2114	0	0	0	0	0	0	14840	30026	44866	0	0	0	0	0	0	0	0	0	0	0	0	46980
湖南江南汽车制造有限公司	众泰牌	289	0	289	12766	22874	35640	0	0	0	0	0	0	0	0	0	0	0	0	0	0	0	0	0	0	0	0	0	39902
	江南牌	0	0	0	5	3054	3059	619	295	914	0	0	0	0	0	0	0	0	0	0	0	0	0	0	0	0	0	0	

续表

企业名称	车辆品牌	纯电动客车			纯电动乘用车			纯电动专用车			插电式混合动力客车（包括增程式）			插电式混合动力乘用车（包括增程式）			非插电式混合动力客车			非插电式混合动力乘用车			燃料电池客车			燃料电池乘用车			合计（辆）
		2009—2014年	2015年	小计（辆）	2009—2014年	2015年	小计（辆）	2009—2014年	2015年	小计（辆）	2009—2014年	2015年	小计（辆）	2009—2014年	2015年	小计（辆）	2009—2014年	2015年	小计（辆）	2009—2014年	2015年	小计（辆）	2009—2014年	2015年	小计（辆）	2009—2014年	2015年	小计（辆）	
比亚迪汽车工业有限公司	比亚迪牌	2511	5155	7666	2920	6326	9246	0	207	207	0	0	0	31	17821	17852	0	0	0	0	0	0	0	0	0	0	0	0	38264
	腾势牌	0	0	0	213	3080	3293	0	0	0	0	0	0	0	0	0	0	0	0	0	0	0	0	0	0	0	0	0	
奇瑞汽车股份有限公司	奇瑞牌	0	0	0	20538	14739	35277	0	79	79	0	0	0	0	405	405	0	0	0	22	0	22	0	0	0	2	0	2	36487
	瑞麒牌	0	0	0	697	0	697	0	0	0	0	0	0	0	0	0	0	0	0	0	0	0	0	0	0	0	0	0	
	开瑞牌	0	0	0	0	0	0	0	5	5	0	0	0	0	0	0	0	0	0	0	0	0	0	0	0	0	0	0	
郑州宇通客车股份有限公司	宇通牌	2140	14781	16921	0	0	0	0	0	0	6588	6626	13214	0	0	0	5221	0	5221	0	0	0	0	0	0	0	0	0	35356
北京汽车股份有限公司	北京牌	0	0	0	7740	18105	25845	238	2917	3155	0	0	0	0	0	0	0	0	0	0	0	0	0	0	0	0	0	0	29000
广汽丰田汽车有限公司	丰田牌/TOYOTA	0	0	0	0	0	0	0	0	0	0	0	0	0	0	0	0	0	0	15401	10436	25837	0	0	0	0	0	0	25839
	领志牌	0	0	0	0	2	2	0	0	0	0	0	0	0	0	0	0	0	0	0	0	0	0	0	0	0	0	0	
安徽江淮汽车股份有限公司	江淮牌	0	0	0	7981	10225	18206	9	0	9	0	0	0	41	0	41	0	0	0	0	0	0	0	0	0	0	0	0	18256
上海汽车集团股份有限公司	荣威牌	0	0	0	1262	326	1588	0	0	0	0	0	0	2831	12033	14864	0	0	0	1032	0	1032	0	0	0	8	10	18	17546
	上汽牌	0	0	0	0	0	0	0	0	0	0	0	0	0	0	0	0	0	0	0	0	0	44	0	44	0	0	0	
东风汽车公司	东风牌	326	5182	5508	0	0	0	565	7649	8214	645	125	770	0	0	0	1	0	1	0	0	0	0	0	0	0	0	0	16275
	风神牌	0	0	0	130	909	1039	0	0	0	0	0	0	0	0	0	0	0	0	743	0	743	0	0	0	0	0	0	
金龙联合汽车工业（苏州）有限公司	海格牌	1252	7097	8349	0	0	0	1	862	863	1890	3870	5760	0	0	0	295	1	296	0	0	0	0	0	0	0	0	0	15268
中通客车控股股份有限公司	中通牌	356	8353	8709	0	0	0	0	0	0	2331	2033	4364	0	0	0	869	0	869	0	0	0	0	0	0	0	0	0	13945
	中通博发牌	0	3	3	0	0	0	0	0	0	0	0	0	0	0	0	0	0	0	0	0	0	0	0	0	0	0	0	
南京金龙客车制造有限公司	东宇牌	1930	9465	11395	0	0	0	1	189	190	12	36	48	0	0	0	0	0	0	0	0	0	0	0	0	0	0	0	11633
	开沃牌	0	0	0	0	0	0	0	0	0	0	0	0	0	0	0	0	0	0	0	0	0	0	0	0	0	0	0	
厦门金龙旅行车有限公司	金旅牌	137	3739	3876	0	0	0	0	2	2	644	1887	2531	0	0	0	2638	0	2538	0	0	0	0	0	0	0	0	0	9047
北汽福田汽车股份有限公司	福田牌	1022	2930	3952	506	0	506	39	203	242	926	943	1869	0	0	0	1373	0	1373	0	0	0	0	0	0	0	0	0	7942
湖南南车时代电动汽车股份有限公司	南车时代牌	0	1683	1683	0	0	0	0	0	0	1196	1548	2744	0	0	0	2857	1	2358	0	0	0	0	0	0	0	0	0	7285
重庆力帆乘用车有限公司	力帆牌	0	0	0	91	6566	6657	0	0	0	0	0	0	0	0	0	0	0	0	0	0	0	0	0	0	0	0	0	6657

续表

企业名称	车辆品牌	纯电动客车			纯电动乘用车			纯电动专用车			插电式混合动力客车（包括增程式）			插电式混合动力乘用车（包括增程式）			非插电式混合动力客车			非插电式混合动力乘用车			燃料电池客车			燃料电池乘用车			合计（辆）
		2009—2014年	2015年	小计（辆）	2009—2014年	2015年	小计（辆）	2009—2014年	2015年	小计（辆）	2009—2014年	2015年	小计（辆）	2009—2014年	2015年	小计（辆）	2009—2014年	2015年	小计（辆）	2009—2014年	2015年	小计（辆）	2009—2014年	2015年	小计（辆）	2009—2014年	2015年	小计（辆）	
厦门金龙联合汽车工业有限公司	金龙牌	79	2616	2695	0	0	0	0	2	2	865	1696	2561	0	0	0	967	0	967	0	0	0	0	0	0	0	0	0	6225
安徽安凯汽车股份有限公司	安凯牌	2057	2226	4283	0	0	0	0	0	0	270	874	1144	0	0	0	242	0	242	0	0	0	0	0	0	0	0	0	5669
江铃控股有限公司	江铃牌	0	0	0	33	5545	5578	0	0	0	0	0	0	0	0	0	0	0	0	0	0	0	0	0	0	0	0	0	5578
重庆瑞驰汽车实业有限公司	瑞驰牌	0	0	0	0	0	0	421	4726	5147	0	0	0	0	0	0	0	0	0	0	0	0	0	0	0	0	0	0	5147
四川一汽丰田汽车有限公司	丰田牌/TOYOTA	0	0	0	0	0	0	0	0	0	0	0	0	0	0	0	0	0	0	4494	342	4836	0	0	0	0	0	0	4836
上海华普汽车有限公司	康迪牌	0	0	0	4796	0	4796	0	0	0	0	0	0	0	0	0	0	0	0	0	0	0	0	0	0	0	0	0	4796
深圳市五洲龙汽车有限公司	五洲龙牌	737	1021	1758	0	0	0	0	50	50	495	93	588	0	0	0	2111	0	2111	0	0	0	0	0	0	0	0	0	4507
江苏九龙汽车制造有限公司	大马牌	271	4169	4440	0	0	0	0	0	0	0	0	0	0	0	0	0	0	0	0	0	0	0	0	0	0	0	0	4440
东风汽车有限公司	东风日产牌	0	0	0	0	0	0	0	0	0	0	0	0	0	0	0	0	0	0	0	1241	1241	0	0	0	0	0	0	4178
	启辰牌	0	0	0	1539	1398	2937	0	0	0	0	0	0	0	0	0	0	0	0	0	0	0	0	0	0	0	0	0	
陕西通家汽车股份有限公司	通家福牌	0	0	0	0	3	3	2	4112	4114	0	0	0	0	0	0	0	0	0	0	0	0	0	0	0	0	0	0	4117
珠海广通汽车有限公司	广通牌	183	3693	3876	0	0	0	0	0	0	0	0	0	0	0	0	3	0	3	0	0	0	0	0	0	0	0	0	3879
上海申沃客车有限公司	申沃牌	1222	889	2111	0	0	0	0	0	0	406	196	602	0	0	0	930	64	994	0	0	0	2	0	2	0	0	0	3709
苏州吉姆西客车制造有限公司	东吴牌	0	1983	1983	0	0	0	0	1703	1703	0	0	0	0	0	0	0	0	0	0	0	0	0	0	0	0	0	0	3686
华晨汽车集团控股有限公司	中华牌	0	0	0	173	6	179	0	0	0	0	0	0	0	0	0	0	0	0	3211	263	3474	0	0	0	0	0	0	3653
重庆力帆汽车有限公司	力帆牌	0	0	0	0	4	4	0	3600	3600	0	0	0	0	0	0	0	0	0	0	0	0	0	0	0	0	0	0	3604
国宏汽车有限公司	泓锋泰牌	0	0	0	0	0	0	0	3385	3385	0	0	0	0	0	0	0	0	0	0	0	0	0	0	0	0	0	0	3385

续表

企业名称	车辆品牌	纯电动客车			纯电动乘用车			纯电动专用车			插电式混合动力客车（包括增程式）			插电式混合动力乘用车（包括增程式）			非插电式混合动力客车			非插电式混合动力乘用车			燃料电池客车			燃料电池乘用车			合计（辆）
		2009—2014年	2015年	小计（辆）	2009—2014年	2015年	小计（辆）	2009—2014年	2015年	小计（辆）	2009—2014年	2015年	小计（辆）	2009—2014年	2015年	小计（辆）	2009—2014年	2015年	小计（辆）	2009—2014年	2015年	小计（辆）	2009—2014年	2015年	小计（辆）	2009—2014年	2015年	小计（辆）	
天津清源电动车辆有限责任公司	清源牌	0	0	0	0	0	0	759	1790	2549	0	0	0	0	0	0	0	0	0	0	0	0	0	0	0	0	0	0	3235
	清源宝骑牌	0	0	0	0	0	0	557	129	686	0	0	0	0	0	0	0	0	0	0	0	0	0	0	0	0	0	0	
江苏奥新新能源汽车有限公司	达福迪牌	0	0	0	0	0	0	963	2176	3139	0	0	0	0	0	0	0	0	0	0	0	0	0	0	0	0	0	0	3139
金华青年汽车制造有限公司	青年牌	327	163	490	0	0	0	0	0	0	138	32	170	0	0	0	71	1	72	0	0	0	0	0	0	0	0	0	2907
	莲花牌	0	0	0	0	109	109	0	0	0	0	0	0	0	0	0	0	0	0	0	0	0	0	0	0	0	0	0	
	迈迪牌	0	0	0	0	2066	2066	0	0	0	0	0	0	0	0	0	0	0	0	0	0	0	0	0	0	0	0	0	
	欧联牌	0	0	0	0	0	0	0	0	0	0	0	0	0	0	0	0	0	0	0	0	0	0	0	0	0	0	0	
奇瑞万达贵州客车股份有限公司	万达牌	0	2243	2243	0	0	0	0	0	0	200	293	493	0	0	0	0	0	0	0	0	0	0	0	0	0	0	0	2736
重庆长安汽车股份有限公司	长安牌	0	0	0	332	1404	1736	0	0	0	0	0	0	0	0	0	0	0	0	923	0	923	0	0	0	0	0	0	2659
天津一汽丰田汽车有限公司	丰田牌	0	0	0	0	0	0	0	0	0	0	0	0	0	0	0	0	0	0	0	2646	2646	0	0	0	0	0	0	2651
	朗世牌	0	0	0	5	0	5	0	0	0	0	0	0	0	0	0	0	0	0	0	0	0	0	0	0	0	0	0	
福建新龙马汽车股份有限公司	福建牌	0	100	100	9	14	23	167	2314	2481	0	0	0	0	0	0	0	0	0	0	0	0	0	0	0	0	0	0	2604
河北长安汽车有限公司	长安牌	0	1565	1565	0	0	0	146	825	971	0	0	0	0	0	0	0	0	0	0	0	0	0	0	0	0	0	0	2536
扬子江汽车集团有限公司（原东风扬子江汽车（武汉）有限责任公司）	扬子江牌	214	1942	2156	0	0	0	0	202	202	20	25	45	0	0	0	81	0	81	0	0	0	0	0	0	0	0	0	2484
重庆恒通客车有限公司	恒通客车牌	43	482	525	0	0	0	0	0	0	942	402	1344	0	0	0	573	0	573	0	0	0	0	0	0	0	0	0	2442
丹东黄海汽车有限责任公司	黄海牌	1	1415	1416	0	0	0	0	0	0	152	482	634	0	0	0	76	0	76	0	0	0	0	0	0	0	0	0	2126
扬州亚星客车股份有限公司	亚星牌	19	773	792	0	0	0	0	0	0	354	821	1175	0	0	0	103	0	103	0	0	0	0	0	0	0	0	0	2070
芜湖宝骐汽车制造有限公司	智骐牌	0	0	0	0	0	0	0	2032	2032	0	0	0	0	0	0	0	0	0	0	0	0	0	0	0	0	0	0	2032
华晨宝马汽车有限公司	之诺牌/ZINORO	0	0	0	322	331	653	0	0	0	0	0	0	33	1221	1254	0	0	0	0	0	0	0	0	0	0	0	0	1907

续表

企业名称	车辆品牌	纯电动客车			纯电动乘用车			纯电动专用车			插电式混合动力客车（包括增程式）			插电式混合动力乘用车（包括增程式）			非插电式混合动力客车			非插电式混合动力乘用车			燃料电池客车			燃料电池乘用车			合计（辆）
		2009—2014年	2015年	小计（辆）	2009—2014年	2015年	小计（辆）	2009—2014年	2015年	小计（辆）	2009—2014年	2015年	小计（辆）	2009—2014年	2015年	小计（辆）	2009—2014年	2015年	小计（辆）	2009—2014年	2015年	小计（辆）	2009—2014年	2015年	小计（辆）	2009—2014年	2015年	小计（辆）	
深圳市比亚迪汽车有限公司	比亚迪牌	385	0	385	1496	0	1496	0	0	0	0	0	0	0	0	0	0	0	0	0	0	0	0	0	0	0	0	0	1881
广州汽车集团客车有限公司	广汽牌	26	0	26	0	0	0	0	0	0	198	0	198	0	0	0	1652	0	1652	0	0	0	0	0	0	0	0	0	1876
上海万象汽车制造有限公司	象牌	348	524	872	0	0	0	0	0	0	390	458	848	0	0	0	0	0	0	0	0	0	0	0	0	0	0	0	1720
广州汽车集团乘用车有限公司	传祺牌/Trumpchi	0	0	0	0	0	0	0	0	0	0	0	0	202	1281	1483	0	0	0	206	0	206	0	0	0	0	0	0	1689
金华市康迪新能源车辆有限公司	康迪牌	0	0	0	0	0	0	1656	1	1657	0	0	0	0	0	0	0	0	0	0	0	0	0	0	0	0	0	0	1657
中国重汽集团济南豪沃客车有限公司	黄河牌	1	1400	1401	0	0	0	0	0	0	1	223	224	0	0	0	0	0	0	0	0	0	0	0	0	0	0	0	1625
上海申龙客车有限公司	申龙牌	31	718	749	0	0	0	0	0	0	153	335	488	0	0	0	283	33	316	0	0	0	0	0	0	0	0	0	1553
成都客车股份有限公司	蜀都牌	213	1173	1386	0	0	0	0	0	0	104	12	116	0	0	0	0	0	0	0	0	0	0	0	0	0	0	0	1502
河南少林客车股份有限公司	少林牌	218	1202	1420	0	0	0	0	13	13	0	0	0	0	0	0	6	0	6	0	0	0	0	0	0	0	0	0	1439
上海通用汽车有限公司	别克牌/BUICK	0	0	0	0	0	0	0	0	0	0	0	0	0	0	0	0	0	0	1236	0	1236	0	0	0	0	0	0	1416
	赛欧牌/SAIL	0	0	0	180	0	180	0	0	0	0	0	0	0	0	0	0	0	0	0	0	0	0	0	0	0	0	0	
浙江豪情汽车制造有限公司	吉利牌	0	0	0	0	125	125	0	0	0	0	0	0	0	0	0	0	0	0	0	0	0	0	0	0	0	0	0	1302
	康迪牌	0	0	0	208	0	208	0	0	0	0	0	0	0	0	0	0	0	0	0	0	0	0	0	0	0	0	0	
	豪情牌	0	0	0	1	0	1	0	0	0	0	0	0	0	0	0	0	0	0	0	0	0	0	0	0	0	0	0	
	沃尔沃牌	0	0	0	0	0	0	0	0	0	0	0	0	0	968	968	0	0	0	0	0	0	0	0	0	0	0	0	
北京华林特装车有限公司	华林牌	0	0	0	0	0	0	1207	70	1277	0	0	0	0	0	0	0	0	0	0	0	0	0	0	0	0	0	0	1277
上海汽车商用车有限公司	大通牌	10	644	654	0	1	1	8	603	611	0	0	0	0	0	0	0	0	0	0	0	0	0	0	0	0	0	0	1266
江苏陆地方舟新能源电动汽车有限公司	陆地方舟牌	56	87	143	0	0	0	2	1100	1102	0	0	0	0	0	0	0	0	0	0	0	0	0	0	0	0	0	0	1245

续表

企业名称	车辆品牌	纯电动客车			纯电动乘用车			纯电动专用车			插电式混合动力客车（包括增程式）			插电式混合动力乘用车（包括增程式）			非插电式混合动力客车			非插电式混合动力乘用车			燃料电池客车			燃料电池乘用车			合计（辆）
		2009—2014年	2015年	小计（辆）	2009—2014年	2015年	小计（辆）	2009—2014年	2015年	小计（辆）	2009—2014年	2015年	小计（辆）	2009—2014年	2015年	小计（辆）	2009—2014年	2015年	小计（辆）	2009—2014年	2015年	小计（辆）	2009—2014年	2015年	小计（辆）	2009—2014年	2015年	小计（辆）	
江苏卡威汽车工业集团有限公司	春洲牌	1	151	152	0	0	0	0	0	0	0	0	0	0	0	0	0	0	0	0	0	0	0	0	0	0	0	0	1216
	卡威牌	0	1064	1064	0	0	0	0	0	0	0	0	0	0	0	0	0	0	0	0	0	0	0	0	0	0	0	0	
云南航天神州汽车有限公司	神州牌	0	1157	1157	0	0	0	0	0	0	0	1	1	0	0	0	0	0	0	0	0	0	0	0	0	0	0	0	1158
河北御捷车业有限公司	御捷马牌	0	0	0	0	15	15	0	1113	1113	0	0	0	0	0	0	0	0	0	0	0	0	0	0	0	0	0	0	1128
中国第一汽车集团公司	红旗牌	0	0	0	0	0	0	0	0	0	0	0	0	521	0	521	0	0	0	0	0	0	0	0	0	0	0	0	1040
	解放牌	13	21	34	0	0	0	0	0	0	0	130	130	0	0	0	251	0	251	0	0	0	0	0	0	0	0	0	
	一汽牌	0	0	0	99	5	104	0	0	0	0	0	0	0	0	0	0	0	0	0	0	0	0	0	0	0	0	0	
中国重汽集团成都王牌商用车有限公司	王牌牌	0	0	0	0	0	0	333	707	1040	0	0	0	0	0	0	0	0	0	0	0	0	0	0	0	0	0	0	1040
江西凯马百路佳客车有限公司	江西牌	40	434	474	0	0	0	0	0	0	175	266	441	0	0	0	100	0	100	0	0	0	0	0	0	0	0	0	1015
南京汽车集团有限公司	依维柯牌	218	575	793	0	0	0	26	0	26	0	0	0	0	0	0	0	0	0	0	0	0	0	0	0	0	0	0	1014
	跃进牌	0	0	0	0	0	0	46	3	49	0	0	0	0	0	0	0	0	0	0	0	0	0	0	0	0	0	0	
	畅达牌	0	1	1	0	0	0	17	128	145	0	0	0	0	0	0	0	0	0	0	0	0	0	0	0	0	0	0	
南京特种汽车制配厂有限公司	金龙牌	0	0	0	0	0	0	114	873	987	0	0	0	0	0	0	0	0	0	0	0	0	0	0	0	0	0	0	987
河北红星汽车制造有限公司	红星牌	0	0	0	0	36	36	0	901	901	0	0	0	0	0	0	0	0	0	0	0	0	0	0	0	0	0	0	937
山东沂星电动汽车有限公司	飞燕牌	436	353	789	0	0	0	0	0	0	0	0	0	0	0	0	0	0	0	0	0	0	0	0	0	0	0	0	789
东营蒙德金马机车有限公司	吉海牌	0	0	0	0	0	0	0	737	737	0	0	0	0	0	0	0	0	0	0	0	0	0	0	0	0	0	0	737
山东唐骏欧铃汽车制造有限公司	欧铃牌	0	0	0	0	0	0	20	673	693	0	0	0	0	0	0	0	0	0	0	0	0	0	0	0	0	0	0	693
烟台舒驰客车有限责任公司	舒驰牌	0	686	686	0	0	0	0	0	0	0	0	0	0	0	0	0	0	0	0	0	0	0	0	0	0	0	0	686

续表

企业名称	车辆品牌	纯电动客车			纯电动乘用车			纯电动专用车			插电式混合动力客车（包括增程式）			插电式混合动力乘用车（包括增程式）			非插电式混合动力客车			非插电式混合动力乘用车			燃料电池客车			燃料电池乘用车			合计（辆）
		2009—2014年	2015年	小计（辆）	2009—2014年	2015年	小计（辆）	2009—2014年	2015年	小计（辆）	2009—2014年	2015年	小计（辆）	2009—2014年	2015年	小计（辆）	2009—2014年	2015年	小计（辆）	2009—2014年	2015年	小计（辆）	2009—2014年	2015年	小计（辆）	2009—2014年	2015年	小计（辆）	
陕西汽车集团有限责任公司	陕汽牌	1	10	11	0	0	0	0	623	623	0	14	14	0	0	0	0	0	0	0	0	0	0	0	0	0	0	0	648
东南（福建）汽车工业有限公司	东南牌	0	0	0	325	312	637	4	0	4	0	0	0	0	0	0	0	0	0	0	0	0	0	0	0	0	0	0	641
四川野马汽车股份有限公司（原四川汽车工业股份有限公司）	野马牌	26	210	236	217	158	375	0	0	0	0	0	0	0	0	0	0	0	0	0	0	0	0	0	0	0	0	0	611
天津比亚迪汽车有限公司（原天津客车装配厂）	金马牌	161	450	611	0	0	0	0	0	0	0	0	0	0	0	0	0	0	0	0	0	0	0	0	0	0	0	0	611
江西博能上饶客车有限公司	上饶牌	1	288	289	0	0	0	0	0	0	90	153	243	0	0	0	0	0	0	0	0	0	0	0	0	0	0	0	532
广汽吉奥汽车有限公司	吉奥牌	0	0	0	0	243	243	0	278	278	0	0	0	0	0	0	0	0	0	0	0	0	0	0	0	0	0	0	521
长沙市比亚迪客车有限公司	比亚迪牌	520	0	520	0	0	0	0	0	0	0	0	0	0	0	0	0	0	0	0	0	0	0	0	0	0	0	0	520
一汽客车（大连）有限公司	解放牌	120	10	130	0	0	0	0	0	0	51	70	121	0	0	0	260	0	260	0	0	0	0	0	0	0	0	0	511
赣州汽车改装厂	环球牌	0	0	0	0	0	0	4	493	497	0	0	0	0	0	0	0	0	0	0	0	0	0	0	0	0	0	0	497
一汽海马汽车有限公司	海马牌	0	0	0	465	5	470	0	0	0	0	0	0	0	0	0	0	0	0	0	0	0	0	0	0	0	0	0	470
宁波神马汽车制造有限公司	浙江牌	202	0	202	0	0	0	0	0	0	0	0	0	0	0	0	202	0	202	0	0	0	0	0	0	0	0	0	404
上汽唐山客车有限公司	飞翼牌	0	302	302	0	0	0	0	0	0	40	30	70	0	0	0	0	0	0	0	0	0	0	0	0	0	0	0	372
海马轿车有限公司	海马牌	0	0	0	5	307	312	0	0	0	0	0	0	0	0	0	0	0	0	0	0	0	0	0	0	0	0	0	312
山东昊宇车辆有限公司	超雷牌	0	0	0	0	0	0	71	230	301	0	0	0	0	0	0	0	0	0	0	0	0	0	0	0	0	0	0	301
安源客车制造有限公司	安源牌	0	238	238	0	0	0	0	0	0	32	25	57	0	0	0	0	0	0	0	0	0	0	0	0	0	0	0	295
长沙梅花汽车制造有限公司	同心牌	0	276	276	0	0	0	0	0	0	0	0	0	0	0	0	0	0	0	0	0	0	0	0	0	0	0	0	276
郑州日产汽车有限公司	东风牌	0	0	0	60	29	89	92	94	186	0	0	0	0	0	0	0	0	0	0	0	0	0	0	0	0	0	0	275

续表

企业名称	车辆品牌	纯电动客车			纯电动乘用车			纯电动专用车			插电式混合动力客车（包括增程式）			插电式混合动力乘用车（包括增程式）			非插电式混合动力客车			非插电式混合动力乘用车			燃料电池客车			燃料电池乘用车			合计（辆）
		2009—2014年	2015年	小计（辆）	2009—2014年	2015年	小计（辆）	2009—2014年	2015年	小计（辆）	2009—2014年	2015年	小计（辆）	2009—2014年	2015年	小计（辆）	2009—2014年	2015年	小计（辆）	2009—2014年	2015年	小计（辆）	2009—2014年	2015年	小计（辆）	2009—2014年	2015年	小计（辆）	
江西江铃汽车集团改装车有限公司	江铃牌	0	0	0	0	0	0	95	124	219	0	0	0	0	0	0	0	0	0	0	0	0	0	0	0	0	0	0	270
	江铃全顺牌	0	0	0	2	0	2	47	2	49	0	0	0	0	0	0	0	0	0	0	0	0	0	0	0	0	0	0	
黑龙江龙华汽车有限公司	黑龙江牌	0	28	28	0	0	0	0	0	0	5	231	236	0	0	0	0	0	0	0	0	0	0	0	0	0	0	0	264
中联重科股份有限公司	中联牌	0	0	0	0	0	0	141	119	260	0	0	0	0	0	0	0	0	0	0	0	0	0	0	0	0	0	0	260
荣成华泰汽车有限公司	华泰牌	0	0	0	0	248	248	0	0	0	0	0	0	0	0	0	0	0	0	0	0	0	0	0	0	0	0	0	252
	华泰元田牌	0	0	0	0	2	2	0	0	0	0	0	0	0	0	0	0	0	0	0	0	0	0	0	0	0	0	0	
	华泰圣达菲牌	0	0	0	0	2	2	0	0	0	0	0	0	0	0	0	0	0	0	0	0	0	0	0	0	0	0	0	
深圳东风汽车有限公司	东风牌	0	0	0	0	0	0	0	234	234	0	0	0	0	0	0	0	0	0	0	0	0	0	0	0	0	0	0	234
沈阳五洲龙新能源汽车有限公司	五洲龙牌	0	0	0	0	0	0	0	0	0	0	230	230	0	0	0	0	0	0	0	0	0	0	0	0	0	0	0	230
安徽星凯龙客车有限公司	星凯龙牌	6	218	224	0	0	0	0	0	0	0	0	0	0	0	0	0	0	0	0	0	0	0	0	0	0	0	0	224
广东云山汽车有限公司	白云牌	0	223	223	0	0	0	0	0	0	0	0	0	0	0	0	0	0	0	0	0	0	0	0	0	0	0	0	223
福建新福达汽车工业有限公司	福达牌	0	136	136	0	0	0	0	0	0	0	81	81	0	0	0	0	0	0	0	0	0	0	0	0	0	0	0	217
合肥昌河汽车有限责任公司	昌河牌	0	0	0	201	0	201	2	0	2	0	0	0	0	0	0	0	0	0	0	0	0	0	0	0	0	0	0	203
北奔重型汽车集团有限公司	北奔牌	0	2	2	0	0	0	0	0	0	0	200	200	0	0	0	0	0	0	0	0	0	0	0	0	0	0	0	202
山西皇城相府宇航汽车制造有限公司	山西牌	22	157	179	0	0	0	0	0	0	0	2	2	0	0	0	0	0	0	0	0	0	0	0	0	0	0	0	181
佛山市飞驰汽车制造有限公司	飞驰牌	0	0	0	0	0	0	0	0	0	52	122	174	0	0	0	0	0	0	0	0	0	0	0	0	0	0	0	174
苏州益茂电动客车有限公司	东鸥牌	0	157	157	0	0	0	0	0	0	0	0	0	0	0	0	0	0	0	0	0	0	0	0	0	0	0	0	157
山东凯马汽车制造有限公司	凯马牌	0	0	0	0	0	0	1	149	150	0	0	0	0	0	0	0	0	0	0	0	0	0	0	0	0	0	0	150
北京现代汽车有限公司	首望牌	0	0	0	47	102	149	0	0	0	0	0	0	0	0	0	0	0	0	0	0	0	0	0	0	0	0	0	149

续表

企业名称	车辆品牌	纯电动客车			纯电动乘用车			纯电动专用车			插电式混合动力客车（包括增程式）			插电式混合动力乘用车（包括增程式）			非插电式混合动力客车			非插电式混合动力乘用车			燃料电池客车			燃料电池乘用车			合计（辆）
		2009—2014年	2015年	小计（辆）	2009—2014年	2015年	小计（辆）	2009—2014年	2015年	小计（辆）	2009—2014年	2015年	小计（辆）	2009—2014年	2015年	小计（辆）	2009—2014年	2015年	小计（辆）	2009—2014年	2015年	小计（辆）	2009—2014年	2015年	小计（辆）	2009—2014年	2015年	小计（辆）	
沈阳华晨金杯汽车有限公司	金杯牌	81	0	81	0	0	0	0	61	61	0	0	0	0	0	0	0	0	0	0	0	0	0	0	0	0	0	0	142
云南五龙汽车有限公司	长江牌	6	127	133	0	0	0	0	0	0	0	0	0	0	0	0	0	0	0	0	0	0	0	0	0	0	0	0	133
江苏常隆客车有限公司	常隆牌	48	53	101	0	0	0	0	0	0	0	0	0	0	0	0	0	0	0	0	0	0	0	0	0	0	0	0	131
	马可牌	30	0	30	0	0	0	0	0	0	0	0	0	0	0	0	0	0	0	0	0	0	0	0	0	0	0	0	
一汽（四川）专用汽车有限公司	远达牌	0	0	0	0	0	0	100	24	124	0	0	0	0	0	0	0	0	0	0	0	0	0	0	0	0	0	0	124
湖北新楚风汽车股份有限公司	楚风牌	0	0	0	0	0	0	0	120	120	0	0	0	0	0	0	0	0	0	0	0	0	0	0	0	0	0	0	120
北京天路通科技有限责任公司	天路牌	0	0	0	0	0	0	118	0	118	0	0	0	0	0	0	0	0	0	0	0	0	0	0	0	0	0	0	118
东风特种汽车有限公司	东风牌	0	109	109	0	0	0	0	0	0	0	0	0	0	0	0	0	0	0	0	0	0	0	0	0	0	0	0	109
浙江南车电车有限公司	南车牌	0	106	106	0	0	0	0	0	0	0	0	0	0	0	0	0	0	0	0	0	0	0	0	0	0	0	0	106
长安标致雪铁龙汽车有限公司	长安牌	0	0	0	0	106	106	0	0	0	0	0	0	0	0	0	0	0	0	0	0	0	0	0	0	0	0	0	106
武汉九通汽车厂	九通牌	0	0	0	0	0	0	4	102	106	0	0	0	0	0	0	0	0	0	0	0	0	0	0	0	0	0	0	106
江苏友谊汽车有限公司	友谊牌	0	96	96	0	0	0	0	0	0	0	0	0	0	0	0	0	0	0	0	0	0	0	0	0	0	0	0	96
江西特种汽车有限责任公司	奇特牌	0	0	0	0	0	0	18	69	87	0	0	0	0	0	0	0	0	0	0	0	0	0	0	0	0	0	0	87
江苏登达汽车有限公司	钻石牌	0	85	85	0	0	0	0	0	0	0	0	0	0	0	0	0	0	0	0	0	0	0	0	0	0	0	0	85
重庆五洲龙新能源汽车有限公司	五洲龙牌	0	0	0	0	0	0	0	0	0	64	9	73	0	0	0	0	0	0	0	0	0	0	0	0	0	0	0	73
福建龙马环卫装备股份有限公司	福龙马牌	0	0	0	0	0	0	50	26	76	0	0	0	0	0	0	0	0	0	0	0	0	0	0	0	0	0	0	76
东风悦达起亚汽车有限公司	华骐牌	0	0	0	44	30	74	0	0	0	0	0	0	0	0	0	0	0	0	0	0	0	0	0	0	0	0	0	76
	典悦牌	0	0	0	2	0	2	0	0	0	0	0	0	0	0	0	0	0	0	0	0	0	0	0	0	0	0	0	
江西江铃集团晶马汽车有限公司	晶马牌	0	65	65	0	0	0	0	0	0	0	0	0	0	0	0	0	0	0	0	0	0	0	0	0	0	0	0	65

续表

企业名称	车辆品牌	纯电动客车			纯电动乘用车			纯电动专用车			插电式混合动力客车（包括增程式）			插电式混合动力乘用车（包括增程式）			非插电式混合动力客车			非插电式混合动力乘用车			燃料电池客车			燃料电池乘用车			合计（辆）
		2009—2014年	2015年	小计（辆）	2009—2014年	2015年	小计（辆）	2009—2014年	2015年	小计（辆）	2009—2014年	2015年	小计（辆）	2009—2014年	2015年	小计（辆）	2009—2014年	2015年	小计（辆）	2009—2014年	2015年	小计（辆）	2009—2014年	2015年	小计（辆）	2009—2014年	2015年	小计（辆）	
江苏悦达专用车有限公司	悦达牌	0	0	0	0	0	0	0	64	64	0	0	0	0	0	0	0	0	0	0	0	0	0	0	0	0	0	0	64
一汽客车（无锡）有限公司	解放牌	60	0	60	0	0	0	0	0	0	0	0	0	0	0	0	0	0	0	0	0	0	0	0	0	0	0	0	60
天津市泓锋泰汽车改装有限公司	泓锋泰牌	0	0	0	0	0	0	0	55	55	0	0	0	0	0	0	0	0	0	0	0	0	0	0	0	0	0	0	55
江苏尼欧凯汽车有限公司	尼欧凯牌	0	51	51	0	0	0	0	0	0	0	0	0	0	0	0	0	0	0	0	0	0	0	0	0	0	0	0	51
上海沪光客车厂	沪光牌	0	0	0	0	0	0	1	40	41	0	0	0	0	0	0	0	0	0	0	0	0	0	0	0	0	0	0	41
西虎汽车工业有限公司	西虎牌	0	0	0	0	0	0	0	0	0	0	40	40	0	0	0	0	0	0	0	0	0	0	0	0	0	0	0	40
柳州延龙汽车有限公司	延龙牌	0	0	0	0	0	0	27	10	37	0	0	0	0	0	0	0	0	0	0	0	0	0	0	0	0	0	0	37
盐城中威客车有限公司	中大牌	31	0	31	0	0	0	0	0	0	0	0	0	0	0	0	0	0	0	0	0	0	0	0	0	0	0	0	31
柳州五菱汽车工业有限公司	五菱牌	0	0	0	0	0	0	30	0	30	0	0	0	0	0	0	0	0	0	0	0	0	0	0	0	0	0	0	30
吉林省高新电动汽车有限公司	环菱牌	28	0	28	0	0	0	0	0	0	0	0	0	0	0	0	0	0	0	0	0	0	0	0	0	0	0	0	28
长春华奥汽车制造有限公司	金华奥牌	2	0	2	0	0	0	0	0	0	5	0	5	0	0	0	21	0	21	0	0	0	0	0	0	0	0	0	28
广州市环境卫生机械设备厂	广环牌	0	0	0	0	0	0	0	25	25	0	0	0	0	0	0	0	0	0	0	0	0	0	0	0	0	0	0	25
浙江飞碟汽车制造有限公司	飞碟牌	0	0	0	5	20	25	0	0	0	0	0	0	0	0	0	0	0	0	0	0	0	0	0	0	0	0	0	25
烟台海德专用汽车有限公司	海德牌	0	0	0	0	0	0	0	24	24	0	0	0	0	0	0	0	0	0	0	0	0	0	0	0	0	0	0	24
浙江康迪车业有限公司	康迪牌	0	0	0	0	0	0	22	0	22	0	0	0	0	0	0	0	0	0	0	0	0	0	0	0	0	0	0	22
哈飞汽车股份有限公司	哈飞牌	0	0	0	17	0	17	0	0	0	0	0	0	0	0	0	0	0	0	0	0	0	0	0	0	0	0	0	17
湖南恒润高科股份有限公司	恒润牌	0	0	0	0	0	0	8	7	15	0	0	0	0	0	0	0	0	0	0	0	0	0	0	0	0	0	0	15

续表

企业名称	车辆品牌	纯电动客车			纯电动乘用车			纯电动专用车			插电式混合动力客车（包括增程式）			插电式混合动力乘用车（包括增程式）			非插电式混合动力客车			非插电式混合动力乘用车			燃料电池客车			燃料电池乘用车			合计（辆）
		2009—2014年	2015年	小计（辆）	2009—2014年	2015年	小计（辆）	2009—2014年	2015年	小计（辆）	2009—2014年	2015年	小计（辆）	2009—2014年	2015年	小计（辆）	2009—2014年	2015年	小计（辆）	2009—2014年	2015年	小计（辆）	2009—2014年	2015年	小计（辆）	2009—2014年	2015年	小计（辆）	
天津一汽夏利汽车股份有限公司	威志牌	0	0	0	14	0	14	0	0	0	0	0	0	0	0	0	0	0	0	0	0	0	0	0	0	0	0	0	14
桂林客车工业集团有限公司	桂林牌	13	0	13	0	0	0	0	0	0	0	0	0	0	0	0	0	0	0	0	0	0	0	0	0	0	0	0	13
中上汽车有限公司	中上牌	10	0	10	0	0	0	0	0	0	0	0	0	0	0	0	0	0	0	0	0	0	0	0	0	0	0	0	10
无锡华策汽车有限公司	华新牌	0	10	10	0	0	0	0	0	0	0	0	0	0	0	0	0	0	0	0	0	0	0	0	0	0	0	0	10
浙江宝成机械科技有限公司	宝裕牌	0	0	0	0	0	0	0	8	8	0	0	0	0	0	0	0	0	0	0	0	0	0	0	0	0	0	0	8
郑州宇通重工有限公司	宇通牌	0	0	0	0	0	0	0	7	7	0	0	0	0	0	0	0	0	0	0	0	0	0	0	0	0	0	0	7
中国重型汽车集团寿光泰丰专用汽车有限公司	泰汽牌	0	0	0	0	0	0	0	5	5	0	0	0	0	0	0	0	0	0	0	0	0	0	0	0	0	0	0	5
新乡市新能电动汽车有限公司	昕能牌	0	0	0	0	0	0	0	5	5	0	0	0	0	0	0	0	0	0	0	0	0	0	0	0	0	0	0	5
中车集团西安骊山汽车制造厂	骊山牌	0	5	5	0	0	0	0	0	0	0	0	0	0	0	0	0	0	0	0	0	0	0	0	0	0	0	0	5
天津市华夏车辆制造有限公司	天华兴牌	0	0	0	0	0	0	0	4	4	0	0	0	0	0	0	0	0	0	0	0	0	0	0	0	0	0	0	4
河南森源重工有限公司	森源牌	0	0	0	0	0	0	0	4	4	0	0	0	0	0	0	0	0	0	0	0	0	0	0	0	0	0	0	4
湖北精功科技有限公司	精工楚天牌	0	0	0	0	0	0	0	4	4	0	0	0	0	0	0	0	0	0	0	0	0	0	0	0	0	0	0	4
北京市京华客车有限责任公司	京华牌	1	0	1	0	0	0	0	0	0	0	0	0	0	0	0	2	0	2	0	0	0	0	0	0	0	0	0	3
重庆盛时达汽车有限公司	炫虎牌	0	0	0	0	0	0	0	3	3	0	0	0	0	0	0	0	0	0	0	0	0	0	0	0	0	0	0	3
四川新筑通工汽车有限公司	通工牌	0	0	0	0	0	0	0	2	2	0	0	0	0	0	0	0	0	0	0	0	0	0	0	0	0	0	0	2
上海浦东一汽青岛专用车厂	速通牌	0	0	0	0	0	0	2	0	2	0	0	0	0	0	0	0	0	0	0	0	0	0	0	0	0	0	0	2
重庆长安铃木汽车有限公司	长安牌	0	0	0	0	2	2	0	0	0	0	0	0	0	0	0	0	0	0	0	0	0	0	0	0	0	0	0	2

续表

企业名称	车辆品牌	纯电动客车			纯电动乘用车			纯电动专用车			插电式混合动力客车（包括增程式）			插电式混合动力乘用车（包括增程式）			非插电式混合动力客车			非插电式混合动力乘用车			燃料电池客车			燃料电池乘用车			合计（辆）
		2009—2014年	2015年	小计（辆）	2009—2014年	2015年	小计（辆）	2009—2014年	2015年	小计（辆）	2009—2014年	2015年	小计（辆）	2009—2014年	2015年	小计（辆）	2009—2014年	2015年	小计（辆）	2009—2014年	2015年	小计（辆）	2009—2014年	2015年	小计（辆）	2009—2014年	2015年	小计（辆）	
杭州越西客车制造有限公司	悦西牌	0	2	2	0	0	0	0	0	0	0	0	0	0	0	0	0	0	0	0	0	0	0	0	0	0	0	0	2
普天新能源汽车（山东）有限公司	鸿雁牌	0	0	0	0	0	0	0	1	1	0	0	0	0	0	0	0	0	0	0	0	0	0	0	0	0	0	0	1
航天晨光股份有限公司	三力牌	0	0	0	0	0	0	0	1	1	0	0	0	0	0	0	0	0	0	0	0	0	0	0	0	0	0	0	1
北京北重汽车改装有限公司	北重电牌	0	0	0	0	0	0	0	1	1	0	0	0	0	0	0	0	0	0	0	0	0	0	0	0	0	0	0	1
扬州三源机械有限公司	三联牌	0	0	0	0	0	0	0	0	0	0	0	0	0	0	0	0	0	0	0	0	0	0	0	0	0	0	0	0
武汉市汉福专用车有限公司	金银湖牌	0	0	0	0	0	0	0	0	0	0	0	0	0	0	0	0	0	0	0	0	0	0	0	0	0	0	0	0
青岛中汽特种汽车有限公司	青特牌	0	0	0	0	0	0	0	0	0	0	0	0	0	0	0	0	0	0	0	0	0	0	0	0	0	0	0	0
华晨客车（大连）有限公司	佰斯威牌	0	0	0	0	0	0	0	0	0	0	0	0	0	0	0	0	0	0	0	0	0	0	0	0	0	0	0	0
杭州长江汽车有限公司	长江牌	0	0	0	0	0	0	0	0	0	0	0	0	0	0	0	0	0	0	0	0	0	0	0	0	0	0	0	0
广西源正新能源汽车有限公司	广客牌	0	0	0	0	0	0	0	0	0	0	0	0	0	0	0	0	0	0	0	0	0	0	0	0	0	0	0	0
广汽本田汽车有限公司	理念牌	0	0	0	0	0	0	0	0	0	0	0	0	0	0	0	0	0	0	0	0	0	0	0	0	0	0	0	0
成都大运汽车集团有限公司	大运牌	0	0	0	0	0	0	0	0	0	0	0	0	0	0	0	0	0	0	0	0	0	0	0	0	0	0	0	0
合计（辆）		18481	97272	115753	76841	151272	228113	8753	49394	58147	19434	24614	44048	18499	63755	82254	21188	100	21288	28314	14928	43242	46	0	46	10	10	20	592911

二、2015 年 1 月至 2016 年 3 月节能与新能源汽车产量统计

1. 纯电动汽车产量统计

（1）大中型客车、轻型客车

企业名称	中文品牌	车辆类型	车辆型号	底盘型号	燃料种类	轴距（mm）	总质量（kg）	整备质量（kg）	外形尺寸（mm）			电动汽车续驶里程（工况法，km）	电动汽车续驶里程（等速法，km）	电动汽车30分钟最高车速（km/h）	最高车速（km/h）	2015年													2016年				合计（辆）
									长	宽	高					1月	2月	3月	4月	5月	6月	7月	8月	9月	10月	11月	12月	小计（辆）	1月	2月	3月	小计（辆）	
郑州宇通客车股份有限公司	宇通牌	纯电动城市客车	ZK6105BEVG3	承载式车身	纯电动	6100	16000	9900;10300	10500	2500	3050;3200	—	200	68	69	0	0	0	0	0	0	2	14	50	2	13	4	14781	0	0	0	595	15376
			ZK6105BEVG5	承载式车身	纯电动	6100	16000	11000;11400	10500	2500	3050;3200	—	400	69	69	0	0	0	0	0	0	2	0	0	86	12	0		0	0	0		
			ZK6105BEVG6	承载式车身	纯电动	6100	16000	10500;11100 11600	10500	2500	3050;3200 3735;3380	—	260	69	69	0	0	0	0	0	0	60	0	75	0	82	155		47	0	0		
			ZK6115BEVG1	ZK6106EVGC1	纯电动	5250	16500	11600	10690	2500	3200;3430	—	280	69	69	0	0	0	0	0	0	0	0	0	68	13	41		0	0	2		
			ZK6125BEVG1	承载式车身	纯电动	6000	18000	12000;12600	12000	2550	3070;3250	91	160	65	69	0	0	0	0	0	0	0	0	0	0	0	1		0	0	0		
			ZK6125BEVG12	承载式车身	纯电动	6100	18000	12600;13200	12000	2550	3050;3250	—	400	69	69	0	0	0	0	0	0	0	0	0	0	0	0		20	0	0		
			ZK6125BEVG14	承载式车身	纯电动	6100	18000	11400;12000 12300	12000	2550	3050;3250 3785;3430	—	260	69	69	0	0	0	0	0	0	0	0	0	0	0	62		0	1	0		
			ZK6125BEVG6	承载式车身	纯电动	6100	18000	12400;13000	12000	2550	3250;3050	320	400	68	69	16	0	25	0	19	0	8	0	0	0	0	1		0	0	0		
			ZK6125BEVG7	承载式车身	纯电动	6100	18000	11400;12000	12000	2550	3250;3050	—	240	68	69	0	0	0	0	0	0	0	0	0	0	0	4		0	0	0		
			ZK6641BEVG10	承载式车身	纯电动	3850	6200	4150;4340	6395 6415	2065	2710;2930	—	257	69	69	0	0	0	0	0	0	0	0	0	0	0	40		0	0	0		
			ZK6641BEVG3	承载式车身	纯电动	3850	5800	3900;4100	6395 6415	2065	2710;2930	150	170	69	69	0	0	0	0	0	230	1620	610	540	22	44	35		0	0	0		
			ZK6641BEVG4	承载式车身	纯电动	3850	6200	4190;4360	6395 6415	2065	2710;2930	—	200	69	69	0	0	0	0	0	0	0	0	282	325	347	444		0	0	0		
			ZK6701BEVG3	承载式车身	纯电动	4500	6000	4190;4360	7045	2065	2710;2930	160	200	69	69	0	30	2	0	0	12	20	0	13	30	25	78		0	0	0		
			ZK6701BEVG5	承载式车身	纯电动	4500	6200	4150;4340	7045	2065	2710;2930	—	257	45	69	0	0	0	0	0	0	0	0	0	0	0	0		0	0	10		
			ZK6705BEVG1	承载式车身	纯电动	3450	8850	6150;6350	7000	2350	3105;2900	—	160	69	69	0	0	0	0	0	7	70	56	35	52	127	195		0	0	0		
			ZK6805BEVG1	承载式车身	纯电动	4450	10200	6300;6490	8000	2350	3105;2900	—	170	69	69	0	0	0	0	40	10	252	269	179	627	1082	659		0	0	0		
			ZK6805BEVG3	承载式车身	纯电动	4450	10200	7100;7300	8005	2350	3105;2900 3585;3240	—	251	69	69	0	0	0	0	0	0	0	0	0	0	103	976		347	25	86		

续表

企业名称	中文品牌	车辆类型	车辆型号	底盘型号	燃料种类	轴距（mm）	总质量（kg）	整备质量（kg）	外形尺寸（mm）			电动汽车续驶里程（工况法，km）	电动汽车续驶里程（等速法，km）	电动汽车30分钟最高车速（km/h）	最高车速（km/h）	2015年													2016年				合计（辆）
									长	宽	高					1月	2月	3月	4月	5月	6月	7月	8月	9月	10月	11月	12月	小计（辆）	1月	2月	3月	小计（辆）	
郑州宇通客车股份有限公司	宇通牌	纯电动城市客车	ZK6845BEVG1	承载式车身	纯电动	4300	12500	7800;8270	8405	2500	2925;3195	—	220	69	69	0	0	0	0	10	0	0	12	32	0	41	129		0	0	0		
			ZK6875BEVG1	承载式车身	纯电动	4300	13700	8900;9350	8680	2500	2925;3195	—	280	69	69	0	0	0	0	0	0	0	0	2	0	36	0		0	0	0		
		纯电动客车	ZK6106BEV1	承载式车身	纯电动	5250	16000	12100	10490	2500	3150;3300	245	330;255	90;100	90100	0	0	0	0	0	1	2	0	0	0	0	0		0	0	0		
			ZK6106BEV2	承载式车身	纯电动	5250	16000	10900	10490	2500	3230;3400	160	210;164	90;100	90100	7	51	75	24	0	16	0	5	0	22	2	0		0	0	0		
			ZK6115BEV1	ZK6106EVC2	纯电动	5250	16500	11800;12320	10690	2500	3200;3430	215	260	68;90	90	12	1	0	44	13	193	194	243	128	106	348	299		0	0	0		
			ZK6115BEV2	ZK6106EVC3	纯电动	5250	16500	11600	10690	2500	3200;3430	215	260	90	90	0	2	105	132	22	25	46	3	20	7	16	102		0	0	0		
			ZK6115BEV2Z	ZK6106EVC10	纯电动	5250	17000	11600;12200	10690	2500	3200;3430	—	260	100	100	0	0	0	0	0	0	0	0	0	0	0	0		19	0	1		
			ZK6115BEV5	ZK6106EVC7	纯电动	5250	16500	11600	10690	2500	3200;3430	—	280	90	90	0	0	0	0	0	0	0	0	57	27	118	303		15	0	2		
			ZK6119BEVQ1	承载式车身	纯电动	5680	17000	13100	11300	2500	3650;3450	—	400	100	100	0	0	0	0	0	0	0	0	0	0	1	0		0	0	0		
			ZK6125BEV1	承载式车身	纯电动	6050	18000	13100	12000	2550	3355;3510	180	240	90	90	0	0	0	0	0	1	44	0	0	0	0	12		0	0	0		
			ZK6125BEV1Z	承载式车身	纯电动	6050	18000	12350;13100	12000	2550	3355;3510	—	300	100	100	0	0	0	0	0	0	0	0	0	0	0	0		0	0	8		
			ZK6125BEV2	承载式车身	纯电动	6050	18000	13100	12000	2550	3355;3510	—	240	90	90	0	0	0	0	0	0	0	0	0	0	0	2		0	0	0		
			ZK6125BEV4	承载式车身	纯电动	6050	18000	13700	12000	2550	3355;3510	—	455	90	90	0	0	0	0	0	0	0	0	0	0	0	0		1	0	0		
			ZK6641BEVQ1	承载式车身	纯电动	3850	6200	3900;4100	6415 6395	2065	2710;2930	—	160	100	100	0	0	0	0	0	0	0	0	0	0	1	0		0	0	0		
			ZK6641BEVQ2	承载式车身	纯电动	3850	6200	4150;4340	6395 6415	2065	2710;2930	—	257	45	80	0	0	0	0	0	0	0	0	0	27	63	3		0	0	0		
			ZK6641BEVQ3	承载式车身	纯电动	3850	6200	3900;4100	6395 6415	2065	2710;2930	—	201	45	80	0	0	0	0	0	0	0	0	0	0	0	4		0	0	0		
			ZK6701BEVQ2	承载式车身	纯电动	4500	6000	4250;4440	7045	2065	2710;2930	160	200	100	100	0	0	0	0	0	0	0	0	9	0	0	0		0	0	0		
			ZK6701BEVQ3	承载式车身	纯电动	4500	6000	4050;4280	7045	2065	2710;2930	160	200	100	100	146	95	208	48	106	229	84	33	31	42	197	50		0	0	0		
			ZK6701BEVQ4	承载式车身	纯电动	4500	6000	4250;4440	7045	2065	2710;2930	190	250	100	100	0	0	0	0	0	0	1	0	0	0	1	0		0	0	0		
			ZK6701BEVQ5	承载式车身	纯电动	4500	6200	4150;4340	7045	2065	2710;2930	—	257	45	100	0	0	0	0	0	0	0	1	0	0	1	4		4	0	1		
			ZK6808BEVQ1	承载式车身	纯电动	4450	11480	8300;8000	8045	2360	3015;3260	—	252	80	80	0	0	0	0	0	0	0	0	0	0	0	1		0	0	0		
			ZK6906BEVQ1	承载式车身	纯电动	4750	14000	10100;10400	8995	2500	3450;3200	—	300	100	100	0	0	0	0	0	0	0	0	0	0	0	0		6	0	0		

续表

企业名称	中文品牌	车辆类型	车辆型号	底盘型号	燃料种类	轴距(mm)	总质量(kg)	整备质量(kg)	外形尺寸(mm) 长	宽	高	电动汽车续驶里程(工况法,km)	电动汽车续驶里程(等速法,km)	电动汽车30分钟最高车速(km/h)	最高车速(km/h)	2015年 1月	2月	3月	4月	5月	6月	7月	8月	9月	10月	11月	12月	小计(辆)	2016年 1月	2月	3月	小计(辆)	合计(辆)
南京金龙客车制造有限公司	东宇牌	纯电动城市客车	NJL6100BEV2	承载式车身	纯电动	5000	16795	12200;12500	10490	2500	3020;3170	—	200	70	69	0	10	0	0	0	15	0	0	0	0	0	40	9465	0	0	0	646	10111
			NJL6100BEV5	承载式车身	纯电动	5000	16500	11500;11800	10490	2500	3020;3170	—	150	70	69	24	0	0	0	0	0	35	0	0	40	29	13		0	0	0		
			NJL6100BEV7	承载式车身	纯电动	5000	16795	11600;11900	10490	2500	3020;3170	—	220	69	69	0	0	1	0	0	0	0	0	0	0	0	0		0	0	0		
			NJL6100BEV8	承载式车身	纯电动	5000	16795	11600;11900	10490	2500	3020;3170	—	150	69	69	0	0	0	0	0	0	0	0	0	0	0	2		0	0	0		
			NJL6100BEV9	承载式车身	纯电动	5000	16795	11600;11900	10490	2500	3020;3170	—	280	69	69	0	0	0	0	0	0	0	0	0	2	0	0		0	0	0		
			NJL6129BEV12	承载式车身	纯电动	6000	18000	14000	11990	2550	3200	—	350	69	69	0	0	0	0	0	0	0	0	0	5	0	352		0	0	0		
			NJL6129BEV3	承载式车身	纯电动	6000	18000	13250	11990	2550	3200	—	150	69	69	0	0	0	1	0	0	0	0	0	0	0	0		0	0	0		
			NJL6129BEV6	承载式车身	纯电动	6000	18000	13250	11990	2550	3200	—	150	69	69	0	0	0	0	0	0	0	0	0	0	57	6		0	0	0		
			NJL6129BEV7	承载式车身	纯电动	6000	18000	13250	11990	2550	3200	—	170	69	69	0	0	1	0	0	0	0	0	0	0	0	0		0	0	0		
			NJL6129BEV8	承载式车身	纯电动	6000	18000	13250	11990	2550	3200	—	260	69	69	0	0	1	0	0	0	0	0	0	0	0	0		0	0	0		
			NJL6129BEV9	承载式车身	纯电动	6000	18000	13250	11990	2550	3135	—	200	69	69	0	0	1	0	0	25	15	0	0	50	0	0		0	0	0		
			NJL6660BEV	承载式车身	纯电动	3600	6470	4250;4050	6550	2280	2840	120	150	69	69	0	0	1	0	0	0	0	0	0	0	0	0		0	0	0		
			NJL6680BEV	承载式车身	纯电动	3400	7500	5540;5740	6800	2270	2821;2952	—	155	69	69	0	0	0	0	0	0	0	0	0	0	1	0		0	0	0		
			NJL6680BEV1	承载式车身	纯电动	3400	7100	4800;5000	6800	2270	2821;2952	—	155	69	69	0	0	0	0	0	0	0	1	169	148	184	346		0	0	0		
			NJL6680BEV2	承载式车身	纯电动	3400	7500	5540;5740	6800	2270	2821;2952	—	150	69	69	0	0	0	0	0	0	0	0	0	0	1	0		0	0	0		
			NJL6680BEV5	承载式车身	纯电动	3400	7500	5540;5740	6800	2270	2821;2952	—	200	69	69	0	0	0	0	0	0	0	0	0	2	148	283		0	0	0		
			NJL6680BEV6	承载式车身	纯电动	3400	7500	5540;5740	6800	2270	2821;2952	—	160	69	69	0	0	0	0	0	0	0	0	0	3	0	0		0	0	0		
			NJL6680BEV7	承载式车身	纯电动	3400	7500	5540;5740	6800	2270	2821;2952	—	160	69	69	0	0	0	0	0	0	0	0	0	2	0	0		0	0	0		
			NJL6680BEV8	承载式车身	纯电动	3400	7500	5540;5740	6800	2270	2821;2952	—	160	69	69	0	0	0	0	0	0	0	0	0	3	0	0		0	0	0		
			NJL6680BEV9	承载式车身	纯电动	3400	7500	5540;5740	6800	2270	2821;2952	—	215	69	69	0	0	0	0	0	0	0	0	0	5	0	0		0	0	0		
			NJL6700BEV	承载式车身	纯电动	4325	5715	3580;3680	6945 7110	1995	2650;2850	—	376	100	100	0	0	0	0	0	1	9	0	0	0	0	0		0	0	0		
			NJL6700BEV1	承载式车身	纯电动	3605	7500	5600;5800	7005	2270	2821;2952	—	155	69	69	0	0	0	0	0	0	0	0	0	2	0	0		0	0	0		
			NJL6700BEV5	承载式车身	纯电动	3605	7500	5600;5800	7005	2270	2821;2952	—	200	69	69	0	0	0	0	0	0	0	0	0	2	0	0		0	0	0		
			NJL6700BEV7	承载式车身	纯电动	3605	7500	5600;5800	7005	2270	2821;2952	—	160	69	69	0	0	0	0	0	0	0	0	0	3	0	0		0	0	0		
			NJL6859BEV	承载式车身	纯电动	4050	12200	7900;8200	8490	2460	3035;3120	110	150	69	69	0	0	1	0	0	6	0	0	0	0	1	0		0	0	0		

续表

企业名称	中文品牌	车辆类型	车辆型号	底盘型号	燃料种类	轴距(mm)	总质量(kg)	整备质量(kg)	外形尺寸(mm) 长	宽	高	电动汽车续驶里程(工况法，km)	电动汽车续驶里程(等速法，km)	电动汽车30分钟最高车速(km/h)	最高车速(km/h)	2015年 1月	2月	3月	4月	5月	6月	7月	8月	9月	10月	11月	12月	小计(辆)	2016年 1月	2月	3月	小计(辆)	合计(辆)
南京金龙客车制造有限公司	东宇牌	纯电动城市客车	NJL6859BEV1	承载式车身	纯电动	4050	12200	7900;8200	8490	2460	3035;3120	—	150	69	69	0	0	1	0	0	0	0	0	0	0	350	206		0	0	0		
			NJL6859BEV2	承载式车身	纯电动	4050	12200	7900;8200	8490	2460	3035;3120	—	250	69	69	0	0	0	0	0	20	0	0	9	0	2	2		0	0	0		
			NJL6859BEV4	承载式车身	纯电动	4050	12200	7900;8200	8490	2460	3035;3120	—	250	69	69	0	0	0	0	0	0	0	0	0	3	0	0		0	0	0		
		纯电动客车	NJL6107BEV1	承载式车身	纯电动	5100	16500	12000	10420	2480	3580	—	250	90	90	0	0	0	0	0	0	0	0	0	2	0	0		0	0	0		
			NJL6107BEV2	承载式车身	纯电动	5100	16500	12600	10420	2480	3580	—	250	90	90	0	0	0	0	0	0	0	0	0	3	0	0		0	0	0		
			NJL6117BEV	承载式车身	纯电动	5600	17500	12500	10995	2480	3540	—	200	80	80	0	0	1	0	0	80	0	0	3	0	0	1		0	0	0		
			NJL6117BEV3	承载式车身	纯电动	5600	17500	12500	10995	2480	3540	—	200	80	80	0	0	1	0	0	0	0	0	0	0	0	0		0	0	0		
			NJL6117BEV4	承载式车身	纯电动	5600	17500	12500;12860	10995	2480	3540	—	200;250	80	80	0	0	1	0	0	0	12	0	0	0	0	8		0	0	0		
			NJL6117BEV5	承载式车身	纯电动	5600	17500	12500	10995	2480	3540	—	230	80	80	0	0	1	0	0	0	0	0	0	0	0	0		0	0	0		
			NJL6117BEV6	承载式车身	纯电动	5600	17500	12500	10995	2480	3540	—	230	85	85	0	0	0	0	0	0	5	0	0	0	0	0		0	0	0		
			NJL6117BEV7	承载式车身	纯电动	5600	17500	12500	10995	2480	3540	—	230	85	85	0	0	0	0	0	0	10	0	0	2	44	54		0	0	1		
			NJL6117BEV8	承载式车身	纯电动	5600	17500	12800	10995	2480	3540	—	250	80	80	0	0	0	0	0	0	5	0	0	0	0	0		0	0	0		
			NJL6118BEV	承载式车身	纯电动	5600	17000	13300;13700	10960	2480	3470;3550	—	250	80	80	0	0	0	0	0	0	0	0	7	0	0	0		0	0	0		
			NJL6118BEV1	承载式车身	纯电动	5600	17835	13300;13700	10960	2480	3470;3550	—	250	80	80	15	0	12	8	46	0	0	0	0	0	0	102		0	0	0		
			NJL6118BEV2	承载式车身	纯电动	5600	17000	13300;13700	10960	2480	3470;3550	—	140	80	80	2	0	0	0	0	0	0	0	0	0	0	0		0	0	0		
			NJL6118BEV4	承载式车身	纯电动	5600	17000	12500	10960	2480	3550	—	200	80	80	0	0	20	0	28	22	10	0	10	0	22	39		0	0	6		
			NJL6118BEV5	承载式车身	纯电动	5600	17000	12860	10960	2480	3550	—	200	80	80	0	5	6	31	5	7	11	0	0	0	0	13		0	0	0		
			NJL6118BEV7	承载式车身	纯电动	5600	17000	12860	10960	2480	3550	—	150	80	80	0	0	0	0	2	0	3	20	75	0	0	0		0	0	0		
			NJL6118BEV9	承载式车身	纯电动	5600	17000	12500	10960	2480	3550	—	200	80	80	0	0	1	0	0	0	4	46	0	0	19	0		0	0	0		
			NJL6600BEV	承载式车身	纯电动	3665	4390	2930;2980	6005	1995	2360;2650	—	170	100	100	0	0	0	0	0	0	15	3	0	0	0	5		0	0	0		
			NJL6600BEV	承载式车身	纯电动	3665	4390	2930;2980	6005	1995	2360;2650	—	170	100	100	7	0	30	1	12	94	0	0	0	0	0	0		0	0	0		
			NJL6600BEV1	承载式车身	纯电动	3665	4390	2930;2980	6005	1995	2360;2650	—	200	100	100	0	0	0	0	0	0	14	0	0	1	59	0		0	0	0		
			NJL6600BEV10	承载式车身	纯电动	3665	4390	2930;2980	6005	1995	2360;2650	180	250	100	100	0	0	0	0	0	0	9	0	0	0	0	0		0	0	0		
			NJL6600BEV13	承载式车身	纯电动	3665	4390	2930;2980	6005	1995	2360;2650	—	263	100	100	0	0	1	0	0	0	0	0	0	0	0	0		0	0	0		

续表

企业名称	中文品牌	车辆类型	车辆型号	底盘型号	燃料种类	轴距(mm)	总质量(kg)	整备质量(kg)	外形尺寸(mm)			电动汽车续驶里程(工况法,km)	电动汽车续驶里程(等速法,km)	电动汽车30分钟最高车速(km/h)	最高车速(km/h)	2015年													2016年				合计(辆)
									长	宽	高					1月	2月	3月	4月	5月	6月	7月	8月	9月	10月	11月	12月	小计(辆)	1月	2月	3月	小计(辆)	
南京金龙客车制造有限公司	东宇牌	纯电动客车	NJL6600BEV14	承载式车身	纯电动	3665	4390	2930;2980	6005	1995	2360;2650	—	250	100	100	0	0	1	0	0	0	11	0	0	0	0	0		0	0	0		
			NJL6600BEV15	承载式车身	纯电动	3665	4390	2930;2980	6005	1995	2360;2650	—	200	100	100	0	0	1	0	0	1	34	89	139	109	110	17		0	0	0		
			NJL6600BEV16	承载式车身	纯电动	3665	4390	2930;2980	6005	1995	2360;2650	—	200	100	100	0	0	0	0	0	1	9	0	1	0	0	4		0	0	0		
			NJL6600BEV17	承载式车身	纯电动	3665	4390	2930;2980	6005	1995	2360;2650	—	276	100	100	0	0	0	0	0	1	19	0	0	0	0	0		0	0	0		
			NJL6600BEV18	承载式车身	纯电动	3665	4390	2930;2980	6005	1995	2360;2650	—	276	100	100	0	0	0	0	0	1	17	0	108	46	8	72		0	0	0		
			NJL6600BEV19	承载式车身	纯电动	3665	4390	2830;2880	6005	1995	2360;2650	—	287	100	100	0	0	0	0	0	1	10	0	204	166	428	316		0	0	1		
			NJL6600BEV20	承载式车身	纯电动	3665	4390	2930;2980	6005	1995	2360;2650	—	425	100	100	0	0	0	0	0	0	8	0	0	0	0	0		0	0	0		
			NJL6600BEV21	承载式车身	纯电动	3665	4390	2930;2980	6005	1995	2360;2650	—	421	100	100	0	0	0	0	0	0	10	0	0	0	0	0		0	0	0		
			NJL6600BEV22	承载式车身	纯电动	3665	4390	2880;2930	6005	1995	2360;2650	—	402	100	100	0	0	0	0	0	0	5	0	0	0	0	0		0	0	0		
			NJL6600BEV23	承载式车身	纯电动	3665	4390	2880;2930	6005	1995	2360;2650	—	318	100	100	0	0	0	0	0	0	8	0	0	0	0	0		0	0	0		
			NJL6600BEV24	承载式车身	纯电动	3665	4390	2930;2980	6005	1995	2360;2650	—	297	100	100	0	0	0	0	0	0	5	0	0	0	0	1		0	0	1		
			NJL6600BEV25	承载式车身	纯电动	3665	4390	2930;2980	6005	1995	2360;2650	—	301	100	100	0	0	0	0	0	0	6	0	10	35	0	0		0	0	0		
			NJL6600BEV26	承载式车身	纯电动	3665	4390	2980	6005	1995	2650	—	425	69	69	0	0	0	0	0	0	0	0	0	10	0	0		0	0	0		
			NJL6600BEV27	承载式车身	纯电动	3665	4390	2880	6005	1995	2650	—	289	69	69	0	0	0	0	0	0	0	0	0	10	0	10		0	0	0		
			NJL6600BEV28	承载式车身	纯电动	3665	4390	2930;2980	6005	1995	2360;2650	—	329	100	100	0	0	0	0	0	0	0	0	0	12	0	0		0	0	0		
			NJL6600BEV29	承载式车身	纯电动	3665	4390	2980;2930	6005	1995	2650;2360	—	433	100	100	0	0	0	0	0	0	0	0	0	15	0	17		0	0	0		
			NJL6600BEV3	承载式车身	纯电动	3665	4390	2930;2980	6005	1995	2360;2650	—	180	100	100	40	28	46	35	63	105	73	193	33	3	2	5		0	0	0		
			NJL6600BEV30	承载式车身	纯电动	3665	4390	2980;2930	6005	1995	2650;2360	—	329	100	100	0	0	0	0	0	0	0	0	0	11	0	0		0	0	0		
			NJL6600BEV31	承载式车身	纯电动	3665	4390	2980	6005	1995	2650	—	329	69	69	0	0	0	0	0	0	0	0	0	10	0	0		0	0	0		
			NJL6600BEV32	承载式车身	纯电动	3665	4390	2930;2880	6005	1995	2650;2360	—	318	100	100	0	0	0	0	0	0	0	0	0	10	0	0		0	0	0		
			NJL6600BEV33	承载式车身	纯电动	3665	4390	2980;2930	6005	1995	2650;2360	—	405	100	100	0	0	0	0	0	0	0	0	0	15	0	0		0	0	0		
			NJL6600BEV34	承载式车身	纯电动	3665	4390	2980	6005	1995	2650	—	433	69	69	0	0	0	0	0	0	0	0	0	14	0	0		0	0	0		
			NJL6600BEV36	承载式车身	纯电动	3665	4390	2880;2930	6005	1995	2650;2360	—	307	100	100	0	0	0	0	0	0	0	0	0	15	0	163		0	0	0		
			NJL6600BEV37	承载式车身	纯电动	3665	4390	2880;2930	6005	1995	2650;2360	—	285	100	100	0	0	0	0	0	0	0	0	0	10	0	0		0	0	0		

续表

企业名称	中文品牌	车辆类型	车辆型号	底盘型号	燃料种类	轴距(mm)	总质量(kg)	整备质量(kg)	外形尺寸(mm)			电动汽车续驶里程(工况法,km)	电动汽车续驶里程(等速法,km)	电动汽车30分钟最高车速(km/h)	最高车速(km/h)	2015年													2016年				合计(辆)
									长	宽	高					1月	2月	3月	4月	5月	6月	7月	8月	9月	10月	11月	12月	小计(辆)	1月	2月	3月	小计(辆)	
南京金龙客车制造有限公司	东宇牌	纯电动客车	NJL6600BEV38	承载式车身	纯电动	3665	4390	2980;2930	6005	1995	2650;2360	—	417	100	100	0	0	0	0	0	0	0	0	0	13	0	0		0	0	0		
			NJL6600BEV39	承载式车身	纯电动	3665	4390	2930;2980	6005	1995	2650;2360	—	543	100	100	0	0	0	0	0	0	0	0	0	15	0	0		0	0	0		
			NJL6600BEV4	承载式车身	纯电动	3665	4390	2930;2980	6005	1995	2360;2650	—	300	100	100	0	0	0	4	0	0	0	3	1	1	2	1		0	0	0		
			NJL6600BEV40	承载式车身	纯电动	3665	4390	2930;2980	6005	1995	2650;2360	—	427	100	100	0	0	0	0	0	0	0	0	0	10	0	0		0	0	0		
			NJL6600BEV42	承载式车身	纯电动	3665	4390	2880;2830	6005	1995	2650;2360	—	253	100	100	0	0	0	0	0	0	0	0	0	0	0	150		0	0	0		
			NJL6600BEV5	承载式车身	纯电动	3665	4390	2930;2980	6005	1995	2360;2650	—	250	100	100	0	0	0	0	2	1	0	0	0	0	0	0		0	0	0		
			NJL6600BEV56	承载式车身	纯电动	3665	4390	2930;2880	6050	2020	2650;2360	—	301	100	100	0	0	0	0	0	0	0	0	0	0	0	0		0	0	6		
			NJL6600BEV58	承载式车身	纯电动	3665	4390	2880;2830	6050	2020	2650;2360	—	254	100	100	0	0	0	0	0	0	0	0	0	0	0	0		0	0	6		
			NJL6600BEV6	承载式车身	纯电动	3665	4390	2930;2980	6005	1995	2360;2650	—	240	100	100	0	0	0	0	0	6	50	95	74	6	96	192		0	0	0		
			NJL6600BEV7	承载式车身	纯电动	3665	4390	2930;2980	6005	1995	2360;2650	—	200	100	100	0	0	1	0	0	0	0	0	0	0	0	0		0	0	0		
			NJL6600BEV8	承载式车身	纯电动	3665	4390	2930;2980	6005	1995	2360;2650	—	200	100	100	0	0	0	0	0	0	12	0	0	0	0	0		0	0	0		
			NJL6600BEV9	承载式车身	纯电动	3665	4390	2930;2980	6005	1995	2360;2650	—	160	100	100	0	0	0	0	0	0	11	0	0	0	0	0		0	0	0		
			NJL6601BEV1	承载式车身	纯电动	3720	4398	2995	6070	1885	2320	—	272	100	100	0	0	0	0	0	1	12	0	0	0	0	0		0	0	0		
			NJL6601BEV10	承载式车身	纯电动	3720	4398	2945	6070	1885	2320	—	307	100	100	0	0	0	0	0	0	0	0	0	12	0	2		0	0	0		
			NJL6601BEV2	承载式车身	纯电动	3720	4398	2895	6070	1885	2320	—	288	100	100	0	0	0	0	0	1	12	0	107	99	601	1008		51	0	1		
			NJL6601BEV25	承载式车身	纯电动	3720	4398	2895	6070	1885	2320	—	257;287	100	100	0	0	0	0	0	0	0	0	0	0	0	0		0	0	6		
			NJL6601BEV3	承载式车身	纯电动	3720	4398	2945	6070	1885	2320	—	318	100	100	0	0	0	0	0	0	5	0	0	0	0	0		0	0	0		
			NJL6601BEV4	承载式车身	纯电动	3720	4398	2990	6070	1885	2320	—	418	100	100	0	0	0	0	0	0	6	0	0	0	0	0		0	0	0		
			NJL6601BEV5	承载式车身	纯电动	3720	4398	2995	6070	1885	2320	—	308	100	100	0	0	0	0	0	0	0	0	0	13	0	0		0	0	0		
			NJL6601BEV6	承载式车身	纯电动	3720	4398	2895	6070	1885	2320	—	376	100	100	0	0	0	0	0	0	0	0	0	15	0	0		0	0	0		
			NJL6601BEV9	承载式车身	纯电动	3720	4398	2995	6070	1885	2320	—	427	100	100	0	0	0	0	0	0	0	0	0	13	0	0		0	0	0		
			NJL6706BEV	承载式车身	纯电动	3935	6750	4950	7000	2050	2640;2780	120	155	80	80	0	0	0	0	0	4	0	1	5	13	14	35		0	0	0		
			NJL6706BEV1	承载式车身	纯电动	3935	6750	4950	7000	2050	2640;2780	190	250	100	100	0	0	1	0	0	0	0	0	0	0	1	52		0	0	0		
			NJL6706BEV2	承载式车身	纯电动	3935	6750	4950	7000	2050	2640;2780	—	200	100	100	0	0	0	0	0	0	5	0	0	0	0	0		0	0	0		

续表

企业名称	中文品牌	车辆类型	车辆型号	底盘型号	燃料种类	轴距(mm)	总质量(kg)	整备质量(kg)	外形尺寸(mm)			电动汽车续驶里程(工况法,km)	电动汽车续驶里程(等速法,km)	电动汽车30分钟最高车速(km/h)	最高车速(km/h)	2015年													2016年				合计(辆)
									长	宽	高					1月	2月	3月	4月	5月	6月	7月	8月	9月	10月	11月	12月	小计(辆)	1月	2月	3月	小计(辆)	
南京金龙客车制造有限公司	东宇牌	纯电动客车	NJL6706BEV4	承载式车身	纯电动	3935	6750	4950	7000	2050	2640;2780	—	250	100	100	0	0	0	0	0	0	0	0	0	2	0	0		0	0	0		
			NJL6820BEV3	承载式车身	纯电动	4000	11500	8750	8240	2420	3000	—	250	80	80	0	0	0	0	0	0	0	0	0	4	0	0		0	0	0		
	开沃牌	纯电动城市客车	NJL6100BEV10	承载式车身	纯电动	5000	16795	11100;11400	10490	2500	3020;3170	—	170	69	69	0	0	0	0	0	0	0	0	0	0	0	0		0	0	1		
			NJL6100BEV11	承载式车身	纯电动	5000	16795	11600;11900	10490	2500	3020;3170	—	250	69	69	0	0	0	0	0	0	0	0	0	0	0	0		0	0	1		
			NJL6100BEV12	承载式车身	纯电动	5000	16795	11600;11900	10490	2500	3020;3170	—	250	69	69	0	0	0	0	0	0	0	0	0	0	0	0		0	0	1		
			NJL6100BEV13	承载式车身	纯电动	5000	16795	12650;12950	10490	2500	3020;3170	—	450	69	69	0	0	0	0	0	0	0	0	0	0	0	0		0	0	1		
			NJL6100BEV6	承载式车身	纯电动	5000	16795	12650;12950	10490	2500	3020;3170	—	250	69	69	0	0	0	0	0	0	0	0	0	0	0	0		0	0	1		
			NJL6129BEV1	承载式车身	纯电动	6000	18000	14230;14490	11990	2550	2935;3235	—	250	69	69	0	0	0	0	0	0	0	0	0	0	0	0		0	0	1		
			NJL6129BEV14	承载式车身	纯电动	6000	18000	12200	11990	2550	3200	—	210	69	69	0	0	0	0	0	0	0	0	0	0	0	0		0	0	1		
			NJL6129BEV15	承载式车身	纯电动	6000	18000	14000	11990	2550	3200	—	570;660	69	69	0	0	0	0	0	0	0	0	0	0	0	0		0	0	1		
			NJL6129BEV16	承载式车身	纯电动	6000	18000	12500	11990	2550	3200	—	250	69	69	0	0	0	0	0	0	0	0	0	0	0	0		0	0	1		
			NJL6129BEV17	承载式车身	纯电动	6000	18000	13000	11990	2550	3200	—	250	69	69	0	0	0	0	0	0	0	0	0	0	0	0		0	0	1		
			NJL6680BEV11	承载式车身	纯电动	3400	8000	5540;5740	6800	2270	2821;2952	—	250	69	69	0	0	0	0	0	0	0	0	0	0	0	0		0	0	1		
			NJL6680BEV12	承载式车身	纯电动	3400	8000	5540;5740	6800	2270	2821;2952	—	250	69	69	0	0	0	0	0	0	0	0	0	0	0	0		0	0	1		
			NJL6680BEV13	承载式车身	纯电动	3400	8000	5540;5740	6800	2270	2821;2952	—	178	69	69	0	0	0	0	0	0	0	0	0	0	0	0		0	0	1		
			NJL6680BEV16	承载式车身	纯电动	3400	8000	5740;5840	6800	2270	2821;2952	—	180	69	69	0	0	0	0	0	0	0	0	0	0	0	0		0	0	1		
			NJL6680BEV20	承载式车身	纯电动	3400	8000	5540;5740	6800	2270	2821;2952	—	250	69	69	0	0	0	0	0	0	0	0	0	0	0	0		0	0	1		
			NJL6680BEV8	承载式车身	纯电动	3400	7500	5540;5740	6800	2270	2821;2952	—	250	69	69	0	0	0	0	0	0	0	0	0	0	0	0		0	0	9		
			NJL6859BEV10	承载式车身	纯电动	4050	12200	8400;8700	8490	2460	3035;3120	—	250	69	69	0	0	0	0	0	0	0	0	0	0	0	0		0	0	1		
			NJL6859BEV11	承载式车身	纯电动	4050	12200	8400;8700	8490	2460	3035;3120	—	250	69	69	0	0	0	0	0	0	0	0	0	0	0	0		0	0	1		
			NJL6859BEV12	承载式车身	纯电动	4050	12200	8400;8700	8490	2460	3035;3120	—	250	69	69	0	0	0	0	0	0	0	0	0	0	0	0		0	0	1		
			NJL6859BEV13	承载式车身	纯电动	4050	12200	8400;8700	8490	2460	3035;3120	—	250	69	69	0	0	0	0	0	0	0	0	0	0	0	0		0	0	1		
			NJL6859BEV14	承载式车身	纯电动	4050	12200	8400;8700	8490	2460	3035;3120	—	250	69	69	0	0	0	0	0	0	0	0	0	0	0	0		0	0	1		
			NJL6859BEV15	承载式车身	纯电动	4050	12200	8700;9000	8490	2460	3035;3120	—	250	69	69	0	0	0	0	0	0	0	0	0	0	0	0		0	0	1		

续表

企业名称	中文品牌	车辆类型	车辆型号	底盘型号	燃料种类	轴距(mm)	总质量(kg)	整备质量(kg)	外形尺寸(mm) 长	宽	高	电动汽车续驶里程(工况法，km)	电动汽车续驶里程(等速法，km)	电动汽车30分钟最高车速(km/h)	最高车速(km/h)	2015年 1月	2月	3月	4月	5月	6月	7月	8月	9月	10月	11月	12月	小计(辆)	2016年 1月	2月	3月	小计(辆)	合计(辆)
南京金龙客车制造有限公司	开沃牌	纯电动城市客车	NJL6859BEV17	承载式车身	纯电动	4050	12200	8400;8700	8490	2460	3035;3120	—	250	69	69	0	0	0	0	0	0	0	0	0	0	0	0		0	0	1		
			NJL6859BEV18	承载式车身	纯电动	4050	12200	8400;8700	8490	2460	3035;3120	—	250	69	69	0	0	0	0	0	0	0	0	0	0	0	0		0	0	1		
			NJL6859BEV5	承载式车身	纯电动	4050	12200	8300;8600	8490	2460	3035;3120	—	175	69	69	0	0	0	0	0	0	0	0	0	0	0	0		0	0	1		
			NJL6859BEV6	承载式车身	纯电动	4050	12200	8400;8700	8490	2460	3035;3120	—	252	69	69	0	0	0	0	0	0	0	0	0	0	0	0		0	0	1		
			NJL6859BEV7	承载式车身	纯电动	4050	12200	8300;8600	8490	2460	3035;3120	—	300	69	69	0	0	0	0	0	0	0	0	0	0	0	0		0	0	1		
			NJL6859BEV8	承载式车身	纯电动	4050	12200	8400;8700	8490	2460	3035;3120	—	255	69	69	0	0	0	0	0	0	0	0	0	0	0	0		0	0	1		
			NJL6859BEV9	承载式车身	纯电动	4050	12200	8400;8700	8490	2460	3035;3120	—	255	69	69	0	0	0	0	0	0	0	0	0	0	0	0		0	0	1		
		纯电动客车	NJL6107BEV3	承载式车身	纯电动	5100	16500	12000	10420	2480	3580	—	270	90	90	0	0	0	0	0	0	0	0	0	0	0	0		0	0	1		
			NJL6107BEV5	承载式车身	纯电动	5100	16500	12400	10420	2480	3580	—	450	90	90	0	0	0	0	0	0	0	0	0	0	0	0		0	0	1		
			NJL6117BEV1	承载式车身	纯电动	5600	17500	13300	10965	2480	3540	—	250	90	90	0	0	0	0	0	0	0	0	0	0	0	0		0	0	1		
			NJL6117BEV10	承载式车身	纯电动	5600	17500	12860	10995	2480	3540	—	250	90	90	0	0	0	0	0	0	0	0	0	0	0	0		0	0	19		
			NJL6117BEV12	承载式车身	纯电动	5600	17500	13300	10995	2480	3540	—	480	90	90	0	0	0	0	0	0	0	0	0	0	0	0		0	0	1		
			NJL6117BEV2	承载式车身	纯电动	5600	17500	13300	10965	2480	3540	—	250	80	80	0	0	0	0	0	0	0	0	0	0	0	0		0	0	1		
			NJL6117BEV7	承载式车身	纯电动	5600	17500	12860	10995	2480	3540	—	250	85	85	0	0	0	0	0	0	0	0	0	0	0	0		0	0	25		
			NJL6117BEV9	承载式车身	纯电动	5600	17500	12860	10995	2480	3540	—	250	80	80	0	0	0	0	0	0	0	0	0	0	0	0		0	0	3		
			NJL6118BEV3	承载式车身	纯电动	5600	17500	13300	10960	2480	3550	—	250	80	80	0	0	0	0	0	0	0	0	0	0	0	0		0	0	1		
			NJL6118BEV4	承载式车身	纯电动	5600	17000	12860	10960	2480	3550	—	250	80	80	0	0	0	0	0	0	0	0	0	0	0	0		0	0	5		
			NJL6118BEV6	承载式车身	纯电动	5600	17000	12860	10960	2480	3550	—	250	80	80	0	0	0	0	0	0	0	0	0	0	0	0		0	0	1		
			NJL6118BEV8	承载式车身	纯电动	5600	17500	13300	10960	2480	3550	—	250	80	80	0	0	0	0	0	0	0	0	0	0	0	0		0	0	1		
			NJL6600BEV41	承载式车身	纯电动	3665	4390	2980;2930	6005	1995	2650;2360	—	312	100	100	0	0	0	0	0	0	0	0	0	0	0	0		0	0	205		
			NJL6600BEV49	承载式车身	纯电动	3665	4390	2930;2880	6005	1995	2650;2360	—	263	100	100	0	0	0	0	0	0	0	0	0	0	0	0		0	0	7		
			NJL6600BEV50	承载式车身	纯电动	3665	4390	2980;2930	6005	1995	2650;2360	—	514	100	100	0	0	0	0	0	0	0	0	0	0	0	0		0	0	6		
			NJL6600BEV51	承载式车身	纯电动	3665	4390	2880;2830	6050	2020	2650;2360	—	256	100	100	0	0	0	0	0	0	0	0	0	0	0	0		0	0	7		
			NJL6600BEV52	承载式车身	纯电动	3665	4390	2880;2830	6050	2020	2650;2360	—	256	100	100	0	0	0	0	0	0	0	0	0	0	0	0		0	0	7		

续表

企业名称	中文品牌	车辆类型	车辆型号	底盘型号	燃料种类	轴距(mm)	总质量(kg)	整备质量(kg)	外形尺寸(mm)			电动汽车续驶里程(工况法,km)	电动汽车续驶里程(等速法,km)	电动汽车30分钟最高车速(km/h)	最高车速(km/h)	2015年													2016年				合计(辆)
									长	宽	高					1月	2月	3月	4月	5月	6月	7月	8月	9月	10月	11月	12月	小计(辆)	1月	2月	3月	小计(辆)	
南京金龙客车制造有限公司	开沃牌	纯电动客车	NJL6600BEV53	承载式车身	纯电动	3665	4390	2880;2830	6050	2020	2650;2360	—	253	100	100	0	0	0	0	0	0	0	0	0	0	0	0		0	0	10		
			NJL6600BEV54	承载式车身	纯电动	3665	4390	2930;2880	6050	2020	2650;2360	—	307	100	100	0	0	0	0	0	0	0	0	0	0	0	0		0	0	10		
			NJL6600BEV55	承载式车身	纯电动	3665	4390	2980;2930	6050	2020	2650;2360	—	575	100	100	0	0	0	0	0	0	0	0	0	0	0	0		0	0	8		
			NJL6600BEV57	承载式车身	纯电动	3665	4390	2880;2830	6050	2020	2650;2360	—	258	100	100	0	0	0	0	0	0	0	0	0	0	0	0		0	0	6		
			NJL6600BEV59	承载式车身	纯电动	3665	4390	2930;2880	6050	2020	2650;2360	—	296	100	100	0	0	0	0	0	0	0	0	0	0	0	0		0	0	6		
			NJL6600BEV60	承载式车身	纯电动	3665	4390	2980;2930	6050	2020	2650;2360	—	505	100	100	0	0	0	0	0	0	0	0	0	0	0	0		0	0	9		
			NJL6600BEV61	承载式车身	纯电动	3665	4390	2930;2880	6050	2020	2650;2360	—	297	100	100	0	0	0	0	0	0	0	0	0	0	0	0		0	0	8		
			NJL6600BEV62	承载式车身	纯电动	3665	4390	2880;2830	6050	2020	2650;2360	—	258	100	100	0	0	0	0	0	0	0	0	0	0	0	0		0	0	10		
			NJL6600BEV63	承载式车身	纯电动	3665	4390	2880;2830	6050	2020	2650;2360	—	296	100	100	0	0	0	0	0	0	0	0	0	0	0	0		0	0	6		
			NJL6601BEV14	承载式车身	纯电动	3720	4398	2895	6070	1885	2320	—	258	100	100	0	0	0	0	0	0	0	0	0	0	0	0		0	0	10		
			NJL6601BEV16	承载式车身	纯电动	3720	4398	2945	6070	1885	2320	—	335	100	100	0	0	0	0	0	0	0	0	0	0	0	0		0	0	8		
			NJL6601BEV17	承载式车身	纯电动	3720	4398	2895	6070	1885	2320	—	256	100	100	0	0	0	0	0	0	0	0	0	0	0	0		0	0	9		
			NJL6601BEV18	承载式车身	纯电动	3720	4398	2945	6070	1885	2320	—	307	100	100	0	0	0	0	0	0	0	0	0	0	0	0		0	0	10		
			NJL6601BEV19	承载式车身	纯电动	3720	4398	2895	6070	1885	2320	—	254	100	100	0	0	0	0	0	0	0	0	0	0	0	0		0	0	9		
			NJL6601BEV20	承载式车身	纯电动	3720	4398	2995	6070	1885	2320	—	427	100	100	0	0	0	0	0	0	0	0	0	0	0	0		0	0	8		
			NJL6601BEV26	承载式车身	纯电动	3720	4398	2895	6070	1885	2320	—	297	100	100	0	0	0	0	0	0	0	0	0	0	0	0		0	0	8		
			NJL6601BEV5	承载式车身	纯电动	3720	4398	2995	6070	1885	2320	—	308	100	100	0	0	0	0	0	0	0	0	0	0	0	0		0	0	101		
			NJL6706BEV8	承载式车身	纯电动	3935	7087	5100	7000	2050	2640;2780	—	250	100	100	0	0	0	0	0	0	0	0	0	0	0	0		0	0	1		
			NJL6706BEV9	承载式车身	纯电动	3935	7087	5100	7000	2050	2640;2780	—	250	100	100	0	0	0	0	0	0	0	0	0	0	0	0		0	0	1		
中通客车控股股份有限公司	中通牌	纯电动城市客车	LCK6108EV	承载式车身	纯电动	5400	16500	11050;11750	10460	2500	3330;3180 3620;3500	—	290	90	90	0	0	0	0	0	0	46	5	30	0	10	121	356	0	0	0	573	9929
			LCK6108EVG	承载式车身	纯电动	5400	16500	11700;12400	10460	2500	3330	160	150	60	69	0	6	0	0	0	100	1	0	0	15	7	7		0	0	5		
			LCK6108EVG1	承载式车身	纯电动	5400	16500	12500	10480	2500	3260	200	250	63	69	0	0	0	0	0	0	0	0	10	0	0	0		0	0	0		
			LCK6108EVG2	承载式车身	纯电动	5400	16500	13500;12700 12000	10480	2500	3260;3300	200	250	69	69	20	0	0	20	0	0	0	0	0	0	0	0		0	0	0		

续表

企业名称	中文品牌	车辆类型	车辆型号	底盘型号	燃料种类	轴距(mm)	总质量(kg)	整备质量(kg)	外形尺寸(mm)			电动汽车续驶里程(工况法,km)	电动汽车续驶里程(等速法,km)	电动汽车30分钟最高车速(km/h)	最高车速(km/h)	2015年													2016年				合计(辆)
									长	宽	高					1月	2月	3月	4月	5月	6月	7月	8月	9月	10月	11月	12月	小计(辆)	1月	2月	3月	小计(辆)	
中通客车控股股份有限公司	中通牌	纯电动城市客车	LCK6108EVG3	承载式车身	纯电动	6000	16500	10950;10400	10480	2480	3280;3120 3870;3430	—	250	69	69	0	0	0	0	0	0	0	0	0	0	0	40		0	0	0		
			LCK6108EVG4	承载式车身	纯电动	5400 6000	16500	10650;11300 11800	10480	2500	3280;3120	—	288;320	69	69	0	0	0	0	0	0	0	0	0	0	10	0		30	0	7		
			LCK6108EVG5	承载式车身	纯电动	6000	16500	11200;10550	10480	2480	3280;3120	—	250	69	69	0	0	0	0	0	0	0	0	0	0	0	0		0	0	40		
			LCK6117EV	承载式车身	纯电动	5630	16500	11600	10690	2500	3600;3500	—	250;280	90	90	0	0	0	0	0	0	0	0	0	0	0	0		0	0	1		
			LCK6122EVG3	承载式车身	纯电动	6000	18000	13700;14500	11990	2540	3260	120	150	69	69	0	0	0	0	0	0	0	0	0	0	0	1		0	0	0		
			LCK6123GEV	承载式车身	纯电动	6000	18000	11030;11550	11990	2540	3480;3620	—	155	69	69	0	0	0	0	50	0	0	0	0	0	9	2		0	0	0		
			LCK6660EVG	LCK6610REVG	纯电动	3300	6900	4700;4900	6620	2280	2820;2980	150	200	80	69	0	0	1	0	0	0	2	0	0	0	0	0		0	0	0		
			LCK6660EVG2	LCK6610REVG2	纯电动	3300	8000	5400;5200 5000	6620	2280 2250	2820;2920 3080	—	255	69	69	0	0	0	0	0	0	0	0	0	0	0	16		0	0	0		
			LCK6660EVG3	LCK6610REVG3	纯电动	3300	8000	5400;5200 5000	6620	2280 2250	2820;2920 3080	—	255	69	69	0	0	0	0	0	0	0	0	1	0	30	68		6	0	0		
			LCK6661EVG	LCK6620REVG	纯电动	3300	7490	5300;5450	6620	2280	2820;3080	180	200	80	69	0	1	0	0	4	2	0	1	0	0	0	0		0	0	0		
			LCK6663EVG	LCK6613REVG	纯电动	3300	7500	5000;5200	6620	2280 2250	2820;2920 3080	—	151	69	69	0	0	0	0	0	0	0	320	320	381	416	194		0	0	0		
			LCK6665EVG	LCK6615REVG	纯电动	3300	7500	5200;5000	6620	2280 2250	2780;2820 3080	—	151	69	69	0	0	0	0	0	0	0	57	94	302	69	302		0	0	0		
			LCK6666EVG	LCK6616REVG	纯电动	3300	7500	4800;5000	6620	2250 2280	2780;2820 3080	125	155	69	69	0	24	26	0	41	82	149	40	8	0	0	25		0	0	0		
			LCK6667EVG	LCK6617REVG	纯电动	3300	7500	4900;5100	6620	2280 2250	2780;2820 3080	—	151	69	69	0	0	0	0	0	0	0	0	100	0	1	3		0	0	0		
			LCK6668EVG	LCK6618REVG	纯电动	3300	6900	4700;4900	6620	2250 2280	2780;2820 3080	125	155	69	69	4	2	76	17	112	546	515	286	148	288	146	287		0	0	0		
			LCK6668EVG1	LCK6618REVG1	纯电动	3300	8000	5200;5000 4800	6620	2280 2250	2820;2920 3080	—	155	69	69	0	0	0	0	0	0	0	0	0	0	12	22		0	0	0		
			LCK6668EVG2	LCK6618REVG2	纯电动	3300	8000	5200;5000 4800	6620	2280 2250	2820;2920 3080	—	155	69	69	0	0	0	0	0	0	0	0	0	40	318	396		0	0	0		
			LCK6669EVG	LCK6619REVG	纯电动	3300	6900	4700;4900	6620	2250 2280	2780;2820 3080	125	155	69	69	0	0	0	0	0	0	0	0	0	4	16	0		0	0	0		

续表

企业名称	中文品牌	车辆类型	车辆型号	底盘型号	燃料种类	轴距(mm)	总质量(kg)	整备质量(kg)	外形尺寸(mm)			电动汽车续驶里程(工况法，km)	电动汽车续驶里程(等速法，km)	电动汽车30分钟最高车速(km/h)	最高车速(km/h)	2015年													2016年				合计(辆)
									长	宽	高					1月	2月	3月	4月	5月	6月	7月	8月	9月	10月	11月	12月	小计(辆)	1月	2月	3月	小计(辆)	
中通客车控股股份有限公司	中通牌	纯电动城市客车	LCK6670EV	承载式车身	纯电动	4050 3350 4150	8500 6350	5600;5800 4550;4790	6700	2250	2905;2875 2800	—	200;210	90	90	0	0	0	0	0	2	0	0	121	29	14	66		0	0	0		
			LCK6670EV1	承载式车身	纯电动	4150	6350	4550;4790	6700	2250	2905;2875 2800	—	200;210	90	90	0	0	0	0	0	0	0	0	0	4	0	1		0	0	0		
			LCK6670EVG	承载式车身	纯电动	4050 3350 4150	8300	4950;5200 5400;5690	6700	2250	2905;2875 2800	—	200;200 200	69	69	0	0	0	0	0	0	0	0	0	0	0	6		0	0	0		
			LCK6670EVG1	承载式车身	纯电动	4050 4150 3350	8500	4870;5200 5600	6700	2250	2905;2875 2800	—	150;180	69	69	0	0	0	0	0	0	0	0	0	100	0	100		0	0	0		
			LCK6809EVG	承载式车身	纯电动	4500	10690	7300;6900	8010	2390	3100;3000	—	258;276	69	69	0	0	0	0	0	0	0	0	0	0	0	51		0	97	484		
			LCK6809EVG1	承载式车身	纯电动	4500	11500	7200;6800	8010	2390	3100;3000	—	153	69	69	0	0	0	0	0	0	0	0	0	90	121	243		0	0	0		
			LCK6809EVG3	承载式车身	纯电动	4500	11500	7200;6800	8010	2390	3100;3000	—	174;191	69	69	0	0	0	0	0	0	0	0	0	0	22	100		0	0	0		
			LCK6809EVG6	承载式车身	纯电动	4500	11200	7600;7200	8010	2390	3100;3000	—	251;270	69	69	0	0	0	0	0	0	0	0	0	0	10	32		187	323	347		
			LCK6809EVG8	承载式车身	纯电动	4500	11200	7600;7200	8010	2390	3100;3000	—	252;280	62	69	0	0	0	0	0	0	0	0	0	0	0	20		0	0	0		
			LCK6809EVG9	承载式车身	纯电动	4500	10800	7200;7500	8010	2390	3100;3000	—	260;275	64	69	0	0	0	0	0	0	0	0	0	0	0	43		0	0	0		
			LCK6810EVG	LCK6760REVG	纯电动	4100	13000	8000;8200	8080	2360	3200;3000 3350	150	170	69	69	0	0	0	0	0	0	56	6	81	0	0	2		0	0	36		
			LCK6811EVG	LCK6761REVG	纯电动	4100	13000	7600;7800	8080	2360	3350;3200 3000	—	150	69	69	0	0	0	0	0	0	0	0	0	0	0	1		0	0	0		
			LCK6850EVG1	承载式车身	纯电动	4600	12500	8400;7850	8545	2480	3280;3120 3870;3430	—	200	69	69	0	0	0	0	0	0	0	0	0	0	0	91		0	0	0		
			LCK6850EVGQ	承载式车身	纯电动	3950 4400	13700 13000	9200;8700	8490 8545	2500	3330;3200 3250;3100	—	200;180	69	69	0	0	0	0	0	0	0	0	0	0	0	1		0	0	0		
		纯电动客车	LCK6118EV	承载式车身	纯电动	5720	16500	12500	11270	2500	3330;3180	160	261	90	90	0	0	0	0	0	0	1	0	0	0	0	0		0	0	0		
			LCK6600BEV	承载式车身	纯电动	3720	4400	3000	6070 6010	1880	2320;2285	—	250	100	100	0	0	0	0	0	0	0	0	0	0	0	98		0	0	0		
			LCK6609EV2	承载式车身	纯电动	3665	4510	2980;3130	6050	1995	2650;2840	—	306	100	100	0	0	0	0	0	0	0	0	0	0	0	0		0	0	9		
			LCK6729EV	LCK6650REV	纯电动	3650	8200	5500;5700	7210	2240	2900;3050	—	151	100	100	0	0	0	0	0	0	0	0	0	0	1	0		0	0	0		

续表

企业名称	中文品牌	车辆类型	车辆型号	底盘型号	燃料种类	轴距(mm)	总质量(kg)	整备质量(kg)	外形尺寸(mm)			电动汽车续驶里程(工况法，km)	电动汽车续驶里程(等速法，km)	电动汽车30分钟最高车速(km/h)	最高车速(km/h)	2015年													2016年				合计(辆)
									长	宽	高					1月	2月	3月	4月	5月	6月	7月	8月	9月	10月	11月	12月	小计(辆)	1月	2月	3月	小计(辆)	
中通客车控股股份有限公司	中通牌	纯电动客车	LCK6808EV	承载式车身	纯电动	4300	11300	8000	8030	2320	3050;2950	—	258;276 268	90	90	0	0	0	0	0	0	0	0	0	0	4	1		0	0	0		
			LCK6808EV1	承载式车身	纯电动	4300	11300	8000	8030	2320	3050;2950	—	250	90	90	0	0	0	0	0	0	0	0	0	0	0	10		0	0	0		
			LCK6808EV2	承载式车身	纯电动	4300	11300	8000	8030	2320	3050;2950	—	250;270	90	90	0	0	0	0	0	0	0	0	0	0	0	0		0	0	1		
	中通博发牌	纯电动客车	LCK6128EV	承载式车身	纯电动	6150 6000	18000	14500;13600	11990	2540	3690;3450 3350	230	300	85	85	0	0	0	0	0	0	0	0	1	0	1	1		0	0	0		
金龙联合汽车工业(苏州)有限公司	海格牌	纯电动城市客车	KLQ6109GAEV1	承载式车身	纯电动	5700	16500	12200;11800	10490	2480	2950;3150 3300	—	200	69	69	18	0	0	60	0	51	0	23	17	0	40	31		0	0	0		
			KLQ6109GAEVW	承载式车身	纯电动	5700	16500	10900;11500	10490	2480	3150;3230 3300;3500	—	251	69	69	0	0	0	0	0	0	0	0	0	0	0	0		2	0	0		
			KLQ6129GAEV3	承载式车身	纯电动	5900	18000	13500;12700 12200	12000	2550	2950;3150	—	250	69	69	2	0	0	0	20	0	0	0	0	0	0	0		0	0	0		
			KLQ6129GEV1	承载式车身	纯电动	5900	18000	13500;12700 12200	12000	2550	3150	—	160	69	69	0	0	0	0	1	0	0	0	0	0	0	50		0	0	0		
			KLQ6601GBEV	承载式车身	纯电动	3670	4625	3000	6005	1993	2670;2840	—	155	69	69	0	0	0	0	0	0	0	0	0	20	30	71		0	0	0		
			KLQ6602GEV	KLQ6592GEV	纯电动	3308	6000	4100;4300	6005	2040	2780;2715	—	150	69	69	0	0	0	0	0	0	0	0	210	80	130	2		0	0	0		
			KLQ6672GEV	承载式车身	纯电动	4200	10500	6900;7600	6740	2370	3070;3260	—	220	69	69	0	0	0	0	0	0	0	0	0	0	0	1		0	0	0		
			KLQ6702GEV	KLQ6702GEV	纯电动	3935	7600	4720;4900 5300	7020	2040	2790;2905	—	220	80	69	0	0	0	0	0	0	20	0	120	0	46	93	7097	0	0	0	60	7257
			KLQ6762GEV	承载式车身	纯电动	5100	11600	7300;8000	7640	2370	3070;3260	—	220	69	69	0	0	0	0	0	0	0	0	0	0	0	100		0	0	0		
			KLQ6832GEV1	承载式车身	纯电动	5800	12200	7600;8000	8340	2370	3070;3260	—	220	69	69	0	0	0	0	0	0	22	0	8	0	45	13		0	0	0		
			KLQ6850GEV	承载式车身	纯电动	4700	12700	8900;9400	8540	2440	3080;3180 3465;3275	—	220	69	69	0	0	0	0	0	0	0	15	54	39	296	95		0	0	0		
			KLQ6850GEVX	承载式车身	纯电动	4700	13500	8500;9000	8540	2440	3080;3180 3250;3465	—	260	69	69	0	0	0	0	0	0	0	0	0	0	0	0		0	0	71		
		纯电动客车	KLQ6109TAEV1	承载式车身	纯电动	5170	16500 17000	12600;13100	10490	2500	3590;3690	—	200	70	90	0	0	100	114	34	82	71	169	324	97	94	536		0	0	0		
			KLQ6109TAEV1A	承载式车身	纯电动	5170	17000	13100	10490	2500	3590;3690	—	200	90	90	0	0	0	0	0	0	0	0	0	0	0	50		0	0	0		
			KLQ6115HZAEV	承载式车身	纯电动	5670	16900	12760;12920	10990	2500	3390;3530	—	200	90	90	0	0	0	0	0	0	0	0	15	10	28	115		0	0	0		

续表

企业名称	中文品牌	车辆类型	车辆型号	底盘型号	燃料种类	轴距(mm)	总质量(kg)	整备质量(kg)	外形尺寸(mm)			电动汽车续驶里程(工况法，km)	电动汽车续驶里程(等速法，km)	电动汽车30分钟最高车速(km/h)	最高车速(km/h)	2015年													2016年				合计(辆)
									长	宽	高					1月	2月	3月	4月	5月	6月	7月	8月	9月	10月	11月	12月	小计(辆)	1月	2月	3月	小计(辆)	
金龙联合汽车工业(苏州)有限公司	海格牌	纯电动客车	KLQ6115HZAEV1	承载式车身	纯电动	5670	16900	12760;12920	10990	2500	3390;3530	—	200	90	90	0	0	0	0	0	0	0	0	20	0	0	0		0	0	0		
			KLQ6125ZAEV1	承载式车身	纯电动	6150	18000	13860	12000	2550	3450	—	200	80	80	0	0	0	0	0	0	0	11	0	0	0	6		0	0	0		
			KLQ6601BEV	承载式车身	纯电动	3670	4430	3180;3130	6005	1993	2370;2540 2670;2840	—	155	100	100	4	46	84	26	71	215	55	351	340	229	303	853		0	0	0		
			KLQ6601BEV1	承载式车身	纯电动	3670	4430	3180;3130	6005	1993	2370;2540 2670;2840	—	255	100	100	0	0	0	0	0	0	0	0	0	0	0	17		0	0	0		
			KLQ6601BEV1X2	承载式车身	纯电动	3670	4530	3100	6005	1993	2540;2840 2370;2670	—	285	100	100	0	0	0	0	0	0	0	0	0	0	0	0		40	19	28		
			KLQ6603BEV	承载式车身	纯电动	3670	4430	3180；3130	6005	1993	2540；2840 2370；2670	—	260	100	100	0	0	0	0	0	0	0	0	0	0	0	25		0	0	0		
			KLQ6606BEV	承载式车身	纯电动	3720	4400	2995	6045	1880	2335	—	280	100	100	0	0	0	0	0	0	0	0	0	0	0	25		0	0	0		
			KLQ6702EV	KLQ6702EV	纯电动	3935	7200	5400；5100	7020	2040	2790；2905	—	220；180	80；75	80100	0	1	1	9	2	17	16	173	19	76	52	255		0	0	0		
			KLQ6702KQEV1A	KLQ6702EV	纯电动	3935	7200	5400；5560	7020	2040	2820；2870	—	300	100	100	0	0	0	0	0	0	2	0	3	0	1	5		0	0	0		
			KLQ6802KAEV1	承载式车身	纯电动	3800	12200	8900；9200	8010	2480	3310；3420	—	260	100	100	0	0	0	0	0	0	0	0	17	0	29	76		0	0	0		
东风汽车公司	东风牌	纯电动城市客车	EQ6100CLBEV1	EQ6100KRLEV1	纯电动	5000	16500	10650;10950	10480	2500	3020;3150	—	280	69	69	0	0	0	0	0	1	0	0	0	0	0	10		0	0	0		
			EQ6102EVL	EQ6102KRL	纯电动	5600	16500	11000;11500	10350	2480	2950;3100	—	200	70	69	0	0	0	0	0	0	8	0	0	0	0	0		0	0	0		
			EQ6102HBEVA	EQ6100HEAC	纯电动	5200 5600	17500	12400;11600	10350	2480	3100;2950	—	250	70	69	0	0	0	0	0	1	0	0	0	0	1	0		0	0	0		
			EQ6110CBEV	EQ6100KREV	纯电动	5000	16500	12000	10580	2500	3160	—	275	69	69	0	0	0	0	0	0	0	0	0	0	10	0		0	0	0		
			EQ6110CLBEV	承载式车身	纯电动	5500	17500	11500;11800	11270	2550	3020;3150	—	280	60	69	0	0	0	0	0	0	1	0	0	0	0	0		0	0	0		
			EQ6111CBEV2	承载式车身	纯电动	5530	16400	11160	10800	2490	3400	—	255	69	69	0	0	0	0	0	0	0	0	0	0	0	0	5182	0	0	2	217	5399
			EQ6111CBEV3	承载式车身	纯电动	5530	16400	11160	10800	2490	3400	—	280	69	69	0	0	0	0	0	0	0	0	0	0	0	0		0	0	2		
			EQ6120CLBEV	承载式车身	纯电动	6000	18000	12600;12900	12000	2550	3020;3150	—	280	60	69	0	0	0	0	26	0	0	0	0	0	1	0		0	0	0		
			EQ6120CLBEV1	承载式车身	纯电动	6000	18000	12600;12900	12000	2550	3020;3150	—	260;310	69	69	0	0	0	0	0	0	0	0	0	0	0	50		0	50	0		
			EQ6600CBEV2	承载式车身	纯电动	3665	4885	3150;3260	6030	1995	2680;2850	—	255	≤69	69	0	0	0	0	0	0	0	0	0	2	20	0		0	0	1		
			EQ6600CBEV5	承载式车身	纯电动	3665	4885	3200	6030	1995	2680	—	253	69	69	0	0	0	0	0	0	0	0	0	0	0	0		0	0	2		
			EQ6602CBEV	承载式车身	纯电动	3300	7600	5250	6010	2250	2750;2950	—	252	69	69	0	0	0	0	0	0	0	0	0	0	0	0		0	0	2		

续表

企业名称	中文品牌	车辆类型	车辆型号	底盘型号	燃料种类	轴距(mm)	总质量(kg)	整备质量(kg)	外形尺寸(mm)			电动汽车续驶里程(工况法，km)	电动汽车续驶里程(等速法，km)	电动汽车30分钟最高车速(km/h)	最高车速(km/h)	2015年													2016年				合计(辆)
									长	宽	高					1月	2月	3月	4月	5月	6月	7月	8月	9月	10月	11月	12月	小计(辆)	1月	2月	3月	小计(辆)	
东风汽车公司	东风牌	纯电动城市客车	EQ6620CLBEV	EQ6560KRLEV	纯电动	3300	6500	4100;4250	6200	2000	2750;2890	—	160	69	69	0	0	0	0	1	1	10	11	25	153	840	1		0	0	0		
			EQ6620CLBEV1	EQ6560KRLEV1	纯电动	3300	6500	4160;4310	6200	2000	2750;2890	—	250	69	69	0	0	0	0	0	0	0	0	0	0	261	5		0	0	0		
			EQ6620CLBEV2	EQ6560KRLEV2	纯电动	3300	6500	4160;4280	6200	2000	2750;2890	—	270	69	69	0	0	0	0	0	0	0	0	0	0	0	0		0	20	93		
			EQ6730CLBEV	EQ6680KRLEV	纯电动	3300	10500	7200	7300	2400	2900;3100	—	200	69	69	0	0	0	0	0	5	0	0	0	0	1	0		0	0	0		
			EQ6810CLBEV	EQ6760KRLEV	纯电动	4100	12000	7900;8050	8100	2400	2900;3100	—	280	69	69	0	0	0	0	0	0	0	0	0	0	0	0		0	0	1		
		纯电动客车	EQ6100CLBEV	EQ6100KRLEV	纯电动	5100	16500	11400;11600	10480	2484	3200;3400	220	280	100	100	0	0	0	0	0	2	0	0	0	0	0	1		0	0	0		
			EQ6111CBEV	承载式车身	纯电动	5530	16400	11160	10800	2490	3400	—	280	≤100	100	0	0	0	0	0	0	0	0	0	2	0	15		0	0	37		
			EQ6111CBEV1	承载式车身	纯电动	5530	16400	11160	10800	2490	3400	—	255	100	100	0	0	0	0	0	0	0	0	0	0	0	0		0	0	2		
			EQ6600CBEV	承载式车身	纯电动	3665	4390	3150;3260	6030	1995	2360;2530 2605;2775	—	190	70	100	0	0	0	0	0	0	0	0	0	0	66	100		0	0	0		
			EQ6600CBEV1	承载式车身	纯电动	3665	4390	3150;3260	6030	1995	2360;2530 2605;2775	—	190	70	100	0	0	0	0	0	0	0	0	0	2	0	0		0	0	0		
			EQ6600CBEV3	承载式车身	纯电动	3665	4885	3200	6030	1995	2680	—	262	≤100	100	0	0	0	0	0	0	0	0	0	0	0	0		0	0	2		
			EQ6600CBEV4	承载式车身	纯电动	3665	4885	3200	6030	1995	2680	—	259	≤100	100	0	0	0	0	0	0	0	0	0	0	0	0		0	0	2		
			EQ6640CLBEV	承载式车身	纯电动	4210	4500	3100;3300	6350	2036	2590;2840	—	200	80	100	0	1	107	21	30	6	47	14	41	17	14	11		0	0	0		
			EQ6640CLBEV1	承载式车身	纯电动	4210	4500	3300	6350	2036	2590;2840	200	300	80	100	81	38	150	81	116	355	421	29	299	876	625	6		0	0	0		
			EQ6640CLBEV2	承载式车身	纯电动	4210	4500	3100;3300	6350	2036	2590;2840	—	200	80	100	0	0	0	0	0	2	0	0	24	16	40	81		1	0	0		
比亚迪汽车工业有限公司	比亚迪牌	纯电动城市客车	CK6100LGEV	CK6100DGAEV	纯电动	5000	17000	11900	10490	2500	3150	200	400	69	69	0	0	0	0	0	0	0	0	0	0	2	300	155	0	0	0	50	5305
			CK6100LGEV1	CK6100DGBEV	纯电动	5000	16700	11100	10490	2500	3150	—	430	69	69	0	0	10	0	0	0	29	0	97	0	31	320		0	50	0		
			CK6100LGEV2	CK6100DGCEV	纯电动	5000	17800	12200	10490	2500	3150	—	640	69	69	0	0	0	0	0	0	0	0	0	0	5	2030		0	0	0		
			CK6120LGEV1	CK6120DGCEV	纯电动	6200	18000	13800	12000	2550	3200	250	400	69	69	0	0	0	0	0	0	0	0	0	0	1	0		0	0	0		
			CK6120LGEV2	CK6120DGDEV	纯电动	5950	18000	13500	12000	2550	3360	250	400	69	69	1	0	0	0	0	0	0	2	0	0	2	1		0	0	0		
			CK6121LGEV	CK6121DGAEV	纯电动	5880	18000	12700	11980	2540	3300	—	570;505	69	69	0	0	0	0	0	0	0	68	236	1050	3	340		50	0	44		
			CK6710HZEV1	CK6710DZAEV	纯电动	4400	7665	5455	7080	2060	2955	—	295	69	69	0	0	0	0	0	0	2	0	0	7	0	2		0	0	0		
			CK6800LZEV	CK6800DZAEV	纯电动	4420	13000	9000	8060	2400	3190	180	240	69	69	0	0	0	0	0	0	0	0	0	0	2			0	0	0		
			CK6800LZEV1	CK6800DZBEV	纯电动	4140	12800	9000	8060	2420	3220	220	380	69	69	0	0	10	0	0	0	0	0	27	0	0	162		0	0	0		
			CK6800LZEV2	CK6800DZBEV	纯电动	4140	12425	8720	8060	2420	3268	—	380	69	69	0	0	0	0	0	0	1	0	0	5	0	324		0	0	2		

续表

企业名称	中文品牌	车辆类型	车辆型号	底盘型号	燃料种类	轴距(mm)	总质量(kg)	整备质量(kg)	外形尺寸(mm) 长	宽	高	电动汽车续驶里程(工况法,km)	电动汽车续驶里程(等速法,km)	电动汽车30分钟最高车速(km/h)	最高车速(km/h)	2015年 1月	2月	3月	4月	5月	6月	7月	8月	9月	10月	11月	12月	小计(辆)	2016年 1月	2月	3月	小计(辆)	合计(辆)
比亚迪汽车工业有限公司	比亚迪牌	纯电动旅游客车	CK6120LLEV	CK6120DLAEV	纯电动	6000	18000	13870	12000	2500 2525	3550;3585	280	430	100	100	0	0	0	0	0	0	2	0	0	0	29	0		0	0	0		
			CK6120LLEV1	CK6120DLAEV	纯电动	6000	18000	13550	12000	2500 2525	3550;3585	—	220;380 420	100	100	0	0	0	0	0	0	0	0	0	0	0	10		0	3	1		
			CK6700HLEV	CK6700DLAEV	纯电动	3985	8315	6755	7080	2060	2790	340	230	125	100	0	0	0	0	0	0	9	0	0	0	22	0		0	0	0		
			CK6711HLEV	CK6711DLAEV	纯电动	3985	7400	5750	7090	2060	2840	—	380	100	100	0	0	0	0	0	0	3	0	0	5	0	5		0	0	0		
江苏九龙汽车制造有限公司	大马牌	纯电动城市客车	HKL6660GBEV1	承载式车身	纯电动	3300	7000	4950	6600	2250	2820;2890	—	165;205	69	69	0	0	0	0	0	0	0	0	0	0	0	10	4169	0	0	0	11	4780
			HKL6800BEV	承载式车身	纯电动	4100	10000	5800	8050	2400	2880;2950	—	205	69	69	0	0	0	0	0	0	0	0	0	0	40	368		0	0	0		
		纯电动客车	HKL6600BEV	承载式车身	纯电动	3720	4398	2995	6010	1880	2320	150	210	100	100	19	25	53	100	223	429	209	252	437	306	385	128		0	0	0		
			HKL6600BEV1	承载式车身	纯电动	3720	4210	2800	6010	1880	2320	—	220	100	100	0	0	0	0	0	0	0	0	0	10	10	4		0	0	0		
			HKL6600BEV2	承载式车身	纯电动	3720	4250	2800	6010	1880	2320	—	210	100	100	0	0	0	0	0	0	0	0	0	0	0	490		0	0	0		
			HKL6600BEV3	承载式车身	纯电动	3720	4250	2800	6010	1880	2320	—	210	100	100	0	0	0	0	0	0	0	0	0	0	12	50		0	0	0		
			HKL6600BEV5	承载式车身	纯电动	3720	4250	2800	6010	1880	2320	—	280	100	100	0	0	0	0	0	0	0	0	0	0	0	100		71	21	86		
			HKL6600BEVB1	承载式车身	纯电动	3720	4405	2900	6010	1880	2320	—	251	100	100	0	0	0	0	0	0	0	0	0	0	1	506		0	0	0		
			HKL6601BEV	承载式车身	纯电动	3720	4398	2995	6010	1880	2320	—	300;260	100	100	0	0	0	0	0	0	0	0	0	0	0	0		67	77	289		
			HKL6700BEV	承载式车身	纯电动	3935	7000	4950	7005	2040	2645;2725	—	150	100	100	0	0	0	0	0	0	0	0	0	0	0	2		0	0	0		
厦门金龙旅行车有限公司	金旅牌	纯电动城市客车	XML6105JEV20C	承载式车身	纯电动	5000	17500	12200	10480	2500	3300;3150	—	200	69	69	0	0	0	0	0	0	0	0	0	192	0	5	739	0	0	0	1	3810
			XML6105JEV50C	承载式车身	纯电动	5400	18000	12200	10480	2500	3300;3150	—	150	69	69	0	0	0	0	0	0	0	0	0	0	30	0		0	0	0		
			XML6105JEV60C	承载式车身	纯电动	5000	17500	12500	10480	2500	3300;3150	—	275	69	69	0	0	0	0	0	0	0	0	84	0	0	30		0	0	0		
			XML6105JEV70C	承载式车身	纯电动	5000	16900	11900;12500	10480	2500	3300;3150	—	251	69	69	0	0	0	0	0	0	0	0	0	0	35	0		0	30	0		
			XML6105JEV90C	承载式车身	纯电动	5400	18000	12200	10480	2500	3300;3150	—	151	69	69	0	0	0	0	0	0	0	0	0	0	18	0		0	0	0		
			XML6115JEV50C	承载式车身	纯电动	5700	17500	12550;12940	11380	2540	3335;3150	—	235	69	69	0	0	0	0	0	0	1	29	30	0	0	0		0	0	0		
			XML6115JEV60C	承载式车身	纯电动	5700	17500	12400	11380	2540	3335;3150	—	300	69	69	0	0	0	0	0	0	0	0	0	0	41	21		0	0	0		
			XML6125JEVA0C	承载式车身	纯电动	6100	18000	13700;14090	11980	2540	3300;3150	—	210	69	69	0	0	0	0	0	0	0	0	6	0	0	0		0	0	0		
			XML6125JEVB0C	承载式车身	纯电动	6430	18000	13700	11980	2540	3300;3150	—	330	69	69	0	0	0	0	0	0	0	0	106	0	0	0		0	0	0		
			XML6125JEVC0C	承载式车身	纯电动	5980	18000	13500	12000	2540	3300;3150	—	320	69	69	0	0	0	0	0	0	0	0	0	0	22	0		0	0	0		

续表

企业名称	中文品牌	车辆类型	车辆型号	底盘型号	燃料种类	轴距(mm)	总质量(kg)	整备质量(kg)	外形尺寸(mm) 长	外形尺寸(mm) 宽	外形尺寸(mm) 高	电动汽车续驶里程(工况法，km)	电动汽车续驶里程(等速法，km)	电动汽车30分钟最高车速(km/h)	最高车速(km/h)	2015年 1月	2015年 2月	2015年 3月	2015年 4月	2015年 5月	2015年 6月	2015年 7月	2015年 8月	2015年 9月	2015年 10月	2015年 11月	2015年 12月	2015年 小计(辆)	2016年 1月	2016年 2月	2016年 3月	2016年 小计(辆)	合计(辆)
厦门金龙旅行车有限公司	金旅牌	纯电动城市客车	XML6125JEVD0C	承载式车身	纯电动	6430	18000	13700	11980	2540	3400	—	220;200	69	69	0	0	0	0	0	0	0	0	0	0	0	110		0	0	0		
			XML6700JEV10C	承载式车身	纯电动	3935	7500	5050	7045	2050	2640;2770 2890	—	165	69	69	0	0	0	0	0	56	29	4	40	85	26	8		0	0	0		
			XML6700JEV30C	承载式车身	纯电动	3935	7500	5100;5400	7045	2050	2640;2770 2890	—	151	69	69	0	0	0	0	0	15	0	0	0	0	62	65		0	0	0		
			XML6700JEV50C	承载式车身	纯电动	3935	7500	5280	7045	2050	2640;2770 2890	—	180	69	69	0	0	0	0	0	0	0	0	0	50	0	0		0	0	0		
			XML6700JEV60C	承载式车身	纯电动	3935	7500	5100;5280	7045	2050	2640;2770 2890	—	251	69	69	0	0	0	0	0	0	0	0	0	30	0	0		0	0	0		
			XML6700JEV80C	承载式车身	纯电动	3935	7500	5150;5400	7045	2050	2640;2770 2890	—	200	69	69	0	0	0	0	0	35	0	0	0	0	1	0		0	0	0		
			XML6700JEVA0C	承载式车身	纯电动	3935	7500	5100;5280	7045	2050	2640;2770 2890	—	200	69	69	0	0	0	0	0	0	0	0	20	0	63	268		0	0	0		
			XML6805JEV10C	承载式车身	纯电动	3800 4350	12200 13500	8700;9000 9500	8005 8045	2300 2460	2940;3050 3165	—	160;151	69	69	0	6	0	0	0	8	0	0	40	4	6	1		0	0	0		
			XML6805JEV20C	承载式车身	纯电动	3760	12200	8900	8025	2300	2940;3050	—	210	69	69	0	0	0	0	36	6	0	0	6	0	0	0		0	0	0		
			XML6805JEV30C	承载式车身	纯电动	4350	13500	9000;9500	8045	2460	3370	—	150	69	69	0	0	0	0	0	0	0	0	0	0	0	54		0	0	0		
			XML6845JEV10C	承载式车身	纯电动	4350	13500	9395;9700	8450	2460	3080;3215	—	310	69	69	0	0	0	0	0	0	0	0	0	0	0	30		0	0	0		
			XML6855JEV10C	承载式车身	纯电动	4600	13700	9200;9700	8520	2460	3050;3165	—	150	69	69	0	0	0	0	0	0	0	0	0	0	0	9		0	0	0		
			XML6855JEV20C	承载式车身	纯电动	4600	13700	9500;10000	8520	2460	3050;3165	—	300	69	69	0	0	0	0	0	0	0	0	0	0	0	20		0	0	20		
			XML6855JEV30C	承载式车身	纯电动	4600	13700	9200;9700	8520	2460	3050;3165	—	200	69	69	0	0	0	0	0	0	0	0	0	0	76	0		0	0	0		
			XML6865JEV10C	承载式车身	纯电动	4600	13700	9200;9700	8620	2460	3050;3165	—	251	69	69	0	0	0	0	0	0	0	0	0	0	0	16		0	0	0		
		纯电动客车	XML6102JEV10	承载式车身	纯电动	5200	17000	13200;12950	10490	2500	3400;3600	—	220	85	85	0	10	1	1	12	17	13	0	20	0	0	10		0	0	0		
			XML6102JEV20	承载式车身	纯电动	5200	17000	12400;13100	10490	2500	3400;3600	—	205	100	100	0	0	0	0	2	0	0	0	0	0	0	0		0	0	0		
			XML6102JEV30	承载式车身	纯电动	5200	17000	12600	10490	2500	3600	—	260	85	85	0	0	0	0	0	0	0	0	0	0	2	0		0	0	0		
			XML6102JEV50	承载式车身	纯电动	5200	17000	12400;12900	10490	2500	3600	—	300	100	100	0	0	0	0	0	0	0	0	0	0	0	0		0	0	2		
			XML6102JEV60	承载式车身	纯电动	5200	17000	13200;12950	10490	2500	3400;3600	—	310	100	100	0	0	0	0	0	0	0	0	0	0	0	0		0	0	3		
			XML6102JEV70	承载式车身	纯电动	5200	17000	13200;12950	10490	2500	3400;3600	—	300	100	100	0	0	0	0	0	0	0	0	0	0	0	0		0	0	2		

续表

企业名称	中文品牌	车辆类型	车辆型号	底盘型号	燃料种类	轴距(mm)	总质量(kg)	整备质量(kg)	外形尺寸(mm)			电动汽车续驶里程(工况法,km)	电动汽车续驶里程(等速法,km)	电动汽车30分钟最高车速(km/h)	最高车速(km/h)	2015年													2016年				合计(辆)
									长	宽	高					1月	2月	3月	4月	5月	6月	7月	8月	9月	10月	11月	12月	小计(辆)	1月	2月	3月	小计(辆)	
厦门金龙旅行车有限公司	金旅牌	纯电动客车	XML6112JEV10	承载式车身	纯电动	5550	18000	13730	10990	2500	3400;3600	—	280	100	100	0	0	0	0	2	0	0	0	0	0	0	0		0	0	0		
			XML6112JEV30	承载式车身	纯电动	5550	18000	13730	10990	2500	3400;3600	—	297	100	100	0	0	0	0	0	0	0	0	30	0	5	0		0	0	0		
			XML6112JEV50	承载式车身	纯电动	5550	18000	13730	10990	2500	3400;3600	—	280	100	100	0	0	0	0	0	0	0	0	0	0	0	0		0	0	3		
			XML6122JEV20	承载式车身	纯电动	6300	18000	12950;13300	12000	2550	3600;3400	—	310	100	100	0	0	0	0	0	0	0	0	0	0	0	0		0	0	2		
			XML6609JEV10	承载式车身	纯电动	3720	4486	3085	6070	1880	2285	—	205	100	100	0	0	0	0	0	0	18	0	20	17	1	2		0	0	0		
			XML6609JEV20	承载式车身	纯电动	3720	4554	3153	6070	1880	2285	—	255	100	100	0	0	0	0	0	0	240	260	0	0	0	0		0	0	0		
			XML6609JEV50	承载式车身	纯电动	3720	4600	3050	6070	1880	2285	—	220	100	100	0	0	0	0	0	0	0	0	0	0	40	121		0	0	0		
			XML6609JEV80	承载式车身	纯电动	3720	4500	2990	6070	1880	2285	—	250	100	100	0	0	0	0	0	0	0	0	0	0	0	52		0	0	0		
			XML6609JEVA0	承载式车身	纯电动	3720	4600	3050	6070	1880	2285	—	251	100	100	0	0	0	0	0	0	0	0	0	0	0	0		0	0	3		
			XML6700JEV20	承载式车身	纯电动	3935	7500	5330	7045	2050	2640;2770 2715;2890	—	151	100	100	3	5	0	30	0	0	1	0	0	0	0	0		0	0	0		
			XML6700JEV30	承载式车身	纯电动	3935	7500	5380	7045	2050	2640;2770 2715;2890	—	151	100	100	351	64	0	6	26	22	0	24	12	1	64	0		0	0	0		
			XML6700JEV50	承载式车身	纯电动	3935	7500	5380; 5100	7045	2050	2640;2770 2715;2890	—	165;200	100	100	16	40	0	0	0	0	6	0	10	120	0	31		0	0	0		
			XML6700JEV80	承载式车身	纯电动	3935	7500	5150	7045	2050	2640;2770 2715;2890	—	200	100	100	0	0	0	0	55	0	10	1	0	0	5	1		0	0	0		
			XML6700JEVA0	承载式车身	纯电动	3935	7500	5280	7045	2050	2640;2770 2715;2890	—	300	100	100	0	0	0	0	0	0	0	0	0	0	1	0		0	0	0		
			XML6700JEVD0	承载式车身	纯电动	3935	7500	5000;5280	7045	2050	2640;2770 2715;2890	—	165	100	100	0	0	0	0	0	0	0	0	0	0	0	1		0	0	0		
		纯电动轻型客车	XML6532JEV10	承载式车身	纯电动	2890	2960	2100	5330	1700	2066;2240	112.5	150	100	100	0	0	1	0	0	1	0	0	0	0	0	0		0	0	0		
			XML6532JEV70	承载式车身	纯电动	2890	3160	2140	5330	1700	1980;2066 2240	—	180	100	100	0	0	0	0	0	0	0	0	0	0	0	0		0	0	3		
			XML6532JEV80	承载式车身	纯电动	2890	3160	2140	5330	1700	1980;2066 2240	—	150	100	100	0	0	0	0	0	0	0	0	0	0	0	0		0	0	3		

续表

企业名称	中文品牌	车辆类型	车辆型号	底盘型号	燃料种类	轴距(mm)	总质量(kg)	整备质量(kg)	外形尺寸(mm)			电动汽车续驶里程(工况法，km)	电动汽车续驶里程(等速法，km)	电动汽车30分钟最高车速(km/h)	最高车速(km/h)	2015年													2016年				合计(辆)
									长	宽	高					1月	2月	3月	4月	5月	6月	7月	8月	9月	10月	11月	12月	小计(辆)	1月	2月	3月	小计(辆)	
珠海广通汽车有限公司	广通牌	纯电动城市客车	GTQ6105BEVB2	承载式车身	纯电动	5350	16500	11000;10800	10480	2500	3050;3150	—	180(40±2)km/h等速法	69	69	31	48	0	117	131	142	0	10	16	136	65	0	693	0	0	100	04	3797
			GTQ6105BEVB3	承载式车身	纯电动	5350	16500	10800;11000	10480	2500	3050;3150	50	177	69	69	0	0	0	0	0	24	0	0	0	1	0	1		0	0	0		
			GTQ6105BEVBT2	承载式车身	纯电动	5350	16500	11300;11950 12500	10480	2500	3050;3150	40	50	69	69	0	0	40	0	0	0	0	0	0	0	0	0		0	0	0		
			GTQ6105BEVBT3	承载式车身	纯电动	5350	16500	11300;12000 12700	10480	2500	3050;3150	—	165(40±2)km/h等速法	69	69	0	0	0	36	0	47	0	0	0	4	3	60		2	0	0		
			GTQ6121BEVB2	承载式车身	纯电动	6100	18000	12700;13200	12000	2540	3040;2840	66	220	69	69	0	0	0	0	0	0	0	0	56	428	2	0		0	0	0		
			GTQ6121BEVBT2	承载式车身	纯电动	6100	18000	12500;13000 13800	12000	2540	3040;2840	40	50	69	69	56	0	0	0	0	26	0	0	0	0	0	0		0	0	0		
			GTQ6121BEVBT3	承载式车身	纯电动	6100	18000	12500;13000 13800	12000	2540	3040;2840	—	180(40±2)km/h	69	69	0	0	0	0	0	38	0	1	0	14	0	80		0	0	0		
			GTQ6123BEVBT	承载式车身	纯电动	6100	18000	13000;14500 15000	12000	2550	3450	69	80	69	69	3	0	0	0	0	0	0	0	0	2	0	0		0	0	0		
			GTQ6660BEVBZ	GTQ6610D02	纯电动	3300	8000	5000;5200 5400	6620	2250 2280	2780;2820 3080	—	255	69	69	0	0	0	0	0	0	0	0	0	0	112	95		0	0	0		
			GTQ6662BEVB1	承载式车身	纯电动	3300	7000	5050;5150	6600	2250	2820;2890	—	210；255	69	69	0	0	0	0	0	0	0	0	0	0	0	80		0	0	0		
			GTQ6801BEVB2	承载式车身	纯电动	3930	12200	8200;8700	8145	2300	3080;2870	—	201(40±2)km/h	69	69	0	0	0	0	0	0	0	0	0	0	80	0		0	0	0		
			GTQ6858BEVB2	承载式车身	纯电动	4300	13500	9000	8490	2480	3050	—	180(40±2)km/h	69	69	0	0	0	0	25	0	0	0	0	100	346	15		0	0	0		
			GTQ6858BEVBT2	承载式车身	纯电动	4300	13500	9000	8490	2480	3050	—	150	69	69	0	0	0	0	0	0	0	0	0	0	200	600		0	2	0		
		纯电动旅游客车	GTQ6118BEV1	承载式车身	纯电动	5540	16500	12670;12000	10690	2500	3560	—	412	100	100	0	0	0	0	0	0	0	0	0	0	0	100		0	0	0		
			GTQ6605BEV1	承载式车身	纯电动	3720	4398	2995	6010	1880	2320	—	252	100	100	0	0	0	0	0	0	0	0	0	0	0	225		0	0	0		
			GTQ6701BEV1	承载式车身	纯电动	3935	7000	4950	7005	2040	2645;2725	—	252	100	100	0	0	0	0	0	0	0	0	0	0	0	75		0	0	0		

续表

企业名称	中文品牌	车辆类型	车辆型号	底盘型号	燃料种类	轴距(mm)	总质量(kg)	整备质量(kg)	外形尺寸(mm) 长	外形尺寸(mm) 宽	外形尺寸(mm) 高	电动汽车续驶里程(工况法,km)	电动汽车续驶里程(等速法,km)	电动汽车30分钟最高车速(km/h)	最高车速(km/h)	2015年 1月	2015年 2月	2015年 3月	2015年 4月	2015年 5月	2015年 6月	2015年 7月	2015年 8月	2015年 9月	2015年 10月	2015年 11月	2015年 12月	2015年 小计(辆)	2016年 1月	2016年 2月	2016年 3月	2016年 小计(辆)	合计(辆)
珠海广通汽车有限公司	广通牌	纯电动双层城市客车	GTQ6131BEVST3	承载式车身	纯电动	5550 + 1450	25500	20150;19000 18400	12800	2550	3995	—	165 (40±2) km/h 等速法	69	69	0	0	0	0	0	0	0	1	0	0	0	20		0	0	0		
		纯电动铰接城市客车	GTQ6181BVEBT3	承载式车身	纯电动	5850 + 6050	28000	21000;19800 18800	18000	2540	3070;2970	—	165 (40±2) km/h 等速法	69	69	0	0	0	0	0	0	0	1	0	0	0	0		0	0	0		
北汽福田汽车股份有限公司	福田牌	纯电动城市客车	BJ6105EVCA-1	承载式车身	纯电动	5000	17000	13350;13000	10500	2500	3100;3200	260	320	60	69	0	0	0	0	0	0	0	0	0	9	1	0		0	0	0		
			BJ6105EVCA-2	承载式车身	纯电动	5000	17500	11500;11900	10500	2500	3100;3200	260	320	60	69	0	0	0	0	30	0	0	0	20	0	0	0		0	0	0		
			BJ6105EVCA-3	承载式车身	纯电动	5000	17000	12200;12500	10500	2500	3100;3200 3250	—	180;160	69	69	0	0	0	0	0	0	0	0	21	0	100	12		0	0	0		
			BJ6123EVCA-15	承载式车身	纯电动	5900	17950	12700;12900	11980	2550	3100;3200	125	180	60	69	0	12	16	0	0	0	0	0	0	0	0	0		0	0	0		
			BJ6123EVCA-17	承载式车身	纯电动	5900	17950	12700;12900	11980	2550	3100;3200	120.7	151	60	69	0	0	0	0	0	0	0	0	0	0	0	0		29	0	0		
			BJ6123EVCA-18	承载式车身	纯电动	5900	17950	13200;13500	11980	2550	3100;3200	145	240	60	69	0	0	0	0	0	0	0	0	0	3	0	0		0	0	0		
			BJ6123EVCA-19	承载式车身	纯电动	5900	18000	12900;13500 13350	12000	2550	3100;3200 3250	130	180	69	69	0	0	0	0	0	0	0	0	4	0	0	0		0	0	0		
			BJ6123EVCA-20	承载式车身	纯电动	5900	18000	12800;13400	12000	2550	3100;3200 3250	—	450	69	69	0	0	0	0	8	0	0	0	0	0	0	0		0	0	0		
			BJ6123EVCA-21	承载式车身	纯电动	5900	18000	12700;13100	12000	2550	3100;3200 3250	—	360	69	69	0	0	0	0	0	0	0	0	1	0	8	0	930	0	0	0	415	3345
			BJ6180EVCA	承载式车身	纯电动	5800 + 6100	28000	18300;19000	17980	2550	3100;3200	180	200	60	69	0	0	1	0	0	0	0	0	0	0	0	0		0	0	0		
			BJ6650EVCA	承载式车身	纯电动	3900	8200	5600;5800	6530	2230	2700;2800 2750;2850	—	151	69	69	0	0	0	0	0	0	0	0	117	2	123	185		0	0	0		
			BJ6650EVCA-1	承载式车身	纯电动	3900	8200	5500;5700	6530	2230	2700;2800 2750;2850	—	251	69	69	0	0	0	0	0	0	0	0	0	0	42	500		0	0	0		
			BJ6731EVCA	承载式车身	纯电动	3500	10000	5900;6100 6300	7300	2230	2920;2820	—	201;251	69	69	0	0	0	0	0	0	0	0	0	0	1	0		0	0	0		
			BJ6731EVCA-1	承载式车身	纯电动	3500	10000	5900;6100 6300	7300	2230	2920;2820	—	201;251	69	69	0	0	0	0	0	0	0	0	0	0	1	0		0	0	0		

续表

企业名称	中文品牌	车辆类型	车辆型号	底盘型号	燃料种类	轴距(mm)	总质量(kg)	整备质量(kg)	外形尺寸(mm)			电动汽车续驶里程(工况法,km)	电动汽车续驶里程(等速法,km)	电动汽车30分钟最高车速(km/h)	最高车速(km/h)	2015年													2016年				合计(辆)
									长	宽	高					1月	2月	3月	4月	5月	6月	7月	8月	9月	10月	11月	12月	小计(辆)	1月	2月	3月	小计(辆)	
北汽福田汽车股份有限公司	福田牌	纯电动城市客车	BJ6851EVCA	承载式车身	纯电动	4800 4600	12800	9100	8540	2450	3100;3050	120	151	69	69	15	0	49	71	6	19	8	25	54	2	167	108		0	0	0		
			BJ6851EVCA－1	承载式车身	纯电动	4600 4800	12800	9100;9250	8540	2450	3100;3050	—	255;220	69	69	0	0	0	0	0	0	0	0	0	0	260	0		51	0	52		
		纯电动客车	BJ6116EVUA	承载式车身	纯电动	5500	16500	12200;12500	11010	2550	3420;3560	—	265;255 264	100	100	0	0	0	0	0	0	0	0	7	100	167	2		100	0	123		
			BJ6116EVUA－2	承载式车身	纯电动	5500	16500	12200;12500	11010	2550	3420;3560	—	270;251 290	100	100	0	0	0	0	0	0	0	0	0	0	148	2		10	0	0		
			BJ6127EVCA－3	承载式车身	纯电动	6000	18000	13500	11980	2550	3200;3300	90	171	60	83	30	0	30	0	0	0	0	0	0	0	0	0		0	0	0		
			BJ6127EVCA－5	承载式车身	纯电动	6000	18000	12100;12800 13500	12000	2550	3200;3300	90	171	60	83	0	0	0	0	100	0	0	0	0	20	0	0		0	0	0		
			BJ6851EVUA	承载式车身	纯电动	4600	12800	9200;9400	8540	2450	2950;3050	—	160	100	100	0	0	0	0	0	0	0	0	40	0	0	0		0	0	0		
			BJ6852EVUA	承载式车身	纯电动	4100	12200	8850;9150	8520	2450	3280;3380	—	241;221	100	100	0	0	0	0	0	0	0	0	17	3	0	0		50	0	0		
			BJ6852EVUA－1	承载式车身	纯电动	4100	12200	8850;9150	8520	2450	3280;3380	—	151;160	100	100	0	0	0	0	0	0	1	0	30	0	21	1		0	0	0		
			BJ6860EVCA	承载式车身	纯电动	4600	12800	8850	8640	2450	3050;3100	120	151	69	69	0	0	0	0	0	0	1	40	0	31	117	20		0	0	0		
		纯电动轻型客车	BJ6609EVUA	承载式车身	纯电动	3720	4398	2995	6010	1920	2320	—	≥251	≥100	100	0	0	0	0	0	0	0	0	0	1	0	0		0	0	0		
安徽安凯汽车股份有限公司	安凯牌	纯电动城市客车	HFF6100G03EV	HFF6100D03EV	纯电动	5100	16500	11800;12100	10320	2500	2950;3150	—	289	68	69	0	0	0	0	0	0	0	0	0	0	0	16	226	0	0	0	627	2853
			HFF6100G03EV－2	承载式车身	纯电动	5100	17200	12700;13000	10320 10450	2500	2950;3150 3250	240	340;420	68	69	0	0	0	0	0	0	0	0	0	0	0	6		0	0	6		
			HFF6100G03EV－5	承载式车身	纯电动	5100	17200	12700;13000	10320	2500	2950;3150	240	340	68	69	0	0	1	0	0	0	0	0	0	0	0	0		0	0	0		
			HFF6102G03EV－3	承载式车身	纯电动	5100	17200	12700;13000	10320	2500	2950;3150	—	300	68	69	0	0	100	0	0	0	0	0	0	0	0	20		0	0	0		
			HFF6112G03EV	HFF6112D03EV	纯电动	5700	17500	13000;13300	11220	2550	2950;3150	210	300	78	69	0	0	0	0	1	0	0	0	0	0	0	1		0	0	0		
			HFF6123G03EV－2	承载式车身	纯电动	6100	18000	13200;13500	12000	2550	2950;3150 3250	—	430	68	69	0	0	0	0	0	0	0	0	0	0	0	140		0	0	0		
			HFF6123G03EV－3	承载式车身	纯电动	6100	18000	13800;14200	12000	2550	3050;3250	350	430	68	69	0	0	1	0	0	0	0	0	0	0	0	0		0	0	0		

续表

企业名称	中文品牌	车辆类型	车辆型号	底盘型号	燃料种类	轴距(mm)	总质量(kg)	整备质量(kg)	外形尺寸(mm)			电动汽车续驶里程(工况法,km)	电动汽车续驶里程(等速法,km)	电动汽车30分钟最高车速(km/h)	最高车速(km/h)	2015年													2016年				合计(辆)
									长	宽	高					1月	2月	3月	4月	5月	6月	7月	8月	9月	10月	11月	12月	小计(辆)	1月	2月	3月	小计(辆)	
安徽安凯汽车股份有限公司	安凯牌	纯电动城市客车	HFF6123G03EV-5	承载式车身	纯电动	6100	18000	13800;14200	12000	2550	3050;3250	250	350	68	69	0	0	1	0	0	0	0	0	0	0	0	0		0	0	0		
			HFF6126G03EV	承载式车身	纯电动	6100	18000	13500;13800	12000	2550	3100;3300	207	161	68	69	10	0	0	0	0	0	0	0	0	0	0	0		0	0	0		
			HFF6126G03EV-2	承载式车身	纯电动	6100	18000	14000;14200	12000	2550	2950;3150	280	350	67	69	0	2	0	0	0	0	0	0	0	0	0	0		0	0	0		
			HFF6128G03EV	HFF6128D03EV	纯电动	6100	18000	13500;13800	12000	2550	2950;3200	—	200	67	69	0	0	0	0	0	0	0	0	0	0	0	1		0	0	0		
			HFF6129G03EV	承载式车身	纯电动	6100	18000	13300;13600	12000	2550	3050;3250	350	430	68	69	0	0	0	0	0	0	0	0	0	0	0	1		0	0	0		
			HFF6620HKGEV	承载式车身	纯电动	3650	7500	5980	6175	2250	2995	90	120	67	69	0	2	0	0	0	0	0	0	0	0	0	0		0	0	0		
			HFF6660GEVB1	承载式车身	纯电动	3308	8000	5710;5900	6620	2280	2920;3120	—	263	68	69	0	0	0	0	0	0	0	0	0	0	0	127		0	0	0		
			HFF6660GEVB2	承载式车身	纯电动	3308	8000	5250;5480	6620	2280	2920;3120	—	162	68	69	0	0	0	0	0	0	0	0	0	0	0	224		0	0	0		
			HFF6661GEVB	承载式车身	纯电动	3650	9000	6150;5950	6650	2420	3045;2920	—	170	68	69	0	0	0	0	0	0	0	0	0	0	0	31		0	0	0		
			HFF6680GEVB	承载式车身	纯电动	4000	9000	6400;6560	6805	2280	2920;3120	60	70	68	69	0	0	0	1	0	0	0	0	0	0	0	0		0	0	0		
			HFF6800GEVB	承载式车身	纯电动	4100	12500	8250;8510	8010	2420	3120;3270	—	281	68	69	0	0	0	0	0	0	0	0	0	0	30	0		0	0	0		
			HFF6800GEVB1	承载式车身	纯电动	4100	12500	8250;8510	8010	2420	3120;3270	—	281	68	69	0	0	0	0	0	0	0	0	0	0	106	280		230	68	40		
			HFF6850G03EV	承载式车身	纯电动	4200	13600	9500;9900	8510	2500	2950;3150	175	230	68	69	0	0	0	0	0	0	0	0	0	0	0	1		0	0	0		
			HFF6852G03EV	承载式车身	纯电动	4200	13600	9100;9500	8510	2500	2950;3150	—	345	68	69	0	0	0	0	0	0	0	0	0	0	20	0		0	0	0		
		纯电动客车	HFF6101K10EV	承载式车身	纯电动	4970	16000	11700	10490	2500	3100;3200	210	260	78	100	0	0	24	22	25	100	102	35	70	3	21	31		0	0	0		
			HFF6101K10EV-1	承载式车身	纯电动	4970	16000	11700	10490	2500	3100;3200	270	350	78	100	0	1	0	0	0	0	0	0	0	0	0	1		0	0	0		
			HFF6101K10EV-2	承载式车身	纯电动	4970	17000	12500;13000	10490	2500	2960;3200	270	350	98	100	0	0	0	0	0	0	0	0	0	0	0	20		0	0	0		
			HFF6110K10EV	承载式车身	纯电动	5600	17500	13200	11010	2550	3820	—	285	98	100	0	0	0	1	0	0	0	0	0	0	0	0		0	0	0		
			HFF6111K10EV	承载式车身	纯电动	5450	16500	11750;12350	10990	2500	3590	—	331	98	100	0	0	0	0	0	0	0	0	0	134	74	323		94	35	148		
			HFF6127K46EV-6	承载式车身	纯电动	6080	18000	14100	12000	2550 2500	3620;3550 3360	240	320	78	80	0	0	0	0	0	0	0	0	0	0	0	1		0	0	0		
			HFF6702BEV	承载式车身	纯电动	3935	7200	5870	7005	2040	2645;2725 2785	140	187	98	100	1	0	0	0	0	0	0	0	0	0	0	0		0	0	0		

续表

企业名称	中文品牌	车辆类型	车辆型号	底盘型号	燃料种类	轴距(mm)	总质量(kg)	整备质量(kg)	外形尺寸(mm) 长	宽	高	电动汽车续驶里程(工况法，km)	电动汽车续驶里程(等速法，km)	电动汽车30分钟最高车速(km/h)	最高车速(km/h)
安徽安凯汽车股份有限公司	安凯牌	纯电动客车	HFF6703BEV	承载式车身	纯电动	3935	6760	5200	7005	2040	2785;2725 2645	—	280	98	100
			HFF6705BEV	承载式车身	纯电动	3935	7000	5080;5300	7005	2040	2785;2725 2645	140	200;187	98	100
			HFF6850K10EV	承载式车身	纯电动	4050	12400	9600	8520	2500	3405	160	189	78	80
			HFF6851K10EV	承载式车身	纯电动	4050	13200	8800	8520	2500	3405	—	265	98	100
		纯电动双层城市客车	HFF6120GS03EV	承载式车身	纯电动	5170 + 1470	24000	16650	12000	2550	4000	—	305	68	69
厦门金龙联合汽车工业有限公司	金龙牌	纯电动城市客车	XMQ6110BGBEVL	承载式车身	纯电动	6000	17500	11800	10700	2500	3300	—	300	69	69
			XMQ6110BGBEVL2	承载式车身	纯电动	6000	17500	12200	10700	2500	3300	—	480	69	69
			XMQ6111AGBEVL	承载式车身	纯电动	5700	18000	12500;13100	10700	2500	3070;3230 3300	—	450	69	69
			XMQ6111AG BEVL1	XMQ6111AG BEVL1	纯电动	6300	18000	12100;12700	10700	2500	3070;3190	—	360	69	69
			XMQ6119AGBEV1	承载式车身	纯电动	6300	18000	12800;13600	10700 11020	2500	3070;3190	350	600	69	69
			XMQ6119AGBEVL	承载式车身	纯电动	6300	18000	11800;12500	10700	2500	3070;3190	—	246	69	69
			XMQ6119AG BEVL1	承载式车身	纯电动	5700	18000	12100;12800	11500	2550	3070;3190	—	380	69	69
			XMQ6603 KGBEVL	承载式车身	纯电动	3665	4490	3000	6005 6050	2040	2640;2810	—	205	69	69
			XMQ6661AGBEV	承载式车身	纯电动	4150	9500	6200;6600 7000	6650	2248	2850;3000	—	150	69	69
			XMQ6706BGBEVL	承载式车身	纯电动	4100	7800	4750;4580	7000	2050	2670;2810	—	230	69	69
			XMQ6706B GBEVL2	承载式车身	纯电动	4100	7800	4850;4580	7000	2050	2670;2810 2890	—	265 (62.2KkW·h); 295(69 kW·h)	69	69

车辆型号	2015年 1月	2月	3月	4月	5月	6月	7月	8月	9月	10月	11月	12月	小计(辆)	2016年 1月	2月	3月	小计(辆)	合计(辆)
HFF6703BEV	0	0	0	0	0	0	0	0	0	0	0	1		0	0	0		
HFF6705BEV	10	0	3	0	0	31	20	0	15	0	1	10		0	0	0		
HFF6850K10EV	0	0	0	0	0	0	0	22	0	0	0	0		0	0	0		
HFF6851K10EV	0	0	0	0	0	0	0	0	0	0	0	0		0	6	0		
HFF6120GS03EV	0	0	0	0	0	0	0	0	0	0	0	1		0	0	0		
XMQ6110BGBEVL	0	0	5	0	0	0	5	0	0	0	10	0	616	0	0	0	96	2712
XMQ6110BGBEVL2	0	0	0	0	0	0	0	0	0	0	26	0		0	0	0		
XMQ6111AGBEVL	0	0	0	0	0	0	0	0	0	0	124	0		0	0	0		
XMQ6111AG BEVL1	0	0	0	0	0	0	0	0	0	0	0	0		0	1	95		
XMQ6119AGBEV1	0	0	0	0	0	0	0	0	0	2	0	1		0	0	0		
XMQ6119AGBEVL	0	0	0	0	0	0	0	0	6	0	0	0		0	0	0		
XMQ6119AG BEVL1	0	0	0	0	0	0	0	0	89	1	0	0		0	0	0		
XMQ6603 KGBEVL	0	0	0	0	0	0	0	0	0	0	63	59		0	0	0		
XMQ6661AGBEV	0	0	0	0	0	0	0	0	0	0	10	0		0	0	0		
XMQ6706BGBEVL	0	1	0	20		27	27	47	2	2	29	0		0	0	0		
XMQ6706B GBEVL2	0	0	0	0	0	0	0	0	0	10	19	53		0	0	0		

续表

企业名称	中文品牌	车辆类型	车辆型号	底盘型号	燃料种类	轴距(mm)	总质量(kg)	整备质量(kg)	外形尺寸(mm)			电动汽车续驶里程(工况法,km)	电动汽车续驶里程(等速法,km)	电动汽车30分钟最高车速(km/h)	最高车速(km/h)	2015年													2016年				合计(辆)
									长	宽	高					1月	2月	3月	4月	5月	6月	7月	8月	9月	10月	11月	12月	小计(辆)	1月	2月	3月	小计(辆)	
厦门金龙联合汽车工业有限公司	金龙牌	纯电动城市客车	XMQ6811AGBEV	承载式车身	纯电动	4560	13500	9600;10000	8100	2450	3030;3150	—	392	69	69	1	0	0	0	0	0	0	0	10	0	0	0		0	0	0		
			XMQ6811AGBEVD	承载式车身	纯电动	4560	13500	9000;9500	8149	2450	3030;3150	—	180	69	69	0	0	0	0	0	0	0	0	0	0	0	4		0	0	0		
			XMQ6811AGBEVL2	承载式车身	纯电动	4560	13500	9000;9500	8149	2450	3030;3150	—	253	69	69	0	0	0	0	0	0	0	0	4	0	0	0		0	0	0		
			XMQ6850AGBEVL	承载式车身	纯电动	4250	13500	9600;9900	8490	2450	3030;3080	—	350	69	69	0	0	0	51	0	0	0	20	0	0	10			0	0	0		
			XMQ6850AGBEVL1	承载式车身	纯电动	4250	13500	9400;9700	8490	2450	3030;3080	—	350	69	69	0	0	0	0	0	0	0	0	0	0	10	10		0	0	0		
			XMQ6850BGBEVD	承载式车身	纯电动	4700	12700	8900;9400	8490	2450	3240;3340	—	210	69	69	0	0	0	0	0	0	0	0	0	0	0	40		0	0	0		
		纯电动客车	XMQ6110BCBEVL1	承载式车身	纯电动	6000	16600	12600	10700	2500	3300	—	380	100	100	0	0	0	0	0	0	0	0	0	0	0	1		0	0	0		
			XMQ6110BCBEVL2	承载式车身	纯电动	6000	16600	12600	10700	2500	3300	—	380	100	100	0	0	15	0	0	0	0	50	0	0	0	0		0	0	0		
			XMQ6110BCBEVL3	承载式车身	纯电动	6000	17500	11800	10700	2500	3300	—	300	100	100	0	0	0	0	0	0	0	30	26	0	6	0		0	0	0		
			XMQ6110BCBEVL5	承载式车身	纯电动	6000	16600	12600;11800	10700	2500	3300	—	300	100	100	0	0	0	0	25	15	0	20	0	28	0	52		0	0	0		
			XMQ6113BYBEVL	XMQ6110RBEV	纯电动	5550	16900	12700	10950	2500	3580;3640	—	350	100	100	0	0	0	0	0	0	0	0	1	0	0	0		0	0	0		
			XMQ6126YE	承载式车身	纯电动	6000	18000	15500;14335 14000	11950	2540	3690;3580	150	250	100	100	0	20	0	0	0	0	0	0	0	0	0	0		0	0	0		
			XMQ6603KEBEVL	承载式车身	纯电动	3665 3720	4370	3195;3145 2920	6000 6005 6050	1885 2040	2360;2530 2640;2810	—	151;205	100	100	0	0	1	0	0	0	0	0	5	95	0	0		0	0	0		
			XMQ6603KEBEVL2	XMQ6603KEBEVL2	纯电动	3665	4370	3195;3145	6005 6050	2040	2360;2530 2640;2810	—	162	100	100	0	0	1	0	0	79	0	5	0	0	0	1		0	0	0		
			XMQ6603KEBEVL3	承载式车身	纯电动	3665	4370	3195;3145	6005 6050	2040	2360;2530 2640;2810	—	160	100	100	0	0	0	0	0	0	0	0	1	5	0	0		0	0	0		

续表

企业名称	中文品牌	车辆类型	车辆型号	底盘型号	燃料种类	轴距(mm)	总质量(kg)	整备质量(kg)	外形尺寸(mm)			电动汽车续驶里程(工况法,km)	电动汽车续驶里程(等速法,km)	电动汽车30分钟最高车速(km/h)	最高车速(km/h)	2015年													2016年				合计(辆)
									长	宽	高					1月	2月	3月	4月	5月	6月	7月	8月	9月	10月	11月	12月	小计(辆)	1月	2月	3月	小计(辆)	
厦门金龙联合汽车工业有限公司	金龙牌	纯电动客车	XMQ6610 CEBEVL	承载式车身	纯电动	3720	4460	2920	6080	1885	2270	—	152	100	100	0	0	1	0	21	45	2	89	76	14	34	1		0	0	0		
			XMQ6610 CEBEVS	承载式车身	纯电动	3720	4460	3010	6080	1885	2270	—	200	100	100	0	0	1	0	0	0	0	0	0	0	0	0		0	0	0		
			XMQ6610 CEBEVS1	承载式车身	纯电动	3720	4460	2920	6080	1885	2270	—	153	100	100	0	0	0	0	0	0	0	0	0	26	1	0		0	0	0		
			XMQ6610 CEBEVS3	承载式车身	纯电动	3720	4900	2850	6080	1885	2270	—	159	100	100	0	0	0	0	0	0	0	0	55	351	365	38		0	0	0		
			XMQ6706 BYBEVL	承载式车身	纯电动	4100	7400	4820;4650	7000	2050	2670;2810	—	230	100	100	0	1	0	0	0	0	0	23	47	68	26	4		0	0	0		
			XMQ6706 BYBEVL1	承载式车身	纯电动	4100	7400	4820;4650	7000	2050	2670;2810 2890	—	295(69.1 kW·h);260(61.4 kW·h)	100	100	0	0	0	0	0	0	0	0	0	0	5	2		0	0	0		
			XMQ6706 BYBEVL2	承载式车身	纯电动	4100	7400	4820;4650	7000	2050	2670;2810 2890	—	265(62.2 kW·h);295(69 kW·h)	100	100	0	0	0	0	0	0	0	0	0	0	1	0		0	0	0		
			XMQ6821 CYBEVL	承载式车身	纯电动	3850	13500	9800	8210	2500	3340;3375	—	350	100	100	15	0	0	0	0	20	0	0	0	0	4	0		0	0	0		
奇瑞万达贵州客车股份有限公司	万达牌	纯电动客车	WD6105BEV1	WD6105BEV1	纯电动	5400	16400	11600;11250	10490	2500	3360;3210	—	252	100	100	0	0	0	0	0	0	0	0	0	0	0	100	2243	0	0	0	0	2243
			WD6602BEV	承载式车身	纯电动	3690	4420	2996	6010	1920	2314	—	175	79	100	0	0	0	0	0	0	0	0	31	3	206	1903		0	0	0		
苏州吉姆西客车制造有限公司	东吴牌	纯电动轻型客车	JSK6600EV	承载式车身	纯电动	3720	4500	3225	6000	1880	2285	—	335	120	100	0	0	2	0	0	0	0	0	1	58	1	541	1983	0	0	0	0	1983
			JSK6601EV	承载式车身	纯电动	3720	4204	2929	6000	1880	2285	—	215	120	100	0	0	0	0	0	0	0	0	0	10	0	0		0	0	0		
			JSK6602EV	承载式车身	纯电动	3720	4395	3120	6000	1880	2285	—	274	120	100	0	0	0	0	1	0	0	0	112	181	49	385		0	0	0		
			JSK6603EV	承载式车身	纯电动	3720	4204	2929	6000	1880	2285	—	215	120	100	0	0	1	0	1	0	0	0	51	98	82	50		0	0	0		
			JSK6605EV	承载式车身	纯电动	3720	4355	2930	6002	1880	2285	—	165	100	100	0	0	0	0	0	0	0	0	0	0	11	348		0	0	0		

续表

企业名称	中文品牌	车辆类型	车辆型号	底盘型号	燃料种类	轴距(mm)	总质量(kg)	整备质量(kg)	外形尺寸(mm) 长	宽	高	电动汽车续驶里程(工况法,km)	电动汽车续驶里程(等速法,km)	电动汽车30分钟最高车速(km/h)	最高车速(km/h)	2015年 1月	2月	3月	4月	5月	6月	7月	8月	9月	10月	11月	12月	小计(辆)	2016年 1月	2月	3月	小计(辆)	合计(辆)
东风扬子江汽车(武汉)有限责任公司	扬子江牌	纯电动城市客车	WG6100BEVH	承载式车身	纯电动	5000	16500	11800;12200	10500	2500	3650	—	150	69	69	0	0	0	0	0	0	0	0	0	0	0	1	1942	0	0	0	11	1953
			WG6101BEVH	WG6101BEVH 整车	纯电动	5000	16500	11800;12200	10500	2500	3650	—	150	69	69	0	0	0	0	0	0	0	0	0	0	0	1		0	0	0		
			WG6124BEVH	WG6124BEVH 整车	纯电动	6200	18000	12500;13125	12000	2550	3650	—	150	69	69	0	0	0	0	0	0	0	0	0	0	0	51		0	0	0		
			WG6129BEVHY1	承载式车身	纯电动	6200	18000	12600	12000	2530	3250	—	360	69	69	0	0	0	0	0	0	0	0	0	0	0	234		0	0	0		
			WG6610BEVH	承载式车身	纯电动	3300	5000	3800	6100	1795	2200	—	160	69	69	0	0	0	0	0	1	0	2	0	0	100	310		11	0	0		
			WG6620BEVZ	承载式车身	纯电动	3750	6500	4300;4700	6150	2200	2600;2800	—	200	69	69	0	0	0	0	0	1	0	0	0	0	0	2		0	0	0		
			WG6620BEVZT1	承载式车身	纯电动	3750	7500	5100	6150	2200	2600;2800	—	255	69	69	0	0	0	0	0	0	0	0	0	0	0	43		0	0	0		
			WG6621BEVZ	承载式车身	纯电动	3750	7200	4900;5100	6150	2200	2600;2800	—	150	69	69	0	0	0	0	0	0	0	0	30	0	0	0		0	0	0		
			WG6650BEVH	WG6650BEVH 整车	纯电动	3380	4200	2550	6500	1950	2340	—	200	69	69	0	0	0	0	0	0	0	0	0	0	0	1		0	0	0		
			WG6660BEVH	WG6660BEVH 整车	纯电动	3630	4900	3100	6600	2060	2490	—	180	69	69	0	0	0	0	0	1	0	0	6	0	24	40		0	0	0		
			WG6820BEVH	承载式车身	纯电动	3900	12500	8500;8800	8200	2450	2990;3200	—	190	69	69	0	0	0	1	1	1	0	0	0	0	96	135		0	0	0		
		纯电动客车	WG6611BEVQ	承载式车身	纯电动	3665	4500	3200	6050	1995	2650	—	200	100	100	0	0	0	0	0	0	0	0	0	0	1	724		0	0	0		
			WG6612BEVZ	承载式车身	纯电动	3720	4430	3100	6070	1880	2285	—	200	100	100	0	0	0	0	0	0	0	0	0	0	0	110		0	0	0		
			WG6702BEVH	承载式车身	纯电动	3935	7500	5100;5400	7045	2050	2680;2780	—	160	100	100	0	0	0	0	0	0	0	0	1	0	3	6		0	0	0		
			WG6821BEVH	承载式车身	纯电动	3900	12500	8500;8800	8200	2450	2990;3200	—	190	100	100	0	0	0	0	3	0	0	0	1	0	0	11		0	0	0		
湖南南车时代电动汽车股份有限公司	南车时代牌	纯电动城市客车	TEG6106BEV02	承载式车身	纯电动	5100	16500	12200;11800	10490	2490	3300;3180	—	251	65	69	0	0	0	0	0	0	0	1	0	0	0	0	1683	0	0	0	73	1756
			TEG6106BEV03	承载式车身	纯电动	5200	16500	12100;11700	10490	2490	3280;3150	—	281	65	69	0	0	0	0	0	0	5	0	0	0	14	0		0	0	0		
			TEG6129BEV03	承载式车身	纯电动	5900	17800	13250	11950	2540	3510	—	261	60	69	0	0	0	0	0	0	10	0	0	0	0	0		0	0	0		
			TEG6600BEV02	承载式车身	纯电动	3665	4600	3250	6005	1995	2650	—	251	65	69	0	0	0	0	0	0	0	0	30	0	0	100		0	0	0		
			TEG6620BEV01	EQ6560KRLEV3	纯电动	3300	6500	4160;4310	6200	2000	2750;2890	—	255	65	69	0	0	0	0	0	0	0	0	0	0	4	146		0	0	0		
			TEG6820BEV01	承载式车身	纯电动	5300	12500	8800	8190	2400	3200	—	261	65	69	0	0	0	0	0	0	0	0	100	0	228	153		26	0	47		
			TEG6850BEV01	承载式车身	纯电动	5300	13500	9200;8800	8490	2400	3200	—	261	65	69	0	0	0	0	0	0	10	0	0	20	106	0		0	0	0		
			TEG6850BEV02	承载式车身	纯电动	5300	13500	8900;8600	8490	2400	3200	—	261	65	69	0	0	0	0	0	0	0	0	30	0	11	0		0	0	0		

续表

企业名称	中文品牌	车辆类型	车辆型号	底盘型号	燃料种类	轴距(mm)	总质量(kg)	整备质量(kg)	外形尺寸(mm)			电动汽车续驶里程(工况法,km)	电动汽车续驶里程(等速法,km)	电动汽车30分钟最高车速(km/h)	最高车速(km/h)	2015年													2016年				合计(辆)
									长	宽	高					1月	2月	3月	4月	5月	6月	7月	8月	9月	10月	11月	12月	小计(辆)	1月	2月	3月	小计(辆)	
湖南南车时代电动汽车股份有限公司	南车时代牌	纯电动客车	TEG6110EV01	TEG6110EV01	纯电动	5360	17000	12600;13000	10800	2500	3580	—	335	65	90	0	0	0	0	0	0	0	0	0	0	0	20		0	0	0		
			TEG6600EV01	承载式车身	纯电动	3665	4600	3200	6005	1995	2650	—	201	80	100	0	0	0	5	0	0	0	0	0	73	218	269		0	0	0		
			TEG6600EV02	承载式车身	纯电动	3665	4600	3200	6005	1995	2650	—	201	80	100	0	0	0	0	0	0	0	0	0	20	0	0		0	0	0		
			TEG6640EV01	承载式车身	纯电动	4210	4750	3300	6350	2036	2590	—	201	80	100	0	0	0	5	2	0	0	0	0	0	4	99		0	0	0		
河北长安汽车有限公司	长安牌	纯电动城市客车	SC6100BEV	承载式车身	纯电动	5350	16500	11280;11680	10490	2500	3085;3255	—	220	69	69	0	0	0	0	0	0	0	0	1	0	0	0	1565	0	0	0	0	1565
			SC6723BEV	SC6680DBEV	纯电动	3500	9500	6420;6580	7245	2300	2970;3050	—	>150	69	69	0	0	0	0	0	26	20	40	0	10	37	21		0	0	0		
			SC6723ZBEV	SC6680DBEV1	纯电动	3500	9500	6420;6580	7245	2300	2970;3050	—	203	69	69	0	0	0	0	0	0	0	0	0	0	0	1		0	0	0		
			SC6833ABEV	SC6790DBEV	纯电动	4200	12200	8000;8230	8345	2400	3125;3225	—	220	69	69	0	0	0	0	0	0	0	0	0	0	128	92		0	0	0		
			SC6833BEV	SC6790DBEV	纯电动	4200	12200	8050;8280	8345	2400	3125;3225	—	>150	69	69	0	0	0	0	0	26	0	0	130	134	115	245		0	0	0		
		纯电动客车	SC6611ABEV	承载式车身	纯电动	3720	4250	2900;2770	6105	1880	2310	—	260;265	80	90	0	0	0	0	0	0	0	0	0	0	0	539		0	0	0		
丹东黄海汽车有限责任公司	黄海牌	纯电动城市客车	DD6109EV1	承载式车身	纯电动	5000	17000	11600;12000	10490	2482	3520	—	265	65	69	0	0	0	0	0	0	0	0	150	241	0	0	1415	0	0	0	2	1417
			DD6821EV11	DD6801DEV11	纯电动	5300	12200	8200;8500	8200	2400	3280	—	250	69	69	0	0	0	0	0	20	0	0	0	0	0	0		0	0	0		
			DD6821EV12	DD6801DEV12	纯电动	5300	12200	7800;8100	8200	2400	3280	—	280	69	69	0	0	0	0	0	0	0	0	0	0	0	10		0	0	0		
			DD6851EV1	承载式车身	纯电动	4000	13500	8700;9000	8540	2430	3490	—	260	69	69	0	0	0	0	0	0	0	0	0	30	170	0		1	0	0		
		纯电动客车	DD6110KEV1	承载式车身	纯电动	5470	17500	12900;13300	10500	2500	3390;3480	—	260	85	85	0	0	0	0	0	0	0	0	0	0	0	10		0	0	0		
			DD6600EV1	承载式车身	纯电动	3715	4460	3035;2985	6015	2025	2820;2650	—	210;180	100	100	0	0	0	0	0	0	0	0	0	0	0	203		0	0	0		
			DD6600EV3	承载式车身	纯电动	3715	4950	3100	6015	2025	2820	—	180	100	100	0	0	0	0	0	0	0	0	0	0	54	0		0	0	1		
			DD6600EV5	承载式车身	纯电动	3715	4460	3085	6015	2025	2820;2650	—	210	100	100	0	0	0	0	0	0	0	0	0	0	2	0		0	0	0		
			DD6610EV11	承载式车身	纯电动	3715	4660	3035	6105	2025	2820;2650	—	255	100	100	0	0	0	0	0	0	0	0	0	0	0	121		0	0	0		
			DD6610EV12	承载式车身	纯电动	3715	4660	3105	6105	2025	2820;2650	—	252	100	100	0	0	0	0	0	0	0	0	0	0	0	308		0	0	0		
			DD6821EVC01	承载式车身	纯电动	5300	10700	7500;7800	8200	2400	3250	—	200	85	85	0	0	0	0	0	0	0	0	0	0	0	96		0	0	0		
中国重汽集团济南豪沃客车有限公司	黄河牌	纯电动城市客车	JK6106GBEV3	JK6105GLBEVM1M	纯电动	5800	16500	10065;10465	10500	2500	3120;3250	—	155	69	69	0	0	0	0	0	0	0	0	0	0	0	96	400	0	1	0	1	1401
			JK6660GBEV	承载式车身	纯电动	3650	7200	5000;5150	6645	2355	2880;3030	—	150	65.2	69	0	0	0	0	0	0	0	0	0	0	0	1		0	0	0		
			JK6660GBEV2	JK6598G11EV	纯电动	3650	7200	5000;5150	6645	2355	2915;3130	—	205	69	69	0	0	20	0	39	1	0	0	20	390	400	80		0	0	0		
			JK6856GBEV	JK6805GLBEVK1M	纯电动	4600	13000	8190;8460	8460	2500	3120;3250	—	165	69	69	0	0	0	0	0	0	0	0	0	0	0	60		0	0	0		

续表

企业名称	中文品牌	车辆类型	车辆型号	底盘型号	燃料种类	轴距(mm)	总质量(kg)	整备质量(kg)	外形尺寸(mm)			电动汽车续驶里程(工况法,km)	电动汽车续驶里程(等速法,km)	电动汽车30分钟最高车速(km/h)	最高车速(km/h)	2015年													2016年				合计(辆)
									长	宽	高					1月	2月	3月	4月	5月	6月	7月	8月	9月	10月	11月	12月	小计(辆)	1月	2月	3月	小计(辆)	
中国重汽集团济南豪沃客车有限公司	黄河牌	纯电动城市客车	JK6856GBEV2	JK6805G LBEVK1M	纯电动	4600	13000	8410;8680	8460	2500	3120;3250	—	160	69	69	0	0	0	0	0	0	0	0	0	0	90	101		0	0	0		
		纯电动客车	JK6116HBEV	JK6116HB1 EV01/UFH	纯电动	5200	17000	11400;11750	10690	2500	3210;3350 3450	—	216	100	100	0	0	0	0	0	0	0	0	0	10	0	0		0	0	0		
			JK6600HBEV	承载式车身	纯电动	3665	4420	3010	6005 6045	1995 2035	2360;2650	—	210	95	100	0	0	0	0	0	0	0	0	8	49	28	7		0	0	0		
河南少林客车股份有限公司	少林牌	纯电动城市客车	SLG6660EVG1	承载式车身	纯电动	3300	7500	4800;5000	6600	2240	2820;3020	—	200	69	69	0	0	0	0	1	11	150	0	0	90	102	198	1202	0	0	0	32	1234
			SLG6660EVG2	承载式车身	纯电动	3300	7000	4700;4900	6600	2240	2820;3020	—	200	69	69	0	0	0	0	0	11	0	0	0	0	3	0		0	0	0		
			SLG6660EVG3	SLG6620DR	纯电动	3300	7800	5100;5300	6600	2240	2820;3020	—	170	69	69	0	0	0	0	0	0	0	0	0	0	0	0		0	8	0		
			SLG6660EVG7	SLG6620DR	纯电动	3300	7800	5000;5200	6600	2240	2820;3020	—	167	69	69	0	0	0	0	0	0	0	0	0	0	0	0		0	7	0		
			SLG6720EVG	SLG6800DR	纯电动	3650	8970	5900;6100	7200	2240	2840;3000	—	200	69	69	0	0	0	0	0	10	140	30	30	0	2	258		0	0	0		
			SLG6720EVG2	SLG6800DR	纯电动	3650	8100	5150;5350	7200	2240	2860;3000	—	170	69	69	0	0	0	0	0	0	0	0	0	0	0	0		0	9	0		
			SLG6821EVG	SLG6760DR	纯电动	4100	12500	7600;7800	8230	2400	3060;3200	—	155	69	69	0	0	0	0	0	0	0	0	0	0	0	0		0	8	0		
		纯电动客车	SLG6600EV	承载式车身	纯电动	3665	4490	3140;3240	6045	1995	2650;2830	—	200	100	100	0	0	0	0	1	12	0	0	0	3	150	0		0	0	0		
江苏卡威汽车工业集团有限公司	春洲牌	纯电动城市客车	JNQ6100BEV	承载式车身	纯电动	5000	15000	10500;10800	10500	2470	3000;3250	—	150	65	69	0	0	1	0	0	0	0	0	0	0	0	0	1215	0	0	0	0	1215
		纯电动客车	JNQ6600BEV1	JNQ6600DPBEV	纯电动	3300	6000	4500	6005	2040	2670	—	160	100	100	0	0	0	0	0	0	0	0	0	3	1	90		0	0	0		
			JNQ6607BEV	承载式车身	纯电动	3570	4500	3070	6005	1974	2269	—	200	100	100	0	0	0	0	0	0	0	0	0	0	1	1		0	0	0		
			JNQ6700BEV	JNQ6700DPBEV	纯电动	3935	7300	5500	7000	2040	2650	180	40	100	100	0	0	1	0	0	0	0	0	0	0	0	0		0	0	0		
			JNQ6700BEV1	JNQ6701DPBEV	纯电动	3935	7000	5300	7000	2040	2650	—	170	100	100	0	0	50	0	0	0	0	0	0	0	0	0		0	0	0		
			JNQ6700BEV6	JNQ6701DPBEV	纯电动	3935	7500	5500	7000	2040	2650	—	170	100	100	0	0	0	0	0	0	0	0	0	0	0	3		0	0	0		
	卡威牌	纯电动城市客车	JNQ6101BEV	JNQ6101DBEV	纯电动	5000	16500	12000;11800	10500	2500	3160;3030	—	275	75	69	0	0	0	0	0	0	0	0	0	0	0	5		0	0	0		
			JNQ6120BEV	承载式车身	纯电动	6000	18000	13900	11990	2550	3200	—	300	69	69	0	0	0	0	0	0	0	0	0	0	0	1		0	0	0		
		纯电动客车	JNQ6605BEV	承载式车身	纯电动	3665	4395	2940;2990	6006 6050	1998	2360;2650	160	180	100	100	0	0	0	0	0	0	0	0	63	187	158	445		0	0	0		
		纯电动轻型客车	JNQ6606BEV4	承载式车身	纯电动	3720	4460	2990	6070	1885	2310	—	250	100	100	0	0	0	0	0	0	0	0	0	0	0	205		0	0	0		

续表

企业名称	中文品牌	车辆类型	车辆型号	底盘型号	燃料种类	轴距(mm)	总质量(kg)	整备质量(kg)	外形尺寸(mm)			电动汽车续驶里程(工况法，km)	电动汽车续驶里程(等速法，km)	电动汽车30分钟最高车速(km/h)	最高车速(km/h)	2015年													2016年				合计(辆)
									长	宽	高					1月	2月	3月	4月	5月	6月	7月	8月	9月	10月	11月	12月	小计(辆)	1月	2月	3月	小计(辆)	
成都客车股份有限公司	蜀都牌	纯电动城市客车	CDK6122CABEV	CA6120CREV23	纯电动	6150	18000	14100	12000	2550	3220;3100	160	300	75	69	0	0	0	0	0	0	0	0	0	0	0	50	1173	0	0	0	0	1173
			CDK6123CA1BEV	CA6122CREV23	纯电动	6150	18000	14090	12000	2550	3280	—	260	69	69	0	0	0	0	0	0	0	0	0	0	0	1		0	0	0		
			CDK6125CBEV	承载式车身	纯电动	5100+1000	15000	9465	11500	2550	3060	—	224	69	69	0	0	0	0	0	0	0	0	0	0	0	6		0	0	0		
			CDK6600CABEV	CA6571CREV21	纯电动	3300	6360	4800;4600 4400	6130	2060 2160	2770	—	100	60	69	0	0	0	0	0	0	0	0	0	0	0	1		0	0	0		
			CDK6610CBEV	承载式车身	纯电动	3300	6900	4900;4700 4500	6130	2160	2770	—	120	60	69	0	0	0	0	0	0	0	0	0	0	2	1		0	0	0		
			CDK6610CBEV1	承载式车身	纯电动	3300	6900	5100;4900	6130	2160	2770	—	300	60	69	0	0	0	0	0	0	0	0	0	0	0	1		0	0	0		
			CDK6610CEBEV	EQ6580KSLEV	纯电动	3300	6900	4900;5100	6130	2160	2770	—	150	60	69	0	0	0	0	0	0	0	0	0	0	0	2		0	0	0		
		纯电动客车	CDK6603BEV	承载式车身	纯电动	3200	5850	4150;4300	6000	2050	2690;2620	—	230	95	100	0	0	0	0	0	1	1	0	5	118	794	189		0	0	0		
			CDK6603BEV1	承载式车身	纯电动	3200	6700	4350;4500	6010	2050	2690;2620	—	325	90	100	0	0	0	0	0	0	0	0	0	0	0	1		0	0	0		
云南航天神州汽车有限公司	神州牌	纯电动城市客车	YH6660BEV－A	承载式车身	纯电动	3600	6470	4250;4050	6550	2280	2840	—	150	69	69	0	0	0	0	1	0	0	0	0	0	0	5	1157	0	0	0	2	1159
			YH6660BEV－B	承载式车身	纯电动	3600	6470	4250;4050	6550	2280	2840	—	160	69	69	0	0	0	0	0	0	0	0	0	1	0	0		1	0	1		
		纯电动客车	YH6600BEV	承载式车身	纯电动	3720	4395	2990	6010	1880	2320	—	210	100	100	0	0	0	0	0	0	0	0	8	99	501	2		0	0	0		
			YH6601BEV	承载式车身	纯电动	3720	4395	2990	6010	1880	2320	—	200	100	100	0	0	0	0	0	0	0	0	0	66	469	5		0	0	0		
深圳市五洲龙汽车有限公司	五洲龙牌	纯电动城市客车	FDG6103EVG1	FDG6103EVD1	纯电动	5300	17500	10900;11300	10490	2500	2980;3280	—	151	69	69	2	0	0	0	0	0	0	0	24	0	0	0	1021	0	0	0	0	1021
			FDG6113EVG13	承载式车身	纯电动	6000	18000	14800	11490	2480	3200	280	350	69	69	0	0	0	0	0	0	0	0	0	0	2	0		0	0	0		
			FDG6661EVG	承载式车身	纯电动	3630	4900	2800	6600	1960	2490	—	180	69	69	0	0	0	0	50	0	0	0	0	0	0	0		0	0	0		
			FDG6662EVG	FDG6620EVD	纯电动	3300	7500	5200;5000	6640	2260	2770;2950	—	150	69	69	0	0	0	0	0	0	0	0	0	0	0	30		0	0	0		
			FDG6701EVG1	承载式车身	纯电动	3935	7000	4950	7005	2040	2645	—	200	65	69	0	1	0	0	0	0	0	0	0	0	0	0		0	0	0		
			FDG6851EVG	FDG6820EVD1	纯电动	4300	13500	9500;9140	8540	2440	2800;3050	—	180	69	69	0	0	0	0	0	0	0	20	0	0	0	20		0	0	0		
			FDG6851EVG2	FDG6820EVD2	纯电动	4300	13500	9500;9140	8540	2440	2800;3050	—	160	69	69	0	0	0	0	0	0	0	0	0	20	10	10		0	0	0		
			FDG6851EVG4	FDG6820EVD4	纯电动	4300	13500	9500;9140	8540	2440	2800;3050	—	180	69	69	0	0	0	0	0	0	0	0	0	0	31	0		0	0	0		
		纯电动客车	FDG6112EV	FDG6100EVD	纯电动	5600	17500	13500;13100	10990	2500	3600;3300 3700;3400	—	230	90	100	0	0	0	0	0	0	0	1	0	0	380	247		0	0	0		
			FDG6112EV2	FDG6100EVD2	纯电动	5600	17500	12100;12500	10990	2500	3400;3700	—	190	90	100	0	0	0	0	4	0	0	0	0	0	19	1		0	0	0		

续表

企业名称	中文品牌	车辆类型	车辆型号	底盘型号	燃料种类	轴距(mm)	总质量(kg)	整备质量(kg)	外形尺寸(mm)			电动汽车续驶里程(工况法,km)	电动汽车续驶里程(等速法,km)	电动汽车30分钟最高车速(km/h)	最高车速(km/h)	2015年													2016年				合计(辆)
									长	宽	高					1月	2月	3月	4月	5月	6月	7月	8月	9月	10月	11月	12月	小计(辆)	1月	2月	3月	小计(辆)	
深圳市五洲龙汽车有限公司	五洲龙牌	纯电动客车	FDG6602EV	承载式车身	纯电动	3200 3300	6000	4150;4300 4500	6020	2025	2600;2800	—	185	100	100	29	1	0	20	0	0	0	0	0	0	0	0		0	0	0		
			FDG6602EV1	承载式车身	纯电动	3200 3300	6000	4150;4300 4500	6020	2025	2600;2800	—	185	100	100	0	0	4	0	21	2	0	0	0	25	0	15		0	0	0		
			FDG6602EV2	承载式车身	纯电动	3200 3300	6000	4150;4300 4500	6020	2050	2600;2800	—	170	90	100	0	0	0	0	0	0	0	0	0	0	0	30		0	0	0		
			FDG6700EV	承载式车身	纯电动	3935	7000	5660;5520	6968	2050	2810;2600	—	200	75	80	0	0	0	2	0	0	0	0	0	0	0	0		0	0	0		
上海汽车商用车有限公司	大通牌	纯电动客车	SH6601A4BEV	承载式车身	纯电动	3850	4100	2930	6005	1998	2345;2552	160	280;350	100	100	0	10	9	12	0	112	31	113	21	44	106	186	644	310	16	3	329	973
上海申沃客车有限公司	申沃牌	纯电动城市客车	SWB6108EV47	SWB6108EV47	纯电动	5000	18000	11600;12000	10495	2500	3250;3360	—	380;460	65	69	0	0	0	0	0	0	0	0	0	2	0	0	889	0	0	0	24	913
			SWB6121EV13	SWB6121EV13	纯电动	5940	18000	13900	11980	2550	3160	—	120	65	69	0	0	0	0	0	15	0	0	0	0	0	4		0	0	0		
			SWB6121EV57	SWB6121EV57	纯电动	5940	18000	14050	11980	2550	3160	204	230	65	69	0	0	0	0	0	0	0	0	0	0	0	1		0	0	0		
			SWB6121EV60	SWB6121EV60	纯电动	5940	18000	13180	11980	2550	3240	—	440	65	69	0	0	0	0	0	0	0	0	0	0	0	120		0	0	0		
			SWB6121EV7	SWB6121EV7	纯电动	5940	18000	13900	11980	2550	3160	160	200	65	69	0	0	46	12	0	10	0	0	0	0	0	0		0	0	0		
			SWB6121SC	SWB6121SC	纯电动	5940	18000	13800	11980	2550	3470	—	3	45	50	0	0	4	0	0	0	0	0	0	0	0	0		0	0	0		
			SWB6128EV56	SWB6128EV56	纯电动	6100	18000	12400;12900	11990	2500	3250	—	450	65	69	0	0	0	0	0	2	0	0	0	19	0	8		8	0	16		
			SWB6662EV25	SWB6632EV25	纯电动	3300	7500	5100;5300	6600	2260	2830;2960	—	150	69	69	0	0	0	0	0	0	0	100	120	0	112	0		0	0	0		
			SWB6702EV19	SWB6672EV19	纯电动	3935	7000	5200	7020	2050	2690;2790	180	250	65	69	0	0	0	1	0	0	0	0	0	0	0	8		0	0	0		
		纯电动客车	SWB6110EV61	SWB6110EV61	纯电动	5450	18000	14150	10990	2500	3600	185	205	80	80	0	0	0	0	206	0	18	0	0	0	0	81		0	0	0		
扬州亚星客车股份有限公司	亚星牌	纯电动城市客车	JS6108GHBEV	承载式车身	纯电动	5000	17000	12300;13000	10500	2500	3090;3210	250	300	69	69	0	0	0	0	0	1	0	0	0	0	0	2	773	0	0	0	73	846
			JS6108GHBEV2	承载式车身	纯电动	5950	16500	10900;11500	10500	2500	3050;3210 3265	—	320	69	69	0	0	0	0	0	0	0	0	0	0	0	50		0	0	0		
			JS6127GHBEV	承载式车身	纯电动	5900	18000	13500	12000	2550	3120;3240	200	250	80	69	2	0	0	0	0	0	0	0	0	0	0	0		0	0	0		
			JS6680GHBEV	承载式车身	纯电动	4050	9000	5720;6050	6840	2260	3020	—	200	69	69	0	0	0	0	0	0	0	0	0	0	0	21		0	0	0		
			JS6811GHBEV	JS6790GHDBEV	纯电动	4200	12200	8400;8800	8140	2500	3040;3160	200	220	69	69	0	0	1	0	0	0	0	0	0	0	0	0		0	0	0		
			JS6851GHBEV	JS6851GHDBEV	纯电动	4600	12200	8700;9200	8540	2500	3040;3160	180	200	69	69	0	0	1	0	0	0	0	0	0	0	0	50		0	0	0		
			JS6851GHBEV1	承载式车身	纯电动	4600	12200	8700;9200	8540	2500	3040;3160	—	350	69	69	0	0	1	0	0	0	0	0	0	0	0	0		0	0	0		

续表

企业名称	中文品牌	车辆类型	车辆型号	底盘型号	燃料种类	轴距(mm)	总质量(kg)	整备质量(kg)	外形尺寸(mm)			电动汽车续驶里程(工况法,km)	电动汽车续驶里程(等速法,km)	电动汽车30分钟最高车速(km/h)	最高车速(km/h)	2015年													2016年				合计(辆)
									长	宽	高					1月	2月	3月	4月	5月	6月	7月	8月	9月	10月	11月	12月	小计(辆)	1月	2月	3月	小计(辆)	
扬州亚星客车股份有限公司	亚星牌	纯电动客车	YBL6111HBEV	承载式车身	纯电动	6050	18000	13000;13600	11050	2500	3560	250	300	100	100	0	0	1	0	0	0	0	0	0	0	0	0		0	0	0		
			YBL6117HBEV	承载式车身	纯电动	5540	16500	12670;12000	10690	2500	3560	—	420	100	100	0	0	1	0	0	31	0	0	3	20	50	1		0	0	0		
			YBL6117HBEV1	承载式车身	纯电动	5540	16500	12670;12000	10690	2500	3560	—	380	100	100	0	0	1	0	0	0	0	0	51	0	0	29		0	0	0		
			YBL6600BEV	承载式车身	纯电动	3665	4490	3080	6010	2040	2345;2632	—	200	100	100	0	0	1	0	0	0	0	0	0	4	0	0		0	0	0		
			YBL6600BEV1	承载式车身	纯电动	3665	4490	3080	6010	2040	2345;2632	—	200	100	100	0	0	1	0	0	44	21	45	7	61	30	23		0	0	0		
			YBL6600BEV2	承载式车身	纯电动	3665	4490	3080	6010	2040	2345;2632	—	200	100	100	0	0	1	0	0	0	0	2	9	13	28	40		0	0	0		
			YBL6600BEV3	承载式车身	纯电动	3665	4490	3080	6010	2040	2345;2632	—	280	100	100	0	0	0	0	0	0	0	0	0	0	0	0		20	0	4		
			YBL6600BEV5	承载式车身	纯电动	3665	4490	3080	6010	2040	2345;2632	—	280	100	100	0	0	0	0	0	0	0	0	0	0	0	0		0	0	4		
			YBL6600BEV6	承载式车身	纯电动	3665	4490	3080	6010	2040	2345;2632	—	280	100	100	0	0	0	0	0	0	0	0	0	0	0	45		10	0	35		
			YBL6600BEV8	承载式车身	纯电动	3665	4800	3080	6010	2040	2345;2632	—	270	100	100	0	0	0	0	0	0	0	0	0	0	0	28		0	0	0		
			YBL6600TBEV	承载式车身	纯电动	3665	4490	3080	6010	2040	2345;2632	165	180	100	100	0	0	1	0	0	26	2	5	7	1	2	0		0	0	0		
			YBL6700HBEV	承载式车身	纯电动	3935	7000	5200	7020	2040	2790	170	200	100	100	0	0	1	0	0	0	0	0	0	0	0	0		0	0	0		
			YBL6815HBEV	承载式车身	纯电动	4100	12200	9200;8700	8100	2480	3360	—	400	100	100	0	0	1	0	0	0	0	0	0	0	0	7		0	0	0		
上海申龙客车有限公司	申龙牌	纯电动城市客车	SLK6109ULE0BEVS	承载式车身	纯电动	6100	16500	11700;12000	10500	2500	3200;3060	—	425	69	69	0	0	0	0	0	0	0	0	0	0	20	0	718	0	0	0	0	718
			SLK6109USBEV02	承载式车身	纯电动	5200	17900	12600	10500	2500	3200	150	240	69	69	0	0	0	0	0	0	0	0	0	0	95	0		0	0	0		
		纯电动客车	SLK6108SBEV	承载式车身	纯电动	5200	16400	12500;11700	10495	2500	3395;3295	—	180	93	100	0	0	0	0	108	24	0	0	0	0	101	121		0	0	0		
			SLK6108SBEV1	承载式车身	纯电动	5200	16400	11700	10495	2500	3395;3295	—	208	93	100	0	0	0	0	45	0	2	0	0	15	0	185		0	0	0		
			SLK6108TLE0BEVJ	承载式车身	纯电动	5200	16400	11700	10495	2500	3395;3295	—	255	93	100	0	0	0	0	0	0	0	0	0	0	0	2		0	0	0		
烟台舒驰客车有限责任公司	舒驰牌	纯电动城市客车	YTK6660GEV	承载式车身	纯电动	3300	7300	5000	6600	2240	2950;2850	—	251	69	69	0	0	0	0	0	0	0	0	0	0	39	376	686	6	0	0	6	692
			YTK6830GEV	承载式车身	纯电动	4380	12300	8200	8280	2400	3140;3040	—	151	69	69	0	0	0	0	0	0	0	0	0	0	0	178		0	0	0		
		纯电动客车	YTK6118EV	承载式车身	纯电动	5300	16700	12000	10980	2490	3540	—	210	98	100	0	0	0	0	0	0	0	0	1	0	80	0		0	0	0		
			YTK6118EV1	承载式车身	纯电动	5300	16700	12000	10980	2490	3630	—	252	98	100	0	0	0	0	0	0	0	0	0	0	0	12		0	0	0		

续表

企业名称	中文品牌	车辆类型	车辆型号	底盘型号	燃料种类	轴距(mm)	总质量(kg)	整备质量(kg)	外形尺寸(mm) 长	外形尺寸(mm) 宽	外形尺寸(mm) 高	电动汽车续驶里程(工况法,km)	电动汽车续驶里程(等速法,km)	电动汽车30分钟最高车速(km/h)	最高车速(km/h)	2015年 1月	2015年 2月	2015年 3月	2015年 4月	2015年 5月	2015年 6月	2015年 7月	2015年 8月	2015年 9月	2015年 10月	2015年 11月	2015年 12月	2015年 小计(辆)	2016年 1月	2016年 2月	2016年 3月	2016年 小计(辆)	合计(辆)
南京汽车集团有限公司	依维柯牌	纯电动客车	J6607AEV	NJ6587AYEV	纯电动	3310	5100	3750	6100	2000	2950	100	120	70	100	4	0	0	0	0	0	0	0	0	0	0	0	576	0	0	0	0	576
			NJ6607CEV1	NJ6577CYEV1	纯电动	3310	5200	3790	6010	2000	2990	—	150	60	85	1	0	0	0	0	28	8	0	81	10	25	177		0	0	0		
			NJ6607DEV2	NJ6577DYEV2	纯电动	3310	5200	3850	6010	2000	2770;2990	—	220	60	85	0	0	0	0	0	0	0	0	0	0	88	46		0	0	0		
			NJ6617AEV	NJ6587AYEV1	纯电动	3310	5000	3680	6100	2000	2670	180	200	70	100	0	0	0	3	0	0	0	0	0	0	0	0		0	0	0		
			NJ6697DEV1	NJ6667DYEV1	纯电动	3950	5200	3950	6880	2000	2820;3050	—	200	60	85	0	0	0	0	0	0	0	0	0	0	0	104		0	0	0		
	畅达牌	纯电动客车	NJ6708BEV	NJ6678EV	纯电动	3935	7200	5400;5100	7020	2040	2820;2870	—	220	100	100	0	0	0	0	0	0	0	0	0	0	0	1		0	0	0		
上海万象汽车制造有限公司	象牌	纯电动城市客车	SXC6110GBEV	承载式车身	纯电动	6100	17600	12900	10800	2500	3150	—	>300	69	69	0	0	0	0	0	0	64	12	74	153	0	0	524	0	0	0	0	524
			SXC6110GBEV	承载式车身	纯电动	6100	17600	12900	10800	2500	3150	—	300	69	69	0	0	0	0	1	0	0	0	0	0	0	0		0	0	0		
			SXC6750GBEV	承载式车身	纯电动	4600	8200	5500	7500	2300	2900	—	>210	69	69	0	0	0	0	0	0	1	0	0	0	0	0		0	0	0		
			SXC6750GBEV1	承载式车身	纯电动	4600	9300	6500	7500	2300	2900	—	403	69	69	0	0	0	0	0	0	0	0	0	0	0	1		0	0	0		
			SXC6940GBEV	承载式车身	纯电动	4700	14800	10500	9400	2500	3150	—	412	69	69	0	0	0	0	0	0	0	0	0	98	0	0		0	0	0		
		纯电动客车	SXC6110CBEV	承载式车身	纯电动	5600	17500	13200	10990	2500	3500	—	>300	90	90	0	0	0	0	0	0	0	0	6	0	0	0		0	0	0		
			SXC6110CBEV	承载式车身	纯电动	5600	17500	13200	10990	2500	3500	—	312	90	90	0	0	0	0	0	0	0	0	0	0	114	0		0	0	0		
重庆恒通客车有限公司	恒通客车牌	纯电动城市客车	CKZ6127HBEVF	CKZ6129HBEVF	纯电动	6100	18000	12450;13200 14000	12000	2550	3260;3500	—	165	65	69	0	0	0	0	0	0	0	1	0	0	0	0	482	0	0	0	15	497
			CKZ6620BEV	CKZ6609BEV	纯电动	3650	6800	4700;4940 5200	6180	2200	2720;2870	—	121	60	69	0	0	0	0	0	0	0	0	0	0	0	1		0	0	0		
			CKZ6680HBEV	承载式车身	纯电动	4200	8500	4800;5000	6800	2260	2600;2850	—	160	70	69	0	0	0	0	0	0	0	64	39	134	32	13		0	0	0		
			CKZ6680HBEVA	承载式车身	纯电动	4200	6800	4560;4760	6800	2260	2600;2850	—	155	65	69	0	0	0	0	0	0	0	0	0	4	0	0		0	0	0		
			CKZ6680HBEVF	承载式车身	纯电动	4200	8500	5450;5650	6800	2260	2980	—	150	69	69	0	0	0	0	0	0	0	0	0	0	0	0		0	2	0		
			CKZ6680HBEVG	承载式车身	纯电动	4200	8500	5150;5350	6800	2260	2980	—	150	69	69	0	0	0	0	0	0	0	0	0	0	0	0		0	1	0		
			CKZ6800HBEV	承载式车身	纯电动	5000	10400	6200;6400	8010	2260	2675;2925	—	178	69	69	0	0	0	0	0	0	0	0	0	0	0	6		0	8	0		
			CKZ6812HBEV	CKZ6769HBEV	纯电动	4400	11000	7090;7260 7470	8140	2200	2800;2900	—	100	65	69	0	0	0	0	0	0	0	0	0	0	0	1		0	0	0		
			CKZ6851HBEV	CKZ6819HBEV	纯电动	4700	11200	7960;8400 8880	8485	2400	2950;3080	—	150	69	69	0	0	0	0	0	0	0	75	16	15	0	31		0	0	0		

续表

企业名称	中文品牌	车辆类型	车辆型号	底盘型号	燃料种类	轴距(mm)	总质量(kg)	整备质量(kg)	外形尺寸(mm) 长	宽	高	电动汽车续驶里程(工况法，km)	电动汽车续驶里程(等速法，km)	电动汽车30分钟最高车速(km/h)	最高车速(km/h)	2015年 1月	2月	3月	4月	5月	6月	7月	8月	9月	10月	11月	12月	小计(辆)	2016年 1月	2月	3月	小计(辆)	合计(辆)
重庆恒通客车有限公司	恒通客车牌	纯电动城市客车	CKZ6851HBEVA	CKZ6819HBEVA	纯电动	4700	11200	7960;8400 8880	8485	2400	2950;3080	—	150	69	69	0	0	0	0	0	0	0	0	0	0	0	0		0	2	0		
			CKZ6851HBEVB	CKZ6819HBEVB	纯电动	4700	11200	7960;8400 8880	8485	2400	2950;3080	—	150	69	69	0	0	0	0	0	0	0	0	0	0	0	0		0	2	0		
		纯电动客车	CKZ6117CHBEV	CKZ6109CHBEV	纯电动	5600	17500	12500;13000 13360	10990	2500	3560;3670	—	250	90	100	0	0	0	0	0	0	0	0	0	5	0	0		0	0	0		
			CKZ6117C HBEVA	CKZ6109C HBEVA	纯电动	5600	17500	12500;13000 13360	10990	2500	3560;3670	—	250	90	100	0	0	0	0	0	0	0	0	0	8	0	0		0	0	0		
			CKZ6117C HBEVB	CKZ6109C HBEVB	纯电动	5600	18000	12800;13400 14020	10990	2500	3560;3670	—	250	90	100	0	0	0	0	0	0	0	0	0	3	0	0		0	0	0		
			CKZ6605CBEV	CKZ6609CBEV	纯电动	3300	6800	4700;4940 5200	6015	2240	2860;2960	—	160	70	100	0	0	0	0	0	0	0	0	0	0	0	1		0	0	0		
			CKZ6614CBEV	承载式车身	纯电动	3720	4460	2995	6070	1880	2320	—	185	90	100	0	0	0	0	0	0	0	0	0	10	0	11		0	0	0		
			CKZ6680CHBEV	承载式车身	纯电动	4200	8500	5200;5400	6800	2260	2600;2850	—	160	100	100	0	0	0	0	0	0	0	0	0	6	0	0		0	0	0		
			CKZ6800CHBEV	承载式车身	纯电动	5000	9500	7000;7270	8000	2260	2675;2925	—	155	85	100	0	0	0	0	0	0	0	0	0	5	0	1		0	0	0		
天津比亚迪汽车有限公司	金马牌	纯电动城市客车	TJK6124BEV	CK6121DGAEV	纯电动	5880	18000	12650	11980	2540	3300	—	520	69	69	0	0	0	0	0	0	0	0	0	0	420	30	450	0	0	41	41	491
江西凯马百路佳客车有限公司	江西牌	纯电动城市客车	JXK6106BEV	承载式车身	纯电动	5100 5600	18000	13200;13000	10480	2495	3220;3100 3450	120	200	65	68	0	0	5	6	0	0	0	0	0	0	0	0	434	0	0	0	1	435
			JXK6113BEV	承载式车身	纯电动	5400	17000	12400	11280	2495	3170	—	200	64	68	0	0	0	0	0	0	0	0	0	0	0	1		0	0	0		
			JXK6113BEV1	承载式车身	纯电动	5400	17000	12400	11280	2495	3170	—	160	58	68	0	0	0	2	0	0	0	0	0	0	0	0		0	0	0		
			JXK6121BEV	承载式车身	纯电动	6100	18000	13200	11980	2495	3170	120	125	65	68	0	0	4	5	0	0	0	0	0	0	0	0		0	0	0		
			JXK6702BEV	JXK6702BEV 整车	纯电动	3935	7000	5000;5300	7040	2050	2660;2760	150	280	65	69	0	0	0	16	0	0	0	0	0	0	0	2		0	0	0		
			JXK6820BEV	承载式车身	纯电动	4500	13500	10300;10100	8245	2495	3235;3000 3450	120	200	62	68	0	0	10	0	0	1	0	0	0	0	0	1		0	0	0		
			JXK6822BEV	承载式车身	纯电动	4500	13500	10300;10100	8245	2495	3235;3000 3450	—	285	62	68	0	0	0	0	5	0	0	0	0	20	0	11		0	0	0		
		纯电动客车	JXK6601CEV	承载式车身	纯电动	3665	4390	2980;3060	6020 6005	2005	2650	—	310	95	100	0	0	0	17	0	0	0	0	0	0	0	1		0	0	0		

续表

企业名称	中文品牌	车辆类型	车辆型号	底盘型号	燃料种类	轴距(mm)	总质量(kg)	整备质量(kg)	外形尺寸(mm)			电动汽车续驶里程(工况法,km)	电动汽车续驶里程(等速法,km)	电动汽车30分钟最高车速(km/h)	最高车速(km/h)	2015年													2016年				合计(辆)
									长	宽	高					1月	2月	3月	4月	5月	6月	7月	8月	9月	10月	11月	12月	小计(辆)	1月	2月	3月	小计(辆)	
江西凯马百路佳客车有限公司	江西牌	纯电动客车	JXK6602CEV	承载式车身	纯电动	3665	4390	2980;3060	6020 6005	2005	2650	—	310	95	100	0	0	0	18	0	14	20	23	0	52	10	32		1	0	0		
			JXK6603CEV	承载式车身	纯电动	3665	4390	3220;3140	6020	2005	2650	—	300	95	100	0	0	0	0	0	0	3	1	0	0	0	0		0	0	0		
			JXK6606CEV	承载式车身	纯电动	3665	4390	2980;3060	6020 6005	2005	2650	—	255	95	100	0	0	0	0	0	4	0	0	0	0	0	58		0	0	0		
			JXK6608CEV	承载式车身	纯电动	3665	4390	3220;3140	6020 6005	2005	2650	—	252	95	100	0	0	0	0	0	0	5		0	0	0	56		0	0	0		
			JXK6650BEV	承载式车身	纯电动	4600	8000	6300;6100	6450	2180	2950;3056	120	200	65	68	0	0	0	10	2	1	0	1	0	0	0	1		0	0	0		
			JXK6700CEV	承载式车身	纯电动	4600	8400	6600	7045	2180	3080;2965	200	300	85	100	0	0	15	0	0	0	0	0	0	0	0	1		0	0	0		
山东沂星电动汽车有限公司	飞燕牌	纯电动城市客车	SDL6100EVG2	承载式车身	纯电动	5200	16500	11400	10500	2500	3250	—	300	69	69	0	0	1	0	0	0	0	3	0	0	0	0	353	0	0	0	1	354
			SDL6100EVG3	承载式车身	纯电动	5200	18000	11350	10500	2500	3250	—	280	69	69	0	0	0	0	0	0	0	0	0	0	0	0		0	0	1		
			SDL6120EVG	承载式车身	纯电动	6200	18000	12000	12000	2530	3250	—	310	69	69	0	2	5	23	0	5	1	0	0	16	21	0		0	0	0		
			SDL6120EVG3	承载式车身	纯电动	6200	18000	12000	12000	2530	3250	—	360	69	69	0	0	0	0	0	0	1	0	0	0	0	0		0	0	0		
			SDL6121EVG	承载式车身	纯电动	6200	18000	12000	12000	2530	3250	—	160	69	69	20	0	0	0	0	0	0	0	0	0	0	0		0	0	0		
			SDL6122EVG	承载式车身	纯电动	6200	18000	12600	12000	2530	3250	—	360	69	69	0	0	0	0	0	0	0	0	0	0	0	60		0	0	0		
			SDL6830EVG	承载式车身	纯电动	3750	13500	9600	8300	2500	3200	—	230	69	69	0	0	0	0	0	10	20	0	0	0	0	0		0	0	0		
			SDL6831EVG	承载式车身	纯电动	3900	13500	9000	8300	2500	3200	—	300	69	69	0	0	0	0	0	0	0	0	0	0	0	160		0	0	0		
		纯电动客车	SDL6700EV	承载式车身	纯电动	3935	7800	5450	6980	2040	2840	—	460	100	100	0	0	0	0	0	0	0	0	0	0	0	5		0	0	0		
上汽唐山客车有限公司	飞翼牌	纯电动城市客车	SK6107EV43	SWB6107EV43	纯电动	5280	17000	12900	10480	2500	3150	300	320	65	69	0	0	50	0	0	0	0	0	0	0	0	0	302	0	0	0	0	302
			SK6812EV32	SWB6792EV32	纯电动	5000	13200	9000	8140	2400	3080	—	210	69	69	0	0	0	0	0	0	0	0	0	0	0	50		0	0	0		
			SK6812EV33	SWB6792EV33	纯电动	5000	13200	8740	8140	2400	3080	—	180	69	69	0	0	0	0	0	0	0	0	0	35	65	0		0	0	0		
		纯电动客车	SK6110EV64	SWB6110EV64	纯电动	5450	18000	14000	10990	2500	3600	240	280	85	85	0	0	0	0	0	50	50	0	0	0	0	2		0	0	0		
江西博能上饶客车有限公司	上饶牌	纯电动城市客车	SR6680BEVG	承载式车身	纯电动	3300	8500	4700;4850	6800	2280	2850;3000	—	≥250	69	69	0	0	0	0	0	0	0	0	0	0	0	1	288	0	0	0	13	301
			SR6680BEVG1	承载式车身	纯电动	3300	8500	4700;4850	6800	2280	2850;3000	—	≥250	69	69	0	0	0	0	0	0	0	0	0	0	0	54		0	0	0		
		纯电动客车	SR6700HBEV	SR6700HBEV整车	纯电动	3935	6800	4680	7005	2040	2645	130	150	90	100	0	0	0	0	0	0	0	0	0	0	0	1		0	0	0		

续表

企业名称	中文品牌	车辆类型	车辆型号	底盘型号	燃料种类	轴距(mm)	总质量(kg)	整备质量(kg)	外形尺寸(mm) 长	宽	高	电动汽车续驶里程(工况法,km)	电动汽车续驶里程(等速法,km)	电动汽车30分钟最高车速(km/h)	最高车速(km/h)	2015年 1月	2月	3月	4月	5月	6月	7月	8月	9月	10月	11月	12月	小计(辆)	2016年 1月	2月	3月	小计(辆)	合计(辆)
江西博能上饶客车有限公司	上饶牌	纯电动客车	SR6707BEV	SR6707BEV1	纯电动	3935	6700	4880	7005	2050	2800	130	150	100	100	0	0	0	0	0	0	0	0	0	0	1	0		0	0	0		
			SR6707BEV2	SR6707BEV5整车	纯电动	3935	6800	5000	7005	2050	2800	—	180	100	100	0	0	0	0	0	0	0	0	0	0	1	0		0	0	0		
			SR6707BEV3	承载式车身	纯电动	3935	6700 7300	4880	7005	2050	2740;2850	—	150;257	100	100	0	0	0	0	0	0	0	0	0	0	0	230		0	0	13		
山西皇城相府宇航汽车制造有限公司	山西牌	纯电动城市客车	SXK6107GBEV2	承载式车身	纯电动	5350	16500	11100	10490	2500	3050;3150	220	280	69	69	0	0	0	0	0	0	0	0	0	1	0	0	157	0	0	0	127	284
			SXK6662GBEV	承载式车身	纯电动	3300	7200	4900	6600	2240	2820;3020	—	150	69	69	0	0	0	0	0	0	0	0	0	24	42	0		0	0	0		
			SXK6662GBEV2	承载式车身	纯电动	3300	7500	5100	6600	2240	2820;3020	—	200	69	69	0	0	0	0	0	0	0	0	0	0	22	25		103	0	23		
			SXK6851GBEV	承载式车身	纯电动	4100	12200	8300;8600	8540	2400	3050;2940	230	≥280	69	69	0	0	0	0	0	0	0	0	0	0	1	0		0	0	0		
		纯电动客车	SXK6118TBEV	承载式车身	纯电动	5450	18000	14500	10990	2500	3570	200	250	90	90	0	0	0	0	0	1	0	0	0	1	0	0		0	0	0		
			SXK6118TBEV2	承载式车身	纯电动	5450	17000	12750	10990	2500	3570	—	250	90	90	0	0	0	0	0	0	0	0	0	1	4	0		0	0	0		
			SXK6601TBEV	承载式车身	纯电动	3665	4390	3060	6020	2005	2630	—	200	100	100	0	0	0	0	0	0	0	0	0	0	2	0		0	0	0		
			SXK6601TBEV2	承载式车身	纯电动	3665	4390	3060	6020	2005	2630	—	200	100	100	0	0	0	0	0	5	1	2	0	0	0	0		0	0	0		
			SXK6601TBEV3	承载式车身	纯电动	3665	4390	3060	6020	2005	2630	—	200	100	100	0	0	0	0	0	0	0	0	0	0	0	11		0	0	0		
			SXK6800TBEV	承载式车身	纯电动	3800	12200	9470	8030	2500	3230;3330	—	280	90	90	0	0	0	0	0	0	14	0	0	0	0	0		0	0	1		
长沙梅花汽车制造有限公司	同心牌	纯电动客车	TX6600BEV1	TX6600BEV1	纯电动	3665	4390	2980;3060	6020	2005	2650	—	255	95	100	0	0	0	0	0	10	0	0	0	0	1	253	276	0	0	0	0	276
			TX6720BEV	承载式车身	纯电动	4050	7500	5950	7220	2096	2880	—	180	90	90	0	0	0	0	0	11	0	0	0	0	0	1		0	0	0		
安源客车制造有限公司	安源牌	纯电动城市客车	PK6100BEV	承载式车身	纯电动	5300	16550	11920	10490	2500	3300	—	260	69	69	0	0	0	0	0	0	0	0	0	0	0	1	238	1	0	0	3	241
			PK6120BEV	承载式车身	纯电动	6100	17950	13000	11980	2500	3220	—	260	69	69	0	0	0	0	0	0	0	0	0	0	0	1		1	0	0		
			PK6603BEV	承载式车身	纯电动	3800	7906	5080;5245	6020	2260	3185	—	165	69	69	0	0	0	0	0	0	0	0	0	0	136	0		0	0	0		
			PK6671BEV	承载式车身	纯电动	3300	7680	5340;5500	6670	2260	3195	—	150	69	69	0	0	0	0	0	0	0	0	0	0	0	1		0	0	0		
			PK6672BEV	承载式车身	纯电动	3800	7906	5266;5426	6710	2260	3185	—	180	69	69	0	0	0	0	0	0	0	0	0	0	1	0		0	0	0		
			PK6700BEV	承载式车身	纯电动	3935	7255	5100	6995	2040	2830	—	250	69	69	0	0	0	0	0	0	0	0	0	0	0	1		1	0	0		
			PK6850BEV	承载式车身	纯电动	4000	11700	8050	8510	2430	3250	—	200	69	69	0	0	0	0	0	0	0	0	0	0	45	52		0	0	0		
四川野马汽车股份有限公司	野马牌	纯电动城市客车	SQJ6111B2BEV	EQ6101KRLEV1	纯电动	5200	18000	12090;12450	10720	2500	3110;3340	180	215	69	69	30	0	0	0	0	0	0	0	0	0	0	0	210	0	0	1	15	225
			SQJ6111B3BEV	EQ6101KRLEV2	纯电动	5200	16900	12000	10720	2500	3340	—	250	69	69	0	0	0	0	0	0	0	0	0	0	0	0		0	0	14		

续表

企业名称	中文品牌	车辆类型	车辆型号	底盘型号	燃料种类	轴距(mm)	总质量(kg)	整备质量(kg)	外形尺寸(mm)			电动汽车续驶里程(工况法，km)	电动汽车续驶里程(等速法，km)	电动汽车30分钟最高车速(km/h)	最高车速(km/h)	2015年													2016年				合计(辆)
									长	宽	高					1月	2月	3月	4月	5月	6月	7月	8月	9月	10月	11月	12月	小计(辆)	1月	2月	3月	小计(辆)	
四川野马汽车股份有限公司	野马牌	纯电动客车	SQJ6620B3BEV	EQ6560KMLEV2	纯电动	3300	5700	3775	6245	2060	2870	—	250	100	100	0	0	0	0	0	0	0	0	0	0	0	100		0	0	0		
			SQJ6900B1BEV	EQ6860KRLEV	纯电动	4300	13000	9800;10000	8990	2500	3320;3450	—	180	100	100	0	0	0	0	0	0	1	0	10	0	0	1		0	0	0		
			SQJ6900B3BEV	EQ6860KMLEV	纯电动	4300	11000	7600	8990	2460	3150	—	252	100	100	0	0	0	0	0	0	0	0	20	31	0	17		0	0	0		
广东云山汽车有限公司	白云牌	纯电动城市客车	BY6110EVG	承载式车身	纯电动	5650	16800	11430	11080	2480	3175	—	165	69	69	0	0	0	0	0	0	0	0	0	0	0	1	223	0	0	0	0	223
			BY6670EVG	承载式车身	纯电动	3300	6950	5000	6700	2230	3070	—	191	69	69	0	0	0	0	0	0	0	0	0	0	0	1		0	0	0		
			BY6720EVG	承载式车身	纯电动	3500	9700	6500	7245	2260	3175	—	160	69	69	0	0	0	0	0	0	0	0	0	0	0	1		0	0	0		
			BY6720EVG－1	承载式车身	纯电动	3500	9700	6500	7245	2260	3150	—	163	69	69	0	0	0	0	0	0	0	0	0	0	100	100		0	0	0		
		纯电动客车	BY6608BEV	承载式车身	纯电动	3665	4490	3140	6030	1995	2360;2530;2605	—	260	≤100	100	0	0	0	0	0	0	0	0	0	0	0	20		0	0	0		
安徽星凯龙客车有限公司	星凯龙牌	纯电动城市客车	HFX6101GEV02	承载式车身	纯电动	5350	17500	12430	10480	2500	3050;3150	—	300	69	69	0	0	0	0	0	0	0	0	0	0	1	0	218	0	0	0	0	218
			HFX6121GEV03	承载式车身	纯电动	6100	18000	12800;13100	12000	2540	3100;3300	—	155	69	69	0	0	0	0	0	0	0	0	0	0	1	0		0	0	0		
			HFX6122GEV03	承载式车身	纯电动	6100	18000	13900;14200	12000	2540	3100;3300	—	430	69	69	0	0	0	0	0	0	0	0	0	0	1	0		0	0	0		
		纯电动客车	HFX6100KEV09	承载式车身	纯电动	5200	16500	12800	10500	2500	3680	—	280(40±2)km/h等速法	100	100	0	0	0	0	0	0	0	0	0	0	0	1		0	0	0		
			HFX6120KEV07	承载式车身	纯电动	6000	18000	13600	12000	2500	3680	—	255(40±2)km/h等速法	100	100	0	0	0	0	0	0	0	0	0	0	1	0		0	0	0		
			HFX6600KEV10	承载式车身	纯电动	3570	4550	3100	6005	2098	2645	—	170	100	100	0	0	0	0	0	0	0	0	1	0	0	0		0	0	0		
			HFX6601KEV05	承载式车身	纯电动	3308	7000	5100;4900	6005	2240	2970;2710	—	155	100	100	0	0	0	0	0	0	0	0	20	0	0	0		0	0	0		
			HFX6601KEV10	承载式车身	纯电动	3570	4550	3200	6005	2098	2645	—	240	100	100	0	0	0	0	0	0	0	0	0	0	0	1		0	0	0		
			HFX6602KEV05	承载式车身	纯电动	3308	7000	5100;4900	6005	2240	2970;2710	—	155(40±2)km/h等速法	100	100	0	0	0	0	0	0	0	0	0	0	0	30		0	0	0		
			HFX6602KEV10	承载式车身	纯电动	3570	4550	3100	6005	2098	2645	—	200	100	100	0	0	0	0	0	0	0	0	1	0	0	0		0	0	0		

续表

企业名称	中文品牌	车辆类型	车辆型号	底盘型号	燃料种类	轴距(mm)	总质量(kg)	整备质量(kg)	外形尺寸(mm)			电动汽车续驶里程(工况法,km)	电动汽车续驶里程(等速法,km)	电动汽车30分钟最高车速(km/h)	最高车速(km/h)	2015年													2016年				合计(辆)
									长	宽	高					1月	2月	3月	4月	5月	6月	7月	8月	9月	10月	11月	12月	小计(辆)	1月	2月	3月	小计(辆)	
安徽星凯龙客车有限公司	星凯龙牌	纯电动客车	HFX6603KEV10	承载式车身	纯电动	3570	4550	3000	6005	2098	2645	—	170(40±2)km/h等速法	100	100	0	0	0	0	0	0	0	0	0	0	49	109		0	0	0		
			HFX6604KEV10	承载式车身	纯电动	3570	4550	3000	6005	2098	2645	—	170(40±2)km/h等速法	100	100	0	0	0	0	0	0	0	0	0	0	0	1		0	0	0		
			HFX6700KEV08	—	纯电动	3935	7600	5700	7020	2050	2650	—	155(40±2)km/h等速法	100	100	0	0	0	0	0	0	0	0	0	0	0	1		0	0	0		
金华青年汽车制造有限公司	青年牌	纯电动城市客车	JNP6120BEV1	承载式车身	纯电动	5980	18000	12600	12000	2550	3750	—	80	60	69	0	0	0	0	0	0	0	0	0	0	0	30	163	0	0	0	0	163
			JNP6123BEV	承载式车身	纯电动	5800	18000	11600;11200	12000	2550	3220;3440	—	50	69	69	34	0	0	0	0	0	0	0	0	0	41	42						
			JNP6183BEV	承载式车身	纯电动	5720+6200	28000	18200	18000	2550	3320;3490	—	50	69	69	0	0	0	0	0	0	0	0	0	0	12	4		0	0	0		
苏州益茂电动客车有限公司	东鸥牌	纯电动客车	ZQK6703EV	EQ6680KRLEV1	纯电动	3935	7200	5000	7020	2050	2690;2890	—	180	100	100	0	0	0	0	0	0	0	0	0	0	0	157	157	0 0	0 0	0 0	0	157
福建新福达汽车工业有限公司	福达牌	纯电动城市客车	FZ6109UFBEV01	承载式车身	纯电动	5000	17500	12500	10480	2500	3300;3150	—	275	69	69	0	0	0	0	0	0	0	0	0	0	0	10	136	0	0	0	0	136
			FZ6600UBEV	承载式车身	纯电动	3665	4390	2980	6020	2005	2630	—	260	69	69	0	0	0	0	0	0	0	0	0	0	0	20		0	0	0		
			FZ6700UFBEV	承载式车身	纯电动	3935	7500	5200	7045	2050	2640;2770 2890	—	200	69	69	0	0	0	0	0	0	0	0	0	40	0	34		0	0			
		纯电动客车	FZ6600BEV	承载式车身	纯电动	3665	4390	2980	6020	2005	2630	—	200	100	100	0	0	0	0	0	0	0	0	10	0	22	0		0	0	0		
云南五龙汽车有限公司	长江牌	纯电动城市客车	FDE6120PDABEV01	承载式车身	纯电动	6000	18000	12400	12000	2550	3090	—	256	60	69	0	0	0	0	0	0	9	4	0	0	0	0	127	0	0	0	1	128
		纯电动客车	FDE6750TDABEV01	承载式车身	纯电动	4135	7015	5380	7490	2195	2735	—	250	100	130	0	0	0	0	0	0	0	0	0	0	7	1		0	0	0		
			FDE6750TDABEV02	承载式车身	纯电动	4135	6711	5076	7490	2195	2735	—	200	100	130	0	0	0	0	0	4	0	0	0	0	0	0		0	0	0		

续表

企业名称	中文品牌	车辆类型	车辆型号	底盘型号	燃料种类	轴距(mm)	总质量(kg)	整备质量(kg)	外形尺寸(mm) 长	宽	高	电动汽车续驶里程(工况法,km)	电动汽车续驶里程(等速法,km)	电动汽车30分钟最高车速(km/h)	最高车速(km/h)	2015年 1月	2月	3月	4月	5月	6月	7月	8月	9月	10月	11月	12月	小计(辆)	2016年 1月	2月	3月	小计(辆)	合计(辆)
云南五龙汽车有限公司	长江牌	纯电动客车	FDE6750TDABEV03	承载式车身	纯电动	4135	6711	5076	7490	2195	2735	—	200	100	100	0	0	0	0	0	0	0	0	0	0	19	3		0	0	0		
			FDE6810TDABEV01	承载式车身	纯电动	4935	6956	5087	8080	2195	2735	—	200	100	130	0	0	0	1	1	0	0	0	0	0	0	0		0	0	0		
			FDE6810TDABEV02	承载式车身	纯电动	4935	7010	5530	8080	2195	2735	—	250	100	130	0	0	0	0	0	0	0	0	0	0	1	0		0	0	0		
			FDE6810TDABEV03	承载式车身	纯电动	4935	6956	5087	8080	2195	2735	—	200	100	100	0	0	0	0	0	0	0	0	0	4	42	25		0	0	0		
			FDE6810TDABEV04	承载式车身	纯电动	4935	7010	5530	8080	2195	2735	—	250	100	100	0	0	0	0	0	0	0	0	0	1	2	3		1	0	0		
浙江南车电车有限公司	南车牌	纯电动城市客车	CSR6120GSEV1	承载式车身	纯电动	6000	18000	12500	12000	2540	3535	—	21.8	69	69	0	0	9	0	0	0	0	0	0	0	0	1	106	0	0	5	5	111
			CSR6120GSEV2	承载式车身	纯电动	6000	18000	12700	12000	2540	3535	—	60	69	69	0	0	0	0	0	0	0	1	0	0	21	74		0	0	0		
东风特种汽车有限公司	东风牌	纯电动城市客车	EQ6120CBEVT	承载式车身	纯电动	6000	18000	12600	12000	2550	2985;3220	—	200	69	69	0	0	0	0	0	0	2	0	0	0	0	0	109	0	0	0	0	109
			EQ6670CBEVT	承载式车身	纯电动	3850	8000	5400	6740	2260	2910;3080	—	150	69	69	0	0	0	0	0	0	0	2	10	4	48	0		0	0	0		
			EQ6670CBEVT1	承载式车身	纯电动	3850	8000	5400	6740	2260	2910;3080	—	150	69	69	0	0	0	0	0	0	0	0	0	0	40	0		0	0	0		
		纯电动客车	EQ6701LBEVT	承载式车身	纯电动	3935	7500	5100;5300	7005	2050	2640;2760 2890	—	210	100	100	0	0	0	0	0	0	0	0	0	3	0	0		0	0	0		
福建新龙马汽车股份有限公司	福建牌	纯电动城市客车	FJ6860GBEVE	承载式车身	纯电动	4300	13500	8900;8650	8635	2400	3020;2910	—	>200	69	69	0	0	0	0	0	0	0	0	0	0	0	100	100	0	0	0	0	100
江苏友谊汽车有限公司	友谊牌	纯电动城市客车	ZGT6668LBEV	ZGT6570BEV	纯电动	3300	7600	5650;5450	6640	2260	2890;2750	—	181;165 202	69	69	0	0	0	0	0	0	0	0	0	0	0	96	96	0	0	0	0	96
江苏陆地方舟新能源电动汽车有限公司	陆地方舟牌	纯电动城市客车	RQ6100GEVH1	承载式车身	纯电动	6000	16500	10000	10400	2500	3150	115	160	69	69	0	0	0	0	0	0	0	0	1	0	0	0	87	0	0	0	0	87
			RQ6100GEVH2	承载式车身	纯电动	6000	16500	10400	10400	2500	3150	100	150	69	69	0	0	0	0	0	0	0	0	2	0	0	0		0	0	0		
			RQ6100GEVH3	承载式车身	纯电动	6000	16500	11400	10400	2500	3150	—	310	69	69	0	0	0	0	0	0	0	0	0	0	25	0		0	0	0		
			RQ6120GEVH0	承载式车身	纯电动	6100	18000	12900;13200	11980	2530	3080;3190	—	360	69	69	0	0	0	0	0	0	11	0	0	29	0	0		0	0	0		
			RQ6850GEVH1	RQ6850GH1	纯电动	4300	14000	9650;10200	8490	2400	3200	220	250	69	69	0	0	0	0	0	0	0	0	1	0	0	0		0	0	0		

续表

企业名称	中文品牌	车辆类型	车辆型号	底盘型号	燃料种类	轴距(mm)	总质量(kg)	整备质量(kg)	外形尺寸(mm)			电动汽车续驶里程(工况法,km)	电动汽车续驶里程(等速法,km)	电动汽车30分钟最高车速(km/h)	最高车速(km/h)	2015年													2016年				合计(辆)
									长	宽	高					1月	2月	3月	4月	5月	6月	7月	8月	9月	10月	11月	12月	小计(辆)	1月	2月	3月	小计(辆)	
江苏陆地方舟新能源电动汽车有限公司	陆地方舟牌	纯电动城市客车	RQ6850GEVH2	RQ6850GH2	纯电动	4300	14000	9300	8490	2400	3200	100	160	69	69	0	0	0	0	0	0	0	0	1	0	0	0		0	0	0		
			RQ6850GEVH3	承载式车身	纯电动	4300	14000	9400;9700	8490	2400	3100;3200	—	250	69	69	0	0	0	0	0	0	0	14	0	0	0	0		0	0	0		
		纯电动客车	RQ6700XEVH0	承载式车身	纯电动	3935	7200	5600	7030	2050	2750	210	260	100	100	0	0	0	0	0	0	0	0	1	0	0	0		0	0	0		
			RQ6701XBEVH0	RQ6701XH0	纯电动	3935	8100	6450	6995	2150	3000	130	180	80	80	0	0	0	0	0	0	0	0	1	0	0	0		0	0	0		
			RQ6701XEVH2	RQ6701XH2	纯电动	3935	8100	6450	6995	2150	3000	—	280	80	80	0	0	0	0	0	0	0	0	1	0	0	0		0	0	0		
江苏登达汽车有限公司	钻石牌	纯电动城市客车	SGK6108BEVGK10	承载式车身	纯电动	6000	17000	11200;11500	10500	2500	3050;3300	—	210	69	69	0	0	0	0	0	0	0	0	0	0	0	20		0	0	0		
			SGK6850BEVGK07	承载式车身	纯电动	4300	13500	9050;9350	8540	2440	2900;3150	—	200	69	69	0	0	0	0	0	0	0	0	0	0	0	60	85	0	0	0	0	85
		纯电动客车	SGK6608BEVK06	承载式车身	纯电动	3700	4260	2850	6010	1895	2320	—	320	100	100	0	0	0	0	0	0	0	0	0	0	0	5		0	0	0		
江苏常隆客车有限公司	常隆牌	纯电动城市客车	YS6102GBEV	承载式车身	纯电动	6000	16700	11400;11100	10220	2460	3230;3080	—	400	69	69	0	0	0	0	0	0	0	0	0	0	0	30		0	0	0		
			YS6103GBEV	承载式车身	纯电动	6000	17000	11500;11200	10490	2460	3240;3090	—	380	69	69	0	0	0	0	0	0	0	0	0	0	0	1		0	0	0		
			YS6123GBEV	承载式车身	纯电动	6100	18000	12750;12450	11990	2530	3130;2955	—	280	69	69	0	0	0	1	0	0	0	0	0	0	0	1		0	0	0		
			YS6750GBEV	—	纯电动	3800	10400	6800;6600	7460	2300	2990;2810	210	69	0	69	0	0	0	0	0	0	0	0	0	0	0	11	53	0	0	0	21	74
			YS6830GBEV	—	纯电动	4600	12000	7900;7700	8260	2340	3005;2825	—	210	69	69	0	0	8	0	0	0	0	0	0	0	0	0		0	0	0		
			YS6832GBEV	承载式车身	纯电动	4600	12000	7600;7300	8320	2320	3060;2935	—	260	69	69	0	0	0	0	0	0	0	0	0	0	0	0		0	0	1		
		纯电动客车	YS6105BEV	承载式车身	纯电动	5450	16500	11700;12000	10490	2500	3400;3225	—	370	100	100	0	0	0	0	0	0	0	0	0	0	0	1		5	15	0		
江西江铃集团晶马汽车有限公司	晶马牌	纯电动客车	JMV6700BEV	JMV6682EV	纯电动	3935	6360	4550	7005	2050	2640;2725 2820	—	150	80	80	0	0	0	0	0	0	0	0	6	24	0	35	65	0	0	0	0	65
杭州越西客车制造有限公司	悦西牌	纯电动城市客车	ZJC6120UBEV	承载式车身	纯电动	6200	18000	13700	11990	2550	3270	—	280	69	69	0	0	0	0	0	0	0	0	0	0	0	1	2	0	10	0	60	62
		纯电动客车	ZJC6700JBEV	承载式车身	纯电动	3935	7000	5100	7005	2050	2650	—	183	100	100	0	0	0	0	0	0	0	0	0	0	0	1		0	50	0		

续表

企业名称	中文品牌	车辆类型	车辆型号	底盘型号	燃料种类	轴距(mm)	总质量(kg)	整备质量(kg)	外形尺寸(mm)			电动汽车续驶里程(工况法,km)	电动汽车续驶里程(等速法,km)	电动汽车30分钟最高车速(km/h)	最高车速(km/h)	2015年													2016年				合计(辆)
									长	宽	高					1月	2月	3月	4月	5月	6月	7月	8月	9月	10月	11月	12月	小计(辆)	1月	2月	3月	小计(辆)	
江苏尼欧凯汽车有限公司	尼欧凯牌	纯电动城市客车	QTK6700HGEV	承载式车身	纯电动	4750	7430	4950	6900	2200	2850	—	170	69	69	0	0	0	0	0	0	0	0	0	0	0	50	51	0	0	0	0	51
		纯电动客车	QTK6750HLEV	承载式车身	纯电动	4200	7500	5680	7490	2200	2885	—	290	100	100	0	0	0	0	0	0	0	0	0	0	0	1		0	0	0		
黑龙江龙华汽车有限公司	黑龙江牌	纯电动城市客车	HLJ6125BEV	HLJ6125BEV	纯电动	6000	18000	13765	11990	2500	3300	—	280	69	69	1	0	0	0	0	0	0	0	0	0	0	0	28	0	0	0	0	28
			HLJ6681BEV	HLJ6681BEV	纯电动	3100	8500	5560	6790	2280	2930	—	150	69	69	0	0	0	0	0	0	0	0	0	0	27	0		0	0	0		
中国第一汽车集团公司	解放牌	纯电动城市客车	CA6100URBEV22	CA6100CREV22	纯电动	5350	16500	11000;10640	10480	2500	2990;3250	—	231	69	69	0	0	0	0	0	0	0	0	0	0	0	21	21	0	0	0	0	21
一汽客车(大连)有限公司	解放牌	纯电动城市客车	CA6127URE31	CA6120CRE21	纯电动	6100	18000	12900	11995	2550	3140	130	160	68	69	0	0	0	0	0	0	10	0	0	0	0	0	10	0	0	0	0	10
陕西汽车集团有限责任公司	陕汽牌	纯电动城市客车	SX6100GBEVS	承载式车身	纯电动	5400	16500	11400	10460	2500	3330	160	150	69	69	0	8	0	0	0	0	0	0	0	0	0	0	10	0	0	0	0	10
		纯电动客车	SX6120GBEVS	承载式车身	纯电动	6000	18000	12600	11990	2540	3260	120	150	80	69	0	1	0	0	0	0	0	0	0	0	0	0		0	0	0		
			SX6600BEV	SX6570LC83EV	纯电动	3308	7500	6020;5850 5750;5550	6005	2270	2850;3050	—	150	80	92	0	0	0	0	0	0	1	0	0	0	0	0		0	0	0		
无锡华策汽车有限公司	华新牌	纯电动城市客车	HM6660CRBEV	EQ6640KRLEV1	纯电动	3650	7300	4950;5100	6590	2265	2780;2980	—	180;190	69	69	0	0	0	0	0	0	0	0	0	0	0	10	10	0	0	0	0	10
杭州长江汽车有限公司	长江牌	纯电动城市客车	FDC6120PDABEV01	承载式车身	纯电动	6000	18000	12660	12000	2550	3090	—	380	60	69	0	0	0	0	0	0	0	0	0	0	0	0	0	0	6	0	7	7
		纯电动客车	FDC6810TDABEV03	承载式车身	纯电动	4935	8020	5415	8080	2195	2735	—	255	100	100	0	0	0	0	0	0	0	0	0	0	0	0		0	0	1		
中车集团西安骊山汽车制造厂	骊山牌	纯电动城市客车	LS6670GBEV	EQ6620KRLEV	纯电动	3300	8500	4700;4850	6660	2240	2800;3000	—	180	69	69	0	0	0	0	0	0	0	0	0	0	0	5	5	0	0	0	0	5

续表

企业名称	中文品牌	车辆类型	车辆型号	底盘型号	燃料种类	轴距(mm)	总质量(kg)	整备质量(kg)	外形尺寸(mm)			电动汽车续驶里程(工况法,km)	电动汽车续驶里程(等速法,km)	电动汽车30分钟最高车速(km/h)	最高车速(km/h)	2015年													2016年				合计(辆)
									长	宽	高					1月	2月	3月	4月	5月	6月	7月	8月	9月	10月	11月	12月	小计(辆)	1月	2月	3月	小计(辆)	
北奔重型汽车集团有限公司	北奔牌	纯电动城市客车	ND6100BEV00	承载式车身	纯电动	5150	16500	11330	10490	2500	3300;3125	—	200	69	69	0	0	0	0	0	0	0	0	2	0	0	0	2	0	0	1	1	3
华晨客车(大连)有限公司	佰斯威牌	纯电动城市客车	WK6120UREV1	WK6120UREV1	纯电动	6700	18000	12250	11985	2550	3215	—	150	69	69	0	0	0	0	0	0	0	0	0	0	0	0	0	0	0	2	2	2
合计(辆)																1043	601	1713	1292	2097	4322	5704	4829	8224	11632	20005	35770	97272	2036	973	3122	6131	103403

(2)乘用车

企业名称	中文品牌	车辆类型	车辆型号	底盘型号	燃料种类	轴距(mm)	总质量(kg)	整备质量(kg)	外形尺寸(mm)			电动汽车续驶里程(工况法,km)	电动汽车续驶里程(等速法,km)	电动汽车30分钟最高车速(km/h)	最高车速(km/h)	2015年													2016年				合计(辆)
									长	宽	高					1月	2月	3月	4月	5月	6月	7月	8月	9月	10月	11月	12月	小计(辆)	1月	2月	3月	小计(辆)	
浙江吉利汽车有限公司	康迪牌	纯电动轿车	SMA7000BEV	承载式车身	纯电动	2080	1340	1160	2900	1545	1590	150	180	80	80	64	0	0	0	1	0	0	0	0	0	0	0	50713	0	0	0	504	51217
			SMA7000BEV02	承载式车身	纯电动	2080	1150	970	2900	1545	1590	150	180	80	80	0	0	800	22	280	0	0	13	1200	1206	2770	802		0	0	0		
			SMA7000BEV03	承载式车身	纯电动	2080	1090	930	2900	1545	1590	80	100	80	80	0	0	0	0	2399	940	1100	567	0	0	0	700		0	0	0		
			SMA7001BEV	承载式车身	纯电动	2340	1460 1500	1160;1200	3598	1630	1595	150	180	80	80	0	0	1126	93	152	10	0	10	0	0	0	0		0	0	0		
			SMA7001BEV02	承载式车身	纯电动	2340	1500 1460	1200;1160	3598	1630	1595	150	180	80	80	0	0	0	0	455	179	55	60	617	1482	1877	2191		0	0	0		
			SMA7001BEV03	承载式车身	纯电动	2340	1420	1120	3598	1630	1595	80	95	80	80	0	0	0	0	96	685	181	801	769	110	0	48		0	0	0		
			SMA7001BEV04	承载式车身	纯电动	2461	1555	1180	3971	1745	1496	153	195	80	80	0	0	0	0	0	0	0	0	715	290	630	310		0	0	0		
			SMA7001BEV05	承载式车身	纯电动	2461	1560	1185	3971	1745	1496	152	195	102	102	0	0	0	0	0	0	0	0	0	0	0	16		0	0	0		
	吉利牌	纯电动轿车	SMA7002BEV05	承载式车身	纯电动	2650	1960	1660	4397	1789	1630	160	200	100	100	0	0	0	0	0	0	0	0	0	0	0	3		0	0	0		
			SMA7000BEV01	承载式车身	纯电动	1765	870	690	2765	1540	1555	152	156	80	80	0	0	204	14	754	2409	327	1698	2245	4779	3915	204		0	0	0		
	知豆牌	纯电动轿车	SMA7001BEV25	承载式车身	纯电动	2461	1545	1170	3971	1745	1496	151	195	102	102	0	0	0	0	0	0	0	0	0	0	0	0		0	0	2		
			SMA7001BEV13	承载式车身	纯电动	1765	870	690	2806	1540	1555	152	156	80	80	0	0	0	0	30	130	4	236	220	2987	3797	417		0	0	0		
			SMA7001BEV18	承载式车身	纯电动	1765	870	690	2765	1540	1555	155	165	100	100	0	0	0	0	0	0	0	0	0	2	0	0		0	0	0		

续表

企业名称	中文品牌	车辆类型	车辆型号	底盘型号	燃料种类	轴距（mm）	总质量（kg）	整备质量（kg）	外形尺寸（mm）			电动汽车续驶里程（工况法，km）	电动汽车续驶里程（等速法，km）	电动汽车30分钟最高车速（km/h）	最高车速（km/h）	2015年													2016年				合计（辆）
									长	宽	高					1月	2月	3月	4月	5月	6月	7月	8月	9月	10月	11月	12月	小计（辆）	1月	2月	3月	小计（辆）	
浙江吉利汽车有限公司	知豆牌	纯电动轿车	SMA7001BEV19	承载式车身	纯电动	1765	870	690	2806	1540	1555	155	165	100	100	0	0	0	0	0	0	0	0	0	2	0	0		0	0	0		
	吉利美日牌	纯电动轿车	MR7002BEV03	承载式车身	纯电动	2650	1945	1570	4631	1789	1495	253	330	140	140	0	0	0	0	0	0	0	0	0	0	0	514		2	21	479		
湖南江南汽车制造有限公司	江南牌	纯电动轿车	JNJ7000EVA3	承载式车身	纯电动	2175	1140	810	3300	1405	1410;1480	160	170	80	80	0	0	0	0	0	46	2	0	11	140	2236	597		0	0	0		
			JNJ7000EVA5	承载式车身	纯电动	2175	1140	810	3300	1405	1410;1480	160	170	80	80	0	0	0	0	0	0	10	0	0	0	0	0		0	0	0		
			JNJ7000EVA6	承载式车身	纯电动	2175	1140	810	3300	1405	1410;1480	150	160	100	100	0	0	0	0	0	0	0	0	0	10	0	2		0	0	0		
	众泰牌	纯电动轿车	JNJ7000EVE3	承载式车身	纯电动	1765	960	810	2798	1563	1572	150	170	100	100	0	0	0	0	0	0	0	0	0	31	0	360		153	0	2		
			JNJ7000EVE4	承载式车身	纯电动	1765	960	810	2798	1563	1572	150	170	100	100	0	0	0	0	0	0	0	0	0	30	0	249		448	0	0		
			JNJ7000EVK	承载式车身	纯电动	1810	1230	1050	2735	1600	1620	155	185	100	120	0	0	0	0	0	0	3	0	0	8	0	156		0	194	155		
			JNJ7000EVK1	承载式车身	纯电动	1810	1270	1080	2735	1600	1630	160	185	100	120	0	0	0	0	0	0	0	0	0	0	0	0		0	0	18		
			JNJ7000EVM	承载式车身	纯电动	2666	2150	1750	4089	1871	1695	160	300	120	120	0	0	0	1	0	0	0	0	0	0	0	0		0	0	0		
			JNJ7000EVS	承载式车身	纯电动	2700	1865	1490	4598	1766	1486	152	180	100	100	0	0	0	0	0	0	0	0	0	30	0	0		1	0	0		
			JNJ7000EVX	承载式车身	纯电动	2360	1268	968	3559	1620	1476	155	193	80	80	365	73	1203	613	1020	746	700	976	1645	2804	3174	1905		0	0	0		
			JNJ7000EVX7	承载式车身	纯电动	2360	1340	1040	3559	1620	1476	155	200	100	102	0	0	0	0	0	0	0	0	0	15	0	0	25928	90	244	71	2354	28282
			JNJ7000EVX8	承载式车身	纯电动	2360	1340	1040	3559	1620	1476	155	200	100	102	0	0	0	0	0	0	0	0	0	0	2	0		0	0	0		
			JNJ7000EVX9	承载式车身	纯电动	2360	1340	1040	3559	1620	1476	155	200	100	102	0	0	0	0	0	0	0	0	0	15	0	0		260	245	458		
			JNJ7000EVZ	承载式车身	纯电动	1765	850	670	2765	1540	1555	85	100	80	80	1	1	2	0	0	0	0	0	0	0	1	5		2	0	0		
			JNJ7000EVZ2	承载式车身	纯电动	1765	940	760	2765	1540	1555	250	300	80	80	0	0	0	0	0	0	1	0	0	0	0	1		0	10	0		
			JNJ7000EVZ4	承载式车身	纯电动	1765	850	640	2765	1540	1555	83	98	80	80	411	315	958	747	899	413	1	714	0	505	5	3		1	0	0		
			JNJ7000EVZ5	承载式车身	纯电动	1765	850	670	2765	1540	1555	84	99	80	80	9	48	140	297	1	294	2	3	1	4	9	7		1	0	0		
			JNJ7000EVZ6	承载式车身	纯电动	1765	940	760	2765	1540	1555	250	300	80	80	0	9	12	0	448	223	118	0	0	5	1	0		1	0	0		
			JNJ7000EVZ7	承载式车身	纯电动	1765	940	760	2765	1540	1555	250	300	80	80	0	22	0	0	53	0	0	0	0	0	0	0		0	0	0		
		纯电动多用途乘用车	JNJ6408EV1	承载式车身	纯电动	2700	1980	1400	3995	1620	1915	155	210	100	100	0	0	0	0	0	0	0	0	0	0	12	49		0	0	0		

续表

企业名称	中文品牌	车辆类型	车辆型号	底盘型号	燃料种类	轴距（mm）	总质量（kg）	整备质量（kg）	外形尺寸（mm）			电动汽车续驶里程（工况法，km）	电动汽车续驶里程（等速法，km）	电动汽车30分钟最高车速（km/h）	最高车速（km/h）	2015年													2016年				合计（辆）
									长	宽	高					1月	2月	3月	4月	5月	6月	7月	8月	9月	10月	11月	12月	小计（辆）	1月	2月	3月	小计（辆）	
			BJ7000B3D1-BEV	承载式车身	纯电动	2500	1745 1670	1370;1295	3998 4025	1720	1503	160;135 150	190;170	110	125	40	607	559	113	3	0	0	109	4	2	0	1		0	0	0		
			BJ7000B3D5-BEV	承载式车身	纯电动	2500	1670	1295	4025	1720	1503	160（与PBMA100-01A对应），150（与PBMA100-01A/V1.2对应）	190	110	125	138	71	106	558	700	608	684	989	727	1150	913	1004		649	467	1090		
			BJ7000B3D6-BEV	承载式车身	纯电动	2500	1745;1670	1370;1295	3998	1720	1503	150	190	110	125;120	0	0	0	0	0	0	0	0	0	54	240	17		86	109	80		
			BJ7000B3D7-BEV	承载式车身	纯电动	2500	1685	1310	3998	1720	1503	150	165	80	80	0	0	0	0	0	0	0	0	0	26	0	0		0	0	0		
北京汽车股份有限公司	北京牌	纯电动轿车	BJ7000B3D-BEV	承载式车身	纯电动	2500	1745	1370	4000	1720	1503	90	120	100	80	0	0	0	4	0	0	0	0	0	0	0	0	18105	0	0	0	5250	23355
			BJ7000C5E1-BEV	承载式车身	纯电动	2650	2023	1583	4582	1794	1515	200;260	260;350	125	140	0	0	0	0	0	0	0	0	52	19	1	307		6	80	39		
			BJ7000C7H1-BEV	承载式车身	纯电动	2755	2200	1760	4861	1820	1462	170	190	110	130	2	0	0	10	0	0	0	0	0	0	0	0		0	0	0		
			BJ7000C7H3-BEV	承载式车身	纯电动	2755	2200	1760	4861	1820	1462	170	190	110	130	3	50	18	4	1	32	23	14	16	12	43	90		60	9	17		
			BJ7001B3D2-BEV	承载式车身	纯电动	2500	1670	1295	4025	1720	1503	200（与SKASC301对应）；180（与SKASC301/V1.2对应）	245（与SKASC301对应）；230（与SKASC301/V1.2对应）	120	125	400	1	392	312	581	755	185	405	882	922	544	726		363	208	917		

续表

企业名称	中文品牌	车辆类型	车辆型号	底盘型号	燃料种类	轴距(mm)	总质量(kg)	整备质量(kg)	外形尺寸(mm)			电动汽车续驶里程(工况法，km)	电动汽车续驶里程(等速法，km)	电动汽车30分钟最高车速(km/h)	最高车速(km/h)	2015年													2016年				合计(辆)
									长	宽	高					1月	2月	3月	4月	5月	6月	7月	8月	9月	10月	11月	12月	小计(辆)	1月	2月	3月	小计(辆)	
北京汽车股份有限公司	北京牌	纯电动轿车	BJ7002B3D2-BEV	承载式车身	纯电动	2500	1670	1295	4310 4315 4322	1720	1503;1500	200（与SKASC301对应）；180（与SKASC301/V1.2对应）	245（与SKASC301对应）；230（与SKASC301/V1.2对应）	102	102	0	0	2	1	1	3	0	0	0	300	300	599		519	500	51		
			BJ7002B3D4-BEV	承载式车身	纯电动	2500	1685	1310	4310	1720	1503	150	165	80	80	0	0	0	0	0	0	0	0	0	5	1	0		0	0	0		
		纯电动多用途乘用车	BJ6450L3R-BEV	承载式车身	纯电动	2920	2375	1700	4495	1636	1912	150	185	80	80	58	0	4	0	18	584	0	0	0	0	0	0		0	0	0		
奇瑞汽车股份有限公司	开瑞牌	纯电动多用途乘用车	SQR6440BEVK06	承载式车身	纯电动	2800	1995	1482	4430	1626	1864	160	200	100	100	0	0	0	0	0	0	0	0	0	0	0	0	14739	5	0	0	3332	18071
	奇瑞牌	纯电动轿车	SQR7000BEVJ00	承载式车身	纯电动	2340	1428	1128	3564	1620	1527	≥151	≥170	100	100	111	231	374	281	363	589	515	687	988	605	1387	1590		828	566	960		
			SQR7000BEVS11	承载式车身	纯电动+铅酸	1350 1338	1050 1038	1050;1038	3550 3568	1495	1485;1530	≥80	≥90（60km/h）	80	80	25	0	70	50	164	146	0	0	40	20	267	182		50	0	115		
			SQR7000EAS11	承载式车身	纯电动+铅酸	2340	1350 1338 1375	1050;1038 1075	3550 3568	1495	1485 1530	≥80	≥90（60km/h）	80	80	654	330	464	527	503	326	655	367	493	411	639	685		370	253	185		
安徽江淮汽车股份有限公司	江淮牌	纯电动轿车	HFC7000AEV	承载式车身	纯电动	2400	1500	1200	4155 4190	1650	1445	152	200	101	101	4	0	0	100	366	729	489	334	676	446	655	499	10225	648	364	540	4183	14408
			HFC7001AEV	承载式车身	纯电动	2490	1635	1260	4320	1710	1515	170	240	120	120	0	165	35	176	213	690	500	597	803	701	1042	1005		1014	581	1036		
比亚迪汽车工业有限公司	比亚迪牌	纯电动轿车	BYD7006BEVH	承载式车身	纯电动	2830	2795	2420	4560	1822	1630	400	520	140	140	0	0	0	0	0	0	1465	3	326	309	338	2121	9406	678	1105	2058	4300	13706
			QCJ7006BEVF	承载式车身	纯电动	2830	2735 2755	2360;2380	4560	1822	1630;1645	322	330	140	140	109	178	29	299	212	470	234	180	1	2	10	40		8	0	0		
	腾势牌	纯电动轿车	QCJ7007BEV	承载式车身	纯电动	2880	2550	2090	4642	1850	1642	253	335	120	150	158	74	238	315	279	391	263	1	1	141	432	787		244	29	178		

续表

企业名称	中文品牌	车辆类型	车辆型号	底盘型号	燃料种类	轴距(mm)	总质量(kg)	整备质量(kg)	外形尺寸(mm) 长	宽	高	电动汽车续驶里程(工况法，km)	电动汽车续驶里程(等速法，km)	电动汽车30分钟最高车速(km/h)	最高车速(km/h)	2015年 1月	2月	3月	4月	5月	6月	7月	8月	9月	10月	11月	12月	小计(辆)	2016年 1月	2月	3月	小计(辆)	合计(辆)
江铃控股有限公司	江铃牌	纯电动轿车	JX7003BEV	承载式车身	纯电动	2710	2095	1720	4410	1768	1640;	120	175	85	120	0	0	0	0	3	0	0	0	0	0	0	0	5545	0	0	0	2110	7655
			JX7004BEV	承载式车身	纯电动	2260	1190	890	3427	1565	1410;1470	150	—	80	80	0	0	1	0	184	452	382	528	768	1051	1000	417		0	0	0		
			JX7005BEV	承载式车身	纯电动	2260	1125	825	3427	1565	1450;1510	152	—	100	100	0	0	0	0	0	0	0	0	0	0	5	704		772	378	593		
			JX7006BEV	承载式车身	纯电动	2345	1280	980	3580	1570	1485	152	—	100	100	0	0	0	0	0	0	0	0	0	0	0	50		35	26	306		
重庆力帆乘用车有限公司	力帆牌	纯电动轿车	LF7002CEV	承载式车身	纯电动	2605	1725	1350	4610	1705	1495	130	180	120	125	0	0	0	0	0	1	3	2	4	0	0	0	6566	0	0	0	41	6607
			LF7002CEV260	承载式车身	纯电动	2605	1755	1380	4610	1705	1495	252	325	120	120	0	0	0	0	0	0	0	0	28	0	3	15		15	0	0		
			LF7002EEV	承载式车身	纯电动	2610	1585	1210	4625	1715	1500	250	320	100	100	0	0	0	0	0	0	0	0	0	0	0	1400		5	0	0		
			LF7004CEV	承载式车身	纯电动+铅酸	2340	1500	1125	3745	1620	1460	80	135	80	80	0	0	0	0	0	0	0	0	49	1	0	50		0	0	0		
			LF7004DEV	承载式车身	纯电动	2340	1365	990	3775	1620	1460	160	200	100	100	0	0	0	0	0	0	0	0	0	63	795	3842		0	0	0		
			LF7004EV	承载式车身	纯电动	2340	1320	945	3775	1620	1460	100	135	80	100	0	0	0	0	0	0	0	0	69	240	1	0		16	0	0		
			LF7007EV	承载式车身	纯电动	2775	2105	1730	4865	1835	1480	202	280	120	120	0	0	0	0	0	0	0	0	0	0	0	0		0	5	0		
比亚迪汽车有限公司	比亚迪牌	纯电动轿车	BYD7005BEV	承载式车身	纯电动	2660	2220	1845	4680	1765	1500	256;305	300;360	130	130	0	0	10	0	0	0	0	0	73	61	159	1422	1725	49	31	613	1374	3099
			BYD7008BEV	承载式车身	纯电动	2670	2275	1900	4740	1770	1490	252	300	145	150	0	0	0	0	0	0	0	0	0	0	0	0		0	0	1		
			BYD7008BEV1	承载式车身	纯电动	2670	2275	1900	4740	1770	1490	300	350	145	150	0	0	0	0	0	0	0	0	0	0	0	0		0	0	680		
金华青年汽车制造有限公司	莲花牌	纯电动轿车	JNP7000BEV	承载式车身	纯电动	2600	1735	1360	4310	1725	1450	150	180	100	121	0	0	0	0	0	0	8	1	0	0	100	0	2175	0	0	0	712	2887
	迈迪牌	纯电动轿车	JNP7001BEV3	承载式车身	纯电动	2260	1180	880	3340	1564	1500	150	—	102	102	0	0	0	0	0	0	0	1	27	219	694	1125		322	185	203		
	欧联牌	纯电动轿车	JNP7002BEV	承载式车身	纯电动	1860	930	780	2727	1565	1558	152	—	100	100	0	0	0	0	0	0	0	0	0	0	0	0		2	0	0		
重庆长安汽车股份有限公司	长安牌	纯电动轿车	SC7003AABEV	承载式车身	纯电动	2660	1985	1610	4620	1820	1515	200	—	120	140	0	0	0	0	0	0	0	0	0	0	0	0	1404	128	277	330	1036	2440
			SC7003AEV	承载式车身	纯电动	2660	1985	1610	4620	1820	1515	160	180	120	140	0	0	3	73	29	83	147	89	210	165	214	391		154	143	4		
东风汽车公司	风神牌	纯电动轿车	DFM7000G1ABEV	承载式车身	纯电动	2700	1845	1470	4680	1720	1515	170	252	130	145	0	0	0	0	0	2	0	1	29	0	0	172	909	55	14	36	138	1047
			DFM7000H2ABEV	承载式车身	纯电动	2160	1295 1325	995;1025	2995	1560	1595	152	158	80	80	0	0	0	0	0	0	7	21	15	81	135	5		0	0	0		
			DFM7000H2DBEV	承载式车身	纯电动	2160	1295 1325	995;1025	2995	1560	1595	152	158	80	80	99	0	2	0	0	0	136	18	70	48	37	1		0	0	0		
			DFM7000H2DBEV1	承载式车身	纯电动	2160	1310	1010	2995	1560	1595	150	160	100	100	0	0	0	0	0	0	0	0	0	0	0	30		0	0	33		

续表

企业名称	中文品牌	车辆类型	车辆型号	底盘型号	燃料种类	轴距(mm)	总质量(kg)	整备质量(kg)	外形尺寸(mm)			电动汽车续驶里程(工况法,km)	电动汽车续驶里程(等速法,km)	电动汽车30分钟最高车速(km/h)	最高车速(km/h)	2015年													2016年				合计(辆)
									长	宽	高					1月	2月	3月	4月	5月	6月	7月	8月	9月	10月	11月	12月	小计(辆)	1月	2月	3月	小计(辆)	
东风汽车有限公司	启辰牌	纯电动轿车	DFL7000B1BEV	承载式车身	纯电动	2700	1920	1494	4467	1771	1549	180	205	125	144	0	0	0	0	0	0	0	3	0	0	0	0	1398	0	0	0	60	1458
			DFL7000B2BEV	承载式车身	纯电动	2700	1920	1494	4467	1771	1549	175	205	125	144	0	0	10	0	0	18	281	108	188	261	223	306		0	0	60		
荣成华泰汽车有限公司	华泰牌	纯电动轿车	SDH7000BEVBL	承载式车身	纯电动	2678	2053	1678	4777	1794	1481	195	245	130	130	0	0	0	0	6	0	0	0	0	14	17	211	252	171	58	49	289	541
	华泰元田牌	纯电动轿车	SDH7000BEVAL	承载式车身	纯电动	2764	2218	1843	4943	1852	1511	160	210	130	130	0	0	0	0	0	0	0	0	0	0	2	0		0	0	0		
	华泰圣达菲牌	纯电动多用途乘用车	SDH6440BEVGL	承载式车身	纯电动	2640	2139	1764	4426	1862	1683;1709	266	332	132.5	130	0	0	0	0	0	0	0	0	0	0	2	0		0	1	10		
上海汽车集团股份有限公司	荣威牌	纯电动轿车	CSA7000BEV	承载式车身	纯电动	2305	1380	1080	3569	1551	1540	120	180	120	130	27	15	21	14	1	0	1	1	11	2	52	23	326	0	0	0	116	442
			CSA7000BEV	承载式车身	纯电动	2305	1380	1080	3569	1551	1540	140	180	65	130	1	0	0	1	0	0	0	0	0	0	0	0		0	0	0		
			CSA7001BEV	承载式车身	纯电动	2305	1380	1080	3569	1551	1540	170	220	120	130	0	0	0	0	0	0	0	0	0	0	16	140		38	10	68		
海马轿车有限公司	海马牌	纯电动轿车	HMA7003S10BEV	承载式车身	纯电动	2332	1250	950	3662	1540	1495;1502	100	130	100	100	0	0	0	0	0	0	13	0	0	0	1	74	307	0	0	2	37	344
			HMA7003S15BEV	承载式车身	纯电动	2332	1290	990	3662	1540	1495;1502	152	168	102	102	0	0	0	0	0	0	0	0	0	0	0	0		0	0	35		
			HMA7004S30BEV	承载式车身	纯电动	2600	1765	1390	4545	1737	1495	155	190	120	130	0	0	0	0	0	0	50	0	3	0	0	128		0	0	0		
			HMA7005S30BEV	承载式车身	纯电动	2600	1765	1390	4545	1737	1495	155	190	120	130	0	0	0	0	0	0	38	0	0	0	0	0		0	0	0		
华晨宝马汽车有限公司	之诺牌	纯电动轿车	BBA7000EV (ZINORO1E)	承载式车身	纯电动	2760	2355	1970	4503	1798	1564	150	160	110	130	26	19	19	37	57	78	87	3	0	0	5	0	331	0	0	0	0	331
东南(福建)汽车工业有限公司	东南牌	纯电动轿车	DN7000LBEV	承载式车身	纯电动	2500	1730	1330	4420	1700	1415	150	180	80	100	0	0	0	0	0	0	0	0	2	0	0	3	312	0	0	0	0	312
			DN7000MBEV	承载式车身	纯电动	2500	1730	1330	4420	1700	1415	80	100	80	120	54	0	3	5	0	0	10	0	1	0	0	2		0	0	0		
			DN7001MBEV	承载式车身	纯电动	2610	1805	1430	4570	1770	1495	150	180	120	130	0	0	0	0	0	0	2	0	0	2	5	223		0	0	0		
广汽吉奥汽车有限公司	吉奥牌	纯电动多用途乘用车	GA6420SBEV	承载式车身	纯电动	2700	1980	1400	4150	1620	1905	155	210	80	115	0	0	0	0	0	0	1	0	0	9	3	229	243	3	1	0	4	247
			GA6440SBEV	承载式车身	纯电动	2730	2112	1657	4405	1705	1835	—	160	125	135	0	0	0	0	0	0	0	0	1	0	0	0		0	0	0		
四川野马汽车股份有限公司	野马牌	纯电动乘用车	SQJ6420BEV	承载式车身	纯电动	2515	1825	1450	4163	1720	1630	150	—	100	100	0	0	0	0	0	0	0	0	0	0	0	50	158	0	0	0	0	158
			SQJ6460BEV	承载式车身	纯电动	2665	2150	1775	4555	1835	1715;1688	150	210	110	120	0	0	0	0	0	0	0	0	3	11	38	56		0	0	0		

续表

企业名称	中文品牌	车辆类型	车辆型号	底盘型号	燃料种类	轴距（mm）	总质量（kg）	整备质量（kg）	外形尺寸（mm）			电动汽车续驶里程（工况法，km）	电动汽车续驶里程（等速法，km）	电动汽车30分钟最高车速（km/h）	最高车速（km/h）	2015年													2016年				合计（辆）
									长	宽	高					1月	2月	3月	4月	5月	6月	7月	8月	9月	10月	11月	12月	小计（辆）	1月	2月	3月	小计（辆）	
浙江豪情汽车制造有限公司	吉利牌	纯电动轿车	JL7001BEV05	承载式车身	纯电动+铅酸	2340	1385 1415	1085;1115	3598	1630	1465	90	100	80	80	0	0	0	69	9	21	11	0	8	0	0	0	125	1	0	0	1	126
			JL7001BEV06	承载式车身	纯电动+铅酸	2340	1508	1208	3815	1648	1530	90	100	80	80	0	0	0	0	0	3	0	0	0	2	2	0		0	0	0		
长安标致雪铁龙汽车有限公司	长安牌	纯电动轿车	CAP7000BEV	承载式车身	纯电动	2660	1985	1610	4620	1820	1515;1535	160	180	120	140	0	0	0	0	0	0	0	0	0	0	0	106	106	0	0	0	0	106
北京现代汽车有限公司	首望牌	纯电动轿车	BH7000BEVAA	承载式车身	纯电动	2610	1860	1485	4545	1725	1425	160;200	185;230	105	120	0	0	0	52	0	0	0	0	0	0	0	50	102	0	0	0	0	102
重庆力帆汽车有限公司	力帆牌	纯电动多用途乘用车	LF6401EV	承载式车身	纯电动	2525	1850	1350	4015	1595	1900	150	160	70	80	0	0	0	0	0	0	0	0	0	0	0	4	4	0	0	0	49	53
			LF6401BEV	承载式车身	纯电动	2525	1850	1310	4015	1595	1900	150	160	70	80	0	0	0	0	0	0	0	0	0	0	0	0		49	0	0		
郑州日产汽车有限公司	东风牌	纯电动多用途乘用车	ZN6441V1YBEV	承载式车身	纯电动	2695	2385	1770	4420	1695	1800	170	240	100	120	1	0	0	0	0	0	1	0	0	0	0	10	29	0	0	0	8	37
			ZN6493H2YBEV	ZN6473H2YEV	纯电动	2950	2555	2070	4949	1690	1895	130	190	80	120	5	0	0	0	0	0	0	0	0	0	0	0		0	0	0		
			ZN6494H2YBEV	ZN6474H2YEV	纯电动	2950	2645	2160	4949	1690	1895	130	190	80	120	0	0	10	0	0	0	0	0	0	0	2	0		0	0	8		
河北红星汽车制造有限公司	红星牌	纯电动乘用车	HX6401BEV	承载式车身	纯电动	2525	1850	1350	4015	1595	1900	150	—	100	100	0	0	0	0	0	0	0	0	0	0	1	35	36	0	0	0	0	36
东风悦达起亚汽车有限公司	华骐牌	纯电动轿车	YQZ7001BEV	承载式车身	纯电动	2610	1800	1425	4500	1735	1470	140	156	110	130	0	0	0	0	0	0	0	0	0	0	0	30	30	0	0	0	0	30
浙江飞碟汽车制造有限公司	飞碟牌	纯电动多用途乘用车	FD6430BEV	承载式车身	纯电动	2515	2150	1775	4295	1770	1680	—	150	80	100	20	0	0	0	0	0	0	0	0	0	0	0	20	0	0	0	0	20
河北御捷车业有限公司	御捷马牌	纯电动运动型乘用车	YGM6350BEV	承载式车身	纯电动	2385	1270	970	3450	1500	1480	155	175	103	100	0	0	0	0	0	0	0	0	11	0	2	0	15	0	0	0	0	15
		纯电动多用途乘用车	YGM6361BEV	承载式车身	纯电动	2370	1765	1175	3650	1660	1690	155	175	105	115	0	0	0	0	0	0	0	0	1	1	0	0		0	0	0		

续表

企业名称	中文品牌	车辆类型	车辆型号	底盘型号	燃料种类	轴距（mm）	总质量（kg）	整备质量（kg）	外形尺寸（mm）			电动汽车续驶里程（工况法，km）	电动汽车续驶里程（等速法，km）	电动汽车30分钟最高车速（km/h）	最高车速（km/h）	2015年													2016年				合计（辆）
									长	宽	高					1月	2月	3月	4月	5月	6月	7月	8月	9月	10月	11月	12月	小计（辆）	1月	2月	3月	小计（辆）	
福建新龙马汽车股份有限公司	福建牌	纯电动多用途乘用车	FJ6410BEVA1	承载式车身	纯电动	2700	1900	1355;1375	4071	1677	1902	171	190	80	100	0	0	5	1	0	6	0	1	0	0	0	1	14	0	0	0	0	14
广汽丰田汽车有限公司	领志牌	纯电动轿车	GTM70003BEV	承载式车身	纯电动	2460	1555	1255	3930	1695	1555	120	150	125	130	0	0	0	0	0	0	0	0	0	0	0	2	2	0	0	11	11	13
一汽海马汽车有限公司	海马牌	纯电动轿车	HMC7000EVM0	承载式车身	纯电动	2670	1923	1549	4295	1705	1555	—	150	90	90	0	0	0	0	0	0	5	0	0	0	0	0	5	0	0	0	6	11
			HMC7001BM0BEV	承载式车身	纯电动	2670	1865	1490	4430	1718	1634	165	190	120	130	0	0	0	0	0	0	0	0	0	0	0	0		0	0	6		
上海汽车商用车有限公司	大通牌	纯电动多用途乘用车	SH6521C1BEV	承载式车身	纯电动	3198	3210	2685	5168	1980	1928	155	205	130	150 100	0	0	0	0	0	0	0	0	0	0	0	1	1	5	3	1	9	10
华晨汽车集团控股有限公司	中华牌	纯电动轿车	SY7000BEVDAE1	承载式车身	纯电动	2570	1730	1340	4390	1703	1497	150	180	125	135	0	0	0	4	0	0	0	0	0	0	0	0	6	0	0	0	0	6
			SY7000BEVDAF	承载式车身	纯电动	2570	1715	1325	4190	1703	1515	150	180	125	135	0	0	0	2	0	0	0	0	0	0	0	0		0	0	0		
中国第一汽车集团公司	一汽牌	纯电动轿车	CA7005EV1	承载式车身	纯电动	2675	1875	1425	4600	1785	1435	100	120	100	100	0	0	0	0	0	0	0	0	0	0	0	3	5	0	0	0	0	5
			CA7008EV	承载式车身	纯电动	2525	1640	1265	4200	1660	1490	120	190	110	110	0	0	0	0	0	0	0	0	0	0	0	2		0	0	0		
陕西通家汽车股份有限公司	通家福牌	纯电动多用途乘用车	STJ6402EV	承载式车身	纯电动	2700	2050	1400	4030	1620	1900	178	200	85	85	0	0	0	0	0	3	0	0	0	0	0	0	3	0	0	0	0	3
重庆长安铃木汽车有限公司	长安牌	纯电动轿车	SC7002VBEV	承载式车身	纯电动	2360	1525	1150	3570	1600	1470	120	150	100	120	0	0	2	0	0	0	0	0	0	0	0	0	2	0	0	0	0	2
广汽本田汽车有限公司	理念牌	纯电动轿车	HG7000 FA0NABEV	承载式车身	纯电动	2450	1675	1350	4460	1690	1505	150	207	100	100	0	0	0	0	0	0	0	0	0	0	0	0	0	0	0	1	1	1
合计（辆）																2785	2209	6822	4795	10281	12065	8700	9541	14003	21811	28755	29505	151272	8307	6117	11501	25925	177197

(3)专用车（运输车、邮政车、服务车、垃圾车、自卸车、扫路车、洒水车、售货车、载货车、工程车等）

企业名称	中文品牌	车辆类型	车辆型号	底盘型号	燃料种类	轴距(mm)	总质量(kg)	整备质量(kg)	外形尺寸(mm) 长	宽	高	电动汽车续驶里程(工况法，km)	电动汽车续驶里程(等速法，km)	电动汽车30分钟最高车速(km/h)	最高车速(km/h)	2015年 1月	2月	3月	4月	5月	6月	7月	8月	9月	10月	11月	12月	小计(辆)	2016年 1月	2月	3月	小计(辆)	合计(辆)
东风汽车公司	东风牌	纯电动厢式运输车	EQ5020XXYACBEV	EQ1020TACEVJ1	纯电动	2330	2500	1700	4130	1690	2310	—	—	—	50	0	0	0	0	5	0	0	0	0	0	0	0	7649	0	0	0	535	8184
			EQ5020XXYACBEV1	EQ1020TACEVJ6	纯电动	2330	2500	1900	4130	1690	2310	85	100	65	80	0	0	0	0	2	0	0	0	0	0	2	358		0	0	0		
			EQ5020XXYACBEV2	EQ1020TACEVJ6	纯电动	2330	2500	1910	4015	1500	1975	85	100	65	80	0	0	0	0	2	0	2	0	0	0	0	0		0	0	0		
			EQ5020XXYACBEV5	EQ1020TACEVJ1	纯电动	2330	2500	1745	4015	1550	1975	80	—	40	50	0	0	0	0	0	0	2	0	0	0	0	0		0	0	0		
			EQ5020XXYLBEV	承载式车身	纯电动	2705	2285	1640	4178	1630	1898	—	307	85	85	0	0	0	0	0	0	2	0	32	692	325	773		0	0	0		
			EQ5020XXYTBEV	EQ1020GTEVJ	纯电动	2800	2330	1500	4580	1640	2110;2330	141	150	75	80	0	0	0	0	0	0	0	0	0	0	0	2		0	0	0		
			EQ5020XXYTBEV2	EQ1020GTEVJ2	纯电动	2800	2330	1550	4580	1640	2110;2330	160	—	75	80	0	0	0	0	0	0	0	0	0	0	0	310		0	0	0		
			EQ5021XXYACBEV1	EQ1021TACEVJ1	纯电动	2040	2200	1270	3890	1630	2175	—	150	65	80	0	0	0	0	0	0	2	0	0	0	0	0		0	0	0		
			EQ5021XXYACBEV3	EQ1021TACEVJ1	纯电动	2040	2000	1250	3670	1500	1930	—	150	65	80	0	0	0	0	0	0	2	0	0	0	0	0		0	0	0		
			EQ5031XXYACBEV3	EQ1031TACEVJ2	纯电动	2950	3490	2340	4790	1900	2370	—	140	65	80	0	0	0	0	0	0	2	0	0	0	0	0		0	0	0		
			EQ5031XXYACBEV4	EQ1031TACEVJ5	纯电动	2950	3490	2360	4820	1900	2370	—	100	65	80	0	0	0	0	0	0	0	0	0	0	1	1		0	0	0		
			EQ5070XXYACBEV	EQ1070TACEVJ2	纯电动	3308	7320	3460;4440	5980	2230 2350	2820;2890 3090	—	130	80	80	0	0	0	0	0	0	0	0	0	0	2	0		60	0	0		
			EQ5070XXYTBEV	EQ1070GTEVJ	纯电动	3300	6650	3455;3800	5995 6110	2200	2860;2960 3060	—	155	70	95	0	0	0	0	0	0	0	0	0	256	0	0		0	0	0		
			EQ5070XXYTBEV3	EQ1070GTEVJ3	纯电动	3300	7100	4000	5995 6110	2200	2840;2940 3040	—	155	70	95	0	0	0	0	0	0	0	1	134	3111	502	1001		0	0	0		
			EQ5070XXYTBEV5	EQ1070GTEVJ5	纯电动	3300	6650	3850	5995 6110	2150 2200	2860;2960	—	155	70	95	0	0	0	0	0	0	0	0	0	0	0	0		0	0	426		

续表

企业名称	中文品牌	车辆类型	车辆型号	底盘型号	燃料种类	轴距(mm)	总质量(kg)	整备质量(kg)	外形尺寸(mm) 长	宽	高	电动汽车续驶里程(工况法,km)	电动汽车续驶里程(等速法,km)	电动汽车30分钟最高车速(km/h)	最高车速(km/h)	2015年 1月	2月	3月	4月	5月	6月	7月	8月	9月	10月	11月	12月	小计(辆)	2016年 1月	2月	3月	小计(辆)	合计(辆)
东风汽车公司	东风牌	纯电动自装卸式垃圾车	EQ5020ZZZACBEV	EQ1020TACEVJ1	纯电动	2330	2500	1620;1750	4140	1680 1630 1710	1940;1990	80	100	40	50	1	0	0	0	2	0	0	6	0	0	0	0		0	0	0		
			EQ5020ZZZACBEV1	EQ1020TACEVJ2	纯电动	2330	2500	1620	4140	1680 1630	1940	80	100	40	50	0	0	0	0	2	0	0	0	0	0	0	0		0	0	0		
			EQ5020ZZZACBEV2	EQ1020TACEVJ3	纯电动	2330	2500	1620	4140	1680 1630	1940	80	100	40	50	0	0	0	0	2	0	0	0	0	0	0	0		0	0	0		
			EQ5020ZZZACBEV3	EQ1020TACEVJ4	纯电动	2330	2500	1620	4140	1680 1630	1940	80	100	40	50	0	0	0	0	2	0	0	0	0	0	0	0		0	0	0		
			EQ5020ZZZACBEV4	EQ1020TACEVJ5	纯电动	2330	2500	1740	4140	1680 1630	1940	85	100	40	50	0	0	0	0	2	0	0	0	0	0	0	0		0	0	0		
			EQ5020ZZZACBEV5	EQ1020TACEVJ8	纯电动	2330	2500	1850	4140	1710	1990	—	100	65	80	0	0	0	0	0	0	0	0	0	0	0	1		0	0	0		
			EQ5070ZZZACBEV	EQ1070TACEVJ	纯电动	3308	7320	4630	5620	2050	2640	80	110	70	70	0	0	0	0	2	0	0	0	0	0	0	0		0	0	0		
		纯电动自卸式垃圾车	EQ5020ZLJACBEV	EQ1020TACEVJ1	纯电动	2330	2500	1570	4150	1600	1940	80	100	40	80	0	0	0	0	2	0	0	0	0	0	1	1		0	0	0		
			EQ5020ZLJACBEV1	EQ1020TACEVJ2	纯电动	2330	2500	1570	4150	1600	1940	80	100	40	50	0	0	0	0	2	0	0	0	0	0	0	0		0	0	0		
			EQ5020ZLJACBEV2	EQ1020TACEVJ3	纯电动	2330	2500	1570	4150	1600	1940	80	100	40	50	0	0	0	0	2	0	0	0	0	0	0	0		0	0	0		
		纯电动车厢可卸式垃圾车	EQ5020ZXXACBEV1	EQ1020TACEVJ2	纯电动	2330	2500	1420	3980 4180	1550	1940	80	100	40	50	0	0	0	0	2	0	0	0	0	0	0	0		0	0	0		
			EQ5020ZXXACBEV2	EQ1020TACEVJ3	纯电动	2330	2500	1420	3980 4180	1550	1940	80	100	40	50	0	0	0	0	4	0	0	0	0	0	0	0		0	0	0		
			EQ5031ZXXBEVAC	EQ1031TEVACJ	纯电动	2950	3490	2240	4500	1700	2010	80	100	65	80	0	0	0	0	2	0	0	0	0	0	0	0		0	0	0		
		纯电动扫路车	EQ5031TSLACBEV	EQ1031TACEVJ1	纯电动	2950	3490	2900	4500 5560 4555 5425	1870 1730	2130;2280	80	100	40;65	50;80	0	0	20	0	0	0	1	0	0	0	37	14		0	0	0		

续表

企业名称	中文品牌	车辆类型	车辆型号	底盘型号	燃料种类	轴距（mm）	总质量（kg）	整备质量（kg）	外形尺寸（mm）			电动汽车续驶里程（工况法，km）	电动汽车续驶里程（等速法，km）	电动汽车30分钟最高车速（km/h）	最高车速（km/h）	2015年													2016年				合计（辆）
									长	宽	高					1月	2月	3月	4月	5月	6月	7月	8月	9月	10月	11月	12月	小计（辆）	1月	2月	3月	小计（辆）	
东风汽车公司	东风牌	纯电动扫路车	EQ5031T SLACBEV1	EQ1031T ACEVJ2	纯电动	2950	3490	2900	4555 5425	1730	2280	120	140	65	80	0	0	0	0	2	0	0	0	0	0	0	0		0	0	0		
		纯电动电源车	EQ5070X DYTBEV	EQ1070GTEVJ3	纯电动	3300	7100	6905	5995	2150	2800;2830	—	155	70	95	0	0	0	0	0	0	0	0	0	0	0	0		0	0	48		
		纯电动路面养护车	EQ5031T YHACBEV	EQ1031T ACEVJ1	纯电动	2950	3490	2550	4975	1780	2100	80	100	65	80	0	0	0	0	2	0	0	0	0	0	4	5		0	1	0		
		纯电动邮政车	EQ5020X YZACBEV	EQ1020T ACEVJ6	纯电动	2800	2500	1700	4100	1660	2310	85	100	65	80	0	0	0	0	2	0	2	0	0	0	0	0		0	0	0		
重庆瑞驰汽车实业有限公司	瑞驰牌	纯电动售货车	CRC5022XSHA-LBEV	CRC5022 DALBEV	纯电动	2515	1950	1370	4210	1650	2115	120	—	60	80	0	0	0	0	0	0	0	1	1	0	0	12	4726	0	0	0	2	4728
		纯电动厢式运输车	CRC5021XXY-LBEV	承载式车身	纯电动	2515	1950	1260	3795	1560	1925	150	150（60km/h）	60	80	20	0	52	64	9	11	12	11	189	177	785	280		0	0	0		
			CRC5022XXYA-LBEV	CRC5022 DALBEV	纯电动	2515	1950	1240	4210	1560	2335	120	—	60	80	0	0	0	0	0	0	8	61	46	120	546	312		0	0	0		
			CRC5022XXY-LBEV	CRC5022 DLBEV	纯电动	2515	1950	1270	4210	1560	2115;2335	125	152	60	80	1	0	6	12	53	56	50	11	197	202	1	222		0	0	0		
			CRC5023XXYA-LBEV	CRC5023 DALBEV	纯电动	2820	2050	1340	4650	1635	2470	165	—	60	80	0	0	0	0	0	0	0	0	0	2	0	0		0	0	0		
			CRC5023XXY-LBEV	CRC5023 DLBEV	纯电动	2820	2050	1360	4650	1635	2470	113	120	60	80	2	46	0	24	30	4	1	7	102	75	140	105		0	0	0		
			CRC5024XXY-LBEV	承载式车身	纯电动	2515	1950	1200	3795	1560	1925	153;150	159（60km/h）;180	60	80	0	0	24	13	26	83	21	46	15	105	141	117		0	0	0		
			CRC5025XXYA-LBEV	承载式车身	纯电动	2515	1950	1290	3795	1560	1925	155	153	60	80	1	0	0	22	1	0	0	0	0	0	0	0		0	0	0		
			CRC5025XXY-LBEV	承载式车身	纯电动	2515	1950	1280	3795	1560	1925	145	153	60	80	0	0	19	0	0	0	0	0	0	0	0	2		0	0	0		
			CRC5026XXY-LBEV	承载式车身	纯电动	2515	1950	1295	3795	1560	1925	173	176	60	80	0	0	0	0	1	0	0	0	0	0	0	0		0	0	0		

续表

企业名称	中文品牌	车辆类型	车辆型号	底盘型号	燃料种类	轴距（mm）	总质量（kg）	整备质量（kg）	外形尺寸（mm）			电动汽车续驶里程（工况法，km）	电动汽车续驶里程（等速法，km）	电动汽车30分钟最高车速（km/h）	最高车速（km/h）	2015年													2016年				合计（辆）
									长	宽	高					1月	2月	3月	4月	5月	6月	7月	8月	9月	10月	11月	12月	小计（辆）	1月	2月	3月	小计（辆）	
重庆瑞驰汽车实业有限公司	瑞驰牌	纯电动厢式运输车	CRC5030XXYA-LBEV	承载式车身	纯电动	3050	2510	1730	4500	1680	2000	175	—	60	80	0	0	0	0	0	0	0	0	0	2	0	5		0	0	1		
			CRC5030XXY-LBEV	承载式车身	纯电动	3050	2510	1665	4500	1680	2000	152	—	60	80	0	0	0	2	0	0	0	0	0	0	0	0		0	0	0		
			CRC5031XXYB-LBEV	承载式车身	纯电动	3050	2510	1750	4500	1680	2000	200	—	60	80	0	0	0	0	0	0	0	0	0	2	0	10		0	0	1		
			CRC5031XXY-LBEV	承载式车身	纯电动	3050	2510	1575	4500	1680	2000	201	—	60	80	0	0	0	2	0	0	0	0	0	0	0	0		0	0	0		
国宏汽车有限公司	泓锋泰牌	纯电动仓栅式运输车	HFT5024CCYBEV04	HFT5021XXYBEVEL	纯电动	2770	2000	1100	4640	1570	1940	99	110	59.1	60	0	0	0	0	0	0	0	0	0	1	0	0		0	0	0		
			HFT5025CCYBEV05	HFT5021XXYBEVEL	纯电动	2770	2000	1100	4640	1570	1940	99	110	59.1	60	0	0	0	0	0	0	1	0	0	0	0	20		0	0	0		
		纯电动垃圾车	HFT5026ZLJBEV06	HFT5021XXYBEVEL	纯电动	2770	2000	1100	4470	1510	1890	99	110	59.1	60	0	0	0	0	0	0	0	0	0	0	0	1		0	0	0		
			HFT5027ZLJBEV07	HFT5021XXYBEVEL	纯电动	2770	2000	1100	4470	1510	1890	99	110	59.1	60	0	0	0	0	0	0	1	0	0	0	0	0		0	0	0		
		纯电动洒水车	HFT5020GSSBEV00	HFT5021XXYBEVEL	纯电动	2770	2200	1250	4525	1590	1890	99	110	59.1	60	0	0	0	0	0	0	1	0	0	0	0	0		0	0	0		
		纯电动双排仓栅式运输车	HFT5024CCYBEV03	HFT5023XXYBEV04	纯电动	2770	2000	1150;1205	4640 4810	1591 1545	1940	99	110	60	60	0	0	0	0	0	0	0	0	0	0	1	50	3385	0	0	0	959	4344
			HFT5024CCYBEV10	HFT5023XXYBEV04	纯电动	2770	2000	1250	4810	1545	1940	170	210	59	60	0	0	0	0	0	0	0	0	0	0	0	0		0	0	25		
		纯电动双排厢式运输车	HFT5023XXYBEV04	HFT5023XXYBEV04	纯电动	2770	2000	1150	4640	1591	1935	99	110	59.1	60	0	0	0	0	0	0	0	0	0	0	1	151		0	0	0		
		纯电动厢式运输车	HFT5021XXYBEV03	HFT5021XXYBEVEL	纯电动	2770	2000	1100	4640	1591 1535	2040	99	110	59.1	60	0	0	0	0	0	0	0	0	0	0	1	487		0	0	0		
			HFT5021XXYBEV13	HFT5021XXYBEVEL	纯电动	2770	2000	1150	4640	1591 1535	2040	170	210	59	60	0	0	0	0	0	0	0	0	0	0	0	0		0	0	304		
			HFT5021XXYBEV14	HFT5021XXYBEVEL	纯电动	2770	2000	1150	4640	1591 1535	2040	170	210	59	60	0	0	0	0	0	0	0	0	0	0	0	0		0	0	629		

续表

企业名称	中文品牌	车辆类型	车辆型号	底盘型号	燃料种类	轴距(mm)	总质量(kg)	整备质量(kg)	外形尺寸(mm) 长	宽	高	电动汽车续驶里程(工况法，km)	电动汽车续驶里程(等速法，km)	电动汽车30分钟最高车速(km/h)	最高车速(km/h)	2015年 1月	2月	3月	4月	5月	6月	7月	8月	9月	10月	11月	12月	小计(辆)	2016年 1月	2月	3月	小计(辆)	合计(辆)
国宏汽车有限公司	泓锋泰牌	纯电动厢式运输车	HFT5021XXYBEVEL	HFT5021XXYBEVEL	纯电动	2770	2000	1100	4640	1591	2004;2040	99	110	59.1	60	0	0	0	0	0	0	0	24	49	2	7	13		0	0	0		
			HFT5023XXYBEV03	HFT5021XXYBEVEL	纯电动	2770	2000	1100	4640	1591 1535	2040	99	110	59.1	60	0	0	0	0	0	1	13	56	546	28	413	1414		0	0	1		
			HFT5029XXYBEV03	HFT5029XXYBEV01	纯电动	2960	2350	1450	4820	1715	2160	160	200	80	90	0	0	0	0	0	0	0	0	0	0	0	101		0	0	0		
			HFT5040XXYBEV	HFT5040EV	纯电动	3360	4490	3750	5995	2030	2920	180	220	80	100	0	0	0	0	0	0	0	0	0	0	0	1		0	0	0		
		纯电动自装卸式垃圾车	HFT5030ZZZBEV00	HFT5030ZZZBEV00	纯电动	2330	3495	2150	4340	1700	2200	82	100	72	80	0	0	0	0	0	0	0	0	0	1	0	0		0	0	0		
陕西通家汽车股份有限公司	通家福牌	纯电动厢式运输车	STJ5023XXYEV	承载式车身	纯电动	2700	2050	1325	4030	1620	1900	190	—	65	75	0	0	0	0	0	0	0	0	0	0	40	4072	4112	25	0	1	26	4138
重庆力帆汽车有限公司	力帆牌	纯电动轻型货车	LF1022EV	承载式车身	纯电动	2800	1830	1230	4580	1615	1892	150	160	70	80	0	0	0	0	0	0	0	0	0	0	0	111	3600	0	0	0	7	3607
		纯电动厢式运输车	LF5028XXYBEV	承载式车身	纯电动	2525	1800	1310	4015	1595	1900	150	160	70	80	0	0	0	0	0	0	68	271	203	428	773	1727		5	0	2		
			LF5028XXYEV	承载式车身	纯电动	2525	1800	1350	4015	1595	1900	150	160	70	80	0	0	0	0	0	2	16	0	0	0	0	1		0	0	0		
北京汽车股份有限公司	北京牌	纯电动厢式运输车	BJ5021XXYV3R1 - BEV	承载式车身	纯电动	2920	2220	1640	4495 4690	1636	1912	150	185	70	70	17	82	15	27	38	41	45	166	81	204	149	3	2917	0	0	0	0	2917
			BJ5022XXYV3R2 - BEV	承载式车身	纯电动	2920	2300	1565	4495	1636	1912	150	185	70	70	0	0	0	0	0	0	0	0	0	0	354	812		0	0	0		
			BJ5022XXYV3R5 - BEV	承载式车身	纯电动	2920	2375	1640	4495	1636	1912	150	185	70	70	0	0	0	0	0	0	0	0	0	0	0	883		0	0	0		
福建新龙马汽车股份有限公司	福建牌	纯电动厢式运输车	FJ5020XXYBEVA1	承载式车身	纯电动	2700	1900	1310;1355	4071	1677	1902	171	190	80	100	6	2	65	1	68	12	70	69	70	277	1039	384	2314	0	0	0	1	2315
			FJ5021XXYBEVA1	承载式车身	纯电动	2700	1900	1400;1445	4071	1677	1902	160	178	80	100	0	0	0	0	0	0	19	50	0	0	30	60		0	0	0		
			FJ5022XXYBEVA1	承载式车身	纯电动	2700	1900	1310	4071	1677	1902	190	250	80	100	0	0	0	0	0	0	0	0	0	0	0	83		1	0	0		
		纯电动邮政车	FJ5020XYZBEVA1	承载式车身	纯电动	2700	1900	1310;1355	4071	1677	1902	171	190	80	100	0	0	0	0	0	0	0	0	0	0	0	9		0	0	0		

续表

企业名称	中文品牌	车辆类型	车辆型号	底盘型号	燃料种类	轴距（mm）	总质量（kg）	整备质量（kg）	外形尺寸（mm）			电动汽车续驶里程（工况法，km）	电动汽车续驶里程（等速法，km）	电动汽车30分钟最高车速（km/h）	最高车速（km/h）	2015年													2016年				合计（辆）
									长	宽	高					1月	2月	3月	4月	5月	6月	7月	8月	9月	10月	11月	12月	小计（辆）	1月	2月	3月	小计（辆）	
江苏奥新新能源汽车有限公司	达福迪牌	纯电动冷藏车	JAX5020XLCBEV F216LB15M2X1	JAX1020EV	纯电动	2500	2150	1430	4330	1500	2410	220	—	60	72	0	0	0	1	0	0	0	0	0	0	2	0	2176	0	0	0	16	2192
		纯电动扫路车	JAX5024TSLBEV F266LB15M1T1	JAX1020EV	纯电动	2500	2150	1670	4400	1500	2150	260	—	60	72	0	0	0	0	0	0	0	0	0	0	0	55		0	1	7		
		纯电动桶装垃圾运输车	JAX5022CTYBEV F170LB15M2C1	JAX1020EV	纯电动	2500	2150	1170	4515	1500	1820	150	—	60	72	0	0	0	0	0	0	0	0	0	0	0	1		2	0	0		
		纯电动自装卸式垃圾车	JAX5025ZZZBEV F170LB15M2Z1	JAX1020EV	纯电动	2500	2150	1430	3920	1500	1900	150	—	60	72	0	0	0	0	0	0	0	0	0	0	0	54		0	0	0		
		纯电动车厢可卸式垃圾车	JAX5020ZXXBEV	JAX1020EV	纯电动	2500	2150	1330	3880	1500	1820	122	119	60	72	0	0	0	0	0	0	0	0	13	0	2	81		0	0	0		
			JAX5022ZXXBEV	JAX1020EV	纯电动	2500	2150	1330	3880	1500	1820	123	119	60	72	0	0	0	0	0	0	0	0	0	0	0	3		0	0	0		
			JAX5022ZXXBEV F170LB15M2Z1	JAX1020EV	纯电动	2500	2150	1360	3880	1500	1820	150	—	60	72	0	0	0	0	0	0	0	1	0	0	0	108		0	0	0		
			JAX5023ZXXBEV	JAX1020EV	纯电动	2500	2150	1330	3880	1500	1820	142	—	60	72	0	0	0	0	0	0	0	0	0	0	0	60		0	0	0		
		纯电动厢式运输车	JAX5021XXYBEV	JAX1020EV	纯电动	2500	2150	1200	4330	1500	2210	—	119	60	72	3	0	0	0	0	0	0	0	0	0	0	0		0	0	0		
			JAX5021XXYBEV F216LB15M2X1	JAX1020EV	纯电动	2500	2150	1230;1230 1280	4330	1500	2210	220	—	60	72	0	0	0	0	4	0	1	1	31	84	718	127		0	0	0		
			JAX5021XXYBEV F216LB15M2X2	JAX1020EV	纯电动	2500	2150	1460	4350	1540	2110	220	—	60	72	0	0	0	0	1	0	0	0	3	0	12	1		0	1	0		
			JAX5021XXYBEV F220LB15M2X1	JAX1020EV	纯电动	2500	2150	1250	4330	1500	2210	230	—	60	72	0	0	0	0	0	0	0	0	0	0	0	100		0	0	0		
			JAX5022XXYBEV	JAX1020EV	纯电动	2500	2150	1200	4330	1500	2210	—	119	60	72	5	0	0	0	0	0	0	0	0	0	0	0		0	0	0		
			JAX5023XXYBEV	JAX1020EV	纯电动	2500	2150	1200	4330	1500	2210	142	119	60	72	0	0	0	2	0	0	0	0	0	0	0	0		0	0	0		
			JAX5023XXYBEV F120LB15M2X2	JAX1020EV	纯电动	2500	2150	1360	4350	1540	2110	142	119	60	72	1	0	0	1	0	0	0	0	0	0	0	0		0	0	0		
			JAX5024XXYBEV F216LB15M2X1	JAX1020EV	纯电动	2500	2150	1230	4330	1500	2210	222	—	60	72	0	0	0	0	0	0	0	0	0	0	6	300		0	0	0		
			JAX5025XXYBEV F216LB15M2X1	JAX1020EV	纯电动	2500	2150	1250	4330	1500	2210	224	—	60	72	0	0	0	0	0	0	0	0	0	0	0	394		0	0	5		

续表

企业名称	中文品牌	车辆类型	车辆型号	底盘型号	燃料种类	轴距（mm）	总质量（kg）	整备质量（kg）	外形尺寸（mm）			电动汽车续驶里程（工况法，km）	电动汽车续驶里程（等速法，km）	电动汽车30分钟最高车速（km/h）	最高车速（km/h）	2015年													2016年				合计（辆）
									长	宽	高					1月	2月	3月	4月	5月	6月	7月	8月	9月	10月	11月	12月	小计（辆）	1月	2月	3月	小计（辆）	
芜湖宝骐汽车制造有限公司	智骐牌	纯电动厢式运输车	WXS5020XXYBEV	承载式车身	纯电动	2415	1510	950;1020	3650	1510	1850	100	100	70	75	1	0	1	1	28	209	0	0	70	11	96	32	2032	0	0	0	0	2032
			WXS5022XXYBEV	承载式车身	纯电动	2500	1630	1150	3650	1510	1850	150	—	75	75	0	0	0	0	0	0	0	0	0	0	24	543		0	0	0		
	劲骐牌	纯电动厢式运输车	WXS5023XXYBEV	承载式车身	纯电动	2705	2100	1350;1380	4178	1630	1898	170	—	80	80	0	0	0	0	2	30	98	20	3	44	88	263		0	0	0		
			WXS5024XXYBEV	承载式车身	纯电动	2705	2100	1450;1480	4178	1630	1898	210	—	80	80	0	0	0	0	0	17	1	50	50	60	0	290		0	0	0		
天津清源电动车辆有限责任公司	清源牌	纯电动车厢可卸式垃圾车	QY5030ZXXBEVYL	—	纯电动	2700	2840	1560	4315	1520	1915	83（仅城市工况）	100	70	70	0	0	0	0	0	0	0	0	0	0	0	1	1919	0	2	0	35	1954
		纯电动垃圾车	QY5021ZLJBEVYL	—	纯电动	2600	1770	1162	4140	1528	1840	142	150	48	55	0	0	0	0	0	0	1	8	33	91	9	22		1	0	0		
		纯电动路面养护车	QY5030TYHBEVYL	—	纯电动	2700	2840	1900	4730	1520	1970	83（仅城市工况）	100	70	70	0	0	0	0	0	0	0	0	184	14	0	1		0	0	0		
		纯电动扫路车	QY5030TSLBEVYL	—	纯电动	2700	2840	2450	4895	1520	2100	170（仅城市工况）	200	70	70	0	0	0	0	0	0	1	0	0	15	0	3		0	0	0		
		纯电动厢式运输车	QY5021XXYBEVYL	QY5020HBEVL	纯电动	1840	1026	596;650	2845 2835	1387 1370	1650;1635	100（仅城市工况）	150	40	50	0	0	3	8	26	2	6	53	81	178	121	826		0	0	0		
		纯电动邮政车	QY5021XYZBEVEL	—	纯电动	2370	1610	1180	3745 3735	1505 1510	1925;1890	140	150	48	68	0	0	0	0	0	30	0	0	0	0	73	0		1	0	0		
		纯电动自装卸式垃圾车	QY5030ZZZBEVYL	—	纯电动	2700	2840	2070	4415	1520	2100	110（仅城市工况）	150	70	70	0	0	0	0	0	0	0	0	0	0	0	0		0	0	3		
	清源宝骑牌	纯电动封闭货车	QY5020XXYBEVECCB	CH7002BEVB	纯电动+铅酸	2335	1740	1300	3480	1575	1670	120	150	60	72	2	0	9	55	6	4	12	28	5	3	1	4		8	0	20		

续表

企业名称	中文品牌	车辆类型	车辆型号	底盘型号	燃料种类	轴距（mm）	总质量（kg）	整备质量（kg）	外形尺寸（mm）			电动汽车续驶里程（工况法，km）	电动汽车续驶里程（等速法，km）	电动汽车30分钟最高车速（km/h）	最高车速（km/h）	2015年													2016年				合计（辆）
									长	宽	高					1月	2月	3月	4月	5月	6月	7月	8月	9月	10月	11月	12月	小计（辆）	1月	2月	3月	小计（辆）	
苏州吉姆西客车制造有限公司	东吴牌	纯电动厢式运输车	JSK5021 XXYEV	JSK5020 XXYEVD01	纯电动	2600	2440	1625	4380	1565	2325	220	250	100	100	0	0	0	0	0	0	0	0	0	0	0	20	1703	0	0	0	0	1703
			JSK5030 XXYKEV	承载式车身	纯电动	2800	2650	1645	4430	1626	1930	200	230	100	100	0	0	0	0	0	0	0	0	0	0	100	1111		0	0	0		
			JSK5040 XXYEV	JSK6602EV 整车	纯电动	3720	4490	3020	5998	1880	2285	—	274	120	100	0	0	20	0	0	0	0	0	2	0	0	0		0	0	0		
			JSK5071 XXYEV	JSK5070 XXYEVD01	纯电动	3360	6970	4100	5995	2035	2950	—	190	100	100	0	0	0	0	0	0	0	0	0	0	0	450		0	0	0		
河北御捷车业有限公司	御捷马牌	纯电动厢式运输车	YGM5010 XXYBEV	承载式车身	纯电动	2170	1065	710	3110	1407	1535	110	130	41	40	0	0	0	0	0	0	0	0	2	0	0	0	1113	0	0	0	40	1153
			YGM5010 XXYBEVQ	承载式车身	纯电动+铅酸	2170	1065	815	3110	1407	1535	90	95	40	40	0	0	1	28	18	16	111	16	9	2	1	0		0	0	13		
			YGM5011 XXYBEV	承载式车身	纯电动	2170	1065	710	3245	1407	1535	110	130	41	40	0	0	0	0	0	0	1	0	3	0	0	0		0	0	0		
			YGM5011 XXYBEVQ	承载式车身	纯电动+铅酸	2170	1065	815	3245	1407	1535	90	95	40	40	0	0	1	40	19	30	96	22	9	6	0	2		0	0	19		
			YGM5012 XXYBEV	承载式车身	纯电动	2170	1065	710	3215	1407	1535	110	130	41	40	0	0	0	0	0	0	0	0	3	0	0	0		0	0	0		
			YGM5012 XXYBEVQ	承载式车身	纯电动+铅酸	2170	1065	815	3215	1407	1535	90	95	40	40	0	0	0	20	18	16	89	17	7	1	1	0		0	0	8		
			YGM5013 XXYBEVQ	承载式车身	纯电动+铅酸	1800	1028	728	2670	1300	1520	—	120	60	60	0	0	0	0	0	5	1	0	13	0	0	0		0	0	0		
			YGM5020 XXYBEV	承载式车身	纯电动	2370	1765	1210	3650	1660	1690	155	175	105	120	0	0	0	0	0	0	0	0	2	0	0	0		0	0	0		
			YGM5021 XXYBEV18	承载式车身	纯电动	2370	1600	1050	3748	1660	1690	160	180	80	80	0	0	0	0	0	0	0	0	0	0	0	487		0	0	0		
江苏陆地方舟新能源电动汽车有限公司	陆地方舟牌	纯电动厢式运输车	RQ5022 XXYEVH0	承载式车身	纯电动	3050	2180	1580	4500	1680	2000	280	360	95	105	0	0	0	0	0	0	0	0	1	0	1	8	1100	0	0	0	0	1100
			RQ5022 XXYEVH1	承载式车身	纯电动	3050	2180	1580	4500	1680	2000	200	—	95	105	0	0	0	0	0	0	0	0	0	0	1	142		0	0			

续表

企业名称	中文品牌	车辆类型	车辆型号	底盘型号	燃料种类	轴距(mm)	总质量(kg)	整备质量(kg)	外形尺寸(mm) 长	宽	高	电动汽车续驶里程(工况法，km)	电动汽车续驶里程(等速法，km)	电动汽车30分钟最高车速(km/h)	最高车速(km/h)	2015年 1月	2月	3月	4月	5月	6月	7月	8月	9月	10月	11月	12月	小计(辆)	2016年 1月	2月	3月	小计(辆)	合计(辆)
江苏陆地方舟新能源电动汽车有限公司	陆地方舟牌	纯电动厢式运输车	RQ5022 XXYEVH2	承载式车身	纯电动	3050	2550	1650	4500	1680	2000	250	—	95	105	0	0	0	0	0	0	0	0	0	0	0	269		0	0	0		
			RQ5022 XXYEVH3	承载式车身	纯电动	3050	2550	1600	4500	1680	2000	150	—	95	105	0	0	0	0	0	0	0	0	0	0	147	531		0	0	0		
河北红星汽车制造有限公司	红星牌	厢式运输车	HX5028 XXYVEV	HX6401BEV	纯电动	2525	1800	1310	4015	1595	1900	—	160	100	100	0	0	0	0	0	0	0	0	0	0	1	900	901	0	0	0	0	901
南京特种汽车制配厂有限公司	金龙牌	纯电动工程车	NJT5044 XGCABEV	—	纯电动	3600	4480	3465	6440	2050	2720	—	220	85	90	0	0	0	0	0	0	0	0	0	0	0	2	873	0	0	0	0	873
		纯电动路面养护车	NJT5030T YHBEV	EQ1031T ACEVJ1	纯电动	2950	3490	2610	5130	1780	2100	80	100	65	50	0	0	0	0	0	9	9	0	0	0	0	0		0	0	0		
			NJT5032 TYHBEV	—	纯电动	2950	3490	2610	5130	1780	2100	80	100	60	60	0	0	0	0	0	0	21	0	0	0	0	0		0	0	0		
			NJT5033 TYHBEV	—	纯电动	2950	3490	2610	5130	1780	2100	80	100	60	60	0	0	0	0	0	0	0	0	0	0	0	31		0	0	0		
		纯电动扫路车	NJT5030 TSLBEV	EQ1031T ACEVJ1	纯电动	2950	3490	2960	5270	1730	2240	80	100	65	50	0	0	0	0	0	11	11	0	0	0	0	0		0	0	0		
			NJT5031 TSLBEV	—	纯电动	2950	3490	2960	5270	1730	2300	80	100	60	60	0	0	0	0	0	0	19	0	0	0	0	0		0	0	0		
			NJT5032 TSLBEV	—	纯电动	2950	3490	2960	5270	1730	2300	80	100	60	60	0	0	0	0	0	0	0	0	0	0	0	5		0	0	0		
		纯电动厢式运输车	NJT5020 XXYBEV1	—	纯电动	2605	2390	1630	4110	1690	1930	250	350	80	80	0	0	0	0	0	8	25	75	0	0	0	0		0	0	0		
			NJT5020 XXYBEV6	—	纯电动	2605	2390	1570	4110	1690	1930	150	220	80	80	0	0	0	0	0	0	0	0	207	3	125	295		0	0	0		
			NJT5040 XXYBEV	NJL6600BEV5	纯电动	3665	4390	3060	5915	1995	2650	—	250	100	100	1	0	0	0	1	1	0	0	0	0	0	0		0	0	0		
			NJT5042 XXYBEV	—	纯电动	3360	4480	3150	5950	2020 2155	2715	—	220	80	80	0	0	0	0	0	0	0	0	0	2	0	11		0	0	0		
			NJT5043 XXYBEV	—	纯电动	3665	4390	3060	5915	1995	2650	—	200	98	100	0	0	0	0	0	0	0	0	0	0	0	1		0	0	0		

续表

企业名称	中文品牌	车辆类型	车辆型号	底盘型号	燃料种类	轴距(mm)	总质量(kg)	整备质量(kg)	外形尺寸(mm)			电动汽车续驶里程(工况法,km)	电动汽车续驶里程(等速法,km)	电动汽车30分钟最高车速(km/h)	最高车速(km/h)	2015年													2016年				合计(辆)
									长	宽	高					1月	2月	3月	4月	5月	6月	7月	8月	9月	10月	11月	12月	小计(辆)	1月	2月	3月	小计(辆)	
金龙联合汽车工业(苏州)有限公司	海格牌	纯电动厢式运输车	KLQ5020XXYEV1	承载式车身	纯电动	2700	2140	1460 1540 1590	4205	1685	1910	150	—	85	80	0	0	0	0	6	0	0	0	0	0	0	2	862	0	0	0	1	863
			KLQ5020XXYEV2	承载式车身	纯电动	2700	2140	1460 1540	4205	1685	1910	150	—	100	100	0	0	0	0	0	104	6	0	126	41	181	73		0	0	0		
			KLQ5020XXYEV5	承载式车身	纯电动	2700	2140	1540;1600	4205	1685	1910	255	—	80	80	0	0	0	0	0	0	0	0	0	0	0	271		1	0	0		
			KLQ5040XXYBEV	承载式车身	纯电动	3670	4430	3180	5995	1993	2370;2670	—	180	100	100	0	0	0	0	8	0	0	0	44	0	0	0		0	0	0		
河北长安汽车有限公司	长安牌	纯电动厢式运输车	SC5023XXYABEV	承载式车身	纯电动	3050	2315	1650	4805	1715	1980	130	120	80	90	0	0	0	0	0	2	8	0	0	0	0	0	825	0	0	0	8	833
			SC5023XXYBBEV	承载式车身	纯电动	3050	2315	1600	4805	1715	1980	100	80	80	90	1	20	24	1	0	0	0	0	0	0	1	0		0	0	0		
			SC5027XXYAAEV	承载式车身	纯电动	2560	1790	1340	3980	1620	1890	130	120	90	90	0	0	0	0	0	0	0	0	0	0	269	329		0	0	0		
			SC5027XXYAAEV	承载式车身	纯电动	2560	1790	1340	3980	1620	1890	130	120	90	90	0	0	0	0	0	0	0	0	0	0	0	0		3	0	0		
			SC5035XXYDBBEV	SC1035DBBEV	纯电动	3300	3490	2195	5330	1780	2650	225	250	85	85	0	0	0	0	0	0	0	0	0	0	0	116		1	0	2		
			SC5035XXYDCEV	SC1035DCEV	纯电动	3300	3490	2326	5250 5325	1780 1735	2660 2675	≥290	≥320	>85	85	0	0	0	0	0	0	0	0	0	2	3	0		0	0	0		
		纯电动自卸式垃圾车	SC5035ZLJDAEV	SC1035DAEV	纯电动	2900	3490	2145	4900	1800	2110	100	120	80	80	0	0	0	0	0	0	0	0	0	0	7	1		0	2	0		
		纯电动路面养护车	SC5035TYHDAEV	SC1035DAEV	纯电动	2900	3490	2180	5070	1800	2185	100	120	80	80	0	0	0	0	0	0	0	0	6	0	1	6		0	0	0		
		纯电动密闭式桶装垃圾车	SC5035XTYDAEV	SC1035DAEV	纯电动	2900	3490	2100;2200	5270	1810	2195	>100	120	>80	80	0	0	0	0	0	0	0	1	4	20	0	3		0	0	0		

续表

企业名称	中文品牌	车辆类型	车辆型号	底盘型号	燃料种类	轴距（mm）	总质量（kg）	整备质量（kg）	外形尺寸（mm） 长	宽	高	电动汽车续驶里程（工况法，km）	电动汽车续驶里程（等速法，km）	电动汽车30分钟最高车速（km/h）	最高车速（km/h）	2015年 1月	2月	3月	4月	5月	6月	7月	8月	9月	10月	11月	12月	小计（辆）	2016年 1月	2月	3月	小计（辆）	合计（辆）
山东昊宇车辆有限公司	超雷牌	纯电动仓栅车	CLP5016CEV	5016EX－2800Q	纯电动＋铅酸	2000	1580	1050	3600	1400	1715；1950	110	60	80	80	0	0	0	0	2	0	0	10	20	0	0	10	230	38	50	120	574	804
		纯电动厢式货车	CLP5016EV－XXY	5016EX－2800Q	纯电动＋铅酸	2000	1580	1050；1100	3600	1400	1715；1950	110	60	80	80	0	0	0	0	1	1	0	10	0	1	0	10		0	50	51		
			CLP5020EV－XXY	HY5020－2800Q	纯电动＋铅酸	2355	2190	1430	3695	1510	1823	—	80	65	80	0	0	0	4	0	1	0	40	0	0	0	20		0	40	225		
			CLP5021EV－XXY	—	纯电动	2700	2520	1390	4030	1620	1900	—	120	80	80	0	0	0	1	0	0	0	39	0	0	0	60		0	0	0		
东营蒙德金马机车有限公司	吉海牌	纯电动仓栅式运输车	KRD5010CCYBEV	KRD1010DEV	纯电动	1900	1399	819	3650	1300	1976	85	—	55	65	0	0	0	0	0	0	0	20	0	0	0	5	737	0	0	0	62	799
			KRD5022CCYBEV	KRD1022DEV	纯电动	2900	1919	1139	4390	1635	2170	180；181	—	70	70	0	0	0	0	0	0	0	0	0	0	0	29		35	0	2		
		纯电动厢式运输车	KRD5010XXYBEV	KRD1010DEV	纯电动	1900	1380	800	3665	1300	1975	85	—	55	65	0	0	0	0	0	0	0	20	0	0	0	4		0	0	0		
			KRD5020XXYBEV	承载式车身	纯电动	2430	1764	1014	3900	1510	1870	100	—	55	65	0	0	0	0	0	0	0	20	0	0	0	0		0	0	0		
			KRD5021CCYBEV	KRD1021DEV	纯电动	2900	1885	1105	4390	1635	2170	190	—	—	70	0	0	0	0	0	0	0	0	0	12	17	168		0	0	0		
			KRD5021XXYBEV	KRD1021DEV	纯电动	2900	1919	1139	4390	1710	2220	190	—	—	70	0	0	0	0	0	0	0	0	0	30	99	249		0	0	0		
			KRD5022XXYBEV	KRD1022DEV	纯电动	2900	1919	1139	4390	1710	2220	180；181	—	70	70	0	0	0	0	0	0	0	0	0	0	0	64		25	0	0		
山东唐骏欧铃汽车制造有限公司	欧铃牌	纯电动载货汽车	ZB1020BEVADA	ZB1020BEVADA	纯电动＋铅酸	2000	1625	1000	3540	1535	1860	88	80	40	55	27	0	0	3	0	0	0	0	0	0	0	0	673	0	0	0	120	793
			ZB1030BEVBDC1	ZB1030BEVBDC1	纯电动	2600	3490	1870	5040	1730	2070	115	130	80	82	20	0	0	0	0	0	0	0	0	4	0	5		0	0	0		
			ZB1031BEVBDC1	ZB1031BEVBDC1	纯电动	2600	3490	1870	5040	1730	2070	115	130	80	82	0	0	0	0	100	0	0	0	0	0	1	21		0	0	0		
		纯电动厢式运输车	ZB5020XXYBEVGDC3	承载式车身	纯电动	2715	2040	1410	4198	1666	1933	150	180	70	80	0	0	0	0	0	0	0	0	0	0	92	0		0	0	0		

续表

企业名称	中文品牌	车辆类型	车辆型号	底盘型号	燃料种类	轴距（mm）	总质量（kg）	整备质量（kg）	外形尺寸（mm）			电动汽车续驶里程（工况法，km）	电动汽车续驶里程（等速法，km）	电动汽车30分钟最高车速（km/h）	最高车速（km/h）	2015年													2016年				合计（辆）
									长	宽	高					1月	2月	3月	4月	5月	6月	7月	8月	9月	10月	11月	12月	小计（辆）	1月	2月	3月	小计（辆）	
山东唐骏欧铃汽车制造有限公司	欧铃牌	纯电动厢式运输车	ZB5021XXYBEVADB7	ZB1021BEVADB7	纯电动	2400	1875	1250	4480	1560	1945	—	180	80	100	0	0	0	0	0	30	0	0	0	0	0	0		0	0	0		
			ZB5031XXYBEVBDC1	ZB1031BEVBDC1	纯电动	2600	3490	2080	5100	1740	2620	115	130	80	82	0	0	0	0	0	0	0	0	0	0	89	9		0	0	0		
			ZB5040XXYBEVKDD6	ZB1040BEVKDD6	纯电动	3360	4495	2805	5997	2035	2910	115	130	80	90	0	0	0	0	100	0	0	0	0	0	2	139		0	0	120		
			ZB5060XXYBEVKDD6	ZB1060BEVKDD6	纯电动	3360	5620	3495	5997	2035	2910	115	130	80	90	25	0	0	0	0	0	0	0	0	1	0	5		0	0	0		
中国重汽集团成都王牌商用车有限公司	王牌牌	纯电动仓栅式运输车	CDW5070CCYH1PEV	CDW1070H1PEV	纯电动	3360	7100	3960	5995	2060 2160	2980	—	170	80	80	0	0	0	0	0	0	0	0	0	0	19	0	707	0	0	37	62	769
		纯电动工程车	CDW5030XGCEV	CDW5030XGCEV	纯电动	3025	2950	2025	4980	1690	1765	130	160	95	95	0	0	0	2	0	3	3	1	0	0	0	0		0	0	1		
		纯电动冷藏车	CDW5070XLCH1PEV	CDW1070H1PEV	纯电动	3360	7100	4400	5995	2140 2260	3220	—	170	80	80	0	0	0	0	0	0	0	0	3	15	1	55		0	0	0		
		纯电动翼开启厢式车	CDW5070XYKH1PEV	CDW1070H1PEV	纯电动	3360	7100	4160	5995	2160	2890	—	170	80	80	0	0	0	0	0	0	0	0	1	0	1	0		0	0	4		
		纯电动载货汽车	CDW1070H1PEV	CDW1070H1PEV	纯电动	3360	7100	3650	5995	2060 2160	2450	—	170	80	80	0	0	0	0	0	0	0	0	0	0	6	0		0	0	9		
		纯电动厢式运输车	CDW5040XXYH1PEV	CDW1040H1PEV	纯电动	3360	4495	3200	5995	1980 2120	2900	—	170	80	80	0	0	0	0	0	0	0	0	0	0	0	1		0	0	0		
			CDW5060XXYEV	CDW1060H1REV	纯电动	3360	5625	3500	5995	2110	2850	160	200	80	80	0	0	0	0	0	0	0	0	0	1	0	0		0	0	0		
			CDW5070XXYH1PEV	CDW1070H1PEV	纯电动	3360	6630	3900	5995	1980 2030 2120 2170	2900	140	170	80	80	15	1	3	0	21	39	123	29	35	3	76	250		0	0	11		
上海汽车商用车有限公司	大通牌	纯电动厢式运输车	SH5040XXYA7BEV	承载式车身	纯电动	3100	3760	2490	4950 5160	1998	2345;2132	140	250	100	100	0	0	0	0	0	0	1	5	9	127	96	17	603	0	36	3	147	750
			SH5041XXYA7BEV	承载式车身	纯电动	3850	4100	2700	5700 5910	1998	2345;2552	170	295	100	100	0	0	0	0	0	1	8	0	19	1	319	0		9	99	0		

续表

企业名称	中文品牌	车辆类型	车辆型号	底盘型号	燃料种类	轴距（mm）	总质量（kg）	整备质量（kg）	外形尺寸（mm）长	外形尺寸（mm）宽	外形尺寸（mm）高	电动汽车续驶里程（工况法，km）	电动汽车续驶里程（等速法，km）	电动汽车30分钟最高车速（km/h）	最高车速（km/h）	2015年 1月	2015年 2月	2015年 3月	2015年 4月	2015年 5月	2015年 6月	2015年 7月	2015年 8月	2015年 9月	2015年 10月	2015年 11月	2015年 12月	2015年 小计（辆）	2016年 1月	2016年 2月	2016年 3月	2016年 小计（辆）	合计（辆）
陕西汽车集团有限责任公司	陕汽牌	纯电动厢式运输车	SX5020XXYEV	承载式车身	纯电动	2700	2010	1300	4030	1620	1900	137	156	81	85	2	0	1	20	0	0	0	0	0	0	0	0	623	0	0	0	0	623
			SX5020XXYEV1	承载式车身	纯电动	2700	2050	1325	4030	1620	1900	190	—	65	75	0	0	0	0	0	0	0	0	0	0	0	600		0	0	0		
赣州汽车改装厂	环球牌	纯电动仓栅式运输车	GZQ5021CCYBEV	KMC1022EV29D	纯电动	2900 2545	2450	1130	4650	1670	2190	120	140	80	80	0	0	0	0	0	0	0	0	0	11	21	137	493	1	0	0	40	533
			GZQ5022CCYBEV	KMC1022EV29S	纯电动	2900	2450	1200	4650	1630	2250	120	140	80	80	0	0	0	0	0	0	0	0	0	15	5	30		0	0	0		
			GZQ5023CCYBEV	HRQ1021BEV	纯电动	2200	1580	810	3750	1450	2050	80	105	80	80	0	0	0	0	0	0	0	0	0	1	0	0		0	0	0		
		纯电动车厢可卸式垃圾车	GZQ5020ZXXACBEV	EQ1020BLEV2	纯电动	2040	2200	1320	3690	1535	1890	80	50	40	50	0	0	0	0	0	0	0	0	0	0	1	0		0	0	0		
			GZQ5021ZXXBEV	KMC1022EV29D	纯电动	2900 2545	2450	1360	4260	1620	1920	120	140	80	80	0	0	0	0	0	0	0	0	0	27	139	8		2	0	0		
		纯电动车厢自装式垃圾车	GZQ5020ZZZACBEV	EQ1020BLEV2	纯电动	2040	2200	1450	3800	1610	1950	80	50	40	50	0	1	0	0	0	0	0	0	0	0	0	0		0	0	0		
		纯电动路面养护车	GZQ5020TYHBEV	KMC1022EV29D	纯电动	2900 2545	2450	1550	4880	1780	1950	120	140	80	80	0	0	0	0	0	0	0	0	0	0	0	0		0	1	0		
		纯电动桶装垃圾运输车	GZQ5020CTYBEV	KMC1022EV29D	纯电动	2900	2450	1320	4790	1630	1930	120	140	80	80	0	0	0	0	0	0	0	0	0	1	0	2		0	0	6		
		纯电动厢式运输车	GZQ5021XXYBEV	HRQ1021BEV	纯电动	2200	1580	750	3840	1450	2000	80	105	80	80	0	0	0	0	0	0	0	0	0	1	39	0		0	0	30		
		纯电动自装卸式垃圾车	GZQ5022ZZZBEV	KMC1022EV29D	纯电动	2900 2545	2450	1770	4560	1680	2010	120	140	80	80	0	0	0	0	0	0	0	0	0	48	1	5		0	0	0		

续表

企业名称	中文品牌	车辆类型	车辆型号	底盘型号	燃料种类	轴距(mm)	总质量(kg)	整备质量(kg)	外形尺寸(mm)			电动汽车续驶里程(工况法,km)	电动汽车续驶里程(等速法,km)	电动汽车30分钟最高车速(km/h)	最高车速(km/h)	2015年													2016年				合计(辆)
									长	宽	高					1月	2月	3月	4月	5月	6月	7月	8月	9月	10月	11月	12月	小计(辆)	1月	2月	3月	小计(辆)	
湖南江南汽车制造有限公司	众泰牌	纯电动厢式运输车	JNJ5020XXYEV1	承载式车身	纯电动	2700	1970	1315	3995	1620	1915	155	210	105	105	0	0	0	0	0	0	0	0	0	0	52	243	295	101	0	0	101	396
广汽吉奥汽车有限公司	吉奥牌	纯电动厢式运输车	GA5021XXYSBEV	承载式车身	纯电动	2700	1980	1370	4150	1620	1905	155	210	80	115	0	0	0	0	0	0	0	0	1	0	0	277	278	0	0	14	14	292
南京金龙客车制造有限公司	东宇牌	纯电动流动服务车	NJL5021XDWBEV1	承载式车身	纯电动	2600	2128	1385	4015	1607	1908	200	250	80	80	0	0	0	0	0	0	0	0	0	3	0	0		0	0	0		
			NJL5040XDWBEV	NJL6600BEV17	纯电动	3665	4390	2930;2980	6005	1995	2360;2650	—	276	100	100	0	0	0	0	0	0	5	0	0	0	0	0		0	0	0		
			NJL5040XDWBEV1	NJL6600BEV18	纯电动	3665	4390	2930;2980	6005	1995	2360;2650	—	276	100	100	0	0	0	0	0	0	6	0	0	0	0	0		0	0	0		
			NJL5040XDWBEV2	承载式车身	纯电动	3665	4390	2930;2980	6005	1995	2650;2360	—	427	100	100	0	0	0	0	0	0	0	0	0	5	0	0		0	0	0		
			NJL5042XDWBEV	承载式车身	纯电动	3720	4398	2995	6070	1885	2320	—	427	100	100	0	0	0	0	0	0	0	0	0	7	0	0		0	0	0		
		纯电动厢式运输车	NJL5020XXYBEV1	承载式车身	纯电动	2605	2390	1630	4110	1690	1930	303	356	80	80	0	0	1	0	0	0	0	0	0	1	0	0		0	0	0		
			NJL5020XXYBEV2	NJL5020XXYBEV	纯电动	2605	2390	1630	4110 4165	1690	1930	352	405	80	80	0	0	0	0	0	1	10	0	0	0	0	0	189	0	0	0	70	259
			NJL5040XXYBEV	承载式车身	纯电动	3665	4490	2860;2810	5960	2020	2650;2360	—	276	100	100	0	0	1	0	0	0	1	2	0	5	0	52		2	0	0		
			NJL5040XXYBEV1	承载式车身	纯电动	3665	4490	2860;2810	5960	2020	2650;2360	—	276	100	100	0	0	0	0	0	1	12	0	2	0	1	0		0	0	0		
			NJL5040XXYBEV2	承载式车身	纯电动	3665	4490	2810;2760	5960	2020	2650;2360	—	402	100	100	0	0	0	0	0	0	5	0	0	0	0	0		0	0	0		
			NJL5042XXYBEV	NJL5042XXYBEV	纯电动	3110	4290	2650	5460	1885	2320	—	282	100	100	0	0	0	0	0	1	9	0	0	0	0	0		0	0	0		
		纯电动邮政车	NJL5021XYZBEV	承载式车身	纯电动	2800	2390	1630	4430	1626	1930	—	350	80	80	0	0	1	0	0	0	0	0	0	0	0	0		0	0	0		
			NJL5021XYZBEV1	承载式车身	纯电动	2600	2128	1385	4015	1607	1908	200	230	80	80	0	0	0	0	0	0	0	0	0	4	0	0		0	0	0		

续表

企业名称	中文品牌	车辆类型	车辆型号	底盘型号	燃料种类	轴距（mm）	总质量（kg）	整备质量（kg）	外形尺寸（mm）			电动汽车续驶里程（工况法，km）	电动汽车续驶里程（等速法，km）	电动汽车30分钟最高车速（km/h）	最高车速（km/h）	2015年													2016年				合计（辆）
									长	宽	高					1月	2月	3月	4月	5月	6月	7月	8月	9月	10月	11月	12月	小计（辆）	1月	2月	3月	小计（辆）	
南京金龙客车制造有限公司	东宇牌	纯电动邮政车	NJL5040XYZBEV1	承载式车身	纯电动	3665	4490	2860;2810	5960	2020	2650;2360	—	276	100	100	0	0	0	0	0	0	6	0	0	0	0	0		0	0	0		
			NJL5040XYZBEV2	承载式车身	纯电动	3665	4490	2810;2760	5960	2020	2650;2360	—	402	100	100	0	0	0	0	0	0	5	0	0	0	0	0		0	0	0		
			NJL5040XYZBEV3	承载式车身	纯电动	3665	4490	2860;2810	5960	2020	2650;2360	—	427	100	100	0	0	0	0	0	0	0	0	0	5	0	0		0	0	0		
		纯电动囚车	NJL5040XQCBEV	承载式车身	纯电动	3665	4390	2930;2980	6005	1995	2525;2815	—	276	100	100	0	0	0	0	0	0	5	0	0	0	0	0		0	0	0		
			NJL5040XQCBEV1	承载式车身	纯电动	3665	4390	2930;2980	6005	1995	2525;2815	—	276	100	100	0	0	0	0	0	0	5	0	0	0	0	0		0	0	0		
		纯电动服务车	NJL5021XDWBEV	承载式车身	纯电动	2800	2290	1630	4430	1626	1930	—	350	80	80	0	0	1	0	0	0	0	0	0	0	0	0		0	0	0		
			NJL5021XDWBEV2	承载式车身	纯电动	2600	2128	1530	4015	1607	1908	200	230	80	80	0	0	0	0	0	0	0	0	0	2	0	0		0	0	0		
		纯电动监测车	NJL5040XJEBEV	承载式车身	纯电动	3665	4390	2930;2980	5960	1995	2900;2610	—	543	100	100	0	0	0	0	0	0	0	0	0	8	0	0		0	0	0		
		纯电动救护车	NJL5042XJHBEV	承载式车身	纯电动	3110	4290	2725	5460 5610	1885	2475	—	282	100	100	0	0	0	0	0	0	5	0	0	0	0	0		0	0	0		
		纯电动电力工程车	NJL5040XGCBEV1	承载式车身	纯电动	3665	4390	2930;2980	6005	1995	2525;2815	—	276	100	100	0	0	0	0	0	0	5	0	0	0	0	0		0	0	0		
		纯电动工程车	NJL5040XGCBEV	承载式车身	纯电动	3665	4390	2930;2980	6005	1995	2525;2815	—	276	100	100	0	0	0	0	0	0	5	0	0	0	0	0		0	0	0		
		纯电动押运车	NJL5040XYUBEV	承载式车身	纯电动	3665	4490	3600;3550	5960	2020	2650;2360	—	276	100	100	0	0	0	0	0	0	0	0	0	0	0	1		0	0	0		
	开沃牌	纯电动厢式运输车	NJL5020XXYBEV3	承载式车身	纯电动	2605	2425	1658	4165	1690	1930	333	—	80	80	0	0	0	0	0	0	0	0	0	0	0	0		0	0	7		
			NJL5020XXYBEV4	承载式车身	纯电动	2605	2425	1658	4165	1690	1930	315	—	80	80	0	0	0	0	0	0	0	0	0	0	0	0		0	0	5		
			NJL5020XXYBEV5	承载式车身	纯电动	2605	2425	1658	4165	1690	1930	315	—	80	80	0	0	0	0	0	0	0	0	0	0	0	0		0	0	6		

续表

企业名称	中文品牌	车辆类型	车辆型号	底盘型号	燃料种类	轴距(mm)	总质量(kg)	整备质量(kg)	外形尺寸(mm)			电动汽车续驶里程(工况法,km)	电动汽车续驶里程(等速法,km)	电动汽车30分钟最高车速(km/h)	最高车速(km/h)	2015年													2016年				合计(辆)
									长	宽	高					1月	2月	3月	4月	5月	6月	7月	8月	9月	10月	11月	12月	小计(辆)	1月	2月	3月	小计(辆)	
南京金龙客车制造有限公司	开沃牌	纯电动厢式运输车	NJL5020XXYBEV6	承载式车身	纯电动	2605	2425	1658	4165	1690	1930	250	—	80	80	0	0	0	0	0	0	0	0	0	0	0	0		0	0	7		
			NJL5020XXYBEV7	承载式车身	纯电动	2605	2425	1658	4165	1690	1930	155	—	80	80	0	0	0	0	0	0	0	0	0	0	0	0		0	0	6		
			NJL5020XXYBEV8	承载式车身	纯电动	2605	2425	1658	4165	1690	1930	250	—	80	80	0	0	0	0	0	0	0	0	0	0	0	0		0	0	5		
			NJL5020XXYBEV9	承载式车身	纯电动	2605	2425	1658	4165	1690	1930	320	—	80	80	0	0	0	0	0	0	0	0	0	0	0	0		0	0	9		
			NJL5040XXYBEV4	承载式车身	纯电动	3665	4490	2910;2860	5960	2020	2650;2360	—	505	100	100	0	0	0	0	0	0	0	0	0	0	0	0		0	0	5		
			NJL5040XXYBEV5	承载式车身	纯电动	3665	4490	2960;2910	5960	2020	2650;2360	—	470	100	100	0	0	0	0	0	0	0	0	0	0	0	0		0	0	6		
			NJL5040XXYBEV6	承载式车身	纯电动	3665	4490	2910;2860	5960	2020	2650;2360	—	386	100	100	0	0	0	0	0	0	0	0	0	0	0	0		0	0	5		
			NJL5020XXYBEV	承载式车身	纯电动	2605	2425	1658	4165	1690	1930	329	—	80	80	0	0	0	0	0	0	0	0	0	0	0	0		0	0	4		
		纯电动押运车	NJL5040XYUBEV	承载式车身	纯电动	3665	4490	3600;3550	5960	2020	2650;2360	—	276	100	100	0	0	0	0	0	0	0	0	0	0	0	0		1	0	0		
		纯电动邮政车	NJL5021XYZBEV2	承载式车身	纯电动	2800	2390	1630	4430	1626	1930	295	335	80	80	0	0	0	0	0	0	0	0	0	0	0	0		0	0	1		
		纯电动服务车	NJL5021XDWBEV3	承载式车身	纯电动	2800	2390	1630	4430	1626	1930	295	335	80	80	0	0	0	0	0	0	0	0	0	0	0	0		0	0	1		
山东凯马汽车制造有限公司	凯马牌	纯电动厢式运输车	KMC5020XXYEV29D	KMC1020EV29D	纯电动+铅酸	2900	2450	1525	4650	1700	2380	120	160	58	58	1	0	0	0	0	0	0	0	0	0	0	0	149	0	0	0	102	251
			KMC5021XXYEV29D	KMC1021EV29D	纯电动	2900	2450	1525	4650	1700	2380	>120	>150	80	80	0	0	0	0	0	0	0	0	0	6	47	5		0	0	0		
			KMC5022XXYEV29D	KMC1022EV29D	纯电动	2900 2545	2450	1325	4650 4260	1700	2380;2280	120;140	140;160	80	80	0	0	0	0	0	0	1	6	0	0	0	26		15	40	0		
			KMC5022XXYEV29S	KMC1022EV29S	纯电动	2900	2450	1280	4700	1700	2470	120	140	80	80	0	0	0	0	0	0	1	0	0	0	0	0		0	0	0		
			KMC5023XXYEV29D	KMC1023EV29D	纯电动	2900	2450	1525	4650	1700	2480	120	150	80	80	0	0	0	0	0	0	0	0	0	0	0	2		0	0	0		

续表

企业名称	中文品牌	车辆类型	车辆型号	底盘型号	燃料种类	轴距（mm）	总质量（kg）	整备质量（kg）	外形尺寸（mm）			电动汽车续驶里程（工况法，km）	电动汽车续驶里程（等速法，km）	电动汽车30分钟最高车速（km/h）	最高车速（km/h）	2015年													2016年				合计（辆）
									长	宽	高					1月	2月	3月	4月	5月	6月	7月	8月	9月	10月	11月	12月	小计（辆）	1月	2月	3月	小计（辆）	
山东凯马汽车制造有限公司	凯马牌	纯电动厢式运输车	KMC5040XXYEV28D	KMC1040EV28D	纯电动	2800 3300	4495	2805	5920 5720 5995	2240	2920	150	200	80	80	0	0	0	0	0	0	0	0	1	0	0	5		8	0	0		
		纯电动仓栅式运输车	KMC5022CCYEV29D	KMC1022EV29D	纯电动	2900	2265	1140	4700	1670	2380	120	140	80	80	0	0	0	0	0	0	0	0	0	0	0	40		31	0	0		
		纯电动车厢可卸式垃圾车	KMC5022ZXXEV29D	KMC1022EV29D	纯电动	2900	2450	1420	4240	1670	1860	120	140	80	80	0	0	0	0	0	0	0	0	0	0	0	0		4	1	0		
		纯电动自装卸式垃圾车	KMC5030ZZZEVA23D	KMC1030EVA23D	纯电动	2330	3495	2240	4340	1675	2110	80	100	72	80	0	0	0	0	0	0	0	0	1	0	0	0		0	0	0		
		纯电动冷藏车	KMC5020XLCEV21D	KMC1020EV21D	纯电动	2100	2495	1660	4020	1610	2350	120	150	85	85	0	0	0	0	0	0	0	1	0	0	0	2		0	0	0		
		纯电动售货车	KMC5022XSHEV29D	KMC1022EV29D	纯电动	2900	2450	1830	4650 5030	1760	2650	120	140	80	80	0	0	0	0	0	0	0	0	0	0	0	0		1	0	0		
		纯电动押运车	KMC5040XYUEV26D	KMC1040EV26D	纯电动	2600	4495	3320	5640	1930	2230	150	180	80	80	0	0	0	0	0	0	0	0	0	0	0	0		2	0	0		
		纯电动载货汽车	KMC1020EV29D	KMC1020EV29D	纯电动+铅酸	2900	2215	1340	4650	1670	1880	120	160	58	58	4	0	0	0	0	0	0	0	0	0	0	0		0	0	0		
深圳东风汽车有限公司	东风牌	纯电动桶装垃圾运输车	EQ5020CTYBEVS	EQ1020GSEVJ	纯电动	3500	2450	1600	5880	1830	2070	98	110	70	80	0	0	0	0	0	0	0	0	0	0	0	2	234	0	0	0	1	235
			EQ5021CTYBEVS	EQ1020GSEVJ2	纯电动	3500	2450	1700	5880	1830	2070	101	—	80	80	0	0	0	0	0	0	0	0	0	0	0	0		1	0	0		
			EQ5030CTYBEVS	EQ1030GSEVJ	纯电动	3500	2850	1830	5880	1830	2070	180	—	80	80	0	0	0	0	0	0	0	0	0	0	0	5		0	0	0		
		纯电动封闭货车	EQ5031XXYBEVS	EQ1031GSEVJ	纯电动	2850	2850	1900	4490	1680	2250	180	—	80	80	0	0	0	0	0	0	0	0	0	0	0	3		0	0	0		
		纯电动厢式运输车	EQ5071XXYBEVS	EQ1070TACEVJ2	纯电动	3308	7320	3460	5990	2100	2780;2980	—	130	65	80	0	0	0	0	0	0	0	0	0	0	0	202		0	0	0		
		纯电动厢式车	EQ5030XXYBEVS	EQ1030GSEVJ	纯电动	3500	2850	1750	5355	1760	2420;2620	180	—	80	80	0	0	0	0	0	0	0	0	1	0	0	21		0	0	0		

续表

企业名称	中文品牌	车辆类型	车辆型号	底盘型号	燃料种类	轴距(mm)	总质量(kg)	整备质量(kg)	外形尺寸(mm)			电动汽车续驶里程(工况法,km)	电动汽车续驶里程(等速法,km)	电动汽车30分钟最高车速(km/h)	最高车速(km/h)	2015年													2016年				合计(辆)
									长	宽	高					1月	2月	3月	4月	5月	6月	7月	8月	9月	10月	11月	12月	小计(辆)	1月	2月	3月	小计(辆)	
比亚迪汽车工业有限公司	比亚迪牌	纯电动厢式运输车	BYD5030XXYBEV1	承载式车身	纯电动	2725	2625	1950;1995	4460	1720	1875	250	265	130	130	0	0	10	0	0	2	11	2	45	10	34	90	207	0	0	0	0	207
			BYD5070XXYBEV	BYD1070A7BBEVD	纯电动	3360	7320	4300	5995	2050	2950	—	350	100	100	0	0	0	0	0	0	0	0	0	0	2	1		0	0	0		
北汽福田汽车股份有限公司	福田牌	纯电动厢式运输车	BJ5036XXYEV1	BJ1036EVJA2	纯电动	2800	3385	2256	5455	1780	2715	200	250	90	90	0	0	0	0	0	0	0	0	0	0	95	6	203	0	0	0	1	204
			BJ5041XXYEV	BJ1041EVJA	纯电动	3360	4495	2805	5995	1900 1950	2900	—	260	90	90	0	0	0	0	0	0	0	0	0	0	33	68		0	0	0		
			BJ5049XXYEV2	BJ1049EVJA	纯电动	3360	4330	2705	5995	2050 2200 2350	2920;3120	—	260	90	90	0	0	0	0	0	0	0	0	0	0	0	0		0	1	0		
			BJ5081XXYEV	BJ1081EVJA	纯电动	3360	8275	4050	5995	2150	2900	—	260	80	80	0	0	0	0	0	0	0	0	0	0	1	0		0	0	0		
东风扬子江汽车(武汉)有限责任公司	扬子江牌	纯电动厢式运输车	WG5021XXYBEV	WG5021XXYBEV	纯电动	3050	2300	1570;1600	4500	1680	2000	200	230	80	80	0	0	0	0	0	0	0	0	0	0	27	173	202	1	0	0	1	203
			WG5022XXYBEV	WG5022XXYBEV	纯电动	2515	2200	1360	4180	1560	2225	190	200	75	85	0	0	0	0	0	0	0	0	0	0	0	1		0	0	0		
		纯电动车厢可卸式垃圾车	WG5020ZXXBEV	WG5020ZXXBEV	纯电动	2515	2200	1260	3815	1560	1865	—	130	75	75	0	0	0	0	0	1	0	0	0	0	0	0		0	0	0		
中联重科股份有限公司	中联牌	纯电动路面养护车	ZLJ5030TYHZLBEV	ZLJ5031JCBEVD	纯电动	2700	2800	2070	4880	1570	1985	80	130	60	60	0	1	28	0	0	0	0	0	0	0	0	0	119	0	0	0	44	163
			ZLJ5031TYHZLBEV	ZLJ5032JCBEVD	纯电动	2990	2625	2180	5185	1575	2000	170	200	75	90	0	0	0	0	0	0	0	4	1	1	0	1		2	1	9		
		纯电动扫路车	ZLJ5030TSLZL1BEV	ZLJ5034JCBEVD	纯电动	2990	2800	2300	4845	1556	1980	—	200	75	90	0	0	0	0	0	0	0	0	0	0	30	2		0	3	9		
			ZLJ5031TSLZLBEV	ZLJ5031JCBEVD	纯电动	2700	2800	2200	4485	1570	1920	80	130	60	65	0	0	0	0	0	0	0	0	6	10	2	0		0	1	0		
		纯电动桶装垃圾运输车	ZLJ5020CTYHFBEV	HFC1020PW4EV2B1D	纯电动	2400	2490	1910	4671	1665	1960	—	150	80	80	0	0	0	0	0	0	0	5	1	0	3	8		0	0	2		

续表

企业名称	中文品牌	车辆类型	车辆型号	底盘型号	燃料种类	轴距（mm）	总质量（kg）	整备质量（kg）	外形尺寸（mm）长	外形尺寸（mm）宽	外形尺寸（mm）高	电动汽车续驶里程（工况法，km）	电动汽车续驶里程（等速法，km）	电动汽车30分钟最高车速（km/h）	最高车速（km/h）	2015年 1月	2015年 2月	2015年 3月	2015年 4月	2015年 5月	2015年 6月	2015年 7月	2015年 8月	2015年 9月	2015年 10月	2015年 11月	2015年 12月	2015年 小计（辆）	2016年 1月	2016年 2月	2016年 3月	2016年 小计（辆）	合计（辆）
中联重科股份有限公司	中联牌	纯电动压缩式对接垃圾车	ZLJ5030ZDJZLBEV	ZLJ5032JCBEVD	纯电动	2990	2625	2050	4925	1710	1985	—	200	75	90	0	0	0	0	0	0	0	0	0	0	0	0		11	0	0		
		纯电动自卸式垃圾车	ZLJ5020ZLJHFBEV	HFC1020PW4EV2B1D	纯电动	2400	2490	1950	4270	1710	1960	—	150	80	80	0	0	0	0	0	0	0	0	10	0	1	0		6	0	0		
		纯电动自装卸式垃圾车	ZLJ5031ZZZZLBEV	ZLJ5032JCBEVD	纯电动	2990	2625	2260	4855	1880	2150	—	200	75	90	0	0	0	0	0	0	0	0	0	0	0	5		0	0	0		
南京汽车集团有限公司	畅达牌	纯电动厢式运输车	NJ5020XXYEV	承载式车身	纯电动	2700	2150	1650	4205	1685	1900	135	155	85	85	0	0	0	0	0	0	0	0	6	0	0	6	131	0	0	0	6	137
			NJ5020XXYEV1	承载式车身	纯电动	2700	2150	1500	4205	1685	1900	135	155	85	85	0	0	0	0	0	0	0	0	0	0	0	41		0	0	0		
		纯电动密闭式桶装垃圾车	NJ5028XTYEV1	NJ1027PBEVNZ1	纯电动	2500	2600	1620	4940	1620	2010	100	120	50	72	1	1	0	4	0	2	1	1	1	0	42	9		0	0	2		
		纯电动自装卸式垃圾车	NJ5028ZZZEV1	NJ1027PBEVNZ1	纯电动	2500	2600	1620	4700	1630	2090	100	120	50	72	0	0	0	0	0	0	2	0	0	0	5	6		0	0	0		
	跃进牌	纯电动道路清扫车	NJ5047TSLEV	NJ1047PFEVNZ	纯电动	3308	4495	3500	6500	1840	2270	—	108（40km/h）	80	80	0	0	0	0	0	0	3	0	0	0	0	0		4	0	0		
江西江铃汽车集团改装车有限公司	江铃牌	纯电动仓栅式运输车	JX5021CCYMEV	JX1021MEV	纯电动	2740	2200	1400	4400	1528	2520	—	240	80	80	0	0	0	0	0	17	4	0	0	0	0	2	126	0	0	0	0	126
		纯电动车厢可卸式垃圾车	JX5020ZXXMEV	JX1020MEV	纯电动+铅酸	2740	2200	1440	4244	1528	1832	—	90	60	80	0	4	0	0	0	0	0	0	0	0	0	0		0	0	0		
			JX5021ZXXMEV	JX1021MEV	纯电动	2740	2200	1420	4300	1528	1884	—	120	80	80	0	0	0	0	0	9	14	1	0	3	7	0		0	0	0		
		纯电动厢式运输车	JX5021XXYMEV	JX1021MEV	纯电动	2740	2200	1530;1550	4400	1528	2330;2430	—	240	80	80	0	0	0	0	0	25	32	0	0	0	0	0		0	0	0		
			JX5021XXYMSEV	JX1021MSEV	纯电动	2740	2200	1530;1550	4565	1528	2330;2430	200	—	80	80	0	0	0	0	0	3	1	0	0	0	0	1		0	0	0		
			JX5030XXYMEV	JX1031MEV	纯电动	2490	3495	2150	4680 4900	1740	2100	—	100	85	85	0	0	0	0	0	0	0	0	0	0	1	0		0	0	0		

续表

企业名称	中文品牌	车辆类型	车辆型号	底盘型号	燃料种类	轴距（mm）	总质量（kg）	整备质量（kg）	外形尺寸（mm）			电动汽车续驶里程（工况法，km）	电动汽车续驶里程（等速法，km）	电动汽车30分钟最高车速（km/h）	最高车速（km/h）	2015年													2016年				合计（辆）
									长	宽	高					1月	2月	3月	4月	5月	6月	7月	8月	9月	10月	11月	12月	小计（辆）	1月	2月	3月	小计（辆）	
江西江铃汽车集团改装车有限公司	江铃全顺牌	纯电动商务车	JX5041XSWMEV	承载式车身	纯电动	3570	3510	2795	5418	1974	2228;2428 2620;2820	—	160	75	90	2	0	0	0	0	0	0	0	0	0	0	0		0	0	0		
湖北新楚风汽车股份有限公司	楚风牌	纯电动厢式运输车	HQG5030XXYEV	HQG1030EV	纯电动	2900	2820	1815	4650	1700	2380	—	270	80	80	0	0	0	0	0	0	0	0	0	0	120	0	120	0	0	0	0	120
武汉九通汽车厂	九通牌	纯电动车厢可卸式垃圾车	KR5021ZXXEV	EQ1020BLEV2	纯电动	2040	2200	1150	3715	1535	1810	80	50	40	50	0	0	0	0	0	0	0	0	18	47	37	0	102	0	0	0	0	102
郑州日产汽车有限公司	东风牌	纯电动工程车	ZN5033XGCH2YBEV	ZN6493H2YBEV	纯电动	2950	2555	2070	4949	1690	1895	—	—	—	120	0	0	0	0	0	0	0	0	0	0	20	1	94	0	0	2	2	96
			ZN5034XGCH2YBEV	ZN6494H2YBEV	纯电动	2950	2645	2160	4949	1690	1895	—	—	—	120	0	0	1	0	0	10	0	0	0	0	8	54		0	0	0		
奇瑞汽车股份有限公司	奇瑞牌	纯电动厢式运输车	SQR5010XXYBEVJ00	SQR7000BEVJ00	纯电动	2340	1428	1128	3564	1620	1527	151	170	100	100	0	0	0	0	0	0	0	0	0	47	25	7	84	0	0	0	0	84
	开瑞牌	纯电动厢式运输车	SQR5020XXYBEVK06	承载式车身	纯电动	2800	1995	1676	4430	1626	1864	—	500	85	85	0	0	0	0	0	0	0	0	0	0	0	5		0	0	0		
北京华林特装车有限公司	华林牌	纯电动自卸式垃圾车	HLT5024ZLJEV	HFC1020PW4EV2B1D	纯电动	2400	2490	1870	4360	1720	1960	—	150	80	80	0	0	0	0	0	0	10	0	0	0	0	13	70	0	0	0	0	70
		纯电动厢式运输车	HLT5070XXYEV	BYD1070A7BBEVD	纯电动	3360	7320	4790	5995	2080 2140	2960	—	350	100	100	0	0	0	0	0	0	0	0	0	0	0	22		0	0	0		
		纯电动洗扫车	HLT5160TXSEV	BYD5160TXSBEVD	纯电动	4500	16000	14150	8265	2500	3260	—	360	85	85	0	0	0	0	0	0	0	25	0	0	0	0		0	0	0		
江西特种汽车有限责任公司	奇特牌	纯电动车厢可卸式垃圾车	JTZ5020ZXXBEV	EQ1020BLEV2	纯电动	2040	2200	1160	3664	1535	1890	80	50	40	50	6	0	2	8	0	0	5	0	0	0	0	1	69	0	0	0	0	69

续表

企业名称	中文品牌	车辆类型	车辆型号	底盘型号	燃料种类	轴距(mm)	总质量(kg)	整备质量(kg)	外形尺寸(mm) 长	宽	高	电动汽车续驶里程(工况法，km)	电动汽车续驶里程(等速法，km)	电动汽车30分钟最高车速(km/h)	最高车速(km/h)	2015年 1月	2月	3月	4月	5月	6月	7月	8月	9月	10月	11月	12月	小计(辆)	2016年 1月	2月	3月	小计(辆)	合计(辆)
江西特种汽车有限责任公司	奇特牌	纯电动桶装垃圾运输车	JTZ5020 CTYBEV	EQ1020BLEV2	纯电动	2040	2200	1220	4134	1535	1890	80	100	40	50	10	0	2	4	0	0	0	0	0	0	0	1	69	0	0	0	0	69
		纯电动厢式运输车	JTZ5020 XXYBEV	EQ1020T ACEVJ1	纯电动	2330	2500	1670	4010	1600	2010	80	100	40	50	2	0	1	0	0	0	0	0	1	0	0	0		0	0	0		
		纯电动自卸式垃圾车	JTZ5020 ZLJBEV	EQ1020T ACEVJ1	纯电动	2330	2500	1840	4100	1500	1940	—	—	40	50	1	0	0	0	0	0	0	0	0	0	0	0		0	0	0		
		纯电动自装卸式垃圾车	JTZ5020 ZZZBEV	EQ1020T ACEVJ1	纯电动	2330	2500	1860	4090	1730	1965	80	100	40	50	7	0	1	0	0	0	0	0	4	0	0	0		0	0	0		
			JTZ5021 ZZZBEV	EQ1020BLEV2	纯电动	2040	2200	1450	3824	1660	2000	—	—	40	50	13	0	0	0	0	0	0	0	0	0	0	0		0	0	0		
江苏悦达专用车有限公司	悦达牌	纯电动自装卸式垃圾车	YD5021 ZZZEQBEV	EQ1020T ACEVJ6	纯电动	2330	2500	2130;2230	4485 4635	1750	2170	—	100	65	80	0	0	0	0	0	0	0	0	0	0	0	2	64	0	0	0	0	64
			YD5022 ZZZHFBEV	HFC1020 PW4EV2B1D	纯电动	2400	2490	2060;2210	4510 4610	1730	2190	—	150	80	80	0	0	0	0	0	0	0	0	0	0	0	2		0	0	0		
		纯电动路面养护车	YD5031 TYHEQBEV	EQ1031T ACEVJ5	纯电动	2950	3490	2550;2650	5000 5130	1810	2150	—	100	65	80	0	0	0	0	0	0	0	0	0	0	0	24		0	0	0		
			YD5022 TYHHFBEV	HFC1020 PW4EV2B1D	纯电动	2400	2490	1960;2060	4600 4660	1610	2080	—	150	80	80	0	0	0	0	0	0	0	0	0	0	0	5		0	0	0		
		纯电动扫路车	YD5030 TSLBEV	EQ1031T ACEVJ1	纯电动	2950	3490	2970;3070	4540 5560	1780 1870	2300	—	—	65	50	0	0	0	0	0	0	0	0	0	0	0	31		0	0	0		
沈阳华晨金杯汽车有限公司	金杯牌	纯电动厢式运输车	SY5020XXY-BEVDW1	承载式车身	纯电动	2700	1860	1420	4200	1695	1930	100	120	80	80	0	0	0	0	2	0	0	11	3	0	41	4	61	0	0	0	0	61
天津市泓锋泰汽车改装有限公司	泓锋泰牌	纯电动厢式运输车	HFT5021 XXYBEVEL	HFT5021 XXYBEVEL	纯电动	2770	2000	1100	4640	1591	2004;2040	99	110	59	60	0	0	0	1	43	11	0	0	0	0	0	0	55	0	0	0	0	55

续表

企业名称	中文品牌	车辆类型	车辆型号	底盘型号	燃料种类	轴距(mm)	总质量(kg)	整备质量(kg)	外形尺寸(mm) 长	宽	高	电动汽车续驶里程(工况法,km)	电动汽车续驶里程(等速法,km)	电动汽车30分钟最高车速(km/h)	最高车速(km/h)	2015年 1月	2月	3月	4月	5月	6月	7月	8月	9月	10月	11月	12月	小计(辆)	2016年 1月	2月	3月	小计(辆)	合计(辆)
福建龙马环卫装备股份有限公司	福龙马牌	纯电动垃圾转运车	FLM5020ZLJJEV	HFC1020PW4EV2B1D	纯电动	2400	2490	1920	4470	1575	2030	125	150	80	80	0	0	0	0	0	0	0	0	0	0	0	5	26	0	0	0	28	54
		纯电动路面养护车	FLM5020TYHJEV	HFC1020PW4EV2B1D	纯电动	2400	2490	1950	4585	1560	2070	—	150	80	80	0	0	0	0	0	0	0	5	0	0	0	0		0	0	0		
			FLM5030TYHDEV	EQ1031TACEVJ1	纯电动	2950	3490	2690	4910	1710	2110	80	—	65	80	0	0	0	0	0	0	0	0	0	0	5	11		24	4	0		
深圳市五洲龙汽车有限公司	五洲龙牌	纯电动流动服务车	FDG5020XDWEV1	FJ5022XXYBEVA1 整车	纯电动	2700	1900	1380	4071	1677	1902	190	250	80	100	0	0	0	0	0	0	0	0	0	0	0	50	50	1	0	0	1	51
上海沪光客车厂	沪光牌	纯电动密闭式桶装垃圾车	HG5025XTYBEV	NJ1027PBEVNZ3	纯电动	2500	2490	1760	4910	1545	2200	100	140	50	70	2	0	0	0	0	0	0	0	0	0	0	0	40	0	0	0	0	40
			HG5031XTYBEVA	KMC1034EV30D	纯电动	2960	3490	2260	5050	1742	2220	120	150	80	80	0	0	0	0	0	0	0	0	0	0	28	10		0	0	0		
烟台海德专用汽车有限公司	海德牌	纯电动扫路车	CHD5030TSLBEV	CHD5030EVB02	纯电动	3300	3490	2730	5040	1700	2110	200	240	80	80	0	0	0	0	0	0	0	0	0	0	0	0	24	0	1	0	3	27
			CHD5070TSLBEV	EQ1070TACEVJ1	纯电动	3350	7490	6740	6148	2050	2515	—	200	60	80	0	0	0	0	0	0	0	19	0	0	0	5		0	0	0		
		纯电动路面养护车	CHD5031TYHBEV	CHD5030EVB01	纯电动	3300	3490	2400	5465	1835	2130	125	150	80	80	0	0	0	0	0	0	0	0	0	0	0	0		0	0	1		
		纯电动自装卸式垃圾车	CHD5030ZZZBEV	CHD5030EVB01	纯电动	3300	3490	2880	5475	1740	2345	125	150	80	80	0	0	0	0	0	0	0	0	0	0	0	0		0	1	0		
广州市环境卫生机械设备厂	广环牌	纯电动密闭式桶装垃圾车	GH5020XTYEV	HFC1020PW4EV2B1D	纯电动	2400	2490	2040;1900	4210	1560	2210;1960	125	150	80	80	10	0	0	0	0	0	0	0	0	0	0	15	25	0	0	0	0	25
一汽(四川)专用汽车有限公司	远达牌	纯电动桶装垃圾运输车	SCZ5080CTYBEV	CA1080P40L2BEVA84	纯电动	3560 3900	8280	5540	6885	2190	2350	—	>150	80	80	0	0	0	0	0	0	0	0	0	0	6	6	24	0	0	0	0	24
		纯电动洒水车	SCZ5160GSSBEV	CA1164P1L2BEVA80	纯电动	4500	15990	10138	8075	2490	2900	150	150	80	80	0	0	0	0	0	0	0	0	6	0	0	6		0	0	0		

续表

企业名称	中文品牌	车辆类型	车辆型号	底盘型号	燃料种类	轴距（mm）	总质量（kg）	整备质量（kg）	外形尺寸（mm）			电动汽车续驶里程（工况法，km）	电动汽车续驶里程（等速法，km）	电动汽车30分钟最高车速（km/h）	最高车速（km/h）	2015年													2016年				合计（辆）
									长	宽	高					1月	2月	3月	4月	5月	6月	7月	8月	9月	10月	11月	12月	小计（辆）	1月	2月	3月	小计（辆）	
普天新能源汽车（山东）有限公司	鸿雁牌	纯电动厢式运输车	MS5020XXYBEV2	MS1020EV2	纯电动	2760 2770	1950	1150;1160	4530 4505	1515 1565	2075	140	150	70	84	0	0	0	0	0	0	0	0	0	0	1	0	1	15	4	1	20	21
河南少林客车股份有限公司	少林牌	纯电动厢式运输车	SLG5020XXYEV	LF6401EV	纯电动	2525	1850	1330	4015	1595	1900	150	160	70	80	0	0	0	0	0	0	1	0	0	0	0	0	13	0	7	0	7	20
			SLG5040XXYEV	SLG6550DD	纯电动	3665	4490	3300	5910	1995	2650	—	200	80	90	0	0	0	0	0	0	12	0	0	0	0	0		0	0	0		
郑州宇通重工有限公司	宇通牌	纯电动车厢可卸式垃圾车	YTZ5031ZXXBEV	YTZ5030J01BEV	纯电动	3300	3490	2240	4800	1760	2050	110	—	70	70	0	0	0	0	0	0	0	0	0	0	0	0	7	0	0	1	8	15
		纯电动扫路车	YTZ5070TSLZZBEV	YTZ5070P01EV	纯电动	3360	7300	5200	5880	2000	2470	—	180;200	80	80	0	0	0	2	0	0	0	0	0	2	0	2		0	0	0		
		纯电动自装卸式垃圾车	YTZ5030ZZZBEV	YTZ5030J01BEV	纯电动	3300	3490	2160	5005	1830	2080	—	120	70	72	0	0	0	0	0	0	0	0	0	0	0	1		5	0	1		
			YTZ5031ZZZBEV	YTZ5030J01BEV	纯电动	3300	3490	2720	5030	1905	2195	110	—	70	70	0	0	0	0	0	0	0	0	0	0	0	0		0	0	1		
柳州延龙汽车有限公司	延龙牌	纯电动厢式运输车	LZL5028XXYBEV	—	纯电动+铅酸	2500	1780	1130	3810 3797 3756	1510	1820	80	100	60	60	4	1	0	0	0	0	0	0	3	0	1	1	10	0	0	0	0	10
浙江宝成机械科技有限公司	宝裕牌	纯电动清洗车	ZBJ5020GQXBEV	HFC1020PW4EV2B1D	纯电动	2400	2490	1860	4540	1620	2110	125	150	80	80	0	0	0	0	0	0	0	0	0	0	0	1	8	0	0	0	0	8
			ZBJ5021GQXBEV	ZBJ5021ZLJBEV	纯电动	2990	2490	1772	4675	1560	2085	130	150	85	85	0	0	0	0	0	0	0	0	0	0	0	2		0	0	0		
		纯电动桶装垃圾运输车	ZBJ5021CTYBEV	ZBJ5021ZLJBEV	纯电动	2990	2490	1690	5070	1560	1910	130	150	85	85	0	0	0	0	0	0	0	0	0	0	0	4		0	0	0		
		纯电动厢式运输车	ZBJ5021XXYBEV	ZBJ5021ZLJBEV	纯电动	2990	2490	1660	5130	1666 1630	2485	180	200	85	85	0	0	0	0	0	0	0	0	0	0	0	1		0	0	0		
厦门金龙旅行车有限公司	金旅牌	纯电动厢式运输车	XML5036XXYEV10	XML6532JEV10	纯电动	2890	2960	2140	5330	1700	2240;2066	112.5	150	100	100	0	0	1	0	0	1	0	0	0	0	0	0	2	0	0	0	6	8
			XML5036XXYEV70	XML6532JEV70	纯电动	2890	3160	2140	5330	1700	2240;2066 1980	140	180	100	100	0	0	0	0	0	0	0	0	0	0	0	0		0	0	3		
			XML5036XXYEV80	XML6532JEV80	纯电动	2890	3160	2140	5330	1700	2240;2066 1980	110	150	100	100	0	0	0	0	0	0	0	0	0	0	0	0		0	0	3		

续表

企业名称	中文品牌	车辆类型	车辆型号	底盘型号	燃料种类	轴距（mm）	总质量（kg）	整备质量（kg）	外形尺寸（mm）			电动汽车续驶里程（工况法，km）	电动汽车续驶里程（等速法，km）	电动汽车30分钟最高车速（km/h）	最高车速（km/h）	2015年													2016年				合计（辆）
									长	宽	高					1月	2月	3月	4月	5月	6月	7月	8月	9月	10月	11月	12月	小计（辆）	1月	2月	3月	小计（辆）	
湖南恒润高科股份有限公司	恒润牌	纯电动车厢可卸式垃圾车	HHR5022ZXXBEV	HHR5020BEV	纯电动	2200	2400	1550	3745	1410	1910	80	100	65	80	0	0	0	0	0	0	0	0	0	0	1	2	7	0	0	0	0	7
		纯电动洗扫车	HHR5120TXSBEV	HHR5120BEV	纯电动	4200	12495	10200	8000 7433	2480 2400	3053;2930	80	200	65	80	0	0	0	0	0	0	0	0	0	0	1	3		0	0	0		
成都大运汽车集团有限公司	大运牌	纯电动厢式运输车	CGC5040XXYBEV1CAH0	CGC1040EV1CAH0	纯电动	2800	4490	2800	5470	2050	2870	—	200	80	80	0	0	0	0	0	0	0	0	0	0	0	0	0	0	1	6	7	7
天津市华夏车辆制造有限公司	天华兴牌	纯电动厢式运输车	THX5010XXYEV	TJHX5010EV整车	纯电动	2340	1200	840	3760	1700	1620	100	130	68	75	0	0	0	0	0	0	0	2	0	0	2	0	4	0	0	2	2	6
中国重型汽车集团寿光泰丰专用汽车有限公司	泰汽牌	纯电动厢式运输车	TFC5020XXYBEV	TF1020EV	纯电动	2500	1980	1320	4250	1520	2280	115	120	80	80	0	0	0	0	0	0	0	0	0	0	0	5	5	0	0	0	0	5
新乡市新能电动汽车有限公司	昕能牌	纯电动厢式运输车	XXN5020XXYBEV	FJ6410BEVA1	纯电动	2700	1900	1310;1355	4071	1677	1902	—	190	80	100	0	0	0	0	0	0	0	0	0	4	0	1	5	0	0	0	0	5
河南森源重工有限公司	森源牌	纯电动洒水车	SMQ5030GSSBEV	SMQ5030BEV	纯电动	2565	3000	2235	4740	1550	1990	—	80	60	60	0	0	0	1	0	0	0	0	0	0	0	0	4	0	0	0	0	4
		纯电动扫路车	SMQ5030TSLBEV	SMQ5030BEV	纯电动	2565	3000	2490	4615	1600	1910	—	80	60	60	0	0	0	1	0	0	0	0	0	0	0	0		0	0	0		
		纯电动车厢可卸式垃圾车	SMQ5030ZXXBEV	SMQ5030BEV	纯电动	2565	3000	1815	4300	1600	1926	—	80	60	60	0	0	0	0	0	0	1	0	0	0	0	0		0	0	0		
		纯电动自装卸式垃圾车	SMQ5030ZZZBEV	SMQ5030BEV	纯电动	2565	3000	2060	4400	1660	1980	—	80	60	60	0	0	0	1	0	0	0	0	0	0	0	0		0	0	0		

续表

企业名称	中文品牌	车辆类型	车辆型号	底盘型号	燃料种类	轴距（mm）	总质量（kg）	整备质量（kg）	外形尺寸（mm）长	外形尺寸（mm）宽	外形尺寸（mm）高	电动汽车续驶里程（工况法，km）	电动汽车续驶里程（等速法，km）	电动汽车30分钟最高车速（km/h）	最高车速（km/h）	2015年 1月	2015年 2月	2015年 3月	2015年 4月	2015年 5月	2015年 6月	2015年 7月	2015年 8月	2015年 9月	2015年 10月	2015年 11月	2015年 12月	2015年 小计（辆）	2016年 1月	2016年 2月	2016年 3月	2016年 小计（辆）	合计（辆）
湖北精功科技有限公司	精工楚天牌	纯电动车厢可卸式垃圾车	HJG5025ZXXEV	HFC1020PW4EV2B1D	纯电动	2400	2490	1960	4250	1560	1960	—	150	80	80	0	0	0	0	0	0	0	0	0	0	0	4	4	0	0	0	0	4
重庆盛时达汽车有限公司	炫虎牌	纯电动厢式运输车	DAT5020XXYEVC	DAT1020EVCA1	纯电动	2760	2200	1450	4510	1515	2180	—	220	80	82	0	0	0	0	0	0	0	0	0	0	2	1	3	0	0	0	0	3
厦门金龙联合汽车工业有限公司	金龙牌	纯电动厢式运输车	XMQ5031XXYBEVL01	承载式车身	纯电动	2590	2800	2080	5040	1700	2030	336	—	95	95	0	0	0	0	0	0	0	0	0	2	0	0	2	0	0	0	0	2
航天晨光股份有限公司	三力牌	纯电动吸粪车	CGJ5020GXEEV	HFC1020PW4EV2B1D	纯电动	2400	2490	1830	4430	1665	1960	125	150	80	80	0	0	0	0	0	0	0	0	1	0	0	0	1	0	0	1	1	2
四川新筑通工汽车有限公司	通工牌	纯电动厢式运输车	TG5021XXYBEV	TG5021BEV1-0200000	纯电动	2820	2050	1380	4650	1650	2400	120	—	80	80	0	0	0	0	0	0	0	0	0	0	0	2	2	0	0	0	0	2
金华市康迪新能源车辆有限公司	康迪牌	纯电动厢式运输车	KD5010XXYEVB1	KD5010	纯电动+铅酸	2080	1300	1020	2900	1545	1590	75	80	60	72	0	0	0	0	0	0	1	0	0	0	0	0	1	0	0	0	0	1
北京北重汽车改装有限公司	北重电牌	纯电动厢式运输车	BZD5040XXYEV	KMC1040EV28D	纯电动	2800 3300	4495	3500	5920	2240	2920	—	200	80	80	0	0	0	0	0	0	0	1	0	0	0	0	1	0	0	0	0	1
青岛中汽特种汽车有限公司	青特牌	纯电动密闭式桶装垃圾车	QDT5020XTYKBEV	KMC1021EV29D	纯电动	2900	2450	1860	5010	1710	2180	>120	>150	80	80	0	0	0	0	0	0	0	0	0	0	0	0	0	0	0	1	1	1
武汉市汉福专用车有限公司	金银湖牌	纯电动自装卸式垃圾车	WFA5020ZZZBEV	HFC1020PW4EV2B1D	纯电动	2400	2490	1990	4440	1650	1960	—	135	80	80	0	0	0	0	0	0	0	0	0	0	0	0	0	0	1	0	1	1
扬州三源机械有限公司	三联牌	纯电动车厢可卸式垃圾车	YSY5032ZXXBEV	KMC1034EV30D	纯电动	2960	3490	2120	4485	1742	2000	120	150	80	80	0	0	0	0	0	0	0	0	0	0	0	0	0	0	0	1	1	1
合计（辆）																214	159	314	376	673	863	1177	1351	2775	6733	8991	25768	49394	453	349	2261	3063	52457

2. 插电式混合动力汽车产量统计

（1）大中型客车、轻型客车

企业名称	中文品牌	大分类	车辆型号	底盘型号	燃料种类	轴距（mm）	总质量（kg）	整备质量（kg）	外形尺寸（mm）			油耗（L/100km）	混合动力汽车电功率比（%）	电动汽车续驶里程（工况法，km）	电动汽车续驶里程（等速法，km）	电动汽车30分钟最高车速（km/h）	混合动力汽车纯电动模式下1km最高车速（km/h）	最高车速（km/h）	2015年													2016年				合计（辆）
									长	宽	高								1月	2月	3月	4月	5月	6月	7月	8月	9月	10月	11月	12月	小计（辆）	1月	2月	3月	小计（辆）	
郑州宇通客车股份有限公司	宇通牌	插电式混合动力城市客车	ZK6105CHEVNPG21	承载式车身	NG/电混合动力	5200	16500	11200 11650 12050	10500	2500	3050 3200 3360	—	94.83	—	51	69	69	69	0	0	0	0	0	0	15	0	0	14	40	1	6626	16	11	45	188	6814
			ZK6105CHEVNPG22	承载式车身	NG/电混合动力	5200	16500	11200 11650 12050	10500	2500	3050 3200 3360	—	94.83	—	51	69	69	69	0	0	0	0	0	0	5	0	0	0	0	0		0	0	0		
			ZK6105CHEVNPG4	承载式车身	NG混合动力	5200 5100	16500	11220 11740 12130	10500	2500	3050 3200 3360	—	86.47 94.8 83.05	31	35	67	50	69	72	24	134	20	163	40	135	44	423	234	396	556		0	0	0		
			ZK6105CHEVNPG7	承载式车身	LNG/电混合动力	5200	16500	10700 11100	10500	2500	3050 3200	—	107.14	21	33	68	68	69	0	8	0	0	0	0	0	0	0	0	0	2		0	0	0		
			ZK6105CHEVPG11	承载式车身	柴油/电混合动力	5200	16500	10900 11200 11350	10500	2500	3050 3200	18.2 18.4	122.45 111.11	—	51	69	69	69	0	0	0	0	0	0	0	0	0	0	16	6		0	0	0		
			ZK6105CHEVPG21	承载式车身	柴油/电混合动力	5200	16500	10700 11100 10900 11300 11450	10500	2500	3050 3200	18.5 18.2	90.74 100	—	52	69	69	69	0	0	0	0	0	0	0	0	10	1	0	6		32	0	0		
			ZK6105CHEVPG22	承载式车身	柴油/电混合动力	5200	16500	10900 11300 11450	10500	2500	3050 3200	18.2 18.5	100 90.74	—	51	69	69	69	0	0	0	0	0	0	0	0	0	0	0	1		0	0	0		
			ZK6105CHEVPG4	承载式车身	柴油混合动力	5200	16500	10600 11200	10500	2500	3050 3200	18.2 17.9	83.52 90.74	33	43	67	50	69	0	0	0	0	20	0	0	0	0	0	0	0		0	0	0		
			ZK6105CHEVPG51	承载式车身	柴油/电混合动力	5200	16500	11750	10500	2500	3200	18.5	95.24	—	32	69	50	69	0	0	0	0	0	0	0	0	0	0	74	0		0	0	0		

续表

企业名称	中文品牌	大分类	车辆型号	底盘型号	燃料种类	轴距(mm)	总质量(kg)	整备质量(kg)	外形尺寸(mm)			油耗(L/100km)	混合动力汽车电功率比(%)	电动汽车续驶里程(工况法,km)	电动汽车续驶里程(等速法,km)	电动汽车30分钟最高车速(km/h)	混合动力汽车纯电动模式下1km最高车速(km/h)	最高车速(km/h)	2015年													2016年				合计(辆)
									长	宽	高								1月	2月	3月	4月	5月	6月	7月	8月	9月	10月	11月	12月	小计(辆)	1月	2月	3月	小计(辆)	
郑州宇通客车股份有限公司	宇通牌	插电式混合动力城市客车	ZK6105 CHEVPG52	承载式车身	柴油/电混合动力	5200	16500	11600 11900	10500	2500	3050 3200	19.0	95.24	—	52	69	69	69	0	0	0	0	0	0	0	0	0	0	0	0		0	0	1		
			ZK6105 CHEVPG7	承载式车身	柴油/电混合动力	5200	16500	10700 11100	10500	2500	3050 3200	18.5	113.6	21	33	69	69	69	1	0	0	0	0	0	0	0	0	0	1	0		0	0	0		
			ZK6105 PHEVNPG3	承载式车身	NG混合动力	5200	16500	10600 11000 11400	10500	2500	3050 3200 3360	—	41.9 36.9	32	54	67	50	69	1	0	0	0	0	0	4	0	0	0	1	82		0	0	0		
			ZK6115 PHEVPG1	ZK6106PHEVC3	柴油/电混合动力	5250	17000	11300	10690	2500	3150 3300	21.2	36.72	—	51	69	50	69	0	0	0	0	0	0	0	0	0	0	0	1		0	0	0		
			ZK6120 CHEVNPG21	承载式车身	NG/电混合动力	5800	18000	12000 12450 12950	11500	2550	3050 3200 3360	—	94.84	—	51	69	69	69	0	0	0	0	0	0	0	0	0	0	0	1		0	0	0		
			ZK6120 CHEVNPG4	承载式车身	NG混合动力	5800	18000	12000 12450 12950	11500	2550	3050 3200 3360	—	86.47 83.05	31	35	67	50	69	1	70	70	141	30	31	115	136	45	82	71	47		0	0	0		
			ZK6120 CHEVPG21	承载式车身	柴油/电混合动力	5800	16500	11500 12100 12300	11500	2550	3050 3200	19.2 19.3	100 90.74	—	51	69	69	69	0	0	0	0	0	0	0	0	0	0	0	1		0	0	0		
			ZK6120 CHEVPG22	承载式车身	柴油/电混合动力	5800	16500	11500 12100 12300	11500	2550	3050 3200	19.2 19.3	100 90.74	—	51	69	69	69	0	0	0	0	0	0	0	0	0	0	1	0		0	0	0		
			ZK6120 CHEVPG51	承载式车身	柴油/电混合动力	5800	16500	12300	11650	2500	3265	19.5	95.24	—	32	69	50	69	0	0	0	0	0	0	0	0	0	0	33	0		0	0	0		
			ZK6120 CHEVPG52	承载式车身	柴油/电混合动力	5800	18000	11800 12400	11500	2550	3050 3200	19.6 20.1	95.24 86.42	—	52	69	69	69	0	0	0	0	0	0	0	0	0	0	0	0		0	0	1		
			ZK6120 PHEVNPG3	承载式车身	NG混合动力	5800	18000	11300 11700 12100	11500	2550	3050 3200 3360	—	41.9	38	54	67	50	69	0	0	0	0	0	0	0	0	0	0	61	137		49	0	0		

续表

企业名称	中文品牌	大分类	车辆型号	底盘型号	燃料种类	轴距（mm）	总质量（kg）	整备质量（kg）	外形尺寸（mm）			油耗（L/100km）	混合动力汽车电功率比（%）	电动汽车续驶里程（工况法，km）	电动汽车续驶里程（等速法，km）	电动汽车30分钟最高车速（km/h）	混合动力汽车纯电动模式下1km最高车速（km/h）	最高车速（km/h）	2015年													2016年				合计（辆）
									长	宽	高								1月	2月	3月	4月	5月	6月	7月	8月	9月	10月	11月	12月	小计（辆）	1月	2月	3月	小计（辆）	
郑州宇通客车股份有限公司	宇通牌	插电式混合动力城市客车	ZK6120 PHEVPG2	承载式车身	柴油混合动力	5800	16500	10600 11100	11500	2550	3050 3200	18.5	40.1	38	54	67	50	69	0	0	0	0	0	0	0	0	0	4	0	0		0	0	0		
			ZK6125 CHEVNPG21	承载式车身	NG/电混合动力	6100	18000	11900 12400 12950	12000	2550	3050 3200 3360	—	94.84	—	51	69	69	69	0	0	0	0	0	1	95	0	70	0	10	78		30	0	0		
			ZK6125 CHEVNPG4	承载式车身	NG混合动力	6100 5875	18000	11900 12400 12900	12000	2550	3050 3200 3360	—	86.47 83.05	31	35	68	50	69	1	104	0	16	1	38	63	35	88	538	209	132		0	0	0		
			ZK6125 CHEVPG21	承载式车身	柴油/电混合动力	6100	18000	11900 12200 12600	12000	2550	3050 3200	19.8 20.1	100 90.74	—	51	69	69	69	0	0	0	0	0	0	0	0	0	0	0	101		2	0	0		
			ZK6125 CHEVPG22	承载式车身	柴油/电混合动力	6100	18000	11900 12200 12600	12000	2550	3050 3200	19.8 20.1	100 90.74	—	51	69	69	69	0	0	0	0	0	0	0	0	0	0	0	1		0	0	0		
			ZK6125 CHEVPG4	承载式车身	柴油混合动力	6100	18000	12200 12800	12000	2550	3050 3200	18.9 18.8	83.52 90.74	33	43	67	50	69	0	0	0	0	0	0	0	0	2	0	0	0		0	0	0		
			ZK6125 CHEVPG41	承载式车身	柴油/电混合动力	6100	18000	11900 12200 12600	12000	2550	3050 3200	20.0 20.2	100 86.47	—	51	69	69	69	0	0	0	0	0	0	0	0	0	0	10	0		0	0	0		
			ZK6125 CHEVPG7	承载式车身	柴油/电混合动力	6100 5875	18000	11800 12400	12000	2550	3050 3200	19.8	100	21	32	68	50	69	0	0	0	0	0	0	0	0	0	0	29	0		0	0	0		
			ZK6125 PHEVPG1	承载式车身	柴油/电混合动力	6050	18000	13000 12300	12000	2550	3320 3400	20.5	36.11	21	33	68	50	69	0	0	0	0	0	0	0	1	0	0	0	10		0	0	0		
			ZK6825 CHEVPG21	承载式车身	柴油/电混合动力	3850	12000	7800 7500	8250	2350	3105 2980 3265	14.5 14.0	118.2 126.2	—	51	69	69	69	0	0	0	0	0	0	0	0	0	0	0	0		0	0	1		

续表

企业名称	中文品牌	大分类	车辆型号	底盘型号	燃料种类	轴距（mm）	总质量（kg）	整备质量（kg）	外形尺寸（mm） 长	宽	高	油耗（L/100km）	混合动力汽车电功率比（%）	电动汽车续驶里程（工况法，km）	电动汽车续驶里程（等速法，km）	电动汽车30分钟最高车速（km/h）	混合动力汽车纯电动模式下1km最高车速（km/h）	最高车速（km/h）	2015年 1月	2月	3月	4月	5月	6月	7月	8月	9月	10月	11月	12月	小计（辆）	2016年 1月	2月	3月	小计（辆）	合计（辆）
郑州宇通客车股份有限公司	宇通牌	插电式混合动力电动城市客车	ZK6105 CHEVPG1	承载式车身	柴油混合动力	5200	16500	10900 11300	10500	2500	3050 3200	21.2 20.4	90.74 83.5	34	46	67	55	69	0	0	0	41	23	82	39	69	88	110	184	261		0	0	0		
			ZK6120 CHEVPG1	ZK6118 CHEVPGC1	柴油混合动力	5800	16500	11500 12100	11650	2500	3075 3265	22.5 21.8 21.4	90.74 83.05 83.52	32	41	67	50	68	0	0	0	16	0	2	1	1	0	12	16	20		0	0	0		
			ZK6125 CHEVPG1	承载式车身	柴油混合动力	6100	18000	12000 12600	12000	2550	2950 3150	24.1 23.2 23.1	90.74 83.05 83.52	31	35	65	50	68	0	0	0	0	55	36	0	2	0	49	119	69		0	0	0		
		插电式混合动力铰接城市客车	ZK6180 CHEVNPG3	承载式车身	NG混合动力	5725 +6150	28000	18600 19600	18000	2550	3050 3200 3360	—	82	—	55	67	50	69	0	0	0	0	0	0	0	0	0	70	0	0		0	0	0		
金龙联合汽车工业（苏州）有限公司	海格牌	插电式混合动力城市客车	KLQ6109 GAHEVC5A	承载式车身	NG混合动力	5100	16500	11400 11800 12300	10490	2480	2950 3150 3485 3300	—	52.3	—	60	69	22	69	5	36	20	0	0	93	0	10	4	10	85	82		0	0	0		
			KLQ6109 GAHEVC5B	承载式车身	NG混合动力	5100	17000	11400 12000 12600	10490	2480	3120 3220 3350 3485 3300	—	52.3	—	60	69	30	69	0	0	0	0	0	0	0	0	0	0	0	1		0	0	0		
			KLQ6109 GAHEVC5D	承载式车身	NG/电混合动力	5100	17000	11400 12000 12600	10490	2480	3250 3120 3350 3485	—	49.6	—	52	69	30	69	0	0	0	0	0	0	0	0	0	0	0	0	3870	4	0	0	130	4000
			KLQ6109 GAHEVE4A	承载式车身	柴油混合动力	5100	16500	10700 11100 11500	10490	2480	2950 3150 3300	18.8	53.6	—	60	69	22	69	0	0	0	0	0	51	1	0	6	16	86	29		0	0	0		
			KLQ6109 GAHEVE4B	承载式车身	柴油混合动力	5100	16500	10700 11100 11500	10490	2480	2950 3150 3300	18.8 18.7	53.6	—	60	69	22	69	0	0	12	0	28	64	0	1	44	0	60	88		0	10	0		

续表

企业名称	中文品牌	大分类	车辆型号	底盘型号	燃料种类	轴距（mm）	总质量（kg）	整备质量（kg）	外形尺寸（mm）			油耗（L/100km）	混合动力汽车电功率比（%）	电动汽车续驶里程（工况法，km）	电动汽车续驶里程（等速法，km）	电动汽车30分钟最高车速（km/h）	混合动力汽车纯电动模式下1km最高车速（km/h）	最高车速（km/h）	2015年													2016年				合计（辆）
									长	宽	高								1月	2月	3月	4月	5月	6月	7月	8月	9月	10月	11月	12月	小计（辆）	1月	2月	3月	小计（辆）	
金龙联合汽车工业（苏州）有限公司	海格牌	插电式混合动力城市客车	KLQ6109GAHEVE4D	承载式车身	柴油/电混合动力	5100	16500	10700 11100 11500	10490	2480	3250 3120	19.3	88	—	52	69	30	69	0	0	0	0	0	0	0	0	0	0	0	0		0	0	24		
			KLQ6109GAHEVE5B	承载式车身	柴油/电混合动力	5100	16500	10700 11100 11500	10490	2480	3230 3120 3300	22.5 22.5 22.5	53.6 53.6 53.2	—	60	69	50	69	0	0	0	0	0	0	0	0	0	85	0	0		0	0	0		
			KLQ6109GAHEVE5D	承载式车身	柴油/电混合动力	5100	16500	10700 11100 11500	10490	2480	3250 3120	19.3	88	—	52	69	30	69	0	0	0	0	0	0	0	0	0	0	0	1		0	0	0		
			KLQ6109GCHEV1B	承载式车身	NG混合动力	5100	17000	11400 12000 12600	10490	2480	2950 3200 3300	—	52.3	—	60	69	22	69	0	0	0	50	44	33	152	84	124	52	181	42		0	0	0		
			KLQ6109GCHEV1B	承载式车身	NG混合动力	5100	17000	11400 11800 12300	10490	2480	2950 3200	—	52.3	—	—	69	22	69	10	59	0	0	0	0	0	0	0	0	0	0		0	0	0		
			KLQ6115HZAHEVE4	承载式车身	柴油/电混合动力	5670	16500	11500 12200	10990	2500	3455 3385	18.6 18.6	48.6	—	60	69	22	69	0	0	0	0	0	0	0	0	0	0	0	40		0	0	0		
			KLQ6119GAHEVC5	承载式车身	NG混合动力	5700	17000 18000	12200 12600 13200	11460	2550	3000 3150 3485 3300	—	52.3	—	55	69	22	69	0	15	30	45	17	22	52	88	46	2	0	0		0	0	0		
			KLQ6119GAHEVC5A	承载式车身	NG混合动力	5700	16500 18000	11800 12200 12500	11490	2550	3000 3150 3485 3300	—	52.3	—	55	69	22	69	35	0	6	0	0	0	0	0	35	0	0	0		0	0	0		
			KLQ6119GAHEVC5B	承载式车身	NG混合动力	5700	17000 18000	12200 12600 13200	11490	2550	3120 3220 3350 3485 3300	—	52.3	—	55	69	30	69	0	0	0	0	0	0	0	0	0	0	0	80		0	0	0		

续表

企业名称	中文品牌	大分类	车辆型号	底盘型号	燃料种类	轴距（mm）	总质量（kg）	整备质量（kg）	外形尺寸（mm）			油耗（L/100km）	混合动力汽车电功率比（%）	电动汽车续驶里程（工况法，km）	电动汽车续驶里程（等速法，km）	电动汽车30分钟最高车速（km/h）	混合动力汽车纯电动模式下1km最高车速（km/h）	最高车速（km/h）	2015年													2016年				合计（辆）
									长	宽	高								1月	2月	3月	4月	5月	6月	7月	8月	9月	10月	11月	12月	小计（辆）	1月	2月	3月	小计（辆）	
金龙联合汽车工业（苏州）有限公司	海格牌	插电式混合动力城市客车	KLQ6119GAHEVC5D	承载式车身	NG/电混合动力	5700	18000 17000	12200 12600 13200	11490	2550	3120 3250 3350 3485	—	80	—	52	69	30	69	0	0	0	0	0	0	0	0	0	0	0	0		0	0	49		
			KLQ6119GAHEVE4A	承载式车身	柴油混合动力	5700	16500 18000	11500 11900 12300	11490	2550	3000 3150	20.9	51.2	—	—	69	22	69	0	0	0	0	2	0	0	0	0	0	0	0		0	0	0		
			KLQ6119GAHEVE4B	承载式车身	柴油混合动力	5700	16500 18000	11500 11900 12300	11490	2550	3000 3150 3300	19.6 20.9	51.2	—	55	69	22	69	0	0	0	26	22	0	0	0	0	0	54	0		0	0	0		
			KLQ6129GAHEVC5	承载式车身	NG/电混合动力	6000 6100	18000	12400 12800 13400	12000	2550	3000 3150 3485 3300	—	52.3	—	52	69	22	69	0	0	20	301	0	0	10	50	27	30	20	900		0	0	0		
			KLQ6129GAHEVC5A	承载式车身	NG混合动力	6000 6100	18000	12400	12000	2550	3000 3150 3485 3300	—	52.3	—	52	69	22	69	0	0	0	0	0	0	3	0	0	1	0	10		0	0	0		
			KLQ6129GAHEVE4B	承载式车身	柴油混合动力	6100	18000	11800 12200 12600	12000	2550	3000 3150 3250	20.9 20.9	51.2	—	52	69	22	69	0	0	0	0	0	55	0	20	0	0	0	57		0	0	0		
			KLQ6129GAHEVE5D	承载式车身	柴油/电混合动力	5900 6100	18000	11800 12200 12600	12000	2550	3120 3250	21.3	48.3	—	52	69	30	69	0	0	0	0	0	0	0	0	0	0	0	0		0	0	39		
			KLQ6850GAHEVC5D	承载式车身	NG/电混合动力	4000	12400	9500 9000	8549	2440	3080 3190 3300 3440	—	106	—	55	69	30	69	0	0	0	0	0	0	0	0	0	0	0	0		0	0	4		

续表

企业名称	中文品牌	大分类	车辆型号	底盘型号	燃料种类	轴距(mm)	总质量(kg)	整备质量(kg)	外形尺寸(mm)			油耗(L/100km)	混合动力汽车电功率比(%)	电动汽车续驶里程(工况法,km)	电动汽车续驶里程(等速法,km)	电动汽车30分钟最高车速(km/h)	混合动力汽车纯电动模式下1km最高车速(km/h)	最高车速(km/h)	2015年													2016年				合计(辆)
									长	宽	高								1月	2月	3月	4月	5月	6月	7月	8月	9月	10月	11月	12月	小计(辆)	1月	2月	3月	小计(辆)	
中通客车控股股份有限公司	中通牌	插电式混合动力城市客车	LCK6101HEV1	承载式车身	柴油混合动力	5000 5170	16500	10780 10380 11480 11980	10500	2500	3280 3120 3330 3600 3500	20.8 20.1 19.8	42	50	55	69	69	69	0	12	0	1	234	33	0	20	33	2	10	30	2033	0	0	0	456	2489
			LCK6103PHEVCN	承载式车身	NG混合动力	5100	16500	11200 10800 11600	10500	2500	3280 3410 3480	—	90.3	—	51	65	69	69	0	0	0	0	0	0	0	0	0	0	0	0		0	232	0		
			LCK6105PHEVCQ	承载式车身	柴油/电混合动力	5000	16500	11700 10900 11300	10500	2500	3280 3120 3350	19.2 19.5	95.2 1.06	50	55	50	69	69	0	0	0	0	0	0	0	0	0	0	72	0		0	0	0		
			LCK6106PHENV	LCK6105RPHENV	NG混合动力	5000	16500	10600 11000 11680	10500	2500	3260 3480	—	41.9	50 32	55 33	69	69	69	47	2	21	2	90	41	209	0	52	20	71	100		0	0	10		
			LCK6106PHENVQ	承载式车身	NG/电混合动力	5000 5170	16500	10600 11000 11680	10500	2500	3120 3280 3480 3350	—	41.9	53	57.8	69	69	69	0	0	0	0	0	0	32	158	31	0	0	76		200	0	14		
			LCK6108PHEVG	承载式车身	柴油/电混合动力	5170	16500	11670 12390	10500	2500	3620 3550	19.8 19.2	36.08	53	57.8	69	69	69	0	0	1	0	0	1	1	10	48	0	30	26		0	0	0		
			LCK6118PHEVG	承载式车身	柴油/电混合动力	5720	16500	11850	11300	2500	3600 3500	20.1	36.11	—	55	50	69	69	0	0	0	0	0	0	0	0	26	65	9	0		0	0	0		
			LCK6122PHEV	承载式车身	柴油/电混合动力	6000	18000 16500 16520	11600 12100 12700	11990	2540	3280 3110 3450 3350 3620 3550	22.1 21.8 22.3	41.9 40.8	50	55	69	69	69	0	0	0	0	10	0	0	5	0	4	0	36		0	0	0		
			LCK6123PHEVCN	承载式车身	NG混合动力	6000	18000	12400 12100 12700	11990	2540	3260 3410 3480	—	90.3	46.5	46	65	69	69	0	0	0	0	0	0	0	0	45	0	0	0		0	0	0		

续表

企业名称	中文品牌	大分类	车辆型号	底盘型号	燃料种类	轴距（mm）	总质量（kg）	整备质量（kg）	外形尺寸（mm）			油耗（L/100km）	混合动力汽车电功率比（%）	电动汽车续驶里程（工况法，km）	电动汽车续驶里程（等速法，km）	电动汽车30分钟最高车速（km/h）	混合动力汽车纯电动模式下1km最高车速（km/h）	最高车速（km/h）	2015年													2016年				合计（辆）
									长	宽	高								1月	2月	3月	4月	5月	6月	7月	8月	9月	10月	11月	12月	小计（辆）	1月	2月	3月	小计（辆）	
中通客车控股股份有限公司	中通牌	插电式混合动力城市客车	LCK6126PHENV	承载式车身	NG混合动力	6000	18000	11550 12000 12500	11990	2540	3120 3280 3340 3480	—	39.2 36.7	50	55	69	69	69	22	53	0	0	35	11	3	45	55	0	15	78	2033	0	0	0	456	2489
厦门金龙旅行车有限公司	金旅牌	插电式混合动力城市客车	XML6105JHEV85CN	承载式车身	NG混合动力	5000	17500	12150 12550	10480	2500	3500 3300 3150	—	87.7	—	35	69	50	69	0	0	0	0	0	20	0	0	0	40	70	1	1887	0	0	0	76	1963
			XML6105JHEV88C	承载式车身	柴油混合动力	5000	17500	11820 12150	10480	2500	3300 3150	18.8 18.9	91.8 91.8	—	35	69	50	69	0	0	0	0	0	35	0	20	0	40	0	15		0	0	0		
			XML6105JHEVA5C	承载式车身	柴油/电混合动力	5000	17500	12220	10480	2500	3300 3150	18.8	95.2	—	35	69	50	69	0	0	0	0	62	0	0	0	0	0	0	20		0	0	0		
			XML6105JHEVA5C1	承载式车身	柴油/电混合动力	5000	17500 16900	12210	10480	2500	3300 3150	18.8	94.0	—	50	69	50	69	0	0	0	0	0	0	0	0	0	0	0	90		0	0	0		
			XML6105JHEVA5CN	承载式车身	CNG/LNG混合动力	5000	17500	12550	10480	2500	3500 3300 3150	—	90.3	—	35	69	50	69	0	0	0	0	0	0	0	0	24	0	0	1		0	0	0		
			XML6105JHEVA8C	承载式车身	柴油/电混合动力	5000	17500	12220	10480	2500	3350	18.8	95.2	—	30	69	50	69	0	0	0	0	0	0	24	0	0	0	0	54		0	0	0		
			XML6105JHEVB5C	承载式车身	柴油/电混合动力	5000	17500	11820 12150	10480	2500	3300 3150	18.8	91.8	—	50	69	50	69	30	0	0	0	0	0	0	0	0	0	0	0		0	0	0		
			XML6105JHEVD5CN	承载式车身	CNG/LNG混合动力	5000	17500	12550	10480	2500	3500 3300 3150	—	57.2	—	50	69	50	69	0	0	0	0	21	0	0	0	20	0	0	0		1	0	0		

续表

企业名称	中文品牌	大分类	车辆型号	底盘型号	燃料种类	轴距(mm)	总质量(kg)	整备质量(kg)	外形尺寸(mm) 长	宽	高	油耗(L/100km)	混合动力汽车电功率比(%)	电动汽车续驶里程(工况法,km)	电动汽车续驶里程(等速法,km)	电动汽车30分钟最高车速(km/h)	混合动力汽车纯电动模式下1km最高车速(km/h)	最高车速(km/h)	2015年 1月	2月	3月	4月	5月	6月	7月	8月	9月	10月	11月	12月	小计(辆)	2016年 1月	2月	3月	小计(辆)	合计(辆)
厦门金龙旅行车有限公司	金旅牌	插电式混合动力城市客车	XML6105JHEVE8C	承载式车身	柴油/电混合动力	5000	17500	12080 12410	10480	2500	3300 3150	18.8	100 106.5	—	35	69	50	69	0	0	22	0	0	0	0	0	0	0	0	0		0	0	0		
			XML6105JHEVE8C1	承载式车身	柴油/电混合动力	5000	17500	12080 12410	10480	2500	3300 3150	18.8	112.2	—	35	69	50	69	0	0	0	6	0	0	60	0	0	0	0	0		0	0	0		
			XML6105JHEVG5CN1	承载式车身	NG/电混合动力	5000	17500 16900	12535	10480	2500	3500 3300 3150	—	90.3	—	50	69	50	69	0	0	0	0	0	0	0	0	0	0	0	0		55	0	0		
			XML6112JHEVA8C	承载式车身	柴油/电混合动力	5550	17500	12600	10990	2500	3600	19.2	77.8 68.0	—	50	69	50	69	0	0	0	0	0	0	127	0	12	12	19	32		0	0	0		
			XML6115JHEV58C	承载式车身	柴油混合动力	5000	17500	12680	10510	2500	3300 3150	18.9	122.4	—	49	69	50	69	0	0	0	1	0	0	0	0	0	0	0	0		0	0	0		
			XML6115JHEV75CN	承载式车身	NG混合动力	5000	17500	12550	10510	2500	3500 3300 3150	—	84.3 90.3 108.4	—	35	69	50	69	0	25	25	0	0	0	1	50	100	0	19	0		0	0	0		
			XML6115JHEVA5CN	承载式车身	NG混合动力	5000	17500	12550	10510	2500	3500 3300 3150	—	90.7	—	35	69	50	69	23	2	0	0	22	0	0	0	0	14	25	21		0	0	0		
			XML6115JHEVA5CN1	承载式车身	NG/电混合动力	5700	17500	12550 12940	11490	2540	3500 3300 3150	—	84.3	—	35	69	50	69	0	0	0	0	0	0	0	22	1	0	1	0		0	0	0		
			XML6115JHEVA8C	承载式车身	柴油混合动力	5000	17500	12220	10510	2500	3300 3150	18.7	95.2	—	35	69	50	69	25	2	0	0	0	0	0	4	38	0	51	16		0	0	0		
			XML6122JHEV85CN	承载式车身	CNG/LNG混合动力	6300	18000	13700 14220	12000	2550	3630 3400 3260	—	68	—	50	69	50	69	0	0	0	0	0	5	0	0	10	0	0	0		0	0	0		

续表

企业名称	中文品牌	大分类	车辆型号	底盘型号	燃料种类	轴距(mm)	总质量(kg)	整备质量(kg)	外形尺寸(mm) 长	外形尺寸(mm) 宽	外形尺寸(mm) 高	油耗(L/100km)	混合动力汽车电功率比(%)	电动汽车续驶里程(工况法,km)	电动汽车续驶里程(等速法,km)	电动汽车30分钟最高车速(km/h)	混合动力汽车纯电动模式下1km最高车速(km/h)	最高车速(km/h)	2015年 1月	2015年 2月	2015年 3月	2015年 4月	2015年 5月	2015年 6月	2015年 7月	2015年 8月	2015年 9月	2015年 10月	2015年 11月	2015年 12月	2015年 小计(辆)	2016年 1月	2016年 2月	2016年 3月	2016年 小计(辆)	合计(辆)
厦门金龙旅行车有限公司	金旅牌	插电式混合动力城市客车	XML6122JHEV88C	承载式车身	柴油/电混合动力	6300	18000	12800 13500	12000	2550	3400 3260 3260	20.7	72.2	—	50	69	50	69	0	2	0	1	0	0	0	4	19	0	2	0		0	0	0		
			XML6125JHEVA5C	承载式车身	柴油/电混合动力	5980 6100	18000	12590 13000	11980	2540	3300 3150	20.7	95.2	—	35	69	50	69	0	0	0	0	0	0	0	30	0	0	0	0		0	0	0		
			XML6125JHEVA5C1	承载式车身	柴油/电混合动力	5980 6100	18000	12590 13000	12000	2540	3300 3150	20.7	85.4	—	50	69	50	69	0	0	0	0	0	0	0	0	0	0	0	100		0	0	0		
			XML6125JHEVA5CN	承载式车身	NG混合动力	5980 6100	18000	13000 13410 12400	11980 12000	2540	3500 3300 3150	—	90.7 73.3	—	35	69	50	69	0	0	0	0	0	30	1	0	0	0	0	51		0	0	0		
			XML6125JHEVA5CN1	承载式车身	LNG/电混合动力	6100	18000	12465 13400	11980	2540	3350	—	90.7	—	50	69	50	69	14	22	20	0	0	0	0	0	0	0	0	0		0	0	0		
			XML6125JHEVA8C	承载式车身	柴油混合动力	5980 6100	18000	12590 13000	11980	2540	3300 3150	20.7	95.2 95.2 85.4	—	35	69	50	69	0	0	0	0	58	0	0	0	0	0	9	0		0	0	0		
			XML6125JHEVA8C1	承载式车身	柴油/电混合动力	6100	18000	12465 13300	11980	2540	3350	20.7	95.2	—	30	69	50	69	0	0	0	0	0	0	0	30	0	0	0	36		0	0	0		
			XML6125JHEVB5CN	承载式车身	NG混合动力	5980 6100	18000	14400 14090 13830	11980	2540	3500 3300 3150	—	108.4	—	35	69	50	69	0	0	0	0	0	1	0	0	0	0	0	0		0	0	0		
			XML6125JHEVB8C	承载式车身	柴油混合动力	5980 6100	18000	12590 13000	11980	2540	3300 3150	20.7	111	—	35	69	50	69	0	0	0	0	0	1	0	0	0	0	0	1		0	0	0		
			XML6125JHEVB8C1	承载式车身	柴油/电混合动力	5980 6100	18000	12590 13000	11980	2540	3300 3150	20.7	104.4 112.2	—	35	69	50	69	0	0	0	0	0	0	0	0	55	0	0	20		0	0	0		

续表

企业名称	中文品牌	大分类	车辆型号	底盘型号	燃料种类	轴距(mm)	总质量(kg)	整备质量(kg)	外形尺寸(mm)			油耗(L/100km)	混合动力汽车电功率比(%)	电动汽车续驶里程(工况法,km)	电动汽车续驶里程(等速法,km)	电动汽车30分钟最高车速(km/h)	混合动力汽车纯电动模式下1km最高车速(km/h)	最高车速(km/h)	2015年													2016年				合计(辆)
									长	宽	高								1月	2月	3月	4月	5月	6月	7月	8月	9月	10月	11月	12月	小计(辆)	1月	2月	3月	小计(辆)	
厦门金龙旅行车有限公司	金旅牌	插电式混合动力城市客车	XML6125JHEVG5CN1	承载式车身	NG/电混合动力	5980 6100	18000	12465 13000 13410	12000	2540	3500 3300 3150	—	90.3	—	50	69	50	69	0	0	0	0	0	0	0	0	0	0	0	0		0	0	5		
			XML6125JHEVG8C1	承载式车身	柴油/电混合动力	5980 6100	18000	12465 13300	12000	2540	3300 3150	20.7	95.2	—	50	69	50	69	0	0	0	0	0	0	0	0	0	0	0	0		15	0	0		
厦门金龙联合汽车工业有限公司	金龙牌	插电式混合动力城市客车	XMQ6106AGCHEVD41	承载式车身	柴油/电混合动力	5100	16500	11000 11500 12100	10500	2500	3070 3190 3370	18.5	54.1	—	35	69	69	69	0	0	0	30	21	0	0	0	0	25	79	16	1696	0	0	0	162	1858
			XMQ6106AGCHEVD42	承载式车身	柴油/电混合动力	5100	16500	11000 11500 12100	10500	2500	3070 3190 3370	18.5	54.1	—	35	69	69	69	0	0	0	0	0	0	1	45	13	5	0	0		0	0	0		
			XMQ6106AGCHEVN51	XMQ6106AGCHEVN51	NG/电混合动力	5100	16500	11200 11700 12400	10500	2500	3070 3190 3320 3370	—	52.8	—	35	69	69	69	47	0	0	0	0	50	150	0	95	0	0	0		0	0	0		
			XMQ6106AGHEV10	承载式车身	NG/电混合动力	5100	16350	11000 11600 12200	10500	2500	3070 3190 3370	—	52.3	25	32	69	69	69	26	0	0	0	0	36	0	0	6	0	0	0		0	0	0		
			XMQ6106AGHEV11	承载式车身	柴油混合动力	5100	16500	11000 11500 12100	10500	2500	3070 3190	18.5	53.6	—	—	—	40	69	0	0	0	0	0	0	0	0	14	0	0	1		0	0	0		
			XMQ6106AGHEV12	承载式车身	NG混合动力	5100	16500	11200 11700 12400	10500	2500	3070 3190 3370	—	52.3	—	—	—	40	69	0	40	0	0	50	60	0	74	0	0	0	100		0	0	0		
			XMQ6106AGHEV14	承载式车身	柴油/电混合动力	5100	16350	11000 11600	10500	2500	3070 3190	18.5	53.6	—	50	69	69	69	0	0	0	0	10	0	21	30	10	0	24	0		0	0	0		
			XMQ6106AGHEV15	承载式车身	NG/电混合动力	5100	16350	11000 11600 12200	10500	2500	3070 3190 3370	—	52.3	—	50	69	69	69	0	0	19	1	0	0	0	0	144	0	85	0		0	0	0		

续表

企业名称	中文品牌	大分类	车辆型号	底盘型号	燃料种类	轴距（mm）	总质量（kg）	整备质量（kg）	外形尺寸（mm）			油耗（L/100km）	混合动力汽车电功率比（%）	电动汽车续驶里程（工况法，km）	电动汽车续驶里程（等速法，km）	电动汽车30分钟最高车速（km/h）	混合动力汽车纯电动模式下1km最高车速（km/h）	最高车速（km/h）	2015年													2016年				合计（辆）
									长	宽	高								1月	2月	3月	4月	5月	6月	7月	8月	9月	10月	11月	12月	小计（辆）	1月	2月	3月	小计（辆）	
厦门金龙联合汽车工业有限公司	金龙牌	插电式混合动力城市客车	XMQ6106AGHEV9	承载式车身	柴油混合动力	5100	16350	11000 11600	10500	2500	3070 3190	18.5	53.6	25	32	69	69	69	0	0	0	0	0	20	16	0	0	23	0	0		0	0	0		
			XMQ6110BGPHEVD5	承载式车身	柴油/电混合动力	5250	16500	11200 11600	10700	2500	3300	20.3	48.6	—	52	—	69	69	0	0	0	0	0	7	0	0	1	9	28	5		0	0	0		
			XMQ6113BYPHEVD4	承载式车身	柴油/电混合动力	5550	16900	12700	10950	2500	3580 3640	17.0	49.0	—	52	—	100	100	0	0	0	0	0	0	0	0	1	0	0	0		0	0	0		
			XMQ6119AGCHEVD41	承载式车身	柴油/电混合动力	5700	18000	11800 12600	11500	2550	3070 3190 3370	19.2	54.1	—	35	69	69	69	0	0	0	20	0	0	0	0	0	0	0	0		0	0	0		
			XMQ6119AGCHEVN51	承载式车身	NG/电混合动力	5700	18000	12000 12600 13000	11500	2550	3070 3190 3370	—	52.8	—	35	69	69	69	0	0	0	0	0	0	0	44	0	10	0	0		0	0	0		
			XMQ6120BGPHEVD5	承载式车身	柴油/电混合动力	6000	18000	12800	12000	2550	3400	22.4	48.6	—	52	—	69	69	0	0	0	0	0	0	0	0	0	0	8	0		0	0	1		
			XMQ6127AGCHEVD41	承载式车身	柴油/电混合动力	6000	18000	12400 13100	11980	2550	3070 3190 3400	19.5	54.1	—	35	69	69	69	0	0	0	0	0	0	0	0	0	0	46	0		0	0	0		
			XMQ6127AGCHEVD51	承载式车身	柴油/电混合动力	6000	18000	12400 13100	11980	2550	3070 3190 3400	22.2	51.7	—	52	69	69	69	0	0	0	0	0	0	0	0	0	0	0	0		12	0	0		
			XMQ6127AGCHEVN51	承载式车身	NG/电混合动力	6000	18000	12600 13200 13600	11980	2550	3070 3190 3320 3400	—	52.8	—	35	69	69	69	24	0	10	0	0	0	0	0	0	0	0	0		0	0	0		
			XMQ6127GHEV22	承载式车身	NG/电混合动力	6000	18000	12400 12800 13300	11980	2550	3070 3190 3260 3400	—	52.3	—	50	69	69	69	0	0	0	0	0	0	0	0	0	36	30	29		0	131	0		

续表

企业名称	中文品牌	大分类	车辆型号	底盘型号	燃料种类	轴距(mm)	总质量(kg)	整备质量(kg)	外形尺寸(mm)			油耗(L/100km)	混合动力汽车电功率比(%)	电动汽车续驶里程(工况法,km)	电动汽车续驶里程(等速法,km)	电动汽车30分钟最高车速(km/h)	混合动力汽车纯电动模式下1km最高车速(km/h)	最高车速(km/h)	2015年													2016年				合计(辆)
									长	宽	高								1月	2月	3月	4月	5月	6月	7月	8月	9月	10月	11月	12月	小计(辆)	1月	2月	3月	小计(辆)	
厦门金龙联合汽车工业有限公司	金龙牌	插电式混合动力城市客车	XMQ6129HYPHEVD4	承载式车身	柴油/电混合动力	6000	18000	13710 13300	12000	2550	3690	19.5	47.1	—	52	—	100	100	0	0	0	0	0	0	0	0	1	0	0	0		0	0	0		
			XMQ6850AGCHEVN51	承载式车身	NG/电混合动力	4250	13000	8700 9200 9600	8545	2450	3030 3140 3290	—	59.0	—	58	69	69	69	0	0	0	0	0	0	0	0	0	0	0	0		0	0	18		
湖南南车时代电动汽车股份有限公司	南车时代牌	插电式混合动力城市客车	TEG6106EHEV02	承载式车身	柴油混合动力	5200	16500	11500 11200 12400	10490	2490	3280 3150 3450	17.5	125 114	—	55	65	65	69	50	0	0	0	0	0	0	0	0	0	0	0		0	0	0		
			TEG6106EHEV03	承载式车身	柴油混合动力	5200 5050	16500	11300 11000 12100	10490	2490	3420 3280 3180	17.9	114	—	35	65	—	69	50	4	117	0	0	0	66	0	15	0	76	67		0	0	0		
			TEG6106EHEV04	承载式车身	柴油混合动力	5050	16500	12050 11750	10490	2490	3420 3280 3150	17.5	125	—	55	65	65	69	35	0	4	0	54	0	0	80	0	0	20	0		0	0	0		
			TEG6106EHEV07	承载式车身	柴油/电混合动力	5050	16500	11800 11400	10490	2490	3280 3150 3420	17.5	102	—	31	65	65	69	0	0	0	0	0	0	0	80	92	110	30	0		0	0	0		
			TEG6106EHEV10	承载式车身	柴油/电混合动力	5050	16500	12250 11850	10490	2490	3280 3180	17.5	102	—	51	65	65	69	0	0	0	0	0	0	0	0	0	0	0	0	1548	6	0	0	23	1571
			TEG6106EHEV11	承载式车身	柴油/电混合动力	5050	16500	12250 11850	10490	2490	3280 3180	17.2	102	—	51	—	65	69	0	0	0	0	0	0	0	0	0	0	0	0		17	0	0		
			TEG6106EHEVN02	承载式车身	NG混合动力	5200 5050	16500	12000 11700 11400 11100 12500	10490	2490	3510 3280 3180	—	114	—	35	65	—	69	30	0	0	0	0	0	0	18	0	0	0	0		0	0	0		
			TEG6106EHEVN03	承载式车身	NG混合动力	5200	16500	12250 11950 11500	10490	2490	3510 3280 3180	—	114	—	55	65	—	69	0	0	0	0	0	0	5	0	0	0	0	0		0	0	0		

续表

企业名称	中文品牌	大分类	车辆型号	底盘型号	燃料种类	轴距(mm)	总质量(kg)	整备质量(kg)	外形尺寸(mm)			油耗(L/100km)	混合动力汽车电功率比(%)	电动汽车续驶里程(工况法,km)	电动汽车续驶里程(等速法,km)	电动汽车30分钟最高车速(km/h)	混合动力汽车纯电动模式下1km最高车速(km/h)	最高车速(km/h)	2015年													2016年				合计(辆)
									长	宽	高								1月	2月	3月	4月	5月	6月	7月	8月	9月	10月	11月	12月	小计(辆)	1月	2月	3月	小计(辆)	
湖南南车时代电动汽车股份有限公司	南车时代牌	插电式混合动力城市客车	TEG6106 EHEVN04	承载式车身	NG/电混合动力	5050	16500	12950 12500	10490	2490	3420 3280 3150	—	102	—	31	65	65	69	0	0	0	0	0	0	0	0	0	0	40	0		0	0	0		
			TEG6106 HEV21	承载式车身	柴油/电混合动力	5000	16500	11200 10900	10490	2490	3250 3040	18.6	63.3	—	55	65	60	69	0	0	0	0	100	0	0	150	0	0	40	0		0	0	0		
			TEG6106HEV24	承载式车身	柴油/电混合动力	5000	16500	11200 10900	10490	2490	3420 3250 3040	18.6	102	—	51	65	60	69	0	0	0	0	0	0	0	0	0	0	59	0		0	0	0		
			TEG6129 EHEV02	承载式车身	柴油混合动力	6000	18000 17800	12400 12800 13400	11980	2540	3280 3160 3420	17.6	125 114 136	—	55	65	65	69	0	0	0	0	0	0	0	0	0	40	0	0		0	0	0		
			TEG6129 EHEV04	承载式车身	柴油混合动力	6000	17800	12400 12100 12850	11980	2540	3420 3280	17.1	136	—	55	65	65	69	0	0	0	0	84	0	0	0	0	0	0	0		0	0	0		
			TEG6129 EHEVN04	承载式车身	NG混合动力	6000	17800	13600 13300 13000 12700	11980	2540	3480 3280 3150	—	114	—	55	65	—	69	0	0	25	0	0	0	0	0	0	0	0	0		0	0	0		
			TEG6129 EHEVN05	承载式车身	NG混合动力	6000	17800	13600 13300	11980	2540	3480	—	158	—	100	—	65	69	0	0	0	2	0	0	5	0	0	0	0	0		0	0	0		
北汽福田汽车股份有限公司	福田牌	插电式混合动力城市客车	BJ6105 CHEVCG	承载式车身	柴油/电混合动力	5000	16500	11050 11350 11700	10500	2500	3100 3200 3250	18.5	52.5	—	32	40	60	69	0	0	11	33	17	0	0	0	0	0	30	0		0	0	0		
			BJ6105P HEVCA-10	承载式车身	柴油/电混合动力	5000	16500	10350 10900 11200	10500	2500	3100 3200 3250	17.5	30.5	—	51	69	60	69	0	0	0	0	0	0	0	0	0	0	0	0	943	0	0	22	337	1280
			BJ6105P HEVCA-6	承载式车身	柴油/电混合动力	5000	16500	10350 10900 11200	10500	2500	3100 3200 3250	19.8	31.6	20	50	40	60	69	0	0	0	0	0	43	13	67	10	0	0	8		46	8	20		

续表

企业名称	中文品牌	大分类	车辆型号	底盘型号	燃料种类	轴距(mm)	总质量(kg)	整备质量(kg)	外形尺寸(mm) 长	宽	高	油耗(L/100km)	混合动力汽车电功率比(%)	电动汽车续驶里程(工况法，km)	电动汽车续驶里程(等速法，km)	电动汽车30分钟最高车速(km/h)	混合动力汽车纯电动模式下1km最高车速(km/h)	最高车速(km/h)	2015年 1月	2月	3月	4月	5月	6月	7月	8月	9月	10月	11月	12月	小计(辆)	2016年 1月	2月	3月	小计(辆)	合计(辆)
北汽福田汽车股份有限公司	福田牌	插电式混合动力城市客车	BJ6105 PHEVCA-7	承载式车身	NG 混合动力	5000	16500	10900 11300 11900	10500	2500	3100 3200 3250 3420	—	30.5	20	50	40	60	69	28	40	18	0	0	30	0	42	20	50	22	0		9	3	84		
			BJ6105 PHEVCA-8	承载式车身	NG/电混合动力	5000	16500	10900 11300 11900	10500	2500	3100 3200 3250 3420	—	30.5	20	32	40	60	69	0	0	0	13	34	0	4	0	0	0	0	0		0	0	0		
			BJ6113 PHEVCA	BJ6113 PHEVDA	柴油/电混合动力	5450	15000	11000 11400	10990	2500	3300 3400	—	30.5	—	51	60	60	69	0	0	0	0	0	0	0	0	0	0	1	0		0	0	0		
			BJ6113 PHEVCA-1	BJ6113 PHEVDA-1	NG/电混合动力	5450	16500	11350 11800	10990	2500	3300 3400 3600	—	30.5	—	51	69	60	69	0	0	0	0	0	0	0	0	0	0	15	0		0	0	0		
			BJ6123 CHEVCG-1	承载式车身	柴油/电混合动力	5900	18000	11950 12300 12600	12000	2550	3100 3200 3250	18.5	53.6	—	51	69	60	69	0	0	0	0	0	0	0	0	0	0	0	54		0	0	0		
			BJ6123 PHEVCA-6	承载式车身	柴油混合动力	5900	18000	11300 11600 12000	12000	2550	3100 3200 3250	21.4	31.6	20	50	40	60	69	0	0	0	0	0	0	0	0	5	0	0	0		90	0	0		
			BJ6123 PHEVCA-7	承载式车身	NG/电混合动力	5900	18000	11950 12250 12750	12000	2550	3100 3200 3250 3420	—	30.5	20	50	40	60	69	0	0	0	0	0	14	0	0	0	2	0	0		50	0	0		
			BJ6123 SHEVCA-3	承载式车身	NG/电混合动力	5900	18000	12300 12650	12000	2550	3100 3200 3250 3420	—	100	—	180	69	—	69	0	0	0	0	0	0	0	0	0	0	1	0		0	0	0		
			BJ6127 PHEVCA	承载式车身	柴油/电混合动力	6000	16900	11900 11700	12000	2500	3650 3540	21.4	30.5	20	51	40	60	69	0	0	0	0	0	0	0	1	44	7	27	52		5	0	0		

续表

企业名称	中文品牌	大分类	车辆型号	底盘型号	燃料种类	轴距(mm)	总质量(kg)	整备质量(kg)	外形尺寸(mm)			油耗(L/100km)	混合动力汽车电功率比(%)	电动汽车续驶里程(工况法,km)	电动汽车续驶里程(等速法,km)	电动汽车30分钟最高车速(km/h)	混合动力汽车纯电动模式下1km最高车速(km/h)	最高车速(km/h)	2015年													2016年				合计(辆)
									长	宽	高								1月	2月	3月	4月	5月	6月	7月	8月	9月	10月	11月	12月	小计(辆)	1月	2月	3月	小计(辆)	
北汽福田汽车股份有限公司	福田牌	插电式混合动力城市客车	BJ6127 PHEVCA	承载式车身	柴油/电混合动力	6000	16900	12400 12200	12000	2500	3600 3490	21.4	30.5	20	51	40	60	69	5	37	28	0	3	87	25	0	0	0	0	0		0	0	0		
			BJ6127 PHEVCA-1	承载式车身	NG/电混合动力	6000	18000	12400 12700	12000	2550	3560 3450	—	45.4	—	51	69	60	69	0	0	0	0	0	0	0	0	0	0	1	0		0	0	0		
			BJ6180 SHEVCA	承载式车身	LNG/电混合动力	5800 +6100	28000	17700 18300	18000	2550	3100 3200 3250	—	100	—	100	69	60	69	0	0	0	0	0	0	0	0	0	0	1	0		0	0	0		
安徽安凯汽车股份有限公司	安凯牌	插电式混合动力城市客车	HFF6100 G03CHEV-1	承载式车身	柴油/电混合动力	5100	16500	11200 11700	10450	2500	3050 3250	22	51.2	32	36	68	52	69	0	0	0	0	0	0	0	0	0	0	0	20	874	0	0	0	66	940
			HFF6100 G03CHEV-2	承载式车身	LNG/电混合动力	5100	16500	11500 11900	10450	2500	3050 3250	—	52.3	32	36	68	52	69	0	0	0	10	0	0	3	197	50	0	0	1		0	0	0		
			HFF6102 G03CHEV-1	承载式车身	柴油/电混合动力	5100	16500	11800 12300	10450	2500	3150 3250	19.5	51.2	—	53	68	50	69	0	0	0	0	0	0	0	0	0	0	0	0		1	0	0		
			HFF6120 G03CHEV-1	承载式车身	柴油/电混合动力	6100	18000	12100 12500	12000	2550	3050 3250	24	51.2	31	35	68	50	69	0	0	0	0	0	0	13	0	0	0	0	0		0	0	0		
			HFF6120 G03CHEV-2	承载式车身	NG/电混合动力	6100	18000	12700 13200 12400	12000	2550	3300 3050	—	52.3	31	51	68	50	69	0	0	0	0	0	0	0	99	51	0	0	0		0	0	0		
			HFF6121 G03CHEV-2	承载式车身	NG/电混合动力	6100	18000	12700 13200 12400	12000	2550	3300 3050	—	52.3	—	51	68	50	69	0	0	0	0	0	0	0	0	0	0	0	0		0	65	0		
			HFF6123 G03SHEV	HFF6123 D03SHEV	柴油混合动力	6100	18000	13500 13800	12000	2550	2970 3150	32	284	170	200	69	69	69	0	0	0	0	1	0	0	0	0	0	0	0		0	0	0		
			HFF6128 G03PHEV-2	承载式车身	LNG/电混合动力	6100	18000	12200 12800	12000	2550	3050 3250	—	50 52.3	—	41	68	69	69	0	0	0	0	0	317	61	0	0	0	21	30		0	0	0		

续表

企业名称	中文品牌	大分类	车辆型号	底盘型号	燃料种类	轴距（mm）	总质量（kg）	整备质量（kg）	外形尺寸（mm） 长	宽	高	油耗（L/100km）	混合动力汽车电功率比（%）	电动汽车续驶里程（工况法，km）	电动汽车续驶里程（等速法，km）	电动汽车30分钟最高车速（km/h）	混合动力汽车纯电动模式下1km最高车速（km/h）	最高车速（km/h）	2015年 1月	2月	3月	4月	5月	6月	7月	8月	9月	10月	11月	12月	小计（辆）	2016年 1月	2月	3月	小计（辆）	合计（辆）
扬州亚星客车股份有限公司	亚星牌	插电式混合动力城市客车	JS6108GHEV	承载式车身	柴油混合动力	5000	16500	11200 10800	10500	2500	3090 3210	19.2	136	—	—	—	25	69	0	0	0	0	0	0	0	20	0	0	18	0	821	0	0	0	34	855
			JS6108GHEV1	承载式车身	柴油/电混合动力	5000	16500	11400 10900	10500	2500	3090 3210	20.9	136	—	55	69	40	69	0	0	1	0	0	0	0	0	0	0	0	0		0	0	0		
			JS6108GHEV2	承载式车身	柴油/电混合动力	5000	16500	11500 11100	10500	2500	3090 3210	19.2	95.2	—	51	69	40	69	0	0	0	0	0	0	0	0	0	0	0	22		0	0	0		
			JS6108GHEV5	承载式车身	柴油/电混合动力	5000	16500	11000 11600	10500	2500	3090 3210	19.9	136	—	54.5	69	40	69	0	0	0	0	0	0	0	0	0	0	0	0		0	0	16		
			JS6108GHEVC	承载式车身	NG混合动力	5000	16500	11800 11400	10500	2500	3090 3210 3460	—	129	—	—	—	25	69	30	0	0	0	0	0	0	0	0	0	0	210		1	0	0		
			JS6108GHEVC1	承载式车身	NG/电混合动力	5000	16500	11800 11400 10840	10500	2500	3090 3210 3460	—	41.9	—	30	—	40	69	0	0	0	14	0	0	0	0	0	0	15	0		0	0	0		
			JS6108GHEVC2	承载式车身	NG/电混合动力	5000	16500	12200 11800	10500	2500	3090 3210 3460	—	90.3	—	51	69	40	69	0	0	0	0	0	0	0	0	0	13	0	0		0	0	0		
			JS6108GHEVC3	承载式车身	NG/电混合动力	5000	16500	11800 11400	10500	2500	3090 3210 3460	—	129	—	53	69	40	69	0	0	1	0	0	0	0	0	0	4	0	0		0	0	0		
			JS6108GHEVC5	承载式车身	NG/电混合动力	5000	16500	11700 12400	10500	2500	3090 3210 3460	—	129	—	55	69	40	69	0	0	0	0	0	0	0	0	0	0	72	0		0	0	0		
			JS6108GHEVC6	承载式车身	NG/电混合动力	5000	16500	11400 11800	10500	2500	3090 3210 3460	—	83.9	—	54	69	40	69	0	0	0	0	0	0	0	0	12	43	0	70		0	0	0		
			JS6118GHEVC1	承载式车身	NG/电混合动力	5650	18000	12700 12300	11490	2550	3090 3210 3460	—	129	—	51	69	40	69	0	0	1	0	0	0	0	0	0	0	0	0		0	0	0		

续表

企业名称	中文品牌	大分类	车辆型号	底盘型号	燃料种类	轴距(mm)	总质量(kg)	整备质量(kg)	外形尺寸(mm)			油耗(L/100km)	混合动力汽车电功率比(%)	电动汽车续驶里程(工况法，km)	电动汽车续驶里程(等速法，km)	电动汽车30分钟最高车速(km/h)	混合动力汽车纯电动模式下1km最高车速(km/h)	最高车速(km/h)	2015年													2016年				合计(辆)
									长	宽	高								1月	2月	3月	4月	5月	6月	7月	8月	9月	10月	11月	12月	小计(辆)	1月	2月	3月	小计(辆)	
扬州亚星客车股份有限公司	亚星牌	插电式混合动力城市客车	JS6128GHEV1	承载式车身	柴油/电混合动力	5900	18000	12400 11900	12000	2550	3090 3210	22.0 23.8	136	—	53.5 53	69	40	69	0	0	1	0	0	0	0	0	0	0	0	10		0	0	0		
			JS6128GHEV2	承载式车身	柴油/电混合动力	5900	18000	12500 12000	12000	2550	3090 3210	22.5	95.2	—	50	69	40	69	0	0	0	0	0	0	10	0	0	0	0	0		0	0	0		
			JS6128GHEV5	承载式车身	柴油/电混合动力	5900	18000	12000 12500	12000	2550	3090 3210	22.1	129	—	53.2	69	40	69	0	0	0	0	0	0	0	0	0	0	0	137		0	0	0		
			JS6128GHEVC1	承载式车身	NG/电混合动力	5900	18000	12900 12500	12000	2550	3090 3210 3460	—	36.9	—	30	—	40	69	0	0	0	0	0	0	0	1	0	0	0	0		0	0	0		
			JS6128GHEVC3	承载式车身	NG/电混合动力	5900	18000	12900 12500	12000	2550	3090 3210 3460	—	129	—	52	69	40	69	0	0	1	0	0	0	0	0	0	0	1	0		0	0	0		
			JS6128GHEVC5	承载式车身	NG/电混合动力	5900	18000	12500 13200	12000	2550	3090 3210 3460	—	129	—	53	69	40	69	0	0	0	0	0	0	0	0	0	0	60	50		0	0	0		
			YBL6117GHEV1	承载式车身	柴油/电混合动力	5300	16500	11000 11400	10850	2500	3250 3400	21.8	136	—	54	69	40	69	0	0	1	0	0	0	0	0	0	0	0	0		0	0	0		
			YBL6117GHEVC1	承载式车身	NG/电混合动力	5300	16500	11500 12100	10850	2500	3250 3400	—	129	—	54	69	40	69	0	0	1	0	0	0	0	0	0	0	0	0		0	0	0		
		插电式混合动力双层城市客车	JS6111SHEVC	承载式车身	NG/电混合动力	5500	18000	13240 13960	11370	2500	4180 3980	—	101	—	52.2	69	40	69	0	0	0	0	0	0	0	0	2	0	0	0		17	0	0		

续表

企业名称	中文品牌	大分类	车辆型号	底盘型号	燃料种类	轴距（mm）	总质量（kg）	整备质量（kg）	外形尺寸（mm）			油耗（L/100km）	混合动力汽车电功率比（%）	电动汽车续驶里程（工况法，km）	电动汽车续驶里程（等速法，km）	电动汽车30分钟最高车速（km/h）	混合动力汽车纯电动模式下1km最高车速（km/h）	最高车速（km/h）	2015年													2016年				合计（辆）
									长	宽	高								1月	2月	3月	4月	5月	6月	7月	8月	9月	10月	11月	12月	小计（辆）	1月	2月	3月	小计（辆）	
丹东黄海汽车有限责任公司	黄海牌	插电式混合动力城市客车	DD6109CHEV4N	承载式车身	NG混合动力	5000	16000	11300 11900	10490	2482	3510	—	87.5	—	53	60	65	69	0	0	0	0	0	0	0	0	0	0	0	5	482	0	0	0	0	482
			DD6109PHEV1N	承载式车身	NG混合动力	5000	16500	11000 11400	10490	2482	3220 3380 3510	—	83.8	—	32	65	60	69	0	0	0	0	0	0	0	0	0	0	0	23		0	0	0		
			DD6129CHEV7N	承载式车身	NG混合动力	6000	18000	12100 12700	12000	2532	3510	—	90.3	—	52	65	60	69	0	0	0	0	0	0	0	0	0	0	315	0		0	0	0		
			DD6129CHEV8N	承载式车身	NG混合动力	6000	18000	12350 12950	12000	2532	3430	—	87.5	—	55	60	65	69	0	0	0	0	0	0	0	0	1	0	0	0		0	0	0		
			DD6129PHEV1N	承载式车身	NG混合动力	6000	18000	11400 12000	12000	2532	3220 3380 3510	—	83.8	—	32	65	60	69	0	0	0	0	0	0	0	0	0	0	0	103		0	0	0		
			DD6129CHEV1	DD6129CHEV1	柴油混合动力	5800 5900	18000	12550 12980	11980	2532	3370	23	111	—	—	65	69	69	0	0	0	0	0	35	0	0	0	0	0	0		0	0	0		
上海万象汽车制造有限公司	象牌	插电式混合动力城市客车	SXC6110GHEV	承载式车身	柴油混合动力	5200	16700	11500 11700	10690	2490	3080 3200	23.5 24.2 23.9	30以上	—	35	69	10	69	0	0	17	0	0	7	0	0	0	33	13	0	458	0	0	0	0	458
			SXC6120GHEV	承载式车身	柴油混合动力	6100	17800	12400 12600	12000	2490	3080 3200	26.8 27.5 27.1 26.3	30以上	—	—	69	10	69	0	0	92	32	10	42	0	0	0	14	3	0		0	0	0		
			SXC6910GHEV	承载式车身	柴油混合动力	4300	13000	8900	9130	2430	3050 3160	19.6 20.5	30以上	—	20	69	10	69	0	0	0	0	36	0	0	0	0	7	0	0		0	0	0		
			SXC6910GHEV1	承载式车身	柴油混合动力	4300	13000	8900	9130	2430	3050 3160	19.5	30以上	—	20	69	10	69	12	0	0	48	11	11	0	63	0	7	0	0		0	0	0		

续表

企业名称	中文品牌	大分类	车辆型号	底盘型号	燃料种类	轴距（mm）	总质量（kg）	整备质量（kg）	外形尺寸（mm）			油耗（L/100km）	混合动力汽车电功率比（%）	电动汽车续驶里程（工况法，km）	电动汽车续驶里程（等速法，km）	电动汽车30分钟最高车速（km/h）	混合动力汽车纯电动模式下1km最高车速（km/h）	最高车速（km/h）	2015年													2016年				合计（辆）
									长	宽	高								1月	2月	3月	4月	5月	6月	7月	8月	9月	10月	11月	12月	小计（辆）	1月	2月	3月	小计（辆）	
重庆恒通客车有限公司	恒通客车牌	插电式混合动力城市客车	CKZ6116HHEV4	承载式车身	柴油/电混合动力	5000	16500	11400 11700 12300	10570	2500	3040 3200 3350	20.0	54	—	50	50	69	69	0	0	0	0	0	0	0	0	0	10	16	6	402	0	0	0	24	426
			CKZ6116HNHEV5	CKZ6109HNHEV5	NG/电混合动力	5000	16500	11700 12000 12600	10570	2500	3500	—	48.45	—	30	45	50	69	0	0	0	0	0	0	0	0	0	0	0	35		0	0	0		
			CKZ6116HNHEVA4	CKZ6119HNHEV4	NG混合动力	5600	18000	12400 12600	11370	2500	3500	—	51	—	30	75	40	69	0	30	34	0	56	20	30	0	0	0	0	0		0	0	0		
			CKZ6116HNHEVA5	CKZ6119HNHEV5	NG混合动力	5600	18000	12000 12500 13100	11480	2500	3500	—	48.45	—	30	—	50	69	0	0	0	0	0	0	0	0	0	30	0	30		0	0	0		
			CKZ6116HNHEVB5	CKZ6109HNHEVB5	NG/电混合动力	5000	16500	11700 12000 12600	10570	2500	3500	—	31	—	30	69	50	69	0	0	0	0	0	34	1	0	0	3	30	36		0	0	0		
			CKZ6116HNHEVF5	承载式车身	NG/电混合动力	5000	16500	11700 12000 12600	10570	2500	3350	—	50 49.1	—	50	50	69	69	0	0	0	0	0	0	0	0	0	0	0	0		0	7	0		
			CKZ6116HNHEVG5	承载式车身	NG/电混合动力	5000	16500	11700 12000 12600	10570	2500	3350	—	37.5	—	50	50	60	69	0	0	0	0	0	0	0	0	0	0	0	0		0	5	0		
			CKZ6116HNHEVJ5	承载式车身	NG/电混合动力	5000	16500	11700 12000 12600	10570	2500	3350	—	44.4	—	50	50	60	69	0	0	0	0	0	0	0	0	0	0	0	0		0	3	0		
			CKZ6116HNHEVL5	承载式车身	NG/电混合动力	5000	16500	11700 12000 12600	10570	2500	3350	—	60	—	50	50	69	69	0	0	0	0	0	0	0	0	0	0	0	0		0	4	0		
			CKZ6126HNHEVA5	CKZ6129HNHEVA5	LNG/电混合动力；CNG/电混合动力	6100	18000	11950 12650 13400	11980	2500	3500	—	48.5	—	30	60	69	69	0	0	0	0	0	0	0	0	0	0	0	1		0	0	0		

续表

企业名称	中文品牌	大分类	车辆型号	底盘型号	燃料种类	轴距(mm)	总质量(kg)	整备质量(kg)	外形尺寸(mm)			油耗(L/100km)	混合动力汽车电功率比(%)	电动汽车续驶里程(工况法,km)	电动汽车续驶里程(等速法,km)	电动汽车30分钟最高车速(km/h)	混合动力汽车纯电动模式下1km最高车速(km/h)	最高车速(km/h)	2015年													2016年				合计(辆)
									长	宽	高								1月	2月	3月	4月	5月	6月	7月	8月	9月	10月	11月	12月	小计(辆)	1月	2月	3月	小计(辆)	
重庆恒通客车有限公司	恒通客车牌	插电式混合动力城市客车	CKZ6126HNHEVF5	承载式车身	NG/电混合动力	6100	18000	12100 12500 12900	11980	2500	3350	—	60	—	50	50	69	69	0	0	0	0	0	0	0	0	0	0	0	0		0	2	0		
			CKZ6126HNHEVG5	承载式车身	NG/电混合动力	6100	18000	12100 12500 12900	11980	2500	3350	—	44.4	—	50	50	60	69	0	0	0	0	0	0	0	0	0	0	0	0		0	3	0		
上海申龙客车有限公司	申龙牌	插电式混合动力城市客车	SLK6109ULD5HEVZ	承载式车身	柴油/电混合动力	5000	16500	11800 12100	10500	2500	3060 3200	21.7	53.6	—	54	64	68	69	0	0	0	0	0	0	0	0	0	0	0	10	335	0	0	0	0	335
			SLK6109USCHEV03	承载式车身	柴油混合动力	5000	16500	11800	10500	2500	3200	21.7	53.6	—	—	64	—	69	20	0	0	0	60	0	0	0	10	52	0	0		0	0	0		
			SLK6109USCHEV06	承载式车身	柴油混合动力	5000	16500	10830	10500	2500	3200 3060	21.6	52.58	—	—	64	—	69	0	0	0	0	0	0	0	0	0	11	0	0		0	0	0		
			SLK6129USCHEV02	承载式车身	柴油/电混合动力	6000	18000	12240 12700	11995	2500	3080 3220	24.2	53.6	—	—	64	—	69	0	0	0	0	0	16	0	0	0	0	0	0		0	0	0		
			SLK6119ULN5HEVZ	承载式车身	NG/电混合动力	5700	18000	13100 13900	11490	2500	3200 3060 3490	—	52.3	—	30	64	40	69	0	0	0	0	0	0	0	0	0	0	109	0		0	0	0		
			SLK6119USNHEV03	承载式车身	NG/电混合动力	5700	18000	13000	11490	2500	3200 3490	—	>52.8	—	—	64	40	69	0	0	0	0	0	0	0	0	47	0	0	0		0	0	0		
奇瑞万达贵州客车股份有限公司	万达牌	插电式混合动力城市客车	WD6102CHEV	承载式车身	柴油/电混合动力	5000	16500	11300 11000	10490	2500	3400	19.4	95.24	—	52	69	50	69	0	0	0	0	0	0	0	0	0	0	0	4	293	0	0	0	0	293
			WD6105EHEV	承载式车身	LNG/电混合动力	5000	16500	12500	10490	2500	3520 3270	—	100	—	56	69	≥50	69	0	0	0	0	0	0	0	0	0	0	14	1		0	0	0		
			WD6111PHEV	EQ6110KRLPHEV1	NG/电混合动力	5600	18000	12000 12300	11400	2550	3500 3300	—	52.3	—	—	69	25	69	0	0	0	0	0	0	0	0	0	0	0	1		0	0	0		

续表

企业名称	中文品牌	大分类	车辆型号	底盘型号	燃料种类	轴距(mm)	总质量(kg)	整备质量(kg)	外形尺寸(mm)			油耗(L/100km)	混合动力汽车电功率比(%)	电动汽车续驶里程(工况法,km)	电动汽车续驶里程(等速法,km)	电动汽车30分钟最高车速(km/h)	混合动力汽车纯电动模式下1km最高车速(km/h)	最高车速(km/h)	2015年													2016年				合计(辆)
									长	宽	高								1月	2月	3月	4月	5月	6月	7月	8月	9月	10月	11月	12月	小计(辆)	1月	2月	3月	小计(辆)	
奇瑞万达贵州客车股份有限公司	万达牌	插电式混合动力城市客车	WD6112PHEV	EQ6110 KRLPHEV2	NG/电混合动力	5600	18000	12000 12300	11400	2550	3500 3300	—	52.3	—	—	69	25	69	0	0	0	0	0	0	0	0	0	0	0	1		0	0	0		
			WD6115EHEV	EQ6110 KRLSHEV	LNG/电混合动力	5400	18000	12550 12850	11400	2550	3130 3280 3500 3600	—	100	—	52	69	≥50	69	0	0	0	0	0	0	0	55	0	170	0	1		0	0	0		
			WD6125EHEV	承载式车身	LNG/电混合动力	6000	18000	13300	12000	2550	3280 3500 3600	—	100	—	52	69	≥50	69	0	0	0	0	0	0	0	0	0	0	45	1		0	0	0		
黑龙江龙华汽车有限公司	黑龙江牌	插电式混合动力城市客车	HLJ6122PHEV	HLJ6122PHEV	NG混合动力	6100	18000	12569	11990	2500	3250	—	50.22 52.3	40(纯电模式)(仅采用市区循环)	50km(等速)	69(混合动力模式)	69	69	0	0	0	0	0	0	0	0	0	0	0	231	231	0	0	50	55	286
			HLJ6126CHEV	HLJ6126CHEV	NG/电混合动力	6000	18000	12640	11990	2500	3385	—	52.3	—	50(纯电模式)	69(混合动力模式)	69	69	0	0	0	0	0	0	0	0	0	0	0	0		0	0	5		
江西凯马百路佳客车有限公司	江西牌	插电式混合动力城市客车	JXK6100 BPHEVN	承载式车身	NG混合动力	5100 5000	17000	12400 12200	10480	2495	3450 3220 3100	—	52.3	32	40	62	68	68	0	0	0	0	0	0	0	0	0	0	0	1	266	0	0	0	0	266
			JXK6103 BPHEVN	承载式车身	NG/电混合动力	5100 5000	17000	12400 12200	10480	2495	3450 3220 3100	—	52.3	42	51	62	68	68	0	25	0	0	0	0	0	0	0	0	0	5		0	0	0		
			JXK6108 BPHEV	承载式车身	柴油/电混合动力	5000 5100	17000	12400 12200	10480	2495	3450 3220 3100	21	52.3	42	51	62	68	68	0	0	0	0	0	0	3	0	0	0	0	0		0	0	0		
			JXK6110 BPHEVN	承载式车身	NG/电混合动力	5600 5400	17000	13000 12800	11280	2495	3450 3220 3100	—	52.3	42	51	62	68	68	0	0	0	0	0	34	0	0	11	0	0	1		0	0	0		

续表

企业名称	中文品牌	大分类	车辆型号	底盘型号	燃料种类	轴距(mm)	总质量(kg)	整备质量(kg)	外形尺寸(mm)			油耗(L/100km)	混合动力汽车电功率比(%)	电动汽车续驶里程(工况法,km)	电动汽车续驶里程(等速法,km)	电动汽车30分钟最高车速(km/h)	混合动力汽车纯电动模式下1km最高车速(km/h)	最高车速(km/h)	2015年													2016年				合计(辆)
									长	宽	高								1月	2月	3月	4月	5月	6月	7月	8月	9月	10月	11月	12月	小计(辆)	1月	2月	3月	小计(辆)	
江西凯马百路佳客车有限公司	江西牌	插电式混合动力城市客车	JXK6111 BPHEV	承载式车身	柴油混合动力	5600 5400	17000	12800 12600	11280	2495	3220 3100	23	51.2	35	42	63	68	68	0	0	0	0	0	0	0	0	0	0	0	41		0	0	0		
			JXK6113 BPHEVN	承载式车身	NG混合动力	5600 5400	17000	12800 12600	11280	2495	3450 3220 3100	—	52.3	35	42	63	68	68	0	0	0	0	0	0	0	0	5	34	0	1		0	0	0		
			JXK6113 CPHEVN	承载式车身	NG/电混合动力	5550	17500	12800 13000	10990	2500	3950 3600 3500	—	48.0	—	53	95	100	100	0	0	0	0	0	0	0	0	0	1	0	0		0	0	0		
			JXK6115 BPHEVN	承载式车身	NG混合动力	5600 5400	17000	13000 12800	11280	2495	3450 3220 3100	—	52.3	32	40	62	68	68	0	0	0	30	0	0	0	0	0	0	0	1		0	0	0		
			JXK6119 BPHEVN	承载式车身	NG/电混合动力	5600 5400	17000	13000 12800	11280	2495	3450 3220 3100	—	51.2	42	53	62	68	68	0	0	0	0	0	0	0	0	0	1	37	0		0	0	0		
			JXK6120 BPHEVN	承载式车身	NG/电混合动力	6000	18000	13450 13280	11980	2495	3450 3220 3100	—	50.6 50.0	42	51	62	68	68	0	0	0	0	3	0	0	0	0	0	0	1		0	0	0		
			JXK6123 BCHEV	承载式车身	柴油混合动力	6000	18000	13060 12880	11980	2495	3220 3100	23	50.5	35	42	63	68	68	0	0	0	0	0	0	0	0	0	0	0	1		0	0	0		
			JXK6180 BCHEVN	承载式车身	NG/电混合动力	5750 +6080	28000	19100 19500	18000	2550	3450	—	48	—	53	62	69	69	0	0	0	0	0	0	0	0	15	0	0	15		0	0	0		
沈阳五洲龙新能源汽车有限公司	五洲龙牌	插电式混合动力城市客车	SWM6113 HEVG1	承载式车身	LNG/电混合动力	5800	18000	13000	11490	2550	3200	—	90.7	—	>30	69	69	69	0	0	0	0	0	0	0	0	0	0	0	230	230	0	0	0	0	230
中国重汽集团济南豪沃客车有限公司	黄河牌	插电式混合动力城市客车	JK6109G HEVD4	JK6104GHHD	柴油混合动力	5000	15500	9950 10400	10500	2500	3240 3180	17.0	51.4	—	—	—	—	69	0	0	0	0	0	0	0	0	10	0	0	0	223	0	0	0	0	223

续表

企业名称	中文品牌	大分类	车辆型号	底盘型号	燃料种类	轴距（mm）	总质量（kg）	整备质量（kg）	外形尺寸（mm）			油耗（L/100km）	混合动力汽车电功率比（%）	电动汽车续驶里程（工况法，km）	电动汽车续驶里程（等速法，km）	电动汽车30分钟最高车速（km/h）	混合动力汽车纯电动模式下1km最高车速（km/h）	最高车速（km/h）	2015年													2016年				合计（辆）
									长	宽	高								1月	2月	3月	4月	5月	6月	7月	8月	9月	10月	11月	12月	小计（辆）	1月	2月	3月	小计（辆）	
中国重汽集团济南豪沃客车有限公司	黄河牌	插电式混合动力城市客车	JK6109 GHEVN52	JK6108 GG1PHEV01	NG/电混合动力	5000	16500	11300 11800	10500	2500	3080 3140 3300	—	51.2	—	58.5	69	69	69	0	0	0	0	0	0	0	0	50	0	0	0		0	0	0		
			JK6109 GHEVN53	JK6108 GG1PHEV02	NG/电混合动力	5000	16500	11300 11800	10500	2500	3080 3140 3300	—	29.56	—	56.5	69	69	69	0	0	0	0	0	0	0	0	45	0	0	0		0	0	0		
			JK6129 GHEVN52	承载式车身	NG/电混合动力	6000	18000	11780 12100	11990	2530	3180 3240 3400	—	27.86	—	52.4	69	69	69	0	0	0	0	0	0	0	0	0	0	0	118		0	0	0		
北奔重型汽车集团有限公司	北奔牌	插电式混合动力城市客车	ND6100 CHEVN	承载式车身	NG/电混合动力	5000	17500	12550	10495	2500	3500 3300 3150	—	90.7 73.3	—	35	69	50	69	0	0	0	0	0	0	0	0	0	0	0	130	200	0	0	0	0	200
			ND6121 CHEVN	承载式车身	NG/电混合动力	6100	18000	13000 13410 12400	11980	2540	3500 3300 3150	—	90.7 73.3	—	35	69	50	69	0	0	0	0	0	0	0	0	0	0	0	70		0	0	0		
上海申沃客车有限公司	申沃牌	插电式混合动力城市客车	SWB6107 CHEV1	承载式车身	柴油/电混合动力	5000	16000	11390	10480	2500	3150	21.5	51.8	31	60	69	50	69	81	0	0	0	0	0	0	0	0	0	40	0	196	0	0	0	0	196
			SWB6107 PHEV8	承载式车身	柴油/电混合动力	5000	16500	11700	10490	2500	3150 3300	21.36	44	31	51	69	50	69	0	0	0	0	0	0	0	0	0	0	71	0		0	0	0		
			SWB6127 SHEV6	承载式车身	柴油混合动力	6100	17600	12600	11990	2500	3300	—	208.3	—	50	65	50	69	0	0	0	0	0	0	0	4	0	0	0	0		0	0	0		
江西博能上饶客车有限公司	上饶牌	插电式混合动力城市客车	SR6106 PHEVG	SR6106 PHEVG1 整车	柴油混合动力	5000	16500	11050 11280	10495	2500	3100 3200	28.0 34.0 33.9 33.8	—	46.5	46	65	69	69	20	0	0	0	0	0	0	0	20	0	0	49	153	0	0	0	0	153
			SR6106 PHEVNG	SR6106 PHEVNG1 整车	LNG混合动力	5000	16500	11050 11280	10495	2500	3100 3200	—	—	46.5	46	65	69	69	0	0	0	20	0	2	0	0	0	0	0	40		0	0	0		

续表

企业名称	中文品牌	大分类	车辆型号	底盘型号	燃料种类	轴距(mm)	总质量(kg)	整备质量(kg)	外形尺寸(mm)			油耗(L/100km)	混合动力汽车电功率比(%)	电动汽车续驶里程(工况法,km)	电动汽车续驶里程(等速法,km)	电动汽车30分钟最高车速(km/h)	混合动力汽车纯电动模式下1km最高车速(km/h)	最高车速(km/h)	2015年													2016年				合计(辆)
									长	宽	高								1月	2月	3月	4月	5月	6月	7月	8月	9月	10月	11月	12月	小计(辆)	1月	2月	3月	小计(辆)	
江西博能上饶客车有限公司	上饶牌	插电式混合动力城市客车	SR6116 PHEVNG	SR6116 PHEVNG1 整车	LNG混合动力,NG混合动力	5700	18000	12300 12650	11490	2500	3100 3300 3450	—	16.8	46.5	46	65	69	69	0	0	0	0	0	0	0	0	0	0	0	2		0	0	0		
中国第一汽车集团公司	解放牌	插电式混合动力城市客车	CA6121 URHEV21	CA6121 CRHEV21	插电式混合动力	6100	18000	12920	11990	2500	3410	—	85	—	32	65	65	69	67	45	17	0	0	0	0	0	1	0	0	0	130	0	0	0	0	130
东风汽车公司	东风牌	插电式混合动力城市客车	EQ6100CLCHEV	EQ6100 KRLCHEV	NG/电混合动力	5000	16500	10650 10950	10480	2500	3090 3180 3360	—	52	—	54	—	60	69	0	0	0	0	16	0	0	0	0	0	1	0	125	0	0	0	0	125
			EQ6120CLCHEV	承载式车身	NG/电混合动力	6000	18000	12000 12300	12000	2550	3020 3150 3360	—	52	—	55	—	60	69	0	0	0	0	1	50	45	0	0	5	1	0		0	0	0		
			EQ6120 CPHEV2	EQ6110 KRPHEV2	柴油混合动力	6100	17500	11600	11995	2500	3260	29.8	26	—	—	65	35	69	0	0	0	0	0	0	0	0	0	0	0	1		0	0	0		
			EQ6125CPHEV	承载式车身	柴油/电混合动力	6100	18000	11400	11995	2550	3260	18.1	50.4	—	55	—	69	69	0	0	0	0	0	0	0	0	0	0	2	2		0	0	0		
		插电式混合动力电动城市客车	EQ6120CPHEV	EQ6110KRPHEV	柴油混合动力	6100	17500	11600	11995	2530	3200	—	40	—	—	60	35	69	0	0	0	0	0	0	0	0	0	0	0	1		0	0	0		
佛山市飞驰汽车制造有限公司	飞驰牌	插电式混合动力城市客车	FSQ6110 CHEVP1	EQ6101 KRLPHEV4	LNG/电混合动力	5000	16500	11700 11300	10600	2490	3320 3220	—	52.4	—	35	69	50	69	0	0	0	0	0	0	0	78	0	0	0	0	122	0	0	0	0	122
			FSQ6111 CHEVP	EQ6101 KRLPHEV6	LNG/电混合动力	5000	16500	11800 11360	10600	2490	3320 3220	—	90.7	—	50	69	50	69	0	0	0	0	0	0	0	0	0	0	44	0		0	0	0		

续表

企业名称	中文品牌	大分类	车辆型号	底盘型号	燃料种类	轴距(mm)	总质量(kg)	整备质量(kg)	外形尺寸(mm)			油耗(L/100km)	混合动力汽车电功率比(%)	电动汽车续驶里程(工况法,km)	电动汽车续驶里程(等速法,km)	电动汽车30分钟最高车速(km/h)	混合动力汽车纯电动模式下1km最高车速(km/h)	最高车速(km/h)	2015年													2016年				合计(辆)
									长	宽	高								1月	2月	3月	4月	5月	6月	7月	8月	9月	10月	11月	12月	小计(辆)	1月	2月	3月	小计(辆)	
深圳市五洲龙汽车有限公司	五洲龙牌	插电式混合动力城市客车	FDG6103 SHEVNG5	FDG6103 HEVDN	LNG/电混合动力	5000	16500	11580 12000	10490	2500	2970 3300	—	100	—	85	69	60	69	0	0	3	0	0	0	0	0	10	0	0	0	93	0	0	0	0	93
			FDG6113 HEVN5-1	承载式车身	CNG/电混合动力	5600	17900	12500	11490	2500	3330	—	37.5	—	52	65	69	69	0	0	0	0	0	0	0	0	0	0	0	1		0	0	0		
			FDG6115 HEVG1	承载式车身	柴油混合动力	5600	18000	13000	11490	2500	3140	—	104	—	30	65	70	69	0	0	0	0	0	0	0	0	0	0	49	30		0	0	0		
福建新福达汽车工业有限公司	福达牌	插电式混合动力城市客车	FZ6109 UFCHEV401	承载式车身	柴油/电混合动力	5000	17500	12080 12410	10480	2500	3300 3150 3200	18.8	50.8	—	35	—	50	69	0	0	0	0	0	0	0	0	0	50	0	0	81	0	0	0	0	81
			FZ6109 UFNHEV5	承载式车身	NG/电混合动力	5000	16500	11800 12500	10500	2500	3200 3060 3490	—	52.8	—	35	69	—	69	0	0	0	0	0	0	0	0	31	0	0	0		0	0	0		
一汽客车(大连)有限公司	解放牌	插电式混合动力城市客车	CA6103 URHEV31	CA6100 CRHEV21	LNG/电混合动力	5100	16500	11350	10498	2500	3250	—	90	—	52	65	65	69	0	0	0	0	0	0	0	0	0	0	0	70	70	0	0	0	0	70
南京金龙客车制造有限公司	东宇牌	插电式混合动力城市客车	NJL6109HEV	承载式车身	柴油/电混合动力	5000	16500	11200 11500	10490	2500	3030 3180	19.5	100	70	85	69	69	69	0	0	1	0	0	0	0	0	0	0	0	2	36	0	0	0	4	40
			NJL6109HEV1	承载式车身	柴油/电混合动力	5000	16500	11200 11500	10490	2500	3030 3180	23.5	95.2	—	50	69	69	69	0	0	0	0	0	0	5	0	0	0	0	0		0	0	0		
			NJL6109HEVN	承载式车身	NG混合动力	5000	16500	11300 11700	10480	2500	3040 3160 3410	—	91.6	38	50	69	50	69	0	0	0	0	0	0	0	0	0	1	0	0		0	0	0		
			NJL6109HEVN2	承载式车身	NG混合动力	5000	16500	11200 11500	10490	2500	3030 3180 3410	—	100	70	85	69	60	69	0	0	1	0	0	0	0	0	0	0	0	2		0	0	0		

续表

企业名称	中文品牌	大分类	车辆型号	底盘型号	燃料种类	轴距(mm)	总质量(kg)	整备质量(kg)	外形尺寸(mm) 长	外形尺寸(mm) 宽	外形尺寸(mm) 高	油耗(L/100km)	混合动力汽车电功率比(%)	电动汽车续驶里程(工况法,km)	电动汽车续驶里程(等速法,km)	电动汽车30分钟最高车速(km/h)	混合动力汽车纯电动模式下1km最高车速(km/h)	最高车速(km/h)	2015年 1月	2015年 2月	2015年 3月	2015年 4月	2015年 5月	2015年 6月	2015年 7月	2015年 8月	2015年 9月	2015年 10月	2015年 11月	2015年 12月	2015年 小计(辆)	2016年 1月	2016年 2月	2016年 3月	2016年 小计(辆)	合计(辆)
南京金龙客车制造有限公司	东宇牌	插电式混合动力城市客车	NJL6129HEVN1	承载式车身	NG混合动力	6000	18000	12580 12860	11990	2550	2935 3135 3335	—	91.6	45	50	69	69	69	0	0	0	0	0	0	0	0	0	0	0	24		0	0	0		
	开沃牌	插电式混合动力城市客车	NJL6859HEV	承载式车身	柴油/电混合动力	4050	13500	8300 8600	8490	2460	3000 3120	14.5	30	—	50	69	60	69	0	0	0	0	0	0	0	0	0	0	0	0		0	0	1		
			NJL6859HEVN	承载式车身	LNG/电混合动力	4050	13500	8300 8600	8490	2460	3000 3120	—	30	—	50	69	69	69	0	0	0	0	0	0	0	0	0	0	0	0		0	0	1		
		插电式混合动力客车	NJL6117HEV	承载式车身	柴油/电混合动力	5600	16500	11550	10995	2480	3570	13.4	48.5	—	50	100	80	100	0	0	0	0	0	0	0	0	0	0	0	0		0	0	1		
			NJL6907HEV	承载式车身	柴油/电混合动力	4350	12700	9200 9500	8995	2480	3215 3410	11.8	—	—	50	100	80	100	0	0	0	0	0	0	0	0	0	0	0	0		0	0	1		
西虎汽车工业有限公司	西虎牌	插电式混合动力城市客车	QAC6100HEVG8	承载式车身	柴油/电混合动力	5000	16500	11700	10490	2500	3248	22.5	52.6	31	—	—	40	69	0	0	0	0	0	0	0	0	0	40	0	0	40	0	0	0	0	40
金华青年汽车制造有限公司	青年牌	插电式混合动力城市客车	JNP6120PHEV1	承载式车身	NG混合动力	5980	18000	11550	12000	2550	3165 3230	—	52.3	30	30	69	25	69	0	0	0	15	17	0	0	0	0	0	0	0	32	0	0	0	0	32
上汽唐山客车有限公司	飞翼牌	插电式混合动力城市客车	SK6127CHEV5	SWB6127CHEV5	CNG/电混合动力	6000	18000	13200	11990	2500	3400	—	52.3	31	51	69	50	69	0	0	0	0	0	0	0	0	0	0	0	30	30	0	0	0	0	30
安源客车制造有限公司	安源牌	插电式混合动力城市客车	PK6100CHEV	承载式车身	柴油/电混合动力	5000	15850	10900	10490	2500	3220	21	56.3	—	—	69	20	69	0	0	0	0	0	0	0	0	0	0	0	1	25	0	0	0	0	25

续表

企业名称	中文品牌	大分类	车辆型号	底盘型号	燃料种类	轴距（mm）	总质量（kg）	整备质量（kg）	外形尺寸（mm）			油耗（L/100km）	混合动力汽车电功率比（%）	电动汽车续驶里程（工况法，km）	电动汽车续驶里程（等速法，km）	电动汽车30分钟最高车速（km/h）	混合动力汽车纯电动模式下1km最高车速（km/h）	最高车速（km/h）	2015年													2016年				合计（辆）
									长	宽	高								1月	2月	3月	4月	5月	6月	7月	8月	9月	10月	11月	12月	小计（辆）	1月	2月	3月	小计（辆）	
安源客车制造有限公司	安源牌	插电式混合动力城市客车	PK6100PHEV	承载式车身	柴油/电混合动力	5000	15850	10900	10490	2500	3220	21	34	—	32	69	20	69	0	0	0	0	0	0	0	0	0	0	15	2		0	0	0		
			PK6100 PHEVNG	承载式车身	NG/电混合动力	5000	16040	11350	10490	2500	3450	—	32.7	—	32	69	20	69	0	0	0	0	0	0	0	0	0	0	0	2		0	0	0		
			PK6120CHEV	承载式车身	柴油/电混合动力	6100	17500	11900	11980	2500	3220	21	49.3	—	—	69	20	69	0	0	0	0	0	0	0	0	0	2	0	0		0	0	0		
			PK6120PHEV	承载式车身	柴油/电混合动力	6100	17500	11900	11980	2500	3220	21	31.6	—	32	69	20	69	0	0	0	0	0	0	0	0	0	3	0	0		0	0	0		
东风扬子江汽车（武汉）有限责任公司	扬子江牌	插电式混合动力城市客车	WG6101 PHEVB4	WG6101 PHEVB4	柴油/电混合动力	5000	16500	10300 10600	10500	2500	2990 3230	19.5	29.5	—	50	69	60	69	0	0	0	0	0	0	0	0	0	24	0	0	25	0	0	0	0	25
			WG6120 CHEVD5	WG6120 CHEVD5	NG/电混合动力	6200	18000	12000 12400	12000	2545	3000 3230 3400	—	52	30	—	69	69	69	0	0	1	0	0	0	0	0	0	0	0	0		0	0	0		
江西江铃集团晶马汽车有限公司	晶马牌	插电式混合动力城市客车	JMV6105 GRPHEV	承载式车身	柴油/电混合动力	5000	16500	11250 11500	10480	2500	3150 3300 3380	20.0	88	—	51	62	32	69	0	0	0	0	0	0	0	0	0	0	0	0	0	0	0	19	19	19
陕西汽车集团有限责任公司	陕汽牌	插电式混合动力城市客车	SX6110PHEV	SX6114 GG81PHEV	柴油混合动力	5600	16500	12000	11490	2500	3250	31.5	40	—	50	65	65	69	1	0	0	0	0	0	0	0	0	0	0	0	14	0	0	0	0	14
			SX6120 GDSHEVN	SX6125 GD92SHE	NG/电混合动力	6100	18000	12200 11930	11980	2550	3350	—	100	—	50	65	60	69	0	0	0	0	0	0	0	0	0	0	0	1		0	0	0		
			SX6120 GJCHEVN	SX6125 GJ81CHEVT	NG/电混合动力	6000	18000	11600 11900 12680 12980	11980	2550	3000 3200 3350	—	52.8	—	50	69	69	69	0	10	1	1	0	0	0	0	0	0	0	0		0	0	0		

续表

企业名称	中文品牌	大分类	车辆型号	底盘型号	燃料种类	轴距（mm）	总质量（kg）	整备质量（kg）	外形尺寸（mm）			油耗（L/100km）	混合动力汽车电功率比（%）	电动汽车续驶里程（工况法，km）	电动汽车续驶里程（等速法，km）	电动汽车30分钟最高车速（km/h）	混合动力汽车纯电动模式下1km最高车速（km/h）	最高车速（km/h）	2015年													2016年				合计（辆）
									长	宽	高								1月	2月	3月	4月	5月	6月	7月	8月	9月	10月	11月	12月	小计（辆）	1月	2月	3月	小计（辆）	
成都客车股份有限公司	蜀都牌	插电式混合动力城市客车	CDK6113 CEHEV	EQ6101 KRLPHEV1	NG混合动力	5000	16500	11700 11300	10615	2500	3420	—	53.8	—	—	69	55	69	0	0	0	0	0	0	0	0	0	0	0	2	12	0	0	0	0	12
			CDK6123 CEHEV1	EQ6121 KRLPHEV5	NG/电混合动力	6000	18000	12300 12800	12000	2550	3335 3420	—	50 48.9	—	50	69	69	69	0	0	0	0	0	0	0	10	0	0	0	0		0	0	0		
重庆五洲龙新能源汽车有限公司	五洲龙牌	插电式混合动力城市客车	WZL6101 PHEVGEG4	承载式车身	NG混合动力	5000	17000	13000 12800	10490	2480	3050 3140 3380	—	98.7	—	30	70	—	69	0	8	0	0	0	0	0	0	0	0	0	0	9	0	0	0	0	9
			WZL6102 PHEVDEG4	承载式车身	柴油混合动力	5000	16500	11800 11600	10490	2480	3165 3115	24	51	—	67	65	69	69	0	0	0	0	0	0	0	0	0	0	0	1		0	0	0		
山西皇城相府宇航汽车制造有限公司	山西牌	插电式混合动力城市客车	SXK6107 GHEV2	承载式车身	NG/电混合动力	5000	17000	11700	10490	2500	3355	—	52.3	—	55	—	32	69	1	0	0	0	0	0	0	0	0	0	0	0	2	0	0	0	0	2
			SXK6127 GHEV2	承载式车身	NG/电混合动力	6000	18000	12800	11990	2550	3355	—	52.3	—	32	—	32	69	1	0	0	0	0	0	0	0	0	0	0	0		0	0	0		
云南航天神州汽车有限公司	神州牌	插电式混合动力城市客车	YH6120HEV	承载式车身	CNG/电混合动力	6000	17990	12580 12840	11990	2550	2935 3135 3335	—	91.6	—	51	69	50	69	0	0	0	0	0	0	0	0	0	0	0	1	1	0	0	0	0	1
广西源正新能源汽车有限公司	广客牌	插电式混合动力城市客车	HQK6128 PHEVNG1	EQ6121K RLPHEV7	LNG/电混合动力	6000	17900	12780	11990	2550	3350	—	64.5	—	52	69	69	69	0	0	0	0	0	0	0	0	0	0	0	0	0	0	1	0	1	1
合计（辆）																			815	675	787	936	1521	1641	1625	2097	2423	2382	3815	5897	24614	658	485	432	1575	26189

（2）乘用车

企业名称	中文品牌	车辆类型	车辆型号	底盘型号	燃料种类	轴距（mm）	总质量（kg）	整备质量（kg）	外形尺寸（mm）			油耗（L/100km）	混合动力汽车电功率比（%）	电动汽车续驶里程（工况法，km）	电动汽车续驶里程（等速法，km）	电动汽车30分钟最高车速（km/h）	混合动力汽车纯电动模式下1km最高车速（km/h）	最高车速（km/h）	2016年													2016年				合计（辆）
									长	宽	高								1月	2月	3月	4月	5月	6月	7月	8月	9月	10月	11月	12月	小计（辆）	1月	2月	3月	小计（辆）	
比亚迪汽车有限公司	比亚迪牌	插电式混合动力轿车	BYD7150WTHEV2	承载式车身	汽油混合动力	2670	2095	1720	4740	1770	1480	1.6	97.3	70	100	150	150	185	806	171	308	3	7	1	1	0	0	0	4	20	30026	0	0	0	1016	31042
			BYD7150WTHEV3	承载式车身	汽油混合动力	2670	2095	1720	4740	1770	1480	1.6	97.3	70	100	150	150	185	968	889	2101	1027	4109	4449	4126	3422	1748	1969	2262	1635		120	0	896		
比亚迪汽车工业有限公司	比亚迪牌	插电式混合动力多用途乘用车	BYD6420SHEV	承载式车身	汽油/电混合动力	2535	2320	1835	4360	1785	1690	2.0	137.5	70	85	165	165	165	0	0	0	0	0	0	0	0	0	0	0	0	17821	0	0	2	7283	25104
			BYD6420SHEV1	承载式车身	汽油/电混合动力	2535	2320	1835	4360	1785	1690	2.0	137.5	70	85	165	165	165	0	0	0	0	0	0	0	0	0	0	0	0		0	0	3		
			BYD6420SHEV5	承载式车身	汽油/电混合动力	2535	2320	1835	4360	1785	1690	2.0	50	70	85	—	165	165	0	0	0	0	0	0	0	0	0	0	0	0		0	0	2		
			BYD6450VHEV4	承载式车身	汽油/电混合动力	2725	2420	1820	4460	1720	1875	2.4	50	50	70	120	100	155	0	0	0	0	0	0	0	0	0	2	9	0		0	0	0		
			BYD6450VHEV5	承载式车身	汽油/电混合动力	2725	2420	1820	4460	1720	1875	2.2	50	70	90	120	100	155	0	0	0	0	0	0	2	0	0	0	0	0		0	0	0		
			BYD6480STHEV	承载式车身	汽油/电混合动力	2720	2725 2785	2220 2280	4815	1855 1890	1720	2.0	0.346	85 80	110 105	96	140	180	0	0	0	0	0	348	746	1205	1906	3159	3630	6012		3884	341	2922		
			BYD6480STHEV2	承载式车身	汽油/电混合动力	2720	2725 2785	2220 2280	4815	1855 1890	1720	2.4	0.346	60	80	96	140	180	0	0	6	0	0	0	4	247	187	84	99	175		55	6	68		
上海汽车集团股份有限公司	荣威牌	插电式混合动力轿车	CSA7150PHEV	承载式车身	汽油混合动力	2705	2074	1699	4648	1827	1479	2.3	87.3	58	88	177	203	203 200	10	0	0	0	0	0	0	0	0	1	0	0	12033	0	0	0	1668	13701
			CSA7154TDPHEV	承载式车身	汽油混合动力	2705	2074	1699	4648	1827	1479	1.6	87.3 42.9	60	88	177	200	200	0	0	0	0	6	875	9	1585	1448	1481	1070	1925		432	90	1146		

续表

企业名称	中文品牌	大分类	车辆型号	底盘型号	燃料种类	轴距(mm)	总质量(kg)	整备质量(kg)	外形尺寸(mm)			油耗(L/100km)	混合动力汽车电功率比(%)	电动汽车续驶里程(工况法,km)	电动汽车续驶里程(等速法,km)	电动汽车30分钟最高车速(km/h)	混合动力汽车纯电动模式下1km最高车速(km/h)	最高车速(km/h)	2015年													2016年				合计(辆)
									长	宽	高								1月	2月	3月	4月	5月	6月	7月	8月	9月	10月	11月	12月	小计(辆)	1月	2月	3月	小计(辆)	
上海汽车集团股份有限公司	荣威牌	插电式混合动力轿车	CSA7154TDPHEV	承载式车身	汽油混合动力	2705	2074	1699	4648	1827	1479	2.3	87.3	58	88	177	200	200	340	439	721	395	655	699	374	0	0	0	0	0		0	0	0		
广州汽车集团乘用车有限公司	传祺牌	增程式混合动力轿车	GAC7100SHEVB4	承载式车身	汽油/电混合动力	2710	2110	1735	4800	1819	1484	油耗(L/100km)2.4 电耗(kWh/100km)16	—	50	70	120	150	150	146	164	15	13	0	33	100	148	153	28	0	0	1281	0	0	0	698	1979
			GAC7100SHEVB5	承载式车身	汽油/电混合动力	2710	2110	1735	4800	1819	1484	2.4	—	50	80	120	—	150	0	0	0	0	0	0	0	0	53	87	1	5		0	0	0		
			GAC7100SHEVD5	承载式车身	汽油/电混合动力	2710	2110	1680	4800	1819	1484	2.4	100.00	50	80	120	150	150	0	0	0	0	0	0	0	0	0	1	110	224		197	100	395		
		插电式混合动力轿车	GAC7100SHEVD5A	承载式车身	汽油/电混合动力	2710	2110	1680	4800	1819	1484	2.4	100.00	50	80	120	150	150	0	0	0	0	0	0	0	0	0	0	0	0		5	0	0		
			GAC7150SHEVA5	承载式车身	汽油/电混合动力	2620	1965	1590	4600	1790	1530	1.5	216.7	70	96	135	180	180	0	0	0	0	0	0	0	0	0	0	0	0		0	0	1		
华晨宝马汽车有限公司	宝马牌	插电式混合动力轿车	BMW7201AMHEV(BMW530Le)	承载式车身	汽油/电混合动力	3108	2565	2145	5055	1860	1481	2.00	28.57	58	—	233	233	233	5	58	164	90	105	94	150	163	95	137	157	3	1221	88	39	1	128	1349
浙江豪情汽车制造有限公司	沃尔沃牌	插电式混合动力轿车	VCC7204C13PHEV	承载式车身	汽油/电混合动力	2856	2450	1996	4715	1866	1481	2.1	17	53	—	120	120	230	0	0	0	0	180	158	186	9	44	73	167	151	968	115	101	91	307	1275
奇瑞汽车股份有限公司	奇瑞牌	插电式混合动力轿车	SQR7160PHEVJ42	承载式车身	汽油/电混合动力	2700	1965	1590	4652	1825	1483	2.7	59.1	50	—	150	100	170	0	0	0	0	0	0	0	0	0	0	0	405	405	0	0	0	0	405

续表

企业名称	中文品牌	大分类	车辆型号	底盘型号	燃料种类	轴距(mm)	总质量(kg)	整备质量(kg)	外形尺寸(mm)			油耗(L/100km)	混合动力汽车电功率比(%)	电动汽车续驶里程(工况法, km)	电动汽车续驶里程(等速法, km)	电动汽车30分钟最高车速(km/h)	混合动力汽车纯电动模式下1km最高车速(km/h)	最高车速(km/h)	2015年													2016年				合计(辆)
									长	宽	高								1月	2月	3月	4月	5月	6月	7月	8月	9月	10月	11月	12月	小计(辆)	1月	2月	3月	小计(辆)	
北京奔驰汽车有限公司	梅赛德斯-奔驰牌	插电式混合动力轿车	BJ7204FLHEV	承载式车身	汽油/电混合动力	2920	2455	1940	4771	1810	1442	2.8	38.71	26	—	240	—	250	0	0	0	0	0	0	0	0	0	0	0	0	0	0	45	2	47	47
中国第一汽车集团公司	红旗牌	插电式混合动力轿车	CA7155PHEV	承载式车身	汽油混合动力	2675	2009	1634	4600	1785	1435	3.2	53	—	70	170	107	170	0	0	0	0	0	0	0	0	0	0	0	0	0	0	0	1	1	1
合计(辆)																			2275	1721	3315	1528	5062	6657	5698	6779	5634	7022	7509	10555	63755	4896	722	5530	11148	74903

3. 非插电式混合动力汽车产量统计

(1)大中型客车、轻型客车

企业名称	中文品牌	车辆类型	车辆型号	底盘型号	燃料种类	轴距(mm)	总质量(kg)	整备质量(kg)	外形尺寸(mm)			油耗(L/100km)	混合动力汽车电功率比(%)	最高车速(km/h)	2015年													2016年				合计(辆)
									长	宽	高				1月	2月	3月	4月	5月	6月	7月	8月	9月	10月	11月	12月	小计(辆)	1月	2月	3月	小计(辆)	
上海申沃客车有限公司	申沃牌	混合动力城市客车	SWB6107 PHEV10	SWB6107 PHEV10	柴油混合动力	5000	16500	10950	10490	2500	3150 3300	21.36 20.65 21.36	41 44 44	69	0	0	0	0	0	0	0	0	0	20	0	0	64	0	0	0	2	66
			SWB6127 PHEV2	SWB6127 PHEV2	柴油混合动力	6250	18000	12600	11990	2500	3150 3300	23.85 23.63 23.85	40 41 40	69	0	1	0	0	0	0	29	0	14	0	0	0		0	0	2		
上海申龙客车有限公司	申龙牌	混合动力城市客车	SLK6109 USCHEV04	承载式车身	柴油混合动力	5000	16500	11800	10500	2500	3200	21.7	53.6	69	0	0	0	0	18	0	0	0	0	0	0	0	33	0	0	0	0	33
			SLK6109U SCHEV05	承载式车身	柴油混合动力	5000	16500	10300 10900	10500	2500	3200 3060	20.3	30.1	69	0	0	0	0	0	0	0	0	0	15	0	0		0	0	0		
湖南南车时代电动汽车股份有限公司	南车时代牌	混合动力城市客车	TEG6106 PHEV-N01	TEG6106 PHEV-N01	NG混合动力	5000	16000	11700 11400	10490	2490	3480 3300 3150	—	38.7	69	1	0	0	0	0	0	0	0	0	0	0	0	1	0	0	0	0	1

续表

企业名称	中文品牌	车辆类型	车辆型号	底盘型号	燃料种类	轴距(mm)	总质量(kg)	整备质量(kg)	外形尺寸(mm)			油耗(L/100km)	混合动力汽车电功率比(%)	最高车速(km/h)	2015年													2016年				合计(辆)
									长	宽	高				1月	2月	3月	4月	5月	6月	7月	8月	9月	10月	11月	12月	小计(辆)	1月	2月	3月	小计(辆)	
金华青年汽车制造有限公司	青年牌	混合动力城市客车	JNP6120 PHEV3	承载式车身	NG混合动力	5980	18000	11550 11300 11100	12000	2550	3200 3165 3065	—	52.3	69	0	0	0	0	0	0	0	0	0	1	0	0	1	0	0	0	0	1
金龙联合汽车工业（苏州）有限公司	海格牌	混合动力城市客车	KLQ6762GHEV	承载式车身	柴油/电混合动力	5100	11200	7400 6900	7640	2370	3070	15.5	59.3	69	0	0	0	0	0	0	0	0	1	0	0	0	1	0	0	0	0	1
合计（辆）															1	1	0	0	18	0	29	0	15	36	0	0	100	0	0	2	2	102

(2)乘用车

企业名称	中文品牌	车辆类型	车辆型号	底盘型号	燃料种类	轴距(mm)	总质量(kg)	整备质量(kg)	外形尺寸(mm)			油耗(L/100km)	混合动力汽车电功率比(%)	最高车速(km/h)	2015年													2016年				合计(辆)
									长	宽	高				1月	2月	3月	4月	5月	6月	7月	8月	9月	10月	11月	12月	小计(辆)	1月	2月	3月	小计(辆)	
广汽丰田汽车有限公司	丰田牌	混合动力轿车	GTM7180HEV	承载式车身	汽油/电混合动力	2700	1845	1390 1405 1410	4630	1775	1485	4.2	30.4	180	0	0	0	0	0	0	0	0	0	0	558	2844	10436	2092	870	1850	6394	16830
			GTM7240HV	承载式车身	汽油混合动力	2775	2130	1670	4825	1820	1474	6	40	170	0	0	0	0	0	1	0	0	0	0	0	1		0	0	0		
			GTM7251HEVS	承载式车身	汽油混合动力	2775	2100	1615 1655	4850	1825	1480 1505	5.3	37.2	180	201	93	3	315	436	495	657	540	611	786	829	978		818	197	567		
			GTM7252HEVE	承载式车身	汽油/电混合动力	2775	2100	1615 1655	4850	1825	1480 1505	5.3	37.2	180	544	434	4	62	43	0	0	0	1	0	0	0		0	0	0		
天津一汽丰田汽车有限公司	丰田牌	混合动力轿车	TV7184GL－iHEV	承载式车身	汽油/电混合动力	2700	1845	1375 1405	4630	1775	1485	4.20	72.6	180	0	0	0	0	0	0	0	0	0	0	373	1630	2646	3295	2441	3761	10323	12969
			TV7184GLX－iHEV	承载式车身	汽油/电混合动力	2700	1845	1405	4630	1775	1485	4.20	72.6	180	0	0	0	0	0	0	0	0	0	0	0	87		208	193	195		
			TV7184 PREHEV	承载式车身	汽油/电混合动力	2700	1845	1410	4630	1775	1485	4.20	72.6	180	0	0	0	0	0	0	0	0	0	0	68	488		76	82	72		

续表

企业名称	中文品牌	车辆类型	车辆型号	底盘型号	燃料种类	轴距(mm)	总质量(kg)	整备质量(kg)	外形尺寸(mm)			油耗(L/100km)	混合动力汽车电功率比(%)	最高车速(km/h)	2015年													2016年				合计(辆)
									长	宽	高				1月	2月	3月	4月	5月	6月	7月	8月	9月	10月	11月	12月	小计(辆)	1月	2月	3月	小计(辆)	
东风汽车有限公司	东风日产牌	混合动力多用途乘用车	DFL6491 VJL1HEV	承载式车身	汽油/电混合动力	2830	2375	1916	4897	1908	1691	8.2	14.85	180	0	0	0	0	0	0	0	0	0	0	0	0	1241	0	0	278	769	2010
			DFL6491 VJL2HEV	承载式车身	汽油/电混合动力	2830	2375	1925	4897	1908	1691	8.2	14.85	180	0	0	0	0	0	0	0	297	339	68	83	36		50	78	6		
			DFL6491 VTL1HEV	承载式车身	汽油/电混合动力	2830	2290	1833	4897	1908	1691	8.0	14.85	180	0	0	0	0	0	0	0	0	0	0	25	1		2	0	2		
			DFL6491 VTL2HEV	承载式车身	汽油/电混合动力	2830	2290	1848	4897	1908	1691	8.0	14.85	180	0	0	0	0	0	0	0	2	206	142	20	22		117	116	120		
四川一汽丰田汽车有限公司	丰田牌	混合动力轿车	CA7180 CHEVAE5	承载式车身	汽油混合动力	2700	1805	1420	4485	1745	1525	4.3	82	180	14	7	7	1	0	0	11	5	13	0	0	0	342	0	0	0	0	342
			CA7180 CHEVBE5	承载式车身	汽油混合动力	2700	1805	1395	4485	1745	1510	4.3	82	180	5	5	8	0	0	0	10	12	23	0	0	0		0	0	0		
			CA7180 CHEVCE5	承载式车身	汽油混合动力	2700	1805	1385	4485	1745	1510	4.3	82	180	6	6	11	86	32	31	18	9	22	0	0	0		0	0	0		
华晨汽车集团控股有限公司	中华牌	混合动力轿车	SY7150X1 SHEVBAB	承载式车身	汽油混合动力+铅酸	2580	1630	1240	4510	1758	1460	6.3	2.2	165	30	0	1	90	20	58	2	0	30	0	12	20	263	25	0	0	25	288
合计（辆）															800	545	34	554	531	585	698	865	1245	996	1968	6107	14928	6683	3977	6851	17511	32439

4. 燃料电池汽车产量统计

企业名称	中文品牌	车辆型号	车辆类型	底盘型号	燃料种类	轴距(mm)	总质量(kg)	整备质量(kg)	外形尺寸(mm)			电动汽车续驶里程(工况法，km)	电动汽车30分钟最高车速(km/h)	最高车速(km/h)	2015年													2016年				合计(辆)
									长	宽	高				1月	2月	3月	4月	5月	6月	7月	8月	9月	10月	11月	12月	小计(辆)	1月	2月	3月	小计(辆)	
上海汽车集团股份有限公司	荣威牌	CSA7003 FCEV	燃料电池轿车	承载式车身	燃料电池	2849	2249	1873	4846	1765	1433	200	100	150	0	0	0	10	0	0	0	0	0	0	0	0	10	0	0	0	0	10

节能与新能源汽车

年鉴

第六篇

关键零部件配套数量统计

一、2015 年 1 月至 2016 年 3 月驱动电机配套数量统计

电动汽车驱动电机生产企业	电动汽车驱动电机类型	电动汽车驱动电机型号	驱动电机安装数量（台/辆）	电动汽车驱动电机额定功率、转速、转矩（kW、r/min、N·m）	电动汽车驱动电机峰值功率、转速、转矩（kW、r/min、N·m）	驱动电机控制器型号	驱动电机控制器生产企业	电动汽车续驶里程（工况法，km）	电动汽车续驶里程（等速法，km）	混合动力汽车纯电动模式下1km最高车速（km/h）	燃料种类	配套车辆类型	2015年配套车型产量（辆）	2016年1—3月配套车型产量（辆）	配套车型产量合计（辆）
比亚迪汽车工业有限公司	永磁同步电机	2217TZ - XSA	1	68/3670/177	86/2832/290	KTZ46X30S	比亚迪汽车工业有限公司	253	335	—	纯电动	纯电动轿车	33047	13140	46187
	永磁同步电机	BYD - 2217TZ - XS - B	1	80/4775/160	160/12000/310	KTZ64X30S - C06A	比亚迪汽车工业有限公司	250	265	—	纯电动	纯电动厢式运输车			
	永磁同步电机	BYD - 2217TZ - XS - B	1	80/4775/160	160/12000/310	KTZ64X30S - C06A	比亚迪汽车工业有限公司	252	300	—	纯电动	纯电动轿车			
	永磁同步电机	BYD - 2217TZ - XS - B	1	80/4775/160	160/12000/310	KTZ64X30S - C06A	比亚迪汽车工业有限公司	256	300	—	纯电动	纯电动轿车			
	永磁同步电机	BYD - 2217TZ - XS - B	1	80/4775/160	160/12000/310	KTZ64X30S - C06A	比亚迪汽车工业有限公司	300	350	—	纯电动	纯电动轿车			
	永磁同步电机	BYD - 2217TZ - XS - B	1	80/4775/160	160/12000/310	KTZ64X30S - C06A	比亚迪汽车工业有限公司	305	360	—	纯电动	纯电动轿车			
	永磁同步电机	BYD - 2912TZ - XY - A	1	110/2600/400	150/10000/550	KTZ50X50S - C06A	比亚迪汽车工业有限公司	—	380	—	纯电动	纯电动旅游客车			
	永磁同步电机	BYD - 2912TZ - XY - A	1	110/2600/400	150/10000/550	KTZ54X55S3L - C16A	比亚迪汽车工业有限公司	—	350	—	纯电动	纯电动厢式运输车			
	永磁同步电动机	BYD - 3425TZ - XS - A	1	150/2050/700	180/5000/1500	KTZ65X55S3L - C16A	比亚迪汽车工业有限公司	—	360	—	纯电动	纯电动洗扫车			
	永磁同步电机	BYD - 3425TZ - XS - A	1	150/2050/700	180/5000/1500	KTZ75X40S - C16A	比亚迪汽车工业有限公司	340	230	—	纯电动	纯电动旅游客车			
	永磁同步电机	BYD - 3425TZ - XS - A	2	150/1910 /750	180/5000/1500	KTZ75X40S - C16A	比亚迪汽车工业有限公司	—	220；380	—	纯电动	纯电动旅游客车			
	永磁同步电机	BYD - 3425TZ - XS - A	2	150/1910 /750	180/5000/1500	KTZ75X40S - C16A；KTZ75X50S - C06A	比亚迪汽车工业有限公司	—	420	—	纯电动	纯电动旅游客车			
	永磁同步电机	BYD - 3425TZ - XS - A	2	150/1910 /750	180/5000/1500	KTZ75X40S - C16A	比亚迪汽车工业有限公司	280	430	—	纯电动	纯电动旅游客车			
	永磁同步电机	BYD - TYC110A	1	40/8127/47	110/10000/200	KTZ50X60S - D12A	比亚迪汽车工业有限公司	50	70	100	汽油/电混合动力	插电式混合动力多用途乘用车			
	永磁同步电机	BYD - TYC120A	1	75/2500/280	120/2550/450	KTZ31X60S - C06A	比亚迪汽车工业有限公司	400	520	—	纯电动	纯电动轿车			
	永磁同步电机	BYD - TYC90A	2	75/2500/280	90/7500/350	KTZ54X60S - C06A	比亚迪汽车工业有限公司	180	240	—	纯电动	纯电动城市客车			
	永磁同步电机	BYDTYC - 90A	1	75/2500/280	90/7500/350	KTZ50X30S - C06A	比亚迪汽车工业有限公司	—	295	—	纯电动	纯电动城市客车			
	永磁同步电机	BYD - TYC90A	2	75/2500/280	90/7500/350	KTZ75X50S - C06A	比亚迪汽车工业有限公司	220	380，320	—	纯电动	纯电动城市客车			
	永磁同步电机	BYD - TYC90A	2	75/2500/280	90/7500/350	KTZ54X60S - C06A	比亚迪汽车工业有限公司	200	400	—	纯电动	纯电动城市客车			

续表

电动汽车驱动电机生产企业	电动汽车驱动电机类型	电动汽车驱动电机型号	驱动电机安装数量（台/辆）	电动汽车驱动电机额定功率、转速、转矩（kW、r/min、N·m）	电动汽车驱动电机峰值功率、转速、转矩（kW、r/min、N·m）	驱动电机控制器型号	驱动电机控制器生产企业	电动汽车续驶里程（工况法，km）	电动汽车续驶里程（等速法，km）	混合动力汽车纯电动模式下1km最高车速（km/h）	燃料种类	配套车辆类型	2015年配套车型产量（辆）	2016年1—3月配套车型产量（辆）	配套车型产量合计（辆）
比亚迪汽车工业有限公司	永磁同步电机	BYD－TYC90A	2	75/2500/280	90/2500/350	110121/BYD－EVMC600B	比亚迪汽车工业有限公司	250	400	—	纯电动	纯电动城市客车			
	永磁同步电机	BYD－TYC90A	2	75/2500/280	90/7500/350	KTZ75X50S－C06A	比亚迪汽车工业有限公司	—	430	—	纯电动	纯电动城市客车			
	永磁同步电机	BYD－TYC90A	2	75/2500/280	90/7500/350	KTZ60X30S－C06A	比亚迪汽车工业有限公司	—	520	—	纯电动	纯电动城市客车			
	永磁同步电机	BYD－TYC90A	2	75/2500/280	90/7500/350	KTZ60X30S－C06A	比亚迪汽车工业有限公司	—	570；505	—	纯电动	纯电动城市客车			
	永磁同步电机	BYD－TYC90A	2	75/2500/280	90/3500/350	BYD－EVMC600B；KTZ54X60S－C06A	比亚迪汽车工业有限公司	—	640	—	纯电动	纯电动城市客车			
	永磁同步电机	前BYD－2011TZ－XS－A；后BYD－2011TZ－XS－B	2	前40/8126/47；后40/8126/47	前110/10000/200；后110/10000/200	前KTZ70X30S－C12A；后KTZ70X30S－A	比亚迪汽车工业有限公司	60	80	140	汽油/电混合动力	插电式混合动力多用途乘用车			
	永磁同步电机	前BYD－TYC110A；后BYD－2011TZ－XS－B	2	前40/8127/47；后40/8127/47	前110/12000/250；后110/12000/250	前KTZ50X35S－D03A；后KTZ50X35S－A	比亚迪汽车工业有限公司	70	85	165	汽油/电混合动力	插电式混合动力多用途乘用车			
深圳市比亚迪汽车有限公司	永磁同步电机	BYD－TYC110A	1	40/8127/47	110/10000/200	KTZ48X60S－D12A	深圳市比亚迪汽车有限公司	70	100	150	汽油混合动力	插电式混合动力轿车	31790	1024	32814
	永磁同步电机	BYD－TYC110A	1	40/8127/47	110/10000/200	KTZ48X60S－D12A	深圳市比亚迪汽车有限公司	70	100	60	汽油混合动力	插电式混合动力轿车			
	永磁同步电机	BYD－TYC120A	1	75/2550/280	120/2550/450	BYD－EVMC600A；KTZ31X60S－C06A	深圳市比亚迪汽车有限公司	322	330	—	纯电动	纯电动轿车			
山东德洋电子科技有限公司	永磁同步电机	DY－PMSM－144－15B	1	15/6000/24	30/7100/95	DY－PMSM－144－400B	山东德洋电子科技有限公司	155	165	—	纯电动	纯电动轿车	30160	2	30162
	永磁同步电机	DY－PMSM－144－15B	1	15/6000/24	30/7100/95	DY－PMS－144－400B	山东德洋电子科技有限公司	155	165	—	纯电动	纯电动轿车			
	永磁同步电机	DY－PMSM－72－9B	1	9/5000/17.2	18/5700/85	DY－PMSM－72－700B	山东德洋电子科技有限公司	152	156	—	纯电动	纯电动轿车			
	直流无刷电机	DY－BLDC－72－9A	1	9/5000/17.2	18/5600/85	DY－BLDC－72－700A	山东德洋电子科技有限公司	152	156	—	纯电动	纯电动轿车			
	直流无刷电机	DY－BLDC－72－9A	1	9/5000/17.2	18/5600/85	DY－BLDC－72－700A	山东德洋电子科技有限公司	83	98	—	纯电动	纯电动轿车			
	直流无刷电机	DY－BLDC－72－9A	1	9/5000/17.2	18/5600/85	DY－BLDC－72－700A	山东德洋电子科技有限公司	84	99	—	纯电动	纯电动轿车			
永康市斯科若电器有限公司	交流异步电机	SCRMP10U1	1	10/3000/32	20/6500/103	SCRMCU01. V1. 05/SCRCI45U1	永康市斯科若电器有限公司	80	100	—	纯电动	纯电动轿车	25826	2	25828
	交流异步电机	SCRMP10U1	1	10/3000/32	20/6500/103	SCRMCU01. V1. 05/SCRCI45U1	永康市斯科若电器有限公司	80	95	—	纯电动	纯电动轿车			

续表

电动汽车驱动电机生产企业	电动汽车驱动电机类型	电动汽车驱动电机型号	驱动电机安装数量(台/辆)	电动汽车驱动电机额定功率、转速、转矩(kW、r/min、N·m)	电动汽车驱动电机峰值功率、转速、转矩(kW、r/min、N·m)	驱动电机控制器型号	驱动电机控制器生产企业	电动汽车续驶里程(工况法，km)	电动汽车续驶里程(等速法，km)	混合动力汽车纯电动模式下1km最高车速(km/h)	燃料种类	配套车辆类型	2015年配套车型产量(辆)	2016年1—3月配套车型产量(辆)	配套车型产量合计(辆)
永康市斯科若电器有限公司	交流异步电机	SCRMP10U1	1	10/3000/32	20/6500/103	SCRMCU01. V1. 05/SCRCI45U1	永康市斯科若电器有限公司	150	180	—	纯电动	纯电动轿车			
	交流异步电机	SCRMP15U1	1	15/3200/45	28/6500/130	SCRMCU01. V3. 14/SCRCI50U1	永康市斯科若电器有限公司	153	195	—	纯电动	纯电动轿车			
	交流异步电机	SCRMP18U2	1	18/4000/43	35/8000/165	SCRMCU02. V3. 14/SCRCI50U2	永康市斯科若电器有限公司	151	195	—	纯电动	纯电动轿车			
	交流异步电机	SCRMP18U2	1	18/4000/43	35/8000/165	SCRMCU02. V3. 14/SCRCI50U2	永康市斯科若电器有限公司	152	195	—	纯电动	纯电动轿车			
	交流异步电机	SCRMP30U3	1	30/3500/82	75/9000/240	SCRMCU02. V1. 01/SCRCI100U3	永康市斯科若电器有限公司	160	200	—	纯电动	纯电动轿车			
	异步交流感应	SCRMP07U1	1	7. 5/2250/32	15/2400/100	SCRMCU01. V1. 05/SCRCI35U1	永康市斯科若电器有限公司	75	80	—	纯电动	纯电动厢式运输车			
北京新能源汽车股份有限公司	三相交流异步电动机	IM1501	1	15/3200/45	34/8000/125	INV30W06001	北京新能源汽车股份有限公司	150	165	—	纯电动	纯电动轿车	20087	5250	25337
	三相交流异步电动机	YS2401	1	24/2870/80	45/8000/150	KYS3120F01	北京新能源汽车股份有限公司	150	185	—	纯电动	纯电动多用途乘用车			
	三相交流异步电动机	YS2401	1	24/2870/80	45/8000/150	KYS3120F01	北京新能源汽车股份有限公司	150	185	—	纯电动	纯电动厢式运输车			
	三相交流异步电动机	YS2401	1	24/2870/80	45/8000/150	KYS3120F01	北京新能源汽车股份有限公司	150	185	—	纯电动	纯电动厢式运输车			
	三相交流异步电动机	YS30S01	1	30/2720/105	62/7000/220	KYS3126S01	北京新能源汽车股份有限公司	150	185	—	纯电动	纯电动厢式运输车			
	永磁同步	PM50W01	1	50/3300/145	100/10000/250	PEU e200	北京新能源汽车股份有限公司	200；260	260；350	—	纯电动	纯电动轿车			
	永磁同步电机	PM55C03	1	55/3000/175	115/8600/390	INV55W13001	北京新能源汽车股份有限公司	N/A	251	—	纯电动	纯电动客车			
	永磁同步电机	TZ30S01	1	30/2812/102	53/9000/180	E10000051/KTZ3328S01	北京新能源汽车股份有限公司	200	245	—	纯电动	纯电动轿车			

续表

电动汽车驱动电机生产企业	电动汽车驱动电机类型	电动汽车驱动电机型号	驱动电机安装数量（台/辆）	电动汽车驱动电机额定功率、转速、转矩（kW、r/min、N·m）	电动汽车驱动电机峰值功率、转速、转矩（kW、r/min、N·m）	驱动电机控制器型号	驱动电机控制器生产企业	电动汽车续驶里程（工况法，km）	电动汽车续驶里程（等速法，km）	混合动力汽车纯电动模式下1km最高车速（km/h）	燃料种类	配套车辆类型	2015年配套车型产量（辆）	2016年1—3月配套车型产量（辆）	配套车型产量合计（辆）
北京新能源汽车股份有限公司	永磁同步电机	TZ30S01	1	30/2812/102	53/9000/180	E10000051/KTZ3328S01	北京新能源汽车股份有限公司	200（与SKASC301对应），180（与SKASC301/V1.2对应）	245（与SKASC301对应），230（与SKASC301/V1.2对应）	—	纯电动	纯电动轿车			
	永磁同步	TE40S01	1	40/3000/127	80/9000/255	BJEV_ C70_ V0.1；KTZ3440S01	北京新能源汽车股份有限公司	170	190	—	纯电动	纯电动轿车			
	永磁同步电机	TZ20S02	1	20/3000/64	45/9000/144	E10000051；KTZ3322S02	北京新能源汽车股份有限公司	150	190	—	纯电动	纯电动轿车			
	永磁同步电机	TZ20S02	1	20/3000/64	45/9000/144	E10000051；KTZ3322S02	北京新能源汽车股份有限公司	160	190	—	纯电动	纯电动轿车			
	永磁同步电机	TZ20S02	1	20/3000/64	45/9000/144	E10000051/KTZ3322S02	北京新能源汽车股份有限公司	160（与PBMA100-01A对应），150（与PBMA100-01A/V1.2对应）	190	—	纯电动	纯电动轿车			
郑州宇通客车股份有限公司	车载永磁同步电机	YTM200-CV1-P	1	110/2000/525	180/6000/900	YTMC-CV1-P	郑州宇通客车股份有限公司	—	51	69	柴油/电混合动力	插电式混合动力城市客车	21266	789	22055
	车载永磁同步电机	YTM200-CV2-P	1	90/2000/430	130/6000/600	YTMC-CV2-P	郑州宇通客车股份有限公司	—	51	69	柴油/电混合动力	插电式混合动力城市客车			
	车载永磁同步电机	YTM280-CV4-H	1	100/800/1200	200/3000/2400	YTMC-CV4-H	郑州宇通客车股份有限公司	—	210	—	纯电动	纯电动客车			
	车载永磁同步电机	YTM280-CV4-H	1	100/800/1200	200/3000/2400	YTMC-CV4-H	郑州宇通客车股份有限公司	—	252	—	纯电动	纯电动客车			

续表

电动汽车驱动电机生产企业	电动汽车驱动电机类型	电动汽车驱动电机型号	驱动电机安装数量（台/辆）	电动汽车驱动电机额定功率、转速、转矩（kW、r/min、N·m）	电动汽车驱动电机峰值功率、转速、转矩（kW、r/min、N·m）	驱动电机控制器型号	驱动电机控制器生产企业	电动汽车续驶里程（工况法，km）	电动汽车续驶里程（等速法，km）	混合动力汽车纯电动模式下1km最高车速（km/h）	燃料种类	配套车辆类型	2015年配套车型产量（辆）	2016年1—3月配套车型产量（辆）	配套车型产量合计（辆）
郑州宇通客车股份有限公司	车载永磁同步电机	YTM280－CV4－H	1	100/800/1200	200/3000/2400	YTMC－CV4－H	郑州宇通客车股份有限公司	245	330	—	纯电动	纯电动客车			
	车载永磁同步电机	YTM280－CV6－H	1	50/1000/478	100/3500/955	YTMC－CV6－H	郑州宇通客车股份有限公司	—	160	—	纯电动	纯电动城市客车			
	车载永磁同步电机	YTM280－CV6－H	1	50/1000/478	100/3500/955	YTMC－CV6－H	郑州宇通客车股份有限公司	150	170	—	纯电动	纯电动城市客车			
	车载永磁同步电机	YTM280－CV6－H	1	50/1000/478	100/3500/955	YTMC－CV6－H	郑州宇通客车股份有限公司	—	200	—	纯电动	纯电动城市客车			
	车载永磁同步电机	YTM280－CV6－H	1	50/1000/478	100/3500/955	YTMC－CV6－H	郑州宇通客车股份有限公司	—	201	—	纯电动	纯电动客车			
	车载永磁同步电机	YTM280－CV6－H	1	50/1000/478	100/3500/955	YTMC－CV6－H	郑州宇通客车股份有限公司	190	250	—	纯电动	纯电动客车			
	车载永磁同步电机	YTM280－CV6－H	1	50/1000/478	100/3500/955	YTMC－CV6－H	郑州宇通客车股份有限公司	—	251	—	纯电动	纯电动城市客车			
	车载永磁同步电机	YTM280－CV6－H	1	50/1000/478	100/3500/955	YTMC－CV6－H	郑州宇通客车股份有限公司	—	257	—	纯电动	纯电动城市客车			
	三相交流感应电机	YTM280－CV3－H	1	100/982/972	180/2500/2000	YTMC－CV3－H	郑州宇通客车股份有限公司	91	160	—	纯电动	纯电动城市客车			
	三相交流感应电机	YTM280－CV3－H	1	100/982/972	180/2500/2000	YTMC－CV3－H	郑州宇通客车股份有限公司	160	164	—	纯电动	纯电动客车			
	三相交流感应电机	YTM280－CV3－H	1	100/982/972	180/2500/2000	YTMC－CV3－H	郑州宇通客车股份有限公司	245	255	—	纯电动	纯电动客车			
	永磁同步电机	YTM280－CV4－H	1	100/800/1200	200/3000/2400	YTMC－CV4－H	郑州宇通客车股份有限公司	160	200	—	纯电动	纯电动城市客车			
	永磁同步电机	YTM280－CV4－H	1	100/800/1200	200/3000/2400	YTMC－CV4－H	郑州宇通客车股份有限公司	180	240	—	纯电动	纯电动客车			
	永磁同步电机	YTM280－CV4－H	1	100/800/1200	200/3000/2400	YTMC－CV4－H	郑州宇通客车股份有限公司	215	260	—	纯电动	纯电动客车			
	永磁同步电机	YTM280－CV4－H	1	100/800/1200	200/3000/2400	YTMC－CV4－H	郑州宇通客车股份有限公司	—	280	—	纯电动	纯电动城市客车			
	永磁同步电机	YTM280－CV4－H	1	100/800/1200	200/3000/2400	YTMC－CV4－H	郑州宇通客车股份有限公司	—	300	—	纯电动	纯电动客车			
	永磁同步电机	YTM280－CV4－H	1	100/800/1200	200/3000/2400	YTMC－CV4－H	郑州宇通客车股份有限公司	320	400	—	纯电动	纯电动城市客车			
	永磁同步电机	YTM280－CV4－H	1	100/800/1200	200/3000/2400	YTMC－CV4－H	郑州宇通客车股份有限公司	—	455	—	纯电动	纯电动客车			
	永磁同步电机	YTM280－CV4－L	1	110/700/1500	147/3000/2006	YTMC－CV4－L	郑州宇通客车股份有限公司	—	51	69	NG/电混合动力	插电式混合动力城市客车			
	永磁同步电机	YTM280－CV4－L	1	110/700/1500	147/3000/2006	YTMC－CV4－L	郑州宇通客车股份有限公司	—	51	69	柴油/电混合动力	插电式混合动力城市客车			
	永磁同步电机	YTM280－CV4－L	1	110/700/1500	147/3000/2006	YTMC－CV4－L	郑州宇通客车股份有限公司	—	52	69	柴油/电混合动力	插电式混合动力城市客车			

续表

电动汽车驱动电机生产企业	电动汽车驱动电机类型	电动汽车驱动电机型号	驱动电机安装数量（台/辆）	电动汽车驱动电机额定功率、转速、转矩（kW、r/min、N·m）	电动汽车驱动电机峰值功率、转速、转矩（kW、r/min、N·m）	驱动电机控制器型号	驱动电机控制器生产企业	电动汽车续驶里程（工况法，km）	电动汽车续驶里程（等速法，km）	混合动力汽车纯电动模式下1km最高车速（km/h）	燃料种类	配套车辆类型	2015年配套车型产量（辆）	2016年1—3月配套车型产量（辆）	配套车型产量合计（辆）
郑州宇通客车股份有限公司	永磁同步电机	YTM280 - CV4 - L	1	110/700/1500	147/3000/2006	YTMCSL - V4.0；YTMC - CV4 - L	郑州宇通客车股份有限公司；郑州宇通客车股份有限公司	31	35	50	柴油混合动力	插电式混合动力电动城市客车			
	永磁同步电机	YTM280 - CV4 - L	1	110/700/1500	147/3000/2006	YTMCSL - V4.0；YTMC - CV4 - L	郑州宇通客车股份有限公司；郑州宇通客车股份有限公司	32	41	50	柴油混合动力	插电式混合动力电动城市客车			
	永磁同步电机	YTM280 - CV4 - L	1	110/700/1500	147/3000/2006	YTMCSL - V4.0；YTMC - CV4 - L	郑州宇通客车股份有限公司；郑州宇通客车股份有限公司	33	43	50	柴油混合动力	插电式混合动力城市客车			
	永磁同步电机	YTM280 - CV4 - L	1	110/700/1500	147/3000/2006	YTMCSL - V4.0；YTMC - CV4 - L	郑州宇通客车股份有限公司；郑州宇通客车股份有限公司	31	35	50	NG 混合动力	插电式混合动力城市客车			
	永磁同步电机	YTM280 - CV4 - L	1	110/700/1500	147/3000/2006	YTMCSL - V4.0；YTMC - CV4 - L	郑州宇通客车股份有限公司；郑州宇通客车股份有限公司	33	43	50	柴油混合动力	插电式混合动力城市客车			
	永磁同步电机	YTM280 - CV4 - L	1	110/700/1500	147/3000/2006	YTMCSL - V4.0；YTMC - CV4 - L	郑州宇通客车股份有限公司；郑州宇通客车股份有限公司	34	46	55	柴油混合动力	插电式混合动力电动城市客车			
	永磁同步电机	YTM280 - CV5 - H	1	25/1000/240	50/3100/480	YTMC - CV5 - H	郑州宇通客车股份有限公司	110	—	—	纯电动	纯电动车厢可卸式垃圾车			
	永磁同步电机	YTM280 - CV5 - H	1	25/1000/240	50/3100/480	YTMC - CV5 - H	郑州宇通客车股份有限公司	110	120	—	纯电动	纯电动自装卸式垃圾车			
	永磁同步电机	YTM280 - CV5 - L	1	155/700/2100	205/3000/2800	YTMCSL - V5.0；YTMC - CV5 - L	郑州宇通客车股份有限公司	—	55	50	NG 混合动力	插电式混合动力铰接城市客车			
	永磁同步电机	YTM280 - CV6 - H	1	50/1000/478	100/3500/955	YTMC - CV6 - H	郑州宇通客车股份有限公司	160	200	—	纯电动	纯电动城市客车			
	永磁同步电机	YTM280 - CV6 - H	1	50/1000/478	100/3500/955	YTMC - CV6 - H	郑州宇通客车股份有限公司	—	220	—	纯电动	纯电动城市客车			
	永磁同步电机	YTM280 - CV6 - H	1	50/1000/478	100/3500/955	YTMC - CV6 - H	郑州宇通客车股份有限公司	—	180；200	—	纯电动	纯电动扫路车			
	永磁同步电机	YTM280 - CV6 - L	1	40/1600/240	65/2500/480	YTMC - CV6 - L	郑州宇通客车股份有限公司	21	33	50	柴油/电混合动力	插电式混合动力城市客车			
	永磁同步电机	YTM280 - CV6 - L	1	40/1600/240	65/2500/480	YTMC - CV6 - L	郑州宇通客车股份有限公司	—	51	50	柴油/电混合动力	插电式混合动力城市客车			
	永磁同步电机	YTM280 - CV6 - L	1	40/1600/240	65/2500/480	YTMCSL - V6.0；YTMC - CV6 - L	郑州宇通客车股份有限公司；郑州宇通客车股份有限公司	32	54	50	NG 混合动力	插电式混合动力城市客车			
	永磁同步电机	YTM280 - CV6 - L	1	40/1600/240	65/2500/480	YTMCSL - V6.0；YTMC - CV6 - L	郑州宇通客车股份有限公司；郑州宇通客车股份有限公司	38	54	50	NG 混合动力	插电式混合动力城市客车			

续表

电动汽车驱动电机生产企业	电动汽车驱动电机类型	电动汽车驱动电机型号	驱动电机安装数量（台/辆）	电动汽车驱动电机额定功率、转速、转矩（kW、r/min、N·m）	电动汽车驱动电机峰值功率、转速、转矩（kW、r/min、N·m）	驱动电机控制器型号	驱动电机控制器生产企业	电动汽车续驶里程（工况法，km）	电动汽车续驶里程（等速法，km）	混合动力汽车纯电动模式下1km最高车速（km/h）	燃料种类	配套车辆类型	2015年配套车型产量（辆）	2016年1—3月配套车型产量（辆）	配套车型产量合计（辆）
郑州宇通客车股份有限公司	永磁同步电机	YTM280－CV6－L	1	40/1600/240	65/2500/480	YTMCSL－V6.0；YTMC－CV6－L	郑州宇通客车股份有限公司；郑州宇通客车股份有限公司	38	54	50	柴油混合动力	插电式混合动力城市客车			
	永磁同步电机	YTM280－CV9－H	1	215/1700/1200	350/3500/2800	YTMC－CV9－H	郑州宇通客车股份有限公司	—	300	—	纯电动	纯电动客车			
	永磁同步电机	YTM280－CV9－H	1	215/1700/1200	350/3500/2800	YTMC－CV9－H	郑州宇通客车股份有限公司	—	400	—	纯电动	纯电动客车			
丰田汽车（常熟）零部件有限公司	永磁同步电动机	3JM	1	16/4685/32.6	53/12002/207	G9200－02010	天津电装电子有限公司	—	—	—	汽油/电混合动力	非插电式混合动力轿车	6048	15135	21183
	永磁同步电动机	3JM	1	16/4685/32.6	53/2445/207	硬件：G9200－02010；软件：G9200－02010	硬件：天津电装电子有限公司；软件：天津电装电子有限公司	—	—	—	汽油/电混合动力	非插电式混合动力轿车			
上海电驱动股份有限公司	交流永磁同步电机	190TYZ－X11AN	1	8/2400/32	20/3800/82	36F15X10C	上海电驱动股份有限公司	115	120	—	纯电动	纯电动厢式运输车	19170	1182	20352
	交流永磁同步电机	190ZWS011	1	8/2400/32	20/2400/82	Z144ZXF160A11－115	上海电驱动股份有限公司	120	—	—	纯电动	纯电动售货车			
	交流永磁同步电机	190ZWS011	1	8/2400/32	20/2400/82	Z144ZXF160A11－115	上海电驱动股份有限公司	120	—		纯电动	纯电动厢式运输车			
	交流永磁同步电机	190ZWS011	1	8/2400/32	20/2400/82	Z144ZXF160A11－115	上海电驱动股份有限公司	125	152	—	纯电动	纯电动厢式运输车			
	交流永磁同步电机	190ZWS011	1	8/2400/32	20/2400/82	Z144ZXF160A11－115	上海电驱动股份有限公司	145	153	—	纯电动	纯电动厢式运输车			
	交流永磁同步电机	190ZWS011	1	8/2400/32	20/2400/82	Z144ZXF160A11－115	上海电驱动股份有限公司	150	150（60km/h）	—	纯电动	纯电动厢式运输车			
	交流永磁同步电机	190ZWS011	1	8/2400/32	20/2400/82	Z144ZXF160A11－115	上海电驱动股份有限公司	153	159（60km/h）	—	纯电动	纯电动厢式运输车			
	交流永磁同步电机	190ZWS011	1	8/2400/32	20/2400/82	Z144ZXF160A11－115	上海电驱动股份有限公司	173	176	—	纯电动	纯电动厢式运输车			
	交流永磁同步电机	190ZWS011	1	8/2400/32	20/3800/82	Z144ZXF160A11－115	上海电驱动股份有限公司	113	120	—	纯电动	纯电动厢式运输车			
	交流永磁同步电机	190ZWS011	1	8/2400/32	20/2400/82	Z144ZXF160A11－115	上海电驱动股份有限公司	150	180	—	纯电动	纯电动厢式运输车			
	交流永磁同步电机	190ZWS011	1	8/2400/32	20/3800/82	Z144ZXF160A11－115	上海电驱动股份有限公司	113	120	—	纯电动	纯电动厢式运输车			
	永磁同步电机	190TYZ－X11AN	1	8/2400/32	20/3800/82	36F13X04C	上海电驱动股份有限公司	150	160	—	纯电动	纯电动多用途乘用车			
	永磁同步电机	190TYZ－X11AN	1	8/2400/32	20/3800/82	36F13X04C	上海电驱动股份有限公司	150	160	—	纯电动	纯电动厢式运输车			
	永磁同步电机	190TYZ－X11AN	1	8/2400/32	20/3800/82	36F13X04C	上海电驱动股份有限公司	150	160	—	纯电动	纯电动轻型货车			
	永磁同步电机	190ZWS011	1	8/2400/32	20/3800/80	Z144ZXF160A11－115	上海电驱动股份有限公司	120	—	—	纯电动	纯电动厢式运输车			
	永磁同步电机	200TYZ－XS05D	1	20/1460/130	40/7600/260	29S43X01J	上海电驱动股份有限公司	—	70	107	汽油	插电式混合动力轿车			

续表

电动汽车驱动电机生产企业	电动汽车驱动电机类型	电动汽车驱动电机型号	驱动电机安装数量（台/辆）	电动汽车驱动电机额定功率、转速、转矩（kW、r/min、N·m）	电动汽车驱动电机峰值功率、转速、转矩（kW、r/min、N·m）	驱动电机控制器型号	驱动电机控制器生产企业	电动汽车续驶里程（工况法，km）	电动汽车续驶里程（等速法，km）	混合动力汽车纯电动模式下 km 最高车速（km/h）	燃料种类	配套车辆类型	2015 年配套车型产量（辆）	2016 年 1—3 月配套车型产量（辆）	配套车型产量合计（辆）
上海电驱动股份有限公司	永磁同步	2103AAD	1	6/1600/36	12/1600/72	2142AAA	上海电驱动股份有限公司	≥80	≥90 (60km/h)	—	纯电动	纯电动轿车			
	永磁同步	2103AAD；2103AAK	1	6/1600/36 (2103AAD)；6/3000/19 (2103AAK)	12/1600/72	2104AAB；2142AAC；2142AAA	上海电驱动股份有限公司	80	90	—	纯电动	纯电动轿车			
	永磁同步电机	2103AAL	1	21/3000/66.9	41.8/2660/150	2142AAF	上海电驱动股份有限公司	151	170	—	纯电动	纯电动轿车			
	永磁同步电机	2103AAQ	1	25/2984/80	55/55/3283/160	2142AAK	上海电驱动股份有限公司	50	—	100	汽油/电混合动力	插电式混合动力轿车			
	永磁同步电机	240TYZ - XS06J	1	25/3000/75	50/7200/200	32S25X02A7	上海电驱动股份有限公司	—	150	—	纯电动	纯电动厢可卸式垃圾车			
	永磁同步电机	240TYZ - XS06J	1	25/3000/75	50/7200/200	32S25X02AT	上海电驱动股份有限公司	125	150	—	纯电动	纯电动垃圾转运车			
	永磁同步电动机	240TYZ - XS06J	1	25/3000/75	50/7200/200	32S25X02AT	上海电驱动股份有限公司	—	150	—	纯电动	纯电动路面养护车			
	永磁同步电机	240TYZ - XS06J	1	25/3000/75	50/7200/200	32S25X02AT	上海电驱动股份有限公司	125	150	—	纯电动	纯电动密闭式桶装垃圾车			
	永磁同步电机	240TYZ - XS06J	1	25/3000/75	50/7200/200	32S25X02AT	上海电驱动股份有限公司	125	150	—	纯电动	纯电动清洗车			
	永磁同步电机	240TYZ - XS06J	1	25/3000/75	50/7200/200	32S25X02AT	上海电驱动股份有限公司	—	150	—	纯电动	纯电动桶装垃圾运输车			
	永磁同步电机	240TYZ - XS06J	1	25/3000/75	50/7200/200	32S25X02AT	上海电驱动股份有限公司	125	150	—	纯电动	纯电动吸粪车			
	永磁同步电机	240TYZ - XS06J	1	25/3000/75	50/7200/200	32S25X02AT	上海电驱动股份有限公司	—	150	—	纯电动	纯电动自卸式垃圾车			
	永磁同步电动机	240TYZ - XS06J	1	25/3000/75	50/7200/200	32S25X02AT	上海电驱动股份有限公司	—	150	—	纯电动	纯电动自装卸式垃圾车			
	永磁同步电机	245TYZ - XS02B	1	67/4000/160	135/10000/430	60S43X32H	上海电驱动股份有限公司	—	280	—	纯电动	纯电动客车			
	永磁同步电机	264TYZ - XS15BT	1	40/4000/100	80/9000/220	32S35X10AV	上海电驱动股份有限公司	195	245	—	纯电动	纯电动轿车			
	永磁同步电机	264TYZ - XS15BT	1	40/4000/100	80/9000/220	32S35X10AV	上海电驱动股份有限公司	160	210	—	纯电动	纯电动轿车			
	永磁同步电机	264TYZ - XS15BT	1	40/4000/100	80/9000/220	32S35X10AV	上海电驱动股份有限公司	266	332	—	纯电动	纯电动多用途乘用车			
	永磁同步电机	270TYZ - XS21AT	1	62.3/3000/200	135/10000/430	53S40X66H	上海电驱动股份有限公司	—	53	65	NG 混合动力	混合动力城市客车			
	永磁同步电机	270TYZ - XS21AT	1	62.3/3000/200	135/10000/430	53S40X66H	上海电驱动股份有限公司	—	55	65	NG 混合动力	混合动力城市客车			
	永磁同步电机	359TYZ - XS02B	1	84/2000/300	147/7500/700	50S53X17H	上海电驱动股份有限公司	21	32	50	柴油/电混合动力	插电式混合动力城市客车			
	永磁同步电机	359TYZ - XS02B	1	84/2000/300	147/7500/700	50S53X17H	上海电驱动股份有限公司	—	—	20	柴油/电混合动力	插电式混合动力城市客车			

续表

电动汽车驱动电机生产企业	电动汽车驱动电机类型	电动汽车驱动电机型号	驱动电机安装数量（台/辆）	电动汽车驱动电机额定功率、转速、转矩（kW、r/min、N·m）	电动汽车驱动电机峰值功率、转速、转矩（kW、r/min、N·m）	驱动电机控制器型号	驱动电机控制器生产企业	电动汽车续驶里程（工况法，km）	电动汽车续驶里程（等速法，km）	混合动力汽车纯电动模式下1km最高车速（km/h）	燃料种类	配套车辆类型	2015年配套车型产量（辆）	2016年1—3月配套车型产量（辆）	配套车型产量合计（辆）
上海电驱动股份有限公司	永磁同步电机	359TYZ－XS02B	1	84/2000/300	147/7500/700	Edrive_ TJHEBTM_ V1.1_ 120221/50S53X17H	上海电驱动股份有限公司	—	—	69	柴油混合动力	插电式混合动力城市客车			
	永磁同步电机	368TYZ－XIS03H	1	94/1800/500	120/2800/700	35S40X01H	上海电驱动股份有限公司	—	30	69	LNG/电混合动力；CNG/电混合动力	插电式混合动力城市客车			
	永磁同步电机	368TYZ－XIS03H	1	94/1800/500	121/2800/750	34S26X01X	上海电驱动股份有限公司	—	—	—	柴油混合动力	插电式混合动力城市客车			
	永磁同步电机	368TYZ－XIS15N	1	40/1600/240	65/2500/500	34S22X06XC	上海电驱动股份有限公司	31	51	50	柴油/电混合动力	插电式混合动力城市客车			
	永磁同步电机	368TYZ－XIS15N	1	40/1600/240	65/2500/500	34S22X06XC	上海电驱动股份有限公司	46	46	69	LNG 混合动力；NG 混合动力	插电式混合动力城市客车			
	永磁同步电机	368TYZ－XIS15N	1	40/1600/240	65/2500/500	34S22X06XC	上海电驱动股份有限公司	46.5	46	69	LNG 混合动力；NG 混合动力	插电式混合动力城市客车			
	永磁同步电机	368TYZ－XIS15N	1	40/1600/240	65/2500/500	34S22X06XC	上海电驱动股份有限公司	—	30	50	NG/电混合动力	插电式混合动力城市客车			
	永磁同步电机	368TYZ－XIS15N	1	40/1600/240	65/2500/500	34S22X06XC	上海电驱动股份有限公司	—	52.4	69	NG/电混合动力	插电式混合动力城市客车			
	永磁同步电机	368TYZ－XIS15N	1	40/1600/240	65/2500/500	34S22X06XC	上海电驱动股份有限公司	—	56.5	69	NG/电混合动力	插电式混合动力城市客车			
	永磁同步电机	368TYZ－XIS15N	1	40/1600/240	65/2500/500	34S22X06XC	上海电驱动股份有限公司	—	32	20	NG/电混合动力	插电式混合动力城市客车			
	永磁同步电机	368TYZ－XIS15N	1	40/1600/240	65/2500/500	34S22X06XC	上海电驱动股份有限公司	32	33	69	NG 混合动力	插电式混合动力城市客车			
	永磁同步电机	368TYZ－XIS15N	1	40/1600/240	65/2500/500	34S22X06XC	上海电驱动股份有限公司	50	55	69	NG 混合动力	插电式混合动力城市客车			
	永磁同步电机	368TYZ－XIS15N	1	40/1600/240	65/2500/500	34S22X06XC	上海电驱动股份有限公司	—	20	10	柴油/电混合动力	插电式混合动力城市客车			
	永磁同步电机	368TYZ－XIS15N	1	40/1600/240	65/2500/500	34S22X06XC	上海电驱动股份有限公司	—	32	20	柴油/电混合动力	插电式混合动力城市客车			
	永磁同步电机	368TYZ－XIS15N	1	40/1600/240	65/2500/500	34S22X06XC	上海电驱动股份有限公司	—	35	10	柴油混合动力	插电式混合动力城市客车			
	永磁同步电机	368TYZ－XIS15N	1	40/1600/240	65/2500/500	34S22X06XC	上海电驱动股份有限公司	46	46	69	柴油混合动力	插电式混合动力城市客车			
	永磁同步电机	368TYZ－XIS15N	1	40/1600/240	65/2500/500	34S22X06XC	上海电驱动股份有限公司	46.5	46	69	柴油混合动力	插电式混合动力城市客车			
	永磁同步电机	368TYZ－XIS15N	1	40/1600/240	65/2500/500	34S22X06XC	上海电驱动股份有限公司	50	55	69	柴油/电混合动力	插电式混合动力城市客车			
	永磁同步电机	368TYZ－XIS15N	1	40/1600/240	65/2500/500	34S22X06XC	上海电驱动股份有限公司	53	57	69	柴油/电混合动力	插电式混合动力城市客车			
	永磁同步电机	368TYZ－XIS15N	1	40/1600/240	65/2500/500	34S22X06XC	上海电驱动股份有限公司	53	57.8	69	柴油/电混合动力	插电式混合动力城市客车			
	永磁同步电动机	368TYZ－XIS15N	1	40/1600/240	65/2500/500	34S22X06XC	上海电驱动股份有限公司	50	55	69	柴油混合动力	非插电式混合动力城市客车			

续表

电动汽车驱动电机生产企业	电动汽车驱动电机类型	电动汽车驱动电机型号	驱动电机安装数量（台/辆）	电动汽车驱动电机额定功率、转速、转矩（kW、r/min、N·m）	电动汽车驱动电机峰值功率、转速、转矩（kW、r/min、N·m）	驱动电机控制器型号	驱动电机控制器生产企业	电动汽车续驶里程（工况法，km）	电动汽车续驶里程（等速法，km）	混合动力汽车纯电动模式下1km最高车速（km/h）	燃料种类	配套车辆类型	2015年配套车型产量（辆）	2016年1—3月配套车型产量（辆）	配套车型产量合计（辆）
上海电驱动股份有限公司	永磁同步电机	368TYZ-XIS15N	1	40/1600/240	65/2500/500	34S22X06XC	上海电驱动股份有限公司	—	50	60	柴油/电混合动力	插电式混合动力城市客车			
	永磁同步电机	368TYZ-XS30AZ	1	80/1273/600	140/3000/1200	58S33X56H	上海电驱动股份有限公司	—	403	—	纯电动	纯电动城市客车			
	永磁同步电机	368TZ-XIS15N	1	40/1600/240	65/2500/500	34S22X06XC	上海电驱动股份有限公司	—	—	—	柴油混合动力	混合动力城市客车			
	永磁同步电机	525TYZ-XS01A	1	84/1000/764	120/2600/1146	58S28X36H	上海电驱动股份有限公司	—	55	69	柴油/电混合动力	插电式混合动力城市客车			
	永磁同步电机	DJ00YAQL	1	28/2500/107	55/9000/195	SK00ADQL	上海电驱动股份有限公司	120	150	—	纯电动	纯电动轿车			
	永磁同步电机	WTYCDJ-30B-DN	1	45/3200/135	90/10000/280	EC2005	上海电驱动股份有限公司	150	180	—	纯电动	纯电动轿车			
	永磁同步电机	YTM280-CV4-H	1	100/800/1200	200/3000/2400	YTMC-CV4-H	上海电驱动股份有限公司	—	260	—	纯电动	纯电动城市客车			
	永磁同步电机（交流）	190TYZ-X30AF;	1	8\2400\32	20\3800\82	Z144ZXF160A11-115	上海电驱动股份有限公司	100	120	—	纯电动	纯电动密闭式桶装垃圾车			
	永磁同步电机（交流）	190ZWS011（风冷）	1	8\2400\32	20\3800\82	Z144ZXF160A11-115	上海电驱动股份有限公司	100	120	—	纯电动	纯电动自装卸式垃圾车			
	永磁同步直流电机	368TYZ-XIS02B	1	35/1050/316	45/3000/400	34S26X01X	上海电驱动股份有限公司	—	—	35	柴油混合动力	插电式混合动力城市客车			
	永磁同步电机	368TYZ-XIS42AW	1	60/1280/450	100/3000/865	58S34X28AV	上海电驱动股份有限公司	—	50	60	NG/电混合动力	插电式混合动力城市客车			
长沙众达汽车工业有限公司	交流异步电动机	ZT115572	1	10/3000/31.8	18/6000/120	软件：TY1.；硬件：ZTC1165/72	长沙众达汽车工业有限公司	155	193	—	纯电动	纯电动轿车	18266	0	18266
	永磁同步电动机	PMZT115572	1	11/5000/20	18/6500/110	软件：PMZTC V2.0；硬件：PMZTC1165/72	长沙众达汽车工业有限公司	160	170	—	纯电动	纯电动轿车			
安徽巨一自动化装备有限公司	交流永磁同步电机	JEETZ200XS1345XK01	1	20/3000/64	40/4500/130	JEEKTZ31X30S20XK01	安徽巨一自动化装备有限公司	201	—	—	纯电动	纯电动厢式运输车	11047	4527	15574
	交流永磁同步电机	JEETZ210X-1345XK02	1	20/3000/64	40/4500/130	JEEKTZ31X12F01XK02	安徽巨一自动化装备有限公司	152	—	—	纯电动	纯电动厢式运输车			
	永磁同步电机	JEEMC01002B	1	13/3000/41.4	42/6000/165	JEEMC03002B	安徽巨一自动化装备有限公司	152	200	—	纯电动	纯电动轿车			
	永磁同步电机	JEETZ260XS1240AK03	1	60/1200/500	120/4000/1200	JEEKTZ53X60S01AK02	安徽巨一自动化装备有限公司	—	162	—	纯电动	纯电动城市客车			
	永磁同步电机	JEETZ260XS1240AK03	1	60/1200/500	120/4000/1200	JEEKTZ53X60S01AK02	安徽巨一自动化装备有限公司	—	170	—	纯电动	纯电动城市客车			
	永磁同步电机	JEETZ260XS1240AK03	1	60/1200/500	120/4000/1200	JEEKTZ53X60S01AK02	安徽巨一自动化装备有限公司	—	263	—	纯电动	纯电动城市客车			
	永磁同步电机	JEETZ260XS1240AK03	1	60/1200/500	120/4000/1200	JEEKTZ53X60S01AK02	安徽巨一自动化装备有限公司	—	281	—	纯电动	纯电动城市客车			
	永磁同步电机	JEETZ340XS1240AK01	1	80/1900/400	150/4000/1200	JEEKTZ53X60S01AK01	安徽巨一自动化装备有限公司	—	265	—	纯电动	纯电动客车			

续表

电动汽车驱动电机生产企业	电动汽车驱动电机类型	电动汽车驱动电机型号	驱动电机安装数量（台/辆）	电动汽车驱动电机额定功率、转速、转矩（kW、r/min、N·m）	电动汽车驱动电机峰值功率、转速、转矩（kW、r/min、N·m）	驱动电机控制器型号	驱动电机控制器生产企业	电动汽车续驶里程（工况法，km）	电动汽车续驶里程（等速法，km）	混合动力汽车纯电动模式下1km最高车速（km/h）	燃料种类	配套车辆类型	2015年配套车型产量（辆）	2016年1—3月配套车型产量（辆）	配套车型产量合计（辆）
安徽巨一自动化装备有限公司	永磁同步电机	TZ340XSAK4	1	80/1900/400	150/4000/1500	KTZ53X60SAK4	安徽巨一自动化装备有限公司	—	345	—	纯电动	纯电动城市客车			
	永磁同步内转子电机	JEETZ200XS2072JH02	1	25/3000/80	50/7200/215	JEEKTZ31X30S20JH05	安徽巨一自动化装备有限公司	170	240	—	纯电动	纯电动轿车			
深圳市大地和电气股份有限公司	感应异步电机	GLMI15A1	1	20/4000/48	40/7500/180	GLCI7026A5	深圳市大地和电气股份有限公司	>120	>150	—	纯电动	纯电动密闭式桶装垃圾车	13480	486	13966
	感应异步电机	GLMI15A1	1	20/4000/48	40/7500/180	GLCI7026A5	深圳市大地和电气股份有限公司	>120	>150	—	纯电动	纯电动厢式运输车			
	感应异步电机	GLMI15A1	1	20/4000/48	40/7500/180	GLCI7026A5	深圳市大地和电气股份有限公司	120	150	—	纯电动	纯电动厢式运输车			
	感应异步电机	GLMI15A1	1	20/4000/48	40/7500/180	GLCI7026A5	深圳市大地和电气股份有限公司	—	270	—	纯电动	纯电动厢式运输车			
	交流感应电机	GLMI10A2	1	10/3000/32	20/8000/130	GLCI6008A1	深圳市大地和电气股份有限公司	80	50	—	纯电动	纯电动车厢可卸式垃圾车			
	交流感应电机	GLMI10A2	1	10/3000/32	20/8000/130	GLCI6008A1	深圳市大地和电气股份有限公司	80	50	—	纯电动	纯电动车厢自装式垃圾车			
	交流感应电机	GLMI10A2	1	10/3000/32	20/8000/130	GLCI6008A1	深圳市大地和电气股份有限公司	80	100	—	纯电动	纯电动桶装垃圾运输车			
	交流感应电机	GLMI10A2	1	10/3000/32	20/8000/130	GLCI6008A1	深圳市大地和电气股份有限公司	—	—	—	纯电动	纯电动自装卸式垃圾车			
	交流异步	GLMI10A1	1	10/3000/32	20/7000/100	GLCI6008A2	深圳市大地和电气股份有限公司	150	—	—	纯电动	纯电动厢式运输车			
	交流异步	GLMI10A2	1	10/3000/32	20/7000/100	GLCI6008A1	深圳市大地和电气股份有限公司	—	100	—	纯电动	纯电动厢式运输车			
	交流异步电机	GLMI10A1	1	7.5/2250/ -	15/8000/100	GLCI6006A2	深圳市大地和电气股份有限公司	80	100	—	纯电动	纯电动厢式运输车			
	交流异步电机	GLMI15A4	1	15/3000/47.8	30/7000/160	GLCI7012A15	深圳市大地和电气股份有限公司	100	120	—	纯电动	纯电动厢式运输车			
	交流永磁同步电机	GLMP100L0	1	55/1650/318	90/4000/1000	GLCP6045L7	深圳市大地和电气股份有限公司	—	376	—	纯电动	纯电动客车			
	三相交流感应电机	GLMI10A2	1	10/3000/32	20/8000/130	GLCI6008A1	深圳市大地和电气股份有限公司	—	150	—	纯电动	纯电动厢式运输车			
	三相交流电机	GLMI15A4	1	15/3000/47.8	30/7000/160	GLCI7012A15	深圳市大地和电气股份有限公司	150	220	—	纯电动	纯电动厢式运输车			
	三相交流电机	GLMI15A4	1	15/3000/47.8	30/7000/160	GLCI7012A15	深圳市大地和电气股份有限公司	155	—	—	纯电动	纯电动厢式运输车			
	三相交流电机	GLMI15A4	1	15/3000/47.8	30/7000/160	GLCI7012A15	深圳市大地和电气股份有限公司	200	230	—	纯电动	纯电动服务车			
	三相交流异步	GLMI15A4	1	15/3000/47.8	30/7000/160	GLCI7012A15	深圳市大地和电气股份有限公司	250	350	—	纯电动	纯电动厢式运输车			
	三相交流电机	GLMI15A4	1	15/3000/47.8	30/7000/160	GLCI7012A15	深圳市大地和电气股份有限公司	303	356	—	纯电动	纯电动厢式运输车			
	三相交流电机	GLMI15A4	1	15/3000/47.8	30/7000/160	GLCI7012A15	深圳市大地和电气股份有限公司	303	356.3	—	纯电动	纯电动厢式运输车			
	三相交流电机	GLMI15A4	1	15/3000/47.8	30/7000/160	GLCI7012A15	深圳市大地和电气股份有限公司	315	—	—	纯电动	纯电动厢式运输车			

续表

电动汽车驱动电机生产企业	电动汽车驱动电机类型	电动汽车驱动电机型号	驱动电机安装数量（台/辆）	电动汽车驱动电机额定功率、转速、转矩（kW、r/min、N·m）	电动汽车驱动电机峰值功率、转速、转矩（kW、r/min、N·m）	驱动电机控制器型号	驱动电机控制器生产企业	电动汽车续驶里程（工况法，km）	电动汽车续驶里程（等速法，km）	混合动力汽车纯电动模式下1km最高车速（km/h）	燃料种类	配套车辆类型	2015年配套车型产量（辆）	2016年1—3月配套车型产量（辆）	配套车型产量合计（辆）
深圳市大地和电气股份有限公司	三相交流电机	GLMI15A4	1	15/3000/47.8	30/7000/160	GLCI7012A15	深圳市大地和电气股份有限公司	320	—	—	纯电动	纯电动厢式运输车			
	三相交流电机	GLMI15A4	1	15/3000/47.8	30/7000/160	GLCI7012A15	深圳市大地和电气股份有限公司	329	—	—	纯电动	纯电动厢式运输车			
	三相交流电机	GLMI15A4	1	15/3000/47.8	30/7000/160	GLCI7012A15	深圳市大地和电气股份有限公司	352	405	—	纯电动	纯电动厢式运输车			
	异步电机	YS210XB02	1	20/3979/48	40/7500/180	KTS32X030F09A	深圳市大地和电气股份有限公司	250	—	—	纯电动	纯电动厢式运输车			
	异步电机	YS210XB02	1	20/3979/48	40/7500/180	KTS32X030F09A	深圳市大地和电气股份有限公司	315	—	—	纯电动	纯电动厢式运输车			
	异步电机	YS210XB02	1	20/3979/48	40/7500/180	KTS32X030F09A	深圳市大地和电气股份有限公司	333	—	—	纯电动	纯电动厢式运输车			
	永磁电机	GLMP45L0	1	45/2150/200	90/6000/450	GLCP6032L26	深圳市大地和电气股份有限公司	200	300	—	纯电动	纯电动客车			
	永磁同步	GLMP120L0	1	100/1910/500	160/5300/1250	GLCP10045L28	深圳市大地和电气股份有限公司	—	290	—	纯电动	纯电动客车			
	永磁同步	GLMP20L1	1	20/3500/55	40/7800//200	GLCP7026L6	深圳市大地和电气股份有限公司	83（仅城市工况）	100	—	纯电动	纯电动车厢可卸式垃圾车			
	永磁同步	GLMP250L0	1	120/1200/955	200/3000/2800	GLCP14045L31	深圳市大地和电气股份有限公司	—	151	—	纯电动	纯电动城市客车			
	永磁同步	GLMP280L0	1	120/1200/955	200/3300/3000	GLCP14045L21	深圳市大地和电气股份有限公司	—	150	—	纯电动	纯电动城市客车			
	永磁同步	GLMP280L0	1	120/1200/955	200/3300/3000	GLCP14045L21	深圳市大地和电气股份有限公司	—	250	—	纯电动	纯电动城市客车			
	永磁同步	GLMP60L0	1	70/2500/270	100/6000/600	GLCP7028L5	深圳市大地和电气股份有限公司	—	180	—	纯电动	纯电动城市客车			
	永磁同步	TZ260XSC00	1	70/1910/350	100/5000/700	KTZ35X040S00A	深圳市大地和电气股份有限公司	—	320	—	纯电动	纯电动客车			
	永磁同步	TZ260XSC00	1	70/1910/350	100/5000/700	KTZ35X040S00A	深圳市大地和电气股份有限公司	—	280	—	纯电动	纯电动客车			
	永磁同步电动机	GLMP10L0	1	20/3180/60	35/9000/130	GLCP4016L10	深圳市大地和电气股份有限公司	80	100	—	纯电动	纯电动厢式运输车			
	永磁同步电动机	GLMP10L0	1	20/3180/60	35/9000/130	GLCP4016L10	深圳市大地和电气股份有限公司	80	100	—	纯电动	纯电动自卸式垃圾车			
	永磁同步电动机	GLMP10L0	1	20/3180/60	35/9000/130	GLCP4016L10	深圳市大地和电气股份有限公司	80	100	—	纯电动	纯电动自装卸式垃圾车			
	永磁同步电机	GLMP100L0	1	55/1650/318	100/4000/1000	GLCP6045L7	深圳市大地和电气股份有限公司	190	250	—	纯电动	纯电动客车			
	永磁同步电机	GLMP10L0	1	20/3180/60	35/9000/130	GLCP4016L10	深圳市大地和电气股份有限公司	80	130	—	纯电动	纯电动扫路车			
	永磁同步电机	GLMP10L0	1	20/3180/60	35/9000/130	GLCP4016L10	深圳市大地和电气股份有限公司	80	130	—	纯电动	纯电动路面养护车			
	永磁同步电机	GLMP120L0	1	80/1910/400	150/4000/1200	GLCP10045L28	深圳市大地和电气股份有限公司	—	151	—	纯电动	纯电动城市客车			
	永磁同步电机	GLMP120L0	1	80/1910/400	150/4000/1200	GLCP10045L28	深圳市大地和电气股份有限公司	110	150	—	纯电动	纯电动城市客车			

续表

电动汽车驱动电机生产企业	电动汽车驱动电机类型	电动汽车驱动电机型号	驱动电机安装数量（台/辆）	电动汽车驱动电机额定功率、转速、转矩（kW、r/min、N·m）	电动汽车驱动电机峰值功率、转速、转矩（kW、r/min、N·m）	驱动电机控制器型号	驱动电机控制器生产企业	电动汽车续驶里程（工况法，km）	电动汽车续驶里程（等速法，km）	混合动力汽车纯电动模式下1km最高车速（km/h）	燃料种类	配套车辆类型	2015年配套车型产量（辆）	2016年1—3月配套车型产量（辆）	配套车型产量合计（辆）
深圳市大地和电气股份有限公司	永磁同步电机	GLMP120L0	1	80/1910/400	150/4000/1200	GLCP10045L28	深圳市大地和电气股份有限公司	140	187	—	纯电动	纯电动客车			
	永磁同步电机	GLMP15L0	1	20/2500/64	40/6800/150	GLCP4026L0	深圳市大地和电气股份有限公司	80	100	—	纯电动	纯电动车厢可卸式垃圾车			
	永磁同步电动机	GLMP15L0	1	20/2500/76	40/6800/150	GLCP4026L0	深圳市大地和电气股份有限公司	—	80	—	纯电动	纯电动车厢可卸式垃圾车			
	永磁同步电动机	GLMP15L0	1	20/2500/76	40/6800/150	GLCP4026L0	深圳市大地和电气股份有限公司	—	80	—	纯电动	纯电动洒水车			
	永磁同步电动机	GLMP15L0	1	20/2500/76	40/6800/150	GLCP4026L0	深圳市大地和电气股份有限公司	—	80	—	纯电动	纯电动扫路车			
	永磁同步电动机	GLMP15L0	1	20/2500/76	40/6800/150	GLCP4026L0	深圳市大地和电气股份有限公司	—	80	—	纯电动	纯电动自装卸式垃圾车			
	永磁同步电机	GLMP15L0	1	20/2500/76	40/6800/180	GLCP4026L0	深圳市大地和电气股份有限公司	—	100	—	纯电动	纯电动厢式运输车			
	永磁同步电动机	GLMP20L1	1	20/3500/55	40/7800/200	GLCP7026L6	深圳市大地和电气股份有限公司	80	100	—	纯电动	纯电动路面养护车			
	永磁同步电动机	GLMP20L1	1	20/3500/55	40/7800/200	GLCP7026L6	深圳市大地和电气股份有限公司	80	100	—	纯电动	纯电动扫路车			
	永磁同步电动机	GLMP20L1	1	20/3500/55	40/7800/200	GLCP7026L6	深圳市大地和电气股份有限公司	—	100	—	纯电动	纯电动厢式运输车			
	永磁同步电机	GLMP22L2	1	30/2700/106	62/9500/220	GLCP6026L0	深圳市大地和电气股份有限公司	—	108 (40km/h)	—	纯电动	纯电动道路清扫车			
	永磁同步电机	GLMP22L2	1	30/2700/106	62/9500/220	GLCP6026L0	深圳市大地和电气股份有限公司	125	150	—	纯电动	纯电动路面养护车			
	永磁同步电机	GLMP22L2	1	30/2700/106	62/9500/220	GLCP6026L0	深圳市大地和电气股份有限公司	125	150	—	纯电动	纯电动自装卸式垃圾车			
	永磁同步电机	GLMP22L2	1	30/2700/106	62/9500/220	GLCP6026L0	深圳市大地和电气股份有限公司	200	240	—	纯电动	纯电动扫路车			
	永磁同步电动机	GLMP24L0	1	35/2800/120	70/9000/320	GLCP6026L41	深圳市大地和电气股份有限公司	85	100	—	纯电动	纯电动厢式运输车			
	永磁同步电动机	GLMP24L0	1	35/2800/120	70/9000/320	GLCP6026L41	深圳市大地和电气股份有限公司	85	100	—	纯电动	纯电动邮政车			
	永磁同步电动机	GLMP24L0	1	35/2800/120	70/9000/320	GLCP6026L41	深圳市大地和电气股份有限公司	—	100	—	纯电动	纯电动自装卸式垃圾车			
	永磁同步电机	GLMP250L0	1	120/1200/955	200/3350/2800	GLCP14045L31	深圳市大地和电气股份有限公司	—	150	—	纯电动	纯电动城市客车			
	永磁同步电机	GLMP250L0	2	120/1200/955	200/3000/2800	GLCP14045L31	深圳市大地和电气股份有限公司	—	200	—	纯电动	纯电动城市客车			
	永磁同步电机	GLMP250L0	1	120/1200/955	200/3350/2800	GLCP14045L31	深圳市大地和电气股份有限公司	—	250	—	纯电动	纯电动城市客车			
	永磁同步电机	GLMP250L0	1	120/1200/955	200/3000/2800	GLCP14045L31	深圳市大地和电气股份有限公司	280	350	—	纯电动	纯电动城市客车			
	永磁同步电机	GLMP250L0	1	120/1200/955	200/3000/2800	GLCP14045L31	深圳市大地和电气股份有限公司	—	190	—	纯电动	纯电动客车			
	永磁同步电机	GLMP250L0	1	120/1200/955	200/3350/2800	GLCP14045L31	深圳市大地和电气股份有限公司	—	200	—	纯电动	纯电动客车			

续表

电动汽车驱动电机生产企业	电动汽车驱动电机类型	电动汽车驱动电机型号	驱动电机安装数量（台/辆）	电动汽车驱动电机额定功率、转速、转矩（kW、r/min、N·m）	电动汽车驱动电机峰值功率、转速、转矩（kW、r/min、N·m）	驱动电机控制器型号	驱动电机控制器生产企业	电动汽车续驶里程（工况法，km）	电动汽车续驶里程（等速法，km）	混合动力汽车纯电动模式下1km最高车速（km/h）	燃料种类	配套车辆类型	2015年配套车型产量（辆）	2016年1—3月配套车型产量（辆）	配套车型产量合计（辆）
深圳市大地和电气股份有限公司	永磁同步电机	GLMP250L0	1	120/1200/955	200/3000/2800	GLCP14045L31	深圳市大地和电气股份有限公司	—	230	—	纯电动	纯电动客车			
	永磁同步电机	GLMP250L0	1	120/1200/955	200/3000/2800	GLCP14045L31	深圳市大地和电气股份有限公司	—	250	—	纯电动	纯电动客车			
	永磁同步电机	GLMP250L0	1	120/1200/955	200/3000/2800	GLCP14045L31	深圳市大地和电气股份有限公司	—	305	—	纯电动	纯电动双层城市客车			
	永磁同步电机	GLMP25L1	1	40/3000/127	80/6000/250	GLCP7026L11	深圳市大地和电气股份有限公司	—	150	—	纯电动	纯电动多用途乘用车			
	永磁同步电机	GLMP25L1	1	40/3000/127	80/6000/250	GLCP7026L11	深圳市大地和电气股份有限公司	—	150	—	纯电动	纯电动城市客车			
	永磁同步电机	GLMP25L1	1	40/3000/127	80/6000/250	GLCP7026L11	深圳市大地和电气股份有限公司	—	205	—	纯电动	纯电动城市客车			
	永磁同步电机	GLMP40L0	1	60/2400/240	120/5000/420	GLCP7032L4	深圳市大地和电气股份有限公司	160	180	—	纯电动	纯电动客车			
	永磁同步电机	GLMP40L0	1	60/2400/240	120/5000/420	GLCP7032L4	深圳市大地和电气股份有限公司	—	250	—	纯电动	纯电动客车			
	永磁同步电机	GLMP40L0	1	60/2400/240	120/5000/420	GLCP7032L4	深圳市大地和电气股份有限公司	—	250	—	纯电动	纯电动厢式运输车			
	永磁同步电机	GLMP60L0	1	70/2500/270	100/6000/600	GLCP7028L5	深圳市大地和电气股份有限公司	—	180	—	纯电动	纯电动城市客车			
	永磁同步电机	GLMP60L0	1	70/2500/270	100/6000/600	GLCP7028L5	深圳市大地和电气股份有限公司	—	190	—	纯电动	纯电动客车			
	永磁同步电机	GLMP60L0	1	70/2500/270	100/6000/600	GLCP7028L5	深圳市大地和电气股份有限公司	—	200	—	纯电动	纯电动客车			
	永磁同步电机	GLMP60L0	1	70/2500/270	100/6000/600	GLCP7028L5	深圳市大地和电气股份有限公司	—	200	—	纯电动	纯电动厢式运输车			
	永磁同步电机	GLMP60L0	1	70/2500/270	100/6000/600	GLCP7028L5	深圳市大地和电气股份有限公司	—	210	—	纯电动	纯电动客车			
	永磁同步电机	GLMP60L0	1	70/2500/270	100/6000/600	GLCP7028L5	深圳市大地和电气股份有限公司	—	250	—	纯电动	纯电动客车			
	永磁同步电机	GLMP60L0	1	70/2500/270	100/6000/600	GLCP7028L5	深圳市大地和电气股份有限公司	—	255	—	纯电动	纯电动城市客车			
	永磁同步电机	GLMP60L0	1	70/2500/270	100/6000/600	GLCP7028L5	深圳市大地和电气股份有限公司	—	262	—	纯电动	纯电动客车			
	永磁同步电机	GLMP60L0	1	70/2500/270	100/6000/600	GLCP7028L5	深圳市大地和电气股份有限公司	—	263	—	纯电动	纯电动客车			
	永磁同步电机	GLMP60L0	1	70/2500/270	100/6000/600	GLCP7028L5	深圳市大地和电气股份有限公司	—	297	—	纯电动	纯电动客车			
	永磁同步电机	GLMP60L0	1	70/2500/270	100/6000/600	GLCP7028L5	深圳市大地和电气股份有限公司	—	301	—	纯电动	纯电动客车			
	永磁同步电机	GLMP60L0	1	70/2500/270	100/6000/600	GLCP7028L5	深圳市大地和电气股份有限公司	—	318	—	纯电动	纯电动客车			
	永磁同步电机	GLMP60L0	1	70/2500/270	100/6000/600	GLCP7028L5	深圳市大地和电气股份有限公司	—	329	—	纯电动	纯电动城市客车			
	永磁同步电机	GLMP60L0	1	70/2500/270	100/6000/600	GLCP7028L5	深圳市大地和电气股份有限公司	—	402	—	纯电动	纯电动客车			
	永磁同步电机	GLMP60L0	1	70/2500/270	100/6000/600	GLCP7028L5	深圳市大地和电气股份有限公司	—	402	—	纯电动	纯电动厢式运输车			

续表

电动汽车驱动电机生产企业	电动汽车驱动电机类型	电动汽车驱动电机型号	驱动电机安装数量（台/辆）	电动汽车驱动电机额定功率、转速、转矩（kW、r/min、N·m）	电动汽车驱动电机峰值功率、转速、转矩（kW、r/min、N·m）	驱动电机控制器型号	驱动电机控制器生产企业	电动汽车续驶里程（工况法，km）	电动汽车续驶里程（等速法，km）	混合动力汽车纯电动模式下1km最高车速（km/h）	燃料种类	配套车辆类型	2015年配套车型产量（辆）	2016年1—3月配套车型产量（辆）	配套车型产量合计（辆）
深圳市大地和电气股份有限公司	永磁同步电机	GLMP60L0	1	70/2500/270	100/6000/600	GLCP7028L5	深圳市大地和电气股份有限公司	—	402	—	纯电动	纯电动邮政车			
	永磁同步电机	GLMP60L0	1	70/2500/270	100/6000/600	GLCP7028L5	深圳市大地和电气股份有限公司	—	405	—	纯电动	纯电动客车			
	永磁同步电机	GLMP60L0	1	70/2500/270	100/6000/600	GLCP7028L5	深圳市大地和电气股份有限公司	—	433	—	纯电动	纯电动城市客车			
	永磁同步电机	GLMP65L0	1	60/3000/650	120/5600/850	GLCP10028L5	深圳市大地和电气股份有限公司	—	180	—	纯电动	纯电动客车			
	永磁同步电机	GLMP70L1	1	70/2500/268	120/6000/800	GLCP6032L65	深圳市大地和电气股份有限公司	—	175	—	纯电动	纯电动客车			
	永磁同步电机	GLMP70L1	1	70/2500/268	120/6000/800	GLCP6032L65	深圳市大地和电气股份有限公司	—	308	—	纯电动	纯电动客车			
	永磁同步电机	GLMP70L1	1	70/2500/268	120/6000/800	GLCP6032L65	深圳市大地和电气股份有限公司	—	376	—	纯电动	纯电动客车			
	永磁同步电机	H021A	1	35/3000/110	80/9000/260	H021A；H021A	苏州汇川技术有限公司；苏州汇川技术有限公司	165	190	—	纯电动	纯电动轿车			
	永磁同步电机	TM5002	1	100/2300/400	150/6000/600	CU5012	精进电动科技（北京）有限公司	180	250	—	纯电动	纯电动客车			
	永磁同步电机	TZ260XSC00	1	70/1910/350	100/5000/700	KTZ35X040S00A	深圳市大地和电气股份有限公司	—	253	—	纯电动	纯电动客车			
	永磁同步电机	TZ260XSC00	1	70/1910/350	100/5000/700	KTZ35X040S00A	深圳市大地和电气股份有限公司	—	256	—	纯电动	纯电动客车			
	永磁同步电机	TZ260XSC00	1	70/1910/350	100/5000/700	KTZ35X040S00A	深圳市大地和电气股份有限公司	—	263	—	纯电动	纯电动客车			
	永磁同步电机	TZ260XSC00	1	70/1910/350	100/5000/700	KTZ35X040S00A	深圳市大地和电气股份有限公司	—	285	—	纯电动	纯电动客车			
	永磁同步电机	TZ260XSC00	1	70/1910/350	100/5000/700	KTZ35X040S00A	深圳市大地和电气股份有限公司	—	296	—	纯电动	纯电动客车			
	永磁同步电机	TZ260XSC00	1	70/1910/350	100/5000/700	KTZ35X040S00A	深圳市大地和电气股份有限公司	—	307	—	纯电动	纯电动客车			
	永磁同步电机	TZ260XSC00	1	70/1910/350	100/5000/700	KTZ35X040S00A	深圳市大地和电气股份有限公司	—	312	—	纯电动	纯电动客车			
	永磁同步电机	TZ260XSC00	1	70/1910/350	100/5000/700	KTZ35X040S00A	深圳市大地和电气股份有限公司	—	335	—	纯电动	纯电动客车			
	永磁同步电机	TZ260XSC00	1	70/1910/350	100/5000/700	KTZ35X040S00A	深圳市大地和电气股份有限公司	—	417	—	纯电动	纯电动客车			
	永磁同步电机	TZ260XSC00	1	70/1910/350	100/5000/700	KTZ35X040S00A	深圳市大地和电气股份有限公司	—	427	—	纯电动	纯电动客车			
	永磁同步电机	TZ260XSC00	1	70/1910/350	100/5000/700	KTZ35X040S00A	深圳市大地和电气股份有限公司	—	505	—	纯电动	纯电动客车			
	永磁同步电机	TZ260XSC00	1	70/1910/350	100/5000/700	KTZ35X040S00A	深圳市大地和电气股份有限公司	—	514	—	纯电动	纯电动客车			
	永磁同步电机	TZ260XSC00	1	70/1910/350	100/5000/700	KTZ35X040S00A	深圳市大地和电气股份有限公司	—	543	—	纯电动	纯电动监测车			
	永磁同步电机	TZ260XSC00	1	70/1910/350	100/5000/700	KTZ35X040S00A	深圳市大地和电气股份有限公司	—	575	—	纯电动	纯电动客车			

续表

电动汽车驱动电机生产企业	电动汽车驱动电机类型	电动汽车驱动电机型号	驱动电机安装数量（台/辆）	电动汽车驱动电机额定功率、转速、转矩（kW、r/min、N·m）	电动汽车驱动电机峰值功率、转速、转矩（kW、r/min、N·m）	驱动电机控制器型号	驱动电机控制器生产企业	电动汽车续驶里程（工况法，km）	电动汽车续驶里程（等速法，km）	混合动力汽车纯电动模式下1km最高车速（km/h）	燃料种类	配套车辆类型	2015年配套车型产量（辆）	2016年1—3月配套车型产量（辆）	配套车型产量合计（辆）
深圳市大地和电气股份有限公司	永磁同步电机	TZ260XSC00	1	70/1910/350	100/5000/700	KTZ35X040S00A	深圳市大地和电气股份有限公司	—	427	—	纯电动	纯电动流动服务车			
	永磁同步电机	TZ260XSC00	1	70/1910/350	100/5000/700	KTZ35X040S00A	深圳市大地和电气股份有限公司	—	386	—	纯电动	纯电动厢式运输车			
	永磁同步电机	TZ260XSC00	1	70/1910/350	100/5000/700	KTZ35X040S00A	深圳市大地和电气股份有限公司	—	470	—	纯电动	纯电动厢式运输车			
	永磁同步电机	TZ260XSC00	1	70/1910/350	100/5000/700	KTZ35X040S00A	深圳市大地和电气股份有限公司	—	505	—	纯电动	纯电动厢式运输车			
	永磁同步电机	TZ260XSC00	1	70/1910/350	100/5000/700	KTZ35X040S00A	深圳市大地和电气股份有限公司	—	427	—	纯电动	纯电动邮政车			
联合电子汽车有限公司	永磁同步电机	IMG－290.1－2	1	26/3000/83	44/7000/317	INV2CON2.2	联合电子汽车有限公司	58	88	203	汽油混合动力	插电式混合动力轿车	12033	1668	13701
	永磁同步电机	IMG－290.1－2	1	26/3000/83	44/7000/317	INV2CON2.2	联合汽车电子有限公司	60	88	200	汽油混合动力	插电式混合动力轿车			
	永磁同步电机	IMG－290.1－2；TZ290XSUAES	1	26/3000/83；30/2000/147	44/7000/317；60/7000/318	INV2CON2.2；KTZ35X34SUAES	联合汽车电子有限公司	60	88	200	汽油混合动力	插电式混合动力轿车			
苏州海格新能源汽车电控系统科技有限公司	交流异步	HC－EDM4001	1	100/955/1000	220/3000/2700	HC－EMCU4001	苏州海格新能源汽车电控系统科技有限公司	—	200	—	纯电动	纯电动客车	11754	291	12045
	交流异步	HC－HDM4000	1	100/950/1005	250/2400/2400	HC－HMCU4000	苏州海格新能源汽车电控系统科技有限公司	—	200	—	纯电动	纯电动城市客车			
	交流异步	HC－HDM4000	1	100/950/1005	250/2400/2400	HC－HMCU4000	苏州海格新能源汽车电控系统科技有限公司	—	200	—	纯电动	纯电动客车			
	交流异步	HC－HDM4000	1	100/950/1005	250/2400/2400	HC－HMCU4000	苏州海格新能源汽车电控系统科技有限公司	—	250	—	纯电动	纯电动城市客车			
	永磁同步	HC－EDM1000	1	85/2300/350	130/6000/600	HC－EMCU1000	苏州海格新能源汽车电控系统科技有限公司	—	155	—	纯电动	纯电动城市客车			
	永磁同步	HC－EDM1000	1	85/2300/350	130/6000/600	HC－EMCU1000	苏州海格新能源汽车电控系统科技有限公司	—	155	—	纯电动	纯电动客车			
	永磁同步	HC－EDM1000	1	85/2300/350	130/6000/600	HC－EMCU1000	苏州海格新能源汽车电控系统科技有限公司	—	255	—	纯电动	纯电动客车			
	永磁同步	HC－EDM1000	1	85/2300/350	130/6000/600	HC－EMCU1000	苏州海格新能源汽车电控系统科技有限公司	—	260	—	纯电动	纯电动客车			
	永磁同步	HC－EDM1000	1	85/2300/350	130/6000/600	HC－EMCU1000	苏州海格新能源汽车电控系统科技有限公司	—	180	—	纯电动	纯电动厢式运输车			

续表

电动汽车驱动电机生产企业	电动汽车驱动电机类型	电动汽车驱动电机型号	驱动电机安装数量（台/辆）	电动汽车驱动电机额定功率、转速、转矩（kW、r/min、N·m）	电动汽车驱动电机峰值功率、转速、转矩（kW、r/min、N·m）	驱动电机控制器型号	驱动电机控制器生产企业	电动汽车续驶里程（工况法，km）	电动汽车续驶里程（等速法，km）	混合动力汽车纯电动模式下1km最高车速（km/h）	燃料种类	配套车辆类型	2015年配套车型产量（辆）	2016年1—3月配套车型产量（辆）	配套车型产量合计（辆）
苏州海格新能源汽车电控系统科技有限公司	永磁同步	HC－EDM1000	1	85/2300/350	130/6000/600	HC－EMCU1000	苏州海格新能源汽车电控系统科技有限公司	—	155	—	纯电动	纯电动厢式运输车			
	永磁同步	TZ365XSH07	1	85/2300/350	130/6000/600	KTZ30X40SH07	苏州海格新能源汽车电控系统科技有限公司	—	285	—	纯电动	纯电动客车			
	永磁同步电机	HC－EDM5010	1	113/1200/900	160/3000/1500	HC－EMCU5010	苏州海格新能源汽车电控系统科技有限公司	—	220	—	纯电动	纯电动城市客车			
	永磁同步电机	HC－EDM5010	1	113/1200/900	160/3000/1500	HC－EMCU5010	苏州海格新能源汽车电控系统科技有限公司	—	260	—	纯电动	纯电动客车			
	永磁同步电机	HC－EDM5010	1	113/1200/900	160/3000/1500	HC－EMCU5020	苏州海格新能源汽车电控系统科技有限公司	—	220	—	纯电动	纯电动城市客车			
	永磁同步电机	HC－EDM5020	1	60/1040/550	100/4800/1000	HC－EMCU5020	苏州海格新能源汽车电控系统科技有限公司	—	220	—	纯电动	纯电动城市客车			
	永磁同步电机	HC－EDM5022	1	70/955/700	110/4800/1100	HC－EMCU5022	苏州海格新能源汽车电控系统科技有限公司	—	300	—	纯电动	纯电动客车			
	永磁同步电机	HC－EDM5023	1	85/2320/350	150/6000/650	HC－EMCU5023	苏州海格新能源汽车电控系统科技有限公司	—	150	—	纯电动	纯电动城市客车			
	永磁同步电机	HC－EDM6000	1	30/1800/100	60/5000/250	HC－EMCU6000	苏州海格新能源汽车电控系统科技有限公司	255	—	—	纯电动	纯电动厢式运输车			
	永磁同步电机	HC－EDM6000	1	30/1800/160	60/5000/320	HC－EMCU6000	苏州海格新能源汽车电控系统科技有限公司	150	—	—	纯电动	纯电动厢式运输车			
	永磁同步电机	HC－EDM6000	1	30/1800/160	60/5000/320	HC－EMCU6000	苏州海格新能源汽车电控系统科技有限公司	150	—	—	纯电动	纯电动厢式运输车			
	永磁同步电机	HC－HDM1000	1	100/700/1364	135/3000/2100	HC－HMCU1000	苏州海格新能源汽车电控系统科技有限公司	—	52	22	NG/电混合动力	插电式混合动力城市客车			
	永磁同步电机	HC－HDM1000	1	100/700/1364	135/3000/2100	HC－HMCU1000	苏州海格新能源汽车电控系统科技有限公司	—	55	22	NG/电混合动力	插电式混合动力城市客车			
	永磁同步电机	HC－HDM1000	1	100/700/1364	135/3000/2100	HC－HMCU1000	苏州海格新能源汽车电控系统科技有限公司	—	60	22	NG	插电式混合动力城市客车			

续表

电动汽车驱动电机生产企业	电动汽车驱动电机类型	电动汽车驱动电机型号	驱动电机安装数量（台/辆）	电动汽车驱动电机额定功率、转速、转矩（kW、r/min、N·m）	电动汽车驱动电机峰值功率、转速、转矩（kW、r/min、N·m）	驱动电机控制器型号	驱动电机控制器生产企业	电动汽车续驶里程（工况法，km）	电动汽车续驶里程（等速法，km）	混合动力汽车纯电动模式下1km最高车速（km/h）	燃料种类	配套车辆类型	2015年配套车型产量（辆）	2016年1—3月配套车型产量（辆）	配套车型产量合计（辆）
苏州海格新能源汽车电控系统科技有限公司	永磁同步电机	HC－HDM1000	1	100/700/1364	135/3000/2100	HC－HMCU1000	苏州海格新能源汽车电控系统科技有限公司	—	60	22	柴油混合动力	插电式混合动力城市客车			
	永磁同步电机	HC－HDM1000	1	100/750/1270	135/3000/2050	HC－HMCU1000	苏州海格新能源汽车电控系统科技有限公司	—	52	22	柴油混合动力	插电式混合动力城市客车			
	永磁同步电机	HC－HDM1000	1	100/750/1270	135/3000/2050	HC－HMCU1000	苏州海格新能源汽车电控系统科技有限公司	—	55	30	NG 混合动力	插电式混合动力城市客车			
	永磁同步电机	HC－HDM1000	1	100/750/1270	135/3000/2050	HC－HMCU1000	苏州海格新能源汽车电控系统科技有限公司	—	60	30	NG 混合动力	插电式混合动力城市客车			
	永磁同步电机	HC－HDM1000	1	100/750/1270	135/3000/2050	HC－HMCU1000	苏州海格新能源汽车电控系统科技有限公司	—	60	50	柴油/电混合动力	插电式混合动力城市客车			
	永磁同步电机	HC－HDM3000	1	100/1600/600	130/3000/850	HC－HMCU3000	苏州海格新能源汽车电控系统科技有限公司	—	52	22	NG/电混合动力	插电式混合动力城市客车			
	永磁同步电机	HC－HDM3000	1	100/1600/600	130/3000/850	HC－HMCU3000	苏州海格新能源汽车电控系统科技有限公司	—	—	22	柴油混合动力	插电式混合动力城市客车			
	永磁同步电机	HC－HDM3000	1	100/1600/600	130/3000/850	HC－HMCU3000	苏州海格新能源汽车电控系统科技有限公司	—	55	22	NG 混合动力	插电式混合动力城市客车			
	永磁同步电机	HC－HDM3000	1	100/1600/600	130/3000/850	HC－HMCU3000	苏州海格新能源汽车电控系统科技有限公司	—	60	22	NG 混合动力	插电式混合动力城市客车			
	永磁同步电机	HC－HDM3000	1	100/1600/600	130/3000/850	HC－HMCU3000	苏州海格新能源汽车电控系统科技有限公司	—	60	22	柴油/电混合动力	插电式混合动力城市客车			
	永磁同步电机	HC－HDM3040	1	80/1390/550	140/4500/1000	HC－HMCU3040	苏州海格新能源汽车电控系统科技有限公司	—	55	30	NG/电混合动力	插电式混合动力城市客车			
	永磁同步电机	HC－HDM3050	1	89/1000/850	130/3000/1500	HC－HMCU3050	苏州海格新能源汽车电控系统科技有限公司	—	52	30	NG/电混合动力	插电式混合动力城市客车			
	永磁同步电机	HC－HDM3050	1	89/1000/850	130/3000/1500	HC－HMCU3050	苏州海格新能源汽车电控系统科技有限公司	—	52	30	柴油/电混合动力	插电式混合动力城市客车			
	永磁同步电机	HC－HDM5000	1	90/1000/850	140/2600/1500	HC－HMCU5000	苏州海格新能源汽车电控系统科技有限公司	—	—	—	柴油/电混合动力	混合动力城市客车			

续表

电动汽车驱动电机生产企业	电动汽车驱动电机类型	电动汽车驱动电机型号	驱动电机安装数量（台/辆）	电动汽车驱动电机额定功率、转速、转矩（kW、r/min、N·m）	电动汽车驱动电机峰值功率、转速、转矩（kW、r/min、N·m）	驱动电机控制器型号	驱动电机控制器生产企业	电动汽车续驶里程（工况法，km）	电动汽车续驶里程（等速法，km）	混合动力汽车纯电动模式下1km最高车速（km/h）	燃料种类	配套车辆类型	2015年配套车型产量（辆）	2016年1—3月配套车型产量（辆）	配套车型产量合计（辆）
苏州海格新能源汽车电控系统科技有限公司	永磁同步电机	TZ365XSH05	1	113/1200/900	160/3000/1500	KTZ57X35SH05	苏州海格新能源汽车电控系统科技有限公司	—	260	—	纯电动	纯电动城市客车			
	永磁同步电机	TZ368XSH01	1	100/955/1000	200/2950/2600	KTZ60X45SH01	苏州海格新能源汽车电控系统科技有限公司	—	251	—	纯电动	纯电动城市客车			
中通客车控股股份有限公司	三相交流异步电机	ZTM100－2400	1	100/1200/800	200/3500/2400	ZTMC100－210	中通客车控股股份有限公司	160	261	—	纯电动	纯电动客车	8215	1481	9696
	三相交流异步电机	ZTM100－2400	1	100/1200/800	200/3500/2400	ZTMC100－210	中通客车控股股份有限公司	—	290	—	纯电动	纯电动客车			
	永磁同步电机	TZ460XSZT1	1	80/1550/493	120/3100/2100	KTZ50X30SZT1	中通客车控股股份有限公司	—	174；191	—	纯电动	纯电动城市客车			
	永磁同步电机	TZ460XSZT1	1	80/1550/493	120/3100/2100	KTZ50X30SZT1	中通客车控股股份有限公司	—	251；270	—	纯电动	纯电动城市客车			
	永磁同步电机	ZT0110WE	1	60/1600/358	110/3500/1000	ZTN490WSA	中通客车控股股份有限公司	—	155	—	纯电动	纯电动城市客车			
	永磁同步电机	ZT0110WE	1	60/1600/358	110/3500/1000	ZTN490WSA	中通客车控股股份有限公司	—	255	—	纯电动	纯电动城市客车			
	永磁同步电机	ZTD080W03	1	80/1550/493	120/3100/2100	ZT6080W01	中通客车控股股份有限公司	—	150；180	—	纯电动	纯电动城市客车			
	永磁同步电机	ZTD080W03	1	80/1550/493	120/3100/2100	ZT6080W01	中通客车控股股份有限公司	—	153	—	纯电动	纯电动城市客车			
	永磁同步电机	ZTD080W03	1	80/1550/493	120//3100/2100	ZT6080W01	中通客车控股股份有限公司	150	170	—	纯电动	纯电动城市客车			
	永磁同步电机	ZTD080W03	1	80/1550/493	120/3100/2100	ZT6080W01	中通客车控股股份有限公司	—	200；210	—	纯电动	纯电动客车			
	永磁同步电机	ZTD080W03	1	80/1550/493	120/3100/2100	ZT6080W01	中通客车控股股份有限公司	—	250；255	—	纯电动	纯电动客车			
	永磁同步电机	ZTD080W03	1	80/1550/493	120/3100/2100	ZT6080W01	中通客车控股股份有限公司	—	252；280	—	纯电动	纯电动城市客车			
	永磁同步电机	ZTD080W03	1	80/1550/493	120//3100/2100	ZT6080W01	中通客车控股股份有限公司	—	253	—	纯电动	纯电动城市客车			
	永磁同步电机	ZTD080W03	1	80/1550/493	120/3100/2100	ZT6080W01	中通客车控股股份有限公司	—	258；276	—	纯电动	纯电动城市客车			
	永磁同步电机	ZTD080W03	1	80/1550/493	120/3100/2100	ZT6080W01	中通客车控股股份有限公司	—	260；275	—	纯电动	纯电动城市客车			
	永磁同步电机	ZTM60－350	1	60/1910/300	100/3200/500	ZTM60－90	中通客车控股股份有限公司	—	151	—	纯电动	纯电动城市客车			
	永磁同步电机	ZTM60－350	1	60/1910/300	100/3200/500	ZTM60－90	中通客车控股股份有限公司	125	155	—	纯电动	纯电动城市客车			
	永磁同步电机	ZTM60－350	1	60/1910/300	100/3200/500	ZTM60－90	中通客车控股股份有限公司	—	250	—	纯电动	纯电动客车			
	永磁同步电机	ZT0110WE	1	60/1600/358	110/3500/1000	ZTN490WSA	中通客车控股股份有限公司	—	151	—	纯电动	纯电动城市客车			

续表

电动汽车驱动电机生产企业	电动汽车驱动电机类型	电动汽车驱动电机型号	驱动电机安装数量（台/辆）	电动汽车驱动电机额定功率、转速、转矩（kW、r/min、N·m）	电动汽车驱动电机峰值功率、转速、转矩（kW、r/min、N·m）	驱动电机控制器型号	驱动电机控制器生产企业	电动汽车续驶里程（工况法，km）	电动汽车续驶里程（等速法，km）	混合动力汽车纯电动模式下1km最高车速（km/h）	燃料种类	配套车辆类型	2015年配套车型产量（辆）	2016年1—3月配套车型产量（辆）	配套车型产量合计（辆）
TOYOTA MOTOR CORPORATION	交流电机	2JM	1	22.0/5100/41.2	44/4500/223	软件：89884－33080；硬件：G9200－33090、软件：89884－33080；硬件：G9200－33100	TOYOTA MOTOR CORPORATION；软件：TOYOTA MOTOR CORPORATION；硬件：DENSO CORPORATION	—	—	—	汽油混合动力	非插电式混合动力轿车	7034	1582	8616
	永磁同步电机	2JM	1	22/5100/41.2	44/4500/93	软件：89884－33041；硬件 G9200－33171	TOYOTA MOTOR CORPORATION / DENSO CORPORATION	—	—	—	汽油混合动力	非插电式混合动力轿车			
上海电驱动股份有限公司；芜湖杰诺瑞汽车电器系统有限公司	永磁同步电机	2103AAL；2103AAS	1	21/3000/66.9	41.8/2660/150	2142AAF；2142AAM	上海电驱动股份有限公司；芜湖杰诺瑞汽车电器系统有限公司	≥151	≥170	—	纯电动	纯电动轿车	5973	2353	8326
	永磁同步电机	2103AAL；2103AAS	1	21/3000/66.9	41.8/2660/150	2142AAF；2142AAM	上海电驱动股份有限公司；芜湖杰诺瑞汽车电器系统有限公司	151	170	—	纯电动	纯电动厢式运输车			
广东合普动力科技有限公司	交流异步	HPQ10－96	1	10/3000/31.8	20/6500/120	MC3336－9635	珠海英搏尔电气有限公司	152	—	—	纯电动	纯电动轿车	6091	1711	7802
	交流异步	HPQ5－48－18N	1	5/4000/11.9	12/8000/90	MC3336－7240	珠海英搏尔电气有限公司	90	95	—	纯电动	纯电动厢式运输车			
	交流异步	HPQ10－96	1	10/3000/31.8	20/6500/120	MC3336－9635	珠海英搏尔电气有限公司	150	—	—	纯电动	纯电动轿车			
	交流异步	HPQ15－96－22W	1	15/3000/48	30/6500/125	MC3336－9640	珠海英搏尔电气有限公司	150	180	—	纯电动	纯电动厢式运输车			
	三相异步电机	HPQ10－96	1	10/3000/31.8	20/6500/120	MC3336－9635	珠海英搏尔电气有限公司	170	210	—	纯电动	纯电动双排仓栅式运输车			
	三相异步电机	HPQ10－96	1	10/3000/31.8	20/6500/120	MC3336－9635	珠海英搏尔电气有限公司	170	210	—	纯电动	纯电动厢式运输车			
	三相异步电机	HPQ10－96	1	10/3000/31.8	20/6500/120	MC3336－9635	珠海英搏尔电气有限公司	99	110	—	纯电动	纯电动仓栅式运输车			
	三相异步电机	HPQ10－96	1	10/3000/31.8	20/6500/120	MC3336－9635	珠海英搏尔电气有限公司	99	110	—	纯电动	纯电动垃圾车			
	三相异步电机	HPQ10－96	1	10/3000/31.8	20/6500/120	MC3336－9635	珠海英搏尔电气有限公司	99	110	—	纯电动	纯电动洒水车			
	三相异步电机	HPQ10－96	1	10/3000/31.8	20/6500/120	MC3336－9635	珠海英搏尔电气有限公司	99	110	—	纯电动	纯电动双排仓栅式运输车			
	三相异步电机	HPQ10－96	1	10/3000/31.8	20/6500/120	MC3336－9635	珠海英搏尔电气有限公司	99	110	—	纯电动	纯电动双排厢式运输车			
	三相异步电机	HPQ10－96	1	10/3000/31.8	20/6500/120	MC3336－9635	珠海英搏尔电气有限公司	99	110	—	纯电动	纯电动厢式运输车			

续表

电动汽车驱动电机生产企业	电动汽车驱动电机类型	电动汽车驱动电机型号	驱动电机安装数量（台/辆）	电动汽车驱动电机额定功率、转速、转矩（kW、r/min、N·m）	电动汽车驱动电机峰值功率、转速、转矩（kW、r/min、N·m）	驱动电机控制器型号	驱动电机控制器生产企业	电动汽车续驶里程（工况法，km）	电动汽车续驶里程（等速法，km）	混合动力汽车纯电动模式下1km最高车速（km/h）	燃料种类	配套车辆类型	2015年配套车型产量（辆）	2016年1—3月配套车型产量（辆）	配套车型产量合计（辆）
南京越博动力系统股份有限公司	三相交流电机	YBM401	1	25/3000/80	55/9000/190	YBC401	南京越博动力系统股份有限公司	—	350	—	纯电动	纯电动流动服务车	6458	172	6630
	永磁同步	TZ365XS - YBM301	1	60/2300/250	100/5500/460	KTZ54X33S - YBC301	南京越博动力系统股份有限公司	—	210	—	纯电动	纯电动厢式运输车			
	永磁同步电机	YBM200	1	94/1800/500	120/2800/750	YBC200	南京越博动力系统股份有限公司	—	>210	—	纯电动	纯电动城市客车			
	永磁同步电机	YBM200	1	94/1800/500	120/2800/750	YBC200	南京越博动力系统股份有限公司	—	>300	—	纯电动	纯电动客车			
	永磁同步电机	YBM200	1	90/1800/500	120/2800/750	YBC200	南京越博动力系统股份有限公司	—	150	—	纯电动	纯电动城市客车			
	永磁同步电机	YBM200	1	94/1800/500	120/2800/750	YBC200	南京越博动力系统股份有限公司	—	170	—	纯电动	纯电动城市客车			
	永磁同步电机	YBM200	1	94/1800/500	120/2800/750	YBC200	南京越博动力系统股份有限公司	—	200	—	纯电动	纯电动客车			
	永磁同步电机	YBM200	1	94/1800/500	120/2800/750	YBC200	南京越博动力系统股份有限公司	—	220	—	纯电动	纯电动城市客车			
	永磁同步电机	YBM200	1	94/1800/500	120/2800/750	YBC200	南京越博动力系统股份有限公司	—	230	—	纯电动	纯电动客车			
	永磁同步电机	YBM200	1	94/1800/500	120/2800/750	YBC200	南京越博动力系统股份有限公司	—	250	—	纯电动	纯电动城市客车			
	永磁同步电机	YBM200	1	94/1800/500	120/2800/750	YBC200	南京越博动力系统股份有限公司	—	300	—	纯电动	纯电动城市客车			
	永磁同步电机	YBM200	1	94/1800/500	120/2800/750	YBC200	南京越博动力系统股份有限公司	—	312	—	纯电动	纯电动客车			
	永磁同步电机	YBM300	1	60/2300/250	90/6000/450	YBC300	南京越博动力系统股份有限公司	—	>150	—	纯电动	纯电动城市客车			
	永磁同步电机	YBM300	1	60/2300/250	90/6000/450	YBC300	南京越博动力系统股份有限公司	—	150	—	纯电动	纯电动城市客车			
	永磁同步电机	YBM300	1	60/2490/250	90/3300/450	YBC300	南京越博动力系统股份有限公司	—	160	—	纯电动	纯电动客车			
	永磁同步电机	YBM300	1	60/2300/250	90/6000/450	YBC300	南京越博动力系统股份有限公司	—	200	—	纯电动	纯电动客车			
	永磁同步电机	YBM300	1	60/2300/250	90/6000/450	YBC300	南京越博动力系统股份有限公司	—	220	—	纯电动	纯电动城市客车			
	永磁同步电机	YBM300	1	60/2300/250	90/6000/450	YBC300	南京越博动力系统股份有限公司	—	220	—	纯电动	纯电动厢式运输车			
	永磁同步电动机	YBM401	1	25/3000/80	55/9000/190	YBC401	南京越博动力系统股份有限公司	80	100	—	纯电动	纯电动扫路车			
	永磁同步电机	YBM301	1	60/250/2300	90/350/5500	YBC301	南京越博动力系统股份有限公司	—	155	—	纯电动	纯电动厢式运输车			
	永磁同步电机	YBM301	1	60/250/2300	90/350/5500	YBC301	南京越博动力系统股份有限公司	—	155	—	纯电动	纯电动电源车			
	永磁同步电机	YBM301	1	60/2300/250	90/5500/350	YBC301	南京越博动力系统股份有限公司	—	170	—	纯电动	纯电动客车			

续表

电动汽车驱动电机生产企业	电动汽车驱动电机类型	电动汽车驱动电机型号	驱动电机安装数量（台/辆）	电动汽车驱动电机额定功率、转速、转矩（kW、r/min、N·m）	电动汽车驱动电机峰值功率、转速、转矩（kW、r/min、N·m）	驱动电机控制器型号	驱动电机控制器生产企业	电动汽车续驶里程（工况法，km）	电动汽车续驶里程（等速法，km）	混合动力汽车纯电动模式下1km最高车速（km/h）	燃料种类	配套车辆类型	2015年配套车型产量（辆）	2016年1—3月配套车型产量（辆）	配套车型产量合计（辆）
重庆百转电动汽车电控系统有限责任公司	交流异步电机	BMD－M－10000	1	10/3052/31	30/8000/120	BMD－C－10000	重庆百转电动汽车电控系统有限责任公司	80	135	—	纯电动	纯电动轿车	6510	21	6531
	交流异步电机	BMD－M－10000	1	10/3052/31	30/8000/120	BMD－C－10000	重庆百转电动汽车电控系统有限责任公司	100	135	—	纯电动	纯电动轿车			
	交流异步电机	BMD－M－10000	1	10/3052/31	30/8000/120	BMD－C－10000	重庆百转电动汽车电控系统有限责任公司	160	200	—	纯电动	纯电动轿车			
	交流永磁异步电动机	BMD－M－10000	1	10/3052/31	30/8000/120	BMD－C－10000	重庆百转电动汽车电控系统有限责任公司	250	320	—	纯电动	纯电动轿车			
湖南中车时代电动汽车股份有限公司	交流电机	JD147A	1		180/4500/1600	TGN40	南车时代电动汽车股份有限公司	—	250	—	纯电动	纯电动城市客车	5550	150	5700
	交流电机	JD147A	1		180/4500/1600	TGN40	南车时代电动汽车股份有限公司	—	250	—	纯电动	纯电动城市客车			
	交流异步电机	JD156A	1	100/1000/955	150/3000/2850	TVN7	湖南中车时代电动汽车股份有限公司	—	280	—	纯电动	纯电动城市客车			
	交流异步电机	JD190A	1	130/1532/810	180/3000/2850	TVN7	湖南中车时代电动汽车股份有限公司	—	220	—	纯电动	纯电动城市客车			
	三相异步电动机	JD180	1	100/868/1100	135/2500/2000	TVN7	湖南中车时代电动汽车股份有限公司	—	55	60	NG/电混合动力	插电式混合动力城市客车			
	三相异步电动机	JD190	1	100/1000/955	150/2600/2850	TVN7	湖南中车时代电动汽车股份有限公司	—	280	—	纯电动	纯电动城市客车			
	三相异步电动机	JD190A	1	130/1532/810	180/3000/2850	TVN7	湖南中车时代电动汽车股份有限公司	210	280	—	纯电动	纯电动城市客车			
	三相异步电动机	JD190A	1	130/1532/810	180/3000/2850	TVN7	湖南中车时代电动汽车股份有限公司	220	280	—	纯电动	纯电动城市客车			
	三相异步电动机	JD190A	1	130/1532/810	180/3000/2850	TVN7	湖南中车时代电动汽车股份有限公司	—	260；310	—	纯电动	纯电动城市客车			
	异步牵引电动机	JD156A.	1	100/1000/955	150/3000/2850	TVN7	湖南中车时代电动汽车股份有限公司	—	52	≥50	LNG/电混合动力	插电式混合动力城市客车			
	异步牵引电动机	JD156A	1	100/1000/955	150/3000/2850	TVN7	湖南中车时代电动汽车股份有限公司	—	56	≥50	LNG/电混合动力	插电式混合动力城市客车			

续表

电动汽车驱动电机生产企业	电动汽车驱动电机类型	电动汽车驱动电机型号	驱动电机安装数量（台/辆）	电动汽车驱动电机额定功率、转速、转矩（kW、r/min、N·m）	电动汽车驱动电机峰值功率、转速、转矩（kW、r/min、N·m）	驱动电机控制器型号	驱动电机控制器生产企业	电动汽车续驶里程（工况法，km）	电动汽车续驶里程（等速法，km）	混合动力汽车纯电动模式下1km最高车速（km/h）	燃料种类	配套车辆类型	2015年配套车型产量（辆）	2016年1—3月配套车型产量（辆）	配套车型产量合计（辆）
湖南中车时代电动汽车股份有限公司	异步牵引电动机	JD156A	1	100/1000/955	150/3000/2850	TVN7	湖南中车时代电动汽车股份有限公司	120	150	—	纯电动	纯电动城市客车			
	异步牵引电动机	JD156A	1	100/1000/955	150/3000/2850	TVN7	湖南中车时代电动汽车股份有限公司	200	250	—	纯电动	纯电动城市客车			
	异步牵引电动机	JD156A	1	100/1000/955	150/3000/2850	TVN7 - DSP；TVN7	湖南中车时代电动汽车股份有限公司	—	55	—	NG 混合动力	插电式混合动力城市客车			
	异步牵引电动机	JD156A	1	100/1000/955	150/3000/2850	TVN7 - S1.0；TVN7	湖南中车时代电动汽车股份有限公司	—	55	65	柴油混合动力	插电式混合动力城市客车			
	异步牵引电动机	JD190A	1	130/1532/810	180/3000/2850	TVN7	湖南中车时代电动汽车股份有限公司	230	300	—	纯电动	纯电动客车			
	异步牵引电动机	JD190A	1	130/1532/810	180/3000/2850	TVN7	湖南中车时代电动汽车股份有限公司	160	150	—	纯电动	纯电动城市客车			
	异步牵引电动机	JD190A	1	130/1532/810	180/3000/2850	TVN7	湖南中车时代电动汽车股份有限公司	200	250	—	纯电动	纯电动城市客车			
	异步牵引电机	JD185	1	100/1000/955	150/3000/2500	DKQ108	湖南中车时代电动汽车股份有限公司	—	80	—	纯电动	纯电动城市客车			
	异步牵引电机	JD185	1	100/1000/955	150/3000/2500	DKQ108	湖南中车时代电动汽车股份有限公司	—	155	—	纯电动	纯电动城市客车			
	异步牵引电机	JD190A	1	130/1532/810	180/3000/2850	TVN7 S1.0；TVN7	湖南中车时代电动汽车股份有限公司	—	251	—	纯电动	纯电动城市客车			
	异步牵引电机	JD190A	1	130/1532/810	180/3000/2850	TVN7 S1.0；TVN7	湖南中车时代电动汽车股份有限公司	—	335	—	纯电动	纯电动客车			
	永磁电机	TQD101D	1	45/2150/200	90/6000/450	DKQ101A	湖南中车时代电动汽车股份有限公司	100	150	—	纯电动	纯电动客车			
	永磁电机	TQD101D	1	45/2150/200	90/6000/450	DKQ101A	湖南中车时代电动汽车股份有限公司	—	200	—	纯电动	纯电动客车			
	永磁同步电机	JF226	1	50/1540/310	70/2500/610	DKQ101 - S1.0；DKQ101	湖南中车时代电动汽车股份有限公司	—	55	60	柴油/电混合动力	插电式混合动力城市客车			

续表

电动汽车驱动电机生产企业	电动汽车驱动电机类型	电动汽车驱动电机型号	驱动电机安装数量（台/辆）	电动汽车驱动电机额定功率、转速、转矩（kW、r/min、N·m）	电动汽车驱动电机峰值功率、转速、转矩（kW、r/min、N·m）	驱动电机控制器型号	驱动电机控制器生产企业	电动汽车续驶里程（工况法，km）	电动汽车续驶里程（等速法，km）	混合动力汽车纯电动模式下1km最高车速（km/h）	燃料种类	配套车辆类型	2015年配套车型产量（辆）	2016年1—3月配套车型产量（辆）	配套车型产量合计（辆）
湖南中车时代电动汽车股份有限公司	永磁同步电机	tDriver - MD23	1	100/900/1057	150/2400/2800	tDriver - DE1 - S1.0；tDriver - DE1	湖南中车时代电动汽车股份有限公司	—	31	65	NG/电混合动力	插电式混合动力城市客车			
	永磁同步电机	tDriver - MD23	1	100/900/1057	150/2400/2800	tDriver - DE1 - S1.0；tDriver - DE1	湖南中车时代电动汽车股份有限公司	—	31	65	柴油/电混合动力	插电式混合动力城市客车			
	永磁同步电机	TZ290XS230	1	60/1600/358	100/3600/1000	KTZ38X40SP05 - S1.0；KTZ38X40SP05	湖南中车时代电动汽车股份有限公司	—	51	60	柴油/电混合动力	插电式混合动力城市客车			
	永磁同步电机	tDriver - MD11	1	80/1250/611	130/3200/1700	软件：TVN7；硬件：TVN7	湖南中车时代电动汽车股份有限公司	—	160	—	纯电动	纯电动城市客车			
	永磁同步电机	tDriver - MD11	1	80/1250/611	130/3200/1700	软件：TVN7；硬件：TVN7	湖南中车时代电动汽车股份有限公司	—	163	—	纯电动	纯电动城市客车			
	永磁同步电机	tDriver - MD15	1	60/1600/358	100/3600/1000	DKQ101	湖南中车时代电动汽车股份有限公司	—	181；165 202	—	纯电动	纯电动城市客车			
	永磁同步电机	tDriver - MD15	1	60/1600/358	100/3600/1000	DKQ101	湖南中车时代电动汽车股份有限公司	—	200	—	纯电动	纯电动客车			
	永磁同步电机	tDriver - MD15	1	60/1600/358	100/3600/1000	DKQ101	湖南中车时代电动汽车股份有限公司	—	150	—	纯电动	纯电动客车			
	永磁同步电机	tDriver - MD15	1	60/1600/358	100/3600/1000	tDriver - DE2 S1.0；tDriver - DE2	湖南中车时代电动汽车股份有限公司	—	201	—	纯电动	纯电动客车			
	永磁同步电机	tDriver - MD15	1	60/1600/358	100/3600/1000	tDriver - DE2 S1.0；tDriver - DE2	湖南中车时代电动汽车股份有限公司	—	251	—	纯电动	纯电动城市客车			
	永磁同步电机	tDriver - MD20	1	100/1000/955	150/3000/2500	tDriver - DE1 s1.0；tDriver - DE1	湖南中车时代电动汽车股份有限公司	—	281	—	纯电动	纯电动城市客车			
	永磁同步电机	tDriver - MD20	1	100/1000/955	150/3000/2500	tDriver - DE1 s1.0；tDriver - DE1	湖南中车时代电动汽车股份有限公司	—	261	—	纯电动	纯电动城市客车			
	永磁同步电机	TQD101D	1	45/2150/200	90/6000/450	DKQ101A S1.0；DKQ101A	湖南中车时代电动汽车股份有限公司	—	201	—	纯电动	纯电动客车			
	永磁同步电机	JD163	1	35/3038/110	75/12000/220	TVN1	湖南中车时代电动汽车股份有限公司	130	160	—	纯电动	纯电动工程车			

续表

电动汽车驱动电机生产企业	电动汽车驱动电机类型	电动汽车驱动电机型号	驱动电机安装数量（台/辆）	电动汽车驱动电机额定功率、转速、转矩（kW、r/min、N·m）	电动汽车驱动电机峰值功率、转速、转矩（kW、r/min、N·m）	驱动电机控制器型号	驱动电机控制器生产企业	电动汽车续驶里程（工况法，km）	电动汽车续驶里程（等速法，km）	混合动力汽车纯电动模式下1km最高车速（km/h）	燃料种类	配套车辆类型	2015年配套车型产量（辆）	2016年1—3月配套车型产量（辆）	配套车型产量合计（辆）
湖南中车时代电动汽车股份有限公司	永磁同步电机	JD163	1	35/3038/110	75/9000/220	TVN1	湖南中车时代电动汽车股份有限公司	100	120	—	纯电动	纯电动自卸式垃圾车			
	永磁同步电机	tDriver－MD15	1	60/1600/358	100/3600/1000	DKQ101	湖南中车时代电动汽车股份有限公司	—	130	—	纯电动	纯电动厢式运输车			
	永磁同步电机	tDriver－MD15	1	60/1600/358	100/3600/1000	DKQ101	湖南中车时代电动汽车股份有限公司	—	200	—	纯电动	纯电动厢式运输车			
	永磁同步电机	JD163	1	35/3038/110	75/9000/220	TVN1	湖南中车时代电动汽车股份有限公司	>100	120	—	纯电动	纯电动密闭式桶装垃圾车			
	永磁同步电机	JD163	1	35/3038/110	75/9000/220	TVN1	湖南中车时代电动汽车股份有限公司	100	120	—	纯电动	纯电动路面养护车			
	永磁同步电机	TQD101D	1	45/2150/200	90/6000/450	DKQ101－DSP；DKQ101A	湖南中车时代电动汽车股份有限公司	—	—	—	NG 混合动力	非插电式混合动力城市客车			
	永磁同步牵引电动机	TZ405XSD23	1	100/900/1057	150/3000/2500	KTZ38X40SP01－S1.0；KTZ38X40SP01	湖南中车时代电动汽车股份有限公司	—	51	65	柴油/电混合动力	插电式混合动力城市客车			
	永磁同步牵引电动机	TZ290XSD15	1	60/1600/358	100/3600/1000	KTZ38X40SP02 S1.0；KTZ38X40SP02	湖南中车时代电动汽车股份有限公司	—	255	—	纯电动	纯电动城市客车			
	永磁同步牵引电机	TZ330XSD16	1	100/2800/340	150/7500/1000	KTZ38X40SP05	湖南中车时代电动汽车股份有限公司	—	252	—	纯电动	纯电动客车			
	永磁同步驱动电机	tDriver－MD15	1	60/1600/358	100/3600/1000	DKQ101	湖南中车时代电动汽车股份有限公司	—	191	—	纯电动	纯电动城市客车			
	异步牵引电动机；异步牵引电动机	JD156A；JD156A－1	1	100/1000/955；100/1000/955	150/3000/2850；150/3000/2500	TVN7－DSP、TVN7；TVN7－DSP、TVN7	湖南中车时代电动汽车股份有限公司；湖南中车时代电动汽车股份有限公司	—	35	—	NG 混合动力	插电式混合动力城市客车			
	异步牵引电动机；异步牵引电动机	JD156A；JD156A－1	1	100/1000/955；100/1000/955	150/3000/2850；150/3000/2500	TVN7－DSP、TVN7；TVN7－DSP、TVN7	湖南中车时代电动汽车股份有限公司；湖南中车时代电动汽车股份有限公司	—	35	—	柴油混合动力	插电式混合动力城市客车			

续表

电动汽车驱动电机生产企业	电动汽车驱动电机类型	电动汽车驱动电机型号	驱动电机安装数量（台/辆）	电动汽车驱动电机额定功率、转速、转矩（kW、r/min、N·m）	电动汽车驱动电机峰值功率、转速、转矩（kW、r/min、N·m）	驱动电机控制器型号	驱动电机控制器生产企业	电动汽车续驶里程（工况法，km）	电动汽车续驶里程（等速法，km）	混合动力汽车纯电动模式下1km最高车速（km/h）	燃料种类	配套车辆类型	2015年配套车型产量（辆）	2016年1—3月配套车型产量（辆）	配套车型产量合计（辆）
华域汽车电动系统有限公司	永磁同步电机	200TZ－XS60K	1	28/3000/90	60/8000/160	KTZ300X200S	华域汽车电动系统有限公司	155	185	—	纯电动	纯电动轿车	4938	474	5412
	永磁同步电机	230TY28K	1	28/3000/90	52/3200/155	INVCON2.2	联合汽车电子有限公司	170	220	—	纯电动	纯电动轿车			
	永磁同步电机	230TY28K	1	28/3000/90	52/3200155	INVCON2.2；EP11	联合汽车电子有限公司；上海汽车集团股份有限公司	120	180	—	纯电动	纯电动轿车			
	永磁同步电机	230TY28K	1	28/3000/90	52/3200/155	INVCON2.2；EP11	联合汽车电子有限公司；上海汽车集团股份有限公司	140	180	—	纯电动	纯电动轿车			
	永磁同步电机	240TZ－XS110K	1	70/1650/400	110/4500/650	KTZ380X450S	华域汽车电动系统有限公司	—	200	—	纯电动	纯电动客车			
	永磁同步电机	240TZ－XS110K	1	70/1650/400	110/4500/650	KTZ380X450S	华域汽车电动系统有限公司	150	210	—	纯电动	纯电动客车			
	永磁同步电机	240TZ－XS110K	1	70/1650/400	110/4500/650	KTZ380X450S	华域汽车电动系统有限公司	—	220	—	纯电动	纯电动客车			
	永磁同步电机	240TZ－XS110K	1	70/1650/400	110/4500/650	KTZ380X450S	华域汽车电动系统有限公司	—	250	—	纯电动	纯电动客车			
	永磁同步电机	240TZ－XS110K	1	70/1650/400	110/4500/650	KTZ380X450S	华域汽车电动系统有限公司	—	280	—	纯电动	纯电动客车			
	永磁同步电机	290TZ－XS150K	1	75/2000/380	150/6000/800	KTZ380X320S	华域汽车电动系统有限公司	155	205	—	纯电动	纯电动多用途乘用车			
精进电动科技（北京）有限公司	三相调速永磁同步电机	TM5028	1	42/4000/105	95/11000/240	INVCON2.3－CN	联合汽车电子有限公司	253	330	—	纯电动	纯电动轿车	4659	522	5181
	永磁同步电机	TM4018	1	40/5300/72	75/14000/165	CU4012	精进电动科技（北京）有限公司	336	—	—	纯电动	纯电动厢式运输车			
	永磁同步电机	TM5002	1	100/2300/400	150/6000/600	CU5012	精进电动科技（北京）有限公司	—	—	20	柴油/电混合动力	插电式混合动力城市客车			
	永磁同步电机	TM5002	1	100/2300/400	150/6000/600	CU5012	精进电动科技（北京）有限公司	21	33	68	LNG/电混合动力	插电式混合动力城市客车			
	永磁同步电动机	TM5002	1	100/2300/400	150/6000/600	CU5012	精进电动科技（北京）有限公司	—	160	—	纯电动	纯电动城市客车			
	永磁同步电机	TM5002	1	100/2300/400	150/6000/600	CU5012	精进电动科技（北京）有限公司	—	170	—	纯电动	纯电动客车			
	永磁同步电机	TM5002	1	100/2300/400	150/6000/600	CU5012	精进电动科技（北京）有限公司	—	190	—	纯电动	纯电动客车			
	永磁同步	TM5002	1	100/2300/400	150/6000/600	CU5012	精进电动科技（北京）有限公司	—	200	—	纯电动	纯电动客车			
	永磁同步电机	TM5002	1	100/2300/400	150/6000/600	CU5012	精进电动科技（北京）有限公司	—	210；180	—	纯电动	纯电动客车			
	永磁同步电机	TM5002	1	100/2300/400	150/6000/600	CU5012	精进电动科技（北京）有限公司	—	220	—	纯电动	纯电动工程车			
	永磁同步电机	TM5002	1	100/2300/400	150/6000/600	CU5012	精进电动科技（北京）有限公司	—	240	—	纯电动	纯电动客车			
	永磁同步电机	TM5002	1	100/2300/400	150/6000/600	CU5012	精进电动科技（北京）有限公司	—	252	—	纯电动	纯电动客车			

续表

电动汽车驱动电机生产企业	电动汽车驱动电机类型	电动汽车驱动电机型号	驱动电机安装数量（台/辆）	电动汽车驱动电机额定功率、转速、转矩（kW、r/min、N·m）	电动汽车驱动电机峰值功率、转速、转矩（kW、r/min、N·m）	驱动电机控制器型号	驱动电机控制器生产企业	电动汽车续驶里程（工况法，km）	电动汽车续驶里程（等速法，km）	混合动力汽车纯电动模式下1km最高车速（km/h）	燃料种类	配套车辆类型	2015年配套车型产量（辆）	2016年1—3月配套车型产量（辆）	配套车型产量合计（辆）
精进电动科技（北京）有限公司	永磁同步电机	TM5002	1	100/2300/400	150/6000/600	CU5012	精进电动科技（北京）有限公司	—	253	—	纯电动	纯电动城市客车			
	永磁同步电机	TM5002	1	100/2300/400	150/6000/600	CU5012	精进电动科技（北京）有限公司	—	255	—	纯电动	纯电动客车			
	永磁同步电机	TM5002	1	100/2300/400	150/6000/600	CU5012	精进电动科技（北京）有限公司	—	259	—	纯电动	纯电动客车			
	永磁同步电机	TM5002	1	100/2300/400	150/6000/600	CU5012	精进电动科技（北京）有限公司	—	260	—	纯电动	纯电动客车			
	永磁同步电机	TM5002	1	100/2300/400	150/6000/600	CU5012	精进电动科技（北京）有限公司	—	300	—	纯电动	纯电动客车			
	永磁同步电机	TM5002	1	100/2300/400	150/6000/600	CU5012	精进电动科技（北京）有限公司	—	306	—	纯电动	纯电动客车			
	永磁同步电机	TM5002	1	100/2300/400	150/6000/600	CU5012	精进电动科技（北京）有限公司	—	310	—	纯电动	纯电动客车			
	永磁同步电机	TM5007	1	102/700/1400	135/3000/2100	CU5007	精进电动科技（北京）有限公司	—	200	—	纯电动	纯电动城市客车			
	永磁同步电机	TM5007	1	102/700/1400	135/3000/2100	CU5007	精进电动科技（北京）有限公司	—	260	—	纯电动	纯电动城市客车			
	永磁同步电机	TM5007	2	TM5007：102/700/1400	TM5007：135/3000/2100	CU5007	德国赛米控国际有限公司	—	50	69	NG/电混合动力	插电式混合动力城市客车			
	永磁同步电机（双电机）	TM5007（主电机）；IS5003（辅助电机）	2	102/700/1400（主电机）；85/1600/500（辅助电机）	135/3000/2100（主电机）；140/3000/850（辅助电机）	CU5007（主电机）；CU5003（辅助电机）	精进电动科技（北京）有限公司	—	260	—	纯电动	纯电动城市客车			
	永磁同步电机	TM5009	1	115/2000/550	150/4500/1000	CU5010	精进电动科技（北京）有限公司	—	151	—	纯电动	纯电动城市客车			
	永磁同步电机	TM5009	1	115/2000/550	150/4500/1000	CU5010	精进电动科技（北京）有限公司	—	250	—	纯电动	纯电动城市客车			
	永磁同步电机	TM5009	1	115/2000/550	150/4500/1000	CU5010	精进电动科技（北京）有限公司	60	70	—	纯电动	纯电动城市客车			
	永磁同步电机	TM5009	1	115/2000/550	150/4500/1000	CU5010	精进电动科技（北京）有限公司	120	155	—	纯电动	纯电动客车			
	永磁同步电机	TM5009	1	115/2000/550	150/4500/1000	CU5010	精进电动科技（北京）有限公司	120	250	—	纯电动	纯电动客车			
	永磁同步电机	TM5009	1	115/2000/550	150/4500/1000	CU5010	精进电动科技（北京）有限公司	—	252	—	纯电动	纯电动城市客车			
	永磁同步电机	TM5019	2	85/2500/320	150/6000/600	CU5018	精进电动科技（北京）有限公司	—	50	60	NG/电混合动力	插电式混合动力城市客车			
	永磁同步电机	TM5019	1	85/2320/350	150/6000/650	CU5018	精进电动科技（北京）有限公司	—	251	—	纯电动	纯电动城市客车			
	永磁同步电机	TM5035	1	150/950/1523	200/2600/2500	CU5044	精进电动科技（北京）有限公司	—	265	—	纯电动	纯电动城市客车			
	永磁同步电机	TZ220XYA51T	1	55/4377/120	130/4138/300	KTZ35X50SA51A	上海大郡动力控制技术有限公司	70	96	180	汽油/电混合动力	插电式混合动力多用途乘用车			

续表

电动汽车驱动电机生产企业	电动汽车驱动电机类型	电动汽车驱动电机型号	驱动电机安装数量（台/辆）	电动汽车驱动电机额定功率、转速、转矩（kW、r/min、N·m）	电动汽车驱动电机峰值功率、转速、转矩（kW、r/min、N·m）	驱动电机控制器型号	驱动电机控制器生产企业	电动汽车续驶里程（工况法，km）	电动汽车续驶里程（等速法，km）	混合动力汽车纯电动模式下1km最高车速（km/h）	燃料种类	配套车辆类型	2015年配套车型产量（辆）	2016年1—3月配套车型产量（辆）	配套车型产量合计（辆）
南昌福瑞德科技有限公司	交流异步电机	FRDY103012A0	1	10/3000/32	20/5600/100	FRDY4012A0	南昌福瑞德科技有限公司	—	90	—	纯电动	纯电动车厢可卸式垃圾车	4906	0	4906
	三相交流异步电机	FRDY103012A0	1	10/3000/32	20/5600/100	FRDY4012A0	南昌福瑞德科技有限公司	200	—	—	纯电动	纯电动厢式运输车			
	三相交流异步电机	FRDY103012A0	1	10/3000/32	20/5600/100	FRDY4012A0	南昌福瑞德科技有限公司	—	120	—	纯电动	纯电动车厢可卸式垃圾车			
	三相交流异步电机	FRDY103012A0	1	10/3000/32	20/5600/100	FRDY4012A0	南昌福瑞德科技有限公司	—	240	—	纯电动	纯电动仓栅式运输车			
	三相交流异步电机	FRDY103012A0	1	10/3000/32	20/5600/100	FRDY4012A0	南昌福瑞德科技有限公司	—	240	—	纯电动	纯电动厢式运输车			
	三相交流异步电机	FRDY753006A0	1	10/3000/24	15/5500/80	FRDY4006A0	南昌福瑞德科技有限公司	150	—	—	纯电动	纯电动轿车			
厦门金龙旅行车有限公司	交流异步电机	GDEV－FD903	1	100/950/1005	250/2400/2400	GDEV－FQ903	厦门金龙旅行车有限公司	—	220	—	纯电动	纯电动客车	4776	109	4885
	交流异步电机	GDEV－FD903	1	100/950/1005	250/2400/2400	GDEV－FQ903	厦门金龙旅行车有限公司	—	260	—	纯电动	纯电动客车			
	交流异步电机	GDEV－RD03	1	60/1600/358	120/4000/720	GDEV－RQ03	厦门金龙旅行车有限公司	—	151	—	纯电动	纯电动城市客车			
	交流异步电机	GDEV－RD03	1	60/1600/358	120/4000/720	GDEV－RQ03	厦门金龙旅行车有限公司	—	165；200	—	纯电动	纯电动客车			
	交流异步电机	GDEV－RD03	1	60/1600/358	120/4000/720	GDEV－RQ03	厦门金龙旅行车有限公司	—	180	—	纯电动	纯电动城市客车			
	交流异步电机	GDEV－RD03	1	60/1600/358	120/4000/720	GDEV－RQ03	厦门金龙旅行车有限公司	—	200	—	纯电动	纯电动城市客车			
	交流异步电机	GDEV－WR510	1	110/887/1184	200/2900/2150	GDEV－WR300	厦门金龙旅行车有限公司	—	235	—	纯电动	纯电动城市客车			
	交流异步电机	GDEV－WR510	1	110/887/1184	200/2900/2150	GDEV－WR300	厦门金龙旅行车有限公司	—	251	—	纯电动	纯电动城市客车			
	交流异步电机	GDHEV－WRD08	1	96/800/1146	165/3000/1973	GDHEV－WRQ08	厦门金龙旅行车有限公司	—	35	50	柴油/电混合动力	插电式混合动力城市客车			
	交流异步电机	GHS280M－4A	1	100/1200/796	180/3000/2140	GHSV6H－180	厦门金龙旅行车有限公司	—	35	50	NG混合动力	插电式混合动力城市客车			
	交流异步电机	GHS280M－4A	1	100/1200/796	180/3000/2140	GHSV6H－180	厦门金龙旅行车有限公司	—	49	50	柴油混合动力	插电式混合动力城市客车			
	交流异步电机	GHS280M－6W	1	110/1350/778	180/3000/2140	GHSV6H－165－SL	厦门金龙旅行车有限公司	—	35	50	NG混合动力	插电式混合动力城市客车			
	交流异步电机	GHS280M－6W	1	110/1350/778	180/3000/2140	GHSV6H－165－SL	厦门金龙旅行车有限公司	—	35	50	柴油混合动力	插电式混合动力城市客车			
	交流异步电机	SHS4－ZDJ	1	100/800/1193	140/2600/2400	SHS4－ZDJKZQ	厦门金龙旅行车有限公司	—	30	50	柴油/电混合动力	插电式混合动力城市客车			
	交流异步电机	SHS4－ZDJ	1	100/800/1193	140/2600/2400	SHS4－ZDJKZQ	厦门金龙旅行车有限公司	—	35	50	NG/电混合动力	插电式混合动力城市客车			
	交流异步电机	SHS4－ZDJ	1	100/800/1193	140/2600/2400	SHS4－ZDJKZQ	厦门金龙旅行车有限公司	—	35	50	柴油/电混合动力	插电式混合动力城市客车			
	交流异步电机	SHS4－ZDJ	1	100/800/1193	140/2600/2400	SHS4－ZDJKZQ	厦门金龙旅行车有限公司	—	50	50	柴油/电混合动力	插电式混合动力城市客车			
	交流异步电机	SHS4－ZDJ	1	100/800/1193	140/2600/2400	SHS4－ZDJKZQ	厦门金龙旅行车有限公司	—	50	50	NG/电混合动力	插电式混合动力城市客车			

续表

电动汽车驱动电机生产企业	电动汽车驱动电机类型	电动汽车驱动电机型号	驱动电机安装数量（台/辆）	电动汽车驱动电机额定功率、转速、转矩（kW、r/min、N·m）	电动汽车驱动电机峰值功率、转速、转矩（kW、r/min、N·m）	驱动电机控制器型号	驱动电机控制器生产企业	电动汽车续驶里程（工况法，km）	电动汽车续驶里程（等速法，km）	混合动力汽车纯电动模式下1km最高车速（km/h）	燃料种类	配套车辆类型	2015年配套车型产量（辆）	2016年1—3月配套车型产量（辆）	配套车型产量合计（辆）
厦门金龙旅行车有限公司	永磁同步电机	GDEV－0110WE	1	60/1600/358	110/3500/1000	GDEV－N490WSA	厦门金龙旅行车有限公司	—	151	—	纯电动	纯电动客车			
	永磁同步电机	GDEV－0110WE	1	60/1600/358	110/3500/1000	GDEV－N490WSA	厦门金龙旅行车有限公司	—	200	—	纯电动	纯电动城市客车			
	永磁同步电机	GDEV－0150WA	1	90/760/1140	150/3000/1800	GDEV－N490WSA	厦门金龙旅行车有限公司	—	160；151	—	纯电动	纯电动城市客车			
	永磁同步电机	GDEV－RD04	1	90/1000/860	180/2500/1800	GDEV－RQ04	厦门金龙旅行车有限公司	—	310	—	纯电动	纯电动城市客车			
	永磁同步电机	GDEV－RD04	1	90/1000/860	180/2500/1800	GDEV－RQ04	厦门金龙旅行车有限公司	—	210	—	纯电动	纯电动城市客车			
	永磁同步电机	GDEV－RD05	1	50/1800/266	100/4000/700	GDEV－RQ05	厦门金龙旅行车有限公司	—	205	—	纯电动	纯电动客车			
	永磁同步电机	GDEV－RD05	1	50/1800/266	100/4000/700	GDEV－RQ05	厦门金龙旅行车有限公司	—	251	—	纯电动	纯电动客车			
	永磁同步电机	GDEV－RD05	1	50/1800/266	100/4000/700	GDEV－RQ05	厦门金龙旅行车有限公司	—	255	—	纯电动	纯电动客车			
	永磁同步电机	GDEV－WRD07	1	100/900/1061	200/2500/2500	GDEV－WRQ07	厦门金龙旅行车有限公司	—	275	—	纯电动	纯电动城市客车			
	永磁同步电机	GDEV－YBD01	1	95/1800/505	140/3300/1000	GDEV－YBQ01	厦门金龙旅行车有限公司	—	205	—	纯电动	纯电动客车			
	永磁同步电机	GDEV－YBD01	1	95/1800/505	140/3300/1000	GDEV－YBQ01	厦门金龙旅行车有限公司	—	280	—	纯电动	纯电动客车			
	永磁同步电机	GDEV－YRD03	1	67/1600/400	110/3000/1000	GDEV－YRQ03	厦门金龙旅行车有限公司	—	251	—	纯电动	纯电动城市客车			
	永磁同步电机	GDEV－YRD06	1	120/640/1800	200/3000/3000	GDEV－YRQ06	厦门金龙旅行车有限公司	—	220；200	—	纯电动	纯电动城市客车			
	永磁同步电机	GDEV－YRD06	1	120/640/1800	200/3000/3000	GDEV－YRQ06	厦门金龙旅行车有限公司	—	330	—	纯电动	纯电动城市客车			
	永磁同步电机	GDHEV－BD01	1	100/750/1270	135/3000/2050	GDHEV－BQ01	厦门金龙旅行车有限公司	—	35	50	NG 混合动力	插电式混合动力城市客车			
	永磁同步电机	GDHEV－BD01	1	100/750/1270	135/3000/2050	GDHEV－BQ01	厦门金龙旅行车有限公司	—	35	50	柴油混合动力	插电式混合动力城市客车			
	永磁同步电机	GDHEV－LD01	1	100/1600/600	130/3000/850	GDHEV－LQ01	厦门金龙旅行车有限公司	—	50	50	柴油/电混合动力	插电式混合动力城市客车			
	永磁同步电机	GDHEV－LD01	1	100/1600/600	130/3000/850	GDHEV－LQ01	厦门金龙旅行车有限公司	—	50	50	CNG/LNG 混合动力	插电式混合动力城市客车			
	永磁同步电机	GDHEV－LD02	1	50/1050/450	95/3000/850	GDHEV－LQ02	厦门金龙旅行车有限公司	—	50	50	CNG/LNG 混合动力	插电式混合动力城市客车			
陕西通家汽车股份有限公司	交流异步电机	YS132H015	1	15/3000/46	28/6800/170	KYS10H50F015	陕西通家汽车股份有限公司	190	—	—	纯电动	纯电动厢式运输车	4712	26	4738

续表

电动汽车驱动电机生产企业	电动汽车驱动电机类型	电动汽车驱动电机型号	驱动电机安装数量（台/辆）	电动汽车驱动电机额定功率、转速、转矩（kW、r/min、N·m）	电动汽车驱动电机峰值功率、转速、转矩（kW、r/min、N·m）	驱动电机控制器型号	驱动电机控制器生产企业	电动汽车续驶里程（工况法，km）	电动汽车续驶里程（等速法，km）	混合动力汽车纯电动模式下1km最高车速（km/h）	燃料种类	配套车辆类型	2015年配套车型产量（辆）	2016年1—3月配套车型产量（辆）	配套车型产量合计（辆）
厦门金龙联合汽车工业有限公司	交流永磁同步电机	WTYCDJ－50A－XL	1	50/1800/266	100/4000/680	HB100－2Z75W	厦门金龙联合汽车工业有限公司	—	151	—	纯电动	纯电动客车	3953	258	4211
	交流永磁同步电机	WTYCDJ－50A－XL	1	50/1800/266	100/4000/680	HB100－2Z75W	厦门金龙联合汽车工业有限公司	—	152	—	纯电动	纯电动客车			
	交流永磁同步电机	WTYCDJ－50A－XL	1	50/1800/266	100/4000/680	HB100－2Z75W	厦门金龙联合汽车工业有限公司	—	153	—	纯电动	纯电动客车			
	交流永磁同步电机	WTYCDJ－50A－XL	1	50/1800/266	100/4000/680	HB100－2Z75W	厦门金龙联合汽车工业有限公司	—	159	—	纯电动	纯电动客车			
	交流永磁同步电机	WTYCDJ－50A－XL	1	50/1800/266	100/4000/680	HB100－2Z75W	厦门金龙联合汽车工业有限公司	—	160	—	纯电动	纯电动客车			
	交流永磁同步电机	WTYCDJ－50A－XL	1	50/1800/266	100/4000/680	HB100－2Z75W	厦门金龙联合汽车工业有限公司	—	162	—	纯电动	纯电动客车			
	交流永磁同步电机	WTYCDJ－50A－XL	1	50/1800/266	100/4000/680	HB100－2Z75W	厦门金龙联合汽车工业有限公司	—	200	—	纯电动	纯电动客车			
	交流永磁同步电机	WTYCDJ－50A－XL	1	50/1800/266	100/4000/680	HB100－2Z75W	厦门金龙联合汽车工业有限公司	—	205	—	纯电动	纯电动城市客车			
	永磁同步电机	368TYZ－XIS06X	1	100/1800/530	120/2800/750	34S45X06C	厦门金龙联合汽车工业有限公司	25	32	69	NG/电混合动力	插电式混合动力城市客车			
	永磁同步电机	368TYZ－XIS06X	1	100/1800/530	120/2800/750	34S45X06C	厦门金龙联合汽车工业有限公司	25	32	69	柴油/电混合动力	插电式混合动力城市客车			
	永磁同步电机	368TYZ－XIS06X	1	100/1800/530	120/2800/750	34S45X06C	厦门金龙联合汽车工业有限公司	—	50	69	NG/电混合动力	插电式混合动力城市客车			
	永磁同步电机	368TYZ－XIS06X	1	100/1800/530	120/2800/750	34S45X06C	厦门金龙联合汽车工业有限公司	—	50	69	柴油/电混合动力	插电式混合动力城市客车			
	永磁同步电机	368TYZ－XIS06X	1	100/1800/530	120/2800/750	34S45X06C	厦门金龙联合汽车工业有限公司	—	52	69	柴油/电混合动力	插电式混合动力城市客车			
	永磁同步电机	368TYZ－XIS06X	1	100/1800/530	120/2800/750	34S45X06C	厦门金龙联合汽车工业有限公司	—	52	100	柴油/电混合动力	插电式混合动力客车			
	永磁同步电机	KLSTMAJ135	1	102/700/1400	135/3000/2100	KLMCAS180	厦门金龙联合汽车工业有限公司	—	35	69	NG/电混合动力	插电式混合动力城市客车			
	永磁同步电机	KLSTMAJ135	1	102/700/1400	135/3000/2100	KLMCAS180	厦门金龙联合汽车工业有限公司	—	35	69	柴油/电混合动力	插电式混合动力城市客车			
	永磁同步电机	KLSTMAJ135	1	102/700/1400	135/3000/2100	KLMCAS180	厦门金龙联合汽车工业有限公司	—	52	69	柴油/电混合动力	插电式混合动力城市客车			
	永磁同步电机	TZ365XS－150	1	100/1200/850	148/3000/1500	KTZ57X33S－100	厦门金龙联合汽车工业有限公司	—	58	69	NG/电混合动力	插电式混合动力城市客车			
	永磁同步电机	KLBEVTM200	1	100/800/1250	200/3000/2500	KLBBEVMC260	厦门金龙联合汽车工业有限公司	—	300	—	纯电动	纯电动城市客车			
	永磁同步电机	KLBEVTM200	1	100/800/1250	200/3000/2500	KLBBEVMC260	厦门金龙联合汽车工业有限公司	—	380	—	纯电动	纯电动客车			
	永磁同步电机	KLBEVTM200	1	100/800/1250	200/3000/2500	KLBEVMC260	厦门金龙联合汽车工业有限公司	—	246	—	纯电动	纯电动城市客车			
	永磁同步电机	KLBEVTM200	1	100/800/1250	200/3000/2500	KLBEVMC260	厦门金龙联合汽车工业有限公司	—	300	—	纯电动	纯电动城市客车			
	永磁同步电机	KLBEVTM200	1	100/800/1250	200/3000/2500	KLBEVMC260	厦门金龙联合汽车工业有限公司	—	350	—	纯电动	纯电动客车			
	永磁同步电机	KLBEVTM200	1	100/800/1250	200/3000/2500	KLBEVMC260	厦门金龙联合汽车工业有限公司	—	360	—	纯电动	纯电动城市客车			

续表

电动汽车驱动电机生产企业	电动汽车驱动电机类型	电动汽车驱动电机型号	驱动电机安装数量（台/辆）	电动汽车驱动电机额定功率、转速、转矩（kW、r/min、N·m）	电动汽车驱动电机峰值功率、转速、转矩（kW、r/min、N·m）	驱动电机控制器型号	驱动电机控制器生产企业	电动汽车续驶里程（工况法，km）	电动汽车续驶里程（等速法，km）	混合动力汽车纯电动模式下1km最高车速（km/h）	燃料种类	配套车辆类型	2015年配套车型产量（辆）	2016年1—3月配套车型产量（辆）	配套车型产量合计（辆）
厦门金龙联合汽车工业有限公司	永磁同步电机	KLBEVTM200	1	100/800/1250	200/3000/2500	KLBEVMC260	厦门金龙联合汽车工业有限公司	—	380	—	纯电动	纯电动城市客车			
	永磁同步电机	KLBEVTM200	1	100/800/1250	200/3000/2500	KLBEVMC260	厦门金龙联合汽车工业有限公司	—	450	—	纯电动	纯电动城市客车			
	永磁同步电机	KLBEVTM200	1	100/800/1250	200/3000/2500	KLBEVMC260	厦门金龙联合汽车工业有限公司	—	480	—	纯电动	纯电动城市客车			
	永磁同步电机	KLBEVTM200	1	100/800/1250	200/3000/2500	KLBEVMC260	厦门金龙联合汽车工业有限公司	350	600	—	纯电动	纯电动城市客车			
	永磁同步电机	KLSTMAD150	1	90/760/1140	150/3000/1800	KLMCAD197	厦门金龙联合汽车工业有限公司	—	180	—	纯电动	纯电动城市客车			
	永磁同步电机	KLSTMAD150	1	90/760/1140	150/3000/1800	KLMCAD197	厦门金龙联合汽车工业有限公司	—	210	—	纯电动	纯电动城市客车			
	永磁同步电机	KLSTMAD150	1	90/760/1140	150/3000/1800	KLMCAD197	厦门金龙联合汽车工业有限公司	—	253	—	纯电动	纯电动城市客车			
	永磁同步电机	KLSTMAD150	1	90/760/1140	150/3000/1800	KLMCAD197	厦门金龙联合汽车工业有限公司	—	350	—	纯电动	纯电动城市客车			
	永磁同步电机	KLSTMAD150	1	90/760/1140	150/3000/1800	KLMCAD197	厦门金龙联合汽车工业有限公司	—	392	—	纯电动	纯电动城市客车			
	永磁同步电机	KLTM150A	1	115/2000/550	150/4500/1000	KLMC180A	厦门金龙联合汽车工业有限公司	—	150	—	纯电动	纯电动城市客车			
	永磁同步电机	KLTM150A	1	115/2000/550	150/4500/1000	KLMC180A	厦门金龙联合汽车工业有限公司	—	230	—	纯电动	纯电动城市客车			
	永磁同步电机	KLTM150A	1	115/2000/550	150/4500/1000	KLMC180A	厦门金龙联合汽车工业有限公司	—	265（62.2 KWH）；295（69 KWH）	—	纯电动	纯电动城市客车			
	永磁同步电机	KLTM150A	1	115/2000/550	150/4500/1000	KLMC180A	厦门金龙联合汽车工业有限公司	—	295（69.1 KWH）；260（61.4 KWH）	—	纯电动	纯电动客车			
重庆长安新能源汽车有限公司	交流电机	264TYZ - XS14BA	1	45/3500/123	90/10000/280	34S42X01AX	重庆长安新能源汽车有限公司	160	180	—	纯电动	纯电动轿车	2704	1039	3743
	交流电机	264TYZ - XS14BA	1	45/3500/123	90/10000/280	34S42X01AX	重庆长安新能源汽车有限公司	200		—	纯电动	纯电动轿车			
	交流电机	XTDM02	1	25/3000/80	55/9000/190	XIPU02	重庆长安新能源汽车有限公司	130	120	—	纯电动	纯电动厢式运输车			
	永磁同步电机	264TYZ - XS14BA	1	45/3500/123	90/10000/280	34S42X01AX	重庆长安新能源汽车有限公司		260；265	—	纯电动	纯电动客车			
	永磁同步电机	XTDM02	1	25/3000/80	55/9000/190	XIPU02	重庆长安新能源汽车有限公司	130	120	—	纯电动	纯电动厢式运输车			
	永磁同步电机	XTDM02	1	25/3000/80	55/9000/190	XIPU02	重庆长安新能源汽车有限公司	100	80	—	纯电动	纯电动厢式运输车			

续表

电动汽车驱动电机生产企业	电动汽车驱动电机类型	电动汽车驱动电机型号	驱动电机安装数量（台/辆）	电动汽车驱动电机额定功率、转速、转矩（kW、r/min、N·m）	电动汽车驱动电机峰值功率、转速、转矩（kW、r/min、N·m）	驱动电机控制器型号	驱动电机控制器生产企业	电动汽车续驶里程（工况法，km）	电动汽车续驶里程（等速法，km）	混合动力汽车纯电动模式下1km最高车速（km/h）	燃料种类	配套车辆类型	2015年配套车型产量（辆）	2016年1—3月配套车型产量（辆）	配套车型产量合计（辆）
宁波铭马电动车辆工业有限公司	永磁同步电机	XTQD－25	1	25/1800/133	56/4000/300	NBMQ－25	宁波铭马电动车辆工业有限公司	200	230	—	纯电动	纯电动厢式运输车	3686	0	3686
	永磁同步电机	XTQD－25	1	25/1800/133	56/4000/300	NBMQ－25	宁波铭马电动车辆工业有限公司	220	250	—	纯电动	纯电动厢式运输车			
	永磁同步电机	XTQD－80	1	80/1600/477. 5	160/4000/850	NBMQ－80	宁波铭马电动车辆工业有限公司	—	165	—	纯电动	纯电动轻型客车			
	永磁同步电机	XTQD－80	1	80/1600/477.5	160/4000/850	NBMQ－80	宁波铭马电动车辆工业有限公司	—	190	—	纯电动	纯电动厢式运输车			
	永磁同步电机	XTQD－80	1	80/1600/477.5	160/4000/850	NBMQ－80	宁波铭马电动车辆工业有限公司	—	215	—	纯电动	纯电动轻型客车			
	永磁同步电机	XTQD－80	1	80/1600/477.5	160/4000/850	NBMQ－80	宁波铭马电动车辆工业有限公司	—	274	—	纯电动	纯电动轻型客车			
	永磁同步电机	XTQD－80	1	80/1600/477.5	160/4000/850	NBMQ－80	宁波铭马电动车辆工业有限公司	—	274	—	纯电动	纯电动厢式运输车			
	永磁同步电机	XTQD－80	1	80/1600/477.5	160/4000/850	NBMQ－80	宁波铭马电动车辆工业有限公司	—	335	—	纯电动	纯电动轻型客车			
上海力信电气技术有限公司	永磁同步电机	LXM065W120	1	70/1670/400	120/4500/650	LXD065W120	上海力信电气技术有限公司	—	272	—	纯电动	纯电动客车	3436	158	3594
	永磁同步电机	LXM065W120	1	70/1670/400	120/4500/650	LXD065W120	上海力信电气技术有限公司	—	288	—	纯电动	纯电动客车			
	永磁同步电机	LXM065W120	1	70/1670/400	120/4500/650	LXD065W120	上海力信电气技术有限公司	—	318	—	纯电动	纯电动客车			
	永磁同步电机	LXM065W120	1	70/1670/400	120/4500/650	LXD065W120	上海力信电气技术有限公司	—	418	—	纯电动	纯电动客车			
	永磁同步电机	LXM065W120	1	70/1670/400	120/4500/650	LXD065W120	上海力信电气技术有限公司	—	282	—	纯电动	纯电动救护车			
	永磁同步电机	LXM065W120	1	70/1670/400	120/4500/650	LXD065W120	上海力信电气技术有限公司	—	282	—	纯电动	纯电动厢式运输车			
	永磁同步电机	LXM065W120	1	70/1800/380	140/4800/710	LXD060W150	上海力信电气技术有限公司	—	254	—	纯电动	纯电动客车			
	永磁同步电机	LXM065W120	1	70/1800/380	140/4800/710	LXD060W150	上海力信电气技术有限公司	—	258	—	纯电动	纯电动客车			
	永磁同步电机	LXM065W120	1	70/1800/380	140/4800/710	LXD060W150	上海力信电气技术有限公司	—	297	—	纯电动	纯电动客车			
	永磁同步电机	LXM065W120	1	70/1800/380	140/4800/710	LXD060W150	上海力信电气技术有限公司	—	307	—	纯电动	纯电动客车			
	永磁同步电机	LXM065W120	1	70/1800/380	140/4800/710	LXD060W150	上海力信电气技术有限公司	—	427	—	纯电动	纯电动客车			
	交流永磁同步电机	LXM070W150	1	90/2400/360	145/7000/670	LXD060W150	上海力信电气技术有限公司	—	276	—	纯电动	纯电动客车			
	交流永磁同步电机	LXM070W150	1	90/2400/360	145/7000/670	LXD060W150	上海力信电气技术有限公司	—	287	—	纯电动	纯电动客车			
	交流永磁同步电机	LXM070W150	1	90/2400/360	145/7000/670	LXD060W150	上海力信电气技术有限公司	—	289	—	纯电动	纯电动城市客车			
	交流永磁同步电机	LXM070W150	1	90/2400/360	145/7000/670	LXD060W150	上海力信电气技术有限公司	—	318	—	纯电动	纯电动客车			
	交流永磁同步电机	LXM070W150	1	90/2400/360	145/7000/670	LXD060W150	上海力信电气技术有限公司	—	421	—	纯电动	纯电动客车			

续表

电动汽车驱动电机生产企业	电动汽车驱动电机类型	电动汽车驱动电机型号	驱动电机安装数量（台/辆）	电动汽车驱动电机额定功率、转速、转矩（kW、r/min、N·m）	电动汽车驱动电机峰值功率、转速、转矩（kW、r/min、N·m）	驱动电机控制器型号	驱动电机控制器生产企业	电动汽车续驶里程（工况法，km）	电动汽车续驶里程（等速法，km）	混合动力汽车纯电动模式下1km最高车速（km/h）	燃料种类	配套车辆类型	2015年配套车型产量（辆）	2016年1—3月配套车型产量（辆）	配套车型产量合计（辆）
上海力信电气技术有限公司	交流永磁同步电机	LXM070W150	1	90/2400/360	145/7000/670	LXD060W150	上海力信电气技术有限公司	—	425	—	纯电动	纯电动城市客车			
	交流永磁同步电机	LXM070W150	1	90/2400/360	145/7000/670	LXD060W150	上海力信电气技术有限公司	—	200	—	纯电动	纯电动客车			
	交流永磁同步电机	LXM070W150	1	90/2400/360	145/7000/670	LXD060W150	上海力信电气技术有限公司	—	276	—	纯电动	纯电动电力工程车			
	交流永磁同步电机	LXM070W150	1	90/2400/360	145/7000/670	LXD060W150	上海力信电气技术有限公司	—	276	—	纯电动	纯电动流动服务车			
	交流永磁同步电机	LXM070W150	1	90/2400/360	145/7000/670	LXD060W150	上海力信电气技术有限公司	—	276	—	纯电动	纯电动囚车			
	交流永磁同步电机	LXM070W150	1	90/2400/360	145/7000/670	LXD060W150	上海力信电气技术有限公司	—	276	—	纯电动	纯电动厢式运输车			
	交流永磁同步电机	LXM070W150	1	90/2400/360	145/7000/670	LXD060W150	上海力信电气技术有限公司	—	276	—	纯电动	纯电动邮政车			
	永磁同步电机	LXM070W150	1	70/1700/400	135/5200/780	LXD060W150	上海力信电气技术有限公司	—	253	—	纯电动	纯电动客车			
	永磁同步电机	LXM070W150	1	70/1700/400	135/5200/780	LXD060W150	上海力信电气技术有限公司	—	256	—	纯电动	纯电动客车			
	永磁同步电机	LXM070W150	1	70/1700/400	135/5200/780	LXD060W150	上海力信电气技术有限公司	—	258	—	纯电动	纯电动客车			
	永磁同步电机	LXM070W150	1	70/1700/400	135/5200/780	LXD060W150	上海力信电气技术有限公司	—	296	—	纯电动	纯电动客车			
	永磁同步电机	LXM070W150	1	70/1700/400	135/5200/780	LXD060W150	上海力信电气技术有限公司	—	297	—	纯电动	纯电动客车			
	永磁同步电机	LXM070W150	1	70/1700/400	135/5200/780	LXD060W150	上海力信电气技术有限公司	—	307	—	纯电动	纯电动客车			
	永磁同步电机	LXM070W150	1	70/1700/400	135/5200/780	LXD060W150	上海力信电气技术有限公司	—	276	—	纯电动	纯电动押运车			
NISSAN	永磁同步电机	EM57	1	70/6380/105	80kW/（3008－10000）r/min；254Nm/（0－3008）r/min	291A0 3NF＊＊	NISSAN	180	205	—	纯电动	纯电动轿车	2639	829	3468
	永磁同步电机	EM57	1	70/6380/105	80kW/（3008－10000）r/min；254Nm/（0－3008）r/min	291A0－3NFA	NISSAN	175	205	—	纯电动	纯电动轿车			
	永磁同步电机	RM31	1	5/2000/23.9	15kW/（895～2500）r/min；160N.m/（0～895）r/min	291A0 5AF	DENSO	—	—	—	汽油/电混合动力	非插电式混合动力多用途乘用车			

续表

电动汽车驱动电机生产企业	电动汽车驱动电机类型	电动汽车驱动电机型号	驱动电机安装数量（台/辆）	电动汽车驱动电机额定功率、转速、转矩（kW、r/min、N·m）	电动汽车驱动电机峰值功率、转速、转矩（kW、r/min、N·m）	驱动电机控制器型号	驱动电机控制器生产企业	电动汽车续驶里程（工况法，km）	电动汽车续驶里程（等速法，km）	混合动力汽车纯电动模式下1km最高车速（km/h）	燃料种类	配套车辆类型	2015年配套车型产量（辆）	2016年1—3月配套车型产量（辆）	配套车型产量合计（辆）
江苏微特利电机制造有限公司	交流感应电机	WTGSDJ－20A－XN	1	20/3400/56	65/8950/185	IEVD030－4Z30GL	深圳市汇川技术股份有限公司	80	100	—	纯电动	纯电动轿车	3408	0	3408
	交流异步	WTGSDJ－30B－TJ	1	30/3600/80	90/4000/240	V6－H－4D75G－TJ	深圳市蓝海华腾技术股份有限公司	115	130	—	纯电动	纯电动厢式运输车			
	三相异步电动机	WTGSDJ－30A	1	30/3600/80	90/3600/245.2	IEVD030－4Z30H－L	深圳市汇川技术股份有限公司	80	110	—	纯电动	纯电动自装卸式垃圾车			
	水冷变频感应电机	WTGSDJ－30A	1	30/3600/80	90/6000/240.8	HIT－IMC30/90	哈工大－泰州微特利电机工程技术研究中心	—	300	—	纯电动	纯电动轿车			
	同步电机	WTYCDJ－50A－ZH	1	50/1000/478	100/3500/955	HB100－4Z90W	淄博正华电动车科技有限公司	—	150	—	纯电动	纯电动城市客车			
	永磁同步	WTGSDJ－18A	1	18/3000/58	43/6000/175	IEVD030－40Z45GL	深圳市汇川技术股份有限公司	115	130	—	纯电动	纯电动厢式运输车			
	永磁同步	WTGSDJ－18A	1	18/3000/58	43/6000/175	IEVD030－40Z45GL	深圳市汇川技术股份有限公司	115	130	—	纯电动	纯电动载货汽车			
	永磁同步电动机	WTGSDJ－18A	1	18/3000/58	42/6000/175	IEVD030－40Z45GL	深圳市汇川技术股份有限公司	—	180	—	纯电动	纯电动厢式运输车			
	永磁同步电机	WTGSDJ－18YC－XN	1	18/3000/57	42/8000/175	IEVD030－40Z11HA－XN	苏州汇川技术有限公司	171	190	—	纯电动	纯电动多用途乘用车			
	永磁同步电机	WTYCDJ－50A	1	50/1000/478	100/3500/955	IEVD059－52Z85GL	江苏微特利电机制造有限公司	—	150	—	纯电动	纯电动城市客车			
	永磁同步电机	WTYCDJ－50A－YT	1	50/1000/478	100/3500/955	IEVD059－52Z85GL－YT	江苏微特利电机制造有限公司	—	165；205	—	纯电动	纯电动城市客车			
	永磁同步电机	WTYCDJ－50A－YT	1	50/1000/478	100/3500/955	IEVD059－52Z85GL－YT	江苏微特利电机制造有限公司	—	205	—	纯电动	纯电动城市客车			
	永磁同步电机	WTYCDJ－60A	1	60/1500/385	120/4000/1150	EMC100－540DW（P/I）	江苏微特利电机制造有限公司	—	210	—	纯电动	纯电动客车			
	永磁同步电机	WTYCDJ－60A－JL	1	60/1500/385	120/4000/1150	WTKZ－060A－00－JL	江苏微特利电机制造有限公司	—	150	—	纯电动	纯电动客车			
	永磁同步电机	WTGSDJ－18YC－XN	1	18/3000/57	42/8000/175	IEVD030－40Z11HA－XN	苏州汇川技术有限公司	160	178	—	纯电动	纯电动厢式运输车			
	永磁同步电机	WTGSDJ－18YC－XN	1	18/3000/57	42/8000/175	IEVD030－40Z11HA－XN	苏州汇川技术有限公司	171	190	—	纯电动	纯电动邮政车			
	永磁同步电机	WTGSDJ－18YC－XN	1	18/3000/57	42/8000/175	IEVD030－40Z11HA－XN	苏州汇川技术有限公司	171	190	—	纯电动	纯电动厢式运输车			
上海大郡动力控制技术有限公司	三相永磁同步电动机	O150WB	1	90/1075/800	150/3500/1600	N490WSA	上海大郡动力控制技术有限公司	—	280	—	纯电动	纯电动城市客车	2973	97	3070
	永磁磁阻	O110WA	1	45/3000/144	110/9000/350	N240WSB	上海大郡动力控制技术有限公司	—	200	—	纯电动	纯电动城市客车			
	永磁磁阻电机	050WE	1	20/1500/127	504500/340	N110WSA	上海大郡动力控制技术有限公司	130	150	—	纯电动	纯电动清洗车			
	永磁磁阻电机	050WE	1	20/1500/127	504500/340	N110WSA	上海大郡动力控制技术有限公司	130	150	—	纯电动	纯电动桶装垃圾运输车			
	永磁磁阻电机	050WE	1	20/1500/127	504500/340	N110WSA	上海大郡动力控制技术有限公司	180	200	—	纯电动	纯电动厢式运输车			

续表

电动汽车驱动电机生产企业	电动汽车驱动电机类型	电动汽车驱动电机型号	驱动电机安装数量（台/辆）	电动汽车驱动电机额定功率、转速、转矩（kW、r/min、N·m）	电动汽车驱动电机峰值功率、转速、转矩（kW、r/min、N·m）	驱动电机控制器型号	驱动电机控制器生产企业	电动汽车续驶里程（工况法，km）	电动汽车续驶里程（等速法，km）	混合动力汽车纯电动模式下1km最高车速（km/h）	燃料种类	配套车辆类型	2015年配套车型产量（辆）	2016年1—3月配套车型产量（辆）	配套车型产量合计（辆）
上海大郡动力控制技术有限公司	永磁磁阻电机	O110WA	1	45/3000/144	110/9000/350	N240WSB	上海大郡动力控制技术有限公司	112	150	—	纯电动	纯电动轻型客车			
	永磁磁阻电机	O110WA	1	45/3000/144	110/9000/350	N240WSB	上海大郡动力控制技术有限公司	112	150	—	纯电动	纯电动厢式运输车			
	永磁磁阻电机	O110WA	1	45/3000/144	110/9000/350	N240WSB	上海大郡动力控制技术有限公司	112.5	150	—	纯电动	纯电动轻型客车			
	永磁磁阻电机	O110WA	1	45/3000/144	110/9000/350	N240WSB	上海大郡动力控制技术有限公司	112.5	150	—	纯电动	纯电动厢式运输车			
	永磁磁阻同步电机	O110WE	1	60/1600/358	110/3500/1000	N240WSE	上海大郡动力控制技术有限公司	90	120	—	纯电动	纯电动城市客车			
	永磁同步电机	O110WE	1	60/1600/358	110/3500/1000	N240WSE	上海大郡动力控制技术有限公司	—	200	—	纯电动	纯电动城市客车			
	永磁同步电机	O110WE	1	60/1600/358	110/3500/1000	N240WSE	上海大郡控制技术有限公司	—	160	—	纯电动	纯电动城市客车			
	永磁同步电动机	O110WE	1	60/1600/358	110/3500/1000	N490WSA	上海大郡动力控制技术有限公司	—	180	—	纯电动	纯电动客车			
	永磁同步电机	O110WE	1	60/1600/358	110/3500/1000	N490WSA	上海大郡动力控制技术有限公司	—	160	—	纯电动	纯电动客车			
	永磁同步电机	O200WA	1	100/800/1250	200/3000/2800	N760WSA	上海大郡动力控制技术有限公司	—	255	—	纯电动	纯电动城市客车			
	永磁同步电机	O200WA	1	100/800/1250	200/3000/2800	N760WSA	上海大郡动力控制技术有限公司	—	280	—	纯电动	纯电动城市客车			
	永磁同步驱动电机	O200WA	1	100/800/1250	200/3000/2500	N760WSA	上海大郡动力控制技术有限公司	—	120	—	纯电动	纯电动城市客车			
	永磁同步驱动电机	O200WA	1	100/800/1250	200/3000/2500	N760WSA	上海大郡动力控制技术有限公司	—	50	50	柴油混合动力	插电式混合动力城市客车			
	永磁同步电机	A170010J - H0201	1	16/2500/61	25/6000/95.5	A360150J - H0201	上海大郡动力控制技术有限公司	152	158	—	纯电动	纯电动轿车			
	永磁同步电机	DJ - TA90 - MT	1	42/4000/100	90/4000/215	DJ - TA90 - CT	上海大郡动力控制技术有限公司	200	—	—	燃料电池	燃料电池轿车			
	永磁同步电动机	O100WB	1	60/1640/350	100/4500/700	N240WSE	上海大郡动力控制技术有限公司	—	250	—	纯电动	纯电动城市客车			
	永磁同步电机	O100WB	1	60/1640/350	100/4500/700	N240WSE	上海大郡动力控制技术有限公司	—	170（40±2）Km/h等速法	—	纯电动	纯电动客车			
	永磁同步电机	O100WB	1	60/1640/350	100/4500/700	N240WSE	上海大郡动力控制技术有限公司	—	200	—	纯电动	纯电动客车			
	永磁同步电机	O100WB	1	60/1640/350	100/4500/700	N240WSE	上海大郡动力控制技术有限公司	—	240	—	纯电动	纯电动客车			
	永磁同步电机	O100WB	1	60/1640/350	100/4500/900	N490WSA	上海大郡动力控制技术有限公司	—	250	—	纯电动	纯电动轻型客车			
	永磁同步电机	O100WC	1	60/1640/350	100/4500/700	N240WSE	上海大郡动力控制技术有限公司	110	150	—	纯电动	纯电动厢式运输车			
	永磁同步电机	O100WC	1	60/1640/350	100/4500/700	N240WSE	上海大郡动力控制技术有限公司	140	180	—	纯电动	纯电动厢式运输车			

续表

电动汽车驱动电机生产企业	电动汽车驱动电机类型	电动汽车驱动电机型号	驱动电机安装数量（台/辆）	电动汽车驱动电机额定功率、转速、转矩（kW、r/min、N·m）	电动汽车驱动电机峰值功率、转速、转矩（kW、r/min、N·m）	驱动电机控制器型号	驱动电机控制器生产企业	电动汽车续驶里程（工况法，km）	电动汽车续驶里程（等速法，km）	混合动力汽车纯电动模式下1km最高车速（km/h）	燃料种类	配套车辆类型	2015年配套车型产量（辆）	2016年1—3月配套车型产量（辆）	配套车型产量合计（辆）
上海大郡动力控制技术有限公司	永磁同步电机	O100WC	1	60/1640/350	100/4500/700	N240WSE	上海大郡动力控制技术有限公司	—	150	—	纯电动	纯电动轻型客车			
	永磁同步电机	O100WC	1	60/1640/350	100/4500/700	N240WSE	上海大郡动力控制技术有限公司	—	180	—	纯电动	纯电动轻型客车			
	永磁同步电动机	O110WE	1	60/1600/358	110/3500/1000	N490WSA	上海大郡动力控制技术有限公司	—	180	—	纯电动	纯电动城市客车			
	永磁同步电机	O110WE	1	60/1600/358	110/3500/1000	N240WSE	上海大郡动力控制技术有限公司	—	155（40±2）Km/h等速法	—	纯电动	纯电动客车			
	永磁同步电机	O110WE	1	60/1600/358	110/4000/1000	N490WSA	上海大郡控制技术有限公司	—	150	—	纯电动	纯电动城市客车			
	永磁同步电机	O150WB	1	90/1075/800	150/3500/1500	N490WSA	上海大郡动力控制技术有限公司	—	300	—	纯电动	纯电动客车			
	永磁同步电机	O150WB	1	90/1075/800	150/3500/1600	N490WSA	上海大郡动力控制技术有限公司	—	300	—	纯电动	纯电动城市客车			
	永磁同步电机	O200WA	1	100/800/1250	200/3000/2500	N760WSA	上海大郡动力控制技术有限公司	—	180	—	纯电动	纯电动客车			
	永磁同步电机	O200WA	1	100/800/1250	200/3000/2500	N760WSA	上海大郡动力控制技术有限公司	—	208	—	纯电动	纯电动客车			
	永磁同步电机	O200WA	1	100/800/1250	200/3000/2500	N760WSA	上海大郡动力控制技术有限公司	—	255	—	纯电动	纯电动客车			
	永磁同步电机	O200WA	1	100/800/1250	200/3000/2800	N760WSA	上海大郡动力控制技术有限公司	—	151	—	纯电动	纯电动城市客车			
	永磁同步电机	O200WA	1	100/760/1250	200/3000/2800	N760WSA	上海大郡动力控制有限公司	—	255（40±2）Km/h等速法	—	纯电动	纯电动客车			
	永磁同步电机	O200WA	1	100/760/1250	200/3000/2800	N760WSA	上海大郡动力控制有限公司	—	280（40±2）Km/h等速法	—	纯电动	纯电动客车			
	永磁同步电机	O200WA	1	100/800/1250	200/3300/2800	N518WMA	上海大郡动力控制技术有限公司	—	280	—	纯电动	纯电动客车			
	永磁同步电机	O200WA	1	100/800/1250	200/3300/2800	N518WMA	上海大郡动力控制技术有限公司	—	300	—	纯电动	纯电动客车			
	永磁同步电机	O200WA	1	100/800/1250	200/3300/2800	N518WMA	上海大郡动力控制技术有限公司	—	310	—	纯电动	纯电动客车			
	永磁同步电机	O200WA	1	100/800/1250	200/3000/2800	N760WSA	上海大郡动力控制有限公司	—	155	—	纯电动	纯电动城市客车			

续表

电动汽车驱动电机生产企业	电动汽车驱动电机类型	电动汽车驱动电机型号	驱动电机安装数量（台/辆）	电动汽车驱动电机额定功率、转速、转矩（kW、r/min、N·m）	电动汽车驱动电机峰值功率、转速、转矩（kW、r/min、N·m）	驱动电机控制器型号	驱动电机控制器生产企业	电动汽车续驶里程（工况法，km）	电动汽车续驶里程（等速法，km）	混合动力汽车纯电动模式下1km最高车速（km/h）	燃料种类	配套车辆类型	2015年配套车型产量（辆）	2016年1—3月配套车型产量（辆）	配套车型产量合计（辆）
上海大郡动力控制技术有限公司	永磁同步电机	O200WA	1	100/800/1250	200/3000/2800	N760WSA	上海大郡动力控制有限公司	—	300	—	纯电动	纯电动城市客车			
	永磁同步电机	O200WA	1	100/800/1250	200/3000/2800	N760WSA	上海大郡动力控制有限公司	—	430	—	纯电动	纯电动城市客车			
	永磁同步电机	O50WE	1	20/1500/127	50/4500/340	N110WSA	上海大郡动力控制技术有限公司	100	140	—	纯电动	纯电动密闭式桶装垃圾车			
	永磁同步电机	O94WA	1	45/4300/100	94/12000/225	2104011－710S.A/N240WSE	上海大郡动力控制技术有限公司/上海大郡动力控制技术有限公司	—	160	135	纯电动	纯电动多用途乘用车			
	永磁直流同步电机	O150WA	1	90/760m/1140	150/3000/2000	N490WSA	上海大郡动力控制技术有限公司	—	155	—	纯电动	纯电动城市客车			
江西江铃集团新能源汽车有限公司	三相交流异步电机	JXMI10A0	1	10/3000/32	20/7000/110	JXCI4012A0	江西江铃集团新能源汽车有限公司	152	—	—	纯电动	纯电动轿车	759	2110	2869
	三相交流异步电机	JXMI15A4	1	15/3000/43	30/7000/130	JXCI7012A15	江西江铃集团新能源汽车有限公司	152	—	—	纯电动	纯电动轿车			
北汽福田汽车股份有限公司	永磁同步电机	FTTB055	1	55/1050/450	95/2500/865	FTIVT070	北汽福田汽车股份有限公司	—	51	60	NG/电混合动力	插电式混合动力城市客车	2418	408	2826
	永磁同步电机	FTTB055	1	55/1050/450	95/2500/865	FTIVT070	北汽福田汽车股份有限公司	—	51	60	柴油/电混合动力	插电式混合动力城市客车			
	永磁同步电机	FTTB072	1	72/2600/266	132/6000/484	FTIVT160	北汽福田汽车股份有限公司	—	≥251	—	纯电动	纯电动轻型客车			
	永磁同步电机	FTTB080	1	80/1390/550	150/4500/1000	FTIVT120	北汽福田汽车股份有限公司	—	251	—	纯电动	纯电动城市客车			
	永磁同步电机	FTTB090	1	90/955/900	135/3000/1600	FTIVT120	北汽福田汽车股份有限公司	120	151	—	纯电动	纯电动城市客车			
	永磁同步电机	FTTB090	1	90/955/900	135/3000/1600	FTIVT120	北汽福田汽车股份有限公司	—	255；220	—	纯电动	纯电动城市客车			
	永磁同步电机	FTTB090	1	90/955/900	135/3000/1600	FTIVT120	北汽福田汽车股份有限公司	—	255；251	—	纯电动	纯电动城市客车			
	永磁同步电机	FTTB090	1	90/955/900	135/3000/1600	FTIVT120	北汽福田汽车股份有限公司	—	151；160	—	纯电动	纯电动客车			
	永磁同步电机	FTTB090	1	90/955/900	135/3000/1600	FTIVT120	北汽福田汽车股份有限公司	—	241；221	—	纯电动	纯电动客车			
	永磁同步	FTTB100	1	100/1000/955	150/3000/2800	FTINV150	北汽福田汽车股份有限公司	260	320	—	纯电动	纯电动城市客车			
	永磁同步	FTTB100	1	100/1000/955	150/3000/2800	FTINV150	北汽福田汽车股份有限公司	260	320	—	纯电动	纯电动城市客车			
	永磁同步电机	FTTB100	1	100/1000/955	150/3000/2800	FTIVT150	北汽福田汽车股份有限公司	130	180	—	纯电动	纯电动城市客车			
	永磁同步电机	FTTB100	1	100/1000/955	150/3000/2800	FTIVT150	北汽福田汽车股份有限公司	90	171	—	纯电动	纯电动客车			
	永磁同步电机	FTTB100	1	100/1000/955	150/3000/2800	FTIVT150	北汽福田汽车股份有限公司	—	265；255；264	—	纯电动	纯电动客车			

续表

电动汽车驱动电机生产企业	电动汽车驱动电机类型	电动汽车驱动电机型号	驱动电机安装数量（台/辆）	电动汽车驱动电机额定功率、转速、转矩（kW、r/min、N·m）	电动汽车驱动电机峰值功率、转速、转矩（kW、r/min、N·m）	驱动电机控制器型号	驱动电机控制器生产企业	电动汽车续驶里程（工况法，km）	电动汽车续驶里程（等速法，km）	混合动力汽车纯电动模式下1km最高车速（km/h）	燃料种类	配套车辆类型	2015年配套车型产量（辆）	2016年1—3月配套车型产量（辆）	配套车型产量合计（辆）
北汽福田汽车股份有限公司	永磁同步电机	FTTB100	1	100/1000/955	150/3000/2800	FTIVT150	北汽福田汽车股份有限公司	—	270；251	—	纯电动	纯电动客车			
	永磁同步电机	FTTB100	1	100/1000/955	150/3000/2800	FTIVT150	北汽福田汽车股份有限公司	—	290	—	纯电动	纯电动客车			
	永磁同步电机	FTTB100	1	100/1000/955	150/3000/2800	FTIVT150	北汽福田汽车股份有限公司	—	360	—	纯电动	纯电动城市客车			
	永磁同步电机	FTTB100	1	100/1000/955	150/3000/2800	FTIVT150	北汽福田汽车股份有限公司	—	450	—	纯电动	纯电动城市客车			
	永磁同步电机	FTTB102	1	102/2000/1400	135/3000/2100	FTIVT120	北汽福田汽车股份有限公司	120	151	—	纯电动	纯电动城市客车			
	永磁同步电机	FTTB102	1	102/2000/1400	135/3000/2100	FTIVT120	北汽福田汽车股份有限公司	—	160	—	纯电动	纯电动客车			
南京金龙客车制造有限公司	永磁同步电机	NJJL60－38－1	1	60/1600/358	110/3500/1000	NJJL160－40－1	南京金龙客车制造有限公司	—	150	—	纯电动	纯电动城市客车	2384	89	2473
	永磁同步电机	NJJL60－38－1	1	60/1600/358	110/3500/1000	NJJL160－40－1	南京金龙客车制造有限公司	—	155	—	纯电动	纯电动城市客车			
	永磁同步电机	NJJL60－38－1	1	60/1600/358	110/3500/1000	NJJL160－40－1	南京金龙客车制造有限公司	—	160	—	纯电动	纯电动城市客车			
	永磁同步电机	NJJL60－38－1	1	60/1600/358	110/3500/1000	NJJL160－40－1	南京金龙客车制造有限公司	—	178	—	纯电动	纯电动城市客车			
	永磁同步电机	NJJL60－38－1	1	60/1600/358	110/3500/1000	NJJL160－40－1	南京金龙客车制造有限公司	—	180	—	纯电动	纯电动城市客车			
	永磁同步电机	NJJL60－38－1	1	60/1600/358	110/3500/1000	NJJL160－40－1	南京金龙客车制造有限公司	—	200	—	纯电动	纯电动城市客车			
	永磁同步电机	NJJL60－38－1	1	60/1600/358	110/3500/1000	NJJL160－40－1	南京金龙客车制造有限公司	—	215	—	纯电动	纯电动城市客车			
	永磁同步电机	NJJL60－38－1	1	60/1600/358	110/3500/1000	NJJL160－40－1	南京金龙客车制造有限公司	—	250	—	纯电动	纯电动城市客车			
	永磁同步电机	NJL－DJ01	1	80/1800/450	140/3000/1200	NJL－DJKZQ01	南京金龙客车制造有限公司	—	150	—	纯电动	纯电动城市客车			
	永磁同步电机	NJL－DJ01	1	80/1800/450	140/3000/1200	NJL－DJKZQ01	南京金龙客车制造有限公司	—	170	—	纯电动	纯电动城市客车			
	永磁同步电机	NJL－DJ01	1	80/1800/450	140/3000/1200	NJL－DJKZQ01	南京金龙客车制造有限公司	—	175	—	纯电动	纯电动城市客车			
	永磁同步电机	NJL－DJ01	1	80/1800/450	140/3000/1200	NJL－DJKZQ01	南京金龙客车制造有限公司	—	210	—	纯电动	纯电动城市客车			
	永磁同步电机	NJL－DJ01	1	80/1800/450	140/3000/1200	NJL－DJKZQ01	南京金龙客车制造有限公司	—	230	—	纯电动	纯电动客车			
	永磁同步电机	NJL－DJ01	1	80/1800/450	140/3000/1200	NJL－DJKZQ01	南京金龙客车制造有限公司	—	250	—	纯电动	纯电动城市客车			
	永磁同步电机	NJL－DJ01	1	80/1800/450	140/3000/1200	NJL－DJKZQ01	南京金龙客车制造有限公司	—	252	—	纯电动	纯电动城市客车			
	永磁同步电机	NJL－DJ01	1	80/1800/450	140/3000/1200	NJL－DJKZQ01	南京金龙客车制造有限公司	—	255	—	纯电动	纯电动城市客车			
	永磁同步电机	NJL－DJ01	1	80/1800/450	140/3000/1200	NJL－DJKZQ01	南京金龙客车制造有限公司	—	260	—	纯电动	纯电动城市客车			
	永磁同步电机	NJL－DJ01	1	80/1800/450	140/3000/1200	NJL－DJKZQ01	南京金龙客车制造有限公司	—	270	—	纯电动	纯电动客车			

续表

电动汽车驱动电机生产企业	电动汽车驱动电机类型	电动汽车驱动电机型号	驱动电机安装数量（台/辆）	电动汽车驱动电机额定功率、转速、转矩（kW、r/min、N·m）	电动汽车驱动电机峰值功率、转速、转矩（kW、r/min、N·m）	驱动电机控制器型号	驱动电机控制器生产企业	电动汽车续驶里程（工况法，km）	电动汽车续驶里程（等速法，km）	混合动力汽车纯电动模式下1km最高车速（km/h）	燃料种类	配套车辆类型	2015年配套车型产量（辆）	2016年1—3月配套车型产量（辆）	配套车型产量合计（辆）
南京金龙客车制造有限公司	永磁同步电机	NJL－DJ01	1	80/1800/450	140/3000/1200	NJL－DJKZQ01	南京金龙客车制造有限公司	—	280	—	纯电动	纯电动城市客车			
	永磁同步电机	NJL－DJ01	1	80/1800/450	140/3000/1200	NJL－DJKZQ01	南京金龙客车制造有限公司	—	300	—	纯电动	纯电动城市客车			
	永磁同步电机	NJL－DJ01	1	80/1800/450	140/3000/1200	NJL－DJKZQ01	南京金龙客车制造有限公司	—	350	—	纯电动	纯电动城市客车			
	永磁同步电机	NJL－DJ01	1	80/1800/450	140/3000/1200	NJL－DJKZQ01	南京金龙客车制造有限公司	—	450	—	纯电动	纯电动城市客车			
	永磁同步电机	NJL－DJ01	1	80/1800/450	140/3000/1200	NJL－DJKZQ01	南京金龙客车制造有限公司	—	480	—	纯电动	纯电动客车			
	永磁同步电机	NJL－DJ01	1	80/1800/450	140/3000/1200	NJL－DJKZQ01	南京金龙客车制造有限公司	—	570；660	—	纯电动	纯电动城市客车			
	永磁同步电机	TZ380XSNJL3	1	100/1800/530	130/3000/850	KTZ575X460SNJL3	南京金龙客车制造有限公司	—	50	80	柴油/电混合动力	插电式混合动力客车			
	永磁同步电机	TZ380XSNJL4	1	30/1200/230	50/3000/450	KTZ538X176SNJL4	南京金龙客车制造有限公司	—	50	60	柴油/电混合动力	插电式混合动力城市客车			
	永磁同步电机	TZ380XSNJL4	1	30/1200/230	50/3000/450	KTZ538X176SNJL4	南京金龙客车制造有限公司	—	50	69	LNG/电混合动力	插电式混合动力城市客车			
	永磁同步电机	TZ380XSNJL4	1	30/1200/230	50/3000/450	KTZ538X176SNJL4	南京金龙客车制造有限公司	—	50	80	柴油/电混合动力	插电式混合动力客车			
天津市松正电动汽车技术股份有限公司	交流异步电机	MIM090－336SWD	1	100/800/1193	140/2600/2400	CIM090－336SPD	天津市松正电动汽车技术股份有限公司	31	51	50	CNG/电混合动力	插电式混合动力城市客车	2020	245	2265
	交流异步电机	MIM090－336SWD	1	100/800/1193	140/2600/2400	CIM090－336SPD	天津市松正电动汽车技术股份有限公司	—	>30	69	LNG/电混合动力	插电式混合动力城市客车			
	交流异步电机	MIM090－336SWD	1	100/800/1193	140/2600/2400	CIM090－336SPD	天津市松正电动汽车技术股份有限公司	—	35	50	LNG/电混合动力	插电式混合动力城市客车			
	交流异步电机	MIM090－336SWD	1	100/800/1193	140/2600/2400	CIM090－336SPD	天津市松正电动汽车技术股份有限公司	—	50	50	LNG/电混合动力	插电式混合动力城市客车			
	交流异步电机	MIM090－336SWD	1	100/800/1193	140/2600/2400	1.02/CIM090－336SPD	天津市松正电动汽车技术股份有限公司	—	35	50	NG/电混合动力	插电式混合动力城市客车			
	交流异步电机	MIM090－336SWD	1	100/800/1193	140/2600/2400	CIM090－336SPD	天津市松正电动汽车技术股份有限公司	—	50（纯电模式）	69	NG/电混合动力	插电式混合动力城市客车			
	交流异步电机	MIM090－336SWD	1	100/800/1193	140/2600/2400	CIM090－336SPD	天津市松正电动汽车技术股份有限公司	—	51	40	NG/电混合动力	插电式混合动力城市客车			
	交流异步电机	MIM090－336SWD	1	100/800/1193	140/2600/2400	1.02/CIM090－336SPD	天津市松正电动汽车技术股份有限公司	—	52	60	NG 混合动力	插电式混合动力城市客车			

续表

电动汽车驱动电机生产企业	电动汽车驱动电机类型	电动汽车驱动电机型号	驱动电机安装数量（台/辆）	电动汽车驱动电机额定功率、转速、转矩（kW、r/min、N·m）	电动汽车驱动电机峰值功率、转速、转矩（kW、r/min、N·m）	驱动电机控制器型号	驱动电机控制器生产企业	电动汽车续驶里程（工况法，km）	电动汽车续驶里程（等速法，km）	混合动力汽车纯电动模式下1km最高车速（km/h）	燃料种类	配套车辆类型	2015年配套车型产量（辆）	2016年1—3月配套车型产量（辆）	配套车型产量合计（辆）
天津市松正电动汽车技术股份有限公司	交流异步电机	MIM090－336SWD	1	100/800/1193	140/2600/2400	CIM090－336SPD	天津市松正电动汽车技术股份有限公司	46.5	46	69	NG混合动力	插电式混合动力城市客车			
	交流异步电机	MIM090－336SWD	1	100/800/1193	140/2600/2400	CIM090－336SPD	天津市松正电动汽车技术股份有限公司	—	51	69	NG混合动力	插电式混合动力城市客车			
	交流异步电机	MIM090－336SWD	1	100/800/1193	140/2600/2400	1.02/CIM090－336SPD	天津市松正电动汽车技术股份有限公司	—	32	60	柴油/电混合动力	插电式混合动力城市客车			
	交流异步电机	MIM090－336SWD	1	100/800/1193	140/2600/2400	CIM090－336SPD	天津市松正电动汽车技术股份有限公司	—	50	69	柴油/电混合动力	插电式混合动力城市客车			
	交流异步电机	MIM090－336SWD	1	100/800/1193	140/2600/2400	CIM090－336SPD	天津市松正电动汽车技术股份有限公司	—	50	40	柴油混合动力	插电式混合动力城市客车			
	交流异步电机	MIM090－336SWD	1	100/800/1193	140/2600/2400	1.02/CIM090－336SPD	天津市松正电动汽车技术股份有限公司	—	51	60	柴油/电混合动力	插电式混合动力城市客车			
	交流异步电机	MIM090－336SWD	1	100/800/1193	140/2600/2400	CIM090－336SPD	天津市松正电动汽车技术股份有限公司	50	55	69	柴油/电混合动力	插电式混合动力城市客车			
	交流异步电机	MIM090－336SWD	1	100/800/1193	140/2600/2400	CIM090－336SPD	天津市松正电动汽车技术股份有限公司	31	60	50	柴油/电混合动力	插电式混合动力城市客车			
	三相交流感应电机	MIM090－336SWD	1	100/800/1193	140/2600/2400	CIM090－336SPD	天津市松正电动汽车技术股份有限公司	—	32	50	柴油/电混合动力	插电式混合动力城市客车			
	三相交流感应电机	MIM090－384S	1	100/800/1194	140/2600/1800	CIM090－384F	天津市松正电动汽车技术股份有限公司	—	32	65	CNG/电混合动力	插电式混合动力城市客车			
	三相交流感应电机	MIM090－384S	1	100/800/1194	140/2600/1800	CIM090－384F	天津市松正电动汽车技术股份有限公司	—	—	50	CNG/电混合动力	插电式混合动力城市客车			
	三相交流异步电机	MIM090－336SWD	1	100/800/1193	140/2600/2400	CIM090－336SPD	天津市松正电动汽车技术股份有限公司	—	52	65	LNG/电混合动力	插电式混合动力城市客车			
	三相交流异步电机	MIM090－336SWD	1	100/800/1193	140/2600/2400	CIM090－336SPD	天津市松正电动汽车技术股份有限公司	—	52	69	柴油/电混合动力	插电式混合动力城市客车			
	三相交流异步电机	MIM136－384S	1	136/800/1300	176/3000/2400	CIM136－384F	天津市松正电动汽车股份有限公司	—	53	69	NG/电混合动力	插电式混合动力城市客车			

续表

电动汽车驱动电机生产企业	电动汽车驱动电机类型	电动汽车驱动电机型号	驱动电机安装数量（台/辆）	电动汽车驱动电机额定功率、转速、转矩（kW、r/min、N·m）	电动汽车驱动电机峰值功率、转速、转矩（kW、r/min、N·m）	驱动电机控制器型号	驱动电机控制器生产企业	电动汽车续驶里程（工况法，km）	电动汽车续驶里程（等速法，km）	混合动力汽车纯电动模式下1km最高车速（km/h）	燃料种类	配套车辆类型	2015年配套车型产量（辆）	2016年1—3月配套车型产量（辆）	配套车型产量合计（辆）
天津市松正电动汽车技术股份有限公司	三相异步	MIM090－336SWD	1	100/800/1193	140/2600/2400	CIM090－336SPD	天津松正电动汽车技术股份有限公司	—	30	40	NG/电混合动力	插电式混合动力城市客车			
	三相异步	MIM090－336SWD	1	100/800/1193	140/2600/2400	CIM090－336SPD	天津松正电动汽车技术股份有限公司	—	54	68	柴油/电混合动力	插电式混合动力城市客车			
	三相异步	MIM090－336SWD	1	100/800/1193	140/2600/2400	CIM090－336SPD	天津松正电动汽车技术股份有限公司	—	—	—	柴油/电混合动力	插电式混合动力城市客车			
	三相永磁同步电机	MSM160－336/MSG070－336	2	110/955/1100；40/1000/380	160/2600/2600；70/670/2600	CSM160－336；CSG070－336	天津市松正电动汽车技术股份有限公司	—	50	69	NG/电混合动力	插电式混合动力城市客车			
江苏奥新新能源汽车有限公司	三相交流异步电机	JY10－4/100	1	10/2950/33	20/5000/116.3	JY15－140	江苏奥新新能源汽车有限公司	122	119	—	纯电动	纯电动车厢可卸式垃圾车	2176	16	2192
	三相交流异步电机	JY10－4/100	1	10/2950/33	20/5000/116.3	JY15－140	江苏奥新新能源汽车有限公司	123	119	—	纯电动	纯电动车厢可卸式垃圾车			
	三相交流异步电机	JY10－4/100	1	10/2950/33	20/5000/116.3	JY15－140	江苏奥新新能源汽车有限公司	142	—	—	纯电动	纯电动车厢可卸式垃圾车			
	三相交流异步电机	JY10－4/100	1	10/2950/33	20/5000/116.3	JY15－140	江苏奥新新能源汽车有限公司	150	—	—	纯电动	纯电动车厢可卸式垃圾车			
	三相交流异步电机	JY10－4/100	1	10/2950/33	20/5000/116.3	JY15－140	江苏奥新新能源汽车有限公司	220	—	—	纯电动	纯电动冷藏车			
	三相交流异步电机	JY10－4/100	1	10/2950/33	20/5000/116.3	JY15－140	江苏奥新新能源汽车有限公司	260	—	—	纯电动	纯电动扫路车			
	三相交流异步电机	JY10－4/100	1	10/2950/33	20/5000/116.3	JY15－140	江苏奥新新能源汽车有限公司	150	—	—	纯电动	纯电动桶装垃圾运输车			
	三相交流异步电机	JY10－4/100	1	10/2950/33	20/5000/116.3	JY15－140	江苏奥新新能源汽车有限公司	142	119	—	纯电动	纯电动厢式运输车			
	三相交流异步电机	JY10－4/100	1	10/2950/33	20/5000/116.3	JY15－140	江苏奥新新能源汽车有限公司	220	—	—	纯电动	纯电动厢式运输车			
	三相交流异步电机	JY10－4/100	1	10/2950/33	20/5000/116.3	JY15－140	江苏奥新新能源汽车有限公司	222	—	—	纯电动	纯电动厢式运输车			
	三相交流异步电机	JY10－4/100	1	10/2950/33	20/5000/116.3	JY15－140	江苏奥新新能源汽车有限公司	224	—	—	纯电动	纯电动厢式运输车			
	三相交流异步电机	JY10－4/100	1	10/2950/33	20/5000/116.3	JY15－140	江苏奥新新能源汽车有限公司	230	—	—	纯电动	纯电动厢式运输车			
	三相交流异步电机	JY10－4/100	1	10/2950/33	20/5000/116.3	JY15－140	江苏奥新新能源汽车有限公司	260	—	—	纯电动	纯电动厢式运输车			
	三相交流异步电机	JY10－4/100	1	10/2950/33	20/5000/116.3	JY15－140	江苏奥新新能源汽车有限公司	150	—	—	纯电动	纯电动自装卸式垃圾车			
珠海银隆电器有限公司	永磁同步电机	YLP－HMP90－W	1	90/760/1140	150/3000/1800	YLP－HCP120－W	珠海银隆电器有限公司	—	150	—	纯电动	纯电动城市客车	2151	4	2155
	永磁同步电机	YLP－HMP90－W	1	90/760/1140	150/3000/1800	YLP－HCP120－W	珠海银隆电器有限公司	—	180（40±2）	—	纯电动	纯电动城市客车			

续表

电动汽车驱动电机生产企业	电动汽车驱动电机类型	电动汽车驱动电机型号	驱动电机安装数量（台/辆）	电动汽车驱动电机额定功率、转速、转矩（kW、r/min、N·m）	电动汽车驱动电机峰值功率、转速、转矩（kW、r/min、N·m）	驱动电机控制器型号	驱动电机控制器生产企业	电动汽车续驶里程（工况法，km）	电动汽车续驶里程（等速法，km）	混合动力汽车纯电动模式下1km最高车速（km/h）	燃料种类	配套车辆类型	2015年配套车型产量（辆）	2016年1—3月配套车型产量（辆）	配套车型产量合计（辆）
珠海银隆电器有限公司	永磁同步电机	YLP－HMP90－W	1	90/760/1140	150/3000/1800	YLP－HCP120－W	珠海银隆电器有限公司	—	201（40±2）	—	纯电动	纯电动城市客车			
	永磁同步电机	YLP－MP120－W	1	100/800/1194	200/3000/2200	YLP－CP150－W	珠海银隆电器有限公司	—	165（40±2）等速法	—	纯电动	纯电动城市客车			
	永磁同步电机	YLP－MP135－W	1	135/760/1650	270/2700/3000	YLP－CP260－W	珠海银隆电器有限公司	—	165（40±2）等速法	—	纯电动	纯电动铰接城市客车			
	永磁同步电机	YLP－MP135－W	1	135/760/1650	270/2700/3000	YLP－CP260－W	珠海银隆电器有限公司	—	165（40±2）等速法	—	纯电动	纯电动双层城市客车			
	永磁同步电机	YLP－MP150－W	1	135/760/1695	200/2800/2200	YLP－CP200－W	珠海银隆电器有限公司	—	180（40±2）	—	纯电动	纯电动城市客车			
	永磁同步电机	YLP－MP150－W	1	135/760/1695	200/2800/2200	YLP－CP200－W	珠海银隆电器有限公司	—	412	—	纯电动	纯电动旅游客车			
	永磁同步电机	YLP－MP75－W	1	68/1800/800	138/730/2800	YLP－CP90－W	珠海银隆电器有限公司	—	210；255	—	纯电动	纯电动城市客车			
	永磁同步电机	YTP－MP75－W	1	68/1800/800	138/730/2800	YTP－CP90－W	珠海银隆电器有限公司	—	252	—	纯电动	纯电动旅游客车			
安徽安凯汽车股份有限公司	三相交流异步电机	520YS－HS100	1	100/800/1193	140/2600/2400	KYS70H40S120	安徽安凯汽车股份有限公司	31	35	50	柴油/电混合动力	插电式混合动力城市客车	1699	349	2048
	三相交流异步电机	520YS－HS100	1	100/800/1193	140/2600/2400	KYS70H40S120	安徽安凯汽车股份有限公司	32	36	52	LNG/电混合动力	插电式混合动力城市客车			
	三相交流异步电机	520YS－HS100	1	100/800/1193	140/2600/2400	KYS70H40S120	安徽安凯汽车股份有限公司	32	36	52	柴油/电混合动力	插电式混合动力城市客车			
	三相交流异步电机	520YS－HS100	1	100/800/1193	140/2600/2400	KYS70H40S120	安徽安凯汽车股份有限公司	31	51	50	NG/电混合动力	插电式混合动力城市客车			
	三相交流异步电机	520YS－HS100	1	100/800/1193	140/2600/2400	KYS70H40S120	安徽安凯汽车股份有限公司	—	53	50	柴油/电混合动力	插电式混合动力城市客车			
	交流异步电机	420YS－XS100	1	100/950/1005	250/950/3000	KYS70X90S120	安徽安凯汽车股份有限公司	—	200	—	纯电动	纯电动城市客车			
	交流异步电机	420YSXS101	1	100/950/1005	250/3000/2800	KYS70X90S120	安徽安凯汽车股份有限公司	270	350	—	纯电动	纯电动客车			
	交流异步电机	420YS－XS101	1	100/950/1005	250/3000/2800	KYS70X90S120	安徽安凯汽车股份有限公司	—	285	—	纯电动	纯电动客车			
	交流异步电机	420YS－XS101	1	100/950/1005	250/3000/2800	KYS70X90S120	安徽安凯汽车股份有限公司	—	300	—	纯电动	纯电动城市客车			
	交流异步电机	420YS－XS101	1	100/950/1005	250/3000/2800	KYS70X90S120	安徽安凯汽车股份有限公司	—	331	—	纯电动	纯电动客车			

续表

电动汽车驱动电机生产企业	电动汽车驱动电机类型	电动汽车驱动电机型号	驱动电机安装数量（台/辆）	电动汽车驱动电机额定功率、转速、转矩（kW、r/min、N·m）	电动汽车驱动电机峰值功率、转速、转矩（kW、r/min、N·m）	驱动电机控制器型号	驱动电机控制器生产企业	电动汽车续驶里程（工况法，km）	电动汽车续驶里程（等速法，km）	混合动力汽车纯电动模式下1km最高车速（km/h）	燃料种类	配套车辆类型	2015年配套车型产量（辆）	2016年1—3月配套车型产量（辆）	配套车型产量合计（辆）
安徽安凯汽车股份有限公司	交流异步电机	420YS－XS101	1	100/950/1005	250/3000/2800	KYS70X90S120	安徽安凯汽车股份有限公司	240	340	—	纯电动	纯电动城市客车			
	交流异步电机	420YS－XS101	1	100/950/1005	250/3000/2800	KYS70X90S120	安徽安凯汽车股份有限公司	250	350	—	纯电动	纯电动城市客车			
	交流异步电机	420YS－XS101	1	100/950/1005	250/3000/2800	KYS70X90S120	安徽安凯汽车股份有限公司	280	350	—	纯电动	纯电动城市客车			
	交流异步电机	420YS－XS101	1	100/950/1005	250/3000/2800	KYS70X90S120	安徽安凯汽车股份有限公司	—	420	—	纯电动	纯电动城市客车			
	交流异步电机	420YS－XS101	1	100/950/1005	250/3000/2800	KYS70X90S120	安徽安凯汽车股份有限公司	350	430	—	纯电动	纯电动城市客车			
	交流异步电机；交流异步电机	420YSXS100；420YS－XS101	2	100/950/1005；100/950/1005	250/3000/2400；250/3000/2800	KYS70X90S120	安徽安凯汽车股份有限公司	210	260	—	纯电动	纯电动客车			
	交流异步电机；交流异步电机	420YS－XS100；420YS－XS101	1	100/950/1005；100/950/1005	250/2400/2400；250/3000/2800	KYS70X90S120；KYS70X90S120	安徽安凯汽车股份有限公司；安徽安凯汽车股份有限公司	240	320	—	纯电动	纯电动客车			
上海大郡动力控制技术有限公司；上海电驱动股份有限公司	永磁同步电机	1510010BAC0100	1	45/4300/100	94/4000/225	1520007BAC0000	上海大郡动力控制技术有限公司；上海电驱动股份有限公司	50	70	150	汽油/电混合动力	增程式混合动力轿车	1281	697	1978
	永磁同步电机	1510010BAC0100	1	45/4300/100	94/4000/225	1520007BAC0000	上海大郡动力控制技术有限公司；上海电驱动股份有限公司	50	80	150	汽油/电混合动力	插电式混合动力轿车			
	永磁同步电机	1510010BAC0100	1	45/4300/100	94/4000/225	1520007BAC0000	上海大郡动力控制技术有限公司；上海电驱动股份有限公司	50	80	150	汽油/电混合动力	增程式混合动力轿车			
武汉英康汇通电气有限公司	交流异步	YKHTTM02001	1	18.5/3000/59	50/6000/195	YKHTMC03001	武汉英康汇通电气有限公司	200	230	—	纯电动	纯电动厢式运输车	1834	12	1846
	交流异步电机	YKHTTM001	1	96/800/1146	165/3000/1973	YKHTMC001	武汉英康汇通电气有限公司	30	—	69	NG/电混合动力	插电式混合动力城市客车			
	交流异步电机	YKHTTM001	1	96/800/1146	165/3000/1973	YKHTMC001	武汉英康汇通电气有限公司	—	150	—	纯电动	纯电动城市客车			
	交流异步电机	YKHTTM003	1	65/1500/413	110/3000/1600	YKHTMC003	武汉英康汇通电气有限公司	—	190	—	纯电动	纯电动城市客车			
	交流异步电机	YKHTTM05501	1	55/2000/263	105/3370/700	YKHTMC11001	武汉英康汇通电气有限公司	—	160	—	纯电动	纯电动客车			
	三相交流变频异步电机	YKHTTM001	1	96/800/1146	165/3000/1973	YKHTMC001	武汉英康汇通电气有限公司	—	150	—	纯电动	纯电动城市客车			
	永磁同步电机	YKHTTM005	1	45/1410/305	75/3000/1100	YKHTTMC005	武汉英康汇通电气有限公司	—	150	—	纯电动	纯电动城市客车			

续表

电动汽车驱动电机生产企业	电动汽车驱动电机类型	电动汽车驱动电机型号	驱动电机安装数量（台/辆）	电动汽车驱动电机额定功率、转速、转矩（kW、r/min、N·m）	电动汽车驱动电机峰值功率、转速、转矩（kW、r/min、N·m）	驱动电机控制器型号	驱动电机控制器生产企业	电动汽车续驶里程（工况法，km）	电动汽车续驶里程（等速法，km）	混合动力汽车纯电动模式下1km最高车速（km/h）	燃料种类	配套车辆类型	2015年配套车型产量（辆）	2016年1—3月配套车型产量（辆）	配套车型产量合计（辆）
武汉英康汇通电气有限公司	永磁同步电机	YKHTTM005	1	45/1410/305	75/3000/1100	YKHTTMC005	武汉英康汇通电气有限公司	—	160	—	纯电动	纯电动城市客车			
	永磁同步电机	YKHTTM005	1	45/1410/305	75/3000/1100	YKHTTMC005	武汉英康汇通电气有限公司	—	255	—	纯电动	纯电动城市客车			
	永磁同步电机	YKHTTM04502	1	45/2000/215	90/4000/700	YKHTMC05502	武汉英康汇通电气有限公司	—	200	—	纯电动	纯电动客车			
浙江格雷博智能动力科技有限公司；杭州伯坦科技工程有限公司	永磁同步电机	G210TZX040－032；BTM210－01	1	18/3500/51	40/6100/205	ACL14445XF－01；BTC144－01	浙江格雷博智能动力科技有限公司；杭州伯坦科技工程有限公司	—	307	—	纯电动	纯电动厢式运输车	1824	0	1824
杭州德沃仕电动科技有限公司	交流异步电机	DWS－YXQ－144－13.5B	1	13.5/3000/43	30/6000/150	ACA14440X－01	浙江格雷博智能动力科技有限公司	150	170	—	纯电动	纯电动轿车	1138	603	1741
	永磁同步电机	DWS－TYC－320－18A	1	18/3000/57.3	45/6000/170	DWS－TEV－320－200A	杭州德沃仕电动科技有限公司	210		—	纯电动	纯电动厢式运输车			
天津清源电动车辆有限责任公司	交流异步电机	QY2103100ZH1	1	100/1420/672	150/4400/1000	QY2104110ZH1	天津清源电动车辆有限责任公司	—	275	—		纯电动城市客车	1537	3	1540
	永磁同步	QY245TZ－XS65A	1	20/2600/74	51/8800//190	QYKTZ32X30S01A	天津清源电动车辆有限责任公司	110（仅城市工况）	150	—	纯电动	纯电动自装卸式垃圾车			
	永磁同步	QY245TZ－XS65A	1	20/2600/74	51/8800//190	QYKTZ32X30S01A	天津清源电动车辆有限责任公司	170（仅城市工况）	200	—	纯电动	纯电动扫路车			
	永磁同步	QY245TZ－XS65A	1	20/2600/74	51/8800//190	QYKTZ32X30S01A	天津清源电动车辆有限责任公司	83（仅城市工况）	100	—	纯电动	纯电动路面养护车			
	直流他励电动机	QY210310064T	1	4/2800/13.64	11/3600/102	QYKZL06W4012B	天津清源电动车辆有限责任公司	100（仅城市工况）	150	—	纯电动	纯电动厢式运输车			

续表

电动汽车驱动电机生产企业	电动汽车驱动电机类型	电动汽车驱动电机型号	驱动电机安装数量（台/辆）	电动汽车驱动电机额定功率、转速、转矩（kW、r/min、N·m）	电动汽车驱动电机峰值功率、转速、转矩（kW、r/min、N·m）	驱动电机控制器型号	驱动电机控制器生产企业	电动汽车续驶里程（工况法，km）	电动汽车续驶里程（等速法，km）	混合动力汽车纯电动模式下1km最高车速（km/h）	燃料种类	配套车辆类型	2015年配套车型产量（辆）	2016年1—3月配套车型产量（辆）	配套车型产量合计（辆）
大洋电机新动力科技有限公司，北京大郡晟誉驱动系统技术有限公司，北京汽车新能源汽车有限公司	永磁同步电机	YTD020W01；O50WA；TZ20S02	1	20/3000/64	45/9000/144	V2. 02. 003. 1/KM6025W06；BQEV_ B0. 1/N110WSA；E10000051/KTZ3322S02	大洋电机新动力科技有限公司；北京大郡晟誉驱动系统技术有限公司；北京汽车新能源汽车有限公司	160；160，135；150	190；190；170；190	—	纯电动	纯电动轿车	1438	0	1438
珠海银通新动力科技有限公司	永磁同步电机	YTP－MP120－W	1	100/800/1194	200/2200/2200	YTP－CP150－W	珠海银通新动力科技有限公司	50	177（40±2）	—	纯电动	纯电动城市客车	1335	100	1435
	永磁同步电机	YTP－MP120－W	1	100/800/1194	200/3000/2200	YTP－CP150－W	珠海银通新动力科技有限公司	40	50	—	纯电动	纯电动城市客车			
	永磁同步电机	YTP－MP120－W	1	100/800/1194	200/3000/2200	YTP－CP150－W	珠海银通新动力科技有限公司	—	180（40±2）等速法	—	纯电动	纯电动城市客车			
	永磁同步电机	YTP－MP150－W	1	135/760/1695	200/2800/2200	YTP－CP200－W	珠海银通新动力科技有限公司	40	50	—	纯电动	纯电动城市客车			
	永磁同步电机	YTP－MP150－W	1	135/760/1695	200/2800/2200	YTP－CP200－W	珠海银通新动力科技有限公司	69	80	—	纯电动	纯电动城市客车			
	永磁同步电机	YTP－MP150－W	1	135/760/1695	200/2800/2200	YTP－CP200－W	珠海银通新动力科技有限公司	66	220	—	纯电动	纯电动城市客车			
长沙众泰汽车工业有限公司	交流异步电动机	ZT13527108	1	13. 5/3000/43	27/6600/140	ZT3336－10850	长沙众泰汽车工业有限公司	155	200	—	纯电动	纯电动轿车	32	1368	1400
ZF	永磁同步电机	GC1P25A	1	32/3100/98	70/2670/250	硬件 LE125LD. 4. 4；软件 LE125LD. 4. 4	BMW	58	—	233	汽油/电混合动力	插电式混合动力轿车	1221	128	1349
麦格纳驱动系统集团	永磁同步电机	VOLVO_ E1	1	20/2122/90	33/11500/133	78HL15－3233010－AA	麦格纳驱动系统集团	53	—	120	汽油/电混合动力	插电式混合动力轿车	968	307	1275

续表

电动汽车驱动电机生产企业	电动汽车驱动电机类型	电动汽车驱动电机型号	驱动电机安装数量（台/辆）	电动汽车驱动电机额定功率、转速、转矩（kW、r/min、N·m）	电动汽车驱动电机峰值功率、转速、转矩（kW、r/min、N·m）	驱动电机控制器型号	驱动电机控制器生产企业	电动汽车续驶里程（工况法，km）	电动汽车续驶里程（等速法，km）	混合动力汽车纯电动模式下1km最高车速（km/h）	燃料种类	配套车辆类型	2015年配套车型产量（辆）	2016年1—3月配套车型产量（辆）	配套车型产量合计（辆）
北京锋锐新源电驱动科技有限公司	永磁同步电机	368TYZ - XIS15N	1	40/1600/240	65/2500/500	34S22×06×C	北京锋锐新源电驱动科技有限公司	20	32	60	NG/电混合动力	插电式混合动力城市客车	932	330	1262
	永磁同步电机	368TYZ - XIS15N	1	40/1600/240	65/2500/500	34S22×06×C	北京锋锐新源电驱动科技有限公司	20	50	60	柴油混合动力	插电式混合动力城市客车			
	永磁同步电机	368TYZ - XIS15N	1	40/1600/240	65/2500/500	34S22×06×C	北京锋锐新源电驱动科技有限公司	20	50	60	天然气混合动力	插电式混合动力城市客车			
	永磁同步电机	368TYZ - XIS15N	1	40/1600/240	65/2500/500	34S22×06×C	北京锋锐新源电驱动科技有限公司	20	51	60	柴油/电混合动力	插电式混合动力城市客车			
	永磁同步电机	264TYZ - XS06BF	1	25/3000/80	55/9000/190	34S35X04AV	北京锋锐新源电驱动科技有限公司	170	200	—	纯电动	纯电动扫路车			
	永磁同步电机	264TYZ - XS06BF	1	25/3000/80	55/9000/190	34S35X04AV	北京锋锐新源电驱动科技有限公司	≥290	≥320	—	纯电动	纯电动厢式运输车			
	永磁同步电机	264TYZ - XS06BV	1	25/3000/80	55/9000/190	37S29X13AV	北京锋锐新源电驱动科技有限公司	225	250	—	纯电动	纯电动厢式运输车			
成都联腾动力控制技术有限公司	永磁同步电机	LMA22R6	4	30/3000/95	65/6000/200	LCA450R12A	成都联腾动力控制技术有限公司	—	224	—	纯电动	纯电动城市客车	1222	0	1222
	永磁同步	LMA23R6	1	45/3000/150	90/9000/300	PCU450R12	成都联腾动力控制技术有限公司	150	210	—	纯电动	纯电动乘用车			
	永磁同步电机	LMA26R6A	1	55/1100/480	100/4500/900	LCA600R12A	成都联腾动力控制技术有限公司	—	230	—	纯电动	纯电动客车			
广东陆地方舟新能源汽车电驱动系统有限公司	交流异步电机	GWQ100 - 271/4YA	1	100/1000/955	150/2600/2850	GW150ME - 01	广东陆地方舟新能源汽车电驱动系统有限公司	100	150	—	纯电动	纯电动城市客车	1186	0	1186
	交流异步电机	GWQ100 - 271/4YA	1	100/1000/955	150/2600/2850	GW150ME - 01	广东陆地方舟新能源汽车电驱动系统有限公司	115	160	—	纯电动	纯电动城市客车			
	交流异步电机	GWQ100 - 271/4YA	1	100/1000/955	150/2600/2850	GW150ME - 01	广东陆地方舟新能源汽车电驱动系统有限公司	—	310	—	纯电动	纯电动城市客车			
	三相交流异步电机	GWQ100 - 271/4YB	1	100/1000/955	150/3000/2850	GW150ME - 01	广东陆地方舟新能源汽车电驱动系统有限公司	—	360	—	纯电动	纯电动城市客车			
	永磁同步电机	GWQ60 - 380/4TA	1	60/900/600	120/2800/1200	GW120ME - 01	广东陆地方舟新能源汽车电驱动系统有限公司	210	260	—	纯电动	纯电动客车			

续表

电动汽车驱动电机生产企业	电动汽车驱动电机类型	电动汽车驱动电机型号	驱动电机安装数量（台/辆）	电动汽车驱动电机额定功率、转速、转矩（kW、r/min、N·m）	电动汽车驱动电机峰值功率、转速、转矩（kW、r/min、N·m）	驱动电机控制器型号	驱动电机控制器生产企业	电动汽车续驶里程（工况法，km）	电动汽车续驶里程（等速法，km）	混合动力汽车纯电动模式下1km最高车速（km/h）	燃料种类	配套车辆类型	2015年配套车型产量（辆）	2016年1—3月配套车型产量（辆）	配套车型产量合计（辆）
广东陆地方舟新能源汽车电驱动系统有限公司	永磁同步电机	GWQ80－282/6TA	1	80/1250/611	130/3100/1700	GW150ME－01	广东陆地方舟新能源汽车电驱动系统有限公司	100	160	—	纯电动	纯电动城市客车			
	永磁同步电机	GWQ80－282/6TA	1	80/1250/611	130/3100/1700	GW150ME－01	广东陆地方舟新能源汽车电驱动系统有限公司	220	250	—	纯电动	纯电动城市客车			
	永磁同步电机	GWQ80－282/6TA	1	80/1250/611	130/3200/1700	GW150ME－01	广东陆地方舟新能源汽车电驱动系统有限公司	—	280	—	纯电动	纯电动客车			
	永磁同步电机	GWQ22－92/3TA	1	22/3000/70	55/9000/160	GW055ME－01	广东陆地方舟新能源汽车电驱动系统有限公司	150	—	—	纯电动	纯电动厢式运输车			
	永磁同步电机	GWQ22－92/3TA	1	22/3000/70	55/9000/160	GW055ME－01	广东陆地方舟新能源汽车电驱动系统有限公司	200	—	—	纯电动	纯电动厢式运输车			
	永磁同步电机	GWQ22－92/3TA	1	22/3000/70	55/9000/160	GW055ME－01	广东陆地方舟新能源汽车电驱动系统有限公司	250	—	—	纯电动	纯电动厢式运输车			
	永磁同步电机	GWQ22－92/3TA	1	22/3000/70	55/9000/160	GW055ME－01	广东陆地方舟新能源汽车电驱动系统有限公司	280	360	—	纯电动	纯电动厢式运输车			
上海电驱动股份有限公司；武汉理工通宇新能源动力有限公司	永磁同步电动机；永磁同步电动机	368TYZ－XIS15N；WTEM40－20－2	1	40/1600/240；40/1600/240	65/2500/500；65/2500/500	34S22X06XC；WTMC45－20－2	上海电驱动股份有限公司；武汉理工通宇新能源动力有限公司	50	55	69	柴油/电混合动力	插电式混合动力城市客车	953	224	1177
	永磁同步电机	368TYZ－XIS15N；WTEM40－20－2	1	40/1600/240；40/1600/240	65/2500/500；65/2500/500	34S22X06XC；WTMC45－20－2	上海电驱动股份有限公司；武汉理工通宇新源动力有限公司	50	55	69	NG 混合动力	插电式混合动力城市客车			
	永磁同步电机	368TYZ－XIS15N；WTEM40－20－2	1	40/1600/240；40/1600/240	65/2500/500；65/2500/500	34S22X06XC；WTMC45－20－2	上海电驱动股份有限公司；武汉理工通宇新源动力有限公司	53	57.8	69	NG/电混合动力	插电式混合动力城市客车			
奇瑞汽车股份有限公司	永磁同步电机	2103AAH	1	6/1600/36	12/5300/72	2104AAB；2142AAB	奇瑞汽车股份有限公司	80	90	—	纯电动	纯电动轿车	964	165	1129
	永磁同步电机	2103AAH	1	6/1600/36	12/5300/72	2142AAB	奇瑞汽车股份有限公司	≥80	≥90（60km/h）	—	纯电动	纯电动轿车			

续表

电动汽车驱动电机生产企业	电动汽车驱动电机类型	电动汽车驱动电机型号	驱动电机安装数量（台/辆）	电动汽车驱动电机额定功率、转速、转矩（kW、r/min、N·m）	电动汽车驱动电机峰值功率、转速、转矩（kW、r/min、N·m）	驱动电机控制器型号	驱动电机控制器生产企业	电动汽车续驶里程（工况法，km）	电动汽车续驶里程（等速法，km）	混合动力汽车纯电动模式下1km最高车速（km/h）	燃料种类	配套车辆类型	2015年配套车型产量（辆）	2016年1—3月配套车型产量（辆）	配套车型产量合计（辆）
IT Engineering Co；. LTD	交流电机	IP－M131101	1	60/3600/159	100/12000/320	IP－I131101	IT Engineering Co；. LTD	160	280	—	纯电动	纯电动客车	1041	0	1041
	交流电机	IP－M131101	1	60/3600/159	100/12000/320	IP－I131101	IT Engineering Co；. LTD	140	250	—	纯电动	纯电动厢式运输车			
	交流电机	IP－M131101	1	60/3600/159	100/12000/320	IP－I131101	IT Engineering Co；. LTD	170	295	—	纯电动	纯电动厢式运输车			
武汉理工通宇新源动力有限公司	感应异步电机	WTEMT018/2－E02/18	1	20/3600/53	60/9000/159	WTMC－30S/200－1	武汉理工通宇新源动力有限公司	150	180	—	纯电动	纯电动押运车	879	61	940
	交流异步电机	WTEM68－40－2	1	68/2200/295	136/3400/590	WTMC90－38－1	武汉理工通宇新源动力有限公司	180	40	—	纯电动	纯电动客车			
	交流异步电机	WTEM80－38－1	1	80/1200/636	160/2600/1273	WTMC160WWV400－1	武汉理工通宇新源动力有限公司	—	252	—	纯电动	纯电动客车			
	三相异步	WTEMT100/4－08/4－0	1	80/1600/477	160/3200/954	WTMC160WV400－1	武汉理工通宇新源动力有限公司	—	200	—	纯电动	纯电动客车			
	异步电机	WTEM80－38－1	1	80/1200/636	160/2600/1273	WTMC160WV400－1	武汉理工通宇新源动力有限公司	—	250	—	纯电动	纯电动客车			
	永磁同步电机	WTEM50－20－1	1	50/2300/207.6	100/4200/380	WTMC75－20－1	武汉理工通宇新源动力有限公司	—	160	—	纯电动	纯电动客车			
	永磁同步电机	WTEM50－38－1	1	50/1900/250	100/4000/500	WTMC160－40－1	武汉理工通宇新源动力有限公司	—	251	—	纯电动	纯电动城市客车			
	永磁同步电机	WTEM50－38－1	1	50/1900/250	100/4000/500	WTMC160－40－1	武汉理工通宇新源动力有限公司	—	252	—	纯电动	纯电动城市客车			
	永磁同步电机	WTEM60－38－1	1	60/1600/358	110/3500/1000	WTMC160－40－1	武汉理工通宇新源动力有限公司	—	200	—	纯电动	纯电动客车			
	永磁同步电机	WTEM68－40－2	1	68/2200/295	136/3400/590	WTMC90－38－1	武汉理工通宇新源动力有限公司	—	150	—	纯电动	纯电动客车			
	永磁同步电机	WTEM68－40－2	1	68/2200/360	136/2200/295	WTMC90－38－1	武汉理工通宇新源动力有限公司	—	180	—	纯电动	纯电动客车			
	永磁同步电机	WTEM80－40－2	1	80/1600/477	160/3200/1000	WTMC160－40－1	武汉理工通宇新源动力有限公司	—	210	—	纯电动	纯电动客车			
	永磁同步电机	WTEM80－40－2	1	80/1600/477	160/3200/1000	WTMC160－40－1	武汉理工通宇新源动力有限公司	—	250；280	—	纯电动	纯电动客车			
	永磁同步电机	WTEM80－40－2	1	80/1600/477	160/2500/1000	WTMC160－40－1	武汉理工通宇新源动力有限公司	—	258；276；268	—	纯电动	纯电动客车			
	永磁同步电机	WTEM80－40－2	1	80/1600/477	160/3200/1000	WTMC160－40－1	武汉理工通宇新源动力有限公司	—	250	—	纯电动	纯电动城市客车			
	永磁同步电机	WTEM90－38－1	1	94/1800/500	188/4500/1000	WTMC160－40－1	武汉理工通宇新源动力有限公司	—	170	—	纯电动	纯电动客车			
苏州锐伊恩电动系统有限公司	永磁同步	TZ175HFRYN	1	8/2400/32	20/3800/85	KTZ36H13FRYN	苏州锐伊恩电动系统有限公司	150	—	—	纯电动	纯电动乘用车	937	0	937
	永磁同步	TZ175HFRYN	1	8/2400/32	20/3800/85	KTZ36H13FRYN	苏州锐伊恩电动系统有限公司	150	—	—	纯电动	纯电动多用途乘用车			
	永磁同步	TZ175HFRYN	1	8/2400/32	20/3800/85	KTZ36H13FRYN	苏州锐伊恩电动系统有限公司	—	160	—	纯电动	纯电动厢式运输车			

续表

电动汽车驱动电机生产企业	电动汽车驱动电机类型	电动汽车驱动电机型号	驱动电机安装数量（台/辆）	电动汽车驱动电机额定功率、转速、转矩（kW、r/min、N·m）	电动汽车驱动电机峰值功率、转速、转矩（kW、r/min、N·m）	驱动电机控制器型号	驱动电机控制器生产企业	电动汽车续驶里程（工况法，km）	电动汽车续驶里程（等速法，km）	混合动力汽车纯电动模式下1km最高车速（km/h）	燃料种类	配套车辆类型	2015年配套车型产量（辆）	2016年1—3月配套车型产量（辆）	配套车型产量合计（辆）
深圳市蓝海华腾技术股份有限公司	交流异步电机	YPQ250L-6-HT	1	120/1150/1005	250/2800/2800	V6-H-4D200G	深圳市蓝海华腾技术股份有限公司	—	200	—	纯电动	纯电动城市客车	509	426	935
	三相交流电机	HPQ20-336HT	1	20/1600/119	40/3200/380	V6-H-2D30G	深圳市蓝海华腾技术股份有限公司	141	150	—	纯电动	纯电动厢式运输车			
	三相交流电机	HPQ20-336HT	1	20/1600/119	40/3200/380	V6-H-2D30G	深圳市蓝海华腾技术股份有限公司	160	—	—	纯电动	纯电动厢式运输车			
	三相交流电机	YPQ180L-8-HT	1	60/318/1800	110/1000/3700	V6-H-4D110G	深圳市蓝海华腾技术股份有限公司	—	155	—	纯电动	纯电动厢式运输车			
潍柴动力股份有限公司	永磁同步电机	TZ368XSWE10A	1	100/868/1100	200/3100/2100	KTZ60X45SWE10A	潍柴动力股份有限公司	—	320	—	纯电动	纯电动城市客车	822	90	912
	永磁同步电机	WEM100-01	1	100/868/1100	200/3100/2080	WEC100-01	潍柴动力股份有限公司	—	51	40	NG/电混合动力	插电式混合动力城市客车			
	永磁同步电机	WEM100-01	1	100/868/1100	200/3100/2080	WEC100-01	潍柴动力股份有限公司	—	52	40	NG/电混合动力	插电式混合动力城市客车			
	永磁同步电机	WEM100-01	1	100/868/1100	200/3100/2080	WEC100-01	潍柴动力股份有限公司	—	52.2	40	NG/电混合动力	插电式混合动力双层城市客车			
	永磁同步电机	WEM100-01	1	100/868/1100	200/3100/2080	WEC100-01	潍柴动力股份有限公司	—	53	40	NG/电混合动力	插电式混合动力城市客车			
	永磁同步电机	WEM100-01	1	100/868/1100	200/3100/2080	WEC100-01	潍柴动力股份有限公司	—	54	40	NG/电混合动力	插电式混合动力城市客车			
	永磁同步电机	WEM100-01	1	100/868/1100	200/3100/2080	WEC100-01	潍柴动力股份有限公司	—	53	40	柴油/电混合动力	插电式混合动力城市客车			
	永磁同步电机	WEM100-01	1	100/868/1100	200/3100/2080	WEC100-01	潍柴动力股份有限公司	—	53.5	40	柴油/电混合动力	插电式混合动力城市客车			
	永磁同步电机	WEM100-01	1	100/868/1100	200/3100/2080	WEC100-01	潍柴动力股份有限公司	—	54	40	柴油/电混合动力	插电式混合动力城市客车			
	永磁同步电机	WEM100-01	1	100/868/1100	200/3100/2080	WEC100-01	潍柴动力股份有限公司	—	55	40	柴油/电混合动力	插电式混合动力城市客车			
	永磁同步电机	WEM100-01	1	100/868/1100	200/3100/2080	WEC100-01	潍柴动力股份有限公司	165	180	—	纯电动	纯电动客车			
	永磁同步电机	WEM100-01	1	100/868/1100	200/3100/2080	WEC100-01	潍柴动力股份有限公司	170	200	—	纯电动	纯电动客车			
	永磁同步电机	WEM100-01	1	100/868/1100	200/3100/2080	WEC100-01	潍柴动力股份有限公司	180	200	—	纯电动	纯电动城市客车			
	永磁同步电机	WEM100-01	1	100/868/1100	200/3100/2080	WEC100-01	潍柴动力股份有限公司	200	220	—	纯电动	纯电动城市客车			
	永磁同步电机	WEM100-01	1	100/868/1100	200/3100/2080	WEC100-01	潍柴动力股份有限公司	—	280	—	纯电动	纯电动客车			
	永磁同步电机	WEM100-01	1	100/868/1100	200/3100/2080	WEC100-01	潍柴动力股份有限公司	250	300	—	纯电动	纯电动客车			
	永磁同步电机	WEM100-01	1	100/868/1100	200/3100/2080	WEC100-01	潍柴动力股份有限公司	—	350	—	纯电动	纯电动城市客车			
	永磁同步电机	WEM100-01	1	100/868/1100	200/3100/2080	WEC100-01	潍柴动力股份有限公司	—	380	—	纯电动	纯电动客车			

续表

电动汽车驱动电机生产企业	电动汽车驱动电机类型	电动汽车驱动电机型号	驱动电机安装数量（台/辆）	电动汽车驱动电机额定功率、转速、转矩（kW、r/min、N·m）	电动汽车驱动电机峰值功率、转速、转矩（kW、r/min、N·m）	驱动电机控制器型号	驱动电机控制器生产企业	电动汽车续驶里程（工况法，km）	电动汽车续驶里程（等速法，km）	混合动力汽车纯电动模式下1km最高车速（km/h）	燃料种类	配套车辆类型	2015年配套车型产量（辆）	2016年1—3月配套车型产量（辆）	配套车型产量合计（辆）
潍柴动力股份有限公司	永磁同步电机	WEM100-01	1	100/868/1100	200/3100/2080	WEC100-01	潍柴动力股份有限公司	—	400	—	纯电动	纯电动客车			
	永磁同步电机	WEM100-01	1	100/868/1100	200/3100/2080	WEC100-01	潍柴动力股份有限公司	—	420	—	纯电动	纯电动客车			
	永磁同步电机	WEM65-01	1	65/1500/413	130/2600/1600	WEC65-01	潍柴动力股份有限公司	—	270	—	纯电动	纯电动客车			
	永磁同步电机	WNEM40	1	40/1090/350	65/2500/500	WNC40	潍柴动力股份有限公司	—	30	40	NG/电混合动力	插电式混合动力城市客车			
苏州绿控传动科技有限公司	永磁同步电机	GC-TM1000-01	1	80/1275/600	140/2500/1000	GC-CU1000-01	苏州绿控传动科技有限公司	—	52	50	柴油/电混合动力	插电式混合动力城市客车	872	32	904
	永磁同步电机	GC-TM1000-02	1	80/1275/600	140/4500/1000	GC-CU1000-02	苏州绿控传动科技有限公司	—	50	60	NG/电混合动力	插电式混合动力城市客车			
	永磁同步电机	GC-TM100-01	1	100/1600/600	130/3000/850	GC-CU100-01	苏州绿控传动科技有限公司	—	41	69	LNG/电混合动力	插电式混合动力城市客车			
	永磁同步电机	GC-TM100-01	1	100/1600/600	130/3000/850	GC-CU100-01	苏州绿控传动科技有限公司	—	58.5	69	NG/电混合动力	插电式混合动力城市客车			
	永磁同步电机	GC-TM100-01	1	100/1600/600	130/3000/850	GC-CU100-01	苏州绿控传动科技有限公司	—	54	40	NG/电混合动力	插电式混合动力城市客车			
	永磁同步电机	GC-TM100-01	1	100/1600/600	130/3000/850	GC-CU100-01	苏州绿控传动科技有限公司	30	30	25	NG/电混合动力	插电式混合动力城市客车			
	永磁同步	GC-TM100-01	1	100/1600/600	130/2000/850	GC-CU100-01	苏州绿控传动科技有限公司	—	32	32	NG混合动力	插电式混合动力城市客车			
	永磁同步电机	GC-TM100-01	1	100/1600/600	130/3000/850	GC-CU100-01	苏州绿控传动科技有限公司	35	42	58	NG混合动力	插电式混合动力城市客车			
	永磁同步	GC-TM100-01	1	100/1600/600	130/2000/850	GC-CU100-01	苏州绿控传动科技有限公司	—	55	32	NG/电混合动力	插电式混合动力城市客车			
	永磁同步电机	GC-TM100-01	1	100/1600/600	130/3000/850	GC-CU100-01	苏州绿控传动科技有限公司	35	42	68	柴油/电混合动力	插电式混合动力城市客车			
	永磁同步电机	GC-TM100-01	1	100/1600/600	130/3000/850	GC-CU100-01	苏州绿控传动科技有限公司	—	51	32	柴油/电混合动力	插电式混合动力城市客车			
	永磁同步电机	GC-TM100-01	1	100/1600/600	130/3000/850	LK V1.2 2013_9_26 223010269813；GC-CU100-01	苏州绿控传动科技有限公司	—	32	60	NG混合动力	插电式混合动力城市客车			
	永磁同步电机	GC-TM850-01	1	100/1600/500	130/4500/850	GC-CU850-01	苏州绿控传动科技有限公司	—	50	69	NG/电混合动力	插电式混合动力城市客车			
	永磁同步电机	GC-TM900-01	1	60/1910/300	90/3200/450	GC-CU900-01	苏州绿控传动科技有限公司	—	155	—	纯电动	纯电动客车			
杭州德沃仕电动科技有限公司；杭州富特科技有限公司	交流异步电机	DWS-YXQ-80-9A；VMT01-A	1	9/3000/28.6；9/3000/28.6	18/6000/83；18/6000/83	DWS-YEV-80-600A；VMD01-A	杭州德沃仕电动科技有限公司；杭州富特科技有限公司	250	300	—	纯电动	纯电动轿车	891	1	892

续表

电动汽车驱动电机生产企业	电动汽车驱动电机类型	电动汽车驱动电机型号	驱动电机安装数量（台/辆）	电动汽车驱动电机额定功率、转速、转矩（kW、r/min、N·m）	电动汽车驱动电机峰值功率、转速、转矩（kW、r/min、N·m）	驱动电机控制器型号	驱动电机控制器生产企业	电动汽车续驶里程（工况法，km）	电动汽车续驶里程（等速法，km）	混合动力汽车纯电动模式下1km最高车速（km/h）	燃料种类	配套车辆类型	2015年配套车型产量（辆）	2016年1—3月配套车型产量（辆）	配套车型产量合计（辆）
江西特种电机股份有限公司	交流电机	YPQ200L-8-HT	1	55/1650/318	90/4000/1000	V6-H-2D90G-WT	蓝海华腾技术股份有限公司	—	170	—	纯电动	纯电动仓栅式运输车	803	63	866
	交流电机	YPQ200L-8-HT	1	55/1650/318	90/4000/1000	V6-H-2D90G-WT	蓝海华腾技术股份有限公司	140	170	—	纯电动	纯电动冷藏车			
	交流电机	YPQ200L-8-HT	1	55/1650/318	90/4000/1000	V6-H-2D90G-WT	蓝海华腾技术股份有限公司	140	170	—	纯电动	纯电动厢式运输车			
	交流电机	YPQ200L-8-HT	1	55/1650/318	90/4000/1000	V6-H-2D90G-WT	蓝海华腾技术股份有限公司	—	170	—	纯电动	纯电动翼开启厢式车			
	交流电机	YPQ200L-8-HT	1	55/1650/318	90/4000/1000	V6-H-2D90G-WT	蓝海华腾技术股份有限公司	—	170	—	纯电动	纯电动载货汽车			
	三相异步电机	YPQ200L-8-HT	1	55/1650/318	90/3300/1000	V6-H-4D90G-WT	蓝海华腾技术股份有限公司	160	200	—	纯电动	纯电动厢式运输车			
	永磁同步电机	QPMA30-800-CL	1	30/800/358	80/2800/1000	HSYT-INV100-W-40	北京华盛源通科技有限公司	210	69	—	纯电动	纯电动城市客车			
东营蒙德金马机车有限公司	交流异步电机	BPAC72V10KW-JM03	1	10/3000/31.8	20/6500/120	MCJM03-7240	东营蒙德金马机车有限公司	100	—	—	纯电动	纯电动厢式运输车	737	62	799
	交流异步电机	BPAC72V10KW-JM03	1	10/3000/31.8	20/6500/120	MCJM03-7240	东营蒙德金马机车有限公司	85	—	—	纯电动	纯电动仓栅式运输车			
	交流异步电机	BPAC72V10KW-JM03	1	10/3000/31.8	20/6500/120	MCJM03-7240	东营蒙德金马机车有限公司	85	—	—	纯电动	纯电动厢式运输车			
	三相交流异步电机	BPAC96V13KW-JM04	1	13/3000/40	25/6000/150	MCJM04-9640	东营蒙德金马机车有限公司	180；181	—	—	纯电动	纯电动仓栅式运输车			
	三相交流异步电机	BPAC96V13KW-JM04	1	13/3000/40	25/6000/150	MCJM04-9640	东营蒙德金马机车有限公司	180；181	—	—	纯电动	纯电动厢式运输车			
	三相交流异步电机	BPAC96V13KW-JM04	1	13/3000/40	25/6000/150	MCJM04-9640	东营蒙德金马机车有限公司	190	—	—	纯电动	纯电动仓栅式运输车			
	三相交流异步电机	BPAC96V13KW-JM04	1	13/3000/40	25/6000/150	MCJM04-9640	东营蒙德金马机车有限公司	190	—	—	纯电动	纯电动厢式运输车			
常州华盛电机有限公司	交流异步电机	XYQ-7.5-1HV	1	7.5/ 2500/48	15/ 5900/ 140	HY7401	山东昊宇车辆有限公司	110	60	—	纯电动	纯电动仓栅车	130	574	704
	交流异步电机	XYQ-7.5-1HV	1	7.5/ 2500/48	15/ 5900/ 140	HY7401	山东昊宇车辆有限公司	110	60	—	纯电动	纯电动厢式货车			
	三相交流异步电机	XYQ-7.5-1HV	1	7.5/2500/48	15/5900/140	HY7401	山东昊宇车辆有限公司	—	80	—	纯电动	纯电动厢式货车			
厦门市福工动力技术有限公司	异步电机	FG-QDDJ-903	1	100/1000/955	150/2600/2850	FG-QDKZ-210	厦门市福工动力技术有限公司	—	210	—	纯电动	纯电动城市客车	660	24	684
	永磁同步	FG-QDDJ-331	1	60/955/600	120/2800/1200	FG-QDKZ-250	厦门市福工动力技术有限公司	—	150	—	纯电动	纯电动城市客车			
	永磁同步	FG-QDDJ-331	1	60/955/600	120/2800/1200	FG-QDKZ-250	厦门市福工动力技术有限公司	—	167	—	纯电动	纯电动城市客车			
	永磁同步	FG-QDDJ-331	1	60/955/600	120/2800/1200	FG-QDKZ-250	厦门市福工动力技术有限公司	—	200	—	纯电动	纯电动城市客车			
	永磁同步电机	FG-QDDJ-331	1	60/955/600	120/2800/1200	FG-QDKZ-250	厦门市福工动力技术有限公司	—	203	—	纯电动	纯电动城市客车			
	永磁同步电机	FG-QDDJ-342	1	90/1350/637	150/3000/1700	FG-QDKZ-210	厦门市福工动力技术有限公司	—	200	—	纯电动	纯电动城市客车			
	永磁同步	TZ260XS333	1	60/1050/545	110/4000/1000	KTZ39X32S360	厦门市福工动力技术有限公司	—	170	—	纯电动	纯电动城市客车			

续表

电动汽车驱动电机生产企业	电动汽车驱动电机类型	电动汽车驱动电机型号	驱动电机安装数量（台/辆）	电动汽车驱动电机额定功率、转速、转矩（kW、r/min、N·m）	电动汽车驱动电机峰值功率、转速、转矩（kW、r/min、N·m）	驱动电机控制器型号	驱动电机控制器生产企业	电动汽车续驶里程（工况法，km）	电动汽车续驶里程（等速法，km）	混合动力汽车纯电动模式下1km最高车速（km/h）	燃料种类	配套车辆类型	2015年配套车型产量（辆）	2016年1—3月配套车型产量（辆）	配套车型产量合计（辆）
POSCO TMC Co.；LTD	交流电机	IP－M131101	1	60/3600/159	100/12000/320	IP－I131101	POSCO TMC Co.；LTD	—	350	—	纯电动	纯电动客车	206	476	682
	交流电机	IP－M131101	1	60/3600/159	100/12000/320	IP－I131101	POSCO TMC Co.；LTD	140	250	—	纯电动	纯电动厢式运输车			
	交流电机	IP－M131101	1	60/3600/159	100/12000/320	IP－I131101	POSCO TMC Co.；LTD	170	295	—	纯电动	纯电动厢式运输车			
杭州普拉格新能源汽车有限公司	永磁同步电机	PLGDM120－3000L03	1	120/1200/955	200/3000/2800	PLGDCU12035565200	杭州普拉格新能源汽车有限公司	150	240	—	纯电动	纯电动城市客车	643	0	643
	交流异步电机	PLG DM 144JA16N	1	16/3000/60	32/7000/180	PLG MC 20A144	杭州普拉格新能源汽车有限公司	170	—	—	纯电动	纯电动厢式运输车			
扬州亚星客车股份有限公司	三相异步电动机	YXM－100	1	100/1000/955	200/3000/2200	YXMC－1	扬州亚星客车股份有限公司	—	—	25	NG 混合动力	插电式混合动力城市客车	597	17	614
	三相异步电动机	YXM－100	1	100/1000/955	200/3000/2200	YXMC－1	扬州亚星客车股份有限公司	—	53	40	NG/电混合动力	插电式混合动力城市客车			
	三相异步电动机	YXM－100	1	100/1000/955	200/3000/2200	YXMC－1	扬州亚星客车股份有限公司	—	53.2	40	柴油/电混合动力	插电式混合动力城市客车			
	三相异步电动机	YXM－100	1	100/1000/955	200/3000/2200	YXMC－1	扬州亚星客车股份有限公司	—	54.5	40	柴油/电混合动力	插电式混合动力城市客车			
	三相异步电动机	YXM－100	1	100/1000/955	200/3000/2200	YXMC－1	扬州亚星客车股份有限公司	—	55	40	NG/电混合动力	插电式混合动力城市客车			
大洋电机新动力科技有限公司	交流永磁同步电动机	YTD115F01	1	115/2000/514	170/4500/850	MK6060F01	大洋电机新动力科技有限公司	130	160	—	纯电动	纯电动城市客车	548	66	614
	交流永磁同步电机	YTD008Z02	1	8/2400/32	20/2400/80	KM2020F01	大洋电机新动力科技有限公司	155	153	—	纯电动	纯电动厢式运输车			
	交流永磁同步电机	YTD008Z02	1	8/2400/32	20/3800/80	KM2020F01	大洋电机新动力科技有限公司	165	—	—	纯电动	纯电动厢式运输车			
	永磁同步	YTD040W04－A	1	40/127/3000	80/255/9000	KM6050W01	大洋电机新动力科技有限公司	155	175	—	纯电动	纯电动多用途乘用车			
	永磁同步	YTD040W04－A	1	40/127/3000	80/255/9000	KM6050W01	大洋电机新动力科技有限公司	155	175	—	纯电动	纯电动厢式运输车			
	永磁同步	YTD100W04	1	100/1000/955	150/3000/2800	KM6080W01	大洋电机新动力科技有限公司	145	240	—	纯电动	纯电动城市客车			
	永磁同步	YTD100W04	1	100/1000/955	150/3000/2800	KM6080W01	大洋电机新动力科技有限公司	260	320	—	纯电动	纯电动城市客车			
	永磁同步电机	YTD030W09	1	30/3000/96	60/9000/192	KM6025W10	大洋电机新动力科技有限公司	160；200	185；230	—	纯电动	纯电动轿车			
	永磁同步电机	YTD030W17	1	30/2812/102	53/9000/180	KM6025W06－E	大洋电机新动力科技有限公司	170	200	—	纯电动	纯电动路面养护车			
	永磁同步电机	YTD030W17	1	30/2812/102	53/9000/180	KM6025W06－E	大洋电机新动力科技有限公司	—	200	—	纯电动	纯电动自装卸式垃圾车			
	永磁同步电机	YTD040W10	1	45/1250/344	75/3000/1100	KM7035W01	大洋电机新动力科技有限公司	—	121	—	纯电动	纯电动城市客车			
	永磁同步电机	YTD080W03	1	80/1550/493	120/3100/2100	KM6080W01	大洋电机新动力科技有限公司	—	150	—	纯电动	纯电动城市客车			

续表

电动汽车驱动电机生产企业	电动汽车驱动电机类型	电动汽车驱动电机型号	驱动电机安装数量（台/辆）	电动汽车驱动电机额定功率、转速、转矩（kW、r/min、N·m）	电动汽车驱动电机峰值功率、转速、转矩（kW、r/min、N·m）	驱动电机控制器型号	驱动电机控制器生产企业	电动汽车续驶里程（工况法，km）	电动汽车续驶里程（等速法，km）	混合动力汽车纯电动模式下1km最高车速（km/h）	燃料种类	配套车辆类型	2015年配套车型产量（辆）	2016年1—3月配套车型产量（辆）	配套车型产量合计（辆）
大洋电机新动力科技有限公司	永磁同步电机	YTD080W03	1	80/1550/493	120/3100/2100	KM6080W01	大洋电机新动力科技有限公司	—	200；180	—	纯电动	纯电动城市客车			
	永磁同步电机	YTD080W03	1	80/1550/493	120/3100/2100	KM6080W01	大洋电机新动力科技有限公司	—	200	—	纯电动	纯电动客车			
	永磁同步电机	YTD080W03	1	80/1550/493	120/3100/2100	KM6080W01	大洋电机新动力科技有限公司	—	280	—	纯电动	纯电动城市客车			
	永磁同步电机	YTD100W04	1	100/1000/955	150/3000/2800	KM6080W01	大洋电机新动力科技有限公司	125	180	—	纯电动	纯电动城市客车			
	永磁同步电机	YTD100W04	1	100/1000/955	150/3000/2800	KM6080W01	大洋电机新动力科技有限公司	120.7	151	—	纯电动	纯电动城市客车			
	永磁同步电机	YTD100W04	1	100/1000/955	150/3000/2800	KM6080W01	大洋电机新动力科技有限公司	90	171	—	纯电动	纯电动客车			
	永磁同步电机	YTD100W04	1	100/1000/955	150/3000/2800	KM6080W01	大洋电机新动力科技有限公司	—	150	—	纯电动	纯电动城市客车			
	永磁同步电机	YTD100W04	1	100/1000/955	150/3000/2800	KM6080W01	大洋电机新动力科技有限公司	—	210	—	纯电动	纯电动城市客车			
	永磁同步电机	YTD100W04	1	100/1000/955	150/3000/2800	KM6080W01	大洋电机新动力科技有限公司	—	288；320	—	纯电动	纯电动城市客车			
华域汽车电动系统有限公司；江苏九龙汽车制造有限公司	永磁同步电机	240TZ－XS110K；TZ240XS110	1	70/1650/400	110/4500/650	KTZ380X450S；KTZ38X45SJL1	华域汽车电动系统有限公司；江苏九龙汽车制造有限公司	—	280	—	纯电动	纯电动客车	0	611	611
	永磁同步电机	240TZ－XS110K；TZ240XS110	1	70/1650/400	110/4500/650	KTZ380X450S；KTZ38X45SJL1	华域汽车电动系统有限公司；江苏九龙汽车制造有限公司	—	300；260	—	纯电动	纯电动客车			
浙江方正电机股份有限公司	永磁同步	TZ205XFD96140	1	13/3000/41.4	28/7000/160	KTZ10X42YJ	深圳市高科润电子有限公司	160	180	—	纯电动	纯电动厢式运输车	596	0	596
	永磁同步电机	EVA72－70－80	1	5/3000/15.92	12/7000/80	MEKB72450	浙江方正电机股份有限公司	110	130	—	纯电动	纯电动厢式运输车			
	永磁同步电机	EVB96－120－160	1	13/ 3000/ 41.4	21/ 6000/ 160	HY96450	山东昊宇车辆有限公司		120	—	纯电动	纯电动厢式货车			
淄博哈普沃动力科技有限公司	交流异步伺服牵引电机	SPQ10－72－3900H1	1	10/3900/24.5	20/7800/70	M2－150－6－01	淄博哈普沃动力科技有限公司	120	140	—	纯电动	纯电动仓栅式运输车	529	47	576
	交流异步伺服牵引电机	SPQ10－72－3900H1	1	10/3900/24.5	20/7800/70	M2－150－6－01	淄博哈普沃动力科技有限公司	120	140	—	纯电动	纯电动车厢可卸式垃圾车			
	交流异步伺服牵引电机	SPQ10－72－3900H1	1	10/3900/24.5	20/7800/70	M2－150－6－01	淄博哈普沃动力科技有限公司	120	140	—	纯电动	纯电动路面养护车			
	交流异步伺服牵引电机	SPQ10－72－3900H1	1	10/3900/24.5	20/7800/70	M2－150－6－01	淄博哈普沃动力科技有限公司	120	140	—	纯电动	纯电动售货车			

续表

电动汽车驱动电机生产企业	电动汽车驱动电机类型	电动汽车驱动电机型号	驱动电机安装数量（台/辆）	电动汽车驱动电机额定功率、转速、转矩（kW、r/min、N·m）	电动汽车驱动电机峰值功率、转速、转矩（kW、r/min、N·m）	驱动电机控制器型号	驱动电机控制器生产企业	电动汽车续驶里程（工况法，km）	电动汽车续驶里程（等速法，km）	混合动力汽车纯电动模式下1km最高车速（km/h）	燃料种类	配套车辆类型	2015年配套车型产量（辆）	2016年1—3月配套车型产量（辆）	配套车型产量合计（辆）
淄博哈普沃动力科技有限公司	交流异步伺服牵引电机	SPQ10－72－3900H1	1	10/3900/24.5	20/7800/70	M2－150－6－01	淄博哈普沃动力科技有限公司	120	140	—	纯电动	纯电动桶装垃圾运输车			
	交流异步伺服牵引电机	SPQ10－72－3900H1	1	10/3900/24.5	20/7800/70	M2－150－6－01	淄博哈普沃动力科技有限公司	120	140	—	纯电动	纯电动厢式运输车			
	交流异步伺服牵引电机	SPQ10－72－3900H1	1	10/3900/24.5	20/7800/70	M2－150－6－01	淄博哈普沃动力科技有限公司	120	140	—	纯电动	纯电动自装卸式垃圾车			
	交流异步伺服牵引电机	SPQ10－72－3900H1	1	10/3900/24.5	20/7800/70	M2－150－6－01	淄博哈普沃动力科技有限公司	120	160	—	纯电动	纯电动厢式运输车			
	交流异步伺服牵引电机	SPQ10－72－3900H1	1	10/3900/24.5	20/7800/70	M2－150－6－01	淄博哈普沃动力科技有限公司	120	160	—	纯电动	纯电动载货汽车			
上海极能客车动力系统有限公司	永磁磁阻电机	GBD200	1	100/800/1250	200/3000/2800	GBDK200	上海极能客车动力系统有限公司	160	200	—	纯电动	纯电动城市客车	543	0	543
	永磁磁阻电机	GBD200	1	100/800/1250	200/3000/2800	GBDK200	上海极能客车动力系统有限公司	300	320	—	纯电动	纯电动城市客车			
	永磁磁阻电机	GBD200	1	100/800/1250	200/3000/2800	GBDK200	上海极能客车动力系统有限公司		440	—	纯电动	纯电动城市客车			
	永磁同步驱动电机	GBD200	1	100/800/1250	200/3000/2800	GBDK200	上海极能客车动力系统有限公司	185	205	—	纯电动	纯电动客车			
浙江绿巨能机电科技有限公司	永磁同步电机	LJNPMSM320－18	1	30/3000/95	54/6000/180	LJNVCU45－150	浙江绿巨能机电科技有限公司	155	210	—	纯电动	纯电动多用途乘用车	520	18	538
大连电机集团有限公司	交流感应电动机	MDPQ/S120	1	120/1000/1145	240/3000/2671	1.0.03MC03/MC6132W	东湖科技（北京）有限公司	—	280	—	纯电动	纯电动城市客车	517	1	518
	交流感应电动机	MDPQ/S120	1	120/1000/1145	240/3000/2671	1.0.03MC03/MC6132W	东湖科技（北京）有限公司	—	360	—	纯电动	纯电动城市客车			
	交流感应电动机	MDPQ/S70	1	70/1800/375	140/4500/1020	MC6080W	东湖科技（北京）有限公司	—	460	—	纯电动	纯电动客车			
	交流感应电动机	MDPQ/S80	1	80/1000/764	160/3500/1719	MC6080W	东湖科技（北京）有限公司	—	300	—	纯电动	纯电动城市客车			
	交流感应电动机	MDPQ/S80	1	80/1000/764	160/3500/1719	SDL_ QMCL_ m V2.0 /MC6080W	东湖科技（北京）有限公司	—	230	—	纯电动	纯电动城市客车			
	三相异步电动机	MDPQ/S150－6	1	150KW/1300r/min/1130N.m	300kW/1000r/min/2300N.m	MC6150W	北京连创驱动技术有限公司	220	280	—	纯电动	纯电动客车			

续表

电动汽车驱动电机生产企业	电动汽车驱动电机类型	电动汽车驱动电机型号	驱动电机安装数量（台/辆）	电动汽车驱动电机额定功率、转速、转矩（kW、r/min、N·m）	电动汽车驱动电机峰值功率、转速、转矩（kW、r/min、N·m）	驱动电机控制器型号	驱动电机控制器生产企业	电动汽车续驶里程（工况法，km）	电动汽车续驶里程（等速法，km）	混合动力汽车纯电动模式下1km最高车速（km/h）	燃料种类	配套车辆类型	2015年配套车型产量（辆）	2016年1—3月配套车型产量（辆）	配套车型产量合计（辆）
大连电机集团有限公司	三相异步交流电机	MDPQ/S120－4－SJ	1	120/1480/774.3	210/5000/1568.4	SDL_ QMCL_ m V2.0/EVM120WR－48－24	山东沂星电动汽车有限公司/北京时光科技有限公司	—	160	—	纯电动	纯电动城市客车			
	三相异步交流电机	MDPQ/S120－4－SJ	1	120/1480/774.3	210/5000/1568.4	SDL_ QMCL_ m V2.0/EVM120WR－48－24	山东沂星电动汽车有限公司/北京时光科技有限公司	—	300	—	纯电动	纯电动城市客车			
	三相异步交流电机	MDPQ/S120－4－SJ	1	120/1480/774.3	210/5000/1568.4	SDL_ QMCL_ m V2.0/EVM120WR－48－24	山东沂星电动汽车有限公司/北京时光科技有限公司	—	360	—	纯电动	纯电动城市客车			
山东泰丰制动系统科技股份有限公司	永磁同步电机	BDLTZ070XS	1	70/2000/335	120/6000/750	BDLKTZ070XS	山东泰丰制动系统科技股份有限公司	—	254	—	纯电动	纯电动客车	460	19	479
	永磁同步电机	BDLTZ070XS	1	70/2000/335	120/6000/750	BDLKTZ070XS	山东泰丰制动系统科技股份有限公司	—	257；287	—	纯电动	纯电动客车			
	永磁同步电机	BDLTZ070XS	1	70/2000/335	120/6000/750	BDLKTZ070XS	山东泰丰制动系统科技股份有限公司	—	301	—	纯电动	纯电动客车			
	永磁电机	Y180－8－60	1	60/1400/409	110/3000/1000	TF－75w	山东泰丰制动系统科技股份有限公司	—	150	—	纯电动	纯电动城市客车			
	永磁同步电机	Y180－8－60	1	60/1450/395.2	120/3200/791.6	HB100－2Z75W	淄博正华电动车科技有限公司	—	180	—	纯电动	纯电动客车			
	永磁同步电机	Y250－8－60	1	60/1800/320	110/3500/580	HB100－2Z75W	山东泰丰制动系统科技股份有限公司	—	200	—	纯电动	纯电动客车			
杭州杰能动力有限公司	永磁同步电机	JNPMSM320－30	1	30/4000/71	60/7000/180	JNMCU1501	杭州杰能动力有限公司	155	210	—	纯电动	纯电动多用途乘用车	356	119	475
	永磁同步电机	JNPMSM320－30	1	30/4000/71	60/7000/180	JNMCU1501	杭州杰能动力有限公司	155	210	—	纯电动	纯电动厢式运输车			
	永磁同步电机	JNPMSM320－30	1	30/4000/72	60/7000/180	JNMCU1501	杭州杰能动力有限公司	160	185	—	纯电动	纯电动轿车			
西门子电气传动有限公司	交流感应电机	1PV5138	2	85/3680/220	150/10000/530	MONO	西门子电气传动有限公司	—	380；460；450	—	纯电动	纯电动城市客车	424	24	448
	三相交流异步电机	1PV5135－4WS28	2	134/4000/160	360/10000/430	A5E00468614	西门子电气传动有限公司	—	160	—	纯电动	纯电动城市客车			
	三相交流异步电机	1PV5135－4WS28	1	67/4000/160	180/10000/430	A5E00468614	西门子电气传动有限公司	—	200	—	纯电动	纯电动城市客车			
	三相交流异步电机	1PV5135－4WS28	2	67/4000/160	180/10000/430	A5E00468614	西门子电气传动有限公司	120	200	—	纯电动	纯电动城市客车			
	交流异步电机	1PV5138	1	85/3680/220	150/10000/530	MONO	西门子电气传动有限公司	—	250	—	纯电动	纯电动城市客车			

续表

电动汽车驱动电机生产企业	电动汽车驱动电机类型	电动汽车驱动电机型号	驱动电机安装数量（台/辆）	电动汽车驱动电机额定功率、转速、转矩（kW、r/min、N·m）	电动汽车驱动电机峰值功率、转速、转矩（kW、r/min、N·m）	驱动电机控制器型号	驱动电机控制器生产企业	电动汽车续驶里程（工况法，km）	电动汽车续驶里程（等速法，km）	混合动力汽车纯电动模式下1km最高车速（km/h）	燃料种类	配套车辆类型	2015年配套车型产量（辆）	2016年1—3月配套车型产量（辆）	配套车型产量合计（辆）
西门子电气传动有限公司	交流异步电机	1PV5135	2	67/4000/160	180/10000/430	A5E00468614	西门子电气传动有限公司	—	180	—	NG/电混合动力	插电式混合动力城市客车			
	异步电机	1PV5138	1	85/4000/220	150/10000/530	MONO	西门子电气传动有限公司	—	100	—	纯电动	纯电动城市客车			
	交流异步电机	1PV5138	2	85/3680/210	150/10000/430	MONO	西门子电气传动有限公司	—	100	60	LNG/电混合动力	插电式混合动力城市客车			
	交流异步电机	1PV5138	2	85/3680/220	150/10000/530	MONO	西门子电气传动有限公司	—	>300	—	纯电动	纯电动城市客车			
	异步电机	1PV5138	2	85/4000/220	150/10000/530	MONO	西门子电气传动有限公司	—	165	—	纯电动	纯电动城市客车			
深圳市五洲龙汽车有限公司	三相异步电机	YD150WL	1	65/679/914	130/2600/1828	WZL120A－336V	深圳市五洲龙汽车有限公司	—	52	69	CNG/电混合动力	插电式混合动力城市客车	422	2	424
	永磁同步	PD120WH	1	60/1500/385	120/4000/1150	WZL100A－540V	深圳市五洲龙汽车有限公司	—	150	—	纯电动	纯电动城市客车			
	永磁同步	PD120WH	1	60/1500/385	120/4000/1150	WZL100A－540V	深圳市五洲龙汽车有限公司	—	170	—	纯电动	纯电动客车			
	永磁同步	PD120WH	1	60/1500/385	120/4000/1150	WZL100A－540V	深圳市五洲龙汽车有限公司	—	185	—	纯电动	纯电动客车			
	永磁同步电机	PD150WH	1	80/1550/493	150/3100/2100	WZL150A－540V	深圳市五洲龙汽车有限公司	—	160	—	纯电动	纯电动城市客车			
	永磁同步电机	PD150WH	1	80/1550/493	150/3100/2100	WZL150A－540V	深圳市五洲龙汽车有限公司	—	180	—	纯电动	纯电动城市客车			
	永磁同步电机	TZ250XWZL	1	18/3000/57	42/8000/175	KTZ34X22F001	深圳市五洲龙汽车有限公司	190	250	—	纯电动	纯电动厢式运输车			
	永磁同步电机	TZ250XWZL	1	18/3000/57	42/8000/175	KTZ34X22F001	深圳市五洲龙汽车有限公司	190	250	—	纯电动	纯电动流动服务车			
上海鑫国动力科技有限公司	永磁同步	M150A－F	1	90/1000/860	180/3000/2100	C150	上海鑫国动力科技有限公司	—	160	—	纯电动	纯电动城市客车	347	1	348
	永磁同步	M150A－F	1	90/1000/860	180/3000/2100	C150	上海鑫国动力科技有限公司	—	165	—	纯电动	纯电动城市客车			
	永磁同步	M200A－F	1	100/650/1500	200/2800/2900	C200	上海鑫国动力科技有限公司	—	155	—	纯电动	纯电动城市客车			
日本丰田汽车公司	永磁同步电机	3JM	1	16/3940/38.8	60/13500/207	G9200－47190	日本丰田汽车公司	—	—	—	汽油混合动力	非插电式混合动力轿车	342	0	342
天津松正电动汽车技术股份有限公司；厦门金龙联合汽车工业有限公司	交流异步电机	MIM090－336SWD；KLTM140A	1	100/800/1193；100/800/1193	140/2600/2400；140/2600/2400	CIM090－336SPD；KLMC200A	天津松正电动汽车技术股份有限公司；厦门金龙联合汽车工业有限公司	—	—	40	NG/电混合动力	插电式混合动力城市客车	339	0	339
	交流异步电机	MIM090－336SWD；KLTM140A	1	100/800/1193；100/800/1193	140/2600/2400；140/2600/2400	CIM090－336SPD；KLMC200A	天津松正电动汽车技术股份有限公司；厦门金龙联合汽车工业有限公司	—	—	40	柴油/电混合动力	插电式混合动力城市客车			

续表

电动汽车驱动电机生产企业	电动汽车驱动电机类型	电动汽车驱动电机型号	驱动电机安装数量（台/辆）	电动汽车驱动电机额定功率、转速、转矩（kW、r/min、N·m）	电动汽车驱动电机峰值功率、转速、转矩（kW、r/min、N·m）	驱动电机控制器型号	驱动电机控制器生产企业	电动汽车续驶里程（工况法，km）	电动汽车续驶里程（等速法，km）	混合动力汽车纯电动模式下1km最高车速（km/h）	燃料种类	配套车辆类型	2015年配套车型产量（辆）	2016年1—3月配套车型产量（辆）	配套车型产量合计（辆）
BMW AG	永磁同步电机	IB1P25B	1	75/4800/150	125/4800/250	软件版本 00000F18；硬件型号 LE125LD. 6	BMW	150	160	—	纯电动	纯电动轿车	331	0	331
大陆汽车系统（天津）有限公司	电励磁同步电机	CTX61	1	35/5570/60	70/11500/218	MCU_ SW_ v1.0 /EPF2 - 4	大陆汽车系统（天津）有限公司	150	180	—	纯电动	纯电动轿车	212	117	329
	励磁同步	T210XS	1	35/5570/60	70/11500/218	KT34X20S/KT34X20S	大陆汽车系统（天津）有限公司	150	207	—	纯电动	纯电动轿车			
	励磁同步电机	CTX61	1	35/5570/60	70/11500/218	软件：RAP - CC7 - 01；硬件：EPF2 - 4	大陆汽车系统（天津）有限公司	120	150	—	纯电动	纯电动轿车			
	外励磁同步电机	CTX61	1	35/5570/60	70/12000/226	EPF2 - 4	大陆汽车系统（天津）有限公司	170	252	—	纯电动	纯电动轿车			
江西博能上饶客车有限公司	永磁同步直流电机	GLMP60L0	1	70/2500/270	100/6000/600	GLCP7028L5	江西博能上饶客车有限公司	—	≥250	—	纯电动	纯电动城市客车	287	13	300
	永磁同步直流电机	GLMP60L0	1	70/2500/270	100/6000/600	GLCP7028L5	江西博能上饶客车有限公司	—	150	—	纯电动	纯电动客车			
	永磁同步直流电机	GLMP60L0	1	70/2500/270	100/6000/600	GLCP7028L5	江西博能上饶客车有限公司	—	257	—	纯电动	纯电动客车			
	永磁同步直流电机	GLMP60L0	1	70/2500/270	100/6000/600	GLCP7028L5	江西博能上饶客车有限公司	—	180	—	纯电动	纯电动客车			
	永磁同步直流电机	TM5009	1	115/2000/550	150/3000/1000	CU5010	江西博能上饶客车有限公司	130	150	—	纯电动	纯电动客车			
博世汽车部件（长沙）有限公司	永磁式起动机	0 399 703 024	1	1. 1/ - / -	1. 7/4472//17. 7	—	—	—	—	—	汽油混合动力	非插电式混合动力轿车	263	25	288
广西三立科技股份有限公司；苏州绿控传动科技有限公司	永磁同步电机；永磁同步电机	SL - DM - 120；GC - TM100 - 01	1；1	92/1450/606；100/1600/600	120/2800/791；130/3000/850	IEVD030 - 40Z120GL - YC；GC - CU100 - 01	深圳汇川技术股份有限公司；苏州绿控传动科技有限公司	40（纯电模式）（仅采用市区循环）	50（等速）	69	NG 混合动力	插电式混合动力城市客车	231	50	281

续表

电动汽车驱动电机生产企业	电动汽车驱动电机类型	电动汽车驱动电机型号	驱动电机安装数量（台/辆）	电动汽车驱动电机额定功率、转速、转矩（kW、r/min、N·m）	电动汽车驱动电机峰值功率、转速、转矩（kW、r/min、N·m）	驱动电机控制器型号	驱动电机控制器生产企业	电动汽车续驶里程（工况法，km）	电动汽车续驶里程（等速法，km）	混合动力汽车纯电动模式下1km最高车速（km/h）	燃料种类	配套车辆类型	2015年配套车型产量（辆）	2016年1—3月配套车型产量（辆）	配套车型产量合计（辆）
重庆恒通电动客车动力系统有限公司	永磁同步电机	HD－YCM－100	1	50/1800/266	100/4000/680	HD－YCK－120	重庆恒通电动客车动力系统有限公司	—	185		纯电动	纯电动客车	269	12	281
	永磁同步电机	HD－YCM－121	1	94/1800/500	121/2800/750	HD－YCK－135	重庆恒通电动客车动力系统有限公司	—	30	50	NG/电混合动力	插电式混合动力城市客车			
	永磁同步电机	HD－YCM－150	1	100/1200/800	150/3600/1900	HD－YCK－250	重庆恒通电动客车动力系统有限公司	—	155	—	纯电动	纯电动客车			
	永磁同步电机	HD－YCM－150A	1	80/1000/764	150/3500/1800	HD－YCK－200	重庆恒通电动客车动力系统有限公司	—	150	—	纯电动	纯电动城市客车			
	永磁同步电机	HD－YCM－150A	1	80/1000/764	150/3500/1800	HD－YCK－200	重庆恒通电动客车动力系统有限公司	—	178	—	纯电动	纯电动城市客车			
	永磁同步电机	HD－YCM－75	1	45/1250/344	75/3000/1100	HD－YCK－150	重庆恒通电动客车动力系统有限公司	—	155	—	纯电动	纯电动城市客车			
常州市华盛电机厂	三相交流感应电机	XYQ－7.5－1AH	1	7.5/1550/46	26/4800/160	KZQA721238	天津清源电动车辆有限责任公司	140	150	—	纯电动	纯电动邮政车	267	2	269
	三相交流感应电机	XYQ－7.5－1AH	1	7.5/1550/46	26/4800/160	KZQA721238	天津清源电动车辆有限责任公司	142	150	—	纯电动	纯电动垃圾车			
山西华夏动力科技有限公司	直流均磁微电阻电机	HXDL－A－280	1	110/955/1100	190/2300/2060	HXDL－KA	山西华夏动力科技有限公司	204	230	—	纯电动	纯电动城市客车	262	0	262
	直流均磁微电阻电机	HXDL－A－280	1	110/955/1100	190/2300/2060	HXDL－KA	山西华夏动力科技有限公司	240	280	—	纯电动	纯电动客车			
	直流均磁微电阻电机	HXDL－B－220	1	60/1800/318	90/4500/510	HXDL－KD	山西华夏动力科技有限公司	180	250	—	纯电动	纯电动城市客车			
	直流均磁微电阻电机	HXDL－C－180	1	90/1000/2200	110/3000/1900	HXDL－KA	山西华夏动力科技有限公司	—	210	—	纯电动	纯电动城市客车			
	直流均磁微电阻电机	HXDL－C－180	1	90/1000/860	110/3000/1900	HXDL－KA	山西华夏动力科技有限公司	—	180	—	纯电动	纯电动城市客车			
福建冠龙新能源汽车科技有限公司	三相异步	GL－QD1075－11	1	96/765/1198	165/3000/2060	GL－DK1075－11	福建冠龙新能源汽车科技有限公司	—	35	50	柴油/电混合动力	插电式混合动力城市客车	254	0	254
	三相异步	GL－QD2096－20	1	96/765/1198	165/3000/2060	GL－DK1096－20	福建冠龙新能源汽车科技有限公司	—	—	40	NG/电混合动力	插电式混合动力城市客车			
	永磁同步电机	GL－QD2140－105	1	102/700/1400	135/3000/2100	GL－DK2140－105	福建冠龙新能源汽车科技有限公司	—	35	—	NG/电混合动力	插电式混合动力城市客车			

续表

电动汽车驱动电机生产企业	电动汽车驱动电机类型	电动汽车驱动电机型号	驱动电机安装数量（台/辆）	电动汽车驱动电机额定功率、转速、转矩（kW、r/min、N·m）	电动汽车驱动电机峰值功率、转速、转矩（kW、r/min、N·m）	驱动电机控制器型号	驱动电机控制器生产企业	电动汽车续驶里程（工况法，km）	电动汽车续驶里程（等速法，km）	混合动力汽车纯电动模式下1km最高车速（km/h）	燃料种类	配套车辆类型	2015年配套车型产量（辆）	2016年1—3月配套车型产量（辆）	配套车型产量合计（辆）
福建冠龙新能源汽车科技有限公司	交流异步电机	GL-QD2115-07	1	55/2000/263	105/3370/700	GL-DK2115-07	福建冠龙新能源汽车科技有限公司	—	200	—	纯电动	纯电动城市客车			
	永磁同步电机	GL-QD1075-10	1	75/2000/400	120/4500/750	GL-DK1075-10	福建冠龙新能源汽车科技有限公司	—	200	—	纯电动	纯电动客车			
	永磁同步电机	GL-QD2075-10	1	67/1600/400	100/4500/750	GL-DK2075-10	福建冠龙新能源汽车科技有限公司	—	260	—	纯电动	纯电动城市客车			
江西凯马百路佳客车有限公司	永磁牵引电动机	BLK-EV060	1	60/1600/358	110/3500/1000	BLK-EVC060	江西凯马百路佳客车有限公司	150	280	—	纯电动	纯电动城市客车	251	0	251
	永磁牵引电动机	BLK-EV110	1	110/1050/1000	200/2400/2600	BLK-EVC110	江西凯马百路佳客车有限公司	120	200	—	纯电动	纯电动城市客车			
	永磁牵引电动机	BLK-EV110	1	110/1050/1000	200/2400/2600	BLK-EVC110	江西凯马百路佳客车有限公司	120	200	—	纯电动	纯电动客车			
	永磁牵引电动机	BLK-EV110	1	110/1050/1000	200/2400/2600	BLK-EVC110	江西凯马百路佳客车有限公司	200	300	—	纯电动	纯电动客车			
	永磁牵引电动机	BLK-EV110	1	110/1050/1000	200/2400/2600	BLK-EVC110	江西凯马百路佳客车有限公司	—	285	—	纯电动	纯电动城市客车			
	永磁同步电机	BLK-MH100	1	100/1600/600	130/3000/850	BLK-MHC100	江西凯马百路佳客车有限公司	32	40	68	NG 混合动力	插电式混合动力城市客车			
	永磁同步电机	BLK-MH100	1	100/1600/600	130/3000/850	BLK-MHC100	江西凯马百路佳客车有限公司	42	51	68	NG/电混合动力	插电式混合动力城市客车			
	永磁同步电机	BLK-MH100	1	100/1600/600	130/3000/850	BLK-MHC100	江西凯马百路佳客车有限公司	42	51	68	柴油/电混合动力	插电式混合动力城市客车			
	永磁同步电机	BLK-MH100	1	100/1600/600	130/3000/850	BLK-MHC100	江西凯马百路佳客车有限公司	42	53	68	NG/电混合动力	插电式混合动力城市客车			
	永磁同步电机	BLK-MH100	1	100/1600/600	130/3000/850	BLK-MHC100	江西凯马百路佳客车有限公司	—	53	100	NG/电混合动力	插电式混合动力城市客车			
金华青年能源科技有限公司	永磁同步	JYMCDJ-25A-QN	1	25/3500/70	65/9500/210	IEVD030-40Z30GL /软件：0.75	金华青年能源科技有限公司	150	180	—	纯电动	纯电动轿车	242	0	242
	交流异步电机	QD260	1	180/1040/1650	260/2800/3500	DKQ420	金华青年能源科技有限公司	—	50	—	纯电动	纯电动城市客车			
	交流异步电机	QD270	1	130/880/1410	270/3000/2930	DKQ300	金华青年能源科技有限公司	—	50	—	纯电动	纯电动城市客车			
北京中瑞蓝科电动汽车技术有限公司	交流异步	QYS30-4/180	1	30/3600/80	90/6000/239	KY30/312S	北京中瑞蓝科电动汽车技术有限公司	100	120	70	纯电动	纯电动客车	217	8	225
	交流异步	ZRS30-4/180	1	30/3600/80	90/6000/239	ZRE-YS336-30S	北京中瑞蓝科电动汽车技术有限公司	180	200	70	纯电动	纯电动客车			
	交流异步电机	ZR60-6/260A1	1	60/1600/358	120/3600/800	ZRE-YS384-60S	北京中瑞蓝科电动汽车技术有限公司	—	150	—	纯电动	纯电动城市客车			

续表

电动汽车驱动电机生产企业	电动汽车驱动电机类型	电动汽车驱动电机型号	驱动电机安装数量（台/辆）	电动汽车驱动电机额定功率、转速、转矩（kW、r/min、N·m）	电动汽车驱动电机峰值功率、转速、转矩（kW、r/min、N·m）	驱动电机控制器型号	驱动电机控制器生产企业	电动汽车续驶里程（工况法，km）	电动汽车续驶里程（等速法，km）	混合动力汽车纯电动模式下1km最高车速（km/h）	燃料种类	配套车辆类型	2015年配套车型产量（辆）	2016年1—3月配套车型产量（辆）	配套车型产量合计（辆）
北京中瑞蓝科电动汽车技术有限公司	交流异步电机	ZR60－6/260A1	1	60/1600/358	120/3600/800	ZRE－YS384－60S	北京中瑞蓝科电动汽车技术有限公司	125	155	—	纯电动	纯电动城市客车			
	交流异步电机	ZR60－6/260A1	1	60/1600/358	120/3600/800	ZRE－YS384－60S	北京中瑞蓝科电动汽车技术有限公司	—	180；190	—	纯电动	纯电动城市客车			
	交流异步电机	ZR60－6/260A1	1	60/1600/358	120/3600/800	ZRE－YS384－60S	北京中瑞蓝科电动汽车技术有限公司	180	200	—	纯电动	纯电动城市客车			
	交流异步电机	ZR60－6/260A1	1	60/1600/358	120/3600/800	ZRE－YS384－60S	北京中瑞蓝科电动汽车技术有限公司	150	200	—	纯电动	纯电动厢式运输车			
	交流异步电机	ZR60－6/260A1	1	60/1600/358	120/3600/882	ZRE－YS384－60S	北京中瑞蓝科电动汽车技术有限公司	150	200	—	纯电动	纯电动城市客车			
	交流异步电机	ZR60－6/260A1	1	60/1600/358	120/3600/800	ZRE－YS384－60S	北京中瑞蓝科电动汽车技术有限公司	—	252	—	纯电动	纯电动客车			
	交流异步电机	ZR60－6/260A1	1	60/1600/358	120/3600/800	ZRE－YS384－60S	北京中瑞蓝科电动汽车技术有限公司	—	300	—	纯电动	纯电动客车			
	交流异步电机	ZRS100－6/350	1	100/950/1005	200/3000/2360	ZRE－YSD540－100S	北京中瑞蓝科电动汽车技术有限公司	240	340	—	纯电动	纯电动城市客车			
	交流异步电机	ZRS100－6/350	1	100/950/1005	250/3000/2800	ZRE－YSD540－100S	北京中瑞蓝科电动汽车技术有限公司	120	150	—	纯电动	纯电动城市客车			
	交流异步电机	ZRS100－6/350	1	100/950/1005	250/3000/2800	ZRE－YSD540－100S	北京中瑞蓝科电动汽车技术有限公司	160	150	—	纯电动	纯电动城市客车			
	双绕组三相异步交流电机	ZRS100－6/350	1	100/950/1005	200/3000/2360	ZRE－YSD540－100S	北京中瑞蓝科电动汽车技术有限公司	200	250	—	纯电动	纯电动客车			
大连创为电机有限公司	交流异步电机	YZQ280L－6	1	130/880/1410	240/3000/2600	SW－EVD－200	大连创为电机有限公司	180	215	—	纯电动	纯电动城市客车	210	15	225
	交流异步电机	YZQ280L－6	1	130/880/1410	240/3000/2600	SW－EVD－200	大连创为电机有限公司	—	180	—	纯电动	纯电动客车			
	永磁同步电机	TCZ250M－8	1	100/1200/795	150/3000/2145	SW－EVD－200W	大连创为电机有限公司	—	250	—	纯电动	纯电动城市客车			
	永磁同步电机	TCZ250M－8	1	100/1200/795	150/3000/2145	SW－EVD－200W	大连创为电机有限公司	—	252	—	纯电动	纯电动客车			
	永磁同步电机	TZ290XS80	1	80/2400/318	120/4200/716	KTZ45X38S132	大连创为电机有限公司	—	250	—	纯电动	纯电动客车			

续表

电动汽车驱动电机生产企业	电动汽车驱动电机类型	电动汽车驱动电机型号	驱动电机安装数量（台/辆）	电动汽车驱动电机额定功率、转速、转矩（kW、r/min、N·m）	电动汽车驱动电机峰值功率、转速、转矩（kW、r/min、N·m）	驱动电机控制器型号	驱动电机控制器生产企业	电动汽车续驶里程（工况法，km）	电动汽车续驶里程（等速法，km）	混合动力汽车纯电动模式下1km最高车速（km/h）	燃料种类	配套车辆类型	2015年配套车型产量（辆）	2016年1—3月配套车型产量（辆）	配套车型产量合计（辆）
深圳市大地和电气股份有限公司；华域汽车电动系统有限公司	永磁同步电机	GLMP22L2；200TZ－XS70K	1	30/2700/106；30/2600/110	62/9500/220；70/9500/240	GLCP6026L0；KTZ300X400S	深圳市大地和电气股份有限公司；华域汽车电动系统有限公司	155	190	—	纯电动	纯电动轿车	219	0	219
深圳市大地和电气股份有限公司；深圳市大地和电气股份有限公司	交流异步	GLMI10A2；GLMI10A1	1	10/3000/32	20/7000/100	GLCI6008A1；GLCI6008A2	深圳市大地和电气股份有限公司；深圳市大地和电气股份有限公司	100	100	—	纯电动	纯电动厢式运输车	207	0	207
北汽福田汽车股份有限公司北京福田爱易科新能源工程科技分公司	永磁同步电机	FTTB060	1	60/1270/450	100/4200/1000	FTIVT150	北汽福田汽车股份有限公司北京福田爱易科新能源工程科技分公司	—	260	—	纯电动	纯电动厢式运输车	203	1	204
	永磁同步电机	TM5027A	1	80/1300/600	150 /3800/1400	E8702	北汽福田汽车股份有限公司北京福田爱易科新能源工程科技分公司	—	260	—	纯电动	纯电动厢式运输车			
	永磁同步电机	TM5033B	1	60/1270/450	100/4200/1000	E8315	北汽福田汽车股份有限公司北京福田爱易科新能源工程科技分公司	—	260	—	纯电动	纯电动厢式运输车			
	永磁同步电机	YTD070W03	1	70/2400/280	100/4600/700	E8316	北汽福田汽车股份有限公司北京福田爱易科新能源工程科技分公司	200	250	—	纯电动	纯电动厢式运输车			

续表

电动汽车驱动电机生产企业	电动汽车驱动电机类型	电动汽车驱动电机型号	驱动电机安装数量（台/辆）	电动汽车驱动电机额定功率、转速、转矩（kW、r/min、N·m）	电动汽车驱动电机峰值功率、转速、转矩（kW、r/min、N·m）	驱动电机控制器型号	驱动电机控制器生产企业	电动汽车续驶里程（工况法，km）	电动汽车续驶里程（等速法，km）	混合动力汽车纯电动模式下1km最高车速（km/h）	燃料种类	配套车辆类型	2015年配套车型产量（辆）	2016年1—3月配套车型产量（辆）	配套车型产量合计（辆）
厦门金龙旅行车有限公司；厦门金龙旅行车有限公司	永磁同步电机；永磁同步电机	GDEV－RD06；GDEV－YRD06	1；1	120/1200/955；120/640/1800	200/3200/2500；200/3000/3000	GDEV－RQ06；GDEV－YRQ06	厦门金龙旅行车有限公司；厦门金龙旅行车有限公司	—	297	—	纯电动	纯电动客车	196	0	196
	永磁同步电机；永磁同步电机	GDEV－YRD02；GDEV－RD05	1；1	60/1600/360；50/1800/266	120/3500/850；100/4000/700	GDEV－YRQ02；GDEV－RQ05	厦门金龙旅行车有限公司；厦门金龙旅行车有限公司	—	220	—	纯电动	纯电动客车			
上海电驱动股份有限公司；广西三立科技股份有限公司	永磁同步电机	368TYZ－XIS15N；SL－DM－100	1	40/1600/240；50/1450/340	65/2500/500；100/2800/680	34S22X06XC；Z336ZXW500A11－112	上海电驱动股份有限公司；上海电驱动股份有限公司	—	—	10	柴油混合动力	插电式混合动力城市客车	193	0	193
深圳中德世纪新能源有限公司	永磁同步	365TZ－XSZDC	1	85/1700/480	130/3300/1000	KTZ35X45SZDC	深圳中德世纪能源有限公司		200	—	纯电动	纯电动城市客车	63	127	190
	三相交流异步水冷电机	445YS－XSZDC	1	90/950/800	150/2800/2000	KYS35X45SZDC	深圳中德世纪新能源有限公司	220	280	—	纯电动	纯电动城市客车			
	三相异步交流水冷电机	445YS－XSZDC	1	90/950/900	150/3300/2500	KYS35X45SZDC	深圳中德世纪新能源有限公司	230	≥280	—	纯电动	纯电动城市客车			
	永磁同步电机	385TZ－XSZDC	1	100/868/1100	200/2080/3100	KTZ60X28SZDC	深圳中德世纪新能源有限公司	—	280	—	纯电动	纯电动客车			
精进电动科技（北京）有限公司；北汽福田汽车股份有限公司	永磁同步电机	TM5009；FTTB115	1	115/2000/550；115/2000/550	150/4500/1000；150/4500/850	CU5010；FTIVT150	精进电动科技（北京）有限公司；北汽福田汽车股份有限公司	—	151	—	纯电动	纯电动城市客车	187	0	187
南京绿控传动科技有限公司；上海电驱动股份有限公司	永磁同步电机	368TYZ－XIS03H；368TYZ－XIS03H	1	94/1800/500；94/1800/500	121/2800/750；120/2800/700	Z336ZXW500A11－112；35S40X01H	上海电驱动股份有限公司；上海电驱动股份有限公司	—	30	40	NG混合动力	插电式混合动力城市客车	170	0	170

续表

电动汽车驱动电机生产企业	电动汽车驱动电机类型	电动汽车驱动电机型号	驱动电机安装数量（台/辆）	电动汽车驱动电机额定功率、转速、转矩（kW、r/min、N·m）	电动汽车驱动电机峰值功率、转速、转矩（kW、r/min、N·m）	驱动电机控制器型号	驱动电机控制器生产企业	电动汽车续驶里程（工况法，km）	电动汽车续驶里程（等速法，km）	混合动力汽车纯电动模式下1km最高车速（km/h）	燃料种类	配套车辆类型	2015年配套车型产量（辆）	2016年1—3月配套车型产量（辆）	配套车型产量合计（辆）
北京中华汽车制造有限公司	直流串励电机	ZHXQ-8.5-1	1	8.5/2800/35.5	29/3500/130	ZH7225RDK	北京中华汽车制造有限公司	120	150	—	纯电动	纯电动封闭货车	129	28	157
	直流串励电机	ZHXQ-8.5-1	1	8.5/2800/35.5	29/3500/130	ZH7225RDK	北京中华汽车制造有限公司	120	150	—	纯电动	纯电动厢式运输车			
襄阳宇清传动科技有限公司	变频调速电动机	YCVF160S-4	1	22/3263/64	44/6500/128	YCVF160S-4-TD030F	襄阳宇清传动科技有限公司	80	100	—	纯电动	纯电动自卸式垃圾车	138	2	140
	变频调速电动机	YCVF160S-4	1	22/3263/64	44/6500/128	YCVF160S-4-TD030F	襄阳宇清传动科技有限公司	80	100	—	纯电动	纯电动自装卸式垃圾车			
	变频调速电动机	YCVF160S-4	1	22/3263/64	44/6500/128	YCVF160S-4-TD030F	襄阳宇清传动科技有限公司	80	100	—	纯电动	纯电动车厢可卸式垃圾车			
	交流异步电机	YCVF180S-4A	1	43/2500/164	90/6000/345	GAMC-065WR420JY/T	云南航天工业有限公司	120	150	—	纯电动	纯电动城市客车			
	交流异步电机	YCVF180S-4A	1	43/2500/164	90/6000/345	GAMC-065WR420JY/T	云南航天神州汽车有限公司	—	160	—	纯电动	纯电动城市客车			
	三相异步	YCVF250L-4C	1	100/1480/637	200/3600/1273	YCVF250L-4C-TD1604F	襄阳宇清传动科技有限公司	—	140	—	纯电动	纯电动客车			
	三相异步	YCVF250L-4C	1	100/1480/637	200/3600/1273	YCVF250L-4C-TD1604F	襄阳宇清传动科技有限公司	—	200	—	纯电动	纯电动城市客车			
	三相异步	YCVF250L-4C	1	100/1480/637	200/3600/1273	YCVF250L-4C-TD1604F	襄阳宇清传动科技有限公司	—	250	—	纯电动	纯电动客车			
	交流感应电动机	YCVFIE300-8A	1	73/2000/350	130/4000/1200	EMC-2132S	襄阳宇清传动科技有限公司	—	329	—	纯电动	纯电动客车			
	永磁同步电机	YCVFIE300-8A	1	73/2000/350	130/4000/1200	EMC-2132S	襄阳宇清传动科技有限公司	—	200	—	纯电动	纯电动城市客车			
东方电气集团东风电机有限公司	交流感应电动机	QYS100-6/240	1	100/1860/514	160/4500/850	KY100/400S	东方电气集团东风电机有限公司	—	160	—	纯电动	纯电动城市客车	139	0	139
	交流异步电动机	QYS20-4/180	1	20/3600/53	60/9000/159	GW00-2104500	深圳陆地方舟电动车有限公司	120	175	—	纯电动	纯电动轿车			
	交流异步电机	QYF165-6/180	1	96/800/1146	165/3000/1973	KY165/336F	东方电气集团东风电机有限公司	—	—	55	NG混合动力	插电式混合动力城市客车			
	交流异步电机	QYS100-6/400	1	100/950/1005	250/2400/2400	KY100/600S	东方电气集团东风电机有限公司	—	260	—	纯电动	纯电动城市客车			
	交流异步电机	QYS75-6/350	1	75/1320/542	150/3000/1500	KY75/550S	东方电气集团东风电机有限公司	160	189	—	纯电动	纯电动客车			
	交流异步电机	QYS75-6/350	1	75/1320/542	150/3000/1500	KY75/550S	东方电气集团东风电机有限公司	175	230	—	纯电动	纯电动城市客车			
	永磁同步电机	QTS100-8/200	1	100/1600/600	130/3000/850	KT100/352S	东方电气集团东风电机有限公司	—	50	69	NG/电混合动力	插电式混合动力城市客车			
	永磁同步电机	QTS60-8/271	1	60/1600/358	110/3500/1000	KT60/384S	东方电气集团东风电机有限公司	—	100	—	纯电动	纯电动城市客车			
	永磁同步电机	QTS60-8/271	1	60/1600/358	110/3500/1000	KT60/384S	东方电气集团东风电机有限公司	—	120	—	纯电动	纯电动城市客车			
	永磁同步电机	QTS60-8/271	1	60/1600/358	110/3500/1000	KT60/384S	东方电气集团东风电机有限公司	—	160	—	纯电动	纯电动客车			

续表

电动汽车驱动电机生产企业	电动汽车驱动电机类型	电动汽车驱动电机型号	驱动电机安装数量（台/辆）	电动汽车驱动电机额定功率、转速、转矩（kW、r/min、N·m）	电动汽车驱动电机峰值功率、转速、转矩（kW、r/min、N·m）	驱动电机控制器型号	驱动电机控制器生产企业	电动汽车续驶里程（工况法，km）	电动汽车续驶里程（等速法，km）	混合动力汽车纯电动模式下1km最高车速（km/h）	燃料种类	配套车辆类型	2015年配套车型产量（辆）	2016年1—3月配套车型产量（辆）	配套车型产量合计（辆）
上海中科深江电动车辆有限公司	交流永磁同步电动机	SJ2103P030－L1	1	30/2700/107	60/7000/213	SJ2104B3C1－L1	上海中科深江电动车辆有限公司	130	180	—	纯电动	纯电动轿车	123	16	139
	交流永磁同步电动机	SJ2103P030－L1	1	30/2700/107	60/7000/213	SJ2104B3C1－L1	上海中科深江电动车辆有限公司	252	325	—	纯电动	纯电动轿车			
	交流永磁同步电机	SJ2103P030－L1	1	30/2700/107	60/7000/213	SJ2104B3C1－L1	上海中科深江电动车辆有限公司	82	100	—	纯电动	纯电动自装卸式垃圾车			
	三相永磁同步电机	SJM50D－2103	1	50/1150/415	96/3300/800	SJC100A－2104	上海中科深江电动车辆有限公司	—	＞150	—	纯电动	纯电动桶装垃圾运输车			
	永磁同步	SJ075300A－2103	1	75/1800/400	120/4500/800	SJ300B－2104	上海中科深江电动车辆有限公司	—	—	—	纯电动	插电式混合动力城市客车			
	永磁同步电机	SJ2103P50－B	1	50/2000/238	80/5000/382	SJ2104CA02－A1	上海中科深江电动车辆有限公司	130	150	—	纯电动	纯电动客车			
	永磁同步电机	SJ2103P030－L1	1	30/2700/107	60/7000/213	SJ2104B3C1－L1	上海中科深江电动车辆有限公司	120	150	—	纯电动	纯电动车厢可卸式垃圾车			
	永磁同步电机	SJ2103P030－L1	1	30/2700/107	60/7000/213	SJ2104B3C1－L1	上海中科深江电动车辆有限公司	120	150	—	纯电动	纯电动冷藏车			
	永磁同步电机	SJ2103P030－L1	1	30/2700/107	60/7000/213	SJ2104B3C1－L1	上海中科深江电动车辆有限公司	120	150	—	纯电动	纯电动密闭式桶装垃圾车			
	永磁同步电机	SJ2103P20－C	1	20/2500/76	34/7000/129	SJ2104B401－V2	上海中科深江电动车辆有限公司	80	100	—	纯电动	纯电动自装卸式垃圾车			
武汉合康动力技术有限公司	永磁同步电机	HIE170－T380－60－3S－HK	1	60/1600/358	110/3500/1000	HIE100－D538T380－90－0S－HK	武汉合康动力技术有限公司	—	150	—	纯电动	纯电动城市客车	138	0	138
	永磁同步电机	HIE170－T380－60－3S－HK	1	60/1600/358	110/3500/1000	HIE100－D538T380－90－0S－HK	武汉合康动力技术有限公司	—	165	—	纯电动	纯电动城市客车			
	永磁同步电机	HIE170－T380－60－3S－HK	1	60/1600/358	110/3500/1000	HIE100－D538T380－90－0S－HK	武汉合康动力技术有限公司	—	180	—	纯电动	纯电动城市客车			
湖南中车时代电动汽车股份有限公司；上海大郡动力控制技术有限公司	永磁同步电机	tDriver－MD15；O110WE	1	60/1600/358；60/1600/358	100/3600/1000；110/3500/1000	DKQ101；N240WSE	湖南中车时代电动汽车股份有限公司；上海大郡动力控制技术有限公司	—	220	—	纯电动	纯电动客车	134	0	134
常州市裕成雅科电机有限公司	交流异步电机	XQY－10－Q	1	10/3240/29.48	20/6000/120	YCSME AC－M1（72V/500ASWS）	常州市裕成雅科电机有限公司	90	100	—	纯电动	纯电动轿车	130	1	131
	三相交流变频电机	XQY－15－D	1	13.5/2950/43.7	30/6000/175	YP1B－400/144W	常州市裕成雅科电机有限公司	150	180	—	纯电动	纯电动轿车			

续表

电动汽车驱动电机生产企业	电动汽车驱动电机类型	电动汽车驱动电机型号	驱动电机安装数量（台/辆）	电动汽车驱动电机额定功率、转速、转矩（kW、r/min、N·m）	电动汽车驱动电机峰值功率、转速、转矩（kW、r/min、N·m）	驱动电机控制器型号	驱动电机控制器生产企业	电动汽车续驶里程（工况法，km）	电动汽车续驶里程（等速法，km）	混合动力汽车纯电动模式下1km最高车速（km/h）	燃料种类	配套车辆类型	2015年配套车型产量（辆）	2016年1—3月配套车型产量（辆）	配套车型产量合计（辆）
北京连创驱动技术有限公司	永磁同步电动机	LCPM50C303	1	50/1200/400	120/4000/1000	LCINV180C303	北京连创驱动技术有限公司	—	270	—	纯电动	纯电动城市客车	0	113	113
浙江南车电车有限公司	永磁同步水冷电机	YTQ80S	1	80/1100/685	150/2600/3300	ZJDC120ZS	浙江南车电车有限公司	—	21.8	—	纯电动	纯电动城市客车	106	5	111
	永磁同步水冷电机	YTQ80S	1	80/1100/685	150/2600/3300	ZJDC120ZS	浙江南车电车有限公司	—	60	—	纯电动	纯电动城市客车			
	永磁同步水冷电机	YTQ80S	1	80/1100/685	150/2600/3300	ZJDC120ZS	浙江南车电车有限公司	—	21	—	纯电动	纯电动城市客车			
福建万润新能源科技有限公司	永磁同步电机	WR510－02007－01	1	90/900/955	180/2500/2200	WR300－35001	福建万润新能源科技有限公司	—	>200	—	纯电动	纯电动城市客车	110	0	110
	永磁同步电机	WR510－02010	1	100/900/1061	200/2500/2500	WR300－17006	福建万润新能源科技有限公司	—	275	—	纯电动	纯电动城市客车			
福建省福工动力技术有限公司	三相交流异步电机	FGHEV3E120－96－S	1	96/800/1146	165/3000/1973	FGHEV3C120－S	福建省福工动力技术有限公司	—	35	50	柴油/电混合动力	插电式混合动力城市客车	105	0	105
	三相异步电动机	FGHEV3E120－96－S	1	96/800/1146	165/3000/1973	FGHEV3C120－S	福建省福工动力技术有限公司	—	54	60	NG/电混合动力	插电式混合动力城市客车			
浙江赛速尔机电有限公司	交流异步	SSE GL220V25KW	1	25/3000/75	50/6000/300	SSE MC320V25KW	浙江赛速尔机电有限公司	160	200	—	纯电动	纯电动厢式运输车	101	0	101
福建亚南电机有限公司	永磁同步电机	JSTTD16－35	2	37/2800/126	74/10000/382	EV551－V10.7.2539.02/EV551－5L11－250A	中冶南方（武汉）自动化有限公司	—	200	—	纯电动	纯电动客车	99	1	100
	永磁同步电机	JSTTD16－35	2	37/2800/126	74/10000/382	EV551－V10.7.2539.02/EV551－5L11－250A	中冶南方（武汉）自动化有限公司	—	250	—	纯电动	纯电动客车			
上海万象汽车制造有限公司	永磁同步电机	WXM200	1	100/955/1000	200/2500/2850	WXC200	上海万象汽车制造有限公司	—	412	—	纯电动	纯电动城市客车	98	0	98
海马轿车有限公司	交流异步电机	MA020001	1	13/3000/41	27/6500/120	软件：100；硬件：MA020002	软件：海马轿车有限公司；硬件：海马轿车有限公司	100	130	—	纯电动	纯电动轿车	88	2	90

续表

电动汽车驱动电机生产企业	电动汽车驱动电机类型	电动汽车驱动电机型号	驱动电机安装数量（台/辆）	电动汽车驱动电机额定功率、转速、转矩（kW、r/min、N·m）	电动汽车驱动电机峰值功率、转速、转矩（kW、r/min、N·m）	驱动电机控制器型号	驱动电机控制器生产企业	电动汽车续驶里程（工况法，km）	电动汽车续驶里程（等速法，km）	混合动力汽车纯电动模式下1km最高车速（km/h）	燃料种类	配套车辆类型	2015年配套车型产量（辆）	2016年1—3月配套车型产量（辆）	配套车型产量合计（辆）
大连天元电机股份有限公司	三相异步电机	YPQ220M－6	1	90/ 734 /1170	153/3200/1800	WZL150	深圳市五洲龙汽车有限公司	—	30	70	柴油混合动力	插电式混合动力城市客车	88	0	88
	三相异步电机	YPQ220M－6	1	90/734/1200	153/3200/1800	WZL150	深圳市五洲龙汽车有限公司	—	67	69	柴油混合动力	插电式混合动力城市客车			
	三相感应交流电机	YPQ220M－6	1	90/734/1200	153/3200/1800	WZL150	深圳市五洲龙汽车有限公司	—	30	—	NG 混合动力	插电式混合动力城市客车			
福建众联能创新能源科技有限公司	交流异步电机	230YS－MS85	2	85/3600/220	150/10000/530	KYS－65M35S	福建众联能创新能源科技有限公司	—	300	—	纯电动	纯电动城市客车	84	0	84
	交流异步电机	230YS－MS85	2	85/3600/220	150/10000/530	KYS－65M35S	福建众联能创新能源科技有限公司	—	320	—	纯电动	纯电动城市客车			
深圳市大地和电气股份有限公司；安徽巨一自动化装备有限公司	永磁同步电机；永磁同步电机	GLMP120L0；JEETZ340XS1240AK01	1；1	80/1910/400；80/1900/400	150/4000/1200；150/4000/1200	GLCP10045L28；JEEKTZ53X60S01AK01	深圳市大地和电气股份有限公司；安徽巨一自动化装备有限公司	—	200	—	纯电动	纯电动客车	77	0	77
	永磁同步电机；永磁同步电机	GLMP120L0；JEETZ340XS1240AK01	1；1	80/1910/400；80/1900/400	150/4000/1200；150/4000/1200	GLCP10045L28；JEEKTZ53X60S01AK01	深圳市大地和电气股份有限公司；安徽巨一自动化装备有限公司	—	187	—	纯电动	纯电动客车			
大连电机集团有限公司；襄樊特种电机有限公司；东方电气集团东风电机有限公司	三相异步交流电机	MDPQ/S120－4－SJ；YCVF280M－4；QYS100－6/400	1	120/1480/774.3；110/1365/761.3；100/950/1105	210/5000/1568.4；220/4500/1580.4；250/2400/2400	SDL_ QMCL_ m V2.0/EVM120WR－48－24；KY100/600S	山东沂星电动汽车有限公司/北京时光科技有限公司；东方电气集团东风电机有限公司	—	310	—	纯电动	纯电动城市客车	73	0	73
赣州玖发新能源汽车有限公司	交流异步伺服牵引电机	JF－YB－13KW	1	13/4000/31	26/7000/75	JF－YB－600A	赣州玖发新能源汽车有限公司	80	105	—	纯电动	纯电动仓栅式运输车	41	30	71
	交流异步伺服牵引电机	JF－YB－13KW	1	13/4000/31	26/7000/75	JF－YB－600A	赣州玖发新能源汽车有限公司	80	105	—	纯电动	纯电动厢式运输车			

续表

电动汽车驱动电机生产企业	电动汽车驱动电机类型	电动汽车驱动电机型号	驱动电机安装数量（台/辆）	电动汽车驱动电机额定功率、转速、转矩（kW、r/min、N·m）	电动汽车驱动电机峰值功率、转速、转矩（kW、r/min、N·m）	驱动电机控制器型号	驱动电机控制器生产企业	电动汽车续驶里程（工况法，km）	电动汽车续驶里程（等速法，km）	混合动力汽车纯电动模式下1km最高车速（km/h）	燃料种类	配套车辆类型	2015年配套车型产量（辆）	2016年1—3月配套车型产量（辆）	配套车型产量合计（辆）
上海南洋电机有限公司	变频调速三相异步电动机	YQSL250L1－4	1	90/993/866	250/2221/2512	RHZC－160－S05S	上海瑞华（集团）有限公司	150	250	—	纯电动	纯电动客车	70	0	70
	变频调速三相异步电动机	YQSL250L1－4	1	90/993/866	250/2221/2512	RHZC－160－S05S	上海南洋电机有限公司	160	300	—	纯电动	纯电动城市客车			
湖南中车时代电动汽车股份有限公司；深圳市大地和电气股份有限公司	永磁同步电动机；永磁同步驱动电机	JD163；GLMP24L0	1；1	35/3038/110；35/2800/120	75/9000/220；70/9000/320	TVN1；GLCP6026L41	湖南中车时代电动汽车股份有限公司；深圳市大地和电气股份有限公司	85	100	—	纯电动	纯电动自装卸式垃圾车	4	60	64
	永磁同步电机；永磁同步电机	tDriver－MD15；GLMP100L0	1；1	60/1600/358；55/1650/318	100/3600/1000；90/4000/1000	DKQ101；GLCP6045L7	湖南中车时代电动汽车股份有限公司；深圳市大地和电气股份有限公司	—	130	—	纯电动	纯电动厢式运输车			
上海大郡动力控制技术有限公司，东风汽车电气有限公司，上海大郡动力控制技术有限公司	永磁同步电机；永磁同步电机；永磁同步电机	175TZXS002；175TZXS003；A170010J－H02	1	20/2500/76；20/2500/76；17/2500/64	30/8000/115；30/8000/115；25/6700/96	KTZ30X28S001；KTZ3028S003；A360150J－H02	上海大郡动力控制技术有限公司；东风汽车电气有限公司；上海大郡动力控制技术有限公司	150	160	—	纯电动	纯电动轿车	30	33	63
天津科斯特汽车技术有限责任公司	永磁同步	YTD50－1	1	50/2200/220	90/4500/405	DK－120	天津科斯特汽车技术有限责任公司	—	183	—	纯电动	纯电动客车	2	60	62
	永磁同步电机	YTD110H	1	110/2500/420	180/4500/840	DK－200H	天津科斯特汽车技术有限责任公司	—	280	—	纯电动	纯电动城市客车			
淄博哈普沃动力科技有限公司；赣州恒玖电气有限公司	交流异步伺服牵引电机；交流异步电机	SPQ10－72－3900H1；HJ－YB1－11.5kW	1	10/3900/24.5；11.5/3900/28.2	20/7800/70；23/7000/111	M2－150－6－01；HJ－YK1－500A	淄博哈普沃动力科技有限公司；赣州恒玖电气有限公司	120；140	140；160	—	纯电动	纯电动厢式运输车	0	55	55

续表

电动汽车驱动电机生产企业	电动汽车驱动电机类型	电动汽车驱动电机型号	驱动电机安装数量（台/辆）	电动汽车驱动电机额定功率、转速、转矩（kW、r/min、N·m）	电动汽车驱动电机峰值功率、转速、转矩（kW、r/min、N·m）	驱动电机控制器型号	驱动电机控制器生产企业	电动汽车续驶里程（工况法，km）	电动汽车续驶里程（等速法，km）	混合动力汽车纯电动模式下1km最高车速（km/h）	燃料种类	配套车辆类型	2015年配套车型产量（辆）	2016年1—3月配套车型产量（辆）	配套车型产量合计（辆）
上海逸卡新能源汽车技术开发有限公司	交流异步电机	YQSL100 - 6/400	1	100/950/1005	250/2400/2400	EC301 - 60110A00V01	上海逸卡新能源汽车技术开发有限公司	—	400	—	纯电动	纯电动城市客车	34	20	54
	三相交流异步电机	YQSL100 - 6/400	1	100/950/1005	250/2400/2400	EC301 - 60110A00V101	上海逸卡新能源汽车技术开发有限公司	—	380	—	纯电动	纯电动城市客车			
	三相交流异步电机	YQSL100 - 6/400	1	100/950/1005	250/2400/2750	EC301 - 60110A00V101	上海逸卡新能源汽车技术开发有限公司	—	370	—	纯电动	纯电动客车			
	三相交流异步交流电机	YQSL100 - 6/400	1	100/950/1005	250/2400/2400	EC301 - 60110A00V101	上海逸卡新能源汽车技术开发有限公司	—	280	—	纯电动	纯电动城市客车			
新动力电机（荆州）有限公司	永磁同步	DZ18M01 - 1RV	1	18/4000/43	36/3500/100	LCA450R12F	新动力电机（荆州）有限公司	135	155	—	纯电动	纯电动厢式运输车	53	0	53
四川野马汽车股份有限公司	永磁同步电机	LMA18R6	1	30/3000/95	60/9000/190	YK450R12A	四川野马汽车股份有限公司	150	—	100	纯电动	纯电动乘用车	50	0	50
苏州力久新能源科技有限公司	永磁同步电机	LGTPMD450040BRL	1	50/1500/382	80/3500/1000	LGTPC6045L01	苏州力久新能源科技有限公司	—	170	—	纯电动	纯电动城市客车	50	0	50
EM - Motive	永磁同步电机	EM0011	1	50/3000/160	60/7200/340	LE0007	Continental	26	—	—	汽油/电混合动力	插电式混合动力轿车	0	47	47
西虎汽车工业有限公司	交流异步电机	XHHEV3E120 - 96 - S	1	96/800/1146	165/3000/1973	XHHEV3C120 - S	西虎汽车工业有限公司	31	—	40	柴油/电混合动力	插电式混合动力城市客车	40	0	40
常州市普世汽车电动系统有限公司	永磁同步电机	TZ180 - XF30K	1	15/2800/52	30/6500/105	软件：YL40 - AXF - 001；硬件：EC30	软件：重庆永力新能源动力有限公司；硬件：重庆永力新能源动力有限公司	152	168	—	纯电动	纯电动轿车	0	35	35

续表

电动汽车驱动电机生产企业	电动汽车驱动电机类型	电动汽车驱动电机型号	驱动电机安装数量（台/辆）	电动汽车驱动电机额定功率、转速、转矩（kW、r/min、N·m）	电动汽车驱动电机峰值功率、转速、转矩（kW、r/min、N·m）	驱动电机控制器型号	驱动电机控制器生产企业	电动汽车续驶里程（工况法，km）	电动汽车续驶里程（等速法，km）	混合动力汽车纯电动模式下1km最高车速（km/h）	燃料种类	配套车辆类型	2015年配套车型产量（辆）	2016年1—3月配套车型产量（辆）	配套车型产量合计（辆）
万向电动汽车有限公司	车用永磁同步电机	WXMP20L0	1	20kW/3500r/min/55n. m	40kW/7200r/min/200n. m	WXCP4026L0	万向电动汽车有限公司	—	150	—	纯电动	纯电动轿车	24	8	32
	三相交流异步电机	WXF02 - QYS30 - 4/180	1	30/3600/80	75/6000/185	WXF03 - V6H - 2D45G	万向电动汽车有限公司	130	190	—	纯电动	纯电动多用途乘用车			
	交流感应电动机	YCVF250L - 4	1	100/1480/640	200/3600/1200	WXMC - 6 - 24 - A	万向电动汽车有限公司	—	200	—	纯电动	纯电动城市客车			
	交流感应电动机	YCVF250L - 4	1	100/1480/640	200/3600/1200	WXMC - 6 - 24 - A	万向电动汽车有限公司	—	150	—	纯电动	纯电动城市客车			
成都�迪电动车辆制造有限公司	永磁同步电机	WTYCDJ - 18A - XD	1	18/2100/84	45/4200/205	XD - PMCU - 18	成都勐迪电动车辆制造有限公司	152	180	—	纯电动	纯电动轿车	30	1	31
深圳东风汽车有限公司；杭州德沃仕电动科技有限公司	永磁同步电机；永磁同步电机	SZDF - TYC - 312 - 18；DWS - TYC - 320 - 18A	1	18/3000/57. 8；18/3000/57. 8	45/6000/170；45/6000/170	SZDF - TEV - 200A；DWS - TEV - 320 - 200A	深圳东风汽车有限公司；杭州德沃仕电动科技有限公司	180	—	—	纯电动	纯电动封闭货车	30	0	30
	永磁同步电机；永磁同步电机	SZDF - TYC - 312 - 18；DWS - TYC - 320 - 18A	1	18/3000/57. 8；18/3000/57. 8	45/6000/170；45/6000/170	SZDF - TEV - 200A；DWS - TEV - 320 - 200A	深圳东风汽车有限公司；杭州德沃仕电动科技有限公司	180	—	—	纯电动	纯电动桶装垃圾运输车			
	永磁同步电机；永磁同步电机	SZDF - TYC - 312 - 18；DWS - TYC - 320 - 18A	1	18/3000/57. 8；18/3000/57. 8	45/6000/170；45/6000/170	SZDF - TEV - 200A；DWS - TEV - 320 - 200A	深圳东风汽车有限公司；杭州德沃仕电动科技有限公司	180	—	—	纯电动	纯电动厢式车			
淄博休普电机电器有限公司	直流电动机	ZC5. 0 - 96	1	5. 0/2500/21	15/3500/50	ipMCSer9640	珠海英搏尔电气有限公司	88	80	—	纯电动	纯电动载货汽车	30	0	30
现代MOBIS汽车株式会社	三相异步电机	36500 - 0E010	1	22/2210/95	50/9500/167	36600 - 0E100	LS 产业电气	140	156	—	纯电动	纯电动轿车	30	0	30
湘电莱特电气有限公司	交流永磁同步电机	TZ230XS70B	1	70/4000/167	140/9000/334	tPower - DM9	株洲南车时代电气股份有限公司	202	280	—	纯电动	纯电动轿车	19	7	26
	交流永磁同步电机	TYC30 - 8/180	1	30/3000/95. 5	60/8500/191	XEMC - KZQ - 30 - 1	湘电莱特电气有限公司	175	—	—	纯电动	纯电动厢式运输车			
	交流永磁同步电机	TYC30 - 8/180	1	30/3000/95. 5	60/8500/191	XEMC - KZQ - 30 - 1	湘电莱特电气有限公司	200	—	—	纯电动	纯电动厢式运输车			

续表

电动汽车驱动电机生产企业	电动汽车驱动电机类型	电动汽车驱动电机型号	驱动电机安装数量（台/辆）	电动汽车驱动电机额定功率、转速、转矩（kW、r/min、N·m）	电动汽车驱动电机峰值功率、转速、转矩（kW、r/min、N·m）	驱动电机控制器型号	驱动电机控制器生产企业	电动汽车续驶里程（工况法，km）	电动汽车续驶里程（等速法，km）	混合动力汽车纯电动模式下1km最高车速（km/h）	燃料种类	配套车辆类型	2015年配套车型产量（辆）	2016年1—3月配套车型产量（辆）	配套车型产量合计（辆）
西安兰德新能源汽车技术开发有限公司	永磁同步电机	ZJ043C	1	10/2550/37	20/7600/100	ZXZX150600AA	西安兰德新能源汽车技术开发有限公司	178	200	—	纯电动	纯电动多用途乘用车	26	0	26
	稀土永磁同步电机	13ST－6S9X300A	1	12.5/3100/38.5	25/8000/100	13YCQD－X300A	西安兰德新能源汽车技术开发有限公司	137	156	—	纯电动	纯电动厢式运输车			
东风汽车公司	三相交流异步	2100010－D13001	1	47/1680/270	47/4000/270	2117010－D13001	东风汽车公司	—	200	—	纯电动	纯电动扫路车	24	0	24
大洋电机新动力科技有限公司；北京锋锐新源电驱动科技有限公司	永磁同步电机	YTD030W17；264TYZ－XS06BF	1	30/2812/102；25/3000/80	53/9000/180；55/9000/190	KM6025W06－E；34S35X04AV	大洋电机新动力科技有限公司；北京锋锐新源电驱动科技有限公司	170	200	—	纯电动	纯电动路面养护车	0	23	23
	永磁同步电机	YTD030W17；264TYZ－XS06BF	1	30/2812/102；25/3000/80	53/9000/180；55/9000/190	KM6025W06－E；34S35X04AV	大洋电机新动力科技有限公司；北京锋锐新源电驱动科技有限公司	—	200	—	纯电动	纯电动压缩式对接垃圾车			
广东亿纬赛恩斯新能源系统有限公司	交流异步	YPQ280M－6M	1	90/622/1380	165/2500/2532	XTYC170	广东亿纬赛恩斯新能源系统有限公司	—	85	60	LNG/电混合动力	插电式混合动力城市客车	19	3	22
	交流异步电机	YPQ280M－6	1	90/622/1380	165/2500/2532	XTYC－170	广东亿纬赛恩斯新能源系统有限公司	70	85	60	NG混合动力	插电式混合动力城市客车			
	交流异步电机	YPQ280M－6	1	90/622/1380	165/2500/2532	XTYC－170	广东亿纬赛恩斯新能源系统有限公司	70	85	69	柴油/电混合动力	插电式混合动力城市客车			
	交流异步电机	YPQ280M－6M	1	90/622/1380	165/2500/2532	XTYC－170	广东亿纬赛恩斯新能源系统有限公司	—	250	—	纯电动	纯电动客车			
普天新能源车辆技术有限公司	永磁同步电机	PTVC－0018A－TM	1	18/3000/57	42/8000/175	SW3000－13/PTVC－3070A－MC	普天新能源车辆技术有限公司	140	150	—	纯电动	纯电动厢式运输车	1	20	21

续表

电动汽车驱动电机生产企业	电动汽车驱动电机类型	电动汽车驱动电机型号	驱动电机安装数量（台/辆）	电动汽车驱动电机额定功率、转速、转矩（kW、r/min、N·m）	电动汽车驱动电机峰值功率、转速、转矩（kW、r/min、N·m）	驱动电机控制器型号	驱动电机控制器生产企业	电动汽车续驶里程（工况法，km）	电动汽车续驶里程（等速法，km）	混合动力汽车纯电动模式下1km最高车速（km/h）	燃料种类	配套车辆类型	2015年配套车型产量（辆）	2016年1—3月配套车型产量（辆）	配套车型产量合计（辆）
成都联腾动力控制技术有限公司；中国第一汽车集团公司	永磁同步电机；永磁同步电机	LMA38R6；9100410－K38	1；1	100/760/1200；100/955/1000	200/3000/2500；200/2500/2850	LCA1400R12A；9100510－K38	成都联腾动力控制技术有限公司；中国第一汽车集团公司	—	231	—	纯电动	纯电动城市客车	21	0	21
上海申龙客车有限公司	永磁同步电机	TZ480XSS01	1	120/640/1800	200/3000/3000	KTZ54X60SS01	上海申龙客车有限公司	—	425	—	纯电动	纯电动城市客车	20	0	20
湖南中车时代电动汽车股份有限公司；武汉理工通宇新源动力有限公司	异步牵引电动机	JD190A；WTEM130－38－1	1	130/1532/810；130/1532/810	180/3000/2850；180/3000/2850	TVN7；WTMC160WV400－1	湖南中车时代电动汽车股份有限公司；武汉理工通宇新源动力有限公司	—	150	—	纯电动	纯电动城市客车	14	5	19
淄博得普达电机有限公司	交流异步	YJQ4－4N	1	3/3000/9.55	12/5500/47	MC3526－60V	珠海英搏尔电气有限公司	—	120	—	纯电动	纯电动厢式运输车	19	0	19
东方电气集团东风电机有限公司；安徽安凯汽车股份有限公司	交流异步电机	QYS100－6/400；420YS－XS101	1	100/950/1005；100/950/1005	250/950/2400；250/3000/2800	KY100/600S；KYS70X90S120	东方电气集团东风电机有限公司；安徽安凯汽车股份有限公司	210	300	—	纯电动	纯电动城市客车	18	0	18
金泰德胜电机有限公司	交流异步	YJQ7.5－4H	2	7.5/4000/17.9	22/8000/90	MC3336－96V	珠海英搏尔电气有限公司	155	175	—	纯电动	纯电动运动型乘用车	13	0	13

续表

电动汽车驱动电机生产企业	电动汽车驱动电机类型	电动汽车驱动电机型号	驱动电机安装数量（台/辆）	电动汽车驱动电机额定功率、转速、转矩（kW、r/min、N·m）	电动汽车驱动电机峰值功率、转速、转矩（kW、r/min、N·m）	驱动电机控制器型号	驱动电机控制器生产企业	电动汽车续驶里程（工况法，km）	电动汽车续驶里程（等速法，km）	混合动力汽车纯电动模式下1km最高车速（km/h）	燃料种类	配套车辆类型	2015年配套车型产量（辆）	2016年1—3月配套车型产量（辆）	配套车型产量合计（辆）
云南五龙汽车有限公司；云南五龙汽车有限公司	永磁同步电机；永磁同步电机	O160WA；O160WA	2/2	80/3470/220；80/3470/220	160/9050/580；160/9050/580	N490WSA	云南五龙汽车有限公司	—	256	—	纯电动	纯电动城市客车	13	0	13
中山大洋电机股份有限公司	三相永磁同步电机	BOMM130/170－I	1	130/2100/590	170/4500/774	BOMK130/170－I	中山大洋电机股份有限公司	150	150	—	纯电动	纯电动洒水车	12	0	12
湖南江南汽车制造有限公司	永磁同步电动机	PMZT184576	1	18/4500/40	28/5300/160	软件：PMZTC V3.0；硬件：PMZTC1853/76	湖南江南汽车制造有限公司	150	160	—	纯电动	纯电动轿车	12	0	12
Remy International；Inc	永磁同步电机	HVH250－90PWEG	1	60/3900/140	90/3900/220	634H83203	Sevcon USA；Inc	170	240	—	纯电动	纯电动多用途乘用车	12	0	12
新大洋机电集团有限公司；山东德洋电子科技有限公司；新大洋机电集团有限公司	直流无刷电机	BLDC9kW－5000－72；DY－BLDC－72－9A；BLDC9kW－5000－72	1	9/4200/20.4；9/5000/17.2；9/4200/20.4	18/2500/82；18/5600/85；18/5600/82	BLDC－72V－9Kw；DY－BLDC－72－700A	海博瑞德（北京）汽车技术有限公司；山东德洋电子科技有限公司	250	300	—	纯电动	纯电动轿车	2	10	12
新大洋机电集团有限公司	直流无刷电机	BLDC9kW－5000－72	1	9/4200/20.4	18/2500/82	BLDC－72V－9Kw	海博瑞德（北京）汽车技术有限公司	85	100	—	纯电动	纯电动轿车	9	2	11

续表

电动汽车驱动电机生产企业	电动汽车驱动电机类型	电动汽车驱动电机型号	驱动电机安装数量（台/辆）	电动汽车驱动电机额定功率、转速、转矩（kW、r/min、N·m）	电动汽车驱动电机峰值功率、转速、转矩（kW、r/min、N·m）	驱动电机控制器型号	驱动电机控制器生产企业	电动汽车续驶里程（工况法，km）	电动汽车续驶里程（等速法，km）	混合动力汽车纯电动模式下1km最高车速（km/h）	燃料种类	配套车辆类型	2015年配套车型产量（辆）	2016年1—3月配套车型产量（辆）	配套车型产量合计（辆）
东方电气集团东风电机有限公司；安徽安凯汽车股份有限公司；安徽安凯汽车股份有限公司	交流异步电机	QYS100－6/400；420YS－XS100；420YS－XS101	1	100/950/1005；100/950/1005；100/950/1005	250/950/2400；250/3000/2400；250/3000/2800	KY100/600S；KYS70X90S120；KYS70X90S120	东方电气集团东风电机有限公司；安徽安凯汽车股份有限公司；安徽安凯汽车股份有限公司	170	200	69	柴油混合动力	插电式混合动力城市客车	11	0	11
	交流异步电机	QYS100－6/400；420YS－XS101；420YS－XS120	1	100/950/1005；100/950/1005；120/950/1205	250/950/2400；250/3000/2800；250/3000/2800	KY100/600S；KYS70X90S120；KYS70X90S120	东方电气集团东风电机有限公司；安徽安凯汽车股份有限公司；安徽安凯汽车股份有限公司	207	161	—	纯电动	纯电动城市客车			
中国重汽集团济南豪沃客车有限公司	永磁同步	HKQY200－2800	1	120KW / 1200r/min / 955Nm	200KW / 3000r/min / 2800Nm	HKDK180－538－380	中国重汽集团济南豪沃客车有限公司	—	216	—	纯电动	纯电动客车	10	0	10
中慈（浙江）电动汽车制造有限公司	交流异步电机	MQMB－15	1	20/4000/48	45/3130/122	MQCT－15	中慈（浙江）电动汽车制造有限公司	160	200	—	纯电动	纯电动多用途乘用车	5	5	10
	交流异步电机	MQMB－15	1	20/4000/48	45/3130/122	MQCT－15	中慈（浙江）电动汽车制造有限公司	—	500	—	纯电动	纯电动厢式运输车			
福建亚南电机有限公司、福建亚南电机有限公司；卧龙电气集团股份有限公司、卧龙电气集团股份有限公司	永磁同步电机/永磁同步电机；永磁同步电机/永磁同步电机	JSTTD16－35、JSTTD16－35；JAS70－D2－R、JAS70－D2－R	2/2；2/2	37/2800/126、37/2800/126；37/2800/126、37/2800/126	74/10000/382、74/10000/382；74/10000/382、74/10000/382	EV551－V 10.7.2539.02；EV551－5L11－250A	中冶南方（武汉）自动化有限公司	—	250	—	纯电动	纯电动客车	10	0	10
	永磁同步电机、永磁同步电机；永磁同步电机、永磁同步电机	JSTTD16－35、JSTTD16－35；JSTTD18－70、JSTTD18－70	1、1；1、1	37/2800/126、37/2800/126；37/2800/126、37/2800/126	74/10000/382、74/10000/382；74/10000/382、74/10000/382	EV551－V10.7.2539.02；EV550－5L－250A	中冶南方（武汉）自动化有限公司	—	200	—	纯电动	纯电动客车			

续表

电动汽车驱动电机生产企业	电动汽车驱动电机类型	电动汽车驱动电机型号	驱动电机安装数量（台/辆）	电动汽车驱动电机额定功率、转速、转矩（kW、r/min、N·m）	电动汽车驱动电机峰值功率、转速、转矩（kW、r/min、N·m）	驱动电机控制器型号	驱动电机控制器生产企业	电动汽车续驶里程（工况法，km）	电动汽车续驶里程（等速法，km）	混合动力汽车纯电动模式下1km最高车速（km/h）	燃料种类	配套车辆类型	2015年配套车型产量（辆）	2016年1—3月配套车型产量（辆）	配套车型产量合计（辆）
精进电动科技（北京）有限公司；精进电动科技（北京）有限公司	永磁同步电机	TM5007，IS5003	2	102/700/1400；85/1600/500	135/3000/2100；140/3000/850	CU5007；CU5003	精进电动科技（北京）有限公司；精进电动科技（北京）有限公司	—	260	—	纯电动	纯电动客车	10	0	10
钱潮轴承有限公司	交流感应电动机	WXE02－Y250L－4	1	100/1480/637	200/1480/1273	WX－V6－H－4D200G	万向电动汽车有限公司	120	125	—	纯电动	纯电动城市客车	9	0	9
江苏常隆客车有限公司	交流异步电机	CL－M－SHEC－60－001	1	60/1000/573	150/2500/1492	CL－MC－SHEC－YB－001	江苏常隆客车有限公司	—	260	—	纯电动	纯电动城市客车	8	1	9
	交流异步电机	CL－M－SHEC－60－001	1	60/1000/573	150/2500/1492	CL－MC－SHEC－YB－001	江苏常隆客车有限公司	—	210	—	纯电动	纯电动城市客车			
唐山普林亿威科技有限公司	永磁无刷直流电机	BS4－120－3000/320	1	120/3000/382	180/3750/306	KBS120－3000/320	唐山普林亿威科技有限公司	—	200	—	纯电动	纯电动城市客车	8	0	8
昆明南车电气设备有限公司	交流异步电机	tDriver－MB2	1	100/1000/955	150/3000/2500	TVN7－DSP/TVN7	昆明南车电气设备有限公司	—	100	65	NG 混合动力	插电式混合动力城市客车	7	0	7
深圳市民富沃能新能源汽车有限公司	永磁同步电机	BS40－2800/540	1	50kw/1800rpm/265N. m	100kw/3700rpm/750N. m	V6－H－4D90G	深圳市民富沃能新能源汽车有限公司	—	200	—	纯电动	纯电动厢式运输车	0	7	7
卧龙电气集团份有限公司	永磁同步电机	O160WA	2	80/3470/220	160/9050/580	N490WSA	上海大郡动力控制技术有限公司	—	380	—	纯电动	纯电动城市客车	0	6	6
西安正麒电气有限公司	永磁同步	ZJ043C	1	10/2550/37	20/7600/100	ZXZX150600AA	西安正麒电气有限公司	100	130	—	纯电动	纯电动厢式运输车	4	2	6

续表

电动汽车驱动电机生产企业	电动汽车驱动电机类型	电动汽车驱动电机型号	驱动电机安装数量（台/辆）	电动汽车驱动电机额定功率、转速、转矩（kW、r/min、N·m）	电动汽车驱动电机峰值功率、转速、转矩（kW、r/min、N·m）	驱动电机控制器型号	驱动电机控制器生产企业	电动汽车续驶里程（工况法，km）	电动汽车续驶里程（等速法，km）	混合动力汽车纯电动模式下1km最高车速（km/h）	燃料种类	配套车辆类型	2015年配套车型产量（辆）	2016年1—3月配套车型产量（辆）	配套车型产量合计（辆）
深圳市依思普林科技有限公司	永磁同步电机	EMP1000A	1	45/1200/358	110/3500/1000	WZL100A－336V	深圳市五洲龙汽车有限公司	—	200	—	纯电动	纯电动客车	6	0	6
	永磁同步电机	EMP1000A	1	60/1500/385	120/4000/1000	EMC100－540DW（P/I）	深圳市依思普林科技有限公司	180	220	—	纯电动	纯电动厢式运输车			
	三相异步电机	EMI130A	1	10/3200/32	20/7000/80	EMC15－144F（P/I）	深圳市依思普林科技有限公司	—	220	—	纯电动	纯电动厢式运输车			
富奥汽车零部件股份有限公司	交流异步电动机	FQY－320－220SFA	1	35/3800/90	70/7100/200	FDC3－650GMAD070	富奥汽车零部件股份有限公司	100	120	—	纯电动	纯电动轿车	5	0	5
	交流异步电动机	FQY－320－220SFA	1	35/3800/90	70/7100/200	FDC3－650GMAD070	富奥汽车零部件股份有限公司	120	190	—	纯电动	纯电动轿车			
南京中欧威能新能源动力系统有限公司	永磁同步电机	NJZO－J－MC01005B	1	25/3000/80	50/7200/215	NJZO－J－MC03005B	南京中欧威能新能源动力系统有限公司	200	250	—	纯电动	纯电动流动服务车	3	2	5
	永磁同步电机	NJZO－J－MC01005B	1	25/3000/80	50/7200/215	NJZO－J－MC03005B	南京中欧威能新能源动力系统有限公司	295	335	—	纯电动	纯电动服务车			
中国南车集团株洲电力机车研究所	交流电机	JD132A	1	100/2000/478	150/4500/850	TGN14	中国南车集团株洲电力机车研究所	—	3	—	纯电动	纯电动城市客车	4	0	4
深圳市大地和电气股份有限公司；湖南中车时代电动汽车股份有限公司	永磁同步电动机；永磁同步电动机	GLMP45L0；TQD101D	1；1	45/2150/200；45/2150/200	90/8000/450；90/6000/450	GLCP6032L26；DKQ101A	深圳市大地和电气股份有限公司；湖南中车时代电动汽车股份有限公司	—	140	—	纯电动	纯电动厢式运输车	4	0	4
	永磁同步电动机；永磁同步电动机	GLMP45L0；TQD101D	1；1	45/2150/200；45/2150/200	90/8000/450；90/6000/450	GLCP6032L26；DKQ101A	深圳市大地和电气股份有限公司；湖南中车时代电动汽车股份有限公司	120	140	—	纯电动	纯电动扫路车			
福建亚南电机有限公司；福建亚南电机有限公司	永磁同步电机；永磁同步电机	JSTTD16－35；JSTTD16－35	2	37/2800/126；37/2800/126	74/10000/382；74/10000/382	EV551－V 10.7.2539.02；EV551－5L11－250A	中冶南方（武汉）自动化有限公司	—	200	—	纯电动	纯电动客车	4	0	4

续表

电动汽车驱动电机生产企业	电动汽车驱动电机类型	电动汽车驱动电机型号	驱动电机安装数量（台/辆）	电动汽车驱动电机额定功率、转速、转矩（kW、r/min、N·m）	电动汽车驱动电机峰值功率、转速、转矩（kW、r/min、N·m）	驱动电机控制器型号	驱动电机控制器生产企业	电动汽车续驶里程（工况法，km）	电动汽车续驶里程（等速法，km）	混合动力汽车纯电动模式下1km最高车速（km/h）	燃料种类	配套车辆类型	2015年配套车型产量（辆）	2016年1—3月配套车型产量（辆）	配套车型产量合计（辆）
北京佩特来电机驱动技术有限公司	永磁同步电机	DDM110	1	110/1050/1000	200/2400/2600	C110	北京佩特来电机驱动技术有限公司	250	300	—	纯电动	纯电动城市客车	4	0	4
	永磁同步电机	DDM160	1	160/1057/1450	230/2450/3500	C160	北京佩特来电机驱动技术有限公司	180	200	—		纯电动城市客车			
大洋电机新动力科技有限公司；大洋电机新动力科技有限公司；大洋电机新动力科技有限公司；北京大郡晟誉驱动系统技术有限公司；大洋电机新动力科技有限公司	永磁同步电机	YTD020W01；YTD020W01；YTD020W01；O50WA；YTD020W01	1	20/3000/64	45/9000/144	V2.02.003/KM6025W06；V2.02.003.1/KM6025W06；V2.02.003.1/KM6025W06；BQEV_ B0.1/N110WSA；V2.02.003.1/KM6025W06	大洋电机新动力科技有限公司；大洋电机新动力科技有限公司；大洋电机新动力科技有限公司；北京大郡晟誉驱动系统技术有限公司；大洋电机新动力科技有限公司	90	120	—	纯电动	纯电动轿车	4	0	4
珠海蓝海节能科技有限公司	电动汽车用三相异步电动机	KAM280HF	1	75/1000/716	128//2600/1800	KAM90C	珠海蓝海节能科技有限公司	80	200	—	纯电动	纯电动洗扫车	4	0	4
襄阳特种电机有限公司	三相异步电动机	YCVF280M－8B	1	132/1110/1120	240/2700/2037	MV600V－4D300－F－2	深圳麦格米特驱动技术	200	250	—	纯电动	纯电动城市客车	4	0	4
	交流异步电机	YCVF200M－4	1	32/2000/152	64/1910/304	WXEVC－45	万向电动汽车有限公司	—	160	—	纯电动	纯电动商务车			

续表

电动汽车驱动电机生产企业	电动汽车驱动电机类型	电动汽车驱动电机型号	驱动电机安装数量（台/辆）	电动汽车驱动电机额定功率、转速、转矩（kW、r/min、N·m）	电动汽车驱动电机峰值功率、转速、转矩（kW、r/min、N·m）	驱动电机控制器型号	驱动电机控制器生产企业	电动汽车续驶里程（工况法，km）	电动汽车续驶里程（等速法，km）	混合动力汽车纯电动模式下1km最高车速（km/h）	燃料种类	配套车辆类型	2015年配套车型产量（辆）	2016年1—3月配套车型产量（辆）	配套车型产量合计（辆）
杭州德沃仕电动科技有限公司；深圳东风汽车有限公司；	永磁同步电机；永磁同步电机	DWS-TYC-320-18A；SZDF-TYC-312-18	1	18/3000/57.8；18/3000/57.8	45/6000/170；45/6000/170	IEVD030-40Z11HA-XN	深圳市汇川技术股份有限公司	98	110	—	纯电动	纯电动桶装垃圾运输车	2	0	2
东风扬子江汽车（武汉）有限责任公司	交流异步电机	YZJDJ015	1	15/3000/47.7	40/9000/128	YZJKZQ015	东风扬子江汽车（武汉）有限责任公司	—	130	—	纯电动	纯电动车厢可卸式垃圾车	2	0	2
	三相交流异步电机	YZJDJ022	1	22/1854/113	44/3708/226	YZJKZQ022	东风扬子江汽车（武汉）有限责任公司	190	200	—	纯电动	纯电动厢式运输车			
福建亚南电机有限公司；卧龙电气集团股份有限公司	永磁同步电机	JSTTD16-35；JAS70-D1-R	2；2	37/2800/126；37/2800/126	74/10000/382；74/10000/382	EV551-V10.7.2539.02；EV551-5L11-250A	中冶南方（武汉）自动化有限公司	—	255	—	纯电动	纯电动客车	1	1	2
	永磁同步电机	JSTTD16-35；JAS70-D2-R	2	37/2800/126	74/10000/382	EV551-V10.7.2539.02/EV551-5L11-250A	中冶南方（武汉）自动化有限公司	—	250	—	纯电动	纯电动客车			
广西三立科技发展有限公司	永磁同步电机	SL-DM-100	1	50/1450/340	100/2800/680	IEVD030-40Z90GL-YC	苏州汇川技术有限公司	—	52	69	LNG/电混合动力	插电式混合动力城市客车	1	1	2
	直流电机	SL-DM-060	1	40/1450/266	60/2800/400	Z336ZXW450A10-111	上海电驱动股份有限公司	—	—	35	柴油混合动力	插电式混合动力电动城市客车			
淄博正华电动车科技有限公司	永磁同步电机	GLMP250L1	1	120/1200/955	180/2700/2800	GLCP14045L52	淄博正华电动车科技有限公司	—	—	—	纯电动	纯电动城市客车	2	0	2
深圳大郡驱动系统有限公司	永磁同步电机	O200WA	1	100/800/1250	200/3000/2800	N760WSA	深圳大郡驱动系统有限公司	—	300	—	纯电动	纯电动客车	0	2	2

续表

电动汽车驱动电机生产企业	电动汽车驱动电机类型	电动汽车驱动电机型号	驱动电机安装数量（台/辆）	电动汽车驱动电机额定功率、转速、转矩（kW、r/min、N·m）	电动汽车驱动电机峰值功率、转速、转矩（kW、r/min、N·m）	驱动电机控制器型号	驱动电机控制器生产企业	电动汽车续驶里程（工况法，km）	电动汽车续驶里程（等速法，km）	混合动力汽车纯电动模式下1km最高车速（km/h）	燃料种类	配套车辆类型	2015年配套车型产量（辆）	2016年1—3月配套车型产量（辆）	配套车型产量合计（辆）
北京奥思源科技有限公司	直流无刷永磁电机	38ZWS120A	1	60/3000/191	90/4000/1100	GW060ME－S01.02；GW060ME－01	广东陆地方舟新能源汽车电驱动系统有限公司	130	180	—	纯电动	纯电动客车	1	0	1
成都雅骏新能源汽车科技股份有限公司	三相交流电机	YPQ180L－90－YJ	1	60/1600/358	90/3500/1200	512D12V180－YJ	成都雅骏新能源汽车科技股份有限公司	—	165	—	纯电动	纯电动客车	1	0	1
东莞三新电动汽车技术有限公司	永磁同步电机	3i－PMSM－336－A	1	30/3000/95.5	50/5000/185	MV600V－2D90－W－DG	深圳市麦格米特驱动技术有限公司	—	200	—	纯电动	纯电动城市客车	1	0	1
福建尤迪电机有限公司	永磁同步电机	YHD280M－96	1	96/1600/1146	165/3000/1973	FGHEV3C120×96	福建福工混合动力技术开发有限公司	35	42	68	柴油	插电式混合动力城市客车	1	0	1
广东鸿源机电股份有限公司	三相交流异步电机	JD156	1	100/1580/ 810	150/3000/2500	软件：NFMC－1；硬件：NFMC－1	广东南丰电气自动化有限公司/广东南丰电气自动化有限公司	—	165	—	纯电动	纯电动城市客车	1	0	1
江苏微特利电机制造有限公司；深圳市大地和电气股份有限公司	永磁同步电动机	WTYCDJ－25A－DF；GLMP24L1	1	25/1800/133；25/1800/133	56/4000/300；56/4000/320	IEVD030－40Z30GL－DF；GLCP6026L42	苏州汇川技术有限公司；深圳市大地和电气股份有限公司	—	100	—	纯电动	纯电动自装卸式垃圾车	1	0	1
深圳东风汽车有限公司	永磁同步电机	SZDF－TYC－312－18	1	18/3000/57.8	45/6000/170	IEVD030－40Z11HA－XN	深圳市汇川技术股份有限公司	101	—	—	纯电动	纯电动桶装垃圾运输车	0	1	1

续表

电动汽车驱动电机生产企业	电动汽车驱动电机类型	电动汽车驱动电机型号	驱动电机安装数量（台/辆）	电动汽车驱动电机额定功率、转速、转矩（kW、r/min、N·m）	电动汽车驱动电机峰值功率、转速、转矩（kW、r/min、N·m）	驱动电机控制器型号	驱动电机控制器生产企业	电动汽车续驶里程（工况法，km）	电动汽车续驶里程（等速法，km）	混合动力汽车纯电动模式下1km最高车速（km/h）	燃料种类	配套车辆类型	2015年配套车型产量（辆）	2016年1—3月配套车型产量（辆）	配套车型产量合计（辆）
新大洋机电集团有限公司；山东德洋电子科技有限公司	直流无刷电机	BLDC9kW－5000－72；DY－BLDC－72－9A	1	9/4200/20.4；9/5000/17.2	18/5600/82；18/5600/85	BLDC－72V－9Kw；DY－BLDC－72－700A	海博瑞德（北京）汽车技术有限公司；山东德洋电子科技有限公司	85	—	—	纯电动	纯电动轿车	1	0	1
四川新纪元电动汽车动力总成有限公司	永磁同步	XJY－60	1	60/1600/358	110/3500/1000	XJY－76	四川新纪元电动汽车动力总成有限公司	—	325	—	纯电动	纯电动客车	1	0	1
襄阳九龙坡青山自然能源研究院有限公司	无刷直流永磁电机	QSDJ－60	1	60/2200/260	110/3000/477	QSDK－60	襄阳九龙坡青山自然能源研究院有限公司	—	300	—	纯电动	纯电动城市客车	1	0	1
永济新时速电机电器有限责任公司	变频永磁同步电机	YJ178A	1	50/1500/318.3	100/3500/636	YGN2Q225A	永济新时速电机电器有限责任公司	—	50	65	柴油混合动力	插电式混合动力城市客车	1	0	1
配套车型产量合计（辆）													401345	65355	466700

二、2015年1月至2016年3月储能装置配套统计

储能装置单体生产企业	电动汽车储能装置类型	电动汽车储能装置种类	储能装置单体型号	储能装置单体的标称电压(V)	超级电容器单体标称静电容量(F)	储能装置单体质量(kg)	储能装置单体数量	储能装置总成生产企业	储能装置总成标称电压(V)	储能装置总成额定输出电流(A)	动力蓄电池总成标称容量(Ah)	超级电容器总成标称静电容量(F)	储能装置总储电量(kW·h)B	储能装置总成质量(kg)	动力蓄电池箱是否具有快换装置	车载能源管理系统型号（包括软件和硬件）	车载能源管理系统生产企业	电动汽车续驶里程（工况法，km）	电动汽车续驶里程（等速法，km）	燃料种类	配套车辆类型	2015年配套车型产量（辆）	2016年1-3月份配套车型产量（辆）	配套车型产量合计（辆）
比亚迪股份有限公司	能量型	磷酸铁锂	FADM07319	3.3；3.2	—	0.75	216；200	比亚迪股份有限公司	712.8；640	120	26	—	18.5；16.6	250	否	S6DM/S6DM；S6DM-1/S6DM	比亚迪汽车工业有限公司	85；80	110；105	汽油/电混合动力	插电式混合动力多用途乘用车	47836	8292	56128
	磷酸铁锂电池	磷酸铁锂	FADM07319	3.2	—	0.75	160	比亚迪股份有限公司	512	120	26	—	13.3	230	否	S6DM-2；S6DM	比亚迪汽车工业有限公司	60	80	汽油/电混合动力	插电式混合动力多用途乘用车			
	磷酸铁锂电池	磷酸铁锂	FADM07319	3.3	—	0.75	152	比亚迪股份有限公司	501.6	80	26	—	13	160	—	—	深圳市比亚迪汽车有限公司；深圳市比亚迪汽车有限公司	70	100	汽油混合动力	插电式混合动力轿车			
	能量型	三元材料	FADM07321	3.6	—	0.83	132	比亚迪股份有限公司	475.2	102.8	30	—	14.26	184	—	—	—	70	90	汽油/电混合动力	插电式混合动力多用途乘用车			
波士顿电池（江苏）有限公司	能量型	三元材料	750-0261-001	3.65	—	0.09	2340	波士顿电池（江苏）有限公司	328.5	70	137.8	—	45.27	340	否	软件：1.14.0001；硬件：2.04E1	华霆（合肥）动力技术有限公司	201	—	纯电动	纯电动厢式运输车	29692	112	29804
	能量型	三元材料	750-0261-001	3.65	—	0.09	640	山东新大洋电动车有限公司	73	123	168	—	12.4	140	否	YT24AAMH3812；BF101；BF102	惠州市亿能电子有限公司；哈尔滨冠拓电源设备有限公司；哈尔滨冠拓电源设备有限公司	83	98	纯电动	纯电动轿车			
	能量型	三元材料	750-0261-001	3.65	—	0.09	2016	惠州市亿能电子有限公司	307	170	126	—	38.7	350	否	软件版本：主板E63004MS4515从板EV03D5SS4415；硬件版本：主板EV03DMHV7.0从版EV03DSH6.0	惠州市德赛西威汽车电子有限公司	150	210	纯电动	纯电动乘用车			

续表

储能装置单体生产企业	电动汽车储能装置类型	电动汽车储能装置种类	储能装置单体型号	储能装置单体的标称电压(V)	超级电容器单体标称静电容量(F)	储能装置单体质量(kg)	储能装置单体数量	储能装置总成生产企业	储能装置总成标称电压(V)	储能装置总成额定输出电流(A)	动力蓄电池总成标称容量(Ah)	超级电容器总成标称静电容量(F)	储能装置总储电量(kW·h)B	储能装置总成质量(kg)	动力蓄电池箱是否具有快换装置	车载能源管理系统型号(包括软件和硬件)	车载能源管理系统生产企业	电动汽车续驶里程(工况法,km)	电动汽车续驶里程(等速法,km)	燃料种类	配套车辆类型	2015年配套车型产量(辆)	2016年1-3月份配套车型产量(辆)	配套车型产量合计(辆)
波士顿电池(江苏)有限公司	能量型	三元材料	750-0261-001	3.65	—	0.093	1504	波士顿电池(江苏)有限公司	343.1	28	84	—	28.82	322	是	V1.1.02/ZY10021(主板)	武汉中原电子信息公司	170	252	纯电动	纯电动轿车			
	能量型	三元材料	750-0261-001	3.65	—	0.093	2112	北京波士顿动力电池有限公司	320	200	126	—	40.2	360	是	QT-BGCS-2118A;QT-BGCS-2118A	浙江高泰昊能科技有限公司	130	190	纯电动	纯电动多用途乘用车			
	能量型	三元材料	750-0261-001	3.65	—	0.093	2112	北京波士顿动力电池有限公司	321.2	200	120	—	40.1	370	是	EV03;EV03	惠州市亿能电子有限公司	170	240	纯电动	纯电动多用途乘用车			
	能量型	三元材料	750-0261-001	3.65	—	0.0935	800	山东新大洋电动车有限公司	73	208	210	—	15.3	175	否	YT24AAMH3812;BF101;BF102	惠州市亿能电子有限公司;哈尔滨冠拓电源设备有限公司	152	156	纯电动	纯电动轿车			
	能量型	三元材料	750-0261-001	3.65	—	0.0935	800	山东知豆电池集成科技有限公司	73	208	210	—	15.3	175	否	YT24-CM-24-10-A;BF102	惠州市亿能电子有限公司;哈尔滨冠拓电源设备有限公司	152	156	纯电动	纯电动轿车			
	能量型	三元材料	750-0261-001	3.65	—	0.0935	960	山东知豆电池集成科技有限公司	146	102	126	—	18.4	175	否	MBMS_ LEV_ v1.2;YT02-48	华霆动力技术有限公司;惠州市亿能电子有限公司	155	165	纯电动	纯电动轿车			
	能量型	三元材料	750-0261-001	3.65	—	0.0935	4608	北京波士顿动力电池有限公司	350.4	127.2	254.4	—	88.3	760	否	KPB04-KPL04-KPE600	北京科易动力科技有限公司	—	300	纯电动	纯电动客车			
	能量型	三元材料	750-0261-001	3.65	—	0.0935	4608	北京波士顿动力电池有限公司	350.4	254.4	254.4	—	88.3	646	否	EV05	惠州市亿能电子有限公司	—	514	纯电动	纯电动客车			

续表

储能装置单体生产企业	电动汽车储能装置类型	电动汽车储能装置种类	储能装置单体型号	储能装置单体的标称电压(V)	超级电容器单体标称静电容量(F)	储能装置单体质量(kg)	储能装置单体数量	储能装置总成生产企业	储能装置总成标称电压(V)	储能装置总成额定输出电流(A)	动力蓄电池总成标称容量(Ah)	超级电容器总成标称静电容量(F)	储能装置总储电量(kW·h)B	储能装置总成质量(kg)	动力蓄电池箱是否具有快换装置	车载能源管理系统型号(包括软件和硬件)	车载能源管理系统生产企业	电动汽车续驶里程(工况法，km)	电动汽车续驶里程(等速法，km)	燃料种类	配套车辆类型	2015年配套车型产量(辆)	2016年1-3月份配套车型产量(辆)	配套车型产量合计(辆)
PRIME ARTH EV ENERGY CO.；LTD.	功率型	镍氢电池	G9280－33090	7.2	—	1	34	PRIMEARTH EV ENERGY CO.；LTD.	244.8	2.2	6.5	—	1.59	49	否	主CPU：896B33303000；副CPU：896B53301000/89681－33030	TOYOTA MOTOR CORPRATION：DENSO CORPRATION	—	—	汽油混合动力	非插电式混合动力轿车	13082	16717	29799
	功率型	镍氢电池	G9281－12010	7.2	—	1	28	新中源丰田汽车能源系统有限公司	201.6	125	6.5	—	1.31	41	否	软件：8998302030（主）；8998502020（副）；硬件：8998202020	硬件：天津电装电子有限公司；软件：天津电装电子有限公司	—	—	汽油/电混合动力	非插电式混合动力轿车			
	功率型	镍氢电池	G9281－12010	7.2	—	1.00	28	新中源丰田汽车能源系统有限公司	202	125	6.5	—	1.31	41	否	硬件：89981－02010；软件：89981－02010	硬件：天津电装电子有限公司；软件：天津电装电子有限公司	—	—	汽油/电混合动力	非插电式混合动力轿车			
	功率型	镍氢电池	G9281－47050	7.2	—	1	34	PRIMEARTH EV ENERGY CO.；LTD.	244.8		6.5	—	1.59	49	否	（主CPU）896B33303000；（副CPU）896B53301000/89681－33030	软件：TOYOTA MOTOE CORPRATION；硬件：DENSO CORPRATION	—	—	汽油混合动力	非插电式混合动力轿车			
	功率型	镍氢电池	G9280－33050	7.2	—	1	34	PRIMEARTH EV ENERGY CO.；LTD.	244.8	2.2	6.5	—	1.6	58	否	主CPU：899833310000+副CPU：333C0000；硬件：89981－33100	软件：TOYOTA MOTOR CORPRATION；硬件：DENSO CORPRATION	—	—	汽油混合动力	非插电式混合动力轿车			
天津力神电池股份有限公司	动力型	三元材料	18650（2.2Ah）	3.6	—	0.048	7480	华霆（常州）动力技术有限公司	316.8	187	187	—	59.2kWh	700	否	软件：1.10.0002；硬件：02.04.01	华霆（常州）动力技术有限公司	—	200	纯电动	纯电动客车	25434	3003	28437
	功率型	磷酸铁锂	LP2770134	3.2	—	0.5	2352	天津力神电池股份有限公司	537	250	280	—	150.5	1689	否	LS_ EV_ BMU_ FS_ AA1 PCBA	天津力神电池股份有限公司	180	200	纯电动	纯电动城市客车			

续表

储能装置单体生产企业	电动汽车储能装置类型	电动汽车储能装置种类	储能装置单体型号	储能装置单体的标称电压(V)	超级电容器单体标称静电容量(F)	储能装置单体质量(kg)	储能装置单体数量	储能装置总成生产企业	储能装置总成标称电压(V)	储能装置总成额定输出电流(A)	动力蓄电池总成标称容量(Ah)	超级电容器总成标称静电容量(F)	储能装置总储电量(kW·h)B	储能装置总成质量(kg)	动力蓄电池箱是否具有快换装置	车载能源管理系统型号(包括软件和硬件)	车载能源管理系统生产企业	电动汽车续驶里程(工况法,km)	电动汽车续驶里程(等速法,km)	燃料种类	配套车辆类型	2015年配套车型产量(辆)	2016年1-3月份配套车型产量(辆)	配套车型产量合计(辆)
天津力神电池股份有限公司	能量型	磷酸铁锂	LP27148134	3.2	—	1050	448	宁波力神动力电池系统有限公司	358.4	200	160	—	57.34	600	否	LS_ EV_ BMS_ NB01	宁波力神动力电池系统有限公司	—	180	纯电动	纯电动轻型客车			
	能量型	磷酸铁锂	LP27148134	3.2	—	1050	448	宁波力神动力电池系统有限公司	358.4	200	160	—	57.34	600	否	LS_ EV_ BMS_ NB01	宁波力神动力电池系统有限公司	140	180	纯电动	纯电动厢式运输车			
	能量型	磷酸铁锂	LP27148134	3.2	—	1.01	464	北京科易动力科技有限公司	371.2	160	160	—	59.4	600	否	KPB04 - KPL04 - KPE600/ HGDHSV1.0	北京科易动力科技有限公司	—	280	纯电动	纯电动客车			
	能量型	磷酸铁锂	LP27148134	3.2	—	1.05	1344	宁波力神动力电池系统有限公司	537.6	200	320	—	172	1950	否	LS_ EV_ BMS_ NB01	宁波力神动力电池系统有限公司	—	310	纯电动	纯电动客车			
	能量型	磷酸铁锂	LP2770102	3.2	—	0.37	3960	天津力神电池股份有限公司	352	160	432	—	152	2752	—	E350 - 440 - A	捷源绿能科技（上海）有限公司	—	275	纯电动	纯电动城市客车			
	能量型	磷酸铁锂	LP2770120AC	3.2V	—	0.453	3024	天津力神电池股份有限公司	538	300	300	—	161.4	2000	是	LS_ EV_ BMS_ A1	天津力神电池股份有限公司	—	200	纯电动	纯电动城市客车			
	能量型	磷酸铁锂	LP2770134	3.2	—	0.51	3024	天津力神电池股份有限公司	537.6	400	360	—	193	2400	否	LS_ EV_ BMS_ A1 (B33008MS220/ B33008MHOA12)	天津力神电池股份有限公司	180	215	纯电动	纯电动城市客车			
	能量型	磷酸铁锂	LP2770134	3.2	—	0.51	808	北京科易动力科技有限公司	323	160	160	—	51.7	670	否	KPB04 - KPL04 - KPE600	北京科易动力科技有限公司	—	160	纯电动	纯电动客车			
	能量型	磷酸铁锂	LP2770134	3.2	—	0.51	808	北京科易动力科技有限公司	323.2	160	160	—	51.7	600	否	KPB04 - KPL04 - KPE600	北京科易动力科技有限公司	—	280	纯电动	纯电动客车			

续表

储能装置单体生产企业	电动汽车储能装置类型	电动汽车储能装置种类	储能装置单体型号	储能装置单体的标称电压(V)	超级电容器单体标称静电容量(F)	储能装置单体质量(kg)	储能装置单体数量	储能装置总成生产企业	储能装置总成标称电压(V)	储能装置总成额定输出电流(A)	动力蓄电池总成标称容量(Ah)	超级电容器总成标称静电容量(F)	储能装置总储电量(kW·h)B	储能装置总成质量(kg)	动力蓄电池箱是否具有快换装置	车载能源管理系统型号(包括软件和硬件)	车载能源管理系统生产企业	电动汽车续驶里程(工况法,km)	电动汽车续驶里程(等速法,km)	燃料种类	配套车辆类型	2015年配套车型产量(辆)	2016年1-3月份配套车型产量(辆)	配套车型产量合计(辆)
天津力神电池股份有限公司	能量型	磷酸铁锂	LP2770134	3.2	—	0.51	832	北京海博思创科技有限公司	332.8	160	160	—	53.248	600	否	EVS200	北京海博思创科技有限公司	—	200	纯电动	纯电动客车			
	能量型	磷酸铁锂	LP2770134	3.2	—	0.51	832	北京科易动力科技有限公司	332.8	160	160	—	53.2	632	否	KPPE-LFP-0532-3328-150-NU176	北京科易动力科支有限公司	—	255	纯电动	纯电动客车			
	能量型	磷酸铁锂	LP2770134	3.2	—	0.510	2520	宁波力神动力电池系统有限公司	576	200	280	—	161.3	1800	否	LS_ EV_ BMS_ NB01	宁波力神动力电池系统有限公司	—	310	纯电动	纯电动客车			
	能量型	磷酸铁锂	LP2770134	3.2	—	0.51 ±10	800	苏州市莱赛电车技术有限公司	320	160	160	—	51.2	520	否	硬件：LS-EV-BMU-2、LS-EV-LMU-2；软件：LS-EV-BMU-2-SW、LS-EV-LMU-2-SW	苏州市莱赛电车技术有限公司	80	110	纯电动	纯电动自装卸式垃圾车			
	能量型	磷酸铁锂	LP2770134	3.2	—	0.513	500	武汉力神电池系统科技有限公司	320	100	100	—	32	385	否	LS_ EV_ BMU_ FS_ AA1	天津力神电池股份有限公司	190	200	纯电动	纯电动厢式运输车			
	能量型	磷酸铁锂	LP2770134	3.2	—	0.513	1536	天津力神电池股份有限公司	614.4	160	160	—	98.3	1300	是	LS_ EV_ LMU24S_ B1 模块（带壳体）LS_ EV_ BMU_ FS_ AA1 PCBA	天津力神电池股份有限公司	260	320	纯电动	纯电动城市客车			
	能量型	磷酸铁锂	LP2770134	3.2	—	0.513	2688	天津力神电池股份有限公司	537.6	300	320	—	172	2000	有	LS_ EV_ BMS	天津力神电池投份有限公司	—	170	纯电动	纯电动城市客车			
	能量型	磷酸铁锂	LP2770134	3.2	—	0.513	2688	天津力神电池股份有限公司	537.6	320	320	—	172	2000	是	LS_ EV_ BMS_ A1	天津力神电池股份有限公司	125	180	纯电动	纯电动城市客车			

续表

储能装置单体生产企业	电动汽车储能装置类型	电动汽车储能装置种类	储能装置单体型号	储能装置单体的标称电压(V)	超级电容器单体标称静电容量(F)	储能装置单体质量(kg)	储能装置单体数量	储能装置总成生产企业	储能装置总成标称电压(V)	储能装置总成额定输出电流(A)	动力蓄电池总成标称容量(Ah)	超级电容器总成标称静电容量(F)	储能装置总储电量(kW·h)B	储能装置总成质量(kg)	动力蓄电池箱是否具有快换装置	车载能源管理系统型号(包括软件和硬件)	车载能源管理系统生产企业	电动汽车续驶里程(工况法，km)	电动汽车续驶里程(等速法，km)	燃料种类	配套车辆类型	2015年配套车型产量(辆)	2016年1-3月份配套车型产量(辆)	配套车型产量合计(辆)
天津力神电池股份有限公司	能量型	磷酸铁锂	LP2770134	3.2	—	0.513	2688	天津力神电池股份有限公司	537.6	300	320	—	172	2000	是	LS_ EV_ BMS	天津力神电池股份有限公司	125	200	纯电动	纯电动客车			
	能量型	磷酸铁锂	LP2770134	3.2	—	0.513	3240	山东威能环保电源有限公司	576	300	360	—	207	2400	否	LS_ EV_ BMS	天津力神电池股份有限公司	—	220	纯电动	纯电动城市客车			
	能量型	磷酸铁锂	LP2770134	3.2	—	0.51 ±0.01	936	北京科易动力科技有限公司	374.4	160	160	—	59.904	680~700	否	硬件 KPB04 - KPL04 - KPE600；软件 XMLSV1.0	北京科易动力科技有限公司	—	≥251	纯电动	纯电动轻型客车			
	能量型	磷酸铁锂	LP2770134	3.2	—	0.510 ±0.01	1080；960	宁波力神动力电池系统有限公司	576；512	120	120	—	69.1；61.4	810；750	否	LS_ EV_ BMU_ FS_ AA1（软件 V1.0.0）；EV05（软件 V1.0.0）；PWEV - MBMS03A - A（软件 V1.3.0）	天津力神电池股份有限公司；惠州市亿能电子有限公司；东莞钜威新能源有限公司	—	295 (69.1 KWH)；260 (61.4 KWH)	纯电动	纯电动客车			
	能量型	三元材料	18650（2.2Ah）	3.6	—	0.044	2640	金华市康迪新能源车辆有限公司	79.2	126	264	—	20.91	180	可换二箱	KD - BCU01V2.0；KD - BCU02	金华市康迪新能源车辆有限公司	150	180	纯电动	纯电动轿车			
	能量型	三元材料	18650（2.2Ah）	3.6	—	0.04	2944	华霆（合肥）动力技术有限公司	331	69	69	—	23	230	否	2101600X1101	合肥华霆动力科技有限公司	170	240	纯电动	纯电动轿车			
	能量型	三元材料	18650（2.2Ah）	3.6	—	0.044	2970	金华市康迪新能源车辆有限公司	79.2	189	297	—	23.5	246	否	KD - BCU01V3.0；KD - BCU03	金华市康迪新能源车辆有限公司	153	195	纯电动	纯电动轿车			
	能量型	三元材料	18650（2.0Ah）	3.6	—	0.045	3960	天津力神电池股份有限公司	144	63	188	—	27	235	否	LS - EV - BMS - A2	天津力神电池股份有限公司	153	159	纯电动	纯电动厢式运输车			

续表

储能装置单体生产企业	电动汽车储能装置类型	电动汽车储能装置种类	储能装置单体型号	储能装置单体的标称电压(V)	超级电容器单体标称静电容量(F)	储能装置单体质量(kg)	储能装置单体数量	储能装置总成生产企业	储能装置总成标称电压(V)	储能装置总成额定输出电流(A)	动力蓄电池总成标称容量(Ah)	超级电容器总成标称静电容量(F)	储能装置总储电量(kW·h)B	储能装置总成质量(kg)	动力蓄电池箱是否具有快换装置	车载能源管理系统型号(包括软件和硬件)	车载能源管理系统生产企业	电动汽车续驶里程(工况法，km)	电动汽车续驶里程(等速法，km)	燃料种类	配套车辆类型	2015年配套车型产量(辆)	2016年1-3月份配套车型产量(辆)	配套车型产量合计(辆)
	能量型	三元材料	18650（2.2Ah）	3.6	—	0.044	5280	金华市康迪新能源车辆有限公司	316.8	94	132	—	41.82	360	是	KD-BCU01V2.0；KD-BCU02	金华市康迪新能源车辆有限公司	160	200	纯电动	纯电动轿车			
	能量型	三元材料	18650（2.2Ah）	3.6	—	0.045	5310	华霆（常州）动力技术有限公司	324	129.8	129.8	—	42	445	否	软件 Driver 01.00；硬件 MBMSV1.0	华霆（常州）动力技术有限公司	—	153	纯电动	纯电动客车			
	能量型	三元材料	18650（2.6Ah）	3.6	—	0.045	6468	南京金龙客车制造有限公司	158.4	70	382.2	—	60.5	600	否	LEV05	惠州市亿能电子有限公司	303	356.3	纯电动	纯电动厢式运输车			
	能量型	三元材料	18650（2.6Ah）	3.6	—	0.045	6468	南京特种汽车制配厂有限公司	158.4	120	382.2	—	60.54	600	—	LS-EV-BMS-A2	天津力神电池股份有限公司	250	350	纯电动	纯电动厢式运输车			
天津力神电池股份有限公司	能量型	三元材料	18650（2.2Ah）	3.6	—	0.046	3520	天津力神电池股份有限公司	144	190	193	—	27.9	265	否	EMS3	河南锂想动力科技有限公司	150	180	纯电动	纯电动轿车			
	能量型	三元材料	LR1865SD	3.6	—	0.046	1888	天津力神电池股份有限公司	57.6	68	236	—	13.6	110	—	LS-EV-BMS-B2	天津力神电池股份有限公司	—	150	纯电动	纯电动厢式运输车			
	能量型	三元材料	18650	3.6	—	0.045±0.001	40	天津力神电池股份有限公司	316.8	110	110	—	34.8	348	否	LS_ EV_ BMS_ A1	天津力神电池股份有限公司	160	210	纯电动	纯电动轿车			
	能量型	三元材料	18650	3.6	—	0.045±0.002	5336	天津力神电池股份有限公司	331.2	150.8	150.8	—	49.9	400	否	LS_ EV_ BMS_ A1	天津力神电池股份有限公司	266	332	纯电动	纯电动多用途乘用车			
	能量型	三元材料	18650	3.6	—	0.045±0.001	4840	天津力神电池股份有限公司	316.8	110	110	—	34.8	348	否	LS_ EV_ BMS_ A1；LS_ EV_ BMS_ A1	天津力神电池股份有限公司	195	245	纯电动	纯电动轿车			

续表

储能装置单体生产企业	电动汽车储能装置类型	电动汽车储能装置种类	储能装置单体型号	储能装置单体的标称电压(V)	超级电容器单体标称静电容量(F)	储能装置单体质量(kg)	储能装置单体数量	储能装置总成生产企业	储能装置总成标称电压(V)	储能装置总成额定输出电流(A)	动力蓄电池总成标称容量(Ah)	超级电容器总成标称静电容量(F)	储能装置总储电量(kW·h)B	储能装置总成质量(kg)	动力蓄电池箱是否具有快换装置	车载能源管理系统型号(包括软件和硬件)	车载能源管理系统生产企业	电动汽车续驶里程(工况法，km)	电动汽车续驶里程(等速法，km)	燃料种类	配套车辆类型	2015年配套车型产量(辆)	2016年1-3月份配套车型产量(辆)	配套车型产量合计(辆)
天津力神电池股份有限公司	能量型	三元材料	18650	3.6	—	0.045	3960	力神动力电池系统有限公司	144	198	188	—	27	264	否	ZRBMS - V1.6	北京中瑞蓝科电动汽车技术有限公司	—	130	纯电动	纯电动车厢可卸式垃圾车			
	能量型	三元材料	18650	3.6	—	0.05	4050	河南锂想动力科技有限公司	324	50	99	—	32.1	310	否	EMS3	河南锂想动力科技有限公司	171	190	纯电动	纯电动多用途乘用车			
	能量型	三元材料	18650	3.6	—	0.05	4050	河南锂想动力科技有限公司	324	50	99	—	32.1	310	否	EMS3	河南锂想动力科技有限公司	171	190	纯电动	纯电动厢式运输车			
	能量型	三元材料	18650	3.6	—	0.05	4050	河南锂想动力科技有限公司	324	50	99	—	32.1	310	否	EMS3	河南锂想动力科技有限公司	171	190	纯电动	纯电动邮政车			
	能量型	磷酸铁锂	LP2770120	3.2	—	0.453	2160	天津力神电池股份有限公司	576	198	198	—	114	1100	是	软件 LS_ EV_ BMS_ B22；硬件：LS_ EV_ BMS_ B22	力神动力电池系统有限公司	—	190	纯电动	纯电动城市客车			
惠州比亚迪电池有限公司	能量型	三元材料	FADM07321	3.6	—	0.83	137	惠州比亚迪电池有限公司	493.2	60	30	—	15	185	否	SCH/SCH	比亚迪汽车工业有限公司	70	85	汽油/电混合动力	插电式混合动力多用途乘用车	15590	5198	20788
	能量型	三元材料	FADM07322	3.6	—	0.56	144	惠州比亚迪电池有限公司	518.4	94.2	20	—	10.37	156	—	—	—	50	70	汽油/电混合动力	插电式混合动力多用途乘用车			
	能量型	磷酸铁锂	FADM07315	3.2	—	6	336	惠州比亚迪电池有限公司	540	200	400	—	216	2400	—	20130523/ KB	比亚迪汽车工业有限公司	200	400	纯电动	纯电动城市客车			
	能量型	磷酸铁锂	FADM07315	3.2	—	6.4	504	惠州比亚迪电池有限公司	540	280	600	—	324	3200	—	110120/K9	比亚迪汽车工业有限公司；比亚迪汽车工业有限公司	250	400	纯电动	纯电动城市客车			

续表

储能装置单体生产企业	电动汽车储能装置类型	电动汽车储能装置种类	储能装置单体型号	储能装置单体的标称电压(V)	超级电容器单体标称静电容量(F)	储能装置单体质量(kg)	储能装置单体数量	储能装置总成生产企业	储能装置总成标称电压(V)	储能装置总成额定输出电流(A)	动力蓄电池总成标称容量(Ah)	超级电容器总成标称静电容量(F)	储能装置总储电量(kW·h)B	储能装置总成质量(kg)	动力蓄电池箱是否具有快换装置	车载能源管理系统型号(包括软件和硬件)	车载能源管理系统生产企业	电动汽车续驶里程(工况法,km)	电动汽车续驶里程(等速法,km)	燃料种类	配套车辆类型	2015年配套车型产量(辆)	2016年1－3月份配套车型产量(辆)	配套车型产量合计(辆)
惠州比亚迪电池有限公司	能量型	磷酸铁锂	FADM07315	3.3	—	6.4	96	惠州比亚迪电池有限公司	316.8	307	200	—	63.4KWh	750	—	e6；e6A	深圳市比亚迪汽车有限公司；深圳市比亚迪汽车有限公司	322	330	纯电动	纯电动轿车			
	能量型	磷酸铁锂	FADM07315	3.3	—	6.5	504	惠州比亚迪电池有限公司	540	200	600	—	324	3300	—	软件：131125；硬件：120601	比亚迪汽车工业有限公司	250	400	纯电动	纯电动城市客车			
	能量型	磷酸铁锂	FADM07315＋FADM07316（该车搭载型号为FADM07315电池布置在车辆底部；型号为FADM07316电池布置在车辆顶部）	3.2	—	6.0、3.25	336	惠州比亚迪电池有限公司	540	200	300	—	162	1763	—	130523/ KA	比亚迪汽车工业有限公司	180	240	纯电动	纯电动城市客车			
	能量型	磷酸铁锂	FADM07315A	3.2	—	6.3	228	惠州比亚迪电池有限公司	730	250	250	—	182.5	1700	—	20130523/KA4	比亚迪汽车工业有限公司	340	230	纯电动	纯电动旅游客车			
	能量型	磷酸铁锂	FADM07315A	3.2	—	6.3	228	惠州比亚迪电池有限公司	730	250	250	—	182.5	1705	—	130523/ KA	比亚迪汽车工业有限公司	220	380	纯电动	纯电动城市客车			
	能量型	磷酸铁锂	FADM07315A	3.2	—	6.3	456	惠州比亚迪电池有限公司	730	400	500	—	365	3200	—	131202/ K9	比亚迪汽车工业有限公司	280	430	纯电动	纯电动旅游客车			
	能量型	磷酸铁锂	FADM07315A；FADM07315B	3.2	—	6.3；6.45	228	惠州比亚迪电池有限公司	730	400	250；270	—	182.5；197.1	1600；1592	—	131202/K9；141119	比亚迪汽车工业有限公司	—	220；380	纯电动	纯电动旅游客车			

续表

储能装置单体生产企业	电动汽车储能装置类型	电动汽车储能装置种类	储能装置单体型号	储能装置单体的标称电压(V)	超级电容器单体标称静电容量(F)	储能装置单体质量(kg)	储能装置单体数量	储能装置总成生产企业	储能装置总成标称电压(V)	储能装置总成额定输出电流(A)	动力蓄电池总成标称容量(Ah)	超级电容器总成标称静电容量(F)	储能装置总储电量(kW·h)B	储能装置总成质量(kg)	动力蓄电池箱是否具有快换装置	车载能源管理系统型号(包括软件和硬件)	车载能源管理系统生产企业	电动汽车续驶里程(工况法，km)	电动汽车续驶里程(等速法，km)	燃料种类	配套车辆类型	2015年配套车型产量(辆)	2016年1-3月份配套车型产量(辆)	配套车型产量合计(辆)
惠州比亚迪电池有限公司	能量型	磷酸铁锂	FADM07315B	3.3	—	6.45	92	惠州比亚迪电池有限公司	303.6	81	270	—	82	700	否	e6A	比亚迪汽车工业有限公司	400	520	纯电动	纯电动轿车			
	能量型	磷酸铁锂	FADM07315B	3.2	—	6.45	156	惠州比亚迪电池有限公司	500	200	270	—	135	1453	—	软件：141016；硬件：120601	比亚迪汽车工业有限公司	—	295	纯电动	纯电动城市客车			
	能量型	磷酸铁锂	FADM07315B	3.2	—	6.45	157	惠州比亚迪电池有限公司	500	200	270	—	135	1015	—	C6-2152400	比亚迪汽车工业有限公司	—	380	纯电动	纯电动旅游客车			
	能量型	磷酸铁锂	FADM07315B	3.2	—	6.45 ±0.1	168	惠州比亚迪电池有限公司	540	200	270	—	145	1282	—	TB3-2152410-C1；TB3-2152420-C1	比亚迪汽车工业有限公司	—	350	纯电动	纯电动厢式运输车			
	能量型	磷酸铁锂	FADM07315B	3.2	—	6.45	188，158	惠州比亚迪电池有限公司	600，500	250	270	—	162，135	1470，1560	—	130523/KA	比亚迪汽车工业有限公司	—	380；320	纯电动	纯电动城市客车			
	能量型	磷酸铁锂	FADM07315B	3.2	—	6.45 ±0.1	204	惠州比亚迪电池有限公司	650	270	270	—	175	1860	—	T8SA-2152500；T8SA-2152400	比亚迪汽车工业有限公司	—	360	纯电动	纯电动洗扫车			
	能量型	磷酸铁锂	FADM07315B	3.2	—	6.45	228	惠州比亚迪电池有限公司	720	200	270	—	194	1700	—	20130523/KB	比亚迪汽车工业有限公司	—	430	纯电动	纯电动城市客车			
	能量型	磷酸铁锂	FADM07315B	3.2	—	6.45	228	惠州比亚迪电池有限公司	730	400	270	—	182.5；197.1	1592	—	131202/K9；141119	比亚迪汽车工业有限公司	—	420	纯电动	纯电动旅游客车			
	能量型	磷酸铁锂	FADM07315B	3.2	—	6.45	336	惠州比亚迪电池有限公司	540	400	540	—	291	2430	—	BYDBMC-120601	比亚迪汽车工业有限公司	—	640	纯电动	纯电动城市客车			

续表

储能装置单体生产企业	电动汽车储能装置类型	电动汽车储能装置种类	储能装置单体型号	储能装置单体的标称电压(V)	超级电容器单体标称静电容量(F)	储能装置单体质量(kg)	储能装置单体数量	储能装置总成生产企业	储能装置总成标称电压(V)	储能装置总成额定输出电流(A)	动力蓄电池总成标称容量(Ah)	超级电容器总成标称静电容量(F)	储能装置总储电量(kW·h)B	储能装置总成质量(kg)	动力蓄电池箱是否具有快换装置	车载能源管理系统型号(包括软件和硬件)	车载能源管理系统生产企业	电动汽车续驶里程(工况法，km)	电动汽车续驶里程(等速法，km)	燃料种类	配套车辆类型	2015年配套车型产量(辆)	2016年1-3月份配套车型产量(辆)	配套车型产量合计(辆)
惠州比亚迪电池有限公司	能量型	磷酸铁锂	FADM07315B	3.2	—	6.5	376	惠州比亚迪电池有限公司	600	400	540	—	324	2800	否	软件：141016；硬件：120601	比亚迪汽车工业有限公司	—	520	纯电动	纯电动城市客车			
	能量型	磷酸铁锂	FADM07315B	3.2	—	6.5	376；332	惠州比亚迪电池有限公司	600；540	400	540	—	324；287	2800；2520	否	软件：141016；硬件：120601	比亚迪汽车工业有限公司	—	570；505	纯电动	纯电动城市客车			
	能量型	磷酸铁锂	FADM07316	3.3	—	3.25	144	惠州比亚迪电池有限公司	475.2	160	100	—	47.5	550	否	EVDBMS006	比亚迪汽车工业有限公司	253	335	纯电动	纯电动轿车			
	能量型	磷酸铁锂	FADM07320	3.3	—	1.73	198	惠州比亚迪电池有限公司	653.4	20	65	—	42.47	470	否	EVDBMS006	比亚迪汽车工业有限公司	256	300	纯电动	纯电动轿车			
	储能型	磷酸铁锂	FADM07320	3.3	—	1.73	200	惠州比亚迪电池有限公司	660V	20	65	—	42.9	460	否	VBEV	比亚迪汽车工业有限公司	250	265	纯电动	纯电动厢式运输车			
	能量型	磷酸铁锂	FADM07325	3.2	—	1.85	198	惠州比亚迪电池有限公司	633.6	20	75	—	47.5	494	—	EVDBMS006	比亚迪汽车工业有限公司	300	350	纯电动	纯电动轿车			
宁德时代新能源科技股份有限公司	功率型	磷酸铁锂	48/174/132.5－80Ah	3.2	—	2.2	108	宁德时代新能源科技股份有限公司	345.6	80	80	—	27.6	400	否	HX－24－YZX_PEV；BMS_G5_BMU_E	宁德时代新能源科技股份有限公司	—	51	NG/电混合动力	插电式混合动力城市客车	18131	1232	19363
	功率型	三元材料	P2－37NUP－A1	3.65	—	0.82	180	宁德时代新能源科技股份有限公司	657	105	37	—	24.31	380	否	S05BMS000DV01Y13；H05BMS0010Y13	宁德时代新能源科技股份有限公司；宁德时代新能源科技股份有限公司	—	51	NG/电混合动力	插电式混合动力城市客车			
	功率型	三元材料	P2－37NUP－A1	3.65	—	0.82	180	宁德时代新能源科技股份有限公司	657	105	37	—	24.31	380	否	S05BMS000DV01Y13；H05BMS0010Y13	宁德时代新能源科技股份有限公司；宁德时代新能源科技股份有限公司	—	51	柴油/电混合动力	插电式混合动力城市客车			

续表

储能装置单体生产企业	电动汽车储能装置类型	电动汽车储能装置种类	储能装置单体型号	储能装置单体的标称电压(V)	超级电容器单体标称静电容量(F)	储能装置单体质量(kg)	储能装置单体数量	储能装置总成生产企业	储能装置总成标称电压(V)	储能装置总成额定输出电流(A)	动力蓄电池总成标称容量(Ah)	超级电容器总成标称静电容量(F)	储能装置总储电量(kW·h)B	储能装置总成质量(kg)	动力蓄电池箱是否具有快换装置	车载能源管理系统型号(包括软件和硬件)	车载能源管理系统生产企业	电动汽车续驶里程(工况法,km)	电动汽车续驶里程(等速法,km)	燃料种类	配套车辆类型	2015年配套车型产量(辆)	2016年1-3月份配套车型产量(辆)	配套车型产量合计(辆)
宁德时代新能源科技股份有限公司	功率型	三元材料	P2-37NUP-A1	3.65	—	0.82	384	宁德时代新能源科技股份有限公司	350.4	148	148	—	51.9	560	—	HX-12-NC_EV; BUS_G5_BUM_E	宁德时代新能源科技股份有限公司	—	201	纯电动	纯电动客车			
	能量型	磷酸铁锂	47/173/132.5-86Ah	3.2	—	0.82	628	宁德时代新能源科技股份有限公司	518	74	74	—	38.9	460	—	GX_39kwh_SQ; BUS_G5_BMU_E	宁德时代新能源科技股份有限公司	—	200	纯电动	纯电动城市客车			
	能量型	磷酸铁锂	47/173/132.5-86Ah	3.67	—	2.3	152	北京普莱德新能源电池科技有限公司	486	86	86	—	42	500	否	B51	北京普莱德新能源电池科技有限公司	125	155	纯电动	纯电动城市客车			
	能量型	磷酸铁锂	47/173/132.5-86Ah	3.2	—	2.3	162	宁德时代新能源科技股份有限公司	518	48	86	—	44.5	490	否	S05BMS000DV01Y13; H05BMS0010Y13	宁德时代新能源科技股份有限公司; 宁德时代新能源科技股份有限公司	150	170	纯电动	纯电动城市客车			
	能量型	磷酸铁锂	47/173/132.5-86Ah	3.2	—	2.3	162	宁德时代新能源科技股份有限公司	518.4	48	86	—	44.6	490	否	S05BMS000DV01Y13; H05BMS0010Y13	宁德时代新能源科技股份有限公司; 宁德时代新能源科技股份有限公司	—	201	纯电动	纯电动客车			
	能量型	磷酸铁锂	47/173/132.5-86Ah	3.2	—	2.3	162	宁德时代新能源科技股份有限公司	518.4	86	86	—	44.5	510	否	H20_44.5Kwh_NJL; BUS_G5_BMU_E	宁德时代新能源科技股份有限公司	—	160	纯电动	纯电动城市客车			
	能量型	磷酸铁锂	47/173/132.5-86Ah	3.2	—	2.3	204	宁德时代新能源科技股份有限公司	326.4	172	172	—	56	680	否	硬件: HX-12-JL-EV; 软件: BUS_G5_BMU	宁德时代新能源科技股份有限公司	—	162	纯电动	纯电动客车			
	能量型	磷酸铁锂	47/173/132.5-86Ah	3.2	—	2.3	204	宁德时代新能源科技股份有限公司	326.4	172	172	—	56	680	否	硬件: HX-12-JL-EV; 软件: BUS_G5_BMU	宁德时代新能源科技股份有限公司	—	205	纯电动	纯电动城市客车			

续表

储能装置单体生产企业	电动汽车储能装置类型	电动汽车储能装置种类	储能装置单体型号	储能装置单体的标称电压(V)	超级电容器单体标称静电容量(F)	储能装置单体质量(kg)	储能装置单体数量	储能装置总成生产企业	储能装置总成标称电压(V)	储能装置总成额定输出电流(A)	动力蓄电池总成标称容量(Ah)	超级电容器总成标称静电容量(F)	储能装置总储电量(kW·h)B	储能装置总成质量(kg)	动力蓄电池箱是否具有快换装置	车载能源管理系统型号(包括软件和硬件)	车载能源管理系统生产企业	电动汽车续驶里程(工况法,km)	电动汽车续驶里程(等速法,km)	燃料种类	配套车辆类型	2015年配套车型产量(辆)	2016年1-3月份配套车型产量(辆)	配套车型产量合计(辆)
宁德时代新能源科技股份有限公司	能量型	磷酸铁锂	47/173/132.5-86Ah	3.2	—	2.3	204	宁德时代新能源科技股份有限公司	326.4	172	172	—	56.14	560	否	H20_ 56.3Kwh_ NJL; BUS_ G5_ BMU_ E	宁德时代新能源科技股份有限公司	—	318	纯电动	纯电动客车			
	能量型	磷酸铁锂	47/173/132.5-86Ah	3.2	—	2.3	324	宁德时代新能源科技股份有限公司	518	172	172	—	89.16	990	否	HX-24-YT_ EV; BMS_ G5_ BMU_ E	宁德时代新能源科技股份有限公司;宁德时代新能源科技股份有限公司	—	170	纯电动	纯电动城市客车			
	能量型	磷酸铁锂	47/173/132.5-86Ah	3.2	—	2.3	324	宁德时代新能源科技股份有限公司	518	172	172	—	89.16	990	否	S05BMS000DV01Y13; H05BMS0010Y13	宁德时代新能源科技股份有限公司;宁德时代新能源科技股份有限公司	—	252	纯电动	纯电动客车			
	能量型	磷酸铁锂	47/173/132.5-86Ah	3.2	—	2.3	360	宁德时代新能源科技股份有限公司	576	172	172	—	99.072	1150	无	BMS软件:SZQ99S; BMS;硬件:SZQ99H	宁德时代新能源科技股份有限公司	—	165	纯电动	纯电动城市客车			
	能量型	磷酸铁锂	47/173/132.5-86Ah	3.2	—	2.3	360	宁德时代新能源科技股份有限公司	576	172	172	—	99.1	1100	否	H15_ 99Kwh_ HNC; BUS_ G5_ BMU_ E	宁德时代新能源科技股份有限公司	—	261	纯电动	纯电动城市客车			
	能量型	磷酸铁锂	47/173/132.5-86Ah	3.2	—	2.3	486	宁德时代新能源科技股份有限公司	518.4	129	258	—	134	1458	否	KL-VMS; KL-VMS	宁德新能源科技有限公司;宁德新能源科技有限公司	—	350	纯电动	纯电动城市客车			
	能量型	磷酸铁锂	47/173/132.5-86Ah	3.2	—	2.3	486	宁德时代新能源科技股份有限公司	518.4	258	258	—	133.7	1460	否	H15_ 133Kwh_ HNC; BUS_ G5_ BMU_ E	宁德时代新能源科技股份有限公司	—	261	纯电动	纯电动城市客车			
	能量型	磷酸铁锂	47/173/132.5-86Ah	3.2	—	2.3	540	宁德时代新能源科技股份有限公司	576	130	258	—	148.6	1615	否	S05BMS000DV01Y13; H05BMS0010Y13	宁德时代新能源科技股份有限公司	215	260	纯电动	纯电动客车			
	能量型	磷酸铁锂	47/173/132.5-86Ah	3.2	—	2.3	540	宁德时代新能源科技股份有限公司	576	86	258	—	148.6	1600	否	S05BMS000DV01Y13; H05BMS0010Y13	宁德时代新能源科技股份有限公司	—	210	纯电动	纯电动客车			

续表

储能装置单体生产企业	电动汽车储能装置类型	电动汽车储能装置种类	储能装置单体型号	储能装置单体的标称电压(V)	超级电容器单体标称静电容量(F)	储能装置单体质量(kg)	储能装置单体数量	储能装置总成生产企业	储能装置总成标称电压(V)	储能装置总成额定输出电流(A)	动力蓄电池总成标称容量(Ah)	超级电容器总成标称静电容量(F)	储能装置总储电量(kW·h) B	储能装置总成质量(kg)	动力蓄电池箱是否具有快换装置	车载能源管理系统型号(包括软件和硬件)	车载能源管理系统生产企业	电动汽车续驶里程(工况法，km)	电动汽车续驶里程(等速法，km)	燃料种类	配套车辆类型	2015年配套车型产量(辆)	2016年1-3月份配套车型产量(辆)	配套车型产量合计(辆)
宁德时代新能源科技股份有限公司	能量型	磷酸铁锂	47/173/132.5-86Ah	3.2	—	2.3	648	宁德时代新能源科技股份有限公司	518.4	385	344	—	178.3	1982	否	S05BMS000DV01Y13；H05BMS0010Y13	宁德时代新能源科技股份有限公司；宁德时代新能源科技股份有限公司	—	280	纯电动	纯电动城市客车			
	能量型	磷酸铁锂	47/173/132.5-86Ah	3.2	—	2.3	825	宁德时代新能源科技股份有限公司	528	86	430	—	227	2500	否	S05BMS000DV01Y13；H05BMS0010Y13	宁德时代新能源科技股份有限公司	245	330	纯电动	纯电动客车			
	能量型	磷酸铁锂	48/173/170	3.2	—	≤2.95	768	宁德时代新能源科技股份有限公司	614.4	300	480	—	295	3000	具有滑轮导轨快换装置	软件 SHX-295-S；硬件 SHX-295-H	宁德时代新能源科技股份有限公司	—	>300	纯电动	纯电动城市客车			
	能量型	磷酸铁锂	48/173/170	3.2	—	2.93	114	宁德时代新能源科技股份有限公司	364.8	120	120	—	44KWh	500	否	硬件：HX-12-JL_EV；软件：BUS_G5_BMU	宁德时代新能源科技股份有限公司	—	205	纯电动	纯电动客车			
	能量型	磷酸铁锂	48/173/170	3.2	—	2.93	120	宁德时代新能源科技股份有限公司	384	120	120	—	46	520	否	软件：S05BMS000DV01Y13；硬件：H05BMS0010Y13	宁德时代新能源科技股份有限公司	—	150	纯电动	纯电动轻型客车			
	能量型	磷酸铁锂	48/173/170	3.2	—	2.93	160	宁德时代新能源科技股份有限公司	512	60	120	—	61.4	685	否	G1_061Kwh；BUS_G5_BMU_E	宁德时代新能源科技股份有限公司	160	200	纯电动	纯电动客车			
	能量型	磷酸铁锂	48/173/170	3.2	—	2.93	162	宁德时代新能源科技股份有限公司	518	60	120	—	62.2	655	否	G1_062Kwh；BUS_G5_BMU_E	宁德时代新能源科技股份有限公司；宁德时代新能源科技股份有限公司	—	200	纯电动	纯电动城市客车			

续表

储能装置单体生产企业	电动汽车储能装置类型	电动汽车储能装置种类	储能装置单体型号	储能装置单体的标称电压(V)	超级电容器单体标称静电容量(F)	储能装置单体质量(kg)	储能装置单体数量	储能装置总成生产企业	储能装置总成标称电压(V)	储能装置总成额定输出电流(A)	动力蓄电池总成标称容量(Ah)	超级电容器总成标称静电容量(F)	储能装置总储电量(kW·h)B	储能装置总成质量(kg)	动力蓄电池箱是否具有快换装置	车载能源管理系统型号(包括软件和硬件)	车载能源管理系统生产企业	电动汽车续驶里程(工况法，km)	电动汽车续驶里程(等速法，km)	燃料种类	配套车辆类型	2015年配套车型产量(辆)	2016年1-3月份配套车型产量(辆)	配套车型产量合计(辆)
宁德时代新能源科技股份有限公司	能量型	磷酸铁锂	48/173/170	3.2	—	2.93	162	宁德时代新能源科技股份有限公司	518	60	120	—	62.21	655	否	G1_ 062Kwh; BUS_ G5_ BMU_ E	宁德时代新能源科技股份有限公司；宁德时代新能源科技股份有限公司	—	160	纯电动	纯电动城市客车			
	能量型	磷酸铁锂	48/173/170	3.2	—	2.93	162	宁德时代新能源科技股份有限公司	518.4	120	120	—	62.2	600	否	H20_ 62.2Kwh_ NJL; BUS_ G5_ BMU_ E	宁德时代新能源科技股份有限公司	—	250	纯电动	纯电动城市客车			
	能量型	磷酸铁锂	48/173/170	3.2	—	2.93	162	宁德时代新能源科技股份有限公司	518.4	120	120	—	62.2	750	否	HX-24-YX_ EV; BUS_ G5_ BMU	宁德时代新能源科技股份有限公司	170	200	纯电动	纯电动客车			
	能量型	磷酸铁锂	48/173/170	3.2	—	2.93	162	宁德时代新能源科技股份有限公司	518.4	60	120	—	62.2	655	否	G1_ 062Kwh; BUS_ G5_ BMU_ E	宁德时代新能源科技股份有限公司；宁德时代新能源科技股份有限公司	—	257	纯电动	纯电动客车			
	能量型	磷酸铁锂	48/173/170	3.2	—	2.93	180	宁德时代新能源科技股份有限公司	576	120	120	—	69	820	否	KL-VMS; KL-VMS	宁德时代新能源科技股份有限公司	—	230	纯电动	纯电动城市客车			
	能量型	磷酸铁锂	48/173/170	3.2	—	2.93	180	宁德时代新能源科技股份有限公司	576	120	120	—	69	710	—	H20_ 69Kwh_ NJL; BUS_ G5_ BMU_ E	宁德时代新能源科技股份有限公司	—	250	纯电动	纯电动客车			
	能量型	磷酸铁锂	48/173/170	3.2	—	2.93	180	宁德时代新能源科技股份有限公司	576	120	120	—	69.1	730	否	XMJL-BMS-DPX	厦门金龙旅行车有限公司	—	200	纯电动	纯电动城市客车			
	能量型	磷酸铁锂	48/173/170	3.2	—	2.93	198	宁德时代新能源科技股份有限公司	633.6	60	120	—	76.0	800	否	G1_ 076kWh; BUS_ G5_ BMU_ E	宁德时代新能源科技股份有限公司；宁德时代新能源科技股份有限公司	190	250	纯电动	纯电动客车			

续表

储能装置单体生产企业	电动汽车储能装置类型	电动汽车储能装置种类	储能装置单体型号	储能装置单体的标称电压(V)	超级电容器单体标称静电容量(F)	储能装置单体质量(kg)	储能装置单体数量	储能装置总成生产企业	储能装置总成标称电压(V)	储能装置总成额定输出电流(A)	动力蓄电池总成标称容量(Ah)	超级电容器总成标称静电容量(F)	储能装置总储电量(kW·h)B	储能装置总成质量(kg)	动力蓄电池箱是否具有快换装置	车载能源管理系统型号(包括软件和硬件)	车载能源管理系统生产企业	电动汽车续驶里程(工况法,km)	电动汽车续驶里程(等速法,km)	燃料种类	配套车辆类型	2015年配套车型产量(辆)	2016年1-3月份配套车型产量(辆)	配套车型产量合计(辆)
宁德时代新能源科技股份有限公司	能量型	磷酸铁锂	48/173/170	3.2	—	2.93	360	宁德时代新能源科技股份有限公司	576	120	240	—	138	1600	否	KL-VMS;KL-VMS	宁德新能源科技有限公司;宁德新能源科技有限公司	—	350	纯电动	纯电动城市客车			
	能量型	磷酸铁锂	48/173/170	3.2	—	2.93	360	宁德时代新能源科技股份有限公司	576	200	240	—	138.24	1370	否	H19_ 138Kwh_ XLV;BUS_ G5_ BMU_ E	宁德时代新能源科技股份有限公司	—	310	纯电动	纯电动城市客车			
	能量型	磷酸铁锂	48/173/170	3.2	—	2.93	360	宁德时代新能源科技股份有限公司	576	240	240	—	138.2	1400	—	H20_ 138.2Kwh_ NJL;BUS_ G5_ BMU_ E	宁德时代新能源科技股份有限公司	—	250	纯电动	纯电动客车			
	能量型	磷酸铁锂	48/173/170	3.2	—	2.93	384	宁德时代新能源科技股份有限公司	614.4	240	240	—	147	1480	—	H20_ 147Kwh_ NJL;BUS_ G5_ BMU_ E	宁德时代新能源科技股份有限公司	—	250	纯电动	纯电动客车			
	能量型	磷酸铁锂	48/173/170	3.2	—	2.93	384	宁德时代新能源科技股份有限公司	614.4	240	240	—	147.5	1510	否	H20_ 147Kwh_ NJL;BUS_ G5_ BMU_ E	宁德时代新能源科技股份有限公司	—	280	纯电动	纯电动城市客车			
	能量型	磷酸铁锂	48/173/170	3.2	—	2.93	384	宁德时代新能源科技股份有限公司	614.4	250	240	—	147.5	1604	否	HX-24-YT_ EV;BMS_ G5_ BMU_ E	宁德时代新能源科技股份有限公司;宁德时代新能源科技股份有限公司	—	280	纯电动	纯电动客车			
	能量型	磷酸铁锂	48/173/170	3.2	—	2.93	384	宁德时代新能源科技股份有限公司	614.4	300	240	—	147.5	1604	否	S05BMS000DV01Y13;H05BMS0010Y13	宁德时代新能源科技股份有限公司;宁德时代新能源科技股份有限公司	—	260	纯电动	纯电动客车			
	能量型	磷酸铁锂	48/173/170	3.2	—	2.93	384	宁德时代新能源科技股份有限公司	614.4	300	240	—	147.5	1604	否	S05BMS000DV01Y13;H05BMS0010Y13	宁德时代新能源科技股份有限公司;宁德时代新能源科技股份有限公司	—	300	纯电动	纯电动客车			

续表

储能装置单体生产企业	电动汽车储能装置类型	电动汽车储能装置种类	储能装置单体型号	储能装置单体的标称电压(V)	超级电容器单体标称静电容量(F)	储能装置单体质量(kg)	储能装置单体数量	储能装置总成生产企业	储能装置总成标称电压(V)	储能装置总成额定输出电流(A)	动力蓄电池总成标称容量(Ah)	超级电容器总成标称静电容量(F)	储能装置总储电量(kW·h)B	储能装置总成质量(kg)	动力蓄电池箱是否具有快换装置	车载能源管理系统型号(包括软件和硬件)	车载能源管理系统生产企业	电动汽车续驶里程(工况法，km)	电动汽车续驶里程(等速法，km)	燃料种类	配套车辆类型	2015年配套车型产量(辆)	2016年1-3月份配套车型产量(辆)	配套车型产量合计(辆)
	能量型	磷酸铁锂	48/173/170	3.2	—	2.93	384	宁德时代新能源科技股份有限公司	614.4	325	240	—	147.5	1604	否	S05BMS000DV01Y13；H05BMS0010Y13	宁德时代新能源科技股份有限公司；宁德时代新能源科技股份有限公司	—	260	纯电动	纯电动城市客车			
	能量型	磷酸铁锂	48/173/170	3.2	—	2.93	468	宁德时代新能源科技股份有限公司	499	360	360	—	180	1950	否	H15_ 180Kwh_ HNC；BUS_ G5_ BMU_ E	宁德时代新能源科技股份有限公司	—	281	纯电动	纯电动城市客车			
	能量型	磷酸铁锂	48/173/170	3.2	—	2.93	486	宁德时代新能源科技股份有限公司	518.4	250	360	—	186.6	2080	否	软件：H15_ 186.6Kwh_ HNC；硬件：BUS_ G5_ BMU_ E	宁德时代新能源科技股份有限公司	—	335	纯电动	纯电动客车			
宁德时代新能源科技股份有限公司	能量型	磷酸铁锂	48/173/170	3.2	—	2.93	504	宁德时代新能源科技股份有限公司	537.6	200	360	—	193.5	2050	否	软件：H16_ 193Kwh_ XDL；硬件：BUS_ G5_ BMU_ E	宁德时代新能源科技股份有限公司	—	380	纯电动	纯电动城市客车			
	能量型	磷酸铁锂	48/173/170	3.2	—	2.93	504	宁德时代新能源科技股份有限公司	537.6	300	360	—	193.5	1936	否	XMJL-BMS-DPX	厦门金龙旅行车有限公司	—	235	纯电动	纯电动城市客车			
	能量型	磷酸铁锂	48/173/170	3.2	—	2.93	504	宁德时代新能源科技股份有限公司	537.6	360	360	—	193.5	1936	否	H19_ 193Kwh_ XLV；BUS_ G5_ BMU_ E	宁德时代新能源科技股份有限公司	—	300	纯电动	纯电动城市客车			
	能量型	磷酸铁锂	48/173/170	3.2	—	2.93	504	宁德时代新能源科技股份有限公司	537.6	360	360	—	193.5	1936	否	XMJL-BMS-DPX	厦门金龙旅行车有限公司	—	297	纯电动	纯电动客车			
	能量型	磷酸铁锂	48/173/170	3.2	—	2.93	540	宁德时代新能源科技股份有限公司	576	180	360	—	207	2000	否	KL-VMS/KL-VMS	宁德时代新能源科技股份有限公司；宁德时代新能源科技股份有限公司	—	450	纯电动	纯电动城市客车			

续表

储能装置单体生产企业	电动汽车储能装置类型	电动汽车储能装置种类	储能装置单体型号	储能装置单体的标称电压(V)	超级电容器单体标称静电容量(F)	储能装置单体质量(kg)	储能装置单体数量	储能装置总成生产企业	储能装置总成标称电压(V)	储能装置总成额定输出电流(A)	动力蓄电池总成标称容量(Ah)	超级电容器总成标称静电容量(F)	储能装置总储电量(kW·h)B	储能装置总成质量(kg)	动力蓄电池箱是否具有快换装置	车载能源管理系统型号(包括软件和硬件)	车载能源管理系统生产企业	电动汽车续驶里程(工况法,km)	电动汽车续驶里程(等速法,km)	燃料种类	配套车辆类型	2015年配套车型产量(辆)	2016年1-3月份配套车型产量(辆)	配套车型产量合计(辆)
宁德时代新能源科技股份有限公司	能量型	磷酸铁锂	48/173/170	3.2	—	2.93	540	宁德时代新能源科技股份有限公司	576	360	360	—	207.4	2050	否	H19_ 207Kwh_ XLV; BUS_ G5_ BMU_ E	宁德时代新能源科技股份有限公司	—	275	纯电动	纯电动城市客车			
	能量型	磷酸铁锂	48/173/170	3.2	—	2.93	558	宁德时代新能源科技股份有限公司	595.2	360	360	—	214.3	2135	否	H19_ 214Kwh_ XLV; BUS_ G5_ BMU_ E	宁德时代新能源科技股份有限公司	—	330	纯电动	纯电动城市客车			
	能量型	磷酸铁锂	48/173/170	3.2	—	2.93	576	宁德时代新能源科技股份有限公司	614.4	360	360	—	221	2220	—	H20_ 220Kwh_ NJL; BUS_ G5_ BMU_ E	宁德时代新能源科技股份有限公司	—	250	纯电动	纯电动客车			
	能量型	磷酸铁锂	48/173/170	3.2	—	2.93	576	宁德时代新能源科技股份有限公司	614.4	375	360	—	221.2	2405	否	S05BMS000 DV01Y13; H05BMS0010Y13	宁德时代新能源科技股份有限公司; 宁德时代新能源科技股份有限公司	—	400	纯电动	纯电动客车			
	能量型	磷酸铁锂	48/173/170	3.2	—	2.93	648	宁德时代新能源科技股份有限公司	518.4	385	480	—	248.8	2705	否	S05BMS000 DV01Y13; H05BMS0010Y13	宁德时代新能源科技股份有限公司; 宁德时代新能源科技股份有限公司	—	400	纯电动	纯电动城市客车			
	能量型	磷酸铁锂	48/173/170	3.2	—	2.93	672	宁德时代新能源科技股份有限公司	537.6	480	480	—	258.05	2800	否	S05BMS000 DV01Y13; H05BMS0010Y13	宁德时代新能源科技股份有限公司; 宁德时代新能源科技股份有限公司	—	455	纯电动	纯电动客车			
	能量型	磷酸铁锂	48/173/170	3.2	—	2.93	720	宁德时代新能源科技股份有限公司	576	400	480	—	276	2520	—	H20_ 276Kwh_ NJL; BUS_ G5_ BMU_ E	宁德时代新能源科技股份有限公司	—	350	纯电动	纯电动城市客车			
	能量型	磷酸铁锂	48/173/170	3.2	—	2.93	744	宁德时代新能源科技股份有限公司	595.2	250	480	—	285.7	3105	否	S05BMS000 DV01Y13; H05BMS0010Y13	宁德时代新能源科技股份有限公司; 宁德时代新能源科技股份有限公司	—	400	纯电动	纯电动城市客车			

续表

储能装置单体生产企业	电动汽车储能装置类型	电动汽车储能装置种类	储能装置单体型号	储能装置单体的标称电压(V)	超级电容器单体标称静电容量(F)	储能装置单体质量(kg)	储能装置单体数量	储能装置总成生产企业	储能装置总成标称电压(V)	储能装置总成额定输出电流(A)	动力蓄电池总成标称容量(Ah)	超级电容器总成标称静电容量(F)	储能装置总储电量(kW·h)B	储能装置总成质量(kg)	动力蓄电池箱是否具有快换装置	车载能源管理系统型号(包括软件和硬件)	车载能源管理系统生产企业	电动汽车续驶里程(工况法,km)	电动汽车续驶里程(等速法,km)	燃料种类	配套车辆类型	2015年配套车型产量(辆)	2016年1-3月份配套车型产量(辆)	配套车型产量合计(辆)
宁德时代新能源科技股份有限公司	能量型	磷酸铁锂	48/173/170	3.2	—	2.95	162;180	宁德时代新能源科技股份有限公司	518.4;576	120	120	—	62.2;69	690;820	否	HX-24-XDL_EV;BMS_G5_BMU_E	宁德时代新能源科技股份有限公司	—	265(62.2KWH);295(69KWH)	纯电动	纯电动城市客车			
	能量型	磷酸铁锂	48/173/170	3.2	—	2.95	360	宁德时代新能源科技股份有限公司	576	200	240	—	138	1400	—	软件SHX-138-S;硬件SHX-138-H	宁德时代新能源科技股份有限公司	—	403	纯电动	纯电动城市客车			
	能量型	磷酸铁锂	48/173/170	3.2	—	2.95	360	宁德时代新能源科技股份有限公司	576	200	240	—	138.2	1370	否	H19_138Kwh_XLV;BUS_G5_BMU_E	宁德时代新能源科技股份有限公司	—	300	纯电动	纯电动城市客车			
	能量型	磷酸铁锂	48/173/170	3.2	—	2.95	486	宁德时代新能源科技股份有限公司	518.4	360	360	—	186.6	1809	否	H19_186Kwh_XLV;BUS_G5_BMU_E	宁德时代新能源科技股份有限公司	—	300	纯电动	纯电动客车			
	能量型	磷酸铁锂	48/173/170	3.2	—	2.95	594	宁德时代新能源科技股份有限公司	633.6	200	360	—	228	2280	—	软件SHX-295-S;硬件SHX-295-H	宁德时代新能源科技股份有限公司	—	412	纯电动	纯电动城市客车			
	能量型	磷酸铁锂	48/173/170	3.2	—	2.95	768	宁德时代新能源科技股份有限公司	614.4	300	480	—	294.91	2950	否	软件:SHW-295-S;硬件:SHW-295-H	宁德时代新能源科技股份有限公司	—	450	纯电动	纯电动城市客车			
	能量型	磷酸铁锂	48/173/170	3.2	—	2.93	180	宁德时代新能源科技股份有限公司	576	120	120	—	69	820	否	KL-VMS;KL-VMS	宁德时代新能源科技股份有限公司	—	230	纯电动	纯电动城市客车			
	能量型	磷酸铁锂	48/173/170	3.2	—	2.93	114	宁德时代新能源科技股份有限公司	364.8	120	120	—	44	600	否	硬件:HX-12-JL_EV;软件:BUS_G5_BMU	宁德时代新能源科技股份有限公司	—	152	纯电动	纯电动客车			

续表

储能装置单体生产企业	电动汽车储能装置类型	电动汽车储能装置种类	储能装置单体型号	储能装置单体的标称电压(V)	超级电容器单体标称静电容量(F)	储能装置单体质量(kg)	储能装置单体数量	储能装置总成生产企业	储能装置总成标称电压(V)	储能装置总成额定输出电流(A)	动力蓄电池总成标称容量(Ah)	超级电容器总成标称静电容量(F)	储能装置总储电量(kW·h)B	储能装置总成质量(kg)	动力蓄电池箱是否具有快换装置	车载能源管理系统型号(包括软件和硬件)	车载能源管理系统生产企业	电动汽车续驶里程(工况法，km)	电动汽车续驶里程(等速法，km)	燃料种类	配套车辆类型	2015年配套车型产量(辆)	2016年1-3月份配套车型产量(辆)	配套车型产量合计(辆)
宁德时代新能源科技股份有限公司	能量型	磷酸铁锂	48/173/170	3.2	—	2.93	120	宁德时代新能源科技股份有限公司	384	120	120	—	46	520	否	软件：S05BMS000DV01Y13；硬件：H05BMS0010Y13	宁德时代新能源科技股份有限公司	110	150	纯电动	纯电动厢式运输车			
	能量型	磷酸铁锂	48/173/170	3.2	—	2.93	160	宁德时代新能源科技股份有限公司	512	160	120	—	61.4	683	否	83HMA16MB	宁德时代新能源科技股份有限公司	—	180	纯电动	纯电动扫路车			
	能量型	磷酸铁锂	48/174/132.5-80Ah	3.2	—	2.2	96	宁德时代新能源科技股份有限公司	307.2	0~300	80	—	24.58	440	否	ZKQ105-S1.0；ZKQ105B	湖南中车时代电动汽车股份有限公司	—	55	柴油/电混合动力	插电式混合动力城市客车			
	能量型	三元材料	P2-37NUP-A1	3.65	—	0.82	288	宁德时代新能源科技股份有限公司	525.6	74	74	—	38.9	460	无	GX_39kwh_SQ；BUS_G5_BMU_E	宁德时代新能源科技股份有限公司	—	50	NG/电混合动力	插电式混合动力城市客车			
	能量型	三元材料	P2-37NUP-A1	3.65	—	0.83	192	宁德时代新能源科技股份有限公司	350	74	74	—	25.9	300	否	DNS01/DNH01	宁德时代新能源科技股份有限公司	150	180	纯电动	纯电动轿车			
	能量型	三元材料	P2-42NSR-A1	3.67	—	0.83	294	宁德时代新能源科技股份有限公司	359.66	140	126	—	45.3	400	否	硬件：H00BMU0007；软件：S00BMU0H05	宁德时代新能源科技股份有限公司	253	330	纯电动	纯电动轿车			
深圳市沃特玛电池有限公司	能量型	磷酸铁锂	3.2V 10Ah	3.2	—	0.145	2200	深圳市沃特玛电池有限公司	320	110	110	—	43.2	520	否	3i-BMS_10_100_02	东莞三新电动汽车技术有限公司	—	200	纯电动	纯电动城市客车	17208	992	18200
	能量型	磷酸铁锂	3.2V-100AH	3.2	—	5	200	深圳市沃特玛电池有限公司	336	185	250	—	84	1000	否	OPTBMS001	深圳市沃特玛电池有限公司	—	200	纯电动	纯电动客车			
	能量型	磷酸铁锂	32650	3.2	—	0.147	10080	深圳市沃特玛电池有限公司	537.6	235A	300	—	161.3	1350	无	OPT-537.6V300AH	深圳市沃特玛电池有限公司	—	150	纯电动	纯电动城市客车			

续表

储能装置单体生产企业	电动汽车储能装置类型	电动汽车储能装置种类	储能装置单体型号	储能装置单体的标称电压(V)	超级电容器单体标称静电容量(F)	储能装置单体质量(kg)	储能装置单体数量	储能装置总成生产企业	储能装置总成标称电压(V)	储能装置总成额定输出电流(A)	动力蓄电池总成标称容量(Ah)	超级电容器总成标称静电容量(F)	储能装置总储电量(kW·h)B	储能装置总成质量(kg)	动力蓄电池箱是否具有快换装置	车载能源管理系统型号(包括软件和硬件)	车载能源管理系统生产企业	电动汽车续驶里程(工况法,km)	电动汽车续驶里程(等速法,km)	燃料种类	配套车辆类型	2015年配套车型产量(辆)	2016年1-3月份配套车型产量(辆)	配套车型产量合计(辆)
深圳市沃特玛电池有限公司	能量型	磷酸铁锂	32650	3.2	—	0.145	3120	深圳市沃特玛电池有限公司	384	138	130	—	49.92	600	有	OPT	深圳市沃特玛电池有限公司	—	205	纯电动	纯电动城市客车			
	能量型	磷酸铁锂	32650	3.2	—	0.145	4800	深圳市沃特玛电池有限公司	384	130	200	200	76.8	800	有	OPT	深圳市沃特玛电池有限公司	—	150	纯电动	纯电动城市客车			
	能量型	磷酸铁锂	32650	3.2	—	0.145	3840	深圳市沃特玛电池有限公司	384	160	160	—	61.44	750	否	OPTBMS-384V160AH001	深圳市沃特玛电池有限公司	150	210	纯电动	纯电动客车			
	能量型	磷酸铁锂	32650-5.5Ah	3.2	—	0.143	3488	深圳市沃特玛电池有限公司	350	200	175	—	61.25	560	—	BMS-12-V01	深圳市沃特玛电池有限公司	—	190	纯电动	纯电动客车			
	能量型	磷酸铁锂	32650-5.5Ah	3.2	—	0.143	3488	深圳市沃特玛电池有限公司	350	200	175	—	61.25	560	—	BMS-12-V01	深圳市沃特玛电池有限公司	—	255	纯电动	纯电动城市客车			
	能量型	磷酸铁锂	32650-5.5Ah	3.2	—	0.147	4032	深圳市沃特玛电池有限公司	537.6	120	120	—	65	660	否	OPT BMS	深圳市沃特玛电池有限公司	—	200	纯电动	纯电动厢式运输车			
	能量型	磷酸铁锂	32650-5AH	3.2	—	0.142	1152	深圳市沃特玛电池有限公司	153.6	60	120	—	18.43	260	否	软件版本V-2070;硬件版本VA01	深圳市沃特玛电池有限公司	123	119	纯电动	纯电动车厢可卸式垃圾车			
	能量型	磷酸铁锂	32650-5AH	3.2	—	0.142	1632	深圳市沃特玛电池有限公司	153.6	100	170	—	26.11	290	否	软件版本V-2070;硬件版本VA01	深圳市沃特玛电池有限公司	150	—	纯电动	纯电动桶装垃圾运输车			
	能量型	磷酸铁锂	32650-5AH	3.2	—	0.143	11520;9720	深圳市沃特玛电池有限公司	576	200	320;270	—	184.32;155.52	2100;1800	无	OPT	深圳市沃特玛电池有限公司	—	216	纯电动	纯电动客车			

续表

储能装置单体生产企业	电动汽车储能装置类型	电动汽车储能装置种类	储能装置单体型号	储能装置单体的标称电压(V)	超级电容器单体标称静电容量(F)	储能装置单体质量(kg)	储能装置单体数量	储能装置总成生产企业	储能装置总成标称电压(V)	储能装置总成额定输出电流(A)	动力蓄电池总成标称容量(Ah)	超级电容器总成标称静电容量(F)	储能装置总储电量(kW·h)B	储能装置总成质量(kg)	动力蓄电池箱是否具有快换装置	车载能源管理系统型号(包括软件和硬件)	车载能源管理系统生产企业	电动汽车续驶里程(工况法,km)	电动汽车续驶里程(等速法,km)	燃料种类	配套车辆类型	2015年配套车型产量(辆)	2016年1-3月份配套车型产量(辆)	配套车型产量合计(辆)
深圳市沃特玛电池有限公司	能量型	磷酸铁锂	32650-5AH	3.2V	—	0.145	1320	深圳市沃特玛电池有限公司	96	220	220	—	21.12	220	—	—	—	—	120	纯电动	纯电动厢式货车			
	功率型	磷酸铁锂	32650-5AH	3.2	—	0.145	1372	深圳市沃特玛电池有限公司	312	60	70	—	21.84	260	—	OPT BMS（主机：OTM-DH-BMS-MV-001；采集模块：OPT-S12B24）/软件：001.0009.0001	深圳市沃特玛电池有限公司	101	—	纯电动	纯电动桶装垃圾运输车			
	功率型	磷酸铁锂	32650-5AH	3.2	—	0.145	1537	深圳市沃特玛电池有限公司	169.6	98	145	—	24.6	300	无	OPT-169.6V145AH	深圳市沃特玛电池有限公司	100	120	纯电动	纯电动厢式运输车			
	能量型	磷酸铁锂	32650-5AH	3.2	—	0.145	1620	深圳市沃特玛电池有限公司	144	120	180	—	25.92	353	否	OPT144V180Ah	深圳市沃特玛电池有限公司	155	153	纯电动	纯电动厢式运输车			
	功率型	磷酸铁锂	32650-5AH	3.2	—	0.145	1900	深圳市沃特玛电池有限公司	320	100	95	—	30.4	342	—	OPT BMS（主机：OTM-DH-BMS-MV-001；采集模块：OPT-S12B24）	深圳市沃特玛电池有限公司	>120	>150	纯电动	纯电动厢式运输车			
	能量型	磷酸铁锂	32650-5AH	3.2	—	0.145	1900	深圳市沃特玛电池有限公司	320	100	95	—	30.4	342	—	OPT BMS（主机：OTM-DH-BMS-MV-001；采集模块：OPT-S12B24）	深圳市沃特玛电池有限公司	>120	>150	纯电动	纯电动密闭式桶装垃圾车			
	功率型	磷酸铁锂	32650-5AH	3.2	—	0.145	1920	深圳市沃特玛电池有限公司	307.2	100	100	—	30.7	375	否	BMS-OPT	深圳市沃特玛电池有限公司	115	130	纯电动	纯电动载货汽车			
	能量型	磷酸铁锂	32650-5AH	3.2	—	0.145	2016	深圳市沃特玛电池有限公司	307.6	65	105	—	30	<400kg	是	OPT—纯电动BMS	深圳市沃特玛电池有限公司	100	120	纯电动	纯电动自卸式垃圾车			

续表

储能装置单体生产企业	电动汽车储能装置类型	电动汽车储能装置种类	储能装置单体型号	储能装置单体的标称电压(V)	超级电容器单体标称静电容量(F)	储能装置单体质量(kg)	储能装置单体数量	储能装置总成生产企业	储能装置总成标称电压(V)	储能装置总成额定输出电流(A)	动力蓄电池总成标称容量(Ah)	超级电容器总成标称静电容量(F)	储能装置总储电量(kW·h)B	储能装置总成质量(kg)	动力蓄电池箱是否具有快换装置	车载能源管理系统型号(包括软件和硬件)	车载能源管理系统生产企业	电动汽车续驶里程(工况法，km)	电动汽车续驶里程(等速法，km)	燃料种类	配套车辆类型	2015年配套车型产量(辆)	2016年1-3月份配套车型产量(辆)	配套车型产量合计(辆)
深圳市沃特玛电池有限公司	能量型	磷酸铁锂	32650-5Ah	3.2	—	0.145	2016	深圳市沃特玛电池有限公司	307.6	65	105	—	30	<400kg	是	OPT—纯电动BMS	深圳市沃特玛电池有限公司	100	120	纯电动	纯电动路面养护车			
	能量型	磷酸铁锂	32650-5Ah	3.2	—	0.145	2016	深圳市沃特玛电池有限公司	307.6	65	105	—	30	<400kg	是	OPT—纯电动BMS	深圳市沃特玛电池有限公司	100	120	纯电动	纯电动密闭式桶装垃圾车			
	能量型	磷酸铁锂	32650-5AH	3.2	—	0.145	2834	深圳市沃特玛电池有限公司	348.8	130	130	—	45.5	500	—	OPTBMS（主机：OPTM，采集模块：OPT024BSU12S）	深圳沃特玛电池有限公司	—	200	纯电动	纯电动客车			
	能量型	磷酸铁锂	32650-5AH	3.2	—	0.145	3528	深圳市沃特玛电池有限公司	537.6	150	160	—	56	850	否	OPTBMS005	深圳市沃特玛电池有限公司	—	170	纯电动	纯电动客车			
	能量型	磷酸铁锂	32650-5AH	3.2	—	0.145	3696	深圳市沃特玛电池有限公司	540	77	110	—	59.4	535.92	—	OPT BMS（主机：OPTM，采集模块：OPT024BSU12S）	深圳沃特玛电池有限公司	—	160	纯电动	纯电动客车			
	能量型	磷酸铁锂	32650-5AH	3.2	—	0.145	3818	深圳沃特玛电池有限公司	531.2	115	115	—	61	670	否	XMJL-BMS-YZX	厦门金龙旅行车有限公司	—	180	纯电动	纯电动城市客车			
	能量型	磷酸铁锂	32650-5AH	3.2	—	0.145	3840	深圳市沃特玛电池有限公司	384	160	160	—	61.44	750	否	OPTBMS-384V160AH001	深圳市沃特玛电池有限公司	150	210	纯电动	纯电动客车			
	能量型	磷酸铁锂	32650-5AH	3.2	—	0.145	3840；3360	深圳市沃特玛电池有限公司	384	160；140	160；140	—	61.44；53.76	750；680	否	OPTBMS-384V160AH001	深圳市沃特玛电池有限公司	—	300；260	纯电动	纯电动客车			
	能量型	磷酸铁锂	32650-5AH	3.2	—	0.145	3840	深圳沃特玛电池有限公司	384	160	160	—	61.44	750	否	XMJL—BMS—YZX	厦门金龙旅行车有限公司	—	255	纯电动	纯电动客车			

续表

储能装置单体生产企业	电动汽车储能装置类型	电动汽车储能装置种类	储能装置单体型号	储能装置单体的标称电压(V)	超级电容器单体标称静电容量(F)	储能装置单体质量(kg)	储能装置单体数量	储能装置总成生产企业	储能装置总成标称电压(V)	储能装置总成额定输出电流(A)	动力蓄电池总成标称容量(Ah)	超级电容器总成标称静电容量(F)	储能装置总储电量(kW·h)B	储能装置总成质量(kg)	动力蓄电池箱是否具有快换装置	车载能源管理系统型号(包括软件和硬件)	车载能源管理系统生产企业	电动汽车续驶里程(工况法，km)	电动汽车续驶里程(等速法，km)	燃料种类	配套车辆类型	2015年配套车型产量(辆)	2016年1-3月份配套车型产量(辆)	配套车型产量合计(辆)
深圳市沃特玛电池有限公司	能量型	磷酸铁锂	32650-5AH	3.2	—	0.145	3840	深圳市沃特玛电池有限公司	384	180	160	—	61.44	750	否	OPT BMS（主机：OTM-DH-BMS-MV-001；采集模块：OPT-S12B24）	深圳市沃特玛电池有限公司	—	175	纯电动	纯电动客车			
	能量型	磷酸铁锂	32650-5AH	3.2	—	0.145	4320	深圳沃特玛电池有限公司	576	100	120	—	69.1	710	否	XMJL—BMS—YZX	厦门金龙旅行车有限公司	—	200	纯电动	纯电动客车			
	能量型	磷酸铁锂	32650-5AH	3.2	—	0.145	4704	深圳市沃特玛电池有限公司	537.6	140	140	—	75.26	800	—	BMS-OPT	深圳市沃特玛电池有限公司	115	130	纯电动	纯电动厢式运输车			
	能量型	磷酸铁锂	32650-5AH	3.2	—	0.145	4704	深圳市沃特玛电池有限公司	538	140A	140Ah	—	75.3	750	—	OPT	深圳市沃特玛电池有限公司	160	200	纯电动	纯电动厢式运输车			
	能量型	磷酸铁锂	32650-5AH	3.2	—	0.145	4968	深圳市沃特玛电池有限公司	345.6	230	230	—	79.5	800	—	OPT BMS（主机：OPTM，采集模块：OPT024BSU12S）	深圳沃特玛电池有限公司	180	40	纯电动	纯电动客车			
	能量型	磷酸铁锂	32650-5AH	3.2	—	0.145	5040	深圳市沃特玛电池有限公司	537.6	220	150	—	80.6	1400	否	OPTBMS005	深圳市沃特玛电池有限公司	—	185	纯电动	纯电动客车			
	能量型	磷酸铁锂	32650-5AH	3.2	—	0.145	5040	深圳市沃特玛电池有限公司	540	130	150	—	81	730.8	—	OPT BMS（主机：OPTM，采集模块：OPT024BSU12S）	深圳沃特玛电池有限公司	—	170	纯电动	纯电动客车			
	能量型	磷酸铁锂	32650-5AH	3.2V	—	0.145	5040	深圳市沃特玛电池有限公司	384	170	210（±3%）	—	80（±3%）	942	—	OPT-BMS	深圳市沃特玛电池有限公司	—	>150	纯电动	纯电动城市客车			
	能量型	磷酸铁锂	32650-5AH	3.2	—	0.145	5040	深圳市沃特玛电池有限公司	537.6	220	150	—	80.6	1400	否	OPTBMS005	深圳市沃特玛电池有限公司	—	185	纯电动	纯电动客车			

续表

储能装置单体生产企业	电动汽车储能装置类型	电动汽车储能装置种类	储能装置单体型号	储能装置单体的标称电压(V)	超级电容器单体标称静电容量(F)	储能装置单体质量(kg)	储能装置单体数量	储能装置总成生产企业	储能装置总成标称电压(V)	储能装置总成额定输出电流(A)	动力蓄电池总成标称容量(Ah)	超级电容器总成标称静电容量(F)	储能装置总储电量(kW·h)B	储能装置总成质量(kg)	动力蓄电池箱是否具有快换装置	车载能源管理系统型号(包括软件和硬件)	车载能源管理系统生产企业	电动汽车续驶里程(工况法，km)	电动汽车续驶里程(等速法，km)	燃料种类	配套车辆类型	2015年配套车型产量(辆)	2016年1-3月份配套车型产量(辆)	配套车型产量合计(辆)
深圳市沃特玛电池有限公司	能量型	磷酸铁锂	32650-5AH	3.2	—	0.145	5040	深圳市沃特玛电池有限公司	538	140	140	—	75.32	880	—	OPT	深圳市沃特玛电池有限公司	—	170	纯电动	纯电动仓栅式运输车			
	能量型	磷酸铁锂	32650-5AH	3.2	—	0.145	5040	深圳市沃特玛电池有限公司	538	140	140	—	75.32	880	—	OPT	深圳市沃特玛电池有限公司	—	170	纯电动	纯电动冷藏车			
	能量型	磷酸铁锂	32650-5AH	3.2	—	0.145	5040	深圳市沃特玛电池有限公司	538	140	140	—	75.32	880	—	OPT	深圳市沃特玛电池有限公司	140	170	纯电动	纯电动厢式运输车			
	能量型	磷酸铁锂	32650-5AH	3.2	—	0.145	5040	深圳市沃特玛电池有限公司	538	140	140	—	75.32	880	—	OPT	深圳市沃特玛电池有限公司	—	170	纯电动	纯电动翼开启厢式车			
	能量型	磷酸铁锂	32650-5AH	3.2	—	0.145	5040	深圳市沃特玛电池有限公司	538	140	140	—	75.32	880	—	OPT	深圳市沃特玛电池有限公司	—	170	纯电动	纯电动载货汽车			
	能量型	磷酸铁锂	32650-5AH	3.2	—	0.145	5070	深圳市沃特玛电池有限公司	540	150	150	—	81	970	否	OPT_ BMS	深圳市沃特玛电池有限公司	—	150	纯电动	纯电动城市客车			
	能量型	磷酸铁锂	32650-5AH	3.2	—	0.145	5400	深圳市沃特玛电池有限公司	345.6	160	250	—	86.4	1000	否	OPTBMS-345.6V250Ah	深圳市沃特玛电池有限公司	—	150	纯电动	纯电动客车			
	能量型	磷酸铁锂	32650-5AH	3.2V	—	0.145	5832	深圳市沃特玛电池有限公司	345.6	270	270	—	93	1100	否	OPTBMS005	深圳市沃特玛电池有限公司	—	200	纯电动	纯电动城市客车			
	能量型	磷酸铁锂	32650-5AH	3.2	—	0.145	6120	深圳市沃特玛电池有限公司	576	168	170	—	97.92	1110	无	OPT BMS（主机：OTM-BMS-MV-002；采集模块：OPT-S12B24-2）	深圳市沃特玛电池有限公司	—	160	纯电动	纯电动城市客车			

续表

储能装置单体生产企业	电动汽车储能装置类型	电动汽车储能装置种类	储能装置单体型号	储能装置单体的标称电压(V)	超级电容器单体标称静电容量(F)	储能装置单体质量(kg)	储能装置单体数量	储能装置总成生产企业	储能装置总成标称电压(V)	储能装置总成额定输出电流(A)	动力蓄电池总成标称容量(Ah)	超级电容器总成标称静电容量(F)	储能装置总储电量(kW·h)B	储能装置总成质量(kg)	动力蓄电池箱是否具有快换装置	车载能源管理系统型号(包括软件和硬件)	车载能源管理系统生产企业	电动汽车续驶里程(工况法，km)	电动汽车续驶里程(等速法，km)	燃料种类	配套车辆类型	2015年配套车型产量(辆)	2016年1-3月份配套车型产量(辆)	配套车型产量合计(辆)
深圳市沃特玛电池有限公司	能量型	磷酸铁锂	32650-5AH	3.2	—	0.145	6384	深圳沃特玛电池有限公司	537.6	190	190	—	102.1	1155	否	OPT BMS	深圳沃特玛电池有限公司	—	251	纯电动	纯电动城市客车			
	能量型	磷酸铁锂	32650-5AH	3.2	—	0.145	6480	深圳市沃特玛电池有限公司	384	170	270(±3%)	—	103(±3%)	1150	—	OPT-BMS	深圳市沃特玛电池有限公司	—	>150	纯电动	纯电动城市客车			
	能量型	磷酸铁锂	32650-5AH	3.2	—	0.145	6840	深圳市沃特玛电池有限公司	576	180	180	—	103.6	1200	—	OPT BMS（主机：OTM-DH-BMS-MV-001；采集模块：OPT-S12B24）	深圳市沃特玛电池有限公司	110	150	纯电动	纯电动城市客车			
	能量型	磷酸铁锂	32650-5AH	3.2	—	0.145	7392	深圳市沃特玛电池有限公司	537.6	200	220	—	118	1250	否	OPTBMS005	深圳市沃特玛电池有限公司	—	180	纯电动	纯电动城市客车			
	能量型	磷酸铁锂	32650-5AH	3.2	—	0.145	7392	深圳市沃特玛电池有限公司	537.6	250	220	—	118	1500	否	OPTBMS005	深圳市沃特玛电池有限公司	—	151	纯电动	纯电动城市客车			
	能量型	磷酸铁锂	32650-5Ah	3.2	—	0.145	8064	深圳市沃特玛电池有限公司	537.6	200	240	—	129.024	1470	无	OPT BMS（主机：OTM-BMS-MV-002；采集模块：OPT-S12B24-2）	深圳市沃特玛电池有限公司	—	155	纯电动	纯电动城市客车			
	能量型	磷酸铁锂	32650-5AH	3.2	—	0.145	9408	深圳市沃特玛电池有限公司	537.6	300	280	—	150.5	1680	否	XMJL-BMS-YZX	厦门金龙旅行车有限公司	—	200	纯电动	纯电动城市客车			
	能量型	磷酸铁锂	32650-5AH	3.2	—	0.145	9408	深圳沃特玛电池有限公司	538	300	280	—	151.2	2000	否	BMS-OPT	深圳沃特玛电池有限公司	—	150	纯电动	纯电动城市客车			
	能量型	磷酸铁锂	32650-5AH	3.2	—	0.145	9408	深圳沃特玛电池有限公司	538	300	280	—	151.2	2000	否	BMS-OPT	深圳沃特玛电池有限公司	—	250	纯电动	纯电动城市客车			

续表

储能装置单体生产企业	电动汽车储能装置类型	电动汽车储能装置种类	储能装置单体型号	储能装置单体的标称电压(V)	超级电容器单体标称静电容量(F)	储能装置单体质量(kg)	储能装置单体数量	储能装置总成生产企业	储能装置总成标称电压(V)	储能装置总成额定输出电流(A)	动力蓄电池总成标称容量(Ah)	超级电容器总成标称静电容量(F)	储能装置总储电量(kW·h)B	储能装置总成质量(kg)	动力蓄电池箱是否具有快换装置	车载能源管理系统型号(包括软件和硬件)	车载能源管理系统生产企业	电动汽车续驶里程(工况法，km)	电动汽车续驶里程(等速法，km)	燃料种类	配套车辆类型	2015年配套车型产量(辆)	2016年1-3月份配套车型产量(辆)	配套车型产量合计(辆)
深圳市沃特玛电池有限公司	能量型	磷酸铁锂	32650-5AH	3.2	—	0.145	10080	深圳市沃特玛电池有限公司	537.6	450	300	—	161	1950	否	OPTBMS005	深圳市沃特玛电池有限公司	—	190	纯电动	纯电动客车			
	能量型	磷酸铁锂	32650-5AH	3.2	—	0.145	10080	深圳沃特玛电池有限公司	537.6	200	300	—	161.3	1760	否	XMJL-BMS-YZX	厦门金龙旅行车有限公司	—	205	纯电动	纯电动客车			
	能量型	磷酸铁锂	32650-5AH	3.2	—	0.145	10080	深圳市沃特玛电池有限公司	538	300	300	—	160	1540	—	OPT BMS（主机：OTM-DH-BMS-MV-001；采集模块：OPT-S12B24）	深圳市沃特玛电池有限公司	—	150	纯电动	纯电动客车			
	能量型	磷酸铁锂	32650-5AH	3.2	—	0.145	10080	深圳沃特玛电池有限公司	538	300	300	—	161.4	1540	无	OPT BMS（主机：OPTM，采集模块：OPT024BSU12S）	深圳沃特玛电池有限公司	—	150	纯电动	纯电动城市客车			
	能量型	磷酸铁锂	32650-5AH	3.2	—	0.145	10800	深圳市沃特玛电池有限公司	576	240	300	—	172.8	1900	否	OTM-DH-BMS-MV	深圳市沃特玛电池有限公司	—	155	纯电动	纯电动城市客车			
	能量型	磷酸铁锂	32650-5AH	3.2	—	0.145	13104	深圳市沃特玛电池有限公司	538	200	390	—	210	2500	—	OPT BMS（主机：OTM-DH-BMS-MV-001；采集模块：OPT-S12B24）	深圳市沃特玛电池有限公司	—	200	纯电动	纯电动客车			
	能量型	磷酸铁锂	32650-5AH	3.2	—	0.145	14560	山东沂星电动汽车有限公司	582.4	200	400	—	230.4	2430	否	P412000A/GTBMS005A-MC11；BK_BMS_SOC_SW V6.0/BK-BMS-B-G1	哈尔滨冠拓电源设备有限公司；北京八恺电气科技有限公司	—	360	纯电动	纯电动城市客车			
	能量型	磷酸铁锂	32650-5AH	3.2	—	0.145	16128	深圳市沃特玛电池有限公司	537.6	400	480	—	258	3000	否	OPTBMS005	深圳市沃特玛电池有限公司	—	230	纯电动	纯电动客车			

续表

储能装置单体生产企业	电动汽车储能装置类型	电动汽车储能装置种类	储能装置单体型号	储能装置单体的标称电压(V)	超级电容器单体标称静电容量(F)	储能装置单体质量(kg)	储能装置单体数量	储能装置总成生产企业	储能装置总成标称电压(V)	储能装置总成额定输出电流(A)	动力蓄电池总成标称容量(Ah)	超级电容器总成标称静电容量(F)	储能装置总储电量(kW·h)B	储能装置总成质量(kg)	动力蓄电池箱是否具有快换装置	车载能源管理系统型号(包括软件和硬件)	车载能源管理系统生产企业	电动汽车续驶里程(工况法,km)	电动汽车续驶里程(等速法,km)	燃料种类	配套车辆类型	2015年配套车型产量(辆)	2016年1-3月份配套车型产量(辆)	配套车型产量合计(辆)
深圳市沃特玛电池有限公司	能量型	磷酸铁锂	32650-5AH	3.2	—	0.145	16128	深圳市沃特玛电池有限公司	538	200	480	—	260	3200	—	OPT BMS(主机:OTM-DH-BMS-MV-001;采集模块:OPT-S12B24)	深圳市沃特玛电池有限公司	—	250	纯电动	纯电动客车			
	能量型	磷酸铁锂	32650-5AH	3.2	—	0.147	2834	深圳市沃特玛电池有限公司	350	100	130	—	45.5	500	无	OPT_ BMS	深圳市沃特玛电池有限公司	—	210	纯电动	纯电动客车			
	能量型	磷酸铁锂	32650-5AH	3.2	—	0.147	2834	深圳市沃特玛电池有限公司	348.8	130	130	—	45.5	500	否	KPB04-KPL04-KPE600	北京科易动力科技有限公司	160	180	纯电动	纯电动客车			
	能量型	磷酸铁锂	32650-5AH	3.2	—	0.147	20160	深圳市沃特玛电池有限公司	538	300	600	—	322.8	3600	否	OPT BMS(主机:OPTM,采集模块:OPT024BSU12S)	深圳沃特玛电池有限公司	—	300	纯电动	纯电动城市客车			
	能量型	磷酸铁锂	32650-5AH	3.2	—	0.147	3270	上海沃特玛新能源汽车技术有限公司	348.8	150	150	—	52.3	600	否	B51A	安徽力高新能源技术有限公司	—	200	纯电动	纯电动客车			
	能量型	磷酸铁锂	32650-5AH	3.2	—	0.147	3488	深圳市沃特玛电池有限公司	350	130	160	—	56	550	否	OPT_ BMS	深圳市沃特玛电池有限公司	—	200	纯电动	纯电动客车			
	能量型	磷酸铁锂	32650-5AH	3.2	—	0.147	5040	深圳市沃特玛电池有限公司	540	150	150	—	81	880	否	OPT BMS(主机:OPTM;采集模块:OPT024BSU12U)	深圳市沃特玛电池有限公司	190	250	纯电动	纯电动客车			
	能量型	磷酸铁锂	32650-5AH	3.2V	—	0.147	5040	深圳市沃特玛电池有限公司	540	170	150(±3%)	—	81(±3%)	880	—	OPT-BMS	深圳市沃特玛电池有限公司	—	203	纯电动	纯电动城市客车			
	能量型	磷酸铁锂	32650-5AH	3.2	—	0.147	4704	深圳市沃特玛电池有限公司	538	140	140	—	75	840	无	OPT BMS	深圳市沃特玛电池有限公司	—	155	纯电动	纯电动电源车			

续表

储能装置单体生产企业	电动汽车储能装置类型	电动汽车储能装置种类	储能装置单体型号	储能装置单体的标称电压(V)	超级电容器单体标称静电容量(F)	储能装置单体质量(kg)	储能装置单体数量	储能装置总成生产企业	储能装置总成标称电压(V)	储能装置总成额定输出电流(A)	动力蓄电池总成标称容量(Ah)	超级电容器总成标称静电容量(F)	储能装置总储电量(kW·h)B	储能装置总成质量(kg)	动力蓄电池箱是否具有快换装置	车载能源管理系统型号(包括软件和硬件)	车载能源管理系统生产企业	电动汽车续驶里程(工况法，km)	电动汽车续驶里程(等速法，km)	燃料种类	配套车辆类型	2015年配套车型产量(辆)	2016年1-3月份配套车型产量(辆)	配套车型产量合计(辆)
深圳市沃特玛电池有限公司	能量型	磷酸铁锂	32650-5AH	3.2	—	0.147	4704	深圳市沃特玛电池有限公司	538	140	140	—	75	840	无	OPT BMS	深圳市沃特玛电池有限公司	—	155	纯电动	纯电动厢式运输车			
	能量型	磷酸铁锂	IFR 32750	3.2	—	0.15	1440	深圳市沃特玛电池有限公司	288	90	90	—	25.9	298		EV03	惠州市亿能电子有限公司	120	175	纯电动	纯电动轿车			
山东威能环保电源科技股份有限公司	能量型	磷酸铁锂	IFP45120146-50Ah	3.2	—	1.5	324	山东威能环保电源有限公司	345.6	150	150	—	51.8	620	否	硬件：KL-BMS03；软件：WNV3528.1	青岛威能电动车辆电控有限公司	—	200	纯电动	纯电动客车	17109	22	17131
	能量型	磷酸铁锂	IFP45120146-50Ah	3.2	—	1.5	360	山东威能环保电源有限公司	384	50	150	—	57.6	680	否	AC120S384V144Ah4P03H1 程序版本：S3456	青岛威能电动车辆电控有限公司	—	150	纯电动	纯电动城市客车			
	能量型	磷酸铁锂	IFP45120146-50Ah	3.2	—	1.5	900	山东威能环保电源有限公司	576	200	250	—	144	1850	否	软件：B18004MS03；硬件：PWMBMS03	东莞钜威新能源有限公司	—	230	纯电动	纯电动城市客车			
	能量型	磷酸铁锂	IFP45120146	3.2	—	1.5	1080	山东威能环保电源有限公司	576	175	350	—	201.6	3120	否	WPEVP6S	青岛威能电动车辆电控有限公司	260	320	纯电动	纯电动城市客车			
	能量型	磷酸铁锂	IFP45120146-50Ah	3.2	—	1.5	1440；1620	中通客车控股股份有限公司	576	200	400；450	—	203.4；259.2	3340；3610	是	ZTEV140E	中通客车控股股份有限公司	200	250	纯电动	纯电动城市客车			
	能量型	磷酸铁锂	IFP45120146-50Ah	3.2	—	1.5	1680	山东威能环保电源有限公司	537.6	200	500	—	268.8	2500	否	硬件：KL-BMS03；软件：WNV3528.1	青岛威能电动车辆电控有限公司	—	250	纯电动	纯电动城市客车			

续表

储能装置单体生产企业	电动汽车储能装置类型	电动汽车储能装置种类	储能装置单体型号	储能装置单体的标称电压(V)	超级电容器单体标称静电容量(F)	储能装置单体质量(kg)	储能装置单体数量	储能装置总成生产企业	储能装置总成标称电压(V)	储能装置总成额定输出电流(A)	动力蓄电池总成标称容量(Ah)	超级电容器总成标称静电容量(F)	储能装置总储电量(kW·h)B	储能装置总成质量(kg)	动力蓄电池箱是否具有快换装置	车载能源管理系统型号(包括软件和硬件)	车载能源管理系统生产企业	电动汽车续驶里程(工况法,km)	电动汽车续驶里程(等速法,km)	燃料种类	配套车辆类型	2015年配套车型产量(辆)	2016年1-3月份配套车型产量(辆)	配套车型产量合计(辆)
山东威能环保电源科技股份有限公司	能量型	磷酸铁锂	IFP45120146-60Ah	3.2	—	1.47	336	南京中欧威能新能源动力系统有限公司	537.6	60	120	—	64.5	740	否	主控模块：PWMBMS-03；从模块：BMU-PW2903；软件（钜威电池采集均衡控制软件）V1.0；钜威BMS管理软件V1.1	东莞钜威新能源有限公司	—	250	纯电动	纯电动城市客车			
	能量型	磷酸铁锂	IFP45120146-60Ah	3.2	—	1.47	540	南京中欧威能新能源动力系统有限公司	576	180	180	—	103.68	1250	否	主控（BMS）从控（30S）	东莞钜威新能源有限公司	—	250	纯电动	纯电动城市客车			
	能量型	磷酸铁锂	IFP45120187	3.2	—	1.7	1260	山东威能环保电源有限公司	576	175	350	—	201.6	3120	否	WPEVP6S	青岛威能电动车辆电控有限公司	145	240	纯电动	纯电动城市客车			
	能量型	三元材料	IMP2265106	3.7	—	0.315	1045	南京中欧威能新能源动力系统有限公司	351.5	132	132	—	46.3	503	否	KL-AS504510	深圳市科列技术股份有限公司	—	254	纯电动	纯电动客车			
	能量型	三元材料	IMP2265106	3.7	—	0.315	1200	南京中欧威能新能源动力系统有限公司	370	144	144	—	53.2	553	否	KL-AS504510	深圳市科列技术股份有限公司	—	301	纯电动	纯电动客车			
	能量型	三元材料	IMP2265106	3.7	—	0.315	1620	山东威能环保电源有限公司	333	216	216	—	71.9	690	否	硬件：KL-BMS03；软件：WNV3528.1	青岛威能电动车辆电控有限公司	—	240	纯电动	纯电动客车			
	能量型	三元材料	IMP2265106	3.7	—	0.33	679	山东威能环保电源科技股份有限公司	358.9	25	84	—	30	386	否	硬件：KL-BMS03；软件：WNV3479	青岛威能电动车辆电控有限公司	115	120	纯电动	纯电动厢式运输车			

续表

储能装置单体生产企业	电动汽车储能装置类型	电动汽车储能装置种类	储能装置单体型号	储能装置单体的标称电压(V)	超级电容器单体标称静电容量(F)	储能装置单体质量(kg)	储能装置单体数量	储能装置总成生产企业	储能装置总成标称电压(V)	储能装置总成额定输出电流(A)	动力蓄电池总成标称容量(Ah)	超级电容器总成标称静电容量(F)	储能装置总储电量(kW·h)B	储能装置总成质量(kg)	动力蓄电池箱是否具有快换装置	车载能源管理系统型号(包括软件和硬件)	车载能源管理系统生产企业	电动汽车续驶里程(工况法，km)	电动汽车续驶里程(等速法，km)	燃料种类	配套车辆类型	2015年配套车型产量(辆)	2016年1-3月份配套车型产量(辆)	配套车型产量合计(辆)
山东威能环保电源科技股份有限公司	能量型	三元材料	IMP2265106	3.7	—	0.33	1692	山东威能环保电源有限公司	348	216	216	—	75.2	780	否	硬件：KL-BMS03；软件：WNV3528.1	青岛威能电动车辆电控有限公司	—	200	纯电动	纯电动客车			
	能量型	三元材料	IMP2265106	3.7	—	0.33	1248	中通客车控股股份有限公司	384.8	144	144	—	55.4	720	否	B51	安徽力高新能源技术有限公司	—	151	纯电动	纯电动城市客车			
	能量型	三元材料	IMP2265106	3.7	—	0.33	1200	山东威能环保电源有限公司	370	168	168	—	62.2	600	否	硬件：KL-BMS03；软件：WNV3528.2	青岛威能电动车辆电控有限公司	—	350	纯电动	纯电动流动服务车			
	能量型	三元材料	IMP2265106-12Ah	3.7	—	0.33	1664	山东威能环保电源有限公司	384.8	192	192	—	73.92	1100	否	ZTF20E；MWZT01	中通客车控股股份有限公司；中通客车控股股份有限公司	180	200	纯电动	纯电动城市客车			
	能量型	三元材料	INP2265106-16Ah	3.7	—	0.335	1152	山东威能环保电源有限公司	355	192	192	—	68.2	700	否	硬件：KL-BMS03；软件：WNV3528.1	青岛威能电动车辆电控有限公司	180	250	纯电动	纯电动客车			
	能量型	三元材料	INP2265106-16Ah	3.7	—	0.335	784；891	南京中欧威能新能源动力系统有限公司	362.6；366.3	128；144	128；144	—	46.4；52.7	490；520	否	KL-AS504510	深圳市科列技术股份有限公司	—	257；287	纯电动	纯电动客车			
	能量型	三元材料；锰酸锂	IMP2265106	3.7	—	0.33	400	山东威能环保电源有限公司	74	240	240	—	17.76	174	否	BMS-P5-20-V1.0；BMS-P5-20	青岛威能电动车辆电控有限公司	155	193	纯电动	纯电动轿车			
	能量型	三元材料；锰酸锂	IMP2265106	3.7	—	0.33	936	山东威能环保电源有限公司	144.3	288	288	—	41.558	440	否	硬件：KL-BMS03；软件：WNV3528.1	青岛威能电动车辆电控有限公司	80	100	纯电动	纯电动扫路车			
	能量型	三元材料；锰酸锂	IMP2265106	3.7	—	0.33	1248	中通客车控股股份有限公司	384.8	144	144	—	55.4	720	否	B51	安徽力高新能源技术有限公司	—	151	纯电动	纯电动城市客车			

续表

储能装置单体生产企业	电动汽车储能装置类型	电动汽车储能装置种类	储能装置单体型号	储能装置单体的标称电压(V)	超级电容器单体标称静电容量(F)	储能装置单体质量(kg)	储能装置单体数量	储能装置总成生产企业	储能装置总成标称电压(V)	储能装置总成额定输出电流(A)	动力蓄电池总成标称容量(Ah)	超级电容器总成标称静电容量(F)	储能装置总储电量(kW·h)B	储能装置总成质量(kg)	动力蓄电池箱是否具有快换装置	车载能源管理系统型号(包括软件和硬件)	车载能源管理系统生产企业	电动汽车续驶里程(工况法，km)	电动汽车续驶里程(等速法，km)	燃料种类	配套车辆类型	2015年配套车型产量(辆)	2016年1-3月份配套车型产量(辆)	配套车型产量合计(辆)
山东威能环保电源科技股份有限公司	能量型	三元材料；锰酸锂	IMP2265106-12Ah	3.7	—	0.33	1664	山东威能环保电源有限公司	384.8	192	192	—	73.92	1100	否	ZTF20E；MWZT01	中通客车控股股份有限公司；中通客车控股股份有限公司	180	200	纯电动	纯电动城市客车			
合肥国轩高科动力能源有限公司	功率型	磷酸铁锂	IFP1865140	3.2	—	0.330	2016	合肥国轩高科动力能源有限公司	537.6	300	108	—	58.06	900	否	BMS-GX-02-168S	合肥国轩高科动力能源有限公司	—	50	柴油混合动力	插电式混合动力城市客车	12907	2532	15439
	功率型	磷酸铁锂	IFP1865140	3.2	—	0.35	1040	合肥国轩高科动力能源有限公司	332.8	200	90	—	30	500	否	主板：A32602MH2528、A32602MS3909；从板：EV04ABSH1808、A32602SS3909	惠州市亿能电子有限公司	—	—	NG 混合动力	插电式混合动力城市客车			
	能量型	磷酸铁锂	IFP1865140	3.2	—	0.35	600	合肥国轩高科动力能源有限公司	320	78	78	—	24.96	320	无	—	—	80	100	纯电动	纯电动自装卸式垃圾车			
	能量型	磷酸铁锂	IFP1865140	3.2	—	0.353	288	合肥国轩高科动力能源有限公司	76.8	120	150	—	12	160	否	B32620；BF102；软件 GX-BMS-T-V1.0；硬件 GX-BMS-T24S-V1.0	惠州市亿能电子有限公司；哈尔滨冠拓电源设备有限公司；合肥国轩高科动力能源有限公司	84	99	纯电动	纯电动轿车			
	能量型	磷酸铁锂	IFP1865140	3.2	—	0.353	944	合肥国轩高科动力能源有限公司	377.6	80	104	—	39.27	400±10	无	软件 EVBMAHV-V3.0；硬件 EVBMASV-V2.0	杭州高特电子设备有限公司	—	120	纯电动	纯电动城市客车			
	能量型	磷酸铁锂	IFP1865140	3.2	—	0.353	2352	合肥国轩高科动力能源有限公司	538	218	182	—	97.8	1115	否	GXEV-1	合肥国轩高科动力能源有限公司	—	281	纯电动	纯电动城市客车			

续表

储能装置单体生产企业	电动汽车储能装置类型	电动汽车储能装置种类	储能装置单体型号	储能装置单体的标称电压(V)	超级电容器单体标称静电容量(F)	储能装置单体质量(kg)	储能装置单体数量	储能装置总成生产企业	储能装置总成标称电压(V)	储能装置总成额定输出电流(A)	动力蓄电池总成标称容量(Ah)	超级电容器总成标称静电容量(F)	储能装置总储电量(kW·h)B	储能装置总成质量(kg)	动力蓄电池箱是否具有快换装置	车载能源管理系统型号(包括软件和硬件)	车载能源管理系统生产企业	电动汽车续驶里程(工况法,km)	电动汽车续驶里程(等速法,km)	燃料种类	配套车辆类型	2015年配套车型产量(辆)	2016年1-3月份配套车型产量(辆)	配套车型产量合计(辆)
合肥国轩高科动力能源有限公司	能量型	磷酸铁锂	IFP1865140	3.2	—	0.353	4814	合肥国轩高科动力能源有限公司	531	250	377	—	200.2	2355	否	GXEV-1	合肥国轩高科动力能源有限公司	—	285	纯电动	纯电动客车			
	能量型	磷酸铁锂	IFP1865140	3.2	—	0.353	5040	合肥国轩高科动力能源有限公司	538	250	390	—	209.8	2331	否	GXEV-1	合肥国轩高科动力能源有限公司	—	305	纯电动	纯电动双层城市客车			
	能量型	磷酸铁锂	IFP1865140	3.2	—	0.353	5760	合肥国轩高科动力能源有限公司	576	416	416	—	240	2500	否	—	—	—	200	纯电动	纯电动客车			
	能量型	磷酸铁锂	IFP1865140	3.2	—	0.353	6400	合肥国轩高科动力能源有限公司	512	195	520	—	266	2700±50	否	硬件 EVBMAHV-V3.0 软件 EVBMASV-V2.0	杭州高特电子设备有限公司	—	260	纯电动	纯电动城市客车			
	能量型	磷酸铁锂	IFP1965140	3.2	—	0.353	2640	合肥国轩高科动力能源有限公司	384	200	260	—	99.84	1300	是	硬件版本：GXEV1208；软件版本：GXHWC_ V2.0	合肥国轩高科动力能源有限公司	—	200	纯电动	纯电动城市客车			
	能量型	磷酸铁锂	IFP1965140	3.2	—	0.353	2640	合肥国轩高科动力能源有限公司	384	200	260	—	99.84	1300	是	硬件版本：GXEV1208；软件版本：GXHWC_ V2.0	合肥国轩高科动力能源有限公司	—	200	纯电动	纯电动城市客车			
	能量型	磷酸铁锂	IFP20100140A	3.2	—	0.57	1512	合肥国轩高科动力能源有限公司	538	193.5	193.5	—	104	1500	否	GXEV-1	合肥国轩高科动力能源有限公司	—	180	纯电动	纯电动客车			
	能量型	磷酸铁锂	IFP20100140A	3.2	—	0.57	2016	合肥国轩高科动力能源有限公司	538	170	258	—	138.8	1600	是	GXEV-1	合肥国轩高科动力能源有限公司	—	300	纯电动	纯电动客车			

续表

储能装置单体生产企业	电动汽车储能装置类型	电动汽车储能装置种类	储能装置单体型号	储能装置单体的标称电压(V)	超级电容器单体标称静电容量(F)	储能装置单体质量(kg)	储能装置单体数量	储能装置总成生产企业	储能装置总成标称电压(V)	储能装置总成额定输出电流(A)	动力蓄电池总成标称容量(Ah)	超级电容器总成标称静电容量(F)	储能装置总储电量(kW·h)B	储能装置总成质量(kg)	动力蓄电池箱是否具有快换装置	车载能源管理系统型号(包括软件和硬件)	车载能源管理系统生产企业	电动汽车续驶里程(工况法,km)	电动汽车续驶里程(等速法,km)	燃料种类	配套车辆类型	2015年配套车型产量(辆)	2016年1-3月份配套车型产量(辆)	配套车型产量合计(辆)
合肥国轩高科动力能源有限公司	能量型	磷酸铁锂	IFP20100140A	3.2	—	0.57	648	合肥国轩高科动力能源有限公司	345.6	172	129	—	550	44.6	否	GXEV-1	合肥国轩高科动力能源有限公司	—	155	纯电动	纯电动客车			
	能量型	磷酸铁锂	IFP20100140A	3.2	—	0.572	648	合肥国轩高科动力能源有限公司	345.6	129	129	—	44.6	530	否	KPB04-KPL04-KPE600	合肥国轩高科动力能源有限公司	—	155	纯电动	纯电动城市客车			
	能量型	磷酸铁锂	IFP20100140A	3.2	—	0.572	840	合肥国轩高科动力能源有限公司	537.6	107.5	107.5	—	57.8	610	否	XMJL-BMS-DPX	厦门金龙旅行车有限公司	—	251	纯电动	纯电动城市客车			
	能量型	磷酸铁锂	IFP20100140A	3.2	—	0.572	1260	合肥国轩高科动力能源有限公司	576	194	58	—	111	1240	否	GXEV-H01; GXEV-S01	合肥国轩高科动力能源有限公司	—	260	纯电动	纯电动城市客车			
	能量型	磷酸铁锂	IFP20100140A	3.2	—	0.572	1680	合肥国轩高科动力能源有限公司	538	250	215	—	115.6	1300	否	GXEV-1	合肥国轩高科动力能源有限公司	—	265	纯电动	纯电动客车			
	能量型	磷酸铁锂	IFP20100140A	3.2	—	0.572	2184	合肥国轩高科动力能源有限公司	537.6	224	279.5	—	150	1728	否	GXEV-01	合肥国轩高科动力能源有限公司	—	300	纯电动	纯电动客车			
	能量型	磷酸铁锂	IFP20100140A	3.2	—	0.572	2184	合肥国轩高科动力能源有限公司	538	250	279.5	—	150.3	1670	否	GXEV-1	合肥国轩高科动力能源有限公司	—	289	纯电动	纯电动城市客车			
	能量型	磷酸铁锂	IFP20100140A	3.2	—	0.572	2352	合肥国轩高科动力能源有限公司	538	250	301	—	162	1800	否	GXEV-1	合肥国轩高科动力能源有限公司	—	331	纯电动	纯电动客车			
	能量型	磷酸铁锂	IFP20100140A	3.2	—	0.572	2352	合肥国轩高科动力能源有限公司	538	300	301	—	162	1700	否	GXEV-1	合肥国轩高科动力能源有限公司	—	345	纯电动	纯电动城市客车			

续表

储能装置单体生产企业	电动汽车储能装置类型	电动汽车储能装置种类	储能装置单体型号	储能装置单体的标称电压(V)	超级电容器单体标称静电容量(F)	储能装置单体质量(kg)	储能装置单体数量	储能装置总成生产企业	储能装置总成标称电压(V)	储能装置总成额定输出电流(A)	动力蓄电池总成标称容量(Ah)	超级电容器总成标称静电容量(F)	储能装置总储电量(kW·h)B	储能装置总成质量(kg)	动力蓄电池箱是否具有快换装置	车载能源管理系统型号(包括软件和硬件)	车载能源管理系统生产企业	电动汽车续驶里程(工况法,km)	电动汽车续驶里程(等速法,km)	燃料种类	配套车辆类型	2015年配套车型产量(辆)	2016年1－3月份配套车型产量(辆)	配套车型产量合计(辆)
合肥国轩高科动力能源有限公司	能量型	磷酸铁锂	IFP20100140A	3.2	—	0.572	2688	合肥国轩高科动力能源有限公司	538	300	344	—	185	2100	否	GXEV－1	合肥国轩高科动力能源有限公司	175	230	纯电动	纯电动城市客车			
	能量型	磷酸铁锂	IFP20100140A	3.2	—	0.585	770	福建国轩高科动力能源有限公司	352	150	157.5	—	55.4	650	否	GXEV－1	合肥国轩高科动力能源有限公司	—	200	纯电动	纯电动客车			
	能量型	磷酸铁锂	IFP20100140A	3.2	—	0.585	770	福建国轩高科动力能源有限公司	352	150	157.5	—	55.4	650	否	GXEV－1	合肥国轩高科动力能源有限公司	—	260	纯电动	纯电动城市客车			
	能量型	磷酸铁锂	IFP20100140A	3.2	—	0.6	672	合肥国轩高科动力能源有限公司；安徽欧鹏巴赫动力科技有限公司	358.4	129	129	—	46.2	600	否	BTL－BC01N	安徽欧鹏巴赫动力科技有限公司	—	160	纯电动	纯电动客车			
	能量型	磷酸铁锂	IFP20100140A	3.2	—	0.6	756	合肥国轩高科动力能源有限公司	345.6	150.5	150.5	—	52.0	700	否	GX01－108S	合肥国轩高科动力能源有限公司	—	200	纯电动	纯电动客车			
	能量型	磷酸铁锂	IFP20100140A	3.2	—	0.6	960	合肥国轩高科动力能源有限公司	512V	150A	129AH	—	66	800	无	GXEV－1	合肥国轩高科动力能源有限公司	—	150	纯电动	纯电动客车			
	能量型	磷酸铁锂	IFP20100140A	3.2	—	0.6	1100	合肥国轩高科动力能源有限公司	352	215	215	—	75.68	752	否	GX01	合肥国轩高科动力能源有限公司	—	250	纯电动	纯电动客车			
	能量型	磷酸铁锂	IFP20100140A	3.2	—	0.6	3360	合肥国轩高科动力能源有限公司	537.6	300	430	—	231.17	2500	否	BMS－GX－02－168S；BMS－GX－02－168S	合肥国轩高科动力能源有限公司	185	205	纯电动	纯电动客车			

续表

储能装置单体生产企业	电动汽车储能装置类型	电动汽车储能装置种类	储能装置单体型号	储能装置单体的标称电压(V)	超级电容器单体标称静电容量(F)	储能装置单体质量(kg)	储能装置单体数量	储能装置总成生产企业	储能装置总成标称电压(V)	储能装置总成额定输出电流(A)	动力蓄电池总成标称容量(Ah)	超级电容器总成标称静电容量(F)	储能装置总储电量(kW·h)B	储能装置总成质量(kg)	动力蓄电池箱是否具有快换装置	车载能源管理系统型号(包括软件和硬件)	车载能源管理系统生产企业	电动汽车续驶里程(工况法，km)	电动汽车续驶里程(等速法，km)	燃料种类	配套车辆类型	2015年配套车型产量(辆)	2016年1-3月份配套车型产量(辆)	配套车型产量合计(辆)
合肥国轩高科动力能源有限公司	能量型	磷酸铁锂	IFP20100140A	3.2	—	0.6	224756	合肥国轩高科动力能源有限公司	345.6	50	150.5	—	52.01	500	—	HX-12-NC_EV；BUS_G5_BUM_E	合肥国轩高科动力能源有限公司	—	201	纯电动	纯电动客车			
	能量型	磷酸铁锂	IFP2010140A	3.2	—	0.6	3360	合肥国轩高科动力能源有限公司	538	250	430	—	231.34	2800	否	GXEV-1	合肥国轩高科动力能源有限公司	—	255 (40±2) Km/h 等速法	纯电动	纯电动客车			
	能量型	磷酸铁锂	IFP2010140A	3.2	—	0.6	756	合肥国轩高科动力能源有限公司	345.6	150	150.5	—	52	700	否	GXEV-1	合肥国轩高科动力能源有限公司	—	170	纯电动	纯电动客车			
	能量型	磷酸铁锂	IFR32131	3.2	—	0.21	1944	合肥国轩高科动力能源有限公司	345.6	150	162	—	56	600	否	DK1509；108串1主2从	合肥国轩高科动力能源有限公司	—	285	纯电动	纯电动客车			
	能量型	磷酸铁锂	IFR32131	3.2	—	0.21	2262	合肥国轩高科动力能源有限公司	557	35	117	—	65	700	否	BMS-GX01	合肥国轩高科动力能源有限公司	—	220	纯电动	纯电动客车			
	能量型	磷酸铁锂	IFP20100140A	3.2V	—	0.572	4032+1680	合肥国轩高科动力能源有限公司	538	250	516+215	—	277.6+115.6	3010+1300	否	GXEV-1	合肥国轩高科动力能源有限公司	—	430	纯电动	纯电动城市客车			
	能量型	磷酸铁锂	IFP1865140	3.2	—	0.35	1200	合肥国轩高科动力能源有限公司	320	80	156	—	49.92	423.6	否	3611010-EV001	惠州亿能电子有限公司	80	100	纯电动	纯电动路面养护车			
	能量型	磷酸铁锂	IFP1865140	3.2	—	0.35	1200	合肥国轩高科动力能源有限公司	320	80	156	—	49.92	423.6	否	3611010-EV001	惠州亿能电子有限公司	80	100	纯电动	纯电动扫路车			
	能量型	磷酸铁锂	IFP1865140	3.2	—	0.353	1200；1000	合肥国轩高科动力能源有限公司	320；320	80；80	156；130	—	49.92；41.6	423.6；353	无	3611010-EV001	惠州亿能电子有限公司	80	100	纯电动	纯电动路面养护车			

续表

储能装置单体生产企业	电动汽车储能装置类型	电动汽车储能装置种类	储能装置单体型号	储能装置单体的标称电压(V)	超级电容器单体标称静电容量(F)	储能装置单体质量(kg)	储能装置单体数量	储能装置总成生产企业	储能装置总成标称电压(V)	储能装置总成额定输出电流(A)	动力蓄电池总成标称容量(Ah)	超级电容器总成标称静电容量(F)	储能装置总储电量(kW·h)B	储能装置总成质量(kg)	动力蓄电池箱是否具有快换装置	车载能源管理系统型号(包括软件和硬件)	车载能源管理系统生产企业	电动汽车续驶里程(工况法,km)	电动汽车续驶里程(等速法,km)	燃料种类	配套车辆类型	2015年配套车型产量(辆)	2016年1-3月份配套车型产量(辆)	配套车型产量合计(辆)
合肥国轩高科动力能源有限公司	能量型	磷酸铁锂	IFP1865140	3.2	—	0.353	1200;1000	合肥国轩高科动力能源有限公司	320;320	80;80	156;130	—	49.92;41.6	423.6;353	无	3611010-EV001	惠州亿能电子有限公司	80	100	纯电动	纯电动扫路车			
	能量型	磷酸铁锂	IFP1865140	3.2	—	0.353	1200	合肥国轩高科动力能源有限公司	320	80	156	—	49.92	423.6	—	3611010-EV001	惠州亿能电子有限公司	—	100	纯电动	纯电动厢式运输车			
	能量型	磷酸铁锂	IFP1865140	3.2	—	0.356	606	重庆长安新能源汽车有限公司	323.2	26(1/3C3)	78	—	25.2	330	否	KPB04	重庆长安新能源汽车有限公司	130	120	纯电动	纯电动厢式运输车			
	能量型	磷酸铁锂	IFP20100140A	3.2	0.61	0.625	480	合肥国轩高科动力能源有限公司	307	120	120	—	36.9	415	否	硬件:M30J-B-01-A-BJEV;软件:M30J-B-01-B-BJEV	北京新能源汽车股份有限公司	150	185	纯电动	纯电动厢式运输车			
	能量型	磷酸铁锂	IFP20100140A	3.2	—	0.6	1100	合肥国轩高科动力能源有限公司	352	215	215	—	75.68	75.68	否	GX01	合肥国轩高科动力能源有限公司	—	250	纯电动	纯电动厢式运输车			
	能量型	磷酸铁锂	IFP20100140A	3.2	—	0.6	360	合肥国轩高科动力能源有限公司	144	63	172	—	24.7	350	否	GX-01	合肥国轩高科动力能源有限公司	145	153	纯电动	纯电动厢式运输车			
	能量型	磷酸铁锂	IFP20100140A	3.2	—	0.585±0.005	520	合肥国轩高科动力能源有限公司	332.8	50	107.5	—	35.7	355±20(预估值)	无	—	—	135	155	纯电动	纯电动厢式运输车			
	能量型	磷酸铁锂	IFP1865140	3.2	—	0.356	606	重庆长安新能源汽车有限公司	323.2	26(1/3C3)	78	—	25.2	330	否	KPB04	重庆长安新能源汽车有限公司	130	120	纯电动	纯电动厢式运输车			

续表

储能装置单体生产企业	电动汽车储能装置类型	电动汽车储能装置种类	储能装置单体型号	储能装置单体的标称电压(V)	超级电容器单体标称静电容量(F)	储能装置单体质量(kg)	储能装置单体数量	储能装置总成生产企业	储能装置总成标称电压(V)	储能装置总成额定输出电流(A)	动力蓄电池总成标称容量(Ah)	超级电容器总成标称静电容量(F)	储能装置总储电量(kW·h)B	储能装置总成质量(kg)	动力蓄电池箱是否具有快换装置	车载能源管理系统型号(包括软件和硬件)	车载能源管理系统生产企业	电动汽车续驶里程(工况法，km)	电动汽车续驶里程(等速法，km)	燃料种类	配套车辆类型	2015年配套车型产量(辆)	2016年1-3月份配套车型产量(辆)	配套车型产量合计(辆)
合肥国轩高科动力能源有限公司	能量型	磷酸铁锂	IFP1865140	3.2	—	0.35	570	安徽欧鹏巴赫动力科技有限公司	304	26	78	—	23.7	320	否	BTL-BC01N	北京欧鹏巴赫科技有限公司	155	175	纯电动	纯电动多用途乘用车			
	能量型	磷酸铁锂	IFP1865140	3.2	—	0.353	1440	合肥国轩高科动力能源有限公司	384	156	156	—	59.9	735	否	GXEV-1	合肥国轩高科动力能源有限公司	90	120	纯电动	纯电动城市客车			
	能量型	磷酸铁锂	IFP1865140	3.2	—	0.353	1968	合肥国轩高科动力能源有限公司	524.8	140	156	—	81.8	970	否	GXEV-1	合肥国轩高科动力能源有限公司	140	200	纯电动	纯电动客车			
	能量型	磷酸铁锂	IFP1865140	3.2	—	0.353	1968	合肥国轩高科动力能源有限公司	524.8	140	156	—	81.8	970	否	GXEV-1	合肥国轩高科动力能源有限公司	—	187	纯电动	纯电动客车			
	能量型	磷酸铁锂	IFP1865140	3.2	—	0.353	4032	合肥国轩高科动力能源有限公司	537	400	300	—	161	1730	—	HVCU-NJKH	杭州高特电子有限公司	—	140	纯电动	纯电动客车			
	能量型	磷酸铁锂	IFP1865140	3.2	—	0.353	6720	合肥国轩高科动力能源有限公司	538	300	520	—	280	2550	否	BMS-GX-02-168S	合肥国轩高科动力能源有限公司	—	250	纯电动	纯电动城市客车			
	能量型	磷酸铁锂	IFP1865140	3.2	—	0.353	1200;1000	合肥国轩高科动力能源有限公司	320;320	80;80	156;130	—	49.92;41.6	423.6;353	无	3611010-EV001	惠州亿能电子有限公司	80	—	纯电动	纯电动路面养护车			
	能量型	磷酸铁锂	IFP1865140	3.2	—	0.353	570	安徽欧鹏巴赫动力科技有限公司	304	26	78	—	23.7	320	否	BTL-BC01N	北京欧鹏巴赫科技有限公司	155	175	纯电动	纯电动厢式运输车			
	能量型	磷酸铁锂	IFP20100140A	3.20	—	0.5	1040	合肥国轩高科动力能源有限公司	332.8	250	225	—	75	700;(加上外壳，高压箱)800	是	BMS-C70366	合肥国轩高科动力能源有限公司	—	350	纯电动	纯电动客车			

续表

储能装置单体生产企业	电动汽车储能装置类型	电动汽车储能装置种类	储能装置单体型号	储能装置单体的标称电压(V)	超级电容器单体标称静电容量(F)	储能装置单体质量(kg)	储能装置单体数量	储能装置总成生产企业	储能装置总成标称电压(V)	储能装置总成额定输出电流(A)	动力蓄电池总成标称容量(Ah)	超级电容器总成标称静电容量(F)	储能装置总储电量(kW·h)B	储能装置总成质量(kg)	动力蓄电池箱是否具有快换装置	车载能源管理系统型号(包括软件和硬件)	车载能源管理系统生产企业	电动汽车续驶里程(工况法，km)	电动汽车续驶里程(等速法，km)	燃料种类	配套车辆类型	2015年配套车型产量(辆)	2016年1-3月份配套车型产量(辆)	配套车型产量合计(辆)
合肥国轩高科动力能源有限公司	能量型	磷酸铁锂	IFP20100140A	3.2	—	0.57	5712	合肥国轩高科动力能源有限公司	538	250	516+215	—	277.6+115.6	3010+1300	否	GXEV-1	合肥国轩高科动力能源有限公司	—	430	纯电动	纯电动城市客车			
	能量型	磷酸铁锂	IFP20100140A	3.2	—	0.572	1008	合肥国轩高科动力能源有限公司	537.6	64.5	129	—	69	760	—	CCU-JL-ZC	合肥国轩高科动力能源有限公司	—	200	纯电动	纯电动客车			
	能量型	磷酸铁锂	IFP20100140A	3.2	—	0.572	1568	合肥国轩高科动力能源有限公司	627	140	172	—	107.8	1183	否	GXEV-1	合肥国轩高科动力能源有限公司	—	280	纯电动	纯电动客车			
	能量型	磷酸铁锂	IFP20100140A	3.2	—	0.572	2520	合肥国轩高科动力能源有限公司	538	250	322.5	—	173	1860	—	CCU-JL-ZC	合肥国轩高科动力能源有限公司	—	200	纯电动	纯电动客车			
	能量型	磷酸铁锂	IFP20100140A	3.2	—	0.572	3024	合肥国轩高科动力能源有限公司	538	400	390	—	210	1962	—	OPT BMS（主机：OTM-DH-BMS-MV-001；采集模块：OPT-S12B24）	深圳市沃特玛电池有限公司	—	200	纯电动	纯电动客车			
	能量型	磷酸铁锂	IFP20100140A	3.2	—	0.572	5712	合肥国轩高科动力能源有限公司	538	250	516+215	—	277.6+115.6	3010+1300	否	GXEV-1	合肥国轩高科动力能源有限公司	350	430	纯电动	纯电动城市客车			
	能量型	磷酸铁锂	IFP20100140A	3.2	—	0.585	780	合肥国轩高科动力能源有限公司	499.2	110	112.5	—	56.16	670	否	硬件：NEV21-HW，软件：NEV21-SW	安徽锐能科技有限公司	—	251	纯电动	纯电动客车			
	能量型	磷酸铁锂	IFP20100140A	3.2	—	0.6	832	合肥国轩高科动力能源有限公司	332.8	250	180	—	60	685	是	GXBMS-CCU	合肥国轩高科动力能源有限公司	140	250	纯电动	纯电动厢式运输车			

续表

储能装置单体生产企业	电动汽车储能装置类型	电动汽车储能装置种类	储能装置单体型号	储能装置单体的标称电压(V)	超级电容器单体标称静电容量(F)	储能装置单体质量(kg)	储能装置单体数量	储能装置总成生产企业	储能装置总成标称电压(V)	储能装置总成额定输出电流(A)	动力蓄电池总成标称容量(Ah)	超级电容器总成标称静电容量(F)	储能装置总储电量(kW·h)B	储能装置总成质量(kg)	动力蓄电池箱是否具有快换装置	车载能源管理系统型号(包括软件和硬件)	车载能源管理系统生产企业	电动汽车续驶里程(工况法,km)	电动汽车续驶里程(等速法,km)	燃料种类	配套车辆类型	2015年配套车型产量(辆)	2016年1-3月份配套车型产量(辆)	配套车型产量合计(辆)
合肥国轩高科动力能源有限公司	能量型	磷酸铁锂	IFP20100140A	3.2	—	0.6	1040	合肥国轩高科动力能源有限公司	332.8	250	225	—	75	700(加上外壳,高压箱)800	是	GXBMS-CCU	合肥国轩高科动力能源有限公司	170	295	纯电动	纯电动厢式运输车			
	能量型	磷酸铁锂	IFP20100140A	3.2	—	0.6	2184	合肥国轩高科动力能源有限公司	538	168	279.5	—	150.3	1900	否	AGEV-1	国轩高科动力能源有限公司	210	260	纯电动	纯电动客车			
	能量型	磷酸铁锂	IFP1865140A-12.5	3.2	—	0.35	500	合肥国轩高科动力能源有限公司	320	62.5	62.5	—	20	280	否	2101400X5050	惠州市亿能电子有限公司	125	150	纯电动	纯电动车厢可卸式垃圾车			
	能量型	磷酸铁锂	IFP1865140A-12.5	3.2	—	0.35	500	合肥国轩高科动力能源有限公司	320	62.5	62.5	—	20	280	否	2101400X5050	惠州市亿能电子有限公司	125	150	纯电动	纯电动垃圾转运车			
	能量型	磷酸铁锂	IFP1865140A-12.5	3.2	—	0.35	500	合肥国轩高科动力能源有限公司	320	62.5	62.5	—	20	280	否	2101400X5050	惠州市亿能电子有限公司	125	150	纯电动	纯电动路面养护车			
	能量型	磷酸铁锂	IFP1865140A-12.5	3.2	—	0.35	500	合肥国轩高科动力能源有限公司	320	62.5	62.5	—	20	280	否	2101400X5050	惠州市亿能电子有限公司	125	150	纯电动	纯电动密闭式桶装垃圾车			
	能量型	磷酸铁锂	IFP1865140A-12.5	3.2	—	0.35	500	合肥国轩高科动力能源有限公司	320	62.5	62.5	—	20	280	否	2101400X5050	惠州市亿能电子有限公司	125	150	纯电动	纯电动清洗车			
	能量型	磷酸铁锂	IFP1865140A-12.5	3.2	—	0.35	500	合肥国轩高科动力能源有限公司	320	62.5	62.5	—	20	280	无	2101400X5050	惠州市亿能电子有限公司	125	150	纯电动	纯电动桶装垃圾运输车			

续表

储能装置单体生产企业	电动汽车储能装置类型	电动汽车储能装置种类	储能装置单体型号	储能装置单体的标称电压(V)	超级电容器单体标称静电容量(F)	储能装置单体质量(kg)	储能装置单体数量	储能装置总成生产企业	储能装置总成标称电压(V)	储能装置总成额定输出电流(A)	动力蓄电池总成标称容量(Ah)	超级电容器总成标称静电容量(F)	储能装置总储电量(kW·h)B	储能装置总成质量(kg)	动力蓄电池箱是否具有快换装置	车载能源管理系统型号(包括软件和硬件)	车载能源管理系统生产企业	电动汽车续驶里程(工况法,km)	电动汽车续驶里程(等速法,km)	燃料种类	配套车辆类型	2015年配套车型产量(辆)	2016年1-3月份配套车型产量(辆)	配套车型产量合计(辆)
合肥国轩高科动力能源有限公司	能量型	磷酸铁锂	IFP1865140A-12.5	3.2	—	0.35	500	合肥国轩高科动力能源有限公司	320	62.5	62.5	—	20	280	否	2101400X5050	惠州市亿能电子有限公司	125	150	纯电动	纯电动吸粪车			
	能量型	磷酸铁锂	IFP1865140A-12.5	3.2	—	0.35	500	合肥国轩高科动力能源有限公司	320	62.5	62.5	—	20	280	否	2101400X5050	惠州市亿能电子有限公司	125	150	纯电动	纯电动自卸式垃圾车			
	能量型	磷酸铁锂	IFP1865140A-12.5	3.2	—	0.35	500	合肥国轩高科动力能源有限公司	320	62.5	62.5	20	20	280	否	2101400X5050	惠州市亿能电子有限公司	125	150	纯电动	纯电动自装卸式垃圾车			
	能量型	磷酸铁锂	LFP 3.2 V22.5Ah	3.20	—	0.5	1040	合肥国轩高科动力能源有限公司	332.8	250	225	—	75	700;(加上外壳,高压箱)800	是	BMS-C70366	合肥国轩高科动力能源有限公司	160	280	纯电动	纯电动客车			
	能量型	磷酸铁锂	1865140	3.2	—	0.335	475;480	合肥国轩高科动力能源有限公司	304;307	100	62.5	—	19;19.2	223	否	2101200U8180;2101200X1040	惠州市亿能电子有限公司	152	200	纯电动	纯电动轿车			
	能量型	磷酸铁锂	1865140	3.2	—	0.335	520	合肥国轩高科动力能源有限公司	332.8	125	62.5	—	20.8	270	否	—	—	100	120	纯电动	纯电动密闭式桶装垃圾车			
	能量型	磷酸铁锂	1865140	3.2	—	0.335	520	合肥国轩高科动力能源有限公司	332.8	125	62.5	—	20.8	270	否	—	—	100	120	纯电动	纯电动自装卸式垃圾车			
	能量型	磷酸铁锂	1865140	3.2	—	0.335	2368	合肥国轩高科动力能源有限公司	473.6	200	200	—	94.72	1050	是	BMS-GX-02-148S	合肥国轩高科动力能源有限公司	180	250	纯电动	纯电动城市客车			

续表

储能装置单体生产企业	电动汽车储能装置类型	电动汽车储能装置种类	储能装置单体型号	储能装置单体的标称电压(V)	超级电容器单体标称静电容量(F)	储能装置单体质量(kg)	储能装置单体数量	储能装置总成生产企业	储能装置总成标称电压(V)	储能装置总成额定输出电流(A)	动力蓄电池总成标称容量(Ah)	超级电容器总成标称静电容量(F)	储能装置总储电量(kW·h)B	储能装置总成质量(kg)	动力蓄电池箱是否具有快换装置	车载能源管理系统型号(包括软件和硬件)	车载能源管理系统生产企业	电动汽车续驶里程(工况法,km)	电动汽车续驶里程(等速法,km)	燃料种类	配套车辆类型	2015年配套车型产量(辆)	2016年1-3月份配套车型产量(辆)	配套车型产量合计(辆)
合肥国轩高科动力能源有限公司	能量型	磷酸铁锂	1865140	3. 2	—	0. 335	3280	合肥国轩高科动力能源有限公司	524	160	250	—	131	1445	否	GXEV - 1	合肥国轩高科动力能源有限公司	140	187	纯电动	纯电动客车			
	能量型	磷酸铁锂	1865140	3. 2	—	0. 325	5100	合肥国轩高科动力能源有限公司	544	300	300	—	160	2500	否	ED43;EV02	安徽力高新能源技术有限公司;惠州市亿能电子有限公司	170	200	柴油混合动力	插电式混合动力城市客车			
	能量型	磷酸铁锂	1865140	3. 2V	—	0. 335	5376	合肥国轩高科动力能源有限公司	538	200	400	—	215. 2	1900	否	AGEV - 1	国轩高科动力能源有限公司	270	350	纯电动	纯电动客车			
	能量型	磷酸铁锂	1865140	3. 2	—	0. 335	6640	合肥国轩高科动力能源有限公司	531	300	500	—	265. 5	2600	否	EV02	惠州市亿能电子有限公司	240	340	纯电动	纯电动城市客车			
	能量型	磷酸铁锂	1865140	3. 2	—	0. 335	6720	合肥国轩高科动力能源有限公司	538	400	500	—	269	2660	—	CCU - JL - ZC	合肥国轩高科动力能源有限公司	—	250	纯电动	纯电动客车			
	能量型	磷酸铁锂	1865140	3. 2	—	0. 34	784	合肥国轩高科动力能源有限公司	312	30	100	—	31. 3	380	否	BMS	合肥国轩高科动力能源有限公司	80	130	纯电动	纯电动路面养护车			
	能量型	磷酸铁锂	1865140	3. 2	—	0. 34	784	合肥国轩高科动力能源有限公司	312	30	100	—	31. 3	380	否	BMS	合肥国轩高科动力能源有限公司	80	130	纯电动	纯电动扫路车			
	能量型	磷酸铁锂;超级电容	IFP20100140A	3. 2	—	0. 572	1680	合肥国轩高科动力能源有限公司	538	250	215	—	115. 6	1300	否	GXEV - 1	合肥国轩高科动力能源有限公司	160	189	纯电动	纯电动客车			

续表

储能装置单体生产企业	电动汽车储能装置类型	电动汽车储能装置种类	储能装置单体型号	储能装置单体的标称电压(V)	超级电容器单体标称静电容量(F)	储能装置单体质量(kg)	储能装置单体数量	储能装置总成生产企业	储能装置总成标称电压(V)	储能装置总成额定输出电流(A)	动力蓄电池总成标称容量(Ah)	超级电容器总成标称静电容量(F)	储能装置总储电量(kW·h)B	储能装置总成质量(kg)	动力蓄电池箱是否具有快换装置	车载能源管理系统型号(包括软件和硬件)	车载能源管理系统生产企业	电动汽车续驶里程(工况法,km)	电动汽车续驶里程(等速法,km)	燃料种类	配套车辆类型	2015年配套车型产量(辆)	2016年1-3月份配套车型产量(辆)	配套车型产量合计(辆)
合肥国轩高科动力能源有限公司	能量型	三元材料	INP1865140	3.7	—	0.36	7200	合肥国轩高科动力能源有限公司	555	300	720	—	399.6	3500	否	GXEV-1	合肥国轩高科动力能源有限公司	350	430	纯电动	纯电动城市客车			
美国A123电池系统有限公司	能量型	磷酸铁锂	APP72161227	3.23	—	0.5	184	上海捷新动力电池系统有限公司	297	120	40	—	11.8	153	—	10092824/04;10092822/01	美国A123电池系统有限公司	58	88	汽油混合动力	插电式混合动力轿车	12203	1064	13267
	能量型	磷酸铁锂	APP72161227	3.23	—	0.5	184	上海捷新动力电池系统有限公司	297	120	40	—	11.8	153	—	10092824;10092822	美国A123电池系统有限公司	60	88	汽油混合动力	插电式混合动力轿车			
	能量型	磷酸铁锂	APP72161227	3.23	—	0.5	279	上海捷新动力电池系统有限公司	300	120	60	—	18	235	无	491000-0203;461020-7206-0002	美国A123电池系统有限公司;美国A123电池系统有限公司	120	180	纯电动	纯电动轿车			
北京普莱德新能源电池科技有限公司	功率型	钛酸锂	101-0020-02	2.3	—	0.53	2400	北京普莱德新能源电池科技有限公司	552	200	200	—	110.4	1850	否	B52	北京普莱德新能源电池科技有限公司	—	250	纯电动	纯电动城市客车	9101	2353	11454
	功率型	钛酸锂	101-0020-02	2.3	—	0.53	2560	北京普莱德新能源电池科技有限公司	588.8	200	200	—	117.7	1950	—	B52	北京普莱德新能源电池科技有限公司	—	250	纯电动	纯电动城市客车			
	能量型	三元材料	148/27/91-42Ah	3.67	—	0.85	270	北京普莱德新能源电池科技有限公司	330	192	126	—	37.8	395	是	S00BMUOH23T10Y15;PBMA090-01A	北京普莱德新能源电池科技有限公司	200	260	纯电动	纯电动轿车			
	能量型	三元材料	148/27/91-42Ah	3.67	—	0.85	270	北京普莱德新能源电池科技有限公司	330	192	126	—	37.8;41.4	395	是;否	S00BMUOH23T10Y15/PBMA090-01A;S00BMUOH23T10Y16/PBMA090-01A	北京普莱德新能源电池科技有限公司	200;260	260;350	纯电动	纯电动轿车			

续表

储能装置单体生产企业	电动汽车储能装置类型	电动汽车储能装置种类	储能装置单体型号	储能装置单体的标称电压(V)	超级电容器单体标称静电容量(F)	储能装置单体质量(kg)	储能装置单体数量	储能装置总成生产企业	储能装置总成标称电压(V)	储能装置总成额定输出电流(A)	动力蓄电池总成标称容量(Ah)	超级电容器总成标称静电容量(F)	储能装置总储电量(kW·h)B	储能装置总成质量(kg)	动力蓄电池箱是否具有快换装置	车载能源管理系统型号(包括软件和硬件)	车载能源管理系统生产企业	电动汽车续驶里程(工况法,km)	电动汽车续驶里程(等速法,km)	燃料种类	配套车辆类型	2015年配套车型产量(辆)	2016年1-3月份配套车型产量(辆)	配套车型产量合计(辆)
北京普莱德新能源电池科技有限公司	能量型	磷酸铁锂	29/135/220/80Ah	3.2	—	2	108	北京普莱德新能源电池科技有限公司	345	104	80	—	27.6	323	否	EV03	惠州市亿能电子有限公司	160	185	纯电动	纯电动轿车			
	能量型	磷酸铁锂	29/135/220/72Ah	3.2	—	2	1020	北京普莱德新能源电池科技有限公司	544	216	432	—	235	3000	—	B5	安徽力高新能源技术有限公司	—	260	纯电动	纯电动城市客车			
	能量型	磷酸铁锂	29/135/220/72Ah	3.2	—	2	240	中通客车控股股份有限公司	384	144	144	—	55.3	600	否	B51	安徽力高新能源技术有限公司	—	151	纯电动	纯电动客车			
	能量型	磷酸铁锂	29/135/220/72Ah	3.2	—	2	720	北京普莱德新能源电池科技有限公司	576	144	288	—	166	2100	—	B5	安徽力高新能源技术有限公司	—	250	纯电动	纯电动客车			
	能量型	磷酸铁锂	29/135/220/72Ah	3.2	—	2	720	北京普莱德新能源电池科技有限公司	576	144	288	—	166	2100	—	B5	安徽力高新能源技术有限公司	—	200	纯电动	纯电动客车			
	能量型	磷酸铁锂	29/135/220/72Ah	3.2	—	2	900	北京普莱德新能源电池科技有限公司	576	180	360	—	207	2600	—	B5	安徽力高新能源技术有限公司	—	230	纯电动	纯电动客车			
	能量型	磷酸铁锂	29/135/220/80Ah	3.2	—	2	108;120	北京普莱德新能源电池科技有限公司	345;384	104	80	—	27.6;30.7	323	否	EV03	惠州市亿能电子有限公司	160;200	185;230	纯电动	纯电动轿车			

续表

储能装置单体生产企业	电动汽车储能装置类型	电动汽车储能装置种类	储能装置单体型号	储能装置单体的标称电压(V)	超级电容器单体标称静电容量(F)	储能装置单体质量(kg)	储能装置单体数量	储能装置总成生产企业	储能装置总成标称电压(V)	储能装置总成额定输出电流(A)	动力蓄电池总成标称容量(Ah)	超级电容器总成标称静电容量(F)	储能装置总储电量(kW·h)B	储能装置总成质量(kg)	动力蓄电池箱是否具有快换装置	车载能源管理系统型号(包括软件和硬件)	车载能源管理系统生产企业	电动汽车续驶里程(工况法,km)	电动汽车续驶里程(等速法,km)	燃料种类	配套车辆类型	2015年配套车型产量(辆)	2016年1-3月份配套车型产量(辆)	配套车型产量合计(辆)
北京普莱德新能源电池科技有限公司	能量型	磷酸铁锂	29/135/220-80Ah	3.2	—	2.02	100	北京普莱德新能源电池科技有限公司	320	120	80	—	25.6;25	285	否	PBMA100-01A;PBMA100-01A/V1.2	北京普莱德新能源电池科技有限公司	160(与PBMA100-01A对应),150(与PBMA100-01A/V1.2对应)	190	纯电动	纯电动轿车			
	能量型	磷酸铁锂	29/135/220-80Ah	3.2	—	2	840	北京普莱德新能源电池科技有限公司	537.6	400	400	—	215	2400	是	PBMA168-01A	北京普莱德新能源电池科技有限公司	180	200	纯电动	纯电动城市客车			
	能量型	磷酸铁锂	29/135/220-80Ah	3.2	—	2.1	510	北京普莱德新能源电池科技有限公司	544	240	240	—	130	1500	否	主控(BMS)从控(36SBMU;24SBMU)	北京普莱德新能源电池科技有限公司	—	250	纯电动	纯电动城市客车			
	能量型	磷酸铁锂	47/173/132.5-86Ah	3.2	—	2.3	180	北京普莱德新能源电池科技有限公司	576	86	86	—	49.5	1680	否	主控(BMS)从控(24S和36S)	北京普莱德新能源电池科技有限公司	—	155	纯电动	纯电动城市客车			
	能量型	磷酸铁锂	47/173/132.5-86Ah	3.2	—	2.3	340	北京普莱德新能源电池科技有限公司	544	86	172	—	93.6	1100	否	PBMC170-11A主控盒,PBMU036-11A从控盒,PBMU060-11A从控盒	北京普莱德新能源电池科技有限公司	—	255	纯电动	纯电动城市客车			

续表

储能装置单体生产企业	电动汽车储能装置类型	电动汽车储能装置种类	储能装置单体型号	储能装置单体的标称电压(V)	超级电容器单体标称静电容量(F)	储能装置单体质量(kg)	储能装置单体数量	储能装置总成生产企业	储能装置总成标称电压(V)	储能装置总成额定输出电流(A)	动力蓄电池总成标称容量(Ah)	超级电容器总成标称静电容量(F)	储能装置总储电量(kW·h)B	储能装置总成质量(kg)	动力蓄电池箱是否具有快换装置	车载能源管理系统型号(包括软件和硬件)	车载能源管理系统生产企业	电动汽车续驶里程(工况法，km)	电动汽车续驶里程(等速法，km)	燃料种类	配套车辆类型	2015年配套车型产量(辆)	2016年1-3月份配套车型产量(辆)	配套车型产量合计(辆)
北京电控爱思开科技有限公司	能量型	三元材料	76205178	3.65	—	3.03	94	北京电控爱思开科技有限公司	343.1	147	109.2	—	37.5	341	否	SKASC701；SKASC701	SK innovation	170	190	纯电动	纯电动轿车	7617	2644	10261
	能量型	三元材料	76210195	3.65	—	2.54	91	北京电控爱思开科技有限公司	332	120	91.5	—	30.4	291	否	SKASC301	SK innovation	200	245	纯电动	纯电动轿车			
	能量型	三元材料	76210195	3.65	—	2.54	91	北京电控爱思开科技有限公司	332	120	91.5	—	30.4；27.6	291	否	SKASC301；SKASC301/V1.2	SK innovation	200（与SKASC301对应）；180（与SKASC301/V1.2对应）	245（与SKASC301对应）；230（与SKASC301/V1.2对应）	纯电动	纯电动轿车			
山东恒宇新能源有限公司	能量型	三元材料	HTG85188236N38	3.6	—	0.757	228	中科力帆电动汽车有限公司	68.4	150	480	—	33	195	有	硬件：ZKLF-BMS-HW-V1.0；软件：ZKLF-BMS-SW-V1.0	上海中科力帆电动汽车有限公司	250	320	纯电动	纯电动轿车	9216	736	9952
	能量型	三元材料	HTG85188236N38	3.6	—	0.757	152	重庆力帆乘用车有限公司	68.4	139	320	—	22	136	是	BMD-BMS-C-001	重庆百转电动汽车电控系统有限责任公司	160	200	纯电动	纯电动轿车			
	能量型	三元材料	HTG85188236N38	3.6	—	0.757	285	重庆力帆乘用车有限公司	342	204	120	—	41	216	是	WBMS001	重庆无线绿洲通信技术有限公司	202	280	纯电动	纯电动轿车			

续表

储能装置单体生产企业	电动汽车储能装置类型	电动汽车储能装置种类	储能装置单体型号	储能装置单体的标称电压(V)	超级电容器单体标称静电容量(F)	储能装置单体质量(kg)	储能装置单体数量	储能装置总成生产企业	储能装置总成标称电压(V)	储能装置总成额定输出电流(A)	动力蓄电池总成标称容量(Ah)	超级电容器总成标称静电容量(F)	储能装置总储电量(kW·h)B	储能装置总成质量(kg)	动力蓄电池箱是否具有快换装置	车载能源管理系统型号(包括软件和硬件)	车载能源管理系统生产企业	电动汽车续驶里程(工况法，km)	电动汽车续驶里程(等速法，km)	燃料种类	配套车辆类型	2015年配套车型产量(辆)	2016年1-3月份配套车型产量(辆)	配套车型产量合计(辆)
山东恒宇新能源有限公司	能量型	三元材料	HTG90133200N30	3.6	—	0.47	270	山东恒宇新能源有限公司	97.2	200	200	—	19.4	200	否	硬件：BMU03A-I-G-12/24V-400V；软件：V1.0	深圳市科列技术股份有限公司	150	—	纯电动	纯电动轿车			
	能量型	三元材料	HTG90133200N30	3.6	—	0.475	171	重庆力帆乘用车有限公司	72	139	180	—	12.9	93.861	否	BMD-BMS-C-001	重庆百转电动汽车电控系统有限责任公司	100	135	纯电动	纯电动轿车			
	能量型	三元材料	HTG90133200N30	3.6	—	0.475	1620	山东沂星电动汽车有限公司	583.2	200	200	—	116.6	960	是	BC111-207（软件：4111.2.228.109.101；硬件：V1.2）	哈尔滨冠拓电源设备有限公司	—	460	纯电动	纯电动客车			
	能量型	三元材料	HTG90133200N30	3.6	—	0.475	1920	山东恒宇新能源有限公司	576	200	240	—	138.24	1080	否	BC111-207软件：4111.2.228.109.101；硬件：V1.2	哈尔滨冠拓电源设备有限公司	—	300	纯电动	纯电动城市客车			
	能量型	三元材料	HTG90133200N30	3.6	—	0.475±0.005	432	山东恒宇新能源有限公司	97.2	300	320	—	31.1	290	否	硬件：CJ2015-5-16GM30-03；软件：MD_27_0618	深圳市冠明能源科技有限公司	190	—	纯电动	纯电动仓栅式运输车			
	能量型	三元材料	HTG90133200N30	3.6	—	0.475±0.005	432	山东恒宇新能源有限公司	97.2	300	320	—	31.1	290	否	硬件：CJ2015-5-16GM30-03；软件：MD_27_0618	深圳市冠明能源科技有限公司	190	—	纯电动	纯电动厢式运输车			
深圳市比克电池有限公司	能量型	三元材料	H18650CB（A05、A06）	3.7	—	0.045	2576	富奥汽车零部件股份有限公司	340	56	56	—	19.1	167	否	9201015-0AH1	富奥汽车零部件股份有限公司	100	120	纯电动	纯电动轿车	6700	1727	8427
	能量型	三元材料	H18650CC	3.6	—	≤0.045	9768	深圳市比克电池有限公司	532.8	140	141.9	—	75.6	610	—	W87AC0022	深圳市科列技术股份有限公司	—	170	纯电动	纯电动厢式运输车			

续表

储能装置单体生产企业	电动汽车储能装置类型	电动汽车储能装置种类	储能装置单体型号	储能装置单体的标称电压(V)	超级电容器单体标称静电容量(F)	储能装置单体质量(kg)	储能装置单体数量	储能装置总成生产企业	储能装置总成标称电压(V)	储能装置总成额定输出电流(A)	动力蓄电池总成标称容量(Ah)	超级电容器总成标称静电容量(F)	储能装置总储电量(kW·h)B	储能装置总成质量(kg)	动力蓄电池箱是否具有快换装置	车载能源管理系统型号(包括软件和硬件)	车载能源管理系统生产企业	电动汽车续驶里程(工况法，km)	电动汽车续驶里程(等速法，km)	燃料种类	配套车辆类型	2015年配套车型产量(辆)	2016年1-3月份配套车型产量(辆)	配套车型产量合计(辆)
深圳市比克电池有限公司	能量型	三元材料	H18650CC	3.6	—	0.045	5050	捷星新能源科技（苏州）有限公司	360	107.5	107.5	—	39	350	否	FSBMS-HG-BAK202Ah-V2.67；FSBMS-PHEV-F1	捷星新能源科技（苏州）有限公司	150	—	纯电动	纯电动厢式运输车			
	能量型	三元材料	H18650CC 2.15Ah	3.6	—	0.045	3744	深圳市比克电池有限公司	350	84	84	—	29	300	是	E6202	深圳市航盛电子股份有限公司	155	190	纯电动	纯电动轿车			
	能量型	三元材料	H18650CC 2.15Ah	3.6	—	0.045	3780	杭州杰能动力有限公司	281	104	104	—	29.2	340	否	硬件：JN-FBM-BMS-LECU V1.0；软件：JN-FBM-BMS-LECU V1.0	杭州杰能动力有限公司	155	210	纯电动	纯电动多用途乘用车			
	能量型	三元材料	H18650CC 2.15Ah	3.60	—	0.045	3168	杭州杰能动力有限公司	316.8	95	77.4	—	24.52	235	否	硬件：JN-FBM-BMSV2.0；软件：JN-FBM-BMS V2.0	杭州杰能动力有限公司	160	185	纯电动	纯电动轿车			
	能量型	三元材料	H18650CC 2.15Ah	3.6	—	0.045	5568	捷星新能源科技（苏州）有限公司	345.6	125	125	—	43	390	否	FSBMS-KL-BAK125Ah-V2.72；FSBMS-EV-F1	捷星新能源科技（苏州）有限公司	—	159	纯电动	纯电动客车			
	能量型	三元材料	H18650CC 2.15Ah	3.6	—	0.045	4320	杭州杰能动力有限公司	321	104	104	—	33.4	370	否	硬件：JN-FBM-BMS-LECU V1.0；软件：JN-FBM-BMS-LECU V1.0	杭州杰能动力有限公司	155	210	纯电动	纯电动厢式运输车			
	能量型	三元材料	H18650CC 2.15Ah	3.6	—	0.045	9272	大连比克动力电池有限公司	547.2	130	131.15	—	71.8	680	—	18MDM0；18M13S0	深圳市航盛电子股份有限公司	—	210	纯电动	纯电动厢式运输车			
	能量型	三元材料	H18650CC 2.15Ah	3.6	—	0.045	9900	大连比克动力电池有限公司	540	141.9	141.9	—	76.6	750	—	HS-E6202；KL-BMS03	深圳市航盛电子股份有限公司；深圳市科列技术股份有限公司	115	130	纯电动	纯电动厢式运输车			

续表

储能装置单体生产企业	电动汽车储能装置类型	电动汽车储能装置种类	储能装置单体型号	储能装置单体的标称电压(V)	超级电容器单体标称静电容量(F)	储能装置单体质量(kg)	储能装置单体数量	储能装置总成生产企业	储能装置总成标称电压(V)	储能装置总成额定输出电流(A)	动力蓄电池总成标称容量(Ah)	超级电容器总成标称静电容量(F)	储能装置总储电量(kW·h)B	储能装置总成质量(kg)	动力蓄电池箱是否具有快换装置	车载能源管理系统型号(包括软件和硬件)	车载能源管理系统生产企业	电动汽车续驶里程(工况法,km)	电动汽车续驶里程(等速法,km)	燃料种类	配套车辆类型	2015年配套车型产量(辆)	2016年1-3月份配套车型产量(辆)	配套车型产量合计(辆)
深圳市比克电池有限公司	能量型	三元材料	H18650CC 2.15Ah	3.6	—	≤0.045	10416	深圳市比克动力电池有限公司	604.8	133.3	133.3	—	80.6	720	—	pk667_ szbk_ T13	深圳市航盛电子股份有限公司	—	150	纯电动	纯电动城市客车			
	能量型	三元材料	H18650CC 2.15Ah	3.6	—	0.045±0.002	2320	深圳市比克电池有限公司	108	160	204	—	22Kwh	240	是	硬件：RS36EV-B1ZM-V1.2；软件：BZ36S150611Y4Z3V321	深圳市锐深科技有限公司	155	200	纯电动	纯电动轿车			
	能量型	三元材料	H18650CC 2.15Ah	3.6	—	0.045±0.002	10416	深圳市比克电池有限公司	604.8	133.3	133.3	—	80.6	720	无	pk667_ szbk_ T13	深圳市航盛电子股份有限公司	—	250	纯电动	纯电动城市客车			
	能量型	三元材料	H18650CC 2.15Ah	3.6	—	0.045±0.002	2080	江苏金坛绿能新能源科技有限公司	144V	111.8	111.8	—	16.099 kWh	175	否	硬件：LN-FBM-BMS-V1.0；软件：LN-FBM-BMS-V1.0	江苏金坛绿能新能源科技有限公司	150	170	纯电动	纯电动轿车			
	能量型	三元材料	H18650CC 2.15Ah	3.6	—	0.05	2106	海马轿车有限公司	97	168	168	—	16.3	180	否	软件：100；硬件：MA020006	海马轿车有限公司（软件）；海马轿车有限公司（硬件）	100	130	纯电动	纯电动轿车			
	能量型	三元材料	H18650CFL	3.7	—	0.045	3456	捷星新能源科技（苏州）有限公司	355	330	75.6	—	26.8	425	否	FSBMS-HH-BAK 75Ah-4.18.2.7；FSBMS-PHEV-X7	捷星新能源科技（苏州）有限公司	—	32	NG/电混合动力	插电式混合动力城市客车			
	能量型	三元材料	H18650CFL	3.7	—	0.045	3456	捷星新能源科技（苏州）有限公司	355	330	75.6	—	26.8	425	否	FSBMS-HH-BAK 75Ah-4.18.2.7；FSBMS-PHEV-X7	捷星新能源科技（苏州）有限公司	—	32	柴油/电混合动力	插电式混合动力城市客车			
	能量型	三元材料	H18650CFL	3.7	—	0.045	3456	捷星新能源科技（苏州）有限公司	355	330	75.6	—	32.5	500	否	FSBMS-HH-BAK 75Ah-4.18.2.7；FSBMS-PHEV-X7	捷星新能源科技（苏州）有限公司	—	32	柴油/电混合动力	插电式混合动力城市客车			

续表

储能装置单体生产企业	电动汽车储能装置类型	电动汽车储能装置种类	储能装置单体型号	储能装置单体的标称电压(V)	超级电容器单体标称静电容量(F)	储能装置单体质量(kg)	储能装置单体数量	储能装置总成生产企业	储能装置总成标称电压(V)	储能装置总成额定输出电流(A)	动力蓄电池总成标称容量(Ah)	超级电容器总成标称静电容量(F)	储能装置总储电量(kW·h)B	储能装置总成质量(kg)	动力蓄电池箱是否具有快换装置	车载能源管理系统型号(包括软件和硬件)	车载能源管理系统生产企业	电动汽车续驶里程(工况法,km)	电动汽车续驶里程(等速法,km)	燃料种类	配套车辆类型	2015年配套车型产量(辆)	2016年1-3月份配套车型产量(辆)	配套车型产量合计(辆)
深圳市比克电池有限公司	能量型	三元材料	H18650CFL	3.7	—	0.045	4968	捷星新能源科技（苏州）有限公司	510	210	75.6	—	32.5	500	否	FSBMS-HH-BAK 75Ah-4.18.2.7; FSBMS-PHEV-X7	捷星新能源科技（苏州）有限公司	—	—	柴油/电混合动力	插电式混合动力城市客车			
	能量型	三元材料	H18650CFL	3.65	—	0.045	3952	重庆凯瑞电动汽车系统有限公司	379.6	27	81.7	—	31.01	275.6	—	B51	安徽力高新能源技术有限公司	150	160	纯电动	纯电动多用途乘用车			
	能量型	三元材料	H18650CFL	3.65	—	0.045	3952	重庆凯瑞电动汽车系统有限公司	379.6	27	81.7	—	31.01	275.6	—	B51	安徽力高新能源技术有限公司	150	160	纯电动	纯电动厢式运输车			
	能量型	三元材料	H18650CFL	3.7	—	0.045	7426	捷星新能源科技（苏州）有限公司	347.8	200	165.9	—	57.7	600	否	FSBMS-HG-BAK 170Ah-V2.67; FSBMS-PHEV-F1	捷星新能源科技（苏州）有限公司	—	155	纯电动	纯电动厢式运输车			
	能量型	三元材料	H18650CFL	3.7	—	0.045	8836	捷星新能源科技（苏州）有限公司	347.8	200	197.4	—	69	680	否	FSBMS-HG-BAK 170Ah-V2.67; FSBMS-PHEV-F1	捷星新能源科技（苏州）有限公司	—	180	纯电动	纯电动厢式运输车			
	能量型	三元材料	H18650CIL 2.4Ah	3.6	—	≤0.048±0.002	8732	深圳市比克动力电池有限公司	532.8	141.6	141.6	—	75.44	550±3	无	系统软件版本型号：S3923；整套系统硬件型号：KL-AS528450	深圳市科列技术股份有限公司	180	220	纯电动	纯电动厢式运输车			
	能量型	三元材料	H18650CIL 2.4Ah	3.6	—	0.045	30184	深圳市比克电池有限公司	554	300	470.4	—	264	2212	否	软件：HS-E6207-SW-010；硬件：HS-E6207-HW-010	深圳市航盛电子股份有限公司	—	260	纯电动	纯电动城市客车			
	能量型	三元材料	H18650CIL 2.4Ah	3.6	—	0.045	34342	深圳市比克电池有限公司	554	300	535.2	—	297	2240	否	软件：HS-E6207-SW-012；硬件：HS-E6207-HW-012	深圳市航盛电子股份有限公司	—	260	纯电动	纯电动城市客车			

续表

储能装置单体生产企业	电动汽车储能装置类型	电动汽车储能装置种类	储能装置单体型号	储能装置单体的标称电压(V)	超级电容器单体标称静电容量(F)	储能装置单体质量(kg)	储能装置单体数量	储能装置总成生产企业	储能装置总成标称电压(V)	储能装置总成额定输出电流(A)	动力蓄电池总成标称容量(Ah)	超级电容器总成标称静电容量(F)	储能装置总储电量(kW·h)B	储能装置总成质量(kg)	动力蓄电池箱是否具有快换装置	车载能源管理系统型号(包括软件和硬件)	车载能源管理系统生产企业	电动汽车续驶里程(工况法,km)	电动汽车续驶里程(等速法,km)	燃料种类	配套车辆类型	2015年配套车型产量(辆)	2016年1-3月份配套车型产量(辆)	配套车型产量合计(辆)
深圳市比克电池有限公司	能量型	三元材料	H18650CIL 2.4Ah	3.6	—	0.047	9900	深圳市比克电池有限公司	360	237.6	237.6	—	85.53	595	否	KL-AS504510	深圳市科列技术股份有限公司	—	505	纯电动	纯电动客车			
	能量型	三元材料	H18650CIL 2.4Ah	3.6	—	0.047	9900	深圳市比克电池有限公司	360	237.6	237.6	—	85.53	595	否	KL-AS504510	深圳市科列技术股份有限公司	—	505	纯电动	纯电动厢式运输车			
	能量型	三元材料	H18650CIL 2.4Ah	3.6	—	0.047	11700	深圳市比克动力电池有限公司	561.6	180	180	—	101	834	否	系统软件版本型号：B156S；整套系统硬件型号：BAK-AS156S	深圳市比克动力电池有限公司	—	250	纯电动	纯电动城市客车			
	能量型	三元材料	H18650CIL 2.4Ah	3.6	—	0.047	29016	深圳市比克动力电池有限公司	561.6	446.4	446.4	—	250.6	1772	—	系统软件版本型号：B156S；整套系统硬件型号：BAK-AS156S	深圳市比克动力电池有限公司	—	450	纯电动	纯电动客车			
	能量型	三元材料	H18650CIL 2.4Ah	3.6	—	0.047	3132	深圳市比克动力电池有限公司	97.2	280	278.4	—	27	215	否	电池管理系统型号：6320_ szbk_ T13；软件：T000	深圳市航盛电二股份有限公司	160	180	纯电动	纯电动厢式运输车			
	能量型	三元材料	H18650CIL 2.4Ah	3.6	—	≤0.048	2376	富奥汽车零部件股份有限公司	317	110A	64.8	—	20.5	195	否	S9201015-WZ	富奥汽车零部件股份有限公司	120	190	纯电动	纯电动轿车			
	能量型	三元材料	H18650CIL 2.4Ah	3.6	—	≤0.048	4230 PCS	深圳市比克动力电池有限公司	324	112.8	112.8	—	36.5	235	无	系统软件版本型号：S3896；整套系统硬件型号：KL-AS504490	深圳市科列技术股份有限公司	160	200	纯电动	纯电动厢式运输车			
	能量型	三元材料	H18650CIL 2.4Ah	3.6	—	0.047 ±0.002	9300	深圳市比克电池有限公司	558	144	144	—	80.3	782	否	pk685_ szbk_ T13	深圳市航盛电子股份有限公司	—	200	纯电动	纯电动城市客车			

续表

储能装置单体生产企业	电动汽车储能装置类型	电动汽车储能装置种类	储能装置单体型号	储能装置单体的标称电压(V)	超级电容器单体标称静电容量(F)	储能装置单体质量(kg)	储能装置单体数量	储能装置总成生产企业	储能装置总成标称电压(V)	储能装置总成额定输出电流(A)	动力蓄电池总成标称容量(Ah)	超级电容器总成标称静电容量(F)	储能装置总储电量(kW·h)B	储能装置总成质量(kg)	动力蓄电池箱是否具有快换装置	车载能源管理系统型号（包括软件和硬件）	车载能源管理系统生产企业	电动汽车续驶里程（工况法，km）	电动汽车续驶里程（等速法，km）	燃料种类	配套车辆类型	2015年配套车型产量（辆）	2016年1－3月份配套车型产量（辆）	配套车型产量合计（辆）
深圳市比克电池有限公司	能量型	三元材料	H18650CIL 2.4Ah	3.6	—	0.047±0.002	8190	深圳市比克动力电池有限公司	453.6	156	156	—	70.7	540±10	否	S5120/KL－AS576520	深圳市科列技术股份有限公司	—	250	纯电动	纯电动客车			
山东衡远新能源科技有限公司	能量型	磷酸铁锂	FLP－66Fe	3.2	—	2.3	144	山东衡远新能源科技有限公司	76.8	300	396	—	30.4	390	否	硬件：GTDS－BMS；软件：V5.0	西安冠通数源电子有限公司	178	200	纯电动	纯电动多用途乘用车	8399	0	8399
	能量型	磷酸铁锂	FLP－66Fe（66Ah）	3.2	—	2.3	50	金华市康迪新能源车辆有限公司	80	125	132	—	10.56	152	是	KD－BCU01V1.0；KD－BCU01	金华市康迪新能源车辆有限公司	80	100	纯电动	纯电动轿车			
浙江万向亿能动力电池有限公司（装配2103AAL驱动电机2142AAF驱动电机控制器）；天津市捷威动力工业有限公司（装配2103AAAS驱动电机2142AAMF驱动电机控制器）	能量型	三元材料	2101AAT	3.7	—	0.86	168	浙江万向亿能动力电池有限公司；天津市捷威动力工业有限公司	310.8	114	72	—	22.3	256	否	—	—	≥151	≥170	纯电动	纯电动轿车	5973	2353	8326
	能量型	三元材料	2101AAT	3.7	—	0.86	168	浙江万向亿能动力电池有限公司；天津市捷威动力工业有限公司	311	114	72	—	22.3	256	否	—	—	151	170	纯电动	纯电动厢式运输车			

续表

储能装置单体生产企业	电动汽车储能装置类型	电动汽车储能装置种类	储能装置单体型号	储能装置单体的标称电压(V)	超级电容器单体标称静电容量(F)	储能装置单体质量(kg)	储能装置单体数量	储能装置总成生产企业	储能装置总成标称电压(V)	储能装置总成额定输出电流(A)	动力蓄电池总成标称容量(Ah)	超级电容总成标称静电容量(F)	储能装置总储电量(kW·h) B	储能装置总成质量(kg)	动力蓄电池箱是否具有快换装置	车载能源管理系统型号(包括软件和硬件)	车载能源管理系统生产企业	电动汽车续驶里程(工况法，km)	电动汽车续驶里程(等速法，km)	燃料种类	配套车辆类型	2015年配套车型产量(辆)	2016年1-3月份配套车型产量(辆)	配套车型产量合计(辆)
中信国安盟固利动力科技有限公司	功率型	磷酸铁锂	SPIM08HP	3.6	—	0.295	980	中信国安盟固利动力科技有限公司	346	80	16	—	5.5	205	否	硬件：MSEV02；软件：2.0.1.7	中信国安盟固利动力科技有限公司	—	—	柴油混合动力	插电式混合动力城市客车	5126	898	6024
	功率型	磷酸铁锂	SPIM08HP	3.6	—	0.295	192	中信国安盟固利动力科技有限公司	346	100	16	—	5.5	270	否	软件：SLK-BMS-02A；硬件：SLKBMS	上海申龙客车有限公司	—	—	柴油混合动力	非插电式混合动力城市客车			
	功率型	锰酸锂	SPIM08HP	3.6	—	0.295	192	上海万象汽车制造有限公司	345.6	150	16	—	6.0	120	否	BMU-H	上海万象汽车制造有限公司	—	20	柴油混合动力	插电式混合动力城市客车			
	功率型	锰酸锂	SPIM08HP	3.6	—	0.295	192	中信国安盟固利动力科技有限公司	345.6	80	16	—	5.53	220	否	MSEV02	中信国安盟固利动力科技有限公司	—	—	柴油混合动力	非插电式混合动力城市客车			
	功率型	锰酸锂	SPIM11245190	3.7	—	0.77	192	中信国安盟固利动力科技有限公司	355.2	140	50	—	17.8	320	否	VER5.0.0.1；MSPHEV20	中信国安盟固利动力科技有限公司	—	41	LNG/电混合动力	插电式混合动力城市客车			
	功率型	锰酸锂	SPIM11245190	3.7	—	0.77	192	中信国安盟固利动力科技有限公司	355.2	140	50	—	18	320	否	VER40.1.0.2；MSPHEV20	中信国安盟固利动力科技有限公司	—	50	NG/电混合动力	插电式混合动力城市客车			
	功率型	锰酸锂	SPIM11245190	3.7	—	0.77	192	中信国安盟固利动力科技有限公司	355.2	140	50	—	18	320	否	VER40.1.0.2；MSPHEV20	中信国安盟固利动力科技有限公司	—	50	柴油/电混合动力	插电式混合动力城市客车			
	功率型	锰酸锂	SPIM11245190	3.7	—	0.77	272	中信国安盟固利动力科技有限公司	503	50	50	—	25	520	否	41.0.0.0；MSPHEV20	中信国安盟固利动力科技有限公司	—	53	NG混合动力	插电式混合动力城市客车			
	功率型	锰酸锂	SPIM14245190	3.7	—	0.95	272	中信国安盟固利动力科技有限公司	503	70	70	—	35.2	500	否	4.0.0.0/A20	中信国安盟固利动力科技有限公司	—	55	NG混合动力	插电式混合动力城市客车			

续表

储能装置单体生产企业	电动汽车储能装置类型	电动汽车储能装置种类	储能装置单体型号	储能装置单体的标称电压(V)	超级电容器单体标称静电容量(F)	储能装置单体质量(kg)	储能装置单体数量	储能装置总成生产企业	储能装置总成标称电压(V)	储能装置总成额定输出电流(A)	动力蓄电池总成标称容量(Ah)	超级电容器总成标称静电容量(F)	储能装置总储电量(kW·h)B	储能装置总成质量(kg)	动力蓄电池箱是否具有快换装置	车载能源管理系统型号(包括软件和硬件)	车载能源管理系统生产企业	电动汽车续驶里程(工况法,km)	电动汽车续驶里程(等速法,km)	燃料种类	配套车辆类型	2015年配套车型产量(辆)	2016年1-3月份配套车型产量(辆)	配套车型产量合计(辆)
中信国安盟固利动力科技有限公司	功率型	锰酸锂	SPIM14245190	3.7	—	1.03	192	中通客车控股股份有限公司	355	112.6	70	—	24.86	320	否	ZTPHEV35E	中通客车控股股份有限公司	—	55	柴油/电混合动力	插电式混合动力城市客车			
	功率型	锰酸锂	SPIM14245190	3.7	—	1.03	192	中信国安盟固利动力科技有限公司	355	140	70	—	24.85	360	否	VER5.0.0.0; MSPHEV20	中信国安盟固利动力科技有限公司	—	32	NG混合动力	插电式混合动力城市客车			
	功率型	锰酸锂	SPIM14245190	3.7	—	1.03	192	中信国安盟固利动力科技有限公司	355.2	140	70	—	24.86	360	否	VER5.0.0.0; MSPHEV20	中信国安盟固利动力科技有限公司	31	51	柴油/电混合动力	插电式混合动力城市客车			
	功率型	锰酸锂	SPIM14245190	3.7	—	1.03	192	中信国安盟固利动力科技有限公司	355.2	140	70	—	24.864	360	—	VER8.1.1.3; MSPHEV20	中信国安盟固利动力科技有限公司	—	52.4	NG/电混合动力	插电式混合动力城市客车			
	功率型	锰酸锂	SPIM14245190	3.7	—	1.03	192	中信国安盟固利动力科技有限公司	355.2	140	70	—	25	360	否	VER5.0.0.0; MSPHEV20	中信国安盟固利动力科技有限公司	—	30	NG/电混合动力	插电式混合动力城市客车			
	功率型	锰酸锂	SPIM14245190	3.7	—	1.03	192	厦门金龙联合汽车工业有限公司	355.2	140	70	—	25	360	否	硬件：MSEV02; 软件：VER5.0.0.0	中信国安盟固利动力科技有限公司	25	32	NG/电混合动力	插电式混合动力城市客车			
	功率型	锰酸锂	SPIM14245190	3.7	—	1.03	192	中信国安盟固利动力科技有限公司	355.2	140	70	—	25	360	否	VER5.0.0.0; MSPHEV20	中信国安盟固利动力科技有限公司	—	50	NG/电混合动力	插电式混合动力城市客车			
	功率型	锰酸锂	SPIM14245190	3.7	—	1.03	192	中信国安盟固利动力科技有限公司	355.2	140	70	—	25	360	否	VER5.0.0.0; MSPHEV20	中信国安盟固利动力科技有限公司	—	52.2	NG/电混合动力	插电式混合动力双层城市客车			
	功率型	锰酸锂	SPIM14245190	3.7	—	1.03	192	厦门金龙联合汽车工业有限公司	355.2	140	70	—	25	360	否	硬件：MSEV02; 软件：VER5.0.0.0	中信国安盟固利动力科技有限公司	25	32	柴油/电混合动力	插电式混合动力城市客车			

续表

储能装置单体生产企业	电动汽车储能装置类型	电动汽车储能装置种类	储能装置单体型号	储能装置单体的标称电压(V)	超级电容器单体标称静电容量(F)	储能装置单体质量(kg)	储能装置单体数量	储能装置总成生产企业	储能装置总成标称电压(V)	储能装置总成额定输出电流(A)	动力蓄电池总成标称容量(Ah)	超级电容器总成标称静电容量(F)	储能装置总储电量(kW·h)B	储能装置总成质量(kg)	动力蓄电池箱是否具有快换装置	车载能源管理系统型号(包括软件和硬件)	车载能源管理系统生产企业	电动汽车续驶里程(工况法,km)	电动汽车续驶里程(等速法,km)	燃料种类	配套车辆类型	2015年配套车型产量(辆)	2016年1-3月份配套车型产量(辆)	配套车型产量合计(辆)
中信国安盟固利动力科技有限公司	功率型	锰酸锂	SPIM14245190	3.7	—	1.03	192	厦门金龙联合汽车工业有限公司	355.2	140	70	—	25	360	否	硬件 MSEV20;软件 VER5.0.0.0	中信国安盟固利动力科技有限公司	—	52	柴油/电混合动力	插电式混合动力客车			
	功率型	锰酸锂	SPIM14245190	3.7	—	1.03	192	中信国安盟固利动力科技有限公司	592	140	70	—	41.4	660	否	VER1.1.0.0;MSBEV30	中信国安盟固利动力科技有限公司	—	180	NG/电混合动力	插电式混合动力城市客车			
	功率型	锰酸锂	SPIM14245190	3.7	—	1.03	276	中信国安盟固利动力科技有限公司	510.6	35	70	—	35.7	600	否	硬件:MSEV03;软件:1.0版	中信国安盟固利动力科技有限公司	30	30	NG混合动力	插电式混合动力城市客车			
	功率型	锰酸锂	SPIM14245190	3.7	—	1.03	320	中信国安盟固利动力科技有限公司	592	140	70	—	41.4	660	否	VER1.1.0.0;MSBEV30	中信国安盟固利动力科技有限公司	—	100	LNG/电混合动力	插电式混合动力城市客车			
	功率型	锰酸锂	SPIM14245190	3.7	—	1.03	288	中信国安盟固利动力科技有限公司	355.2	140	105	—	37.3	520	否	VER5.0.0.0;MSPHEV20	中信国安盟固利动力科技有限公司	—	53	NG/电混合动力	插电式混合动力城市客车			
	功率型	锰酸锂	SPIM14245190	3.7	—	1.03	288	中信国安盟固利动力科技有限公司	355.2	140	105	—	37.3	520	否	VER5.0.0.0;MSPHEV20	中信国安盟固利动力科技有限公司	—	54	柴油/电混合动力	插电式混合动力城市客车			
	功率型	锰酸锂	SPIM14245190	3.7	—	1.03	440	中信国安盟固利动力科技有限公司	325.6	100	175	—	57	760	否	软件:101.0.0.1;硬件 B20	中信国安盟固利动力科技有限公司	130	150	纯电动	纯电动客车			
	功率型	锰酸锂	SPIM14245190	3.7	—	1.03	791	中通客车控股股份有限公司	418	239	245	—	102.4	1260	否	ZTEV35E	中通客车控股股份有限公司	—	155	纯电动	纯电动城市客车			
	功率型	锰酸锂	SPIM14245190	3.7	—	1.03	960	中信国安盟固利动力科技有限公司	592	105	210	—	124.3	内箱1660+托架160	无	MSBEV 05;VER1.0.0.0	中信国安盟固利动力科技有限公司	90	171	纯电动	纯电动客车			

续表

储能装置单体生产企业	电动汽车储能装置类型	电动汽车储能装置种类	储能装置单体型号	储能装置单体的标称电压(V)	超级电容器单体标称静电容量(F)	储能装置单体质量(kg)	储能装置单体数量	储能装置总成生产企业	储能装置总成标称电压(V)	储能装置总成额定输出电流(A)	动力蓄电池总成标称容量(Ah)	超级电容器总成标称静电容量(F)	储能装置总储电量(kW·h)B	储能装置总成质量(kg)	动力蓄电池箱是否具有快换装置	车载能源管理系统型号(包括软件和硬件)	车载能源管理系统生产企业	电动汽车续驶里程(工况法，km)	电动汽车续驶里程(等速法，km)	燃料种类	配套车辆类型	2015年配套车型产量(辆)	2016年1-3月份配套车型产量(辆)	配套车型产量合计(辆)
中信国安盟固利动力科技有限公司	功率型	锰酸锂	SPIM14245190	3.7	—	1.03	960；900	中信国安盟固利动力科技有限公司	592；555	105	210	—	124.3；116.5	1820；1620	否	MSBEV 05；VER1.0.0.0	中信国安盟固利动力科技有限公司	—	270；251	纯电动	纯电动客车			
	功率型	锰酸锂	SPIM14245190	3.7	—	1.03	1520	中信国安盟固利动力科技有限公司	577	245	245	—	141.4	2020	否	A20	中信国安盟固利动力科技有限公司	—	290	纯电动	纯电动客车			
	功率型	锰酸锂	SPIM16285260	3.8	—	2.2	142	中信国安盟固利动力科技有限公司	539.6	120	60	—	32	575	否	GTBMS005A - MC16	哈尔滨冠拓电源设备有限公司	—	50	NG 混合动力	插电式混合动力城市客车			
	功率型	锰酸锂	SPIM23300260	3.8	—	2.82	416	中信国安盟固利动力科技有限公司	395	120	360	—	142	1850	是	EV01	广东惠州市亿能电子有限公司	130	160	纯电动	纯电动城市客车			
	功率型	三元材料	SPIM07180236	3.7	—	0.58	384	中信国安盟固利动力科技有限公司	355.2	260	355.2V 100Ah	—	35.52	728	—	EV02B	惠州亿能电子有限公司	42	51	NG/电混合动力	插电式混合动力城市客车			
	功率型	三元材料	SPIM11245190	3.7	—	0.77	282	中信国安盟固利动力科技有限公司	347.8	100	75	—	26	500	否	60.0.0.1/A20	中信国安盟固利动力科技有限公司	—	50	NG/电混合动力	插电式混合动力城市客车			
	功率型	三元材料	SPIM11245190	3.7	—	0.77	282	中信国安盟固利动力科技有限公司	347.8	100	75	—	26	500	否	60.0.0.1/A20	中信国安盟固利动力科技有限公司	—	50	柴油/电混合动力	插电式混合动力城市客车			
	功率型	三元材料	SPIM11245190	3.7	—	0.77	1120	中信国安盟固利动力科技有限公司	592	175	175	—	103.6	1500	—	软件：44.3.0.1；硬件：A20	中信国安盟固利动力科技有限公司	—	210	纯电动	纯电动城市客车			
	功率型	三元材料	SPIM11245190	3.7	—	0.77	740	中信国安盟固利动力科技有限公司	547.6	125	125	—	68.5	1050	否	软件：44.1.0.1；硬件：A20	中信国安盟固利动力科技有限公司	—	175	纯电动	纯电动城市客车			

续表

储能装置单体生产企业	电动汽车储能装置类型	电动汽车储能装置种类	储能装置单体型号	储能装置单体的标称电压(V)	超级电容器单体标称静电容量(F)	储能装置单体质量(kg)	储能装置单体数量	储能装置总成生产企业	储能装置总成标称电压(V)	储能装置总成额定输出电流(A)	动力蓄电池总成标称容量(Ah)	超级电容器总成标称静电容量(F)	储能装置总储电量(kW·h)B	储能装置总成质量(kg)	动力蓄电池箱是否具有快换装置	车载能源管理系统型号(包括软件和硬件)	车载能源管理系统生产企业	电动汽车续驶里程(工况法，km)	电动汽车续驶里程(等速法，km)	燃料种类	配套车辆类型	2015年配套车型产量(辆)	2016年1-3月份配套车型产量(辆)	配套车型产量合计(辆)
中信国安盟固利动力科技有限公司	功率型	三元材料	SPIM11245190	3.7	—	0.77	912	中信国安盟固利动力科技有限公司	562.4	150	150	—	84.4	1300	否	软件：44.2.0.1；硬件：A20	中信国安盟固利动力科技有限公司	—	170	纯电动	纯电动城市客车			
	功率型	三元材料	SPIM14245190	3.7	—	0.95	192	中信国安盟固利动力科技有限公司	355.2	140	70	—	26	360	否	VER5.0.0.0/A20	中信国安盟固利动力科技有限公司	—	50	柴油/电混合动力	插电式混合动力城市客车			
	功率型	三元材料	SPIM14245190	3.7	—	1.03	192	中信国安盟固利动力科技有限公司	355	140	70	—	24.85	330	否	VER 0.9.0.1/A20	中信国安盟固利动力科技有限公司	—	52	LNG/电混合动力	插电式混合动力城市客车			
	功率能量兼顾型	三元材料	SPIM11245190	3.7	—	0.77	276	中信国安盟固利动力科技有限公司	510	100	50	—	25.5	373	—	硬件：A20；软件：44.1.0.1	中信国安盟固利动力科技有限公司	—	50	柴油/电混合动力	插电式混合动力客车			
	功率能量兼顾型	三元材料	SPIM14245190	3.7	—	0.95	156	中信国安盟固利动力科技有限公司	577.2	70	35	—	20.2	280	—	硬件：A20；软件：44.1.0.1	中信国安盟固利动力科技有限公司	—	50	柴油/电混合动力	插电式混合动力客车			
	能量功率兼顾型	三元材料	SPIM14245190	3.7	—	0.95	144	中信国安盟固利动力科技有限公司	532.8	35	35	—	18.65	210	否	38.6.0.1；MSPHEV20	中信国安盟固利动力科技有限公司	—	51	柴油/电混合动力	插电式混合动力城市客车			
	能量型	三元材料	PVS82165227-25	3.7	—	0.56	582	中信国安盟固利动力科技有限公司	359	150	150	—	54	630	否	软件：120.0.0.7；硬件：A20	中信国安盟固利动力科技有限公司	155	205	纯电动	纯电动多用途乘用车			
	能量型	三元材料	SPIM11245190	3.7	—	0.76	468	中信国安盟固利动力科技有限公司	577.2	200	75	—	43.29	500	否	M20	中信国安盟固利动力科技有限公司	—	251	纯电动	纯电动城市客车			
	能量型	三元材料	SPIM14245190	3.7	—	0.95	156	中信国安盟固利动力科技有限公司	577.2	70	35	—	20.2	280	否	硬件：A20；软件：44.1.0.1	中信国安盟固利动力科技有限公司	—	50	柴油/电混合动力	插电式混合动力城市客车			

续表

储能装置单体生产企业	电动汽车储能装置类型	电动汽车储能装置种类	储能装置单体型号	储能装置单体的标称电压(V)	超级电容器单体标称静电容量(F)	储能装置单体质量(kg)	储能装置单体数量	储能装置总成生产企业	储能装置总成标称电压(V)	储能装置总成额定输出电流(A)	动力蓄电池总成标称容量(Ah)	超级电容器总成标称静电容量(F)	储能装置总储电量(kW·h)B	储能装置总成质量(kg)	动力蓄电池箱是否具有快换装置	车载能源管理系统型号(包括软件和硬件)	车载能源管理系统生产企业	电动汽车续驶里程(工况法，km)	电动汽车续驶里程(等速法，km)	燃料种类	配套车辆类型	2015年配套车型产量(辆)	2016年1-3月份配套车型产量(辆)	配套车型产量合计(辆)
中信国安盟固利动力科技有限公司	能量型	三元材料	SPIM14245190	3.7	—	0.95	156	中信国安盟固利动力科技有限公司	577.2	70	35	—	20.2	280	否	硬件：A20；软件：44.1.0.1	中信国安盟固利动力科技有限公司	—	50	LNG/电混合动力	插电式混合动力城市客车			
	能量型	锰酸锂	SPIM11245190	3.7	—	0.76	468；504	中信国安盟固利动力科技有限公司	577.2；621.6	250	75	—	43.29；46.6	700；753	否	A20	中信国安盟固利动力科技有限公司	—	201；251	纯电动	纯电动城市客车			
	能量型	锰酸锂	SPIM11245190	3.7	—	0.76	996；900	中信国安盟固利动力科技有限公司	614.2；555	200	150；150	—	92.13；83.25	1500；1380	否	M20	中信国安盟固利动力科技有限公司	—	255；220	纯电动	纯电动城市客车			
	能量型	锰酸锂	SPIM11245190	3.7	—	0.76	996；936	中信国安盟固利动力科技有限公司	614.2；577.2	200	150；150	—	92.13；86.6	1500；1290	否	M20	中信国安盟固利动力科技有限公司	—	255；251	纯电动	纯电动城市客车			
	能量型	锰酸锂	SPIM11245190	3.7	—	0.77	480	中信国安盟固利动力科技有限公司	355	225	125	—	44.37	558	否	VER5.0.0.0；MSPHEV20	中信国安盟固利动力科技有限公司	—	51	柴 油/电混合动力	插电式混合动力城市客车			
	能量型	锰酸锂	SPIM14245190	3.7	—	1.03	192	中信国安盟固利动力科技有限公司	355.2	140	70	—	24.864	270	否	硬件：MSEV02；软件：2.0.1.7版	中信国安盟固利动力科技有限公司	—	—	柴油混合动力	插电式混合动力城市客车			
	能量型	锰酸锂	SPIM14245190	3.7	—	1.03	192	中信国安盟固利动力科技有限公司	355.2	140	70	—	25	360	否	VER5.0.0.0；MSPHEV20	中信国安盟固利动力科技有限公司	20	50	NG/电 混合动力	插电式混合动力城市客车			
	能量型	锰酸锂	SPIM14245190	3.7	—	1.03	192	中信国安盟固利动力科技有限公司	355.2	140	70	—	25	360	否	VER5.0.0.0；MSPHEV20	中信国安盟固利动力科技有限公司	20	51	柴 油/电混合动力	插电式混合动力城市客车			
	能量型	锰酸锂	SPIM14245190	3.7	—	1.03	192	厦门金龙联合汽车工业有限公司	355.2	140	70	—	25	360	否	硬件：MSEV20；软件：VER5.0.0.0	中信国安盟固利动力科技有限公司	—	52	柴 油/电混合动力	插电式混合动力城市客车			

续表

储能装置单体生产企业	电动汽车储能装置类型	电动汽车储能装置种类	储能装置单体型号	储能装置单体的标称电压(V)	超级电容器单体标称静电容量(F)	储能装置单体质量(kg)	储能装置单体数量	储能装置总成生产企业	储能装置总成标称电压(V)	储能装置总成额定输出电流(A)	动力蓄电池总成标称容量(Ah)	超级电容器总成标称静电容量(F)	储能装置总储电量(kW·h)B	储能装置总成质量(kg)	动力蓄电池箱是否具有快换装置	车载能源管理系统型号(包括软件和硬件)	车载能源管理系统生产企业	电动汽车续驶里程(工况法,km)	电动汽车续驶里程(等速法,km)	燃料种类	配套车辆类型	2015年配套车型产量(辆)	2016年1-3月份配套车型产量(辆)	配套车型产量合计(辆)
中信国安盟固利动力科技有限公司	能量型	锰酸锂	SPIM14245190	3.7	—	1.03	276	中信国安盟固利动力科技有限公司	510	70	70	—	28.6	600	否	A1.0/EV03	惠州市亿能电子有限公司	—	—	柴油混合动力	插电式混合动力城市客车			
	能量功率兼顾型	锰酸锂	SPIM11245190	3.7	—	0.77	192	中信国安盟固利动力科技有限公司	355	200	50	—	17.76	300	否	38.5.0.3.a00/B20	中信国安盟固利动力科技有限公司;中信国安盟固利动力科技有限公司	21	33	柴油/电混合动力	插电式混合动力城市客车			
	能量功率兼顾型	锰酸锂	SPIM11245190	3.7	—	0.77	192	中信国安盟固利动力科技有限公司	355	200	50	—	17.7600	300	否	8.4.0.4/B20	中信国安盟固利动力科技有限公司;中信国安盟固利动力科技有限公司	21	33	LNG/电混合动力	插电式混合动力城市客车			
	能量功率兼顾型	锰酸锂	SPIM11245190	3.7	—	0.77	276	中信国安盟固利动力科技有限公司	510.6	50	50	—	25.53	430	否	38.6.0.1;MSPHEV20	中信国安盟固利动力科技有限公司;中信国安盟固利动力科技有限公司	—	51	NG/电混合动力	插电式混合动力城市客车			
	能量功率兼顾型	锰酸锂	SPIM11245190	3.7	—	0.77	276	中信国安盟固利动力科技有限公司	510.6	50	50	—	25.53	430	否	38.6.0.1;MSPHEV20	中信国安盟固利动力科技有限公司;中信国安盟固利动力科技有限公司	—	51	柴油/电混合动力	插电式混合动力城市客车			
	能量功率兼顾型	锰酸锂	SPIM14245190	3.7	—	1.03	192	中信国安盟固利动力科技有限公司	355.2	140	70	—	—	—	无	VER5.0.0.0;MSPHEV20	中信国安盟固利动力科技有限公司	46.5	46	LNG混合动力;NG混合动力	插电式混合动力城市客车			
	能量功率兼备型	锰酸锂	SPIM14245190	3.7	—	1.03	192	中信国安盟固利动力科技有限公司	355.2	98	70	—	24.864	300	否	MSPHEV20;PHEV5.0.0.0	中信国安盟固利动力科技有限公司;中信国安盟固利动力科技有限公司	38	54	NG混合动力	插电式混合动力城市客车			
	能量功率兼备型	锰酸锂	SPIM14245190	3.7	—	1.03	192	中信国安盟固利动力科技有限公司	355.2	98	70	—	24.864	300	否	MSPHEV20;PHEV5.0.0.0	中信国安盟固利动力科技有限公司;中信国安盟固利动力科技有限公司	38	54	柴油混合动力	插电式混合动力城市客车			

续表

储能装置单体生产企业	电动汽车储能装置类型	电动汽车储能装置种类	储能装置单体型号	储能装置单体的标称电压(V)	超级电容器单体标称静电容量(F)	储能装置单体质量(kg)	储能装置单体数量	储能装置总成生产企业	储能装置总成标称电压(V)	储能装置总成额定输出电流(A)	动力蓄电池总成标称容量(Ah)	超级电容器总成标称静电容量(F)	储能装置总储电量(kW·h)B	储能装置总成质量(kg)	动力蓄电池箱是否具有快换装置	车载能源管理系统型号(包括软件和硬件)	车载能源管理系统生产企业	电动汽车续驶里程(工况法, km)	电动汽车续驶里程(等速法, km)	燃料种类	配套车辆类型	2015年配套车型产量(辆)	2016年1-3月份配套车型产量(辆)	配套车型产量合计(辆)
中信国安盟固利动力科技有限公司	能量功率兼顾型	锰酸锂	SPIM14245190	3.7	—	1.03	192	中信国安盟固利动力科技有限公司	355.2	140	70	—	—	—	无	VER5.0.0.0; MSPHEV20	中信国安盟固利动力科技有限公司	46.5	46	柴油混合动力	插电式混合动力城市客车			
中航锂电（洛阳）有限公司	功率型	磷酸铁锂	CAM72	3.2	—	1.9±0.1	522	中航锂电（洛阳）有限公司	556.8	120	216	—	120	1044	否	S3005/H101	深圳市科列技术股份有限公司	130	180	纯电动	纯电动客车	5785	32	5817
	能量型	磷酸铁锂	CA100	3.2	—	3.3	94	上海中科深江电动车辆有限公司	300.8	99.7	100	—	30.08	385	无	SJB052001A－2101	上海中科深江电动车辆有限公司	120	150	纯电动	纯电动密闭式桶装垃圾车			
	能量型	磷酸铁锂	CA100	3.2	—	3.3	94	上海中科深江电动车辆有限公司	300.8	99.7	100	—	30.08	385	否	SJB052001A－2101	上海中科深江电动车辆有限公司	120	150	纯电动	纯电动车厢可卸式垃圾车			
	能量型	磷酸铁锂	CA100	3.2	—	3.3	180	中航锂电（洛阳）有限公司	576	100	100	—	57.6	712	否	EV05	惠州亿能电子有限公司	—	200	纯电动	纯电动城市客车			
	能量型	磷酸铁锂	CA100	3.2	—	3.3	540	中航锂电（洛阳）有限公司	576	300	300	—	172.8	2000	否	CA－V051	中航锂电（洛阳）有限公司	—	400	纯电动	纯电动客车			
	能量型	磷酸铁锂	CA100	3.2	—	3.3	540	中航锂电（洛阳）有限公司	576	300	300	—	172.8	2300	否	CA－V051	中航锂电（洛阳）有限公司	250	300	纯电动	纯电动城市客车			
	能量型	磷酸铁锂	CA100	3.2	—	3.3	720	中航锂电（洛阳）有限公司	576	400	400	—	230.4	2614	否	CA－V051	中航锂电（洛阳）有限公司	—	420	纯电动	纯电动客车			
	能量型	磷酸铁锂	CA180FI	3.2	—	5.79	30	中航锂电（洛阳）有限公司	96	200	180	—	17.28	≤180	否	TA72400－C	惠州市亿能电子有限公司	80	50	纯电动	纯电动车厢可卸式垃圾车			

续表

储能装置单体生产企业	电动汽车储能装置类型	电动汽车储能装置种类	储能装置单体型号	储能装置单体的标称电压(V)	超级电容器单体标称静电容量(F)	储能装置单体质量(kg)	储能装置单体数量	储能装置总成生产企业	储能装置总成标称电压(V)	储能装置总成额定输出电流(A)	动力蓄电池总成标称容量(Ah)	超级电容器总成标称静电容量(F)	储能装置总储电量(kW·h)B	储能装置总成质量(kg)	动力蓄电池箱是否具有快换装置	车载能源管理系统型号(包括软件和硬件)	车载能源管理系统生产企业	电动汽车续驶里程(工况法，km)	电动汽车续驶里程(等速法，km)	燃料种类	配套车辆类型	2015年配套车型产量(辆)	2016年1-3月份配套车型产量(辆)	配套车型产量合计(辆)
中航锂电(洛阳)有限公司	能量型	磷酸铁锂	CA180FI	3.2	—	5.79	30	中航锂电(洛阳)有限公司	96	200	—	180	17.28	≤180	否	TA72400-C	惠州市亿能电子有限公司	80	50	纯电动	纯电动车厢自装式垃圾车			
	能量型	磷酸铁锂	CA180FI	3.2	—	5.79	30	中航锂电(洛阳)有限公司	96	200	—	180	17.28	≤180	否	TA72400-C	惠州市亿能电子有限公司	80	100	纯电动	纯电动桶装垃圾运输车			
	能量型	磷酸铁锂	CA180FI	3.2	—	5.79	30	中航锂电(洛阳)有限公司	96	200	180	—	17.28	≤180	否	TA72400-C	惠州市亿能电子有限公司	—	—	纯电动	纯电动自装卸式垃圾车			
	能量型	磷酸铁锂	CA60FI	3.2	—	1.92	200	中航锂电(洛阳)有限公司	320	120	120	—	38.4	598	无	1.14.6.V12；3611010-EV001	东风汽车公司；惠州亿能电子有限公司	120	140	纯电动	纯电动扫路车			
	能量型	磷酸铁锂	CA60FI	3.2	—	1.92	200	中航锂电(洛阳)有限公司	320	120	120	—	38.4	598	无	1.14.6.V12；3611010-EV001	东风汽车公司；惠州亿能电子有限公司	—	140	纯电动	纯电动厢式运输车			
	能量型	磷酸铁锂	CA60FI	3.2	—	1.92	212	中航锂电(洛阳)有限公司	339.2	36~60	120	—	40.704	410	—	1.14.6.12；EVS100	东风汽车公司；襄阳海博思创新能源科技有限公司	85	100	纯电动	纯电动厢式运输车			
	能量型	磷酸铁锂	CA60FI	3.2	—	1.92	212	中航锂电(洛阳)有限公司	339.2	36~60	120	—	40.704	410	无	1.14.6.12；EVS100	东风汽车公司；襄阳海博思创新能源科技有限公司	85	100	纯电动	纯电动邮政车			
	能量型	磷酸铁锂	CA60FI	3.2	—	1.92	212	中航锂电(洛阳)有限公司	339.2	36~60	120	—	40.704	410	无	1.14.6.12；EVS100	东风汽车公司；襄阳海博思创新能源科技有限公司	—	100	纯电动	纯电动自装卸式垃圾车			
	能量型	磷酸铁锂	CAM72	3.2	—	1.75	182	中航锂电(洛阳)有限公司	582.4	72	72	—	42.06	500	否	EV05	惠州亿能电子有限公司	—	160	纯电动	纯电动城市客车			

续表

储能装置单体生产企业	电动汽车储能装置类型	电动汽车储能装置种类	储能装置单体型号	储能装置单体的标称电压(V)	超级电容器单体标称静电容量(F)	储能装置单体质量(kg)	储能装置单体数量	储能装置总成生产企业	储能装置总成标称电压(V)	储能装置总成额定输出电流(A)	动力蓄电池总成标称容量(Ah)	超级电容器总成标称静电容量(F)	储能装置总储电量(kW·h)B	储能装置总成质量(kg)	动力蓄电池箱是否具有快换装置	车载能源管理系统型号(包括软件和硬件)	车载能源管理系统生产企业	电动汽车续驶里程(工况法,km)	电动汽车续驶里程(等速法,km)	燃料种类	配套车辆类型	2015年配套车型产量(辆)	2016年1-3月份配套车型产量(辆)	配套车型产量合计(辆)
中航锂电(洛阳)有限公司	能量型	磷酸铁锂	CAM72	3.2	—	1.75±0.1kg	224	中航锂电(洛阳)有限公司	358	144	144	—	51.6	675	否	EK-FT-51A	安徽力高新能源技术有限公司	—	306	纯电动	纯电动客车			
	能量型	磷酸铁锂	CAM72	3.2	—	1.9	736;616	中航锂电(洛阳)有限公司	588.8;492.3	135	288	—	170;142	1700;1400	否	EV02	惠州亿能电子有限公司	220	250	纯电动	纯电动城市客车			
	能量型	磷酸铁锂	CAM72	3.2	—	1.9	224	中航锂电(洛阳)有限公司	358.4	144	144	—	51.61	600	否	EK-FT-52	安徽力高新能源技术有限公司	—	301	纯电动	纯电动客车			
	能量型	磷酸铁锂	CAM72	3.2V	—	1.9	288	武汉安普特科技有限公司苏州分公司	460.8	—	144	—	66.3522	620	—	BMSZ-2B	武汉安普特科技有限公司苏州分公司	—	170	纯电动	纯电动城市客车			
	能量型	磷酸铁锂	CAM72	3.2	—	1.9	144	江苏奥新新能源汽车有限公司	153.6	120	216	—	33.18	300	否	硬件:C00V38D1308;软件:AXWL33V01	江苏奥新新能源汽车有限公司	220	—	纯电动	纯电动冷藏车			
	能量型	磷酸铁锂	CAM72	3.2	—	1.9	144	江苏奥新新能源汽车有限公司	153.6	120	216	—	33.18	300	否	硬件:C00V38D1308;软件:AXWL33V01	江苏奥新新能源汽车有限公司	220	—	纯电动	纯电动厢式运输车			
	能量型	磷酸铁锂	CAM72	3.2	—	1.9±0.1kg	240	中航锂电(洛阳)有限公司	384	144	72	—	55.3	约547.2KG	否	EV05(一主三从)	惠州市亿能电子有限公司	—	155	纯电动	纯电动城市客车			
	能量型	磷酸铁锂	CAM72	3.2	—	2.1	2.1	中航锂电(洛阳)有限公司	339	74	72	—	24.42	300	无	1.14.6.12;EVS100	东风汽车公司;襄阳海博思创新能源科技有限公司	—	100	纯电动	纯电动自装卸式垃圾车			
	能量型	磷酸铁锂	CAM72	3.2	—	2.1	96	中航锂电(洛阳)有限公司	153.6	72	144	—	22.12	280	否	CA-V05 I/软件:PT&ZHQCH-CD-V0.0.003(V4.6);硬件:C00V38 D1308	中航锂电(洛阳)有限公司	142	119	纯电动	纯电动厢式运输车			

续表

储能装置单体生产企业	电动汽车储能装置类型	电动汽车储能装置种类	储能装置单体型号	储能装置单体的标称电压(V)	超级电容器单体标称静电容量(F)	储能装置单体质量(kg)	储能装置单体数量	储能装置总成生产企业	储能装置总成标称电压(V)	储能装置总成额定输出电流(A)	动力蓄电池总成标称容量(Ah)	超级电容器总成标称静电容量(F)	储能装置总储电量(kW·h)B	储能装置总成质量(kg)	动力蓄电池箱是否具有快换装置	车载能源管理系统型号(包括软件和硬件)	车载能源管理系统生产企业	电动汽车续驶里程(工况法，km)	电动汽车续驶里程(等速法，km)	燃料种类	配套车辆类型	2015年配套车型产量(辆)	2016年1-3月份配套车型产量(辆)	配套车型产量合计(辆)
中航锂电(洛阳)有限公司	能量型	磷酸铁锂	CAM72	3.2	—	2.1	96	中航锂电(洛阳)有限公司	153.6	72	144	—	22.12	280	否	CA-V05 I/软件：PTZHQCH-CD-V0.0.003(V4.6)；硬件：C00V38 D1308	中航锂电（洛阳）有限公司	142	—	纯电动	纯电动车厢可卸式垃圾车			
	能量型	磷酸铁锂	CAM72	3.2	—	2.1	100	上海中科深江电动车辆有限公司	320	94	72	—	23.04	245	—	SJ-BMS-20-V2.2	上海中科深江电动车辆有限公司	82	100	纯电动	纯电动自装卸式垃圾车			
	能量型	磷酸铁锂	CAM72	3.2	—	2.1	106	中航锂电(洛阳)有限公司	339	20	72	—	24.4	350	无	1.14.6.12；EVS100	东风汽车公司；襄阳海博思创新能源科技有限公司	80	100	纯电动	纯电动自卸式垃圾车			
	能量型	磷酸铁锂	CAM72	3.2	—	2.1	112	中航锂电(洛阳)有限公司	358.4	22	72	—	26	310	—	EV03	惠州市亿能电子有限公司	150	160	纯电动	纯电动多用途乘用车			
	能量型	磷酸铁锂	CAM72	3.2	—	2.1	112	中航锂电(洛阳)有限公司	358.4	22	72	—	26	310	—	EV03	惠州市亿能电子有限公司	150	160	纯电动	纯电动轻型货车			
	能量型	磷酸铁锂	CAM72	3.2	—	2.1	112	中航锂电(洛阳)有限公司	358.4	22	72	—	26	310	—	EV03	惠州市亿能电子有限公司	150	160	纯电动	纯电动厢式运输车			
	能量型	磷酸铁锂	CAM72	3.2	—	2.1	135	中航锂电(洛阳)有限公司	144	63	216	—	31.1	366	否	BMSV045AB1B001	上海恒动汽车电池有限公司	173	176	纯电动	纯电动厢式运输车			
	能量型	磷酸铁锂	CAM72	3.2	—	2.1	240	中航锂电(洛阳)有限公司	384	144	144	—	55.3	630	否	LG_ BMS_ B51_ V4.21；LG_ CALB_ B51_ V2.3	安徽力高新能源技术有限公司；安徽力高新能源技术有限公司	125	155	纯电动	纯电动城市客车			

续表

储能装置单体生产企业	电动汽车储能装置类型	电动汽车储能装置种类	储能装置单体型号	储能装置单体的标称电压(V)	超级电容器单体标称静电容量(F)	储能装置单体质量(kg)	储能装置单体数量	储能装置总成生产企业	储能装置总成标称电压(V)	储能装置总成额定输出电流(A)	动力蓄电池总成标称容量(Ah)	超级电容器总成标称静电容量(F)	储能装置总储电量(kW·h)B	储能装置总成质量(kg)	动力蓄电池箱是否具有快换装置	车载能源管理系统型号(包括软件和硬件)	车载能源管理系统生产企业	电动汽车续驶里程(工况法,km)	电动汽车续驶里程(等速法,km)	燃料种类	配套车辆类型	2015年配套车型产量(辆)	2016年1-3月份配套车型产量(辆)	配套车型产量合计(辆)
中航锂电(洛阳)有限公司	能量型	磷酸铁锂	CAM72	3.2	—	2.1	314	中航锂电(洛阳)有限公司	502.4	144	144	—	72.3	800	否	EV05	惠州亿能电子有限公司	—	250	纯电动	纯电动客车			
	能量型	磷酸铁锂	CAM72	3.2	—	2.1	350	淄博正华电动车科技有限公司	560	144	140	—	78.4	985	是	EV05 60S;EV05 36S-2421	惠州亿能电子有限公司	—	150	纯电动	纯电动城市客车			
	能量型	磷酸铁锂	CAM72	3.2	—	2.1	360	淄博正华电动车科技有限公司	576	144	144	—	83	998	是	EV05 60S;EV05 36S	惠州亿能电子有限公司	—	210	纯电动	纯电动客车			
	能量型	磷酸铁锂	CAM72	3.2	—	2.1	464	中航锂电(洛阳)有限公司	371	288	288	—	107	1500	—	硬件:EVS100;软件:BMSA pplication1.0.0.0	北京海博思创科技有限公司	—	200	纯电动	纯电动城市客车			
	能量型	磷酸铁锂	CAM72	3.2	—	2.1	576	中航锂电(洛阳)有限公司	614.4	216	216	—	132.7	1560	否	硬件:EVS100;软件:BMSA pplication1.0.0.0	北京海博思创科技有限公司	—	280	纯电动	纯电动城市客车			
	能量型	磷酸铁锂	CAM72	3.2	—	2.1	672	中航锂电(洛阳)有限公司	537.6	186	288	—	154.83	2000	否	CA-V05 Ⅰ	中航锂电(洛阳)有限公司	160	150	纯电动	纯电动城市客车			
	能量型	磷酸铁锂	CAM72	3.2	—	2.1	910	中航锂电(洛阳)有限公司	582.4	360	360	—	209.6	2460	否	硬件:EVS100;软件:BMSA pplication1.0.0.0	北京海博思创科技有限公司	210	280	纯电动	纯电动城市客车			
	能量型	磷酸铁锂	CAM72	3.2	—	2.1	930	中航锂电(洛阳)有限公司	595.2	360	360	—	214	2425	否	硬件:EVS100;软件:BMSA pplication1.0.0.0	北京海博思创科技有限公司	—	280	纯电动	纯电动城市客车			
	能量型	磷酸铁锂	CAM72	3.2	—	2.1 ±0.1	420	中航锂电(洛阳)有限公司	336	150	288	—	96.8	1300	否	ZRBMS16-V07	北京中瑞蓝科电动汽车技术有限公司	180	200	纯电动	纯电动客车			

续表

储能装置单体生产企业	电动汽车储能装置类型	电动汽车储能装置种类	储能装置单体型号	储能装置单体的标称电压(V)	超级电容器单体标称静电容量(F)	储能装置单体质量(kg)	储能装置单体数量	储能装置总成生产企业	储能装置总成标称电压(V)	储能装置总成额定输出电流(A)	动力蓄电池总成标称容量(Ah)	超级电容器总成标称静电容量(F)	储能装置总储电量(kW·h)B	储能装置总成质量(kg)	动力蓄电池箱是否具有快换装置	车载能源管理系统型号(包括软件和硬件)	车载能源管理系统生产企业	电动汽车续驶里程(工况法,km)	电动汽车续驶里程(等速法,km)	燃料种类	配套车辆类型	2015年配套车型产量(辆)	2016年1-3月份配套车型产量(辆)	配套车型产量合计(辆)
中航锂电(洛阳)有限公司	能量型	磷酸铁锂	E200FI	3.2	—	5.7	120;120	中航锂电(洛阳)有限公司	384	200	200	—	76.8	860	否	ZTF20E;MWZT01	中通客车控股股份有限公司;中通客车控股股份有限公司	150	200	纯电动	纯电动城市客车			
	能量型	磷酸铁锂	SE100AHA	3.2	—	3.1±0.1	112	中航锂电(洛阳)有限公司	358.4	100	100	—	35.8	400	否	B30C03-EV02B(EV02BCSS2316;EV02BCSH0A26)	惠州市亿能电子有限公司	130	160	纯电动	纯电动工程车			
	能量型	磷酸铁锂	SE100AHA	3.2	—	3.2	100	中航锂电(洛阳)有限公司	320	0.0625	100	—	32	48	无	3611010-EV001	惠州亿能电子有限公司	80	100	纯电动	纯电动车厢可卸式垃圾车			
	能量型	磷酸铁锂	SE180AHA	3.2	—	5.1±0.1kg	100	纽贝耳汽车(杭州)有限公司	320	94	180	—	57.6	510	是	—	—	—	300	纯电动	纯电动轿车			
	能量型	磷酸铁锂	SE180AHA	3.2	—	5.60	240	中航锂电(洛阳)有限公司	384	360	360	—	138	1344	否	EV03	惠州市亿能电子有限公司	—	250	纯电动	纯电动城市客车			
	能量型	磷酸铁锂	SE180AHA	3.2	—	5.6	120	江西博能上饶客车有限公司	380	180	180	—	68.4	700	否	V1.0/SJ-BMS001	上海中科深江电动车辆有限公司	130	150	纯电动	纯电动客车			
	能量型	磷酸铁锂	SE180AHA	3.2	—	5.6	240	成都凯迈科技有限公司	384	360	360	—	142	1600	有	B30C03-EV02B	惠州市亿能电子有限公司	150	150	纯电动	纯电动洒水车			
	能量型	磷酸铁锂	SE180AHA	3.2	—	5.6	45	中航锂电(洛阳)有限公司	144	60	180	—	25.92	354	否	EK-FT-12;ZRBMSV.03	安徽力高新能源技术有限公司;北京中瑞蓝科电动汽车技术有限公司	125	152	纯电动	纯电动厢式运输车			
	能量型	磷酸铁锂	SE180AHA	3.2	—	5.6	45	重庆瑞驰汽车实业有限公司	144	60	180	—	25.92	354	否	EK-FT-12	安徽力高新能源技术有限公司	113	120	纯电动	纯电动厢式运输车			

续表

储能装置单体生产企业	电动汽车储能装置类型	电动汽车储能装置种类	储能装置单体型号	储能装置单体的标称电压(V)	超级电容器单体标称静电容量(F)	储能装置单体质量(kg)	储能装置单体数量	储能装置总成生产企业	储能装置总成标称电压(V)	储能装置总成额定输出电流(A)	动力蓄电池总成标称容量(Ah)	超级电容器总成标称静电容量(F)	储能装置总储电量(kW·h)B	储能装置总成质量(kg)	动力蓄电池箱是否具有快换装置	车载能源管理系统型号(包括软件和硬件)	车载能源管理系统生产企业	电动汽车续驶里程(工况法，km)	电动汽车续驶里程(等速法，km)	燃料种类	配套车辆类型	2015年配套车型产量(辆)	2016年1-3月份配套车型产量(辆)	配套车型产量合计(辆)
中航锂电(洛阳)有限公司	能量型	磷酸铁锂	SE180AHA	3.2	—	5.7	45	中航锂电(洛阳)有限公司	144	60	180	—	25.92	345	否	2124100-EKE01	安徽力高新能源技术有限公司	120	—	纯电动	纯电动厢式运输车			
	能量型	磷酸铁锂	SE180AHA;GBS-LFMP200Ah	3.2	—	5.60;5.62	300;300	中航锂电(洛阳)有限公司;浙江佳贝思绿色能源有限公司	320;320	540;600	540;600	—	172.8;192	1864;1686	否	—	EV03	—	200	纯电动	纯电动城市客车			
	能量型	磷酸铁锂	SE200FI	3.2	—	5.60	240	中航锂电(洛阳)有限公司	384V	120A	400Ah	—	153.6	1820	否	软件：KL-BMS01；硬件：KL-BMS01	深圳科列技术有限公司	—	165	纯电动	纯电动城市客车			
	能量型	磷酸铁锂	SE200FⅠ	3.2	—	5.7	356	淄博正华电动车科技有限公司	570	315	400	—	228	2200	否	EVBCM-1101;EVBMM-2421	杭州高特电子设备有限公司	—	200	纯电动	纯电动城市客车			
	能量型	磷酸铁锂	SE200FⅠ	3.2	—	5.7	180	中航锂电(洛阳)有限公司	576	60	200	—	115.2	1026	否	B33011MS3610;EV05CSS2316	惠州市亿能电子有限公司	—	252	纯电动	纯电动客车			
	能量型	磷酸铁锂	SE200FⅠ	3.2V	—	5.7	108	中航锂电(洛阳)有限公司	345.6	60	200	—	69.1	930	否	EV05	惠州市亿能电子有限公司	—	180	纯电动	纯电动客车			
	能量型	磷酸铁锂	SE200FI	3.2	—	5.7	106	中航锂电(洛阳)有限公司	339.2	60	200	—	67.84	880	—	EV05	惠州市亿能电子有限公司	120	155	纯电动	纯电动客车			
	能量型	磷酸铁锂	SE200FI	3.2	—	5.7	120	中航锂电(洛阳)有限公司	384	200	200	—	76.8	860	否	CA-V05Ⅰ	中航锂电(洛阳)有限公司	—	255	纯电动	纯电动城市客车			

续表

储能装置单体生产企业	电动汽车储能装置类型	电动汽车储能装置种类	储能装置单体型号	储能装置单体的标称电压(V)	超级电容器单体标称静电容量(F)	储能装置单体质量(kg)	储能装置单体数量	储能装置总成生产企业	储能装置总成标称电压(V)	储能装置总成额定输出电流(A)	动力蓄电池总成标称容量(Ah)	超级电容器总成标称静电容量(F)	储能装置总储电量(kW·h)B	储能装置总成质量(kg)	动力蓄电池箱是否具有快换装置	车载能源管理系统型号(包括软件和硬件)	车载能源管理系统生产企业	电动汽车续驶里程(工况法，km)	电动汽车续驶里程(等速法，km)	燃料种类	配套车辆类型	2015年配套车型产量(辆)	2016年1-3月份配套车型产量(辆)	配套车型产量合计(辆)
中航锂电（洛阳）有限公司	能量型	磷酸铁锂	SE200FI	3.2	—	5.7	372	中航锂电（洛阳）有限公司	595.2	200	400	—	238	2945	否	硬件：EVS100；软件：BMSA pplication1.0.0.0	北京海博思创科技有限公司	220	280	纯电动	纯电动城市客车			
	能量型	三元材料	CAS20N I	3.7	—	0.46	832	中航锂电（洛阳）有限公司	384.6	160	160	—	61.5	582	否	384.6V - 160Ah_ Pack	中航锂电（洛阳）有限公司	—	201	纯电动	纯电动客车			
	能量型	三元材料	CAS20N I	3.7	—	0.448	832	中航锂电（洛阳）有限公司	384.8	160	160	—	61.6	588	否	硬件：EVS100；软件：BMSA pplication1.0.0.0	北京海博思创科技有限公司	—	160	纯电动	纯电动城市客车			
	能量型	三元材料	CAS20N I	3.7	—	0.46 ±0.002	624	中航锂电（洛阳）有限公司	384	120	120	—	46.2	490	否	HS-100	北京海博思创科技有限公司	100	150	纯电动	纯电动客车			
	能量型	三元材料	CAS20N I	3.7	—	0.46 ±0.002	832	中航锂电（洛阳）有限公司	384	160	160	—	61.5	600	无	HS-100	北京海博思创科技有限公司	—	200	纯电动	纯电动客车			
超威电源有限公司；浙江天能电池有限公司；天能电池集团有限公司；山东圣阳电源科技有限公司	能量型	铅酸电池	3DM180（超威）；6-DM-150AH（浙江天能）；2101AAE（天能；圣阳）	6（3DM180）；12（6-DM-150AH；2101AAE）	—	52(6-DM-150AH)；35（3DM180）；52（天能2101AAE）；53（圣阳2101AAE）	5(6-DM-150AH)；10（3DM180）；6（天能2101AAE）；5（圣阳2101AAE）	超威电源有限公司；浙江天能电池有限公司；天能电池集团有限公司；山东圣阳电源科技有限公司	60（3DM180；6-DM-150AH；圣阳2101AAE）；72（天能2101AAE）	120（6-DM-150AH；3DM180）；83（天能2101AAE）；120（圣阳2101AAE）	150（6-DM-150AH；2101AAE）；180（3DM180）	—	9(6-DM-150AH；圣阳2101AAE)；10.8（3DM180；天能2101AAE）	280（6-DM-150AH；圣阳2101AAE）；350（3DM180）；312（2101AAE）	否	—	—	80	90	纯电动	纯电动轿车	5775	0	5775

续表

储能装置单体生产企业	电动汽车储能装置类型	电动汽车储能装置种类	储能装置单体型号	储能装置单体的标称电压(V)	超级电容器单体标称静电容量(F)	储能装置单体质量(kg)	储能装置单体数量	储能装置总成生产企业	储能装置总成标称电压(V)	储能装置总成额定输出电流(A)	动力蓄电池总成标称容量(Ah)	超级电容器总成标称静电容量(F)	储能装置总储电量(kW·h)B	储能装置总成质量(kg)	动力蓄电池箱是否具有快换装置	车载能源管理系统型号(包括软件和硬件)	车载能源管理系统生产企业	电动汽车续驶里程(工况法,km)	电动汽车续驶里程(等速法,km)	燃料种类	配套车辆类型	2015年配套车型产量(辆)	2016年1-3月份配套车型产量(辆)	配套车型产量合计(辆)
江西省福斯特新能源集团有限公司	功率型	三元材料	18650-2000mAh	3.7	—	0.045	1800	江西省福斯特新能源集团有限公司	74	180	180	—	13.3	110	否	主BMU03A-I-G-12/24V-400V;从BSU03-26S5T-12V-100K-B	深圳市科列技术股份有限公司	80	105	纯电动	纯电动仓栅式运输车	5277	103	5380
	功率型	三元材料	18650-2000mAh	3.7	—	0.045	1800	江西省福斯特新能源集团有限公司	74	180	180	—	13.3	110	否	主BMU03A-I-G-12/24V-400V;从BSU03-26S5T-12V-100K-B	深圳市科列技术股份有限公司	80	105	纯电动	纯电动厢式运输车			
	功率型	三元材料	18650-2000mAh	3.7	—	0.045	2520	江西省福斯特新能源集团有限公司	74	200	252	—	18.65	180	否	主BMU03A-I-G-12/24V-400V;从BSU03-26S5T-12V-100K-B	深圳市科列技术股份有限公司	120	140	纯电动	纯电动仓栅式运输车			
	功率型	三元材料	18650-2000mAh	3.7	—	0.045	2520	江西省福斯特新能源集团有限公司	74	200	252	—	18.65	180	否	主BMU03A-I-G-12/24V-400V;从BSU03-26S5T-12V-100K-B	深圳市科列技术股份有限公司	120	140	纯电动	纯电动车厢可卸式垃圾车			
	功率型	三元材料	18650-2000mAh	3.7	—	0.045	2520	江西省福斯特新能源集团有限公司	74	200	252	—	18.65	180	否	主BMU03A-I-G-12/24V-400V;从BSU03-26S5T-12V-100K-B	深圳市科列技术股份有限公司	120	140	纯电动	纯电动路面养护车			
	功率型	三元材料	ISR18650-2000mAh	3.7	—	0.045	2520	江西省福斯特新能源集团有限公司	74	200	252	—	18.65	180	否	主BMU03A-I-G-12/24V-400V;从BSU03-26S5T-12V-100K-B	深圳市科列技术股份有限公司	120	140	纯电动	纯电动售货车			
	功率型	三元材料	18650-2000mAh	3.7	—	0.045	2520	江西省福斯特新能源集团有限公司	74	200	252	—	18.65	180	否	主BMU03A-I-G-12/24V-400V;从BSU03-26S5T-12V-100K-B	深圳市科列技术股份有限公司	120	140	纯电动	纯电动桶装垃圾运输车			

续表

储能装置单体生产企业	电动汽车储能装置类型	电动汽车储能装置种类	储能装置单体型号	储能装置单体的标称电压(V)	超级电容器单体标称静电容量(F)	储能装置单体质量(kg)	储能装置单体数量	储能装置总成生产企业	储能装置总成标称电压(V)	储能装置总成额定输出电流(A)	动力蓄电池总成标称容量(Ah)	超级电容器总成标称静电容量(F)	储能装置总储电量(kW·h)B	储能装置总成质量(kg)	动力蓄电池箱是否具有快换装置	车载能源管理系统型号(包括软件和硬件)	车载能源管理系统生产企业	电动汽车续驶里程(工况法，km)	电动汽车续驶里程(等速法，km)	燃料种类	配套车辆类型	2015年配套车型产量(辆)	2016年1-3月份配套车型产量(辆)	配套车型产量合计(辆)
江西省福斯特新能源集团有限公司	功率型	三元材料	ISR18650-2000mAh	3.7	—	0.045	2520	江西省福斯特新能源集团有限公司	74	200	252	—	18.65	180	否	主BMU03A-I-G-12/24V-400V；从BSU03-26S5T-12V-100K-B	深圳市科列技术股份有限公司	120	140	纯电动	纯电动厢式运输车			
	功率型	三元材料	18650-2000mAh	3.7	—	0.045	2520	江西省福斯特新能源集团有限公司	74	200	252	—	18.65	180	否	主BMU03A-I-G-12/24V-400V；从BSU03-26S5T-12V-100K-B	深圳市科列技术股份有限公司	120	140	纯电动	纯电动自装卸式垃圾车			
	能量型	三元材料	18650-2400mAh	3.65	—	0.048	4080	江西省福斯特新能源集团有限公司	109.5	173	326.4	—	35.7	372	—	硬件：stj5023_ sqtj_ T13_ T000；软件：T000	深圳市航盛电子股份有限公司	190	—	纯电动	纯电动厢式运输车			
力神动力电池系统有限公司	能量型	磷酸铁锂	18650	3.6	—	0.048	624	力神动力电池系统有限公司	316.8	254.8	254.8	—	80.7	760	否	QT-EVCU-2518	浙江高泰昊能科技有限公司	200	300	纯电动	纯电动客车			
	能量型	磷酸铁锂	LP2770102	3.2	—	0.389	510	力神动力电池系统有限公司	326.4	65	67.5	—	22	290	否	LM KIA_ LDev2 BMS PCBA	力神动力电池系统有限公司	140	156	纯电动	纯电动轿车			
	能量型	磷酸铁锂	LP2770120	3.2	—	0.458	2520	力神动力电池系统有限公司	384	150	336	—	120	1800	否	软件LS_ EV_ BMS_ B22；硬件：LS_ EV_ BMS_ B22	力神动力电池系统有限公司	—	150	纯电动	纯电动城市客车	5025	287	5312
	能量型	磷酸铁锂	LP2770120AC	3.2	—	0.453	2688	力神动力电池系统有限公司	538	132	264	—	142	1570	是	V3.0/V3.0H	北京八恺电气科技有限公司	91	160	纯电动	纯电动城市客车			
	能量型	磷酸铁锂	LP2770120AC	3.2	—	453±10	3456	力神动力电池系统有限公司	614	180	360	—	221	2400	否	BMS-HIGEC01	苏州海格新能源汽车电控系统科技有限公司	—	160	纯电动	纯电动城市客车			

续表

储能装置单体生产企业	电动汽车储能装置类型	电动汽车储能装置种类	储能装置单体型号	储能装置单体的标称电压(V)	超级电容器单体标称静电容量(F)	储能装置单体质量(kg)	储能装置单体数量	储能装置总成生产企业	储能装置总成标称电压(V)	储能装置总成额定输出电流(A)	动力蓄电池总成标称容量(Ah)	超级电容器总成标称静电容量(F)	储能装置总储电量(kW·h)B	储能装置总成质量(kg)	动力蓄电池箱是否具有快换装置	车载能源管理系统型号(包括软件和硬件)	车载能源管理系统生产企业	电动汽车续驶里程(工况法,km)	电动汽车续驶里程(等速法,km)	燃料种类	配套车辆类型	2015年配套车型产量(辆)	2016年1-3月份配套车型产量(辆)	配套车型产量合计(辆)
力神动力电池系统有限公司	能量型	磷酸铁锂	LP2770134	3.2	—	0.153	1080	力神动力电池系统有限公司	576	120	120	—	69.12	890	无	软件版本：LS_ EV_ BMS_ B22；硬件版本：LS_ EV_ BMS_ B22	力神动力电池系统有限公司	—	160	纯电动	纯电动客车			
	能量型	磷酸铁锂	LP2770134	3.2	—	0.51	728	苏州科易新动力科技有限公司	332.8	140	140	—	46.6	550	否	硬件：KPB04 - KPL04 - KPE600；软件 NJLTV1.0	苏州科易新动力科技有限公司	—	263	纯电动	纯电动客车			
	能量型	磷酸铁锂	LP2770134	3.2	—	0.51	832	北京科易动力科技有限公司	332.8	160	160	—	53.248	600	否	KPB04 - KPL04 - KPE600	北京科易动力科技有限公司	—	312	纯电动	纯电动客车			
	能量型	磷酸铁锂	LP2770134	3.2	—	0.51	972	天津力神电池股份有限公司	518.4	60	120	—	62.2	690	否	LS_ BMS_ EV_ B1；LS_ BMS_ EV_ B1	天津力神电池股份有限公司	160	200	纯电动	纯电动客车			
	能量型	磷酸铁锂	LP2770134	3.2	—	0.51	1650	力神动力电池系统有限公司	384	200	260(±3%)	—	99(±3%)	1100	—	LS_ BMS_ EV_ BE	力神动力电池系统有限公司	—	220	纯电动	纯电动城市客车			
	能量型	磷酸铁锂	LP2770134	3.2	—	0.51	1512	中通客车控股股份有限公司	538	149	180	—	96.8	1190	否	ZTEV20E	中通客车控股股份有限公司	—	250	纯电动	纯电动客车			
	能量型	磷酸铁锂	LP2770134	3.2	—	0.51	2160；1800	中通客车控股股份有限公司	576	138.9	240；200	—	138；115.2	1700；1420	否	ZTEV20E	中通客车控股股份有限公司	—	200；180	纯电动	纯电动城市客车			
	能量型	磷酸铁锂	LP2770134	3.2	—	0.51	2340	中通客车控股股份有限公司	576	174	260	—	150	1872	否	ZTEV40E	中通客车控股股份有限公司	—	250	纯电动	纯电动城市客车			
	能量型	磷酸铁锂	LP2770134	3.2	—	0.51	2640	力神动力电池系统有限公司	352	160	480	—	152	2752	—	EV04CH - 1 - 31A	惠州市亿能电子有限公司	—	275	纯电动	纯电动城市客车			

续表

储能装置单体生产企业	电动汽车储能装置类型	电动汽车储能装置种类	储能装置单体型号	储能装置单体的标称电压(V)	超级电容器单体标称静电容量(F)	储能装置单体质量(kg)	储能装置单体数量	储能装置总成生产企业	储能装置总成标称电压(V)	储能装置总成额定输出电流(A)	动力蓄电池总成标称容量(Ah)	超级电容器总成标称静电容量(F)	储能装置总储电量(kW·h)B	储能装置总成质量(kg)	动力蓄电池箱是否具有快换装置	车载能源管理系统型号(包括软件和硬件)	车载能源管理系统生产企业	电动汽车续驶里程(工况法，km)	电动汽车续驶里程(等速法，km)	燃料种类	配套车辆类型	2015年配套车型产量(辆)	2016年1-3月份配套车型产量(辆)	配套车型产量合计(辆)
力神动力电池系统有限公司	能量型	磷酸铁锂	LP2770134	3.2	—	0.51	2700	力神动力电池系统有限公司	576	217	300	—	172.8	1940	否	LS_ EV_ BMU_ FS_ A1	天津力神电池股份有限公司	—	240	纯电动	纯电动客车			
	能量型	磷酸铁锂	LP2770134	3.2	—	0.51	2880	中通客车控股股份有限公司	576	173.6	320	—	184	2400	是	ZTEV320A	中通客车控股股份有限公司	160	261	纯电动	纯电动客车			
	能量型	磷酸铁锂	LP2770134	3.2	—	0.51	2880	中通客车控股股份有限公司	576	173.6	320	—	184	2400	是	ZTEV320A	中通客车控股股份有限公司	—	290	纯电动	纯电动客车			
	能量型	磷酸铁锂	LP2770134	3.2	—	0.51	2880	力神动力电池系统有限公司	576	226	320	—	185	2000	是	EV01	惠州市亿能电子有限公司	230	300	纯电动	纯电动客车			
	能量型	磷酸铁锂	LP2770134	3.2	—	0.510	2340	宁波力神动力电池系统有限公司	576	200	260	—	149.76	1800	否	LS_ EV_ BMS_ NB01	天津力神电池股份有限公司	—	251	纯电动	纯电动城市客车			
	能量型	磷酸铁锂	LP2770134	3.2	—	0.510	840	武汉力神动力电池系统科技有限公司	537.6	100	100	—	53.76	620	否	LS_ EV_ BMU_ FS_ AA1	天津力神电池股份有限公司	—	165	纯电动	纯电动客车			
	能量型	磷酸铁锂	LP2770134	3.2	—	0.513	1800	力神动力电池系统有限公司	576	200	200	—	115.2	1800	否	软件：LS_ EV_ BMS_ B22；硬件：LS_ EV_ BMS_ B22	力神动力电池系统有限公司	—	150	纯电动	纯电动城市客车			
	能量型	磷酸铁锂	LP2770134	3.2	—	0.513	1000	武汉力神电池系统科技有限公司	320	200	200	—	64	900	否	LS_ EV_ BMU_ FS_ AA1	天津力神电池股份有限公司	200	240	纯电动	纯电动扫路车			
	能量型	磷酸铁锂	LP2770134	3.2	—	0.513	600	武汉力神电池系统科技有限公司	320	120	120	—	38	450	否	LS_ EV_ BMU_ FS_ AA1	天津力神电池股份有限公司	125	150	纯电动	纯电动路面养护车			

续表

储能装置单体生产企业	电动汽车储能装置类型	电动汽车储能装置种类	储能装置单体型号	储能装置单体的标称电压(V)	超级电容器单体标称静电容量(F)	储能装置单体质量(kg)	储能装置单体数量	储能装置总成生产企业	储能装置总成标称电压(V)	储能装置总成额定输出电流(A)	动力蓄电池总成标称容量(Ah)	超级电容器总成标称静电容量(F)	储能装置总储电量(kW·h)B	储能装置总成质量(kg)	动力蓄电池箱是否具有快换装置	车载能源管理系统型号(包括软件和硬件)	车载能源管理系统生产企业	电动汽车续驶里程(工况法,km)	电动汽车续驶里程(等速法,km)	燃料种类	配套车辆类型	2015年配套车型产量(辆)	2016年1-3月份配套车型产量(辆)	配套车型产量合计(辆)
力神动力电池系统有限公司	能量型	磷酸铁锂	LP2770134	3.2	—	0.513	600	武汉力神电池系统科技有限公司	320	120	120	—	38	450	否	LS_ EV_ BMU_ FS_ AA1	天津力神电池股份有限公司	125	150	纯电动	纯电动自装卸式垃圾车			
	能量型	磷酸铁锂	LP2770134	3.2	—	513±8g	3120	力神动力电池系统有限公司	384	200	120 (±3%)	—	200 (±3%)	230	否	LS_ EV_ BMS_ A0	力神动力电池系统有限公司	—	220	纯电动	纯电动城市客车			
	能量型	三元材料	18650	3.6	—	0.048	2156	浙江时空能源技术有限公司	79.2	254.8	254.8	—	20.18	190	是	QT-BGCS-2118A;QT-EVCU-2518	浙江高泰昊能科技有限公司	250	300	纯电动	纯电动轿车			
	能量型	三元材料	18650	3.6	—	0.045	3960	力神动力电池系统有限公司	144	120	247.5	—	35.64	320	否	硬件:LS_ EV_ BMU_ FS_ AA1 PCBA;软件:V1.0.0	天津力神电池股份有限公司	165	—	纯电动	纯电动厢式运输车			
	能量型	三元材料	18650	3.6	—	0.045	5400	力神动力电池系统有限公司	324	120	150	—	48.6	530	否	硬件:LS_ EV_ BMU_ FS_ AA1;PCBA;软件:V1.0.0	天津力神电池股份有限公司	200	—	纯电动	纯电动厢式运输车			
	能量型	三元材料	18650	3.6	—	0.045	5376	杭州泓源电动汽车有限公司	306	100	166	—	50.8	400	是	HYBMS102	杭州泓源电动汽车有限公司	210	—	纯电动	纯电动厢式运输车			
	能量型	三元材料	LP2770120	3.7	—	0.51	288	华晨汽车集团控股有限公司	355	132	66	—	23.443	250	否	SF_ V9/HW_ V3	力神动力电池系统有限公司	150	180	纯电动	纯电动轿车			
浙江谷神能源科技股份有限公司	能量型	磷酸铁锂	GSF46160M-22	3.2	—	0.585	216	浙江谷神能源科技股份有限公司	77	200	198	—	15.2	165	否	GSOT2912BMS008	浙江谷神能源科技股份有限公司	160	170	纯电动	纯电动轿车			
	能量型	磷酸铁锂	GSF46160M-22	3.2	—	0.585±0.01	396	浙江谷神能源科技股份有限公司	316.8	88	88	—	27.8	240	否	GSBMS-100-V1.1 软件 V2.0	浙江谷神能源科技股份有限公司	110	150	纯电动	纯电动自装卸式垃圾车	4712	32	4744

续表

储能装置单体生产企业	电动汽车储能装置类型	电动汽车储能装置种类	储能装置单体型号	储能装置单体的标称电压(V)	超级电容器单体标称静电容量(F)	储能装置单体质量(kg)	储能装置单体数量	储能装置总成生产企业	储能装置总成标称电压(V)	储能装置总成额定输出电流(A)	动力蓄电池总成标称容量(Ah)	超级电容器总成标称静电容量(F)	储能装置总储电量(kW·h)B	储能装置总成质量(kg)	动力蓄电池箱是否具有快换装置	车载能源管理系统型号(包括软件和硬件)	车载能源管理系统生产企业	电动汽车续驶里程(工况法,km)	电动汽车续驶里程(等速法,km)	燃料种类	配套车辆类型	2015年配套车型产量(辆)	2016年1-3月份配套车型产量(辆)	配套车型产量合计(辆)
浙江谷神能源科技股份有限公司	能量型	磷酸铁锂	GSF46160M-22	3.2	—	0.585±0.01	396	浙江谷神能源科技股份有限公司	317	120	88	—	28	320	否	GSV10BMS002	浙江谷神能源科技股份有限公司	155	210	纯电动	纯电动多用途乘用车			
	能量型	磷酸铁锂	GSF46160M-22	3.2	—	0.585±0.01	396	浙江谷神能源科技股份有限公司	317	120	88	—	28	320	否	GSV10BMS002	浙江谷神能源科技股份有限公司	155	210	纯电动	纯电动厢式运输车			
	能量型	磷酸铁锂	GSF46160M-22	3.2	—	0.585±0.01	594	浙江谷神能源科技股份有限公司	316.8	132	132	—	41.8	500	否	GSBMS-100-V1.1 软件 V2.0	浙江谷神能源科技股份有限公司	170	200	纯电动	纯电动扫路车			
	能量型	三元材料	GSNCM46160M-25	3.6	—	0.615±0.01	672	浙江谷神能源科技股份有限公司	403.2	150	150	—	60.5	650	无	GSBMS-D-112A-MZ	浙江谷神能源科技股份有限公司	—	150	纯电动	纯电动城市客车			
	能量型	三元材料	GSNCM46160M-25	3.6	—	0.61±0.01	720	成都联腾动力控制技术有限公司	432	160	150	—	64.8	600	否	GSLT2912BMS004	浙江谷神能源科技股份有限公司	—	230	纯电动	纯电动客车			
	能量型	三元材料	GSNCM46160M-25	3.6	—	0.615±0.01	980	浙江谷神能源科技股份有限公司	504	200	175	—	88.2	1000	否	GSBMS-D-D-140-M-Z	浙江谷神能源科技股份有限公司	—	150	纯电动	纯电动城市客车			
	能量型	三元材料	GSNCM46160M-25	3.6	—	0.615±0.01	1008	浙江谷神能源科技股份有限公司	518.4	160	175	—	90.72	1050	无	GSBMS-D-144A-MZ	浙江谷神能源科技股份有限公司	—	178	纯电动	纯电动城市客车			
	能量型	三元材料	GSNCM46160M-25	3.6	—	0.61±0.01	1152	成都联腾动力控制技术有限公司	518.4	300	300	—	155.52	1350	是	GSLT2912BMS004	浙江谷神能源科技股份有限公司	—	231	纯电动	纯电动城市客车			
	能量型	三元材料	GSNCM46160M-25	3.6	—	0.61±0.01	1944	成都联腾动力控制技术有限公司	389	309	450	—	175	1458	否	GSLT2912BMS004	浙江谷神能源科技股份有限公司	—	224	纯电动	纯电动城市客车			

续表

储能装置单体生产企业	电动汽车储能装置类型	电动汽车储能装置种类	储能装置单体型号	储能装置单体的标称电压(V)	超级电容器单体标称静电容量(F)	储能装置单体质量(kg)	储能装置单体数量	储能装置总成生产企业	储能装置总成标称电压(V)	储能装置总成额定输出电流(A)	动力蓄电池总成标称容量(Ah)	超级电容器总成标称静电容量(F)	储能装置总储电量(kW·h)B	储能装置总成质量(kg)	动力蓄电池箱是否具有快换装置	车载能源管理系统型号(包括软件和硬件)	车载能源管理系统生产企业	电动汽车续驶里程(工况法，km)	电动汽车续驶里程(等速法，km)	燃料种类	配套车辆类型	2015年配套车型产量(辆)	2016年1-3月份配套车型产量(辆)	配套车型产量合计(辆)
郑州宇通客车股份有限公司/郑州宇通客车股份有限公司；郑州宇通客车股份有限公司/美国麦克斯威科技公司	能量型/功率型；能量型/功率型	磷酸铁锂	YT3280E 80Ah/YTPC3000；YT3280E 80Ah/BCAP3000 K2	3.2/2.7；3.2/2.7	3000；3000	2.2/0.51；2.2/0.51	48/216；48/216	郑州宇通客车股份有限公司/郑州宇通客车股份有限公司；郑州宇通客车股份有限公司/美国麦克斯威科技公司	576	98	80	13.75	12.9216	400	否	H91004SS2B14/EV04CASH2926；CMS101（软件版本：V01；硬件版本：V01）	惠州市亿能电子有限公司；郑州精益达汽车零部件有限公司高新区分公司	31	35	NG 混合动力	插电式混合动力城市客车	4467	0	4467
	能量型/功率型；能量型/功率型	磷酸铁锂/超级电容	YT3280E/YTPC3000；YT3280E/BCAP3000 K2	3.2/2.7；3.2/2.7	3000；3000	2.2/0.51；2.2/0.51	162/432；162/432	郑州宇通客车股份有限公司/郑州宇通客车股份有限公司；郑州宇通客车股份有限公司/美国麦克斯威科技公司	576	98	80；80	27.5；27.5	42.7；42.7	958	否	H91002SS2515/EV04CASH2429；CMS101（软件版本：V01；硬件版本：V01）	惠州市亿能电子有限公司；郑州精益达汽车零部件有限公司高新区分公司	—	55	NG 混合动力	插电式混合动力铰接城市客车			
	能量型/功率型；能量型/功率型	磷酸铁锂/超级电容	YT3280E 80Ah/YTPC3000；YT3280E 80Ah/BCAP3000 K2	3.2/2.7；3.2/2.7	3000；3000	2.2/0.51；2.2/0.51	48/216；48/216	郑州宇通客车股份有限公司/郑州宇通客车股份有限公司；郑州宇通客车股份有限公司/美国麦克斯威科技公司	576	98	80	13.75	12.9216	400	否	H91004SS2B14/EV04CASH2926；CMS101（版本：V01；硬件版本：V01）	惠州市亿能电子有限公司；郑州精益达汽车零部件有限公司高新区分公司	31	35	柴油混合动力	插电式混合动力电动城市客车			

续表

储能装置单体生产企业	电动汽车储能装置类型	电动汽车储能装置种类	储能装置单体型号	储能装置单体的标称电压(V)	超级电容器单体标称静电容量(F)	储能装置单体质量(kg)	储能装置单体数量	储能装置总成生产企业	储能装置总成标称电压(V)	储能装置总成额定输出电流(A)	动力蓄电池总成标称容量(Ah)	超级电容器总成标称静电容量(F)	储能装置总储电量(kW·h)B	储能装置总成质量(kg)	动力蓄电池箱是否具有快换装置	车载能源管理系统型号(包括软件和硬件)	车载能源管理系统生产企业	电动汽车续驶里程(工况法,km)	电动汽车续驶里程(等速法,km)	燃料种类	配套车辆类型	2015年配套车型产量(辆)	2016年1-3月份配套车型产量(辆)	配套车型产量合计(辆)
郑州宇通客车股份有限公司/郑州宇通客车股份有限公司/郑州宇通客车股份有限公司/美国麦克斯威科技公司	能量型/功率型;能量型/功率型	磷酸铁锂/超级电容	YT3280E/YTPC3000;YT3280E/BCAP3000K2	3.2/2.7;3.2/2.7	3000	2.2/0.51;2.2/0.51	48/216;48/216	郑州宇通客车股份有限公司/郑州宇通客车股份有限公司;郑州宇通客车股份有限公司/美国麦克斯威科技公司	576	98	80	13.75	12.9216	400	否	H91002SS2515/EV04CASH2427;CMS101(软件版本:V01;硬件版本:V01)	惠州市亿能电子有限公司;郑州精益达汽车零部件有限公司高新区分公司	32	41	柴油混合动力	插电式混合动力电动城市客车			
上海正昀新能源技术有限公司	功率型	三元材料	TEL18650-2200mAh	3.6	—	0.045	3772	上海正昀新能源技术有限公司	165.6	90.5	180.4	—	29.87	343	否	ZY11	上海正昀新能源技术有限公司	155	—	纯电动	纯电动厢式运输车	3862	98	3960
	功率型	三元材料	TEL18650-2200mAh	3.6	—	0.045	4171	上海正昀新能源技术有限公司	154.8	110	213.4	—	33.03	300	否	ZY11	上海正昀新能源技术有限公司	222	—	纯电动	纯电动厢式运输车			
	功率型	三元材料	TEL18650-2200mAh	3.6	—	0.045	5203	上海正昀新能源技术有限公司	154.8	110	266	—	41.2	300	否	ZY11	上海正昀新能源技术有限公司	260	—	纯电动	纯电动扫路车			
	功率型	三元材料	TEL18650-2200mAh	3.6	—	0.045	5203	上海正昀新能源技术有限公司	154.8	110	266	—	41.2	300	否	ZY11	上海正昀新能源技术有限公司	260	—	纯电动	纯电动厢式运输车			
	功率型	三元材料	TEL18650-2200mAh	3.6	—	0.045	5800	上海正昀新能源技术有限公司	360	127.6	127.6	—	45.936	503	否	ZY11	上海正昀新能源技术有限公司	—	253	纯电动	纯电动客车			
	功率型	三元材料	TEL18650-2200mAh	3.6	—	0.045	6720	上海正昀新能源技术有限公司	345.6	154	154	—	53.22	500	否	ZY11	上海正昀新能源技术有限公司	—	287	纯电动	纯电动客车			

续表

储能装置单体生产企业	电动汽车储能装置类型	电动汽车储能装置种类	储能装置单体型号	储能装置单体的标称电压(V)	超级电容器单体标称静电容量(F)	储能装置单体质量(kg)	储能装置单体数量	储能装置总成生产企业	储能装置总成标称电压(V)	储能装置总成额定输出电流(A)	动力蓄电池总成标称容量(Ah)	超级电容器总成标称静电容量(F)	储能装置总储电量(kW·h)B	储能装置总成质量(kg)	动力蓄电池箱是否具有快换装置	车载能源管理系统型号(包括软件和硬件)	车载能源管理系统生产企业	电动汽车续驶里程(工况法,km)	电动汽车续驶里程(等速法,km)	燃料种类	配套车辆类型	2015年配套车型产量(辆)	2016年1-3月份配套车型产量(辆)	配套车型产量合计(辆)
上海正昀新能源技术有限公司	功率型	三元材料	TEL18650 - 2200mAh	3.6	—	0.045	9024	上海正昀新能源技术有限公司	338.4	206.9	211.2	—	71.47	600	否	ZY11	上海正昀新能源技术有限公司	—	272	纯电动	纯电动客车			
	功率型	三元材料	TEL18650 - 2200mAh	3.6	—	0.045	9024	上海正昀新能源技术有限公司	338.4	206.9	211.2	—	71.47	600	否	ZY11	上海正昀新能源技术有限公司	—	418	纯电动	纯电动客车			
	功率型	三元材料	TEL18650 - 2200mAh	3.6	—	0.045	9024	上海正昀新能源技术有限公司	338.4	206.9	211.2	—	71.47	600	否	ZY11	上海正昀新能源技术有限公司	—	282	纯电动	纯电动厢式运输车			
	功率型	三元材料	TEL18650 - 2200mAh	3.6	—	0.045	9135	上海正昀新能源技术有限公司	313.2	231	231	—	72.34	700	否	ZY11	上海正昀新能源技术有限公司	—	320	纯电动	纯电动客车			
	功率型	三元材料	TEL18650 - 2200mAh	3.6	—	0.045	9212	上海正昀新能源技术有限公司	352.8	200	206.8	—	72.95	600	否	ZY11	上海正昀新能源技术有限公司	—	425	纯电动	纯电动城市客车			
	功率型	三元材料	TEL18650 - 2200mAh	3.6	—	0.045	9212	上海正昀新能源技术有限公司	352.8	200	206.8	—	72.95	630	否	ZY11	上海正昀新能源技术有限公司	—	276	纯电动	纯电动客车			
	功率型	三元材料	TEL18650 - 2200mAh	3.6	—	0.045	9212	上海正昀新能源技术有限公司	352.8	200	206.8	—	72.95	630	否	ZY11	上海正昀新能源技术有限公司	—	276	纯电动	纯电动电力工程车			
	功率型	三元材料	TEL18650 - 2200mAh	3.6	—	0.045	9212	上海正昀新能源技术有限公司	352.8	200	206.8	—	72.95	630	否	ZY11	上海正昀新能源技术有限公司	—	276	纯电动	纯电动流动服务车			
	功率型	三元材料	TEL18650 - 2200mAh	3.6	—	0.045	9212	上海正昀新能源技术有限公司	352.8	200	206.8	—	72.95	630	否	ZY11	上海正昀新能源技术有限公司	—	276	纯电动	纯电动囚车			

续表

储能装置单体生产企业	电动汽车储能装置类型	电动汽车储能装置种类	储能装置单体型号	储能装置单体的标称电压(V)	超级电容器单体标称静电容量(F)	储能装置单体质量(kg)	储能装置单体数量	储能装置总成生产企业	储能装置总成标称电压(V)	储能装置总成额定输出电流(A)	动力蓄电池总成标称容量(Ah)	超级电容器总成标称静电容量(F)	储能装置总储电量(kW·h)B	储能装置总成质量(kg)	动力蓄电池箱是否具有快换装置	车载能源管理系统型号(包括软件和硬件)	车载能源管理系统生产企业	电动汽车续驶里程(工况法, km)	电动汽车续驶里程(等速法, km)	燃料种类	配套车辆类型	2015年配套车型产量(辆)	2016年1-3月份配套车型产量(辆)	配套车型产量合计(辆)
上海正昀新能源技术有限公司	功率型	三元材料	TEL18650 - 2200mAh	3.6	—	0.045	9212	上海正昀新能源技术有限公司	352.8	200	206.8	—	72.95	630	否	ZY11	上海正昀新能源技术有限公司	—	276	纯电动	纯电动厢式运输车			
	功率型	三元材料	TEL18650 - 2200mAh	3.6	—	0.045	9212	上海正昀新能源技术有限公司	352.8	200	206.8	—	72.95	630	否	ZY11	上海正昀新能源技术有限公司	—	276	纯电动	纯电动押运车			
	功率型	三元材料	TEL18650 - 2200mAh	3.6	—	0.045	9212	上海正昀新能源技术有限公司	352.8	200	206.8	—	72.95	630	否	ZY11	上海正昀新能源技术有限公司	—	276	纯电动	纯电动邮政车			
	功率型	三元材料	TEL18650 - 2200mAh	3.6	—	0.045	13968	上海正昀新能源技术有限公司	349.2	157.5	316.8	—	110.63	840	否	ZY11	上海正昀新能源技术有限公司	—	376	纯电动	纯电动客车			
	能量型	磷酸铁锂	LFP18650 - 1500mAh	3.2	—	0.042	43200	江苏正昀新能源技术股份有限公司	576	200	360	—	207.3	2200	否	ZY11	江苏正昀新能源技术股份有限公司	—	210	纯电动	纯电动城市客车			
	能量型	三元材料	TEL18650 - 2800mAh	3.6	—	0.046	6256	上海正昀新能源技术有限公司	165.6	90.5	380.8	—	63.06	403	否	ZY11	上海正昀新能源技术有限公司	329	—	纯电动	纯电动厢式运输车			
	能量型	三元材料	TEL18650 - 2800mAh	3.6	—	0.046	6336	上海正昀新能源技术有限公司	316.8	63.1	201.6	—	63.86	403	否	ZY11	上海正昀新能源技术有限公司	333	—	纯电动	纯电动厢式运输车			
微宏动力系统（湖州）有限公司	功率型	多元复合	MV06203127 NPE	3.55	—	0.298	544	微宏动力系统（湖州）有限公司	483	160	44	—	21.2	540	否	HIGEC - BMS - HV2.0；HIGEC - BMS - SV2.0	苏州海格新能源汽车电控系统科技有限公司	—	55	NG/电混合动力	插电式混合动力城市客车	3723	184	3907
	功率型	多元复合	MV06203127 NPE	3.55	—	0.298	680	微宏动力系统（湖州）有限公司	483	200	55	—	26.6	540	否	HIGEC - BMS - HV2.0；HIGEC - BMS - SV2.0	苏州海格新能源汽车电控系统科技有限公司	—	52	NG/电混合动力	插电式混合动力城市客车			

续表

储能装置单体生产企业	电动汽车储能装置类型	电动汽车储能装置种类	储能装置单体型号	储能装置单体的标称电压(V)	超级电容器单体标称静电容量(F)	储能装置单体质量(kg)	储能装置单体数量	储能装置总成生产企业	储能装置总成标称电压(V)	储能装置总成额定输出电流(A)	动力蓄电池总成标称容量(Ah)	超级电容器总成标称静电容量(F)	储能装置总储电量(kW·h)B	储能装置总成质量(kg)	动力蓄电池箱是否具有快换装置	车载能源管理系统型号(包括软件和硬件)	车载能源管理系统生产企业	电动汽车续驶里程(工况法，km)	电动汽车续驶里程(等速法，km)	燃料种类	配套车辆类型	2015年配套车型产量(辆)	2016年1-3月份配套车型产量(辆)	配套车型产量合计(辆)
微宏动力系统（湖州）有限公司	功率型	多元复合	MV06203127 NPE	3.55	—	0.298	680	微宏动力系统（湖州）有限公司	483	200	55	—	26.6	540	否	HIGEC－BMS－HV2.0；HIGEC－BMS－SV2.0	苏州海格新能源汽车电控系统科技有限公司	—	52	柴油/电混合动力	插电式混合动力城市客车			
	功率型	多元复合	MV06203127 NPE	3.55	—	0.308	432	微宏动力系统（湖州）有限公司	511.2	50	33	—	16.8	216	否	硬件：MPS－BMS－H；软件：MPS－BMS－S	微宏动力系统（湖州）有限公司	—	58	NG/电混合动力	插电式混合动力城市客车			
	功率型	多元复合	MV06203127 NPE	3.55	—	0.308	648	微宏动力系统（湖州）有限公司	575.1	130	44	—	25.3	324	否	硬件：MPS－BMS－H；软件：MPS－BMS－S	微宏动力系统（湖州）有限公司	—	52	柴油/电混合动力	插电式混合动力城市客车			
	功率型	多元复合	MV06203127 NPE	3.55	—	0.308	2016	微宏动力系统（湖州）有限公司	596.4	132	132	—	78.7	1008	否	硬件：MPS－BMS－H；软件：MPS－BMS－S	微宏动力系统（湖州）有限公司	—	210	纯电动	纯电动城市客车			
	功率型	多元复合	MV06203127 NPP	3.55	—	0.29	3024	微宏动力系统（湖州）有限公司	596	400	162	—	96.5	1760	否	MPS－BMS－H/S V2.0	微宏动力系统（湖州）有限公司	120.7	151	纯电动	纯电动城市客车			
	功率型	多元复合	MV06203127 NPP	3.55	—	0.29	3744	微宏动力系统（湖州）有限公司	554	400	216	—	119.6	2340	否	MPS－BMS－H/S V2.0	微宏动力系统（湖州）有限公司	130	180	纯电动	纯电动城市客车			
	功率型	多元复合	MV06203127 NPP	3.55	—	0.295	432	微宏动力系统（湖州）有限公司	511.2	50	27	—	13.8	216	否	MPS－BMS－H；MPS－BMS－S	微宏动力系统（湖州）有限公司	—	35	NG/电混合动力	插电式混合动力城市客车			
	功率型	多元复合	MV06203127 NPP	3.55	—	0.295	432	微宏动力系统（湖州）有限公司	511.2	50	27	—	13.8	216	否	MPS－BMS－H；MPS－BMS－S	微宏动力系统（湖州）有限公司	—	35	柴油/电混合动力	插电式混合动力城市客车			
	功率型	多元复合	MV06203127 NPP	3.55	—	0.295	4480	微宏动力（湖州）有限公司	568	330	252	—	143	2000	否	MPS－BMS－SV2.0；MPS－BMS－HV2.0	微宏动力系统（湖州）有限公司	—	165	纯电动	纯电动城市客车			

续表

储能装置单体生产企业	电动汽车储能装置类型	电动汽车储能装置种类	储能装置单体型号	储能装置单体的标称电压(V)	超级电容器单体标称静电容量(F)	储能装置单体质量(kg)	储能装置单体数量	储能装置总成生产企业	储能装置总成标称电压(V)	储能装置总成额定输出电流(A)	动力蓄电池总成标称容量(Ah)	超级电容器总成标称静电容量(F)	储能装置总储电量(kW·h)B	储能装置总成质量(kg)	动力蓄电池箱是否具有快换装置	车载能源管理系统型号（包括软件和硬件）	车载能源管理系统生产企业	电动汽车续驶里程（工况法，km）	电动汽车续驶里程（等速法，km）	燃料种类	配套车辆类型	2015年配套车型产量（辆）	2016年1-3月份配套车型产量（辆）	配套车型产量合计（辆）
微宏动力系统（湖州）有限公司	功率型	多元复合	MV06203127NPP	3.55	—	0.298	392	微宏动力系统（湖州）有限公司	348	200	36	—	12.5	270	否	SHS4-ZCKZQ	厦门金龙旅行车有限公司	—	30	柴油/电混合动力	插电式混合动力城市客车			
	功率型	多元复合	MV06203127NPP	3.55	—	0.298	392	微宏动力系统（湖州）有限公司	348	200	36	—	12.5	270	否	SHS4-ZCKZQ	厦门金龙旅行车有限公司	—	50	LNG/电混合动力	插电式混合动力城市客车			
	功率型	多元复合	MV06203127NPP	3.55	—	0.298	672	微宏动力系统（湖州）有限公司	340.8	280	63	—	21.4	400	无	硬件：MPS-BMS-LTO-H166；软件：MPS-BMS-LTO-S V1.0	微宏动力系统（湖州）有限公司	—	30	NG/电混合动力	插电式混合动力城市客车			
	功率型	多元复合	MV06203127NPP	3.55	—	0.298	672	微宏动力系统（湖州）有限公司	340.8	280	63	—	21.47	400	无	软件：MPS-BMS-SV2.0；硬件：MPS-BMS-HV2.0	微宏动力系统（湖州）有限公司	—	30	LNG/电混合动力；CNG/电混合动力	插电式混合动力城市客车			
	功率型	多元复合	MV06203127NPP	3.55	—	0.298	1296	微宏动力系统（湖州）有限公司	511；575	200	81；72	—	41.4	730	是	MPS-BMS-H/S V2.0	微宏动力系统（湖州）有限公司	60	70	纯电动	纯电动城市客车			
	功率型	多元复合	MV06203127NPP	3.55	—	0.298	1296	微宏动力系统（湖州）有限公司	575	200	72	—	41.4	750	否	MPS-BMS-H/S V2.0	微宏动力系统（湖州）有限公司	—	170	纯电动	纯电动城市客车			
	功率型	多元复合	MV06203127NPP	3.55	—	0.298	1296	微宏动力系统（湖州）有限公司	575	200	72	—	41.4	800	否	MPS-BMS-24SLECU V2.2	微宏动力系统（湖州）有限公司	—	150	纯电动	纯电动城市客车			
	功率型	多元复合	MV06203127NPP	3.55	—	0.298	1296	微宏动力系统（湖州）有限公司	575.1	216	72	—	41.4	800	否	MPS-BMS-HV2.0；MPS-BMS-SV2.0	微宏动力系统（湖州）有限公司	—	150	纯电动	纯电动城市客车			

续表

储能装置单体生产企业	电动汽车储能装置类型	电动汽车储能装置种类	储能装置单体型号	储能装置单体的标称电压(V)	超级电容器单体标称静电容量(F)	储能装置单体质量(kg)	储能装置单体数量	储能装置总成生产企业	储能装置总成标称电压(V)	储能装置总成额定输出电流(A)	动力蓄电池总成标称容量(Ah)	超级电容器总成标称静电容量(F)	储能装置总储电量(kW·h)B	储能装置总成质量(kg)	动力蓄电池箱是否具有快换装置	车载能源管理系统型号(包括软件和硬件)	车载能源管理系统生产企业	电动汽车续驶里程(工况法，km)	电动汽车续驶里程(等速法，km)	燃料种类	配套车辆类型	2015年配套车型产量(辆)	2016年1-3月份配套车型产量(辆)	配套车型产量合计(辆)
微宏动力系统（湖州）有限公司	功率型	多元复合	MV06203127NPP	3.55	—	0.298	1440	微宏动力系统（湖州）有限公司	568	200	81	—	46	850	否	MPS-BMS-H；MPS-BMS-S	微宏动力系统（湖州）有限公司	—	150	纯电动	纯电动城市客车			
	功率型	多元复合	MV06203127NPP	3.55	—	0.298	1600	微宏动力系统（湖州）有限公司	568	300	90	—	51.1	1000	否	软件：MPS-BMS-SV2.0；硬件：MPS-BMS-HV2.0	微宏动力系统（湖州）有限公司	—	121	纯电动	纯电动城市客车			
	功率型	多元复合	MV06203127NPP	3.55	—	0.298	1620	微宏动力系统（湖州）有限公司	575.1	360	90	—	51.76	1000	否	MPS-BMS-HV2.0/MPS-BMS-SV2.0	微宏动力系统（湖州）有限公司	—	150	纯电动	纯电动城市客车			
	功率型	多元复合	MV06203127NPP	3.55	—	0.298	1872	微宏动力系统（湖州）有限公司	553.8	300	108	—	59.8	1200	否	软件：MPS-BMS-SV2.0；硬件：MPS-BMS-HV2.0	微宏动力系统（湖州）有限公司	—	100	纯电动	纯电动城市客车			
	功率型	多元复合	MV06203127NPP	3.55	—	0.298	1944	中通客车控股股份有限公司	575	113	108	—	62.1	1176	否	ZTEV20E	中通客车控股股份有限公司	—	200	纯电动	纯电动城市客车			
	功率型	多元复合	MV06203127NPP	3.55	—	0.298	2016	微宏动力系统（湖州）有限公司	596	300	108	—	64.4	1100	否	MV-BMS-2.0	微宏动力系统（湖州）有限公司	—	261	纯电动	纯电动城市客车			
	功率型	多元复合	MV06203127NPP	3.55	—	0.298	2016	微宏动力系统（湖州）有限公司	596；585	240；250	108；126	—	64.4；73.8	1300；1500	否	MPS-BMS-H/S	微宏动力系统（湖州）有限公司	—	160	纯电动	纯电动客车			
	功率型	多元复合	MV06203127NPP	3.55	—	0.298	2016	微宏动力系统（湖州）有限公司	596.4	240	108	—	64.4	1300	否	MPS-BMS-H/S	微宏动力系统（湖州）有限公司	120	151	纯电动	纯电动城市客车			
	功率型	多元复合	MV06203127NPP	3.55	—	0.298	2016；2310	微宏动力系统（湖州）有限公司	596；585	240；250	108；126	—	64.4；73.8	1300；1500	否	MPS-BMS-H/S	微宏动力系统（湖州）有限公司	—	151；160	纯电动	纯电动客车			

续表

储能装置单体生产企业	电动汽车储能装置类型	电动汽车储能装置种类	储能装置单体型号	储能装置单体的标称电压(V)	超级电容器单体标称静电容量(F)	储能装置单体质量(kg)	储能装置单体数量	储能装置总成生产企业	储能装置总成标称电压(V)	储能装置总成额定输出电流(A)	动力蓄电池总成标称容量(Ah)	超级电容器总成标称静电容量(F)	储能装置总储电量(kW·h)B	储能装置总成质量(kg)	动力蓄电池箱是否具有快换装置	车载能源管理系统型号(包括软件和硬件)	车载能源管理系统生产企业	电动汽车续驶里程(工况法，km)	电动汽车续驶里程(等速法，km)	燃料种类	配套车辆类型	2015年配套车型产量(辆)	2016年1-3月份配套车型产量(辆)	配套车型产量合计(辆)
微宏动力系统（湖州）有限公司	功率型	多元复合	MV06203127NPP	3.55	—	0.298	2016	微宏动力系统（湖州）有限公司	596	400	108	—	64.3	1250	否	硬件：MPS-BMS-LPCO-H166；软件：MPS-BMS-LPCO-S V1.0	微宏动力系统（湖州）有限公司	—	150	纯电动	纯电动城市客车			
	功率型	多元复合	MV06203127NPP	3.55	—	0.298	2016	微宏动力系统（湖州）有限公司	596.4	150	108	—	64.4	1100	否	XMJL-BMS-DPX	厦门金龙旅行车有限公司	—	200	纯电动	纯电动城市客车			
	功率型	多元复合	MV06203127NPP	3.55	—	0.298	2016	微宏动力系统（湖州）有限公司	596	200	108	—	64.4	800	有	MPS-BMS-HV2.0；MPS-BMS-SV2.0	微宏动力系统（湖州）有限公司	—	150	纯电动	纯电动城市客车			
	功率型	多元复合	MV06203127NPP	3.55	—	0.298	2088	微宏动力系统（湖州）有限公司	617.7	180	108	—	66.7	1200	否	EV02	惠州亿能电子有限公司	100	160	纯电动	纯电动城市客车			
	功率型	多元复合	MV06203127NPP	3.55	—	0.298	2448	微宏动力系统（湖州）有限公司	543.2	144	144	—	78.2	1224	否	MPS-BMS-H；MPS-BMS-S	微宏动力系统（湖州）有限公司	—	180	纯电动	纯电动城市客车			
	功率型	多元复合	MV06203127NPP	3.55	—	0.298	2560	中通客车控股股份有限公司	568	176	144	—	81.79	1549	是	ZTEV140E	中通客车控股股份有限公司	—	250	纯电动	纯电动城市客车			
	功率型	多元复合	MV06203127NPP	3.55	—	0.298	2592	微宏动力系统（湖州）有限公司	575	180	144	—	83	1620	否	MPS-BMS-HV2.0；MPS-BMS-SV2.0	微宏动力系统（湖州）有限公司	—	251	纯电动	纯电动城市客车			
	功率型	多元复合	MV06203127NPP	3.55	—	0.298	2592	微宏动力系统（湖州）有限公司	575.1	144	216	—	82.8	1600	否	MPS-BMS-HV2.0；MPS-BMS-SV2.0	微宏动力系统（湖州）有限公司	—	150	纯电动	纯电动城市客车			
	功率型	多元复合	MV06203127NPP	3.55	—	0.298	2592	微宏动力系统（湖州）有限公司	575.1	185	144	—	82.8	1620	否	XMJL-BMS-DPX	厦门金龙旅行车有限公司	—	150	纯电动	纯电动城市客车			

续表

储能装置单体生产企业	电动汽车储能装置类型	电动汽车储能装置种类	储能装置单体型号	储能装置单体的标称电压(V)	超级电容器单体标称静电容量(F)	储能装置单体质量(kg)	储能装置单体数量	储能装置总成生产企业	储能装置总成标称电压(V)	储能装置总成额定输出电流(A)	动力蓄电池总成标称容量(Ah)	超级电容器总成标称静电容量(F)	储能装置总储电量(kW·h)B	储能装置总成质量(kg)	动力蓄电池箱是否具有快换装置	车载能源管理系统型号(包括软件和硬件)	车载能源管理系统生产企业	电动汽车续驶里程(工况法，km)	电动汽车续驶里程(等速法，km)	燃料种类	配套车辆类型	2015年配套车型产量(辆)	2016年1-3月份配套车型产量(辆)	配套车型产量合计(辆)
微宏动力系统（湖州）有限公司	功率型	多元复合	MV06203127 NPP	3.55	—	0.298	2592	微宏动力系统（湖州）有限公司	575.1	400	144	—	82.8	1100	否	MPS-BMS-HV2.0；MPS-BMS-SV2.0	微宏动力系统（湖州）有限公司	—	252	纯电动	纯电动城市客车			
	功率型	多元复合	MV06203127 NPP	3.55	—	0.298	2736	微宏动力系统（湖州）有限公司	539.6	250	162	—	87.4	1710	否	MPS-BMS-HV2.0；MPS-BMS-SV2.0	微宏动力系统（湖州）有限公司	—	151	纯电动	纯电动城市客车			
	功率型	多元复合	MV06203127 NPP	3.55	—	0.298	2880	微宏动力系统（湖州）有限公司	568	405	162	—	92	2000	否	MPS-BMS-HV2.0；MPS-BMS-SV2.0	微宏动力系统（湖州）有限公司	—	250	纯电动	纯电动城市客车			
	功率型	多元复合	MV06203127 NPP	3.55	—	0.298	3096；2592	微宏动力系统（湖州）有限公司	610.6；511.2	240	162	—	98.9；82.7	1930；1630	否	MPS-BMS-H/S	微宏动力系统（湖州）有限公司	—	180；160	纯电动	纯电动城市客车			
	功率型	多元复合	MV06203127 NPP	3.55	—	0.298	3744	微宏动力系统（湖州）有限公司	553.8	540	216	—	119.6	2500	—	MPS-BMS-HV2.0；MPS-BMS-SV2.0	微宏动力系统（湖州）有限公司	—	250	纯电动	纯电动城市客车			
	功率型	多元复合	MV06203127 NPP	3.55	—	0.298	3888	微宏动力系统（湖州）有限公司	575.1	216	216	—	124.2	2290	否	MPS-BMS-HV2.0；MPS-BMS-SV2.0	微宏动力系统（湖州）有限公司	—	210	纯电动	纯电动城市客车			
	功率型	多元复合	MV06203127 NPP	3.55	—	0.295±0.005	4080	微宏动力系统（湖州）有限公司	575	400	216	—	124	2200	无	MPS-BMS-H/S V2.0	微宏动力系统（湖州）有限公司	90	171	纯电动	纯电动客车			
	功率型	多元复合	MV06203127 NPP-9Ah	3.55	—	0.298	2304	微宏动力系统（湖州）有限公司	681.6	120	120	—	81.8	1400	否	EV02	惠州亿能电子有限公司	115	160	纯电动	纯电动城市客车			
	功率型	多元复合	MV06203128 NPE	3.55	—	0.298	680	微宏动力系统（湖州）有限公司	483	200	55	—	26.6	540	否	HIGEC-BMS-HV2.0；HIGEC-BMS-SV2.0	苏州海格新能源汽车电控系统科技有限公司	—	52	柴油/电混合动力	插电式混合动力城市客车			

续表

储能装置单体生产企业	电动汽车储能装置类型	电动汽车储能装置种类	储能装置单体型号	储能装置单体的标称电压(V)	超级电容器单体标称静电容量(F)	储能装置单体质量(kg)	储能装置单体数量	储能装置总成生产企业	储能装置总成标称电压(V)	储能装置总成额定输出电流(A)	动力蓄电池总成标称容量(Ah)	超级电容器总成标称静电容量(F)	储能装置总储电量(kW·h)B	储能装置总成质量(kg)	动力蓄电池箱是否具有快换装置	车载能源管理系统型号(包括软件和硬件)	车载能源管理系统生产企业	电动汽车续驶里程(工况法，km)	电动汽车续驶里程(等速法，km)	燃料种类	配套车辆类型	2015年配套车型产量(辆)	2016年1-3月份配套车型产量(辆)	配套车型产量合计(辆)
微宏动力系统（湖州）有限公司	功率型	多元复合	MV06203129NPE	3.55	—	0.298	680	微宏动力系统（湖州）有限公司	483	200	55	—	26.6	540	否	HIGEC-BMS-HV2.0；HIGEC-BMS-SV2.0	苏州海格新能源汽车电控系统科技有限公司	—	52	NG/电混合动力	插电式混合动力城市客车			
	功率型；功率型	多元复合	MV06203127NPP；MV06203127NPP	3.55；3.55	—	0.298；0.298	3888；3456	微宏动力系统（湖州）有限公司	575.1；511.2	216；216	216；216	—	124.2；110.4	2290；2160	否	MPS-BMS-HV2.0；MPS-BMS-SV2.0	微宏动力系统（湖州）有限公司	—	220；200	纯电动	纯电动城市客车			
	功率型	钛酸锂	MPS0230E	2.2	—	1.01	332	微宏动力（湖州）有限公司	365	280	30	—	21.9	550	否	硬件：MPS-BMS-LTO-H166；软件：MPS-BMS-LTO-S V1.0	微宏动力系统（湖州）有限公司	—	30	NG混合动力	插电式混合动力城市客车			
	功率型	钛酸锂	MV06203127NTP-10Ah	2.3	—	0.298	3312	微宏动力系统（湖州）有限公司	634.8	120	120	—	76.2	1750	否	EV02	惠州亿能电子有限公司	100	150	纯电动	纯电动城市客车			
	功率型	钛酸锂	MV06203127NTP	2.3	—	1.01	144	微宏动力系统（湖州）有限公司	331	35	20	—	6.6	220	否	MPS-BMS-H/S V2.0	微宏动力系统（湖州）有限公司	—	—	NG混合动力	非插电式混合动力城市客车			
	能量型	多元复合	MV06203127NPP	3.55	—	0.298	490	微宏动力系统（湖州）有限公司	348	200	44	—	15.3	280	否	MPS-BMS-H/S V2.0	微宏动力系统（湖州）有限公司	20	32	NG/电混合动力	插电式混合动力城市客车			
	能量型	多元复合	MV06203127NPP	3.55	—	0.298	1296	微宏动力系统（湖州）有限公司	575	200	72	—	41.4	800	否	MPS-BMS-H/S	微宏动力系统（湖州）有限公司	—	151	纯电动	纯电动城市客车			
	能量型	多元复合	MV06203127NPP	3.55	—	0.298	1296；1512	微宏动力系统（湖州）有限公司	575；596	200；192	72；81	—	41.4；48.3	800；935	否	MPS-BMS-HV2.0；MPS-BMS-SV2.0	微宏动力系统（湖州）有限公司	—	201；251	纯电动	纯电动城市客车			

续表

储能装置单体生产企业	电动汽车储能装置类型	电动汽车储能装置种类	储能装置单体型号	储能装置单体的标称电压(V)	超级电容器单体标称静电容量(F)	储能装置单体质量(kg)	储能装置单体数量	储能装置总成生产企业	储能装置总成标称电压(V)	储能装置总成额定输出电流(A)	动力蓄电池总成标称容量(Ah)	超级电容器总成标称静电容量(F)	储能装置总储电量(kW·h)B	储能装置总成质量(kg)	动力蓄电池箱是否具有快换装置	车载能源管理系统型号(包括软件和硬件)	车载能源管理系统生产企业	电动汽车续驶里程(工况法，km)	电动汽车续驶里程(等速法，km)	燃料种类	配套车辆类型	2015年配套车型产量(辆)	2016年1-3月份配套车型产量(辆)	配套车型产量合计(辆)
珠海银隆新能源有限公司	功率型	磷酸铁锂	LFP85200235	3.2	—	0.65	1800	珠海银隆新能源有限公司	576	220	220	—	126.7	1517	是	1208B	珠海银隆电器有限公司	50	177（40±2）	纯电动	纯电动城市客车	3486	104	3590
	功率型	磷酸铁锂	LFP85200235	3.2	—	0.65	1820	珠海银隆新能源有限公司	576	220	220	—	126.7	1517	是	1208B	珠海银隆电器有限公司	50	177	纯电动	纯电动城市客车			
	功率型	钛酸锂	66160	2.3	—	1.07	1260	珠海银隆新能源有限公司	580	125	125	—	72.5	1430	是	1208B	珠海银隆电器有限公司	40	50	纯电动	纯电动城市客车			
	功率型	钛酸锂	66160	2.3	—	1.07	1512	珠海银隆新能源有限公司	580	440	150	—	101.37	1618	否	硬件：YTP BMS-0910A 软件 V1.0	珠海银通新动力科技有限公司	69	80	纯电动	纯电动城市客车			
	功率型	钛酸锂	66160	2.3	—	1.07	1512	珠海银隆新能源有限公司	580	440	150	—	87	1618	是	1208B	珠海银隆电器有限公司	40	50	纯电动	纯电动城市客车			
	功率型	钛酸锂	66160A	2.3	—	1.13	1260	珠海银隆新能源有限公司	580	600	150	—	87	1984	是	1208B	珠海银隆电器有限公司	—	165	纯电动	纯电动城市客车			
	功率型	钛酸锂	66160A	2.3	—	1.13	1512	珠海银隆新能源有限公司	580	360	180	—	104.4	2508	否	1208B	珠海银隆电器有限公司	—	180（40±2）	纯电动	纯电动城市客车			
	功率型	钛酸锂	66160A	2.3	—	1.13	2016	珠海银隆新能源有限公司	580	400	240	—	139.2	4200	否	YLP-BMS-1205A	珠海银隆电器有限公司	—	165（40±2）	纯电动	纯电动双层城市客车			
	功率型	钛酸锂	66160A	2.3	—	1.13	744	珠海银隆新能源有限公司	570	225	90	—	51.3	1230	是	1208B	珠海银隆电器有限公司	—	150	纯电动	纯电动城市客车			

续表

储能装置单体生产企业	电动汽车储能装置类型	电动汽车储能装置种类	储能装置单体型号	储能装置单体的标称电压(V)	超级电容器单体标称静电容量(F)	储能装置单体质量(kg)	储能装置单体数量	储能装置总成生产企业	储能装置总成标称电压(V)	储能装置总成额定输出电流(A)	动力蓄电池总成标称容量(Ah)	超级电容器总成标称静电容量(F)	储能装置总储电量(kW·h)B	储能装置总成质量(kg)	动力蓄电池箱是否具有快换装置	车载能源管理系统型号(包括软件和硬件)	车载能源管理系统生产企业	电动汽车续驶里程(工况法,km)	电动汽车续驶里程(等速法,km)	燃料种类	配套车辆类型	2015年配套车型产量(辆)	2016年1-3月份配套车型产量(辆)	配套车型产量合计(辆)
珠海银隆新能源有限公司	能量型	磷酸铁锂	YL32650-5AH	3.2	—	0.142	3888	珠海银隆新能源有限公司	346	180	180	—	62	550	否	YLP-BMS-1205A	珠海银隆电器有限公司	—	252	纯电动	纯电动旅游客车			
	能量型	磷酸铁锂	YL32650-5AH	3.2	—	0.142	3888	珠海银隆新能源有限公司	346	220	220	—	76	650	否	YLP-BMS-1205A	珠海银隆电器有限公司	—	252	纯电动	纯电动旅游客车			
	能量型	磷酸铁锂	YL32650-5AH	3.2	—	0.142	3960;4680	珠海银隆新能源有限公司	576	220;260	110;130	—	63;75	500;630	否	YLP-BMS-1205A	珠海银隆电器有限公司	—	210;255	纯电动	纯电动城市客车			
	能量型	磷酸铁锂	YL32650-5AH	3.2	—	0.142	5040	珠海银隆新能源有限公司	576	140	140	—	80.64	1000	是	1208B	珠海银隆电器有限公司	—	180(40±2)	纯电动	纯电动城市客车			
	能量型	磷酸铁锂	YL32650-5AH	3.2	—	0.142	5040	珠海银隆新能源有限公司	576	140	140	—	80.64	915	否	YLP-BMS-1205A	珠海银隆电器有限公司	—	201(40±2)	纯电动	纯电动城市客车			
	能量型	磷酸铁锂	YL32650-5AH	3.2	—	0.142	7920	珠海银隆新能源有限公司	576	260	220	—	126.7	1409	是	1208B	珠海银隆电器有限公司	—	180(40±2)	纯电动	纯电动城市客车			
	能量型	磷酸铁锂	YL32650-5AH	3.2	—	0.142	8008	珠海银隆新能源有限公司	576	260	220	—	126.7	1409	是	1208B	珠海银隆电器有限公司	—	180	纯电动	纯电动城市客车			
	能量型	磷酸铁锂	YL32650-5AH	3.2	—	0.142	10800	珠海银隆新能源有限公司	576	260	300	—	172.8	1533.6	否	1208B	珠海银隆电器有限公司	66	220	纯电动	纯电动城市客车			
	能量型	磷酸铁锂	YL32650-5AH	3.2	—	0.142	14400	珠海银隆新能源有限公司	576	400	400	—	230	2350	否	YLP-BMS-1205A	珠海银隆电器有限公司	—	412	纯电动	纯电动旅游客车			

续表

储能装置单体生产企业	电动汽车储能装置类型	电动汽车储能装置种类	储能装置单体型号	储能装置单体的标称电压(V)	超级电容器单体标称静电容量(F)	储能装置单体质量(kg)	储能装置单体数量	储能装置总成生产企业	储能装置总成标称电压(V)	储能装置总成额定输出电流(A)	动力蓄电池总成标称容量(Ah)	超级电容器总成标称静电容量(F)	储能装置总储电量(kW·h)B	储能装置总成质量(kg)	动力蓄电池箱是否具有快换装置	车载能源管理系统型号(包括软件和硬件)	车载能源管理系统生产企业	电动汽车续驶里程(工况法，km)	电动汽车续驶里程(等速法，km)	燃料种类	配套车辆类型	2015年配套车型产量(辆)	2016年1-3月份配套车型产量(辆)	配套车型产量合计(辆)
哈尔滨光宇电源股份有限公司	能量型	磷酸铁锂	FP31136227A	3.2	—	1.95	100	北京光宇新能科技有限公司	320	120	80	—	25.6	305；285	否	PBMA100-01A；硬件：GYB-EVBMSV3.0；软件：V1.0	哈尔滨光宇电源股份有限公司	150	190	纯电动	纯电动轿车	3178	349	3527
	能量型	磷酸铁锂	FP31136227A	3.2	—	1.95	112	哈尔滨光宇电源股份有限公司	358	117	80	—	28.7	315	否	BMS-3C/BMS-3C	哈尔滨光宇电源股份有限公司	165	190	纯电动	纯电动轿车			
	能量型	磷酸铁锂	FP31136227A	3.2	—	1.55	360	哈尔滨光宇电源股份有限公司	377.6	200	200	—	82.7	1324	无	硬件：GYB-EVBMSV2.1-A 软件：V1.0	哈尔滨光宇电源股份有限公司	—	183	纯电动	纯电动客车			
	能量型	磷酸铁锂	FP31136227A	3.2	—	1.55	330	北京中瑞蓝科电动汽车技术有限公司	352	150	219	—	77.088	700	否	ZR-BMS	哈尔滨光宇电源股份有限公司	150	200	纯电动	纯电动厢式运输车			
	能量型	磷酸铁锂	FP37207239A	3.2	—	3.2	540	哈尔滨光宇电源股份有限公司	576	150	300	—	172.8	2250	否	BMS-3C（软件：V15.01/硬件：V2.1）	哈尔滨光宇电源股份有限公司	—	250	纯电动	纯电动客车			
	能量型	磷酸铁锂	FP37207239A	3.2	—	3.2	656	哈尔滨光宇电源股份有限公司	524.8	200	400	—	209.9	2700	否	BMS-3C（软件：V15.01/硬件：V2.1）	哈尔滨光宇电源股份有限公司	—	250	纯电动	纯电动客车			
	能量型	磷酸铁锂	FP56283237	3.2	—	6.1	164×2	哈尔滨光宇电源股份有限公司	524.8	200	400	—	209.9	2924	无	硬件：GYB-EVBMSV2.1-A 软件：V1.2	哈尔滨光宇电源股份有限公司	—	280	纯电动	纯电动城市客车			
	能量型	磷酸铁锂	FP59284271A	3.2	—	7.0	336	哈尔滨光宇电源股份有限公司	537.6	240A	478Ah	—	—	—	—	硬件：GYB-EVBMSV2.1-A 软件：V1.2	哈尔滨光宇电源股份有限公司	—	280	纯电动	纯电动城市客车			
	能量型	三元材料	NCMP1690200A	3.65	—	0.62	270	北京光宇新能科技有限公司	329	75	63	—	20.7	275	否	硬件：C30J-B-01-A-BJEV 软件：C30J-B-01-B-BJEV	北京新能源汽车股份有限公司	150	165	纯电动	纯电动轿车			

续表

储能装置单体生产企业	电动汽车储能装置类型	电动汽车储能装置种类	储能装置单体型号	储能装置单体的标称电压(V)	超级电容器单体标称静电容量(F)	储能装置单体质量(kg)	储能装置单体数量	储能装置总成生产企业	储能装置总成标称电压(V)	储能装置总成额定输出电流(A)	动力蓄电池总成标称容量(Ah)	超级电容器总成标称静电容量(F)	储能装置总储电量(kW·h)B	储能装置总成质量(kg)	动力蓄电池箱是否具有快换装置	车载能源管理系统型号(包括软件和硬件)	车载能源管理系统生产企业	电动汽车续驶里程(工况法，km)	电动汽车续驶里程(等速法，km)	燃料种类	配套车辆类型	2015年配套车型产量(辆)	2016年1-3月份配套车型产量(辆)	配套车型产量合计(辆)
哈尔滨光宇电源股份有限公司	能量型	三元材料	NCMP1690200A	3.7	—	0.62	720	哈尔滨光宇电源股份有限公司	532.8	180	120	—	63.9	630	否	GYB-EVBMSV2.1-A	哈尔滨光宇电源股份有限公司	—	200	纯电动	纯电动城市客车			
	能量型	三元材料	NCMP1690200A	3.7	—	0.625	2352	哈尔滨光宇电源股份有限公司	621.6	336	336	—	202	1845	否	硬件：GYB-EVBMSV2.4-A/软件：V1.2	哈尔滨光宇电源股份有限公司	220	280	纯电动	纯电动客车			
	能量型	三元材料	NCMP1690200A	3.7	—	0.62	565	哈尔滨光宇电源股份有限公司	418.1V	120A	120Ah	—	50.2	490	—	硬件：GYC_EVBMS V3.0A；软件：V1.0	哈尔滨光宇电源股份有限公司	—	252	纯电动	纯电动客车			
	能量型	三元材料	NCMP1690200A	3.7	—	0.62	848	哈尔滨光宇电源股份有限公司	392.2V	192A	192Ah	—	75.3	590	—	硬件：GYC_EVBMS V3.0A；软件：V1.0	哈尔滨光宇电源股份有限公司	—	300	纯电动	纯电动客车			
	能量型	三元材料	NCMP1690200A	3.75	—	0.625	420	北京光宇新能科技有限公司	315	120	120	—	37.8	380；380	否	硬件：M30J-B-01-A-BJEV；软件：M30J-B-01-B-BJEV	北京新能源汽车股份有限公司	150	185	纯电动	纯电动厢式运输车			
	能量型	三元材料	NCMP1690200A	3.75	—	0.625	420	北京光宇新能科技有限公司	315	120	120	—	37.8	454	否	硬件 M30J-B-01-A-BJEV；软件 M30J-B-01-B-BJEV	北京新能源汽车股份有限公司	150	185	纯电动	纯电动多用途乘用车			
	能量型	三元材料	NCMP1690200A	3.75	—	0.625	420	北京光宇新能科技有限公司	315	120	120	—	37.8	454	否	硬件 M30J-B-01-A-BJEV；软件 M30J-B-01-B-BJEV	北京新能源汽车股份有限公司	150	185	纯电动	纯电动厢式运输车			
	能量型	三元材料	NCMP1690200AL	3.7	—	0.62	720	哈尔滨光宇电源股份有限公司	532.8	180	120	—	63.9	630	否	GYB-EVBMS V2.1-A	哈尔滨光宇电源股份有限公司	—	255	纯电动	纯电动城市客车			

续表

储能装置单体生产企业	电动汽车储能装置类型	电动汽车储能装置种类	储能装置单体型号	储能装置单体的标称电压(V)	超级电容器单体标称静电容量(F)	储能装置单体质量(kg)	储能装置单体数量	储能装置总成生产企业	储能装置总成标称电压(V)	储能装置总成额定输出电流(A)	动力蓄电池总成标称容量(Ah)	超级电容器总成标称静电容量(F)	储能装置总储电量(kW·h)B	储能装置总成质量(kg)	动力蓄电池箱是否具有快换装置	车载能源管理系统型号(包括软件和硬件)	车载能源管理系统生产企业	电动汽车续驶里程(工况法,km)	电动汽车续驶里程(等速法,km)	燃料种类	配套车辆类型	2015年配套车型产量(辆)	2016年1-3月份配套车型产量(辆)	配套车型产量合计(辆)
哈尔滨光宇电源股份有限公司	能量型	三元材料；锰酸锂	NCMP1690200A	3.75	—	0.625	420	北京光宇新能科技有限公司	315	120	120	—	37.8	454	否	硬件 M30J－B－01－A－BJEV；软件 M30J－B－01－B－BJEV	北京新能源汽车股份有限公司	150	185	纯电动	纯电动厢式运输车			
苏州星恒电源有限公司	能量型	锰酸锂	IMP18/66/133(12)	3.7	—	0.33	560	苏州星恒电源有限公司	148	55	168	—	24.86	309	否	C00V38D1308；EK01－C.D－V0.0.001	同济汽车设计研究院有限公司	120	—	纯电动	纯电动售货车			
	能量型	锰酸锂	IMP18/66/133(12)	3.7	—	0.33	560	苏州星恒电源有限公司	148	55	168	—	24.86	309	否	C00V38D1308；EK01－C.D－V0.0.001	同济汽车设计研究院有限公司	120	—	纯电动	纯电动售货车			
	能量型	锰酸锂	IMP18/66/133(12)	3.7	—	0.33	560	苏州星恒电源有限公司	148	55	168	—	24.86	309	否	C00V38D1308；EK01－C.D－V0.0.001	同济汽车设计研究院有限公司	120	—	纯电动	纯电动厢式运输车			
	能量型	锰酸锂	IMP18/66/133(12)	3.7	—	0.33	774	苏州星恒电源有限公司	318.2	70	108	—	34.36	440	否	EK－FT－BC52A	安徽力高新能源技术有限公司	152	—	纯电动	纯电动厢式运输车			
	能量型	锰酸锂	IMP18/66/133(12)	3.7	—	0.33	924	北京中瑞蓝科电动汽车技术有限公司	310.8	66	132	—	41.03	430	否	ZRBMS－C35	北京中瑞蓝科电动汽车技术有限公司	200	230	纯电动	纯电动厢式运输车	3483	7	3490
	能量型	锰酸锂	IMP18/66/133(12)	3.7	—	0.33	924	苏州星恒电源有限公司	310.8	120	132	—	41.03	510	否	硬件：EK－FT－BC52A；软件：BMS V1.1	安徽力高新能源技术有限公司	175	—	纯电动	纯电动厢式运输车			
	能量型	锰酸锂	IMP18/66/133(13)	3.7	—	0.32	560	苏州星恒电源有限公司	148	175	175	—	25.90	300	否	硬件 RC12V10D；软件 SCAXV10	上海松岳电源科技有限公司	150	—	纯电动	纯电动车厢可卸式垃圾车			
	能量型	锰酸锂	IMP18/66/133(13)	3.7	—	0.33	560	苏州星恒电源有限公司	144	60	180	—	25.92	320	否	EK－FT－12；ZRBMSV.03	安徽力高新能源技术有限公司；北京中瑞蓝科电动汽车技术有限公司	150	150	纯电动	纯电动厢式运输车			

续表

储能装置单体生产企业	电动汽车储能装置类型	电动汽车储能装置种类	储能装置单体型号	储能装置单体的标称电压(V)	超级电容器单体标称静电容量(F)	储能装置单体质量(kg)	储能装置单体数量	储能装置总成生产企业	储能装置总成标称电压(V)	储能装置总成额定输出电流(A)	动力蓄电池总成标称容量(Ah)	超级电容器总成标称静电容量(F)	储能装置总储电量(kW·h)B	储能装置总成质量(kg)	动力蓄电池箱是否具有快换装置	车载能源管理系统型号(包括软件和硬件)	车载能源管理系统生产企业	电动汽车续驶里程(工况法,km)	电动汽车续驶里程(等速法,km)	燃料种类	配套车辆类型	2015年配套车型产量(辆)	2016年1-3月份配套车型产量(辆)	配套车型产量合计(辆)
苏州星恒电源有限公司	能量型	锰酸锂	IMP18/66/133(13)	3.7	—	0.32	720	苏州星恒电源有限公司	148	225	225	—	33.3	320	否	硬件 RC12V10D;软件 SCAXV20	上海松岳电源科技有限公司	224	—	纯电动	纯电动厢式运输车			
	能量型	锰酸锂	IMP18/66/133(13)	3.7	—	0.32	560	苏州星恒电源有限公司	148	175	175	—	25.90	310	否	硬件 RC12V10D;软件 SCAXV10	上海松岳电源科技有限公司	150	—	纯电动	纯电动自装卸式垃圾车			
美国麦克斯威科技公司;苏州海格新能源汽车电控系统科技有限公司;锂电池:苏州海格新能源汽车电控系统科技有限公司	功率型;功率型;锂电池:功率型	磷酸铁锂;超级电容	BCAP3000;HC-HUC3000;锂电池:HGL-1	2.7;2.7;锂电池:3.2	3000;3000	0.55;0.55;锂电池:0.33	218;218;锂电池:500	美国麦克斯威科技公司;苏州海格新能源汽车电控系统科技有限公司;锂电池:苏州海格新能源汽车电控系统科技有限公司	576;576;锂电池:400	220	36	14;14	0.65;0.65;锂电池:14.4	162;162;锂电池:250	否	BMS-HIGEC01	苏州海格新能源汽车电控系统科技有限公司	—	60	NG/电混合动力	插电式混合动力城市客车	3037	10	3047
	功率型;功率型;锂电池:功率型	磷酸铁锂;超级电容	BCAP3000;HC-HUC3000;锂电池:HGL-1	2.7;2.7;锂电池:3.2	3000;3000	0.55;0.55;锂电池:0.33	218;218;锂电池:625	美国麦克斯威科技公司;苏州海格新能源汽车电控系统科技有限公司;锂电池:苏州海格新能源汽车电控系统科技有限公司	576;576;锂电池:400	220	45	14;14	0.65;0.65;锂电池:18	162;162;锂电池:280	否	BMS-HIGEC01	苏州海格新能源汽车电控系统科支有限公司	—	55	NG/电混合动力	插电式混合动力城市客车			

续表

储能装置单体生产企业	电动汽车储能装置类型	电动汽车储能装置种类	储能装置单体型号	储能装置单体的标称电压(V)	超级电容器单体标称静电容量(F)	储能装置单体质量(kg)	储能装置单体数量	储能装置总成生产企业	储能装置总成标称电压(V)	储能装置总成额定输出电流(A)	动力蓄电池总成标称容量(Ah)	超级电容器总成标称静电容量(F)	储能装置总储电量(kW·h)B	储能装置总成质量(kg)	动力蓄电池箱是否具有快换装置	车载能源管理系统型号(包括软件和硬件)	车载能源管理系统生产企业	电动汽车续驶里程(工况法，km)	电动汽车续驶里程(等速法，km)	燃料种类	配套车辆类型	2015年配套车型产量(辆)	2016年1-3月份配套车型产量(辆)	配套车型产量合计(辆)
美国麦克斯威科技公司；苏州海格新能源汽车电控系统科技有限公司；锂电池：苏州海格新能源汽车电控系统科技有限公司	功率型；功率型；锂电池：功率型	磷酸铁锂；超级电容	BCAP3000；HC-HUC3000；锂电池：HGL-1	2.7；2.7；锂电池：3.2	3000；3000	0.55；0.55；锂电池：0.33	218；218；锂电池：750	美国麦克斯威科技公司；苏州海格新能源汽车电控系统科技有限公司；锂电池：苏州海格新能源汽车电控系统科技有限公司	576；576；锂电池：400	220	54	14	0.65；0.65；锂电池：21.6	162；162；锂电池：310	否	BMS-HIGEC01	苏州海格新能源汽车电控系统科技有限公司	—	52	NG/电混合动力	插电式混合动力城市客车			
	功率型；功率型；锂电池：功率型	磷酸铁锂；超级电容	BCAP3000；HC-HUC3000；锂电池：HGL-1	2.7；2.7；锂电池：3.2	3000；3000	0.55；0.55；锂电池：0.33	218；218；锂电池：500	美国麦克斯威科技公司；苏州海格新能源汽车电控系统科技有限公司；锂电池：苏州海格新能源汽车电控系统科技有限公司	576；576；锂电池：400	220	36	14；14	0.65；0.65；锂电池：14.4	162；162；锂电池：250	否	BMS-HIGEC01	苏州海格新能源汽车电控系统科技有限公司	—	60	柴油混合动力	插电式混合动力城市客车			
	功率型；功率型；锂电池：功率型	磷酸铁锂；超级电容	BCAP3000；HC-HUC3000；锂电池：HGL-1	2.7；2.7；锂电池：3.2	3000；3000	0.55；0.55；锂电池：0.33	234；234；锂电池：576	美国麦克斯威科技公司；苏州海格新能源汽车电控系统科技有限公司；锂电池：苏州海格新能源汽车电控系统科技有限公司	624；624；锂电池：460	160	36	12.7；12.7	0.65；0.65；锂电池：18	162；162；锂电池：280	否	BMS-HIGEC01	苏州海格新能源汽车电控系统科技有限公司	—	55	柴油混合动力	插电式混合动力城市客车			

续表

储能装置单体生产企业	电动汽车储能装置类型	电动汽车储能装置种类	储能装置单体型号	储能装置单体的标称电压(V)	超级电容器单体标称静电容量(F)	储能装置单体质量(kg)	储能装置单体数量	储能装置总成生产企业	储能装置总成标称电压(V)	储能装置总成额定输出电流(A)	动力蓄电池总成标称容量(Ah)	超级电容器总成标称静电容量(F)	储能装置总储电量(kW·h)B	储能装置总成质量(kg)	动力蓄电池箱是否具有快换装置	车载能源管理系统型号(包括软件和硬件)	车载能源管理系统生产企业	电动汽车续驶里程(工况法，km)	电动汽车续驶里程(等速法，km)	燃料种类	配套车辆类型	2015年配套车型产量(辆)	2016年1-3月份配套车型产量(辆)	配套车型产量合计(辆)
美国麦克斯威科技公司；苏州海格新能源汽车电控系统科技有限公司；锂电池：苏州海格新能源汽车电控系统科技有限公司	功率型；功率型；锂电池：功率型	磷酸铁锂；超级电容	BCAP3000；HC-HUC3000；锂电池：HGL-1	2.7；2.7；锂电池：3.2	3000；3000	0.55；0.55；锂电池：0.33	234；234；锂电池：720	美国麦克斯威科技公司；苏州海格新能源汽车电控系统科技有限公司；锂电池：苏州海格新能源汽车电控系统科技有限公司	624；624；锂电池：460	160	45	12.7；12.7	0.65；0.65；锂电池：20	162；162；锂电池：320	否	BMS-HIGEC01	苏州海格新能源汽车电控系统科技有限公司	—	52	柴油混合动力	插电式混合动力城市客车			
LG化学有限公司(LG Chem；Ltd)	能量型	三元材料	L3	3.73	—	0.966	416	北京海博思创科技有限公司	387.92	172	172	—	66.7	690	无	HS-100	北京海博思创科技有限公司	—	200	纯电动	纯电动客车	2432	486	2918
	能量型	三元材料	L3	3.73	—	0.966	560；616；664	北京海博思创科技有限公司	522；574；619	172	172	—	89.818；98.8；106.5	735；808；1064	否	EVS100	北京海博思创科技有限公司	—	153	纯电动	纯电动城市客车			
	能量型	三元材料	L3	3.73	—	0.966	616；664	北京海博思创科技有限公司	574；619	172	172	—	98.8；106.5	808；1064	否	EVS100	北京海博思创科技有限公司	—	260；275	纯电动	纯电动城市客车			
	能量型	三元材料	L3	3.73	—	0.966	600	北京海博思创科技有限公司	559.5	172	172	—	96.2	980	否	硬件 EVS200；软件 V2.0	北京海博思创科技有限公司	—	250	纯电动	纯电动城市客车			
	能量型	三元材料	L3	3.73	—	0.966	900	北京海博思创科技有限公司	559.5	258	258	—	144.4	1315	—	硬件 EVS200；软件 V2.0	北京海博思创科技有限公司	—	270	纯电动	纯电动客车			

续表

储能装置单体生产企业	电动汽车储能装置类型	电动汽车储能装置种类	储能装置单体型号	储能装置单体的标称电压(V)	超级电容器单体标称静电容量(F)	储能装置单体质量(kg)	储能装置单体数量	储能装置总成生产企业	储能装置总成标称电压(V)	储能装置总成额定输出电流(A)	动力蓄电池总成标称容量(Ah)	超级电容器总成标称静电容量(F)	储能装置总储电量(kW·h)B	储能装置总成质量(kg)	动力蓄电池箱是否具有快换装置	车载能源管理系统型号(包括软件和硬件)	车载能源管理系统生产企业	电动汽车续驶里程(工况法,km)	电动汽车续驶里程(等速法,km)	燃料种类	配套车辆类型	2015年配套车型产量(辆)	2016年1-3月份配套车型产量(辆)	配套车型产量合计(辆)
LG化学有限公司(LG Chem; Ltd)	能量型	三元材料	L3	3.73	—	0.966	312	北京海博思创科技有限公司	581.9	86.3	86.3	—	50.2	540	否	EVS200	北京海博思创科技有限公司	—	200	纯电动	纯电动城市客车			
	能量型	三元材料	L3	3.72	—	0.966	156	北京海博思创科技有限公司	96.98	103	258	—	25.02	250	否	TA72400 - C	惠州市亿能电子有限公司	—	150	纯电动	纯电动厢式运输车			
	能量型	三元材料	L3	3.73	—	0.97	1152	北京海博思创科技有限公司	537	345	345	—	185.5	2000	—	EVS200	北京海博思创科技有限公司	—	230	纯电动	纯电动客车			
	能量型	三元材料	L3	3.73	—	0.966 ±0.01	520	北京海博思创科技有限公司	387.92	215	215	—	83.4	830	否	1.15.6.11; EVS200	东风汽车公司/北京海博思创科技有限公司	—	130	纯电动	纯电动厢式运输车			
	能量型	三元材料	L3	3.73	—	0.966 ±0.01	520	北京海博思创科技有限公司	387.92	215	215	—	83.4	830	否	EVS200	北京海博思创科技有限公司	—	130	纯电动	纯电动厢式运输车			
	能量型	三元材料	C1.5S	3.7	—	0.554	234	上海捷新动力电池系统有限公司	288	77.7	77.7	—	22.4	220	无	V01/SAIC BMU PWB115051 20150512	上海捷能汽车技术有限公司;上海捷能汽车技术有限公司	170	220	纯电动	纯电动轿车			
	能量型	三元材料	P1.5	3.7	—	0.375	200	威睿电动汽车技术(苏州)有限公司	370	220	23	—	8	140	否	软件:78HL15 - 3113230 - A;硬件:78HL15 - 3113010 - B	软件:LG/CPI;硬件:LGIT	53	—	汽油/电混合动力	插电式混合动力轿车			
苏州海格新能源汽车电控系统科技有限公司	能量型	超级电容	HC - HUC28000	4.2	28000	0.87	90	苏州海格新能源汽车电控系统科技有限公司	360	90	—	—	3.25	96.3	—	—	苏州海格新能源汽车电控系统科技有限公司	—	—	柴油/电混合动力	非插电式混合动力城市客车	2866	0	2866

续表

储能装置单体生产企业	电动汽车储能装置类型	电动汽车储能装置种类	储能装置单体型号	储能装置单体的标称电压(V)	超级电容器单体标称静电容量(F)	储能装置单体质量(kg)	储能装置单体数量	储能装置总成生产企业	储能装置总成标称电压(V)	储能装置总成额定输出电流(A)	动力蓄电池总成标称容量(Ah)	超级电容器总成标称静电容量(F)	储能装置总储电量(kW·h)B	储能装置总成质量(kg)	动力蓄电池箱是否具有快换装置	车载能源管理系统型号(包括软件和硬件)	车载能源管理系统生产企业	电动汽车续驶里程(工况法,km)	电动汽车续驶里程(等速法,km)	燃料种类	配套车辆类型	2015年配套车型产量(辆)	2016年1-3月份配套车型产量(辆)	配套车型产量合计(辆)
苏州海格新能源汽车电控系统科技有限公司	功率型	多元复合	HGL-3	3.55	—	0.298	396	苏州海格新能源汽车电控系统科技有限公司	351	180	44	—	15.5	270	否	G-BOS	苏州海格新能源汽车电控系统科技有限公司	—	60	柴 油/电混合动力	插电式混合动力城市客车			
	功率型	多元复合	HGL-3	3.55	—	0.298	414	苏州海格新能源汽车电控系统科技有限公司	490	180	33	—	16.2	270	否	G-BOS	苏州海格新能源汽车电控系统科技有限公司	—	60	柴 油/电混合动力	插电式混合动力城市客车			
	功率型	多元复合	HGL-3	3.55	—	0.298	414	苏州海格新能源汽车电控系统科技有限公司	490	180	33	—	16.2	270	否	G-BOS	苏州海格新能源汽车电控系统科技有限公司	—	55	NG 混合动力	插电式混合动力城市客车			
	功率型	磷酸铁锂	HGL-1	3.2	—	0.33	2340	苏州海格新能源汽车电控系统科技有限公司	512	35	117	—	67	602	否	HGL-BMS;HGL-S01-BMS	苏州海格新能源汽车电控系统科技有限公司	—	220	纯电动	纯电动客车			
	功率型	磷酸铁锂	HGL-1	3.2	—	0.33	2340	苏州海格新能源汽车电控系统科技有限公司	576	35	117	—	67	740	否	HGL-BMS;HGL-S01-BMS	苏州海格新能源汽车电控系统科技有限公司	—	220	纯电动	纯电动城市客车			
	功率型	磷酸铁锂	HGL-1	3.2	—	0.33	3306	苏州海格新能源汽车电控系统科技有限公司	557	50	170	—	94	1040	否	HGL-BMS;HGL-S02-BMS	苏州海格新能源汽车电控系统科技有限公司	—	300	纯电动	纯电动客车			
	功率型	磷酸铁锂	HGL-1	3.2	—	0.33	3840	苏州海格新能源汽车电控系统科技有限公司	557	40	81	—	45	500	否	HGL-BMS;HGL-S07-BMS	苏州海格新能源汽车电控系统科技有限公司	—	150	纯电动	纯电动城市客车			

续表

储能装置单体生产企业	电动汽车储能装置类型	电动汽车储能装置种类	储能装置单体型号	储能装置单体的标称电压(V)	超级电容器单体标称静电容量(F)	储能装置单体质量(kg)	储能装置单体数量	储能装置总成生产企业	储能装置总成标称电压(V)	储能装置总成额定输出电流(A)	动力蓄电池总成标称容量(Ah)	超级电容器总成标称静电容量(F)	储能装置总储电量(kW·h)B	储能装置总成质量(kg)	动力蓄电池箱是否具有快换装置	车载能源管理系统型号(包括软件和硬件)	车载能源管理系统生产企业	电动汽车续驶里程(工况法，km)	电动汽车续驶里程(等速法，km)	燃料种类	配套车辆类型	2015年配套车型产量(辆)	2016年1-3月份配套车型产量(辆)	配套车型产量合计(辆)
苏州海格新能源汽车电控系统科技有限公司	功率型	磷酸铁锂	HGL-1	3.2	—	0.33	4959	苏州海格新能源汽车电控系统科技有限公司	548	78	261	—	142	1700	否	HGL-BMS；HGL-S03-BMS	苏州海格新能源汽车电控系统科技有限公司	—	220	纯电动	纯电动城市客车			
	功率型	磷酸铁锂	HGL-1	3.2	—	0.33	6400	苏州海格新能源汽车电控系统科技有限公司	512	360	360	—	184	2500	否	—	—	—	200	纯电动	纯电动城市客车			
	功率型	磷酸铁锂	HGL-1	3.2	—	0.33	8064	苏州海格新能源汽车电控系统科技有限公司	538	130	432	—	232	2500	否	HGL-BMS；HGL-S05-BMS	苏州海格新能源汽车电控系统科技有限公司	—	200	纯电动	纯电动客车			
	功率型	磷酸铁锂	HGL-1	3.2	—	0.353	8280	苏州海格新能源汽车电控系统科技有限公司	576	125	416	—	240	2500	否	HGL-BMS；HGL-S05-BMS	苏州海格新能源汽车电控系统科技有限公司	—	200	纯电动	纯电动客车			
	功率型	磷酸铁锂	HGL-1	3.2	—	0.33	10240	苏州海格新能源汽车电控系统科技有限公司	512	329	576	—	295	2700	否	—	—	—	250	纯电动	纯电动城市客车			
	能量型	磷酸铁锂	HGL-1	3.2	—	0.33	2496	苏州海格新能源汽车电控系统科技有限公司	614.4	58	117	—	72	830	否	MPS-BMS-H/S2.0	苏州海格新能源汽车电控系统科技有限公司	—	220	纯电动	纯电动城市客车			
	能量型	磷酸铁锂	HGL-1	3.2	—	0.33	5220	苏州海格新能源汽车电控系统科技有限公司	576	260	260	—	150	1500	否	HIGEC-BMS-HV2.0；HIGEC-BMS-SV2.0	苏州海格新能源汽车电控系统科技有限公司	—	260	纯电动	纯电动客车			

续表

储能装置单体生产企业	电动汽车储能装置类型	电动汽车储能装置种类	储能装置单体型号	储能装置单体的标称电压(V)	超级电容器单体标称静电容量(F)	储能装置单体质量(kg)	储能装置单体数量	储能装置总成生产企业	储能装置总成标称电压(V)	储能装置总成额定输出电流(A)	动力蓄电池总成标称容量(Ah)	超级电容器总成标称静电容量(F)	储能装置总储电量(kW·h)B	储能装置总成质量(kg)	动力蓄电池箱是否具有快换装置	车载能源管理系统型号(包括软件和硬件)	车载能源管理系统生产企业	电动汽车续驶里程(工况法,km)	电动汽车续驶里程(等速法,km)	燃料种类	配套车辆类型	2015年配套车型产量(辆)	2016年1-3月份配套车型产量(辆)	配套车型产量合计(辆)
中聚（天津）新能源投资有限公司；中航锂电（洛阳）有限公司	功率型	磷酸铁锂	SP-LFP200AHA；SE200FI	3.2	—	5.6；5.7	22	南昌福瑞德科技有限公司；江西江铃集团新能源汽车有限公司	70.4	107	200	—	14.08	155；157	—	V2.1/FRDBMS005D	南昌福瑞德科技有限公司	150	—	纯电动	纯电动轿车	2777	0	2777
宁德新能源科技有限公司	能量型	磷酸铁锂	29/135/220/72Ah	3.2	—	2	96	北京普莱德新能源电池科技有限公司	307	36	72	—	22.1	270	否	主板软件版本：B34367MS5206；硬件版本：EV05DM122A；从板软件版本：EV05A5SS4917；硬件版本：EV05ASH32-A	惠州市亿能电子有限公司	120	150	纯电动	纯电动轿车	1762	918	2680
	能量型	磷酸铁锂	47/173/132.5-86Ah	3.2	—	2.3	280	北京普莱德新能源电池科技有限公司	448	172	172	—	77	850	否	B52	安徽力高新能源技术有限公司	—	255	纯电动	纯电动城市客车			
	能量型	磷酸铁锂	47/173/132.5-86Ah	3.2	—	2.3	384；340	北京普莱德新能源电池科技有限公司	614；544	172	172	—	105.6；93.6	1235；1095	否	B51	北京普莱德新能源电池科技有限公司	—	241；221	纯电动	纯电动客车			
	能量型	磷酸铁锂	47/173/132.5-86Ah	3.2	—	2.3	486	宁德时代新能源科技股份有限公司	518	86	258	—	133.7	1485	否	S00BMU0G01V22Y14；H00BMU0015V5I24C	宁德时代新能源科技股份有限公司；宁德时代新能源科技股份有限公司	—	220	纯电动	纯电动城市客车			
	能量型	磷酸铁锂	47/173/132.5-86Ah	3.2	—	2.3	504	宁德新能源科技有限公司	537.6	172	258	—	138.7	1600	否	KL-VMS；KL-VMS	宁德新能源科技有限公司	—	350	纯电动	纯电动客车			

续表

储能装置单体生产企业	电动汽车储能装置类型	电动汽车储能装置种类	储能装置单体型号	储能装置单体的标称电压(V)	超级电容器单体标称静电容量(F)	储能装置单体质量(kg)	储能装置单体数量	储能装置总成生产企业	储能装置总成标称电压(V)	储能装置总成额定输出电流(A)	动力蓄电池总成标称容量(Ah)	超级电容器总成标称静电容量(F)	储能装置总储电量(kW·h)B	储能装置总成质量(kg)	动力蓄电池箱是否具有快换装置	车载能源管理系统型号(包括软件和硬件)	车载能源管理系统生产企业	电动汽车续驶里程(工况法,km)	电动汽车续驶里程(等速法,km)	燃料种类	配套车辆类型	2015年配套车型产量(辆)	2016年1-3月份配套车型产量(辆)	配套车型产量合计(辆)
宁德新能源科技有限公司	能量型	磷酸铁锂	47/173/132.5-86Ah	3.2	—	2.3	540	宁德时代新能源科技股份有限公司	576	130	258	—	148.6	1615	否	S05BMS000DV01Y13;H05BMS0010Y13	宁德时代新能源科技股份有限公司;宁德时代新能源科技股份有限公司	160	200	纯电动	纯电动城市客车			
	能量型	磷酸铁锂	47/173/132.5-86Ah	3.2	—	2.3	540	宁德时代新能源科技股份有限公司	576	86	258	—	148.6	1600	否	S05BMS000DV01Y13;H05BMS0010Y13	宁德时代新能源科技股份有限公司	160	164	纯电动	纯电动客车			
	能量型	磷酸铁锂	47/173/132.5-86Ah	3.2	—	2.3	540;510	北京普莱德新能源电池科技有限公司	576;544	258	258	—	148.6;140.3	1500	否	B51	安徽力高新能源技术有限公司	120	151	纯电动	纯电动城市客车			
	能量型	磷酸铁锂	47/173/132.5-86Ah	3.2	—	2.3	540	宁德新能源科技有限公司	576	129	258	—	148	1620	否	KL-VMS;KL-VMS	宁德新能源科技有限公司;宁德新能源科技有限公司	—	350	纯电动	纯电动客车			
	能量型	磷酸铁锂	47/173/132.5-86Ah	3.2	—	2.3	582;510	北京普莱德新能源电池科技有限公司	614;544	258	258	—	158.5;140.4	1970;1745	否	B51	北京普莱德新能源电池科技有限公司	—	265;255	纯电动	纯电动客车			
	能量型	磷酸铁锂	47/173/132.5-86Ah	3.2	—	2.3	648	宁德时代新能源科技股份有限公司	518	170	344	—	178.0	1940	否	S05BMS000DV01Y13;H05BMS0010Y13	宁德时代新能源科技股份有限公司;宁德时代新能源科技股份有限公司	180	240	纯电动	纯电动城市客车			
	能量型	磷酸铁锂	47/173/132.5-86Ah	3.2	—	2.3	825	宁德时代新能源科技股份有限公司	528	86	430	—	227	2500	否	S05BMS000DV01Y13/H05BMS0010Y13	宁德时代新能源科技股份有限公司	245	255	纯电动	纯电动客车			
	能量型	磷酸铁锂	47/173/132.5-86Ah	3.2	—	2.3	1044	宁德时代新能源科技股份有限公司	556.8	258	516	—	287.3	3250	否	S05BMS000DV01Y13;H05BMS0010Y13	宁德时代新能源科技股份有限公司	320	400	纯电动	纯电动城市客车			

续表

储能装置单体生产企业	电动汽车储能装置类型	电动汽车储能装置种类	储能装置单体型号	储能装置单体的标称电压(V)	超级电容器单体标称静电容量(F)	储能装置单体质量(kg)	储能装置单体数量	储能装置总成生产企业	储能装置总成标称电压(V)	储能装置总成额定输出电流(A)	动力蓄电池总成标称容量(Ah)	超级电容器总成标称静电容量(F)	储能装置总储电量(kW·h)B	储能装置总成质量(kg)	动力蓄电池箱是否具有快换装置	车载能源管理系统型号(包括软件和硬件)	车载能源管理系统生产企业	电动汽车续驶里程(工况法,km)	电动汽车续驶里程(等速法,km)	燃料种类	配套车辆类型	2015年配套车型产量(辆)	2016年1-3月份配套车型产量(辆)	配套车型产量合计(辆)
宁德新能源科技有限公司	能量型	磷酸铁锂	47/173/132.5-86Ah	3.2	—	2.3	1080	北京普莱德新能源电池科技有限公司	576	516	516	—	297	2550	否	PBMA168-07A	安徽力高新能源技术有限公司	—	450	纯电动	纯电动城市客车			
	能量型	磷酸铁锂	48/173/170	3.2	—	2.93	360	宁德新能源科技有限公司	576	120	240	—	138.2	1640	否	KL-BMS; KL-BMS	宁德新能源科技有限公司；宁德新能源科技有限公司	—	300	纯电动	纯电动城市客车			
	能量型	磷酸铁锂	48/174/132.5-80Ah	3.2	—	2.17	108	宁德时代新能源科技股份有限公司	345.6	26.7	80	—	24	475	否	软件：SWFL_ 1BCC；硬件：HWEL_ 0F11	Preh	150	160	纯电动	纯电动轿车			
	能量型；能量型	磷酸铁锂	47/173/132.5-86Ah，47/173/132.5-86Ah	3.2；3.2	—	2.3；2.3	328；360	北京普莱德新能源电池科技有限公司	525；576	172	172	—	90.2；99	1050；1160	否	B52	安徽力高新能源技术有限公司	—	174；191	纯电动	纯电动城市客车			
	能量型；能量型	磷酸铁锂	48/173/170；48/173/170	3.2；3.2	—	2.95；2.95	256；304	北京普莱德新能源电池科技有限公司	409.6；486.4	240；240	240；240	—	98.3；116.7	1100；1300	否	B52	安徽力高新能源技术有限公司	—	251；270	纯电动	纯电动城市客车			
	能量型	三元材料	P2-37NUP-A1	3.65	—	0.83	1008	宁德时代新能源科技股份有限公司	613.2	—	222	—	136.086	1300	N	HX_ 136kwh_ AJ_ EV；BUS_ G5_ BMU_ E	宁德时代新能源科技股份有限公司	—	290	纯电动	纯电动客车			
万向电动汽车有限公司；苏州海格新能源汽车电控系统科技有限公司	能量型；能量型	磷酸铁锂	WX12I3250；HGL-2	3.2；3.2	—	1.1；1.35	318；318	北京科易动力科技有限公司；苏州海格新能源汽车电控系统科技有限公司	339；339	150；172	150；172	—	50.9；50.9	660；680	否；否	KPB04-KPL04-KPE600	北京科易动力科技有限公司	—	155	纯电动	纯电动客车	2577	0	2577

续表

储能装置单体生产企业	电动汽车储能装置类型	电动汽车储能装置种类	储能装置单体型号	储能装置单体的标称电压(V)	超级电容器单体标称静电容量(F)	储能装置单体质量(kg)	储能装置单体数量	储能装置总成生产企业	储能装置总成标称电压(V)	储能装置总成额定输出电流(A)	动力蓄电池总成标称容量(Ah)	超级电容器总成标称静电容量(F)	储能装置总储电量(kW·h)B	储能装置总成质量(kg)	动力蓄电池箱是否具有快换装置	车载能源管理系统型号(包括软件和硬件)	车载能源管理系统生产企业	电动汽车续驶里程(工况法，km)	电动汽车续驶里程(等速法，km)	燃料种类	配套车辆类型	2015年配套车型产量(辆)	2016年1-3月份配套车型产量(辆)	配套车型产量合计(辆)
万向电动汽车有限公司	能量功率兼顾型	磷酸铁锂	WX14I3220	3.2	—	0.54	208	万向电动汽车有限公司	332.8	200	40	—	13	220	否	—	—	50	70	汽油/电混合动力	增程式混合动力轿车	2215	326	2541
	能量型	磷酸铁锂	IFP152/40/256	3.2	—	2.07	720	万向电动汽车有限公司	576	240	240	—	138	2450	具有快换装置	WX-BC01	万向电动汽车有限公司	—	150	纯电动	纯电动城市客车			
	能量型	磷酸铁锂	IFP152/40/256	3.2V	—	2.07	1080	万向电动汽车有限公司	576	250	360	—	207.36	2300	是	BMU-HM-C-C12	万向电动汽车有限公司	—	200	纯电动	纯电动城市客车			
	能量型	磷酸铁锂	CE12	3.2	—	0.43	500	万向电动汽车有限公司	320	25	75	—	24	300	是	WX-BSF0211AV100；WX-BF02V100	万向电动汽车有限公司	—	150	纯电动	纯电动轿车			
	能量型	磷酸铁锂	WX12I3215	3.2	—	0.43	1152	万向电动汽车有限公司	307	90	180	—	55	684	是	硬件：WX-BC01V101；软件：WX-BSC0108AV102	万向电动汽车有限公司	—	160	纯电动	纯电动商务车			
	能量型	锰酸锂	WX14I3720	3.7	—	0.515	425	惠州市亿能电子有限公司	314	100	100	—	31	400	否	E62401MS4813/EV05	惠州市亿能电子有限公司；惠州市亿能电子有限公司	—	160	纯电动	纯电动多用途乘用车			
	能量型	磷酸铁锂	WX12I3250	3.2	—	1.1	318	北京科易动力科技有限公司	339	150	150	—	50.9	660	否	KPB04-KPL04-KPE600	北京科易动力科技有限公司	165	180	纯电动	纯电动客车			
	能量型	磷酸铁锂	WX12I3250	3.2	—	1.1	318	北京科易动力科技有限公司	339	150	150	—	50.9	660	否	KPB04-KPL04-KPE600	北京科易动力科技有限公司	—	280	纯电动	纯电动客车			
	能量型	磷酸铁锂	WX12I3250	3.2	—	1.1	318	北京科易动力科技有限公司	339.2	150	150	—	50.88	600	否	KPB04-KPL04-KPE600	北京科易动力科技有限公司	—	297	纯电动	纯电动客车			

续表

储能装置单体生产企业	电动汽车储能装置类型	电动汽车储能装置种类	储能装置单体型号	储能装置单体的标称电压(V)	超级电容器单体标称静电容量(F)	储能装置单体质量(kg)	储能装置单体数量	储能装置总成生产企业	储能装置总成标称电压(V)	储能装置总成额定输出电流(A)	动力蓄电池总成标称容量(Ah)	超级电容器总成标称静电容量(F)	储能装置总储电量(kW·h)B	储能装置总成质量(kg)	动力蓄电池箱是否具有快换装置	车载能源管理系统型号(包括软件和硬件)	车载能源管理系统生产企业	电动汽车续驶里程(工况法，km)	电动汽车续驶里程(等速法，km)	燃料种类	配套车辆类型	2015年配套车型产量(辆)	2016年1-3月份配套车型产量(辆)	配套车型产量合计(辆)
万向电动汽车有限公司	能量型	磷酸铁锂	WX12I3250	3.2	—	1.1	318	万向电动汽车有限公司	339	150	150	—	50.9	630	否	KPB04-KPL04-KPE600	北京科易动力科技有限公司	—	170	纯电动	纯电动客车	2215	326	2541
	能量型	磷酸铁锂	WX12I3250	3.2	—	1.1	704	万向电动汽车有限公司	563.2	200	200	—	112.6	1690	否	硬件：WX-BF02V102；软件：WX-BSF0201BV100	万向电动汽车有限公司	—	150	纯电动	纯电动城市客车			
	能量型	磷酸铁锂	WX12I3250	3.2	—	1.1	1008	万象电动汽车有限公司	538	300	300	—	161.4	2000	有	WX-BF02V102	万向电动汽车有限公司	—	150	纯电动	纯电动城市客车			
	能量型	磷酸铁锂	WX12I3250	3.2	—	1.1	2016	万向电动汽车有限公司	537.6	350	600	—	322.56	3200	否	软件：WX-BSF0223AV100 硬件：WX-BF02V102	万向电动汽车有限公司	—	440	纯电动	纯电动城市客车			
	能量型	磷酸铁锂	WX12I3250	3.2	—	1.2	1080	万向电动汽车有限公司	576	150	300	—	172.8	2285	是	硬件：WX-BSC0104AV100；软件：WX-BC01V101	万向电动汽车有限公司	120	125	纯电动	纯电动城市客车			
	能量型	三元材料	WX12I3720	3.7	—	0.52	340	重庆长安新能源汽车有限公司	315	40	80	—	25	300	否	XLBCU01	重庆长安新能源汽车有限公司	160	180	纯电动	纯电动轿车			
	能量型	三元材料	WX12I3720	3.7	—	0.52	340	重庆长安新能源汽车有限公司	315	40	80	—	25	340	否	XLBCU01	重庆长安新能源汽车有限公司	160	180	纯电动	纯电动轿车			
万向A一二三系统有限公司	能量功率兼顾型	磷酸铁锂	WX14I3220	3.2	—	0.54	208	万向A一二三系统有限公司	332.8	200	40	—	13	220	否	—	—	50	70	汽油/电混合动力	增程式混合动力轿车	940	1433	2373
	能量功率兼顾型	三元材料	WX14I3720	3.7	—	0.51	176	万向A一二三系统有限公司	325.6	40	40	—	13	162	否	WX-BF02V104	万向A一二三系统有限公司	50	80	汽油/电混合动力	增程式混合动力轿车			

续表

储能装置单体生产企业	电动汽车储能装置类型	电动汽车储能装置种类	储能装置单体型号	储能装置单体的标称电压(V)	超级电容器单体标称静电容量(F)	储能装置单体质量(kg)	储能装置单体数量	储能装置总成生产企业	储能装置总成标称电压(V)	储能装置总成额定输出电流(A)	动力蓄电池总成标称容量(Ah)	超级电容器总成标称静电容量(F)	储能装置总储电量(kW·h)B	储能装置总成质量(kg)	动力蓄电池箱是否具有快换装置	车载能源管理系统型号(包括软件和硬件)	车载能源管理系统生产企业	电动汽车续驶里程(工况法，km)	电动汽车续驶里程(等速法，km)	燃料种类	配套车辆类型	2015年配套车型产量(辆)	2016年1-3月份配套车型产量(辆)	配套车型产量合计(辆)
万向A一二三系统有限公司	能量功率兼顾型	三元材料	WX14I3720	3.7	—	0.51	176	万向A一二三系统有限公司	325.6	40	40	—	13	162	否	WX-BF02V104	万向A一二三系统有限公司	50	80	汽油/电混合动力	插电式混合动力轿车			
	能量型	三元材料	2101AAT	3.65	—	0.86	88	万向A一二三系统有限公司	321	170	36	—	11.56	138	否	WX-BF02V104	万向A一二三系统有限公司	70	96	汽油/电混合动力	插电式混合动力轿车			
	能量型	三元材料	WX12I3625	3.6	—	0.515	340	重庆长安新能源汽车有限公司	306	50	100	—	30	310	否	XLBCU01	重庆长安新能源汽车有限公司	200	—	纯电动	纯电动轿车			
江苏索尔新能源科技股份有限公司	功率型	三元材料	ISR18650	3.7	—	0.044	3042	江苏索尔新能源科技股份有限公司	96.2	≤300	304.2	—	29.26	245	—	硬件：BMS36A；软件：BMS36-26A	江苏索尔新能源科技股份有限公司	99	110	纯电动	纯电动仓栅式运输车	2228	1	2229
	功率型	三元材料	ISR18650	3.7	—	0.044	3042	江苏索尔新能源科技股份有限公司	96.2	≤300	304.2	—	29.26	245	—	硬件：BMS36A；软件：BMS36-26A	江苏索尔新能源科技股份有限公司	99	110	纯电动	纯电动厢式运输车			
	功率型	三元材料	ISR18650	3.7	—	0.044	3042	江苏索尔新能源科技股份有限公司	96.2	≤300	304.2	—	29.26	245	—	硬件：BMS36A；软件：BMS36-26A	江苏索尔新能源科技股份有限公司	99	110	纯电动	纯电动垃圾车			
	功率型	三元材料	ISR18650	3.7	—	0.044	3042	江苏索尔新能源科技股份有限公司	96.2	≤300	304.2	—	29.26	245	—	硬件：BMS36A；软件：BMS36-26A	江苏索尔新能源科技股份有限公司	99	110	纯电动	纯电动洒水车			
	功率型	三元材料	ISR18650	3.7	—	0.044	3042	江苏索尔新能源科技股份有限公司	96.2	≤300	304.2	—	29.26	245	—	硬件：BMS36A；软件：BMS36-26A	江苏索尔新能源科技股份有限公司	99	110	纯电动	纯电动双排仓栅式运输车			
	功率型	三元材料	ISR18650	3.7	—	0.044	3042	江苏索尔新能源科技股份有限公司	96.2	≤300	304.2	—	29.26	245	—	硬件：BMS36A；软件：BMS36-26A	江苏索尔新能源科技股份有限公司	99	110	纯电动	纯电动双排厢式运输车			

续表

储能装置单体生产企业	电动汽车储能装置类型	电动汽车储能装置种类	储能装置单体型号	储能装置单体的标称电压(V)	超级电容器单体标称静电容量(F)	储能装置单体质量(kg)	储能装置单体数量	储能装置总成生产企业	储能装置总成标称电压(V)	储能装置总成额定输出电流(A)	动力蓄电池总成标称容量(Ah)	超级电容器总成标称静电容量(F)	储能装置总储电量(kW·h)B	储能装置总成质量(kg)	动力蓄电池箱是否具有快换装置	车载能源管理系统型号(包括软件和硬件)	车载能源管理系统生产企业	电动汽车续驶里程(工况法,km)	电动汽车续驶里程(等速法,km)	燃料种类	配套车辆类型	2015年配套车型产量(辆)	2016年1-3月份配套车型产量(辆)	配套车型产量合计(辆)
江苏索尔新能源科技股份有限公司	功率型	三元材料	ISR18650	3.7	—	0.044	3440	江苏索尔新能源科技股份有限公司	318.2	≤100A	26	—	33.09	380	无	BMS-800A	江苏索尔新能源科技股份有限公司	135	155	纯电动	纯电动厢式运输车			
	功率型	三元材料	ISR18650	3.7	—	0.044	4576	苏州吉姆西客车制造有限公司	325.6	160	135.2	—	44.0	351	—	DK20x/DK901	上海妙益电子科技发展有限公司	220	250	纯电动	纯电动厢式运输车			
	功率型	三元材料	ISR18650	3.7	—	0.044	4576	苏州吉姆西客车制造有限公司	325.6	160	135.2	—	44.0	380	否	BMS270-12A	江苏索尔新能源科技股份有限公司	200	230	纯电动	纯电动厢式运输车			
	功率型	三元材料	ISR18650	3.7	—	0.044	11840	江苏索尔新能源科技股份有限公司	547.6	200	208	—	114	880	是	BMU-12	江苏索尔新能源科技股份有限公司	—	200	纯电动	纯电动客车			
	功率型	三元材料	ISR18650	3.7	—	0.044	14800	江苏索尔新能源科技股份有限公司	547.6	200	260	—	142.4	1100	是	BMU-12	江苏索尔新能源科技股份有限公司	—	280	纯电动	纯电动城市客车			
中聚（天津）新能源投资有限公司	功率型	磷酸铁锂	66AH-AB	3.2	—	2.1	800	中聚（天津）新能源投资有限公司	512	213	512V 330Ah	—	168.96	2500	—	ZRBMS240212；EV02B	北京中瑞蓝科电动汽车技术有限公司；惠州亿能电子有限公司	120	200	纯电动	纯电动城市客车			
	功率型	磷酸铁锂	SP-LFP100AHA	3.2	—	3.1	96	中聚（天津）新能源投资有限公司	307.2	80	100	—	30.7	360	—	主控模块型号：BMU03-I-12V-400V 从控模块型号：BSU01-12S3T5A；软件：V4.1	深圳市科列技术服务有限公司	—	100	纯电动	纯电动厢式运输车	2202	0	2202
	功率型	磷酸铁锂	SP-LFP200AHA	3.2	—	5.6	22	南昌福瑞德科技有限公司	70.4	107	200	—	14.08	155	—	V2.1/FRDBMS005D	南昌福瑞德科技有限公司	150	—	纯电动	纯电动轿车			

续表

储能装置单体生产企业	电动汽车储能装置类型	电动汽车储能装置种类	储能装置单体型号	储能装置单体的标称电压(V)	超级电容器单体标称静电容量(F)	储能装置单体质量(kg)	储能装置单体数量	储能装置总成生产企业	储能装置总成标称电压(V)	储能装置总成额定输出电流(A)	动力蓄电池总成标称容量(Ah)	超级电容器总成标称静电容量(F)	储能装置总储电量(kW·h)B	储能装置总成质量(kg)	动力蓄电池箱是否具有快换装置	车载能源管理系统型号(包括软件和硬件)	车载能源管理系统生产企业	电动汽车续驶里程(工况法，km)	电动汽车续驶里程(等速法，km)	燃料种类	配套车辆类型	2015年配套车型产量(辆)	2016年1-3月份配套车型产量(辆)	配套车型产量合计(辆)
中聚（天津）新能源投资有限公司	功率型	磷酸铁锂	SP-LFP200AHA	3.2	—	5.6	36	中聚（天津）新能源投资有限公司	115.2	85	200	—	23	200	—	V2.0/FRDBMS005D	南昌福瑞德科技有限公司；南昌福瑞德科技有限公司	—	120	纯电动	纯电动车厢可卸式垃圾车			
	功率型	磷酸铁锂	SP-LFP200AHA	3.2	—	5.6	72	中聚（天津）新能源投资有限公司	115.2	85	200	—	46	400	—	V2.0/FRDBMS005D	南昌福瑞德科技有限公司；南昌福瑞德科技有限公司	—	240	纯电动	纯电动仓栅式运输车			
	功率型	磷酸铁锂	SP-LFP200AHA	3.2	—	5.6	72	中聚（天津）新能源投资有限公司	115.2	85	200	—	46	400	—	V2.0/FRDBMS005D	南昌福瑞德科技有限公司；南昌福瑞德科技有限公司	—	240	纯电动	纯电动厢式运输车			
	功率型	磷酸铁锂	SP-LFP200AHA	3.2	—	5.6	72	中聚（天津）新能源投资有限公司	115.2	85	400	—	46	400	—	V2.0/FRDBMS005D	南昌福瑞德科技有限公司；南昌福瑞德科技有限公司	200	—	纯电动	纯电动厢式运输车			
	功率型	磷酸铁锂	SP-LFP200AHA	3.2	—	5.6	108	南昌福瑞德科技有限公司	345.6	135	200	—	69	650	无	EK-FT-C11	安徽力高新能源技术有限公司	—	150	纯电动	纯电动客车			
北京国能电池科技有限公司	储能型	磷酸铁锂	PL17185265	3.2	—	1.5	324	北京国能电池科技有限公司	345.6	90A (0.5C)	180	—	62.2	600	否	电池管理系统从控模块 型号：BSU01-12S3 T5A-24V 软件：科列电池采集均衡控制软件 V1.0；电池管理系统主监控绝缘模块型号：BMU03A-I-G-12/24V-400/900V 软件：科列 BMS 管理软件 V1.0	深圳市科列技术股份有限公司	—	200	纯电动	纯电动客车	1750	414	2164

续表

储能装置单体生产企业	电动汽车储能装置类型	电动汽车储能装置种类	储能装置单体型号	储能装置单体的标称电压(V)	超级电容器单体标称静电容量(F)	储能装置单体质量(kg)	储能装置单体数量	储能装置总成生产企业	储能装置总成标称电压(V)	储能装置总成额定输出电流(A)	动力蓄电池总成标称容量(Ah)	超级电容器总成标称静电容量(F)	储能装置总储电量(kW·h)B	储能装置总成质量(kg)	动力蓄电池箱是否具有快换装置	车载能源管理系统型号(包括软件和硬件)	车载能源管理系统生产企业	电动汽车续驶里程(工况法，km)	电动汽车续驶里程(等速法，km)	燃料种类	配套车辆类型	2015年配套车型产量(辆)	2016年1-3月份配套车型产量(辆)	配套车型产量合计(辆)
北京国能电池科技有限公司	储能型	磷酸铁锂	PL17185265	3.2	—	1.5	672	北京国能电池科技有限公司	537.6	120	240	—	129	1350	否	从控 BSU05-12S12T-24V-100K；主控 BMU03A-I-G-12/24V-400/900V；软件科列电池采集均衡控制软件 V1.0；科列 BMS 管理软件 V1.0	深圳市科列技术股份有限公司	—	300	纯电动	纯电动城市客车			
	储能型	磷酸铁锂	PL20185265	3.2	—	1.77	1044	北京国能电池科技有限公司	556.8	230	450	—	250.5	2500	—	从控 BSU05-12S12T-24V-100K；主控 BMU03A-I-G-12/24V-400/900V；软件科列电池采集均衡控制软件 V1.0；科列 BMS 管理软件 V1.0	深圳市科列技术股份有限公司	—	480	纯电动	纯电动客车			
	储能型	磷酸铁锂	PL20185265	3.2	—	1.77	1080	北京国能电池科技有限公司	576	230	450	—	259.2	2500	否	从控 BSU05-12S12T-24V-100K；主控 BMU03A-I-G-12/24V-400/900V；软件科列电池采集均衡控制软件 V1.0；科列 BMS 管理软件 V1.0	深圳市科列技术股份有限公司	—	450	纯电动	纯电动城市客车			
	能量型	磷酸铁锂	PL17185265	3.2	—	1.45	1080	北京国能电池科技有限公司	576	250	360	—	207.3	2300	否	硬件：KL-AS45J020；软件：S3441	东莞钜威新能源有限公司	—	250	纯电动	纯电动客车			

续表

储能装置单体生产企业	电动汽车储能装置类型	电动汽车储能装置种类	储能装置单体型号	储能装置单体的标称电压(V)	超级电容器单体标称静电容量(F)	储能装置单体质量(kg)	储能装置单体数量	储能装置总成生产企业	储能装置总成标称电压(V)	储能装置总成额定输出电流(A)	动力蓄电池总成标称容量(Ah)	超级电容器总成标称静电容量(F)	储能装置总储电量(kW·h)B	储能装置总成质量(kg)	动力蓄电池箱是否具有快换装置	车载能源管理系统型号(包括软件和硬件)	车载能源管理系统生产企业	电动汽车续驶里程(工况法，km)	电动汽车续驶里程(等速法，km)	燃料种类	配套车辆类型	2015年配套车型产量(辆)	2016年1-3月份配套车型产量(辆)	配套车型产量合计(辆)
北京国能电池科技有限公司	能量型	磷酸铁锂	PL17185265	3.2	—	1.45	1152；1176	国能风力发电有限公司	614.4；627.2	360	360	—	221.2；225.79	2300；2340	否	DW-BMS-2015	常州动为电力科技有限公司	—	260；310	纯电动	纯电动城市客车			
	功率型	磷酸铁锂	LP18185265	3.2	—	1.4	1176	北京国能电池科技有限公司	538	200	420	—	225.792	2500	是	KLBMS168	北京国能电池科技有限公司	120	150	纯电动	纯电动城市客车			
	能量型	磷酸铁锂	PL17185265	3.2	—	1.5	240	北京国能电池科技有限公司	384	120	120	—	46.08	500	否	JLBMS	江苏九龙汽车制造有限公司	—	210	纯电动	纯电动客车			
	能量型	磷酸铁锂	PL17185265	3.2	—	1.5	328	北京国能电池科技有限公司	524.8	120	120	—	62.9	730	否	BSU01-12S3T5A-24V	深圳市科列技术股份有限公司	—	263	纯电动	纯电动城市客车			
	能量型	磷酸铁锂	PL17185265	3.2	—	1.5	504	北京国能电池科技有限公司	538	180A(1C)	180	—	96.8	1125	否	BSU01-12S3T5A-24V	深圳市科列技术股份有限公司	—	281	纯电动	纯电动城市客车			
	能量型	磷酸铁锂	PL17185265	3.2V	—	1.58	330	北京国能电池科技有限公司	352	180A(1C)	180	—	63	950	否	系统型号：PWEV03；软件：PWEV03MS04	东莞钜威新能源有限公司	—	155(40±2)Km/h等速法	纯电动	纯电动客车			
	能量型	磷酸铁锂	PL20185265	3.2	—	1.6	1008	北京国能电池科技有限公司	537.6	190	450	—	241.9	2016	—	EC101-24A244V101	上海逸卡新能源汽车技术开发有限公司	—	370	纯电动	纯电动客车			
	能量型	磷酸铁锂	PL20185265	3.2	—	1.6	1260	北京国能电池科技有限公司	576	190	525	—	302	2260	无	EC101-24A244V101	上海逸卡新能源汽车技术开发有限公司	—	380	纯电动	纯电动城市客车			
	能量型	磷酸铁锂	PL20185265	3.2	—	1260	7并180串	北京国能电池科技有限公司	576	190	525	—	302.4	2260	无	EC101-24A244V101	上海逸卡新能源汽车技术开发有限公司	—	400	纯电动	纯电动城市客车			

续表

储能装置单体生产企业	电动汽车储能装置类型	电动汽车储能装置种类	储能装置单体型号	储能装置单体的标称电压(V)	超级电容器单体标称静电容量(F)	储能装置单体质量(kg)	储能装置单体数量	储能装置总成生产企业	储能装置总成标称电压(V)	储能装置总成额定输出电流(A)	动力蓄电池总成标称容量(Ah)	超级电容器总成标称静电容量(F)	储能装置总储电量(kW·h)B	储能装置总成质量(kg)	动力蓄电池箱是否具有快换装置	车载能源管理系统型号(包括软件和硬件)	车载能源管理系统生产企业	电动汽车续驶里程(工况法，km)	电动汽车续驶里程(等速法，km)	燃料种类	配套车辆类型	2015年配套车型产量(辆)	2016年1-3月份配套车型产量(辆)	配套车型产量合计(辆)
北京国能电池科技有限公司	能量型	磷酸铁锂	PL20185265	3.2	—	1.6	1344	北京国能电池科技有限公司	624	190	525	—	322	3000	否	EC101-24A244V101	上海逸卡新能源汽车技术开发有限公司	—	280	纯电动	纯电动城市客车			
	能量型	磷酸铁锂	PL20185265	3.2	—	1.6	336	北京国能电池科技有限公司	537.6	150	150	—	80.6	1060	否	CHBMS010	北京国能电池科技有限公司	—	185	纯电动	纯电动客车			
	能量型	磷酸铁锂	PL20185265	3.2	—	1.6	336	北京国能电池科技有限公司	537.6	150	150	—	80.64	800	否	JLBMS	江苏九龙汽车制造有限公司	—	205	纯电动	纯电动城市客车			
	能量型	磷酸铁锂	PL20185265	3.2	—	1.6	4并140串；560块	北京国能电池科技有限公司	448	145	300	—	134.4	1310	无	CL-EMS-SHEC-001	江苏常隆客车有限公司	—	260	纯电动	纯电动城市客车			
	能量型	磷酸铁锂	PL20185265	3.2	—	1.6	560	北京国能电池科技有限公司	358	200	375	—	134	1000	无	HSYT-BP24	北京华盛源通科技有限公司	210	69	纯电动	纯电动城市客车			
	能量型	磷酸铁锂	PL20185265	3.2	—	1.6	710	北京国能电池科技有限公司	454.4	250	375	—	170	1800	无	CL-EMS-SHEC-001	江苏常隆客车有限公司	—	210	纯电动	纯电动城市客车			
	能量型	磷酸铁锂	PL20185265	3.2	—	1600g±8g	960	北京国能电池科技有限公司	614.4	250	375	—	230	2250	否	主控：JH-BMU02-24；从控：JH-BSU01-12S-24	航天钧和科技有限公司	—	360	纯电动	纯电动城市客车			
	能量型	磷酸铁锂	PL20185265	3.2	—	1.6	100	重庆长安新能源汽车有限公司	320	25(1/3C3)	75	—	24	300	否	KPB04	重庆长安新能源汽车有限公司	100	80	纯电动	纯电动厢式运输车			
	能量型	磷酸铁锂	PL20186265	3.2	—	1.8	336	北京国能电池科技有限公司	537.6	150	150	—	80	1000	否	BSU01-12S3T5A-24V	深圳科列技术有限公司	—	200	纯电动	纯电动城市客车			

续表

储能装置单体生产企业	电动汽车储能装置类型	电动汽车储能装置种类	储能装置单体型号	储能装置单体的标称电压(V)	超级电容器单体标称静电容量(F)	储能装置单体质量(kg)	储能装置单体数量	储能装置总成生产企业	储能装置总成标称电压(V)	储能装置总成额定输出电流(A)	动力蓄电池总成标称容量(Ah)	超级电容器总成标称静电容量(F)	储能装置总储电量(kW·h) B	储能装置总成质量(kg)	动力蓄电池箱是否具有快换装置	车载能源管理系统型号(包括软件和硬件)	车载能源管理系统生产企业	电动汽车续驶里程(工况法，km)	电动汽车续驶里程(等速法，km)	燃料种类	配套车辆类型	2015年配套车型产量(辆)	2016年1-3月份配套车型产量(辆)	配套车型产量合计(辆)
北京国能电池科技有限公司	能量型	磷酸铁锂	PL30185265	3.2	—	2.5	224	北京国能电池科技有限公司	358.4	55	200	—	71.6	850	否	主监控绝缘模块：BMU03A-I-G-12V/24V-400V/900V 从控模块：BSU01-12S3T-12V	深圳市科列技术股份有限公司	150	180	纯电动	纯电动押运车			
深圳市比亚迪锂电池有限公司坑梓分公司	能量型	磷酸铁锂	FADM07325	3.2	—	1.85	198	惠州比亚迪电池有限公司	633.6	20	75	—	47.5	495	否	EVDBMS006	比亚迪汽车工业有限公司	305	360	纯电动	纯电动轿车	1411	674	2085
中信国安盟固利动力科技有限公司；微宏动力系统（湖州）有限公司	功率型；功率型	锰酸锂	SPIM 14245190；3.7V35Ah	3.7；3.7	—	1.03；1.15	192；192	中通客车控股股份有限公司；中通客车控股股份有限公司	355；355	112.6；112.6	70；70	—	24.86；24.86	320；390	否	ZTPHEV35E	中通客车控股股份有限公司	53	57.8	NG/电混合动力	插电式混合动力城市客车	1816	224	2040
	功率型；功率型	锰酸锂	SPIM 14245190；3.7V35Ah	3.7；3.7	—	1.03；1.15	192；192	中通客车控股股份有限公司；中通客车控股股份有限公司	355；355	112.6；112.6	70；70	—	24.86；24.86	320；390	否	ZTPHEV35E	中通客车控股股份有限公司	50	55	NG 混合动力	插电式混合动力城市客车			
	功率型；功率型	锰酸锂	SPIM 14245190；3.7V35Ah	3.7；3.7	—	1.03；1.15	192；192	中通客车控股股份有限公司；中通客车控股股份有限公司	355；355	112.6；112.6	70；70	—	24.86；24.86	320；390	否	ZTPHEV35E	中通客车控股股份有限公司	32	33	NG 混合动力	插电式混合动力城市客车			
	功率型；功率型	锰酸锂	SPIM 14245190；3.7V35Ah	3.7；3.7	—	1.03；1.15	192；192	中通客车控股股份有限公司；中通客车控股股份有限公司	355；355	112.6；112.6	70；70	—	24.86；24.86	320；390	否	ZTPHEV35E	中通客车控股股份有限公司	53	57.8	柴油/电混合动力	插电式混合动力城市客车			

续表

储能装置单体生产企业	电动汽车储能装置类型	电动汽车储能装置种类	储能装置单体型号	储能装置单体的标称电压(V)	超级电容器单体标称静电容量(F)	储能装置单体质量(kg)	储能装置单体数量	储能装置总成生产企业	储能装置总成标称电压(V)	储能装置总成额定输出电流(A)	动力蓄电池总成标称容量(Ah)	超级电容器总成标称静电容量(F)	储能装置总储电量(kW·h)B	储能装置总成质量(kg)	动力蓄电池箱是否具有快换装置	车载能源管理系统型号(包括软件和硬件)	车载能源管理系统生产企业	电动汽车续驶里程(工况法，km)	电动汽车续驶里程(等速法，km)	燃料种类	配套车辆类型	2015年配套车型产量(辆)	2016年1-3月份配套车型产量(辆)	配套车型产量合计(辆)
中信国安盟固利动力科技有限公司；微宏动力系统（湖州）有限公司	功率型；功率型	锰酸锂	SPIM 14245190；3.7V35Ah	3.7；3.7	—	1.03；1.15	192；192	中通客车控股股份有限公司；中通客车控股股份有限公司	355；355	112.6；112.6	70；70	—	24.86；24.86	320；390	否	ZTPHEV35E	中通客车控股股份有限公司	50	55	柴油/电混合动力	插电式混合动力城市客车			
	功率型；功率型	锰酸锂	SPIM 14245190；3.7V35Ah	3.7；3.7	—	1.03；1.15	192；192	中通客车控股股份有限公司；中通客车控股股份有限公司	355；355	112.6；112.6	70；70	—	25；25	320；390	否	ZTPHEV35E	中通客车控股股份有限公司	50	55	柴油混合动力	插电式混合动力城市客车			
浙江万向亿能动力电池有限公司	能量型	三元材料	2101AAT	3.7	—	0.86	168	浙江万向亿能动力电池有限公司	310.8	114	72	—	22.3	256	否	—	—	151	170	纯电动	纯电动轿车	2010	1	2011
	能量型	三元材料	2101AAT	3.7	—	0.86	188	万向电动汽车有限公司	350	72	72	—	25	300	是	WX-BF02V102	万向电动汽车有限公司	155	190	纯电动	纯电动轿车			
	能量型	三元材料；锰酸锂	WX12I3735	3.7	—	0.85	168	浙江万向亿能动力电池有限公司	311	70	70	—	21.7	270	否	WX-BSF0250AV105；WX-BF02V102	浙江万向亿能动力电池有限公司	120	150	纯电动	纯电动轿车			
Hitachi Automotive Systems Americas	功率型	三元材料	CPC2044-092T	3.6	—	0.26	40	Hitachi Automotive Systems Americas	144	MAX 200A	4.4	—	0.6	32	否	—	—	—	—	汽油/电混合动力	非插电式混合动力多用途乘用车	1241	769	2010
Samsung SDI Co.; LTD.	能量型	三元材料	CS0400	3.75	—	1.33	96	博世汽车部件（苏州）有限公司	363	100	40	—	14.4	218	否	14-07-411；002_012_004	BOSCH Battery Systems	58	—	汽油/电混合动力	插电式混合动力轿车	1777	167	1944
	能量型	三元材料	CS0600	3.75	—	1.82	160	北京智行鸿远汽车有限公司	300	120	120	—	36	500	否	ZX-BCU-80-1401	北京智行鸿远汽车有限公司	170	200	纯电动	纯电动路面养护车			

续表

储能装置单体生产企业	电动汽车储能装置类型	电动汽车储能装置种类	储能装置单体型号	储能装置单体的标称电压(V)	超级电容器单体标称静电容量(F)	储能装置单体质量(kg)	储能装置单体数量	储能装置总成生产企业	储能装置总成标称电压(V)	储能装置总成额定输出电流(A)	动力蓄电池总成标称容量(Ah)	超级电容器总成标称静电容量(F)	储能装置总储电量(kW·h)B	储能装置总成质量(kg)	动力蓄电池箱是否具有快换装置	车载能源管理系统型号(包括软件和硬件)	车载能源管理系统生产企业	电动汽车续驶里程(工况法,km)	电动汽车续驶里程(等速法,km)	燃料种类	配套车辆类型	2015年配套车型产量(辆)	2016年1-3月份配套车型产量(辆)	配套车型产量合计(辆)
Samsung SDI Co.; LTD.	能量型	三元材料	CS0600	3.75	—	1.82	160	北京智行鸿远汽车有限公司	300	120	120	—	36	500	否	ZX-BCU-80-1401	北京智行鸿远汽车有限公司	170	200	纯电动	纯电动扫路车			
	能量型	三元材料	CS0600	3.75	—	1.82	160	北京智行鸿远汽车有限公司	300	120	120	—	36	500	否	ZX-BCU-80-1401	北京智行鸿远汽车有限公司	170	200	纯电动	纯电动压缩式对接垃圾车			
	能量型	三元材料	CS0600	3.75	—	1.82	160	北京智行鸿远汽车有限公司	300	120	120	—	36	500	否	ZX-BCU-80-1401	北京智行鸿远汽车有限公司	170	200	纯电动	纯电动自装卸式垃圾车			
	能量型	三元材料	CS0600	3.75	—	1.82	320	北京智行鸿远汽车有限公司	300	240	240	—	72	<750	否	ZX-BCU-80-1401	北京智行鸿远汽车有限公司	≥290	≥320	纯电动	纯电动厢式运输车			
	能量型	三元材料;锰酸锂	CS0600	3.75	—	1.85	140	北京智行鸿远汽车有限公司	262.5	120	120	—	31.5	460	否	ZX-BCU-80-1401	北京智行鸿远汽车有限公司	140	175	纯电动	纯电动自装卸式垃圾车			
	能量型	三元材料	CS0940	3.68	—	2.05	180	北京智行鸿远汽车有限公司	331.2	188	188	—	62	580	否	ZX-BCU-154-1506	北京智行鸿远汽车有限公司	225	250	纯电动	纯电动厢式运输车			
	能量型	三元材料;锰酸锂	CS0940	3.68	—	2.05	170	北京智行鸿远汽车有限公司	312.8	188	188	—	58.8	605	—	ZX-BCU-154-1506	北京智行鸿远汽车有限公司	—	270	纯电动	纯电动厢式运输车			
	能量型	三元材料	ICR18650-22PM	3.65	—	0.0445	5184	上海鼎研智能科技有限公司	350.4	116.1	116.1	—	40.7	370	否	FB-M3M01	上海鼎研智能科技有限公司	255	—	纯电动	纯电动厢式运输车			
三星环星(西安)动力电池有限公司	能量型	三元材料	CS0940	3.67	—	2.05	160	惠州市亿能电子有限公司	587	94	94	—	55.2	525	否	EV05	惠州市亿能电子有限公司	—	155	纯电动	纯电动城市客车	1888	11	1899
	能量型	三元材料	CS0940	3.67	—	2.05	200	惠州市亿能电子有限公司	367	188	188	—	69	595	否	EV05	惠州市亿能电子有限公司	—	405	纯电动	纯电动客车			

续表

储能装置单体生产企业	电动汽车储能装置类型	电动汽车储能装置种类	储能装置单体型号	储能装置单体的标称电压(V)	超级电容器单体标称静电容量(F)	储能装置单体质量(kg)	储能装置单体数量	储能装置总成生产企业	储能装置总成标称电压(V)	储能装置总成额定输出电流(A)	动力蓄电池总成标称容量(Ah)	超级电容器总成标称静电容量(F)	储能装置总储电量(kW·h)B	储能装置总成质量(kg)	动力蓄电池箱是否具有快换装置	车载能源管理系统型号(包括软件和硬件)	车载能源管理系统生产企业	电动汽车续驶里程(工况法，km)	电动汽车续驶里程(等速法，km)	燃料种类	配套车辆类型	2015年配套车型产量(辆)	2016年1-3月份配套车型产量(辆)	配套车型产量合计(辆)
三星环星（西安）动力电池有限公司	能量型	三元材料	CS0940	3.67	—	2.05	200	北京科易动力科技有限公司	367	188	188	—	69	595	否	KPB04 - KPL04 - KPE600	北京科易动力科技有限公司	—	376	纯电动	纯电动客车			
	能量型	三元材料	CS0940	3.67	—	2.05	336	惠州市亿能电子有限公司	480	282	282	—	135	1350	否	E61U0105701；EV05	惠州市亿能电子有限公司	—	260	纯电动	纯电动城市客车			
	能量型	三元材料	CS0940	3.67	—	2.05	495	惠州市亿能电子有限公司	607	282	282	—	171	1710	否	E61U0105701；EV05	惠州市亿能电子有限公司	—	265	纯电动	纯电动城市客车			
	能量型	三元材料	CS0940	3.67	—	2.05 ±0.01	200	北汽福田汽车股份有限公司；北京福田爱易科新能源工程科技分公司	367	188	188	—	69	619	否	iECOBMS01	北汽福田汽车股份有限公司；北京福田爱易科新能源工程科技分公司	200	250	纯电动	纯电动厢式运输车			
	能量型	三元材料	CS0940	3.68	—	2.05	285	苏州科易新动力科技有限公司	349.6	282	282	—	98.6	720	否	硬件 KPB04 - KPL04 - KPE600；软件 V1.0	苏州科易新动力科技有限公司	—	575	纯电动	纯电动客车			
	能量型	三元材料	CS0940	3.68	—	2.05	280	北京海博思创科技有限公司	515.2	188	188	—	96.9	885	否	硬件 EVS - 200；软件 2.0 版	北京海博思创科技有限公司	—	250	纯电动	纯电动城市客车			
	能量型	三元材料	CS0940	3.68	—	2.05 ±0.01	240	北汽福田汽车股份有限公司；北京福田爱易科新能源工程科技分公司	442	188	188	—	83	695	否	iECOBMS01	北汽福田汽车股份有限公司；北京福田爱易科新能源工程科技分公司	—	260	纯电动	纯电动厢式运输车			
	能量型	三元材料	CS0940	3.68	—	2.1	196PCS	惠州市亿能电子有限公司	360.6	188	188	—	67.8	695	—	EV05	惠州市亿能电子有限公司	—	252	纯电动	纯电动客车			

续表

储能装置单体生产企业	电动汽车储能装置类型	电动汽车储能装置种类	储能装置单体型号	储能装置单体的标称电压(V)	超级电容器单体标称静电容量(F)	储能装置单体质量(kg)	储能装置单体数量	储能装置总成生产企业	储能装置总成标称电压(V)	储能装置总成额定输出电流(A)	动力蓄电池总成标称容量(Ah)	超级电容器总成标称静电容量(F)	储能装置总储电量(kW·h)B	储能装置总成质量(kg)	动力蓄电池箱是否具有快换装置	车载能源管理系统型号(包括软件和硬件)	车载能源管理系统生产企业	电动汽车续驶里程(工况法,km)	电动汽车续驶里程(等速法,km)	燃料种类	配套车辆类型	2015年配套车型产量(辆)	2016年1-3月份配套车型产量(辆)	配套车型产量合计(辆)
三星环星(西安)动力电池有限公司	能量型	三元材料	CS0940	3.68	—	2.1	200PCS	惠州市亿能电子有限公司	368	188	188	—	69.2	692	—	EV05	惠州市亿能电子有限公司	—	210	纯电动	纯电动客车			
中航锂电(洛阳)有限公司;宁德时代新能源科技股份有限公司;宁德新能源科技有限公司	能量型	磷酸铁锂	CAM72;48/173/132.5-80Ah;29/135/220-80Ah	3.2;3.2;3.2	—	2.1;2.2;2.1	240;216;214	中航锂电(洛阳)有限公司;宁德时代新能源科技股份有限公司;北京普莱德新能源电池科技有限公司	384;346;342	144;160;160	144;160;160	—	55.3	630;620;642	否	LG_CALB_B51_V2.3/LG_BMS_B51_V4.21;H00BMU0001V1I13C/S00BMS0G07V01Y13;B52	安徽力高新能源技术有限公司;宁德时代新能源科技股份有限公司;安徽力高新能源技术有限公司	—	155	纯电动	纯电动城市客车	1895	0	1895
孚能科技(赣州)有限公司;江西省福斯特新能源集团有限公司	能量型	三元材料	IMR18650;18650-2400mAh	3.65	—	0.042;0.048	2360;2000	江西江铃集团新能源汽车有限公司	146	115	118;120	—	17.228 17.52	167;190	—	B69805MS5715/YT02-48;0202020115113000/YT02-CM-48-12-A	江西江铃集团新能源汽车有限公司	152	—	纯电动	纯电动轿车	0	1873	1873
	能量型	三元材料	IMR18650;18650-2400mAh	3.65	—	0.042;0.048	2120;1800	江西江铃集团新能源汽车有限公司	146	75;90	106;108	—	15.476 15.768	148;165	—	B69803MS;YT02-48	江西江铃集团新能源汽车有限公司	152	—	纯电动	纯电动轿车			
天津力神电池股份有限公司;杭州伯坦科技工程有限公司	能量型	三元材料	LR1865-2.6Ah;18650-2600	3.6;3.7	—	0.045;0.045	6468;6336	浙江时空能源技术有限公司	158.4;162.8	382.2;374.4	382.2;374.4	—	60.53;60	570;570	是	QT-EVCU-2518	浙江高泰昊能科技有限公司	—	307	纯电动	纯电动厢式运输车	1824	0	1824
苏州宇量电池有限公司	能量型	三元材料	26800YL	3.6	—	0.113	3024	苏州宇量电池有限公司	388.8	150	156.8	—	61	550	无	YOULION-BMU-V5.0	苏州宇量电池有限公司	—	160	纯电动	纯电动城市客车	1814	1	1815

续表

储能装置单体生产企业	电动汽车储能装置类型	电动汽车储能装置种类	储能装置单体型号	储能装置单体的标称电压(V)	超级电容器单体标称静电容量(F)	储能装置单体质量(kg)	储能装置单体数量	储能装置总成生产企业	储能装置总成标称电压(V)	储能装置总成额定输出电流(A)	动力蓄电池总成标称容量(Ah)	超级电容器总成标称静电容量(F)	储能装置总储电量(kW·h)B	储能装置总成质量(kg)	动力蓄电池箱是否具有快换装置	车载能源管理系统型号(包括软件和硬件)	车载能源管理系统生产企业	电动汽车续驶里程(工况法，km)	电动汽车续驶里程(等速法，km)	燃料种类	配套车辆类型	2015年配套车型产量(辆)	2016年1－3月份配套车型产量(辆)	配套车型产量合计(辆)
苏州宇量电池有限公司	能量型	三元材料	26800YL	3.6	—	0.113	6300	苏州宇量电池有限公司	540	150	235.2	—	127	1170	无	YOULION－BMU－V5.0	苏州宇量电池有限公司	—	155	纯电动	纯电动客车			
	能量型	三元材料	26800YL	3.6	—	0.114	2200	苏州宇量电池有限公司	360	123.2	123.2	—	44.352	500	否	YOULION－360V123.2Ah01	苏州宇量电池有限公司	—	210	纯电动	纯电动客车			
	能量型	三元材料	26800YL	3.6	—	0.114	2940	苏州宇量电池有限公司	378	156.8	156.8	—	59.3	550	否	YOULION－378V156.8Ah01	苏州宇量电池有限公司	—	220	纯电动	纯电动客车			
	能量型	三元材料	26800YL	3.6V	—	0.114	3600	安徽欧鹏巴赫动力科技有限公司	324	224	224	—	72.6	700	—	KL－BMS03；OFBMSOFV1518	深圳市科列技术股份有限公司；安徽欧鹏巴赫动力科技有限公司	—	310	纯电动	纯电动客车			
	能量型	三元材料	26800YL	3.6	—	0.114	2940	北京欧鹏巴赫科技有限公司	151.2	392	392	—	59.27	500	否	OFBMSOFV1527	北京欧鹏巴赫科技有限公司	150	220	纯电动	纯电动厢式运输车			
	能量型	三元材料	26800YL	3.6	—	0.114	3600	安徽欧鹏巴赫动力科技有限公司	324	224	224	—	72.6	700	—	KL－BMS03；OFBMSOFV1518	深圳市科列技术股份有限公司；安徽欧鹏巴赫动力科技有限公司	—	310	纯电动	纯电动客车			
	能量型	三元材料	26800YL	3.6	—	0.114	3600	安徽欧鹏巴赫动力科技有限公司	324	224	224	—	72.6	700	—	OFBMSOFV1415	北京欧鹏巴赫科技有限公司	—	200	纯电动	纯电动厢式运输车			
	能量型	三元材料	26800YL	3.6	—	0.114	3738	安徽欧鹏巴赫动力科技有限公司	320.4	235.2	235.2	—	75.36	660	否	OFBMSOFV1416	安徽欧鹏巴赫动力科技有限公司	—	220	纯电动	纯电动厢式运输车			
	能量型	三元材料	26800YL	3.6	—	0.114 ±0.001	4200	苏州宇量电池有限公司	360	150	235.2	—	84.6	750	无	YOULION－BMU－V5.0	苏州宇量电池有限公司	—	160	纯电动	纯电动客车			
	能量型	三元材料	26800YL	3.6	—	0.114 ±0.001	4200	苏州宇量电池有限公司	540	156.8	156.8	—	84.6	940	无	YOULION－BMU－S5.0；YOULION－BMU－H5.0	苏州宇量电池有限公司	—	155	纯电动	纯电动城市客车			

续表

储能装置单体生产企业	电动汽车储能装置类型	电动汽车储能装置种类	储能装置单体型号	储能装置单体的标称电压(V)	超级电容器单体标称静电容量(F)	储能装置单体质量(kg)	储能装置单体数量	储能装置总成生产企业	储能装置总成标称电压(V)	储能装置总成额定输出电流(A)	动力蓄电池总成标称容量(Ah)	超级电容器总成标称静电容量(F)	储能装置总储电量(kW·h)B	储能装置总成质量(kg)	动力蓄电池箱是否具有快换装置	车载能源管理系统型号(包括软件和硬件)	车载能源管理系统生产企业	电动汽车续驶里程(工况法，km)	电动汽车续驶里程(等速法，km)	燃料种类	配套车辆类型	2015年配套车型产量(辆)	2016年1-3月份配套车型产量(辆)	配套车型产量合计(辆)
苏州宇量电池有限公司	能量型	三元材料	26800YL	3.6	—	0.115	2304	北京欧鹏巴赫科技有限公司	345.6	80	134.4	—	46.44	425	否	OFBMSOFV1537	北京欧鹏巴赫科技有限公司	—	155(40±2)Km/h等速法	纯电动	纯电动客车			
	能量型	三元材料	26800YL	3.6	—	0.115	2592	北京欧鹏巴赫科技有限公司	345.6	80	151.2	—	52.25	425	否	OFBMSOFV1538	北京欧鹏巴赫科技有限公司	—	170(40±2)Km/h等速法	纯电动	纯电动客车			
浙江南都电源动力股份有限公司	能量型	磷酸铁锂	30135216	3.2	—	2.4	288	苏州吉姆西客车制造有限公司	460	176	120	—	55.3	660	否	B36R01/EV05	惠州市亿能电子有限公司	—	215	纯电动	纯电动轻型客车	1702	0	1702
	能量型	磷酸铁锂	36130255	3.2	—	2.4	288	苏州吉姆西客车制造有限公司	460.8	176	160	—	73.7	851	否	B36R01/EV05	惠州市亿能电子有限公司	—	274	纯电动	纯电动轻型客车			
	能量型	磷酸铁锂	36130255	3.2	—	2.8	288	苏州吉姆西客车制造有限公司	460.8	176	160	—	73.7	851	否	B36R01/EV05	惠州市亿能电子有限公司	—	274	纯电动	纯电动厢式运输车			
	能量型	磷酸铁锂	36130255PF	3.2	—	2.4	150	苏州吉姆西客车制造有限公司	480	176	80	—	38.4	450	否	B36R01/EV05	惠州市亿能电子有限公司	—	165	纯电动	纯电动轻型客车			
	能量型	三元材料；锰酸锂	8065135MR	3.7	—	0.15	1380	浙江南都电源动力股份有限公司	340.4	105	105	—	35	344	否	硬件 EVBCM-8133HV3.2；软件 SV3.82.1 版	杭州高特电子设备有限公司	160	—	纯电动	纯电动厢式运输车			
合肥国轩高科动力能源有限公司；力神动力电池系统有限公司	能量型	磷酸铁锂	IFP20100140A；LP2770134	3.2；3.2	—	0.57；0.51	810；875	合肥国轩高科动力能源有限公司，力神动力电池系统有限公司	518.4；553.6	107.5；100	107.5；100	—	55.728；55.36	690；650	否	GXEV-1；LS_ EV_ BMU_ FS_ AA1	合肥国轩高科动力能源有限公司；力神动力电池系统有限公司	—	151	纯电动	纯电动城市客车	1631	0	1631

续表

储能装置单体生产企业	电动汽车储能装置类型	电动汽车储能装置种类	储能装置单体型号	储能装置单体的标称电压(V)	超级电容器单体标称静电容量(F)	储能装置单体质量(kg)	储能装置单体数量	储能装置总成生产企业	储能装置总成标称电压(V)	储能装置总成额定输出电流(A)	动力蓄电池总成标称容量(Ah)	超级电容器总成标称静电容量(F)	储能装置总储电量(kW·h)B	储能装置总成质量(kg)	动力蓄电池箱是否具有快换装置	车载能源管理系统型号(包括软件和硬件)	车载能源管理系统生产企业	电动汽车续驶里程(工况法，km)	电动汽车续驶里程(等速法，km)	燃料种类	配套车辆类型	2015年配套车型产量(辆)	2016年1-3月份配套车型产量(辆)	配套车型产量合计(辆)
天津市捷威动力工业有限公司	能量型	磷酸铁锂	IFP117/163/202P1	3.2	—	0.7	192	天津市捷威动力工业有限公司	307	60	60	—	18.4	228	是	V305SP3；E204460	天津市捷威动力工业有限公司	152	158	纯电动	纯电动轿车	1430	191	1621
	能量型	三元材料	IXP117163202	3.6	—	0.71	168	天津市捷威动力工业有限公司	302	66	66	—	20	220	是	V305SP3；E204460	天津市捷威动力工业有限公司	150	160	纯电动	纯电动轿车			
	能量型	三元材料	IXP74/212/269 37Ah	3.6	—	0.8 ±0.02	120	天津市捷威动力工业有限公司	144	111	111	—	15.98	175	否	软件 T02 - V1.1；硬件 EVPF - V1.1	天津市捷威动力工业有限公司	150	170	纯电动	纯电动轿车			
	能量型	三元材料	IXP74/212/269 37Ah	3.6	—	0.8	180	重庆长安新能源汽车有限公司	324	24.7	74	—	24	310	否	XLBCU02	重庆长安新能源汽车有限公司	130	120	纯电动	纯电动厢式运输车			
江苏春兰清洁能源研究院有限公司	功率型	磷酸铁锂	IFPE85	3.2	—	2.6	704	江苏春兰清洁能源研究院有限公司	563.2	340	340	—	191.5	2420	—	HEV - BMS - V3	江苏春兰清洁能源研究院有限公司	—	280	纯电动	纯电动客车	1514	72	1586
	功率型	磷酸铁锂	IFPP42A	3.2	—	1.4	384	江苏春兰清洁能源研究院有限公司	307.2	168	168	—	51.6	695	—	终端模块：DX905 - CL001；软件版本：BMS - CL001	上海妙益电子科技发展有限公司	—	251	纯电动	纯电动城市客车			
	功率型	磷酸铁锂	IFPP50	3.2	—	1.65	220	江苏春兰清洁能源研究院有限公司	352	280	100	—	35.2	500	无	硬件：HEV - BMS - V3；软件：DYL352 - 100	江苏春兰清洁能源研究院有限公司	40（纯电模式）（仅采用市区循环）	50	NG 混合动力	插电式混合动力城市客车			
	功率型	磷酸铁锂	LFL160	3.2	—	1.79	360	江苏春兰清洁能源研究院有限公司	576	120	120	—	69.12	1000	—	硬件：HEV - BMS - V3；软件：DYL576 - 120B2 - A11	江苏春兰清洁能源研究院有限公司	—	252	纯电动	纯电动城市客车			

续表

储能装置单体生产企业	电动汽车储能装置类型	电动汽车储能装置种类	储能装置单体型号	储能装置单体的标称电压(V)	超级电容器单体标称静电容量(F)	储能装置单体质量(kg)	储能装置单体数量	储能装置总成生产企业	储能装置总成标称电压(V)	储能装置总成额定输出电流(A)	动力蓄电池总成标称容量(Ah)	超级电容器总成标称静电容量(F)	储能装置总储电量(kW·h)B	储能装置总成质量(kg)	动力蓄电池箱是否具有快换装置	车载能源管理系统型号(包括软件和硬件)	车载能源管理系统生产企业	电动汽车续驶里程(工况法,km)	电动汽车续驶里程(等速法,km)	燃料种类	配套车辆类型	2015年配套车型产量(辆)	2016年1-3月份配套车型产量(辆)	配套车型产量合计(辆)
江苏春兰清洁能源研究院有限公司	功率型	磷酸铁锂	LFL160	3.2	—	1.79	704	江苏春兰清洁能源研究院有限公司	563.2	240	240	—	135	2100	—	HEV-BMS-V3	江苏春兰清洁能源研究院有限公司	—	255	纯电动	纯电动城市客车			
	功率型	镍氢电池	QNFG40f	1.2	—	1.07	270	江苏春兰清洁能源研究院有限公司	324	40	40	—	12.96	380	否	HEV-BMS-V3;HEV-BMS-V3	江苏春兰清洁能源研究院有限公司	—		柴油混合动力	插电式混合动力电动城市客车			
	能量型	磷酸铁锂	IFPE100	3.2	—	3.2	100	江苏春兰清洁能源研究院有限公司	320	100	100	—	32	500	否	软件:DYL256-60;硬件:HEV-BMS-V3	江苏春兰清洁能源研究院有限公司	—	54	NG/电混合动力	插电式混合动力城市客车			
	能量型	磷酸铁锂	IFPE100	3.2	—	3.2	180	江苏春兰清洁能源研究院有限公司	576	200	100	—	57.6	800	否	NEV03;3801040	惠州市亿能电子有限公司	—	55	柴油混合动力	插电式混合动力城市客车			
	能量型	磷酸铁锂	IFPE100	3.2	—	3.2	160	江苏春兰清洁能源研究院有限公司	512	100	100	—	51.2	700	否	硬件:主控DK901V4,终端DX905;软件:主控DK20x,终端DKX20x	上海妙益电子科技发展有限公司	—	150	纯电动	纯电动城市客车			
	能量型	磷酸铁锂	IFPE85	3.2	—	2.55	200	江苏春兰清洁能源研究院有限公司	320	170	170	—	54.4	690	—	DYL320-170;HEV-BMS-V3	江苏春兰清洁能源研究院有限公司	—	255	纯电动	纯电动城市客车			
	能量型	磷酸铁锂	IFPE85	3.2	—	2.60	258	江苏春兰清洁能源研究院有限公司	412.8	170	170	—	70.17	890	否	硬件:HEV-BMS-V3;软件:DYL413-170	江苏春兰清洁能源研究院有限公司	—	191	纯电动	纯电动城市客车			
	能量型	磷酸铁锂	IFPE85	3.2	—	2.60	282	江苏春兰清洁能源研究院有限公司	451.2	170	170	—	76.7	950	否	硬件:HEV-BMS-V3;软件:DYL451-170	江苏春兰清洁能源研究院有限公司	—	163	纯电动	纯电动城市客车			

续表

储能装置单体生产企业	电动汽车储能装置类型	电动汽车储能装置种类	储能装置单体型号	储能装置单体的标称电压(V)	超级电容器单体标称静电容量(F)	储能装置单体质量(kg)	储能装置单体数量	储能装置总成生产企业	储能装置总成标称电压(V)	储能装置总成额定输出电流(A)	动力蓄电池总成标称容量(Ah)	超级电容器总成标称静电容量(F)	储能装置总储电量(kW·h)B	储能装置总成质量(kg)	动力蓄电池箱是否具有快换装置	车载能源管理系统型号(包括软件和硬件)	车载能源管理系统生产企业	电动汽车续驶里程(工况法，km)	电动汽车续驶里程(等速法，km)	燃料种类	配套车辆类型	2015年配套车型产量(辆)	2016年1-3月份配套车型产量(辆)	配套车型产量合计(辆)
	能量型	磷酸铁锂	IFPE85	3.2	—	2.55	258；230；268	江苏春兰清洁能源研究院有限公司	412.8；368；428.8	125；125；125	170；170；170	—	70.176；62.56；72.89	657.9；586.5；683.4	无	HEV-BMS-V3	江苏春兰清洁能源研究院有限公司	—	181；165；202	纯电动	纯电动城市客车			
	能量型	磷酸铁锂	IFPE85	3.2	—	2.6	288	苏州吉姆西客车制造有限公司	460.8	176	170	—	78.3	748	否	B36R01；EV05	惠州市亿能电子有限公司	—	190	纯电动	纯电动厢式运输车			
	能量型	磷酸铁锂	IFPP42A	3.2	—	1.4	168	江苏春兰清洁能源研究院有限公司	537.6	42	42	—	22.58	410	否	DY538-42；HEV-BMS-V3	江苏春兰清洁能源研究院有限公司	—	51	柴油/电混合动力	插电式混合动力城市客车			
	能量型	磷酸铁锂	IFPP42A	3.2	—	1.4	192	湖南中车时代电动汽车股份有限公司	307.2	0~300	84	—	25.8	400	否	DYL307-84；HEV-BMS-V3	江苏春兰清洁能源研究院有限公司	—	51	柴油/电混合动力	插电式混合动力城市客车			
江苏春兰清洁能源研究院有限公司	能量型	磷酸铁锂	LFL160	3.2	—	1.79	108	江苏春兰清洁能源研究院有限公司	346	60	60	—	18.432	230	否	软件：DYL346-60；硬件：HEV-BMS-V3	江苏春兰清洁能源研究院有限公司	—	—	NG/电混合动力	插电式混合动力城市客车			
	能量型	磷酸铁锂	LFL160	3.2	—	1.79	312	江苏春兰清洁能源研究院有限公司	332.8	300.3	180	—	60	456	—	BMS-12-V01	江苏春兰清洁能源研究院有限公司	—	260	纯电动	纯电动客车			
	能量型	磷酸铁锂	LFL160	3.2	—	1.79	327	江苏春兰清洁能源研究院有限公司	350	286	180	—	63	600	—	BMS-12-V01	江苏春兰清洁能源研究院有限公司	—	190	纯电动	纯电动客车			
	能量型	磷酸铁锂	LFL160	3.2	—	1.79	327	江苏春兰清洁能源研究院有限公司	350	286	180	—	63	600	—	BMS-12-V01	江苏春兰清洁能源研究院有限公司	—	253	纯电动	纯电动城市客车			
	能量型	磷酸铁锂	LFL160	3.2	—	1.79	327	江苏春兰清洁能源研究院有限公司	350	286	180	—	63	600	—	BMS-12-V01	江苏春兰清洁能源研究院有限公司	—	259	纯电动	纯电动客车			

续表

储能装置单体生产企业	电动汽车储能装置类型	电动汽车储能装置种类	储能装置单体型号	储能装置单体的标称电压(V)	超级电容器单体标称静电容量(F)	储能装置单体质量(kg)	储能装置单体数量	储能装置总成生产企业	储能装置总成标称电压(V)	储能装置总成额定输出电流(A)	动力蓄电池总成标称容量(Ah)	超级电容器总成标称静电容量(F)	储能装置总储电量(kW·h)B	储能装置总成质量(kg)	动力蓄电池箱是否具有快换装置	车载能源管理系统型号(包括软件和硬件)	车载能源管理系统生产企业	电动汽车续驶里程(工况法，km)	电动汽车续驶里程(等速法，km)	燃料种类	配套车辆类型	2015年配套车型产量(辆)	2016年1-3月份配套车型产量(辆)	配套车型产量合计(辆)
超威电源有限公司	动力型	铅酸电池	6-EVF-100	12	—	43	6	超威电源有限公司	12	100	100	—	7.2	210	否	—	—	90	95	纯电动	纯电动厢式运输车	1170	375	1545
	能量型	铅酸电池	12V100Ah	12	—	36	12	超威电源有限公司	144	33	100	—	11.5	360	否	软件型号：V1.1；硬件型号：3600030-ME	软件开发企业：福瑞德科技有限公司；硬件生产企业：江西江铃汽车集团改装车有限公司	—	90	纯电动	纯电动车厢可卸式垃圾车			
	能量型	铅酸电池	6DM150	12	—	52	6	超威电源有限公司	72	50	150	—	10.8	312		—	—	80	100	纯电动	纯电动厢式运输车			
	能量型	铅酸电池	6-EVF-100	12	—	36	8	超威电源有限公司	96	62.5	100	—	1.344	304	否	—	—	88	80	纯电动	纯电动载货汽车			
	能量型	铅酸电池	6-EVF-100（最小模块）	12	—	36	6	超威电源有限公司	72	100	100	—	7.2	220	否	—	—	—	120	纯电动	纯电动厢式运输车			
	能量型	三元材料	INP1368130A	3.7	—	0.26	1045	浙江超威创元实业有限公司	351.5	132	132	—	46.39	500	否	KL-AS504510	深圳市科列技术股份有限公司	—	256	纯电动	纯电动客车			
	能量型	三元材料	INP1368130A	3.7	—	0.26	1045	浙江超威创元实业有限公司	351.5	132	132	—	46.39	487	否	EV05	惠州市亿能电子有限公司	—	256	纯电动	纯电动客车			
	能量型	三元材料	INP1368130A	3.7	—	0.26	1140	浙江超威创元实业有限公司	351.5	144	144	—	50.6	550	否	EV05	惠州市亿能电子有限公司	—	285	纯电动	纯电动客车			
	能量型	三元材料	INP1368130A	3.7	—	0.26	1330	浙江超威创元实业有限公司	351.5	168	168	—	59.05	564	否	EV05	惠州市亿能电子有限公司	—	335	纯电动	纯电动客车			
	能量型	三元材料	INP1368130A	3.7	—	0.26	1615	浙江超威创元实业有限公司	351.5	200	204	—	71.7	650	否	EV05	惠州市亿能电子有限公司	—	417	纯电动	纯电动客车			

续表

储能装置单体生产企业	电动汽车储能装置类型	电动汽车储能装置种类	储能装置单体型号	储能装置单体的标称电压(V)	超级电容器单体标称静电容量(F)	储能装置单体质量(kg)	储能装置单体数量	储能装置总成生产企业	储能装置总成标称电压(V)	储能装置总成额定输出电流(A)	动力蓄电池总成标称容量(Ah)	超级电容器总成标称静电容量(F)	储能装置总储电量(kW·h)B	储能装置总成质量(kg)	动力蓄电池箱是否具有快换装置	车载能源管理系统型号(包括软件和硬件)	车载能源管理系统生产企业	电动汽车续驶里程(工况法，km)	电动汽车续驶里程(等速法，km)	燃料种类	配套车辆类型	2015年配套车型产量(辆)	2016年1-3月份配套车型产量(辆)	配套车型产量合计(辆)
超威电源有限公司	能量型	三元材料	INP1368130A	3.7	—	0.236	650	浙江超威创元实业有限公司	96	130	300	—	28.8	245	无	BC52A-48	安徽力高新能源科技有限公司	99	110	纯电动	纯电动厢式运输车			
	能量型	三元材料	INP1368130A	3.7	—	0.236	650	浙江超威创元实业有限公司	96.2	130	300	—	28.86	275	无	BC52A-48	安徽力高新能源科技有限公司	170	210	纯电动	纯电动厢式运输车			
孚能科技（赣州）有限公司	能量型	三元材料	IMR18650	3.65	—	0.042	2120	江西江铃集团新能源汽车有限公司	146	75	106	—	15.476	148	—	B69803MS；YT02-48	江西江铃集团新能源汽车有限公司	152	—	纯电动	纯电动轿车	1300	239	1539
	能量型	三元材料	IMR18650	3.65	—	0.042	2360	江西江铃集团新能源汽车有限公司	146	115	118	—	17.228	167	—	B69805MS5715；YT02-48	江西江铃集团新能源汽车有限公司	152	—	纯电动	纯电动轿车			
	能量型	三元材料	IMP06160230	3.65	—	0.495	636	孚能科技（赣州）有限公司	388	160	150	—	58.2	530	否	EV03	惠州市亿能电子有限公司	—	200	纯电动	纯电动客车			
	能量型	三元材料	IMP06160230	3.65	—	0.495	672	孚能科技有限公司	350	130	175	—	61.2	700	否	EV03	惠州亿能有限公司	—	160	纯电动	纯电动城市客车			
北京普莱德新能源电池科技有限公司；哈尔滨光宇电源股份有限公司；哈尔滨光宇电源股份有限公司	能量型	磷酸铁锂	29/135/220-80Ah；FP31136227A；FP31136227A	3.2；3.2；3.2	—	2.02；1.7；1.95	100；100；100	北京普莱德新能源电池科技有限公司；北京光宇新能科技有限公司；北京光宇新能科技有限公司	320	120	80；73；80	—	25.6；23.36；25.6	285；280；305	否	PBMA100-01A，硬件：GYB-EVBMSV2.2-B；软件：V1.2	北京普莱德新能源电池科技有限公司；哈尔滨光宇电源股份有限公司	160；160；135；150	190；190；170；190	纯电动	纯电动轿车	1438	28	1466
Automotive Energy Supply	能量型	锰酸锂；镍酸锂	295B1 3NA0*	3.75	—	0.79	192	Automotive Energy Supply	360	250	66	—	24	273	否	293A0 3NK0*；293A0 3NK0*	Calsonic Kansei	180	205	纯电动	纯电动轿车	1398	60	1458

续表

储能装置单体生产企业	电动汽车储能装置类型	电动汽车储能装置种类	储能装置单体型号	储能装置单体的标称电压(V)	超级电容器单体标称静电容量(F)	储能装置单体质量(kg)	储能装置单体数量	储能装置总成生产企业	储能装置总成标称电压(V)	储能装置总成额定输出电流(A)	动力蓄电池总成标称容量(Ah)	超级电容器总成标称静电容量(F)	储能装置总储电量(kW·h)B	储能装置总成质量(kg)	动力蓄电池箱是否具有快换装置	车载能源管理系统型号(包括软件和硬件)	车载能源管理系统生产企业	电动汽车续驶里程(工况法，km)	电动汽车续驶里程(等速法，km)	燃料种类	配套车辆类型	2015年配套车型产量(辆)	2016年1-3月份配套车型产量(辆)	配套车型产量合计(辆)
Automotive Energy Supply	能量型	锰酸锂；镍酸锂	295B1-0A	3.75	—	0.79	192	东风汽车有限公司	360	250	57	—	24	273	否	293A0-0A	Calsonic Kansei	175	205	纯电动	纯电动轿车			
浙江万向亿能动力电池有限公司；中聚(天津)新能源投资有限公司；山东衡远新能源科技有限公司	能量型	磷酸铁锂	WXL12 E32066A；SP-LFP66AHA；FLP-66Fe (66Ah)	3.2	—	2.0；2.0；2.3	100	金华市康迪新能源车辆有限公司	80	125	264	—	21.12	300；310；320	可换二箱	KD-BCU01 V1.0；KD-BCU01	金华市康迪新能源车辆有限公司	150	180	纯电动	纯电动轿车	1391	0	1391
江苏索尔新能源科技股份有限公司；上海德朗能动力电池有限公司；力神动力电池系统有限公司；深圳市比克电池有限公司；上海德朗能动力电池有限公司	功率型；能量型；能量型；能量型；能量型	三元材料	ISR18650；NCM18650-260；LSR18650；BAKR18650；NCM18650-260	3.7；3.6；3.6；3.6；3.7	—	0.044；0.045；0.045；0.045；0.045	3042；3120；3042；3628；3042	江苏索尔新能源科技股份有限公司；系统电子科技（镇江）有限公司；天津中科泰能国宏科技发展有限公司；天津中科泰能国宏科技发展有限公司；国宏汽车有限公司	96.2；96；93.6；93.6；96.2	≤300；≤312；≤300；≤300；≤300	304.2；306；304.2；301；304.2	—	29.26；29.2；28.86；28.86；29.26	245；250；245；245；245	无	硬件：BMS36A 软件：BMS36-26A；硬件：主控 PWEVMBMS03；从控 PW2901 软件：pw2901SS5325；26S-A/25S-A；26S-A/25S-A；BMS05-30S	江苏索尔新能源科技股份有限公司；东莞钜威新能源有限公司；天津中科泰能国宏科技发展有限公司；天津中科泰能国宏科技发展有限公司；国宏汽车有限公司	99	110	纯电动	纯电动仓栅式运输车	1314	0	1314

续表

储能装置单体生产企业	电动汽车储能装置类型	电动汽车储能装置种类	储能装置单体型号	储能装置单体的标称电压(V)	超级电容器单体标称静电容量(F)	储能装置单体质量(kg)	储能装置单体数量	储能装置总成生产企业	储能装置总成标称电压(V)	储能装置总成额定输出电流(A)	动力蓄电池总成标称容量(Ah)	超级电容器总成标称静电容量(F)	储能装置总储电量(kW·h)B	储能装置总成质量(kg)	动力蓄电池箱是否具有快换装置	车载能源管理系统型号(包括软件和硬件)	车载能源管理系统生产企业	电动汽车续驶里程(工况法，km)	电动汽车续驶里程(等速法，km)	燃料种类	配套车辆类型	2015年配套车型产量(辆)	2016年1-3月份配套车型产量(辆)	配套车型产量合计(辆)
江苏索尔新能源科技股份有限公司；上海德朗能动力电池有限公司；力神动力电池系统有限公司；深圳市比克电池有限公司；上海德朗能动力电池有限公司	功率型；能量型；能量型；能量型；能量型	三元材料	ISR18650；NCM18650－260；LSR18650；BAKR18650；NCM18650－260	3.7；3.6；3.6；3.6；3.7	—	0.044；0.045；0.045；0.045；0.045	3042；3120；3042；3628；3042	江苏索尔新能源科技股份有限公司；系统电子科技（镇江）有限公司；天津中科泰能国宏科技发展有限公司；天津中科泰能国宏科技发展有限公司；国宏汽车有限公司	96.2；96；93.6；93.6；96.2	≤300；≤312；≤300；≤300；≤300	304.2；306；304.2；301；304.2	—	29.26；29.2；28.86；28.86；29.26	245；250；245；245；245	无	硬件：BMS36A 软件：BMS36－26A；硬件：主控PWEVMBMS03；从控PW2901 软件：pw2901SS5325；26S－A/25S－A；26S－A/25S－A；BMS05－30S	江苏索尔新能源科技股份有限公司；东莞钜威新能源有限公司；天津中科泰能国宏科技发展有限公司；天津中科泰能国宏科技发展有限公司；国宏汽车有限公司	99	110	纯电动	纯电动厢式运输车			
天津力神电池股份有限公司；SAMSUNG SDI ENERGY MALAYSIA SDN. BHD.	能量型	三元材料	LR1865SD；ICR18650－22P M	3.6；3.7	—	0.046；0.044.0±0.005	1888	天津力神电池股份有限公司；天津清源电动车辆有限责任公司	57.6；59.2	68	236	—	13.6；14.0	110		LS－EV－BMS－B2；QY2101BMS001	天津力神电池股份有限公司；天津清源电动车辆有限责任公司	100	150	纯电动	纯电动厢式运输车	1259	0	1259
厦门金龙旅行车有限公司	能量型	磷酸铁锂	XMJL－3.2V－100AH	3.2	—	3.1	170	厦门金龙旅行车有限公司	544	100	100	—	54.4	630	否	XMJL－BMS－DPX	厦门金龙旅行车有限公司	—	151	纯电动	纯电动客车	1253	1	1254
	能量型	磷酸铁锂	XMJL－3.2V－100AH	3.2	—	3.1	360	厦门金龙旅行车有限公司	576	300	200	—	115.2	1400	否	XMJL－BMS－DPX	厦门金龙旅行车有限公司	—	160	纯电动	纯电动城市客车			

续表

储能装置单体生产企业	电动汽车储能装置类型	电动汽车储能装置种类	储能装置单体型号	储能装置单体的标称电压(V)	超级电容器单体标称静电容量(F)	储能装置单体质量(kg)	储能装置单体数量	储能装置总成生产企业	储能装置总成标称电压(V)	储能装置总成额定输出电流(A)	动力蓄电池总成标称容量(Ah)	超级电容器总成标称静电容量(F)	储能装置总储电量(kW·h)B	储能装置总成质量(kg)	动力蓄电池箱是否具有快换装置	车载能源管理系统型号(包括软件和硬件)	车载能源管理系统生产企业	电动汽车续驶里程(工况法,km)	电动汽车续驶里程(等速法,km)	燃料种类	配套车辆类型	2015年配套车型产量(辆)	2016年1-3月份配套车型产量(辆)	配套车型产量合计(辆)
厦门金龙旅行车有限公司	能量型	磷酸铁锂	XMJL-3.2V-100AH	3.2	—	3.1	540	厦门金龙旅行车有限公司	576	200	300	—	172.8	2340	否	XMJL-BMS-DPX	厦门金龙旅行车有限公司	—	220	纯电动	纯电动客车			
	能量型	磷酸铁锂	XMJL-3.2V-120AH	3.2	—	2.95	162	厦门金龙旅行车有限公司	518.4	120	120	—	62.2	600	否	XMJL-BMS-DPX	厦门金龙旅行车有限公司	—	165	纯电动	纯电动城市客车			
	能量型	磷酸铁锂	XMJL-3.2V-120AH	3.2	—	2.95	360	厦门金龙旅行车有限公司	576	360	240	—	138.24	1640	否	XMJL-BMS-DPX	厦门金龙旅行车有限公司	—	210	纯电动	纯电动城市客车			
	能量型	磷酸铁锂	XMJL-3.2V-5AH	3.2	—	0.145	13440	厦门金龙旅行车有限公司	537.6	200	400	—	215	2400	否	XMJL-BMS-DPX	厦门金龙旅行车有限公司	—	280	纯电动	纯电动客车			
	能量型	磷酸铁锂	XMJL-3.2V-5AH	3.2	—	0.145	3840	厦门金龙旅行车有限公司	384	160	160	—	61.44	750	否	XMJL-BMS-YZX	厦门金龙旅行车有限公司	—	205	纯电动	纯电动客车			
	能量型	磷酸铁锂	XMJL-3.2V-80AH	3.2	—	2.2	108	厦门金龙旅行车有限公司	345.6	160	80	—	27.65	350	否	GDHEV-LZ01	厦门金龙旅行车有限公司	—	50	CNG/LNG混合动力	插电式混合动力城市客车			
	能量型	磷酸铁锂	XMJL-3.2V-80AH	3.2	—	2.2	108	厦门金龙旅行车有限公司	345.6	160	80	—	27.65	350	否	GDHEV-LZ01	厦门金龙旅行车有限公司	—	50	柴油/电混合动力	插电式混合动力城市客车			
厦门金龙旅行车有限公司;厦门金龙旅行车有限公司	能量型;功率型	磷酸铁锂;超级电容	XMJL-3.2V-35AH-DPS;XMJL3000	3.2;2.7	-;3000	1.45;0.51	120;216	厦门金龙旅行车有限公司;厦门金龙旅行车有限公司	384;583.2	175;208	35;-	-;13.75	14.0895	402	否	GDHEV-ZK12	厦门金龙旅行车有限公司	—	35	NG混合动力	插电式混合动力城市客车	1249	0	1249
	能量型;功率型	磷酸铁锂;超级电容	XMJL-3.2V-35AH-DPS;XMJL3000	3.2;2.7	-;3000	1.45;0.51	120;216	厦门金龙旅行车有限公司;厦门金龙旅行车有限公司	384;583.2	175;208	35;-	-;13.75	14.0895	402	否	GDHEV-ZK12	厦门金龙旅行车有限公司	—	35	柴油混合动力	插电式混合动力城市客车			

续表

储能装置单体生产企业	电动汽车储能装置类型	电动汽车储能装置种类	储能装置单体型号	储能装置单体的标称电压(V)	超级电容器单体标称静电容量(F)	储能装置单体质量(kg)	储能装置单体数量	储能装置总成生产企业	储能装置总成标称电压(V)	储能装置总成额定输出电流(A)	动力蓄电池总成标称容量(Ah)	超级电容器总成标称静电容量(F)	储能装置总储电量(kW·h)B	储能装置总成质量(kg)	动力蓄电池箱是否具有快换装置	车载能源管理系统型号(包括软件和硬件)	车载能源管理系统生产企业	电动汽车续驶里程(工况法，km)	电动汽车续驶里程(等速法，km)	燃料种类	配套车辆类型	2015年配套车型产量(辆)	2016年1-3月份配套车型产量(辆)	配套车型产量合计(辆)
厦门金龙旅行车有限公司；厦门金龙旅行车有限公司	能量型；功率型	磷酸铁锂；超级电容	XMJL-3.2V-50AH-RB；XMJL3000	3.2；2.7	-；3000	1.1；0.51	100；126	厦门金龙旅行车有限公司；厦门金龙旅行车有限公司	320；340.2	70；253	50；-	-；23.57	16.38（电池+电容）	316（电池+电容）	否	SHS4-ZCKZQ	厦门金龙旅行车有限公司	—	35	CNG/LNG混合动力	插电式混合动力城市客车			
	能量型；功率型	磷酸铁锂；超级电容	XMJL-3.2V-50AH-RB；XMJL3000	3.2；2.7	-；3000	1.1；0.51	100；126	厦门金龙旅行车有限公司；厦门金龙旅行车有限公司	320；340.2	70；253	50；-	-；23.57	16.38（电池+电容）	316（电池+电容）	否	SHS4-ZCKZQ	厦门金龙旅行车有限公司	—	35	NG/电混合动力	插电式混合动力城市客车			
	能量型；功率型	磷酸铁锂；超级电容	XMJL-3.2V-50AH-RB；XMJL3000	3.2；2.7	-；3000	1.1；0.51	100；126	厦门金龙旅行车有限公司；厦门金龙旅行车有限公司	320；340.2	70；253	50；-	-；23.57	16.38（电池+电容）	316（电池+电容）	否	SHS4-ZCKZQ	厦门金龙旅行车有限公司	—	35	柴油/电混合动力	插电式混合动力城市客车			
	能量型；功率型	磷酸铁锂；超级电容	XMJL-3.2V-50AH-RB；XMJL3000	3.2；2.7	-；3000	1.1；0.51	100；144	厦门金龙旅行车有限公司；厦门金龙旅行车有限公司	320；388.8	70；253	50；-	-；20.625	16.435	330	否	SHS4-ZCKZQ	厦门金龙旅行车有限公司	—	35	NG混合动力	插电式混合动力城市客车			
	能量型；功率型	磷酸铁锂；超级电容	XMJL-3.2V-50AH-RB；XMJL3000	3.2；2.7	-；3000	1.1；0.51	168；126	厦门金龙旅行车有限公司；厦门金龙旅行车有限公司	268.8；340.2	152.4；253	100；-	-；23.57	27.26	398	否	SHS4-ZCKZQ	厦门金龙旅行车有限公司	—	50	柴油/电混合动力	插电式混合动力城市客车			
	能量型；功率型	磷酸铁锂；超级电容	XMJL-3.2V-5AH；XMJL3000	3.2；2.7	-；3000	0.145；0.51	1600；252	厦门金龙旅行车有限公司；厦门金龙旅行车有限公司	256；340.2	250；485	100；-	-；47.14	26.36（电池+电容）	469（电池+电容）	否	GHSV6H-180	厦门金龙旅行车有限公司	—	35	NG混合动力	插电式混合动力城市客车			

续表

储能装置单体生产企业	电动汽车储能装置类型	电动汽车储能装置种类	储能装置单体型号	储能装置单体的标称电压(V)	超级电容器单体标称静电容量(F)	储能装置单体质量(kg)	储能装置单体数量	储能装置总成生产企业	储能装置总成标称电压(V)	储能装置总成额定输出电流(A)	动力蓄电池总成标称容量(Ah)	超级电容器总成标称静电容量(F)	储能装置总储电量(kW·h)B	储能装置总成质量(kg)	动力蓄电池箱是否具有快换装置	车载能源管理系统型号(包括软件和硬件)	车载能源管理系统生产企业	电动汽车续驶里程(工况法，km)	电动汽车续驶里程(等速法，km)	燃料种类	配套车辆类型	2015年配套车型产量(辆)	2016年1-3月份配套车型产量(辆)	配套车型产量合计(辆)
厦门金龙旅行车有限公司；厦门金龙旅行车有限公司	能量型；功率型	磷酸铁锂；超级电容	XMJL-3.2V-5AH；XMJL3000	3.2；2.7	-；3000	0.145；0.51	800；144	厦门金龙旅行车有限公司；厦门金龙旅行车有限公司	256；388.8	250；425	50；-	-；20.625	13.235（电池+电容）	288（电池+电容）	否	GHSV6H-165-SL	厦门金龙旅行车有限公司	—	35	柴油混合动力	插电式混合动力城市客车			
郑州宇通客车股份有限公司/美国麦克斯威科技公司；郑州宇通客车股份有限公司/美国麦克斯威科技公司	能量型/功率型；能量型/功率型	磷酸铁锂/超级电容	YT3280E 80Ah/YTPC3000；YT3280E 80Ah/BCAP3000 K2	3.2/2.7；3.2/2.7	3000；3000	2.2/0.51；2.2/0.51	48/216；48/216	郑州宇通客车股份有限公司/美国麦克斯威科技公司；郑州宇通客车股份有限公司/美国麦克斯威科技公司	576	98	80	13.75	12.9216	400	否	H91004SS2B14/EV04CASH2926；CMS101（软件版本：V01；硬件版本：V01）	惠州市亿能电子有限公司；郑州精益达汽车零部件有限公司高新区分公司	31	35	NG混合动力	插电式混合动力城市客车	1225	0	1225
浙江天能能源科技有限公司	能量型	三元材料	TNL-ITR18650-2200P	3.7	—	0.045	3640	浙江天能能源科技有限公司	96	125	308	—	29.6	260	否	2101500	上海同灿新能源科技有限公司	150	—	纯电动	纯电动厢式运输车			
	能量型	三元材料	TNL-ITR18650-2200P	3.7	—	0.045	4368	浙江天能能源科技有限公司	144	120	246	—	35.4	300	否	DK901	上海妙益电子科技发展有限公司	170	—	纯电动	纯电动厢式运输车	1115	35	1150
	能量型	三元材料	TNL-ITR18650-2600E	3.7	—	0.05	1920	浙江天能能源科技有限公司	355.2	52	52	—	18.5	170	否	软件：DK901；硬件：20S11	上海妙益电子科技发展有限公司	152	168	纯电动	纯电动轿车			

续表

储能装置单体生产企业	电动汽车储能装置类型	电动汽车储能装置种类	储能装置单体型号	储能装置单体的标称电压(V)	超级电容器单体标称静电容量(F)	储能装置单体质量(kg)	储能装置单体数量	储能装置总成生产企业	储能装置总成标称电压(V)	储能装置总成额定输出电流(A)	动力蓄电池总成标称容量(Ah)	超级电容器总成标称静电容量(F)	储能装置总储电量(kW·h)B	储能装置总成质量(kg)	动力蓄电池箱是否具有快换装置	车载能源管理系统型号(包括软件和硬件)	车载能源管理系统生产企业	电动汽车续驶里程(工况法,km)	电动汽车续驶里程(等速法,km)	燃料种类	配套车辆类型	2015年配套车型产量(辆)	2016年1-3月份配套车型产量(辆)	配套车型产量合计(辆)
郑州宇通客车股份有限公司;力神动力电池系统有限公司	能量型;能量型	磷酸铁锂	YT3220E;LP2770134	3.2;3.2	—	0.51;0.51	2520;2520	郑州宇通客车股份有限公司;天津力神电池股份有限公司	576;576	180;180	280;280	—	161.2;161.2	1760;1760	否;否	LS_ BMS_ EV_ B1	天津力神电池股份有限公司;天津力神电池股份有限公司	—	260	纯电动	纯电动客车	1144	0	1144
天能电池集团有限公司;山东圣阳电源股份有限公司	能量型	铅酸电池	2101AAE	12	—	52(天能);53(圣阳)	5	天能电池集团有限公司;山东圣阳电源股份有限公司	60	120	150	—	9	280	否	—	—	80	90	纯电动	纯电动轿车	964	165	1129
浙江天能电池有限公司;天能电池集团有限公司;山东圣阳电源股份有限公司	能量型	铅酸电池	6-DM-150AH(浙江天能);2101AAE(天能;圣阳)	12	—	52(6-DM-150AH);52(天能2101AAE);53(圣阳2101AAE)	5	浙江天能电池有限公司;天能电池集团有限公司;山东圣阳电源股份有限公司	60	120	150	—	9	280	否	—	—	≥80	≥90(60km/h)	纯电动	纯电动轿车	279	808	1087
江苏海四达电源股份有限公司	功率型	三元材料	ISR18650-2200	3.6	—	0.045	3360	江苏海四达电源股份有限公司	346	90	77	—	26.6	280	否	硬件:MY-BMSHSD系列;软件:MYV4	上海妙益电子科技发展有限公司	150	—	纯电动	纯电动乘用车	1028	32	1060
	功率型	三元材料	ISR18650-2200	3.6	—	0.045	5900	江苏海四达电源股份有限公司	360	129.8	129.8	—	46.7	500	否	KL-AS504510	深圳市科列技术股份有限公司	—	258	纯电动	纯电动客车			

续表

储能装置单体生产企业	电动汽车储能装置类型	电动汽车储能装置种类	储能装置单体型号	储能装置单体的标称电压(V)	超级电容器单体标称静电容量(F)	储能装置单体质量(kg)	储能装置单体数量	储能装置总成生产企业	储能装置总成标称电压(V)	储能装置总成额定输出电流(A)	动力蓄电池总成标称容量(Ah)	超级电容器总成标称静电容量(F)	储能装置总储电量(kW·h)B	储能装置总成质量(kg)	动力蓄电池箱是否具有快换装置	车载能源管理系统型号(包括软件和硬件)	车载能源管理系统生产企业	电动汽车续驶里程(工况法,km)	电动汽车续驶里程(等速法,km)	燃料种类	配套车辆类型	2015年配套车型产量(辆)	2016年1-3月份配套车型产量(辆)	配套车型产量合计(辆)
江苏海四达电源股份有限公司	功率型	三元材料	ISR18650-2200	3.6	—	0.045	6600	江苏海四达电源股份有限公司	360	145.2	145.2	—	52.27	539	否	KL-AS504510	深圳市科列技术股份有限公司	—	297	纯电动	纯电动客车			
	能量型	磷酸铁锂	HSDIFP27135206-60；IFP36115200-50	3.2	—	1.58；1.55	324	江苏海四达电源股份有限公司	345.6	180；150	180；150	—	62.2；51.84	720	否	硬件版本号：C1OB_ HW1.0；软件版本号：HSD01-cqwp_ BCU_ V1.00	安徽驰天汽车技术有限公司	—	185	纯电动	纯电动客车			
	能量型	磷酸铁锂	IFP27135206-60	3.2	—	1.58	210	江苏海四达电源股份有限公司	336	163	120	—	40.32	470	否	BCU（主机）型号：C1OB；硬件：C1OB_ HW1.0；软件：HSD01-cqwp_ BCU_ V1.00；BMU（从机）型号：MIN 系列；硬件：MIN3612A_ HW1.0. 软件：M1BxxxxA_ BMU_ V0.15	安徽驰天汽车技术有限公司	150	—	纯电动	纯电动厢式运输车			
	能量型	磷酸铁锂	IFP36115200-50；HSDIFP27135206-60	3.2	—	1.6；1.58	336	江苏海四达电源股份有限公司	537.6	100；120	100；120	—	53.76；64.512	650；700	否	JLBMS	江苏九龙汽车制造有限公司	—	165；205	纯电动	纯电动城市客车			
	能量型	磷酸铁锂	IFP36115200-60	3.2	—	1.60	1008	江苏海四达电源股份有限公司	537.6	300	360	—	193.54	2395	否	NEV01-BMSV1.0；NEV01-BMS	安徽锐能科技有限公司	—	250	纯电动	纯电动城市客车			
	能量型	磷酸铁锂	IFP36115200-60	3.2	—	1.60	628	江苏海四达电源股份有限公司	502.4	240	240	—	120.58	1460	无	软件：BMU03_ Diagnostic；硬件：BMU03 系列	深圳市科列技术股份有限公司	—	230	纯电动	纯电动城市客车			

续表

储能装置单体生产企业	电动汽车储能装置类型	电动汽车储能装置种类	储能装置单体型号	储能装置单体的标称电压(V)	超级电容器单体标称静电容量(F)	储能装置单体质量(kg)	储能装置单体数量	储能装置总成生产企业	储能装置总成标称电压(V)	储能装置总成额定输出电流(A)	动力蓄电池总成标称容量(Ah)	超级电容器总成标称静电容量(F)	储能装置总储电量(kW·h)B	储能装置总成质量(kg)	动力蓄电池箱是否具有快换装置	车载能源管理系统型号(包括软件和硬件)	车载能源管理系统生产企业	电动汽车续驶里程(工况法，km)	电动汽车续驶里程(等速法，km)	燃料种类	配套车辆类型	2015年配套车型产量(辆)	2016年1－3月份配套车型产量(辆)	配套车型产量合计(辆)
江苏海四达电源股份有限公司	能量型	三元材料	ISR18650－2200	3.7	—	0.045	8190	江苏海四达电源股份有限公司	336.7	163	198	—	66.7	525	否	BCU（主机）型号：C1OB；硬件：C1OB_ HW1.0；软件：HSD01－cqwp_ BCU_ V1.00；BMU（从机）型号：MIN 系列；硬件：MIN3612A_ HW1.0. 软件：M1BxxxxA_ BMU_ V0.15	安徽驰天汽车技术有限公司	250	—	纯电动	纯电动厢式运输车			
多氟多（焦作）新能源科技有限公司	能量型	锰酸锂	CGPMP 1665132	3.7	—	0.27	528	多氟多（焦作）新能源科技有限公司	80	240	240	—	19.2	220	是	QT－BGCS－2118A	浙江高泰昊能科技有限公司	250	300	纯电动	纯电动轿车	1041	12	1053
	能量型	锰酸锂	CGPMP 1665132	3.7	—	0.27	528	浙江时空能源技术有限公司	81.4	240	240	—	20	220	是	QT－BGCS－2118A；QT－EVCU－2518	浙江高泰昊能科技有限公司	250	300	纯电动	纯电动轿车			
	能量型	锰酸锂	DFDPMP 1665132	3.7	—	0.27	320	多氟多（焦作）新能源科技有限公司	74	160	160	—	11.8	168	是	BF101.2 /903.1.95	哈尔滨冠拓电源设备有限公司	85	100	纯电动	纯电动轿车			
	能量型	锰酸锂	DFDPMP 1665132；CGPMP1665132	3.7	—	0.27	320	多氟多（焦作）新能源科技有限公司	74	160	160	—	11.8	168	是	BF101.2 /903.1.95；YT24AA；DY－B－24.1；QT－BMS－5818－B1	哈尔滨冠拓电源设备有限公司；惠州市亿能电子有限公司；山东德洋电子科技有限公司；浙江亚丁科技有限公司	85	100	纯电动	纯电动轿车			

续表

储能装置单体生产企业	电动汽车储能装置类型	电动汽车储能装置种类	储能装置单体型号	储能装置单体的标称电压(V)	超级电容器单体标称静电容量(F)	储能装置单体质量(kg)	储能装置单体数量	储能装置总成生产企业	储能装置总成标称电压(V)	储能装置总成额定输出电流(A)	动力蓄电池总成标称容量(Ah)	超级电容器总成标称静电容量(F)	储能装置总储电量(kW·h)B	储能装置总成质量(kg)	动力蓄电池箱是否具有快换装置	车载能源管理系统型号(包括软件和硬件)	车载能源管理系统生产企业	电动汽车续驶里程(工况法，km)	电动汽车续驶里程(等速法，km)	燃料种类	配套车辆类型	2015年配套车型产量(辆)	2016年1－3月份配套车型产量(辆)	配套车型产量合计(辆)
多氟多(焦作)新能源科技有限公司	能量型	三元材料	1265132	3.7	—	0.23	2100	多氟多(焦作)新能源科技有限公司	388.5	70	200	—	77.7	700	否	BC111－207	哈尔滨冠拓电源设备有限公司	—	200	纯电动	纯电动厢式运输车			
	能量型	三元材料	1265132	3.7	—	0.23	1350	多氟多(焦作)新能源科技有限公司	555	90	90	—	49.9	460	否	EV05	惠州亿能电子有限公司	—	215	纯电动	纯电动城市客车			
	能量型	三元材料	1265132	3.7	—	0.236	700	多氟多(焦作)新能源科技有限公司	370	42	84	—	31	280	—	BC52A	安徽力高新能源科技有限公司	150	—	纯电动	纯电动乘用车			
	能量型	三元材料	1265132	3.7	—	0.236	700	多氟多(焦作)新能源科技有限公司	370	42	84	—	31	280	—	BC52A	安徽力高新能源科技有限公司	—	160	纯电动	纯电动厢式运输车			
东莞市迈科新能源有限公司	能量型	磷酸铁锂	LFP32650	3.2	—	0.155	1900	东莞市迈科新能源有限公司	320	47.5	95	—	30.4	340	否	硬件 PWEVMBMS03；软件 B48002MSXXX	东莞钜威新能源有限公司	130	150	纯电动	纯电动清洗车	964	0	964
	能量型	磷酸铁锂	LFP32650	3.2	—	0.155	1900	东莞市迈科新能源有限公司	320	47.5	95	—	30.4	340	否	硬件 PWEVMBMS03；软件 B48002MSXXX	东莞钜威新能源有限公司	130	150	纯电动	纯电动桶装垃圾运输车			
	能量型	磷酸铁锂	LFP32650	3.2	—	0.155	1900	东莞市迈科新能源有限公司	320	47.5	95	—	30.4	340	否	硬件 PWEVMBMS03；软件 B48002MSXXX	东莞钜威新能源有限公司	180	200	纯电动	纯电动厢式运输车			
	能量型	磷酸铁锂	M－LFP130Ah	3.2	—	5.02	108	东莞市迈科新能源有限公司	345	130	130	—	44.85	498	否	3i－BMS_10_100_02	东莞三新电动汽车技术有限公司	—	180	纯电动	纯电动城市客车			

续表

储能装置单体生产企业	电动汽车储能装置类型	电动汽车储能装置种类	储能装置单体型号	储能装置单体的标称电压(V)	超级电容器单体标称静电容量(F)	储能装置单体质量(kg)	储能装置单体数量	储能装置总成生产企业	储能装置总成标称电压(V)	储能装置总成额定输出电流(A)	动力蓄电池总成标称容量(Ah)	超级电容器总成标称静电容量(F)	储能装置总储电量(kW·h)B	储能装置总成质量(kg)	动力蓄电池箱是否具有快换装置	车载能源管理系统型号(包括软件和硬件)	车载能源管理系统生产企业	电动汽车续驶里程(工况法,km)	电动汽车续驶里程(等速法,km)	燃料种类	配套车辆类型	2015年配套车型产量(辆)	2016年1-3月份配套车型产量(辆)	配套车型产量合计(辆)
东莞市迈科新能源有限公司	能量型	磷酸铁锂	M-LFP5Ah	3.2	—	0.14	2880	东莞市迈科新能源有限公司	576	80	80	—	46.08	530	无	EC_ MEV24-B	深圳市锐深科技有限公司	—	200	纯电动	纯电动客车			
	能量型	磷酸铁锂	M-LFP5Ah	3.2	—	0.14	7920	系统电子科技(镇江)有限公司	528	240	240	—	126.7	1855	否	S3437/KL-AS45L020	深圳市科列技术股份有限公司	—	251	纯电动	纯电动城市客车			
浙江万向亿能动力电池有限公司;中聚(天津)新能源投资有限公司	能量型	磷酸铁锂	WXL12E32066A;SP-LFP66AHA	3.2	—	2.0	100	金华市康迪新能源车辆有限公司	80	125	264	—	21.12	300;310	可换二箱	KD-BCU01V1.0;KD-BCU01	金华市康迪新能源车辆有限公司	150	180	纯电动	纯电动轿车	954	0	954
上海卡耐新能源有限公司	能量型	三元材料	CEB-LM26	3.7	—	0.59	252	上海卡耐新能源有限公司	311	80	78	—	24.2	235	否	FBM-BMU	杭州杰能动力有限公司	155	185	纯电动	纯电动轿车			
	能量型	三元材料	CEB-LM26	3.7	—	0.585	252	上海卡耐新能源有限公司	310	78	78	—	24.2	260	否	EV03	惠州市亿能电子有限公司	137	156	纯电动	纯电动厢式运输车	544	349	893
	能量型	三元材料	CEB-LM26	3.7	—	0.585	1560	上海卡耐新能源有限公司	577.2	226	260	—	150	1700	是	软件:EV05 1.1.3;硬件:EV05DM 120A0A	惠州亿能电子有限公司	—	180	纯电动	纯电动客车			
上海航天电源技术有限责任公司	能量型	磷酸铁锂	27135206-60Ah	3.2	—	1.58	1008	上海航天电源技术有限责任公司	537.6	120	360	—	193.5	2100	—	SAPT车载BMS(BMU5.0版,LECU2.0版)	上海航天电源技术有限责任公司	—	200	纯电动	纯电动客车	790	1	791
	能量型	磷酸铁锂	27135206-60Ah	3.2	—	1.58	1008	上海航天电源技术有限责任公司	537.6	120	360	—	193.5	2100	—	SAPT车载BMS(BMU5.0版,LECU2.0版)	上海航天电源技术有限责任公司	—	250	纯电动	纯电动客车			

续表

储能装置单体生产企业	电动汽车储能装置类型	电动汽车储能装置种类	储能装置单体型号	储能装置单体的标称电压(V)	超级电容器单体标称静电容量(F)	储能装置单体质量(kg)	储能装置单体数量	储能装置总成生产企业	储能装置总成标称电压(V)	储能装置总成额定输出电流(A)	动力蓄电池总成标称容量(Ah)	超级电容器总成标称静电容量(F)	储能装置总储电量(kW·h)B	储能装置总成质量(kg)	动力蓄电池箱是否具有快换装置	车载能源管理系统型号(包括软件和硬件)	车载能源管理系统生产企业	电动汽车续驶里程(工况法，km)	电动汽车续驶里程(等速法，km)	燃料种类	配套车辆类型	2015年配套车型产量(辆)	2016年1-3月份配套车型产量(辆)	配套车型产量合计(辆)
上海航天电源技术有限责任公司	能量型	磷酸铁锂	IFP27135206E	3.2	—	1.60	96	上海航天电源技术有限责任公司	307	60	60	—	18.4	228	是	Z110030J-H02	上海航天电源技术有限责任公司	152	158	纯电动	纯电动轿车			
	能量型	磷酸铁锂	IFP27135206E	3.2	—	1.57	360	南京中欧威能新能源动力系统有限公司	576	60	120	—	69.1	750	否	主控模块：BCU-C10C；模块：BMU-M1N6016C；软件（德博电池采集均衡控制）软件 V1.0；德博 BMS 管理软件 V1.1	苏州德博新能源有限公司	—	250	纯电动	纯电动客车			
	能量型	磷酸铁锂	IFP27135206E	3.2	—	1.57	720	上海航天电源技术有限责任公司	576	140	240	—	140.5	1600	具有滑轮导轨快换装置	WX-A BMS V1.0	上海航天电源技术有限责任公司	—	>210	纯电动	纯电动城市客车			
	能量型	磷酸铁锂	IFP27135206E	3.2	—	1.57	840	上海航天电源技术有限责任公司	537.6	260	300	—	161.3	1900	否	BMU5.1	上海航天电源技术有限责任公司	—	285	纯电动	纯电动城市客车			
	能量型	磷酸铁锂	IFP27135206E	3.2	—	1.57	850	上海航天电源技术有限责任公司	544	150	300	—	163.2	1900	是	软件：SLB-H V01；硬件：BMS-H V03	软件：上海航天电源技术有限责任公司；硬件：上海航天电源技术有限责任公司	—	208	纯电动	纯电动客车			
	能量型	磷酸铁锂	IFP27135206E	3.2	—	1.57	1008	上海航天电源技术有限责任公司	537.6	120	360	—	193.5	2200	具有滑轮导轨快换装置	WX-C BMS V1.0	上海航天电源技术有限责任公司	—	312	纯电动	纯电动客车			

续表

储能装置单体生产企业	电动汽车储能装置类型	电动汽车储能装置种类	储能装置单体型号	储能装置单体的标称电压(V)	超级电容器单体标称静电容量(F)	储能装置单体质量(kg)	储能装置单体数量	储能装置总成生产企业	储能装置总成标称电压(V)	储能装置总成额定输出电流(A)	动力蓄电池总成标称容量(Ah)	超级电容器总成标称静电容量(F)	储能装置总储电量(kW·h)B	储能装置总成质量(kg)	动力蓄电池箱是否具有快换装置	车载能源管理系统型号(包括软件和硬件)	车载能源管理系统生产企业	电动汽车续驶里程(工况法,km)	电动汽车续驶里程(等速法,km)	燃料种类	配套车辆类型	2015年配套车型产量(辆)	2016年1-3月份配套车型产量(辆)	配套车型产量合计(辆)
上海航天电源技术有限责任公司	能量型	磷酸铁锂	IFP27135206E	3.2	—	1.57	1424	上海航天电源技术有限责任公司	569.6	180	480	—	273.4	2875	否	软件:SLB6109 V01;硬件:BMS-H V03	软件:上海航天电源技术有限责任公司;硬件:上海航天电源技术有限责任公司	—	425	纯电动	纯电动城市客车			
	能量型	三元材料	ISP27135206E	3.6	—	1.63	306	上海航天电源技术有限责任公司	367.2	204	204	—	74.9	650	否	SAPT_ BMSV5.0	上海航天电源技术有限责任公司	—	263	纯电动	纯电动客车			
	能量型	三元材料	ISP27135206E	3.6	—	1.63±0.05	204	上海航天电源技术有限责任公司	367.2	136	136	—	49.9	560	—	BMU5.1	上海航天电源技术有限责任公司	—	255	纯电动	纯电动客车			
	能量型	三元材料	ISP27135206E	3.6	—	1.63±0.05	306	上海航天电源技术有限责任公司	367.2	204	204	—	74.9	700	—	KL-BMS03;BMU5.1	深圳市科列技术股份有限公司;上海航天电源技术有限责任公司	—	310	纯电动	纯电动客车			
	能量型	三元材料;磷酸铁锂	ISP27135206E	3.6	—	1.63±0.05	204	上海航天电源技术有限责任公司	367.2	136	136	—	49.9	560	—	BMU5.1	上海航天电源技术有限责任公司	—	255	纯电动	纯电动客车			
	能量型	三元材料;磷酸铁锂	ISP27135206E	3.6	—	1.63±0.05	306	上海航天电源技术有限责任公司	367.2	204	204Ah	—	74.9	700	—	KL-BMS03;BMU5.1	深圳市科列技术股份有限公司;上海航天电源技术有限责任公司	—	310	纯电动	纯电动客车			
美国麦克斯威科技公司;万向电动汽车有限公司	功率型;能量型	磷酸铁锂;超级电容	BCAP3000 K2系列;BMOD0165+WX12I3250	2.7;3.2	3000	0.51;1.1	126;100	美国麦克斯威科技公司;天津市松正电动汽车技术股份有限公司	340.2;320	253;70	50	23.57	16.38	300(100/200)	否	SCG021-384	天津市松正电动汽车技术股份有限公司	32	36	LNG/电混合动力	插电式混合动力城市客车	718	71	789

续表

储能装置单体生产企业	电动汽车储能装置类型	电动汽车储能装置种类	储能装置单体型号	储能装置单体的标称电压(V)	超级电容器单体标称静电容量(F)	储能装置单体质量(kg)	储能装置单体数量	储能装置总成生产企业	储能装置总成标称电压(V)	储能装置总成额定输出电流(A)	动力蓄电池总成标称容量(Ah)	超级电容器总成标称静电容量(F)	储能装置总储电量(kW·h)B	储能装置总成质量(kg)	动力蓄电池箱是否具有快换装置	车载能源管理系统型号(包括软件和硬件)	车载能源管理系统生产企业	电动汽车续驶里程(工况法，km)	电动汽车续驶里程(等速法，km)	燃料种类	配套车辆类型	2015年配套车型产量(辆)	2016年1-3月份配套车型产量(辆)	配套车型产量合计(辆)
美国麦克斯威科技公司；万向电动汽车有限公司	功率型；能量型	磷酸铁锂；超级电容	BCAP3000 K2系列；BMOD0165 + WX12I3250	2.7；3.2	3000	0.51；1.1	126；100	美国麦克斯威科技公司；天津市松正电动汽车技术股份有限公司	340.2；320	253；70	50	23.57	16.38	300（100/200）	否	SCG021-384	天津市松正电动汽车技术股份有限公司	31	51	NG/电混合动力	插电式混合动力城市客车			
	功率型；能量型	磷酸铁锂；超级电容	BCAP3000 K2系列；BMOD0165 + WX12I3250	2.7；3.2	3000	0.51；1.1	126；100	美国麦克斯威科技公司；天津市松正电动汽车技术股份有限公司	340.2；320	253；70	50	23.57	16.38	300（100/200）	否	SCG021-384	天津市松正电动汽车技术股份有限公司	32	36	柴油/电混合动力	插电式混合动力城市客车			
	功率型；能量型	磷酸铁锂；超级电容	BCAP3000 K2系列；BMOD0165 + WX12I3250	2.7；3.2	3000	0.51；1.1	126；168	美国麦克斯威科技公司；天津市松正电动汽车技术股份有限公司	340.2；268.8	253；100	100	23.57	26.88	400（100/300）	否	SCG021-384	天津市松正电动汽车技术股份有限公司	—	51	NG/电混合动力	插电式混合动力城市客车			
	功率型/能量功率兼顾型	磷酸铁锂；超级电容	BCAP3000；WX12I3250	2.7；3.2	3000	0.48；1.10	126；168	美国麦克斯威科技公司；天津市松正电动机车技术股份有限公司	336；270	152.4	100	23.57	0.2；26.88	98；300	无	软件：BMS-M-01-500-001；硬件：BMS-SGA-003	天津市松正电动汽车技术股份有限公司	—	50	NG/电混合动力	插电式混合动力城市客车			
	功率型；功率型	磷酸铁锂；超级电容	BCAP3000；WX12I3250	2.7；3.2	3000	0.51；1.1	126；168	美国麦克斯威科技公司；天津松正电动汽车技术股份有限公司	340.2；270	253；100	100	23.57	27.26	460（100/360）	否	VHN000-024	天津市松正电动汽车技术股份有限公司	—	50	LNG/电混合动力	插电式混合动力城市客车			

续表

储能装置单体生产企业	电动汽车储能装置类型	电动汽车储能装置种类	储能装置单体型号	储能装置单体的标称电压(V)	超级电容器单体标称静电容量(F)	储能装置单体质量(kg)	储能装置单体数量	储能装置总成生产企业	储能装置总成标称电压(V)	储能装置总成额定输出电流(A)	动力蓄电池总成标称容量(Ah)	超级电容器总成标称静电容量(F)	储能装置总储电量(kW·h)B	储能装置总成质量(kg)	动力蓄电池箱是否具有快换装置	车载能源管理系统型号(包括软件和硬件)	车载能源管理系统生产企业	电动汽车续驶里程(工况法，km)	电动汽车续驶里程(等速法，km)	燃料种类	配套车辆类型	2015年配套车型产量(辆)	2016年1-3月份配套车型产量(辆)	配套车型产量合计(辆)
美国麦克斯威科技公司；万向电动汽车有限公司	功率型；能量功率兼顾型	磷酸铁锂；超级电容	BCAP3000；WX12I3250	2.7；3.2	3000	1.1	126；100	美国麦克斯威科技公司；天津市松正电动汽车技术股份有限公司	340.2；320	253；70	50	23.57	16	180	否	硬件 GYB-EVBMSV2.4-A；软件 V1.2B	天津市松正电动汽车技术股份有限公司	—	>30	LNG/电混合动力	插电式混合动力城市客车			
天能电池集团有限公司	能量型	铅酸电池	3-evf-200	6	—	36	12	天能电池集团有限公司	72	104	200	—	14.4	432	否	—	—	120	160	纯电动	纯电动厢式运输车	136	574	710
	能量型	铅酸电池	3-evf-200	6	—	36	12	天能电池集团有限公司	72	104	200	—	14.4	432	否	—	—	120	160	纯电动	纯电动载货汽车			
	能量型	铅酸电池	3-evf-200	6	—	36	12	天能电池集团有限公司	72	200	200	—	14.4	432		—	—	110	60	纯电动	纯电动仓栅车			
	能量型	铅酸电池	3-evf-200	6	—	36	12	天能电池集团有限公司	72	200	200	—	14.4	432		—	—	110	60	纯电动	纯电动仓栅车			
	能量型	铅酸电池	3-evf-200	6	—	36	12	天能电池集团有限公司	72	200	200	—	14.4	432		—	—	110	60	纯电动	纯电动厢式货车			
	能量型	铅酸电池	3-evf-200	6	—	70	12	天能电池集团有限公司	72	72	1200	—	17.28	420		—	—	—	80	纯电动	纯电动厢式货车			
	能量型	铅酸电池	6-EVF-65P	12	—	22	12	天能电池集团有限公司	72	104	130	—	9.36	264	是	—	—	75	80	纯电动	纯电动厢式运输车			
万向电动汽车有限公司；美国麦克斯威科技公司	能量功率兼顾型；功率型	磷酸铁锂；超级电容	WX12I3250；BCAP3000 K2	3.2；2.7	—；3000	1.1（电池）；0.51（电容）	168；126	天津市松正电动汽车技术股份有限公司；美国麦克斯威科技公司	269；336	152.4	100	—；23.57	26.88；0.2	300；98	否	BMS-M-01-500-001；BMS-SGA-003	天津市松正电动汽车技术股份有限公司	—	51	柴油/电混合动力	插电式混合动力城市客车	695	5	700

续表

储能装置单体生产企业	电动汽车储能装置类型	电动汽车储能装置种类	储能装置单体型号	储能装置单体的标称电压(V)	超级电容器单体标称静电容量(F)	储能装置单体质量(kg)	储能装置单体数量	储能装置总成生产企业	储能装置总成标称电压(V)	储能装置总成额定输出电流(A)	动力蓄电池总成标称容量(Ah)	超级电容器总成标称静电容量(F)	储能装置总储电量(kW·h)B	储能装置总成质量(kg)	动力蓄电池箱是否具有快换装置	车载能源管理系统型号(包括软件和硬件)	车载能源管理系统生产企业	电动汽车续驶里程(工况法，km)	电动汽车续驶里程(等速法，km)	燃料种类	配套车辆类型	2015年配套车型产量(辆)	2016年1-3月份配套车型产量(辆)	配套车型产量合计(辆)
万向电动汽车有限公司；美国麦克斯威科技公司	能量功率兼顾型；功率型	磷酸铁锂；超级电容	WX12I3250；BCAP3000	3.2；2.7	—；3000	1.1(电池)；0.51(电容)	168；126	天津市松正电动汽车技术股份有限公司；美国麦克斯威科技公司	268.8	152.4	100	23.57	26.88	400(含电容)，单电池PACK(300KG)	无	SCG021-384A-CG	天津市松正电动汽车技术股份有限公司	—	50	NG/电混合动力	插电式混合动力城市客车			
	能量型；功率型	磷酸铁锂；超级电容	WX12I3250；BCAP3000	3.2；2.7	—；3000	1.1；0.51	168；126	天津市松正电动汽车技术股份有限公司；美国麦克斯威科技公司	268.8；340.2	152.4；253	100；-	-；23.57	27.26	398	否	BMS-M-01-500-001；BMS-SGA-003	天津市松正电动汽车技术股份有限公司	—	50	柴油/电混合动力	插电式混合动力城市客车			
	能量型；功率型	磷酸铁锂；超级电容	WX12I3250；BCAP3000 K2	3.2；2.7	3000	1.10；0.51	168；126	天津市松正电动汽车技术股份有限公司；美国麦克斯威科技公司	269；336	152.4	100	23.57	26.88；0.2	302；98	无	软件：BMS-M-01-500-001；硬件：BMS-SGA-003	天津市松正电动汽车技术股份有限公司	—	50	柴油/电混合动力	插电式混合动力城市客车			
	能量型；功率型	磷酸铁锂；超级电容	WX12I3250；BCAP3000 K2	3.2；2.7	3000	1.10；0.51	100；126	天津市松正电动汽车技术股份有限公司；美国麦克斯威科技公司	320；336	70	50	-；23.57	16；0.2	218；98	否	BMS-M-01-500-001；BMS-SGA-003	天津市松正电动汽车技术股份有限公司	—	32	柴油/电混合动力	插电式混合动力城市客车			
	能量型；功率型	磷酸铁锂；超级电容	WX12I3250；BCAP3000 K系列/BMOD0165	3.2；2.7	3000	1.1；0.51	100；144	万向电动汽车有限公司；美国麦克斯威科技公司	270(电池)；384(电容)	300	100	—；20.625	26.88；0.42	353；108	否	BMS-M-01-1000-001-ACDC-G-JR；BMS-SGA-V1.0	天津市松正电动汽车技术股份有限公司	—	52	LNG/电混合动力	插电式混合动力城市客车			

续表

储能装置单体生产企业	电动汽车储能装置类型	电动汽车储能装置种类	储能装置单体型号	储能装置单体的标称电压(V)	超级电容器单体标称静电容量(F)	储能装置单体质量(kg)	储能装置单体数量	储能装置总成生产企业	储能装置总成标称电压(V)	储能装置总成额定输出电流(A)	动力蓄电池总成标称容量(Ah)	超级电容器总成标称静电容量(F)	储能装置总储电量(kW·h)B	储能装置总成质量(kg)	动力蓄电池箱是否具有快换装置	车载能源管理系统型号(包括软件和硬件)	车载能源管理系统生产企业	电动汽车续驶里程(工况法，km)	电动汽车续驶里程(等速法，km)	燃料种类	配套车辆类型	2015年配套车型产量(辆)	2016年1－3月份配套车型产量(辆)	配套车型产量合计(辆)
万向电动汽车有限公司；美国麦克斯威科技公司	功率型；功率型	磷酸铁锂；超级电容	WX12I3250；BCAP3000 K2	3.2；2.7	3000	1.1；0.51	100；1	天津市松正电动汽车技术股份有限公司；美国麦克斯威科技公司	340.2；320	253；70	50	23.57	16.38	320（100；220）	否	VHN000－024	天津市松正电动汽车技术股份有限公司	31	51	CNG/电混合动力	插电式混合动力城市客车			
	功率型；功率型	磷酸铁锂；超级电容	WX12I3250；BCAP3000 K2	3.2；2.7	3000	1.1；0.51	100；1	天津市松正电动汽车技术股份有限公司；美国麦克斯威科技公司	340.2；320	253；70	50	23.57	16.38	320（220；100）	否	VHN000－024	天津市松正电动汽车技术股份有限公司	31	60	柴油/电混合动力	插电式混合动力城市客车			
湖南桑顿新能源有限公司	能量型	三元材料	SEPNi7 688190P－12.5Ah	3.6	—	0.275±0.015	480	湖南桑顿新能源有限公司	108	160	200	—	21.6	251±3	是	硬件：BC30S108 V205AH1P06H1；软件：S5104	深圳市科列技术股份有限公司	155	200	纯电动	纯电动轿车			
	能量型	三元材料	SEPNi 7688190P－12.5Ah	3.6	—	0.27±0.005	1632	湖南桑顿新能源有限公司	367.2	200	200	—	73.44	680	—	KL－BMS03，0FBMS0FV1518；KL－AS509080/S3439	深圳市科列技术股份有限公司，安徽殴鹏巴赫动力科技有限公司；深圳市科列技术股份有限公司	—	255	纯电动	纯电动客车	280	405	685
	能量型	磷酸铁锂	SEPFe 80125256P－20Ah	3.2	—	0.500±0.005	1200	湖南桑顿新能源有限公司	384	100	200	—	76.8	950	否	PWEVBMS03；PW2901	东莞钜威新能源有限公司	—	160	纯电动	纯电动城市客车			
北京海博思创科技有限公司	能量型	三元材料	L3	3.73	—	0.966	192	北京海博思创科技有限公司	358.08	86	86	—	30.8	300	否	V2.0/EVS200	北京海博思创科技有限公司	180	—	纯电动	纯电动厢式运输车	660	6	666

续表

储能装置单体生产企业	电动汽车储能装置类型	电动汽车储能装置种类	储能装置单体型号	储能装置单体的标称电压(V)	超级电容器单体标称静电容量(F)	储能装置单体质量(kg)	储能装置单体数量	储能装置总成生产企业	储能装置总成标称电压(V)	储能装置总成额定输出电流(A)	动力蓄电池总成标称容量(Ah)	超级电容器总成标称静电容量(F)	储能装置总储电量(kW·h)B	储能装置总成质量(kg)	动力蓄电池箱是否具有快换装置	车载能源管理系统型号(包括软件和硬件)	车载能源管理系统生产企业	电动汽车续驶里程(工况法，km)	电动汽车续驶里程(等速法，km)	燃料种类	配套车辆类型	2015年配套车型产量(辆)	2016年1-3月份配套车型产量(辆)	配套车型产量合计(辆)
北京海博思创科技有限公司	能量型	三元材料	L3	3.73	—	0.966	328	北京海博思创科技有限公司	612	86	86	—	52.6	557	否	软件型号：0515067_ EVS200_ Z03_ B_ 20150828；硬件：EVS200	北京海博思创科技有限公司	—	180	纯电动	纯电动城市客车			
	能量型	三元材料	L3	3.73	—	0.966	368	北京海博思创科技有限公司	343.16	172	172	—	59.02	630	否	EVS200	北京海博思创科技有限公司	—	250	纯电动	纯电动客车			
	能量型	三元材料	L3	3.73	—	0.966	368	北京海博思创科技有限公司	611.72	86	86	—	52.6	565	否	EVS200	北京海博思创科技有限公司	—	155	纯电动	纯电动城市客车			
	能量型	三元材料	L3	3.73	—	0.966	408	北京海博思创科技有限公司	380	172	172	—	65.4	715	无	软件：0515067_ EVS200_ Z03_ B_ 20150828；硬件：EVS200	北京海博思创科技有限公司	—	180	纯电动	纯电动客车			
	能量型	三元材料	L3	3.73	—	0.966	416	北京海博思创科技有限公司	387.92	172	172	—	66.7	680	否	硬件：EVS100；软件：BMSA pplication1.0.0.0	北京海博思创科技有限公司	—	250	纯电动	纯电动城市客车			
	能量型	三元材料	L3	3.73	—	0.966	416	北京海博思创科技有限公司	387.9	172	172	—	66.56	630	否	EVS200	北京海博思创科技有限公司	—	≥250	纯电动	纯电动城市客车			
	能量型	三元材料	L3	3.73	—	0.966	480	北京海博思创科技有限公司	447.6	172	172	—	76.98	780	否	EVS200	北京海博思创科技有限公司	—	255	纯电动	纯电动城市客车			
河南环宇赛尔新能源科技有限公司	功率型	磷酸铁锂	EV-HYLFP 001S-200Ah	3.2	—	5.9	48	河南环宇赛尔新能源科技有限公司	76.8	100	400	—	30.72	375	否	EK-YT-21	安徽力高新能源技术有限公司	140	150	纯电动	纯电动邮政车	662	2	664
	功率型	磷酸铁锂	HYLFP64 182295/160Ah	3.2	—	5.3	72	河南环宇赛尔新能源科技有限公司	76.8	100	480	—	36.864	443	否	EK-YT-21	安徽力高新能源技术有限公司	142	150	纯电动	纯电动垃圾车			

续表

储能装置单体生产企业	电动汽车储能装置类型	电动汽车储能装置种类	储能装置单体型号	储能装置单体的标称电压(V)	超级电容器单体标称静电容量(F)	储能装置单体质量(kg)	储能装置单体数量	储能装置总成生产企业	储能装置总成标称电压(V)	储能装置总成额定输出电流(A)	动力蓄电池总成标称容量(Ah)	超级电容器总成标称静电容量(F)	储能装置总储电量(kW·h)B	储能装置总成质量(kg)	动力蓄电池箱是否具有快换装置	车载能源管理系统型号(包括软件和硬件)	车载能源管理系统生产企业	电动汽车续驶里程(工况法,km)	电动汽车续驶里程(等速法,km)	燃料种类	配套车辆类型	2015年配套车型产量(辆)	2016年1-3月份配套车型产量(辆)	配套车型产量合计(辆)
河南环宇赛尔新能源科技有限公司	能量型	磷酸铁锂	ES HPPF 11192320 50Ah	3.2	—	1.38	220	河南环宇赛尔能源科技有限公司	352	100	100	—	35.2	350	否	B51	安徽力高新能源有限公司	115	130	纯电动	纯电动厢式运输车			
	能量型	磷酸铁锂	ES HPPF 11192320 50Ah	3.2	—	1.38	220	河南环宇赛尔能源科技有限公司	352	100	100	—	35.2	350	否	B51	安徽力高新能源有限公司	115	130	纯电动	纯电动载货汽车			
	能量型	磷酸铁锂	ES HPPF 11192320 50Ah	3.2	—	1.38	471	河南环宇赛尔能源科技有限公司	352	100	100	—	35.2	350	否	B51	安徽力高新能源有限公司	115	130	纯电动	纯电动载货汽车			
	能量型	磷酸铁锂	EV-HYLFP 001S-200Ah	3.2	—	5.92	240	河南环宇赛尔新能源科技有限公司	384	120	400	—	153.6	1860	否	KAM BMS-12A500	珠海银通新动力科技有限公司	80	200	纯电动	纯电动洗扫车			
	能量型	磷酸铁锂	HYLFP45 127225 70Ah	3.2	—	2.2	106	河南环宇赛尔新能源科技有限公司	339	18	70	—	23.744	377.5	—	EV03	惠州亿能电子有限公司	—	80	纯电动	纯电动车厢可卸式垃圾车			
	能量型	磷酸铁锂	HYLFP451 27225 70Ah	3.2	—	2.2	106	河南环宇赛尔新能源科技有限公司	339	18	70	—	23.744	377.5	—	EV03	惠州亿能电子有限公司	—	80	纯电动	纯电动洒水车			
	能量型	磷酸铁锂	HYLFP451 27225 70Ah	3.2	—	2.2	106	河南环宇赛尔新能源科技有限公司	339	18	70	—	23.744	377.5	—	EV03	惠州亿能电子有限公司	—	80	纯电动	纯电动扫路车			
	能量型	磷酸铁锂	HYLFP451 27225 70Ah	3.2	—	2.2	106	河南环宇赛尔新能源科技有限公司	339	18	70	—	23.744	377.5	—	EV03	惠州亿能电子有限公司	—	80	纯电动	纯电动自装卸式垃圾车			
	能量型	磷酸铁锂	HYLFP451 27225-70Ah	3.2	—	2.0	90	河南环宇赛尔新能源科技有限公司	288	70	70	—	20.2	260	是	EV03	广东惠州亿能电子有限公司	80	100	纯电动	纯电动轿车			
	能量型	磷酸铁锂	HYLFP901 27225 150Ah	3.2	—	4.0	60	河南环宇赛尔新能源科技有限公司	96	300	300	—	28.8	300	无	EK-FT-51	安徽力高新能源有限公司	150	180	纯电动	纯电动厢式运输车			

续表

储能装置单体生产企业	电动汽车储能装置类型	电动汽车储能装置种类	储能装置单体型号	储能装置单体的标称电压(V)	超级电容器单体标称静电容量(F)	储能装置单体质量(kg)	储能装置单体数量	储能装置总成生产企业	储能装置总成标称电压(V)	储能装置总成额定输出电流(A)	动力蓄电池总成标称容量(Ah)	超级电容器总成标称静电容量(F)	储能装置总储电量(kW·h)B	储能装置总成质量(kg)	动力蓄电池箱是否具有快换装置	车载能源管理系统型号(包括软件和硬件)	车载能源管理系统生产企业	电动汽车续驶里程(工况法,km)	电动汽车续驶里程(等速法,km)	燃料种类	配套车辆类型	2015年配套车型产量(辆)	2016年1-3月份配套车型产量(辆)	配套车型产量合计(辆)
江苏索尔新能源科技股份有限公司;力神动力电池系统有限公司	功率型;能量型	三元材料	ISR18650;LSR18650	3.7;3.6	—	0.044;0.045	3042;3042	江苏索尔新能源科技股份有限公司;天津中科锂能科技发展有限公司	96.2;93.6	140;140	304.2;304.2	—	29.26;28.47	245;245	无	硬件:BMS36A;软件:BMS36-26A;26S-A	江苏索尔新能源科技股份有限公司;天津中科锂能科技发展有限公司	170	210	纯电动	纯电动厢式运输车	0	654	654
	功率型;能量型	三元材料	ISR18650;LSR18650	3.7;3.6	—	0.044;0.045	3042;3042	江苏索尔新能源科技股份有限公司;天津中科锂能科技发展有限公司	96.2;93.6	140;140	304.2;304.2	—	29.26;28.47	245;245	无	硬件:BMS36A;软件:BMS36-26A;26S-A	江苏索尔新能源科技股份有限公司;天津中科锂能科技发展有限公司	170	210	纯电动	纯电动双排仓栅式运输车			
河南新太行电源有限公司	能量型	磷酸铁锂	IFR26650	3.2	—	0.08	23408	河南新太行电源有限公司	563	400	400	—	225	2340	否	EV02B	惠州市亿能电子有限公司	200	250	纯电动	纯电动城市客车	614	32	646
	能量型	磷酸铁锂	IFR26650	3.2	—	0.085	5880	河南太行新能源科技有限公司	336	130	180	—	60.5	750	否	EV03	惠州亿能有限公司	120	150	纯电动	纯电动城市客车			
	能量型	磷酸铁锂	IFR26650	3.2	—	0.085	6000	河南太行新能源科技有限公司	384	160	160	—	60.5	710	否	EV03	惠州市亿能电子有限公司	—	210	纯电动	纯电动客车			
	能量型	磷酸铁锂	IFR26650	3.2	—	0.088	7020	河南新太行电源有限公司	576	43	128.7	—	74.1	900	否	主控板硬件型号:PWEVMBMS03;主控板软件型号:A04907MS5901	东莞钜威新能源有限公司	—	155	纯电动	纯电动城市客车			

续表

储能装置单体生产企业	电动汽车储能装置类型	电动汽车储能装置种类	储能装置单体型号	储能装置单体的标称电压(V)	超级电容器单体标称静电容量(F)	储能装置单体质量(kg)	储能装置单体数量	储能装置总成生产企业	储能装置总成标称电压(V)	储能装置总成额定输出电流(A)	动力蓄电池总成标称容量(Ah)	超级电容器总成标称静电容量(F)	储能装置总储电量(kW·h)B	储能装置总成质量(kg)	动力蓄电池箱是否具有快换装置	车载能源管理系统型号(包括软件和硬件)	车载能源管理系统生产企业	电动汽车续驶里程(工况法,km)	电动汽车续驶里程(等速法,km)	燃料种类	配套车辆类型	2015年配套车型产量(辆)	2016年1-3月份配套车型产量(辆)	配套车型产量合计(辆)
河南新太行电源有限公司	能量型	磷酸铁锂	IFR26650	3.2	—	0.088	2880	河南新太行电源有限公司	512	60	59.4	—	30.4	380	否	硬件：主板：EV05DM122A，从板1~10：EV05BS3633A；软件：主板：B35446MS5212，从板：EV05D2SS5209	惠州市亿能电子有限公司	—	120	纯电动	纯电动自装卸式垃圾车			
	能量型	磷酸铁锂	IFR26650	3.2	—	0.088	3840	河南新太行电源有限公司	512	26.4	79.2	—	40.55	540	否	硬件：主板：EV05DM122A，从板1~10：EV05BS3633A；软件：主板：B35446MS5212，从板：EV05D2SS5209	惠州市亿能电子有限公司	110	—	纯电动	纯电动车厢可卸式垃圾车			
	能量型	磷酸铁锂	IFR26650	3.2	—	0.088	3840	河南新太行电源有限公司	512	26.4	79.2	—	40.55	540	否	硬件：主板：EV05DM122A，从板1~10：EV05BS3633A；软件：主板：B35446MS5212，从板：EV05D2SS5209	惠州市亿能电子有限公司	110	—	纯电动	纯电动自装卸式垃圾车			
	能量型	磷酸铁锂	IFR26650 3300	3.2	—	0.088	5130	河南新太行电源有限公司	547.2	33	99	—	54.1	630	否	主控板硬件型号：PWEVMBMS03；主控板软件型号：A112002M1116	东莞钜威新能源有限公司	—	167	纯电动	纯电动城市客车			

续表

储能装置单体生产企业	电动汽车储能装置类型	电动汽车储能装置种类	储能装置单体型号	储能装置单体的标称电压(V)	超级电容器单体标称静电容量(F)	储能装置单体质量(kg)	储能装置单体数量	储能装置总成生产企业	储能装置总成标称电压(V)	储能装置总成额定输出电流(A)	动力蓄电池总成标称容量(Ah)	超级电容器总成标称静电容量(F)	储能装置总储电量(kW·h)B	储能装置总成质量(kg)	动力蓄电池箱是否具有快换装置	车载能源管理系统型号(包括软件和硬件)	车载能源管理系统生产企业	电动汽车续驶里程(工况法,km)	电动汽车续驶里程(等速法,km)	燃料种类	配套车辆类型	2015年配套车型产量(辆)	2016年1-3月份配套车型产量(辆)	配套车型产量合计(辆)
河南新太行电源有限公司	能量型	磷酸铁锂	IFR26650 3300	3.2	—	0.088	5520	河南新太行电源有限公司	384	50	152	—	58.3	720	否	主控板硬件型号：PWEVMBMS03；主控板软件型号：A04907MS5901	东莞钜威新能源有限公司	—	170	纯电动	纯电动城市客车			
合肥国轩高科动力能源有限公司；合肥国轩高科动力能源有限公司；天津力神电池股份有限公司；天津力神电池股份有限公司	能量型；能量型；能量型；能量型	磷酸铁锂	IFP20100140A；IFP20100140A；LP2770134；LP2770134	3.2；3.2；3.2；3.2	—	0.57；0.57；0.513；0.513	1312；1440；1408；1611	合肥国轩高科动力能源有限公司；合肥国轩高科动力能源有限公司；天津力神电池股份有限公司；天津力神电池股份有限公司	524.8；576；563.2；572.8	172；172；160；180	172；172；160；180	—	90.2；99；90.1；103.1	1080；1188；1120；1280	否	GXEV-1；LS_ EV_ BMU_ FS_ AA1	合肥国轩高科动力能源有限公司；力神动力电池系统有限公司	—	258；276	纯电动	纯电动城市客车	51	581	632
苏州海格新能源汽车电控系统科技有限公司；锂电池：苏州海格新能源汽车电控系统科技有限公司	功率型；锂电池：功率型	磷酸铁锂；超级电容	HC-HUC3000；锂电池：HGL-1	2.7；锂电池：3.2	3000	0.55；锂电池：0.33	144；锂电池：720	苏州海格新能源汽车电控系统科技有限公司；锂电池：苏州海格新能源汽车电控系统科技有限公司	384；锂电池：256	80	81	20	0.4；锂电池：20.5	108；锂电池：300	否	BMS-HIGEC01	苏州海格新能源汽车电控系统科技有限公司	—	60	NG 混合动力	插电式混合动力城市客车	626	0	626

续表

储能装置单体生产企业	电动汽车储能装置类型	电动汽车储能装置种类	储能装置单体型号	储能装置单体的标称电压(V)	超级电容器单体标称静电容量(F)	储能装置单体质量(kg)	储能装置单体数量	储能装置总成生产企业	储能装置总成标称电压(V)	储能装置总成额定输出电流(A)	动力蓄电池总成标称容量(Ah)	超级电容器总成标称静电容量(F)	储能装置总储电量(kW·h)B	储能装置总成质量(kg)	动力蓄电池箱是否具有快换装置	车载能源管理系统型号(包括软件和硬件)	车载能源管理系统生产企业	电动汽车续驶里程(工况法，km)	电动汽车续驶里程(等速法，km)	燃料种类	配套车辆类型	2015年配套车型产量(辆)	2016年1-3月份配套车型产量(辆)	配套车型产量合计(辆)
苏州海格新能源汽车电控系统科技有限公司；锂电池：苏州海格新能源汽车电控系统科技有限公司	功率型；锂电池：功率型	磷酸铁锂；超级电容	HC-HUC3000；锂电池：HGL-1	2.7；锂电池：3.2	3000	0.55；锂电池：0.33	144；锂电池：720	苏州海格新能源汽车电控系统科技有限公司；锂电池：苏州海格新能源汽车电控系统科技有限公司	384；锂电池：256	80	81	20	0.4；锂电池：20.5	108；锂电池：300	否	BMS-HIGEC01	苏州海格新能源汽车电控系统科技有限公司	—	60	柴油混合动力	插电式混合动力城市客车			
浙江佳贝思绿色能源有限公司	能量型	磷酸铁锂	GBS-LFMP100Ah	3.2	—	2.8	100	浙江佳贝思绿色能源有限公司	320	100	100	—	32	400	否	软件：B35402MS1415；硬件：YN.BMS.EV-03	惠州市亿能电子有限公司	—	150	纯电动	纯电动多用途乘用车			
	能量型	磷酸铁锂	GBSLFMP100Ah	3.2	—	2.8	288	苏州吉姆西客车制造有限公司	460	412	200	—	92	956	否	B36R01/EV05	惠州市亿能电子有限公司	—	335	纯电动	纯电动轻型客车	623	1	624
	能量型	磷酸铁锂	GBSLFMP100Ah	3.2	—	2.8	546	浙江佳贝思绿色能源有限公司	582.4	300	300	—	174.7	2200	是	BC111-207 软件：4111.2.233.110.101 硬件：V1.2	哈尔滨冠拓电源设备有限公司	—	280	纯电动	纯电动城市客车			
扬州亚星客车股份有限公司；江苏春兰清洁能源研究院有限公司	功率型；能量型	磷酸铁锂；超级电容	2.7V/3000F；LFL160	2.7；3.2	3000	0.6；1.79	144；160	扬州亚星客车股份有限公司；江苏春兰清洁能源研究院有限公司	384；256	98	120	20.625	电容0.42；电池30.72	电容108；电池560	否	软件：CMU-YS 1.0，硬件：FG-DRGL-100；软件：DYL256-60，硬件：HEV-BMS-V3	福建省福工动力技术有限公司；江苏春兰清洁能源研究院有限公司	—	53.2	柴 油/电混合动力	插电式混合动力城市客车	597	17	614

续表

储能装置单体生产企业	电动汽车储能装置类型	电动汽车储能装置种类	储能装置单体型号	储能装置单体的标称电压(V)	超级电容器单体标称静电容量(F)	储能装置单体质量(kg)	储能装置单体数量	储能装置总成生产企业	储能装置总成标称电压(V)	储能装置总成额定输出电流(A)	动力蓄电池总成标称容量(Ah)	超级电容器总成标称静电容量(F)	储能装置总储电量(kW·h)B	储能装置总成质量(kg)	动力蓄电池箱是否具有快换装置	车载能源管理系统型号(包括软件和硬件)	车载能源管理系统生产企业	电动汽车续驶里程(工况法,km)	电动汽车续驶里程(等速法,km)	燃料种类	配套车辆类型	2015年配套车型产量(辆)	2016年1-3月份配套车型产量(辆)	配套车型产量合计(辆)
扬州亚星客车股份有限公司;江苏春兰清洁能源研究院有限公司	功率型;能量型	磷酸铁锂;超级电容	2.7V/3000F;LFL160	2.7;3.2	3000	0.6;1.79	144;160	扬州亚星客车股份有限公司;江苏春兰清洁能源研究院有限公司	384;256	98	120	20.625	电容0.42;电池30.72	电容108;电池560	否	软件:CMU-YS 1.0,硬件:FG-DRGL-100;软件:DYL256-60,硬件:HEV-BMS-V3	福建省福工动力技术有限公司;江苏春兰清洁能源研究院有限公司	—	55	NG/电混合动力	插电式混合动力城市客车			
	功率型;能量型	磷酸铁锂;超级电容	2.7V/3000F;LFL160	2.7;3.2	3000	0.6;1.79	144;80	扬州亚星客车股份有限公司;江苏春兰清洁能源研究院有限公司	384;256	98	60	20.625	电容0.42;电池15.36	电容108;电池295	否	软件:DYL256-60;硬件:HEV-BMS-V3	江苏春兰清洁能源研究院有限公司	—	—	NG/电混合动力	插电式混合动力城市客车			
美国A123电池系统有限公司;南京乐金化学新能源电池有限公司	能量型	磷酸铁锂;三元材料	APP72161227;P2.7S	3.23;3.7	—	0.5;0.705	184;96	上海捷新动力电池系统有限公司	297;355	120;100	40;33.1	—	11.8	153;128	—	10218553/10218554;55040/BMS-01;55033/BMS-01	美国A123电池系统有限公司;上海捷能汽车技术有限公司	60	88	汽油混合动力	插电式混合动力轿车	0	604	604
安徽恒基伟业科技有限公司	功率型	磷酸铁锂	HJ29019173	3.2	—	6.3	504	安徽恒基伟业科技有限公司	538	600	600	—	322.8	3200	否	TC-EV-A001	合肥恒能新能源科技有限公司	280	350	纯电动	纯电动城市客车	567	0	567
	功率型	磷酸铁锂	HJ29019173	3.2	—	6.3	510	安徽恒基伟业科技有限公司	544	600	600	—	326.4	3400	否	TC-EV-A001	合肥恒能新能源科技有限公司	240	320	纯电动	纯电动客车			
	能量型	磷酸铁锂	HJ29019173	3.2	—	6.3	320	安徽恒基伟业科技有限公司	512	200	400	—	204.8	2.016	否	软件:SL-BMS-6.8;硬件:SL-BMS-V7	上海申龙客车有限公司	150	240	纯电动	纯电动城市客车			
	能量型	磷酸铁锂	HJ29019173	3.2	—	6.3	510	安徽恒基伟业科技有限公司	544	200	600	—	326.4	3500	否	AGEV-1	安徽恒基伟业科技有限公司	270	350	纯电动	纯电动客车			

续表

储能装置单体生产企业	电动汽车储能装置类型	电动汽车储能装置种类	储能装置单体型号	储能装置单体的标称电压(V)	超级电容器单体标称静电容量(F)	储能装置单体质量(kg)	储能装置单体数量	储能装置总成生产企业	储能装置总成标称电压(V)	储能装置总成额定输出电流(A)	动力蓄电池总成标称容量(Ah)	超级电容器总成标称静电容量(F)	储能装置总储电量(kW·h)B	储能装置总成质量(kg)	动力蓄电池箱是否具有快换装置	车载能源管理系统型号(包括软件和硬件)	车载能源管理系统生产企业	电动汽车续驶里程(工况法,km)	电动汽车续驶里程(等速法,km)	燃料种类	配套车辆类型	2015年配套车型产量(辆)	2016年1-3月份配套车型产量(辆)	配套车型产量合计(辆)
安徽恒基伟业科技有限公司	能量型	磷酸铁锂	HJ29019173	3.2	—	6.30	30	安徽恒基伟业科技有限公司	96	132	200	—	19.2	189	否	2101500	上海同灿新能源科技有限公司	100	100	纯电动	纯电动厢式运输车			
天津力神电池股份有限公司;天津力神电池股份有限公司	能量型;动力型	三元材料	18650;18650(2.2Ah)	3.6;3.6	—	0.048;0.048	8316;8316	天津力神电池股份有限公司;天津力神电池股份有限公司	302.4;302.4	85.8;85.8	257.4;217.8	—	77.8;65.86	700;700		硬件 LS_ EV_ BMU_ FS_ AA1PCBA;软件 V1.0.0	天津力神电池股份有限公司	—	260;265	纯电动	纯电动客车	539	1	540
	能量型;能量型	磷酸铁锂	LP2770134;LP2770134	3.2;3.2	—	0.51;0.51	2340;2700	中通客车控股股份有限公司;中通客车控股股份有限公司	576;576	150.5;172;172;160	173.6;173.6	—	150;172.8	1872;2200	否	ZTEV320A	中通客车控股股份有限公司	—	250;280	纯电动	纯电动客车			
江苏索尔新能源科技股份有限公司;上海德朗能动力电池有限公司;力神动力电池系统有限公司;深圳市比克电池有限公司;上海德朗能动力电池有限公司;天津中科泰能国宏科技发展有限公司	功率型;能量型;能量型;能量型;能量型;能量型	三元材料	ISR18650;NCM18650-260;LSR18650;BAKR18650;NCM18650-260;18650	3.7;3.6;3.6;3.6;3.7;3.7	—	0.044;0.045;0.045;0.045;0.045;0.046±0.003	3042;3120;3042;3628;3042;3042	江苏索尔新能源科技股份有限公司;系统电子科技(镇江)有限公司;天津中科泰能国宏科技发展有限公司;天津中科泰能国宏科技发展有限公司;国宏汽车有限公司;天津中科泰能国宏科技发展有限公司	96.2;96;93.6;93.6;96.2;96.2	≤300;≤312;≤300;≤300;≤300;≤300	304.2;306;304.2;301;304.2;304.2	—	29.26;29.2;28.86;28.86;29.26;29.3	245;250;245;245;245;245	无	硬件:BMS36A 软件:BMS36-26A;硬件:主控 PWEVMBMS03;从控 PW2901 软件:pw2901SS5325;26S-A/25S-A;26S-A/25S-A;BMS05-30S;ZKGH-26S-V1.0	江苏索尔新能源科技股份有限公司;东莞钜威新能源有限公司;天津中科泰能国宏科技发展有限公司;天津中科泰能国宏科技发展有限公司;国宏汽车有限公司;天津中科泰能国宏科技发展有限公司	99	110	纯电动	纯电动厢式运输车	533	0	533

续表

储能装置单体生产企业	电动汽车储能装置类型	电动汽车储能装置种类	储能装置单体型号	储能装置单体的标称电压(V)	超级电容器单体标称静电容量(F)	储能装置单体质量(kg)	储能装置单体数量	储能装置总成生产企业	储能装置总成标称电压(V)	储能装置总成额定输出电流(A)	动力蓄电池总成标称容量(Ah)	超级电容器总成标称静电容量(F)	储能装置总储电量(kW·h)B	储能装置总成质量(kg)	动力蓄电池箱是否具有快换装置	车载能源管理系统型号(包括软件和硬件)	车载能源管理系统生产企业	电动汽车续驶里程(工况法, km)	电动汽车续驶里程(等速法, km)	燃料种类	配套车辆类型	2015年配套车型产量(辆)	2016年1-3月份配套车型产量(辆)	配套车型产量合计(辆)
中航锂电(洛阳)有限公司;宁德时代新能源科技股份有限公司	能量型	磷酸铁锂	CAM72; 48/173/132.5-80Ah	3.2; 3.2	—	2.1; 2.2	240; 216	中航锂电(洛阳)有限公司;宁德时代新能源科技股份有限公司	384; 346	144; 160	144; 160	—	55.3	630; 620	否	LG_ CALB_ B51_ V2.3/LG_ BMS_ B51_ V4.21; H00BMU0001 V1I13C/S00BMS 0G07V01Y13	安徽力高新能源技术有限公司;宁德时代新能源科技股份有限公司	125	155	纯电动	纯电动城市客车	532	0	532
苏州新中能源科技有限公司	功率型	三元材料	DPME20N	3.6	—	0.51	480	苏州新中能源科技有限公司	345	160	100	—	34.6	448	否	JTT X8	苏州杰拓腾动力科技有限公司	35	42	NG 混合动力	插电式混合动力城市客车	507	13	520
	功率型	三元材料	DPME20N	3.6	—	0.51	480	苏州新中能源科技有限公司	345	160	100	—	34.6	448	无	JTT X8	苏州杰拓腾动力科技有限公司	35	42	柴油/电混合动力	插电式混合动力城市客车			
	能量型	三元材料	DPME25N	3.7	—	0.6	312	苏州新中能源科技有限公司	577	100	50	—	28.86	380	否	硬件: Encomler31; 软件: BCSTV5073	深圳市清友能源技术有限公司	—	52	柴油/电混合动力	插电式混合动力城市客车			
	能量型	三元材料	DPME25N	3.7	—	0.6	384	苏州新中能源科技有限公司	355.2	260	100	—	35.52	728	—	软件: BCSTV1201; 硬件: Encomler 31	深圳市清友能源技术有限公司	42	53	NG/电混合动力	插电式混合动力城市客车			
	能量型	三元材料	DPME25N	3.7	—	0.6	768	苏州新中能源科技有限公司	355.2	200	200	—	71.04	620	否	软件: EV03; 硬件: EV03D	惠州亿能电子有限公司	—	≥250	纯电动	纯电动城市客车			
	能量型	三元材料	DPME25N	3.7	—	0.6	1872	苏州新中能源科技有限公司	577	150	300	—	173.16	1900	否	硬件: Encomler31; 软件: BCSTV1302	深圳市清友能源技术有限公司	—	252	纯电动	纯电动客车			
	能量型	三元材料	DPME25N	3.7	—	0.61	672	苏州新中能源科技有限公司	355.2	150	175	—	62.16	640	否	软件: BSCTV1601; 硬件: Encomler31	深圳市清友能源技术有限公司	—	257	纯电动	纯电动客车			

续表

储能装置单体生产企业	电动汽车储能装置类型	电动汽车储能装置种类	储能装置单体型号	储能装置单体的标称电压(V)	超级电容器单体标称静电容量(F)	储能装置单体质量(kg)	储能装置单体数量	储能装置总成生产企业	储能装置总成标称电压(V)	储能装置总成额定输出电流(A)	动力蓄电池总成标称容量(Ah)	超级电容器总成标称静电容量(F)	储能装置总储电量(kW·h)B	储能装置总成质量(kg)	动力蓄电池箱是否具有快换装置	车载能源管理系统型号(包括软件和硬件)	车载能源管理系统生产企业	电动汽车续驶里程(工况法，km)	电动汽车续驶里程(等速法，km)	燃料种类	配套车辆类型	2015年配套车型产量(辆)	2016年1-3月份配套车型产量(辆)	配套车型产量合计(辆)
苏州新中能源科技有限公司	能量型	锰酸锂	DPME25N	3.7	—	0.6	576	苏州新中能源科技有限公司	355	100	150	—	53.28	580	否	软件：EV03；硬件：EV03D	惠州亿能电子有限公司	—	150	纯电动	纯电动客车			
厦门华锂能源有限公司	能量型	磷酸铁锂	64140216-100Ah	3.2	—	3.1	94	厦门华锂能源有限公司	300.8	100	100	—	30.08	400	否	LXBMS94S-EV-V01；LXBMS24	厦门路迅电控有限公司	160	178	纯电动	纯电动厢式运输车	462	3	465
	能量型	磷酸铁锂	64140216-120AH	3.2	—	3.2	155	厦门华锂能源有限公司	496	120	120	—	59.5	723	否	LXBMS155S-EV-V01	厦门路迅电控有限公司	—	220	纯电动	纯电动客车			
	能量型	磷酸铁锂	72142220-100AH	3.2	—	3.8	170	厦门华锂能源有限公司	544	100	100	—	54.4	630	否	XMJL-BMS-DPX	厦门金龙旅行车有限公司	—	151	纯电动	纯电动城市客车			
广州力柏能源科技有限公司	能量型	三元材料	LF13	3.7	—	0.31	1045	广州力柏能源科技有限公司	351.5	148.5	148.5	—	52.2	550	否	BMU03A	深圳市科列技术股份有限公司	—	296	纯电动	纯电动客车	453	12	465
	能量型	三元材料	LF13	3.7	—	0.31	1045	广州力柏能源科技有限公司	351.5	148.5	148.5	—	52.2	600	否	BMU03A	深圳市科列技术股份有限公司	—	200	纯电动	纯电动客车			
	能量型	三元材料	LF13	3.7	—	0.31	1452	广州力柏能源科技有限公司	162.8	133.7	445.5	—	72.53	600	否	LF-BMU03A	广州力柏能源科技有限公司	352	405	纯电动	纯电动厢式运输车			
	能量型	三元材料	LF13	3.7	—	0.31	1520	广州力柏能源科技有限公司	562	135	135	—	75.9	690	否	LF-SC-BMS152S2	广州力柏能源科技有限公司	—	251	纯电动	纯电动城市客车			
	能量型	三元材料	LF13	3.7	—	0.31	3344	广州力柏能源科技有限公司	562	297	297	—	167	1550	否	LF-SC-BMS152S1	广州力柏能源科技有限公司	—	252	纯电动	纯电动客车			

续表

储能装置单体生产企业	电动汽车储能装置类型	电动汽车储能装置种类	储能装置单体型号	储能装置单体的标称电压(V)	超级电容器单体标称静电容量(F)	储能装置单体质量(kg)	储能装置单体数量	储能装置总成生产企业	储能装置总成标称电压(V)	储能装置总成额定输出电流(A)	动力蓄电池总成标称容量(Ah)	超级电容器总成标称静电容量(F)	储能装置总储电量(kW·h)B	储能装置总成质量(kg)	动力蓄电池箱是否具有快换装置	车载能源管理系统型号(包括软件和硬件)	车载能源管理系统生产企业	电动汽车续驶里程(工况法, km)	电动汽车续驶里程(等速法, km)	燃料种类	配套车辆类型	2015年配套车型产量(辆)	2016年1-3月份配套车型产量(辆)	配套车型产量合计(辆)
郑州宇通客车股份有限公司	能量型	磷酸铁锂	YT3220E	3.2	—	0.51	2520	郑州宇通客车股份有限公司	576	180	280	—	161.2	1760	否	LS_ BMS_ EV_ B1	郑州宇通客车股份有限公司	215	260	纯电动	纯电动客车	437	0	437
南京中欧威能新能源动力系统有限公司	功率型	三元材料	ISR18650-2200	3.6	—	0.045	5720	南京中欧威能新能源动力系统有限公司	158.4	286	286	—	45.3	380	否	EV05	惠州市亿能电子有限公司	250	—	纯电动	纯电动厢式运输车	281	151	432
	功率型	三元材料	ISR18650-2200	3.6	—	0.045	5900	南京中欧威能新能源动力系统有限公司	360	129.8	129.8	—	46.7	450	否	KL-AS504510	深圳市科列技术股份有限公司	—	258	纯电动	纯电动客车			
	功率型	三元材料	ISR18650-2200	3.6	—	0.045	6800	南京中欧威能新能源动力系统有限公司	360	149.6	149.6	—	53.86	560	否	EV05	惠州市亿能电子有限公司	—	307	纯电动	纯电动客车			
	功率型	三元材料	ISR18650-2200	3.6	—	0.045	9408	南京中欧威能新能源动力系统有限公司	352.8	211.2	211.2	—	74.51	632	否	BMU03A	深圳市科列技术股份有限公司	—	433	纯电动	纯电动城市客车			
	能量型	磷酸铁锂	LT-IFP-20AH	3.2	—	0.62	880	南京中欧威能新能源动力系统有限公司	352	160	160	—	56.32	632	否	BMU03A	深圳市科列技术股份有限公司	—	329	纯电动	纯电动城市客车			
	能量型	磷酸铁锂	IFP36115200-50	3.2	—	1.6	330	南京中欧威能新能源动力系统有限公司	352	150	150	—	52.8	632	否	BMU03A	深圳市科列技术股份有限公司	—	308	纯电动	纯电动客车			
	能量型	磷酸铁锂	IFP36115200-50	3.2	—	1.6	300	南京中欧威能新能源动力系统有限公司	320	150	150	—	48	648	—	主控(BMS) 从控(24S)	南京中欧威能新能源动力系统有限公司	200	250	纯电动	纯电动流动服务车			

续表

储能装置单体生产企业	电动汽车储能装置类型	电动汽车储能装置种类	储能装置单体型号	储能装置单体的标称电压(V)	超级电容器单体标称静电容量(F)	储能装置单体质量(kg)	储能装置单体数量	储能装置总成生产企业	储能装置总成标称电压(V)	储能装置总成额定输出电流(A)	动力蓄电池总成标称容量(Ah)	超级电容器总成标称静电容量(F)	储能装置总储电量(kW·h)B	储能装置总成质量(kg)	动力蓄电池箱是否具有快换装置	车载能源管理系统型号（包括软件和硬件）	车载能源管理系统生产企业	电动汽车续驶里程（工况法，km）	电动汽车续驶里程（等速法，km）	燃料种类	配套车辆类型	2015年配套车型产量（辆）	2016年1－3月份配套车型产量（辆）	配套车型产量合计（辆）
南京中欧威能新能源动力系统有限公司	能量型	三元材料	ISR18650－2200	3.6	—	0.045	3960	南京中欧威能新能源动力系统有限公司	158.4	198	198	—	31	450	—	主控（BMS）从控（24S）	南京中欧威能新能源动力系统有限公司	200	230	纯电动	纯电动服务车			
	能量型	三元材料	ISR18650－2200	3.6	—	0.045	3960	南京中欧威能新能源动力系统有限公司	158.4	198	198	—	31	450	—	主控（BMS）从控（24S）	南京中欧威能新能源动力系统有限公司	200	230	纯电动	纯电动邮政车			
	能量型	三元材料	ISR18650－2200	3.6	—	0.045	6336	南京中欧威能新能源动力系统有限公司	316.8	158.4	158.4	—	50.1	400	否	主：QT－BGCS－2120；从：QT－BMU－24T08	浙江高泰昊能科技有限公司	295	335	纯电动	纯电动服务车			
	能量型	三元材料	ISR18650－2200	3.6	—	0.045	6336	南京中欧威能新能源动力系统有限公司	316.8	158.4	158.4	—	50.1	400	否	主：QT－BGCS－2120；从：QT－BMU－24T08	浙江高泰昊能科技有限公司	295	335	纯电动	纯电动邮政车			
宁德时代新能源科技股份有限公司；美国麦克斯威科技公司	能量型；功率型	磷酸铁锂；超级电容	47/173/132.5－86Ah；BCAP3000 K2系列	3.2；2.7	；3000	2.3；0.51	48；216	湖南中车时代电动汽车股份有限公司	153.6；576	86；100	86；—	—	13.2；0.64	150；200	否	G15_ 13Kwh_ HNC；BUS_ G5_ BMU_ E	宁德时代新能源科技股份有限公司	—	31	NG/电混合动力	插电式混合动力城市客车	427	0	427
	能量型；功率型	磷酸铁锂；超级电容	47/173/132.5－86Ah；BCAP3000 K2系列	3.2；2.7	；3000	2.3；0.51	48；216	湖南中车时代电动汽车股份有限公司	153.6；576	86；100	86；—	—	13.2；0.64	150；200	否	G15_ 13Kwh_ HNC；BUS_ G5_ BMU_ E	宁德时代新能源科技股份有限公司	—	31	柴油/电混合动力	插电式混合动力城市客车			
	能量型；功率型	磷酸铁锂；超级电容	47/173/132.5－86Ah；BCAP3000	3.2；2.7	－；3000	2.3；0.51	54；216	宁德时代新能源科技股份有限公司；美国麦克斯威科技公司	172.8；583.2	172；182	86；-	－；13.75	15.51	342	否	G19_ 14.8Kwh_ XLV；BUS_ G5_ BMU_ E	宁德时代新能源科技股份有限公司	—	35	柴油/电混合动力	插电式混合动力城市客车			

续表

储能装置单体生产企业	电动汽车储能装置类型	电动汽车储能装置种类	储能装置单体型号	储能装置单体的标称电压(V)	超级电容器单体标称静电容量(F)	储能装置单体质量(kg)	储能装置单体数量	储能装置总成生产企业	储能装置总成标称电压(V)	储能装置总成额定输出电流(A)	动力蓄电池总成标称容量(Ah)	超级电容器总成标称静电容量(F)	储能装置总储电量(kW·h)B	储能装置总成质量(kg)	动力蓄电池箱是否具有快换装置	车载能源管理系统型号(包括软件和硬件)	车载能源管理系统生产企业	电动汽车续驶里程(工况法, km)	电动汽车续驶里程(等速法, km)	燃料种类	配套车辆类型	2015年配套车型产量(辆)	2016年1-3月份配套车型产量(辆)	配套车型产量合计(辆)
天津市捷威动力工业有限公司; Samsung SDI Co.; LTD	能量功率型	三元材料	2101AAU; CS0260 (2101AAW)	3.68	—	0.695	96	天津市捷威动力工业有限公司	353	90	26.0	—	9.2	120	否	软件: V2005ASAMPL; 硬件: B015108055036	宁波普瑞均胜汽车电子有限公司	50	—	汽油/电混合动力	插电式混合动力轿车	405	0	405
万向电动汽车股份有限公司; 江苏春兰清洁能源研究院有限公司; LS Mtron Ltd.; 厦门华锂能源有限公司	能量型; 功率型; 功率型; 能量型	磷酸铁锂; 超级电容	WX12I3250; IFPP42A; LSUC002R 7C3000FEA、LSUM050R 4P0166FEA; 47115215 -50Ah	3.2; 3.2; 2.7; 3.2	—; —; 3000	1.1; 1.4; 0.53; 1.8	96; 96; 216; 96	湖南中车时代电动汽车股份有限公司	307.2 (万向); 307.2 (春兰); 576 (LS); 307.2 (华锂)	0~300	50; 42; ; 50	; ; 13.8	15.36; 12.9; 0.53; 15.36	180; 175; 200; 220	否	ZKQ105B-S1.0; ZKQ105B	湖南中车时代电动汽车股份有限公司	—	35	柴油混合动力	插电式混合动力城市客车	395	1	396
合普新能源科技有限公司	能量型	三元材料	ISP193765 AE-5.3Ah (3.6V)	3.65	—	0.093	1408	合普新能源科技有限公司	316.8	60	84.8	—	26.8	220	否	EV03 (B39 G02MS4116; EV03DMHV7.0)	惠州市亿能电子有限公司	100	140	纯电动	纯电动密闭式桶装垃圾车			
	能量型	三元材料	ISR18650SE -2.4Ah	3.65	—	0.048	8400; 9800	合普新能源科技有限公司	511; 511	192; 225.6	192; 225.6	—	98; 115	790; 900	否	软件: HOPE-BMS-PNE-SW-136S; 硬件: HOPE-BMS-PNE-HW-136S	合普新能源科技有限公司	—	252; 280	纯电动	纯电动城市客车	354	0	354
	能量型	三元材料	ISR18650SE -2.4Ah	3.65	—	0.048	7968	合普新能源科技有限公司	350.4	199.5	199.5	—	70	600	—	HOPE-BMS-PNE-HW-96S; HOPE-BMS-PNE-SW-96S	合普新能源科技有限公司	—	255	纯电动	纯电动客车			

续表

储能装置单体生产企业	电动汽车储能装置类型	电动汽车储能装置种类	储能装置单体型号	储能装置单体的标称电压(V)	超级电容器单体标称静电容量(F)	储能装置单体质量(kg)	储能装置单体数量	储能装置总成生产企业	储能装置总成标称电压(V)	储能装置总成额定输出电流(A)	动力蓄电池总成标称容量(Ah)	超级电容器总成标称静电容量(F)	储能装置总储电量(kW·h)B	储能装置总成质量(kg)	动力蓄电池箱是否具有快换装置	车载能源管理系统型号(包括软件和硬件)	车载能源管理系统生产企业	电动汽车续驶里程(工况法,km)	电动汽车续驶里程(等速法,km)	燃料种类	配套车辆类型	2015年配套车型产量(辆)	2016年1-3月份配套车型产量(辆)	配套车型产量合计(辆)
合普新能源科技有限公司	能量型	三元材料	ISR18650SE-2.4Ah	3.65	—	0.048	8160;6912	合普新能源科技有限公司	350.4	204;172	204;172	—	71.4;60.2	640;590	—	HOPE-BMS-PNE-HW-96S;HOPE-BMS-PNE-SW-96S	合普新能源科技有限公司	—	210;180	纯电动	纯电动客车			
	能量型	三元材料	ISR18650SE-2.4Ah	3.65	—	0.048±0.002	3640	合普新能源科技有限公司	379.6	28	84	—	31.88	300	否	B 1 03 104 L-EV01	合普新能源科技有限公司	150	—	纯电动	纯电动厢式运输车			
实联长宜淮安科技有限公司	能量型	磷酸铁锂	SAB60280	3.2	—	1.58±0.03	424	实联长宜淮安科技有限公司	339.2	150	220	—	74.6	900	否	ZRBMS16-V07	北京中瑞蓝科电动汽车技术有限公司	100	120	纯电动	纯电动客车	256	96	352
	能量型	磷酸铁锂	SAB60280	3.2	—	1.7	360	实联长宜淮安科技有限公司	384	180	180	—	69	800	否	ZRBMS-V1.2	北京中瑞蓝科电动汽车技术有限公司	—	200	纯电动	纯电动城市客车			
	能量型	磷酸铁锂	SAB60280	3.2	—	1.7	424	实联长宜淮安科技有限公司	339.2	93	280	—	95	980	无	ZR-BMSA40V1.2	北京中瑞蓝科电动汽车技术有限公司	—	220	纯电动	纯电动客车			
	能量型	磷酸铁锂	SAB60280	3.2	—	1.7	840	实联长宜淮安科技有限公司	537.6	350	350	—	188.16	1880	否	ZRBMS-V1.1	北京中瑞蓝科电动汽车技术有限公司	—	360	纯电动	纯电动城市客车			
天津神鹿能源有限公司	能量型	磷酸铁锂	IFP29135220-60Ah	3.2V	—	1.9kg	1080	天津神鹿能源有限公司	576V	120A	360Ah	—	207.36	2700Kg	否	BM5124A (T)	安徽力高新能源技术有限公司	—	380	纯电动	纯电动客车	344	2	346
	能量型	磷酸铁锂	IPR48260-30Ah	3.2	—	0.95	200	天津神鹿能源有限公司	320	60	60	—	19.2	240	否	GSBMS-100-V1.1;软件 V2.0	安徽力高科技有限公司	83	100	纯电动	纯电动车厢可卸式垃圾车			
	能量型	磷酸铁锂	IPR48260-30Ah	3.2	—	0.95	200	天津神鹿能源有限公司	320	60	60	—	19.2	240	否	GSBMS-100-V1.1;软件 V2.0	安徽力高科技有限公司	83	100	纯电动	纯电动路面养护车			

续表

储能装置单体生产企业	电动汽车储能装置类型	电动汽车储能装置种类	储能装置单体型号	储能装置单体的标称电压(V)	超级电容器单体标称静电容量(F)	储能装置单体质量(kg)	储能装置单体数量	储能装置总成生产企业	储能装置总成标称电压(V)	储能装置总成额定输出电流(A)	动力蓄电池总成标称容量(Ah)	超级电容器总成标称静电容量(F)	储能装置总储电量(kW·h)B	储能装置总成质量(kg)	动力蓄电池箱是否具有快换装置	车载能源管理系统型号(包括软件和硬件)	车载能源管理系统生产企业	电动汽车续驶里程(工况法,km)	电动汽车续驶里程(等速法,km)	燃料种类	配套车辆类型	2015年配套车型产量(辆)	2016年1-3月份配套车型产量(辆)	配套车型产量合计(辆)
天津神鹿能源有限公司	能量型	磷酸铁锂	SL-LFP 10173248	3.2	—	0.8	2016	天津恩苏新能源科技有限公司	537.6	250	384	—	206.4	1900	否	EK-FT-C11	安徽力高新能源技术有限公司	—	380	纯电动	纯电动客车			
	能量型	磷酸铁锂	SL-LFP 10173248	3.2	—	0.8	576	苏州吉姆西客车制造有限公司	460.8	176	128	—	59.0	660	否	B36R01/EV05	惠州市亿能电子有限公司	—	215	纯电动	纯电动轻型客车			
	能量型	磷酸铁锂	SL-LFP1492232	3.2	—	0.6	720	天津神鹿能源有限公司	384	47	150	—	57.6	700	否	SL-BMS120	天津神鹿能源有限公司	—	250	纯电动	纯电动客车			
日本Panasonic EV Energy株式会社	功率型	镍氢电池	G9281-47050	7.2	—	1.04	28	日本Panasonic EV Energy株式会社	201.6	83.5	6.5	—	1.31	41	否	89681-47460	DENSO株式会社	—	—	汽油混合动力	非插电式混合动力轿车	342	0	342
万向电动汽车有限公司+美国麦克斯威科技公司;厦门金龙联合汽车工业有限公司+厦门金龙联合汽车工业有限公司(超级电容)	能量型+功率型	磷酸铁锂;超级电容	WX12I3250+BCAP3000/BMOD0165;21/116/275-50Ah+KLUC3000	3.2+2.7;3.2+2.7	3000;3000	1.1;0.55;1.51+0.55	100+288;84+288	万向电动汽车有限公司+美国麦克斯威科技公司;厦门金龙联合汽车工业有限公司+厦门金龙联合汽车工业有限公司(超级电容)	320;336;268;384	70;98;70;112	50;50	23;20.6	16;0.36;13.4;0.55	190;94.5;180;108	否	BMS-M/BMS-SGA;BMS-M/BMS-SGA	天津市松正电动汽车技术股份有限公司;厦门金龙联合汽车工业有限公司	—	—	NG/电混合动力	插电式混合动力城市客车	339	0	339

续表

储能装置单体生产企业	电动汽车储能装置类型	电动汽车储能装置种类	储能装置单体型号	储能装置单体的标称电压(V)	超级电容器单体标称静电容量(F)	储能装置单体质量(kg)	储能装置单体数量	储能装置总成生产企业	储能装置总成标称电压(V)	储能装置总成额定输出电流(A)	动力蓄电池总成标称容量(Ah)	超级电容器总成标称静电容量(F)	储能装置总储电量(kW·h)B	储能装置总成质量(kg)	动力蓄电池箱是否具有快换装置	车载能源管理系统型号(包括软件和硬件)	车载能源管理系统生产企业	电动汽车续驶里程(工况法，km)	电动汽车续驶里程(等速法，km)	燃料种类	配套车辆类型	2015年配套车型产量(辆)	2016年1-3月份配套车型产量(辆)	配套车型产量合计(辆)
万向电动汽车有限公司+美国麦克斯威科技公司；厦门金龙联合汽车工业有限公司+厦门金龙联合汽车工业有限公司（超级电容）	能量型+功率型	磷酸铁锂/超级电容	WX12I3250+BCAP3000/BMOD0165；21/116/275-50Ah+KLUC3000	3.2+2.7；3.2+2.7	3000；3000	1.1+0.55；1.51+0.55	100+288；84+288	万向电动汽车有限公司+美国麦克斯威科技公司；厦门金龙联合汽车工业有限公司+厦门金龙联合汽车工业有限公司（超级电容）	320；336；268；384	70；98；70；112	50；50	23；20.6	16；0.36；13.4；0.55	190；94.5；180；108	否	BMS-M/BMS-SGA；BMS-M/BMS-SGA	天津市松正电动汽车技术股份有限公司；厦门金龙联合汽车工业有限公司	—	—	柴油混合动力	插电式混合动力城市客车			
合肥国轩高科动力能源有限公司；中聚（天津）新能源投资有限公司	能量型	磷酸铁锂	IFP1865140；SP-LFP200AHA	3.2；3.2	—	0.35；5.6	1575；105	合肥国轩高科动力能源有限公司；中聚（天津）新能源投资有限公司	336	100	200	—	67	780	否	EV01	惠州亿能电子有限公司	—	150	纯电动	纯电动客车	330	0	330
万向电动汽车有限公司（磷酸铁锂电池）；美国Ioxus；Inc.（超级电容器）	能量型（磷酸铁锂电池）；功率型（超级电容器）	磷酸铁锂；超级电容	WX12I3250（磷酸铁锂电池）；ICAP2.7V3000F（超级电容器）	3.2（磷酸铁锂电池）；2.7（超级电容器）	3000	1.10（磷酸铁锂电池）；0.51（超级电容器）	168（磷酸铁锂电池）；126（超级电容器）	天津市松正电动汽车技术股份有限公司（磷酸铁锂电池）；美国Ioxus；Inc.（超级电容器）	268.8（磷酸铁锂电池）；336（超级电容器）	140（磷酸铁锂电池）；500（超级电容器）	100	23.57	26.88（磷酸铁锂电池）；0.2（超级电容器）	353（磷酸铁锂电池）；98（超级电容器）	否	BMS-M-01-500-001；BMS-SGA-003	天津市松正电动汽车技术股份有限公司	—	52	NG混合动力	插电式混合动力城市客车	315	0	315

续表

储能装置单体生产企业	电动汽车储能装置类型	电动汽车储能装置种类	储能装置单体型号	储能装置单体的标称电压(V)	超级电容器单体标称静电容量(F)	储能装置单体质量(kg)	储能装置单体数量	储能装置总成生产企业	储能装置总成标称电压(V)	储能装置总成额定输出电流(A)	动力蓄电池总成标称容量(Ah)	超级电容器总成标称静电容量(F)	储能装置总储电量(kW·h)B	储能装置总成质量(kg)	动力蓄电池箱是否具有快换装置	车载能源管理系统型号(包括软件和硬件)	车载能源管理系统生产企业	电动汽车续驶里程(工况法,km)	电动汽车续驶里程(等速法,km)	燃料种类	配套车辆类型	2015年配套车型产量(辆)	2016年1-3月份配套车型产量(辆)	配套车型产量合计(辆)
中聚(天津)新能源投资有限公司;浙江佳贝思绿色能源有限公司	能量型	磷酸铁锂	SP-LFP200AHA;GBS-LFMP200Ah	3.2	—	5.6;5.62	352;360	东湖科技(北京)有限公司	563.2;576	200	400	—	225.2;230.4	2440;2500	否	BC111-207 软件:4111.2.233.110.101 硬件:V1.2;HKBMS03 软件:SW-1.1.01.100 硬件:HB03	哈尔滨冠拓电源设备有限公司;哈尔滨华凯电能科技有限公司	—	360	纯电动	纯电动城市客车	294	0	294
苏州安靠电源有限公司	功率型	三元材料	18650(2.7Ah)	3.6	—	0.045	7500	苏州安靠电源有限公司	360	200	202.5	—	72.9	575	否	B51A	安徽力高新能源科技有限公司	—	250	纯电动	纯电动轻型客车	268	20	288
	能量型	三元材料	18650(2.7Ah)	3.6	—	0.045	6160	南京中欧威能新能源动力系统有限公司	158.4	378	378	—	59.87	400	否	EV05	惠州市亿能电子有限公司	315	—	纯电动	纯电动厢式运输车			
	能量型	三元材料	18650(2.7Ah)	3.6	—	0.045	6160	南京中欧威能新能源动力系统有限公司	316.8	189	189	—	59.87	400	否	EV05	惠州市亿能电子有限公司	315	—	纯电动	纯电动厢式运输车			
	能量型	三元材料	18650(2.7Ah)	3.6	—	0.045	7500	南京中欧威能新能源动力系统有限公司	360	202.5	202.5	—	72.9	630	否	EV05	惠州市亿能电子有限公司	—	427	纯电动	纯电动客车			
	能量型	三元材料	18650(2.7Ah)	3.6	—	0.045	9600	南京中欧威能新能源动力系统有限公司	360	259.2	259.2	—	93.31	670	否	EV05	惠州市亿能电子有限公司	—	543	纯电动	纯电动客车			
	能量型	三元材料	18650(2.7Ah)	3.6	—	0.045	30720;36000	南京中欧威能新能源动力系统有限公司	576	518;607.5	518;607.5	—	298;350	1950;2400	—	EV05	惠州亿能电子有限公司	—	570;660	纯电动	纯电动城市客车			

续表

储能装置单体生产企业	电动汽车储能装置类型	电动汽车储能装置种类	储能装置单体型号	储能装置单体的标称电压(V)	超级电容器单体标称静电容量(F)	储能装置单体质量(kg)	储能装置单体数量	储能装置总成生产企业	储能装置总成标称电压(V)	储能装置总成额定输出电流(A)	动力蓄电池总成标称容量(Ah)	超级电容器总成标称静电容量(F)	储能装置总储电量(kW·h)B	储能装置总成质量(kg)	动力蓄电池箱是否具有快换装置	车载能源管理系统型号(包括软件和硬件)	车载能源管理系统生产企业	电动汽车续驶里程(工况法，km)	电动汽车续驶里程(等速法，km)	燃料种类	配套车辆类型	2015年配套车型产量(辆)	2016年1-3月份配套车型产量(辆)	配套车型产量合计(辆)
上海江森自控国际蓄电池有限公司	能量型	铅酸电池	AGM 60Ah-H5	2	—	—	6	上海江森自控国际蓄电池有限公司	12	—	60	—	0.72	17.9	—	—	—	—	—	汽油混合动力	非插电式混合动力轿车	263	25	288
江苏春兰清洁能源研究院有限公司；深圳市今朝时代新能源技术有限公司	功率型	磷酸铁锂；超级电容	IFPP42A；LSUC002R7C3000FEA	3.2；2.7	3000	1.4；0.53	192；216	江苏春兰清洁能源研究院有限公司	307	84	84	13.75	25.8	410	否	软件：DYL307-84B2-B11；硬件：HEV-BMS-V3	江苏春兰清洁能源研究院有限公司	—	52	LNG/电混合动力	插电式混合动力城市客车	287	0	287
	功率型；功率型	磷酸铁锂；超级电容	IFPP42A；LSUC002R7C3000FEA	3.2；2.7	3000	1.4；0.53	192；216	江苏春兰清洁能源研究院有限公司；湖南中车时代电动汽车股份有限公司	307；576	85；300	85	13.75	26；2.82	365；200	否	软件：DYL307-85-A11；硬件：HEV-BMS-V3	江苏春兰清洁能源研究院有限公司	—	56	LNG/电混合动力	插电式混合动力城市客车			
上海中兴派能能源科技有限公司；江苏中兴派能电池有限公司	能量型	磷酸铁锂	PF37M	3.2	—	0.73	480	上海中兴派能能源科技有限公司；江苏中兴派能电池有限公司	384	148	148	—	56.832	550	否	PYLON-384V148Ah-01	上海中兴派能能源科技有限公司、江苏中兴派能电池有限公司	—	280	纯电动	纯电动客车	100	178	278
万向电动汽车有限公司；美国麦克斯威科技公司	能量型；功率型	磷酸铁锂；超级电容	电池：WX12I3250；电容：BCAP3000 K2	电池：3.2；电容：2.7	3000	电池：1.1；电容：0.51	电池：100；电容：126	电池：万向电动汽车有限公司；电容：美国麦克斯威科技公司	电池：320；电容：336	174	50	23.5	16	224.5	否	硬件：BMS-M-01-500-001；软件：BMS-SGA-003	天津市松正电动汽车技术股份有限公司	—	—	柴油/电混合动力	插电式混合动城市客车	277	0	277

续表

储能装置单体生产企业	电动汽车储能装置类型	电动汽车储能装置种类	储能装置单体型号	储能装置单体的标称电压(V)	超级电容器单体标称静电容量(F)	储能装置单体质量(kg)	储能装置单体数量	储能装置总成生产企业	储能装置总成标称电压(V)	储能装置总成额定输出电流(A)	动力蓄电池总成标称容量(Ah)	超级电容器总成标称静电容量(F)	储能装置总储电量(kW·h)B	储能装置总成质量(kg)	动力蓄电池箱是否具有快换装置	车载能源管理系统型号(包括软件和硬件)	车载能源管理系统生产企业	电动汽车续驶里程(工况法，km)	电动汽车续驶里程(等速法，km)	燃料种类	配套车辆类型	2015年配套车型产量(辆)	2016年1-3月份配套车型产量(辆)	配套车型产量合计(辆)
万向电动汽车有限公司；美国麦克斯威科技公司	能量型；功率型	磷酸铁锂；超级电容	电池：WX12I3250；电容：BCAP3000 K2	电池：3.2；电容：2.7	3000	电池：1.1；电容：0.51	电池：100；电容：126	电池：万向电动汽车有限公司；电容：美国麦克斯威科技公司	电池：320；电容：336	174	50	23.5	16	224.5	否	硬件：BMS-M-01-500-001；软件：BMS-SGA-003	天津市松正电动汽车技术股份有限公司	—	30	NG/电混合动力	插电式混合动力城市客车			
	能量型；功率型	磷酸铁锂；超级电容	电池：WX12I3250；电容：BCAP3000 K2	电池：3.2；电容：2.7	3000	电池：1.1；电容：0.51	电池：100；电容：126	电池：万向电动汽车有限公司；电容：美国麦克斯威科技公司	电池：320；电容：336	174	50	23.5	16	224.5	否	软件：SLK-BMS-02C；硬件：SLKBMS	上海申龙客车有限公司	—	—	柴油混合动力	插电式混合动力城市客车			
	能量型；功率型	磷酸铁锂；超级电容	电池：WX12I3250；电容：BCAP3000 K2	电池：3.2；电容：2.7	3000	电池：1.1；电容：0.51	电池：168；电容：126	电池：天津市松正电动汽车技术股份有限公司；电容：美国麦克斯威科技公司	电池：268.8；电容：336	100；253	100	23.5	26.88	380	否	软件：SLK-BMS-02C；硬件：SLKBMS	上海申龙客车有限公司	—	54	柴油/电混合动力	插电式混合动力城市客车			
LS Mtron Ltd.；宁德时代新能源科技股份有限公司	功率型；能量型	磷酸铁锂；超级电容	LSUC002R7C3000FEA、LSUM050R4P0166FEA；48/174/132.5-80Ah	2.8；3.2	3000	0.50；2.2	216；96	湖南中车时代电动汽车股份有限公司；宁德时代新能源科技股份有限公司	576；307.2	0-300	80	13.9	0.53；24.57	190；440	否	ZKQ105-S1.0；ZKQ105B	湖南中车时代电动汽车股份有限公司	—	55	柴油混合动力	插电式混合动力城市客车	277	0	277

续表

储能装置单体生产企业	电动汽车储能装置类型	电动汽车储能装置种类	储能装置单体型号	储能装置单体的标称电压(V)	超级电容器单体标称静电容量(F)	储能装置单体质量(kg)	储能装置单体数量	储能装置总成生产企业	储能装置总成标称电压(V)	储能装置总成额定输出电流(A)	动力蓄电池总成标称容量(Ah)	超级电容器总成标称静电容量(F)	储能装置总储电量(kW·h)B	储能装置总成质量(kg)	动力蓄电池箱是否具有快换装置	车载能源管理系统型号(包括软件和硬件)	车载能源管理系统生产企业	电动汽车续驶里程(工况法,km)	电动汽车续驶里程(等速法,km)	燃料种类	配套车辆类型	2015年配套车型产量(辆)	2016年1-3月份配套车型产量(辆)	配套车型产量合计(辆)
力神动力电池系统有限公司;美国麦克斯威科技公司	能量功率兼顾型;功率型	磷酸铁锂;超级电容	LP2714897;BCAP3000	3.2;2.7	3000	0.69;0.55	432;126	中通客车控股股份有限公司;美国美国麦克斯威科技公司	346	146.6	80	23.57	28.05	500	否	ZTF20E;MWZT01	中通客车控股股份有限公司;中通客车控股股份有限公司	—	51	NG 混合动力	插电式混合动力城市客车	45	232	277
	能量功率兼顾型;功率型	磷酸铁锂;超级电容	LP2714897;BCAP3000	3.2;2.7	3000	0.69;0.55	432;126	中通客车控股股份有限公司;美国麦克斯威科技公司	346	146.6	80	23.57	28.0496	500	否	ZTF20E;MWZT01	中通客车控股股份有限公司;中通客车控股股份有限公司	46.5	46	NG 混合动力	插电式混合动力城市客车			
北京国安电气有限责任公司	能量型	三元材料	GAHA0495150	3.7	—	0.130	4200	北京国安电气有限责任公司	518	65	195	—	101	870	否	GAEV-BMSSA04003;GAEV-BMSAH04003	北京国安电气有限责任公司	—	151	纯电动	纯电动城市客车	259	8	267
	能量型	三元材料	GAHA0495150	3.7	—	0.130	8400	北京国安电气有限责任公司	518	130	390	—	202	1740	否	GAEV-BMSSA04004;GAEV-BMSAH04004	北京国安电气有限责任公司	—	210	纯电动	纯电动客车			
山西华夏动力科技有限公司	功率型	磷酸铁锂	EV HXLFP70173248/20Ah	3.2	—	0.58	1586	山西华夏动力科技有限公司	390	240	255	—	99.5	1300	否	系统 BMS110(主控硬件:BCU110,软件 BCUV1.0;从控硬件:BEU110,软件:BEUV1.0)	上海玖行能源科技有限公司	—	180	纯电动	纯电动城市客车	253	0	253
	能量型	磷酸铁锂	EV HYLFP53182295/150Ah	3.2	—	4.2	248	山西华夏动力科技有限公司	400	240	300	—	120	1540	有	EK-FT-51	安徽力高新能源技术有限公司	—	210	纯电动	纯电动城市客车			
	能量型	磷酸铁锂	EV HYLFP71182295H/200Ah	3.2	—	5.4	360	山西华夏动力科技有限公司	576	240	400	—	120	2790	有	EK-FT-C11	安徽力高新能源技术有限公司	240	280	纯电动	纯电动客车			

续表

储能装置单体生产企业	电动汽车储能装置类型	电动汽车储能装置种类	储能装置单体型号	储能装置单体的标称电压(V)	超级电容器单体标称静电容量(F)	储能装置单体质量(kg)	储能装置单体数量	储能装置总成生产企业	储能装置总成标称电压(V)	储能装置总成额定输出电流(A)	动力蓄电池总成标称容量(Ah)	超级电容器总成标称静电容量(F)	储能装置总储电量(kW·h)B	储能装置总成质量(kg)	动力蓄电池箱是否具有快换装置	车载能源管理系统型号(包括软件和硬件)	车载能源管理系统生产企业	电动汽车续驶里程(工况法,km)	电动汽车续驶里程(等速法,km)	燃料种类	配套车辆类型	2015年配套车型产量(辆)	2016年1-3月份配套车型产量(辆)	配套车型产量合计(辆)
山西华夏动力科技有限公司	能量型	磷酸铁锂	EV-HYLFP001S-200Ah	3.2	—	5.7	340	山西华夏动力科技有限公司	544	200	400	—	217.6	2200	否	EK-FT-51	安徽力高新能源技术有限公司	204	230	纯电动	纯电动城市客车			
中天储能科技有限公司	功率型	磷酸铁锂	63225	3.2	—	1.5	212	中天储能科技有限公司	339.2	64.8	132	—	44.8	410	否	软件:EV05 MS5130;硬件:EV05	惠州亿能电子有限公司	200	—	纯电动	纯电动厢式运输车	253	0	253
	功率型	磷酸铁锂	63225	3.2	—	1.5	522	中天储能科技有限公司	556.8	143.7	198	—	110	1200	否	EV02	惠州亿能电子有限公司	—	280	纯电动	纯电动客车			
	功率型	磷酸铁锂	63225	3.2	—	1.5	576	中天储能科技有限公司	614	130.2	198	—	122	1200	否	EV02	惠州亿能电子有限公司	—	250	纯电动	纯电动城市客车			
	功率型	磷酸铁锂	63225	3.2	—	1.5	1068	中天储能科技有限公司	569.6	175.6	396	—	225	1900	否	EV02	惠州亿能电子有限公司	—	310	纯电动	纯电动城市客车			
	功率型	磷酸铁锂	63225	3.2	—	1.5	1128	中天储能科技有限公司	602	166.1	396	—	238	2000	否	EV02	惠州亿能电子有限公司	—	360	纯电动	纯电动城市客车			
	能量型	磷酸铁锂	43184	3.2	—	0.56	800	中天储能科技有限公司	320	176	176	—	56.3	600	否	主机软件:SW 1.0.41.314 从机软件:SW2.0.11.17;硬件:管理系统型号 EK-FT-52	安徽力高新能源技术有限公司	—	270	纯电动	纯电动客车			
	能量型	磷酸铁锂	63225	3.2	—	1.4	850	中天储能科技有限公司	544	200	330	—	179.5	1800	否	软件:V1.0.0;硬件:EV05	惠州亿能电子有限公司	—	255	纯电动	纯电动客车			
山西皇城相府中道能源有限公司中道和分公司	能量型	磷酸铁锂	60260	3.2	—	1.5	1080	山西皇城相府中道能源有限公司中道和分公司	346	400	700	—	242	1860	无	硬件:BMS-0910A;软件 V1.0	深圳中德世纪新能源有限公司	220	280	纯电动	纯电动城市客车			
	能量型	磷酸铁锂	ZDE-R60260	3.2	—	1.5	224	山西皇城相府中道能源有限公司中道和分公司	358.4	140	140	—	50.2	500	无	硬件 ZDC-BMU12P1V2;软件 ZDC-BMU12P1V2_C	深圳中德世纪新能源有限公司	—	150	纯电动	纯电动城市客车			

续表

储能装置单体生产企业	电动汽车储能装置类型	电动汽车储能装置种类	储能装置单体型号	储能装置单体的标称电压(V)	超级电容器单体标称静电容量(F)	储能装置单体质量(kg)	储能装置单体数量	储能装置总成生产企业	储能装置总成标称电压(V)	储能装置总成额定输出电流(A)	动力蓄电池总成标称容量(Ah)	超级电容器总成标称静电容量(F)	储能装置总储电量(kW·h)B	储能装置总成质量(kg)	动力蓄电池箱是否具有快换装置	车载能源管理系统型号(包括软件和硬件)	车载能源管理系统生产企业	电动汽车续驶里程(工况法，km)	电动汽车续驶里程(等速法，km)	燃料种类	配套车辆类型	2015年配套车型产量(辆)	2016年1-3月份配套车型产量(辆)	配套车型产量合计(辆)
山西皇城相府中道能源有限公司中道和分公司	能量型	磷酸铁锂	ZDE－R60260	3.2	—	1.5	312	山西皇城相府中道能源有限公司中道和分公司	332.8	210	210	—	70	750	无	硬件 ZDC－BMU12P1V2；软件 ZDC－BMU12P1V2_ C	深圳中德世纪新能源有限公司	—	200	纯电动	纯电动城市客车	119	126	245
	能量型	磷酸铁锂	ZDE－R60260	3.2	—	1.5	324	深圳中德世纪新能源有限公司	345.6	70	210	—	73.5	750	否	硬件 ZDC－BMU12P1V2；软件 ZDC－BMU12P1V2_ C	深圳中德世纪新能源有限公司	—	220	纯电动	纯电动工程车			
	能量型	磷酸铁锂	ZDE－R60260	3.2	—	1.5	756	山西皇城相府中道能源有限公司中道和分公司	346	400	490	—	169.5	1350	否	硬件：BMS－1210A；软件 V1.0	深圳中德世纪新能源有限公司	230	≥280	纯电动	纯电动城市客车			
	能量型	磷酸铁锂	ZDE－R60260	3.2	—	1.5	2016	山西皇城相府中道能源有限公司中道和分公司	538	420	840	—	452	3500	无	ZRHX－840AH538V	北京中瑞蓝科电动汽车技术有限公司	200	250	纯电动	纯电动客车			
无锡丰晟科技有限公司	功率型	磷酸铁锂	FSLFP211 85320/60Ah	3.2	—	1.72	1512	北京万源工业有限公司	537.6	170	504	—	270.9	3000	—	主控 JH－BMU01－24；从控 JH－BSU01－12S－24	航天十八所	300	320	纯电动	纯电动城市客车	235	8	243
	能量型	磷酸铁锂	FSLFP211 85320/60Ah	3.2	—	1.85	200	无锡丰晟科技有限公司	320	200	120	—	38.4	380	否	29120 A1300；29120 A1300	无锡丰晟科技有限公司	130	190	纯电动	纯电动多用途乘用车			
	能量型	磷酸铁锂	60Ah	3.2	—	1.85	672	福建易动力电子科技有限公司	537	240	240	—	129	1365	否	JH－BMU01－24；BMS01－24	中国运载火箭技术研究院第十八研究所	—	>200	纯电动	纯电动城市客车			
	能量型	磷酸铁锂	—	—	—	—	—	—	—	—	—	—	—	—	—	—	—	—	—	纯电动	纯电动工程车			

续表

储能装置单体生产企业	电动汽车储能装置类型	电动汽车储能装置种类	储能装置单体型号	储能装置单体的标称电压(V)	超级电容器单体标称静电容量(F)	储能装置单体质量(kg)	储能装置单体数量	储能装置总成生产企业	储能装置总成标称电压(V)	储能装置总成额定输出电流(A)	动力蓄电池总成标称容量(Ah)	超级电容器总成标称静电容量(F)	储能装置总储电量(kW·h)B	储能装置总成质量(kg)	动力蓄电池箱是否具有快换装置	车载能源管理系统型号(包括软件和硬件)	车载能源管理系统生产企业	电动汽车续驶里程(工况法，km)	电动汽车续驶里程(等速法，km)	燃料种类	配套车辆类型	2015年配套车型产量(辆)	2016年1-3月份配套车型产量(辆)	配套车型产量合计(辆)
金华青年能源科技有限公司	能量型	三元材料	26980S	3.6	—	0.13	1496	金华青年能源科技有限公司	316.8	92.4	92.4	—	32.3	240	否	KL-AS50447O/软件：V1.6	金华青年能源科技有限公司	150	180	纯电动	纯电动轿车	242	0	242
	能量型	锰酸锂	EV10AH	3.7	—	0.36	1424	金华青年能源科技有限公司	658.6	200	76	—	50	1200	是	硬件：QN-BMS-HW01；软件：QN-BMS-SW01	金华青年能源科技有限公司	—	50	纯电动	纯电动城市客车			
	能量型	锰酸锂	EV10AH	3.7	—	0.36	2136	金华青年能源科技有限公司	658.6	200	114	—	75	1800	是	硬件：QN-BMS-HW01；软件：QN-BMS-SW01	金华青年能源科技有限公司	—	50	纯电动	纯电动城市客车			
天津力神电池股份有限公司；合肥国轩高科动力能源有限公司	能量型；能量型	磷酸铁锂	LP2714897；IFP20100140A	3.2；3.2	—	0.69；0.57	1008；960	中通客车控股股份有限公司；中通客车控股股份有限公司	538；512	138.6；156.3	120；129	—	64.6；66	800；780	否	ZTEV22E	中通客车控股股份有限公司	—	250；255	纯电动	纯电动客车	237	0	237
宁德时代新能源科技股份有限公司；天津力神电池股份有限公司	能量型	三元材料	P2-37NUP-A1；P2-42NSR-A1；LP2714897	3.65	—	0.83；0.86；0.81	192；174	宁德时代新能源科技股份有限公司；宁波力神动力电池系统有限公司	350；318	74；84；78	74；84；78	—	25.9；26.6；27.3	300；270	否	DNS01/DNH01；DNS02/DNH02；DNS03/DNH03	宁德时代新能源科技股份有限公司；福建赛智高科科技有限公司	150	180	纯电动	纯电动轿车	228	0	228
百顺松涛（天津）动力电池科技发展有限公司	能量型	三元材料	26650-3.8V5Ah	3.8	—	0.091	1440	百顺松涛（天津）动力电池科技发展有限公司	76	120	360	—	27.36	210	否	B102096P-EV01（硬件：EV01MH01.0；软件：B102096MS01.0）	百顺松涛（天津）动力电池科技发展有限公司	100	—	纯电动	纯电动厢式运输车	225	2	227

续表

储能装置单体生产企业	电动汽车储能装置类型	电动汽车储能装置种类	储能装置单体型号	储能装置单体的标称电压(V)	超级电容器单体标称静电容量(F)	储能装置单体质量(kg)	储能装置单体数量	储能装置总成生产企业	储能装置总成标称电压(V)	储能装置总成额定输出电流(A)	动力蓄电池总成标称容量(Ah)	超级电容器总成标称静电容量(F)	储能装置总储电量(kW·h)B	储能装置总成质量(kg)	动力蓄电池箱是否具有快换装置	车载能源管理系统型号(包括软件和硬件)	车载能源管理系统生产企业	电动汽车续驶里程(工况法，km)	电动汽车续驶里程(等速法，km)	燃料种类	配套车辆类型	2015年配套车型产量(辆)	2016年1-3月份配套车型产量(辆)	配套车型产量合计(辆)
百顺松涛（天津）动力电池科技发展有限公司	能量型	三元材料	26650-3.8V5Ah	3.8	—	0.091	960	百顺松涛（天津）动力电池科技发展有限公司	76	120	240	—	18.24	143	否	软件：BM14BT01_V1.46_ KPB04；硬件：KPTA-BM14BT01	百顺松涛（天津）动力电池科技发展有限公司	85	—	纯电动	纯电动仓栅式运输车			
	能量型	三元材料	IMR26650-5000mAh	3.8	—	0.092±0.005	960	百顺松涛（天津）动力电池科技发展有限公司	76	125	240	—	18.24	120	否	软件：BM14BT01_V1.46_ KPB04；硬件：KPTA-BM14BT01	百顺松涛（天津）动力电池科技发展有限公司	100	130	纯电动	纯电动厢式运输车			
	能量型	三元材料	MNTL99 240DCZ	3.8	—	0.092±0.005	1560	百顺松涛（天津）动力电池科技发展有限公司	98.8	≤300	300	—	29.6	234	—	硬件：BM14BT；软件：BM14BT01_ V1.46_ KPB04	百顺松涛（天津）动力电池科技发展有限公司	99	110	纯电动	纯电动仓栅式运输车			
南京乐金化学新能源电池有限公司	能量型	三元材料	E41	3.73	—	0.966	272	北京欧鹏巴赫新能源科技股份有限公司	507.28	82	82	—	41.6	416	否	OFBMSOFV1552	北京欧鹏巴赫新能源科技股份有限公司	—	162	纯电动	纯电动城市客车	224	1	225
	能量型	三元材料	E54	3.65	—	0.97	312	北京海博思创科技有限公司	569.4	109.6	109.6	—	62.4	465	否	硬件 EVS-200；软件 2.0 版	北京海博思创科技有限公司	—	250	纯电动	纯电动城市客车			
宁德新能源科技有限公司；中航锂电（洛阳）有限公司	能量型	磷酸铁锂	47/173/132.5-86Ah；CAM72	3.2	—	2.3；2.1	582；510；672	北京普莱德新能源电池科技有限公司；中航锂电（洛阳）有限公司	614；544；537.6	258；288	258；288	—	158.5；140.4；154.8	1970；1745；2050	否	B51；BC52A	北京普莱德新能源电池科技有限公司；安徽力高新能源技术有限公司	—	265；255；264	纯电动	纯电动客车	0	223	223

续表

储能装置单体生产企业	电动汽车储能装置类型	电动汽车储能装置种类	储能装置单体型号	储能装置单体的标称电压(V)	超级电容器单体标称静电容量(F)	储能装置单体质量(kg)	储能装置单体数量	储能装置总成生产企业	储能装置总成标称电压(V)	储能装置总成额定输出电流(A)	动力蓄电池总成标称容量(Ah)	超级电容器总成标称静电容量(F)	储能装置总储电量(kW·h)B	储能装置总成质量(kg)	动力蓄电池箱是否具有快换装置	车载能源管理系统型号(包括软件和硬件)	车载能源管理系统生产企业	电动汽车续驶里程(工况法，km)	电动汽车续驶里程(等速法，km)	燃料种类	配套车辆类型	2015年配套车型产量(辆)	2016年1-3月份配套车型产量(辆)	配套车型产量合计(辆)
力神动力电池系统有限公司；力神动力电池系统有限公司	能量型；能量型	磷酸铁锂	LP2770134；LP2770134	3.2；3.2	—	0.51；0.51	1620；1800	中通客车控股股份有限公司；中通客车控股股份有限公司	576；576	139；139	180；200	—	103.6；115.2	1300；1440	否	ZTEV20E	中通客车控股股份有限公司	—	250；270	纯电动	纯电动客车	200	1	201
	能量型；能量型	磷酸铁锂	LP2770134；LP2770134	3.2；3.2	—	0.52；0.52	850；1020	中通客车控股股份有限公司；中通客车控股股份有限公司	544；544	147；147	100；120	—	54.4；65.28	650；770	否	ZTEV22E	中通客车控股股份有限公司	—	150；180	纯电动	纯电动城市客车			
万向电动汽车有限公司/美国麦克斯威科技公司；上海航天电源技术有限责任公司/美国麦克斯威科技公司	能量型；功率型	磷酸铁锂；超级电容	WX12I3250/BCAP3000；IFP27135206E/BCAP3000	电池：3.2；电容：2.7	3000	1.10/0.51；1.57/0.51	100/126；88/126	天津市松正电动汽车技术股份有限公司；美国麦克斯威科技公司	320/340.2；281/340.2	70/253；100/253	50/60	23.57	16.38(电池+电容)；16.89(电池+电容)	316(电池+电容)	否	BMS-M-01-500-001；BMS-SGA-003	天津市松正电动汽车技术股份有限公司	—	35	NG/电混合动力	插电式混合动力城市客车	200	0	200
力神动力电池系统有限公司；合肥国轩高科动力能源有限公司	能量型；能量型	磷酸铁锂	LP2770134；IFP20100140A	3.2；3.2	—	0.51；0.6	2688	力神动力电池系统有限公司；中通客车控股股份有限公司	538；582	242；223	320；322.5	—	172.03；187.7	2000；2600	是	ZTEV40E	中通客车控股股份有限公司	160	150	纯电动	纯电动城市客车	146	42	188
	能量型；能量型	磷酸铁锂	LP2770134；IFP20100140A	3.2；3.2	—	0.51；0.6	2688；2730	力神动力电池系统有限公司；中通客车控股股份有限公司	538；582	185；172	320；322.5	—	172.03；187.7	2000；2600	否	ZTEV40E	中通客车控股股份有限公司	—	288；320	纯电动	纯电动城市客车			

续表

储能装置单体生产企业	电动汽车储能装置类型	电动汽车储能装置种类	储能装置单体型号	储能装置单体的标称电压(V)	超级电容器单体标称静电容量(F)	储能装置单体质量(kg)	储能装置单体数量	储能装置总成生产企业	储能装置总成标称电压(V)	储能装置总成额定输出电流(A)	动力蓄电池总成标称容量(Ah)	超级电容器总成标称静电容量(F)	储能装置总储电量(kW·h)B	储能装置总成质量(kg)	动力蓄电池箱是否具有快换装置	车载能源管理系统型号(包括软件和硬件)	车载能源管理系统生产企业	电动汽车续驶里程(工况法,km)	电动汽车续驶里程(等速法,km)	燃料种类	配套车辆类型	2015年配套车型产量(辆)	2016年1-3月份配套车型产量(辆)	配套车型产量合计(辆)
中航锂电(洛阳)有限公司;宁德新能源科技有限公司	能量型	磷酸铁锂	CAM72;29/135/220-72Ah	3.2	—	1.9;2	340	中航锂电(洛阳)有限公司;北京普莱德新能源电池科技有限公司	544	144	144	—	78.3	1000;900	否	LG_ CALB_ B51_ V2.4;LG_ BMS_ B51_ V4.21;B51/B51	安徽力高新能源技术有限公司	—	150	纯电动	纯电动城市客车	146	182	
	能量型	磷酸铁锂	CAM72;29/135/220-72Ah	3.2	—	1.9;2	510	中航锂电(洛阳)有限公司;北京普莱德新能源电池科技有限公司	544	216	216	—	117.5	1468;1300	否	LG_ CALB_ B51_ V2.4;LG_ BMS_ B51_ V4.21;B51/B51	安徽力高新能源技术有限公司	150	170	纯电动	纯电动城市客车			
	能量型	磷酸铁锂	CAM72;29/135/220-72Ah	3.2	—	1.9;2	510	中航锂电(洛阳)有限公司;北京普莱德新能源电池科技有限公司	544	216	216	—	117.5	1468;1300	否	LG_ CALB_ B51_ V2.4;LG_ BMS_ B51_ V4.21;B51/B51	安徽力高新能源技术有限公司	—	253	纯电动	纯电动城市客车			
惠州市亿鹏能源科技有限公司	功率型	磷酸铁锂	YPMP16N	3.6	—	0.505	96	惠州市亿鹏能源科技有限公司	345.6	140	16	—	6.0	110	否	BMU-H	上海万象汽车制造有限公司	—	20	柴油/电混合动力	插电式混合动力城市客车			
	功率型	三元材料	YPMP16N	3.6	—	0.505	468	惠州市亿鹏能源科技有限公司	562	240	48	—	27	500	否	软件:YP-PHEV 562-48B;硬件:YP-PHEV05	惠州市亿鹏能源科技有限公司	—	50	NG/电混合动力	插电式混合动力城市客车			
	功率型	三元材料	YPMP18Ah	3.7	—	0.545	756	惠州市亿鹏能源科技有限公司	400	160	126	—	50.4	900	无	EV05-HT(软件:YP-EV05-681HT-001;硬件:YP-EV05-681HT-101)	惠州市亿鹏能源科技有限公司	—	150	纯电动	纯电动城市客车			

续表

储能装置单体生产企业	电动汽车储能装置类型	电动汽车储能装置种类	储能装置单体型号	储能装置单体的标称电压(V)	超级电容器单体标称静电容量(F)	储能装置单体质量(kg)	储能装置单体数量	储能装置总成生产企业	储能装置总成标称电压(V)	储能装置总成额定输出电流(A)	动力蓄电池总成标称容量(Ah)	超级电容器总成标称静电容量(F)	储能装置总储电量(kW·h)B	储能装置总成质量(kg)	动力蓄电池箱是否具有快换装置	车载能源管理系统型号(包括软件和硬件)	车载能源管理系统生产企业	电动汽车续驶里程(工况法，km)	电动汽车续驶里程(等速法，km)	燃料种类	配套车辆类型	2015年配套车型产量(辆)	2016年1-3月份配套车型产量(辆)	配套车型产量合计(辆)
惠州市亿鹏能源科技有限公司	功率型	三元材料	YPMP18Ah	3.7	—	0.545	936	惠州市亿鹏能源科技有限公司	596	200	108	—	64	1200	否	EV05-HT(软件：YP-EV05-852HT-001；硬件：YP-EV05-852HT-101)	惠州市亿鹏能源科技有限公司	—	150	纯电动	纯电动城市客车	147	22	169
	功率型	三元材料	YPMP20N	3.7	—	0.52	384	惠州市亿鹏能源科技有限公司	355.2	200	80	—	28.4	370	无	软件：YP-PHEV355V-80Ah；硬件：YP-PHEV05	惠州市亿鹏能源科技有限公司	—	30	NG/电混合动力	插电式混合动力城市客车			
厦门金龙旅行车有限公司；宁德时代新能源科技股份有限公司	能量型；能量型	磷酸铁锂	XMJL-3.2V-120AH；48/173/170	3.2；3.2	—	2.95；2.93	162；180	厦门金龙旅行车有限公司；宁德时代新能源科技股份有限公司	518.4；576	120；120	120；120	—	62.2；69.1	600；730	否	XMJL-BMS-DPX	厦门金龙旅行车有限公司	—	165；200	纯电动	纯电动客车	167	0	167
上海德朗能动力电池有限公司；广饶格林新能源有限公司	能量型	三元材料	NCM18650-260；GHB18650-2600EV	3.6	—	0.045	3402	航天钧和科技有限公司；广饶格林新能源有限公司	97.2	150	327.6	—	31.8	248	否	硬件：BCUV1.0 BMUV2.0；软件：MDJMV1.0	航天钧和科技有限公司	180；181	—	纯电动	纯电动仓栅式运输车	93	62	155
山东圣阳电源股份有限公司	能量型	铅酸电池	6-EV-150	12	—	52	6	山东圣阳电源股份有限公司	72	50	150	—	10.8	312	否	—	—	90	100	纯电动	纯电动轿车	126	21	147

续表

储能装置单体生产企业	电动汽车储能装置类型	电动汽车储能装置种类	储能装置单体型号	储能装置单体的标称电压(V)	超级电容器单体标称静电容量(F)	储能装置单体质量(kg)	储能装置单体数量	储能装置总成生产企业	储能装置总成标称电压(V)	储能装置总成额定输出电流(A)	动力蓄电池总成标称容量(Ah)	超级电容器总成标称静电容量(F)	储能装置总储电量(kW·h)B	储能装置总成质量(kg)	动力蓄电池箱是否具有快换装置	车载能源管理系统型号(包括软件和硬件)	车载能源管理系统生产企业	电动汽车续驶里程(工况法，km)	电动汽车续驶里程(等速法，km)	燃料种类	配套车辆类型	2015年配套车型产量(辆)	2016年1-3月份配套车型产量(辆)	配套车型产量合计(辆)
大连比克动力电池有限公司	能量型	铅酸电池	6-EV-150(12V 150Ah)	12	—	52	7	山东圣阳电源股份有限公司	84	50	150	—	12.6	364	否	—	—	90	100	纯电动	纯电动轿车	137	0	137
	能量型	三元材料	LGC INR18650MH1	3.8	—	0.05	2880	山东圣阳电源股份有限公司	342	50	99.2	—	33.93	280	否	SBMS-SW-1.2.1；SEINR-BMS-0403	山东圣阳电源股份有限公司	140	150	纯电动	纯电动厢式运输车			
	能量型	磷酸铁锂	26650MP2-Fe	3.2	—	0.078	6240	大连比克动力电池有限公司	512	117	117	—	60	880	—	pk667_szbk_T13	深圳市航盛电子股份有限公司	—	165	纯电动	纯电动城市客车			
	能量型	磷酸铁锂	26650MP2-Fe	3.2	—	0.078	7488	大连比克动力电池有限公司	614.4	117	117	—	70	880	—	pk667_szbk_T13	深圳市航盛电子股份有限公司	—	180	纯电动	纯电动城市客车			
天津中聚新能源科技有限公司	能量型	磷酸铁锂	SP-LFP-100AhB	3.2	—	2.85	240	简式国际汽车设计(北京)有限公司	384	200	200	—	76	1028	否	JAS01_BCU_V1.0.1a/JAS01_BCU_V1.01.20140208；JAS01_BMU_V1.0.1a/JAS01_36BMU_V1.01.20140120；JAS01_BTU_V1.0.1a/JAS01_36BTU_V1.01.20140120；JAS01_HVU_V1.0.1a/JAS01_HVU_V1.01.20131212	简式国际汽车设计（北京）有限公司	—	200	纯电动	纯电动客车	127	8	135

续表

储能装置单体生产企业	电动汽车储能装置类型	电动汽车储能装置种类	储能装置单体型号	储能装置单体的标称电压(V)	超级电容器单体标称静电容量(F)	储能装置单体质量(kg)	储能装置单体数量	储能装置总成生产企业	储能装置总成标称电压(V)	储能装置总成额定输出电流(A)	动力蓄电池总成标称容量(Ah)	超级电容器总成标称静电容量(F)	储能装置总储电量(kW·h) B	储能装置总成质量(kg)	动力蓄电池箱是否具有快换装置	车载能源管理系统型号(包括软件和硬件)	车载能源管理系统生产企业	电动汽车续驶里程(工况法，km)	电动汽车续驶里程(等速法，km)	燃料种类	配套车辆类型	2015年配套车型产量(辆)	2016年1-3月份配套车型产量(辆)	配套车型产量合计(辆)
天津中聚新能源科技有限公司	能量型	磷酸铁锂	SP-LFP-100AhB	3.2	—	2.86	240	杭州长江汽车有限公司；中聚（杭州）新能源科技有限公司	384	200	200	—	76	884	否	JAS01_BCU_V1.0.1a/JAS01_BCU_V1.01.20140208；JAS01_BMU_V1.0.1a/JAS01_36BMU_V1.01.20140120；JAS01_BTU_V1.0.1a/JAS01_36BTU_V1.01.20140120；JAS01_HVU_V1.0.1a/JAS01_HVU_V1.01.20131212	杭州长江汽车有限公司	—	255	纯电动	纯电动客车			
	能量型	磷酸铁锂	SP-LFP-100AhB	3.2	—	3	300	简式国际汽车设计（北京）有限公司	480	200	200	—	96	1356	否	JAS01_BCU_V1.0.1a/JAS01_BCU_V1.01.20140208；JAS01_BMU_V1.0.1a/JAS01_24BMU_V1.01.20140120；JAS01_BTU_V1.0.1a/JAS01_24BTU_V1.01.20140120，JAS01_HVU_V1.0.1a/JAS01_HVU_V1.01.20131212	简式国际汽车设计（北京）有限公司	—	250	纯电动	纯电动客车			

续表

储能装置单体生产企业	电动汽车储能装置类型	电动汽车储能装置种类	储能装置单体型号	储能装置单体的标称电压(V)	超级电容器单体标称静电容量(F)	储能装置单体质量(kg)	储能装置单体数量	储能装置总成生产企业	储能装置总成标称电压(V)	储能装置总成额定输出电流(A)	动力蓄电池总成标称容量(Ah)	超级电容器总成标称静电容量(F)	储能装置总储电量(kW·h)B	储能装置总成质量(kg)	动力蓄电池箱是否具有快换装置	车载能源管理系统型号(包括软件和硬件)	车载能源管理系统生产企业	电动汽车续驶里程(工况法，km)	电动汽车续驶里程(等速法，km)	燃料种类	配套车辆类型	2015年配套车型产量(辆)	2016年1-3月份配套车型产量(辆)	配套车型产量合计(辆)
天津中聚新能源科技有限公司	能量型	磷酸铁锂	SP-LFP-200AHA	3.2	—	6	408	天津中聚新能源科技有限公司	652.8	300	400	—	261	2932	否	S6E032130010	深圳中聚电池新能源有限公司	—	256	纯电动	纯电动城市客车			
	能量型	磷酸铁锂	SP-LFP-200AHA	3.2	—	5.8	406	天津中聚新能源科技有限公司	649.6	300	400	—	259.8	3062	否	S6E032130010	杭州长江汽车有限公司	—	380	纯电动	纯电动城市客车			
苏州星恒电源有限公司；Ioxus；Inc.	能量型；功率型	锰酸锂；超级电容	IMP18/66/133(13)/ICAP 2.7V；3000F CELL/IMOD 48V；165F MODULE(IMOD48 V165A22)	3.7；2.7	3000	0.33；0.51	360；126	苏州星恒电源有限公司；Ioxus；Inc.	222(电池)；384(电容)	70	72	20.625	16.184	298	否	BMS-M-01-500-001；BMS-SGA-003	天津市松正电动汽车技术股份有限公司	—	32	CNG/电混合动力	插电式混合动力城市客车	130	0	130
北京中华汽车制造有限公司	能量型	铅酸电池	12V/100Ah	12	—	33	12	北京中华汽车制造有限公司	72	300	200	—	14.4	396	否	—	—	120	150	纯电动	纯电动封闭货车	129	0	129
	能量型	铅酸电池	12V/100Ah	12	—	33	12	北京中华汽车制造有限公司	72	300	200	—	14.4	396	否	—	—	120	150	纯电动	纯电动厢式运输车			
中盐安徽红四方锂电有限公司	功率型	磷酸铁锂	IFP66/182/295	3.2	—	5.2	336	中盐安徽红四方锂电有限公司	538	250	400	—	215	2530	否	TCTS-1	中盐安徽红四方锂电有限公司	—	420	纯电动	纯电动城市客车	122	6	128
	功率型	磷酸铁锂	IFP66/182/295	3.2	—	5.2	504	中盐安徽红四方锂电有限公司	538	600	600	—	322.8	3232	否	TCTS-1	中盐安徽红四方锂电有限公司	—	300	纯电动	纯电动城市客车			
	能量型	磷酸铁锂	IFP66/140/208	3.2	—	2.64	540	中盐安徽红四方锂电有限公司	576	220	300	—	172.8	1800	否	XMJL-BMS-DPX	厦门金龙旅行车有限公司	—	260	纯电动	纯电动客车			

续表

储能装置单体生产企业	电动汽车储能装置类型	电动汽车储能装置种类	储能装置单体型号	储能装置单体的标称电压(V)	超级电容器单体标称静电容量(F)	储能装置单体质量(kg)	储能装置单体数量	储能装置总成生产企业	储能装置总成标称电压(V)	储能装置总成额定输出电流(A)	动力蓄电池总成标称容量(Ah)	超级电容器总成标称静电容量(F)	储能装置总储电量(kW·h)B	储能装置总成质量(kg)	动力蓄电池箱是否具有快换装置	车载能源管理系统型号(包括软件和硬件)	车载能源管理系统生产企业	电动汽车续驶里程(工况法，km)	电动汽车续驶里程(等速法，km)	燃料种类	配套车辆类型	2015年配套车型产量(辆)	2016年1-3月份配套车型产量(辆)	配套车型产量合计(辆)
国能风力发电有限公司	能量型	磷酸铁锂	GN2770180AP - 233.2		—	0.65	826	西藏北斗实业发展有限公司	377.6	161	161	—	60.79	670	否	DW - BMS - 2015	常州动为电力科技有限公司	—	270	纯电动	纯电动城市客车	0	113	113
宁德新能源科技有限公司；北京海博思创科技有限公司	能量型	三元材料	P2 - 37NUP - A1；L3	3.65；3.73	—	0.83；0.966	298；264	北京普莱德电池科技有限公司；北京海博思创科技有限公司	544；492.36	74；86	74；86	—	40；42.5	400；460	否	B51；EVS200	安徽力高新能源技术有限公司；北京海博思创科技有限公司	—	151	纯电动	纯电动城市客车	104	0	104
深圳市今朝时代新能源技术有限公司；江苏春兰清洁能源研究院有限公司	功率型；能量型	磷酸铁锂；超级电容	LSUC002R7C3000FEA；LFL160	2.8；3.2	3000；	0.50；1.43	216；192	深圳市今朝时代新能源技术有限公司；江苏春兰清洁能源研究院有限公司	576；307.2	；0 - 300	；120	165；	0.63；36	210；570	否	硬件：EVS100；软件：BMSApplication1.0.0.0	北京海博思创科技有限公司	—	55	NG/电混合动力	插电式混合动力城市客车	102	0	102
江苏中兴派能电池有限公司	能量型	磷酸铁锂	PF37W	3.2	—	0.78	288	江苏中兴派能电池有限公司	153.6	120	220	—	33.792	330	否	MY48S - AX01	上海妙益电子科技发展有限公司	230	—	纯电动	纯电动厢式运输车	100	0	100
浙江省长兴天能电源有限公司	能量型	铅酸电池	4 - EVF - 150Y	8	—	36.5	9	浙江省长兴天能电源有限公司	72	139	150	—	10.8	328.5	否	—	—	80	135	纯电动	纯电动轿车	100	0	100
江苏双登集团有限公司；上海恒动汽车电池有限公司	能量型	磷酸铁锂	YZ - 14180270；IFP32/101/192	3.2	—	1.18；1.2	144	江苏双登集团有限公司；上海恒动汽车电池有限公司	153.6	70	120	—	18.4	260；280	否	SDBM - 121204M1A01；硬件 HC12V10D；软件 SCZTV10	江苏双登集团有限公司；上海恒动汽车电池有限公司	122	119	纯电动	纯电动车厢可卸式垃圾车	99	0	99

续表

储能装置单体生产企业	电动汽车储能装置类型	电动汽车储能装置种类	储能装置单体型号	储能装置单体的标称电压(V)	超级电容器单体标称静电容量(F)	储能装置单体质量(kg)	储能装置单体数量	储能装置总成生产企业	储能装置总成标称电压(V)	储能装置总成额定输出电流(A)	动力蓄电池总成标称容量(Ah)	超级电容器总成标称静电容量(F)	储能装置总储电量(kW·h)B	储能装置总成质量(kg)	动力蓄电池箱是否具有快换装置	车载能源管理系统型号(包括软件和硬件)	车载能源管理系统生产企业	电动汽车续驶里程(工况法，km)	电动汽车续驶里程(等速法，km)	燃料种类	配套车辆类型	2015年配套车型产量(辆)	2016年1-3月份配套车型产量(辆)	配套车型产量合计(辆)
江苏双登集团有限公司；上海恒动汽车电池有限公司	能量型	磷酸铁锂	YZ-14180270；IFP32/101/192	3.2	—	1.18；1.2	144	江苏双登集团有限公司；上海恒动汽车电池有限公司	153.6	70	120	—	18.4	260；280	否	SDBM-121204M1A01；硬件 HC12V10D；软件 SCZTV10	江苏双登集团有限公司；上海恒动汽车电池有限公司	—	119	纯电动	纯电动厢式运输车			
宁波南车新能源科技有限公司；上海卡耐新能源有限公司	功率型	三元材料；超级电容	9500F+CPB-LM20	2.6；3.7	9500	1.3；0.535	576；672	南车株洲电力机车有限公司电气设备分公司；上海卡耐新能源有限公司	750；414.4	800；250	120	65.97	4.79；49.728	1200；500	无	DQ00003605 G00/EV05 系列1主3从，从控为48S	南车株洲电力机车有限公司电气设备分公司；惠州市亿能电子有限公司	—	60	纯电动	纯电动城市客车	96	0	96
深圳市佳华利道新技术开发有限公司	功率型	磷酸铁锂	JH-027070180AP-20Ah	3.2	—	0.6	1584	深圳市佳华利道新技术开发有限公司	563.2	180	180	—	101.4	1500	否	99280101；51211200	深圳市佳华利道新技术开发有限公司	—	253	纯电动	纯电动城市客车	89	0	89
	功率型	磷酸铁锂	JH-027070180AP-20Ah	3.2	—	0.6	1936	深圳市佳华利道新技术开发有限公司	563.2	220	220	—	123.9	1800	否	99280101；51211200	深圳市佳华利道新技术开发有限公司	—	246	纯电动	纯电动城市客车			
	能量型	磷酸铁锂	TB-027070180A-LTP-25Ah	3.2	—	0.647	4032	深圳市佳华利道新技术开发有限公司	538	300	600	—	324	3100	否	SW-KL-BMS；EV-KL-BMS	深圳市佳华利道新技术开发有限公司	350	600	纯电动	纯电动城市客车			
	能量型	磷酸铁锂	TB-0270700180A-LTP-25Ah	3.2	—	0.65	2520	深圳市佳华利道新技术开发有限公司	538	375	375	—	201.6	2200	否	99280101；51211200	深圳市佳华利道新技术开发有限公司	—	380	纯电动	纯电动客车			

续表

储能装置单体生产企业	电动汽车储能装置类型	电动汽车储能装置种类	储能装置单体型号	储能装置单体的标称电压(V)	超级电容器单体标称静电容量(F)	储能装置单体质量(kg)	储能装置单体数量	储能装置总成生产企业	储能装置总成标称电压(V)	储能装置总成额定输出电流(A)	动力蓄电池总成标称容量(Ah)	超级电容器总成标称静电容量(F)	储能装置总储电量(kW·h)B	储能装置总成质量(kg)	动力蓄电池箱是否具有快换装置	车载能源管理系统型号(包括软件和硬件)	车载能源管理系统生产企业	电动汽车续驶里程(工况法，km)	电动汽车续驶里程(等速法，km)	燃料种类	配套车辆类型	2015年配套车型产量(辆)	2016年1-3月份配套车型产量(辆)	配套车型产量合计(辆)
深圳市佳华利道新技术开发有限公司	能量型	磷酸铁锂	TB-027070180A-LTP-25Ah	3.2	—	0.65	2112	深圳市佳华利道新技术开发有限公司	536.2	180	300	—	168.96	1920	否	JH1102021；JH1102021	深圳市科列技术股份有限公司	—	392	纯电动	纯电动城市客车			
厦门华锂能源有限公司；厦门金龙旅行车有限公司	能量型；功率型	磷酸铁锂；超级电容	47115215-50AH；XMJL3000	3.2；2.7	-；3000	1.80；0.51	100；216	厦门华锂能源有限公司；厦门金龙旅行车有限公司	320；583.2	150；208	50；-	-；13.75	16.65	447	否	GDHEV-ZK12-S	厦门金龙旅行车有限公司	—	35	柴油/电混合动力	插电式混合动力城市客车	88	0	88
上海德朗能动力电池有限公司	能量型	三元材料	NCM18650-220	3.6	—	0.044	4224	上海德朗能动力电池有限公司	316	95	95	—	30	365	否	SJ-BMS-20-V2.2	上海中科深江电动车辆有限公司	120	150	—	纯电动冷藏车	86	1	87
	能量型	三元材料	NCM18650-260	3.7	—	0.045±0.02	4320	系统电子科技（镇江）有限公司	355.2	117	117	—	41.5	≤320	否	硬件：主控PWEVMBMS03；从控PW2901 软件：pw2901 SS5325	东莞钜威新能源有限公司	190	250	纯电动	纯电动厢式运输车			
东莞市创明电池技术有限公司	功率型	三元材料	CMICR 18650F5	3.6	—	0.045	2520	金华市康迪新能源车辆有限公司	108	167	185	—	20	184	否	KD-BCU01V4.0/KD-BCU04	金华市康迪新能源车辆有限公司	151	195	纯电动	纯电动轿车	77	4	81
	功率型	三元材料	CMICR 18650F5	3.6	—	0.045	2880	金华市康迪新能源车辆有限公司	108	167	211	—	22.8	255	否	KD-BCU01V4.0/KD-BCU04	金华市康迪新能源车辆有限公司	152	195	纯电动	纯电动轿车			
	功率型	三元材料	CMICR 18650F5	3.6	—	0.045	9212	上海正昀新能源技术有限公司	352.8	200	206.8	—	72.95	560	否	LEV05	惠州市亿能电子有限公司	—	276	纯电动	纯电动厢式运输车			

续表

储能装置单体生产企业	电动汽车储能装置类型	电动汽车储能装置种类	储能装置单体型号	储能装置单体的标称电压(V)	超级电容器单体标称静电容量(F)	储能装置单体质量(kg)	储能装置单体数量	储能装置总成生产企业	储能装置总成标称电压(V)	储能装置总成额定输出电流(A)	动力蓄电池总成标称容量(Ah)	超级电容器总成标称静电容量(F)	储能装置总储电量(kW·h)B	储能装置总成质量(kg)	动力蓄电池箱是否具有快换装置	车载能源管理系统型号(包括软件和硬件)	车载能源管理系统生产企业	电动汽车续驶里程(工况法，km)	电动汽车续驶里程(等速法，km)	燃料种类	配套车辆类型	2015年配套车型产量(辆)	2016年1－3月份配套车型产量(辆)	配套车型产量合计(辆)
哈尔滨光宇电源股份有限公司；广东五州龙电源科技有限公司	能量型；能量型	磷酸铁锂	FP56137260A；HEV100Ah	3.2；3.2	—	3.2；4.5	105；105	哈尔滨光宇电源股份有限公司；广东五州龙电源科技有限公司	336；336	100；100	100；100	—	33.6；33.6	660；640	无	GYEVBMS－1；WZLBMSGT002	哈尔滨光宇电源股份有限公司；广东五洲龙电源科技有限公司	—	30	柴油混合动力	插电式混合动力城市客车	79	0	79
湖南科霸汽车动力电池有限责任公司	功率型	镍氢电池	CHR600DE	1.2	—	0.16	3456	湖南科霸汽车动力电池有限责任公司	345.6	300	72	—	26.2	920	否	VHN000－024	湖南科霸汽车动力电池有限责任公司	—	53	柴 油/电混合动力	插电式混合动力城市客车	78	1	79
	功率型	镍氢电池	CHR600DE	1.2	—	0.16±0.02	2304	湖南科霸汽车动力电池有限责任公司	345.6	300	48	—	16.5	≤650	否	VHN000－024	天津市松正电动汽车技术股份有限公司	—	35	LNG/电混合动力	插电式混合动力城市客车			
电池：厦门金龙旅行车有限公司；超级电容：美国麦克斯威科技公司	能量型；功率型	磷酸铁锂；超级电容	电池：XMJL－3.2V－80AH；超级电容：BCAP3000 K2系列/BM0D0165	电池：3.2；超级电容：2.7	3000	电池：2.2；超级电容：0.51	电池：54；超级电容：216	电池：厦门金龙旅行车有限公司；超级电容：美国麦克斯威科技公司	电池：172.8；电容：576	电池：180；超级电容：208	80	13.75	14.458	345.4	否	XFDHEV－ZK10	福建新福达汽车工业有限公司	—	35	NG/电混合动力	插电式混合动力城市客车	78	0	78
	能量型；功率型	磷酸铁锂；超级电容	电池：32650－5AH；超级电容：BCAP3000 K2系列/BM0D0165	电池：3.2；超级电容：2.7	3000	电池：0.145；超级电容：0.51	电池：1050；超级电容：144	电池：深圳沃特玛电池有限公司；超级电容：美国麦克斯威科技公司	电池：336V；电容：384V	285	50	41.25	16.8	362.95	否	软件：SLK－BMS－01A；硬件：SLKBMS	上海申龙客车有限公司	—	—	NG/电混合动力	插电式混合动力城市客车			

续表

储能装置单体生产企业	电动汽车储能装置类型	电动汽车储能装置种类	储能装置单体型号	储能装置单体的标称电压(V)	超级电容器单体标称静电容量(F)	储能装置单体质量(kg)	储能装置单体数量	储能装置总成生产企业	储能装置总成标称电压(V)	储能装置总成额定输出电流(A)	动力蓄电池总成标称容量(Ah)	超级电容器总成标称静电容量(F)	储能装置总储电量(kW·h)B	储能装置总成质量(kg)	动力蓄电池箱是否具有快换装置	车载能源管理系统型号(包括软件和硬件)	车载能源管理系统生产企业	电动汽车续驶里程(工况法，km)	电动汽车续驶里程(等速法，km)	燃料种类	配套车辆类型	2015年配套车型产量(辆)	2016年1-3月份配套车型产量(辆)	配套车型产量合计(辆)
万向电动汽车股份有限公司；江苏春兰清洁能源研究院有限公司；LS Mtron Ltd.	能量型；功率型；功率型	磷酸铁锂；超级电容	WX12I3250；IFPP42A；LSUC002R7 C3000FEA、LSUM050R4 P0166FEA	3.2；3.2；2.7	—；—；3000	1.1；1.4；0.53	192；192；216	湖南中车时代电动汽车股份有限公司	307.2（万向）；307.2（春兰）；576（LS）	0～300	100；84；	；；13.8	30.72；25.8；0.53	360；350；200	否	ZKQ105B－S1.0；ZKQ105B	湖南中车时代电动汽车股份有限公司	—	55	NG 混合动力	插电式混合动力城市客车	78	0	78
	能量型；功率型；功率型	磷酸铁锂；超级电容	WX12I3250；IFPP42A；LSUC002R7 C3000FEA、LSUM050 R4P0166FEA	3.2；3.2；2.7	—；—；3000	1.1；1.4；0.53	96；96；216	湖南中车时代电动汽车股份有限公司	307.2（万向）；307.2（春兰）；576（LS）	0～300	50；42；	；；13.8	15.36；12.9；0.53	180；175；200	否	ZKQ105B－S1.0；ZKQ105B	湖南中车时代电动汽车股份有限公司	—	35	NG 混合动力	插电式混合动力城市客车			
中航锂电（洛阳）有限公司；河南环宇赛尔新能源科技有限公司	能量型	磷酸铁锂	SE180AHA；HYLFP001S－200Ah	3.2	—	5.6；6.63	360	山东沂星电动汽车有限公司	576	400	360；400	—	207.4；230.4	2680；2988	否	P412000A；GTBMS005A－MC11	哈尔滨冠拓电源设备有限公司	—	310	纯电动	纯电动城市客车	73	0	73
万向电动汽车有限公司；美国麦克斯威科技公司；富华德电子（东莞）有限公司	能量功率兼顾型；能量功率兼顾型；功率型	磷酸铁锂；超级电容	WX12I3250；BCAP3000 K2；2.7V/3000F	3.2；2.7；2.7	3000；3000	1.1；0.51；0.6	100；126；126	中通客车控股股份有限公司；美国麦克斯威科技公司，富华德电子（东莞）有限公司	320	152.4	50	23.57；23.71	16	320	否	ZTF20E；MWZT01	中通客车控股股份有限公司；中通客车控股股份有限公司	50	55	柴油/电混合动力	插电式混合动力城市客车	72	0	72

续表

储能装置单体生产企业	电动汽车储能装置类型	电动汽车储能装置种类	储能装置单体型号	储能装置单体的标称电压(V)	超级电容器单体标称静电容量(F)	储能装置单体质量(kg)	储能装置单体数量	储能装置总成生产企业	储能装置总成标称电压(V)	储能装置总成额定输出电流(A)	动力蓄电池总成标称容量(Ah)	超级电容器总成标称静电容量(F)	储能装置总储电量(kW·h)B	储能装置总成质量(kg)	动力蓄电池箱是否具有快换装置	车载能源管理系统型号(包括软件和硬件)	车载能源管理系统生产企业	电动汽车续驶里程(工况法，km)	电动汽车续驶里程(等速法，km)	燃料种类	配套车辆类型	2015年配套车型产量(辆)	2016年1－3月份配套车型产量(辆)	配套车型产量合计(辆)
力神动力电池系统有限公司；天津市捷威动力工业有限公司	能量型；能量型	磷酸铁锂	LP2770120AC；78107248	3.2；3.2	—	0.454；0.4	2688；3024	力神动力电池系统有限公司；天津市捷威动力工业有限公司	537.6；537.6	88；102	264；306	—	141.9；164.5	2000；2100	是	BMU－M0102－24；EV02B	万向电动汽车有限公司；惠州市亿能电子有限公司	160	200	纯电动	纯电动城市客车	68	0	68
宁德时代新能源科技股份有限公司＋厦门金龙联合汽车工业有限公司	功率型＋功率型	三元材料；超级电容	43/173/91＋KLUC3000	3.6＋2.7	3000	1.5＋0.55	182＋216	宁德时代新能源科技股份有限公司＋厦门金龙联合汽车工业有限公司	327.6＋576	150＋112	50	13.75	16.3＋0.63	140＋162	否	HX－24－XDL_BEV；BMS_G5_BMU_E	宁德时代新能源科技股份有限公司	—	35	柴油/电混合动力	插电式混合动力城市客车	64	0	64
江苏恒迅中锂新能源科技有限公司	能量型	磷酸铁锂	HX－F1153792－22	3.2	—	0.8	850	江苏恒迅中锂新能源科技有限公司	544	170	110	—	59.84	850	—	B52A	安徽力高新能源科技有限公司	—	170	纯电动	纯电动客车	62	0	62
	能量型	三元材料	HX－NCM－18650P	3.7	—	0.0446	9120	江苏恒迅中锂新能源科技有限公司	351.5	192	192	—	67.488	600	否	B51A	安徽力高新能源技术有限公司	—	250	纯电动	纯电动客车			
东莞市创明电池技术有限公司；赛恩斯能源科技有限公司	功率型	三元材料	CMICR 18650F5；INR18650(2.2Ah)	3.6	—	0.045	4576	杭州安靠电源有限公司；赛恩斯能源科技有限公司；上海中科力帆电动汽车有限公司	317	95	114	—	36	335	无	软件：B65P14MS5114；硬件：EV05；软件：EKFTC11SW6；硬件：LGFTM11HV4.21；软件：SW 2.2；硬件：HW 2.2	惠州市亿能电子有限公司；安徽力高新能源技术有限公司；上海中科深江电动车辆有限公司	252	325	纯电动	纯电动轿车	46	15	61

续表

储能装置单体生产企业	电动汽车储能装置类型	电动汽车储能装置种类	储能装置单体型号	储能装置单体的标称电压(V)	超级电容器单体标称静电容量(F)	储能装置单体质量(kg)	储能装置单体数量	储能装置总成生产企业	储能装置总成标称电压(V)	储能装置总成额定输出电流(A)	动力蓄电池总成标称容量(Ah)	超级电容器总成标称静电容量(F)	储能装置总储电量(kW·h)B	储能装置总成质量(kg)	动力蓄电池箱是否具有快换装置	车载能源管理系统型号(包括软件和硬件)	车载能源管理系统生产企业	电动汽车续驶里程(工况法，km)	电动汽车续驶里程(等速法，km)	燃料种类	配套车辆类型	2015年配套车型产量(辆)	2016年1-3月份配套车型产量(辆)	配套车型产量合计(辆)
上海贯裕能源科技有限公司	能量型	磷酸铁锂	65185253	3.2	—	0.53	1800	上海贯裕能源科技有限公司	588.8	100	200	—	115.2	1300	—	科列 BMS 管理软件：V1.0；从控模块：BSU03-26S5T-24V-100K-C；主控模块：BMU05-I-G-12/24V-400/900	深圳市科列技术股份有限公司	—	200	纯电动	纯电动城市客车	60	0	60
四川南光新能源有限公司	能量型	磷酸铁锂	36130190	3.2	—	1.66	480	四川南光新能源有限公司	512	98	180	—	92.16	993	否	软件 EVBMM-2421 硬件 EVBCM-1101	杭州高特电子设备有限公司	—	150	纯电动	纯电动城市客车	56	1	57
	能量型	磷酸铁锂	36130190	3.2	—	1.66	324	淄博正华电动车科技有限公司	538	200	120	—	63	640	—	ZH-BCU100	淄博正华电动车科技有限公司	—	180	纯电动	纯电动客车			
江西省福斯特新能源集团有限公司；浙江天能能源科技有限公司	功率型；能量型	三元材料	ISR18650-2000mAh；TNL-ITR18650-2200P	3.7；3.7	—	0.045；0.045	2520；2880	江西省福斯特新能源集团有限公司；浙江天能能源科技有限公司	74；74	200；316.8	252；316.8	—	18.65；23.4	180；210	否	主 BMU03A-I-G-12/24V-400V；从 BSU03-26S5T-12V-100K-B；DK-901	深圳市科列技术股份有限公司；上海妙益电子科技发展有限公司	120；140	140；160	纯电动	纯电动厢式运输车	0	55	55
上海德朗能动力电池有限公司，上海德朗能动力电池有限公司；三星（天津）电池有限公司	能量型；能量型；能量型	三元材料	NCM18650-260；NCM 18650-260；INR18650-29E	3.7；3.7；3.7	—	0.045±0.002；0.045±0.002；0.0485±0.0005	4320；4320；4416	系统电子科技（镇江）有限公司；苏州市博得立电源科技有限公司；深圳市欣旺达电动汽车电池有限公司	355.2；355.2；355.2	117；120；150	117；117；115	—	41.5；41.5；40.8	320；310；280	否	硬件：主控 PWEVMBMS03 从控 PW2901 软件：pw2901SS5325；BDL 100S BMS；AEB-WZL-40A	东莞钜威新能源有限公司；苏州市博得立电源科技有限公司；深圳市欣旺达电动汽车电池有限公司	190	250	纯电动	纯电动流动服务车	50	1	51

续表

储能装置单体生产企业	电动汽车储能装置类型	电动汽车储能装置种类	储能装置单体型号	储能装置单体的标称电压(V)	超级电容器单体标称静电容量(F)	储能装置单体质量(kg)	储能装置单体数量	储能装置总成生产企业	储能装置总成标称电压(V)	储能装置总成额定输出电流(A)	动力蓄电池总成标称容量(Ah)	超级电容器总成标称静电容量(F)	储能装置总储电量(kW·h)B	储能装置总成质量(kg)	动力蓄电池箱是否具有快换装置	车载能源管理系统型号(包括软件和硬件)	车载能源管理系统生产企业	电动汽车续驶里程(工况法，km)	电动汽车续驶里程(等速法，km)	燃料种类	配套车辆类型	2015年配套车型产量(辆)	2016年1-3月份配套车型产量(辆)	配套车型产量合计(辆)
中信国安盟固利动力科技有限公司；苏州新中能源科技有限公司	功率型；能量型	三元材料	SPIM 07180236；DPME25N	3.7	—	0.58；0.6	384	中信国安盟固利动力科技有限公司；苏州新中能源科技有限公司	355.2	260	100	—	35.52	728	—	EV02B	惠州亿能电子有限公司	42	51	NG/电混合动力	插电式混合动力城市客车	51	0	51
	功率型；能量型	三元材料	SPIM 07180236；DPME25N	3.7V	—	0.58；0.6	384	中信国安盟固利动力科技有限公司；苏州新中能源科技有限公司	355.2	260	100	—	35.52	780	—	软件：BCSTV1201；硬件：Encomler 31	深圳市清友能源技术有限公司	—	53	NG/电混合动力	插电式混合动力客车			
中建城市车辆有限公司	功率型	磷酸铁锂	25	3.2	—	0.56	2016	中建城市车辆有限公司	537.6	300	300	—	161.3	1450	否	Encomler31MC－G	深圳市清友能源技术有限公司	—	320	纯电动	纯电动城市客车	50	0	50
深圳市今朝时代新能源技术有限公司；万向电动汽车有限公司；LS Mtron Ltd.；江苏春兰清洁能源研究院有限公司	功率型；能量型；功率型；功率型	磷酸铁锂；超级电容	TCPR002R73000；WX12I3250 LSUC002R7 C3000FEA、LSUM050R4 P0166FEA；IFPP42A	2.8；3.2；2.7；3.2	3000；；3000；	0.50；1.1；0.53；1.4	180；192；216；192	湖南中车时代电动汽车股份有限公司	480；307.2；576；307.2	0－300	；100；；84	16.7；；16.7；	0.53；30.72；0.53；25.9	190；350；360；210	否	ZKQ105－S1.0；ZKQ105B	湖南中车时代电动汽车股份有限公司	—	55	柴油混合动力	插电式混合动力城市客车	50	0	50

续表

储能装置单体生产企业	电动汽车储能装置类型	电动汽车储能装置种类	储能装置单体型号	储能装置单体的标称电压(V)	超级电容器单体标称静电容量(F)	储能装置单体质量(kg)	储能装置单体数量	储能装置总成生产企业	储能装置总成标称电压(V)	储能装置总成额定输出电流(A)	动力蓄电池总成标称容量(Ah)	超级电容器总成标称静电容量(F)	储能装置总储电量(kW·h)B	储能装置总成质量(kg)	动力蓄电池箱是否具有快换装置	车载能源管理系统型号(包括软件和硬件)	车载能源管理系统生产企业	电动汽车续驶里程(工况法，km)	电动汽车续驶里程(等速法，km)	燃料种类	配套车辆类型	2015年配套车型产量(辆)	2016年1-3月份配套车型产量(辆)	配套车型产量合计(辆)
电池：宁德时代新能源科技股份有限公司；电容：美国麦克斯威科技公司	能量型；功率型	磷酸铁锂；超级电容	电池：47/173/132.5-86Ah；电容：BCAP 3000 K2系列/BM0D0165	电池：3.2；电容：2.7	3000	电池：2.3；电容：0.51	电池：54；电容：216	电池：宁德时代新能源科技股份有限公司；电容：美国麦克斯威科技公司	电池：172.8；超级电容：583.2	电池：172；超级电容：182	86	13.75	15.51	342	否	G19_ 14.8Kwh_ XLV；BUS_ G5_ BMU_ E	宁德时代新能源科技股份有限公司	—	35	柴油/电混合动力	插电式混合动力城市客车	50	0	50
北京安耐信储能技术有限公司；上海三玖电气设备有限公司	能量型；功率型	磷酸铁锂/超级电容	DLP85260395-300Ah；UCEY-2.7V/3000F	3.2；2.7	165	13.4；0.53	344；234	北京安耐信储能技术有限公司；上海三玖电气设备有限公司	550	300	600	12.7	326	4500	无	RH-BMS-6.8；RH-BMS-V7	上海瑞华（集团）有限公司	160	300	纯电动	纯电动城市客车	50	0	50
江苏春兰清洁能源研究院有限公司；江苏春兰清洁能源研究院有限公司	功率型；功率型	磷酸铁锂	IFPP50；IFPP42A	3.2；3.2	—	1.65；1.4	220；216	江苏春兰清洁能源研究院有限公司；江苏春兰清洁能源研究院有限公司	352；345.6	280；266	100；84	—	35.2；29.4	500；496	无；无	硬件：HEV-BMS-V3 软件：DYL352-100；硬件：HEV-BMS-30 软件：DYL345-84B2-A11	江苏春兰清洁能源研究院有限公司；江苏春兰清洁能源研究院有限公司	40（纯电模式，仅采用市区循环）	50	NG 混合动力	插电式混合动力城市客车	0	50	50
广东五州龙电源科技有限公司	能量型	磷酸铁锂	HEV100Ah	3.2	—	3.2	105	广东五州龙电源科技有限公司	336	100	100	—	33.6	690	否	WBM_ 16AV3.5/V3.5	安徽力高新能源技术有限公司	—	67	柴油混合动力	插电式混合动力城市客车	49	0	49
	能量型	磷酸铁锂	HEV100Ah	3.2	—	4.5	105	广东五洲龙电源科技有限公司	336	100	100	—	34.6	690	否	V3.1/V3.1	西安冠通数源电子有限公司	—	30	NG 混合动力	插电式混合动力城市客车			

续表

储能装置单体生产企业	电动汽车储能装置类型	电动汽车储能装置种类	储能装置单体型号	储能装置单体的标称电压(V)	超级电容器单体标称静电容量(F)	储能装置单体质量(kg)	储能装置单体数量	储能装置总成生产企业	储能装置总成标称电压(V)	储能装置总成额定输出电流(A)	动力蓄电池总成标称容量(Ah)	超级电容器总成标称静电容量(F)	储能装置总储电量(kW·h)B	储能装置总成质量(kg)	动力蓄电池箱是否具有快换装置	车载能源管理系统型号(包括软件和硬件)	车载能源管理系统生产企业	电动汽车续驶里程(工况法，km)	电动汽车续驶里程(等速法，km)	燃料种类	配套车辆类型	2015年配套车型产量(辆)	2016年1-3月份配套车型产量(辆)	配套车型产量合计(辆)
广东五州龙电源科技有限公司	能量型	磷酸铁锂	EV120Ah	3.2	—	4.2	336	广东五洲龙电源科技有限公司	537.6	150	240	—	123.6	2500	否	WZLBMSLG001	广东五洲龙电源科技有限公司	—	160	纯电动	纯电动城市客车			
河北神州巨电新能源技术开发有限公司	能量型	磷酸铁锂	JD01E500F	3.2	—	14.2	180	河北神州巨电新能源技术开发有限公司	576	500	500	—	288	2700	否	EV05	惠州市亿能电子有限公司	250	350	纯电动	纯电动城市客车	48	0	48
	能量型	磷酸铁锂	JD125610210F	3.2	—	2.7	180	河北神州巨电新能源科技开发有限公司	576	100	100	—	57.6	620	否	JDBMS001－1；JDBMS001－2	河北神州巨电新能源科技开发有限公司	—	150	纯电动	纯电动城市客车			
	能量型	磷酸铁锂	JD125610210F	3.2	—	2.7	360	河北神州巨电新能源科技开发有限公司	576	200	200	—	115.2	1250	否	JDBMS001（主机：JDBMS001－1；采集模块：JDBMS001－2）	河北神州巨电新能源科技开发有限公司	—	250	纯电动	纯电动城市客车			
LEJ－Lithium Energy Japan	功率型	磷酸铁锂	LEV 21 F －D	3.3	—	0.63	88	Magna	290	150	22	—	6.38	100	否	BT0009	Megna	26	—	汽 油/电混合动力	插电式混合动力轿车	0	47	47
	功率型	磷酸铁锂	LEV 21 F －D	3.3	—	0.63	88	Samsung	290	150	22	—	6.38	100	否	BT0009	Samsung	26	—	汽 油/电混合动力	插电式混合动力轿车			
Ioxus；Inc.；万向电动汽车有限公司	功率型；能量型	磷酸铁锂；超级电容	iCAP2.7V；3000F cell；WX12I3250	2.7；3.2	3000	0.51；1.1	126；200	Ioxus；Inc.；万向电动汽车有限公司	336；320	253；70	100	23.57	电容0.37；电池32	电容94.5；电池450	否	SCG021－384	天津市松正电动汽车技术股份有限公司	—	50	柴 油/电混合动力	插电式混合动力城市客车	45	0	45
	功率型；能量型	磷酸铁锂；超级电容	iCAP2.7V；3000F cell；WX12I3250	2.7；3.2	3000	0.51；1.1	126；200	Ioxus；Inc.；万向电动汽车有限公司	336；320	253；70	100	23.57	电容0.37；电池32	电容94.5；电池450	否	SCG021－384	天津市松正电动汽车技术股份有限公司	—	51	NG/电混合动力	插电式混合动力城市客车			

续表

储能装置单体生产企业	电动汽车储能装置类型	电动汽车储能装置种类	储能装置单体型号	储能装置单体的标称电压(V)	超级电容器单体标称静电容量(F)	储能装置单体质量(kg)	储能装置单体数量	储能装置总成生产企业	储能装置总成标称电压(V)	储能装置总成额定输出电流(A)	动力蓄电池总成标称容量(Ah)	超级电容器总成标称静电容量(F)	储能装置总储电量(kW·h)B	储能装置总成质量(kg)	动力蓄电池箱是否具有快换装置	车载能源管理系统型号(包括软件和硬件)	车载能源管理系统生产企业	电动汽车续驶里程(工况法,km)	电动汽车续驶里程(等速法,km)	燃料种类	配套车辆类型	2015年配套车型产量(辆)	2016年1-3月份配套车型产量(辆)	配套车型产量合计(辆)
LS Mtron Ltd.;万向电动汽车有限公司;江苏春兰清洁能源研究院有限公司;厦门华锂能源有限公司	功率型;能量型;功率型;能量型	磷酸铁锂;超级电容	LSUC002R7 C3000FEA、LSUM050R4 P0166FEA;WX12I3250;IFPP42A;47115215-50Ah	2.7;3.2;3.2;3.2	3000	0.53;1.1;1.4;1.8	216;192;192;192	湖南中车时代电动汽车股份有限公司	576;307.2;307.2;307.2	0-300	;100;84;100	16.7	0.45;30.72;25.9;30.72	210;350;360;380	否	ZKQ105B-S1.0;ZKQ105B	湖南中车时代电动汽车股份有限公司	—	55	柴油混合动力	插电式混合动力城市客车	40	0	40
厦门华锂能源有限公司;美国麦克斯威科技公司	能量型;功率型	磷酸铁锂;超级电容	47115215-50Ah;BCAP3000 K2系列/BMOD0165	3.2;2.7	3000	1.80;0.51	84;144	厦门华锂能源有限公司;美国麦克斯威科技公司	268.8;384	70;112	50	20.62	13.4;0.42	180;108	否	BMS型号:LX-MCU硬件:LXBMS-HEV软件:LXBMS-V0026	厦门路迅电控有限公司	31	—	柴油/电混合动力	插电式混合动力城市客车	40	0	40
北京海博思创科技有限公司(LG Chem Ltd)	能量型	三元材料	L3	3.73	—	0.966	450	北京海博思创科技有限公司	335.7	215	215	—	72.18	670	否	EVS200	北京海博思创科技有限公司	—	276	纯电动	纯电动客车	35	1	36
	能量型	三元材料	L3	3.73	—	0.966	450	北京海博思创科技有限公司	335.7	215	215	—	72.18	670	否	EVS200	北京海博思创科技有限公司	—	276	纯电动	纯电动电力工程车			
	能量型	三元材料	L3	3.73	—	0.966	450	北京海博思创科技有限公司	335.7	215	215	—	72.18	670	否	EVS200	北京海博思创科技有限公司	—	276	纯电动	纯电动流动服务车			
	能量型	三元材料	L3	3.73	—	0.966	450	北京海博思创科技有限公司	335.7	215	215	—	72.18	670	否	EVS200	北京海博思创科技有限公司	—	276	纯电动	纯电动囚车			

续表

储能装置单体生产企业	电动汽车储能装置类型	电动汽车储能装置种类	储能装置单体型号	储能装置单体的标称电压(V)	超级电容器单体标称静电容量(F)	储能装置单体质量(kg)	储能装置单体数量	储能装置总成生产企业	储能装置总成标称电压(V)	储能装置总成额定输出电流(A)	动力蓄电池总成标称容量(Ah)	超级电容器总成标称静电容量(F)	储能装置总储电量(kW·h)B	储能装置总成质量(kg)	动力蓄电池箱是否具有快换装置	车载能源管理系统型号(包括软件和硬件)	车载能源管理系统生产企业	电动汽车续驶里程(工况法,km)	电动汽车续驶里程(等速法,km)	燃料种类	配套车辆类型	2015年配套车型产量(辆)	2016年1-3月份配套车型产量(辆)	配套车型产量合计(辆)
南京创源天地电子有限公司	能量型	三元材料	CY18650-2750	3.62	—	0.046	5400	南京创源天地电子有限公司	362	148.5	148.5	—	53.75	500	否	BMU05;EV05	深圳市科列技术股份有限公司;惠州亿能电子有限公司	—	296	纯电动	纯电动客车	0	36	36
	能量型	三元材料	CY18650-2750	3.62	—	0.046	6030	南京创源天地电子有限公司	162.9	122.7	368.5	—	60.02	403	否	BMU05;EV05	深圳市科列技术股份有限公司;惠州亿能电子有限公司	320	—	纯电动	纯电动厢式运输车			
	能量型	三元材料	CY18650-2750	3.62	—	0.046	6552	南京创源天地电子有限公司	564.72	60	115.5	—	65.2	510	否	EV05/B5	惠州亿能电子有限公司/安徽力高新能源技术有限公司	—	250	纯电动	纯电动城市客车			
	能量型	三元材料	CY18650-2750	3.62	—	0.046	7300	南京创源天地电子有限公司	362	200.75	200.75	—	72.67	600	否	BMU05;EV05	深圳市科列技术股份有限公司;惠州亿能电子有限公司	—	386	纯电动	纯电动厢式运输车			
	能量型	三元材料	CY18650-2750	3.62	—	0.046	9700	南京创源天地电子有限公司	362	266.75	266.75	—	96.56	700	否	BMU05;EV05	深圳市科列技术股份有限公司;惠州亿能电子有限公司	—	470	纯电动	纯电动厢式运输车			
	能量型	三元材料	CY18650-2750	3.62	—	0.046	10296	南京创源天地电子有限公司	564.72	90	181.5	—	102.4	800	否	EV05/B5	惠州亿能电子有限公司;安徽力高新能源技术有限公司	—	250	纯电动	纯电动城市客车			
中航锂电(洛阳)有限公司;湖北京远新能源科技有限公司;深圳市沃特玛电池有限公司;中航锂电(洛阳)有限公司	能量型;能量型;能量型;能量型	磷酸铁锂	CA60FI;JY-LiFe-3.2V60AHAI;3.2V60AH;CAM72	3.2;3.2;3.2;3.2	—	1.92;2.05;2;2.1	06;106;106;106	中航锂电(洛阳)有限公司;湖北京远新能源科技有限公司;深圳市沃特玛电池有限公司;中航锂电(洛阳)有限公司	339;339;339;339	20;20;20;20	60;60;60;60	—	20.35;20.35;20.35;20.35	212;218;213;350	否	—	—	80	100	纯电动	纯电动厢式运输车			

续表

储能装置单体生产企业	电动汽车储能装置类型	电动汽车储能装置种类	储能装置单体型号	储能装置单体的标称电压(V)	超级电容器单体标称静电容量(F)	储能装置单体质量(kg)	储能装置单体数量	储能装置总成生产企业	储能装置总成标称电压(V)	储能装置总成额定输出电流(A)	动力蓄电池总成标称容量(Ah)	超级电容器总成标称静电容量(F)	储能装置总储电量(kW·h)B	储能装置总成质量(kg)	动力蓄电池箱是否具有快换装置	车载能源管理系统型号(包括软件和硬件)	车载能源管理系统生产企业	电动汽车续驶里程(工况法, km)	电动汽车续驶里程(等速法, km)	燃料种类	配套车辆类型	2015年配套车型产量(辆)	2016年1-3月份配套车型产量(辆)	配套车型产量合计(辆)
中航锂电(洛阳)有限公司;湖北京远新能源科技有限公司;深圳市沃特玛电池有限公司;中航锂电(洛阳)有限公司	能量型;能量型;能量型;能量型	磷酸铁锂	CA60FI;JY-LiFe-3.2V60AHAI;3.2V60AH;CAM72	3.2;3.2;3.2;3.2	—	1.92;2.05;2;2.1	106;106;106;106	中航锂电(洛阳)有限公司;湖北京远新能源科技有限公司;深圳市沃特玛电池有限公司;中航锂电(洛阳)有限公司	339;339;339;339	20;20;20;20;20	60;60;60;60;60	—	20.35;20.35;20.35;20.35	212;218;213;350	无	—	—	80	100	纯电动	纯电动自卸式垃圾车			
	能量型;能量型;能量型;能量型	磷酸铁锂	CA60FI;JY-LiFe-3.2V60AHAI;3.2V60AH;CAM72	3.2;3.2;3.2;3.2	—	1.92;2.05;2;2.1	06;106;106;106	中航锂电(洛阳)有限公司;湖北京远新能源科技有限公司;深圳市沃特玛电池有限公司;中航锂电(洛阳)有限公司	339;339;339;339	20;20;20;20	60;60;60;60	—	20.35;20.35;20.35;20.35	212;218;213;350	否	—	—	80	100	纯电动	纯电动自装卸式垃圾车			
	能量型;能量型;能量型;能量型	磷酸铁锂	CA60FI;JY-LiFe-3.2V60AHAI;3.2V60AH;CAM72	3.2;3.2;3.2;3.2	—	1.92;2.05;2;2.1	106;106;106;106	中航锂电(洛阳)有限公司;湖北京远新能源科技有限公司;深圳市沃特玛电池有限公司;中航锂电(洛阳)有限公司	339;339;339;339	20;20;20;20	60;60;60;72	—	20.35;20.35;20.35;24.4	212;218;213;350	无	—	—	80	100	纯电动	纯电动自装卸式垃圾车			

续表

储能装置单体生产企业	电动汽车储能装置类型	电动汽车储能装置种类	储能装置单体型号	储能装置单体的标称电压(V)	超级电容器单体标称静电容量(F)	储能装置单体质量(kg)	储能装置单体数量	储能装置总成生产企业	储能装置总成标称电压(V)	储能装置总成额定输出电流(A)	动力蓄电池总成标称容量(Ah)	超级电容器总成标称静电容量(F)	储能装置总储电量(kW·h)B	储能装置总成质量(kg)	动力蓄电池箱是否具有快换装置	车载能源管理系统型号(包括软件和硬件)	车载能源管理系统生产企业	电动汽车续驶里程(工况法,km)	电动汽车续驶里程(等速法,km)	燃料种类	配套车辆类型	2015年配套车型产量(辆)	2016年1-3月份配套车型产量(辆)	配套车型产量合计(辆)
中航锂电(洛阳)有限公司;湖北京远新能源科技有限公司;深圳市沃特玛电池有限公司;中航锂电(洛阳)有限公司	能量型;能量型;能量型;能量型	磷酸铁锂	CA60FI;JY-LiFe-3.2V60AHAI;3.2V60AH;CAM72	3.2;3.2;3.2;3.2	—	1.92;2.05;2;2.1	106;106;106;106	中航锂电(洛阳)有限公司;湖北京远新能源科技有限公司;深圳市沃特玛电池有限公司;中航锂电(洛阳)有限公司	339;339;339;339	20;20;20;20	60;60;60;72	—	20.35;20.35;20.35;24.4	212;218;213;350	无	—	—	80	—	纯电动	纯电动厢式运输车	35	0	35
万向电动汽车有限公司;威力新能源(吉安)有限公司;美国麦克斯威科技公司	功率型	磷酸铁锂;超级电容	WX12Ⅰ3250;SAB60280;BCAP3000	3.2;3.2;48	165	1.1;1.58;0.51	锂电池:152,100,超级电容:7	万向电动汽车有限公司;威力新能源(吉安)有限公司;美国麦克斯威科技公司	243;320	260;100	243V 100Ah;320V 55Ah	1155	24.3;;锂电池17.6超级电容0.37;共17.97	728	—	EV02B	惠州亿能电子有限公司	32	40	NG混合动力	插电式混合动力城市客车	35	0	35
	功率型	磷酸铁锂;超级电容	WX12Ⅰ3250;SAB60280;BCAP3000	3.2;3.2;48	165	1.1;1.58;0.51	锂电池:216;超级电容:7	万向电动汽车有限公司;威力新能源(吉安)有限公司;美国麦克斯威科技公司	345	260	345V 100Ah;345V 110Ah	1155	锂电池38;34.5;超级电容0.37	728	—	EV02B	惠州亿能电子有限公司	42	51	柴油/电混合动力	插电式混合动力城市客车			
广东亿纬赛恩斯新能源系统有限公司	功率型	磷酸铁锂	3.2V100Ah	3.2	—	5.8	176	广东亿纬赛恩斯新能源系统有限公司	563	600	100	—	56.3	814	否	软件:610ABSV1.0;硬件:BECU1.0	广东亿纬赛恩斯新能源系统有限公司	—	85	LNG/电混合动力	插电式混合动力城市客车	34	0	34

续表

储能装置单体生产企业	电动汽车储能装置类型	电动汽车储能装置种类	储能装置单体型号	储能装置单体的标称电压(V)	超级电容器单体标称静电容量(F)	储能装置单体质量(kg)	储能装置单体数量	储能装置总成生产企业	储能装置总成标称电压(V)	储能装置总成额定输出电流(A)	动力蓄电池总成标称容量(Ah)	超级电容器总成标称静电容量(F)	储能装置总储电量(kW·h)B	储能装置总成质量(kg)	动力蓄电池箱是否具有快换装置	车载能源管理系统型号(包括软件和硬件)	车载能源管理系统生产企业	电动汽车续驶里程(工况法，km)	电动汽车续驶里程(等速法，km)	燃料种类	配套车辆类型	2015年配套车型产量(辆)	2016年1-3月份配套车型产量(辆)	配套车型产量合计(辆)
广东亿纬赛恩斯新能源系统有限公司	功率型	磷酸铁锂	3.2V100Ah	3.2	—	5.8±0.5	176	广东亿纬赛恩斯新能源系统有限公司	563	600	100	—	56.3	814	—	软件：610ABSV1.0；硬件：BECU1.0	广东亿纬赛恩斯新能源系统有限公司	70	85	NG 混合动力	插电式混合动力城市客车			
	功率型	磷酸铁锂	3.2V100Ah	3.2	—	5.8±0.5	176	广东亿纬赛恩斯新能源系统有限公司	563	600	100	—	56.3	814	—	软件：610ABSV1.0；硬件：BECU1.0	广东亿纬赛恩斯新能源系统有限公司	70	85	柴油/电混合动力	插电式混合动力城市客车			
	能量型	三元材料	3.6V2.15Ah	3.6	—	0.043	9212	广东亿纬赛恩斯新能源系统有限公司	338.4	210.7	210.7	—	71.3	550	否	BECU1.0	广东亿纬赛恩斯新能源系统有限公司	—	402	纯电动	纯电动客车			
	能量型	三元材料	3.6V2.15Ah	3.6	—	0.043	9212	广东亿纬赛恩斯新能源系统有限公司	338.4	210.7	210.7	—	71.3	550	否	BECU1.0	广东亿纬赛恩斯新能源系统有限公司	—	402	纯电动	纯电动厢式运输车			
	能量型	三元材料	3.6V2.15Ah	3.6	—	0.043	9212	广东亿纬赛恩斯新能源系统有限公司	338.4	210.7	210.7	—	71.3	550	否	BECU1.0	广东亿纬赛恩斯新能源系统有限公司	—	402	纯电动	纯电动邮政车			
欣旺达电子股份有限公司	能量型	三元材料	XWD18650-N020	3.7	—	0.045	2700	欣旺达电子股份有限公司	333	60	60	—	19.98	215	—	MCU：BMS_MCU_ V3.618 2014-10-13/软件 SZ-Dong Feng-H-1056；HCU：BMS_ HV_300V3 2014-09-18/软件 SZ-Dong Feng-H-1094；	欣旺达电子股份有限公司	98	110	纯电动	纯电动桶装垃圾运输车	32	0	32

续表

储能装置单体生产企业	电动汽车储能装置类型	电动汽车储能装置种类	储能装置单体型号	储能装置单体的标称电压(V)	超级电容器单体标称静电容量(F)	储能装置单体质量(kg)	储能装置单体数量	储能装置总成生产企业	储能装置总成标称电压(V)	储能装置总成额定输出电流(A)	动力蓄电池总成标称容量(Ah)	超级电容器总成标称静电容量(F)	储能装置总储电量(kW·h)B	储能装置总成质量(kg)	动力蓄电池箱是否具有快换装置	车载能源管理系统型号(包括软件和硬件)	车载能源管理系统生产企业	电动汽车续驶里程(工况法,km)	电动汽车续驶里程(等速法,km)	燃料种类	配套车辆类型	2015年配套车型产量(辆)	2016年1-3月份配套车型产量(辆)	配套车型产量合计(辆)
欣旺达电子股份有限公司	能量型	三元材料	XWD18650-N020	3.7	—	0.045	5400	欣旺达电子股份有限公司	333	60	120	—	39.96	380	—	MCU:BMS_MCU_ V3.618 2014-10-13/软件 SZ-Dong Feng-H-1056;HCU:BMS_HV_300V3 2014-09-18/软件 SZ-Dong Feng-H-1094;	欣旺达电子股份有限公司	180	—	纯电动	纯电动封闭货车			
	能量型	三元材料	XWD18650-N020	3.7	—	0.045	5400	欣旺达电子股份有限公司	333	60	120	—	39.96	380	—	MCU:BMS_MCU_ V3.618 2014-10-13/软件 SZ-Dong Feng-H-1056;HCU:BMS_HV_300V3 2014-09-18/软件 SZ-Dong Feng-H-1094;	欣旺达电子股份有限公司	180	—	纯电动	纯电动桶装垃圾运输车			
	能量型	三元材料	XWD18650-N020	3.7	—	0.045	5400	欣旺达电子股份有限公司	333	60	120	—	39.96	380	—	MCU:BMS_MCU_ V3.618 2014-10-13/软件 SZ-Dong Feng-H-1056;HCU:BMS_HV_300V3 2014-09-18/软件 SZ-Dong Feng-H-1094;	欣旺达电子股份有限公司	180	—	纯电动	纯电动厢式车			
淄博国利新电源科技有限公司	能量型	镍氢电池	UCQNF200	1.2	—	6.6	480	淄博国利新电源科技有限公司	576	174	200	—	115.2	2300	是	ZTEV200E	中通客车控股股份有限公司	120	150	纯电动	纯电动城市客车	31	0	31

续表

储能装置单体生产企业	电动汽车储能装置类型	电动汽车储能装置种类	储能装置单体型号	储能装置单体的标称电压(V)	超级电容器单体标称静电容量(F)	储能装置单体质量(kg)	储能装置单体数量	储能装置总成生产企业	储能装置总成标称电压(V)	储能装置总成额定输出电流(A)	动力蓄电池总成标称容量(Ah)	超级电容器总成标称静电容量(F)	储能装置总储电量(kW·h)B	储能装置总成质量(kg)	动力蓄电池箱是否具有快换装置	车载能源管理系统型号(包括软件和硬件)	车载能源管理系统生产企业	电动汽车续驶里程(工况法，km)	电动汽车续驶里程(等速法，km)	燃料种类	配套车辆类型	2015年配套车型产量(辆)	2016年1-3月份配套车型产量(辆)	配套车型产量合计(辆)
淄博国利新电源科技有限公司	能量型	镍氢电池	UCQNF200	1.2	—	6.6	480	山东沂星电动汽车有限公司	576	200	200	—	115	3200	是	P412000A/GTBMS005A-MC11；BK_BMS_SOC_SW V6.0/BK-BMS-B-G1	哈尔滨冠拓电源设备有限公司；北京八恺电气科技有限公司	—	160	纯电动	纯电动城市客车			
	能量型	镍氢电池	UCQNF280P	1.2V	—	6.0	480	淄博国利新电源科技有限公司	576	500	280	—	160	2980	否	主板：BC111-207；从板：BS111-1003	哈尔滨冠拓电源设备有限公司	207	161	纯电动	纯电动城市客车			
浙江金开来新能源科技有限公司	能量型	磷酸铁锂	JKLR38120CR10	3.2	—	0.3	1260	安徽欧鹏巴赫动力科技有限公司	336	120	120	—	40.32	448	—	BMS-GX03-12105	合肥国轩高科动力能源有限公司	80	100	纯电动	纯电动路面养护车	31	0	31
超级电容：美国麦克斯威科技公司；电池：万向电动汽车有限公司	功率型；功率型	磷酸铁锂；超级电容	BCAP3000 K2系列/BMOD0165；WX12I3250	2.7；3.2	3000	0.51；1.1	128；100	超级电容：美国麦克斯威科技公司；电池：万向电动汽车有限公司	340.2；320	253；70	50	23.57	16.38	320（100；220）	否	NJL-KZQ	南京金龙客车制造有限公司	38	50	NG混合动力	插电式混合动力城市客车			
	功率型；功率型	磷酸铁锂；超级电容	BCAP3000 K2系列/BMOD0165；WX12I3250	2.7，3.2	3000	0.51；1.1	128；100	超级电容：美国麦克斯威科技公司；电池：万向电动汽车有限公司	340.2；320	253；70	50	23.57	16.38	320（100；220）	否	NJL-KZQ	南京金龙客车制造有限公司	—	51	CNG/电混合动力	插电式混合动力城市客车	31	0	31
	功率型；功率型	磷酸铁锂；超级电容	BCAP3000 K2系列/BMOD0165；WX12I3250	2.7，3.2	3000	0.51；1.1	128；100	超级电容：美国麦克斯威科技公司；电池：万向电动汽车有限公司	340.2；320	253；70	50	23.57	16.38	320（100；220）	否	NJL-KZQ	南京金龙客车制造有限公司	—	50	柴油/电混合动力	插电式混合动力城市客车			

续表

储能装置单体生产企业	电动汽车储能装置类型	电动汽车储能装置种类	储能装置单体型号	储能装置单体的标称电压(V)	超级电容器单体标称静电容量(F)	储能装置单体质量(kg)	储能装置单体数量	储能装置总成生产企业	储能装置总成标称电压(V)	储能装置总成额定输出电流(A)	动力蓄电池总成标称容量(Ah)	超级电容器总成标称静电容量(F)	储能装置总储电量(kW·h)B	储能装置总成质量(kg)	动力蓄电池箱是否具有快换装置	车载能源管理系统型号(包括软件和硬件)	车载能源管理系统生产企业	电动汽车续驶里程(工况法，km)	电动汽车续驶里程(等速法，km)	燃料种类	配套车辆类型	2015年配套车型产量(辆)	2016年1-3月份配套车型产量(辆)	配套车型产量合计(辆)
深圳长河动力科技有限公司	能量型	磷酸铁锂	60Ah	3.2	—	1.9	672	深圳长河动力科技有限公司	537.6	250	240	—	129	1500	否	CHBMS010	深圳长河动力科技有限公司	—	180	纯电动	纯电动城市客车	31	0	31
龙能科技（苏州）有限公司	能量型	三元材料	INR18650HE-2000mAh	3.7	—	0.04	60	成都勋迪电动车辆制造有限公司	222	90	120	—	26.6	253	否	EK_FT_11_C11_SW6.1.1.13/C11	安徽力高新能源技术有限公司	152	180	纯电动	纯电动轿车	30	1	31
上海航天电源技术有限责任公司；美国麦克斯威科技公司	能量型	磷酸铁锂；超级电容	IFP27135206E；BCAP3000	3.2；2.7	3000	1.57；0.51	210；432	天津市松正电动汽车技术股份有限公司；美国麦克斯威科技公司	224	180	180	—	锂电池：40.3；超级电容：1.3；共41.6	728	890	FCBMS-SGA-V1.2	天津市松正电动汽车技术股份有限公司	—	53	NG/电混合动力	插电式混合动力城市客车	30	0	30
河北洁神新能源科技有限公司	动力型	磷酸铁锂	JS13078218-140	3.2	—	3.95	504	中通客车控股股份有限公司	537.6	186	420	—	225.79	2500	是	ZTEV40E	中通客车控股股份有限公司	200	250	纯电动	纯电动城市客车	30	0	30
	能量型	磷酸铁锂	JS13078218-140	3.2	—	3.95	336	河北洁神新能源科技有限公司	538	250	280	—	150	1600	是	EVBMA-1800BP	杭州高特电子设备有限公司	—	250	纯电动	纯电动城市客车			
鸥瑞智诺能源科技（天津）有限公司	能量型	磷酸铁锂	OEIFP-80	3.2	—	2.45	100	鸥瑞智诺能源科技（天津）有限公司	320	80	80	—	25.6	320	有	A36	深圳博科达电源有限公司	—	180	纯电动	纯电动厢式运输车	30	0	30
万向电动汽车有限公司；金华青年能源科技有限公司	能量型；能量型	磷酸铁锂	WX12I3250；EV50AH	3.2；3.2	—	1.1；1.1	512；512	万向电动汽车有限公司；金华青年能源科技有限公司	409.6	200	200	—	81.9	1100	否	硬件：WX-BF02V101；软件：WX-BSF0201AV100；硬件：QN-BMS-HW01；软件：QN-BMS-SW01	万向电动汽车有限公司；金华青年能源科技有限公司	—	80	纯电动	纯电动城市客车	30	0	30

续表

储能装置单体生产企业	电动汽车储能装置类型	电动汽车储能装置种类	储能装置单体型号	储能装置单体的标称电压(V)	超级电容器单体标称静电容量(F)	储能装置单体质量(kg)	储能装置单体数量	储能装置总成生产企业	储能装置总成标称电压(V)	储能装置总成额定输出电流(A)	动力蓄电池总成标称容量(Ah)	超级电容器总成标称静电容量(F)	储能装置总储电量(kW·h)B	储能装置总成质量(kg)	动力蓄电池箱是否具有快换装置	车载能源管理系统型号(包括软件和硬件)	车载能源管理系统生产企业	电动汽车续驶里程(工况法，km)	电动汽车续驶里程(等速法，km)	燃料种类	配套车辆类型	2015年配套车型产量(辆)	2016年1-3月份配套车型产量(辆)	配套车型产量合计(辆)
威力新能源（吉安）有限公司；万向电动汽车有限公司	功率型	磷酸铁锂	SAB60280；WX12 I 3250	3.2	—	1.58；1.1	672	威力新能源（吉安）有限公司，万向电动汽车有限公司	538	213	538V 220Ah；538V 200Ah	—	118.3；107.5	1600；1300	是	EV02B	惠州亿能电子有限公司	120	200	纯电动	纯电动客车	27	0	27
	功率型；能量型	磷酸铁锂	SAB60280；WX12 I 3250	3.2	—	1.58；1.1	1008	威力新能源（吉安）有限公司，万向电动汽车有限公司	538	260	537.6V 275Ah；537.6V 250Ah	—	147.84；134.4	1900；1700	否	ZRBMS240212；EV02B	北京中瑞蓝科电动汽车技术有限公司；惠州亿能电子有限公司	120	200	纯电动	纯电动城市客车			
江苏福瑞士新能源有限公司	能量型	磷酸铁锂	LFL2-60	3.2	—	1.7	210	安徽欧鹏巴赫动力科技有限公司	336	150	120	—	40.32	<450	—	OFBMSOFV1415	安徽欧鹏巴赫动力科技有限公司	80	100	纯电动	纯电动路面养护车	26	0	26
	能量型	磷酸铁锂	LFL2-60	3.2	—	1.7	210	安徽欧鹏巴赫动力科技有限公司	336	150	120	—	40.32	450	否	OFBMSOFV1415	安徽欧鹏巴赫动力科技有限公司	80	100	纯电动	纯电动扫路车			
欧赛新能源科技有限公司	能量型	磷酸铁锂	IFM3.2-1700E0	3.2	—	5.2	192	欧赛新能源科技有限公司	615	85	170	—	104.55	1500	否	BMU-LV	欧赛新能源科技有限公司	—	200	纯电动	纯电动扫路车	24	0	24
LG Chem；Ltd（北京海博思创科技有限公司）	能量型	三元材料	L3	3.73	—	0.966	450	北京海博思创科技有限公司	335.7	215	215	—	72.18	630	否	EVS200	北京海博思创科技有限公司	—	421	纯电动	纯电动客车	23	0	23
	能量型	三元材料	L3	3.73	—	0.966	352	北京海博思创科技有限公司	328.24	172	172	—	56.45	550	否	EVS200	北京海博思创科技有限公司	—	318	纯电动	纯电动客车			
北京波士顿动力电池有限公司	能量型	三元锂离子动力电池	—	—	—	—	—	—	—	—	—	—	—	—	—	—	—	—	—	纯电动	纯电动工程车			

续表

储能装置单体生产企业	电动汽车储能装置类型	电动汽车储能装置种类	储能装置单体型号	储能装置单体的标称电压(V)	超级电容器单体标称静电容量(F)	储能装置单体质量(kg)	储能装置单体数量	储能装置总成生产企业	储能装置总成标称电压(V)	储能装置总成额定输出电流(A)	动力蓄电池总成标称容量(Ah)	超级电容器总成标称静电容量(F)	储能装置总储电量(kW·h)B	储能装置总成质量(kg)	动力蓄电池箱是否具有快换装置	车载能源管理系统型号(包括软件和硬件)	车载能源管理系统生产企业	电动汽车续驶里程(工况法，km)	电动汽车续驶里程(等速法，km)	燃料种类	配套车辆类型	2015年配套车型产量(辆)	2016年1-3月份配套车型产量(辆)	配套车型产量合计(辆)
北京波士顿动力电池有限公司	能量型	三元材料	750-0261-001	3.65	—	0.09	5376	北京波士顿动力电池有限公司	613.2	240	169.6	—	104	1200	否	EV02	惠州亿能电子有限公司	210	260	纯电动	纯电动客车	22	0	22
广州鹏辉能源科技股份有限公司	能量型	磷酸铁锂	GSP09185190	3.2	—	0.615	192	广州鹏辉能源科技股份有限公司	77	200	198	—	15.2	165	否	GBMS24200A-01-01A	广州鹏辉能源科技股份有限公司	160	170	纯电动	纯电动轿车	22	0	22
河南锂动电源有限公司	能量型	磷酸铁锂	EV GLP30Ah-93173260	3.2	—	0.78	840	河南锂动电源有限公司	336	200	240	—	80.64	1000	是	ZRBMS240212；BMU4.4V03；BMU03A/BSU01	北京中瑞蓝科电动汽车技术有限公司；上海航天电源技术有限责任公司；深圳市科列技术股份有限公司	150	280	纯电动	纯电动城市客车	22	0	22
	能量型	磷酸铁锂	EV-P-001180-PX08	3.2	—	5.5	364	山东沂星电动汽车有限公司	582.4	400	360	—	210	2560	否	BC111-206	哈尔滨冠拓电源设备有限公司	—	300	纯电动	纯电动城市客车			
上海索锂科技有限公司（电池）；上海三玖电气设备有限公司（电容）	能量型（电池）；功率型（电容）	磷酸铁锂；超级电容	DLP70182276-180Ah（电池）；UCEY-2.7V/3000F（超级电容）	3.2（电池）；2.7（电容）	3000	5.5（电池）；0.53（电容）	480（电池）；234（电容）	上海索锂科技有限公司（电池）；上海三玖电气设备有限公司（电容）	512	300	540	12.7	272	3450	否	RH-BMS-V7 软件：RH-BMS-6.8	上海瑞华（集团）有限公司	150	250	纯电动	纯电动客车	20	0	20
威海东生能源科技有限公司	能量型	三元材料	TSE-PLiB-60Ah	3.7	—	1.9	1092	威海东生能源科技有限公司	577.2	210	420	—	242.42	2280	否	B51A 电动汽车电池管理系统	安徽力高新能源科技有限公司	—	300	纯电动	纯电动城市客车			

续表

储能装置单体生产企业	电动汽车储能装置类型	电动汽车储能装置种类	储能装置单体型号	储能装置单体的标称电压(V)	超级电容器单体标称静电容量(F)	储能装置单体质量(kg)	储能装置单体数量	储能装置总成生产企业	储能装置总成标称电压(V)	储能装置总成额定输出电流(A)	动力蓄电池总成标称容量(Ah)	超级电容器总成标称静电容量(F)	储能装置总储电量(kW·h)B	储能装置总成质量(kg)	动力蓄电池箱是否具有快换装置	车载能源管理系统型号(包括软件和硬件)	车载能源管理系统生产企业	电动汽车续驶里程(工况法,km)	电动汽车续驶里程(等速法,km)	燃料种类	配套车辆类型	2015年配套车型产量(辆)	2016年1-3月份配套车型产量(辆)	配套车型产量合计(辆)
威海东生能源科技有限公司	能量型	三元材料	TSE-PLiB-60Ah	3.7	—	1.9	725	威海东生能源科技有限公司	536.5	185	300	—	160.95	1724	是	主机硬件：LG_MCU_ TV4.21；软件：LG_MCU_ TSF4.21；从机硬件：LG_BMU16S_ TV1216；软件：LG_BMU16S_ TSF1216	安徽力高新能源技术有限公司	—	120	纯电动	纯电动城市客车	20	0	20
山西皇城相府中道能源有限公司	能量型	磷酸铁锂	R60260	3.2	—	1.42	1008	山西皇城相府中道能源有限公司	537.6	186	360	—	193.5	1800	无	硬件：BMS-1210A 软件 V1.0	深圳中德世纪新能源有限公司	—	280	纯电动	纯电动客车	19	1	20
	能量型	磷酸铁锂	R60260	3.2	—	1.42	1056	山西皇城相府中道能源有限公司	538	420	360	—	452	1900	无	ZRHX-360AH538V	北京中瑞蓝科电动汽车技术有限公司	—	250	纯电动	纯电动客车			
电池：湖南科霸汽车动力电池有限公司；电容：美国麦克斯威科技公司	功率型；功率型	镍氢电池；超级电容	电池：HHR-600DA；电容：BCAP3000 K2	电池：1.2V；电容：2.7	3000	电池：0.16；电容：0.51	电池：288；电容：126	电池：湖南科霸汽车动力电池有限公司；电容：美国麦克斯威科技公司	电池：320；电容：336	174	50	23.5	16	224.5	否	软件：SLK-BMS-02C；硬件：SLKBMS	上海申龙客车有限公司	—		柴油混合动力	非插电式混合动力城市客车	18	0	18
美国麦克斯威科技公司；江苏春兰清洁能源研究院有限公司	功率型；功率型	磷酸铁锂；超级电容	BCAP3000；LFL160	2.8；3.2	3000；	0.51；1.43	180；192	美国麦克斯威科技公司；江苏春兰清洁能源研究院有限公司	480；307.2	135；0-300	；120	165；	0.528；36	135；570	否	硬件：EVS100；软件：BMSApplication1.0.0.0	北京海博思创科技有限公司	—	54	NG/电混合动力	插电式混合动力城市客车	17	0	17

续表

储能装置单体生产企业	电动汽车储能装置类型	电动汽车储能装置种类	储能装置单体型号	储能装置单体的标称电压(V)	超级电容器单体标称静电容量(F)	储能装置单体质量(kg)	储能装置单体数量	储能装置总成生产企业	储能装置总成标称电压(V)	储能装置总成额定输出电流(A)	动力蓄电池总成标称容量(Ah)	超级电容器总成标称静电容量(F)	储能装置总储电量(kW·h)B	储能装置总成质量(kg)	动力蓄电池箱是否具有快换装置	车载能源管理系统型号(包括软件和硬件)	车载能源管理系统生产企业	电动汽车续驶里程(工况法，km)	电动汽车续驶里程(等速法，km)	燃料种类	配套车辆类型	2015年配套车型产量(辆)	2016年1-3月份配套车型产量(辆)	配套车型产量合计(辆)
威力新能源（吉安）有限公司；上海航天电源技术有限责任公司	能量型；能量型	磷酸铁锂	PSE 60280-60Ah；IFP27135206E	3.2；3.2	—	1.71；1.57	672；672	威力新能源（吉安）有限公司；上海航天电源技术有限责任公司	538	240	538V 240Ah；538V 240Ah	—	129；129	1800；1700	是	ZRBMS240212；BMU4.4V03；BMU03A/BSU01	北京中瑞蓝科电动汽车技术有限公司；上海航天电源技术有限责任公司；深圳市科列技术股份有限公司	200	300	纯电动	纯电动客车	16	0	16
深圳拓邦股份有限公司	能量型	磷酸铁锂	TB-027070180C-Fe-27Ah	3.2	—	0.66	648	北京欧鹏巴赫科技有限公司	345.6	80	162	—	55.98	600	否	OFBMSOFV1544	北京欧鹏巴赫科技有限公司	—	170（40±2）	纯电动	纯电动客车	15	0	15
	能量型	磷酸铁锂	TB-027070180D-Fe-27AH	3.2	—	0.65	770	北京欧鹏巴赫科技有限公司	352	189	189	—	66.528	740	否	硬件：OFBMS OFV1526v1；软件：OFBMSOFV1526	北京欧鹏巴赫科技有限公司	—	200	纯电动	纯电动客车			
	能量型	磷酸铁锂	TB-027070180D-Fe-27AH	3.2	—	0.65	880	北京欧鹏巴赫科技有限公司	352	216	216	—	76	844.45	否	OFBMSOFV1531	北京欧鹏巴赫科技有限公司	—	240	纯电动	纯电动客车			
	能量型	磷酸铁锂	TB-32100FH	3.2	—	3.3	1008	深圳拓邦股份有限公司	537.6	450	600	—	322.5	3700	无	TBBMS001	深圳拓邦股份有限公司	280	350	纯电动	纯电动城市客车			
宁波南车新能源科技有限公司；微宏动力（湖州）有限公司	能量型	钛酸锂；超级电容	9500F+MV06203127 NTP-10Ah	2.6；2.3	9500	1.3；0.296	576；800	南车株洲电力机车有限公司电气设备分公司；微宏动力（湖州）有限公司	750、368	800；200	50	65.97	4.79；18.4	1200；470	无	DQ00003605G00；MV-EMS-BMU2.1	南车株洲电力机车有限公司电气设备分公司；微宏动力（湖州）有限公司	—	21.8	纯电动	纯电动城市客车	10	5	15

续表

储能装置单体生产企业	电动汽车储能装置类型	电动汽车储能装置种类	储能装置单体型号	储能装置单体的标称电压(V)	超级电容器单体标称静电容量(F)	储能装置单体质量(kg)	储能装置单体数量	储能装置总成生产企业	储能装置总成标称电压(V)	储能装置总成额定输出电流(A)	动力蓄电池总成标称容量(Ah)	超级电容器总成标称静电容量(F)	储能装置总储电量(kW·h)B	储能装置总成质量(kg)	动力蓄电池箱是否具有快换装置	车载能源管理系统型号(包括软件和硬件)	车载能源管理系统生产企业	电动汽车续驶里程(工况法, km)	电动汽车续驶里程(等速法, km)	燃料种类	配套车辆类型	2015年配套车型产量(辆)	2016年1-3月份配套车型产量(辆)	配套车型产量合计(辆)
哈尔滨光宇电源股份有限公司;深圳市比克动力电池有限公司	能量型;能量型	三元材料	NCMP1690 200A; H18650CIL 2.4Ah	3.7; 3.6	—	0.62; 0.048	216; 2592	哈尔滨光宇电源股份有限公司;深圳市比克动力电池有限公司	99.9; 97.2	192; 230.4	192; 230.4	—	19.18; 22.39	192; 180	否	硬件:GYB - EVBMS V3.0A 软件:V1.0; 硬件:6320 szbk_ T13 软件:T000	哈尔滨光宇电源股份有限公司;深圳市航盛电子股份有限公司	155	175	纯电动	纯电动运动型乘用车	13	0	13
骆驼集团新能源电池有限公司	能量型	磷酸铁锂	LT - IFP - 20AH	3.2	—	0.6	880	骆驼集团新能源电池有限公司	352	160	160	—	56.32	632	否	LEV05	惠州市亿能电子有限公司	—	329	纯电动	纯电动客车	12	1	13
	能量型	磷酸铁锂	LT - IFP - 60AH	3.2	—	1.7	540	骆驼集团新能源电池有限公司	576	180	180	—	103.7	1200	否	硬件:EV05	惠州市亿能电子有限公司	—	250	纯电动	纯电动城市客车			
波士顿电池(Boston - Power Inc.)	能量型	三元材料	550 - 0431 - 001 Swing 106 安时锂电池	7.3	—	4.72	49	北京波士顿动力电池有限公司	358	140A - 最大持续功率(30% - 100% SOC, 10 - 40 °C)	106	—	37.95	375	否	软件:BICS340 - 0016 - 001; VICS340 - 0017 - 001; CMAB340 - 0007 - 001; 硬件:BICS550 - 0031 - 001; VICS550 - 0031 - 001; CMAB451 - 0010 - 002	波士顿电池;波士顿电池	170	190	纯电动	纯电动轿车	12	0	12
中航锂电(洛阳)有限公司;上海贯裕能源科技有限公司	能量型	磷酸铁锂	CA60FI; 27190272	3.2	—	2	480	上海中科深江电动车辆有限公司	384V	240	240	—	92	1260	—	SJB052001A - 2101	上海中科深江电动车辆有限公司	—	>150	纯电动	纯电动桶装垃圾运输车	12	0	12

续表

储能装置单体生产企业	电动汽车储能装置类型	电动汽车储能装置种类	储能装置单体型号	储能装置单体的标称电压(V)	超级电容器单体标称静电容量(F)	储能装置单体质量(kg)	储能装置单体数量	储能装置总成生产企业	储能装置总成标称电压(V)	储能装置总成额定输出电流(A)	动力蓄电池总成标称容量(Ah)	超级电容器总成标称静电容量(F)	储能装置总储电量(kW·h)B	储能装置总成质量(kg)	动力蓄电池箱是否具有快换装置	车载能源管理系统型号(包括软件和硬件)	车载能源管理系统生产企业	电动汽车续驶里程(工况法，km)	电动汽车续驶里程(等速法，km)	燃料种类	配套车辆类型	2015年配套车型产量(辆)	2016年1-3月份配套车型产量(辆)	配套车型产量合计(辆)
湖北骆驼特种电源有限公司	能量型	磷酸铁锂	IFP14114198	3.2	—	0.6	2160	湖北骆驼特种电源有限公司	576	150	300	—	172.8	2100	—	主控（8133）从控（2111）	杭州高特电子设备有限公司	—	250	纯电动	纯电动客车	11	0	11
	能量型	磷酸铁锂	IFP14114198	3.2	—	0.605	318	湖北骆驼特种电源有限公司	339	20	75	—	25.4	192	—	—	—	80	100	纯电动	纯电动车厢可卸式垃圾车			
	能量型	磷酸铁锂	IFP14114198	3.2	—	0.605	318	湖北骆驼特种电源有限公司	339	20	75	—	25.4	192	—	—	—	80	100	纯电动	纯电动自卸式垃圾车			
	能量型	磷酸铁锂	IFP14114198	3.2	—	0.605	318	湖北骆驼特种电源有限公司	339	20	75	—	25.4	192	—	—	—	80	100	纯电动	纯电动自装卸式垃圾车			
山东鹏翔光电科技有限公司	动力型	三元材料	18650	3.7	—	0.435	1280	天津市昌进动科新能源科技有限公司	72	128	128	—	9.2	60	否	GM-20BMS72V-032	深圳市冠明能源科技有限公司	110	130	纯电动	纯电动厢式运输车	11	0	11
	动力型	三元镍钴锰酸锂电池	18650-2200mAh	3.7	—	0.045	5160	山东鹏翔光电科技有限公司	318.2	100	132	—	42	330	—	RS-EVCCM；采集模块 RS-EV36B	深圳市锐深科技有限公司	120	150	纯电动	纯电动厢式运输车			
苏州和钧新能源有限公司	能量型	磷酸铁锂	GCE7490175A-75Ah	3.2	—	2.1	120	上海中科深江电动车辆有限公司	384	195	75	—	28.8	360（2箱，每箱180kg）	否	SJB052001A-2101	上海中科深江电动车辆有限公司	—	—	柴油混合动力	插电式混合动力城市客车	11	0	11
苏州和钧新能源有限公司；北京国能电池科技有限公司	磷酸铁锂	磷酸铁锂	GCE7490175A-75Ah；PL20185265	3.2	—	2.1；1.6	100；87	中科力帆电动汽车有限公司；北京国能电池科技有限公司	320（100节）；278（87节）	94	75	—	24；20	290；280	是	软件：B38104M S1825 硬件：EV03DMH1317；软件：SW-V2.2 硬件：HW-V2.2	惠州市亿能电子有限公司、上海中科深江电动车辆有限公司	130	180	纯电动轿车	纯电动轿车	10	0	10

续表

储能装置单体生产企业	电动汽车储能装置类型	电动汽车储能装置种类	储能装置单体型号	储能装置单体的标称电压(V)	超级电容器单体标称静电容量(F)	储能装置单体质量(kg)	储能装置单体数量	储能装置总成生产企业	储能装置总成标称电压(V)	储能装置总成额定输出电流(A)	动力蓄电池总成标称容量(Ah)	超级电容器总成标称静电容量(F)	储能装置总储电量(kW·h)B	储能装置总成质量(kg)	动力蓄电池箱是否具有快换装置	车载能源管理系统型号(包括软件和硬件)	车载能源管理系统生产企业	电动汽车续驶里程(工况法，km)	电动汽车续驶里程(等速法，km)	燃料种类	配套车辆类型	2015年配套车型产量(辆)	2016年1-3月份配套车型产量(辆)	配套车型产量合计(辆)
实联长宜淮安科技有限公司；中航锂电(洛阳)有限公司	能量型	磷酸铁锂	SAB 60280－60Ah；CAM72	3.2；3.2	—	1.7；2.1	393；330	实联长宜淮安科技有限公司；中航锂电(洛阳)有限公司	419；352	90；75.2	180；216	—	75.42；76.032	约810(不含滑轮结构重量)；约725	是；是	ZRBMS－V1.6；EK－FT－51	北京中瑞蓝科电动汽车技术有限公司；安徽力高新能源技术有限公司	—	180；190	纯电动	纯电动城市客车	10	0	10
大连新源动力股份有限公司；上海航天电源技术有限责任公司	－；功率型	磷酸铁锂	XY－200A－2；IFP1780123PB	0.68；3.2	—	0.10；0.33	220；216	大连新源动力股份有限公司；上海航天电源技术有限责任公司	149.6；346	250；90	16	—		80＋126	否	SAPT PIFP 346V 16Ah	上海航天电源技术有限责任公司	200	—	燃料电池	燃料电池轿车	10	0	10
江苏风迅新能源科技有限公司	能量型	三元材料	4095150	3.7	—	0.13	2700	深圳市成晟新能源技术有限公司	333	90	195	—	64.9	400	否	软件：V1.0；硬件：BMU03/BSU01－12S5A3T/BSU03－26S5T	深圳市科列技术股份有限公司	280	360	纯电动	纯电动厢式运输车	10	0	10
	能量型	三元材料	4095150	3.7	—	0.13	2700	深圳市成晟新能源技术有限公司	333	90	195	—	64.9	500	否	软件：V1.0；硬件：BMU03/BSU01－12S5A3T/BSU03－26S5T	深圳市科列技术股份有限公司	280	360	纯电动	纯电动厢式运输车			
三星环新(西安)动力电池有限公司；上海卡耐新能源有限公司	能量型；能量型	三元材料	CS0940；CEB－LM26	3.67；3.7	—	2.05；0.59	423；1520	三星环新(西安)动力电池有限公司；上海卡耐新能源有限公司	518；562	282；260	282；260	—	146；146	1470；1500	否；否	E61U0105701；EV05	惠州市亿能电子有限公司	—	260	纯电动	纯电动客车	10	0	10

续表

储能装置单体生产企业	电动汽车储能装置类型	电动汽车储能装置种类	储能装置单体型号	储能装置单体的标称电压(V)	超级电容器单体标称静电容量(F)	储能装置单体质量(kg)	储能装置单体数量	储能装置总成生产企业	储能装置总成标称电压(V)	储能装置总成额定输出电流(A)	动力蓄电池总成标称容量(Ah)	超级电容器总成标称静电容量(F)	储能装置总储电量(kW·h)B	储能装置总成质量(kg)	动力蓄电池箱是否具有快换装置	车载能源管理系统型号(包括软件和硬件)	车载能源管理系统生产企业	电动汽车续驶里程(工况法,km)	电动汽车续驶里程(等速法,km)	燃料种类	配套车辆类型	2015年配套车型产量(辆)	2016年1-3月份配套车型产量(辆)	配套车型产量合计(辆)
微宏动力系统(湖州)有限公司;宁德时代新能源科技股份有限公司	功率型;能量型	钛酸锂	MV06203127 NTP 2.3 V 10Ah;48/173/170	2.3;3.2	—	0.298;2.693	1920;240	微宏动力系统(湖州)有限公司;宁德时代新能源科技股份有限公司	552;384	0-255	80;240	—	44.16+92=136.16	1150;1024	否	MPS-BMS-H/SV2.0;H15_92Kwh_HNC/BUS_G5_BMU_E	微宏动力系统(湖州)有限公司;宁德时代新能源科技股份有限公司	—	261	纯电动	纯电动城市客车	10	0	10
湖北京远新能源科技有限公司	能量型	磷酸铁锂	JY-LiFe-3.2V60AHAI	3.2	—	2.05	106	湖北京远新能源科技有限公司	339	20	60	—	20.35	217	无	—	—	80	100	纯电动	纯电动自卸式垃圾车	8	0	8
	能量型	磷酸铁锂	JY-LiFe-3.2V60AHAI	3.2	—	2.05	106	湖北京远新能源科技有限公司	339	20	60	—	20.35	217	无	—	—	80	100	纯电动	纯电动车厢可卸式垃圾车			
	能量型	磷酸铁锂	JY-LiFe-3.2V60AHAI	3.2	—	2.05	106	湖北京远新能源科技有限公司	339	20	60	—	20.35	217	无	—	—	80	100	纯电动	纯电动自装卸式垃圾车			
江苏春兰清洁能源研究院有限公司;LS Mtron Ltd.	能量型;功率型	磷酸铁锂;超级电容	IFPP42A;LSUC002R7C3000FEA、LSUM050R4P0166FEA	3.2;2.7	—;3000	1.4;0.53	384;216	湖南中车时代电动汽车股份有限公司	307.2;576	200	168;	—;13.8	51.6;0.53	800;200	否	307V/168Ah\\BES04(电池);TE7197316000(电容)	湖南中车时代电动汽车股份有限公司	—	100	NG混合动力	插电式混合动力城市客车	7	0	7
合肥恒能新能源科技有限公司	能量型	磷酸铁锂	HN290118066	3.2V	10	0.46	1560	合肥恒能新能源科技有限公司	332	100	165	—	49.8	600	—	ZRBMS16-V07	北京中瑞蓝科电动汽车技术有限公司	—	108;40	纯电动	纯电动道路清扫车	3	4	7

续表

储能装置单体生产企业	电动汽车储能装置类型	电动汽车储能装置种类	储能装置单体型号	储能装置单体的标称电压(V)	超级电容器单体标称静电容量(F)	储能装置单体质量(kg)	储能装置单体数量	储能装置总成生产企业	储能装置总成标称电压(V)	储能装置总成额定输出电流(A)	动力蓄电池总成标称容量(Ah)	超级电容器总成标称静电容量(F)	储能装置总储电量(kW·h)B	储能装置总成质量(kg)	动力蓄电池箱是否具有快换装置	车载能源管理系统型号(包括软件和硬件)	车载能源管理系统生产企业	电动汽车续驶里程(工况法，km)	电动汽车续驶里程(等速法，km)	燃料种类	配套车辆类型	2015年配套车型产量(辆)	2016年1-3月份配套车型产量(辆)	配套车型产量合计(辆)
河南太行新能源科技有限公司；深圳沃特马电池有限公司	能量型	磷酸铁锂	IFR26650；33650-5Ah	3.2	—	0.085	5880	河南太行新能源科技有限公司；深圳沃特马电池有限公司	336	130	180	—	60.5	750	否	EV03	惠州亿能有限公司	—	150	纯电动	纯电动城市客车	6	0	6
中信国安盟固利动力科技有限公司；微宏动力系统（湖州）有限公司；天津力神电池股份有限公司	功率型；功率型；能量型	锰酸锂	SPIM 14245190；3.7V/35AH；LP2714897	3.7；3.7；3.7	—	1.03；1.15；0.82	468；468；468	中通客车控股股份有限公司；中通客车控股股份有限公司；中通客车控股股份有限公司	577；577；577	138.6；138.6；138.6	105；105；117	—	60.6；60.6；67.5	800；800；800	否	ZTEV22E	中通客车控股股份有限公司	—	200；200；200	纯电动	纯电动城市客车	6	0	6
天津力神电池股份有限公司；合肥国轩高科动力能源有限公司；力神动力电池系统有限公司	能量型；能量型；能量型	磷酸铁锂	LP2770134；IFP20100140A；LP2770134	3.2；3.2；3.2	—	0.51；0.572；0.51	2016；2016	中通客车控股股份有限公司；中通客车控股股份有限公司；中通客车控股股份有限公司	538；538；560	120；120；143	240；258；240	—	129；139；134.4	1590；1600；1600	否	ZTEV20E	中通客车控股股份有限公司	—	258；276；268	纯电动	纯电动客车	5	0	5

续表

储能装置单体生产企业	电动汽车储能装置类型	电动汽车储能装置种类	储能装置单体型号	储能装置单体的标称电压(V)	超级电容器单体标称静电容量(F)	储能装置单体质量(kg)	储能装置单体数量	储能装置总成生产企业	储能装置总成标称电压(V)	储能装置总成额定输出电流(A)	动力蓄电池总成标称容量(Ah)	超级电容器总成标称静电容量(F)	储能装置总储电量(kW·h)B	储能装置总质量(kg)	动力蓄电池箱是否具有快换装置	车载能源管理系统型号(包括软件和硬件)	车载能源管理系统生产企业	电动汽车续驶里程(工况法，km)	电动汽车续驶里程(等速法，km)	燃料种类	配套车辆类型	2015年配套车型产量(辆)	2016年1-3月份配套车型产量(辆)	配套车型产量合计(辆)
湘潭银河新能源有限公司	能量型	磷酸铁锂	YLFR60290E	3.2	—	1.8	352	深圳市佳华利道新技术开发有限公司	563.2	180	180	—	101.4	750	否	51211200	深圳市佳华利道新技术开发有限公司	—	300	纯电动	纯电动客车	5	0	5
	能量型	磷酸铁锂	YLFR60290E	3.2	—	1.8	324	福建银河新能源科技有限公司	346	145	270	—	93	660	否	硬件：EV05；软件：EV05-AA-V1.00	湘潭银河新能源有限公司	336	—	纯电动	纯电动厢式运输车			
	能量型	磷酸铁锂	YLFR60290E	3.2	—	1.80	120	湘潭银河新能源有限公司	384	90	90	—	34.56	246	无	硬件EV05；软件：EV05-AA-V1.00	湘潭银河新能源有限公司	141	150	纯电动	纯电动厢式运输车			
中慈（浙江）电动汽车制造有限公司	能量型	锰酸锂	18650	3.6	—	0.045±0.005	10800	中慈（浙江）电动汽车制造有限公司	144	139	486	—	69.98	560	—	MQ-BMS-1502	北京明泉华清科技有限公司	—	500	纯电动	纯电动厢式运输车	5	0	5
北京明泉华清科技有限公司	能量型	三元材料	18650	3.6	—	0.045±0.005	5200	中慈（浙江）电动汽车制造有限公司	144	139	234	—	33.7	300	—	MQ-BMS-1501	北京明泉华清科技有限公司	160	200	纯电动	纯电动多用途乘用车	0	5	5
中聚（天津）新能源投资有限公司；厦门华锂能源有限公司	能量型	磷酸铁锂	SP-LFP100AHA；72142220-100Ah	3.2；3.2	—	3.1；3.80	112；112	惠州市亿能电子有限公司；厦门华锂能源有限公司	358.4	135	100	—	35.84	495；515	否	EV03DMH 1317（041）	惠州市亿能电子有限公司	112	150	纯电动	纯电动轻型客车	4	0	4
	能量型	磷酸铁锂	SP-LFP100AHA；72142220-100Ah	3.2；3.2	—	3.1；3.80	112；112	惠州市亿能电子有限公司；厦门华锂能源有限公司	358.4	135	100	—	35.84	495；515	否	EV03DMH 1317（041）	惠州市亿能电子有限公司	112.5	150	纯电动	纯电动轻型客车			

续表

储能装置单体生产企业	电动汽车储能装置类型	电动汽车储能装置种类	储能装置单体型号	储能装置单体的标称电压(V)	超级电容器单体标称静电容量(F)	储能装置单体质量(kg)	储能装置单体数量	储能装置总成生产企业	储能装置总成标称电压(V)	储能装置总成额定输出电流(A)	动力蓄电池总成标称容量(Ah)	超级电容器总成标称静电容量(F)	储能装置总储电量(kW·h)B	储能装置总成质量(kg)	动力蓄电池箱是否具有快换装置	车载能源管理系统型号(包括软件和硬件)	车载能源管理系统生产企业	电动汽车续驶里程(工况法,km)	电动汽车续驶里程(等速法,km)	燃料种类	配套车辆类型	2015年配套车型产量(辆)	2016年1-3月份配套车型产量(辆)	配套车型产量合计(辆)
中聚(天津)新能源投资有限公司;厦门华锂能源有限公司	能量型	磷酸铁锂	SP-LFP100AHA;72142220-100Ah	3.2;3.2	—	3.1;3.80	112;112	惠州市亿能电子有限公司;厦门华锂能源有限公司	358.4	135	100	—	35.84	495;515	否	EV03DMH 1317(041)	惠州市亿能电子有限公司	112	150	纯电动	纯电动厢式运输车			
	能量型	磷酸铁锂	SP-LFP100AHA;72142220-100Ah	3.2;3.2	—	3.1;3.80	112;112	惠州市亿能电子有限公司;厦门华锂能源有限公司	358.4	135	100	—	35.84	495;515	否	EV03DMH 1317(041)	惠州市亿能电子有限公司	112.5	150	纯电动	纯电动厢式运输车			
北京普莱德新能源电池科技有限公司,北京普莱德新能源电池科技有限公司,哈尔滨光宇电源股份有限公司,北京普莱德新能源电池科技有限公司,宁德新能源科技有限公司	能量型	磷酸铁锂	29/135/220-66Ah;29/135/220/72Ah;FP31136225A;29/135/220/72Ah;29/135/220/72Ah	3.2	—	1.90;1.98;1.70;1.98;1.98	102;102;102;102;100	北京普莱德新能源电池科技有限公司;北京普莱德新能源电池科技有限公司;北京光宇新能科技有限公司;北京普莱德新能源电池科技有限公司;北京普莱德新能源电池科技有限公司	326;326;326;326;320	100;108;60;108;108	66;72;60;72;72	—	21.54;23.5;20;23.5;23.04	275;288;260;288;272	否	B34713/EV03;SVBMS26U16/HVBMS3U46;B34730/EV03;SVBMS26U16/HVBMS3U46;B34713/EV03;SVBMS26U16/HVBMS3U46;B34730/EV03,SVBMS26U16/HVBMS3U46;BMS3105C02;B34730/EV03,SVBMS26U16/HVBMS3U46;B34739/EV03	惠州市亿能电子有限公司,东莞新能德科技有限公司;惠州市亿能电子有限公司,东莞新能德科技有限公司;北京光宇新能科技有限公司;惠州市亿能电子有限公司,东莞新能德科技有限公司;惠州市亿能电子有限公司	90	120	纯电动	纯电动轿车	4	0	4

续表

储能装置单体生产企业	电动汽车储能装置类型	电动汽车储能装置种类	储能装置单体型号	储能装置单体的标称电压(V)	超级电容器单体标称静电容量(F)	储能装置单体质量(kg)	储能装置单体数量	储能装置总成生产企业	储能装置总成标称电压(V)	储能装置总成额定输出电流(A)	动力蓄电池总成标称容量(Ah)	超级电容器总成标称静电容量(F)	储能装置总储电量(kW·h)B	储能装置总成质量(kg)	动力蓄电池箱是否具有快换装置	车载能源管理系统型号(包括软件和硬件)	车载能源管理系统生产企业	电动汽车续驶里程(工况法，km)	电动汽车续驶里程(等速法，km)	燃料种类	配套车辆类型	2015年配套车型产量(辆)	2016年1-3月份配套车型产量(辆)	配套车型产量合计(辆)
宁德时代新能源科技股份有限公司；宁德时代新能源科技股份有限公司	能量型；能量型	磷酸铁锂	48/173/170；48/173/170	3.2；3.2	—	2.93；2.93	160；189	宁德时代新能源科技股份有限公司；宁德时代新能源科技股份有限公司	512；604.8V	160；160	120；120	—	61.4；72.58	683；870	否	83HMA16MB；软件：H20_ 72Kwh_ ZZG 硬件：BUS_ G5_ BMU_ E	宁德时代新能源科技股份有限公司；宁德时代新能源科技股份有限公司	—	180；200	纯电动	纯电动扫路车	4	0	4
上海奥威科技开发有限公司	功率型	超级电容	UCE15 V80000A	1.5	80000	3.1	400	上海奥威科技开发有限公司	600	300		200	6.8	1450	无	AW100	广州致远电子有限公司	—	—	纯电动	纯电动城市客车	4	0	4
东莞市振华新能源科技有限公司	能量型	三元材料	SW18650-22P	3.6	—	0.5	4800	厦门昌信新能源科技有限公司	144	70	264	—	38	310	否	BSU03-26S5T-12V-100K-C；BMU03A-I-G-12/24V-400V	厦门昌信新能源科技有限公司	—	220	纯电动	纯电动厢式运输车	3	0	3
惠州亿纬锂能股份有限公司	能量型	磷酸铁锂	3.2V190Ah	3.2	—	0.045	34944	惠州亿纬锂能股份有限公司	538	200	312	—	167.5	1960	否	EV05	惠州亿能电子有限公司	—	250	纯电动	纯电动客车	0	3	3
波士顿电池（江苏）有限公司；中航锂电（洛阳）有限公司	能量型；能量型	磷酸铁锂	Swing key 84；CAM72	3.65；3.2	—	1.86；2.1	94；106	北京波士顿动力电池有限公司；中航锂电（洛阳）有限公司	343.1；339	28；24	84；72	—	28.8；24.4	264；350	无	1.14.6.12；EVS100	东风汽车公司；襄阳海博思创新能源科技有限公司	85	100	纯电动	纯电动自装卸式垃圾车	2	0	2
比克国际（天津）有限公司	能量型	磷酸铁锂	26650MP-Fe	3.2	—	0.078	21924	比克国际（天津）有限公司	403.2	320	487.2	—	196.4	2500	否	EV03主板+EV02从板	惠州市亿能电子有限公司	—	160	纯电动	纯电动城市客车	2	0	2

续表

储能装置单体生产企业	电动汽车储能装置类型	电动汽车储能装置种类	储能装置单体型号	储能装置单体的标称电压(V)	超级电容器单体标称静电容量(F)	储能装置单体质量(kg)	储能装置单体数量	储能装置总成生产企业	储能装置总成标称电压(V)	储能装置总成额定输出电流(A)	动力蓄电池总成标称容量(Ah)	超级电容器总成标称静电容量(F)	储能装置总储电量(kW·h)B	储能装置总成质量(kg)	动力蓄电池箱是否具有快换装置	车载能源管理系统型号(包括软件和硬件)	车载能源管理系统生产企业	电动汽车续驶里程(工况法,km)	电动汽车续驶里程(等速法,km)	燃料种类	配套车辆类型	2015年配套车型产量(辆)	2016年1-3月份配套车型产量(辆)	配套车型产量合计(辆)
合肥国轩高科动力能源有限公司;深圳市沃特玛电池有限公司	能量型;能量型	磷酸铁锂	1865140;3.2V 10AH	3.2V;3.2V	—	0.325;0.3	7560;7560	合肥国轩高科动力能源有限公司;深圳市沃特玛电池有限公司	538	300	450	—	242	2800;2300	否	EV02	惠州市亿能电子有限公司	210	300	纯电动	纯电动城市客车	2	0	2
美国麦克斯威科技公司;山西皇城相府中道能源有限公司中道和分公司	功率型;能量型	磷酸铁锂;超级电容	BCAP3000 K2系列;ZDE-R60260	2.7;3.2	3000	0.51;1.5	144;75	美国麦克斯威科技公司;山西皇城相府中道能源有限公司中道和分公司	384	300	70	20.625	16.85	330	无	硬件:BMS-0910A;软件V1.0	深圳中德世纪新能源有限公司	—	55	插电式NG混合动力	插电式混合动力城市客车	2	0	2
三星(天津)电池有限公司	能量型	三元材料	INR18650-29E	3.7	—	0.0485±0.005	2400	湖南文泰能源科技有限公司	111	200	200	—	22.2	230±5	是	硬件:I-BMS30S12T-12EV;软件:S30S20T6803EV.21	湖南森泰能源科技股份有限公司	155	200	纯电动	纯电动轿车	2	0	2
东莞新能源科技有限公司(ATL)	能量型	磷酸铁锂	FC-F35-R5D5J0-01SP	3.2	—	1.35	100	东莞新能源科技有限公司(ATL)	320	35	35	—	11	200	否	MD-XEM-006-2983	东莞新能德科技有限公司(NVT)	—	70	汽油混合动力	插电式混合动力轿车	1	1	2
	能量型	磷酸铁锂	29/135/220-60Ah	3.2	—	1.91	315	东莞新能源有限公司	336	67	180	—	67	601.65	否	—	—	—	180	纯电动	纯电动客车			
万向A一二三系统有限公司;美国麦克斯威科技公司	能量型;功率型	磷酸铁锂;超级电容	WX12I3250;BCAP3000 K2	3.2;2.7	3000	1.1;0.51	168;126	万向A一二三系统有限公司;美国麦克斯威科技公司	268.8;336	100	100	23.57	27.25(电池:26.88;电容:0.37)	380	否	BMS-M-01-500-001;BMS-SGA-003	天津市松正电动汽车技术股份有限公司	—	52	柴油/电混合动力	插电式混合动力城市客车	0	2	2

续表

储能装置单体生产企业	电动汽车储能装置类型	电动汽车储能装置种类	储能装置单体型号	储能装置单体的标称电压(V)	超级电容器单体标称静电容量(F)	储能装置单体质量(kg)	储能装置单体数量	储能装置总成生产企业	储能装置总成标称电压(V)	储能装置总成额定输出电流(A)	动力蓄电池总成标称容量(Ah)	超级电容器总成标称静电容量(F)	储能装置总储电量(kW·h)B	储能装置总成质量(kg)	动力蓄电池箱是否具有快换装置	车载能源管理系统型号(包括软件和硬件)	车载能源管理系统生产企业	电动汽车续驶里程(工况法，km)	电动汽车续驶里程(等速法，km)	燃料种类	配套车辆类型	2015年配套车型产量(辆)	2016年1-3月份配套车型产量(辆)	配套车型产量合计(辆)
辽宁凯信新能源技术有限公司	功率型	磷酸铁锂	2770134LP	3.2	—	0.56	850	辽宁凯信新能源技术有限公司	544	100	100	—	54.4	550	否	KXG668100-001	辽宁凯信新能源技术有限公司	—	180	纯电动	纯电动城市客车	0	2	2
	功率型	磷酸铁锂	36130185LP	3.2	—	1.74	522	辽宁凯信新能源技术有限公司	556.8	180	180	—	100.2	1080	否	KXG6859100-001	辽宁凯信新能源技术有限公司	—	250	纯电动	纯电动城市客车			
芜湖天弋能源科技有限公司	能量型	磷酸铁锂	FFH3D3	3.2	—	2.3	180	芜湖天弋能源科技有限公司	576	84	84	—	48.4	540	否	主控型号为：TL52A；从控型号分别为TL5136A和TL5148A	芜湖天弋能源科技有限公司	—	178	纯电动	纯电动城市客车	0	2	2
	能量型	磷酸铁锂	FFH3D3	3.2	—	2.3	340	芜湖天量电池系统有限公司	544	168	168	—	91.4	1200	否	硬件：从控STC-BMU-HW01-24V-001A，主控STC-BCU-HW01-24V-001A；软件：从控STC-BMU-SW01-24V-001A，主控STC-BCU-SW01-24V-001A	芜湖天量电池系统有限公司	—	255	纯电动	纯电动城市客车			
浙江钱江锂电科技有限公司	方形软包电芯	磷酸铁锂	90160220 3.2	3.2	—	0.62	300	浙江钱江锂电科技有限公司	96	400	250	—	24	228	否	QT-DTBMS-5810A-AQ；QT-EVCU-2518	浙江高泰旱能科技有限公司	152	—	纯电动	纯电动轿车	0	2	2
天津力神电池股份有限公司；东莞市创明电池技术有限公司	能量型；功率型	三元材料	18650（2.2Ah）；CMICR18650F5	3.6	—	0.044；0.045	2640	金华市康迪新能源车辆有限公司	79.2	126	264	—	20.91	180	是	KD-BCU01V2.0；KD-BCU02	金华市康迪新能源车辆有限公司	150	180	纯电动	纯电动轿车	1	0	1

续表

储能装置单体生产企业	电动汽车储能装置类型	电动汽车储能装置种类	储能装置单体型号	储能装置单体的标称电压(V)	超级电容器单体标称静电容量(F)	储能装置单体质量(kg)	储能装置单体数量	储能装置总成生产企业	储能装置总成标称电压(V)	储能装置总成额定输出电流(A)	动力蓄电池总成标称容量(Ah)	超级电容器总成标称静电容量(F)	储能装置总储电量(kW·h)B	储能装置总成质量(kg)	动力蓄电池箱是否具有快换装置	车载能源管理系统型号(包括软件和硬件)	车载能源管理系统生产企业	电动汽车续驶里程(工况法,km)	电动汽车续驶里程(等速法,km)	燃料种类	配套车辆类型	2015年配套车型产量(辆)	2016年1-3月份配套车型产量(辆)	配套车型产量合计(辆)
天津力神电池股份有限公司;浙江天能能源科技有限公司	能量型	三元材料	18650(2.2Ah);TNL-ITR18650-2200P	3.6	—	0.044;0.045	2640	金华市康迪新能源车辆有限公司	79.2	126	264	—	20.91	180	是	KD-BCU01V2.0;KD-BCU02	金华市康迪新能源车辆有限公司	150	180	纯电动	纯电动轿车	1	0	1
力神动力电池系统有限公司;凯迈嘉华(洛阳)新能源有限公司	能量型;功率型	磷酸铁锂;超级电容	LP2770134;CUCPY-2R7V3000F	3.2;2.7	3000	0.513;0.6	351;144	力神动力电池系统有限公司;凯迈嘉华(洛阳)新能源有限公司	374.4	150	60	—	22.464	900	否	软件 LS_ EV_ BMS_ B22;硬件:LS_ EV_ BMS_ B22	力神动力电池系统有限公司	30	—	NG/电混合动力	插电式混合动力城市客车	1	0	1
北京国能电池科技有限公司;深圳市今朝时代新能源技术有限公司	功率型;功率型	磷酸铁锂;超级电容	PL17185265;TCPR002R73000;TIG-1H048P165	3.2;2.7	-;3000	1.5;0.50±0.10	160;144	北京国能电池科技有限公司;深圳市今朝时代新能源技术有限公司	256	180	120	20.6	30.7	700	否	CHBMS010	北京国能电池科技有限公司	—	52	CNG/电混合动力	插电式混合动力城市客车	1	0	1
美国麦克斯威科技公司	功率型	超级电容	BCAP3000	2.7	3000	0.55	180	湖南中车时代电动汽车股份有限公司	288	200		16.5	0.53	160	否	软件:CB288/30-1/3;硬件:CB288/30-1/2	CPEV	—	—	NG 混合动力	非插电式混合动力城市客车	1	0	1
福建卫东新能源有限公司	能量型	镍氢电池	QNF40	1.2		0.98	756	福建卫东新能源有限公司	302.4	500	120	—	36.288	1044	否	GHSV6H-180	厦门金龙旅行车有限公司	—	49	柴油混合动力	插电式混合动力城市客车	1	0	1

续表

储能装置单体生产企业	电动汽车储能装置类型	电动汽车储能装置种类	储能装置单体型号	储能装置单体的标称电压(V)	超级电容器单体标称静电容量(F)	储能装置单体质量(kg)	储能装置单体数量	储能装置总成生产企业	储能装置总成标称电压(V)	储能装置总成额定输出电流(A)	动力蓄电池总成标称容量(Ah)	超级电容器总成标称静电容量(F)	储能装置总储电量(kW·h)B	储能装置总成质量(kg)	动力蓄电池箱是否具有快换装置	车载能源管理系统型号(包括软件和硬件)	车载能源管理系统生产企业	电动汽车续驶里程(工况法,km)	电动汽车续驶里程(等速法,km)	燃料种类	配套车辆类型	2015年配套车型产量(辆)	2016年1-3月份配套车型产量(辆)	配套车型产量合计(辆)
合肥国轩高科动力能源有限公司;天津力神电池股份有限公司	功率型;功率型	磷酸铁锂	IFP20100140A;LP2770134	3.2;3.2	—	0.6;0.5	3360;3360	合肥国轩高科动力能源有限公司;天津力神电池股份有限公司	538;538	250;250	430;400	—	231.3;215.2	2700;2650	否	GXEV-1;LS_ EV_ BMU_ FS_ AA1 PCBA	合肥国轩高科动力能源有限公司;天津力神电池股份有限公司	250	300	纯电动	纯电动客车	1	0	1
江苏春兰清洁能源研究院有限公司;上海奥威科技开发有限公司	能量型	磷酸铁锂;超级电容	LFL160;UCR27V3000B	3.2;2.7	166	1.79;0.55	94;144	江苏春兰清洁能源研究院有限公司;上海奥威科技开发有限公司	384	60	60	20.75	18.432	330	否	软件:DYL300-60;硬件:HEV-BMS-V3	江苏春兰清洁能源研究院有限公司	—	—	NG/电混合动力	插电式混合动力城市客车	1	0	1
厦门金龙旅行车有限公司;厦门华锂能源有限公司	能量型;能量型	磷酸铁锂	XMJL-3.2V-100AH;64140216-100AH	3.2;3.2	—	3.1;3.1	360;324	厦门金龙旅行车有限公司;厦门华锂能源有限公司	576;518.4	300;300	200;200	—	115.2;103.68	1400;1260	否;否	XMJL-BMS-DPX;BMS401-V1.0	厦门金龙旅行车有限公司;厦门华锂能源有限公司	—	160;151	纯电动	纯电动城市客车	1	0	1
四川新纪元电动汽车动力总成有限公司	能量型	磷酸铁锂	XJYDL-230	3.2	—	6.15	120	四川新纪元电动汽车动力总成有限公司	384	230	230	—	88.32	822	否	DKX205-24T12;mewyeah2014	上海妙益科技有限公司	—	325	纯电动	纯电动客车	1	0	1

续表

储能装置单体生产企业	电动汽车储能装置类型	电动汽车储能装置种类	储能装置单体型号	储能装置单体的标称电压(V)	超级电容器单体标称静电容量(F)	储能装置单体质量(kg)	储能装置单体数量	储能装置总成生产企业	储能装置总成标称电压(V)	储能装置总成额定输出电流(A)	动力蓄电池总成标称容量(Ah)	超级电容器总成标称静电容量(F)	储能装置总储电量(kW·h)B	储能装置总成质量(kg)	动力蓄电池箱是否具有快换装置	车载能源管理系统型号(包括软件和硬件)	车载能源管理系统生产企业	电动汽车续驶里程(工况法，km)	电动汽车续驶里程(等速法，km)	燃料种类	配套车辆类型	2015年配套车型产量(辆)	2016年1-3月份配套车型产量(辆)	配套车型产量合计(辆)
苏州新中能源科技有限公司；美国麦克斯威科技公司	功率型；功率型	三元材料；超级电容	DPME20N；BCAP3000	3.6；2.7	3000	0.51；0.51	480；180个（10个模组，每个模组包括18个单体）	苏州新中能源科技有限公司；美国麦克斯威科技公司	346	160	345；100	16.5	锂电池34.6；超级电容4；共38.6	728	无	JTT X8	苏州杰拓腾动力科技有限公司	35	42	柴油	插电式混合动力城市客车	1	0	1
襄阳九龙坡青山自然能源研究院公司	能量型	磷酸铁锂	QSDL-400	3.2	—	10.2	84	襄阳九龙坡青山自然能源研究院公司	134.4	800	800	—	108	880	无	软件 DKX205-24T12；硬件 mewyeah2014	上海妙益科技有限公司	—	300	纯电动	纯电动城市客车	1	0	1
Mitsubishi Heavy Industry	能量型	三元材料	Mitsubishi MLix P140-std 50Ah	3.7	—	1.40	160	Johnson Matthey Battery Systems	296	40	100	—	29.6	340	否	MBA-1000789；MBA-1000789	Johnson Matthey Battery Systems	150	207	纯电动	纯电动轿车	0	1	1
北京科易动力科技有限公司	功率型	钛酸锂	KPTS2211F10FHA	2.3	—	0.52	1680	苏州科易新动力科技有限公司	552	250	140	—	77.3	1300	否	硬件 KPB04-KPL04-KPE600；软件 V1.0	苏州科易新动力科技有限公司	—	250	纯电动	纯电动城市客车	0	1	1
配套车型合计（辆）																						401345	65355	466700

三、2015 年 1 月至 2016 年 3 月混合动力发动机配套数量统计

发动机生产企业	发动机型号	油耗（L/100km）	排量（mL）	功率（kW）	电动汽车续驶里程（工况法，km）	电动汽车 30 分钟最高车速（km/h）	混合动力汽车纯电动模式下 1km 最高车速（km/h）	最高车速	燃料种类	配套车辆类型	2015 年配套车型产量（辆）	2016 年 1—3 月配套车型产量（辆）	配套车型产量合计（辆）
比亚迪汽车有限公司	BYD－2217TZ－XS－B（电动机）	—	—	160	252	145	—	150	纯电动	纯电动轿车	47847	8980	56827
	BYD473QE（发动机）	2.0	1497	80	70	165	165	165	汽油/电混合动力	插电式混合动力多用途乘用车			
	BYD473QE（发动机）	2.2	1497	80	70	120	100	155	汽油/电混合动力	插电式混合动力多用途乘用车			
	BYD473QE（发动机）	2.4	1497	80	50	120	100	155	汽油/电混合动力	插电式混合动力多用途乘用车			
	BYD476ZQA（发动机）	1.6	1497	113	70	150	150	185	汽油混合动力	插电式混合动力轿车			
	BYD476ZQA（发动机）	1.6	1497	113	70	65	60	185	汽油混合动力	插电式混合动力轿车			
	BYD487ZQA（发动机）	2.0	1999	151	85；80	96	140	180	汽油/电混合动力	插电式混合动力多用途乘用车			
	BYD487ZQA（发动机）	2.4	1999	151	60	96	140	180	汽油/电混合动力	插电式混合动力多用途乘用车			
山东德洋电子科技有限公司	DY－BLDC－72－9A（电动机）	—	—	18	152	80	—	80	纯电动	纯电动轿车	30160	2	30162
	DY－BLDC－72－9A（电动机）	—	—	9	83	80	—	80	纯电动	纯电动轿车			
	DY－BLDC－72－9A（电动机）	—	—	9	84	80	—	80	纯电动	纯电动轿车			
	DY－PMSM－144－15B（电动机）	—	—	30	155	100	—	100	纯电动	纯电动轿车			
	DY－PMSM－72－9B（电动机）	—	—	9	152	80	—	80	纯电动	纯电动轿车			
永康市斯科若电器有限公司	SCRMP07U1（电动机）	—	—	7.5	75	60	—	72	纯电动	纯电动厢式运输车	25826	2	25828
	SCRMP10U1（电动机）	—	—	20	150	80	—	80	纯电动	纯电动轿车			
	SCRMP10U1（电动机）	—	—	20	80	80	—	80	纯电动	纯电动轿车			
	SCRMP15U1（电动机）	—	—	28	153	80	—	80	纯电动	纯电动轿车			
	SCRMP18U2（电动机）	—	—	35	152	102	—	102	纯电动	纯电动轿车			
	SCRMP30U3（电动机）	—	—	75	160	100	—	100	纯电动	纯电动轿车			
天津一汽丰田发动机有限公司	8ZR（发动机）	4.2	1798	73	—	180	—	180	汽油/电混合动力	非插电式混合动力轿车	6048	15135	21183

续表

发动机生产企业	发动机型号	油耗（L/100km）	排量（mL）	功率（kW）	电动汽车续驶里程（工况法，km）	电动汽车30分钟最高车速（km/h）	混合动力汽车纯电动模式下1km最高车速（km/h）	最高车速	燃料种类	配套车辆类型	2015年配套车型产量（辆）	2016年1—3月配套车型产量（辆）	配套车型产量合计（辆）
比亚迪汽车工业有限公司	2217TZ - XSA（电动机）	—	—	68	253	120	—	150	纯电动	纯电动轿车	15220	5176	20396
	BYD - 2217TZ - XS - B（电动机）	—	—	80	256	130	—	130	纯电动	纯电动轿车			
	BYD - 2217TZ - XS - B（电动机）	—	—	80	305	130	—	130	纯电动	纯电动轿车			
	BYD - 2217TZ - XS - B（电动机）	—	—	80	250	130	—	130	纯电动	纯电动厢式运输车			
	BYD - 2912TZ - XY - A（电动机）	—	—	110	—	100	—	100	纯电动	纯电动厢式运输车			
	BYD - 2912TZ - XY - A（电动机）	—	—	150	—	100	—	100	纯电动	纯电动客车			
	BYD - 2912TZ - XY - A（电动机）	—	—	150	—	100	—	100	纯电动	纯电动旅游客车			
	BYD - 3425TZ - XS - A（电动机）	—	—	150	—	—	—	85	纯电动	纯电动洗扫车			
	BYD - 3425TZ - XS - A（电动机）	—	—	150	280	100	—	100	纯电动	纯电动旅游客车			
	BYD - 3425TZ - XS - A（电动机）	—	—	150	340	125	—	100	纯电动	纯电动旅游客车			
	BYD - TYC120A（电动机）	—	—	75	400	140	—	140	纯电动	纯电动轿车			
	BYD - TYC90A（电动机）	—	—	75	180	69	—	69	纯电动	纯电动城市客车			
	BYD - TYC90A（电动机）	—	—	75	200	69	—	69	纯电动	纯电动城市客车			
	BYD - TYC90A（电动机）	—	—	75	250	69	—	69	纯电动	纯电动城市客车			
	BYD - TYC90A（电动机）	—	—	90	220	69	—	69	纯电动	纯电动城市客车			
长沙众达汽车工业有限公司	PMZT115572（电动机）	—	—	11	160	80	—	80	纯电动	纯电动轿车	18266	0	18266
	ZT115572（电动机）	—	—	10	155	80	—	80	纯电动	纯电动轿车			
安徽巨一自动化装备有限公司	JEEMC01002B（电动机）	—	—	13	152	101	—	101	纯电动	纯电动轿车	11047	4527	15574
	JEEMC01002B（电动机）	—	—	13	152	95	—	95	纯电动	纯电动轿车			
	JEETZ200XS1345XK01（电动机）	—	—	40	201	60	—	80	纯电动	纯电动厢式运输车			
	JEETZ200XS2072JH02（电动机）	—	—	50	170	120	—	120	纯电动	纯电动轿车			
	JEETZ210X - 1345XK02（电动机）	—	—	40	152	60	—	80	纯电动	纯电动厢式运输车			
	JEETZ260XS1240AK03（电动机）	—	—	120	—	68	—	69	纯电动	纯电动城市客车			
	JEETZ340XS1240AK01（电动机）	—	—	150	—	98	—	100	纯电动	纯电动客车			
	TZ340XSAK4（电动机）	—	—	150	—	68	—	69	纯电动	纯电动城市客车			

续表

发动机生产企业	发动机型号	油耗（L/100km）	排量（mL）	功率（kW）	电动汽车续驶里程（工况法，km）	电动汽车30分钟最高车速（km/h）	混合动力汽车纯电动模式下1km最高车速（km/h）	最高车速	燃料种类	配套车辆类型	2015年配套车型产量（辆）	2016年1—3月配套车型产量（辆）	配套车型产量合计（辆）
郑州宇通客车股份有限公司	YTM280－CV3－H（电动机）	—	—	180	160	100	—	100	纯电动	纯电动客车	14788	603	15391
	YTM280－CV3－H（电动机）	—	—	180	245	100	—	100	纯电动	纯电动客车			
	YTM280－CV3－H（电动机）	—	—	180	91	65	—	69	纯电动	纯电动城市客车			
	YTM280－CV4－H（电动机）	—	—	200	160	68	—	69	纯电动	纯电动城市客车			
	YTM280－CV4－H（电动机）	—	—	200	215	68	—	90	纯电动	纯电动客车			
	YTM280－CV4－H（电动机）	—	—	200	320	68	—	69	纯电动	纯电动城市客车			
	YTM280－CV4－H（电动机）	—	—	200	—	69	—	69	纯电动	纯电动城市客车			
	YTM280－CV4－H（电动机）	—	—	200	—	80	—	80	纯电动	纯电动客车			
	YTM280－CV4－H（电动机）	—	—	200	180	90	—	90	纯电动	纯电动客车			
	YTM280－CV4－H（电动机）	—	—	200	215	90	—	90	纯电动	纯电动客车			
	YTM280－CV4－H（电动机）	—	—	200	245	90	—	90	纯电动	纯电动客车			
	YTM280－CV4－H（电动机）	—	—	200	—	100	—	100	纯电动	纯电动客车			
	YTM280－CV5－H（电动机）	—	—	25	110	70	—	70	纯电动	纯电动车厢可卸式垃圾车			
	YTM280－CV5－H（电动机）	—	—	25	—	70	—	72	纯电动	纯电动自装卸式垃圾车			
	YTM280－CV6－H（电动机）	—	—	50	—	80	—	80	纯电动	纯电动扫路车			
	YTM280－CV6－H（电动机）	—	—	100	—	45	—	69	纯电动	纯电动城市客车			
	YTM280－CV6－H（电动机）	—	—	100	—	45	—	80	纯电动	纯电动客车			
	YTM280－CV6－H（电动机）	—	—	100	—	45	—	100	纯电动	纯电动客车			
	YTM280－CV6－H（电动机）	—	—	100	150	69	—	69	纯电动	纯电动城市客车			
	YTM280－CV6－H（电动机）	—	—	100	160	69	—	69	纯电动	纯电动城市客车			
	YTM280－CV6－H（电动机）	—	—	100	160	100	—	100	纯电动	纯电动客车			
	YTM280－CV6－H（电动机）	—	—	100	190	100	—	100	纯电动	纯电动客车			
	YTM280－CV9－H（电动机）	—	—	350	—	100	—	100	纯电动	纯电动客车			

续表

发动机生产企业	发动机型号	油耗（L/100km）	排量（mL）	功率（kW）	电动汽车续驶里程（工况法，km）	电动汽车30分钟最高车速（km/h）	混合动力汽车纯电动模式下1km最高车速（km/h）	最高车速	燃料种类	配套车辆类型	2015年配套车型产量（辆）	2016年1—3月配套车型产量（辆）	配套车型产量合计（辆）
北京新能源汽车股份有限公司	IM1501（电动机）	—	—	34	150	80	—	80	纯电动	纯电动轿车	11810	2683	14493
	PM50W01（电动机）	—	—	100	200；260	125	—	140	纯电动	纯电动轿车			
	PM55C03（电动机）	—	—	115	—	100	—	100	纯电动	纯电动客车			
	TZ30S01（电动机）	—	—	30	200（与SKASC301对应）；180（与SKASC301/ V1.2对应）	120	—	125	纯电动	纯电动轿车			
	TZ30S01（电动机）	—	—	53	200（与SKASC301对应）；180（与SKASC301/ V1.2对应）	102	—	102	纯电动	纯电动轿车			
	YS2401（电动机）	—	—	24	150	80	—	80	纯电动	纯电动多用途乘用车			
	YS2401（电动机）	—	—	24	150	70	—	70	纯电动	纯电动厢式运输车			
	YS30S01（电动机）	—	—	62	150	70	—	70	纯电动	纯电动厢式运输车			
深圳市大地和电气股份有限公司	GLMI10A1（电动机）	—	—	7.5	80	60	—	60	纯电动	纯电动厢式运输车	13231	486	13717
	GLMI10A1（电动机）	—	—	20	150	75	—	75	纯电动	纯电动厢式运输车			
	GLMI10A2（电动机）	—	—	10	—	—	—	50	纯电动	纯电动车厢可卸式垃圾车			
	GLMI10A2（电动机）	—	—	10	—	—	—	50	纯电动	纯电动车厢自装式垃圾车			
	GLMI10A2（电动机）	—	—	10	—	—	—	50	纯电动	纯电动桶装垃圾运输车			
	GLMI10A2（电动机）	—	—	10	—	—	—	80	纯电动	纯电动厢式运输车			
	GLMI10A2（电动机）	—	—	10	—	70	—	75	纯电动	纯电动厢式运输车			
	GLMI10A2（电动机）	—	—	10	—	—	—	50	纯电动	纯电动自装卸式垃圾车			
	GLMI15A1（电动机）	—	—	20	—	—	—	80	纯电动	纯电动厢式运输车			
	GLMI15A1（电动机）	—	—	20	—	—	—	80	纯电动	纯电动密闭式桶装垃圾车			
	GLMI15A4（电动机）	—	—	30	100	80	—	80	纯电动	纯电动厢式运输车			
	GLMI15A4（电动机）	—	—	15	150	80	—	80	纯电动	纯电动厢式运输车			
	GLMI15A4（电动机）	—	—	15	155	80	—	80	纯电动	纯电动厢式运输车			
	GLMI15A4（电动机）	—	—	15	200	80	—	80	纯电动	纯电动服务车			

续表

发动机生产企业	发动机型号	油耗（L/100km）	排量（mL）	功率（kW）	电动汽车续驶里程（工况法，km）	电动汽车30分钟最高车速（km/h）	混合动力汽车纯电动模式下1km最高车速（km/h）	最高车速	燃料种类	配套车辆类型	2015年配套车型产量（辆）	2016年1—3月配套车型产量（辆）	配套车型产量合计（辆）
深圳市大地和电气股份有限公司	GLMI15A4（电动机）	—	—	15	200	80	—	80	纯电动	纯电动邮政车			
	GLMI15A4（电动机）	—	—	15	250	80	—	80	纯电动	纯电动厢式运输车			
	GLMI15A4（电动机）	—	—	15	303	80	—	80	纯电动	纯电动厢式运输车			
	GLMI15A4（电动机）	—	—	15	315	80	—	80	纯电动	纯电动厢式运输车			
	GLMI15A4（电动机）	—	—	15	320	80	—	80	纯电动	纯电动厢式运输车			
	GLMI15A4（电动机）	—	—	15	329	80	—	80	纯电动	纯电动厢式运输车			
	GLMI15A4（电动机）	—	—	15	352	80	—	80	纯电动	纯电动厢式运输车			
	GLMP100L0（电动机）	—	—	55	190	100	—	100	纯电动	纯电动客车			
	GLMP10L0（电动机）	—	—	15	—	—	—	50	纯电动	纯电动自装卸式垃圾车			
	GLMP10L0（电动机）	—	—	20	80	60	—	60	纯电动	纯电动路面养护车			
	GLMP10L0（电动机）	—	—	20	80	60	—	65	纯电动	纯电动扫路车			
	GLMP10L0（电动机）	—	—	20	—	—	—	50	纯电动	纯电动厢式运输车			
	GLMP10L0（电动机）	—	—	20	—	—	—	80	纯电动	纯电动自卸式垃圾车			
	GLMP10L0（电动机）	—	—	20	—	—	—	50	纯电动	纯电动自卸式垃圾车			
	GLMP10L0（电动机）	—	—	20	—	—	—	50	纯电动	纯电动自装卸式垃圾车			
	GLMP15L0（电动机）	—	—	20	80	65	—	80	纯电动	纯电动车厢可卸式垃圾车			
	GLMP15L0（电动机）	—	—	20	—	85	—	85	纯电动	纯电动厢式运输车			
	GLMP15L0（电动机）	—	—	40	—	60	—	60	纯电动	纯电动车厢可卸式垃圾车			
	GLMP15L0（电动机）	—	—	40	—	60	—	60	纯电动	纯电动洒水车			
	GLMP15L0（电动机）	—	—	40	—	60	—	60	纯电动	纯电动扫路车			
	GLMP15L0（电动机）	—	—	40	—	60	—	60	纯电动	纯电动自装卸式垃圾车			
	GLMP120L0（电动机）	—	—	80	110	69	—	69	纯电动	纯电动城市客车			
	GLMP120L0（电动机）	—	—	150	140	98	—	100	纯电动	纯电动客车			
	GLMP120L0（电动机）	—	—	160	—	100	—	100	纯电动	纯电动客车			

续表

发动机生产企业	发动机型号	油耗（L/100km）	排量（mL）	功率（kW）	电动汽车续驶里程（工况法，km）	电动汽车30分钟最高车速（km/h）	混合动力汽车纯电动模式下1km最高车速（km/h）	最高车速	燃料种类	配套车辆类型	2015年配套车型产量（辆）	2016年1—3月配套车型产量（辆）	配套车型产量合计（辆）
深圳市大地和电气股份有限公司	GLMP20L1（电动机）	—	—	20	83（仅城市工况）	70	—	70	纯电动	纯电动车厢可卸式垃圾车			
	GLMP20L1（电动机）	—	—	20	80	60	—	80	纯电动	纯电动路面养护车			
	GLMP20L1（电动机）	—	—	20	—	—	—	50	纯电动	纯电动扫路车			
	GLMP20L1（电动机）	—	—	20	—	—	—	80	纯电动	纯电动厢式运输车			
	GLMP20L1（电动机）	—	—	20	80	60	—	60	纯电动	纯电动扫路车			
	GLMP22L2（电动机）	—	—	30	—	—	—	80	纯电动	纯电动道路清扫车			
	GLMP22L2（电动机）	—	—	30	125	80	—	80	纯电动	纯电动路面养护车			
	GLMP22L2（电动机）	—	—	30	200	80	—	80	纯电动	纯电动扫路车			
	GLMP22L2（电动机）	—	—	30	125	80	—	80	纯电动	纯电动自装卸式垃圾车			
	GLMP24L0（电动机）	—	—	35	—	—	—	80	纯电动	纯电动厢式运输车			
	GLMP24L0（电动机）	—	—	35	—	—	—	80	纯电动	纯电动邮政车			
	GLMP24L0（电动机）	—	—	35	—	—	—	80	纯电动	纯电动自装卸式垃圾车			
	GLMP250L0（电动机）	—	—	120	—	69	—	69	纯电动	纯电动城市客车			
	GLMP250L0（电动机）	—	—	120	—	70	—	69	纯电动	纯电动城市客车			
	GLMP250L0（电动机）	—	—	120	—	80	—	80	纯电动	纯电动客车			
	GLMP250L0（电动机）	—	—	120	—	90	—	90	纯电动	纯电动客车			
	GLMP250L0（电动机）	—	—	200	—	68	—	69	纯电动	纯电动双层城市客车			
	GLMP250L0（电动机）	—	—	200	280	69	—	69	纯电动	纯电动城市客车			
	GLMP250L0（电动机）	—	—	200	—	90	—	100	纯电动	纯电动客车			
	GLMP25L1（电动机）	—	—	40	—	80	—	100	纯电动	纯电动多用途乘用车			
	GLMP25L1（电动机）	—	—	80	—	69	—	69	纯电动	纯电动城市客车			
	GLMP25L1（电动机）	—	—	80	—	65.2	—	69	纯电动	纯电动城市客车			
	GLMP25L1（电动机）	—	—	80	—	80	—	80	纯电动	纯电动客车			
	GLMP280L0（电动机）	—	—	120	—	69	—	69	纯电动	纯电动城市客车			

续表

发动机生产企业	发动机型号	油耗（L/100km）	排量（mL）	功率（kW）	电动汽车续驶里程（工况法，km）	电动汽车30分钟最高车速（km/h）	混合动力汽车纯电动模式下1km最高车速（km/h）	最高车速	燃料种类	配套车辆类型	2015年配套车型产量（辆）	2016年1—3月配套车型产量（辆）	配套车型产量合计（辆）
深圳市大地和电气股份有限公司	GLMP40L0（电动机）	—	—	60	160	100	—	100	纯电动	纯电动客车			
	GLMP40L0（电动机）	—	—	60	—	100	—	100	纯电动	纯电动厢式运输车			
	GLMP45L0（电动机）	—	—	45	200	80	—	100	纯电动	纯电动客车			
	GLMP60L0（电动机）	—	—	70	—	≤69	—	69	纯电动	纯电动城市客车			
	GLMP60L0（电动机）	—	—	70	—	≤100	—	100	纯电动	纯电动客车			
	GLMP60L0（电动机）	—	—	70	—	70	—	100	纯电动	纯电动客车			
	GLMP60L0（电动机）	—	—	70	—	100	—	100	纯电动	纯电动厢式运输车			
	GLMP60L0（电动机）	—	—	70	—	100	—	100	纯电动	纯电动邮政车			
	GLMP60L0（电动机）	—	—	100	—	69	—	69	纯电动	纯电动城市客车			
	GLMP60L0（电动机）	—	—	100	—	95	—	100	纯电动	纯电动客车			
	GLMP70L1（电动机）	—	—	120	—	79	—	100	纯电动	纯电动客车			
	GLMP70L1（电动机）	—	—	70	—	100	—	100	纯电动	纯电动客车			
	H021A（电动机）	—	—	35	165	120	—	130	纯电动	纯电动轿车			
	TZ260XSC00（电动机）	—	—	70	—	69	—	69	纯电动	纯电动城市客车			
	TZ260XSC00（电动机）	—	—	70	—	100	—	100	纯电动	纯电动客车			
	TZ260XSC00（电动机）	—	—	70	—	100	—	100	纯电动	纯电动厢式运输车			
	TZ260XSC00（电动机）	—	—	70	—	100	—	100	纯电动	纯电动监测车			
	TZ260XSC00（电动机）	—	—	70	—	100	—	100	纯电动	纯电动流动服务车			
	TZ260XSC00（电动机）	—	—	70	—	100	—	100	纯电动	纯电动邮政车			
	TZ260XSC00（电动机）	—	—	100	—	100	—	100	纯电动	纯电动客车			
	YS210XB02（电动机）	—	—	20	250	80	—	80	纯电动	纯电动厢式运输车			
	YS210XB02（电动机）	—	—	20	315	80	—	80	纯电动	纯电动厢式运输车			
	YS210XB02（电动机）	—	—	20	333	80	—	80	纯电动	纯电动厢式运输车			

续表

发动机生产企业	发动机型号	油耗（L/100km）	排量（mL）	功率（kW）	电动汽车续驶里程（工况法，km）	电动汽车30分钟最高车速（km/h）	混合动力汽车纯电动模式下1km最高车速（km/h）	最高车速	燃料种类	配套车辆类型	2015年配套车型产量（辆）	2016年1—3月配套车型产量（辆）	配套车型产量合计（辆）
上海汽车集团股份有限公司	15S4U（发动机）	1.6	1498	80	60	177	200	200	汽油混合动力	插电式混合动力轿车	12033	1668	13701
	15S4U（发动机）	2.3	1498	80	58	177	200	200	汽油混合动力	插电式混合动力轿车			
上海电驱动股份有限公司	190TYZ - X11AN（电动机）	—	—	8	—	—	—	80	纯电动	纯电动厢式运输车	11058	1174	12232
	190TYZ - X11AN（电动机）	—	—	20	150	70	—	80	纯电动	纯电动多用途乘用车			
	190TYZ - X11AN（电动机）	—	—	20	150	70	—	80	纯电动	纯电动轻型货车			
	190TYZ - X11AN（电动机）	—	—	20	150	70	—	80	纯电动	纯电动厢式运输车			
	190ZWS011（电动机）	—	—	8	—	—	—	72	纯电动	纯电动密闭式桶装垃圾车			
	190ZWS011（电动机）	—	—	20	120	60	—	80	纯电动	纯电动售货车			
	190ZWS011（电动机）	—	—	20	113	60	—	80	纯电动	纯电动厢式运输车			
	190ZWS011（电动机）	—	—	20	120	60	—	80	纯电动	纯电动厢式运输车			
	190ZWS011（电动机）	—	—	20	125	60	—	80	纯电动	纯电动厢式运输车			
	190ZWS011（电动机）	—	—	20	145	60	—	80	纯电动	纯电动厢式运输车			
	190ZWS011（电动机）	—	—	20	150	60	—	80	纯电动	纯电动厢式运输车			
	190ZWS011（电动机）	—	—	20	153	60	—	80	纯电动	纯电动厢式运输车			
	190ZWS011（电动机）	—	—	20	173	60	—	80	纯电动	纯电动厢式运输车			
	190ZWS011（电动机）	—	—	8	—	—	—	72	纯电动	纯电动自装卸式垃圾车			
	190ZWS011（电动机） 190ZWS011（电动机）	—	—	20; 8	—	—	—	80	纯电动	纯电动厢式运输车			
	2103AAD（电动机）	—	—	12	≥80	80	—	80	纯电动	纯电动轿车			
	2103AAL（电动机）	—	—	41.8	151	100	—	100	纯电动	纯电动轿车			
	240TYZ - XS06J（电动机）	—	—	25	—	—	—	80	纯电动	纯电动车厢可卸式垃圾车			
	240TYZ - XS06J（电动机）	—	—	25	—	—	—	80	纯电动	纯电动垃圾转运车			
	240TYZ - XS06J（电动机）	—	—	25	—	—	—	80	纯电动	纯电动路面养护车			
	240TYZ - XS06J（电动机）	—	—	25	—	—	—	80	纯电动	纯电动密闭式桶装垃圾车			

续表

发动机生产企业	发动机型号	油耗（L/100km）	排量（mL）	功率（kW）	电动汽车续驶里程（工况法，km）	电动汽车30分钟最高车速（km/h）	混合动力汽车纯电动模式下1km最高车速（km/h）	最高车速	燃料种类	配套车辆类型	2015年配套车型产量（辆）	2016年1—3月配套车型产量（辆）	配套车型产量合计（辆）
上海电驱动股份有限公司	240TYZ－XS06J（电动机）	—	—	25	—	—	—	80	纯电动	纯电动清洗车			
	240TYZ－XS06J（电动机）	—	—	25	—	—	—	80	纯电动	纯电动桶装垃圾运输车			
	240TYZ－XS06J（电动机）	—	—	25	—	—	—	80	纯电动	纯电动吸粪车			
	240TYZ－XS06J（电动机）	—	—	25	—	—	—	80	纯电动	纯电动自卸式垃圾车			
	240TYZ－XS06J（电动机）	—	—	25	—	—	—	80	纯电动	纯电动自装卸式垃圾车			
	245TYZ－XS02B（电动机）	—	—	135	—	98	—	100	纯电动	纯电动客车			
	264TYZ－XS15BT（电动机）	—	—	80	160	130	—	130	纯电动	纯电动轿车			
	264TYZ－XS15BT（电动机）	—	—	80	195	130	—	130	纯电动	纯电动轿车			
	264TYZ－XS15BT（电动机）	—	—	80	266	132.5	—	130	纯电动	纯电动多用途乘用车			
	368TYZ－XS30AZ（电动机）	—	—	140	—	69	—	69	纯电动	纯电动城市客车			
	DJ00YAQL（电动机）	—	—	55	120	100	—	120	纯电动	纯电动轿车			
	TZ275XS01A（电动机）	—	—	80	152	120	—	140	纯电动	纯电动轿车			
	WTYCDJ－30B－DN（电动机）	—	—	90	150	120	—	130	纯电动	纯电动轿车			
	YTM280－CV4－H（电动机）	—	—	100	—	69	—	69	纯电动	纯电动城市客车			
北京汽车新能源汽车有限公司	TZ20S02（电动机）	—	—	45	160	110	—	125	纯电动	纯电动轿车	8277	2567	10844
	TZ20S02（电动机）	—	—	45	150	110	—	125；120	纯电动	纯电动轿车			
	TZ20S02（电动机）	—	—	45	160（与PBMA100－01A对应）；150（与PBMA100－01A／V1.2对应）	110	—	125	纯电动	纯电动轿车			
	TZ40S01（电动机）	—	—	40	170	110	—	130	纯电动	纯电动轿车			
中通客车控股股份有限公司	TZ460XSZT1（电动机）	—	—	120	—	69	—	69	纯电动	纯电动城市客车	8215	1481	9696
	TZ460XSZT1（电动机）	—	—	120	—	90	—	90	纯电动	纯电动客车			
	ZT0110WE（电动机）	—	—	110	—	69	—	69	纯电动	纯电动城市客车			
	ZT0110WE（电动机）	—	—	60	—	69	—	69	纯电动	纯电动城市客车			

续表

发动机生产企业	发动机型号	油耗（L/100km）	排量（mL）	功率（kW）	电动汽车续驶里程（工况法，km）	电动汽车30分钟最高车速（km/h）	混合动力汽车纯电动模式下1km最高车速（km/h）	最高车速	燃料种类	配套车辆类型	2015年配套车型产量（辆）	2016年1—3月配套车型产量（辆）	配套车型产量合计（辆）
中通客车控股股份有限公司	ZTD080W03（电动机）	—	—	120	—	62	—	69	纯电动	纯电动城市客车			
	ZTD080W03（电动机）	—	—	120	—	64	—	69	纯电动	纯电动城市客车			
	ZTD080W03（电动机）	—	—	120	150	69	—	69	纯电动	纯电动城市客车			
	ZTD080W03（电动机）	—	—	120	—	90	—	90	纯电动	纯电动客车			
	ZTM100-2400（电动机）	—	—	200	160	90	—	90	纯电动	纯电动客车			
	ZTM60-350（电动机）	—	—	100	125	69	—	69	纯电动	纯电动城市客车			
	ZTM60-350（电动机）	—	—	100	—	100	—	100	纯电动	纯电动客车			
广汽丰田发动机有限公司	3AZ（发动机）	6	2362	110	—	180	—	170	汽油/电混合动力	非插电式混合动力轿车	7034	1582	8616
	4AR（发动机）	5.3	2494	118	—	180	—	180	汽油/电混合动力	非插电式混合动力轿车			
上海电驱动股份有限公司；芜湖杰诺瑞汽车电器系统有限公司	2103AAL（电动机） 2103AAS（电动机）	—	—	41.8；41.8	≥151	100	—	100	纯电动	纯电动轿车	5973	2353	8326
	2103AAL（电动机） 2103AAS（电动机）	—	—	41.8；41.8	151	100	—	100	纯电动	纯电动厢式运输车			
苏州海格新能源汽车电控系统科技有限公司	HC-EDM1000（电动机）	—	—	130	—	69	—	69	纯电动	纯电动城市客车	7883	161	8044
	HC-EDM1000（电动机）	—	—	130	—	100	—	100	纯电动	纯电动客车			
	HC-EDM1000（电动机）	—	—	130	—	100	—	100	纯电动	纯电动厢式运输车			
	HC-EDM4001（电动机）	—	—	220	—	90	—	90	纯电动	纯电动客车			
	HC-EDM5010（电动机）	—	—	160	—	69	—	69	纯电动	纯电动城市客车			
	HC-EDM5010（电动机）	—	—	160	—	100	—	100	纯电动	纯电动客车			
	HC-EDM5020（电动机）	—	—	100	—	80	—	69	纯电动	纯电动城市客车			
	HC-EDM5020（电动机）	—	—	100	—	80	—	80；100	纯电动	纯电动客车			
	HC-EDM5020（电动机）	—	—	100	—	100	—	100	纯电动	纯电动客车			
	HC-EDM5022（电动机）	—	—	110	—	100	—	100	纯电动	纯电动客车			
	HC-EDM5023（电动机）	—	—	150	—	69	—	69	纯电动	纯电动城市客车			

续表

发动机生产企业	发动机型号	油耗（L/100km）	排量（mL）	功率（kW）	电动汽车续驶里程（工况法，km）	电动汽车30分钟最高车速（km/h）	混合动力汽车纯电动模式下1km最高车速（km/h）	最高车速	燃料种类	配套车辆类型	2015年配套车型产量（辆）	2016年1—3月配套车型产量（辆）	配套车型产量合计（辆）
苏州海格新能源汽车电控系统科技有限公司	HC－EDM6000（电动机）	—	—	60	150	100	—	100	纯电动	纯电动厢式运输车			
	HC－EDM6000（电动机）	—	—	60	150	85	—	80	纯电动	纯电动厢式运输车			
	HC－EDM6000（电动机）	—	—	60	255	80	—	80	纯电动	纯电动厢式运输车			
	HC－HDM4000（电动机）	—	—	100	—	70	—	90	纯电动	纯电动客车			
	HC－HDM4000（电动机）	—	—	250	—	69	—	69	纯电动	纯电动城市客车			
	HC－HDM4000（电动机）	—	—	250	—	80	—	80	纯电动	纯电动客车			
	HC－HDM4000（电动机）	—	—	250	—	90	—	90	纯电动	纯电动客车			
	TZ365XSH05（电动机）	—	—	160	—	69	—	69	纯电动	纯电动城市客车			
	TZ365XSH07（电动机）	—	—	130	—	100	—	100	纯电动	纯电动客车			
	TZ368XSH01（电动机）	—	—	200	—	69	—	69	纯电动	纯电动城市客车			
广东合普动力科技有限公司	HPQ10－96（电动机）	—	—	10	170	59	—	60	纯电动	纯电动双排仓栅式运输车	6091	1711	7802
	HPQ10－96（电动机）	—	—	10	170	59	—	60	纯电动	纯电动厢式运输车			
	HPQ10－96（电动机）	—	—	10	99	59	—	60	纯电动	纯电动厢式运输车			
	HPQ10－96（电动机）	—	—	10	99	59.1	—	60	纯电动	纯电动仓栅式运输车			
	HPQ10－96（电动机）	—	—	10	99	59.1	—	60	纯电动	纯电动垃圾车			
	HPQ10－96（电动机）	—	—	10	99	59.1	—	60	纯电动	纯电动洒水车			
	HPQ10－96（电动机）	—	—	10	99	59.1	—	60	纯电动	纯电动双排厢式运输车			
	HPQ10－96（电动机）	—	—	10	99	59.1	—	60	纯电动	纯电动厢式运输车			
	HPQ10－96（电动机）	—	—	10	99	60	—	60	纯电动	纯电动双排仓栅式运输车			
	HPQ10－96（电动机）	—	—	20	150	102	—	102	纯电动	纯电动轿车			
	HPQ10－96（电动机）	—	—	20	152	100	—	100	纯电动	纯电动轿车			
	HPQ15－96－22W（电动机）	—	—	15	150	70	—	80	纯电动	纯电动厢式运输车			
	HPQ5－48－18N（电动机）	—	—	12	90	40	—	40	纯电动	纯电动厢式运输车			

续表

发动机生产企业	发动机型号	油耗（L/100km）	排量（mL）	功率（kW）	电动汽车续驶里程（工况法，km）	电动汽车30分钟最高车速（km/h）	混合动力汽车纯电动模式下1km最高车速（km/h）	最高车速	燃料种类	配套车辆类型	2015年配套车型产量（辆）	2016年1—3月配套车型产量（辆）	配套车型产量合计（辆）
南京越博动力系统股份有限公司	TZ365XS－YBM301（电动机）	—	—	60	—	69	—	90	纯电动	纯电动厢式运输车	6458	172	6630
	YBM200（电动机）	—	—	120	—	69	—	69	纯电动	纯电动城市客车			
	YBM200（电动机）	—	—	120	—	90	—	90	纯电动	纯电动客车			
	YBM200（电动机）	—	—	90	—	69	—	69	纯电动	纯电动城市客车			
	YBM200（电动机）	—	—	94	—	69	—	69	纯电动	纯电动城市客车			
	YBM200（电动机）	—	—	94	—	70	—	69	纯电动	纯电动城市客车			
	YBM200（电动机）	—	—	94	—	80	—	80	纯电动	纯电动客车			
	YBM200（电动机）	—	—	94	—	90	—	90	纯电动	纯电动客车			
	YBM300（电动机）	—	—	60	—	69	—	69	纯电动	纯电动城市客车			
	YBM300（电动机）	—	—	60	—	80	—	80	纯电动	纯电动厢式运输车			
	YBM300（电动机）	—	—	60	—	100	—	100	纯电动	纯电动客车			
	YBM300（电动机）	—	—	90	—	70	—	100	纯电动	纯电动客车			
	YBM301（电动机）	—	—	60	—	69	—	95	纯电动	纯电动电源车			
	YBM301（电动机）	—	—	60	—	69	—	95	纯电动	纯电动厢式运输车			
	YBM301（电动机）	—	—	60	—	100	—	100	纯电动	纯电动客车			
	YBM401（电动机）	—	—	25	—	80	—	80	纯电动	纯电动流动服务车			
	YBM401（电动机）	—	—	25	—	80	—	80	纯电动	纯电动邮政车			
	YBM401（电动机）	—	—	25	80	60	—	60	纯电动	纯电动扫路车			
重庆百转电动汽车电控系统有限责任公司	BMD－M－10000（电动机）	—	—	30	80	80	—	80	纯电动	纯电动轿车	6510	21	6531
	BMD－M－10000（电动机）	—	—	30	100	80	—	100	纯电动	纯电动轿车			
	BMD－M－10000（电动机）	—	—	30	160	100	—	100	纯电动	纯电动轿车			
	BMD－M－10000（电动机）	—	—	30	250	100	—	100	纯电动	纯电动轿车			
上海电驱动股份有限公司；上海电驱动股份有限公司	2103AAD（电动机） 2103AAK（电动机）	—	—	12； 12	80	80	—	80	纯电动	纯电动轿车	5775	0	5775

续表

发动机生产企业	发动机型号	油耗（L/100km）	排量（mL）	功率（kW）	电动汽车续驶里程（工况法，km）	电动汽车30分钟最高车速（km/h）	混合动力汽车纯电动模式下1km最高车速（km/h）	最高车速	燃料种类	配套车辆类型	2015年配套车型产量（辆）	2016年1—3月配套车型产量（辆）	配套车型产量合计（辆）
广西玉柴机器股份有限公司	YC4D120N－50（发动机）	—	4214	88	—	69	60	69	LNG/电混合动力	插电式混合动力城市客车	5400	339	5739
	YC4D120N－50（发动机）	—	4214	88	—	65	60	69	NG/电混合动力	插电式混合动力城市客车			
	YC4D140N－50（发动机）	—	4214	103	—	69	60	69	LNG/电混合动力	插电式混合动力城市客车			
	YC4E160－42（发动机）	14.5	4257	118	—	69	60	69	柴油/电混合动力	插电式混合动力城市客车			
	YC4EG160N－50（发动机）	—	4730	118	—	69	69	69	LNG/电混合动力	插电式混合动力城市客车			
	YC4EG160N－50（发动机）	—	4730	118	—	69	69	69	NG/电混合动力	插电式混合动力城市客车			
	YC4G180－40（发动机）	17.5	5200	132	—	65	65	69	柴油混合动力	插电式混合动力城市客车			
	YC4G180－40（发动机）	31.5	5200	132	—	65	65	69	柴油混合动力	插电式混合动力城市客车			
	YC4G180N－50（发动机）	—	5200	132	—	69	30	69	NG/电混合动力	插电式混合动力城市客车			
	YC4G190N－50（发动机）	—	5200	140	—	69	≥50	69	LNG/电混合动力	插电式混合动力城市客车			
	YC4G200－40（发动机）	11.8	5200	147	—	100	80	100	柴油/电混合动力	插电式混合动力客车			
	YC6A240－40（发动机）	17.0	7255	177	—	—	100	100	柴油/电混合动力	插电式混合动力客车			
	YC6A240－40（发动机）	21.2	7255	177	—	69	50	69	柴油/电混合动力	插电式混合动力城市客车			
	YC6A260－40（发动机）	19.5	7255	191	—	—	100	100	柴油/电混合动力	插电式混合动力客车			
	YC6A260－40（发动机）	21.4	7255	191	20	40	60	69	柴油/电混合动力	插电式混合动力城市客车			
	YC6A260－40（发动机）	—	7255	191	—	60	60	69	柴油/电混合动力	插电式混合动力城市客车			
	YC6G230N－50（发动机）	—	7800	170	—	60	69	69	LNG/电混合动力；CNG/电混合动力	插电式混合动力城市客车			
	YC6G230N－50（发动机）	—	7800	170	—	50	60	69	NG/电混合动力	插电式混合动力城市客车			
	YC6G230N－50（发动机）	—	7800	170	—	45	50	69	NG/电混合动力	插电式混合动力城市客车			
	YC6G250N－50（发动机）	—	7800	184	—	65	69	69	CNG/电混合动力	插电式混合动力城市客车			
	YC6G250N－50（发动机）	—	7800	184	—	95	100	100	NG/电混合动力	插电式混合动力客车			
	YC6G260N－50（发动机）	—	7800	191	—	69	50	69	CNG/LNG混合动力	插电式混合动力城市客车			
	YC6G260N－50（发动机）	—	7800	191	—	69	60	69	NG/电混合动力	插电式混合动力城市客车			

续表

发动机生产企业	发动机型号	油耗（L/100km）	排量（mL）	功率（kW）	电动汽车续驶里程（工况法，km）	电动汽车30分钟最高车速（km/h）	混合动力汽车纯电动模式下1km最高车速（km/h）	最高车速	燃料种类	配套车辆类型	2015年配套车型产量（辆）	2016年1—3月配套车型产量（辆）	配套车型产量合计（辆）
广西玉柴机器股份有限公司	YC6J180－42（发动机）	18.5	6500	132	21	69	69	69	柴油/电混合动力	插电式混合动力城市客车			
	YC6J180－42（发动机）	23	6500	132	—	65	69	69	柴油混合动力	插电式混合动力城市客车			
	YC6J180－50（发动机）	21	6500	132	—	69	20	69	柴油/电混合动力	插电式混合动力城市客车			
	YC6J190N－40（发动机）	—	6454	140	—	75	40	69	NG 混合动力	插电式混合动力城市客车			
	YC6J190N－52（发动机）	—	6494	140	21	68	68	69	LNG/电混合动力	插电式混合动力城市客车			
	YC6J200－42（发动机）	17.5	6500	147	—	65	65	69	柴油/电混合动力	插电式混合动力城市客车			
	YC6J200－42（发动机）	18.5	6500	147	—	—	40	69	柴油/电混合动力	插电式混合动力城市客车			
	YC6J200－42（发动机）	18.5	6500	147	—	69	69	69	柴油/电混合动力	插电式混合动力城市客车			
	YC6J200－42（发动机）	18.6	6500	147	—	65	60	69	柴油/电混合动力	插电式混合动力城市客车			
	YC6J200－42（发动机）	18.7	6500	147	—	69	50	69	柴油混合动力	插电式混合动力城市客车			
	YC6J200－42（发动机）	18.8	6500	147	—	69	50	69	柴油/电混合动力	插电式混合动力城市客车			
	YC6J200－42（发动机）	18.8	6500	147	—	69	22	69	柴油混合动力	插电式混合动力城市客车			
	YC6J200－42（发动机）	18.9	6500	147	—	69	50	69	柴油混合动力	插电式混合动力城市客车			
	YC6J200－42（发动机）	19.2	6500	147	—	69	69	69	柴油/电混合动力	插电式混合动力城市客车			
	YC6J200－42（发动机）	19.3	6500	147	—	69	30	69	柴油/电混合动力	插电式混合动力城市客车			
	YC6J200－42（发动机）	19.4	6494	147	—	69	50	69	柴油/电混合动力	插电式混合动力城市客车			
	YC6J200－42（发动机）	19.5	6500	147	—	69	69	69	柴油/电混合动力	插电式混合动力城市客车			
	YC6J200－42（发动机）	19.8	6500	147	20	40	60	69	插电式柴油混合动力	插电式混合动力城市客车			
	YC6J200－42（发动机）	19.8	6500	147	21	68	50	69	柴油/电混合动力	插电式混合动力城市客车			
	YC6J200－42（发动机）	20.0	6500	147	—	50	69	69	柴油/电混合动力	插电式混合动力城市客车			
	YC6J200－42（发动机）	20.0	6500	147	—	62	32	69	柴油/电混合动力	插电式混合动力城市客车			
	YC6J200－42（发动机）	20.7	6500	147	—	69	50	69	柴油/电混合动力	插电式混合动力城市客车			
	YC6J200－42（发动机）	21	6494	147	42	62	68	68	柴油/电混合动力	插电式混合动力城市客车			
	YC6J200－42（发动机）	21.4	6500	147	20	40	60	69	插电式柴油混合动力	插电式混合动力城市客车			

续表

发动机生产企业	发动机型号	油耗（L/100km）	排量（mL）	功率（kW）	电动汽车续驶里程（工况法，km）	电动汽车30分钟最高车速（km/h）	混合动力汽车纯电动模式下1km最高车速（km/h）	最高车速	燃料种类	配套车辆类型	2015年配套车型产量（辆）	2016年1—3月配套车型产量（辆）	配套车型产量合计（辆）
广西玉柴机器股份有限公司	YC6J200-42（发动机）	24	6494	147	—	65	69	69	柴油混合动力	插电式混合动力城市客车			
	YC6J200-42（发动机）	28	6500	147	46	65	69	69	柴油混合动力	插电式混合动力城市客车			
	YC6J200-42（发动机）	—	6500	147	—	60	35	69	柴油混合动力	插电式混合动力电动城市客车			
	YC6J200-50（发动机）	18.5	6500	147	—	69	50	69	柴油/电混合动力	插电式混合动力城市客车			
	YC6J200-50（发动机）	18.8	6500	147	—	69	50	69	柴油/电混合动力	插电式混合动力城市客车			
	YC6J200-50（发动机）	19.0	6500	147	—	69	69	69	柴油/电混合动力	插电式混合动力城市客车			
	YC6J200-50（发动机）	19.3	6500	147	—	69	30	69	柴油/电混合动力	插电式混合动力城市客车			
	YC6J200-50（发动机）	19.5	6500	147	—	69	50	69	柴油/电混合动力	插电式混合动力城市客车			
	YC6J200-50（发动机）	20.7	6500	147	—	69	50	69	柴油/电混合动力	插电式混合动力城市客车			
	YC6J200-50（发动机）	21	6500	147	—	69	20	69	柴油/电混合动力	插电式混合动力城市客车			
	YC6J200-50（发动机）	21.7	6500	147	—	64	68	69	柴油/电混合动力	插电式混合动力城市客车			
	YC6J210N-52（发动机）	—	1082.3	155	—	69	50	69	CNG/电混合动力	插电式混合动力城市客车			
	YC6J210N-52（发动机）	—	6494	155	—	69（混合动力模式）	69	69	NG/电混合动力	插电式混合动力城市客车			
	YC6J210N-52（发动机）	—	6494	155	31	69	50	69	CNG/电混合动力	插电式混合动力城市客车			
	YC6J210N-52（发动机）	—	6494	155	32	68	52	69	LNG/电混合动力	插电式混合动力城市客车			
	YC6J210N-52（发动机）	—	6494	155	—	69	50	69	LNG/电混合动力	插电式混合动力城市客车			
	YC6J210N-52（发动机）	—	6494	155	—	65	65	69	LNG/电混合动力	插电式混合动力城市客车			
	YC6J210N-52（发动机）	—	6494	155	—	69	69	69	LNG/电混合动力	插电式混合动力城市客车			
	YC6J210N-52（发动机）	—	6494	155	46	65	69	69	LNG混合动力，NG混合动力	插电式混合动力城市客车			
	YC6J210N-52（发动机）	—	6494	155	30	69	69	69	NG/电混合动力	插电式混合动力城市客车			
	YC6J210N-52（发动机）	—	6494	155	31	68	50	69	NG/电混合动力	插电式混合动力城市客车			
	YC6J210N-52（发动机）	—	6494	155	—	60	65	69	NG混合动力	插电式混合动力城市客车			

续表

发动机生产企业	发动机型号	油耗（L/100km）	排量（mL）	功率（kW）	电动汽车续驶里程（工况法，km）	电动汽车30分钟最高车速（km/h）	混合动力汽车纯电动模式下1km最高车速（km/h）	最高车速	燃料种类	配套车辆类型	2015年配套车型产量（辆）	2016年1—3月配套车型产量（辆）	配套车型产量合计（辆）
广西玉柴机器股份有限公司	YC6J210N－52（发动机）	—	6494	155	42	62	68	68	NG/电混合动力	插电式混合动力城市客车			
	YC6J210N－52（发动机）	—	6494	155	35	63	68	68	NG 混合动力	插电式混合动力城市客车			
	YC6J210N－52（发动机）	—	6494	155	—	64	40	69	NG/电混合动力	插电式混合动力城市客车			
	YC6J210N－52（发动机）	—	6494	155	—	65	65	69	NG/电混合动力	插电式混合动力城市客车			
	YC6J210N－52（发动机）	—	6494	155	—	65	60	69	NG 混合动力	插电式混合动力城市客车			
	YC6J210N－52（发动机）	—	6494	155	32	67	50	69	NG 混合动力	插电式混合动力城市客车			
	YC6J210N－52（发动机）	—	6494	155	—	68	50	69	NG/电混合动力	插电式混合动力城市客车			
	YC6J210N－52（发动机）	—	6494	155	—	69	20	69	NG/电混合动力	插电式混合动力城市客车			
	YC6J210N－52（发动机）	—	6494	155	—	69	22	69	NG 混合动力	插电式混合动力城市客车			
	YC6J210N－52（发动机）	—	6494	155	—	69	25	69	NG/电混合动力	插电式混合动力城市客车			
	YC6J210N－52（发动机）	—	6494	155	—	69	30	69	NG/电混合动力	插电式混合动力城市客车			
	YC6J210N－52（发动机）	—	6494	155	38	69	50	69	NG 混合动力	插电式混合动力城市客车			
	YC6J210N－52（发动机）	—	6494	155	45	69	69	69	NG 混合动力	插电式混合动力城市客车			
	YC6J220－42（发动机）	18.5	6500	162	—	69	69	69	柴油/电混合动力	插电式混合动力城市客车			
	YC6J220－42（发动机）	18.5	6500	162	38	67	50	69	柴油混合动力	插电式混合动力城市客车			
	YC6J220－42（发动机）	19.5	6500	162	—	68	50	69	柴油/电混合动力	插电式混合动力城市客车			
	YC6J220－42（发动机）	19.6	6500	162	—	69	22	69	柴油混合动力	插电式混合动力城市客车			
	YC6J220－42（发动机）	20.7	6500	162	—	69	50	69	柴油混合动力	插电式混合动力城市客车			
	YC6J220－42（发动机）	20.9	6500	162	—	69	22	69	柴油混合动力	插电式混合动力城市客车			
	YC6J220－42（发动机）	22	6500	162	32	68	52	69	柴油/电混合动力	插电式混合动力城市客车			
	YC6J220－42（发动机）	23	6494	162	35	63	68	68	柴油/电混合动力	插电式混合动力城市客车			
	YC6J220－42（发动机）	24	6500	162	31	68	50	69	柴油/电混合动力	插电式混合动力城市客车			
	YC6J220－50（发动机）	21.3	6500	162	—	69	30	69	柴油/电混合动力	插电式混合动力城市客车			
	YC6J220－50（发动机）	24.2	6500	162	—	64	—	69	柴油/电混合动力	插电式混合动力城市客车			

续表

发动机生产企业	发动机型号	油耗（L/100km）	排量（mL）	功率（kW）	电动汽车续驶里程（工况法，km）	电动汽车30分钟最高车速（km/h）	混合动力汽车纯电动模式下1km最高车速（km/h）	最高车速	燃料种类	配套车辆类型	2015年配套车型产量（辆）	2016年1—3月配套车型产量（辆）	配套车型产量合计（辆）
广西玉柴机器股份有限公司	YC6J220-52（发动机）	18.5	6494	162	—	69	60	69	柴油/电混合动力	插电式混合动力城市客车			
	YC6J225N-52（发动机）	—	6494	166	—	65	60	69	NG混合动力	插电式混合动力城市客车			
	YC6J225N-52（发动机）	—	6494	166	—	69	50	69	NG/电混合动力	插电式混合动力城市客车			
	YC6J245-42（发动机）	13.4	6494	180	—	100	80	100	柴油/电混合动力	插电式混合动力客车			
	YC6J245-42（发动机）	20.1	6500	180	—	50	69	69	柴油/电混合动力	插电式混合动力城市客车			
	YC6J245-42（发动机）	20.5	6500	180	21	68	50	69	柴油/电混合动力	插电式混合动力城市客车			
	YC6J245-42（发动机）	20.7	6500	180		69	50	69	柴油/电混合动力	插电式混合动力城市客车			
	YC6J245-50（发动机）	20.3	6500	180			69	69	柴油/电混合动力	插电式混合动力城市客车			
	YC6J245-50（发动机）	22.4	6500	180			69	69	柴油/电混合动力	插电式混合动力城市客车			
	YC6MK340N-50（发动机）	—	10338	250		62	69	69	NG/电混合动力	插电式混合动力城市客车			
	YC6MK340N-50（发动机）	—	10338	250		67	50	69	NG混合动力	插电式混合动力铰接城市客车			
广西玉柴机器股份有限公司；潍柴西港新能源动力有限公司	YC6G230N-50（发动机） WP6NG210E50（发动机）	—	7800； 6750	170； 155		68	69	69	LNG/电混合动力	插电式混合动力城市客车	5335	300	5635
	YC6J210N-52（发动机） WP6NG210E50（发动机）	—	6494； 6750	155； 155		69	≥50	69	LNG/电混合动力	插电式混合动力城市客车			
	YC6G230N-50（发动机） WP7NG240E51（发动机）	—	7800； 7470	170； 177		69	69	69	NG/电混合动力	插电式混合动力城市客车			
	YC6G230N-50（发动机） WP6NG240E50（发动机）	—	7800； 6750	170； 176		50	69	69	NG/电混合动力	插电式混合动力城市客车			
	YC6G230N-50（发动机） WP7NG240E50（发动机）	—	7800； 7140	170； 177	46.5	65	69	69	NG混合动力	插电式混合动力城市客车			
	YC6G230N-50（发动机） WP7NG240E50（发动机）	—	7800； 7140	170； 177		68	50	69	NG混合动力	插电式混合动力城市客车			
	YC6J210N-52（发动机） WP6NG210E50（发动机）	—	6494； 6750	155； 155	30	69	25	69	NG/电混合动力	插电式混合动力城市客车			

续表

发动机生产企业	发动机型号	油耗（L/100km）	排量（mL）	功率（kW）	电动汽车续驶里程（工况法，km）	电动汽车30分钟最高车速（km/h）	混合动力汽车纯电动模式下1km最高车速（km/h）	最高车速	燃料种类	配套车辆类型	2015年配套车型产量（辆）	2016年1—3月配套车型产量（辆）	配套车型产量合计（辆）
广西玉柴机器股份有限公司；潍柴西港新能源动力有限公司	YC6J210N－52（发动机） WP6NG210E50（发动机）	—	6494；6750	155；155		69	30	69	NG 混合动力	插电式混合动力城市客车			
	YC6J210N－52（发动机） WP6NG210E50（发动机）	—	6494；6750	155；155		69	40	69	NG/电混合动力	插电式混合动力城市客车			
	YC6J210N－52（发动机） WP6NG210E50（发动机）	—	6494；6750	155；155	25	69	69	69	NG/电混合动力	插电式混合动力城市客车			
	YC6J210N－52（发动机） WP6NG210E50（发动机）	—	6494；6750	155；155	32	69	69	69	NG 混合动力	插电式混合动力城市客车			
	YC6J210N－52（发动机） WP6NG210E50（发动机）	—	6494；6750	155；155	50	69	69	69	NG 混合动力	插电式混合动力城市客车			
	YC6J210N－52（发动机） WP6NG210E50（发动机）	—	6500；6750	155；155	40（纯电模式）	69（混合动力模式）	69	69	NG 混合动力	插电式混合动力城市客车			
	YC6J210N－52（发动机） WP6NG240E50（发动机）	—	6494；6750	155；176	—	67	50	69	NG 混合动力	插电式混合动力城市客车			
	YC6J225N－52（发动机） WP7NG240E50（发动机）	—	6494；7140	166；177	50	69	69	69	NG 混合动力	插电式混合动力城市客车			
	YC6J225N－52（发动机） WP6NG210E50（发动机）	—	6494；6750	166；155	—	69	50	69	NG 混合动力	插电式混合动力城市客车			
华域汽车电动系统有限公司	200TZ－XS60K（电动机）	—	—	28	155	100	—	120	纯电动	纯电动轿车	4938	474	5412
	230TY28K（电动机）	—	—	52	120	120	—	130	纯电动	纯电动轿车			
	230TY28K（电动机）	—	—	52	140	65	—	130	纯电动	纯电动轿车			
	230TY28K（电动机）	—	—	52	170	120	—	130	纯电动	纯电动轿车			
	240TZ－XS110K（电动机）	—	—	110	150	100	—	100	纯电动	纯电动客车			
	290TZ－XS150K（电动机）	—	—	75	155	130	—	150；100	纯电动	纯电动多用途乘用车			
精进电动科技（北京）有限公司	TM4018（电动机）	—	—	40	336	95	—	95	纯电动	纯电动厢式运输车	4652	521	5173
	TM5002（电动机）	—	—	100	—	≤100	—	100	纯电动	纯电动客车			

续表

发动机生产企业	发动机型号	油耗（L/100km）	排量（mL）	功率（kW）	电动汽车续驶里程（工况法，km）	电动汽车30分钟最高车速（km/h）	混合动力汽车纯电动模式下1km最高车速（km/h）	最高车速	燃料种类	配套车辆类型	2015年配套车型产量（辆）	2016年1—3月配套车型产量（辆）	配套车型产量合计（辆）
精进电动科技（北京）有限公司	TM5002（电动机）	—	—	100	—	69	—	69	纯电动	纯电动城市客车			
	TM5002（电动机）	—	—	100	—	70	—	100	纯电动	纯电动客车			
	TM5002（电动机）	—	—	100	—	85	—	90	纯电动	纯电动工程车			
	TM5002（电动机）	—	—	100	—	95	—	100	纯电动	纯电动客车			
	TM5002（电动机）	—	—	100	180	100	—	100	纯电动	纯电动客车			
	TM5002（电动机）	—	—	150	—	69	—	69	纯电动	纯电动城市客车			
	TM5002（电动机）	—	—	150	—	100	—	100	纯电动	纯电动客车			
	TM5007（电动机）	—	—	102	—	69	—	69	纯电动	纯电动城市客车			
	TM5007（电动机）	—	—	102	—	85	—	85	纯电动	纯电动客车			
	TM5007（电动机）IS5003（电动机）	—	—	102；85	—	69	—	69	纯电动	纯电动城市客车			
	TM5009（电动机）	—	—	115	120	80	—	80	纯电动	纯电动客车			
	TM5009（电动机）	—	—	115	—	69	—	69	纯电动	纯电动城市客车			
	TM5009（电动机）	—	—	150	60	68	—	69	纯电动	纯电动城市客车			
	TM5009（电动机）	—	—	150	—	69	—	69	纯电动	纯电动城市客车			
	TM5028（电动机）	—	—	95	253	140	—	140	纯电动	纯电动轿车			
	TM5035（电动机）	—	—	150	—	65	—	69	纯电动	纯电动城市客车			
南昌福瑞德科技有限公司	FRDY753006A0（电动机）	—	—	7.5	150	80	—	80	纯电动	纯电动轿车	4906	0	4906
	FRDY103012A0（电动机）	—	—	10	—	80	—	80	纯电动	纯电动仓栅式运输车			
	FRDY103012A0（电动机）	—	—	10	—	80	—	80	纯电动	纯电动车厢可卸式垃圾车			
	FRDY103012A0（电动机）	—	—	10	200	80	—	80	纯电动	纯电动厢式运输车			
陕西通家汽车股份有限公司	YS132H015（电动机）	—	—	28	190	65	—	75	纯电动	纯电动厢式运输车	4712	26	4738
宁波铭马电动车辆工业有限公司	XTQD-25（电动机）	—	—	25	200	100	—	100	纯电动	纯电动厢式运输车	3686	0	3686
	XTQD-80（电动机）	—	—	80	—	100	—	100	纯电动	纯电动轻型客车			

续表

发动机生产企业	发动机型号	油耗（L/100km）	排量（mL）	功率（kW）	电动汽车续驶里程（工况法，km）	电动汽车30分钟最高车速（km/h）	混合动力汽车纯电动模式下1km最高车速（km/h）	最高车速	燃料种类	配套车辆类型	2015年配套车型产量（辆）	2016年1—3月配套车型产量（辆）	配套车型产量合计（辆）
宁波铭马电动车辆工业有限公司	XTQD-80（电动机）	—	—	80	—	100	—	100	纯电动	纯电动厢式运输车			
上海力信电气技术有限公司	LXM065W120（电动机）	—	—	70	—	100	—	100	纯电动	纯电动客车	3436	158	3594
	LXM065W120（电动机）	—	—	70	—	100	—	100	纯电动	纯电动救护车			
	LXM065W120（电动机）	—	—	70	—	100	—	100	纯电动	纯电动厢式运输车			
	LXM070W150（电动机）	—	—	70	—	100	—	100	纯电动	纯电动客车			
	LXM070W150（电动机）	—	—	70	—	100	—	100	纯电动	纯电动押运车			
	LXM070W150（电动机）	—	—	90	—	69	—	69	纯电动	纯电动城市客车			
	LXM070W150（电动机）	—	—	90	—	100	—	100	纯电动	纯电动电力工程车			
	LXM070W150（电动机）	—	—	90	—	100	—	100	纯电动	纯电动客车			
	LXM070W150（电动机）	—	—	90	—	100	—	100	纯电动	纯电动流动服务车			
	LXM070W150（电动机）	—	—	90	—	100	—	100	纯电动	纯电动囚车			
	LXM070W150（电动机）	—	—	90	—	100	—	100	纯电动	纯电动厢式运输车			
	LXM070W150（电动机）	—	—	90	—	100	—	100	纯电动	纯电动邮政车			
湖南中车时代电动汽车股份有限公司	JD147A（电动机）	—	—	80	—	70	—	69	纯电动	纯电动城市客车	3417	127	3544
	JD156A（电动机）	—	—	150	200	63	—	69	纯电动	纯电动城市客车			
	JD156A（电动机）	—	—	150	—	69	—	69	纯电动	纯电动城市客车			
	JD163（电动机）	—	—	35	100	80	—	80	纯电动	纯电动路面养护车			
	JD163（电动机）	—	—	35	100	80	—	80	纯电动	纯电动密闭式桶装垃圾车			
	JD163（电动机）	—	—	35	100	80	—	80	纯电动	纯电动自卸式垃圾车			
	JD163（电动机）	—	—	75	130	95	—	95	纯电动	纯电动工程车			
	JD185（电动机）	—	—	100	—	60	—	69	纯电动	纯电动城市客车			
	JD185（电动机）	—	—	150	31	69	—	69	纯电动	纯电动城市客车			
	JD190（电动机）	—	—	150	—	69	—	69	纯电动	纯电动城市客车			

续表

发动机生产企业	发动机型号	油耗（L/100km）	排量（mL）	功率（kW）	电动汽车续驶里程（工况法，km）	电动汽车30分钟最高车速（km/h）	混合动力汽车纯电动模式下1km最高车速（km/h）	最高车速	燃料种类	配套车辆类型	2015年配套车型产量（辆）	2016年1—3月配套车型产量（辆）	配套车型产量合计（辆）
湖南中车时代电动汽车股份有限公司	JD190A（电动机）	—	—	130	210	60	—	69	纯电动	纯电动城市客车			
	JD190A（电动机）	—	—	130	220	60	—	69	纯电动	纯电动城市客车			
	JD190A（电动机）	—	—	130	—	69	—	69	纯电动	纯电动城市客车			
	JD190A（电动机）	—	—	180	160	60	—	69	纯电动	纯电动城市客车			
	JD190A（电动机）	—	—	180	—	65	—	90	纯电动	纯电动客车			
	JD190A（电动机）	—	—	180	200	69	—	69	纯电动	纯电动城市客车			
	JD190A（电动机）	—	—	180	230	85	—	85	纯电动	纯电动客车			
	tDriver - MD11（电动机）	—	—	80	—	69	—	69	纯电动	纯电动城市客车			
	tDriver - MD15（电动机）	—	—	60	—	60	—	85	纯电动	纯电动客车			
	tDriver - MD15（电动机）	—	—	60	—	69	—	69	纯电动	纯电动城市客车			
	tDriver - MD15（电动机）	—	—	60	—	80	—	90	纯电动	纯电动厢式运输车			
	tDriver - MD15（电动机）	—	—	100	—	65	—	69	纯电动	纯电动城市客车			
	tDriver - MD15（电动机）	—	—	100	—	80	—	100	纯电动	纯电动客车			
	tDriver - MD20（电动机）	—	—	150	—	60	—	69	纯电动	纯电动城市客车			
	tDriver - MD20（电动机）	—	—	150	—	65	—	69	纯电动	纯电动城市客车			
	TQD101D（电动机）	—	—	45	100	80	—	100	纯电动	纯电动客车			
	TQD101D（电动机）	—	—	90	—	80	—	100	纯电动	纯电动客车			
	TZ290XSD15（电动机）	—	—	100	—	65	—	69	纯电动	纯电动城市客车			
	TZ330XSD16（电动机）	—	—	150	—	100	—	100	纯电动	纯电动客车			
江苏微特利电机制造有限公司	WTGSDJ - 18A（电动机）	—	—	18	—	—	—	82	纯电动	纯电动载货汽车	3408	0	3408
	WTGSDJ - 18A（电动机）	—	—	18	—	—	—	82	纯电动	纯电动厢式运输车			
	WTGSDJ - 18A（电动机）	—	—	18	—	—	—	100	纯电动	纯电动厢式运输车			
	WTGSDJ - 18YC - XN（电动机）	—	—	42	171	80	—	100	纯电动	纯电动多用途乘用车			
	WTGSDJ - 18YC - XN（电动机）	—	—	42	171	80	—	100	纯电动	纯电动厢式运输车			

续表

发动机生产企业	发动机型号	油耗（L/100km）	排量（mL）	功率（kW）	电动汽车续驶里程（工况法，km）	电动汽车30分钟最高车速（km/h）	混合动力汽车纯电动模式下1km最高车速（km/h）	最高车速	燃料种类	配套车辆类型	2015年配套车型产量（辆）	2016年1—3月配套车型产量（辆）	配套车型产量合计（辆）
江苏微特利电机制造有限公司	WTGSDJ-18YC-XN（电动机）	—	—	42	171	80	—	100	纯电动	纯电动邮政车			
	WTGSDJ-18YC-XN（电动机）	—	—	42	160	80	—	100	纯电动	纯电动厢式运输车			
	WTGSDJ-20A-XN（电动机）	—	—	20	80	80	—	120	纯电动	纯电动轿车			
	WTGSDJ-30A（电动机）	—	—	30	—	—	—	70	纯电动	纯电动自装卸式垃圾车			
	WTGSDJ-30A（电动机）	—	—	30	—	120	—	120	纯电动	纯电动轿车			
	WTGSDJ-30B-TJ（电动机）	—	—	30	—	—	—	90	纯电动	纯电动厢式运输车			
	WTYCDJ-50A（电动机）	—	—	50	—	69	—	69	纯电动	纯电动城市客车			
	WTYCDJ-50A-YT（电动机）	—	—	100	—	69	—	69	纯电动	纯电动城市客车			
	WTYCDJ-50A-ZH（电动机）	—	—	100	—	60	—	69	纯电动	纯电动城市客车			
	WTYCDJ-60A（电动机）	—	—	60	—	100	—	100	纯电动	纯电动客车			
	WTYCDJ-60A-JL（电动机）	—	—	120	—	100	—	100	纯电动	纯电动客车			
上海大郡动力控制技术有限公司	0110WE（电动机）	—	—	60	—	69	—	69	纯电动	纯电动城市客车	2969	97	3066
	0110WE（电动机）	—	—	110	—	70	—	69	纯电动	纯电动城市客车			
	0110WE（电动机）	—	—	110	—	100	—	100	纯电动	纯电动客车			
	0200WA（电动机）	—	—	100	—	69	—	69	纯电动	纯电动城市客车			
	0200WA（电动机）	—	—	100	—	≤100	—	100	纯电动	纯电动客车			
	0200WA（电动机）	—	—	200	—	65	—	69	纯电动	纯电动城市客车			
	050WE（电动机）	—	—	50	130	85	—	85	纯电动	纯电动清洗车			
	050WE（电动机）	—	—	50	130	85	—	85	纯电动	纯电动桶装垃圾运输车			
	050WE（电动机）	—	—	50	180	85	—	85	纯电动	纯电动厢式运输车			
	A170010J-H0201（电动机）	—	—	25	152	80	—	80	纯电动	纯电动轿车			
	DJ-TA90-MT（电动机）	—	—	90	200	100	—	150	燃料电池	燃料电池轿车			
	0100WB（电动机）	—	—	60	—	100	—	100	纯电动	纯电动轻型客车			
	0100WB（电动机）	—	—	100	—	69	—	69	纯电动	纯电动城市客车			

续表

发动机生产企业	发动机型号	油耗（L/100km）	排量（mL）	功率（kW）	电动汽车续驶里程（工况法，km）	电动汽车30分钟最高车速（km/h）	混合动力汽车纯电动模式下1km最高车速（km/h）	最高车速	燃料种类	配套车辆类型	2015年配套车型产量（辆）	2016年1—3月配套车型产量（辆）	配套车型产量合计（辆）
上海大郡动力控制技术有限公司	O100WB（电动机）	—	—	100	—	100	—	100	纯电动	纯电动客车			
	O100WC（电动机）	—	—	100	—	100	—	100	纯电动	纯电动轻型客车			
	O100WC（电动机）	—	—	100	110	100	—	100	纯电动	纯电动厢式运输车			
	O100WC（电动机）	—	—	100	140	100	—	100	纯电动	纯电动厢式运输车			
	O110WA（电动机）	—	—	110	—	65	—	69	纯电动	纯电动城市客车			
	O110WA（电动机）	—	—	110	112	100	—	100	纯电动	纯电动轻型客车			
	O110WA（电动机）	—	—	110	112	100	—	100	纯电动	纯电动厢式运输车			
	O110WA（电动机）	—	—	110	112.5	100	—	100	纯电动	纯电动轻型客车			
	O110WA（电动机）	—	—	110	112.5	100	—	100	纯电动	纯电动厢式运输车			
	O110WE（电动机）	—	—	110	90	67	—	69	纯电动	纯电动城市客车			
	O110WE（电动机）	—	—	110	—	69	—	69	纯电动	纯电动城市客车			
	O110WE（电动机）	—	—	110	—	100	—	100	纯电动	纯电动客车			
	O150WA（电动机）	—	—	90	—	69	—	69	纯电动	纯电动城市客车			
	O150WB（电动机）	—	—	150	—	69	—	69	纯电动	纯电动城市客车			
	O150WB（电动机）	—	—	150	—	100	—	100	纯电动	纯电动客车			
	O200WA（电动机）	—	—	200	—	69	—	69	纯电动	纯电动城市客车			
	O200WA（电动机）	—	—	200	—	93	—	100	纯电动	纯电动客车			
	O200WA（电动机）	—	—	200	—	100	—	100	纯电动	纯电动客车			
	O50WE（电动机）	—	—	20	—	—	—	70	纯电动	纯电动密闭式桶装垃圾车			
	O94WA（电动机）	—	—	45	—	125	135	135	纯电动	纯电动多用途乘用车			
厦门金龙旅行车有限公司	GDEV－O110WE（电动机）	—	—	110	—	69	—	69	纯电动	纯电动城市客车	2977	33	3010
	GDEV－O110WE（电动机）	—	—	110	—	100	—	100	纯电动	纯电动客车			
	GDEV－O150WA（电动机）	—	—	150	—	69	—	69	纯电动	纯电动城市客车			
	GDEV－FD903（电动机）	—	—	250	—	85	—	85	纯电动	纯电动客车			

续表

发动机生产企业	发动机型号	油耗（L/100km）	排量（mL）	功率（kW）	电动汽车续驶里程（工况法，km）	电动汽车30分钟最高车速（km/h）	混合动力汽车纯电动模式下1km最高车速（km/h）	最高车速	燃料种类	配套车辆类型	2015年配套车型产量（辆）	2016年1—3月配套车型产量（辆）	配套车型产量合计（辆）
厦门金龙旅行车有限公司	GDEV - RD03（电动机）	—	—	120	—	69	—	69	纯电动	纯电动城市客车			
	GDEV - RD03（电动机）	—	—	120	—	100	—	100	纯电动	纯电动客车			
	GDEV - RD04（电动机）	—	—	180	—	69	—	69	纯电动	纯电动城市客车			
	GDEV - RD05（电动机）	—	—	100	—	100	—	100	纯电动	纯电动客车			
	GDEV - WR510（电动机）	—	—	200	—	69	—	69	纯电动	纯电动城市客车			
	GDEV - WRD07（电动机）	—	—	200	—	69	—	69	纯电动	纯电动城市客车			
	GDEV - YBD01（电动机）	—	—	140	—	100	—	100	纯电动	纯电动客车			
	GDEV - YRD03（电动机）	—	—	110	—	69	—	69	纯电动	纯电动城市客车			
	GDEV - YRD06（电动机）	—	—	200	—	69	—	69	纯电动	纯电动城市客车			
江西江铃集团新能源汽车有限公司	JXMI10A0（电动机）	—	—	20	152	100	—	100	纯电动	纯电动轿车	759	2110	2869
	JXMI15A4（电动机）	—	—	30	152	100	—	100	纯电动	纯电动轿车			
北汽福田汽车股份有限公司	FTTB072（电动机）	—	—	72	—	≥100	—	100	纯电动	纯电动轻型客车	2401	386	2787
	FTTB080（电动机）	—	—	150	—	69	—	69	纯电动	纯电动城市客车			
	FTTB090（电动机）	—	—	135	120	69	—	69	纯电动	纯电动城市客车			
	FTTB090（电动机）	—	—	135	—	100	—	100	纯电动	纯电动客车			
	FTTB100（电动机）	—	—	150	260	60	—	69	纯电动	纯电动城市客车			
	FTTB100（电动机）	—	—	150	90	60	—	83	纯电动	纯电动客车			
	FTTB100（电动机）	—	—	150	130	69	—	69	纯电动	纯电动城市客车			
	FTTB100（电动机）	—	—	150	—	100	—	100	纯电动	纯电动客车			
	FTTB102（电动机）	—	—	135	120	69	—	69	纯电动	纯电动城市客车			
	FTTB102（电动机）	—	—	135	—	100	—	100	纯电动	纯电动客车			
厦门金龙联合汽车工业有限公司	KLBEVTM200（电动机）	—	—	100	350	69	—	69	纯电动	纯电动城市客车			
	KLBEVTM200（电动机）	—	—	100	—	69	—	69	纯电动	纯电动城市客车			
	KLBEVTM200（电动机）	—	—	100	—	100	—	100	纯电动	纯电动客车			

续表

发动机生产企业	发动机型号	油耗(L/100km)	排量(mL)	功率(kW)	电动汽车续驶里程(工况法，km)	电动汽车30分钟最高车速(km/h)	混合动力汽车纯电动模式下1km最高车速(km/h)	最高车速	燃料种类	配套车辆类型	2015年配套车型产量(辆)	2016年1—3月配套车型产量(辆)	配套车型产量合计(辆)
厦门金龙联合汽车工业有限公司	KLSTMAD150（电动机）	—	—	90	—	69	—	69	纯电动	纯电动城市客车	2596	96	2692
	KLSTMAD150（电动机）	—	—	90	—	100	—	100	纯电动	纯电动客车			
	KLTM150A（电动机）	—	—	115	—	69	—	69	纯电动	纯电动城市客车			
	KLTM150A（电动机）	—	—	115	—	100	—	100	纯电动	纯电动客车			
	TZ238XSWT50BXL（电动机）	—	—	50	—	100	—	100	纯电动	纯电动客车			
	WTYCDJ-50A-XL（电动机）	—	—	50	—	69	—	69	纯电动	纯电动城市客车			
	WTYCDJ-50A-XL（电动机）	—	—	50	—	100	—	100	纯电动	纯电动客车			
南京金龙客车制造有限公司	NJJL60-38-1（电动机）	—	—	60	—	69	—	69	纯电动	纯电动城市客车	2384	85	2469
	NJJL60-38-1（电动机）	—	—	60	—	100	—	100	纯电动	纯电动客车			
	NJL-DJ01（电动机）	—	—	80	—	69	—	69	纯电动	纯电动城市客车			
	NJL-DJ01（电动机）	—	—	80	—	80	—	80	纯电动	纯电动客车			
	NJL-DJ01（电动机）	—	—	80	—	85	—	85	纯电动	纯电动客车			
	NJL-DJ01（电动机）	—	—	80	—	90	—	90	纯电动	纯电动客车			
广西玉柴机器股份有限公司；广西玉柴机器股份有限公司；潍柴西港新能源动力有限公司	YC6G230N-50（发动机） YC6J210N-52（发动机） WP7NG240E50（发动机）	—	7800； 6494； 7140	170； 155； 177	31	67	50	69	NG混合动力	插电式混合动力城市客车	2241	0	2241
江苏奥新新能源汽车有限公司	JY10-4/100（电动机）	—	—	10	123	60	—	72	纯电动	纯电动车厢可卸式垃圾车	2176	16	2192
	JY10-4/100（电动机）	—	—	10	220	60	—	72	纯电动	纯电动冷藏车			
	JY10-4/100（电动机）	—	—	10	260	60	—	72	纯电动	纯电动扫路车			
	JY10-4/100（电动机）	—	—	10	150	60	—	72	纯电动	纯电动桶装垃圾运输车			
	JY10-4/100（电动机）	—	—	10	220	60	—	72	纯电动	纯电动厢式运输车			
	JY10-4/100（电动机）	—	—	10	222	60	—	72	纯电动	纯电动厢式运输车			
	JY10-4/100（电动机）	—	—	10	224	60	—	72	纯电动	纯电动厢式运输车			

续表

发动机生产企业	发动机型号	油耗（L/100km）	排量（mL）	功率（kW）	电动汽车续驶里程（工况法，km）	电动汽车30分钟最高车速（km/h）	混合动力汽车纯电动模式下1km最高车速（km/h）	最高车速	燃料种类	配套车辆类型	2015年配套车型产量（辆）	2016年1—3月配套车型产量（辆）	配套车型产量合计（辆）
江苏奥新新能源汽车有限公司	JY10-4/100（电动机）	—	—	10	230	60	—	72	纯电动	纯电动厢式运输车			
	JY10-4/100（电动机）	—	—	10	260	60	—	72	纯电动	纯电动厢式运输车			
	JY10-4/100（电动机）	—	—	10	142	60	—	72	纯电动	纯电动厢式运输车			
	JY10-4/100（电动机）	—	—	10	150	60	—	72	纯电动	纯电动自装卸式垃圾车			
广西玉柴机器股份有限公司；潍柴西港新能源动力有限公司；一汽解放汽车有限公司无锡柴油机厂	YC6G230N-50（发动机） WP6NG240E50（发动机） CA6SF2-23E5N（发动机）	—	7800； 6750； 7130	170； 176； 173	46.5	65	69	69	LNG混合动力；NG混合动力	插电式混合动力城市客车	2159	0	2159
	YC6J210N-52（发动机） WP6NG210E50（发动机） CA6SF2-21E5N（发动机）	—	6494； 6750； 7130	155； 155； 158	46.5	65	69	69	LNG混合动力；NG混合动力	插电式混合动力城市客车			
	YC6J210N-52（发动机） WP6NG210E50（发动机） CA6SF2-21E5N（发动机）	—	6494； 6750； 7130	155； 155； 158	—	69	22	69	NG/电混合动力	插电式混合动力城市客车			
珠海银隆电器有限公司	YLP-HMP90-W（电动机）	—	—	90	—	69	—	69	纯电动	纯电动城市客车	2151	4	2155
	YLP-MP120-W（电动机）	—	—	100	—	69	—	69	纯电动	纯电动城市客车			
	YLP-MP135-W（电动机）	—	—	135	—	69	—	69	纯电动	纯电动铰接城市客车			
	YLP-MP135-W（电动机）	—	—	135	—	69	—	69	纯电动	纯电动双层城市客车			
	YLP-MP150-W（电动机）	—	—	135	—	69	—	69	纯电动	纯电动城市客车			
	YLP-MP150-W（电动机）	—	—	135	—	100	—	100	纯电动	纯电动旅游客车			
	YLP-MP75-W（电动机）	—	—	68	—	69	—	69	纯电动	纯电动城市客车			
	YTP-MP75-W（电动机）	—	—	68	—	100	—	100	纯电动	纯电动旅游客车			
重庆长安新能源汽车有限公司	264TYZ-XS14BA（电动机）	—	—	90	—	80	—	90	纯电动	纯电动客车			
	264TYZ-XS14BA（电动机）	—	—	90	160	120	—	140	纯电动	纯电动轿车			
	264TYZ-XS14BA（电动机）	—	—	90	200	120	—	140	纯电动	纯电动轿车			
	XTDM02（电动机）	—	—	25	100	80	—	90	纯电动	纯电动厢式运输车			

续表

发动机生产企业	发动机型号	油耗（L/100km）	排量（mL）	功率（kW）	电动汽车续驶里程（工况法，km）	电动汽车30分钟最高车速（km/h）	混合动力汽车纯电动模式下1km最高车速（km/h）	最高车速	燃料种类	配套车辆类型	2015年配套车型产量（辆）	2016年1—3月配套车型产量（辆）	配套车型产量合计（辆）
重庆长安新能源汽车有限公司	XTDM02（电动机）	—	—	25	130	80	—	90	纯电动	纯电动厢式运输车	1405	738	2143
	XTDM02（电动机）	—	—	55	130	90	—	90	纯电动	纯电动厢式运输车			
NISSAN NORTH AMERICA	QR25（发动机）	8.0	2488	180	—	180	—	180	汽油/电混合动力	非插电式混合动力多用途乘用车	1241	769	2010
柳州五菱柳机动力有限公司	LJ465QR1NE2（发动机）	2.4	998	45	50	120	150	150	汽油/电混合动力	插电式混合动力轿车	1281	697	1978
	LJ465QR1NE2（发动机）	油耗（L/100km）2.4 电耗（kWh/100km）16	998	45	50	120	150	150	汽油/电混合动力	增程式混合动力轿车			
武汉英康汇通电气有限公司	YKHTTM001（电动机）	—	—	165	—	69	—	69	纯电动	纯电动城市客车	1833	12	1845
	YKHTTM001（电动机）	—	—	96	—	69	—	69	纯电动	纯电动城市客车			
	YKHTTM003（电动机）	—	—	110	—	100	—	100	纯电动	纯电动客车			
	YKHTTM003（电动机）	—	—	65	—	69	—	69	纯电动	纯电动城市客车			
	YKHTTM005（电动机）	—	—	75	—	69	—	69	纯电动	纯电动城市客车			
	YKHTTM02001（电动机）	—	—	50	200	80	—	80	纯电动	纯电动厢式运输车			
	YKHTTM04502（电动机）	—	—	90	—	100	—	100	纯电动	纯电动客车			
	YKHTTM05501（电动机）	—	—	105	—	100	—	100	纯电动	纯电动客车			
浙江格雷博智能动力科技有限公司；杭州伯坦科技工程有限公司	G210TZX040－032（电动机）BTM210－01（电动机）	—	—	40；40	—	85	—	85	纯电动	纯电动厢式运输车	1824	0	1824
深圳市比亚迪汽车有限公司	BYD－TYC120A（电动机）	—	—	75	322	140	—	140	纯电动	纯电动轿车	1770	8	1778
	BYD－TYC90A（电动机）	—	—	75	250	69	—	69	纯电动	纯电动城市客车			

续表

发动机生产企业	发动机型号	油耗（L/100km）	排量（mL）	功率（kW）	电动汽车续驶里程（工况法，km）	电动汽车30分钟最高车速（km/h）	混合动力汽车纯电动模式下1km最高车速（km/h）	最高车速	燃料种类	配套车辆类型	2015年配套车型产量（辆）	2016年1—3月配套车型产量（辆）	配套车型产量合计（辆）
杭州德沃仕电动科技有限公司	DWS－YXQ－144－13.5B（电动机）	—	—	13.5	150	100	—	100	纯电动	纯电动轿车	1138	603	1741
	DWS－TYC－320－18A（电动机）	—	—	45	210	80	—	80	纯电动	纯电动厢式运输车			
重庆长安新能源汽车有限公司；重庆长安新能源汽车有限公司	264TYZ－XS14BA（电动机） 264TYZ－XS14BA（电动机）	—	—	90； 90	160	120	—	140	纯电动	纯电动轿车	1299	301	1600
天津清源电动车辆有限责任公司	QY2103100ZH1（电动机）	—	—	100	—	69	—	69	纯电动	纯电动城市客车	1537	3	1540
	QY2103100ZH1（电动机）	—	—	100	—	75	—	69	纯电动	纯电动城市客车			
	QY210310064T（电动机）	—	—	4	100	40	—	50	纯电动	纯电动厢式运输车			
	QY245TZ－XS65A（电动机）	—	—	20	83	70	—	70	纯电动	纯电动路面养护车			
	QY245TZ－XS65A（电动机）	—	—	20	170	70	—	70	纯电动	纯电动扫路车			
	QY245TZ－XS65A（电动机）	—	—	20	110	70	—	70	纯电动	纯电动自装卸式垃圾车			
奇瑞汽车股份有限公司	SQRE4G16（发动机）	2.7	1598	93	50	150	100	170	汽油/电混合动力	插电式混合动力轿车	1369	165	1534
	2103AAH（电动机）	—	—	12	80	80	—	80	纯电动	纯电动轿车			
NISSAN	EM57（电动机）	—	—	80	175	125	—	144	纯电动	纯电动轿车	1398	60	1458
	EM57（电动机）	—	—	80	180	125	—	144	纯电动	纯电动轿车			
大洋电机新动力科技有限公司；北京大郡晟誉驱动系统技术有限公司；北京汽车新能源汽车有限公司	YTD020W01（电动机） O50WA（电动机） TZ20S02（电动机）	—	—	20； 20； 20	160； 160； 135； 150	110； 110； 110； 110	—	125； 125	纯电动	纯电动轿车	1438	0	1438
珠海银通新动力科技有限公司	YTP－MP120－W（电动机）	—	—	100	40	69	—	69	纯电动	纯电动城市客车	1335	100	1435
	YTP－MP120－W（电动机）	—	—	100	50	69	—	69	纯电动	纯电动城市客车			
	YTP－MP150－W（电动机）	—	—	135	40	69	—	69	纯电动	纯电动城市客车			
	YTP－MP150－W（电动机）	—	—	135	66	69	—	69	纯电动	纯电动城市客车			

续表

发动机生产企业	发动机型号	油耗（L/100km）	排量（mL）	功率（kW）	电动汽车续驶里程（工况法，km）	电动汽车30分钟最高车速（km/h）	混合动力汽车纯电动模式下1km最高车速（km/h）	最高车速	燃料种类	配套车辆类型	2015年配套车型产量（辆）	2016年1—3月配套车型产量（辆）	配套车型产量合计（辆）
长沙众泰汽车工业有限公司	ZT13527108（电动机）	—	—	13.5	155	100	—	102	纯电动	纯电动轿车	32	1368	1400
华晨宝马汽车有限公司	N20B20C（发动机）	2	1997	178	58	233	233	233	汽油/电混合动力	插电式混合动力轿车	1221	128	1349
张家口沃尔沃汽车发动机制造有限公司	B4204T32（发动机）	2.1	1969	194	53	120	120	230	汽油/电混合动力	插电式混合动力轿车	968	307	1275
成都联腾动力控制技术有限公司	LMA23R6（电动机）	—	—	90	150	110	—	120	纯电动	纯电动乘用车	1222	0	1222
	LMA22R6（电动机）	—	—	65	—	69	—	69	纯电动	纯电动城市客车			
	LMA26R6A（电动机）	—	—	100	—	95	—	100	纯电动	纯电动客车			
广东陆地方舟新能源汽车电驱动系统有限公司	GWQ100-271/4YA（电动机）	—	—	150	100	69	—	69	纯电动	纯电动城市客车	1186	0	1186
	GWQ100-271/4YA（电动机）	—	—	150	115	69	—	69	纯电动	纯电动城市客车			
	GWQ100-271/4YB（电动机）	—	—	150	115	69	—	69	纯电动	纯电动城市客车			
	GWQ22-92/3TA（电动机）	—	—	55	150	95	—	105	纯电动	纯电动厢式运输车			
	GWQ22-92/3TA（电动机）	—	—	55	200	95	—	105	纯电动	纯电动厢式运输车			
	GWQ22-92/3TA（电动机）	—	—	55	250	95	—	105	纯电动	纯电动厢式运输车			
	GWQ22-92/3TA（电动机）	—	—	55	280	95	—	105	纯电动	纯电动厢式运输车			
	GWQ60-380/4TA（电动机）	—	—	120	210	100	—	100	纯电动	纯电动客车			
	GWQ80-282/6TA（电动机）	—	—	130	100	69	—	69	纯电动	纯电动城市客车			
	GWQ80-282/6TA（电动机）	—	—	130	220	69	—	69	纯电动	纯电动城市客车			
	GWQ80-282/6TA（电动机）	—	—	130	—	80	—	80	纯电动	纯电动客车			
安徽安凯汽车股份有限公司	420YS-XS100（电动机）	—	—	250	—	67	—	69	纯电动	纯电动城市客车	837	283	1120
	420YS-XS101（电动机）	—	—	250	280	67	—	69	纯电动	纯电动城市客车			
	420YS-XS101（电动机）	—	—	250	240	68	—	69	纯电动	纯电动城市客车			
	420YS-XS101（电动机）	—	—	250	250	68	—	69	纯电动	纯电动城市客车			
	420YS-XS101（电动机）	—	—	250	350	68	—	69	纯电动	纯电动城市客车			

续表

发动机生产企业	发动机型号	油耗（L/100km）	排量（mL）	功率（kW）	电动汽车续驶里程（工况法，km）	电动汽车30分钟最高车速（km/h）	混合动力汽车纯电动模式下1km最高车速（km/h）	最高车速	燃料种类	配套车辆类型	2015年配套车型产量（辆）	2016年1—3月配套车型产量（辆）	配套车型产量合计（辆）
安徽安凯汽车股份有限公司	420YS-XS101（电动机）	—	—	250	270	78	—	100	纯电动	纯电动客车			
	420YS-XS101（电动机）	—	—	250	270	98	—	100	纯电动	纯电动客车			
IT Engineering Co，.LTD	IP-M131101（电动机）	—	—	60	140	100	—	100	纯电动	纯电动厢式运输车	1041	0	1041
	IP-M131101（电动机）	—	—	60	160	100	—	100	纯电动	纯电动客车			
	IP-M131101（电动机）	—	—	60	170	100	—	100	纯电动	纯电动厢式运输车			
武汉理工通宇新源动力有限公司	WTEM50-20-1（电动机）	—	—	50	—	100	—	100	纯电动	纯电动客车	879	61	940
	WTEM50-38-1（电动机）	—	—	50	—	69	—	69	纯电动	纯电动城市客车			
	WTEM60-38-1（电动机）	—	—	60	—	100	—	100	纯电动	纯电动客车			
	WTEM68-40-2（电动机）	—	—	136	—	90	—	90	纯电动	纯电动客车			
	WTEM68-40-2（电动机）	—	—	68	180	100	—	100	纯电动	纯电动客车			
	WTEM80-38-1（电动机）	—	—	160	—	90	—	100	纯电动	纯电动客车			
	WTEM80-38-1（电动机）	—	—	80	—	98	—	100	纯电动	纯电动客车			
	WTEM80-40-2（电动机）	—	—	160	—	69	—	69	纯电动	纯电动城市客车			
	WTEM80-40-2（电动机）	—	—	160	—	90	—	90	纯电动	纯电动客车			
	WTEM80-40-2（电动机）	—	—	80	—	98	—	100	纯电动	纯电动客车			
	WTEM90-38-1（电动机）	—	—	94	—	100	—	100	纯电动	纯电动客车			
	WTEMT018/2-E02/18（电动机）	—	—	20	—	—	—	80	纯电动	纯电动押运车			
	WTEMT100/4-08/4-0（电动机）	—	—	80	—	80	—	80	纯电动	纯电动客车			
苏州锐伊恩电动系统有限公司	TZ175HFRYN（电动机）	—	—	20	150	100	—	100	纯电动	纯电动乘用车	937	0	937
	TZ175HFRYN（电动机）	—	—	20	150	100	—	100	纯电动	纯电动多用途乘用车			
	TZ175HFRYN（电动机）	—	—	20	—	100	—	100	纯电动	纯电动厢式运输车			
深圳市蓝海华腾技术股份有限公司	HPQ20-336HT（电动机）	—	—	20	—	—	—	80	纯电动	纯电动厢式运输车	509	426	935
	YPQ180L-8-HT（电动机）	—	—	60	—	—	—	95	纯电动	纯电动厢式运输车			
	YPQ250L-6-HT（电动机）	—	—	250	—	69	—	69	纯电动	纯电动城市客车			

续表

发动机生产企业	发动机型号	油耗（L/100km）	排量（mL）	功率（kW）	电动汽车续驶里程（工况法，km）	电动汽车30分钟最高车速（km/h）	混合动力汽车纯电动模式下1km最高车速（km/h）	最高车速	燃料种类	配套车辆类型	2015年配套车型产量（辆）	2016年1—3月配套车型产量（辆）	配套车型产量合计（辆）
广西玉柴机器股份有限公司；潍柴动力股份有限公司	YC6J220－42（发动机） WP7.240E40（发动机）	21.2； 20.4	6500； 7140	162； 176	34	67	55	69	柴油混合动力	插电式混合动力电动城市客车	897	0	897
杭州德沃仕电动科技有限公司；杭州富特科技有限公司	DWS－YXQ－80－9（电动机） A VMT01－A（电动机）	—	—	9； 9	250	80	—	80	纯电动	纯电动轿车	891	1	892
广西玉柴机器股份有限公司；一汽解放汽车有限公司无锡柴油机厂	YC6J200－42（发动机） CA6DLD－20E4（发动机）	18.7	6500； 6600	147； 149	—	69	50	69	柴油混合动力	插电式混合动力城市客车	875	10	885
	YC6J200－42（发动机） CA6DLD－20E4（发动机）	18.8； 18.7	6500； 6600	147； 149	—	69	22	69	柴油混合动力	插电式混合动力城市客车			
	YC6J200－50（发动机） CA6DLD－20E5（发动机）	19.2； 19.5	6500； 6600	147； 149	50	50	69	69	柴油/电混合动力	插电式混合动力城市客车			
	YC6J210N－52（发动机） CA6SF2－21E5N（发动机）	—	6494； 7130	155； 158	—	69	22	69	NG/电混合动力	插电式混合动力城市客车			
	YC6J210N－52（发动机） CA6SF2－21E5N（发动机）	—	6494； 7130	155； 158	—	65	60	69	NG混合动力	插电式混合动力城市客车			
	YC6J220－42（发动机） CA6DLD－22E4（发动机）	20.9； 20.9	6500； 6600	162； 164	—	69	22	69	柴油混合动力	插电式混合动力城市客车			
上海柴油机股份有限公司	SC28R143Q4（发动机）	15.5	2776	105	—	69		69	柴油/电混合动力	非插电式混合动力城市客车	860	0	860
	SC4H140.1Q5（发动机）	19.5	4295	103	—	69	10	69	柴油混合动力	插电式混合动力城市客车			
	SC7H180Q4（发动机）	17.1	6440	132	—	65	65	69	柴油混合动力	插电式混合动力城市客车			
	SC7H215Q4（发动机）	18.5	6440	158	—	40	60	69	柴油/电混合动力	插电式混合动力城市客车			
	SC7H215Q4（发动机）	18.6	6440	158	—	65	60	69	柴油/电混合动力	插电式混合动力城市客车			
	SC7H215Q4（发动机）	18.8	6440	158	—	—	50	69	柴油/电混合动力	插电式混合动力城市客车			
	SC7H215Q4（发动机）	20.7	6440	158	—	69	50	69	柴油/电混合动力	插电式混合动力城市客车			

续表

发动机生产企业	发动机型号	油耗（L/100km）	排量（mL）	功率（kW）	电动汽车续驶里程（工况法，km）	电动汽车30分钟最高车速（km/h）	混合动力汽车纯电动模式下1km最高车速（km/h）	最高车速	燃料种类	配套车辆类型	2015年配套车型产量（辆）	2016年1—3月配套车型产量（辆）	配套车型产量合计（辆）
上海柴油机股份有限公司	SC7H215Q4（发动机）	21.5	6440	158	31	69	50	69	柴油/电双燃料	插电式混合动力城市客车			
	SC7H215Q5（发动机）	20.3	6440	158	—	64	—	69	柴油/电双燃料	非插电式混合动力城市客车			
	SC7HT210Q5（发动机）	—	6440	155	—	63	—	69	NG 混合动力	非插电式混合动力城市客车			
潍柴动力股份有限公司	TZ368XSWE10A（电动机）	—	—	100	—	69	—	69	纯电动	纯电动城市客车	768	73	841
	WEM100－01（电动机）	—	—	100	180	69	—	69	纯电动	纯电动城市客车			
	WEM100－01（电动机）	—	—	100	200	69	—	69	纯电动	纯电动城市客车			
	WEM100－01（电动机）	—	—	100	165	100	—	100	纯电动	纯电动客车			
	WEM100－01（电动机）	—	—	100	170	100	—	100	纯电动	纯电动客车			
	WEM100－01（电动机）	—	—	200	250	100	—	100	纯电动	纯电动客车			
	WEM65－01（电动机）	—	—	65	—	69	—	69	纯电动	纯电动城市客车			
	WEM65－01（电动机）	—	—	65	—	100	—	100	纯电动	纯电动客车			
东营蒙德金马机车有限公司	BPAC72V10KW－JM03（电动机）	—	—	10	85	55	—	65	纯电动	纯电动仓栅式运输车	737	62	799
	BPAC72V10KW－JM03（电动机）	—	—	10	100	55	—	65	纯电动	纯电动厢式运输车			
	BPAC96V13KW－JM04（电动机）	—	—	13	180；181	70	—	70	纯电动	纯电动仓栅式运输车			
	BPAC96V13KW－JM04（电动机）	—	—	13	180；181	70	—	70	纯电动	纯电动厢式运输车			
	BPAC96V13KW－JM04（电动机）	—	—	13	190	—	—	70	纯电动	纯电动仓栅式运输车			
	BPAC96V13KW－JM04（电动机）	—	—	13	190	—	—	70	纯电动	纯电动厢式运输车			
江西特种电机股份有限公司	YPQ200L－8－HT（电动机）	—	—	55	—	—	—	80	纯电动	纯电动仓栅式运输车	709	61	770
	YPQ200L－8－HT（电动机）	—	—	55	—	—	—	80	纯电动	纯电动冷藏车			
	YPQ200L－8－HT（电动机）	—	—	55	—	—	—	80	纯电动	纯电动厢式运输车			
	YPQ200L－8－HT（电动机）	—	—	55	—	—	—	80	纯电动	纯电动翼开启厢式车			
	YPQ200L－8－HT（电动机）	—	—	55	—	—	—	80	纯电动	纯电动载货汽车			
	QPMA30－800－CL（电动机）	—	—	80	210	—	—	69	纯电动	纯电动城市客车			

续表

发动机生产企业	发动机型号	油耗（L/100km）	排量（mL）	功率（kW）	电动汽车续驶里程（工况法，km）	电动汽车30分钟最高车速（km/h）	混合动力汽车纯电动模式下1km最高车速（km/h）	最高车速	燃料种类	配套车辆类型	2015年配套车型产量（辆）	2016年1—3月配套车型产量（辆）	配套车型产量合计（辆）
常州华盛电机有限公司	XYQ-7.5-1HV（电动机）	—	—	7.5	—	65	—	80	纯电动	纯电动厢式货车	130	574	704
	XYQ-7.5-1HV（电动机）	—	—	7.5	110	80	—	80	纯电动	纯电动仓栅车			
	XYQ-7.5-1HV（电动机）	—	—	7.5	110	80	—	80	纯电动	纯电动厢式货车			
厦门市福工动力技术有限公司	FG-QDDJ-331（电动机）	—	—	60	—	69	—	69	纯电动	纯电动城市客车	660	24	684
	FG-QDDJ-331（电动机）	—	—	120	—	69	—	69	纯电动	纯电动城市客车			
	FG-QDDJ-342（电动机）	—	—	90	—	69	—	69	纯电动	纯电动城市客车			
	FG-QDDJ-903（电动机）	—	—	100	—	69	—	69	纯电动	纯电动城市客车			
	TZ260XS333（电动机）	—	—	60	—	69	—	69	纯电动	纯电动城市客车			
POSCO TMC Co.，LTD	IP-M131101（电动机）	—	—	60	—	100	—	100	纯电动	纯电动客车	206	476	682
	IP-M131101（电动机）	—	—	60	140	100	—	100	纯电动	纯电动厢式运输车			
	IP-M131101（电动机）	—	—	60	170	100	—	100	纯电动	纯电动厢式运输车			
潍柴西港新能源动力有限公司	WP6NG210E50（发动机）	—	6750	155	—	69	25	69	NG/电混合动力	插电式混合动力城市客车	629	18	647
	WP6NG210E50（发动机）	—	6750	155	—	69	40	69	NG/电混合动力	插电式混合动力城市客车			
	WP6NG210E50（发动机）	—	6750	155	—	69	50	69	NG/电混合动力	插电式混合动力城市客车			
	WP6NG240E50（发动机）	—	6750	176	—	69	40	69	NG/电混合动力	插电式混合动力城市客车			
	WP7NG210E50（发动机）	—	7140	155	—	69	32	69	NG 混合动力	插电式混合动力城市客车			
	WP7NG270E51（发动机）	—	7470	199	—	69	40	69	NG/电混合动力	插电式混合动力双层城市客车			
	WP7NG270E51（发动机）	—	7470	199	—	69	60	69	NG/电混合动力	插电式混合动力城市客车			
杭州普拉格新能源汽车有限公司	PLGDM120-3000L03（电动机）	—	—	120	150	69	—	69	纯电动	纯电动城市客车	643	0	643
	PLG DM 144JA16N（电动机）	—	—	32	170	80	—	80	纯电动	纯电动厢式运输车			
淄博哈普沃动力科技有限公司	SPQ10-72-3900H1（电动机）	—	—	10	—	—	—	80	纯电动	纯电动仓栅式运输车			
	SPQ10-72-3900H1（电动机）	—	—	10	—	—	—	80	纯电动	纯电动车厢可卸式垃圾车			
	SPQ10-72-3900H1（电动机）	—	—	10	—	—	—	80	纯电动	纯电动售货车			
	SPQ10-72-3900H1（电动机）	—	—	10	—	—	—	80	纯电动	纯电动桶装垃圾运输车			

续表

发动机生产企业	发动机型号	油耗（L/100km）	排量（mL）	功率（kW）	电动汽车续驶里程（工况法，km）	电动汽车30分钟最高车速（km/h）	混合动力汽车纯电动模式下1km最高车速（km/h）	最高车速	燃料种类	配套车辆类型	2015年配套车型产量（辆）	2016年1—3月配套车型产量（辆）	配套车型产量合计（辆）
淄博哈普沃动力科技有限公司	SPQ10-72-3900H1（电动机）	—	—	10	—	—	—	58	纯电动	纯电动厢式运输车	529	101	630
	SPQ10-72-3900H1（电动机）	—	—	10	—	—	—	80	纯电动	纯电动厢式运输车			
	SPQ10-72-3900H1（电动机）	—	—	10	—	—	—	58	纯电动	纯电动载货汽车			
	SPQ10-72-3900H1（电动机）	—	—	10	—	—	—	80	纯电动	纯电动自装卸式垃圾车			
大洋电机新动力科技有限公司	YTD008Z02（电动机）	—	—	20	155	60	—	80	纯电动	纯电动厢式运输车	548	66	614
	YTD030W09（电动机）	—	—	30	160；200	105	—	120	纯电动	纯电动轿车			
	YTD030W17（电动机）	—	—	30	170	75	—	90	纯电动	纯电动路面养护车			
	YTD030W17（电动机）	—	—	30	—	75	—	90	纯电动	纯电动自装卸式垃圾车			
	YTD040W04-A（电动机）	—	—	80	155	105	—	120	纯电动	纯电动厢式运输车			
	YTD040W04-A（电动机）	—	—	80	155	105	—	115	纯电动	纯电动多用途乘用车			
	YTD040W10（电动机）	—	—	75	—	60	—	69	纯电动	纯电动城市客车			
	YTD080W03（电动机）	—	—	120	—	69	—	69	纯电动	纯电动城市客车			
	YTD080W03（电动机）	—	—	120	—	85	—	85	纯电动	纯电动客车			
	YTD100W04（电动机）	—	—	150	120.7	60	—	69	纯电动	纯电动城市客车			
	YTD100W04（电动机）	—	—	150	145	60	—	69	纯电动	纯电动城市客车			
	YTD100W04（电动机）	—	—	150	260	60	—	69	纯电动	纯电动城市客车			
	YTD100W04（电动机）	—	—	150	125	60	—	69	纯电动	纯电动城市客车			
	YTD100W04（电动机）	—	—	150	90	60	—	83	纯电动	纯电动客车			
	YTD100W04（电动机）	—	—	150	—	69	—	69	纯电动	纯电动城市客车			
	YTD115F01（电动机）	—	—	115	130	68	—	69	纯电动	纯电动城市客车			
华域汽车电动系统有限公司；江苏九龙汽车制造有限公司	240TZ-XS110K（电动机） TZ240XS110（电动机）	—	—	110； 110	—	100	—	100	纯电动	纯电动客车	0	611	611

续表

发动机生产企业	发动机型号	油耗（L/100km）	排量（mL）	功率（kW）	电动汽车续驶里程（工况法，km）	电动汽车30分钟最高车速（km/h）	混合动力汽车纯电动模式下1km最高车速（km/h）	最高车速	燃料种类	配套车辆类型	2015年配套车型产量（辆）	2016年1—3月配套车型产量（辆）	配套车型产量合计（辆）
浙江方正电机股份有限公司	EVA72－70－80（电动机）	—	—	12	110	41	—	40	纯电动	纯电动厢式运输车	596	0	596
	EVB96－120－160（电动机）	—	—	13	—	80	—	80	纯电动	纯电动厢式货车			
	TZ205XFD96140（电动机）	—	—	28	160	80	—	80	纯电动	纯电动厢式运输车			
上海极能客车动力系统有限公司	GBD200（电动机）	—	—	200	160	65	—	69	纯电动	纯电动城市客车	543	0	543
	GBD200（电动机）	—	—	200	300	65	—	69	纯电动	纯电动城市客车			
	GBD200（电动机）	—	—	200	185	80	—	80	纯电动	纯电动客车			
广西玉柴机器股份有限公司；潍柴西港新能源动力有限公司	YC6G230N－50（发动机） WP7NG240E50（发动机）	—	7800； 7140	170； 177	31	67	50	69	NG 混合动力	插电式混合动力城市客车	540	0	540
	YC6G230N－50（发动机） WP7NG240E50（发动机）	—	7800； 7140	170； 177	31	68	50	69	NG 混合动力	插电式混合动力城市客车			
	YC6J210N－52（发动机） YC6G260N－50（发动机）	—	6494； 7800	155； 191	—	69	50	69	NG 混合动力	插电式混合动力城市客车			
浙江绿巨能机电科技有限公司	LJNPMSM320－18（电动机）	—	—	54	155	80	—	115	纯电动	纯电动多用途乘用车	520	18	538
大连电机集团有限公司	MDPQ/S120（电动机）	—	—	240	—	69	—	69	纯电动	纯电动城市客车	517	1	518
	MDPQ/S120－4－SJ（电动机）	—	—	120	—	69	—	69	纯电动	纯电动城市客车			
	MDPQ/S150－6（电动机）	—	—	300	220	100	—	100	纯电动	纯电动客车			
	MDPQ/S70（电动机）	—	—	140	—	100	—	100	纯电动	纯电动客车			
	MDPQ/S80（电动机）	—	—	160	—	69	—	69	纯电动	纯电动城市客车			
广西玉柴机器股份有限公司；潍坊潍柴道依茨柴油机有限公司	YC6J200－42（发动机） WP6.200E40（发动机）	18.5	6500； 6750	147； 147	25	69	69	69	柴油/电混合动力	插电式混合动力城市客车			
	YC6J200－42（发动机） WP6.200E40（发动机）	19.8	6500； 6750	147； 147	20	40	60	69	柴油混合动力	插电式混合动力城市客车			
	YC6J200－42（发动机） WP6.200E40（发动机）	20.7	6500； 6750	147； 147	—	69	50	69	柴油混合动力	插电式混合动力城市客车			

续表

发动机生产企业	发动机型号	油耗（L/100km）	排量（mL）	功率（kW）	电动汽车续驶里程（工况法，km）	电动汽车30分钟最高车速（km/h）	混合动力汽车纯电动模式下1km最高车速（km/h）	最高车速	燃料种类	配套车辆类型	2015年配套车型产量（辆）	2016年1—3月配套车型产量（辆）	配套车型产量合计（辆）
广西玉柴机器股份有限公司；潍坊潍柴道依茨柴油机有限公司	YC6J200－42（发动机） WP6.220E40（发动机）	18.2；18.4	6500；6750	147；162	—	69	69	69	柴油/电混合动力	插电式混合动力城市客车	372	110	482
	YC6J200－42（发动机） WP6.200E40（发动机）	18.8；18.9	6500；6750	147；147	—	69	50	69	柴油混合动力	插电式混合动力城市客车			
	YC6J200－42（发动机） WP6.220E40（发动机）	19.2；19.3	6500；6750	147；162	—	69	69	69	柴油/电混合动力	插电式混合动力城市客车			
	YC6J200－42（发动机） WP6.220E40（发动机）	19.8；20.1	6500；6750	147；162	—	69	69	69	柴油/电混合动力	插电式混合动力城市客车			
	YC6J200－50（发动机） WP6.220E50（发动机）	20.0；20.2	6500；6750	147；162	—	69	69	69	柴油/电混合动力	插电式混合动力城市客车			
	YC6J200－52（发动机） WP6.200E50（发动机）	17.5	6494；6750	147；147	—	69	60	69	柴油/电混合动力	插电式混合动力城市客车			
	YC6J220－50（发动机） WP6.220E50（发动机）	22.2	6500；6750	162；162	—	69	69	69	柴油/电混合动力	插电式混合动力城市客车			
山东泰丰制动系统科技股份有限公司	BDLTZ070XS（电动机）	—	—	70	—	100	—	100	纯电动	纯电动客车	460	19	479
	Y180－8－60（电动机）	—	—	110	—	69	—	69	纯电动	纯电动城市客车			
	Y180－8－60（电动机）	—	—	60	—	100	—	100	纯电动	纯电动客车			
	Y250－8－60（电动机）	—	—	60	—	100	—	100	纯电动	纯电动客车			
杭州杰能动力有限公司	JNPMSM320－30（电动机）	—	—	30	155	100	—	100	纯电动	纯电动多用途乘用车	356	119	475
	JNPMSM320－30（电动机）	—	—	30	155	105	—	105	纯电动	纯电动厢式运输车			
	JNPMSM320－30（电动机）	—	—	30	160	100	—	120	纯电动	纯电动轿车			
广西玉柴机器股份有限公司；上海柴油机股份有限公司	YC4G180－40（发动机） SC4H180.1Q4（发动机）	17.5	5200；4295	132；132	—	65	65	69	柴油混合动力	插电式混合动力城市客车	468	0	468
	YC6J200－42（发动机） SC7H215Q4（发动机）	17.5	6500；6440	147；158	—	65	65	69	柴油/电混合动力	插电式混合动力城市客车			
	YC6J190N－52（发动机） SC7HT210Q5（发动机）	—	6494；6440	140；155	—	69	55	69	NG 混合动力	插电式混合动力城市客车			

续表

发动机生产企业	发动机型号	油耗(L/100km)	排量(mL)	功率(kW)	电动汽车续驶里程(工况法，km)	电动汽车30分钟最高车速(km/h)	混合动力汽车纯电动模式下1km最高车速(km/h)	最高车速	燃料种类	配套车辆类型	2015年配套车型产量(辆)	2016年1—3月配套车型产量(辆)	配套车型产量合计(辆)
中国重型汽车集团有限公司	MC07.21-40（发动机）	17.0	6870	151	—	69	69	69	柴油混合动力	插电式混合动力城市客车	453	0	453
	MT07.22-50（发动机）	—	6870	162	—	69	69	69	LNG/电混合动力	插电式混合动力城市客车			
	MT07.22-50（发动机）	—	6870	162	—	69	69	69	NG/电混合动力	插电式混合动力城市客车			
	MT07.24-50（发动机）	—	6870	176	—	69	69	69	NG/电混合动力	插电式混合动力城市客车			
深圳市大地和电气股份有限公司；深圳市大地和电气股份有限公司	GLMI10A2（电动机） GLMI10A1（电动机）	—	—	10； 10	100	70	—	75	纯电动	纯电动厢式运输车	448	0	448
安徽安凯汽车股份有限公司；安徽安凯汽车股份有限公司	420YS-XS100（电动机） 420YS-XS101（电动机）	—	—	250； 250	210	78	—	100	纯电动	纯电动客车	434	0	434
	420YS-XS100（电动机） 420YS-XS101（电动机）	—	—	250； 250	240	78	—	80	纯电动	纯电动客车			
深圳市五洲龙汽车有限公司	PD120WH（电动机）	—	—	120	—	69	—	69	纯电动	纯电动城市客车	421	2	423
	PD120WH（电动机）	—	—	120	—	90	—	100	纯电动	纯电动客车			
	PD120WH（电动机）	—	—	120	—	100	—	100	纯电动	纯电动客车			
	PD150WH（电动机）	—	—	150	—	69	—	69	纯电动	纯电动城市客车			
	TZ250XWZL（电动机）	—	—	42	190	80	—	100	纯电动	纯电动流动服务车			
	TZ250XWZL（电动机）	—	—	42	190	80	—	100	纯电动	纯电动厢式运输车			
广西玉柴机器股份有限公司西玉柴机器股份有限公司；潍柴动力股份有限公司	YC6J220-42（发动机） YC6G240-40（发动机） WP7.240E40（发动机）	22.5； 21.8； 21.4	6500； 7800； 7140	162； 177； 176	32	67	50	68	柴油混合动力	插电式混合动力电动城市客车	398	0	398
	YC6J220-42（发动机） YC6G240-40（发动机） WP7.240E40（发动机）	24.1； 23.2； 23.1	6500； 7800； 7140	162； 177； 176	31	65	50	68	柴油混合动力	插电式混合动力电动城市客车			

续表

发动机生产企业	发动机型号	油耗（L/100km）	排量（mL）	功率（kW）	电动汽车续驶里程（工况法，km）	电动汽车30分钟最高车速（km/h）	混合动力汽车纯电动模式下1km最高车速（km/h）	最高车速	燃料种类	配套车辆类型	2015年配套车型产量（辆）	2016年1—3月配套车型产量（辆）	配套车型产量合计（辆）
潍柴动力股份有限公司；广西玉柴机器股份有限公司	WP7.240E50（发动机） YC6J220－50（发动机）	18.2； 17.9	7140； 6500	176； 162	33	67	50	69	柴油混合动力	插电式混合动力城市客车	397	0	397
	WP7.210E40（发动机） YC6J200－42（发动机）	20.1； 19.8	7140； 6500	155； 147	50	69	69	69	柴油/电混合动力	插电式混合动力城市客车			
上海柴油机股份有限公司；广西玉柴机器股份有限公司；潍坊潍柴道依茨柴油机有限公司；北京福田康明斯发动机有限公司	SC4H180.1Q4（发动机） YC4G180－40（发动机） WP4.180E40（发动机） ISF3.8s4R168（发动机）	17.9	4295； 5200； 4500； 3760	132； 132； 132； 125	—	65	—	69	柴油混合动力	插电式混合动力城市客车	395	0	395
西门子电气传动有限公司	1PV5135－4WS28（电动机）	—	—	120	120	65	—	68	纯电动	纯电动城市客车	391	0	391
	1PV5135－4WS28（电动机）	—	—	180	—	69	—	69	纯电动	纯电动城市客车			
	1PV5135－4WS28（电动机）	—	—	360	—	69	—	69	纯电动	纯电动城市客车			
	1PV5138（电动机）	—	—	150	—	65	—	69	纯电动	纯电动城市客车			
	1PV5138（电动机）	—	—	150	—	69	—	69	纯电动	纯电动城市客车			
潍坊潍柴道依茨柴油机有限公司	WP6.200E40（发动机）	19.2	6750	147	—	69	25	69	柴油/电混合动力	插电式混合动力城市客车			
	WP6.200E40（发动机）	19.2	6750	147	—	69	40	69	柴油/电混合动力	插电式混合动力城市客车			
	WP6.200E40（发动机）	20.9	6750	147	—	69	40	69	柴油/电混合动力	插电式混合动力城市客车			
	WP6.200E40（发动机）	21.8	6750	147	—	69	40	69	柴油/电混合动力	插电式混合动力城市客车			
	WP6.200E40（发动机）	22.0	6750	147	—	69	40	69	柴油/电混合动力	插电式混合动力城市客车			
	WP6.200E40（发动机）	22.5	6750	147	31	69	40	69	柴油/电混合动力	插电式混合动力城市客车			
	WP6.200E40（发动机）	23.8	6750	147	—	69	40	69	柴油/电混合动力	插电式混合动力城市客车			
	WP6.200E50（发动机）	19.9	6750	147	—	69	40	69	柴油/电混合动力	插电式混合动力城市客车			
	WP6.200E50（发动机）	21.36	6750	147	31	69	50	69	柴油/电混合动力	插电式混合动力城市客车			

续表

发动机生产企业	发动机型号	油耗（L/100km）	排量（mL）	功率（kW）	电动汽车续驶里程（工况法，km）	电动汽车30分钟最高车速（km/h）	混合动力汽车纯电动模式下1km最高车速（km/h）	最高车速	燃料种类	配套车辆类型	2015年配套车型产量（辆）	2016年1—3月配套车型产量（辆）	配套车型产量合计（辆）
潍坊潍柴道依茨柴油机有限公司	WP6.200E50（发动机）	22.1	6750	147	—	69	40	69	柴油/电混合动力	插电式混合动力城市客车	355	16	371
	WP6.220E40（发动机）	19.5	6750	162	—	69	60	69	柴油/电混合动力	插电式混合动力城市客车			
上海鑫国动力科技有限公司	M150A-F（电动机）	—	—	180	—	69	—	69	纯电动	纯电动城市客车	347	1	348
	M200A-F（电动机）	—	—	200	—	69	—	69	纯电动	纯电动城市客车			
广西玉柴机器股份有限公司；潍柴西港新能源动力有限公司；广西玉柴机器股份有限公司	YC6J210N-50（发动机） WP6NG210E50（发动机） YC6J210N-52（发动机）	—	6494； 6750； 6494	155； 155； 155	20	40	60	69	插电式天然气混合动力	插电式混合动力城市客车	250	96	346
日本丰田汽车公司	5ZR（电动机）	4.3	1798	73	—	180	—	180	汽油混合动力	非插电式混合动力轿车	342	0	342
BMW AG	IB1P25B（电动机）	—	—	125	150	110	—	130	纯电动	纯电动轿车	331	0	331
大陆汽车系统（天津）有限公司	CTX61（电动机）	—	—	70	120	125	—	130	纯电动	纯电动轿车	212	117	329
	CTX61（电动机）	—	—	70	150	125	—	135	纯电动	纯电动轿车			
	CTX61（电动机）	—	—	70	170	130	—	145	纯电动	纯电动轿车			
	T210XS（电动机）	—	—	70	150	100	—	100	纯电动	纯电动轿车			
广西玉柴机器股份有限公司；上海柴油机股份有限公司；潍柴西港新能源动力有限公司；一汽解放汽车有限公司无锡柴油机厂	YC6J210N-52（发动机） SC7HT210Q5（发动机） WP6NG210E50（发动机） CA6SF2-21E5N（发动机）	—	6494； 6440； 6750； 7130	155； 155； 155； 158	—	69	22	69	NG/电混合动力	插电式混合动力城市客车	302	0	302
江西博能上饶客车有限公司	GLMP60L0（电动机）	—	—	70	—	69	—	69	纯电动	纯电动城市客车	287	13	300
	GLMP60L0（电动机）	—	—	70	—	100	—	100	纯电动	纯电动客车			
	TM5009（电动机）	—	—	115	130	100	—	100	纯电动	纯电动客车			

续表

发动机生产企业	发动机型号	油耗（L/100km）	排量（mL）	功率（kW）	电动汽车续驶里程（工况法，km）	电动汽车30分钟最高车速（km/h）	混合动力汽车纯电动模式下1km最高车速（km/h）	最高车速	燃料种类	配套车辆类型	2015年配套车型产量（辆）	2016年1—3月配套车型产量（辆）	配套车型产量合计（辆）
广西玉柴机器股份有限公司；潍柴西港新能源动力有限公司；潍柴西港新能源动力有限公司；上海柴油机股份有限公司；一汽解放汽车有限公司无锡柴油机厂	YC6J210N－52（发动机） WP6NG210E50（发动机） WP7NG240E50（发动机） SC7HT210Q5（发动机） CA6SF2－21E5N（发动机）	—	6494；6750；7140；6440；7130	155；155；177；155；158	53	69	69	69	NG/电混合动力	插电式混合动力城市客车	76	214	290
沈阳航天三菱汽车发动机制造有限公司	4A91S（发动机）	6.3	1499	77	—	—	—	165	汽油混合动力	非插电式混合动力轿车	263	25	288
常州市华盛电机厂	XYQ－7.5－1AH（电动机）	—	—	7.5	142	48		55	纯电动	纯电动垃圾车	267	2	269
	XYQ－7.5－1AH（电动机）	—	—	7.5	140	48		68	纯电动	纯电动邮政车			
湖南中车时代电动汽车股份有限公司；深圳市大地和电气股份有限公司	JD163（电动机） GLMP24L0（电动机）	—	—	35；35	—	—	—	50	纯电动	纯电动自装卸式垃圾车	206	60	266
	tDriver－MD15（电动机） GLMP100L0（电动机）	—	—	60；55	—	—	—	80	纯电动	纯电动厢式运输车			
潍柴动力股份有限公司；上海柴油机股份有限公司；广西玉柴机器股份有限公司	WP7.210E50（发动机） SC7H180Q5（发动机） YC6J200－50（发动机）	26.8；27.5；27.1；26.3	7140；6440；6500	155；132；147	—	69	10	69	柴油混合动力	插电式混合动力城市客车	263	0	263
	WP7.210E50（发动机） SC7H180Q5（发动机） YC6J200－50（发动机）	23.5；24.2；23.9	7140；6440；6500	155；132；147	—	69	10	69	柴油混合动力	插电式混合动力城市客车			
山西华夏动力科技有限公司	HXDL－A－280（电动机）	—	—	190	204	65	—	69	纯电动	纯电动城市客车	262	0	262
	HXDL－A－280（电动机）	—	—	190	240	85	—	85	纯电动	纯电动客车			
	HXDL－B－220（电动机）	—	—	90	180	65	—	69	纯电动	纯电动城市客车			
	HXDL－C－180（电动机）	—	—	110	—	69	—	69	纯电动	纯电动城市客车			

续表

发动机生产企业	发动机型号	油耗（L/100km）	排量（mL）	功率（kW）	电动汽车续驶里程（工况法，km）	电动汽车30分钟最高车速（km/h）	混合动力汽车纯电动模式下1km最高车速（km/h）	最高车速	燃料种类	配套车辆类型	2015年配套车型产量（辆）	2016年1—3月配套车型产量（辆）	配套车型产量合计（辆）
潍柴西港新能源动力有限公司；广西玉柴机器股份有限公司	WP7NG210E50（发动机） YC6J210N－52（发动机）	—	7140； 6494	155； 155	38	67	50	69	NG 混合动力	插电式混合动力城市客车	248	0	248
	WP6NG210E50（发动机） YC6J210N－52（发动机）	—	6750； 6494	155； 155	20	40	60	69	NG/电混合动力	插电式混合动力城市客车			
广西玉柴机器股份有限公司；广西玉柴机器股份有限公司	YC6J245－42（发动机） YC6A280－40（发动机）	19.2	6500； 7255	180； 206	—	69	50	69	柴油/电混合动力	插电式混合动力城市客车	246	1	247
	YC6J245－42（发动机） YC6L280－42（发动机）	18.6， 18.6	6500； 8424	180； 206	—	69	22	69	柴油/电混合动力	插电式混合动力城市客车			
	YC6J200－50（发动机） YC6J220－50（发动机）	19.6， 20.1	6500； 6500	147； 162	—	69	69	69	柴油/电混合动力	插电式混合动力城市客车			
	YC6J225N－52（发动机） YC6G230N－50（发动机）	—	6494； 7800	166； 170	42	62	68	68	NG/电混合动力	插电式混合动力城市客车			
金华青年能源科技有限公司	JYM CDJ－25A－QN（电动机）	—	—	65	150	100	—	121	纯电动	纯电动轿车	242	0	242
	QD260（电动机）	—	—	260	—	69	—	69	纯电动	纯电动城市客车			
	QD270（电动机）	—	—	270	—	69	—	69	纯电动	纯电动城市客车			
广西玉柴机器股份有限公司；潍柴西港新能源动力有限公司；上海柴油机股份有限公司	YC6J210N－52（发动机） WP6NG210E50（发动机） SC7HT210Q5（发动机）	—	6494； 6750； 6440	155； 155； 155	—	69	30	69	NG 混合动力	插电式混合动力城市客车	1	232	233
	YC6J210N－52（发动机） WP6NG210E50（发动机） SC7HT210Q5（发动机）	—	6494； 6750； 6440	155； 155； 155	—	65	69	69	NG 混合动力	插电式混合动力城市客车			
大连创为电机有限公司	TCZ250M－8（电动机）	—	—	150	—	69	—	69	纯电动	纯电动城市客车	210	15	225
	TCZ250M－8（电动机）	—	—	150	—	100	—	100	纯电动	纯电动客车			
	TZ290XS80（电动机）	—	—	120	—	100	—	100	纯电动	纯电动客车			
	YZQ280L－6（电动机）	—	—	130	180	69	—	69	纯电动	纯电动城市客车			
	YZQ280L－6（电动机）	—	—	130	—	100	—	100	纯电动	纯电动客车			

续表

发动机生产企业	发动机型号	油耗（L/100km）	排量（mL）	功率（kW）	电动汽车续驶里程（工况法，km）	电动汽车30分钟最高车速（km/h）	混合动力汽车纯电动模式下1km最高车速（km/h）	最高车速	燃料种类	配套车辆类型	2015年配套车型产量（辆）	2016年1—3月配套车型产量（辆）	配套车型产量合计（辆）
北京中瑞蓝科电动汽车技术有限公司	QYS30 - 4/180（电动机）	—	—	30	100	70	70	100	纯电动	纯电动客车	217	8	225
	ZR30 - 4/180（电动机）	—	—	30	180	70	70	100	纯电动	纯电动客车			
	ZR60 - 6/260A1（电动机）	—	—	60（额定功率）	—	69	—	69	纯电动	纯电动城市客车			
	ZR60 - 6/260A1（电动机）	—	—	60	150	80	—	69	纯电动	纯电动城市客车			
	ZR60 - 6/260A1（电动机）	—	—	60	—	95	—	100	纯电动	纯电动客车			
	ZR60 - 6/260A1（电动机）	—	—	60	—	—	—	80	纯电动	纯电动厢式运输车			
	ZR60 - 6/260A1（电动机）	—	—	120	125	69	—	69	纯电动	纯电动城市客车			
	ZR60 - 6/260A1（电动机）	—	—	120	180	80	—	69	纯电动	纯电动城市客车			
	ZRS100 - 6/350（电动机）	—	—	100	120	80	—	69	纯电动	纯电动城市客车			
	ZRS100 - 6/350（电动机）	—	—	100	160	69	—	69	纯电动	纯电动城市客车			
	ZRS100 - 6/350（电动机）	—	—	100	200	90	—	90	纯电动	纯电动客车			
	ZRS100 - 6/350（电动机）	—	—	200	240	68	—	69	纯电动	纯电动城市客车			
广西玉柴机器股份有限公司；潍柴西港新能源动力有限公司；潍柴西港新能源动力有限公司	YC6J210N - 52（发动机） WP6NG210E50（发动机） WP7NG240E50（发动机）	—	6494；6750；7140	155；155；177	53	69	69	69	NG/电混合动力	插电式混合动力城市客车	221	0	221
深圳市大地和电气股份有限公司；华域汽车电动系统有限公司	GLMP22L2（电动机） 200TZ - XS70K（电动机）	—	—	30；30	155	120		130	纯电动	纯电动轿车	219	0	219
北汽福田汽车股份有限公司；北京福田爱易科新能源工程科技分公司	YTD070W03（电动机）	—	—	70	—	—	—	90	纯电动	纯电动厢式运输车	203	1	204
	TM5033B（电动机）	—	—	60	—	—	—	90	纯电动	纯电动厢式运输车			
	FTTB060（电动机）	—	—	60	—	—	—	90	纯电动	纯电动厢式运输车			
	TM5027A（电动机）	—	—	80	—	—	—	80	纯电动	纯电动厢式运输车			

续表

发动机生产企业	发动机型号	油耗（L/100km）	排量（mL）	功率（kW）	电动汽车续驶里程（工况法，km）	电动汽车30分钟最高车速（km/h）	混合动力汽车纯电动模式下1km最高车速（km/h）	最高车速	燃料种类	配套车辆类型	2015年配套车型产量（辆）	2016年1—3月配套车型产量（辆）	配套车型产量合计（辆）
厦门金龙旅行车有限公司；厦门金龙旅行车有限公司	GDEV－RD06（电动机） GDEV－YRD06（电动机）	—	—	200； 200	—	100	—	100	纯电动	纯电动客车	196	0	196
	GDEV－YRD02（电动机） GDEV－RD05（电动机）	—	—	120； 100	—	100	—	100	纯电动	纯电动客车			
一汽解放汽车有限公司无锡柴油机厂	CA6DLD－20E5（发动机）	18.8	6600	149	—	69	50	69	柴油/电混合动力	插电式混合动力城市客车	190	0	190
	CA6DLD－22E5（发动机）	20.7	6600	164	—	69	50	69	柴油/电混合动力	插电式混合动力城市客车			
深圳中德世纪新能源有限公司	365TZ－XSZDC（电动机）	—	—	85	—	69	—	69	纯电动	纯电动城市客车	63	127	190
	385TZ－XSZDC（电动机）	—	—	100	—	90	—	90	纯电动	纯电动客车			
	445YS－XSZDC（电动机）	—	—	90	230	69	—	69	纯电动	纯电动城市客车			
精进电动科技（北京）有限公司；北汽福田汽车股份有限公司	TM5009（电动机） FTTB115（电动机）	—	—	150； 150	—	69	—	69	纯电动	纯电动城市客车	187	0	187
重庆恒通电动客车动力系统有限公司	HD－YCM－100（电动机）	—	—	100	—	90	—	100	纯电动	纯电动客车	174	12	186
	HD－YCM－150（电动机）	—	—	150	—	85	—	100	纯电动	纯电动客车			
	HD－YCM－150A（电动机）	—	—	150	—	69	—	69	纯电动	纯电动城市客车			
	HD－YCM－75（电动机）	—	—	75	—	65	—	69	纯电动	纯电动城市客车			
北京锋锐新源电驱动科技有限公司	264TYZ－XS06BF（电动机）	—	—	25	≥290	>85	—	85	纯电动	纯电动厢式运输车	153	15	168
	264TYZ－XS06BV（电动机）	—	—	25	225	85	—	85	纯电动	纯电动厢式运输车			
	264TYZ－XS06BF（电动机）	—	—	25	170	75	—	90	纯电动	纯电动扫路车			
广西玉柴机器股份有限公司；潍坊潍柴道依茨柴油机有限公司；一汽解放汽车有限公司无锡柴油机厂	YC6J200－42（发动机） WP6.200E40（发动机） CA6DLD－20E4（发动机）	28.0； 34.0； 33.9； 33.8	6500； 6750； 6600	147； 147； 149	46.5	65	69	69	柴油混合动力	插电式混合动力城市客车	163	0	163
	YC6J200－42（发动机） WP6.200E40（发动机） CA6DLD－22E4（发动机）	20.7	6500； 6750； 6600	147； 147； 164	—	69	50	69	柴油混合动力	插电式混合动力城市客车			
	YC6J200－50（发动机） WP6.200E50（发动机） CA6DLD－20E5（发动机）	22.5； 22.5； 22.5	6500； 6750； 6600	147； 147； 149	—	69	50	69	柴油/电混合动力	插电式混合动力城市客车			

续表

发动机生产企业	发动机型号	油耗（L/100km）	排量（mL）	功率（kW）	电动汽车续驶里程（工况法，km）	电动汽车30分钟最高车速（km/h）	混合动力汽车纯电动模式下1km最高车速（km/h）	最高车速	燃料种类	配套车辆类型	2015年配套车型产量（辆）	2016年1—3月配套车型产量（辆）	配套车型产量合计（辆）
北京中华汽车制造有限公司	ZHXQ-8.5-1（电动机）	—	—	8.5	120	60	—	72	纯电动	纯电动封闭货车	129	28	157
	ZHXQ-8.5-1（电动机）	—	—	8.5	120	60	—	72	纯电动	纯电动厢式运输车			
上海柴油机股份有限公司；广西玉柴机器股份有限公司	SC4H140.1Q5（发动机） YC4EG160-50（发动机）	19.6；20.5	4295；4730	103；118	—	69	10	69	柴油/电混合动力	插电式混合动力城市客车	143	0	143
	SC4H160Q4（发动机） YC4G180-40（发动机）	17.5	4295；5200	120；132	—	65	65	69	柴油混合动力	插电式混合动力城市客车			
	SC5DT180Q5（发动机） YC4G180N-50（发动机）		5308；5200	132；132	—	65	—	69	NG 混合动力	插电式混合动力城市客车			
	SC7H215Q4（发动机） YC6J200-42（发动机）	20.7	6440；6500	158；147	—	69	50	69	柴油/电混合动力	插电式混合动力城市客车			
襄阳宇清传动科技有限公司	YCVF160S-4（电动机）	—	—	22	—	—	—	50	纯电动	纯电动车厢可卸式垃圾车	138	2	140
	YCVF160S-4（电动机）	—	—	22	—	—	—	50	纯电动	纯电动自卸式垃圾车			
	YCVF160S-4（电动机）	—	—	22	—	—	—	50	纯电动	纯电动自装卸式垃圾车			
	YCVF180S-4A（电动机）	—	—	额定43；最大90	—	69	—	69	纯电动	纯电动城市客车			
	YCVF250L-4C（电动机）	—	—	100	—	69	—	69	纯电动	纯电动城市客车			
	YCVF250L-4C（电动机）	—	—	100	—	80	—	80	纯电动	纯电动客车			
	YCVFIE300-8A（电动机）	—	—	130	—	69	—	69	纯电动	纯电动城市客车			
	YCVFIE300-8A（电动机）	—	—	73	—	100	—	100	纯电动	纯电动客车			
武汉合康动力技术有限公司	HIE170-T380-60-3S-HK（电动机）	—	—	60	—	69	—	69	纯电动	纯电动城市客车	138	0	138
湖南中车时代电动汽车股份有限公司；上海大郡动力控制技术有限公司	tDriver-MD15（电动机） O110WE（电动机）	—	—	60；60	—	60	—	85	纯电动	纯电动客车	134	0	134

续表

发动机生产企业	发动机型号	油耗（L/100km）	排量（mL）	功率（kW）	电动汽车续驶里程（工况法，km）	电动汽车30分钟最高车速（km/h）	混合动力汽车纯电动模式下1km最高车速（km/h）	最高车速	燃料种类	配套车辆类型	2015年配套车型产量（辆）	2016年1—3月配套车型产量（辆）	配套车型产量合计（辆）
常州市裕成雅科电机有限公司	XQY-10-Q（电动机）	—	—	20	90	80	—	80	纯电动	纯电动轿车	130	1	131
	XQY-15-D（电动机）	—	—	13.5	150	80	—	100	纯电动	纯电动轿车			
中国第一汽车集团公司	BF6M1013-22E5N（发动机）	—	7146	165	—	—	50	69	CNG/电混合动力	插电式混合动力城市客车	130	0	130
万向电动汽车有限公司	WXF02-QYS30-4/180（电动机）	—	—	75	130	80	—	120	纯电动	纯电动多用途乘用车	118	10	128
	WXF02-QYS30-4/180（电动机）	—	—	75	—	—	—	120	纯电动	纯电动工程车			
	WXMP20L0（电动机）	—	—	20	—	90	—	90	纯电动	纯电动轿车			
	YCVF250L-4（电动机）	—	—	100	—	64	—	68	纯电动	纯电动城市客车			
	YCVF250L-4（电动机）	—	—	100	—	65	—	69	纯电动	纯电动城市客车			
上海中科深江电动车辆有限公司	SJ2103P030-L1（电动机）	—	—	30	—	—	—	80	纯电动	纯电动车厢可卸式垃圾车	112	16	128
	SJ2103P030-L1（电动机）	—	—	30	130	120	—	125	纯电动	纯电动轿车			
	SJ2103P030-L1（电动机）	—	—	30	—	—	—	85	纯电动	纯电动冷藏车			
	SJ2103P030-L1（电动机）	—	—	30	—	—	—	80	纯电动	纯电动密闭式桶装垃圾车			
	SJ2103P030-L1（电动机）	—	—	30	82	72	—	80	纯电动	纯电动自装卸式垃圾车			
	SJ2103P030-L1（电动机）	—	—	60	252	120	—	120	纯电动	纯电动轿车			
	SJ2103P20-C（电动机）	—	—	20	—	—	—	80	纯电动	纯电动自装卸式垃圾车			
	SJ2103P50-B（电动机）	—	—	50	130	90	—	100	纯电动	纯电动客车			
	SJM50D-2103（电动机）	—	—	50	—	—	—	80	纯电动	纯电动桶装垃圾运输车			
东方电气集团东风电机有限公司	QYS100-6/240（电动机）	—	—	100	—	58	—	68	纯电动	纯电动城市客车	127	0	127
	QYS100-6/400（电动机）	—	—	100	—	69	—	69	纯电动	纯电动城市客车			
	QTS60-8/271（电动机）	—	—	110	—	60	—	69	纯电动	纯电动城市客车			
	QTS60-8/271（电动机）	—	—	60	—	60	—	69	纯电动	纯电动城市客车			
	QYS75-6/350（电动机）	—	—	150	175	68	—	69	纯电动	纯电动城市客车			
	QYS75-6/350（电动机）	—	—	150	160	78	—	80	纯电动	纯电动客车			
	QYS20-4/180（电动机）	—	—	20	120	85	—	120	纯电动	纯电动轿车			

续表

发动机生产企业	发动机型号	油耗（L/100km）	排量（mL）	功率（kW）	电动汽车续驶里程（工况法，km）	电动汽车30分钟最高车速（km/h）	混合动力汽车纯电动模式下1km最高车速（km/h）	最高车速	燃料种类	配套车辆类型	2015年配套车型产量（辆）	2016年1—3月配套车型产量（辆）	配套车型产量合计（辆）
福建冠龙新能源汽车科技有限公司	GL-QD1075-10（电动机）	—	—	120	—	100	—	100	纯电动	纯电动客车	126	0	126
	GL-QD2075-10（电动机）	—	—	100	—	69	—	69	纯电动	纯电动城市客车			
	GL-QD2115-07（电动机）	—	—	105	—	69	—	69	纯电动	纯电动城市客车			
潍坊潍柴道依茨柴油机有限公司；广西玉柴机器股份有限公司	WP6.245E40（发动机） YC6J245-42（发动机）	19.8；19.2	6750；6500	180；180	53	69	69	69	柴油/电混合动力	插电式混合动力城市客车	117	0	117
北京连创驱动技术有限公司	LCPM50C303（电动机）	—	—	120	—	69	—	69	纯电动	纯电动城市客车	0	113	113
浙江南车电车有限公司	YTQ80S（电动机）	—	—	80；150	—	69	—	69	纯电动	纯电动城市客车	106	5	111
福建万润新能源科技有限公司	WR510-02007-01（电动机）	—	—	90	—	69	—	69	纯电动	纯电动城市客车	110	0	110
	WR510-02010（电动机）	—	—	200	—	69	—	69	纯电动	纯电动城市客车			
福建亚南电机有限公司；福建亚南电机有限公司	JSTTD16-35（电动机） JSTTD16-35（电动机）	—	—	74；74	—	100	—	100	纯电动	纯电动客车	103	1	104
东风南充汽车有限公司；潍柴西港新能源动力有限公司；康明斯公司	NQ210FN5（发动机） WP6NG210E50（发动机） B6.7GE5 230（发动机）	—	6234；6750；6700	154；155；169	—	—	60	69	NG/电混合动力	插电式混合动力城市客车	102	0	102
浙江赛速尔机电有限公司	SSE GL220V25KW（电动机）	—	—	25	160	80	—	90	纯电动	纯电动厢式运输车	101	0	101
上海万象汽车制造有限公司	WXM200（电动机）	—	—	200	—	69	—	69	纯电动	纯电动城市客车	98	0	98

续表

发动机生产企业	发动机型号	油耗（L/100km）	排量（mL）	功率（kW）	电动汽车续驶里程（工况法，km）	电动汽车30分钟最高车速（km/h）	混合动力汽车纯电动模式下1km最高车速（km/h）	最高车速	燃料种类	配套车辆类型	2015年配套车型产量（辆）	2016年1—3月配套车型产量（辆）	配套车型产量合计（辆）
江西凯马百路佳客车有限公司	BLK－EV060（电动机）	—	—	60	150	65	—	69	纯电动	纯电动城市客车	97	0	97
	BLK－EV110（电动机）	—	—	110	120	62	—	68	纯电动	纯电动城市客车			
	BLK－EV110（电动机）	—	—	110	120	65	—	68	纯电	纯电动客车			
	BLK－EV110（电动机）	—	—	110	200	85	—	100	纯电动	纯电动客车			
海马轿车有限公司	MA020001（电动机）	—	—	13	100	100	—	100	纯电动	纯电动轿车	88	2	90
广西玉柴机器股份有限公司；潍柴动力股份有限公司	YC6J200－42（发动机） WP7.240E40（发动机）	21.4	6500；7140	147；176	20	40	60	69	柴油/电混合动力	插电式混合动力城市客车	0	90	90
福建众联能创新能源科技有限公司	230YS－MS85（电动机）	—	—	150	—	69	—	69	纯电动	纯电动城市客车	84	0	84
东风康明斯发动机有限公司；广西玉柴机器股份有限公司	ISDe198 41（发动机） YC6J200－42（发动机）	—	6700；6494	146；147	—	65	70	69	柴油混合动力	插电式混合动力城市客车	79	0	79
深圳市大地和电气股份有限公司；安徽巨一自动化装备有限公司	GLMP120L0（电动机） JEETZ340XS1240AK01（电动机）	—	—	150；150	—	98	—	100	纯电动	纯电动客车	77	0	77
大连电机集团有限公司；襄樊特种电机有限公司；东方电气集团东风电机有限公司	MDPQ/S120－4－SJ（电动机） YCVF280M－4（电动机） QYS100－6/400（电动机）	—	—	120；110；100	—	69	—	69	纯电动	纯电动城市客车	73	0	73
赣州玖发新能源汽车有限公司	JF－YB－13KW（电动机）	—	—	13	—	—	—	80	纯电动	纯电动厢式运输车	41	30	71

续表

发动机生产企业	发动机型号	油耗（L/100km）	排量（mL）	功率（kW）	电动汽车续驶里程（工况法，km）	电动汽车30分钟最高车速（km/h）	混合动力汽车纯电动模式下1km最高车速（km/h）	最高车速	燃料种类	配套车辆类型	2015年配套车型产量（辆）	2016年1—3月配套车型产量（辆）	配套车型产量合计（辆）
上海南洋电机有限公司	YQSL250L1-4（电动机）	—	—	90	—	—	—	80	纯电动	纯电动城市客车	70	0	70
	YQSL250L1-4（电动机）	—	—	90	150	100	—	100	纯电动	纯电动客车			
广西玉柴机器股份有限公司；潍柴西港新能源动力有限公司；广西玉柴机器股份有限公司；潍柴西港新能源动力有限公司	YC6J210N-50（发动机） WP6NG240E50（发动机） YC6J210N-52（发动机） WP7NG240E50（发动机）	—	6494； 6750； 6494； 7140	155； 176； 155； 177	20	40	60	69	插电式天然气混合动力	插电式混合动力城市客车	16	50	66
上海大郡动力控制技术有限公司；东风汽车电气有限公司；上海大郡动力控制技术有限公司	175TZXS002（电动机） 175TZXS003（电动机） A170010J-H02（电动机）	—	—	30； 30； 25	150	100	—	100	纯电动	纯电动轿车	30	33	63
天津科斯特汽车技术有限责任公司	YTD110H（电动机）	—	—	110	—	69	—	69	纯电动	纯电动城市客车	2	60	62
	YTD50-1（电动机）	—	—	50	—	100	—	100	纯电动	纯电动客车			
潍柴动力股份有限公司；广西玉柴机器股份有限公司；广西玉柴机器股份有限公司	WP7.210E40（发动机） YC6J200-42（发动机） YC6G270-40（发动机）	22.1； 21.8； 22.3	7140； 6500； 7800	155； 147； 199	50	69	69	69	柴油混合动力	插电式混合动力城市客车	55	0	55
	WP7.210E40（发动机） YC6J200-42（发动机） YC6J245-42（发动机）	22.1； 21.8； 22.3	7140； 6500； 6500	155； 147； 180	50	69	69	69	柴油混合动力	插电式混合动力城市客车			
西门子电气传动有限公司；西门子电气传动有限公司	1PV5138（电动机） 1PV5138（电动机）	—	—	150； 150	—	65	—	69	纯电动	纯电动城市客车	31	24	55
上海逸卡新能源汽车技术开发有限公司	YQSL100-6/400（电动机）	—	—	250	—	69	—	69	纯电动	纯电动城市客车	34	20	54
	YQSL100-6/400（电动机）	—	—	250	—	100	—	100	纯电动	纯电动客车			

续表

发动机生产企业	发动机型号	油耗（L/100km）	排量（mL）	功率（kW）	电动汽车续驶里程（工况法，km）	电动汽车30分钟最高车速（km/h）	混合动力汽车纯电动模式下1km最高车速（km/h）	最高车速	燃料种类	配套车辆类型	2015年配套车型产量（辆）	2016年1—3月配套车型产量（辆）	配套车型产量合计（辆）
新动力电机（荆州）有限公司	DZ18M01-1RV（电动机）	—	—	18	135	85	—	85	纯电动	纯电动厢式运输车	53	0	53
四川野马汽车股份有限公司	LMA18R6（电动机）	—	—	60	150	100	100	100	纯电动	纯电动乘用车	50	0	50
苏州力久新能源科技有限公司	LGTPMD450040BRL（电动机）	—	—	80	—	69	—	69	纯电动	纯电动城市客车	50	0	50
潍柴西港新能源动力有限公司；广西玉柴机器股份有限公司；潍柴西港新能源动力有限公司	WP7NG210E50（发动机） YC6J210N-52（发动机） WP7NG240E51（发动机）	—	7140； 6494； 7470	155； 155； 177	—	67	50	69	NG混合动力	插电式混合动力城市客车	1	49	50
上海柴油机股份有限公司；广西玉柴机器股份有限公司；潍柴西港新能源动力有限公司	SC5DT180Q5（发动机） YC4G180N-50（发动机） WP5NG180E51（发动机）	—	5308； 5200； 4980	132； 132； 132	—	65	—	69	NG混合动力	插电式混合动力城市客车	48	0	48
北京奔驰汽车有限公司	274920（发动机）	2.8	1991	155	26	240	—	250	汽油/电混合动力	插电式混合动力轿车	0	47	47
广西玉柴机器股份有限公司；上海柴油机股份有限公司；潍坊潍柴道依茨柴油机有限公司	YC6J220-50（发动机） SC7H215Q5（发动机） WP6.220E50（发动机）	23.85； 23.63； 23.85	6500； 6440； 6750	162； 158； 162	—	—	—	69	柴油混合动力	非插电式混合动力城市客车	44	2	46
上海柴油机股份有限公司；广西玉柴机器股份有限公司；上海柴油机股份有限公司	SC4H160Q4（发动机） YC4G180-40（发动机） SC7H180Q4（发动机）	17.6	4295； 5200； 6440	120； 132； 132	—	65	65	69	柴油混合动力	插电式混合动力城市客车	40	0	40

续表

发动机生产企业	发动机型号	油耗（L/100km）	排量（mL）	功率（kW）	电动汽车续驶里程（工况法，km）	电动汽车30分钟最高车速（km/h）	混合动力汽车纯电动模式下1km最高车速（km/h）	最高车速	燃料种类	配套车辆类型	2015年配套车型产量（辆）	2016年1—3月配套车型产量（辆）	配套车型产量合计（辆）
恒天动力有限公司	HD65N（发动机）		6494	162	42	62	68	68	NG/电混合动力	插电式混合动力城市客车	38	0	38
广西玉柴机器股份有限公司；广西玉柴机器股份有限公司；潍坊潍柴道依茨柴油机有限公司	YC6J220－42（发动机） YC6J200－42（发动机） WP6.220E40（发动机）	18.5， 18.2， 18.5	6500； 6500； 6750	162； 147； 162	—	69	69	69	柴油/电混合动力	插电式混合动力城市客车	6	32	38
常州市普世汽车电动系统有限公司	TZ180－XF30K（电动机）	—	—	15	152	102	—	102	纯电动	纯电动轿车	0	35	35
恒天动力有限公司；广西玉柴机器股份有限公司	HD65N（发动机） YC6J210N－52（发动机）	—	6494； 6494	162； 155	32	62	68	68	NG混合动力	插电式混合动力城市客车	32	0	32
成都勋迪电动车辆制造有限公司	WTYCDJ－18A－XD（电动机）	—	—	18	152	100	—	100	纯电动	纯电动轿车	30	1	31
深圳东风汽车有限公司；杭州德沃仕电动科技有限公司	SZDF－TYC－312－18（电动机） DWS－TYC－320－18A（电动机）	—	—	18； 18	—	—	—	80	纯电动	纯电动封闭货车	30	0	30
	SZDF－TYC－312－18（电动机） DWS－TYC－320－18A（电动机）	—	—	18； 18	—	—	—	80	纯电动	纯电动桶装垃圾运输车			
	SZDF－TYC－312－18（电动机） DWS－TYC－320－18A（电动机）	—	—	18； 18	—	—	—	80	纯电动	纯电动厢式车			
现代 MOBIS 汽车株式会社	36500－0E010（电动机）	—	—	22	140	110	—	130	纯电动	纯电动轿车	30	0	30
淄博休普电机电器有限公司	ZC5.0－96（电动机）	—	—	5.0	—	—	—	55	纯电动	纯电动载货汽车	30	0	30
西安兰德新能源汽车技术开发有限公司	ZJ043C（电动机）	—	—	20	178	85	—	85	纯电动	纯电动多用途乘用车	26	0	26
	13ST－6S9X300A（电动机）	—	—	25	137	81	—	85	纯电动	纯电动厢式运输车			

续表

发动机生产企业	发动机型号	油耗（L/100km）	排量（mL）	功率（kW）	电动汽车续驶里程（工况法，km）	电动汽车30分钟最高车速（km/h）	混合动力汽车纯电动模式下1km最高车速（km/h）	最高车速	燃料种类	配套车辆类型	2015年配套车型产量（辆）	2016年1—3月配套车型产量（辆）	配套车型产量合计（辆）
湘电莱特电气有限公司	TZ230XS70B（电动机）	—	—	140	202	120	—	120	纯电动	纯电动轿车	19	7	26
	TYC30-8/180（电动机）	—	—	60	175	60	—	80	纯电动	纯电动厢式运输车			
	TYC30-8/180（电动机）	—	—	60	200	60	—	80	纯电动	纯电动厢式运输车			
东风汽车公司	CHD5070TSLBEV（电动机）	—	—	47	—	—	—	80	纯电动	纯电动扫路车	24	0	24
大洋电机新动力科技有限公司；北京锋锐新源电驱动科技有限公司	YTD030W17（电动机） 264TYZ-XS06BF（电动机）	—	—	30；25	170	75	—	90	纯电动	纯电动路面养护车	0	23	23
	YTD030W17（电动机） 264TYZ-XS06BF（电动机）	—	—	30；25	170	75	—	90	纯电动	纯电动压缩式对接垃圾车			
康明斯公司；东风康明斯发动机有限公司	ISBE4+225B（发动机） ISDe210 41（发动机）	18.8	6700；6700	165；155	—	69	50	69	柴油/电混合动力	插电式混合动力城市客车	22	0	22
成都联腾动力控制技术有限公司；中国第一汽车集团公司	LMA38R6（电动机） 9100410-K38（电动机）	—	—	100；100	—	69	—	69	纯电动	纯电动城市客车	21	0	21
普天新能源车辆技术有限公司	PTVC-0018A-TM（电动机）	—	—	42	140	70	—	84	纯电动	纯电动厢式运输车	1	20	21
上海柴油机股份有限公司；广西玉柴机器股份有限公司；潍坊潍柴道依茨柴油机有限公司	SC7H215Q5（发动机） YC6J200-50（发动机） WP6.200E50（发动机）	21.36，20.65，21.36	6440；6500；6750	158；147；147	—	—	—	69	柴油混合动力	非插电式混合动力城市客车	20	0	20
上海申龙客车有限公司	TZ480XSS01（电动机）	—	—	200	—	69	—	69	纯电动	纯电动城市客车	20	0	20
苏州绿控传动科技有限公司	GC-TM900-01（电动机）	—	—	90	—	100	—	100	纯电动	纯电动客车	20	0	20
淄博德普达电机有限公司	YJQ4-4N（电动机）	—	—	12	—	60	—	60	纯电动	纯电动厢式运输车	19	0	19

续表

发动机生产企业	发动机型号	油耗（L/100km）	排量（mL）	功率（kW）	电动汽车续驶里程（工况法，km）	电动汽车30分钟最高车速（km/h）	混合动力汽车纯电动模式下1km最高车速（km/h）	最高车速	燃料种类	配套车辆类型	2015年配套车型产量（辆）	2016年1—3月配套车型产量（辆）	配套车型产量合计（辆）
湖南中车时代电动汽车股份有限公司；武汉理工通宇新源动力有限公司	JD190A（电动机） WTEM130-38-1（电动机）	—	—	180； 180	—	60	—	69	纯电动	纯电动城市客车	14	5	19
北京福田康明斯发动机有限公司	ISF2.8 S5129T（发动机）	19.5	2780	96	70	69	69	69	柴油/电混合动力	插电式混合动力城市客车	18	0	18
	ISF2.8s4129V（发动机）	—	2780	96	—	65	50	69	柴油混合动力	插电式混合动力城市客车			
	ISF3.8s5154（发动机）	21.6	3760	115	—	64	—	69	柴油混合动力	插电式混合动力城市客车			
东风康明斯发动机有限公司	ISDe210 41（发动机）	17.2	6700	155	—	—	65	69	柴油/电混合动力	插电式混合动力城市客车	1	17	18
	ISDe230 41（发动机）	29.8	6700	169	—	65	35	69	柴油混合动力	插电式混合动力城市客车			
东风南充汽车有限公司	NQ210FN5（发动机）	—	6234	154	—		60	69	NG/电混合动力	插电式混合动力城市客车	17	0	17
广西玉柴机器股份有限公司；上海柴油机股份有限公司；潍柴西港新能源动力有限公司	YC6J210N-52（发动机） SC7HT210Q5（发动机） WP6NG210E50（发动机）	—	6494； 6440； 6750	155； 155； 155	—	69	22	69	NG	插电式混合动力城市客车	15	0	15
金泰德胜电机有限公司	YJQ7.5-4H（电动机）	—	—	22	155	103	—	100	纯电动	纯电动运动型乘用车	13	0	13
云南五龙汽车有限公司；云南五龙汽车有限公司	O160WA（电动机） O160WA（电动机）	—	—	160； 160	—	60	—	69	纯电动	纯电动城市客车	13	0	13
新大洋机电集团有限公司；新大洋机电集团有限公司；山东德洋电子科技有限公司	BLD9kW-5000-72（电动机） BLDC9kW-5000-72（电动机） DY-BLDC-72-9A（电动机）	—	—	9； 9； 9	250	80	—	80	纯电动	纯电动轿车	3	10	13
	BLD9kW-5000-72（电动机） BLDC9kW-5000-72（电动机） DY-BLDC-72-9A（电动机）	—	—	9； 9； 9	85	80	—	80	纯电动	纯电动轿车			

续表

发动机生产企业	发动机型号	油耗（L/100km）	排量（mL）	功率（kW）	电动汽车续驶里程（工况法，km）	电动汽车30分钟最高车速（km/h）	混合动力汽车纯电动模式下1km最高车速（km/h）	最高车速	燃料种类	配套车辆类型	2015年配套车型产量（辆）	2016年1—3月配套车型产量（辆）	配套车型产量合计（辆）
湖南江南汽车制造有限公司	PMZT184576（电动机）	—	—	18	150	100	—	100	纯电动	纯电动轿车	12	0	12
Remy International，Inc	HVH250－90PWEG（电动机）	—	—	90	170	100	—	120	纯电动	纯电动多用途乘用车	12	0	12
中山大洋电机股份有限公司	BOMM130/170－I（电动机）	—	—	130	—	—	—	80	纯电动	纯电动洒水车	12	0	12
福建亚南电机有限公司/福建亚南电机有限公司；卧龙电气集团股份有限公司/卧龙电气集团股份有限公司	JSTTD16－35（电动机） JSTTD16－35（电动机） JAS70－D1－R（电动机） JAS70－D1－R（电动机）	—	—	74/74；74/74	—	100	—	100	纯电动	纯电动客车	11	1	12
	JSTTD16－35（电动机） JSTTD16－35（电动机） JAS70－D2－R（电动机） JAS70－D2－R（电动机）	—	—	74/74；74/74	—	100	—	130	纯电动	纯电动客车			
新大洋机电集团有限公司	BLD9kW－5000－72（电动机）	—	—	9	85	80	—	80	纯电动	纯电动轿车	9	2	11
东方电气集团东风电机有限公司；安徽安凯汽车股份有限公司；安徽安凯汽车股份有限公司	QYS100－6/400（电动机） 420YS－XS101（电动机） 420YS－XS120（电动机）	—	—	250；250；250	207	68	—	69	纯电动	纯电动城市客车	10	0	10
广西玉柴机器股份有限公司；一汽解放汽车有限公司无锡柴油机厂；潍柴西港新能源动力有限公司	YC6J210N－52（发动机） CA6SF2－21E5N（发动机） WP6NG240E50（发动机）	—	6494；7130；6750	155；158；176	—	69	22	69	NG/电混合动力	插电式混合动力城市客车	10	0	10
中国重汽集团济南豪沃客车有限公司	HKQY200－2800（电动机）	—	—	200	—	100	—	100	纯电动	纯电动客车	10	0	10

续表

发动机生产企业	发动机型号	油耗（L/100km）	排量（mL）	功率（kW）	电动汽车续驶里程（工况法，km）	电动汽车30分钟最高车速（km/h）	混合动力汽车纯电动模式下1km最高车速（km/h）	最高车速	燃料种类	配套车辆类型	2015年配套车型产量（辆）	2016年1—3月配套车型产量（辆）	配套车型产量合计（辆）
中慈（浙江）电动汽车制造有限公司	MQMB-15（电动机）	—	—	45	160	100	—	100	纯电动	纯电动多用途乘用车	5	5	10
	MQMB-15（电动机）	—	—	45	300	85	—	85	纯电动	纯电动厢式运输车			
钱潮轴承有限公司	WXE02-Y250L-4（电动机）	—	—	100	120	65	—	68	纯电动	纯电动城市客车	9	0	9
江苏常隆客车有限公司	CL-M-SHEC-60-001（电动机）	—	—	150	—	69	—	69	纯电动	纯电动城市客车	8	1	9
唐山普林亿威科技有限公司	BS4-120-3000/320（电动机）	—	—	120	—	70	—	69	纯电动	纯电动城市客车	8	0	8
昆明云内动力股份有限公司	YN38QNE（发动机）	—	3762	95	—	—	65	69	NG混合动力	插电式混合动力城市客车	7	0	7
深圳市民富沃能新能源汽车有限公司	BS50-1800/540（电动机）	—	—	100	—	—	—	80	纯电动	纯电动厢式运输车	0	7	7
深圳市依思普林科技有限公司	EMI130A（电动机）	—	—	10	—	80	—	82	纯电动	纯电动厢式运输车	6	0	6
	EMP1000A（电动机）	—	—	110	—	75	—	80	纯电动	纯电动客车			
	EMP1000A（电动机）	—	—	60	180	80	—	100	纯电动	纯电动厢式运输车			
西安正麒电气有限公司	ZJ043C（电动机）	—	—	10	100	—	—	75	纯电动	纯电动厢式运输车	4	2	6
卧龙电气集团股份有限公司；卧龙电气集团股份有限公司	O160WA（电动机） O160WA（电动机）	—	—	160；160	—	60	—	69	纯电动	纯电动城市客车	0	6	6
广西玉柴机器股份有限公司；天津市松正电动汽车技术股份有限公司	YC6J200-42（发动机） MIM090-336SPD（发动机）	23.5	6500；—	147；100	—	69	69	69	柴油/电混合动力	插电式混合动力城市客车	5	0	5
富奥汽车零部件股份有限公司	FQY-320-220SFA（电动机）	—	—	35	100	100	—	100	纯电动	纯电动轿车	5	0	5
	FQY-320-220SFA（电动机）	—	—	35	120	110	—	110	纯电动	纯电动轿车			

续表

发动机生产企业	发动机型号	油耗（L/100km）	排量（mL）	功率（kW）	电动汽车续驶里程（工况法，km）	电动汽车30分钟最高车速（km/h）	混合动力汽车纯电动模式下1km最高车速（km/h）	最高车速	燃料种类	配套车辆类型	2015年配套车型产量（辆）	2016年1—3月配套车型产量（辆）	配套车型产量合计（辆）
广西玉柴机器股份有限公司；潍柴西港新能源动力有限公司；一汽解放汽车有限公司无锡柴油机厂；中国重型汽车集团有限公司	YC6J210N－52（发动机） WP6NG210E50（发动机） CA6SF2－21E5N（发动机） MT07.22－50（发动机）	—	6494； 6750； 7130； 6870	155； 155； 158； 162	—	69	22	69	NG/电混合动力	插电式混合动力城市客车	5	0	5
南京中欧威能新能源动力系统有限公司	NJZ0－J－MC01005B（电动机）	—	—	25	295	80	—	80	纯电动	纯电动服务车	3	2	5
	NJZ0－J－MC01005B（电动机）	—	—	25	200	80	—	80	纯电动	纯电动流动服务车			
	NJZ0－J－MC01005B（电动机）	—	—	25	295	80	—	80	纯电动	纯电动邮政车			
中国南车集团株洲电力机车研究所	JD132A（电动机）	—	—	150	—	45	—	50	纯电动	纯电动城市客车	4	0	4
东风商用车有限公司	EQH160－40（发动机）	18.1	4752	118	—	—	69	69	柴油/电混合动力	插电式混合动力城市客车	4	0	4
大洋电机新动力科技有限公司；北京大郡晟誉驱动系统技术有限公司	YTD020W01（电动机） O50WA（电动机）	—	—	20； 20	90	100	—	80	纯电动	纯电动轿车	4	0	4
北京佩特来电机驱动技术有限公司	DDM110（电动机）	—	—	110	250	69	—	69	纯电动	纯电动城市客车	4	0	4
	DDM160（电动机）	—	—	230	180	60	—	69		纯电动城市客车			
珠海蓝海节能科技有限公司	KAM280HF（电动机）	—	—	75	80	65	—	80	纯电动	纯电动洗扫车	4	0	4
广东亿纬赛恩斯新能源系统有限公司；成都云内动力有限公司	YPQ280M－6M（电动机） YN36QNE（发动机）	—	—； 3612	90； 85	70	69	60	69	NG混合动力	插电式混合动力城市客车	3	0	3
广东亿纬赛恩斯新能源系统有限公司	YPQ280M－6M（电动机）	—	—	90	—	80	—	80	纯电动	纯电动客车	0	3	3

续表

发动机生产企业	发动机型号	油耗（L/100km）	排量（mL）	功率（kW）	电动汽车续驶里程（工况法，km）	电动汽车30分钟最高车速（km/h）	混合动力汽车纯电动模式下1km最高车速（km/h）	最高车速	燃料种类	配套车辆类型	2015年配套车型产量（辆）	2016年1—3月配套车型产量（辆）	配套车型产量合计（辆）
东方电气集团东风电机有限公司；安徽安凯汽车股份有限公司	QYS100-6/400（电动机） 420YS-XS101（电动机）	—	—	250；250	—	—	—	69	纯电动	纯电动城市客车	2	0	2
东风扬子江汽车（武汉）有限责任公司	YZJDJ015（电动机）	—	—	40	—	75	—	75	纯电动	纯电动车厢可卸式垃圾车	2	0	2
	YZJDJ022（电动机）	—	—	44	190	75	—	85	纯电动	纯电动厢式运输车			
杭州德沃仕电动科技有限公司；深圳东风汽车有限公司	DWS-TYC-320-18A（电动机） SZDF-TYC-312-18（电动机）	—	—	18；18	—	—	—	80	纯电动	纯电动桶装垃圾运输车	2	0	2
深圳市大地和电气股份有限公司；湖南中车时代电动汽车股份有限公司	GLMP45L0（电动机） TQD101D（电动机）	—	—	45；45	—	—	—	80	纯电动	纯电动厢式运输车	2	0	2
襄阳特种电机有限公司	YCVF200M-4（电动机）	—	—	32	—	75	—	90	纯电动	纯电动商务车	2	0	2
襄樊特种电机有限公司	YCVF280M-8B（电动机）	—	—	132	200	80	—	69	纯电动	纯电动城市客车	2	0	2
淄博正华电动车科技有限公司	GLMP250L1（电动机）	—	—	120	—	69	—	69	纯电动	纯电动城市客车	2	0	2
深圳大郡驱动系统有限公司	O200WA（电动机）	—	—	200	—	100	—	100	纯电动	纯电动客车	0	2	2
深圳市大地和电气股份有限公司；苏州海格新能源汽车电控系统科技有限公司	GLMP65L0（电动机） HC-EDM5020（电动机）	—	—	120	—	75	—	80；100	纯电动	纯电动客车	1	0	1

续表

发动机生产企业	发动机型号	油耗（L/100km）	排量（mL）	功率（kW）	电动汽车续驶里程（工况法，km）	电动汽车30分钟最高车速（km/h）	混合动力汽车纯电动模式下1km最高车速（km/h）	最高车速	燃料种类	配套车辆类型	2015年配套车型产量（辆）	2016年1—3月配套车型产量（辆）	配套车型产量合计（辆）
FPT INDUSTRIAL S. p. A.；广西玉柴机器股份有限公司	F1CE0442A＊C（发动机） YC4D140N－50（发动机）	—	2998；4214	100；103	—	69	—	69	NG/电混合动力	插电式混合动力城市客车	1	0	1
安徽江淮汽车股份有限公司；北京福田康明斯发动机有限公司	HFC4DA1－2C（发动机） ISF2.8s4129V（发动机）	—	2771；2780	88；96	—	—	—	69	柴油混合动力	插电式混合动力城市客车	1	0	1
北京奥思源科技有限公司	38ZWS120A（电动机）	—	—	90	130	80	—	80	纯电动	纯电动客车	1	0	1
成都雅骏新能源汽车科技股份有限公司	YPQ180L－90－YJ（电动机）	—	—	90	—	100	—	100	纯电动	纯电动客车	1	0	1
东莞三新电动汽车技术有限公司	3i－PMSM－336－A（电动机）	—	—	30	—	69	—	69	纯电动	纯电动城市客车	1	0	1
广东鸿源机电股份有限公司	JD156（电动机）	—	—	100	—	69	—	69	纯电动	纯电动城市客车	1	0	1
江苏微特利电机制造有限公司；深圳市大地和电气股份有限公司	WTYCDJ－25A－DF（电动机） GLMP24L1（电动机）	—	—	25；25	—	—	—	80	纯电动	纯电动自装卸式垃圾车	1	0	1
四川新纪元电动汽车动力总成有限公司	XJY－60（电动机）	—	—	110	—	90	—	100	纯电动	纯电动客车	1	0	1
襄阳九龙坡青山自然能源研究院有限公司	QSDJ－60（电动机）	—	—	110	—	60	—	69	纯电动	纯电动城市客车	1	0	1

续表

发动机生产企业	发动机型号	油耗（L/100km）	排量（mL）	功率（kW）	电动汽车续驶里程（工况法，km）	电动汽车30分钟最高车速（km/h）	混合动力汽车纯电动模式下1km最高车速（km/h）	最高车速	燃料种类	配套车辆类型	2015年配套车型产量（辆）	2016年1—3月配套车型产量（辆）	配套车型产量合计（辆）
广西玉柴机器股份有限公司；潍柴动力扬州柴油机有限责任公司	YC4S150－50（发动机） WP4.1Q140E50（发动机）	14.5； 14.0	3767； 4088	110； 103	—	69	69	69	柴油/电混合动力	插电式混合动力城市客车	0	1	1
广州汽车集团乘用车有限公司	4A15K2（发动机）	1.5	1495	71	70	135	180	180	汽油/电混合动力	插电式混合动力轿车	0	1	1
深圳东风汽车有限公司	SZDF－TYC－312－18（电动机）	—	—	18	—	—	—	80	纯电动	纯电动桶装垃圾运输车	0	1	1
淄博哈普沃动力科技有限公司；赣州恒玖电气有限公司	SPQ10－72－3900H1（电动机） HJ－YB1－11.5KW（电动机）	—	—	10； 11.5	—	—	—	80	纯电动	纯电动路面养护车	0	1	1
天津一汽夏利汽车股份有限公司内燃机制造分公司	CA4GA5H（发动机）	3.2	1497	73	—	170	107	170	汽油混合动力	插电式混合动力轿车	0	1	1
合计（辆）											401345	65355	466700

四、2015年1月至2016年3月车载充电电机配套数量统计

电动汽车车载充电机生产企业	电动汽车充电方式	电动汽车充电插头；插座型号	电动汽车充电插头；插座生产企业	车辆名称	2015年配套车型产量（辆）	2016年1—3月配套车型产量（辆）	配套车型产量合计（辆）
比亚迪汽车工业有限公司	恒功率充电	国标交流充电插座：BCG－AVR－2C－TN－0020； 国标交流充电插头：EVP－V－63A7－XB1－030－00； 直流充电插座：BCG－GACR－001G； 直流充电插头：BCG－GDCP/R－001G	比亚迪汽车工业有限公司	纯电动城市客车	34691	13142	47833

续表

电动汽车车载充电机生产企业	电动汽车充电方式	电动汽车充电插头；插座型号	电动汽车充电插头；插座生产企业	车辆名称	2015年配套车型产量（辆）	2016年1—3月配套车型产量（辆）	配套车型产量合计（辆）
比亚迪汽车工业有限公司	恒功率充电	BCG－AVR－2C－TN－0020，EVP－V－63A7－XB1－030－00；BCG－GACR－001G，BCG－GDCP/R－001G	南京康尼科技实业有限公司，深圳巴斯巴科技发展有限公司；比亚迪汽车工业有限公司，深圳巴斯巴科技发展有限公司	纯电动旅游客车			
	恒功率充电	BCG－AVR－2C－TN－0020；EVP－V－63A7－XB1－030－00	南京康尼电子科技有限公司；深圳巴斯巴科技发展有限公司；	纯电动城市客车			
	恒功率充电	交流充电插头：BCG－CDCP－001G；交流充电插座：BCG－CACR－001G	深圳巴斯巴科技有限公司	纯电动城市客车			
	恒功率充电	BCG－GACR－001G；BCG－GDCP/R－001G；BCG－AVR－2C－TN－0020；EVP－V－63A7－XB1－030－00	深圳巴斯巴科技发展有限公司；深圳巴斯巴科技发展有限公司；深圳巴斯巴科技发展有限公司；南京康尼科技实业有限公司	纯电动城市客车			
	AC；DC	BCG－GDCP/R－001G；BCG－GACR－001G；BCG－GDCR－001G	比亚迪汽车工业有限公司；比亚迪汽车工业有限公司；比亚迪汽车工业有限公司	纯电动轿车			
	AC；DC	交流充电插头：BDG－GDCP/R－001G；交流充电插座：BCG－GACR－001G；直流充电插座：DQ－9Z（125A－750V）－20－A01	比亚迪汽车工业有限公司；中航光电科技股份有限公司	纯电动厢式运输车			
	DC；AC	DC：TIGDC125－0；AC：HPACC－M2L1T0－0	DC：LS CABLE & SYSTEM（WUXI）CO.；LTD（乐星电缆（无锡）有限公司）；AC：Delphi Packard Electric Systems Co.；Ltd（德尔福派克电气系统有限公司）	纯电动轿车			
	恒功率充电	EVP－V－16A5 16A 250VAC；BCG－AVR－2A－SN	南京康尼科技实业有限公司；深圳巴斯巴科技有限公司	插电式混合动力多用途乘用车			
	恒功率充电	EVP－V－16A5；V4C－DSI－GEL－EV16S	南京康尼新能源汽车零部件有限公司；苏州工业园区多思达科技有限公司	插电式混合动力多用途乘用车			
	恒功率充电	KA；KA	比亚迪汽车工业有限公司	纯电动城市客车			
	恒功率充电	KA；KA	比亚迪汽车工业有限公司	纯电动城市客车			
	恒功率充电	KA，KA；BCG－AVR－2C－TN－0020，EVP－V－63A7－XB1－030－00；BCG－GACR－001G，GDCP/R－001G；GDCP/R－001G，BCG－GACR－001G	比亚迪汽车工业有限公司；深圳巴斯巴科技发展有限公司；南京康尼科技实业有限公司；深圳巴斯巴科技发展有限公司；深圳巴斯巴科技发展有限公司；深圳巴斯巴科技发展有限公司	纯电动城市客车			
	恒功率充电	KD2；KD2	比亚迪汽车工业有限公司；比亚迪汽车工业有限公司	纯电动旅游客车			

续表

电动汽车车载充电机生产企业	电动汽车充电方式	电动汽车充电插头；插座型号	电动汽车充电插头；插座生产企业	车辆名称	2015年配套车型产量（辆）	2016年1—3月配套车型产量（辆）	配套车型产量合计（辆）
比亚迪汽车工业有限公司	恒功率充电	KD2，KD2；BCG－AVR－2C－TN－0020，EVP－V－63A7－XB1－030－00	比亚迪汽车工业有限公司；南京康尼科技实业有限公司，深圳巴斯巴科技发展有限公司	纯电动旅游客车			
	恒功率充电	交流充电插头：EVA180KG－300；交流充电插座：KD2－2105810	比亚迪汽车工业有限公司	纯电动旅游客车			
	恒流充电	直流充电插座：DQ－9Z（125A－750V）－20－A01；交流充电插座：BCG－GACR－001G	中航光电科技股份有限公司；比亚迪汽车工业有限公司	纯电动轿车			
	恒流充电	直流充电插座：DQ－9Z（125A－750V）－20－A01；交流充电插座：BCG－GACR－001G；充电插头：EVP－V－16A5	直流充电插座：中航光电科技股份有限公司；交流充电插座：比亚迪汽车工业有限公司；充电插头：南京康尼新能源汽车零部件有限公司	纯电动轿车			
	恒流充电	车辆插座：V2－DSD－G－EV250S	张家港友诚科技机电有限公司	纯电动城市客车			
	恒流充电	V2－DSD－G－EV125S	张家港友诚科技机电有限公司	纯电动客车			
	恒流充电	车辆插座：V2－DSD－G－EV250S；EVS－4－250D9－S；DQ－9Z（250A－750V）－20	苏州工业园区多思达科技有限公司；南京康尼科技实业有限公司；中航光电科技股份有限公司	纯电动客车			
	恒流充电；恒功率充电	直流充电插座：BCG－GDCR－001G；交流充电插座：BCG－GACR－001G	比亚迪汽车工业有限公司	纯电动轿车			
	交流充电	交流：KD2－2105820；KD2－2105810	比亚迪汽车工业有限公司	纯电动洗扫车			
	交流充电	交流：KD2－2105820；KD2－2105810	比亚迪汽车工业有限公司	纯电动厢式运输车			
	交流充电；直流充电	交流：KD2－2105820；KD2－2105810；直流：BCG－AVR－2C－TN；V3－DSD－EV250P；DQ－9T；EVP－4－250D9－S－00；BCG－DVR－1E－000X；BCG－DVR－2E－000X	交流：比亚迪汽车工业有限公司；直流：张家港友诚科技机电有限公司；中航光电科技股份有限公司；南京尼康科技实业有限公司；深圳巴斯巴科技发展有限公司	纯电动厢式运输车			
	交流充电：恒功率充电	国标交流充电插座：BCG－AVR－2C－TN－0020；国标交流充电插头：EVP－V－63A7－XB1－030－00	深圳巴斯巴科技发展有限公司；南京康尼电子科技有限公司	纯电动城市客车			
	交流充电模式2连接方式B	EVP－V－16A5；BCG－AVR－2C－TN－0020	南京康尼科技实业有限公司/深圳巴斯巴科技发展有限公司	插电式混合动力多用途乘用车			
	快充：先恒流后恒压；慢充：恒流充电	直流：V2－DSD－EV125P；V2－DSD－G－EV125S	苏州工业园区多思达科技有限公司	纯电动客车			
	外接直流充电	HVCO－MR6－PF806－L/HVCO－FR6－SF810－L2000	安费诺精密连接器（深圳）有限公司	插电式混合动力城市客车			
	先恒流再恒压	插座：V2－DSD－EV125S；插座：EVS－4－125D9－S	苏州工业园区多思达科技有限公司；南京康尼科技实业有限公司	插电式混合动力城市客车			

续表

电动汽车车载充电机生产企业	电动汽车充电方式	电动汽车充电插头；插座型号	电动汽车充电插头；插座生产企业	车辆名称	2015年配套车型产量（辆）	2016年1—3月配套车型产量（辆）	配套车型产量合计（辆）
比亚迪汽车工业有限公司	先恒流再恒压	插座：V2-DSD-G-EV125S	张家港友诚科技机电有限公司	插电式混合动力城市客车			
	直流充电：恒流充电； 交流充电：恒功率充电	国标交流充电口（巴斯巴）；BCG-AVR-2C-TN-0020； 国标交流充电枪型号（南京康尼）； EVP-V-63A7-XB1-030-00； 国标直流充电插头（巴斯巴）：BCG-GDCP/R-001G； 国标直流充电插座（巴斯巴）：BCG-GACR-001G	比亚迪汽车工业有限公司；比亚迪汽车工业有限公司； 南京康尼电子科技有限公司； 深圳巴斯巴科技发展有限公司	纯电动城市客车			
杭州富特科技有限公司	BMS控制充电	直流：V2-DSD-EV125P，V2-DSD-G-EV125S； 交流：V2C-DSI-EV16P，V2C-DSI-GEL-EV16S； V2C-DSI-EV32P，V2C-DSI-GEL-EV32S	苏州工业园区多思达科技有限公司	纯电动客车	32247	2775	35022
	BMS控制充电	直流：V2-DSD-EV125P，V2-DSD-G-EV125S； DQ-9T（250A-750V），DQC-9Z（250A-750V）-20； V2-DSD-EV125P，V2-DSD-G-EV125S； 交流：V2C-DSI-EV16P，V2C-DSI-GEL-EV16S； V2C-DSI-EV32P，V2C-DSI-GEL-EV32S， DQC-7T（16A-250/440V）， DQC-7Z（16A-250/440V）-200	苏州工业园区多思达科技有限公司； 苏州工业园区多思达科技有限公司； 中航光电科技股份有限公司；中航光电科技股份有限公司	纯电动客车			
	BMS通过CAN控制充电	插头型号：HV18ACT1B25-5000； 插座型号：HV18ACZ1225-3600TG	临沂市海纳电子有限公司	纯电动轿车			
	BMS通过CAN控制充电	插头型号（慢充）：HV18-ACT-1B25-5000； 插座型号（慢充）：HV18-ACZ-1225-3600TG； 插头型号（快充）：YGC349-EV-P9P/5/； 插座型号（快充）：HV18-DCZ；YGC349-EV-S9RC/5	慢充：临沂市海纳电子有限公司； 快充插头：四川永贵科技有限公司； 快充插座：临沂市海纳电子有限公司； 四川永贵科技有限公司	纯电动轿车			
	BMS通过CAN控制充电	插头型号（慢充）：HV18-ACT-1B25-5000 插座型号（慢充）：HV18-ACZ-1225-3600TG； 插头型号（快充）：YGC349-EV-P9P/5； 插座型号（快充）：HV18-DCZ；YGC349-EV-S9RC/5	慢充：临沂市海纳电子有限公司； 快充插头：四川永贵科技有限公司； 快充插座：临沂市海纳电子有限公司； 四川永贵科技有限公司	纯电动轿车			
	BMS通过CAN控制充电	插头V2C-DSI-EV32P； 插座V2C-DSI-G-EV32S	张家港友诚科技机电有限公司； 张家港友诚科技机电有限公司	纯电动车厢可卸式垃圾车			
	插电式	DQC-7T（16A-250/440V）； DQC-7Z（16A-250/440V）-200	中航光电科技股份有限公司	纯电动双排厢式运输车			
	车载慢充	车辆插头：YGC505-EV-P7PXL，YG505-01-00-00XLV； 车辆插座：YGC505-EV-S7RXL，YG505-02-00-00XLV	四川永贵科技有限公司； 四川永贵科技有限公司	纯电动厢式运输车			

续表

电动汽车车载充电机生产企业	电动汽车充电方式	电动汽车充电插头；插座型号	电动汽车充电插头；插座生产企业	车辆名称	2015年配套车型产量（辆）	2016年1—3月配套车型产量（辆）	配套车型产量合计（辆）
杭州富特科技有限公司	车载式	V2C-DSI-EV32P；V2C-DSI-EV16P	苏州工业园区多思达科技有限公司	纯电动自装卸式垃圾车			
	非车载充电/车载充电	EVP-V-32A5，EVS-V-32A5-S；DQC-7T（32A-440V）-101，DQC-7Z/（32A-440V）-100	南京康尼机电股份有限公司；中航光电科技股份有限公司	纯电动客车			
	非车载充电/车载充电	EVP-V-32A5，EVS-V-32A5-S；DQC-7T（32A-440V）-101，DQC-7Z/（32A-440V）-100	南京康尼机电股份有限公司；中航光电科技股份有限公司	纯电动厢式运输车			
	恒流充电	2126030A-W11；2126010A-W11	南京康尼科技实业有限公司	纯电动轿车			
	恒流充电	CS06-009	厦门信和达电子有限公司	纯电动客车			
	恒流充电	HV18-ACT-1B25-5000；HV18-ACZ-1225-3600TG	临沂市海纳电子有限公司	纯电动车厢可卸式垃圾车			
	恒流充电	HV18-ACT-1B25-5000；HV18-ACZ-1225-3600TG	临沂市海纳电子有限公司	纯电动厢式运输车			
	恒流充电	HV18-ACT-1B25-5000；HV18-ACZ-1225-3600TG	临沂市海纳电子有限公司	纯电动路面养护车			
	恒流充电	HV18-ACT-1B25-5000；HV18-ACZ-1225-3600TG	临沂市海纳电子有限公司	纯电动售货车			
	恒流充电	V2C-DSI-EV16P；V2C-DSI-GEL-EV16S	苏州工业园区多思达科技有限公司	纯电动厢式运输车			
	恒流充电	V2C-DSI-EV16P；V2C-DSI-GEL-EV16S	苏州工业园区多思达科技有限公司	纯电动仓栅式运输车			
	恒流充电	V2C-DSI-EV32P，V2C-DSI-GEL-EV32S；V2-DSD-EV125P，V2-DSD-G-EV125S	苏州工业园区多思达科技有限公司	纯电动客车			
	恒流充电	Y-20	怡达电气（苏州）有限公司	纯电动仓栅式运输车			
	恒流充电	Y-20	怡达电气（苏州）有限公司	纯电动车厢可卸式垃圾车			
	恒流充电	Y-20	怡达电气（苏州）有限公司	纯电动桶装垃圾运输车			
	恒流充电	Y-20	怡达电气（苏州）有限公司	纯电动厢式运输车			
	恒流充电	Y-20	怡达电气（苏州）有限公司	纯电动自装卸式垃圾车			
	恒流充电	Y-20；HV18-ACT-1B25-5000，HV18-ACZ-1225-3600TG	怡达电气（苏州）有限公司；临沂市海纳电子有限公司	纯电动仓栅式运输车			
	恒流充电	Y-20；HV18-ACT-1B25-5000，HV18-ACZ-1225-3600TG	怡达电气（苏州）有限公司；临沂市海纳电子有限公司	纯电动厢式运输车			
	恒流恒压方式	DQC-7T（16A-250/440V）；DQC-7Z（16A-250/440V）-200 G001	中航光电科技股份有限公司	纯电动轿车			

续表

电动汽车车载充电机生产企业	电动汽车充电方式	电动汽车充电插头；插座型号	电动汽车充电插头；插座生产企业	车辆名称	2015年配套车型产量（辆）	2016年1—3月配套车型产量（辆）	配套车型产量合计（辆）
杭州富特科技有限公司	恒流－恒压－恒压限流	DQC－7T（16A－250/440V）； DQC－7Z（16A－250/440V）－200	中航光电科技股份有限公司	纯电动轿车			
	恒流或恒压	YGC505－EV－P7P；YGC505－EV－S7RXLS	四川永贵科技有限公司	纯电动轿车			
	恒压限流充电	插头：HV18－ACT－1B－25－4000； 插座：HV18－ACZ－12－25－3600－TG	临沂市海纳电子有限公司	纯电动轿车			
	交流；直流	DQC－7T（16A－250/440V）， DQC－7Z（16A－250/440V）－A1； DQC－9Z（125A－750V）－20， DQ－9TC（125A－750V）	中航光电科技股份有限公司	纯电动客车			
	交流； 直流	DQC－7T（16A－250/440V）， DQC－7Z（32A－250/440V）－A1； DQC－7T（32A－250/440V）， DQC－7Z（32A－250/440V）－A1； －，DQ－9Z（125A－750V）－00； －，AC－HA002184	中航光电科技股份有限公司； 广州安费诺诚信软性电路有限公司	纯电动客车			
	交流充电	BCG－AVP－7A－S－010	深圳巴斯巴科技发展有限公司	纯电动厢式运输车			
	交流慢充	EVP－V－16A5，EVS－V－16A5－SC； BCG－AVP－1A－S，BCG－AVR－1A－SN； DQC－7T（16A－250V/440V）， DQC－7Z（16A－250V/440V）－200	南京康尼科技实业有限公司； 深圳巴斯巴科技发展有限公司； 中航光电科技股份有限公司	纯电动厢式运输车			
	交流慢充	交流充电插头：EVP－V－16A5，HVCOM 16A 250VAC； 交流充电插座：EVS－V－16A5－SC，HVCOF 16A 250VAC	南京康尼科技实业有限公司； 安费诺精密连接器（深圳）有限公司	纯电动厢式运输车			
	交流慢充； 直流快充	EVP－V－16A5，EVS－V－16A5－SC，EVS－4－125D9－2； BCG－AVP－1A－S，BCG－AVR－1A－SN，BCG－DVR－1D； YGC505－EV－P7PXL， YGC505－EV－S7RXL，YG349－EV－S9RXL	南京康尼科技实业有限公司； 深圳巴斯巴科技发展有限公司； 四川永贵科技有限公司	纯电动厢式运输车			
	交流慢充； 直流快充	BCG－AVP－7A－S－013； RAC－TI16－5A，RAC－ZI16－2A	四川瑞可达连接系统有限公司	纯电动轿车			
	交流慢充； 直流快冲	EVP－V－32A5，EVS－V－32A5， EVS－4－125D9；HVCOM＋HVCOF 32A 250VAC，HVCOM＋HVCOF 125A 750VDC	南京康尼科技实业有限公司 安费诺精密连接器（深圳）有限公司	纯电动客车			
	直流充电和交流充电兼容	EVS－4－250D9－S	南京康尼科技实业有限公司	纯电动客车			

续表

电动汽车车载充电机生产企业	电动汽车充电方式	电动汽车充电插头；插座型号	电动汽车充电插头；插座生产企业	车辆名称	2015年配套车型产量（辆）	2016年1—3月配套车型产量（辆）	配套车型产量合计（辆）
杭州富特科技有限公司	直流充电桩+车载充电机	BCG-AVP-8A-S-003；BCG-AVR-1A-SN-0000	深圳巴斯巴科技发展有限公司	纯电动封闭货车			
	直流充电桩+车载充电机	BCG-AVP-8A-S-003；BCG-AVR-1A-SN-0000	深圳巴斯巴科技发展有限公司	纯电动桶装垃圾运输车			
	直流充电桩+车载充电机	BCG-AVP-8A-S-003；BCG-AVR-1A-SN-0000	深圳巴斯巴科技发展有限公司	纯电动厢式车			
深圳欣锐科技股份有限公司	220V家用电	BCG-DVR-1D-0066	深圳巴斯巴科技发展有限公司	纯电动密闭式桶装垃圾车	21136	3594	24730
	220V家用电	BCG-DVR-1D	深圳巴斯巴科技发展有限公司	纯电动厢式运输车			
	220V家用电	BCG-DVR-1D-0066；BCG-DVR-1D	深圳巴斯巴科技发展有限公司	纯电动厢式运输车			
	220V交流充电	EVP-1-16A5-5Y0-00	南京康尼科技实业有限公司	纯电动轿车			
	220V交流充电	EVP-3-16A5（交流插头）；EVS-V-16A5-SC（交流插座）；EVS-4-125D9-S（直流125A插座）；DQC-7T（16A-250/440V）（交流16A插头）；DQC-7Z（16A-250/440V）-200（交流16A插座）；DQC-9Z（125A-750V）-20（直流125A插座）	南京康尼新能源汽车零部件有限公司；中航光电科技股份有限公司	纯电动轿车			
	220V交流充电	EVP-3-16A5（交流插头）；EVS-V-16A5-SC（交流插座）；EVS-4-125D9-S（直流125A插座）；DQC-7T（16A-250/440V）（交流16A插头），DQC-7Z（16A-250/440V）-200（交流16A插座）；DQC-9Z（125A-750V）-20（直流125A插座）	南京康尼新能源汽车零部件有限公司；中航光电科技股份有限公司	纯电动多用途乘用车			
	BMS通过CAN控制充电	插头V2C-DSI-EV32P/插座V2C-DSI-G-EV32S	张家港友诚科技机电有限公司/张家港友诚科技机电有限公司	纯电动厢式运输车			
	CAN功能智能充电	HV18-ACT-1B25-5000/HV18-ACZ-1225-3600TG；BCG-AVP-1A-S-011/BCG-AVR-1A-SN-0024	临沂市海纳电子有限公司；深圳巴斯巴科技发展有限公司	纯电动冷藏车			
	CAN功能智能充电	BCG-AVP-1A-S-011/BCG-AVR-1A-SN-0024	深圳巴斯巴科技发展有限公司	纯电动自装卸式垃圾车			
	CAN协议	DYL4-3ZJ	浙江中航电子有限公司	纯电动仓栅车			
	CAN协议	DYL4-3ZJ	浙江中航电子有限公司	纯电动厢式货车			
	插电式，CAN通讯	—	—	纯电动车厢可卸式垃圾车			
	插电式，CAN通讯	—	—	纯电动车厢自装式垃圾车			
	插电式，CAN通讯	—	—	纯电动桶装垃圾运输车			
	插电式，CAN通讯	—	—	纯电动厢式运输车			

续表

电动汽车车载充电机生产企业	电动汽车充电方式	电动汽车充电插头；插座型号	电动汽车充电插头；插座生产企业	车辆名称	2015 年配套车型产量（辆）	2016 年 1—3 月配套车型产量（辆）	配套车型产量合计（辆）
深圳欣锐科技股份有限公司	插电式，CAN 通讯	—	—	纯电动自装卸式垃圾车			
	车载	EVP－1－16A5－5H1；EVS－V－16A5－WXSC－4X0－00	南京康尼科技实业有限公司	纯电动厢式运输车			
	车载交流充电，地面直流充电	直流（BCG－DVR－1D－0005）；交流（BCG－AVR－1A－TN－0030；BCG－AVP－5A－S－005）	深圳市巴斯巴科技发展有限公司	纯电动仓栅式运输车			
	车载交流充电，地面直流充电	直流（BCG－DVR－1D－0005）；交流（BCG－AVR－1A－TN－0030；BCG－AVP－5A－S－005）	深圳市巴斯巴科技发展有限公司	纯电动冷藏车			
	车载交流充电，地面直流充电	直流（BCG－DVR－1D－0005）；交流（BCG－AVR－1A－TN－0030；BCG－AVP－5A－S－005）	深圳市巴斯巴科技发展有限公司	纯电动厢式运输车			
	车载交流充电，地面直流充电	直流（BCG－DVR－1D－0005）；交流（BCG－AVR－1A－TN－0030；BCG－AVP－5A－S－005）	深圳市巴斯巴科技发展有限公司	纯电动翼开启厢式车			
	车载交流充电，地面直流充电	直流（BCG－DVR－1D－0005）；交流（BCG－AVR－1A－TN－0030；BCG－AVP－5A－S－005）	深圳市巴斯巴科技发展有限公司	纯电动载货汽车			
	根据车辆 SOC 情况依次经行：恒流→恒功率→恒电压充电	7 孔标准充电枪；3 孔家用充电枪；7 孔标准插座	德尔福派克电气系统有限公司	纯电动轿车			
	恒流	HVCOM＋HVCOF 32A 250VAC；HVCOM＋HVCOF 16A 250VAC；HVCOM＋HVCOF 250A 750V DC	安费诺精密连接器（深圳）有限公司	纯电动客车			
	恒流	慢充 32A：HVCOM/HVCOF 32A 250VAC；慢充 16A：HVCOM/HVCOF 16A 250VAC；快充 250A：HVCOM/HVCOF 250A 750V DC；慢充 16A：CP16015/CS16015；慢充 32A：CP32/CS32；快充 250A：CP250/CS05	安费诺精密连接器（深圳）有限公司；安费诺精密连接器（深圳）有限公司；安费诺精密连接器（深圳）有限公司；安费诺－泰姆斯（常州）通讯设备有限公司；安费诺－泰姆斯（常州）通讯设备有限公司；安费诺－泰姆斯（常州）通讯设备有限公司	纯电动客车			
	恒流	EVP－V－16A5；EVS－4－250D9－S 250A 750VDC；PT006	南京康尼科技实业有限公司；南京普斯迪尔电子科技有限公司	纯电动客车			
	恒流充电	交流：EVP－3－16A5/EVS－V－16A5－SC；直流：EVS－4－250D9－S	南京康尼新能源汽车零部件有限公司	纯电动轻型客车			

续表

电动汽车车载充电机生产企业	电动汽车充电方式	电动汽车充电插头；插座型号	电动汽车充电插头；插座生产企业	车辆名称	2015 年配套车型产量（辆）	2016 年 1—3 月配套车型产量（辆）	配套车型产量合计（辆）
深圳欣锐科技股份有限公司	恒流充电	交流：EVP-3-16A5/EVS-V-16A5-SC； 直流：EVS-4-250D9-S	南京康尼新能源汽车零部件有限公司	纯电动厢式运输车			
	恒流充电	EVP-1-16A5-5H1；EVS-V-16A5-WXSC-4X0-00	南京康尼科技实业有限公司	纯电动厢式运输车			
	恒流充电	EVP-V-16A5-00（交流）； EVS-4-250D9-SC-00（直流）； EVS-V-16A5-SC（交流）	南京康尼科技实业有限公司； 南京康尼科技实业有限公司	纯电动多用途乘用车			
	恒流充电	EVP-V-16A5-S；EVS-V-16A5-SC； EVS-4-250D9-SC	南京康尼科技实业有限公司	纯电动轿车			
	恒流恒压	BEC2107600/BEC2107220	安费诺精密连接器（深圳）有限公司	纯电动轿车			
	恒流恒压	YGC505-EV-P7P；YGC505-EV-S7RXLS	四川永贵科技有限公司	纯电动轿车			
	恒流恒压充电	交流插座 YG505-02-00-00XLV； 直流插座 BCG-DVR-1E	四川永贵科技有限公司； 深圳巴斯巴科技发展有限公司	纯电动客车			
	恒压限流充电	YG505-01-00-00XLV；YG505-02-00-00XLV	四川永贵科技有限公司	纯电动乘用车			
	恒压限流充电	DQC-7T（16A-250/440V）； DQC-7Z（16A-250/440V）	中航光电科技股份有限公司	纯电动轿车			
	家用充电； 直流充电桩充电； 交流充电桩充电	2107200X1100 普通充电插头总成； 2107300X1100 交流充电插座总成； 2107500X1100 充电桩专用充电插头总成； 2107700X1100 直流充电插座总成	苏州工业园区多思达科技有限公司	纯电动轿车			
	交流充电	EVP-2-16A5-3Y5/EVS-V-16A5-WSXB-3Y4； EVP-3-16A5-3Y5/EVS-V-16A5-WSXB-3Y4； EVP-2-16A5-3Y5/EVS-V-32A5-WSXB-3Y4； EVP-3-32A5-3Y5/EVS-V-32A5-WSXB-3Y4	南京康尼科技实业有限公司	纯电动轿车			
	交流充电	EVP-2-16A5-3Y5/EVS-V-16A5-WSXB-3Y6 （配置 SCA332JCMG-HCQC）； EVP-3-16A5-3Y5/EVS-V-16A5-WSXB-3Y6 （选装-配置 SCA332JCMG-HCQC）； EVP-2-16A5-3Y5/EVS-V-32A5-WSXB-3Y6 （配置 SCA662JCMG-HC01）； EVP-3-32A5-3Y5/EVS-V-32A5-WSXB-3Y6 （选装-配置 SCA662JCMG-HC01）	南京康尼科技实业有限公司	纯电动轿车			

续表

电动汽车车载充电机生产企业	电动汽车充电方式	电动汽车充电插头；插座型号	电动汽车充电插头；插座生产企业	车辆名称	2015 年配套车型产量（辆）	2016 年 1—3 月配套车型产量（辆）	配套车型产量合计（辆）
深圳欣锐科技股份有限公司	具备快充、慢充两种充电方式	电动汽车插头/插座型号（直流 125A）：插头 BCGDVPCL005 /插座 EVS - 4 - 125D9 - S 电动汽车插头/插座型号（交流 16A）：插头 EVP - 3 - 16A5/插座 EVS - V - 16A5 - SC	南京康尼新能源汽车零部件有限公司	纯电动轻型客车			
	具备快充、慢充两种充电方式	电动汽车插头/插座型号（直流 125A）：插头 V3 - DSD - EV125P/插座 V2 - DSD - G - EV125S 电动汽车插头/插座型号（交流 32A）：插头 V2C - DSI - EV32P/插座 V2C - DSI - GEL - EV32S	苏州工业园区多思达科技有限公司	纯电动厢式运输车			
	慢充、快充	BCG - AVP - 1A - 0400C - 003（交流）/BCG - AVR - 1B - TN - 0003（交流）；BCG - DVP - 14V - CL（直流）/BCG - DVR - 1D（直流）	深圳巴斯巴科技发展有限公司	纯电动厢式运输车			
	慢充、快充	BCG - AVP - 1A - 0400C - 003（慢充）；BCG - AVR - 1B - TN - 0003（慢充）；BCG - DVR - 1D（快充）	深圳巴斯巴科技发展有限公司	纯电动厢式运输车			
	先恒流，再恒压充电	BCG - AVP - 4B - S003；BCG - AVR - 1B - SN - 0015	深圳巴斯巴科技发展有限公司	纯电动轿车			
	先恒流，再恒压充电	EVS - 4 - 250D9 - WSXB - 3P0 - 00	南京康尼科技实业有限公司	纯电动客车			
	先恒流充电，再恒压充电	YGC505 - EV - P7PXL/S7RXL（交流充电枪/插座）；BCG - DVR - 1E（直流充电插座）	交流充电枪/插座：四川永贵科技有限公司；直流充电插座：深圳巴斯巴科技发展有限公司	纯电动城市客车			
	先恒流充电，再恒压充电	CP16015/CS16015	安费诺 - 泰姆斯（常州）通讯设备有限公司	纯电动多用途乘用车			
	先恒流充电，再恒压充电	CP16015/CS16015	安费诺 - 泰姆斯（常州）通讯设备有限公司	纯电动厢式运输车			
	先恒流充电，再恒压充电	CP16015/CS16015	安费诺 - 泰姆斯（常州）通讯设备有限公司	纯电动邮政车			
	先恒流充电，再恒压充电	BCG - DVP - 14V - CN/BCG - DVR - 1D	深圳巴斯巴科技发展有限公司	纯电动厢式运输车			
	先恒流限压，再恒压限流	V4C - DSI - EV32P/V4C - DSI - GEL - EV32S	张家港友诚科技机电有限公司	纯电动路面养护车			
	先恒流限压，再恒压限流	V4C - DSI - EV32P/V4C - DSI - GEL - EV32S	张家港友诚科技机电有限公司	纯电动自装卸式垃圾车			
	先恒流，再恒功率，最后恒压	交流：EVP - 3 - 16A5/EVS - V - 16A5 - SC；直流：EVS - 4 - 250D9 - S	南京康尼新能源汽车零部件有限公司	纯电动轻型客车			
	先恒流，再恒功率，最后恒压	交流：EVP - 3 - 16A5/EVS - V - 16A5 - SC；直流：EVS - 4 - 250D9 - S	南京康尼新能源汽车零部件有限公司	纯电动厢式运输车			
	先恒流，再恒压	CP16/CS16	安费诺 - 泰姆斯（常州）通讯设备有限公司	纯电动轿车			

续表

电动汽车车载充电机生产企业	电动汽车充电方式	电动汽车充电插头；插座型号	电动汽车充电插头；插座生产企业	车辆名称	2015 年配套车型产量（辆）	2016 年 1—3 月配套车型产量（辆）	配套车型产量合计（辆）
深圳欣锐科技股份有限公司	先恒流，再恒压	BCGAEP1AC（L）/BCG－AVR－1A－GL－0001	深圳巴斯巴科技发展有限公司	纯电动轿车			
	先恒流，再恒压	车辆插头，供电插头：BCG－AEP－3A－S－011/车辆插座：BCG－AVR－XA－SN－00XX，BCG－DVR－1D004X	深圳巴斯巴科技发展有限公司	纯电动轿车			
	先交流，再恒压	插头：BCG－AEP－2A－S－006（慢充）/BCG－AVP－8A－S－003（快充）；插座：BCG－AVR－1A－SN－0000（慢充）/BCG－DVR－1F－003（快充）	深圳巴斯巴科技发展有限公司	纯电动轿车			
	先恒流，再恒压	EVP－V－16A5；EVS－4－250D9－S 250A 750VDC	南京康尼科技实业有限公司	纯电动客车			
	直流	BCG－DVR－1C－0010	深圳巴斯巴科技发展有限公司	纯电动城市客车			
	直流充电；交流充电	BCG－DVP－14V－DN/BCG－DVR－1E；DQ－9T（250A－750V）/DQC－9Z（250A－750V）－20；YG505－01－00－00XLV/YG505－02－00－00XLV	深圳巴斯巴科技发展有限公司；中航光电科技股份有限公司；四川永贵科技有限公司	纯电动客车			
	智能充电	BCG－AVP－1B－S－033；BCG－AEP－1B－SN－0016	深圳巴斯巴科技发展有限公司	纯电动厢式运输车			
	智能充电	BCG－AVP－1B－S－033；BCG－AEP－1B－SN－0016	深圳巴斯巴科技发展有限公司	纯电动载货汽车			
杭州铁成信息科技有限公司；杭州富特科技有限公司	三段式充电：初段恒流充电；二段恒压充电；三段涓流浮冲	V2C－DSI－EV16P；V2C－DSI－GEL－EV16S；CEBEA－ev16－CT；CEBEA－ev16－CZ	张家港友诚科技机电有限公司；江苏西比亚新能源科技有限公司	纯电动轿车	23455	0	23455
江苏嘉钰新能源技术有限公司；南京中港电力科技有限公司；杭州富特科技有限公司	初始恒流充电，80%以后恒压充电	W11－2107320－00/W11－2107220－00；YG505－01－00－00XLV；YG505－02－00－00XLV；ZGEVCS600－C；ZGEVCS500－C	苏州智绿环保科技有限公司；四川永贵科技有限公司；南京中港电力科技有限公司	纯电动轿车	22338	12	22350
杭州铁城信息科技有限公司	CAN 功能智能充电	DYL4	浙江中航电子有限公司	纯电动厢式运输车	15874	4532	20406
	便携式（外置）	V2C－DSI－EV16P；V2C－DSI－GEL－EV16S	苏州工业园区多思达科技有限公司	纯电动垃圾车			
	便携式（外置）	V2C－DSI－EV16P；V2C－DSI－GEL－EV16S	苏州工业园区多思达科技有限公司	纯电动邮政车			
	插电式	Y－60 220V	怡达电气（苏州）有限公司	纯电动仓栅式运输车			
	插电式	Y－60 220V	怡达电气（苏州）有限公司	纯电动垃圾车			
	插电式	Y－60 220V	怡达电气（苏州）有限公司	纯电动洒水车			
	插电式	Y－60 220V	怡达电气（苏州）有限公司	纯电动厢式运输车			
	插接式	—	—	纯电动车厢可卸式垃圾车			
	插接式	—	—	纯电动洒水车			

续表

电动汽车车载充电机生产企业	电动汽车充电方式	电动汽车充电插头；插座型号	电动汽车充电插头；插座生产企业	车辆名称	2015年配套车型产量（辆）	2016年1—3月配套车型产量（辆）	配套车型产量合计（辆）
杭州铁城信息科技有限公司	插接式	—	—	纯电动扫路车			
	插接式	—	—	纯电动自装卸式垃圾车			
	车载充电	充电插头：DSI－EV16P/32P；插座：DSI－EV16S/32S；七插充电插头：8396004BAC；插座：8396003BAC	苏州工业园区多思达科技有限公司	增程式混合动力轿车			
	车载式	V2C－DSI－EV16P；V2C－DSI－GEL－EV16S	苏州工业园区多思达科技有限公司	纯电动厢式运输车			
	车载式	Y－60 220V 充电插头；Y－60 220V 充电插座	怡达电气（苏州）有限公司	纯电动厢式运输车			
	程序控制，恒压限流充电	220vac y－60	怡达电气（苏州）有限公司	纯电动厢式运输车			
	程序控制，恒压限流充电	BCG－AVP－TA－S－013；BCG－AVR－1B－SN－0003	深圳巴斯巴科技发展有限公司	纯电动厢式运输车			
	程序控制的限压恒流充电	220vac y－60	怡达电气（苏州）有限公司	纯电动车厢可卸式垃圾车			
	程序控制的限压恒流充电	V2（C）－DSI－EV16P；V2（C）－DSI－（GEL）－EV16S	张家港友诚科技机电有限公司	纯电动车厢可卸式垃圾车			
	程序控制的限压恒流充电	V2C－DSI－EV16P；V2C－DSI－EV16S	张家港友诚科技机电有限公司	纯电动车厢可卸式垃圾车			
	程序控制的限压恒流充电	V2C－DSI－EV16P；V2C－DSI－EV16S	张家港友诚科技机电有限公司	纯电动桶装垃圾运输车			
	初始恒流充电，80% 以后恒压充电	V2－DSI－G－EV32S；V2－DSI－EV32P	苏州工业园区多思达科技有限公司	纯电动厢式运输车			
	根据充电曲线进行充电	DYL4－3TK；DYL4－3ZJ	浙江中杭电子有限公司	纯电动厢式运输车			
	根据充电曲线进行充电	U－EV16P；U－EV16S	张家港友诚科技机电有限公司	纯电动厢式运输车			
	国标交流慢充	插头：V2C－DSD－EV16P；充电插座：V2C－DSI－G－EV16S	苏州工业园区多思达科技有限公司	纯电动厢式运输车			
	恒流、恒压充电	KRD5010XXYBEV－0905300；KRD5010XXYBEV－0905200	怡达电气（苏州）有限公司	纯电动厢式运输车			
	恒流；恒压充电	KRD5010XXYBEV－0905300；KRD5010XXYBEV－0905200	怡达电气（苏州）有限公司	纯电动仓栅式运输车			
	恒流充电	BCG－AVP－1A；BCG－AVR－1B	深圳巴斯巴科技发展有限公司	纯电动轿车			
	恒流充电	BCG－AVP－8A－S－003；BCG－AVP－2B－S－006	深圳巴斯巴科技发展有限公司	纯电动轿车			
	恒流充电	BCG－AVP－8A－S－003，BCG－AVP－2B－S－006；F08－520150－040，F08－620000－000；F08－520150－040，F08－620150－06L	深圳巴斯巴科技发展有限公司；乐清八达光电股份有限公司；乐清八达光电股份有限公司	纯电动轿车			
	恒流充电	SP2110/P5；SP2113/S5	中航光电科技股份有限公司	纯电动轿车			
	恒流充电	V2C－DSI－EV16P，V2C－DSI－GEL－EV16S；BCG－AVP－1A，BCG－AVR－1B	苏州工业园区多思达科技有限公司；深圳巴斯巴科技发展有限公司	纯电动轿车			

续表

电动汽车车载充电机生产企业	电动汽车充电方式	电动汽车充电插头；插座型号	电动汽车充电插头；插座生产企业	车辆名称	2015 年配套车型产量（辆）	2016 年 1—3 月配套车型产量（辆）	配套车型产量合计（辆）
杭州铁城信息科技有限公司	恒流充电	V2C - DSI - EV16P；V2C - DSI - GEL - EV16S	苏州工业园区多思达科技有限公司	纯电动仓栅式运输车			
	恒流充电	V2C - DSI - EV16P；V2C - DSI - GEL - EV16S	苏州工业园区多思达科技有限公司	纯电动厢式运输车			
	恒压限流充电	插头：HV18 - ACT - 1B - 25 - 4000； 插座：HV18 - ACZ - 12 - 25 - 3600 - TG	临沂市海纳电子有限公司	纯电动轿车			
	恒压限流充电； 具体按 BMS 指令执行	交流：EVP - 1 - 16A5 - 00/EVS - V - 32A7 - WNX； 直流：EVS - 4 - 200D9 - WNXAE	南京康尼科技实业有限公司； 南京康尼科技实业有限公司	纯电动轻型客车			
	恒压限流充电； 具体按 BMS 指令执行	交流：EVP - 1 - 16A5 - 00/EVS - V - 32A7 - WNX； 直流：EVS - 4 - 200D9 - WNXAE	南京康尼科技实业有限公司； 南京康尼科技实业有限公司	纯电动厢式运输车			
	交流充电	F08 - 520150 - 040；F08 - 620000 - 000	乐清市八达光电科技有限公司	纯电动厢式运输车			
	交流充电	BCG - AVP - 1A - S；BCG - AVR - αA - SN - 000X	深圳巴斯巴科技发展有限公司	纯电动厢式运输车			
	交流充电	BCG - DSB - 005	深圳巴斯巴科技发展有限公司	纯电动厢式运输车			
	快充；慢充	充电插头总成（慢充）：2107200X5050； 充电插座总成（慢充）：2107300X5050； 充电桩插头（快充）：2107500X5050； 直流插座（快充）：2107700X5050	苏州工业园区多思达科技有限公司	纯电动自卸式垃圾车			
	慢充；快充	普通充电插头总成（慢充）：2107200X1020； 充电插座总成（慢充）：2107300X1020； 直流充电插座总成（快充）：2107700X1040	苏州工业园区多思达科技有限公司	纯电动轿车			
	慢充；快充	充电插头总成（慢充）：2101400X5050； 充电插座总成（慢充）：2107300X5050； 充电桩插头（快充）：2101400X5050； 直流插座（快充）：2107700X5050	苏州工业园区多思达科技有限公司	纯电动车厢可卸式垃圾车			
	慢充；快充	充电插头总成（慢充）：2107200X5050； 充电插座总成（慢充）：2107300X5050； 充电桩插头（快充）：2107500X5050； 直流插座（快充）：2107700X5050	苏州工业园区多思达科技有限公司	纯电动垃圾转运车			
	慢充；快充	充电插头总成（慢充）：2107200X5050 充电插座总成（慢充）：2107300X5050； 充电桩插头（快充）：2107500X5050； 直流插座（快充）：2107700X5050	苏州工业园区多思达科技有限公司	纯电动路面养护车			

续表

电动汽车车载充电机生产企业	电动汽车充电方式	电动汽车充电插头；插座型号	电动汽车充电插头；插座生产企业	车辆名称	2015年配套车型产量（辆）	2016年1—3月配套车型产量（辆）	配套车型产量合计（辆）
杭州铁城信息科技有限公司	慢充；快充	充电插头总成（慢充）：2107200X5050； 充电插座总成（慢充）：2107300X5050； 充电桩插头（快充）：2107500X5050； 直流插座（快充）：2107700X5050	苏州工业园区多思达科技有限公司	纯电动清洗车			
	慢充；快充	充电插头总成（慢充）：2107200X5050； 充电插座总成（慢充）：2107300X5050； 充电桩插头（快充）：2107500X5050； 直流插座（快充）：2107700X5050	苏州工业园区多思达科技有限公司	纯电动桶装垃圾运输车			
	慢充；快充	充电插头总成（慢充）：2107200X5050； 充电插座总成（慢充）：2107300X5050； 充电桩插头（快充）：2107500X5050； 直流插座（快充）：2107700X5050	苏州工业园区多思达科技有限公司	纯电动吸粪车			
	慢充；快充	充电插头总成（慢充）：2107200X5050； 充电插座总成（慢充）：2107300X5050； 充电桩插头（快充）：2107500X5050； 直流插座（快充）：2107700X5050	苏州工业园区多思达科技有限公司	纯电动自装卸式垃圾车			
	慢充和快充	充电插头总成（慢充）：2107200X5050； 充电插座总成（慢充）：2107300X5050； 充电桩插头（快充）：2107500X5050； 直流插座（快充）：2107700X5050	苏州工业园区多思达科技有限公司	纯电动密闭式桶装垃圾车			
	三段式充电：初段恒流充电；二段恒压充电；三段涓流浮冲	DSI－EV16P；DSI－EV16S； TYP2601　16A；TYP531　16A	张家港友诚科技机电有限公司； 威浦电器有限公司	纯电动轿车			
	三段式充电：初段恒流充电；二段恒压充电；三段涓流浮冲	i531；ip2601； DSI－EV16P；DSI－EV16S	珠海英搏尔电气有限公司； 张家港友诚科技机电有限公司	纯电动厢式运输车			
	三段式充电：初段恒流充电；二段恒压充电；三段涓流浮冲	ST－031016－PT；ST－031016－PZ	济宁圣泰电气科技有限公司	纯电动轿车			
	外接交流充电	220VACY－60	怡达电气（苏州）有限公司	纯电动厢式运输车			
	先恒流；再恒压	HVCO－M－R6－L5000；HVCO－F－R6－SS702－L3000	安费诺科技有限公司	纯电动轿车			
	先恒流；再恒压	DSI－EV16P；DSI－EV16S；DKY－CDT7P5X63； DKY－CDZ7P5X63	苏州工业园区多思达科技有限公司； 杭州大有科技有限公司	纯电动商务车			
	先恒流；再恒压	DSI－EV325	苏州工业园区多思达科技有限公司	纯电动厢式运输车			

续表

电动汽车车载充电机生产企业	电动汽车充电方式	电动汽车充电插头；插座型号	电动汽车充电插头；插座生产企业	车辆名称	2015 年配套车型产量（辆）	2016 年 1—3 月配套车型产量（辆）	配套车型产量合计（辆）
杭州铁城信息科技有限公司	直流快充；交流慢充	插头：V2C - DSI - EV32P； 插座：V2C - DSI - GEL - EV32S	张家港友诚科技机电有限公司	纯电动厢式运输车			
艾默生网络能源有限公司	交流充电（16A）	CI151048000；CI151049000	上海埃士工业科技有限公司	插电式混合动力轿车	12213	1064	13277
	传导充电	慢速充电枪：CE151049000； 慢充座：CE151050000；快充座：CE151048000	上海埃士工业科技有限公司；上海埃士工业科技有限公司； 上海埃士工业科技有限公司	纯电动轿车			
	传导充电	BCG - EVE - 1B - G5 - 002	深圳巴斯巴科技发展有限公司	燃料电池轿车			
北京嘉昌机电设备制造有限公司	CAN 协议	DYL4 - 3ZJ	浙江中航电子有限公司	纯电动道路清扫车	12727	5	12732
	车载充电	BCG - AVP - 4A - S - 001；F08 - 620000 - 00L	深圳巴斯巴科技发展有限公司/八达电气有限公司	纯电动多用途乘用车			
	车载充电	BCG - AVP - 1A - 0400C - 003；BCG - AVR - 1B - TN - 0003	深圳巴斯巴科技发展有限公司	纯电动轿车			
	车载充电	BCG - AVP - 1A - 0400C - 003；F08 - 620000 - 00L	深圳巴斯巴科技发展有限公司/八达电气有限公司	纯电动厢式运输车			
	恒流、恒压限流充电	BCGAVP（1）B0000C001；BCGAVRB0000GL001	深圳巴斯巴科技发展有限公司	纯电动轿车			
	恒流充电	插头：DL9 - DC1000/250 - C - Z（Y）； 插座：DL9 - DC1000/250 - C - T（Y）	南京康尼科技实业有限公司	插电式混合动力城市客车			
	恒压充电	Amphenol HVCO 充电模式：CM1	Amphenol 额定电压/电流：220V/16A - AC	纯电动多用途乘用车			
	恒压限流充电	V2C - DSI - EV32P，V2C - DSI - G - EV32S； V2 - DSD - EV125P，V2 - DSD - G - EV125S	苏州工业园区多思达科技有限公司	纯电动轻型客车			
	恒压限流充电	V2C - DSI - EV32P，V2C - DSI - G - EV32S； V2 - DSD - EV125P，V2 - DSD - G - EV125S	苏州工业园区多思达科技有限公司	纯电动厢式运输车			
	先恒流限压后恒压限流	BCG - AVP - 5B - S - 005；BCG - AVR - 1B - TN - 0003	深圳巴斯巴科技发展有限公司	纯电动轿车			
深圳威迈斯电源有限公司	恒流充电、恒压充电	J00 - 2107032；J42 - 2107031	南京康尼新能源汽车零部件有限公司	插电式混合动力轿车	8205	2354	10559
	分段式恒流充电	J00 - 2107032；J00 - 2107031	南京康尼科技实业有限公司	纯电动轿车			
	分段式恒流充电	J00 - 2107032；J00 - 2107031； J00 - 2107032；J00 - 2107031BA	南京康尼新能源汽车零部件有限公司	纯电动轿车			
	分段式恒流充电	J00 - 2107032/J00 - 2107031（康尼）； J00 - 2107032/J00 - 2107031BA（康尼）； 无/DQC - 9Z（125A - 750V）- 20（中航）； 无/YGC349 - EV - S9RC/5（永贵）	南京康尼新能源汽车零部件有限公司； 中航光电科技股份有限公司； 四川永贵科技有限公司	纯电动厢式运输车			
南京中港电力科技有限公司	初始恒流充电； 80% 以后恒压充电	YG505 - 01 - 00 - 00XLV；YG505 - 02 - 00 - 00XLV； ZGEVCS600 - C；ZGEVCS500 - C	四川永贵科技有限公司；南京中港电力科技有限公司	纯电动轿车	7832	0	7832

续表

电动汽车车载充电机生产企业	电动汽车充电方式	电动汽车充电插头；插座型号	电动汽车充电插头；插座生产企业	车辆名称	2015 年配套车型产量（辆）	2016 年1—3 月配套车型产量（辆）	配套车型产量合计（辆）
南京中港电力科技有限公司	初始恒流充电；95%以后恒压充电	YG505－01－00－00XLV；YG505－02－00－00XLV；ZGEVCS600－C；ZGEVCS500－C	四川永贵科技有限公司；南京中港电力科技有限公司	纯电动轿车			
	初始恒流充电；95%以后恒压充电	插座：W11－2107210－00；插头：W11－2107310－00；插座：W11－2107210－02A0；插头：W11－2107310－02A0	四川永贵科技有限公司；南京中港电力科技有限公司	纯电动轿车			
	交流慢充/直流快充	插头 TKZ－301T－16A；插座 KEC－AC－032－F5（直流）/KEC－AC－016－G5（交流）；TKZ－303Z－125A（直流）/TKZ－302Z－16A（交流）	插头：台州图克新能源有限公司；插座：温州凯业电器有限公司/台州图克新能源有限公司	纯电动清洗车			
	交流慢充/直流快充	插头 TKZ－301T－16A；插座 KEC－AC－032－F5（直流）/KEC－AC－016－G5（交流）；TKZ－303Z－125A（直流）/TKZ－302Z－16A（交流）	插头：台州图克新能源有限公司；插座：温州凯业电器有限公司/台州图克新能源有限公司	纯电动桶装垃圾运输车			
	交流慢充/直流快充	插头 TKZ－301T－16A；插座 KEC－AC－032－F5（直流）/KEC－AC－016－G5（交流）；TKZ－303Z－125A（直流）/TKZ－302Z－16A（交流）	插头：台州图克新能源有限公司；插座：温州凯业电器有限公司/台州图克新能源有限公司	纯电动厢式运输车			
郑州宇通客车股份有限公司	恒流充电	DQC－7Z（63A－250/440V）；EVS－V－63A7－SC	中航光电科技股份有限公司；南京康尼机电股份有限公司	插电式混合动力城市客车	6695	185	6880
	恒流充电	DQC－9Z（125A－750V）－20；DQC－7Z（63A－250/440V）；EVS－4－125D9－S；EVS－V－63A7－SC	中航光电科技股份有限公司；中航光电科技股份有限公司；南京康尼科技实业有限公司；南京康尼科技实业有限公司	插电式混合动力城市客车			
	恒流充电	DQC－9Z（125A－750V）－20；DQC－9Z（250A－750V）－20；EVS－4－125D9－S；EVS－V－63A7－SC；DQC－7Z（63A－250/440V）；EVS－4－250D9－S	中航光电科技股份有限公司；中航光电科技股份有限公司；南京康尼科技实业有限公司；南京康尼科技实业有限公司；中航光电科技股份有限公司；南京康尼科技实业有限公司	插电式混合动力城市客车			
	恒流充电	DQC－9Z（250A－750V）－20；DQC－7Z（63A－250/440V）；DQC－9Z（125A－750V）－20；EVS－4－250D9－S；EVS－4－125D9－S；EVS－V－63A7－SC	中航光电科技股份有限公司；中航光电科技股份有限公司；中航光电科技股份有限公司；南京康尼科技实业有限公司；南京康尼科技实业有限公司；南京康尼科技实业有限公司	插电式混合动力城市客车			
	恒流充电	DQC－9Z（250A－750V）－20；DQC－7Z（63A－250/440V）；DQC－9Z（125A－750V）－20；EVS－4－250D9－S；EVS－4－125D9－S；EVS－V－63A7－SC	中航光电科技股份有限公司；中航光电科技股份有限公司；中航光电科技股份有限公司；南京康尼科技实业有限公司；南京康尼科技实业有限公司；南京康尼科技实业有限公司	插电式混合动力城市客车			
	恒流充电	DQC－9Z（250A－750V）－20；DQC－7Z（63A－250/440V）；EVS－4－250D9－S；EVS－V－63A7－SC；DQC－9Z（125A－750V）－20；EVS－4－125D9－S	中航光电科技股份有限公司；中航光电科技股份有限公司；南京康尼科技实业有限公司；南京康尼科技实业有限公司；中航光电科技股份有限公司；南京康尼科技实业有限公司	插电式混合动力城市客车			
	恒流充电	DQC－9Z（250A－750V）－20；DQC－7Z（63A－250/440V）；EVS－4－250D9－S；EVS－V－63A7－SC；EVS－4－125D9－S；DQC－9Z（125A－750V）－20	中航光电科技股份有限公司；中航光电科技股份有限公司；南京康尼科技实业有限公司；南京康尼科技实业有限公司；南京康尼科技实业有限公司；中航光电科技股份有限公司	插电式混合动力城市客车			

续表

电动汽车车载充电机生产企业	电动汽车充电方式	电动汽车充电插头；插座型号	电动汽车充电插头；插座生产企业	车辆名称	2015 年配套车型产量（辆）	2016 年 1—3 月配套车型产量（辆）	配套车型产量合计（辆）
郑州宇通客车股份有限公司	恒流充电	DQC－9Z（250A－750V）－20；DQC－7Z（63A－250/440V）；EVS－4－250D9－S；EVS－V－63A7－SC；EVS－4－125D9－S；DQC－9Z（125A－750V）－20	中航光电科技股份有限公司；中航光电科技股份有限公司；南京康尼科技实业有限公司；南京康尼科技实业有限公司；南京康尼科技实业有限公司；中航光电科技股份有限公司	插电式混合动力城市客车			
	恒流充电	DQC－9Z（250A－750V）－20	中航光电科技股份有限公司	插电式混合动力城市客车			
	恒流充电	EVS－V－63A7－S	南京康尼机电股份有限公司	插电式混合动力城市客车			
	恒流充电	EVS－V－63A7－S	南京康尼科技实业有限公司	插电式混合动力城市客车			
	恒流充电	EVS－V－63A7－SC；DQC－9Z（250A－750V）－20	南京康尼机电股份有限公司；中航光电科技股份有限公司	插电式混合动力城市客车			
	恒流充电	EVS－V－63A7－SC；DQC－9Z（250A－750V）－20；EVS－4－250D9－S；DQC－7Z（63A－250/440V）	南京康尼科技实业有限公司；中航光电科技股份有限公司；南京康尼科技实业有限公司；中航光电科技股份有限公司	插电式混合动力城市客车			
	恒流充电	EVS－V－63A7－SC；DQC－9Z（250A－750V）－20；EVS－4－250D9－S；DQC－7Z（63A－250/440V）	南京康尼科技实业有限公司；中航光电科技股份有限公司；南京康尼科技实业有限公司；中航光电科技股份有限公司	插电式混合动力城市客车			
	恒流充电	EVS－V－63A7－SC；DQC－9Z（250A－750V）－20；EVS－4－250D9－S；DQC－7Z（63A－250/440V）；DQC－9Z（125A－750V）－20；EVS－4－125D9－S	南京康尼科技实业有限公司；中航光电科技股份有限公司；南京康尼科技实业有限公司；中航光电科技股份有限公司；中航光电科技股份有限公司；南京康尼科技实业有限公司	插电式混合动力城市客车			
	恒流充电	EVS－V－63A7－SC；DQC－9Z（250A－750V）－20；EVS－4－250D9－S；DQC－7Z（63A－250/440V）；EVS－4－125D9－S；DQC－9Z（125A－750V）－20	南京康尼科技实业有限公司；中航光电科技股份有限公司；南京康尼科技实业有限公司；中航光电科技股份有限公司；南京康尼科技实业有限公司；中航光电科技股份有限公司	插电式混合动力城市客车			
	恒流充电	V2C－DSI－EV32P；V2C－DSI－G－EV32S；DQC/G－7Z（32A－440V）；EVS－V－63A7－S	苏州工业园区多思达科技有限公司；中航光电科技股份有限公司；南京康尼机电股份有限公司	插电式混合动力城市客车			
	恒流充电	V2C－DSI－EV32P；V2C－DSI－G－EV32S；DQC－9Z（250A－750V）－20；EVS－V－63A7－S	苏州工业园区多思达科技有限公司；中航光电科技股份有限公司；南京康尼机电股份有限公司	插电式混合动力城市客车			
	恒流充电	V2C－DSI－EV32P；V2C－DSI－G－EV32S；DQC－9Z（250A－750V）－20；EVS－V－63A7－S	苏州工业园区多思达科技有限公司；中航光电科技股份有限公司；南京康尼机电股份有限公司	插电式混合动力城市客车			
	恒流充电	DQC－9Z（250A－750V）－20；DQC－7Z（63A－250/440V）；EVS－4－250D9－S；EVS－V－63A7－SC；EVS－4－125D9－S；DQC－9Z（125A－750V）－20	中航光电科技股份有限公司；中航光电科技股份有限公司；南京康尼科技实业有限公司；南京康尼科技实业有限公司；南京康尼科技实业有限公司；中航光电科技股份有限公司	插电式混合动力铰接城市客车			
	恒流充电	DQC－9Z（250A－750V）－20；DQC－9Z（125A－750V）－20；EVS－4－250D9－S；DQC－7Z（63A－250/440V）；EVS－V－63A7－SC	中航光电科技股份有限公司；中航光电科技股份有限公司；南京康尼科技实业有限公司；中航光电科技股份有限公司；南京康尼科技实业有限公司	纯电动城市客车			

续表

电动汽车车载充电机生产企业	电动汽车充电方式	电动汽车充电插头；插座型号	电动汽车充电插头；插座生产企业	车辆名称	2015年配套车型产量（辆）	2016年1—3月配套车型产量（辆）	配套车型产量合计（辆）
郑州宇通客车股份有限公司	恒流充电	DQC－9Z（250A－750V）－20；DQC－9Z（125A－750V）－20；EVS－4－250D9－SC；DQC－7Z（63A－250/440V）；EVS－V－63A7－SC	中航光电科技股份有限公司；中航光电科技股份有限公司；南京康尼机电股份有限公司；中航光电科技股份有限公司；南京康尼机电股份有限公司	纯电动城市客车			
	恒流充电	V2C－DSI－EV32P/V2C－DSI－G－EV32S；DQC－9Z（250A－750V）－20；EVS－V－63A7－S	苏州工业园区多思达科技有限公司；中航光电科技股份有限公司；南京康尼机电股份有限公司	插电式混合动力城市客车			
	先恒流充电后恒压限流充电	DQC－9Z（125A－750V）－20；DQC－7Z（63A－250/440V）；EVS－4－125D9－S；EVS－V－63A7－SC	中航光电科技股份有限公司；中航光电科技股份有限公司；南京康尼科技实业有限公司；南京康尼科技实业有限公司	插电式混合动力城市客车			
	先恒流充电后恒压限流充电	V2C－DSI－EV32P；V2C－DSI－G－EV32S；DQC－9Z（250A－750V）－20；EVS－V－63A7－S	苏州工业园区多思达科技有限公司；中航光电科技股份有限公司；南京康尼机电股份有限公司	插电式混合动力城市客车			
	恒压限流充电	DQC－7Z（63A－250/440V）；EVS－V－63A7－SC	中航光电科技股份有限公司；南京康尼科技实业有限公司	插电式混合动力城市客车			
	恒压限流充电	DQC－7Z（63A－250/440V）；EVS－V－63A7－SC	中航光电科技股份有限公司；南京康尼科技实业有限公司	插电式混合动力城市客车			
珠海英博尔电气有限公司	恒流恒压	BEC2107600；BEC2107220	安费诺精密连接器（深圳）有限公司	纯电动轿车	6445	21	6466
	恒流恒压	YGC505－EV－P7P；YGC505－EV－S7RXLS	四川永贵科技有限公司	纯电动轿车			
	恒压限流	交流：101－1010－0001/104－1011－0001；直流：BCG－DVR－1D	深圳巴斯巴科技发展有限公司	纯电动仓栅式运输车			
	恒压限流	交流：101－1010－0001/104－1011－0001；直流：BCG－DVR－1D	深圳巴斯巴科技发展有限公司	纯电动厢式运输车			
	智能充电	ST－031016－PT；ST－031016－PZ	济宁圣泰电气科技有限公司；济宁圣泰电气科技有限公司	纯电动厢式运输车			
	智能充电	ST－031016－PT；ST－031016－PZ	济宁圣泰电气科技有限公司；济宁圣泰电气科技有限公司	纯电动载货汽车			
	定流充电	—	—	纯电动载货汽车			
杭州铁城信息科技有限公司；杭州富特科技有限公司	车载式	V2C－DSI－EV32P；V2C－DSI－EV16P	苏州工业园区多思达科技有限公司	纯电动路面养护车	6083	26	6109
	车载式	V2C－DSI－EV32P；V2C－DSI－EV16P	苏州工业园区多思达科技有限公司	纯电动扫路车			
	恒压限流、恒电流	YGC505－EV－P7PXL；YGC505－EV－S7RXL；EVP－V－16A5；EVS－V－16A5－SC；BCG－AVP－1A－S；BCG－AVP－1A－SN	四川永贵科技有限公司；南京康尼科技实业有限公司；深圳巴斯巴科技发展有限公司	纯电动售货车			
	恒压限流、恒电流	YGC505－EV－P7PXL；YGC505－EV－S7RXL；EVP－V－16A5；EVS－V－16A5－SC；BCG－AVP－1A－S；BCG－AVP－1A－SN	四川永贵科技有限公司；南京康尼科技实业有限公司；深圳巴斯巴科技发展有限公司	纯电动厢式运输车			

续表

电动汽车车载充电机生产企业	电动汽车充电方式	电动汽车充电插头；插座型号	电动汽车充电插头；插座生产企业	车辆名称	2015年配套车型产量（辆）	2016年1—3月配套车型产量（辆）	配套车型产量合计（辆）
杭州铁城信息科技有限公司；杭州富特科技有限公司	先恒流后恒压式充电	慢充：HVCOM + HVCOF 16A250VAC；（EVP - 3 - 16A5/EVS - V - 16A5 - C）；（ - - /BCG - AVR - aA - SN - 000X 16A250VAC）；（DYL16 - 7TJ/DYL16 - 7ZK）；快充：（HVCOM + HVCOF 250A 750VDC）；（EVS - 4 - 250D9 - S）；（BCG - DVP - 14V - DN - 00X + BCG - DVR - 1E - 000X 250A 750DC	慢充：安费诺精密连接器（深圳）有限公司；南京康尼新能源汽车零部件有限公司；深圳巴斯巴科技发展有限公司；浙江中杭电子有限公司；快充：安费诺精密连接器（深圳）有限公司；南京康尼新能源汽车零部件有限公司；深圳巴斯巴科技发展有限公司	纯电动厢式运输车			
艾默生网络能源有限公司；杭州铁城信息科技有限公司；奇瑞新能源汽车技术有限公司	恒流充电、恒压充电、恒压限流充电、脉冲充电	S11 - 2107070/S11 - 2107050（瑞昌）；S11 - 2107030/S11 - 2107030（瑞昌）；S11 - 2107030BA/S11 - 2107030BA（奇瑞）；S11 - 2107032/S11 - 2107031（瑞昌）	芜湖瑞昌电气系统有限公司；奇瑞新能源汽车技术有限公司	纯电动轿车	5775	0	5775
南昌福瑞德科技有限公司	车载充电/非车载直流快速充电	车载充电机慢充用：DSI - EV32P/ DSI - EV32S；快充用：DSDEV150P/DSD - EV150S	苏州工业园区多思达科技有限公司	纯电动轿车	4906	0	4906
	车载充电/非车载直流快速充电	车载充电机慢充用：DSI - EV32P/ DSI - EV32S；快充用：DSD - EV150P/DSD - EV150S	苏州工业园区多思达科技有限公司	纯电动仓栅式运输车			
	车载充电/非车载直流快速充电	车载充电机慢充用：DSI - EV32P/ DSI - EV32S；快充用：DSD - EV150P/DSD - EV150S	苏州工业园区多思达科技有限公司	纯电动车厢可卸式垃圾车			
	车载充电/非车载直流快速充电	车载充电机慢充用：DSI - EV32P/ DSI - EV32S；快充用：DSD - EV150P/DSD - EV150S	苏州工业园区多思达科技有限公司	纯电动厢式运输车			
	车载充电	V2C - DSI - EV32P；V2C - DSI - GEL - EV32S	苏州工业园区多思达科技有限公司	纯电动厢式运输车			
石家庄迪龙科技有限公司；杭州富特科技有限公司	交流慢充；直流快充	BCG - AVP - 7A - S - 013；BCG - AVR - 1A - SN - 0040；BCG - DVR - 1D	深圳巴斯巴科技发展有限公司	纯电动乘用车	4542	63	4605
	交流慢充；直流快充	BCG - AVP - 7A - S - 013；BCG - AVR - 1A - SN - 0040；BCG - DVR - 1D	深圳巴斯巴科技发展有限公司	纯电动多用途乘用车			
	交流慢充；直流快充	BCG - AVP - 7A - S - 013；BCG - AVR - 1A - SN - 0040；BCG - DVR - 1D	深圳巴斯巴科技发展有限公司	纯电动轻型货车			
	交流慢充；直流快充	BCG - AVP - 7A - S - 013；BCG - AVR - 1A - SN - 0040；BCG - DVR - 1D	深圳巴斯巴科技发展有限公司	纯电动厢式运输车			
深圳欣锐科技股份有限公司；北京新能源汽车股份有限公司	先恒功率后恒压限流	BCG - AVP - 4B - S003；BCG - AVR - 1B - SN - 0015；BCG - AVP - 4B - S - 003；BCG - AVR - 5B - SML - 0001	深圳巴斯巴科技发展有限公司	纯电动轿车	2040	2558	4598

续表

电动汽车车载充电机生产企业	电动汽车充电方式	电动汽车充电插头；插座型号	电动汽车充电插头；插座生产企业	车辆名称	2015年配套车型产量（辆）	2016年1—3月配套车型产量（辆）	配套车型产量合计（辆）
北京嘉昌机电设备制造有限公司；北京新能源汽车股份有限公司；深圳欣锐科技股份有限公司	先恒流限压后恒压限流；先恒功率后恒压限流	BCG-AVP-5B-S-005，BCG-AVR-1B-TN-0003；BCG-AVP-4B-S-003，BCG-AVR-5B-SML-0001	深圳巴斯巴科技发展有限公司	纯电动轿车	1891	2291	4182
	车载充电	BCG-AVP-1A-0400C-003，BCG-AVR-1B-TN-0003；BCG-AVP-4B-S-003，BCG-AVR-2B-SN-0015	深圳巴斯巴科技发展有限公司	纯电动轿车			
重庆长安新能源汽车有限公司	恒流充电；恒功率充电；恒压充电	BCG-AVP-1A-S；慢充：DQC-7Z（32A-250/440V）-000；快充：DQC-9Z（250A-750V）-000	重庆长安新能源汽车有限公司	纯电动轿车	2704	1039	3743
	恒流充电；恒功率充电；恒压充电	桩充枪车辆插头：DCQ-7T（16A-250/440V）；慢充：DQC-7Z（32A-250/440V）；快充：DQC-9Z（250A-750V）-001	重庆长安新能源汽车有限公司	纯电动轿车			
	恒流充电；恒功率充电；恒压充电	桩充枪车辆插头：DQC-7T（32A-250/440V）；慢充插座：DQC-7Z（32A-250/440V）-000；快充插座：DQC-9Z（250A-750V）-000	重庆长安新能源汽车有限公司	纯电动厢式运输车			
	恒流充电；恒压充电	桩充枪车辆插头：DQC-7T（32A-250/440V）；家充枪车辆插头：DQC-7T（16A-250/440V）；慢充插座：DQC-7Z（32A-250/440V）-000；快充插座：DQC-9Z（250A-750V）-000	重庆长安新能源汽车有限公司	纯电动客车			
北京新能源汽车股份有限公司	先恒流，后恒压限流	BCG-AVP-4A-S-001/BCG-AVR-1A-SN-0033；EVP-3-16A5/EVS-V-16A5-SC；F08-520150-040/F08-620000-000	深圳巴斯巴科技发展有限公司；南京康尼科技实业有限公司；乐清市八达光电科技有限公司	纯电动轿车	2967	125	3092
	先恒流，后恒压限流	BCG-AVP-4B-S-003/BCG-AVR-2B-SN-0015	深圳巴斯巴科技发展有限公司	纯电动轿车			
	先恒流，后恒压限流	BCG-AVP-4B-S-003/BCG-AVR-2B-SN-0015	深圳巴斯巴科技发展有限公司	纯电动客车			
	先恒流，后恒压限流	BCG-AVP-4A-S-001/F08-620000-00L	深圳巴斯巴科技发展有限公司/八达电气有限公司	纯电动厢式运输车			
杭州铁城信息科技有限公司；江苏嘉钰新能源技术有限公司；北京中科绿色能科技有限公司；石家庄通合电子科技股份有限公司	脉冲充电	DS-EV-32P；DS-EV-32S；EVP-1-16A5；EVS-V-□A5-SC	苏州工业园区多思达科技有限公司；南京康尼科技有限公司	纯电动厢式运输车	2957	0	2957
	恒压限流、恒电流	DS-EV-32P；DS-EV-32S；EVP-1-16A5；EVS-V-□A5-SC	苏州工业园区多思达科技有限公司；南京康尼科技有限公司	纯电动厢式运输车			
杭州铁城科技信息有限公司；雅达电子有限公司；深圳威迈斯电源有限公司	恒流充电、恒压充电、恒压限流充电、脉冲充电	S11-2107070；S11-2107050；S11-2107032；S11-2107031	芜湖瑞昌电气系统有限公司	纯电动轿车	1243	973	2216

续表

电动汽车车载充电机生产企业	电动汽车充电方式	电动汽车充电插头；插座型号	电动汽车充电插头；插座生产企业	车辆名称	2015 年配套车型产量（辆）	2016 年 1—3 月配套车型产量(辆)	配套车型产量合计（辆）
杭州铁城信息科技有限公司；杭州富特科技有限公司；杭州铁城信息科技有限公司	插电式	Y－60 220V；DQC－7T（16A－250/440V）；DQC－7Z（16A－250/440V）－200	怡达电气（苏州）有限公司；中航光电科技股份有限公司	纯电动仓栅式运输车	1861	0	1861
	插电式	Y－60 220V；DQC－7T（16A－250/440V）；DQC－7Z（16A－250/440V）－200	怡达电气（苏州）有限公司；中航光电科技股份有限公司	纯电动垃圾车			
	插电式	Y－60 220V；DQC－7T（16A－250/440V）；DQC－7Z（16A－250/440V）－200	怡达电气（苏州）有限公司；中航光电科技股份有限公司	纯电动厢式运输车			
杭州富特科技有限公司；常州龙硕新能源汽车技术有限公司	程序控制的限压恒流充电	HVCOM＋HVCOF 16A 250VAC；V2（C）－DSI－EV16P；V2（C）－DSI－（GEL）－EV16S	安费诺精密连接器（深圳）有限公司；张家港友诚科技机电有限公司	纯电动车厢可卸式垃圾车	1842	6	1848
	程序控制的限压恒流充电	HVCOM＋HVCOF 16A 250VAC；V2（C）－DSI－EV16P；V2（C）－DSI－（GEL）－EV16S	安费诺精密连接器（深圳）有限公司；张家港友诚科技机电有限公司	纯电动厢式运输车			
	程序控制的限压恒流充电	HVCOM＋HVCOF 16A 250VAC；V2（C）－DSI－EV16P；V2（C）－DSI－（GEL）－EV16S	安费诺精密连接器（深圳）有限公司；张家港友诚科技机电有限公司	纯电动自装卸式垃圾车			
	程序控制的限压恒流充电	V2C－DSI－EV16P；V2C－DSI－EV16S	张家港友诚科技机电有限公司	纯电动冷藏车			
	程序控制的限压恒流充电	V2C－DSI－EV16P；V2C－DSI－EV16S	张家港友诚科技机电有限公司	纯电动厢式运输车			
深圳市比亚迪汽车有限公司；深圳市比亚迪汽车有限公司	恒流充电；先恒流后恒压	直流充电插座：BCG－GDCR－001G；交流充电插头：BCG－GDCP/R－001G；交流充电插座：BCG－GACR－001G	深圳市比亚迪汽车有限公司；深圳市比亚迪汽车有限公司；深圳市比亚迪汽车有限公司	纯电动轿车	1764	8	1772
BMW	恒流充电	插头 8607498；插座 0－2208383－1	插头 Delphi；插座 TE	插电式混合动力轿车	1552	128	1680
	恒流充电；恒压充电	插头 8607498；插座 0－2208383－1	插头 Delphi；插座 TE	纯电动轿车			
大连罗宾森电源设备有限公司	BMS 自动控制	PF935（HVCOM）；SF935（HVCOF）125A 750VDC	安费诺精密连接器（深圳）有限公司	纯电动客车	1485	65	1550
	BMS 自动控制	PF935；SF935	安费诺精密连接器（深圳）有限公司	纯电动客车			
	恒流充电	EVP－V－63－A7；EVS－V－63A7－SC	南京康尼科技实业有限公司	插电式混合动力城市客车			
	恒流充电	EVP－V－63A7－B；EVS－V－63A7－SC	南京康尼科技实业有限公司	插电式混合动力城市客车			
	恒流充电	插头 EVP－V－63A7－B；插座 EVS－V－63A7－SC	南京康尼科技实业有限公司	插电式混合动力城市客车			
	恒压限流充电	EVP－V－63A7－B，EVS－V－63A7－SC；EVP－4－125D9－S，EVS－4－125D9 125A 750VDC	南京康尼科技实业有限公司；南京康尼科技实业有限公司	插电式混合动力城市客车			
	恒压限流充电	V2－DSD－G－EV125P；V2－DSD－G－EV125S	苏州工业园区多思达科技有限公司	纯电动客车			

续表

电动汽车车载充电机生产企业	电动汽车充电方式	电动汽车充电插头；插座型号	电动汽车充电插头；插座生产企业	车辆名称	2015年配套车型产量（辆）	2016年1—3月配套车型产量(辆)	配套车型产量合计（辆）
大连罗宾森电源设备有限公司	快充	CS06	安费诺（常州）连接系统有限公司	纯电动客车			
	先恒流再恒压	EVS-4-200D9-S	南京康尼科技实业有限公司	插电式混合动力城市客车			
	遵循国标GB/T27930-211通信协议由电池BMS与充电机通信并确定不同的充电方式，通常为0.3C恒流充电	V2-DSD-G-EV125S；BCG-DVR-1B-002	苏州工业园区多思达科技有限公司/深圳巴斯巴科技发展有限公司	插电式混合动力城市客车			
	遵循国标GB/T27930-211通信协议由电池BMS与充电机通信并确定不同的充电方式，通常为0.3C恒流充电	V2-DSD-G-EV125S；BCG-DVR-1B-002	苏州工业园区多思达科技有限公司；深圳巴斯巴科技发展有限公司	插电式混合动力城市客车			
	遵循国标GB/T27930-2011通信协议由电池BMS与充电机通信并确定不同的充电方式，通常为0.4C恒流充电	BCG-DVP-CN-032；BCG-DVR-1E-0023	深圳巴斯巴科技发展有限公司	插电式混合动力城市客车			
杭州富特科技有限公司；杭州铁城信息科技有限公司	插电式	DQC-7T（16A-250/440V）；DQC-7Z（16A-250/440V）-200	中航光电科技股份有限公司	纯电动双排仓栅式运输车	539	958	1497
	插电式	DQC-7T（16A-250/440V）；DQC-7Z（16A-250/440V）-200	中航光电科技股份有限公司	纯电动厢式运输车			
Panasonic	定功率充电	296M1 4NC＊＊	Panasonic	纯电动轿车	1398	60	1458
	定功率充电	慢充插头：3.6 kW：-/29690-4NCA；慢充插头：6kW：-/296M4-4NCE；慢充插座：-/296B1-4NCA；快充插座：-/296B1-4NCD	慢充插头：3.6kW：大连松下汽车电子系统有限公司；6kW：华南矢崎（汕头）汽车配件有限公司；慢充插座：矢崎（中国）投资有限公司；快充插座：矢崎（中国）投资有限公司	纯电动轿车			
Valeo	恒压充电；恒流充电	插头：AD85O；插座：31419098	Tyco Electronics AMP GmbH 64625 Bensheim	插电式混合动力轿车	968	307	1275
杭州铁城信息科技有限公司；深圳欣锐科技股份有限公司	车载充电	EVP-V-16A5；EVP-C-16A5；EVS-V-16A5-SC	南京康尼科技实业有限公司	插电式混合动力轿车	481	697	1178
	车载充电	EVP-V-16A5；EVP-C-16A5；EVS-V-16A5-SC	苏州工业园区多思达科技有限公司；南京康尼科技实业有限公司	增程式混合动力轿车			
	车载充电	EVP-V-16A5；EVP-C-16A5；EVS-V-16A5-SC	南京康尼科技实业有限公司	增程式混合动力轿车			

续表

电动汽车车载充电机生产企业	电动汽车充电方式	电动汽车充电插头；插座型号	电动汽车充电插头；插座生产企业	车辆名称	2015年配套车型产量（辆）	2016年1—3月配套车型产量（辆）	配套车型产量合计（辆）
上海科世达-华阳汽车电器有限公司；科世达（上海）管理有限公司	慢充、快充	直流充电插座：EVS-4-250D9-S； 交流充电插座：EVS-V-16A5-SB； 交流充电插头：EVPIV-V-16A5； 直流充电插座：EVS-4-250D9-S； 交流充电插座：EVS-V-16A5-SB； 交流充电插头：EVPIV-V-16A5	南京康尼科技实业有限公司； 南京康尼新能源汽车零部件有限公司	纯电动轿车	514	502	1016
江苏嘉钰新能源技术有限公司；南京中港电力科技有限公司	初始恒流充电，80%以后恒压充电	W11-2107320-00；W11-2107220-00	苏州智绿环保科技有限公司	纯电动轿车	900	3	903
杭州富特科技有限公司；深圳欣锐科技股份有限公司	BMS控制充电	直流：V2-DSD-EV125P/V2-DSD-G-EV125S； 交流：V2C-DSI-EV32P/V2C-DSI-GEL-EV32S	苏州工业园区多思达科技有限公司； 苏州工业园区多思达科技有限公司	纯电动客车	676	178	854
北京嘉昌机电设备制造有限公司；北京新能源汽车股份有限公司	先恒流限压后恒压限流；先恒功率后恒压限流	BCG-AVP-5B-S-005，BCG-AVR-1B-TN-0003； BCG-AVP-4A-S-001，BCG-AVR-1A-SN-0033； EVP-3-16A5，EVS-V-16A5-SC； F08-520150-040，F08-620000-000	深圳巴斯巴科技发展有限公司； 南京康尼科技实业有限公司； 乐清市八达光电科技有限公司	纯电动轿车	441	275	716
	车载充电	BCG-AVP-1A-0400C-003，BCG-AVR-1B-TN-0003； BCG-AVP-4B-S-003，BCG-AVR-2B-SN-0015	深圳巴斯巴科技发展有限公司	纯电动轿车			
石家庄迪龙科技有限公司	车载式充电机	直流端：V2-DSD-G-EV125S；交流端： 插头：V2C-DSI-G-EV16S；插座：V2C-DSI-EV16P	张家港友诚科技机电有限公司	纯电动厢式运输车	698	0	698
	车载式充电机	直流端：V2-DSD-G-EV125S；交流端： 插头：V2C-DSI-G-EV16S；插座：V2C-DSI-EV16P	张家港友诚科技机电有限公司	纯电动多用途乘用车			
	车载式充电机	V2C-DSI-EV32P；V2C-DSI-G-EV32S	苏州工业园区多思达科技有限公司	纯电动厢式运输车			
	车载式充电机	V3C-DSI-G-32S；V2C-DSI-EV32P	张家港友诚科技机电有限公司	纯电动厢式运输车			
	恒压限流	BCG-AVP-7A-S-014；BCG-AVR-1A-SN-0051	深圳巴斯巴科技发展有限公司	纯电动厢式运输车			
	智能充电	AY24J6Z；24K6TW	石家庄迪龙科技有限公司	纯电动载货汽车			
	智能充电	AY24J6Z；24K6TW	石家庄迪龙科技有限公司	纯电动厢式运输车			
大连罗宾森电源设备有限公司	遵循国标GB/T27930-211通信协议由电池BMS与充电机通信并确定不同的充电方式，通常为0.3C恒流充电。或车载充电机充电，直接连接380V~AC。	BCG-DVR-1B-002	深圳巴斯巴科技发展有限公司	插电式混合动力城市客车			

续表

电动汽车车载充电机生产企业	电动汽车充电方式	电动汽车充电插头；插座型号	电动汽车充电插头；插座生产企业	车辆名称	2015年配套车型产量（辆）	2016年1—3月配套车型产量（辆）	配套车型产量合计（辆）
大连罗宾森电源设备有限公司	遵循国标GB/T27930-211通信协议由电池BMS与充电机通信并确定不同的充电方式，先恒流后恒压．或车载充电机充电，直接连接380V~AC	V2-DSD-G/BCG-DVR/KL-CS-DC；V2C-DSI/BCG-AVR/KL-CS-AC	苏州工业园区多思达科技有限公司；深圳巴斯巴科技发展有限公司；厦门金龙联合汽车工业有限公司	插电式混合动力城市客车	503	131	634
	遵循国标GB/T27930-211通信协议由电池BMS与充电机通信并确定不同的充电方式，通常为0.3C恒流充电。或车载充电机充电，直接连接380V~AC。	V2-DSD-G-EV125S/BCG-DVR-1B-002；V2C-DSI/BCG-AVR-1B	苏州工业园区多思达科技有限公司；深圳巴斯巴科技发展有限公司	插电式混合动力城市客车			
	遵循国标GB/T27930-211通信协议由电池BMS与充电机通信并确定不同的充电方式，通常为0.3C恒流充电。或车载充电机充电，直接连接380V~AC。	BCG-DVR-1B-002	深圳巴斯巴科技发展有限公司	插电式混合动力城市客车			
	遵循国标GB/T27930-211通信协议由电池BMS与充电机通信并确定不同的充电方式，通常为0.3C恒流充电。或车载充电机充电，直接连接380V~AC。	V2-DSD-G-EV125S/BCG-DVR-1B-002；V2C-DSI/BCG-AVR-1B	苏州工业园区多思达科技有限公司；深圳巴斯巴科技发展有限公司	插电式混合动力城市客车			
艾默生网络能源有限公司；深圳威迈斯电源有限公司	交流充电（16A）	CI151048000/CI151049000	上海埃士工业科技有限公司	插电式混合动力轿车	0	604	604
杭州铁城信息科技有限公司；杭州富特科技有限公司；上海追日电气有限公司；罗宾森电源设备有限公司；优科新能源科技有限公司	恒压限流、恒电流	YG505-01-00-00XLY；YG505-02-00-00XLY；EVP-1-16A5-3S2；EVS-V-16A5-WSXC-3S1	四川永贵科技有限公司；南京康尼科技实业有限公司	纯电动厢式运输车	591	0	591
杭州普拉格新能源汽车有限公司	恒流充电	V2-DSI-G-EV32S；V2-DSI-EV32P	苏州工业园区多思达科技有限公司	纯电动厢式运输车	548	0	548

续表

电动汽车车载充电机生产企业	电动汽车充电方式	电动汽车充电插头；插座型号	电动汽车充电插头；插座生产企业	车辆名称	2015 年配套车型产量（辆）	2016 年 1—3 月配套车型产量（辆）	配套车型产量合计（辆）
浙江绿巨能科技机电有限公司	恒流充电；车载充电机与 BMS 通信；BMS 实时采集单体电池情况；控制充电机充电	EVP－V－16A5－00；EVS－V－16A5－SC	南京康尼科技实业有限公司；南京康尼科技实业有限公司	纯电动多用途乘用车	520	18	538
	恒流充电；车载充电机与 BMS 通信；BMS 实时采集单体电池情况；控制充电机充电	EVP－V－16A5－00；EVS－V－16A5－SC	南京康尼科技实业有限公司；南京康尼科技实业有限公司	纯电动厢式运输车			
苏州工业园区多思达科技有限公司	恒压充电	—	—	纯电动厢式运输车	531	0	531
石家庄通合电子科技股份有限公司；襄阳群龙汽车部件有限公司	非车载充电；车载充电	EVP－4－125D9－S；EVS－4－125D9－NC；DQC－7T（16A；DQC－7Z/（16A）	南京康尼机电股份有限公司；中航光电科技股份有限公司	纯电动客车	472	1	473
杭州铁城信息科技有限公司；深圳欣锐科技股份有限公司	车载充电	充电插头：DSI－EV16P/32P；插座：DSI－EV16S/32S；七插充电插头：8396004BAC；插座：8396003BAC	苏州工业园区多思达科技有限公司	增程式混合动力轿车	459	0	459
上海瑞华（集团）有限公司	恒流限压充电	SY175	美国 SMH 插接件公司（Systems Material Handling Co.）	插电式混合动力城市客车	458	0	458
杭州杰能动力有限公司	恒流充电；车载充电机与 BMS 通信，BMS 实时采集单体电池情况，控制充电机充电	EVP－1－16A5－5HI；EVS－V－16A5－WSXC－0M0；BCG－AVP－1B－S；32A 250VAC	南京康尼科技实业有限公司；深圳巴斯巴科技发展有限公司	纯电动厢式运输车	295	101	396
上海边沿科技有限公司	插电式	THY520	上海边沿科技有限公司	纯电动厢式货车	65	265	330
沈阳金阳光电气有限公司	恒流转恒压充电	EVS－4－125D9－WNX－071	南京康尼科技实业有限公司	插电式混合动力城市客车	303	0	303
	恒流转恒压充电	EVS－4－125D9－WNX－071	南京康尼科技实业有限公司	纯电动城市客车			
	恒流转恒压充电	EVS－4－125D9－WNX－071	南京康尼科技实业有限公司	纯电动客车			
北京优科利尔能源设备有限公司	电感式充电	YGC349－EV－P9P/5；YGC349－EV－S9RC/5	四川永贵科技有限公司	纯电动车厢可卸式垃圾车	272	29	301
	感应式充电	YGC349－EV－P9P/5；YGC349－EV－S9RC/5	四川永贵科技有限公司	纯电动扫路车			
		YGC349－EV－P9P/5；YGC349－EV－S9RC/5	四川永贵科技有限公司	纯电动厢式运输车			
		YGC349－EV－P9P/5；YGC349－EV－S9RC/5	四川永贵科技有限公司	纯电动路面养护车			
	交流充电/直流充电	PT006－AC220/32－Z；PT006－DC750/125－ZX	南京普斯迪尔科技有限公司	纯电动路面养护车			

续表

电动汽车车载充电机生产企业	电动汽车充电方式	电动汽车充电插头；插座型号	电动汽车充电插头；插座生产企业	车辆名称	2015年配套车型产量（辆）	2016年1—3月配套车型产量（辆）	配套车型产量合计（辆）
江苏银河同智新能源科技有限公司	恒压限流充电	HVCOFAR12SF925RL	安费诺精密连接器（深圳）有限公司	纯电动厢式运输车	271	1	272
雅达电子有限公司	传导充电	CE151049000（慢速充电枪）；CE151050000（慢充座）；CE151048000（快充座）	上海埃士工业科技有限公司；上海埃士工业科技有限公司；上海埃士工业科技有限公司	纯电动轿车	156	108	264
江西凯马百路佳客车有限公司；深圳欣锐科技股份有限公司	直流充电；交流充电	BCG - DVP - 14V - DN；BCG - DVR - 1E；DQ - 9T（250A - 750V）；DQC - 9Z（250A - 750V） - 20；YG505 - 01 - 00 - 00XLV；YG505 - 02 - 00 - 00XLV	深圳巴斯巴科技发展有限公司；中航光电科技股份有限公司；四川永贵科技有限公司	纯电动客车	253	1	254
深圳欣锐科技股份有限公司；石家庄通合电子科技股份有限公司	恒压充电	DQC - 9Z（250A - 750V） - 20；EVS - 4 - 250D9 - S；DQC - 7Z（63A - 250/440V）；EVS - V - 63A7 - SC	中航光电科技股份有限公司；南京康尼科技实业有限公司；中航光电科技股份有限公司；南京康尼科技实业有限公司	纯电动城市客车	224	0	224
苏州舜唐新能源电控设备有限公司；杭州富特科技有限公司；深圳欣锐科技股份有限公司	恒功率充电转恒压充电	V2C - DSI - EV16P；V2C - DSI - G - EV16S；EVP - V - 16A5；EVS - V - 16A5	苏州工业园区多思达科技有限公司；南京康尼科技实业有限公司	纯电动轿车	219	0	219
	恒功率充电转恒压充电	V2C - DSI - EV16P；V2C - DSI - G - EV16S；EVS - 4 - 125D9 - S（快充）	苏州工业园区多思达科技有限公司；南京康尼科技实业有限公司	纯电动轿车			
石家庄通合电子科技股份有限公司	交流外接充电	BCG - AVP - 1A - S - 011；BCG - AVR - 1A - SN - 0024	深圳巴斯巴科技发展有限公司	纯电动车厢可卸式垃圾车	216	1	217
	交流外接充电	BCG - AVP - 1A - S - 011；BCG - AVR - 1A - SN - 0024	深圳巴斯巴科技发展有限公司	纯电动密闭式桶装垃圾车			
	车载充电/充电桩	BCGAVP1AS004/BCGAVR3ASN0001；BCGDVPCL006/BCGDVR1C0001	深圳巴斯巴科技发展有限公司	纯电动客车			
	车载充电/外接充电	YG349 - 01 - 00 - 00/4；YG349 - 02 - 00 - 00/4	四川永贵科技有限公司	纯电动厢式运输车			
张家港华为电子有限公司；杭州富特充电机有限公司	程序控制的限压恒流充电	HVCOM + HVCOF 16A 250VAC；V2（C） - DSI - EV16P + V2（C） - DSI - （GEL） - EV16S	安费诺精密连接器（深圳）有限公司；张家港友诚科技机电有限公司	纯电动扫路车	167	8	175
	程序控制的限压恒流充电	HVCOM + HVCOF 16A 250VAC；V2（C） - DSI - EV16P + V2（C） - DSI - （GEL） - EV16S	安费诺精密连接器（深圳）有限公司；张家港友诚科技机电有限公司	纯电动厢式运输车			
	交流慢充；直流快充	V2 - DSD - EV25/250P/V2 - DSD - G - EV125/250S；V2C - DSI - EV32P/V2C - DSI - G - EV32S	张家港友诚科技机电有限公司	纯电动客车			
山东威海天力电源科技有限公司	车载式	ZHCT001；ZHCZ001	北京中华汽车制造有限公司	纯电动封闭货车	136	28	164
	车载式	ZHCT001；ZHCZ001	北京中华汽车制造有限公司	纯电动厢式运输车			
	车载式充电机	EV032525	济宁圣泰电气科技有限公司	纯电动轿车			

续表

电动汽车车载充电机生产企业	电动汽车充电方式	电动汽车充电插头；插座型号	电动汽车充电插头；插座生产企业	车辆名称	2015年配套车型产量（辆）	2016年1—3月配套车型产量（辆）	配套车型产量合计（辆）
杭州富特科技有限公司；杭州杰能动力有限公司	恒流充电	2126030A－W11，2126010A－W11；交流模式一充电枪：BCG－AVP－8A－S－003 16A；交流模式二控制盒：BCG－EVE－1C－G1－022；交流16A充电插座：BCG－AVR－2A－SN－0016；直流充电插座总成：BCG－DVR－1D－011	南京康尼科技实业有限公司；深圳巴斯巴科技发展有限公司	纯电动轿车	0	153	153
杭州汉克电源有限公司	恒流充电、恒功率充电、恒压充电	EV032525	济宁圣泰电气科技有限公司	纯电动轿车	150	1	151
	车载充电机	直流端：V2－DSD－G－EV125S 交流端：插头：V2C－DSI－G－EV16S 插座：V2C－DSI－EV16P	张家港友诚科技机电有限公司	纯电动运动型乘用车			
	根据充电曲线进行充电	DYL4－3TK/DYL4－3ZJ	浙江中航电子有限公司	纯电动厢式运输车			
湖南中车时代电动汽车股份有限公司	恒流充电	直流：BCG－DVR－1D；交流：BCG－AVR－1B－SN－0015	深圳巴斯巴科技发展有限公司	纯电动客车	149	2	151
	直流快充/交流慢充	V2C－DSI－EV32P；V2C－DSI－G－EV322S	南京康尼科技实业有限公司	纯电动路面养护车			
	直流快充/交流慢充	V2C－DSI－EV32P；V2C－DSI－G－EV322S	南京康尼科技实业有限公司	纯电动密闭式桶装垃圾车			
	直流快充/交流慢充	V2C－DSI－EV32P；V2C－DSI－G－EV322S	南京康尼科技实业有限公司	纯电动自卸式垃圾车			
石家庄迪龙科技有限公司；深圳欣锐科技股份有限公司	先恒流充电再恒压充电	BCG－AVP－1A－0400C－003；BCG－AVR－1B－TN－0003	深圳巴斯巴科技发展有限公司	纯电动流动服务车	133	2	135
	先恒流充电再恒压充电	BCG－AVP－1A－0400C－003；BCG－AVR－1B－TN－0003	深圳巴斯巴科技发展有限公司	纯电动厢式运输车			
合普新能源科技有限公司	恒流充电	车辆插头：V2－DSD－EV250P；车辆插座：V2－DSD－G－EV250S	苏州工业园区多思达科技有限公司；苏州工业园区多思达科技有限公司	纯电动城市客车	114	0	114
	恒压充电	—	—	纯电动厢式运输车			
成都联腾动力控制技术有限公司	恒压限流充电	YG505－01；YG505－02	成都联腾动力控制技术有限公司	纯电动乘用车	114	0	114
	恒流恒压充电	交流插座 YG505－02－00－00XLV；直流插座 BCG－DVR－1E	交流插座：四川永贵科技有限公司；直流插座：深圳巴斯巴科技发展有限公司	纯电动城市客车			
江苏欣锐新能源技术有限公司	恒压限流充电	RB500	苏州润邦电气有限公司	纯电动轿车	109	0	109
北汽福田汽车股份有限公司；北京福田爱易科新能源工程科技分公司	具备快充、慢充两种充电方式	插头/插座型号（直流125A）：插头 V3－DSD－EV125P/插座 V2－DSD－G－EV125S 插头/插座型号（交流32A）：插头 V2C－DSI－EV32P/插座 V2C－DSI－GEL－EV32S	北汽福田汽车股份有限公司 北京福田爱易科新能源工程科技分公司	纯电动厢式运输车			
		插头/插座型号（直流125A）：插头 V3－DSD－EV125P/插座 V2－DSD－G－EV125S 插头/插座型号（交流32A）：插头 V2C－DSI－EV32P/插座 V2C－DSI－GEL－EV32S	苏州工业园区多思达科技有限公司	纯电动厢式运输车			

续表

电动汽车车载充电机生产企业	电动汽车充电方式	电动汽车充电插头；插座型号	电动汽车充电插头；插座生产企业	车辆名称	2015 年配套车型产量（辆）	2016 年 1—3 月配套车型产量（辆）	配套车型产量合计（辆）
北汽福田汽车股份有限公司；北京福田爱易科新能源工程科技分公司	具备快充、慢充两种充电方式	插头/插座型号（直流 150A）：插头 V3 - DSD - EV250P /插座 V2 - DSD - G - EV250P 电动汽车插头/插座型号（交流 32A）：插头 V2C - DSI - EV32P /插座 V2C - DSI - GEL - EV32S	苏州工业园区多思达科技有限公司	纯电动厢式运输车	102	1	103
深圳市核达中远通电源技术有限公司	恒流	交流：V3C - DSI - EV16P/V2C - DSI - GEL - EV16S；直流：V2 - DSD - G - EV125S	张家港友诚科技机电有限公司/张家港友诚科技机电有限公司	纯电动厢式运输车	101	0	101
杭州铁成信息科技有限公司；威海天力电源科技有限公司	恒流 - 恒功率 - 恒压	BCG - AVP - 1B - S - 033；BCG - AEP - 1B - SN - 0016	深圳巴斯巴科技发展有限公司	纯电动厢式运输车	92	0	92
西安金石电气有限公司	恒流充电	EVP - 4 - 250D9 - S/EVS - 4 - 250D9 - S；DQ - 9T（250A - 750V）/DQC - 9Z（250A - 750V） - 20	南京康尼科技实业有限公司；中航光电科技股份有限公司	纯电动城市客车	91	0	91
	恒压充电	插头：V2Z - DSI - EV32P；插座：V2Z - DSI - EL - EV32S，CS06	苏州工业园区多思达科技有限公司；安费诺电子有限公司	纯电动城市客车			
张家港市华为电子有限公司；杭州富特科技有限公司；杭州铁城信息科技有限公司	恒功率充电转恒压充电	V2C - DSI - EV16P/V2C - DSI - G - EV16S；EVS - V - 16A5/EVP - V - 16A5，Q07A；BCG - AVP - S/BCG - AVR - SN	苏州工业园区多思达科技有限公司；南京康尼科技实业有限公司；中航光电科技股份有限公司；深圳巴斯巴科技发展有限公司	纯电动轿车	88	2	90
杭州杰能动力有限公司	恒流充电；车载充电机与 BMS 通信，BMS 实时采集单体电池情况，控制充电机充电	EVP - 1 - 16A5 - 5HI，EVS - V - 16A5 - WSXC - 0M0；BCG - AVP - 1B - S，32A 250VAC	南京康尼科技实业有限公司；深圳巴斯巴科技发展有限公司	纯电动多用途乘用车	61	18	79
	恒流充电	交流模式一充电枪：BCG - AVP - 8A - S - 003 16A；交流模式二控制盒：BCG - EVE - 1C - G1 - 022；交流 16A 充电插座：BCG - AVR - 2A - SN - 0016；直流充电插座总成：BCG - DVR - 1D - 0110	深圳巴斯巴科技发展有限公司	纯电动轿车			
江苏嘉钰新能源技术有限公司	插电式	—	—	纯电动密闭式桶装垃圾车	75	2	77
	插电式	—	—	纯电动自装卸式垃圾车			
张家港市华为电子有限公司	恒压充电	—	—	纯电动厢式运输车	66	0	66
	慢充	Y - 60	怡达电气（苏州）有限公司	纯电动厢式运输车			
	三段式充电：初段恒流充电；二段恒压充电；三段涓流浮冲	DSI - EV16P/DSI - EV16S；CEBEA - ev16 - CT；CEBEA - ev16 - CZ	张家港友诚科技机电有限公司；江苏西比亚新能源科技有限公司	纯电动轿车			

续表

电动汽车车载充电机生产企业	电动汽车充电方式	电动汽车充电插头；插座型号	电动汽车充电插头；插座生产企业	车辆名称	2015 年配套车型产量（辆）	2016 年 1—3 月配套车型产量（辆）	配套车型产量合计（辆）
江西凯马百路佳客车有限公司；深圳市勤控技术有限公司	直流充电；交流充电	BCG - DVP - 14V - DN；BCG - DVR - 1E；DQ - 9T（250A - 750V）；DQC - 9Z（250A - 750V） - 20；YG505 - 01 - 00 - 00XLV；YG505 - 02 - 00 - 00XLV	深圳巴斯巴科技发展有限公司；中航光电科技股份有限公司；四川永贵科技有限公司	纯电动客车	61	0	61
江苏首旺新能源汽车零部件有限公司	插电式，CAN 通讯	—	—	纯电动车厢可卸式垃圾车	51	0	51
	插电式，CAN 通讯	—	—	纯电动厢式运输车			
	插电式，CAN 通讯	YGC505 - EV - P7P；YGC505 - EV - S7RXLS	四川永贵科技有限公司	纯电动自卸式垃圾车			
	插电式，CAN 通讯	YGC505 - EV - P7P；YGC505 - EV - S7RXLS	四川永贵科技有限公司	纯电动自装卸式垃圾车			
江西凯马百路佳客车有限公司	恒流充电；恒压充电	V3 - DSD - EV125P；V2 - DSD - G - EV125S	苏州工业园区多思达科技有限公司	纯电动城市客车	49	0	49
Delta	恒压限流充电	Vehicle - 1ph - 3C；HVCC；HVCP/332004200	Harting；DELPHI/LEONI	插电式混合动力轿车	0	47	47
万都（株）式会社	车载充电机/快充接口	EVP - 1 - 16A5/EVP - V - 16A5（慢充）；EVS - 4 - 250D9（快充）	南京康尼科技实业有限公司	纯电动轿车	30	0	30
广州精盘实业有限公司	恒压充电恒流充电交替进行	U - EV16P；U - EV16S	张家港友城科技机电有限公司	纯电动厢式运输车	30	0	30
康舒电子有限公司	直流快速充电/交流慢速充电	29695 E1500；29695 E1501	南京康尼科技实业有限公司	纯电动多用途乘用车	17	8	25
东风汽车公司	先恒流限压再恒压限流	2104030 - D13001	烟台海德专用汽车有限公司	纯电动扫路车	24	0	24
	先恒流限压再恒压限流	V4C - DSI - EV32P；V4C - DSI - GEL - EV32S	张家港友诚科技机电有限公司	纯电动扫路车			
西安胜唐电源有限公司	先恒功率后恒流	TYP231/TYP5601；U - EV16P/U - EV16S	广州市威浦机电有限公司；张家港友诚科技机电有限公司	纯电动厢式运输车	23	0	23
杭州富特科技有限公司；杭州铁城信息科技有限公司；珠海英博尔电气有限公司	交流慢充；直流快充	EVP - V - 16A5/EVS - V - 16A5 - SC；EVS - 4 - 125D9 - 2；BCG - AVP - 1A - S，BCG - AVR - 1A - SN；BCG - DVR - 1D；DQC - 7T（16A - 250V/440V），DQC - 7Z（16A - 250V/440V） - 200；DQ - 9Z（125A - 750V） - 00	南京康尼科技实业有限公司；深圳巴斯巴科技发展有限公司；中航光电科技股份有限公司	纯电动厢式运输车	19	2	21
中美合资杭州铁城信息科技有限公司；石家庄迪龙科技有限公司	车辆支持直流快充和交流慢充。直流快充是恒流充电，交流慢充是先恒压再恒流。	直流充电接口 HVCOM/HVCO 125A 750VDC；交流充电接口 HVCOM/HVCOF 16A 250VAC，直流充电接口 BVG - DVP - 14V - CN /BCG - DVR - 2D 125A 750VDC；交流充电接口 BCG - AVP - 1A - 0400C - 003 /BCG - AVR - 1B - TN - 0003 16A 250VAC	安费诺精密连接器（深圳）有限公司；深圳巴斯巴科技发展有限公司	纯电动厢式运输车	1	20	21

续表

电动汽车车载充电机生产企业	电动汽车充电方式	电动汽车充电插头；插座型号	电动汽车充电插头；插座生产企业	车辆名称	2015年配套车型产量（辆）	2016年1—3月配套车型产量（辆）	配套车型产量合计（辆）
北京启源新能源科技有限公司	恒流充电	DQC/9Z	中航光电科技股份有限公司	纯电动城市客车	20	0	20
RGWEV40015－3	恒流充电	EVP－V－63A7－B；EVS－V－63A7－SC	南京康尼科技实业有限公司	插电式混合动力城市客车	20	0	20
珠海英博尔电气有限公司；杭州汉克电源有限公司；杭州富特科技有限公司	三段式充电：初段恒流充电、二段恒压充电、三段涓流浮冲	V2C－DSI－EV16P/V2C－DSI－GEL－EV16S；CEBEA－ev16－CT/CEBEA－ev16－CZ	张家港友诚科技机电有限公司；江苏西比亚新能源科技有限公司	纯电动轿车	16	2	18
尼吉康株式会社	恒流充电/恒压限流充电	29695 2ZN4D	深圳巴斯巴科技发展有限公司	纯电动多用途乘用车	12	0	12
株洲达能科技有限公司	恒流恒压限流充电	DL9－DC1000/250－C－Z	南京康尼科技实业有限公司	纯电动城市客车	11	1	12
	车载交流充电，地面直流充电	直流：KV－9E125－XS02－A/DL9－DC1000/250－C－T；交流：DSI－EV32P；DSI－EV32S	南京康尼科技实业有限公司	纯电动工程车			
捷源绿能科技(上海)有限公司	恒流限压充电	DL9－DC1000/250/250－C－TX	南京康尼科技有限公司	纯电动城市客车	10	0	10
深圳欣锐科技股份有限公司；深圳欣锐科技股份有限公司；杭州富特科技有限公司；武汉合康动力科技有限公司	先恒流后恒压充电	DQ－9T（250A－750V）/DQC－9Z（250A－750V）－20；EVP－4－125D9－S/EVS－4－125D9－S；101－1210－0001/104－1211－0001；BCG－DVP－14V－DN/BCG－DVR－2E	中航光电科技股份有限公司；南京康尼科技实业有限公司；深圳巴斯巴科技发展有限公司；深圳巴斯巴科技发展有限公司	纯电动客车	0	9	9
雅达电子有限公司；台达电子企业管理（上海）有限公司	传导充电	CE151049000（慢速充电枪）；CE151050000（慢充座）；CE151048000（快充座）	上海埃士工业科技有限公司；上海埃士工业科技有限公司；上海埃士工业科技有限公司	纯电动轿车	0	8	8
襄阳群龙汽车部件股份有限公司	恒功率充电	CS06020	安费诺（常州）连接系统有限公司	纯电动邮政车	6	0	6
	恒功率充电	CS06020	安费诺（常州）连接系统有限公司	纯电动自装卸式垃圾车			
深圳欣锐科技股份有限公司；苏州舜唐新能源电控设备有限公司	先恒流充电；再恒功率充电；最后恒压限流充电．	H067A；H067A	安费诺精密连接器（深圳）有限公司；张家港友诚科技机电有限公司；南京康尼科技实业有限公司	纯电动轿车	0	6	6
中国兵器工业第二0八研究所	恒压限流充电	家庭用慢充：DQC－7T（16A－250V）－11B/DQC－7Z（16A－250V）－200；充电桩用慢充：DQC－7T（16A－250V）－11B/DQC－7Z（16A－250V）－200快充：—	中航光电科技股份有限公司	纯电动轿车	5	0	5
	先恒流再恒压	家庭用慢充：DQC－7T（16A－250V）/DQC－7Z（16A－250V）－200；充电桩用慢充：DQC－7T（16A－250V）/DQC－7Z（16A－250V）－200；快充：DQC－9Z（125A－750V）－20	中航光电科技股份有限公司	纯电动轿车			

续表

电动汽车车载充电机生产企业	电动汽车充电方式	电动汽车充电插头；插座型号	电动汽车充电插头；插座生产企业	车辆名称	2015年配套车型产量（辆）	2016年1—3月配套车型产量（辆）	配套车型产量合计（辆）
杭州铁城科技有限公司；艾默生网络能源有限公司	恒流-恒压充电	HVCO-XM-XAR6-PSX02-X-LXXXXX；HVCO-XF-XAR6-SSX02-X-LXXXXX；DSI-EV16P；DSI-EV16S	安费诺精密连接器（深圳）有限公司；安费诺精密连接器（深圳）有限公司；张家港友诚科技机电有限公司；张家港友诚科技机电有限公司	纯电动轿车	5	0	5
青岛美凯麟科技有限公司；北京嘉昌机电设备制造有限公司	先恒流限压后恒压限流	BCGAVP（1）B0000C001；BCGAVRB0000GL001	深圳巴斯巴科技发展有限公司	纯电动轿车	4	0	4
洛阳嘉盛电源科技有限公司	先恒流后恒压式充电	慢充：HVCOMEAR12PF935RL/HVCOFAR12SF935RL；（SP2110/P3）/（SP2113/S3）；快充：HVCOMEAR6PS402RWL/HVCOFAR6SS502L	慢充：安费诺精密连接器（深圳）有限公司；广州威普机电有限公司；快充：安费诺精密连接器（深圳）有限公司	纯电动多用途乘用车	3	0	3
湘潭银河新能源有限公司	快充	PT006-DC750/125-Z	南京普斯迪尔科技有限公司	纯电动城市客车	2	1	3
杭州铁城信息科技有限公司，杭州富特科技有限公司	车载式	V2C-DSI-EV32P；V2C-DSI-EV16P	苏州工业园区多思达科技有限公司	纯电动车厢可卸式垃圾车	1	2	3
ABB	恒流充电；恒压充电	DSD-EV250	张家港友诚科技机电有限公司	纯电动城市客车	2	0	2
杭州汉克电源有限公司（杭州铁成信息科技有限公司）；珠海英博尔电气有限公司；张家港市华为电子有限公司	三段式充电：初段恒流充电；二段恒压充电；三段涓流浮冲	V2C-DSI-EV16P/V2C-DSI-GEL-EV16S；CEBEA-ev16-CT/CEBEA-ev16-CZ	张家港友诚科技机电有限公司；江苏西比亚新能源科技有限公司	纯电动轿车	2	0	2
微宏动力（湖州）系统有限公司	感应式充电	HVCO-M-R12；GTC06RV18-10S	安费诺精密连接器（深圳）有限公司；安费诺精密连接器（深圳）有限公司	插电式混合动力城市客车	2	0	2
苏州舜唐新能源电控设备有限公司	直流快充/交流充电	EVS-4-125D9	南京康尼科技实业有限公司	纯电动密闭式桶装垃圾车	2	0	2
厦门马恒达汽车零部件有限公司	恒流充电	HVCOM+HVCOF 32A 250VAC；HVCOM+HVCOF 16A 250VAC；HVCOM+HVCOF 250A 750V DC	安费诺精密连接器（深圳）有限公司；安费诺精密连接器（深圳）有限公司；安费诺精密连接器（深圳）有限公司	纯电动厢式运输车	2	0	2
中航光电科技股份有限公司；中航光电科技股份有限公司	恒流充电	—	—	纯电动城市客车	1	0	1
合肥海奥电气科技有限公司	BMS自动化控制	PS970；PF970	安费诺精密连接器有限公司	纯电动客车	1	0	1
北京昊瑞昌科技有限公司；深圳欣锐科技股份有限公司	恒流恒压	EVS-4-125D9-S	南京康尼新能源汽车零部件有限公司	纯电动客车	1	0	1

续表

电动汽车车载充电机生产企业	电动汽车充电方式	电动汽车充电插头；插座型号	电动汽车充电插头；插座生产企业	车辆名称	2015年配套车型产量（辆）	2016年1—3月配套车型产量(辆)	配套车型产量合计（辆）
深圳巴斯巴科技发展有限公司	CAN 功能智能充电	BCG - AVP - 1A - S - 011； BCG - AVR - 1A - SN - 0024	深圳巴斯巴科技发展有限公司	纯电动自装卸式垃圾车	1	0	1
东莞新能德科技有限公司（NVT）； 苏州舜唐新能源电控设备有限公司	恒压限流充电； 先恒流后恒压	家庭用慢充：HVCO - M - R6 - PS302R - L5000， HVCO - F - R6 - SF710 - L1180/9325150 - E06 ； 充电桩用慢充：HVCO - 2M - R6 - PS402R - L5000， HVCO - F - R6 - SF710 - L1180/9325120 - E06	安费诺精密连接器（深圳）有限公司； 深圳巴斯巴科技发展有限公司	插电式混合动力轿车	0	1	1
法雷奥汽车内部控制（深圳）有限公司	恒流；恒功率充电	EVP - V - 16A5；EVS - V - 16A5 - HB	南京康尼新能源汽车零部件有限公司	插电式混合动力轿车	0	1	1
BRUSA Elektronik AG	先恒流；后恒压	国标 250V/16A	安费诺精密连接器（深圳）有限公司	纯电动轿车	0	1	1
其他纯电动汽车				纯电动城市客车	43439	3442	46881
				纯电动客车	27367	1865	29232
				纯电动铰接城市客车	1	0	1
				纯电动双层城市客车	22	0	22
				纯电动旅游客车	400	0	400
				纯电动轻型客车	205	0	205
				纯电动多用途乘用车	1	14	15
				纯电动轿车	79	0	79
				纯电动车厢可卸式垃圾车	0	1	1
				纯电动电力工程车	10	0	10
				纯电动电源车	0	48	48
				纯电动服务车	2	1	3
				纯电动工程车	96	2	98
				纯电动监测车	8	0	8
				纯电动救护车	5	0	5
				纯电动流动服务车	27	0	27
				纯电动路面养护车	36	12	48
				纯电动囚车	10	0	10

续表

电动汽车车载充电机生产企业	电动汽车充电方式	电动汽车充电插头；插座型号	电动汽车充电插头；插座生产企业	车辆名称	2015 年配套车型产量（辆）	2016 年 1—3 月配套车型产量（辆）	配套车型产量合计（辆）
其他纯电动汽车				纯电动洒水车	12	0	12
				纯电动扫路车	63	14	77
				纯电动桶装垃圾运输车	12	0	12
				纯电动洗扫车	4	0	4
				纯电动厢式运输车	6654	679	7333
				纯电动压缩式对接垃圾车	0	11	11
				纯电动押运车	1	3	4
				纯电动邮政车	21	1	22
				纯电动自装卸式垃圾车	8	7	15
其他插电式混合动力汽车				插电式混合动力城市客车	15180	1175	16355
				插电式混合动力客车	3	2	5
				插电式混合动力双层城市客车	2	17	19
				插电式混合动力轿车	30026	1016	31042
非插电式混合动力汽车				非插电式混合动力城市客车	100	2	102
				非插电式混合动力多用途乘用车	1241	769	2010
				非插电式混合动力轿车	13687	16742	30429
配套车型产量合计（辆）					401345	65355	466700

节能与新能源汽车

年鉴

第七篇

推广应用数量统计

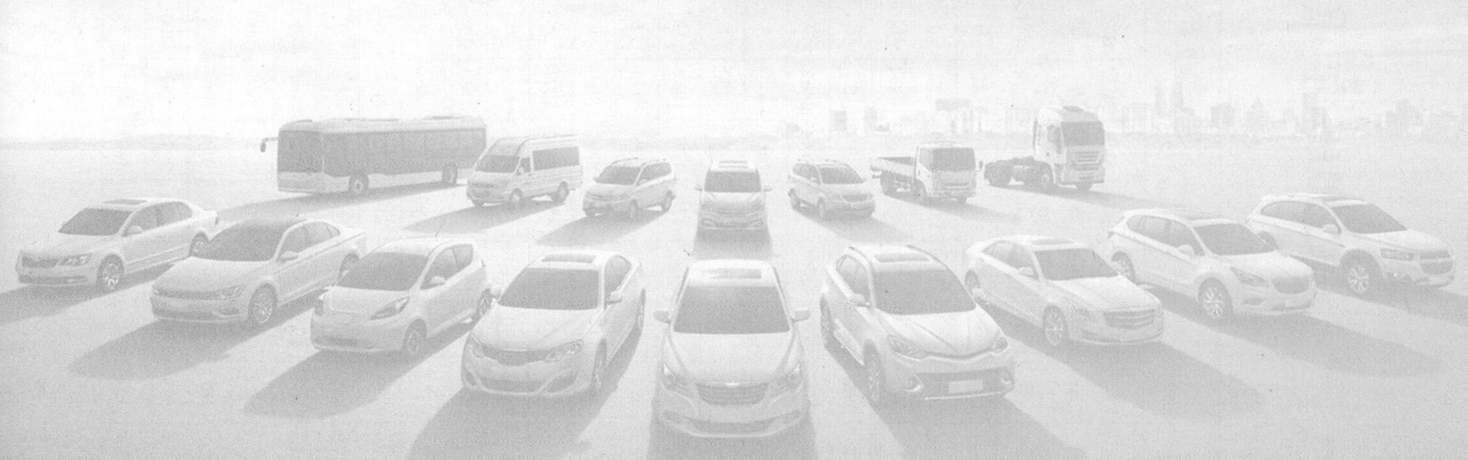

一、2015 年重点城市节能与新能源汽车推广数量统计*

单位：辆

序号	应用城市	纯电动汽车													插电式混合动力汽车								增程式电动车				燃料电池汽车			合计
		公交车	旅游客车	公务车	出租车	租赁用车	私人车	环卫车	物流车	邮政车	电力工程车	载货车	其他	小计	公交车	旅游大巴	公务车	出租车	租赁用车	私人车	其他	小计	公交车	公务车	私人车	小计	公交车	公务车	小计	
1	上海市	794	2207	1074	10	897	4378	181	1031	0	2	0	0	10574	65	0	7533	0	3628	24707	0	35933	0	0	0	0	0	0	0	46507
2	山东省	10686	0	0	2037	0	15617	0	0	0	0	0	231	28571	773	0	0	0	0	674	0	1447	0	0	0	0	0	0	0	30018
3	深圳市	3688	974	0	1585	3899	427	0	8220	0	0	0	52	18845	0	0	0	3082	0	6819	0	9901	0	0	0	0	0	0	0	28746
4	北京市	457	0	0	650	2624	14894	38	2493	0	0	0	1228	22384	0	0	0	0	0	0	0	0	0	0	0	0	0	0	0	22384
5	江苏省	3987	0	65	0	0	0	0	3885	0	0	0	11816	19753	1342	0	0	0	0	0	645	1987	0	0	0	0	0	0	0	21740
6	河北省	7941	5198	39	0	0	2466	0	894	0	0	0	1762	18300	587	0	0	540	0	533	0	1660	0	0	0	0	0	0	0	19960
7	湖南省	1119	0	10	200	0	12232	1	0	0	0	209	0	13771	1785	0	0	0	0	643	0	2428	0	0	0	0	0	0	0	16199
8	南京市	2137	0	0	1000	0	4460	0	0	0	0	1854	0	9451	256	0	0	0	0	2530	0	2786	0	0	0	0	0	0	0	12237
9	广州市	1146	27	10	150	4272	1066	15	176	0	0	0	1448	8310	1299	0	17	151	0	2108	0	3575	0	0	0	0	0	0	0	11885
10	天津市	476	0	0	103	278	3725	226	4144	320	0	0	0	9272	747	0	0	0	0	1813	0	2560	0	0	0	0	0	0	0	11832
11	杭州市	1285	714	16	0	8391	309	0	74	0	0	0	0	10789	0	0	12	0	0	252	0	264	0	0	0	0	0	0	0	11053
12	武汉市	1501	0	339	856	0	5207	99	0	80	0	0	227	8309	0	0	0	0	0	667	0	667	0	0	77	77	0	0	0	9053
13	福建省	1950	190	6	743	1221	482	0	21	0	0	10	795	5418	913	0	0	0	0	226	8	1147	0	0	0	0	0	0	0	6565
14	江西省	318	87	27	2	56	4140	121	287	43	0	0	15	5096	576	0	0	0	0	27	0	603	0	0	0	0	0	0	0	5699
15	西安市	10	725	0	300	0	0	0	609	0	0	0	0	1644	1295	0	0	0	0	2275	0	3570	0	0	0	0	0	0	0	5214
16	四川省	159	42	3	214	0	2149	6	348	0	0	0	2035	4956	13	0	0	0	0	100	112	225	0	0	0	0	0	0	0	5181
17	苏州市	253	696	0	0	0	77	0	0	0	0	0	3738	4764	0	0	0	0	0	0	236	236	0	0	0	0	0	0	0	5000
18	芜湖市	0	100	115	0	1919	974	0	1181	0	0	0	0	4289	321	0	12	0	0	371	0	704	0	0	0	0	0	0	0	4993
19	重庆市	0	0	0	0	2259	676	0	1656	0	0	0	0	4591	399	0	0	0	0	0	0	399	0	0	0	0	0	0	0	4990
20	大连市	787	2	0	50	166	2664	0	0	0	0	237	36	3942	703	0	0	0	0	144	0	847	0	0	0	0	0	0	0	4789
21	云南省	695	0	1066	0	2032	152	200	30	0	0	0	0	4175	341	0	0	0	0	55	0	396	0	0	0	0	0	0	0	4571
22	宁波市	152	0	0	0	3607	220	7	138	0	0	0	13	4137	115	0	0	0	6	39	0	160	0	0	0	0	0	0	0	4297

续表

序号	应用城市	纯电动汽车													插电式混合动力汽车								增程式电动车				燃料电池汽车			合计
		公交车	旅游客车	公务车	出租车	租赁用车	私人车	环卫车	物流车	邮政车	电力工程车	载货车	其他	小计	公交车	旅游大巴	公务车	出租车	租赁用车	私人车	其他	小计	公交车	公务车	私人车	小计	公交车	公务车	小计	
23	合肥市	460	335	0	0	246	3189	0	0	0	0	0	0	4230	0	14	0	0	0	1	0	15	0	0	0	0	0	0	0	4245
24	甘肃省	26	0	0	51	3800	74	0	0	0	0	0	0	3951	0	0	0	0	0	0	0	0	0	0	0	0	0	0	0	3951
25	郑州市	299	0	0	0	0	46	2	0	0	52	0	2657	3056	656	0	0	0	0	0	0	656	0	0	0	0	0	0	0	3712
26	海口市	150	0	4	0	2872	21	13	15	0	0	0	19	3094	72	0	1	0	0	0	0	73	0	0	0	0	0	0	0	3167
27	新乡市	60	0	0	61	0	574	0	0	9	0	1964	0	2668	0	0	0	0	0	4	0	4	0	0	0	0	0	0	0	2672
28	东莞市	305	1348	0	24	85	145	0	5	0	0	0	0	1912	408	0	0	0	0	4	0	412	0	0	0	0	0	0	0	2324
29	中山市	1024	0	0	0	0	350	3	368	0	0	0	0	1745	80	0	0	200	0	204	0	484	0	0	0	0	0	0	0	2229
30	佛山市	1100	0	67	136	0	395	0	0	0	0	0	21	1719	312	0	7	0	0	65	0	384	0	0	0	0	0	0	0	2103
31	珠海市	1197	0	0	400	0	166	0	18	0	0	0	0	1781	161	0	0	0	0	1	0	162	0	0	0	0	0	0	0	1943
32	惠州市	1281	0	0	100	0	295	0	0	0	0	0	0	1676	163	0	3	0	0	16	0	182	0	0	0	0	0	0	0	1858
33	盐城市	0	0	10	0	8	5	0	1638	0	0	0	0	1661	0	0	0	0	0	0	0	0	0	0	0	0	0	0	0	1661
34	扬州市	540	162	0	0	159	59	3	0	0	0	0	139	1062	292	0	0	0	0	21	0	313	0	0	0	0	0	0	0	1375
35	黑龙江省	299	0	0	0	0	416	0	0	0	0	0	107	822	521	0	0	0	0	0	0	521	0	0	0	0	0	0	0	1343
36	襄阳市	132	0	0	0	0	488	0	471	0	0	0	81	1172	103	0	0	0	0	23	0	126	0	0	0	0	0	0	0	1298
37	广西壮族自治区	583	0	0	115	0	3	0	0	0	0	0	0	701	368	0	0	0	0	0	0	368	0	0	0	0	0	0	0	1069
38	南通市	279	0	265	0	94	279	16	0	0	0	3	0	936	45	0	13	0	0	23	0	81	0	0	0	0	0	0	0	1017
39	金华市	106	0	0	0	0	0	0	211	0	0	0	565	882	110	0	0	0	0	0	13	123	0	0	0	0	0	0	0	1005
40	梅州市	918	0	3	0	0	0	0	0	0	0	0	0	921	0	0	0	0	0	0	0	0	0	0	0	0	0	0	0	921
41	绍兴市	6	0	0	0	0	317	0	0	0	0	0	20	343	409	0	0	0	0	32	0	441	0	0	0	0	0	0	0	784
42	常州市	349	0	0	0	0	400	0	0	0	0	0	0	749	20	0	0	0	0	8	0	28	0	0	0	0	0	0	0	777
43	揭阳市	751	0	0	0	0	0	0	0	0	0	0	0	751	0	0	0	0	0	0	0	0	0	0	0	0	0	0	0	751
44	沈阳市	0	0	0	0	0	16	0	0	0	0	0	0	16	629	0	0	0	0	51	0	680	0	0	0	0	0	0	0	696
45	湛江市	429	0	0	0	0	0	0	0	0	0	0	0	429	95	0	0	0	0	0	0	95	0	0	0	0	0	0	0	524
46	江门市	211	0	27	0	0	46	0	0	0	0	0	0	284	69	0	12	0	0	113	0	194	0	0	0	0	0	0	0	478

续表

序号	应用城市	纯电动汽车													插电式混合动力汽车								增程式电动车				燃料电池汽车			合计
		公交车	旅游客车	公务车	出租车	租赁用车	私人车	环卫车	物流车	邮政车	电力工程车	载货车	其他	小计	公交车	旅游大巴	公务车	出租车	租赁用车	私人车	其他	小计	公交车	公务车	私人车	小计	公交车	公务车	小计	
47	长春市	16	0	0	0	44	0	0	0	0	0	0	3	63	135	0	160	0	0	86	0	381	0	0	0	0	0	0	0	444
48	韶关市	163	0	0	70	0	0	0	0	0	0	0	0	233	0	0	0	0	0	0	0	0	0	0	0	0	0	0	0	233
49	湖州市	50	30	0	30	0	90	0	0	0	0	0	0	200	0	0	0	0	0	30	0	30	0	0	0	0	0	0	0	230
50	汕头市	220	0	0	0	0	0	0	0	0	0	0	0	220	0	0	0	0	0	0	0	0	0	0	0	0	0	0	0	220
51	肇庆市	103	0	0	0	0	4	0	0	0	0	0	0	107	4	0	0	20	0	66	0	90	0	0	0	0	0	0	0	197
52	汕尾市	100	0	0	0	0	0	0	0	0	0	0	0	100	0	0	0	0	0	0	0	0	0	0	0	0	0	0	0	100
53	阳江市	99	0	0	0	0	0	0	0	0	0	0	0	99	0	0	0	0	0	0	0	0	0	0	0	0	0	0	0	99
54	河源市	60	0	0	0	0	0	0	0	0	0	0	0	60	0	0	0	0	0	0	0	0	0	0	0	0	0	0	0	60
55	云浮市	60	0	0	0	0	0	0	0	0	0	0	0	60	0	0	0	0	0	0	0	0	0	0	0	0	0	0	0	60
56	潮州市	55	0	0	0	0	0	0	0	0	0	0	0	55	0	0	0	0	0	0	0	0	0	0	0	0	0	0	0	55
57	茂名市	54	0	0	0	0	0	0	0	0	0	0	0	54	0	0	0	0	0	0	0	0	0	0	0	0	0	0	0	54
58	清远市	0	0	0	1	0	5	0	0	0	0	0	0	6	0	0	0	0	0	0	0	0	0	0	0	0	0	0	0	6
合计		51026	12837	3146	8888	38929	83698	931	27913	452	54	4277	27008	259159	16182	14	7770	3993	3634	44731	1014	77338	0	0	77	77	0	0	0	336574

* 本表统计数据由各省市区相关部门提供。

注：① 本表中江苏省统计的数据中包括：苏州市、常州市、南通市、扬州市、盐城市、南京市。

② 本表中上海市共统计了 2163 辆进口插电式混合动力轿车。

③ 本表中福建省共统计了 3 辆进口插电式混合动力轿车。

④ 本表中山东省共统计了 81 辆进口纯电动轿车。

⑤ 本表中郑州市共统计了 46 辆进口纯电动轿车。

⑥ 本表中四川省共统计了 203 辆进口纯电动轿车。

⑦ 本表中甘肃省共统计了 1 辆进口纯电动轿车。

⑧ 本表中沈阳市共统计了 15 辆进口纯电动轿车和 49 辆进口插电式混合动力轿车。

⑨ 本表中合肥市共统计了 8 辆进口纯电动轿车。

⑩ 表中武汉市共统计了 5 辆进口插电式混合动力轿车。

二、2015年底电动汽车充（换）电站（桩）保有量统计*

（根据单位名称汉语拼音字母排序）

城市名称	充电站				充电桩		换电站
	数量（座）	充电机功率总计（kW）	充电站占地面积（m^2）	投资金额（万元）	慢充（个）	快充（个）	数量（座）
成都市	15	—	—	—	1610	368	—
崇左市	1	400	252	60	14	2	—
大连市	21	8520	2180	11740	294	141	/
福州市	20	—	—	—	148	171	1
抚州市	1	—	—	—	200	2	1
赣州市	0	—	—	—	15	80	1
广东省	298	—	—	—	4000	18600	232
桂林市	12	8350	60600	1565	118	2	2
海口市	2	3240	13540	1494	约200	约20	1
杭州市	86	—	—	—	1930	1580	69
合肥市	29	29550	1700000	15000	11000	1551	2
河北省城市群	88	—	—	—	1443	1890	1
黑龙江省	1	—	—	—	300	40	—
湖州市	10	4060	1500	1000	0	78	0
九江市	0	—	—	—	93	6	2
柳州市	1	500	600	650	—	—	—
龙岩市	—	—	—	—	18	—	—
泸州市	—	—	—	—	217	199	—
绵阳市	—	—	—	—	21	10	—
南昌市	6	—	—	—	475	77	2
南宁市	4	3100	12200	1824	—	50	—
南平市	7	—	—	—	20	41	—
南通市	18	10359	26960.2	12881.5	270	60	2
宁波市	8	1920	960	1304	403	41	3
宁德市	8	—	—	—	81	67	—
平潭综合实验区	—	—	—	—	5	3	—
萍乡市	0	—	—	—	42	13	0
莆田市	3	—	—	—	20	15	—
泉州市	—	—	—	—	38	4	—
三明市	—	—	—	—	265	—	1
厦门市	—	—	—	—	80	342	5
上海市	49	—	—	—	19700	2000	2
上饶市	0	—	—	—	156	23	0
绍兴市	11	—	—	1700	0	48	0
沈阳市	5	590	4000	3000	367	82	—

续表

城市名称	充电站				充电桩		换电站
	数量（座）	充电机功率总计（kW）	充电站占地面积（m^2）	投资金额（万元）	慢充（个）	快充（个）	数量（座）
天津市	46	26891	10650	—	1753	364	3
芜湖市	1	120	400	220	1069	11	2
梧州市	3	2880	15300	15000	—	84	—
武汉市	13	4074	41600	—	1055	159	0
西安市	14	12250	—	—	2781	386	—
湘潭市	2	—	—	—	396	14	—
襄阳市	3	2805	16000	3000	273	18	—
新乡市	9	1905	16396	2789	200	36	4
盐城市	—	—	—	—	79	107	—
宜春市	1	—	—	—	134	34	1
漳州市	9	—	—	—	18	100	—
长春市	1	450	1000	680	47	18	1
长沙市	14	—	—	—	1958	392	—
郑州市	4	2600	16000	6160			2
重庆市	12	—	—	—	255	—	1
株洲市	9	—	—	—	25	53	—

*本表中数据由各省市区相关部门提供，仅包括部分地区，不代表全国数量。

节能与新能源汽车

年 鉴

第八篇

技术成果应用案例

新能源汽车整车控制器平台研究与开发

单位：北汽福田汽车股份有限公司

摘　要

为满足电动出租车、电动环卫车、纯电动客车、混合动力客车等新能源汽车对整车控制器的使用需求，并且要符合新能源汽车对整车控制器的平台化、高安全性、高可靠性、智能化、低成本的要求，进行了新能源汽车整车控制器产品平台研究与开发。为实现新能源汽车整车控制器产品平台的研发目标，在全面系统总结各类纯电动、混合动力汽车对整车控制器的系统需求、电气需求、应用层软件接口需求、安装需求、诊断需求、质量要求、成本要求等，充分解析最新道路车辆功能安全 ISO26262 标准的要求，综合评估分析以上因素，进行了整车控制器产品平台的系统方案设计、安全架构设计、硬件平台设计、嵌入式软件平台设计、软硬件仿真分析、诊断标定开发、专有工具链开发、生产工艺开发、测试系统等全方位的研究与开发。历经 2 年多的新能源汽车整车控制器产品平台研究与开发，最终实现同一款整车控制器硬件平台兼容 12V 和 24V 整车电气系统，系统架构安全可靠，具有电源电压等级的智能识别和自适应能力，控制器全部端口具有防滥用智能保护功能。整车控制器平台产品已经通过专业检测机构全面测试，并成功应用于福田公司 1200 多台车示范运营车辆中，产品运行稳定可靠。

关键词：新能源　汽车　整车控制器　平台

1. 绪论

在能源短缺和环境污染的双重压力下，新能源汽车越来越受到人们的重视。20 世纪 60 年代后，世界各国政府及汽车生产厂商加大了对新能源汽车产业的投入[1]。为了实现能源利用形式的多样化和减轻环境污染，发展节能环保的新能源汽车并掌握新能源汽车电控系统核心技术是我国汽车工业可持续发展的必然要求[2]。

新能源汽车包括纯电动汽车、混合动力汽车、燃料电池汽车、替代燃料汽车等，而作为所有的新能源汽车都必须具备关键零部件之一——整车控制器 VCU（Vehicle Management System）。新能源汽车整车控制器 VCU 是新能源汽车电控系统中的核心部件，它负责采集驾驶员操作车辆的加速踏板信号、刹车信号、档位信号以识别驾驶员的驾驶意图，并采集车辆中的驱动电机控制系统、动力电池系统、DCDC 等各系统状态，经整车控制器总体判断处理后，控制车辆动力驱动系统执行相应的动作、它对汽车的正常行驶、制动能量回馈、网络管理、整车故障诊断与处理等功能起着关键作用[3]。

本项目面向北汽福田全系新能源汽车车型应用需求，主要包括纯电动出租车、电动环卫车、混合动力大巴车等车型，每个车型平台对整车控制器的需求均不同，车载低压电气系统电压等级也有 12V 和 24V 之分。但对其核心功能和安全可靠性要求是一致的。本项目所研究开发的整车控制器产品平台，能够实现了一款整车控制器平台覆盖目前所有车型平台的应用需求，避免了为满足不同车型应用需求对整车控制器进行的重复开发，极大程度上降低了企业的开发成本、人力成本和零部件资源管理成本。

2. 整车控制器平台的系统需求分析

（1）整车控制器的基本功能需求分析

整车控制器是新能源汽车整个控制系统的核心，其基本功能应包含：

① 接收、处理驾驶员的驾驶操作指令，并向各个部件控制器发送控制指令，使车辆按照驾驶员的期望行驶；

② 与电机系统、动力电池系统、DCDC 等进行可靠通讯，通过 CAN 总线或硬线电气连接进行状态的采集输入及控制指令量的输出；

③ 接收处理各个零部件系统信息，判断处理动力电池系统提供的能源状态信息；

④ 系统故障的判断和存储，动态监测系统信息，记录出现的故障；

⑤ 对整车具有保护功能，根据故障的类别对整车进行分级保护，紧急情况下可以关闭电机系统并切断动力电池高压母线供电输出；

⑥ 协调管理车上其他电器设备。

（2）整车控制器的平台化需求分析

新能源汽车产品平台车型从小型纯电动出租车、中重型的纯电动环卫车、混合动力大巴车和纯电动大巴车等，车型产品线跨度非常大、整车控制系统的功能需求不尽相同、车载电气系统电压等级也不同。为实现一款整车控制器能同时适用于以上全部新能源车型，必须对整车控制器进行平台化设计。平台化的主要需求如下：

① 整车控制器兼容 12V 和 24V 整车低压电气系统；

② 控制器提供充足的电气信号端口，能满足不同车型的应用需求；

③ 能够兼容不同类型的上层策略软件；

④ 机械结构能够满足不同车型的不同安装位置、安装

方向要求。

（3）整车控制器的安全性需求分析

由于新能源汽车的 ECU 系统数量的增加，新能源车电子系统变得结构愈加复杂，功能安全的设计和实施是实现新能源汽车安全控制的重要因素（如图 1 所示）。

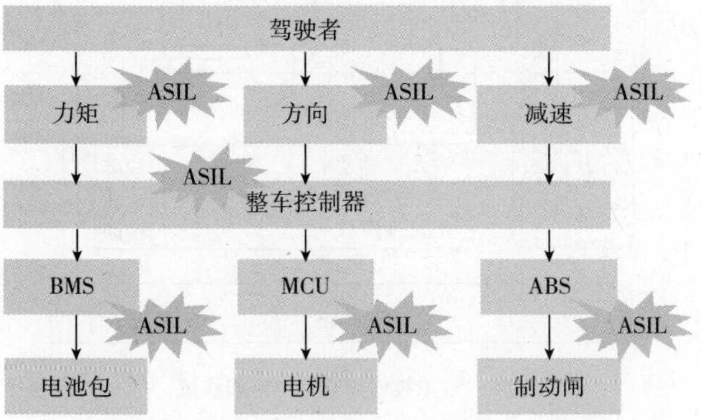

图 1　新能源车电子控制系统的功能安全需求图例

新能源汽车整车控制器作为新能源汽车核心系统的核心部件，负责混合动力或电动汽车动力系统的控制，实现 HEV/EV 车辆动力系统的力矩/能量管理，因此，整车控制器与车辆功能安全是强相关的，需按照道路车辆功能安全标准 ISO26262 相关要求进行定义安全项目、风险分析、确定安全目标（如图 2 所示）、安全概念设计、安全需求分析、测试验证等。

项目安全性等级审查由项目面临最大 ASIL（风险）决定（ISO26262 - 2）

当前整车控制器负责解释油门踏板和制动路板信号，考虑在高速路上整车控制器突然失效导致整车意外加速或意餐减速而追尾撞车导致驾驶者或其他乘车客死亡的安全风险：

R = F（E，C，S）

1）事故发生的场景为高速路上行车，对出租车来说暴露频率 E 应为 E4，常见（ISO26262 - 3 annex B table b. 2，b. 3）

2）整车意外加速或意外刹车对驾驶者来说没有办法控制，最多只能控制方向，可控性为 C3（ISO26262 - 3 annex B table b. 4）

3）由于高速路上行车，车速过快撞车严重导致出现人员死亡，严重性为 S3（ISO26262 - 3 annes B table b. 1）

综上可得出，R = R（ASIL D）

		可控性 Controlabilty C		
严重度 Severity S	暴露频率 Exposure E	C1	C2	C3
S1	E1	CM	CM	CM
	E2	CM	CM	CM
	E3	CM	CM	ASILA
	E4	CM	ASILA	ASILB
S2	E1	CM	CM	CM
	E2	CM	CM	ASILA
	E3	CM	ASILA	ASILB
	E4	ASILA	ASILB	ASILC
S3	E1	CM	CM	ASILA
	E2	CM	ASILA	ASILB
	E3	ASILA	ASILB	ASILC
	E4	ASILB	ASILC	ASILD

图 2　新能源整车控制器功能安全目标分析图

（4）整车控制器的智能化需求分析

本项目整车控制器为更好适应在全生命周期内可能会遇到的各种复杂多变的极限电气环境，以及同时适应 12V 和 24V 整车电气使用需求，这就要求整车控制器具有很高的智能性，具有很强的自适应和自学习能力。最关键的是要满足以下几方面：

① 整车控制器所有的硬件输入输出端口具备防范滥用的能力；

② 整车控制器所有输出驱动端口具有丰富的故障诊断功能；

③ 整车控制器能自动识别供电电源电压等级，能够根据电池电压变化进行输入信号的智能识别与切换。

3. 整车控制器平台产品设计

为满足公司新能源汽车对整车控制器的应用需求并适当考虑部分功能预留，对整车控制器进行机械结构、硬件电路、底层平台软件等进行系统性设计，以实现平台化、高安全性、智能化的设计目标。

（1）整车控制器的机械结构方案设计

根据控制器硬件电路板的尺寸，充分考虑电路板的安装工艺需求，选择高防护等级的接插件，进行控制器壳体结构设计（如图 3 所示），外壳采用成熟的压铸铝材质，并在壳体上盖上设计有通气塞，用于平衡控制器内外部压力。控制器外壳可以达到较高防尘防水能力，能够适应车辆上所有安装位的环境需求。

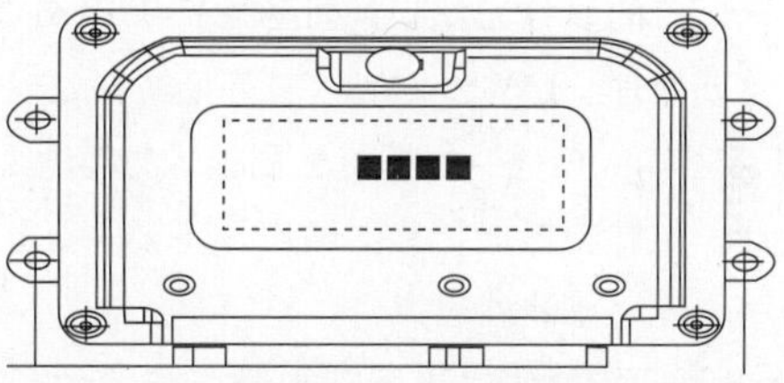

图 3　整车控制器结构示意图

（2）整车控制器的系统安全架构设计

整车控制器硬件系统采用双芯片安全架构设计（实现物理上异构和执行功能上异构）（如图 4 所示）、完全独立的双供电系统的二级电源管理、扭矩相关的关键信号双路冗余采集、整车控制器中的主控制芯片和安全监控芯片之间采用 SPI 和 CAN 冗余直接通讯。

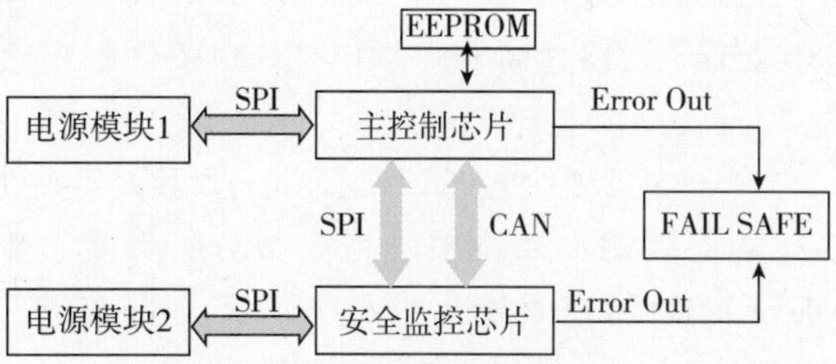

图 4　整车控制器硬件安全架构图

控制器安全架构能够实现主控芯片与安全监控芯片之间相互检测工作状态，在异常情况对整车上的 BMS 电池管理系统及 MCU 电机控制器采取安全控制，通过 EEPROM 存储安全故障信息。

（3）整车控制器的硬件电路设计

整车控制器平台需要处理很多信号，需要的电路结构较复杂，但电路功能相对独立可以划分为不同的单元，因此在硬件电路在设计开发过程中采取模块化的设计思想。电路的模块化设计可以降低设计难度、缩短开发周期，同时有利于优化 PCB 布局、提高系统抗干扰能力，也便于软件的模块化设计（图 5）。VCU 硬件电路可划分为以下模块：

① 处理器模块：主要包括一个高性能单片机的主控芯片和一个 8 位单片机的安全监控芯片，两个处理器之间采用 SPI 通讯和内部 CAN 通讯实现可靠的信息传递以及相互监控，还有与之相匹配的时钟电路、程序刷写电路、EEPROM 等。

② 电源模块：将车载蓄电池供电（9～36V）的输入转换为主控芯片、安全监控芯片、逻辑电路所需的 5V 电源，转换为控制器内部传感器电路和控制器外部传感器 5V 供电电源，电源电路的设计具有防反接保护功能、过电压保护、欠压保护、电压跌落保护等

③ 数字输入模块：通过对输入信号进行统计，将输入信号分成两大类：高有效输入和低有效输入，这两种电路采用了可以配置的设计方法，同时考虑抗 ESD 处理、防短路设计、滤波处理、12V 和 24V 信号等级兼容处理等。

④ 传感器输入模块：根据传感器输入信号进行采集电路匹配设计，主要要考虑传感器输出驱动能力、抗 ESD 处理，防短路处理、滤波处理等。

⑤ 输出驱动模块：输出驱动按照所连接的负载不同，划分两大类：高边输出驱动和低边输出驱动。在这部分硬件电路设计时要根据负载所需求的电流能力选择功率器件，同时要考虑输出短路和开路的诊断设计，驱动电路的过温度、过电流和过电压等保护设计。

⑥ CAN 通讯模块：整车控制器硬件电路提供 2 路符合 CAN2.0B 通讯协议的通讯模块，用于与整车其他控制模块之间的通讯以及用于程序在线更新和 CCP 标定。在这部分硬件电路设计时要考虑 CAN Hi 和 CAN Lo 端口的抗 ESD 处理、短路诊断和保护设计、预留休眠和唤醒设计。

在整车控制器硬件电路设计过程中，对控制器硬件电路进行了的关键电路电气性能参数分析计算、基于 Flowtherm 的热性能仿真分析（如图 6 所示）等，确保了控制器硬件功能和关键性能是在投板前得到确认。

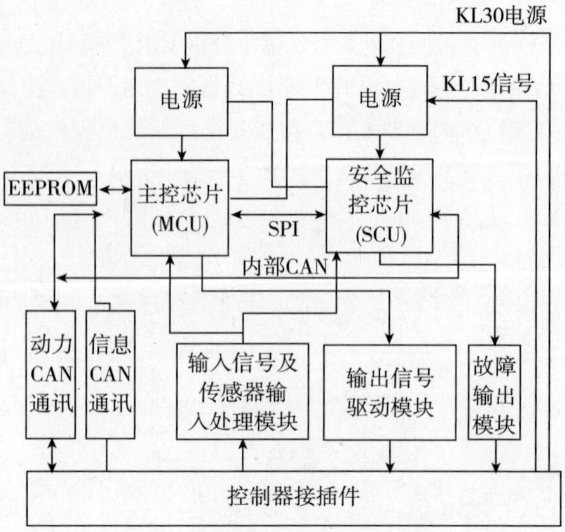

图 5　整车控制器硬件电路模块图

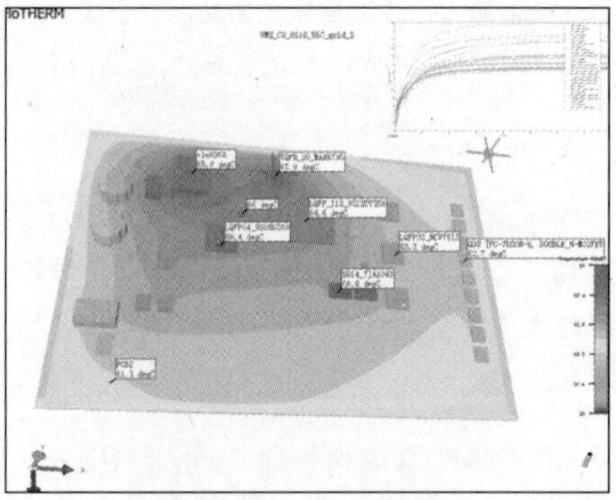

图 6　整车控制器 PCB 板热仿真云图

（4）整车控制器的底层平台软件设计

整车控制器底层平台软件设计采用了模块化设计，形成如图 7 所示的软件结构框架。底层平台软件是介于控制器硬件和上层应用软件之间，是二者之间的桥梁。

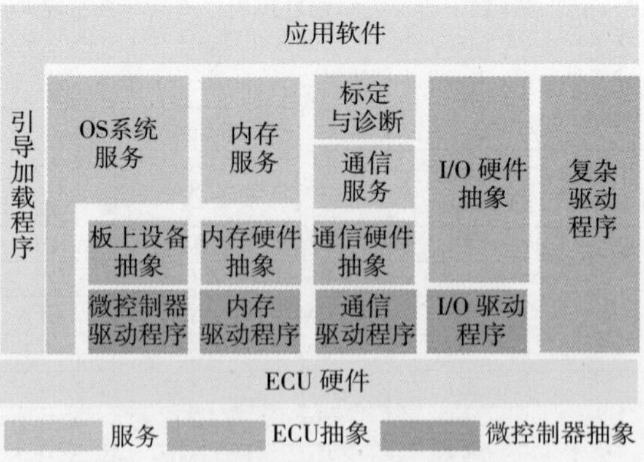

图 7　整车控制器底层平台软件结构框图

整车控制器底层平台软件支持 Simulink 和 Targetlink 两种模型平台，主要包括 IO 驱动组件、CCP 标定组件、OBD 组件、CAN 通讯组件、scheduler 组件、bootloader 组件，OS 组件。

整车控制器底层平台软件集成了基于 KWP2000 的诊断服务功能，实现故障事件响应，故障指示灯管理等并在此基础之上进行了 KWP2000 诊断协议栈管理，Bootloader 模块开发，诊断工具软件开发，Flash 在线软件刷写功能的开发。整车控制器底层平台软件集成了基于 CCP 协议的在线标定功能，能够方便对内部数百个标定量进行在线标定和标定量的更新与下载。

4. 整车控制器平台生产工艺开发

根据 VCU 整车控制器平台产品的特点，进行了全新的生产工艺优化（如图 8 所示），在 PCBA 装壳体之前增加老化测试及 FCT 功能测试，封外壳之后进行 FCT 功能测试，然后进行第二次老化测试，老化的同时实现了壳体密封胶的固化，接下来进行气密性测试和 EOL 下线终检功能测试，最后由质控部门质检后入库。通过优化后的工艺及严格过程检测，确保了整车控制器生产的每个环节品质都是可控的；

为提高整车控制器产品的生产效率和测试的精准性，在整车控制器生产线上开发并应用了很多专用工装和专用测试设备（图 9），如：自动点胶机、专用气密性测试仪、程序刷写站、功能测试工装等。

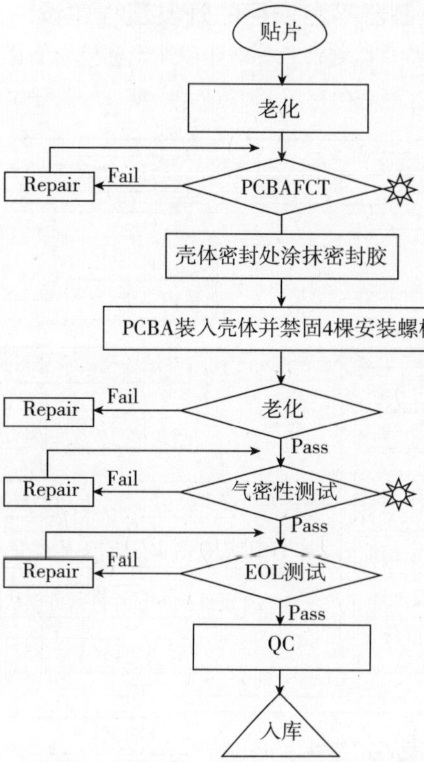

图 8　整车控制器生产工艺优化流程图

图 9　整车控制器专用工装及测试设备图例

5. 整车控制器平台产品的测试验证

根据整车控制器的产品性能要求与产品使用环境特殊要求，对整车控制器产品进行了两轮产品全面 DV（Design Validation，设计验证）验证试验（如图 10 所示），主要测试项目包含电气功能、EMC、热冲击、耐高温、耐低温、密封性能、机械振动、机械冲击、跌落、寿命测试、耐化学药品等。

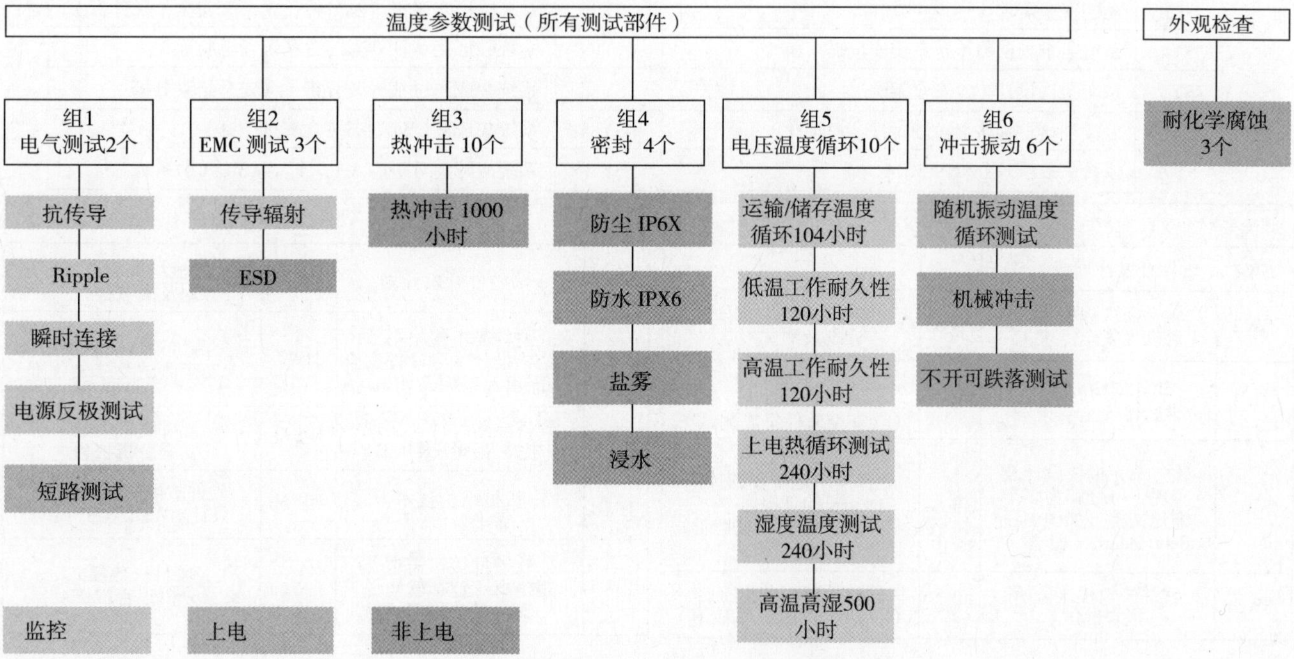

图 10　整车控制器的产品设计验证项目图

6．整车控制器平台项目的开发流程建设

为确保整车控制器的安全性和开发过程标准化，在整车控制器开发过程中采用 ISO26262 所要求的流程体系（如图 11 所示），建立了系统开发流程、硬件开发流程、软件开发流程以及相应的交付物体系（如图 12 所示）。

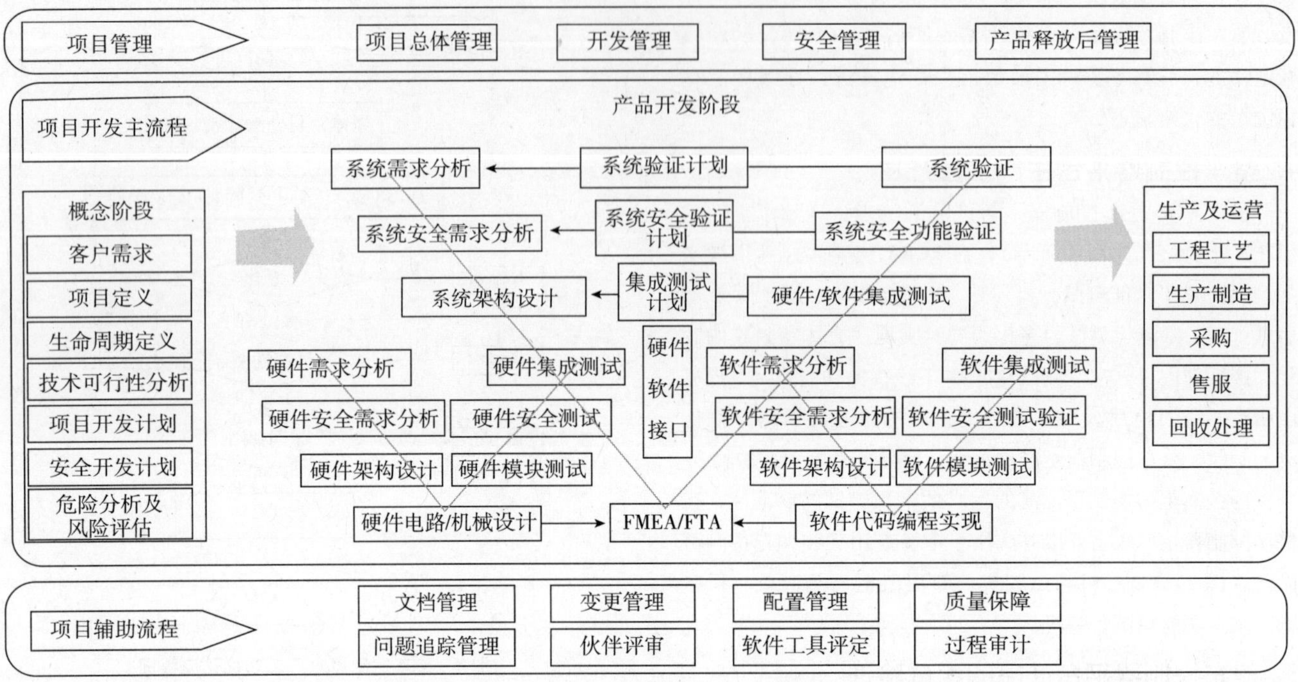

图 11　ISO26262 标准要求的流程体系

系统级文档			
SY1	客户需求书		
SY2	系统开发计划（包括项目定义）	SY11	系统评估及经验总结
SY3a	危害分析及风险评估报告（功能安全目标）	SY10	整车集成验证确认计划书（含安全验证确认）
SY3b	功能安全需求	SY9b	系统验证实验报告及分析（含系统安全结果分析）
SY4	系统需求规格书（含系统安全需求）	SY9a	系统验证确认计划书（含系统安全验证）
SY5	系统架构设计（含安全架购）	SY8b	系统集成测试报告及分析（含安全结果分析）
SY6	软硬件接口规格书（硬件设计再细化）	SY8a	系统集成测试计划书（含安全测试）
SY7a	系统失效模式分析DFMEA	SY7b	系统故障树分析FTA（只针对ASIL-C/D系统）

软件开发文档			
SW1	软件开发计划		
SW2	软件需求规格书（含软件安全需求）	SW6a	软件单元模块测试计划及测试报告
SW3	软件架构设计（含软件安全架构）	SW6b	软件集成测试计划及测试报告（含安全软件集成测试）
SW4	软件单元模块设计及实现（可分解为多个细化文档，如OBD、Bootloader、CCP等）	SW6c	软件需求测试验证计划及验证报告（含软件安全需求验证）
SW5a	软件失效模式分析报告FMEA	SW5b	软件故障树分析报告（只针对ASIL-C/D ECU）

硬件开发文档			
HW1	硬件开发计划	HW8	机械结构测试计划及测试报告
HW2	硬件需求规格书及结构设计（含硬件安全需求及架构设计）	HW7	硬件测试计划及测试报告（含安全测试及结果分析）
HW3	硬件电路设计及实现（电路原理图及PCB）	HW6c	硬件随机失效安全分析报告
HW4	机械结构技术需求及设计	HW6b	硬件故障树分析报告（只针对ASIL-C/D ECU）
HW5	软硬件接口需求规格书（包括软硬件安全需求接口）	HW6a	硬件失效模式分析报告FMEA

图 12　交付物体系图

7. 成果与结论

（1）成果

根据VCU整车控制器产品特征及国际标准开发流程的要求，福田新能源整车控制器研发团队已系统的掌握了整车控制器等新能源车的关键电子产品的电气系统、系统架构、硬件系统、底层软件和系统测试的关键技术；透过此项目，成功建立了新能源核心控制器研发能力、软硬件开发流程、软件开发工具链和代工生产工艺开发、供应商配套体系等。本项目所研发的整车控制器平台产品已成功小批量应用于福田公司的多款新能源车上（图13）。到目前为止，VCU整车控制器平台已经成功完成2000多套的小批量生产和实车示范运营应用，至此，VCU控制器平台产品故障率为0。

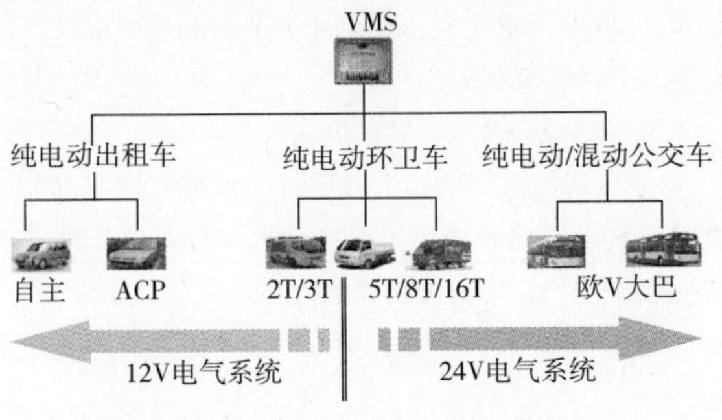

图13 整车控制器平台产品的应用车型图谱

（2）结论

① 本项目所开发的整车控制器平台产品经过福田公司纯电动出租车、纯电动环卫车、混合动力大巴车等车型的示范运营的实车验证，运行稳定可靠，因此，可满足现阶段新能源整车应用需求。

② 本项目的整车控制器平台能够覆盖福田公司的12V纯电动汽车和24V纯电动和混合动力车，可支持不同车型项目的RTW和Targetlink上层模型软件，因此，符合项目所定义的平台化设计目标。

③ 本项目所开发的整车控制器平台产品通过了22项严格的DV验证试验、零部件寿命测试、整车搭载路试、整车示范运营验证等，因此，符合安全可靠性设计目标。

④ 本项目所开发的整车控制器平台通过了产品DV试验电气性能测试中输入输出端口具备防范滥用测试，整车控制器丰富自诊断功能在整车调试和整车运营售后服务中提供精准的诊断信息，因此，符合智能化的设计目标。

参考文献：

[1] 万沛霖主编．电动汽车的关键技术．北京：北京理工大学出版社，1998

[2] 陈清泉主编．现在电动汽车技术．北京：北京理工大学出版社，2002.11

[3] 陈素梅等．HNSAE09060纯电动车整车控制器设计．河南：河南省汽车工程学会第六届科研学术研讨会论文集，2012

[4] 葛庆光．纯电动汽车整车控制器的研究．合肥工业大学硕士学位论文，2012.04

奥易克斯48V弱混系统电控系统

单位：苏州奥易克斯汽车电子有限公司

1. 成果简介

本成果可应用于48V轻度混合动力汽车的整车控制。根据2020年即将实施的国家第四阶段油耗法规的要求，到2020年，我国市场上销售的乘用车油耗需要再下降30%，达到百公里5L。这一要求单纯通过对发动机和变速箱进行技术升级已经很难实现，必须结合混合动力技术。48V弱混系统是实现这一目标的最经济的方法，它只需在车辆上增加一个48V蓄电池，并用一个增强型电机取代传统启动机即可，典型结构如下图所示：

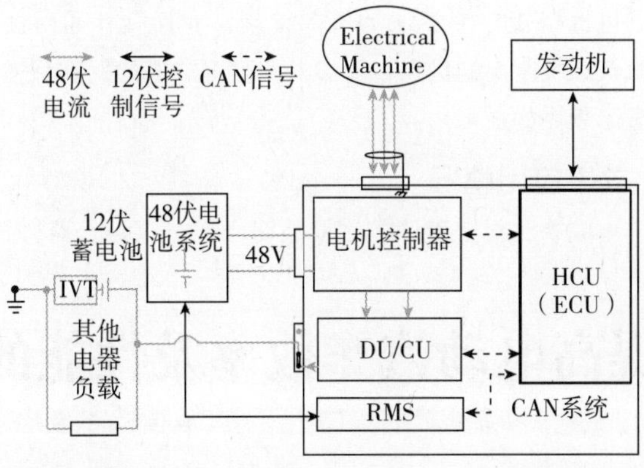

48V弱混技术的优势是：（a）对原车改动少，成本低；（b）节油效果可达12%～15%，是满足四阶段油耗法规最经济的技术路线；（c）由于消除了发动机低速工况，因此整车NVH性能比启停系统有明显改善；（d）由于引入了48V系统，为整车改造提供了良好基础，可方便加入电动转向助力、电子水泵、电动空调等电子附件。

苏州奥易克斯已经发展出了完善的48V弱混系统控制系统，具备以下功能：

- 起动工况，BSG电机在短时间内将发动机加速至怠速转速以上，然后汽油机开始工作；
- 停车工况，ECU自动切断发动机点火供油系统，发动机处于熄火状态；

• 减速工况，驾驶员踩下制动踏板，发电起动一体电机会将车辆减速时的动能转化为电能并存储起来；

• 滑行工况，电机辅助车辆滑行，增加滑行距离；

• 正常行驶工况，发动机正常工作；

• 起步助力，车辆处于起步状态时，发电起动一体机会帮助发动机或短时间内替代发动机进行起步；

• 混合驱动工况，启动工况向正常行驶工况的过渡过程。

目前我公司已同五菱柳机合作完成了48V弱混系统样车的试制，正在进行整车匹配调试，相关专利也正在编写之中。

2. 成果创新点及解决的难点问题

本成果主要创新点在于：a）它是国内首个自主知识产权的48V弱混系统电控系统，并且已完成了样车试制，接近量产状态；b）它在一块ECU内集成了发动机管理系统和48V弱混管理系统两套系统，集成度高，成本低，车辆改装简单。

样车匹配过程中，遇到的最主要的问题是电机的控制精度问题。由于此前国内在发展新能源汽车时，侧重于纯电动汽车和深度混合动力汽车，而这两类汽车都需要大功率电机，因此市场上可选的适合48V系统使用的小功率电机数量很少，性能也相对较差，主要是扭矩输出不够精确和平稳，会导致车辆行驶过程中产生明显的闯动。针对这个问题，我公司技术人员对电机输出特性进行了细致的测量和建模，并开发了相应的整形算法，能够根据电机的实际输出特性，对原始扭矩需求进行实时调整，从而保证电机精确、平稳的输出期望扭矩。算法实际应用后，表现良好。

3. 国际水平对比分析

新能源汽车在各国都是新生事物，各国发展水平大体相当。本成果的总体水平和国外同类产品大体相当，但其中的电机扭矩整形算法为国际首创，并且具有通用性好、计算快、精度高的优点，能够大大改善车辆的驾乘舒适性，是国际领先的技术。

4. 成果应用情况

本成果已同五菱柳机达成战略合作协议，五菱柳机将来批量生产的48V动力总成（包括发动机、48V电机和总成电控系统）将搭载本成果。随着四阶段油耗法规的推行，本成果将有广阔的应用前景。

5. 成果的产能建设情况

目前公司已建成两条国内最先进的汽车电控系统生产线，生产设备齐全，生产工艺和生产流程与国际大公司同等水平，人员配置合理，原材料供应充足、稳定，具备年产20万套ECU设备的生产能力。

6. 社会及经济效益分析

根据四阶段油耗法规的要求，到2020年，我国销售的乘用车油耗需要下降到百公里5L左右。为达到这一目标，新车基本上都需要装备48V弱混系统。我国目前乘用车年产销量为2000万辆左右，相应的48V弱混系统电控产品的市场规模约为400亿元。

本成果的社会效益主要体现在：

① 本成果使我国掌握了国际同步的48V弱混汽车电控系统核心技术，提升了我国新能源汽车行业总体技术水平和自主创新能力，对我国新能源汽车产业的健康发展有利，也可以避免新能源汽车电控领域再度出现被国外公司垄断的局面。

② 本成果应用推广后，有利于社会总体的节能减排，有利于国家的绿色、可持续发展。

③ 本成果应用推广后，有利于减少社会车辆对石油资源的需求总量，降低我国石油资源对外依存度，缓解能源安全问题。

④ 汽车工业是实体经济的龙头，新能源汽车是汽车工业的发展方向，也是国家确立的七大战略性新兴产业之一，和打造制造强国的十大突破口之一，实现48V弱混系统电控系统核心技术的突破，对于国家战略的顺利实施有利，对于整个国民经济的提振作用也非常明显。

⑤ 本成果为国内车企提供了一种满足四阶段油耗法规的关键技术，为油耗法规的顺利实施、国内车企的可持续发展、汽车行业总体的节能减排，提供了保障。

提高电动汽车效率及性能的轮毂电机系统基准模型仿真研究

单位：堡敦（上海）机电贸易有限公司

1. Protean Drive®轮毂电机

Protean Electric设计、开发和制造适用于完全集成的轮毂直驱方案的Protean Drive®轮毂电机。Protean Electric的轮毂电机技术致力于在全球混合动力汽车和电动汽车市场中扮演主要角色，并为其提供布置空间优势、全新汽车设计机遇、性能收益以及成本节约等综合竞争力。

Protean目前的PD18产品（图1）采用获得专利的可扩展的子电机结构和设计，适配18英寸及以上尺寸轮辋，为C级到轻型商务车系列的混合动力及纯电动汽车提供澎湃的驱动扭矩和功率。

Protean在英国、中国上海和美国设有运营机构，并在中国天津设有生产制造基地。更多信息，请访问Protean官

图 1 Protean Drive® 轮毂电机分解图

网 www. proteanelectric. com。

2. 效率及性能对比研究设定

Protean Electric 使用已公开的最新型电动汽车的测试数据来研究 Protean Drive® 轮毂电机驱动系统与中置驱动系统的效率及性能。

这里选择了四款搭载中置电机和齿轮装置的电动汽车：2014 款宝马 i3、2013 款日产聆风、2013 款福特福克斯、2015 款雪佛兰斯帕可电动版。美国阿贡实验室（ANL）已使用测功机研究并测得该四款车型的数据。

这里所采用的是代表典型运行模式的三种完整工况：UDDS 城市工况、USHwy 高速工况、US06 激进驾驶工况（图 2）。这三种工况均由美国国家环境保护局创建。众多电动汽车的驱动效率及工况能耗数据均可在阿贡实验室网站获得 http：//www. anl. gov/energy－systems/group/downloadable－dynamometer－database。

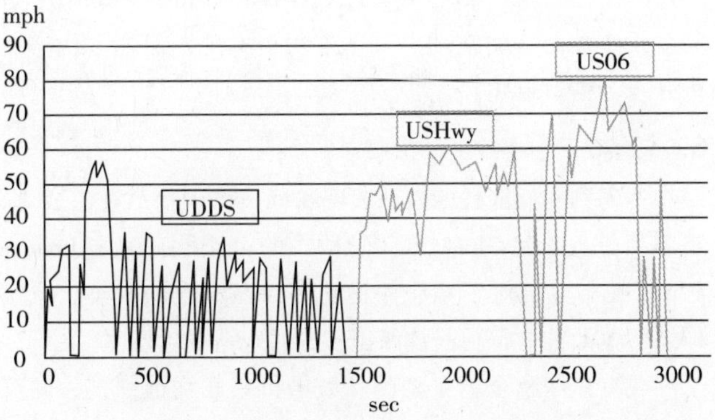

图 2 UDDS－USHwy－US06 运行工况

测功机测得的数据为：测功机转速、测功机扭矩、电池组电压、电池组电流。

根据能量守恒原理，可得出：

$$P_{battery} = P_{ancillary} + P_{m+g} + P_{brake} + P_{tyre} + P_{dyno}$$

其中：

$P_{ancillary}$ 是车载辅助系统消耗的电功率；

P_{m+g} 是电机与传动从逆变器输入到轮端输出的损耗功率；

P_{brake} 是摩擦制动器消耗的功率；

P_{tyre} 是驱动轮的滚动阻力损耗；

P_{dyno} 是提供到测功机的机械功率。

基于上述的设定和假设，试验使用两台 Protean Drive® 轮毂电机（单机 1250 牛米/75 千瓦峰值）替代原厂配置的中置电机和齿轮装置，并使用 Protean 的电机损耗图谱（图 3）在 MATLAB ®中分别对四款车型进行仿真。

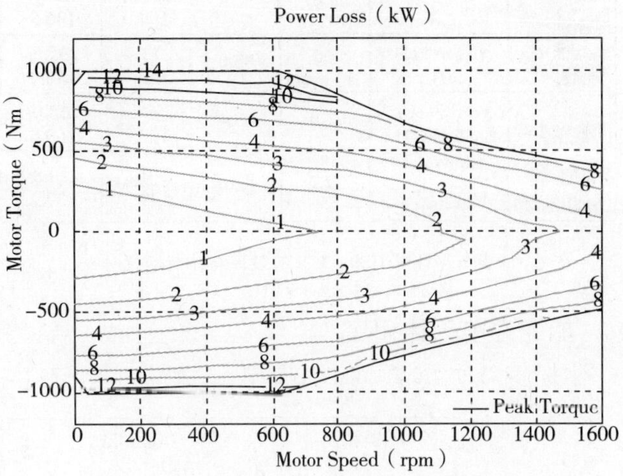

图 3 Protean Drive® 轮毂电机损耗图谱

3. 效率与能耗结果数据

针对前述三种工况，将使用 Protean Drive® 系统的仿真结果与阿贡实验室的中置系统数据进行对比分析。总结如下（图 4、图 5、图 6）。

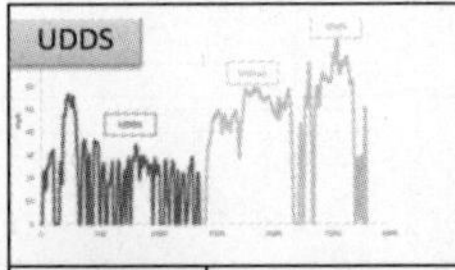		Motoring efficiency [%]		Consumption [Wh/mi] / [Wh/km]	
		Central motor and gear	Protean electric 2x PD18	Central motor and gear	Protean electric 2x PD18
	BMW i3 2014	68.1	76.5	155.6/96.6	133.6/83.0
	Nissan Leaf 2013	72.6	77.5	172.8/107.4	159.1/98.9
	Ford Focus Electric 2013	74.6	78.8	199.2/123.8	188.1/116.9
	Chevrolet Spark EV 2015	72.8	76.9	165.1/102.6	153.3/95.3

图 4 针对 UDDS 工况的效率与能耗对比

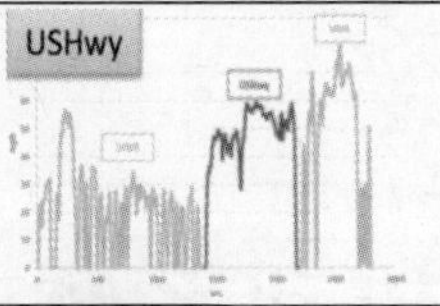		Motoring efficiency [%]		Consumption [Wh/mi] / [Wh/km]	
		Central motor and gear	Protean electric 2x PD18	Central motor and gear	Protean electric 2x PD18
	BMW i3 2014	62.0	76.6	185.4/115.2	146.5/91.0
	Nissan Leaf 2013	66.2	77.3	205.3/127.5	172.8/107.4
	Ford Focus Electric 2013	67.6	79.5	223.7/139.0	186.9/116.1
	Chevrolet Spark EV 2015	68.6	75.0	179.1/111.3	162.4/100.9

图 5 针对 USHwy 工况的效率与能耗对比

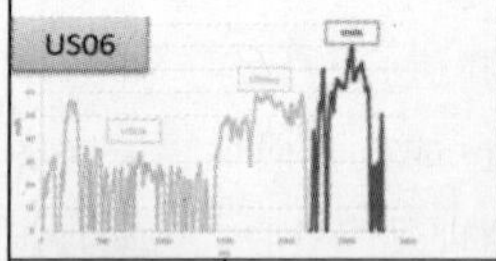		Motoring efficiency [%]		Consumption [Wh/mi]/[Wh/km]	
		Central motor and gear	Protean electric 2x PD18	Central motor and gear	Protean electric 2x PD18
	BMW i3 2014	74.9	82.6	247.9/ 154.0	220.1/ 136.8
	Nissan Leaf 2013	74.9	83.0	273.4/ 169.9	235.5/ 146.3
	Ford Focus Electric 2013	77.9	83.4	297.3/ 184.7	268.0/ 166.6
	Chevrolet Spark EV 2015	77.7	82.6	240.2/ 149.3	220.8/ 137.2

图 6 针对 US06 工况的效率与能耗对比

宝马 i3 的平均工况能耗提高超过 15%，日产聆风的平均工况能耗提高超过 12%，福特福克斯的平均工况能耗提高超过 10%，雪佛兰斯帕可电动版的平均工况能耗提高超过 8%。

另外，即便考虑到测试车辆电池最大输出能力的不确定性，测试数据也显示这四款车的百公里加速性能均有提升。

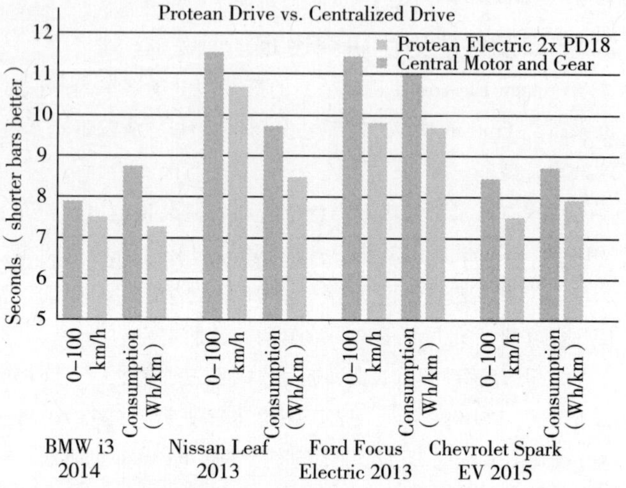

图 8 加速性能及系统功耗对比

4. 加速性能对比研究

另外，针对百公里加速性能也进行了对比分析（图7）。

		0–100km/hr [s]	
		Original Vehicle –Central motor and gear	Protean electric 2x PD18
	BMW i3 2014	7.9	7.0–7.5
	Nissan Leaf 2013	11.5	7.3–10.7
	Ford Focus Electric 2013	11.4	8.3–9.8
	Chevrolet Spark EV 2015	8.4	6.5–7.5

图 7 百公里加速性能对比

5. Protean Drive®系统对比中置驱动系统

MATLAB® simulation 的仿真结果清晰的显示 Protean Drive®轮毂电机驱动系统比所对比的中置电机驱动系统在性能、效率和能耗上更具优势（图8）。

使用两台 PD18 轮毂电机替代中置电机和轮轴套装在提供卓越驾驶性能的同时，还有可能降低整车的重量。另外，目标车型的工况能耗也得到了显著提升。

整车换装轮毂电机驱动系统所获得的其他优势，诸如得益于扭矩矢量控制的整车控制与操控、得益于取消中置驱动系统零部件的空间占有率等均可实现，但在本次研究中并未涵盖及量化。

6. 总结

考虑到降低能耗的显著表现和锂离子电池的高昂成本，整车制造企业拥有降低系统总成本的可能性。配装 Protean Drive®轮毂电机对于系统的优化可以减小电池规格，或同样规格电池能取得更长续航里程，并取得更优性能。

现有车型和全新车型的轮毂电机集成均很便捷，并可以配置 ABS、牵引力控制、启动控制和搭载四台 Protean Drive®轮毂电机的全驱功能。

Protean Drive®轮毂电机为整车制造商的量产车型提供了最优效率、最佳性能和最低总成本的电驱动方案。

汽车传动系统高效电气化的要素

作者：Jonas Gronvall 和 Peter Slama（英飞凌科技）

全功能门级驱动器和高性能转子位置传感器系统

汽车传动系统电气化要求符合汽车质量标准的高性能半导体。因此，在功率半导体和汽车电子领域都具备技术专长是在新兴的电动汽车和混合动力汽车［（H）EV］市场取得成功的必要条件。英飞凌具备设计高效（H）EV 系统的所有要素。

（H）EV 系统的主要组成部分为主逆变器、DC/DC 变流器、辅助逆变器/变流器、车载充电器和电池管理。功率模块、微控制器、驱动器、传感器等（图 1）高度可靠的半导体必须支持多种逆变器功率级，以助力实现紧凑、经济、节能的系统设计。譬如，HybridPACK 家族就支持这一设计目标，其针对（H）EV 应用的解决方案覆盖所有功率级（10kW －150kW）。EiceDRIVER 门级驱动器具有驱动和控制 IGBT 的理想功能。该产品家族包括具备电位隔离和双向信号传输特性的单/双通道汽车 IGBT 门级驱动器。AURIX 系列这样的高性能 32 位微控制器是节能型电动传动系统产品组合的有效补充，同时位置传感器可提供电机位置的闭环反馈，以实现场定向控制（FOC）这样的复杂控制。

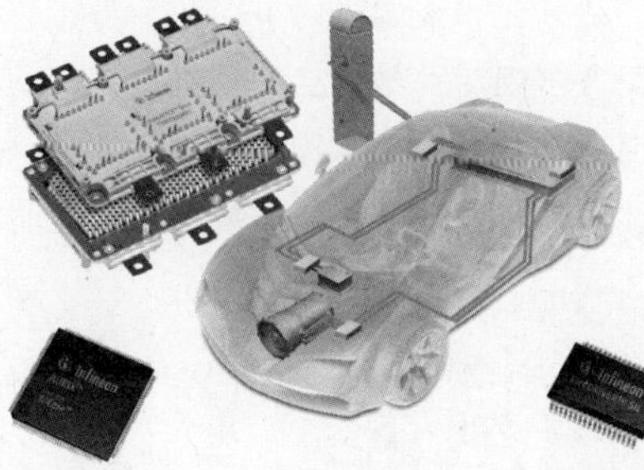

图 1　（H）EV 系统的关键组成部分：功率模块、高性能微控制器和驱动器

优化的门级驱动器

最新一代 EiceDRIVER 解决方案在实现经济实用的逆变器设计和推进针对（H）EV 应用的 ASIL 系统认证方面起到了重要作用。

1EDI2001AS 和 1EDI2002AS 的目标应用为使用 400V、600V 和 1200V IGBT 的（H）EV 逆变器。这两款驱动器都具备电位隔离、双向信号传输、主动短路保护以及优化的 IGBT 开关功能。这些产品都有用于控制和诊断的标准 SPI，传输速度高达 2Mbd。安全相关功能包括过流保护以及针对所有电源、振荡器、门信号和输出级的运行时间监控。此外，还支持包括错误注入和弱导通在内的系统级诊断。

EiceDRIVER 家族的另一个成员是 1EDI2010AS。该产品在二次侧集成一个 ADC，可用来评估 DC 链路电压以及 NTC 或温度二极管的温度。相关数据是通过 SPI 提供的。

1EBN1001AE 是单通道 IGBT 升压器，兼容 1EDI20xxAS 系列。该产品以高性能双极技术为基础，可替代基于分立式器件的缓冲级。由于其采用热性能优化的裸焊盘封装，能驱动和灌入高达 15A 的峰值电流。这使其适合汽车应用中的大多数逆变器系统。该产品具备主动短路保护和有效钳位功能，采用裸焊盘 PG－DSO－14 封装。

门级驱动器和升压器结合在一起可在子系统中节省多达 20% 的 PCB 空间，同时可使当今解决方案中分立式器件的数量减少 60%。

用于无刷电机控制的高性能转子位置传感器系统

（H）EV 应用经常采用无刷电机。这些高效电机依赖快速、准确的转子位置传感器进行换向，因为这些传感器参数对启动行为、动态性能、转矩波动和效率具有重大影响。

可利用不同原理来探测转子位置：感应式（机电分解器）和电磁式。基于分解器的传感器系统面临着一些限制（模拟输出、复杂电路、高系统成本、空间限制、对杂散场灵敏以及位置公差等）。32 位 AURIX 微控制器家族利用其 Σ－Δ 模数转换器生成载波信号和进行基于软件的编码，可通过避免使用外部分解器 IC 帮助将系统成本降低大约 20%。

另一方面，采用 AMR（各向异性磁阻）或 GMR（巨磁阻）技术的磁阻（xMR）角度传感器具有高精确度，同时对位置公差具有低敏感度。

要实施 xMR 传感器系统，来自功率电子、感应、容量、电缆和电机杂散场这些干扰源的杂散磁场影响必须考虑在内。英飞凌最近将完整的传感器系统集成在轴端，这将满足所有要求。围绕磁路的轴可完美屏蔽电磁干扰场。这样就无需采用额外的可导致系统成本急剧攀升的电磁屏蔽措施。磁路将完全集成进轴端以及传感器模块的大多数部分（图 2）。传感器模块安装只需占据轴外的小块空间。在准确性方面，系统评估结果非常乐观：受试 GMR 传感器的最大测量角度误差（图 3）＜0.3°，AMR 传感器的相关参数＜0.14°。这种高精度可在很大的安全操作区域内保持稳定，同时毫米级的位置误差依然可实现高精度角度测量。

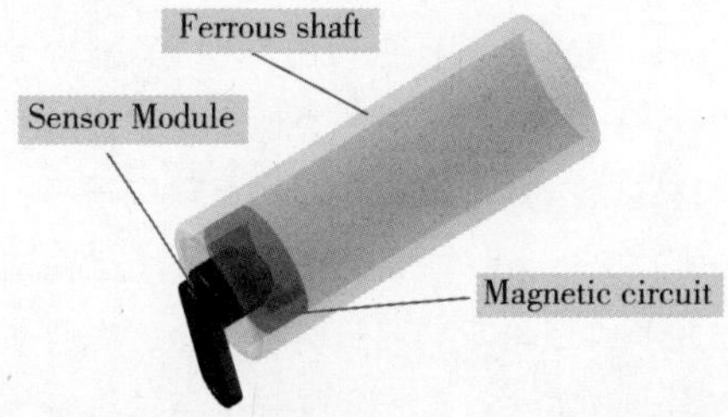

图 2　轴端集成传感器系统可确保不受杂散磁场影响并可节省空间

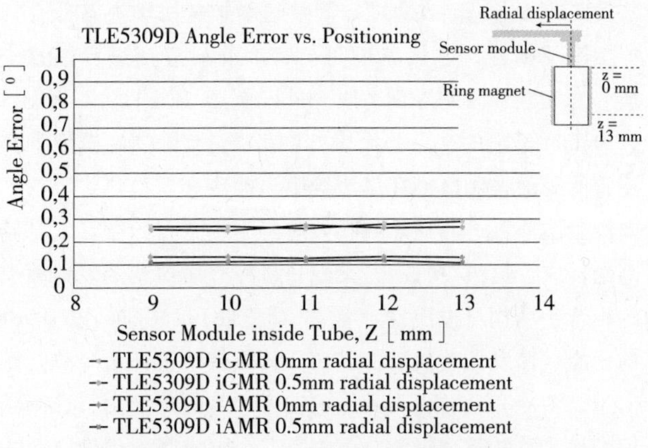

图 3　在一个封装内兼具 AMR 芯片和 GMR 芯片的 TLE5309D 传感器具有不受位置公差影响的出色准确性

在许多情况下，转子位置传感器在 ISO26262 功能安全方面也扮演着密切相关的角色。英飞凌提供采用双传感器封装的角度传感器，可在一个传感器的空间集成两个冗余传感器。尤其是，TLE5309D 通过结合利用 AMR 和 GMR 技术，可满足最高的功能安全要求，不仅实现了冗余性，而且实现了多样性。

蓄冷式蒸发器

单位：上海加冷松芝汽车空调股份有限公司

传统动力车辆在短时驻车时，发动机怠速运行、燃烧效率降低、排放恶化。“怠速起停”技术在短停时关闭发动机、减少怠速运行时间，具有明显的节油、减排效果；在欧洲等环保法规较严格的国家和地区，该技术已在乘用车上进行了大量搭载。我国近期公布的国家标准《GB 19578－2004/2014 乘用车燃料消耗量限值》对乘用车企业的平均油耗进行了严格限制、《GB 27999－2014 乘用车燃料消耗量评价方法及指标》明确提出对循环外技术进行油耗奖励；“怠速起停”作为可能纳入奖励的循环外技术之一，倍受车企关注。但同时，该技术对乘员舒适性提出挑战：夏天空调出风温度须低于 15℃ 才能保证体感舒适；而传统动力车辆的空调压缩机由发动机直接驱动，发动机停机将导致制冷剂停止循环；对于使用常规蒸发器的空调系统，较低的出风温度只能维持约 20s。研究表明，车辆短停时间大部分在 1 分钟内；因此采用相变材料（PCM）储存冷量、并在短停时释放，可有效延长风温维持时间、提升乘坐体验，是缓解上述问题的有效手段。2013 年底，通过大量的技术和市场调研，上海加冷松芝敏锐地意识到：随着油耗法规的日益严格，蓄冷式蒸发器在国内有广阔市场；并成立团队进行技术攻关。当时国际先进空调公司已在国际市场推出产品、并形成相关专利。归纳起来，这些产品有三种典型设计方案；方案一：蓄冷介质直接与过流空气进行换热（图 1a）。此设计以 Behr 和 Hanon 的产品为代表，分别在原蒸发器芯体出风侧或两排扁管中间增加一排填充蓄冷介质的扁管及翅片；空气流过时与蓄冷介质直接进行热量交换。方案二：以制冷剂为媒介进行换热（图 1b）。此设计以 Delphi 推出的产品为代表，将蓄冷介质布置在蒸发器集流管的顶部，制冷剂在集流管中与蓄冷介质换热、竖直方向产生温差，进而在热虹吸效应的驱动下开始循环、并将冷量传递给过流空气。方案三：蓄冷介质借助蒸发器原有的铝管带结构与过流空气换热（图 1c）。该结构以 Denso 的蓄冷式蒸发器为代表；其部分散热带位置被蓄冷单元所占用，蓄冷介质首先与周边的铝管、带进行换热，进而由管带将冷量转移到过流空气中。三个方案各有优缺点：方案一、二的蓄冷介质的填充量大、温度维持时间较长，且对蒸发器风阻的影响较小（尤其是方案二，对蒸发器风阻基本没有影响）；但这两个方案分别在芯厚、芯高方向增加明显，蒸发器集流管、空调箱结构均需做对应修改，不利于蒸发器的系列化和空调箱的平台化。方案三不改变芯体尺寸、与配置常规蒸发器的空调箱完全通用，但该方案的蓄冷介质填充量相对有限、且对蒸发器风阻影响显著，不合理的设计可能导致空调系统风量衰减、性能下降。

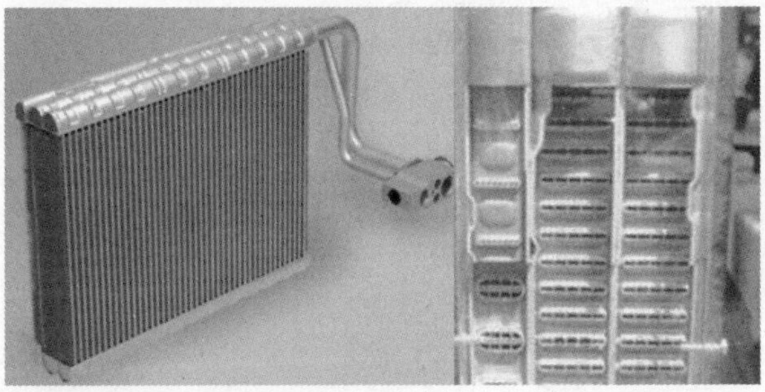

(a) 方案一

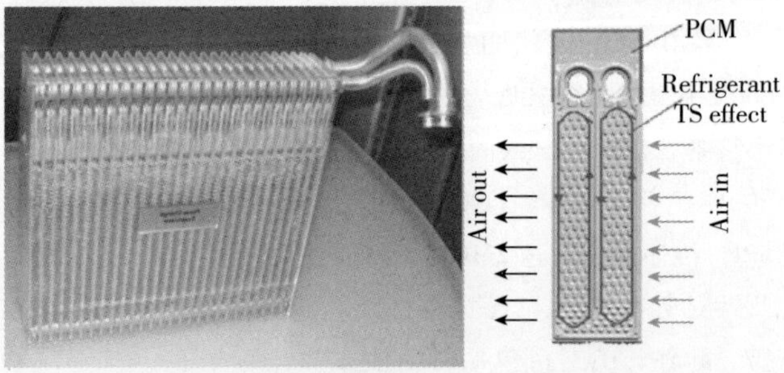

(b) 方案二

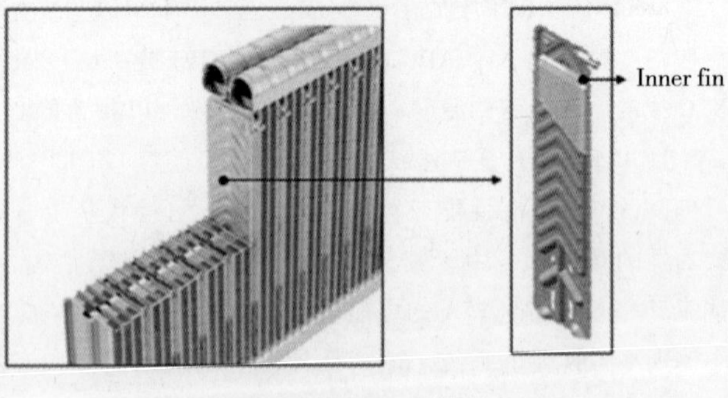

(c) 方案三

图 1　蓄冷式蒸发器的三种典型设计方案

通过对国际先进产品的对标、并对国内市场需求和整车使用环境进行分析，上海加冷松芝认为：方案三能够直接在现有车型上实现换装、更符合国内主机厂的使用偏好；同时，其影响系统风阻和性能的问题可通过管带结构优化予以缓解。因此，确定基于方案三、在现有 38mm 芯厚蒸发器基础上，进行蓄冷式蒸发器的开发。以某车型为应用对象，结合国内主机厂的要求和怠速起停系统的工作特点，确定蓄冷式蒸发器的性能开发目标。在蓄冷介质的选择上，研发团队与国内知名大学合作，对正癸醇、十四烷、十五烷、十六烷、有机水合物等 PCM 材料进行了大量试验，最终确定采用 $C_{14}H_{30}$ 为 PCM 介质；其固——液转化温度约 5oC、相变潜热可达 225kJ/kg、凝固时的体积收缩率 10% ~ 20%。在蒸发器扁管间插入蓄冷芯片；考虑到 PCM 介质较低的导热系数，在蓄冷芯片中增加强化传热的肋片(图 2)，以扩大与 PCM 的接触面积、提高芯片的传热能力。蓄冷芯片高度为蒸发器芯体高度的一半，以便提高布置的灵活性、方便对蓄冷性能进行调整。借助仿真分析手段，对蓄冷单元结构、肋片节距等参数进行设计和优化，从而确定蓄冷芯片的详细结构、排布方式和 PCM 填充量；对蒸发器散热带的结构参数进行优化（图 3），以便对缓解蒸发器风阻提升的问题。蓄冷式蒸发器样件性能试验表明：制冷量下降和湿风阻提高程度均在预期范围内（图 4a），排水性能与常规蒸发器相当，而风温维持时间提升至近 2 分钟、较原芯体提升了 4 倍（图 4b）；达到设计目标。某型空调箱搭载该蓄冷蒸发器的试验结果显示：吹面全冷模式下的风量较常规空调箱下降 5%，制冷功率下降约 7%；仍可满足原空调系统的性能要求。同时，进行相应的工艺开发，以保证产品的一次钎焊合格率和蓄冷介质的快速封装。

图 2　蓄冷式蒸发器结构

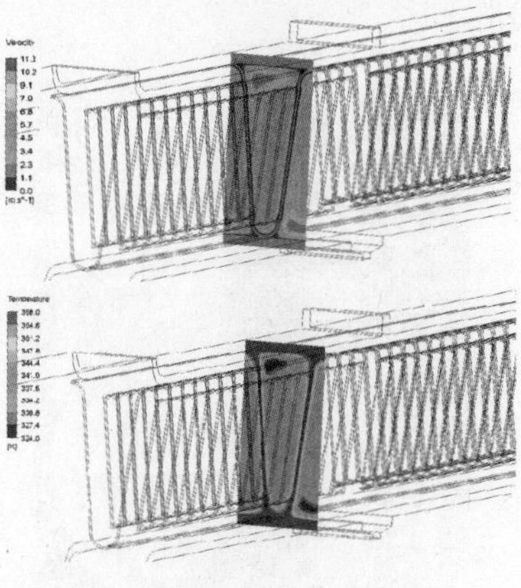

图 3　散热带流场和温度场

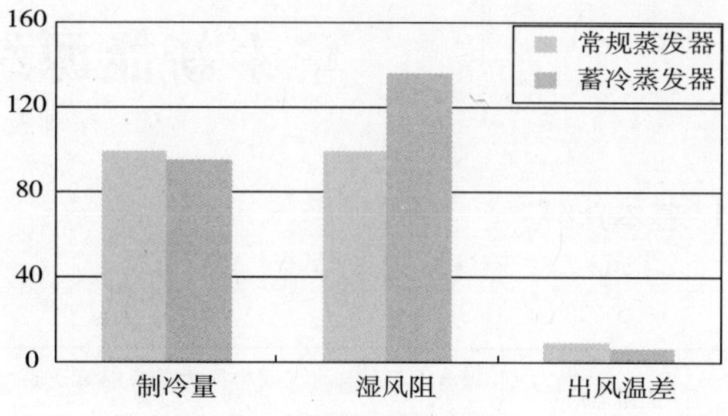

（a）制冷量、风阻和温差

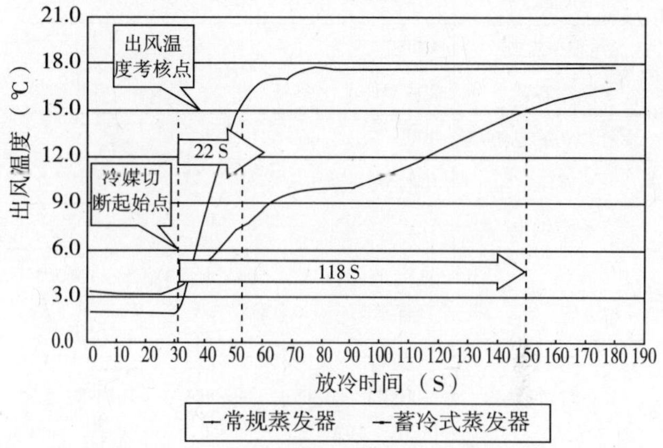

（b）风温维持时间

图 4　某蓄冷式蒸发器的性能

开发过程中，在以下关键技术上获得突破：（1）借助仿真技术，结合蓄冷式蒸发器的特点，综合考虑换热性能、排水性能、蓄能能力和加工工艺等因素，进行蓄冷式蒸发器的结构设计和优化、以及蓄冷芯片增强换热的结构设计；（2）蓄冷介质的快速封装技术。目前相关产品完成设计定型，已向江淮、昌河、东南汽车等公司提供数十套样件，并正在配合上汽等多家主机厂进行样件设计。从客户反馈的结果来看，产品的整车表现基本达到客户要求，可靠性较高。基于此开发工作，松芝公司已申请专利 2 项。随着油耗法规的日益严格、以及怠速起停技术在国内市场被广泛接受，预计近几年蓄冷式蒸发器的装车数量将出现爆发式增长。

在政策引导和法规驱动下，传统动力车辆的节能减排技术已得到主机厂的充分重视。本项目以此为契机，对蓄冷式蒸发器的设计和工艺进行系统、深入的研究，掌握核心设计技术、并形成批量供货能力，从而为传统动力车辆节能减排技术的推广提供有力保障。同时，本产品的成功开发有助于打破国际先进公司的技术垄断、形成企业核心竞争力、增加产品附加值，符合构建创新型国家的发展方向。

华泰新能源纯电动汽车 BMS

单位：深圳天邦达科技有限公司

1. 基本介绍

该项目适用于大多数低速纯电动汽车。

应用电池	锂离子三元电池（硬件同时兼容锂离子磷铁等材料电池）
电池串数	30s
标称总电压	108v
标称容量	204AH
最大瞬间放电电流	400A
充电	国标快充 1c
系统供电	12v
总电压采样	检测范围：0V ~ 500V 检测精度：±0.5V 显示分辨率：0.1V
电流检测	检测范围：0 - 300A　检测精度：-10A ~ +10 时 <0.15A　-300A ~ -10A 时是 <0.5A　10A ~ 300A 时 <0.5A
SOC 精度	≤ ±5% @ 20%　~ 90% SOC ≤ ±8% @ 0% ~ 100% SOC
绝缘检测	范围：10KΩ ~ 10MΩ 误差：±10KΩ
BMS 休眠时消耗	12V 暗电流：≤200μA

2. 项目特点

（1）系统采用业内成熟的凌特 6804 方案，一体式集成设计尽量减小系统空间，其电子原件均达到汽车级标准。

（2）结构外壳紧密结合有效防水、防尘，保证材料硬度及厚度防止冲撞、挤压。

（3）采用脉冲式被动均衡方案，大大减少被动均衡过程中出现的局部发热严重问题，有效提高系统稳定性。

（3）系统经过软硬件升级成功解决动力线充放电过程中的压降问题，使单体采集数据更加精确、故障判断更加准确、运行更加安全。

（4）GPRS 移动数据传输功能，将 BMS 系统数据远程实时传送到生产厂家便于生产厂对 BMS 当前状态监测及故障分析。

（5）充电采用推荐国标 GB/T27930 - 2011 快速充电协议。

（6）CAN 通讯集成程序下载功能，通过操作电脑 CAN 上位机升级 BMS 系统程序方便整车状态下的程序升级。

（7）通过 EMC、震动、冷热冲击、高低温耐持久、电快速瞬变脉冲群模拟、模拟工况等一系列严苛测试。

3. 测试参照标准

GB/T 18384.1 - 2001（电动汽车安全标准）；

QC/T 897 - 2011（电动汽车用电池管理系统技术条件）；

ISO11898（道路车辆控制器局域网络）；

ISO16750（道路车辆 - 电气和电子装备的环境条件和试验）；

GB/T 2423.1 - 2008（电子产品环境测试试验 - 低温）；

GB/T 2423.2 - 2008（电子产品环境测试试验 - 高温）；

GB/T 2423.10 - 2008（电子产品环境测试试验 - 振动）；

GB/T 19951 - 2005（道路车辆 - 静电放电产生的电骚扰试验方法）；

QC/T 417.1 - 2001（车用电线束插接器第 1 部分_ 定义_ 试验方法和一般性能要求）；

GB/T17619 - 1998 机动车电子电器组件的电磁辐射。

4. 项目应用

华泰云 100S 两座电动汽车。

5. 产能建设

目前电动汽车 BMS 建有全自动生产，测试线 5 条，年产量可达 20 万套。

6. 社会及经济效益

（1）零排放或近似零排放。

（2）减少了机油泄露带来的水污染。

（3）降低了温室气体的排放。

（4）提高了燃油经济性。

（5）提高了发动机燃烧效率。

（6）运行平稳、无噪声。

7. 产品图片

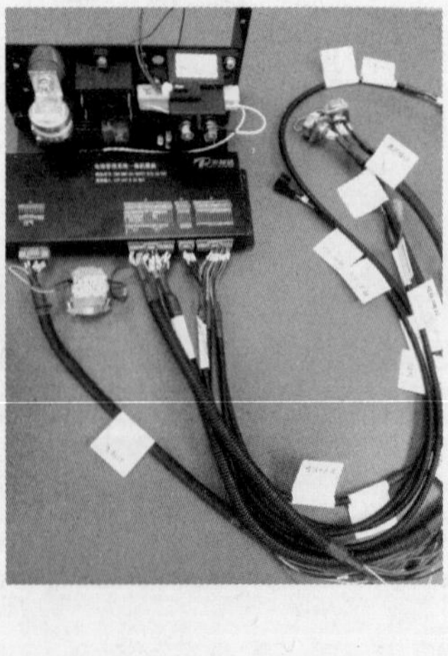

IFP20100140 - 25Ah 电池

单位：合肥国轩高科动力能源有限公司

1. 成果简介

合肥国轩高科动力能源有限公司（以下简称“合肥国轩”）已成功研发出 20100140 - 25Ah 高容量磷酸铁锂电池。此款电池可广泛应用于纯电动的商用车和乘用车。主要客户包括北汽福田、上汽、南京金龙等。

此款电池的关键技术包括：

1）电池的能量密度达到 133W · h/kg，体积能量密度达到 291Wh/L，常温条件下可以满足电池 2C 持续充放；

2）电池常温 1C 循环大于 3000 周，55℃ 1C 循环大于 800 周，-10℃ 0.2C 充 0.5C 放大于 100 周，实现了电池高低温性能的兼顾，同时在低温性能方面取得了突破性的成绩。

此款电芯开发过程中，共产生 5 篇发明专利，其中 4 篇已经进入实质审查（201610418446.5 一种石墨烯/磷酸铁锂复合材料的制备方法；201610117655.6 一种低电阻率的磷酸铁锂/碳复合材料的制备方法；201610287260.0 一种用于粘结锂电池隔膜与极片的涂层浆料及其制备方法；201610298572.1 一种卷绕式叠片电池的隔膜与极片复合方法），1 篇已经授权（201410060994.6 一种正极浆料的制备方法）。

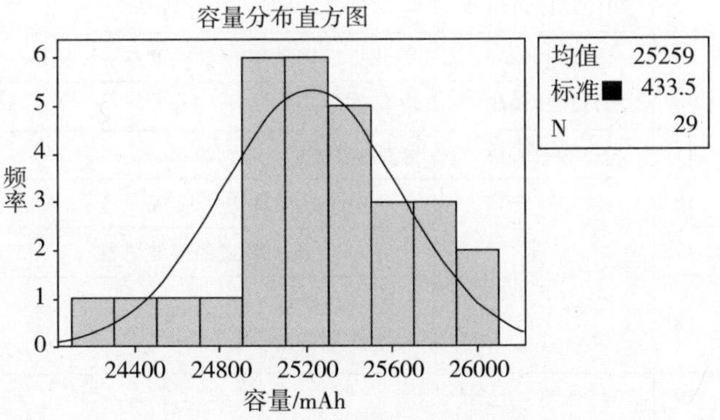

图 1 电芯容量分布直方图

2. 成果创新点及解决的难点问题

磷酸铁锂电池的一个致命缺点就是低温时电化学性能差。美国阿贡国家实验室储能系统中心主任 Don Hillebrand 博士曾用 Terrible 来形容磷酸锂铁电池的低温性能。他们对磷酸铁锂型锂离子电池的测试结果表明磷酸铁锂电池在 0℃ 以下无法使电动汽车行驶。尽管也有厂家宣称磷酸锂铁电池在低温下容量保持率还不错，但是那是在放电电流较小和放电截止电压很低的情况下。在这种状况下，设备根本就无法启动工作。

合肥国轩将纳米化技术应用于磷酸铁锂的生产中，大幅度提升了正极材料的压实密度及低温放电性能，同时在负极石墨中引入了表面包覆无序碳的工艺，实现了电池的低温充电性能，目前可以做到 -10℃ 时 0.2C 充 0.5C 放电池循环寿命大于 100 周（图 2）。电池低温性能的突破，解决了电池由于气温的差别导致的地域使用的局限性，扩大了公司电池消费的客户群。

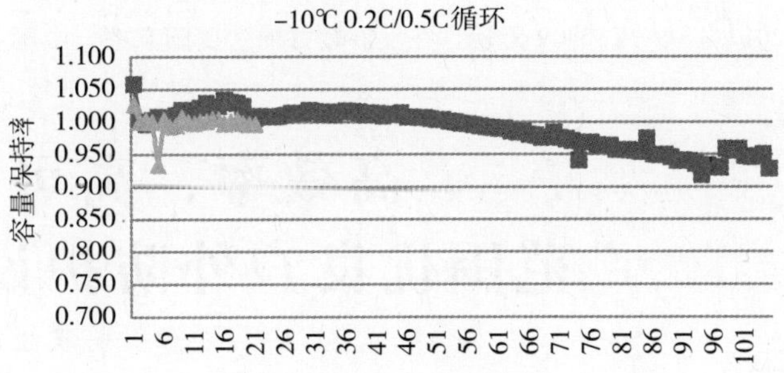

图 2 电池低温循环数据

3. 国际水平对比分析

表 1 国内外同行公司电芯比较

	C 公司		L 公司	Z 公司	合肥国轩	B 公司	A123 和 Valence
外壳	铝壳	铝壳	铝壳	铝壳/塑料壳	铝壳	铝壳	以小圆柱为主的功率性能电池为主
容量	120Ah	86Ah	20Ah	72Ah	25Ah	63Ah	
倍率性能	1C	2C	1C	1C	2C	3C	
质量能量密度 Wh/kg	~135	~125	/	~131	~133	~103	
体积能量密度 Wh/L	~295	~251	~227		~291	~213	
温度特性	0 - 45℃	0 - 45℃	0 - 45℃	0 - 45℃	-10 - 45℃	0 - 45℃	0 - 45℃

目前，磷酸铁锂动力电池主要为方形铝壳电池，少数采用塑料壳或者圆柱型电池。与国内外几家顶级电池生产商生产的 LFP - C 体系电芯相比，虽然合肥国轩的磷酸铁锂电芯容量较低（<25 Ah），但仍具有较高的能量密度；电芯倍率方面，合肥国轩单体电芯可以满足 2C 充放，亦位于行业前列。

高低温性能方面，从目前国内外几家电池公布的官方数据来看，所有 LFP－C 体系电池可充电的温度范围在 0－55℃，还没有可以在 0℃以下可以充电的数据公布。合肥国轩现有的 20100140－25Ah 电池在－10℃低温条件下仍具有较好的容量保持率和循环性能，因此，处于行业领先地位。

4. 成果应用情况

目前这款电芯已在合肥国轩进行大规模生产，并将应用在上海申沃、上汽大通等整车厂的中巴和大巴上。目前电池进行的各项测试结果证明电池的性能稳定，安全可靠性高。

5. 社会及经济效益分析

全球电动汽车（纯电动和插电式混合动力乘用车）销量 2015 年骤增到 54.9 万辆。在发展较好的主要国家中，中国进步最大，超过美国位居全球第一，挪威、英国、法国、日本、德国位列其后，这 7 国的总销量达到 442985 辆，几乎占到全球的 50%。展望 2016 年，预计全球销量有望达到 85 万辆。2015 年 12 月，中国电动汽车的销量突破 3.4 万辆，同比增加 4 倍，最终以 18.8 万辆的成绩傲视全球，同比大增 230%，市场份额也从 2014 年的 0.25% 增加到 0.8%。如此大的市场需求需要提供出高性能的动力电池。

2016 年合肥国轩计划销售 17.5 亿安时电芯。按照 25Ah 计算，需要 7000 万只电芯，而按照 22.5Ah 进行电芯设计的话，则需要 7777 万只电芯。25Ah 电芯设计为公司节省 777 万只电芯的成本，价值 10.5 亿元人民币。

高效率、高可靠、宽温度适应范围优良户外防护设计电动汽车充电产品

单位：艾默生网络能源有限公司

1. 产品图片

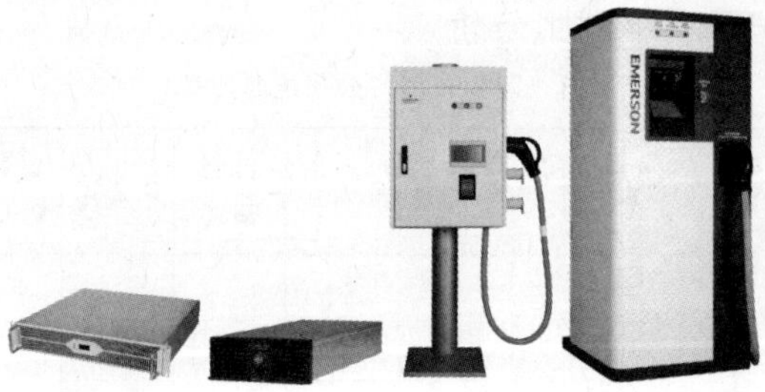

2. 成果简介

应用领域：主要应用于电动乘用车、大巴、物流车等非车载快速充电。

关键技术包括：高效率设计、稳定可靠的 APFC 技术、宽温度适应范围（－40～＋75℃）、高可靠性设计等。

已申请和取得相关专利超过 20 项：如：

项目	发明专利号	名称
1	00136884.2	直流变换器功率开关管的软开关方法和软开关直流变换器等
2	98113189.1	一种软开关拓扑电路
3	200420034545.6	谐振电感
4	201010184816.6	一种高压直流 UPS 的热插拔装置
5	201010165972.8	一种两级变换器的母线调压方法及装置
6	201010216575.9	双电源供电的变换器装置
7	101800480A	一种高低效率整流模块电源系统及其控制方法等
8	200810066859.7	一种软开关电路
9	200720172510.2	一种开关状态检测电路
10	02115156.3	开关电源
11	02115169.5	辅助电源
12	201020136540.X	铝漆包线与铜线的连接结构
13	99104662.5	单开关三相功率因数校正方法及电路
14	201120291049.9	一种铜排防护结构
15	201120426218.5	模块连接器
16	正在申请发明专利	一种电源模块和电子设备
17		一种 LLC 间歇模式的控制方法
18		一种对称半桥 LLC 谐振变换器的控制方法及装置等
19	其余（略）	

3. 成果创新点及解决的难点问题

充电模块采用全球领先的高压直流电源平台和领先的软开关技术，效率高达 96.5%，该平台前后投入上千万元，历时两年多，是艾默生公司全球电源技术的结晶，曾创下全球最高效电源记录。另外，20% 及以上负载，效率 90%～96.5%，高效工作区间宽。

模块采用公司在业界首创、1999 年即申请了国家发明专利技术，并成熟应用多年的有源功率因数校正技术（APFC 技术），实现功率因数 >0.99，THDi <5%。该技术由于在通信电源、电力电源、高压直流上都得到多年成熟应用，实际应用故障率低至 1% 以下。

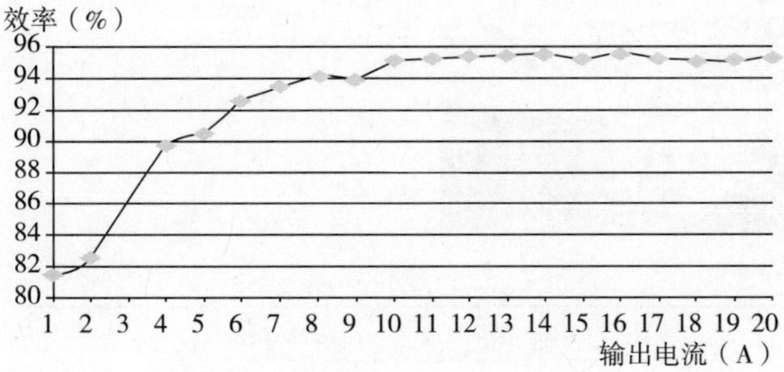

图1 公司某款模块典型效率曲线

模块在公司电源宽温度适应范围技术平台（－40～＋65℃）上，又有创新和突破。针对目前充电机（桩）一体化系统大多是户外应用环境，夏天温度高达50℃及以上的恶劣情况，公司模块在业内率先实现工作环境温度－40～＋55℃不降额，＋60℃降额至90%功率，＋60～＋75℃之间线性限功率输出（如下图2所示）。在目前户外落地式一体充电桩广泛应用的阶段，公司此宽温度适应范围特性，必将发挥极大的价值。

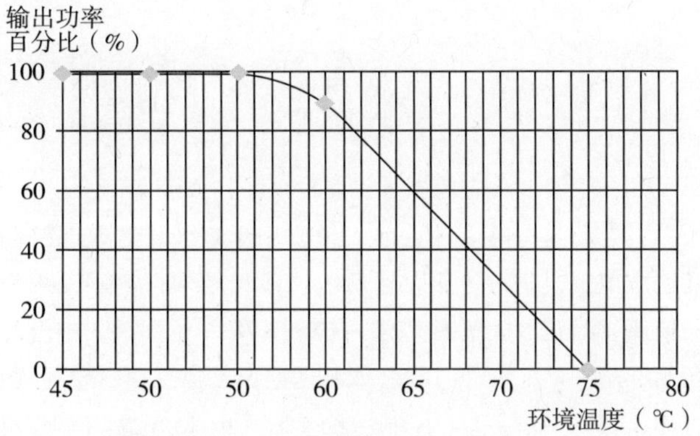

图2

在可靠性指标方面，按照Telcordia SR－332方法1，模块满足MTBF≥970，000h（25℃）。除了前述成熟可靠的APFC技术应用以外，艾默生还针对充电桩恶劣户外环境，作了特别设计和处理。尤其是针对极限温度、湿度、凝露、盐雾、腐蚀性气体等恶劣环境，作了相关严格试验：如：

（1）满足HALT试验－50℃～100℃工作极限和60Grms振动极限；

（2）高温老化：50℃温度下满载运行1000h；

（3）最高温度85℃/85%～90%RH下运行1000小时；

（4）温度循环：－20℃～50℃满载运行10次，每次240分钟；

（5）通过抗凝露试验；

（6）暴露于灰尘环境，并通过高温高湿240h试验；

（7）通过导电粉尘暴露试验；

（8）暴露于盐雾环境，并长期运行240h；

（9）满足ISA－S71.04 Airborne Contaminants Class G3（G3－中度腐蚀环境）要求。

因此，在电动汽车充电系统进入目前实际运营充电阶段，高可靠性设计必将给运营商带来极大价值。

4. 成果应用情况

艾默生自2008年起，即关注和投入到电动汽车车载和非车载充电设备的开发、送样和生产中。基于强大的直流电源和工业定制电源研发平台，为国网、南网、中石化、普天、上汽、奇瑞、北汽、广汽、海马等提供了大量充电解决方案。2015年，销售3000多万核心模块。典型应用案例如下：

（1）北京一体式充电站

项目名称	投运时间	配置	项目情况
出租车充电站	2014.8	500Vdc/37.5KW充电机系统及直流桩100多套（应用在平谷、怀柔、海淀、昌平、大兴、顺义等区）	项目由电网公司建设。公司合作伙伴提供充电机系统，充电模块由公司供货

（2）北京、上海、合肥等地停车场壁挂式充电站

项目名称	投运时间	配置	项目情况
壁挂式充电机	2014.3	450Vdc/30KW充电机系统若干套	项目由公司合作伙伴实施。公司提供充电机及系统设计方案

（3）四川充换电站网络

项目名称	投运时间	配置	项目情况
四川电力公司成都充换电站	2012.5	移动充电仓、电池转运仓若干套。共计提供四个换电站充电设备	项目（充电机和电池箱部分）由公司合作伙伴总包。公司负责移动充电仓和电池转运仓及充电机部分。

5. 成果的产能建设情况

艾默生网络能源有限公司拥有全球一流的生产基地及产品生产线。国内拥有三家工厂。其中，深圳福永工厂面积 39，222 平方米，年产能 40 亿元人民币。中大容量电源和 UPS 产品生产线 4 条，月标准产能在 5 千套以上；江门工厂面积 24883 平方米，年产能 30 亿元人民币。公司生产线 6 条，外协 2 条，月生产能力 3200 套，年生产能力不少于 38000 套；绵阳工厂一期面积 21700 平方米，年产能 30 亿元人民币。中小容量电源和 UPS 生产线流水线 9 条，中功率平台 8 个，小机测试平台 7 个，安规平台 9 个，Testbay2 个，各产品合计月标准产能在 4 万套左右。

6. 社会及经济效益分析

艾默生核心充电产品采用高效率、高可靠性、宽温度适应范围及优良户外防护设计、高功率因数低谐波核心技术，可带来显著的社会和经济效益。

如：高效率案例：

假设某充电站，有 10 台充电机，30kW/台，采用我司高效率模块充电：96.5%（以 92% 效率为对比）。估算由于效率提升，减少的损失（假定工业电费 0.7 元/千瓦时）：

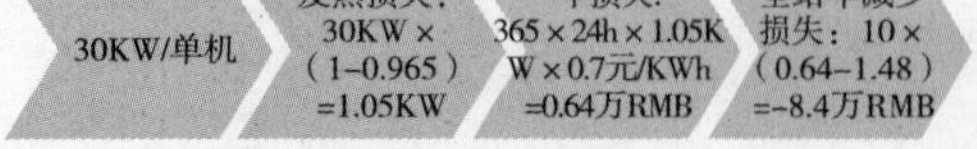

如：高可靠性案例：

充电站内充电设备是频繁启停，比连续工作设备，可靠性要求高得多。模块可靠性指标很重要。采用我司先进电源平台开发生产的充电机，故障率可降为 1% 以下（以 5% 故障率为对比）（假设充电服务费为 1.5 元/千瓦时）：

如：宽温度适应范围、优良户外防护设计案例：

充电站内充电设备目前大量应用于户外，对充电机温度适应范围，防护等级，通风散热设计要求很高。采用我司模块，温度适应范围宽达 –40～+75 ℃，另外，结合我司优异的户外柜设计方案（如精密空调、热交换、半导体、直通风等），故障率可控制在约 1%（以 15% 故障率为对比），年减少损失约 55 万元。

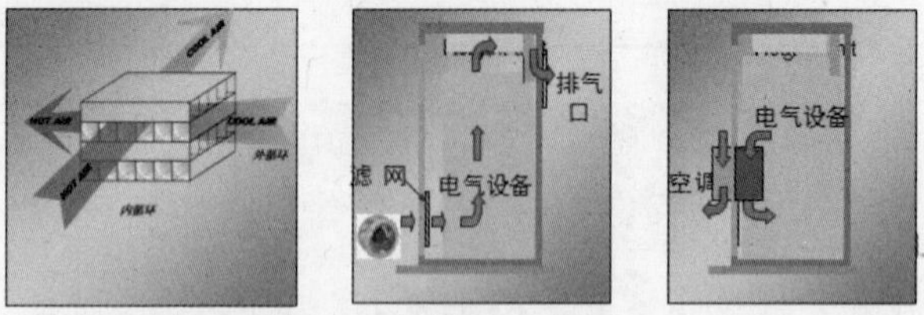

如：高功率因数低谐波案例：

采用成熟可靠的 APFC 技术后，充电系统功率因数提高到 0.99 以上，THDi 由传统产品的 30% 降至 5% 以下，可有效减少对电网的污染，减少占地和设备投资。如某大型充换电站采用我司充电方案后，直接减少使用滤波装置和功率补偿装置，共计 12 面机柜，节省 120 万元投资。

和信瑞通-绿色能源交通充换电系统

单位：北京和信瑞通电力技术股份有限公司

1. 系统介绍

北京和信瑞通电力技术股份有限公司自主研发的绿色能源交通充换电系统主要由 RT-CMS2000 充换电站运营管理系统、RT-DCP 直流充电系统和 RT-ACP 交流充电系统组成，系统应用最先进的数字化信息技术，通过物联网平台，将充电信息进行系统化集成，通过大数据比对，调选最优方案，以满足不同车型的动力能源补充功能的需求，同时通过在线实时监测实现充换电站全站状态运行监视，信息综合分析与故障智能告警统。稳定的后台运营系统和高效的充电系统对于新能源的推广、国家能源战略改革都起到了推动作用。

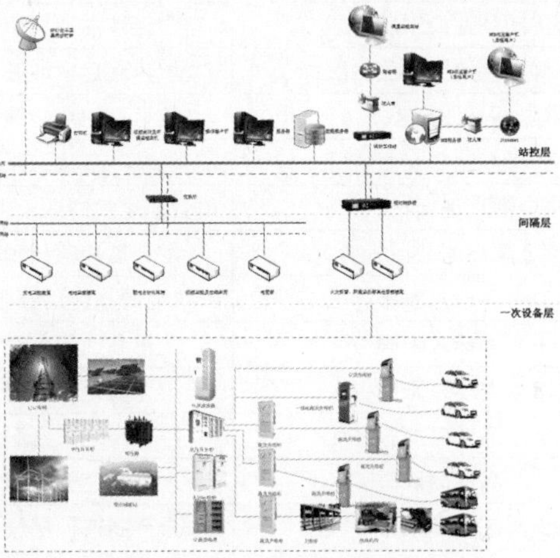

2. 应用领域

主要应用于市区公交站新能源物流公司，绿色能源出租公司，电动汽车租赁公司等，可满足大巴车、中巴车、乘用车以及特种车辆的充换电需求。

3. 产品展示

（1）充电站智能管理系统

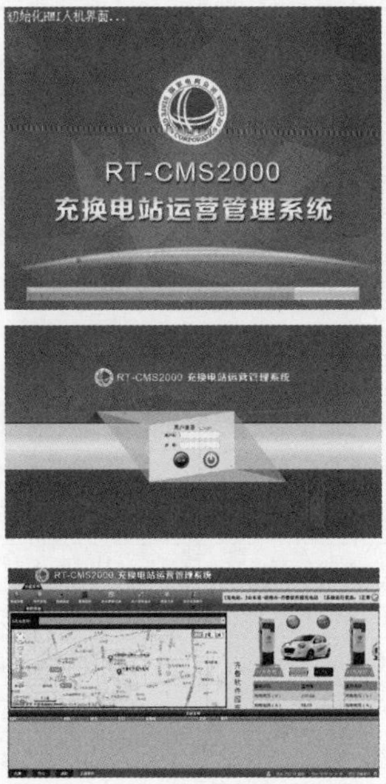

（2）直流充电系统

产品型号		RT-DCP 500V/75A	RT-DCP 500V/120A	RT-DCP 500V/240A	RT-DCP 750V/175A
输出电压范围（VDC）		200～500	200～500	200～500	300～750
输出电流范围（A）		0～75	0～120	0～240	0～175
额定输出功率（kW）		37.5	60	120	120
输入电压（VAC）	最小值	323	323	323	323
	典型值	380	380	380	380
	最大值	437	437	437	437
输出电压调节范围（VDC）	最小值	200	200	200	300
	典型值	400	400	400	400
	最大值	500	500	500	700
稳压精度（额定电压）		≤±0.5%	≤±0.5%	≤±0.5%	≤±0.5%
稳流精度		≤±1%	≤±1%	≤±1%	≤±1%
功率因数		≥0.98	≥0.98	≥0.98	≥0.98
谐波电流		≤5%	≤5%	≤5%	≤5%
效率		≥94%	≥94%	≥94%	≥94%

(3) 交流充电系统

产品型号	RT－ACP 220V/16A	RT－ACP 220V/32A	RT－ACP 380V/63A
额定工作电压	220V (AC)	220V (AC)	380V (AC)
额定电流	16A	32A	63A
防护等级	IP54		
避雷器通流能力	20kA		
正常插拔次数	≥10000 次		
整机平均无故障时间	≥10000 小时		
正常工作温度	－25℃ ~ ＋60℃		
通讯接口	2 路 RS485 通信，1 路 以太网接口		
充电接口	七芯充电插座，满足 GB/T20234.2－2015 电动汽车传导充电用连接装置 第2部分：交流充电接口中的相关要求。		

4. 应用现场

(1) 福建省京台高速、沈海高速服务区

京台高速	沈海高速
南台服务区台北方向	福安服务区海口方向
丰乐服务区台北方向	连江服务区海口方向
小桥服务区台北方向	青口服务区海口方向
新村服务区台北方向	赤港服务区海口方向
塔前服务区台北方向	东进服务区海口方向
官洋服务区台北方向	驿坂服务区海口方向
白樟服务区台北方向	洛阳江服务区海口方向
上街服务区台北方向	朴里服务区海口方向
竹岐服务区台北方向	朴里服务区沈阳方向
竹歧服务区北京方向	洛阳江服务区沈阳方向
上街服务区北京方向	驿坂服务区沈阳方向
白樟服务区北京方向	东进服务区沈阳方向
官洋服务区北京方向	赤港服务区沈阳方向
塔前服务区北京方向	青口服务区沈阳方向
新村服务区北京方向	连江服务区沈阳方向
小桥服务区北京方向	福安服务区沈阳方向
丰乐服务区北京方向	
南台服务区北京方向	
大湖岭服务区北京方向	
忠信服务区北京方向	
大湖岭服务区台北方向	
忠信服务区台北方向	

(2) 浙江省高速服务区

杭长高速安吉服务区	龙丽高速松阳服务区
常台高速嘉绍大桥服务区	温丽高速青田服务区
杭浦高速海宁服务区	穿山疏港高速柴桥服务区
杭浦高速平湖服务区	杭甬高速宁波服务区
申嘉湖高速嘉善服务区	杭甬高速余姚服务区
长深高速武义服务区	绕城高速镇海服务区
杭金衢高速金华服务区	甬台温复线高速象山服务区
杭金衢高速兰溪服务区	常台高速嵊州服务区
台金高速永康服务区	杭金衢高速诸暨服务区
甬金高速东阳服务区	杭甬高速绍兴服务区
诸永高速东阳服务区	绍诸高速鉴湖服务区
诸永高速磐安服务区	常台高速天台服务区
长深高速丽水服务区	台金高速临海服务区
长深高速龙泉服务区	台金高速仙居服务区
长深高速庆元服务区	诸永高速神仙居服务区
长深高速云和服务区	永嘉京丽温高速桥头服务区
舟山定海金塘高速服务区	

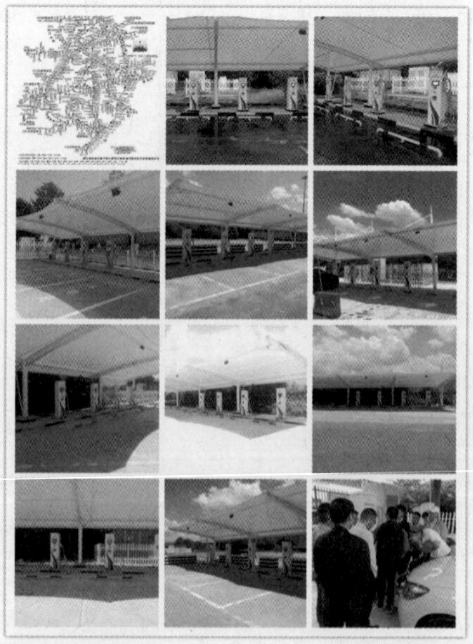

（2）市区公交项目

（3）汽车租赁及出租车行业

（4）产品意义

充换电站系统是新型的城市基础设施。只有大力推进充电基础设施建设，才能有利于解决电动汽车充电难题，同时也是发展新能源汽车产业的重要保障。因此充换电站系统对于打造大众创业、万众创新和增加公共产品、公共服务“双引擎”，实现稳增长、调结构、惠民生具有重要意义。进一步大力推进充换电站系统建设，是当前加快电动汽车推广应用的紧迫任务，也是推进能源消费革命的一项重要战略举措。

电动汽车充电线收线器

单位：深圳宝兴电线电缆制造有限公司

1. 引言

深圳宝兴电线电缆制造有限公司是江西铜业集团旗下企业，由深圳宝兴、苏州宝兴和深圳市宝新盛贸易有限公司组成，注册总资本2155万美元，生产基地面积超过14万平方米。宝兴电线电缆具有20多年电器装配线缆设计和制造专业经验，近年来致力于为新能源领域提供线缆支持，可为客户量身定制提供线缆及装配领域的一站式服务和整体解决方案。

2. 成果简介

电动汽车充电线收线器主要用于收纳充电线、充电枪等充电设施，避免充电设施因堆放杂乱而导致打扭甚至损坏，该成果的特性及参数如下：

内置强力回收轴弹簧，拉伸自如内部环置限位槽，定位便捷

外设伸缩手把，便于使用且不占空间

最大装载能力：5米（线材外径为16.8mm），同时可携带两支充电枪

最大运行电流：32A

3. 成果创新点

电动汽车充电线通常都较长，充电时充电线散落于地面，充完电后堆积于角落或不规则地卷挂于固定点，不仅凌乱、难看、占用空间，而且容易出现打结现象，甚至因不当的拉扯而导致充电线的损伤，影响其正常使用功能，造成使用上的不便。

因此，为解决上述问题，应对充电线于使用和收纳时进行有效的整理，但是目前市面上用于其他用途的收线器并不适用于充电线，其一是由于尺寸不合，其二是因为充电线内部动力线粗而信号线细，即使加大常规收线器的尺寸也会因为折弯太大而导致信号线在拉伸中极易折断，本技术成果则可以很好的解决这一问题。

本成果的产品结构示意图见图1，收线器内置强力回收轴弹簧，提供转盘回收拉力以卷收充电线，转盘上设有凸型活动摆片取代传统的固定式夹片，减少了充电线拉伸回缩时的折弯幅度，避免对充电线的损伤，从而保护充电线，尤其保护其内部细小的信号线在循环往复伸缩中不被折断。另

外，在收线器外围设有环形密布的限位槽，利用活动卡位件与环形限位槽的巧妙配合来实现收线器的制动，不但可使得产品结构更为紧凑小巧，而且可使转盘的停止档位大幅增多，进而使充电线所伸出长度的定位控制更为精确。

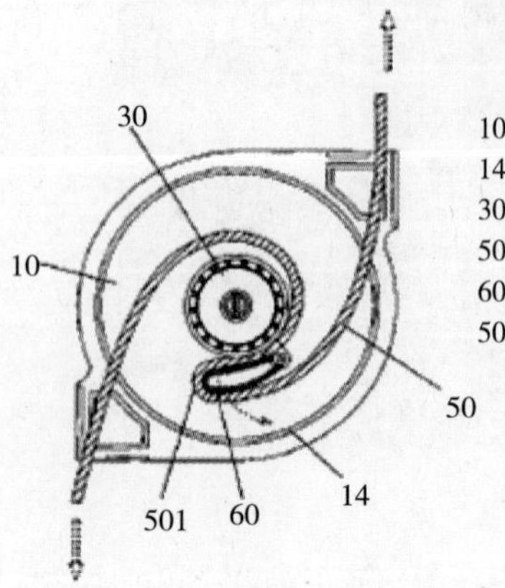

图 1　结构示意图

4. 国际水平对比分析

本产品为行业内首创并具有自主知识产权，国内外未见同类产品，现有的充电线都是杂乱无序的堆放在汽车后备箱内或者打圈挂于充电桩上，充电线使用一段时间后极易磨损毁坏，尤其是充电线内部细小的信号线很容易因线缆打扭而折断，本成果的应用将使充电线的使用寿命增加一倍以上。

5. 成果应用情况

根据用户的不同使用场合，本成果具有形式多样的个性化应用。

（1）移动便携式自动收线器

移动便携式自动收线器两端可连接充电枪，用于连接充电枪的线缆内部不断开，一端拉出时，另一端枪体随收线器上的转盘一起转动，此类产品可随车配置，典型产品见图 2，长宽高分别为 270mm、120mm 和 280mm。

（2）固定式自动收线器

固定式自动收线器固定端和移动端采用电滑环连接，最大可充电电流为 32A，此类产品可随桩配置，一般放置于充电桩内部，尤其适合于壁挂式充电桩，典型产品见图 3，长宽高分别为 220mm、120mm 和 230mm。

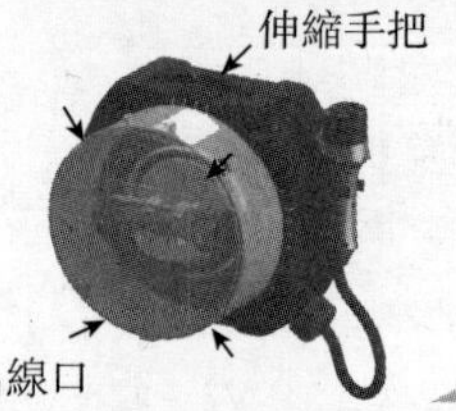

图 2　移动便携式自动收线器　　图 3　固定式自动收线器

此外，宝兴也可与客户 ODM 建立长期战略合作伙伴关系，共同开发运用于电动汽车充电领域的特种装备及设施，为新能源汽车行业的发展添砖加瓦。

瑞能节能馈网充放电设备

单位：深圳市瑞能实业股份有限公司

1. 设备应用范围及功能简介

瑞能节能馈网充放电设备主要应用于包括锂离子电池、铅酸电池、镉镍电池、镍氢电池等电池组生产或实验中的寿命老化测试（Circle Life Testing）和质量控制，支持电池或电池包循环寿命试验、容量试验、充电特性试验、放电特性试验、荷电保持能力试验、充放电效率试验、过充、过放速率承受能力试验、充放电温度特性试验、工况测试试验等

2. 节能馈网型设备介绍

（1）设备工作原理及关键技术

瑞能节能馈网设备采用 IGBT 双向控流技术，系统主要由两部分组成，多级半桥变换器主要完成电池的充放电控制，实现恒流恒压充放的功能；三相母线变换器稳定直流母线电压，同时确保充电时实现 PFC 的功能，放电时实现并网逆变的功能，将电池放电能量回馈至电网供内部电网循环使用；1∶1 的工频变压器起到隔离的作用，保证系统安全。

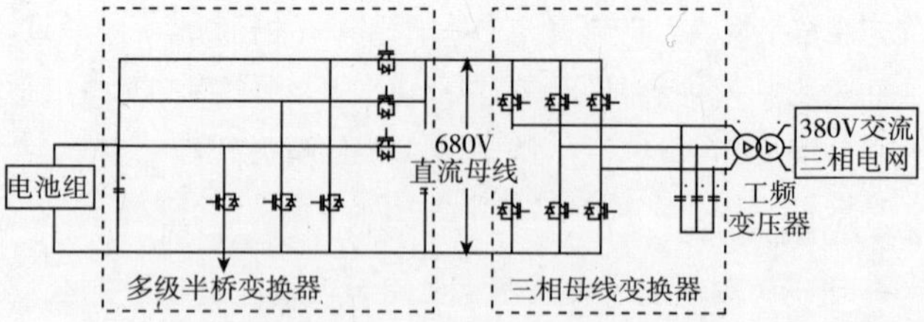

图 1　大功率馈网设备拓扑结构示意图

设备在充电电路具有 PFC 功能，保证电网的 PF 值为 95% 以上；控制电流的同时会检测电网电压，让电流和电压保持相同相序，这些功能确保设备不存在对电网的冲击，大大的减少对电网的干扰，保证电网性能。

（2）设备完善的保护机制

当遇到电网故障，如断电维护等情况，并网逆变器检

测到市电的电压频率存在异常时候，会进入孤岛保护状态，自动切断输出开关，停止工作，不会出现电网断电时逆变器仍然处于供电的状态。同时设备具有完如断电保护、开路保护、短路保护、电池接反，接错保护、过流保护、过压保护、超温保护、DL 动态负载保护等，保证整个测试的安全性

（3）设备主要特色功能说明

◆能量回馈（标准正弦波回馈能量，效率≥92%）：能量回馈型，充放电双向都是节能的，能节约大量耗电开支，同时节约大量能耗热量所产生的空调电费开支。

◆通道并联：支持跨箱多通道并联，提高电流量程，即电流按通道数加倍。如采用2 通道 200V150A 的设备并联可实现 200V300A 的输出，且可保证精度，可节约成本和资源使用率。

◆CCCV 充电：充电过程 CCCV 无隙过渡，无任何的电压电流冲击。可有效防止电池因尖峰电流出现热量集中导致极耳脱粉或微短路产生孤岛效应或过冲现象引起 PCB 的保护动作和二次保护动作。

◆电流电压采样稳定性好，精度高：采用高精度，高动态范围 ADC/DAC 单元，电压采样精度高，长期稳定性好。

◆DCIR 直流负载阻抗测试功能：实时侦测电池充带载/骤卸载时 ms 级内的负载阻抗，可直观方便地识别 DCIR 不稳定的电池。

◆ECD & EVD 保护：能避免与挑选出电池因不合格条件下造成主动保护并提前停止充电或放电的电池。

◆搭配 CAN 通讯模块，支持 BMS 通讯功能：实时采集 BMS 系统的总电压，总电流，单节电芯电压、温度等数据，并与充放电设备的电压电流数据做同步比对，设置 BMS 电压电流温度等数据条件，控制设备主通道控制流程。

（4）节能馈网型设备与功耗型设备节能数据比对（以 100V150A 为例）

假设设备每个通道一天时间内充放电时间各半，即充电 12h 和放电 12h，馈网型设备与功耗型设备 1 个通道每天能耗对比如下图所示：

工作状态	馈网型（度）	功耗型（度）	节省电能（度）（“－”表示回馈电网）
充电电网能耗	199.2	199.836	－0.636
放电电网能耗	－163.36（表示回馈）	18（表示耗电）	－180.36
放电空调相对能耗	0	53.05	－53.05
总能耗	36.84	270.89	－234.05

备注：以上计算忽略了测试线长引起的压降 V 所产生的功率功耗。

3. 设备应用情况

馈网设备广泛应用于圆柱、聚合物、铝壳/钢壳电芯的分容，电动工具、电动摩托车、储能和电动汽车电池组的老化和可靠性寿命的测试等各种测试。

现节能馈网型设备已用几万通道在客户中正常使用，设备工作稳定，功能全面，满足客户各种测试要求。动力电池主要客户包括：河北银隆、多氟多、河南环宇、太行新能源、中航锂电、深圳毅力、深圳比克、精进能源、深圳拓邦、深圳欣旺达、惠州亿伟锂能、东莞博力威、德赛亿能、ATL 新能源、福建卫东新能源、山东润峰、山东神工、山东维动、浙江长兴国家动力检测中心、苏州大学、浙江大学等。

节能型电动汽车电池包测试系统

单位：深圳市瑞能实业股份有限公司

1. 成果简介

新能源汽车属于国家中长期发展规划中重点支持和发展的产业。动力电池包系统是电动汽车的核心，也是新能源汽车技术和成本上的最大瓶颈，是产业链中最核心的一环，其发展将直接影响到电动汽车的产业化进程，而动力电池包检测技术也直接影响到动力电池包的品质好坏。

瑞能节能型电动汽车电池包测试系统将大功率电池包充放电单元、BMS CAN 通讯单元、电池包气密性检测单元、电池包绝缘耐压测试单元等集成到一整套电动汽车电池包生产、实验检测系统中。实现对电动汽车电池包充放电性能、直流内阻、SOC 比对、BMS 参数比对、气密性、绝缘耐压参数等电动汽车电池包性能的综合性测试，确保电池包各项性能参数符合国家标准及厂商要求。

2. 关键技术

（1）充放电设备能量回馈

瑞能节能馈网设备采用 IGBT 双向控流技术，系统主要由两部分组成，多级半桥变换器主要完成电池的充放电控制，实现恒流恒压充放的功能；三相母线变换器稳定直流母线电压，同时确保充电时实现 PFC 的功能，放电时实现并网逆变的功能，将电池放电能量回馈至电网供内部电网循环使

用；1:1 的工频变压器起到隔离的作用，保证系统安全。

设备在充电电路具有 PFC 功能，保证电网的 PF 值为 95% 以上；控制电流的同时会检测电网电压，让电流和电压保持相同相序，这些功能确保设备不存在对电网的冲击，大大的减少对电网的干扰，保证电网性能。

图 1　瑞能能量回馈型大功率充放电设备

（2）高精度气密性检测系统

① 利用压缩空气对电池箱体内充气，进行无损密闭性检测；

② 检测压力范围：0～10PSIG，1PSIG＝6.895KPa；

③ 压差检测精度：±0.01%；压差检测分辨率：0.00001 PSIG；

④ 保压时间可设定；

⑤ 气密性测试仪为单机系统，可任意移动位置使用，测试数据上传 MES 系统。

（3）BMS CAN 通讯测试系统

① BMS 软件版本确认；

② 总电压检测：上位机通过 CANbus 连接 BMS 通讯接口，对 BMS 读取 PACK 总电压值与实际 PACK 输出端电压值进行压差对比；

③ 单节电压检测：电池于静态无负载下，上位机通过 CANbus 连接 BMS 通讯接口，读取单节电压及最大值、最小值和压差；

④ 温度检测：上位机通过 CANbus 连接 BMS 通讯接口，读取所有温度传感器温度值及最大值、最小值、温度极差值；

⑤ 加热电阻检测：上位机通过 CANbus 连接 BMS 通讯接口，模拟启动检测 PACK 系统加热阻的阻值；

⑥ 风扇接口测试：上位机通过 CANbus 连接 BMS 通讯接口，模拟启动风扇制冷，检测 PACK 系统风扇连接器输出是否正常；

⑦ 水冷接口测试：上位机通过 CANbus 连接 BMS 通讯接口，模拟启动水冷系统，检测 PACK 系统水冷功能是否正常；

⑧ 均衡诊断功能测试：上位机通过 CANbus 发送指令给 BMU 或 BMS，判断均衡开启功能是否正常；

⑨ 高/低压继电器开关功能检测：下达 CAN 命令搭接不同继电器（高/低压输出，预充电），确认回传信息是否正确；

⑩ 高压相锁线路侦测：透过治具仿真充放电回路互锁机制之功能是否正常，检测 BMS 端是否送出互锁机制之异常/正常讯号；

· 支持 CAN 错误码诊断/BMS 监控功能；

· 程序烧录：BMS 烧录程序，并记录程序版本号，BMS 烧录程序，再对 BMS 编码，并记录程序版本号。

3. 设备应用

瑞能大功率馈网型充放电设备已广泛应用于国内多家电动汽车电池包生产厂家及检测中心。主要客户包括：时空能源、河北银隆、多氟多、河南环宇、太行新能源、中航锂电、深圳毅力、深圳比克、精进能源、深圳拓邦、深圳欣旺达、惠州亿伟锂能、东莞博力威、德赛亿能、ATL 新能源、福建卫东新能源、山东润峰、山东神工、山东维动、浙江长兴国家动力检测中心、苏州大学、浙江大学等。

图 2　瑞能能量回馈型大功率充放电设备

4. 结语

深圳市瑞能实业股份有限公司作为国内首家新三板上市的电池检测设备供应商，针对于不同的电动汽车动力电池包定制开发相应的测试系统及电池维护系统，有效的降低了电动汽车电池包使用过程中的故障率，延长电池包使用寿命。

电池管理系统（BMS）测试

单位：深圳市瑞能实业股份有限公司

1. 电池管理系统目前发展状况及主要功能

（1）目前，影响电动汽车推广应用的主要因素包括动力电池的安全性和使用成本问题，延长电池的使用寿命是降低使用成本的有效途径之一。

为确保电池性能良好，延长电池使用寿命，必须对电池进行合理有效的管理和控制，为此，国内外均投入大量的人力物力开展广泛深入的研究。例如，日本青森工业研究中心从1997年开始至今，仍在持续进行（BMS）实际应用的研究；美国Villanova大学和USNanocorp公司已经合作多年对各种类型的电池SOC进行基于模糊逻辑的预测；丰田、本田以及通用汽车公司等都把BMS纳入技术开发的重点。

我国在“十五”期间设立电动汽车重大专门研究项目，经过几年的发展之后，在BMS方面取得很大的突破，与国外水平也较为接近。在国家863计划2005年第一批立项研究课题中，就分别有北京理工大学承担的EQ7200HEV混合动力轿车用镍氢动力电池组及管理模块、湖南神舟公司承担的EQ6110HEV混合动力城市公交车用大功率镍氢动力电池及其管理模块、苏州星恒电源有限公司承担的燃料电池轿车用高功率型锂离子动力电池组及其管理系统、北京有色金属总院承担的解放牌混合动力城市客车用锂离子电池及管理模块等课题。此外还有清华大学、同济大学等承担的多能源动力总成控制系统和DC/DC变换器等一大批相关课题。

（2）电池管理系统主要功能：

①单体电池电压的检测；

②电池温度的检测；

③电池组工作电流的检测；

④冷却风机控制；

⑤电池组SOC的估测；

⑥电池故障分析与在线报警；

⑦与车载设备、充电机监控通讯，提供CAN1及CAN2。

图1

2. 电池管理系统测试系统的硬件构成及主要功能

本系统严格按照以下标准：

ISO 11898 道路车辆 - 数字信息交换 - 用于高速通讯的控制器局域网络；

GB/T 18858.2 低压开关设备和控制设备、控制器 - 设备几口第三部分：DeviceNet；

GB/T 18487.1 - 2001 电动车辆传导充电系统 一般要求；

GB/T 27930 - 2011 电动汽车非车载传导式充电机与电池管理系统之间的通讯协议；

GB/T 3303 电动汽车非车载充电机监控单元与电池管理系统；

QC/T 897 - 2011 电动汽车用电池管理系统技术条件；

BMS测试系统的主要由虚拟电池单元，高精度可调恒流源单元，BMS供电电源，CAN通信单元，高压电源等，IO口检测单元构成。

BMS测试系统模拟检测BMS关键功能：

（1）模拟电池组SOC估算信息（荷电状态）和SOH信息（健康程度）；

（2）模拟高压环境，大电流输出；

（3）模拟车辆工况信息；

（4）模拟MCU下发的BMS控制指令；

（5）记录检测数据，做出使用历史记录；

（6）模拟电池组中各个单体电芯的健康状况，检测BMS均衡性能；

（7）模拟在电池系统失控货非正常情况下，检测BMS故障保护；

（8）建立子母板的BMS工作环境，检测BMS各项基础参数；

（9）绝缘电阻检测；

（10）状态参数测量精度；

（11）过电压运行；

（12）欠电压运行；

（13）耐电源极性反接检测；

3. 电池管理系统测试系统技术特点

项目主要创新点：

（1）虚拟电池采用公司专利技术，可抽拔结构，方便维护升级；

（2）虚拟电池级联输出，可任意配置不同串数输出；

（3）虚拟电池电流双向输出，兼容用户多种均衡方式；

（4）模块输出精度高；

（5）能适应用户多种 BMS 架构体系；

（6）模块化操作，方便；

（7）各个模块成熟，稳定；

4. 应用领域

电池管理系统的检测研究将是未来的趋势，瑞能 BMS 测试系统可实现对 BMS 系统工作状态的全方位真实仿真模拟。为 BMS 系统的安全可靠性评估提供准确的科学依据，可应用于 PACK 厂、BMS 生产厂家、性能检测中心、BMS 管理系统的研发等领域。

5. 行业展望

电池管理系统（bms）作为实时监控、自动均衡、智能充放电的电子部件，起到保障安全、延长寿命、估算剩余电量等重要功能，是动力和储能电池组中不可或缺的重要部件。其市场规模将与动力、储能领域的锂电池同步扩张，预测电池管理系统（BMS）需求市场将在 2020 达到 360 亿元以上，是目前市场容量的 160 倍，年均增速 67%。所以 BMS 测试仪器等配套设备的需求将逐年增加，目前市场急需标准配置的 BMS 测试设备来为 BMS 厂商，PCAK 厂商，系统集成商，整车厂把控 BMS 产品的质量，防患于未然。

威衡科技新能源汽车领域的检测方案

单位：杭州威衡科技有限公司

1. 成果简介

威衡科技注重新能源汽车整车系统的检测，底盘测功机，车桥测试及新能源汽车一体化教学实训平台等，威衡集成拥有新能源汽车电池、电机、电控专项检测的相关服务经验与库存资源，并根据中国市场情况不断的加大投入，积极打造新能源汽车检测平台，开展新能源汽车三大核心部件（包括电池、电控系统和电机系统）专项检测仪器设备的相关领域。

威衡科技新能源汽车电机测试方案解决专家，该项目建设，依托国家提出“节能和新能源汽车”战略。2001 年，新能源汽车研究项目被列入国家“十五”期间的“863”重大科技课题。“十一五”以来，中国提出“节能和新能源汽车”战略，政府高度关注新能源汽车的研发和产业化。此举推动中国发展节能与新能源汽车迈上新台阶。

搭建并研究新能源电机性能综合测试系统是十分必要的。通过新能源电机性能综合测试系统可对电机进行空载、负载、堵转、温升等一系列试验并采集数据，对试验数据进行计算，绘制特性曲线等分析，可获得电动汽车驱动电机所需的各项数据。以满足电动汽车驱动电机的数据分析及研究。

设备研制开发过程中荣获了两项国家发明专利：一项是新能源汽车综合性能专用测试方法、系统，专利号 2016101573781；另一项是一种新能源汽车电机与控制器性能测试方法，专利号 2015108997520。

图 1 新能源汽车电机及控制器测试

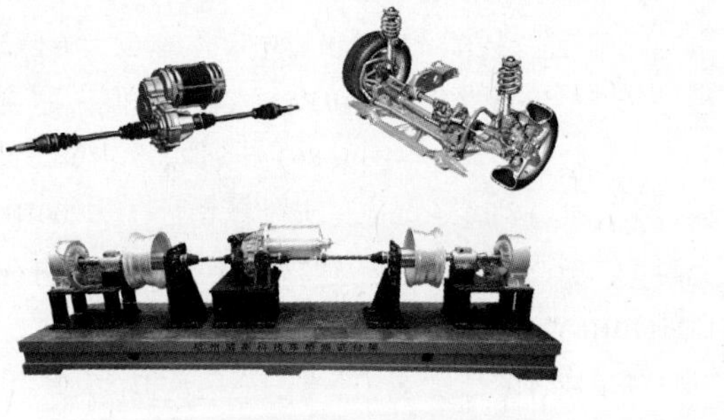

图 2 新能源汽车车桥测试

2. 成果创新点及解决的难点问题

威衡新能源汽车系统检测系统，采用先进的共直流母线的互馈对拖方式，两台电机通过转矩转 速测量仪同轴连接，被测电机工作在电动状态，采用转矩闭环控制，通过一个整车操作盒模拟整车给定信号，控制被测电机的起停、加减速、转矩给定、正反转等。负载电机工作在发电状态，通过上位机直接进行转速控制，控制整个测试平台的转速。上位机电脑通过 CAN 总线控制电机控制器的工作状态，保存和实时分析数 据。本实用新型设计及搭建了适合电动汽车驱动系统的实验加载装置，采用更适合电动汽车的控制策略，实现转矩和速度的灵活调节，模拟了车用驱动系统在各种工 况下的运行情况，完成各种实验功能测试，保证电驱动系统的安全可靠性。

威衡率先在新能源电机测试软件上开发了电机效率云图功能，使得新能源汽车电机检测参数效率能更贴切直观的通过软件算法展现出来，提高了新能源电机在生产中的品质可靠性，打破了国外电机测试软件的常规垄断地位。

3. 国际水平对比分析

电动汽车的电机测试性能的产品质量问题，目前有杭州威衡科技有限公司推出的测试设备可以满足国内不同汽车电机的测试，其测试水平完全可以和国外进口设备同等。甚至某些部件超越德国、美国等西方发达国家水平，威衡科技新能源汽车测试立志为新能源汽车质量做保驾护航，开拓中华新天地。

4. 成果应用情况

威衡科技新能源汽车检测源于2012年国家新能源汽车的号召与响应，一直致力于推动新能源电动汽车整车及其部件测试的开发及研究，成为中国新能源汽车检测崛起之秀，同年便与众泰汽车签订了技术合作协议，在国内同行业中遥遥领先。同时公司还在寻找其他著名新能源车企进行合作，威衡科技成功先后与与比亚迪、吉利汽车公司、万向汽车、浙江理工大学、浙江工业大学、宁波工程学院、珠海国家电动车质检中心、浙江大学、华中科技大学、西北工业大学、西航动力、三洋电机、等众多企业及科研机构建立了长期新能源产业合作关系，这对于中国新能源汽车发展来说是一针助力剂。

图3

5. 成果产能建设情况

经过生产产业化升级，威衡科技生产储备功底大幅成长，公司目前产能可实现生产单台仪器1万台/年，新能源汽车测试系统方面实现500套/年的产能。

图4　仪器设备建设情况

6. 社会及经济效益分析

（1）新能源汽车检测系统是新能源汽车大规模产业化发展不可或缺的配套服务设施，威衡高性能电动汽车配套检测设备有利于提高新能源整车及配套部件的质量认识，有助于推动新能源汽车企业产品管理研发能力的提升。

（2）本项目通过进行电动汽车检测设备及检测系统的研发及产业化，通过采用多项关键技术解决了目前电动汽车产品品质不稳定性的认知问题，包括电池、电控问题、电机系统及整车系统的检测等多方面新能源汽车产业化面临的问题。由此本项目极大程度推动电动汽车的产业化实施和普及发展，具有重大的社会效益及经济效益。

快速固化树脂预浸料的开发及应用

单位：中航复合材料有限责任公司　树脂及预浸料事业部

复合材料因其轻质、高强等特点，已广泛应用于航空航天等国防军事领域。为应对高端装备制造业对先进复合材料的产业化需求，解决传统复合材料“高成本”和“低制造效率”这两大产业化发展核心问题，中航复合材料有限责任公司（以下简称“中航复材”）依托长期技术积累及资源优势，成功开发出适用于连续化高效生产的ACTECH ®1201系列低成本快速固化树脂及预浸料体系，形成了从树脂原材料合成、配方设计、树脂配制以及预浸料制备以及制件快速成型等自主知识产权体系。快速固化预浸料可实现5分钟内快速固化，成型周期缩短90%以上，材料性能优良，与航空用中温环氧复材相当。快速固化复合材料已通过大型客车立柱承力结构、连接板、引擎盖、行李箱盖、电池箱壳体等汽车零部件，以及无人机桨叶等民用飞机零部件的考核应用，减重40%～50%，极大地提高了产品的使用效能，拓展了复合材料的应用范围。

1. 突破快速固化树脂配方及工程化生产技术

复合材料快速固化的关键是快速固化树脂的合成配制。树脂固化剂是决定树脂产品生产工艺和固化产物特性的关键组分。根据快速固化树脂工艺的特性，固化剂需要在100℃～150℃引发，而且能在10分钟左右快速固化而不发生爆聚。项目采用独特的分子设计及微包覆技术，开发出先进的潜伏型快速固化剂，以满足树脂快速固化及预浸料长储存期的要求。同时，由于体系中引入了潜伏性的快速固化引发剂，在快速固化树脂的工程化合成配制过程中，如果反应发生，将快速引发固化反应，树脂体系会瞬时放出大量反应热而引起树脂体系爆聚，造成报废损失。项目通过优化生产工艺路线，采用特殊的生产设备，严格控制工艺参数及时间，进行制备过程的稳定化控制，实现快速固化树脂规模化生产应用，保证产品质量的一致性。

2. 突破快速固化预浸料制备及工程化生产技术

项目突破快速固化大丝束、大克重比碳纤维预浸料精确制备技术。由于纤维丝束大，碳纤维单位面积克重比明显提高，树脂浸润纤维的速率及树脂浸润均匀性将会受到影响，因此必须控制胶膜稳定性及均匀性，提高预浸料制备过程中纤维浸润树脂效率。在对快速固化树脂固化特性、流变特性、粘性以及成膜工艺性等研究的基础上，通过对涂胶辊温度、间隙，压辊的温度、压力，以及速比等参数的调节，优化胶膜制备温度速度、厚度及厚度均匀性等，实现树脂胶膜的连续可靠制备。在树脂与纤维浸润特性分析的基础上，根据预浸机复合设备的特点，采用辅助浸润及展纱装置，确保纤维浸润并展开，外观良好，优化预浸料制备工艺，实现预浸料工程化制备的质量与性能可靠控制。

图 1　快速固化预浸料工程化制备

3. 突破快速固化复合材料成型技术

复合材料成形工艺是制备高性能复合材料的关键技术。目前，汽车复合材料承力结构主要使用预浸料－热压罐法。为满足未来零件制造效率的要求，积极开展快速模压技术研制及验证。项目根据快速固化复合材料的特点，深入分析快速固化预浸料的固化特性，开发复合材料快速成型设备，通过整体化的模压模具设计，实现快速升降温度，提高自动化水平。大型化、整体化复合材料结构，由于其本身结构及尺寸大，同时快速固化预浸料的传热及导热速度快，制品不可避免会出现温度场分布不均的现象，从而极易导致出现固化质量问题。固化成形后，复合材料构件随着内应力的释放会变形，影响构件的最终外形尺寸，造成装配困难。项目以实际汽车结构件为考核对象，研究优化复合材料快速成形工艺，开发以模压技术为基础的复合材料快速成形技术，通过制件的考核验证，提高复合材料制品质量及制造效率。

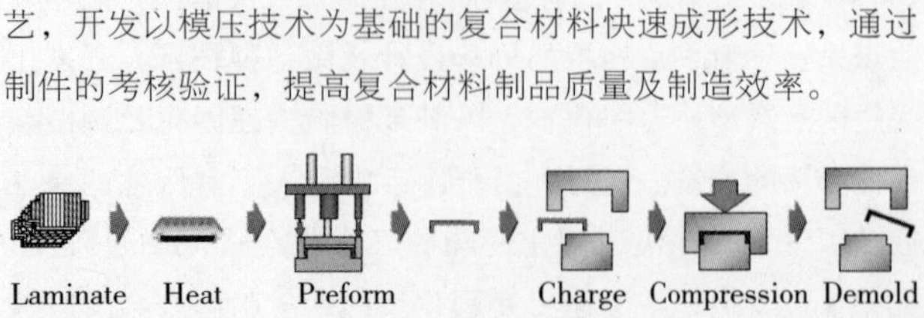

图 2　快速固化模压工艺

4. 快速固化复合材料应用考核

在我国汽车工业的规划中，新能源汽车是今后发展的重点，预计到 2017 年，新能源客车市场需求量可达到 30000 辆/年。目前，国内汽车制造商已经逐步开始了碳纤维复合材料在新能源汽车上的工程考核应用。依托中航复材与汽车和轨道交通领域各个大型企业建立的良好合作关系，快速固化预浸料在多个项目中获得考核验证。

中航复材与汽车厂商合作开发的 12 米全复合材料车身的新能源客车，其立柱主承力结构由快速固化预浸料制备而成，随整车完成路试、侧翻等汽车行业考核验证工作。

图 3　复合材料新能源客车上应用

快速固化预浸料在某电动汽车电池箱、某新能源汽车引擎盖、某无人机螺旋桨等汽车及民用航空领域获得考核应用，获得用户的高度评价："ACTECH®1201 系列预浸料可实现快速固化成型，可在 130℃～150℃、3～15 分钟完成固化，该预浸料铺覆性好，室温储存期长，耐热性良好（Tg≥140℃），复合材料生产周期可由原来的 360 分钟缩短到 50 分钟。通过改造模具和固化工艺可进一步缩短成型周期，以满足大批量、快节奏生产的需要。"

图 4　快速固化复合材料应用

目前，针对交通运输及机械能源等领域对低成本、快节奏制造高性能复合材料的迫切需求，中航复材成功开发了 ACTECH®1201 快速固化树脂预浸料技术，复合材料性能齐全，满足复合材料设计部门需求，实现了工程化大规模生产，可提供包括碳纤维、玻璃纤维、芳纶纤维及织物在内的数十个系列的预浸料产品。同时，依托中航复材在复合材料的设计、制造、装配以及性能检测等方面的技术基础，为客户提供快速固化碳纤维复合材料在汽车轻量化等领域应用的一体化解决方案，可大幅降碳纤维复合材料成本，提升复合材料构件制造效率，推动我国碳纤维复合材料相关行业持续发展，促进国家战略性新兴产业竞争力的提升。

节能与新能源汽车年鉴

第九篇

大事记

一、地方项目合作

1月

1月19日 江苏省南宁市政府与广东省深圳市源政投资发展有限公司和珠海广通集团签订投资协议。该项目位于南宁市新兴产业园，计划总投资48亿元。全部建成达产后，形成年产全铝车身新能源客车、常规客车2万辆及纯电动功能型专用汽车3万辆的产业规模，实现年产值82亿元，年税收3.6亿元。一期项目投资15亿元，于2015年3月之前动工，2015年底前第一台车下线。

1月20日 恒天新能源汽车总部项目签约仪式在天津市举行。根据协议，恒天集团有限公司将在天津滨海高新区投资10亿元设立新能源汽车总部，建设新能源汽车整车研发、生产、销售基地。

1月22日 河北省张家口市与深圳星美新能源汽车公司签订合作协议。利用两年时间（2015年—2016年）就纯电动汽车推广使用、充电站（桩）设施及新能源产业园区建设合作运营等方面进行战略合作。

1月27日 首批20辆比亚迪纯电动公交车K9交付承德公交集团，投放承德7路公交试运营。数据显示，比亚迪纯电动公交车全天开启空调的情况下，每日完成承德7路公交12个班次160千米运营，冬季寒冷季节剩余电量SOC平均值为25%。

2月

2月28日 广西壮族自治区南宁源正全铝车身新能源汽车生产基地正式开工。总投资48亿元的，该项目分两期投资建设，全部建成达产后，形成年产全铝车身新能源客车、常规客车2万辆及纯电动功能型专用汽车3万辆的产业规模，实现年产值82亿元，年税收3.6亿元，形成集新能源汽车整车及零部件的开发、生产、销售、检测、服务为一体的新能源汽车生产基地。一期项目投资15亿元，今年年底前将实现第一辆车真正下线。

3月

3月1日 上午11时18分，奥捷斯新能源汽车研发中心项目规划正式奠基动工。本次动工项目位于河北省邢台市高新技术开发区兴达大街与振兴路交叉口西北侧，占地51092平方米，总建筑面积42700平方米，总投资2个亿。四个车间规划总建筑面积21053.9平方米，分别为整车研发试制车间、涂覆性能实验室、车壳研发试制车间、钣金件试制车间。投入使用后具备每年可完成二十几个整车项目及几十个零部件项目的研发与试制。预计投产后能解决1000多工人的就业问题。研发中心楼规划建筑面积3024平方米，共3层：一层为展厅，二层为办公区，3层为会议室、接待室。项目建成后，将形成以冲压、涂装、焊接、装配四大工艺为基础的电动汽车研发生产平台，更具备车架、车厢、后轿的研发、生产能力。并且引进国内最先进的整车装配流水线，预计生产能力可达年产4万辆，可实现年产值约10亿元。

4月

4月11日 湖北省福田新能源汽车及专用车项目投资20亿元在湖北省枣阳市中兴大道开工建设。该项目由青岛海立美达股份有限公司和北京福田产业投资控股集团股份有限公司联手共同投资建设，引进德国技术研发生产新能源汽车、自卸车、罐车等专用汽车。该项目将于2017年投产，可年产新能源汽车和专用车2万辆，年可实现销售收入30亿元、税收1亿元。

4月15日 比亚迪武汉新能源客车、专用车生产基地正式在武汉开建。项目预计总投资50亿元，将实现纯电动客车年产能3000辆，纯电动专用车年产能5000辆。该新能源项目将分三期建设。一期建设新能源客车组装生产线，涉及玻璃钢、制件、焊接、涂装、底盘、总装等工艺，年设计产能2000辆；二期建设新能源专用车生产线，增加物流车、渣土车、混凝土运输搅拌车等车型，并进一步扩充新能源专用车生产线；三期将再扩充新能源专用车四大工艺生产线产能。项目一期新能源客车有望在今年11月下线。

4月17日 江苏省南京市经济和信息化委员会、南京新能源汽车和溧水区政府，联合举办了南京2015新能源汽车论坛推介会。总投资超30亿元的17个新能源汽车项目在江苏省南京新能源论述上集中签约，落户溧水新能源产业区。2014年园区内累计生产销售新能源客车3090辆，占全国市场的1/4。2015年新能源客车产销目标为6000辆。计划2015年在南京主城建7000个这充电桩。

4月18日 20辆低速电动四轮车在芦山县产业集中区组装下线，四川英马电动车有限公司一期工程总装线正式投产。英马电动车项目2014年2月签约落户芦山，是首批入驻芦山县产业集中区的企业之一。项目总投资2.5亿元，分两期建设，其中一期占地179亩，投资1.6亿元，达产后年产电动车5万辆、产值15亿元，可解决近千人就业，二期将新增5万辆产能并配套建设30万套电机电控生产能力。

芦山大力推进产业重建，目前全县56个产业重建项目已完工37个、完成投资10.87亿元。芦山县产业集中区在芦山地震后已新落户海雅新材料、思远重工等13家企业，总投资21.3亿元，全部建成投产后可解决5000人就业。目前，琪雅服装、英马电动车、华创科技等6家企业已建成投产。

4月21日 甘肃省兰州新区引资50亿元建设新能源汽车产业基地，其中用于建设资金30亿元，包括厂房、设备、办公楼等；流动资金20亿元。在兰州新区机场北高新技术产业园，占地1000亩建设年产3万套新能源汽车动力系统以及年产2.5万辆电动专用车生产线。全部建成后，年总产值将达到100亿元。

5月

5月6日 比亚迪汽车与河北省承德公交集团签署投放417台比亚迪纯电动公交车运营的协议。比亚迪将为河北省承德公交集团提供，培训、维护、技术支持、充电设施建设等一揽子服务，并在河北省承德建设年产2000台K系列电动大巴的生产基地。

5月7日 东风日产向河南政府交付60辆启辰晨风，作为公安系统150辆纯电动车采购订单的第一批车辆。150辆启辰晨风是河南公安系统历史上首次，同时也是最大规模的纯电动汽车采购。剩余车辆也在接下来一周交付。即日起，这批启辰晨风将投入到公安系统运营中，穿梭在河南的大街小巷，为治安安全、维稳事业保驾护航。

5月8日 河北省天津市东丽区政府与青岛特锐德电气股份有限公司签署协议。该项目总投资6亿元，主要致力于充电系统及终端网络投资建设、充电系统运营维护管理、新能源汽车销售及维修服务、新能源汽车租赁、物流运输、代收代缴电费电子支付、互联网金融、开发互联网增值及新能源汽车相关产业。

5月18日 比亚迪股份有限公司与湖南长沙雨花经开区签署合作备忘录，宣布投资50亿元，将比亚迪电动卡车及专用车项目落户湖南长沙。该项目已经动工建设，计划年内投产。2016年达产2500辆，规划至2020年达5000辆年产能，2025年扩建到10000辆年产能。湖南长沙将成比亚迪电动卡车及专用车全球制造中心。

6月

6月1日 中韩两国政府正式签署中韩自由贸易协定。这是中国迄今为止涉及国别贸易额最大、领域范围最为全面的自贸协定。自贸协定签订后，韩国对中国出口增加的部分主要是汽车零部件、精细化工、电子元器件等，这其中就包括目前电动汽车必不可少的动力锂电池。

6月2日 特斯拉超级充电站在河北省邯郸市正式启用。至此，特斯拉已经在京津冀地区部署了32个超级充电桩，大大方便了京津冀地区特斯拉车主的绿色长途出行。

6月10日 五龙电动车集团落户天津市滨海新区，将在新区启动两个项目，总投资额93亿元。五龙电动车集团计划投资46亿元分三期在新区建设国内规模最大的锂离子动力电池生产基地。目前一期工程已经完工，形成年产1.3亿安时的生产能力；二期工程已经开始建设，达产后预计新增4.7亿安时产能；三期工程达产后预计新增9亿安时的产能。

集团还将在新区探索实施新能源汽车10000辆推广应用项目，计划总投资47亿元，一期计划在新区主城区适时建设满足2000辆纯电动汽车租赁连锁运营所需的基础网络设施，包括10个租车站和充电站，实现2000辆纯电动汽车租赁新商业模式的适度规模运营；二期计划在首期工程顺利运营的基础上扩大规模，增加8000辆纯电动汽车运营车辆，36个租车站和充电站，以适应目标市场需求。

6月24日 众泰控股集团于与重庆市璧山区签订项目投资协议。仅用140天就实现开工建设，该项目主要生产新款SUV、新能源汽车整车及核心零部件，总投资100亿元，占地1000亩，项目全部建成达产后，可实现年产整车规模达到20万辆，实现年产值200亿元，税收30亿元。同时，众泰汽车投资项目还将带动100余家配套厂商落户璧山，配套企业预计实现年产值300亿元，税收20亿元。该项目预计于2017年底建成投产。

6月28日 国能新能源汽车有限公司、国能汽车技术开发有限公司在天津滨海高新区正式奠基。国能新能源汽车有限公司由国能电动汽车瑞典有限公司（NEVS）、国研科技集团公司和北京中 域绿色投资管理有限公司三方投资成立。此次开工建设的天津工厂将成为其在国内的首座工厂，其未来将会投产基于萨博技术平台打造的全新纯电动车。其占地100亩，预计会在2016年上半年建成，在2017年实现规模化量产，前期工厂的主体为总装车间。

7月

7月30日 京津冀三地签署《京津冀新能源小客车充电设施协同建设联合行动计划》协议，到2020年形成以高速公路为主干的京津冀区域一体化电动汽车公共充电网络。而国家层面的《电动汽车充电基础设施指南》《充电基础设施建设指导意见》以及修订后的电动车充电国标等政策也即将出台。

9月

9月1日 吉利知豆电动汽车在浙江省宁波基地开工，总投资20亿元，占地面积436.9亩，总建筑面积120517平方米，建设年产纯电动新能源汽车10万辆，可解决就业人口1200余人。

10月

10 月 20 日 富电科技在北京市建设最大光伏超级充电站。年底共计会有 1500 个充电桩完成施工并开始运营；2016 年将计划将建成约 8000 个充电终端。

该项目总投资 1500 万元，建设占地约 500 平方米，通过立体停车设计建成后可以供约 30 个停车充电位。充电站整个建筑的能源提供全部由太阳能完成，预计建成后日光伏发电量近 1000 千瓦时，具备每天为 80 辆电动车充电的能力，实现了绿色能源的全生命周期利用。同时，充电站还运用了包括低碳技术、无线网络技术、新材料技术等共计 21 项互联网 + 技术，兼容性目前市面上主流的国产、日系和欧美等三大车系电动车充电。充电电价按照大工业用电价格确定。

该光伏充电站项目，作为有效整合各类公共资源为社会资本参与充电设施建设的又一具体项目，由北京首钢自动化信息技术有限公司（以下简称首自信公司）和北京富电科技有限公司（以下简称富电科技）共同投资、设计、建设和运营。

10 月 28 日 上汽集团与上海黄浦区政府达成战略合作协议，合力共建绿色低碳城区，促进新能源汽车市场推广。同时，上汽集团宣布出资 3 亿元成立上汽安悦充电科技有限公司（以下简称上汽安悦充电）。该公司将在充电系统及终端网络投资建设、充电及租赁系统管理、新能源汽车销售、租赁和维修服务、停车场资源整合、电子支付、互联网金融及新能源汽车相关产业链等方面开展业务。

根据合作协议，上汽集团将在 2020 年前，在全国范围内建设 5 万个公共充电桩。同时，黄浦区政府将积极利用人民广场、外滩、城隍庙、新天地、打浦桥等市中心区域，从而推动充电设施建设及电动汽车分时租赁项目，为最终实现新能源发展目标创造有利条件。

2015 年 1—9 月，上汽集团新能源汽车销售超过 8500 辆，同比增长 580%，预计今年可以超过 13000 台。其中 12000 辆是荣威 550plugin 插电强混，明年上汽新能源车的销售目标达到 100% 的增长。

10 月 30 日 合肥博澳新能源科技发展有限公司“年产 20 亿安时固态动力锂电池生产中心及中德新能源汽车设计、生产基地项目”签约落户合肥市。该项目总投资额 120 亿元，设计年产能 40 亿安时，一期计划建成年生产 20 亿安时，产值 200 亿元，主要产品为具有自主知识产权的神州超大容量单体 500 安时固态聚合物动力锂电池。

11月

11 月 4 日 福建省三明市将乐县拟建设低速电动汽车生产基地，总投资 4 亿元，项目建成后三年可达产 5 万辆低速电动汽车，年产值可达 10 亿元。

11 月 5 日 甘肃省政府与中国中车集团公司在兰州签署协议。根据协议，甘肃省与中国中车将深入推进在服务型制造业、原材料产业链延伸、铁路建设、总部经济、新能源汽车推广应用、精准扶贫、信息化建设等方面的合作。这将对提升甘肃装备制造业水平，实现产业转型升级，推动甘肃经济社会转型跨越发展具有重要意义。对中国中车集团公司战略布局和产业发展也将发挥重要的促进作用。

11 月 11 日 众泰新能源汽车生产基地在重庆市璧山高新区正式开工建设，总投资 100 亿元，占地 1000 亩，项目全部建成达产后，可实现年产整车规模达到 20 万辆，实现年产值 200 亿元，税收 30 亿元。同时，众泰汽车投资项目还将带动 100 余家配套厂商落户璧山，配套企业预计实现年产值 300 亿元，税收 20 亿元。该项目预计于 2017 年底建成投产。

11 月 27 日 青岛国轩年产 10 亿 AH 动力电池产业基地签约奠基仪式在山东省青岛莱西市举行。该项目是国轩高科以北汽新能源莱西生产基地为依托，配套建设动力电池产业基地，主要为北汽新能源汽车提供电池配套。项目完全投产后，将具备配套 10 万辆电动汽车的年产能力。

该项目规划用地面积 525 亩，总建筑面积 20 万平方米，计划总投资 30 亿元；共分三期建设，其中一期投资 10 亿元，建筑面积 6 万平方米，建设年产 3 亿 AH 动力电池生产线，将于 2016 年投产，年产值 25 亿元。项目二、三期分别于 2017 年、2018 年建成，并于 2020 年形成年产 10 亿 AH 动力电池规模。

11 月 27 日 新能源汽车制造项目在贵州省安顺市开发区落户。该项目位于贵州省安顺市开发区汽车工业园内，由天津清源电动车辆有限责任公司投资建设，计划总投资 10 亿元，建设周期 11 个月。项目前期规划用地近 400 亩，建设内容包含电动汽车制造，汽车动力电池、变速箱、汽车座椅等配件生产。项目投产后将实现年产 10 万台电动汽车，实现年销售产值 30 亿元以上。

12月

12 月 11 日 海口国家高新区与浙江康迪车业有限公司在海口市政府签署项目合作框架协议。根据协议，康迪车业将在美安科技新城投资 20 亿元，建设年产 10 万辆电动汽车项目。项目包括建设冲压车间、焊装车间、涂装车间、总装车间及电动汽车产品研发。据了解，康迪车业是于纳斯达克上市的康迪科技旗下企业，是目前中国纯电动汽车销量排名第一的生产厂家，主要从事纯电动汽车的投资、研发、生产、营销等相关业务。

12 月 15 日 北汽集团、山东宝雅集团以及德州市政府在山东济南签署新能源汽车项目仪式。该项目落户山东德州，总规划年产 40 万辆新能源汽车，总投资 60 亿元，一期15万辆产能、25亿元投资，2016年开工建设；二期25万辆产能、35亿元投资。目标定位是打造全球最大的小型电动汽车生产基地。

12月16日　河南省许昌市2015年第三批集中开工项目暨城乡一体化示范区森源电动汽车产业园项目正试开工。

森源电动汽车产业园项目由森源集团投资100亿元（其中许昌市政府注入产业扶持基金10亿元）建设，规划用地3000亩。项目建成以后，将形成年产20万辆纯电动乘用车及50万套核心零部件生产能力，预计实现年均销售收入300亿元，年均利税总额60亿元，形成上千亿的产业集群。

12月18日　浙江省横店东磁公司拟开展年产1亿个18650型高容量锂离子动力电池项目的投资，项目总投资42539.98万元。新建厂房及配套设施22800平方米，建设两条高容量锂离子动力电池生产线，按照每条生产线产量130ppm18650型2600mah的锂离子动力电池规划，实现年产1亿个高容量锂离子动力电池的产能。投资资金全部由公司自筹解决。项目工程建设拟自2015年12月开始组织实施，拟于2016年6月建成并投入试生产。项目建设完成后预计将达到年销售收入8.12亿元，年利润总额1.36亿元，静态投资回收期（含建设期半年）2.36年。

12月23日　河南省开封市首座电动汽车示范充电站——连霍高速开封服务区电动汽车充电站项目工程开工建设。该由国网河南省电力公司投资建设，总投资规模330万元。预计2016年3月该充电站建成后，可同时为16辆汽车充电。

12月28日　吉利汽车山西新能源汽车产业化项目竣工仪式在晋中举行。该项目的竣工标志着全省第一条全流程轿车生产线正式投产。吉利山西新能源汽车项目是山西省转型综改试验重点项目和全国甲醇燃料汽车试点。该项目共规划年产整车和发动机各20万台，一次规划，分期建设。其中项目一期规划年产整车和发动机各10万台，建有整车冲压、焊装、涂装、总装等四大工艺生产线。项目达产后可新增销售收入75亿元，新增利润7.6亿元，新增税金5.1亿元，并为当地解决就业岗位1200人。目前，生产线已具备年产10万台甲醇轿车生产能力，2016年7月产品将批量上市销售。

二、企业合资合作

1月

1月6日　东风襄旅向浙江时空电动汽车有限公司交付御风“东风·时空A08”轻型商用电动车。双方提出合作，襄旅向时空提供的整车数量高达5000~10000辆。

1月10日　吉利控股集团和新大洋机电集团在甘肃兰州成立合资公司——新大洋电动车科技有限公司，吉利投资50%，新大洋投资30%，并且于次日，两家合资公司的首款电动车，知豆D1正式下线。

1月19日　上汽集团股份有限公司乘用车分公司与上海赛特康新能源科技有限公司在北京签署战略合作协议。按照协议，上汽乘用车将向赛特康提供1000辆新能源汽车，用于开展分时租赁业务。此外，双方将合作共建充电设施。

1月25日　福田汽车公司与北京公共交通控股（集团）有限公司之北京八方达客运有限责任公司签订协议。共计1909辆福田欧辉客车产品（清洁能源+传统能源）的销售合同。

1月26日　东风汽车集团和沃尔沃集团组建的东风商用车有限公司正式成立，注册资本为92亿元人民币，投入新能源市场。

2月

2月5日　沃尔沃客车公司与西门子签订协议，根据协议，沃尔沃客车将向乘客提供混和电动客车和纯电动客车，而西门子将提供并负责安装高压充电系统。

3月

3月16日　泰坦能源旗下全资附属公司广东省珠海驿联与珠海城签订合作协议。合资公司的注册资本为1000万元在中国广东省珠海市从事新能源汽车项目。

3月16日　龙洲股份公司龙岩市新宇汽车销售服务有限公司与深圳康美特、广东宏远集团、东莞中汽宏远、曾传兴签署协议。新宇汽车拟以自有资金3350万元，以增资扩股形式入股中汽宏远，持有其33.5%股权。主要研发生产大中型豪华客车，重点发展新能源和环保节能汽车。项目一期总投资约10亿元。

3月18日　骆驼集团股份有限公司已与济源市万洋冶炼（集团）有限公司签署合作协议，拟共同投资设立一家名为“河南济源新能源电池科技有限公司”，新公司主要从事纯电动汽车用铅酸动力电池开发、生产、销售、废旧电池回收等业务。

3月23日　北京汽车股份有限公司（1958.HK）与乐视控股在香港正式签订战略合作协议，旨在将北京汽车在汽车方面研发制造的经验和能力，与乐视控股在互联网技术与理念、软硬件一体化的能力、用户运营与价值挖掘能力相结合，共同打造互联网智能汽车生态系统。

3月31日 星星充电与江苏省常州市中国农业银行达成战略合作协议。中国农业银行常州分行将旗下所有支行、营业部对充电桩建设等方面提供场地、电源，推动江苏省常州市新能源汽车产业发展。

4月

4月11日 山东省青岛海立美达股份有限公司和北京福田产业投资控股集团股份有限公司签署协议。投资20亿元在山东省枣阳市中兴大道湖北福田新能源汽车及专用车项目开工建设。该项目将于2017年投产，可年产新能源汽车和专用车2万辆，年可实现销售收入30亿元、税收1亿元。

4月15日 星星充电与月星环球港商业中心有限公司进行充电桩合作的第三次会议。将推进江苏省常州市2000个新能源汽车充电桩及商业区200个免费送桩计划。

4月15日 深圳博磊达新能源科技有限公司与铝离子电池发明及相关专利持有方——美国斯坦福大学及相关团队签署了铝离子电池合作协议，双方通过此次协议的签署，在未来电容电池技术领域建立长期的合作。博磊达将持续加大对铝离子电池的工艺开发工作，使铝离子电池的生产与公司的全自动化生产线做到无缝对接。

4月16日 浙江省宁波产城均胜新能源公司与浙江南车签订战略合作协议，双方将联合开发及应用储能式现代电车能源管理系统集成、超级电容应用管理系统；另一方面，均胜电子控股子公司德国普瑞获得特斯拉新能源汽车电池管理系统传感器及相关零部件的采购订单。

4月17日 东软集团与华晨汽车在沈阳签署协议。共同研发智能互联及电动汽车的汽车电子产品，满足驾驶者对出行安全、节能、信息沟通的多样化需求方面日益提高的要求，同时为下一代新能源汽车的普及推广提供技术支撑，推动汽车电子技术的发展和产业化。

4月20日 欣旺达控股子公司深圳市欣旺达电动汽车电池有限公司与奇瑞新能源汽车技术有限公司签订了《合资合同》，约定共同投资设立芜湖奇达动力电池系统有限公司，主要从事新能源汽车用锂离子电池模组、电源管理系统的研发、生产和销售及相关业务。合资公司注册资本为2898万元，其中欣旺达电动汽车电池以自有资金出资人民币1478万元，持有51%的股份，奇瑞以自有资金出资人民币1420万元，持有49%的股份。

4月27日 山东省青岛市特锐德汽车充电有限公司和山东省青岛国际机场集团有限公司签署协议。双方合作主要是在流亭国际机场的出租车停车场、公共停车场，员工停车场三个区域，安装设施包括箱变、总控箱、充电终端、充电柜等。流亭机场的所有充电设施均由青岛特锐德免费建设，共有27个充电终端，包括12个直流快充充电终端和15个交流慢充充电终端。目前在青岛，特锐德已建成崂山区政府、青岛工业研究院、城阳百姓乐园等40余个充电站，密布了1800多个充电终端。青岛奥帆基地电动汽车充电站和岛城首个商超电动汽车充电站——四方利群电动汽车充电站均已签约，正在建设中。

4月28日 陕西汽车控股集团有限公司与金龙汽车集团在西安签署协议。双方共同出资组建客车公司，项目分三期建设，计划建设成为西北地区最大的新能源客车生产基地。到2021年，西安金龙年产值将达100亿元以上。

5月

5月5日 广东省深圳市比克电池有限公司与中国第一汽车集团公司新能源汽车分公司签署动力电池供应合作协议，深圳比克将在2015年底之前，为一汽新能源供应100万颗18650型动力电池。

5月5日 福建省投资开发集团有限责任公司下属子公司福建省福投新能源投资有限公司签署了《关于共同投资汽车动力电池项目之投资合作协议书》。公司将与福投新能源公司共同投资设立福建冠城瑞闽新能源科技有限公司，负责动力电池、电池组及充电技术等研发、生产、销售运营管理，该项目投资规模总额预计约人民币20亿元。项目公司首期注册资本为人民币5000万元，公司与福投新能源公司各出资2500万元，分别持有项目公司50%股权。

5月5日 冠城大通设合资公司与福建省投资开发集团有限责任公司子公司福建省福投新能源投资有限公司签署了《关于共同投资汽车动力电池项目之投资合作协议书》。共同投资设立福建冠城瑞闽新能源科技有限公司，负责动力电池、电池组及充电技术等研发、生产、销售运营管理，该项目投资规模总额预计约人民币20亿元。项目公司首期注册资本为人民币5000万元，各出资2500万元，分别持有项目公司50%股权。

5月8日 星星充电与江苏元九集团高层举行了第四次洽谈，并草拟了集团战略合作协议。协议内容：双方经过友好协商，达成共识，携手推进新能源事业的发展。

5月11日 中聚（天津）新能源投资有限公司储能电池产品SP－LFP200AHA获得TUV南德意志集团（以下简称“TUV SUD”）认证并颁发证书。该款储能系统用电池产品顺利通过过充、强制放电、外短路、强制内部短路、热滥用、跌落等可预见的滥用项目的测试，其生产环节受到TUV SUD监督检查。

5月18日 特锐德全资子公司特来电新能源与东风特汽（十堰）专用车有限公司签署战略合作协议。双方拟在新能源汽车销售、4S新能源汽车维修服务、新能源汽车充电系统及终端网络投资建设、新能源汽车充电产品、充电云平台等方面展开合作。

5月22日 多氟多（焦作）新能源科技有限公司与四川省重庆邮电大学产学研签署协议。联合进行汽车电子技术研究及相关产品的研发。双方各自发挥在科研生产平台、测试试验环境、研发团队、科技成果、行业影响等方面的基础和优势，共同推进科技成果转化和产品推广应用，并不断拓展合作领域，最终形成全方位、多层次、长期性的产学研合作关系。

5月23日 多氟多公司河北省邢台县龙冈投资有限公司、河北红星汽车制造有限公司、河背邢台县政府签订《合作协议书》，公司拟通过收购股权和增资投资的方式控股红星汽车。公司股票将于5月25日复牌。

根据协议，多氟多拟在六个月内通过股权收购及货币投资方式获得红星汽车的72.5%的股权，公司预计该比例股权价格在1.5亿元左右（具体金额参考评估结果，并以国有股权挂牌交易和邢台县国有资产管理部门批复为准）。

5月27日 康迪电动汽车集团有限公司、中兴通讯股份有限公司、浙江左中右电动汽车服务有限公司在杭州签署三方战略合作协议。中兴通讯将与康迪集团、左中右公司进行深度合作，参与“微公交”的运营推广，并推动新能源电动汽车无线充电技术在“微公交”领域的应用。

5月28日 金龙汽车集团和吉林大学就在福建建立吉林大学—金龙汽车集团工业技术研究院，签订战略合作协议。推动中国和福建新能源汽车产业、现代制造业的快速发展。

5月29日 骆驼股份公司与股东驼峰投资共同设立融资租赁有限公司，共投资2亿元（公司持股70%），在新能源公交、物流车、通勤车等领域开展租赁运营业务。融资租赁是新能源汽车零部件公司完成产业链闭环，加快零部件布局的普遍道路。骆驼股份认为设立租赁公司只是新能源汽车产业外延第一步，公司将加快锂电池业务拓展。

6月

6月3日 德国大众汽车集团、大众汽车集团（中国）与上汽集团在大众汽车集团位于德国柏林的DRIVE展厅就双方中国进一步合作发展新能源车签署了协议。双方共同决定将对上海大众汽车安亭生产基地进行升级改造，生产新能源车。此项协议的签署，是大众汽车集团在中国实施本地化生产新能源车迈出的坚实一步。

6月4日 滴滴快的与北汽集团正式签署战略合作协议，双方将在无人驾驶、新能源汽车、车联网、企业用车等四大领域进行深度合作。

6月5日 庞大汽贸集团股份有限公司与福田汽车在北京签署轻型电动物流车项目合作框架协议。庞大集团将专门注册一家销售公司，仅用于销售福田汽车产品，该公司拟命名为：庞大福田新能源汽车销售服务有限公司。福田汽车将授权庞大集团在北京、天津和河北地区销售福田汽车的轻型电动物流车（GVW≤10吨的卡车），并承诺在合作区域及产品范围内，不再开发其他合作渠道，改由“庞大福田新能源汽车销售服务有限公司”根据福田汽车需求自行开发。

6月26日 湖北金融租赁股份有限公司与东湖新能源汽车有限公司、武汉交通建设投资有限公司签署新能源汽车签署协议，宣布在未来3年内投资50亿元，助力武汉市新能源汽车推广和产业发展。

7月

7月3日 北汽新能源与北京石油签订战略合作协议，双方合作模式为利用中石化的加油站场地资源建设换电站，为北汽已经研发完成的出租车提供换电服务。

7月4日 浙江吉利控股集团对冰岛碳循环国际公司投资甲醇能源汽车。投资总额4550万美元（约合2.82亿元人民币），这项投资将分两步进行，在首次投资后的三年内，吉利集团将购买碳循环国际公司的股权，成为后者的股东，并派驻董事会成员。

7月5日 福田汽车公司分别与广东、湖南、江西等地的公交系统运营商或租赁公司签订了共计234辆福田欧辉新能源客车的系列销售合同，其中纯电动公交车共25辆，混合动力车共209辆。

7月16日 特锐德公司全资子公司青岛特来电新能源有限公司拟与北京新能源汽车股份有限公司、唐山市冀东物贸集团有限责任公司共同出资成立“北汽特来电汽车充电网络有限公司”，合资公司注册资本为人民币20000万元，特来电以现金出资17000万元整，占合资公司85%的股份。

7月29日 特锐德公司下属全资子公司特来电与东风电动车辆股份有限公司签署协议，双方拟在新能源汽车销售、新能源汽车售后服务、新能源汽车充电系统及终端网络投资建设、充电运营、新能源汽车充电产品、充电云平台等方面展开合作。

8月

8月5日 福建省厦门金龙汽车集团股份有限公司与青岛特来电新能源有限公司签署战略合作框架协议，金龙汽车集团全资子公司厦门创程环保科技有限公司与特来电公司签订合资经营协议。

8月9日 中国新能源汽车有限公司增资扩股签约仪式在京举行。中国物流有限公司及中国新能源汽车有限公司签署协议。为推动新能源汽车产业快速发展，中国新能源汽车有限公司与北京国际信托有限公司（金拍融资租赁有限公司）就合作成立规模总额为100亿元的产业发展基金签订了战略合作协议，并顺利召开了公司2015年第一次股东会及第一届第一次董事会。

8月10日 成飞集成子公司中航锂电（洛阳）有限公司与常州市金坛区人民政府签署协议。共同投资建设“中航锂离子动力电池项目”，项目规划用地1000亩，总投资预计125亿，建成后将形成120亿瓦时的锂离子动力电池年生产能力。

8月10日 大洋电机公司与中国新能源汽车有限公司（简称“中新汽”）、中国物流及崔海龙先生共同签订了《中国新能源汽车有限公司增资扩股协议》，各自出资1.03亿万元向中新汽进行增资，其中14307万元列入中新汽注册资本（大洋电机公司与崔海龙先生各认缴出资7154万元，各占中新汽增资扩股后注册资本的30%），其余6295万元作为溢价列入中新汽资本公积。

8月18日 东风日产乘用车公司与宝驾租车签署协议。未来双方将在汽车租赁、新车上门试驾、旧车置换等市场展开全面战略合作。东风日产“易租车”将会把旗下全部车型发布在宝驾租车平台进行共享租赁和试乘试驾，预计可达到6000辆。

8月29日 江淮汽车与武汉盟盛人新能源汽车产业园发展股份有限公司、武汉蔡甸区政府签署战略合作协议，将在武汉市蔡甸区投资建设年产1万辆新能源汽车项目。该项目拟于2015年底开工，建设周期12个月，争取到2016年形成年产1万辆新能源汽车的生产营销服务能力。武汉将成为江淮汽车走出安徽发展全国新能源汽车战略的首家试点基地。

9月

9月9日 保定长安客车制造有限公司分别与河北泊头、承德、涿州等地公交系统公司签订了共计468辆新能源汽车的销售合同，总金额3.52亿元。

9月10日 滴滴快的与宇通客车达成签署协议，双方将在新能源巴士以及无人驾驶等客车智能化前瞻技术的落地推广方面展开深度合作，共同打造良性循环的互联网巴士生态。此外，还将在互联网+公交、汽车金融、维保增值服务以及二手巴士处置回购等领域展开合作。

9月10日 上海电巴新能源科技有限公司、北汽新能源汽车营销有限公司、厦门文华集团共同举办的厦门新能源纯电动汽车充换电站项目签署协议。

9月16日 四川丝路房车营地管理有限公司分别与成都客车股份有限公司、一汽（四川）专用汽车有限公司签署协议，共同打造西南最大新能源车辆及房车租赁服务平台。

丝路房车与成都客车签订车辆购置协议，丝路房车将购置成都客车100辆新能源车辆，打造西南地区最大的新能源车辆租赁服务平台，提供自驾租车、定制专线、专车接送、企业租车服务，为绿色天府新区的发展提供交通配套服务，助推天府新区高速发展。丝路房车与一汽（四川）签订战略协议，合作开发房车及应用市场，服务房车市场及营地市场。

9月22日 多氟多公司全资子公司焦作新能源公司与山东新大洋电动车有限公司签订的《2016年动力电池订货合同书》，及与南京金龙客车制造有限公司签订的《战略合作意向书》。双方约定，2016年，焦作新能源向新大洋供应144V120Ah动力电池组40000台，合同总价为14亿~16亿元。2016年1—12月，焦作新能源根据新大洋月度供货通知单节点及数量、质量等要求供货，月度订单达成率不低于98%。

9月22日 新能源汽车产业发展（重庆）有限公司、重庆新能源汽车融资租赁有限公司在两江新区挂牌成立。由两江新区开发投资集团有限公司与国内两大整车品牌小康工业集团和力帆控股集团共同发起成立，注册资本金分别为1亿元和4亿元。两家公司将集新能源汽车整车制造、锂电池、电控、电机、车联网于一体，助推力帆、小康等企业在新能源汽车领域搭建租赁、市场拓展等平台。

9月22日 东风特汽（十堰）客车公司与汉川市经济开发区的湖北泓元伟力新能源科技有限公司签署协议。双方计划明年推出500余台锌空气电池电动车。协议约定，双方联合开发、设计及试制生产12米纯电动公交车，整车造价100余万元。其中，泓元伟力主要负责生产提供锌空气电池，电池价格40余万元。泓元伟力耗时3年，投入5000余万元，于2013年建成一条示范生产线，项目研发取得实质性进展，获多项发明、实用专利，并建立了专利保护体系。产品经测试，技术指标全部合格，并通过了整车性能试验。预计到2017年，该公司将年产锌空气电池3000余台，除满足东风特汽外还将应用于电动车市场。

9月28日 LG化学有限公司与奇瑞汽车签署协议，奇瑞汽车计划于2015年年底大批量生产下一代电动车，届时LG化学将为奇瑞下一代电动车供应电池。

10月

10月9日 北汽特来电与一度、有车、恒誉、庞大、易卡等多家分时租赁公司共同组建的“约电联盟”在京成立。北汽特来电还与国电鑫达、行星远大分别签署协议。北汽特来电年底可建3500个充电终端。

10月15日，华晨汽车控股有限公司与博世（中国）投资有限公司在沈阳签署战略合作协议。在整车方面，双方将合作开发国际领先的独具显著社会意义和商业价值的创新汽车产品；在新技术方面，双方将在底盘主动安全、新能源汽车、车载终端及发动机控制等几大领域展开深入技术合作。

10月20日 北汽新能源、绿狗租车、宝驾租车在北京签署协议。本次合作将会利用各自优势，满足各个层次消费者的需求。通过将绿狗和宝驾平台的打通，分别发挥出绿狗分时租赁、宝驾长租的优势以及北汽新能源的技术优势，共同推动传统燃油车用户向新能源车用户转换。张勇表示，“我们将在车辆信息、客户共享等方面进行深入的合作，扩大并简化操作平台，增强客户体验，打造新能源产业的生态圈。

10月21日 比亚迪公司制造的全球首台零排放纯电动双层大巴在英国伦敦兰开斯特宫亮相，纯电动双层大巴可搭载81名乘客，充满一次电，在城市路况下可行驶190英里（约300公里），不仅如此，该大巴充电时间只需四个小时，如果在非用电高峰期充电，更能够有效节约运营成本。比亚迪称，在2015年年底之前，五台这种大巴将会在伦敦开始为期三年的试运营。

比亚迪同英国最大的客车制造商ADL正式签署了成立合资公司的协议，该协议金额达到65亿元人民币（6.6亿英镑），此外，双方将在双层大巴等其它车型上开展合作的可能性，合作金额十年内有望增加三倍，扩大至近两百亿。

10月24日 宝路华集团与普天新能源（深圳）公司就广东省深圳市宝安区新能源汽车充电站建设运营合作项目达成协议。于2015年底前，在广东省深圳市宝安区建成不少于300个快速充电桩。

10月25日 洪桥集团公司与浙江省金华经济技术开发区管委会（甲方）及浙江吉利控股集团（乙方）签署投资合同。项目总投资约20.5亿元人民币，规划用地约200亩，生产设施建成后每年将可生产150万千瓦时的锂离子动力电池。

10月25日 陕西融达汽车集团有限公司与浙江启磐汽车科技有限公司签署协议。推动中国新能源汽车产业发展。

11月

11月6日 东风汽车公司与浙江中电、北京中瑞蓝科签订了4000辆东风御风纯电动车协议。浙江中电承诺在2016年12月30日前，向公司购买4000台东风御风纯电动车并上牌，包括东风御风6.35米车型改型纯电动客车和东风御风5.75米车型改型纯电动厢货各2000台。东风汽车近日已披露了三季报，第三季度归属于上市公司股东净利润0.96亿元，同比增长51.0%。前三季度归属于上市公司股东净利润3.3亿元，同比增长78.7%。其中新能源业务成为公司利润增长点。2015年以来，公司新能源汽车频获大单，近期与昆山广得源电动汽车租赁有限公司签订2000台东风御风纯电动客车的订单。还分别与上海北斗和浙江时空签订1000辆纯电动客车和10000辆纯电动物流车的采购合同。

11月16日 中国绿地润东汽车集团有限公司与阿里巴巴旗下阿里汽车事业部签署战略协议，宣布双方将共同打造阿里汽车2015年度双十二大型狂欢节，同时绿地润东将入住天猫建立豪华汽车销售服务标杆专营店。

“双11”期间，各个汽车电商平台交出了令人惊叹的成绩单，汽车之家订购总量54085台，交易总金额87.95亿元，易车的购车狂欢节已支付订购总量77992台，交易总额125.6亿元；阿里汽车交易总额也超过10亿元。

11月17日 江淮汽车公司拟与华霆（合肥）动力技术有限公司在合肥合资成立一家研发、生产新能源汽车用电池重组及电池管理系统（BMS）的合资公司，注册资本6000万元，双方以现金出资，各出资3000万元，各占股比例为50%。

11月17日 中国科学院大连化物所与大连市检测科技园签署协议。双方将率先启动建设大连市“新能源电池安全检测平台”，并就燃料电池储氢系统推动新能源电池及关联产业。

11月19日 深圳博磊达新能源科技有限公司与伊朗SGP工业集团于签署了关于新能源电动车、基于超级电容的复合动力电源领域的技术合作协议。

通过整合超级电容与电池，辅以智能化整车管理系统，实现整车优越的能源管理与配置，达到安全、清洁、高效的出行，更可带来最佳的驾乘体验，在保持优势加速能力的同时，获得媲美传统汽车的续航能力。当车辆滑行或者制动时，整车管理系统将制动能量转化为电能存储到超级电容中，从而回收制动能量，减少制动损失，回收的能量又可用于下一次的驱动，做到再生循环利用，能量回收率20%至45%。

11月24日 江淮汽车公司与安徽巨一自动化装备有限公司签订《江淮·巨一电驱动系统项目合资框架协议书》。根据协议，双方拟在合肥市投资设立一家开发生产电机及电控系统技术的合资公司。注册资本为1亿元，双方均以现金出资，各出资5000万元，各占合资公司注册资本的50%。

11月25日 中天科技公司全资子公司中天储能与江苏陆地方舟新能源电动汽车有限公司签订《战略合作框架协议》，中天储能向江苏陆地方舟提供汽车配套锂离子电池系统产品，金额2亿元。

11月28日 山东丽驰新能源汽车有限公司与北汽云南瑞丽汽车有限公司在山东德州签署协议，通过联合开发、联合制造、联合销售等模式全面进军高速电动汽车领域，用智能化技术升级低速电动汽车产品。

双方合作的首款高速电动汽车将于2016年下半年即将投放市场；2017年，第二批高速电动汽车也会面世。北汽瑞丽拥有的汽车生产资质能帮助合作车型获得国家目录准入，有利于拓宽市场销售范围。

11月30日 江淮汽车公司与普天新能源有限责任公司签署协议。双方拟在市场推广、充电网络建设、创新服务模式等方面开展全面合作，最终实现车辆和充电设施网络的协调发展，共同为推动中国新能源汽车的“弯道超车”尽职尽，协议有效期为5年。

11月30日，富士康集团在杭州成立新能源汽车租赁公司（杭州浙誉新能源汽车服务有限公司），总投资**12**亿元，注册资本**1**亿元。该项目计划三年内在杭州地区累计投放**5000**辆电动汽车。

11月30日 北汽特来电与权品·权金城在北京签署协议，并宣布首个权品·权金城智能充电场站投入使用。该充电站位于权金城休闲假日酒店四季青店停车场最南端，拥有4个快充桩。特来电充电桩的收费标准有峰谷电价之分：每天6时至21时为高峰电价，价格为0.87元/度，服务费0.8元/度；每天21时至次日6时为低谷电价，大约0.3元/度，服务费不变。全天24小时提供充电服务。

12月

12月1日 福田汽车公司与庞大汽贸集团股份有限公司及子公司（买方）签订了共计200辆福田高端轻卡欧马可纯电动物流车的销售合同。

12月1日 北京蓝天行动新能源科技有限公司与上海一电集团签订订单合同，合作方案其中的第一期采购充电桩数量为4000台，总计金额1.234亿元。前期主要投向北京、上海、杭州、山东济南、济宁等地。为以上城市的经济结构调整、发展方式转变、新能源汽车体系快速构建不断作出新的贡献。

12月3日 阿斯顿·马丁与乐视共同宣布签署研发合作伙伴谅解备忘录，将携手打造互联网电动汽车。未来，双方将在智能互联汽车技术及新型电动汽车制造咨询方面开展一系列合作与项目。

12月4日 沃特玛新能源汽车产业创新联盟与新能源客车厂商五洲龙在深圳签署协议。根据协议，五洲龙位于深圳、沈阳、重庆的生产基地为沃特玛生产制造5000台纯电动客车，由联盟的运营平台公司——深圳市民富沃能新能源汽车有限公司在全国运营。

12月18日 山东省青岛特来电新能源有限公司与吉利控股集团全资子公司杭州优行科技有限公司、浙江易停控股有限公司签署协议。根据协议，在新能源汽车推广应用领域，双方将采用互联网思维，依托双方的商业模式优势和产业优势，在新能源汽车充电基础设施建设、分时租赁车辆的运营和管理、新能源汽车销售和维修服务、电子支付、互联网金融及新能源汽车相关产业链等方面开展合作，最终实现车充联动、共同发展。

12月25日 雄韬股份公司与安徽星凯龙客车有限公司签订了《汽车动力电池采购合同》，安徽星凯龙客车有限公司将于2016年向公司采购电动车动力电池总金额2.6亿元。并在2016年1月中标普天新能源（深圳）有限公司公开招标的“混合动力大巴电池维保服务”项目，标的金额3233万元。

12月30日 中国华腾工业有限公司与国能新能源汽车有限责任公司签署战略合作协议，将从电动汽车关键零部件研发制造和整车销售等方面开展全产业链合作。

根据协议，中国华腾将向其签约伙伴提供电机和电动配套零部件，并将在北京、上海、武汉等9个城市建立经销网络，经销国能公司生产的纯电动汽车。中国华腾还将采购该公司生产的2万辆纯电动车，首批采购合同金额为66亿元人民币。

三、行业重要事件

1月

1月4日 潍柴亚星200余辆新能源公交车正式在扬州投入运营。亚星新能源公交车在扬州火车站举行了交付投运仪式。

1月5日 广西壮族自治区财政厅 工业和信息化委员会 交通运输厅发布《关于完善广西城市公交车成品油价格补助政策加快广西新能源汽车推广应用》的通知。从2015年开始，广西将大力推广新能源汽车，消费者购买新能源汽车将会获得购车补贴，具体数额由各市确定；还将对充换电设施建设费用进行补贴，用电价格也将实行政府指导价。

1月5日 福田汽车集团山东新能源基地在山东省潍坊市高新区揭牌并正式投入运营。该基地投资15亿元，年产能10000辆，可实现年销售收入70亿元。到2020年，福田汽车山东基地总投资将300亿元，170万辆整车、37.5万台发动机产能和模具60万工时/年的制造能力，实现营业收入1200亿元。

1月5日 北京市首座光伏公共充电站启用。7辆纯电动车一天充满电。

1 月 5 日 江苏省苏州市 209 台纯电动客车投入运营，去年苏州大市新能源汽车向市场投放 1200 辆，其中纯电动车超过 800 辆，用途包括公交车、厂包车、旅游大巴、商务大巴等。

1 月 6 日 山东省聊城市新增 100 台新能源公交车正式上线。山东省聊城市城区将拥有公交运营车辆 596 部，全市清洁能源和新能源公交车将达到 439 部。

1 月 7 日 山东省青岛市政府正式发布实施《青岛市新能源汽车产业发展规划（2014—2020 年）》到 2017 年，青岛市新能源汽车产业基地，整车产能 5 万辆，动力电池产能 6 亿安时，总产值 300 亿元；培育 2 ~3 家大型整车企业，2 ~3 家较大型关键零部件企业。到 2020 年，建成国内领先的新能源汽车产业集聚区，整车产能 12 万辆，动力电池产能 17 亿安时，驱动电机产能 9 万套，总产值达到 850 亿元；培育 3 ~4 家大型整车企业，3 ~4 家大型关键零部件企业。

1 月 8 日 广东省深圳市人民政府发布《深圳市新能源汽车推广应用若干政策措施》通知，深圳市将设立 50 亿元扶持新能源汽车推广应用。到 2015 年底新能源汽车推广应用总量超过 2.5 万辆，其中新能源公交车保有量达到 4500 辆以上；纯电动出租车保有量达到 4500 辆以上；新增纯电动物流、环卫车 3500 辆以上；新增纯电动通勤旅游客车 2000 辆以上；个人、社会团体与企业新增购买新能源汽车 9000 辆以上。深圳新能源汽车今年新增近 1.5 万辆。

1 月 8 日 广东省深圳市人民政府发布《深圳市新能源汽车发展工作方案的通知》。到 2015 年底，新能源汽车推广应用总量超过 2.5 万辆（新增 20000 辆）。

1 月 12 日 重庆市政府发布《重庆市新能源汽车推广应用市级财政补贴实施细则（暂行）》通知。将有 1000 辆新能源客车得到每辆 16 万元的补贴，2000 辆其他新能源汽车将按照国家补贴标准 1：1 给予补贴。

1 月 12 日 江苏省南京市政府发布《2015 年南京市新能源汽车充换电配套设施建设计划》的通知，市政府同意各区建设 1 座不低于 500 停车位（充电桩）的新能源汽车专用充电停车场，或合理选择多处布点（建设总量不低于 500 个充电桩）。

1 月 18 日 四川省绵阳市首批 30 辆纯电动公交车投入试运行。2015 年还将投入 70 台电气混动力新能源公交车。

1 月 19 日 河北省邢台市人民政府发布《关于加快新能源汽车发展和推广应用的实施意见》通知。从 2015 年起，5 年内每年安排 3000 万元专项资金，用于支持新能源汽车产业技术研发和新能源汽车及电池、电机、电控配件固定资产投资项目贷款贴息。

1 月 20 日 中国首辆碳纤维新能源汽车在江苏省盐城市正式下线。该车由盐城市国有资产投资集团全资子公司江苏奥新新能源汽车有限公司自主研发。

1 月 20 日 北汽新能源和博湃养车联手投放 500 辆北汽新能源电动汽车。北汽新能源 2014 年纯电动轿车订单超过 7200 辆，出货量达 5510 辆，成为国内纯电动汽车销量第一的车企。

1 月 21 日 工信部、财政部等四部委发布《关于开展新能源汽车推广应用核查工作的通知》，对 2013 年度、2014 年度获得中央财政补助资金的新能源汽车，以及申请 2015 年度中央财政补助资金的新能源汽车有关情况开展核查，核查范围将覆盖全部车辆生产企业以及新能源汽车运营企业（含公交、客运、专用车等）、租赁企业、企事业单位等新能源汽车用户。

1 月 21 日 山东省人民政府发布《关于加快推进山东省绿色交通运输发展的指导意见》通知。

1 月 21 日 福建省南平市人民政府发布《南平市新能源汽车推广应用工作方案的通知》。全市推广新能源汽车 310 辆，其中：公交车 115 辆，出租车 75 辆，公务用车和私家车 50 辆，环卫、城管执法、邮政快递、警务巡逻、物流配送等专用车 60 辆，景区旅游观光车 10 辆。

1 月 21 日 工信部公布《节能与新能源汽车示范推广应用工程推荐车型目录》（第 65 批），共有 112 款车型入选此次目录。纯电动轿车/乘用车方面，华晨中华、康迪、吉利美日、东南、众泰、野马六个品牌的车型入选；纯电动客车方面，东风、福田、亚星、安凯、福达、晶马、宇通、海格、金龙、金旅、中通、少林、五洲龙、飞翼、解放、东宇、卡威、春洲、大马、上饶、黄河、南车时代、同心、广通、长江、神州等 26 个品牌的车型入选。

1 月 22 日 广东省深圳市政府发布《深圳市小汽车增量调控管理实施细则》通知。

1 月 22 日 广东省深圳市政府发布《深圳市小汽车增量调控管理暂行规定》通知。

1 月 26 日 财政部 国家税务总局发布《关于对电池涂料征收消费税》通知。对无汞原电池、金属氢化物镍蓄电池（又称“氢镍蓄电池”或“镍氢蓄电池”）、锂原电池、锂离子蓄电池、太阳能电池、燃料电池和全钒液流电池免征消费税。

1 月 28 日 北京新能源汽车股份有限公司向北京市红十字会捐赠十辆纯电动汽车，价值共计人民币 247.8 万元，定向用于贵阳市突发事件处置、紧急救援等方面。

1 月 30 日 江苏省苏州市的新能源汽车已达到 1300 辆，城市公交 750 多辆，通勤车辆 270 辆，各类商务车辆 220 辆，2015 年将再推广不少于 1300 辆新能源汽车。

2月

2月5日 山东省济南市物价局下发《关于电动汽车充电设施服务价格的通知》，规定济南市纯电动汽车（7座以下）充电服务价格按充电度数收取，每千瓦时充电服务最高价格为1.45元。该规定自2月10日起执行，试行期1年。

2月12日 工信部公布《节能与新能源汽车示范推广应用工程推荐车型目录》（第66批），共有87款车型入选此次目录。其中，仅比亚迪三款新能源轿车入选。在纯电动客车方面，东风、亚星、安凯、宇通、陕汽、海格、金龙、金旅、少林、飞翼、山西、东宇、常隆、卡威、江西、黄河、南车时代、蜀都等18个品牌的车型入选。

2月15日 广东省广州市发展改革委员会 广州市财政局《广州市新能源中小客车车辆购置补贴实施细则》的通知。规定广州购买新能源汽车享受的优惠，除了中央补贴外，还有地方差额补贴和广州市万元补贴两种。

2月13日 142辆"重庆造"新能源物流车在四川省重庆市上牌运行，其中从事快递运输的135辆新能源物流车还获得了货车绿色通行证。

2月16日至2月26日 科技部发布《国家重点研发计划新能源汽车重点专项实施方案（征求意见稿）》通知，维持2020年新能源汽车保有量500万辆目标，并提出2015年轿车动力电池单体比能量提高至200wh/kg等新标准。

3月

3月4日 工信部公布了第67批《节能与新能源汽车示范推广应用工程推荐车型目录》。此次公布的目录当中，共有128款车型，其中乘用车7款，分别来自一汽奔腾、东风风神、吉利、力帆、沃尔沃。

3月10日 福建省物价局 福建省财政厅发布《关于核定低速电动车牌证工本费及安全技术检验收费问题的复函》通知。

3月10日 福建省厦门市政府发布《厦门市新能源汽车推广应用实施方案》能通知2014—2015年完成推广应用新能源汽车（含纯电动汽车、插电式混合动力汽车和燃料电池汽车）2480辆。

3月11日 安徽省合肥市物价局发布《关于电动汽车充电服务价格实行与燃油燃气价格联动机制的通知》。

3月13日 交通部发布《关于加快推进新能源汽车在交通运输行业推广应用的实施意见》。意见提出，至2020年，新能源汽车在交通运输行业的应用初具规模，在城市公交、出租汽车和城市物流配送等领域的总量达到30万辆；新能源汽车配套服务设施基本完备，新能源汽车运营效率和安全水平明显提升。

3月17日 广东省佛山市高明区首批15辆新能源电动公交车正式投入运营，此批公交均采用插电式混合动力，其中12辆用于区内首条跨镇快速公交线路，3辆用于高明首条跨市公交线路——高明客运站至鹤山龙口客运站。

3月19日 广东省珠海市发改局发布《珠海市新能源汽车推广应用补助资金管理实施细则（2014—2015年）》通知。对2014—2015年度购置并在珠海市辖区登记注册和使用新能源汽车的单位和个人予以补助。其中，符合条件的出租车最高补助2.85万元，最低补助1.575万元。

3月22日 广东省深圳市交通运输委员会发布《关于印发深圳市新能源出租车推广应用政策实施细则》的通知。燃油出租车同产权更新置换为纯电动出租车，每辆车可获购置补贴6万元、使用环节补贴2万元、推广应用补贴5.58万元。

3月23日 云南省昆明市财政局 昆明市发展和改革委员会关于印发《昆明市新能源汽车推广应用财政补助资金管理办法》的通知。

3月24日 河北省沧州市财政局沧州市工信局发布《沧州市省级新能源汽车推广应用补助资金兑补办法》通知。省财政对新能源公交车和公共服务领域用新能源汽车按照中央财政补贴标准1：1的比例，其他领域用新能源汽车按照中央财政补贴标准1：0.5的比例，给予购车用户补贴。

3月24日 工信部发布关于开展符合《汽车动力蓄电池行业规范条件》企业申报工作的通知。

3月27日 安徽省政府公布了《关于加快新能源汽车产业发展和推广应用的实施意见》，意见提出到2017年底，纯电动汽车和插电式混合动力汽车累计产销量达到7万辆以上。到2020年，全省新能源汽车生产能力达到20万辆以上。到2017年，在全省累计建设充（换）电站50个左右、充电桩3.5万个左右。

3月30日 浙江省宁波市发展和改革委员会 宁波市科学技术局发布《宁波市新能源汽车推广应用暂行办法》通知。2015年，在公交车、出租车、公务车、专用车和私家车等领域累计推广应用新能源汽车达到5000辆。

3月30日 北京市财政局、科委、经信委等五部委联合发表《关于购买纯电动专用车有关财政政策的通知》，通知邮政、物流、环卫等纯电动专用车辆，在取得北京市车辆登记牌照后，可申请享受北京市纯电动专用车财政补助。补助标准为：在中央补贴基础上，本市邮政、物流、环卫等纯电动专用车补助按中央标准1：1确定，具体为：按电池总容量计算，2015年每千瓦时补贴1800元，每辆车补贴总额不超过13.5万元。

3月30日 江西省南昌市发改委发布《关于新能源汽车配套充电设施补助申请公告》，南昌将对新能源汽车配套充电设施进行相应补贴，对于新建充电设施按充电设备购置总价给予20%补助。这也是国内首个地方城市出台对充电设施的补贴细则。

3月31日 北京市人民政府发布《关于对出租汽车提前报废或更新实施相关鼓励措施》通知。鼓励出租汽车提前报废或更新为纯电动汽车。出租汽车企业和出租汽车个体工商户凭购车发票和车辆运营证件，每年1月向交通运输管理部门申请上一年购置纯电动出租汽车补贴。

4月

4月7日 东风风神E30纯电动轿车正式在江苏省成都市双流国际机场投入运营。

4月7日 山东省国网电力公司建设的电动汽车智能充换电服务网络服务车辆使用电量突破1亿千瓦时，达到1.0031亿千瓦时。截至2015年4月7日，山东已累计建成充换电站69座，充电桩1167台，初步形成了以公共交通和私人乘用为服务重点的智能充换电服务网络，仅服务的电动公交车数量达到1400辆。青岛、临沂等城市电动公交车数量达到全市公交车总数的近20%，行驶里程超过9425万公里。节约燃油2.54万吨，减排二氧化碳9.34万吨。

4月10日 山东省财政厅发布《山东省节能与新能源城市公交车示范推广资金管理暂行办法》，办法有效期为2年。办法规定，公交企业购置新能源城市公交车，在获得国家补贴的基础上，省财政将按照最高不超过国家补贴的60%再给予省级补贴，突破了之前没有省级补贴的现状，购置一辆新能源城市公交车最高可获补20万元。

4月13日 北汽新能源企业自建的三处公共充电站共8个充电设施投入运营。北汽新能源已完成建桩5300个，建桩率超过五成。其中2254个为家用私人充电桩，2156个为社会公共充电桩，另有890个充电设施为工信部、科技部等国家部委及恒誉租赁、出租车公司等社会服务机构所建。

4月13日 江西省宜春市人民政府发布《关于鼓励新能源汽车推广应用的若干政策的通知》。减免新能源出租车有偿使用费；取得交警部门有效牌照的新能源汽车在道路及公共停车场站减免停车费。

4月14日 浙江省宁波市财政局，宁波市科技局发布《宁波市新能源汽车推广应用资金补助管理办法通知。按该办法规定，新能源汽车地方补助将以1：1的标准配套中央财政。

4月14日 青海省人民政府发布《青海省新能源汽车推广应用实施方案》通知。2016—2018年将在青海省海西州和海东市推广应用新能源汽车2000辆以上。

4月14日 工信部公布《节能与新能源汽车示范推广应用工程推荐车型目录》（第68批），共有73款车型入选此次目录。其中，一汽、北京、华泰元田、华泰、吉利、知豆、吉利美日、康迪、众泰、海马十个品牌的纯电动轿车入选。纯电动客车方面，东风、福田、黄海、申沃、畅达、亚星、比亚迪、广汽、金龙、金旅、中通、恒通、达福迪、钻石、舒驰、南车时代、蜀都等品牌的车型入选。

4月15日 山东省潍坊市人民政府发布《潍坊市新能源汽车推广应用管理办法（试行）》通知。2014、2015年购车补助标准，市补助标准原则上在不高于汽车生产基地所在地区财政补助标准的前提下，按照国家和市1:1的比例实施。

4月15日 湖北省人民政府发布《关于加快新能源汽车推广应用的实施意见》通知。2013—2015年，新能源汽车推广应用试点城市武汉市、襄阳市新能源汽车推广应用的目标任务分别为10000辆与5000辆。

4月16日 科技部、财政部等四部委联合发布《关于开展新能源汽车推广应用城市考核工作的通知》。四部委将考核示范城市新能源汽车推广应用实施方案完成情况。

4月19日 上海通用汽车宣布五年内计划投入265亿元，推出超过10款新能源产品，以及更为节能环保、高性能和智能的13款新发动机、9款新变速箱。

4月21日 四川省九江市新能源汽车推广应用工作协调小组办公室《关于印发〈九江市新能源汽车推广应用管理办法〉的通知》的要求，九江市对2014—2015年推广应用新能源汽车给予补贴。为切实加快推进我市新能源汽车推广应用工作，及时兑付补贴资金，特制定本细则。

4月22日 财政部、科技部、工业和信息化部和发展改革委联合发布《2016—2020年新能源汽车推广应用财政支持政策》通知。

4月23日 河北省唐山市人民政府发布《唐山市省级新能源汽车推广应用补助资金兑补办法》通知。省财政对新能源公交车和公共服务领域用新能源汽车按照中央财政补贴标准1：1的比例，其他领域用新能源汽车按照中央财政补贴标准1:0.5的比例，给予购车用户补贴。

4月26日 重庆小康工业集团旗下的新能源汽车全资子公司瑞驰汽车在上海正式发布其搭界车联网的四款纯电动物流汽车。瑞驰已经向重庆市场投放200多台新能源物流车试运行，为顺丰、圆通等8家物流公司提供服务。

4月29日 四川省绵阳市人民政府发布《绵阳市新能源汽车产业发展规划（2015—2020年）》的通知。四川省将新能源汽车产业作为全省重点发展的战略性新兴产业，绵阳市也将发展新能源汽车作为推动产业转型升级、实现汽车产业千亿目标的重要举措。

4月30日 山西省财政厅发布《山西省新能源汽车营销补助资金管理暂行办法》，由省级财政安排专项资金，对我省新能源汽车生产企业实现产品销售后给予补贴。补助资金主要采用补助支持方式，专项用于降低消费者购买新能源汽车成本。消费者直接按销售发票载明的销售价格扣减营销补助资金后支付购车款。

5月

5月4日 福建省厦门市经济和信息化局 厦门市财政局发布《厦门市新能源汽车推广应用财政补贴办法》通知。办法规定厦门市新能源汽车购车补贴按国家同期补贴标准1：1的比例确定补贴标准，国家和地方补贴总额不得超过汽车销售价格的80%。另外，厦门市对充电设施投资建设单位新建的公共充电设施，市财政按充电桩设备投资额的20%给予补贴。对新建的公交专用充电设施，按充电桩设备投资额的40%给予补贴。

5月5日 山西省晋城市人民政府发布《晋城市新能源汽车推广应用实施方案》通知。

5月5日 云南省人民政府发布《关于加快新能源汽车推广应用的实施意见》通知。到2015年底，云南省将在昆明、丽江、玉溪、大理四地推广5000辆新能源汽车，其中，昆明所占名额为3400辆；推广范围将重点涵盖公交客车、出租车、公务车辆、环卫、物流、邮政、特种车等领域；示范城市每年新增或更新的公交客车、公务车辆、环卫车、物流车中，新能源汽车比例不低于30%。

5月6日 江苏省扬州市物价局发布《关于明确新能源汽车停放费标准的通知》。扬州市区实行政府定价、政府指导价的停车场对新能源汽车1小时内免收停放费，1小时后按同车型现行停放费标准的50%收取。

5月8日 工信部发布《第四批免征车辆购置税的新能源汽车车型目录》，此次目录共有330款新能源车型入选。其中，纯电动车型方面，有26款乘用车、191款客车、77款专用车及1款货车入选；插电式混合动力方面，有2款乘用车及33款客车入选。

5月8日 福建省莆田市人民政府发布《莆田市新能源汽车推广应用实施方案》通知。提出到2015年底，莆田市计划完成推广应用610辆新能源汽车（含纯电动汽车、插电式混合动力汽车和燃料电池汽车）。

5月8日 国务院印发《中国制造2025》通知。《中国制造2025》具体明确了，继续支持电动汽车、燃料电池汽车发展，掌握汽车低碳化、信息化、智能化核心技术，提升动力电池、驱动电机、高效内燃机、先进变速器、轻量化材料、智能控制等核心技术的工程化和产业化能力，形成从关键零部件到整车的完整工业体系和创新体系，推动自主品牌节能与新能源汽车同国际先进水平接轨。

5月12日 湖南省岳阳城区首批200台插电式混合动力新能源公交车正式投入使用。

5月13日 工信部发布《节能与新能源汽车示范推广应用工程推荐车型目录》（第69批），共有129款车型入选此次目录。进入本期目录的车型数量多达129款，其中含纯电动轿车11款、插电式混合动力乘用车2款、增程式混合动力轿车2款。

5月14日 重庆市城乡建设委员会发布《民用建筑电动汽车充电设备配套设施设计规范》通知。

5月16日 北汽新能源汽车在北京市丰台区投入运营。本次共投入运营8个自建公共充电站61个公共充电桩。

5月16日 北汽集团与青岛特来电成立的合资公司北汽特来电建设8处公共充电站、61个充电桩在北京正式投入运营。

5月18日 北京市交通管理局发布《关于纯电动小客车不受工作日高峰时段区域限行措施限制》的通告。自2015年6月1日至2016年4月10日，北京市核发号牌的纯电动小客车将不受工作日高峰时段区域限行措施限制。

5月18日 财政部、国家税务总局、工业和信息化部发布《关于节约能源，使用新能源车船车船税优惠政策的通知》显示，对节约能源车船，减半征收车船税；对使用新能源车船，免征车船税。

5月20日 安徽省铜陵市人民政府发布《关于鼓励发展新能源汽车产业的实施意见》通知。设立新能源汽车产业发展投资基金。基金由市、有关县区与园区共同设立，专项支持新能源汽车整车项目建设。基金投入占比不超过单个投资项目实收资本的20%，期限不超过5年。

5月22日 河北省石家庄市人民政府发布《石家庄市加快新能源汽车发展和推广应用的实施意见》通知。石家庄将对新能源汽车实施不限购、不限号行驶政策，享受省财政补贴的新能源汽车在省内高速公路及其他收费公路行驶免收车辆通行费。

5月25日 广东省广州市工信委、广州市财政局联合发布《广州市电动汽车充电设施建设专项资金管理办法》通知。公交、出租、物流等专属充换电站补贴上限为300万元/站。

5月29日 上海市交通委 市发展改革委 市住房保障房屋管理局 市经济信息化委 市消防局 市规划国土资源局 市国资委 市机管局等部门宣布《上海市电动汽车充电设施建设管理暂行规定》将于7月1日正式实施。《暂行规定》明确，电动汽车生产企业对充电设施建设维护负有主体责任，应将充电设施建设维护纳入其销售服务体系。

6月

6月1日 河北省承德市人民政府发布《2015年承德市新能源汽车推广应用省级补贴资金兑补办法》的通知。

6月2日 江西省南昌市财政局发布《关于南昌市城

市物流企业购买新能源汽车的通告》。南昌市 2014—2015 年推广新能源物流车总数量为 80 辆，对纯电动专用车按动力电池容量补贴，每 1 千瓦时补贴标准为 1400 元（不包括铅酸动力电池）。

6 月 2 日 国家发展和改革委员会和工业和信息化部联合发布《新建纯电动乘用车企业管理规定》通知。新建纯电动乘用车企业的准入规则明确，获准入的企业可生产纯电动乘用车，不能生产任何以内燃机为驱动动力的汽车产品。

6 月 4 日 工信部发布《节能与新能源汽车示范推广应用工程推荐车型目录》（第 70 批），共 108 款车型入选此次目录。特别值得注意的是，本次目录只有纯电动车型，而且纯电动运输车明显增多。特别引人注目的是，纯电动乘用车出现了一个新面孔。青年汽车的迈迪纯电动轿车品牌首次进入《公告》目录。

6 月 4 日 浙江省绍兴市人民政府发布《绍兴市区新能源汽车推广应用财政补助暂行办法》通知。新能源出租车、纯电动专用车、燃料电池车，按照国家补助标准，给予 1∶1 的配套补助；纯电动乘用车给予 3 万元补助，插电式混合动力（含增程式）乘用车给予 2 万元补助。

6 月 5 日 陕西省西安首批 300 辆电动出租车投入试运营，乘坐的价格与普通燃油、燃气出租车一样。并且投入运营的电动出租车被允许走公交车道，在社会公共停车场享受 2 小时内免费停车。

6 月 10 日 云南省昆明市人民政府发布《关于昆明市 2015 年新能源汽车充电设施建设实施方案》的通知。

6 月 16 日 浙江省金华市人民政府发布《金华市区新能源汽车推广应用财政补助暂行办法的通知》，明确在金华市购买新能源汽车的单位和个人，在享受国家补助基础上，可再享受市财政的配套补助，纯电动乘用车给予 3 万元补助，插电式混合动力（含增程式）乘用车给予 2 万元补助。

纯电动客车、插电式混合动力（含增程式）客车、纯电动专用车（主要在邮政、物流、环卫等领域使用）、燃料电池车，按照国家补助标准，给予 1∶1 的配套补助。中央财政和市财政（含公交车补助）补助资金总额最高不超过车辆销售价格的 80%。

6 月 24 日 辽宁省政府发布《关于加快新能源汽车推广应用的实施意见》的通知，其中提出，2015 年辽宁推广应用新能源汽车要达到 1 万辆以上，新增或更新的公交、公务、物流、环卫车辆中新能源汽车比例不低于 30%。到 2020 年，全省新能源汽车推广应用要达到 2 万辆以上，公共领域普遍应用新能源汽车。

6 月 25 日 江苏省宿迁市人民政府发布《宿迁市 2015 年新能源汽车推广应用实施方案》通知。确定 2015 年全市推广应用新能源汽车 230 辆的总体目标，鼓励社会资本进入充电设施建设和运营服务领域。

6 月 28 日 江苏省扬州市财政局 扬州市经济和信息化委员会发布《2015 年扬州市新能源汽车推广应用市级财政补贴实施细则》的通知。

6 月 29 日 江苏省南京市人民政府发布《南京市建筑物配建停车设施设置标准与准则（2015 版）》通知。新增了新兴的电动汽车和公共自行车的停车配置要求，规定大型停车场要按照不低于车位 10% 的比例配建纯电动汽车充电桩和专用车位，在南京市新建居住小区的停车设施建设中，应为每个车位预留充电桩的建设条件。在公交保养场、首末站、出租汽车服务中心，建设公交车、出租汽车专用充换电设施。其中公交车充电桩与车位数比例不得少于 1∶1，出租汽车充电桩与车位数不得少于 1∶2。这一新标准将于 8 月 1 日起正式实施。

6 月 30 日 四川成都市政府发布《成都市新能源汽车市级补贴实施细则（暂行）》通知。该细则明确，在中央财政补贴基础上，市级财政按中央财政补贴标准的 60% 给予配套补贴。新能源汽车生产企业按照扣除中央和市级补贴的价格与消费者进行结算。

7 月

7 月 1 日 河北省邯郸市人民政府发布《关于加快新能源汽车推广应用的实施意见》通知。到 2015 年底，力争推广应用新能源公交车 765 辆，确保完成 476 辆。

7 月 3 日 广东省东莞市人民政府办公厅日前发布了《关于加快推进新能源汽车推广应用的实施意见》通知。明确私人在东莞购买新能源汽车，均按国家补助标准给予等额补贴。

7 月 3 日 广东省中山市发改委发布《中山市关于广东省新能源汽车推广应用补助资金管理实施细则（2015 年修订）》的通知。

7 月 9 日 扬州亚星客车股份有限公司 30 台纯电动公路大巴交付江苏扬州绿动新能源汽车有限公司并且投入运营。

7 月 10 日 河南省商丘市市委、市政府发布《商丘市区三轮车电动四轮车管理办法》通知。电动四轮车参照机动车进行管理，办法明确规定，驾驶电动四轮车应当持准驾车型为 C2 以上机动车驾驶证，且应在机动车道的右侧车道行驶。

7 月 14 日 广东省广州市工业和信息化委员会《广州市推进电动汽车充换电设施建设与管理暂行办法》通知。鼓励社会各界建设为电动汽车服务的充电站（桩）。一是对于公共充电设施，应当由充电设施运营企业经营管理，并提供充电设施维修保养及其他配套服务；二是对于个人自用、公共机构和企业专属充电设施，鼓励充电设施运营企业与业主、物业服务企业、公共机构等单位合作，形成优势互补、收益共享的合作模式。三是鼓励各类投资者将充电设施委托给充电设施运营企业统一管理。

7月13日 湖南省湘潭市人民政府发布《湘潭市新能源汽车推广应用实施方案》通知。

7月13日 长城汽车募集资金168亿元，主要用于新能源汽车、智能汽车以及关键零部件的研发、试验以及生产。

7月13日 北京市财政局、北京市科学技术委员会、北京市经济和信息化委员会发布了《关于购买纯电动客车有关财政政策》的通知，明确北京市今明两年对纯电动客车最高可补50万元。

《通知》明确，在中央补贴基础上，北京市纯电动客车补助按中央标准1:1确定，2015年根据车长从小于6米到大于10米，补助标准为30万元~50万元。2016年补助标准根据单位载质量能量消耗量、车长和纯电动续驶里程，补助金额为24万元~50万元。而2017年补助标准在2016年基础上下降20%。同时，汽车生产企业享受中央和本市财政补助总额最高不超过车辆销售价格的60%。

7月20日 浙江省湖州市财政局 湖州市经济和信息化委员会发布《湖州市新能源汽车推广应用财政补助资金管理办法》的通知。

7月20日 方正电机公司收到浙江绿巨能机电科技有限公司用于其配套新能源汽车上用驱动电机总计2000台的订单。本次订单是公司新能源汽车驱动电机所获的首批批量订单。

7月22日 四川宝生新能源电池有限公司融资2亿元，用于电动汽车电池项目。

7月29日 江苏省无锡市人民政府发布《关于印发无锡市新能源汽车推广应用实施方案（2015—2017年）的通知》。2015—2017年拟推广应用新能源汽车3000辆，2016年拟推广应用1000辆；2017年拟推广应用1400辆。

7月30日 北汽株洲分公司新能源汽车EV200纯电动汽车正式下线。该车最大功率为53kW，最高车速能达到125km/h，最大续航里程为260公里。

7月31日 国家能源局发布《配电网建设改造行动计划（2015—2020年）》通知。2020年满足1.2万座充换电站、480万台充电桩接入需求，为500万辆电动汽车提供充换电服务。

8月

8月3日 国家发改委、财政部、国土资源部等七部委发布《关于加强城市停车设施建设的指导意见》通知。

8月4日，节能与新能源汽车产业发展部际联席会议办公室发布《关于开展节能与新能源汽车推广应用安全隐患排查治理工作的通知》。

8月7日 安徽省合肥市始信路电动汽车换电站正式投运。合肥市始信路电动汽车换电站正式投运。该站服务于经开区的区域公交线路，这是安徽省首座电动汽车换电站。另一座杨林路电动汽车换电站也将于8月底投入运行，服务于高新区的区域公交线路。

8月9日 广东省深圳市交通运输委员会发布《关于加强新能源汽车推广应用调整电动小汽车增量指标调控政策》的通知。

8月17日 江苏省镇江市财政局 镇江市经济和信息化委员会发布《2015年镇江市新能源汽车推广应用市级财政补贴实施细则》的通知。

8月19日 工信部装备工业司发布第三批《享受车船税减免优惠的节约能源使用新能源汽车车型目录》，本期目录共有565款新能源汽车进入，包括13款插电式混合动力乘用车、491款纯电动商用车、61款插电式混合动力商用车、1734款节能型汽车。

8月19日 方正电机与重庆长帆新能源汽车有限公司签订采购合同，重庆长帆向公司采购纯电动汽车驱动电机总成总计10000套，销售总金额合计3100万元。

8月20日 北汽新能源青岛莱西工厂总装车间竣工5年内投资100亿。

8月27日 上海润东集团向上海巽通物流贸易有限公司交付300台威旺307EV纯电动物流车。此次交付的车辆仅为北汽新能源进军上海物流市场的首批订单，其他快递物流公司还将陆续采购威旺307纯电动物流车。

8月31日 江苏省无锡市经济和信息化委员会发布《无锡市新能源汽车推广应用财政补贴资金管理实施细则》通知。该细则明确，无锡市2015年推广应用新能源汽车相应补贴。纯电动乘用车轴距大于2.45米每辆补贴3.6万元、轴距小于2.45米每辆补贴2.7万元、轴距小于2.2米每辆补贴1.5万元；插电式混合动力乘用车（含增程式）每辆补贴2.1万元；10米以上纯电动客车补贴30万元/辆。

8月31日 江苏省南京市交通运输局发布新能源汽车充电桩分布图，已建成793个充电桩。

8月31日 工信部发布《锂离子电池行业规范条件》通知。要求企业电池年产能不低于1亿瓦时；正极材料年产能不低于2000吨；负极材料年产能不低于2000吨。

9月

9月2日 贵州省六盘水市政府发布《六盘水市新能源汽车推广应用实施方案》通知。全市2015年推广应用100辆新能源汽车（指纯电动汽车、插电式混合动力汽车和燃料电池汽车）、建设100个充电桩（接口）目标。

9月6日 比亚迪汽车获华盛顿州800台电动大巴订单，采购清单包含了从9米到18米的不同载客量、不同用途的纯电动大巴以及充电设施。

9月7日 宝马集团在北京发布发布“BMW创新出行服务中国战略”，该战略下包括即时充电（ChargeNow）、即时用车（DriveNow）、即时停车（ParkNow）等项目。其中，即时充电项目在中国率先启动。截至2015年年底，宝马将率先在北京、上海、广州、深圳四地建设500个充电桩；到2016年年底，将扩建至1000个充电桩，覆盖更多城市。中国普天成为宝马在华推进即时充电项目的合作伙伴。

9月7日 匈牙利政府将投入70亿福林（约1.59亿元人民币）建设电动汽车基础设施。

9月8日 广东省深圳市发改委发布《关于2015年度待配置电动小汽车增量指标配置有关事宜的通知》。将年内按期分配的电动小汽车指标在第8期摇号中，一次放出供市民申请，除了拿出4000个指标作为电动车租赁指标外，每期的指标配额也将不再是固定分配。

9月9日 177辆新能源汽车投入大连夏季达沃斯。在东港国际会议中心地上核心停车场建设充电桩33个，其中快速充电桩14个，普速充电桩19个，可供23台轿车、10台中巴车同时进行充电。

9月10日 上海市64辆纯电动公交车正式投入运营。上海市金高路停车场正式启用，停车场占地面积22700平方米，总投资6900万元，建有73个充电桩，共配125个充电挂枪机，能满足250辆纯电动公交车的充电需求。

9月22日 中机车辆技术服务中心发布《关于调整新能源汽车技术阶段划分的通知》，该通知对新能源汽车技术阶段划分进行了调整，在纯电动车方面，将储能装置为金属氢化物镍动力蓄电池的技术阶段，由原来的起步期调整为成熟期，将超级电容器的技术阶段由原来的起步期调整为成熟期。

在混合动力乘用车方面，将储能装置是超级电容器的技术阶段由原来的发展期调整为成熟期。在混合动力商用车方面，将储能装置是属氢化物镍动力蓄电池的技术阶段，由原来的发展期调整为成熟期，将超级电容器的技术阶段由原来的发展期调整为成熟期。

9月22日 贵州省人民政府发布《关于促进新能源汽车推广应用的意见》的通知。贵州省新能源汽车推广应用所需补助资金按属地原则（车辆注册地）由省和所在市（州）财政按各50%的比例承担。

9月24日 福建省宁德市人民政府发布《宁德市新能源汽车推广应用工作方案》通知。到2015年底，宁德市推广应用595辆新能源汽车，其中公交车180辆、乘用车355辆、专用车55辆、其他客车5辆。

9月27日 北京市发改委发布《北京市新能源小客车公用充电设施投资建设管理办法（试行）》通知。2016年计划新增5000根公用充电桩，争取实现公用充电设施突破1万根。到2017年在全市范围建成平均服务半径5公里的公用充电网络。

9月29日 北京市经济和信息化 北京市发展和改革委发布《北京市示范应用新能源小客车生产企业及产品备案管理细则（2015年修订)》，办法明确新能源汽车补贴标准按照国家和本市1：1的比例确定补助。国家和本市财政补助总额最高不超过车辆销售价格的60%。该办法，有效期至2017年12月31日。

9月29日 750辆比亚迪新一代纯电动公交大巴在杭州投入运营。到年底投放1500辆西湖比亚迪新能源纯电动公交大巴。

9月30日 广东省东莞市发布了《东莞市新能源汽车推广应用资金管理办法》通知，对纳入东莞新能源汽车推广应用计划的车辆，地方财政对车辆购置补助原则上按照与中央补助标准1：1的比例确定最高补助上限，中央加地方财政用于车辆购置补贴的总额不超过车辆价格（即未扣除任何补贴时的价格）的70%。如补助总额高于车辆价格的70%，按车辆价格70%扣除中央和省补助后计算市财政补助额。

10月

10月9日 国家发展改革委 国家能源局 工业和信息化部 住房城乡建设部发布《电动汽车充电基础设施发展指南(2015—2020年)》通知。我国充电基础设施发展的目标是到2020年，建成集中充换电站1.2万座，分散充电桩480万个，满足全国500万辆电动汽车充电需求。

10月10日 广东省深圳市交通运输委员会 深圳市发展和改革委员会发布《2015年度待配置电动小汽车增量指标配置方式的通知》。

10月16日 广东省广州市广汽比亚迪新能源客车在广州正式下线。广汽比亚迪新能源客车项目总投资30亿元，一期达产后就可实现年生产5000辆纯电动客车和传统商务中巴，产值达60亿元。

10月16日 江苏省宿迁市人民政府发布《2015年宿迁市新能源汽车推广应用财政补贴实施细则》通知。纯电动乘用车，轴距大于2.45米，每辆补贴最高不超过3.6万元；轴距小于2.45米，每辆补贴最高不超过2.7万元；轴距小于2.2米，每辆补贴最高不超过1.5万元。

10月18日 江苏省南京市邦联电动汽车智能充电站正式对外运营。充电站输出总功率超过3000千瓦，拥有直流、交流充电桩46台，覆盖国标、欧标、美标等各种充电制式，也可供电动自行车充电。私家电动汽车充电，每度电收费 1.4 元。

10 月 20 日 河南省许昌市人民政府发布《许昌市鼓励个人购买电动汽车财政补贴实施办法》通知。对符合本办法规定的补贴对象，给予购买者 10000 元一次性财政补贴，总补贴金额 1000 万元，补完为止。

本办法所称财政补贴的电动汽车是指：由许昌市辖区内电动汽车生产企业生产的；满足许政办文〔2015〕28 号第十三条所规定的技术参数要求的；在许昌市低速四轮电动汽车财政补贴实施期间销售的纯电动乘用车。

10 月 20 日 特锐德收到“武汉市 800 辆新能源纯电动公交车充电站 BOT 项目”中标通知书，项目拟建设约 43 个集中式电动汽车充电站，投资总额约为 5500 万元，中标价为 1.12 元/千瓦时。项目建设内容包含 10kV 电力报装及接入、10kV 箱式环网柜、10kV 箱式变电站、直流充电机、综合监控及运营管理平台，以及相关配套设备设施。项目采用建设—运营—移交（BOT）的方式，经营期限为 8 年。

10 月 22 日 三星 SDI 汽车动力电池工厂竣工仪式在中国陕西省西安市高新产业开发区举行。本次竣工的三星 SDI 西安工厂拥有年产 4 万台高性能汽车动力（纯电动 EV 标准）电池的生产线，生产线涵盖了生产汽车动力电池单元与模块的全工艺流程。三星 SDI 已经与德国宝马、美国克莱斯勒、印度马恒大等全球汽车厂商巨头签署了供货合同。

10 月 22 日 东风特汽（十堰）专用车有限公司第 2000 辆纯电动物流车正式下线，同时第 1500 辆交付用户使用。

10 月 23 日 辽宁省沈阳市人民政府发布《沈阳市新能源汽车推广应用实施方案（2015—2020 年）》通知。新能源汽车地方补助资金将纳入地方政府财政预算。车辆采购将按照地方与中央 0.7 ~ 0.9∶1 的比例补助，补助资金总额不超过车辆全价的 60%。

10 月 25 日 中国新能源生态科技馆在山东省青岛开馆，该馆建筑面积 7000 平方米，由中国规模最大的箱变研发生产基地——青岛特锐德电气股份有限公司投资 3000 万元。

10 月 26 日 陕西省西安市发展和改革委员会发布《关于印发西安市新能源汽车充电设施建设项目验收及补贴资金申请实施细则的通知》。

10 月 29 日，山东省胶州市供电公司首座电动汽车充电站正式建成。

11 月

11 月 3 日 交通运输部 财政部 工业和信息化部发布《新能源公交车推广应用考核办法（试行）》通知。为进一步加快新能源汽车在公交领域的推广应用，促进公交行业节能减排和结构调整。

11 月 4 日 福田汽车公司分别与广东、北京、浙江、河北等地的公交系统运营商及租赁公司签订了 6 笔单笔订单超过 150 辆的福田欧辉新能源客车的销售合同，共计 1574 辆。

11 月 5 日 浙江省杭州市城乡建设委员会发布关于公开征求《杭州市推进新能源汽车充电基础设施建设实施办法》（征求意见稿）意见的通知。

11 月 11 日 辽宁省沈阳市人民政府发布《沈阳市新能源汽车推广应用财政补助资金管理办法（暂行）》通知。沈阳市对纯电动乘用车、插电式混合动力乘用车、纯电动专用车、插电式混合动力专用车、燃料电池汽车原则上按照中央与地方 1∶0.9 的比例进行补助；非公交纯电动客车、插电式混合动力客车按照中央与地方 1∶0.7 的比例进行补助。补助资金总额不超过车辆全价的 60%。

11 月 13 日 新疆维吾尔自治区乌鲁木齐市人民政府发布《乌鲁木齐市新能源公交车推广应用实施方案（2015—2019）》，方案明确新能源公交车推广目标。2015 年至 2019 年，计划在乌鲁木齐市推广应用新能源公交车 500 辆，平均每年推广 100 辆左右。公交企业每年新增、更新的常规公交车辆中，新能源公交车所占比例不低于 30%，新增的 12 米 BRT 车辆全部选购新能源公交车。公交企业每年应选 1 ~ 2 条线路应用新能源公交车。2015 年选购的新能源公交车以插电式混合动力公交车为主。

11 月 13 日 万帮星星汽车充电“桩“在上海正式启动，三个月建设完成 1268 个充电桩、签约超过 3000 个充电桩。计划 2016 年上半年之前在上海落成 1 万个充电桩、2020 年前布局 10 万个新能源汽车充电桩。

11 月 20 日 工业和信息化部、发展改革委、科技部发布《关于加快石墨烯产业创新发展的若干意见》通知。到 2018 年，实现石墨烯材料稳定生产，在部分工业产品和民生消费品上的产业化应用。到 2020 年，形成完善的石墨烯产业体系，实现石墨烯材料标准化、系列化和低成本化。

11 月 20 日 江苏省政府发布《江苏省公共领域新能源汽车充电设施建设、运营管理办法（试行）》《江苏省公共领域新能源汽车充电设施验收细则（试行）》，管理办法明确了充电设施运营企业需满足的 5 大条件：运营企业注册资本不少于 2000 万元；需设置企业级运营管理系统；需具有 10 名以上新能源汽车充电相关领域的专职技术人员；具备完善的充电设施运营管理制度，保证设施运营安全；在省内独立运营管理充电桩数大于 500 个。

11 月 25 日 江苏省苏州市人民政府发布《苏州市新能源汽车推广应用市级财政补贴实施细则补充规定》的通知。省、市（县、区）补贴总额最高不得超过汽车售价的 80%，省、市（县、区）补贴总额超过汽车售价 80% 的，按照汽车售价的 80% 给予补贴（由省财政承担 40%，市（县、区）财政承担 60%）。

11 月 25 日 35 台比亚迪纯电动大巴在荷兰阿姆斯特丹史基浦国际机场正式投入运营。

11 月 25 日 工信部和国家税务总局发布《第六批免征车辆购置税新能源车车型目录，共有 725 款车型进入，包括纯电动汽车 591 款（含乘用车 38 款，客车 415 款，货车 2 款，专用车 136 款）、插电式混合动力汽车 134 款。

11 月 25 日 江苏省苏州市人民政府发布《2015 年苏州市新能源汽车推广应用市级财政补贴实施细则补充规定》通知。明确规定新能源汽车推广的最高补贴限额，要求省、市（县、区）补贴总额最高不得超过汽车售价的 80%；超过 80% 的，按照汽车售价的 80% 给予补贴（由省财政承担 40%，市（县、区）财政承担 60%）。

11 月 26 日 32 台崭新的绿色纯电动公交车在湖北荆州火车站开始首次全天运行，标志着纯电动公交车正式在荆州“开跑”，千年古城步入纯电动公交时代。

11 月 26 日 国家税务总局发布《车船税管理规程（试行）》公告，对税款征收、减免税退税管理等方面作出相关规定，并将于 2016 年 1 月 1 日起施行。车船税规定对不属于车船税征税范围的纯电动乘用车和燃料电池乘用车，应当积极获取车辆的相关信息予以判断，对其征收了车船税的应当及时予以退税。

11 月 27 日 山西省人民政府发布《关于加快推进电动汽车产业发展和推广应用的实施意见》和《电动汽车产业发展和推广应用 2016 年行动计划》通知。自 2016 年 1 月 1 日起，对电动汽车，按照同期国家补贴资金 1∶1 的标准给予省级营销补助。到 2020 年，山西省电动汽车生产能力达到 12 万辆以上。

11 月 28 日 沈海高速宁波奉化服务区的电动汽车快充站投入运营。据国家电网浙江省公司介绍，2015 年年底前，与沈海、京台、长三角互联的浙江境内的 35 座高速电动汽车快充站将全部建设完毕并投入运营，实现电动汽车上高速一路能快冲的目标。

12 月

12 月 1 日 天赐材料公司拟投资建设 2000t/a 固体六氟磷酸锂项目，项目实施主体为公司全资子公司九江天赐高新材料有限公司，该项目总投资为 12557 万元，其中，建设投资 11417 万元，铺底流动资金 1140 万元。

上述拟建设项目完成后，将形成 6000t/a 液体六氟磷酸锂和 2000t/a 固体六氟磷酸锂规模，加上公司现有的 2000t/a 固体六氟磷酸锂产能，折合固体计算，合计拥有固体六氟磷酸锂产能约 6000t/a，可满足约 48000t/a 电解液生产需求。

12 月 1 日 中通客车喜获 200 辆插电式气电混合动力客车订单。

12 月 2 日 陕西省西安市发布全国首份城市充电桩地图。这份充电桩地图由陕西充电网络运营有限公司基于近一年的分散式智能充电桩推广及安装交付，及对全市充电桩建设布局的权威了解绘制而成。陕西充电现已在全市安装交付了 364 台分散式智能充电桩，覆盖六大物业类型、112 个物业停车场，业已成为陕西省唯一一家安装交付、成网运营的智能充电网络运营企业。2016 年，预计将在西安布局分散式智能充电桩至 16000 台。

12 月 7 日 中华人民共和国住房和城乡建设部发布《关于加强城市电动汽车充电设施规划建设工作的通知》。

12 月 8 日 河北省保定市人民政府发布《保定市十二月份空气质量保障超常冲刺实施方案》的通知。通知河北省保定市将对市区范围内的机动车采取禁限行措施，但是纯电动小客车不受限制。

12 月 9 日 工信部发布《锂离子电池行业规范公告管理暂行办法》的通知，办法对于从事锂电池行业的生产企业，提出了经营管理等相应要求，该办法 2016 年 1 月 1 日起实施。

办法对申请公告的企业做了要求：具有独立法人资格；符合国家产业政策和相关发展规划；符合《锂离子电池行业规范条件》；遵守国家法律法规，无重大违法行为。另外，申请公告的企业还应准备锂离子电池行业规范公告申请书；营业执照副本；项目备案或核准文件；项目用地权证或用地审批文件等 12 份材料。

12 月 25 日 吉林省长春市人民政府发布的《2015—2016 年新能源汽车推广应用实施计划》明确，依照中央财政补贴资金标准 1∶1 给予地方财政补贴资金，地方财政补贴资金中省、市财政部门各承担 50%。

12 月 26 日 河北省人民政府发布《河北省加快新能源汽车产业发展和推广应用若干措施的通知》。2015—2019 年更换及新增的城市公交车中纯电动公交车占比分别达到 40%、50%、60%、70%、80%。2015 年在张家口、廊坊市开展纯电动出租车运营试点工作，2016 年起在全省推广。

12 月 29 日 天津交管局发布《关于新能源汽车不受机动车尾号限行等交通管理措施限制的通告》，通告明确，自 2016 年 1 月 1 日起，天津市核发号牌的新能源汽车不受机动车尾号限行管理措施。

12 月 31 日 北京市住建委发布《关于报送居住物业项目新能源汽车移动充电设备需求的通知》，为了加强新能源汽车推广、进一步完善北京市新能源汽车充电服务体系，北京市住建委将组织试点投放新能源小客车移动充电设施，解决新能源小客车在无固定车位或电力负荷紧张的小区充电难的问题。今年计划投放500台移动充电设施，首批投放时间为第二季度，视投放运行情况再确定下一年度投放数量。试点投放工作将由北京市物业服务指导中心组织，采取公开招标购买充电服务的形式投放，由中标的运营机构向物业企业提供移动充电设备，并提供培训指导、设备维护、费用结算等服务，物业企业负责日常使用管理。

节能与新能源汽车

年鉴

第十篇 附录

一、标准目录

1. 国家及行业标准

序号	标准编号	标准名称	标准主要内容	代替标准	采标情况	发布单位	归口单位	起草单位	发布日期	实施日期
1	CJ/T 267－2007	混合动力电动城市客车	本标准规定了混合动力电动城市客车的术语和定义、型号编制规则、要求、试验方法、检验规则、标志、包装、运输及储存 本标准适用车长大于9米、小于等于18米的混合动力电动城市客车（以下简称混合动力客车）	—	—	住房和城乡建设部	建设部城镇建设标准技术归口单位城市建设研究院	建设部科学技术委员会城市车辆专家委员会、清华大学、厦门金龙旅行车有限公司、北汽福田汽车股份有限公司北京客车分公司、安徽安凯汽车股份有限公司、深圳市五洲龙汽车有限公司、东风扬子江汽车（武汉）有限责任公司、中通客车控股股份有限公司、北京航天发射技术研究所、中国南车集团株洲电力机车研究所、湘潭电机股份有限公司	2007年12月21日	2008年5月1日
2	CJ/T 350－2010	电动公共汽车通用技术条件	本标准规定了电动公共汽车的术语和定义、型号编制、基本要求、车辆专用底盘、车身、车辆管理系统与安全设施，试验方法、检验规则、标志，包装、运输和储存 本标准适用于车长大于或等于7米，小于或等于18米的电动公共汽车	—	—	住房和城乡建设部	住房和城乡建设部城镇建设标准技术归口单位城市建设研究院	国家电动汽车试验示范区管理中心、广东省汽车行业协会、北京科技大学电动汽车与新能源控制技术中心、大连电机集团有限公司、珠海市广通汽车有限公司、广州新美景客车制造有限公司、广州市韦顿技术咨询有限公司、湖南省株洲市南车时代电动汽车股份有限公司、佛山市飞驰汽车制造有限公司、广州市铂盛电气科技有限公司	2010年10月21日	2011年5月1日

续表

序号	标准编号	标准名称	标准主要内容	代替标准	采标情况	发布单位	归口单位	起草单位	发布日期	实施日期
3	CJ/T 419－2012	小型电动垃圾车	本标准规定了小型电动垃圾车（简称垃圾车）的术语和定义、要求、试验方法、检验规则、标志、使用说明书和随车文件、运输和贮存 本标准适用于最大总质量不大于3500千克，直接采用二类定型电动汽车底盘改装的纯电动垃圾车，包括：纯电动自卸式垃圾车、纯电动自装卸式垃圾车和纯电动桶装式垃圾运输车	—	—	住房和城乡建设部	住房和城乡建设部市容环境卫生标准化技术委员	中联重科股份有限公司	2012年12月24日	2013年4月1日
4	GB 29303－2012	用于Ⅰ类和电池供电车辆的可开闭保护接地移动式剩余电流装置（SPE－PRCD）	本标准规定了SPE－PRCD的分类、特性、标志和产品资料、使用和安装的标准工作条件、结构和操作的要求试验 本标准适用于与具有Ⅰ类绝缘和电池充电装置的电动车辆一起使用的移动式装置（以下称为“SPE－PRCD”），该移动式装置具有一个可开闭保护接地（SPE） SPE－PRCD由一个插头、一个剩余电流装置（RCD）和一个移动式插座组成 本标准适用于能同时执行检测剩余电流，把该剩余电流值与剩余动作电流值相比较以及当剩余电流超过该值时，断开被保护电路等功能的移动式装置 除了RCD的功能外，SPE－PRCD还能检测引起PE带电危险的电源误接线和/或电源故障（如电源PE线断线或N线断线）。这些SPE－PRCD仅预期使用在TN和TT系统 如果用于IT系统或其他未接地系统（如隔离绕组发电机或隔离变压器），则SPE－PRCD不能运行 由于PE线实际上为断开的电源导线，所以SPE－PRCD在IT系统中不能工作和闭合触头 注1：对于由于电源系统，SPE－PRCD不能运行的场合，可以使用符合GB20044的PRCD 不要求SPE－PRCD具有过电流保护功能 SPE－PRCD预期用在单相或两相电路中，额定电流/额定电压不超过交流16A/250V；或额定电流/额定电压不超过交流32A/130V（对地） SPE－PRCD的额定剩余动作电流不超过30mA，用来对其下端电路的直接接触电击危险提供附加保护。除了固定装置提供的保护以外，该保护是	—	IEC 62335：2008 MOD	国家质量监督检验检疫总局、中国国家标准化管理委员会	全国低压电器标准化技术委员会	上海电科电器科技有限公司、中山市开普电器有限公司、北京ABB低压电器有限公司、苏州益而益电器制造有限公司等	2012年12月31日	2013年12月1日

续表

序号	标准编号	标准名称	标准主要内容	代替标准	采标情况	发布单位	归口单位	起草单位	发布日期	实施日期
4	GB 29303－2012	用于Ⅰ类和电池供电车辆的可开闭保护接地移动式剩余电流装置（SPE－PRCD）	对固定装置提供保护的补充。SPE－PRCD 不能检测人与相线和中性线之间的直接接触，且不能替代电气装置的安全要求 插头和插座应符合有关的标准。如果需要时，对有关的插头和插座系统，允许使用内置熔断器 SPE－PRCD 不能用来作为固定电气装置的一部分使用，或固定地连接在设备上。它们应通过插头连接，其输出端应为移动式插座 如果 SPE－PRCD 的型式使用不正确（如用 LLSE 替代 LNSE），SPE－PRCD 应继续提供保护功能 包含电池的 SPE－PRCD 没有包括在本标准的范围内 在更严酷环境条件下使用的 SPE－PRCD 可能需要补充技术要求 注 2：SPE－PRCD 的要求与 GB16916.1 和 GB20044 的一般要求一致。SPE－PRCD 主要由非专业人员操作并且设计成不需要维修 注 3：SPE－PRCD 的 RCD 部分不用来提供隔离功能，其隔离功能可由插头提供	—	IEC 62335：2008 MOD	国家质量监督检验检疫总局、中国国家标准化管理委员会	全国低压电器标准化技术委员会	上海电科电器科技有限公司、中山市开普电器有限公司、北京 ABB 低压电器有限公司、苏州益而益电器制造有限公司等	2012 年 12 月 31 日	2013 年 12 月 1 日
5	GB 50966－2014	电动汽车充电站设计规范	本规范共 12 章和 1 个附录，主要内容包括：总则，术语和符号，规模及站址选择，总平面布置，充电系统，供配电系统，电能质量，计量系统，监控及通信系统，土建，消防给水和灭火设施，节能与环保等 本规范适用于采用整车充电模式的电动汽车充电站的设计 广大设计、施工、科研、学校等单位有关人员	—	—	住房和城乡建设部	中国电力企业联合会	中国电力企业联合会、国家电网公司	2014 年 01 月 29 日	2014 年 10 月 1 日
6	GB/T 18332.1－2009	电动道路车辆用铅酸蓄电池	GB/T18332 的本部分规定了电动道路车辆用铅酸蓄电池的技术要求、试验方法、检验规则、标志、包装、运输和贮存 本部分适用于以蓄电池作为主要动力源的电动汽车、电动三轮车、高尔夫球车、旅游观光车等使用的铅酸蓄电池（以下简称蓄电池）和蓄电池组 本部分不适用于起动用、电动助力用、牵引用等其他用途的蓄电池和蓄电池组	GB/T 18332.1－2001	MOD IEC 61982－1：2006	国家质量监督检验检疫总局 中国国家标准化管理委员会	全国铅酸蓄电池标准化技术委员会（SAC/TC 69）	沈阳蓄电池研究所、深圳今星光实业有限公司、浙江古越蓄电池有限公司等	2009 年 5 月 6 日	2009 年 11 月 1 日

续表

序号	标准编号	标准名称	标准主要内容	代替标准	采标情况	发布单位	归口单位	起草单位	发布日期	实施日期
7	GB/T 18332.2－2001	电动道路车辆用金属氢化物镍蓄电池	本标准规定了电动道路车辆用密封金属氢化物镍蓄电池的要求、试验方法、检验规则、标志、包装、运输和贮存 本标准适用于电动道路车辆用额定电压12V的密封金属氢化物镍蓄电池	—	IEC 61436－1998	国家质量技术监督局	全国碱性蓄电池标准化技术委员会	国家高新技术型储能材料工程开发中心	2001年3月7日	2001年9月1日
8	GB/T 18333.2－2015	电动汽车用锌空气电池	本标准规定了电动汽车用锌空气电池（以下简称电池）的术语和定义、符号、要求、试验方法、检验规则、标志、包装、运输、贮存 本标准适用于以机械更换式作为能量补充方式的电动车用锌空气电池	GB/Z 18333.2－2001	—	国家质量监督检验检疫总局 中国国家标准化管理委员会	全国汽车标准化技术委员会	武汉泓元伟力新能源科技有限公司、东风扬子江汽车（武汉）有限责任公司、天津大学、中国电子科技集团第十八研究所、中国汽车技术研究中心	2015年2月4日	2015年9月1日
9	GB/T 18384.1－2015	电动汽车安全要求 第1部分：车载可充电储能系统（REESS）	本标准规定了电动汽车驱动系统车载储能装置的安全要求，从而确保使用者和车辆周围环境的安全 本标准适用于车载电路的最大工作电压低于660V（AC）或1000V（DC）（依据GB 156的规定）的电动乘用车和最大设计总质量不超过3500kg的电动商用车辆。最大设计总质量超过3500kg的电动汽车可参照执行 本标准不适用于指导电动汽车的装配、维护和修理	GB/T 18384.1－2001	ISO/DIS 6469.1－2000，MOD	国家质量监督检验检疫总局 中国国家标准化管理委员会	全国汽车标准化技术委员会	中国汽车技术研究中心	2015年5月15日	2015年10月1日
10	GB/T 18384.2－2015	电动汽车安全要求 第2部分：操作安全和故障防护	本标准规定了电动汽车电驱动特殊危险方面的功能安全措施和故障防护的要求 本标准适用于车载电路的最大工作电压低于660 V（AC）或1000 V（DC）（依据GB 156的规定）电动乘用车和最大设计总质量不超过3500 kg的电动商用车辆。最大设计总质量超过3500 kg的电动汽车可参照执行 本标准不适用于指导电动汽车的装配、维护和修理	GB/T 18384.2－2001	ISO/DIS 6469.2－2000，MOD	国家质量监督检验检疫总局 中国国家标准化管理委员会	全国汽车标准化技术委员会	中国汽车技术研究中心	2015年5月15日	2015年10月1日
11	GB/T 18384.3－2015	电动汽车安全要求 第3部分：人员触电防护	本标准规定了电动汽车在没有与外部供电电源相连时人员触电防护的要求。电动汽车与外部供电电源连接时的要求在GB/T 18487.2中作了规定 本标准适用于车载电路的最大工作电压低于660V（AC）或1000V（DC）（依据GB 156的规定）的电动乘用车和最大设计总质量不超过3500kg的电动商用车辆。最大设计总质量超过3500kg的电动汽车可参照执行 本标准不适用于指导电动汽车的装配、维护和修理	GB/T 18384.3－2001	ISO/DIS 6469.3－2000，MOD	国家质量监督检验检疫总局 中国国家标准化管理委员会	全国汽车标准化技术委员会	中国汽车技术研究中心	2015年5月15日	2015年10月1日

续表

序号	标准编号	标准名称	标准主要内容	代替标准	采标情况	发布单位	归口单位	起草单位	发布日期	实施日期
12	GB/T 18385－2005	电动汽车 动力性能 试验方法	本标准规定了纯电动汽车的加速特性、最高车速及爬坡能力等的试验方法 本标准适用于纯电动汽车	GB/T 18385－2001	ISO 8715－2001 MOD	国家质量监督检验检验总局 中国国家标准化管理委员会	全国汽车标准化技术委员会	中国汽车技术研究中心	2005年7月13日	2005年2月1日
13	GB/T 18386－2005	电动汽车 能量消耗率和续驶里程 试验方法	本标准规定了纯电动汽车的能量消耗率和续驶里程的试验方法 本标准适用于纯电动汽车。电动正三轮摩托车可参照执行	GB/T 18386－2001	ISO 8714：2002，MOD	国家质量监督检验检验总局 中国国家标准化管理委员会	全国汽车标准化技术委员会	中国汽车技术研究中心、清华大学	2005年7月13日	2006年2月1日
14	GB/T 18387－2008	电动车辆的电磁场发射强度的限值和测量方法，宽带，9kHz～30MHz	该标准规定了电动车辆在频率范围9kHz～30MHz的磁场和电场的辐射发射的限值和测量方法，以及在频率范围450kHz～30MHz的传导发射的限值和测量方法 本标准中的传导发射测量机适用于车载电池充电系统，其开关频率应在9kHz以上，能量通过金属导体传输	GB/T 18387－2001	MOD SAEJ 551－5 JAN2004	国家质量监督检验检疫总局 中国国家标准化管理委员会	全国汽车标准化技术委员会	中国汽车技术研究中心	2008年1月22日	2008年9月1日
15	GB/T 18388－2005	电动汽车 定型试验规程	本标准规定了纯电动汽车新产品设计定型试验的实施条件、试验项目、试验方法、判定依据和试验报告的内容 本标准适用于纯电动汽车	GB/T 18388－2001	—	国家质量监督检验检疫总局 中国国家标准化管理委员会	全国汽车标准化技术委员会	中国汽车技术研究中心、天津清源电动车辆有限责任公司、中国第一汽车集团公司技术中心	2005年5月23日	2005年10月1日
16	GB/T 18487.1－2001	电动车辆传导充电系统 第1部分 一般要求	本标准适用于交流标称电压最大值为660V，直流标称电压最大值1000V（根据GB 156－1993）的电动车辆充电设备 本标准适用于电动道路车辆充电的设备 本标准不适用于发动机启动、照明和点火装置或类似用途的，家用或其他类似的蓄电池充电系统的充电设备。本标准也不适用于轮椅、室内电动汽车、有轨电车、无轨电车、铁路交通工具以及工业用载重车（如叉式起重车）等非道路用蓄电池充电系统的充电设备	—	eqv IEC 61851－1：2001	国家质量监督检验检疫总局	全国汽车标准化技术委员会	清华大学	2001年1月1日	2002年5月1日

续表

序号	标准编号	标准名称	标准主要内容	代替标准	采标情况	发布单位	归口单位	起草单位	发布日期	实施日期
16	GB/T 18487.1-2001	电动车辆传导充电系统 第1部分 一般要求	本标准不涉及Ⅱ类车辆。本标准规定了对充电设备的基本结构要求，即对供电装置和车辆连接的特性及操作环境的要求；对充电设备的技术要求及针对此要求电动车应有的特性；对供电电压和电流的要求。对充电模式功能的要求；电动车辆连接及对其接口的要求；对专用的插孔、连接器、插头、插座和充电电缆等的要求 本标准还规定了防电击保护等安全要求，但不包括与维护有关的其他安全要求	—	eqv IEC 61851-1:2001	国家质量监督检验检疫总局	全国汽车标准化技术委员会	清华大学	2001年1月1日	2002年5月1日
17	GB/T 18487.1-2015	电动汽车传导充电系统 第1部分：通用要求	本部分规定了电动汽车传导充电系统分类、通用要求、通信、电击防护、电动汽车和供电设备之间的连接、车辆接口和供电接口的特殊要求、供电设备结构要求、性能要求、过载保护和短路保护、急停、使用条件、维修和标识及说明 本部分适用于为电动汽车非车载传导充电的电动汽车供电设备，包括交流充电桩、非车载充电机、电动汽车充电用连接装置等，其供电电源额定电压最大值为1000V AC或1500V DC，额定输出电压最大值为1000V AC或1500V DC	GB/T 18487.1-2001	—	国家质量监督检验检疫总局、中国国家标准化管理委员会	中国电力企业联合会	国家电网公司、中国电力企业联合会、南京南瑞集团公司、中国汽车技术研究中心	2015年12月28日	2016年1月1日
18	GB/T 18487.2-2001	电动车辆传导充电系统 第2部分 电动车辆与交流/直流电源的连接要求	本标准连同GB/T 18487.1给出了电动车辆与交流或支流电源的连接要求。当电动车辆与供电电网连接时，根据GB 156-1993，交流电压最大值为660V，支流电压最大值为1000V。本标准不涉及Ⅱ类车辆 本标准不覆盖保养维修方面的所有安全事项 本标准不适用于无轨电车、铁路机车、工业卡车和原设计为非道路用的车辆	—	IEC/CDV 61851-2-1-1999	国家质量监督检验检疫总局	全国汽车标准化技术委员会	清华大学	2001年1月1日	2002年5月1日
19	GB/T 18487.3-2001	电动车辆传导充电系统 第3部分 电动车辆交流/直流充电机（站）	本标准与GB/T 18487.1结合，给出传导连接到电动车辆的交流/直流充电机（站）的具体要求。对于交流充电站，本标准不包括不具有充电控制功能的盒式装置，它配有给电动车辆提供能源的插座	—	IEC/CDV 61851-2-2-1999；MOD IEC/CDV 61851-2-3-1999；MOD JEVS G101-1993；SAE-J 1772-1996	国家质量监督检验检疫总局	全国汽车标准化技术委员会	清华大学	2001年1月1日	2002年5月1日

续表

序号	标准编号	标准名称	标准主要内容	代替标准	采标情况	发布单位	归口单位	起草单位	发布日期	实施日期
20	GB/T 18488.1-2015	电动汽车用驱动电机系统 第1部分：技术条件	本部分规定了电动汽车用驱动电机系统的工作制、电压等级、型号命名、要求、检验规则以及标志与标识等 本部分适用于电动汽车用驱动电机系统、驱动电机、驱动电机控制器。对仅具有发电功能的车用电机及其控制器，可参照本部分执行	GB/T 18488.1-2006	—	国家质量监督检验检疫总局 中国国家标准化管理委员会	全国汽车标准化技术委员会	中国科学院电工研究所、北京理工大学、株洲电力机车研究所	2015年2月4日	2015年9月1日
21	GB/T 18488.2-2015	电动汽车用驱动电机系统 第2部分：试验方法	本部分规定了电动汽车用驱动电机系统试验用的仪器仪表、试验准备及各项试验方法 本部分适用于电动汽车用驱动电机系统、驱动电机、驱动电机控制器。对仅具有发电功能的车用电机及其控制器，可参照本部分执行	GB/T 18488.2-2006	—	国家质量监督检验检疫总局 中国国家标准化管理委员会	全国汽车标准化技术委员会	中国科学院电工研究所、北京理工大学、株洲电力机车研究所	2015年2月4日	2015年9月1日
22	GB/T 19596-2004	电动汽车术语	本标准规定了与电动汽车相关的术语及其定义 本标准适用于电动汽车整车、电机及控制器、蓄电池及充电器	—	NEQ ISO 8713：2002	国家质量监督检验检疫总局 中国国家标准化管理委员会	全国碱性蓄电池标准化技术委员会	中国汽车技术研究中心	2004年11月2日	2005年6月1日
23	GB/T 19750-2005	混合动力电动汽车 定型试验规程	本标准规定了混合动力电动汽车新产品设计定型试验的实施条件、试验项目、试验方法、判定依据和试验报告的内容 本标准适用于混合动力电动汽车	—	—	国家质量监督检验检疫总局 中国国家标准化管理委员会	全国汽车标准化技术委员会	中国汽车技术研究中心、天津清源电动车辆有限责任公司、中国第一汽车集团公司技术中心	2005年5月23日	2005年10月1日
24	GB/T 19751-2005	混合动力电动汽车安全要求	本标准规定了M类混合动力电动汽车特殊的安全要求 本标准适用于车载电路的最大工作电压低于660 V（AC）或1000 V（DC）的M类混合动力电动汽车。其他类混合动力电动汽车可参照执行	—	ECE R100 NEQ ETA HTP001 NEQ	国家质量监督检验检疫总局 中国国家标准化管理委员会	全国汽车标准化技术委员会	中国汽车技术研究中心、清华大学、东风电动车辆有限公司	2005年5月23日	2005年10月1日
25	GB/T 19752-2005	混合动力电动汽车 动力性能 试验方法	本标准规定了混合动力电动汽车动力性能试验方法 本标准适用于GB/T 15089所定义的M1、M2、M3、N1、N2、N3型的混合动力车辆	—	EN 1821-2 NEQ ETA TP002 NEQ	国家质量监督检验检疫总局 中国国家标准化管理委员会	全国汽车标准化技术委员会	天津清源电动车辆有限责任公司、中国汽车技术研究中心	2005年5月23日	2005年10月1日

续表

序号	标准编号	标准名称	标准主要内容	代替标准	采标情况	发布单位	归口单位	起草单位	发布日期	实施日期
26	GB/T 19753－2013	轻型混合动力电动汽车能量消耗量试验方法	本标准规定了装用点燃式发动机或装用压燃式发动机的轻型混合动力电动汽车能量消耗量的试验方法 本标准适用于装用点燃式发动机或压燃式发动机的最大总质量不超过 3.5t 的 M 类、M 类和 N，类混合动力电动汽车	GB/T 19753－2005	—	国家质量监督检验检疫总局 中国国家标准化管理委员会	全国汽车标准化技术委员会	天津清源电动车辆有限责任公司、中国汽车技术研究中心、奇瑞汽车股份有限公司	2013 年 12 月 31 日	2014 年 6 月 1 日
27	GB/T 19754－2015	重型混合动力电动汽车能量消耗量试验方法	本标准规定了重型混合动力电力汽车在底盘测功机或道路上进行能量消耗量试验的试验方法 本标准适用于最大总质量超过 3.5t 的重型混合动力电动汽车，本标准不推荐对重型混合动力电动汽车在使用空调的状况下进行能量消耗量的试验	GB/T 19754－2005	SAE J2711－2002 NEQ ECE R101.01－2003 NEQ	国家质量监督检验检疫总局 中国国家标准化管理委员会	全国汽车标准化技术委员会	东风电动汽车股份有限公司、中国汽车技术研究中心	2015 年 5 月 15 日	2015 年 10 月 1 日
28	GB/T 19755－2005	轻型混合动力电动汽车污染物排放测量方法	本标准规定了装用点燃式发动机轻型混合动力电动汽车冷起动后排气污染物排放、曲轴箱气体排放、蒸发排放的测量方法，以及装用压燃式发动机的轻型混合动力电动汽车冷起动后排气污染物排放的测量方法 本标准适用于装用点燃式发动机或压燃式发动机最大设计车速大于或等于 50 km/h 的轻型混合动力电动汽车	—	ECE R83－2002 NEQ	国家质量监督检验检疫总局 中国国家标准化管理委员会	全国汽车标准化技术委员会	中国汽车技术研究中心、天津清源电动车辆有限公司	2005 年 5 月 23 日	2005 年 10 月 1 日
29	GB/T 19836－2005	电动汽车用仪表	本标准规定了电动汽车仪表的类别和一般要求 本标准适用于电动汽车用仪表	—	IEC 784：1984，NEQ	国家质量监督检验检验总局 中国国家标准化管理委员会	全国汽车标准化技术委员会	中国汽车技术研究中心	2005 年 7 月 13 日	2006 年 2 月 1 日
30	GB/T 20042.1－2005	质子交换膜燃料电池术语	本部分提出了质子交换膜燃料电池技术及其应用领域内使用的术语和定义 本部分适用于各种类型的质子交换膜燃料电池	—	IEC 62282－1－2004 NEQ IEC 62282－2－2003 NEQ IEC 62282－4－2003 NEQ	国家质量监督检验检疫总局 中国国家标准化管理委员会	中国电器工业协会	机械工业北京电工技术经济研究所、大连新源动力股份有限公司、中科院大连化物所、北京飞驰绿能电源技术有限公司等	2005 年 9 月 19 日	2006 年 6 月 1 日

续表

序号	标准编号	标准名称	标准主要内容	代替标准	采标情况	发布单位	归口单位	起草单位	发布日期	实施日期
31	GB/T 20042.2-2008	质子交换膜燃料电池电池堆通用技术条件	GB/T20042 本部分规定了质子交换膜燃料电池堆（包括直接醇类燃料电池堆）的安全、性能的基本要求，型式检验、例行检验的项目、试验方法以及标志与说明文件等方面的要求 本部分适用于质子交换膜燃料电池堆（包括直接醇类燃料电池堆） 本部分仅涉及会对人体和燃料电池外部环境造成危害的情形，而对燃料电池堆内部损伤的防护，只要不影响燃料电池堆外的安全，本部分不作规定 本部分不包括燃料和氧化剂的储存装置以及燃料和氧化剂输送过程与输送装置 如果有更好的材料或新的结构，又能通过本部分规定的检验并满足相关要求，也可以认为是符合本部分的	—	—	国家质量监督检验检疫总局 中国家标准化管理委员会	全国燃料电池标准化技术委员会	大连新源动力股份有限公司、中科院大连化物所、机械工业北京电工技术经济研究所、上海神力科技有限公司等	2008年5月20日	2009年1月1日
32	GB/T 20042.3-2009	质子交换膜燃料电池 第3部分：质子交换膜测试方法	GB/T 20042 的本部分规定了质子交换膜燃料电池用质子交换膜测试方法的术语和定义、厚度均匀性测试、质子传导率测试、离子交换当量测试、透气率测试、拉伸性能测试、溶胀率测试和吸水率测试等 本部分适用于各种类型的质子交换膜	—	—	国家质量监督检验检疫总局 中国家标准化管理委员会	全国燃料电池标准化技术委员会	中国科学院大连化学物理研究所、机械工业北京电工技术经济研究所	2009年4月21日	2009年11月1日
33	GB/T 20042.4-2009	质子交换膜燃料电池 第4部分：电催化剂测试方法	GB/T 20042 的本部分规定了质子交换膜燃料电池电催化剂测试方法的术语和定义、铂含量测试、电化学活性面积测试、比表面积、孔容、孔径分布测试、形貌及粒径分布测试、晶体结构测试、催化剂堆密度测试以及单电池极化曲线测试等 本部分适用于各种类型的质子交换膜燃料电池铂基（Pt基）电催化剂	—	—	国家质量监督检验检疫总局 中国家标准化管理委员会	全国燃料电池标准化技术委员会	中国科学院大连化学物理研究所、机械工业北京电工技术经济研究所	2009年4月21日	2009年11月1日
34	GB/T 20042.5-2009	质子交换膜燃料电池 第5部分：膜电极测试方法	GB/T20042 的本部分规定了质子交换膜燃料电池膜电极（MEA）测试方法的术语和定义、厚度均匀性测试、Pt担载量测试、单电池极化曲线测试、透氢电流密度测试、活化极化过电位与欧姆极化过电位测试、电化学活性面积测试 本部分适用于各种类型的质子交换膜燃料电池	—	—	国家质量监督检验检疫总局 中国家标准化管理委员会	全国燃料电池标准化技术委员会	中国科学院大连化学物理研究所、机械工业北京电工技术经济研究所	2009年4月21日	2009年11月1日

续表

序号	标准编号	标准名称	标准主要内容	代替标准	采标情况	发布单位	归口单位	起草单位	发布日期	实施日期
35	GB/T 20042.6－2011	质子交换膜燃料电池 第6部分：双极板特性测试方法	GB/T20046 的本部分规定了质子交换膜燃料电池双极板特性测试方法的术语和定义、双极板材料的气体致密性测试、抗弯强度测试、密度测试、电阻测试和腐蚀电流密度测试等；双极板部件的气体致密性测试、阻力降测试、面积利用率测试、厚度均匀性测试、平面度测试、重量测试和电阻测试等 本部分适用于各种类型的质子交换膜燃料电池用双极板材料和部件。本标准主要分为双极板材料特性测试和双极板部件特性测试两部分	—	—	国家质量监督检验检疫总局 中国国家标准化管理委员会	全国燃料电池标准化技术委员会	中国科学院大连化学物理研究所、机械工业北京电工技术经济研究所	2011年12月30日	2012年5月1日
36	GB/T 20042.7－2014	质子交换膜燃料电池 第7部分：炭纸特性测试方法	GB/T20042 的本部分给出了质子交换膜燃料电池炭纸特性测试方法的术语和定义、厚度均匀性测试、电阻测试、机械强度测试、透气率测试、孔隙率测试、表观密度测试、面密度测试、粗糙度测试和测试报告 本部分适用于质子交换膜燃料电池用各种类型的炭纸	—	—	国家质量监督检验检疫总局 中国国家标准化管理委员会	全国燃料电池标准化技术委员会	中国科学院大连化学物理研究所、机械工业北京电工技术经济研究所、新源动力股份有限公司、武汉邮电科学研究院、清华大学、武汉理工新能源有限公司、武汉理工大学、宁波拜特测控技术有限公司、南京大学昆山创新研究院、同济大学	2014年12月5日	2015年7月1日
37	GB/T 20234.1－2015	电动汽车传导充电用连接装置 第1部分：通用要求	本部分规定了电动汽车传导充电用连接装置的定义、要求、试验方法和检验规则 本部分适用于电动汽车传导式充电用的充电连接装置，其： 交流额定电压不超过690 V，频率50 Hz，额定电流不超过250 A； 直流额定电压不超过1000 V，额定电流不超过400 A 如果充电连接装置的供电接口使用了符合GB 2099.1和GB 1002的标准化插头插座，则本部分不适用于这些插头插座 注：本部分中的车辆是指可外接充电的电动汽车	GB/T 20234.1－2011	—	国家质量监督检验检疫总局、中国国家标准化管理委员会	全国汽车标准化技术委员会	中国汽车技术研究中心、中国电力企业联合会、中国电器科学研究院有限公司	2015年12月28日	2016年1月1日

续表

序号	标准编号	标准名称	标准主要内容	代替标准	采标情况	发布单位	归口单位	起草单位	发布日期	实施日期
38	GB/T 20234.2-2015	电动汽车传导充电用连接装置 第2部分：交流充电接口	本部分规定了电动汽车传导充电用交流充电接口的通用要求、功能定义、型式结构、参数和尺寸 本部分适用于电动汽车传导充电用的交流充电接口，其额定电压不超过 440V（AC），频率 50Hz，额定电流不超过 63A（AC） 注：如果交流充电接口的供电接口使用了符合 GB2099.1 和 GB1002 的标准化插头插座，则本部分不适用于这些插头插座	GB/T 20234.2-2011	—	国家质量监督检验检疫总局、中国国家标准化管理委员会	全国汽车标准化技术委员会	中国汽车技术研究中心、国家电网公司、中国电器科学研究院有限公司	2015年12月28日	2016年1月1日
39	GB/T 20234.3-2015	电动汽车传导充电用连接装置 第3部分：直流充电接口	本部分规定了电动汽车传导充电用直流充电接口的通用要求、功能定义、型式结构、参数和尺寸 本部分适用于充电模式 4 及连接方式 C 的车辆接口，其额定电压不超过 1000 V（DC）、额定电流不超过 250 A（DC）	GB/T 20234.3-2011	—	国家质量监督检验检疫总局、中国国家标准化管理委员会	全国汽车标准化技术委员会	中国汽车技术研究中心、国家电网公司、中国电器科学研究院有限公司	2015年12月28日	2016年1月1日
40	GB/T 22068-2008	汽车空调用电动压缩机总成	本标准为首次制定。本标准规定了汽车空调用电动压缩机总成的术语和定义、型式与基本参数、要求、试验方法、检验规则、标志、包装、运输和贮存 本标准适用于制冷剂为 HFC-134a、排量大于等于 10cm3/r 且小于等于 40 cm3/r 的电动机驱动的涡旋式空调压缩机总成	—	—	中国机械工业联合会	全国冷冻空调设备标准化技术委员会和全国汽车标准化技术委员会	上海三电贝再汽车空调有限公司	2008年7月1日	2009年2月1日
41	GB/T 23645-2009	乘用车用燃料电池发电系统测试方法	本标准规定了乘用车用燃料电池发电系统测试方面的术语和定义、测试用仪表精度的要求、试验前准备工作及试验条件和性能试验方法	—	—	国家质量监督检验检疫总局 中国国家标准化管理委员会	全国燃料电池标准化技术委员会	同济大学、机械工业北京电工技术经济研究所、上海攀业氢能源科技有限公司等	2009年4月21日	2009年11月1日
42	GB/T 24347-2009	电动汽车 DC/DC 变换器	本标准规定了电动汽车 DC/DC 变换器的要求、试验方法、检验规则、标志、包装、运输、贮存等 本标准适用于电动汽车动力电源系统用 DC/DC 变换器。附件和控制系统低压（12V、24V）电源系统使用的 DC/DC 变换器可参照本标准相关内容 本标准中涉及的 DC/DC 变换器的功率等级为千瓦级（1kW～200kW）；不包括模块式小功率 DC/DC 变换器	—	—	国家质量监督检验检疫总局 中国国家标准化管理委员会	全国汽车标准化技术委员会	清华大学、中国汽车技术研究中心、北京航空航天大学、南车集团株洲电力机车研究所	2009年9月30日	2010年2月1日

续表

序号	标准编号	标准名称	标准主要内容	代替标准	采标情况	发布单位	归口单位	起草单位	发布日期	实施日期
43	GB/T 24548－2009	燃料电池汽车整车 术语	本标准规定了与燃料电池电动汽车相关的术语及其定义 本标准适用于使用气态氢的燃料电池电动汽车整车及部件	—	—	国家质量监督检验检疫总局 中国国家标准化管理委员会	全国汽车标准化技术委员会	上海汽车集团股份有限公司、中国汽车技术研究中心、同济大学	2009年10月30日	2010年7月1日
44	GB/T 24549－2009	燃料电池汽车安全要求	本标准规定了燃料电池电动汽车特有的燃料系统、燃料电池系统、动力电路系统、功能、故障防护和碰撞等方面的安全要求 本标准适用于使用气态氢的燃料电池电动汽车	—	—	国家质量监督检验检疫总局 中国国家标准化管理委员会	全国汽车标准化技术委员会	中国汽车技术研究中心、上海汽车集团股份有限公司、同济大学	2009年10月30日	2010年7月1日
45	GB/T 24552－2009	电动汽车风窗玻璃除霜除雾系统的性能要求及试验方法	本标准规定了电动汽车风窗玻璃除霜、除雾系统的性能要求及试验方法 本标准适用于除霜、除雾系统使用动力电池作为动力源的M1类纯电动汽车	—	—	国家质量监督检验检疫总局 中国国家标准化管理委员会	全国汽车标准化技术委员会	中国汽车技术研究中心	2009年10月30日	2010年7月1日
46	GB/T 24554－2009	燃料电池发动机性能试验方法	本标准规定了燃料电池发动机起动特性、稳态特性、动态响应特性、气密性检测、绝缘电阻检测等试验方法 本标准适用于车用质子交换膜燃料电池发动机	—	—	国家质量监督检验检疫总局 中国国家标准化管理委员会	全国汽车标准化技术委员会	同济大学、中国汽车技术研究中心、清华大学	2009年10月30日	2010年7月1日
47	GB/T 25319－2010	汽车用燃料电池发电系统 技术条件	本标准规定了汽车用质子交换膜燃料电池发电系统的术语与符号、要求、试验方法、检验规则和标识、说明和技术文件 本标准适用于汽车用质子交换膜燃料电池发电系统（以下简称发电系统）	—	—	国家质量监督检验检疫总局 中国国家标准化管理委员会	全国燃料电池标准化技术委员会	上海神力科技有限公司、机械工业北京电工技术经济研究所、上海攀业氢能源科技有限公司等	2010年11月10日	2011年5月1日
48	GB/T 26779－2011	燃料电池电动汽车 加氢口	该标准规定了燃料电池电动汽车加氢口的定义、型式、要求、试验方法、检验规则。适用于使用压缩氢气为工作介质，工作压力不超过35MPa，工作环境温度为－40℃～60℃的燃料电池电动汽车	—	—	国家质量监督检验检疫总局 中国国家标准化管理委员会	全国汽车标准化技术委员会	中国汽车技术研究中心、清华大学、同济大学、上海神力科技有限公司等	2011年7月20日	2012年1月1日
49	GB/T 26990－2011	燃料电池电动汽车 车载氢系统 技术要求	本标准规定了燃料电池电动汽车的车载氢系统的技术条件 本标准适用于使用压缩氢作为燃料，在环境温度15℃时，工作压力不超过35MPa的燃料电池电动汽车	—	—	国家质量监督检验检疫总局 中国国家标准化管理委员会	全国汽车标准化技术委员会	清华大学、中国汽车技术研究中心	2011年9月29日	2012年3月1日

续表

序号	标准编号	标准名称	标准主要内容	代替标准	采标情况	发布单位	归口单位	起草单位	发布日期	实施日期
50	GB/T 26991－2011	燃料电池电动汽车 最高车速 试验方法	本标准规定了燃料电池混合动力电动汽车最高车速的试验方法 本标准适用于使用压缩氢气的燃料电池混合动力电动汽车（FCHEV）	—	ISO/TR 11954：2008 MOD	国家质量监督检验检疫总局 中国国家标准化管理委员会	全国汽车标准化技术委员会	中国汽车技术研究中心、同济大学、上海机动车检测中心、上海汽车公司、清华大学	2011年9月29日	2012年3月1日
51	GB/T 27748.1－2011	固定式燃料电池发电系统 第1部分：安全	GB/T 27748 的本部分是产品的安全标准，适用于 IEC 指南 104：1997，ISO/IEC 指南 51：1999 和 ISO/IEC 指南 7：1994 所要求的产品符合性评定工作 本部分适用于固定式燃料电池发电系统，该系统可以是组装的，自成体系的或由制造商提供完整集成系统的形式，均为通过电化学反应来发电的装置	—	IEC 62282－3－1：2007 IDT	国家质量监督检验检疫总局 中国国家标准化管理委员会	全国燃料电池标准化技术委员会	机械工业北京电工技术经济研究所、中国科学院大连化学物理研究所、上海攀业氢能源科技有限公司、上海神力科技有限公司、新源动力股份有限公司等	2011年12月30日	2012年5月1日
52	GB/T 27748.2－2013	固定式燃料电池发电系统 第2部分：性能试验方法	GB/T27748 的本部分规定了固定式燃料电池发电系统（以下简称“发电系统”）的运行性能和环境影响 本部分适用于以下试验方法： ——在规定运行条件和瞬变工况下的功率输出； ——在规定运行条件下的发电效率和热效率； ——环境特性：例如，在规定运行条件和瞬变工况下的气体排放、噪声等； ——本标准未提供电磁兼容性（EMC）试验 本部分不适用于输出电功率小于 10kW 的小型固定式聚合物燃料电池发电系统，尚未出台的 IEC62282－3－201 适用于该类型系统 由于燃料电池类型及应用不同，以及输入与输出的流体物质和能量形式的不同，发电系统可以有不同的子系统。但是，为了评估发电系统，本部分定义了一个通用的系统示意图及边界（见图1）。为确定发电系统的试验边界，考虑以下条件： ——所有能量回收系统都包括在试验边界之内； ——任何类型的电能储存装置都被认为在试验边界之外； ——输入燃料（例如天然气、丙烷气、纯氢气等）的热值计算是基于其在发电系统边界处的状态来进行的	—	IEC 62282－3－200：2011 IDT	国家质量监督检验检疫总局 中国国家标准化管理委员会	全国燃料电池标准化技术委员会	上海神力科技有限公司、机械工业北京电工技术经济研究所、中科院上海硅酸盐研究所、深圳市华测检测技术股份有限公司、上海攀业氢能源科技有限公司、中国科学院大连化学物理研究所、武汉理工大学、宁波拜特测控技术有限公司、武汉银泰科技燃料电池有限公司、新源动力股份有限公司、南京大学昆山创新研究院、清华大学、同济大学、北京久安通氢能科技有限公司等	2013年11月12日	2014年3月7日

续表

序号	标准编号	标准名称	标准主要内容	代替标准	采标情况	发布单位	归口单位	起草单位	发布日期	实施日期
53	GB/T 27748.3－2011	固定式燃料电池发电系统 第3部分：安装	GB/T27748 的本部分规定了固定式燃料电池发电系统，在符合 GB/T27748.1—2011《固定式燃料电池发电系统 安全》的条件下，进行室内和室外安装的最低安全要求，并且适用用于下述系统的安装： ——直接或通过转换开关电气联接至主设备； ——独立配电系统； ——可提供交流电或直流电的装置； ——有或无回收热量的装置 本部分不适用于： ——燃料供应和/或燃料贮存系统； ——联接至电网的联接器； ——便携式燃料电池发电系统； ——驱动式燃料电池发电系统； ——辅助动力装置电力单元（APU）应用设备	—	IEC 62282－3－3：2007 IDT	国家质量监督检验检疫总局 中国国家标准化管理委员会	全国燃料电池标准化技术委员会	机械工业北京电工技术经济研究所、中国科学院大连化学物理研究所、深圳华测检测技术股份有限公司、上海攀业氢能源科技有限公司、上海神力科技有限公司、新源动力股份有限公司等	2011年12月30日	2012年5月1日
54	GB/T 27930－2015	电动汽车非车载传导式充电机与电池管理系统之间的通信协议	本标准规定了电动汽车非车载传导式充电机与电池管理系统之间基于控制器局域网（Control Area Network，以下简称 CAN）的通信物理层、数据链路层及应用层的定义 本标准适用于采用 GB/T 18487.1 规定的充电模式 4 的充电机与 BMS 之间的通信，也适用于充电机与具有充电控制功能的车辆控制单元之间的通信	GB/T 27930－2011	—	国家质量监督检验检疫总局、中国国家标准化管理委员会	全国汽车标准化技术委员会	国家电网公司、中国能源建设集团广东省电力设计研究院有限公司、南京南瑞集团公司等	2015年12月28日	2016年1月1日
55	GB/T 28183－2011	客车用燃料电池发电系统测试方法	本标准规定了客车用燃料电池发电系统测试方面的术语和定义、技术要求、燃料电池发电系统的测试项目指标、试验过程及测试方法、燃料电池发电系统绝缘性测试、质量测试、试验结果整理和试验报告 本标准规定的测试内容包括：燃料电池发电系统密封性测试、常温起动性能测试、工况法性能测试、绝缘性测试和质量测量 本标准适用于客车用质子交换膜燃料电池发电系统	—	—	国家质量监督检验检疫总局	全国燃料电池标准化技术委员会	清华大学、机械工业北京电工技术经济研究所、上海神力科技有限公司、同济大学、上海攀业氢能科技有限公司、北京清能华通科技发展有限公司、上汽汽车集团股份有限公司、武汉理工大学、新源动力股份有限公司等	2011年12月30日	2012年6月1日
56	GB/T 28382－2012	纯电动乘用车 技术条件	本标准规定了座位数在 5 座及以下的纯电动乘用车的术语和定义、技术要求和试验方法 本标准适用于使用动力蓄电池驱动的纯电动乘用车	—	—	国家质量监督检验检疫总局 中国国家标准化管理委员会	全国气车标准化技术委员会	中国汽车技术研究中心、天津清源电动车辆有限责任公司	2012年5月11日	2012年7月1日

续表

序号	标准编号	标准名称	标准主要内容	代替标准	采标情况	发布单位	归口单位	起草单位	发布日期	实施日期
57	GB/T 28569－2012	电动汽车交流充电桩电能计量	本标准规定了电动汽车交流充电桩电能计量的技术要求及电能计量装置的配置安装要求、试验方法和检验规则 本标准适用于交流充电桩的电能计量	—	—	国家质量监督检验检疫总局 中国国家标准化管理委员会	中国电力企业联合会	国家电网公司、中国电力科学研究院、国网电力科学研究院等	2012年6月29日	2012年11月1日
58	GB/T 28816－2012	燃料电池术语	本标准以图表、定义和方程等方式提供了统一的燃料电池术语 本标准适用于固定式、交通、便携式和微型发电等所有燃料电池技术相关的应用 本标准中没有的词或短语，可在标准词典、工程参考资料或 IEC60050 系列标准中找到。注：IEC62282 的第一版意在为使用燃料电池标准 IEC-TC105 系列燃料电池标准的工作组和用户提供一个资源，而第二版已经扩展为通用燃料电池术语源	—	IEC/TS 62282－1：2010	国家质量监督检验检疫总局 中国国家标准化管理委员会	全国燃料电池标准化技术委员会	机械工业北京电工技术经济研究所、武汉银泰科技燃料电池有限公司、上海神力科技有限公司、北京清能华通科技发展有限公司、同济大学、清华大学、武汉理工大学、中科院大连化学物理研究所、新源动力公司等	2012年11月5日	2013年2月1日
59	GB/T 28817－2012	聚合物电解质燃料电池单电池测试方法	本标准规定了电池的组装、试验装置、测量仪器和测量方法、性能试验方法以及聚合物电解质燃料电池单电池的试验报告等 本标准适用于以下三项的评估： （a）聚合物电解质燃料电池膜电极组件的性能； （b）聚合物电解质燃料电池其他组件的材料或结构； （c）燃料和空气中杂质对电池性能的影响	—	IEC/TS 62282－7－1：2010	国家质量监督检验检疫总局 中国国家标准化管理委员会	全国燃料电池标准化技术委员会	中科院大连化学物理研究所、机械工业北京电工技术经济研究所、上海神力科技有限公司、北京清能华通科技发展有限公司、上海汽车集团股份有限公司新能源汽车事业部等	2012年11月5日	2013年2月1日
60	GB/T 28817－2012	聚合物电解质燃料电池单电池测试方法	本标准规定了电池的组装、试验装置、测量仪器和测量方法、性能试验方法以及聚合物电解质燃料电池单电池的试验报告等 本标准适用于以下三项的评估： （a）聚合物电解质燃料电池膜电极组件的性能； （b）聚合物电解质燃料电池其他组件的材料或结构； （c）燃料和空气中杂质对电池性能的影响	—	IEC/TS 62282－7－1：2010	国家质量监督检验检疫总局 中国国家标准化管理委员会	全国燃料电池标准化技术委员会	中科院大连化学物理研究所、机械工业北京电工技术经济研究所、上海神力科技有限公司、北京清能华通科技发展有限公司、上海汽车集团股份有限公司新能源汽车事业部、武汉理工大学、新源动力股份有限公司、清华大学、同济大学、上海攀业氢能源科技有限公司、武汉银泰科技燃料电池有限公司、深圳市标准技术研究院	2012年11月5日	2013年2月1日

续表

序号	标准编号	标准名称	标准主要内容	代替标准	采标情况	发布单位	归口单位	起草单位	发布日期	实施日期
61	GB/T 29123－2012	示范运行氢燃料电池电动汽车技术规范	本标准规定了进行示范运行的压缩氢燃料电池电动汽车的术语和定义、实施示范运行的基本条件、运行中危害的预防、汽车的启动、停放与存放、氢燃料的加注、意外事故的处理预案与培训、行驶等 本标准适用于在指定道路上进行示范运行的压缩氢燃料电池电动汽车（以下简称汽车），其氢系统的额定工作压力不大于35MPa	—	—	国家质量监督检验检疫总局 中国国家标准化管理委员会	全国汽车标准化技术委员会	清华大学、中国汽车技术研究中心	2012年12月31日	2013年7月1日
62	GB/T 29124－2012	氢燃料电池电动汽车示范运行配套设施规范	本标准规定了压缩氢燃料电池电动汽车示范运行配套设施的术语和定义、实施示范运行的基本条件、基本要求、加氢站（车）及氢燃料的加注、停车场所与维修车间的相关规范等 本标准适用于压缩氢系统的额定工作压力不大于35MPa的氢燃料电池电动汽车（以下简称汽车）示范运行相配套的加氢站、停车场所和维修车间	—	—	国家质量监督检验检疫总局 中国国家标准化管理委员会	全国汽车标准化技术委员会	清华大学、中国汽车技术研究中心	2012年12月31日	2013年7月1日
63	GB/T 29126－2012	燃料电池电动汽车车载氢系统试验方法	本标准规定了燃料电池电动汽车的车载氢系统的试验方法 本标准适用于使用压缩氢作为燃料，环境温度15℃时，工作压力不超过35MPa的燃料电池电动汽车	—	—	国家质量监督检验检疫总局 中国国家标准化管理委员会	全国汽车标准化技术委员会	中国汽车技术研究中心、浙江大学化工机械研究所、清华大学、同济大学、深圳市标准技术研究院、上海神力科技有限公司、大连化学物理研究所、上海舜华新能源系统有限公司	2012年12月31日	2013年7月1日
64	GB/T 29307－2012	电动汽车用驱动电机系统可靠性试验方法	本标准规定了电动汽车用驱动电机系统在台架上的一般可靠性试验方法，其中包括可靠性试验负荷规范及可靠性评定方法 本标准适用于最终动力输出为电动机单独驱动或电动机和发动机联合驱动的电动汽车用驱动电机系统	—	—	国家质量监督检验检疫总局 中国国家标准化管理委员会	全国汽车标准化技术委员会	北京理工大学、中国汽车技术研究中心、上海电驱动有限公司、南车株洲电力机车研究所有限公司、天津清源电动车辆有限责任公司、上海汽车集团股份有限公司、深圳市比亚迪汽车有限公司、重庆长安新能源汽车有限公司、北京中纺锐力机电有限公司、大洋电机新动力科技有限公司、精进电动科技（北京）有限公司	2012年12月31日	2013年6月1日

续表

序号	标准编号	标准名称	标准主要内容	代替标准	采标情况	发布单位	归口单位	起草单位	发布日期	实施日期
65	GB/T 29316－2012	电动汽车充换电设施电能质量技术要求	本标准规定了电动汽车充换电设施电能质量相关标准及检测的要求 本标准适用于电动汽车充换电设施，包括交流充电桩，充、换电站	—	—	国家质量监督检验检疫总局 中国国家标准化管理委员会	中国电力企业联合会	中国南方电网有限责任公司、南方电网科学研究院、国网电力科学研究院等	2012年12月31日	2013年6月1日
66	GB/T 29317－2012	电动汽车充换电设施术语	本标准规定了与电动汽车充换电设施相关的术语及其定义 本标准适用于采用传导充电方式的电动汽车充换电设施	—	—	国家质量监督检验检疫总局 中国国家标准化管理委员会	中国电力企业联合会	国家电网公司、中国电力科学研究院、南方电网科学研究院、国网电力科学研究院、许继集团有限公司、浙江省电力公司、天津市电力公司、广东电网公司电力科学研究院、天津清源电动车辆有限责任公司	2012年12月31日	2013年6月1日
67	GB/T 29318－2012	电动汽车非车载充电机电能计量	本标准规定了电动汽车非车载充电机（以下简称充电机）计量用直流电能计量装置的配置安装要求、技术要求、试验方法和检验规则，规定了充电机计量技术要求 本标准适用于充电机的电能计量	—	—	国家质量监督检验检疫总局 中国国家标准化管理委员会	中国电力企业联合会	国家电网公司、中国电力科学研究院、中国计量科学研究院、国网电力科学研究院、云南电力试验研究院、许继集团有限公司、冀北电力有限公司、辽宁省电力公司	2012年12月31日	2013年6月1日
68	GB/T 29772－2013	电动汽车电池更换站通用技术要求	本标准规定了电动汽车电池更换站的建设类型、选址、供电系统、充电与电池更换系统、监控系统、行车道和停车位、土建、安全和消防、标志和标识等 本标准适用于电动汽车电池更换站，电动汽车电池配送中心也可参照本标准执行	—	—	国家质量监督检验检疫总局 中国国家标准化管理委员会	中国电力企业联合会	国家电网公司、中国电力科学研究院、南方电网科学研究院、国网电力科学研究院等	2013年10月10日	2014年2月1日
69	GB/T 29781－2013	电动汽车充电站通用要求	本标准规定了电动汽车充电站（以下简称充电站）的选址原则、供电系统、充电系统、监控系统、电能计量、行车道、停车位、安全要求、标志和标识 本标准适用于采用整车充电方式为电动汽车动力蓄电池进行传导式充电的充电站	—	—	国家质量监督检验检疫总局 中国国家标准化管理委员会	中国电力企业联合会	国家电网公司、中国电力科学研究院、国网电力科学研究院、中国汽车技术研究中心、深圳市比亚迪汽车有限公司、北京理工大学、北京交通大学、哈尔滨光宇电源股份有限公司	2013年10月10日	2014年2月1日

续表

序号	标准编号	标准名称	标准主要内容	代替标准	采标情况	发布单位	归口单位	起草单位	发布日期	实施日期
70	GB/T 29838 - 2013	燃料电池模块	本标准分提出燃料电池模块安全和性能最低要求，适用于下列电解质燃料电池模块： ——碱性； ——聚合物电解质（包括直接甲醇燃料电池）； ——磷酸； ——熔融碳酸盐； ——固体氧化物； ——电解液 燃料电池模块含或不含封装，操作压力为常压及以上。本标准只涉及对人体和模块外部产生的危险，不导致模块外部危险的模块内部损害防护本标准不予考虑 针对特殊应用的需要，要求部分可用含燃料电池模块设备的其他标准取代 本标准不包括道路车辆用燃料电池模块 本标准并不限制或抑制技术进步。如果电器材料或结构形式有异于本标准所述，可根据要求目的进行检查和试验，若实质等同，可视为符合本标准 燃料电池模块是最终产品组成部分。燃料电池模块产品需评估以适用于终端产品安全要求 本标准只涉及到燃料电池模块直电输出 本标准不涉及如图 1 所示外围设备 本标准不涉及燃料电池模块燃料和氧化剂的储存和输送	—	—	国家质量监督检验检疫总局 中国国家标准化管理委员会	—	—	2013 年 11 月 12 日	2014 年 3 月 7 日
71	GB/T 31466 - 2015	电动汽车高压系统电压等级	本标准规定了电动汽车高压系统的直流电压等级 本标准适用于纯电动汽车和混合动力电动汽车	—	—	国家质量监督检验检疫总局 中国国家标准化管理委员会	全国汽车标准化技术委员会	东风汽车集团股份有限公司技术中心、中国汽车技术研究中心、襄樊达安汽车检测中心	2015 年 5 月 15 日	2015 年 12 月 1 日
72	GB/T 31467.1 - 2015	电动汽车用锂离子动力蓄电池包和系统　第 1 部分：高功率应用测试规程	本部分规定了电动汽车用高功率锂离子动力蓄电池包和系统电性能的测试方法 本部分适用于装载在电动汽车上，主要以高功率应用为目的的锂离子动力蓄电池包和蓄电池系统，以高功率应用为目的的镍氢动力蓄电池包和系统等参照执行	—	—	国家质量监督检验检疫总局 中国国家标准化管理委员会	全国汽车标准化技术委员会	北京卡达克科技中心、北京理工大学、中国电子科技集团公司第十八研究所、中国北方车辆研究所、中国第一汽车股份有限公司、东风汽车集团股份有限公司技术中心、宁德时代新能源科技有限公司	2015 年 5 月 15 日	2015 年 5 月 15 日

续表

序号	标准编号	标准名称	标准主要内容	代替标准	采标情况	发布单位	归口单位	起草单位	发布日期	实施日期
73	GB/T 31467.2－2015	电动汽车用锂离子动力蓄电池包和系统　第2部分：高能量应用测试规程	本部分规定了电动汽车用高能量锂离子动力蓄电池包和系统电性能的测试方法 本部分适用于装载在电动汽车上，主要以高能量应用为目的的锂离子动力蓄电池包和蓄电池系统，以高能量应用为目的的镍氢动力蓄电池包和系统等参照执行	—	—	国家质量监督检验检疫总局 中国国家标准化管理委员会	全国汽车标准化技术委员会	中国汽车技术研究中心、中国电子科技集团公司第十八研究所、天津力神电池股份有限公司、上海汽车集团股份有限公司技术中心、重庆长安新能源汽车有限公司、中国北方车辆研究所等	2015年5月15日	2015年5月15日
74	GB/T 31467.3－2015	电动汽车用锂离子动力蓄电池包和系统　第3部分：安全性要求与测试方法	GB/T 31467 的本部分规定了电动汽车用锂离子动力蓄电池包和系统安全性的要求和测试方法 本部分适用于装载在电动汽车上的锂离子动力蓄电池包和系统，镍氢动力蓄电池包和系统等可参照执行	—	—	国家质量监督检验检疫总局 中国国家标准化管理委员会	全国汽车标准化技术委员会	中国汽车技术研究中心、中国电子科技集团公司第十八研究所、深圳市比亚迪汽车有限公司、中国第一汽车股份有限公司、中国北方车辆研究所、惠州市亿能电子有限公司、天津力神电池股份有限公司	2015年5月15日	2015年5月15日
75	GB/T 31484－2015	电动汽车用动力蓄电池循环寿命要求及试验方法	本标准规定了电动汽车用动力蓄电池的标准循环寿命的要求、试验方法、检验规则和工况循环寿命的试验方法、检验规则 本标准适用于装载在电动汽车上的动力蓄电池（以下简称“蓄电池”）	—	—	国家质量监督检验检疫总局 中国国家标准化管理委员会	全国汽车标准化技术委员会	中国电子科技集团公司第十八研究所、中国汽车技术研究中心、天津力神电池股份有限公司、奇瑞新能源汽车技术有限公司、上海汽车集团股份有限公司技术中心、中国第一汽车股份有限公司等	2015年5月15日	2015年5月15日
76	GB/T 31485－2015	电动汽车用动力蓄电池安全要求及试验方法	本标准规定了电动汽车用动力蓄电池（以下简称蓄电池）的安全要求、试验方法、检验规则 本标准适用于装载在电动汽车上的锂离子蓄电池和金属氢化物镍蓄电池单体和模块，其他类型蓄电池参照执行	—	—	国家质量监督检验检疫总局 中国国家标准化管理委员会	全国汽车标准化技术委员会	中国汽车技术研究中心、北京理工大学、中国电子科技集团公司第十八研究所、中国北方车辆研究所、深圳市比亚迪汽车有限公司、天津力神电池股份有限公司、上海汽车集团股份有限公司等	2015年5月15日	2015年5月15日
77	GB/T 31486－2015	电动汽车用动力蓄电池电性能要求及试验方法	本标准规定了电动汽车用动力蓄电池（以下简称“蓄电池”）的电性能要求、试验方法、检验规则 本标准适用于装载在电动汽车上的锂离子蓄电池和金属氢化物镍蓄电池单体和模块，其他类型蓄电池参照执行	—	—	国家质量监督检验检疫总局 中国国家标准化管理委员会	全国汽车标准化技术委员会	中国汽车技术研究中心、中国电子科技集团公司第十八研究所、中国北方车辆研究所、深圳市比亚迪汽车有限公司、上海机动车检测中心、上海汽车集团股份有限公司技术中心、北汽福田汽车股份有限公司	2015年5月15日	2015年5月15日

续表

序号	标准编号	标准名称	标准主要内容	代替标准	采标情况	发布单位	归口单位	起草单位	发布日期	实施日期
78	GB/T 31498－2015	电动汽车碰撞后安全要求	本标准适用于符合 GB11551 和 GB20071 适用范围规定的带有 B 级电压电路的纯电动汽车、混合动力汽车	—	—	国家质量监督检验检疫总局 中国国家标准化管理委员会	全国汽车标准化技术委员会	中国汽车技术研究中心、安徽江淮汽车股份有限公司、比亚迪汽车工业有限公司、重庆长安汽车股份有限公司、一汽技术中心、上汽股份技术中心、泛亚汽车技术中心有限公司等	2015 年 5 月 15 日	2015 年 10 月 1 日
79	GB/T 31525－2015	图形标志 电动汽车充换电设施标志	本标准规定了电动汽车充换电设施符号、标志及标志设置要求 本标准适用于电动汽车充换电站、电池更换站以及具有电动汽车充换电设施的停车场、交通场站和邻近的道路等公共场所。具体适用于公共信息导向系统中的位置标志、导向标志、信息版、示意图等导向要素的设计	—	—	国家质量监督检验检疫总局 中国国家标准化管理委员会.	全国图形符号标准化技术委员会（SAC/TC59）、中国电力企业联合会	北京市标准化研究院、中国标准化研究院、北京市质量技术监督局、中国人民大学艺术学院、中国电力企业联合会标准化中心、普天新能源有限责任公司、国网山东省电力公司、国网北京市电力公司等	2015 年 5 月 15 日	2015 年 12 月 1 日
80	GB/T 4094.2－2005	电动汽车操纵件、指示器及信号装置的标志	本标准规定了电动汽车（定义见 GB/T 19596－2004）特有的关于操纵件、指示器及信号装置的识别标志和信号装置显示颜色的基本要求 本标准适用于电动汽车	—	NEQ ISO 2575：2000	国家质量监督检验检疫总局 中国国家标准化管理委员会	全国汽车标准化技术委员会	中国汽车技术研究中心	2005 年 7 月 13 日	2006 年 2 月 1 日
81	GB/T 51077－2015	电动汽车电池更换站设计规范	本规范适用于电动汽车电池更换站的设计	—	—	住房和城乡建设部、国家质量监督检验检疫总局	中国电力企业联合会	北京电力经济技术研究院 中国电力科学研究院等	2014 年 12 月 31 日	2015 年 9 月 1 日
82	GB/Z 18333.1－2001	电动道路车辆用锂离子蓄电池	本指导性技术文件规定了电动道路车辆用锂离子蓄电池的要求、试验方法、检验规则、标志、包装、运输和贮存 本指导性技术文件适用于电动道路车辆用额定电压 21.6V 和 14.4V 的锂离子蓄电池	—	IEC 61960－2（21A/244/CD）	国家质量技术监督局	全国碱性蓄电池标准化技术委员会	北京有色金属研究总院	2001 年 3 月 7 日	2001 年 9 月 1 日

续表

序号	标准编号	标准名称	标准主要内容	代替标准	采标情况	发布单位	归口单位	起草单位	发布日期	实施日期
83	GB/Z 27753－2011	质子交换膜燃料电池膜电极工况适应性测试方法	本指导性技术文件规定了质子交换膜燃料电池（PEMFC）膜电极（MEA）典型汽车运行工况测试方法的术语和定义、边界条件、测试环境条件、测试准备、质子交换膜燃料电池膜电极工况适应性测试实验及试验报告 本指导性技术文件适用于符合被检测方提出的性能要求的膜电极，采用活性面积为 5cm×5cm 的单电池进行测试，用来评价膜电极（MEA）对燃料电池典型工况的适应性，但不考虑加速测试寿命和实际寿命的对应关系	—	—	国家质量监督检验检疫总局 中国国家标准化管理委员会	全国燃料电池标准化技术委员会	武汉理工大学、武汉理工新能源有限公司、机械工业北京电工技术经济研究所、中科院大连化学物理研究所、清华大学、同济大学、上海神力科技有限公司、新源动力股份有限公司	2011 年 12 月 30 日	2012 年 5 月 1 日
84	JB/T 11137－2011	锂离子蓄电池总成通用要求	本标准规定了锂离子蓄电池总成的术语和定义、分类与型号、要求、试验方法、检验、标志、包装、运输和贮存 本标准适用于容量大于或等于 6Ah 的锂离子蓄电池组成的系统	—	—	工业和信息化部	机械科学研究总院	机械科学研究总院、中国电子商会电源专业委员会等	2011 年 5 月 18 日	2011 年 8 月 1 日
85	JB/T 11138－2011	锂离子蓄电池总成接口和通讯协议	本标准规定了锂离子蓄电池总成的接口和协议、通讯协议、数据格式及充电设备与锂离子蓄电池总成的工作状态转换 本标准也适用于组成锂离子蓄电池总成的锂离子蓄电池模块的接口和通讯协议	—	—	工业和信息化部	机械科学研究总院	机械科学研究总院、中国电子商会电源专业委员会等	2011 年 5 月 18 日	2011 年 8 月 1 日
86	JB/T 11139－2011	锰酸锂蓄电池模块通用要求	本标准规定了锰酸锂蓄电池模块的术语和定义、分类与型号、要求、试验方法、检验规则、标志、包装、运输和贮存 本标准适用于由大于或等于 6Ah 的锰酸锂蓄电池组成的锰酸锂蓄电池模块	—	—	工业和信息化部	机械科学研究总院	机械科学研究总院、中国电子商会电源专业委员会等	2011 年 5 月 18 日	2011 年 8 月 1 日
87	JB/T 11140－2011	磷酸亚铁锂蓄电池模块通用要求	本标准规定了磷酸亚铁锂蓄电池模块的术语和定义、分类与型号、要求、试验方法、检验规则、标志、包装、运输和贮存 本标准适用于大于或等于 6Ah 的磷酸亚铁锂蓄电池组成的磷酸亚铁锂蓄电池模块	—	—	工业和信息化部	机械科学研究总院	机械科学研究总院、中国电子商会电源专业委员会等	2011 年 5 月 18 日	2011 年 8 月 1 日

续表

序号	标准编号	标准名称	标准主要内容	代替标准	采标情况	发布单位	归口单位	起草单位	发布日期	实施日期
88	JB/T 11141－2011	锂离子蓄电池模块箱通用要求	本标准规定了锂离子蓄电池模块箱的定义、型号及分类、要求、试验方法、检验规则、检验项目、标志、包装、运输和贮存。采用的要求、试验方法、检验规则、标志、包装、运输和贮存 本标准适用于由大于或等于6Ah的锰酸锂、磷酸亚铁锂等锂离子蓄电池组成的锂离子蓄电池模块用模块箱及通用型锂离子蓄电池模块	—	—	工业和信息化部	机械科学研究总院	机械科学研究总院、中国电子商会电源专业委员会等	2011年5月18日	2011年8月1日
89	JB/T 11142－2011	锂离子蓄电池充电设备通用要求	本标准规定了锂离子蓄电池充电设备的术语和定义、型号和基本参数、技术要求、试验、标志、包装、运输和贮存 本标准适用于由大于或等于6Ah的锂离子蓄电池组成的锂离子蓄电池模块或锂离子蓄电池总成的充电设备，也可用于镍基蓄电池及铅酸蓄电池模块和总成的充电设备，以及采用电缆与蓄电池模块或总成连接，交流额定电压不超过660V、直流额定电压不超过1000V的充电设备	—	—	工业和信息化部	机械科学研究总院	机械科学研究总院、中国电子商会电源专业委员会等	2011年5月18日	2011年8月1日
90	JB/T 11143－2011	锂离子蓄电池充电设备接口和通讯协议	本标准规定了锂离子蓄电池充电设备接口和通讯协议的术语和定义、拓扑结构和接口、通讯协议、数据格式和状态转换 本标准适用于由大于或等于6Ah的锂离子蓄电池组成的锂离子蓄电池模块或锂离子蓄电池总成的充电设备，也可用于镍基蓄电池及铅酸蓄电池模块和总成的充电设备以及采用电缆与蓄电池模块或总成连接，交流额定电压不超过660V、直流额定电压不超过1000V的充电设备	—	—	工业和信息化部	机械科学研究总院	机械科学研究总院、中国电子商会电源专业委员会等	2011年5月18日	2011年8月1日
91	NB/T 33001－2010	电动汽车非车载传导式充电机技术条件	本标准规定了电动汽车用非车载传导式充电机（以下简称“充电机”）的基本构成、功能要求、技术要求、试验方法、检验规则及标识 本标准适用于采用传导式充电方式的电动汽车用非车载充电机	—	—	国家能源局	能源行业电动汽车充电设施标准化技术委员会	国家电网公司、中国电力科学研究院、国网电力科学研究院、广东电网公司电力科学研究院、深圳供电局、许继电源有限公司、上海市电力公司、浙江省电力公司	2010年5月1日	2010年10月1日

续表

序号	标准编号	标准名称	标准主要内容	代替标准	采标情况	发布单位	归口单位	起草单位	发布日期	实施日期
92	NB/T 33002 - 2010	电动汽车交流充电桩技术条件	本标准规定了电动汽车交流充电桩（以下简称“充电桩”）基本构成、功能要求、技术要求、试验项目产品资料等方面的要求 本标准适用于采用传导式充电的充电桩选型、配置和检验	—	—	国家能源局	能源行业电动汽车充电设施标准化技术委员会	中国南方电网有限责任公司、广东电网公司电力科学研究院、中国电力科学研究院、深圳供电局、国网电力科学研究院、许继电源有限公司、浙江省电力公司、华北电网有限公司	2010 年 5 月 1 日	2010 年 10 月 1 日
93	NB/T 33003 - 2010	电动汽车非车载充电机监控单元与电池管理系统通信协议	本规范规定了电动汽车非车载充电机监控单元与电池管理系统（Battery Management System，简称 BMS）之间的通信协议 本规范适用于采用传导式充电方式的电动汽车用非车载充电机	—	—	国家能源局	能源行业电动汽车充电设施标准化技术委员会	广东电网公司、中国电力科学研究院、广东省电力设计研究院、国网电力科学研究院、深圳供电局、许继电源有限公司、浙江省电力公司、江苏省电力公司	2010 年 5 月 1 日	2010 年 10 月 1 日
94	NB/T 33004 - 2013	电动汽车充换电设施工程施工和竣工验收规范	本标准适用于新建、扩建和改建的电动汽车充换电设施的工程施工和竣工验收	—	—	国家能源局	能源行业电动汽车充电设施标准化技术委员会	国家电网公司、国网电力科学研究院许继集团有限公司、中国电力科学研究院、冀北电力有限公司、山西省电力公司、广东电网公司电力科学研究院、深圳供电规划设计院有限公司	2013 年 11 月 28 日	2014 年 4 月 1 日
95	NB/T 33005 - 2013	电动汽车充电站及电池更换站监控系统技术规范	本规范规定了电动汽车充电站及电池更换站监控系统构成、功能要求及技术指标 本规范适用于电动汽车充电站及电池更换站监控系统（以下简称“监控系统”）	—	—	国家能源局	能源行业电动汽车充电设施标准化技术委员会	中国南方电网有限责任公司、广东省电力设计研究院、中国电力科学研究院、国网电力科学研究院等	2013 年 11 月 28 日	2014 年 4 月 1 日
96	NB/T 33006 - 2013	电动汽车电池箱更换设备通用技术要求	本标准规定了电动汽车电池箱更换设备（以下简称“更换设备”）的型式，基本参数，技术要求，试验，检验规则，标识、包装、运输等内容 本标准适用于电动汽车电池箱更换设备，作为电动汽车电池箱更换设备的设计、制造、检验、验收等的依据	—	—	国家能源局	能源行业电动汽车充电设施标准化技术委员会	国家电网公司、许继集团有限公司、中国电力科学研究院、南方电网科学研究院、国网电力科学研究院、浙江省电力公司、上海电巴新能源科技有限公司、广东电网公司电力科学研究院	2013 年 11 月 28 日	2014 年 4 月 1 日

续表

序号	标准编号	标准名称	标准主要内容	代替标准	采标情况	发布单位	归口单位	起草单位	发布日期	实施日期
97	NB/T 33007－2013	电动汽车充电站/电池更换站监控系统与充换电设备通信协议	本标准规定了电动汽车充电站/电池更换站内监控系统与充换电设备通信的接口和报文规范。本标准适用于电动汽车充电站和电池更换站监控系统	—	—	国家能源局	能源行业电动汽车充电设施标准化技术委员会	国家电网公司、国网电力科学研究院、中国电力科学研究院、许继集团有限公司、广东电网公司电力科学研究院、福建省电力有限公司、江苏省电力公司	2013年11月28日	2014年4月1日
98	NB/T 33008.1－2013	电动汽车充电设备检验试验规范　第1部分：非车载充电机	本标准规定了电动汽车非车载充电机（以下简称“充电机”）试验条件、检验仪器、检验规则、检验项目、试验方法 本标准适用于充电机型式试验、出厂检验、到货验收等	—	—	国家能源局	能源行业电动汽车充电设施标准化技术委员会	国家电网公司、国网电力科学研究院、许继集团有限公司、中国电力科学研究院、浙江省电力公司、冀北电力有限公司	2013年11月28日	2014年4月1日
99	NB/T 33008.2－2013	电动汽车充电设备检验试验规范　第2部分：交流充电桩	本标准规定了电动汽车交流充电桩（以下简称“交流充电桩”）试验条件、检验仪器、检验规则、检验项目、试验方法 本标准适用于交流充电桩型式试验、出厂检验、到货验收等	—	—	国家能源局	能源行业电动汽车充电设施标准化技术委员会	国家电网公司、国网电力科学研究院、许继集团有限公司、中国电力科学研究院、浙江省电力公司、冀北电力有限公司	2013年11月28日	2014年4月1日
100	NB/T 33009－2013	电动汽车充换电设施建设技术导则	本标准规定了电动汽车充换电设施建设应遵循的基本技术原则，适用于电动汽车充换电设施的建设，包括交流电设施的建设，包括交流充电桩、充电站、电池更换站和电池配送中心等	—	—	国家能源局	能源行业电动汽车充电设施标准化技术委员会	国家电网公司、中国电力科学研究院、国网电力科学研究院、许继集团有限公司、广东电网公司电力科学研究院、深圳供电规划设计院有限公司、新疆电力设计院、天津市电力公司	2013年11月28日	2014年4月1日
101	NB/T 33017－2015	电动汽车智能充换电服务网络运营监控系统技术规范	本规范规定了电动汽车智能充换电服务网络运营监控系统的系统构成、系统功能、编码规范、通信网络、系统接口、信息安全防护及主要技术指标 本规范适用于电动汽车智能充换电服务网络运营监控系统（以下简称“运营监控系统”）的设计、建设、运行和维护	—	—	国家能源局	能源行业电动汽车充电设施标准化技术委员会	国家电网公司、中国电力科学研究院、南瑞集团有限公司、许继集团有限公司、浙江省电力公司	2015年4月2日	2015年9月1日
102	NB/T 33018－2015	电动汽车充换电设施供电系统技术规范	本标准规定了电动汽车充换电设施供电系统的建设原则、供电要求、电能质量、电能计量、供电监控、安全要求和标识。本标准适用于电动汽车充电站及电池更换站供电系统的设计和建设。集中布置的交流充电桩可参照本标准执行	—	—	国家能源局	能源行业电动汽车充电设施标准化技术委员会	国家电网公司、中国电力科学研究院、南瑞集团有限公司、许继集团有限公司、浙江省电力公司	2015年4月2日	2015年9月1日

续表

序号	标准编号	标准名称	标准主要内容	代替标准	采标情况	发布单位	归口单位	起草单位	发布日期	实施日期
103	NB/T 33019 - 2015	电动汽车充换电设施运行管理规范	本准备适用于采用传导充电方式的电动汽车充换电设施，包括充电站、电池更换站、电池配送中心、充电桩等	—	—	国家能源局	能源行业电动汽车充电设施标准化技术委员会	国家电网公司、中国电力科学研究院、南瑞集团有限公司、许继集团有限公司、浙江省电力公司	2015年4月2日	2015年9月1日
104	NB/T 33021 - 2015	电动汽车非车载充放电装置技术条件	本规定了电动汽车用非车载充放电装置（以下简称“充放电装置”）的基本构成、功能要求、技术要求、检验规则、试验方法以及充放电装置的标识 适用于采用传导式充放电方式的电动汽车用非车载充放电装置	—	—	国家能源局	能源行业电动汽车充电设施标准化技术委员会	国家电网公司、中国电力科学研究院、南瑞集团有限公司、许继集团有限公司、浙江省电力公司	2015年4月2日	2015年9月1日
105	NB/T 33022 - 2015	电动汽车充电站初步设计内容深度规定	本标准适用于新建的电动汽车充电站工程，不适用于电动汽车电车更换站、电池配送中心工程	—	—	国家能源局	能源行业电动汽车充电设施标准化技术委员会	国家电网公司、中国电力科学研究院、南瑞集团有限公司、许继集团有限公司、浙江省电力公司	2015年4月2日	2015年9月1日
106	NB/T 33023 - 2015	电动汽车充换电设施规划导则	本标准规定了电动汽车充换电设施规划（以下简称“规划”）应遵循的基本原则和基本方法，适用于提供公共服务的电动汽车充换电设施规划	—	—	国家能源局	能源行业电动汽车充电设施标准化技术委员会	国家电网公司、中国电力科学研究院、南瑞集团有限公司、许继集团有限公司、浙江省电力公司	2015年4月2日	2015年9月1日
107	QC/T 741 - 2014	车用超级电容器	本标准规定了电动道路车辆用超级电容器（电化学电容器）的要求、试验方法、检验规则、标志、包装、运输和贮存 本标准适用于电动道路车辆用超级电容器单体和模块	QC/T 741 - 2006	—	工业和信息化部	全国汽车标准化技术委员会	上海奥威科技开发有限公司、中国汽车技术研究中心、中国北方车辆研究所、天津力神电池股份有限公司、中国电子科技集团第十八研究所、上海机动车检测中心	2014年10月14日	2015年4月1日
108	QC/T 742 - 2006	电动汽车用铅酸蓄电池	本标准由国家发展和改革委员会2006年第18号公告发布，编号为QC/T 742 - 2006，自2006年8月1日起实施 本标准是一项新的汽车行业标准，规定了电动汽车用铅酸蓄电池的要求、试验方法、检验规则、标志、包装、运输和贮存 本标准适用于电动汽车用铅酸蓄电池	—	—	国家发展和改革委员会	全国汽车标准化技术委员会	国家高技术绿色材料发展中心、北方汽车质量监督检验鉴定试验所等	2006年3月7日	2006年8月1日

续表

序号	标准编号	标准名称	标准主要内容	代替标准	采标情况	发布单位	归口单位	起草单位	发布日期	实施日期
109	QC/T 743－2006	电动汽车用锂离子蓄电池	本标准由国家发展和改革委员会2006年第18号公告发布，编号为QC/T 743－2006，自2006年8月1日起实施 本标准是一项新的汽车行业标准，规定了电动汽车用锂离子蓄电池的要求、试验方法、检验规则、标志、包装、运输和贮存 本标准适用于电动汽车用标称电压单体3.6V和模块n×3.6V（n为蓄电池数量）的锂离子蓄电池	—	—	国家发展和改革委员会	全国汽车标准化技术委员会	国家高技术绿色材料发展中心、北方汽车质量监督检验鉴定试验所等	2006年3月7日	2006年8月1日
110	QC/T 744－2006	电动汽车用金属氢化物镍蓄电池	本标准由国家发展和改革委员会2006年第18号公告发布，编号为QC/T 744－2006，自2006年8月1日起实施 本标准是一项新的汽车行业标准，规定了电动汽车用金属氧化物镍蓄电池的要求、试验方法、检验规则、标志、包装、运输和贮存 本标准适用于电动汽车用标称电压单体1.2V和模块n×1.2V（n为蓄电池数量，n≥5）的密封金属氧化物镍蓄电池	—	—	国家发展和改革委员会	全国汽车标准化技术委员会	国家高技术绿色材料发展中心、北方汽车质量监督检验鉴定试验所等	2006年3月7日	2006年8月1日
111	QC/T 816－2009	加氢车技术条件	本标准规定了用于装运和加注高压氢气的车辆的术语、定义、要求、标志和随车文件 本标准适用于用定型汽车底盘改装的装运和加注高压氢气的加氢车	—	—	工业和信息化部	全国汽车标准化技术委员会电动车辆分会	同济大学新能源汽车工程中心、中国汽车技术研究中心、上海舜华新能源系统有限公司、石家庄安瑞科气体机械有限公司	2009年11月17日	2010年4月1日
112	QC/T 837－2010	混合动力电动汽车类型	本标准规定了混合动力电动汽车的类型及定义 本标准适用于混合动力电动汽车	—	—	工业和信息化部	全国汽车标准化技术委员会电动车辆分会	天津清源电动车辆有限公司，东风电动车辆股份有限公司，深圳市比亚迪汽车有限公司，上海汽车集团股份有限公司技术中心，奇瑞汽车股份有限公司，重庆长安汽车股份有限公司，万向电动汽车有限公司，中国第一汽车集团公司技术中心	2010年11月22日	2011年3月1日
113	QC/T 838－2010	超级电容电动城市客车	本标准规定了超级电容电动城市客车的术语和定义、型号、要求、试验方法、检验规则、标志、运输和保管 本标准适用于采用超级电容器作为动力电源或以超级电容器作为主要动力电源的各种电动城市客车	—	—	工业和信息化部	全国汽车标准化技术委员会电动车辆分会	上海奥威科技开发有限公司、上海润通电动车技术有限公司	2010年11月22日	2011年3月1日

续表

序号	标准编号	标准名称	标准主要内容	代替标准	采标情况	发布单位	归口单位	起草单位	发布日期	实施日期
114	QC/T 839－2010	超级电容电动城市客车供电系统	本标准规定了超级电容电动城市客车供电系统的术语和定义、系统制式、供电原则、总体布局、整流站的面积、结构和要求，馈线、授电排（网）的结构和要求，以及保护和供电调度等相关要求 本标准适用于城市客运的超级电容电动城市客车供电系统	—	—	工业和信息化部	全国汽车标准化技术委员会电动车辆分会	上海奥威科技开发有限公司、上海现代交通建设发展有限公司、国家机动车产品质量监督检验中心（上海）、上海润通电动车技术有限公司	2010年11月22日	2011年3月1日
115	QC/T 840－2010	电动汽车用动力蓄电池产品规格尺寸	本标准规定了电动汽车用金属氢化物镍动力蓄电池和锂离子动力蓄电池单体及模块的规格及外形尺寸 本标准适用于电动汽车用金属氢化物镍动力蓄电池和锂离子动力蓄电池单体及模块	—	—	工业和信息化部	全国汽车标准化技术委员会电动车辆分会	中国汽车技术研究中心等	2010年11月22日	2011年3月1日
116	QC/T 841－2010	电动汽车传导式充电接口	本标准规定了电动汽车传导式充电接口的术语与定义、技术参数、充电模式、分类及功能定义、结构尺寸、性能要求、试验方法和检验规则。该标准规定了两种充电接口，一种是为车载充电机提供交流电能的接口，另一种是为电动汽车提供直流电能的接口 本标准适用于交流额定电压为220V和直流额定电压不超过750V的电动汽车用传导式充电接口	—	—	工业和信息化部	全国汽车标准化技术委员会电动车辆分会	中国汽车技术研究中心等	2010年11月22日	2011年3月1日
117	QC/T 842－2010	电动汽车电池管理系统和非车载充电机之间的通讯协议	本标准规定了电动汽车电池管理系统（简称“BMS”）与非车载充电机（简称“充电机”）之间的通信协议 本标准适用于电动汽车非车载充电。该标准的CAN标识符为29位，通信波特率为250kbps，但该标准不限于29位标识符和250kbps通信波特率，如使用其它格式，可参照该标准制定其CAN标识符。标准数据传输采用低位先发送的格式	—	—	工业和信息化部	全国汽车标准化技术委员会电动车辆分会	中国汽车技术研究中心等	2010年11月22日	2011年3月1日
118	QC/T 893－2011	电动汽车用驱动电机系统故障分类及判断	本标准规定了电动汽车用驱动电机系统故障的确认原则、故障模式和故障分类 本标准适用于各类电动汽车用驱动电机系统	—	—	工业和信息化部	全国汽车标准化技术委员会	湖南南车时代电动汽车股份有限公司、北京理工大学、上海电驱动有限公司、中国汽车技术研究中心等	2011年12月20日	2012年7月1日
119	QC/T 894－2011	重型混合动力电动汽车污染物排放车载测量方法	本标准规定了混合动力电动汽车在底盘测功机或场地上进行车载排放试验的试验方法 本标准适用于最大总质量超过3500kg的混合动力电动汽车	—	—	工业和信息化部	全国汽车标准化技术委员会	中国汽车技术研究中心、东风汽车公司、中国第一汽车集团公司技术中心、湖南南车时代电动汽车股份有限公司	2011年12月20日	2012年7月1日

续表

序号	标准编号	标准名称	标准主要内容	代替标准	采标情况	发布单位	归口单位	起草单位	发布日期	实施日期
120	QC/T 895－2011	电动汽车车载传导式充电机技术条件	本标准规定了电动汽车传导式车载充电机的基本构成、参数、功能、要求、试验方法、包装、储运方法及标志与标识 本标准适用于纯电动汽车及可外接充电式混合动力电动汽车的车载充电机	—	—	工业和信息化部	全国汽车标准化技术委员会	深圳市比亚迪汽车有限公司、中国汽车技术研究中心、天津清源电动车辆有限责任公司等	2011年12月20日	2012年7月1日
121	QC/T 896－2011	电动汽车用驱动电机系统接口	本标准规定了电动汽车用驱动电机系统的电气接口型式、信号定义，对驱动电机系统的机械接口做了通用性的规定 本标准适用于电动汽车用驱动电机系统，不适用于车用辅助电机系统	—	—	工业和信息化部	全国汽车标准化技术委员会	上海电驱动有限公司、中国汽车技术研究中心、上海机动车检测中心等	2011年12月20日	2012年7月1日
122	QC/T 897－2011	电动汽车用电池管理系统技术条件	本标准规定了电动汽车用电池管理系统的术语与定义、要求、试验方法、检验规则、标志等 本标准适用于电动汽车用动力电池管理系统	—	—	工业和信息化部	全国汽车标准化技术委员会	天津清源电动车辆有限责任公司、中国汽车技术研究中心、北京交通大学等	2011年12月20日	2012年7月1日
123	QC/T 925－2013	超级电容电动城市客车定型试验规程	本标准规定了超级电容电动城市客车新产品定型试验的实施条件、试验项目、试验方法、评定依据、试验程序以及试验报告等内容 本标准适用于采用超级电容器作为动力电源或主要以超级电容器作为动力电源的电动城市客车	—	—	工业和信息化部	全国汽车标准化技术委员会	上海机动车检测中心	2013年4月25日	2013年9月1日
124	QC/T 926－2013	轻型混合动力电动汽车（ISG型）用动力单元可靠性试验方法	本标准规定了轻型混合动力电动汽车（ISG型）用动力单元可靠性试验方法 本标准适用于M1类、N1类和最大设计总质量不超过3.5t的M2类混合动力电动汽车（ISG型）用动力单元。本标准不适用于怠速启停功能的考核	—	—	工业和信息化部	全国汽车标准化技术委员会	重庆长安新能源汽车有限公司、中国汽车技术研究中心、重庆长安汽车股份有限公司、北京理工大学	2013年4月25日	2013年9月1日
125	QC/T 989－2014	电动汽车用动力蓄电池箱通用要求	本标准规定了电动汽车用动力蓄电池系统中蓄电池箱的一般要求、安全要求、机械强度、外观与尺寸、耐环境要求、组装要求、试验方法、标识与标志、运输储存与包装。本标准适用于车载充电的蓄电池箱和快换方式的蓄电池箱	—	—	工业和信息化部	全国汽车标准化技术委员会	北京理工大学、中国汽车技术研究中心、浙江谷神能源科技股份有限公司、重庆长安新能源汽车有限公司、中国汽车工程研究院有限公司、上海恒动汽车电池有限公司、上海奥威科技开发有限公司、北汽福田汽车股份有限公司等	2014年10月14日	2015年4月1日

续表

序号	标准编号	标准名称	标准主要内容	代替标准	采标情况	发布单位	归口单位	起草单位	发布日期	实施日期
126	QC/T 990 - 2014	电动汽车用锌空气电池	本标准规定了电动汽车用锌空气电池的术语及定义、符号、要求、试验方法、检验规则、标志、包装、运输、存储 本标准适用于以机械更换式动汽车作为能量补充方式的电用得锌空气电池	—	—	工业和信息化部	全国汽车标准化技术委员会	武汉泓元伟力新能源科技有限公司等	2014年7月9日	2014-11月1日

2. 地方标准

序号	备案号	标准编号	标准名称	批准日期	实施日期	标准主管部门
1	47351 - 2015	DB34/T 2191 - 2014	分散式电动汽车充电桩（群）工程验收规范	2014 - 11 - 25	2014 - 12 - 25	安徽省质量技术监督局
2	47639 - 2015	DB34/T 2386 - 2015	电动环卫车技术要求	2015 - 06 - 03	2015 - 07 - 03	安徽省质量技术监督局
3	47688 - 2015	DB34/T 2436 - 2015	公共区域电动汽车充电桩 刷卡服务统一规范	2015 - 07 - 14	2015 - 08 - 14	安徽省质量技术监督局
4	47689 - 2015	DB34/T 2437 - 2015	公共区域充电设备与电动汽车 连接通信规范	2015 - 07 - 14	2015 - 08 - 14	安徽省质量技术监督局
5	47690 - 2015	DB34/T 2438 - 2015	电动公交车充电站安装施工验收规范	2015 - 07 - 14	2015 - 08 - 14	安徽省质量技术监督局
6	37629 - 2013	DB34/T 1822 - 2013	电动汽车用平行轴式减速器总成技术条件	2013 - 02 - 04	2013 - 03 - 04	安徽省质量技术监督局
7	33933 - 2012	DB11/T 862 - 2012	电动汽车识别标志	2012 - 05 - 07	2012 - 06 - 01	北京市质量技术监督局
8	44744 - 2015	DB44/T 1371 - 2014	电动汽车用动力蓄电池回收利用技术条件	2014 - 08 - 14	2014 - 11 - 14	广东省质量技术监督局
9	44742 - 2015	DB44/T 1369 - 2014	废旧电池回收处理场地要求	2014 - 08 - 14	2014 - 11 - 14	广东省质量技术监督局
10	44745 - 2015	DB44/T 1372 - 2014	电动汽车用锂离子动力蓄电池正负极材料通用技术要求	2014 - 08 - 14	2014 - 11 - 14	广东省质量技术监督局
11	46768 - 2015	DB44/T 1464 - 2014	电动乘用车用空调系统通用技术要求	2014 - 12 - 02	2015 - 03 - 02	广东省质量技术监督局
12	46769 - 2015	DB44/T 1465 - 2014	电动汽车充换电服务运营管理系统技术规范	2014 - 12 - 02	2015 - 03 - 02	广东省质量技术监督局
13	46770 - 2015	DB44/T 1466 - 2014	电动汽车充电设备用直流电能表	2014 - 12 - 02	2015 - 03 - 02	广东省质量技术监督局
14	46771 - 2015	DB44/T 1467 - 2014	电动汽车直流充电机检验规范	2014 - 12 - 02	2015 - 03 - 02	广东省质量技术监督局
15	46772 - 2015	DB44/T 1468 - 2014	电动汽车充换电设备及场所标识要求	2014 - 12 - 02	2015 - 03 - 02	广东省质量技术监督局
16	46773 - 2015	DB44/T 1469 - 2014	电动汽车三相交流充电接口通用要求	2014 - 12 - 02	2015 - 03 - 02	广东省质量技术监督局
17	46774 - 2015	DB44/T 1470 - 2014	电动汽车高压系统 直流电压等级	2014 - 12 - 02	2015 - 03 - 02	广东省质量技术监督局
18	46775 - 2015	DB44/T 1471 - 2014	电动汽车车载信息服务一般要求	2014 - 12 - 02	2015 - 03 - 02	广东省质量技术监督局
19	46776 - 2015	DB44/T 1472 - 2014	电动汽车电磁污染限值与测量方法	2014 - 12 - 02	2015 - 03 - 02	广东省质量技术监督局
20	46777 - 2015	DB44/T 1473 - 2014	电动汽车车载电子设备电磁兼容一般要求	2014 - 12 - 02	2015 - 03 - 02	广东省质量技术监督局

续表

序号	备案号	标准编号	标准名称	批准日期	实施日期	标准主管部门
21	46778－2015	DB44/T 1474－2014	电动汽车用驱动电机启动特性试验方法	2014－12－02	2015－03－02	广东省质量技术监督局
22	46779－2015	DB44/T 1475－2014	电动汽车用高压电器箱通用技术要求	2014－12－02	2015－03－02	广东省质量技术监督局
23	46780－2015	DB44/T 1476－2014	电动汽车用锂离子蓄电池模块循环寿命试验规程	2014－12－02	2015－03－02	广东省质量技术监督局
24	46781－2015	DB44/T 1477－2014	电动汽车用金属氢化物镍蓄电池回收利用规范	2014－12－02	2015－03－02	广东省质量技术监督局
25	46782－2015	DB44/T 1478－2014	电动汽车用金属氢化物镍蓄电池测试规程	2014－12－02	2015－03－02	广东省质量技术监督局
26	46783－2015	DB44/T 1479－2014	电动汽车动力电池振动试验	2014－12－02	2015－03－02	广东省质量技术监督局
27	46784－2015	DB44/T 1480－2014	电动汽车用动力电池系统可靠性试验方法	2014－12－02	2015－03－02	广东省质量技术监督局
28	46785－2015	DB44/T 1481－2014	电动汽车用动力电池包整体碰撞要求和试验方法	2014－12－02	2015－03－02	广东省质量技术监督局
29	46786－2015	DB44/T 1482－2014	电动汽车用动力电池充放电效率试验方法	2014－12－02	2015－03－02	广东省质量技术监督局
30	46787－2015	DB44/T 1483－2014	燃料电池电动汽车燃料加注连接装置	2014－12－02	2015－03－02	广东省质量技术监督局
31	46788－2015	DB44/T 1484－2014	电动汽车用燃料电池产品规格	2014－12－02	2015－03－02	广东省质量技术监督局
32	46789－2015	DB44/T 1485－2014	燃料电池电动汽车能量消耗量试验方法	2014－12－02	2015－03－02	广东省质量技术监督局
33	46790－2015	DB44/T 1486－2014	燃料电池电动客车通用技术条件	2014－12－02	2015－03－02	广东省质量技术监督局
34	46791－2015	DB44/T 1487－2014	电动乘用车混合动力系统性能台架试验方法	2014－12－02	2015－03－02	广东省质量技术监督局
35	38752－2013	DB44/T 1152－2013	锂离子电池聚乙烯隔膜	2013－07－15	2013－10－15	广东省质量技术监督局
36	38789－2013	DB44/T 1188－2013	电动汽车充电站安全要求	2013－09－16	2013－12－16	广东省质量技术监督局
37	38790－2013	DB44/T 1189－2013	电动汽车充换电设施电能计量装置技术要求	2013－09－16	2013－12－16	广东省质量技术监督局
38	38791－2013	DB44/T 1190－2013	电动汽车电池更换站设计规范	2013－09－16	2013－12－16	广东省质量技术监督局
39	38792－2013	DB44/T 1191－2013	电动汽车电池更换站通用技术要求	2013－09－16	2013－12－16	广东省质量技术监督局
40	38793－2013	DB44/T 1192－2013	电动汽车用充电设备谐波干扰限值和检测方法	2013－09－16	2013－12－16	广东省质量技术监督局
41	38794－2013	DB44/T 1193－2013	电池更换设备通用技术条件	2013－09－16	2013－12－16	广东省质量技术监督局
42	38795－2013	DB44/T 1194－2013	电动汽车示范运行规范	2013－09－16	2013－12－16	广东省质量技术监督局
43	38796－2013	DB44/T 1195－2013	增程式电动城市客车 通用技术条件	2013－09－16	2013－12－16	广东省质量技术监督局
44	38797－2013	DB44/T 1196－2013	增程式电动乘用车 通用技术条件	2013－09－16	2013－12－16	广东省质量技术监督局
45	38798－2013	DB44/T 1197－2013	短途纯电动乘用车 通用技术条件	2013－09－16	2013－12－16	广东省质量技术监督局
46	38799－2013	DB44/T 1198－2013	纯电动改装车 通用技术条件	2013－09－16	2013－12－16	广东省质量技术监督局
47	38800－2013	DB44/T 1199－2013	电动汽车远程监控系统基本要求	2013－09－16	2013－12－16	广东省质量技术监督局
48	38801－2013	DB44/T 1200－2013	电动汽车能量测量方法	2013－09－16	2013－12－16	广东省质量技术监督局

续表

序号	备案号	标准编号	标准名称	批准日期	实施日期	标准主管部门
49	38802 - 2013	DB44/T 1201 - 2013	电动汽车用车载充电装置的安全要求	2013 - 09 - 16	2013 - 12 - 16	广东省质量技术监督局
50	38803 - 2013	DB44/T 1202 - 2013	电动汽车用锂离子动力电池系统技术条件	2013 - 09 - 16	2013 - 12 - 16	广东省质量技术监督局
51	38804 - 2013	DB44/T 1203 - 2013	电动汽车用锂离子动力电池回收利用规范	2013 - 09 - 16	2013 - 12 - 16	广东省质量技术监督局
52	38805 - 2013	DB44/T 1204 - 2013	电动汽车换电站监控系统	2013 - 09 - 16	2013 - 12 - 16	广东省质量技术监督局
53	32041 - 2012	DB44/T 921 - 2011	锂离子电池卷绕设备通用技术条件	2011 - 10 - 08	2012 - 01 - 31	广东省质量技术监督局
54	44962 - 2015	DB22/T 2241 - 2015	电动汽车充电站建设规范	2015 - 02 - 01	2015 - 03 - 01	吉林省质量技术监督局
55	43915 - 2014	DB36/T 816 - 2014	镍氢电池负极材料用 AB3 型贮氢合金粉	2014 - 11 - 27	2015 - 03 - 01	江西省质量技术监督局
56	40726 - 2014	DB37/T 2393 - 2013	二次锂离子电池电解液	2013 - 09 - 22	2013 - 10 - 30	山东省质量技术监督局
57	41937 - 2014	DB37/T 1940 - 2011	电动车用磷酸铁锂锂电池模块通用技术条件	2011 - 10 - 12	2011 - 11 - 01	山东省质量技术监督局
58	41939 - 2014	DB37/T 1942 - 2011	锂 - 二硫化铁电池通用技术条件	2011 - 10 - 12	2011 - 11 - 01	山东省质量技术监督局
59	41940 - 2014	DB37/T 1943 - 2011	锂离子二次电池单体通用技术条件	2011 - 10 - 12	2011 - 11 - 01	山东省质量技术监督局
60	41941 - 2014	DB37/T 1944 - 2011	磷酸铁锂正极材料（锂离子电池用）通用技术条件	2011 - 10 - 12	2011 - 11 - 01	山东省质量技术监督局
61	43832 - 2014	DB31/T 845 - 2014	新能源汽车及充电设施公共数据采集技术规范	2014 - 04 - 11	2014 - 12 - 01	上海市质量技术监督局
62	37258 - 2013	DB31/T 658 - 2012	混合动力城市客车动力系统燃料经济性台架试验方法	2012 - 11 - 26	2013 - 02 - 01	上海市质量技术监督局
63	37259 - 2013	DB31/T 659 - 2012	轻型混合动力客车动力系统燃料经济性台架试验方法	2012 - 11 - 26	2013 - 02 - 01	上海市质量技术监督局
64	37260 - 2013	DB31/T 660 - 2012	轻型混合动力客车动力总成台架试验方法	2012 - 11 - 26	2013 - 02 - 01	上海市质量技术监督局
65	35602 - 2013	DB12/T 475 - 2012	电动汽车用锂离子动力蓄电池技术条件	2012 - 11 - 15	2013 - 02 - 15	天津市质量技术监督局

二、《汽车动力蓄电池行业规范条件》企业目录

序号	编号	企业名称	企业所在省市	批次	时间
1	1	宁德时代新能源科技有限公司	福建省宁德市	第一批	2015 年 11 月 11 日
2	2	深圳沃特玛电池有限公司	广东省深圳市		
3	3	珠海银隆新能源有限公司	广东省珠海市		
4	4	淄博国利新电源科技有限公司	山东省淄博市		
5	5	天津中聚新能源科技有限公司	天津市		
6	6	哈尔滨光宇电源股份有限公司	黑龙江省哈尔滨市		
7	7	天津力神电池股份有限公司	天津市		

续表

序号	编号	企业名称	企业所在省市	批次	时间
8	8	力神动力电池系统有限公司	天津市	第一批	2015 年 11 月 11 日
9	9	湖南科霸汽车动力电池有限公司	湖南省长沙市		
10	10	上海卡耐新能源有限公司	上海市		
11	1	万向 A 一二三系统有限公司	浙江省杭州市	第二批	2016 年 1 月 20 日
12	2	惠州比亚迪电池有限公司	广东省惠州市		
13	3	合肥国轩高科动力能源有限公司	安徽省合肥市		
14	4	中信国安盟固利动力科技有限公司	北京市		
15	5	多氟多（焦作）新能源科技有限公司	河南省焦作市		
16	6	河南环宇赛尔新能源科技有限公司	河南省新乡市		
17	7	江苏海四达电源股份有限公司	江苏省启东市		
18	1	天津市捷威动力工业有限公司	天津市	第三批	2016 年 4 月 5 日
19	2	深圳市比克动力电池有限公司	广东省深圳市		
20	3	山西皇城相府中道能源有限公司	山西省晋城市		
21	4	河南新太行电源有限公司	河南省新乡市		
22	5	浙江天能能源科技有限公司	浙江省湖州市		
23	6	东莞市迈科新能源有限公司	广东省东莞市		
24	7	星恒电源股份有限公司	江苏省苏州市		
25	8	山东威能环保电源科技股份有限公司	山东省潍坊市		

注：因动力蓄电池系统标准 2015 年新发布且要求 2016 年 5 月 1 日起实施，此前暂不公布系统企业信息。

公司简介 COMPANY PROFILE

湘电莱特电气有限公司是一家拥有世界领先的电机电控成套技术的中美合资企业。是研发、生产、销售电动车辆关键零部件、新型高效电机及其控制系统的高新技术企业。公司拥有发明专利30余项，参与多项国家“863”计划、省及市级重大项目研制。公司产品在东风、力帆、长丰、南车、玖发等整车企业上得以应用。

我们竭诚为您提供电机电控、驱动设备及零部件，电动车辆电动、发电机及控制系统、高效增程器系统等，适用于各式商用、乘用、市政维护、城际物流等车型。

高效驱动电机

额定功率	10-100KW
额定转速	1350-4500 rpm
额定扭矩	76 -355 Nm
额定电流	64-220 A
效率	94-96%
冷却方式	水冷
绝缘等级	H

1、体积轻巧、灵活全面，适用于各式各式商用乘用、市政维护、城际物流车型

2、拥有非凡的功率密度和效率，和卓越的控制性能和可靠性

3、可以实现力矩控制模式与速度控制模式的快速切换

4、同时兼备CAN-BUS和RS485通讯

5、可以实现电动模式和发电模式的快速转换

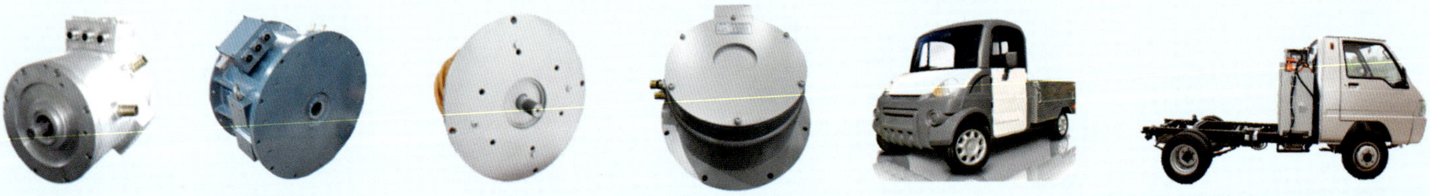

ISO9001：2008 ISO 14001：2004 OHSAS 18001：2007 TS16949-2009

东昌电机(深圳)有限公司

DONG CHANG ELECTRIC MOTOR(SHEN ZHEN) CO., LTD

东昌电机（深圳）有限公司是集电机技术研发、销售、生产为一体的港资企业。2012年由国家科技部认定为国家级高新技术企业。

公司专业制造直流伺服电机、直流无刷电机、直流永磁电机、串激电机、感应电机等系列电机，广泛应用于办公自动化设备、家用电器、健身器材、新能源电动汽车等领域。

规模引进自动化生产设备和高端检测仪器仪表设施，全面导入精益生产模式，技术的专业化、产品的多元化、品质的一体化是企业持续经营的创新精神。

东昌人以忠诚、团结、实事求是为指导原则，以客户为先，构建目标管理、精益生产的运作系统，不断提高生产效率，持续技术创新，以产业贡献社会。

企业奉行“客户满意是我们的责任，持续改进是我们的追求”的品质方针。

企业通过ISO9001、ISO14001、CCC、TS16949体系认证。

产品名称：直驱式外转子轮毂电机
产品型号：TM01
峰值功率：10 kW
额定功率：6 kW
峰值转矩：212 N·m
额定转矩：58 N·m
峰值转速：1200 rpm
额定转速：985 rpm
直流母线电压等级：72 V
工作电压范围：60～84 V
控制方式（转矩控制/转速控制）：直接转矩控制的空间矢量（SVPWN0控制转
矩/转速控制精度：±5%
通信方式：高扩展性系统界面，同时具备CAN-BUS，RS232通讯功能
电机及其控制系统峰值效率：电机:93%　控制系统峰值效率：97%
电机及其控制线系统高效区（效率≥80%的高效区占整个运行区域）：＞90 %
电机冷却方式（液冷时注明冷却液流量、入口水温）：风冷
控制器冷却方式（液冷时注明冷却液流量、入口水温）：风冷
电机工作环境温度：-15℃-50℃
控制工作环境温度：-20℃～60℃
电机外形（ØD×L）：Φ335×113 mm
控制器外形（L×W ×H）：210×120×65 mm

产品名称：直驱式外转子轮毂电机
产品型号：TM02
峰值功率：60 kW
额定功率：18 kW
峰值转矩：650 N·m
额定转矩：140 N·m
峰值转速：2000 rpm
额定转速：1250 rpm
直流母线电压等级：300 V
工作电压范围：250～350 V
控制方式（转矩控制/转速控制）：直接转矩控制的空间矢量（SVPWN0控制
转矩/转速控制精度：±5%
通信方式：高扩展性系统界面，同时具备CAN-BUS，RS232通讯功能
电机及其控制系统峰值效率：电机:95%　控制系统峰值效率：97%
电机及其控制线系统高效区（效率≥80%的高效区占整个运行区域）：＞90 %
电机冷却方式（液冷时注明冷却液流量、入口水温）：风冷
控制器冷却方式（液冷时注明冷却液流量、入口水温）：水冷
电机工作环境温度：-15℃-50℃
控制工作环境温度：-20℃～60℃
电机外形（ØD×L）：Φ335 ×175.6 mm
控制器外形（L×W ×H）：350 ×286 ×130

东昌电机(深圳)有限公司
DONG CHANG ELECTRIC MOTOR(SHEN ZHEN) CO., LTD

地址：深圳市宝安区沙井镇洪田村金源工业区
ADD：JinYuan Ind.Area,HongTian Village,ShaJing Town,BaoAn District,Shenzhen Guangdong,China.
电话(TEL):0755-29547666 0755-29547888　传真(FAX):0755-29547698　邮政编码(POST):518125
E-mail:song@dongchangmotor.com.cn　Homepage:http://www.dongchangmotor.com.cn

VIT 新概念无级变速器
Variable Idea Transmission

☆ E-VIT新能源领域
E-VIT NEW ENERGY AREA

电动时代的理想变速器：E-VIT
THE IDEAL TRANSMISSION IN ELECTRIC DRIVE AGE: E-VIT

技术路线对比：
传统电动车技术路线：电机 + 电机控制系统 + 电池 + 电源管理系统
E-VIT模式技术路线：电机 + 机械无级变速 + 电池 + 低压电控系统

E-VIT电动汽车动力总成 新模式 = 电机高效稳态工况 + 活齿CVT恒功率无级变速

采用VIT独有的低成本、高效率、恒功率宽调速区间的啮合式机械无级变速替代电机调速，是一全新的恒功率电动车动力系统驱动模式，主要具有以下5大优点：

1、动力性提高：具有电机调速无可比拟的恒功率特性，动力强劲，低速、高速特性好，响应性好；克服了电机低速起步的高耗能低效率工况，可让电机始终工作在最高效状态，尤其是启动瞬间低速大扭矩工况、急加速工况；通过CVT的全区间恒功率无级变速，可在电机在恒定工况下满足不同路况下动力特性需求，从而消除了电机在过载高扭下低效耗能发热不良工况，换言之：不论整车工作在任何恶略路况，有CVT的变速变扭保护，电机都能工作在最佳动力特性区域，所以，即便是在长期运行在极端过载环境下，也能保证持续强劲的动力输出，同时保证电机及电池低热安全性。A:低速区效率优化（弥补电机低速低效弊端）：车辆起步低速区，可通过CVT减速增扭，让电机工作在高效高速区。B:高速区动力优化：车辆高速区对应电机转速高，输出扭矩小，但此时如需要电机提供大扭矩超车时，可通过CVT增速来适度降低电机转速，从而获得较大扭矩输出，优化高速区动力性能，提升高速加速性、高速超车性。

2、经济性提高：让电机始终工作在最高效工况，能耗低，能量利用率高、节能环保、续航里程延长。

3、安全性及寿命提高：3.1电机及电池发热减小，安全性提高，电池无深度放电状态，提高电池能量的利用率，延长电池使用寿命；3.2可以简化甚至彻底取消电机高压控制系统，变高压控制为低压控制，提升安全性。

4、成本下降、体积小、轻量化：4.1由于E-VIT宽区间无级变速，大大降低电机许用峰值扭矩及峰值功率，从而减小电机及电池装机容量，使整车成本降低，体积及重量减小。4.2可以简化甚至彻底取消电机高压控制系统，变高压控制为低压控制，降低成本。4.3可以简化电动机、电池等冷却系统，降低成本。 *注：电动汽车最大成本——电机控制系统及电池系统。*

5、能量回收：在减速、刹车、下坡等路况时，无级变速传动系统可以实现最佳效率的能量回收，并提升缓速、制动安全性。

E-VIT 电动汽车新希望、社会意义：

E-VIT 与电动汽车的新匹配模式，将可能为电动车产业开辟一条新的发展道路，降低政府补贴负担，对中国汽车工业新能源发展战略路线起到积极导向作用，为实现“中国制造”向“中国创造”的跨越道路上迈出新步伐。

E-VIT electric vehicle new expectation and societal meaning:
The new mating mode of E-VIT and electric vehicle will create a new path for electric vehicle industry. Reducing the burden of government subsidies will play an active role in the China's new energy automotive industry development strategy, and march a new step in the road of leaping from "made in China" to "created in China".

同濟大學
TONGJI UNIVERSITY

国家燃料电池汽车及动力系统工程技术研究中心

新能源汽车及动力系统国家工程实验室
新能源汽车教育部工程研究中心
上海市电动汽车技术中心
中国燃料电池汽车产业技术创新战略联盟（秘书长单位）

万钢教授　中心创始人

万钢教授是汽车领域专家，毕业于德国克劳斯塔尔工业大学机械系，获博士学位。他曾任同济大学校长，现任全国政协副主席、致公党中央主席和科学技术部部长。

万钢教授是同济大学新能源汽车工程中心的创始人和首任主任，曾受聘担任国家863计划电动汽车重大专项首席科学家、总体组组长，率领中心团队先后完成了“春晖”系列微型电动汽车、“登峰”&“登程”系列混合动力汽车及“超越”系列燃料电池汽车的研发工作，在燃料电池汽车领域实现了零的突破。

中心具有一支科研实力雄厚、年龄结构合理的学术梯队：现有中央“千人计划”专家1人，“973”首席科学家1人，“青年千人计划”专家1人，正高职称20人，副高职称13人，博导19名，具有博士学位者39人；有在站博士后3人，在读博士生50人，硕士生245人。近年来，中心先后获得国家教育部长江学者及创新团队计划中的“节能环保汽车”创新团队、科技奥运先进集体、上海世博会先进集体、“十一五”国家科技计划执行优秀团队等荣誉。

中心团队按矩阵式管理模式（见下图）开展工作。中心理事会制定中心的发展方向和重大决策。专家委员会由校内外知名专家学者组成，对中心的专业方向和项目执行情况提出宝贵意见，其成员包括中国工程院院士、教育部长江学者计划特聘教授、“973”首席科学家、“千人计划”顾问组成员、中国汽车工程学会副秘书长等。中心执委会负责日常具体工作的实施。中心下设5个科研部门，进行相应方向的科研工作，并由试验/试制基地为上述部门提供工程化支撑。

中心设置有动力平台集成、电驱动、电子信息、燃料电池系统和新能源/新材料五个专业部门。围绕新能源汽车的研究开展工作，中心形成了燃料电池及动力系统、新能源汽车及动力系统、氢能及其他汽车新能源和新材料三大核心技术，并在此基础上建立了动力系统技术，新能源技术和实验/测试三大科研平台。与此同时，中心还通过紧密结合科研项目的方式培养高水平的专业人才。

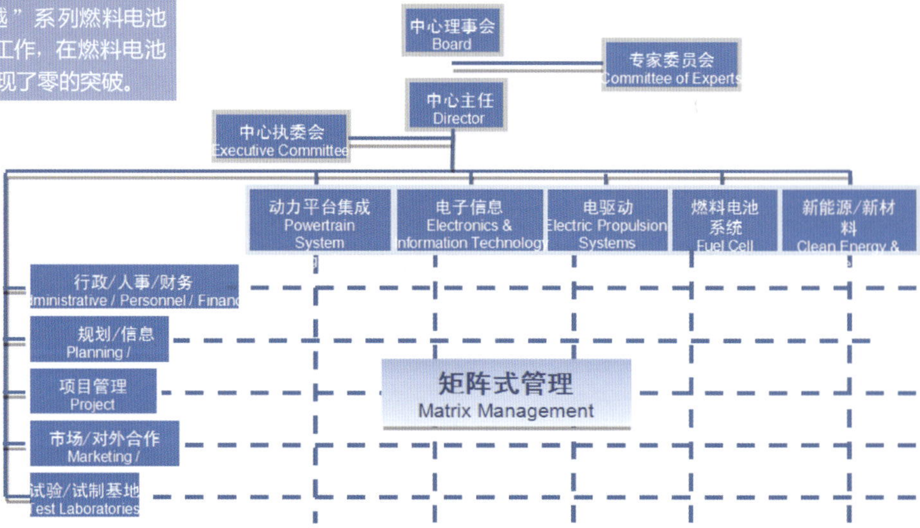

动力平台集成

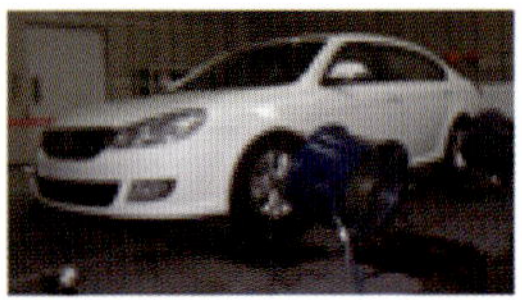

1、新能源汽车动力系统方案设计、集成与总布置研究与开发
2、新能源汽车整车性能定义、研究与开发
3、新能源汽车及动力系统NVH研究与开发
4、新能源汽车、智能电动汽车整车动力学研究与开发

电驱动

1、新能源汽车电驱动总体方案设计与开发
2、电机驱动，电机的选型、应用、测试及电安全
3、电传动EMT、AMT、DCT的控制算法及执行机构方案设计

电子信息

1、新能源汽车动力系统关键电子部件的原型开发
2、电液复合制动系统的开发
3、各类电子部件的控制策略及算法
4、汽车电子CAN总线的开发与应用
5、车载蓄电池管理系统BMS开发
6、动力系统（包括线束）及关键电子设备的电磁兼容研究

燃料电池系统

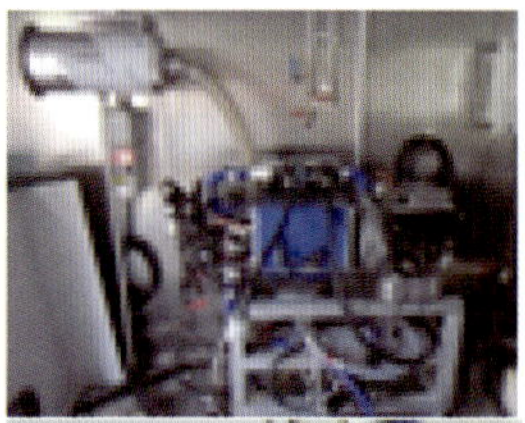

1、燃料电池发动机系统集成设计
2、燃料电池发动机系统关键部件的开发与应用
3、燃料电池发动机系统的建模、仿真和控制技术

新能源/新材料

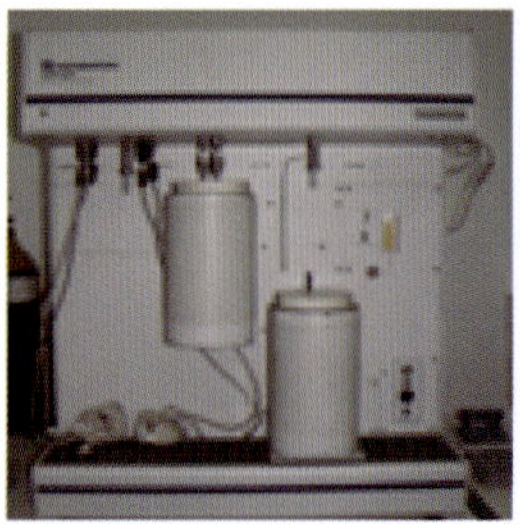

1、储氢技术
2、制氢及提纯
3、氢基础设施
4、分布式能源
5、FC相关技术
6、相关标准规范

燃料电池汽车
Fuel Cell Vehicles

2002年“超越一号”台架车研制成功
In 2002,the prototype frame of “Start No.1” was successfully developed

基于第三代动力系统平台的燃料电池汽车
最高车速：123 km/h
加速时间 (0-100 km/h)：19 s
续驶里程：230 km
Fuel cell vehicles based on the 3rd generation powertrain platform
Top Speed: 123 km/h
Acceleration Time (0-100km/h) : 19 s
Driving Range: 230 km

基于最新动力系统平台的燃料电池汽车
最高车速：150 km/h
加速时间(0-100km/h)：15 s
续驶里程：380 km
Fuel cell vehicles based on the most updated powertrain platform
Top Speed: 150 km/h
Acceleration Time (0-100 km/h): 15 s
Driving Range: 380 km

超越一号
Start No.1

超越二号
Start No.2

超越三号
Start No.3

东方之子
Eastar

2003年 2004年 2005年 2006年 2008年 2010年

混合动力汽车
Hybrid Vehicles

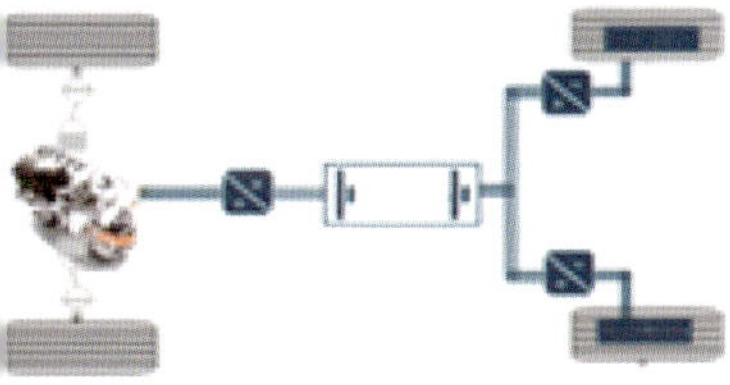

中华四轮驱动强混合动力轿车(华晨)
Zhonghua 4 Wheel Full Hybrid Car (Brilliance)

串联式超级电容油电混合动力城市客车
Serial Supercap Hybrid City Bus

中华新尊驰(华晨)
Zhonghua All New Grandeur

登峰一号
Dengfeng No. 1

登程一号(华普)
Step No. 1(Maple)

中华牌混合动力轿车(华晨)
Zhonghua Hybrid Car (Brilliance)

超级电容混合动力轿车(华普)
Supercap Hybrid Car (Maple)

混合动力城市客车
Hybrid City Bus

2004年 2005年 2007年 2008年 2010年

纯电动微型车
Pure Electric Mini Cars

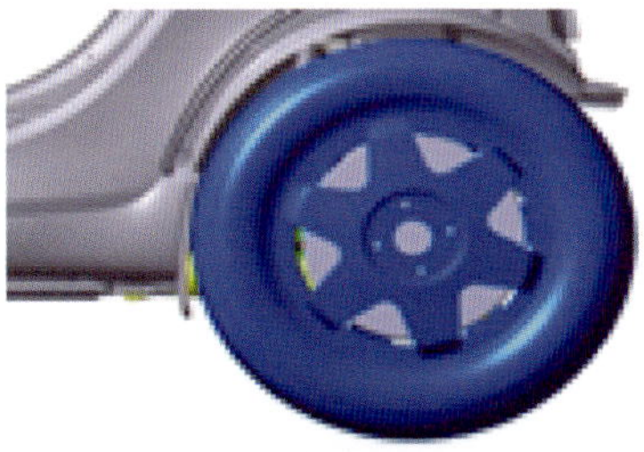

无人驾驶车
Unmanned Vehicles

奇瑞 S18
Chery S18

春晖一号
Spring No. 1

春晖二号
Spring No. 2

春晖三号
Spring No. 3

春晖-嘉乐
Spring-Gallop

世博观光车：4—12座
Sightseeing Vehicles in Expo 2010 Shanghai: 4-12 Passengers

2002年 2003年 2004年 2005年 2006年 2008—2010年

汽车安全与节能国家重点实验室

State Key Laboratory of Automotive Safety and Energy

汽车安全与节能国家重点实验室是国家计委利用世行贷款建设的 75 个国家重点实验室之一.实验室依托清华大学,涵盖车辆工程、动力机械及工程两个国家重点学科。

1989 年经国家计委批准立项，1995 年通过国家验收并正式运行和对外开放。自创建以来，实验室围绕汽车的“安全、节能、环保”三大主题以及我国国民经济发展中的重大需求，瞄准国际前沿、国家目标，定位于汽车工业共性关键基础技术、汽车工程交叉学科基础理论、汽车领域宏观发展基本问题，致力于绿色化、智能化的生态汽车的研究与发展，逐步形成了自己的优势领域和特色。

实验室始终坚持“开放、流动、联合、竞争”的运行方针，支持国内外优秀科研人员和学者开展前瞻性研究，同时积极开展与世界著名大学、研究院所、汽车公司的广泛深入的学术交流与合作，形成了具有总体国内领先和部分国际先进水平的科研基地，在跨地区、跨学科集成创新研究中发挥了国家公共科研基础平台作用。

实验室于 1997 年、2003 年、2008 年和 2013 年先后顺利通过了由教育部或科技部组织的国家重点实验室评估。

2015 年实验室固定人员 83 人，其中：正高 32 人、副高 42 人、中级 7 人、初级 2 人。包括院士 1 人，长江学者特聘教授 4 人，千人计划 2 人，国家杰出青年基金 2 人，国家优秀青年基金 1 人，中青年科技创新领军人才 1 人，教育部新世纪优秀人才 5 人。

2015 年，到款科研总经费 9687 万元，其中包括参与的同济大学智能型新能源汽车协同创新中心和北京理工大学电动车辆协同创新中心经费 800 万元。另有苏州汽车研究院财政拨款 1.2 亿元。国家级项目经费 4400 万元，占总经费 45.4%；国际合作项目经费 1152 万元，占总经费 11.9%；国防军工项目经费 855 万元，占总经费 8.8%。获国家自然科学基金项目 15 项，其中重点项目 4 项。

2015 年，发表 SCI 论文 179 篇，EI 论文 238 篇。授权发明专利 55 项。历年来，实验室共发表 SCI 论文 789 篇，被引频次总计 8009 次，平均每篇被引 10.15 次。

2015 年，获国家奖 1 项，省部级一等奖 2 项、三等奖 2 项。2013-2015 年，共获国家奖 4 项，省部级一等奖 4 项、二等奖 3 项、三等奖 3 项。

大连理工汽车学院胡平院长一行来访

全国政协副主席、民建中央常务副主席马培华一行来访

韩国可再生能源学会访问

聂建国院士做客汽车学术沙龙

清华大学副校长
谢维和做客汽车学术沙龙

钟志华院士做客汽车学术沙龙

V2X 自动驾驶技术研讨会

苏州汽车研究院战略研讨会

美国能源部中美清洁能源
研究中心主任罗伯特 · 马利致辞

工信部苗圩部长
视察混合动力控制系统

工信部苗圩部长视察智能汽车

与香港生产力促进局
签订新能源汽车合作备忘录

香港生产力促进局来访合影

与美国阿岗国家
实验室签订合作备忘录

中美清洁汽车联盟 2015 技术年会

汽车安全与节能国家重点实验室

State Key Laboratory of Automotive Safety and Energy

重庆自主品牌汽车协同创新中心

中心使命：支撑重庆成为具有国际竞争力的自主品牌汽车开发与产业基地。

发展目标：汽车领域国际知名的技术创新和人才培养基地。

重庆自主品牌汽车协同创新中心由重庆大学牵头，联合长安汽车、中国汽研、青山工业、超力高科、博耐特、西南铝业、重庆理工大学、重庆邮电大学等企业和院所，在美国密西根大学和福特汽车支持下，按照“产业链上下游协同，强强联合、优势互补”的原则组建，2014年10月获批为国家级协同创新中心。中心依托机械工程、电气工程两个国家一级重点学科，车辆工程、材料学、工程热物理等十四个国家二级重点学科；汇聚国家级、省部级重点实验室、工程中心等科研平台和基地22个。

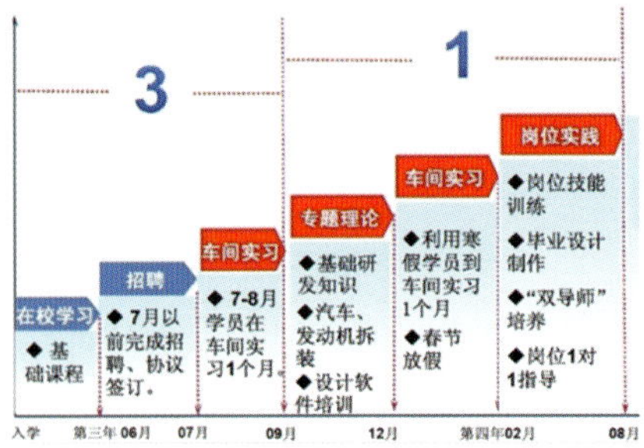

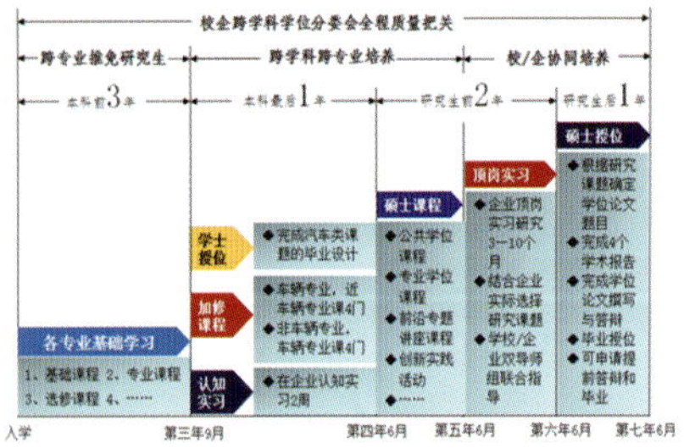

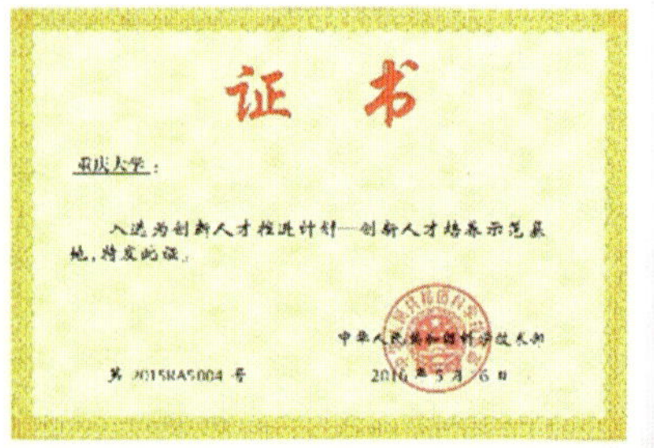

人才培养

为满足汽车行业多学科、多层次人才需求，整合国内外优质教育资源实施“需求导向、开放实践”的人才培养模式创新，系统改革人才培养机制。

与长安汽车共同实施“3+1”汽车应用型创新人才订单式培养计划，在大四校/企共同开设60多门专业课、校/企双导师、学生寒暑假到企业顶岗实习、在企业完成毕业设计，学生毕业即到长安上岗工作，从2010年开始，已累计为长安汽车培训学生200多人，与社会公招毕业生相比，工作业绩考核A档比例提升约15%，达到岗位要求的人均培训总经费节约近4万元，深受长安汽车好评。

按汽车行业跨学科创新人才需求，中心与汽车工程学院共同实施了“3+1+2”汽车领军型人才培养模式改革。从车辆、机械、动力、电气、材料、自动化、通信、计算机、软件等多个学院跨专业招收推免专业硕士生，采取本/硕学制贯通、汽车及相关专业课程交叉培养、引进美国密西根大学教授和研究生课程、聘请海外一线汽车专家授课、到企业带薪实习研究、校/企双导师指导、海外汽车夏令营、中心资助学生组建重庆大学方程式赛车队（受到重庆市孙政才书记的赞许和肯定）等一系列改革措施，人才培养质量明显高于一般研究生，得到教育部和媒体高度评价，毕业生深受用人单位好评。以长安汽车为例，公司级领导14人中有重庆大学硕士、博士学位的达11人，中层领导干部中有重庆大学学历的人超过20%，为重庆汽车产业发展提供了有力人才支撑。

中心创新人才培养模式得到教育部和科技部认可，教育报以《重庆大学紧贴行业需求培养专业硕士》、教育部简报以《重庆大学积极探索全日制专业学位硕士研究生培养新模式》为题进行了宣传和报道、2015年获批科技部 “创新人才培养示范基地”。

队伍建设

面向汽车“节能环保、安全舒适、智能网联”发展方向，部署创新链，汇聚高校、企业、院所专家200余人（其中长江学者、杰青、千人、百人和海外高层次专家等40余人），组建了由团队负责人、首席专家、团队骨干专家和秘书组成的14个创新团队200余人。

全职共聘引进美国MTS公司工程师陆帅等10余人

陆帅　青年千人计划专家
美国MTS系统公司高级研发工程师
主研：高速电机及其高动态性能控制器的设计制造
聘用单位：重庆大学　长安汽车

詹振飞　重庆大学“百人计划”
福特汽车（北美）工程师，博士后
主研：汽车安全领域不确定性复杂动态系统的数据分析
聘用单位：重庆大学　中国汽研院

郑江　重庆大学“百人计划”
福特汽车（北美）工程师，博士后
主研：车用材料集成计算工程及材料耐久性预测
聘用单位：重庆大学　西南铝业

科学研究

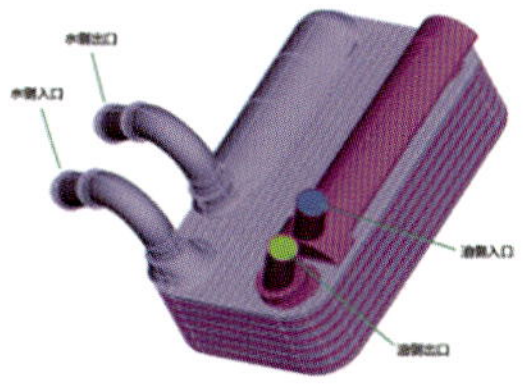

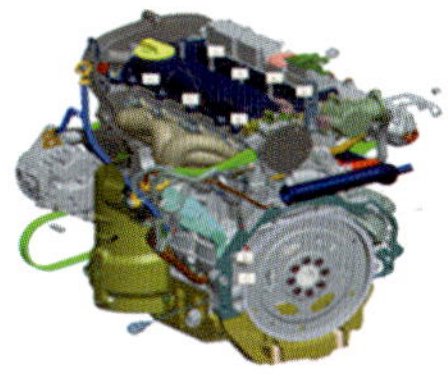

实施“任务牵引、资源共享、绩效考核、贡献优先”的科研组织新模式，瞄准国家、行业、区域和企业汽车领域共性关键技术需求，开展协同创新，成效显著。

突破电动车整车控制、汽车安全、增压直喷、变速器、热管理、镁铝新材料等一批核心关键技术。代表中国和重庆大学参与制定ISO汽车安全模型确认国际标准；“高可靠精密滤波传动技术及系统”荣获2015年国家技术发明二等奖，在长安工业推广应用；“汽车NVH控制技术的研究及产业化应用”荣获2013年中国汽车工业科学技术进步一等奖、《电动汽车整车控制方法》荣获中国汽车工业技术发明一等奖、《高效环保汽油机核心关键技术》荣获2014年重庆市科技进步一等奖，支撑长安汽车成为中国自主品牌汽车排头兵；“高效油冷器”荣获2013年度“中国产学研合作创新成果奖”，支撑超力高科成为福特全球供应商。累计获国家奖4项、行业奖17项、省部级奖28项、发明专利111件（转让或许可30项）、制定行业标准17项、新产品46个，支撑重庆成为具有国际竞争力的自主品牌汽车开发与产业基地。

中国汽车工业科学技术奖

为表彰在中国汽车工业科学技术进步工作中做出贡献的单位，特发此证，以资鼓励。

证书

重庆大学

国家技术发明奖

证书

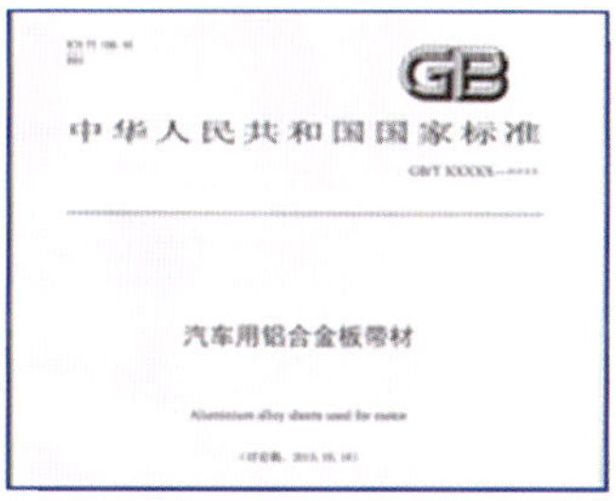
GB

中华人民共和国国家标准

汽车用铝合金板带材

合作交流

中心与美国密西根大学、韦恩州立大学，加拿大哥伦比亚大学、温莎大学、德国亚琛工业大学、澳大利亚皇家理工大学等知名大学，美国福特汽车、德国博世、西门子等知名公司保持密切学术交流与学生交流合作关系。瞄准国际汽车前沿技术，定期举办汽车工程前沿讲坛，邀请美国工程院院士/福特汽车安全首席专家Priya Prasad、福特汽车CTO Paul Mascarenas、日本汽车研究所所长Masao Nagai等国内外汽车专家来中心做学术报告共计80多场，全部向协同企业开放。

美国工程院院士、福汽车安全
首席专家Priya Prasad

福特副总裁、CTO
Paul Mascarenas

日本汽车研究所所长
Masao Nagai

区域贡献和社会影响

2015年，全国汽车产销量2400万辆，重庆280万辆，约占全国12%，成为中国最大汽车生产基地；长安自主品牌乘用车销量突破百万辆，同比增长30.9%，连续10年蝉联国内自主品牌汽车销量第1名；重庆汽车产值4700亿元，对区域GDP贡献约30%，其中，协同创新支撑的自主品牌汽车贡献率达60%，为重庆GDP增长11%，增速位居全国第一作出了积极贡献。

中心通过两年的建设和深入推进协同创新，在国内和重庆汽车行业产生了良好社会影响，一线整车、零部件企业和研发机构，对中心创新人才培养模式和成效给予了高度评价，纷纷提出与中心共建汽车领域创新人才培养基地。力帆汽车、东风小康汽车、鑫源汽车、海德集团、北斗导航、三爱海陵、攀钢集团等整车、零部件和材料企业向汽车协同创新中心申请成为成员单位，共同推进中国自主品牌汽车创新发展。

上海交通大学汽车工程研究院

上海交通大学汽车工程研究院成立于2006年，正值上海交通大学110周年华诞。研究院瞄准国际汽车科技前沿技术，在政府、学校以及企业等多方面的支持下，通过整合和优化上海交通大学汽车工程相关学科和研究方向，组建的具有上海交通大学特色的汽车学科大平台。汽车工程研究院拥有一支事业心强、富于创新精神的科研团队以及10000m2的汽车实验大楼，设有汽车车身研究所、汽车底盘与控制研究所、汽车发动机研究所以及汽车电子研究所，形成具有教授12人，副教授20人，讲师11人，博士后7人，工程师20余人以及研究生三百多人的研发团队。

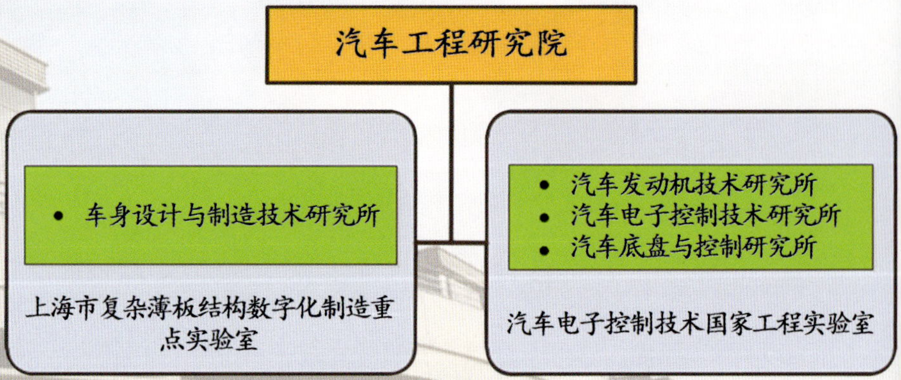

汽车工程研究院现建有汽车电子控制技术国家工程实验室，上海市数字化汽车车身工程重点实验室和国家机动车产品质量监督检验中心上海交通大学实验室，重点开展汽车电子控制、汽车车身数字化工程、汽车发动机先进技术与控制以及混合动力、新能源汽车等核心技术研究与开发。其中汽车电子控制技术国家工程实验室组建于2008年，定位为围绕国家节能减排和汽车产业升级的重大需求，突破汽车电子控制技术瓶颈，在汽车电子核心技术原始创新方面为行业技术进步、企业产品创新提供有力支撑。上海市数字化汽车车身工程重点实验室由上海市科委2003年批准建设，实验室以汽车车身设计与制造技术研究与应用为核心，围绕上海汽车工业自主品牌轿车开发，重点发展薄板精益成形技术、制造质量控制技术、薄板连接技术、车身轻量化设计技术、装配工艺数字化设计技术等方面的高水平研究与车身应用。

汽车电子控制技术国家工程实验室

主办的国际性学术会议

现代化的办公区域

上海交通大学赛车队赛后合影

混合动力电动公交汽车

交大赛车耐久赛现场

自主开发线控汽车

上海交通大学，汽车工程研究院
地址：上海市东川路800号机械楼群D楼　联系人：毛骏莉　电话：021-34208374　邮箱：maojunli2533@sjtu.edu.cn

广州中国科学院工业技术研究院
Institute of Industry Technology, GuangZhou & Chinese Academy of Sciences

锂离子动力电池工艺装备技术基础服务平台

动力电池产业技术的进步是新能源汽车发展的基础。通过建设“锂离子动力电池工艺装备技术基础服务平台”，形成开放式的电池设计、电池工艺和装备技术研发、生产过程检测、生产过程控制、生产过程管理信息化，生产技术验证平台。已具备整条动力电池生产线设计能力和试验验证能力，可为行业开展生产性验证服务。

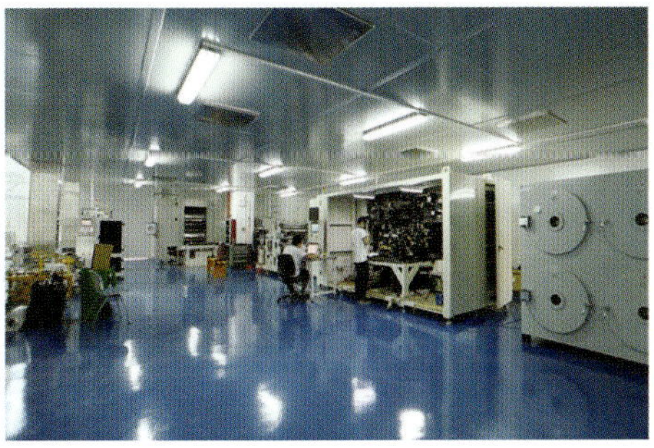

锂电平台研发和示范中心

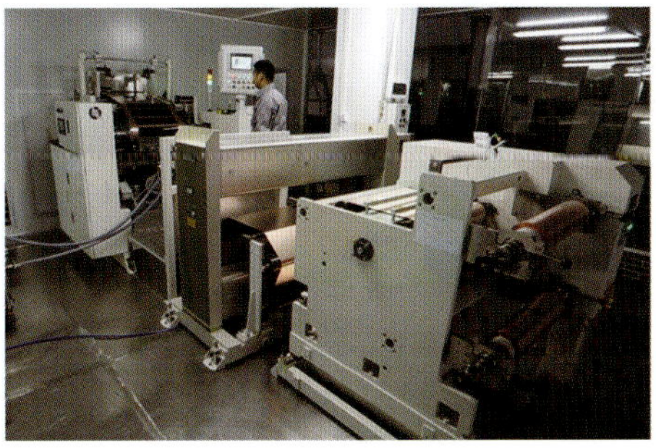

精密挤压涂布机

方形叠片电池芯包制造系统

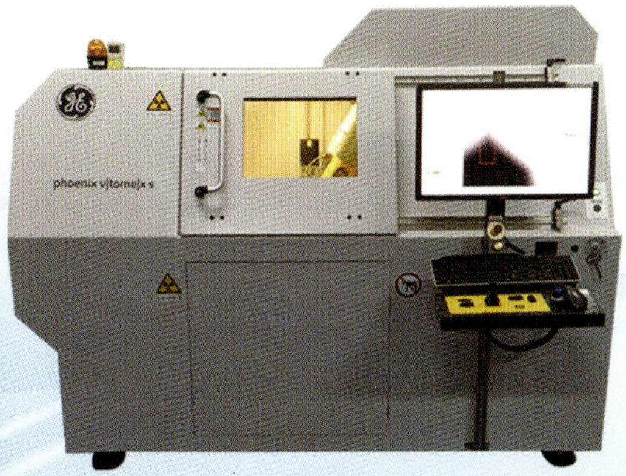

X-CT扫描系统

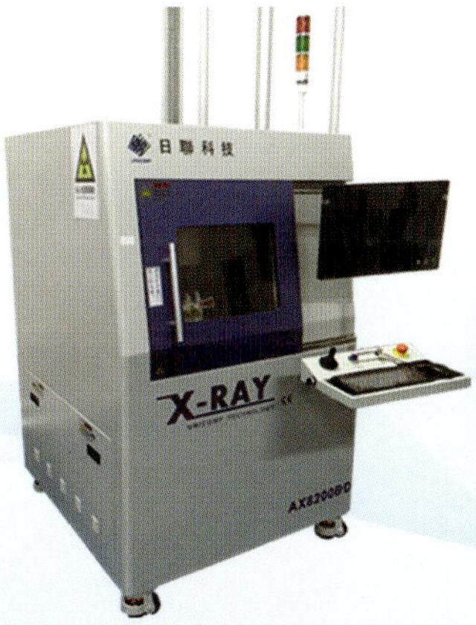

X-Ray检测仪

激光切片机

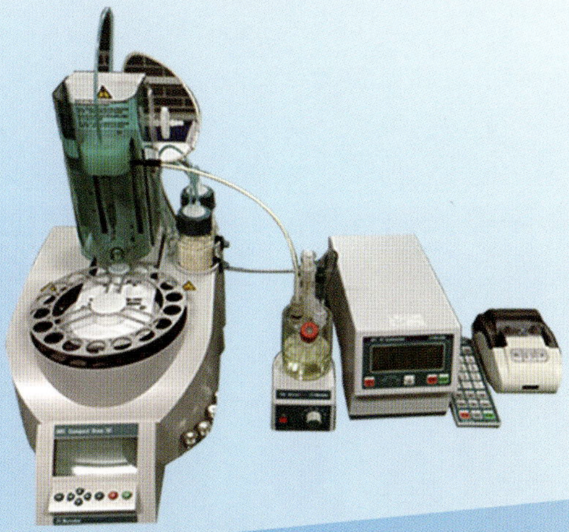

水分测量仪

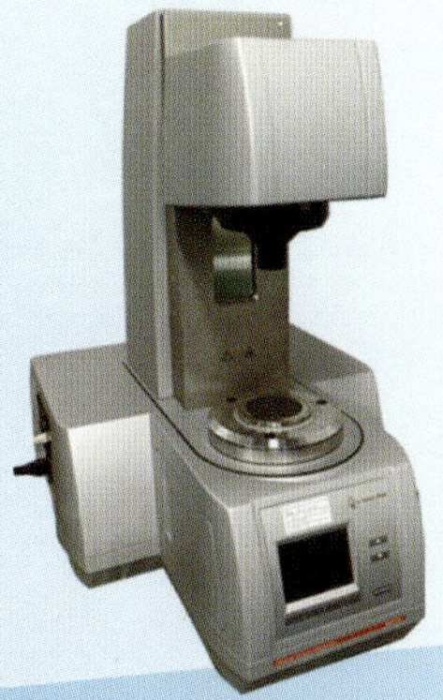

流变仪

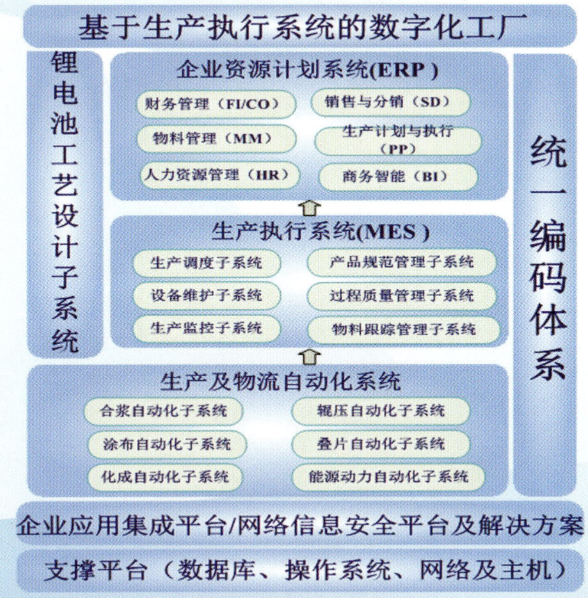

MES系统

联系方式：广州中国科学院工业技术研究院　　地址：广州市南沙区海滨路1121号　　邮编：511458
电话：020-22912515　　传真：020-22912513　　网址：WWW.GZIIT.AC.CN

打造科技服务新航母

汽车安全试验室

汽车安全试验室占地超过4万平方米，新增投资2亿元，是中心新园区占地面积最大的试验室，由实车碰撞试验室与模拟碰撞试验室两部分组成。

实车碰撞试验室总长310m，宽165m。试验室共设置8条跑道，呈扇形结构，直线跑道有效牵引部分全长260m。试验室软、硬件能力均位于国际领先地位，可完成实车多角度对撞试验，并且可依据中国法规、C-NCAP、ECE&EC、FMVSS、GCC、Euro NCAP等标准进行认证试验及被动安全开发试验。

新模拟碰撞试验室拥有两台日本三菱重工生产的液压伺服控制的高精度试验台车，可以承担整车及零部件动态冲击性能、约束系统匹配等台车试验，并能很好地创造出基于实车波形的碰撞环境。模拟碰撞试验室试验能力可以覆盖全国乃至美国、欧洲、日本、海湾等国家及地区的相关标准法规。

整车排放试验室

整车排放试验室由5个试验间组成，分别为海拔环境仓、低温环境仓、常温4驱转鼓、常温2驱转鼓和密闭室。其中，海拔环境仓是国内首创的，性能在世界上屈指可数的测试系统总投资达1亿元。

主要功能

海拔模拟：0～5 000m²

温度模拟：-40～+60℃

湿度模拟：10%～95%相对湿度

阳光模拟：600W/m²～1200W/m²，全光谱；照射角度可调

底盘测功机：4轮4电机

排放测试系统：可以完成美标试验和三高标定

整车耐久试验室

整车耐久试验室于2011年初完成建设并投入运行，是国内规模最大、设施最完善的整车排放耐久试验室。

试验室总投资达6 000多万元，其中试验室基础建设投入达2 000多万元，设备投入达4 000多万元。

该试验室拥有总计19套可独立开展道路模拟试验工作的试验系统。其中，奥地利AVL公司生产的两驱整车底盘测功机16套、四驱整车底盘测功机2套；自主研制开发的整车底盘测功机1套。另外，该试验室还配备了德国STAHLE生产的自动驾驶仪9套。

本试验室可依照欧盟指令、美国EPA法规、日本汽车排放法规及中国排放法规要求完成耐久性试验，还可完成与整车道路模拟相关的整车性能试验。

发动机综合试验室

发动机综合试验室于2010年建成，2011年正式投入使用，总投入达2亿元。试验室下设重型转鼓试验间、发动机性能排放试验间和化学分析试验间，主要承担发动机及重型整车的性能、排放、耐久、油耗等测试，以及汽车材料禁限物质分析评价、车内空气质量分析测试、催化剂贵金属含量分析等业务。

试验室引进国内第一台四驱重型转鼓设备，在此之前，亚洲仅有3台。该试验室拥有AVL电力测功机9台、国内外一流的全流定容稀释采样系统2套、发动机部分流采样系统3套、性能耐久台架15台以及先进的化学分析设备。实验装置一流，处于国际领先行列。

助力汽车产业新升级

新能源汽车试验室

新能源汽车试验室主要进行电动汽车关键零部件的测试评价和论证，包括动力电池、电机、电控、充电接口等，综合测试能力国内第一。

试验室一期投入4 000万元，建成了电池试验室、电机试验室和充电部件试验室，引进并开发了多套电机实验台、电池模拟器、电池性能和安全试验台等一流设备，测试能力覆盖当前国内外的所有相关的标准。

试验室还承担了电动汽车测试评价的国家课题，并负责锂电池等标准的制定，在试验和评价技术方面的能力处于国内领先行列。

汽车电子试验室

汽车电子试验室拥有国内技术最先进、具有国际高水准的综合性电磁兼容试验平台，该平台从2008年3月开始筹建，2012年3月正式投入使用，投资约6 000万元，测试平台配备的10m法电波暗室、四轮独立驱动的转毂测功机、多功能气动机器人、电磁兼容测试系统都由国际最高水平的供应商提供。该试验室可以进行最大整备质量20t、最大车长13.7m的所有车型的电磁兼容试验，可以进行ABS等主动安全系统的电磁兼容相关测试，抗扰试验能力达到200V/m，不仅满足了欧洲出口认证的要求，也满足国际一流汽车制造商企业标准要求，同时也承担了国家的863课题、国际交流研究及标准制定过程的验证试验。

零部件试验室

零部件试验室设备总投入4 000万元，试验室总占地面积2万平方米，其中温控试验面积7000平方米零部件试验室拥有各类试验设备83台(套)，主要进行汽车主、被动安全零部件(如约束系统、底盘零部件、车身系统、车身附件系统)的性能测试、可靠性试验及相关研究工作。近年来，零部件试验室高速发展，逐步建成了以强制性认证试验为基础，以行人碰撞保护、零部件可靠性试验为特色，以出口认证服务、企业合作研发为增长点的发展模式，具备了国内一流、国际领先的试验研究水平。

性能开发综合试验室

性能开发综合实验室的所有试验设备主要应用于汽车产品性能开发测试与验证，已经初步形成了从整车到总成、零部件，涵盖汽车NVH性能、底盘开发、疲劳耐久以及汽车电子的综合测试评价能力，总体投资约1.5亿元。其中，NVH实验室的所有测试设备全部使用进口主流设备，NVH试验评价与开发能力处于国内一流、国际领先水平。悬架KC特性试验室采用英国ABD双轴KC试验台，能进行整车质心转动惯量测量，是目前国内功能最齐全的KC试验台。

中汽中心北京工作部

CATARC's Beijing Operations

中国汽车技术研究中心北京工作部成立于1998年，是中心以北京为窗口，代表中心面向国际和国内开展政府服务、行业工作、国际合作、项目咨询等业务的全资二级院所。

成立十七年来，北京工作部紧密围绕中心整体发展战略，锐意进取，勇攀高峰，下属北京卡达克科技中心、北京卡达克汽车技术开发有限责任公司两个实体法人公司，着力打造汽车产业咨询与服务领域高端品牌，现已布局政策法规研究、节能和新能源汽车相关研究、汽车市场研究与咨询、前瞻技术研究与专题培训、主题论坛组织等核心业务，实现“整体科学化布局、多条业务主线并举、传统业务与新兴业务协调发展”的经营模式；同时，常年为汽车行业政府主管部门提供技术支撑，承接多项国家级、省部级政策研究和软课题研究工作。目前，北京工作部拥有员工141人，其中博士7人，高级及以上职称27人，硕士以上学历占32.37%，现有总资产达2.6亿元。

中国汽车技术研究中心北京工作部将秉持一贯以来的“用心回报行业和社会”的价值理念，以全部的信息资源和专业研究能力，向行业提供全方位的技术服务，努力成为业内卓越企业及机构的智囊与伙伴，共同为中国汽车产业的发展、繁荣贡献力量。

行业服务能力：

- 汽车行业准入咨询整体方案解决专家
- 国家及地方产业政策研究、中长期产业发展规划，以及提升地方行业影响力整体方案解决专家
- 新能源汽车全产业链技术服务与咨询
- 充电基础设施产业技术服务
- 汽车整车及零部件全产业链市场化分析研究与咨询
- 汽车整车及零部件后市场技术服务与研究
- 天然气汽车及零部件全产业链技术服务与咨询
- 中国机动车维修技术信息网
- 中国汽车技术信息网（AUTOTEC）
- 节能与新能源汽车网
- 中国智能交通协会汽车智能化与电动化专业委员会
- 新能源汽车动力电池产业发展研究室及UNDP/科技部燃料电池项目办公室
- 科技部/发改委/工信部等政府主管部门行业支撑性工作
- 政府/企业间的国际合作项目研究
- 轻型车整车及动力总成排放与节能新车研发技术服务与咨询，在用车技术服务
- 企业委托的其他定制式技术服务

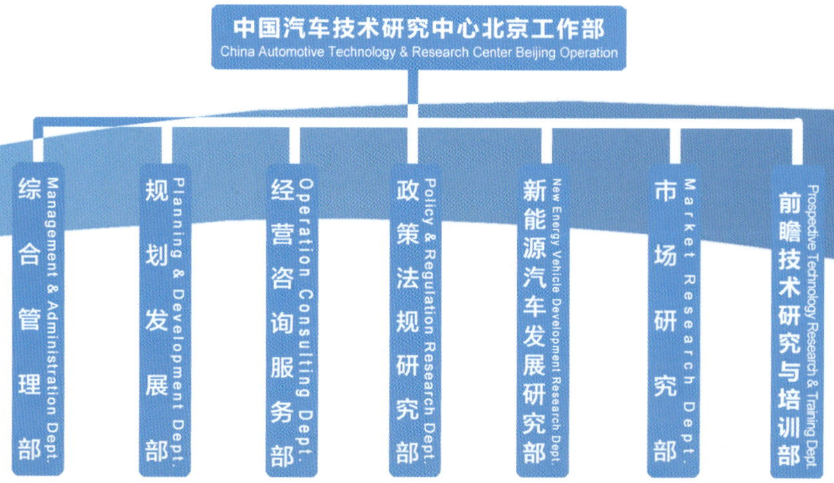

节能与新能源汽车网

CHINAEV.ORG

节能与新能源汽车网（www.chinaev.org）是我国最早创立的节能与新能源汽车专业技术性网站，由中国汽车技术研究中心北京工作部主办，得到了GEF/UNDP/MOST“中国燃料电池公共汽车商业化示范”国家项目办公室、中机车辆技术服务中心和国家机动车合格证数据中心的大力支持。

节能与新能源汽车网秉承真实、全面、客观、公正的新闻精神，依托权威的节能与新能源汽车领域专业数据库，服务于广大节能与新能源汽车相关从业者和爱好者。

特色版块

项目	内容
公共浏览区	新闻报道 专题报道 新车上市 城市频道 会展、出版物
普通会员	政策法规 标准目录 研究报告 节能与新能源汽车整车月度产量报告 电动汽车产量数据 天然气汽车产量数据 新能源汽车基本参数数据 会议资料
高级会员	新能源汽车关键零部件配套数据 国际新能源汽车销量＼详细车型参数 市场图说＼政策标准解读＼权威资讯

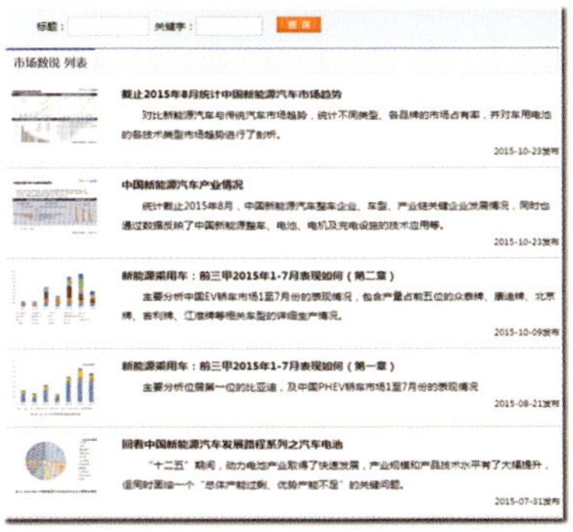

市场图说＼政策标准解读＼权威资讯

《节能与新能源汽车月度产量报告》

国内产量数据＼国际销量数据＼零部件配套数据

详情登录：HTTP://WWW.CHINAEV.ORG

详情请见内文第327页

创造轻快的世界
Make a Light and Brisk World
医疗
高铁
汽车
航空
工业领域
复合材料轻量化解决方案
借助航空领域积累的技术和经验，为汽车、轨道交通、船舶、能源、医疗等工业领域提供材料、设计、工艺、制造、检测、服务等完整的、定制化的应用解决方案。以“低成本、快节拍、智能化”的创新及服务，创造轻快的世界！
AVIC
中航复合材料有限责任公司
AVIC COMPOSITE CORPORATION LTD.
地址：北京市顺义区顺兴路航空产业园
中航工业复材1号科研楼
网址：www.avicomposite.com
电话：010-5651 5815
传真：010-5651 5858

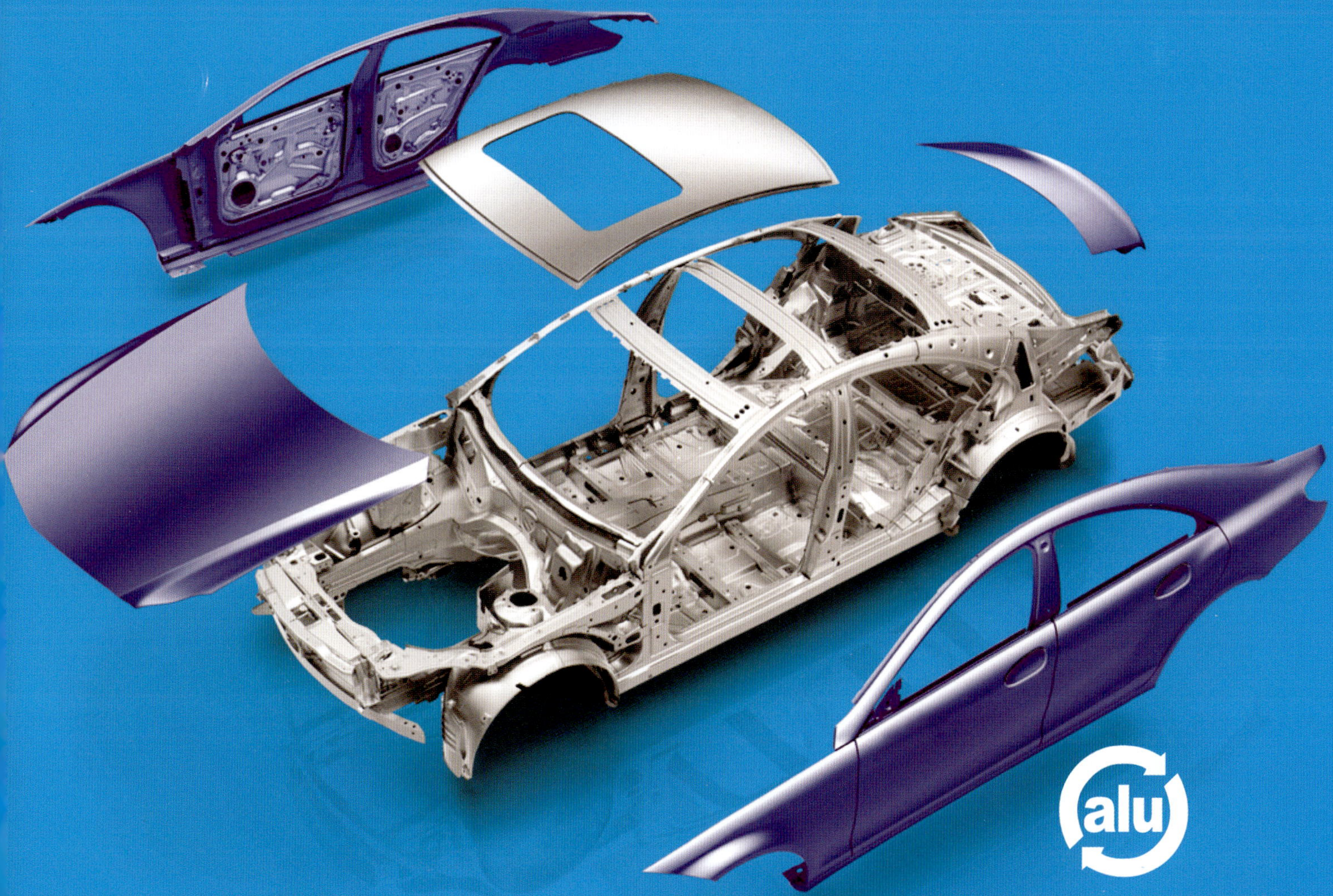
alu

重庆科鑫三佳车辆技术有限公司

Chongqing Co-sunjoy Vehicle Technology Co.,Ltd

重庆科鑫三佳车辆技术有限公司位于重庆市两江新区水土工业园，注册资金5000万元，由湖南湖大三佳车辆技术装备有限公司和重庆两江新区创新创业投资发展有限公司共同出资组建。公司以新能源汽车整车集成开发、新能源动力总成开发及关键零部件开发及制造、汽车轻量化开发为主的科技型公司，主持国家省部级以上项目3项，拥有各项专利20余项，其中发明专利7项。公司现有核心技术人员80多人，其中在读博士后1人，博士2人。公司联合湖南大学、清华大学、同济大学、北京理工大学、重庆理工大学等高校资源，共同开发与创新，具有很强的开发创新能力。

基于国家产业政策的导向，随着国家对新能源汽车技术和产品的研究及产业化推广投入大量资金，我公司承担重庆市“151”重大汽车专项中选择了新能源汽车作为公司发展方向，通过打造系列化、通用化、模块化的全新（新能源）汽车研发平台，攻克了新能源汽车整车及关键零部件核心技术。公司形成以纯电动汽车、混合动力汽车、插电式混合动力汽车整车集成开发，整车轻量化开发，核心关键零部件生产为主营业务的现代化科技型企业。

纯电系统集成开发

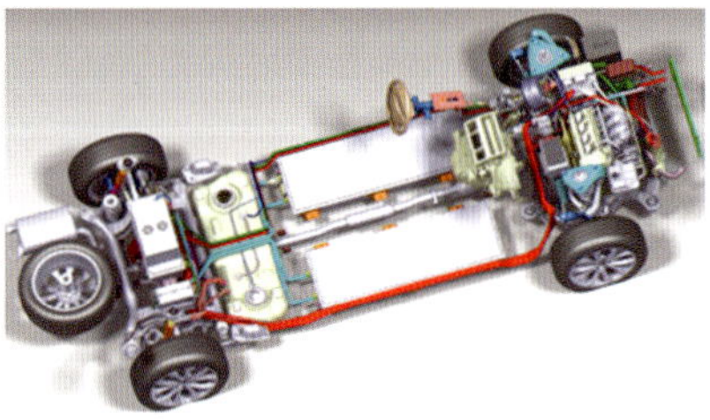

混合动力系统开发

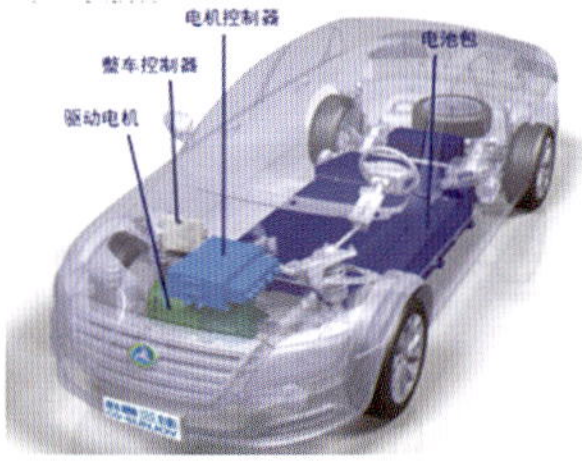

三电系统开发

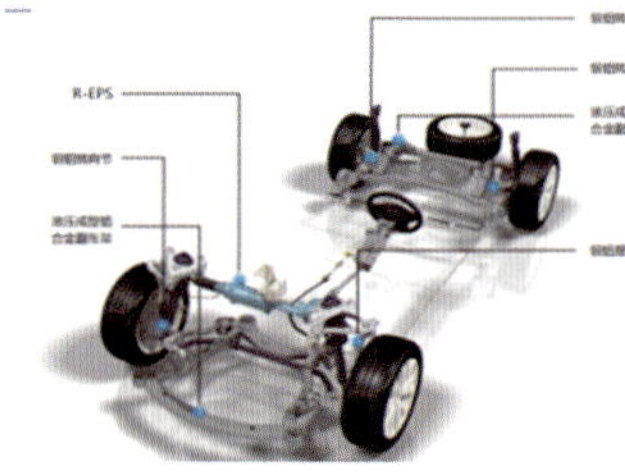

轻量化设计

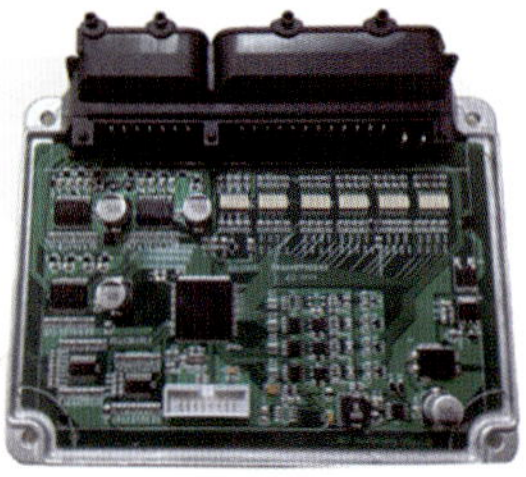

整车控制器开发

电池包设计开发

混合动力总成开发

样车试制车间

成功案例

成功案例

成功案例

成功案例

地址：重庆市北碚区水土镇两江云计算中心科创中心5楼 电话：023-86885688
网址：http://www.cosunjoy.com 邮编：400714 传真：023-86885399

联友科技
LAN-YOU TECHNOLOGY

打造智能移动车联
创建极致用户体验

车辆保姆
- 车辆状态查看
- 车况检查报告
- 在线售后服务（CC技师交流）
- 驾驶行为分析（节能排名）
- 思维度安全防护体系

智能安全
- 碰撞自动求助
- 远程260环视监控

T-BOX

智能安全
- 远程车辆诊断（DTC）
- 远程ECU软件升级

远程助理
- 远程SOC查看，预约充电管理
- 远程发动机点火，熄火
- 远程空调开启，风量调节
- 云钥匙分享
- 远程找车（鸣笛，闪灯）
- 远程开锁、关锁

深圳联友科技有限公司是一家专注汽车行业全价值链信息化服务的企业，专业提供信息化整体解决方案、信息化产品、系统运行维护、互联网运营，数据分析及应用，汽车IT与智能汽车等业务，拥有员工近1400人。

先后获得国家高新技术企业、国家规划布局内重点软件企业、中国软件和信息服务业创新影响力奖、广东省软件和集成电路设计100强培育企业、东风汽车科技进步奖等荣誉，多次被客户评为优秀供应商；自主研发的超级IVI 车联网娱乐系统、DMSV1.0分别荣获中国软件和信息服务业最具竞争力产品奖、“第十九届北京国际软件博览会”金奖。通过ISO9001质量体系认证、ISO20000管理体系认证、信息安全服务资质认证、软件组织成熟度CMMI IV级认证、信息系统集成及服务（3级）资质认证，累计沉淀专利82件（其中13件已授权），获得软件著作权证书30件。

目前公司已经拥有16家主机厂级别客户，2000多家各品牌专营店客户，近千家零配件供应商客户，与东风汽车集团、东风汽车有限公司、东风日产、东风本田、英菲尼迪、东风雷诺、日立公司、裕隆汽车、神龙汽车等主机厂及众多知名IT厂商达成合作伙伴关系。

深圳联友科技有限公司
LAN-YOU TECHNOLOGY
400-830-5721 +86-0755-83267582 www.szlanyou.com
地址：广东省深圳市深南中路2010号东风大厦22楼

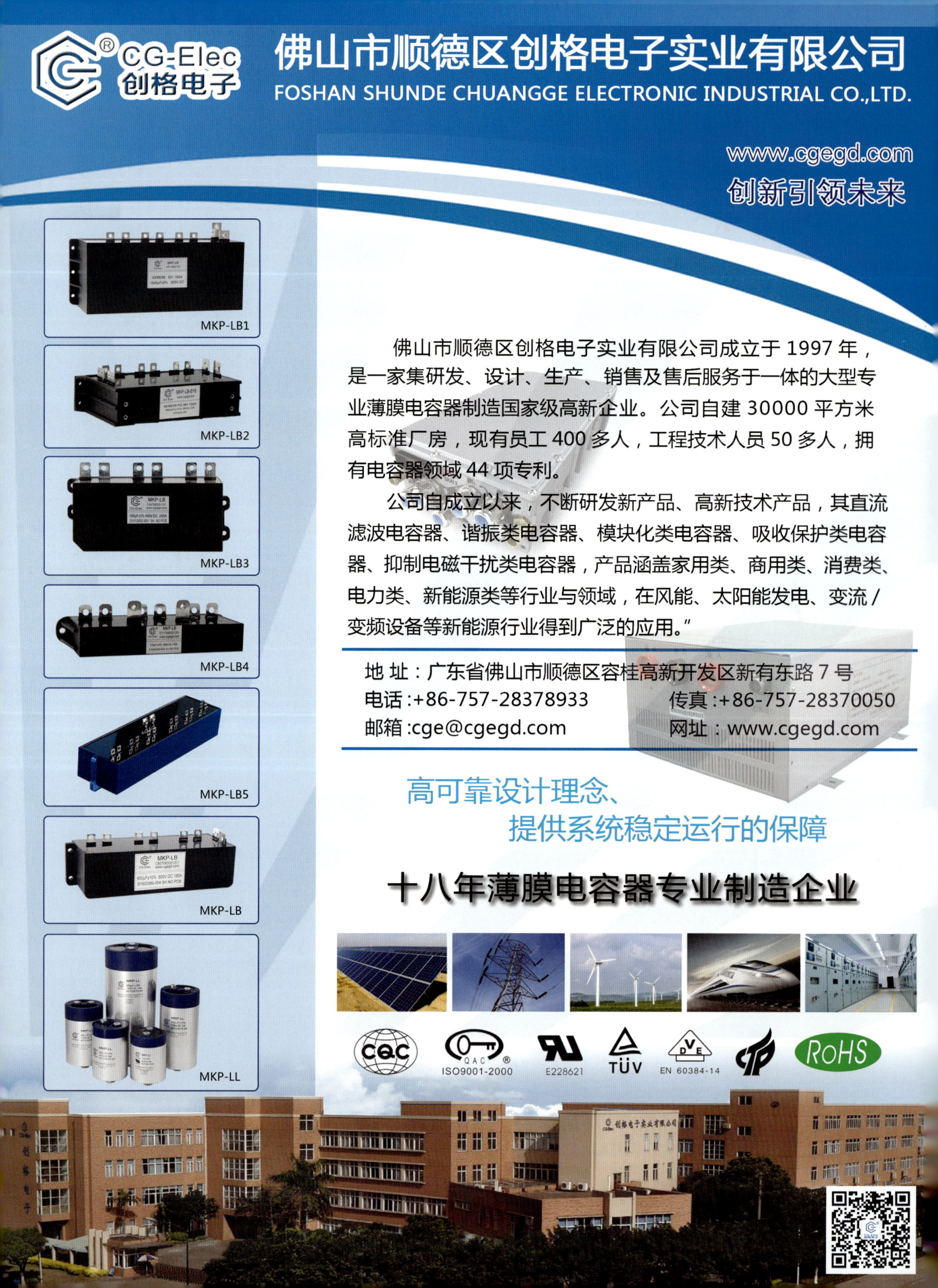
CG-Elec
创格电子
佛山市顺德区创格电子实业有限公司
FOSHAN SHUNDE CHUANGGE ELECTRONIC INDUSTRIAL CO.,LTD.
www.cgegd.com
创新引领未来
MKP-LB1
MKP-LB2
MKP-LB3
MKP-LB4
MKP-LB5
MKP-LB
MKP-LL
佛山市顺德区创格电子实业有限公司成立于 1997 年，是一家集研发、设计、生产、销售及售后服务于一体的大型专业薄膜电容器制造国家级高新企业。公司自建 30000 平方米高标准厂房，现有员工 400 多人，工程技术人员 50 多人，拥有电容器领域 44 项专利。
公司自成立以来，不断研发新产品、高新技术产品，其直流滤波电容器、谐振类电容器、模块化类电容器、吸收保护类电容器、抑制电磁干扰类电容器，产品涵盖家用类、商用类、消费类、电力类、新能源类等行业与领域，在风能、太阳能发电、变流/变频设备等新能源行业得到广泛的应用。”
地 址：广东省佛山市顺德区容桂高新开发区新有东路 7 号
电话 :+86-757-28378933
传真 :+86-757-28370050
邮箱 :cge@cgegd.com
网址：www.cgegd.com
高可靠设计理念、
提供系统稳定运行的保障
十八年薄膜电容器专业制造企业
CQC
QAC
ISO9001-2000
E228621
TÜV
EN 60384-14
RoHS

宝兴电线电缆制造有限公司

江铜集团

BAOHING ELECTRIC WIRE & CABLE MFR CO., LTD.

宝兴电线电缆制造有限公司是江西铜业集团旗下企业，由深圳宝兴、苏州宝兴和深圳市宝新盛贸易有限公司组成，注册总资本2155万美元，生产基地面积超过14万平方米。

◎ 20多年电器装配线缆设计和制造专业经验。

◎ 全球6个营销中心：深圳、苏州、东南亚、日本、美国、欧洲。

◎ 获得中国“CCC”、美国“UL”、德国“VDE”等26个主要国家和地区认证。

◎ 产品范围涵盖医疗用线、汽车线（包括新能源汽车）、通讯线、电源线、电子线、室内光缆、太阳能电线 等电器装配电线， 每年供货量超过180万公里。

主要产品及应用

宝兴公司生产设备先进，工艺配套齐全，并拥有一支技术力量雄厚、富于敬业精神的人才队伍，为客户提供质量优异的产品和专业的解决方案。

产品类别	公司新能源汽车产品及应用
EV 充电线缆	1、美标：UL62认证，型号EVE/ EVT 600V 、EVJE/EVJT 300V等，-50℃ ~105 ℃，最大500Kcmil，即253平方，VW-1燃烧 ； 2、国标：符合 CQC1103\1104\1105标准，也可为客户量身定做符合GB/T5054、JB/T8139、GB/T25087/25085、ISO4141等标准的线缆产品； 3、欧标：可设计制造VDE-AR-E 2283-5、BS EN 50620、TUV 2 Pfg 1908等标准的EV线缆； 4、日标：产品符合JCS4522标准的要求； 5、发光EV充电线缆：宝兴专利产品，汽车充电时电缆呈流水灯式闪烁发光。
车内用线	1、车内高压线：用于储能系统与驱动系统之间的连接规格可覆盖0.5mm2及以上；阻燃等级VW-1，温度范围 - 40℃ ~ 150 ℃，可参考标准：K179、ISO6722、GB/T25085、SAE J 1128、JASO D608\611等； 2、车内其它用线：车头线束（包括仪表、发动机、前灯光总成、空调、蓄电池）、车尾线束（尾灯总成、牌照灯、行李箱灯）、篷顶线束（车门、顶灯、音响喇叭）等。可依据客户要求，也可依照各汽车行业标准生产。如ISO6722、SAE J 1128\1560、JASO D 608\611等。
收线器	用于充电线缆有序收纳，避免线缆使用过程中被弄脏和打扭。

EV充电线缆
（国标、美标、欧标、日标）

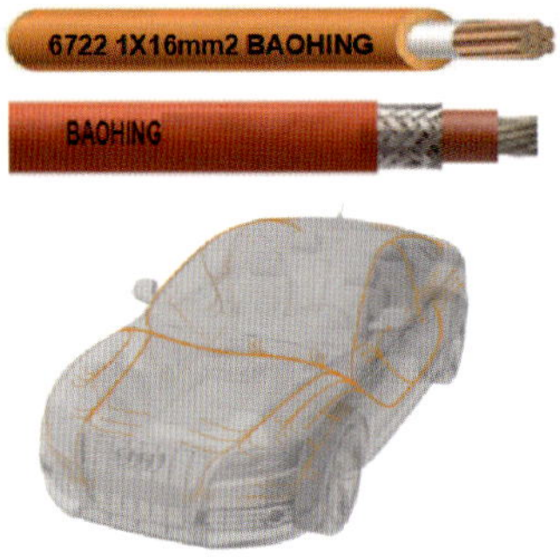

车内用线
（高压线、线束）

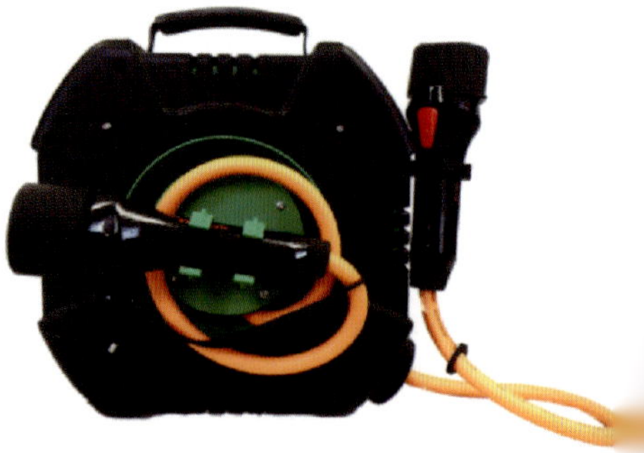

收线器

深圳宝兴
地址：广东省深圳市宝安区沙井街道办沙井路步涌同富裕工业园
电话：（86-755）27759591（20线） 传真：（86-755）27759846
邮编：518104 邮箱：sales@baohing.com

苏州宝兴
地址：江苏省苏州工业区杨华路9号
电话：（86-512）67428926 67427292 传真：（86-512）67428980
邮箱：szbusiness@baohing.com

新能源汽车、充电桩/站专业配套供应商

产品特性：

GSZ8电流规格：10A～400A

GSZ9电流规格：50A～400A

拥有陶瓷密封和环氧塑封两大主流结构；

触点部位防水、防氧化、零飞弧等特点；

品种多、规格全，负载范围广，可满足不同

类型的新能源汽车及充电配套设施的应用要求。

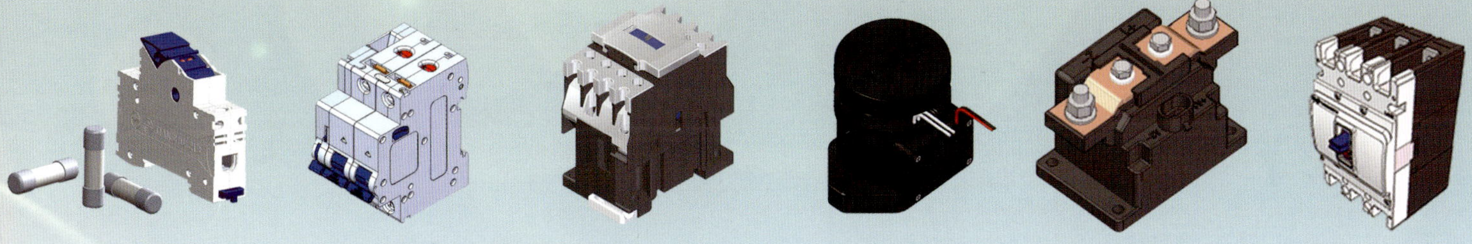

长城电工

股票代码：600192

天水二一三电器

TIANSHUI 213 ELECTRICAL APPARATUS

地址：甘肃省天水市赤峪路35号 电话：0938-8350610/15374486213 网址：www.ts213.com.cn

瑞特电气集团

瑞特电气集团是专业从事国家智能电网成套设备研究、开发、生产、销售、服务于一体的国家级“高新技术企业”，拥有省级“电动汽车交、直充电技术工程实验室”、“企业技术中心”、 “工程技术研究中心”，是河南省第五批创新型试点企业，公司成立于1994年8月，辖属六个子公司。是国内第一家“配变预收费装置”的研发生产基地。拥有68项自主研发的专利技术。职工460人，有大中专以上学历专业技术人员196名，有高级职称的12名，有中级职称的158名，有省级突出贡献专家2名。

公司坚持“以质量促效益、以服务赢信赖、以品牌创名牌”的经营策略；发扬“忠诚团结、务实创新”的企业精神；坚持以市场为导向和“构思一代，研制一代，生产一代，储备一代”的新产品开发方针。先后成功推出30多种高低压系列预收费、远控、负控系统、真空永磁负荷计量装置、高低压互感器、防窃电互感器、网络防窃电装置、远程抄表装置、智能电网配套开关等高科技产品。十三五期间瑞特集团紧紧围绕国家政策，先后研发出新能源电动汽车充电桩系列产品，为城市公交车、物流车、环卫车、家用轿车全系列覆盖并自主研发出软件平台，支持付费系统。为响应国家电网新一轮农网升级改造成功推出三相负荷自平衡调配系统（SVG）系列产品。

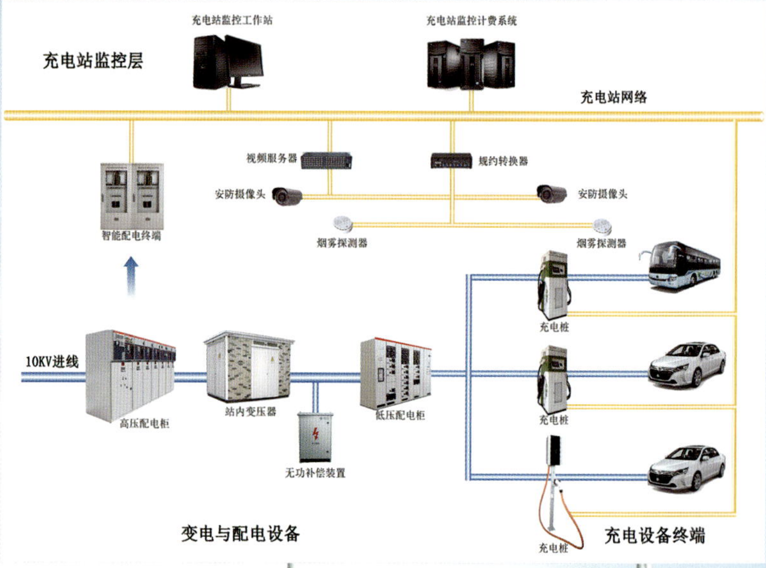

充电站系统结构图

2005年通过国家3C认证和ISO国际质量管理体系认证；同年，瑞特产品被认定为“河南省优质产品”； 2007年、2011年瑞特产品两次荣获“河南名牌”称号；2008年公司被评为“河南省知识产权系统先进集体”；2011年瑞特产品被河南省工商局第三次认定为“河南省著名商标”。2013年“瑞特”被国家工商总局认定为“中国驰名商标”和“守合同重信用”企业。

电动汽车充电站系统：

电动汽车充电站管理系统由配电系统、充电系统和监控系统等多个子系统组成，秉承“互联网+充电基础设施”设计理念， 运用移动互联网、物联网、大数据等技术，提高服务智能化水平，围绕用户需求 ,为用户提供充电导航、状态查询、充电预约、费用结算等服务,拓展平台增值业务，提升运营效率和用户体验满意度,促进电动汽车与智能电网间能量和信息的双向互动。

交直流充电桩介绍：

交流/直流充电桩是为电动汽车提供交流/直流充电电源的充电设备，依据国标要求进行产品设计和生产，符合最新国标【GBT 20234－2015】中的相关技术要求，具有交流、直流输出控制和客户操作界面为一体的非车载充电设备，具备IP54的防护等级，适用于户外环境。该系统支持设置充电方式、计费方式和充电过程参数等功能，并支持客户功能定制。

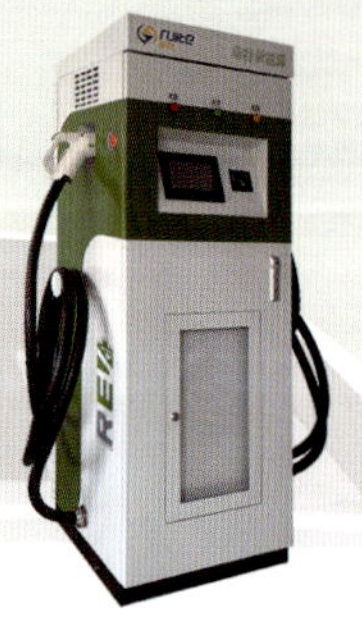

直流充电桩

交直流充电桩产品特点：

1、输出回路中配置智能电能表，可对充电的电量进行计量，将计量信息分别上传给充电桩智能控制器和用电采集终端。

2、充电桩智能控制器具备对充电桩运行状态的综合测量、控制和保护功能，如运行状态监测、故障状态监测、充电计量及计费以及充电过程中的联动控制等。

3、配置LED高清显示触摸屏的人机操作界面，充电计费方式可设置为按电量、按金额、按时间和自动充满，同时支持预约和定时充电；充电过程中实时显示充电时长、电量等充电信息。

4、具备完善的通信功能，充电桩智能控制器通过接口获取智能电能表的计量信息，完成充电计费和充电过程的联动控制。

5、可配置充电桩后台管理系统，将充电桩联网接入后台，适用于充电桩批量运营和管理。

6、更灵活的控制模式，可根据用户需求，对充电控制和操作方式进行定制设计。

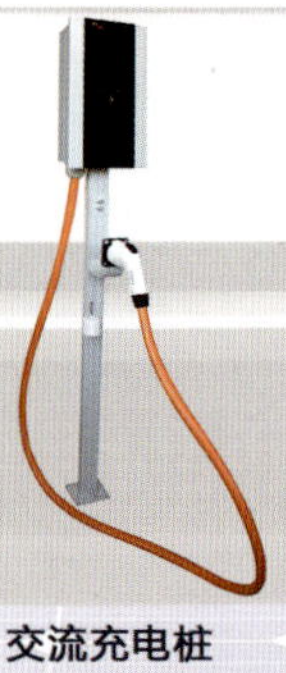

交流充电桩

联系人：方策
固定电话：0371－60227711
网址：hnrtdq@163.com
联系电话：15303719900
邮箱：25791528@qq.com
通讯地址：周口市经济技术开发区银珠大道18号

中国航天

CONSERVO
.com.cn

充电桩

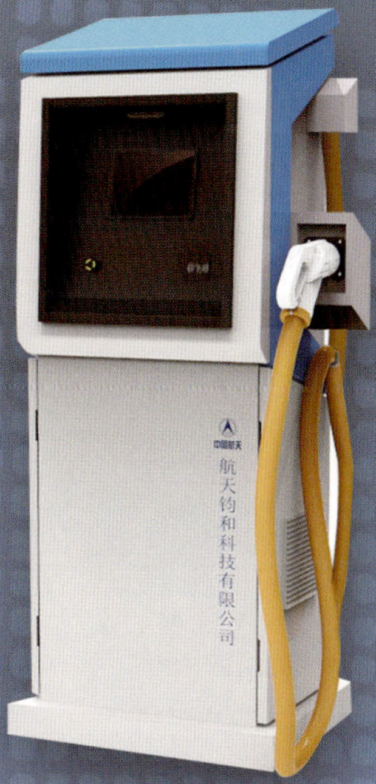

直流充电桩

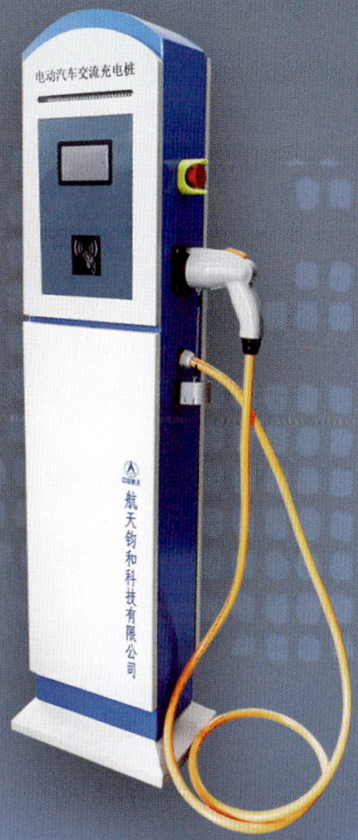

交流充电桩

电池包

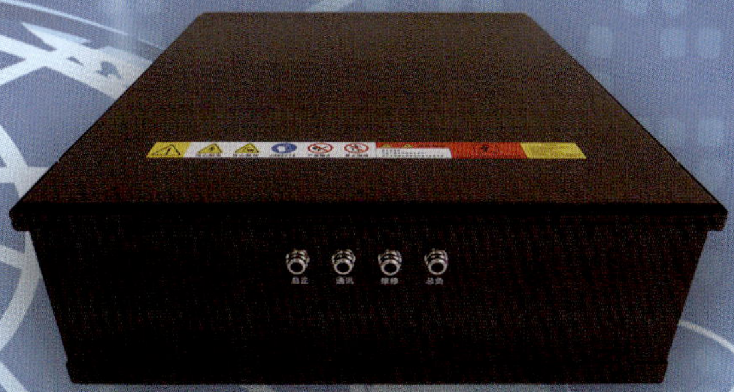

电池包

电池包内部

电池管理系统

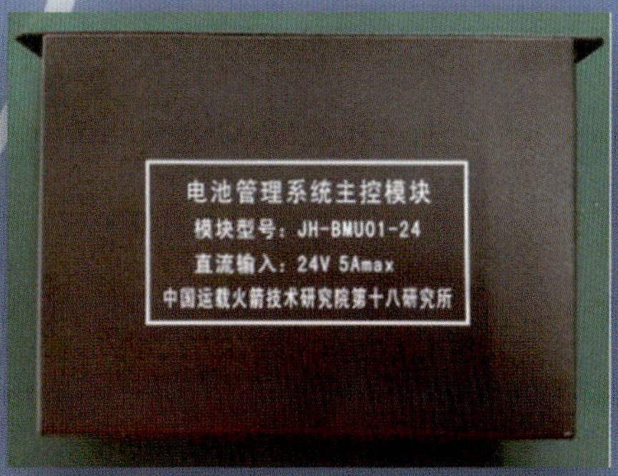

电池管理系统主控模块

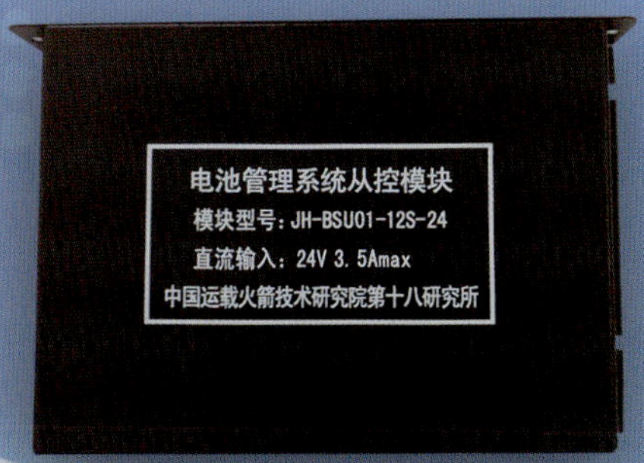

电池管理系统从控模块

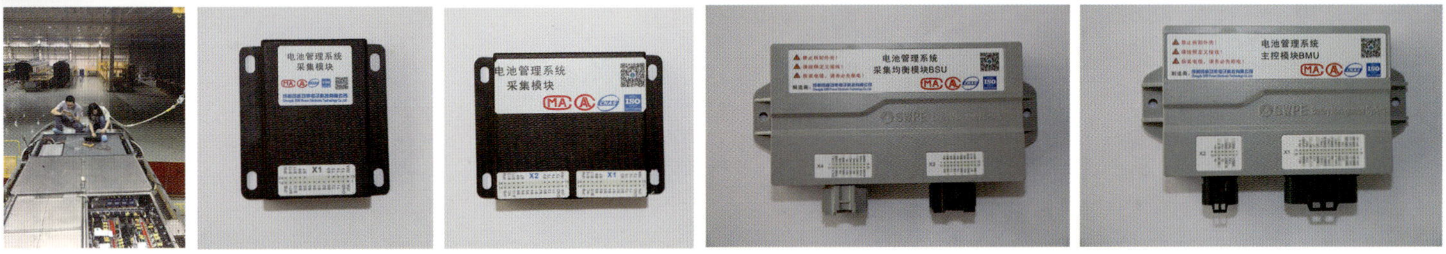

松岳电源
PineTree Power
DYNAVOLT TECH.猛狮科技

专业的电池管理与集成商

上海松岳电源科技有限公司是一家专业致力于车载电源系统集成与管理技术研究与开发的高新技术企业，是上市公司广东猛狮新能源科技股份有限公司（股票代码：002684）旗下全资子公司。公司已先后通过了ISO/TS16949:2009、ISO14001:2004、OHSAS18001:2007和AQ/T9006:2010等企业管理体系认证，并通过了多家整车企业的二方体系审核。

松岳电源的产品涵盖车用和储能用电池模块、电池系统和电池管理系统，产品已先后通过了多个整车企业的试验认可，并通过整车零配件的公告认证和地标认证，现批量配套多个国内整车客户和车型。

电池管理系统

松岳电源自主研发的电池管理系统产品硬件采用32位/16位单片机，软件采用OSEK架构，诊断支持UDS和J1939标准，通过了权威第三方检测机构的检验，已经向客户批量供货，客诉率小于800ppm。

主控

从控

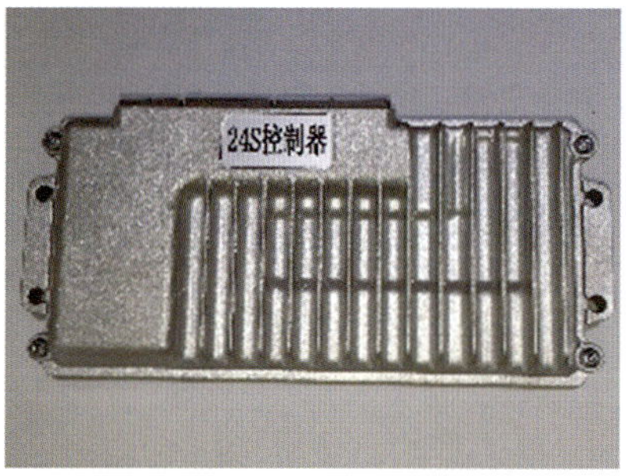

电池组

松岳电源定制研发的电池系统产品应用覆盖小型乘用车、公交客车和物流车领域，受到多个整车客户的青睐。

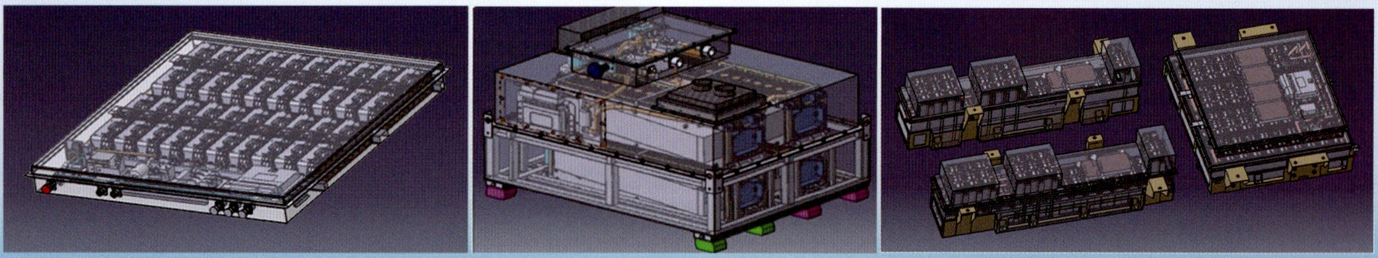

地址：上海市嘉定区园区路268号
总机：021-31786618转806
传真：021-31786616
邮编：201804
网址：www.shptp.com.cn

苏州大时代能源科技有限公司
SUZHOU ERA ENERGY TECHNOLOGY CO.,LTD.

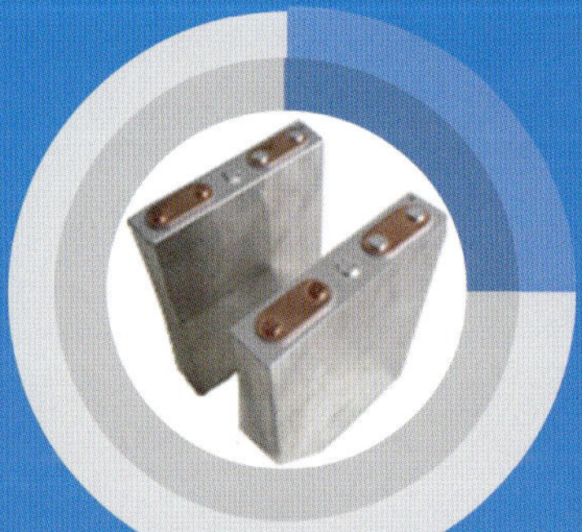

标准模块参数

序号	型号	标称容量	标称电压	上限电压	使用温度范围	慢充电流	快充电流	标准放电电流	最大连续放电电流	最大脉冲电流	循环寿命	备注
		Ah	V	V	℃	C	C	C	C	C	周，≥80%标称容量	
1	ERA3.6V60Ah	60	3.6	4.2	-20～+60	0.2	0.5	0.5	3	5	1500	
2	ERA3.6V80Ah	80	3.6	4.2	-20～+60	0.2	0.5	0.5	3	5	1500	
3	ERA3.6V100Ah	100	3.6	4.2	-20～+60	0.2	0.5	0.5	3	5	1500	
4	ERA3.2V80Ah	80	3.2	3.65	-20～+60	0.2	0.5	0.5	3	5	3000	
5	ERA3.2V100Ah	100	3.2	3.65	-20～+60	0.2	0.5	0.5	3	5	3000	
6	ERA3.2V200Ah	200	3.2	3.65	-20～+60	0.2	0.5	0.5	3	5	3000	
7	ERA48V50Ah	50	48	58.4	-40～+60	0.1	0.2	0.5	/	/	3000	储能
8	ERA48V200Ah	200	48	58.4	-40～+60	0.1	0.2	0.5	/	/	3000	储能

单体型号

序号	型号	标称容量	标称电压	上限电压	内阻	使用温度范围	标准充电电流	标准放电电流	最大连续放电电流	最大脉冲电流	循环寿命	备注
		mAh	V	V	mΩ	℃	C	C	C	C	周，≥80%标称容量	
1	INR18650HE2200	2200	3.7	4.2	≤30	-20～+60	0.5	1	3	5	1500	
2	INR18650HE2400	2400	3.7	4.2	≤30	-20～+60	0.5	1	3	5	1500	
3	INR26650HE5000	5000	3.7	4.2	≤20	-40～+60	0.5	1	3	5	1500	低温电池
4	IFR26650HE3500	3500	3.2	3.65	≤20	-20～+60	0.5	1	3	5	3000	
5	IFR26650HE4000	4000	3.2	3.65	≤20	-40～+60	0.5	1	3	5	3000	低温电池
6	IFP20100140HE21.5Ah	21500	3.2	3.65	≤3	-20～+60	0.5	1	3	5	3000	
7	IFP2714891HE25.0Ah	25000	3.2	3.65	≤3	-40～+60	0.5	1	3	5	3000	低温电池
8	INR2714891HE35.0Ah	35000	3.7	4.2	≤2	-20～+60	0.5	1	3	5	1500	

地址：苏州工业园区华云路1号东坊产业园C区6#4F
电话：0512-6520 0367
传真：86-512-6520 0367

惠州市亿鹏能源科技有限公司

POWER SYSTEMS

公司简介

惠州市亿鹏能源科技有限公司成立于2014年1月，是惠州市豪鹏科技有限公司的下属企业，注册资金1亿元，坐落于广东省惠州市豪鹏工业园，是一家专注于新能源汽车高功率锂离子动力蓄电池的高新技术企业，公司由从业十年以上的研发、生产、设备运营团队组成。公司主营业务为插电式混合动力汽车和快充式纯电动汽车锂离子动力蓄电池及系统的开发、制造和销售。

亿鹏能源的研发团队是由海外归国的电池和BMS专家组成，快充锂离子动力电池是在国际主流的锰酸锂电池技术的基础上研发的高性能锂离子电池，技术性能在国内居领先地位；BMS采用国际最先进的实时动态自适应技术，保障电池系统的安全、可靠和长寿命。通过不断的技术提升，产品性能和质量均达到行业先进水平，公司内设技术中心，配备安全可靠实验室，具备GB/T31484、GB/T31485、GB/T31486测试能力。

亿鹏能源的快充锂离子动力电池系统于2014年通过了北京理工大学电动汽车国家实验室的工程测试，得到了美国伊顿公司的配套认可；于2015年通过了上海机动车检测中心的国家新能源机动车产品质量监督检测中心的检测，得到了金龙汽车的配套认可。

亿鹏能源于2015年获得了ISO/TS16949：2009认证，通过全面的质量体系控制产品质量，2016年公司产品通过了GB/T31484、GB/T31485、GB/T31486的检测。公司的快充动力电池系统已服务于国内的众多公交企业，超过2000台的产品运行在上海、广东、湖南、山东等地，实现超过1亿公里的安全运营，获得了用户的好评。

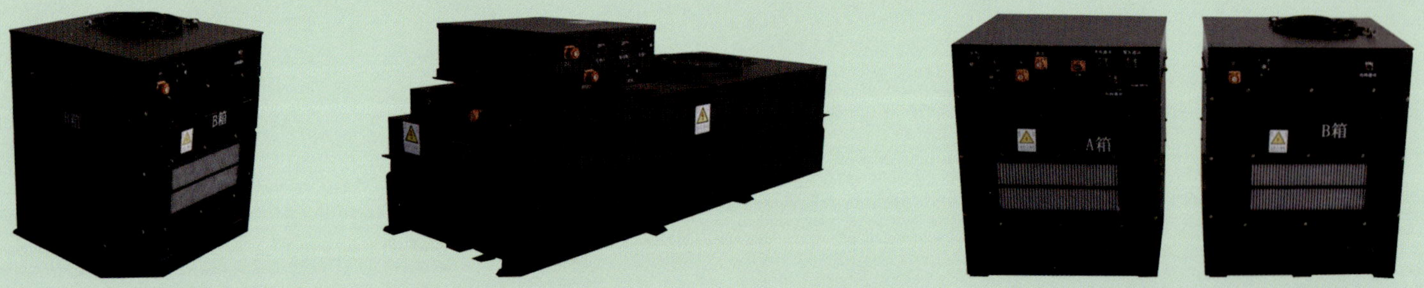

地址：广东省惠州市惠城区马鞍镇新湖工业区豪鹏工业园　　电话：0752-5807016　　网址：www.kyipeng.com

强劲动力
绿色出行
EV Battery
新能源汽车电池
检修窗口
鹏辉
GREAT POWER
广州·珠海·河南
股票代码：300438
广州工业园地址：广州市番禺区沙湾镇市良路西村段912号
珠海工业园地址：珠海市斗门区新青科技工业园新青五路
河南工业园地址：河南省驻马店市驿城区工业园
联系电话：020-39196888（广州）
公司网站：www.greatpower.net
公司邮箱：info@greatpower.net

DBK 迪比科

集团简介

— 主要地理分布 —

DBK江西工业园占地385亩分五期开发，预计总投资50亿元

江西-集团总部
深圳-集团创新中心

— 主要业务 —

新能源

消费类电子

— 集团总员工数 —

5,000 in 2016

动力电池生产

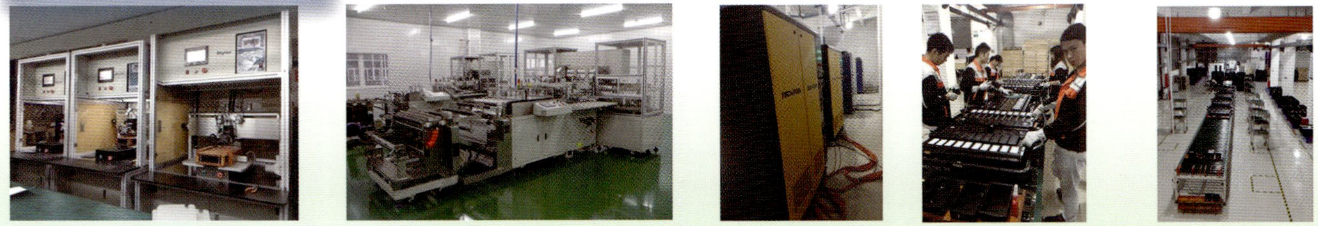

政府支持领导关怀

江西省省委书记强卫，江西省省长鹿心社，江西省能源局长郑沐春分别前往江西迪比科股份莅临指导。

远东福斯特新能源有限公司

远东福斯特新能源有限公司成立于2009年7月，是一家专业从事锂离子电池研发、生产、销售及服务于一体的国家高新技术企业，是远东智慧能源股份有限公司（股票代码：600869）上市公司的全资控股子公司。福斯特18650锂电池、动力电池，广泛应用于笔记本电脑、移动电源、电动自行车和电动汽车、邮政车、物流车、特种车、基站储能等领域。

福斯特总部坐落于国家锂电新能源高新技术产业化基地——江西省宜春经济技术开发区，占地700余亩，是宜春打造“亚洲锂都”的龙头企业。现有员工总人数近3000人，拥有超10万平方米的高洁净厂房、30项创新专利。

福斯特18650锂电池、动力电池，广泛应用于笔记本电脑、移动电源、电动自行车和新能源汽车、邮政车、物流车、特种车及太阳能储能、风能储能、基站储能等领域。公司通过了ISO9001：2008质量管理体系认证、ISO14001：2004环境管理体系认证、TS16949汽车认证体系、OHSAS18001:2007职业健康安全体系认证；产品通过了IEC62133、CE、UN38.3、2006/66/EC指令测试、UL1642等认证。现日产18650圆柱锂离子电池120万支，居国内产销规模第一，全球排名第三，仅次于三星和松下；动力电池现生产规模为年产6万组。公司计划用3-5年时间，做中国第一、世界第一的18650动力电池供应商。

公司荣获了“江西省名牌产品”、“江西省著名商标”、“江西省质量信用AAA级企业”、“江西省A级纳税人”、“江西省质量先进管理企业”等荣誉称号，“复合锂储能锂电池”通过江西省重点新产品鉴定，产品技术国内领先，荣获“江西省科技进步三等奖”和“宜春市科技进步二等奖”。

福斯特拥有一批以博士、硕士、资深工程师为核心的研发团队，与中科院、北京理工大学、中国科学技术大学、复旦大学、中南大学、南昌大学、江西理工大学、宜春学院等重点高校、学术机构建立了广泛的产学研合作关系。并承担建设了复合材料锂电池制造技术国家地方联合工程研究中心、江西省锂电池工程研究中心、江西省锂离子动力电池工程技术研究中心、江西省高能电池技术创新团队、宜春市钛-锰电池工程技术研究中心和宜春市锂电产业服务平台。2014年6月获江西省政府批准福斯特成立“院士工作站”，由福斯特与中国科学院万立骏院士（现任中国科技大学校长）领衔的创新团队共同组建，院士工作站团队共6人。2015年9月获国家人力资源社会保障部、全国博士后管理委员会批准福斯特成立”国家博士后科研工作站“。

公司积极响应紧抓住新能源汽车发展的契机，公司与长沙众泰、江西江铃、东风、奇瑞、山东凯马、陕汽通家等新能源汽车厂商实现产品联合开发及销售并全面拓宽动力电池产品应用领域，向电动客车、物流车、邮政车、特种车、基站储能等领域延伸。我们有信心做中国最安全的新能源汽车动力电池。

远东福斯特目标致力成为国内顶尖的新能源汽车及储能领域的能源系统解决方案服务商.结合的“智慧能源”产业链上，未来定位有三点：第一，做精做强现有业务，争取实现18650锂电池全球第一的目标；第二，通过与智慧能源及其下属子公司的协同整合，发展BMS（电池管理系统）以及电池云业务，抢占交通用户的数据流量入口；第三，发挥电池的梯级利用效应，发展储能业务，抢抓全球未来趋势，投入研发布局缆储一体化业务。通过在国家顶层设计大力推动“互联网+、智慧能源”的大背景下，新能源汽车、能源互联网、智慧能源的建设将成为能源行业未来发展的重要方向，远东福斯特将充分响应国家发展战略号召，以市场为主导，坚持走可持续发展道路，助力智慧能源、新能源产业的健康快速发展。

“创新能源　造福人类”，是福斯特人共同的“锂”想，本着“团结、务实、创新、拼搏”的企业精神，福斯特为打造全球知名绿色能源企业而不懈奋斗！

江西省委书记鹿心社视察福斯特动力电池项目

江西省常务副省长毛伟明到福斯特视察汽车动力电池项目

所获荣誉

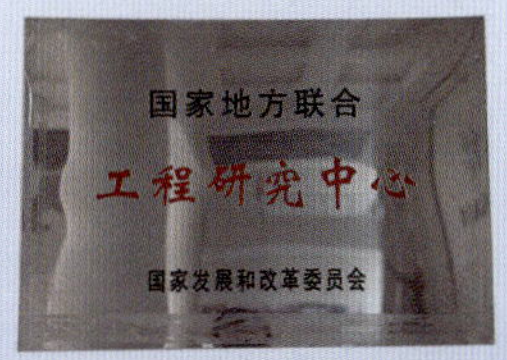

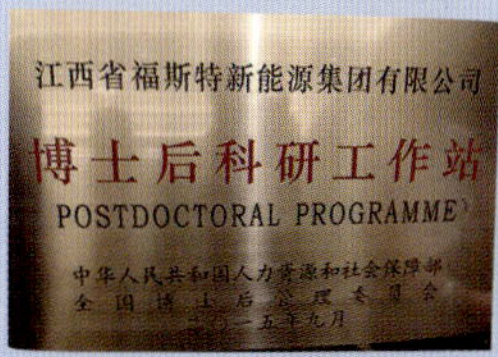

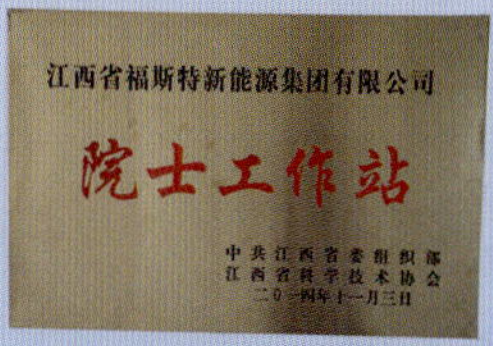

产品图片

福斯特18650锂离子电池

福斯特新能源汽车动力电池（乘用车）

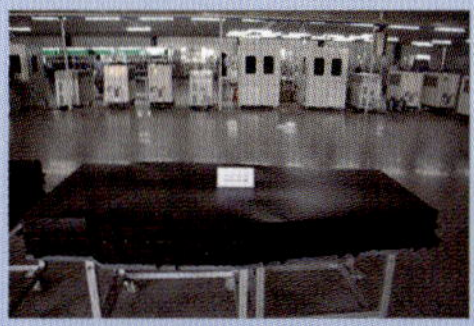

福斯特新能源汽车动力电池（物流车）

设备图片

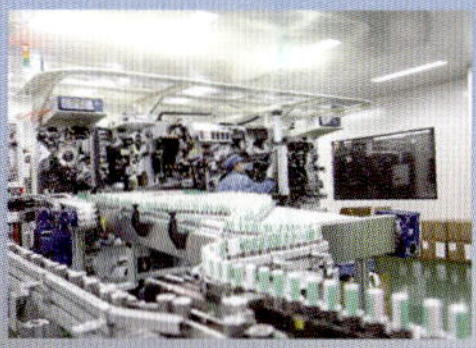

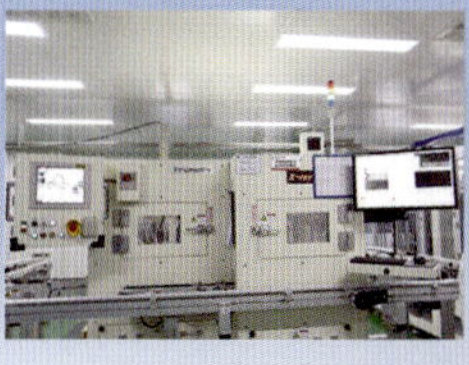

SPSCAP
SUPREME POWER SOLUTIONS

商用车

新能源客车复合电源系统
节能型商用车车载电源

MCP
系列模组

SCP
系列单体

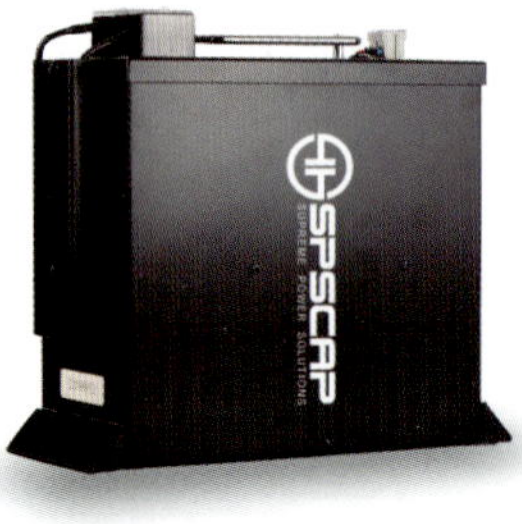

MCE
系列模组

SCE
系列单体

90 2015中国制造业500强 第90位

198 2015中国企业500强 第198位

集团简介 GROUP PROFILE

实力

超威集团创立于1998年，主要致力于动力和储能电池的研发生产。目前在全国7个省拥有18家子分公司、2万多名员工、销售额突破700亿元，是国内蓄电池行业龙头企业，香港主板上市公司，国家重点高新技术企业，位居“2015中国企业500强”第198位、“制造业500强”第90位。

产品

超威集团先后在行业率先开发完成原子经济法铅循环技术、环保节能无镉内化成生产工艺、新型智能电池、超长寿命电动汽车用锂离子电池等一大批成果。“一种三维双极型高功率铅蓄电池”专利技术摘得第十七届中国专利金奖。集团承担国家和省重大科技专项80多项，拥有各类专利1000余件，参与制定国际、国内行业标准30多项，为行业发展作出了重要贡献。